城市史译丛

国家社科基金重大招标项目多卷本《西方城市史》（17ZDA229）阶段性成果

上海全球城市研究院
上海市社会科学创新研究基地全球城市与世界文明传承研究基地
教育部人文社科重点研究基地上海师范大学都市文化研究中心

主　编
陈　恒　洪庆明

美国城市史百科全书

ENCYCLOPEDIA
of American Urban History

[美]戴维·古德菲尔德(David Goldfield) ◎ 主编

陈恒 李文硕 曹升生 等 ◎ 译

上海三联书店

第二次世界大战后，科技革命引起了整个社会从生产方式到生活方式乃至思维方式等各个层面的深刻变革，而战后经济复苏又推动了西方世界城市化进程进一步向纵深发展，城市学随之兴起并走向繁荣。之所以如此，原因正如法国《年鉴》杂志1970年"历史学与城市化"专号里所说，"近年来城市的发展让所有的人文科学都行动了起来，这不仅仅是为了设计城市开发方案，构思城市特殊病理之救治药方，还为了在更深层次上有意识地、科学地探究看上去对我们社会至关紧要的物和事"。

在这种"普罗米修斯式"的大合唱中，历史学当然不能缺位。20世纪60年代，美国和英国先后召开两次城市史会议，会后出版的两本会议论文集《历史学家与城市》和《城市史研究》为现代城市史研究奠定了重要基础。也是在这一时期，美国爆发了城市发展危机，随后兴起的"新城市史"力图从社会的维度廓清城市化进程带来的变革与挑战。一批年轻的史学家聚集在史蒂芬·瑟恩斯托姆周围，采用计量方法研究城市的社会流动、少数群体政治、市中心贫民窟，以及工作与休闲之间严峻对立等问题。与此同时，以马克思主义理论为指导的"新马克思主义城市学"也开始应运而生，其代表人物主要有亨利·勒费弗尔、大卫·哈维、曼纽埃尔·卡斯特尔等。他们主张在资本主义生产方式理论框架下去考察城市问题，着重分析资本主义城市空间生产和集体消费，以及与此相关的城市社会阶级斗争和社会运动。

总的说来，西方城市史学的发展基本上与各个国家或地区的城市发展历程相适应。作为一门基础学科，历史学之于城市发展的功用不容轻忽。首先在现实层面，城市发展规划和城市问题的解决，能够通过反思城市发展的历史找到合理的方案或正确的办法。就宏观的城市化进程而言，西方发达国家业已经历的城市化历史，能够为尚处于城市化初级阶段或高速发展阶段的国家和地区提供有益的经验或教训；就微观的城市建设而言，一个城市在发展历史上表现出的特性能够为该城市的特色发展提供有益的指导，某一城市的发展历程也能为其他城市的多样化发展提供有益的借鉴。其次在精神层面，了解城市的历史能够帮助我们更好地理解和适应一个城市。不同的城市在风俗、观念、饮食、语言乃至建筑风格方面都会有差异，其原因只有回溯这个城市的历史才能给出解答；生活在城市里的人们需要了解他们所生活的城市的历史，唯有如此，他们才能与城市更好地融为一体，在感知城市过去的心理历程中展望城市的未来。

当下之中国，城市化进程正如火如荼地进行着，传统农村社会正向城市社会急剧转型，这对城市的快速、健康发展提出了挑战，也对国内学界的城市研究提出了要求。在此背景下，国内城市史研究逐步兴起，并呈蓬勃发展之势。有鉴于此，我们不揣浅陋，怀"他山之石，可以攻玉"之初衷，策划译介一批西方学界城市史研究方面的代表性作品，希图在增益国人有关城市知识的同时，能在理论模式建构、研究方法综合和研究面向选择等各个方面为国内学界的城市学研究提供些许借鉴或启迪。

陈恒、洪庆明

2017年5月25日

目　录

美国城市史百科全书编辑委员会

中文版序言

1987年,我第一次来中国,在四川大学开设为期四周的美国城市史课程。那时,中国还是乡村国家,但从那时起到现在,中国正经历着一个快速而令人赞叹的转型,变成一个现代化、工业化的城市国家。美国的经验对中国有何借鉴之处呢?

从1987年到今天,中国城市化的规模和速度都超过美国,但两国之间也有着某些共同的文化特征,这让我们得以进行比较。从文化的角度看,美国人从来不属于城市,从建国伊始,我们就相信这个国家的未来在于乡村和小城镇。而城市,却代表着腐蚀的力量——那里道德沦丧,密集而且拥堵;那里没有大自然的美,削弱了国家的实力。

尽管从文化和环境的角度抨击城市,但这却未能阻挡美国人离开乡村和小城镇,也没能阻挡那些在乡村生活了几代人之久的人们移居城市。为什么会这样?因为城市曾经是、现在是,而且将来仍然是国民经济的重心和发动机;因为城市始终是创新中心和决策中心,并激发人类的想象力;因为城市是当代这个愈发全球化的社会里体现国家意志之所在。1987年当我来到成都时,美国城市史还是个颇为新颖的领域,《城市史研究》(*Journal of Urban History*)那时还只有13岁。可是今天,城市史研究早已枝繁叶茂。新的研究已经证明,即使我们理解城市病并解决其在经济、政治和环境方面的问题,城市也不代表着美国未来的希望。最终的目标,是激发人类的潜力,来让所有人得以享受和平与繁荣。

《美国城市史百科全书》展示了美国城市及其居民的历史变迁。本书的词条,既包括美国的大城市,也包括大城市的建设者;既包括争夺城市空间、形象认可和生存空间的不同群体,也包括城市建筑、开放空间和文化活动所展示出的意象。本书凝聚了最新最好的研究成果,希望能够激发美国以及全世界的城市史研究。

1987年以来,我已多次重返中国,最近的一次就在2014年春季。巨大的变化不仅仅发生在成都,整个中国都是如此,其势不可挡之势令人印象深刻。我每一次重回中国,总感觉是第一次来到这里。城市是凝结着人类伟大的创造力,所以,亲眼见证一个城市国家的出现怎能不令人振奋。我由衷地希望这本《美国城市史百科全书》能够让您了解美国走向城市国家的历程。

北卡罗来纳大学夏洛特分校
历史学罗伯特·李·贝利讲座教授
戴维·古德菲尔德博士

条 目

Guy)

俄克拉荷马州塔尔萨市(Tulsa, Oklahoma)

隧道(Tunnels)

威廉·马西·特威德(Tweed, William Marcy)

美国市长会议(U. S. Conference of Mayors)

联合畜牧饲养场(Union Stock Yard)

美国住房管理局(United States Housing Authority)

全球黑人进步同盟(Universal Negro Improvement Association)

城市与郊区中的上流阶层(Upper Class in Cities and Suburbs)

城市危机(Urban Crisis)

城市发展行动资助计划(Urban Development Action Grant Program)

城市生态学(Urban Ecology)

城市金融(Urban Finance)

城市边疆(Urban Frontier)

城市幽默(Urban Humor)

城市移民(Urban Immigration)

城市研究院(Urban Institute)

城市土地研究所(Urban Land Institute)

城市政治改革(Urban Political Reform)

城市抗议运动(Urban Protest Movements)

城市更新与复兴(Urban Renewal and Revitalization)

城市蔓延(Urban Sprawl)

城市化(Urbanization)

乌托邦城镇与社区(Utopian Towns and Communities)

歌舞杂耍表演(Vaudeville)

志愿精神和志愿团体(Voluntarism and Voluntary Associations)

莉莲·沃尔德(Wald, Lillian D.)

向贫困宣战(War on Poverty)

小萨姆·巴斯·沃纳(Warner, Sam Bass, Jr.)

威廉·劳埃德·沃纳(Warner, William Lloyd)

华盛顿特区(Washington, D. C.)

哈罗德·华盛顿(Washington, Harold)

水(Water)

罗伯特·韦弗(Weaver, Robert C.)

戴尔·韦伯(Webb, Del E.)

阿德纳·韦伯(Weber, Adna)

威廉·怀特(Whyte, William H.)

堪萨斯州威奇塔市(Wichita, Kansas)

威廉·卡洛斯·威廉姆斯(Williams, William Carlos)

路易斯·沃思(Wirth, Louis)

女性城市俱乐部(Woman's City Clubs)

妇女和公共空间(Women and Public Space)

城市中的妇女(Women in Cities)

妇女促进城市改进组织和志愿者协会(Women's Civic Improvement Organizations and Voluntary Associations)

城市女性文学(Women's Literature of Cities)

女性世界博览会(Women's World Fairs)

伊丽莎白·伍德(Wood, Elizabeth)

伍尔沃斯大厦(Woolworth Building)

城市和郊区的工人阶级(Working Class in Cities and Suburbs)

女工组织(Working Women's Organizations)

世界博览会和展览会(World Fairs and Expositions)

第二次世界大战和城市(World War II and the City)

弗兰克·劳埃德·赖特(Wright, Frank Lloyd)

亨利·赖特(Wright, Henry)

理查德·赖特(Wright, Richard)

黄色新闻(Yellow Journalism)

青年文化(Youth Culture)

区划(Zoning)

阅读指南

我们将本书中的辞条进行了分类,例如,翻到"金融与商贸"(Finances and Commerce),就可以发现"贸易与商务"、"城市金融"等相关辞条。因此,如果你对"跨校区校车接送"感兴趣,那么可以直接翻到"交通"(Transportation)类,这里还包括"通勤"、"拥堵"和"快速轨道交通"等相关辞条。通过下面的指南,读者可以纵览本书的所有辞条。只要翻一翻这里的类目,挑出你感兴趣的辞条,就可以直接到书中寻找了。需要说明的是,有些辞条在指南中不止出现了一次。

人物传记

伊迪斯·阿博特(Abbot, Edith)

查尔斯·艾布拉姆斯(Abrams, Charles)

弗雷德里克·阿克曼(Ackerman, Frederick L.)

简·亚当斯(Addams, Jane)

舍伍德·安德森(Anderson, Sherwood)

菲利普·丹沃思·阿莫尔(Armour, Philip Danforth)

路易斯·阿姆斯特朗(Armstrong, Louis)

小马里昂·巴里(Barry, Marion S., Jr.)

哈兰·巴塞洛缪(Bartholomew, Harland)

凯瑟琳·鲍尔(Bauer, Catherine)

乔治·贝洛斯(Bellows, George)

托马斯·哈特·本顿(Benton, Thomas Hart)

汉弗莱·博加特(Bogart, Humphrey)

范尼·布莱斯(Brice, Fanny)

厄内斯特·伯吉斯(Burgess, Ernest W.)

丹尼尔·伯汉姆(Burnham, Daniel H.)

简·伯恩(Byrne, Jane M.)

阿尔·卡彭(Capone, Al)

查理·卓别林(Chaplin, Charlie)

查尔斯·霍顿·库里(Cooley, Charles Horton)

约翰·约瑟夫·库格林(Coughlin, John Joseph)

理查德·戴利(Daley, Richard J.)

戴维·丁金斯(Dinkins, David N.)

W. E. B. 杜波依斯(Du Bois, W. E. B.)

斯科特·菲茨杰拉德(Fitzgerald, F. Scott)

亨利·福特(Ford, Henry)

富兰克林·弗雷泽(Frazier, E. Franklin)

夏洛特·珀金斯·吉尔曼(Gilman, Charlotte Perkins)

华盛顿·格拉登(Gladden, Washington)

弗兰克·黑格(Hague, Frank)

理查德·哈彻(Hatcher, Richard)

威廉·伦道夫·赫斯特(Hearst, William Randolph)

爱德华·霍珀(Hopper, Edward)

弗兰克·霍恩(Horne, Frank S.)

弗雷德里克·豪(Howe, Frederic C.)

威廉·迪恩·豪威尔斯(Howells, William Dean)

霍默·霍伊特(Hoyt, Homer)

梅纳德·杰克逊(Jackson, Maynard)

简·雅各布斯(Jacobs, Jane)

威廉·勒·拜伦·詹妮(Jenney, William Le Baron)

斯科特·吉普林(Joplin, Scott)

路易斯·卡恩(Kahn, Louis I.)

佛罗伦斯·凯利(Kelley, Florence)

迈克尔·"辛克·丁克"·凯纳(Kenna, Michael "Hinky Dink")

杰克·凯鲁亚克(Kerouac, Jack)

爱德华·欧文·科克(Koch, Edward Irving)

菲奥罗拉·拉瓜迪亚(La Guardia, Fiorello)

戴维·劳伦斯(Lawrence, David L.)

威廉·莱维特(Levitt, William)

约翰·林赛(Lindsay, John V.)

爱德华·洛奇(Logue, Edward)

托马斯·麦克唐纳(MacDonald, Thomas H.)

雷金纳德·马什(Marsh, Reginald)

H. L. 门肯(Mencken, H. L.)

罗伯特·摩西(Moses, Robert)

丹尼尔·帕特里克·莫伊尼汉(Moynihan, Daniel Patrick)

威廉·穆赫兰(Mulholland, William)

刘易斯·芒福德(Mumford, Lewis)

弗兰克·墨菲(Murphy, Frank)

冈萨·半尔达(Myrdal, Gunnar)

约翰·诺伦(Nolen, John)

老弗雷德里克·劳·奥姆斯特德(Olmsted, Frederick Law, Sr.)

罗伯特·埃兹拉·帕克(Park, Robert Ezra)

克拉伦斯·亚瑟·佩里(Perry, Clarence Arthur)

哈森·平格里(Pingree, Hazen S.)

乔治·华盛顿·普伦基特(Plunkitt, George Washington)

约瑟夫·普利策(Pulitzer, Joseph)

沃尔特·劳申布什(Rauschenbusch, Walter)

雅各布·奥古斯特·里斯(Riis, Jacob August)

詹姆斯·劳斯(Rouse, James W.)

拉迪斯拉斯·塞戈(Segoe, Ladislas)

厄普顿·辛克莱(Sinclair, Upton)

约翰·斯隆(Sloan, John)

阿尔弗雷德·史密斯(Smith, Alfred E.)

威尔伯·史密斯(Smith, Wilbur S.)

弗兰克·朱利安·斯普拉格(Sprague, Franklin Julian)

林肯(约瑟夫)·斯蒂芬斯(Steffens,(Joseph) Lincoln)

克拉伦斯·斯坦(Stein, Clarence S.)

卡尔·伯顿·斯托克斯(Stokes, Carl Burton)

乔治·坦普顿·斯特朗(Strong, George Templeton)

乔塞亚·斯特朗(Strong, Josiah)

路易斯·亨利·沙利文(Sullivan, Louis Henri)

威廉·阿什利(比利)·森戴(Sunday, William Ashley〔Billy〕)

古斯塔夫·富兰克林·斯威夫特(Swift, Gustavus Franklin)

威廉·黑尔·"大比尔"·汤普森(Thompson, William Hale "Big Bill")

雷克斯福德·盖伊·塔格威尔(Tugwell, Rexford Guy)

威廉·马西·特威德(Tweed, William Marcy)

莉莲·沃尔德(Wald, Lillian D.)

小萨姆·巴斯·沃纳(Warner, Sam Bass, Jr.)

威廉·劳埃德·沃纳(Warner, William Lloyd)

哈罗德·华盛顿(Washington, Harold)

罗伯特·韦弗(Weaver, Robert C.)

戴尔·韦伯(Webb, Del E.)

阿德纳·韦伯(Weber, Adna)

威廉·怀特(Whyte, William H.)

威廉·卡洛斯·威廉姆斯(Williams, William Carlos)

路易斯·沃斯(Wirth, Louis)

伊丽莎白·伍德(Wood, Elizabeth)

弗兰克·劳埃德·赖特(Wright, Frank Lloyd)

亨利·怀特(Wright, Henry)

理查德·怀特(Wright, Richard)

城市

新墨西哥州阿尔伯克基市(Albuquerque, New Mexico)

佐治亚州亚特兰大市(Atlanta, Georgia)

得克萨斯州奥斯汀市(Austin, Texas)

马里兰州巴尔的摩市(Baltimore, Maryland)

马萨诸塞州波士顿市(Boston, Massachusetts)

广亩城(Broadacre City)

纽约市布鲁克林(Brooklyn, New York)

北卡罗来纳州夏洛特市(Charlotte, North Carolina)

芝加哥大火(Chicago Fire)

伊利诺伊州芝加哥市(Chicago, Illinois)

俄亥俄州辛辛那提市(Cincinnati, Ohio)

城市美化运动(City Beautiful Movement)

城市高效运动(City Efficient Movement)

文学中的城市(City in Literature)

城市规划(City Planning)

煤镇(Coal Towns)

大学城(College Towns)

马里兰州哥伦比亚市(Columbia, Maryland)

俄亥俄州哥伦布市(Columbus, Ohio)

城市中的社区(Community in the Cities)

得克萨斯州达拉斯市(Dallas, Texas)

科罗拉多州丹佛市(Denver, Colorado)

密歇根州底特律市(Detroit, Michigan)

城市经济(Economy of Cities)

边缘城市(Edge Cities)

城市与郊区中的家庭(Families in Cities and Suburbs)

联邦政府与城市(Federal Government and Cities)

得克萨斯州沃思堡市(Fort Worth, Texas)

加利福尼亚州弗雷斯诺市(Fresno, California)

花园城市(Garden Cities)

门户城市(Gateway Cities)

城市中的男同性恋文化(Gay Men's Cultures in Cities)

大萧条和城市(Great Depression and Cities)

理念、行动、运动与宗教

蓝调音乐(Blues Music)

跨学区校车接送(Busing)

加布里尼—格林公共住房工程(Cabrini-Green)

公民权利(Civil Rights)

集会和暴动(Crowds and Riots)

教育中的种族融合(Desegregation of Education)

戴维·丁金斯(Dinkins, David N.)

W. E. B. 杜波依斯(Du Bois, W. E. B.)

环境种族主义(Environmental Racism)

《1968年公平住房法》(Fair Housing Act of 1968)

富兰克林·弗雷泽(Frazier, E. Franklin)

绅士化(Gentrification)

隔都区(Ghetto)

纽约哈莱姆(Harlem, New York)

哈莱姆文艺复兴(Harlem Renaissance)

《1934年住房法》(Housing Act of 1934)

《1937年住房法》(Housing Act of 1937)

《1949年住房法》(Housing Act of 1949)

《1954年住房法》(Housing Act of 1954)

居住隔离(Housing Segregation)

伊斯兰教(Islam)

梅纳德·杰克逊(Jackson, Maynard)

爵士乐(Jazz)

犹太教与犹太社区(Judaism and Jewish Communities)

三K党(Ku Klux Klan)

城市与郊区中的拉丁裔(Latinos in Cities and Suburbs)

墨西哥裔美国人(Mexican Americans)

全国有色人种协进会(National Association for the Advancement of Colored People)

全国城市联盟(National Urban League)

城市中的土著美国人(Native Americans in Cities)

本土主义(Nativism)

黑人(棒球)联盟(Negro (Baseball) Leagues)

新城市史(New Urban History)

新城市主义(New Urbanism)

城市中的贫困与福利(Poverty and Welfare in Cities)

普鲁伊特—艾戈公共住房工程(Pruitt-Igoe Housing Project)

公共卫生(Public Health)

公共住房(Public Housing)

种族骚乱(Race Riots)

种族区划(Racial Zoning)

限制性契约条款(Restrictive Deed Covenants)

骚乱(Rioting)

罗伯特·泰勒之家(Robert Taylor Homes)

第二波隔都区(Second Ghetto)

贫困单身汉社区(Skid Row)

城市中的奴隶制(Slavery in Cities)

贫民窟(Slum)

威尔伯·史密斯(Smith, Wilbur S.)

城市与郊区的社会地理(Social Geography of Cities and Suburbs)

社会福音(Social Gospel)

社会抗议(Social Protest)

社会福利(Social Welfare)

芝加哥南区(South Side of Chicago)

林肯(约瑟夫)·斯蒂芬斯(Steffens, (Joseph) Lincoln)

卡尔·伯顿·斯托克斯(Stokes, Carl Burton)

抵制有轨电车和公共汽车的运动(Streetcar and Bus Boycotts)

租屋(Tenement)

世界黑人进步同盟(Universal Negro Improvement Association)

城市与郊区中的上流阶层(Upper Class in Cities and Suburbs)

城市危机(Urban Crisis)

城市发展行动资助计划(Urban Development Action Grant Program)

城市生态学(Urban Ecology)

城市财政(Urban Finance)

城市边疆(Urban Frontier)

城市移民(Urban Immigration)

城市研究院(Urban Institute)

城市土地研究所(Urban Land Institute)

城市政治改革(Urban Political Reform)

城市抗议运动(Urban Protest Movements)

城市更新与复兴(Urban Renewal and Revitalization)

城市化(Urbanization)

向贫困宣战(War on Poverty)

哈罗德·华盛顿(Washington, Harold)

罗伯特·韦弗(Weaver, Robert C.)

理查德·赖特(Wright, Richard)

理论

中心地理论(Central Place Theory)

多中心大都市和多核心理论（Multicentered Metropolis and Multiple-Nuclei Theory）

有轨电车的郊区（Streetcar Suburbs）
郊区铁路服务（Suburban Railroad Service）
隧道（Tunnels）

交通

机场（Airport）
本杰明·富兰克林园林大道（Benjamin Franklin Parkway）
布鲁克林大桥（Brooklyn Bridge）
跨学区校车接送（Busing）
运河（Canals）
通勤（Commuting）
拥堵（Congestion）
伊利运河（Erie Canal）
高速公路和快速路（Freeways and Expressways）
网格状规划（Grid Pattern）
城市中的马（Horses in Cities）
《1956 年州际高速公路法》（Interstate Highway Act of 1956）
火车站（Railroad Stations）
铁路郊区（Railroad Suburbs）
铁路（Railroads）
快速轨道交通（Rapid Transit）
街道照明（Street Lighting）
抵制有轨电车和公共汽车的运动（Streetcar and Bus Boycotts）

女性

伊迪斯·阿博特（Abbot，Edith）
简·亚当斯（Addams，Jane）
凯瑟琳·鲍尔（Bauer，Catherine）
范尼·布莱斯（Brice，Fanny）
夏洛特·珀金斯·吉尔曼（Gilman，Charlotte Perkins）
简·雅各布斯（Jacobs，Jane）
佛罗伦斯·凯利（Kelley，Florence）
城市中的单身女性（Single Women in the City）
莉莲·沃尔德（Wald，Lillian D.）
女性城市俱乐部（Woman's City Clubs）
妇女和公共空间（Women and Public Space）
城市中的妇女（Women in Cities）
妇女促进城市改进组织和志愿者协会（Women's Civic Improvement Organizations and Voluntary Associations）
城市女性文学（Women's Literature of Cities）
女性世界博览会（Women's World Fairs）
伊丽莎白·伍德（Wood，Elizabeth）
女工组织（Working Women's Organizations）

关于主编

戴维·古德菲尔德(David Goldfield)出生于田纳西州孟菲斯,在纽约市布鲁克林长大,毕业于马里兰大学(University of Maryland),如今是北卡罗来纳大学夏洛特分校(University of North Carolina, Charlotte)历史系的罗伯特·李·贝利讲座教授(Robert Lee Bailey Professor)。他主编和撰写了13部关于美国南方历史的著作,其中两部被提名参选普利策历史类作品奖,即1982年的《棉花田与摩天大楼——南部城市与地区》(*Cotton Fields and Skyscrapers：Southern City and Region*),和1991年的《黑人,白人与南方——种族关系与南方文化》(*Black, White, and Southern：Race Relations and Southern Culture*),并都获得了五月花非虚构类作品奖。2002年,古德菲尔德教授推出新作品《未完的内战——美国南方与南方的历史》(*Still Fighting the Civil War：The American South and Southern History*),斩获朱丽斯与弗朗西斯·兰德里奖,并被《抉择》(*Choice*)列为非虚构类杰出作品;次年,佐治亚大学出版社推出了他的新作《历史三面——作为公共、个体与被封圣的南方史》(*Southern Histories：Public, Personal, and Sacred*)。如今,古氏正在撰写一部重新解释内战的著作,《一个国家的重生——内战期间的美利坚》(*Rebirth of A Nation：America During the Civil War Era*),将由霍尔特出版集团发行。2001年,美国历史学家组织授予其杰出演讲人的称号。古德菲尔德教授同时也是《城市史研究》(*Journal of Urban History*)主编,并在2005年与他人合著《美利坚之旅——合众国通史》(*The American Journey：A History of the United States*)。

古氏以其专业眼光,亲自见证了诸多围绕选举权和死刑的案件,并为博物馆、公共电视台和公共电台提供关于南方城市的咨询,他还是美国国务院学术专家委员会成员,负责其他国家的美国历史与文化方面的工作坊,同时也是林肯奖的评审委员。古氏热爱文学、喜爱艺术,闲暇之时常读关于南方的小说,听听古斯塔夫·马勒(Gustav Mahler)和巴迪·霍利(Buddy Holly),还是女子快速垒球教练。

撰稿人

Carl Abbott
   Portland State University

Elaine S. Abelson
   New School University

Marsha E. Ackermann
   Eastern Michigan University

Thomas Adam
   University of Texas, Arlington

Julie Adkins
   Southern Methodist University

Jeffrey S. Adler
   University of Florida

John H. Akers
   Tempe Historical Museum

Mary Anne Albanza Akers
   University of Georgia

Thomas G. Alexander
   Brigham Young University

Nedda C. Allbray
   Brooklyn, New York

Nicholas Anastasakos
   Brown University

Jerry Anthony
   University of Iowa

Jo Ann E. Argersinger
   Southern Illinois University, Carbondale

Elif S. Armbruster
   Arlington, Massachusetts

Robert Armstrong
   Lehigh University

Özgür Avci
   University of Wisconsin, Madison

Eric Avila
   University of California, Los Angeles

Jeremiah B. C. Axelrod
   Occidental College

Robin F. Bachin
   University of Miami

David A. Badillo
   Bronx Institute, Lehman College

Allison Baker
   Santa Monica College

Davarian L. Baldwin
   Somerville, Massachusetts

Peter C. Baldwin
   University of Connecticut

Carlos J. L. Balsas
   Arizona State University

Dalit Baranoff
   University of Maryland

Robert G. Barrows
   Indiana University at Indianapolis

Hugh Bartling
   DePaul University

John F. Bauman
   Southport, Maine

Ronald H. Bayor
   Georgia Tech University

Thomas Beal
   State University of New York, Oneonta

Robert A. Beauregard
   New School University

Janet R. Daly Bednarek
   University of Dayton

Margaret Bendroth
   American Congressional Association

F. Kaid Benfield
   Natural Resources Defense Council

Larry Bennett
   DePaul University

Roger Biles
   Northern Illinois University

Michael J. Birkner

  Gettysburg College

Alan A. Block

  Pennsylvania State University

Jack S. Blocker Jr.

  University of Western Ontario

Barbara Blumberg

  Teaneck, New Jersey

Douglas K. Bohnenblust

  Cheyenne, Wyoming

Christopher Bonastia

  Queens College

Michael Ian Borer

  Furman University

Joseph Boskin

  Boston University

Nisha D. Botchwey

  University of Virginia

Jamie M. Bradley

  University of Maryland, Baltimore County

Martha Bradley

  University of Utah

Amy Bridges

  University of California, San Diego

Michael K. Brown

  University of California

Cecelia Bucki

  Fairfield University, Connecticut

John D. Buenker

  University of Wisconsin, Parkside

Kristopher Burrell

  New York, NY

Thomas J. Campanella

  University of North Carolina, Chapel Hill

Walter F. Carroll

  Bridgewater State College

Sundiata Keita Cha-Jua

  University of Illinois, Urbana - Champaign

Brigitte Charaus

  Marquette University

Howard P. Chudacoff

  Brown University

William Clayson

  Community College of Southern Nevada

Bell Clement

  George Washington University

Alfredo Manuel Coelho

  UMR Mo ? sa, Montpellier, France

David R. Colburn

  University of Florida, Gainesville

James J. Connolly

  Ball State University

Bernard Dov Cooperman

  University of Maryland

Christopher Coutts

  University of Michigan

Aaron Cowen

  Cincinnati, Ohio

Margaret Crawford

  Harvard University

Lawrence Culver

  Utah State University

John T. Cumbler

  University of Louisville

Susan Curtis

  Purdue University

Donald L. Deardorff II

  Cedarville University

Julie A. Dercle

  California State University, Northridge

Tracey Deutsch

  University of Minnesota

Richardson Dilworth

  Drexel University

Darren Dochuk

  Purdue University

James F. Donnelly

  Miami Design Preservation League

Jack Dougherty

  Trinity College

Gregory J. Downey

  University of Wisconsin, Madison

Gina Marie Dreistadt

  George Mason University

Louise Nelson Dyble

  University of California, Berkeley

Stephanie Dyer

  Sonoma State University

Michael H. Ebner
  Lake Forest College
David J. Edelman
  University of Cincinnati
Paul S. Edwards
  University of Nottingham
Sarah Elkind
  San Diego State University
Philip J. Ethington
  University of Southern California
Andrew Feffer
  Union College
Marjorie N. Feld
  Babson College
Gail Fenske
  Roger Williams University
Gary Fields
  University of California, San Diego
Donovan Finn
  University of Illinois, Urbana - Champaign
Maureen A. Flanagan
  Michigan State University
Richard Flanagan
  College of Staten Island, City University of New York
Steven Flusty
  Toronto, Ontario, Canada
Laura Milsk Fowler
  Southern Illinois University, Edwardsville
David M. P. Freund
  Princeton University
John W. Frick
  University of Virginia
Monroe Friedman
  Eastern Michigan University
Catherine C. Galley
  Texas Tech University
Wendy Gamber
  Indiana University
Margaret Garb
  Washington University
Todd K. Gardner
  U. S. Census Bureau
Mark I. Gelfand

Boston College
Gene C. Gerard
  Tarrant County College
Michelle A. Gilbert
  Shaker Heights, Ohio
Howard Gillette Jr.
  Rutgers University
Todd Gish
  University of Southern California
Joseph Goddard
  University of Copenhagen
Christian Gonzales
  University of California, San Diego
Joanne L. Goodwin
  University of Nevada, Las Vegas
William Gorham
  The Urban Institute
Kevin Fox Gotham
  Tulane University
Chiori Goto
  University of California, San Diego
Kevin Grace
  University of Cincinnati
Amy S. Greenberg
  Pennsylvania State University
Catherine Devon Griffis
  Rosalind Franklin University of Medicine and Science
Max Grinnell
  University of Wisconsin, Madison
J. Philip Gruen
  Washington State University
Owen D. Gutfreund
  Barnard College
Marta Gutman
  City College of New York
Dale Allen Gyure
  Lawrence Technological University
Devon Hansen
  Boston University
Richard Harris
  McMaster University
Maureen Hays-Mitchell
  Colgate University

Leslie Heaphy

Kent State University

Kenneth J. Heineman

Ohio University, Lancaster

A. Scott Henderson

Furman University

James Higgins

Lehigh University

Patricia Evridge Hill

San Jose State University

Arnold R. Hirsch

University of New Orleans

Bernard Hirschhorn

New York, New York

Amy Hodgin

University of North Carolina, Charlotte

Lisa M. Hoffman

University of Washington, Tacoma

Peter C. Holloran

Worcester State College

Michael W. Homel

Eastern Michigan University

Clifton Hood

Hobart and William Smith Colleges

Mervyn Horgan

York University

Darci L. Houser

Cleveland State University

Amy L. Howard

Center for Civic Engagement

Ella Howard

Boston University

D. Bradford Hunt

Roosevelt University

Laura Huntoon

University of Arizona

Andrew Hurley

University of Missouri, St. Louis

Ray Hutchinson

University of Wisconsin, Green Bay

Sharon Irish

University of Illinois, Urbana - Champaign

William Issel

San Francisco State University

Seema D. Iyer

University of Pennsylvania

Thomas J. Jablonsky

Marquette University

Kenneth T. Jackson

Columbia University

Kent James

Washington, Pennsylvania

Volker Janssen

University of California, San Diego

Edward J. Jepson Jr.

University of Tennessee

Jason Jindrich

University of Minnesota

David A. Johnson

University of Tennessee

David C. Johnson

Fordham University Lincoln Center

David R. Johnson

University of Texas, San Antonio

Janice E. Jones

Alverno College

Richard Junger

Western Michigan University

Seth Kamil

Big Onion Walking Tours, New York

Ronald Dale Karr

University of Massachusetts, Lowell

Nicholas Katers

University of Wisconsin, Milwaukee

William Dennis Keating

Cleveland State University

Barbara M. Kelly

Hofstra University

Tim Kelly

San Francisco Landmarks Board

Robert V. Kemper

Southern Methodist University

Judith Kenny

University of Wisconsin, Milwaukee

Thomas Kessner

CUNY Graduate Center

Margaret J. King

The Center for Cultural Studies &

Analysis, Philadelphia

Christopher Klemek

American Academy of Arts & Sciences

Matthew Klingle

Bowdoin College

Andrea Tuttle Kornbluh

University of Cincinnati

Dejan Kralj

Loyola University Chicago

Carl E. Kramer

Kramer Associates, Jeffersonville, Indiana

Kevin M. Kruse

Princeton University

Ben Kuhlman

University of Wisconsin, Milwaukee

Nancy Kwak

Columbia University

Michael Kwartler

Environmental Simulation Center

Peter Kwong

Hunter College, City University of New York

Louis M. Kyriakoudes

University of Southern Mississippi

Tim Lacy

Loyola University Chicago

James B. Lane

Indiana University Northwest

Jason S. Lantzer

Indiana University

Kristin Larsen

University of Florida

Matthew D. Lassiter

University of Michigan

Ute Lehrer

Brock University

Daniel J. Lerner

Binghamton University

Elaine Lewinnek

California State University, Fullerton

Robert Lewis

University of Toronto

Ariane Mary Liazos

Harvard University

Teresa Lingafelter

University of California, Los Angeles

Kyle M. Livie

Petaluma, California

Jared Lobdell

Millersville University

Carrie Logan

University of Georgia

Roger W. Lotchin

University of North Carolina, Chapel Hill

Mary Ting Yi Lui

Yale University

Catherine Maddison

University of Cambridge

Patrick Mallory

Loyola University Chicago

Paul B. Manchester

United States Department of Housing and Urban Development

Seth R. Marcus

United States Department of Housing and Urban Development

James Marten

Marquette University

Robert W. Matson

University of Pittsburgh, Johnstown

Glenna Matthews

Institute of Urban and Regional Development, Berkeley, California

Paul Mattingly

New York University

Alan Mayne

University of Melbourne

Bernadette McCauley

Hunter College, City University of New York

Dennis McClendon

Chicago CartoGraphics

Lorraine McConaghy

Museum of History and Industry

Gerald W. McFarland

University of Massachusetts

Stephen J. McGovern

Haverford College

Eileen McGurty

   Johns Hopkins University

Andrew Meyers

   Ethical Culture Fieldston School

Christopher Miller

   Marquette University

La Shonda Mims

   Charlotte, North Carolina

Gregory Mixon

   University of North Carolina, Charlotte

Raymond A. Mohl

   University of Alabama, Birmingham

Kate Mollan

   University of Wisconsin, Milwaukee

Christian Montès

   University Lyon, France

Ian Morley

   Ming Chuan University

Eric J. Morser

   University of New Mexico

Roberta M. Moudry

   Cornell University

Edward K. Muller

   University of Pittsburgh

Douglas Muzzio

   Baruch College, City University of New York

Patrick Naick

   University of Iowa

Douglas Nelson

   Mill Valley, California

Barbara Stabin Nesmith

   New York, New York

Caryn E. Neumann

   Ohio State University

Scott A. Newman

   Loyola University Chicago

Becky Nicolaides

   University of California, San Diego

Micheline Nilsen

   Ernestine M. Raclin School of the Arts

Thomas J. Noel

   University of Colorado, Denver

Timothy J. O'Brien

   University of Houston

Thomas H. O'Connor

   Boston College

Robert S. Ogilvie

   University of California, Berkeley

Kathy Ogren

   University of Redlands

Janet C. Olson

   Northwestern University

Itohan Osayimwese

   Ypsilanti, Michigan

Dominic A. Pacyga

   Columbia College

Howard Padwa

   University of California, Los Angeles

Brian D. Page

   Ohio State University

Mark Peel

   Monash University

Thomas R. Pegram

   Loyola College

David N. Pellow

   University of California, San Diego

Emily Pettis

   Madison, Wisconsin

Susan A. Phillips

   Pitzer College

Wendy Plotkin

   Arizona State University

Carrie M. Poteat

   University of North Carolina, Charlotte

Madelon Powers

   University of New Orleans

David Kenneth Pye

   University of California, San Diego

Nancy Quam-Wickham

   California State University, Long Beach

James Ralph

   Middlebury College

CindyAnn M. Rampersad

   Pennsylvania State University

James K. Reap

   University of Georgia

Gordon Reavley

   The Nottingham Trent University

Teresa M. Reinders

University of Wisconsin, Parkside

Stella Ress

Loyola University Chicago

Mary Stovall Richards

Brigham Young University

Amy G. Richter

Clark University

Joseph A. Rodriguez

University of Wisconsin, Milwaukee

Mark H. Rose

Florida Atlantic University

Nicholas G. Rosenthal

University of California, Los Angeles

Reuben Skye Rose-Redwood

Pennsylvania State University

Matthew W. Roth

University of Southern California

A. K. Sandoval-Strausz

University of New Mexico

Eric Sandweiss

Indiana University

Pierre-Yves Saunier

Lyon, France

David Schuyler

Franklin & Marshall College

David G. Schwartz

University of Nevada, Las Vegas

Cord Scott

Loyola University Chicago

Robert O. Self

Brown University

Amanda I. Seligman

University of Wisconsin, Milwaukee

Harriet F. Senie

City College of New York

Allen J. Share

University of Louisville

Martin Shefter

Cornell University

Samuel C. Shepherd Jr.

Centenary College of Louisiana

Abraham J. Shragge

University of California, San Diego

Lindsay Silver

Brandeis University

Roger D. Simon

Lehigh University

Christina Slattery

Madison, Wisconsin

Robert A. Slayton

Chapman University

David Charles Sloane

University of Southern California

Wendy Slone

Cleveland, Ohio

Carl Smith

Northwestern University

Christa Smith

Clemson University

Kennedy Lawson Smith

The Community Land Use and Economics Group

Michael O. Smith

Wayne State University

Joseph Michael Sommers

University of Kansas

J. Mark Souther

Cleveland State University

Daphne G. Spain

University of Virginia

Judith Spraul-Schmidt

University of Cincinnati

Amy Squitieri

Madison, Wisconsin

Sumeeta Srinivasan

Harvard University

Jason Stacy

Loyola University Chicago

Marc Stein

York University

Chris Stonestreet

University of North Carolina, Charlotte

David Stradling

University of Cincinnati

Doreen Swetkis

Cleveland State University

Julie Sze

University of California, Davis

Joel A. Tarr

Carnegie Mellon University

Jon C. Teaford

Purdue University

Dianne T. Thompson

United States Department of Housing and
Urban Development

Claudette L. Tolson

Loyola University Chicago

Judith Ann Trolander

University of Minnesota, Duluth

Joe W. Trotter

Carnegie Mellon University

Barbara Truesdell

Indiana University

Kazuyo Tsuchiya

University of California, San Diego

Bas van Heur

Utrecht University

Philip R. VanderMeer

Arizona State University

Thomas J. Vicino

University of Maryland

Avis C. Vidal

Wayne State University

Domenic Vitiello

University of Pennsylvania

Matthew L. Wagner

University of Wisconsin, Milwaukee

Stacy Warren

Eastern Washington University

Kimberley Green Weathers

University of Houston

Andrew Wiese

San Diego State University

Geoffrey S. Wiggins

University of New Orleans

Mark Wild

California State University, Los Angeles

Dan Levinson Wilk

Duke University

Mary Lethert Wingerd

St. Cloud State University

Dale Winling

University of Michigan

Dan Wishnoff

John Jay College of Criminal Justice

David B. Wolcott

Miami University

David A. Wolff

Black Hills State College

Michael Wolford

University of North Carolina, Charlotte

Gwendolyn Wright

Columbia University

James Wunsch

New York, New York

Carl Zimring

Oberlin College

导 言

美国至少从 20 世纪初就已成为城市国家,直到今天仍然如此。但在此之前,美国的城市已经在这个国家的政治经济发展中扮演着重要角色,既是吸引移民的磁石,也是文化中心和创新节点,时至今日依然如此。尽管如此,所谓的"城市史"(Urban History)学科却是第二次世界大战之后的新鲜事,直到 1970 年代才有了专业期刊《城市史研究》(*Journal of Urban History*),成为城市史研究的阵地。经过了一代学人的筚路蓝缕,如今,城市史研究已经改变了我们对美国城市的看法,并给予我们新的启示。在这部《美国城市史百科全书》中,读者可以发现,来自不同领域的学者们围绕美国城市史的方方面面做出了简洁而不乏启发的介绍。

城市史是一个多学科交叉的研究领域,不同学科的研究者都可以为城市研究做出贡献,从某个方面探索历史进程中的城市变迁,建筑师、规划人员、社会学家、环境保护主义者、政治学家和经济学家尤其如此。通过本书的词条和作者的撰写,读者不难发现城市史的跨学科特征,尽管参与人员以历史研究者为主,但编委会和专家委员会也邀请了非历史专业的学者,来自多个学科的专家学者共同参与了本书的编写工作。

因此,读者完全有理由质疑,城市史研究是否像当代美国城市一样,不断地蔓延、扩展其边界?这个诸如杰克逊·波拉克(Jackson Pollock,美国抽象主义绘画大师。——译注)的画作一样的领域是否还有其研究意义?但本书编委会相信,与大多数社会科学学科相比,城市史并无其特殊之处;对于卷帙浩繁的研究成果进行综合,是当代学术面临的共同挑战;毋宁说这是学术研究充满活力的挑战——实际上,城市史研究正迅速向新的领域拓展,新史料层出不穷,新方法应接不暇,新视角夺人眼目,惊世骇俗之言顷刻间便成乏善可陈之论。笔者利用眼前这部百科全书,正可以进行一番"盘点",了解研究现状,思考前进方向。也许有学者认为,正如学界期待已久的那样,本书的词条对相关研究成果进行了综合,但这并非本书的首要任务。编委会和专家委员会希望结合知名学者和学术新秀的研究

来展现城市史领域的最新学术成果,希望在书中体现规划师、设计师等活跃在城市中的践行者的身影,希望本书以这样的方式成为未来研究者有价值的参考书,而非仅仅是一部当代研究状况的概要。

本书的编委会和专家委员会堪称一时之选,名列其中的肯尼斯·杰克逊(Kenneth T. Jackson)曾主编《纽约市百科全书》(*Encyclopedia of New York City*,1995),该书自出版后广受好评,而杰克逊在参与读者眼前这部书的编辑时也较其他编委投入了更多精力,贡献了更多建议。城市的复杂性决定了城市史研究的复杂性,因此在词条选择时颇费踌躇;幸而城市史领域又是兼收并蓄的,因此其选择可以相对广泛。蒂姆·吉尔菲洛(Tim Gilfoyle)是《城市史研究》的副主编,也是本书专家委员会成员,他认为城市是复杂现象的综合体,因此研究者只有将其拆解开来才能进行研究。吉尔菲洛断言,城市研究拒绝简单的综合与概括。因此,城市史研究直到今天,仍然缺乏整体理论与统一范式,是近 30 年来的多学科交叉推动了城市史研究的繁荣,许多研究者并不自认为是"城市学家"(Urbanist)或"城市史学家"(Urban Historian),但这种缺乏统一范式的混乱状况却令城市史研究受益。尽管这意味着城市史研究缺乏整合在一起的力量,但该领域下的多样化的研究方法和多样化的研究对象却为其注入活力,只不过城市史的教学和继续深化受到了阻挠。非城市学家和非城市史学家在城市史领域开展研究,恰恰是城市史领域的传统,也是其发展方向。

当代美国城市史研究主要集中于过去的 150 年,这一时间段也是本书的焦点所在。正是在这一个半世纪中,美国从一个店主和农场主的国家转变为工业化国家,并进而向后现代社会过渡,美国城市也随之不断调整。在历史的长河中,这一转型是短促而突然的,充满戏剧感。"从日常生活来看,一个生于 1854 年的孩子,他的生活与公元元年的人更为接近,而不是 1900年的人",亨利·亚当斯(Henry Adams)的这句名言传神地表达了美国社会的巨大变化。城市的规模、城市居民的生活、城市内部及边缘的多种活动,以及驱动城

市变迁的科技力量都是本书探讨的话题。

本书撰稿人之一的卡尔·艾伯特(Carl Abbott)主讲城市规划方向的课程,他回忆道,城市史研究先驱理查德·韦德(Richard Wade)常常告诉自己的学生,美国城市史并非独立的研究领域,而是一种从整体上探索美国历史发展路程的方法之一,研究者首先是美国史学者,然后才是城市史学者。诚哉斯言!即使是对环境、教育、族裔、种族、移民、性别、社会和区域等方面的历史研究,城市史同样是不可或缺的一部分。在社会学、政治学、地理学、城市规划学等与城市密切相关的学科中,往往也闪动着城市史的影子。就像本书一样,摆在城市史学家案头的期刊和专著也是涉及广泛的,涵盖了多个学科。

专家委员会的成员大多并不认为自己是纯粹的城市史学家,而是来自多个不同领域。比如雷蒙德·摩尔(Raymond A. Mohl)是种族研究专家和城市基础设施研究者,乔·特罗特(Joe Trotter)是劳动史和非洲裔美国人研究者,丽莎贝丝·科恩(Lizabeth Cohen)是劳工和社会史学者,贝克·尼古拉迪斯(Becky Nicolaides)从事美国研究和性别研究,莫琳·弗拉纳根(Maureen Flanagan)研究性别,蒂姆·吉尔菲洛研究性别和流行文化,但他们都选择城市为其研究的大框架。肯尼斯·杰克逊最负盛名的研究成果当属研究郊区的《马唐草边疆》(Crabgrass Frontier)。尽管研究领域各异,但他们却有共同的特点,那就是将自己的研究对象放入城市进程,即在城市为何增长、城市如何增长的大背景下展开探索。绝大多数撰稿人将城市视作一个充满活力的实体,在塑造一系列人与事件的同时也被其所塑造。他们正是基于这种交互式的理解,撰写了本书的词条。

正如卡尔·艾伯特所言,新观念往往孕育于冲突与不协调,而非共识。学科交叉往往启发新的观念,创造新的洞见。社会学理论的长期研究证明,社会群体的边缘人群,其身份和地位并不固定,也不稳定,是推动社会变迁的最活跃因素。在学术界,新观念往往产生于边缘,比如城市史与环境史的交叉。城市史学家开始关注环境问题,而环境史学家也发现,通过对城市环境的研究可以增强对社区群体、族裔集团、社区活力、地方政治权力与政治机构等问题的认识。

艾伯特相信,要研究城市的历史,离不开对现代世界和后现代世界之产生与特征的理解。城市史学家们往往选择城市的某个方面,以便深入研究,在二十世纪六七十年代,城市间竞争、公共服务的起源以及城市内内部的社会与经济流动是研究的热点问题,但如今,女性的城市经验、城市中与女性相关的制度与机构、郊区化的复杂面相成为新的热点,学者们尝试着将城市视作女性进行性选择的场所,并探索城市建成区(Built Environment)的符号意义。学者们在进行上述研究时不得不与其他学科开展对话与互动,因此城市史研究看上去变得碎片化了,当然也可以说更有活力了。

挑选词条是摆在我们面前最大的挑战。专家委员会成员负责这项工作,在选择其成员时我们不仅考虑了他们在城市史各个领域中的学术研究能力,也考虑到他们对整个城市史的宏观认识能力。最后,委员会将所有词条按照重要性分为四类,最重要的词条,其解释不少于2500字,而一般重要的词条也要有500字。最终,专家委员共提交词条1000余个,剔除重复内容后,编委会确定了500多个词条,并分别寻找撰稿人,与词条一一对应,并征询专家委员会的建议。主编、副主编与专家委员会进行了长达数月的协商,以便将所有词条尽量准确地划分到对应的门类中去,这同样是一项乏味而辛劳的工作。编委会和专家委员会为城市(Urban)划定的范围十分宽泛,包括郊区及与郊区有关的诸种事物,也包括大都市区的郊县(Penurbia)。我们的编辑工作可谓用心良苦,也的确卓有成效——摆在读者面前的这部百科全书,不仅是一套方便的研究工具,本身也是学术研究的里程碑。

本书的词条不仅反映了"城市"涵盖范围之广,从中也可看出美国城市的历史进程。美国城市既不是产生于行政命令,更非来自王家御敕,而是经济力量与地理要素相结合的产物。同样,美国城市的发展历程也没有精心的规划,而是土地需求和市场扩大的自然结果。土地投机是城市区位与发展的主要幕后推手,甚至在一定程度上决定了城市财富、新型交通技术的发展和城市服务(上下水系统的完善、街道铺设以及警务和消防能有力推动土地价格)。与世界其他地区的城市相比,也许美国城市才是蓬勃发展的资本主义的宠儿。在编委会看来,城市是发展的引擎,同时城市也凭借发展吸引了来自世界各地的移民。读者从本书的词条中不难发现这一点。

从本书的词条中也可以发现,城市史研究本身也在不断变化。在20世纪50、60年代,城市的传记,即对主要城市的历史的研究占据着城市史的主流。随着六七十年代"新城市史"(New Urban History)的崛起,城市史研究,尤其是在与社会流动和空间流动的研究中,计量方法风靡一时。与此同时,历史学家、地理学家、社会学家甚至建筑学家,纷纷开始用跨学科的方法来研究城市发展,重点关注城市空间与结构的进展与分配。到八十年代，城市史研究与其他方向的历史研究一样，开始尝试用种族、阶级和性别等新方法、新工具，并持续关注空间、权力与上述新领域的互动。同时，由于1970年的人口统计显示郊区人口超过中心城市人口，对于郊区的研究也开始成为热点。

实际上，城市史学家也受到当代史学潮流的影响，但这并不能说明我们就是"当代论者"（Presentists），如果说我们相信城市史研究会影响当前的政策，这倒是确切无疑的，本书中的许多词条也说明了这一点。公共卫生、环境、基础设施、法律实施和新移民，无一不是当代大都会的热点议题，而且无一不是城市史研究的重点。通过这些主题也可以发现，城市史学家可以方便地与其他学科展开对话。突出城市史研究的跨学科特征，是本书的目的，也是本书的内容。

通过本书的词条不难发现，城市史研究者的学术背景是多种多样的。尽管绝大多数撰稿人来自高等院校，但也有不少来自非营利组织、政府部门和企业——它们在城市进程中的作用不容忽视，理解城市进程对于它们也不无助益。不但如此，尽管本书是一部关于历史的百科全书，但同时也割不断与当前和未来的联系。换句话说，如果你生活在大都市区中，无论你的职业兴趣是什么，本书都有助于你理解自己生活和工作的地点，了解其历史和未来。城市研究者和践行者关注城市的进程，关注城市及其人口不断变化的特性。对于城市史学家以及自然科学和社会科学的研究者们而言，本书是研究城市的必备参考书，它将告诉你我们做出了什么，以及我们将要做什么。

主编：David Goldfield

副主编：Kathryn B. Wells

A

伊迪斯·阿博特
ABBOTT, EDITH

伊迪斯·阿博特（1876—1957 年）出生于内布拉斯加州格兰德岛，是美国最早获得博士学位的女性之一。1924 年，阿博特出任芝加哥大学社会工作学院（School of Social Service Administration）院长，在职 18 年，对社会工作这一新兴领域有着极为深远的影响。

阿博特来自一个对社会活动充满浓厚兴趣的家庭。其母亲曾参加废奴运动和女权运动，妹妹格雷斯（Grace）于 1921—1934 年任美国劳工部辖下儿童局（Children's Bureau）局长。1893 年，阿博特毕业于奥马哈（Omaha）女子寄宿学校。

毕业后，阿博特想上大学，不过其父母无力负担，她只好返回格兰德岛，在当地高中教了两年书。之后，阿博特在内布拉斯加大学就读，1901 年毕业，然后考上芝加哥大学，1905 年获得经济学博士学位。1906 年，阿博特赴英国深造，在伦敦大学学院（University College of London）和伦敦政治经济学院（London School of Economics and Political Science）两所大学读书。正是在伦敦政治经济学院，阿博特接触到了消除贫困的新方法。

返回美国后，阿博特跟妹妹格雷斯一起到赫尔会所（Hull-House）——美国国内创办最早的社区改良会所——做义工。社区改良会所是贫民区的社区服务中心，其职员和管理人员多由受过大学教育的女性担任。在赫尔会所工作期间，阿博特促进改善穷人的居住状况，推动保护移民、女工和儿童的新法律的通过。

之后，阿博特成为芝加哥公民与慈善学校（Chicago School of Civics and Philanthropy）社会研究主任索福尼斯巴·布莱肯里奇（Sophonisba Breckinridge）的助手，任职期间，促进了很多对未成年

犯罪的研究。

1920 年，阿博特促成芝加哥公民与慈善学校并入芝加哥大学，更名为芝加哥大学社会工作学院，芝加哥大学也成为美国首所陪养社会工作研究生的大学。阿博特在学院教了 33 年的书，1924—1942 年曾任学院院长。

阿博特对社会工作这个新专业影响巨大，她坚信社会工作专业的教育要由大学来监管，而且教育要在研究生的水平上进行。此外，她还深信扎实的社会工作专业教育必须包括实地考察，如此学生才能获得实际经验。阿博特不仅编制了社会工作专业的课程表，还撰写了所有教学所必需的专业教材，共计一百多本著作和论文。

1953 年从芝加哥大学退休后，阿博特回到了内布拉斯加州的老家，后于 1957 年辞世。

延伸阅读书目：

- Costin, L. (1983). *Two sisters for social justice：Abiography of Grace and Edith Abbott*. Urbana, IL：University of Illinois Press.
- Ladd-Taylor, M. (1997). *Gender and the politics of welfare reform：Mothers' pension in Chicago，1911 - 1929*. Chicago：University of Chicago Press.

Gene C. Gerard 文

赵显博译　陈恒校

查尔斯·艾布拉姆斯
ABRAMS, CHARLES

查尔斯·艾布拉姆斯（1902—1970）集学者、律师和行政官员于一身，其思想影响了 20 世纪中期的城

市、城市发展和公共住房政策以及大众观念。

艾布拉姆斯出生于沙皇统治下的波兰，1904年随家人移民至美国，后定居于威廉斯堡，紧邻纽约的布鲁克林。艾布拉姆斯很快就觉察到城市环境下的多元化社区。1922年，艾布拉姆斯从布鲁克林法学院获得法律学位，之后通过担任房地产律师投机地产，在几年内积累了大量财富。1928年，艾布拉姆斯与一位很有抱负的艺术家——鲁思·戴维森（Ruth Davidson）——结婚。

纽约市市长菲奥罗拉·拉瓜迪亚（Fiorello La Guardia）认识到艾布拉姆斯处理房地产事务的才干后，敦促他协助起草《纽约市住房管理法》（New York Municipal Housing Authorities Law）。该法在1933年生效，随后成为联邦及各州住房法律的典范。不久，在担任纽约市住房管理局（New York Municipal Housing Authority）第一任法律顾问期间（1934—1937），艾布拉姆斯成功树立了贫民窟清理和公共住房建设中私产征用程序的合法性。

除了支持公共住房政策外，艾布拉姆斯还热衷于推动黑人与白人自由混居的法律。1955年，纽约州州长埃夫里尔·哈里曼（Averell Harriman）指派艾布拉姆斯主管纽约州反歧视委员会（New York State Commission Against Discrimination, SCAD）的工作。作为委员会主席，艾布拉姆斯根据纽约州反歧视法，起草了由政府出资建设住房的相关法案，其中也将联邦住房管理局（Federal Housing Administration）和退伍军人管理局（Veterans Administration）纳入其中。1959年，在离开纽约州反歧视委员会后不久，艾布拉姆斯接受了全国反对住宅歧视委员会（National Committee Against Discrimination in Housing）的主席一职（1961—1965）。在艾布拉姆斯领导下，委员会成功地推动总统发布行政命令，禁止存在歧视行为的住房享受联邦补贴。

艾布拉姆斯是城市研究——系统研究城市及城市人口的学科——的创始人之一，是多所研究机构（包括纽约社会研究新学院、宾夕法尼亚大学、麻省理工学院和哥伦比亚大学）的客座教授，他善于激发学生去领会自己在考察城市环境时所采用的既有分析，同时注重人文关怀。他还通过撰写的七本著作——其中1955年的住房歧视调查《禁邻》（*Forbidden Neighbors*）时至今日仍为经典，且时常被引用——和数十篇文章以及几百篇报纸新闻来传播自己的观点。由于是为普通大众而作，所以其作品都避免使用术语和行话，这使得艾布拉姆斯成为当时最著名的公共知识分子。

艾布拉姆斯的职业生涯并没有局限于美国国内，他曾为联合国负责过多项海外任务，帮助发展中国家设立住房管理机构和规划学校。以上经历，艾布拉姆斯都总结在《世界城市化趋势下人类为安居而付出的努力》（*Man's Struggle for Shelter in an Urbanizing World*）一书中。

艾布拉姆斯毕生都在批评滥用城市空间的行为，所以，他请求火葬的愿望可以说是这一行动的完美注脚，虽然有悖于犹太人的传统，但他的家人最后还是按照他的愿望，进行火葬。

亦可参阅：居住隔离（Housing Segregation），菲奥罗拉·拉瓜迪亚（Fiorello La Guardia），公共住房（Public Housing），限制性契约条款（Restrictive Deed Covenants）

延伸阅读书目：

- Abrams, C. (1964). *Oral history interview*. Columbia University Oral History Collection, New York.
- Henderson, A. S. (2000). *Housing and the democraticideal：The life and thought of Charles Abrams*. New York：Columbia University Press.
- Taper, B. (1967, February 4). A lover of cities, I. *The New Yorker*.
- Taper, B. (1967, February 11). A lover of cities, II. *The New Yorker*.

A. Scott Henderson 文

赵显博译　陈恒校

弗雷德里克·阿克曼
ACKERMAN, FREDERICK L.

弗雷德里克·阿克曼（1878—1950）是建筑师和住房改革家。阿克曼支持联邦政府积极参与为工人阶级建造体面住房的行动，并支持联邦政府监督全国的规划、交通一体化、住房、商业和公共空间，响应社会需求。阿克曼曾参与联邦政府最早的住房建设规划项目，与克拉伦斯·斯坦（Clarence S. Stein）和亨利·赖特（Henry Wright）两位建筑师合作，设计出著名的阳光谷住宅区（Sunnyside，1924）和（Radburn，1928）雷伯恩住宅区，此外，他还在纽约市城市住房管理局工作过。虽然阿克曼偏重于传统建筑和低收入住房，但位于纽约市具有现代主义风格的高档公寓,却是他最为人所称道的设计之一。

应《美国建筑师协会期刊》(*Journal of the American Institute of Architects*)编辑查尔斯·惠特克(Charles Whitaker)的要求,阿克曼在1917年赴英国考察政府住房规划,回国后成为美国紧急舰队公司(United States Shipping Board's Emergency Fleet Corporation)的城镇规划师,主管战时工人新社区的设计。阿克曼支持大规模开发,合并单个地块,并在外缘设置一些典型的花园公寓,内部留以公共的开放空间,该布局在阳光谷住宅区和20世纪30年代的早期公共住房项目中都有使用。阿克曼的社区建筑理念与斯坦和赖特的理念一致,提倡将拥挤不堪的大都市分散成为独立且互相连结的众多新城镇,各城镇实行土地公有并且人口相对较少。他与斯坦、赖特等建筑师一道,组成了美国区域规划协会(Regional Planning Association of America)。

阿克曼重构资本主义土地所有制和发展体系的建议,是根据社会经学家索尔斯坦·范布伦(Thorstein Veblen)和土地改革家亨利·乔治(Henry George)的观点所提出的,所以社会评论家和同为协会成员的刘易斯·芒福德将其视之为协会内最激进的人。在阿克曼看来技术专家或技术官僚者既拥有制定土地开发新策略的专业知识,又有中央政府的信息和协调,有责任去保证因人口增长或公共改善所带来的地产升值应该有益于广大民众,而非那些地产投机者。阿克曼坚信,建筑师在规划方法、成本分析和设计技能的武装下,兼具统筹全局与局部的视野,在此过程中发挥着核心作用。

联邦公共住房项目设立之后,阿克曼成为纽约市住房管理局专业技术岗位主管(1934—1939)。他设计了很多项目,包括其母校康奈尔大学的教工住房、纽约市最早的公共住房和位于雷伯恩的商业广场大楼。1938年左右,阿克曼设计建成了位于纽约市东83街的高档公寓,该建筑因其外部独特的玻璃墙构造而著称于世:一方面体现其现代风格,另一方展示其技术先进的内部结构,即纽约市第一座拥有中央空调设备的公寓。

亦可参阅:田园城市(Garden Cities),刘易斯·芒福德(Lewis Mumford),美国区域规划协会(Regional Planning Association of America),克拉伦斯·斯坦(Clarence Stein),亨利·赖特(Henry Wright)

延伸阅读书目:
● Lang, M. (2001). Town planning and radicalism in the Progressive Era: The legacy of F. L. Ackerman. *Planning Perspectives*, 16, 143 - 167.

Kristin Larsen 文

赵显博译 陈恒校

简·亚当斯
ADDAMS, JANE

简·亚当斯(1860—1935),是19世纪末一位很有抱负的社会活动家,她支持社会改革,1889年创办的赫尔会所是美国社区改良运动的开端(Settlement Movement)。1860年,亚当斯出生于伊利诺伊州锡达维尔(Cedarville)的一个中产阶级家庭,享受着与其地位相称的悠闲生活。不过,简·亚当斯却想用自己的一生去做更多的事。1887年赴欧游学旅行期间,亚当斯参观了汤因比厅(Toynbee Hall)。该组织以其创立者、在牛津接受教育的英伦绅士阿诺德·汤因比(Arnold Toynbee)来命名,它位于伦敦肮脏的白教堂(White Chapel)区,致力于穷人的教育和生活改善工作。

简·亚当斯模仿汤因比厅创立赫尔会所。它位于芝加哥霍尔斯特德街(Halsted Street)的一个工人阶级住宅区,致力于消除很多工业城市存在的阶级差距。随着北部城市工业化的兴起,大量欧洲移民涌入美国。这些移民住着破烂不堪的房屋,安家于肮脏和充满疾病的环境中可谓城市中产阶级的典型。为了消除城市化早期的不良状况,赫尔会所在理念上拒绝宗教信条,转而借助科学理论。维多利亚时代的改革家,例如简·亚当斯,不再接受个人祸福皆由天定的圣经教义,他们指出,生活的环境才是影响个人生活状况的原因。赫尔会所的女志愿者们为进入芝加哥的新移民提供各种知识和文化课程,以此来促进移民的自我改善。

20世纪初,第一次世界大战爆发之后,简·亚当斯逐渐淡出人们的视线。作为和平主义者以及美国妇女和平党(Women's Peace Party)主席,她强烈谴责战争的非道德性。由于其政见不受欢迎,她成为1918—1920年"红色恐慌"的攻击对象。尽管如此,简·亚当斯还是因其和平实践活动而被授予1931年诺贝尔和平奖。随着政府对全体公民的立场日益积极(尤以新政时期最为明显),慈善的性质发生了改变,国家开始担负起救济穷人的责任。1935 年 5 月 31 日,简·亚当斯因疾而终。

延伸阅读书目:
- Addams, J. (1910). *Twenty years at Hull-House with autobiographical notes*. New York: MacMillan.
- Diliberto, G. (1999). *A useful woman: The early life of Jane Addams*. New York: Scribner.

Carrie M. Poteat 文

赵显博译 陈恒校

成瘾
ADDICTION

虽然麻醉品与人的异常行为的联系多被认为是理所当然,不过相对来说,这一观点的历史并不悠久,麻醉品被排斥到社会文化边缘只是近期的事情。现在被定为非法的吸毒活动,在 20 世纪初还是为社会所接受的,且相当普遍。美国内战后,由于皮下注射器的普及,吗啡逐渐成为止痛药的首选。鸦片则被广泛用于治疗胃肠道疾病和宿醉,甚至还被当作婴儿的安眠药。可卡因是治疗枯草热药物和汽水等流行饮品(包括可口可乐)的主要成分,而大麻也是普通药物制剂的成分。不过,因为此类药物在 19 世纪末期使用甚为普遍,医生慢慢发现就诊的病人——特别是那些使用吗啡的病人——逐渐对药物产生耐药力和依赖性。简言之,这些病人上瘾了。逐步意识到成瘾的潜在危险后,医生不再愿意给病人开含有麻醉品的药物,而 1906 年《纯净食品和药品法》(Pure Food and Drug Act)要求制药商减少其产品中的麻醉品含量。

随着医用麻醉品的减少,毒品的人口组成发生了急剧的变化。以前比较普遍的成瘾类型——中年的中产阶级或上层阶级女性,因医生粗心大意的开药习惯而成瘾的情况——因为专业医护人员和消费者的日益谨慎而越来越少见。由医药造成的富人成瘾状况被新的成瘾类型取代——有些人(多为工人阶级或非白人)开始为享受快感而使用麻醉品。因此,社会上的成见把海洛因与市中心的移民和激进分子联系在一起,把鸦片与中国劳工、大麻与墨西哥人、可卡因与南部黑人联系在一起,由此弄出东拉西扯而又令人印象深刻的联系,把外来种族、社会混乱、腐败与吸毒联系在一起。

社会对毒品使用和吸毒者认识的改变,成为 1910—1930 年对毒品严格法律控制的思想和政治基础。

有些州在 19 世纪末就已经通过了禁止吗啡和可卡因的法律,而联邦政府则是因为禁止吸食性鸦片入境和 1914 年《哈里森法》(Harrison Act),才涉足毒品控制工作。《哈里森法》要求任何进口、出售鸦片或古柯叶的人,或者将鸦片或古柯叶开为处方药的人,都必须在联邦政府登记备案,缴纳特别税。该法得到一系列联邦法庭判决的保护,其中尤以韦伯等诉联邦政府案(*Webb et al. v. United States*)最为突出。该判决规定医生不得将法律管制的麻醉品开给有毒瘾的人,以维持其使用毒品的习惯。《哈里森法》通过后,在十几座大城市开设的戒毒诊所——主要是帮助吸毒成瘾者逐步减少毒品摄入量——被关闭。所以,直到 20 世纪 20 年代中期,吸毒成瘾者别无他选,要么进戒毒所,要么在日益活跃毒品贸易黑市上购买。

20 世纪 20 年代,执法手段成为遏制成瘾的主要手段,严厉的惩罚和严格的执法措施是保证公众服从联邦毒品控制制度的最好方法。到 1928 年,联邦监狱内几乎三分之一的囚犯都是因为违反毒品控制相关法律而被监禁,比紧随其后的两类犯罪(违反禁酒令和汽车偷盗)的总数还要多。20 世纪 30 年代,为了缓解监狱系统的压力,联邦政府为吸毒者设立专门的监禁设施——"麻醉品农场"(Narcotic Farm)。这样的"农场"有两个,一个是肯塔基州的莱克星敦(Lexington, Kentucky)农场,另一个是得克萨斯州的沃斯堡(Fort Worth, Texas)农场,表面上看上去是治疗机构,让成瘾者摆脱现代城市的艰苦生活——当时被认为是造成成瘾的主要原因,然而实际上,麻醉品农场却像是监狱或劳改所而非治疗机构,农场内部医务工作者发挥的作用相对较小,多为强制性且相当严酷的身体健康恢复计划。

美国参战(二战)后,由于国家处于紧急状态,政府加强了对麻醉品国际贸易和国内流通的控制,所以毒品吸食者的数量有所下降。到 20 世纪 40 年代晚期,尽管北方的波多黎各人社区和黑人社区出现了毒品走私和交易的热点地区,国会还是认为没有必要继续增加麻醉品控制的预算。

20 世纪 50 年代早期,大众媒体抓住每一个机会报道美国城市内的吸毒泛滥情况,特别是青少年中的吸毒问题。当时的舆论认为,美国的七座大城市——纽约、巴尔的摩、费城、底特律、芝加哥、新奥尔良和华盛顿特区——是毒品问题的中心,而富裕的郊区以及乡下地区则大体上没有吸毒问题。因此,从 20 世纪 50

年代开始,美国的毒品控制政策主要有两大目标:毒品泛滥地区遏制吸毒问题扩散,将其与未出现广泛毒品问题的地区隔离。对贩毒者予以严惩,对某种犯罪情况,服刑年限和最低服刑年限加长,而且针对有组织贩毒的法律武器库急剧扩大。

然而到20世纪60年代中期,城市弱势群体之外的吸毒变得越来越流行。与19世纪晚期不同,吸毒在富人之中流行没有让社会对吸毒的接受度有所提高。此时,社会上的许多中上层阶层青年欣然接受反战运动和嬉皮士文化,而作为维系其反文化和破坏行为的工具,吸食毒品也被流行文化所接受,特别是随着迷幻药如麦角酰二乙胺(LSD)等的泛滥。尽管毒品总是与反常行为和社会混乱扯上关系,但在20世纪60年代晚期以及70年代,美国的毒品控制政策出现了重要转向。随着富人吸毒情况的增多,尼克松政府不断增加用于戒毒和预防毒瘾方面的资金和支持,时至今日,这一方面的投入也没有减少。尽管现在吸毒人群的人口结构更为复杂,地域范围更为广阔,各个社会阶层都有出现,但是很多美国人还像过去的一个多世纪一样,把吸毒带来的社会问题归咎于城市隔都区的堕落和犯罪。

延伸阅读书目:

- Belenko, S. R. (Ed.). (2000). *Drugs and drug policy in America:A documentary history*. Westport, CT: Greenwood Press.
- Courtwright, D. T. (1982). *Dark paradise:Opiate addictionin America before 1940*. Cambridge, MA: Harvard University Press.
- Morgan, H. W. (Ed.). (1974). *Yesterday's addicts: American society and drug abuse, 1865 - 1920*. Norman, OK:University of Oklahoma Press.
- Musto, D. F. (1987). *The American disease:Origins of narcotic control*. New York:Oxford University Press.

Howard Padwa 文

赵显博译　陈恒校

非洲裔美国人商业区
AFRICAN AMERICAN BUSINESS DISTRICTS

纵观美国历史,某一社区的主街商业区在文化上反映着自由市场,是社会、政治、宗教和经济活动的中心。从19世纪80年代到20世纪60年代早期,在实行种族隔离的美国南部,以及之后的整个美国(非洲裔美国人为寻找就业机会迁往美国北部),非洲裔美国人社区的商业区也呈现出类似情形。

很多人把过去的非洲裔美国人商业区描述为非洲裔美国人商业发展的黄金时代,而其他人则主张,种族压迫导致的种族隔离和联邦政策抑制了非洲裔美国人商业的进一步发展。最后,对非洲裔美国人商业区的投资为非洲裔美国人带来了极大的自尊、自决和自立。从哈莱姆到比尔街,历史上非洲裔美国人商业区所特有的文化、社会和经济价值,通过当下的精心保存和城市重建,被重新发现发掘。

内战结束后,奴隶制让位于自由社会,过去被束缚的劳动技能能够在市场上自由发挥。面对非洲裔美国人商业的发展,南部各州出台吉姆·克劳类法案(Jim Crow)或种族隔离法令,限制非洲裔美国人从事商业的地点,打压非洲裔美国人参与全国经济发展的活动。因此,美国南部的各个城市中,曾在内战前城市主街从事商业活动的自由非洲裔美国人被迫与内战后被解放的非洲裔美国人一道,只能在本社区做生意。受此影响出现大量的非洲裔美国人商业区,包括迈阿密的上城街区(Overtown District)、亚特兰大的斯威特奥本街(Sweet Auburn Street)、俄克拉荷马州塔尔萨格林伍德的黑墙街(Black Wall Street of Greenwood)和北卡罗莱纳州达勒姆的海地商业区(Hayti)。

发现石油后,塔尔萨在1920年成为一座欣欣向荣、遍地黄金的城市。然而,塔尔萨事实上却是一座被隔离成为两部分的城市。如同大多数南部社区,非洲裔美国人既不能住在白人中间,也不能做白人的生意,所以非洲裔美国人发展了自己的商业区。在塔尔萨,格林伍德的商业活动异常活跃,而且非常成功,布克·华盛顿(Booker T. Washington)在访问格林伍德时,称其为"黑人的华尔街"(Negro Wall Street)。

到1921年,格林伍德商业区包括两座剧院、三家药店、四家旅馆,以及社区服务机构如医院、学校和两家报社等。除此之外,还有超过150栋两层或三层商业建筑,其中有服装店、食品店、咖啡馆、夜总会以及医生、律师和牙医等各种专业服务。

不幸的是,在美国南部,非洲裔美国人商业区的成功往往导致种族紧张,招致白人报复。在格林伍德,白人以一个白人女性受到黑人男性袭击为由,袭击非洲裔美国人社区,造成了前所未有的社会动荡。1921年塔尔萨种族骚乱造成几百人伤亡,财产损失高达数百万美元之巨,格林伍德商业区被夷为平地,沉重打击了非洲裔美国人商业活动的发展,是美国历史上最严重的骚乱事件。骚乱大约毁坏了1500栋非洲裔美国人住宅和商业建筑,惨剧发生之前,塔尔萨号称有10位非洲裔美国人百万富翁,超过600名居民的资产在5 000至50 000美元之间。

格林伍德商业区在很大程度上模仿北卡罗来纳州达勒姆海地商业区的发展模式。内战结束后不久,非洲裔美国人开始在达勒姆西南角安顿下来。最初,海地商业区是达勒姆烟草仓库的劳动力市场,后来,非洲裔美国人的企业很快繁荣起来,并主持创立了几个大型机构,包括北卡罗来纳互助保险公司(North Carolina Mutual Insurance Company)和北卡罗来纳中央大学,该大学历史上为黑人大学,由注册药剂师和企业主詹姆斯·谢泼德(James Shepard)创立。

1910—1970年,美国人口中出现的主要变化是大迁徙(Great Migration),即南部非裔美国人为获得更高的工资和政治权利而迁往北方。这一过程,又带来了新一波繁荣——仍旧处于种族隔离状态的非洲裔美国人商业区。

芝加哥的布朗赞维尔(Bronzeville)商业区是美国北方典型的非洲裔美国人商业区。当地虽没有实行隔离制度,但冷漠的氛围还是充斥着当时的芝加哥,布朗赞维尔发展成为城中之城,为非洲裔美国人提供商业服务。布朗赞维尔的经济和社会基础发展迅速,令很多人称其为"非洲裔美国人的大都市"。

密尔沃基的核桃街(Walnut Street)是奶油城(Cream City)版的大型非洲裔美国人商业区,曾在美国各大城市蓬勃发展。从20世纪20年代晚期开始,爵士音乐俱乐部和和蓝调音乐俱乐部就一直是密尔沃基的一大景致。像大都会(Metropole)和刚果(Congo)等"黑人白人"(Black and Tan)俱乐部,使密尔沃基呈现出白人顾客和黑人顾客多元混合的趋势。

从20世纪40年代到50年代,非洲裔美国人商业区开始出现衰落的迹象。此时,非洲裔美国人开始获得更多的自由,很多人都选择在城市中的其他区域购物,那些资本化程度更高的白人商店商品选择多,且价格更低。再者,受到联邦政策像《城市更新法案》(Urban Renewal Act)和《州际高速公路法案》(Interstate Highway Act)等的影响,城市逐步拆除周围的非洲裔美国人社区,并有计划地消除城市衰败,为美国郊区发展铺平道路。

虽然种族歧视、日益增多的竞争和拆迁措施拆除了很多非洲裔美国人商业区,但发端于其中的富有活力的蓝调音乐和爵士乐却将其文化遗产传承下来。北卡罗来纳州达勒姆的海地,在当地人盲孩富勒(Blind Boy Fuller)和"牛城老红"(Bull City Red,美国吉它手乔治·华盛顿的绰号。——译注)的促进下,出现了土生土长的山麓蓝调(Piedmont Blues)音乐舞台。

上城街区旅馆中的繁华俱乐部有迈阿密黑人百老汇(Black Broadway)之称,曾接待过凯伯·凯洛威(Cab Calloway)、莲娜·荷恩(Lena Horne)、贝西伯爵(Count Basie)和纳特·金·科尔(Nat King Cole)。旧金山的菲尔莫尔区(Fillmore)变成"西部的哈莱姆",从20世纪40年代开始,爵士乐音乐家如埃灵顿公爵(Duke Ellington)、贝西伯爵等会定期在菲尔莫尔剧院演奏。

埃尔莫尔·詹姆斯(Elmore James)、威廉森(Sonny Boy Williamson)、小弥尔顿(Little Milton)和詹姆斯·沃勒(James Waller)等精力旺盛的音乐人发行黑胶唱片,后又在号角唱片(Trumpet Records)制作唱片,该唱片公司成立于20世纪50年代早期,位于昔日繁华的法里什街(Farish Street),那里曾经是密西西比州杰克逊市的非裔美国人商业区。号角唱片能在法里什街焕发生机是件令人难以想象的事。一个名叫莉莲·麦克默里(Lillian McMurry)的白人与其丈夫买下了一家位于法里什街的五金店,此处曾是城中白人商业区和非洲裔美国人商业区的边界。翻修建筑时,麦克默里发现了一大堆未出售的唱片,包括维诺尼·哈里斯(Wynonie Harris)的《她只想要摇滚》(All She Wants to Do Is Rock)。出于好奇,麦克默里在店里的电唱机上播放了唱片,听后大受刺激,决定录制更多此类音乐——号角唱片由此诞生。法里什街上的录音棚虽然只是昙花一现,但是它开启了之后的摇滚乐。

延伸阅读书目:

- Butler, J. S. (1991). *Entrepreneurship and self-help among black Americans: A reconsideration of race and economics*. Albany, NY: State University of New York Press.
- Goings, K. W., & Mohl, R. A. (Eds.). (1996). *The new African American urban history*. Thousand Oaks, CA: Sage.
- Johnson, H. B. (1998). *Black Wall Street: From riot to renaissance in Tulsa's historic Greenwood district*. Austin, TX: Eakin Press.
- Ryan, M. W. (2004). *Trumpet Records: Diamonds on Farish Street*. Jackson, MS: University Press of Mississippi.
- Vann, A. D., & Washington Jones, B. (1999).

Durham's Hayti. Mount Pleasant, SC: Arcadia.

Matthew L. Wagner 文
赵显博译　陈恒校

非洲裔美国人市长
AFRICAN AMERICAN MAYORS

1965 年《选举权法》(Voting Rights Act)的通过，结束了近一个世纪的合法种族隔离，也加速了非洲裔美国人融入政治主流的进程。《选举权法》实施的两年内，非洲裔美国人当选为美国两座大城市的市长，揭开了黑人历史和城市政治的新篇章。理查德·哈彻在加里的当选、卡尔·斯托克斯在克利夫兰的当选与 1968 年牧师小马丁·路德·金被暗杀的事件形成鲜明对比，贝亚德·拉斯廷(Bayard Rustin)称，以上事件标志着黑人行动主义(Black Activism)开始从街头转移至政府机构。

从 1968 年起，非洲裔美国人几乎当选过美国每座大城市的市长，以及相当数量的中等城市的市长。在 72 座城市(人口超过 5000)的选举中，有 114 位非洲裔美国人当选为市长，其中有两种市政体制非洲裔美国人当选市长的数量最多：一是市长—议会制，二是强市长制。

第一批非洲裔美国人参与的市长竞选活动在几座大城市举行，当时种族骚乱频发，社会动荡，而黑人此举也旨在检验公众对《选举权法》的态度。此类市长竞选活动首先出现在美国北部，也说明一定的政治现实。北部的黑人享有选举权，不必依赖司法部(Department of Justice)律师协助即可注册。而且，他们还在城市政治体制内积累了宝贵的政治经验，对其日后发起选举、筹集资金、动员支持，以及最后治理大而复杂的城市有着至关重要的作用。

对 1968—2005 年当选的 114 位非裔美国人市长的分析表明，他们都具有以下特征：大多数受过高等教育，获得过法学学位、硕士学位和博士学位；所有的 114 位市长都在联邦、州和地方政府积累了广泛的政治经验。竞选者的背景以及种种可靠证明，是获得白人选民支持并确保黑人选票的关键一环。许多老年黑人一直习惯于投票支持白人，不过如果黑人候选人受过良好教育、经验丰富，他们也会投黑人的票。

另一个不可忽视的特征，是这 114 位非裔美国人市长都为男性。自 1980 年以来，只有 15 位女性，如明

尼阿波利斯市的沙伦·塞尔斯·贝尔顿(Sharon Sayles Belton)和哈特福德市的卡丽·萨克森·佩里(Carrie Saxon Perry)，当选过美国大城市的市长。男性黑人候选人的主导地位，可与黑人男性在主要民权组织、地方政治和商界的显赫地位相类比。美国黑人的性别关系也常常类似于白人社会的性别结构。

不管是竞选夏洛特市市长的哈维·甘特(Harvey Gantt)，还是竞选纽约市市长的戴维·丁金斯，经济都是非裔美国人竞选的主要问题。几乎每一场选举，他们都会呼吁促进经济发展、招商和设立经济开发区。其次是打击犯罪。然后是教育，很多市长候选人都提议增加对公立学校的资金投入。第四是城市更新，第五是住房。1969—2004 年，城市中白人选民和黑人选民对上述问题有共鸣，不过黑人一直支持修建更多住房，创造更多的就业机会，而白人则支持加大学校投入和招商。

美国东北部和中西部很多城市不断衰落的经济状况，以及 1973—1992 年全国经济的不确定性，促使很多市长采取措施刺激经济发展。多数锈蚀带 Rust Belt 城市的人口和经济状况低于 1930 年的水平，很多大型企业外流。

然而，非洲裔美国人市长也治理过美国国内最繁荣的城市——西雅图的诺曼·赖斯(Norman Rice)、丹佛的威灵顿·韦布(Wellington Webb)、洛杉矶的托马斯·布拉德利(Thomas Bradley)、罗利的克拉伦斯·莱特纳(Clarence Lightner)和达拉斯的罗恩·柯克(Ron Kirk)。上述几城在其市长领导下蓬勃发展。非洲裔美国人还制定计划，进一步促进经济与教育的发展，以使全民共享发展机遇。通过选举过程可以看出，这些城市的黑人市长候选人的选举平台呈现多元化，且具有包容性。

1967—1976 年的多数选举中，投票结果是由种族决定的。获胜的黑人候选人往往赢得 90% 的黑人选票和 10%—20% 的白人选票。选民中的种族分化严重，在很多情况下，铁杆的民主党白人宁愿选择投票给共和党白人候选人，也不支持民主党黑人候选人。然而在此类竞选活动中，要不是白人选民的支持，黑人候选人也不可能胜选。

在美国东北部、中西部和南部历史较长的大都市中，黑人市长候选人致力于动员黑人选区一切可能的支持。黑人社区中的竞选演说可追溯至民权运动和逐步觉醒的黑人意识。

黑人教堂是非洲裔美国人进行市长竞选的组织基础，不过除此之外，黑人候选人还会动员男女大学生联

谊会、民权团体、报纸、电台和工会,来组织候选人与选民的会议,协助增加登记和投票的选民人数。这一策略在早期比较重要,非洲裔美国人与白人社会团体和媒体缺乏联系,不能用之来宣传自己的候选人。以上城市中,黑人候选人采取的政治策略与早期爱尔兰裔美国人所采取的策略相似,即利用教堂、酒吧和社区来动员爱尔兰裔选民。

黑人候选人能在东北部和中西部的老城市获胜的第二点关键策略,在于赢得白人选民最低 10% 的选票。通常是在以下情况出现后,黑人候选人才会当选为市长:出现了由黑人-白人联盟支持白人候选人获胜的选举,受此影响,白人市长会任命非洲裔美国人担任城市政府中的某些领导职位,以此来缓和从白人市长到黑人市长的过渡。黑人在地方领导职位中的重要地位,黑人与白人管理者的合作,缓和了白人对于黑人执政能力和黑人接管的恐惧。

不管是在实行旧式的市长—议会制的城市,还是在实行新式城市经理制的城市争取白人选票,黑人候选人瞄准的主要是中上阶层的白人。托马斯·佩蒂格鲁(Thomas Pettegrew)观察到,克利夫兰、加里、洛杉矶和纽瓦克支持黑人候选人的白人,多居上层地位且受过大学教育。虽然有人声称,黑人候选人能够建立跨越阶级的种族联盟,但几乎所有的种族联盟都包括黑人候选人、白人精英和倾向自由主义的白人中产阶级。

在阳光带和西部实行新式市长—委员会制的城市,黑人候选人也逐步开始确保其选举基础即黑人社区的选票,而后与白人社会和商业团体及自由组织展开接触。因为黑人候选人刚开始有些新奇,所以吸引了大量的注意力。这种不用花钱的宣传的作用有利有弊:一方面黑人候选人获得免费宣传,取得领先优势,另一方面会招致一些白人的敌视。对于这一政治优势,黑人候选人技能的发挥和白人对黑人候选人的接受度决定了选举结果。

自相矛盾的是,虽然投票结果种族分化尖锐,而且即便双方候选人都利用种族作为竞选策略,却很少有人明目张胆地讨论种族问题。然而,不公开强调并不意味着竞选活动中没有种族问题。白人选民与黑人选民给自己种族候选人投票的比例(尤其是那些发展较早的城市)再清楚不过地说明:种族是个非常重要的因素。

黑人挑战者的出现构成严重威胁时,白人候选人会诉诸政治学家阿舍·阿维安(Asher Avian)所称的种族议程(Racial Agenda),包括打击犯罪、控制毒品泛滥、安置无家可归者和遏制城市暴力。面对白人候选人的策略,多数黑人候选人也不得不表示要加大力度处理此类问题,如若不然,就会失去白人选票。

白人候选人利用种族扩大自己的政治优势,黑人候选人也不例外。斯托克斯当选最为典型,他竞选克利夫兰市长时向支持者保证获选并不意味着黑人"接管"。不过对于黑人居民,斯托克斯和其他候选人则直接呼吁,要投就投自己人。

非洲裔美国人市长的成就,让多数白人意识到黑人代表的出现是民主进程的合法部分。非洲裔美国人市长往往为城市的经济发展和社会动乱注入新生,给早前未能寻找到适当措施的市民团体带来希望和机会。很大程度上,非洲裔美国人市长是借助非常传统的平台实现这一点的。同时,其竞选活动将先前被忽视、被压迫的人们纳入政治活动,给予政治机会,即便社会和经济状况极为困难,非洲裔美国人市长还是扭转了这些城市政治前途不明了的状况。

亦可参阅:公民权利(Civil Rights),城市政治(Politics in Cities)

延伸阅读书目:

● Bernard, R. (1990). *Snowbelt cities: Metropolitan politics in the Northeast and Midwest since World War II*. Bloomington, IN: Indiana University Press.
● Keech, W. (1968). *The impact of negro voting: The role of the vote in the quest for equality*. Chicago: Rand McNally.
● Kleppner, P. (1985). *Chicago divided: The making of a African American mayor*. DeKalb, IL: Northern Illinois University Press.
● Thernstrom, S., & Thernstrom, A. (1997). *American in blackand white*. New York: Simon &Schuster.

David R. Colburn 文

赵显博译　陈恒校

城市中的非洲裔美国人
AFRICAN AMERICANS IN CITIES

城市中的非洲裔美国人源于欧洲人对北美的殖民和对非洲人的奴役。随着 20 世纪大迁徙的开始,非洲裔美国人迁出农村占主导地位的美国南部,流入美国北部、西部和南部的城市。20 世纪后半期，非洲裔美国人又流向南部，不过这次主要是流入城市和郊区，而不是乡村。尽管如此，不同时段非洲裔美国人的城市化不仅反映了他们对自由、工作和社会正义的追求，也反映了美国社会中种族、阶级和民族关系演化的新模式。

早在 1565 年，就有大约 100 名非洲人（包括几名女性）跟随西班牙探险者进入今天的美国，并帮助探险者建成了北美第一个非印第安人永久定居点——佛罗里达的圣奥古斯丁（St. Augustine）。将近 200 年后，在法国对路易斯安那的殖民定居，以及新奥尔良（19 世纪早期之前为法国所有）的发展中，也有非洲奴隶的影子。从 17 世纪早期开始，市场对英属北美南部主要作物——烟草、大米、靛蓝、蔗糖以及之后的谷物——的需求，刺激了查尔斯顿（1783 年前为查尔斯镇）、萨凡纳、巴尔的摩和诺福克等城市。美国独立战争打响之时，新奥尔良和查尔斯顿的几乎一半人口都由黑人组成。与此同时，东北部海港广泛的商业活动也刺激了黑人人口的增加，波士顿 1500 多人，费城 1400 多人，纽约 2000 多人。

奴隶主是英属北美殖民地中最富有的城市居民。有些小店主和工匠也会拥有几个奴隶。不过，在独立战争前，非洲裔美国人的城市生活与其他无人身自由的工人同命相连，因为除了非洲裔美国人之外，白人契约工、印第安人和收入低下的白人劳工同样受到殖民地精英的虐待，此举激起了种族间实实在在的合作。整个 18 世纪中期，殖民地报纸都有报道，北部南部的港口城市如纽约、波士顿和弗吉尼亚诺福克时常出现黑人白人的联合抗议行动。

美国独立战争改变了非洲裔美国人的社会经济和政治状况。不仅加剧了 18 世纪晚期 19 世纪早期城市黑人的增长势头，还使白人与黑人之间的种族之间的界限日益尖锐。不过，最初对于后者来说，独立战争带来的最大希望是自由黑人的崛起。有 5000 名非洲裔美国人在大陆军中服役，多数在战事结束后不久即获得自由。之后，除了其他增长源头之外，由于自然增长、逃亡和移民，非洲裔美国人人口从 1790 年独立战争之初可以忽略不计的 60000 人，增加到 1820 年的 234000 人。虽然对奴隶解放的法律限制减少了其人口的增长，但自由黑人的数量仍增加至 1860 年的近 500000 人。其中，南部 33% 的自由黑人和北部几乎所有的黑人生活在城市，与此相比，只有 5% 的黑人奴隶，15% 多一点的南部和北部白人生活在城市。

南北战争前的自由黑人是美国人口构成中城市化

程度最高的人群，不过其生活与黑人奴隶紧密交织在一起。在多数城市，虽然奴隶人口占城市人口的比重有所下降，但其绝对数量在新奥尔良、查尔斯顿、路易斯维尔、里士满和莫比尔还是有所增加。到 1860 年，查尔斯顿（13900 人）与新奥尔良（13400 人）的城市黑人奴隶数量在全美数一数二。巴尔的摩有非洲裔美国人将近 28000 名，是美国南部非洲裔美国人分布最为集中的城市，其中多数在内战前即为自由人。因为城市黑人奴隶有机会与雇主签署契约，与白人劳工竞争，可从离开某家工场然后再进入另一家工场，所以有些当代的评论家就说，奴隶制根本就不适合充满活力而又极具竞争的城市社会环境。

尽管自由黑人只占全部黑人人口的很小一部分，但对内战前非裔美国人文化、社会和政治都有着非常巨大的影响。在美国北部和南部，按照法律，自由黑人可以结婚，拥有财产和创立自己的机构。19 世纪早期，美国逐步解放工人阶级和贫穷白人，然而自由黑人却被剥夺公民权，遭受经济压榨、种族隔离和日趋激烈化的殖民运动的影响。美国殖民协会成立于 1817 年，致力于将自由黑人遣返回非洲，以确保美国是由黑人奴隶和自由白人组成的共和国。

在内战前的奴隶社会，自由黑人的生活工作处境岌岌可危，但这并没有让他们沉寂无为。自由黑人自行创立机构，加强与黑人奴隶和富有同情心的白人的联盟关系，推动废奴运动，争取让所有黑人获得公民权。早在 18 世纪 90 年代，黑人在费城成立非洲裔卫理圣公会（African Methodist Episcopal Church），纽约的非洲人美以美锡安会（African Methodist Episcopal Zion Church）和两地的浸礼会也紧随其后成立。内战前的黑人教会为促进废奴运动和地下铁道（Underground Railroad）的发展起到了关键作用。内战结束后，几代黑人以内战前自由黑人的奋斗遗产为基础，继续为在美国社会获得公民权和经济民主而斗争。

内战后，黑人获得解放，估计 1860 年非洲裔美国人城市人口在城市总人口所占比例为 5%—7%，到 1910 年已超过 25%。早先，黑人奴隶认为生活在城市就是自由的。不过，虽然内战后被解放的黑人对城市抱有乐观态度，但白人却对南北方黑人的城市化恐慌不安，而且采取措施抑制黑人的城市化运动。之后在各大城市爆发的破坏性种族骚乱，在某种程度上就是为了抑制黑人城市化：1866 年新奥尔良和孟菲斯爆发骚乱，1871 年费城，1883 年弗吉尼亚丹维尔（Danville），1898 年北卡罗来纳威尔明顿（Wilmington），1900 年纽约，

1906 年亚特兰大和 1904、1908 年伊利诺伊的斯普林菲尔德(Springfield)。白人暴民冲进非洲裔美国人社区，打砸抢烧，造成很多黑人伤亡，大量黑人争相逃命。

不断增加的暴民暴力事件，加上公民权被剥夺、日益尖锐的种族隔离和南部农业的残酷剥削，促成大迁徙的发生。受一战影响(特别是欧洲大量移民因战事而造成的劳动力短缺)1917—1920 年，大约有 70 到 100 万非洲裔美国人离开南方。还有 80 到 100 万非洲裔美国人在 20 世纪 20 年代离开南方。东北部，纽约市的非洲裔美国人人口增长三倍，由 10 万人增加到 30 多万人。中西部，底特律的黑人人口在一战期间增加了 611%，在 20 世纪 20 年代增加了近 200%，从不到 6000 人增加到超过 12 万人。在西部的城市中，洛杉矶的非洲裔美国人人口增加最为急剧，从 1910 年的 7600 人增加至 1930 年的近 4 万人。

大迁徙催生了新的非洲裔美国人工人阶级。南部的分成制佃农、农场劳工、锯木工人、码头工人和铁道工人都迁往城市，在城市经济——肉类加工、钢铁和大规模生产性行业——中找到新工作。1910 年，在克利夫兰、匹兹堡、底特律和密尔沃基，从事制造业的黑人男性大约占黑人劳动力市场的 10%—20%，1920 年大约为 60%，1930 年大约为 70%。黑人女性也有从事制造的，不过其工资要远低于男性。在芝加哥，从事制造业的黑人女性 1910 年还不到 1000 人，1920 年已超过 3000 人。从事制造的黑人女性占黑人女性劳动力市场的 15%，1910 年时，这一数据还不到 7%。西部城市非洲裔美国人工人的增加没有像北部城市那么剧烈，但如西雅图、洛杉矶和旧金山湾区城市的工厂，也逐渐开始招收黑人工人。

由于社会条件较好、工资待遇较高以及可以获得公民权，第一波从南方迁入北方的非裔美国人，用圣经词汇来形容大迁徙，前往"应许之地"(The Promised Land)、"出埃及"(Flight out of Egypt)、"进入迦南"(Going into Canaan)。但对北方城市生活如此乐观的评价，蒙蔽不了非裔美国人在北方城市所受到的不平等待遇。随着城市黑人无产阶级数量的增加，所有大城市的居住隔离现象也逐渐增多。1910—1930 年，芝加哥的相异指数(用于测量某地区居民种族隔离程度的数字统计工具)从 66.8% 升至 85.2%，克利夫兰从 60.6% 升至 85.0%，波士顿从 64.1% 升至 77.9%，费城从 46.0% 升至 63.0%。早在 1909 年，西雅图的一个房地产经纪人曾以黑人搬入原先全部为白人的社区可能导致房地产价格下降为由，将黑人购房者告上法庭(最后败诉)。白人业主及其协会组织在法律

手段失败后，就会诉诸暴力和恫吓。出于限制非洲裔美国人在工作和住房市场方面的竞争，以及其他目的，在大迁徙时期，芝加哥、东圣路易斯、华盛顿、塔尔萨、查尔斯顿、诺克斯维尔和费城都爆发了种族暴力。种族骚乱不仅强化了北部城市的居住隔离，还使美国社会中的种族问题日益凸显，逐步发展成为全国性问题。

为了抵制阶级和种族歧视对自身生活的影响，非洲裔美国人发展出跨阶级联盟，反对城市中住房、制度和政治生活上的不平等待遇。内战之后，黑人教会、共济会和社会俱乐部在各地方和区域都迅速增加。19 世纪晚期到 20 世纪早期，非洲裔美国人逐渐开始成立全国性组织如国家浸信会(National Baptist Convention，1895—1896)、全国医学协会(National Medical Association，1895)和全国有色妇女协会(National Association of Colored Women，1896)。全国有色妇女协会动员支持多项社会福利活动：为老年人、年轻女性和儿童提供住房，失业者救济金，为反对法律不公提供法律援助。除黑人教会和妇女俱乐部所开展的活动外，还有众多的互助协会和共济会，包括石匠工会(Masons)、兄弟会(Odd Fellows)和圣路加独立会(Independent Order of St. Luke)等其他组织。随着一战期间和 20 世纪 20 年代"新黑人"(New Negro)的兴起，黑人意识和跨越阶级地位界限的种族团结得到加强。新黑人的观点和诉求是通过哈勒姆文艺复兴(HarlemRenaissance)、卧车搬运工兄弟会(the Brotherhood of Sleeping Car Porters)和黑人进步协会(the Universal Negro Improvement Association)、加维运动(the Garvey Movement)得到表达。

黑人工人与黑人城市精英的联盟经常出问题。如在 20 世纪 20 年代，随着黑人新中产阶级的扩大，他们逐渐搬入由白人空下、房屋条件更好的住房，而最穷的黑人则被留在黑人社区的某些区域。再者，有些组织的兴起，如黑人进步协会，使得黑人工人与已确立领导地位的中产阶级产生了实质性的冲突。虽然具有种族意识的黑人商人和专业人士赞同马库斯·加维(Marcus Garvey)的部分观点，但是他们惧怕其观点的广泛吸引力，还抱怨加维的观点吸引了刚从南方过来的"无知阶层"(ignorant class)。

同时，尽管种族内和种族间的冲突反映出城市环境中对黑人日益严重的种族隔离，非洲裔美国人还是注意发展维持白人联盟的核心。黑人-白人联盟在一战前——特别是 1911 年全国城市联盟(National Urban League)的组建和 1909 年全国有色人种协进会

(National Association for the Advancement of Colored People，NAACP)的组建——就已经出现,后在一战期间和战后都有所发展。受大萧条和二战影响,种族间和种族内的团结随着产业工会联合会(Congress of Industrial Organizations)、新政社会福利制度和向华盛顿进军运动(March on Washington Movement，MOWM)的兴起而变得更为明显。1941 年,富兰克林·罗斯福颁布 8802 号行政命令建立公平雇佣实施委员会(Fair Employment Practices Committee),消除国防工业内的种族壁垒。公平雇佣实施委员会和向华盛顿进军运动不仅代表着反对种族排斥和种族剥削的重大胜利,还刺激了二战后现代民权运动和黑人权力运动(Black Power Movements)的兴起。

二战后,南部农业的技术革命、福利制度的扩大加上极富战斗性的民权运动和黑人权力运动的推动,完成了非洲裔美国人由乡村人口占主导向由城市人口占主导的长期转变。非洲裔美国人人口城乡分布几乎持平,其数量由 1940 年的 1300 万人增至 1970 年的 2200 多万人,后在 2000 年达到 3500 万人。生活在城市中的黑人比率也有所提高,超过 80%,一般比乡村的比率高出 10 个百分点。黑人的迁徙和城市社区发展与 20 世纪的发展过程相似。黑人由起初城市化程度最低的种族,变为城市化程度最高的种族。

从 20 世纪晚期到进入 21 世纪,非洲裔美国人的城市生活经历了从旧式工业经济向新兴后工业经济的痛苦转变。大规模生产性产业日渐让位于由计算机驱动的服务业经济,非洲裔美国人出现了大规模的失业、非婚生育子女、吸毒成瘾和种族间、种族内的暴力冲突。不像美国历史上以前的各个时期,城市中的非洲裔美国人是在拉丁美洲和亚洲移民(而不是欧洲移民)大量涌入的背景下生活的。到 2000 年,美国人口普查表明,拉美裔美国人人口在规模上已经超过非洲裔美国人。从数字上讲,非洲裔美国人已不再是美国主要的少数民族群体了。

肤色和文化的新结构使传统的黑白界限变得更为复杂,重新塑造了美国社会中的肤色界限和种族冲突。面对以上变化,越来越多在南部出生的非洲裔美国人及其后代,在 20 世纪八九十年代开始返回南部。在经历了一个多世纪的下降之后,南部非洲裔美国人的比例出现了增加。再者,在世纪之交,移居郊区的非洲裔美国人流动规模,已经超过大迁徙时流入美国产业的流动规模。虽然当前还无法洞悉以上变化的全部结果,但这已经说明非洲裔美国人与美国进入了新的城市大转型时代。

延伸阅读书目:

- Grossman，J. R. (1989). *Land of hope：Chicago，black Southerners，and the Great Migration*. Chicago：University of Chicago Press.
- Harris，L. M. (2003). *In the shadow of slavery：African Americans in New York City，1626 - 1863*. Chicago：University of Chicago Press.
- Hirsch，A. R. (1983). *Making the second ghetto：Race and housing in Chicago 1940 - 1960*. Chicago：University of Chicago Press.
- Hunter，T. W. (1997). *To joy my freedom：Southern blackwomen's lives and labors after the Civil War*. Cambridge，MA：Harvard University Press.
- Lewis，E. (1991). *In their own interests：Race, class, and power in 20th century Norfolk*. Berkeley，CA：University of California Press.
- Phillips，K. L. (1999). *Alabama North：African Americanmigrants，community，and working-class activism in Cleveland，1915 - 45*. Urbana，IL：University of Illinois Press.
- Sugrue，T. J. (1996). *The origins of the urban crisis：Race and inequality in postwar Detroit*. Princeton，NJ：Princeton University Press.
- Taylor，Q. (1998). *In search of the racial frontier：African Americans in the American West*. New York：Norton.
- Trotter，J. W. (Ed.). (1991). *The Great Migration in historical perspective：New dimensions of race, class, and gender*. Bloomington，IN：Indiana University Press.
- Trotter，J. W.，Lewis，E.，& Hunter，T. W. (Ed.). (2004). *The African American urban experience：Perspectives from the colonial period to the present*. New York：Palgrave Macmillan.

Joe W. Trotter 文

赵显博译　陈恒校

郊区中的非洲裔美国人和非洲裔美国人城镇
AFRICAN AMERICANS IN SUBURBS AND AFRICAN AMERICAN TOWNS

乍看之下,非洲裔美国人城镇和非洲裔美国人郊区好像是对立意识形态的产物。非洲裔美国人城镇的形成是黑人民族主义思想和实践的组成部分。相反地,非洲裔美国人郊区化通常被理解为民权运动

（1955—1968）的结果，特别是 1964 年《民权法案》和 1968 年《公平住房法》的通过。不过，社会学家布鲁斯·海恩斯（Bruce D. Haynes）却在 2001 年的著作《红线政策与黑人空间》（*Red Lines*，*Black Spaces*）中提醒道，非洲裔美国人的郊区化实际上在 1910—1929 年第一次大迁徙期间就已出现。普遍的看法是，非洲裔美国人郊区化也是城市衰落的结果，是黑人中产阶级阶级诉求和模糊种族界限的反映，被视为主张取消种族隔离者观点的表现。尽管非洲裔美国人城镇和非洲裔美国人郊区化也许代表着他们为追求更好生活而采取的不同路径，但两者都反映非洲裔美国人对人身安全的追求和决定自己命运的权利。上述关系比较复杂，有明显的对立，也有惊人的相似。

本辞条探索非洲裔美国人城镇和非洲裔美国人郊区化的起源和发展、范围和影响，将其发展过程放在社会历史背景和黑人思想传统的意识源头之中。最后，明确说明，非洲裔美国人城镇的形成和非洲裔美国人的郊区化虽然表面的意识形态有差别，但具有潜在的统一性。

社会历史背景下的黑人城镇

黑人城镇的建设是非洲裔美国人民族主义最具体的例证。很多非洲裔美国人市民社会都是早期黑人民族主义的产物，即非洲裔美国人是一个独特的民族，个人与个人命运相连，比较务实地献身于自主的社团生活，并为集体生存进步奉献。黑人城镇的形成与非洲裔美国人所主张的独立的社会、政治和文化机构不同。从历史的角度看，建设黑人城镇有着更深的意味，是民族主义较为直率的表现，是非裔美国人渴望自治的宣言。就像移居主义（*emigrationism*），黑人城镇发展的灵感植根于对自由、自强和自决的渴求。尽管移居颇受学界关注，但移出美国的大约 10000 人，与成千上万定居黑人城镇的黑人相比，可谓相形见绌。虽然黑人民族主义一直是黑人政治的一股潜流，但像建立独立非洲裔美洲人民族国家这样的设想，从来都没有在美国激起太大的波澜。在黑人民族主义者所实施的项目之中，只有黑人城镇建设引起了大规模的迁徙。

大多数黑人城镇建立于历史学家威尔逊·杰里迈亚·摩西（Wilson Jeremiah Moses）所称的黑人民族主义（Black Nationalism）黄金时代——1850—1925 年。黑人城镇的形成大背景，恰好处于各方夺取堪萨斯-俄克拉荷马领土控制权的斗争时期。不过，黑人对自治渴望并不局限于中西部地区，而且还超越历史学家雷福德·洛根（Rayford Logan）所说的最低谷时期——

1877 至 1917 年。黑人城镇的建设主要发生在四个时期：（1）奴隶制时期，特别是 1819—1860 年；（2）解放与重建时期，1865—1876 年；（3）最低谷时期，1877—1915 年；（4）大迁徙时期，1910—1929 年。

黑人城镇的政治起源可追溯至由逃奴与准自由黑人创建的逃亡黑奴社区（Maroon Societies），即有组织的黑人社区和自由村。在美国，逃亡黑奴社区位于奴隶州边缘，多处于沼泽之中与印第安人或外国政府控制区。1783 年，100 名逃亡黑人奴隶与逐步强大的印第安人塞米诺尔部落（Seminole Nation）结盟，曼纽埃尔·德·蒙蒂亚诺（Manuel de Montiano）授予其圣莫斯要塞（Gracia Real de Santa Teresa de Mose）或曰莫斯堡（Fort Mose）作为定居之所。莫斯堡位于佛罗里达东北，邻近圣奥古斯丁城，被认为是第一个受到法律认可的北美自由黑人定居点。在莫斯堡，自我解放的非洲裔美国人建立了农业社区，同时还是防御英国以及之后美国入侵的最前线。1863 年，英国夺取该地区的控制权后，莫斯堡和圣奥古斯丁的居民均撤退至古巴。莫斯堡也是为数不多的有详细记录的逃亡黑人奴隶社区之一。

有组织黑人社区（*Organized Black Communities*，OBCs）稍后兴起，主要位于加拿大、西北领地（Old North Territory）以及今日美国上中西部地区的各州。根据皮斯夫妇（William and Mary Pease）的说法，1800—1860 年，大约出现了 20 个黑人社区。不像黑人逃亡奴隶社区，有组织的黑人社区源于白人慈善家与非洲裔美国人的合作，旨在说明黑人可以自给自足。有些社区，是白人改革家针对美国殖民协会（ACS；1816—1964）提议遣返黑人，尝试寻找的国内解决方案。还有几个社区是在奴隶解放进程中建立。例如，1819 年，前总统詹姆斯·麦迪逊的秘书，以及日后的伊利诺伊州州长，爱德华·科尔斯（Edward Coles），解放了自己的 17 名奴隶，然后把他们送到伊利诺伊州，给准自由的家庭分配土地，在麦迪逊郡（Madison County）爱德华维尔（Edwardsville）市附近的平布什教区（Pinbush Parrish）建立小型的农业社区，由此成为第一个有组织黑人社区。

还有些人致力于在美国以外建立避难所，另一方面也是避免与颇有恶名的美国殖民协会有所牵连而破坏自己的名声。其中一个是位于加拿大安大略省的北巴克斯顿（North Buxton）的埃尔金（Elgin）。埃尔金是由牧师威廉·金（Reverend William King，1812—1895）所建，金在其岳父死后继承了 15 名奴隶，他将这 15 名奴隶从路易斯安那州带到加拿大，然后解放了他们。之后，在亚伯拉罕·多拉什·沙德（Abraham Doras Shadd）及其女儿玛丽·安妮·卡里（Mary Anne Cary，1823—1893）的帮助下，埃尔金成为自由的灯塔。另一个社区是黎明定居点（Dawn Settlement），由乔赛亚·亨森（Josiah Henson）所建，位于加拿大安大略省的德累斯顿附近，完全由非洲裔美国人自建。在《汤姆叔叔的小屋》中，哈里雅特·比彻·斯托大体上是以亨森为汤姆叔叔的原型。不过，与比彻笔下和大众眼中性格温顺汤姆叔叔不同，亨森是位勇气十足的自由斗士。鼎盛之时，有500名逃亡奴隶及其家庭在黎明定居点的农场、作坊和砖厂中生活工作。黎明定居点的核心是英美学会（British-American Institute），一座进行普通教育、手工教育和教师培训的学校。1868年，学校因为将近20年的财政问题而关闭。最终，大多数居民都离开此地，有些返回美国，有些迁到其他加拿大人社区。

有组织黑人社区本身就是一项成就——为黑人提供避难所，男女皆可自由生活，有机会拥有土地，接受教育和繁衍生息。最后，有组织黑人社区表明黑人有能力自给自足。这些实验最终都以失败告终，很大程度上是因为黑人没有获得决策机构的控制权。尽管以上实验成败不一，但还是为黑人城镇的建设者打下了基石。

自由村（Freedom Village）与黑人城镇有着直接联系。就像有组织的黑人社区一样，自由村大体上是位于西北领地的小型农业社区，有些则位于东北地区如新泽西的劳恩塞德（Lawnside，1840）。然而，与有组织黑人社区的不同在于，自由村是非洲裔美国人积极活动的结果——黑人出于自身考虑而采取的行动。1836年，伍德森夫妇（Thomas and Jemima Woodson）在俄亥俄州杰克逊县（Jackson County）弥尔顿镇（Milton Township）的柏林十字路（Berlin Crossroads）建立自由村。有学者认为伍德森夫妇的长子刘易斯（Lewis），而不是刘易斯的学生马丁·罗宾逊·德拉尼博士（Dr. Martin Robinson Delany）才是"黑人民族主义之父"。刘易斯·伍德森牧师的黑人民族主义思想，是从他在柏林十字路社区的生活经历发展而来的。印第安纳州的莱尔斯站（Lyles Station）、阿肯色州的门尼菲（Menifee）和伊利诺伊州的布鲁克林，是其他几处自由村。

伍德森家还与伊利诺伊州的布鲁克林——第一座由黑人组建的城镇——有联系。温斯顿·厄尔利（Winston Early）是木匠兼非洲裔卫理圣公会牧师，日后娶了伍德森夫妇之女萨拉为妻，他在1832年创办了

布鲁克林社区的第一个机构，非洲裔卫理圣公会教堂。据口传，布鲁克林起源于19世纪20年代。1829年左右，"圣母"普莉希拉·巴尔的摩（"Mother" Pricilla Baltimore）带领11个逃亡的准自由家庭渡过密西西比河，进入伊利诺伊州圣克莱尔县（St. Clair County）的荒野，建立了独立的定居点。1837年，五位白人男性废奴主义者绘制地籍图，并命名此地为布鲁克林，从此这里就成为黑人人口占八分之七多数的社区。1873年7月，布鲁克林成为村，13年之后，即1886年，黑人在约翰·埃文斯（John Evans）的领导下，取得了布鲁克林村及学校董事会的控制权。由于黑人获得了所有政府机构的控制权，布鲁克林的白人逐渐外迁最后该社区的黑人人口比例达99％。

布鲁克林，即为众所周知的洛夫乔伊——得自废奴英雄伊莱贾·洛夫乔伊（Elijah Lovejoy）——是黑人城镇中较为少见的情况。布鲁克林位于东圣路易斯大都市区，地处城市化-工业化综合发展的中心地带，而美国南部和西部的大多数黑人城镇是从事农业的村庄，如北卡罗来纳州的普林斯维尔（Princeville）——1865年创建时叫自由山（Freedom Hill），1885年建村时改名为普林斯维尔——得克萨斯州的肯德尔顿（Kendelton，1867），堪萨斯州的尼科德姆斯（Nicodemus，1877），密西西比州的芒德巴尤（Mound Bayou，1887），俄克拉荷马州的博利（Boley，1904）。像伊利诺伊州的罗宾斯（Robbins，1917）和俄亥俄州的林肯高地（Lincoln Heights，20世纪20年代），布鲁克林预示着工人阶级上班族型黑人城镇，会紧随大迁徙的步伐在工业城市周围兴起的。尽管此类位于郊区的工业上班族城镇是当代黑人城镇的主要形式，但大众对黑人城镇的主要印象却非如此。

大众对黑人城镇的印象源自两场社会运动的社区——1879年大迁徙（*Exodus of 1879*，又称堪萨斯大驱赶——译注）和社会学家、"黑人城镇研究之父"莫泽尔·希尔（Mozell C. Hill）所称的"黑人西迁"（Great Black March West，1890—1910）。在"1879年迁徙"中，本杰明·帕普·辛格尔顿（Benjamin "Pap" Singleton）与田纳西移民协会（Tennessee Emigration Society）、亨利·亚当斯（Henry Adams）和殖民委员会（Colonization Councils）从阿拉巴马州、路易斯安那州、密西西比州、北卡罗来纳州、田纳西州和得克萨斯州，组织了大约25000到60000黑人，迁移到俄克拉荷马州和堪萨斯州。迁徙是迫于劳动剥削和白人恐怖主义者猖獗的种族暴力（卢瑟福·海斯总统从南部撤走联邦军队后）而采取的措施。先前曾在路易斯安那州什

里伏波特(Shreveport)为奴的亚当斯明确表达,民族主义倾向加强了迁徙。1878 年,在致美国司法部长的信中,亚当斯写道,他相信上帝会将属于黑人自己的领地赠予黑人,以此来让黑人自力更生,而不是为奴隶主劳作至死或被奴隶主杀掉。种族暴力没有减弱,迁徙者通过建立自治的黑人城镇来创造属于黑人的领地。

"黑人西迁"则发生在 1879 年迁徙者向堪萨斯和俄克拉荷马迁徙之后。受 19 世纪 90 年代种族压迫复苏的刺激,有超过 60000 南部黑人逃往西部。在爱德华·麦凯布(Edward P. McCabe)和第一有色人种宅地与移民协会(the First Colored Real Estate Homestead and Emigration Association)的领导下,从 1890—1910 年,非洲裔美国人在堪萨斯州和俄克拉荷马州建设了 60 多座黑人城镇。以上城镇根据早前亚当斯提出的主题建设,麦凯布在《纽约时报》的信中详述道,黑人即将拥有自己的家园,自己治理自己。与其他鼓吹者相比,麦凯布或许更为清晰地表达了黑人城镇运动的民族主义意涵。

麦凯布建立黑人家园的梦想没有实现。白人人口逐渐在堪萨斯州和俄克拉荷马州占据多数。白人制定州宪法,种族隔离制度也被写入其中,彻底扼杀了黑人民族主义者建立黑人自治州的梦想。不过,西迁也并非没有取得任何成就。尽管黑人移民并没有取得对移居地的政治控制,但是他们建立了不计其数的黑人城镇,包括堪萨斯斯的尼科德姆斯、俄克拉荷马州的博利和加利福尼亚的艾伦斯沃斯(Allensworth, 1909),而且估计在上述地区还有 60 到 100 座纯黑人城镇。黑人城镇的形成,会继续成为非洲裔美国人生活的一个特点。现在,美国将近有 300 座黑人城镇。

社会历史背景下的黑人郊区

非洲裔美国人的郊区化,与 20 世纪非洲裔美国人的快速城市化相比相形见绌,直到最近才成为学术研究的重要主题。纵观 20 世纪,黑人郊区化是与黑人城市化平行发展的现象。黑人郊区形成的原因与城市隔都区形成的原因相同:来自南部的大量黑人移民、就业歧视、种族导向和住房歧视。在这里,与本讨论相关的两个核心概念——黑人郊区化与黑人郊区——需要进行区分。黑人郊区化是指非洲裔美国人在中心城市外围进行聚居的现象,黑人郊区则指处于城市外围且黑人占多数的社区。虽然从分析的角度看,黑人郊区化与黑人郊区的区分比较重要,但是由于种族主义的缘故,多数黑人郊区居民被限制在黑人占多数的郊区,所以在实际生活中,两个过程是相互交织在一起的。

新近的学术研究将 20 世纪非洲裔美国人移入郊区的过程分为三个历史时期:(1)第一次大迁徙到二战,从 1910—1940 年;(2)第二次大迁徙,从 20 世纪 40 年代到 20 世纪 60 年代晚期;(3)20 世纪 70 年代到 20 世纪 90 年代中期。在这里,我认为还有第四个历史时期,始于 20 世纪 90 年代中期。每个历史时期内,(a)黑人郊区都呈多样化,从早前不发达的黑人城镇(伊利诺伊州的布鲁克林),劳工阶层上班族社区(伊利诺伊州的罗宾斯),到与中产阶级白人郊区社会经济特质相同的富裕辖区(马里兰州的费尔芒特海茨[Fairmount Heights]);(b)居住在郊区的黑人的数量和人口比例有所增长,其中第三个历史时期的增长最为引人注目。这一时期,也标志着黑人郊区居民阶级结构最显著的转型,即发生了从工人阶级(职业上界定为蓝领)到中产阶级(职业上界定为白领)的转变。

学者通常用两个定义来描述郊区的社会和文化生活特性,第一个基于地理空间考虑,第二个则取决于社会经济标准。第一个定义是指,所有在自治城市边界之外的社区都为郊区;第二个定义则仅指具有以下特征的社区:自主拥有住房者所占比例高、多从事中产阶级工作和其他少数族裔人口比例低。因为第二个定义描述了二战后郊区化过程中同一种族或同一阶级聚居的社区,所以备受重视。1940—1970 年美国的快速郊区化又被称为"白人逃逸(White Flight)",因为在白人离开城市的同时,有 400 万非洲裔美国人涌入城市,使得城市内白人社区所占比例从 55%降至 30%。换句话说,从 1940 至 1970 年,居住在城市外部的白人社区所占比例从 45%增加到了 70%。

研究郊区的学者一直受 20 世纪 50 年代的定义影响。由于黑人郊区的形象通常与白人中产阶级社区相互矛盾,所以没有学者注意。借助 20 世纪 50 年代的社会经济定义,学者如哈罗德·罗斯(Harold Rose)等认为,像伊利诺伊州的罗宾斯这样的黑人社区根本就不是郊区。根据罗斯的观点,此类社区不符合以欧美中产阶级社区为主的郊区概念。20 世纪 60 年代早期,罗斯就贫困、自主拥有住房情况和标准住房比例因素对黑人郊区社区、内城隔都区和相邻的白人占主导地位的郊区三者进行比较,果不出其所料,黑人郊区社区与真正的郊区相比更像隔都区。40 年后,历史学家安德鲁·威斯(Andrew Wiese)对罗斯的观点提出挑战。威斯指出,当代城市规划者使用美国人口普查局的数据绘制人口变化趋势,发现郊区出现了各个种族互相杂居的现象,但是因为受 20 世纪 50 年代郊区概念的影响,学者对其熟视无睹。

多数新近研究是在重建 1940 年前的居住模式,重温非洲裔美国人郊区化的历史。非洲裔美国人郊区化始于大迁徙,而且通常认为,因为种族歧视,居住在郊区的黑人数量很少,比例也很小。威斯的研究则对这一假设提出质疑,根据其观点,1910—1940 年移入郊区的南部黑人移民占此时段内北部和西部黑人人口增长数量的 15%(约有 285000 人)。威斯指出,到 1940 年,有近 500000 非洲裔美国人居住在美国南部以外地区的郊区占居住在大都市区内非洲裔美国人的近 20%。

新近的研究与先前的研究有着明显的矛盾。尽管居住在郊区的黑人所占比例是比先前研究的情况要多得多,但其比例依旧很小。例如 1970 年,非洲裔美国人只占全美郊区人口的 4.8%。

非洲裔美国人郊区化的主要因素有二:美国 20 世纪 50 年代到 20 世纪 70 年代中期史无前例的经济发展,1955—1975 年由黑人自由运动(在民权运动与黑人权利运动时期)催生的社会经济与文化变化。受经济转型政治经济体系从以工业为主到以信息为主的刺激,再加上黑人自由运动开拓的众多机遇,黑人中产阶级的规模迅速扩大。比如,1960—1970 年,黑人女性职员翻了一番,从 10% 增加到 22%,在快速发展技术-管理部门就业的黑人男性由 1.8% 增至 7%,黑人老板和经理由 1.3% 增加到了 3%。1955—1975 年的经济转型与黑人中产阶级的增加,是黑人郊区居民比例变大的直接原因,这一比例从 1980 年的 6.1% 增加到 1990 年的 8.5%。1998 年,居住在郊区社区的黑人人口比例增加到了 31%。经济调整、民权运动与黑人权力运动不仅加速了黑人的郊区化,还造就了新类型的郊区居民。民权运动与黑人权利运动之后的黑人郊区化,主要是中产阶级的迁移。

不过,黑人中产阶级是个极为多元的群体。他们在社会资源方面仍然遭受种族歧视,特别是在财富、就业和住房方面。不过海恩斯以鲁尼恩海茨的居民为例指出,这些拥有住房的中产阶级会出于物质利益上的考虑,而与大多数黑人在地域与社会关系上保持距离。所以,鲁尼恩海茨改进协会(Runyon Heights Improvement Association)能够克服与相邻社区霍姆菲尔德(Homefield)的紧张关系,一致反对发展廉价住房的提议。这种以阶级为基础、跨过种族界线的联合非常少见,因为现在非洲裔美国人移入白人占多数的社区,依然会遭受不友好待遇。根据海恩斯的研究,不管是什么阶级,多数白人中产阶级郊区居民仍然反对与黑人为邻。种族排斥的历史、持续的敌视、经济资源和种族导向,以及想与黑人社会保持家庭、社会文化联系

的愿望,是黑人郊区多邻近黑人工人社区和贫困黑人社区的原因。根据瓦莱丽·约翰逊(Valerie Johnson)2002 年的《郊区中的黑人权利》(*Black Power in the Suburbs*),邻近非洲裔美国人占多数的华盛顿特区,是乔治王子县(Prince George County)能够吸引黑人中产阶级的原因之一。这一情况,强调了黑人中产阶级与黑人工人及贫困黑人之间的有机联系。

种族敌视,白人逃逸以及黑人不愿意主动挑战种族融合的心态,再加上他们希望与城市黑人保持机制上的联系,在很大程度上使得黑人郊区化的结果成为黑人郊区的形成。随着城市中公共住房被拆除,非洲裔美国人郊区化的主流不再是中产阶级,而变成了劳工和贫困黑人,这也成为新时期的典型特征。

从历史的角度看,尽管黑人城镇的形成与非洲裔美国人郊区的形成在思想上有所区别,但促使两者形成的社会过程却颇为相似。固守西部黑人城镇产生于最低谷时期的观点,无助于理解黑人城镇与黑人郊区之间的联系,而摆脱这种观点之后,就会发现二者的联系显而易见。黑人城镇与黑人郊区不仅源于相似的社会过程,而且最初都是南部的工人阶级移民,为逃离严重的种族压迫而建设的避难所。使用郊区的地理空间定义,那么像伊利诺伊州的布鲁克林、伊利诺伊州的罗宾斯与密苏里州的金洛赫(Kinloch),以及大迁徙时期非裔美国人在城市地区外围建立的社区,既是黑人城镇,又是黑人郊区。非洲裔美国人郊区化的出现,也许在某种程度上是为了进行种族融合,不过就其具体的形式——黑人占多数的郊区——来看,在某种程度上也反映了原始黑人民族主义者的社会思想。

亦可参阅:居住隔离(Housing Segregation),种族骚乱(Race Riot),种族区划(Racial Zoning)

延伸阅读书目:

- Cha-Jua, S. K. (2000). *America's first black town, Brooklyn, Illinois, 1830-1915*. Urbana, IL: University of Illinois Press.
- Deagan, K., & MacMahon, D. (1995). *Ft. Mose, Colonial America's black fortress of freedom*. Gainesville, FL: University of Florida Press.
- Hamilton, K. M. (1991). *Black towns and profit: Promotion and development in the Transappalachian West, 1877-1915*. Urbana, IL: University of Illinois Press.
- Haynes, B. D. (2001). *Red lines, black spaces: The*

politics of race and space in a black middle class suburb. New Haven, CT: Yale University Press.

- Johnson, V. C. (2002). *Black Power in the suburbs: The myth orreality of African American suburban political incorporation.* Albany, NY: State University of New York Press.
- Landers, J. (1991). Gracia Real de Santa Teresa de Mose: A free black town in Spanish colonial Florida. *St. Augustine Historical Society, 28*, 81 - 112.
- Mobley, J. A. (1986). On the shadow of white society: Princeville, a black town in North Carolina, 1865 - 1915. *North Carolina Historical Review, 63*(3), 340 - 384.
- Painter, N. I. (1992). *Exodusters: Black migration to Kansas after Reconstruction.* New York: Norton.
- Pease, W., & Pease, M. (1963). *Black Utopia: Negro communal experiments in America.* Madison, WI: Wisconsin State Historical Society.
- Rose, H. (1976). The All-Negro town: Its evolution and function. *Geographic Review*, pp. 352 - 367.
- Wiese, A. (1999). Black housing, white finance: AfricanAmerican housing and home ownership in Evanston, Illinois, before 1940. *Journal of Social History, 33*.
- Wiese, A. (2004). *Places of their own: African American suburbanization in the twentieth century.* Chicago: University of Chicago Press.

Sundiata Keita Cha-Jua 文

赵显博译 陈恒校

空调
AIR CONDITIONING

20 世纪出现了专门用于同时控制室内热度与湿度的机械空调系统，这重新塑造了美国的城市格局。从全国最大、最富有和最重要的城市开始，空调使用逐步普及开来，随着建筑物与工作日程逐渐适应新形式的室内控制所带来的希望与问题，城市生活的节奏也发生了变化。二战后，空调的使用将会对阳光带大都市区的兴起发挥着至关重要的作用。

对夏季高温与潮湿的担忧早在空调出现之前就有。19 世纪晚期，随着纽约、芝加哥和圣路易斯人口数量的增加、工业实力的增长与建筑密度的增大，供暖与气温控制逐渐成为生死攸关的问题。在拥挤的贫民窟，每天会有几十人（多为儿童）死于中暑，而富有的城市居民则逃往凉爽的山间和海岸避暑。在大城市，剧院、百货商店和专门为满足中上层阶级需要的博物馆也多在夏季歇业。

19 世纪 80 年代晚期，冷藏设备在几座城市的成功发明刺激了工程师和其他人员考虑可以用什么方法使人类居住的室内空间也获得相似的制冷效果。供暖与通风设备工程师阿尔弗雷德·沃尔夫（Alfred R. Wolff）即是其中一位先驱。1899 年，他为纽约的卡内基音乐厅（Carnegie Hall）设计了可以放置冰块的通风管，用于夏季降温。1902 年，沃尔夫为纽约证券交易所的新交易室设计了制冷系统。

同年，受雇于布法罗锻造厂（Buffalo Forge）的工程师威利斯·哈维兰·卡里尔（Willis Haviland Carrier）为布鲁克林的萨基特-威廉斯版画与出版公司（ Sackett-Wilhelms Lithographing & Publishing Company）设计的空调，被公认是世界上第一个现代空调系统。在潮湿的夏天，油墨会把《法官》（*Judge*）——一份全国发行的政治幽默杂志——彩色的封面搞得一塌糊涂。卡里尔利用冷水管道、喷雾器和循环泵设计的空调系统，尝试将相对湿度控制在 55%，将夏季室内气温控制在华氏 80 度（约为 26.5 摄氏度）左右。

尽管有上述设计，不过要再过上大约 15 年，制冷技术才会在美国城市产生重要影响。起初，热度与湿度控制系统的出现并不是让人类舒服，而是用于持续高效的工业生产。当空调在剧院播放电影时得到使用后，才逐渐成为城市生活中的固定装置。1917 年，芝加哥企业家巴尼·巴拉班（Barney Balaban）与萨姆·卡茨（Sam Katz）的中央公园剧院开业（Central Park Theater），与采用风扇吹冰块制冷的方法不同，该剧院使用空调，是世界上第一个采用机械制冷的电影院。到 20 世纪 20 年代，电影院一次可以容纳 2000 名或更多观众，大多位于美国东北部和中西部城市的黄金地段。1925 年，威利斯·卡里尔的公司为位于时报广场的利沃利（Rivoli）设计了制冷系统。该系统包含了很多绕流管，使冷气慢慢注入室内，而不是在座椅下鼓着冷飕飕的风。大萧条时期，越来越多的人为了休闲和避暑而去看电影。小型剧院，特别是在美国南部与西部，为了满足人们的需要开始安装更为小巧高效的制冷系统，由此标志着夏季大片季的诞生。

不久，其他城市机构也备感酷热难耐。1925 年，位于底特律伍德沃德大道（Woodward Avenue）21 层的 J. L. 哈德逊百货公司成为全美第一家配备有空调的百货商场。不过，商场多年只对廉价商品部进行制冷，此举旨在吸引夏季月份无法离开城市的下层及中产阶级。很快，纽约海诺德广场（Herald Square）的梅西百货公司、波士顿的法林与乔丹·马什百货公司（Filene's and Jordan Marsh），以及芝加哥的马歇尔·菲尔德百货公司（Marshall Field），纷纷效仿 J. L. 哈德逊百货公司，也安装空调系统。空调在经济滞后的南部普及的速度更慢。亚特兰大的里什（Rich）百货公司，从 1917 年开张到 1937 年，20 年都没有对"大白百货"（The Great White Store）的任何部分安装空调。

二战前，华盛顿特区是全美空调使用最普及的城市。为被英国外交官称为"热带"职位的华盛顿官方机构提供空调服务的措施始于 1881 年。当时詹姆斯·加菲尔德总统遇刺，在白宫躺了很久才死去。海军工程师利用鼓风机、成箱的冰块和锡制管道，后为降低噪音换为帆布通风管，以便詹姆斯·加菲尔德总统解暑。

1928 年，美国参议院和众议院会议室都安装了空调，安装前国会曾举行广泛的听证，此举旨在避免对国会纵欲奢侈的政治批评。到 1929 年，白宫的办公室和工作场所也安装了空调。1935 年竣工的最高法院一开始就装有空调。虽然富兰克林·罗斯福总统个人对机械制冷嗤之以鼻并拒绝使用，但他意识到制冷技术可以在漫长（尤其是炎热的）大萧条时期确保行政效率处于最高状态。1942 年，哥伦比亚特区电业记录了夏季用电高峰，这一现象几年后才在美国的其他城市出现。

尽管高层办公楼在 20 世纪二三十年代逐渐成为城市商业区的主要建筑，但是空调在城市高层办公楼中普及的速度更慢。由于受建筑习惯、成本和技术复杂性的影响，即使纽约的克莱斯勒大厦、伍尔沃斯大厦和帝国大厦也只能利用窗户来采光换气，而非使用空调。直到 1928 年，圣安东尼奥市 21 层的米拉姆大厦（Milam Building）才装有全年运行的现代空调系统。

1914 年，美国最早全面使用空调的住宅在明尼阿波利斯市落成。不过直到二战后，伴随着各个城市或多或少地卷入战后新郊区普遍的经济繁荣，居民住房空调安装才变得切实可行。起初，有些城市如迈阿密、新奥尔良和凤凰城的政客和倡导者宣称，自己的社区基本不用安空调，或者说使用低技术方法——西南部的荒漠制冷器——也能解决夏季高温问题；但是没过多久，迁入阳光带的移民促使这里的城市和郊区出现了大规模的空调安装热潮。

空调在城市使用催生邻里互动的新方式。社会学家小威廉·怀特（William H. Whyte, Jr.）在 1954 年撰文指出在费城中产阶级的联排别墅社区里，窗式空调一经出现很快成为抢手货，人们争相安装，以此作为

身份地位的象征。随着空调在城市的普及，成千上万的空调在运行时排放的热气加剧了城市的热岛效应。

最近，美国人口普查局统计显示，83％的美国家庭都装有空调，而商业场所的空调安装情况则肯定更高。不过机械制冷兴起后依旧发生的热浪，揭示了城市舒适与控制的局限性。1980 年，热浪在美国南部中央地区盘踞长达一月，造成 1265 人死亡。圣路易斯市有 112 人丧生，其市内一家有 75 年历史的城市医院——主要接收贫穷、老年和非洲裔美国人病人——记录到华氏 95 度（35 摄氏度）的夜间气温。1995 年芝加哥市持续六天的热浪造成大约 700 人死亡。空调运行的高成本是以上恐怖事件出现的一个因素。

经过 100 多年的发展，空调还是没能把热度与湿度的问题彻底消除，不过总体上让城市生活、工作、购物和休闲在四季都更为舒适。通过对自然气候优势与劣势的平衡，空调也重新塑造了美国政治和经济地图。气候上较为温暖的南部与西部城市，持续不断地吸引外来移民和就业机会，而输家则是东北部与中西部那些早期率先使用空调的大都市。

延伸阅读书目：

- Ackermann, M. E. (2002). *Cool comfort：America's romance with air-conditioning*. Washington, DC：Smithsonian Press.
- Cooper, G. (1998). *Air-conditioning America：Engineers and the controlled environment, 1900 - 1960*. Baltimore, MD：Johns Hopkins University Press.
- Whyte, W. H., Jr. (1954, November). The web word of mouth. *Fortune*, p. 140.

Marsha E. Ackermann 文

赵显博译　陈恒校

空气污染
AIR POLLUTION

美国城市生活中有几个因素会危及空气质量，包括工业生产、交通、取暖，以及对化石燃料为商业活动和居民生活所提供能源的依赖。这一情况在殖民时期就已出现。托马斯·杰斐逊为工业在美国发展的情况感到惋惜，认为工业会给原始风景带来烟和欧洲城市（早在 15 世纪，就有人抱怨煤燃烧产生的烟）的腐化堕落。待杰斐逊出任总统之时，转变已然在各殖民地出

20

现，从新格兰木材厂飘出的烟和恶臭已经开始污染当地空气。

杰斐逊所担忧的是工业发展的代价。随着大型钢铁业、纺织业和交通运输业在城市的发展，煤炭被用于生产燃料和各种生产活动，向城市中排放出大量且持续很长时间的废气和二氧化硫。19 世纪下半期，烟与尘成为特别严重的问题。造成城市烟污染的原因有工业烟囱、城市垃圾的焚烧、商业和交通运输上铁路的广泛使用，以及居民取暖做饭等生活活动。以上活动多以煤作为主要燃料，而且软质煤会产生极为显眼的黑烟与浮尘。冬季成千上万的家庭为了取暖燃烧大量的煤炭，使北方城市的浓烟问题变得特别严重。在匹兹堡和圣路易斯等城市，天空在正午也是黑的。

提倡公共卫生的人士担心烟尘会给儿童、体弱的人和工人带来危害。到 19 世纪末，出现了一些由妇女组成的市民协会或减烟联盟，批评烟尘问题。1890—1940 年，此类协会与城市工程师一道，迫使利用软煤（即褐煤）供暖和从事工业生产的几座城市通过了烟气控制条例，同时还实施了一些举措，不过收效甚微。20 世纪早期，各市逐渐采用林格曼黑度表（Ringelmann Chart）来测量煤烟浓度。该方法由法国人马克西米利安·林格曼（Maximilian Ringelmann）在 19 世纪晚期发明，具体是将印有四部分黑色网格的白底图表在离烟囱一定距离的地方放上一段时间，然后根据其外观颜色测量烟气黑度。芝加哥和其他城市的烟气控制工作很快采用这一方法，并将空气污染定义为可见烟气，需要控制。公众压力加上工程学上的进步，迫使各地将烟气控制定为优先处理的政治事务。1939 年，圣路易斯市减烟联盟（the Smoke Abatement League of Saint Louis）树起广告牌宣称，烟气让每位市民每年花费 19 美元用于清洁及卫生。

1940—1950 年，尽管工厂、发电厂和火车仍在城市中排放可见的烟气，但洗煤市政条例的颁布（由圣路易斯在 1940 年率先采用，到 1941 年末已有几十座城市效仿）加上城市居民供暖逐渐从使用煤转向液化气和燃油，因此烟气污染问题得到缓解，城市在正午天黑的现象没有再出现。

不过到 1950 年，石油在交通运输中的使用给美国的大都市带来了另一种空气污染。城市居民的汽车以及越来越多的美国人在移入郊区后上下班时乘坐的机动车，逐渐取代火车成为主要交通工具。人们驾驶汽车可以方便地从郊区来回，这加快了城市居民逃离烟雾笼罩的城市，迁往郊区寻找新鲜空气的速度（城市的烟雾笼罩与郊区的新鲜空气是一战与二战间城市开发

商宣传时使用的对比策略）。具有讽刺意味的是，人们在郊区与城市间上下班往返所使用的汽车，导致了二战后最紧迫的城市空气污染。

烟雾是烟与雾的混合，包含有几种气体，会产生微黄色的污云。洛杉矶 20 世纪 40 年代的烟雾问题非常普遍，甚至成为黑色小说必不可少的元素。随着美国郊区规模在 1945—1980 年间的日益扩大，烟雾逐渐成为困扰各大都市区的问题。

工业废气仍在污染空气，而且偶尔会带来意外而又悲剧的结果。1948 年 10 月，匹兹堡南部的工业城镇多诺拉（Donora）由于空气污染逆温（冷空气在下，暖空气在上，阻碍空气对流，导致污染物无法扩散）导致当地工厂和煤炭锅炉排放的二氧化硫、一氧化碳和金属尘埃无法扩散，造成的烟雾最后致使 20 人丧生，7000 多居民患病。

多诺拉的悲剧以及事后大众的担忧，促使美国社会在 20 世纪下半叶开始对生产者和消费者空气污染源进行长期控制。与 20 世纪早期的减烟团体相似，战后致力于降低空气污染的组织，包括 1969 年成立于匹兹堡的反烟雾反污染组织（the Group Against Smog and Pollution, GASP），要求各地政府与联邦政府采取行动应对空气污染对人类健康日益增加的威胁。20 世纪下半叶，大众的担忧使全国出现了控制空气污染的长期努力。

全国性的空气质量法规在二战后才出现。1955 年，国会通过《空气污染控制法》（Air Pollution Control Act），将空气污染界定为全国性问题，同时每年给公共卫生局（Public Health Service）拨款 500 万美元，用于对空气污染源和空气污染后果的附加研究，拨款持续五年。1963 年，国会通过《清洁空气法》（Clean Air Act），在 3 年内给各州和自治市拨款 9500 万美元，用于设定固定污染源（包括发电厂和钢铁厂）的废气排放标准。之后在 1965、1966、1967 和 1969 年，国会又相继通过《清洁空气法修正案》（Amendments to the Clean Air Act）。1967 年，国会通过《空气质量控制法》（Air Quality Control Act），规定各州建立空气质量标准的时间表。

三年之后，国会通过《1970 年清洁空气法》（Clean Air Act of 1970），设立了更为严格的国家空气质量标准。1970 年的《清洁空气法》允许市民指控任何违反排放标准的组织（包括政府）或个人。20 世纪 70 年代通过的新法律，其重大影响在于对全国机动车制定了规定，包括禁止使用含铅汽油，汽车必须安装催化转化器以减少碳氢化合物、一氧化碳和氮氧化物的排放。

尽管里根政府阻挠《清洁空气法》进一步修正,但是1990年修正案进一步要求城市出台具体的空气污染控制举措,提高机动车的废气排放标准,同时还规定了明确的时间表。早期修正案通过后的大气污染研究表明,危害城市空气的污染物有烟雾、地面集聚的臭氧、随空气传播的致癌物如苯、产生酸雨的二氧化硫、工业中使用含氯氟烃和造成全球臭氧空洞消费品。1990年修订的《清洁空气法》力图减少上述污染物的排放以遏制空气污染对当地、地区以及全球的影响。

以上努力的效果不大。如今人们发现,燃烧化石燃料造成的空气污染与城市居民几种呼吸道疾病(包括哮喘)病情的不断增多有关。今天,大多数城区内最大的污染源仍是机动车辆;虽然国家在工业废气排放控制上已有50年的努力,但是在21世纪早期,政策的具体执行在很多城市仍不够系统。美国南部和西部快速扩张的大都市区有着最集中的烟雾污染问题。在人口更为稠密的东北部,到20世纪末越来越多的人担心跨州的污染问题,如纽约州人很担心俄亥俄和宾夕法尼亚火电厂排放的烟气。

21世纪之初,空气污染研究与大众对空气污染问题的关注促使人们对空气污染的理解也发生了变化,空气污染不仅仅包含可见烟尘与细微颗粒物对当地环境的影响,还包括当地环境中有形与无形的污染物对人类健康的危害,以及对当地、地区和全球的不利影响。虽然受以上观念影响,各地、各州、全国乃至全球(如果把1997年美国没有签字的《京都议定书》考虑在内的话)都出现了一系列控制空气污染的措施,但是由于机动车、工业生产和消费者还在使用化石燃料,所以空气污染仍然是美国城市生活中的重要问题。

延伸阅读书目:

- Davis, D. L. (2002). *When smoke ran like water: Tales of environmental deception and the battle against pollution*. New York: Basic Books.
- Melosi, M. V. (2000). *The sanitary city: Urban infrastructure in America from colonial times to the present*. Baltimore, MD: Johns Hopkins University Press.
- Stradling, D. (1999). *Smokestacks and Progressives: Environmentalists, engineers, and air quality in America, 1881 - 1951*. Baltimore, MD: Johns Hopkins University Press.
- Tarr, J. A. (1996). *The search for the ultimate sink: Urban pollution in historical perspective*. Akron, OH: University of Akron Press.
- Tarr, J. A., & Zimring, C. (1997). The struggle for smoke control in St Louis: Achievement and emulation. In A. Hurley (Ed.), *Common fields: The environmental history of Saint Louis* (pp. 190 - 220). Saint Louis, MO: Missouri Historical Society.

Carl Zimring 文

赵显博译 陈恒校

机场
AIRPORTS

到21世纪初,为飞机乘客服务的机场已经过80多年的试验和发展。20世纪前半期的大部分时间,从很多方面来看,机场与美国人生活的联系还不大。乘坐飞机是社会精英的专利,且多数机场都距离人口聚集中心较远。今天,飞机交通方式的大众化和城市扩张不断增加着美国人与当地机场的接触与联系。经过一个多世纪的发展,飞机已配备有空乘人员、动力装置并克服重力进行飞行,而机场则逐渐成为国家交通运输基础设施的重要组成部分。

美国商业机场的发展情况可以粗略地分为两个时期。第一个时期从一战结束到二战结束。在这几十年中,美国机场发展的很多基本模式逐渐出现,机场逐步从私人所有和仅限于邮政和军事用途的简单设施发展成为公共所有、造价昂贵且为不断增多的大众乘客服务的复杂设施,由于其国防作用,机场还得到了联邦援助。早期推动机场发展的动力有城市振兴主义、对飞行的热情以及军事需要。第二个时期包括从二战结束到现在的几十年,当然2001年9·11事件也可以作为分界线。战后这一领域出现了很多问题和发展。第一点也是最重要的一点是对飞机噪音的投诉让机场扩建都成为极具争议的问题,更不用说新建机场。第二点,航空业发展的起伏不定导致机场规划极为困难。最后,新技术——从喷气式飞机到地控雷达——的出现,使机场建设的复杂程度和造价远远超出早期机场发展鼓吹者的想象。

在美国,机场最早的顾客是邮局和军方。一战刚结束,邮政部门和军方就与各地的城市领导接触,讨论机场建设事宜。虽然当时有很多人认为机场应该由公共所有,但是由于受多种因素影响,再加上没有必要的授权立法,所以早期机场建设是由私人率先开始的。不过很多因素都有利于对上述机场实行公共所有以适应乘客需要。航空技术的诸多进步需要机场也在某些方面做出改善。例如受早期技术条件所限，飞机能否24小时全天候飞行取决于机场是否拥有大规模的照明系统和硬质跑道。当然越复杂造价就越高。早期阶段，机场辛勤经营才能实现收支平衡，更别提盈利了。所以机场公有化并通过公共资金援助来促成机场的改善，在很多人看来是理所当然的。最终，20世纪30年代机场建设的主要联邦资金来自公共事业振兴署（Works Projects Administration），同时规定任何接受联邦资助的机场都必须转为公共机场。

二战前的几年，虽然机场貌似能够盈利，但是城市振兴主义、飞行热情和国防需要已经足以推动机场建设项目的展开。早在20世纪20年代，各地振兴主义者就认为机场是必不可少的基础设施，到30年代振兴主义者则更为确信这一点即最新的现代化城市需要最新的现代化机场。这几十年也见证了民众对飞行的巨大热情，尤其是在1927年查尔斯·林德伯格（Charles Lindbergh）完成了从纽约到巴黎的飞行后。此后，全国各州纷纷通过授权立法，各大城市也相继提出机场规划。虽然机场在1918年后就接纳过军队，但直到20世纪30年代晚期，由于在国防上发挥的作用，才证明第一批用于机场建设及改善的联邦直接援助——不是以工代赈的形式——是合理的。

美国机场的分布状况很大程度上在二战结束时就已成形。几乎毫无例外，所有美国的主要机场用地都将用于航空目的。这些用地包括现有的机场和正在或就快要转为民用的军用机场，例如芝加哥市的奥黑尔机场（O'Hare Airport）。二战后，有几点因素造成大型新机场的建设较少，其中最重要的是大众对日益增加的飞机噪声的反感。噪声投诉至少可以追溯至20世纪30年代。随着城市向外扩张，住宅区离先前偏僻的机场越来越近，飞机噪声投诉开始增多，特别是在20世纪50年代晚期喷气式飞机投入使用后。20世纪60年代晚期，飞机噪声被界定为污染，机场建设必须提交环境影响评估来处理噪声问题。

航空业发展前景的不确定使为满足需求而进行的机场规划与建设变得更为复杂。二战后，飞机乘客数量总体上出现增长，特别是在20世纪60年代直至70年代晚期政府解除行业管制后。预测行业总体发展非常容易，但至于发展到底会在哪里出现——特别是哪些机场会出现最大发展——则很难预测。例如佐治亚州亚特兰大市机场在20世纪60年代早期进行了机构扩建，但还是无法满足实际增长需求。这种不确定性导致的建设不足或过度建设让各地机场经营者慎之又

慎，通常会在授权建设前进行多重研究。从机场扩建或机场建设最初计划的提出到完工，所需的时间越来越长，有时需要几年，有时甚至需要数十年。

例如丹佛市的新机场，不断增加的成本更加剧了机场扩建或机场建设的复杂状况。减少噪声所需的必要措施与机场规划过程中的复杂性也无形中为之增加了成本。丹佛市为了解决噪声问题，把53平方英里的新机场建在偏远的地方。战后时期，许多新技术也增加了机场的成本，包括更宽、更厚和更长的跑道，适应体积更大、速度更快的飞机；新的导航支持；规模更大的照明系统；地面追踪雷达和短途客运系统。再者，为了满足乘客的需要，航站楼的规模也越来越大，内部还建了各种娱乐设施。最终，丹佛市的新机场建设费用超过50亿美元。

机场在很大程度上还处于发展之中，并且不断面临新的挑战。2001年的9·11恐怖袭击就是显著事例。9·11事件后，机场成为快速消除美国人对空中交通系统安全顾虑的"起点"。同时机场也成为美国人最有可能见到联邦国土安全新措施最显眼标识——美国运输安全管理局（Transportation Security Administration）特工——的地方。由于要容纳专门用于不同安全环境的设备，很多机场经营者不得不通过改变航站楼结构来适应新安全举措。另外，航空业的未来仍然很难预料。有人预想，飞机旅行会出现分散趋势，从当下集中于少数大机场的毂辐状转变为利用各地小机场的点对点状态，同时还会推动小型飞机的出现。另一方面，空客研制的可搭载550人的民航客机A380由于体积大，搭载能力强，只有在大型机场才能使用。不管怎样，机场总将随着航空旅行的变化而变化。

延伸阅读书目：

- Bednarek, J. R. D. (2001). *America's airports：Airfield development*, *1918 - 1947*. College Station, TX：Texas A&M University Press.
- Braden, B. , & Hagan, P. (1989). *A dream takes flight：Hartsfield Atlanta International Airport and aviation in Atlanta*. Atlanta, GA：Atlanta Historical Society；Athens, GA：University of Georgia Press.
- Dempsey, P. S. , Goetz, A. R. , & Szyliowicz, J. S. (1996). *Denver International Airport：Lessons learned*. New York：McGraw-Hill

Janet R. Daly Bednarek 文

赵显博译　陈恒校

新墨西哥州阿尔伯克基市
ALBUQUERQUE, NEW MEXICO

阿尔伯克基市位于群山和高原环绕的格兰德河流域(Rio Grande River Valley),在州首府圣菲市(Santa Fe)西南60英里,是新墨西哥州最大的城市。该市同时也是新墨西哥州的商业、制造业和医疗产业中心。城市同时受到美洲原住民和欧洲人混合文化与周围广袤的沙漠风貌的影响。

阿尔伯克基是西班牙在北美的首批殖民村落之一。1706年,弗朗西斯科·奎尔沃·巴尔德斯(Francisco Cuervoy Valdes)镇长以新西班牙总督阿尔伯尔克基公爵(Duke of Alburquerque, Viceroy of New Spain)的名字命名(后来第二个"尔"被省掉)格兰德河沿岸的一座城镇。命名的事是巴尔德斯自作主张,没有得到总督或国王的准许,估计是出于一番美意。一个世纪之后,阿尔伯克基的管辖权在25年的时间里几经易手,起初归西班牙,然后归墨西哥,最后归美国。

阿尔伯克基在19世纪20世纪之交被并入美国,很快发展成为美国西部的重要城市,超过圣菲成为当地商业和人口中心。19世纪80年代,艾奇逊、托皮卡和圣菲铁路(Atchison, Topeka and Santa Fe, AT & SF)经过阿尔伯克基,给刚建市的阿尔伯克基开发周边森林与矿产资源打开方便之门。振兴主义者协会(Booster's Association)为吸引东部移民,鼓吹城市的"医疗效果",地产推销人员向东部购买田地的人允诺当地土地肥沃、产量很高。不过农业的发展并没有带来振兴主义者所预期的经济活力,而吸引全国各地以及墨西哥人来此定居的是阿尔伯克基持续发展的铁路运输和制造业。

随着人口的增加,阿尔伯克基市需要建设新的住房和建筑来容纳新居民。早期阿尔伯克基市的建筑以西班牙和墨西哥风格为主,不过对于一个生气勃勃的美国城市来说,这种风格显得有些简陋,也有些过时。再者,由于多数土地开发商都来自东海岸,所以新的建筑主要是维多利亚风格的。铁路沿线排列整齐的维多利亚风格建筑,彻底改变了阿尔伯克基市早期的建筑形式,即由市政建筑和教堂环绕的中央广场,周围有小块农田。

世纪之交,移民大量涌入后来被称为"新城区"的富人聚居区。土地便宜、商业机遇多、居住环境健康是阿尔伯克基吸引移民的条件。郊区出现后,外来的移民逐渐填充了新老城区之间的地区。虽然汽车是郊区发展

的原因之一,但是有轨电车是人们最初迁往郊区的原因。汽车最终取代有轨电车成为主要交通工具后,加油站和汽车旅馆逐渐出现在铁路大道(Railroad Avenue)两旁。铁路大道1912年被改名为中央大道(Central Avenue),是贯穿阿尔伯克基市东西的主要大道。之后,中央大道成为客流量高的66号高速公路的一部分,不过到20世纪60年代40号州际公路完工,分流了66号公路和阿尔伯克基市商业区的大部分车流。

一战后,由于农产品和牲畜价格下跌,阿尔伯克基市陷入经济衰退。城市商业凋敝,发展缓慢。1924年,当地商人成立市民委员会,尝试制定重振阿尔伯克基经济的计划。最后,市民委员会通过推销阿尔伯克基"健康气候"的计划,又一次吸引移民来此定居,并帮助阿尔伯克基摆脱战后的经济衰退。这一次经济反弹过程中,阿尔伯克基出现了持续的人口增长,矗立在天际的九层楼建筑第一国民银行(First National Bank)和美国西部第一座机场也由此建成。

1929年股市崩盘的阴影笼罩整个美国,但经济逐步恢复的阿尔伯克基市并未受到破坏性影响。不过城市中依赖66号公路游客的小生意和店铺因公路客流量减半而受到波及。1935年当地商人又一次举行集会,制定方案以刺激阿尔伯克基处于衰退但还并未停滞的经济。这一次他们决定通过纪念活动来庆祝阿尔伯克基建市50周年。庆祝活动的成功还要归功于州长克莱德·廷利(Clyde Tingley)的主题演说和富兰克林·罗斯福总统的贺电。1935—1939年,阿尔伯克基市的经济逐渐复苏。

进入二战后,阿尔伯克基市迅速成为军事训练和武器试验场的上佳选择。广袤的地域,周围相对稀少的人口以及气候条件促进了简易机场的建设。军方领导人意识到阿尔伯克基深处偏远荒漠的重要性,附近的武器试验场吸引了来自全国各地的科学家和原子科学家。圣菲附近的洛斯阿拉莫斯实验拥有全美最顶尖的科学家,而阿尔伯克基则是运输原子研究材料和其他武器的必经之地。1945年7月,第一颗原子弹在三一点(Trinity Site)爆炸,由此确保了阿尔伯克基日后成为武器系统开发和核研究中心的地位。

二战期间,阿尔伯克基市周边建设了新的军事设施,冷战推动了武器研发与试验产业的发展,反过来促进了阿尔伯克基的城市发展。稳步增长的人口带来了前所未有的郊区扩张。阿尔伯克基越来越像现代城市,没有人留心去保护城市的公共空间或独特的建筑。1975年该市被联邦调查局标明为全国犯罪率最高的城市。面对这一情况,阿尔伯克基市首次推出城市规

划,对郊区扩张、历史地标的消失、日益严重的污染问题以及建筑物、西南风格建筑的保护着手进行处理。1989年,阿尔伯克基市的城市公共空间面积全美排名第五,而旧城区因其泥质街道、土坯建筑和独特的"西部老城镇"体验成为全市最大的旅游景点。考虑到20世纪80年代阿尔伯克基市半数人口在该地定居还不到五年,出生在阿尔伯克基市的居民不足总人口的20%,能做到以上改变还是很不寻常的。

时至今日,阿尔伯克基市仍然保持着多元文化,这得益于来自全国和全世界庞大的科研人员社区,以及北美原住民、西班牙和墨西哥影响在当前和历史上影响的混合。由于对阿尔伯克基市独特性保护的积极努力,现在许多历史地标建筑依然矗立在现代化的高科技产业城市中。

延伸阅读书目:

- Price, V. B.（1992）. *A city at the end of the world*. Albuquerque, NM：University of New Mexico Press.
- Simmons, M.（1982）. *Albuquerque*. Albuquerque, NM：University of New Mexico Press.

Christopher Coutts 文

赵显博译　陈恒校

后街住房
ALLEY HOUSING

城市街区中便于行人通行的通道是城市设计是否得体的必要特征。后街巧妙地将人行道交通与垃圾清运和马厩的噪声隔开。后街功能隐蔽、令人讨厌,长期以来服务水平低,却是很多美国城市的丑陋特征之一。尽管在后街居住有诸多明显不便且自殖民时代以来就是美国城市的一个特征,但是直到19世纪晚期的快速城市化以及与之伴随的住房短缺才使后街住房变得普遍起来。因为大部分后街住房质量低下、花费较少,当时的后街住房经常与地位特别低下的居民联系在一起,反映了移民的区域差别记录最为详实的例子有纽约市的犹太人聚居区、美国西海岸的华人聚居区和南部的黑人聚居区。

后街住房从来都没有被高看过,雅各布·里斯的《另一半人如何生活》(*How the Other Half Lives*,1890)直接将曼哈顿东南区的腐朽堕落与其骇人的生活状况联系在一起,导致后街住房的名声更是直线下跌。该书开篇就将后街住房确定为典型的地狱厨房(Hell's Kitchen)贫民窟的前身,被城市遗弃,代表着苦难与肮脏的底线,稍微有点能力的人都会移居他处。后街住房里的腐朽堕落,就像鲍威利的一些主要街道一样令人作呕。里斯认为后街住房是反社会行为的中心,因为那些连鲍威利街住房都负担不起的人才住在这里。鲍威利的后街居民中的卫生、环境、性和种族问题,是后维多利亚时代积弊的实际体现,所以也就成为后来几十年社会改革的首要主题。

在里斯之后的整个进步主义时代,后街居民代表都在强调后街住房格格不入的特质:在这里,美国社会的准则消失,正常的行为标准遭到扭曲。受里斯的启发,城市卫生改革开始强调拆除后街出租屋,疏散后街居民。受益于城市经济活跃和建筑业繁荣,该计划在20世纪20年代得到加速,缓和了住房短缺问题。在备受瞩目的20年努力之后,大萧条导致租屋需求增加,拆除计划失去资金支持,贫民窟的清理工作也就到此为止。大萧条也标志着后街住房人口构成的变化,即由美国南部的种族空间模式转变为美国北部的工业城市模式,由此也改变了此类城市贫民窟的含义。

美国南部把黑人与后街住房联系在一起的观念早在黑人奴隶解放之前就有,当时,家用奴隶通常住在沿后街而建的外屋,被解放的黑人也不敢住在主街。黑人奴隶被解放之后,住在"前排住房之后"的模式在南方的城市中继续存在,后街成为被隔离的城市的大街,那里除了白人什么都有。街区的隔离程度可能很惊人:1980年,约翰·博彻特(John Borchert)统计,在20世纪的第一个十年,华盛顿特区的前排住房中有97%是白人,后排住房有93%是黑人,整个城市中78%的黑人都住在后街。

不管是北部还是南部,黑人聚居的后街都让贫民窟清理工作变得复杂起来,许多人担心黑人会被安置在白人社区。1934年情况出现了转折,国会重启华盛顿特区的后街改造项目,将其与公共住房补贴结合起来。该方案清理了租户,但加速了黑人居民聚居某些特定社区。这一方案受联邦资金支持,在随后的几十年里在美国各地得到实施。20世纪五六十年代的城市更新运动特别针对后街黑人租户,拆除低矮建筑,建设超级街区(Super-block)和停车场,高层公共住房很快取代后街出租屋,成为内城隔都区的标志。尽管贫民窟清理引起社会各界的广泛关注,但真正终结后街住房的是汽车而非贫民窟清理。汽车降低了人口密度,减少了对后街住房的需求,致使"白人逃逸"到郊区,旧城区由此住房供大于求。汽车的使用也增加了后街用作车库、货车街边停车的价值。同时受最低住房标准的影响,剩下的后街住房状况已经得到改善,人们对不光彩的后街住房的态度有所改善。

格雷迪·克莱(Grady Clay)在1978年指出,20世纪70年代,新城市主义运动先锋对后街住房进行重新评估,宣布后街住房再开发的时机已经成熟。华盛顿特区的乔治敦(Georgetown)和纽约市格林威治村(Greenwich Village)马车房旧区改造的成功,引发了近几十年对后街住房旧区的大范围改造,包括新式单独短街和小街的发展以及祖母套间(Granny Flats)租屋的出现。后街,昔日的累赘,已经摆脱过去令人讨厌的印象,而且因其与外界相对隔绝的状况已成为美国城市的关键部分。

延伸阅读书目:

● Beasley, E. (1996). *The alleys and back buildings of Galveston*. Houston, TX: Rice University Press.

● Clay, G. (1978). *Alleys: A hidden resource*. Louisville, KY: Grady Clay.

● Ling, H. (2002). "Hop alley": Myth and reality of the St. Louis Chinatown, 1860s - 1930s. *Journal of Urban History*, 28(2), 184 - 220.

● Riis, J. A. (1890). *How the other half lives: Studies among the tenements of New York*. New York: Scribner.

Jason Jindrich 文

赵显博译　陈恒校

美国各州首府
AMERICAN STATE CAPITALS

州首府即州议会大厦(Capital 和 Capitol 发音相同)所在地,是自治城市,也是州的象征。这里既是指美国人与定居城市的关系,也指州首府与州内其他城市的关系。

在美国联邦系统中,城市至上与政治遵循着不同的逻辑。由于经济活力和经济基础的不同,州首府高度差异化,形成平行的城市网络,与典型的美国城市网络相脱离。2000年,州首府的人口数量少的有8035人(蒙彼利埃),多的则有5819000人(波士顿)、州首府人口占全州总人口的比例从7%(法兰克福[Frankfort,肯塔基州首府——译者注]、安纳波利斯和杰斐逊市)

到113%(罗德岛的普罗维登斯,其大都市区超出了州的边界)不等。

从物质实体和社会的角度看,州首府是美国城市结构中的异类。可以断言,各州首府是全国各个城市中"最具美国特征"的城市,因其多元化而成为美利坚合众国的象征。

各州首府组织筹备政治活动,将政治制度转变为实实在在的政治模式。在公众的倡议和资助下,州首府经精心规划,由于在具有象征意义的地点建有纪念性建筑(其中给人印象最深刻的当属议会大厦),所以多与一般想象中的美国城市的整齐划一不同。过去,州首府象征着某州的实际地位,现在则象征着与其历史紧密相联的恒久性。州首府最重要的公共空间是引人注目的州议会广场。不过由于此类公共空间主要由盎格鲁-撒克逊清教徒占多数的白人男性所建,将诸多少数种族如土著美国人、非洲裔美国人和妇女拒之门外,所以从来就没有实现过全体一致的共识感。

州首府的选址并未遵循全体一致原则,这也是美国各州的普遍现象,其影响甚至持续到今天。当然,历史上影响美国各州首府的普遍因素是其不稳定性:美国各州(包括殖民地时期和领地时期的某些案例)先后平均有3.8个州首府。州首府地点的变迁,只有8个州有清晰的地理模式。

想找到解释模型需综合考虑几个紧密相关的因素。目前,多数州首府是在19世纪选定的,其中有35个是在1861年之前,当时是拓荒者时代,对领地充满了理想化的构想。其构想多与杰斐逊的理想——以受过教育的小农为基础的民主社会——有关。将州首府置于地理中心并不仅仅是地理上的需要,还与代议制和选择中心位置所表达的地理概念上的平等原则有关。不过现在只有13个州首府(26%)位于其所在州的地理中心。清教主义和小城镇理想在州首府的选择过程中通常是微不足道的说辞。对"大"城市的不信任很少出现,巴吞鲁日(Baton Rouge)即最为明显的一例。充当发展助推器和地方门户是更为适当的。在各社区激烈竞争中,州首府都全面参与城市美国的建设(有四分之一是从零开始):成为州首府会给城镇注入生存和繁荣的希望。州首府的取名往往也会有这方面的考虑,如奥古斯塔(Augusta)、奥林匹亚(Olympia)和林肯(Lincoln),不过有些城市在被选定为州首府后会改名,如庞普金维尔(Pumpkinville)被选为州首府后就更名为凤凰城。通常州首府地点的选择可以说明某州内的权力平衡。某些政治派别取得州政府的控制权后会更换首府,有些铁路公司为争夺新的领地也会促使州政府换首府,如南达科他州。首府的选择过程牢牢掌握在白人手中,且与东部资本有关。首府的选址根本就不是公民民主意愿的表达,因为人民很少直接参与选择。尽管有时立法机关会呼吁全民公投,但多数情况下是由国会、州长或州立法机关来选,当然还有游说者和城市振兴主义者的参与。总体过程可以简化为振兴主义、贿赂和妥协。

州首府的选择过程让每个人从整体的角度去思考问题,消除州内的不和因素:州首府代表着单一的政治单元,即州,并负责对该州进行管理。首府的选择虽不是加强州意识的唯一因素,不过确有促进作用。虽然其效果并非立竿见影,但是从长远的角度看,几乎所有的公民都认为,不管州首府的选择过程有多么困难,选择州首府就是为了持久。

一旦被选中,州首府必须要挺过最初的有限繁荣。从州首府的发展情况看,虽然成为议会大厦所在地往往不会带来大规模的发展,而且成为政府所在地的城市确实比那些没有成为政府所在地的城市命运要好,但也并非一片光明:20世纪下半期之前的州首府城市看上去也不是非常出色。也有例外,如波士顿、亚特兰大和印第安纳波利斯。在快速发展的美国,从1790—1950年这段时期,只有半数州首府曾名列全美人口最多的100座城市。其中有19座州首府城市现已逐渐衰颓。在这段时期内,36座州首府(四分之三)无法向州政府以外的地区扩展其经济基础。首府城市的精英也不是不想发展经济,恰恰相反,在首府城市掌权的人也梦想着首府会发展成为经济大都市。首府经济发展滞后通常首先归咎于政府的腐败和市民的无知。两者的结合导致首府无法像城市创办人所希望的那样尽可能多地吸引潜在的投资者。首府经济发展滞后的第二个原因是政治地理与经济地理之间经常出现的二元对立,因为州首府城市管辖的地区不是按照经济逻辑设立的。第三个原因——在一定程度上是由前两个原因造成的——是铁路经常绕过首府,州首府也就偏离了城市的发展途径——工业化,反之亦然。

州首府的炼狱时期一直持续到20世纪50年代,之后开始像美国大多数城市一样追求现代化。州首府避开公司城(Company Towns),主要由于20世纪40年代以来政府方面的变化。随着联邦和州预算的扩大,多数州的政务也更为公开,各州首府在人口增长和经济发展方面比其他城市都快。结果,政治中心在新出现的劳动分工中有着越来越重要的作用。最新的经济发展趋势实际上是以各州首府传统上的优点为基础

的:白领居民和城市休闲娱乐。经济繁荣环境下的高品质生活吸引着大多数美国人。朱诺(Juneau)、奥林匹亚、赫勒纳(Helena)、圣菲和安纳波利斯重视保持大小适中的城市规模和舒适的城市环境,从繁荣的休闲娱乐经济中全面受益。兼为学术中心的首府在利用新机遇方面比其他首府更为成功(可参见奥斯汀和罗利),因为州立大学通常由那些在州首府选址竞争中失利的城市设立。

如果某一地区制造业占主导地位,制造业会吸引大量人口,州首府手中就没有王牌。若是农业占主导地位且首府位于中心,那么州首府很容易发展成为供应和贸易中心。如果经济基础呈多元化,情况会更为复杂。多元化是大多数州首府的特征,州首府可以借助公职(最小规模的州首府大约雇佣当地将近半数的劳动力,中等规模的州首府大约雇佣当地四分之一的劳动力)来推动经济基础的稳步发展。在发展单一产业的州,州首府多元化的经济可以更好地应对经济衰退(俄亥俄州首府哥伦布和怀俄明州首府夏延)。

不过美国各州首府近期的发展并没有从根本上改变美国的城市等级结构。有些首府也的确发展成为大都市(亚特兰大、盐湖城和奥斯汀),而只有26%的州首府在2000年的人口超过250000,30%处于百万人口大都市区,24%的人口仍然不过50000。低于一定的门槛,把乡村式的首府转变成新经济繁兴城镇是不可能的。

当前各州首府形象的变化证明,随着经济现代化的发展,政治活动的实施方法也经历了现代化。这表明,各州首府不仅仅是具有象征意义的城镇,而且还是美国人身份认同的明确基础。

亦可参阅:公司城(Company Town)

延伸阅读书目:

- Bromley, R. (1990). *Doing business in a capital city: Report of the Capital Cities Project*. Albany, NY: University at Albany Foundation and Norstar Bank of Upstate New York.
- Goodsell, C. T. (2001). *The American statehouse: Interpreting democracy's temples*. Lawrence: University Pressof Kansas.
- Moussalli, S. D. (1997). Choosing capitals in antebellum Southern frontier constitutions. *Southwestern Historical Quarterly, 101*, 58-75.
- Zagarri, R. (1988). Representation and the removal of

state capitals, 1776 – 1812. *Journal of American History*, 74, 1239 – 1256.

Christian Montes 文

赵显博译 陈恒校

美国化运动
AMERICANIZATION MOVEMENT

美国化运动是指使用一套专门的项目和机构将移民或部分本土美国人融入宽泛的中产阶级美国文化之中。此类项目的前提——有能力的改革者既能改善物质条件，又能促进统一国家认同的形成——代表着进步时代思想重要元素，同时强化了美国作为熔炉的概念。美国化运动在 20 世纪早期达到顶点，不过在 1910 年代末期，出于对一战和政治激进主义的恐惧，美国化运动发生转向，从文化提高转向更为保守的民族主义。十年之后，由于人们对移民是否能够融入或者是否愿意融入主流社会普遍持悲观态度，美国化运动逐渐消失。

美国化运动的思想起源于社区改良运动，该运动是为应对 19 世纪晚期移民的涌入，特别是针对来自东欧和南欧的移民以及挤满移民的隔都区的激增而产生的。这一理念来自英国，认为通过为其附近居民提供福利服务和教育项目，有助于消除周围污染、拆除附近低于标准以下的住房、消除社会堕落和减少犯罪，由教会领导的社会改良运动还将福音主义加入其中。20 世纪早期，很多宗教和世俗的改良运动都用美国化运动来概括自己的目标。美国化运动反映着文化提高、精神鼓舞和经济改善，借此可以促进团结、良性的国家认同。多数改革者支持合法移民（这一时期的联邦法律禁止归化亚洲人）的归化并且鼓励移民参与国家的政治生活。日常生活方面——从英语技能、家务到烹饪风格（改革者坚信"美国"食物比其他少数民族的食物更健康）——也给予同等重视。这一方面的很多措施都集中在移民妇女的家庭责任上，改革者认为母亲会将自己学习的价值观念传给孩子。美国化运动更多地关注公民身份和爱国主义，这点在一战前尤为显著。很多改革者认为，过不上中产阶级生活标准的土生非洲裔美国人和英国人也同样适用于美国化运动。

在美国化运动的高峰时期，其影响远远超出了改革者的圈子。西奥多·罗斯福总统支持美国化运动，面对文化日益多元的美国，将其视为凝聚团结美国的

方法。亨利·福特要求移民工人去上英语和公民课程。有时，政府机构则直截了当采用美国化运动的原则。如加州移民与住房委员会（California's Commission on Immigration and Housing）援引美国化运动的理论提倡公共教育，进行住房改革，为移民提供福利服务。其实，美国政府管理美国居民的私人生活的首次尝试是在美国化运动的旗号下进行的。

一战的爆发和之后美国的参战激起了新一轮的美国化运动，不过已与先前有所不同。新项目更多地关注民族主义和镇压劳工组织，表明运动的发起者越来越怀疑新近移民的忠诚。引人注目的全国美国化运动委员会（National Americanization Committee）在一战期间把进步主义理想更换为民族主义，说明意识形态已发生转变。到 1909 年，强调文化多元或者工厂车间动员项目的资金越来越少，有时还被指控有忠诚问题。

20 世纪 20 年代，越来越多的人怀疑移民是不是能够融入美国社会，是不是忠于美国，美国化运动因此逐渐衰退。对以上问题的担忧导致 1921、1924 年美国通过严格的联邦移民配额，抑制东欧和南欧的移民，也因此减少了社区改良所和相关项目的服务对象。尽管西部城市还继续接收来自墨西哥的移民，但是改革者也越来越怀疑到底能不能让墨西哥人归化。例如 20 世纪 30 年代末，加州移民与住房委员会开始呼吁限制墨西哥移民。20 世纪 30 年代及之后，一些社会工作者继续使用美国化这一词语，但是与大萧条经济剧变造成的新的社会问题，美国化运动也就显得不是那么重要了。

学者对美国化运动的影响还没有达成一致的看法。有些学者强调此类项目带来的重要物质利益，并赞扬运动对文化统一的促进。其他学者则声称，美国化运动含蓄地或者旗帜鲜明地贬损移民文化，很少去消除民族不平等或种族不平等问题。之所以很难评价美国化运动的影响，从某种程度上说是因为当时各种各样的组织都接受了美国化的概念。例如，简·亚当斯的赫尔会所接受美国文化多元的观点，鼓励移民至少要保留某些方面的民族文化遗产。从另一端看，改善美国联盟（Better America Federation）在一战末期由加州商人领袖设立，几乎将其所有项目都集中在民族主义上，并攻击那些实施自由措施的美国化运动。

总体来说，美国化运动为成千上万的新移民提供了切实的利益，其中有不少移民接受了中产阶级传统和爱国主义。多数项目的焦点即欧洲移民，是最肯接受社区延伸服务的群体。然而很多其他移民，特别是那些有色人种，对整个或部分美国化运动置之不理或

持排斥态度。当时的社会改革者和传教士，经常会把移民希望利用福利项目意愿，跟不情愿接受美国公民身份和基督教的情况进行对比。美国化运动的局限仍然显而易见，这一点至少可以从一直延续到21世纪之初的少数民族社区及习俗方面看出。

亦可参阅：简·亚当斯（Adams, Jane），社区改良运动（Settlement House Movement）

延伸阅读书目：

● Higham, J. (2002). *Strangers in the land: Patterns of American nativism, 1860 - 1925*. New Brunswick, NJ: Rutgers University Press.

● Lissak, R. S. (1989). *Pluralism and Progressives: Hull-House and the new immigrants*. Chicago: University of Chicago Press.

● Sanchez, G. (1990). Go after the women: Americanization and the Mexican immigrant woman, 1915 - 29. In E. C. DuBois & V. Ruiz (Eds.), *Unequal sisters: A multi-cultural reader in U. S. women's history*. New York: Routledge.

Mark Wild 文

赵显博译　陈恒校

游乐场
AMUSEMENT PARKS

游乐场源自中世纪的贸易集市和17—18世纪晚期欧洲的游乐园。最初是向成年人提供休闲娱乐，现在随着休闲时间和个人可支配收入的增多，游乐场已经成为美国家庭最喜爱的休闲娱乐场所之一。

起初，野餐地点会包括一些简单的骑乘设施。19世纪末期受有轨电车公司的影响，美国出现第一批游乐场。有轨电车公司想刺激周末的客流量来增加额外收入，同时想把由电力照明公司和电力公司收取的统一月费最大化利用。1893年，芝加哥哥伦比亚世界博览会首次引入了现代游乐场的重要元素。世界博览会上，充满异国风情的大道乐园（Midway Plaisance）和第一座摩天轮让游客从距地面264英尺的地方欣赏壮观的城市风景。白城（White City）还让人们安全地体验了由建筑师、工程师和规划师人工设计的封闭仅供暂时参观的理想世界。1894年，保罗·博因顿上尉

（Captain Paul Boynton）的瀑布公园（Chutes Park）对外开放，是美国首座封闭、收取入场费的游乐场。1895年，博因顿的另一座游乐场即位于纽约布鲁克林科尼岛的海狮游乐场（Sea Lion Park）对外开放，促使美国很多游乐场的出现，如加利福尼亚和佛罗里达的海底世界（Sea World）。

科尼岛曾被称为镍币帝国（The Empire of the Nickel），这个比喻起初是用来描述传统的海边度假胜地。1875年，安德鲁·卡尔弗（Andrew Culver）的展望公园（Prospect Park）和科尼岛步行道（Coney Island Trailway）竣工后成为世界最著名的游乐场。从19世纪90年代到20世纪50年代中期，科尼岛一直是美国游乐场的典型。越野障碍赛马乐园（Steeplechase Park，1897—1964）、鲁纳游乐场（Luna Park，1903—1947）和梦想乐园（Dreamland，1904—1911）让数百万纽约工人卸下重负，摆脱每天枯燥无味的城市生活，享受由恐怖的过山车所带来的惊险刺激以及由艳丽的建筑、绚丽的灯光和让人晕头转向的诱惑物创造的幻想、感官和混沌的神奇魅力。

1920年美国有超过1800座游乐场在营业，通常位于有轨电车终点。尽管如此，游乐场经历了黄金时代后很快衰退。随着美国人开始享受汽车带来的新的流动性，游乐场在20世纪20年代出现急剧衰落。由于无法提供充足的停车场，加上禁酒令和有些年份糟糕的夏季天气，游乐场落入私人手中。1929年股市崩盘和大萧条导致游乐场大批关门倒闭。到1939年，美国只剩下245座游乐场，二战期间仍旧继续其衰落趋势。

战后婴儿潮和"儿童乐园"的出现让游乐场经历了短暂的复苏。不过20世纪50年代，社会发生急剧的文化转型（例如中产阶级郊区化、种族紧张趋势的加剧和老城区的衰颓），游乐场无力与购物商场、电视和更为复杂的休闲娱乐活动竞争，很快成为明日黄花。传统游乐场衰落的趋势已经不可逆转，但是不久之后就出现了新的发展理念。那就是沃尔特·迪士尼用1700万美元打造的标志性杰作。

1955年7月17日，加利福尼亚州安纳海姆（Anaheim）沃尔特·迪士尼的魔法王国（Magic Kingdom）——通常叫迪士尼乐园——对外开放。这是美国第一座现代主题公园，其诞生从根本上改变了日后游乐场产业的发展趋势。由于缺乏传统的旅游景点，早期对迪士尼乐园有不少质疑，但乐园一经开放即获成功。迪士尼建成了5座独立的梦幻世界——美国主街（Main Street, U. S. A.）、幻想世界（Fantasyland）、

冒险世界（Adventureland）、边疆世界（Frontierland）和明日世界（Tomorrowland），其中还包括一些从迪士尼流行动画借来的主题。1956 年，有将近 400 万游客涌入迪士尼乐园，抛开性、暴力或者社会问题，置身一尘不染、快乐祥和的世界，欢快地体验不同时空下最大限度的刺激和惊险幻象。1965 年第 5000 万位游客步入迪士尼乐园的旋转门，自此之后，游乐园保持其与众不同的名气，成为中产阶级家庭的旅游胜地。传统的游乐园会招来妓女、酒色之徒、走私犯和窃贼，而且游乐园名气越大犯罪活动越猖獗，迪士尼乐园则与此相反。作为典型的主题公园，迪士尼最小的细节经过精心地规划和设计，能够保证全方位的安全、控制和可预见性。

迪士尼的成功很难复制。不过 1961 年，在得克萨斯州对外开放的六旗游乐园（Six Flags）成为首例成功的区域主题公园，1967 年六旗游乐园又在佐治亚州建了一座主题公园。20 世纪六七十年代晚期，大企业如安海斯 - 布希与哈考特·布雷斯·约万诺维奇（Anheuser-Busch Harcourt Brace Jovanovich）、万豪集团（Marriott Corporation）、美希亚音乐公司（MCA, Inc.）和塔夫脱传媒（Taft Broadcasting）也投资那些与州际高速公路系统联系便利的主题公园，之后主导了游乐场产业的发展。1971 年，占地 27500 英亩、世界上最大的旅游景点、佛罗里达州布纳维斯塔湖（Lake Buena Vista）的沃尔特·迪士尼世界（Walt Disney World）对外开放，耗资 2.5 亿美元，是当时造价最高的主题公园。公园本身就是一个综合性度假场所，包括主题景点、酒店、度假胜地和大量的休闲娱乐设施。1982 年又添加了耗资 9 亿美元的未来世界（EPCOT）中心。20 世纪 80 年代，面对国内市场饱和的威胁，游乐场产业成功向外输出，游乐主题公园的概念也遍及全世界。与此同时，人们对历史遗迹保护的兴趣日渐浓厚，旧式的游乐场重获其吸引力。1987 年，宾夕法尼亚州匹兹堡的肯尼伍德游乐园（Kennywood）和纽约州拉伊游乐园入选国家历史遗迹保护名录，是该名录首次收录正在运营的游乐场。

尽管主题公园非常出名，但还是备受争议，而且受到知识分子的严厉批评。抨击主要集中在主题公园内乌托邦般的美景是不真实、虚构的，受到控制、被动的，不良内容遭到清除和净化；向游客推广消费主义和技术能够解决政治和社会问题的观念，人们不假思索就接受，在不知不觉中受到影响；再就是空间和社会隔离。从另一方面来说，主题公园的游客显然也不会信以为真地认为，自己花钱买的就是社会现实，来此游玩只不过是想做上几个小时无忧无虑和内心充满好奇与想象的孩子。

亦可参阅：主题公园（Theme Parks）

延伸阅读书目：

- Adams, J. A. (1991). *The amusement park industry: A history of technology and thrills*. Boston: Twayne.
- Mangels, W. F. (1952). *The outdoor amusement industry from earliest times to present*. New York: Vantage Press.
- Samuelson, D., & Yegoiants, W. (2001). *The Americana musement park*. Osceola, WI: Motorbooks International.

Catherine C. Galley 文

赵显博译 陈恒校

舍伍德·安德森
ANDERSON, SHERWOOD

舍伍德·安德森（1876—1941），美国作家，因其故事集《俄亥俄州的温斯堡》（*Winesburg, Ohio*, 1919）而著称于世。安德森认为自己承接了惠特曼、马克·吐温和德莱塞的文学传统，努力去捕捉未遭艺术虚伪掺杂的美国人生活的本质。安德森笔下的温斯堡是当时美国的缩影，透过《俄亥俄州的温斯堡》，安德森探索现代性的两难境地：乡村消失，当地传统遭侵蚀，庞大单一的流行文化和消费主义的到来。

安德森出生于俄亥俄州卡姆登（Camden），父亲欧文·安德森，母亲爱玛·安德森（Erwin and Emma Anderson）。由于父亲起伏不定的事业，安德森家经常搬家，最后在 1884 年定居于俄亥俄的克莱德（Clyde）。年轻时安德森住在芝加哥，干非熟练工的活，美西战争（Spanish-American War）爆发后应征加入美国陆军。战后，安德森在芝加哥找了一份打字员的工作，并迎娶科妮莉亚·莱恩（Cornelia Lane）为妻。在芝加哥，安德森与很多作家，比如佛洛依德·戴尔（Floyd Dell）、西奥多·德莱塞（Theodore Dreiser）、本·赫克特（Ben Hecht）和卡尔·桑德堡（Carl Sandburg）等成为好友，之后深受他们的影响。

1906 年，安德森迁居克利夫兰，在一家邮购公司任经理。1912 年 11 月正午，安德森离开办公室，消失得无影无踪,四天后在克利夫兰被找到,出现了精神崩溃的症状。安德森后来提起此事,说那四天标志他与物质世界的决裂。从此之后,安德森便开始了现代美国艺术家和社会评论家的事业。

1914 年,安德森开始在左派期刊《大众》(The Masses)上发表作品。这些作品中的故事后来成为《俄亥俄州的温斯堡》的核心内容。在这段发展时期,安德森还发表有《穷白人》(Poor White,1920)、《鸡蛋的胜利》(The Triumph of the Egg,1921)、《多种婚姻》(Many Marriages,1923)、《马与人》(Horses and Men,1923)和《阴沉的笑声》(Dark Laughter,1925)。

《俄亥俄州的温斯堡》是安德森最著名的作品,其中的很多主题对其后期作品有重要影响。该书是 23 个关于俄亥俄州小镇故事的合集。虽然每个故事是在 4 年时间(1915—1919)内单独发表的,但是安德森认为这 23 个故事是前后连贯的整体,正如其回忆录中写道的:"我觉得,从整体来看,23 个故事是一本小说,是一个完整的故事。"面对物质主义的影响而导致的社区瓦解,以及社区瓦解导致的个体身份迷失,小说中的叙述者对温斯堡经常采用嘲笑的口吻表达对以上两个趋势的反抗。类似的主题也可以在之后的现代主义作家如海明威、菲茨杰拉德和艾略特等人的作品中发现。

安德森与其第四任妻子埃莉诺·科彭哈弗(Eleanor Copenhaver)在巴拿马参观时,因误吞牙签死于腹膜炎。

延伸阅读书目:

- Anderson, D. (Ed.). (1981). *Critical essays on Sherwood Anderson*. Boston: G. K. Hall.
- Papinchak, R. (1992). *Sherwood Anderson: A study of theshort fiction*. New York: Twayne.
- Townsend, K. (1988). *Sherwood Anderson*. Boston: Houghton Mifflin.

Jason Stacy 文

赵显博译 陈恒校

兼并
ANNEXATION

土地兼并是美国地方政府扩大领土辖区的主要手段。1993 年戴维·腊斯克(David Rusk)指出,由于土地问题涉及州,美国 50 个州中至少有 44 个州有成文法律规定兼并的条件和程序。几乎所有的中西部和南部州都有此类法律,而东北部各州则很少。

对于土地被兼并的业主以及实施兼并的市政当局来说,兼并既有好处,也有不利。对业主来说可能的好处有:获得更为完善或者更为便宜的市政服务和上涨的地产价格(特别是那些未充分开发,但可以进行高强度开发的地产)。不利之处在于,地产税的增加,政治控制力可能出现实实在在或者可以预见的削弱。对市政当局来说,兼并有助于促进边缘地区的有序开发,扩大当地的税收基础,为大量人口提供市政服务的市政机构,通过兼并可以发挥其规模经济潜力。然而正如埃里克·达明·凯利(Eric Damien Kelly)在 1993 年指出的,需要耗费相当多的资金用于在新并入地区修建基础设施。

某财产所有者想并入城市,或某座城市想兼并辖区外的土地即可开始兼并程序。自愿兼并是指当事双方即财产所有者与市政当局,都赞成兼并。总体上,自愿兼并是东北部各州唯一允许的兼并方式。有时市政当局没有征得土地所有者的同意就决定兼并辖区外的土地,这种情况被称为强制兼并。凯利写道,因为兼并在全国的 45 个州都需要政府批准,所以兼并很少是在强制情况下进行的。

州法律规定兼并通常需要以下要素:相邻、适当的政府部门(或当局)、申请程序、决定兼并费用的指导原则、听证、复审以及各种决定的时间表。有几个州需要第三方批准。凯利指出,有 5 个州需要司法复审,有 10 个州需要准司法机构批准,有 11 个州需要县政府批准。腊斯克指出,大约有 19 个州的兼并提议需要被兼并地区业主多数的同意,而有很少几个州,兼并需要城市选民多数的批准。华盛顿特区兼并提议需要三重多数批准,还涉及到土地和土地估值。另一方面,托马斯·加洛韦(Thomas D. Galloway)和约翰·兰迪斯(John D. Landis)在 1986 年指出,爱达荷、内布拉斯加和北卡罗来纳三州允许市政当局单方面进行兼并。腊斯克指出,不少人担心市政当局借助兼并权力扩大原主体上为白人的区域,以此来削弱其他种族和少数民族群体的政治影响力,1971 年之后,很多州要求市政当局的兼并提议需要美国司法部的批准。

下面以艾奥瓦州为例介绍一下规定中西部州兼并的法律。

- 兼并标准:被兼并的土地,距城市边界的最低限度为 50 英尺,兼并后不能使未被城市兼并的土地成为飞地。

- 兼并类型：艾奥瓦州法律规定兼并类型有自愿兼并和强制兼并；强制兼并无需土地所有者同意，市政当局即最多可将20％的相关土地兼并。
- 强制兼并的程序：城市委员会以及州土地开发委员会可以提出强制兼并周围土地的请愿书，请愿书副本要递交给所有受影响辖区的政府机构。请愿书必须包括人口、社会经济信息，并描述现有的市政服务，以及兼并城市扩大被兼并土地市政服务的计划。请愿者需要发布提议兼并的通知，对提议举行公开听证会，同时还需要将听证记录递交给所有相关的政府机构。

在不断发展的城区，为兼并毗邻土地，区域内的城市之间会出现竞争和激烈的辩论。通常，规模较小的城市税率低、发展前景巨大，往往会赢得竞争；而发展早规模大的城市，其扩大税收土地基础的潜力会降低。州对新市镇组建的支持程度也影响兼并过程。凯利写道，俄勒冈和伊利诺伊等州更为容易组建市镇，可能会阻碍兼并；而腊斯克指出，像新墨西哥州要求，现有市镇与新成立市镇的距离为5英里时才鼓励兼并。

刚刚过去的一段时间，关于城市扩张的公共和政治辩论越来越多，而城市的兼并权力可能对城市扩张施加影响。有些城市研究学者断言，如果城市的兼并权力非常广泛，那么城区内多个城市政府的兼并之争会促进城市扩张。其他学者则不同意这一观点，指出城市中反复碰到的城市治理碎片化问题，限制了各种生活质量改善项目作用的发挥，而广泛的兼并权力则可以阻止碎片化的出现。

延伸阅读书目：

- Galloway, T. D. , & Landis, J. D. (1986). How cities expand: Does state law make a difference? *Growth and Change*, 17, 25 - 45.
- Kelly, E. D. (1993). *Managing community growth*. Westport, CT: Praeger Press.
- Porter, D. (1997). *Managing growth in America's communities*. Washington, DC: Island Press.
- Rusk, D. (1993). *Cities without suburbs*. Baltimore, MD: Johns Hopkins University Press.

Jerry Anthony 文

赵显博译　陈恒校

公寓建筑
APARTMENT BUILDINGS

公寓建筑是对各种类型的多户家庭居所的总括。公寓建筑是由多套住房组成，规模有大有小，设施有朴素也有豪华，能够提供家庭生活所必需的基本功能。19世纪美国城市人口急剧增加，住房需求猛增。由于缺乏便宜的大众交通运输，越来越多的人集中在有限的区域内。土地成本上涨，独栋住房在经济上越来越不现实。设计建设各种各样公寓建筑的目的是为容纳有限城市空间内急剧增加的人口。

公寓建筑除与其对立物——独栋住房——结构不同外，住房所有权也是二者的区别，后者深深地影响了美国社会对公寓建筑和独栋住房的不同态度。公寓建筑和独栋住房，或租或买都可能会出现，不过通常情况下，公寓居民租房，而独栋住户买房或者拥有住房。与租赁相比，长期存在的文化偏见和政策倾斜会偏向所有权，与此类似，独栋住房与多层公寓相比，社会更加倾向于独栋住房，以上两种倾向现在已经交织在一起。结果，虽然公寓建筑较为普遍，有时会有舒适的条件，但是在美国，选择公寓住房在很长的一段时期还是会被视为地位低下。

尽管公寓建筑在16世纪欧洲不断发展的城市中开始出现，不过公寓形式很早就有了。由于罗马城及其他城市的人口增长速度大于城市的扩张速度，多层出租房在古代罗马城很普遍。城市人口经历了几个世纪的下降后，在像巴黎和柏林这样的城市，供精英阶层和中产阶级居住的公寓建筑是其典型特征，当然也有不少供劳工阶层居住的普遍住房。欧洲文化更倾向于居住在市中心和高密度生活，这使得公寓建筑成为各个社会阶层非常体面的居所，这与美国商业区公寓建筑明显的低下地位形成鲜明对比。

因为几个方面的原因，之后美国也出现了公寓建筑。分散的定居模式使得城市土地价格相对来说可以负担，不过到了19世纪晚期，社会和经济影响力的不断会合显著地改变了住房市场。移民、迁徙和工业化早已出现，但是在19世纪，三者之间的相互影响的程度越来越大，导致城市人口急剧增加。然而，便宜、便利和大规模的分散措施又很不实际。所以，住房需求会在相同的空间内不断增加。缩小土地开发的规模，缩小单位住房面积是解决不断增加的人口密度问题的一个方案，不过在大城市中，即便如此也无法完全满足需求。

由于纽约市——具体来说是曼哈顿——四面环水、边界固定，所以此类城市症状的表现最为明显。从19世纪30年代开始，贫穷的移民和美国劳工涌入最早的多户住房——租屋。到19世纪50年代，中等收入家庭买不起联排别墅或独栋住宅的情况显而易见。虽然多户住房早已在穷人中出现，但与其他家庭住在同一屋檐下的想法触犯了有些人家庭生活中合乎体统的感情。不过猛涨的土地价格和房价压倒了一切社会问题。公寓建筑建设和入住的速度非常惊人。美国人对所谓的法式公寓的试验，证明公寓经济上的可行性（文化上可行与否还值得怀疑）；加之美国其他城市的发展，公寓建筑很快在很多城市如芝加哥、波士顿和华盛顿特区出现。

纽约市竣工于1870年的施泰因文森特（Stuyvesant House）通常被认为是美国第一栋公寓。然而最近的学术研究表明，至少在此前10年，建筑商、建筑师和房地产经纪人就进行试验，专门设计中产阶级居住多单元住房。这一革新是针对臭名昭著的租屋——多户住房的早期形式，因其拥挤不堪、建筑质量差和卫生设施不完备而声名狼藉——不断扩散的直接结果。公寓本质上是租屋的升级版。两者都是多户住房，不过公寓的开发商建设的住房更为牢固，空间更大，选址更好，还附有休闲娱乐设施。

公寓也并非千篇一律。从建筑的角度上讲，公寓可以是小型的两层建筑，也可以是包含有数百个单元的大型高层建筑。公寓建筑一词通常用来指毗连式住宅（两套住房）或三套公寓式住宅（三套住房）更大的住房建筑。然而"公寓"是个统称，混淆了大型多户住房与小型多户住房之间的重要差别。大与小，两者不仅有着不同的结构与经济特征，而且相对于美国主流文化中的独栋住房，两者的"可容忍性"也有所不同。大型公寓长期以来都很令人讨厌，而只有几套房的小型公寓——实际上，有时会设计成很像大型住房的样子——则不会受到如此评价。

虽然多户住房起源于人口稠密的城市，但是进入20世纪，城区和郊区都出现了花园公寓（建于大片土地之上）。随着出租型经济适用房需求的增加，这种土地开发方式逐渐普及。花园公寓受到新出现的城市住房管理机构的特别青睐，20世纪30年代开始的新公共住房项目就以花园公寓为模型。

尽管在文化上人们强调独门独户自有住房，对多户同住的租赁式住房持怀疑态度，但是公寓还是变得非常普遍。有些美国人甚至认为这种不寻常的住房形式有望推动社会改良。一些空想家如爱德华·贝拉米（Edward Bellamy）预想日后城市花园公寓的发展很有前景。19世纪晚期的一部分女权主义者认为，当时流行多户型住房——特别是那些带有普通厨房、餐厅和游戏空间的住房——是女性卸下家务活与儿童保育负担的最佳途径。

亦可参阅：租屋（Tenement）

延伸阅读书目：

- Baar, K. (1992). The national movement to halt the spread of multifamily housing, 1890 - 1926. *Journal of the American Planning Association*, 58, 39 - 48.
- Cromley, E. (1990). *Alone together：A history of New York's early apartments*. Ithaca, NY：Cornell University Press.
- Doucet, M. , & Weaver, J. (1991). The North American apartment building as a matter of business and an expression of culture：A survey and case study, 1900s - 1980s. In *Housing the North American city* (pp. 388 - 419). Montreal：McGill-Queen's University Press.
- Hancock, J. (1980). The apartment house in urban America. In Anthony D. King (Ed.), *Buildings and society：Essayson the social development of the built environment* (pp. 151 - 189). London：Routledge & Kegan Paul.
- Hayden, D. (1981). *The grand domestic revolution*. Cambridge, MA：MIT Press.
- Wright, G. (1981). The advantages of apartment life. In*Building the dream：A social history of housing in America* (pp. 135 - 151). Cambridge, MA：MIT Press.

Todd Gish 文

赵显博译 陈恒校

建筑
ARCHITECTURE

美国城市建筑多而杂，不过可以发现，特定的建筑类型或建筑理论与美国社会大范围的转型同步。本词条介绍美国城市建筑的大体情况，选取的例子有著名建筑也有普通建筑。两者的结合构成了美国城市建筑的总体风貌。

早期美国

北美最早的城市（即最早的城市建筑）也许是密西西比北美原住民遗址卡霍基亚（Cahokia），其土墩有将近 6 平方英里，位于密西西比河、密苏里河和伊利诺伊河三河交汇处附近，也就是今天伊利诺伊州的东圣路易斯。卡霍基亚兴盛于公元 900—1200 年，有记载表明，到 12 世纪晚期多达 30000 人生活在卡霍基亚及其附近地区。如果这一数字属实，那么在 18 世纪晚期费城兴起之前，卡霍基亚是北美最大的定居点。卡霍基亚遗址有多达 120 个土墩（凸起的金字塔状土方）和六个大型广场。最壮观的是面积宽阔、高达 100 英尺的阶梯状土方建筑"僧侣墩"（Monk's Mound），该平台可能是皇室驻地，也可能起着宗教或者行政作用。不过还不清楚卡霍基亚是有着复杂社会结构的永久城市定居点，还是像路易斯安那州西卡罗尔区（West Carroll Parish）的波弗蒂角（Poverty Point，公元前 1000 年左右），是历史性的宗教仪式地点或者朝拜圣地。

大约从公元 900 年开始，新墨西哥州的普韦布洛印第安人（The Ancestral Pueblo），又称阿纳萨齐人（Anasazi）在干旱的查科峡谷（Chaco Canyon）中兴起，此时也兴建了很多石砌建筑群。其中最大的是 D 形的普韦布洛博尼托巨宅（D-shaped Pueblo Bonito），有多达 800 间房间，其中有 30 间像是环形的地下宗教场所，被称为基瓦（Kivas）。因为从博尼托巨宅（Pueblo Bonito）到其他普韦布洛印第安人遗址有绵延大约 65 英里的古道，所以有人说此地是皇家居所，有人说是古代公寓建筑，有人说是古代庞大经济或政治网络的城市中心。查科定居点以及科罗拉多西南附近的弗德台地居民建筑，到底算不算是早期美国城市建筑的例子现在仍然还不清楚。

早期英国殖民地，新英格兰和弗吉尼亚的城镇建筑现在比较清楚，定居者想把有些建筑作为村社环境的一部分而不是作为城市环境的一部分。尽管弗吉尼亚州威廉斯堡（Williamsburg, Virginia）几乎得到彻底重建，但是其久负盛名的宏伟政府机构建筑还是以英国巴洛克式建筑为样本的。除了那些主要建筑如威廉玛丽学院（College of William and Mary，1695—1702）、议会大厦（Capitol Building，1701—1705）和总督府（Governor' Palace，1706—1720）外，还有商店、药店和酒馆之类的非永久性场所排在泥泞的街道两侧。殖民地日常工作多数都是发生在以上建筑和空间中。

然而 18 世纪殖民地的城市规模依然很小。其中最大的城市是当时的几个主要海港：费城、波士顿、纽约、纽波特和查尔斯顿。1765 年，费城是最大城市，人口有 20000 人，城中最著名的建筑有议会大厦（State House，即 Independence Hall，独立厅，1732—1753）和基督教教堂（Christ Church，1727—1754）。这些建筑的高塔或者尖顶塔的装饰风格博采众长，表明殖民地的建筑商懂得英国的教堂建筑。殖民地的建筑商大多看过关于英国建筑式样的书籍，如詹姆斯·吉布斯（James Gibbs）的《建筑之书》（*Book of Architecture*，1728）。书中的教堂设计样板直接影响了老北方（Old North，北卡罗来纳州的别名）的波士顿基督教教堂（Boston's Christ Church，1723）和旧南方的礼拜堂（Meetinghouse，1729—1730）以及查尔斯顿的圣米歇尔教堂（St. Michael's Church，1752—1761）。

民主的建筑

美国革命后，托马斯·杰斐逊（建筑师兼政治家）认为古代罗马建筑表现了公民美德，是新成立国家的典范。杰斐逊设计的建筑多位于乡村，然而在 19 世纪的第一个十年，杰斐逊学习古代建筑的做法激起了古典主义建筑在全国的复兴。杰斐逊偏爱古罗马（如其在 1785—1792 年为弗吉尼亚里士满设计的国会大厦），建筑师、建筑商认为古希腊建筑也是民主国家建筑的先例。突出公民美德的私人建筑，如费城威廉·斯特里克兰（William Strickland）设计的第二合众国银行（Second Bank of the United States，1814—1824）、波士顿亚历山大·帕里斯（Alexander Parris）设计的昆西市场（Quincy Market，1825），以及 J. C. 巴克林（J. C. Bucklin）和拉塞尔·沃伦（Russell Warren）合作设计的普罗维登斯拱廊（Providence Arcade，1827—1829）借鉴的是希腊传统。希腊复兴风格（Greek Revival）的公共建筑有俄亥俄州哥伦布市的议会大厦（1839—1861）和费城的费尔芒特喷泉（Fairmount Waterworks，1812—1815）。

然而，希腊复兴风格的建筑并没有成为全国城市的主要景观，即使在华盛顿特区，托马斯·沃特尔（Thomas U. Walter）重新设计的美国国会大厦使用铸铁穹顶，借鉴的是欧洲文艺复兴时期的风格（European Renaissance，1851—1865）。罗伯特·米尔斯（Robert Mills）设计的华盛顿纪念碑（Washington Monument）经过漫长的争论才动工，最后建成了埃及方尖碑的样式。詹姆斯·伦威克（James Renwick）设计的史密森学会大楼（Smithsonian Institution Building，1847—1855）把罗马式建筑建在了国家广场。然而在 19 世纪早期，华盛顿特区还是以行政中心和纪念性建筑为主，空地缺乏建筑填充，或者说是缺乏构成城市的实质性人口。

工业与扩张

19世纪早期，除了上述几个城市其他东部沿海地区城市的工业化吸引了成千上万的移民。随着工业化的发展和移民的涌入，出现了新的城市建筑类型，包括旅馆、租屋、火车站、货栈和工厂。钢铁与玻璃的大规模生产也使很多建筑成为可能。

1825年伊利运河开通后，进入纽约市的移民大量涌入曼哈顿东南区和西南区寻找就业机会。19世纪50年代，很多人搬入了"铁路租屋"（Railroad Tenement）。这种两室的公寓细分之后又窄又小，没有抽水马桶和适当的通风，不过跟以前相比生活状况已经有所改善。1879年的租屋住房法律要求开发商在更小的土块上建设租屋，提供更好的通风条件，最终普遍的哑铃式公寓规划被成千上万的租屋采用。1900年，生活在城市的2000万人中超过四分之三都住在租屋，虽然条件有所改善，但还是拥挤不堪、很不卫生。然而从建筑学的角度看，租屋给市容留下了令人难忘的一笔：砖砌的门面，顶部盖以飞檐，窗户围饰，包括带有楔形拱石和楔石的装饰性拱形。

总体来说，19世纪的美国城市为了协调快速工业化与市容市貌的关系可谓是绞尽脑汁。即使是城市中大批修建的排屋，如巴尔的摩和费城，通常也会不同程度地重视建筑的细节，全国各地的铸铁门面的货栈、百货大楼和商店也会想方设法告诉人们，自己是传统的石砌建筑。纽约 E. P. 哈沃（E. P. Haughwout Store，1857）百货公司铸铁结构的门面由约翰·盖纳（John P. Gaynor）设计，很像文艺复兴时期的意大利宫殿。与此类似，盐湖城锡安合作商品百货公司（Zion's Co-operative Mercantile Institution，1876）的门面有浇铸的科林斯壁柱，配以装饰性壁架。以上建筑物的外立面设计是为抵消工业化的物质感，缓和其建筑物内部的商业性。在新奥尔良，网眼状的装饰性铁制栅栏或大门虽然没有遵循特定的建筑风格，但还是出现在很多商业区建筑和独栋住房的正面。

19世纪早期，随着城市发展向西延伸，建筑商、建筑师和城市精英，用壮观的石砌或者砖砌的传统建筑来抵制边疆地区、或者速兴城市（Instant Cities）的无序发展和粗制滥造的外观。不过此类建筑掩盖了其他情况以及不是特别完美的建筑环境。藏在美国西部城市金融区后侧的区域是被忽视的地区，也是声名狼藉的地区。旧金山公然歧视中国移民，并把移民限制在商业区东北的9个街区，这里主要是19世纪50年代定居早期修建的建筑，当时的目的是快速赚上一笔。之后，旧金山的唐人街逐渐形成了自己独特的建筑风格，不过19世纪美国城市商业区中的少数族裔社区很少受到有尊严的待遇。

商业与文明

19世纪晚期，钢铁成为建筑材料之后催生了世界上第一座摩天大楼。1871年芝加哥大火后，许多建筑采用了配合电梯和防火技术的钢骨架，其中最宏伟的当属伯汉姆和鲁特合作设计的共济会教堂（Masonic Temple，1892），共有22层，高302英尺，曾经是世界上最高的建筑。建筑师设计摩天大楼，在紧凑的商业区地块上实现办公空间的最大化，满足了开发商的意愿。不过对于更喜欢奢华与传统而不是科技革新的潜在客户和消费者，建筑师也未忽视。所以在摩天大楼建筑中也经常会发现奢华的中庭式大堂和装饰性门面。路易斯·沙利文设计的谢勒辛格和梅耶百货（Schlesinger & Mayer Store，1899—1904），现为萨克斯公司（Saks Incorporated）的卡森·皮里·史考特百货公司（Carson Pirie Scott），沿墙面一侧有着精致的铁制装饰，意在吸引路人的注意。纽约早期的摩天大楼通常会有尖塔，很像中世纪的教堂或者行会会馆。

在这种意识形态环境下，源于建筑师亨利·霍布森·理查森（Henry Hobson Richardson）作品的罗马式建筑（Richardsonian Romanesque）会在19世纪晚期美国城市中的合适地方出现也就不足为奇了。这种风格中，石墙厚重朴实，轮廓鲜明，拱形结构巨大，传达出市政建筑普遍具有的坚实与持久的气息。此类建筑有匹兹堡阿勒格尼县政府建筑和监狱（Allegheny County Courthouse and Jail，1884—1888），起初由理查森负责，后由其后继谢普利、鲁坦和柯立芝建筑事务所（Shepley，Rutan and Coolidge）负责，19世纪90年代西雅图先驱者广场（Pioneer Square）的一系列建筑标志着西雅图在1889年灾难性大火后的复苏。

在美国城市外围，轻捷框架结构、机器切割的木材和大批量生产的钉子加快了居民楼的建设速度。随着有轨电车的发展，开发商购买铁路沿线或铁路附近的土地，建成了成千上万的居民住宅。其中很多都有着相同的平面规划，不过外部却让人想起中世纪传统建筑。铣床加上充足的木材，使建筑细部的制作成本也不是非常高。在旧金山，无处不在的"维多利亚"风格建筑就是以这种式样为主。到19世纪70年代，为满足工人阶级和中产阶级的住房需要，更是建成了大量的类似建筑，不过其装饰掩饰了流水线生产出来的建筑材料。

1893年,芝加哥哥伦比亚世界博览会是工业、商业城市长期努力的代表。博览会宏伟壮观的巴洛克风格规划由丹尼尔·伯汉姆精心完成,雇佣在巴黎倾向古典主义的巴黎国立艺术学院(Ecole des Beaux-Arts)受过培训的建筑师,其中有乔治·波斯特(George B. Post)、理查德·莫里斯·亨特(Richard Morris Hunt)以及麦金、米德和怀特(Mckim, Mead and White)建筑事务所,设计博览会的主要建筑。多数建筑的正面都由白石膏砌成,不过其古典风格的建筑细部、共用的体块和大体上协调的屋顶轮廓线,表明这是座文明有序的城市,与19世纪商业、工业大都市无序的城市轮廓形成鲜明对比。虽然美国没有一座城市完全按照以上设想重新组织,但是博览会促成了城市美化运动,使复兴风格在20世纪很多年都是合理的城市建筑风格——尝试让大都市披上文明的外衣。其著名的建筑有伯汉姆的经典作品华盛顿特区的联合车站(Union Station,1903—1907)和卡斯·吉尔伯特(Cass Gilbert)设计的纽约市伍尔沃斯大厦(Woolworth Building,1911—1913)——哥特式的摩天大楼,通常被称作"商业大教堂"(Cathedral of Commerce)。

乐观与衰落

在美国城市的重要建筑中,复兴风格的主导地位一直持续到一战之后。不过有些城市如纽约(1916)和芝加哥(1923)通过区划条例,要求开发商把摩天大楼限制在一定的高度,缩小大楼规模,改善商业区的采光和通风条件,结果促成了摩天大楼犬牙交错的布局。有不少城市虽然没有要求,但是也采用了这一布局方法。其中有些建筑极为惹眼:威廉·范·阿伦(William Van Alen)设计的纽约克莱斯勒大厦(Chrysler Builiding,1928—1930),横饰带用程式化的毂盖、轮胎和怪兽状滴水嘴,很像顶盖装饰。在广告和市场发展的大环境下,此类"装饰艺术"(Art Deco)的形象看起来很适合乐观的20世纪20年代。与此同时,新的剧院如梅耶与霍勒格劳曼建筑事务所(Meyer and Holler's Grauman)设计的洛杉矶中国剧院(Chinese Theatre)频繁借鉴非西方的建筑风格来表现异国风情——暗示剧院内银幕带来的幻想与消遣。

在两次世界大战之间,城市仍旧是美国人居住与工作的场所。虽然多数中上层阶级已经迁到了郊区,但是成千上万的公寓和旅馆还笼罩在高层写字楼的阴影下。有些地方,特别是纽约和芝加哥还有富人的公寓,其内部空间的分配毫不吝惜。不过也有很多朴素

的单间住房旅馆专供临时或者全职工人和退休工居住。晚至1930年,这些旅馆内平均每层有多达18名居民共用一个厕所。

大萧条时期美国城市的条件更为艰难,私人建筑几近停止。当然也有例外,例如迈阿密海滩上一排排的小型装饰艺术旅馆和公寓。20世纪30年代,多数城市发展来自于新政法律且由联邦出资建设的公共建筑,例如县政府大楼、市政厅、邮局和制币厂。为表明信心与韧劲,以上建筑如华盛顿特区的联邦三角地(Federal Triangle)都采用朴实古典的风格。新政还设立公共工程管理局(Public Works Administration)用于资助公共住房建设。借鉴欧洲20世纪头二十年的住房设计,美国发展特征是低层公寓、平顶和围绕庭院。虽然有少数公寓意识到自身所处的城市环境,会提供各种社区服务,例如奥斯卡·斯托诺罗夫(Oskar Stonorov)和阿尔伯特·卡斯特纳(Albert Kastner)设计的费城卡尔·麦克利之家(Carl Mackley Houses),但是很多没有得到妥善维护,只设计有很少的细部,并且建筑整体逐渐远离街道。

现代主义的构想

与造船厂和飞机制造厂关系密切的公共住房是美国二战时期的主要城市建筑。西部城市有大量此类建筑,特别是在洛杉矶、旧金山湾区、波特兰和西雅图。俄勒冈州的范伯特(Vanport)和华盛顿州的汉福德(Hanford)是流水线建设的速兴城市,占地面积很小,大多是供工人及其家人居住的独户住房。

战后的几年,建在市中心清理区、由政府出资的高层住房项目主导着美国城市住房建设。建设高层住房最初是为了满足东部和中西部贫困居民的需要,这些项目就像20世纪30年代的低层公寓,装饰很少,且逐渐远离街道。不过现在建设的项目高度很高,很多没有配备游戏区和充足的绿地。圣路易斯备受批评的普鲁伊特-艾戈住宅(1950—1964)有11层,芝加哥的罗伯特·泰勒之家(1960—1962)有16层。

住房项目是城市策略——把旧式住房和城市中的穷人从市中心清除——中很有争议的一部分。同时还有由混凝土、玻璃和钢铁建成的写字楼,市政大厅、旅馆、剧院、广场和体育馆,它们合起来成为战后美国城市的新形象。德国流亡者路德维希·密斯范德罗(Ludwig Mies van der Rohe)的作品即芝加哥的860—880滨湖大道公寓(Lake Shore Drive Apartments)引领了新式摩天大楼的建设潮流,是现代主义国际风格高层建筑的典型:建筑细部少、凸出的铁箱、平顶、玻璃

墙,利用建筑物的广场后缩远离街道。尽管路德维希·密斯范德罗建筑的正面大体上毫无差别,看似没有结构,但是建筑用材精致,比例均衡,看起来合理实用,能够吸引私人开发商。开发商雇佣建筑师,如斯基德莫尔,奥因斯和梅利尔建筑事务所(Skidmore, Owings and Merill, SOM),按照密斯范德罗的方式来设计公司总部,即使有时候预算不够,难以实现相似程度的建筑细部。尽管如此,让混凝土、钢铁和玻璃构成的雕塑般的大楼远离城市的原则还依然存在。与切入、环绕、穿过城市的带状高速公路一道,现代主义的摩天大楼为战后美国城市引入了整洁、有组织和实用的建筑构想。

过去与未来

在城市评论家简·雅各布斯看来,这种构想沉闷呆滞,而且更糟的是具有破坏性影响。在其颇具影响力的著作《美国大城市的死与生》中,雅各布斯苛评战后美国城市规划是洗劫城市,拆毁传统街道,毁掉公共生活。雅各布斯赞成她在纽约格林威治村和波士顿北区(North End)发现的城市环境,即步行、无电梯的公寓、公园、商店和酒吧。

虽然拆毁旧建筑和社区为修建高速公路和现代主义的高楼大厦让路主导着20世纪六七十年代的美国城市建设,但是也有保护和改造再利用的情况,这表明人们开始重新关注历史建筑和步行城市,模糊地支持了雅各布斯的构想。维克多·格伦(Victor Gruen)设计的密歇根州卡拉马祖(Kalamazoo, 1959)和加利福尼亚州弗雷斯诺(Fresno, 1964)商业步行街。沃斯特(Wurster)、伯纳迪(Bernardi)和埃蒙斯(Emmons)将旧金山的旧巧克力工厂改造为哥拉德利广场(Ghirardelli Square, 1962—1967)购物中心。开发商詹姆斯·劳斯(James Rouse)雇佣本杰明·汤普森合伙公司(Benjamin Thompson and Associates)把波士顿的昆西市场改造成为法尼尔堂假日市场(Faneuil Hall Marketplace, 1971—1976),该假日市场是步行的假日集市,内有商店、餐馆和广场,能将游客和郊区居民吸引回市中心。

20世纪70年代晚期和80年代,很多建筑师不再关注现代主义美学。迈克尔·格雷夫斯(Michael Graves)设计的波特兰公共物业大楼(Public Service Building, 1978—1982)在预算紧张的情况下,其正面色彩柔和并配有巨大的楔石,壁柱、装饰性花环和一尊巨大的雕像——无视将建筑正面压缩至最小的现代主义设计理念。查尔斯·穆尔(Charles Moore)为新奥尔

良意大利裔美国人社区设计的意大利广场(Piazza d'Italia, 1978—1989),这组雕塑般的建筑群是后现代城市建筑的另一个版本。运河街(Canal Street)的现代主义高层建筑中,穆尔把不锈钢和霓虹灯结合起来,有意讽刺现代主义建筑经典。与此同时,菲利普·约翰逊(Philip Johnson)和约翰·伯吉(John Burgee),用哥特式风格为匹兹堡平板玻璃公司(Plate Glass Company, 1982)设计了一座玻璃摩天大楼。

文化城市

不过很多后现代主义姿态并不只是表面功夫,而且也不是所有20世纪晚期的建筑师都一定会重回过去。赫尔穆特·扬(Helmut Jahn)是诸多建筑师中以建筑结构特征突出而著称的一位,例如其作品詹姆斯·汤普森中心(James R. Thompson, 1980—1985)和芝加哥联合航空公司候机大厅无疑都是现代主义风格。随着企业的高低层建筑、住房和商店整齐地出现在远离城市的边缘,远在战后的郊区之外,传统商业区的概念甚至都受到质疑。这些边缘城市——弗吉尼亚州的泰森角(Tyson's Corner)、得克萨斯州的普莱诺(Plano)和加利福尼亚州的欧文——很少有著名建筑师的作品,不过城市内反光玻璃写字楼和很少的人行道延续了现代主义城市和建筑的遗产。为抵消美国城市居民逐渐逃离城市的趋势,开发商翻新旧建筑或把货栈改造为统楼。此举常常促使商业区的旧区贵族化,令21世纪的城市成为富人的乐园。

世纪之交,城市越来越转向娱乐与文化而非商业——这是19世纪晚期趋势的逆转。现在经常上头条的建筑物是那些由著名建筑师或建筑事务所设计的博物馆、音乐厅或图书馆。美国建筑师如弗兰克·盖瑞(Frank Gehry)、理查德·迈耶(Richard Meier)和贝聿铭(I. M. Pei)都曾受聘设计此类建筑,在竞争日趋激烈的全球化建筑环境下,国际建筑师获得了最佳机会。中等城市如辛辛那提、密尔沃基和沃思堡希望借助像萨哈·哈迪(Zaha Hadid)、圣地亚哥·卡拉特拉瓦(Santiago Calatrava)和安藤忠雄(Tadao Ando)的私人建筑来重振萎缩的地方经济。而大城市如西雅图,其公共图书馆于2004年由荷兰建筑师雷姆·库哈斯(Rem Koolhaas)设计建造,旧金山德扬博物馆(de Young Museum)在2005年由瑞士建筑师雅克·埃尔佐格(Jacques Herzog)和皮埃尔·德·默兰(Pierre de Meuron)设计,希望凭借引人注目的建筑,来改变城市的建筑名声。尽管2001年9月11日有组织的恐怖袭击摧毁纽约世贸中心这一事件,以及新城市发展中对

监视和安全的关注不断增加,但是美国城市建设极具代表性建筑的热情并没有减退。

可持续和绿色建筑正逐渐出现在美国城市中,部分原因是城市政府鼓励那些能够满足能耗环境标准的建筑的建设。克罗克斯顿事务所(Croxton Collaborative)对纽约市全国奥杜邦协会(National Audubon Society)19世纪90年代建筑的翻新,成为绿色建筑的模范。现代主义风格朴素的住房项目已经不再是低收入城市居民的万应灵丹,很多遭到拆除并转向色彩丰富、具有多种用途的低层公寓,其建筑内包括山形墙、分隔间、斜屋顶和庭院,用以增加城市社区感。迈克尔·皮亚托克(Michael Pyatok)在奥克兰和西雅图设计了很多此类公寓。

亦可参阅:轻捷框架结构(Balloon-Frame Construction),丹尼尔·伯汉姆(Burnham, Daniel H.),芝加哥建筑学派(Chicago School of Architecture),克莱斯勒大厦(Chrysler Building),城市美化运动(City Beautiful Movement),电梯(Elevators),少数族裔社区(Ethnic Neighborhoods),金融区(Financial Districts),绅士化(Gentrification),格林威治村(Greenwich Village),历史遗迹保护(Historic Preservation),《1949年住房法》(Housing Act of 1949),简·雅各布斯(Jacobs, Jane),电影院与城市空间(Movie Theaters and Urban Space),博物馆(Museums),步行购物中心(Pedestrian Malls),宾夕法尼亚州费城(Philadelphia, Pennsylvania),广场(Plazas),后现代主义(Postmodernism),普鲁伊特-艾戈公共住房工程(Pruitt-Igoe Housing Project),詹姆斯·劳斯(Rouse, James W.),摩天大楼(Skyscrapers),有轨电车的郊区(Streetcar Suburbs),路易斯·亨利·沙利文(Sullivan, Louis Henri),世界博览会和展览会(World Fairs and Expositions),伍尔沃斯大厦(Woolworth Building)

延伸阅读书目:

- Dickens, C. (1966). *American notes and pictures from Italy*. London: Oxford University Press. (Original work published 1842)
- Ford, L. R. (1994). *Cities and buildings: skyscrapers, skidrows, and suburbs*. Baltimore: Johns Hopkins University Press.
- Gelernter, M. (2001). *A history of American architecture: Buildings in their cultural and technological context*. Hanover, NH: University Press of New England.
- Ghirardo, D. (1996). *Architecture after modernism*. London: Thames & Hudson.
- Girouard, M. (1985). *Cities and people: A social and architectural history*. New Haven, CT: Yale University Press.
- Gowans, A. (1964). *Images of American living: Four centuries of architecture and furniture as cultural expression*. Philadelphia: J. B. Lippincott.
- Handlin, D. P. (2004). *American architecture* (2nd ed.). London: Thames & Hudson.
- Jacobs, J. (1960). *The death and life of great American cities*. New York: Random House.
- Roth, L. M. (2001). *American architecture: A history*. Boulder, CO: Westview Press.
- Upton, D. (1998). *Architecture in the United States*. Oxford, UK: Oxford University Press.

J. Philip Gruen 文

赵显博译 陈恒校

菲利普·丹沃思·阿莫尔
ARMOUR, PHILIP DANFORTH

在芝加哥工业发展史上,其重要的就业来源及发展的重要组成部分是位于第39街到第47街之间的牲畜饲养场区——从阿什兰街(Ashland)到霍尔斯特德街(Halsted)——的肉类加工业。牲畜饲养场区最主要的用人单位是古斯塔夫·斯威夫特(Gustavus Swift)经营的斯威夫特公司和菲利普·丹沃思·阿莫尔(Philip Danforth Armour, 1832—1901)经营的阿莫尔公司。

1832年,阿莫尔出生在纽约州奥奈达市(Oneida)的一个农民家庭。阿莫尔早年就踏上了追求财富的道路,17岁就前往加利福尼亚州淘金。在加利福尼亚州的一段时间阿莫尔挣得了一小笔财富(有人说有8000美元),之后前往辛辛那提,再之后又跑到了密尔沃基,在肉类加工厂工作。最后,阿莫尔去了芝加哥,在邻近火车站铁路末端的地方办了起肉类加工厂,以便于接收来自大平原的牲畜。

阿莫尔深信,生产过程中,牲畜的每一部分都有用。他进行革新,使用拆卸线,线上的几十名工人(多为不是非常熟练的移民)分解牛或猪的效率之高,使牲畜饲养场区成为芝加哥市的旅游景点。一个200人的小组在不到10分钟的时间，可以将一头活生生的牲畜加工成肉制品。阿莫尔相信牲畜的每一部分都有用，被小肉贩视为无用的垃圾，阿莫尔却通过其副产品来挣钱：毛以制刷，骨以制胶，皮以制革等等。对自己的做法，阿莫尔甚为自豪。事实上，阿莫尔公司的口号很简单，不过却醒目嘹亮："我们来养活世界。"

为了实现运作所必需的利润，阿莫尔投资采用新方法，如火车上的冷藏货柜和专门的冰块切割站点（为冷藏货柜更换冰块），同时还投资东海岸城市如纽约和波士顿的肉类经销商铺。地方肉贩稍有抵制，阿莫尔就削价出售，并雇佣出售阿莫尔公司肉制品的肉贩。

阿莫尔是促成镀金时代芝加哥伟大地位的因素之一。其办公室位于家庭保险大厦（Home Insurance Building）——第一座摩天大厦——内部。在教育方面，阿莫尔出资成立了阿莫尔工学院（Armour Institute）即伊利诺伊理工学院（Illinois Institute of Technology）的前身。不过阿莫尔也受到不少批评。他为提高生产速度而使用的定速装置经常造成工伤。谁敢支持组织工会，阿莫尔会毫不留情地将其解雇。19世纪晚期把污染肉掺入肉制品牟利的丑闻被曝光后，他的公司受到了冲击。不过不管员工怎么认为，阿莫尔在芝加哥的形象一直很高大。1901年1月逝世时，报纸称驱动芝加哥前进的引擎熄灭了。如果阿莫尔一直活到几年后的黑幕揭发运动，其声誉也许会受损。不过，好在死得其时，他的名字也成为了芝加哥丰裕时代的代名词。

延伸阅读书目：

- Miller，D.（1996）．*City of the century*．New York：Touchstone．
- Spinney，R.（2000）．*City of big shoulders*．De Kalb：Northern Illinois University Press．

Cord Scott 文

赵显博译　陈恒校

路易斯·阿姆斯特朗
ARMSTRONG, LOUIS

路易斯·丹尼尔·阿姆斯特朗（1900—1971）1900年8月4日出生于新奥尔良斯托利维尔区（Storyville District）。阿姆斯特朗从小就开始学习吹小号，22岁

已经在音乐界引起轰动。在其音乐生涯中，娴熟的小号演奏和爵士乐即兴表演受到音乐界的赞扬。阿姆斯特朗的世界巡演长达50多年，为无数的人带来欢乐。天才的表演加上长寿使他成为20世纪最具影响力的爵士音乐家之一。

阿姆斯特朗从小就在在新奥尔良街头拼命挣钱。他的母亲有时会去做妓女，父亲在阿姆斯特朗出生后不久就抛弃了家庭。所以，阿姆斯特朗童年的大部分时间都在帮助母亲挣钱。后因为在新年前夜用朋友的枪对天射击而被捕。1913年，阿姆斯特朗在有色人种流浪儿童教养院（Colored Waifs Home）待了几个月。正是在教养院，阿姆斯特朗首次接触到了正规音乐教育。在教养院的大部分时间，他都在学习吹奏小号，而且成为教养院铜管乐队中的活跃分子。

1914年被释放后，阿姆斯特朗开始在当地的音乐俱乐部出没。他最喜欢乔（国王）·奥利弗（Joe "King" Oliver）——当地奥里小子乐队中的乐师——的表演。奥利弗一下子就喜欢上了年轻的阿姆斯特朗，甚至给他买了第一把小号。不久之后，阿姆斯特朗受雇于奥利弗的乐队。

1922年，奥利弗和阿姆斯特朗在芝加哥表演期间合作创立了克里奥尔爵士乐队（Creole Jazz Band）。该乐队以新奥尔良的爵士风格迅速风靡了芝加哥。到20世纪20年代中期，阿姆斯特朗已是声名鹊起，开始走上独立的演艺之路。1925年，阿姆斯特朗离开奥利弗的乐队，自己组创了路易斯·阿姆斯特朗与"热力五人组"（Hot Five）乐队。虽然阿姆斯特朗的乐队从未巡演过，不过阿姆斯特朗与"热力五人组"（之后成为"热力七人组"）创作的几张专辑都成为爵士乐的经典。正是在这一时期，阿姆斯特朗与贝丝·史密斯（Bessie Smith）合作，创作了那首著名的《圣路易斯蓝调》（*St. Louis Blues*）。

1929年，阿姆斯特朗组织巡回乐队，开始长达将近六年的巡回演出。乐队在全美和欧洲表演，观众包括英国国王。不过二战后，大型管乐队慢慢变得不再流行，迫使阿姆斯特朗重新考虑自己的表演。尽管让一名小号演奏者居前的队形甚为奇特，但是阿姆斯特朗与其经纪人乔·格雷泽（Joe Glaser）一致认为，表演形式需要与时俱进。1947年，他们聘请了一组全新的乐师，并将乐队命名为路易斯·阿姆斯特朗全明星乐队（Louis Armstrong All-Stars）。这组小乐队在接下来的20年不断地进行巡回表演。巡回演出的地区有美国、非洲、亚洲、南美洲和欧洲。

20世纪60年代阿姆斯特朗达到了巅峰阶段。他

以美国亲善大使(America's Goodwill Ambassador)而著称,其作品如《多美好的世界啊》(What a Wonderful World)和《你好,洋娃娃!》(Hello, Dolly)等数次成为单曲榜第一名。在生命的最后几年他依然坚持创作。1971年7月6日,阿姆斯特朗在睡梦中离世。

延伸阅读书目:

- Armstrong, L. (1999). *Louis Armstrong in his own words*. Oxford, UK: Oxford University Press.
- Bergreen, L. (1997). *Louis Armstrong: An extravagant life*. New York: Broadway Books.

Catherine Devon Griffis 文

赵显博译　陈恒校

艺术与公共空间
ART AND PUBLIC SPACE

公共空间的艺术与公共艺术有所不同。后者的受众是广大的普通观众,是民主社会艺术的理想式样。不过自美国建国以来,关于公共空间中艺术作品的适当形式、位置和资金的问题使得公共艺术的概念完全成为相互冲突的矛盾,往往带来争议,而不是共识或者颂扬。不过所有公共空间艺术作品含蓄的内涵表明尽管有时候其含义不甚明了,却是为了普通大众(相对私人来说)而作。

今日的公共艺术有着各种各样的形式:抽象的雕塑或者具象的壁画、城市公园、街道设施或者街道照明,甚至一些由艺术家组织、以某一社会政治焦点为中心的社区活动也可以算为公共艺术。然而城市空间中,纪念性雕塑仍然是人们最熟悉的艺术形式,并且曾是几个世纪以来唯一的一种。从历史的角度来看,纪念碑是为纪念英雄人物、重大事件(通常是战争)或者为歌颂美德而作。尽管乔治·华盛顿毫无疑问是值得纪念的民族英雄,但是为其设立纪念碑却是极为困难的事情。受国会委托霍雷有·格里诺(Horatio Greenough)在国会大厦的圆形大厅创作了一幅美国首任总统的肖像,画中人物有12英尺高,正襟危坐,身着古典希腊长袍。但是作品完成后就立刻引起争议,而且还屡遭涂画。最后,格里诺的作品《乔治·华盛顿》(1832—1841)被移往国会大厦中更为素净而且不是很惹眼的户外,之后为了保险起见又移到了史密森历史与科技博物馆(Smithsonian Museum of History and Technology)的门廊中。华盛顿纪念碑——一座位于首都国家广场555英尺高的方尖碑——虽然是美国首位总统的纪念碑,但上面没有乔治·华盛顿的画像。其建设过程漫长且充满困难,建筑是由罗伯特·米尔斯设计,并于1885年竣工。该建筑是美国建国一个世纪后由国会投票决定修建,以纪念第一任总统。

修建战争纪念碑也有不少问题。战争纪念碑的修建涉及对某场战争或者一般意义上的战争的看法。传统形式的战争纪念碑,如凯旋门或记功柱并不反应此类问题。一战后开始出现是否可以修建更为实用的纪念建筑,如图书馆或者游泳馆,而不是仅仅用作纪念目的的建筑的争论,二战后关于此类的争论更为普遍。争论的目的是将具有争议的主题或者建筑转向大众利益方面。从公共空间的角度看,这些争论导致社会便利设施与纪念建筑之间的冲突。

战后,艺术界越来越支持现代主义风格的抽象艺术,有人担心现代主义风格与纪念建筑无法兼容。如果不是从特定的艺术问题的角度来看,纪念建筑根本就无法成为艺术。只有一些艺术家的纪念性作品被认为是艺术,如乔治·西格尔(George Segal)著名的《勿忘1970年5月4日枪击案,肯特州立大学:亚伯拉罕与艾萨克》(In Memory of May 4, 1970, Kent State: Abraham and Isaac, 1978, 现位于普林斯顿大学校园内)、纽约市的谢里丹广场公园(Sheridan Square Park)《同性恋解放》(Gay Liberation, 1980)、俄亥俄州扬斯顿市(Youngstown)的《钢铁工人》(The Steelmakers, 1980)和旧金山的《大屠杀》(The Holocaust, 1982)。直到林璎(Maya Lin)设计了越南战争纪念碑(Vietnam Veterans Memorial, 1981),设计纪念建筑的艺术家才被艺术界认可。该纪念碑位于华盛顿特区的国家广场上、华盛顿纪念碑与林肯纪念堂之间。两堵250英尺长的纪念墙,墙体末端沉入地面,墙体上雕塑极少,至中部两墙交汇处墙高升至10英尺。表面是高度磨光的黑色花岗岩,列出阵亡或者失踪人员的名字以及阵亡或失踪的日期,墙体背部镶嵌于土地中,表明这是一块巨型的国家墓碑或者亡者之厅。参观纪念碑的观众走过纪念碑旁一条经过精心设计的小道,先后两次走过亡者的安息之地。越南战争纪念碑虽然曾经引起巨大的争议,设计者被迫妥协,添加了一些具象的雕塑,即弗雷德里克·哈特的《三名士兵》(Three Fighting Men, 1984)正对着反光的墙体,它现已成为首都观众参观人数最多的纪念碑。林璎的设计使用极简刻蚀的视觉词汇——受到了在耶鲁大学任教的理查德·塞拉(Richard Serra)的影响,林璎曾是塞拉的学生——和罗列名字的做法，之后成为纪念碑建筑的模范。通过为参观者同时提供流动与触觉体验，林璎的作品及其衍生物，实际上创造出了独特的城市空间。

城市空间中并非用于纪念目的艺术，在一段时间内是由联邦政府出资修建，以应对20世纪30年代的大萧条。受联邦委托修建的联邦建筑归财政部下的绘画与雕塑局（Section of Painting and Sculpture）——之后更名为高雅艺术局（Section of Fine Arts）——管辖。这一机构将建筑费用的1%用于艺术方面，是之后总务管理局（General Services Administration）建筑中的艺术（Art-in-Architecture）项目的先导。多数受联邦政府委托设计的艺术作品都是公共建筑中的壁画或者浮雕。从风格上来说它们表现了20世纪30年代建筑和工业中典型的流线型。与此同时代的洛克菲勒中心（Rockefeller Center，1931—1940）位于曼哈顿中央，由私人资助，常被引为进步城市设计的范例，也包含了大量的公共艺术项目。虽然中心作为整体艺术乏善可陈，但是小约翰·洛克菲勒为城市设计和艺术包容所开的先例却得到他几个儿子不同程度的继承：约翰·洛克菲勒三世（John D. Rockefeller III）在纽约市的林肯中心（Lincoln Center），戴维·洛克菲勒（David Rockefeller）在纽约市的美国大通银行（Chase Manhattan Bank）总部，和纳尔逊·洛克菲勒（Nelson Rockefeller）在纽约州奥尔巴尼市的帝国广场（Empire State Plaza）。

20世纪60年代以来，由于各种各样的原因，公共空间的艺术作品数量不断增加。从公共政策的角度来看，由公共出资建设的艺术作品是肯尼迪和约翰逊政府自由社会福利计划的延伸。1964年，伟大社会特别工作组成立，1965年，住房和城市发展部成立，是年还通过了《示范城市法》（Model Cities Act）。到20世纪60年代末，全国人文基金会（National Endowment for the Arts）借亚历山大·考尔德（Alexander Calder）作品《高速》（La Grande Vitesse，1969）在密歇根州大急流城（Grand Rapids）落成之时，发起了公共空间艺术计划（Art in Public Places）。后来考尔德的雕塑成为焦点，而不仅仅是空洞的城市空间。起初，由此引发的争论聚焦在三个方面：用艺术作品，取代计划要建的喷泉，考尔德身为美国艺术家却选择在法国生活工作以及他的抽象风格。后来，雕塑成为城市的象征，还成为官方和城市车辆（包括垃圾车）的标识。最后雕塑所在地址被重新命名为考尔德广场。

两年前也曾饱受争议的《芝加哥毕加索》（Chicago Picasso），最终成为芝加哥的象征。《芝加哥毕加索》完全由私人出资，由斯基德莫尔、奥因斯和梅里尔（Skidmore Owings & Merrill，SOM）建筑设计事务所的威廉·哈特曼（William Hartmann）牵头设计。SOM建筑设计事务所还曾参与芝加哥市民中心（Chicago Civic Center）的设计建设工作。芝加哥市民中心建筑是首座将开放的公共空间囊括在设计中的现代建筑，此举旨在对建筑风格和本质作出回应，同时改善商业区的生活质量，建筑师受到欧洲先导的影响。市长理查德·戴利（Richard Daley）表示支持，称之为"世界上最好的艺术家"（巴勃罗·毕加索）的作品，勉强确保了社会的接受。在市长戴利辞世时，当地的漫画家画了一幅雕塑流泪的漫画。尽管该作品其形象只是将当时的毕加索的妻子和他的宠物阿富汗猎犬所做的抽象合成，完全出自私人的主意，与芝加哥城本身并无瓜葛，但它还是成为一个重要城市空间中具有很高辨别度的地标。

与此类似，公共空间的抽象艺术也可能被用作企业标志。乔治·里奇（George Rickey）的《动态雕塑三L偏心回旋回旋二》（Triple L Excentric Gyratory Gyratory II，1986）包含三个L形的铝金属制品，会随风而动。该作品被置于佐治亚州亚特兰大市可口可乐总部大楼前，可口可乐公司高管将其重新命名为《领导力》（Leadership）。宣传企业艺术收藏的小册子把这个动态雕塑与可口可乐公司与众不同的产品质量和领导风格联系在一起：绝不墨守成规，不断标新立异。

随着20世纪60年代晚期公共艺术的复兴，一些艺术家和地方行政长官开始认为此类艺术作品要与当地构成重要联系。特定地点的公共艺术表明艺术作品是为某一特定的空间而创作。这种联系可以通过合乎习惯的方法——例如通过作品的外形或颜色——实现，或者具体地参考历史或所选地址的特性实现。与此相反，前文提及的考尔德、毕加索和里奇的作品只是在笼统的美学方面与所在的城市地点有联系。很多情况下，艺术家连那些城市都没有去过，更不用说放置艺术品的具体地方。具有区位特性的公共艺术的发展表明，只将艺术品放置在城市空间中还不够。为使在公共空间中放置艺术品显得更为合理，如今的人们觉得艺术品必须与选址存在重要联系。然而区位特性未必能清晰地传达出当代艺术的视觉词汇。所以对于那些不熟悉此类艺术的观众，区位特性也许跟艺术作品一样晦涩难懂。

随着公共艺术在20世纪七八十年代发展，对艺术作品本身与选址关系的考虑通过各种方式表现出来。一种方式是参考无建筑的风景，利用天然材料和原始风格建设城市对应物,如西雅图市野口勇(Noguchi)设计的《时间的风景》(*Landscape of Time*,1975)和迈克尔·黑泽尔(Michael Heizer)设计的《相邻,相对,上下》(*Adjacent*,*Against*,*Upon*,1977)。另外一种是借助现代喷水池引入水的元素,例如野口勇位于密歇根州底特律市哈特广场(*Hart Plaza*)的《贺拉斯·道奇父子纪念喷泉》(*Horace E. Dodge and Son Memorial Fountain*,1978),克拉斯·欧登伯格(Claes Oldenburg)与妻子古斯·范·布鲁根(Coosje van Bruggen)的迈阿密商业区的《碎碗,与杂陈的切片和果皮》(*Dropped Bowl with Scattered Slices and Peels*)。南希·霍尔特(Nancy Holt)参考自然现象——比如夏至和冬至——来创作城市雕塑,例如位于密歇根州萨吉诺(Saginaw)的《年轮》(*Annual Ring*,1980—1981)。其他艺术家则在城市空间中创造微景观,例如埃林·齐默尔曼(Elyn Zimmerman)在华盛顿国家地理杂志大楼内《马拉巴尔》(*Marabar*,1984)。另一种方法是创作能直接或间接解决环境问题的艺术作品。帕特里夏·乔纳森(Patricia Johanson)在达拉斯的《菲尔公园泻湖》(*Fair Park Lagoon*,1981—1986)以当地植物群落的形式,实际上是用于土地改良,控制公园的土壤侵蚀问题。雅典娜·塔塔(Athena Tacha)在新泽西州特伦顿市环境保护部(Department of Environmental Protection in Trenton)的《绿地》(*Green Acres*,1986),是由喷砂制成的逼真画面,旨在呼吁世人关注现代环境问题。风景元素易懂,对所有人都有吸引力。在城市规划的大背景下,引入大自然某些已经被证实的有助于恢复健康的效果,对城市有着非常重要的作用。许多此类项目的功能就能像城市休闲娱乐设施和艺术作品一样。公共雕塑,从位于单一地点作品到具有区位特性的作品,再到包含整个地点的作品,伴随这一趋势的是雕塑自身定义的扩大,即将作品实用性纳入其中。艺术实用性的观念挑战了西欧文化所普遍接受的艺术定义,即高雅艺术是不具有功用性的。然而,在城市背景下,艺术作品具有公用性还是有一定意义的。到20世纪80年代末,高雅艺术与低俗艺术的边界逐渐变得模糊,特别是在公共艺术逐渐摆脱对建筑的依赖,越来越多地成为城市设计元素的背景下。由此乔治·休格曼(George Sugarman)把座位融入他的公共艺术作品中,如《巴尔的摩联邦雕塑》(*Baltimore Federal*,1975—1977)和《雕塑园》(*A Garden of Sculpture*,1989)。斯科特·伯顿(Scott Burton)将雕塑与设备融合在一起,如位于西雅图美国国家海洋和气象局(NOAA)西部地区中心的《观点》(*Viewpoint*,1981—

1983)和位于纽约市公平人寿大楼(Equitable Life)的《无名作品》(*Untitled*,1985—1986)。希亚·阿马贾尼(Siah Armajani)的作品将建筑与雕塑融合在一起,如明尼阿波利斯的《艾琳·希克森·惠特尼大桥》(*Irene Hixon Whitney Bridge*,1985);R. M. 费舍尔设计的几扇门,有洛杉矶的《麦克阿瑟公园大门》(*MacArthur Park Gateway*,1985),纽约炮台公园(Battery Park)的《雷克托广场大门》(*Rector Gate*);劳伦·尤因(Lauren Ewing)位于西雅图中心的《无尽之门》(*Endless Gate*,1985);唐娜·丹尼斯(Donna Dennis)主要关注栅栏设计,其作品会对所选地点的历史有所表现,如位于纽约的《梦境中的远处:驶入华盛顿市场的船只》(*Dreaming of Far Away Places*:*The Ships Come to Washington Market*,1988)。有些艺术家还创作出发光雕塑,增添城市的娱乐休闲氛围。罗克尼·克雷布斯(Rockne Krebs)的《迈阿密地铁桥》(*Miami Line*,1984—1985)是一座长达1540英尺、由阳极氧化钢和霓虹灯组成的雕塑,在当地的地铁沿线创造出了一道夜间彩虹。斯蒂芬·安东纳科斯(Stephen Antonakos)为位于新泽西州泽西城(Jersey City)的纽约港务局过哈德逊河捷运站(Path Station,1990)的交易大厅创作的《霓虹灯》(*Neons for Exchange Place*,1990),在整段自动扶梯内为人们提供不断变化的视觉体验。

为现有的建筑环境——如街道设施或照明设施——添加的新元素,既可作为城市休闲娱乐设施,又兼具艺术特征。除此之外,有些艺术家利用建筑的视觉词汇创造出占据整个地点的艺术作品。如内德·史密斯(Ned Smyth)为美属维尔京群岛(U. S. Virgin Islands)、圣托马斯岛(St. Thomas)和夏洛特阿马利亚市(Charlotte Amalie)联邦法院创作的《虔诚的格罗夫》(*Reverent Grove*),以及纽约炮台公园的《上层房间》(*Upper Room*,1987)。安杰拉·布鲁姆(Andera Blum)为华盛顿州巴克利市(Buckley)精神病院(State Mental Health Facility)创作的《雷尼尔》(*Ranier*)。基特-因·辛德(Kit-Yin Snyder)在佐治亚州亚特兰大市的《玛格丽特·米切尔广场》(*Margaret Mitchell Square*,1986)。野口勇,多种类型公共艺术的先锋之一,则设计游乐场,如著名的佐治亚州亚特兰大市《游乐场》(*Playscapes*,1976)。以上艺术家可能多多少少都受到建筑师和城市规划师、建筑功能主张的影响。

公共艺术的每次新发展对城市环境中的公共需要总是越来越关注。从艺术到具有区位特性的艺术,再到对风景的再现,最后到设施以及整个城市广场的设计,艺术家与其赞助者一道致力于处理城市环境中人们所觉察到的确确实实的缺陷。最近几年，焦点越来越多地转向社会问题。由此，在后殖民理论和社会不平等主导艺术界关切的时期，公共艺术逐渐发展，开拓公共话语而不再是在公共空间内设计几件艺术作品或者艺术场所。

久而久之，始于 1967 年的全国艺术基金会的公共空间艺术计划也反映出这些变化。到 1974 年，全国艺术基金会鼓励创作艺术作品时要"与作品周围的环境契合"。四年后又对艺术家呼吁"公共空间中的艺术，可以创造性地尝试各种可能性"。接着在 1979 年又要求提供"确保项目有合理普遍反映的方法"。1983 年，公共空间艺术计划必须包括以下计划活动，"进行艺术教育，让所在社区做好准备"，"社区参与、准备和对话计划"。20 世纪 90 年代初，全国艺术基金会，负责多数当代城市空间中艺术作品的筹资工作，鼓励"邀请社区参与教育性活动"。

玛丽·简·雅各布(Mary Jane Jacob)组织的一系列展览，展示了对公共艺术中公共元素重新界定的大体发展过程。《有着历史的空间》(*Places With a Past*)是为 1991 年南卡罗来纳州查尔斯顿斯波莱托艺术节(Spoleto Festival)而准备，雅各布邀请著名的公共艺术家去讲解城市中"被遗忘的历史"而非著名的旅游景点。两年后的"文化在行动"(*Culture in Action*)活动中组织讲解芝加哥的雕塑，雅各布没有选择单一的雕塑，而是让艺术家直接参与到各个社区团体中去。以上行动促成了一些临时性的活动，如丹尼尔·马丁尼兹(Daniel Martinez)和芬淑拉·卡拉(Vinzula Kara)组织的游行，意在培养公民的自豪感；在社区空地上安装摄像头拍摄活动的视频由一群青少年与伊尼戈·曼格拉诺-奥瓦利(Inigo Manglano-Ovalle)和罗伯特·彼得斯(Robert Peters)合作完成。这两个活动以社区的主人翁意识简要地重新界定了人们所处的城市环境。用拍摄视频进行展示的方法之后被当地的一个青年团体采用，成为经常性项目。另外一个计划，是建立专门为艾滋病人收容所提供纯有机产品的无土栽培植物园，被一个社区团体采用并维持了几年。1996 年，雅各布通过进一步强调公共艺术的公共维度，重新界定公共艺术及其周围的公共空间。《堡中对话：不断改变的观众与当代艺术》(*Conversation at the Castle：Changing Audiences and Contemporary Art*)是为亚特兰大奥运会而创作，主要是大众与艺术家、评论家和博物馆馆长的对话。不以公共空间中艺术品的形式，而代之以公民对话的形式来表现公共艺术。通过暗示由此而来的公共空间成为了论坛。

在 21 世纪初，各种类型的公共艺术被委托设计并安置在城市空间。艺术作品也许是作为纪念或者是仅仅作为拍照留念之用(或者是让小朋友攀爬)，也许是以座位、照明或者城市广场形式出现的城市娱乐设施，也许是暂时性的社会政治参与——人与城市空间的关系得到重新界定。

延伸阅读书目：

- Bogart, M. H. (1989). *Public sculpture and the civic ideal in New York City* 1890 - 1930. Chicago：University of Chicago Press.
- Costonis, J. J. (1989). *Icons and aliens：Law, aesthetics, and environmental change*. Urbana, IL：University of Illinois Press.
- Doss, E. (1995). *Spirit poles and flying pigs：Public art and cultural democracy in American communities*. Washington, DC：Smithsonian Institution Press.
- Finkelpearl, T. (2000). *Dialogues in public art*. Cambridge, MA：MIT Press.
- Jacob, M. J., Brenson, M., & Olson, E. M. (1995). *Culture in action*. Seattle, WA：Bay Press.
- Kramer, J. (1994). *Whose art is it*? Durham, NC：Duke University Press.
- Mitchell, W. J. T. (Ed.). (1992). *Art and the public sphere*. Chicago：University of Chicago Press.
- Senie, H. F. (1992). *Contemporary public sculpture：Tradition, transformation, and controversy*. New York：Oxford University Press.
- Senie, H. F. (2002). *The tilted arc controversy：Dangerous precedent*? St. Paul：MN：University of Minnesota Press.
- Senie, H. F., & Webster, S. (Eds.). (1998). *Critical issues in public art：Content, context, and controversy*. Washington, DC：Smithsonian Institution Press.

Harriet F. Senie 文

赵显博译　陈恒校

垃圾箱画派
ASHCAN SCHOOL

垃圾箱画派这个词汇首先是由霍尔格·卡希尔(Holger Cahill)和阿尔弗雷德·巴尔(Alfred Barr)在 1934 年进行回顾研究时使用，宽泛地指美国城市写实画家。具体来说,是指八人社(The Eight)——1900 年后,以城市生活平凡方面为主题的绘画派别——成员。该团体在 1891 年左右形成当时,罗伯特·亨利(Robert Henri)身边聚拢了一批艺术记者和报纸插画家。亨利、约翰·斯隆(John Sloan)、威廉·格拉肯斯(William J. Glackens)、埃弗雷特·希恩(Everett Shinn)、乔治·卢克斯(George Luks)、厄内斯特·劳森(Ernest Lawson),莫里斯·普伦德加斯特(Maurice Prendergast)、亚瑟·戴维斯(Arthur B. Davies)以及之后加入的乔治·贝洛斯(George Bellows)是垃圾箱画派的核心人物,他们反对当时普遍的限制性传统和学院派的画展程序。

1898 年五个区并入纽约市后,城市从 19 世纪的制造业中心和海港转变成为 20 世纪的商业大都市,受移民和迁徙影响,人口不断增加,地铁基础设施出现,促进人口与货物的流动,商业区与居住区的边界也不断发生着变化。城市扩张导致边界模糊不清,城市逐渐发展成一个整体,不过其包含的社区则被阶级和种族界线细分为一个个小团体。垃圾箱画派画家坚信通过每个地区的整体性可以更加了解城市,强调街头重于全景,局部重于全局,借助各个区域的特征——因对自身周围环境的详细了解,而不同与其他区域的生活——来展现城市。画家从城市之网中相互重叠的边沿选出恰当的范围来描绘自己心中的城市形象。

工业化和城市化的开端被大部分画家所忽略,不过 1900 年之后的现代化启示并影响了美国印象派画家和垃圾箱画派。大规模的移民涌入导致紧张的社会、阶级和种族关系,经济萧条,工业发展不稳定,这样的局势要求文艺创作者去提倡并维持一种统一和谐有序的观念。直到垃圾箱画派的出现,纪实绘画现实主义才出现在绘画中,即使此时,多数画家,可能除了斯隆以外——也不是去批评下层阶级的生活状况,而是去赞美下层阶级的勃勃生气。

垃圾箱画派选取的主题虽与印象派画家相似,不过却没有去赞美建筑的变化,而是从街头下手。尽管该画派画家风格各异,但全都倾向于使用仰视图。他们展现的城市是由马赛克般的各种小世界和社区组成,同时使用深色而柔和的颜料,这一点是因为亨利在欧洲之行后,受到了弗朗西斯科·何塞·德·戈雅(Francisco José de Goya)、迭戈·委拉斯开兹(Diego Velazquez)、弗兰斯·哈尔斯(Franz Hals)和爱德华·马奈(Édouard Manet)的影响。垃圾箱画派的画作自然流畅,与当时美国学院派的精良画作迥然不同。在快速涂抹浓厚的颜料时,会留下一笔一笔的画迹。不过,尽管垃圾箱画派的画作看起来似乎是即兴之作,多数画作还是由近乎客观的阐释者精心合成,经过仔细的选择性省略实现远距离与独立的视角。

正如人们相信理想城市有助于同化移民,建筑师与规划师也声称,公共建筑是公民团结的象征,能够改善城市,使碎片化的人群美国化。尽管纽约市呈现有规划的网格状,但其混乱不堪的现实却启发了垃圾箱画派画家。把纽约作为美丽城市的概念受到了图片的刺激而产生,杂志上登出的规划插图展示开放景色和城市功能分区。虽然更具有现实感,摄影师依然要仔细挑选,他们会把城市描述为混乱不堪、模糊不清的地方。

照片引申开来,很快被做成插画与画作,可以最为精确地清晰地描绘单一元素和整体。垃圾箱画派画家成为唯物主义历史学家,选择的碎片能够从最小的细节来揭示世界。当时,纽约逐渐成为全国性插图杂志的中心,虽然照片开始取代插图,但插图仍然得到广泛使用。图像在商业文化发展的过程中有着重要意义,逐渐以插图的形式出现在大众报纸上,并且越来越多地出现在引人瞩目的广告牌和海报上。垃圾箱画派的作品主题与不断增多的商业插图类似,不过至少在美国绘画中,以城市为主题的先例却不多,而且垃圾箱画派画家像大多数当代画家一样,也会倾向于使用委婉、选择性省略和乐观的技法。

最初,增加自然接触的公共公园是城市改造规划的部分构思。到 1900 年,起初作为休息场所的中央公园充满了各种活动,在垃圾箱画派的笔下,中央公园与城市结构完全融合。格拉肯斯的画作《五一劳动节时的中央公园》(May Day, Central Park, 1905)中更为突出公园的拥挤场景,与城市美化的形象不符。通过拉远视角,格拉肯斯使油画观众能从不确定性中获得乐趣。其画笔下的下东区街道把市场和人行道作为不同社区之间的社会空间和通道。尽管规划师高谈阔论是为公共利益着想,试图将货摊强加到一些特别区上,努力把城市分割成一个个可识别区域,而且一直试图用有规划的区来取代随机的发展。然而,垃圾箱画派倾向于把街道生活浪漫化,然而集市上的现实情景总会挑战这一形象。赫斯特街(Hester Street)上的商人为下东区提供各种服务,该区是当时世界上人口最稠密的地区之一。在画作《赫斯特街》(1905)中,卢克斯只选取大约 2500 个货摊中的一个,尤其展示了引入主题时采用了编辑和委婉策略。虽然画中有拥挤的人群,但是画作却没有当时照片给人的混乱感。

垃圾箱画派的典型特征与长处在于,画家本人对能够描述城市特征的步行场所和社区有着深入了解。纽约各种"真实"的形象都可能入图，所以离题甚远的图解与偏好在垃圾箱画派的作品中非常明显。在纽约由水平发展转向垂直发展的时候，垃圾箱画派画家捕捉到了这一发展阶段纽约的多样性与异质性。

尽管绘画主题激进，但就风格而言还是较为保守，所以不能将其等同于现代纽约。不过早在与早期现代主义画家如马丁（Marin）、斯特拉（Stella）和韦伯（Weber）普遍联系的画作出现之前，垃圾箱画派的笔触就赋予纽约一种独特的图解。虽然垃圾箱画派画作有些保守、情感化且比较求实，但是他们确立了城市图解中所有的重要元素，代表着19世纪与20世纪之间的重要转变。1913年军械库展览会（Armory Show）和一战的爆发标志着现实主义的衰落与现代主义的兴起。垃圾箱画派的遗产可以从雷金纳德·马什（Reginald Marsh）的《科尼岛》中颓废的女人看出，很明显是受斯隆影响，此外也包括爱德华·霍珀的《超然的观众》（*Detached Spectators*）和《凝视着窗外的城市》（*Staring Out of City Windows*）。

亦可参阅：雷金纳德·马什（Marsh, Reginald）

延伸阅读书目：

- Perlman, B. P. (1988). *Painters of the Ashcan School：The immortal eight*. New York：Dover.
- Zurier, R., Snyder, R., & Mecklenburg, V. (1996). *Metropolitan lives：Ashcan artists and their New York*. New York：Norton.

Gordon Reavley 文

赵显博译　陈恒校

郊区的亚裔美国人
ASIAN AMERICANS IN THE SUBURBS

二战后美国国内的反华情绪有所缓和，在美国出生的第二代华裔美国人可以走出餐馆、洗衣店和其他束缚华裔的服务行业，到美国劳动力市场上去找工作。与此同时，华裔美国人也能走出唐人街搬入能够容忍华裔的社区。有些甚至敢于搬进愿意接受华裔的某些郊区。没过多久，二战后从中国大陆、台湾地区和香港地区移民美国的中国专业人士就跟随着第二代亚裔美国人的步伐进入美国。很多中国的科学家、医生和工程师以研究生学生的身份进入美国。在中华人民共和国成立后，他们的身份也变为"政治难民"，其中有些人通过1965年移民法所规定的技术移民配额获得合法的居留权。在中国，这些专业人士有着特权背景，进入美国后，他们避开城市中的华裔聚居区，更喜欢有着安全环境和开放空间的郊区。特别重要的是，教育质量高的郊区学校有利于孩子教育。所以属于工人阶级不说英语的中国移民，时至今日仍然聚居在城市中心；而有相当高比例的人，特别是受过高度训练的专业人士，则住在郊区（1993年，人口普查显示，华裔中有41%住在郊区，而白人只有33.7%）。

选择住在郊区的华裔美国人有着相似的优先考虑，因此，最后会集中在相同的地区，从而导致新的种族隔离。首先，70%的华裔美国人集中在美国的五个州。生活在加利福尼亚州和纽约大都市区的华裔美国人占全国的五分之三。其次，华裔美国人一直对三座城市——旧金山、洛杉矶和纽约——及其周围的郊区比较青睐，此三地也都是华裔美国人最早的定居地。随着郊区的发展，居住在旧金山外的圣克拉拉县（Santa Clara County）和洛杉矶外的圣盖博谷（San Gabriel Valley）的华裔美国人多于居住在市中心的华裔。在纽约大都市区，华裔美国人已经分散到康涅狄格州、长岛和威斯特彻斯特县（Westchester County），纽约市位于新泽西州的三个主要郊区县，华裔人口在20世纪90年代翻了一番。

华裔美国人的郊区化浪潮，与华裔技术移民的涌入有着紧密的联系。第一波技术移民，缓和了冷战时与苏联的竞争中，美国训练有素科学家的短缺。第二波发生在20世纪70年代，当时美国经济正值由制造业转向高技术产业的重组时期。最后一波出现在美国转向网络信息时代的时候。中国的技术人员在美国企业进行跨太平洋扩张，也被招募成为美国企业在亚洲进行经营活动的承包商和辅助商。此类移民受益于美国国会采取的强制性措施，将技术移民的年度配额增加了三倍，并扩大紧缺技术移民的定义，包括拥有创业技能和愿意在美国进行投资的人。

最近的中国移民逐步集中在最有利的郊区，实际上已经自成一个阶级。他们处在人生的全盛时期，是台北和香港等大都市的上流人士，都很自信，希望获得原先已经适应的物质享受。华裔商业深知此类移民的需要，所以移至郊区，首先提供食品和百货，然后是各种双语服务。由此一来，很多郊区都明显出现了华裔商业区。由于具有很多唐人街的特征，这类少数族裔聚居与郊区的现象被称为族裔郊区（Ethnoburb），表示某地区的少数族裔群落,虽然这一群落也许并不是绝对的多数,但是其集中程度已足以被认定为少数种族居民区和商业区。

美国最早的华裔郊区之一,是位于洛杉矶郊外圣盖博谷的蒙特瑞公园市(Monterey Park)。20世纪70年代,来自台湾的移民有钱在那里买房。不久以后,当地的主街就布满了华裔开的餐馆、书店、银行和美容院。由于存在着明显的华裔商业区,越来越多的中国移民被吸引进入此地。不久华裔就遍布圣盖博谷。随着新族裔郊区的经济扩张,不断增长的华裔服务业需求,为经济处于停滞状态的洛杉矶唐人街华裔工人阶级提供了就业机会。为了工作,华裔工人阶级也迁往郊区,使华裔郊区成为多阶级郊区。1983年,华裔美国人在大洛杉矶地区近半数的商业都位于唐人街,三分之一在圣盖博谷。1992年,洛杉矶唐人街只有6%的华裔美国人,而55%在圣盖博谷,12%在蒙特瑞公园市。另外几个华裔郊区出现在旧金山南部的硅谷周围,是华裔高技术科学家、企业家居住和工作的地方。人口的变化促使亚裔郊区出现,汉语标志、豪宅和大型亚裔购物中心——出售中国商品且几乎只有华裔消费者。

有时候,只要某一郊区出现了东方式的超级购物中心,就表明该郊区存在华裔社区。例如马里兰州的罗克维尔市(Rockville),要不是华盛顿特区的华裔居民为避开国会附近唐人街地区的交通堵塞而转去罗克维尔大道上的冬青广场,以换取更为休闲的购物体验,几乎看不出这是华裔郊区。在美国,有几座大型的华裔超级购物中心连锁店,包括香港超级市场(Hong Kong Foods)、美东超市(Asian Food Markets)和大华超级市场(99 Ranch)——仅在加利福尼亚就有21座连锁店。这些购物中心与沃尔玛几乎相同,除了主要商品是从中国大陆、香港地区和台湾地区进口,以适应华裔美国人的口味。此类的超级购物中心在南加州有超过60座,全美大约有超过140座。

分散的华裔居民通过当地的汉语报纸进行联络。报纸上登的广告包括各种你能想象到的商业和服务——都由华裔专业人士为邻近郊区地区说汉语的人服务——会计、医药、法律、建筑和音乐教育,当然还包括餐馆。此类报纸是其覆盖区域内汉语人士的活动中心,让分散的华裔移民感受到他们同属于一个集体。

亚裔郊区内主要的亚裔机构是专门为在美国出生的第二代华裔美国人开设的汉语学校。这样的学校全美大约有800座。其中有些学校已经扩展成为当地的华裔文化中心,会进行艺术展览和文艺表演。有些则发展成为社区中心,会主持专业讲座和亚裔美国人政客的集

资活动。

随着郊区华裔美国人的不断增多,他们在新社区的利益也就越来越显著,他们也越来越意识到政治组织的重要性。通常,华裔的政治觉醒来自那些华裔社区内被迫搬走的人。例如在蒙特瑞公园市,定居此地已久的白人居民欢迎华裔居民,不过对于华裔超级购物中心和公寓的扩散,他们也会抱怨华裔美国人要"接管整个社区"。白人利用已经确立的政治权力,通过了"缓慢增长"立法遏制华裔移民和商业的进一步涌入。他们甚至呼吁排外。全由白人组成的城市委员会通过决议,宣布英语为官方语言,而且还为是否允许华裔美国人商店在店面使用汉语,以及图书馆是否可以放置汉语书籍而争执不休。面对这样的攻击,郊区华裔专业人士的努力已经证明,他们不但有意志,而且有能力通过主动参与主流的选举政治进行反击。有些华裔美国人已经参与某些职务的竞选。他们成功地从全国各地的华裔社区征集竞选资金,与自由白人和其他少数种族组成联合并制定计划,以赢得华裔之外选民的支持。

这些新移民(专家、企业家)富有、足智多谋且社会关系良好,他们在政治领域取得的成果远非出生在美国的华裔民权活动家的早期努力可比。时至今日,蒙特瑞公园市城市委员会主要由华裔构成。2003年在南加州的其他地区,有三位中国移民赢得了喜瑞都(Cerritos)、圣盖博和克莱蒙特(Claremont)三地的城市委员会席位。在硅谷苹果电脑公司的总部库比蒂诺(Cupertino),也有很多富有的华裔高科技专家(库比蒂诺23.8%的城市人口为华裔),在28个由选民选出的官员中华裔美国人有9个。郊区公共生活中,华裔日益增强的影响力在美国郊区化的过程中出现了新的趋势。想住哪个郊区就选哪个郊区,通过本族裔社会网络的支持来抚养孩子,经营生意,新的技术移民还想继续使用母语并与原籍国保持紧密联系,而且非常愿意参与到捍卫自己选择的本地政治生活中。

延伸阅读书目:

- Chan, W. K. K. (2002). Chinese American business networks and trans-pacific economic relations since the 1970s. In P. H. Koehn & Y. Xiao-huang (Eds.), *The expanding roles of Chinese Americans in U. S. -China Relations* (pp. 145 - 161). Armonk, NY: M. E. Sharpe.
- Fong, T. (1994). *The first suburban Chinatown: The remaking of Monterey Park, California.* Philadelphia: Temple University Press.
- Horton, J. (1995). *The politics of diversity:*

Immigration, resistance, and change in Monterey Park, California. Philadelphia: Temple University Press.

● Koo, G. (2002, August 3). *Chinese American contribution to Silicon Valley.* Speech given at the 20th Anniversary Banquet of the Chinese American Forum, St. Louis, MO.

● Li, W. (1998). Anatomy of a new ethnic settlement: The Chinese ethnoburb in Los Angeles. *Urban Studies*, 35 (2), 470-501.

● Tseng, Y.-F. (2000). The mobility of entrepreneurs and capital: Taiwanese capital-linked migration. *International Migration*, 38(2), 143-166.

● Wong, B. (1998). *Ethnicity and entrepreneurship: The new Chinese immigrants in the San Francisco Bay Area.* Boston: Allyn & Bacon.

Peter Kwong 文

赵显博译　陈恒校

佐治亚州亚特兰大市
ATLANTA, GEORGIA

　　佐治亚州亚特兰大市是美国南部的门户城市,最初在 1842 年因其地拥有铁路枢纽而被命名为特米努斯(Terminus),1843 年更名为马撒斯维尔(Marthasville),最后在 1847 年获名亚特兰大。建城伊始,工业、商业和交通就是亚特兰大市的主要特征。内战时期是美利坚邦联(the Confederacy)的商业中心,是新南方(New South)的组成部分,到 20 世纪晚期,亚特兰大又成为南部阳光带的商业中心和机场枢纽。

　　内战中亚特兰大几乎全部被毁但战后却犹如凤凰涅槃一般浴火重生,并成为"新南方"的主要城市。创业精神以及商业精英发挥的重要作用,把亚特兰大推向快速经济发展和人口增长的道路。到 1870 年,城市人口(21789 人)是 1860 年人口的两倍多。1868 年被选定为佐治亚州首府,以及亚特兰大铁路线的修复与延长,城市内的销售和加工设施(特别是棉制品加工方面)的完善,都促进了亚特兰大的经济发展。

　　除却商业,亚特兰大成功的主要方面在于其城市形象。城市精英极力维护亚特兰大的进步声誉,欢迎北方资本投资,注重发展,而且号称是南方种族关系最好的城市。时至今日,振兴主义仍是亚特兰大的特点。作为新南方的喉舌,《亚特兰大宪法报》记者亨利·格雷迪(Henry Grady)认为国际棉业博览会

(International Cotton Exposition,1881)表明亚特兰大在南部工商业发展中的中心地位。在 1895 年棉花州与国际博览会(Cotton States and International Exposition)上,布克·华盛顿发表了题为《亚特兰大种族和解声明》(Atlanta Compromise)的演讲,呼吁黑人应当接受种族隔离制度,不过要统一于经济发展之下,以商业发展和种族和谐来塑造亚特兰大的新认同。

　　华盛顿所说的商业发展非常正确,不过种族和谐在亚特兰大历史上从来就没有成为现实。最显著的是 1906 年种族骚乱事件——白人对黑人社区进行了长达四天的暴力袭击,结果造成大量人员伤亡。骚乱导致种族隔离现象的加剧,非洲裔美国人逐渐向城市西区和第四区集中,特别是在奥本大道(Auburn Avenue)两侧。奥本大道又被叫做"亲切的奥本"(Sweet Auburn),成为商业中心以及很多黑人中产阶级家庭的居住之地,其中最著名家庭是小马丁·路德·金。另外一件臭名昭著的事件是利奥·弗兰克案(Leo Frank),犹太裔美国人利奥·弗兰克受审后,在 1915 年被私刑处死。在邻近的玛丽埃塔市(Marietta),该事件导致了两个组织的出现,圣约之子会的反诽谤联盟(Anti-Defamation League of B'nai B'rith)和三 K 党(Ku Klux Klan)的复兴,其首次会议在亚特兰大附近的石头山(Stone Mountain)举行,且其全国办公室就位于亚特兰大。

　　20 世纪初,亚特兰大对少数族裔明显有着严重的偏执和暴力倾向。然而创业精神最后还是跨越了多数障碍,实现了经济发展。1917 年的一场大火毁掉了东区的一大部分(73 个街区),却没有减缓城市的发展势头。20 世纪 20 年代,亚特兰大商会提出了"亚特兰大向前冲!"(Forward Atlanta)的运动,振兴主义开始大行其道。宣传以及治理亚特兰大的措施由数量相对较少的白人家族制定,他们通过学校、婚姻、经济和背景互相联系。城市精英,包括各大公司——可口可乐、哈弗蒂家具(Haverty's Furniture)、里奇百货(Rich's Department Store)和其他公司——的首脑,以自己的设想来引导城市发展,即正确的、高效的和有益的领导。受运动宣传——环境优美、随时可用的廉价劳动力和便利的交通——的影响,很多企业迁到了亚特兰大。20 世纪 30 年代的大萧条虽然短暂打断了亚特兰大的经济繁荣,不过也带来了新的转机。"新政"在亚特兰大实施了全美首例公共住房项目,不过新的住房依旧延续了城市中明显存在的居住隔离模式。泰克伍德之家(Techwood Homes)仅供白人的住房项目,在 1936 年开放;黑人住房项目方面,大学之家(University

51

Homes)在 1937 年开放。取代贫民窟住房的项目成为其他城市的典范。二战时期，亚特兰大再次出现了 20世纪 20 年代经济发展的繁荣景象。战争工业如玛丽埃塔的贝尔轰炸机(Bell Bomber)制造厂——洛克希德(Lockheed)的前身——以及陆军基地和军事供应站，给亚特兰大及大都市区带来了大量的工人。

就像战争对亚特兰大经济发展的推动一样，城市进一步受益于战后交通与商业的转变——20 世纪 50年代的州际公路系统和城市改造，以及机场的持续扩展，尤其是作为达美航空的枢纽，使亚特兰大的影响力由区域性变为全国性。1950 年，亚特兰大人口为331300 人(其中 33.6% 为非洲裔美国人)。20 世纪40 年代晚期和 20 世纪 50 年代，标志着亚特兰大的城市规模、城市政治、种族关系和全国关注程度进入了新阶段。

亚特兰大 1952 年的大兼并以及"改善计划"(Plan of Improvement)把城市面积由 37 平方英里增加到了118 平方英里。扩大城区的部分原因是种族问题，白人迁往郊区，黑人在选举上有了相当的影响力，黑人进入新的地段(当然，是不在白人社区附近的区域)居住能在政治上得到核准。1946 年，城市政治也有很大改观，在查普曼诉金案(*Chapman v. King*)中的联邦法院裁决，结束了佐治亚州民主党白人初选的局面。赢得初选可以保证能在大选中当选。黑人能够参加初选后，参加注册的黑人人数暴增，非洲裔美国人的选票也具有一定的分量。非裔美国人在亚特兰大黑人选民联盟(Atlanta Negro Voters League)——同时还统一了的黑人民主党人和共和党人——的旗帜下，向亚特兰大的最后几任白人市长威廉·哈茨菲尔德(William Hartsfield)、小伊万·艾伦(Ivan Allen Jr.)和萨姆·马塞尔(Sam Massel)施压，确保各种必要措施——雇佣黑人警员和消防员、给予黑人社区更多关注和加速取消种族隔离的步伐——的实施。"亚特兰大争分夺秒，无暇考虑种族问题"的说法是哈茨菲尔德任市长时提出的。生机勃勃的商业城市的完美形象即太醉心于商业发展，无暇顽固盲从，成为亚特兰大的主题。

白人商业中上层人士与黑人社区上层人士在牧师、教师和商业领袖领导下联合，最初对双方都很有利，特别是将种族隔离主义者如莱斯特·麦道克斯(Lester Maddox)等人排除在市政厅外。然而，随着亚特兰大和全国逐步进入民权运动的时代，这样的行动只是杯水车薪。亚特兰大一直是黑人行动主义和知识分子热情的中心，这主要是因为城市内的黑人大学如

莫尔豪斯学院、莫里斯·布朗学院、克拉克学院、斯贝尔曼学院、亚特兰大大学和跨教派神学中心，以及在金融上取得成功的黑人精英，特别是阿隆佐·赫恩登(Alonzo Herndon)和杰西·希尔(Jesse Hill)的亚特兰大人寿保险公司(Atlanta Life Insurance Company)。还有几位黑人运动领导人也居住在亚特兰大，如 W. E. B. 杜波依斯(W. E. B. Du Bois)、约翰·刘易斯(John Lewis)、朱丽安·邦德(Julian Bond)、安德鲁·扬(Andrew Young)和小马丁·路德·金，他们对种族局势也有所影响。亚特兰大因此成为民权运动的神经中枢也就不足为奇了。南方基督教领袖会议(Southern Christian Leadership Conference)、学生非暴力协调委员会(Student Non-violent Coordinating Committee, SNCC)和南部地区委员会(Southern Regional Council)都以亚特兰大为总部，而种族间合作委员会(Commission on Interracial Cooperation)的时间则更早。

尽管亚特兰大的种族主义问题广泛存在于学校、医疗、市政服务、住房和就业方面，但是与伯明翰市(Birmingham)和塞尔玛(Selma)相比，亚特兰大还是相对安全的避风港。1973 年，梅纳德·杰克逊(Maynard Jackson)当选为亚特兰大第一位黑人市长后，逐步采取措施处理某些种族主义问题。其最重要的措施，是富有创新精神的肯定行动和少数种族商业企业计划。与亚特兰大做生意的公司必须达到最低雇佣标准，市长极大地增加了少数种族公司的合同比例。以上举措实实在在地增加了黑人的商业企业，并有效地促进了黑人中产阶级的发展。

然而，亚特兰大还是过多地注意城市形象并专注发展商业，而不是出台解决社会和经济问题的方案。最显著的例子是亚特兰大在获得 1996 年夏季奥运会申办权后所发生的事情。奥运会规划的焦点是经济发展和商业区复兴。专门为亚特兰大勇士队(Atlanta Braves)建设的新棒球场规划在了亟需住房的地区；百年奥林匹克公园(Centennial Olympic Park)建在了商业区，以取代荒废的商业地段，所使用的企业捐款也是社区开发所急需的。商界从商业区改造、增长的旅游业中获益，还通过奥运会这个国际舞台向世界展示了亚特兰大的成功。

亚特兰大是座充满矛盾的城市——耀眼的摩天大厦俯瞰着贫民窟。城市内有着实实在在的黑人中产阶级，被认为是黑人的麦加，也长期地充斥着黑人低收入群体，很少从黑人政治赋权中获益。郊区的发展扩张导致上层黑人住房的出现和一些黑人的外迁，而市中

心的绅士化则又将白人带回亚特兰大。现在,城市中拉丁裔和亚裔移民不断增多,逐渐改变着亚特兰大历史上的双种族身份。

这么多年唯一没变的是,亚特兰大仍然是座努力向上的城市,而且对商业和城市形象还是非常注重。

延伸阅读书目:

- Bayor, R. H. (1996). *Race and the shaping of twentieth century Atlanta*. Chapel Hill, NC: University ofNorth Carolina Press.
- Keating, L. (2001). *Atlanta: Race, class, and urban expansion*. Philadelphia: Temple University Press.
- Kuhn, C., Joye, H., & West, E. B. (1990). *Living Atlanta: An oral history of the city, 1914 - 1948*. Athens, GA: University of Georgia Press.
- Russell, J. M. (1988). *Atlanta 1847 - 1890: City building in the old South and the new*. Baton Rouge, LA: LouisianaState University Press.
- Stone, C. N. (1989). *Regime politics: Governing Atlanta, 1946 - 1988*. Lawrence, KS: University Press of Kansas.

Ronald H. Bayor 文

赵显博译 陈恒校

得克萨斯州奥斯汀市
AUSTIN, TEXAS

1839 年,选址委员会把当时一个叫做滑铁卢的定居点作为新成立得克萨斯共和国的首都。委员会购买了位于科罗拉多河沿岸 7735 英亩的土地,并聘请埃德温·沃勒(Edwin Waller)规划建设新城。沃勒将城市规划为 14 个网格状的街区,中间是议会广场(Capitol Square)。

到共和国国会在 1839 年 11 月召开时,一些临时性建筑被用作政府总部。大会在 12 月 27 日将奥斯汀并入,1840 年 1 月,沃勒成为该市的市长。该市的首批 856 名居民中,包括法国、英国和美国的外交代表以及 145 名奴隶。

1842 年,墨西哥军队攻占其邻近的圣安东尼奥城(San Antonio),首都安全选址的事宜重新开始讨论。前将军及总统萨姆·休斯敦(Sam Houston)想把临近墨西哥湾海岸、远离墨西哥的休斯敦作为首都。为应对墨西哥的威胁,休斯敦下令将共和国档案转移至休斯敦进行保管。虽然奥斯汀市民拒绝转移档案,但休斯敦总统还是把首都迁走了。休斯敦派遣武装小分队,想夺取奥斯汀的综合土地办公室(General Land Office),此次冲突即为后世所称的档案战争(Archive War)。失去政治基础,奥斯汀发展停滞,直到 1845 年宪法会议又将首都迁回奥斯汀,情况才逐渐转好。美国于 1846 年 2 月兼并得克萨斯共和国,1850 年,选民将奥斯汀选为永久性州首府。位于国会大道顶部的新议会大厦在 1853 年投入使用,州长官邸在 1856 年竣工。1860 年奥斯汀市有 3546 人,包括 1019 名奴隶,长老会会众(在 1839 年建立奥斯汀第一座教堂)、卫理公会教徒(Methodist)、天主教教徒、浸礼会教徒(Baptist)和圣公会教徒(Episcopalian)。

奥斯汀市民投票反对退出联邦,不过南北战争爆发后至少有 12 个志愿连队加入美利坚邦联。南北战争末期,联邦军队的占领给奥斯汀带来了大量被解放的奴隶使奥斯汀的黑人人口增加了 50%。到 1870 年,奥斯汀三分之一的人口为非洲裔美国人。

南北战争后,奥斯汀通过铁路与休斯敦以及得克萨斯中央铁路(Texas Central Railway)相连,经济得到持续发展。作为最西侧的铁路终端,奥斯汀成为西得克萨斯的贸易中心。在五年内,随着欧洲和墨西哥大量移民的涌入,奥斯汀的人口翻了一倍,增至 10363 人。煤气路灯、有轨电车和跨越科罗拉多河的高架桥,让奥斯汀呈现出现代化的特征。然而在铁路延伸至附近城镇后,奥斯汀的经济繁荣画上了句号。

奥斯汀转向政治和教育以求与众不同。1872 年,奥斯汀挺过了对其州首府地位的挑战并建成了一座新的议会大厦,是当时世界第七大建筑。19 世纪 80 年代,奥斯汀出现了大量的教育机构和一套公立学校系统。1881 年,新得克萨斯大学落户奥斯汀,尽管有家长反对把学校置于如此接近政治的地方。蒂洛森学院(Tillotson Collegiate)和师范学院(Normal Institute)为非洲裔美国人社区提供教育服务。

城市领导人批准在科罗拉多河上修建 60 英尺高的奥斯汀大坝用于发电并吸引制造业。前期工程在 1893 年完成,不过大坝的建设没有获得预期效果。奥斯汀没有变成制造业中心,而且其供水供电系统经常出现中断,大坝建成七年后就崩溃了。1938 年,政府又出资建设了七座大坝。以上活动,标志着林登·贝恩斯·约翰逊即日后的美国总统步入政坛。

奥斯汀市大致也没赶上石油繁荣。1920 年,奥斯汀从得克萨斯州第四大城市降为第十大城市。到 1905 年,奥斯汀市政建设很不完善,只有一条街道铺

53

有路面，没有公共公园，下水道系统也极为有限。1909年，A. P. 伍尔德里奇（A. P. Wooldridge）成为市长，花了十年功夫对城市进行改造。尤其值得一提的是，伍尔德里奇把巴顿泉（Barton Springs）建设成为奥斯汀城市风景的象征。主张改革的伍尔德里奇1919年卸任，不过进步主义继续主导者城市规划，特别是在城市美化方面。1926年，奥斯汀市采用城市经理制并发行了425万美元的债券，用以修建基础设施、城市医院和机场。

奥斯汀市在大萧条时期表现还算不错，出现大规模的人口增长，因为林登·贝恩斯·约翰逊1937年被选入国会，奥斯汀从"新政"政策中受益良多。1942年，德尔瓦里空军基地（Del Valle Army Air Base）——之后更名为伯格斯特龙空军基地（Bergstrom Air Force Base）——也为城市带来了军事投资。

二战后奥斯汀继续依赖其作为政治和教育中心的优势。1956年，得克萨斯大学成为南部首座招收黑人的重点大学。1964年《民权法案》通过后种族隔离有所缓和，到20世纪70年代，非裔和拉丁裔都在市政府有代表。同时在这一时期，奥斯汀逐渐获得了高科技中心的称号。高科技的发展是由得克萨斯大学的研究项目激起的，IBM在1967年进驻奥斯汀。1969年，得州仪器公司，在奥斯汀设立总部，摩托罗拉则在1974年设立总部。高科技企业的发展一直持续到20世纪80年代，当时得克萨斯大学的退学学生迈克尔·戴尔（Michael Dell）成立了戴尔电脑公司。

20世纪70年代奥斯汀的快速发展，激起了环保主义者的抗议。城市内出现了150多个环保团体，由于对猛烈的人口增长以及伴随气候的交通堵塞感到愤怒，他们决心要保护奥斯汀的自然环境。20世纪70年代和80年代，这些组织在一系列环境条例上取得了重大胜利。

21世纪初，奥斯汀在全美最佳宜居地的调查中位居前列。得克萨斯大学因其众多的研究项目而享有盛誉，而且奥斯汀仍然是高技术创新企业的目的地。奥斯汀还号称是全国的音乐之都，全年会举办大量的音乐节，包括著名的西南偏南艺术节（South by Southwest Festival）。

延伸阅读书目：

- Humphrey, D. C. （1997）. *Austin：A history of the capital city*. Austin, TX：Texas State Historical Association.
- Humphrey, D. C. （2005, July）. Austin, TX. In *Handbook of Texas online*. Retrieved June 14, 2006, from http://www. tsha. utexas. edu/handbook/online/articles/AA/hda3. html
- Orum, A. M. （1987）. *Power, money, and the people：The making of modern Austin*. Austin, TX：Texas Monthly Press.

Kimberley Green Weathers 文

赵显博译　陈恒校

B

后场地区
BACK OF THE YARDS

芝加哥的后场地区是最著名的城市社区之一,这在很大程度上是因为其是联合畜牧场(Union Stockyards)所在地。最初为农村地区,是乡湖(Township of Lake)的一部分,因为当地是多沼泽的乡村,只比密歇根湖水面高了几英尺,乡湖由此得名。1865年,当地民众决定组建独立的村庄,当时居民还不过700人。

一系列工业和技术方面的发展转变了这一地区。芝加哥人经营牲畜的批发购买和销售生意最早可追溯到19世纪40年代,内战时,芝加哥的企业家以遍布这座大风之城(the Windy City)的畜牧场为基础,开始挑战当时美国肉类市场的龙头老大辛辛那提。

1865年,一群投资者在约翰·谢尔曼(John Sherman)的带领下,决定在邻近工业园的地方建设统一的畜牧场。选址的过程中,选定了乡湖一块320英亩的土地。超过1000名工人参与建设,联合畜牧场在1865年12月25日开张营业。

不少生意很快落户此处——阿莫尔1867年落户,斯威夫特,1875年——联合畜牧场的真正扩张,是在铁路冷藏车厢的发明之后。该项发明最早在1868年申请专利,而直到古斯塔夫·斯威夫特发明了整套系统,冷藏车厢才真正具有实用价值,使得经济高效地大规模屠宰牲畜,然后将加工过的肉运往全国各地的市场首次成为可能。

其他关键方面的进步也促进了芝加哥肉类加工业的发展,包括流水线方法引入——早在亨利·福特用流水线制造汽车前就已经出现;而实际上,肉类加工业是拆卸流水线,将复杂的工作分割成为细小、重复性的动作。除此之外,罐头食品工人几乎把所有的副产品都加以利用,有句老话是这么说的:"除了牲畜的尖叫,牲畜身上所有的地方都有用。"

鼎盛之时,后场地区有畜牧场500英亩,围栏13000个,火车轨道300英里。1919年,各种各样的屠宰场处理了14903487头牲畜。

受到以上发展的刺激,周围的社区得以快速增长。在发展巅峰时期的1920年,当地人口达到75920人。当地最初的居民以爱尔兰裔和德裔为主,不过在20世纪之交,当地居民已经以东欧居民为主。1920年,43%的人口为移民,其中45%是波兰人,16%是波西米亚人或斯拉夫人,12%是俄罗斯人,7%是立陶宛人。

当然,人口增长在很大程度上是由于工厂提供的就业机会。1919年联邦调查显示,芝加哥肉类加工业的总雇工人数为45696人,而且斯威夫特公司位于后场邻里委员会的一家屠宰场就有雇工超过11000人。1923年调查表明,当地家庭的主要劳动力有54%从事肉类加工业。

此时,屠宰场的工作已由需要技能的屠宰,变为固定的工厂工作,而联合畜牧场也成为工业时代恐怖的象征。薪水低:1900年的调查发现,工人的平均年收入为347.36美元,而1910年的调查发现,年收入超过600美元的工人不过半数。再者,在后场地区的工作也变得越来越危险。每年阿莫尔公司有半数的工人患病或出现工伤。有些工作非常肮脏,如把肉中的血或动物肾脏中的尿液挤出。

所以工人与其家庭通过一些手段来改善生活。一些工人,尤其是一些有经验的屠宰工早已致力于组建工会,不过真正的大规模组织工会的出现是19世纪90年代的切肉工与屠宰工联合工会(Amalgamated Meat Cutters and Butcher Workmen)。虽然工会能够有效地组织当地工人,却无法平衡罐头加工工人的影响,1904和1921年两场重要罢工均以失败告终。这段早期经历使得厄普顿·辛克莱逐渐对后场地区感兴趣并深入当地进行研究,之后写出了"扒粪"小说经典《屠场》(*The Jungle*)。

受此影响,当地社会的很多努力都转向如何建设一个成功的社区。社区内最重要的机构是教堂,当地民众以罗马天主教为主。高耸的教堂星罗棋布,礼拜日举行弥撒时每个教堂都挤满人群。教堂不仅为人们提供慰藉,进行宗教庆祝,还通过各种措施改善社区,包括社会服务和经济援助,并作为当地的活动中心。

然而有一个问题与教堂有关:众多的教堂分割了社区。虽然都信奉同一宗教,但宗教礼拜却以族裔身份互相区分,如爱尔兰教堂或者斯拉夫教堂。他们还从欧洲带来了各种敌对情绪,使当地居民相互对立。

1939年,索尔·阿林斯基,一位访问社会工作者,与当地公园主管约瑟夫·米根(Joseph Meegan),创立了美国最早的社区组织之一:后场邻里委员会(Back of the Yards Neighborhood Council,BYNC)。二人借助已有的社会结构授予当地76个组织——从体育队到圣名协会(Holy Name Societies)——平等的委员资格。后场邻里委员会允许各行其是,不过也建立一个平台,好让各个组织每月一次齐聚一堂讨论共同利益事宜。委员会口号是:"我们自力更生。"

委员会的一项举措是劳工运动和儿童福利。1946年,曾对后场地区新成立的产业工会联合会(CIO)——前身为罐头工厂工人组织委员会(Packinghouse Workers Organizing Committee),之后是美国罐头工厂工人联合工会(United Packinghouse Workers of America)——施以援手。包括牧师在内的委员会领导人加入了产业工会联合会的纠察线,并呼吁整个社区一致支持以赢得罢工胜利。委员会还利用联邦资金建立了第一个学校午餐项目,并设立处理青少年犯罪问题的项目。

20世纪五六十年代,社区面临城市萎缩和住房老化的问题,由委员会集中进行解决。委员会推出了各种项目,住房改造项目1953年开始,最后11000座住房中,有9000座在10年之内得到改造。

20世纪60年代晚期,后场地区已不复存在,社区出现了持续几十年的人口变化。到2000年,该地区50%的人口为拉美裔,35%为非裔,13%为白人。

后场邻里委员会也逐渐转向处理新的人口变化状况,20世纪80年代则以经济发展为中心。由于委员会的努力,后场地区被选定为授权开发区和企业区(Empowerment and Enterprise Zones),以及租税增额

融资区(Tax Increment District)。委员会办公室内还设有小企业发展中心(Small Business Development Center)和商业技术中心(Business Technology Center)。由于以上活动和其他行动以及旧社区的区位——现已成为畜牧场工业园(Stockyards Industrial Park)——后场地区现在有公司110家,雇工15000人。

延伸阅读书目:

- Barrett,J.(1987). *Work and community in the jungle*. Urbana,IL:University of Illinois Press.
- Jablonsky,T.(1993). *Pride in the jungle*. Baltimore, MD:Johns Hopkins University Press.
- Pacyga,D.(1991). *Polish immigrants and industrial Chicago*. Columbus,OH:Ohio State University Press.
- Slayton,R.(1986). *Back of the Yards*. Chicago:University of Chicago Press.
- Wade,L.(1987). *Chicago's pride*. Urbana,IL:University of Illinois Press.

Robert A. Slayton 文

赵显博译 陈恒校

轻捷框架结构
BALLOON-FRAME CONSTRUCTION

轻捷框架结构是住房建筑史上的重大突破。在这一新方法出现之前,住房建设非常耗时。拼接各个部件——榫卯结构——需要专业的建筑工人,而且住房采用实心建设。建筑商建设房屋木结构的方法是使用柱形物,切削一端呈吐舌状(即凸榫)与孔洞(即榫眼)榫接并组成横梁。这种方法建设的住房不使用金属紧固件。想要住房牢固可靠,需要大量的木材来建设墙体和屋顶,而把木材加固在一起的合板钉,则需要几个熟练工人来手工制作。轻捷框架结构则从几个方面彻底改变了这种建筑方法。

对于轻捷框架结构的起源现在还没有定论。有人认为,是由乔治·华盛顿·斯诺(George Washington Snow)发明,有人则认为是出自奥古斯丁·泰勒(Augustine Taylor)。首次记载其使用是1833年泰勒建设的芝加哥圣玛丽教堂(St. Mary's Church),教堂现位于沃巴什街和麦迪逊街交叉点。因为几个方面的原因,芝加哥成为试验这一新式建筑方法的理想城市。

首先,芝加哥市呈网格状,轻捷框架结构适合这一模式。其次,土地销售供大于求,开发商需要建筑能够以最小的成本快速建成。轻捷框架结构使用的是切割一致的 2 英寸到 4 英寸的松木板,组合成 16 英寸的骨架,然后用护墙板进行加固。要是没有护墙板加固,一阵强风就能使该结构像气球一样会被吹走,轻捷框架结构也由此得名。建筑方法上,使用大规模生产的铁钉,来把壁骨和护墙板加固在一起。在铁钉的加固下,建筑也更为结实(不再需要榫卯结构),由非熟练工人即可完成。进入芝加哥的移民不断增加,在建筑行业很容易找到工作,而且不需要太多的交流技能。再次是芝加哥市的位置。由于越来越多的承包商采用新的建筑方法,木材需求量增大。芝加哥位于主要水道上,邻近密歇根州、威斯康星州和明尼苏达州的森林,而且是铁路枢纽,木材是该区域的大宗交易货物。芝加哥不仅将木材用于建筑,还成为西部与南部主要木材公司的重要航运点。

然而轻捷框架结构也有缺陷。由于建筑速度过快,有时木材质量较差会发生弯曲,导致建筑不整齐。另外一点,由于建筑主体使用木材,屋顶使用沥青纸,所以非常怕火。在有些城市,建筑物之间的距离太近导致潜在的火灾风险。芝加哥 1871 年大火的部分原因是:一,对木材存储缺乏安全意识;二,建筑物之间的距离太近。轻捷框架结构另外一点固有的火灾风险是,早期设计中会在壁骨间留有空间,导致火可以像烟囱一样从底部烧向屋顶。出了不少事故,缺陷才被发现,于是安装横向或斜向十字支柱进行补救。这些十字支柱不仅解决了烟道问题,还进一步加固了建筑物。大火之后,芝加哥规定了建筑物之间的标准距离,而且禁止在商业区使用木结构建筑。

尽管有诸多问题,轻捷框架结构建筑方法对广泛的建筑界都有影响。仔细观察威廉·勒·拜伦·詹尼的第一座摩天大厦即家庭保险大楼的设计规划可以发现,骨架结构明显有轻捷框架结构的影子,只不过建筑材料已经换为钢材。轻捷框架结构的其他特点对住房建筑的直接影响是缓解建筑压力,增加建材运输效率。芝加哥西尔斯与罗巴克商品邮购公司(Sears and Roebuck Catalog Company)在 1900 年宣称,其邮购业务出售了大约 12000 座预先制造好的轻捷框架结构房屋。成套的配件中包括建筑房屋所需的一切材料和建筑规划,然后邮递至最近的火车站。大平原上的很多住房都是购自西尔斯商品邮购目录,最初在芝加哥建好,再从芝加哥运往目的地。

很多欧洲人抱怨新建筑粗制滥造,特别是在拿轻捷框架结构住房与欧洲坚实的住房作比较的时候。欧洲人还称,欧洲的房子能住上百年。对美国人来说,有限的资金加上亟需住房(再者,与欧洲的联系已经变淡),轻捷框架结构恰为大众之所需。理论上来说,如果有需要的话,木材还可以拿来建其他建筑。在 19 世纪晚期不断变化的城市中,这一特征很有价值。

在经历过灾难后,轻捷框架结构是大城小镇生命迹象和生活重归正轨的明显标志。例如芝加哥大火和旧金山地震后拍摄的照片显示,建筑结构正快速拔地而起。实际上,芝加哥大火后最著名的照片是 D. W. 科伏特(D. W. Kerfoot)草草搭建的轻捷框架住房,上面的牌子写道:"除了老婆,孩子和干劲,一切都灰飞烟灭了。"19 世纪 60 年代的作家称,如果不是轻捷框架结构的使用,芝加哥和旧金山根本不可能发展得这样快。

时至今日,轻捷框架结构的各种变体还在建筑领域使用。它代表了实惠、经济,并与工业革命和城市的兴起息息相关。轻捷框架结构是大规模生产货物的一个例子,不像工会工匠那样手工建造木建筑。越来越多的工人进入建筑行业,木匠的薪水已不比从前。越来越多的人迁入市中心,对便宜、廉价住房的需求在总体上也有增加。随着人口向全国各地蔓延,在没有天然建筑材料——如木材——的地方,轻捷框架结构住房的重要性对于定居者以及收入源自轻捷框架结构住房的铁路和木材场来说,可见一斑。

延伸阅读书目:

- Cronon, W. (1992). *Nature's metropolis*. New York: Norton. Mayer, H., & Wade, R. (1969). *Chicago: Growth of a metropolis*. Chicago: University of Chicago Press.

- Miller, D. (1996). *City of the century*. New York: Simon & Schuster.

- Spinney, R. (2000). *City of big shoulders*. De Kalb, IL: Northern Illinois University Press.

- Upton, D. (1998). *Architecture in the United States*. New York: Oxford University Press.

Cord Scott 文

赵显博译　陈恒校

马里兰州巴尔的摩市
BALTIMORE, MARYLAND

作为美国的大城市之一,巴尔的摩从1729年建城伊始就断断续续发展到现在。位于深水港附近,其贸易逐渐与烟草、谷物加工和冶铁业联系在一起。雄心勃勃的商业阶级,四通八达的道路网和富有创业精神的德国移民的涌入,使巴尔的摩的经济贸易初露雏形。美国独立战争时期,巴尔的摩出现了实质性的增长,一方面是战争需求,另一方面是商业限制取消,新的商路、制造企业和城市市场得到建立和开拓。巴尔的摩人口有所增加,于1796年建市,并出现了新一代的领导。自此,巴尔的摩人开始以市自居,不再称镇。

19世纪,巴尔的摩笼罩在周期性的增长、停滞和混乱、平静之中。1812年战争带来了繁荣,巴尔的摩人庆祝麦克亨利堡(Fort McHenry)战役——弗朗西斯·斯科特·基(Francis Scott Key)正是在此处写下了《星条旗之歌》(Star Spangled Banner)——的胜利。不过到1819年,经济出现衰退,反映出全国的经济衰落和巴尔的摩城内日益紧张的宗教、民族和种族关系。

交通方面的发展——如美国的第一条铁路,巴尔的摩-俄亥俄铁路(Baltimore & Ohio, B&O),以及该市著名的高速帆船促进了商业的繁荣。迁徙与移民使巴尔的摩的人口从1820年的35000多人增至1860年的210000人,其中三分之一为德裔、爱尔兰裔或非裔。不断增加的人口促进了建筑业的高涨,坎顿(Canton)——美国最早规划的居民区和工业区之一——就在此时建成。不过,市政建设滞后,卫生、清洁水和消防、防洪以及疾病控制很不完善。在完善市政服务的过程中,巴尔的摩形成的公私合作关系成为模范,一直延续到20世纪之后。

内战前,种族族裔间的敌对把巴尔的摩变得非常不稳定甚至危险。政治改革将选举权扩大至所有的纳税白人,并创立公立学校体系,但是只限白人孩子入学。不过,爱尔兰裔在选举站遭到了排外主义者一无所知党(Know-Nothings)的袭击。1856年,15人在选举日的暴力中被杀。巴尔的摩作为美国最大的自由黑人中心,却因大肆劫掠的白人匪帮、腐败和敲诈而逐渐成为声名狼藉的"暴民城",甚至连埃德加·爱伦·坡都被拘禁过——身陷强盗包围,被迫按照指示投票。

内战进一步分裂了巴尔的摩。分裂主义情绪很高,联邦军队经过巴尔的摩的时候遭到城市居民的袭击。联邦军队将该市市长投入监狱,并在整个内战时期对巴尔的摩进行军事占领。内战的政治影响一直延续到20世纪:民主党固守州权和种族主义,轻松地控制了巴尔的摩市。

繁荣与萧条的周期阻碍了持续发展,导致城市贫困人口不断膨胀。经济萧条加剧了劳工与管理方的冲突,如1877年针对巴尔的摩-俄亥俄铁路的大罢工(the Great Strike of 1877),联邦军队向工人及其家属开枪,造成十人死亡,多人受伤。

到1900年,巴尔的摩的贸易额在全国排第三,不过此时,巴尔的摩已经开始由商业城市向工业城市转变。人口增长、经济专业化以及居住隔离三者结合,重构了城市的空间结构,把上流社会社区与城市中移民和本地工人居住的独特排房分隔开来,把非洲裔美国人挤入城市中居住状况最差的地区。同时在零售商业区,展示着高档消费的商业中心附近,"摩天工厂"内的制衣业欣欣向荣。城市振兴主义者指出,铸造厂、罐头厂、冶铜冶铁厂、化肥厂和机械厂是经济发展的标志,而博物馆、公园、约翰·霍普金斯大学和医院则代表着文化进步。不过,振兴主义者还为巴尔的摩的发展局限而惋惜,所以采取措施促进工业出现更为强劲的发展。充足的供水系统在1904年大火后才建立,而下水道的问题仍然没有得到解决。

巴尔的摩又被称为"蓝领城",周围的贫穷白人和黑人大量涌入成为廉价劳动力,导致大量的新移民不愿定居此地。而制衣业和罐头加工业还吸引了意大利人、犹太人、波兰人、波希米亚人和立陶宛人,随之而来的是少数族裔聚居的群落和血汗工厂。进步主义改革曾试图消除童工和血汗工厂。工人阶级社区肺结核和伤寒肆虐。进步主义领导人重新进行城市规划,与奥姆斯特德兄弟公司一道,想通过为富人设计通过小道相连的新公园系统,并规划高档的社区来减缓郊区化的速度。不过,城市中的大部分人口处于经济边缘,鲜有改革者去努力改善观察者所说的"公民行动传统少"的情况。

1917—1945年,巴尔的摩的经济和政治出现了大规模的发展。一战吸引乡村移民进入城市,就业和住房的竞争笼罩在种族主义、种族隔离和活跃的三K党活动下。战时生产导致制衣业过度扩张,经历了战后的衰退和20世纪30年代的大萧条后寿终正寝。关键政治领导人的死亡导致民主党内部的斗争,扼杀了改革。民主党高层在州权至上的理念下团结一致,总体上反对新政,不过广大白人和黑人选民都支持富兰克林·罗斯福总统和新政,要求增加就业、发放救济和建设公共住房。

二战带来了短暂的繁荣，但也无法扭转大萧条的颓势，巴尔的摩作为港口和工业中心的地位下降了。二战后，巴尔的摩街头的有轨电车消失，取而代之的是造成交通堵塞的汽车；郊区化速度加快，留下市中心空荡而又衰落的地区；周围各县的产业发生转型；定期进行贫民窟清理和城市改造。被肤色一分为二的城市出现白人外迁的情况，特别是在 1968 年骚乱之后。人口减少、税收基础缩小、学校质量下降、就业机会消失——美国城市的通病。20 世纪 60 至 80 年代，巴尔的摩流失了五分之一的人口以及近半数的制造业就业机会。到 1987 年，占城市人口 60% 的非洲裔美国人开始进行政治组织并选举黑人市长。45% 的城市人口中有 16% 处于失业状态。

尽管如此，巴尔的摩的城市改造仍取得了不少成功。市长和商业领袖的坚强领导，成功复苏了商业区的经济。特别是古怪却强势的威廉·唐纳德·谢菲尔（William Donald Schaefer）市长，他于 1971 年当选，历任四届，是在黑人占多数的情况下当选的白人市长。在谢菲尔努力为巴尔的摩获取商业支持，并把城市打造成为生活和参观的特别去处。城市转向旅游业和营销，谢菲尔市长和城市领导人把巴尔的摩的内港转变为重要的旅游景点。在当地媒体的宣传下，谢菲尔成功把城市和自己营销出去，1984 年被《老爷》(Esquire) 杂志提名为全美最佳市长，巴尔的摩内港则上了《时代》周刊封面。1987 年，《星期日泰晤士报》(London Sunday Times) 将巴尔的摩内港鼓吹为"美国最佳旅游景点"之一，并称巴尔的摩"城市失业率下降很快"。不过商业区的再开发，没能缓和城市的社会和经济问题，失业率上升不曾停顿（1970 至 2000 年，工作数量的下降超过 10%），也没对税收有何巨大贡献。正如一位观察家所说，"玉外絮中"。最近，城市振兴主义者试图将商业区重新定位为数码港（Digital Harbor）——"下一个高科技和互联网的枢纽"——以期发展旅游业增加就业。至于发展旅游业和数据港能否克服巴尔的摩充满分歧的历史，为穷人带来就业和充足的住房，还需拭目以待。

延伸阅读书目：

- Argersinger, J. E. (1988). *Toward a New Deal in Baltimore: People and government in the Great Depression*. Chapel Hill, NC: University of North Carolina Press.
- Argersinger, J. E. (1999). *Making the amalgamated: Gender, ethnicity, and class in the Baltimore clothing industry, 1899 - 1939*. Baltimore, MD: Johns Hopkins University Press.
- Durr, K. D. (2003). *Behind the backlash: White working-class politics in Baltimore, 1940 - 1980*. Chapel Hill, NC: University of North Carolina Press.
- Fee, E., Shopes, L., & Zeidman, L. (Eds.). (1991). *The Baltimore book: New views of local history*. Philadelphia: Temple University Press.
- Greene, S. E. (1980). *Baltimore: An illustrated history*. Woodland Hills, CA: Windsor.
- Olson, S. H. (1980). *Baltimore: The building of an American city*. Baltimore, MD: Johns Hopkins University Press.

Jo Ann E. Argersinger 文
赵显博译　陈恒校

银行与银行业
BANKS AND BANKING

在过去的几十年，全球银行业经历大规模的重组。其重组活动重新塑造了美国各地的区域经济和城市空间。现在，银行提供了更为广泛的产品和服务，而且速度更快，效率更高。然而银行的主要目的一直都没变，即整合社会剩余的资源（存款和投资），然后再把资源借贷给个人和公司。

如果要找出一个一成不变、墨守成规的行业，则非银行业莫属。然而全球自由化的趋势为银行业创造了新的商机。自由化加上技术进步——如网上银行和自动取款机——赋予了银行业摆脱平凡形象的机遇。

银行已经开始在美国的一些地区——如低收入和少数种族聚居的城市空间，借用资产累积计划来刺激以资本为基础的发展。此类计划的主要焦点是进行更多的房地产开发，移除城市"衰败"地区（房地产以资产累积为基础）。银行的措施也刺激了以社区为基础的金融业和商业的发展。

美国主要有两种银行：地方（储蓄）银行和大银行。第一类主要包括集中于某一地理区域内的小型金融机构。在美国，此类地理区域有六个：东北、东南、中部或中西部、西北、西南和远西部。储蓄和接待是地方银行的主要业务。第二类主要指在地方或区域有分支，但其主要业务在金融中心。例如，纽约市银行参与国际交易，并经营证券包销等业务。

美国政府也大力涉足银行业，出台措施规定借贷上限和银行金库内的存款准备金数量。美联储对银行利润率有重要影响,其出台的利率会影响信贷市场(贷款)。

美国银行与银行业简史

历史上,美国的银行系统在很大程度上受美国政府的决策影响。起初,银行业由其所在州进行经营和管理,银行也需要其所在州政府的特别授权才能营业。

美国银行业并非始于美联储。最初,合众国第一银行(the Bank of the United States)——1791年从美国国会获得特许成立的中央银行——施加一层监管。1811年,第一银行的经营许可到期,第二银行在1816年设立并运营至1832年。然而第二银行引发了很大的争议。农业利益集团由于害怕第二银行会偏袒工商业利益,对第二银行加以反对。当时,城市银行为保证有足够的现金应对无法预料的挤兑,对于把钱贷给谁和贷多少都极为谨慎。当时典型的银行业者通常经营短期贷款业务。而且制造商和店铺老板只有在卖出商品后才会给供应商付款,给工人结算工资。卖掉商品后,他们也会偿还银行贷款。

1832—1864年的国家银行体系

由于难以预料的天气和市场条件,贷款损失情况在定居者较为稀少的地区比较严重。1832年,合众国第二银行成立时,州政府负责其监管工作。由于缺乏国家银行体系,州银行的数量不断增多,其影响力也不断增大。私立银行丛生,并且每家银行都有自己的政策和货币。州政府在监管方面常常力不从心。当时,银行根据自己发行的货币放贷。有时很难或者无法辨别货币的真伪情况。到1860年,流通全国的货币超过10000种。结果商业受到了很大的冲击。到处都是伪造货币的情况。最后,数百家银行倒闭。整个国家迫切需要不用担心真伪和统一的全国性货币。

独立财政制度(Independent Treasury System)遍及全国,管理美国政府国库的联邦办公室无法有效地管理银行体系。为应对以上情况,国会在1863年通过了《国家货币法》(National Currency Act),1864年通过了《国家银行法》(National Banking Act)。这两部法律旨在稳定银行体系,并建立了新的国家银行体系和政府机构,发展经济所需的资金供应,再一次交给州银行管理。《国家银行法》建立了一套储备体系,小银行可以从城市银行储备借款,而城市银行可以从中央储备城市银行借款。但该机制并不是很灵活。突发的经济衰退会造成连锁反应,从城市银行储备借款的银行减少,也会减少从中央储备城市银行借款的银行数量。

1865—1914:国家货币

根据法律,银行需要购买美国政府证券。从内战到一战期间,流通中的大多数货币是由国家银行发行的货币。个别情况下国家银行会破产,此时政府会出售与存款绑定的债券,赔偿货币持有者的损失。在1914年联邦储备货币出现之前,国家银行发行的货币是美国流通中货币的主要供应者。1913年《联邦储备法》(Federal Reserve Act)设立了稳定银行体系联邦储备系统(Federal Reserve System)和正式的中央银行分行。

银行面临危机:1929—1933

大萧条始于1929年10月美国股市崩盘,直到1939年其全球性影响才逐渐消退。大萧条是银行体系的灾难。很多银行投资股市,在现金的需求量超过其所持有货币数量的时候都破产了。而且商业大量破产,无法偿还银行贷款。1933年3月6日,新当选的富兰克林·D.罗斯福总统为拯救银行的剩余资产,宣布全国银行歇业(即银行公休假)。

1933年6月,国会设立联邦存款保险制度,并且通过《格拉斯-斯蒂格尔法案》(Glass-Steagall Act),要求投资银行活动与商业银行分离。每位储户账户的保险额度达到2500美元。以上改革旨在改善银行活动管理和竞争。

银行业的新竞争时代:20世纪60年代

20世纪60年代早期的银行业大致上与20世纪30年代重组时期的银行业相似:银行市场受到地理区域和产品系列的分割,借贷客户和存款客户几乎没有选择,银行吸收存款数量和定期存款利率的上限都根据Q条例(Regulation Q)设定。存款准备金受存款保险保护。然而,房贷市场强劲,近半数的抵押贷款是由联邦住房管理局(Federal Housing Administration,FHA)或退伍军人管理局发放(Veterans Administration,VA)。

到20世纪60年代中期,银行开始从长时间毫无生气的竞争中兴起。动力来自货币中心银行,因为其高额存款客户都转向证券商。货币中心银行推出一些负债方革新措施来挽留客户。1960年前,只有几家美国商业银行经营海外业务。在20世纪70到80年代之间,几家最大的商业银行已经走向海外。

在 20 世纪 60 年代晚期以及 70 年代,由于通货膨胀率高,银行面临沉重的竞争压力。高通货膨胀使银行存款吸引力降低,因为其利率受 1933 年银行法(即 Q 条例)限制。这一条款限制了银行业内部的竞争,加强了银行的力量。通货膨胀刺激了代替方法的出现,如金融市场互助基金。

银行业的革命:20 世纪 70 年代至今

20 世纪 60 至 70 年代,国内商业银行进入国际市场。美国银行全球化的巅峰出现在 20 世纪 70 年代晚期,而且无一例外的,美国国内的商业银行专注于国内业务,总体上与投资银行和工业相反。20 世纪 70 年代中期,由于中介——如新出现的金融市场互助基金,通过流动的短期存款,其受益大于 Q 条例的利率上限,各种规模的银行都面临客户流失问题。

再者,在过去的 25 年银行业本身也发生了革命。科技改变了美国人选择金融服务的方式。电话银行、借记卡和信用卡以及自动取款机到处都是,电子金融和电子银行也方兴未艾。

金融排斥恰好与很多城市的出现符合。1965—1969 年,很多组织都想通过关注银行信用问题,来遏制城市放弃住房的现象。银行有时候在其服务的区域内既不会鼓励市中心的新居民(少数族裔)贷款需求,也不会鼓励现有居民(绝大多数为白人)的贷款需求。红线政策,意指银行不愿在市中心地区放贷尤其是房贷。有人把邻近居住社区的不稳定状况归因于红线政策,而且红线政策已经成为全国性问题。

被划为红线的地区传统上是服务匮乏的地区——以少数族裔和低收入群体为主。所以出现了为实现银行再投资多种族联盟。再者,对与联邦两部关键立法——1975 年《房屋抵押公开法》(Home Mortgage Disclosure Act)和 1977 年《联邦社区再投资法》(Federal Community Reinvestment Act)——相关的社区,银行逐步采取措施准许贷款。《联邦社区再投资法》专门是为消除红线政策而制定。然而,该法案鼓励掠夺性贷款,而且华尔街成为投资次级贷款的主要参与者。

20 世纪 80 年代初,银行合并导致银行业出现大规模的重组。不过正如马克·米苏奇(Mark Mizruchi)和吉拉德·戴维斯(Gerald Davis)2004 年所指出的,流向全球化的趋势实质上有所放缓。20 世纪 80 年代早期,新进入银行业的从业者正逢当时市场的急剧变化。

1999 年《金融服务法现代化法案》(Financial Services Modernization Act)清除了很多大萧条之后的法律,此类法律会导致银行业、保险和证券不断分离。该法案通过后,商业银行和存储机构也开始借贷。其他不受联邦政府管理的机构(抵押贷款银行的分支机构、保险公司等),在这一市场中占有很大的份额。《社区再投资法》的影响有所下降。

银行兼并的利与弊

银行的合并可以为此类服务创造必要的规模效应。兼并在大银行之间更为显著。近些年,排名前 100 的大银行在国内银行资产份额都有所增加。现在,美国法规允许银行跨州经营,允许银行建立遍布全国的分支机构。竞争压力——技术进步、银行产品的多元化、市场全球化和效率的提高——刺激了兼并。

城市市场中的兼并远比乡村市场中的要多,以城市地区为目标的兼并,在获得的存款和银行网点占有最大份额。城市市场与乡村市场相比,若收单银行先前已经有网点,则更有可能成为兼并后银行的所在地。

20 世纪 90 年代之后的强强联合,对银行利益相关者既有优点又有缺点。繁荣的就业市场和低利率刺激了抵押贷款——社区开发的命脉。据美联储,向低收入社区开发和少数种族借款者放贷的增速要高于平均增长。大都市区的银行合并没有对少数种族和低收入群体的抵押贷款产生不利或者过大的影响。总体上,独立抵押公司以及其他机构所放贷款的增长,弥补了兼并银行所减少的放贷量。

银行业在同一本地市场的兼并趋势,导致本地银行市场的集中,有时候会减少竞争。部分由美联储实施的反垄断措施,限制了由于兼并而造成本地市场银行集中增多的情况。

雇员与社区团体

美国金融服务业——包括银行、经纪公司和保险公司——的从业人数总体有所增加(增长率达38.4%,甚至超过 1980—1997 年私有企业的工作增长率)。然而,独立银行的兼并导致大量人员失业。例如,美国银行(Bank America)与国民银行(Nations Bank)兼并时,裁员 18000 人。

社区团体在借贷方面从银行获得让步,即银行支行继续运营或为社区发展提供基金。例如 1998 年,美国银行与国民银行兼并后同意对中低收入群体和少数种族的住房贷款客户的放贷水平会与一般渗透率持平。

美国银行对城市空间的转变

对于已经成为主要金融商业服务中枢的城市中心来说，通过促进最先进系统的出现，自由化加速了发展过程。

在很多方面，其他国家的城市衰败现象不像美国那么严重。低收入和服务匮乏地区的金融需要有社区投资来满足。美国合众银行（Firstar Banks）是美国国内首家组织社区开发公司的银行，该行深入萧条社区，总计花费了数百万美元用以振兴社区。

属于社区发展金融机构（Community Financial Development Institutions，CDFIs）的银行，因为不再考虑资本投向何处及投资的风险，提供了很多投资机会。它们利用投资社区的资本并参与共同投资，将资金直接交给最需要它们的人，也就是那些无法通过传统渠道获得资金的人。

社区发展金融机构中，只有社区发展银行和信用合作社受到监管和担保。这些银行和合作社没有把储户的存款用以获得最大的金融回报，而是把资金投入当地的萧条社区和用于改善社区的振兴计划。美国只有几家社区发展银行，由南岸银行领导，该行曾在20年前，扶持了一个破产的银行，直接用于服务芝加哥处于困境的市中心。

银行业的集中和商业区银行发展的另一点影响是促进了新的土地利用模式的出现，如对商业活动最为密集客流量最高的，中心商业区黄金地段的开发。此类功能的专业化伴随着城市的发展。20世纪，不断增多的人流、商品交易的发展和服务业的增长如银行，是建立在已经过时的城市土地利用模式上。

商业区是银行分布密度最高的地方。银行的集中反过来促使与银行相关服务业活动和银行职员的集中。然而，城市中最穷的地点就在这些"中心商业区"的附近和对面。多年以来，城市土地利用模式受地产经营者的市场决策影响。这一现象有很多争议性的结果：如地产投机、集中和社会排斥。只是在20世纪后期的几十年，公共法规才通过出台土地使用和城市规划政策来对以上现象施加强有力的影响。

技术革新是否会限制穷人和老年人获得银行服务？新技术革新加强了金融业某些领域办公楼的作用，导致日常工作和小额金融服务的分散。最明显的莫过于地方银行兼并成为州际银行公司和地方银行网点被电子通讯（自动取款机，24小时银行）所取代。电子银行又通过超市、杂货店和加油站深入本地社区。另一新领域是在线经纪活动，其发展速度比网上银行还快。

零售银行以前是为向储户确保存款安全而建，现在已经不再是实体，而变成了电子网络。由于导致归地方所有和管理的银行消失，这一情况引起了很多社区抗议。低收入家庭和缺乏必要条件的人（技术和金钱）可能会被排除在此类服务之外，或者只能获得有限服务。

更重要的是，有些银行只在网上经营而没有实体。互联网银行，如安全第一网络银行（Security First Network Bank）、亚特兰大互联网银行（Atlanta Internet Bank）和卡米银行（ComuBank），在其网页上提供24小时服务。新方法，需要以接触和通晓交流技术为先决条件，而现在很多社区还不具备这方面的条件。

金融业在城市再开发中的独特位置是另外一个需要考虑的重要问题。《社区再投资法》和联邦及州管理银行业其他形式的法规也许对在开发过程会有影响，因为城市如果没有金融支柱的话，可能就不会纳入振兴的规划中。

最近，很多银行推出银行内部的社区开发公司，具体目的是推广再开发贷款。虽然名字听起来有些模糊，但是该社区发展银行是私人资本投资再开发举措的重要组成部分。再开发对私人资本的依赖逐渐高于公有资本，银行鼓励私人资本通过《社区再投资法》积极参与。

少数族裔银行对社区发展的影响

在美国国内移民人口和少数族裔社区的快速发展的背景下，少数族裔银行在社区发展中发挥着越来越重要的作用。城市低收入地区的贫瘠状况，主流银行和其他金融机构的歧视性、排他性措施负有不可推卸的责任。由少数族裔，例如韩裔、非裔和华裔等所有的银行，则是针对这一问题的。有些银行就是自发兴起的，有些是受益于所在社区（位于洛杉矶郡的唐人街和圣盖博谷的华裔社区）。社区伙伴关系是和每个具体社区取得联系的重要手段。除此之外，一些低收入社区中产生的少数种族银行可以消除歧视性的借贷措施——银行职员会因为种族偏见而拒绝贫穷社区内人们的借贷申请。

美国银行家协会（American Bankers Association）已经着手处理歧视问题，向移民推出最好的借贷服务，平等的就业机会，并通过各种渠道和承包标准（例如，非传统的放贷标准）来发展与社区的紧密关系。以上即为美国少数族裔种族银行的活动。

结论

新的社区差距开始在很多社区出现，很多基层联合组织正试图迫使银行取消城市社区中的红线政策和掠夺性借贷。另一方面，对银行如何成功扭转城市衰败的过程现在认识还很少。城市再开发的成功，最有可能来自当地政府、股东、追求利润的开发商、银行和社区发展公司组成的发展联合和伙伴关系（利益相关者）。最后，城市空间中银行出现的模式，对本地进步的城市发展政策的影响势头越来越大。

延伸阅读书目：

- Dimsky, G. A., Li, W., & Zhou, Y. (1998). *Ethnobanks and ethnoburbs in Los Angeles County: Framework and initial empirical findings.* Unpublished manuscript, Department of Economics, University of California, Riverside.
- Dymski, G. A., & Mohanty, L. (1999). Credit and banking structure: Asian and African American experience in Los Angeles. *American Economic Review*, 89(2), 362 - 366.
- Dymski, G. A., & Veitch, J. (1996). Financial transformation and metropolis: Booms, busts, and banking in Los Angeles *Environment and Planning*, 28(7), 1233 - 1260.
- Mizruchi, M. S., & Davis, G. F. (2004). The globalization of American banking, 1962 - 1981. In F. Dobbin (Ed.), *The sociology of the economy*. New York: Russell Sage Foundation.
- Pollard, J. S. (1996). Banking at the margins: A geography of financial exclusion in Los Angeles. *Environment and Planning*, 28, 1209 - 1232.
- Santos, J. A. C. (1998). Banking and commerce: How does the United States compare to other countries? *Economic Review*, *Federal Reserve Bank of Cleveland*, 34(4), 14 - 26.
- Schuler, K. (2001). Note issue by banks: A step toward free banking in the United States? *Cato Journal*, 20(3), 453 - 465.
- Schwartz, A. (1998). Bank lending to minority and low-income households and neighborhoods: Do community reinvestment agreements make a difference? *Journal of Urban Affairs*, 20(3), 269 - 301.

Alfredo Manuel Coelho 文

赵显博译　陈恒校

酒吧文化
BAR CULTURE

从殖民地时代到今天，酒吧是融入城市生活最方便的途径。熟悉饮酒传统和酒吧礼仪的人，也许就是懂得放松、会玩游戏、欣赏音乐和相互聊天的人。培养此类在酒吧内的接触，也有可能获得与城市有关的信息：去哪儿吃饭，去哪儿住，哪有工作，谁是谁家的邻居，是谁坐镇市政厅。酒吧，大体上是社会俱乐部和城市社会相互联系的渠道，在城市居民的生活中有双重作用。

酒吧文化的双重性非常明显，事实上，在城市生活的很多方面都有呈现，正如社会学家费迪南德·滕尼斯（Ferdinand Tonnies）在19世纪晚期指出，之后由历史学家托马斯·本德（Thomas Bender）、加里·纳什（Gary Nash）等在近几十年内进行深入研究。人们发展的社会关系，具有礼俗社会（community or gemeinschaft）或者法理社会（society, marketplace orgesellschaft）的特征。基于公共需要的关系是由寻求伙伴的基本需要自发产生；而基于法理关系需要，则是共同利益基础上有意构筑的联盟关系。这一显著的二元性使得城市酒吧具有城市特征。虽然在外表及基本的娱乐功能上，与小镇酒吧、乡村酒吧相似，但是城市酒吧有更多的消遣活动和更为复杂市场关系网络。

城市酒吧文化二元性本质的发展，可以追溯至殖民地时期的饮酒场所，之后更普遍地称为酒馆或小酒馆。17世纪早期，英国定居者在初具新世界规模的城镇开设首批酒馆的时候，大西洋两侧去酒馆喝酒的人开始使用。俱乐部一词，指组成一个饮酒团体，其中喝酒费用均摊（通常是麦芽酒或朗姆酒）。组成俱乐部的安排简化晚上喝酒的结账事宜，并通过会费来界定饮酒俱乐部。

经常聚会饮酒的团体以及饮酒场所，之后就被称为俱乐部。此类酒馆俱乐部是民间社团的基本形式，有固定的会员，定期聚会，收取会员费，同时有着相同的社会目标。18世纪晚期，俱乐部一词流行开来，人们甚至用以指任何收费且有着共同目标的团体——不管该团体是否以酒馆为聚会场所。

与此同时，喝酒的人组成俱乐部的习惯仍然存在，参与的人或者一次性将会费花完，或者分作几次使用，这一做法被称为请客。如此，几个世纪内酒吧中出现了无数的饮酒俱乐部，多数存在时间很短，且完全专注于社会目的。有些则发展成为更为复杂，更为持久的活动。19世纪晚期,作为传统聚会之地城市酒吧成为各种民间社团的主要聚会地点和促进者,特别是工会。此类团体包括少数种族集会处、工会分会、政党、互助协会、唱歌协会和业余的体育队。它们都通过聚会饮酒来换得聚会场所,把商业利益与公共需要顺利地结合起来。

20世纪,很多团体移往更为静谧的常设性总部,特别是在1920—1933年禁酒时期,很多合法酒吧被关闭。然而直到现在,文娱活动团体如飞镖联盟、扑克俱乐部和新奥尔良的小型四旬斋前克鲁(krewe,新奥尔良地区在四旬斋前的狂欢节最后一天主持庆祝活动的民间组织),仍然在社区酒吧集会,招募会员。除此之外,个体仍将常去的酒吧作为信息中心,用来验钞和获取信息。

城市酒吧公共的消遣方式主要是喝酒、饮食、讲故事、音乐和游戏。请客作为集会饮酒中最自然的形式,仍然是酒吧社会化的主要方式。表面上看,这一习俗很简单。某人请另一个人喝酒,然后在第二次角色互换。不过饮酒是一种充满文化意味的活动。同他人一起喝酒是在确认友谊和相互尊重。喝酒本身象征着健康和好运。这一点通过一些治疗方法可以看出,如治疗感冒的香甜热酒(加有蜂蜜和柠檬的白兰地或者朗姆酒),还有敬酒词如"祝你健康"和"为成功而举杯"。不遵守请客习俗会遭鄙视,譬如被请的人要了高档饮品之后没有回请,或者最糟的情况,拒绝请客。1920年前,去酒吧基本上是男人的专利,此类不光彩的行为会引起争执。然而,多数请客都较为和谐,是平等交换,并加强了酒吧作为公共空间的信条。

几个世纪饮酒偏好的变化,反映了移民的影响和技术进步。朗姆酒、麦芽酒和苹果酒是殖民地时期的最爱,不过在1790年有经验的苏格兰、爱尔兰酿酒师和1840年德意志酿酒专家来到美国后,威士忌和窖藏啤酒最终成为美国人饮酒的首选。直到20世纪晚期,葡萄酒才成为酒吧的标准饮品。鸡尾酒、混有像波旁酒等的烈酒和苏打水,整个19世纪在酒吧都可以喝到。不过多数泡酒吧的人视之为"娘娘腔饮品",只适合疲惫的精英,直到禁酒时期质量低下的酒精饮料,让混合饮品出现了新的吸引力。女性顾客在后禁酒时期数量增多,也使鸡尾酒更为流行。现代酒吧有一排排的酒瓶,选择起来令人眼花缭乱。不过在典型的酒吧,如果顾客点了蚱蜢鸡尾酒(grasshopper,混有绿色的奶油薄荷),估计还会引得酒吧常客的白眼,因为他们倾向于喝啤酒、葡萄酒和更为简单的鸡尾酒。

作为公共活动,食物消费很早就是酒吧文化的一部分。在殖民地时期和内战前,很多酒馆提供便宜的午餐,称为客饭。19世纪晚期,在典型的城市酒吧可以吃上来自远古的食物,当时有着较为奇异的名字"沙龙"。1880—1920年,酿酒师逐步控制了城市酒吧,在多数酿酒师的支持下,酒吧老板开始向任何购买五分钱啤酒的人提供免费午餐自助餐。有些大型的酒吧提供货真价实的大餐,还会有少数民族和区域风味。因为免费午餐吸引了大量的男性和女性工人,禁酒倡导者曾引起公愤。禁酒时期后,改革法案要求酿酒厂与酒吧进一步分离,免费午餐也走到了尽头。相反,现在很多酒吧只出售廉价食物和零食,有些会在优惠时间提供免费冷盘(通常是腌制食物)。

城市酒吧一直都是对话交流和讲故事的活跃中心。殖民地时期和独立战争时期,政事议论充斥于酒馆,议论内容逐渐从英国政策转向独立。在19世纪,内战前期政客在酒馆中会见支持者,内战后则在酒吧中会见支持者,最后建立主导城市的政治体制。虽然禁酒后时期,政客已经不会在酒吧计划政治活动,但是进出酒吧的人还会抨击公共政策,并讨论最新的政治丑闻。

很多酒吧讨论的话题都涉及社区和个人事务。酒吧常客把问题吐露给酒友和酒吧侍者,吹嘘自己的成就,并且还会比较谁讲的故事最好。口头酒吧故事最显著的变化是长篇背诵形式的衰落。19世纪晚期,幽默的长篇叙事体诗歌如《丹·麦克格鲁之死》(*The Shooting of Dan McGrew*)和《强棒凯西》(*Casey at the Bat*)是酒吧的下酒菜。然而在20、21世纪,酒吧内最喜欢方式是讲笑话,说给酒友的,有时是固定的一段,有时是自由体形式的轶事。在民俗学研究者看来,笑话是民间故事的子范畴,不仅蕴含智慧,还兼具简洁的特征。也许这就是笑话广受欢迎的原因。随着城市的不断增多和城市生活步调的加快,现在人们喜欢讲的故事,可以说是"粗制滥造"。在现代酒吧,笑话经常会带来互相讲故事的欢快氛围。

从殖民地时期到20世纪早期,去酒吧的人自发唱起本地的歌谣是很常见的活动。民歌是殖民地时期的最爱,19世纪晚期加入的内容有劳动颂歌、外来曲调和叮砰巷(Tin Pan Alley)职业作曲家的感伤旋律。传统上,酒吧偶尔还会有现场演出,该形式在殖民地时期是小提琴手,19世纪为德国乐队,现在是蓝调音乐吉他手。不过在禁酒后,由于收音机、录音音乐和自动唱机的普及,酒吧顾客的自唱形式迅速变为跟着歌曲哼唱。虽然自说自唱的音乐有所衰落,去酒吧喝酒的人在酒吧音乐形式上,还是有相当多的选择。研究自动

66

67

唱机内播放次数最多的曲目,可以发现酒吧常客的阶级、所属种族、年龄和世界观。兴许音乐并非现场表演,但是音乐激发的公共精神却得以长存。

各种各样的游戏也有助于发展情谊。自殖民地时期起,酒吧常客会玩多米诺骨牌、象棋和双陆棋。19世纪晚期酒吧特别流行的游戏是具有小额赌博性质的比赛,包括运气类游戏如掷骰子、轮盘和抽奖,还有技术类游戏如撞球、飞镖和纸牌。现代酒吧中,去酒吧喝酒的人积极地接受技术进步,如电子扑克机和电视播放的体育赛事。不过,很多酒吧仍旧将告示牌自制为下赌注处,参与者的投注代表可能的得分结果。

在类型学学者看来,游戏创造出具有清晰规则和明确结果的独立的现实,不像模棱两可的普通生活。游戏参与者通过参与游戏,获得一种秩序感、正义感和奖励,以及游戏带来的消遣和情感释放。以上因素有助于解释酒馆内游戏经久不衰的原因,以及在充实酒吧文化公共方面所发挥的作用。

多数机构会产生独具特色的文化:例如监狱文化、剧院文化和五角大楼文化等等,但很少有文化能像酒吧文化这般绚丽多彩而复杂多样,这在一定程度上,是因为酒吧生活中喝酒活动的中心性。饮酒是有趣而又具有风险的活动。不过,哪里有冒险和风险,哪里就会有相当多的习俗、信仰、迷信、谚语、笑话和其他故事,给不稳定的环境带来秩序。酒吧即如此,特别是大城市中,就把顾客一方面投身于法理需要,一方面融入公共需要。美国城市中的酒吧文化,为满足这一二元需要已经发展了四个多世纪,能为顾客在消除城市生活压力的过程中,提供实际帮助和公共娱乐。

延伸阅读书目:

- Duis, P. R. (1983). *The saloon: Public drinking in Chicago and Boston*, 1880 - 1920. Urbana, IL: University of Illinois Press.
- Powers, M. (1998). *Faces along the bar: Lore and order in the workingman's saloon*, 1870 - 1920. Chicago: University of Chicago Press.
- Rorabaugh, W. J. (1979). *The alcoholic Republic: An American tradition*. New York: Oxford University Press. Rosenzweig, R. (1983). *Eight hours for what we will: Workers and leisure in an industrial city*, 1870 - 1920. New York: Cambridge University Press.
- Rotskoff, L. (2002). *Love on the rocks: Men, women, and alcohol in post-World War II America*. Chapel Hill, NC: University of North Carolina Press.
- Salinger, S. V. (2002). *Taverns and drinking in early America*. Baltimore, MD: Johns Hopkins University Press.
- Sinclair, A. (1962). *Era of excess: A social history of the Prohibition movement*. New York: Harper & Row.

Madelon Powers 文

赵显博译　陈恒校

小马里昂·巴里
BARRY, MARION S., JR.

小马里昂·巴里(Marion Barry),曾任四届华盛顿特区市长,是美国城市政治中极具魅力但又极具争议的人物。巴里执政,给刚起步的华盛顿特区地方自治政府注入了活力和主动精神,但其市长任期也被指控有腐败行为。1990 年,巴里因持有快克古柯碱被判品行不端,同时被迫辞职,这一情况导致哥伦比亚特区和居领导地位的非洲裔美国人政府成为全国的笑柄。

1936 年,巴里出生于密西西比州伊塔比纳(Itta Bena),一个很小的三角洲社区。其父亲在巴里年幼时就过世,1940 年,巴里的母亲把家迁到了田纳西州的孟菲斯市,之后其母再婚。巴里生长在一个工人阶级家庭,有两个亲妹妹,两个同母异父妹妹和三个继妹。巴里就读于孟菲斯的莱莫恩学院(LeMoyne College),然后相继在纳什维尔的费斯克大学(Fisk University)、堪萨斯大学(University of Kansas)和田纳西大学(University of Tennessee)进修化学研究生。

巴里在 1960 年开始参与政治活动,成为纳什维尔午餐柜台静坐示威的一员,那时他还是费斯克大学的研究生。同一年,巴里被选为学生非暴力协调委员会首任主席。1964 年,巴里放弃研究生的学业,成为全职的民权活动家,和学生非暴力协调委员会资金筹集人,最初被指派到纽约市,后在 1965 年被指派到华盛顿特区。

来到华盛顿后,巴里迅速在当地的政治舞台立足,组织公交车抗议活动抗议公交费用上涨,发起"自由哥伦比亚特区"运动,要求城市自治。1967 年,巴里创办了就业培训项目普莱德公司(Pride, Inc.),得到了联邦劳工部授权的大力支持。不过该项目最后因为腐败丑闻而大受影响。1971 年,巴里在华盛顿首届由选举选出的学校董事会中赢得一席。1973 年,华盛顿获得部分自治权。1974、1976 年,巴里两次获选成为特区委员会的全市委员。

1978 年,巴里在自由白人和《华盛顿邮报》的大力支持下赢得市长之职。首届任期,因在市政府职位上史无前例地对非裔美国人社区开放,和稳定城市混乱的财政而颇受赞誉。1982 年获选连任,1986 年再次连任,不过,此时因为城市经济呈螺旋式下降,加上巴里被控有吸毒、性行为不检,其政治基础已受到削弱。1990 年 1 月,巴里在联邦调查局的诱捕行动中被拍到吸食快克古柯碱。后被判品行不端罪,服刑六个月,之后巴里又重返华盛顿,1992 年获选进入特区委员会,1994 年又一次当选为市长。

国会想把大部分的城市机构置于破产管理之下,强制对城市委员会进行控制,以挽救华盛顿市岌岌可危的经济形势。巴里在第四届任期内深受其困,并没有进行第五次竞选,市长之职由城市的首席财务官安东尼·威廉姆斯(Anthony Williams)继任。2002 年,警方称其车内有微量快克古柯碱和大麻并与警方发生对峙。之后,巴里便放弃竞选 2002 年委员会。2004年,巴里获选成为任期四年的委员会委员。

延伸阅读书目:

- Agronsky, J. I. Z. (1991). *Marion Barry*: *The politics of race*. Latham, NY: British American Publishing.
- Barras, J. R. (1998). *The last of the black emperors*: *The hollow comeback of Marion Barry in the new age of black leaders*. Baltimore, MD: Bancroft Press.
- Jaffe, H. S., & Sherwood, T. (1994). *Dream city*: *Race*, *power*, *and the decline of Washington*, *D. C.* New York: Simon & Schuster.

Bell Clement 文

赵显博译　陈恒校

哈兰·巴塞洛缪
BARTHOLOMEW, HARLAND

哈兰·巴塞洛缪出生于 1889 年,早年大部分时间是在东海岸度过。巴塞洛缪仅在罗格斯大学(Rutgers University)接受过两年高等教育,修土木工程专业。之后,巴塞洛缪接受了纽瓦克市规划顾问的职务,后来成为美国最早的全职城市规划师之一。巴塞洛缪1961 年退休,1989 年辞世。

巴塞洛缪的职业生涯分为三个部分:纽瓦克市、圣路易斯市和华盛顿特区的规划主任;哈兰·巴塞洛缪

协会(Harland Bartholomew Associates)创始人;伊利诺伊大学(University of Illinois)教员。城市规划在1900 至 1909 年是新兴学科,巴塞洛缪对该领域的影响甚为明显。巴塞洛缪的首要关注是:规划是科学事业。依据这一观点,巴塞洛缪扩展了"综合规划"的概念。综合规划将区划和土地使用、主要街道、过境运输、交通、娱乐和公共艺术结合为单一的实体,既照顾过去,又进行长期设想。

与很多同时代的人不同,巴塞洛缪认识到在城市发展中社会、经济和物质标准的相互关联性。1919—1984 年,巴塞洛缪的事务所为美国的城市做了 500 多个综合规划。取得如此成就得益于两项革新。认识到主流的"打了就跑"咨询体系的缺陷,巴塞洛缪进行改革,建立规划者与社区的长期联系。一名规划师在社区的服务时间为二到四年,期间规划师与规划委员会合作进行综合规划。为促进后续的规划,事务所鼓励"身处规划现场的规划师"在合同结束后继续留在所在社区。如此一来,巴塞洛缪在一定程度上推动了地方政府将规划视为合法要求,推动了规划师向整个美国的扩散。除此之外,巴塞洛缪是首位进行跨学科实践——建筑师、园林建筑师和土木工程师——的规划师之一。规划中可以即时获得必要的专业知识,能够简化规划过程。巴塞洛缪通过毕生努力,把城市改造开发变为全国和地方的关注点,开启了综合性州际公路系统,这也是非常重要的贡献。巴塞洛缪是城市规划和城市区划的倡议者,在一些专业组织——美国注册规划师协会(American Institute of Certified Planners)、美国园林建筑师协会(Society of Landscape Architects)和土木工程协会(Society of Civil Engineers)——内声名显赫。

不过,很多对城市规划的批评也适用于巴塞洛缪的规划作品,如密歇根州的巴特克里市(Battle Creek)由巴塞洛缪规划设计所进行综合规划,现在仍然没有完全克服城市更新、贫民窟清理和高速公路扩建带来的创伤。被宣布为贫民窟区的居民,声称自己的社区不是贫民窟。作为少数群体,以上居民被排除在决策程序之外。因为贫民窟清理后提供的住房数量有限,加上对搬迁带来的影响关注较少,现在虽时隔 50 年,但仍旧滋生有不满情绪。尽管是出于好意,但是巴塞洛缪与其同事前瞻不足,未能阻止城市危机。

延伸阅读书目:

- Harland Bartholomew and Associates. (1949). *Comprehensive city plan*, *Battle Creek*, *Michigan*.

Prepared for City Planning Commission and City Commissioners. St. Louis, MO: Harland Bartholomew Collection, University Archives, Washington University Libraries.

- Johnston, N. J. (1994). Harland Bartholomew: Precedent for the profession. In D. A. Krueckeberg (Ed.), *The American planner: Biographies and recollections* (pp. 217–240). New Brunswick, NJ: Center for Urban Policy Research.
- Lovelace, E. (1993). *Harland Bartholomew: His contributions to American urban planning.* Urbana, IL: University of Illinois Press.

Itohan Osayimwese 文

赵显博译 陈恒校

棒球和棒球场
BASEBALL AND BALLPARKS

尽管有人说棒球是由阿布纳·道布尔迪（Abner Doubleday）在纽约州北部小镇库伯斯顿（Cooperstown）发明的，但实际上，这一体育运动有着城市渊源。"纽约棒球游戏"源于英国游戏圆场棒球，始于19世纪40年代，是白领专业人士具有绅士派头的消遣手段。在棒球运动早期，亚历山大·卡特莱特（Alexancler Cartwright）首次于1845年纪录了纽约与布鲁克林间的一场比赛。东北部的各个地区都有棒球运动不同变体，不过卡特莱特的版本逐渐成为全国性娱乐活动。

起初，棒球运动的传播非常缓慢，纽约州的俱乐部搬到了新泽西州，就传到了新泽西州，卡特莱特加入了淘金队伍，运动也就传到了加利福尼亚州。19世纪50年代，在纽约记者亨利·查德威克（Henry Chadwick）开始报道运动得分情况和运动员个人数据后，该运动传播速度加快。几年之间，东北部的各大城市都成立了棒球俱乐部，较大的城市如纽约和布鲁克林有三四家俱乐部。随着俱乐部之间和城市之间比赛的发展，棒球俱乐部成立国家棒球员协会（National Association of Base Ball Players）解决争端，并对规则进行标准化。

内战时期，棒球运动继续向全国扩展，运动本身也更为专业。战争中见识广的士兵，把棒球运动教给那些对棒球一无所知的战友，促进了棒球运动的传播。同时，棒球发源地布鲁克林的一位企业家在1862年修

建了首座设有栅栏的棒球场，对观众收取入场费。在《星条旗之歌》（*The Star Spangled Banner*）成为国歌前的半个世纪，赛前演奏《星条旗之歌》的活动就出现在这座棒球场。不久，运动推动者和俱乐部组织者开始给水平较高的运动员支付薪水，到19世纪60年代末，辛辛那提红袜队完全成为职业棒球队，由此开启了棒球由娱乐消遣向大型赛事的缓慢转变。最初，门票只要5美分或10美分。

1867年，旧协会内有超过30个俱乐部，不过组织内管理松散，强调棒球是业余活动，已经陈旧过时，1871年被全国职业棒球运动员联合会（National Association of Professional Baseball Players）取代，对所有会员俱乐部进行赛事安排，这是第一个棒球联盟。门票也有所上涨，重要赛事门票每张50美分，同时俱乐部开始修建拥有大看台的棒球场，并对棒球联盟结构进行加强。1876年，新协会被国家职业棒球联盟（National League of Professional Baseball Clubs）取代，该组织是由一小伙俱乐部老板在纽约创设的，更倾向于营利。这一棒球联盟从创立伊始，一直行使职责至今。

国家职业棒球联盟以营利为目的，专注于增加门票收入，决定将大城市的职业棒球队限制为8支，让小城市的棒球队自行组织业余队或小联盟。同时成立互相竞争的联盟，允许小城市的组织者设立职业棒球队，不过这些联盟及其职业棒球队都未能延续。有时，其中有些未能延续的职业棒球队会并入国家职棒联盟，或被取消。唯一延续下来的挑战者是美国联盟（American League），在1901年就通过正式协议成为主要棒球联盟。棒球和大小棒球联队发展最快的时期是19世纪80年代至一战。19世纪80年代，芝加哥报纸特别引入了更为有趣、且加入作者主见的报道，补充了先前纽约采用的以数据为基础的方法。二者的结合很成功，很多报纸将棒球赛事报道编排为体育版面的主要内容。

随着职业棒球在全国各个城市的发展，孩子和成人业余联盟中也出现了娱乐休闲式的棒球。此时，棒球的基础已经发生变化。虽然棒球仍然是城市现象，但其主体已由年轻的专业人士让位于工人阶级。另一方面，棒球迷各个阶层都有，棒球场也就成了各个阶级和族裔的熔炉。移民和改革家都支持棒球运动，前者视其为令人自豪的美国化的象征，后者则看重棒球运动结合了纪律、练习、规则、团队精神和体育精神。然而，1898年，非洲裔美国人被禁止加入主流棒球联盟，导致他们成立所谓的黑人联盟（Negro Leagues）。融

合过程始于 1947 年,最显著的是杰克·罗宾逊(Jackie Robinson)加入布鲁克林道奇队(Brooklyn Dodgers),但整体还是比较缓慢。尽管黑人联盟中不乏杰出球员,但有些球队在很多年后才招募黑人球员。

棒球的流行给愿意投资大型棒球场的商人带来商机。19 世纪 80 年代,粗制的带有栅栏的棒球场以及木结构露天看台已被大型且雄心勃勃的棒球场取代,后者一次可容纳几千名球迷。有时,经营运输的商人会参与新棒球场的开发借以增加客流量并推动新交通线两侧的房地产市场,如芝加哥的滨湖体育场(Lakefront Park,1883)。木制栅栏和大看台很快让位于更为精致的钢结构石砌棒球场,典型设计是带有传统建筑风格的街道门面,融入街道周围的建筑中。1909 年,费城的谢步体育场(Shibe Park)落成之时,棒球场的建筑水平又得到提高,首批新的混凝土钢结构棒球场,可以容纳 20000 到 25000 名球迷。在这一时期,球队老板建设了十几座类似的棒球场,有些贯穿了整个 20 世纪,并且进入了 21 世纪,成为城市文化中的固定建筑和其所在城市的实体结构。最著名的有芝加哥的科米斯基球场(Comiskey Park,1910)和瑞格利球场(Wrigley Field,1914),底特律的老虎球场(Tiger Stadium,1912)和波士顿的芬威球场(Fenway Park,1912)。

一战后,纽约洋基队兴起成为大联盟主要职业棒球队。洋基队的杰出球员(如贝比·鲁斯,1920 年从波士顿转买)及其成功吸引了破纪录的球迷观看,球队用收入在 1923 年建成了洋基体育场(Yankee Stadium)——一座大型的现代棒球场,高达三层,有席位 67224 个,比其他棒球场馆都高。新球场是首座被称为大型露天体育场的场馆,本身就是旅游景点。宏大的场馆和居于支配地位的成功获得了更多的球迷和门票收入,球队老板会保留顶级球员,并从其他穷球队转买球员,以保持继续成功。1919 年城市星期日法规(Blue Laws)得到修正,允许棒球赛事在星期日举行,增加了球赛的观看人数,工人阶级球迷观看比赛变得更加容易,因为传统上赛事多安排工作日下午。其他主要棒球场与洋基球场相比小而且过时,有些还需要扩建,甚至那些最近或耗巨资修建的与之相比,也是如此。布鲁克林道奇队主场,埃贝茨球场(Ebbets Field,1913)有座位 18000 个,之后扩建到 31497 个。纽约巨人队的马球球场(Polo Grounds)1920 年前为洋基队主场,建于 1911 年,可容纳 38000 名观众。科米斯基球场,芝加哥白袜队主场,可容纳 32000 名观众。

两次世界大战之间棒球运动的发展也得到了技术

发展的推动。例如收音机实况转播以及 1939 年后的电视实况转播,使棒球球迷的基础更为广泛,最后为各大联盟职业球队带来了新的可观的收入来源。同时,电力照明促进夜间赛事成为常规赛事,始于 1939 年科米斯基球场的赛事。该球场早在 1910 年就开始试验利用人工照明的夜间赛事。

20 世纪前半期,大联盟内的职业棒球队非常稳定,从 1903—1952 年没有一支球队转移城市。1953 年波士顿勇士队转移到密尔沃基,1957 年纽约的两支球队转移到加利福尼亚州,预示着棒球运动变化的来临。棒球运动的经济和城市维度,很快被其他方面遮盖住。

布鲁克林道奇队的主场埃贝茨球场是典型的老式城市棒球场——规模小,设施陈旧,因城市发展被围住,是一座占地仅 4.5 英亩的狭窄球场。挨着街道,邻近大规模交通设施,是早前棒球场选址的关键因素,现在伴随而来的问题是停车位不足,汽车的可达性差。再者,很多旧式城市球场所处的社区,因为中产阶级的外迁至郊区而变得不稳定。职业棒球队老板如道奇队的沃尔特·奥马利(Walter O'Malley)寻找新的球场选址,改善汽车的可达性——选址有广阔的空间,交通便利,且配有停车场。1957 年,奥马利把道奇队迁到了洛杉矶,纽约巨人队紧随其后迁到了旧金山,以上两个情况的出现不仅是因为西部城市人口增加且当地没有大联盟球队,还因为球队可以在大片的土地上修建新场馆,获得更多利润。然而,道奇队的搬迁也揭示了棒球队对很多美国人来说,已经成为市民自豪感和市民认同的象征。对棒球运动和棒球场及其所在城市来说,这标志着新时代的开始。发展较早的城市力争保留职业棒球队,而新兴城市则想获得自己的职业球队,以确立自身作为"大联盟城市"的地位。

在新时代,几乎所有的棒球场都受到公共补贴,形式有时是公共集资、廉价或免费土地相结合,有时完全为公共所有。最后,在 21 世纪之初,有些棒球队的政府补贴达到了几亿美元。所有的新棒球场都位于超级高速公路附近,位于郊区——特别是之后——或者被遗弃的商业区,希望借机复兴商业区。20 世纪 90 年代前,借修建棒球场复兴经济的做法多以失败告终。其中一些新棒球场通过大规模交通设施重新接入城市结构,并专门设计以求获得旧式棒球场步行的体验。其中第一座是巴尔的摩复古风格的康顿球场(Camden Yards),建于 1922 年。同时,室内体育馆的革新最早是 1965 年耗资 545 万美元修建的休斯敦巨蛋体育馆(Houston Astrodome),便于联盟向天气较热的南部城市扩张。1960 年之后修建的大多数棒球场,都比洋基球场的标准要小得多，座位为 40000 到 50000 个。随着电视作用的增强，棒球现场观赛人数也有所下降。1971 年洋基球场进行翻新，席位下降到了 57545 个，就是以上变化的象征。

延伸阅读书目：

- Benson, M. （1989）. *Ballparks of North America*. Jefferson, NC: McFarland.
- Gershman, M. （1993）. *Diamonds: The evolution of the ballpark, from Elysian Fields to Camden Yards*. Boston: Houghton Mifflin.
- Reiss, S. （1989）. *City games: The evolution of American urban society and the rise of sports*. Urbana, IL: University of Illinois Press.
- Seymour, H. （2005）. *Baseball*. New York: Oxford University Press.

Owen D. Gutfreund 文

赵显博译　陈恒校

篮球
BASKETBALL

1891 年，一位名叫詹姆斯·奈史密斯（James Naismith）的加拿大人在马萨诸塞州斯普林菲尔德（Springfield）基督教青年联合会（YMCA）培训学校发明了篮球运动。该项运动在一年内传播至基督教青年联合会的其他学校，并传遍美国的东北地区。到 20 世纪的第一个十年，篮球作为高中、大学的业余运动，或促成娱乐消遣的篮球联盟，或促成日益发展的职业运动，已经席卷全国大部分地区。篮球运动在 20 世纪席卷了美国各地的城市，在民众的参与程度和观众数量上成为最受欢迎的体育运动。篮球运动从开始就与美国城市有关。篮球运动早期的发展与今日的成功跟该项运动与城市中心的关系有关。美国城市中的职业体育运动，包括棒球队，是城市振兴主义的标志，有助于强调城市的重要性。

奈史密斯发明的篮球运动让马萨诸塞州斯普林菲尔德基督教青年联合会培训学校在冬季月份获得一个安全而又方便的训练形式。最早的基督教青年联合会篮球队采取比赛方式，其中基督教青年会篮球队相互进行比赛。19 世纪 90 年代，在一些地方如特伦顿、布鲁克林、布法罗和斯普林菲尔德，出现了娱乐性和业余

的篮球运动。在十年之内，篮球运动被高等学校采用，并且吸引了一些职业运动员。具有讽刺意味的是，19 世纪末，最初鼓励篮球运动的斯普林菲尔德基督教青年联合会培训学校，转而去讨论该项运动的价值和其中的暴力成分。

篮球运动很快被高等学校接受：在 20 世纪的头一个十年，东部的几所著名大学成立了常春藤盟校，中西部的大学成立了十大联盟（Big Ten）运动会。在同一时间，全国大学体育协会（National Collegiate Athletic Association）接手，成为大学篮球运动的管理机构。20 世纪前半期，高等学校引领着体育运动的发展。这几十年，篮球运动仍旧处于美国主流运动的边缘，不过到 20 世纪 30 年代，其地位逐渐凸显。纽约市的麦迪逊广场花园（Madison Square Garden）举办有大学之间的篮球比赛。此类比赛发展成为现在的全国邀请锦标赛（National Invitation Tournament）和美国大学生篮球联盟锦标赛（National Collegiate Athletic Association Tournament），时至今日，美国高校篮球冠军仍出自以上赛事。两项赛事每年在美国的大城市举行，对参与赛事的运动员和高校篮球迷来说，仍然是美国篮球赛季的重要部分。举办锦标赛对城市来说是个重要商机，因为赛事会带来经济机遇，并让城市备受全国瞩目。

职业篮球在美国城市中的影响，要比业余篮球要大，特别是在二战后。19 世纪，在篮球运动早期，篮球运动员就有报酬。第一支职业篮球队源于 1896 年新泽西州的特伦顿，之后很快产生了一些边缘篮球职业组织。虽然其职业性确凿无疑，但是早期职业篮球队在整个 20 世纪前半期都处于边缘地位。原始凯尔特人队（Original Celtics）是最早的一支主导球的职业篮球的球队。该球队起源于曼哈顿，在 20 世纪 20 年代叱咤风云，并成为美国篮球的典范。其主导地位虽在 20 年代末开始衰落，不过原始凯尔特人队促进了职业篮球流行时代的来临。早期职业篮球组织，如原始凯尔特人队，受第一联盟的不佳表现冲击很大。第一职业篮球联盟不断的财政崩溃，导致很多成功的职业篮球队依靠打巡回赛来维持开支。

职业篮球发展的前三十年，出现了很多职业篮球联盟。20 世纪 30 年代，高校篮球主导篮球运动，是球迷的主要关注对象。所以，在新的职业篮球联盟全国男篮联赛（National Basketball League，NBL）1937 年在中西部成立之时，联盟决定模仿高校篮球比赛，并招募高校篮球明星打职业篮球。在全国男篮联赛存在的 12 年中，参与的城市有芝加哥、阿克伦、底特律、韦恩

72

堡、克利夫兰、明尼阿波利斯、印第安纳波利斯和希博伊根(Sheboygan)等等。尽管全国男篮联赛在职业篮球短期历史上是最强的职业篮球联盟，但在20世纪40年代，联盟还是遭遇到挫折和其他篮球组织的竞争。二战期间，羽翼渐丰的联盟发展停滞，到40年代末，全美篮球协会(Basketball Association of America)出现，对全国男篮联赛施压，联盟被迫解散。

全美篮球协会创建于1946年。在创始后的头两年，联盟竞争的主要中心是东海岸地区。到1949年赛季，全国男篮联赛的几支球队加入全美篮球协会，成为真正的全国职业篮球大联盟。1950年，全美篮球协会囊括了东海岸和中西部最强的球队，并正式更名为美国国家篮球协会(National Basketball Association, NBA)。从1950年至今，美国国家篮球协会主导着全美职业篮球队的排名。球队数量和球队所在地不断发生变化，现在，从洛杉矶到波士顿，从多伦多到圣安东尼奥，共有30支职业篮球队。

20世纪30年代，非洲裔美国人球队哈莱姆复兴五人队(Renaissance Big Five)出现，非常具有竞争力。白人篮球队打巡回赛来补充联盟赛，而非洲裔美国人球队由于不准参加白人的联盟赛，不得不一直打巡回赛。除了复兴五人队外，流行最广、持续时间最长的非洲裔美国人篮球队也出现在这一时期。这支球队产生于20世纪20年代晚期的芝加哥市，为了让中西部的球迷感觉亲切一点，球队几年后更名为哈莱姆环球队(Harlem Globetrotters)。经过几十年的发展，环球队巡回的国家比其他篮球队都多，成为篮球运动的非官方大使。到1950年，在融入高校篮球赛事几年后，非裔美国人球员被当时刚刚成立的美国国家篮球协会接受，进入职业篮球。

延伸阅读书目：

● Hollander, Z., & Sachare, A. (Eds.). (1989). *The official NBA basketball encyclopedia*. New York: Villard Books.

● Peterson, R. W. (1990). *From cages to jumpshots: Pro basketball's early years*. New York: Oxford University Press.

● Riess, S. (1989). *City games: The evolution of American urban society and the rise of sports*. Urbana, IL: University of Illinois Press.

Patrick Mallory 文

赵显博译　陈恒校

凯瑟琳·鲍尔
BAUER, CATHERINE

凯瑟琳·鲍尔(1905—1964)既非注册建筑师，又非专业规划师，却成为20世纪50年代住房政策和城市规划领域最具影响力的人物。鲍尔是20世纪30年代"现代住房"最早支持者，对美国第一个常设性公共住房项目的形成有着重要影响。在漫长的职业生涯中，鲍尔是美国最早的住房问题专家，坚持住房与区域开发互相兼顾。

凯瑟琳·露西·斯通·鲍尔(Catherine Lucy Stone Bauer)1905年5月11日出生于新泽西州伊丽莎白市，父母为中产阶级。1927年，鲍尔毕业于瓦萨学院(Vassar College)。研究生游历欧洲期间，接触到勒·柯布西耶的观点和大规模建造的"机器时代"住房。返回美国后在格林威治村以先锋派自居，并为哈考特·布雷斯出版社做宣传工作，同时，鲍尔遇到了刘易斯·芒福德。哲学家兼城市主义者芒福德不仅成为鲍尔的爱人，还介绍鲍尔进入美国区域规划协会，并且促使鲍尔，形成了在社区内规划兼顾区域发展的非投机性住房的构想。

1930年，鲍尔带着芒福德的介绍信游历欧洲，并访问现代主义建筑师和规划师如沃尔特·格罗皮乌斯(Walter Gropius)、密斯凡德罗和厄内斯特·梅(Ernst May)。格罗皮乌斯改进的包豪斯建筑，位于美茵河畔法兰克福(Frankfurt am Main)外部的罗马德特(Romerstadt)，给鲍尔留下了极为深刻的印象。1932年，她与芒福德一道，再度游历欧洲，两年后发表了《现代住房》(*Modern Housing*, 1934)一书。该书确立了鲍尔的住房专家地位。在《现代住房》一书中鲍尔主张像罗马德特那样的便宜且经过精心设计的非投机性住房，该型住房源于工人自身积极的政治参与。鲍尔鼓吹欧洲的政府助建住房试验，其中住房多具有当时改进的包豪斯建筑的特征。与此相反，美国的住房发展混乱，没有充分满足工人的住房需要。鲍尔坚信，美国需要像欧洲那样，把住房作为一种权利和公共设施，而改革需要工人本身来努力。大萧条早期大规模的驱逐令和抵押品赎回权的取消，证明了鲍尔对美国住房供应不足的担心。

大萧条让鲍尔相信，美国进行现代式、政府助建住房项目的时机已经成熟。1933年，富兰克林·罗斯福成立了公共工程管理局，其住房处许诺将为美国住房条件差的人们提供廉价的、限制利息的包豪斯式住宅，如由奥斯卡·斯托诺罗夫(Oscar Stonorov)设计、由公共工程管理局为费城纺织工人建设的卡尔·麦克利之家(Carl Mackley Homes)。后者刺激了1933年劳工住房大会(Labor Housing Conference，LHC)的成立，该大会主要是游说国会，实施全国性住房项目。鲍尔为大会执行秘书。

鲍尔和劳工住房大会反对公共工程管理局局长哈罗德·伊克斯(Harold Ickes)支持的政策，将住房与贫民窟清理绑定起来，加强华盛顿在政府住房管理上的中央集权。相反，鲍尔与受到劳联(American Federation of Labor)支持的劳工住房大会合作，支持限制利息，并由工人自行管理的麦克利之家式的住房。1937年《瓦格纳-斯蒂格尔法案》(Wagner-Steagall Bill)通过，公共住房项目产生，不过远远没有达到鲍尔的预期，即现代住房是对工人阶级公社主义的检验。尽管如此，鲍尔在1939年，出任住房管理局辖下研究与信息处(Research and Information Division)的主任。

二战前夕，鲍尔接受加利福尼亚大学伯克利分校的教职。在学校，鲍尔遇到了威廉(比尔)·伍尔斯特(William (Bill) Wurster)，后二人结婚。鲍尔居住在旧金山，在伯克利分校授课之余，还参与加州住房管理局的工作。1943年，鲍尔随伍尔斯特返回东部的哈佛大学，与院长威廉·赫德纳特(William Hudnut)、马塞尔·布鲁埃尔(Marcel Bruere)和沃尔特·格罗皮乌斯一道，成为哈佛大学设计学院(Harvard School of Design)教员。鲍尔的兴趣不断得到扩展，从住房到区域规划，再到将住房视为现代社区建筑中的关键元素。

1946—1949年，鲍尔推动了《瓦格纳-艾伦德尔-塔夫脱法》(Wagner-Ellender-Taft)的通过，希望借此能够复兴战前处于垂死状态的公共住房项目。然而，鲍尔发现1949年的《瓦格纳-艾伦德尔-塔夫脱法》是混和再开发意味的法案，旨在救助中心城市。1950年，鲍尔与伍尔斯特重返加州，又回到伯克利分校重拾教职，继续在教员中发挥积极作用，之后任建筑学院院长，并成为享誉全球的住房与区域规划专家。20世纪50年代中期，鲍尔谴责利用高层建筑"超级街区"(Superblocks)来容纳城市更新中住房被拆迁的人们。1957年，幻想破灭后鲍尔写道"公共住房项目的沉闷僵局"。鲍尔一直都很喜欢户外活动。1964年，鲍尔在伯克利山徒步旅行时，意外跌倒去世。

亦可参阅：《1949年住房法》(Housing Act of 1949)，刘易斯·芒福德(Mumford，Lewis)，美国区域规划协会(Regional Planning Association of America)

延伸阅读书目：

- Bauer, C. (1934). *Modern housing*. New York：Houghton Mifflin.
- Bauer, C. (1957). The dreary deadlock of public housing. *Architectural Forum*，106(5)，140 - 142.
- Bauman, J. F. (2002). *Catherine Bauer：The struggle for modern housing in America*，1930 - 1960. In R. Biles (Ed.)，*The human tradition in urban America*. Wilmington，DE：Scholarly Resources Books.
- Oberlander, P. H.，& Newbrun, E. (1999). *Houser：The life and work of Catherine Bauer*. Vancouver：University of British Columbia Press.
- Radford, G. (1996). *Modern housing for America：Policy struggles in the New Deal era*. Chicago：University of Chicago Press.

John F. Bauman 文

赵显博译　陈恒校

乔治·贝洛斯
BELLOWS, GEORGE

乔治·卫斯理·贝洛斯(George Wesley Bellows，1882—1925)，画家、城市风景画家，1882年8月12日出生于俄亥俄州哥伦布市，是建筑商乔治·贝洛斯(George Bellows)与安娜·史密斯·贝洛斯(Anna Smith Bellows)的独生子。1901年，贝洛斯进入俄亥俄州立大学(Ohio State University)，1904年未完成学业就离开大学，在纽约艺术学院(New York School of Art)学习插画。贝洛斯在垃圾箱画派——刚强的城市生活绘画——创始人罗伯特·亨利手下工作。贝洛斯被周围喧嚣的生活所吸引，逐渐放弃娇柔造作的绘画风格，开始转向现实主义的街头绘画。1906年，贝洛斯的个人画室开放。

贝洛斯以其非凡的复杂性和作品的现实主义风格著称于世，异乎寻常地登上了艺术世界的巅峰。《斗鸡眼男孩》(Cross-Eyed Boy，1906)画的是纽约街头的顽童，是贝洛斯第一次吸引大众关注的作品。《42个孩子》(Forty-two Kids，1907)为贝洛斯出售的第一部作品，画的是一群赤裸的男孩，在东河泥泞的滩头欢乐喧闹的场景,画中的孩子曾一起在游泳场中嬉闹。《北河》(*North River*,1908)是幅城市风景画,贝洛斯有幸亲眼见证自己的画作被宾夕法尼亚州艺术学院(Pennsylvania Academy of the Fine Arts)购买并永久收藏。《夏基俱乐部的一位外来拳手》(*Stag at Sharkey*,1907)是贝洛斯六幅拳击绘画作品中最出名的一幅,聚光灯下的拳手兽性爆发,而周围的观众则沉浸在嗜血的乐趣中。今天该作品仍是贝洛斯绘画中最著名的。《山岩居民》(*Cliff Dwellers*,1913)描绘了纽约下东区工人阶级洗衣日的场景。《六月的一天》(*A Day in June*,1913)描绘了中央公园的上流社会。《白衣小女孩》(Little Girl in White,1907)在1913年获得了国家设计院(National Academy of Design)的第一届哈尔加尔腾奖(Hallgarten Prize)。贝洛斯于1909年被选入国家设计院,1913年成为正式会员。

贝洛斯作品的颜色并不像五彩画家那样特别鲜艳,使用的颜色多限于单色。在其短暂一生的后期,贝洛斯使用的色彩增多。贝洛斯的首要绘画方法是深入的预先考虑与自发的自我表达相结合。1913年,贝洛斯对设计原则的兴趣渐浓,并根据该原则精心布局油画。其绘画构图是基于几何框架。

虽然最著名的作品是油画,但是贝洛斯也为几本大规模发行的杂志——《柯里尔》(*Collier's*)、《人人》(*Everybody's*)、《哈珀周刊》(*Harper's Weekly*)和《世纪》(*Century*)——制作插画。1913年,在接受社会主义之后,贝洛斯一直为激进杂志《大众》免费制作插画。1916年,贝洛斯开始制作版画,他的努力促进版画在美国的复兴。

75

1910年,贝洛斯与爱玛·斯托里(Emma Story)结婚。作为顾家的男人,贝洛斯在很多绘画作品中以其妻子和两个女儿为主题,其中油画《爱玛和她的孩子》(Emma and Her Children,1923)最为出名。1925年1月8日,贝洛斯因阑尾破裂导致的腹膜炎而病逝。

亦可参阅:垃圾箱画派(Ashcan School)

延伸阅读书目:

● Boswell, P., Jr. (1942). *George Bellows*. New York: Crown.
● Eggers, G. W. (1931). *George Bellows*. New York: Whitney Museum of American Art.
● Oates, J. C. (1995). *George Bellows: American artist.*

Hopewell, NJ: Ecco Press.

Caryn E. Neumann 文

赵显博译 陈恒校

本杰明·富兰克林园林大道
BENJAMIN FRANKLIN PARKWAY

位于宾夕法尼亚州费城的本杰明·富兰克林园林大道是20世纪早期城市美化运动中最著名的工程。园林大道通过宽阔的对角线将城市街道网络分开,为公共活动提供了广阔的公共空间。大道在1909年开始修建,1918年开放。

虽然在19世纪晚期,已有多人提议将商业区与费尔芒特公园连接起来,但直到1907年全国对城市规划兴趣的高涨和当地要求修建艺术馆的压力,才促成了小山顶蓄水池的艺术馆建设,并且通过精心规划的园林大道将其连成一线。有各大文化机构为其基础再加上两侧的其他建筑,本杰明·富兰克林园林大道将会成为一条壮观的城市大道。提议建设的大道在市政厅与洛根广场之间,有四个行车道,然后扩展至艺术馆。

1916年,新的州法律把紧邻公园的土地开发管理权授权给城市,费城借机将整个园林大道的管理权交给费尔芒特公园委员会,委员会随即出台规章制度,规定了园林大道两侧的建筑物高度和土地开发制度。1917年,委员会聘请法国园林建筑师、规划师雅克·格雷贝尔(Jacques Gréber)重新对设计进行审核。格雷贝尔从根本上改变了早期的规划,没有采用城市林荫大道模式,相反,把园林大道设计成为费尔芒特公园的一部分。大道两侧不再修建建筑,格雷贝尔提议只修建少量的公共建筑。洛根广场被缩小成转盘,周围是盘旋的车流。

费城艺术馆(The Philadelphia Museum of Art)1928年对外开放,不过格雷贝尔提议的公共建筑都没有修建。洛根转盘西侧仅建有罗丹博物馆(Rodin Museum,1928)和费城青少年拘留中心(1952)。洛根转盘周围建设的公共建筑群有圣彼得和圣保罗大教堂(Cathedral Church of Saints Peter and Paul,1864)及自然科学馆(Academy of Natural Science,1873),后建有自由图书馆(Free Library,1927)、富兰克林研究所(Franklin Institute,1934)和市法院。转盘东侧的街区有商业建筑群和一家酒店。20世纪60年代,离市政厅最近的街区被关闭重建为广场,在罗伯特·印第安纳(Robert Indiana)的雕塑安置后,该地普遍被称为爱心公园(LOVE Park)。2004 年费城提议在青少年拘留中心的位置建一座新的博物馆,用于置放巴恩斯藏品(Barnes Collection)。

刚建成的几十年,本杰明·富兰克林园林大道是从公园驱车至市中心的一条便利路线。大道有十条机动车道且建筑较少,从来就没有吸引太多的行人。到 20 世纪后期,此处才成为少数种族节庆活动、国庆日庆祝活动和游行的主要地点。

亦可参阅:城市美化运动(City Beautiful Movement),宾夕法尼亚州费城(Philadelphia, Pennsylvania)

延伸阅读书目:

● Brownlee, D. B.(1989). *Building the city beautiful: The Benjamin Franklin Parkway and the Philadelphia Museum of Art*. Philadelphia: Philadelphia Museum of Art.

Roger D. Simon 文

赵显博译 陈恒校

托马斯·哈特·本顿
BENTON, THOMAS HART

他人画笔下的托马斯·哈特·本顿(1889—1975)是个不辞辛劳、嗜酒如命、固执己见而又极具争议的艺术家。本顿是美国艺术运动地方主义画派中的一员,该画派主张以美国人日常生活中的现实场景为主题。本顿与同为地方主义画家的格兰特·伍德(Grant Wood)和约翰·斯图尔特·柯里(John Steuart Curry)成功把美国艺术界的焦点短暂的转移到了中西部。

本顿出生于密苏里州尼欧肖(Neosho)的一个政治家庭。叔父与本顿同名,是密苏里州首批参议员之一,父亲是位律师和职业政治家。本顿不想当律师亦无心从政,令其父非常懊恼。不过,本顿的艺术兴趣得到了母亲的鼓励。本顿 17 岁时,就获得了专业的艺术职位,成为报纸漫画作家。在军校过了三个月的节制生活后,本顿进入芝加哥艺术学院(Chicago Institute of Art)。之后,本顿离开学院赴巴黎学习,最后在 1912 年来到纽约。纽约的艺术世界让本顿感觉非常失望。他认为艺术已与普通美国人的日常生活脱节。本顿坚信,艺术应该具有代表性并有主题作为焦点。本顿所想描绘的是现实,而不是由抽象的形式或颜色构成的画像。本顿达成绘画现实的方法是对主体任务创作三维的泥塑模型,然后再将其画入二维的油画中。

在 1937 年自传《美国的一位艺术家》(*An Artist in America*)中,本顿用文字和画笔记录了游历全国各地的体验。本顿想在自己热爱的美国消失前捕捉这些场景。虽然本顿视摩天大厦为美国人重获艺术意识的证据,却谴责城市居民追求进步,把进步作为美国价值典范。

日本袭击珍珠港后,本顿创作了 10 幅巨型宣传画,命名为《危机之年》(*The Year of Peril*)。战后,地方主义画派名气下降,本顿尝试在美国艺术世界中开拓新空间。在本顿看来,战后急速的城市化抛弃了美国人的特性,所以将注意力转向风景画。

本顿最著名的公共壁画现位于密苏里州和田纳西州的几座建筑中,包括杰斐逊城的密苏里州议会大厦,独立城的哈里·S.杜鲁门图书馆和纳什维尔的乡村音乐名人堂暨博物馆(Country Music Hall of Fame and Museum)。几乎每次壁画揭幕都会引起争议,来自各方的批评都有。艺术批评家称其画作太过卡通;社会现实主义者批评本顿没有批判导致美国苦难的资本主义;中西部的政治精英则批评本顿的壁画花里胡哨。

本顿通过壁画、油画和素描记录了美国人的日常活动。就本质来说,托马斯·哈特·本顿是 20 世纪美国历史的记录者。1975 年 1 月,本顿在其画室内离世。

延伸阅读书目:

● Benton, T. H.(1983). *An artist in America*(4th rev. ed.). Columbia, MO: University of Missouri Press.
● Burns, K.(Writer/Director).(1988). *Ken Burns' America collection: Thomas Hart Benton* [Motion picture]. Boston: Florentine Films in association with WGBH-TV.
● Yeo, W., & Cook, H. K.(1977). *Maverick with a paintbrush: Thomas Hart Benton*. New York: Doubleday.

Doreen Swetkis 文

赵显博译 陈恒校

黑豹党
BLACK PANTHER PARTY

黑豹党由加利福尼亚州奥克兰市居民休伊·牛顿(Huey Newton)和博比·西尔(Bobby Seale)在1966年创立,是20世纪60年代晚期和70年代早期最具影响力的非洲裔美国人激进组织。黑豹党的产生源于城市非洲裔美国人所处的日常环境:贫穷、种族隔离、警察暴力执法和社区颓败,而黑豹党正是对以上环境不满的表达。20世纪70年代早期,从洛杉矶到西雅图,从芝加哥到纽黑文,以奥克兰为总部,黑豹党激发了分支机构在全国各地城市的形成。黑豹党反对战后大都市发展和限制工业化下潜藏的阶级和种族隔离,并对社区进行组织来纠正社会不公。他们在政治话语方面的反殖民主义和激进黑人民族主义,是受到了马尔克姆·艾克斯(Malcolm X)、马克思、列宁和毛泽东的启发。黑豹党的《十条纲领》(Ten Point Program)被命名为"我们想要什么,我们相信什么",是孕育出之后民权运动的文献。

该党派最初被称为黑豹武装自卫党(Black Panther Party for Self Defense),首次引起全国关注是在1967年,黑豹党成员肩背步枪,身着皮夹克,头戴黑色贝雷帽,向加利福尼亚州首府萨克拉门托的议会大厦进军。此次进军活动旨在检验加州现行的武器管理法,即注册枪支可以公开携带,不过其游行的强烈信号非常明显。居住在美国各个城市中心的黑人不再容忍歧视性的警察暴力和骚扰,将进行反击。黑豹党鼓励黑人武装保卫社区,抵制全部由白人(或几乎全部由白人)组成的城市警察的恫吓策略。对此,黑豹党并不是只采取武装手段。黑豹党志愿者手持加州法律汇编在奥克兰街头巡逻,时刻准备向被警察拦下的黑人公民告知其公民权利。在成立的两年内,黑豹党成为黑人自豪感和政治战斗精神的象征。

20世纪70年代早期,黑豹党在非洲裔美国人社区扩大了活动范围。黑豹党模仿"赢在起跑线"计划为儿童提供免费早餐,建立解放学校(Liberation Schools),教授黑人历史,进行免费的镰状细胞性贫血(黑人中的镰状细胞性贫血较白人更为普遍)检测,向穷人免费赠送食品,并提供免费的急救服务和其他基本的社会服务,致力于改善贫困城市居民的生活状况。以上活动总体被称为生存计划(Survival Programs)。其中很多计划是由女性创立经营,她们在党内有少数领导职位,不过其志愿劳动、组织技能和社区外展,是黑豹党日常运营的重要组成部分。除了生存计划之外,黑豹党还出版激进的政治报纸《黑豹党报》,抨击警察、越战和政治上强势的"白人体制"。《黑豹党报》也是新兴的黑人艺术运动(Black Arts Movement)的早期论坛,最具代表性的是艺术家埃默里·道格拉斯(Emory Douglas),其绘画、海报和混合画频繁成为报纸封面。在所有努力中,特别是在奥克兰市的活动,黑豹党把激进、以阶级为基础的城市经济分析与对美国城市的终极乐观构想——美国城市将经历重生,并成为非洲裔美国人的物质、精神和政治家园——结合起来。

1973—1975年,在黑豹党的旗帜下,博比·西尔(Bobby Seale)竞选奥克兰市市长,伊莱恩·布朗(Elaine Brown)两次竞选城市议员,是这一构想最为全面的表现。呼吁"人民的经济",西尔和布朗发起了20世纪40年代后奥克兰市第一次基层选举运动。黑豹党支持大量选民登记,动员投票。虽然建立在激进的平台之上,但黑豹党就像旧式的城市政党:由社区控制奥克兰港;在当地雇佣工人方面,发起重要的积极行动;新的市政收入计划,用以重新分配从社区居民到商业区财产所有者的课税负担。到1973年,奥克兰的非洲裔美国人人口将近居于多数,黑豹党候选人得到很广泛的支持。然而还是未能取得成功:1973年,西尔与共和党市长约翰·雷丁(John Reading)进行决胜选举,不过最后在大选中一败涂地。布朗1973和1975年都以微弱差距落败。然而,布朗仍然在奥克兰政治活动中发挥积极作用,帮助莱昂内尔·威尔逊(Lionel Wilson)在1977年当选为奥克兰第一位改革型非洲裔美国人市长。

黑豹党给非洲裔美国人社区留下了重要遗产,让人们关注二战后去工业化和恢复种族隔离的代价。不过黑豹党也有诸多缺点,至今仍极具争议。牛顿、西尔和艾尔德里奇·克利弗(Eldridge Cleaver)等党员经常呼吁进行武装抵制和武装革命。黑豹党公开展示武器、街头冒险、活动的合法性问题和革命言论,往往招致地方和联邦政府强制的暴力打击。奥克兰警察局对黑豹党进行了三年的恫吓、骚扰和暴力打击,很多情况几与游击战相当。20世纪70年代早期,全国有几十名黑豹党党员被警察击毙,几十名党员被投入监狱,另外还有几名警官被杀。另外,联邦调查局的反间谍计划(Counterintelligence Program, COINTELPRO)对黑豹党进行渗透瓦解,并通过黑豹党自身的暴力手段破坏黑豹党的声誉。很多黑豹党领导人发现自己陷入暴力和反诉的循环之中,实际上黑豹党(像地方和联邦政府一样)只负有部分责任,但是黑豹党领导人却无法控制。很多黑豹党的普通成员则未受此次动乱影响,其社区外展、政治活动和生存计划一直实施到20世纪80年代。

延伸阅读书目:

- Jones, C. (Ed.). (1998). *The Black Panther Party reconsidered*. Baltimore: Black Classic Press.
- Self, R. (2003). *American Babylon: Race and the struggle for postwar Oakland*. Princeton, NJ: Princeton University Press.
- Williams, Y. (2000). *Black politics/white power, civil rights, black power, and the Black Panthers in New Haven*. Naugatuck, CT: Brandywine Press.

Robert O. Self 文

赵显博译 陈恒校

黑人权力
BLACK POWER

黑人权力一词是用来描述发生于 1965 年到 20 世纪 70 年代早期的黑人公民权利斗争。在本时期民权运动的大背景下,运动更具战斗精神,更加关注政治,更加致力于黑人社区内部的经济发展。黑人权力也强调非裔美国人社区政治和经济权力的观念、习俗和文化表现。在城市背景下,黑人权力是 20 世纪六七十年代美国各大城市各种黑人民权运动的中心概念,此类运动致力于将历史上处于边缘的黑人社区,通过全面的权力分享带入主导大城市生活的政治和经济机构。黑人权力运动支持者发起了一系列活动:竞选市长、学校董事会和城市委员会;鼓励小企业、私人拥有住房和创业;支持学校中的黑人历史教育和大学中的黑人研究项目;寻找方法矫正警察暴力;扶贫;有些情况下支持对国家的政治经济体制进行革命性改革。

1966 年,学生非暴力协调委员会的斯托克利·卡迈克尔(Stokely Carmichael)和威利·里克斯(Willie Ricks)在密西西比州的一次集会中首次使用黑人权力一词,该词随即进入美国词典。卡迈克尔使用此词借以强调,虽然民权运动在立法和法律上取得胜利,但是如果美国的黑人没有获得真正的权力,民权运动还是没有任何意义。黑人权力是战后黑人长期自由运动状态和策略转变的标志:从强调立法和道德说服,转向强调提高非裔美国人的政治经济地位,强调对白人暴力、恫吓和压迫的全面抵制。在大城市,非洲裔美国人早已将后者列为目标,而在动员各种运动和个人方面,黑人权力仍然是强有力且具有创造性的概念。黑人权力是 20 世纪最重要的城市改革运动之一,可比肩进步主义时代的改革和"新政"时期的改革。

黑人权力一词过去是(现在仍然是)一个非常宽泛的词汇。20 世纪六七十年代,发动革命、竞选学校董事会成员、穿达什基短袖花套衫和庆祝黑人传统的文化权力等等,都可以被称为黑人权力。概念灵活多变是其具有强大吸引力的部分原因。不过在其宽泛的轮廓内有三个独特的趋势。第一,城市中的黑人权力支持者致力于发展扩大非裔美国人社区的选举权力。20 世纪 70 年代早期,很多大城市如底特律、纽瓦克和亚特兰大的黑人人口占据多数。其他城市如新奥尔良、巴尔的摩、奥克兰和卡姆登,黑人人口为近多数。还有些美国的特大城市(纽约、芝加哥和洛杉矶),黑人社区形成的集团占选举人口的四分之一到三分之一。战后白人外迁,非裔美国人内迁,在一代人的时间内就改变了城市人口结构,是美国城市人口前所未有的变化。在这一历史背景下,黑人权力取得了实质性的意义:黑人社区能够决定谁来掌控城市政府。

黑人权力政治并非单一现象。很多黑人权力支持者——底特律的革命行动运动(Revolutionary Action Movement)和奥克兰的黑豹党——认为种族主义和帝国主义的资本主义有着紧密联系,如果黑人政治权力运动没有进行彻底变革,仍然不能改变剥削的经济体制。自由温和的黑人权力支持者避开此类革命性的想法,更倾向于将黑人权力的目标与其他美国少数族裔群体(德裔、爱尔兰裔和意大利裔等等)的历史诉求相类比,即在早期的混乱斗争中,通过谋求城市政治权力为杠杆,来促进整个群体的进步。还有其他人坚持,只有非裔美国人的政治权力能够结束警察暴力、集中的黑人贫困现象和教育就业中持续的种族歧视。从 1964 年到 20 世纪 80 年代早期,美国的各大城市选举出的黑人市长和城市委员会委员数量是前所未有的。多数为自由的民主党人,虽然非常谨慎地与激进组织撇清关系,但是还是借助有些激进团体在基层的影响力。

第二,黑人权力支持者寻求各种手段以图纠正非裔美国人历史上被经济边缘化的状态。20 世纪 60 年代中期,他们呼吁大力扩展"向贫困宣战"(War on Poverty)运动,救助处于特困状态的城市居民。呼吁经济援助项目,刺激黑人社区中的小企业发展和其他创业活动。支持者发起就业方面的平权运动，要求公平住房和公平的房贷抵押待遇。总之，黑人权力支持者呼吁进行大量的改革，有激进的左派，也有在非裔美国人社区致力于改善经济地位、进行财富和资本积累的自由中间派。

第三，黑人权力旨在培养黑人自豪感和发展非洲裔美国人文化资源方面的各种努力。最重要的是在城市学校中教授黑人历史，并在各大高等院校中设立黑人研究项目和部门。非裔美国人长期无法书写自己的历史，并在美国北部和北部的学校中遭受贬损人格的种族成见。黑人权力倡导者称，非洲裔美国人应该以全面和真实的形象出现在美国教育体系中。黑人权力运动时期，黑人艺术运动也逐渐兴起，艺术家把政治抗议与黑人文化传统和主题相结合，形成了独特的表现形式，促进了诗歌、视觉和图形艺术和戏剧的蓬勃发展。政治的多元和文化的丰富，现在，黑人权力仍然影响着城市政治、文化和经济的发展。

延伸阅读书目：

- Colburn, D., & Adler, J. (2001). *African American mayors: Race, politics, and the American city*. Urbana: Universityof Illinois Press.
- Self, R. (2003). *American Babylon: Race and the struggle for postwar Oakland*. Princeton, NJ: Princeton University Press.
- Singh, N. (2004). *Black is a country: Race and the unfinished struggle for democracy*. Cambridge, MA: Harvard University Press.
- Van Deburg, W. (1992). *New day in Babylon: The Black Power movement and American culture*, 1965 - 1975. Chicago: University of Chicago Press.
- Woodard, K. (1999). *A nation within a nation: Amiri Baraka (LeRoi Jones) and Black Power politics*. Chapel Hill: University of North Carolina Press.

Robert O. Self 文

赵显博译　陈恒校

停电
BLACKOUTS

随着电网向人口稠密和人口稀疏地区的扩展，城市已经不是唯一易受人工照明中断影响的地区。不过照明体系及其问题源于城市。甚至在今天，停电仍是城市地区的特别挑战，因为城市的快速交通和电梯需要电力来运行。发生在城市中的停电要比郊区或者乡村更容易引发社会混乱。

停电一词源自舞台上的灯光灯位，后在二战时期在城市中得到普遍使用，当进行防空演练时，市民需要将灯光盖上。不过大规模的停电可以追溯到19世纪80年代，而且美国的城市在煤气灯时期也出现过人工照明中断的现象。

1820—1860年，煤气灯被引入美国多数大城市。当时，照明煤气通过在曲颈瓶中加热树脂或煤获得。煤气供应存储在煤气站，被装在被称为储气器的大型加压罐中，这样即使供小于求照明也能维持。然而，如果煤气生产出现长时间停止，或者存储或配送体系遭到破坏，煤气照明也会中断。

煤气制造商倾向于将煤气加工厂建在滨水地区，便于获得煤炭和水源，不过，如此一来，工厂也容易受到洪水的影响，会损坏生产设备，或者会将曲颈瓶中的火熄灭。煤气站的火灾和爆炸像工人罢工一样，也会导致煤气供应中断。

当时报纸文章和漫画指出了对照明中断的各种反应。其中最普遍的言论是停电短暂抹去了科技的进步，人类不得不依靠自己的双手。对此今日亦然。有些人很享受停电，可以摆脱日常生活，喝得酩酊大醉，纵情享乐。另外一些人则责备电力公司无能。也有很多人表达了对社会混乱的担忧。对1873年煤气厂罢工，《哈珀周刊》警告道，如果纽约出现长期停电现象，无法无天和打砸抢的社会现象肯定会紧随其后。这一担忧显然是受灯光能够阻止犯罪的观念的启发。尽管停电时并没有出现大规模的骚乱，这一观念却一直延续到电力时代。例如1911年，明尼阿波利斯发电厂爆炸，整个城市供电中断，全城警力全副武装以应对预期的犯罪浪潮。

19世纪70年代晚期及80年代，电力照明发明后出现了互相竞争的照明系统，暂时缓解了停电带来的不便。如果一个系统坏了还可以使用另外一个系统。例如1900年，巴尔的摩供电因罢工而中断的情况就是如此。

与煤气照明系统相比，电力照明有着不同的脆弱性。不过电力公司会建设多个发电站，面临技术故障时多少有些保障，还可以灵活应对一天之内变化的电力需求。另外两点弱点表现的问题较为持久。第一，随着19世纪90年代电力在有轨电车、电梯和生产设备上的应用，停电所造成的后果越来越令人烦恼。第二，与煤气照明系统不同，在大多数城市，电力是通过在地表以上的输电网络输送,会被恶劣天气损毁。

例如纽约在 1888 年 3 月的暴风雪期间,市区的电线杆和电线被大雪和强风摧毁,出现了大规模的停电。是夜,路灯和戏院门罩都没有亮。由于家庭和多数企业仍旧使用煤气照明,所以停电对雪夜街头行人的影响,要比对日常生活的影响大。

20 世纪,随着居民电力照明的发展和家庭、企业和公共空间对电力机械的大量使用,停电带来的影响越来越严重。例如 1925 年后电冰箱和交通灯使用的普及,停电会导致食物腐败和交通拥堵。20 世纪下半期至 21 世纪,城市停电往往会彻底中断日常生活。因为停电导致机械、电脑、电梯和通风系统无法运转,人们不得不撤离工厂。交通灯、地铁和市郊往返列车停顿,回家也受到严重影响。从电视到炉灶等电器都无法使用,让家庭生活变得很不舒服。

20 世纪停电规模变大,直到停电变为区域性或者纯粹的地方性事件才有所缓解。1900 年左右,电力公司逐渐开始从远处的水坝获得电源,不久之后还从区域的火力发电厂获得电源。有些发电厂不只向一座城市供电,还给输电线路沿线的乡村地区供电。1935 年后,电力服务逐渐扩展到城市地区、郊区和城市间的电力火车线路以外的地区。20 世纪 30 年代,乡村电气化的措施导致越来越多的农场和遥远的村庄也开始出现困扰城市的停电问题。不久,连接各大电力公司的大陆电网遍布美国和加拿大。

1965 年 11 月 9 日,安大略输电线路上的设备故障,导致其他线路的超负荷运转,最后致使美国东北部和安大略的 3000 万人口受到停电影响。尽管有人担心会出现城市混乱,但是纽约市民当天遵纪守法,13 个小时的停电时间变得跟过节似的。在波士顿和其他城市,电力恢复的速度较快。电力行业出现如此规模的停电被认为是不可能的,不过在 1967 年 6 月,中大西洋地区也出现了大规模停电。

1977 年 7 月 13 和 14 日,闪电击中纽约市北部的输电线路导致城市停电,相较而言是地方性事件,不过因伴随其后的骚乱事件而臭名昭著。最后,事件正如历史上对停电之后混乱的担忧那样,抢掠者洗劫了大约 2000 家商店,纵火犯放了几百场火。

1996 年夏季两次大规模的停电令西部各州的数百万人失去电力,不过美国历史上最大规模的停电事件发生在 2003 年 8 月 14 日下午。停电源于克利夫兰的发电厂,电力故障迅速波及中西部、东北部和安大略。纽约市民起初特别害怕停电事件像 2 年前的那场

恐怖主义袭击。不过事件中没有出现重大事故,市民几乎像以前的每次停电一样,有人欢喜有人忧。

亦可参阅:基础设施与城市技术网络(Infrastructure and Urban Technical Networks),骚乱(Rioting),街道照明(Street Lighting)

延伸阅读书目:

- Baldwin, P. C. (2004). In the heart of darkness: Blackouts and the social geography of lighting in the gaslight era. *Journal of Urban History*, 30(5), 749-768.
- Federal Power Commission. (1967). *Prevention of power failures: Vol. 1. Report of the commission.* Washington, DC: Government Printing Office.
- Nye, D. E. (1990). *Electrifying America: Social meanings of a new technology.* Cambridge, MA: MIT Press.

Peter C. Baldwin 文

赵显博译 陈恒校

街区房地产欺诈
BLOCKBUSTING

街区房地产欺诈(Blockbusting)是指某些房地产商利用种族恐惧策略劝说白人售出住宅,自己购下然后再卖给非洲裔美国人的活动。街区房地产欺诈是 20 世纪美国城市私人住房领域种族演替和种族隔离的主要原因。二战后的几十年,街区房地产欺诈发展的速度和规模与白人市民的"白人逃逸"同步。街区房地产欺诈者,即策划交易的房地产投机商,对售房者和买房者双方都进行剥削。白人售房者多亏本售出,而黑人购房者从街区房地产欺诈中介购得,购买价格要比前住房所有者的出售价格高得多。尽管房价虚高,但是白人在街区房地产欺诈中的损失会让人得出黑人致使房价降低的看法。

街区房地产欺诈一词的普遍使用始于 20 世纪 50 年代晚期,当时非洲裔美国人又开始了两次世界大战之间的大迁徙,逐步在日益拥挤的市中心定居。二战时,在伦敦大轰炸期间,人们使用"巨型炸弹"来描述摧毁整个社区的炸弹。在美国白人看来,黑人进入社区会摧毁整个社区,与"巨型炸弹"无异。恐慌兜售

(Panic Peddling)一词用作同义词,强调房屋所有者的心理状态,而不是指销售的地理分布。

哈莱姆的房地产投机商意识到黑人亟需住房,最早采取这一手段,之后被称为街区房地产欺诈。甚至1900—1909 年,早在成千上万的非洲裔美国人涌入纽约和芝加哥等城市之前,地产商就懂得可以从白人对非洲裔美国人邻居的厌恶中获利。在一两户黑人家庭移入社区后,地产商说服白人住房所有者亏本出售,然后引入更多的非洲裔美国人居民。白人住房市场和黑人住房市场的独立存在,导致代价高昂且拥挤不堪的隔都区的出现,很多非洲裔美国人都很想跳出。

二战后的几年,在北部的城市中,街区房地产欺诈是非洲裔美国人购房的主要方法。街区房地产欺诈者努力加强白人的种族主义观念:非洲裔美国人的出现会破坏整个社区。街区房地产欺诈的第一步是放出黑人即将进入社区的消息。然后街区房地产欺诈者直接致函或致电房屋所有者,或者安排非洲裔美国人在将要迁入的社区散步,并且在半夜给白人房主打电话,告知潜在的售房者第一位出手的人可以享受市价,随后的售房者能售出住房就不错了。一旦街区房地产欺诈者在某一街区购得一处住房并将一户黑人家庭移入,剩下的白人居民会很快出售,而且价格越来越低。白人出售的价格越低,转手卖给非洲裔美国人之后获得的利润就越高。街区房地产欺诈者也会保留部分住房,租给那些无力购买住房的黑人。因为在 20 世纪 60 年代晚期之前,联邦政策不鼓励银行在黑人社区发放抵押贷款,非洲裔美国人购房时需要支付大额的现金首付,并采用不正规的借贷措施如合同销售(因为购房者在偿还所有债务前,没有所有权,所以如果购房者逾期付款或错过付款日期,会导致房屋被街区房地产欺诈者收回)。

通过这种方法购得房屋的非洲裔美国人对街区房地产欺诈者是又爱又恨。一方面,与花高价租赁贫民窟质量低劣且拥挤不堪的房屋相比,拥有个人住房着实具有吸引力。认为购买私人住房是地位重要提高的黑人购房者会把地产商视为社区建设者。另一方面,非洲裔美国人知道自己购房的价格高于白人。对其中猫腻感到气愤的人则其视为剥削者。对白人来说,在这种情况下出售房产会感到耻辱,因为这会导致自己社区的崩溃。白人对街区房地产欺诈者冠以各种恶名,并采取措施遏制街区房地产欺诈。

20 世纪前半期,很多白人住房所有者与邻居签订限制性契约,一致决定除了仆人以外,不允许黑人、亚裔或犹太裔购买房屋或居住在房屋内。二战后,社区积极分子认为房屋"出售"的海报会引发恐慌,曾尝试禁止。同时呼吁城市及州当局,取消街区房地产欺诈地产商的营业执照。社区组织曾试图将那些惊慌失措卖给街区房地产欺诈者的白人住房购回。反街区房地产欺诈活动者要求城市政府将与街区房地产欺诈相关的各种活动宣布为不合法活动,例如威胁进行种族变化。因为宪法规定不能限制公民言论自由,所以这一策略失败。社区团体通过在街区房地产欺诈者的办公室和住房设置纠察来应对街区房地产欺诈者的骚扰。在芝加哥,反对街区房地产欺诈的规章制度已被纳入城市的公平住房法,但没有得到稳步的执行。《1968 年公平住房法》宣布街区房地产欺诈和房屋销售时种族歧视为非法行为,不过也没有得到完全执行。到 21 世纪之初,社区团体对街区房地产欺诈的关注降低,相反开始担心其减弱的种族主义倾向,但是仍然进行房地产交易剥削的活动。

亦可参阅:城市中的非洲裔美国人(African Americans in Cities)、《1968 年公平住房法》(Fair Housing Act of 1968)、联邦住房管理局(Federal Housing Administration)、限制性契约条款(Restrictive Deed Covenants)

延伸阅读书目:

- Meyer, S. G. (2002). *As long as they don't move next door: Segregation and racial conflict in American neighborhoods.*
- Lanham, MD: Rowman & Littlefield. Orser, W. E. (1994). *Blockbusting in Baltimore: The Edmondson Village story.* Lexington: University Press of Kentucky.
- Seligman, A. I. (2001). Apologies to Dracula, Frankenstein, Werewolf: White homeowners and blockbusters in postwar Chicago. *Journal of the Illinois State Historical Society*, 94, 70-95.

Amanda I. Seligman 文

赵显博译　陈恒校

蓝调音乐
BLUES MUSIC

蓝调音乐是源于 20 世纪早期非洲裔美国人生活的本土音乐形式,通常包括 12 节歌曲结构,和弦为主音—下属音—属音（I－IV－V级），并大量使用降七，也被称为蓝调音调或属七。有证据表明，属七与西非音乐有关，不过蓝调音乐也融入了欧洲和声理论与米索利地亚音阶相当。蓝调音乐是之后很多其他美国音乐的基础：摇滚乐、灵魂乐以及福音音乐和爵士乐的大部分都是蓝调音乐的变体。

以吉他为主要乐器，频繁使用启应唱法和失落、渴望的叙述主题，让蓝调音乐在种族隔离时期坚实地融入南部非裔美国人的生活之中。围绕蓝调音乐的起源，比较通俗的说法强调蓝调音乐是与奴隶制及之后时期相联系的返祖现象。不过最近的学术研究表明蓝调音乐是拉格泰姆音乐（ragtime）、轻歌舞剧以及在20世纪20年代遍布于收音机、唱片和活页乐谱上的其他流行音乐的融合形式。蓝调音乐的混合起源是其多变特质的原因，能适应各种音乐和文化背景并进行发展。罗伯特·约翰逊（Robert Johnson）经常被错误地称为蓝调音乐的发明人。其歌曲内容包括性、暴力和咒骂，即人们对密西西比河三角洲地区宗教的理解，不过在歌曲如《赤热》（Red Hot）中，约翰逊融入了瓶罐乐队的拍子和蓝草音乐的音域。在《甜蜜之家芝加哥》（Sweet Home Chicago）中，约翰逊表达了自己的设想，即城市生活可以成为南部非裔美国人生活中的分成制和种族暴力，颇具希望的选择。

由于蓝调音乐部分源于某些城市机构如电台，所以从位于乡村地区的原声原始音乐发展成为城市复杂电器音乐的过程并不顺利。然而二战后，蓝调音乐却在非裔美国人城市史上发挥着独特的作用。蓝调音乐是奥克兰船坞、芝加哥牲畜围栏和底特律汽车制造厂黑人工人阶级能听到的主要声带。其中的歌曲结构和使用的乐器促成了大乐队向小乐队的转变。音乐行业，特别是蓝调音乐也是城市内非裔美国人重要的经济策略。20世纪30年代到40年代以及之后的时期，在洛杉矶和其他城市，很多非裔美国人以乐师和音乐教师为职。甚至更重要的是出现了蓝调音乐为基础的黑人企业，其形式有夜总会、唱片商店和无线电广播服务。

即使黑人音乐制作人在选择艺术家和制作唱片上担负主要责任，但在20世纪60年代以前，音乐制作仍然控制在白人公司手里。如芝加哥的威利·迪克逊（Willie Dixon）、休斯敦的唐·罗比（Don Robey）和孟菲斯的戴夫·克拉克（Dave Clark），身兼星探、编曲者、专家和销售等数职。20世纪四五十年代，他们与其他城市的音乐人一道设立具有区域特性的制作机构，并

聚集了一些天才艺术家，包括芝加哥的麦金利·摩根菲尔德（McKinley Morganfield），又称马迪·沃特斯（Muddy Waters）、休斯敦的鲍比·"布鲁"·布兰德（Bobby "Blue" Bland）和洛杉矶的艾伦·"丁骨"·沃克（Aaron "T-Bone" Walker）。以上音乐人推动了蓝调音乐的发展，之后在欧洲和北美白人听众想找出摇滚乐的起源时被重新发现。

B. B. 金成长于密西西比河三角洲，刚过80岁生日，可能是21世纪最出名的蓝调音乐家。其夜总会连锁店与具有相似主题的蓝调音乐之家（House of Blues）稳步确立了蓝调音乐在购物广场、主题公园、赌场和其他当代大型娱乐场所的存在。蓝调音乐多变的特质几乎没有改变，仍然激发人们进行创造性的阐释，且多数是在当代大众文化的视野之外。德高望重的人物如米奇·钱皮恩（Mickey Champion），曾是丁骨·沃克的门徒，在洛杉矶，周六晚上可以聆听到他的演唱；鲍比·拉什（Bobby Rush）仍然是在美国南部各地为黑人观众演出的蓝调音乐红人；另外蓝调音乐在扎克·哈蒙（Zac Harmon）、雷·贝利（Ray Bailey）和亚瑟·亚当斯（Arthur Adams）等年轻的职业音乐人手中，继续向前发展。蓝调音乐仍旧是艺术家用以表达激情与痛苦的迷人音乐形式。

延伸阅读书目：

● Nelson, G. (1988). *The death of rhythm and blues*. New York: Pantheon.
● Wald, E. (2004). *Escaping the delta: Robert Johnson and the invention of the blues*. New York: Harper Collins.

Matthew W. Roth 文

赵显博译　陈恒校

汉弗莱·博加特
BOGART, HUMPHREY

汉弗莱·德弗里斯特·博加特（Humphrey DeForest Bogart, 1899—1957）出生于纽约，其银幕形象反映了城市中的愤世嫉俗精神。博加特又称博吉（Bogie），有着精英背景。博加特在1889年12月25日出生，父亲贝尔蒙·德弗里斯特·博加特（Belmont DeForest Bogart）是位曼哈顿外科医生，母亲莫德·汉弗莱·博加特（Maud Humphrey Bogart）是著名的杂

志插画作家。博加特被马萨诸塞州安多弗（Andover）的菲利普斯学院（Phillips Academy）开除后在美国海军服役并参加一战。后在 1921 年成为百老汇演员。1930 年成为福斯电影公司旗下演员，并参演了约翰·福特（John Ford）导演的《入狱》（Up the River，1930）、拉乌尔·沃尔什（Raoul Walsh）导演的《万国名花》（Women of All Nations，1931）和梅尔文·勒罗伊（Mervyn Le Roy）导演的《赌城杀机》（Big City Blues，1932）。在百老汇饰演过罗伯特·舍伍德（Robert Sherwood）导演的剧情片《化石森林》（The Petrified Forest）中的冷血杀手杜克·曼迪（Duke Mantee）之后，又在华纳兄弟版本的《化石森林》中饰演这一角色。

此后，颇具绅士风度的博加特在几部电影中出演城市流氓，如拉乌尔·沃尔什导演的《私枭血》（The Roaring Twenties，1939），电影中博加特与硬汉詹姆斯·贾克内（James Cagney）演对手戏。在华纳兄弟影业公司的很多角色中，博加特演绎出尖酸刻薄愤世嫉俗，但又严格恪守自己准则的男主角，如在《警官奥马利》（The Great O'Malley，1937）、《圣奎丁监狱》（San Quentin，1937）、《艳窟啼痕》（Kid Galahad，1937）、《一世之雄》（Angels With Dirty Faces，1939）和《卡车斗士》（They Drive by Night，1940）中的角色。

博加特饰演最令人难忘的角色，也许是约翰·休斯敦（John Huston）导演的《马耳他之鹰》（The Maltese Falcon，1941），片中博加特化身熟悉旧金山民间疾苦的私家侦探山姆·斯佩德（Sam Spade）。他那饱经风霜的脸，尖刻的咆哮声，再加上说话时招牌性的沙沙声（在海军服役时因唇部受伤而口齿不清），更为其不落俗套的银幕形象加分不少。喜剧演员往往夸大此类特征，并让博吉成为被模仿最多的电影明星之一。《卡萨布兰卡》（Casablanca，1942）中，博吉的演技达到了新水平，其饰演的角色是位纽约人，因为爱情而陷入痛苦，电影中角色的反纳粹英雄主义，唤醒了还处于睡梦中坚持孤立主义的美国：战争将要来临。里克·布莱恩（Rick Blaine）这一角色，让博加特成为国际影星，而且因其坚韧的形象和完美演员的名声，成为好莱坞黄金时代的巅峰人物。

1941 年，博加特遇到了霍华德·霍克斯（Howard Hawks）和劳伦·白考尔（Lauren Bacall），三人一道创作出两部杰作，《江湖侠侣》（To Have and Have Not，1944）和《夜长梦多》（The Big Sleep，1946）。1945 年，博加特与白考尔结婚。以约翰·休斯敦为导演，

博加特和白考尔共同参演了《盖世枭雄》（Key Largo1，1948）。片中博吉饰演一位战争老兵，与芝加哥匪帮在佛罗里达飓风期间对峙。此后，博加特挑战了一些更为复杂的角色，在约翰·休斯敦导演的《浴血金沙》（The Treasure of Sierra Madre，1948）和爱德华·第米特里克（Edward Dmytryk）导演的《叛舰凯恩号》（The Caine Mutiny，1954）中，饰演患有偏执狂且生性多疑的反派主角。在约翰·休斯敦导演的《非洲女王号》（The African Queen，1951），博加特获得了奥斯卡最佳男主角奖。之后，身患癌症的博吉转向喜剧，参演了休斯敦的《战胜恶魔》（Beat the Devil，1954），比利·王尔德（Billy Wilder）的《龙凤配》（Sabrina，1954）和《我们不是天使》（We're No Angels，1955），作品毁誉参半。他的最后一部长片《拳击场黑幕》（The Harder They Fall，1956），饰演了一位外表强硬但却内心温柔的新闻广告员，他演起来非常顺。

汉弗莱·博加特 20 世纪 30 年代就因为自由主义政见被联邦调查局盯上，1947 年，博加特还与白考尔一道，抗议众议院非美活动委员会（Un-American Activities Committee）的反共政治迫害。不过与很多好莱坞明星不同，博加特的事业未受影响。博加特幕后跌宕起伏的生活，三次婚姻，以及与电影公司主管的纠纷都被大力隐瞒。在饰演过 70 多部电影后，博加特 1957 年 1 月 14 日在洛杉矶离世，是 20 世纪美国最著名的演员。没过多久，哈佛大学学生在马萨诸塞州坎布里奇的布拉托剧院（Brattle Theater）创立博吉社，那是一座小型艺术剧院，每年冬天忠实影迷和专业影迷可以在此处观看《卡萨布兰卡》和很多博加特的其他电影。博加特的直率、阳刚和诙谐风格，对咖啡馆存在主义者和反文化青年非常具有吸引力。20 世纪 60 年代，博吉吸切斯特菲尔德烟时，嘴部的习惯性摇晃，成为大麻吸食者的短语"不要多占烟卷"。作为好莱坞的传奇人物和今天的流行文化偶像，博加特在美国电影学院（American Film Institute）最伟大的电影演员排名中，位居榜首。

亦可参阅：好莱坞（Hollywood），电影、城市与郊区（Motion Pictures and Cities and Suburbs）

延伸阅读书目：

● McCarty, C. (1965). *Bogey: The films of Humphrey Bogart*. New York: Citadel Press.
● Meyers, J. (1997). *Bogart: A life in Hollywood*.

Boston: Houghton Mifflin.

● Sperber, A. M., & Lax, E. (1997). *Bogart*. New York: William Morrow.

Peter C. Holloran 文
赵显博译　陈恒校

波西米亚风格
BOHEMIANISM

在过去的 150 年,波西米亚风格一直是城市生活的重要特征。在 19 世纪,编年史作家把波西米亚风格描述为命运与城市相连并带来新的体验和非传统的生活。21 世纪的城市振兴主义者比较关心城市命运,称波希米亚风格是城市经济生活的救星。

波西米亚风格是巴黎艺术家、作家和音乐家的生活方式,他们刚从旧式的艺术赞助制度走出进入市场,在 19 世纪 40 年代由作家亨利·米尔热(Henri Murger)进行普及。在米尔热的故事中,新的城市设施如陈设得当的房间、公寓、旅馆、当铺和餐馆以及专供艺术品销售的商业市场,促进个人去享受非传统生活。不过,催生波西米亚风格的不是城市环境。当时,城市波西米亚风格也出现在小说,如萨克雷的《名利场》中,小说主人公贝基·夏普(Becky Sharp)即是波西米亚式的人物。19 世纪 50 年代,纽约的一群作家、艺术家和音乐家在普法夫(Pffaf)的餐馆集会,宣称自己属于波西米亚风格。对他们来说,波西米亚风格意味着世界性,对艺术有好感,思想开明,不受传统束缚。就像巴黎的波西米亚风格践行者一样,19 世纪中期美国的波西米亚风格支持者利用城市中的建筑物(如餐馆)作为公共设施和非传统生活的框架。19 世纪中期自我定义的波西米亚风格,不论是巴黎还是纽约,典型的特征是性生活不再被婚姻约束。

19 世纪 90 年代,美国各地的城市举起波西米亚风格的大旗,并赋予其新的意义。乔治·杜莫里埃(George DuMaurier)的畅销小说《软帽子》(*Trilby*,1894)描述了巴黎艺术家的波西米亚风格式的生活,成为流行戏剧并把波西米亚风格重新引入美国。贾科莫·普契尼(Giacomo Puccini)1896 年的歌剧《波西米亚》(*La Boheme*)重述了米尔热的故事,曾在洛杉矶和纽约两地表演过。像布法罗、波士顿、奥克兰、沃斯堡和辛辛那提等城市,出现了像《波希米亚》(*The Bohemian*)、《新波西米亚》(*New Bohemian*)和《业余波

西米亚》(*Amateur Bohemian*)等新出版物。此类杂志背后的波西米亚风格往往以艺术和文化推广者自居,与早前放荡不羁的波西米亚风格相比共同点很少。例如沃斯堡的出版物,有一部分是专讲节欲和圣经故事,而辛辛那提的杂志则提倡服务、提高和效率。不过在 19 世纪 90 年代,波西米亚风格意味着与时俱进,而且很多城市的餐馆老板都宣传自己的餐馆具有波西米亚风格。

不过 1890 至 1920 年的格林威治村才是典范的波西米亚风格社区。格林威治村并不只限于单一的波西米亚风格,而是通过构筑联络网来推广新艺术、新文学、新政治和新的两性关系的发展。格林威治村阶级、种族和性别的多元混合,催生了新的美国文化和人们对城市生活潜力的新热情。激进的政治、文化和现代性相混合的波西米亚风格,使纽约市成为引领美国的城市。不过在小规模的城市中心,如新墨西哥州的陶斯(Taos)、纽约州的伍德斯托克(Woodstock)、加利福尼亚州的卡梅尔(Carmel)和艾奥瓦州的达文波特(Davenport)也有波西米亚风格的身影。在格林威治村,不仅仅是城市设施促进了波西米亚风格在该地区的维持,还有只有大都市环境——即格林威治村所宣称的现代生活方式——下才可能出现多元的文化体验。

城市社会学家先锋 W. I. 托马斯(W. I. Thomas)和 F. 兹南耶克基(F. Znaniecki)持此观点,提出了社会人格形态学,也包括波西米亚风格,并将其形态描述为对新体验的渴求和对新环境的高度适应性。波西米亚风格因为疏远传统社会,所以具有潜在的反社会性——反对者是不喜欢文化艺术没有教养的人,具有创造性的个体为中间阵营——并由此形成新的城市人格。另有社会学家指出,不像 20 世纪 30 年代的其他城市团体,具有波西米亚风格的团体本身就具有异质性和世界性。

到 20 世纪 20 年代,即使波西米亚风格在一战前激进的特质有所衰退,并受到政治压迫和品位变化的挑战,但是格林威治村作为波西米亚风格中心的名声已然确立。游客受到餐馆、戏剧、杂志和报纸的刺激,乘坐观光巴士和出租车来到格林威治村。不过此时,前一代激进的波西米亚风格践行者已经离开。对有抱负的作家来说,房租过高,且与早期的公社联系,文学和政治运动都有所衰减。

二战后的城市危机促使城市振兴主义者去思考喜欢城市生活的人们,因此波西米亚风格支持者和其社区在摆正人们对城市的积极态度上发挥了作用。20

世纪50年代,避世派被当代人称为是波西米亚风格——在某些社区如格林威治村、旧金山的电报山(Telegraph Hill)和北部海滩(North Beach)以及加利福尼亚州的威尼斯海滩(Venice Beach)生根发芽——的派生物。他们提倡诗歌、爵士乐和禅宗,并且排斥"古板守旧的世界"。20世纪60年代,嬉皮士在旧金山的海特-阿什伯里(Haight-Ashbury)和纽约的东村(East Village)等地建设反文化城市公社,提倡批判当代社会中的物质主义和军国主义,为日后的城市绅士化打下了基础。

在21世纪之初,当代评论家认为波西米亚风格还在继续向前,且已由支流发展成为主流。新闻记者戴维·布鲁克斯(David Brooks)将波西米亚风格和资本主义合成一词,"波波一族"(bobos,波西米亚资本主义),用以指新的精英群体。这一有教养的阶层居住在高档的郊区而非颓败的市中心,得此定义,是因为他们的消费模式而非其对社会的批判。与此类似,经济学家理查德·佛罗里达(Richard Florida)提出并普及一种经济发展理论,同性恋人口和不拘于传统的人口密集的地方,其创新和经济发展速度都比较高。通过计算自己提出的"波西米亚指数"(Bohemian Index),佛罗里达宣称可以计算出某一地点内具有艺术创造性人口的数量。佛罗里达还提出了城市的"同性恋指数"(Gay Index)概念,指出在21世纪,同性恋和不拘于传统的人口密度高的城市,在"家庭友好型"城市方面得分较高。

佛罗里达认为,不拘于传统的人不关心政治,不过他们同样渴求在城市环境中能够最容易得到满足的体验。因为波西米亚暗含着疏远的意味,所以他们不喜欢波西米亚一词,他们喜欢被叫做"创意阶层"。现在,波西米亚风格不像19世纪那样处于社会边缘,已经逐渐成为成功城市生活的重要部分。

延伸阅读书目:

● Brooks, D. (2000). *Bobos in paradise: The new upper class and how they got there*. New York: Simon & Schuster.

● Florida, R. (2002). *The rise of the creative class and how it' strans forming work, leisure, community and everyday life*. New York: Basic Books.

● Murger, H. (2004). *The bohemians of the Latin quarter*. Philadelphia: University of Pennsylvania Press.

● Stansell, C. (2001). *American moderns: Bohemian New York and the creation of a new century*. New York: Owl Books.

● Thomas, W. I., & Znaiecki, F. (1927). *The Polish peasant in Europe and America*. New York: Knopf.

Andrea Tuttle Kornbluh 文

赵显博译　陈恒校

繁兴城镇
BOOM TOWNS

繁兴城镇是指新兴的或者已经存在的社区,因其地区内矿产的发现或者大型建设项目(或者,有时是其所处方位能够吸引地区内的贸易)而出现前所未有和爆炸性的发展。多数情况下,如果矿产耗尽、不再可能带来经济回报,或者建设项目完工,繁兴城镇会被遗弃而成为鬼城,而在其他情况下,有些社区能够挺过繁荣之后的衰落,并摆脱最初吸引人们来到此地的经济基础,成为能够生长发展的社区。

繁兴城镇正值繁荣之时,矿产会带发财的机遇,建设项目有高薪工作。如此一来,会导致其他行业劳动力不足,还会造成通货膨胀,其工资、商品和服务价格都会比其他地区要高。

尽管很多繁兴城镇位于新开发地区,但是定居下来的人们还是存在各种各样的问题。19世纪繁兴城镇面临的问题,如卖淫、赌博、酗酒和吸毒,与20、21世纪繁兴城镇面临的问题类似。还有些问题如需要清洁安全的水源、垃圾清理、牲畜及宠物管理、高效的自治政府和法律执行等,其他城市也有。

19世纪,美国西部有很多繁兴城镇,其中最著名的与矿产开采和铁路有关。

矿业繁兴城镇

美国首批矿业繁兴城镇实际上位于阿巴拉契亚山脉南端的佐治亚州北部。这一地区因19世纪30年代的淘金热兴起了两座城镇:奥拉利亚(Auraria)和达洛尼加(Dahlonega)。

加利福尼亚州因发现黄金而兴起的繁兴城镇是爆炸性发展的最佳实例。1848年1月24日,约翰·斯塔特(John Sutter)在亚美利加河上发现黄金,引发了最著名的美国淘金热。黄金发现之时,有将近7300名欧洲或西班牙人生活在加利福尼亚。到1849年年末,人口已经膨胀至超过60000人,满足了一领土辖区申请建州所需数量。1850年,加利福尼亚以自由州的身份加入合众国。

1859 年，在内华达与加利福尼亚边界地区和科罗拉多的群山中发现了金银矿藏，由此引发了新的淘金热。在矿产附近形成的营地和繁兴城镇多具有暂时性，不过，有两座形成于矿产附近的城市，加利福尼亚州的旧金山和科罗拉多州的丹佛，人口出现爆炸式增长，并且成为各自地区的主导城市。

铁路城镇

横贯大陆铁路，包括联合太平洋和中央太平洋铁路，是始于内布拉斯加州奥马哈的大型建设项目。铁路被视为将抵达加利福尼亚州港口的货物运送至美国东部市场的方法，也被视为开拓美国西部的方法。除此之外，铁路经过的内布拉斯加、怀俄明、犹他和内华达，都开放大片土地供人定居。铁路建筑资金部分由政府提供，同时具体规定，铁路公司每铺 1 英里铁轨，就可以获得 20 平方英里的联邦土地。20 平方英里土地是在优先权之下，交错分布于铁路两侧。

铁路沿线亟需城镇为蒸汽机车提供水源和燃料。随着技术的进步，联合太平洋公司废弃了很多补给点，失去铁路的支撑，有些城镇消失。在怀俄明，很多昔日繁荣的城镇，如谢尔曼（Sherman）、熊河城（Bear River City）、拉姆齐（Ramsey）、珀斯（Percy）和德纳（Dana）都消失了，而有些城市如夏安（Cheyenne）、拉勒米（Laramie）、汉纳（Hanna）、罗林斯（Rawlins）和埃文斯顿（Evanston）则挺过了衰落，并且一直到一战都是怀俄明州的主要人口中心。

石油城镇

20 世纪之交，新的矿产资源石油成为新繁兴城镇的驱动力。石油和天然气生产行业是得克萨斯州和俄克拉荷马州发展的重要部分，也是小城镇能发展成为小城市的重要原因。

第二次世界大战

二战时期，围绕曼哈顿计划兴起了两座繁兴城镇。第一座也是其中最出名的一座是新墨西哥州的洛斯阿拉莫斯（Los Alamos）。当地本身就是一个社区，后美国陆军在 1942 年进驻，并设立研究机构。该区域仍有军事武器和其他研究机构。

另一座繁兴城镇和研究机构是制造原子弹所需的铀的生产地——田纳西州橡树岭（Oak Ridge）。研究机构和城市的建设始于 1942 年。1942 年，在建筑高潮时期，此地有 47000 名建筑工人。到 1945 年有 75000

人生活在橡树岭。

能源繁兴城镇

出现在落基山脉地区的能源繁兴城镇受到了 20 世纪 70 年代能源危机的影响。不仅在科罗拉多、犹他、爱达荷、新墨西哥、亚利桑那、怀俄明和蒙大拿发现了石油和天然气矿藏，还在其中的一些州发现了丰富的煤炭和油页岩资源。科罗拉多州西部有大片的煤矿，而在科罗拉多州西部、怀俄明州西南部和犹他州东部则有大片的油页岩矿藏。20 世纪 70 年代中期到 70 年代晚期 80 年代早期，似乎油页岩行业要取代传统的油气行业。科罗拉多州西部，小城镇如降落伞（Parachute）、米克（Meeker）、锡尔特（Silt）和兰芝利（Rangely）都出现过大繁荣，花费大量资金建设新学校、道路、下水道和水处理厂。不过，石油公司投向油页岩研究和开发的资金没有带来丝毫的利润。最后，公司逐渐撤出此地并终止研究项目，一度繁荣的小城镇因为一时无法消化失业的劳动者也无法处理不断增加的赋税负担，跟以前很多小城镇的发展趋势一样逐渐衰败崩溃。

延伸阅读书目：

- Gulliford, A. (1989). *Boomtown blues: Colorado oil shale*, 1885 - 1985. Niwot: University Press of Colorado.
- Head, S., & Etheridge, E. W. (1986). *The neighborhood mint: Dahlonega in the age of Jackson*. Macon, GA: Mercer University Press.
- Klein, M. (1987). *Union Pacific: Vol. 1. Birth of a railroad*, 1862 - 1893. New York: Doubleday.
- Malamud, G. W. (1984). *Boomtown communities*. Environmental Design Series, Vol. 5. New York: Van Nostrand Reinhold.

Douglas K. Bohnenblust 文

赵显博译　陈恒校

振兴主义
BOOSTERISM

振兴主义或城市自我提升在美国已有两个世纪的历史。振兴主义既是城市竞争工具，又是城市竞争理念。振兴主义者向非本地居民宣传，试图劝说外来者定居或投资其所在城市。他们也向本地居民宣传，经济发展可以让本地房地产业和商业直接受益，并让所有居民间接受益。借此方法，振兴主义者也许是试图转移内部斗争的注意力，动员民众共同关注发展问题，并激发投资公共设施和交通改善的热情。

19世纪报纸编辑绚丽的辞藻与21世纪城市政府经济发展机构华而不实的宣传册有着直接的继承性。19世纪早期，振兴主义者通常是新闻记者、土地投机商和商业企业家。到20世纪下半期，在公共和私人经济发展组织中出现了越来越多的振兴主义者。纯粹的振兴主义是指城市通过出版物宣传其经济地位、发展前景的正面评价和评估。应用振兴主义逐步转向定向招商，城市的正面评价有助于招商，不过还需要具体的诱因和优惠政策（例如为早期铁路发展提供的免费土地或为现代制造业发展提供的减税政策）。

振兴主义在19世纪中西部和远西部的边疆城市特别普遍。操英语的定居者抵达边疆地区后，城市体系从零开始建设，既是必要措施又提供机遇。所以几乎每个河流交叉口、湖边港口或十字路口都可能发展成为重要城市。几乎每个州早期的编年史都充斥着相互竞争的定居点之间激烈斗争的记录，其中斗争的一部分是敌对编辑和出版者之间的争论。托莱多是否能成为莫米河（Maumee River）下游的大城市，或者这份大礼落到其他几十个相互竞争的镇址？相互竞争的镇址仅被一条流速缓慢的河流相隔，哪一个有望成为密尔沃基的核心？西雅图、塔科马（Tacoma）、埃弗雷特（Everett），还是贝林哈姆（Bellingham）能够成为主要铁路终端和普吉特海湾上的主要港口？

来自东海岸和欧洲的游客注意到，美国人在详细说明自己所在的新社区时急不可待，言辞中充满豪言壮语和乐观主义。詹姆斯·菲尔尼莫·库珀通过笔下的土地投机商讽刺了这一趋势。在《玛丁·朱泽尔维特》（Martin Chuzzlewit，1844）中，查尔斯·狄更斯尖锐的评论道，振兴主义把城镇宣传为伊甸园或者更为宏大的存在，实际情况是言过其实。1867年，旅行者约翰·怀特（John White）在联合太平洋铁路公司的资助下进行旅游时，发现怀俄明州夏安盛名之下其实难副，并在1870年的《素描美国》（Sketches From America）中做了相关评价。

边疆振兴主义者积极借助本地和全国性出版物。边疆城镇报纸的首要功能之一就是宣传自己城镇的优点，指出竞争对手的缺点。有时候，甚至新城还没有人定居，报纸就开始鼓吹。起初，编辑威廉·拜尔斯（William Byers）曾为半个奥马哈做宣传，不过后来在

1859年收拾行装，跟随派克斯峰（Pike's Peak）的淘金者前往丹佛创办了《落基山新闻报》（Rocky Mountain News），对丹佛在科罗拉多州的显要地位多有助益。内战前，随着全国性期刊的出现，特别是《亨氏商人杂志》（Hunt's Merchants Magazine）和《德鲍评论》（DeBow's Review），振兴主义者又找到了新的出路。内战前振兴主义者瞄准的是有打算的人们，包括潜在的定居者、投资者和铁路建设者。

城市边疆的振兴主义者经常把地理决定论挂在嘴边，并且往往会恬不知耻地利用天定命运和19世纪普遍的欧洲文化或种族优越论假设。典型的鼓吹者说，瞥一眼地图就会明显发现为什么芝加哥（或特雷霍特或塔马科）将注定成为伟大的城市。几个作家如著名的杰瑟普·斯科特（Jesup W. Scott）和威廉·吉普林（William Gilpin），会利用精心设计的统计和地理理论宣布下一座世界性大城市的精确位置。斯科特曾宣布，大城市会位于五大湖，而吉普林则预言堪萨斯城以及之后的丹佛会成为大城市。单个城市的宣传者会自行解释城市的明显的自然优势，如洛根·里维斯（Logan U. Reavis）在《圣路易斯市：未来的世界性大城市》（St. Louis：The Future Great City of the World，1870）中的宣传。圣迭戈商会在同一时期称赞城市的港口和区位。甚至名不见经传的城镇也会根据自己的条件进行宣传：被称作葡萄城（the Raisin City）的弗雷斯诺位于洛杉矶和旧金山中间，所以一定会繁荣。

在挺过第一个十年，并实现二代、三代发展的城镇，振兴主义者会罗列记录城镇过去和现在取得的成就，作为未来成功的保证。此举旨在展示繁荣与精致相互联系，而尚处于发展时期的城市则努力刻画自己安全朴素，且配套有东部城市设施的形象。辛辛那提的振兴主义者查尔斯·西斯特（Charles Cist）编纂城市历史和数据目录，通过发展的硬数据并借助历史来证明日后的成功。发表城市早期发展梗概；学校、报纸和慈善组织清单；展示制造业出产量、小麦运输情况、街道铺设情况、税收、人口出生情况、房地产价格和其他量化指数的表格。

19世纪晚期20世纪早期，振兴主义更为专业，组织也更为严密。振兴主义者开始把讨论聚焦在城市具体的经济功能优势上——亚特兰大是南部批发业中心；科罗拉多斯普林斯和圣迭戈是疗养胜地；菲尼克斯的太阳谷是漫长冬季的度假胜地（该称号是由20世纪30年代的一家广告公司提出）。城市也开始依赖振兴主义组织而不是个人来进行宣传。美国地方商会的数量由1858年的10个发展到1900年的几百个。19世

纪晚期，密尔沃基有密尔沃基促进协会（Association for the Advancement of Milwaukee），印第安纳波利斯有制造商与房地产交易组织（Manufacturers and Real Estate Exchange）和贸易委员会，洛杉矶有南加州全年俱乐部（All-Year Club of Southern California）。

20世纪之交，城市也开始进行间接公关，建设工商业展览厅作为常设性贸易展览，或是在全国性杂志上购买版面，南部城市特别喜欢。各个城市还竞争全国性会议地点，举办展览会、特别活动和节庆活动，如帕萨迪纳（Pasadena）的玫瑰花车游行（Tournament of Roses）。从诺福克（1907）到圣迭戈（1915），从布法罗（1901）到西雅图（1909）等城市，也举办了世界博览会，无疑是在模仿1893年芝加哥世界博览会的成功。所有活动，一方面直接通过吸引消费能力大的游客促进城市发展，另一方面间接"把城市在世界地图上标出来"。

虽然振兴主义被视为城市现象，但是振兴主义的推销动力和方法被用于销售整个州和地区。19世纪，铁路和州移民办公室发表大量小册子，宣传定居西部领土的各种优势。最近，州经济发展部门开始在全球竞争的环境下吸引投资——该活动有时被称为"烟囱角逐"（Smokestack Chasing）。

20世纪的最后20年和21世纪，美国城市仍旧争相举办各种特别活动（例如1984年洛杉矶、1996年亚特兰大和2000年盐湖城举办的奥林匹克运动会）。各个城市为了获得"大联盟城市"的声誉，通过由财政出资建设的体育场馆和竞技场来资助职业体育队。同时，城市的经济发展部门也会发起现代版的振兴主义，发行用高光纸印刷的小册子，宣传城市发展商业的优势。比较性的统计数据、光彩亮丽的照片和精心设计的地图等宣传性材料，在理念上与19世纪50年代的振兴主义出版物相同。虽然数据也许更精确，图片现在是全彩，受众更可能是制造业企业而非土地投机者和铁路巨头，措辞中地理区位让位于工业集聚和商业成本优势，但是其言下之意和目的，在本质上与早期振兴主义如出一辙。

延伸阅读书目：

- Abbott, C. (1981). *Boosters and businessmen: Economic thought and urban growth in the antebellum Middle West*. Westport, CT: Greenwood Press.
- Burbank, M. J., Andranovich, G. D., & Heying, C. H. (2001). *Olympic dreams: The impact of mega-events on local politics*. Boulder, CO: Lynn Reinner.
- Emmons, D. (1971). *Garden in the grasslands: Boomer literature of the Central Great Plains*. Lincoln, NE: University of Nebraska Press.
- Glaab, C. (1962). *Kansas City and the railroads*. Madison, WI: State Historical Society of Wisconsin.
- Hamer, D. (1990). *New towns in the new world: Images and perceptions of the nineteenth-century urban frontier*. New York: Columbia University Press.
- Logan, J., & Molotch, H. (1987). *Urban fortunes: The political economy of place*. Berkeley, CA: University of California Press.
- Wrobel, D. (2003). *Promised lands: Promotion, memory, and the creation of the American West*. Lawrence, KS: University Press of Kansas.

Carl Abbott 文

赵显博译 陈恒校

城市老板和政治机器
BOSSES AND MACHINES

城市政治老板和城市政治机器是美国城市政治中最难以磨灭的普遍形象。城市老板有时是令人振奋的人物，一方面在工人阶级社区分发土鸡或一桶桶煤，一方面自肥私囊；有时呈现出面无表情不显眼的形象，奖励工作，左右官员，操纵选举；被誉为遵纪守法政治组织的核心，设立城市政治结构，主导城市政府，同时从内战到大萧条的这段时间，给处于爆炸性发展时期的城市提供社会服务。

城市政治机器源于19世纪中期美国的社会和政治环境。大众民主的发展，强烈的政党认同和严密的政党组织，持续不断的移民，种族之间的分裂和城市空间的快速扩张、人口的迅速增加，催生了坚定的政治组织和忠诚选区以及对有效控制城市发展的机制的需要。面对此类需要，城市政府往往缺乏集权。县以及州政府对城市预算、公园、公共设施，甚至是警力的控制，弱化了市长权力，分割了城市政府的责任。以纽约市威廉·马西·特威德组织的坦慕尼厅为例，该机构越过无力胜任的正式政府，直接分配资源，提供就业和实施公共工程。这一非正式的城市治理建立在非法资金流动和选票换服务的基础之上。城市政治机器的腐败（以及与工人阶级和少数种族社区的联系）促使中产阶级改革者在19世纪晚期和进步时代颁布城市自治法令，强化市长权力，执行预算，建立市政专家政府，削弱政治组织和政党老板的权力。20 世纪 30 年代，联邦政府对城市支持的扩大是城市老板和政治机器遇到的另一潜在竞争对手。不过，有些城市政治机器在 20 世纪一直顺利发展。理查德·戴利的芝加哥政治机器把政治控制和政府控制结合到前所未有的程度，发展于 20 世纪 50 年代，距孕育老板政治的城市时代已经有很长时间。即便如此，最近的历史阐释已经改变了城市老板和政治机器长期以来的形象。很多城市史学家质疑城市老板和政治机器城市治理上的集权。有人甚至否认与移民和工人阶级选民结成联盟的政治机器的广泛存在。

关于城市老板和政治机器的形象，最具影响力的是来自詹姆斯·布莱斯勋爵对纽约市坦慕尼厅的评论。在《美利坚联邦》中，英国美国政治分析师布莱斯认为，城市老板权力无与伦比，未经选举产生，活动秘而不宣而且声名狼藉，其主导城市政治生活的地位让美国城市处于治理不善的状态。坦慕尼厅是全面组织的范例，其内部一系列丰富多彩的领导人相继，从积极方面和消极方面来诠释政治机器和城市老板的定义。坦慕尼厅属纽约市民主党，与纽约市爱尔兰裔移民有关。到 1870 年，爱尔兰裔和德裔移民在移民潮中比例最大，并且一度占到城市人口的 44%。19 世纪 60 年代晚期，特威德借助该组织成为主导纽约市政坛的第一人。特威德通过州、县和城市政府职位的兼任以及作为坦慕尼厅老板的地位，对官员任命和政策控制达到了不同寻常的程度。虽然是个土生的新教徒，但是特威德认识到移民日益增强的影响力，包括爱尔兰裔和德裔在任免权和政策事务上的影响。不过，特威德贪污腐败，喜好卖弄最后锒铛入狱，也令城市老板的形象声名狼藉。之后的坦慕尼领导人是理查德·克罗克（Richard Croker，1886—1901）和查尔斯·弗朗西斯·墨非（Charles Francis Murphy，1903—1924），其中墨非寡言少语，为人谦虚，完善了坦慕尼的组织和选举机制。与城市老板相连的垂直委员会网络，通过政党等级制度向下延伸到区领导人和选民。链条上的一位高层，乔治·华盛顿·普伦基特（George Washington Plunkitt）从 1897 年开始，通过与新闻记者威廉·赖尔登（William Riordan）的一系列访问成为坦慕尼的知名人士，访问内容后在 1905 年结集成书。特威德卸任后，政治老板披上了犯罪形象的外衣，之后克罗克的暴力行为和腐败又进一步加深了老板的犯罪形象，不过普伦基特对职业政治和公共服务颇具亲和力的评论缓和了人们对城市老板的印象。普伦基特与其他城市老板不同，强调选民服务和社区参与，并将多数全国性政治问题排除在外。虽然普伦基特曾供职于纽约州议会和参议院，但是其政治视野仍仅限于纽约市、自己所在选区和坦慕尼民主党组织。普伦基特开明地承认贪污，称只不过是利用自己城市政治方面的知识制定有利于城市发展的政策。对此，改革者表示愤慨，不过普伦基特"讨论实际政治平易朴实"，在城市治理尚不成熟的时代，稳固了政治机器作为社会服务关键分配者的角色。

从 19 世纪 80 年代到 20 世纪 20 年代，其他大小城市的政治领导人和政治组织也逐渐效仿坦慕尼厅加强集权和控制。19 世纪 90 年代，辛辛那提的城市发展、混乱和破碎的城市服务，让乔治·考克斯（George B. Cox）获得了建立强有力的共和党机器的机会。巴尔的摩的艾萨克·弗里曼·拉辛（Isaac Freeman Rasin）、旧金山的克里斯托弗·巴克利（Christopher Buckley）和布鲁克林的休·麦克劳林（Hugh McLaughlin）主持的是集权的民主党组织。在堪萨斯城，汤姆·彭德加斯特（Tom Pendergast）在 1918—1924 年集聚权力，之后在 1925—1939 年出任组织最严密的城市机器的老板，最后彭德加斯特步特威德后尘被判入狱。不过，处于城市机器顶点一手遮天的城市老板，从坦慕尼模式看也是比较少见的。19 世纪晚期的政治结构是以选区为基础而非集权结构。这一体系催生的是各个派别和强力的社区领导人，而不是自上而下的政党结构。在 20 世纪之交，芝加哥和波士顿还没有城市机器，不过在地方上却有颇具影响力的人物如芝加哥的约翰·鲍尔斯（John Powers）和迈克尔·"辛克·丁克"·凯纳和波士顿的马丁·洛马斯尼（Martin Lomasney）。多数城市机器是选区老板之间的联盟，就城市老板和政治机器的含义来说，此类机器更为分散脆弱。特威德的组织本身是同谋者的圈子，而之后墨非掌管下的机器已是全面发展。考克斯和彭德加斯特是以选区为基础的政客，二人在击败、力压派别竞争对手上取得了异常的成功。再者，多数城市老板是政治领导人而非决策者。城市政府很多部门的运行相对独立于政治机器控制。

移民支持的关系与城市机器相关的腐败和改革也很复杂。城市政治机器满足了移民、少数种族和工人阶级选区的需要，但也并不排斥其他群体。政治组织依赖与城市商业利益集团的紧密合作，往往通过公共建设项目和授予经销权的方式。彭德加斯特就通过以上措施求得精英支持。他还通过铺路合同和行贿敛财。政治机器、商业和公共工程之间的腐败联系促使改革者要求实行城市自治，加强市长权威和正式政府对城市服务的控制。此类措施在实施中由于疏忽,导致政治机器在有些城市扎下根来。费城的城市老板是由州共和党机器和1885年宾夕法尼亚立法机关通过的城市改革宪章两者推动产生的。宪章允许政党官员缩小选区政客的自治权并进行集权。1909年,波士顿颁布此类似的宪章,产生的效果也与费城相似。1925年堪萨斯城采用城市经理制,成为彭德加斯特政治机器占据主导地位时期的关键元素,因为城市经理是由城市老板提名,且由老板控制。试图越过政治机器的改革,有时候会让政治机器的效率更高。新政时期,并没有全面削弱政治机器,新政项目中提供给一些城市如堪萨斯城和匹兹堡的联邦资金,被地方组织吸收然后进行就业和资源分配。

20世纪城市市长权力的加强将另一项革新举措引入了政治机器——市长办公室内政党和政府权力的巩固。1914年,詹姆斯·迈克尔·科里(James Michael Curley)把城市政治机器的传统少数族裔选区,与进步时代行政权的扩大结合起来,在四届市长任期内主导波士顿政坛和城市治理。不像19世纪晚期政治机器的无形政府,科里成为波士顿爱尔兰裔渴望和权力的有形象征。结合政治控制和政府控制的新政治机器在理查德·J.戴利时期达到顶峰。戴利首次扬名是作为库克县民主党领导人,1955年当选为市长,后一直身兼二职至1976年去世。戴利具有政治影响力,有任免权,而且作为市长能够向所有的芝加哥人提供可靠的城市服务。不过,随着政治忠诚度的降低加上城市政府由发展问题转向管理和日益减少的人口问题,戴利所完善的组织体系逐渐消失。

延伸阅读书目:

- Allswang, J. M. (1977). *Bosses, machines, and urban voters*. Baltimore, MD: Johns Hopkins University Press.
- McCaffery, P. (1993). *When bosses ruled Philadelphia: The emergence of the Republican machine*, 1867 - 1933. University Park, PA: Pennsylvania State University Press.
- Merriam, C. E. (1929). *Chicago: A more intimate view of urban politics*. New York: Macmillan.
- Riordon, W. L. (1994). *Plunkitt of Tammany Hall* (T. J. McDonald, Ed.). Boston: Bedford Books/St. Martin's Press.
- Stave, B. M., Allswang, J. M., McDonald, T. J., & Teaford, J. C. (1988). A reassessment of the urban political boss: An exchange of views. *The History Teacher*, 21, 293 - 312.
- Teaford, J. C. (1984). *The unheralded triumph: City government in America*, 1870 - 1900. Baltimore, MD: Johns Hopkins University Press.

Thomas R. Pegram 文

赵显博译　陈恒校

马萨诸塞州波士顿市
BOSTON, MASSACHUSETTS

波士顿由在肖马特半岛(Shawmut Peninsula)上创立马萨诸塞湾殖民地的英国清教徒于1630年建立。在总督约翰·温斯洛普(John Winthrop)带领下,清教徒根据约翰·加尔文预定论的教条创造了自主的信仰形式。作为选民,清教徒建立神权政府且将其成员限制在公理会教徒之中。由于缺乏自然资源,波士顿人转向海洋发展,很快便参与到捕鱼、造船和国际贸易之中。

1660年,国王查理二世颁布《航海条例》(Navigation Acts)试图减少美国贸易,波士顿人无视规定,直到国王取消特许状使马萨诸塞成为皇家殖民地。1688年威廉和玛丽登上王位之时,授予了马萨诸塞殖民地新的特许状,不过总督需要由皇室任命。宗教要求被取消,所以多数英国新教徒可以参与到殖民地的政治事务。

皇室与殖民地

新的特许状、选民人数的扩大加上不断发展的经济,到18世纪开端,波士顿已是一座繁忙喧闹的海港城镇。由皇室任命的新总督及其官员在城镇中心建有上好的住房,并过着活跃的社会生活。几名波士顿本地人也成为颇有影响力的绅士,他们的商业活动城镇带来繁荣。

只要英国与法国处于战争状态,波士顿就可以继续以自己独立的方式行事。然而,在1763年,英国击败法国,并开始采取措施加强对殖民地的控制。波士顿爱国者如詹姆斯·奥蒂斯(James Otis)和塞缪尔·亚当斯(Samuel Adams),强烈抗议英国未通过殖民地立法机关就向殖民地人民征税。1770年,波士顿的局势非常紧张,后有英国士兵向一群平民开枪,即波士顿惨案(Boston Massacre)。三年后,英国议会通过《茶叶法》,一群波士顿人为表达不满,将茶叶倒入海里,即波士顿倾茶事件。对这一犯上举动,英国颁布了一系列强制法令,关闭波士顿港口,实行戒严令。波士顿成为被英国占领的城镇,人口萎缩,经济毫无生气,直到1776年3月,乔治·华盛顿将军加强多切斯特高地防御,才迫使英军与保皇党分子撤离。波士顿借此机会进行了重建。

从城镇到城市

美国取得独立并颁布了新的联邦宪法,波士顿的经济也出现了复苏。美国北部的船只重新与旧市场进行贸易,并在南美和远东开拓新市场。城镇人口稳步增长,从1800年的25000人增加到1810年的30000人。城镇中还出现了新的建筑,如新的州议会大厦和灯塔山(Beacon Hill)附近的住宅区。虽然1812年英美战争严重影响了波士顿航运业日后的发展,但是波士顿商人成功将资本投入到了纺织业。

1822年波士顿由城镇转变成为市之后,一群富有且热心公共事业的人采取措施提高市民的文化水平,并把波士顿变为"美国的雅典"。因拉尔夫·瓦尔多·爱默生(Ralph Waldo Emerson)、亨利·大卫·梭罗(Henry David Thoreau)和亨利·华兹华斯·朗费罗(Henry Wadsworth Longfellow)的文学成就,奥利弗·温德尔·霍姆斯(Oliver Wendell Holmes)将波士顿称为"太阳系中心"。第二任市长乔赛亚·昆西(Josiah Quincy)极大地改造了旧城区,而其同僚则组织了禁酒运动,改革监狱,并修建医院和收容所。霍利斯·曼恩(Horace Mann)创立了公共学校体系,塞缪尔·格里德利·豪(Samuel Gridley Howe)与盲人一起工作,多萝西亚·迪克斯(Dorothea Dix)建立了精神病院。

还有其他改革者想进行更为实质性的变革。一群波士顿人组织运动呼吁世界和平,而像伊丽莎白·凯蒂·斯坦顿(Elizabeth Cady Stanton)、柳克丽霞·莫特(Lucretia Mott)和格里姆克姐妹(Grimke sisters)公开讨论平等的法律、政治和公民权利。1831年1月1日,威廉·劳埃德·加里森(William Lloyd Garrison)发表《解放者》(The Liberator),开始了废奴运动,他将奴隶制成为道德罪恶,呼吁立即全面解放黑人。整个北部越来越多的人要求直接废除奴隶制或限制奴隶制发展,招致了南部奴隶主的仇视。1860年11月,亚伯拉罕·林肯当选总统,导致南部诸州成立美利坚诸州同盟(Confederate States of America),1861年4月,查尔斯顿港口的联邦要塞遭萨姆堡(Fort Sumter)遭到南军炮轰,由此揭开了南北战争的序幕。

马萨诸塞州志愿团是首先响应林肯呼吁从军号召的军队,在整个内战时期,海湾州持续为美利坚合众国输送兵力。1861年,州长约翰·安德鲁(John Andrew)授权成立两支爱尔兰裔部队,1863年林肯的《解放黑人奴隶宣言》生效后,州长又授权成立两个非裔美国人团。1865年,罗伯特·李将军在弗吉尼亚阿波马托克斯(Appomattox)向尤利西斯·格兰特将军投降,内战结束。

不断变化的文化

内战后,波士顿通过兼并周围地区和填海造陆,城市规模有着相当大的增长,海湾地区的填海造陆创造了大片的住宅区,被称为贝克湾(Back Bay)。本地人口和外来移民稳步增长,人口数量由1865年的140000增加到1875年的340000多人。

19世纪前期,波士顿的多数移民来自北欧和西欧——英国人、法国人、德国人和爱尔兰人(特别是爱尔兰人,因马铃薯大饥荒带来的死亡和食物匮乏而到来)。到19世纪晚期,第二波移民来自南欧和东欧——意大利人、希腊人、奥地利人、犹太人、波兰人和俄罗斯人。很多本土波士顿人,害怕爱尔兰天主教徒、犹太人和其他外来人会损害波士顿传统的新教文化,试图遏制爱尔兰天主教徒和犹太人等移民的兴起和扩大。

作为波士顿最早最大的移民团体,爱尔兰裔进入波士顿政坛,在地方层面上通过选区老板进行控制,到20世纪,爱尔兰裔在市政厅的权力也逐渐得到增加。1914年波士顿首次进行市长选举,詹姆斯·迈克尔·科里当选,出任市长后,科里利用个人名望和任免权巩固少数族裔选票。在波士顿,洋基共和党新教徒仍然控制着城市财政机构,而爱尔兰裔民主党则主导政治体制。因为双方都不愿合作,到20世纪40年代,波士顿成为分裂极其严重的城市,给公共财政和城市基础设施带来灾难性的后果。

新波士顿

1949年,主张双方合作的温和派约翰·海因斯(John B. Hynes)击败科里,促使控制财政的共和党新教徒与主导政治的爱尔兰裔民主党为城市的利益而言归于好。海因斯城市改造的设想由继任者约翰·柯林斯(John F. Collins)实施,其城市规划师爱德华·洛格(Edward Logue)规划出了新波士顿的现代设计蓝图。以上举措,为有着史无前例四届任期的波士顿市长凯文·怀特(Kevin H. White, 1967—1983)提供了机遇,即波士顿在建城200周年之时,发展成为生机勃勃的城市。

20世纪50年代，波士顿的非洲裔美国人数量出现了实质性的增长，到20世纪60年代，非裔美国人要求改善住房、就业和教育状况。因全部由白人组成的波士顿学校委员会未能响应非洲裔美国人废除学校种族隔离的呼吁，黑人领导人将其告至联邦法院。法官亚瑟·加里蒂（W. Arthur Garrity）宣布，波士顿公立学校犯有系统的种族隔离罪，要求学校实行跨学区校车接送，以矫正学校种族隔离的局面。很多城市的少数族裔社区对法庭要求的跨学区校车接送反应激烈，从1974年9月开始，纷纷走上街头，组织跨学区校车接送措施的实施。黄色校车行驶在路上时，需要摩托骑警和特警的保护。

1983年雷蒙德·弗林（Raymond L. Flynn）当选波士顿市长，爆发了最严重的跨学区校车接送危机，但当时波士顿不得不去处理更为复杂的人口变化。20世纪60年代到70年代，来自世界各地的新移民涌入波士顿。主要是拉丁美洲人，起初来自波多黎各、古巴和海地，而后是来自哥伦比亚、萨尔瓦多和尼加拉瓜。同时到来的还有大量来自越南、老挝、中国、日本和印度的亚洲人。1993年托马斯·梅尼诺（Thomas M. Menino）成为市长之时，波士顿人口已有超过50％为非白人——学校数据表明，以后的差距甚至会更大。

在这一人口变化时期，波士顿已经发展成为专门从事高技术产业和高端服务业的多元文化大都市。昔日以渔业、贸易、工厂和纺织厂为基础的经济，现在其经济繁荣已经转向依靠大学、医疗机构、微电子企业和综合的金融服务业。美国历史上最大的土木工程，大开挖（Big Dig）的竣工，有望将波士顿商业区上最老最具有历史意义的有些部分连成一体。

延伸阅读书目：

- Beatty, J. (1992). *The rascal king: The life and times of James Michael Curley*, 1874 - 1958. Reading, MA: Addison-Wesley.
- Brooks, V. W. (1936). *The flowering of New England*. New York: Modern Library.
- Handlin, O. (1941). *Boston's immigrants*, 1790 - 1865. Cambridge, MA: Harvard University Press.
- Lukas, J. A. (1985). *Common ground: A turbulent decade in the lives of three American families*. New York: Knopf.
- O'Connor, T. H. (1997). *Civil War Boston: Home front and battlefield*. Boston: Northeastern.
- Rutman, D. (1965). *Winthrop's Boston: Portrait of a Puritan town*. Chapel Hill: University of North Carolina.

Thomas H. O'Connor 文

赵显博译 陈恒校

鲍威利街
BOWERY, THE

鲍威利街（The Bowery）起初是一条贯通曼哈顿南北山脊的阿尔贡金（Algonquin）小道，现已成为纽约市最重要的商业大道之一和国际知名的城市传奇。1637年，荷兰总督威廉·凯夫特（Wilhelm Keift）将其命名为鲍威利（bouwerij），意指有着开阔地的农场，并作为连接新兴的新阿姆斯特丹与北部乡村定居点的正式道路。到17世纪50年代，路上行人已是络绎不绝，并且在1673年成为首条出现陆路邮递的道路。殖民地时期，鲍威利道（Bouwerie Lane），又被称为波士顿邮路（Boston Post Road），是陆路连接纽约和波士顿的主要路线。

英国人来到此地后把鲍威利路改为英国化的名字，也即现在所称的鲍威利街（Bowery）。整个18世纪，鲍威利街上住着很多声名显赫的纽约人，并且还拥有大量重要建筑。从1790年到19世纪40年代，纽约市与鲍威利街出现了快速的社会和经济转型。早期，德兰西地产（DeLancey）将南鲍威利街和邻近的集水池（Collect Pond）租给手工业者和屠宰商。这一时期，鲍威利街上的经济和住宅转型逐渐发生。内战前，鲍威利街南端即资产阶级市民的居所开始逐步发展成为工商业的经营场所。妓院、酒馆和制造业工厂也出现在声名显赫市民的住所旁边。

鲍威利街上的冲突既有经济原因又有种族原因。19世纪30年代出现的由本土主义者组成的鲍威利男孩（Bowery Boys）是鲍威利街常年的标志之一。本土手工业者和工人感觉受到五点区爱尔兰裔和自由黑人的威胁，经常走上街头，暴力行使自己作为美国人的权利。此类冲突多以鲍威利街的剧院为中心且频繁发生，最后达到顶峰，即1849年阿斯特广场剧院骚乱（1849 Astor Place Theater Riot）事件，本土主义者暴民抗议爱尔兰裔演员登台演出。在长达六周的骚乱中，鲍威利街上剩余的资产阶级请求纽约市改掉街道名称以图挽救鲍威利街受损的声誉。纽约市领导人将

94

上鲍威利街(Upper Bowery)从阿斯特广场到联合广场(Union Square)的部分改名为第四大道(Fourth Avenue),因害怕另起事端,没有用著名的美国人命名。

19世纪50年代,鲍威利街逐渐发展成为工人阶级商业区。酒吧、廉价公寓、纹身店、拍卖店和剧院到处都是。内战前,鲍威利街被称为工人阶级和手工业者文化的中心。这一描述也许是精确概括,不过鲍威利街也日益成为纽约市无家可归者和穷人的聚集地。

内战爆发后,战争老兵和无数流离失所的人想在纽约定居。1853年,纽约市政寄宿机构(Municipal Lodging Houses)在六个月的时间内安置了24893人。肯尼斯·谢尔泽(Kenneth Scherzer)1993年指出,19世纪60年代晚期,纽约市平均每年安置了86214人。内战后随着纽约市无家可归者数量的增加,鲍威利街逐渐成为脱离社会联系者的聚集地。

1873年,约翰·杜里牧师(Reverend John Dooley)开设了鲍威利街第一家廉价旅馆。鲍威利福利组织(Bowery Mission)1879年开放,之后又有很多机构也进入鲍威利街,这些组织都尝试收容当地警方管理区的地下室和市政寄宿机构中不断增多的无家可归者。肯尼斯·杰克逊1987年指出,19世纪90年代,通宵服务福利组织(All Night Mission)、基督教救世军(Salvation Army)宿舍、圣巴拿巴女性之家(St. Barnabas House for Women)和布赖斯纪念堂新男孩之家(Brace Memorial Newsboys' House)以及20是早期的哈德利福利组织(Hadley Mission),都在鲍威利街设有机构。

1884年,鲍威利街上被逮捕的人数占到纽约市所有逮捕人数的27%。同年,从查塔姆广场(Chatham Square)到库珀联盟学院一英里的街道上有大约82座酒吧或饮酒场所,平均每个街区6个。1890年,鲍威利街的市政厅到库珀联盟学院段约有9000名无家可归者。到1907年,这一数字在20年内几乎增长了200%,达到25000人。1973年霍华德·巴尔(Howard Bahr)指出,此时鲍威利街几乎已经是纯男性聚居地。

正是在19世纪晚期,无家可归者被相关机构收容并被隔离在美国城市中。19世纪最后的25年,贫困单身汉社区(Skid Row),即某些部分主要由无家可归的男性组成,开始在全国的各大城市出现。彼得·罗西1989年指出,纽约市警方1890年报告,在过去的十年,监狱和拘留所每年为150000人提供住宿(是纽约最大住宿提供单位)。鲍威利街就是纽约市的贫困单身汉社区。

19世纪晚期,纽约市开始对鲍威利街置之不理,任其继续堕落。最能说明这一点的是因鲍威利街高架列车而引发的骚动。鲍威利街高架列车1878年8月26日通车,列车架于人行道之上,每个方向为单轨。在这种情况下,高架列车两侧的建筑物一片漆黑,而街道却是灯火通明。1911年车轨被毁,4年后重建,有车轨四条并贯穿整个街道。此时,曼哈顿的很多高架列车已经移至地下,所以1915年高架列车的重建,把鲍威利街置于经济发展不足的境地,并且导致房地产价格突降。很有可能,相关的决策者得出结论:在鲍威利街,修建高架列车可以接受,如此一来,声名狼藉的鲍威利街,不仅被其恶名所污,还被高架列车所累。

无家可归者是鲍威利街的主要角色。19世纪晚期20世纪早期,鲍威利街被视为纽约市的垃圾倾倒场。1890年,鲍威利街估计有9000名无家可归者,到1907年增加了200%,达到25000人。之后,贫困和无家可归者逐渐成为全国性问题,所以,虽然鲍威利街的无家可归者有所增加,但是作为无家可归者聚集地,其问题已经不再那么凸显。大萧条时期鲍威利街的无家可归者几乎数不胜数,二战爆发后,无家可归人口出现了明显下降。1949年一研究宣称,鲍威利街只有13975名无家可归者,1965年的《鲍威利计划》(The Bowery Project)指出,到1964年,无家可归者已经急剧下降至7611人。

20世纪,对鲍威利街的良性忽视,让鲍威利街的绝大多数建筑没有出现重大的结构变化。直到20世纪90年代晚期,鲍威利街上,还有大量令人惊奇的19世纪城市建筑。进入21世纪之时,绅士化带来了严重的后果。大量建筑被拆毁,取而代之的是无名的居民楼。酒吧被时尚的夜总会取代,整个街道好像经历过大规模的商业转型。不过,鲍威利街上将近还有几十座临时住房旅馆,大量的慈善组织,以及几百名无家可归者。

亦可参阅:五点区(Five Points),纽约州纽约市(New York,New York)

延伸阅读书目:

● Bahr, H. (1973). *Skid Row: An introduction to disaffiliation*. New York: Oxford University Press.
● Bureau of Applied Social Research. (1965). *The Bowery project*. New York: Columbia University Press.
● Jackson, K. (1987). The Bowery: From residential street

to Skid Row. In R. Beard（Ed.），*On being homeless*：*Historical perspectives*. New York：Museum of the City of New York.

- Rossi，P. H.（1989）. *Down and out in America*：*The origins of homelessness*. Chicago：University of Chicago Press.
- Scherzer，K.（1992）. *The unbounded community*：*Neighborhood life and social structure in New York City*，1830 - 1875. Durham，NC：Duke University Press.

Seth Kamil 文

赵显博译　陈恒校

范尼·布莱斯
BRICE, FANNY

范尼·布莱斯(1891—1951)因成功的喜剧演员生涯而著称于世,在齐格菲尔德(Ziegfeld)的"时事讽刺剧"(Follies)中一演就是二十多年,另外其广播节目和电影遍及 20 世纪早期。

范尼娅·博拉(Fania Borach)——范尼·布莱斯出生后的名字——是匈牙利移民罗斯·斯特恩(Rose Stern)和法国移民酒吧侍者查理·博拉(Charlie Borach)的二女儿,家中排行第三。布莱斯成长于不信教的犹太中产阶级家庭,曾居住在纽瓦克、布鲁克林和曼哈顿。博拉年轻时候就步入演艺生涯,在其父亲工作的酒吧柜台上进行歌舞表演,而作为女儿最大的支持者,查理·博拉会向女儿投掷硬币。15 岁时,博拉借用家庭好友的名字布莱斯作为艺名,开始在布鲁克林基尼剧院(Keeney's Theater)——是当时主要的轻歌舞剧剧院——的"业余之夜"上表演。布莱斯的即席演出受到了长期的热烈欢迎,由此开启了歌手和喜剧演员的生涯。

1909 年,17 岁的布赖斯获得第一份合同,参演进行巡回表演的滑稽戏《大学女生》(*The College Girls*)。1910 年,布莱斯离开《大学女生》,加入弗洛伦兹(弗洛)齐格菲尔德(Florenz "Flo" Ziegfeld)已有三年历史的时尚讽刺剧——一种结合滑稽戏和喜剧的新式音乐剧。布莱斯很快成为观众最喜爱的表演者,并且长期在时尚讽刺剧进行表演,直到该剧在 1931 年终结。1921 年,布莱斯改编时事讽刺剧,加入了法国感伤恋歌《我的恋人》(*My Man*)之后,歌曲成为布莱斯的标记,而布莱斯也凭借此次成功跻身明星行列。与其相关的其他歌曲有《二手玫瑰》(*Second Hand Rose*)、《我要担心》(*I Should Worry*)和《华盛顿广场的玫瑰》(*Rose of Washington Square*)。

1919 年,布莱斯与长期相恋的男友朱利叶斯(尼克)·阿恩斯坦(Julius "Nick" Arnstein)——一个极具诱惑的骗子,后在 20 世纪 20 年代成为美国头号通缉犯——结婚,二人育有两子。1927 年与阿恩斯坦离婚后,布莱斯与歌曲作家比利·罗斯(Billy Rose)结婚,后二人在 1938 年离婚。

借助在齐格菲尔德时事讽刺剧中的成功,20 世纪 30 年代,布莱斯开始在百老汇节目和电影中与大演员如 W. C. 菲尔兹(W. C. Fields)、埃迪·坎托(Eddie Cantor)和威尔·罗杰斯(Will Rogers)同台演出;参演《我的恋人》(*My Man*，1928)和《做自己!》(*Be Yourself*!，1930)。在《百衲被》(*Crazy Quilt*，1931)中,布莱斯将自己 1912 年轻歌舞剧中表演的调皮捣蛋顽童,小鬼斯努科斯(*Baby Snooks*)引入了电影。小鬼斯努科斯之后成为观众最喜爱的时事讽刺剧,从 1936 年起,布莱斯在广播上表演斯努科斯,直到 1951 年去世。

与比利·罗斯离婚后,布莱斯移居加利福尼亚州并在当地度过余生。布莱斯继续从事广播节目和电影演员工作,曾参演《歌舞大王齐格菲尔德》(*The Great Ziegfeld*，1936)和《大家一起来唱歌》(*Everybody Sing*，1938)。关于其生平的电影有《华盛顿广场的玫瑰》(*Rose of Washington Square*，1939)和《滑稽女孩》(*Funny Girl*，1968),以及百老汇音乐剧《滑稽女孩》(1964)。

亦可参阅：滑稽戏(Burlesque)

延伸阅读书目：

- Goldman，H. G.（1992）. *Fanny Brice*：*The original funny girl*. New York：Oxford University Press.
- Grossman，B.（1991）. *The life and times of Fanny Brice*. Bloomington，IN：Indiana University Press.
- Katkov，N.（1953）. *The fabulous Fanny*：*The story of Fanny Brice*. New York：Alfred A. Knopf.

Elif S. Armbruster 文

赵显博译　陈恒校

广亩城
BROADACRE CITY

广亩城是由建筑师弗兰克·劳埃德·赖特提出的理想社区计划。与其建筑师同仁勒·柯布西耶高度城市化的"为三百万居民设计的当代城市"规划恰恰相反,广亩城代表着赖特对美国城市的后城市化、农业构想。广亩城源于赖特的观念,每位市民至少要拥有一英亩土地。赖特已经在该项目上投入了不少时间,起初以理想城(Usonia)命名,后1929年股市崩溃,让赖特坚信美国需要来场剧变。1930年,在普林斯顿大学可汗系列讲座(Kahn Lectures)讲学时,赖特首次公开介绍广亩城概念,之后在1932年首次出版的《消失的城市》(*Disappearing City*)中对广亩城进行了详细阐述。

在《消失的城市》——之后,经修订,在1958年出版更名为《生机盎然的城市》(*The Living City*)——中,赖特将现代城市生活的野蛮、拥堵状况与自己的低人口密度形式对比。在赖特看来,现代城市受到交通拥堵、轻罪、贫民窟的困扰,城市建筑已经失去了人类的均衡感,而且现代工业技术使人类变得冷漠,把人类变成机器的奴仆。不过,赖特也没有抛弃所有技术,而是提议将技术运用到更好的方面。像汽车、私人飞机方面的技术进步,可以让人们快速到达遥远的地方,电话减少了面对面的接触,还有照明、供暖和制冷方法,使人们能够在各地生活。此类进步,使城市向大片区域分散成为可能,同时催生了广亩城——乡村中的城市——的出现。不像现代城市中,人们居住在狭窄的住宅,在广亩城中,每户家庭会拥有1—5英亩土地,人们在土地上从事的农业和轻工业将会是社会和经济生活的中心。以赖特之见,城市的彻底分散,能够消除暴民政治,更够带来个体性和以个人主义为基础的杰斐逊式民主的复兴。"租借"劳动力、财产和思想的制度,导致人们生活是通过他人的经验感受的,且无觉察到自身就是具有生产性的个体,而通过物质和精神财产的个体所有,能够消除这一制度。赖特认为,只要每位市民拥有土地,并在自己的土地上生活工作,现代社会中,如城市生活与乡村生活,体力劳动与精神劳动,和工作与休闲等之间分裂就会被消除。

忠于自己个人主义民主复兴的希望,赖特设想国家只需要一个非常有限的政府。赖特也认识到,需要统一的财政系统,或者某种形式的社会信用,但认为不需要大规模的国家政府。而且,政府的主要所在地是县,广亩城中权力最大的官员是县建筑师。郡建筑师,接受有机建筑原则的培训,其首要责任是道路设计——赖特设想的重要组成部分。同时,彻底分散设想也延伸到教育。每所小学的学生人数不超过40人,每班不超过10人,课程包括烹饪、园艺和绘画。也会取消综合性大学,取而代之的是小型研究机构、协会和风格中心,如赖特的塔里埃辛(Taliesin)。

虽然赖特计划的是高度分散且以家庭为基础的社区生活,但是也承认,处于社会和经济方面的原因,人们需要团结起来。为实现这一目的,赖特设计出路边市场进行合作交易和社区中心,或者"汽车目的地",汽车可达目的地,修建在自然风景优美的地方如高尔夫球场、赛马场、动物园、水族馆、天文馆、体育俱乐部和体育馆、美术馆、博物馆和植物园。除了路边市场和汽车目的地之外,赖特还设计有宗教中心,不分宗教派别的教堂可供各种宗教信仰使用,大型公社宗教场所内包括各种小教堂,且教堂内消除任何象征特定教派的物件。

虽然广亩城在设计上是以农业为主,不过赖特也规划了顶部带有生活空间的小型工厂、公寓建筑和带有实验室的住房。然而,因为多数家庭为从事小规模生产的农民,所以其主要焦点是典型的"理想城"住房。广亩城的土地所有者通过大规模生产的部件组装房屋,其中的部件具有高度的灵活性,能满足定制需要。很多赖特设计的理想城住房,实际上在美国各地都有建设,估计比广亩城还要出名。住房风格朴素,楼层平面开放,内为大房间,有一个或多个车库。住房的水平线和取自本地的建筑材料能够融入其所在环境,赋予住房令人愉悦的美感,却又不张扬跋扈,而且采用天然供暖、制冷和照明,有利于保护环境。

虽然赖特的设想比较彻底、综合,但是并没有提出可以拿来进行实施的具体规划。相反,广亩城计划是一种城市中心逐渐消失的预言,是对城市中心消失后国家会是什么样的设想。1934至1935年的冬季,塔里埃辛赖特的学生根据广亩城设想,设计出了大小为4平方英里的模型。赖特强调,自己的广亩城设想只不过是提议,而并不是实际的设计,可以拿来模仿。1940年,底特律的一个团体要重新安置汽车工人,请求赖特为由15户家庭组成的社区设计住宅。赖特设计了社区,不过那个团体没有彻底按照设计来建设。因为广亩城从来没有人建,所以赖特的构想还仍然是理论。即便如此,我们也不能忽视广亩城。广亩城,不仅浓缩了赖特对于建筑和社会的观点,而且是具有相当分量的预言,即随着郊区的发展,边缘城市取代城市中心成为社会经生活的焦点。

亦可参阅：弗兰克·劳埃德·赖特（Wright, Frank Lloyd）

延伸阅读书目：

- DeLong, D. G. (Ed.). (1998). *Frank Lloyd Wright and the living city*. Milan: Skira Editore S. P. A.
- Fishman, R. (1977). *Urban utopias in the twentieth century: Ebenezer Howard, Frank Lloyd Wright, and Le Corbusier*. New York: Basic Books.
- Rosenbaum, A. (1993). *Usonia: Frank Lloyd Wright's design for America*. Washington, DC: Preservation Press.
- Wright, F. L. (1958). *The living city*. New York: Horizon Press.

Gina Marie Dreistadt 文

赵显博译　陈恒校

纽约市布鲁克林
BROOKLYN, NEW YORK

今天，位于长岛西端、面积为 81 平方英里的布鲁克林是纽约市五区中人口最稠密的地方。其中还有著名的布鲁克林大桥（Brooklyn Bridge），充满生气的少数族裔社区科尼岛，西印度嘉年华庆祝活动（West Indian Carnival）和布鲁克林道奇队——棒球幽灵，在成立近 50 年后，依然活跃于布鲁克林。

首批定居布鲁克林的欧洲人是荷兰人，在 17 世纪早期曾将该区作为新尼德兰（New Netherlands）的一部分。定居布鲁克林的社区为五个荷兰农业社区和一个英国社区：弗拉特兰兹（Flatlands, 1636）、布鲁克林（1646）、弗拉特布什或米德伍德（Flatbush, Midwood, 1652）、新乌特勒支（New Utrecht, 1657）和布什维克（Bushwick, 1660）以及德博拉·穆迪夫人（Lady Deborah Moody）建立的——为寻求信仰自由而率追随者逃离新英格兰——英国城镇格雷夫森德（Gravesend, 1645）。六个城镇都比较稳定繁荣，其中，弗拉特布什因位居中心，在 19 世纪 30 年代前是该地的行政、经济和宗教中心，而布鲁克林位于正对下曼哈顿的巨大海港，在六镇中最为重要。

1776 年 8 月 27 日的长岛之战（Battle of Long Island）是美国独立战争中第一次同时也是规模最大的战斗，发生在弗拉特布什和布鲁克林。战斗中美军被击溃，英军取得决定性胜利。美国独立战争几乎因此战而终结。不过 8 月 29 日，趁着大雾和夜色，带着剩余军队的乔治·华盛顿登上最后一艘船，渡过东河逃亡曼哈顿。

英军占领时期城镇遭到破坏，1783 年英军离开后，居民着手进行重建。除布鲁克林之外，其他城镇直到 19 世纪晚期仍然是人口稀少的农业社区。由于城镇中的土地由各个家族代代相传，再加上牢固的社会和亲属关系以及缺乏经济必要性，所以这几个城镇能够顶住城市化的压力。布鲁克林镇因邻近东河，发展迅速。

布鲁克林向城市制造业和工业中心的转型始于其滨水地区的发展。1801 年，联邦政府在东河上建立布鲁克林海军船坞（Brooklyn Navy Yard）。海军船坞中的造船业在二战期间达到顶峰，有 70000 名男女工人，全周无休夜以继日地不停工作，支持战备。1966 年，政府关闭船坞并转交给纽约市，后被开发成为工业园。船坞的关闭，碰巧与布鲁克林制造业基础和滨水活动的衰落以及布鲁克林向服务业的转型同时发生。今天，布鲁克林滨水区昔日的工厂已变成大型城市公园。

贯穿整个 19 世纪并且一直到 20 世纪，布鲁克林滨水区一直是工业重地。1814 年，东河上出现定时往返汽船轮渡，从此布鲁克林与曼哈顿之间往返更加方便、安全。一些曼哈顿人认为，与曼哈顿拥挤不堪的环境相比，布鲁克林健康的环境更有利于家庭，于是在轮渡开通后，更多的人乘此之便迁居布鲁克林。很多土地持有者，特别是布鲁克林高地，把土地分为几部分，用于建设住房，产生了最早的郊区。

1825 年伊利运河开通，给位于运河南部终点本已是欣欣向荣的布鲁克林增加了不少活力。1843 年布鲁克林镇成为布鲁克林市。1839 年，城市规划沿格网绘制其街道。新市（现为区）政厅 1849 年建成。1855 年，在兼并威廉斯堡和布什维克之后，布鲁克林成为美国第三大城市。工厂、港口设施和货栈从布鲁克林南部到北部的绿点（Greenpoint）和牛顿湾（Newtown Creek）沿东河河岸绵延数英里，生产出各种各样的产品后，由船只运往全国和全世界。从 19 世纪 40 年代，随着新移民的涌入，布鲁克林市逐渐成为世界的缩影。

布鲁克林不像国王县（Kings County）内的其他城镇，甚至在其城市宪章出现之前就着手建立文化机构。1823 年，布鲁克林博物馆的前身布鲁克林学徒图书馆

（Brooklyn Apprentice Library）成立。1861 年,蒙塔古街（Montague Street）的布鲁克林音乐学院（Brooklyn Academy of Music, BAM）开放。1908 年毁于大火后,学院在现在的位置,即格林堡（Fort Greene）的拉斐特大道（Lafayette Avenue）得到重建。新近经过重新装饰,布鲁克林音乐学院是新格林堡艺术区（Fort Greene Arts District）的基石。1863 年,长岛历史协会（Long Island Historical Society）,即现在的布鲁克林历史协会（Brooklyn Historical Society）成立。1897 年是标志性的一年,布鲁克林公共图书馆制度开始运行,科尼岛的越野障碍赛马（Steeplechase）娱乐中心也对外开放。1913 年,棒球大联盟在布鲁克林道奇队的主场埃贝茨球场开始运作。1947 年,杰克·罗宾逊加入道奇队,是第一位进入棒球大联盟的非裔美国人,是棒球运动和民权运动发展历史性的一刻。

最重要的建筑项目是 1874 年完工的展望公园和 1883 年建成通车的布鲁克林大桥。展望公园由弗雷德里克·劳·奥姆斯特德和卡尔弗特·沃克斯设计,打破了城镇之间的土地边界。弗拉特布什大道（Flatbush Avenue）原来是条在欧洲人定居之前就已存在的狭窄小道,现在是布鲁克林连接城镇及南部地区的主要道路。除了设计有 526 英亩的公园外,奥姆斯特德和沃克斯还设计了两条著名的大道:连接东西的东园林大道（Eastern Parkway）和连接公园与布赖顿（Brighton）、科尼岛海滩的海洋园林大道（Ocean Parkway）。1878 年,Q 线地铁的前身布鲁克林-弗拉特布什-科尼岛铁路开始在公园与科尼岛之间运营。19 世纪 90 年代,新的地铁线和有轨电车在布鲁克林交叉往返,结束了农业和大规模住宅区的发展。布鲁克林大桥的修建,让曼哈顿与布鲁克林之间的交通变得方便快捷。20 世纪之初,东河之上又建了两座大桥即 1903 年的威廉斯堡大桥和 1909 年的曼哈顿大桥。

1894 年,布鲁克林市兼并弗拉特布什、格雷夫森德和新乌特勒支三镇;1896 年,兼并弗拉特兰兹后与金斯县接壤;1898 年与大纽约市成为一体,成为纽约市五区之一。

20 世纪前半期,布鲁克林日益增长的移民人口以及移民的第一、二代后代促使生气勃勃的少数族裔社区不断扩大。不过到二战结束之时,联邦住房政策鼓励人们迁往郊区居住。20 世纪 60 年代,布鲁克林处于衰落之中。20 世纪 60 年代晚期 70 年代早期,随着各少数族裔的年轻家庭移入旧城区翻新联排别墅（一般被称为褐砂石房屋）的衰落趋势得到逆转。该运动

得到了 1965 年纽约市地标保护法的支持。虽然布鲁克林高地能在衰落时期独立自持,但是其周围社区却无法保持。然而,那些社区在突然之间变得受欢迎起来,而且在过去的 40 年,布鲁克林出现了重要复兴,最明显的如斜坡公园（Park Slope）和格林堡,以及 21 世纪之交的维多利亚风的格弗拉特布什飞地。

亦可参阅:纽约州纽约市（New York, New York）

延伸阅读书目:

- Allbray, N. C. (2004). *Flatbush, the heart of Brooklyn*. New York: Arcadia.
- Lancaster, C. (1979). *Old Brooklyn Heights: New York's first suburb*. New York: Dover.
- Snyder-Grenier, E. M. (1996). *Brooklyn: An illustrated history*. Philadelphia: Temple University Press.
- Stiles, H. R. (1867). *A history of the city of Brooklyn*. New York: Author.
- Willensky, E. (1986). *When Brooklyn was the world: 1920-1957*. New York: Harmony.

Nedda C. Allbray 文

赵显博译　陈恒校

布鲁克林大桥
BROOKLYN BRIDGE

瞥一眼布鲁克林大桥就可知 19 世纪晚期建筑的复杂程度。当时,折衷主义、工业化、技术和城市化,推动新建筑类型在建设上最大化的利用制造业所生产的新材料。布鲁克林大桥孔武有力,体现了工程技术与审美追求之间的矛盾,一经建成便成为一道美丽的风景且极具影响力,犹如一匹担负重荷的驮马,为河流两岸交通带来便利。社会问题推动了大桥的修建——城市人口数量增加后伴随的交通问题,需要找到让铁路、行人和车辆在同一座桥上同时运行的方法。诚然,过桥的方法很多:最外侧为两条机动车道,内侧为有轨电车,然后是高架人行道,行人可以安全舒适地欣赏风景。1869 年,约翰·奥古斯都·罗布林（John Augustus Roebling）开始修建大桥,其子华盛顿·奥古斯都·罗布林（Washington August Roebling）1883 年加入。

布鲁克林大桥的修建最大化地利用了巨大支柱的

支撑和巨型钢缆的悬索——借助支柱用钢缆将路基面悬在空中。悬索桥有着巨大的视觉冲击和形式与线条美。虽然在某些情况下，巨大的支柱可能有些简单甚至有些朴素，但却揭示了对历史复兴风格的折衷。最佳的描述是兼具埃及-哥特-罗马三者的风格，大桥的分量、方尖塔和外表的调节表现出各种建筑传统的影响，让人们对力量和重量留下深刻印象，与此同时还发挥着桥该发挥的作用。简单的哥特式尖顶拱门是路基面穿过的主要开口，悬索有两方面的作用且都符合结构逻辑。固定于罗马式拱门一侧的扶壁是另一处参考哥特式建筑的地方。路基面以一种独特的方式悬在空中，滑行、弯曲，沿着河流，从一侧到另一侧，既没有显现出压力，也没有显现出张力，但是二者的结合赋予了大桥动感。各种力、材料、形式和视觉线条的戏剧性互动——创造出异常大胆的维度和规模。

布鲁克林因双钢制悬索而著称，表现了新的工程知识和最新材料的使用。为支撑大桥巨大的重量，建设中使用了两套钢缆。第一套是垂直钢缆，从支柱顶端到桥面称抛物线。第二套，直接连接各个支柱顶端钢缆。罗布林还以制作具有高强度拉力的钢缆和辐射状支索——为高悬在河流上空的桥梁创造出空气动力学的稳定性——方面的革新方法而出名。细长的钢缆在拉力之下延伸成区线，犹如太阳的光线，而垂直的钢缆则好似竖琴。大桥需要强有力的支撑，以抵御强风和震动。

1883 年，布鲁克林大桥竣工之时，被誉为美国的凯旋门（Arch of Triumph）和纽约的勃兰登堡门（Brandenburg Gate）。布鲁克林大桥代表着一个重要且具有比喻意义迎宾点，是美国这座工业、金融和移民城市的宣言。

亦可参阅：纽约州纽约市（New York，New York）

延伸阅读书目：

- McCullough, D. (1972). *The great bridge*. New York：Simon & Schuster.
- Trachtenberg, A. (1979). *Brooklyn Bridge：Fact and symbol*. Chicago：University of Chicago Press.

Martha Bradley 文

赵显博译　陈恒校

建筑业
BUILDING INDUSTRY

建筑业负责建筑居所，包括建筑商、承包商、工匠和零售建筑供应商，是每座城市的主要用人单位。建筑业通过为工人及其家属建造住房促进经济发展，而且其活动塑造了大部分城市环境。建筑业的组织以地方为基础，其成员与其他房地产利益相关者——包括代理、律师、建筑师、工程师、土地开发商和抵押放贷者——联系紧密。此类公司是地方的振兴主义者，能够影响城市政治。

建筑业的活动应该能引起经济史学家、商业史学家、城市史学家、社会史学家和劳工史学家的兴趣。但是实际上，各领域的学者都忽视了这一方面。有关建筑商的信息分散于各处，且经常被忽视。从 20 世纪 20 年代到 70 年代，因为建筑业未能遵照由汽车流水线树立的大规模生产典范，被很多人批评发展落后。《财富》（Fortune）杂志曾宣布住房建筑业是工业资本主义的遗留产物。不过最近的学术研究表明事实并非如此。建筑业有着稳步的技术进步，技术积累也是实实在在的。建筑材料很早就实行大规模生产；利用承包商，以及供应商的按需及时发送制度，建材现场组装能够达到很高的效率；再者，住房的固定性和住房需求的周期性特征（因季节和商业周期而不同），促使建筑业非常重视灵活性。现在，对建筑业的看法，比过去几十年都更为积极。

建筑业模糊不清的边界

建筑商一直都存在，不过建筑业是 20 世纪 30 年代的项目。美国政府通过新机构联邦住房管理局，将这一迥然不同的部门纳入经济管理的目标。但是成效有限，行业的边界依旧模糊不清。

住房建筑商在不同的时期和不同的程度上与其他建筑公司——地块划分商、供应商、承包商和销售商——有相互重叠的地方。某些城市（美国东海岸），或某些时期（19 世纪 80 年代，20 世纪 20 年代、60 年代），在建设很多高层住房的时候更是如此。在北美的多数城市地区，普遍的独立式家庭住宅是主要的住房类型。此类住宅的建筑技术比其他结构要简单，且大多数建筑商也专攻独立式住宅建设。然而，那些修建多户住房的建筑商也会建设工厂和办公楼，会根据商业状况而改变焦点。

建筑商、地块分销商和建筑供应商之间的联系有着很强的流动性。19世纪，除了个别的地块划分商，如芝加哥的塞缪尔·格罗斯（Samuel Gross）外，很少修建住房。纵向整合在20世纪更为普遍。大型建筑商如莱维特兄弟，通过获取土地来辅助自己的建筑活动。土地所有者利用建筑规章制度，间接加紧对房地产开发的控制，而通过自己开发来进行直接控制。划分商与建筑商之间的模糊界限催生了新词——开发商——的使用，其他公司则整合建筑与供应。在美国，木材是居首位的建筑材料，而木材经销商是建材供应和短期贷款的主要源头。地方经销商有时（特别是在建筑业繁荣时期）发现有利可图便会进入建筑行业，而在衰退时期则会推出建筑行业回归本行。例如20世纪60年代晚期，有三分之一的木材经销商建筑住房，近一半从事承包活动，有五分之二制造屋顶桁架支撑——战后时期的一项革新，取代了劳动密集型的椽-桁屋顶修建方法。

曾为工厂建设住房的全国性的建筑公司挑战了建筑业的特性。20世纪早期，邮购公司如范·泰恩（Van Tyne）的阿拉丁（Aladdin）和罗巴克西尔斯生产组装房屋预制件，业余人士以及承包商都可以组装房屋。20世纪40年代，联邦政府出资进行全标准组合配件住房试验，但很不成功。从20世纪60年代，拖车住房（又被称为活动房屋）生产商稳步赢得了新住房至少四分之一的市场，特别是在阳光带地区。他们扩大了建筑行业，不过多数住房还是在地方上当场组装。

工地生产的组织

多数建筑商在现场建筑房屋，地基建筑商则在地方活动。直到二战，建筑商在自己所在的城市地区之外进行建筑活动还是很少见的（多数建筑商为男性）。各个地方不同的建筑规章制度催生并影响了这种以地方为中心的模式。战后时期，有建筑公司断断续续地进行区域性建筑活动，但总体局面没有较大的改变。1949年调查显示，全美24座大城市中心中的21座至少有98%的建筑商只在地方活动。甚至在20世纪90年代的南安大略，超过五分之四的住房是由地方建筑商建设。

地方建筑商通过两种方法适应市场。住宅承包商为特定的客户建设住房，有时会与建筑师合作。这种方法在小型社区和大都市区中心富人郊区最为普遍。与此相反，投机建筑商建设住房，面对的是匿名市场，迎合的是大量中等收入群体，而且在需求量大且相对容易预测的大都市区中心，变得越来越普遍。20世纪

20年代早期，有些投机建筑商开始建设"样板房"作为宣传工具。从那时起特别是在近些年，很多建筑商提供定制的样板房，不过需要购房者在住房建设前支付首付。这种混合的方法既减少了建筑商的风险，又为市场巨大的购房者提供选择。在职业建筑行业之外还存在着第三类建筑商——自己修建住房的人。此类人在小型城市中心比较普遍，特别是在未被并入城市的边缘地区，那里规章制度少，建筑商不多。业余建房者最后一次在房屋建设上发挥实质性作用是二战后的十年，但是有超过四分之一住房建设的开始阶段，是由业余者完成。

各种建筑商，包括业余的，都会雇佣承包商来完成具体方面的工作。有几十年，评论者指责这一做法，称其为建筑业混乱的标志。事实上，18世纪晚期19世纪早期承包的兴起，预示着住房供应领域资本主义的发展。承包能够让建筑商对需求程度和需求特点的变化——二者都是住房建设的显著特征——快速作出反应。承包的发展促进了建筑业的专业化。木匠、石匠和泥水匠之间的区别早已有之，而其他工匠如管道工、电工之后也加入进来，并且都是分工。例如糊墙纸工已与化工分离，在大都市区有些更将业务限制在乙烯基、纤维织物或金属上。

承包商的有效分工，使小建筑商保持竞争，并在建筑业内部发挥更大的作用。1949年调查显示，超过96%的建筑商建设的住房不到25座，总体上，他们负责的房屋开工将近半数。其市场份额有所下降，不过还占有相当的比重。这一情况与建筑行业的高退行率有关：每年大约有三分之一的建筑商退出或进入建筑业。所需资本较少，所以入行比较容易。谢尔曼·梅塞尔在其经典研究中，发现20世纪50年代平均每个建筑商拥有2700美元的器材，差不多相当于一辆小卡车和一个工具袋。多数入行的人以前曾是承包商或工匠。建筑业的职业流动性帮助熟练与非熟练的移民实现新旧交替，而建筑商的高退行率则模糊了雇主与雇工之间的界线。

对景观的影响

每种类型的建筑商都在城市环境上留下了独特的印记。在不受管理的地区，业余建筑商建设的朴素单层框架房屋，带有各种缩退形阶梯，并且布局杂乱无章。定制建筑商也并非总会建造独特、壮观和经过建筑设计的住房。很多建筑商使用住房设计图建设住房，与其他城市建筑商建设的住宅小区相似。虽然住房是一次性建设而成，但是不断积累起来还是具有一

定的多样性,特别是那些需要十年或者几十年开发的街区或地区。小镇以及发展较早但发展缓慢的郊区的大部分魅力,都是源自这一开发方式。相反,投机建筑商建设的住房,多是千篇一律。在建筑商的规模还比较小的时候,如19世纪晚期的波士顿,建筑给人的持久印象是在共同的主题上有着很多细小的变化。而在有些战后早期的郊区,大规模清一色的建筑非常惊人。建筑商有时在基本设计上会提供一些变化,如前房倒置或者自选房屋涂层,以弱化视觉上的单调。之后,所有者的改制也能给住房加入变化。

不同建筑商建设的住房越来越具有种族隔离的意味。越来越多的未经规划的地区,开始避免职业建筑商,特别是投机建筑商的涉足。通过加强对建筑和住宅小区的控制,更多的划分商开始建设专一的住宅区,内部的大多数住房是经过建筑上的设计定制建设。特别是在1945年之后,大型的建筑商-开发商自己建设住宅区。从城市环境中,可以看出建筑商活动的很多线索。

亦可参阅:建筑规范与建筑法规(Building Regulations and Building Codes),土地开发商与土地开发(Land Developers and Development),区划(Zoning)

延伸阅读书目:

- Harris, R., & Buzzelli, M. (2005). House building in the Machine Age, 1920s - 1970s: Realities and perceptions of modernisation in North America and Australia. *Business History*, 47, 2.
- Maisel, S. (1953). *Housebuilding in transition*. Berkeley: University of California Press.
- Powell, C. G. (1996). *The British building industry since 1800: An economic history*. London: E & FN Spon.
- Rilling, D. (2001). *Making houses, crafting capitalism: Builders in Philadelphia*, 1790 - 1850. Philadelphia: University of Pennsylvania Press.
- Schweitzer, R., & Davis, M. W. R. (1990). *America's favorite homes*. Detroit, MI: Wayne State University Press.
- Wallis, A. (1991). *Wheel estate: The rise and decline of mobile homes*. New York: Oxford University Press.
- Warner, S. B. (1962). *Streetcar suburbs: The process of growth in Boston*, 1870 - 1900.

Cambridge, MA: Harvard University Press.

Richard Harris 文

赵显博译 陈恒校

建筑规范与建筑法规
BUILDING REGULATIONS AND BUILDING CODES

今天,建筑规范管理建筑的建设和翻新,而建筑法规则提供模范(住房法规管理房屋维修)。建筑规范与建筑法规都经过稳步发展,起初是针对火灾问题,之后是住房健康和安全问题,最近又开始关注降低能耗问题。规范与法规的形成一直也饱有争议。总体上来说,二者塑造了建筑环境和建筑业的发展。

特点与优点

早期的建筑规范集中在是建筑规格,批准或禁止使用特定的建筑材料,例如,要求墙壁框架在16英寸的拱架上使用2英寸到4英寸的木材。建筑规格执行起来比较容易,甚至无资质人员也能够执行。不过,因为这类建筑规范会阻碍技术进步,之后总体上被性能规范取代,强调性能而非材料,例如屋顶框架要能承受一定量的雪并能达到一定的负荷量。结构规范上,还补充有与管道、电梯、煤气设备和热水器相关的用电和机械要求。

支持建筑规范的人视其为维护公共利益的工具。早期批评人士指出,建筑规范代表着可能抵制变化的劳动实践和社会利益集团。例如,20世纪60年代中期,多数市政府禁止在建筑中使用预先组装好的管道或输电线路;十年后,三分之一的市政府仍然禁止使用丙烯腈-丁二烯-苯乙烯(ABS)塑料管,该材料是在1948年发明,1960年得到联邦住房管理局的批准。性能规范的使用已经被证明符合科学。然而可以说,该规范把责任与权力从建筑商和工匠转移到工程师、建筑师和制造商头上。还有人批评建筑规范束缚了行业发展,限制了人们的选择。因为建筑规范变得越来越细致,建筑成本——特别是小型住房——也有所增加。有人认为规范应该因地制宜,让消费者来权衡住房成本与安全,或者给消费分期改善住房和相关设备的选择。

历史

在很多国家,设立建筑规范的首要目的是减少火灾风险。在北美,早期规范规定屋顶禁止使用茅草,烟囱不能使用木材。因为火灾容易传播,其风险因定居点的人口密度而不同。19世纪下半期,大规模的火灾如1871年的芝加哥大火,促使市政府规定防火要求,禁止市中心地区建设木结构建筑。与乡村相比,城市健康环境较差,到1900年,过度拥挤和恶劣的卫生状况,导致城市的死亡率比乡村高。有人担心城市的公共卫生和火灾隐患。应对此类问题,纽约的举措引人注目,根据建筑规章,建设模范的带有通风井的多层租屋。各地的城市都开始规范房间大小、通风状况和卫生设备。

起初,每个市政府制定自己的规范,向地方上有资质的人——包括与建筑业有关的工程师、建筑商和工匠——咨询。规范规定的具体措施,有利于此类团体。规范本身复杂性和特别利益集团,阻碍修订规范,以适应新材料和新技术的使用。特别是从20世纪20年代起,建筑规范因为抬高建筑成本而备受攻击。为了促进规范的修订,便于建筑商和制造商面向更为广泛的市场,有人尝试将建筑规范标准化。20世纪40年代,预制配件组合房屋制造商发现,实际上自己的产品不符合多数地方规范。一定程度上因为这个原因,多数预制配件组合房屋制造商失败,如著名的拉斯特隆(Lustron)。

在其他国家,由政府推动建筑规章的标准化。例如英格兰和威尔士1877年的国家立法,影响了各地的框架住房建设。之后,加拿大在1941年出版的《国家建筑条例》(National Building Code)被广泛采用。在美国,最早和最有效地推动标准化的尝试是由私人机构做出的。出于共同关切,1866年,保险公司成立全国火灾保险业者委员会(National Board of Fire Underwriters),1905年,该组织出版第一个模范条例,市政府可以采用也可以改编。另外,还有三个机构出版的模范条例,也得到广泛使用。到20世纪80年代,在出台建筑规范的地方政府中,有四分之三都采用以上机构的条例。

住房建筑是建筑规范标准化的最佳机会。办公室、工厂和商店是为特别客户建设的定制项目。他们或是比较独特,或是一个小团体。而住房的建设则是数量巨大,由于住房是必需品,所以普遍认为,建筑规范不应该增加建筑成本。1922年,新的商务部建筑法规委员会(Building Code Committee of the Department of Commerce)出版小型住房的模范法规,在委员会活动在1934年被剥夺之前有350个市采用。二战期间,联邦建筑规范促进了预制配件组合房屋,在国防工业

社区的使用。后来,那四个私人机构继续推动标准化,部分地出版了小型住房简化版的联合法规。

1973年之后,飞涨的能源成本激起节约能源的兴趣。全国各州大会(National Conference of States),提出了《标准能源节约法规》(Model Energy Conservation Code)覆盖了家用电器、建筑隔热和空调。1980年,44个州颁布能源法规,措施得到1987、1992年的联邦立法的支持。1988年,《公平住房法》的规定扩展至残疾人。住房和城市发展部出台指导方针,改善多户家庭居所的交通可达性,鼓励州和地方政府遵从指导方针。在理论上,建筑法规现在有利于节约能源,改善可达性,住房健康和住房安全,同时还通过推动新材料和新方法的使用提高生产效率。

地理

建筑规范的多样性在19世纪早期达到最高点。当时,大城市已颁布建筑规范,不过模范法规的使用还比较有限,且各郊区的情况大不一样。1900年之后,城市兼并的速度放缓,多数新发展发生在城市之外。富裕的郊区实施严格的规范,并以此作为社会排斥的方法。工业郊区建筑管理比较谨慎,不愿约束为容纳本地工人的住房建设。未被纳入城市的边缘地区则毫无监管。在大都市区的地理范围内,建筑规范也极其多变。

标准化的努力减少了五花八门的规范,但并没有完全消除。1967年,全国城市问题委员会(National Commission on Urban Problems)发现,有不少地方政府仍然没有建筑规范,其中包括标准化大都市统计区(SMSAs)内31%的市政府。即使有些城市有国家法规为基础的建筑规范也不一定同意:多数城市会出台自己的修正案,而且很多未能与时俱进。委员会调查表明,得到全部四个国家法规批准的14个重要建筑惯例,有8个被超过四分之一的市政府禁止。执行建筑规范是一种治安权,通常州政府将其授权给市政府。建筑规范标准化的方法之一是出台州建筑法规,往往以四个国家法规其中的一个为模型。州政府也许会支持市政府遵循州建筑法规,也许会要求市政府。有些州没有建筑规范的市,可能自动会被州建筑法规覆盖。即便如此,各种各样的建筑规范依然存在。20世纪70年代中期仍然没有自己的建筑法规。那些有建筑法规的州,通过各种机构部门——建筑部门、住房部门、卫生部门、公共工程部门、保险部门、规划部门或消防局局长——来执行。法规有些具有强制性,有些不具有强制性;有些与安全有关,规定最低标准;其他涉及到社会排

斥,为最高标准;有些既有最低标准,又有最高标准;有些允许地方添加修正案。建筑规范区域的地理毫无逻辑。新泽西州有着全面的结构和机械法规,并设有最高标准和最低标准。邻近的宾夕法尼亚州,除了涉及到电梯的法规外,没有应用于全州的建筑法规。

几十年内,活动住房行业都是自行管理。为了鼓励活动住房行业发展,同时为了加强公共安全,住房和城市发展部,从1976年起,开始实行全国性能标准。1981年修订时用预制住房一词取代了活动住房。

行政与效果

建筑规范的效果取决于行政。在建筑规范执行上的投入远比涉及到的投资价值小,且执行力度普遍不足。最晚至20世纪60年代,颁布建筑规范的地方政府超过四分之三都没有全职督察员。贿赂和腐败方面的刺激一直很强。纽约市在20世纪70年代几乎所有的建筑部门雇员都知晓或参与腐败行为。最近几年,贿赂加快了批准过程,而不是用于确保非法建筑通过批准。因为情况各异,所以建筑规范在执行过程中,具有一定灵活性很有必要。有些建筑规范考虑欠周,有些已经过时,所以在非常时刻,灵活执行建筑规范还是比较可取的。芝加哥大火之后,新的建筑规范禁止框架结构建筑的规定起初也没有得到实施。1945年后,督察员放松规则,允许老兵分期建房。

建筑规范实现自己作为规范的目的,不过也付出了代价。20世纪早期,北美地区的火灾发生次数比欧洲多,在某种程度上是因为框架结构建筑和木瓦的普遍使用。1900至1909年,多伦多出现火灾警报的次数是同等规模城市苏格兰格拉斯哥的三倍。建筑规范减小了火灾风险。从1900到1910年,全美每一百美元的投保财产中,就有63分钱是火灾损失。到1940年,数据几乎降了一半。同时期内,婴儿死亡率的大幅下降在某种程度上就得益于建筑和卫生的改善。在20世纪中期,价格减慢了建筑业技术进步的速度,阻碍大规模建设的发展,并抬高了最低成本。直到20世纪50年代晚期,由于城市建筑规范五花八门,还可在一些边缘地区建设低成本住房以及进行分期建设。不过之后,随着全国建筑法规被广泛采用,此类建筑活动也受到了限制。

亦可参阅:建筑业(Building Industry),联邦住房管理局(Federal Housing Administration),区划(Zoning)

延伸阅读书目:

● Cooke, P. W., & Eisenhard, R. M. (1977). *A preliminary examination of building regulations adopted by the states and major cities*. Washington, DC: National Bureau of Standards.

● Gaskell, S. M. (1983). *Building control: National legislation and the introduction of local bye-laws in Victorian England*. London: Bedford Square Press.

● Harris, R. (1991). The impact of building controls on residential development in Toronto, 1900 - 1940. *Planning Perspectives*, 6, 269 - 296.

● National Commission on Urban Problems. (1968). *Building the American city*. Washington, DC: Government Printing Office.

● Rosen, C. M. (1986). *The limits of power: Great fires and the process of city growth in America*. New York: Cambridge University Press.

● Seidel, S. (1978). *Housing costs and government regulations*. New Brunswick, NJ: Center for Urban Policy Research.

● Slaton, A., & Abbate, J. (2001). The hidden lives of standards: Technical prescriptions and the transformation of work in America. In M. T. Allen & G. Hecht (Eds.), *Technologies of power* (pp. 95 - 143). Cambridge, MA: MIT Press.

● Vitale, E. (1979). *Building regulations: A self-help guide for the owner-builder*. New York: Scribners.

Richard Harris 文

赵昱博译 陈恒校

平房
BUNGALOW

作为世界上最普遍的住房建筑形式之一,平房或许是美国历史上影响最大的住房风格,其基本结构简单,低层的三角墙房屋,只有一层或一层半,房屋正面,屋顶向前延伸,将门廊覆盖住。修建此类房屋最普遍的建材是木材,有时也用灰泥,房顶使用木瓦,烟囱由砖或大卵石砌成。然而,简单的结构形式却包含着复杂的文化含义。

平房起源于17世纪印度的茅屋(banggolo),是典型的孟加拉农民小屋。英国人发现,平房适合印度温暖的气候,易于通风,悬伸的屋顶轮廓线能够抵御恶劣天气,所以进行了改造。英国人在帝国的其他热带地区——从非洲到澳大利亚——建有类似结构。不过随着时间的推移,平房从印度的普通民居转而进入了各地的度假胜地,逐渐成为沙滩度假城镇和度假住房的理想形式。平房,作为舒适和回归"简单生活"的化身,正是对美国人最具吸引力的地方。

在美国,该住房形式是中产阶级郊区住房新的理想典范——独立式的住房为一户之家,同时还带有用于草坪和花园的空地。很少有建筑能够如此代表一个阶级和一个时代的渴望。但是起初,平房并不作为大众住房。工艺美术运动(Arts and Crafts Movement)源于英国,后由威廉·莫里斯(William Morris,1834—1896)进行普及,他呼吁回归"简单生活",认为住房是居所,而不是拿来炫耀的工具,而且住房内要放置手工家具和手工艺品。然而,"简单"并不代表廉价,制作所有手工家具和建筑部件所需的劳动绝对不会便宜。

倡导更为民主的艺术与工艺住宅建筑的美国人,是古斯塔夫·斯蒂克利(Gustav Stickley,1848—1942)。斯蒂克利的杂志《手艺人》(The Craftsman)1901年开始发行,内有大量家具、住房和住房设计的插画,为人们提供简单、精致的生活方式,在这一生活方式中,家具和住房融合成为合成艺术品,即总体艺术品。同样的动机促使处于同一时代的弗兰克·劳埃德·赖特发展出大草原住宅(Prairie House)风格,其标新立异的设计在一定程度上要归功于平房。不像莫里斯以及赖特多数的住房设计,斯蒂克利的住房设计比较便宜,甚至包括机器加工方法。之后,斯蒂克利被廉价手工家具仿造者害得破产。不过斯蒂克利对平房在美国的普及发挥了重要作用。

虽然平房是全国性建筑现象,但平房普及最广的地区是加利福尼亚州,特别是在洛杉矶和其他南加州社区,如帕萨迪纳的平房天堂社区(Bungalow Heaven)。对处于半干旱地区、木材有限的城市来说,木结构和木瓦住房并不是最合理的住房类型。平房在南加州非凡的普及程度归功于多个因素。该地区从19世纪80年代到20世纪20年代,出现了一系列的房地产繁荣,而平房在大部分的时期内是流行的住房形式。平房建起来不贵,所以对建筑商和购买者双方都具有吸引力。南加州温和的气候也使平房建筑居于有利地位。

新的住房地带、城市和地区作为一个整体由大规模宣传活动所推动,无疑也促进了平房的普及。用振兴主义者的言辞和比喻来说,洛杉矶以及南加州其他地区是田园牧歌式的理想社会,是摆脱城市化、工业化东部地区的世外桃源。由于平房的舒适和向户外开放的内涵,成为英裔美国人该地区构想的完美住房建筑。确实,花园是理想平房的基本组成部分,居民充分利用南加州的气候,种有奇异的花卉和树木。后院是住房内另一个社交和休闲场所,在出现恶劣天气时把起居室变为避难所。

最伟大的平房风格建筑师是查尔斯·格林(Charles Greene,1868—1957)和亨利·格林(Henry Greene,1870—1954)兄弟。二人设计的终极平房专门为富人建造,几乎算不上是平房。即使规模比较宏大,但仍然采用了平房风格和设计理念。水平的屋顶轮廓线依地势而延伸,房间一直向外扩展到精致优美的花园。从门把手到照明设备,每个部件都经过细部装饰和精巧加工。从门、窗户到支撑房屋、卧廊优雅的结构部件,这些木制品应该是住房内最引人注目的地方。和很多艺术与手工艺倡导者一样,格林兄弟痴迷于日本艺术和设计,在其设计的住房内,可以看到一些日本元素。设计中的亚洲风格,看上去也比较适合建在美国太平洋海岸的住房。

保存至今的由格林兄弟设计的住房,如帕萨迪纳的根堡住宅(Gamble House)是平房运动中最奢华的象征。不过,到20世纪20年代西班牙复兴风格(Spanish Revival)以及其他风格已经取代了南加州的平房住宅。事实上之后的很多风格,例如20世纪中期最显著且无处不在的牧场主住房(Ranch House),尽管是机器大规模生产建造,但就是由平房发展而来。独立式的郊区住房,像平房一样水平而建,代表融合家庭、休闲和户外活动的理想家庭生活,它承载着相同的文化渴望和需要。

延伸阅读书目:
- Bosley, E. R. (2003). *Greene and Greene*. New York: Phaidon.
- Cathers, D. (2003). *Gustav Stickley*. New York: Phaidon.
- King, A. D. (1995). *The bungalow: The production of a global culture* (2nd ed.). New York: Oxford University Press.

Lawrence Culver 文

赵显博译 陈恒校

厄内斯特·伯吉斯
BURGESS, ERNEST W.

1886 年 5 月 16 日,厄内斯特·沃森·伯吉斯(Ernest Watson Burgess)出生于加拿大安大略的蒂尔伯里(Tilbury)。伯吉斯就读于俄克拉荷马州的金费舍学院(Kingfisher College),1908 年获得艺术学士学位。而后,伯吉斯赴芝加哥大学读研究生,在 1913 年获得博士学位。毕业后,伯吉斯曾在中西部的学校教书,1916 年返回芝加哥大学,获得社会学助教的工作。其学术生涯包括了芝加哥大学社会学的不同发展阶段——从早年一个包括人类学的部门,发展到近些年各种社会现象的专业中心。厄内斯特·沃森·伯吉斯于 1966 年 12 月 27 日辞世。

20 世纪 20 年代,罗伯特·帕克(1864—1944)和厄内斯特·沃森·伯吉斯在芝加哥大学设立城市研究项目。二人在 20 世纪 20 年代和 30 年代早期培训的一批学生,被称为第一代"芝加哥社会学派"。帕克、伯吉斯与其学生提出了城市生态理论。该理论认为,城市环境就像自然环境,受到如达尔文进化论一样的很多种力的支配。帕克和伯吉斯等人认为,竞争是最重要的支配力。在稀缺资源上的竞争,将城市空间分割为不同的区,各区内的人有着相似的社会特征。根据这一理论,土地和基础设施方面的竞争,最终城市空间分化为不同区,更有利的地区,土地的价值更高。帕克和伯吉斯,把人们收入增加后移出城市的现象,称之为演替——借用植物生态学的词汇。二人提出的城市土地使用理论,即同心圆模式理论,预言城市将以五个同心圆的形式出现,其中荒废地区会聚集在市中心附近,而相对繁荣的地区则会位于城市边缘附近。帕克、伯吉斯与其学生,利用同心圆模式理论解释社会问题的存在,包括芝加哥市内某一特定地点的失业和犯罪问题。他们的研究使用绘图来揭示社会问题的空间分布,以求对不同的地点进行对比。伯吉斯与学生收集芝加哥市的数据绘制地图。马丁·布尔默(Martin Bulmer)1984 年指出,伯吉斯等人从城市机构那里获取数据,而且对统计数据使用的广泛程度,比当时任何社会科学家都高。

二战后,这些城市模式被认为太过简单、肤浅。特别是有评论人士指出,二人的理论忽视了阶级、种族和种族地位问题。不过,在介绍城市土地使用的复杂变化时,同心圆模式理论还是很有帮助的。在《恐惧的生态学》(Ecology of Fear,1998)中,迈克·戴维斯(Mike Davis)借用同心圆模式理论描述洛杉矶。伯吉斯和芝加哥学派的另一遗产是丰富了社会科学家的方法论工具箱。伯吉斯 1929 年写道,预测是社会科学的目标,也是自然科学的目标。经验数据是其所有项目的基础。但是,在利用统计工具的同时,伯吉斯还加入了案例研究方法的因素分析。最后,其城市生态学研究最重要的遗产之一,是利用空间数据绘制地图的方法,在新兴学科如社会学、犯罪学、规划和公共政策中的应用。

亦可参阅:伊利诺伊州芝加哥市(Chicago, Illinois)

延伸阅读书目:

- Bulmer, M. (1984). *The Chicago School of Sociology: Institutionalization, diversity, and the rise of sociological research*. Chicago: University of Chicago Press.
- Burgess, E., & Bogue, D. J. (Eds.). (1967). *Urban sociology*. Chicago: University of Chicago Press.
- Davis, M. (1998). *Ecology of fear: Los Angeles and the imagination of disaster*. New York: Henry Holt.
- Park, R., Burgess, E. W., & McKenzie, R. D. (1925). *The City*. Chicago: University of Chicago Press.

Sumeeta Srinivasan 文

赵显博译 陈恒校

滑稽戏
BURLESQUE

美国滑稽戏中,衣着暴露的女性以程式化的方式旋转,可以说与脱衣舞表演如出一辙。不过,对 19 世纪中期的观众来说,滑稽戏是为博得观众笑声的音乐和喜剧的丰富源泉,是下里巴人的娱乐方式,违反道德准则,同时意图颠覆文化修养高的阳春白雪艺术。

在 16 世纪,滑稽戏是即兴喜剧(Commmedia dell'Arte)——意大利的街头戏剧,在下层阶级中比较流行——中观看笑话的加长版;而在 19 世纪的英国和美国,滑稽戏——讽刺从《哈姆雷特》到《彭赞斯海盗》(The Pirates of Penzance),从莎士比亚到珍妮·林德(Jenny Lind)的严肃作品和艺术家——被用作正剧后加演的短喜剧,作为特色娱乐。然而,19 世纪女性肉体的显露，即所谓的女子色相表演逐渐占据重要地位，而喜剧的元素有所减少。

在美国，早期的女子色相表演有很多，而且各不相同。19世纪40年代，活体雕像——女性身着暴露的紧身衣摆成古典雕像的姿势——赢得了人们的称赞，且只要模特不动，当局就对其采取容忍态度。而就在同一个十年，在声名狼藉的城市音乐酒吧内，女性身体的表演在夜间上演。1861年，埃达·艾萨克·门肯（Adah Issacs Menken）将女性裸体的观念带入了主流戏剧，因在电影《马泽帕》（Mazeppa）——拜伦诗歌的舞台版——中身着"肉色紧身衣"表演而获得了"裸体夫人"的臭名。五年后，貌似由歌舞团女郎参演的规模更为宏大的裸体表演在《黑魔鬼》（The Black Crook）中上演，该表演将具有情节的粗制滥造的文艺作品与舞台背景和服装连接起来，同时还邀请了巴黎舞蹈剧团——该剧团因计划演出的剧院被火焚毁而滞留在纽约——一同表演。被戏剧史家看作是美国音乐剧雏形的《黑魔鬼》，也可以被称为是20世纪美国滑稽戏的前身。

在19世纪60年代的英国，经营滑稽戏的商人会更多地会依赖姿态优美、衣着暴露的女性表演来吸引观众。当时，维多利亚时代正经的女士千方百计把自己的身体罩在一层一层的衣服下面，而舞台上的女性穿着肉色紧身衣，很明显具有颠覆性，也是对大众口味的挑战。1868年，英国女子色相表演的模式通过莉迪亚·汤普森（Lydia Thompson）及其"英国女郎"（British Blonds）输入到了美国。在类似《伊克西翁》（Ixion）戏剧中，女性身穿紧身衣调戏男性，为进一步暴露女性身体打了前站，并且使赤裸女性扮演性感调戏者的角色成为可能。汤普森与其女郎通过其表演者的台下行为如当众吸烟等，把舞台上的女性塑造成为违背社会道德规范的人物。

对美国人来说，《黑魔鬼》与汤普森及其歌舞团多少还有些舶来品的意味。而观众所观看的M. B. 莱维特（M. B. Leavitt）滑稽戏，大概是第一个美国国产的女子色相表演，这些滑稽戏采用19世纪70年代滑稽说唱团的形式，一经表演即获成功。莱维特的滑稽戏对外宣传为《伦芝夫人的女性说唱团》（Mme Rentz's Female Minstrels），将很多早期女子色相表演的元素——近乎一丝不挂的古典活体雕塑和女扮男装——融入到了大众所熟悉的滑稽说唱团形式中。随着肉体表演的增加，情节被最小化（当然，如果还有情节的话），由此女性滑稽说唱团把滑稽戏转变成为真正具有美国文化特色的表演形式，使滑稽戏在向20世纪"裸秀"（Skin Show）——进一步减少滑稽戏中的喜剧元素，以至于被报纸评论员和教士谴责为下流淫荡表演——的发展中又迈出了一步。

到19世纪80年代，男性经理表面上借用其形式，实际上是在当地法律允许的范围内用女性身体的表演取代了女性的机智风趣。滑稽戏向脱衣舞转变的最后一部分元素在1893年引入，当时在芝加哥世界博览会上一位名叫小埃及（Little Egypt）的舞女首次表演了胡奇库奇舞（Hootchie-cooch）。罗伯特·托尔（Robert Toll）1976年指出，该舞蹈下流淫秽，充满色情和挑逗性，就是普遍所认为的现代滑稽戏。随着与其他娱乐形式——例如像音乐剧《胜利之歌》（Yankee Doodle Dandy，1898），由"长腿"埃德娜·华莱士·霍珀（Edna Wallace Hopper）担当主角；轻歌舞剧表演者像伊娃·坦奎（Eva Tanguay），演唱的歌曲多带有挑拨性的歌名如《我想有人与我一起疯狂》（I Want Someone to Go Wild With Me），其主题曲为《我不在乎》（I Don't Care）；时评类如《齐格菲尔德时事讽刺剧》——的竞争日益激烈，无奈之下，滑稽戏不得不回应挑战，为观众提供更为性感暴露的表演。

之后，就只差像明斯基（Minsky）兄弟这样的滑稽戏倡导者把密室中的脱衣舞表演搬上主流舞台了。1905年，随着很多剧院所有者组成戏剧轻歌舞剧形式的巡回表演——被称为"联号"（Wheels），表演者和公司定期轮流表演相同的戏剧——滑稽戏逐渐发展成为大生意。

20世纪初期也是滑稽戏明星辈出的时代。第一个脱衣舞明星应是现身于20世纪20年代的米利耶·德利翁（Millie De Leon），即"蓝衣女"（The Girl in Blue）。她在脱衣舞表演结束时会把贴有照片的蓝色吊袜带抛向男性崇拜者。德利翁舞台上迸发的活力、毫不拘谨的表演以及越来越疯狂的库奇舞，甚至使滑稽戏进一步强调半裸女性的表演。尽管其下流低俗程度无以复加，仍属滑稽戏，但已经不再是最吸引人的表演了。到20世纪30年代，随着乔治亚·萨森（Georgia Sothern），萨利·兰德（Sally Rand），安·科里奥（Ann Corio）和传奇的吉普赛·罗斯·李（Gypsy Rose Lee）等一批脱衣舞女的涌现，裸露程度越来越高的现代脱衣舞实现了最后形式，进入了全盛阶段。

然而正当滑稽戏步入巅峰的时候，尾声业已来临。20世纪20年代，滑稽戏联号剧院逐渐消失，其影响程度迫使个体剧院重新在没有预约巡回表演的情况下惨淡经营。大约在同一时期，各地政府逐渐盯上城市内低级庸俗的表演，针对滑稽戏表演场所的突袭也越来越频繁,其中最公开的突袭是在纽约市市长菲奥雷洛·拉瓜迪亚的指示下进行的。警方突袭并关闭了纽约明斯基兄弟传奇的滑稽戏厅,结束了这家最著名的滑稽戏剧院,同时意味着滑稽戏的末日不久也将到来,就像宫殿剧院(Palace Theater)的关闭标志着轻歌舞剧的终结一样。

现在滑稽戏早已消失且大体上已被人遗忘,其遗产通过那些曾接受滑稽戏培训的明星表演者——杰基·格利森(Jackie Gleason)、范尼·布莱斯、伯特·拉尔(Bert Lahr)、W. C. 菲尔兹(W. C. Fields)、红骷髅头(Red Skelton)、菲尔·西尔弗斯(Phil Silvers)、鲍勃·霍普(Bob Hope)和梅·韦斯特(Mae West)——又延续了几年,但具有讽刺意味的是,艺术形式下所有的喜剧演员都已不再重视喜剧成分。

延伸阅读书目:

- Allen, R. C. (1991). *Horrible prettiness:Burlesque and American culture*. Chapel Hill, NC:University of North Carolina Press.
- Kendrick, J. (1996/2004). *History of burlesque*, part 2. Retrieved fromhttp://www. musicals101. com/burlesque2. htm
- Shteir, R. (2004). *Striptease:The untold history of the girlie show*. New York:Oxford University Press.
- Toll, R. (1976). *On with the show:The first century of show business in America*. New York:Oxford University Press.
- Zeidman, I. (1967). *The American burlesque show*. New York:Hawthorn Books.

John W. Frick 文

赵显博译　陈恒校

丹尼尔·伯汉姆
BURNHAM, DANIEL H.

建筑师丹尼尔·伯汉姆(Daniel H. Burnham, 1846—1912)出生于纽约哈德逊。因在耶鲁、哈佛求学未成,伯汉姆前往芝加哥,在著名设计师威廉·勒·拜伦·詹尼(1832—1907)手下当学徒。接受詹尼教育的伯汉姆,19世纪70年代早期受雇于总部位于芝加哥的卡特、德雷克和赖特建筑事务所,在事务所中,伯汉姆遇到了约翰·威尔伯恩·鲁特(John Wellborn Root,1850—1891)。伯汉姆与鲁特一道设计了很多

大型建筑物,包括美国最早的摩天大厦之一——芝加哥的共济会教堂。以上活动促使二人在著名的芝加哥设计学院建立伙伴关系。

由于鲁特英年早逝,伯汉姆不得不独自完成任务,包括规划芝加哥的哥伦比亚世界博览会(1893),这是为纪念为哥伦布到达北美400周年而举办的大型庆祝活动。在鲁特过世后,伯汉姆的设计风格中实用主义逐渐居于次要地位,古典主义占了上风。希腊和罗马成为伯汉姆的新模范,他成为推动美国古典主义复兴运动(America's Classical Revival)的主要人物。伯汉姆通过哥伦比亚世界博览会向美国公众展示了大规模、有序清洁的规划,该活动成为美国国内进行全面综合规划的第一个大型案例。借助设计宏伟的建筑、宽阔的林荫大道以及纪念碑似的远景,伯汉姆推动了学院派建筑风格(Beaux Arts)规划理念和新古典主义的建筑形式在美国的传播。参观的游客无不对博览会的设计印象深刻,而后,很多公共或私人客户都要求建筑师做出与博览会类似的设计风格。

因为备受称赞,伯汉姆在城市美化运动——始于19世纪90年代,通过古典风格的建筑和系统全面的市中心规划,在美国城市环境中创造出现代美景的——中发挥着重要作用。城市美化运动是美国现代史上园林建筑、城市改造和城市设计发展的重要阶段,且前已提及,1893年哥伦比亚世界博览会不仅对城市美化运动有重要影响,而且还影响了美国公众,如伯汉姆之后与爱德华·班内特(Edward H. Bennett)的《芝加哥规划》(*Plan for Chicago*,1909)是美国国内首次对大都市发展进行规划与控制的尝试。作为20世纪早期美国首屈一指的规划权威,伯汉姆参与了几座城市的重要项目,如华盛顿特区、克里夫兰和旧金山。规模巨大是伯汉姆设计的典型特征,他的有些观点今天看来似乎已不合时宜,"规划一定要做的宏大,才具有激起人活力的魔力"。所以,其规划方案往往非常巨大,而建筑则非常高。去世时,伯汉姆在建筑界的地位非常之高,留下了世界上最大的建筑事务所。他在美国建筑与规划史上的重要影响,一直延续至今。

亦可参阅:*伊利诺伊州芝加哥市*(Chicago, Illinois),*城市美化运动*(City Beautiful Movement),*世界博览会和展览会*(World Fairs and Expositions)

延伸阅读书目:

- Burnham, D. H. (1993). *The plan of Chicago*. New

York: Princeton Architectural Press.

● Emerson, W. (1893). The World's Fair buildings, Chicago. *Journal of the Royal Institute of British Architects*, 1, 65 - 74.

● Schaffer, K. (2003). *Daniel H. Burnham: Visionary architect and planner*. New York: Rizzoli.

Ian Morley 文
赵显博译　陈恒校

跨学区校车接送
BUSING

1970年，美国总统理查德·尼克松宣布，法院决议的跨学区校车接送有违学校服务社区的原则，无益于推动多种族社会的实现。两年后，阿拉巴马州州长乔治·华莱士(George Wallace)痛批跨学区校车接送，其言语中的恶评有愚蠢和卑劣。随着反跨学区校车接送浪潮蔓延至全国，民权领导人大会(Leadership Conference on Civil Rights)警告，美国面临两难的选择，要么兑现1954年布朗决议中教育公平的承诺，要么倒退至1968年科纳委员会所预言的黑人与白人社会的隔离和不平等。

20世纪60年代晚期和整个70年代，就法院裁决的跨学区校车接送——消除学校种族隔离的措施，往往被贴上"义务接送"、"强制接送"或"校车接送以实现种族平衡"的标签——以克服居住隔离方面的斗争，在全美各地的大城市爆发。不过，跨学区校车接送斗争的起源，可以追溯至布朗诉教育委员会案(*Brown v. Board of Education*)裁决的直接后果，当时，南方的城市校区开始采用北方的消除种族隔离计划，即所谓的将学生分配至"社区学校"的种族中和计划。根据所谓地区差异，尽管宪法和大众舆论都承认这一点，南方的教育模式是法律上隔离的结果，而南方以外的地区，则是实际上的隔离，即隔离不是法律强制的结果。20世纪60年代的前5年，全国有色人种协进会向南方很多地方的校区提起了几百起消除种族隔离的诉讼，同时对北部和西部城市郊区内的实质性隔离发起司法和行政挑战。联邦法院以住房市场造成的种族隔离并非校区责任为由，几乎拒绝了全国有色人种协进会对南方以外地区实质性隔离的所有最初诉讼。法院对《1964年民权法》的宪法解释，美国国会表示支持，但是如此

一来，为实现种族融合而接送校区外学生的措施就被排除在联邦取消种族隔离的政策之外。

在1968年的一场诉讼中，美国最高法院要求弗吉尼亚州乡下一个实行法律隔离的县，采取所有必要措施消除种族隔离。全国有色人种协进会全面抨击宪法对大都市区校区法律隔离与事实隔离差异的解释——如揭露政府政策——导致并加剧了全国各地的居住隔离现象，而不仅仅是实行种族隔离的南部地区。战后大都市区的空间扩张，得益于为促进郊区发展的大量拨款和居住隔离有效实施，包括联邦机构的歧视性住房抵押措施，将少数族裔聚集在市中心隔都的城市改造和高速公路建设项目，以及根据阶级和种族划分社区的排他性城市区划。1969年，全国有色人种协进会在控诉歧视性住房政策与学校种族隔离相关的诉讼上实现了首次重大突破，案件涉及北卡罗来纳州夏洛特市，是一个包括梅克伦堡县(Mecklenburg County)周围郊区的统一区。在具有标志性意义的裁决中，联邦地方法院法官詹姆斯·麦克米兰(James B. McMillan)下令，整个县的学校体系进行全面的种族融合，包括双向的跨学区校车接送，无论是周边郊区的白人学生还是市中心的黑人学生，都纳入这一体系。

作为克服居住隔离、实行全面跨学区校车接送计划的全国性判例，斯旺诉夏洛特-梅克伦堡案(*Swann v. Charlotte-Mecklenburg*)引发的爆炸性影响，推动了所谓"沉默的大多数"(Silent Majority)的反抗，其连锁反应由下而上，进入全国政治层面。夏洛特市的白人领袖上诉至最高法院，称该区已经通过社区学校种族中和的方法，完全遵照了布朗案的裁决，即现有的种族隔离情况，是由实际上的住房隔离造成，与北方大城市的情况相同。数以万计的白人郊区家庭组成相关家长协会(Concerned Parents Association)，宣称无肤色偏见地观察这一问题，谴责"强制接送"的反向种族主义，称居住隔离是自由市场向上流动性的结果，而不是种族歧视政策违宪的产物。在"沉默的大多数"的动员下，相关家长协会中的郊区活动分子施压尼克松政府，介入夏洛特讼诉案件。理查德·尼克松当即发表反对跨学区校车接送的重要声明，措辞巧妙地区分了南方种族隔离时代违反宪法的法律隔离，与夏洛特市和全国其他大都市区宪法允许的实质性隔离。不过1971年春，在受到密切关注的公民权利较量中，最高法院维持夏洛特-梅克伦堡中双向接送的判决。夏洛特市的种族融合方案将中产阶级郊区纳入其中，缓解了白人迁移的情况，最后成为美国种族融合最成功的城市校区之一。

在斯旺案后,全国有色人种协进会进一步发起活动,力求在南北方的大都市区一级上采取种族融合措施,以克服居住隔离,超越城市与郊区的差别。尽管认为跨学区校区接送将破坏城市学区正在成为政治共识,但最大程度的种族融合和最低程度的白人逃逸均出现在南部最大的、中心城市与郊区一体化的学区,包括夏洛特和其他县学校体系如罗利(Raleigh)、纳什维尔、坦帕(Tampa)和杰克逊维尔(Jacksonville)。法庭裁决的跨学区校车接送,在南方大都市区的实施中通过综合方案——让黑人学生承担大部分运输负担——囊括了中产阶级郊区,同时通过在大多数的学校中保持白人学生多数来避免白人抗议。基于对黑人占多数的中心城市无法实施跨学区校车接送的认识,全国有色人种协进会还通过合并中心城市与郊区学校体系的方法,来推动大都市区种族融合的实施。民权团体在1973年弗吉尼亚州里士满市的案件中遭遇失败,上诉法庭推翻了联邦地方法院的判决,即将黑人占多数的学校体系与两个白人占据压倒性地位郊区县合并的裁决。在亚特兰大,实施大都市区种族融合的计划法律努力,因当地公民权利活动分子怀疑与白人商业领导人就跨学区校车接送达成的协议——将公立学校体系的管理权交给非洲裔美国人,并将消除种族隔离的措施限制在中心城市——而取消。

20世纪70年代早期,在南方以外的地区,随着公民权利诉讼当事人开始挑战旧金山、洛杉矶和纽约市的实质性隔离,跨学区校车接送逐渐成为不稳定的政治问题。民意测验表明,全国各地的白人家长对通过跨学区校车接送实现种族融合的政策的反对呈压倒之势(再者,很多黑人家长中也有极大的不确定性),两党中的很多政治领导人批评联邦法院僭越宪法权力。1971年,种族极端主义者炸毁了密歇根州工业城镇庞蒂亚克(Pontiac)的10辆校车,导致一群白人工人阶级母亲组织了针对公立学校的抗议活动。在邻近的底特律,联邦地方法院法官史蒂芬·罗斯(Stephen J. Roth)裁定,大都市区居住隔离的原因是正式的政府政策和有意识的进行族排斥的郊区的活动,同时,他还提出补救方法,要将54个独立校区合并为一个包括3个县的校区,为了保持每个学校白人学生的多数,几乎要为800000名学生实行双向跨学区校车接送。借助强有力的反跨学区校车接送浪潮,乔治·华莱士赢得了1972年民主党在密歇根州以及马里兰州和其他三个南方州总统预选的胜利。尼克松总统提议,对法庭裁决的跨学区校车接送措施进行宪法以外的中止,支持将反跨学区校车接送作为宪法修正案。在与民主党自

由派候选人乔治·麦戈文(George McGovern)竞选连任时,尼克松斥责跨学区校车接送是对全国各地黑人公民和白人公民的不公正行为,并将捍卫在社区学校上学的权力作为笼络"沉默的大多数"的中心政策。

虽然联邦地区法院在20世纪60年代晚期开始要求南方以外地区的城市实施跨学区校车接送措施,但是直到1973年,最高法院才接到涉及到非南方地区城市学校体系的第一起重要诉讼。在凯斯(Keyes)诉讼中,意见不一的最高法院应用了"种族隔离意图"的标准,要求科罗拉多州丹佛市内实行跨学区校车接送,作为对学区种族划分不公和其他有意为之的法律隔离行为的补救方法。一年之后,基层的反跨学区校车接送运动几乎动员了美国所有受影响的城市和郊区,法官审理了底特律合并案的上诉。1974年,在米利肯诉布拉德利案(*Milliken v. Bradley*)——布朗案之后消除学校种族隔离最关键的决议——中,最高法院以5比4驳回了全国有色人种协进会通过合并城市与郊区校区以实现大都市区种族融合的请求。首席法官沃伦·伯格(Warren Burger)的意见否定了初审法院的实情调查——从联邦政府到市政府层面的政府政策,导致了主导大都市区的居住隔离以及学校隔离。4位法官认为,5位法官的意见等于授权白人郊区不必遵守布朗案的判决,并将少数族裔学生送入连"隔离但平等"都达不到的学校里。法官瑟古德·马歇尔(Thurgood Marshall)直接指责米利肯案中的多数派居然允许政治倒退反对跨学区校车接送,阻碍法律之下平等保护的宪法授权,并响应科纳委员会告诫说,最高法院已沦为共犯,将美国大都市区分割为种族分裂且内在不平等的不同城市和郊区。

米利肯决议加速了由法庭裁决的跨学区校车接送在北部和西部的发展,不过在本质上,根据城市-郊区边界,重新界定了法律隔离与实质性隔离的区别。底特律就像其他大城市一样把郊区排除在外,将种族融合的补救措施局限于早在跨学区校车接送实施前就已出现了种族转变的城市社区。在工业衰退地区的中心城市,由于大量的白人已经迁到了郊区或转向私立学校,所以跨学区校车接送的负担主要落在了城市工人阶级身上。20世纪70年代中期,波士顿仅限于城市的跨学区校车接送计划实施后引发的白人暴力,已经作为接送问题的实质而给美国社会留下了深刻印象,它痛苦地提醒着人们,由于民权组织和自由决策者推动得太快太极端,公立学校体系已遭破坏。从更广阔的视野来看全国大都市区两极分化的校车之争,可以发现更为复杂的情况。在像波士顿这样的城市中,由

于富裕的郊区无需实现种族融合,跨学区校车接送被转变成城市社区的阶级战争,也是白人与黑人间的种族决战。在大都市区,例如底特律,郊区居民逃避校区合并的情况加速了白人从城市迁移到不执行跨学区校车接送法令地方,而且,全国各地实行社区校区计划城市的白人外迁现象(以及之后的中产阶级黑人外迁)与实行由法庭裁决的跨学区校车接送的城市相比,其程度不相上下。

夏洛特-梅克伦堡和其他南方合并的县城校区表明,大都市区的种族融合补救方法尽管确实能够激起政治抵制,但是比起仅限于城市的跨学区校车接送计划来说破坏性较小,且更切实可行。1976 年,在北卡罗拉纳州的罗利市,城市的商业领导人自愿将城市学校体系与郊区威克县合并,大都市区消除隔离的计划虽然存在,但是实际上,白人学生的比例还是出现了增加。而在几个较小的大都市区,最显著的是肯塔基州路易维尔和特拉华州的威尔明顿,民权组织起诉人满足了严格的举证——郊区对城市住房隔离负有明确责任——标准。联邦法院裁决要求以上两个地区进行城市-郊区合并和全面的学校种族融合,与那些有限进行校车接送、或不存在校车接送的城市相比,白人躲避公立学校的迁移现象少之又少。20 世纪 80 年代,另一个方法逐渐普遍起来。当时联邦法院在涉及圣路易斯市和堪萨斯城的案件中,转向精英学校和家长选择项目,发现这些城市学校实行种族隔离,违反了宪法。在圣路易斯市,联邦地区法院裁决,要求州政府进行实质性的投入来改善黑人占多数的城市学校体系,特别是改善精英学校设施,通过吸引郊区的白人学生来实现自愿合并。20 世纪 80 年代,圣路易斯市还准许大约14000 名黑人学生转学至郊区的公立学校。

在 1980 年的总统竞选中,罗纳德·里根借助"无肤色偏见纲领"谴责"强制接送"为失败的自由派的实验,承诺各个种族的美国学生都可以去社区学校上学。而后,里根政府介入到了弗吉尼亚州诺福克市重新实行种族隔离案件的激烈争论中教育委员会试图将取消跨学区校车接送作为吸引更多白人家庭返回城市居住的策略。在 1986 年里迪克裁决中,第四巡回上诉法庭鉴于诺福克已经废除了所有的法律隔离措施,允许其采用社区学校分配计划。全国有色人种协进会表示,全黑人社区学校的存在反映了居住隔离的历史遗留问题,而且会继续影响诺福克的种族与空间关系,不过最高法院拒绝审理其上诉。其后的 20 年,联邦法院批准一些城市用自愿的精英学校计划取代跨学区校车接送以及恢复其他体系中大体上为种族隔离的社区学校。

随着取消种族隔离法律向更为严格的"无肤色偏见"标准的演变,南方重新实行种族隔离的趋势最为明显,该地区曾在联邦法院的直接监督下在 20 世纪 70 年代出现了美国种族融合程度最高的公立学校。1999 年,也就是夏洛特-梅克伦堡成为用校车接送以打破种族隔离的试验场 30 年后,由郊区白人家长发起的诉讼成功地促使联邦法庭禁止学校在招生时考虑学生的种族比例,至此,在大都市区内部和全美范围内实现种族融合的努力又重新站在了起点上。

亦可参阅:公民权利(Civil Rights),全国有色人种协进会(National Association for the Advancement of Colored People),尼克松政府的城市政策(Nixon Administration:Urban Policy),里根政府的城市政策(Reagan Administration:Urban Policy)

延伸阅读书目:

- Douglas, D. M. (Ed.). (1994). *School busing: Constitutional and political developments* (2 vols.). New York: Garland.
- Edsall, T. B., & Edsall, M. D. (1991). *Chain reaction: The impact of race, rights, and taxes on American politics*. New York: Norton.
- Formisano, R. P. (1991). *Boston against busing: Race, class, and ethnicity in the 1960s and 1970s*. Chapel Hill, NC: University of North Carolina Press.
- Hochschild, J. L. (1984). *The New American dilemma: Liberal democracy and school desegregation*. New Haven, CT: Yale University Press.
- Lassiter, M. D. (2006). *The silent majority: Suburban politics in the sunbelt South*. Princeton, NJ: Princeton University Press.
- Orfield, G. (1978). *Must we bus? Segregated schools and national policy*. Washington, DC: Brookings Institution.
- Orfield, G., & Eaton, S. E. (1996). *Dismantling desegregation: The quiet reversal of Brown v. Board of Education*. NewYork: The New Press.
- Wilkinson, J. H., III. (1979). *From Brown to Bakke: Thirty years of school desegregation*. Knoxville, TN: University of Tennessee Press.

Matthew D. Lassiter 文

赵显博译　陈恒校

简·伯恩
BYRNE, JANE M.

简·伯恩(1934—)能在芝加哥市的历史上留名，往往被认为是借助竞选宣传伎俩和作秀。不过其遗产远不止众人所知的那样。伯恩毕生都生活在芝加哥，1934年3月24日出生于芝加哥偏远的东北角，父亲爱德华·伯克(Edward Burke)，母亲玛格丽特·伯克(Margaret Burke)。她先是与海军陆战队飞行员威廉·伯恩结婚，但后者在独生女出生后不久去世。

1968年，伯恩步入芝加哥政坛后的第一个职务，是由以理查德·戴利为首的芝加哥政治机器任命的消费品销售督察(Consumer Sales Commissioner)。伯恩的任命，最初被视为戴利对伯恩在先前选举活动中工作的奖励，以及戴利对其政府内不关心女性和少数族裔抱怨的回应。因从小接受上流社会教养的缘故，伯恩对政坛上的虚情假意早已心知肚明。规避体制可以让伯恩在思考问题方面与众不同，不过有人认为，非传统的思考方式为其日后开了不好的先例。

当戴利的继任者迈克尔·比兰蒂克(Michael Bilandic)在芝加哥臭名昭著的暴风雪后未能及时清理街道时，伯恩的机会出现了。到1979年3月民主党预选——实际上就是市长选举，因为上届共和党市长还是1929年的威廉(大比尔)·汤普森(William "Big Bill" Thompson)——的时候，伯恩竞选市长，宣称不会弃芝加哥市民的基本需要而不顾。伯恩赢得选举，并出任1979年市长——首位当选芝加哥市长的女性——同时还是美国各大城市中，握有统治权力的几位女性之一。

市长任上，伯恩受到了几次重要危机的困扰。城市的几个工会团体(城市交通运输工人工会、教师和消防员工会)在其出任市长的前两年一直闹罢工，导致芝加哥被称为停摆城市。伯恩最著名的作秀与芝加哥少数族裔——居住在芝加哥城市住房工程中，特别是声名狼藉犯罪丛生的加布里尼—格林公共住房工程——的困苦有关：她在其中的一间公寓住了一夜，而居民认为那间公寓比多数公寓的条件都好。

大众对伯恩的影响没有一致看法。1983年，任期结束后，理查德·戴利——前市长之子，明显也是继承人——和来自芝加哥的前美国众议院议员哈罗德·华盛顿与伯恩竞选市长一职。戴利与伯恩很少去注意华盛顿，二人争夺的是相同的选票，结果，华盛顿赢得了民主党提名。伯恩的任期被有些人视为芝加哥政治雷达上一个短促的光点。不过在其他人看来，伯恩能够当上市长，对美国女性来说虽然是一小步，但却是积极的一步。

延伸阅读书目：

- Byrne, J. (2004). *My Chicago*. Evanston, IL: Northwestern University Press.
- Chicago Tribune. *Chicago days*: 150 *defining monuments in Chicago's history*. Cantigny, IL: First Division Foundation.
- Green, P., & Holli, M. (Eds.). (1995). *The mayors*: *The Chicago political tradition*. Carbondale, IL: Southern Illinois University Press.

Cord Scott 文

赵显博译 陈恒校

C

加布里尼-格林公共住房工程
CABRINI-GREEN

加布里尼-格林公共住房工程是一个不幸的芝加哥公共住房项目综合体,靠近法朗西斯加布里尼住宅(Cabrini Homes,1942年)、加布里尼二期工程(Cabrini Extension,1958年)和威廉·格林家园(William Green Homes,1962年)的北面。在顶峰时期包括了3600个低收入公寓,这些公寓主要是在高层建筑里。加布里尼-格林公共住房工程的初衷很好,但在20世纪60年代贫困集中、社会隔离和管理不善的重压下,它开始螺旋式衰败。在早期,低层、种族融合的加布里尼民宅有成功的希望,但是后来的大型高楼大厦造成了窒息社区的沉重压力。然而,项目临近城市最富有的社区使得它的问题成为媒体关注的焦点,其所在地段升值。从20世纪90年代中期起,芝加哥住房管理局(Chicago Housing Authority, CHA)采用一种引人注目且充满争议的方法,开始拆除、重建、重新配置加布里尼社区。

加布里尼-格林公共住房工程清理了一度以"小西西里"著称的贫民窟,这里原本在很大程度上由意大利裔美国人和日益增多的非洲裔美国人人口构成。这里距离城市的黄金海岸小区仅1公里,该小区是1929年哈维·沃伦·佐尔博(Harvey Warren Zorbaugh)在他的书《黄金海岸和贫民窟》(*The Gold Coast and the Slum*)里描述的场所。1934年,该地区一直是改革者和联邦公共工程管理局住房部清除的目标,但是许多房产业主的抵制使得政府官员认识到,在该区域拿地的成本太高。1939年,芝加哥住房管理局在伊丽莎白·伍德的领导下重新关注这个地区,并且选择清拆一个较小的场所,以之作为广泛贫民窟清拆议程的一个组成部分。

1942年,在哪些人可以入住的争议声中,圣母卡布里尼住宅区(Mother Frances Cabrini Homes)完工了,包括586个居住单元。当地的意大利裔美国人领导人想要该项目强制居住隔离,排除非洲裔美国人,但是,伍德和芝加哥住房管理局领导人遵从现有的联邦指导方针,选择不破坏该地原有的种族模式。在清拆之前,该地20%的居民是非洲裔美国人,所以芝加哥住房管理局在新的项目中保留了相同的百分比。因此,意大利裔美国人避开新公寓,直到战时工作者被给予优先权入住为止,那里都一直存在着空置房。尽管开头不顺,但加布里尼还是发挥了应有功能,在20世纪四五十年代,这里堪称由政府认真管理的种族融合的典范,拥有由伍德和当地社会服务所培养的一种积极的社区感。

1949年,芝加哥住房管理局建议大规模扩充加布里尼,清理相邻的北部和东部贫民窟。伍德想要保护芝加哥住房管理局原先的投资,并认为更大型的项目将实现更大的经济规模。而且,伍德和其他城市规划者认为,城市需要更大范围的重建,清理小西西里的剩余部分将会开始这个进程。重要的是,扩大加布里尼的决定不是由城市种族倾向的参议员驱动的;伍德要这个场所获得城市进步人士的认可。然而,像原先的加布里尼一样,拆迁迁移了一个多种族融合的——即便居住条件不佳的——有着数目惊人私人业主的低收入人群的社区。

伍德的加布里尼二期扩展区计划是在一个公园般的环境中建一系列中高层电梯大楼。然而,杜鲁门政府的住房官员要求节约成本,即增加建筑物的高度、减少建筑物数量,从而降低每一个单元的成本。1958年,花费2600万美元建成的加布里尼二期包括1921个单元,是由爱泼斯坦父子公司(A. Epstein and Sons)设计的7层、10层和19层高的一系列红砖门面建筑物。1955年，威廉·格林家园在北面选中了另外一块地（也是为了保护加布里尼和清拆贫民窟）。这是由佩斯合伙人公司（Pace Associates）设计的第三个项目，由8个单体16层高大楼的1099个单元构成，主要是混凝土建筑。居民很快将加布里尼二期称作"红屋"，将威廉·格林家园称作"白屋"，将最初的弗朗西斯·加布里尼住宅区称作"排屋"。

弗朗西斯·加布里尼住宅区的租住人口在二期完成之前经历了种族的转换。1954年，在伍德坚持整合芝加哥住房管理局剩下的纯白人项目原则而下台后，芝加哥住房管理局遗弃了可控融合，采取了先来先服务的政策。非洲裔美国人的高度需求与白人的高转手率及低需求，使得弗朗西斯·加布里尼住宅区的黑人居民从1950年的29％增到1958年82％。到1963年项目完成之时，90％居民是非洲裔美国人。那时，大部分租户仍然是工人阶级的双亲家庭。但是到了1974年，只有15％的家庭报告他们的收入不是来源于政府补助。无数问题，包括青年人口的高密度、电梯的习惯性故障、犯罪率上升，导致有职业的租户大批离去。资源不足造成了危机的深化。维修预算来自租金，但是租金的设置要参考收入来源。越来越多的穷人租户只能支付很小额的维修金，1970年之后的额外联邦补贴也阻止不了恶性循环。

一些备受瞩目的事件造成了加布里尼-格林公共住房工程在芝加哥人心中的异样景观。1970年，两个警察被狙击手射击的事件震惊了芝加哥，使人们更加认为加布里尼-格林公共住房区是非常危险地方。在接下来的十年中，芝加哥住房管理局在安全措施上投入了数百万美元，但是收效甚微。1981年，简·伯恩市长搬到四层的加布里尼二期公寓生活了三个星期，但是她的短暂居留对公共住房现状发出的却是混合的信息。到20世纪80年代中期，帮派和毒品暴力令失控项目的形象更加固化。最后，1992年，7岁的丹特里尔·戴维斯（Dontrell Davis）在母亲送他上学的路上被枪手射杀，这场谋杀导致了市民对于城市公共住房的又一轮焦虑。

尽管加布里尼-格林公共住房区依然深陷社会隔离和犯罪当中，但是，它的位置仍使逐利的城市地产业对之趋之若鹜。20世纪80年代和90年代绅士化进程从四面八方包围了此地。芝加哥住房管理局寻求利用这一趋势积累资本，借助土地筹措开发资金，用住房和城市发展部的"希望Ⅵ"项目，把加布里尼-格林公共住房工程转变成为一个可行的混合收入人群的社区。然而，该计划要拆除1300个单元，而仅提供325个替代单元。作为回应，包括芝加哥保护公共住房联合会（Chicago's Coalition to Protect Public Housing）在内的积极分子，则称之为"土地攫取"和"城市清洗"。尽管有诉讼和设计方面的反复，到2004年，大多数高层建筑已被拆除（尽管一排一排的房子留下了），新的加布里尼主体建筑已经建成，包括新的豪华连排住宅、一个购物中心、两所新学校、一个新的警察局以及一个恢复的公园。然而，加布里尼剩下的公共住房居民依然对芝加哥住房管理局保持警惕，它在过去作出承诺，但并没有兑现。加布里尼的未来转变能否成功仍然是一个悬而未决的问题。

亦可参阅：新城市主义（New Urbanism），公共住房（Public Housing），罗伯特·泰勒之家（Robert Taylor Homes）

延伸阅读书目：

- Bowly, D. (1978). *The poorhouse：Subsidized housing in Chicago，1895 - 1976*. Carbondale, IL：Southern Illinois University Press.
- Guglielmo, T. A. (2003). *White on arrival：Italians, race, color, and power in Chicago，1890 - 1945*. New York：Oxford University Press.
- Marciniak, E. (1986). *Reclaiming the inner city：Chicago's near north revitalization confronts Cabrini-Green*. Washington, DC：National Center for Urban Ethnic Affairs.
- Whitaker, D. T. (2000). *Cabrini-Green：In words and pictures*. Chicago：W3 Chicago.
- Zorbaugh, H. W. (1929). *The Gold Coast and the slum*. Chicago：University of Chicago Press.

D. Bradford Hunt 文

余志乔译 陈恒校

运河
CANALS

运河是一条用于两点之间运输货物和交通的水路。运河可以建造在原来没有水道的地方，也可以是改造现有河流来从事这样的交通运输。运河也可以用来改变水流从而灌溉农田。

最早的运河是改造成运河的河流，其设计包括绕过如急流和瀑布等障碍物。美国的第一条运河位于马萨诸塞南哈德利(South Hadley)的康涅狄格河上。它建于1793年,旨在使河道的急流绕道。

运河往往是水平的,或者有轻微的倾斜。为了让运河有效地通过遥远的距离和不同的海拔,需要运河水闸。运河水闸是运河中的一个封闭水域,它在两端都有闸门。当船进入运河水闸,闸门就在它后面关闭,让水进入另一个闸门,让船只升到下一段高度,或者水被放出去,船就下降到另一段河道的水平。那时,第二个闸门就打开了,船只继续它的航程。

在开拓边疆和获取商业利益中,运河已经被证明是有用的工具,不仅仅在运河末端而且是沿途的社区的有用工具。在运河中运输货物不仅限于把货物从一端运到另一端,也包括沿运河的城镇和城市之间的交通。在大多数情况下,运河被用来将工业品从海港城市运输到腹地,同时把农产品、木材、石头和煤炭从内地运送到大型海港城市。

在殖民时期,工厂和作坊往往位于瀑布附近,后者为这些行业提供动力。因为建造闸门是为了指引船只绕开这些障碍物,工厂和作坊主便建造码头来方便装卸货物到船只上。由此,他们的货品就可以被运送到沿河其他城镇或者港口城市。在1815—1860年之间,在美国总共建成了4254英里的运河。

伊利运河

美国建造的第一条重要运河是伊利运河。它始建于1817年,1825年连通了纽约市和布法罗之间的交通。伊利运河在布法罗和阿尔巴尼之间,然后沿哈德逊河向南,该河是从缅因州到佐治亚州的阿巴拉契亚山脉的唯一自然缺口。纽约市装运的货物沿着哈德逊河向北航行到纽约州阿尔巴尼南面的伊利运河,在那里船只向西穿过纽约北部到布法罗,它就在伊利湖畔。

建成后不久,很明显,伊利运河不仅是一个商业上的成功,同时也有助于开发。不仅纽约市和布法罗得到了增长,许多其他小城市和城镇也获得了发展。伊利运河的成功及其给整个纽约州带来的效益,令其他希望其城市一样得益的州所关注。

宾夕法尼亚州主线

在费城,一群商人试图在本州效仿伊利运河的成功。他们在1824年12月建造了宾夕法尼亚州的主线,认为找到一种方式来快速建造自己的运河线,并和伊利运河竞争。宾夕法尼亚州的主线有阿勒格尼山(Allegheny Mountains,阿巴拉契亚山脉的一部分)这道物理障碍,此山高达海拔3000英尺。最终的路线是

运河和铁路的组合,包括阿勒格尼山下的一条隧道。1834年,宾夕法尼亚州主线完成。

宾夕法尼亚州的主线离开费城,紧跟着费城-哥伦比亚铁路到哥伦比亚,长度是82英里。在哥伦比亚,船只转到运河主线的东段(Eastern Division),然后通过运河,直达霍利迪斯堡(Hollidaysburg),全程172英里。在霍利迪斯堡,货物被转移到开往约翰斯敦(Johnstown)的阿勒格尼运输铁路(Allegheny Portage Railroad)上,铁路总长32英里。在约翰斯敦,货物又被转移到主线西段(Western Division of the Mainline)运到匹兹堡,距离是105英里。从匹兹堡,货物可以向北运输,通过河道和运河运到宾夕法尼亚的伊利,后者位于伊利湖的岸边,或者进入俄亥俄州。伊利运河总长363英里,最高海拔650英尺,而宾夕法尼亚主线有395英里长,最高是海拔2322英尺。

宾夕法尼亚州主线一直是穿越宾夕法尼亚的最主要交通运输形式,直到1852年在费城和匹兹堡之间建成了铁路为止。1857年,宾夕法尼亚州主线被卖给了宾夕法尼亚铁路公司(Pennsylvania Railroad)。

切萨皮克和俄亥俄运河

切萨皮克和俄亥俄运河始于华盛顿特区,向西向北182英里,到达马里兰州的坎伯兰(Cumberland)。这条运河的初衷是抵达俄亥俄。成立于1785年的波多马克公司(The Potomac Company)旨在改善波多马克河(Potomac River)的航运,这条运河的主要用途是将西弗吉尼亚、南宾夕法尼亚和西马里兰的煤炭和建筑材料运输到华盛顿特区。

1889年,巴尔的摩和俄亥俄铁路公司控制了该运河,它在1938年被废弃了。

俄亥俄运河

俄亥俄州见证了运河大开发,向北以伊利湖为目的地,以及向南流向密西西比河的俄亥俄河为目的地。在宾夕法尼亚州的纽卡斯尔和俄亥俄州的阿克伦之间,有宾夕法尼亚和俄亥俄运河;从宾夕法尼亚州的比维尔到俄亥俄州的玻利瓦尔(Bolivar)之间,有桑迪-比维尔运河(Sandy-Beaver Canal)。俄亥俄和伊利运河是最长的运河之一,它从伊利湖的克利夫兰延伸到俄亥俄河畔的朴茨茅斯(Portsmouth)。该运河穿过的城市包括阿克伦、玻利瓦尔、罗斯科(Roscoe)、卡罗尔(Carroll),并在哥伦布以南穿过。

俄亥俄州的另外一条主要运河是迈阿密和俄亥俄运河,始于托莱多,随着莫米河(Maumee River)向南,再

到迈阿密河（Miami River），再到俄亥俄河畔的辛辛那提。

其他主要运河

沃巴什（Wabash）和伊利运河从俄亥俄州托莱多开始，进入印第安纳州，跟随沃巴什河穿过印第安纳州进入白河（White Rive），然后随着白河到印第安纳州的埃文斯维尔（Evansville）。

伊利诺伊州的芝加哥-拉撒雷运河（Chicago-La Salle Canal）从芝加哥到伊利诺伊的拉撒雷。从那里，可以向南经伊利诺伊河到达密西西比河和新奥尔良。

弗吉尼亚有詹姆士河（James River）和卡纳惠运河（Kanawha Canal），它们离开弗吉尼亚州的里士满（Richmond），顺着詹姆斯河到阿巴拉契亚山麓弗吉尼亚州的布坎南（Buchanan）。

亦可参阅：伊利运河（Erie Canal）

延伸阅读书目：

- Carter, G. （Ed.）. （1961）. *Canals and American economic development*. New York：Columbia University Press.
- Hahn, T. F. （1984）. *Chesapeake and OhioCanal*. Metuchen, NJ：Scarecrow Press.
- Scheiber, H. N. （1969）. *OhioCanal era：A case study of government and the economy, 1820－1861*. Athens：The Ohio University Press.

Douglas K. Bohnenblust 文

余志乔译　陈恒校

阿尔·卡彭
CAPONE, AL

阿尔·卡彭（1899—1947）是禁酒时代最臭名昭著的意大利裔美国黑帮人物之一。从他的出生地意大利那不勒斯搬到纽约后，青少年时期的阿尔很快卷入到布鲁克林的帮派活动中。他小时候就犯有故意破坏、盗窃和打架斗殴等小罪，不久就进入著名的五点区Five Points 的帮派，并且在团体里因为能打善斗而得到权力和声誉。卡彭参与了不少抢地盘、金钱和女人的活动，包括与一个名叫弗兰克·格鲁西奥（Frank Gallucio）的同伙的争斗，争斗中卡彭的脸被小刀划了

三次，这给了他余生"刀疤脸"的绰号。

1920 年，卡彭搬到芝加哥，成为臭名昭著的黑帮老大约翰·托里奥（John Torrio）的得力助手。在遭遇一次暗杀之后，约翰·托里奥最终把他的权力交给了卡彭，后者迅速成为 20 世纪 20 年代腐败的芝加哥城之王。他在全城各处拥有地下酒吧、妓院、赌场，并分销酒类。他每年的收入高达 6000 万美元，但同时他也给腐败的政府官员和警方人员每年支付 3000 万的保护费。

卡彭因 1929 年 2 月 14 日的情人节大屠杀而出名。在大屠杀中，敌对帮派"臭虫"乔治·莫兰（George "Bugs" Moran）的成员被装扮成警察的卡彭追随者枪杀。这一事件巩固了卡彭在芝加哥的地位和权力。

卡彭的公众形象和他真实的个性相差较大。他很安静，穿着职业装，花钱大方，经常捐钱给慈善机构。他之所以能保持这种自相矛盾的形象，是因为当局从没能找到他的非法活动证据。他犯下的大部分罪行都避开联邦政府的司法调查，所有当地警察和政府官员都收受了贿赂，对他的所作所为视而不见。最终，在1931 年卡彭受到艾略特·奈斯（Eliot Ness），即所谓联邦政府"铁面无私"者的指控，判定他犯有较小的逃税漏税罪。他被判处 11 年的监禁、80000 美元的罚款并承担诉讼费用。他先在亚特兰大、后在恶魔岛服刑，并在 1939 年获释，但此后受到梅毒带来的心理和生理疾病的折磨。他退隐到佛罗里达州的棕榈岛（Palm Island, Florida），直到 1947 年死于中风为止，他一直待在那里，享年 48 岁。

亦可参阅：伊利诺伊州芝加哥市（Chicago, Illinois），犯罪与罪犯（Crime and Criminals）

延伸阅读书目：

- Bergreen, L. （1994）. Capone：*The man and the era*. New York：Simon and Schuster.
- Burdick Harmon, M. （2001）. *Badfella, the life and crimesof Al Capone*. Biography, 5, 100－106.
- Guthrie, M. （1995）. *Capone, Al. Collier's Encyclopedia*.

Michael Wolford 文

余志乔译　陈恒校

卡特政府的城市政策
CARTER ADMINISTRATION: URBAN POLICY

对于美国城市来说,吉米·卡特仅有的一任总统任期(1977—1981),是联邦政府行政分支首次出台了全面协同的城市政策。40多年来,联邦城市政策视野狭隘甚至自相矛盾,往往是针对城市及其居民某些问题的零敲碎打。卡特政府则想结束这一局面,但实际上,其承诺多于成效,混乱多于清晰。

寻求全国局面的城市也反映出卡特的执政特点。作为一个训练有素的工程师,卡特在政府的管理中尊重秩序、方向和经济;作为佐治亚州州长,他的主要成就是行政管理改组。改变联邦政府运行的方式不仅意味着机构调整,也意味着更加清楚地界定赖以达成的目标和手段。卡特政府的重点在于宏观政策而不是具体方案,因此发起了高调广泛的调查研究,重新思考联邦政府关于能源、福利和城市问题的所作所为。福利改革使得政府颜面尽失,而能源计划在立法层面取得了一定成绩;城市政策则介于两者之间。

全面重新检查城市问题,也服务于总统的个人偏好和政治需要。和他的上一任民主党前任总统不同,应对美国城市地区的困境,卡特并不相信增加联邦开支是一个必要而且卓有成效的回应。此外,卡特因远离华盛顿政治圈子而在竞选中广受赞誉。通过加强对城市方案的审查,卡特希望远离控制美国首都的利益集团政治,以便在与国会的不可避免的讨价中,他能够宣称一种高姿态。然而,如果卡特寻找长期的美国政治重构,他也意识到在短期必须满足民主党两大支柱(大城市的市长和城市黑人)的期望,即至少提供更大的联邦援助。卡特的解决办法就是由白宫来定一责城市政策。

尽管市政府和少数族裔们像60年代城市危机时那样呼吁帮助,但事实已然发生巨变。纽约和其他城市或许处于严重的金融危机中,但是裁员和服务削减没有引起对受影响社区的广泛同情。同样,内城贫民区相对安静(在1977年夏天纽约大停电期间令人恐惧地打破了这种安静,但仅仅是短暂地打破)提供了流行的印象,过去十年使这些社区怒火燃烧的特有情况不再起作用。随着城市问题离开头版,基本的趋势(如失去制造业工作、中层阶级人口流动到郊区、低收入群体的迁入、种族冲突)持续削弱城市的经济和社会活力,却没有形成同等的紧迫感以促使人们行动起来。与能源和福利决策进程相比,城市政策评估将必须克服公众对这一主题的漠不关心。

从总统任命城市和区域政策小组(Urban and Regional Policy Group, URPG),到卡特在1978年3月末亲自发布"美国社区保护新伙伴计划"(The New Partnership to Conserve America's Communities),一年就这么过去了。该报告最初预计在1977年秋天准备好给总统审查,但它的延迟把卡特置于一个尴尬的位置。他在1978年的国情咨文中对于城市问题没有实质性的内容可说。狼狈的情况还没有结束:在3月的白宫,就在卡特要接见一大群受邀前来的客人前总统原本支持的某些具体条款却起了变化。结果,其城市政策从审慎分析开始,都以为满足不同利益集团而妥协来结束。

林登·约翰逊的"伟大社会"的大胆举措,从秘密集会的非政府专家委员会产生,卡特发展的"新伙伴"则是一个跨部门小组的产物,由六个联邦行政部门组成代表(住房和城市发展部,健康、教育和福利部,商务部,劳工部,运输部和财务部)。它从闭门造车开始,却以公开从利益党派寻找支持而告终。只有白宫高级官员的密切监督才确保城市和区域政策小组完成其任务,虽然比最初的预期要晚很多。

城市和区域政策小组的困难不仅揭露了华盛顿官僚机构之间多年的权力之争,也揭露了困扰回应美国城市问题的任何尝试的根本性困境:城市情况在本质上有巨大的不确定性,使得任何简单的解决方案都不可能存在;把联邦援助集中在"不良社区",与把联邦基金扩散到尽可能多的可能对这样的援助感兴趣的地方的政治风险;是把政策基于保存现有城市地区(无论多么困苦),还是把资源投资于人、鼓励他们搬到更有前途处的智慧。经过相当的考虑之后,城市和区域政策小组推行并为卡特接受的一个政策是:承认城市情况不同,并且通过强调本地出路试图把他们变成一笔财富;突出特别动乱社区的问题,同时仍然对那些希望改变的人给予支持;正如同总统的政策声明公告的标题,明确支持一个"以场所为基础"的联邦援助政策。

新伙伴计划重过程轻资金。与市长和民权群体所要求的"城市的马歇尔计划"(Marshall Plan for the Cities)不同,该报告只要求联邦政府在当前每年转移给城市的300亿美元的基础上小幅增加。重点放在现有项目的更高效的协调;与州政府和城市政府以及社区组织的更好合作;使城市对商业投资更有吸引力,同时也阻碍郊区的蔓延。尽管其中的一些目标需要采取立法行动,但绝大部分政策建议将通过行政命令实施。除了要求联邦机构将他们的办公室放在中心城市和从萧条的城市地区的公司采购以外,白宫还建立了一个协调委员会来促进新政策的实行,要求所有机构发展内部的管理程序,以识别他们的程序是否对健康城市发展有不利的影响。

虽然这些行政命令对于实现卡特的管理目标是有用的,但是他们对于城市地区的效果难以量化,并且缺乏为大选动员选票的政治吸引力。该计划提议创建一个城市开发银行(Urban Development Bank),它将保证给高失业率城市地区的企业家数十亿美元的贷款,帮助他们扩展或者安顿生意。但是卡特避免了决定1978年3月有关银行的最敏感事宜:控制权是在住房和城市发展部,还是在商务部(它有处理商务的业绩记录)。控制权由三个部门分享——住房与城市发展部、商务部和财政部,结果是哪个部都不感兴趣。随着国家经济情况恶化,外交问题引人注目,国会留给该计划的窗口所剩无多。卡特政府的四年任期,以在城市政策领域没有一个重要的立法举措走完程序。

在1976年竞选运动中,当卡特以微弱的优势击败了共和党候选人杰拉尔德·福特(Gerald Ford)时,城市问题并非是突出问题。城市问题在四年后的竞选中也没有显现出任何重要性,卡特惨败于罗纳德·里根。两位候选人在城市问题上几乎没有差别:卡特总统在其城市政策考察要点之外几乎没有什么新东西,他的挑战者并未质疑考察的重点:更好的协调、更多的州和地方权力、对商业的额外激励。从卡特到里根的权力转移,意味着减少对城市问题的关注,但不是种类上差异,而更是程度上的差异。

具有讽刺意味的是,对卡特城市政策的最严厉的削减,不是来自他的继任者,而是一个总统任命来准备一份"80年代的国家议程"的咨询小组。卡特在任期结束前几天发布的报告,拒绝了"美国社区保护新伙伴计划"基本前提,通过催促把美国政府的资源转向人而不是地。该小组声称,谋求复兴陷入困境的城市既浪费又无望,诸如一份保证最低收入和国民健康保险的方案,提出了城市问题的更好方法。卡特否定了小组的建议,但证明了直到最后他的政府也无力在城市问题上达成共识。

延伸阅读书目:

● Kaplan, M. (1990). National urban policy: Where are we now? where are we going? In M. Kaplan & F. James (Eds.), *The future of national urban policy* (pp. 171 - 184). Durham, NC: Duke University Press.
● Scruggs-Leftwich, Y. (1995). *Consensus and compromise: An analysis of the national urban policy development process* (Carter Administration). Unpublished doctoral dissertation, University of Pennsylvania
● Sugrue, T. J. (1998). Carter urban policy crisis. In G. M. Fink & H. D. Graham (Eds.), *The Carter presidency: Policy choicesin the post-New Deal era* (pp. 137 - 157). Lawrence, KS: University Press of Kansas.

Mark I. Gelfand 文
余志乔译 陈恒校

天主教
CATHOLICISM

在1840—1860年、1890—1914年、1980—2000年的三次移居美国城市的大潮中,大多数罗马天主教徒寻找不同于农村农业背景的新生活。直到他们在美国定居之后,大多数的天主教移民才成为了城市居民和工厂工人。这种转变常常伴随着混乱。使事情更复杂的是,尽管美国独立战争那一代人建立了一个包容性的自由理想的新国家,走的并非排他的宗教教派的路线,但是,许多土生土长的新教徒对天主教教徒移民的反应不佳。更糟糕的是,每一次移民潮、混乱和本土主义者的强烈反对都使得城市天主教教会措手不及。

美国天主教的起源

英国的卡尔弗特家族(巴尔的摩勋爵)把马里兰看作是17世纪受迫害的罗马天主教教徒的天堂。当一个明确的天主教殖民地在政治上日益不可能时,卡尔弗特家族承诺对所有宗教都实行宗教宽容。到美国独立战争前夕,马里兰以及成为其主要城市的巴尔的摩成为美国天主教的一个中心。

1789年,巴尔的摩成为美国的第一个罗马天主教教区。尽管天主教徒经历了一些歧视(甚至包括殖民地马里兰),但是他们参与了《独立宣言》和《美利坚合众国宪法》的起草。话又说回来,在1790年的美国,天主教徒仅占总人口的1%,这可能减少了新教徒对于宗教颠覆的担忧。

城市天主教和第一波移民潮

在19世纪早期,随着成千上万的英国和德国移民涌入美国,新教徒对于天主教徒的宽容下降了。80%的爱尔兰天主教移民定居在城市,主要是他们上岸的港口。到19世纪50年代,波士顿超过一半的居民都是外国出生的,而纽约市的50万居民则有60%声称他们是外国起源——最多的是爱尔兰天主教徒。

在19世纪50年代,纽约的爱尔兰天主教徒虽然占人口的30%,但其中60%是穷人,50%是罪犯。在弃儿问题上,爱尔兰天主教遥遥领先于纽约,并成为犯罪团伙的重要来源。

本土主义者认为,天主教徒把犯罪和贫困带给了美国迄今纯朴的城市。一些天主教领袖人物,特别是纽约大主教约翰·休斯(John Hughes,1797—1864),认识到他们的教会必须应对城市移民危机。休斯大主教劝诫天主教移民皈依教会并拒绝帮派。他希望教区学校会增强城市天主教教徒的道德。

城市天主教徒充分参与世俗政治进程。许多历史学家把纽约的坦慕尼厅看成第一个城市政治机器。1787年成立之初,坦慕尼厅是一个社交俱乐部,逐渐进化成纽约民主党的大本营。尽管其最初的民主党领导人是新教徒,他们很快看到组织爱尔兰天主教移民进入选举的政治潜力。在公众心目中,坦慕尼厅永远和腐败的大城市天主教政客联系在一起。

第二波移民潮的挑战

到1890年,美国天主教徒的犯罪率有所下降,建造了宗教和教育的基础设施,为少数几个人获得政治权力而高兴,如波士顿市长(休·奥布莱恩,1882年)和纽约市长(威廉·格蕾丝,1880年)。不论教会领导能从这些成就中得到怎样的满足,这些都是短暂的。一股新的更大的天主教徒(和犹太人)移民潮开始挤满美国城市。

1890—1924年间,2000万移民——主要是南欧和东欧的天主教和东正教犹太人——在美国定居。他们中的大多数去了港口城市和中西部地区日益增长的工业中心。到1920年,芝加哥声称有50万波兰天主教徒,纽约有39.1万意大利人,匹兹堡吹嘘拥有欧洲之外最多数量的克罗地亚和斯洛伐克人。在20世纪的前20年,匹兹堡教区每个月建造一座新教堂,来努力跟上不断膨胀的人口。

1887年,本土主义者建立了第一个全国性的反移民游说团体美国保护协会(American Protective Association,APA)。美国保护协会的250万成员主要集中在农村,发誓既不雇佣也不为天主教徒和犹太人投票。不过总的来说,限制移民的政治意愿在一战前尚未就绪。大多数企业家支持无条件的移民,喜欢没有投票权或没有加入工会的廉价工人。

这种情况随着美国进入第一次世界大战而有所变化。欧洲的劳动力来源被切断之后,许多企业家从美国南部招募非洲裔美国人。当成千上万的南欧和东欧天主教徒和犹太人在1919年举行罢工,企业家加入本土主义者的行列拥护移民入国限制。各国移民配额制在1921年落实到位,在1924年进一步收紧,歧视来自南欧和东欧的移民。

对美国城市天主教徒,从积极的方面来看,限制迫使移民及其子女的同化。此外,限制稳定了种族社区,在此之前,他们的流动人口在大西洋来回穿梭。到20世纪30年代,同化和社区稳定使得移民子弟的政治动员及组织工会成为可能。

城市天主教徒的新政

大萧条重创了美国城市。尽管1932年全国失业率是25%,但是在诸如匹兹堡和托莱多这样的遭受重创的工业中心,失业率飙升到40%或更高。与经济艰难相结合,南部白人和北部黑人新教徒、城市天主教徒和犹太人的联盟,促使富兰克林·罗斯福总统的民主党竞选获胜,尽管这一联盟有较大差异。

回想起来,20世纪30年代是美国城市和美国城市天主教的全盛时期。总的来说1920—1936年,选民到场率上升了40%,增加的大多数集中在北部和西海岸城市。在诸如阿勒格尼(匹兹堡)、库克(芝加哥)、凯霍加(克利夫兰)和韦恩(底特律)等城市县,选民决定了关键州的结果并进而影响了大选。到1944年,美国民主党选票的四分之一来自主要居住在城市中的天主教徒。

在20世纪30年代,城市天主教徒也构成了产业工会的会员基础,但通常无法取得工会运动的领袖地位。产业工会联合会的联盟会员在有着众多天主教和犹太人口的大多数北部和西部城市出现。在20世纪30年代排名前五的产联领导里的三个——菲利普·墨里(Philip Murray)、詹姆士·凯里(James Carey)和约翰·布罗菲(John Brophy)都是爱尔兰天主教的匹兹堡市民。

美国天主教会的改革者在亲劳工的罗马教皇的教皇通谕——如利奥十三世(Leo XIII)的《劳工状况》(The Condition of Labor,1891)和庇护十四世(Pius XI)的《重建社会秩序》(Reconstructing the Social Order,1931)的鼓舞下支持产联。这种支持对于在布法罗、芝加哥、克利夫兰、底特律、密尔沃基和旧金山的产联是至关重要的,那里的天主教徒经常被怀疑为外国人,如果他们有不同的宗教信仰,这点尤为明显。"劳工祭司"和主教通过提供必要的宗教的语言,在城市天主教徒中构建一个非共产主义工会运动。

城市天主教的衰落

第二次世界大战引发了城市美国和天主教的急剧改变。受战争刺激的南方黑人持续迁移至北方和西海岸城市,在 1946—1960 之间又有额外的 500 万人抵达。许多工人阶级天主教徒把二战后城市犯罪率升高和南方黑人移民联系在一起,偶尔暴力抵制他们社区的种族融合。

1944 年的《军人调整法案》(又名《退伍军人权利法》)降低了住房贷款成本,使得更多的工人阶级城市居民搬到郊区成为可能。例如,芝加哥典型的郊区房主罗宁·梅多斯(Rolling Meadows)是一个出身工人阶级的天主教老兵。随着宗教歧视的减少和经济以及教育机会的开放,美国天主教徒得到接纳。然而,1960年第一个天主教总统竞选,也标志统一的新政支持阵营陷入共和党、独立派、民主党的分裂,它们是按阶级、教育程度和宗教虔诚的阵线划分的。

到 20 世纪 80 年代,制造业衰败,后工业化经济崛起。随着中产阶级非洲裔美国人跟着天主教和犹太人去了郊区,许多城市的人口减少。许多主教认为他们没有别的选择,只能关闭城市教区和教区学校。

具有讽刺意味的是,正当第三波贫穷的天主教移民潮来到城市时,天主教机构也基本脱离美国城市。这波移民大部分来自墨西哥和拉丁美洲。虽然市中心的一些天主教教区通过最近的移民得到复兴,但是,五旬节教会(Pentecostal Church)介入协助、教育以使这些人皈依。同时,另一个反移民的政治行动已经在萌芽中。

亦可参阅:伊利诺伊州芝加哥市(Chicago, Illinois),少数族裔社区(Ethnic Neighborhoods),大萧条和城市(Great Depression and Cities),宾夕法尼亚州费城(Philadelphia, Pennsylvania),宾夕法尼亚州匹兹堡市(Pittsburgh, Pennsylvania),城市与郊区中的宗教(Religion in Cities and Suburbs),坦慕尼厅(Tammany Hall)

延伸阅读书目:

- Anbinder, T. (2001). *Five Points: The 19th-century New York City neighborhood that invented tap dance,* *stole elections, and became the world's most notorious slum*. New York: The Free Press.
- Durr, K. (2003). *Behind the backlash: White working-class politics in Baltimore, 1940–1980*. Chapel Hill. NC: University of North Carolina Press.
- Erie, S. P. (1988). *Rainbow's end: Irish-Americans and the dilemmas of urban machine politics, 1840–1985*. Berkeley, CA: University of California Press.
- Heineman, K. J. (1999). *A Catholic New Deal: Religion and reform in Depression Pittsburgh*. University Park, PA: Pennsylvania State University Press.
- Higham, J. (1988). *Strangers in the land: Patterns of American nativism, 1860–1925*. New Brunswick, N. J.: Rutgers University Press.
- Morris, C. R. (1997). *American Catholic: The saints and sinners who built America's most powerful church*. New York: Random House.

Kenneth J. Heineman 文

余志乔译 陈恒校

佛罗里达州庆典社区
CELEBRATION, FLORIDA

佛罗里达州庆典社区是一个规划的社区,位于佛罗里达州的奥西奥拉县(Osceola)。该社区在 20 世纪 90 年代早期开发,作为美国新城市主义规划的最广为宣传的例子之一以及由沃尔特·迪士尼公司进行的居民住房开发,颇为引人注目。后者是一个大型的跨国公司集团,主要以其电影、电视节目和主题旅游公园而闻名。在 1994 年,居民第一次在庆典社区定居,该社区人口预计会增长到 12000 人。

124

当20世纪60年代晚期迪士尼开始收购佛罗里达中部的房地产时,一个居民社区进入了他们的规划。一部 1967 年的电影描述了一个原型社区,旨在展示最新的技术创新。它由公司创始人沃尔特·迪士尼叙述,在他死后播放。这部电影旨在说服佛罗里达州政府给他们市政规划、分区条例和发行债券的权力。

当"未来社区的实验原型"(Experimental Prototype Community of Tomorrow, EPCOT)最终在1979 年开放时,他完全不是一个居住社区,而是一个补充沃尔特·迪士尼世界的第二主题公园。到 20 世纪 80 年代晚期，奥西奥拉县威胁给公司未开发的土地重新进行区划，从农业用途转变为一个税收更高用途，迪士尼的首席执行官迈克尔·艾斯纳（Michael Eisner）决定开发公司手上的未开垦土地，建设一个融合商业与居住的新型规划社区。

迪士尼董事会成员和建筑师罗伯特·斯特恩（Robert A. M. Stern）受雇制订庆典小区的总体规划，他和同事杰奎琳·罗伯逊（Jacqueline Robertson）跟随新城市主义的新兴规划框架。因此，城市用一种传统的、混合用途的市中心的方式开发，多户家庭的公寓和分契式公寓建筑靠近饭馆、商店和服务中心。独栋住宅位于附近，给行人提供方便。很多私人住宅的规模小于该地区中类似的开发，但公园和公共空间在商业区和整个社区得到开发，成为社区聚会的场所。有违新城市主义的是，斯特恩将一个大型的区域性医院和两个大型写字楼放在该开发区的郊区。

尽管该社区的住宅建筑应用了各种传统的风格（殖民地的、西班牙布道院、农舍式住宅、维多利亚式的），但是，迪士尼聘请了许多著名的现代和后现代建筑师来设计商业区的建筑，包括菲利普·约翰逊（Philip Johnson）、迈克尔·格雷夫斯（Michael Graves）和奥尔多·罗西（Aldo Rossi）。

因为迪士尼的参与和项目的大型规模，庆典社区受到了全国性的高度关注。批判者很快抓住了在城市建筑的传统外观、新城市规划专家建造的类似美式乡村小镇的行人友好的社区，以及迪士尼在其娱乐业务中表现出的美国历史怀旧版的长期经验之间的联系。他们谴责庆典社区的多愁善感、虚伪造作、过于受公司控制。

尽管该社区的批评者人数很多、声音很大，但他们没有对社区的销售产生负面影响，因为它在最初便吸引了巨大的兴趣，超过住宅的供应水平。大量居民搬到庆典社区主要出于他们对迪士尼的热情，这在郊区规划社区史上颇为不寻常。他们对公司的良好运行赞赏有加，同时对社区的运行也有类似期待。

该社区在政治方面表现出矛盾倾向，在实现其投资的成功中，居民热情和公司利益之间的紧张关系常常导致公开的冲突。而迪士尼把庆典社区推销为一个体现"小镇"价值和感觉的社区，它缺少一个通常充当社区价值中介角色的制度结构即当地政府。在法律上，庆典社区是更大的奥西奥拉县的一部分，由当地的社区开发区（Community Development District, CDD）管理。社区开发区是佛罗里达州授权的准自治市，是

由开发者开创来资助和维持大型共同利益开发。在庆典社区的社区开发区的条款下，开发者有效地控制了与外观有关的开发基本元素，控制了公共区域的维护，直到大量的居民在该社区定居为止。迪士尼试图寻求改变或者扩大其开发规划，居民缺乏官方的影响机制，那些寻求迪士尼公司争议故事的媒体只能从居民口中寻找突破。

对于居民来说，学校课程的有效性，以及公司在被奥西奥拉县接受的原有规划之外扩大社区的愿望是更有争议的主题。在每个例子中，居民的利益诉求因其组织的明智而引人注目，他们在社区开发区之外的竞技场反对迪士尼，特别是在奥西奥拉县教育局（Board of Education）和奥西奥拉县委会（Osceola County Commission）。

居民组织也通过快速崛起的强大的公民社会自愿机构得到补充，这些机构经常清晰地表达某些利益集团的诉求。这些包括半月报《庆祝独立》（The Celebration Independent），当地扶轮社（Rotary Club），和其他围绕共同利益组织的群体。

庆典社区的成功，影响了许多其他的新城市开发，那些模仿庆典社区的建筑和营销策略，使新城市主义成为 20 世纪 90 年代晚期和 21 世纪早期最流行的大型社区的规划方式之一。

亦可参阅：新城市主义（New Urbanism）

延伸阅读书目：

- Bartling, H. E. （2002）. Disney's Celebration, the promise of new urbanism, and the portents of homogeneity. *The Florida Historical Quarterly*, 81 (1), 44 - 67.

- Foglesong, R. E. （2001）. *Married to the mouse：Walt Disney World and Orlando*. New Haven, CT：Yale.

- Frantz, D. , & Collins, C. （1999）. *Celebration U. S. A.：Living in Disney's brave new town*. New York：Henry Holt.

- Ross, A. （1999）. *The Celebration chronicles：Life, liberty, and the pursuit of property value in Disney's new town*. New York：Ballantine.

Hugh Bartling 文
余志乔译　陈恒校

中央公园
CENTRALPARK

纽约市中央公园是美国建造的第一座大型城市公共公园。公园从 59 街到 110 街、第五大道到第八大道,占地 843 英亩,横跨 153 个城市街区,相当于 9792 个标准的 25 乘以 100 英尺的曼哈顿建筑用地。1858 年,公园设计通过公开竞争决定,弗雷德里克·劳·奥姆斯特德和卡尔弗特·沃克斯获胜。奥姆斯特德被任命为首席建筑师和负责人,沃克斯指导公园建设,并被任命为顾问。

中央公园的景观完全是人为创造。建园之前这里没有树木,遍地斑驳。一个小型的非洲裔美国人社区塞内卡村(Seneca Village)在公园的西侧从 82 街伸展到 88 街,成片的德国和爱尔兰移民社区分布在该地其他地方。当城市收购该地块,拆掉或者拆毁 300 所房子和一些工厂、屠宰场和其他令人厌恶的场所时,有 1600 多居民流离失所。1857 年,公园开始建造。

在设计公园时,奥姆斯特德和沃克斯面临的挑战是把一个没有吸引力的地方转变为一个看上去具有自然美的地方。后来,奥姆斯特德计算出 1857—1870 年间,工人在建造中总共处理了 4825000 立方码的砖石土方。如果放在当时用的标准的单马拉的马车上,这些马车将会在从纽约到旧金山的路上站满五个来回的距离。在施工期间移动这么多的砖石土方,奥姆斯特德估计相当于将整个公园的水平面提升了四英尺之高。建造高峰期雇佣了 3800 多人:在急剧重塑地形之外,工人开挖池塘,种植大片草地,种植 270000 株树木和灌木,创造了——在该词意义上的第一个——公园。奥姆斯特德和沃克斯的"草坪"规划,给予公园最独特的景观——广阔的草地、水道和池塘、假山以及林木茂密的山坡——以及公园内完全分离的交通,下沉凹陷的道路,让城市交通穿越公园。沃克斯和他的同事设计了 20 多个桥梁和地下通道来将行人道和骑马道、车道分开,还有一些建筑和构建物来满足公园游客的需要。

在 19 世纪中期的数十年,中央公园的建造是在纽约市政治文化动荡中发生的。随着民主党掌权,由北部共和党主导的州立法机关在 1857 年颁布一个新的宪章,严重限制了城市自身的管理能力。该宪章明显不是一个民主的文件,由州政府任命五位委员组成大都市区警务委员会,代替由纽约市市长任命的警察局,新宪章创造了几个其他州任命的委员会,包括管理港口

的委员会,他们担心公园建造将会成为民主党的一个赞助来源;另外一个委员会负责建造中央公园。中央公园的董事会(The Board of Commissioners of the Central Park)由共和党控制,对公园建造和使用行使管理职能。直到 1870 年,新的城市宪章(常被称为"特威德宪章",以坦慕尼厅政治老板威廉·M. 特威德命名)由公园局(Department of Public Parks)取代董事会,其成员为市长任命。

作为施工负责人,奥姆斯特德必须组织训练有素的劳动力。19 世纪 50 年代的纽约工人阶级正经历着工业化带来的压力,这提高了他们的工作纪律;大量移民涌入这造成了劳动力过剩,降低了就业机会和工资。工人们是倔强的,他们试图通过游行和罢工保护自身利益。奥姆斯特德和公园委员会决定按照政府雇员的标准对待工人,并且严密地控制其工作,这和许多的城市工人的期望相冲突。奥姆斯特德将工人组织为一个个 30 至 40 人的团队,每一个团队都有一个工头来负责带班点名,指导工作,准备每天完工日报。八个总工头监督工头,确保所有工人遵守公园政策,遵守奥姆斯特德的工作期望。1857—1870 年之间,奥姆斯特德估计建造公园花费了 890 万美元。

奥姆斯特德认为,管理中央公园——教育公众正确使用公园、监督维护和持续改进、确保公众安全——和施工设计以及监督同等重要。在公园施工之前,许多报纸表达了奥姆斯特德称为虚假懦弱的守旧性的东西,即坚信民主是一个使文明丧失的过程,这将会降低美国政治、社会和思想生活中的平均水平。任何对公众开放的娱乐或者文化机构,将由社会最粗鲁、最没名气的成员有效地界定,结果是中等和上层阶级将不会频繁地去这种场所。

奥姆斯特德意识到,维持秩序确保公众安全,对公园的成功不可或缺。在 1858 年 2 月,他负责训练、管理维持公园秩序的守园人队伍。在奥姆斯特德的设想中,管理员的主要职责是教育公众正确使用公园。他将管理员塑造成一支高效队伍,他们对公园的影响是显而易见的:一个作家提到在公园遇到城市最臭名昭著之一的酒馆主人,其在一个星期日来公园拜访他从前的客人,因为那位客人发现公园是一个比他的酒吧更加吸引人的地方。尽管保守派有所恐惧,但中央公园是一道安全、秩序井然的风景线。

在奥姆斯特德的概念中,公园是一个民主的社会空间,因此管理员必不可少。他认为这在一个阶级、种族和民族分层的城市里,公园是一个欢迎所有居民地方。奥姆斯特德在 1859 年描述公园的愿景时,坚持公

园将成为所有阶级居民的主要或者是唯一的娱乐来源。1870 年,当敦促波士顿市民在他们的城市建造一个大型公园时,奥姆斯特德观察到中央公园和布鲁克林的展望公园是各自城市里平等、没有竞争或者嫉妒的唯一的地方。他的愿景是公园作为市民空间,包含、实际欢迎城市的所有居民。

19 世纪中期的几十年里中央公园以创造性的方式响应纽约市戏剧性的增长——将 843 英亩的土地留给公共休闲。奥姆斯特德和沃克斯设计了公园弯弯曲曲的路径和自然景观,与扩张着的城市建筑的直线和尖角形成鲜明的对比。通过在公园边界栽种植物、横向道路和与整个公园完全分开的交通,奥姆斯特德和沃克斯将城市侵入景观的程度降到了最低。但公园依然是一个城市机构:它的构想不是退出或者否定城市的复杂性,而是奥姆斯特德后来定性为城市复杂实体结构和总体经济的组成部分。

在 150 年里,中央公园的命运发生了转变。在特威德集团掌权期间,根据奥姆斯特德估计,公园管理者对原始设计妥协,没能适当维护公园和公共安全。一旦城市陷入窘迫的财政环境,就会削减公园维修经费。在 20 世纪 30 年代,罗伯特·摩西为公园恢复了名誉,增加了游乐场和娱乐设施,但他也扩宽了道路以容纳汽车,这把城市的噪声、活力和竞争带入了公园。20 世纪 70 年代的财政危机使得公园的维修再度延期,最终直到 20 世纪最后十年才得到翻修和恢复。

19 世纪下半叶,中央公园激励了其他美国城市建造相似的大型公园。1965 年,中央公园和愿景公园成为首批进入国家历史遗址保护名录(National Register of Historic Places)的景观,承认了其在景观建筑以及城市规划历史上的重要性。150 多年来,公园是纽约市民的不可估量的资源。

亦可参阅:纽约州纽约市(New York, New York),老弗雷德里克·劳·奥姆斯特德(Olmsted, Frederick Law, Sr.)

延伸阅读书目:

- Beveridge, C. E., & Hoffman, C. F. (Eds.). (1997). *The papers of Frederick Law Olmsted. Supplementary Series: Vol. 1. Writings on public parks, parkways, and park systems*. Baltimore: Johns Hopkins University Press.
- Beveridge, C. E., & Schuyler, D. (Eds.). (1983). *The papers of Frederick Law Olmsted: Vol. 3. Creating Central Park, 1857 - 1861*. Baltimore: Johns Hopkins University Press.
- Board of Commissioners of the Central Park. (1863). *Sixth Annual Report*. New York: Author.
- Miller, S. C. (2003). *Central Park: An American masterpiece*. New York: Harry N. Abrams, Inc. in association with the Central Park Conservancy.
- Reed, H. H., & Duckworth, S. (1967). *Central Park: A history and a guide*. New York: Clarkson N. Potter
- Rosenzweig, R., & Blackmar, E. (1992). *The park and the people: A history of Central Park*. Ithaca, NY: Cornell University Press.

David Schuyler 文
余志乔译 陈恒校

中心地理论
CENTRAL PLACE THEORY

在经济地理学的广泛支持下,中心地理论试图提供一些解释,如为什么经济、货物和服务只在一些地方提供,而不在空间均匀分布。1999 年,藤田昌久(Masahisa Fujita)、保罗·克鲁格曼(Paul Krugman)和安东尼·维纳布尔斯(Anthony J. Venables)指出,该学说的基本构成观点是,空间经济来自于卖家在生产时面临的规模经济与消费者购买时必须承担的运输费用间的交换。

作为该理论基本概念的介绍,想象一个假设的空间上中立的平原,由种小麦的农民均分居住。其中一个农民决定生产啤酒卖给其他的农民。隔壁农民认为去别的地方买啤酒比自己生产更加有效益。但是,对于邻居的邻居来说,离开农场和旅行距离的成本,要大于自己生产啤酒的成本。所以,啤酒在一个"中心地"生产,某些农民选择进入啤酒生产市场,并且服务于其他没有这么做的农民;至于谁选择哪个选项有一个空间唯一性,主要取决于啤酒的价格。

中心地学说(更加一般地说区位理论)的起源来自德国知识分子思想的长期传统。其根源开始于 19 世纪 50 年代,但是因为语言障碍,区位理论(Location Theory)没有进入美国话语,直到一个世纪后沃尔特·艾萨德(Walter Isard)在他的著作中才将其引进。杜能(Johann von Thünen)被认为是这一领域的创始人,他的著作《孤立国》(*The Isolated State*)明确有力地表述了一个分析地租差异的模型（他因级差地租分析而著名），考虑一个单中心城市周围不同的农业用地种类的租金差异（杜能的著作在20世纪60年代由威廉·阿朗索、爱德温·米尔斯和R.马思重新考虑，他们用通勤者代替了农民，用中央商务区代替了中心城市）。这些作品日后被统称为"新城市经济学"。

中心地理论的改进来自沃尔特·克里斯塔勒（Walter Christaller）的《德国南部的中心地理论》（Central Places in Southern Germany，1933年在德国出版）。在书中他提供了证据："法律"掌控的城镇在空间上的数量、规模和分布，出现一种分等级的城市景观。克里斯塔勒从界定一个经济商品的内环和外环来开始他的分析。内环由区位的最小半径构成，如果环内全部人口购买该货物，那么生产成本就等于收入。任何货物或服务的外环是买家愿意去的距离中心地最远的地方。如果外环和内环不平等，那么在两个环之间的差异将代表货物的潜在利润。每个环的相对规模将确定在一个地区内中心地的数量和等级。例如，如果一个中心地周围的人口是均匀分布的，内环和外环相比价格是非常低的，中心地的货物就会提供给附近的另外一个中心地。货物的潜在利润（由两个环之间的差异衡量）将会引诱附近中心地的人提供货物。如果这两个环大致匹敌，那么中心货物就仅能在那个确切的中心地供应才有利。当然，如果内环超越了外环，那么货物将产生负利润，因此完全不会供应。

内环和外环所有经济物品之间的相互作用构成中心地等级的基础。非常低等级的内环商品会在许多地方供应，意味着即使极少购买也盈利；仅仅提供这种"低等"商品的地方，会比其他提供"高等"商品的地方等级更低。克里斯塔勒继续描述（并且计算）中心地等级的区位模式。回想一下该问题的原始构成，也就是说，中心地是怎样从一个农民均匀分布的地方出现的。为了满足这个条件，居住模式均匀的农民必须在一个六边形的格子里分布（一个正方形模式不能满足均匀分布的条件；对角线的距离比边长要长）。越来越高等级的中心地也会均匀分布，由此也遵循一个六边形（尽管面积较大）模式。

克里斯塔勒认识到，一种商品的范围并非独立于中心地自身的分布和规模。为了结合历史和地理的影响，他提出了由市场、基础交通设施或者政治辖区控制的空间组织原则。如果城市的形成主要是因为商品的经济范围，那么根据克里斯塔勒所称的"营销"原理，就会出现中心地的发展。当运输模式不从中心密集地放射开去，那么中心地就根据运输原则用一种更加线性的方式发展。铁路和公路铺设将会主要连接最高等级的中心地，并且顺便经过沿途的低等级的城镇。尽管20世纪30年代是铁路运输的鼎盛时期，克里斯塔勒却预言，随着居住靠近中心或者运输规模经济优势的降低，卡车或者汽车运输将导致地区的分散化。最后他明确表达了一个管理原则，它将产生围绕"资本"的明显或者可分离的区。

克里斯塔勒的理论后来由奥古斯特·廖什（August Lösch）在其书中提炼，后者的《区位经济学》于1940年在德国出版。基于相同的初始人口均匀分布的假设，廖什明确表达了距离对货物需求的影响，即空间需求曲线。回到啤酒的例子，农民选择销售啤酒的价格将会决定卖出的数量，以及决定买家选择去获得它的距离。如同在古典经济理论中完美确立的，随着任何商品的价格上升，需求的数量就减少了。廖什观察到，对于任何特定的价格，需求量将会**也随着距离下降**。因此，农民选择的啤酒价格，确定了被克里斯塔勒称为商品的外环。在整个平原，所有的啤酒生产者的"市场区域"将恰恰是距离（由此价格），假如生产的成本是相等的。

克里斯塔勒和廖什的著作（特别是1954和1966年先后被译成英文）以及中心地学说，总地来说引起了有关经济活动的空间组织的一系列研究，包括该体系的几何学和数学结构，通过数据分析鉴定中心地等级，以及经济发展和区域规划的适用性。

亦可参阅：城市经济（Economy of Cities）

延伸阅读书目：

- Christaller, W. (1933). *Central places in southern Germany*. English translation, Prentice-Hall, Inc. 1966.
- Fujita, M., Krugman, P., & Venables, A. J. (1999). *The spatial economy：Cities, regions and international trade*. Cambridge, MA：MIT Press.
- Isard, W. (1956). *Location and space-economy*. Cambridge, MA：MIT Press.
- King, L. (1984). *Central place theory*. Thousand Oaks, CA：Sage.

Seema D. Iyer 文

余志乔译 陈恒校

进步的世纪
CENTURY OF PROGRESS

在1933年和1934年的5月到11月,芝加哥市通过主办世博会庆祝其百年纪念,也以"进步的世纪"著称。世博会围绕科学进步的主题建造,给数以百万游客展示了人类在科学、工业和文化领域努力的成就。在大萧条的苦难中,进步世纪——和芝加哥本身——提供了艰难时世中的安慰,是陈列了过去成就的庆典,为国家的未来提供了一个充满希望的远景。

博览会的起源

计划在1926年开始;1927年第一次召开博览会的董事会,他们是芝加哥商业和政治精英的成员。石油和银行大亨鲁弗斯·道斯(Rufus Dawes)是博览会的主席,退役军官和工程师雷诺克斯·劳尔(Lenox Lohr)是总经理。在规划的早期阶段,博览会只被简单认为是"芝加哥的第二次世界博览会"(Chicago's Second World's Fair),第一次是芝加哥在1893年举行的著名的世界哥伦布纪念博览会(World's Columbian Exposition)。1929年,董事会确定将科学作为主题,然后将博览会更名为"进步的世纪(A Century of Progress)"。展会组织者委托国家研究委员会(National Research Council)来规划科学主题应该展出什么的计划,该组织是一个在工业和大学协调科学研究的团体。

为博览会筹资

为博览会筹资的活动正碰上大萧条。尽管这是个挑战,但董事会通过出售被称之为芝加哥世博会军团(Chicago's World's Fair Legion)的支持者组织会员资格,筹集了630000多美元。董事会也发行了1000万的债券,其中略超过一半被认购。通过出售展会的经商权获得了300万美元。众多的参展商——包括联邦政府——花费了数百万来建筑自己的展馆和展览大厅。

场所与结构

世博会的地点是一个狭窄的、位于芝加哥市中心地区以南3里长的湖岸,从12街向南延伸到39街。这块地占地427英亩,由固体地表、垃圾填埋地和池塘组成。设计和施工的监督落在小丹尼尔·伯纳姆身上。他是著名的同名建筑师的儿子,父亲在1893年建造了哥伦布世博会场馆,同时还是1909年著名的《芝加哥规划》(Plan for Chicago)的作者。世博会的布局和哥伦布博览会相似,但是年轻的伯纳姆的设计反映了新时代的建筑趋势。他拒绝了1893年的新古典主义,支持现代、鲍豪斯建筑学派的设计。董事会成员认为建筑应反映科学进步的主题。这个指令和大萧条造成的财政困难,使得建筑师建造廉价的窗户极少的建筑。这些简易的建筑靠着光线与色彩的创新使用而得以美化。建筑物中最著名并且可能最具争议的是旅行与交通馆(Travel and Transport Building),其圆顶是用一批电缆和空中塔台悬浮搭成。

重点展馆

参观者享受着娱乐和教育相结合的展览。在规划阶段,董事会决定博览会将从事"纯科学"展览,把应用科学展览留给私人企业。科学厅(The Hall of Science)以地质学、物理学、生物学、化学和其他核心科学的展览为特色。由美国一些最大的公司,例如通用汽车公司、西尔斯罗巴克公司和美孚石油公司精心制作的展览品,演示他们在消费品生产中的科学知识的运用。在1934年展览季中,福特汽车公司花了500万美元建造了一个巨型亭子展馆,邻近横跨了11英亩的壳形演奏台。联邦政府也参加了展会,他们花费了175万美元建造了美国政府馆(U. S. Government Building)。其他流行的展馆包括18世纪杜萨布尔(Jean Baptiste Point DuSable)居住的小屋的复制品,她被认为是芝加哥的第一个非印第安人居民;以及迪尔伯恩堡(Fort Dearborn),第一个被并入芝加哥市的美国要塞。仅仅在博览会场北边几个街区,还有几个旧的和新的芝加哥地标,贡献了展览空间和其他资源,包括艺术博物馆(the Art Institute,1879年建立)、菲尔德自然史博物馆(Field Museum of Natural History,1893年)、谢德水族馆(Shedd Aquarium,1929年)和阿德勒天文馆(Adler Planetarium,1930年)。

博览会的娱乐区被称为中途(Midway)。在那里,游客可以参观欧洲的城市和村庄的复制品,享受大屏幕的投影电影,并且感受许多其他的娱乐。最让人印象深刻的当然是"万人迷"(Fan Lady)莎莉·兰德(Sally Rand)。她的滑稽戏使游客或兴奋或愤怒,使她两度被捕。娱乐项目也催生了由博览会体育委员会组织的体育赛事。军人球场(Soldier Field)在两个展会期间主办了5次大学足球比赛。第一个历史上的一流棒球全明星赛,由芝加哥论坛报(Chicago Tribune)运动编辑阿奇·沃德(Arch Ward)组织,1933年7月6

日在科米斯基体育场(Comiskey Park)附近举行。

种族争议

非洲裔美国公民领袖对是否支持博览会有不同意见。一份有影响力的黑人报纸《芝加哥卫报》(*Chicago Defender*)，首先敦促非洲裔美国人支持博览会。其他人反对，指出展会组织者在建造期间几乎没有雇佣黑人。在展览会开幕后，一些报道进一步地冷却了黑人的支持。展会极少雇佣非洲裔美国人，并且受雇的黑人绝大多数在厕所工作。此外，一些特许经营者断然拒绝服务黑人顾客。还有其他的种族问题，例如流行的空中游览车(Sky Ride)，它悬挂在名为"阿摩斯"(Amos)和"安迪"(Andy)的双子塔之间，而双子塔的命名则参照一个流行但种族意识不强的广播节目。此外，展示非洲裔美国人的教育、工业和农业的进步计划从来没能实现。相反，游客参观的"黑暗的非洲"(Darkest Africa)展示了俾格米人、食人族、热炭步行者和吞火魔术师。许多芝加哥黑人发现这个展览有辱人格，他们公开表达了担忧。为了安抚非洲裔美国人，展览会组织者将 1933 年 8 月 12 日设置为"黑人日"(Negro Day)，其特色活动被设计为颂扬非洲裔美国人的生活和文化。在 1934 年展览季开幕之前，伊利诺斯州州议会给展会组织者和特许经营者施加压力，不能歧视非洲裔美国人。立法机构也提供了黑人正式向当局提出投诉的机制。

展会的结束

尽管有种种争议，"进步的世纪"是非常成功的。超过 4800 万游客参观了展览。尽管这是一个非盈利企业，但是展会净赚了 160000 美元。芝加哥的南方公园区(South Park District)、菲尔德博物馆(Field Museum)、谢德水族馆(Shedd Aquarium)、阿德勒天文馆和其他团体分享了这笔盈余。

延伸阅读书目：

- Findling, J. E. (1994). *Chicago's great world's fairs*. Manchester, UK：Manchester University Press.
- Holt, B. (1986). *An American dilemma on display：Black participation at the Chicago Century of Progress Exposition，1933 - 1934*. Report for the Chicago Urban League Researchand Planning Department
- Meier, A. , & Rudwick, E. (1966). Negro protest at the Chicago World's Fair, 1933 - 1934. *Journal of IllinoisState HistoricalSociety*, 59, 161 - 167.
- Rydell, R. (1993). *World of fairs：The century of progress expositions*. Chicago：University of Chicago Press.
- Rydell, R. , Findling, J. E. , & Pelle, K. (Eds.). (2000). *Fair America：World's fairs in the United States*. Washington, DC：Smithsonian Institution Press

Daniel J. Lerner 文

余志乔译 陈恒校

连锁商店
CHAIN STORES

连锁商店是零售商业的群体，他们共享相同的名字和商标，出售相同的系列品牌商品，根据同样的公司方针拥有或管理商店。连锁商店逐渐主宰了郊区零售业，成为美国消费文化的缩影。

第一个连锁商店在 19 世纪下半叶开张。1859 年，大西洋和太平洋茶叶公司(The Great Atlantic & Pacific Tea Company，A&P)开设了它的第一家食品杂货店。1879 年，"廉价商店"Five-and-Dimes背后的企业家 F. W. 伍尔沃斯(F. W. Woolworth)在纽约的尤蒂卡(Utica)开办了他的第一个杂货店。

受到股市繁荣、利润增长和城市新商业区的推动，连锁商店在 20 世纪前 20 年有巨大的增长，这表现在销售量和商店数目上。到 1929 年，连锁商店占美国零售总数的 22%，并且是城市商业区的"标配"。食品杂货零售以及百货商店领域的增长最为引人注目。但是其他种类的连锁店也证明是成功的，包括烟草商店(联合雪茄店)、药店(利格特)、糖果店以及饭店，诸如汤普森饭店(J. R. Thompson)和豪森酒店(Howard Johnson)。

连锁商店承诺销售低价和标准化(因此是可以信赖的)商品。连锁百货和餐馆的广告突出了销售这一面，强调低价不仅是销售策略，也是连锁店依赖规模经济能力的结果。也就是说，他们大量购买或者加工标准化商品，从而降低每件商品的成本。为了进一步降低成本，连锁店也运营自己的仓库和分销系统，从而消除外部批发商的成本。

一些商店还承诺"自助服务"，也就是说，消费者无需店员帮忙，可以自己从商店的货架上挑选商品。这尤其引人注目，因为店员服务虽然更为个性化，但也有着差别化服务，甚至推销过度的问题。连锁店服务的

131

自主性和独立性色彩主要以中产阶级白人女性客户作为目标群体,但对白人工人阶级和非洲裔美国人消费者也有特殊的吸引力,使他们获得平等待遇和名牌商品。不是所有的企业都实行这个政策,一些产品(例如肉类和农产品)继续由柜台后的店员服务。尽管如此,连锁店经常推销自己是公平谨慎对待所有消费者的地方。因此,社会变迁和低价有助于解释连锁店的成功。

然而,连锁店的发展并不是一帆风顺。商店场所的高租金和成本以及运作这种大型商业的固定成本困扰着很多公司。上述种种障碍使有些类型的连锁商店或消失或成为零售业的小角色,对于许多烟草店和糖果店来说尤其如此。同时,独立的药剂师和杂货商敦促国会和州议会通过税收或者其他方式保护独立的公司。虽然在州和联邦层面都通过了反连锁店的立法,但在停止连锁店的增长上,或者更加重要的,在对小型独立自营的商店提供重大帮助上,没有政治运动证明是有效的。

事实上,连锁店的承诺如此引人注目,以至于许多小型、独立商店都试图适应连锁店的策略。这些"自愿连锁店"或者"零售商合作社"形成集体购买一些商品的协议,并且常常共用类似的商标、广告和商店设计,从而加深了连锁店的视觉和文化影响。例如,独立的零售商组成了独立杂货商联盟(Independent Grocers Alliance),而五金器具经销商组织了实价连锁店(True Value)。在战后时期,独立经营者和大公司合作是另外一个重要的创新。专营或个人所有但在全国连锁公司的名称和严格监督下经营商铺,强化了美国市场的标准化。

到了20世纪60年代,连锁店逐渐成为美国大众消费的缩影,尤其是在新的郊区商业区。以前独立的百货商店在郊区商业区开设了分店、购物商场和购物中心。这些销售空间逐渐成为少数族裔服装、百货商店和各种连锁店的聚居区。

二战后,消费者购买力的增强进一步强化了连锁店的重要性。恰在此时,消费在美国经济和文化中的重要性日渐凸显。食物、衣服和家用器皿从大型的集中管理的连锁店购买。用这种方式,连锁店回应并塑造了中产阶级美国人对批量生产的标准化产品的与日俱增的依赖。

近年来,巨型"大卖场"如百思买集团(Best Buy)、家得宝(Home Depot),已经将连锁店模式传播到电气用具、电子产品、建筑材料和工具销售中。大型的杂货商店,如塔吉特百货(Target)和沃尔玛,强迫城市中的小型的、更老的连锁店搬家或者关闭。尽管反连锁店的情绪在继续,许多全国性公司开设了小型的连锁店,针对特定的种族、族裔或者阶级,但是,连锁店的发展继续界定着零售业,界定着许多美国人的购物方式。

亦可参阅:超级市场(Supermarkets)

延伸阅读书目:

- Cohen, L. (1990). *Making a new deal: Industrial workers in Chicago, 1919–1939*. Cambridge and New York: Cambridge University Press.
- Deutsch, T. (2001). Untangling alliances: Social tensions at neighborhood grocery stores and the rise of chains. In W. Belasco & P. Scranton (Eds.), *Food nations: Sellingtaste in consumer societies*. New York: Routledge.
- Strasser, S. (1989). *Satisfaction guaranteed: The making of the American mass market*. New York: Pantheon.
- Tedlow, R. (1990). *New and improved: The story of mass marketing in America*. New York: Basic Books.

Tracey Deutsch 文

余志乔译　陈恒校

132

查理·卓别林
CHAPLIN, CHARLIE

查尔斯·斯宾塞·卓别林(1889—1977),1889年4月16日生于英国伦敦音乐厅的艺人家庭。他五岁在舞台上亮相,但早年他是街上的淘气鬼,几乎没有受过正规教育,加入了一个巡回表演的乐队,并且靠打零工来维持生计。尽管有着狄更斯式的童年,查理·卓别林仍旧成为最成功的长寿者以及电影史上备受爱戴的天才。他把演员、作家、导演、制片人的才能融为一体,质疑工业时代的道德基础,开开人类社会的玩笑。

1910年,卓别林跟随一个巡回杂耍剧团第一次来到美国。1913年末,他与拱心石电影制片厂(Keystone Studio)的麦克·桑内特(Mack Sennett)签约,并且搬到好莱坞。在他单飞的第一年,他制作了令人吃惊的35部单盘影片。在他的第二部电影《威尼斯儿童赛车》(*Kid Auto Races at Venice*, 1914)里,他塑造了其导演的第一部杰作《流浪汉》(*The Tramp*, 1915)主角的银幕形象。他饰演的随遇而安的流浪汉,有着牙刷胡、宽松下垂的裤子、啪嗒啪嗒的鞋子、大礼帽和手杖，总是电影中的倒霉蛋，在无情的时代浪潮中蹒跚而行，展示了卓别林的即兴创作、哑剧、定时杂技和灵敏的芭蕾舞的才能。通过销售、其他媒体和外形酷似大赛的大力推动，卓别林的这一形象成了全民偶像。结果，卓别林可以要求的报酬飙升。到1919年，经过在一串工作室的短暂工作后，他加入演范朋克（Douglas Fairbanks）、玛丽·璧克馥（Mary Pickford）和导演D. W. 格里菲斯（D. W. Griffith）的队伍，组建他们自己的独立电影公司"联艺公司"（United Artists）。

凭借精妙的艺术掌控力和悲喜因素的创造性融合，他的小流浪汉给观众带来了欢笑，这种欢笑是一战后以及大萧条的黑暗时期所特别需要的。悲哀的、无忧无虑的故事也是卓别林抓住社会舆论的工具。他重现贫困、荒凉并且关注被践踏者的主题——很可能基于其成长经历——找到了进入其最著名的无声电影人物的方式，包括他第一次作为美联公司制片人的《孤儿流浪记》（The Kid，1921）；他无声电影的最高票房的《淘金热》（The Gold Rush，1925）。他的最后两个小流浪者角色《城市之光》（City Lights，1931）和《摩登时代》（Modern Times，1936）仍是在有声电影时代的非同寻常的无声电影。在《大独裁者》（The Great Dictator，1940）里，卓别林第一次在银幕上说话。他扮演两个角色，一个流浪汉模样的犹太理发师，另一个是稍加伪装的阿道夫·希特勒。在影片最后，他恳请纳粹停止其侵略，并呼吁美国告别其孤立主义。此后他又制作另两个著名电影《凡尔多先生》（Monsieur Verdoux，1947）和《舞台生涯》（Limelight，1952）。然而，作为对美国的阶级差异和其他不公正的一个批评家，卓别林成了美国联邦调查局持续不断的政治迫害目标，并在非美活动委员会的亲共罪名控告中达到顶点，这个控告被证明是错误的。1952年，厌倦了生活在一个名人毫无隐私的社会，受够了报界报道了近40年的性丑闻、失败的婚姻、所得税反对者和政治调查的喧闹之后，卓别林厌恶地离开了美国，发誓再也不回来。直到1972年好莱坞给予他一个特别的奥斯卡金像奖，他才再度回归。1977年圣诞节，在英国女王伊丽莎白二世授予他骑士身份两年之后，他在瑞士自宅中于睡梦中安然离世。

延伸阅读书目：

● Chaplin, C. (1978). *My autobiography*. New York: Simon & Schuster.
● Vance, J. (2003). *Chaplin: Genius of the cinema*. New York: Harry N. Abrams.

Julie A. Dercle 文
余志乔译　陈恒校

慈善组织协会
CHARITY ORGANIZATION SOCIETY

19世纪晚期的慈善组织协会（COS）运动旨在更加有效地配合对"配得上"的城市穷人成员提供救济。有一些早期的尝试——尤其在纽约（1819）和波士顿（1828）——来确保几十个慈善组织之间的合作，这些组织帮助贫穷和受灾难影响的民众。在19世纪70年代，COS从英国开始并且传遍到美国、欧洲和澳大利亚，主张"有组织的"和"科学的"慈善。到20世纪20年代及此后，城市美国人如何看待贫穷和福利仍然是慈善组织的潜在信念和原则的一个重要元素。

1877年安立甘教牧师S. 汉弗莱斯·格廷（Episcopal clergyman S. Humphreys）在纽约州布法罗成立了美国最早的慈善组织之一。这是典型的由新教牧师和富有市民发起的慈善组织，旨在整合当地的慈善，他们认为，一些组织已经变得太过专业化并且相互孤立。该组织不想分发物质救济，而是给予指导，由受过培训的调查人员评判每个案例的优劣，接着由志愿"友好访问者"引导穷人——通过建议以及示范——走向道德改善。其结果就是COS的口号"不施舍，交朋友"。

其他协会在从波士顿到芝加哥的东北和中西部城市出现，有时使用联合慈善（Associated Charities）或统一慈善（United Charities）的名称。协会在什么地方什么时间出现，并且能否存续下去，在一定程度上取决于创办人的强烈个性，比如纽约城的约瑟芬·肖·洛厄尔（Josephine Shaw Lowell）。然而每个地方的发起者共享相对一致的观点，即贫困的起源是个人，而不是结构性的缺陷。他们强调酗酒、死亡和懒惰，而不是进步主义者和激进改革派所强调的低收入、失业和疾病。他们强调中产阶级的美德，比如自制、节俭、节制，因为他们相信这种特性——而不是继承、特权或者好运气——解释了他们自己的社会优势。他们不喜欢阶级不平等的一些后果，特别是在贫富之间增长的鸿沟，但坚信最好用改善行为而非经济环境来处理。对他们来说，没有道德改善的信仰充其量只是天真的，在最坏的情况下是在积极鼓励"贫困"（他们将其称为"福利依赖”)。

在许多方面,慈善组织的领导人提供了一个19世纪的贫困诊断,同时开始了20世纪治疗途径的一些关键元素。其中的一个原则是协调。解决"无差别仁慈"的方法就是认真监督所有形式的救济,这将确保只有"真正需要者"得到救助。这需要依靠严格的记账,常常通过一个核心索引或是类似的登记,把每个申请人与每个当地慈善机构的来往以及每个公共援助的表格列出来。在一些城市,由协会证明申请者免费医疗或者牙科治疗资格,或者建议政府代理机构依个体申请者的价值来处理失业救济。他们建立了贮木场、缝纫室和家政服务机构,相信只有配得上的穷人才愿意做体力劳动来换取救助。

然而,事实证明这种组织难以实现和维持。天主教会和救世军发展的现有慈善机构和服务,对新教慈善组织协会满怀敌意。一部分是因为他们依赖相当多仁慈的游客,极少有慈善协会出现在大城市之外。慈善组织也忽视了工人和移民中强烈的互助传统,没能理解穷人因特定需求才求助于特定服务,宁要实际帮助而不是徒劳无益的"指导"。慈善组织协会也或多或少地故意忽视了19世纪晚期美国人所称的"黑人问题";非洲裔美国人的贫穷被认为是一个单独的问题,最好留给他们自己的组织。

慈善组织协会给20世纪的最持久遗产,可能是其强调通过调查研究对个人是否值得救助作出判断。他们要求申请者分享其详尽的私密生活故事,因为心甘情愿给予信息,是某人值得帮助的一个迹象。慈善组织协会的访问者——常常是女性——接着会去申请者家里拜访他们,与其说是帮助他们,不如说是在提供援助、提供解决方案之前做出鉴定和诊断问题。他们通过询问邻居和当地的店主来审查申请人的声誉,访问者将遍访牧师、教师、护士和警察的意见。看起来访问越来越像是侦探工作。

调查研究越来越依赖有偿工作者或者"代理人",也越来越强调技能和培训。友好的访问让位于严格的社会调查和"个案工作"。这种过渡以玛丽·里士满(Mary Richmond)为例,在成为美国一流的福利理论家和教育家之前,她曾经在费城、巴尔的摩、纽约的慈善组织协会工作过。里士满的第一本书是《友好地拜访穷人》(*Friendly Visiting Among the Poor*,1899),她最有影响力的书《社会诊断》(*Social Diagnosis*)于1917年出版。该书描述了系统的个案工作,并成为美国社会工作最重要的文本之一。

19世纪90年代,慈善组织运动经历了一系列的挫折。本地慈善机构往往不能达到目的,那十年的严重萧条明显暴露了个人主义济贫方法的局限性。慈善组织协会强调把"配得上"与"配不上"的穷人分开,使它不受其他改革者如简·亚当斯的欢迎,它的"冷慈善"名声使之在穷人中甚少赞赏者。一些当地的协会凋零了,但是其他的仍然对他们城市的福利有影响,他们把慈善组织协会的思想适应改变着的环境,并且在工作救济等领域发展新的项目。同样,他们失去了某些与众不同的原有目标,更加像其他福利提供者。有些将他们自己转变为不同种类的组织,并且选择了新的名称,与改变了的方向相称,如常见的家庭福利协会(Family Welfare Association)。在20世纪的头30年,随着社会福利主流对社会改革、公共责任、结构贫穷的关注加大,任何没有改变的当地协会变得边缘化。到了20世纪30年新政的时候,旧式的"慈善组织"看起来似乎是一种过去的语言和信仰。

然而,慈善组织仍然是美国城市历史的一个重要组成部分,这至少有两个原因。第一,它们进入美国蓬勃发展的城市中的小巷和公寓,慈善组织协会的调查人员和代理人制造了成千上万的个案记录,这构成了城市社会文化史的一个丰富且仍未完全开发的资源。如历史学家迈克尔·卡茨(Michael Katz)和艾米丽·阿贝尔(Emily Abel)显示的那样,他们提供了我们关于贫穷、福利、性别、阶级、性格和社会秩序思想的最重要的窗口之一。

第二,关于"改善"穷人的需要,关于从事其资格证明的调查研究的需要,这些信念证明确实是非常有弹性的。这些信念也一样,即许多那些接受福利的人,无论是公共资金还是私人善举,并不真正值得这份福利,而甚至那些值得得到福利的人,则处于"福利依赖"的经常性风险中。慈善组织协会可能已经消失,但引起慈善组织协会的那种焦虑,在城市美国看起来似乎是一如既往地强大。

亦可参阅:城市中的贫困与福利(Poverty and Welfare in Cities),社会服务与慈善事业(Social Services and Charity)

延伸阅读书目:

- Abel, E. K. (1997). Medicine and morality: The health care program of the New York Charity Organization Society. *Social Service Review*, 634-651.
- Katz, M. (1986). *In the shadow of the poorhouse: A social history of welfare in America*. New York: Basic.

- Kusmer, K. L. (1973). The functions of organized charity in the Progressive Era: Chicago as a case study. *Journal of American History*, *60*, 657–678.
- Waugh, J. (2001). "Give this man work!" Josephine Shaw Lowell, the Charity Organization Society of the City of New York, and the depression of 1893. *Social ScienceHistory*, *25*, 217–246.

Mark Peel 文

余志乔译 陈恒校

北卡罗莱纳州夏洛特市
CHARLOTTE, NORTH CAROLINA

北卡罗莱纳州夏洛特市,一个有高速公路、郊区和沿公路商业区的大都市,考虑到其商业利益、强烈的热心拥护和进步形象的长期主导,往往被视为典型的"新南方"城市。

1768 年,夏洛特市作为梅克伦堡县的县城,在卡罗莱纳山麓(Carolina Piednont)建立。1799 年,夏洛特市的发展首次受到附近金矿发现的刺激。当 1849 年加州淘金热威胁到这种繁荣的时候,当地商人资助铁路建设,把夏洛特市与哥伦比亚和查尔斯顿联接起来。铁路在 1852 年通车,这是一个重要的发展,因为这让货物无需通过麻烦的山麓地形运输到市场,将夏洛特市变成一个当地的商业和商人活动的中心,也使它首次超越如威尔明顿市(Wilmington)等北卡罗莱纳港口城市,成为州杰出城市。到 19 世纪末,夏洛特市成为卡罗莱纳的主要贸易中心。

因为夏洛特市成为战争生产的中心,拥有一个邦联海军码头,所以内战促进了而不是打断了夏洛特市的发展。尽管有军事设施,夏洛特市逃过了战争打击,这意味着它成为战后南方商品的供应中心。这种牢固的经济地位使得夏洛特市成为工业进步的新南方信条的最佳体现,周围农田早已是高产棉田,因此棉纺织厂的建造成为一个合乎逻辑的发展。到了 1900 年,该市已经建造了 12 座工厂。然而夏洛特市从来没有完全依赖棉花,而是保持着多样化的经济基础,特别是在物流和金融方面。这种多样性后来让夏洛特市经受住了纺织工业的衰败,并相对轻松地进入二战后的信息经济。

非洲裔美国人一直是夏洛特市人口的重要组成部分:1880 年,他们的数量接近总人口的一半(44%),到

2000 年下降到了 33%。和其他的南方城市一样,非洲裔美国人的行为和城市领袖的反应,对塑造夏洛特市都一直是至关重要的。这是 19 世纪 90 年代的情况,带着反精英的、改革派信息的平民主义在梅克伦堡县的工厂工人、小农和非洲裔美国人之中找到了现成的听众,他们已经对当地商人和富有的农民统治不满。犹如在整个南部发生的,平民主义被白人至上和歧视性法律的诉求打败。然而,限制非洲裔美国人投票的州法律,也限制了贫穷的白人投票,致使该城的选民主要是中产阶级。这使得政治生活中商业人物的显赫全无对手,使得该城最富有的白人最多的东南部地区的控制权力原封不动。这个优势被代表全州的选举制度所加强,这个制度在 20 世纪 30 年代制定,有利于足够富有在全市动员的候选人。

然而,这种商业领导力比许多南方城市更为进步,在战后的岁月里,特别是在斯坦福·布鲁克夏(Stanford Brookshire,1961—1969 年的市长)领导下,夏洛特市急切地利用联邦计划。它是首先开展大规模城市更新的南方大城市之一,并入选全国第一批示范城市。这也意味着,当非洲裔美国人在 20 世纪 60 年代再次攻击种族不平等时,夏洛特市的商业领袖们率先做出回应。由于认识到抵制种族融合对城市声誉造成的破坏,例如小石城(Little Rock)那样,所以他们同意了一个废止种族歧视的计划,在很大程度上避免了大规模的抗议。因此,夏洛特市被誉为是解决了其种族问题的南方典型。即使经济不平等和居住隔离仍然存在,但这使公司搬迁到南方成为一个可以考虑的选择。

1971 年,这种把夏洛特市作为"成功城市"的看法,受到具有里程碑意义的最高法院案例的严重挑战,即斯旺对夏洛特市-梅克伦堡教育委员会案,此案源自非洲裔美国人父母与夏洛特市持续的学校隔离的斗争。斯旺让校车接送学生作为在学校里实现种族平衡的一种方式,威胁要消弥冲突,效法波士顿的先例。然而,因为他们试图免除东南部学校的校车接送,所以此事的愤怒在很大程度上重新聚到夏洛特市领导人身上:这连同一个跨种族市民集团的更加公平计划的构想,被认为可以缓解种族紧张。最终,校车接送再度恢复,进一步地提升了夏洛特市的形象,促使其继续发展。然而,1999 年,在白人父母的诉讼后,校车接送结束了,夏洛特市的学校从此开始了新的种族隔离。

对于夏洛特市的领导者来说,校车危机以出乎意料的方式证明了其代价昂贵,非洲裔美国人和白人工人阶级联合,强迫在 1977 年进行全城公投,设置了区

135

域代表制。女性、非洲裔美国人和东南部之外的人，第一次在市议会得到了完全代表。这种转变的程度，可以用 1983 年非洲裔美国人成功竞选市长作为例证，当年非洲裔建筑师哈维·甘特在一个五分之四是白人选民的选举中被选为市长。

尽管这改变了政治结构，但是，夏洛特市保持了支持发展的立场，特别是因为非洲裔美国人领袖大多选择和企业合作。这种对发展的持续认同由雄心勃勃的工程表现出来，例如 20 世纪 70 年代市中心地区的再开发；1996 年一个足球场的建造；2005 年轻轨系统的启动。夏洛特市一直保持了其区域中心地位，而它作为美国第三大银行中心的地位说明了其与日俱增的全国性价值。

2000 年的人口普查表明，夏洛特市地区包括将近 150 万人，即相比 1990 年增加了 29％。女王城（The Queen City）虽然在美国的大都市地区只排名第 34，在 20 世纪 90 年代其人口数量变化排名第 19。进入 21 世纪，夏洛特市作为美国内外移民目的地的受欢迎度（比如其越来越多的亚洲和西班牙裔社区），表明了其持续的活力。

亦可参阅：跨学区校车接送（Busing），教育中的种族融合（Desegregation of Education），示范城市（Model Cities），城市更新和复兴（Urban Renewal and Revitalization）

延伸阅读书目：

- Douglas, D. M.（1995）. *Reading, writing and race：The desegregation of the Charlotte schools*. Chapel Hill, NC：University of North Carolina Press.
- Gaillard, F.（1988）. *The dream long deferred*. Chapel Hill, NC：University of North Carolina Press.
- Greenwood, J. T.（1994）. *Bittersweet legacy：The black and white "better classes" in Charlotte, 1850－1910*. Chapel Hill, NC：University of North Carolina Press.
- Hanchett, T. W.（1998）. *Sorting out the New South city：Race, class and urban development in Charlotte, 1875－1975*. Chapel Hill, NC：University of North Carolina Press.
- Smith, S. S.（2004）. *Boom for whom? Education, desegregation and development in Charlotte*. Albany, NY：State University of New York Press.

Catherine Maddison 文

余志乔译　陈恒校

芝加哥大火
CHICAGO FIRE

1871 年 10 月 8 日至 9 日的芝加哥大火，是 19 世纪和 20 世纪初最让人记忆犹新的美国城市火灾。它摧毁了美国西部最大的城市，在大众文化中留下了印记，并且有助于实现消防规章、建筑和保险定价的深远变化。尽管破坏巨大，但芝加哥快速重建并且继续其快速的增长。

火灾是这个时期美国城市的巨大灾祸。空间密集的木质或半木质建筑物的随意建造，煤炭、煤油和气体燃料的使用，供水不足，有限的消防能力，制造了高度易燃的环境。其他遭受过大火的城市包括纽约（1835）、查尔斯顿（1837）、圣路易斯（1849）、缅因州波特兰（Portland，Maine，1866）、波士顿（1872）、巴尔的摩（1904）和旧金山（地震和火灾，1906）。

在大火前的 30 年，芝加哥已经从一个边疆村落变成了大都会。在 1870 年的人口普查中，芝加哥有 298977 人，成为美国第五大城市。芝加哥有 10 条铁路线，有包括木材、肉类加工和制造业的蓬勃发展的工业，是一个主要的商业中心。

1871 年，芝加哥主要是一个木质城市。大多数住房都用木头建造，并且紧密地挨在一起。大多数的人行道也都是木头的，许多街道也用木头铺就。即使镇子富有地段一些宏伟的大理石和石头建筑，其外立面实际上也是木头的。

大火之前的几个星期极为干燥。在 10 月的第一周，消防部门扑灭了 20 处火灾，包括 10 月 7 日星期六晚上的一场火灾，20 英亩的贮木场和煤场付之一炬。第二天晚上，芝加哥大火从城市西区（Western Division）的一个小火焰开始，那里的房子拥挤在工厂的周围。

关于这场大火的起源，最经久不衰的是奥利夫人的牛（O'Leary's Cow）的故事。据说它在一个谷仓里踢翻了一个灯笼，引发了这场大火。凯瑟琳·奥利（Catherine O'Leary）是劳工的妻子和五个孩子的母亲，她用她的谷仓经营街坊的牛奶生意。尽管火可能是在谷仓或者附近开始的，但一些历史学家认为，作为一个爱尔兰天主教移民，奥利夫人可能被作为一个方便的替罪羊。媒体通常将奥利夫人描述成一个滑稽可笑的人，或者描述成一个酒鬼、骗取社会救济的人。在大火之后的许多年月里，奥利夫人拒绝和新闻记者说话，这也没能阻止他们编造她的故事。其他可能的罪魁祸首包括奥利夫人的一个邻居、在谷仓抽烟的男孩，甚至是一颗流星。

无论什么起因,在西南风推动下,火焰迅速席卷西区向城市中心烧去。随着风力变大,火势变得势不可挡,从一座建筑物跳到另一座建筑物,向四面扩散。大火在越过芝加哥河之前吞没了贮木场、铁路、谷仓。它在城市南区一家接一家烧过,到达煤气厂后引发爆炸。随着大火向北向东蔓延,城市里的一些精美住宅和商业建筑被吞噬。

因前晚的火灾筋疲力尽的消防员,对在一幢幢建筑间跳跃的火焰进行了徒劳无功的搏斗。消防水管的储备仓库很快被摧毁,随后水泵站也一样。大约凌晨1点30分,大火到达了法院。高塔倒塌了,使拉响了数小时的火灾警报声沉寂。大火沿着河流向湖泊的西部前进,烧毁了沿河的桥梁、船舱、满是货物的仓库、成堆的木材和煤炭,以及一幢又一幢建筑物。到了星期一早上,城市北边几乎没剩下什么好烧的了。

接着,火势向南移动,摧毁了城市里一些最有价值的房地产,包括邮局、《芝加哥论坛报》大楼、无数大酒店和教堂。然后,大火又向东移动,到了沿着湖滨的富丽堂皇的住宅。随着火势接近商业区,货物被从仓库和商店搬出,堆放到湖岸上。到了星期一晚上,即使是这些成堆的商品也被点燃。星期二早上,一场仁慈的雨水熄灭了这些火焰。

1871年10月10日的芝加哥是一片深灰色的废墟,将近3.5平方英里、2000多英亩的灰烬和碎石。大火烧毁了近18000座建筑,被损坏的商业建筑包括芝加哥大部分的银行、保险大楼和城市里所有的报社。有250人失去了他们的生命。

在熊熊大火的恐怖时刻,大约有10万芝加哥人,即芝加哥三分之一的人口,竭尽全力带着家什逃离了家园。难民们被火焰从这里驱赶到那里,最后,聚集在林肯公园和沿着密歇根湖的开敞草原上。尽管市中心受到破坏,但也有一些地段幸免于难。在那里,许多人与亲戚、朋友和陌生人找到了避难所。

商业精英担心芝加哥的灾难将会吸引罪犯和掠夺者。由于对当地政府缺乏信心,一些富商取得了市长的默许,说服当时驻扎在芝加哥的美国陆军中将菲利普·谢里丹(Philip Sheridan)恢复秩序。谢里丹的部队由常规部队、民兵组织、警察和志愿者组成,在大火后强加给芝加哥两个星期的军事管制。

救灾工作在火焰完全熄灭前就开始了。芝加哥官员任命了一个由民选官员和普通市民组成的团体,来管理和分配金钱、食物和从全国和世界各地到达的物资,这些物资总价值最终定在500万美元左右。

在芝加哥救助会(Chicago Relief and Aid Society)的管理下,救援工作很快成为一种恢复大火前存在的阶级秩序的方式。委员会试图区别对待火灾受害者,即把原先独立的中产阶级居民与移民和工人阶级受害者区别开来。许多救济会提供的预制板"收容所"给了那些原先有自己住房的人。救济金的分配也倾向于支持那些灾前经济地位较高的人,希望努力恢复他们的独立性。与此同时,希望身强力壮的穷苦劳动者找工作,那些需要住房的人被安置在简单的兵营里。

不是每个人都需要慈善援助。许多有产者都有保险。在火灾后几天到达的检查索赔(从临时办公室)的理赔员,发现火灾损耗了价值2亿美元的财产,接近城里所有财产价值的三分之一。失去财产中有一半以上投保了一定量的险,在燃烧区理赔了略超过1亿美元的财产(没有考虑到部分保险财产中那没有理赔的部分)。投保人假设他们的保险公司可以支付他们的索赔要求,因此可以重建他们的家园和生意。不幸的是,许多都不能。大火使得68家保险公司破产。最终,在火灾中失去的投保财产价值只有40%获得了赔偿。

对有些人来说,大火灾提供了一个把芝加哥重建为一座更宏伟、更安全城市的机会,其扩宽的大道旁满是耐火砖和石质的建筑物。中等收入的房主付不起昂贵材料重建的费用,他们反对禁止木质建筑的提议。同样,厂商抗议旨在从市中心拆迁有火灾风险的工业的法律。1875年,只有在保险公司威胁要停止理赔城里财产之后,更严格的建筑规范才实施,消防部门才改革。几年之内,芝加哥大规模地重建。崛起的新市中心面积是原来的两倍,有许多更高的建筑物。鉴于在老芝加哥,商业区和居民区一直相互混杂在一起,但是在重建的芝加哥,则两者逐渐分离,由阶级分离的新住宅区,建造在远离市中心的地方。

芝加哥最值钱的基础设施是铁路线,即使火车站和堆场被烧了,但是连接东区和西区的铁路却在火灾中幸免于难。位于被燃烧地区之外的畜牧饲养场和其他重工业也得以幸存。因此城市的工业得以快速恢复。尽管经济衰退跟随着1873年的恐慌,但是芝加哥城市继续发展。1880年的人口普查显示芝加哥的人口有503185人。

1872年波士顿大火和芝加哥大火为美国改变火灾险和预防火灾提供了推动力。在大火后,幸存的保险公司在全国火灾保险商联合会(National Board of Fire Underwriters)的庇护下,试图停止早先激烈的价格竞争,这种价格战使得很多公司在全城范围发生火灾时都资金不足。到19世纪80年代初,一个新的本地保险卡特尔体系终于成功地稳定了物价。大约与此同时,改善的消防规范和安全建筑技术开始在全国出现。

芝加哥大火是一个全国性事件,出现在当时的流行文化中。在火灾之后的几年里,出现了数以百计的故事、插画、目击者评论、布道、小说、诗歌和歌曲。那时极少美国人能够避开芝加哥毁灭或者像凤凰一样重生的故事。直到现在,美国人更可能回想起芝加哥大火,而不是过去的任何其他大火。

亦可参阅:伊利诺伊州芝加哥市(Chicago, Illinois)

延伸阅读书目:

- Baranoff, D. (2003). *Shaped by risk:The American fire insurance industry, 1870 - 1920*. Doctoral dissertation, The Johns Hopkins University Press.
- Bureau of the Census. (1870/1880). *United States Census, 1870, 1880*. Washington, DC:Government Printing Office.
- The Chicago fire. (1874). *Insurance year book*, 242 - 251.
- The Great Fire:A comprehensive account of the conflagration. (1871). In *The Chicago fire and the fire insurancecompanies*. New York:J. H. and C. M. Goodsell.

Dalit Baranoff 文

余志乔译 陈恒校

芝加哥建筑学派
CHICAGOSCHOOL OF ARCHITECTURE

20 世纪 20 年代,芝加哥从密歇根湖畔的一个边疆村落快速发展,一直是许多建筑师发明、创新和灵感的重要来源。其施工方法一直备受钦佩、模仿和复制。也许最有影响力的建筑风格是以芝加哥学派(或者风格)著称的设计技巧。这种特别风格集中在摩天大楼上,但是也进一步扩展到住房开发中。

芝加哥学派的核心集中于摩天大楼。第一座被普遍接受为现代摩天大楼的是拉萨尔大街(LaSalle Street)上的家庭保险大楼(Home Insurance Building),它于 1885 年建造,由建筑师威廉姆·勒·拜伦·詹尼设计。尽管詹尼的设计风格被一些人认为是欧美风格

的华丽混合物,但是其核心理念却基于呆板的轻型木架构。作为其骨架,钢框架被用来建造墙体和地板框架,用玻璃和砖石覆盖表面,这给了外框架以支撑,给了室内光线。此外,钢梁被钉入地下数十英尺,给金属框架提供额外的支撑。一位在哥伦布博览会期间访问芝加哥的法国建筑师,惊奇于摩天大楼呈现了某种它自己的优雅,而不像大多数美国建筑看起来在本质上是完全功利的。通常,摩天大楼建筑表现为一个叠着一个的盒子。由于许多人看不到高层,因此在三层以上使用最小化设计装饰,这主要是飞檐口或窗户框架。然而,在主楼层,设计则是华丽的。

芝加哥的设计大繁荣归功于灾难。1871 年的大火彻底摧毁了所有的市中心地区。尽管火灾造成了巨大的财产损失,是苦难的悲剧,但有人看到了机会,洋溢着芝加哥支持者的"能做"态度。19 世纪 70 年代,当芝加哥呈现为一块白板时,建筑师们蜂拥而来。该城有机会用最新的设计技巧和材料重建自己。新的建筑繁荣也受到芝加哥市中心区域的自然边界的推进,它向南向西推进到芝加哥河,经铁路线终端向南推进,向东推进到密歇根湖。考虑到相对小的地块区域以及重大的房产价值,只有一个有效的方法继续建造:向上。因此,需要更好的建筑技术进步、更好的建材(比如酸性处理过的钢材)和更大胆的设计,可以既体现一个大城市的需求,又给予其风格魅力。

虽然詹尼开始了芝加哥学派的概念,但却是丹麦·阿德勒(Dankmar Adler)和路易斯·沙利文(Louis Sullivan)的设计,真正设立了芝加哥学派许多建筑的标准。沙利文的"形式服从功能"公理是芝加哥学派起决定作用的组成部分,他负责会堂大厦(Auditorium Building)的设计,大厦拥抱了所需的装饰新风格,又是形式所需的简洁风格。这种设计方法成本有限,那些在地面上的人可以看见其华丽特征。沙利文后来的设计作品以卡尔森·皮里·斯科特(Carson Pirie Scott)的百货大楼建筑为例,它位于芝加哥环区的核心。卡尔森商店的特色大窗户不仅让光线照入大楼,也让人们观察里面,创造了一种进店的诱惑。窗户上的熟铁飞檐构件给了大楼独特的外观,又比通常的石材相对更轻盈更廉价。

芝加哥学派的另外一个主要的建筑师是丹尼尔·伯纳姆。他和他的伙伴约翰·威尔伯·鲁特(John Wellborn Root)是芝加哥的另外一个重要建筑团队。他们设计的拉萨尔大街的卢克里大厦(Rookery Building)办公楼体现了办公楼的新风格,其装饰位于最可能为路人注意的地方。伯纳姆、沙利文和其他芝

加哥学派的建筑师设计的许多大楼，使用赤土陶的外墙是一个改进，因为这是自我清洁的材料，并且使大楼在某些光线下闪着自然光泽。加上芝加哥风格的窗户（三个窗格，两个外窗格打开来给大楼通风），这些建筑给那些习惯于平原低层建筑或者东方巨型石材建筑的人深刻的印象。

这种建筑新形式很快为美国各地的其他大城市所模仿。如纽约、费城、波士顿和克利夫兰这样的大都会，迅速地使用摩天大楼作为一种建筑手段。很快，这也成为一场看谁能够有最高建筑的竞赛。纽约以其塔楼而获胜，帝国大厦是最好地例证，但它不是没有芝加哥学派的灵感的。

这些建筑既朴素又威严的许多例子，今天仍然在芝加哥环区内。只要去拉萨尔街的卢克里大厦，参加市中心区的徒步建筑之旅，人们也可以自己参观这些宏伟的建筑物，比如蒙纳德诺克大厦（Manadnock Building）、交易所大厦（Fair Building）、原马歇尔大楼，或者密歇根大道的许多建筑物。悲哀的是，第一幢摩天大楼——建筑家庭保险大楼——在1930年被拆除，给新的芝加哥期货交易所（Chicago Board of Trade）腾空间，后来又搬到了拉萨尔街尽头。对于大多数其他有名的建筑，已经授予了历史性建筑保护和国家登记地位，所以该风格可以被保留。

除了这个市中心的新建筑风格外，弗兰克·劳埃德·赖特（他一度为路易斯·沙利文工作）所代表的草原建筑风格，在芝加哥近郊的橡树公园（Oak Park）形成。虽然这两种风格在形式上相似，但是它们关注的是建筑的不同方面。草原风格主要关注低层建筑或住房，芝加哥风格则集中在专业的高楼大厦。

芝加哥学派不仅创造了一种新的建筑风格，也使一些当时最有影响力的建筑公司得以兴起：霍拉伯特（Holabir）与罗希（Roche）、鲁特和伯纳姆、沙利文和阿德勒。这些人全都对芝加哥市中心的建筑产生影响，都曾经和詹尼有关联。随着1893年该城举办世界哥伦布纪念博览会，新建筑在博览会建筑中继续着。尽管博览会的建筑物是临时性的，但它们表现出那个时代的风格和激情。当人们涌向"白城"来参观世博会时，许多人也到市中心旅行，参观直达天空的建筑物。他们惊叹于电梯、容纳成千上万的人的巨型建筑、钢铁和石头的峡谷。例如，当一个人看着卢克里大厦的内部，他或她忍不住为其风格震惊，这种风格在21世纪初仍然是永恒的。

对于芝加哥学派的减弱，首批迹象发生在两个舞台上。首先在20世纪初，丹尼尔·伯纳姆将其关注点

从建筑转到城市规划，这在1909年的芝加哥规划中达到顶峰。它专注于林荫大道、公园和中心街道，而不一定聚集在摩天大楼。第二个迹象是一些原先的建筑师去世，詹尼死于1907年，伯纳姆死于1912年，沙利文死于1924年。1922年，当建起芝加哥论坛报大楼、带来一种新古典主义的风格时，大多数建筑历史学家视之为芝加哥学派结束的标志，尽管其他建筑是用新艺术装饰风格设计的。然而，芝加哥风格并没有全部结束。到20世纪30年代，路德维希·密斯凡德罗已经移民到芝加哥，在那里他改变了芝加哥的风格来满足他的需要。他著名的格言"少就是多"是其风格的典型特色——并且在许多方面让人想起原先的芝加哥风格。

延伸阅读书目：

- Bach，I.（Ed.）.（1980）. *Chicago's famous buildings*. Chicago：University of Chicago Press.
- Blaser，W.（1993）. *Chicago architecture：Holabird and Root 1880 - 1992*. Basel，Switzerland：Birkhauser Verlag.
- Condit，C.（1964）. *The Chicago school of architecture*. Chicago：University of ChicagoPress.
- Kogan，H.，& Kogan，R.（1976）. *Yesterday's Chicago*. Miami，FL：E. A. Seeman.
- Meyer，H.，& Wade，R.（1969）. *Chicago：Growth of a metropolis*. Chicago：University of Chicago Press.
- Miller，D.（1996）. *City of the century*. New York：Simon & Schuster.

Cord Scott 文

余志乔译　陈恒校

伊利诺伊州芝加哥市
CHICAGO, ILLINOIS

伊利诺伊州芝加哥市的崛起得益于其地理位置，既在芝加哥河又在五大湖区。从1673年被法国探险家之父、耶稣会传教士雅克·马奎特（Jacques Marquette）和路易斯·乔利矣特（Louis Jolliet）"发现"起，芝加哥发展成北美大陆的自然资源和广阔的大西洋市场之间的桥梁。起初，皮毛贸易鼓励芝加哥地区整合进扩张着的欧洲经济中去。

与欧洲牵连意味着涉及其政治和战争，特别是1756年的法国与印第安人战争（French and Indian

War）。1763年以后，法国失去了其北美领地。20年后，该地区的政治控制传递到新建的美国手中。珍·巴普蒂斯特·普安特·杜萨布尔（Jean Baptiste Pointe DuSable）是一个法国皮毛商人和一个海地黑人之子，在从事反英活动被囚之后，于1781年作为第一个永久居民来到芝加哥。他的小屋靠近芝加哥河的河口，为当地的皮毛贸易提供了一个中心。

绰号"疯狂的安东尼"的安东尼·韦恩（Anthony Wayne）将军的军事行动为美国带来有效的统治。1791年，韦恩的胜利以《格林维尔条约》（Treaty of Greenville）结束，它授权联邦对芝加哥河口的控制。1803年，美国军队开始建造迪尔伯恩堡。到那时，杜萨布尔把他的小屋卖给了珍·拉·利姆（Jean La Lime），而利姆又将其卖给了约翰·坎齐（John Kinzie）。迪尔伯恩堡是西部的美国军事存在，提供了一个贸易的焦点。1812年，印第安人摧毁了这个堡垒。第二个迪尔伯恩堡（1816年）标志着美国在这个地区建立永久的统治，与军事据点一道发展了一个活跃的皮毛商人社会。与此同时，芝加哥成为新英格兰和纽约北部美国佬向西移民的一个焦点。

芝加哥在1833年特许建立为城镇，4年后成为一座约有5000居民的城市。1837年，黑鹰战争（Blackhawk War）和侵略性的联邦政策迫使印第安人搬迁。伊利运河（1825年）显著地改变和改善了芝加哥和东方的往来。商人聚集起来，并且分销粮食、木材、牲畜和其他自然资源，同时在全美分销工业产品。

1836年，芝加哥人开始建造自己的运河——伊利诺伊州—密歇根运河，这使得该城与圣路易斯竞争西方的贸易。被大萧条耽误的运河终于在1848年开通。1847年，麦考密克收割机厂（McCormick Reaper Works）在芝加哥开工，带来了中西部的工业和农业革命。到1848年，该市大约有20000居民并且有望继续增长。

在同一年，芝加哥企业家接受另外一种运输技术——铁路。联盟铁路（Galena-Chicago Union Railroad）是芝加哥的第一条铁路。到1854年，芝加哥成为一个重要的铁路枢纽。随着东部城市和芝加哥之间的铁路连接，由运河而兴起的贸易路线得到加强和扩展。反过来，芝加哥铁路向西推动并且穿过密西西比河。1850—1900年间，该城的人口和工业基地急剧地增加。肉类加工业和钢铁工业的出现带来了另外一个经济阶段，即面向全国和国际配送的商品生产。

芝加哥的发展杂乱无章。轻型木架构建筑占了大部分的民用建筑。人行道、木栈道和许多城市街道都

是木质的。1869年，城市创建了一个专业的消防队来取代各式各样的志愿者消防队。尽管如此，火灾的威胁笼罩着城市。在1871年10月8日晚上，一场大火从城市西边奥利家的谷仓开始，导致了悲剧性的芝加哥大火。在火灾中，21000英亩土地和17000多座大楼被毁。但是大火没有摧毁芝加哥的经济基础，实际上还为年轻的城市提供了一个机会。在巨变之后，芝加哥现代化了法律，刺激了建筑的繁荣，吸引了许多居民。

当芝加哥在1893年举办世界哥伦布博览会时，它已是世界级的大都会。1890年，芝加哥的人口超过了100万，成为美国的第二大城市，这个排名一直保持到1990年的人口普查。在某种程度上，这个快速的人口增长，源于芝加哥在1889年兼并其最邻近的郊区。

芝加哥既吸引了美国国内移民，也吸引了国际移民潮。早期的移民主要是北欧人和西欧人，主要来自新英格兰的本地新教徒控制了其经济、文化和政治生活。不久，美国佬精英失去了人口优势，由此失去了政治主导。许多人搬到了城市外的原铁路郊区。新移民群体来到了芝加哥，主要是东欧人和南欧人。1910年，外国出生者及其子女占了芝加哥人口的近80%。

第一次世界大战的爆发切断了国际移民，随着战时生产的增长，吸引了新的国内移民。从1915—1920年，芝加哥的非裔美国人人口翻了一番。非裔美国人倾向于安顿在芝加哥南区，在那里种族隔离的结果出现了大贫民窟。1919年7月，一场震惊了整个城市的种族骚乱爆发，造成了38人死亡（23个黑人和15个白人），500多人受伤。

在城市政治机器的历史上，芝加哥的政治机器发展得晚。1915年，市长威廉·汤普森的竞选，标志着创建一个全市共和党机器的尝试。汤普森把不断增长的非洲裔美国人社区包括进他的联盟中。汤普森时代也标志着全市范围的有组织的罪犯机器的创立，它由阿尔·卡彭领导，常常和当地的共和党结盟。1931年，在捷克出生的安东·瑟马克（Anton Cermak）的领导下，民主党挑战汤普森，瑟马克是芝加哥历史上唯一的移民市长。瑟马克在该城重要的白人种族社区基础上创立了一个强大的机器，20世纪30年代末，黑人加入民主党机器。瑟马克的胜利标志着芝加哥曾经风云一时的共和党雄风不再。自从1931年汤普森失败之后，没有其他共和党人当上芝加哥市长。

1933年，在瑟马克遇刺后，民主党人爱德华·凯利（Edward J. Kelly）担任市长（1933—1947）。在马丁·肯内利（Martin H. Kennelly）的两任市长（1947—

1955)之后,理查德·戴利成为芝加哥最有权势的政治家,在 1976 年 12 月 20 日去世前,他赢得了六次市长的选举。他对于芝加哥的发展功不可没,在 20 年的萧条和战争之后,芝加哥成为一个扩展着的都会区中心的一个仍然至关重要的城市。然而,战后时代见证了芝加哥许多传统制造的衰退,芝加哥进入了后工业时代。

1940 年后,芝加哥目睹了城市中的非洲裔美国人人口的持续增长,白人开始搬到郊区。1940 年,芝加哥包含了伊利诺伊东北部的 73% 人口。到 2000 年,尽管人口有所恢复,但是,这一数字在大都市区地区降低到 35% 以下,这种人口增长在很大程度上来自西班牙裔移民。芝加哥人口中白人不到三分之一。非洲裔美国人和快速增长的西班牙裔,占到城市居民的三分之二以上。

由于黑人发挥越来越重要的作用,这些人口的发展动态影响了民主党。自 1950 年城市达到了 3620926 的人口顶峰以来,这种人口动态就在进行中。戴利死后,他的机器沿着种族和族裔路线分裂了。戴利的直接继任人迈克尔·比兰狄克(Michael J. Bilandic)短暂地保持了机器团结一致,但是 1979 年,他输给了简·伯恩,芝加哥的第一位女性市长。伯恩和正统民主党结盟,看起来战无不胜,但是她在 1983 年的三方市长竞选中被哈罗德·华盛顿打败。华盛顿是芝加哥的第一个非洲裔美国人市长,并在 1987 年赢得连任。他的第一任市长陷入了和白人种族主义的市议员的权力争夺中。1987 年 11 月 25 日,华盛顿死于市长任上。一场夺权斗争立即爆发,导致另外一个非洲裔美国人尤金·索耶(Eugene Sawyer, 1987—1989)的短暂上台。在 1989 年的特别选举后,理查德·M. 戴利上台了,他是芝加哥历史上铸造了最强大机器的儿子。

142

到 2000 年,拉美裔和亚裔移民给芝加哥带来了变化。湖畔和边远社区的绅士化和新发展改变了芝加哥。芝加哥仍然有大量的工业基地,但是服务经济增长最大,并建造了新的体育中心。市中心或者“环”仍然是重要的,但是它也改变了,投资者把该地区的许多建筑物转换为公寓。教育机构迁入,并向商业区扩展区。当芝加哥进入 21 世纪时,它仍然维持了伊利诺伊州北部的重要中心,但是不再是过去的人口、经济和政治中心。随着大都市区扩展到伊利诺伊州、印第安纳州、威斯康星州、密歇根州的一部分,芝加哥地区的大部分权力转移到了郊区。

亦可参阅:城市老板和政治机器(Bosses and Machines),简·伯恩(Byrne, Jane M.),阿尔·卡彭(Capone, Al),芝加哥大火(Chicago Fire),芝加哥建筑学派(Chicago School of Architecture),理查德·戴利(Daley, Richard J.),威廉·黑尔(大比尔)·汤普森(Thompson, William Hale "Big Bill"),哈罗德·华盛顿(Washington, Harold),世界博览会和展览会(World Fairs and Expositions)

延伸阅读书目:

● Biles, R. (1995). *Richard J. Daley: Politics, race, and the governing of Chicago*. DeKalb, IL: Northern Illinois University Press.

● Bluestone, D. (1991). *Constructing Chicago*. New Haven and London: Yale University Press.

● Cronon, W. (1991). *Nature's metropolis: Chicago and the Great West*. New York: W. W. Norton & Company.

● Green, P. M., & Holli, M. G. (Eds.). (1987). *The mayors: The Chicago political tradition*. Carbondale and Edwardsville, IL: Southern Illinois University Press.

● Mayer, H. M., & Wade, R. C. (1969). *Chicago: Growth of a metropolis*. Chicago: University of Chicago Press.

● Pacyga, D. A., & Skerrett, E. (1986). *Chicago: City of neighborhoods*. Chicago: Loyola University Press.

Dominic A. Pacyga 文

余志乔译 陈恒校

童工
CHILD LABOR

在美国,童工有着复杂并充满争议的漫长历史,其根源始于旧世界的传统和实践。孩子们一直在干活,无论是在主人的地里、父母家,还是在当地工匠的商店里。在美洲殖民地和此前,儿童干活不被认为是童工。用任何以及所有可能的方式帮助他/她的父母和家庭是一个小孩的责任,这通常采取体力劳动的方式,比如在家里或者在家庭农场搭把手。父母在孩子很小时就灌输给他们自己耳濡目染的新教工作伦理,认为工作对孩子是有益的,能给他/她提供经验、有价值的知识和技能、对于努力工作者的尊敬,以及一个人希望通过劳动取得收获的愿望。从本质上说,孩子们通过劳动挣得生计所需及其价值。

随着美国从农村社会变成工业化的城市社区,童工越来越多由性别划分。公共领域和私人领域的分离,为女童和男童所做的工作种类打下了基础。例如在19世纪早期,中产阶级家庭的女儿要在家里干活,照看弟妹、打扫房间或者做饭。在某些情况下,女孩受雇来缝缝补补、洗衣服和一件件地做衣服,所有活计都在家庭范围内方便地完成。另一方面,小男孩适应家庭外面的世界,适应外面世界要求他的实在挑战,这要求他经常给附近的艺人或者近亲当学徒。他们负责提供像一般仆人一样的服务,也留出时间来学习一个专门行业或者手艺,这些儿童为了他们的食宿加倍干活。

在契约劳役条件下,收入更差些的欧洲儿童被带到殖民地,在契约中他们承诺服务七年,以换取到美洲殖民地的船票。这些孩子常常乘坐狭窄、不卫生的船只艰难地穿过大西洋,不料竟会来到这样一个国家,在给他们买船票的富人常常残酷的监护下,他们的机遇和希望消失了。同样地,非洲儿童及非洲裔美洲人儿童,没有工资得不到同情,日复一日地埋头苦干。

然而在19世纪之前,儿童工作的恶习没有系统记录或者引人注意,这种陋习最终导致其被称为童工。虽然一两个孩子的亲身经历不足够令人惊恐以提醒国家的担忧,然而,随着快速的工业化,出现了童工的概念。随着危险的工厂开张,生意人指望着青少年,知道他们可以花比一般成年男性少的钱剥削其劳动力。随着越来越多的儿童离家到工厂长时间工作,这引发了社会的关注。改革者们不仅关注儿童日益降低的生活质量,而且也关注这些青少年预示的前景类型。当儿童被视为未来的关键时,那么作为这些儿童长期艰苦劳作的结果,其损坏的身体和没有受过教育的大脑确实代表了一种暗淡的命运。

同样受儿童的工作条件和这些儿童预示的暗淡未来影响,19世纪晚期,激进的改革者如简·亚当斯和佛洛伦斯·凯利(Florence Kelley)真正开始关注并付诸行动。作为公众强烈抗议的结果,1904年全国童工委员会(National Child Labor Committee, NCLC)形成了。全国童工委员会和其他各种州的组织,开发了未来多年使用的方法,即通过照片、调查、小册子和游说,来记录和书写童工的常常悲惨的生活。随着许多州颁布了没有联邦政府参与的童工法,全国童工委员会以响当当的胜利开始了州立法运动。意识到许多州抵抗童工法,改革者承认联邦立法的必要性。1916年,通过了联邦立法,却被美国最高法院撤销,它在1918年"哈默对达根哈特"案(Hammer v. Dagenhart)中宣布该立法违宪。运动没有受到这个挫折阻碍,在同一年采用了另外一个立法。然而,在1922年的"贝利对德雷克塞尔家具公司"(Bailey v. Drexel Furniture Company)案中,最高法院再次推翻了这个立法。

现在,改革者充分意识到这种联邦童工法律批评者的权利、能耐和技巧,他们试图用宪法修正案来反击。1924年国会采用了一个童工修正案,到各州请求批准。到1925年,只有四个州签署了这个修正案:阿肯色州、亚利桑那、加利福尼亚和威斯康星州。这条修正案从来没有被各州批准。

尽管那么多进步改革者和同情者为童工法规奋斗,但是直到20世纪30年代的大萧条时期为止,一直没有建立持久的改革。一旦受到大萧条打击,数以百万计身强力壮的美国人失去了工作。这场灾难为儿童离开工厂、进入教室提供了强有力的催化刘。到1933年,每个州都采取了义务教育法,要求14岁及以下的儿童经常上学。这些州立法律,加上如《公共合同法》(Public Contracts Act, 1936)、《甜菜糖法》(Beet Sugar Act, 1937)这样的法律,使得越来越多的孩子离开工厂。他们规定最低就业年龄,禁止儿童从事有害或者危险的工作,设置了儿童可以工作的天数/小时数标准。然而,这种类型的法律过于严苛,没有给全国各地从事各种各样职业的孩子提供联邦政府规章,这很快在1938年的《公平劳动标准法案》(Fair Labor Standards Act, FLSA)中得到补救,这个联邦命令规定,全国学龄儿童兼职的最低年龄是16岁。

从那时起,童工的数量越来越少,只有最近才恢复了儿童工作的地位。然而,废除童工从来没有完全实现过;它只是改换了形式。现在,再次鼓励孩子们外出工作。许多各种年龄的学生在当地商店、加油站或者饭店兼职。年轻人继续受他们的雇主剥削,许多人为了赚他们自己的"零用现金"工作,他们得到最低工资。儿童也常常在家里干活,通过做家务来赚取工资或者换取"零花钱"。这种童工被视为对儿童和美国社会都有利的,因为有一天他们将会继承和转换这个社会。

此外,尽管许多美国儿童现在白天在学校上课,晚上做点轻活,比如卖东西,但是移民儿童和他们的父母却在田里干活。这些儿童从事累人的农业劳动,拿着远低于最低工资的报酬,联邦立法者和公众一样都习惯性忽视这些状况。最后,尽管许多美国儿童不再在活计卑微与乏味的危险工厂工作,但是美国公司继续迁到国外重新安置,在那里,儿童仍然大量地在这种条件下工作,拿着少得可怜的工资。

亦可参阅:简·亚当斯(Addams, Jane),城市和郊区中的儿童(Children in Cities and Suburbs),佛罗伦

斯·凯利（Kelley，Florence），进步主义
(Progressivism)，青年文化(Youth Culture)

延伸阅读书目：

- Clark, C. (1996, August). Child labor and sweatshops. *CQ Researcher*, 723-730.
- Levine, M. J. (2003). *Children for hire: The perils of childabor in the United States*. Westport, CT: Praeger.
- Sanderson, A. R. (1974). Child-labor legislation and the labor force participation of children. *Journal of Economic History*, 34(1), 297-299.
- Taylor, R. (1973). *Sweatshops in the sun: Child laboron the farm*. Boston: Beacon Press.
- Zelizer, V. A. (1985). *Pricing the priceless child: The changingsocial value of children*. New York: Basic Books.

Stella Ress 文

余志乔译 陈恒校

城市和郊区中的儿童
CHILDREN IN CITIES AND SUBURBS

城市和郊区为美国儿童提供了极为不同的现实，给美国儿童的童年时期提供了相互矛盾的影像。几乎从第一个郊区形成起，城郊儿童之间的大众印象就有鲜明的差异。一个名为菲利普·戴维斯（Philip Davis）的波士顿社会工作者，在 1915 年写城市生活和童年是不兼容时，就阐明了针对城市童年的案例。

儿童与城市最引人注目的影像是雅各·里斯拍摄的照片，他是改革者和摄影师，在《另一半人如何生活》中揭露了城市儿童的艰难生活。从在经济公寓里辛苦工作的儿童计件工到在小巷里睡觉的"流浪儿"，从垃圾遍布的"游乐场"淘气鬼到街头兜售商品的年轻小贩，里斯用视觉细节记录了这些城市儿童的严酷生活。另一方面，在 20 世纪 50 年代和 60 年代，郊区的童年出现在系列电视喜剧中，在 20 世纪 80 年代和 90 年代，稍有不同地出现在约翰·休斯导演的电影中。这些大众媒体的影像把郊区表现为富有、以儿童为中心的同质场所，居住着有点调皮但通常心地善良的少年儿童。

当然，城市和郊区少年儿童生活中的经历超越了流行文化中所表现的方式，此外也包含了种族、阶级、

教育机会以及物理环境差异，这些差异在 19 世纪的最后 25 年扩大了。

镀金时代和 20 世纪初的城市人口增长在很大程度上受到内战和 20 世纪 20 年代期间百万移民涌入美国的推动。在这段时间的大多数城市里年纪小于 18 岁的少年儿童组成了城市人口的 30%—40%。这些年轻人挤满了公立学校，开展多种多样的街头交易。教育者设计学校课程来灌输"美国的"价值观，淡化学生的"外国特性"。

改革者为拥挤的生活条件、严重的健康问题、不安全的街道所震惊，常常把工人阶级作为目标，主要是生活在美国城市的移民儿童。在 19 世纪 50 年代，查尔斯·劳瑞·布雷斯（Charles Loring Brace）著名的"孤儿列车"和其他儿童安置服务，开始将成千上万的儿童从东部城市运输到西部城镇和农场。19 世纪 90 年代及此后的社区改良运动为儿童建立了幼儿园和托儿所，而其他的进步时代改革者建立了少年法庭、运动场、牛奶和营养计划。他们也试图规范童工，包括成千上万的"报童"和堵塞城市街道的其他街头贸易者。

在 20 世纪剩余的时间里，美国人通常把城市环境看成儿童面临的主要问题之一。这在青少年犯罪和其他青少年突发事件的周期性恐慌中显而易见。从 19 世纪中叶起，美国城市年轻人成立了帮派；帮派成为工人阶级和少数民族青年形成社会群体和社区的一种方式。在 20 世纪初，白人少数民族帮派之间争斗的美好回忆成为城市移民自传的主题；在 20 世纪的下半叶，更加严重的问题成为内城帮派讨论的特点，如毒品交易和致命暴力，特别是在非洲裔美国人和西班牙裔年轻人中间。许多项目和组织探索这些特有城市问题的解决方法：男孩和女孩俱乐部（Boys and Girls Clubs）、天主教青年组织（Catholic Youth Organization）的体育联盟、20 世纪 60 年代政府推动，如"赢在起跑线"计划和职业中心（Job Corps）。

进步时代改革者常常指责儿童面临的健康和发展的城市条件的问题。在新政期间，联邦政府普遍认识到城市对儿童来说是不健康的地方。"绿带城市"(Greenbelt Cities)设计为对城市的拥挤、污染的、有点丧失体面的环境的解毒剂，导致了仅有三个社区的建立(在马里兰州、俄亥俄州和威斯康星州)。但是他们成为二战后郊区的原型。这些家庭住在独栋别墅或者双拼别墅，房子沿着蜿蜒的街道建造，有步行通道到公园、商店和娱乐中心。

20 世纪初，力图逃离内城现实和感知到问题的父

母们,开始搬家到郊区。当然,二战后的"婴儿潮"激发了郊区显著的增长。1946—1964 年之间出生了 7500 万婴儿,每个女性平均生下 3.6 个小孩——是 20 世纪 30 年代的两倍。父母希望给他们变大的家庭建造以儿童为中心的空间,拥有经济的、相对宽敞的大农场和农舍式住宅房屋即科德角式住房(Cape Cod homes),有着他们"家人"的房间和大院子。他们利用了政府支持郊区新房屋建设的贷款项目,而低收入家庭的住房项目在集中在内城。商店、学校和操场位于每一个家庭的步行范围内,或者越来越多地驾车一小段路,郊区成为中产阶级、以家庭为中心的白人价值观的同义词。这里,核心家庭占优势,社区以学校和教堂为中心。

到 20 世纪晚期,城市和郊区围绕财产税和教育券项目,为学校的资源争论不休;他们经常用有争议的方式再度介入大城市的学校整合项目。和郊区学区相比,城市学校的课外活动得到的资助更少。尽管郊区学校系统几乎没有免于预算紧缩之害,但是城市地区深受其害最多:下滑的税收基础、上涨的医疗费用、满足州和议会要求的压力。影响城市居民、特别是儿童的社会福利项目,遭到了联邦和州政府资金的巨大削减。

以儿童为中心的中产阶级理想在郊区存在下来,这种理想如果不总是现实的话。然而,郊区青年为他们的文化指望着城市。确实,随着成立机构和组织来满足少年儿童的需要,青年文化首先在城市地区发展,也许最重要的是高中的创建。尽管它们在内战前第一次出现,但是直到 19 世纪晚期和 20 世纪早期,大多数城市地区才有中学,城市青少年可以在中学参与很多的课外活动、俱乐部和运动。这种官方认可的青年文化形式,与一种意在只为美国年轻人的流行文化平行发展。从 20 世纪之交的镍币娱乐场,到 20 世纪 30 年代 40 年代的摇摆舞音乐,到 20 世纪晚期饶舌音乐,青年文化的音乐、时尚和其他元素从美国的城市中传播开来。

城市和郊区童年的人口统计仍然有巨大的差异。就种族而言,2000 年的人口普查发现,大多数的美国大城市现在都是"多数民族成为少数民族",其人口只有不到一半是非西班牙裔白人。由安妮·凯西基金会(Annie. E. Casey Foundation)资助的一项 2000 年人口普查研究发现,生活在"严重不良社区"(高贫困率、女户主家庭高百分比、高辍学率、成年男性的高失业率)的儿童百分比增长了近 20%。生活在极度贫困社区的绝大多数儿童,是居住在大都市地区的黑人或西班牙裔。例如,有 28.1% 的黑人儿童生活在这种地区,而白人儿童只有 1.4%。另外一个衡量贫困、家庭结构、父母受教育程度对儿童的长期影响的研究表明,生活在中心城市的儿童可能比生活在郊区的儿童有双倍的可能贫穷,并且成年后失业。到 1996 年,将近 20% 的城市儿童面临长大后贫穷和失业的"危险"。

这些让人不安的统计数据,掩盖了给仍有相当数量的城市儿童提供良好教育和安全天堂的机构和社区的活力。城市儿童的生活现实,介于戴维·纳索(David Nasaw)对移民儿童的称颂和芝加哥住房项目的评论这两者之间:20 世纪早期,移民儿童把街道变成他们的游乐场和工作场所,近期著名的芝加哥住房项目则用其苦涩的标题宣布,《这里没有孩子》(There Are No Children Here)。

亦可参阅:城市中的社区(Community in the Cities),郊区中的社区 Community in the Suburbs),教育中的种族融合(Desegregation of Education),城市中的教育(Education in Cities),城市与郊区的家庭(Families in Cities and Suburbs),未成年人犯罪与未成年人司法体系(Juvenile Delinquency and the Juvenile Justice System),游乐场(Playgrounds),公共教育(Public Education),青年文化(Youth Culture) *146*

延伸阅读书目:

- Davis, P. (1915). *Street land: Its little people and big problems*. Boston: Small, Maynard, and Company.
- Graff, H. J. (1995). *Conflicting paths: Growing up in America*. Cambridge, MA: Harvard University Press.
- Illick, J. E. (2002). *American childhoods*. Philadelphia: University of Pennsylvania Press.
- Kotlowitz, A. (1991). *There are no children here: The story of two boys growing up in the other America*. New York: Doubleday.
- Mintz, S. (2004). *Huck's raft: A history of American childhood*. Cambridge, MA: Harvard University Press.
- Nasaw, D. (1986). *Children of the city: At work and at play*. New York: Oxford University Press.
- O'Hare, W., & Mather, M. (2003). *The growing number of kids in severely distressed neighborhoods: Evidence from the 2000 census*. Washington, DC: Annie E. Casey Foundationand the Population Reference Bureau.
- Sawhill, I., & Chadwick, L. (1999). *Children in cities: Uncertain futures*. Washington, DC: Brookings

James Marten 文

余志乔译 陈恒校

理查德·斯宾塞·蔡尔兹
CHILDS, RICHARD SPENCER

理查德·斯宾塞·蔡尔兹(1882—1978)出生在康涅狄格州的曼彻斯特,其父威廉·哈姆林·蔡尔兹(William Hamlin Childs)经营邦阿米公司(Bon Ami Company)有方,成为一个富有的商人。当理查德10岁时,其父搬家到布鲁克林——那时是一个城市。1897—1900 年,蔡尔兹在理工大学预备学校(Polytechnic Preparatory School)读书;1904 年他获得了耶鲁大学的学士学位。1908 年,他参加了纽约城市俱乐部(City Club of New York)和美国市政同盟(National Municipal League),1909 年加入纽约市民联盟(Citizens Union of the City of New York)。1912 年,蔡尔兹娶了芝加哥的格雷丝·波林·哈奇(Grace Pauline Hatch)并定居曼哈顿。同年,他们都作为代表参加在纽约州举行的全国进步党(National Progressive Party)锡拉丘兹大会(Syracuse convention)。从 1926年到1938年,蔡尔兹是纽约城市俱乐部的主席,从1927 年到1931 年他是美国市政同盟的主席,1941 年到 1950 年是纽约市民联盟的主席。他从广告业开始其商业生涯,后来担任了几个公司职位。1947 年,他从美国氨基氰公司(American Cyanamid Company)退休,到曼哈顿全国市政联盟义务从事改革议程,这个项目持续 30 年。

1903 年 11 月开始的布鲁克林选举中,当蔡尔兹面对长票选举时,他接触到州和地方政府中政客的阴谋诡计。他认出前四个候选人名字,而不认识其他的15 个人。蔡尔兹成为一个政治改革者,他明白尽管政客指责投票者的冷漠危及民主进程,但恰恰是政府机构需要改革。他断言,结束寡头统治需要简化投票。他解释,这意味着只有最显眼的职位,大约五个最重要的职位会吸引公众监督。蔡尔兹 1908 年的文章《短票选举的教义》(The Doctrine of the Short Ballot),在1909 年 7 月 17 日的《前景》(Outlook)上发表,此文赢得了包括大学校长在内的学者赞誉。在那年,蔡尔兹组织了全国短票选举组织(National Short Ballot Organization)并自任秘书,普林斯顿大学当时的校长

伍德罗·威尔逊(Woodrow Wilson)任会长。短票选举运动迅速传遍全国,到1921 年,随着进步时代的结束,全国市政联盟吸收了全国短票选举组织。

蔡尔兹把城市经理人的概念加到委员会计划上,发明了城市管理的委员会—经理制计划。1912 年,南卡罗来纳州的萨姆特(Sumter)成为第一个城市经理制城市。城市政府是单一无党派的小型委员会,其成员是海选的而不是从街坊中挑选。委员会任命一个城市经理,通常是从镇外挑选,他以委员会喜欢的方式服务。作为首席行政官,城市经理任命并且监督部门主管。此外,蔡尔兹预期城市经理职业的崛起。委员会作出政策问题上的决策,委员会包括主席——一个没有否决权的"市长"。这种结构使得委员会对城市治理负全责。今天,在美国超过 1 万人的城市,城市经理制形式最为广泛。

蔡尔兹奋斗的其他民主改革,包括州行政机关的整合、一院制立法机关、任命制法官、比例代表制、弄虚作假的州立法机关的名额调整、用任命的专业法医代替选举产生的外行县验尸官和总统预选改革等。

亦可参阅:纽约州纽约市(New York, New York),进步主义(Progressivism)

延伸阅读书目:

- Childs, R. S. (1911). *Short-ballot principles*. Boston and New York: Houghton Mifflin.
- Childs, R. S. (1952). *Civic victories, The story of an unfinished revolution*. New York: Harper & Brothers.
- Childs, R. S. (1965). *The first 50 years of the council-manager plan of municipal government*. New York: National Municipal League.
- Hirschhorn, B. (1997). *Democracy reformed: Richard Spencer Childs and his fight for better government*. Westport, CT: Greenwood Press.

Bernard Hirschhorn 文

余志乔译 陈恒校

克莱斯勒大厦
CHRYSLERBUILDING

克莱斯勒大厦是建筑师沃尔特·范·阿伦(Walter Van Alen)设计的,位于纽约市莱克星敦大道

147

(Lexington Avenue)405 号。这座 77 层的摩天大楼建成于 1930 年,是纽约最受赞美和最易辨认的建筑地标。它是一座高耸入云支配城市天际线的纪念碑,是汽车和工业时代的典型象征,是努力工作的劳动者的美国梦。

克莱斯勒大厦被认为是美国现代主义风格最伟大的表达之一,这种风格一般被称作装饰艺术。范·阿伦在巴黎接受训练,起初为威廉·雷诺兹(William H. Reynolds)设计该大厦,威廉是一个曾任州参议员的开发商,以科尼岛的梦幻公园(Dreamland Park)最为著名。在经济萧条时期,雷诺兹在曼哈顿东边更廉价的 42 街和 43 街的街角,租用了一间 56 层的办公楼用于投资。然而,在经济上难以完成这个项目,他将大楼卖给了汽车巨头沃尔特·克莱斯勒(Walter P. Chrysler)。

克莱斯勒出生于堪萨斯州,是铁路工人之子,曾经当过技工学徒,逐渐进入汽车工业领域。1821 年,他创立了以底特律为基地的巨型公司,该公司仍然使用着他的名字。为了宣告他的成功,克莱斯勒委任范·阿伦把此楼建成他的纽约总部。开发商之间建造世界最高大楼的竞争持续高涨,克莱斯勒也不甘示弱。他的建筑以每周四层的速度建造,并且没有工人在施工中丧生。为了打败他的对手,范·阿伦修改了他的设计,秘密地竖起了 185 英尺高的尖顶。尖顶分块从建筑中心运到 65 层,在里面组装,然后不到 2 小时将其吊装好。闪闪发光的克莱斯勒大厦有 1046 英尺高,它既超过了巴黎的古斯塔夫·埃菲尔(Gustave Eiffel)建造的埃菲尔塔,又超过了 H. 克雷格·塞弗伦斯(H. Craig. Severence)在华尔街 40 号的曼哈顿银行大厦(Bank of Manhattan Tower)。它曾短暂是世界上最高的人造建筑,只是在几个月之后,1244 英尺高的帝国大厦超过了它。

尽管如此,克莱斯勒大厦是范·阿伦最伟大的作品,一座他称为"防火了望塔"的流线型"大教堂",一次爵士时代(Jazz Age)的感性和传统建筑元素的碰撞。阳光闪耀的设计,精致的"屋顶"包含七层像鱼鳞一样相互重叠的辐射楼层,镂空的三角形窗户沿着四个交叉的外立面直达尖顶,整个尖峰覆盖着闪光的不锈钢,这是美国第一次在建筑外部使用德国的新铬镍合金。尽管相比之下,下面其余的砖块建筑似乎平淡无奇司空见惯,但是建筑师使用汽车参照作为装饰物,从一批抽象的汽车到风格化的轮胎和鹰一样的滴水嘴,类似克莱斯勒引擎盖标志。在内部,克莱斯勒大厦是一个城中城,一个自给自足和可控的环境,从一个天花板上

爱德华·特恩布尔(Edward Turnbull)画着题为"能源、结果、工艺和运输"壁画的三角形大厅,到最先进的奥蒂斯电梯迅速上升。1995 年,很多年的风化侵蚀之后,克莱斯勒大厦全面恢复到其在原来机器时代(Machine Age)的荣耀。

延伸阅读书目:

- Dupre, J. (1996). *Skyscrapers*. New York: Black Dog and Leventhal.
- Shivers, N. (1999). *ChryslerBuilding*. Princeton, NJ: Princeton Architectural Press

Julie A. Dercle 文
余志乔译　陈恒校

俄亥俄州辛辛那提市
CINCINNATI, OHIO

俄亥俄州辛辛那提市是 19 世纪上半叶阿巴拉契亚山脉以西最重要的城市。19 世纪辛辛那提的非常规发展,既反映了俄亥俄山谷快速的定居,也反映了美国内陆河运的重要性。到 1850 年,依然年轻的辛辛那提的成功已经成为美国西部崛起的象征。尽管辛辛那提又发展了 100 年,但是铁路创造的新经济地理却偏爱其他地方。20 世纪辛辛那提的经济和人口发展轨迹以缓慢增长随后又逐渐下降为特色,反映了许多其他中西部城市的特点。

河畔城

辛辛那提是美国革命后俄亥俄土地投机的产物,那里它的名字还是洛萨蒂维尔(Losantiville)。和印第安人的冲突阻碍了其发展,但 1789 年洛萨蒂维尔成为华盛顿堡(Fort Washington),驻守的联邦军队在 19 世纪中期之前扫除了大多数俄亥俄的印第安人。华盛顿堡给洛萨蒂维尔提供保护,并且最终导致了该地的新名称,该名字由亚瑟·圣·克莱尔将军(General Arthur St. Clair)提出,他反对城市原来尴尬的名字。圣·克莱尔给城市的新名字是辛辛那提,来自从前大陆军军官的组织辛辛那提协会,他曾是其中的成员。

拓荒者们在俄亥俄河畔建立了数十个定居点,辛辛那提就是其中之一,且优势明显。其高海拔的平坦地势使它在洪水季干燥,更加重要的是,它靠近几条小河,包括利金河、小迈阿密河和大迈阿密河,使其可以

轻松获得良田。在 19 世纪的头 20 年，该地区充满了农民，这座年轻的城市从农业贸易，特别是粮食和猪肉业中受益。在 19 世纪 20 年代晚期，俄亥俄州也迎来了运河热，到 19 世纪 30 年代，迈阿密运河连接了辛辛那提和代顿（Dayton）以及连接北部的其他蒸蒸日上的城市，扩展了辛辛那提的商业范围，并且促进其工业的发展。辛辛那提也受益于另一个交通创新，轮船使得商业既可以向上游，也可以向下游，这极大地推动了俄亥俄州和密西西比河沿线的贸易。既然辛辛那提成为了造船的中心，它也就获得了双倍的受益。

到 1840 年，辛辛那提成为了西部的皇后城，以其非凡增长和看起来无穷尽的潜力著称。到 1850 年，辛辛那提的人口已经飙升到 115000 人，比之前的每一个十年都翻超过一倍，并且它已经成为了全国的第六大城市。

工业多元化

在内战切断辛辛那提和其南方的天然贸易伙伴之前，该城始终随着内河贸易增长。辛辛那提用其强劲的经济吸引了欧洲移民，特别是德意志人。尽管辛辛那提带有明显的种族主义，它仍然成为非洲裔美国人逃离南方的一个重要目的地。辛辛那提有这么多的经济活动集中在河滨和运河地区，其多样化的人口居住在一个非常紧凑的城市，是全国人口最稠密居住地之一。在大多数人工作和购物都步行的"步行城市"，以种族和阶级的惊人混合为特色，但是也发展了某些隔离。虽然不是真正的隔离，但是非洲裔美国人居住在两个租金低的地区，一个是沿着公共码头叫做"小非洲"（Little Africa）的社区，另一个是靠近受到污染的河流、叫做"巴克镇"（Bucktown）的社区。更著名的是，德意志人涌入运河北面的扩展中的社区，该社区的名字是来源于移民人口——莱茵兰区（Over-the-Rhine，运河充当莱茵河）。在世纪中叶，到来的德意志人数量之多，对城市文化产生很大的影响，特别是通过生机勃勃的酒吧文化和大量的酿造业的发展，也通过一些音乐机构的创造。

尽管啤酒业是该市的特色，但是在辛辛那提公共码头进出的最重要产品是猪肉。农夫和车夫带着猪进城，屠夫和肉类加工者将它们变成几十种合格商品。大部分的肉制品被腌在桶里，运到下游来供应南部棉花种植园里的奴隶。到 1830 年，辛辛那提已经成为美国最大的猪肉包装中心，获得了"猪肉城"（Porkopolis）的绰号。大约 1850 年，在该行业的顶峰，1000 多个辛辛那提工人每年处理 50 万头猪。尽管猪肉加工产生

了大量的水污染和异味，但是证明其他副产品对城市有利，包括大量的废弃脂肪。猪肉脂肪被卖给肥皂和蜡烛公司，成为城市里其他大型产业的主要原料。尽管许多当地企业生产含有油脂的产品，但是，一个成立于 1837 年的宝洁（Procter & Gamble）公司成为城市里最大的本土公司，在 1879 年受到浮动的肥皂——象牙（Ivory）发明的刺激。

肉类加工业对辛辛那提至关重要，但是即使在 19 世纪 50 年代，该城的经济也非常多元。直到世纪末，家具和马车制造商雇佣数以千计的人。机械工具业对当地经济的重要性则持续更长。尽管如此，在 19 世纪下半叶，随着美国经济转向铁路运输和钢铁生产，辛辛那提失去了它相对芝加哥、克利夫兰和匹兹堡的竞争优势。虽然辛辛那提从来没有生产过多少钢铁，但是在 20 世纪早期它成为了一些汽车生产的基地。然而直到 1940 年，当联邦政府在郊区埃弗代尔（Evendale）建造了一个巨型飞机发动机工厂，辛辛那提地区才拥有一项重大新工业。到 1942 年，莱特航空公司（Wright Aeronautical）在该工厂雇佣了 30000 个工人，使之成为该地区最大的雇主。通用电气（General Electric）战后购买了该工厂，将其扩大，并且开始制造飞机引擎。

郊区蔓延和城市衰落

1950 年左右，辛辛那提的人口到达 50 多万人的顶峰，但在接下来的 50 年里该城失去了三分之一的人口。尽管大都市地区继续其适度增长，但是辛辛那提无法与其郊区并驾齐驱，特别是中产阶级白人家庭在辛辛那提外寻找新居所。与此同时，辛辛那提进行一系列设计来"现代化"该城的大型项目。该市 1948 年的总体规划设想两条主要公路，既能改善上班族到市中心的通勤，也能同时拆除大片衰败社区，包括主要是非洲裔美国人聚居的西区。尽管公路建设要等到 1956 年《州际高速公路法》的联邦资金，但是从 20 世纪 30 年代开始，辛辛那提使用联邦资金建造公共住房，从而使西区的城市更新有了一个积极的开端。然而，在这个进程中，辛辛那提建造住房单元数远比其破坏的少，进一步推动了该城核心区人口的减少。

20 世纪 60 年代，随着该城拆除第三街和河道之间的整个社区，虽然人口减少了，但现代化程度却有所提高。1970 年完工的新滨河地带以一条有防护带的宽阔高速公路、一个新的棒球场、通勤者地面停车和几乎没有住房为特色。与此同时，市中心重建喷泉广场（Fountain Square），拆除诸如艾碧剧院（Albee

Theater)等旧地标,代之以现代的玻璃塔楼。这座现代城市将迎合开汽车的上班族,他们需要宽敞的停车空间和现代的办公楼,而这是以原先中心城市居民为代价的。在这些现代化努力之后的十年里,该城失去了 67000 个居民。

与美国其它地区一样,越来越多的辛辛那提人出卖他们的老屋,然后到郊区居住。除了发现最初买房廉价之外,这些新郊区居民也节省了房产税。尽管这些郊区有这些和其他的吸引力,但是该城的问题无疑要比“白人逃逸”更多。20 世纪 60 年代犯罪率飚升,以及 1967 年和 1968 年的两次种族骚乱,导致许多人离开。校车把儿童从邻近学校接走以实现城市学校里的种族隔离,给白人逃往郊区提供了更多的动力,这些郊区的大多数仍然是白人——不受法律要求的整合的影响。

尽管人口减少,但辛辛那提没有经历克利夫兰和底特律等锈蚀带城市的经济冲击,因为皇后城并不依赖钢铁、汽车或者其他摇摇欲坠的工业。尽管如此,辛辛那提的经济仍在慢慢衰退。到 20 世纪 70 年代,零售业跟随富裕居民来到郊区,最终其他类型的雇主也到了郊区,包括那些高薪白领部门。

到 21 世纪之交,辛辛那提是一个受种族和阶级隔离折磨的极化大都市。居民仍然表达城市历史的自豪感,辛辛那提人常常提及皇后城获得了全国性地位和国际关注的时代。大多数辛辛那提人充满感情地反思该城的德意志遗产、其作为猪肉城的角色、伟大的红人棒球队(Reds Baseball),以及许多庄严的文化机构建筑。然而,辛辛那提自身继续流失人口,并在一定程度上失去对自己的信心。不过,新的城市规划趋势已经到达辛辛那提,年轻的专业人士和空巢者刺激着一些社区的更新,给人长期衰落行将结束的希望。

延伸阅读书目:

- Aaron, D. (1992). *Cincinnati: QueenCity of the West, 1819 - 1838*. Columbus, OH: Ohio State University Press.
- Glazer, W. S. (1999). *Cincinnati in 1840: The social and functional organization of an urban community during the pre-Civil War period*. Columbus, OH: Ohio State University Press.
- Miller, Z. L. (1968). *Boss Cox's Cincinnati: Urban politics in the Progressive Era*. Chicago: University of Chicago Press.
- Miller, Z. L., & Tucker, B. (1998). *Changing plans for America's inner cities: Cincinnati's Over-the-Rhineand twentieth-century urbanism*. Columbus, OH: Ohio State University Press.
- Ross, S. J. (1985). *Workers on the edge: Work, leisure, and politics in industrializing Cincinnati, 1788 - 1890*. New York: Columbia University Press.
- Shapiro, H. D., & Sarna, J. D. (Eds.). (1992). *Ethnic diversity and civic identity: Patterns of conflict and cohesion in Cincinnati since 1820*. Urbana, IL: University of Illinois.
- Stradling, D. (2003). *Cincinnati: From river city to highway metropolis*. Charleston, SC: Arcadia Press.
- Taylor, H. L. (Ed.). (1993). *Race and the city: Work, community, and protest in Cincinnati, 1820 - 1970*. Urbana, IL: University of Illinois Press.

David Stradling 文

余志乔译 陈恒校

城市美化运动
CITY BEAUTIFUL MOVEMENT

19 世纪末,人们认识到了大型工业城市在功能和美学上的缺陷,不只在英国,在美国和德国也是如此。此时在美国,一群设计师探寻通过在城市环境中注入美的方式来解决这一问题。他们在大型古典风格的建筑设计以及为市中心、展览馆或大学校园建立艺术灵感的规划主题中,采用了诸如比例、对称和规模等建筑原理。这就是“城市美化运动”对美国公共建筑和城市设计所产生的意义。这一大约从 19 世纪 90 年代至 20 世纪 20 年代左右的美国实践被描述为由已有的设计和方法构成的稳定政策。其发展轨迹与方法,对现代美国景观建筑、市政改革及城市设计的发展产生了影响,而且成功地影响了英国的建筑与城市设计,尤其是在伦敦、利物浦以及威尔士的主要城市加地夫。

为了更全面地理解城市美化运动的含义与目的,有必要审视下 19 世纪末的美国城市背景。19 世纪 80 年代末,构成美国城市特点的因素大部分是负面的,其中包括腐败、贫困、社会动荡、犯罪、住房条件差、过度拥挤以及无序的城市增长。雅各布·里斯、西奥多·德莱塞(Theodore Dreiser)、斯蒂芬·克兰(Stephen Crane)、弗兰克·诺里斯(Frank Norris)都巧妙地描述了城市贫困的情况,以及国家经济体系当前可能的波动。美国的许多社会改革者都非常关注城市化刺激社会失序的威胁。因此,以道德和自立为武器,城市美化运动可被简单地定义成由一些美国设计师开展的进步主义改革运动。重要的是,这些专业人士的特点是利用古典设计和规划结构,将美、审美法则和宏伟壮观带入城市环境之中,将其作为抵消道德缺失概念和美国城市贫困影响的一种方法。值得注意的是,这些人,例如丹尼尔·伯汉姆、小弗雷德里克·劳·奥姆斯特德、约翰·拉塞尔·波普(John Russell Pope,1874—1937)和查尔斯·麦金(Charles McKim,1847—1909)认为,在美国城市中重建美会产生一些重大的社会影响,其中包括,例如,可以将富裕的市民们带回城市中居住与工作,将美国的居民点放到与欧洲相似或相同的文化水平上,将美国社会中的一些社会病移走。

1893年在芝加哥举办的哥伦比亚博览会是城市美化运动历史中的一个转折点。著名的建筑历史学家尼古拉斯·佩夫斯纳(Nikolaus Pevsner)将其形容为学院派艺术的古典主义的胜利。这一事件揭开美国对纪念性建筑与通盘规划的兴趣。这一博览会清楚明白地展示了创造大规模建筑设计的好处,在中轴线的支配下,布置对称的排列,可以被应用于现在的城市构造与城市居民区上。伯纳姆所设计的世界博览会的物质结构,附加在新颖和统一的设计中,映衬了已有的城市与乡镇的背景,在白色建筑中,彼此以相似的风格和设计装饰。在城市蔓延、动荡、衰退背景下的世界博览会,在一些人眼中像乌托邦一样。

尽管世界博览会存在时间非常短暂,但它却为城市美化提供了直接的灵感,在美国建筑师中产生了一种新得到的社会信任感。它的成功证实了在建筑分类基础上的设计和规划原则,不仅完善了现有的美学和规划知识,而且可以被应用于现实的空间形态,而不是临时的权宜之计。简而言之,芝加哥世界博览会的成功和它之后的博览会,例如布法罗、圣路易斯和旧金山,证实了以下的城市规划特点:房屋整齐排列在建筑学上的好处,分组导致建筑在视觉上的突出,焦点和前景的价值,颜色统一、规模影响及文体一致需要的意义。然而,这种设计思想直到1901年才第一次被明确尝试。为了城市改善,将这一设计观点应用于芝加哥世界博览会之中。通过丹尼尔·伯纳姆的努力,华盛顿哥伦比亚特区的麦克米伦规划(McMillan Plan,1901—1902),连同稍后的芝加哥和旧金山规划,强调当代美国城市规划中的纪念碑视角、大规模和平衡,还有之前在展会设计中所强调的那些特点的重要性。在华盛顿哥伦比亚特区,城市美化古典主义被应用于建立一个纪念中心,利用欧洲和古典形态使成长中的国

家政府的权力和美国作为一个国家在国际舞台上合法化。它的目的就是为城市和国家自豪提供一个关注点,转而设法减轻城市和国家经济社会中的问题。

公共或半公共建筑的区分是城市美化运动的重要因素之一,其规模要比当代欧洲城市设计要大得多。通过提倡例如统一、平衡、对称及协调等概念,促进在高度、体积、颜色、材料以及主立面设计图的处理上的相似性,这样产生的宏伟的市政综合不仅强调设计的组合,还有结构与周边环境的关系。这一主题也为宏大前景的创造提供了机会。城市美化运动认为城市美的概念不仅仅是表面的装饰。尽管一些建筑师很快地意识到了从外观上改变一座建筑物的设计,使其与背景相融合——例如麦金、米德暨怀特事务所的波士顿公共图书馆,是美国古典设计复兴的最有影响力的建筑之一——也产生了相应的影响,但是,它提出,单一的建筑是不可能有如此的视觉影响。这样的设计鼓励个人在追求更大,甚至有些理想化的设计观念方面发挥艺术的独创性,其在许多方面集中体现了美国20世纪之交的城市设计。它因此,在一个有序的居住点内,个人的表达要服从于城市作为一个整体的市政表达,在19世纪90年代至20世纪初,这一观点被城市美化的实践所巩固。

对于城市美化方式的拥护者们而言,建筑与大规模的规划不仅可以提升现代美国城市的视觉标准,还提出一种提升市民感的途径,例如,一种独特风格的大范围建筑设计,显然提出了一种象征语言,产生良好的辅助效果,人们会相信,这是社会的进步。这种风格通常以学院派艺术古典风格的形式应用于现代市政中心。这种风格引发设计秩序,或称协调与庄重——一种注意引入社会秩序与体面的风格。而且,这种风格在设计细节与大小功能方面具有很强的可行性,一个重要原因是新建筑类型的出现,例如美国城镇的地铁站和办公楼。

如前文所强调的,城市美化运动被证实是成功的,一方面在于在美国城市出现各种各样问题时它所向公众展示的,另一方面在于它对美国建筑与城市规划(理论与实践)的发展所做出的贡献。城市美化运动经常被误解为是一群专业人士只对纪念碑式的建筑感兴趣,其引证丹尼尔·伯纳姆1893年芝加哥世界博览会的作品,或是1909年芝加哥规划(未实行),以及华盛顿哥伦比亚特区规划,但是威尔逊证明,事情并不是这样的。这一运动包括大小不一的设计。虽然古典建筑是城市美化运动的招牌,但这一运动并不仅仅如此。理解美国的社会状况是理解城市美化思想与实践的关

键,它的遗迹依然存在,这是他们的实力。举个例子,华盛顿哥伦比亚特区的国家广场仍然是国家自豪之地,城市美化运动古典主义的采用为19世纪美国寻找一种有效的和社会表现的建筑风格提供了答案,这个群体为美国规划行业建立了实践技能。

延伸阅读书目:

- Boyer, P. S. (1978). *Urban masses and moral order in America*, *1820-1920*. Cambridge, MA: Harvard University Press.
- Hegemann, W., & Peets, E. (1922). *The American vitruvius*. New York: Architectural Book Publishing Co.
- Lang, J. (1994). *Urban design: The American experience*. New York: Van Nostrand.
- Mumford, L. (1961). *The city in history*. New York: Harcourt.
- Sutcliffe, A. (1981). *Towards the planned city*. Oxford: Basil Blackwell.
- Wilson, W. H. (1994). *The City Beautiful Movement*. Baltimore: Johns Hopkins University Press.

Ian Morley 文

王洋译   陈恒校

城市高效运动
CITY EFFICIENT MOVEMENT

城市高效运动是进步时代两大最显著的现象结合的产物:市政改革运动和所谓的效率热潮。

始于19世纪70年代初的周期性市政改革,主要集中在为城市政府注入"诚信"和"经济",采取以"好人"代替"坏人"和减少市政财力、人力和不必要的服务支出。越来越多的改革者开始针对日益严重的城市危机提出系统的解决方案,如不分党派的选举、加强行政能力或行政与政治的分离。1888年,詹姆斯·布赖斯勋爵在其著作《美利坚共和国》对此进行了第一次全面的分析。他指出,市政府是美国实验的一个显而易见的失败。布赖斯批评出现这种糟糕的情况主要在于四个根本原因:(1)不诚实的官员挥霍资源,并将税收提高到灾难性的水平;(2)党派政客们中饱私囊,迎合移民选民,排斥公民参与政治;(3)州议会对城市事务的

不断干涉;(4)城市政府的体制问题。布赖斯的著作引起了全国对日益增长的城市病的关注,提出了历史学家称之为的体制改革。体制改革的内涵就是政治权力从大众转移到社会上层人士手中,以及利用现代商业公司作为其组织模式。

1893年至1897年严重的经济衰退,给全国城市造成了破坏,推动了市政改革的发展。经济危机导致了大量社会改革者的出现,他们尝试降低一些重要公共服务的成本,如煤气、电力、能源和运输,重新分配税负,将其转嫁给那些最能承担者身上,创建公共工程项目为失业者提供就业,以及建设公园、游乐场和公共浴池,使城市环境人性化。然而,随着中上阶层改革的增加,"社会改革者"的数量相形见绌,中上阶层改革者们组成市民协会和纳税人联盟,努力通过消除浪费、降低成本和减少税金进行紧缩。1894年,在第一次全国好政府会议(First National Conference for Good City Government)上成立了全国市政联盟,这使中上阶层的改革运动制度化。在接下来的几年中,全国市政联盟在上百个城市中设立了分支机构,建立了一个全国市政通信网络,多次召开全国性会议来分析城市病的性质和原因。

在早期阶段,高效运动主要存在于机械工程师的圈子之内。机械效率的概念源自于从热力学定律到蒸汽机技术的应用。随着工程师努力提高自身的地位,从商业人或工匠转变为专业人士,他们宣称科学效率是衡量专业知识的试金石。当机器变得更加强大时,工程师和产业工人在寻找方法去证明它们的速度、精密性和生产力,而能源、时间、金钱和材料的消耗却很少。机械效率的提高带来了大量有益的成果,美国人将社会比喻成一部机器。效率很快便成为进步的同义词。

随着效率文学的不断增多,其中心主题出现了三个重要的变量:个人效率、经济效率和社会效率(在"专家"和"专业人士"的指导下,取得的社会和谐成就)。效率的四种含义——机械、个人、商业和社会——被合并在由弗雷德里克·泰勒(Frederick W. Taylor)和他的弟子们所倡导的"科学管理"项目之中。对泰勒而言,工厂可以比作一部机器,其中各个流程经过精细设定,在专家的持续监管之下运行,因此每个人在自己的位子上都能实现最大的效益。效率专家利用时间流程研究、微观成本计算、详细的工作分析和视频使生产力和效率最大化,以及创造了一种根据不同的计件产量计算工资的方法。董事会享有特权思考或判断所有的工作。科学管理的拥护者特别致力于"社会效益",他们说明一些老练雇主参与福利工作或工业社会学的实

验，为"称职"的雇员提供休闲和娱乐设施、培训项目、保险和养老金计划、储蓄贷款业务、经济适用房、奖励津贴、公司工会和健康、安全、卫生的工作环境。

没过多久，市政体制改革者和工业效率专家们就发现了共同点。事实上，许多人早已同时参加这两个运动并表现出众。前者希望为他们的政治改革寻找一个科学的理由，后者试图尽可能地以效率信条来改变一些个人和体制。在很大程度上，从一开始，效率的原则就已经渗透到市政改革者的项目之中了：不分党派、管理至上和行政与政治的分离。在世纪之交，效率已经加入了"诚信"和"经济"成为体制改革者的三个口号。在很短的时间内，效率占据了首位，这个理想对实现诚信和经济至关重要，最后是城市政府本身。泰勒在一篇题为"政府效率"的文章中明确地论述了这种联系。前总统格罗弗·克利夫兰（Grover Cleveland）在达特茅斯学院会议上做了题为"科学管理在州政府和市政府活动上的应用"的演讲。将来的总统伍德罗·威尔逊写了一篇名为"民主和效率"的文章，发表在《大西洋月刊》上，与此同时其他的一些进步思想家，如赫伯特·克罗利（Herbert Croly）、沃尔特·李普曼（Walter Lippmann）和路易斯·布兰戴斯（Louis Brandeis）也越来越把效率看成是改革的关键。到1912年，几乎没有体制改革者争议声称"管理得好的政府，是最好的政府"。

城市高效运动的胜利主要体现在三个方面。第一，市政研究机构增多，将早期的愤怒的表达转化成系统化、规范化和客观的科学管理渠道。首先是纽约市政研究局（New York Bureau of Municipal Research，简称 NYBMR），成立于1906年。这个研究局及其各种各样的效仿者说服了上百个城市采用精细预算、更为准确的计算和审计制度，时间和流程研究、库存控制，以及用于测量和提高单个市政雇员效率和生产力的设备。纽约市政研究局的宗旨是创造高效公民以及高效官员，虽然它主要将前者视为稳定的纳税人，他们可以在后者提供的开支和征税方案中作出明智的选择。在纽约市市长约翰·珀罗伊·米切尔（John Purroy Mitchel）短暂的效率管理时期，该局可以随意进出市政厅。米切尔在费城的同行，鲁道夫·布兰肯伯格（Rudolph Blankenburg）直接去找泰勒咨询意见，并任命泰勒的同事莫里斯·库克（Morris L. Cooke）作为公共工程的总监。市政研究局在1900年后出现的城市规划运动中扮演着重要的角色。

效率狂热的第二个结果是出现了三种仿效企业模式的市政府：强市长制、市委员会制和城市经理制。在强市长制中，市长是行政首脑，拥有广泛的行政管理和决策的权力，包括起草预算、设定立法议程、否决法令，以及聘用和解雇城市雇员的权力。市委员会制将权力集中在一小部分委员手中，相当于制定决策和日常管理的公司董事会。在城市经理制中，市议会负责制定政策、审议法令、表决拨款、行使全面监督权，而市长负责主持会议，担当礼仪性角色。市议会聘请（解雇）一位专业经理管理日常运作，制定初步预算，研究并提出感兴趣的主题，满足市民的需要，并担任首席执行官。

城市高效运动的第三个表现是尝试使用科学管理手段和技术来重塑市政雇员的行为，在工作场所中起社会控制作用。纽约市政研究局指责大城市雇员的平均工作效率不超过50%，十分之一的城市工资单被虚填的工资单、劣质服务和浪费能源所挥霍，在1912年纽约市政研究局建议使用严格的监督，比如考勤、成本数据和效率报告作为补救措施。纽约和芝加哥都对城市雇员的秘密时间进行了研究，但这些工作遭到工会和市政自由主义者的强烈反对。

效率的狂热势不可挡，甚至社会改革者也将其纳入他们的项目之中。在他们看来，诚信、高效和经济的政府可以资助学校、公园、游乐场、健康诊所、游泳池和为失业者提供的市政工程。纽约市政研究局将政府视为一种高效的福利国家，而密尔沃基效率和经济研究局（Milwaukee Bureau of Efficiency and Economy）承诺的宗旨是以最大的效率服务于穷人和工人阶级。

虽然在第一次世界大战后，鲜有人提及城市高效运动，但是这一运动的大部分设想、价值观、方法和机构仍不断地影响着今天的城市政府。随着越来越多的市民参与和响应，以满足城市居民日益增长的服务需求，对追求效率和经济提出了质疑。

延伸阅读书目：

● Fox, K. (1977). *Better city government: Innovations in American urban politics*. Philadelphia: Temple University Press.
● Haber, S. (1964). *Efficiency and uplift: Scientific management in the Progressive Era, 1890 - 1920*. Chicago: University of Chicago Press.
● Holli, M. G. (1974). Urban reform in the Progressive Era. In L. L. Gould (Ed.), *The Progressive Era* (pp. 133 - 152). Syracuse, NY: Syracuse University Press.
● Rice, B. R. (1977). *Progressive cities: The commission government movement in America,*

1901 - 1920. Austin, TX: University of Texas Press.

● Schiesl, M. J. (1977). *The politics of efficiency: Municipal administration and reform in America, 1880 - 1920*. Berkeley, CA: University of California Press.

John D. Buenker 文

王洋译 陈恒校

文学中的城市
CITY IN LITERATURE

在关于美国文学中的城市的讨论中，存在着两种截然不同的观点，在美国成为一个城市国家之前，这两种观点表述得都非常好。1630 年，约翰·温斯罗普在布道词《基督仁爱的典范》(*A Model of Christian Charity*)中提醒清教徒们，当他们到达新大陆时，他们崇高的目的是建立一个神圣的社区。托马斯·杰斐逊在《弗吉尼亚纪事》(*Notes on the State of Virginia*, 1781—1782)中诉说期望的时候，毫不含糊地说新国家应该永远由农民组成。

温斯罗普与杰斐逊针对同一前景产生了争辩，也就是：美国实验与上帝和历史有着一种特殊的关系。温斯罗普设想这种关系，至少是打比方，是种和谐的城市社会。而杰斐逊却认为这样的社会是不可能存在的。他认为，美国特征中的精华是建立在农业共和国的基础之上，而城市化是对此的背叛。许多著名的美国文学均认同杰斐逊对城市社会的怀疑。梭罗隐退至瓦尔登湖说服他的同胞们，别管城市，去追求平静的绝望生活。在梅尔维尔大胆的著作《书记员巴特尔比》中，纽约是巴特尔比拒绝参与的商业文化的化身。当局宣称巴特尔比是个流浪汉，并将他投入到名副其实的"墓穴"，一座以整个曼哈顿为象征的监狱。

哈克贝利·费恩拒绝被文明化，决定出发去荒无人烟之地，那是早在十年前，《拓荒者》末尾处詹姆斯·费尼莫尔·库珀(James Fenimore Cooper)笔下的纳蒂·班波(Natty Bumppo)所去的地方。虽然《了不起的盖茨比》(1925)中的故事讲述者，中西部的居民尼克·卡拉韦(Nick Carraway)，惊呼纽约是个什么都可能发生的地方，但是他总结出这座城市也充满了虚伪与腐败。最终他返回了芝加哥所代表的内陆，在那里他可以安心地融入到真实和诚实的雪中。在《我表明

我的立场》(*I'll Take My Stand*, 1930)中，12 位全国最有名的南部作家攻击工业化和城市化，认为其与人类精神最深层需要，包括宗教与艺术相互矛盾。

但是无论好坏，大部分美国作家已经接受了城市化这个既定事实。在西奥多·德莱塞的《嘉莉妹妹》(*Sister Carrie*, 1900)中，尽管遇到了许多艰难险阻，嘉莉·米贝尔(Carrie Meeber)还是从威斯康星州的一个小镇来到了芝加哥，不久又去往了纽约，却从来没有认真地想要返回家乡。她的经历是无数美国人个人经历和美国由乡村向城市转变的典型。其中也包括德莱塞在内的许多作家的个人故事，迁往一个世界性的城市往往是他们艺术发展的必经之路。到目前为止，纽约是一个主要的例子，其他城市也被证明是，借用《嘉莉妹妹》中的一个比喻，这些城市像磁铁似的吸引那些想要成为作家的人，在这里他们可以结识其他有才华的人，并接触到出版商和读者。一些城市机构，例如 1953 年在旧金山创办的城市之光书店(City Lights Bookstore)，就兼有这三者。

城市化也是推动文艺美学快速发展的动力之一。准确地说，因为城市生活是美国公众与个人经历转变的前沿阵地。如果文学与其时代相关，那么城市便需要转化为文字。19 世纪后半期，现实主义文学的出现与城市的快递增长相适应，工业资本主义城市世界开始成为现实。当各式各样的现实主义被现代主义和后现代主义所替代，而城市，作为现代性和后现代性的中心，仍是最引人注目的文学之源。

无论是在特定类型或美学标准上，与众不同的城市文学捕捉到人们在城市生活中的无可奈何、纠结矛盾及印象深刻的经历，其解释了为什么城市是一个复杂的地方。一些有意义的传统习俗产生于从城市吸引和抗拒的拉力到文学想象的过程之中。最明显的是美国人在城市生活中探索这个国家民主、个人主义和流动性的核心价值。

美国城市民主最伟大的颂扬者可以说是它最初的和最有影响力的文学声音。在《轮渡布鲁克林》(*Crossing Brooklyn Ferry*, 1856)中，沃尔特·惠特曼思考着搭乘渡轮往来于曼哈顿与布鲁克林之间的人群，这使他陷入了沉思，思索个人与集体认同之谜。对于惠特曼和他的文学继承者来说，在城市中厌恶杰斐逊那些人是城市的根本力量之源。在这首诗的结尾处，惠特曼宣称，在渡船的甲板上，他环顾四周，所有城市里的人，所有城市范围内自然的或人造的组成，这些创造物，包括城市，被注入了一种完美布局的超然精神。

如前所述,也许美国城市文学中最受欢迎的主题,对许多作家自身来讲也是最熟悉的是——城市是个人进取之地。一个青年男子或女子从边远地区到城市中来寻求实现个人价值的故事(例如嘉莉妹妹,或是威拉·卡瑟(Willa Cather)1915 年的著作《云雀之歌》中的歌剧演员西娅·克朗伯格(Thea Kronborg))影响了许多国家的文学。其美国例子在某种程度上强调,国家是普通的,而是城市是特殊,其是一个充满无限机遇的地方。本杰明·富兰克林的《自传》(Autobiography)就是其中的原型。在其中具有象征意义的场景中,富兰克林描述了他在 17 岁时满身泥泞地到达了费城,除了具有印刷技术,才华横溢、自律且雄心勃勃之外,他身无分文。他逃离波士顿,他的学徒身份让给了他的兄弟,他代表了家庭的束缚,在流动的美国城市世界中是不能获得的,在这里一个人可以依靠自己而且必须依靠自己才能获得成功。这种叙述以各种各样的变化重现,尤其是在大众文学之中,19 世纪末,霍雷肖·阿尔杰(Horatio Alger)著有的所谓的"白手起家小说"就是众所周知的例子。

民主与个人主义在著作中相结合,产生了城市文学的概念,其强调城市的流动性。这种流动性不仅指像阿尔杰的《衣衫破烂的迪克》(Ragged Dick,1867)中的英雄人物的社会和经济地位的流动性,而且指他们流动的社会经济关系。本杰明·富兰克林打扮了自己一下,也因此重塑了费城,为善者诸事顺。城市生活不断涌现出的观点与活力,这一挑战使作家们着迷。惠特曼在人群如潮汐般往来的渡口创作了《轮渡布鲁克林》。在威廉·迪安·豪厄尔斯(William Dean Howells)的《新财富的危害》(A Hazard of New Fortunes,1890)中,杂志主编巴兹尔·马奇(Basil March)在一辆急行的高架列车上俯瞰城市风光时最能全面领会到纽约的活力。在《曼哈顿中转站》(Manhattan Transfer,1925)中,约翰·多斯·帕索斯(John Dos Passos)在无所不在的建筑特征——旋转门中找到了现代美国城市移动的法则。

最具有远见的是那些表达了城市生活的讽刺和模糊的著作,戏剧化地描绘了民主与个人主义如何与专制、冷漠、混乱、困惑和无序共存;流动性如何使人一夜暴富或倾家荡产;城市的活力如何转变为破坏。甚至是一些较早的美国城市文学也因讽刺与模糊变得更加复杂,例如《阿瑟·默文》(Arthur Mervyn,1799),查尔斯·布罗克登·布朗(Charles Brockden Brown)所著的小说,描写笼罩在黄热病阴影下的费城。在《我的亲戚莫里讷少校》(My Kinsman,Major Molineux,1799)

中,纳撒尼尔·霍桑(Nathaniel Hawthorne)将从乡村到城市的经历描述为令人困惑的。而埃德加·爱伦·坡(Edgar Allan Poe)的作品《人群中的人》(The Man of the Crowd)则是在城市大从中绝望孤单个体的缩影。梅尔维尔著名的纽约小说《皮埃尔》(Pierre:or, the Ambiguities)的副标题便揭示了此书的主题思想。在《新财富的危害》中,主人公们来到纽约为了实现个人价值,但是他们中有些人梦想实现了,却以他们预料之外的形式,有些人失去了信念,甚至是生命。巴兹尔·马奇最初在高架列车上所感受到的城市全景和令人兴奋的印象从未在城市生活中得到持久的存在。他像其他人物一样,在城市的变化莫测中获得了意料之外,却又无法避免的教育。

同样地,在伊迪丝·沃顿(Edith Wharton)《欢乐之家》(The house of Mirth,1905)中,"最好的"纽约社会也致命地蚕食着其中最受欢迎的女主角莉莉·巴特(Lily Bart)。在此书中,纽约是冷漠无情的,更具体来说,是围栏。在厄普顿·辛克莱《屠场》中,现代工业城市的中心芝加哥将经过大门的移民工人与牲畜一起解剖。当德莱塞笔下《嘉莉妹妹》中的人物赫斯特伍德(Hurstwood)从芝加哥一个很好的酒吧经理的位置上跌落下来后,伤心欲绝,在一家廉价的纽约旅馆中孤单地自杀了。他开始明白城市世界对那些拒绝入内的人来说,只不过一座有围墙的城市。从坡、乔治·利帕德(George Lippard)到雷蒙德·钱德勒(Raymond Chandler)、达希尔·哈米特(Dashiell Hammett)、詹姆斯·埃尔罗伊(James Ellroy),黑色犯罪小说的中心思想是,城市是个不完美的地方,隐藏着乖僻和罪恶,轻易便可打碎文明与礼仪脆弱的表面。

美国城市文学传统中一些最具有特征的变化,由一些身为局外人的人们在通过观察他人,或通过对自身的理解,从而书写出来。城市是移民进入美国的入口及居住地,移民在很大程度上也代表了美国的城市生活,他们及他们的子孙后代为城市文学作出了巨大的贡献。犹太诗人艾玛·拉扎勒斯(Emma Lazarus)的《新的巨像》(The New Colossus,1883)是城市作为一座熔炉的标志,它刻在自由女神像底座上,欢迎着拥挤在一团的移民们。但是美国的犹太作家们,从亚伯拉罕·卡恩(Abraham Cahan)和亨利·罗斯(Henry Roth)到索尔·贝洛(Saul Bellow)和菲利普·罗斯(Philip Roth)却记录了城市生活的为难与焦虑,他们游荡于家族主义与歧视,以及族群荣誉和同化的代价之间。少数族裔城市文学的特点不仅在于它所披露的亚文化,而且在于它作为局外人所观察到的主流文化。

汤亭亭（Maxine Hong Kingston）的《中国佬》（China Men，1980）从一个华裔洗衣工的角度来探索纽约；桑德拉·希斯内罗丝（Sandra Cisnero）在《芒果街上的小屋》中以一个居住在芝加哥的墨西哥裔美国小姑娘的口吻将熟悉的城市景像模糊化，使读者仿佛是第一次见一般。

在这一方面，非洲裔美国作家为美国城市文化作出了特殊的贡献。马尔科姆·利特尔（Malcolm Little）在《马尔科姆·利特尔自传》（The Autobiography of Malcolm Little，1965）中回忆了他作为一个土包子从密歇根州的梅森来到了波士顿，从犯罪坐牢到转向伊斯兰教，放弃了黑人穆斯林领导权的经历，为富兰克林和阿尔杰积极乐观的城市故事提供了一个鲜活的人物。在理查德·赖特（Richard Wright）的《土生子》（Native Son，1940）中，比格·托马斯（Bigger Thomas）从密西西比到芝加哥的大迁徙旅程的实施是他为一桩过失杀人所受的刑罚，他作为一个年轻的黑人在美国城市中的生活环境事实上注定了他的命运。格温德林·布鲁克斯（Gwendolyn Brooks）在诗作《我们真的很酷》（We Real Cool，1960）中出色地使用了摇摆乐的措辞，来表达年轻的黑人街头帮派成员走投无路，所引发的自我毁灭的虚无主义。

女作家们一直深入洞察着城市中的家庭关系，洛兰·汉斯贝瑞（Lorraine Hansberry）的著作《阳光下的葡萄干》（A Raisin in the Sun，1959）就是其中的一例。虽然，她的观点是黑人家庭处于紧张的压力下，即使是那些据称来自于白人的家庭价值，在黑人家庭中也有可能转变为暴力，例如，当年轻人在种族隔离的城市不安于他们的位置的时候。和比格·托马斯一样，沃尔特·扬格（Walter Younger）唯一可以找到的工作就是给白人家庭当司机，当时他非常绝望，想要主宰自己的生活而不是去过别人命令的生活。他的妹妹本妮萨想要成为一名医生，认真地考虑着她最好的选择是不是要离开她唯一知道的城市芝加哥，重返非洲。汉斯贝瑞小说的名字取自于哈莱姆文艺复兴时期的著名人物兰斯顿·休斯（Langston Hughes）的一首诗，将美国黑人的梦想比作一株果树，醇美可口，但却注定要枯竭、腐烂，或者，像比格·托马斯的例子那样爆发。

在经历了一番意义深远且悲喜交加的尝试后，拉尔夫·埃利森（Ralph Ellison）的著作《隐身人》（Invisible Man，1952）中的讲述者包含了比格、沃尔特和消失者们的文学层次上的象征地位。他退却到了一个温暖明亮的"洞"来反射一个事实，在白人的世界里，他和其他美国黑人是不存在的。他的退却是小说中人物最基本的战略，黑人抹去了他们的身份，过得像个白人一样，正如詹姆斯·韦尔登·约翰逊（James Weldon Johnson）《一个曾经是有色人种的自传》（The Autobiography of an Excolored Man，1912）和内勒·拉森（Nella Larsen）的《流逝》（Passing，1929）。然后，在讨论美国黑人的城市经历可能比白人更具代表性的问题上，赖特和埃利森采取另一种方式。除了其非常现实的种族特点外，赖特解释，比格的故事是在城市工业资本主义下，人类的生存环境陷入一个令人担忧害怕的世界里，他们转而变得暴力。埃利森的观点对城市看不见的东西更豁达和嘲讽，总之，对读者而言，更令人恐惧与难以忘怀。

延伸阅读书目：

- Bremer，S. H.（1992）．*Urban intersections：Meetings of life and literature in United States cities*．Urbana，IL：University of Illinois Press．
- Lehan，R.（1998）．*The city in literature：An intellectual and cultural history*．Berkeley，CA：University of California Press．
- Machor，J. L.（1987）．*Pastoral cities：Urban ideals and the symbolic landscape of America*．Madison，WI：University of Wisconsin Press．
- Rotella，C.（1998）．*October cities：The redevelopment of urban literature*．Berkeley，CA：University of California Press．
- Williams，R.（1973）．*The country and the city*．New York：Oxford University Press．

Carl Smith 文

王洋译　陈恒校

城市规划
CITY PLANNING

城市规划试图减少城市变化过程中的不确定性，为公众和私人的决定提供知识。人类社区在发展过程中处于不断的变化之中。这既可能产生有序的进步，也可能是混乱的衰退。城市规划帮助社区处理变化，改善他们的居住环境和生活质量。城市本质上是一个复杂的实体，规划师的主要任务就是协助作出可行的决策，从而创造健康与安全的生活条件、便捷的交通、充足的基础设施和美观的环境，并扩大就业、居住、购物和教育及娱乐机会。

虽然城市规划很容易与正在运行中的社会经济力量发生冲突，但是城市规划的最终目标是协助其达到所期望的未来。正如 2003 年巴里·卡林沃思（Barry Cullingworth）和罗杰·凯夫斯（Roger Caves）所言，除了设计不同类型的规划（总体规划、战略规划、建筑平面图等等）之外，城市规划师们也负责收集分析数据、确定和制订标准、创造和提出方案、分析发展前景、确定讨论、协调冲突和达成一致/或者妥协，以及其他一些活动。

在其他国家，城市规划有着不同的叫法，例如，在英国被称为城镇规划，在法国叫做都市计划。规划以法律框架的形式存在，例如计划、法令、规章、法律、政策和指导方针。不同国家的法律框架也是各不相同。规划包括城市设计的各个领域，例如土地使用、住宅、交通和经济发展。规划活动也存在于不同的范围之中：场所、邻里、城市、区域、国家和全球。

虽然规划学产生于其他学科，比如建筑学、工程学和经济学，但它不仅仅是一个狭窄的专业视角。规划学具有高度的跨学科性，城市规划学家们并不是替代其他的专业人士，他们可能说出其他专业人士不能说出的多样化技术语言和综合性知识。规划学家们在学校学习多学科知识（例如人口统计学、基础建设、法律、公共财政和生态学）。因为他们独特的背景使他们能为城市发展带来额外的价值。规划学家们为更公平、高效和可持续的城市出现提供支持。

美国的城市规划学家有两个主要的专业组织：美国规划协会（American Planning Association，APA）和美国注册规划师协会（American Institute of Certified Planners，AICP）。APA 是一个非营利性的公共利益和研究组织，由 30000 多名从业规划师、官员和市民组成。一半以上的 APA 成员服务于州和地方政府机构。APA 产生于 1917 年成立的美国规划师协会（American Institute of Planners）和 1934 年建立的美国规划官员协会（American Society of Planning Officials）。AICP 是 APA 的专业机构，符合特殊的教育和工作标准，通过注册考试成为注册规划师。规划师们要遵守 APA 和 AICP 的行为准则和专业实践。

审慎的规划活动有上千年的历史，它们包括常规形式的住宅规划、沿着主干线市政与宗教建筑的布局，以及城市中心区域广场和开放空间的创造。希腊与罗马文明尤其注重城市规划。在希腊时代，街道被设计成网格形状，城市建设主要是为了防御。罗马人在他们的城市规划中充分利用了对称，在军营规划中也是如此。在中世纪时期，欧洲城市与城镇围绕着城堡与寺院，街道布局形式比较随意。文艺复兴时期的城市规划有朝向着复兴希腊罗马古典式的趋势。在美国，这一趋势体现在 1791 年皮埃尔·查尔斯·朗方为华盛顿特区所作的规划之中。这一规划设计宏大，包括宽阔的街道、公园、商场、露天广场和公共建筑（例如国会山和白宫）。

虽然在美国独立之前，北美的城市规划受西班牙影响较深，但是现代城市规划通常可以追溯至卫生检查员和 20 世纪初的城市美化运动。工业革命给社会带来了进步，但也带来了污染、丑陋、凄凉、交通阻塞和空地的丧失。由于人口迁移和就业机会的增加，城市快速地发展。但是，城市大部分人口的居住环境却十分拥挤，得不到充足的饮用水和污水处理。城市规划的出现可以提供卫生条件，调整出租屋内的人口密度。早期的规划活动包括公共设施系统的发展、露天广场的创造以及在城市中保证充足的阳光和空气的流通。

在 19 世纪下半期，露天广场的创建在许多城市都具有优先权。现今，波士顿的"绿宝石项链"，曼哈顿的中央公园以及芝加哥的湖滨公园，均是城市景观规划实践的成功案例。这些公园代表了城市规划史新阶段的开端：城市美化运动。1893 年，为了庆祝美洲被发现 400 周年，芝加哥举办了哥伦比亚世界博览会。这一博览会点燃人们在市政美学方面的兴趣，其中包括公共艺术、市政改革、建筑装饰和景观设计。哥伦比亚博览会由丹尼尔·伯纳姆和弗雷德里克·劳·奥姆斯特德共同设计。这两位建筑师将芝加哥装扮成一个"白色的城市"来反衬当时芝加哥工业与拥挤的形象特点。由于博览会取得了巨大的成功，伯纳姆被委任为整个芝加哥城市制订一个发展规划。这一规划在 1909 年出版，被认为是极具创新性，主要体现在它的区域视角和将交通、公园、街道和公共建筑结合在一起。

1909 年，美国第一次全国城市规划会议也在首都华盛顿举行，这也是第一次专门用土地利用分区来指导洛杉矶未来的发展。分区规划将不相容的土地使用分隔开来，以便保持房地产的价值。公众对私人土地的控制，连同城市规划咨询委员会的成立，推动了城市规划活动的发展壮大。正如 2002 年彼得·霍尔所说的，纽约市历史区划条例开始于 1916 年，到 20 世纪 20 年代末有 750 多个社区采用了这一条例。在 1928 年，美国商业部发布了一项《标准城市规划法》（Standard City Planning Act），成为美国城市指导其城市规划活动的程序模板。20 世纪 20 年代表明需要在区域层次上处理城市规划问题。例如，郊区化的出现和私人汽车的快速增长促使拉塞尔·塞奇基金会（Russell Sage Foundation）对"纽约及其周边区域调查"提供资金援助。这是一项由美国区域规划协会（RPAA）为纽约市区域所做的研究。

在20世纪30年代的大萧条时期，联邦政府充分地利用了它的规划权力。富兰克林·罗斯福总统设立了新政项目和公共工程管理局，实施了一系列重要的改革。创建田纳西河流域管理局（Tennessee Valley Authority）来规划和发展田纳西河流域。联邦政府也为整个规划的设计提供了资金。联邦政府援助低成本住宅建设，不单是为穷人改善住房条件，而且也是促进建设和繁荣经济。此外，联邦住房管理局不动产抵押借款保险和退伍军人事务贷款也在城市建设中起了重要作用。

第二次世界大战后，城市规划出现了根本性的变化。战后的规划活动转向了私人主导。突然间，郊区住宅的面积和他们的交通需求主导了规划领域。1949年，《住房法》（Housing Act）授权联邦出资援助城市更新。其主要目标是在中心城市内以新建筑代替贫民窟。《1956年美国国防高速公路法》（The National Defense Highway Act of 1956）发起了州际高速公路系统，使人民可以搬出固定的城市地区，进入新乡村地带。《1959年住房法》（The Housing Act of 1959）为大都市区、地方和州层次的总体规划的制订提供了相适应的资金。

20世纪六七十年代，联邦政策的不断变化，首先对社区发展和环境规划领域的规划活动产生重要影响。1963年，社区更新规划（Community Renewal Plan）使许多城市转而援助低收入群体，改善他们的经济机会。1965年美国住房和城市发展部的成立，是规划和发展城市地区需求的主要体现。起初，住房和城市发展部为贫困线以下的家庭提供租金支付援助，并为中低收入家庭提供低息贷款。1966年，约翰逊总统创立了示范城市项目，这是一项从下至上的项目，居住于选定的示范城市的居民，可以确认和提出他们自己解决问题的方法。20世纪60年代末，由于自然环境的破坏越来越严重，环境规划逐渐被重视起来。这促进了1969年《国家环境保护法》（National Environmental Protection Act，NEPA）的批准，根据此法成立了环境保护局（Environmental Protection Agency，EPA）。2002年，约翰·利维（John Levy）说，20世纪70年代的两次能源危机导致了人们对能源规划领域的重视。

20世纪70年代早期的城市规划史以尼克松政府的新联邦主义（New Federalism）为标志。许多联邦政府的城市发展项目被中止，被分散式项目和联邦政府的税收分享基础上的社区发展系统所取代。新联邦主义一揽子计划中最重要的立法是社区发展基金（Community Development Block Grant，CDBG），这一计划由国会在1974年通过。地方政府可以自行使用这些基金，但是地方议会主要将其用于重要工程，而不是去补助少数族裔和低收入群体。《1977年住房和社区发展法》（The Housing and Community Development Act of 1977）创立了城市发展行动资助计划用于援助那些经济与物质衰退的城市。这一项目要求私人投资者的承诺，保证这项目资金可以得到不断地扩大。资助计划的竞争性是它与之前城市更新项目的不同之处，然而，正如劳伦斯·格尔肯斯（Laurence Gerckens）1988年所说，在20世纪70年代末，几乎再没有联邦资金为规划活动拨款了。

1980年罗纳德·里根的胜利，在于他许诺自由市场将会解决经济和社会问题而不需要政府的干涉。1981—1983年间，里根政府缩减了62个城市基金项目，并将其他项目合并入一揽子基金之中，由地方来决定。但是，20世纪80年代最大的特点是"房地产发展规划"，这个称呼由霍尔在2002年提出。典型的是巴尔的摩内港、波士顿昆西市场和滨水区，以及圣迭戈霍顿广场，还有一些小的工程。这些工程选址宽阔、开发宏大，采用公私合作的形式，其中政府投资占主导。这一概念为英国所采用，提供各种各样的刺激，吸引投资者投资于衰落的、工业的内城地区。差不多10年后，克林顿政府也采取了与之相类似的一个概念：授权区。

20世纪90年代，郊区持续增长，主要集中于阳光带城市周围，佐治亚州的亚特兰大和亚利桑那州的菲尼克斯，成为了现今所谓的城市蔓延的范例。然而，随着中心城市房地产开发的兴盛，中心城市规划也越来越受重视。普罗维登斯、芝加哥和费城都是这一趋势的代表。中心城市居住人口不断增加，尤其在婴儿潮一代。由于随处可见的商业改善区的创建和新城市主义发展，商业区的复兴和棕色地带的再开发在许多铁锈带城市中声名狼藉。新城市主义可能是20世纪90年代主要的规划和建筑影响之一。它是20世纪80年代，安德列斯·杜安伊（Andres Duany）和伊丽莎白·普拉特-兹伊贝克（Elisabeth Plater-Zyberk）发起的一场运动。新城市主义拥护采用传统的邻里设计，建造可步行、混合使用的邻里和城镇，用以替代低密度、使用单一和依赖于汽车的发展形式。

在21世纪，有人提出当代三大最重要的规划问题：可持续发展和精明增长、恐怖主义以及重返公共卫生的困境。可持续发展和精明增长通过一系列的尝试，控制郊区发展和减少对私家车的过度依赖，以达到控制其所带来的消极后果，例如环境污染、自然资源的消耗、交通堵塞所带来的直接或间接的损失，交通事故，以及其他因素。纽约 9·11 恐怖主义袭击表明了城市安全的重要性。现今，人们要求城市规划师保证社区的安全性，建立基础设施安全方面的相关政策。最后，出现于 20 世纪初的现代城市规划活动是对人口拥挤的内城的公共卫生危机的一种回应。近 100 年后，人们要求规划专业提供更好的建筑环境，特别是在郊区，这样可以增加日常活动，例如步行和骑自行车，间接地有助于减少肥胖症的流行。这些并不是容易的事，不可小觑。不管怎样，城市规划专业又再一次有机会证明安全、有效且可持续发展的城市的价值。

延伸阅读书目：

- Birch, E. (1980). Advancing the art and science of planning, planners and their organizations. *Journal of the American Planning Association*, 46(1), 22 - 49.
- Bohl, C. (2003). To what extent and in what ways should governmental bodies regulate urban planning? *Journal of Markets and Morality*, 6(1), 213 - 226.
- Campbell, S., & Fainstein, S. (Eds.). (2003). *Readings in planning theory* (2nd ed.). Malden, MA: Blackwell Publishing.
- Cullingworth, J., & Caves, R. (2003). *Planning in the USA: Policies, issues and processes* (2nd ed.). New York: Routledge.
- Dalton, L., Hoch, C., & So, F. (Eds.). (2000). *The practice of local government planning* (3rd ed.). Washington, DC: ICMA.
- Duany, A., Plater-Zyberk, E., & Speck, J. (2000). *Suburban nation*. New York: North Point Press.
- Gerckens, L. (1988). Historical development of American city planning. In F. So & J. Getzels (Eds.), *The practice of local government planning* (2nd ed., pp. 20 - 59).
- Washington, DC: ICMA. Hall, P. (2002). *Cities of tomorrow: An intellectual history of urban planning and design in the twentieth century* (3rd ed.). Oxford, MA: Blackwell Publishing.
- Levy, J. (2002). *Contemporary urban planning* (6th ed.). Englewood Cliffs, NJ: Prentice Hall.
- Sutcliffe, A. (1981). *The history of urban and regional planning: An annotated bibliography*. New York: Facts on File.

Carlos J. L. Balsas 文

王洋译 陈恒校

公民权利
CIVIL RIGHTS

城市是公民权利至关重要的战场，非洲裔美国人的地位是其中的关键问题。在 20 世纪五六十年代，城市是获得全面广泛的公民权胜利的场所，但是公民权利更广泛的内容——在日常的社会、经济和政治追求中摆脱歧视，争取自由——在美国城市中又是非常复杂的。

对个人权利的执着在美国城市是根深蒂固的。费城、波士顿、纽约和其他较大的海港，虽然具有奴隶制特征，但在英属北美殖民地却是最开放的、最具反抗精神的。18 世纪六七十年代，这些地区的居民揭竿而起，保卫珍贵的自由，反抗英国当局。不久，在 19 世纪第一个十年间，民主思想席卷了这一新国家，国家中不断增长扩散的城市正是市场资本主义和政治动员的温床。传统等级社会的拥护者慢慢偃旗息鼓。白人成为新兴平等主义的主要受益者，而非洲裔美国人依旧被限制在美国社会的最底层。

在内战前，南部的城市奴隶要比种植园中的奴隶享有更多的人身自由，尽管如此，他们仍是财产。由于没有任何权利，南部城市的自由黑人只是居民，而不是市民。尽管在 1830 年之前，北部城市的奴隶制就逐渐消失了，但黑人也面临着市政、政治和经济方面的限制。正如历史学家范·伍德沃德（C. Vann Woodward）所言，吉姆克劳法首先在北部城市兴盛，而不是美国南部。

北部黑人要比南部黑人掌握更多的资源，他们为争取权利而奋斗，迫切要求平等对待。他们举行集会、采取法律行动、从事于直接的抗议活动。虽然种族歧视的围墙并不是轻易就可以打破的，但黑人行动主义确实取得了一些成功。举个例子，1856 年，通过黑人抗议波士顿单独安排黑人学生就读于一所学校后，马萨诸塞州州议会将学校内的种族隔绝判定为非法。

美国内战及之后的重建改变了美国黑人的地位和公民权利的含义。通过自我解放，自由的人们涌入了南部的城镇与城市。南部城市黑人试图参与到新南部命运的重塑之中。联邦政府的立法帮助了他们：首先，《1866 年民权法》(Civil Rights Act of 1866)列出所有市民拥有的具体权利；其次，1868 年的宪法第十四条修正案，加强了国家公民的概念；再次，1870 年的宪法第十五条修正案，保护所有成年男了的选举权，无论种族；最后，《1875 年民权法》，禁止公共设施的种族歧视（虽然其中不包括公立学校）。

然而，重建的希望从来没有惠及南部的城市黑人。内战结束后的十年中，没有比新奥尔良种族关系更变幻无常的城市了。例如，在有轨电车上黑人和白人可以混合就坐，黑人可以在市议会中任职。然而，尽管有州和联邦的民权法案，在饮料店、旅店和戏院，黑人仍然经常被歧视。铁路公司尤其不甘心放弃吉姆克劳法。此外，大部分白人公开指责社会平等的呼吁。在新奥尔良，白人和黑人的孩子上不同的学校。到 19 世纪 70 年代重建结束时，黑人进步在新奥尔良逐渐消失，整个南部均是如此。

在北部城市，国家民权法案的发布改善了黑人的地位。例如，克利夫兰在内战前以包容的种族关系而闻名，重建为黑人敞开了更多的大门。到 1870 年，黑人可以在克利夫兰参与选举，他们较之前有更多的法律武器来对抗种族歧视。内战后重建的成就甚至在种族主义俄亥俄州的辛辛那提也十分明显。内战前，这里的白人支持州法律明显地限制黑人的权利。

在内战之后，虽然辛辛那提的种族关系从未像克利夫兰那样和谐，但是黑人可以选举，和白人一起参加陪审团，以及毫无隔离地使用公共交通。甚至在 1883 年，美国最高法院大幅度缩减联邦政府的民权法案保护范围后，像其他北部州一样，俄亥俄州通过了民权立法。在许多方面，这项法律虽然并不实用，但其为俄亥俄州的黑人及其白人伙伴提供了一个为公民权利奋斗的工具。

19 世纪最后十年间，南部城市黑人的处境不断恶化。一场势头强劲的鼓吹白人至上的运动爆发，镇压之前的黑人和普通白人的同盟，在形式上将黑人定为从属地位。白人至上主义者运动主要影响了南部的城镇与城市，这些地方由于城市人口的流动人员比较混杂。1890—1910 年，南部州和市政当局合法地将黑人与白人在公共场所和机构中隔离开来。当南部合法地限制黑人权利的时候，联邦却作壁上观。1896 年，最高法院对普莱西诉弗格森案(Plessy v. Ferguson)的裁决基本上是批准了吉姆克劳体制的继续实行。

剥夺黑人的公民权也是白人至上主义运动的重要组成部分，符合投票要求的黑人数量逐渐减少，这使黑

人不能通过选举政治来反抗这种压迫的趋势。在南部的许多社区中，黑人组织了一些保护他们权利的抗议，但这些出于自卫本能的抗议通常是短暂的且无效的。

对隔离黑人也有一定的限制范围。有些言论宣称要将黑人从这个国家中移除，这些言论在南部白人就很少获得支持。1917 年，美国最高法院拒绝批准正式确定种族隔离制度的居住隔离法。

划分白人权利界限的推动力也影响到了其他的族群。在南部城市，墨西哥裔美国人经常被排斥在公共场所之外，被限制上他们自己的学校。华裔美国人，尤其是在西部城市，在公共设施、住宅，甚至是公立学校被实施隔离。

南部城市恶劣的种族关系促使成百上千的黑人前往北部城市寻找机会。1915—1930 年，黑人人口数量在纽约、芝加哥、底特律、克利夫兰和其他的工业中心城市中飙升。由于黑人人口数量的增长，黑人也为此付出了代价，种族骚乱频发，如东圣路易斯（1917 年）、芝加哥（1919 年）以及其他各处。同时，现代城市隔离区在大移民时代开始盛行，白人通过集体暴力和严格的协约将黑人限制到指定的区域内。尽管如此，北部黑人也从来没有面对种族统治的公共意识。虽然他们经常在旅店、餐馆和娱乐场所受到排斥，只能从事低薪工作，但是他们可搭乘有轨电车和地铁，而不受任何限制，最重要的是，他们有选举权。

1908 年在伊利诺伊州斯普林菲尔德种族骚乱的第二年，最主要的民权组织——全国有色人种协进会成立。通过在全国各地发展分会并将活动总部设在纽约，全国有色人种协进会成为了此后 50 年中为公平的公民权呼喊的最强大声音。

直到 1930 年，吉姆克劳政策在南部人民的生活中已经变得根深蒂固了，白人将其视为自然和持久的。南部黑人对受到的歧视和侮辱感到非常愤怒，但却极少联合起来正面攻击。然后，这种情况却有发生改变的迹象。在 20 世纪 30 年代末至 40 年代，参加工会运动的黑人数量大幅度增加，黑人和白人联合起来不单为争取在工厂的权益，也在一些南部城市中引起了人们对吉姆克劳法的批评，例如北卡罗来那州的孟菲斯、温斯顿-塞勒姆。

1942 年，黑人和白人活动家在芝加哥采取了一种新的战略，即甘地式的非暴力直接行动，不久便取得了巨大的民权斗争胜利。这些活动家们在那些拒绝为黑人提供服务的当地餐馆和娱乐场所实行静坐抗议。他们筹办了种族平等大会(Congress of Racial Equality)，很快在中西部和东北部产生了不少分会，对当地吉姆

162

克劳法的实施提出了挑战。由于越来越多的有着明显种族主义思想的白人对此表示反感，活动家的工作被进一步改善。美国在二战时期将其定义为反对纳粹的种族至上主义，为了纪念 1943 年在底特律发生的严重种族骚乱，这一定义刺激了北部城市找到人群关系委员会来提出群体间紧张的问题。在许多北部城市，这些委员会代表了早期的市政政府在促进种族平等思想方面的努力。到了 20 世纪 60 年代初，北部和西部在公共设施方面针对黑人的露骨的种族歧视已经很少见了。

1954 年，美国最高法院对布朗诉教育委员会案设施"隔离但不平等"的裁决，使南部那些公立学校中广泛的种族隔离的城市，面对着全国反对吉姆克劳法的浪潮。大体上，白人市政领导者采取温和言辞给予接受，率先推行融合政策。1957 年，在阿肯色州的小石城，联邦政府采取干涉手段确保城市高中废除种族隔离。尽管出动了军队，但是南部城市直到十年之后，迫于新的联邦压力，才开始在公立学校中实行融合政策。

虽然南部城市掀起反对吉姆克劳政策的直接行动比各国其他地区要晚些，但却取得了其他地区无法比拟的成果。第一次长时间抑制公共汽车上的隔离座位运动就是 1953 年发生在路易斯安那州的巴吞鲁日市。两年后，居住在阿拉巴马州蒙哥马利市的黑人居民发动一场长达 381 天的抵制运动，使最高法院裁决在公共交通工具上的座位隔离为非法。非洲裔美国人在阿拉巴马州的伯明翰市、佛罗里达州的塔拉哈西市、新奥尔良市及其他南部城市组织反对种族隔离的斗争。在 1957 年，正在筹建中的抗议委员会发展成为新民权组织的核心，南方基督教领袖会议（Southern Christian Leadership Conference，SCLC），蒙哥马利市的马丁·路德·金任主席。

南部民权活动的下一轮也是以南部城市为中心的。1960 年 2 月，四名黑人大学生在北卡罗莱纳州格林斯伯勒市商业区的伍尔沃思快餐馆就餐，这在南部各城市引发了类似静坐抗议的浪潮。例如，田纳西州纳什维尔市一群坚定的黑人市民和学生对地方政治和商业领袖施加压力，希望在商业区交易中废除吉姆克劳政策。到 1963 年初，由于民权活动主义的影响，许多南部的其他城市，尤其是南部地区之外的城市也纷纷效仿。

从 1963—1965 年，南方基督教领袖会议以南部三个城市为主要目标，发动运动强调吉姆克劳政策的不道德之处。在每个城市中，SCLC 和当地活动家都有密切合作。在佛罗里达州的伯明翰市和圣奥古斯丁市

的运动促进了《1964 年民权法案》的迅速传播，这一法案废止了在公共设施中的种族隔离的立法。1965 年，阿拉巴马州塞尔马市的运动刺激了《1965 年选举权利法》（Voting Rights Act of 1965）的条文制订。转而，这一法案为南部黑人更多地参与政治活动打开了方便之门，进一步削弱了实行 70 年之久的吉姆克劳体制。1973 年，佐治亚州亚特兰大市选举了一位黑人市长，1979 年，阿拉巴马州的伯明翰市也一样，这说明了《选举权利法》是如何彻底地改变了南部的政治。

南部的斗争也点燃了北部城市，北部城市居民纷纷举行游行示威活动声援南部，这也有助于激发了反对北部城市种族隔离与歧视的斗争。由于战争期间对于劳动力的需求，在 1940 年初引发了大移民的第二次浪潮，这一直持续至 20 世纪 60 年代，极大地增加了一些大城市例如纽约、芝加哥、费城、底特律和克利夫兰，和一些中等城市从伊利诺伊州皮奥里亚市到加利福尼亚州里士满市的黑人人口数量。在大城市中，大部分新移民委身于不断扩大的隔都区中，这是白人敌意歧视的房地产政策和地方、州及联邦政府政策的产物。

到 20 世纪 60 年代初，内城的黑人开始动员起来反对隔离。在 1963 年和 1964 年，他们举行一场学校抵制活动，来抗议在纽约、芝加哥和波士顿实行的种族隔离和劣等教育。在芝加哥，一个民权团体组成了社区组织协调理事会（Coordinating Council of Community Organizations，CCCO），寻求确保所有居民可以获得充分的市民权。类似的组织也出现在其他的北部城市之中。

贫困的集中、机会的缺乏和经常受到警察的不公平对待，这使 20 世纪 60 年代的隔都区成为种族仇恨的火药库。1964 年，费城哈勒姆区和纽约罗切斯特区的黑人愤怒地冲上街头。第二年，这股浪潮又席卷到了洛杉矶的沃茨区。两年后，在新泽西州的纽瓦克和底特律爆发了 20 世纪最严重的两起种族骚乱。

在沃茨骚乱之后，马丁·路德·金和 SCLC 联合 CCCO 发起了一场芝加哥自由运动（Chicago Freedom Movement），一种使用非暴力形式改善城市黑人条件的大胆尝试。最后，芝加哥自由运动针对大都市区的双重住宅市场，发起了开放住宅的游行活动，从城市的白人社区一直到郊区。虽然开放住宅运动并没有改变芝加哥黑人的生活，但是，它确实推动芝加哥人对抗住宅歧视和为 1968 年国家公平住宅法的制定做准备。

直到 20 世纪 60 年代，一大批反种族歧视的措施保护了城市黑人和其他种族及少数族群的公民权利。近年来，城市成为扩大公民权利保护运动的主要场所，有

性取向、性别和身体缺陷。可是,尽管在 20 世纪 60 年代末与 70 年代,肯定性行动在美国城市中的煽动促进经济机会,许多城市黑人和拉美裔美国人现今仍被限制在恶劣的邻里街区内,在高收入、半熟练工作方面存在诸多限制,在对过去一代所推进的民权成就产生了质疑。

延伸阅读书目:

● Horton, J. O., & Horton, L. (1997). *In hope of liberty:Culture, community, and protest among Northern free blacks, 1700 - 1860*. New York:Oxford University Press.

● Morris, A. (1984). *The origins of the Civil Rights Movement:Black communities organizing for change*. New York:Free Press.

● Rabinowitz, H. (1978). *Race relations in the urban South, 1865 - 1890*. New York:Oxford University Press.

● Theoharis, J., & Woodard, K. (Eds.). (2003). *Freedom north:Black freedom struggles outside the South, 1940 - 1980*. New York:Palgrave.

James Ralph 文

王洋译　陈恒校

克林顿政府的城市政策
CLINTON ADMINISTRATION:URBAN POLICY

威廉·杰斐逊(比尔)·克林顿在 1993—2001 年期间任职美国总统。他土生土长于阿肯色州——大部分是乡村地带,美国最贫穷的州之一——持续关注穷人和中产阶级家庭,专心致力于种族平等,但是他却缺乏强有力的城市定位。1992 年洛杉矶种族骚乱之后,即使全国的目光都转向了内城的衰败,城市政策在他的总统竞选中却没有发挥任何作用,除了授权区(Empowerment Zone)和企业社区计划(Enterprise Communities Program)外,他几乎没有制订任何专门的城市政策。然而,城市居民们却在克林顿任内获益良多,远远多于之前共和党执政时期,甚至是制订国家第一个城市政策的吉米·卡尔总统任内。这主要有几方面的原因。

首先,比尔·克林顿掌权时期正是美国历史上最长时间的经济增长时期。罗纳德·里根总统任内联邦财政赤字迅速扩大。平衡预算是克林顿竞选总统时的一个重要问题,也是他总统任内优先考虑的问题。在他 1993 年的预算中缩减了联邦支出并增加税收(主要针对富人),刺激经济;联邦储备委员会的政策也支持了克林顿的决定。税收增加导致民主党在 1994 年国会两院选举中丧失控制权。但是赤字开始下降,在克林顿总统任期快结束时,联邦预算在 30 年中首次有了盈余。

由此产生的持续经济增长有利于城市和城市中多数的低收入人群。衰旧的中心城市,尤其是那些东北部和中西部的老工业基地,在衰退面前首当其冲;反之,在经济增长的时候,它们却复苏缓慢。在一段时间内,低通货膨胀、低利率和低失业率有利于刺激投资、减少失业,使中低收入家庭——特别是美国黑人和拉美裔美国人——成为首批的住宅拥有者。

其次,克林顿政府所推动的一些直接的政策也加强了这些影响。1993 年总统预算计划大幅度扩大了工薪退税优惠(Earned Income Tax Credit, EITC),这项政策虽被载入史册,但从 1975 年以来却影响不大。这一优惠降低了低收入工人的税收,不仅受到传统穷人支持者的欢迎,而且受到像克林顿这样的新民主党人和保守共和党人的喜爱,因为它将公共援助与工作相连,简而言之,工有其酬。在克林顿第二届总统任期快结束时,EITC 被一些观察家认为是全国最有效的反贫困项目,每年使 480 万人脱离贫困。同样的立法使"低收入住宅税收抵免"(Low Income Housing Tax Credit, LIHTC)成为一项永久的政策,住宅开发商承诺在 15 年内将租金维持在可接受的水平,来换取在税收方面的优惠。

针对城乡贫困的进一步集中,政府在 1993 年通过授权区和企业社区计划(EZ/EC)法案。这一法案基于一个长期受共和党欢迎的思想,对萧条区的企业增加减税优惠,为地方提供资金,用于资助社区复兴活动。副总统阿尔·戈尔(Al Gore)主导的跨部门工作小组负责设计,住房和城市发展部负责管理,但社会保障补助金(Social Security Block Grants,也被称为 XX 基金)通常由卫生和人力资源部(Department of Health and Human Services, HHS)管理。项目指南强调在地方策略计划的发展中和使用联邦资金从其他渠道进行融资中,居民参与的重要性;两者在选择过程中都很重要。在 1994 年第一轮的指定中,有 100 个区获得资金援助,其中 72 个是城市地区。最初被定为城市授权区的 6 个地区在未来 10 年中,将各获得 XX 基金所划拨的 1 亿美元,企业社区在未来 5 年中获得 300 万美元。1997 年的第二轮指定中,给予另外 15 个城市地区以税收优惠和免税债券,但不再使用 XX 基金。

在小范围内，克林顿在 1994 年获得批准为社区发展金融机构（CDFIs）提供联邦援助。这一思想来源于他任阿肯色州州长时，服务于阿卡德尔菲亚（Arkadelphia）的一家社区发展银行，克林顿希望通过明确的社区发展使命，创建一张不断扩大的金融机构网络，金融机构可以使资金流向那些主流银行不愿意做生意而撤资的社区。大部分社区发展金融机构既可以服务于城市地区，也可以服务于它们服务区周边的城市（例如，全州基金）。

共和党在 1994 年接管了国会，迫使克林顿政府采取防守姿态。克林顿总统经常与众议院议长纽特·金里奇（Newt Gingrich）和他保守派的支持者们争吵，千方百计地阻止保守派提议《与美国有约》的采用，他认为这是保守派最令人反感的部分。克林顿的日程只能通过妥协和增进两党友好关系来推进——这肯定限制了他在立法方面所能取得的成就。首先他在推进方面取得了成功，使城市居民获益，包括援助低收入家庭学龄前儿童的"赢在起跑线"计划（Head Start）和"早期赢在起跑线"计划（Early Head Start）；增加最低工资；创立奖励通过社区发展组织投资衰败社区的投资者的新市场税收抵免（New Markets Tax Credit）；以及创建美国军团（Americorps）。

住房与城市发展部立刻受到国会的攻击，国会不断试图大幅削减住房与城市发展部的基金，甚至完全去除这个机构。由于住宅在国家中的低优先级和政府精简议事日程，政府逐渐重组住房与城市发展部，使其更有效率。尽管做了这些努力，这一部门在 1995 年的财政中丧失了 1/4 的基金，在 1996 年又招致更大幅度的削减，是这一机构项目和人力上的最主要的缩减。

最后，克林顿政府使用其制定规章的权力来帮助落后社区。例如，联邦存款保险公司（Federal Deposit Insurance Corporation，FDIC）在《社区再投资法》（Community Reinvestment Act，CRA）之下制订了新的规章制度，这项法律禁止了银行的红线规定。银行 CRA 首次根据银行的表现来评估等级：实际贷款、投资和提供基本的银行服务。同样地，政府推动房利美（Fannie Mae）和房地美（Freddie Mac）（私人掌控、政府赞助的二级抵押市场机构）制订市场策略和金融产品，帮助中低收入家庭购买住房，尤其是非洲裔美国人和拉美裔美国人。

延伸阅读书目：

- Burns, J. W., & Taylor, A. J. (2001). A new Democrat? The economic performance of the Clinton presidency. *The Independent Review*, 3, 387–408.
- Dumas, E. C. (2005). *Bill Clinton*. Microsoft Encarta Online Encyclopedia.
- Interim Assessment of the Empowerment Zones and Enterprise Communities (EZ/EC) Program：A Progress Report. (2001).

Avis C. Vidal 文

王洋译 陈恒校

煤镇
COAL TOWNS

煤矿城镇时常被认为距离煤矿很近，但事实上，煤矿城镇要更为复杂。最早的例子出现在 19 世纪 40 年代，当工业革命激起了对煤矿的需求，煤矿主们在此后的一个世纪中创建了成千上万的城镇。煤矿城镇通常建立于乡村地带，由煤层的位置决定，但是最终的选址、发展和衰落同样取决于煤矿主的意图。煤矿城镇随着时间的流逝而发生变化，最初只是边疆营地，在 19 世纪 80 年代末时公司城镇开始流行，20 世纪前十年里模范城镇兴盛，最后在 20 世纪 50 年代让位于独立社区。

早期的许多矿业营地限制了公司的影响。当开发商获得了一块煤层时，他们同时获得了在地上的权利。他们想要拥有土地，因此什么也不会打扰煤矿的发展。于是在这块土地上离近矿口之处，一座小镇开始拔地而起。大多数早期煤矿主们并没有打算发展一座城镇，他们将这个任务留给了工人。他们对卖煤更感兴趣。然而，这些煤矿主也看到了公司商店的价值，这成了煤矿城镇的标准特征，通常是城镇的地理、社会和经济中心。

由于没有公司规划，首批城镇通常是杂乱无意的，各式各样的居住地，从帐篷和窝棚到隔板屋，在地形允许的地方迅速发展。这些早期煤矿城镇的人口也从 100 人至 1000 人不等，男性居多。临时的矿工经常到新的地方谋生，所以这些男人大多是单身。很快，公寓成为早期营地的固定设施。煤矿公司掌握土地、经营商店并允许其他独立影响的存在，这种边疆营地形式随着煤矿的蔓延从东至西扩散。

煤炭工业在 19 世纪 80 年代成熟，许多公司决定建造综合性的公司城镇，以便更牢固地控制他们的社区。在这里，煤矿主们不仅开办商店，也建造住宅。

他们削弱任何有竞争性的商业,只允许雇员和他们的家人居住在城镇中。煤矿主管负责管理这些社区,从收租到提供法律和秩序。第二代的煤矿城镇外表看来更井然有序。如果城镇坐落于山谷,那么房子便沿山谷排列。如果城镇坐落于平原,那么房子便以网格形排列,以土街来划分街区。每个营地的房子看起来都差不多,但经常由于营地和营地的差别,房子有4个房间的平房及排房。如此多的煤矿公司建造综合性的公司城镇,煤矿的开采与公司城镇的建立是同步的。

有三个原因促使煤矿公司建造综合性公司城镇。第一,他们将公司住房看作一种吸引新工人、尤其是移民家庭的方式。事实上,这些社区男性和女性的人数逐渐趋平。第二,煤矿主们将公司住房视为更有效管理工人的手段。煤矿主可以通过突然收回公司住房的方式阻止劳工骚乱。第三,公司可以从出租房子中获得潜在的利润。

然而,在公司城镇时代也存在着其他类型的煤矿城镇。一些先前边疆营地发展成了脱离公司控制的独立城镇。这些城镇中仍然存在公司商店,但是居住在城镇中的商人和居民并不与煤矿公司直接相关。此外,一些商人也建造另一种类型的独立煤矿城镇,他们在紧靠煤矿公司地产的地方建立一个小型社区,与已建成的公司城镇相邻。在这些附属城镇中,商人开办商店,与相邻的公司商店竞争。他们只需为煤矿工和他们的家人提供便利,使他们走出公司地段进行购物。

在20世纪20年代,煤矿公司开始改造旧城镇,建立新的模范社区。受新公司责任风气的激励和改善劳工关系的愿望,公司开始修建更大的住宅、娱乐中心、学校和改良的净水污水系统。公司还试图通过赞助棒球队、乐队和园艺竞赛,发展积极的社区关系。

然而,正当模范煤矿城镇开始普及,煤矿城镇在20世纪20年代开始逐渐消失。汽车使煤矿家庭可以居住在他们想居住的地方,石油开始替代煤矿成为新能源,促使煤矿和城镇慢慢关闭。公司不是放弃他们的城镇,就是将住房和财产出售给那些仍然想留下来的人们。这将之前的煤矿城镇转变成为独立的或自给自足的地方,但是尽管煤矿城镇再也没有出现了,一些城镇仍然被视为煤矿城镇。

自从1973年阿拉伯石油禁运,煤炭又再次成为一种重要的能源材料。随着煤田的重新开采,煤矿家庭又重返旧的煤矿城镇。但是由于现代开采技术只需要少量的人力,几乎没有城镇是单为煤矿家庭所存在的,

当在乡村野地开办煤矿时,煤矿公司几乎没有建立新的城镇。大体上,他们希望煤矿家庭居住在他们选择的地方;他们不再希望参与到城镇商业中。但是,在过去的150多年中,无论是依赖煤矿工业的城镇,或是在煤矿公司控制下的城镇,都成了美国一道重要的风景线。

延伸阅读书目:

● Mulrooney, M. M. (1989). *A legacy of coal: The coal company towns of southwestern Pennsylvania.* Washington, DC: National Park Service.
● Shifflet, C. A. (1991). *Coal towns: Life, work, and culture in company towns of southern Appalachia, 1880-1960.* Knoxville, TN: University of Tennessee Press.
● Wolff, D. A. (2003). *Industrializing the Rockies: Growth, competition, and turmoil in the coalfields of Colorado and Wyoming, 1868-1914.* Boulder, CO: University Press of Colorado.

David A. Wolff 文

王洋译 陈恒校

大学城
COLLEGE TOWNS

大学城是美国高等教育机构的所在地,具有深远的文化传统、社会和思想活力,是地方政治激烈的战场,组成人员交替组合,饱受争议。二战后,大学城在城市史上的重要性尤为显著,其历史可以追溯到殖民地时代。大学城的定义并不是取决于它的面积大小,而是取决于学院或者大学是否在城市文化、经济和政治中占主导。因此,像波士顿和芝加哥这样的城市,虽然是许多学院和大学的所在地,但却不是大学城。然而,许多相对而言比较小的城镇,例如纽约州的布罗克波特和加利福尼亚州的阿克塔——分别是纽约州立大学和洪堡州立大学的所在地——被认为是大学城。还是其他比较典型的例子,包括密歇根州的安阿伯(Ann Arbor, Michigan)是密歇根州立大学的所在地,以及俄克拉何马州的诺曼(Norman, Oklahoma)是俄克拉何马大学的所在地。

美国第一所大学——哈佛——是坐落于马萨诸塞州坎布里奇的一所神学院,地处一个紧密的社区之中,不受波士顿的影响。虽然哈佛大学位于新英格兰城镇

的边缘,但校主们在坎布里奇的宗教生活中扮演了关键的角色。与哈佛同样,殖民地时代的威廉玛丽学院(College of William and Mary)建成于弗吉尼亚州的威廉斯堡,时间恰巧是该地成为州首府之前。大学的创办人和校园建筑师最初模仿了牛津大学和剑桥大学的方形庭院,目的是为了使学生与社区的其余部分相分离。在殖民地时代,这样的策略是城镇和大学师生之间关系的象征。方形庭院的经久不衰和弗雷德里克·劳·奥姆斯特德等规划师的影响,正是这种城镇和大学师生之间含糊不清关系的最好证明。教育实体和所在社区之间这种时不时的模棱两可,有时彻底的针锋相对的关系在今天仍以各式各样的形式存在着。

与英国大学修道院似的传统不同,美国大学在19世纪向社区开放,众所周知的大学城诞生。19世纪后期,不断增长的注册人数超过了许多学院和大学住房的容量,学生开始在所在城市租房。以哈佛和密歇根为首的许多大学在这一时期从校内住宿转向其他方向,开始奉行德国城市中的研究型大学的传统。学生住宿和大学课程的改革推动了更自由、现代的课程规划,为更多的学生参与社区生活,摆脱管理人员的约束提供了机会。文学社、大学校际体育和兄弟会都成为了这种新自主性的体现,逐渐成为大学城文化的机构,尤其是大学校际体育已经成为大学所在城市的特色,为社区创造了经济福利。

高等教育在20世纪取得爆炸性的发展,尤其是在1944年《退伍军人安置法》(Serviceman's Readjustment Act)之后,这一法案为上百万的退伍军人给予教育补助,在20世纪60年代,婴儿潮扩大了大学注册人数。尽管学生精力充沛,再加上联邦在学校内援助建设项目,但越来越多的学生选择在校园之外租房子居住。住房市场压力增加和学生搬到居民区居住通常会导致严格的区划和惩罚性的措施,以此来限制学生在"学生区"的行为。这些学生高度集中的地区逐渐演变成学生街头暴力事件突发的战场,社区利益上升为针对学生过量和侵占的政治运动,甚至是通过商业招徕学生惠顾。

从美国高等教育初始以来,城市为了繁荣经济和智力资源,千万百计地吸引和赞助大学在其境内创办。这些努力成为大学城赖以生存的重要因素,城市面临着工业的衰退,重新将其打造成文化和技术创新的中心。大学城通常以其音乐厅、博物馆、图书馆和其他文化中心而自豪,加强社区和校园间的合作,并与大城市竞争。例如得克萨斯州的科利奇站(得克萨斯农机大学)和威斯康星州的麦迪逊(威斯康星麦迪逊大学)以研究园为特色,推动大学研究与私人工商企业之间的科技工程合作。这种合作类型通常取决于经济发展和城市创造者在教育中的早期投资定位。

大学教员和地方社会之间的思想社会纽带有利塑造大学城更广阔的政治。直到20世纪初,大学无论是在课程还是社会思想上都被认为是保守的。在早期大学校园,新古典主义和哥特式的建筑占主导地位,象征着塑造这些大学的思想传统的力量。然而,在19世纪末和20世纪,大学城,尤其是大学校园,成为思想独立和政治进步主义的地点。在早期,部分大学开始为女性提供高质量的文学教育,不久,许多大学开始尝试男女合校,大学城通常是更容易接受女性权利的地方。自20世纪60年代以来,大学城由于倡导自由主义政治而声名狼藉。民权运动的兴起、妇女解放运动和反对越南战争的情绪经常会导致城市中的暴力事件,例如密西西比州的牛津(密西西比大学)和加利福尼亚州的伯克利(加州大学伯克利分校)。从那时开始,学术界的政治倾向明显向左,研究生、教员和学生通过参与城市政府和捍卫政治事业塑造了大学城进步的政治生活。

大学城——不管它的大小和位置——从二战后演变成种族、社会和思想多元化的地方。大学生常常吸引着来自于全国、全世界的学生、教员和企业家,它提供一种文化、教育和经济的混合,超越了它的人口,成为城市社会中一道经久不衰的风景线。

延伸阅读书目：

- Leslie, W. B. (1992). *Gentlemen and scholars：College and community in the "Age of the University," 1865 - 1917*. University Park, PA：Penn State University Press.
- Rudolph, F. (1962). *The American college and university：A history*. New York：Knopf.
- Smith, R. (1988). *Sports and freedom：The rise of big time college athletics*. New York：Oxford University Press.
- Turner, P. (1984). *Campus：An American planning tradition*. Cambridge, MA：MIT Press.

Dale Winling 文

王洋译　陈恒校

马里兰州哥伦比亚市
COLUMBIA, MARYLAND

马里兰州哥伦比亚是美国最早的规划郊区城市之

168

一，是新城运动的旗舰郊区。它是土地开发商兼社区建造者詹姆斯·劳斯的杰作，被标榜为解决郊区蔓延和中心城市问题的方法。劳斯被视为他那个时代城市进步的思想家，设想了一座别无仅有的乌托邦郊区社区。20世纪60年代，劳斯公司成立，用以推进新城运动。新城运动引导了新郊区生活时代，促进种族经济融合的社区，一道崭新的风景及利益驱使的发展。劳斯信奉刺激私人市场，生产公共商品。哥伦比亚的拥护者宣称新城由市场推动，并刺激市场更进一步发展，同时践行林登·约翰逊总统"伟大社会"的思想。1967年，这座城市第一批居民入住，他们获得了城市先驱者的美名。哥伦比亚被视为"下一个美国"，是下一代郊区居民可以居住、就业和娱乐的地方，具有可持续的特色。这座城市成为劳斯公司最看重的实验，作为一间社区实验室提供莱维敦郊区模式之外的选择。

哥伦比亚坐落于马里兰州霍华德县，距离巴尔的摩商业区15英里，首都华盛顿特区北部20英里，这是劳斯心目中新城理想的所在。这一社区名称来源于美国29号公路，之前被称为哥伦比亚区，后又称为哥伦比亚收费路。这条线路横穿哥伦比亚，连接华盛顿和巴尔的摩。这两个地区的中心城市宣称这座城市是未合并的郊区。哥伦比亚坐落于高度城市化的巴尔的摩-华盛顿走廊，现今有居民9.6万人——略少其规划的人口目标10万人。1970年，这座城市的人口停滞在8701人。在20世纪70年代，人口快速增长，增长了6倍，人口数量达到52518。在接下来的数十年间，人口增长速度开始减慢，在20世纪80年代增加了近2万人，在20世纪90年代增长了1.8万人。

哥伦比亚的人口构成反映了劳斯的理想。2000年美国人口统计数据表明，在种族隔离高度严重的大都市地区，哥伦比亚是最多元化社区之一。城市里64％为白人，21％为非洲裔美国人，10％为亚裔，4％为拉美裔；13％为其他移民。

劳斯认为，社区的价值在于公平、公正和高质量的生活，这反映在哥伦比亚的规划与设计上。城市总体规划与战略规划通过新城区划强调社区的融合、多元和注重土地与自然。这一方法是通过多用途的住宅区划来获得开放与融合。哥伦比亚并不只有一种住宅类型，这引申出一个社区不应该只有一个阶层。因此，这座城市的社区邻里包括一系列的联排屋、独户住宅、花园公寓和低收入住宅。劳斯坚持城市要保留10％的住宅作为低收入家庭住宅。

城市结构的设计为了繁荣社区和加强居民之间的社会交往。哥伦比亚由九个村庄组成，村落街道名称采用了美国文学与诗歌中的词汇。并安装了社区邮筒以鼓励邻居之间的交往。每个村落包含五个居民区。每个居民区配有各具特色的小学，在步行可及的地方，在社区公园内，及邻里中心中。小学的特色是教室没有围墙，有个被称为"荚"（pods）的公共空间，以此加强孩子们之间的团体学习和友谊。每个村落都有一个村落中心，是商店、娱乐、教堂和中等教育中心。五个"多教派中心（interfaith centers）"将天主教、清教和犹太教融合在一个宗教场所之内。

城镇中心通过商业及零售社区将九个村落连接在一起。哥伦比亚的购物中心作为零售核心，有190个商店和5个百货公司及若干餐馆。在购物中心周围环绕着密密麻麻的公司办公楼。在哥伦比亚中心的是塔马昆迪湖（Lake Kittamaqundi）——一个土著印第安词汇，意为会场。哥伦比亚的官方象征是"人民树"（People Tree），一棵巨大的树形雕塑，以手臂为树枝。它与塔马昆迪湖比邻，象征着城市的建设原则是团结。

新城郁郁葱葱的环境提高了居民的生活质量。哥伦比亚城市景观覆盖27平方英里，延绵近14000英亩。劳斯设想了一片纯净的环境，人与自然可以和谐共存。城市三分之一的土地永久保留为空地和绿地、公园及休闲场所。83英里的道路及小径将九个村落连接在一起，使居民可以散步、慢跑和骑自行车。三个湖和九个池塘分散在城市村落周围。在城镇中心，一片40英亩的树林公园，名为交响乐之林（Symphony Woods），其间有莫里维德·波丝特剧场（Merriweather Post Pavilion），一座室外圆形剧场，可以容纳15000人。

哥伦比亚有一个与众不同的地方政府。城市通过一个私人组织实行自治管理。哥伦比亚协会（Columbia Association）是一个非营利性社区服务组织，董事会的十名董事，由九个村落（以及城镇中心）的居民直接选举选出。这一协会管理哥伦比亚的所有公共空间和活动。霍华德县政府负责提供公共服务产品。

哥伦比亚建成至今已近四十年。自从20世纪90年代以来，它的发展模式代表了边缘城市的发展。哥伦比亚人日益依赖于私人汽车和高速公路网络。此外，这一区域的住房繁荣也极大地提升了哥伦比亚的房价。2004年的平均房价超过30万美元。住房和城乡发展部第8款代金券计划的重建减少了城市中可负担住房的数量。

在2004年11月，劳斯公司以126亿美元的价格卖给了芝加哥通用成长公司（General Growth Properties of Chicago），结束了劳斯长达65年之久的发展理论与实践。

亦可参阅：詹姆斯·劳斯（Rouse，James W.），城市与郊区的社会地理（Social Geography of Cities and Suburbs），郊区化（Suburbanization）

延伸阅读书目：

- Bloom，N. D.（2001）. *Suburban alchemy：1960s new towns and the transformation of the American dream*. Columbus：Ohio State University Press.
- Bloom，N. D.（2004）. *Merchant of illusion：James Rouse，America's salesman of the businessman's utopia*. Columbus：Ohio State University Press.
- Columbia Association.（2003）. *Strategic plan，strategic initiatives*. Columbia，MD.
- Levinson，D. M.（2003）. The next America revisited. *Journal of Planning，Education and Research*，22（4），328 - 344.
- Olsen，J.（2003）. *Better places，better lives：A biography of James Rouse*. Washington，DC：Urban Land Institute.

Thomas J. Vicino 文

王洋译　陈恒校

俄亥俄州哥伦布市
COLUMBUS, OHIO

哥伦布，"橡树州"的首府，是俄亥俄州最大的城市，全国第十五大城市。1812 年由州代表大会成立，成为俄亥俄州的第三个首府（奇利科西为第一个），但是，如查尔斯·科尔（Charles C. Cole）在 2001 年所言，也是全国大都市区记录中留下最少文字的。哥伦布是国家最重要工业州之一最大和最有活力的城市。它交通便捷，周边有东西及南北主高速公路交汇，及 I - 270 环形公路，这促进了其仓库和物流业的发展。它的地理位置也随着科技变化而变化，起初是交通业，近来是通讯业。通讯革命的结果之一是城市经济的重组，向国内动态服务经济发展，而不是仅仅依赖于俄亥俄和中西部。

近年来，城市政府的兼并政策导致了城市的增长和扩大，这使哥伦布成为一股对抗克利夫兰和辛辛那提的强大政治力量。这一政策根植于二战后这一地区制造业、商业，尤其是零售业、居民人口向低密度郊区扩展的向外运动。在 20 世纪 50 年代，哥伦布面积不足 50 平方英亩，仍然有向四方扩展的空间。其周边郊区城市甚少。这一县（富兰克林县）的大部分由若干小镇分散的农地组成。

尽管如此，在 20 世纪 50 年代，市长梅纳德（杰克）·森森布伦纳（Maynard D. "Jack" Sensenbrenner）主政期间，哥伦布开始了一项雄心勃勃的土地兼并计划。这一计划的核心是如何为城市获取更多的工业、商业和人口，尤其是那些在城市政治管辖范围外，未兼并地区的人口。森森布伦纳试图通过兼并的方式来避免美国大城市所面临的种种问题，比如由于冰雪政治带所引起的居民、商业、工业和税基的流失，正是现有兼并法律的反映。克利夫兰与辛辛那提的例子，在 20 世纪 50 年代城市已经被小政治社区所围绕，没有扩展的空间，这对市长来说非常熟悉，因此在哥伦布鼓励扩张性的兼并运动。

结果，兼并政策并不仅仅扩大哥伦布的政治版图（目前已超过 200 平方英亩），而且产生了一个动力城市，不再由单一的城市核心所主导，而是有一系列的中心，每个核心均肩负核心的大部分服务与功能，作为区域交通系统的接入点。在许多方面，这都是为城市带来巨大利益的长远政策。

此外，如亨利·汉克（Henry Hunker）2000 年所言，在 1990 年全国前 25 大城市中，只有 7 座城市在接下来的 10 年中人口增长比率比哥伦布市高，这 7 座城市均是阳光带城市。相比之下，国内其他的大城市（例如，克利夫兰、阿克伦、托莱多、代顿及辛辛那提）在此时却不断地流失人口。此外，随着国内拉美和亚洲移民的涌入，城市的种族融合也发生了改变，虽然不像其他地方那么迅速。在 1990 年，城市白人人口接近 75%，黑人人口占 22.6%。非洲裔美国人从城市建成之日便居住于此，在社区中扮演重要角色。黑人娱乐电视台（Black Entertainment Television）通过在全国范围内考察住房拥有率、收入、就业、教育及犯罪，认为哥伦布是最适合美国黑人家庭的城市。而且，在 20 世纪 90 年代，哥伦布发展成为全球性社区，它发展了一种文化，包含广泛的艺术，从交响乐团、芭蕾舞团、美术馆和科学中心到多元化的运动文化，兼有业余与专业。它也逐渐发展成为信息时代及其周边活动的中心。

由于哥伦布是作为州首府而建立的，所以城市经济始终围绕着这一功能而发展。直至第二次世界大战，新的焦点——制造业——真正发展起来了。在 20 世纪 60 年代，俄亥俄州大部分重要的工业中心中，超过 35% 的劳动力是从事于制造业——在一些小的工业城镇中，这一数字上升至超过 50%——在哥伦布地区刚刚低于 30%。至 2000 年，据汉克所言，这一数字

171

降至 11％。这一时期，由于制造业的流失，破坏了俄亥俄州许多城市的经济，在哥伦布，虽然损失很大，但由于城市经济多样化的发展，服务业方面的就业持续增长，弥补了这一损失。至 2000 年，五个最大的雇佣单位是俄亥俄州、联邦政府、俄亥俄州立大学（后来成为全国第二大的研究大学）、本田及第一国民银行。而且，本田是唯一的 10 强制造业公司，另外有一个朗讯科技公司为 25 强公司。美国很少有州府可以发展成像哥伦布这样的规模或复杂稳定的经济，在 2002 年三月，《美国财经杂志》（*Smart Money*）将哥伦布称为美国第二大热门就业市场，同时，《美国就业评论》（*Employment Review*）将其列为十大最适宜居住与工作的地方。

哥伦布现在成为五家财富 500 强公司的总部，一家财富 1000 强公司的总部，众多财富 500 强公司也在这一地区经营。此外，哥伦布成为世界知名的公司和研发中心的发射台。城市也产生了不少旗舰企业，如温蒂国际（Wendy's International）、卡迪诺健康集团（Cardinal Health）、斯科特公司（Scotts Company）等。部分这些成就利益于这一地区的教育和研究。在 17 所学院和大学中包括俄亥俄州立大学即俄亥俄州系统的旗舰及 10.2 万学生（县内学院人口最多的地区之一），哥伦布也标榜其除了俄亥俄州立大学之外的若干国际知名的研究所，如 OCLC 线上电脑图书馆中心（OCLC Online Computer Library Center）和化学文摘中心（the Chemical Abstracts Service）等。

延伸阅读书目：

● Cole, C. C. (2001). *A fragile capital：Identity and the early years of Columbus，Ohio*. Columbus, OH：Ohio State University Press.

● Columbus Chamber of Commerce Web site. http://www.columbus. org, accessed on December 3,2004.

● Hunker, H. L. （2000）*Columbus，Ohio：A personal geography*. Columbus, OH：Ohio University Press.

David J. Edelman 文

王洋译　陈恒校

商业带
COMMERCIAL STRIP

商业带是沿着主干路或高速公路形成的线状商业

企业群，其构成范围比较广，面向驾车旅人和地区居民。除了商业空间之外，其组成部分还包括商业标志和停车场。标志被设计用来吸引过往的驾车旅人，停车场为在商业带的客人提供服务。典型的商业带是将商业区从大小城市中搬离出来。许多城镇的商业带位于主街的末尾，中心商业区之外。

虽然早期商业带沿着电车沿线和道路发展，围绕中心城市向外辐射，汽车和战后的郊区运动对商业带的发展产生了巨大的影响。随着美国社会流动性的加强，人们迁往新近郊区，商业中心也随之扩展至高速公路沿线。这种商业扩张导致了商业群沿着公路显线性排列的时尚，通常将其称为商业带。在许多地区，商业带迅速地取代了商业区成为购物中心。购物者欣赏其没有中心城市的交通拥堵，并可享受到沿街的停车服务。

商业带包含各式各样的商业类型，吸引着不同群体的人们。它包括面向驾车旅者的汽车旅馆、酒店、加油站、小食店和快餐店。面向郊区居民的商业有超市、花店、干洗店、服装店及各式各样的零售店。它使人们可以不用去中心城市就可以买到任何需要的商品。由于商业带主要迎合汽车驾驶者，它还包括一些与汽车相关的商业。通常，商业带包括加油站、新车或二手车经销、汽车零部件商店及修理厂。各式各样的商业类型创造了不同的商业景观。

为了吸引驾车者，商业设施显得越发醒目。每样设计都是以每小时 30 公里时速的驾驶者看得见为标准的。由此产生了一些金光闪闪、语言简明的巨型标志。通常，标志位于街道上，用停车场将大楼分隔开来，使用简单的英文字符，表达清楚的商业和服务信息。例如，品位、美食、加油、旅馆及免费电视是沿路经常可见的词汇。新建大楼位于停车场的后面，与街道平行，既增加了停车空间，也扩展了店面橱窗空间。建筑采取大众流行的结构，吸引眼球的装饰艺术及流线型的现代风格，采用平滑的墙面、水平的重心及几何图案。

随着商业带的不断发展，商业带购物中心成为了流行的附属物。购物中心由一座大型建筑构成，四周有许多各式各样的零售和服务门店，及广阔的私人停车场所。通常大楼一层装饰有巨大的店面橱窗，用来展示商品。门店通常被雨篷所遮挡，或是位于拱廊之下，使购物者免受其扰。L 形规划和长方形状最为流行，因为这些形状能使停车空间最大化，可以提供足够的停车场，使来往的驾驶者看得见橱窗的展示。中心院子停车的 U 形最不受欢迎，因为驾驶者以中等速度通过时也不能看清橱窗里的展示和标志。

商业带购物中心经常是以超级市场、药店或百货商店为中心，也有一些已经位于商业带的商业，包括干洗店、花店和画廊。购物者经常在同一条商业带的购物中心中逛多种多样的商店，这是商业带的集聚优势。

特许经营在商业带十分兴盛。特许经营或是连锁店，在地方或是全国的建筑设计一致，非常容易辨认。区分的标志一般包括商标、颜色、建筑图案及广告牌，这些通常是有特色的图案。快餐店及加油站采取例如双重斜坡屋顶结构，便于驾车旅人辨识。这些店既作为独立实体建于商业带中，也作为大型商业购物中心的组成部分。

随着郊区室内购物中心、连锁店及折扣大卖场的兴盛，商业带及其附属的购物中心开始衰落，前者提供比地方商店更琳琅满目价格低廉的商品。最初，商业带因为交通原因吸引了城市商业区的购物者，而它也因为这一原因开始丧失了吸引力。城市面积的不断扩大，导致交通阻塞问题日益严重，使人们难以进入商业带。而且，随着郊区面积的扩大，郊区居民想要在离家近的地方购物，而不是在那些曾经，但现在已经不是在城镇周边的地方购物。过时的商业带大楼被位于更具吸引力建筑中的购物中心和全国性连锁店所取代。存留下来的建筑，要么转变成更现代的外观，要么开放新的功能。宗教团体开始将大型空旷的商业空间用于教堂礼拜，地方政府将空间用于分支机构，以此来吸引郊区居民。

商业带正在东山再起，重新出现在城市边缘的外围。其具有现代性的结构已与之前截然不同，因此它迁出高速公路，建立起自己的街道网络，而不是选址于已建成的公路沿线。现今的景像要大于最初的商业带，被广阔的停车场所环绕。可能新老商业带最大的差别是，现代商业带已经成为了一个购物地，而不是旅途沿线便利的 7 购物场所。

洛杉矶的威尔夏大道（Wilshire Boulevard），被称为"奇迹之路"（Miracle Mile），是早期商业带最著名的例子之一。在 20 世纪 20 年代，开发商 A. W. 罗斯（A. W. Ross）将一条农场土路发展成为对抗洛杉矶的商业区，因此得名奇迹之路。它的开发主要为吸引和服务到汽车交通者，而不是行人。罗斯要求商家提供私人停车场，并将大楼正面设计成最有利于透过汽车挡风玻璃看见。威尔夏大道的成就归功于洛杉矶作为一座汽车主导的城市的美名。其他社区开始迅速地建立类似的商业带，将其称为自己的奇迹之路。

亦可参阅：连锁店（Chain Stores），下城（Downtown）

延伸阅读书目：

- Davis, T. （1997）. The Miracle Mile revisited: Recycling, renovation, and simulation along the commercial strip. In Adams & S. McMurry （Eds.）, *Exploring everyday landscapes, perspectives in vernacular architecture*, VII （pp. 93 - 114）. Knoxville: University of Tennessee Press.
- Liebs, C. H. （1985）. *Main Street to Miracle Mile*. Baltimore: Johns Hopkins University Press.
- MacDonald, K. （1985）. The commercial strip: From Main Street to Television Road. *Landscape*, 28, 2, 12 - 18.
- Miracle Mile, Los Angeles, California. Answers. com Accessed at http://www. answers. com/topic/ miraclemile-los-angeles-california

Emily Pettis　Amy Squitieri 文

王洋译　陈恒校

社区开发综合补助
COMMUNITY DEVELOPMENT BLOCK GRANTS

社区开发综合补助（CDBG）计划由美国住房与城市发展部（HUD）负责管理，在一定的公式基础上，每年向州和地方政府提供补助，用以改善住房条件，增加可负担住房的供给，刺激经济发展，以及扩大高贫困邻里的社区服务。

CDBG 计划始于 1974 年，是由 HUD 负责管理的最古老项目之一。对于联邦 2005 财政年度而言，每年为 CDBG 项目的支出为 45 亿美元。HUD 按需将 CDBG 资金分配给城市、县及州。

受补助者可以将 CDBG 资金用于各种各样的活动，包括住房整修、建造新房、经济发展、基础设施（例如道灯、公园及净水/污水管线）、历史遗址的保护建设整修以及社区中心的运行。

HUD 要求 CDBG 申请者举行公开会议，市民和社区团体可以确认他们的需要，并提出援助的工程。然后，申请者将这些信息作为他们总体计划（Consolidated Plan）的一部分，呈送给 HUD。总体计划必须包含地图、表格和人口统计数据，来表明目标工程中低收入人口普查信息。

CDBG 项目的历史

自从 20 世纪早期,联邦政府采用各种各样的方法来解决城市贫困问题。许多城市研究者一致认为早期努力缺乏协调和资金援助,依赖于从上而下的方法,不能了解社区的实际情况。结果,许多减少贫困的努力并没有取得良好的效果。城市更新为此类项目中较大的一个,因其迁移居民、推倒社区、忽视社区社会需求以及将贫困从一个地区转移到另一个地区,而饱受批评。在许多社区,对于征用权的反对,也就是所谓的"联邦推土机"进一步加剧了对城市更新及其他联邦项目的争论。

在 20 世纪四五十年代,城市更新及其他推动因素,比如房地产牟利和红线政策,也促进了成千上万的中产阶级家庭迁移至郊区。此外,推动因素,包括州际高速公路系统、长期分期偿还住房贷款、抵押贷款利息税削减的实施、汽车一族的增长、廉价大规模住房以及在寂静整洁安全的郊区环境中拥有一所房子的梦想,进一步助长了郊区化。结果,许多城市社区饱受人口流失与经济衰落。

1966 年开始,新成立的内阁机构 HUD 尝试用一种新方法治愈城市顽症:将社区改良基金根据具体地理位置分配。这一方法被称作"示范城市",在一些城市中的具体社区尽力吸引大额基金,用以根除贫民窟,构建经济住宅,并吸引广泛的社会服务。HUD 首次使用人口普查和其他人口统计数据来识别哪些地区需求最强。虽然,这被认为是具有潜力的新方法,但是示范城市却遭受了批评,由于国会主要是根据他们的政治喜好来分配基金,声称钱分得过于广泛,以至于很难成事。

杰拉尔德·福特总统试图寻找一种解决美国城市社区贫困问题的新方法,于 1974 年成立了 CDBG 项目。与以往由华盛顿的政治家或规划师们来决定资金如何使用不同,CDBG 项目是一种"由下至上"的方法。社区统计他们自身的需要,资金根据公式进行分配。HUD 希望通过 CDBG 所提供的更为公平的方式来阻止资金决定的政治影响,促进城市贫困率的大幅下降。

CDBG 公式

HUD 政策发展与研究办公室最初的研究表明使用公式可以产生更公正的资金分配。不过这些研究也建议根据城市问题的不同来调整公式。国会同意,并在 1978 年重新授权 CDBG 项目时着手开始制订一个在这些建议基础上的双重公式。

HUD 按照两个公式为所有受与者计算数额,然后选出较大的数额,减去一个由国会批准的比例差。公式 A,50% 根据贫困、25% 根据人口、25% 根据过度拥挤,对那些发展迅速、高度贫困且缺乏经济住房的城市有利。公式 B,50% 根据 1940 年前的住房、30% 根据贫困、20% 根据发展滞后,通常对那些人口流失,有大量老旧住房的城市有利。

除了实行双重公式之外,1978 年的重新授权要求将部分项目基金给予乡村地区。这一改变要求 HUD 将不超过 70% 的 CDBG 基金分配给所知的授权者(符合最少人口门槛的城市和县),30% 被指定用于乡村、非授权社区的重要工程。

近来其他的立法变革在 CDBG 针对具体需求方面也增加了一些小条款。灾难恢复援助(Disaster Recovery Assistance)条款给予社区一些灵活的拨款用来帮助总统宣布的灾难之下的中低收入地区。1996 年,国会颁布这一条款,将 CDBG 灾难恢复基金中的 42 亿美元拨给路易斯安那州,用以重建卡特里娜飓风破坏地区的基础设施和住房。CDBG 其他的一些条款,包括第 108 款贷款保证,为大规模重建和经济发展工程提供财政援助,第 107 款,为 CDBG 受与者和某些少数族裔学院和大学提供科技援助。此外,岛区条款是一种特殊的安排,为美国政府满足其社区发展需要留出余地。

CDBG 项目的评价

CDBG 项目的实施是联邦政府解决城市问题的一次有意义的变革。一些许多研究者认为通过在社区中采用"从下至上"的方式,以及用公式来进行拨款分配,CDBG 项目比以往任何项目在缓解贫困问题方面更为成功。另一些研究者认为 CDBG 项目并没有使内城社区受益,以及达成其某些目标。

无论如何,一些研究者批评 CDBG 项目,认为其目的矛盾:受与者必须将基金用于低收入地区,但也可以用于几乎是任何紧急的社区需求。另一些学者提出建议,增加基金,改善目标,这样会使 CDBG 项目更有效。近年来,一些政治家号召将其他一些联邦政府提出的或逐渐取消的项目并入 CDBG 项目之中。

亦可参阅:约翰逊政府的城市政策(Johnson Administration: Urban Policy),示范城市(Model Cities),郊区化(Suburbanization),城市更新与复兴(Urban Renewal and Revitalization)

延伸阅读书目:
● Bratt, R. G., & Keating, W. D. (1993). Federal housing

policies and HUD: Past problems and future prospects for a beleaguered bureaucracy. *Urban Affairs Quarterly*, 29,3 - 27.

- Bunce, H., & Glickman, N. (1980). The spatial dimensions of the Community Development Block Grant Program: Targeting and urban impacts. In N. Glickman (Ed.), *The urban impacts of federal policies* (pp. 515 - 541). Baltimore: Johns Hopkins Press.

- Dommel, P. R., & Rich, M. J. (1987). The rich get richer: The attenuation of targeting effects of the Community Development Block Grant Program. *Urban Affairs Quarterly*, 22,552 - 579.

- HUD (1978). *Third annual Community Development Block Grant report*. Washington, DC: United States Department of Housing and Urban Development.

- Marcus, S. R. (1999). Assessing the impact of community development block grants on inner-city neighborhoods. Unpublished master's thesis, University of South Carolina.

- Pascal, A. H., & Williams, B. (1980). *Appraising HUD strategies for economic and community development: An analysis of the CDBG, Section 312, and UDAG programs*. Santa Monica, CA: RAND.

Seth R. Marcus 文

王洋译　陈恒校

城市中的社区
COMMUNITY IN THE CITIES

虽然社区的定义受理解的限制，但无论是学术话语还是大众文化，通常都使用这一术语来表达一种共有的联系，或是一种对国家社会及文化的归属感，其基于个人或是家庭价值之上，包括文化、宗教或政治信仰。了解了这一社区概念，就不会对美国兴建社区、保留社区心存疑惑了，正是社区可能成为重要社会联系、多元化及交互的场所，这是一项复杂的任务。在过去几十年中，包括历史学家、社会学家及政治学家在内的许多学者，致力于搞清美国大都市区中社区的含义、范围、界限及所有社区历史及社区生活的意思。

在 19 世纪末，德国社会学家费迪南德·滕尼斯（Ferdinand Tonnies）考察了社区从一个由血缘、朋友及邻里关系维系的传统村庄式社会向由社会关系维系的缺乏人情味的现代城市世界的转变。他将这一社区过程定义为衰落，由礼俗社会（Gemeinschaft）向法理社会（Gesellschaft）转变。1938 年，路易斯·沃思在《美国社会学期刊》（*The American Journal of Sociology*）发表文章，将滕尼斯的理论框架推向了顶点，主导社区生活方面的历史研究好多年。但是，在 20 世纪中期，学者们开始对滕尼斯的二分法提出挑战，他们引用了在城市中心社区联系的故事，尤其是美国黑人和其他少数族裔的故事。最近几十年中，关于城市社区重要性的新研究与新讨论不断地使社区社会二分法及其权威陷入复杂化。而且，在社区衰落理论的拥护者及社区联系持久性的支持者之间的争论仍然是关于现代世界中美国城市角色的讨论中心。

几个世纪的社区生活变革很大程度上解释了滕尼斯理论的冲击力与持久性。对比 17 世纪未工业化的殖民地村庄社区和现代美国多样化的城市社区，产生了一个关于社区发展形式与功能的疑问。17 世纪，欧洲人迁移到新世界，建立了紧凑的地方村庄，每一个都各有独特的文化价值和社区生活。这些小村庄以诸如教堂和学校这类机构为中心，包含几个社会单位，组成了中心的经济、政治、社会和宗教生活，通常是异质性大陆文化中的同质性群体。

美国独立战争时代将不同的地方社区融入城镇，共同构成了美国，这永远地改变了殖民地生活。虽然在 19 世纪，欧洲移民所组成的地方社区仍然通过血缘纽带相互连接，但是新市场动力，连同西部扩张的加速、地理流动和人际往来改变了美国的景象及社区的布局。在美国内战末期，美国的社会和政治生活仍然以地方社区或小城镇为导向。但是在美国南北战争之后，随着城市中心规模和人口的增长，传统田园牧歌般的社区生活让位于多样化城市空间社区的新标志。

19 世纪末，人们责怪大规模工业、移民和城市化侵蚀了传统社区和邻里结构。在例如铁路等技术创新的帮助下，地方城镇逐渐并入大都市之中，人们为了寻求经济和社会机会而从村庄迁入城市，这恰是城市中心所提供的。但是，人口的变化也在城市中产生了新的社区：与居住在城镇或村庄这些有地理边界的社区不同，城市居民在城市居住区中建立了自己的社区。因此，在 19 世纪末至 20 世纪初的几十年间里，见证了历史学家罗伯特·威比（Robert Wiebe）形容为"孤岛社区"（Island Communities）或断了与外界联系的地方社区，它也见证了城市社区的崛起，虽然表面上同质性，但在日常生活中经常和其他的群体交往。

这一时期，许多人迁移到城市，其中包括移民和黑人这些较大的团体。在 19 世纪后三分之一的时间里,近 1200 万人移民美国,大部分居住在城市地区。恰如 17 世纪欧洲移民造就了村庄式的网络一样,19 世纪包括意大利人、德意志人、加拿大人、犹太人及其他东欧人在内的这些族群也是如此。尽管他们所组建的邻里比较易于根据种族、阶层、族裔和性别而设定,但是市政当局的构成却成分混杂,例如,爱尔兰社区邻近意大利社区,或是犹太社区靠近非洲裔美国人社区。

虽然移民所居住的公寓大楼的居住条件比较差,但这种十分拥挤的居住也促使人们彼此靠近,培养了一种社区感。尽管移民有种种困难及较差的居住条件,但这一时期的移民数量却揭示了城市居民保有十分强烈的个人、家庭及社区联系。同样,历史学家揭示了劳工、技工及工厂工人在工业与城市化的喧嚣中依然保有互相扶持、共同文化和地方合作的惯例。

20 世纪也见证了美国黑人大规模从南部乡村流向城市中心,尤其是北部城市中心。黑人一旦在城市中受到大规模种族歧视,就会寻求方法建立有凝聚力的社区。这部分由于种族隔离,其将严格地限制了美国黑人居住社区的地理规模与位置。尽管家庭会搬迁,居住流动性较高,但是如果他们继续居住在同一城市,最终仍会选择靠近亲戚和朋友居住。邻居之间共同的情感也差不多是其居住邻近的结果:由于在个人公寓中居住条件的不足,城市黑人们不得不共享使用设施。

在 20 世纪 30 年代,这些社区变得非常好斗,将居民联合起来反对现有的权威。例如,学者指出在大萧条时期,一些美国黑人妇女联合起来拒绝房东涨房租,或者阻止邻居被赶出去。美国黑人也组织一些庆祝活动,比如在北部隔离区的租借聚会,聚会将邻居们聚集在社区和集体生活之中。这些例子强调了 20 世纪上半期城市社区的重要性,说明了城市在使人们得到想要的社会公正方面的潜力。

在 20 世纪上半期,考虑到二战后郊区的崛起,城市社区的角色是尤为重要,事实上重塑了美国大都市,以及社区生活。最初将白人中产阶级从拥挤的城市中心中吸引出来,郊区化使更广泛的种族和阶层隔离。随着城市富人和商业税基的流失,城市生活条件和基础设施愈加恶化。20 世纪 50 年代至 60 年代,联邦及州政府实行城市更新计划,重新开发贫民窟和隔离区,复兴城市社区。因为城市更新计划威胁将某些社区夷为平地,其中许多是少数族裔社区,因此,经常遭到那些地区居民的反对与抵制。在集体抵制城市更新计划的时候,城市居民举行了各种形式关于社区的示威游行:关于场所,人民,或两者兼有。在 20 世纪后半期,政府官员继续实行一些恢复社区的政策,但结果却十分有限。

当代城市中的社区表现出各种各样的形式,包括许多多元化的社区,它们共享一些共同资源或习俗或是城市同性恋社区。虽然城市中的社区生活不断发展,但不应该被理想化,证据表明现代城市不应该只成为社区衰落的容器。相反地,城市社区在美国历史与生活中是非常重要的研究部分。

亦可参阅:郊区中的社区(Community in the Suburbs),路易斯·沃思(Wirth, Louis)

延伸阅读书目:

- Bender, T. (1978). *Community and social change in America*. New Brunswick, NJ: Rutgers University Press.
- Borchert, J. (1982). *Alley life in Washington: Family, community, religion & folklife in the city, 1850 - 1970*. Urbana, IL: University of Illinois Press.
- Issenberg, A. (2004). *Downtown America: A history of the place and the people who made it*. Chicago: The University of Chicago Press.
- Nash, G. (1998). The social evolution of preindustrial American cities, 1700 - 1820. In R. Mohl (Ed.), *The making of urban America* (pp. 15 - 36). Wilmington, DE: Scholarly Resources.
- Putnam, R. (2000). *Bowling alone: The collapse and revival of American community*. New York: Simon & Schuster.
- Wirth, L. (1938). Urbanism as a way of life. *The American Journal of Sociology*, 44, 1 - 24.

Lindsay Silver 文

王洋译　陈恒校

郊区中的社区
COMMUNITY IN THE SUBURBS

从约翰·亚当斯到《绝望主妇》距离十万八千里。但远离城市喧嚣拥挤、污浊犯罪却对大多数美国人具有强烈的吸引力。为精英建造的规划郊区社区可以追溯到 19 世纪中期,到 20 世纪早期,迁移至愉快的"边境地带"日益成为寻常事。但是,郊区成为大众想象的主流却是 20 世纪的现象,连同美国城市大规模移民是在二战之后的事。

20 世纪早期,郊区遍布于美国各处,其中大部分在位置、人口和习俗上与小城镇(托马斯·杰斐逊称之为"小共和国")并没有太大的区别。但是,随着二战后郊区的爆炸性增长,逐渐形成了一种新型的美国社区。那些围绕着大城市的老城镇首先发展且速度飞快。与此同时,从加利福尼亚州的莱克伍德到纽约州的莱维敦,无数新开发的郊区满足了二战后住房短缺的需要。那些受欢迎的作家和学者开始在拥挤的城市郊区体验生活。

新郊区中的社区(连同快速发展的老社区)被建成了家庭生活的天堂。退伍的美国老兵想要开始新生活,私人土地上的传统住宅可以提供足够大的施展空间及怡人景色。在政府政策的援助下,其中包括鼓励住房所有化的 3% 退伍军人住房贷款政策,以及开发商们广告宣传的郊区梦的刺激下,退伍老兵迅速地涌向了郊区。美国转变成了一个郊区国家。

新郊区无异于一场社会变革。1950 年 7 月 3 日的《时代》杂志以莱维敦郊区的主要发起者威廉·莱维特(William Levitt)为封面人物,抓住了莱维特及其子们所创造的意义:他们在出售一种新的生活方式。

新的生活方式是网络化并充满活力的。住宅区是网络的中心。邻居取代了家庭和朋友留在城市之中,提供"适应必要的忠告"。喝咖啡、打牌或是整理庭院时以及郊区上流社会的鸡尾酒会上的闲谈,是郊区社区最基本的部分。此外,二战后的郊区社区见证了激进主义的迸发。教会团体、青年运动联盟、民防演习、像 PTA 的民间组织以及服务社通过共同的事业把人们聚集在一起。以政治和社会正义为导向的活动往往对郊区居民并不那么重要,虽然直到上世纪 70 年代像参与公民投票这样的市政仪式仍然保持强劲。

因为郊区的生活通常都需要咖啡聚会、特百惠聚会、游泳和小联盟棒球比赛而不是追求高水平文化,城市观察家立即指责郊区沉闷且古板。郊区的批评者们没有注意到,城市中的工人和中产阶级更普遍将他们的空闲时间用于在邻居的门廊上聊天或用在棒球场上,而不是在博物馆和交响乐厅。与大众媒体将郊区描绘成一个愚弄"错层陷阱"相反,二战后郊区居民经历了较高程度的社会资本,要比尼克松任总统以来的美国社会的社会资本更高。

郊区社区在上世纪 60 年代中期之前在社会上是无定形的,但种族上却有严格的限制。在白人之中,种族影响很小。人们期待和欢迎"兼容"的邻居,但是除了友情和保持财产价值之外,新邻居很少有所期望。蓝领工人在美国郊区找到一席之地,轻松地转变成温和的中产阶级。相比之下,非裔美国人在郊区买房上受挫,要不就是被房地产商引向那些少数族裔聚集的地区。例如,新泽西州的伯根县有 71 个兼并社区,非裔美国人人口只在哈肯萨克(Hackensack)、帝内克(Teaneck)和恩格尔伍德(Englewood)3 个城镇中略有规模。

在 20 世纪 60 年代的民权法颁布之后,种族排斥逐渐消散,但一种新的郊区现象越来越显著:经济隔离。社区建设者根据房价将郊区设计成环形,从而加强郊区在财产上的同质化,而不是根据种族或社会背景。也许人们评论最多是"豪宅"的出现,无论是托尔兄弟公司那些坐落于远郊,不久之前还是农田的 5 英亩土地之上,还是小郊区之内,那些推倒之前的房子重建的土地之上(比方说伊利诺伊州的埃文斯顿,或是马里兰州的贝塞斯达)。

当代的郊区社区比以往任何地方都更依赖于汽车。大型百货公司在上世纪 50 年代开始搬迁至新郊区购物商场旁边,在 20 世纪末,搬到远郊地区。老郊区房价飞涨,这导致了一些家庭到离大都市中心更远的地方安家落户。这是郊区社区不可避免的结果。

因为每天上下班通勤占据了 4 小时的时间,父母们不仅不能参与孩子们运动联盟的社交活动和训练;更多的父母甚至每周不能看到他们的孩子起床(这是他们搬到远郊所造成的)。2002 年,一个新的郊区居民卢·弗里斯塞拉和全家一同从纽约市的斯塔滕岛迁到宾夕法尼亚州的利合伊谷。作为一名曼哈顿的计算机网络工程师,弗里斯塞拉每天早上 6 点 15 分便离开家去上班,等他回到家时,他的三个孩子已经上床睡觉了。但是弗里斯塞拉和他的妻子斯蒂法妮都没有后悔搬迁的决定。他们来到郊区,可以享受到开放空间和良好的学校,这不是 20 世纪 50 年代那个版本的郊区。

同样值得注意的是在南部和西部的新郊区的兴起,比如科罗拉多州的道格拉斯县(位于丹佛和科罗拉多州的斯普林斯之间);内华达州的亨德森县,正好在拉斯维加斯之外;弗吉尼亚州的劳登县佐治亚州的格威纳特县;亚利桑那州的斯科茨代尔;以及北卡罗莱纳州的联合县。这些地方和其他人一样迅速成长。他们强调郊区社区新动力是首先强调家是天堂与展览、舒适与自由。

这些新郊区比传统郊区对汽车更依赖。横穿社区景观是宽阔的商业大街——经常是可以容纳六辆车通行——大街两侧坐落着两层的大卖场。公共空间曾是社区的粘合剂,在走路时偶遇的交谈和在组织里面对面的互动,但如今都让位给一种更个人化且汽车主导致的亚文化。

然而,当代的郊区没有单一的发展轨迹。在过去的二十年里,一个新的概念"新城市主义"吸引了众多的规划师和开发商重新展望郊区。新城市主义的前提是给购买者一个选择,购房者将会更喜欢在一个混合使用、适合步行的环境里生活,家人可以走路去上学、购物、去教堂、就医及娱乐。佛罗里达州的西塞德就是根据这个想法设计的。新城市主义更似一个比较成功的概念,而不是一个社区,但尽管如此,它已然成为规划社区的成功典范,如马里兰州的盖瑟斯堡(Gaithersburg, Maryland)和佛罗里达州的庆典社区等等。

说句公道话,如果新郊区超过新城市主义设计的声望,那是因为频繁调换工作和缺乏时间而不是丧失了精致社区或重塑郊区生活的希望。城市蔓延的大潮中,社区两种主要有方法参与进来:第一是通过那些支持社区项目和地方志愿者工作的居家父母(通常在互联网的协助下),第二是通过虚拟社区。对于那些自己不能修剪草坪或有没有时间与邻居喝咖啡闲聊的人们来说,互联网聊天室提供了一种互动和交往的方式。居民在网站上张贴孩子们的图片和自己的信息;许多人聊各种各样的话题,从养育孩子到政治,其中一些无疑会发展成面对面的成熟人际关系面对面的。这样的社区是否可以和传统社区相媲美,满足人们娱乐、礼拜和服务性活动的需要,这一点仍然不是很清楚。一个社会中,人花太多时间在路上,他们不能加入家长或教练的运动队是一件丢失了社区。如果在一个社区里,养家糊口的人花费如此多的时间在路上以至于不能参与家长会或是运动会训练,那这就是一个有缺陷的社区。

美国人在郊区中寻求美好生活,他们一贯将自由视为首要。但是心满意足的郊区居民总是引用"社区"作为他们这种幸福感的主要原因。即使在紫藤巷的绝望的主妇们也造就了有意义的社区。1800 年约翰·亚当斯对马萨诸塞州布伦特里(Braintree, Massachusetts)的粪堆哈哈大笑距今已经很久了,但至少那时邻居彼此之间还会交谈。

亦可参阅:城市与郊区中的家庭(Family in Cities and Suburbs)

延伸阅读书目:

● Baxandall, R. , & Ewen, E. (2000). *Picture windows*: *How the suburbs happened*. New York: Basic Books.
● Duany, A. , Plater-Zyberk, E. , & Speck, J. (2000). *Suburban nation*: *The rise of sprawl and the decline of the American dream*. New York: North Point Press.
● Fishman, R. (1987). *Bourgeois utopias*: *The rise and fall of suburbia*. New York: Basic Books.
● Gans, H. (1967). *The Levittowners*: *Ways of life and politics in a new suburban community*. New York: Pantheon.
● Lindstrom, M. J. , & Bartling, H. (Eds.). (2003). *Suburban sprawl*: *Culture*, *theory and politics*. New York: Rowman and Littlefield.
● Putnam, R. D. (2000). *Bowling alone*: *The collapse and revival of American community*. New York: Simon & Schuster.

Michael J. Birkner 文

王洋译 陈恒校

通勤
COMMUNITING

在城市中,通勤是指每天搭乘交通工具往返于上下班路途之间(在郊区和城市之间)。通勤现象同美国郊区的发展紧密联系在一起。郊区这个词指的是中心城市之外未被兼并的地区。区划法将商业或贸易用地安排在城市中心,将居住用地安排在城市周边,这促进了郊区或是郊区化的发展。在美国的古老城市中,郊区沿着电车轨线发展,使工人可以往返穿梭于城市中心,他们在城市中心工作。交通工具的发展,例如电车,不久之后是汽车和高速公路,使中产阶级可以自由往返于城市和郊区之间。

二战后郊区化达到了前所未有的规模,将私家车作为一种交通方式的使用上也是空前的。然而,二战后并不是第一次美国郊区运动发展时期。很早以前,大城市附近的郊区村庄就修建了火车站。早在 1832 年,纽约的人们就开始利用铁路进行往返了。1882 年,长岛沿线铁路延伸至纽黑文。铁路沿线人口快速增长,到了 1898 年,每天搭乘客运专线到城市北部的人数超过了 10 万人。其他城市铁路乘客数量也在增长。到了 1900 年,费城、波士顿和芝加哥都建成了较好的铁路交通。与其他形式的公共交通相比,以蒸汽铁路最为昂贵,与马车或电车不同。

萨姆·巴斯·沃纳(Sam Bass Warner)在 1978 年

79

出版的《有轨电车的郊区》(Streetcar Suburbs)，回顾了1870—1900年波士顿的郊区化进程。他认为，有轨电车使郊区发展成为可能。沃纳认为，19世纪的郊区化是由社会经济因素引起的。数世纪中，在波士顿商业区中，中产阶级和下层阶级比邻而居。据沃纳所言，19世纪50年代，中产阶级逃离城市主要有三个原因。第一个原因是波士顿不断增长的移民人口，特别是爱尔兰天主教徒，导致了与新教教徒的许多冲突。第二个原因是这些移民通常从事那些通常位于波士顿中心的重工业劳动。第三个原因是受弗雷德里克·劳·奥姆斯特德设计的城市公园所影响的田园思想。到1900年，每个美国城市的中心都布满了办公与商业设施。邻近的是工业区，周边是穷人、非熟练工人和新移民。在步行城市之外是电车郊区。那些相对富有的人住在这里，是美国田园梦的代表。

同时，私人汽车成为美国主要的交通方式。在亨利·福特和他的流水线的帮助下，美国汽车注册量从1913年的100万辆攀升至1923年的1000万辆。到1927年，当美国人口数量达到了2600万，全国每五个人中就有一辆车。在美国联邦政策的辅助下，如《1956年州际高速公路法》，到1991年，美国建成了世界上最好的公路系统。汽车的大规模生产，再加上联邦援助高速公路建设，这意味着从20世纪初美国人拥有第一辆汽车以来，车价和油价都已经下降了。甚至是在2000年，在美国驾驶汽车的花费也要比其他发达国家便宜。彼得·米勒（Peter Mueller）在《当代郊区美国》(Contemporary Suburban America)中写道，通过开放郊区铁路线之间的未开发土地，汽车使房地产开发商们可以在远离有轨电车的狭长地带，到那些有利可图的空隙中建房子。开发商也得到了联邦住房管理局（FHA）创建的住房贷款。就米勒所言，到上世纪40年代，郊区发展成一片分散的定居点，几乎完全依赖于汽车。二战后，联邦政府批准了联邦住房管理局数十亿美元抵押贷款保险。在分区法和FHA抵押贷款保险的鼓励下，被选择的社区成为了最好的投资，许多地区不允许少数族裔购买的住房。因此，郊区成为种族和社会经济同质性的地方。

据萨姆·巴斯·沃纳1999年所言，像波士顿这样古老的美国城市的就业地理史可以分为三个时期。第一个时期是海洋和河流主导时期，从1600年至1870年左右。第二个时期是铁路主导时期，之后是街道、公路和州及国家高速公路，从1870年至1960年。据沃纳研究，从1960年仓库、工厂、办公楼、商店和购物中心零星遍布高速公路网络环线和出口，占据了公路连接点处的空地。城市员工在大都市区内四处往来，他们的雇主与前任——工厂——差别很大。沃纳提出，这种转变始于1960年，涉及至整个美国北部。1991年，乔尔·加里尤（Joel Garreau）将这些高速公路沿线的就业群称为"边缘城市"（Edge Cities），因为通常它们建在城镇的边缘，数十年前还是农田或是居住用地的土地上。

理查德·哈里斯（Richard Harris）和罗伯特·刘易斯（Robert Lewis）在2001年提醒说，就业地理位置并不是只有一种模式，居住的形式也一样。他们指出，即使在第二次世界大战之前，郊区居民也不富裕。到1940年他们公布，有许多低收入家庭居住在郊区，而并不一定是在磨房的阴影下。到了20世纪30年代，哈里斯和刘易斯建议，汽车使得一些工人可以分散到乡村城市边缘，这是中小工业中心最常见的现象，如俄勒冈州的尤金、密歇根州的弗林特；纽约州的罗切斯特和康涅狄格州的诺威奇。到1950年，郊区化受制造业激励，但决不是依赖于制造业。哈里斯和刘易斯也观察到这些趋势，甚至妇女也通勤工作，城市边缘地区创造了许多适合妇女的工作。到了上世纪50年代，在许多郊区地区，妇女在劳动力市场中有许多选择。艾伦·皮萨斯基（Alan Pisarski）在1996年指出，向美国大都市区边缘的持续扩散，似乎是集聚了工作与人口。他建议，除了若干有发展潜力的大道外，未来土地方面的改革应朝限制高密度发展。首先是随着人口的老龄化，有可能对高密度聚集群更感兴趣，在那里步行比较方便。他指出，开发商为了应对这些特殊利益集团，需要更关注于以家庭为导向的社区，更适合步行，更严格地控制车辆。

皮萨斯基研究认为，未来当地非工作性的通勤将依靠于汽车（以及在步行街走路）。大型购物中心的发展满足了非工作性通勤的需要。职场上女性员工的增加也引发了一种以工作为基础的新通勤模式。除了出差或"出行链"之外，工作安排是否可行性，还要考虑到工作通勤的问题。灵活的通勤考虑到往返的各种因素，包括工作日的长度。皮萨斯基还建议企业的意愿也要灵活，因为未来某些技术员工可能变得稀少，企业为了争夺优秀技术员工而互相竞争，可能熟练技工和稀缺资源在哪里，企业就会建在哪里。据皮萨斯基所言，这可能会促使公司建在那些人们想居住的地方：高收入社区。这很有可能会导致逆向通勤的增多，从城市中心到外部郊区，或是就地区而言，往返于大都市区外部边缘或是边缘城市。他提出，在全国范围内，那些风情怡人具有吸引力的地区,如南部和西部的阳光带各州,将会吸引更多的城市居民。

延伸阅读书目:

- Garreau, J. (1991). *Edge city: Life on the new frontier*. New York: Anchor Books.
- Harris, R., & Lewis, R. (2001). The geography of North American cities and suburbs, 1900-1950: A new synthesis. *Journal of Urban History*, *27*, 262-292.
- Mueller, P. (1981). *Contemporary suburban America*. Englewood Cliffs, NJ: Prentice Hall.
- Pisarski, A. E. (1996). *Commuting in America II*. Lansdowne, VA: Eno Foundation for Transportation, Inc.
- Warner, S. B., Jr. (1978). *Streetcar suburbs*. Cambridge, MA: Harvard University Press.
- Warner, S. B., Jr. (1999). Today's Boston: A history. *The Massachusetts Historical Review*. Retrieved June 2005 from www.historycooperative.org/journals/mhr/1/warner.html

Sumeeta Srinivasan 文

王洋译　陈恒校

公司城
COMPANY TOWNS

公司城似乎很容易被定义为由一个工商企业在一片土地上建造的人类居住地,通常邻近煤矿、森林或是其他产业。公司城满足一个公司及其员工的需要,通常包括住房、社区建筑以及城镇商店,服务于城内居民,他们同时也是公司的员工。这样一个简单的模式就足够了,但是在 19 世纪和 20 世纪初期,城镇的种类是无穷尽的。每个公司城都是满足特定公司的需要,特殊的环境及一群各有特色的员工。

公司城这个说法在 19 世纪末第一次使用,用来形容位于阿巴拉契亚山脉和莫农加希拉河谷地区(Monongahela)的采矿营地和附属的冶炼厂。但是不久,这一词汇就被恰当地用来形容一种吸引流动员工的方法,在某些情况下,利用员工在环境或地理位置上的喜好。在资本主义和市场经济环境下,公司城通常在那些原材料提取销售工业和面向全国市场的产品生产之地繁荣起来。

公司城的兴起,部分是由于实际的需要。举例来说,煤矿公司在孤寂的山区进行勘探,就促使了他们在这一地区修建房屋来吸引矿工。由于土地本身同样拥有超过地表的财富价值,所以公司仍然掌控土地所有权,用为工人提供住房的方式作为他们补偿金的一部分。公司城在方方面面均依赖于资源的地点,无论是需要提炼的原料,还是水力推动的磨坊,再或是为公司自己和居民提供生存需要的资源。一旦公司居民区人口达到一定规模,除了必需品,他们还开发其他系统来满足自身需求。其中包括一些建筑,比如社区中心抑或是学校、商店或是医疗中心。除了一些公司典型的规章制度外,在公司工业中还有社区规则或管理条例,来管辖公司城内工人彼此之间的行为。

各种少数族裔员工或者某一易于迁到这样工作环境的社会阶层的混合形成了独特的地方文化,公司职位高低或是工作方面的任务造就了平等的社区等级。煤矿城对美国煤矿、不久是木材工业的扩张至关重要,是向西部边疆和西部定居点发展的一部分。

除了基本的住房和娱乐设施外,公司城通常作为商业的一部分运行,一个商店,有时是一所旅馆或是一座医院。不管形式是何种变化,公司城中的所有一切都从属于公司本身。员工们通过赊帐或是临时凭证的方式购买商品。在某些情况下,这导致了普遍的剥削和压迫,在其他情况下,公司以支持员工的方式经营企业。

虽然这并不是形式的必需部分,但是好的公司城似乎显示出家长式作风,在这些公司中,公司所有者或是公司经理们努力工作不仅是获得合适的或是充足的工作环境,而且获得致富和受教育的机会。对物质环境对于一个人道德或是价值观的认识根植于环境决定论观点,激发了在社会工程和景观设计实验的兴趣。诸如埃比尼泽·霍华德这样的社会改革家们的工作,影响了这些实验,激起了家长式管理,认为将城市贫民带出城市,给予他们在开明的公司城镇工作的机会,这样将会使他们过上更好的生活。

确实有一些公司城自发地或偶然地兴起,但还有一些是精心规划的。明显地,在崇山峻岭,设计和开发一些木材城镇或煤矿城镇,地理环境决定着最终的结果。在规划社区中,城镇通常围绕着一个焦点或城镇中心而发展,通常是商店、学校或是社区会堂所在地。城镇的住宅或居住区围绕着中心布局,这代表着公司自身的集体性。

通常在这些城镇中,建筑表现出同一性。当你来到美国的公司城时,你知道你来到了一个与众不同的地方。公司以及以公司利益为导向的所有构成了这种

182

与众不同。这些城镇一般都比较小且紧凑,总人口一般不超过 1000 人。

也许最有名的公司城是伊利诺伊州的普尔曼(Pullman,Illinois),它是由乔治·普尔曼(George Pullman)于 1880 年为铁路工人所修建的。1894 年由尤金·德布斯(Eugene V. Debs)领导的美国铁路工会(American Railway Union)的普尔曼大罢工吸引了公众的注意,将位于普尔曼的火车制造厂的困境成为全国焦点。1893 年的全国大萧条导致了普尔曼非常严重的停工和减产,但是人们付房租和在公司商店购买东西的行为却没有停止。工人们陷入绝境,组织大罢工来讨说法。其中一个结果是城镇被芝加哥兼并,丧失了其公司特性。在此之前,普尔曼被鼓吹为比工业公司城镇更好的地方,其慷慨花费保留了煤气与水电、垃圾及污水处理,甚至可以媲美芝加哥最豪华的郊区。城镇中心的公园配备了街灯、长椅及草地,结果成为犯罪、打砸及城市衰败之地。其最初的改革想法仅仅是一种飘荡在脑海中的回忆罢了。

总而言之,公司城和住房以及他们提供给员工的生活方式构成了员工与公司雇主之间强有力的联系。有某些情况下,公司城大力投资于房地产、建筑及体系建设,体现了其信仰与理论,在其他一些情况下,公司城镇想尽办法获得最大利润,剥削工人,使他们面对美国资本主义的黑暗面而无力保护自己,是美国工业背景下的城市实验。

亦可参阅:埃比尼泽·霍华德(Howard,Ebenezer),伊利诺伊州普尔曼市(Pullman,Illinois)

延伸阅读书目:

● Allen, J. B. (1966). *The company town in the American West*. Norman, OK: University of Oklahoma Press.
● Garner, J. S. (1992). *The company town: Architecture and society in the early Industrial Age*. New York: Oxford University Press.

Martha Bradley 文

王洋译　陈恒校

同心圆模式
CONCENTRIC ZONE MODEL

同心圆模式是城市结构与居住隔离研究非常有影响力的代表模式,由芝加哥社会学家厄内斯特·伯吉斯在 1925 年的一篇论文中提出,是对现代美国城市不断变化的社会地理学的一种描述与解释。同心圆模式可能是第一个关于现代工业都市内部结构的系统观察。尽管存在重大缺陷,但这种模式仍是对于美国城市结构最具持久力的学术表达之一。

伯吉斯做出两个重要的论断。第一,他认为大都市区(他称之为城市)由一系列的区域构成,从中心核到建成区边缘呈涟漪状发展。位于中心的是"环"(Loop),或称中心商业区(CBD),是城市主要的金融、市政、零售及娱乐所在地。它周围的是"过渡区域",由各种各样的移民、临时工和放荡不羁的艺术家构成,也有仓库和轻制造业;其次是"工人居住区",是第二代移民和蓝领工人居住的地方,邻近工作场所;再次是"居住区",是中产阶级居住的高级公寓和居住区;之外是"通勤区",是在城市之外的郊区和卫星城市区域。

第二,伯吉斯声称这些社会和地理区域可以通过社会生态学的理论进行解释。借鉴植物和人类生物学的思想,伯吉斯认为现代城市的内部结构是通过族群、种族和职业将人进行分类,构成了居住迁移。根植于社会达尔文主义的独特观点,伯吉斯认为城市生态的变化产生于竞争演替,这是一种由下一个区域居住者的入侵导致一个区域的扩大过程。社会组织与解体的新陈代谢过程,集中与分散的敌对且互补的过程,加强了这些生态结构。这些过程一起构成了一种通过自然区和区域移动和排序的动态模式,建立了不同经济和文化群体空间分布的基础。它们建立了居住隔离的基础,确定了现代城市的地理特征。

伯吉斯在芝加哥大学及芝加哥表达了他的城市社会生态学观点。伯吉斯在 1915—1940 年间美国领先的社会学系学习并发展他的思想。在学校中,他投身于令人兴奋且生机勃勃的环境之中。这个系汇聚了许多领先的社会学家,比如罗伯特·帕克,他和伯吉斯合作发展了许多新理论和研究问题。系里的教员和学生也精诚合作,与学校的其他社会科学家如乔治·赫伯特·米德(George Herbert Mead)及芝加哥的社会改革家和政治家如简·亚当斯构建紧密的联系。结果是伯吉斯可以将理论、实践研究和对于社会问题的关注混合起来创造一种独特的社会调查和特色研究议题风格。

与此同时,芝加哥本身也是一座实验室,伯吉斯在这里可以构想及验证他关于城市社会的想法。芝加哥经历了快速的城市扩展,从内战前夕的小城镇,在 1890 年发展成美国的第二大城市。到 1930 年时,城市人口超过了 300 万,包含着多样化的人口、巨大且变化的工业经济以及极端的隔离且不平等的社会。正是在这样的环境中,伯吉斯身兼学者和社会改革家二职,寻求规划及改变这座城市。

矛盾的是,这种带状模式的动力所在的一些方面正是这种模式作为社会地理形式和理论结构模式产生疑问的地方。首先,它作为一种城市现实模式,但是事实却是通过经验选择的。例如,芝加哥的案例中少了富裕的商业区(金海岸)、穿越区域的工厂区(沿芝加哥河两岸)以及作为城市边缘节点发展起来的(芝加哥南部、普尔曼、西塞罗和加里)和社会混合性县城(布卢岛)和卫星城市(乔利埃特、奥罗拉和埃尔金)。尽管存在这些经验主义的缺点,这种模式仍然捕捉到了足够的重要社会地理因素——中心商业区、隔离区、小西西里岛和中产阶级平房区,等等——证实了它是一幅现代都市的地图。人们的日常生活的分隔都在地图之中。即使这种模式从一开始就受到批评,但一代又一代的学者重读文本和地图,寻找与他们对于城市社会群体理解相关的模式。不论这种模式的实际经验精准度如何,其简约型被后来的社会科学家所继承。这种简约型很有意义。

第二,同心圆模式有效地论证了城市空间与社会阶层、社会流动性和同化之间的关系。伯吉斯沿着从 CBD 而出的社会落差将社会特性(阶层、种族和族裔)与地理因素(规划区和自然区)联系起来。大都市的布局随着人们从中心迁出而变化。下层阶级、不能同化的移民、艺术家和年轻不安分的人居住在贫民窟、荒原、淹没区、移民区和过渡区的下流社会。体面的、安定的人和第二代移民居住于邻近的区域。正如伯吉斯在 1925 年所写,对于那些逃离过渡区的衰败地带和想要步入美国生活方式所许诺的生活标准的人们,工人居住区是走上社会阶梯的第一步。接下来的两个区域,居住区与通勤区是严格受限的社区和平房,是被同化的富裕美国人居住的地方。伯吉斯非常清楚物质距离、社会距离和城市结构之间的关系。在同心圆,同化、社会阶层和社会流动性在地理方面体现在城市结构上。

第三,尽管其决定论,伯吉斯所构建的城市结构的社会生态观点来源于强大有活力的思想主体。即使人类社会生态学的理论基础在过去 100 年间经历了重大的变革。在伯吉斯对于同心圆模式的详尽阐述中,他利用中间理论,在解释城市变革中设法维持一个地点。尽管存在缺陷,但像过滤(中产阶级迁移至离中心更远的地方,将住房传给工人阶级)这样的概念继续在社区

变革和居住隔离的阐述中占有重要的地位。伯吉斯的思想也来源于一些著名学者的著作中,例如查尔斯·霍顿·库利(Charles Horton Cooley)、马克斯·韦伯、威廉·托马斯(William Thomas)、埃米尔·涂尔干(Emile Durkheim)以及最重要的是,格奥尔格·齐美尔(Georg Simmel),他们关于城市变革的思想不断影响着社会科学家们。最后,劳工的社区划分和社会分解、组织之间的联系,继承、集中和分散过程的区别,构成了动态理论的基础,虽然有缺陷,但却吸引着各种学科背景的学者们。

尽管模式有这样那样的问题,为了理解城市变革,无论是作为地图,还是作为解释框架,它对那些对现代城市感兴趣的社会科学家们仍然是一种重要的、有影响力的基础文本。在历史与当代结构方面,关于边界划分不同的经济和社会群体的思想,和邻里的内在动力在理解城市方面扮演着重要的角色。穷人和移民被困于中心城市之中,有钱人居住在郊区,这种社会地理落差继续被公众认同是对于美国城市的描述,尤其是在二战后所谓的白人、蓝领工人大规模郊区化之前。伯吉斯和他的同事们在芝加哥大学社会学系所使用的简单化决定论的生态理论被从事现代大都市的历史、地理和社会特点的各种各样的学者修改应用。

延伸阅读书目:

- Alihan, M. (1938). *Social ecology: A critical analysis*. New York: Columbia University Press.
- Bulmer, M. (1984). *The Chicago school of sociology: Institutionalization, diversity and the rise of sociological research*. Chicago: University of Chicago Press.
- Burgess, E. (1925). The growth of the city: An introduction to a research project. In R. Park, E. Burgess, & R. McKenzie (Eds.), *The city* (pp. 47 - 62). Chicago: University of Chicago Press.
- Burgess, E. (1928). Residential segregation in American cities. *Annals of the American Academy of Political and Social Science*, 140, 105 - 115.
- Harris, R., & Lewis, R. (1998). Constructing a fault(y) zone: Misrepresentations of American cities and suburbs, 1900 - 1950. *Annals of the Association of American Geographers*, 88, 622 - 639.

Robert Lewis 文

王洋译 陈恒校

科尼岛
CONEY ISLAND

科尼岛位于纽约市,是布鲁克林区南端的一座 4 英里长、0.5 英里宽的半岛,距曼哈顿 9 英里。岛的东端是布赖顿海滩和曼哈顿海滩社区,西端则是科尼岛和希捷社区(Sea Gate)。作为娱乐和沙滩的代名词,科尼岛社区从 19 世纪到二战后一直是非常受欢迎的度假胜地。科尼岛最初的三个大型的游戏公园——越野障碍赛马乐园(1897)、月神乐园(1903)和梦想乐园(1904)——是 20 世纪初期大众文化的象征,在地铁线的一端,以激动人心的希望使人们摆脱平淡无味的生活,吸引着成千上万的纽约人。事实上,科尼岛对 20世纪美国城市发展的重要性也不可低估,因为它是第一座真实的游乐园。

在 19 世纪初,科尼岛是一座安静的休闲之地,吸引着富裕的纽约人,他们渴望从曼哈顿忙碌拥挤的街道中抽身出来,置身于相对宁静的海滩之地。在内战前,度假者在周末搭乘蒸气渡轮,从曼哈顿来到科尼岛,住在科尼岛之家(Coney Island House),这是旅馆集中的地方。也恰是这个时期,西端的诺顿角(Norton's Point)对一群骗子妓女产生了巨大的吸引力,据 J. K. 卡森(J. K. Kasson)所写,他们在这里可以肆意行骗而不受纽约执法官员的监督。在内战后,随着开发商和投机商大量投资于科尼岛的房地产业,这个岛发生了翻天覆地的变化,他们在老科尼岛之外又建成了体面的布赖顿海滩和曼哈顿海滩。开发商甚至将老科尼岛地区重新命名为西布赖顿,以此吸引高层次消费者,但这次重新命名并没有持续很久。

据卡森记载,科尼岛最重要的酒店地标之一是大象酒店(The Elephant),它建成于 1882 年,吸引了众多游人来此,"去看大象"成为去岛上游览享乐的委婉语。在大象酒店背后则是保罗·波顿酒店(Paul Boyton),它于 1895 年正式营业,是世界上第一座户外娱乐公园海狮公园。为了适应科尼岛未来的标准,波顿率先提出封闭式娱乐场所和在门口收门票的想法,将娱乐公园与游乐场、嘉年华和步行游览城市相区分。

在 19 世纪末,科尼岛从海边度假胜地向娱乐王国的转型主要得益于交通的便利,在 19 世纪 70 年代连接科尼岛和布鲁克林的铁路正式通行,还有各式各样的汽船和渡轮。1883 年,连接布鲁克林和曼哈顿的布鲁克林大桥建成,不久,1895 年电车开始投入使用,使大量的人从曼哈顿及其他地方涌入这座小岛。最后,

1920 年地铁延伸至科尼岛,尽管纽约人早在几十年前就已经开始到此远足了。

当然,新公共交通的形式肯定能刺激更多的游客到康尼岛,电车公司希望他们的投资可以获得可观的回报,因此,他们将此地改造成新的游乐场。事实上,如果城市居民有理由一周七天都搭乘电车,那么电车公司的利润将会大大增加(纳索 Nasaw, 1993)。第一个大游乐场——越野障碍赛马乐园——由乔治·迪尔尤(George C. Tilyou)修建并于 1897 年开始营业,其具有特色的标语"越野障碍赛马乐园,有趣的地方"(Steeplechase—Funny Place),而且有一个巨大夸张的笑脸作为标志,对数百万的美国人而言,这也成为了科尼岛的代名词。迪尔尤意识到人们来到他的乐园,摆脱日常生活的烦恼,忘记在工作和家庭的角色。然而 1903 年,两位迪尔尤昔日的合作伙伴弗雷德里克·汤普森(Frederic Thompson)和斯基普·邓迪(Skip Dundy)创建了月神乐园,将游乐园转变成戴维·纳索所说的过于人工雕琢的度假圣地。在以往海狮公园的基础上,在 25 万只灯泡的照耀下,月神乐园在夜间变成了仙境,游客深深沉醉于异国情调和华丽建筑之中。

最后,在 1904 年,以威廉·雷诺兹(William H. Reynolds)为首的一群政治家建成了梦幻乐园,其坐落于海浪大道月神乐园的对面。梦幻乐园在各个方面都优于月神乐园,从上百万的灯光到惊人的大场面,比如"火焰战斗",一个完成由真正的消防员完成的实景,主要为了取悦观众。但是这成为了一个即将到来的不幸的预兆,三个乐园中最大的梦幻乐园在 1911年被烧为平地,再没有重建。越野障碍赛马乐园在 1907 年发生火灾,20 世纪 40 年代月神公园也发生了同样的事情。越野障碍赛马乐园在 1908 年重建,并一直开放到 1964 年,这是科尼岛光辉岁月的最后时光。

在二战后,由于纽约市公园管理局局长罗伯特·摩西限制游乐园的发展,科尼岛逐渐走向衰落。摩西和城市政府的其他官员在之前游乐园的土地上建造中低收入住房项目。在 20 世纪 70 年代纽约市财政危机时期,该地区似乎注定成为一个一直衰落的地方。

然而现今,随着城市居民、历史街区保护者和公众对游乐设施的兴趣复燃,科尼岛又再次成为度假圣地。受欢迎的景点包括:太空星际乐园(AstroLand),建于1927 年,以旋风似的云霄飞车为主;内森国际吃热狗大赛(Nathan's Hot Dogs),门价优惠的大型游乐场;化

妆表演；一年一度的美人鱼游行在六月举行；神奇罗盘（Wonder Wheel），1920 年建成的摩天轮；俱乐部，纽约大都会队中的小型联盟棒球队。

延伸阅读书目：

- Kasson，J. F. （1978）. *Amusing the million：Coney Island at the turn of the century*. New York：Hill and Wang.
- Nasaw，D. （1993）. *Going out：The rise and fall of public amusements*. New York：Basic Books.
- Peiss，K. （1986）. *Cheap amusements：Working women and leisure in turn-of-the-century New York*. Philadelphia：Temple Univeristy Press.

Robert Armstrong 文

王洋译 陈恒校

拥堵
CONGESTION

拥堵与密度和商业直接相关，是城市与生俱来的症结。在美国历史的大多数时间中，无论是行人、马拉车辆、有轨电车、公共汽车、私家车，或几种相结合，城市街道上的交通迟缓不前，这一直被视为城市的一个主要问题。交通拥挤不仅让旅客和乘客感到沮丧，还可能减缓或抑制商业，限制发展，并造成污染。尽管政府在基础设施和创新方面投放了大量的资金，但港口、航道和机场也面临着频繁的阻塞。然而，拥挤也有积极的一面，它是城市经济健康与商业区活力的标志。近几十年来，许多规划者和决策者都聚焦在拥挤积极的一面，甚至将其作为影响公共交通方式选择的一种手段。

在美国早期城市诞生之日起，拥堵也随之而来。现代观察家认为，城市的街道被随意地作为市场、游乐场、政治论坛、游行路线，这使其看起来拥挤、混乱且危险。行人在肮脏、拥挤的城市街道上与骑马者和卡车司机并行，灾祸时常发生；波士顿和纽约早期的地铁工程获得了公众压倒性的支持。由于基础设施扩张，以及私人企业获得特许经营权，使他们更乐于投资桥梁、道路和有轨电车，这促进了交通的增长与发展，导致美国城市普遍面临交通拥堵。由于进步时代对公营企业的支持，导致城市政府直接采取行动；在 1900 年，旧金山建成了美国第一条城市铁路。

城际交通拥堵也激发了公众的回应。在 19 世纪 30 年代，伊利运河的过度使用产生了一系列政府开建运河的项目。如何对美国港口进行调整、协调，最大限度地保证交通是人们最关心的问题，由此导致了 19 世纪权力强大的港口董事会和委员会，以及 1921 年纽约-新泽西港务局成立。今天，许多政府在机场、公交汽车、快速运输系统和桥梁及收费公路管理方面都效仿这个机构。

20 世纪初，汽车的广泛使用对城市街道拥堵造成了空前危机，并为此付出了昂贵的代价。在穿越密集的商业区时，汽车司机们拐弯抹角，利用每一寸空间，这对行人造成了威胁、惊怕马匹，阻碍和切断了在固定轨道上运行的电车，并随意停车。

到 20 世纪 20 年代，在美国商业区的交通高峰期，经常能看到行人走得比汽车还快。随着问题持续增长，驾驶员采取行动来缓解拥堵，减少事故的发生和冲突，防止堵塞。20 世纪 30 年代，交通法规和信号标准化系统已经在全国范围内使用，它由专业交通工程师设计，由私人汽车俱乐部和司机协会负责推广。

城市也以牺牲公共交通为代价，改变街道的形式以适应汽车的发展。有轨电车越来越被认为是不安全、不受欢迎和不赚钱的。汽车被视为进步的先驱，支持者吹嘘高人均汽车注册量，将其作为衡量地位及繁荣的方法。全美都在拆除铁轨，拓宽街道，大力修建停车设施。人行道越来越常见，街头活动被限制和隔离了起来。

在 20 世纪中期，规划者和开发商试图通过分散人口缓解交通压力；汽车保有量增大，低密度郊区成为可能。他们认为，远离拥堵和污秽的内城，郊区生活将会更健康和更便利。然而，拥堵并没有消失，相反还在发展扩大。在如波士顿这样的东部城市里，主要为行人设计的狭窄而蜿蜒的道路，经常被责怪造成了交通拥堵。许多为私人汽车定制的西部城市的经历表明，拥堵不一定是一个工程或基础设施问题。宽阔的街道和充足的停车场并不能缓解二战后无处不在的交通困境：交通高峰拥堵。在 20 世纪五六十年代，大量的州和联邦资金用于资助公路和高速公路建设，希望以此促进城际之间交通的顺畅。然而，郊区开发商跟随公路工程师的路线，接踵而来的是更多的汽车、更多的拥堵、空气污染和公众的失望。

在 20 世纪末，城市和郊区持续拥堵的现实推动了几个重要运动。在 20 世纪 70 年代，人们对郊区化的环境和美学后果的认识，以及不喜欢每日的通勤，促进了环境主义和开放空间运动的蓬勃发展。1959 年，从旧金山开始，人们抗议永无休止的基础设施和交通建设，导致了全国范围内的高速公路暴乱。大型公共交通运输项目获得了巨大的政治支持，如以轻轨取代了以前的有轨电车。从20世纪80年代开始，交通拥堵也引发了人口和资本投资从郊区回到城市的运动，增加了市区财产价值，扭转了经济衰退。对于限制交通的关注，使新一代的规划师们关注于提高人口密度、发展混合用途和公共交通。20世纪末，缓慢的交通和有限的停车位，通常看起来是对城市社区的福利，而不是问题。

延伸阅读书目：

- Barrett, P. (1983). *The automobile and urban transit：The formation of public policy in Chicago, 1900 -1930.* Philadelphia：Temple University Press.

- Bottles, S. L. (1987). *Los Angeles and the automobile：The making of the modern city.* Berkeley, CA：University of California Press.

- Fogleson, R. M. (2001). *Downtown：Its rise and fall, 1880 -1950.* New Haven, CT：Yale University Press.

- Foster, M. S. (1981). *From streetcar to superhighway：American city planners and urban transportation, 1900 - 1940.* Philadelphia：TempleUniversity Press.

- McShane, C. (1999). The origins and globalization of traffic control signals. *Journal of Urban History, 25,* 379 - 404.

- Ryan, M. P. (1997). *Civic wars：Democracy and public life in the American city during the 19th century.* Berkeley, CA：University of California Press.

- Taylor, G. R. (1951). *The transportation revolution, 1815 -1860.* New York：Rinehart.

- Weinstein, A. (2002). *The congestion evil：Perceptions of traffic congestion in Boston in the 1890s and 1920s.* Doctoral dissertation, University of California, Berkeley.

Louise Nelson Dyble 文

王洋译　陈恒校

保守主义
CONSERVATISM

在美利坚合众国的早期——以及直到今天的大部分日子里——城市扮演着激进或自由的角色，而农村更为保守。当然在19世纪的西进运动中，他们创造的城镇和法律（或法律驱使着他们）对边疆和农民或草原激进主义者产生了保守的影响——或最起码代表了一种法律社会，而不是边疆的无根无基。（例如，可见于一些诺利·马弗利编辑的早期矿业法和城镇的法典）。如J. G. A. 波科克（J. G. A. Pocock）所写，社会存在于时间之中和保存自己的影像才可以不断继续地存在。社会的一个基本特征就是传统，指的是行为方式的形成与流传——传统是古老的、规范的和假定的。在传统之外的是魅力，无论是永恒的存在或神圣的起源（包括创意来源）。所有的古典（不包括浪漫）社会体系都有其传统。人们注意到，在第一次西进运动中，城市就是依照古典时代的模式建造的——辛辛那提就是一个例子，它（甚至）有一个古典的名字。

因为社会一定要——为了成为社会——保存自己的形像作为存在的（在某种方式上表现）传统，在这种社会思想中存在着保守主义。社会保存传统，因此其是保守的，即使他们保存的传统并不是一个保守的传统。事实上，现存的城市或者城市的一部分，可以保存一个激进的传统，来对抗乡村的保守传统。但是，新古典式规划城市——也许特别新的城镇，尤其是在19世纪的美国西部和中西部的——可以被视为秩序创造的保守部分。这些地区城镇的创始人的政治后辈们在那个世纪，直到19世纪20年代一直是共和党保守派的骨干。例如，在堪萨斯的部分地区，农民们（其中许多是平民党人）通常比城镇人（其中许多是共和党人）更激进。

20世纪二三十年代产生了南部重农派的新保守主义（反共产主义），其名称解释了其性质。正如人们所预料的，重农派本质上最看重的是农业——其次是反共产主义。但是，保守主义这个词不是关键。"保守的"和"保守主义"这些词代表着某些"个人主义"（和反共产主义，反自由主义）思想，与小威廉·巴克利（William F. Buckley Jr.）名字联系在一起，部分来自拉塞尔·柯克（Russell Kirk）和他的著作《保守主义思想》（*The Conservative Mind*, 1953）——甚至，事实上，在它出版之前。从1955年到现在的保守主义运动中的经典出版物是巴克利的《国家评论》（*National Review*），在曼哈顿东35街150号出版，每两周在位于莱克星敦大道和第三十四街的餐馆中召开编辑午宴。在这段时间里，巴克利基本居住在曼哈顿东区。

值得注意的是，除了巴克利的姐姐普里西拉

(Priscilla)——担任总编辑,在巴黎汇报工作——和从小在华盛顿哥伦比亚特区长大、父亲是国会议员(并不是来自威斯康星州!)的苏珊娜·拉福莱特(Suzanne LaFollette)之外,大多数编辑们都自我放逐到乡村,有时隔离在农村。弗兰克·迈耶(Frank S. Meyer,1909—1972),前伦敦和芝加哥的共产主义组织者,住在纽约州伍德斯托克的山顶上。詹姆斯·伯纳姆(James Burnham,1905—1987),前纽约托洛茨基分子,居住在康涅狄格州的荒野。拉塞尔·柯克逃离密歇根州兰辛市,向往密歇根州米科斯塔的塞奇。惠特克钱伯斯(Whittaker Chambers)住在马里兰州最偏远的地方。像威利·施拉姆(Willi Schlamm)和埃里克·冯·屈内尔特-勒丁(Erik vonkuehnelt leddihn)这样的欧洲人没有逃离城市,但当时的欧洲城市没有像美国城市那样现代化(甚至激进主义)。如果有人发现一本杂志致力于横跨历史进程与高呼"停止"——那它就不太可能促进城市或城市的生活或是价值观念。

另一个促进其发展的因素是波士顿和其他城市的爱尔兰人对于反共产主义的支持。如果《国家评论》不是位于纽约,如果巴克利家族不是(罗马)爱尔兰天主教徒,那么过去50年的美国保守运动就非常有可能变得更加农业性,更少城市性。在西部和中西部的城镇和小城市中,依然相对保守(正如辛克莱·路易斯在《巴比特》和其他地方抗议的一样),但城市,甚至古典式的城市(如辛辛那提),已经变得不那么保守。可以看到,保守主义和城市环境之间的鸿沟可被缩小。在威廉·巴克利的《市长的逊位》(The Unmaking of a Mayor)中有份40年前关于分离的有趣的文献,但一般而言,美国20世纪有城市色彩的保守主义,一方面是自由主义,另一方面是新保守主义,两者都是起源于城市或是生长于城市的。

在这可能会提到另一股美国保守主义——有时被称为商业保守主义。美国企业研究所(American Enterprise Institute,简称AEI)于1943年成立于华盛顿特区,最初是保守的和以商业为导向的。现在是美国企业公共政策研究所,主要研究"商业"和"商务部"几乎遗忘的起源。尽管如此,它仍然有商业联系——人员和研究员包括保罗·奥尼尔(Paul O'Neill)和理查德·切尼(Richard Cheney)——虽然它位于华盛顿特区西北部,虽然业务增长与城市发展存在历史联系,但是美国企业研究所只最低限度关注于城市问题。甚至保守的曼哈顿学院(位于曼哈顿,如人所想,由来爱德公司基金成立)并不是专门研究曼哈顿或城市问题的

研究机构,它认为商业和城市之间不存在联系。

亦可参阅:俄亥俄州辛辛那提市(Cincinnati, Ohio) *189*

延伸阅读书目:
- Buckley, W. F. , Jr. (1955). *Up from liberalism*. New York: McDowell, Obolensky.
- Buckley, W. F. , Jr. (1961). *Odyssey of a friend*: *Letters of Whittaker Chambers to William F. Buckley Jr. , 1954 - 1961*. Chicago: Regnery.
- Burnham, J. (1967). *The war we are in*. New Rochelle, NY: Arlington House.
- Kirk, R. (1953). *The conservative mind*. Chicago: Regnery.
- Meyer, F. S. (1967). *The conservative mainstream*. New Rochelle, NY: Arlington House.
- Pocock, J. G. A. (1989). *Politics, language, and time*. New York: Athaneum.
- Wade, R. (1953). *The urban frontier*. Chicago: University of Chicago Press.

Jared Lobdell 文

王洋译 陈恒校

合并
CONSOLIDATION

近年来,州和联邦政府资助市政府的资金数量不断下降,对政府提高服务效率的呼声越来越高,市县合并的前景变得越来越美好。合并指的是通过消除城市与地区(县级)政府之间的体制边界,对城市政府进行重组。支持合并的理由很简单:大都市区如果能将社会服务、规划和公共安全集中于一个政府之上,要比由核心城市和县政府提供重叠的服务更为高效,以及争论相同领域中的政府管治的管辖权。与兼并那种一个实体吸收另一个实体,将其置于自身控制之下不同,市县合并在理论上是将两个不同的政府融合在一个实体之下,组成新的实体。合并主要针对美国的西部、南部或阳光带地区的发展迅速的中型社区,这些地区经历了美国城市或郊区社区的加速发展。

虽然市县合并主要发生在二战后美国城市/郊区的扩张时期,但是其概念本身却是根植于19世纪末的进步主义和城市政府低效(和腐败)改革的尝试之中。

进步改革者看到了市县合并在扩张公共权力、规范政府行为和抑制拥挤的城市居住区腐败方面上的优势。即使有这样一个辉煌的理想，但是市县合并真正投入实际应用则是在 20 世纪后半期，即使在那时，它还要经过一个复杂的且往往不成功的政治和法律程序。近年来，大多数合并都是起源于市、县的行为，通过当地公民投票，而不是州立法行动。鉴于公投的反复无常，自 1945 年以来只有不到 25％ 的申请被批准和通过。最成功的合并通常吸收了一些层次的自治权，包括外围、未合并地区或独立地区和由于没有独立的县城市而或多或少地饱受负担的小社区。

从 20 世纪 40 年代郊区的爆炸式发展开始，市县合并也日益增多，这是一种具有吸引力的方式，可以帮助那些陷入困境的城市中心增加税收和人口。市县合并在大多数情况下具有结构和财政上的吸引力，但是在一些市县合并的案例中也出现了强有力的反对声音。城市居民，尤其是在政治上处于弱势的少数群体，害怕失去对一些地方政治问题的控制，以及在通过几十年的政治游说后，政治影响就会取得胜利。他们认为，这些影响产生了一些问题，例如重组城市更新项目，或者是社会服务项目的分配（和形成）将会消失，会或多或少地投资于管理部门之中。

城市中的反对者更是如此，郊区社区不情愿去承担那些巨大的城市社会服务和基础设施的成本，如警察、下水道系统和教育。确切地说，自 20 世纪 60 年代后期，因为担心会丧失地方控制权，郊区活动家们越来越反对（一般来说成功的）合并，并且支持政治家，代表他们反对任何州一层次的合并立法或措施的尝试，将有助于帮助城市政府实现相同的目标。在郊区居民看来，增加税收只会有利于远离自己的城市地区，而且无法解决自己需要解决的问题，此外，他们也担心城市居民会左右划区和再开发。这样的控制，经常被合并的反对者引用作为蔓延和贫困扩张的源泉，在这些活动家眼中这会降低郊区和乡村居民生活质量，使他们在地方利益上没有发言权（相对于众多的城市居民而言）。

事实上在近年来，关于合并也有一些反对者，因为这样会冲淡一些位于特定的地区周边的小郊区或乡村社区的权力。这些社区在历史上就实行自治，以反对大都市为认同基础，他们将合并看作是瞎指挥，不仅以发展的名义剥夺社区成员的地方管辖权，而且为了支持新的大整体，会抹掉地区的认同。分离的县级政府通常要将地方管辖权分配给小的未合并地区，尤其是在规划问题方面，未合并地区具有服务优先权，大的社区由于拥有资源，自己为自己提供相关服务。具有讽刺意味的是，参与反对活动的社区领袖，引用的事例通常并不占优势地位，这些社区关注于促进商业和住宅开发，当然，这些社区引用的内容通过丧失地方自治权也可以被发展。

在 20 世纪的最后 20 年里，市县合并运动的继续发展，不仅加剧了大都市区的蔓延，也加剧了城市地区社会服务需求的财政压力。然而，即使在全球范围内，特别是在日本和澳大利亚，不乏区域合并的成功案例，但是为实现 19 世纪末进步人士所设想的图景，美国仍任重道远。当然，关于合并的争论表明展示在美国不断发展和分化的城市风景中的城市、郊区和乡村治理的复杂性。

亦可参阅：兼并（Annexation）

延伸阅读书目：

- Campbell, R. W., & Selden, S. C. (2000). Does city-county consolidation save money? *Policy Notes*, 1(2). Athens: Carl Vinson Institute of Government, University of Georgia.
- Carr, J. B., & Feiock, R. C. (2002). Who becomes involved in city-county consolidations? Findings from county officials in 25 communities. *State and Local Government Review*, 34(2), 78-94.
- Carr, J. B., & Feiock, R. C. (Eds.). (2004). *City-county consolidation and its alternatives: Reshaping the local government landscape*. Armonk, NY: M. E. Sharpe.
- Kenefake, S. M. (2003, August). City/county consolidation: An idea whose time has come? *Kansas Government Journal*, pp. 1-8.
- Savitch, H. V., & Vogel, R. K. (2004). Suburbs without a city: Power and city-county consolidation. *Urban Affairs Review*, 39(6), 758-790.
- Teaford, J. C. (1979). *City and suburb: The political fragmentation of metropolitan America*, 1850-1970. Baltimore: Johns Hopkins University Press.

Kyle M. Livie 文

王洋译 陈恒校

查尔斯·霍顿·库利
COOLEY, CHARLES HORTON

查尔斯·霍顿·库利（1864—1929）通常被视为社

会心理学或符号互动论的重要创始人之一，是最早对社会学理论作出突出和长久贡献的美国人。在他之后的研究中，库利的"镜中自我"理论（我是我认为你所想象的我）和他关于社会意义的叙述，以及"初级群体"和"次级群体"的天资对社会学内外的社会关系的研究都有持续的影响。群体类型间的区别，以及个人之间的关系或从属于多个群体的观点推动了对城市生活的多项重要研究。正是在城市之中，"次级群体"之间及其内部的互动成为交往的主要模式，比传统乡村或村庄的血缘纽带要更为重要。

然而，库利的早期研究直接针对城市的增长与发展及其对社会组织和人与人之间的关系的影响。在与生理和心理疾病作斗争的过程中，库利花了7年的时间，获得了密歇根大学安阿伯分校——同时也是他出生的地方——的工程学学位。在1890年，库利返回密歇根大学攻读政治经济学和社会学研究生。他的博士论文《输送理论》(The Theory of Transportation)完成于1894年，使他成为人类生态学的先行者，宽泛地说，也成为"中心地理论"的先行者。它出版于1894年，在1930年库利逝世后，没有修改便再版，收录于库利的文集中，在这篇论文中，库利提出城市区位地理和地形理论，如果满足类似城市的大居住点所需的人口和财富数量，那么它就易于出现在交通的断点上。美国第一个人口达到10万或10万以上的城市是位于靠近水域的地方，如大西洋（纽约、波士顿），河流（圣路易斯、匹兹堡），湖泊（芝加哥、克利夫兰）。此后，由于交通的进步，从水路发展成铁路，内地城市蓬勃发展起来。

后来在密歇根大学担任教员期间，库利的写作主题广泛，如人性和社会组织。他还做了一些类似于他在芝加哥大学的知识挚友们所做的人类学田野调查项目。库利的民族志包括纽约下东区和简·亚当斯的芝加哥赫尔会所的研究。通过这些研究，他提出了"感应自省"(Sympathetic Introspection)，这一技术旨在帮助研究者分析社会成员的意识，通过把研究者置于成员的地方，因此使研究者获得了行动者的社会现实经历，仿佛他或她是其中的一个部分。

亦可参阅：简·亚当斯(Addams, Jane)，赫尔会所(Hull-House)

延伸阅读书目：

- Cooley, C. H. (1930). *Sociological theory and social research*. New York: Henry Holt.
- Coser, L. A. (1977). *Masters of sociological thought: Ideas in historical and social context*. New York: Harcourt.
- Reiss, A. J., Jr. (Ed.). (1968). *Cooley and sociological analysis*. Ann Arbor: University of Michigan Press.

Michael Ian Borer 文

王洋译　陈恒校

约翰·约瑟夫·库格林
COUGHLIN, JOHN JOSEPH

约翰·约瑟夫·库格林(1860年8月15日—1938年11月11日)，也被称为澡堂约翰，是一个具有传奇色彩的芝加哥市议员和政客，他与迈克尔(辛克·丁克)·凯纳统治着城市臭名昭著、千疮百孔的第一区(First Ward)长达46年。库格林的外表和永不离手的雪茄被政治漫画家们视为是酒馆议员的理想形象。库格林身材魁梧，肌肉结实，擅长按摩，起初他给社区或土耳其浴室中的男士提供按摩服务，之后从事于当时流行的室外管道工程。这些工作最后使他获得了大量的外号，他将城市商业和政治精英联合在一起。后来他发现，芝加哥精英和下层阶级之间唯一的区别就是谁比谁更幸运。

库格林从19世纪80年代开始参与民主党街区政治。他被认为是一个诚实但缺乏智慧的政客。1892年，他赢得第一街区市议员选举的胜利，此后在市议会中工作46年。凯纳被形容为芝加哥商业沙龙中最聪明的人，库格林与他的结盟导致了当时犯罪集团发展到无与伦比的程度。库格林是前台人物，他的奇装异服和意气的举止使他受政治家以及公众和媒体的欢迎。

在20世纪之交的第一区，黑市贸易超过合法企业。除了一些合法的企业如百货公司外，这一区唯一的合法居民是居住在湖畔附近、很少关心当地政治的有钱人和受街区政客恩惠的贫民窟移民。肯纳和库格林组织了第一区主俱乐部，首创了这种类型的组织，并开始给无家可归者发放50美分，使他们获得暂时的居住权和街区投票权。连同芝加哥所谓的市议会"灰狼"(Gray Wolves)成员一起，库格林发挥他的选举结果影响力，对地方、县和州政府施加影响。

改革组织多次指责澡堂约翰的犯罪罪行。他不做评论，除了回应改革者错误地把他的出生地认为是沃基根郊区。库格林说，他出生在芝加哥，并许诺会死在那里，这一诺言最后成真。从 1896 年到 1909 年，库格林和肯纳每年都在街区举办一年一度的竞选筹款舞会。这个活动不仅吸引了公职人员，也吸引了妓女、老鸨、赌徒、帮派人物和警察。参加者及他们的衣着和行为最终导致了公众的抗议，舞会也中止了。

从 1900 年左右开始，库格林建立了一个保险机构。他和他管辖范围内的一些副业的所有者们都从他的公司购买保险，连同保护费以政治捐款的形式支付。他和肯纳控制码头酒类销售，分发赞助，并出售财产减税权以赚更多的钱。

虽然库格林和凯纳的影响力最后被一些有组织犯罪头目所超越，例如"大块头"吉姆·科洛西莫（"Big" Jim Colosimo）和阿尔·卡彭，但是库格林的市议员席位一直保持到他 1938 年去世。在晚年，库格林在科罗拉多州拥有一座私人动物园以及 60 多匹赛马，但他去世时差不多一无所有。在他逝世的时候，报纸估计，在他任市议员期间，他和凯纳差不多作了 20 万件个人慈善行为，为有需要的人提供衣服、金钱和工作。大部分事是在政府福利产生之前所做的。

延伸阅读书目：

- Ashbury, H. （2002）. *The gangs of Chicago*. New York：Thunder's Mouth Press.
- Simpson, D. （2001）. *Rogues, rebels, and rubber stamps*. Boulder, CO：Westview Press.
- Wendt, L. （1967）. *Bosses in lusty Chicago*. Bloomington, IN：Indiana University Press.

Richard Junger 文

王洋译　陈恒校

乡村俱乐部
COUNTRY CLUBS

乡村俱乐部是私人娱乐和社会组织，坐落于城市的边缘地带，以一个或多个高尔夫球场为中心。俱乐部最先在 19 世纪 80 年代出现，由上层精英创办，在富人郊区范围之内，精心设计了一种规划景观。从一开始，便通过入会程度、大额入会费和高额的会费来严格限制会员资格，因此，乡村俱乐部成为了上层和中上层地位的重要标志。房地产开发商有时会在房地产项目中设置乡村俱乐部以吸引买家，将综合会所和住宅融入统一的规划之中。这样的开发设计是 20 世纪末封闭式社区的前身。

布鲁克林乡村俱乐部成立于 1882 年，位于波士顿郊区，被认为是全美第一个乡村俱乐部。紧接着，几十个俱乐部成立于大城市周边。早期的俱乐部主要关注于马术运动：教练技术、赛马、障碍、马球和猎狐。然而在 19 世纪 90 年代，高尔夫运动席卷全国，导致了数百个新俱乐部的成立。高尔夫运动的悠闲、与英国的交流、非暴力特点以及运动精神成功地吸引了上层阶级。高尔夫强调耐心和技巧而不是体力或完全的力量，而且比马球更安全。此外，走在郁郁葱葱的球道上，在测试技术的同时，又加强了与大自然的联通感。会员们也可以在高尔夫球场度过一个悠闲的下午，通过一种理想的试与客户和顾客建立社交联系，企业会经常支持他们总部附近的俱乐部。

到第一次世界大战前，在全国范围内有 1000 多个俱乐部，但 20 世纪 20 年代才是乡村俱乐部的黄金时代。据估计，到了 1930 年，随着俱乐部进入小城市和城镇，使更多的中产阶级也负担得起。彼时，俱乐部的数量超过了 4000 个。

乡村俱乐部始终以满足其会员的社会需要为宗旨，远不仅仅是高尔夫运动。在新郊区，乡村俱乐部是培育社区认同感的场所。俱乐部采用的颜色、制服和标志，增强了地区感，创造了新的传统。此外，效仿市中心商人俱乐部的入会政策和程度，乡村俱乐部会员资格标志他们的社会地位。在大城市周边，很早就出现了多种俱乐部，并明确了其信誉等级。为了满足上流社会日益增长的等级心态，俱乐部一直拒绝接纳犹太人，不论其背景或财富如何。黑人只能作为球童和服务员。

最初，会所通常转变成农舍，成为由著名建筑师设计的宏伟建筑。会所通常坐落于山坡之上，可以俯瞰一望无际的树林和精心打理的草坪。会员可以坐在阳台上，享受一群穿制服、彬彬有礼的员工的服务，沉醉于美景，感觉好像他们有一块英国地产。

俱乐部提供面向整个家庭的娱乐活动，使上流社会的价值观和举止获得强化和流传。在 20 世纪 20 年代，俱乐部增添了一些简单的运动，如射箭、槌球和溜冰，新建了网球场和游泳池。年度社交活动包括纸牌会、节日庆典、舞会和成人礼舞会。男子女子俱乐部高尔夫锦标赛将社交生活与娱乐相结合，同时也加强俱乐部的认同感。此外，在这样的环境中，年轻人未来的婚姻伴侣也可以仔细地控制。

乡村俱乐部使年轻妇女们在保持从属地位的同时，打开了新的社交机会。高尔夫球和网球允许妇女穿着合适的服装参加体育活动,19世纪90年代,女子高尔夫比赛兴起。妇女还负责组织并主导会所大部分的社交日程安排。然而,俱乐部只为寡妇和成年单身女性会员(当他们可以完全加入时)提供没有投票权的副会员资格。此外,由于妇女被认为是慢球手,她们通常在周末和节假日或男子要玩的时候被禁止加球。直到20世纪末,法院的判决使妇女获得平等享用所有设施权力。

第一个将中上阶层社区与乡村俱乐部相结合的房地产开发商是爱德华·布顿(Edward Bouton),他在自己的罗兰公园社区中创建了巴尔的摩乡村俱乐部。布顿确信他的购房者喜欢乡村俱乐部。堪萨斯市的J.C.尼科尔斯(J.C. Nichols)进一步扩展了这一概念,成为了将乡村俱乐部和房地产项目相结合的积极推动者和最成功的开发商。在1908年,他获得紧邻堪萨斯市乡村俱乐部的1000英亩土地,将其称为乡村俱乐部地产。在接下来的40年里,这块地产发展成为城市的一个区域。通过具体的限制性条款和房主协会的执行,他能够规划和控制他的中产阶级购房开发项目。他从堪萨斯市乡村俱乐部迁移中获益良多,又成立了3个。他将那些俱乐部作为缓冲区,以保护他的社区。在许多地方,城市景观师将住宅社区和乡村俱乐部统一设计。房屋坐落在于球场边缘,死巷被用来建造更多房子。

经济大萧条给乡村俱乐部造成了沉重打击,许多由于银行周转不灵而关闭。会员总数急剧下降;俱乐部削减活动,只保留部分球场。二战期间,政府终止生产高尔夫球,再加上缺乏汽油和援助,使俱乐部列于受限名单之上。

二战后,俱乐部开始复兴,新的俱乐部不断成立,但是,它再不像以前那样完全由高尔夫或郊区社交生活主导。俱乐部面临着来自其他公共球场和企业赞助的俱乐部竞争。1960年,全美范围内大约有3200个俱乐部。1995年,增长到4300个,但是有近1万个市政或商业日租场地。此外,乡村俱乐部还不得不面对关于入会资格和女性会员平等待遇等有争议的歧视问题。第二住所和长途旅行也减少了乡村俱乐部参与性。为了抵消这些发展的影响,私人俱乐部继续在最高级别和最有吸引力的课程中占主导地位。

在20世纪末,随着高尔夫球运动的普及,开发商进一步发展了乡村俱乐部和规划社区,并围绕着球场和俱乐部建立了一些封闭社区。战后发展的先驱者是查尔斯·弗雷泽(Charles Fraser),他的海松树种植园(Sea Pines Plantation)位于南卡罗来纳州希尔顿黑德岛,被广泛效仿。不仅是其在继承了乡村俱乐部的封闭式社区规划,而且它也满足了人们类似的需求:一种结合了人身安全和社会优越感的社区感。

延伸阅读书目:

- Mayo, J. M. (1998). *The American country club: Its origins and development*. New Brunswick, NJ: Rutgers University Press.
- Moss, R. J. (2001). *Golf and the American country club*. Urbana: University of Illinois Press.
- Worley, W. S. (1990). *J.C. Nichols and the shaping of Kansas City: Innovation in planned residential communities*. Columbia: University of Missouri Press.

Roger D. Simon 文

王洋译 陈恒校

犯罪与罪犯
CRIME AND CRIMINALS

在世界几千年历史中,犯罪是人类社会特有的一部分,难怪人们在美国城市史中也能发现犯罪。虽然纵向研究表明,在漫长的历史中,城市要比农村更安全、暴力更少,但犯罪却一直被认为是突出的城市问题。在19世纪中期,美国为了应对犯罪,创建了市政警察局;虽然今天的联邦、州、县和市政府都有或多或少的逮捕和起诉罪犯的权力,但是在现代城市犯罪环境中,日常工作的重担落在了城市警察的肩上。

城市犯罪的性质

在很大程度上,美国人关于犯罪的想法来自于英国模式。大部分州具有刑法典,界定什么是违法和犯罪的类别。暴力犯罪指的是针对人的罪行,而财产犯罪包括盗窃和纵火,虽然这两项行为对人有影响,但实际上是针对财产的罪行。城市犯罪还包括对破坏公共秩序,如违反交通或停车的法律和非法示威游行。犯罪按严重程度分组,违法行为被处以罚金,轻罪判以短暂监禁或罚款,重罪判处长期监禁(在死刑案件中判处极刑)和更多的罚款。

与人们的想法不同,城市历来犯罪率较低,比农村更为安全,只是因为其紧凑的特性需要更密集的警务和社区监控。相对而言,美国的暴力和犯罪一直要比西欧多,城市中的犯罪率也较高。但是,高犯罪率产生的原因通常也更多些,例如移民的迅速增长和过度拥挤、经济萧条和战争，这些对城市犯罪的影响并不明显。如果存在一个城市犯罪的单一原因，那么历史学家、社会学家、心理学家和警察还没有找到它。

大多数美国城市犯罪可分为两大社会构建：街头犯罪（或称无组织犯罪）和有组织犯罪，各有各的政治、经济、社会的原因和影响。某些犯罪类型，如杀人、抢劫、纵火和攻击，可以归为街头犯罪或有组织犯罪之中；其他的一些，如性侵犯，在很大程度上属于无组织犯罪。一些罪行如诈骗、放高利贷和毒品分销的分布通常是在犯罪组织的指挥之下进行的。有组织犯罪的罪行一般和无组织犯罪不同，主要看其意图；犯罪集团可能为了某种可以获得利益的目的参与谋杀、殴打和纵火。

随着合法与非法之间界限的转移，美国关于犯罪的定义也有了改变。早期关于亵渎安息日或贩酒已经不再违法，但现在携带和分销非法毒品和电脑黑客攻击是违法的。因此，在美国城市的历史中，任何犯罪的审判必须考虑到犯罪定义的变化，以及市民、警察和罪犯的犯罪行为的社会建构。

街头犯罪或无组织犯罪

根据统计表明，美国大城市中，大多数犯罪行为是由于冲动、便利或个别罪犯的犯罪时机，这些可以被归类为街头犯罪或无组织犯罪。无组织犯罪很难预测，通常也是难以解决的。因为它们跨越种族、阶级和性别的界线。无组织犯罪使历史学家为之着迷，作了一些研究，试图为犯罪率模式找到合理的解释。

有组织犯罪

1996年，历史学家杰伊·阿尔巴内塞（Jay Albanese）指出，有组织犯罪是一个持续的和谋求利益的犯罪组织，他们从事于非法活动，并从中获益，但仍保持大众流行的行为模式，通过恐吓、施压和欺骗。虽然它的完整程度是未知的，但是有组织犯罪是一个庞大的商业（或者说，几个巨大的企业），在美国城市中看似是一个棘手的犯罪问题。

社会学家艾伦·布洛克（Alan A. Block）对有组织犯罪进行了研究，他认为它与美国经济相互交织，不可能明确划出合法经营企业和黑社会之间的界线。除了传统的犯罪活动，如非法赌博、卖淫、敲诈勒索、放高利贷和贩毒之外，有组织犯罪已经渗透到各种各样的产业之中，如金融、废物处理、建筑、保险、劳工、餐厅/食品供应、电子市场，以及近来的身份盗用和网络犯罪。

与流行的看法不同，美国城市中的有组织犯罪不

是任何一个民族或种族的特权，也并非始于禁酒运动，虽然犯罪集团是从那时开始兴盛起来，并在20世纪余下的时期占有重要地位。事实上，美国城市有组织犯罪的兴起是对19世纪中期城市警察势力的出现的回应。在警察出现之前，扒手、窃贼、妓女以及其他罪犯可以自由行事。正是在专业警察部队的形成之后——和美国城市政治民主化的日益加深——犯罪集团开始出现，为其成员和代表人提供保护，对抗警察。

犯罪集团的前身——犯罪团伙的运行是通过收取保护费、威胁警察、以及其他一些与有组织犯罪相关的事情，但直到19世纪40年代，当"选区头目"（Ward Heelers）的出现并成为城市政治掮客，犯罪团伙发展成了完善的犯罪集团。政治名流们利用帮派暴力赢得选举，反过来允许犯罪团伙中的罪犯拥有政治权力，免除警察的监视，以及非集团对手的警方起诉。简而言之，无论政治，还是金钱，都与罪犯、政客和警察相结合。那么，有组织犯罪成为民主选举的直接结果，而不是其他不相关的罪犯。美国城市有组织犯罪随着城市民主和保卫系统的发展而发展，它是一个典型的城市现象，但不限于城市；县、州，甚至国家政府也一样容易受警察、政客和有组织犯罪的犯罪分子合谋的影响。

理论家们提出三种犯罪组织模式。警察和检察官最经常使用组织模式来将有组织犯罪定义为一种以等级体系构成的犯罪预谋，由一个老板发布命令，由二把手具体执行。埃斯蒂斯·基福弗（Estes Kefauver）和其他的反犯罪战士，在20世纪50年代就曾宣传黑手党的存在，一直关注着这种模式。种族文化模式进一步拓展了有组织犯罪的"家庭"组织模式，"家庭"模式是认为有组织犯罪是根植于保护和被保护的关系之中，让保护人和客户进行互惠。与严格的自上而下的领导结构不同，这种结构组织了犯罪活动。另一方面，企业模式，将有组织犯罪解释为在利益基础上的一系列非法活动，通常混入合法的商业活动之中。进行有组织犯罪研究的历史学家使用每种模式中的变化因素来思考这一现象。

大多数理论家排斥犯罪的政治动机（除非是那些在现有集团指挥下的犯罪）和有组织犯罪的恐怖主义。或许有人会说，恐怖组织也是持续性的犯罪集团，但他们不满足公认的标准，因为他们的犯罪活动并没有带来利益，也不用建立垄断控制非法经济。不过，犯罪集团在过去使用的方法类似于恐怖分子在世界许多地方所使用的方法。例如，在大约1910年，芝加哥地区大庄家为了清除竞争对手，制造了一系列的爆炸事件。

在美国的城市中，大多数有组织犯罪集团始于对

非法产品和服务需求的回应。例如，在19世纪末赌博集团的出现。这些集团经营非法博彩业务，从非法彩票策略到奢华的顶级别墅般的赌场。他们有两个作用，传播高风险业务的风险，以及使政客和警察保护常规化。犯罪集团也出现在许多移民社区，他们同时帮助新移民应对美国城市生活，帮助他们获得工作庇护，当他们通过非法赌博和勒索获得利益时，指导他们通过刑事司法体系。

随着1920年国家禁酒运动的到来，新暴力集团进入酒类的制造、进口和分销中。在1933年禁酒法令废除后，一些造私酒业务变成合法经营，而另一些人则专门从事赌博。基福弗委员会在1950年开始了一系列的联邦调查，提升了公众对有组织犯罪的关注，特别是关于赌博的控制。然而，正当联邦当局集中力量清扫国内赌博集团时，有组织犯罪转移到其他领域，如毒品走私和劳动敲诈勒索，或其他合法领域。

尽管在全国范围内，检察官成功地破坏了一些重要的有组织犯罪"家庭"，但有组织犯罪仍然是美国城市中的一个重要问题。然而，有组织犯罪的本质是消费者驱动的，而这些消费者并没有放弃非法产品和服务的迹象，因此努力消除有组织犯罪似乎看来是注定要失败的，因为非法市场有利可图，当一个组织被破坏掉，另一个组织会崛起，服务于昔日的客户。

随着合法和非法的定义的变化，美国城市的政治结构也发生了变化，有组织犯罪本身也在演变。20世纪初期的典型犯罪集团，以和城市选区政客、犯罪集团老板和城市警察的利益环环相扣为基础，现已成为社会和政治变化的遗迹。曾经由犯罪集团操控的领域，如走私、非法赌博和色情产业，已经成为合法的企业（并在后两种情况下，成为互联网使用的驱动力）。

有组织犯罪分子不断地进入新的领域，甚至那些精通网络的犯罪团伙进行网站敲诈，尤其是那些赌博网站，受到服务器攻击的威胁。因为，游戏网站在许多国家是非法的，如美国，他们不能像其他商业网站那样依靠警力资源，由于他们具有特殊的时效性（体育博彩网站的大部分利润是在少数忙碌日获得的，如美国橄榄球超级杯大赛星期日），在线游戏网站特别容易受这种威胁的影响。这只不过是历史悠久勒索保护费的互联网形式，它说明有组织犯罪仍会继续利用刑事司法体系中的漏洞而不断发展。

城市治安

由于联邦制度，美国的治安和政治权力一样是支离破碎的。州法令列举什么是合法的与非法的，但执法权力却移交给县一级；罪犯通常在县法院受审、在县监狱服刑。在城市地区，城市警察通常通过试图阻止犯罪行为、犯罪侦查和逮捕罪犯，来提供保护和服务。

这一系统起源于19世纪中期，由美国城市当时的巡警和守夜者体系（Constable-and-town-watch System）转移而来，这种体系的犯罪控制主要由守夜的志愿者和带薪的巡警组成，当警察收到受害人的付款后开始调查和逮捕。效仿伦敦大都市区警察的例子，美国的一些城市开始建立统一职业警察。然而，由于联邦体制，美国警察的权力仍然分在各种政治单位之间。今天，美国有1.7万多个不同的警察机构行使着权力。

最初，警察的作用是阻止和调查犯罪、维护公共秩序，但是作为公职人员，他们迅速承担多种角色，包括许多社会福利的责任，如寻找丢失的儿童和无家可归者。然而，到了19世纪末，大多数警察部门摆脱社会福利的角色，专注于犯罪。

尽管他们的管辖权不同，但是大多数城市的警察局有着相似的层级结构。县司法长官、州警和日益壮大的联邦机构，包括联邦调查局、缉毒署与国土安全部，可以协助或吸纳市政警察部门来预防和调查犯罪。

打击犯罪

公民赋予警察的首要职责是制止、监督和调查犯罪，虽然私人保安人员越来越多，主要用于威慑目的。一般来说，警察应对无组织犯罪的主要方法是兵来将挡。这是明智的，因为在一个尊重个人自由的社会里，大多数无组织犯罪是无法预测或预防的。在犯罪率高的地区可以加强警察巡逻，但除了这些基本行动之外，很少积极对抗无组织犯罪、自发犯罪。

然而，打击有组织犯罪，更多的是一种斗智斗勇的过程，广泛涉及到视、听和财政监督和复杂犯罪企业的渗透。在20世纪，联邦执法部门逐渐在打击有组织犯罪上扮演重要的角色，因为它跨越州的界线，但往往因为当地执法部门受到犯罪集团的贿赂，在某些情况下，实际上是为非法商业集团工作，而阻挠联邦执法部门的调查起诉。

犯罪测量

因为警察权在联邦中是碎片化的，美国没有一个犯罪统计的单独来源。城市犯罪史学家必须通过阅读大量警情通报、验尸官记录和法院诉讼来对犯罪进行统计研究，特别是在20世纪前。

1930年初，联邦调查局开始编制统一犯罪报告（Uniform Crime Reports）。这些年度报告记录了自

196

1978 以来,美国 2500 多个城市的重大犯罪事件(谋杀和误杀、暴力强奸、抢劫、暴力袭击、夜盗、盗窃、盗窃机动车和纵火)。这一无偿的项目,和全国犯罪受害调查一起,覆盖了约占全国的 95% 的案件,提供了第一手真实的国家犯罪的标准化测量。

在 20 世纪 90 年代末,以纽约市为榜样,全国的几个警察部门开始使用 COMSTAT(计算机统计的简称),这个系统根据输入数据直接分析区域变电站层次的犯罪情况,几乎瞬间就可以追查到罪犯的踪影。区级管理人员可以自由改变他们的部署和策略,更好地打击犯罪。总之,COMSTAT 系统使打击无组织犯罪可以采用有组织犯罪调查的策略思考方式。通过及时传播犯罪信息,城市警察部门使用 COMSTAT 进行快速部署、分析和评价。毫无疑问,它也给想要追踪犯罪行为和了解警察反应的历史学家提供一个有价值的工具。

亦可参阅:阿尔·卡彭(Capone, Al),刑事司法体系(Criminal Justice System),博彩业(Gambling),帮派(Gangs),杀人(Homicide),本土主义(Nativism),禁酒运动(Prohibition),卖淫(Prostitution),骚乱(Rioting)

延伸阅读书目:

- Albanese, J. (1996). *Organized crime in America* (3rd ed.). Cincinnati, OH: Anderson Publishing Company.
- Albini, J. L. (1979). *The American mafia: Genesis of a legend*. New York: Irvington Publishers Inc.
- Block, A. A. (1991). *The business of crime: A documentary study of organized crime in the American economy*. Boulder, CO: Westview Press.
- Monkkonen, E. H. (1981). *The police in urban America, 1860-1920*. New York: Cambridge University Press.
- Monkkonen, E. H. (2001). *Murder in New York City*. Los Angeles: University of California Press.
- Monkkonen, E. H. (2002). *Crime, justice, history*. Columbus: Ohio State University Press.

David G. Schwartz 文

王洋译 陈恒校

刑事司法体系
CRIMINAL JUSTICE SYSTEM

刑事司法体系是将规范行为的法律和执行这些法律的制度相结合,它包括警察、法庭、监狱、检察官和辩护律师。这些因素独立存在了几个世纪,每一个都有自己的历史,但是在 19 世纪末,美国刑事司法出现,成为这些因素的互联系统。

在美国,刑事司法建立在州、县和市的法律基础之上,是一个司法执行机制;在美国历史的大部分时间里,它完全是一个地方性程序。每个州都有自己的刑法典,地方政府也是如此。法院传统上是中央机构。在美国殖民地时期,上至法庭的大部分案件是当控告者——原告——由宣誓控告实现的。只有在重大案件如谋杀案,验尸官才会召集陪审团正式指控嫌疑人。这些安排的存在是因为社会没有真正的治安机制。1838 年,波士顿成立了美国第一个警察局,在 19 世纪 50 年代之前几乎没有城市效仿。与此相反,19 世纪时费城的大部分案件是首先由私人起诉的。原告在要地方法官面前发誓,并出钱给警察将被告带至法庭。这种民主的程序使付得起诉讼费的每个人都可以去寻求正义。然而在 19 世纪后,政府诉讼逐渐取代了私人诉讼。1845 年,费城成立了警察局,在受到一些争议后,在 1854 年集中于城市政府之下,巩固了社区。建立了全天候的市政服务,使更多的案件可以进入法院,以及更多行政组织的需求。

在 19 世纪末,刑事司法中的各个要素开始作为一个综合体系运行。警察局代表城市政府负责调查工作。地方检察官或公诉人——受雇于当地或州政府负责提出案例的律师——在 1870 年变得普遍。辩护律师也成为这一系统中的玩家,虽然他们主要代表那些给他们付薪水的客户的利益;为穷人面临严重的指控时则由法院为他们聘请律师,公设辩护律师是很少见的。世纪之交的地方法院被研究得最为细致——加利福尼亚州阿拉梅达县(Alameda County, California)——开发了一个金字塔结构。在金字塔底层的法庭——称呼多种多样,有治安法庭、审判法庭或地方法庭——负责重罪指控的听证会和处理大部分品行不端的案件。大部分的案件是违反秩序的行为、醉酒和流浪罪,法院以快速粗略的方式处理这些案件。在法官宣布判决和进行处罚前,被告可能有几分钟的时间来进行解释。只有在金字塔的第二层——高等法院——经过听证的重罪,公诉人宣布案件,律师为他们的代理人进行辩护。在这个级别的案件通常开始于下级法院转移。高级法院由陪审团和法官组成,但是陪审团只具有有限的权力。相反,达成认罪辩诉协议——承认罪行以期获得判刑——在公诉人、辩护律师和法官中变得越来越普遍。1900—1910 年间,阿拉梅达县大约有三分之一的案件是以认罪答辩为结束的。只有一小部分的案件可以到达金字塔的顶端——上诉法院，负责处理那些对之前判决或案件处理的法律或程序问题有疑问的案件。

在世纪之交，刑事司法体系又积累了新的机制。法院开始判决一些有罪的被告实行缓行，监督他们但没有监禁他们。法院也尝试着给罪犯一些不确定的处罚——在最小和最大范围之内的灵活刑期——让假释裁决委员会来决定具体的释放日期。从 1899 年到 20 世纪 20 年代，几乎每一个州都成立了独立的少年法院，以不同目的规范青少年罪犯，保护他们免受法院和监狱，并提供治疗。

在 20 世纪初，旧的体制也进行了扩展。在一些工业城市里，如底特律，城市警察局的扩大与城市人口的增长保持同步。法院系统变得更加有组织性。1906 年，芝加哥创建了全国第一个市法院，由首席法官负责法律制度的管理，将案件分配给有明确司法管辖区和权力的分院。州监狱系统增加了一些新设施，在州惩治局的协调下，功能和安全级别上都有了些变化。

在 20 世纪，刑事司法不仅是国家的问题，也是地方的问题。这种转变引发了两个司法运行方式上的关键变革。第一个变革是，联邦政府的作用从小变大。1914 年的《哈里森毒品法》将某些药物定为非法，将执法责任给予了联邦政府。宪法第十八条修正案，禁止 1920 年至 1933 年的酒类生产和销售，在 1933 年被废止，以及 1932 年的《林德伯格法》，在飞行员查尔斯·林德伯格的儿子被杀害后，将绑架视为联邦罪行，将更多的犯罪行为置于国家管辖之下。20 世纪 60 年代后期，颁布了新的禁毒措施，在 80 年代的"向毒品开战"中又进行了扩大，进一步加强了联邦政府的权力。全国执法机构数量也不断激增。1908 年成立了联邦调查局，逐渐发展成为国家主导的执法机构，在 20 世纪 30 年代初由埃德加·胡佛（J. Edgar Hoover）负责。第二个关键的变革是，联邦法院在地方司法中的影响变大，其判决产生了更为统一的程序，重视被告的权利。这种转变开始于 20 世纪 30 年代南部的涉及民权的案件；美国最高法院发现，面临死刑判决有权得到律师帮助，而且陪审团也不得排斥非洲裔美国人。在 20 世纪 60 年代，最高法院实施了司法改革，将联邦的程序标准应用于州和地方法院。通过一系列的判决，最高法院明确要求，州和地方执法机构必须坚持一些问题，诸如被告权利、警察搜查和扣押的权力、监狱条件和死刑。

然而在 20 世纪，这些刑事司法的扩大与标准很少得到落实，在平息关注方面，这一体系不起什么作用。20 世纪 20 年代，由市、州和联邦政府所做的一系列犯罪调查，表达了担忧，即太多的罪犯逃避了司法。20 世纪 70 年代，当刑事司法的研究结果出来后，犯罪学研究也表达了类似的担忧，他们认为，在现阶段，"毫无进展"。甚至在 20 世纪末，美国的监狱人数的大规模扩张，被关押在监狱的美国人数量从 1980 年的 50 万增加到 2003 年的 210 万以上——与犯罪率的降低毫不沾边。

亦可参阅：犯罪与罪犯（Crime and Criminals）

延伸阅读书目：

● Friedman, L. M. (1993). *Crime & punishment in American history*. New York: Basic Books.
● Friedman, L. M., & Percival, R. V. (1981). *The roots of justice：Crime and punishment in Alameda County, California, 1870 - 1910*. Chapel Hill: University of North Carolina Press.
● Steinberg, A. (1989). *The transformation of criminal justice：Philadelphia, 1800 - 1880*. Chapel Hill: University of North Carolina Press.
● Walker, S. (1998). *Popular justice：A history of American criminal justice* (2nd ed.). New York: Oxford University Press.

199

David B. Wolcott 文

王洋译 陈恒校

集会和暴动
CROWDS AND RIOTS

美国城市最棘手的问题就是，当成群的人为了某种目的聚集在一起时，如何对此进行控制。由于空间限制、种族和族裔的多样性，以及与整个城市相关的一些问题，紧张局势就会演变成暴力行为。由于暴徒数量的膨胀，问题的解决更加棘手。从历史上看，暴力也是公众集会和示威的一个重要组成部分。人们已经注意到，骚乱未必是民主化进程的崩溃，而仅仅是疏导美国社会问题的其他手段。

美国历史充满了各种例子，人们聚集在一起，当事情的发展不像他们最初所希望的那样时，他们便会使用暴力。不幸的是，聚众滋事的行为也会给那些原本可以和平解决的事情火上浇油。美国历史中最早的由聚集演变成暴力的事件之一就是波士顿大屠杀。以今天的标准来看，人群没有那么大（大概最多 400 人），但是英国士兵枪杀游行示威者时，人群被激怒了，事件也失去了失控。

人群经常会被酒精或旧恨所点燃。1849 年，纽约臭名昭著的阿斯特剧院暴动，其起因是紫苑剧院一部莎士比亚的戏剧由一个英国演员威廉·麦克里迪担任主演，但当时的观众主要是爱尔兰裔，他们觉得自己的爱尔兰裔莎士比亚演员更有天赋。由于这个剧院也容纳赌博、酗酒和卖淫，冒险和酒精的混合，以往的紧张局势蔓延，暴力事件接踵而至。警方无法控制局势，最终召来了国民警卫队。一个中队的步兵，手持步枪和大炮结束了暴乱，在这场暴乱中有 22 人死亡。

1855 年，在种族和酒精的作用下，芝加哥也发生了同样的大骚乱。市长利维·布恩（Levi Boone）是一个本土主义者，他反对爱尔兰人和德意志人在周日喝啤酒，将酒类许可证的价格提高 200%，以此减少饮酒行为。最后，大量的爱尔兰人和德意志人涌入市中心，尽管人员伤亡损失达到最小程度，但这场骚动还是由芝加哥的防暴警察结束，同样结束的还有布恩的市长生涯。芝加哥成立了第一个专业警察部门，以应付小地区日益增加的聚众滋事问题。

人们聚集起来经常是由于得到一些错误的信息或受种族指控。1863 年的纽约征兵暴动集中了一些事实：富人用钱可以离开军队，以及白人是为黑人战斗。而种族问题是争论的焦点，受害者来自不同的社会、经济和种族阶层。事实上，种族问题成为许多聚众滋事的驱动力，这些事件往往以流血结束。例如，1921 年塔尔萨暴乱（Tulsa Riot）中的聚众滋事行为，1943 年的洛杉矶佐特套装骚乱（Zoot Suit Riot），以及 20 世纪 60 年代的动荡骚乱，以某种种族虐待或是种族不平等的谣言（其中大部分是由于黑人男性对白人妇女不道德行为的虚假论断）形式激起。

一个城市的骚乱通常会煽动其他地区的骚乱。1877 年，西弗吉尼亚州的铁路罢工发展成遍及美国若干城市的动乱。在很短的时间内，动乱已经蔓延到巴尔的摩、匹兹堡、纽约和芝加哥等中心城市，那个夏天许多城市卷入了这场暴乱之中。在大多数情况下，警方无法控制抗议活动，召集民兵去处理这些问题。在芝加哥，马歇尔·菲尔德（Marshall Field）将厢式送货车借给警察和民兵，这样他们在动荡地区可以更好地进行回应。

在大多数骚乱中，警察被召集来，但他们处理现场的方式取决于领导阶层的习惯。在 1886 年臭名昭著的秣市事件，一个过于热心的芝加哥警察指挥官，约翰（黑杰克）·邦菲尔德少尉（John "Blackjack" Bonfield），违抗市长卡特·哈里森和高级警察的命令。不知道是谁扔了炸弹造成了一些损失，但是芝加哥警察伤亡惨重。当事情发生时，警察疯狂地射击，经常击中彼此。很难说人们在这种情况下会做出什么事来。如果一个人在危险情形下，也许他或是她会以暴力的方式作出反应，比如在 20 世纪 60 年代末，抗议者用标语击打别人、警察挥舞着警棍或枪支，或是国民警卫队士兵向学生或骚乱者射击来平息美国大城市中的混乱。不管抗议是如何开始的，却以暴力结束，在暴力中任何人都有凶险。在大多数的情况下，尽管城市警察局尽了最大努力，但暴力事件还是会发生。暴力事件无法平息不一定是缺乏纪律，而是缺乏控制人群的权力或制胜的策略。

秣市事件、1937 年共和钢铁厂罢工，以及 20 世纪30 年代的许多罢工活动都是以劳资矛盾为特征的。秣市事件既是由于共同运动（争取 8 小时工作日的社会主义运动），也是针对特定公司的投诉（在这个案例中秣市事件是对前一天国际收割机厂暴乱的回应），但结果都是一样的。群众和富人的斗争是资本主义社会的结果。只要人们有权利抱怨他们所看到的美国社会中的不公正，那么就会有集会、抗议，以及偶尔的暴力行为。

暴力行为往往与夏季有关，炎热的天气，再加上其他一些因素，经常会使点燃人们的怒火。1919 年芝加哥的种族骚乱就是由炎热的夏天引起的——黑人不能使用白人的沙滩。随后的偶然事件引发了骚乱，爱尔兰人认为非洲裔美国人侵犯自己的"领土"，他们之间的这种仇恨已经酝酿了好长时间。在美国城市史上的其他一些骚乱，只有在运用联邦军队后，秩序才被恢复。在芝加哥的例子中，是因为非洲裔美国人觉得他们不会得到白人警察的平等对待。事实也是如此。在骚乱结束后，法院对一些煽动者下起诉书，但被起诉的人中没有白人。

在 20 世纪 60 年代的一些骚乱中，警方认为如果不使用武力的话，那么情况可能很快就会失去控制。有些人认为控制集会是完全没有必要的。不使用武力最好的例子是在 1968 年，当时芝加哥警察因为使用武力阻止示威游行而受到严重指责。市长理查德·戴利因为命令警察射击受伤的抢劫犯和将纵火犯往死里打而披上恶名。在芝加哥之外的人看来，这过于极端，完全没有必要。当年夏天，民主党大会吸引了一些反对抗议者来到芝加哥,警方再次使用了那些被美国人视为盖世太保式的战术策略。戴利指出,警察并不是引发混乱,而是维持秩序。雅皮士和反战人士反驳说,不单是芝加哥警察局,而是全世界都看到这一行为,城市政治家中的保守派也加入了反驳行列。

骚乱多发生在城市的另一个原因是因为在城市中人们可以在较短的时间内集结。在城市中,族裔、种族和社会群体有一种内在的自然联系,这使他们能够迅速地动员起来。2003 年,在第二次海湾战争开始时,抗议集会通知采取了最新的技术;5000 至 10000 的数字在如此短的时间内在一个较小的集合场地是不能实现的。随着技术加强了不同群体之间的交流,这种"即时集会"(Instant Crowd)经常发生。有些社会学家试图用群体心理学的方法进行解释,说他们有爆发倾向或其他暴力行为,或者说,媒体为了"现实娱乐"而推动了人们犯下鲁莽的行为。也许集会演变成暴力行为,恰恰因为导致真正行凶者的因素遥不可测。

集会改变了城市生活,但经常是越变越"糙"。这种变化的发生,可能源于一次感性的冲突,可能因为一次体育赛事,或者只是一次偶然事件。为防止示威游行演变为暴力冲突,许多城市都有受过专门集会控制训练的警察队。这些警察也接受训练,使用非致命的手段驱散人群,包括催泪瓦斯枪、豆袋枪和电击枪。这和 19 世纪末的警察动员相差甚远,那时警察掷出榴弹炮和使用格特林机枪驱散抗议者。幸运的是,人们相信,骚乱作为美国城市史的一个因素,将会变得越来越少见。

亦可参阅:秣市事件(Haymarket Riot/Massacre),种族骚乱(Race Riots),骚乱(Rioting)

延伸阅读书目:

- Jacobs, J. (1963). *The death and life of American cities*. New York: Vintage Books.
- Lardner, J., & Repetto, T. (2000). *NYPD: A city and its police*. New York: Owl Books.
- Lindberg, R. (1991). *To serve and collect*. Carbondale, IL: Southern Illinois University Press.
- Monkkonen, E. (1981). *Police in urban America 1860 - 1920*. London: Cambridge University Press.
- Ryan, M. (1997). *Civic wars*. Berkeley, CA: University of California Press.
- Wiebe, R. (1985). *The search for order 1877 - 1920*. New York: Hill and Wang.
- Wilentz, S. (1986). *Chants democratic*. New York:

Oxford University Press.

Cord Scott 文

王洋译　陈恒校

爱德华·克伦普
CRUMP, EDWARD H.

爱德华·克伦普(1874—1954)操控田纳西州孟菲斯市的地方政治和政府长达数年,是南部最著名的大城市老板。通过控制谢尔比县和田纳西州西部大多数地区的选举,克伦普无论在州还是国家层次上的民主党政治中都扮演重要角色。与其他一些政治老板暗箱操作、低调行事不同,克伦普是一个古怪的表演者,渴望镁光灯的关注。

克伦普土生土长于密西西比州的霍利斯普林斯(Holly Springs, Mississippi),19 岁时来到孟菲斯,与当地一个富裕社会地位显赫的家庭联姻,并成为了一个坐拥百万家产的保险人。他以贵族改革者的身份进入政界,在 1909 年、1911 年和 1915 年获得市长选举的胜利。由于拒不执行田纳西州禁酒法令,克伦普成为了罢免的目标,在 1916 年辞去市长职务。他在县政府中暂时担任次要职位,并在美国国会中担任了两届众议员(1931—1935),但除此之外,他拒绝寻求公职度过余生。相反,他在市政厅担任过一系列的代理市长,并在他位于孟菲斯最高档住宅区中的富丽堂皇的住宅中处理地方事务。

克伦普尤为关注市政服务的安排,孟菲斯多次荣获城市美化和公共安全的国家级奖项。与此同时,城市臭名昭著的副业也兴盛起来,克伦普任内的警察无视民权,积极反对工会和攻击那些敢于站出来反对地方当局的持不同政见者。克伦普主张白人至上主义,是种族隔离坚定不移的支持者,尽管如此,他允许当地非洲裔美国人在密切监督下进行投票。当时,在南部吉姆克劳法的限制下,很少有黑人有投票权,克伦普严格控制黑人选票,加强了他在地方选举中的多数地位。政治机器的操作者为当地黑人支付人头税,使他们参与选举,在他们投票给克伦普的候选人后,送给他们烤肉、酒水和金钱。克伦普实行一种家长式作风,他反对三 k 党,给当地支持民主党的黑人政治家们提供资助。然而,他不容违抗命令,追捕那些敢于在公开场合挑战他的权威的共和党黑人。在 20 世纪 40 年代末,在田纳西州发起了一系列选举改革之后,包括永久选民登记和废除人头税,克伦普在州和全国的影响力逐渐下降。不过,孟菲斯城市老板单一统治的体制一直延续到 1954 年他去世为止。

延伸阅读书目:

- Biles, R. (1986). *Memphis in the Great Depression*. Knoxville, TN: University of Tennessee Press.
- Dorsett, L. W. (1977). *Franklin D. Roosevelt and the city bosses*. Port Washington, N. Y.: Kennikat.
- Miller, W. D. (1964). *Mister Crump of Memphis*. Baton Rouge, LA: Louisiana State University Press.

Roger Biles 文

王洋译 陈恒校

詹姆斯·迈克尔·科里
CURLEY, JAMES MICHAEL

詹姆斯·迈克尔·科里(1874—1958)曾担任过四届波士顿市长,一届马萨诸塞州州长,两届美国众议员并曾两度入狱。在 20 世纪上半期,饱受争议的科里成为波士顿公共生活的主导人物。他善于引导大众观点,成为 20 世纪波士顿社会和政治人物的模范。

科里出生于波士顿罗克斯伯里区的一个爱尔兰移民家庭。他的父亲迈克尔是一名工人;母亲莎拉负责擦洗地板。在詹姆斯 10 岁的时候,迈克尔·科里去世了,年幼的科里不得不辍学养家。他当过报童、快递员、药店店员、机器操作员和旅行推销员。

政治成为科里向上的阶梯。作为一个天生的演说家,他青少年时就被当地民主党领导者看中,负责街头演讲。1899 年,他获得在波士顿市议会(Boston Common Council)的席位。在 1901 年时,他创建了自己的组织坦慕尼俱乐部(Tammany Club),并确立了他在罗克斯伯里 17 街区的政治主导地位。他甚至在 1904 年赢得公园委员会的选举,然后却因为替别人参与公务员考试而入狱,在狱中度过了这一届任期。一年后他升职进入市参议员委员会,在 1910 年当选为美国国会众议员。1914 年,他当选为波士顿市长,任期 4 年,在 1921 年、1929 年和 1945 年再次获得选举胜利,任期各为 4 年。

科里成功地适应了不断变化的政治环境。他认识到,政党组织的权力正在削弱,直接转向对大众选民的呼吁。他自封为"穷人的市长",将自己扮成爱尔兰蓝领工人的保护者,在家中百叶窗上雕刻的三叶草图案,甚至对最温和的婆罗门的微词作出严厉回应,通常是幽默的回应。他还支持许多社会改革,建造城市浴室和波士顿市医院,而且据说向有需要的选民分发了数千美元的现金。这些举动经常帮助他绕过了(通常是可信的)腐败的指控。这些举动还帮助他在 1935 年获得了马萨诸塞州州长的职位,任期 2 年,在 1940 年获得国会连任。

科里的表面文章掩盖了他的实际作为。他培植种族仇恨,破坏了爱尔兰人和美国领导人之间的政治休战,给 20 世纪的波士顿遗留了尖锐的文化冲突。他的腐败、挥霍财政,以及无法与当地商界协调合作,加深了 20 世纪中期波士顿经济的衰退。然而,他却被人们敬爱怀念,他的慷慨和幽默,使他成为一个仁慈的老板,弥补了他政治上的腐败、效率低下与种族分化。1956 年,埃德温·奥康纳(Edwin O'Connor)的著作《最后的欢呼》(*The Last Hurrah*)出版,塑造了一个老派的政治机器的感性形象,许多读者认为这是以科里为原型的,相信这样的形象将会永远留在人们的脑海里。

亦可参阅:马萨诸塞州波士顿(Boston, Massachusetts)

延伸阅读书目:

- Beatty, J. (1992). *The Rascal King: The life and times of James Michael Curley, 1874 - 1958*. Reading, MA: Addison Wesley.
- Connolly, J. J. (1998). *The triumph of ethnic Progressivism: Urban political culture in Boston, 1900 - 1925*. Cambridge, MA: Harvard University Press.
- Traverso, S. (2003). *Welfare politics in Boston, 1910 - 1940*. Amherst: University of Massachusetts Press.
- Trout, C. H. (1977). *Boston, the Great Depression, and the New Deal*. New York: Oxford University Press.

James J. Connolly 文

王洋译 陈恒校

202

D

理查德·戴利
DALEY, RICHARD J.

理查德·戴利(1902—1976)在 1955—1976 年期间任芝加哥市长,被称为旧时代大城市最后一个政治老板。然而,其后却有许多戴利们——主张新政的自由主义者、财政专家、城市建筑商和再开发者、种族隔离的拥护者,以及拯救那些可怕的混乱和变革的英雄。

戴利在布里奇波特劳工社区度过一生,他重视家庭、种族和信仰(他是个爱尔兰裔天主教徒)、邻里、工作,工会和以援助为基础的民主党政治。

1923—1955 年,戴利凭借辛勤的工作(就读夜校11 年并获得了德保罗大学的法律学位)、正直忠诚的品性、丰富的公共金融知识(他曾担任库克县会计职务)以及他的顶头上司的突然去世而攀上了政治的阶梯。戴利先后担任了众议员(1936—1938)和参议员(1938—1946)、伊利诺伊州税务总监(1949—1950)以及库克县书记官(1950—1955)。同时,他在 1953 年从库克县民主党的行政区委员升职为共同主席。在 1955 年,他战胜了在职市长马丁·肯内利(Martin Kennelly),获得了市长候选人提名。在自由主义者阿德莱·史蒂文森(Adlai Stevenson)和保罗·道格拉斯(Paul Douglas)的支持下,他获得了黑人和内城居民的选票,最终在普选中击败了共和党最具希望的候选人罗伯特·梅里亚姆(Robert E. Merriam)。此后,他连任了五届。

作为市长,戴利仍然担任县民主党主席,并通过更新"临时任命"来逃避市政服务,以及限制市议会的权力,集政治权力于一身。他建立了一个占统治地位的联盟——由商业区的企业、工会、政府雇员、天主教会、黑帮、黑人和白人工人阶层组成。

戴利运用手中的权力来维持这个他钟爱的城市的活力。首先,他维持强大的基础性服务——垃圾收集、街道清扫以及大量的公园和游乐场。在这座"劳动之城"(The City That Works)中,政府雇员报酬丰厚而且从不罢工。第二,他巧妙地理财,增加税收且将成本转移给其他政府单位。第三,他支持大型建设工程,以此增加就业,促进芝加哥的现代化和繁荣。这些工程包括高速公路、奥黑尔机场、麦考密克会议中心、如西尔斯大厦之类的市中心办公楼、伊利诺伊大学校园、公共住房以及城市更新区的中等收入人群公寓。

在 20 世纪 60 年代,出现了几股戴利不能控制和与之讨价的力量。首先是越来越多的黑人抗议人满为患的二等种族隔离学校。紧接着,马丁·路德·金发起了一场运动,反对住房领域的种族分界线。虽然不被以往的黑人领袖所支持,马丁·路德·金的游行威胁白人房主,他们向金投掷石块并开始投票给共和党。然后,联邦政府给戴利施压,因为他违反在学校中废除种族隔离制度和"向贫困宣战"的规定。紧接着,在1968 年 4 月,贫困区爆发骚乱,这激怒了戴利,他命令警察向抢劫犯和纵火犯开枪。最后,在 1968 年 8 月的民主党全国代表大会上,嬉皮士、激进分子和反战主义者的抗议让戴利颜面尽失,并成功地激怒他派出警察镇压示威者。

此后,戴利越来越处于守势。尽管他仍然受那些对黑人和年轻的叛逆者充满愤怒的白人们的支持,但是财务丑闻、关于公共住房隔离和援助的法庭裁决、持续的种族冲突,选举中反戴利民主党的黑人和白人的胜利,以及共和党人尼克松和福特入主白宫,都对他产生巨大影响。1976 年 12 月 20 日,戴利因心脏病去世,芝加哥人为之震惊。学者和自由主义者嘲笑他混乱的语言、政治庇护和保守的态度。大多数观察家谴责他强烈反对黑人的野心。但戴利的遗产是巨大的。他的一个儿子自 1989 以来一直担任芝加哥市市长,而另一个是在 20 世纪 90 年代担任内阁部长并挤身民主党高层。此外,芝加哥表现优于其他中西部大城市。在当今传媒政治时代,看看低政治参与度和对公众的敌意,戴利做得很多值得钦佩。

延伸阅读书目:

- Biles, R. (1995). *Richard J. Daley: Politics, race, and the governing of Chicago*. DeKalb, IL: Northern Illinois University Press.
- Cohen, A., & Taylor, E. (2000). *American pharaoh mayor Richard J. Daley: His battle for Chicago and the nation*. Boston: Little, Brown.
- Royko, M. (1971). *Boss: Richard J. Daley of Chicago*. New York: E.P. Dutton.

Michael W. Homel 文

王洋译　陈恒校

得克萨斯州达拉斯市
DALLAS, TEXAS

得克萨斯州达拉斯市最初在 19 世纪 40 年代是一个十字路口定居点,后来在 19 世纪 70 年代随着两条主要铁路的来临,逐渐成为一个农业服务中心、集市城镇和区域大都市。1910 年,达拉斯成为拥有 92104 名居民的商业城市。它于 1914 年吸引了第十一联邦储备区建成于此,在大萧条前的几十年中,达拉斯引领了这一地区的金融业和保险业。同时,达拉斯既建成了以农具和服装制造为代表的轻工业以及包括纺织厂和福特汽车公司装配厂在内的重工业。

1880—1920 年间,达拉斯在开发牧场方面经常模仿芝加哥、堪萨斯、圣路易斯或者与它同等规模和同时代的竞争对手。早期达拉斯的居民们或其他 19 世纪的新城镇都不喜欢停滞或者主张回到以前的时代。广泛的、普遍的舆论倾向于发展——事实上,所有的达拉斯市民相信他们的城市注定是伟大的。然而,由于利益冲突,不同群体明确表达了不同城市发展观点。商业社会的精英、俱乐部妇女、平民主义者、社会主义者、工会会员和市政改革者相互竞争妥协,形成短暂的同盟,只要他们各自的抱负一致,联盟就能维持。值得注意的是,由于种族偏见,城市中的多数白人不愿意与达拉斯的工人结盟。

20 世纪二三十年代的冲突使新一代人商人——其中的大部分是得克萨斯当地人,不像他们的前辈们那样见多识广——相信精英之间的分歧威胁到城市地区的和谐。由银行家 R. L. 桑顿(R. L. Thornton)领导的商人们在 20 世纪 20 年代逐渐变得成熟,随着 1937 年达拉斯市民委员会的成立,商人的权力得到进一步巩固。与早期的达拉斯城市商业精英不同,新一代城市商业精英在城市事务方面排除异议,唯我独尊,挑拨是非,使公众无从选择,表面上却说是为了整个城市的利益。

政治科学家斯蒂芬·埃尔金(Stephen Elkin)认为,二战后的达拉斯是阳光带城市企业式政治经济特征的一个极端例子,即商人和政府官员之间组成强有力的联盟。达拉斯突出的特点不是商业领袖主导城市,而是他们在二战后几十年间主导的范围之大与时间之久。

约翰·尼利·布赖恩(John Neely Bryan)于 1841 年建立了达拉斯。他很有可能的是以一个美国海军的英雄人物,亚历山大·詹姆斯·达拉斯(Alexander James Dallas)的名字命名这个小镇的。达拉斯县是以这位海军准将的兄弟乔治·米夫林·达拉斯(George Mifflin Dallas)的名字命名的,他是詹姆斯·波尔克(James K. Polk)任总统时的副总统。当布赖恩建造了他自己的小屋,并开始吸引其他定居者到达拉斯时,得克萨斯共和国已经拨款修筑一条穿越邻近三岔口汇聚处的特里尼蒂河(Trinity River),从奥斯汀到红河的军事公路。

最初,达拉斯作为一个战略要地建于河流的交叉口,来自内地的大量定居者促进了它的发展。1841 年,得克萨斯授予威廉·彼得斯(William S. Peters)和他肯塔基州路易斯维尔的合伙人位于特里尼蒂河上游地区约 1.6 万平方英里的土地。从斯蒂芬·奥斯汀和墨西哥的最初接触开始,组织者们就被禁止吸引得克萨斯已有的移民到新的定居地。结果,彼得斯殖民地的移民首先从这个地区到了北部和东部。其中大多数人种植小麦,而不是棉花,很少有人拥有奴隶。大多数到得克萨斯的移民必须要从投机者中购买土地,与此不同,邻近达拉斯的彼得斯殖民地农民可以免费获得 640 英亩的土地,因为他们有现金储备,热衷于贸易。

1857 年,由维克多·孔西得朗(Victor Considerant)主导的法国乌托邦社区"大一统"(La Reunion)被解散,其近 200 名欧洲熟练技工涌入达拉斯,加速了其发展。达拉斯在 1860 年仅仅是一座人口不到 2000 人的小城镇,但从得克萨斯州北部县涌入的高教育水平的专业人员、科学家、作家、音乐家、工匠和自然主义者使达拉斯变得与众不同。

作为迎合广阔农业内陆的商业中心的典型，达拉斯早期的领导阶层是由商人和土地所有者构成的。商业市政精英成立了贸易委员会、商业俱乐部、商会和开放商店联合会——所有这些旨在促进经济的发展——并在这个基本上是一党执政的州中以民主党的身份参与政治职位竞选。党派的支持增加了用于市政改革与完善的开支，从纯净水和牛奶运动到商业区外街道改造、屠宰场的规定，直至有轨电车线路市政所有权，在这些问题上，与妇女俱乐部、社会主义者、民粹主义者和贸易工会组成了短暂的联盟来击败保守派。

1886—1917年之间，达拉斯的民粹主义者和社会主义者负责国家政党的地方分会。达拉斯的政治激进分子很少能取得选举的胜利，所以他们缓和了与精英们所选择的候选人之间的关系。不过，他们建立了一些城市常设机构，包括合作棉花交易所、成人夜校和就业服务机构。民粹主义者和社会主义者与工会成员组成了达拉斯的第一个自由联盟。劳工中的胜利者，包括画家帕特里克·戈尔登（Patrick H. Golden）、屠夫马克斯·哈恩（Max Hahn）和音乐家约翰·（比尔）·帕克斯（John W.（Bill）Parks）赢得州和地方选举或被任命为重要的市政官员。重要的几次大罢工包括1898年市内铁路工人罢工的胜利和1919年电力养路工人的停工，这引发了数千建筑商出于同情而放下手中工作，参与罢工。

中产阶级职业人士和精英的同盟反对以紧缩财政和压低税收来推动发展的传统观念，不过他们意识到，面对工会的斗争性、好大喜功的城市商界精英和三K党复兴，商界精英试图通过改变城市政府的结构来抑制三K党的政治野心和劳工组织的潜在力量，而这也阻挠了自己将社会改革制度化的努力。

持续不断的争执，包括达拉斯商业领袖，组织当地服装厂和福特汽车厂工人的努力，他们需要筹集资金，履行城市举办1936年得克萨斯百年纪念博览会（Texas Centennial Exposition）的责任（达拉斯热心的支持者赢得这次博览会的举办权，尽管事实上在得克萨斯共和国1836年成立时，达拉斯还不存在），这导致了有权有势的银行家、商人和公用事业主管组成了达拉斯市民委员会（Dallas Citizens Council）。这个组织严格自律，并有能力操控当地的媒体，压制或收买挑战者，这导致了一种信念在二战后达拉斯选民中广泛传播，那就是不关心政治的商业领袖保卫着整个城市的利益。当然，占达拉斯选民压倒性多数是白人，而且他们居住在商业区北部或东部的高度隔离的社区。很少有人关注达拉斯南部或西部，在二战后的几十年间，达拉斯南部的白人相继离开，黑人成为居民的主体，西部则是未被兼并的拉美裔社区，城市发展的好处并未惠及至那里。

在1963年约翰·肯尼迪总统在达拉斯被暗杀之后的十年间，商业领袖们害怕种族暴力会毁坏城市的声誉。他们将市民委员会的成员范围扩大至专业人士、少量妇女和少数族裔群体中较温和的领袖，他们被邀请参与了例如达拉斯发展目标的讨论会。经过挑选的非洲裔美国人被鼓励参加城市委员会全市席位（at-large seat）的竞选。当1974年联邦法院强制执行单一地区学校委员会选举和第二年的市政区选举时，达拉斯市民委员会丧失了它在公民事务上的控制权。到20世纪80年代，非洲裔美国人和拉美裔美国人候选人在特定区域中建立政治基础，摆脱了达拉斯商业领袖们的控制。虽然从人口统计和经济措施上看，达拉斯仍然正在发展，但越来越多的城市居民质疑了他们的发展的不公平性。城市生活的质量和达拉斯公立学校与城市郊区在服务和教育机会比较方面，仍是一个关键问题。

在21世纪初，达拉斯是无疑是一个愈加民主的地方。然而，城市也发现它自己正与城市发展的不公平性作斗争以及深陷种族及排斥的历史问题困扰之中。典型的是，达拉斯仍然没有弄清是想要发展世界级地位，还是独特性之间的矛盾，它重塑建筑风格、地标和习俗的历史趋势注定会使其在其他方面取得成功。

延伸阅读书目：

- Elkin, S. L. (1987). *City and regime in the American republic*. Chicago: University of Chicago Press.
- Enstam, E. Y. (1998). *Women and the creation of urban life: Dallas, Texas, 1843-1920*. College Station, TX: TexasA & M University Press.
- Fairbanks, R. (1998). *For the city as a whole: Planning, politics, and the public interest in Dallas, Texas, 1900-1965*. Columbus, OH: Ohio State University Press.
- Hanson, R. (2003). *Civic culture and urban change: Governing Dallas*. Detroit, MI: Wayne State University Press.
- Hill, P. E. (1996). *Dallas: The making of a modern city*. Austin, TX: University of Texas Press.
- Leslie, W. (1998). *Dallas public and private: Aspects of an AmericanCity*. Dallas, TX: Southern Methodist University Press. (Original work published 1964)
- Phillips, M. (2006). *White metropolis: Race, ethnicity,*

and religion in Dallas, 1841 - 2001. Austin, TX: University of Texas Press.

Patricia Evridge Hill 文

王洋译 陈恒校

舞厅
DANCE HALLS

在 19 世纪末 20 世纪初，很少有机构像舞厅一样在美国城市居民的社会生活中占显著地位。舞厅起源于 19 世纪的音乐沙龙，在 20 世纪初突然流行了起来，因为城市中的年轻工人叫嚷着需要更多刺激的娱乐。通过到访舞厅，青年男女不仅是为了逃避烦恼和寂寞，他们也设计了新的求偶方式和另一种文化。虽然家长们和改革者时常认为舞厅是城市混乱之源，但它的受欢迎度在全国城市的青年一代之中很少动摇。

城市舞厅起源于 19 世纪的音乐沙龙，它在 19 世纪 40 年代首次在美国城市出现。主要集中于国内大型港口城市和铁路枢纽城市的周边地区，音乐沙龙以数量日益增加的流动男性劳动工人为顾客。高贵的妇女很少参加。相反地，沙龙主人雇佣了"侍者女孩"、妓女和那些穿着暴露的女人来娱乐那些主要是男性的顾客。部分音乐沙龙仅仅是妓院的遮挡，这引起了人们对在公众场合跳舞的道德性产生了质疑。

然而，从 19 世纪 90 年代开始，伴随维多利亚女王反对公众跳舞的禁忌逐渐减弱，商业舞厅的数量迅速增加。社区酒吧的主人把地窖和里屋改造成简单但实用的跳舞空间。游乐场的老板竖起了大型户外跳舞的帐篷，职业舞蹈教师开办了面向大众的舞蹈专科学校。到 20 世纪初，几乎所有的城市社区都至少有一家舞厅。有人估计仅仅纽约市舞厅的数量就超过了 600 家。

这一时期美国城市的最普遍舞厅类型是酒吧兼舞厅。这种类型由酒吧老板发起，将喝酒和跳舞结合在一个屋檐下，充分迎合了年轻人中日益增长的跳舞热情。有些舞厅被经营得很好，且装饰精巧，但是大部分则装饰不足、灯光昏暗、通风不足和空间狭小，只能容纳十几个跳舞者。酒吧舞厅是免费的，只要跳舞者购买酒水。

绝大多数舞厅顾客是男性工人和十几岁至二十几岁的女性。在传统的、受管教的社会关系中，那些"正经事"之外，舞厅为这些年轻人提供了一种令人兴奋的替代品。在舞厅里，青年男女们不仅是互相跳舞，而且也发展了一种新的、更加广泛的异性社交风格，在不受父母和社会传统的束缚下，去结识和辨别未来的结婚对象。在跳舞之间，顾客们喝酒、吸烟、说闲话、讲黄色笑话、彼此调戏以及各种各样的婚前性游戏。年轻女性模糊了她们自己和妓女之间的界限，像男人一样兴奋地参与了这些活动。对成年人来说，她们的行为显得不道德并且危险。然而，女性很快地发展了新的习惯，例如在其他女性的陪同下来舞厅玩，这可以帮助她们处理和遇到的男人的关系。

舞厅也发展了城市年青人对非裔美国人文化的兴趣。爵士乐，不管是由全黑人或全白人乐团演奏，是舞厅顾客的音乐选择，以及当时最流行的舞蹈——摆动舞、邦尼哈格舞（Bunny Hug）和火鸡快步——均起源于非洲裔美国人。尽管如此，这已经是舞厅种族融合的最大限度了。黑人和白人不允许在一起跳舞，也不允许黑人夫妇和白人夫妇邻近跳舞。偏见和恐惧——特别是种族间的性关系——是不可想象的。除了在 20 世纪 20 年代的臭名昭著的"黑与棕"（Black and Tan，译者注：白人和黑人皆常去的夜总会）圣地，在那里黑人和白人一起交往、喝酒、跳舞，在绝大多数舞厅，黑人和白人跳舞的地方是分开的。

随着舞厅数量和流行度的增长，舞厅环境条件逐渐成为了中产阶级改革者和民选官员争论激烈的主题。从 20 世纪后期开始，各式各样的儿童福利组织和扫黄活动家认定舞厅对城市青年存在着潜在威胁。通过私人组织的调查收集引用的证据，他们推断，舞厅引致青少年违法犯罪的高发率，怂恿了婚前性行为，而且引诱少女卖淫或成为"白奴"（White Slavery）。然而，与那些以道德或宗教的理由曾经要求对所有的公开跳舞完全禁止的人相反，进步时代的改革家们很少倡导关闭所有的舞厅。相反地，他们催促民选官员制定法律来控制过量的商业舞蹈设施。

城市很快对舞厅的潜在危险进行了回应。1907 年，芝加哥警察局长建立了一个专门的舞厅办事处，对城市舞厅进行暗中调查。到 20 世纪前 10 年，很多其他城市都颁布法律规定舞厅顾客的最小年龄、关店时间、室内条件及取得执照和通过检查的方法。更进一步是禁酒运动，有些城市禁止在舞厅销售酒。然而，大多数的城市政府缺乏充分的资源实施这些法律。警察通常以违反建筑规范为借口，临时查封一些舞厅，其间有偶尔进行强制查封。此外，夜间仅有少量检查员和警官要监视数以百计的舞厅和数以千计的舞者。国内城市的年轻人依然随心所欲地跳舞，无论何时何地。

在 20 世纪前二十年里，随着对跳舞空间的需求和对一些酒吧舞厅名声的质疑，促使越来越多的大型舞场建设。这些所谓的舞场仰赖豪华的建筑、音乐名人、高额入场费，对顾客的行为进行严格规范，重点是在跳舞上——而不是喝酒——以此来改进舞厅业的形象。纽约市的第一个舞场宫，中央车站（Grand Central）于 1911 年开门营业，在此后的 10 年内，罗斯兰德舞厅（Roseland）和其他四个舞厅也紧跟开业。与周边的酒吧舞厅不同，这些大型舞厅吸引着城市四处各种各样的舞者。这些舞厅成功的一个主要原因是邻近地铁和有轨电车线路，其中大部分可以容纳 500 至上千人。

1920 年的全国禁令剥夺了酒吧舞厅最重要财源，迫使许多舞厅不得不停止营业。许多舞场生意移向大型舞场宫，其在 20 世纪三四十年代大乐队时期受欢迎度达到了顶峰。在第二次世界大战之后，随着包括爵士乐和摇滚在内的新音乐风格，以及广播电视这样的新娱乐选择的出现，舞厅的数量逐步下降。

延伸阅读书目：

- Erenberg, L. A. （1981）. *Steppin' out：New York nightlife and the transformation of American culture*, 1890 - 1930. Chicago：University of Chicago Press.
- McBee, R. D. （2000）. *Dance hall days：Intimacy and leisure among working-class immigrants in the United States*. New York：New York University Press.
- Peiss, K. （1986）. *Cheap amusements：Working women and leisure in turn-of-the-century New York*. Philadelphia：Temple University Press.

Scott A. Newman 文

王洋译　陈恒校

死亡与临终
DEATH AND DYING

死亡一直存在于城市之中，不论是由发烧引起的突然惨变或是癌症的隐蔽恶化。垂死和死亡的场所和过程随时间的推移而改变。当死亡的主要原因从传染性、瘟疫似的疾病转移到那些主要发生在老年人身上的慢性疾病时，城市中的美国人则考虑将照顾垂死者的任务交给医护人员，将负责死者的任务交给丧葬承办者和墓地管理员。死亡没有被否认；垂死者和死者只是交予专门的机构进行照顾，在殡仪馆中进行哀悼，

在大型墓地里进行安葬，将其与人们的日常事务分开。

早期的美国殖民者会对如今美国人的健康和长寿称奇，但是他们会困惑于死者和生者世界的隔离。殖民地时期人们熟知死亡，即使在今天最贫穷的社区中也是难以想象的。死亡经常发生，在城市里尤为严重。在殖民地时代，据估计城市里的死亡率大概是农村的两倍，虽然农村的死亡率从 19 世纪初也开始逐渐上升。

城市殖民地居民和早期国家墓地，通常与教堂相连，同城镇建立，或者是家庭预留。即使教堂司事在墓地负责监督葬礼，很多时候家人挖坟墓，放入棺材。有些人雕刻简单的木制或石头的墓碑。专业的雕刻师开发了独具特色的风格，从骷髅到瓮柳的主题演化，墓碑上的墓志铭通常包括生活中的教训如："生活是不确定的，死亡是必然的。"

位于波士顿之外，马萨诸塞州剑桥的奥本山公墓（Mount Auburn Cemetery）于 1831 年建立，是现代化城市葬礼仪式第一个标志。新的城市墓地要远远大于旧的墓地，所以它们可以服务于几代人。风景如画、浪漫风格的景观是城市网格状的商业景观的对应物。人们雇用雕塑家以立体的纪念碑来装饰土地，以此歌颂家庭和社会的价值观。公司保留土地所有权，希望墓地不会被城市的商业和居住的需求打扰，并以标准化的保养费来维护其土地。

在殡葬师出现之前，家庭成员处理尸体、守夜、葬礼后答谢哀悼者，由牧师主持仪式。在殖民地时代后期，一些礼品，例如手套，逐渐成为人们答谢哀悼者参加葬礼的流行方式。在殖民地时期和 19 世纪大部分时间里——在有些移民社区直到 20 世纪——葬礼是家族的事情。

在南北战争之后，城市的葬礼逐渐由家居住宅转向殡仪馆，殡葬师对尸体进行防腐处理，并监督所有服务细节和到墓地的过程。葬礼逐渐变成了一个精心策划的事件。死者穿着精致的寿服，用死者的头发做纪念品，在家里悬挂纪念物。严格的规矩限制着遗属的生活，包括他们穿什么，他们多久能重返社会。鲜花原来在殖民地时期的葬礼上无关紧要，也逐渐成为人们表达情感的重要手段。20 世纪初形成了一个产业，照顾垂死者和为死者及遗属提供服务。

从 19 世纪 80 年代开始，这座城市变成了一个死亡率较低的地方。主要由于新的卫生条件和水利工程，城市死亡率迅速下降。例如，芝加哥的死亡率在 1850 至 1925 年间下降了一半，特别是对于 5 岁以下儿童的死亡率。人们很少经历家人、朋友和邻居的死亡。

垂死者不再待在家里,而是搬到了医院,享受临终关怀。

纪念公园中的郊区景观和积极的商业主义,是埋葬死者的一种新商业化方式的代表。在洛杉矶外的格伦代尔森林草坪纪念公园(Forest Lawn Memorial Park),管理者将草坪风光与地面著名雕塑复制品的墓碑相结合,比如米开朗基罗的《大卫》(David)和丹尼尔·切斯特·法兰奇的《共和》(The Republic)。在纪念公园,哀悼者可以看到一个联合产业,包括太平间、小教堂、花店、纪念碑经销商以及墓地永久管理。

这些新的墓地并不对所有人开放,也不是所有人都满意。二十世纪初,许多墓地被契约限制(非常像那时代房屋的契约规定土地必须只能出售给白种人)或被一种"风俗"——即少数民族只能埋葬在最差的地方——分隔开来。只有在 20 世纪 60 年代,法律限制才消失。同时,移民和少数族裔社区坚持传统,比如在家守灵,家人在尸体旁守夜,树立个人纪念物,未经防腐处理迅速下葬。他们保有自己的墓地,类似老式的埋葬和纪念。

近年来,越来越多的美国人已经接受了火葬。第一个封闭的火葬是 1876 年在宾夕法尼亚州兰开斯特冷清的城镇进行。火葬协会很快成立于如旧金山和纽约等大城市和如纽约州的特洛伊等小城市,然而,直到 1970 年底,不到 5% 的美国人选择火葬;到 2003 年,这个数字几乎占全国的 30%,在一些州达到了 50%,如夏威夷州、内华达州和科罗拉多州。

当今,是美国人在城市历史发展过程中死亡率最低的时代。但是,美国宗教围绕着死亡,仍然存在争议和不稳定性。科学对于死亡所下的定义越来越复杂,许多流动的美国人不知道一个纪念物的目的是什么。一些哀悼者转向把路边神龛和其他自发纪念物来表达他们感受到的纪念,这会成为传统墓地的标准,而其他人,特别是新来的移民和他们的孩子,坚持旧传统的葬礼和纪念物。

延伸阅读书目:

- Laderman, G. (2003). *Rest in peace:A cultural history of death and the funeral home in twentieth-century America*. New York:Oxford University Press.
- Meyer, R. E. (1993). *Ethnicity and the American cemetery*. Bowling Green, OH:Bowling Green University Popular Press.
- Sloane, D. C. (1991). *The last great necessity:Cemeteries in American history*. Baltimore, MD:Johns Hopkins University Press.
- Sloane, D. C. (2005). Roadside shrines and granite sketches:Diversifying the vernacular landscape of memory. *Perspectives in Vernacular Architecture*, 12, 64-81.

David Charles Sloane 文

王洋译 陈恒校

去工业化
DEINDUSTRIALIZATION

去工业化是指制造业就业和设施的流失,以及基础工业生产资金的外流,这在美国历史上发生了几次。20 世纪初,新英格兰纺织工业的外流就是一个早期例子。然而,当代使用这个术语一般指的是始于美国 20 世纪 70 年代的制造厂、就业和资金的亏损。去工业化的发生经常伴随着同一时期制造业设备和就业从城市中分散流出。去工业化发生在美国要比其他国家早,但其他工业社会,包括在欧洲和亚洲,却出现的较晚。由于去工业化,制造业就业在国家经济中的比重下降,而服务业比重上升。

已经有无数关于去工业化的原因、过程和后果的辩论,这个话题仍然是有争议的。巴里·布鲁斯通(Barry Bluestone)和贝内特·哈里森(Bennett Harrison)在《美国的去工业化:工厂关停、社区放弃和基础工业的解体》(The Deindustrialization of America:Plant Closings, Community Abandonment, and the Dismantling of Basic Industry, 1982)一书中,对其过程做了深入的分析。这本书的副标题使他们关于过程的分区更为清楚。除了就业的丧失,过程中的其他重要影响因素包括建筑物的废弃和去工业化的连带影响,例如城市社区的撤资,公共服务的贫乏,社会分化和混乱,失业增加和实际收入下降。就国民经济而言,后果包括服务型经济转移。除了在国民经济的水平上了解去工业化的原因和在国家与地方层次上了解去工业化过程的影响,去工业化也应该从全球经济的大背景下来考察,它的改变是由生产和资本的全球化所带来的。

去工业化的原因一直备受争议。到 20 世纪 70 年代末,美国战后经济的繁荣已经明显放缓。经济增长放缓,生产率下降;失业率攀升,进口增加。一些学者认为，公司投资于企业的兼并、收购和外国投资，而不是投资于基础产业和年久设备更新，从而导致美国的制造业产出下降。美国的制造业很难与其他有更多的现代工业厂房设施的工业国家竞争。这些条件，是企业寻求投资来增加利润的世界范围进程中的一部分，是 20 世纪 70 年代末广泛的去工业化的开始。有些学者将这一分析与市场和生产的全球化与发达和欠发达国家之间的贸易发展相联系。有些人认为，这些转换导致基础产业搬迁到欠发达的国家。其他有影响力的经济学家，如罗伯特·罗森（Robert Rowthorn）和拉玛那·拉玛斯沃密（Ramana Ramaswamy）在 1997 年所言，去工业化与经济发达地区和欠发达地区之间的贸易毫无关联，它主要是一种成功经济发展的后果，在这种经济中高水平的制造业生产力导致制造业部门工作需求的减少。其他学者，如保罗·克鲁格曼在 1994 年指出，对制造业产品需求的减少在其中也扮演了重要角色。

有些经济学家也对去工业化的出现及其重要性发表不同意见。例如，克鲁格曼认为关于去工业化的争辩是奇怪的，因为去工业化并没有发生。他认为，就附加价值和就业而言，国内制造业份额近几年显下降趋势。这事实上是某种趋势的直接后果，例如生产力的提高和制造业产品需求下降，在其他发达工业社会也同样发生。这些分析没有考虑到其他学者所做的关于去工业化的原因、过程和后果的一些基本观点。例如，布卢斯通和哈里森认同有些研究人员将去工业化视为一个微不足道的问题，他们认为这反映了关于这一过程的简单化观点。

布卢斯通和哈里森认为去工业化可以表现为不同的形式，他们指出，关闭工厂，将工作转移至别处或是减少就业，仅仅是这一过程中最明显的表现。去工业化更微妙的方面包括把利润从特殊工业设施重新定向到其他设施或用途。他们将榨取这一过程定义为，那些有利可图的工厂或子公司被用作摇钱树。去工业化的另一面可能发生在管理人员没有将资本投资于更新破旧的机器，从而导致生产率下降。最后，管理层将设备移走或出售，这样就限制了特殊设施的生产。所有资本运行的这些形式，都表现在去工业化和撤资上。资本的撤资是将资金投资于其他地方，使公司获得利润，但当撤资发生在社区时，这可能带来消极的社会后果。

除了对去工业化原因和过程的争议外，学者争论更多的是其后果。经济学家更倾向于考察在全国经济水平上去工业化的影响，他们主要关注于全国统计数据。社会学家更倾向于关注这一过程对于城市和社区而言所产生的社会成本，他们调查去工业化如何影响一些具体的地区，如芝加哥、底特律和各种各样的小城市。包括罗森和拉玛斯沃密在内的经济学家，认为去工业化是生产力提高和经济发展的一种表现形式，他们倾向于强调长期前景将取决于在服务业生产率的提升。社会学家认为，获得高薪的服务业工作需要培训和教育，这往往是那些受去工业化影响的人所不具备的。

许多社会科学家认为，理解工业化及其后果的关键是既需要关注于区域和地方各级层次，也需要将国家作为一个整体层次。例如，制造业的失业率在中西部地区比全国失业率高。工厂倒闭和工人失业的后果对于城市和社区来说是非常严重的社会崩溃，从全国水平统计上就不能发现这一点。有些学者认为，去工业化所产生的社会成本，尤其是在那些有大量的黑人和拉美裔美国人的城市，是灾难性的。社会学家威廉·尤利乌斯·威尔逊（William Julius Wilson）提出了一种关于去工业化影响的分析，十分具有影响力。在他的 1987 年的著作《真正的穷人》（*The Truly Disadvantaged*）中，威尔逊调查导致内城贫困人口增加和社会两极分化的因素。他假设了导致社区贫困的五个因素。其中之一就是去工业化，另一个与制造业就业分散化的过程有关。随后的研究表明，去工业化主要是在东北部地区居民贫困的一个因素，但不一定是其他地区的。其他一些研究表明，去工业化是底特律的制造业就业下降的一个重要因素，继而增加了贫困和社会混乱。在伊莱贾·安德森（Elijah Anderson）关于费城内城社区的民族志研究中，他认为 1999 年是一个日常行为暴力代码的发展，"街道法规"（Code of the Street）是一个去工业化和由此产生的机会减少的产物。最近的案例研究拓宽了关于去工业化的讨论，采用更历史的方法以及在不同的背景下细查它的政治和文化意义。关于其原因、经过和影响的研究仍在继续，大量社会科学家从他们各自的学科视角来研究这些课题。

现今，在某些产业中出现了再工业化现象，尤其是那些高科技进步产品技术领域。这些新技术提高了生产力，对工人的需求较少。这是美国经济长期经济健康的大问题，包括工业部门，其对工人产生的后果仍然没有答案。有些学者和政策分析师认为，缺乏处理长期经济和资本流动性后果的工业政策是十分麻烦的，然而另一些人却认为这样的政策是根本不必要的。

亦可参阅：城市中的非洲裔美国人（African Americans in Cities），伊利诺伊州芝加哥市（Chicago, Illinois），密歇根州底特律市（Detroit, Michigan），城市经济（Economy of Cities），工业城市（Industrial City）

延伸阅读书目：

- Anderson, E. (1999). *Code of the street: Decency, violence, and the moral life of the inner city*. New York: Norton.
- Bluestone, B., & Harrison, B. (1982). *The deindustrialization of America: Plant closings, community abandonment, and the dismantling of basic industry*. New York: Basic Books.
- Cowie, J., & Heathcott, J. (Eds.). (2003). *Beyond the ruins: The meanings of deindustrialization*. Ithaca, NY: ILR/Cornell University Press.
- Farley, R., Danziger, S., & Holzer, H. J. (2000). *Detroit divided*. New York: Russell Sage.
- Krugman, P. (1994). *Peddling prosperity: Economic sense and nonsense in the age of diminished expectations*. New York: Norton.
- Rowthorn, R., & Ramaswamy, R. (1997, September). *Deindustrialization—its causes and consequences*. International Monetary Fund Working Paper. Retrieved June 7, 2006, from http://www.imf.org/external/pubs/ft/wp/wp9742.pdf
- Wilson, W. J. (1987). *The truly disadvantaged: The inner city, the underclass, and public policy*. Chicago: University of Chicago.

Walter F. Carroll 文

王洋译　陈恒校

人口密度
DENSITY

人口密度这一术语指的是人们在一个聚居区内居住紧密或分散的程度。因为城市居民普遍居住较近，换句话说，要比其他类型的社区密度更高，密度数据有助于将城市与郊区区分开来，相应地，也可以将郊区和农村地区的区分开来，在农村地区居住人口通常比较分散。

人口密度测量

通常测量人口密度的方法是衡量每平方英里或每平方公里居住人口的数量。虽然美国城市没有最低人口密度要求，人口普查局却指定一个"块群"（Block Group），即一个明确的人口普查段，每平方英里至少有1000人被归入"城市地区"（人口数量50000及以上）或在一个"城市群"（人口数量2500至49999）。

表1显示了在美国十大城市人口密度的变量。菲尼克斯和休斯敦相对于人口而言，它们合并大面积区域，因此人口密度比费城低得多，后者历史悠久，边界限定。由于这些数据只是代表城市范围的平均水平，低密度城市也会拥挤的公共项目、公寓或活动房屋；相反，高密度的城市可能有像周边郊区那样的单户住宅。

表一美国前十位城市人口密度

城市	人口数量（每平方英里）	面积（平方英里）	密度
纽约	8,008,278	303.3	26,404
洛杉矶	3,694,820	469.1	7,876
芝加哥	2,896,016	227.1	12,752
休斯敦	1,953,631	579.4	3,372
费城	1,517,550	135.1	11,233
菲尼克斯	1,321,045	474.9	2,782
圣迭哥	1,223,400	324.3	3,772
达拉斯	1,188,589	342.5	3,470
圣安东尼奥	1,144,646	407.6	2,808
底特律	951,270	138.8	6,853

资料来源：美国人口普查局；2000年人口普查。

这些数据仅表明人口居住的地方，而不是他们工作的地方。但是，对于一个城市而言，工作场所的密度（来源于上班的路程、就业和商业地产数据）对决定运输服务的类型起关键作用。曼哈顿的办公室人口数量在上班时间暴增每平方英里20万人以上，因此地铁和轨道交通服务十分必要。在城市里工作更容易分散，公共汽车和有轨电车（轻轨）服务可以为通勤者前往市中心服务，但对于大多数人，前往不同的方向，除了汽车外可能没有什么其他实用的替代品。

城市革命

根据1790年的第一次人口普查记录，美国有390万居民分散在全国各地，主要是在农场和村庄，只有1/20可被认为是城市居民。而最大的城市纽约，人口只有3.3万人，如费城、波士顿、巴尔的摩和查尔斯顿这样的港口城市，人口密度要远远高于今天美国的大多数城市；由于缺乏公共交通或私人汽车，城市居民居住相邻,工作地在步行距离内。这些熙熙攘攘的街道、商店和市场给人们一种拥挤的感觉,如同今天的大城市一样。

从19世纪20年代开始,此后延续1个半世纪,几乎每年都有数以千计的青年男女从偏远的农场和村庄以及海外涌入美国城市,在市中心的商店、办公楼、工厂和家庭寻求工作。在1820年,只有纽约人口数量超过10万人,但到1900年,有38个城市达到这个规模甚至更大。不久后,纽约、芝加哥、费城的人口都超过100万。历史上从未有如此多的人生活在这样的高密度之下——将此称为人口拥挤。居住在拥挤的城市,前景是令人振奋的,因为他们提供的刺激、工作和娱乐;但城市贫民窟与犯罪、恶习和流行病相联。

社会改革者亲眼目睹成千上万的贫困家庭挤在贫民区的小房间中,他们尝试帮助他们在郊区或农村找到更健康、更卫生的地方居住。由于担心无家可归的孩子可能成为"纽约的危险阶级",在19世纪50年代牧师查尔斯·洛林·布赖斯的安排下,中西部农场家庭收养其中的10万人。大约30年之后,警方记者雅各布·里斯在《另一半人如何生活》这本书里,描述了与其他进步改革者一起致力于贫民窟清理、模范住宅和如地铁、高架桥或有轨电车等低成本交通来减少下东区和其他租房区严重拥挤的现象。20世纪二三十年代,规划师兼评论家刘易斯·芒福德提倡工厂和办公室的有序布局,便于工人居住在拥挤大都市外的花园城市。直到20世纪60年代后,大部分过于拥挤的贫民窟街区和城市生活相关的致命的传染病已基本消除,社会学家赫伯特·甘斯(Herbert Gans)和市政活动家兼作家简·雅各布斯提醒反对不自觉地将高密度社区与讨厌的贫民窟相提并论。他们指出,像格林威治村和波士顿的北端和西端这样的社区是充满活力和安全的地方,正是因为他们的公寓、商店和小生意混在一起,创造了一种社区感,"都市村民"相互监督彼此。

社区密度

在大多数城市中,人口密度最高的地方一般都靠近市中心(就在商业区外);然后逐渐向外,向郊区扩展。在20世纪20年代,芝加哥大学社会学家厄内斯特·伯吉斯绕芝加哥环(中央商务区)画了一个同心圆的图,以此显示了城市贫困人口集中于拥挤的城区环边,富人居住在城市周边宽敞的地方,中产阶级居住在中间的公寓和小房子里。伯吉斯教授的图被证明是在很多方面过于简单化:建在电车或公共汽车线路周边的公寓和出租房,虽然离市中心距离较远,但人口密度(土地价值)

要比同心圆模式预测的更高些。距离市中心较远的地方,可以形成由稠密居住区包围的购物办公式副中心(迷你城镇)。当工厂位于铁路沿线,工人们挤入蓝领郊区,其距离市中心和宽敞的通勤郊区一样远。暂且不谈这些特殊的例外,其"密度梯度"的基本原则也过于简单化:离市中心的距离越远,人口密度越低。

在20世纪前几十年中,许多城市内的密度梯度急剧下降。例如,在芝加哥近西区非常拥挤,但从整个城市来看,甚至到了1928年,仍有30%空地。最终,新建住房和交通改善使得许多贫民窟居民可以迁居到不那么拥挤的邻近地区。当然,还有像纽约下东区的例子,其在1900年非常拥挤,如果城市其他地区也像它一样的密度的话,那么相当于整个美国和加拿大的全部人口居住在城市的范围之内。1904年,纽约开始建造地铁,最终使下东区70%的人口迁到了布鲁克林、布朗克斯、昆斯和附近的郊区。尽管贫民窟的人口在20世纪有所下降,但迁移到美国城市的人口仍然很多,整体密度继续上升,在1950年左右时达到顶峰。

郊区的胜利

今天,大多数美国人既不住在城市也不住在乡村,而是住在两者之间的广大地区——被称为郊区的地方。郊区化通常被认为是家庭从城市公寓搬到单户住宅的大规模运动,事实上,情况往往是这样,尤其是那些父母或祖父母定居大城市的移民;在一代或两代人之内,很多家庭迁移(如市政改革者所希望的那样)到郊区。然而,关于这个运动究竟是什么,并没有太多解释,它是指发生在那些从来没有住过公寓或居住于大城市,却成为郊区业主的那些人身上的事。

当美国人离开农场(今天只有1%的家庭生活在农场),他们一般定居在城镇和中小城市,这些地方比较紧凑,但又不似欧洲城镇或中小城市那样拥挤。这部分由美国人愿意居住在离工作场所有一定距离的地方,和他们或买或租单户住宅的能力决定。1930年,大规模郊区化的前二十年,60%以上的非农家庭(仅略低于今天的百分比)生活在这样的住处。在如诺克斯维尔(Knoxville)、圣安东尼奥、锡达拉皮兹(Cedar Rapids)、皮奥里亚(Peoria)和宾厄姆顿(Binghamton)这样的中等城市中,近80%的家庭也生活在单户住宅里。除了高密度的纽约和其他一些城市的社区外,只有一小部分的城市家庭住在出租房或多户型公寓楼里。因此,单户住宅、自有住房文化往往和20世纪50年代的郊区化相连,事实上,这并非郊区首创,早些年在城镇和城市社区中就已经出现。

虽然大多数美国人并不居住在大城市,但他们通常住在大城市周边。到19世纪中期,纽约、费城、匹兹堡、克利夫兰和圣路易斯之外的大都市区人口,甚至超出了这些城市本身的人口。通观整个19世纪和20世纪,许多这样的大都市社区都被中心城市所兼并,不再是独立实体。余下的城镇被称为郊区,虽然只有一小部分的郊区居民曾经往返于市中心。什么是郊区,特别是在东北部,郊区是古老且成型的高密度村庄、城镇和城市的混合,它们作为依赖汽车的郊区化的核心,将会继续蔓延。

现代的郊区化可以追溯到19世纪20年代才,它与二战后的发展密切相连。直到那时候,城市和区域规划家们才懂得,有轨电车和巴士服务的改善,私人汽车的使用,新高速公路的建设以及电话、煤气和电线的延伸,超越了城市的界限,将有可能促进大都市区内的大量农田和空地的开发。大萧条和二战延缓了新住宅的建设,但在20世纪四五十年代后期,对新住宅的需求经过20年的压抑,迅猛发展起来。规划师们感到惊讶的并不是有如此多的人迁往郊区居住——周边快速的增长是可以预测得到的——而是人口在这样一个广阔的地区分布得那么稀薄。新地区的人口密度似乎低得难以令人置信。1929年,纽约区域规划协会,建议纽约郊区大概以每英亩不低于10户居民的速度发展,但在1962年,该协会报告称地区法令限制新发展至每英亩一至两户居民。

20世纪规划师们没有看到的是,正是郊区区域法规导致了人口的大量分散,它是可持续的,仅仅因为汽车。规划师们本来推测汽车主要作为周末外出游玩的工具,但它却成为全国各地人们上班通勤的主要手段。汽车的使用以及人们各类通行的汽车使用意愿,意味着家庭生活不再局限在人口稠密的交通走廊地区,现在可以随意定居于大都市区未发展的地方。办公室、商店、工厂也分散开来,开车上班成为了一件必然的事。交通拥堵和空气污染不可避免随之而来。看似不受控制的发展迅速消耗宝贵的开放空间。到了20世纪60年代,曾经为几代人设计人口分散模式的城市规划师和市政组织,开始号召人们生活与工作彼此邻近,这样可以保留农场和空地,充分利用公共交通服务,减少污染和对汽车的依赖。

然而,妖怪一旦被放出了魔瓶,便一发不可收拾,以至于农村和城市均开始出现郊区的特征。今天,**农村**意味着和农业完全不同的事物,乡村工人明白大多数工作是不在农场,而是在监狱和赌场,最重要的是,在商店、办公室和邻近郊区的工厂。同样,被美国人口普查局指定为**城市**和**大都市区**——这些术语曾经比较贴近于城市——现今实际上意味着是郊区,因为在这些地区居住的大多数是郊区居民,他们构成了美国人口的大多数。甚至到了1980年,中心城市也开始像郊区了。在1950年和1990年之间,中心城市的人口密度骤然下降了近40%,其中部分原因是阳光带城市兼并数百英亩低密度和大体上未开发的土地。达拉斯、休斯敦和菲尼克斯新社区看起来非常像郊区。同时,中西部和东北部城市,与郊区办公园区和购物中心竞争,将中央商务区的建筑夷为平地,以满足购物者和白领员工的驾车出行。但时常,大城市的居民发现中心商业区并不能满足他们的需求,使他们不得不开车去郊区工作、购物,或看电影。当城市失去了其市场、就业和娱乐的传统功能,那么问题来了——为什么要搬到那里? 1970—1980年之间,美国半数城市,也许在历史上是第一次,人口减少了。

俯看今天的大都市区,城市和郊区越来越相似。2001年,一项研究由哥伦比亚大学拉蒙特多尔蒂地质观测台(Columbia University's Lamont-Doherty Geological Observatory)的弗朗西丝卡·波齐(Francesca Pozzi)和克里斯托弗·斯莫尔(Christopher Small)利用卫星照片显示大都市区建筑物的密度、植被和分布,提出除了一些人口稠密的地方,美国的中等城市到2000年底将全部消失。

亦可参阅:人口和人口增长(Population and Population Growth)

延伸阅读书目:

- Abrams, C. (1972). Density. In *The language of cities*: *A glossary of terms* (p. 85). New York: Avon Equinox Books.
- Bliss, W. D. P., & Binder, R. (Eds.). (1970). Overcrowding. In *The new encyclopedia of social reform* (3rd ed., pp. 854 – 857). New York: The Arno Press.
- Hoyt, H. (1970). *One hundred years of land values in Chicago*: *The relationship of the growth of Chicago to the rise of its land values*, 1830 – 1933. New York: The Arno Press. (Original work published 1933)
- Kim, S. (2005). *The rise and decline of U. S. urban densities*. Retrieved July 12, 2005, from http://www. soks. wustl. edu/density. pdf
- Pozzi, F., & Small, C. (2001). *Exploratory analysis of suburban land cover and population density in the USA*. Retrieved July 12,2005, from http://www. ciesin.

columbia. edu/pdf/IEEE_PozziSma112001. pdf

- Regional Plan Association. (1979). *Regional plan news*: *A fiftieth year review*, (106)6.
- Tarmann, A. (2003). Fifty years of demographic change in rural America. Retrieved August 3, 2005, from http://www. prb. org/rfdcenter/50yearsofchange. htm
- Wunsch, J. (1995). The suburban cliché. *Journal of Social History*, 28(3), 643 - 658.

James Wunsch 文

王洋译　陈恒校

科罗拉多州丹佛市
DENVER, COLORADO

根据 2000 年美国人口普查,科罗拉多州丹佛市中心市县人口数量为 554636,此外有 170 万居民居住在大都市区的郊区县(亚当斯[Adams]、阿拉珀霍[Arapahoe]、博尔德[Boulder]、布鲁姆菲尔德[Broomfield]和杰斐逊[Jefferson])。

丹佛建成于 1858 年 11 月 22 日,是在切里克里克(Cherry Creek)和南普拉特河(South Platte River)交汇点发现黄金之后。其创始人小威廉·拉里默(William H. Larimer Jr.)以堪萨斯地方长官詹姆斯·丹佛(James W. Denver)的名字命名这个城市,当时科罗拉多州东部中央属于堪萨斯的一部分。

其他诸多的金矿也慢慢被发现,这导致了在 1859—1961 年间 10 万人的巨大移民潮,因此联邦政府在 1861 年建立科罗拉多领地。根据科罗拉多区第一届立法议会的一项特别法案,丹佛于 1861 年 11 月 7 日被合并入科罗拉多。1867 年,丹佛成为科罗拉多领地的首府,在 1876 年 8 月 1 日科罗拉多成为一个州后仍是其首府。丹佛不仅是科罗拉多州的文化、物流、娱乐、金融、服务和交通枢纽,很大程度上也是落基山地区的。

1902 年当第 XX 条款被加入科罗拉多宪法中后,丹佛成为了一个地方自治的市县。1904 年 5 月 29 日丹佛颁布的城市宪章,城市由强市长和市议会组成,并受独立的民选城市审计师的监督。丹佛地处科罗拉多州北部中央的落基山脉东部。"里高城"海拔 5280 英尺,气候凉爽、干燥、阳光充足,这使其成为健康追求者和那些喜欢全年户外娱乐的人们的磁石。

丹佛的领导层积极进取,由《落基山新闻》(*Rocky Mountain News*)的创始主编威廉·拜尔斯(William N. Byers)和州长约翰·埃文斯(John Evans)带头,在 1870 年建立了通往怀俄明州夏延的丹佛太平洋铁路(Denver Pacific Railway)和联合太平洋铁路。在与世隔绝、人口稀薄的落基山脉西部,四通八达交通使丹佛成为贸易的中心。同时,丹佛捕获了商业和土地资本,它曾经的竞争对手,博尔德只好勉强接受成为州立大学所在地。另一个竞争对手,戈尔登,成为了科罗拉多矿业大学所在地。通过铁路网线的建成,丹佛成为科罗拉多州及相邻各州的城市枢纽。在本地铁路网线中,最大的和最长的就是丹佛和里奥格兰德窄轨铁路(Denver & Rio Grande)。

1870—1890 年间,丹佛人口数量从 4759 人增长到 106713 人,成为西部人口最稠密第二大都市区,仅次于旧金山。矿产资源促进了它的发展;科罗拉多州在 19 世纪 80 年代的白银产量和 19 世纪 90 年代的黄金产量在美国均居于领先地位。丹佛铁路将内地的矿石运到了丹佛的精炼厂,这是 19 世纪该市最大的产业。

1893 年的大萧条和《谢尔曼白银采购法》(Sherman Silver Purchase Act)的废止突然终结了丹佛第一次繁荣时期。市政领袖开始提升城市经济的多样性——种植小麦和甜菜、经营大牧场和丹佛牲畜交易所(Denver Livestock Exchange)、制造业、旅游业和服务业。1900 年后,丹佛繁荣复兴,但发展速度较慢。

在 20 世纪早期,城市繁荣的产业主要是牲畜饲养场、砖厂、罐头厂、面粉厂、皮革和橡胶制品。库尔斯(Coors)啤酒公司从众多酿酒公司中脱颖而出,成为美国酿酒业的三大巨头之一。丹佛市的许多石油和天然气公司的区域型或全国型总部促进了一战后丹佛的发展,它们在市中心建立了 40 至 50 层高的楼房。

城市的经济基础包括电子、计算机、航空和美国最大的电信中心。作为巨大山脉和平原腹地的单一中心,丹佛自负地说自己城市中的联邦雇员要比除了华盛顿特区以外其他城市都多。他们大部分是城市雇员,尽管劳里空军基地(Lowry Air Force Base)和菲茨西蒙斯陆军医院(Fitzsimons Army Hospital)是奥罗拉(Aurora)经济的支柱,奥罗拉是大都区的第二大城市,居民人口数量达 22.5 万。

丹佛坐落于落基山脉东部的高原上,具有半干旱的气候,年平均降水量为 13 英寸。在市长罗伯特·沃尔特·斯皮尔(Robert Walter Speer)的三届政府期间(1904—1908、1908—1912、1916—1918),将它从一个单调破旧的城市,转变成一个布满公园、林荫道、行道树以及外形怡人的公共建筑的城市。像成千上万的其他肺结核病患者一样,斯皮尔来到丹佛享受阳光和干燥的气候,调养身体。斯皮尔聘请了美国领先的城市规划师为丹佛设计"城市美化"的总体规划。作为丹佛最强权和无情的市长,斯皮尔实施了在城市中心建立类似市政中心的公园的计划。大的社区公园被设计成迷你市政中心,由林荫道连接,被学校、图书馆和其他活动中心所包围。不仅仅是城市公园,还有市政山区公园,包括冬季公园滑雪区(Winter Park)、红石露天剧场(Red Rocks),这促进了旅游业成为支柱产业。

二战后,丹佛市县人口数量相对稳定,但周边郊区县人口数量猛增。位于丹佛的西边的杰斐逊县,县政府所在地为戈尔登,正在取代丹佛,成为科罗拉多州人口最多的县。第三大县阿拉珀霍,其县政府所在地利特尔顿(Littleton)是最富裕的郊区,有令人印象深刻的现代办公园区和富裕的居民区。位于西北部的博尔德县以科罗拉多大学和高科技公司的聚集中心而闻名,其中包括 IBM、国家大气研究中心(National Center for Atmospheric Research)和国家标准局(National Bureau of Standards)。东部的亚当斯县是大都市区工业和农业的领头羊。现今,郊区化的发展推动形成了外环县——布鲁姆菲尔德、道格拉斯(Douglas)、克利尔克里克(Clear Creek)、吉尔平(Gilpin)、韦尔德(Weld)和埃尔伯特(Elbert)。

丹佛县仍是政治、金融和文化的中心。著名的机构包括丹佛自然历史博物馆(Denver Museum of Natural History)、丹佛公共图书馆的西部历史部(Western History Department of the Denver Public Library)、科罗拉多历史博物馆(Colorado History Museum)、丹佛艺术博物馆(Denver Art Museum)和丹佛表演艺术中心(Denver Center for the Performing Arts),还有该地区的美国职业棒球、篮球和足球队的大联盟队伍。丹佛的奥拉瑞亚高等教育中心(1977,Auraria Higher Education Center)是科罗拉多州最大的校园,在校学生超过 3.7 万人,丹佛的科罗拉多大学、大都会州立学院和丹佛社区学院共享校园。城市的高等私立学校有丹佛大学(1864 年)和里吉斯大学(1877 年,Regis University)。

丹佛的本地人是阿拉珀霍人和南部的夏安人,并于 19 世纪 50 年代中期迎来了第一批白人,丹佛拥有科罗拉多州最多的美洲原住民人口,数量约为 5400 人,主要是拉科塔苏族(Lakota-Sioux)、夏安族(Cheyenne)、犹特人(Ute)和纳瓦霍人(Navajo)。德国人是在丹佛最大的外国族裔人群,直到第一次世界大战,其次是爱尔兰人、英国人、意大利人、斯拉夫人、加

拿大人和斯堪的纳维亚人。除了 1880 年的反华暴乱外,丹佛的种族关系相当融洽。自 1930 年,西班牙裔成为最大的种族群体,导致一些人忘记了在 1858 年到 1959 年间的淘金热之前西班牙定居者就已经在科罗拉多州南部定居了。大约 23% 的核心城市人口是西班牙人和 13% 是非洲裔美国人。近年来,丹佛已经选举了一位西班牙裔市长(费德里科·佩纳[Federico Pena],1983—1991)和一位非洲裔美国人市长(韦林顿·韦布[Wellington Webb],1991—2003)。亚裔主要是华裔、日裔、韩裔和越南裔,在丹佛总人口中占 3%。郊区县的居民绝大多数是白人。

由于它的白领定位,以及通过保护当地历史区域限界,对内城社区所起的稳定作用,丹佛比许多其他美国大城市更稳定和繁荣。原来在联合车站周边的贫民窟,在 20 世纪 90 年代已经转变成一个繁荣的历史街区,包括百万美元地块、高档餐馆、艺术画廊、酒吧和破烂封面书店(Tattered Cover Book Store)。对之前的斯特普尔顿国际机场(Stapeleton International Airpor)、菲茨西蒙斯陆军医院和劳里空军基地的成功再开发,将其改造成居民区和居民商业混合区,这也促进了中心城市的发展。在 1990 年至 2000 年间,中心城市的人口数量自 20 世纪 60 年代后第一次开始增加,从 467610 攀升到 554636。利用 55 平方英里的丹佛国际机场(1993)和轻轨系统(1994),丹佛继续使用交通网络,使它成为高原和落基山脉的大都市。

延伸阅读书目:

● Leonard, S. J., & Noel, T. J. (1990). *Denver: Mining camp to metropolis*. Boulder: University Press of Colorado

Thomas J. Noel 文

王洋译 陈恒校

教育中的种族融合
DESEGREGATION OF EDUCATION

1954 年,美国最高法院在审理"布朗诉教育委员会案"中作出了里程碑式的判决,法官们一致决定将种族隔离学校判定为非法,从而推翻其在 1896 年"普莱西诉弗格森案"中允许"隔离但平等"设施的裁决。然而,到布朗案的五十周年纪念日,一些非洲裔美国人积极分子质疑这场运动的前提,保守的最高法院削减了

之前废除种族隔离法案的范围和期限。在学校里废除种族隔离的现状是岌岌可危的，为了充分认识目前的两难状况，需要对民权斗争及其变革作一个历史分析。

在19世纪美国北部各州的废奴运动背景下，出现了对学校里种族隔离的质疑。法律史学家戴维森·道格拉斯(Davison Douglas)详细叙述了这些斗争导致了法律禁止在马萨诸塞州(1855年)、罗得岛(1866年)、康涅狄格州(1868年)等地的学校里实行种族隔离。坚持到最后的是印第安纳州，1949年州议会废除了所有官方认可的学校种族隔离。然而，白人学校官员在黑人移民的时期经常无视这些法律，特别是梅森-狄克森分界线(Mason-Dixon Line)北部的州：伊利诺伊州、印第安纳州、俄亥俄州、宾夕法尼亚州和新泽西州。例如，俄亥俄州的克利夫兰和哥伦布在19世纪末就有种族融合学校，两者分别在20世纪前10年和20世纪20年代期间彻底改变了政策，故意分配大多数黑人学生的去种族学校，不公正地划分入学区范围，并拒绝黑人老师就职于白人学校。虽然，美国有色人种协进会的瑟古德·马歇尔试图在20世纪40年代组织北方学校废除种族隔离的运动，结果喜忧参半，导致他将注意力主要集中在南部的活动。

美国有色人种协进会细致的基础工作使得在1954年布朗诉教育委员会废除学校种族隔离案中获得了法律上的重大胜利，在南部和边疆各州以法律的形式禁止种族隔离学校。根据历史学家詹姆斯·帕特森(James Patterson)的叙述，最初接受布朗案裁定的城市校区区主要是位于两州交界处的城市——如堪萨斯城、圣路易斯和俄克拉荷马城——这些地区在1955至1956学年中70%有黑白种族混合教室。在巴尔的摩，官方废除公立学校种族隔离的法令导致了其他当局也在教会学校及公共住房问题上宣布了类似的政策。然而，不断出现的下级法院的决定使得南部地区的种族变化速度慢下来。1955年，联邦地方法院的判决，也就是大家熟知的"布里格斯的名言"(Briggs Dictum)，将布朗案解释成宪法没有规定要融合；相反，它禁止政府实施融合政策。一年后，越来越多的白人抵抗运动集会于反对联邦干预的《南方宣言》(Southern Manifesto)旗帜下，因其1957年积极反抗在阿肯色州的小石城中央高中废除种族隔离并获得了国家的重视。尽管联邦废除种族隔离政策最终占了上风，但许多南方地区用渐进式的招生做法取代正式的种族隔离屏障，这只不过是表面服从，事实上是维持现状。1964年，布朗案后的10年，98%的南方黑人学生仍然就读于种族隔离的学校。

在南部的聚焦中心外，1954年的布朗案裁决也激励了北方激进分子。许多人坚持认为，最高法院关于"种族隔离的学校是不平等的"的裁决同样适用于北方城市，在这些城市中黑人移民逐渐增长并高度聚集。布朗案重新激起学校废除种族隔离的抗议活动，早些年全国有色人种协进会的分支就在纽约、底特律和费城开始了这种抗议活动。1957年，芝加哥的全国有色人种协进会质疑黑人学校的存在，这是代表了一次历史性转变，不管是什么原因。在**法律上**的种族隔离(由法律规定)和**事实上**的种族隔离(事实上，例如通过住房模式)的斗争在北部法庭开始，虽然多年来法律也尚不清楚这一区别。

布朗案10年后，由于种族参与模式的微弱变化，在20世纪60年代和70年代初期学校废除种族隔离的倡导者游说争取更积极的措施来整合教室。约翰逊政府通过威胁取消《1965年初等和中等教育法案》(Elementary and Secondary Education Act of 1965)中的第1款补偿资金来对学区施压，迫使其服从。此外，最高法院的判决背离了"布里格斯的名言"，以往种族隔离的学校现在必须有责任去减少1968年格林诉新肯特县(Green v. New Kent County，弗吉尼亚州)判决中的所有种族歧视行为。三年后，最高法院授权使用特定政策手段——包括强制性的校车，重新划定入学区和限制性种族平衡配额——来对抗斯旺诉夏洛特-梅克伦堡案(北卡罗来纳州)判决中的种族隔离影响。到1973年，法院积极性废除学校种族隔离制度的判决，随着凯斯诉丹佛案(Keyes v. Denver)进入了北部和西部地区。尽管有些历史学家，如黛安·拉维奇(Diane Ravitch)批评布朗立法轨迹，认为其从摒弃种族偏见的高尚目标转向了为种族意识而进行的斗争，也有历史学家，如詹姆斯·帕特森反驳说，在白人强烈地反对种族平等的情况下，调整废除种族隔离政策是情有可原。

但是，大家一致同意，最高法院积极的废除种族隔离裁决很快在城市郊区界线上来了个急刹车。在1974年米利肯诉布拉德利案中，意见不统一的法院取消了将底特律黑人学校和周边的白人郊区学校合并为一个大都会学区的计划，因为其缺乏证据表明郊区学校故意隔离学生。在如波士顿这样的北部城市中，白人反校车示威者暴力反抗联邦法院计划，这一计划将工人阶层的黑人和白人社区的融合，而不涉及上层社会的白人。各种各样的批评者指责法院的命令有可能会把白人从北方城市赶走，但历史学家则认为，郊区化早就在20世纪70年代前就已经存在了。

然而，在过去的 20 年中，肯定的废除种族隔离政策不断紧缩。某些美国黑人民权活动家，如前全国有色人种协进会律师小德里克·贝尔（Derrick Bell Jr.）和罗伯特·卡特（Robert Carter），质疑那些为了实现种族平衡的手段是否已经偏离他们对于布朗案最初承诺的观点：提高黑人学生的教育质量。此外，社会科学家们全面地回顾了学术文献，普遍认为，学校废除种族隔离制度对黑人学生成绩的积极影响相对较小。最重要的是，在里根执政期间，白人保守派的兴起大大改变了联邦法院的对废除种族隔离案的观点。在 1990 年，俄克拉荷马城教育委员会诉道尔案（*Board of Education of Oklahoma City v. Dowell*）中，最高法院裁定，当种族隔离的残余实际上消失殆尽时，这个区可以解除废除种族隔离的命令。尽管哈佛大学民权项目和其他组织的研究报告发出关于种族隔离卷土重来趋势的警告，美国人已经不再认为公立学校应该承担整个社会处理种族隔离问题的责任。

延伸阅读书目：

- Bell, D., Jr. (Ed.). (1980). *Shades of brown: New perspectives on school desegregation*. New York: Teachers College Press.
- Douglas, D. (2005). *Jim Crow moves north: The battle over Northern school segregation*, 1865–1954. New York: Cambridge University Press.
- Patterson, J. T. (2001). *Brown v. Board of Education: A civil rights milestone and its troubled legacy*. New York: Oxford University Press.
- Ravitch, D. (1983). *The troubled crusade: American education*, 1945–1980. New York: Basic Books.
- Schofield, J. W. (1996). Review of research on school desegregation's impact on elementary and secondary students. In
- J. A. Banks & C. A. M. G. Banks (Eds.), *Handbook of research on multicultural education*. New York: Macmillan.

Jack Dougherty 文

王洋译　陈恒校

密歇根州底特律市
DETROIT, MICHIGAN

21 世纪初，底特律是世界闻名的汽车城，也是动力之城（Motor City），一种与众不同的美国城市黑人音乐的发源地。底特律是美国最早的工业城市之一，从作为皮毛交易基地成立后，底特律已经历数次转型。

1701 年 7 月 24 日，安东尼·门斯·凯迪拉克（Antoine de la Mothe Cadillac）作为法国政府的代理人，同时也是一位希望在新法兰西发财的商人，和一小部分士兵、农民、皮毛商和航海者在底特律河的狭道——De Troit，即"海峡"——上了岸。他们建造了庞恰特雷恩堡，在此后的 100 年中，底特律在人口和文化上以法国为主。

底特律位于五大湖航道，这对城市的发展产生了巨大的影响。在建成后的第一个百年里，它是五大湖区的皮毛贸易中心，也是战略军事点，控制底特律河的一段航道。在争夺北美的战争期间，底特律曾多次成为法国、英国和美国争夺的焦点。1760 年，七年战争期间，罗伯特·罗杰斯（Robert Rogers）少校为英国人占领了底特律，控制了堡垒和村庄，直到 1796 年它被割让给美国。

1805 年当底特律被大火夷为平地时，它仍然是一个约有 1000 人的小贸易站。在五大湖区的绝佳地理位置，它很容易得到来自明尼苏达州和密歇根上半岛的铁矿原料。在这一时期，随着 1825 年伊利运河的开通，将从美国东部到底特律旅程时间从数周减少到数天，密歇根地区经历了巨大的移民定居浪潮，这导致了其在 1837 年的建州。底特律成为美国 19 世纪增长最快的城市之一。到 1900 年，底特律成为美国重要的工业城市之一、世界领先的铸铁炉生产商和国内领先的铁路车辆和船舶生产商。

在社会层面，底特律一直是移民的目的地。它对于商人和投机者而言是一个充满机遇的地方，对工人阶级和成千上万来自世界各地以及来自美国其他地区的移民而言是天堂。结果，在 19 世纪末和 20 世纪初，大量的德国人、匈牙利人、爱尔兰人、意大利人、波兰人、俄罗斯和其他族裔使底特律成为美国民族最多元化的城市之一。在美国内战前的数十年间，底特律也是地下铁路（Underground Railroad）的一个重要终点站，数以千计的从南部来的逃亡奴隶经底特律逃至加拿大。

底特律最重要的转变发生在 20 世纪的第一个十年，开始于 1896 年的第一批汽车——查尔斯·布雷迪·金（Charles Brady King）和亨利·福特的"不用马拉的车"。1914 年，福特在他的高地公园组装厂安装了组装流水线，底特律成为世界领先的汽车生产商和当之无愧的汽车城。从此以后，底特律的经济发展和汽车制造紧密地联系在一起。

随着底特律汽车工业的发展，这个城市经历了前所未有的增长，人口数量从 1900 年的 28.6 万增长到 1930 年的 160 万。事实上，20 世纪大部分时间中，底特律的汽车产业中有无数的熟练和非熟练工作虚以待位。直到 20 世纪 80 年代，在底特律，即使是那些没有受过教育、不懂技术或英语不熟练的人都可以找到一个制造汽车和卡车的高薪工作。

在 20 世纪 30 年代，底特律被誉为工会大本营。随着汽车工人联合会（United Automobile Workers）领导的"伟大的弗林特静坐罢工"（Great Flint Sitdown Strike）于 1937 年 2 月结束后，汽车城的面包店、廉价商店、汽车装配厂、旅店、雪茄工厂和其他许多地方爆发了一波又一波的数百个静坐罢工。底特律多年来是全国首屈一指的"劳工城"（Labor Town）和联合汽车工会的总部，在其鼎盛时期有超过 150 万名会员。

底特律的制造业实力在二战期间被展示出来。1941—1945 年间，底特律工人为同盟国军最后的胜利做出了重大贡献。许多男人和女人，黑人与白人加入了军队，但那些在底特律和密歇根的工厂工作的人生产了 25% 的同盟国战争原料——坦克、轰炸机、飞机发动机、炮弹、机枪和许多其他战争需要的产品。

战争结束后，底特律又经历了另一次转变。1950 年，它是全世界重要的工业中心，人口数量最多的 1950 年有 180 万，美国市场上 90% 的汽车和卡车是由底特律的汽车制造商生产的。然而，底特律作为汽车制造中心和全国第四大城市，在此时开始缓慢衰败。两个虽小但历史悠久的汽车公司——哈得逊（Hudson）和帕卡德（Packard）公司——一直在底特律生产汽车直到 20 世纪初倒闭，二战后，它们无法与三巨头汽车公司（通用、福特、克莱斯勒）和其他较小的美国汽车公司竞争。此外，德国、日本和其他国家的汽车制造商开始在美国销售汽车。国外进口市场份额逐年增加，到 2005 年，只有 50% 美国市场销售的车辆是由美国公司生产的。

伴随着底特律汽车制造业的变革，其在人口方面也发生了变化。随着高速公路的修建和郊区的新工厂正在取代底特律老旧的装配厂，就业和人口开始离开这个城市。大多数移民是白人；因此，被称为"白人逃逸"（white flight）。到 1960 年，城市近半数人口是黑人。到 20 世纪 70 年代初，黑人社区成为城市的大多数，到 2000 年，底特律 80% 以上的人口为黑人。

虽然从大约 1720 年第一批黑人奴隶到达底特律开始，黑人便居住在底特律，但他们的社区仍然很小，直到一战和二战时期黑人从南部到北部城市的大迁徙。他们主要是汽车行业的高薪工作所吸引，底特律也被认为是黑人定居的好地方。在 20 世纪 60 年代，它被称为示范城市，在这里黑人和白人和平共处。历史上存在种族冲突，19 世纪 30 年代，19 世纪 60 年代和 1943 年都爆发了种族骚乱，但底特律也是民权运动的基地，许多著名的底特律黑人在其中扮演了重要角色。例如，在 1963 年，底特律有 15 万以上的居民参加了"向自由进军"（March to Freedom），马丁·路德·金首次推出了他著名的《我有一个梦想》（*I Have a Dream*）的演讲。1959 年，小贝里·戈迪（Berry Gordy Jr.）创办了摩城唱片公司，在 20 世纪 60 年代发行了数百张唱片，以黑人独特的声音为特点，将底特律呈现在世界音乐地图上。

然而在 1967 年，底特律的种族关系达到了一个危机点，当 7 月 23 日在警察突袭了一家"盲猪"（Blind Pig），也就是地下酒吧，成为那个时代美国历史上最严重的种族骚乱的催化剂。美国陆军伞兵 3 天后最终平息了这场骚乱，骚乱造成了超过 5000 万美元的财产损失，数千人被捕，44 人死亡。始于 20 世纪 50 年代的白人逃逸在此时达到顶峰。在短短的几年内，底特律的市民大多数是黑人，1974 年，该市选出第一位黑人市长科尔曼·扬（Coleman A. Young）。从那时起直到今天，底特律仍然是美国黑人人口占多数的最大城市。

220

21 世纪初，底特律又再次经历转型。底特律大都市区人口超过 400 万，但城市本身的人口却减少至大约 90 万人。随着计算机的出现、机器人技术的使用和外国竞争者的日增，汽车制造业的就业也有同样地大幅缩减。

底特律大都市区仍然是汽车城。尽管它不再比地球上其他任何地方生产的汽车和卡车更多，但它成为了世界汽车的技术和研究中心。它仍然是美国最重要的制造中心和最大的都市区之一。底特律的未来和汽车业的未来紧密联系在一起，就这一点来说，具有丰富的专业技术和研究设施，这极有希望有助于底特律的再次重新崛起。

延伸阅读书目：

● Boyle, K. (2004). *Arc of justice: A saga of race, civil rights, and murder in the jazz age*. New York: Henry Holt.

● Farmer, S. (1890). *The history of Detroit and WayneCounty and early Michigan: A chronological cyclopedia of the past and present*. Detroit, MI: Silas

Farmer.

- Lichtenstein, N. (1995). *Walter Reuther: The most dangerous man in Detroit*. Urbana, IL: University of Illinois Press.
- Sugrue, T. (1996). *The origins of the urban crisis: Race and inequality in postwar Detroit*. Princeton, NJ: Princeton University Press.
- Zunz, O. (1982). *The changing face of inequality: Urbanization, suburbanization, industrialization and immigrants in Detroit, 1880–1920*. Chicago: University of Chicago Press.

Michael O. Smith 文

王洋译　陈恒校

戴维·丁金斯
DINKINS, DAVID N.

戴维·丁金斯(1927—)出生于新泽西州特伦顿市,1945 年参加美国海军陆战队,1950 年毕业于霍华德大学。在朝鲜战争中服役后,他 1956 年毕业于布鲁克林法学院并进入政界。丁金斯加入了哈莱姆区民主党,1965 年当选为该区的纽约州议员。他曾任选举委员会的主席(1972—1973)和市秘书(1975—1985),在 1985 年当选为曼哈顿区长。

由于纽约市种族紧张关系上升,许多民主党人认为,丁金斯不会像市长爱德华·科克(Edward I. Koch)那样引发争议,将其视为科克的替代者。丁金斯以种族关系修复者的身份参与竞选,在 1989 民主党初选中击败了科克。在城市自由主义者和黑人的大力支持下,丁金斯在市长普选中继续击败鲁道夫·朱利安尼(Rudolph W. Giuliani),成为纽约市的第一位非洲裔美国人市长。

在市长任期内,丁金斯给人们留下的印象是他没有能力消除城市根深蒂固的种族分裂。他在谴责在布鲁克林区弗拉特布什街韩国杂货店外进行抗议的黑人示威者方面表现迟缓,这惹怒了许多白人。1991 年,丁金斯被斥责因为没有调用警力去干预布鲁克林区皇冠高地的种族纷争,在那里暴乱者攻击哈西德派居民,洗劫商店,并杀死了一名希伯莱学生。第二年,丁金斯因为处理曼哈顿区华盛顿高地警察和多米尼加人之间的骚乱而再次遭到批评。

丁金斯的市长任职也受不景气的经济的束缚。强大的工会和财政限制阻止了丁金斯为市政雇员增加工资,并有效地攻击无家可归问题和其他社会问题。可卡因的泛滥增加了城市里的暴力犯罪,1990 年就有 2245 名罪犯被关押。丁金斯和警察局长雷·凯利(Ray Kelley)因 20 世纪 90 年代纽约犯罪率的下降而获得赞赏。他们增加更多的警力,并加强对小犯罪的关注,使城市的犯罪率在丁金斯任期后两年时显著下降(谋杀案的数量下降了 14%)。在 1993 年,朱利安尼组织一个社会治安平台,以微弱的优势战胜了丁金斯,使丁金斯这个第一位黑人市长只当了一届。

败选后,戴维·丁金斯成为哥伦比亚大学国际和公共事务学院的教授和电台名人。1999 年,因抗议一个手无寸铁的非洲移民阿马杜·迪亚洛(Amadou Diallo)被四名白人警察枪杀,丁金斯成为被捕的著名美国黑人之一。

延伸阅读书目:

- Freeman, J. B. (2000). *Working-class New York: Life and labor since World War II*. New York: Basic Books.
- McNickle, C. (1993). *To be mayor of New York: Ethnic politics in the city*. New York: Columbia University Press.

Dan Wishnoff 文

王洋译　陈恒校

迪士尼乐园
DISNEYLAND

迪士尼乐园是一个游乐园,它已经进入了英语辞典和全球想象力之中。1955 年,沃尔特·伊莱亚斯·迪士尼(Walter Elias Disney, 1901—1966)在加利福尼亚州安纳海姆市创办了他的新游乐园,后来又开辟了一个被橘树果园所环绕的小社区,邻近新高速公路。通过向全国电视直播首次亮相,再加上经典动画电影中的骑乘游乐设施和动画人物,迪士尼乐园取得了巨大的成功,成为美国最受欢迎的旅游景点之一,到 20 世纪 60 年代每年的观光者达 500 万人次,到 1970 年,这个数字超过了 1000 万。

当迪士尼推出了新的公园,他邀请游客在现实场景中接触他的电影和卡通人物。然而,这不仅仅是电影形象的复制,游客可以享受到几个各有特色并且相互独立的游乐场景。其中包括边疆世界

（Frontierland），是美国西部先驱的概况；对美国小镇大街的怀旧；探险世界（Adventureland），主要关于异国文化和热带风情；幻想世界（Fantasyland）的童话王国，在这里每个梦想都能实现；以及引人入盛的明日乐园（Tomorrowland），游客可以乘坐旋转木马进入"伟大美好的明天"。

迪士尼乐园将人们对小城镇的怀旧之情和对未来科技的乐观主义天衣无缝地结合在一起，正如所有的技术、基础设施和运营公园所需的劳力都被隐藏在无忧无虑的面纱之下。这种幻象符合其创造者的个性，这是一个对自己并不怎么快乐的童年充满怀念并白手起家成为传媒大亨的人，他曾赌上全部身家推出他的第一部电影，并又一次赌上全部身家构建了他的游乐园。迪士尼在美国媒体和文化上的主导地位无人能敌，而且成功地设计出一个和蔼可亲的老爷爷形象，并定期在家庭电视屏幕上出现。

游乐园使迪士尼在他的创造物各个方面拥有全面的控制权——建筑、各个园区的主题、员工的装扮和行为、甚至进园游客的类型。迪士尼的"幻想工程师"团队在游戏园的方方面面进行精雕细琢。因此，美国小镇大街上的建筑物建造得比原尺寸略小，这样不会吓到小孩子们，也再次确认了成年人的观点，童年时见过的东西要比记忆中的小些。其结果是完全控制和精心设计的游客体验，很多游客觉得比较舒适，但许多评论家视为麻烦。

迪士尼乐园有多个起源，有些来自沃尔特·迪士尼的经历。美国小镇大街是仿造密苏里州马瑟林市，一个迪士尼充满了不愉快和流浪童年的地方。迪士尼的父亲伊利亚斯曾从事若干职业，但绝大多数没有取得成功。然而，他曾在1893年的哥伦比亚世界博览会的场地工作，帮助建筑令游客惊叹的"白城"。世界博览会自然成了迪士尼公园的模板，它将游戏与娱乐结合起来，并道德提升和爱国主义的感觉。

迪士尼对于游乐园的设想是，不仅可以娱乐，还可以教育游客，而且说服自己避免创建那种他不想要的公园类型。游客为了追寻电影的魅力一窝蜂似的涌入好莱坞，却仅找到一个破旧的、被遗弃的街道。他可以给他们一个更吸引人的有好莱坞梦想的情景，完全适合家庭消费群。然而，迪士尼的最糟透了的一课堂来自于科尼岛，它是纽约古老的主题公园。科尼岛接待了几代游客，但迪士尼发现它的排斥性——脏、乱、差、充满了怪异的杂耍，他决心创造一个刚好相反公园。

迪士尼乐园创办的最后一个关键因素是为了游乐园所在地——南加利福尼亚。这一观点比较新颖，将游乐园视为迪士尼对南加利福尼亚的批评，尤其是洛杉矶的蔓延和烟雾。园区周边的橘树给公园的发展让路，迪士尼建造土护堤阻挡外面世界的目光，表现出防守性的姿态。然而，南加利福尼亚——以及它提升和想象的方式——在许多方面对游乐园的形成起到了重要的影响。在某些方面，游乐园是西部和加利福利亚式的——从边域乐园到美国小镇大街再到驰车天地（Autotopia）——孩子们所幻想的高速驾车，交通从不混乱，大家都待在适当的车道里。也许可以将迪士尼乐园想象成它的创造者理想化的南加利福尼亚，紧凑而完美，井井有条，城市生活的零乱现实和并以未来主义单轨的形式配备了良好公共交通系统。

外来文化入侵了他的魔法王国，最终导致迪士尼将目光从南加利福尼亚扩展到佛罗里达州，他在那里购买了43平方英里建造了一个新的游乐园，叫做沃尔特·迪士尼世界（Walt Disney World）。其他国家的游乐园也紧随其后，从巴黎城外的欧洲迪士尼到日本游乐园。这些游乐园表明了迪士尼电影和它们乐观的世界观的全球吸引力。

然而，也许最有趣的证明发生在最初的游乐园中。1959年，苏联总书记尼基塔·赫鲁晓夫和他的妻子尼娜·佩特罗弗纳·赫鲁晓夫飞到洛杉矶，和好莱坞工作室负责人以及电影明星们共进午餐。午餐期间，赫鲁晓夫夫人向鲍勃·霍普（Bob Hope）提出请求，说她真正想要的是去趟迪士尼乐园。沃尔特·迪士尼是一个坚定的反共分子，他不能容忍苏联总书记和他的妻子在他的游乐园中嬉戏，拒绝了她的要求。赫鲁晓夫可能无法参观迪士尼乐园，但他们想要去迪士尼的愿望证实了迪士尼已成为一个全球性的现象。

延伸阅读书目：

- Findlay, J. M. (1992). Disneyland: The happiest place on earth. In *Magic lands: Western cityscapes and American culture after* 1940 (pp. 52 - 116). Berkeley, CA: University of California Press.
- Marling, K. A. (Ed.). (1997). *Designing Disney's theme parks: The architecture of reassurance*. New York: Flammarion.
- Schickel, R. (1997). *The Disney version: The life, times, art and commerce of Walt Disney* (3rd ed.). Chicago: Ivan R. Dee.

Lawrence Culver 文

王洋译　陈恒校

下城
DOWNTOWN

大多数美国人认为下城是大都市区的核心。涌入人们脑海的是壮观的天际线、明亮的灯光、繁华的街道和人行道以及充满活力的市政空间。然而，给下城下一个准确的定义却是十分困难的。这个词是没有任何法律或政治含义，所以它的边界可能是流动且模糊的。然而，它的核心是一个城市的中央商务区，包括写字楼、酒店和会议中心。除了核心部分外，下城通常包括文化和娱乐区、公共建筑以及由旗舰店和小零售店组成的商业走廊。下城是企业和政府权力的焦点，它也是个将各种各样的人汇集起来的地方，从最富有的企业高管和专业人士到，最潦倒的穷人——他们游荡在夜晚的街道，只为寻找一个睡觉的地方。

下城的财富随着时间不断变化。它的辉煌年代是在 20 世纪早期，每天数百万人聚集在下城工作，在名牌商店购物，或者在电影院、剧院、爵士乐俱乐部、舞厅或酒吧休闲娱乐。20 世纪中叶，工作和居民分散到郊区，给下城敲响了丧钟，磨灭了它的活力，导致许多观察家推测它可能过时了。然而，在 21 世纪开始时，许多城市的下城经历了一次复兴，促使一些学者重新考虑它在美国未来的位置。

起源和早期发展

历史学家罗伯特·福格尔森（Robert Fogelson）将下城这个词的起源追溯到 19 世纪初，当时纽约人用它将曼哈顿南部从那些发展迅速的北部地区区分开来。但是，下城在纽约等美国城市中日益显现出它的功能性。从根本上说，下城是一个商业活动集中的场所，其形态结构受 19 世纪一些重要的发展趋势的影响。第一，工业经济的繁荣对管理功能空间的需要日益增长。随着商业和金融机构的扩张，提供必要支持服务的商业也挤进这一区域，如法律咨询、保险、印刷和广告。企业争相获取那些在下城中心、享有盛名的建筑大楼中的办公空间。

第二个造成下城崛起的因素包括如电梯、电力和钢铁框架结构此类的技术革新，其使商业开发商可以建造垂直建筑而不是水平建筑。1871 年的大火近乎摧毁了整个芝加哥商业区，之后城市领导者渴望重新建设，并希望在芝加哥实验一些新的建造技术。1883年，10 层高的第一家庭保险大楼落成，它是第一座钢筋结构的建筑。十年间，许多 15 至 18 层的钢架高层建筑在芝加哥拔地而起，见证了其商业区的复兴。不久，类似的办公楼开始出现在纽约、布法罗和匹兹堡，从而改变这些城市的下城。

最后，交通技术的发展进一步影响了下城的演化。由通勤铁路、缆车、有轨电车和地铁组成的公共交通系统的发展便利了居住分散的居民，使中上层阶级家庭逃离拥挤的中心城市，到周边的田园般环境定居。然而，这也对商业活动的集中产生影响，因为这样的运输系统以商业区为中心，向周边辐射状的布局。总之，商业和金融经济扩展，高层办公建筑建造技术的进步，以及公共交通系统的发展，这三者在中心城市相结合，使商业区成为大都市区内发展商业最便利和最理想的地方。事实上，对办公空间需求的扩大，使下城的房产价值上涨，从而挤压了其他土地使用，尤其是工业和住宅用地。到 19 世纪末，现代繁华的下城已经形成：它是商业和金融集中地，在高层写字楼中安家落户的企业越来越多，这些写字楼远离人来人往、拥挤嘈杂的街道。

黄金时代

1900 年后，下城扩张速度越来越快。随着工程技术的提高，开发商能够建造更高的办公楼。企业领袖们支持建造摩天大楼，不只是因为摩天大楼在工作环境方面的实际优势，也因为他们看中了它的气派和公司广告效应。在 20 世纪之交，纽约市天际线自称有 12 座高度超过 250 英尺的摩天大楼，大企业互相竞争看谁能建造最高的办公大楼。仅仅几年后，抵达纽约港的移民也会惊叹下曼哈顿区庞大的建筑，如 600 英尺高的胜家大楼（Singer Building，1908），700 英尺高的大都会人寿大厦（Metropolitan Life Building，1909）和 792 英尺高的伍尔沃思大厦（1913）。摩天大楼的现象也不仅限于纽约和芝加哥，例如，西雅图的史密斯塔，1914 年延伸到 42 层。然而，摩天大楼仍然是一个独特的美国现象；大多数欧洲城市抵制建造到云边的诱惑，实施对高度的限制，如在维也纳高度不得超过 82英尺，苏黎世仅仅只有 43 英尺。

20 世纪的前十几年是以下城的鼎盛为标志的。大城市的耀眼天际线向世界宣布美国作为经济发动机的出现，与英国、法国和德国平起平坐。下城的写字楼散发着权力和未来的信心，它为大都市区提供数以千计的就业机会。许多人涌进在下城的百货公司、文化机构、剧院、餐馆和酒吧。在 1927 年波士顿典型的一天中，有近 82.5 万人来到下城，这个数字超过了整个城市的人口。下城正是这些行为发生的地方。它是美国大都市区充满活力的中心。

然而，下城的繁荣并非没有代价。摩天大楼使下面的街道变得黑暗、寒冷和多风，降低了周边地产的价值，古老的建筑缩在新的庞然大物的阴影之下。满载通勤者和购物者的有轨电车和汽车来到下城，在交通高峰期造成交通缓慢如爬行。在一些城市的人行道上挤满了忙碌的路人。总之，生意十分红火，但下城的快速增长所导致的后果也吸引了城市规划者和商业领袖的关注。

为了尽量减少摩天大楼对环境和审美所造成的负面影响，一些城市实行建筑高度限制。1916 年，纽约采用一份综合区划条例，要求减少摩天大楼，保持街道上阳光和空气的充足，其他城市也纷纷效仿纽约。此外，市领导还尝试通过建设高架列车或地铁系统，缓解交通拥堵。一些城市，如纽约、费城、波士顿和芝加哥，采用了这些策略，但大多数城市对于地铁建设的高成本和高架列车的不雅观及噪声犹豫不决。

分散

下城的拥挤和昂贵的房地产触动了一些企业，包括商场、娱乐企业和其他零售场所，搬到商业区之外，在这里可以更接近他们的居民客户。次级下城开始在城市和郊区萌发。到 20 世纪 20 年代，城市周边零售业的发展速度要比核心区快得多。大萧条前夕，商业区不再是大都市区唯一重要的商业区域。中心商业区这个词使用得越来越普遍，强调了下城仍是主要的区域，但不再是唯一的商业区。

或许造成分散最重要的原因是美国中产阶级的汽车使用量激增，他们通过使用汽车，可以住到离中心城市更远的地方。1910 年，美国有 50 万辆汽车；到 1930 年，由于亨利·福特大规模生产创新，达到 2300 万辆，大大降低了汽车的购买价格。随着越来越多的人迁移到周边，仍然有许多人往返于下城上班，但越来越多的人不再前往下城。大萧条的出现进一步加剧了商业区的凋零，办公楼宇停止增长，而商业和零售企业继续搬往次级商业区。

为了应对这种分散，下城商业领袖组成宣传团体，他们提出繁华的下城对整个大都市居民来说是必不可少的。他们声称下城引起了城市税收份额的不均衡，因为对下城地产价格的过高估算，却享受到极少的公共服务。此外，下城还为地区就业基础提供了大量份额。1938 年，全美地产商联合会（National Association of Real Estate Boards）发起了一场运动，提出了由于分散所产生的一些问题。它新成立的研究附属机构，城市土地研究所（Urban Land Institute），两年后发表的一份报告题为《分散：它对我们的城市做了什么?》（Decentralization: What Is It Doing to Our Cities?）下城领袖们积极推行两种策略。首先，他们试图重新振兴商业区，主要利用公共交通系统的革新，改善人们进入下城的途径，以往下城的公共交通系统被普遍批评为缓慢、不舒适和不可靠的，而且建造连接下城与郊区的高速公路。就后者而言，城市将需要大大增加市区停车场供应。第二，下城倡导者认为，中心商业区周边区域的衰败，妨碍了新的资本投资。他们提出的补救措施是大量清理贫民窟和大规模发展中上层阶级的住房，这大概会提高下城的投资环境。

这些城市更新策略重要的资金支持来源于华盛顿特区。在《1949 年住房法》第 1 款的规定下，联邦政府为地区再开发当局指定的衰败区清理提供高达三分之二的补贴。再开发当局的征用权力下，地产被攫取。在现存结构被拆除和土地被清理之后，城市将土地大打折扣，出租或出售给私人开发商。虽然第 1 款最初是为了缓解美国城市中体面价廉住房的严重短缺，但是，下城利益相关者和他们的盟友成功地说服国会修改法律，这个法律变成下城重建的工具。像匹兹堡、费城和纽黑文市这样的城市，率先使用第 1 款拆除核心商业区和周边的衰败土地，并在其上建造商业办公楼、市政建筑、停车场和高档住宅。此外，通过《1956 年联邦高速公路法》（The Federal Highway Act of 1956），联邦政府进一步改善了下城的可进入性，提供大量的补贴支持连接中心城市与新兴郊区的高速公路的建设（而不是公共交通）。城市更新的冲击和下城高速公路的建造，完美地融合在一起。虽然商业区被装饰一新，却也没有使居民和就业免于受伤害。同时，这两个项目都对那些碰巧居住和工作在推土机路径上的居民和小企业主造成了灾难性的影响。黑人和拉丁裔社区成为重建当局的重点目标，这一做法在民权时代的鼎盛期激起了种族主义的控诉和在市政厅抗议的增多。

即使在城市更新被淘汰后的 1974 年，城市领袖们仍继续推动下城开发，将其视为复兴城市的关键。许多观察家认为这种政策选择是违反常理的，原因在于铁锈带城市制造业的严重下滑已经对下城外围的社区造成了严重破坏。但是，当这些社区迫切需要重建援助的时候，政府官员反而选择将稀缺的资源投入到下城，在假设市中心的繁荣下城，后工业化的经济建立在企业服务、信息、技术上，会产生新工作和税收刺激美国城市的振兴。

许多城市的下城受益于这种企业中心战略。商业办公建筑崛起于 20 世纪 60 年代,增长于 20 世纪 70 年代,长足发展于 20 世纪 80 年代。市长们以他们新商业区的天际线为豪,宣称这是城市复兴的到来。不过,总的来说为城市居民提供高薪工作和为周边社区改善公共服务的下城投资,并没有产生实质上的效益。这种不平衡的发展模式往往导致"双城记",充满闪光的办公大楼和酒店的繁华下城,被一大堆苦苦挣扎和贫困的社区所环绕。草根阶层动员起来支持更为平等的政策,有些城市已经出现这种政策,在旧金山和波士顿出现了意义重大的改革。但是,社区活动家们时常被政府官员和私人团体所阻挡,他们掌握充足资源、具有优越组织能力,以及制订日程承诺复兴繁荣的核心商业区。

复兴

近年来,下城发展的推动力从商业写字楼的发展转向了住宅发展和艺术、娱乐、运动和旅游。在某些情况下,商业区通过复制郊区环境,创造安全和卫生的购物娱乐中心,以此吸引游客。在像巴尔的摩和圣迭戈这样的城市里,节日市场和中心城市商场非常受欢迎,虽然学者们批评其排外性。更广泛地说,有些人指责城市规划者们试图将下城变成旅游泡沫和主题公园,这个复兴战略忽略了城市生活的独特魅力,也未能解决以前的城市发展政策不公平问题。然而,其他的举措将人们引入下城工作、生活和娱乐,使下城有可能成为多数人口的出游目的地。有些城市推进新的发展,如土地使用的多样化、混合居住住宅、历史保护区、适于步行的街道,已经成功地激起了人们对商业区生活的新兴趣。在过去的十年中,人口统计学家已经证明下城居民数量明显增加,特别是那些希望居于多样化和城市氛围中,邻近工作和娱乐地点的年轻的专业人士、男同性恋者和女同性恋者,以及空巢老人们。下城成为多元化社区汇聚于多样化的城市空间中,促进了商业区是"每个人的社区"这一民主思想的地方。在 21 世纪,下城已不再像以往那样,是城市的主中心,但在许多地区,它仍然是大都市区的核心。

亦可参阅:金融区(Financial Districts),摩天大楼(Skyscrapers),城市更新与复兴(Urban Renewal and Revitalization)

延伸阅读书目:

- Abbott, C. (1993). Five downtown strategies: Policy discourse and downtown planning since 1945. *Journal of Policy History*, 5, 5 - 27.
- Fogelson, R. M. (2001). *Downtown: Its rise and fall*, 1880 - 1950. New Haven, CT: Yale University Press.
- Ford, L. R. (1994). *Cities and buildings: Skyscrapers, skid rows, and suburbs*. Baltimore: Johns Hopkins University Press.
- Gratz, R. B., with N. Mintz. (1998). *Cities back from the edge: New life for downtown*. New York: John Wiley.
- Judd, D. R., & Fainstein, S. S. (Eds.). (1999). *The tourist city*. New Haven, CT: Yale University Press.
- McGovern, S. J. (1998). *The politics of downtown development: Dynamic political cultures in San Francisco and Washington, D. C.* Lexington: University Press of Kentucky.
- Robertson, K. A. (1995). Downtown redevelopment strategies in the United States: An end-of-the-century assessment. *Journal of the American Planning Association*, 61, 429 - 438.
- Teaford, J. C. (1990). *The rough road to renaissance: Urban revitalization in America*. Baltimore: Johns Hopkins University Press.

Stephen J. McGovern 文

王洋译　陈恒校

饮酒场所
DRINKING PLACES

虽然任何地方都可以饮酒,但是大多数人寻求一个可以提供交往的机会、基本的食物和充足的酒水的地方。当然,酒吧就是为了这个目的设计的,它们表现出各式各样的形式,主要取决一些因素,如顾客对象、室内摆设和当地酒类专卖法。其他像酒店和共济会这样的地方,在履行其他功能时,也可以作为饮酒的场所。户外场所——从公园到天台——也可以饮酒。最后,即使是非常简陋,但对一些人来说,没有比家更适合饮酒的地方了,无论是自己的住所或是亲戚、邻居或朋友的住所。

既然有这么多的选择余地,有人可能会认为喝酒人愿意把所有的时间都花在探索和品尝他们能找到的每一个地点上。但这种从这家喝到那家的情况并不常见，年轻的狂欢者、游客、或是被一家家赶出来的令人讨厌的人或许除外。相反，最有经验的人选择一个或两个定期光顾的酒吧。对他们来说，喝酒是在熟悉的环境里联络感情。大城市里各式各样的饮酒场所中，最具吸引力的就是饮酒者可以选择最适合他们的特定位置。

"一个人走进一家酒吧"，笑话开始，每个人马上都可以画出熟悉的场景：长木柜台，顾客们坐在酒吧的高脚凳上，酒保背靠壁镜框站着，准备着酒瓶、杯子和各式工具。靠近桌子的是自动点唱机或台球桌，后面是洗手间，这样的酒吧构成了在美国城市中最常见的饮酒场所。

然而，尽管大多数城市酒吧有类似的基本布局和设施，但它的所有者和常客却使每个酒吧都成为了一个独具特色的饮酒之地。不同等级的酒吧具有明显差异。标准的酒吧注重实用和简洁，其装修设计主要以工人阶层为对象。家具坚固，玻璃器皿是大规模生产的，自动点唱机令人兴奋，台球桌是身材魅力的展示窗。相比之下，鸡尾酒会则是迎合中上层阶层的情感，带软垫的椅子和隔开的小间、柔和的灯光、轻曼的音乐和雅致的装饰让人联想到设备齐全的起居室。另一个极端是下等酒馆，其装饰简陋、酒水低廉、音乐嘈杂和普遍不羁的气氛。就每一类而言，很少有不同等级的顾客愿意或乐于混合在一起。

其他区分饮酒场所的因素包括种族、职业和特殊利益。在少数族裔社区中的城市酒吧，从小意大利到唐人街，为了迎合它们的顾客在，酒吧在酒、食品、装饰和娱乐中突出文化特征。那些迎合特殊的职业群体，如音乐家或水手们的酒吧经常展示从乐队乐器到钓鱼网似的适合的装饰品。还有其他的酒吧以各式各样特殊类型的顾客为主要目的人群，包括摩托车爱好者、电脑迷、怀旧者、都市牛仔、雅皮士、同性恋活动家和体育迷等各种能想到的类型。城市酒吧作为定制的社交俱乐部，服务于不同的城市子群体的能力，有助于解释酒吧经久不衰的原因。

有些地方关于调整或禁止酒水销售的法律，促使一些有创意的花招的产生。几乎每一个城市都有一些无执照的酒吧，被称为"盲猪"、"地下酒吧"或"下班后俱乐部"。有些城镇禁止酒吧，但仍然允许咖啡馆和餐馆出售装有冰和其他混合物，顾客可以自己往里添加从其他地方购买的酒。在南部和中西部地区的某些"干旱"城镇，私人"社交俱乐部"假装不是酒吧，要求顾客在进门前支付会员费。通过这些不同的方式，坚定

的饮酒者常常设法阻挠那些旨在阻止他们的法律。

许多城市的娱乐中心也兼售饮料。看戏的人们会在间歇的时候涌入剧院大厅，伸伸腿、弯弯腰。歌舞厅和夜总会的顾客可以毫无顾忌地踢腿放松关节。赌场、棒球场、保龄球馆、游泳馆里的爱好者们也可以为下一轮竞赛补充体力。在餐厅、咖啡馆和生蚝吧，许多食客以惊人的速度填饱肚子和喝空杯子。在这些不同的场所，饮酒虽然不是中心的活动，但却是社会经验的总和。这些地方的副功能是饮酒的场所，这为它们获得了更多的吸引力以及收入。

一些私人场所在其主要功能之外也提供酒水。私人高尔夫球和网球俱乐部以及共济会可以提供聚会室，会员可以随意交往或举办宴会和派对。每个大城市都有几个引以为豪的豪华私人俱乐部，权贵们可以边品酒边密谋策划，而不受任何人打扰。

户外饮酒场所各有各的优点和缺点。公园、码头和海滩是具有吸引力的环境，但饮酒者必须经常应付多变的天气和讨厌的虫子及警察。对于那些喜欢浪漫的情侣们而言，小巷和汽车影院有着类似的快乐和痛苦。虽然划船和饮酒可能是个危险的组合，但是在聚会游艇上，人们可以享受旖旎的风光，并做些水上运动。在建筑环境中，城市居民可以组织街区派对或在公寓门廊、屋顶、走廊和空地上聚会。城市酒吧有时开在人行道上或庭院里，德国风格的啤酒花园充分发展这一理念。一些城市甚至鼓励一定程度的街头狂欢，如在孟菲斯的以猫王为主题的比尔街和新奥尔良传奇的波旁街（更不用提全城狂欢嘉年华）。

尽管公共饮酒场所具有很强的吸引力，但是有些人还是选择舒适和安全的家。在1920年至1933年间的禁酒运动时期，在家饮酒的趋势大大加速。事实上，许多中产阶级家庭将在家饮酒视为时尚，受人尊敬的家庭主妇开始举办鸡尾酒会（她们穿着为"鸡尾酒会"设计的"鸡尾酒会礼服裙"）。即使在禁令废除后，许多人仍喜欢将家作为饮酒的首选之地，无论是在鸡尾酒会、露台烧烤、婚礼、婴儿洗礼，或是电视足球比赛中啤酒狂欢。

大城市似乎为各种口味的人都提供了一个饮酒的地方，事实上，将这些地点进行分类是一项艰巨的任务。尽管选择比比皆是，一个普遍的规则似乎适用：如果友情深，任何地方都可以作为一个饮酒的地方。

亦可参阅：禁酒运动（Prohibition）

延伸阅读书目：

● Duis, P. R.（1983）. *The saloon：Public drinking in*

227

Chicago and Boston, 1880 - 1920. Urbana, IL: University of Illinois Press.

- Powers, M. (1998). *Faces along the bar: Lore and order in the workingman's saloon, 1870 - 1920*. Chicago: University of Chicago Press.

- Rorabaugh, W. J. (1979). *The alcoholic republic: An American tradition*. New York: OxfordUniversity Press.

- Rotskoff, L. (2002). *Love on the rocks: Men, women, and alcohol in post-World War II America*. Chapel Hill, NC: University of North Carolina Press.

- Salinger, S. V. (2002). *Taverns and drinking in early America*. Baltimore, MD: Johns Hopkins University Press.

Madelon Powers 文

王洋译　陈恒校

W. E. B. 杜波依斯

DU BOIS, W. E. B.

威廉·爱德华·伯格哈特·杜波依斯（William Edward Burghardt Du Bois, 1868—1963)是 20 世纪重要的社会思想家、民权运动领袖、社会学家和公共知识分子之一。他是美国民权运动和泛非主义发展的先驱人物。除了对非洲裔美国人的生活研究的重要贡献外，他还进行了历史上的重要工作，是一个 20 世纪早期的先锋社会学家。他的《黑人的灵魂》(*Souls of Black Folk*, 1903)仍然是 20 世纪的重要文本之一，多次再版发行。他关于有色人种是 20 世纪最大的问题的评论已经被广泛引用，产生了重要的影响。对于杜波依斯来说，种族分界线是他从事学术研究和政治工作的动力，是他分析世界的镜头。

杜波依斯在成立全国有色人种协进会中发挥了核心作用，此后他转向了泛非主义。他于 1961 年离开了美国，之后获得加纳的公民身份，并长眠于此，他对美国在减少种族主义和偏见方面缺乏进展感到痛苦，并确信美国资本主义不会改革其本身。在美国城市史的角度，也许他最大贡献是在 1899 年出版了经典的城市社会学研究著作《费城黑人》(*The Philadelphia Negro*)。从他的早期生活中，我们可以了解他从事这项工作的来龙去脉。

杜波依斯出生于马萨诸塞州的大巴灵顿，不寻常的童年生活塑造了他对世界的看法和观点。在他的父亲抛弃了他们之后，杜波依斯主要由母亲抚养长大，他

成长在全白人的环境，虽然他和他的母亲并不富裕，但富裕的小镇居民为他母亲提供了工作，并给予他们一些额外的帮助。他有一个相对安稳的童年，虽然贫穷，但他从小和富裕市民子弟一些玩耍，并被他们普遍接受。社区和学校其他人很早就发现他的聪慧和才能，并为他提供教育。这种有点特殊的培养让他感觉自己是精英中的一员。这也导致了影响杜波依斯一生的冷静与克制。在许多方面，他是一个真正的维多利亚时代的绅士。

他在田纳西州菲斯克大学的教育不仅仅是在课堂上。他接触到了各种各样的校园内外非洲裔美国人的生活，以及那时流行于南部的种族主义和偏见。他在菲斯克大学获得了学士学位；之后在哈佛大学获得第二个学士学位，并进入哈佛大学研究生院。他在读研究生时有机会前往德国，那里他和社会学的创始人之一马克斯·韦伯一起做研究。1890 年，杜波依斯写作了一篇不朽的毕业论文《非洲奴隶贸易的压制》(Suppression of the African Slave Trade)，并成为第一个从哈佛大学获得了博士学位的非洲裔美国人。但让杜波依斯感到震惊的是，他无法在白人学校获得教学岗位，从而开始在俄亥俄州威伯福斯学院教书。他教了各种各样的课程，但是却不被允许教授社会学课程。在威伯福斯大学郁郁寡欢地度过 2 年时光后，杜波依斯应邀来到费城进行一个城市非洲裔美国人社区的社会学研究。

这项研究的动力来自于苏珊·沃顿（Susan P. Wharton)，一位上层阶级的教友派妇女，也是大学社区改良运动（College Settlement Movement,简称 CSA)的积极分子，即宾夕法尼亚大学附属的社会福利协会。宾夕法尼亚大学社会学系发起这项研究，系里的助理教授塞缪尔·麦丘恩·林赛（Samuel McCune Lindsay)负责监督。杜波依斯在社会学系获得了一个非正式教职的助理职位。他意识到，CSA 对这项研究有一个打算，他们希望研究会验证他们的观点，也就是城市的非洲裔美国人是导致许多犯罪和社会混乱的原因。CSA 成员认为，一项由一个非洲裔美国人进行的研究将加强他们理论的吸引力。杜波依斯也有他自己的打算。他认为，世界没有正确认识种族问题主要是由于缺乏了解，他将为此提供的信息帮助其正确认识。

杜波依斯效仿简·亚当斯关于芝加哥的调查和查尔斯·布思（Charles Booth)关于伦敦贫民的研究，加上他受到过的社会学训练，并结合民族志研究、社会史和社会统计学方法，对 19 世纪 80 年代的费城非洲裔美国人进行全面的调查，尤其是第七街区。杜波依斯独自承担整项研究，他仔细考察了费城非洲裔美国人

生活的各个方面,包括非洲裔美国人在这座城市的发展历史,他们的阶级结构、教育、职业、家庭生活、健康保健、志愿团体、犯罪及与白人的关系。这项研究反映了杜波依斯丰富的知识和优秀的分析能力,但它却受他的成长经历和态度影响,显示有些折衷。

在分析费城黑人社区中的社会问题、贫困和犯罪的原因时,杜波依斯强调历史条件、社会环境和社会条件的影响,而不是当时许多的科学家提出的遗传因素。他关注于影响非洲裔美国人进步和成功的社会结构障碍。同时,杜波依斯从道德角度猛烈批评非洲裔美国人的缺点。这种谴责或"责备受害者"可能反映了自己的成长经历和态度,但它也可能是一个策略,通过给他的赞助者一些他们想要的东西,使他们更全面地了解他广泛的结构分析。

《费城黑人》越来越被认为是一部以历史为基础进行实证分析的城市社会学经典著作。人们通过发行一个新的版本,以及一部包含一些检查其遗产和与了解当代美国城市中的种族和民族问题相关文章的论文集,来纪念其出版一百周年,正如迈克尔·卡茨(Michael Katz)和托马斯·萨格鲁(Thomas Sugrue)在1998年评论的那样。

费城项目之后,杜波依斯调入亚特兰大大学教授社会学,主持和出版了一系列类似费城研究的社会学研究。1910年,他从亚特兰大大学辞职,离开社会学和学术界进入政治导向的新闻界,过上了一种积极且有争议的政治生活。1961年,他离开美国去往加纳,同时加入了共产党。

亦可参阅:城市中的非洲裔美国人(African Americans in Cities),冈萨·米尔达(Myrdal, Gunnar),全国有色人种协进会(National Associaiton for the Advancement of Colored People),宾夕法尼亚州费城(Philadelphia, Pennsylvania),社区改良运动(Settlement House Movement)

延伸阅读书目:

- Du Bois, W. E. B. (1996). *The Philadelphia Negro:A social study*. Philadelphia:University of Pennsylvania Press. (Original work published 1899)
- Du Bois, W. E. B. (2004). *The souls of Black folk*. 100th Anniversary Edition. Boulder, CO:Paradigm. (Original work published 1903)
- Green, D. S., & Driver, E. D. (Eds.). (1978). *W. E. B. Du Bois on sociology and the black community*. Heritage of Sociology Series. Chicago:University of Chicago Press.
- Katz, M. B., & Sugrue, T. J. (Eds.). (1998). *W. E. B. Du Bois, race, and the city:The Philadelphia Negro and its legacy*. Philadelphia:University of Pennsylvania Press.
- Lewis, D. L. (2000). *W. E. B. Du Bois:The fight for equality and the American century*, 1919 - 1963. New York:Henry Holt.

Walter F. Carroll 文

王洋译 陈恒校

哑铃式公寓
DUMBBELL TENEMENT

哑铃式公寓指的是在19世纪最后的20年里建造的多功能住宅中的主导类型,以满足纽约市的新兴移民、工人阶级和穷人的居住需求。这种建筑类型虽然从一开始就受到谩骂批评,称其为声名狼藉的或臭名昭著的,但是实际上它是被设计成一个针对一些令人担忧的问题的解决方案——那些由于过度拥挤、不卫生和危险的贫民窟所带来的——这些地方从19世纪40年代后开始出现,通常是没有窗户且阴暗潮湿的地下室。

在1878年,亨利·迈耶(Henry C. Meyer)在行业杂志《管道工程师》(*Plumber and Sanitary Engineer*)公布了一个公寓设计有奖竞赛,要求在一个25×100英尺的地块上建造公寓,并使租户获得最大限度的安全和舒适,使建造者获得最大限度的利润。在单户住宅建造的几十年前,这个尺寸的地块成为纽约的标准,但其所建造的房屋是完全地不适合为几十个家庭提供居住需要的。事实上,由五名评委组成的委员会表示25×100英尺的公寓限制面积是不能满足租户的物质和身心健康要求。尽管如此,评委们还是颁了奖,一等奖授予建筑师詹姆斯·韦尔(James E. Ware)的哑铃型设计。

哑铃式公寓得名于它的形状。它基本上是两间屋子——前屋和后屋——通过一个狭窄的走廊连接,厕所和楼梯均位于走廊。一层有十四个房间,每侧七间,直通后面。一户家庭占据前四个房间;另一个家庭占据每边的后三个房间。每层四户家庭共享两个卫生间。前屋(最大房间)面积101/2×111/4英尺,而小卧室平均7×81/2英尺。典型的哑铃式公寓5至6层高,有20至24间公寓。每间公寓通常聚集20个或更多的混杂的家庭成员和寄宿者,成年人通常要轮流睡觉,4至5个孩子挤在一张床或床垫上睡觉。从一开始,观察家们认为哑铃公寓的设计满足了房东、建筑商和房地产商的利益(他们经常利用法律的自由裁量特点,覆盖80—90%的地块,而不仅仅是法律规定的最大值为65%),而忽略了租户的利益。

每层楼的14个房间中有10扇窗户是开在房屋中心的通风井。通风井由连接走廊缩格构成,并从地面延伸到楼顶,其宽约为2.5英尺(或两哑铃公寓紧靠彼此时是5英尺),长大约为50至60英尺。通风井四面封闭,既不能提供新鲜的空气也不能提供充足的阳光,成为一个臭烘烘的、害虫出没的垃圾场,塞满多余的家具,并且对在房顶上玩耍的小孩造成危险,还有火灾的隐患。居民经常关闭通向通风井的窗户,以远离了有害的气味和降低噪音,有些人甚至把窗户封闭起来。

1879年《纽约州经济公寓住房法》规定每一间公寓的卧室都要有一扇窗户,提供直接或间接的阳光和空气,使在1879—1901年之间纽约市(特别是在下东区)迅速增长的哑铃公寓可以满足移民和穷人对廉租住房不断上升的需求。在20世纪之交,纽约330多万居民中近三分之二居住在城市8万多间公寓之中,其中四分之三为哑铃公寓。下东区450个街区中塞入50多万人,成为这个星球上人口最密集的地方,平均密度为每平方英里26万人,每英亩800人,在某些街区一英亩有超过3000的居民。

从一开始,批评家和改革者认为,哑铃式公寓必须被宣布为非法,或最起码,通过强制的限制性立法减少哑铃公寓的危险性。在19世纪80年代至90年代出现了建筑改革的契机,自由放任主义原则与流行的资本主义市场效用原则相结合,阻碍了政府行为,人们继续沉迷和热衷于模范公寓,而忽视了对有效的限制性法律的关注。

1900年2月,年轻的专业住宅改革家劳伦斯·维勒(Lawrence Veiller),此人曾担任纽约州慈善组织社团经济公寓住宅委员会的秘书,在社团的赞助下组织一个影响巨大的展览,通过地图、图表、模型和1000多张照片生动详细地描述了下东区可怕的公寓住宅条件。仅仅两个星期就吸引了1万人前往观察,促进了人们对改革的呼吁。而身具推动公寓改革的热情并有专业学识的维勒,对这次展览的展品进行了谴责。

纽约州州长西奥多·罗斯福要求维勒讲清楚所需的住房改革立法的细节,他将努力将它推进到州议会。在几个月内,1901年《经济公寓住房法》被引入并通过立法程序,签署成为法律。它建立了新的住房标准,有效地阻止了哑铃式公寓的进一步建设,并对现存在的上千间哑铃公寓进行改造。这是一项意义重大的立法,一般被视为美国城市史上最重要的住房法规,成为全国城市榜样,多年来经修改和修订,继续为纽约市低层住宅建筑的设计提供依据。维勒宣称新法律的出台意味着哑铃公寓的结束,虽然到1901年已经存在的数千哑铃公寓,而且这些公寓在20世纪一直给成千上万的贫困纽约人提供住房。那些对建筑商和投资者具有吸引力的相对实惠、安全、舒适的低收入住房的梦想,在21世纪仍然是难以确定的,就像在19世纪和20世纪时那样。

亦可参阅:纽约州纽约市(New York, New York),贫民窟(Slum),租屋(Tenement)

延伸阅读书目:

- Lubove, R. (1962). *The progressives and the slums*:*Tenement house reform in New York City*,1890 - 1917. Pittsburgh, PA:University of Pittsburgh Press.
- Plunz, R. (1990). *A history of housing in New York City*:*Dwelling type and social change in the American metropolis*. New York:Columbia University Press.
- Rischin, M. (1962). *The PromisedCity*:*New York's Jews*,1870 - 1914. Cambridge, MA:Harvard University Press.

Allen J. Share 文

王洋译 陈恒校

E

城市经济
ECONOMY OF CITIES

在 17 世纪之前,北美地区的人类定居点几乎和经济毫无关联。土著居民组成相对永久定居点,提供社会和物质上的需要,而互惠和再分配的关系使得食品和工具可以进行交换。但是,市场经济的决定性因素——谷物的交换却不在此列。当北美大陆被殖民化之后,市场经济才开始出现,并对定居点的面积和形状产生影响,最终成为促进城市发展和多元化的重要力量。土著居民定居点内在的有机联系的丧失,经济很难与社会相区别。

17 世纪早期,英国和荷兰在北美进行殖民的时候,他们进入了一个已经有人居住的新世界,由几百人至几千人的定居点组成。各种各样的部落遍及整个美洲大陆,他们和土地的关系随气候和可食用植物、鱼和动物的利用而改变。沿西北太平洋海岸,切奴克部族围绕着捕鱼业建立了村庄。在东部森林中,狩猎、采集和种植——谷物、豆类和南瓜——是莫霍克部族定居下来的基石,而在阿拉斯加,大量和持久的爱斯基摩人村庄得以生存则取决于其捕鲸业和对海洋哺乳动物的狩猎。在整个大平原地区,定居点极为罕见。苏族和科曼奇族大多数是以游牧和狩猎野牛而生存。土著部落之间也存在贸易,但主要是以物易物。

与此形成鲜明对比的是,英国和荷兰在新世界建立的第一个殖民地就是一个经济实体,是为了货物输出而设计,包括皮草,以及森林作物如草碱、稻米、靛蓝和烟草。这些都是股份制公司,其唯一的目的是为国内市场提供商品。除了出口功能之外,他们赖以存在的经济几乎不具有任何发展的潜力。这样的定居点包括由弗吉尼亚公司(1606 年特许)建立的詹姆斯敦;由荷兰西印度公司成立的新阿姆斯特丹;以及由普罗维登斯岛公司运营的卡罗来纳州。

直到 18 世纪早期,所有的殖民地——无论是否是股份制公司——主要依靠家庭农场、与土著部落的交易,以及狩猎、采集和捕鱼维生。一些地区出口贸易比较兴盛——例如纽波特(捕鲸业)和诺福克(烟草业),但这些城镇规模较小,再加上殖民当局对制造业的限制,以及资金短缺造成对外贸易一边倒:外国投资者获得利润。这些定居点的唯一目的就是为境外市场服务。

经济在整个 18 世纪有了长足发展。人口增长了五倍,达到 250 万人,主要是通过移民,再加上西进运动,将新定居点扩展至阿勒格尼山脉,促进了内陆贸易的发展。包括南部农民在内的对外贸易也有所扩大。反过来,贸易又支撑着商业城镇的发展。像查尔斯顿、波士顿、费城、纽约和巴尔的摩这样的港口城市日益繁荣。他们中的一些(如波士顿)也从事于造船业,这催生了绳索、帆及相关产品的生产。然而,人们赖以维生的经济依然是农业。并且由于缺乏银行和信用系统,这只是一个并不成熟的经济,银行和信用系统可促进大规模贸易,增加利润并使其快速发展。然而,随着定居点的向西扩展,开拓了新的市场并创造了新城镇,这使殖民当局并没有那么容易控制。因此,这些地方更可能发展制造业和进行贸易往来。

美国独立战争打乱了殖民地经济的发展。英国市场不再热情友好,战争产生的债务必须偿还。直到 19 世纪 30 年代,人们的平均生活水平才恢复到了独立战争之前。在这些年里,国内市场增长了 8 倍,达到 1700 万人。新移民与早期的移民越过阿勒格尼山脉进入密西西比河流域,在某种程度上将国家土地补助金用于支付战争。1803 年的路易斯安那购买,为定居点增添了更多有效的土地。

随着人口的向西扩展,内河港口开始进行区域贸易竞争。竞争也刺激了公路和运河的建设。例如辛辛那提和路易斯维尔这样的城市,实现了从贸易交易站向繁华商业中心的转变。随着农业生产力水平的提高,越来越多的剩余产品用于贸易,内陆贸易成为经济活动的主要组成部分。此外,人们可以脱离农业劳动进入城市生活。随着国内贸易的增长,沿海港口也发展起来,开拓了新的出口市场。居民数量超过2500人的定居点数量从1790年的22个到1840年的119个。城市也变得更大,纽约位列榜首,居民数量超过30万人。

小规模制造业的发展也推动了贸易的发展。造船业促进了铁的生产、纺织业及如面粉等食品业的发展。铁路和轮船的应用进一步刺激了制造业的发展,经历了美国南北战争,经济增加了农业和商业产品的生产。1830—1860年间,450万移民和殖民者继续往西推进,穿过密西西比河进入平原地区。

美国南北战争的破坏产生了对建筑材料的需求,这场战争及其后果是促进制造业的发展。尤其重要的是从铁到钢的转变和炼油厂的增加,更普遍的是,商品的生产从工作坊搬到了工厂。随着外国移民的涌入和农村人口进入城市,国家再次得到发展,工厂主有了稳定的劳动力供应。工业化和城市化的结合创造了一些大城市,如费城、布法罗、圣路易斯和底特律。在这些工业城市中,有些由单一产业主导,如匹兹堡的钢铁业,有些经济多元化,像纽约一样,经常被小工业卫星城所环绕。例如,费城外的切斯特(Chester)和卡姆登(Camden),以及密尔沃基外的西艾利斯(West Allis)。而且,虽然农业仍在经济中占重要地位,但是生产力的进步减少农业部门所需的劳动力,有益于农村人口向城市转移,促进了工业的发展。

芝加哥就是一个成功的例子。芝加哥的铁路线向南和向西延伸数百英里,再加上五大湖区的航运业,使芝加哥成为肉类加工和谷物分配的中心,制造业产品在此生产或是从城市中心流向东部。芝加哥的商人和银行家组织并资助在整个中西部的食品加工业和商业。这种增长吸引了来自东海岸的移民和投资。到1890年,芝加哥已经成为美国的第二大城市。

从美国内战到19世纪30年代大萧条期间,商业合并,银行业得到加强,美国修建了越来越多的铁路,定居点向西推进得越来越远。一个从海洋延伸至海洋的国家经济形成了。虽然在密西西比河以西出现了许多新兴城市——堪萨斯城、奥马哈、盐湖城——但与东北部城市相比,它们相对规模较小。但旧金山是个特例,它是一个区域商业和金融中心和沿海港口;圣路易斯也是特例;丹佛勉强也可以算是。在某种程度上,南

方在工业化的道路上相对滞后,城市规模仍然相对较小,其功能主要是作为区域市场的商业中心。

在20世纪20年代,繁荣的经济、土地测量和股票市场促进了城市的迅速发展,到20世纪30年代,城市经济全面工业化。多数大城市开始在就业和资本上依赖于制造业和商业,这是城市活力之源。城市也日益成为管理、金融、娱乐和其它各种各样与广泛经济相连的服务业(如餐馆、影院、商场)的中心。虽然它们的规模大,但是却导致商业和家庭搬到了郊区周边。私家汽车的大量使用和运货卡车的引入,进一步加强了居住和商业的分散。

1929年股票市场的崩盘抑制了乡村人口的迁移,再加上愈加严格的移民法律,使城市的发展受限。经济萎缩、企业关门、失业增长和贫困蔓延。因此,几乎没有新的城市出现。在1930—1940年的10年之间,25万居民以上的城市数量并没有变化。

随着二战的爆发,那些曾经有益于城市扩张的工厂又开始忙碌起来。战争需要枪、坦克、飞机、军服、医疗物资和大量的其他商品。大都市区经济全速运行。与此同时,人们推迟婚期,出生率很低,外国移民和乡村移民贫乏。除了港口城市(如奥克兰)和防御工业型城市(如洛杉矶)之外的大多数城市人口只是少量增长。

制造业一直向西移动,战争促进这一资本和就业的迁移。为了对抗日本,政府在太平洋海岸建立了军事设施并促进了这里的国防工厂建设。这也有利于国防工业的分散,认为工厂在郊区周围将不容易受到敌人的攻击。这些政策损害了东北部老工业城市,预示着二战后的去工业化的势头上涨。同时,他们支持西南部和西部的城市发展。特别是洛杉矶、圣迭戈和西雅图的经济受益于国防支出。反过来,这些经济体的增长又吸引了移民。

在战争结束后,经济从战时向平时转型。人口的不断增长需要越来越多的商品和服务。但是在接下来的几十年中,首先是重工业,其次是低薪制造业(如纺织业和制鞋业)在面对外国竞争、技术进步、生产外包时逐渐衰退。经济开始转向私人服务业和电视机、家具以及汽车等产品。经济繁荣使许多家庭可以购买日益扩大的郊区住宅,作为对中心城市住房短缺的回应。此外,郊区化也使汽车成为必需品。随着制造业的衰退,消费者和商业服务在经济中的地位日趋重要。

所有这一切对工业城市产生了巨大影响。一些小的制造业城市——如阿克伦、卡姆登和东圣路易斯——随着一直持续到21世纪的企业倒闭和人口流

失,而逐渐衰落。一些大的工业城市——底特律、布法罗、费城、圣路易斯——也加入了它们的行列。他们的制造业部门被摧毁,他们的港口地位被货车运输业的兴起及船运重工业产品的下降而削弱。虽然如此,仍有些城市能够向服务经济的转型。波士顿最终围绕着金融服务、高等教育和医院而重组。纽约在经历了港口优势崩溃、纺织业和轻工业流失后,转型为一个全球金融、娱乐和传媒中心。芝加哥的经历也类似。

东北部的去工业化引致了企业和个人向南部和西部的迁移。原来的小城市也开始成为重要的城市中心。休斯敦引领着原油开采、医疗业和航空航天业的浪潮;圣何塞成为计算机技术发展区域的中心;奥兰多成为家庭娱乐的圣地;拉斯维加斯依靠赌场经济和旅游。娱乐、企业服务、轻工业、教育和医疗保健拉动着城市——现在的大都市区经济的发展。那些不能转型的工业城市失去了更多的企业和家庭,南部和西部的新兴城市和小城市却因此受益。

21 世纪早期,大部分繁荣的老城市主要依赖于旅游业、零售业和企业服务来定位它们的经济。在这些地区周边仍然存在轻工业,但港口(奥克兰和纽瓦克除外)都消失了,原来的工业滨水区不是被闲置,就是改造为游船码头、餐厅和中等收入住宅。城市已经成为消费场所,一个大多数人谋生并向其他人销售和服务的地方。

尽管有这些变化,一些显著的连续性仍然交织在整个国家的后土著居民历史中。了解城市经济最重要的因素之一是政府的持续参与。英国和荷兰政府创造了股份制公司,新成立的国家将土地出让给定居者,他们的继承人修建运河、资助铁路,国家政府购买并接管了大陆。到 20 世纪后期,联邦、州和地方政府为投资者提供了大量的援助,通过了有利于商业的立法,教育和培训劳动力和普遍地追求经济增长。

另一种连续性是美国的城市经济不断对世界开放的方式。第一块殖民地是向英国和荷兰输出货物的平台。今天,美国的城市作为大都市区经济的一部分而存在,在国内外进行重大的贸易。一些城市甚至跻身国际市场。迈阿密的经济触角穿越美国中部和南部至加勒比海地区。纽约和伦敦、法兰克福和东京有着商业联系,在世界范围内提供法律、金融和传媒服务。在北部,西雅图与加拿大有着经济往来;在南部,圣迭戈与墨西哥有经济往来。

最后,为了在全球经济中寻找的竞争点,大都市区经济已经越来越多样化。最初是贸易,后来是工业化,使城市经济走向多元化。服务业经济继续这一发展趋势。像美国这样土地面积广大、人口众多、经济富裕的国家构建了一个巨大的国内市场。全球联系进一步扩大了市场,增加了投资机会。经济多元化是一个结果;一个庞大而复杂的城市系统是另一个。

亦可参阅:振兴主义(Boosterism),制造业郊区(Industrial Suburbs),城市化(Urbanization)

延伸阅读书目:
- Cronon, W. (1991). *Nature's metropolis: Chicago and the Great West*. New York: W. W. Norton & Company.
- Orum, A. (1995). *City-building in America*. Boulder, CO: Westview Press.

Robert A. Beauregard 文

王洋译   陈恒校

边缘城市
EDGE CITIES

边缘城市一词由记者乔尔·加里尤(Joel Garreau)提出。他将边缘城市定义为郊区地区,拥有至少 500 平方英尺可出租的办公空间,60 万平方英尺可出租的零售空间,工作功能多于居住功能。边缘城市与传统的通勤郊区截然相反,通勤郊区是人们在此居住却不在此工作的地方。它们不是从中心城市商业活动中昏昏欲睡地撤退,而是成为大都市区边缘的购物、就业和娱乐的中心。在 20 世纪七八十年代,这些外围的商业中心逐渐发展成为其与之竞争的大城市中心商业区。

虽然到 20 世纪末,边缘城市现象遍布美国各处,但其起源和结构已大不相同,许多围绕着郊区的购物中心发展。例如,华盛顿特区外的泰森斯角(Tysons Corners),休斯敦西侧的区域广场(Galleria area),费城西部的普鲁士王市(King of Prussia)和芝加哥西北面的邵姆堡地区的购物中心的成功催生了办公室、酒店和其他零售业的发展。加利福尼亚州奥兰治县的南海岸广场(South Coast Plaza),有八个商场进驻和大约 300 家店面,迅速成为酒店、办公和公寓建设的集中地。购物商场的重要性反映在边缘城市的生活上,奥兰治县在毗邻南海岸广场的地方,建造了有 3000 个座位,投资 7300 万美元的表演艺术中心。在老郊区商业区也出现一些边缘城市。在短短的几十年里,曾经沉静的圣路易斯克莱顿郊区催生了办公大厦的建设,容纳数千名白领工人。还有其他一些边缘城市沿高速公路蔓延,形成了商业走廊。在华盛顿哥伦比亚特区西北的马里兰州蒙哥马利县,商业走廊沿着I-270州际公路延伸20英里。明尼阿波利斯州南部,商业在布卢明顿和伊代纳郊区之间,沿I-494环城高速公路蔓延长达7英里。

几乎无处不在的高速公路进出口对边缘城市的发展至关重要,主立交桥则是大规模商业发展的磁石。在亚特兰大地区,普利梅特中心(Perimeter Center)边缘城市建立于乔治亚400号州际公路与I-285环城高速公路的交叉口。在西边,坎伯兰广场商业区则出现于在I-75州际公路和I-285州际公路交叉口附近。

到20世纪80年代末,这些新近形成的商业庞然大物已经改变了美国的商业地理。1988年,普利梅特中心地区的商业办公空间有1600万平方英尺,与之对比亚特兰大商业区只有1300万平方英尺。早在1986年,科斯塔梅萨-欧文-纽波特海滩地区,办公空间达2110万平方英尺,位列加利福尼亚州第三大商业区,仅次于洛杉矶和旧金山市区。20世纪80年代末,密歇根州南菲尔德(Southfield, Michigan)的边缘城市,自称有2000万平方英尺的办公空间,超过底特律市中心现存的办公空间面积。在21世纪初,南菲尔德有7.8万居民,吹嘘白天人口数量近17.5万人。

此外,中心城市商业区不再是拥有高层写字楼的唯一地方。休斯敦区域广场边缘城市的德兰士科塔(Transco Tower)高达64层,普利梅特中心有一座高达31层的建筑,与之同样高的奥克布鲁克特莱斯塔(Oakbrook Terrace Tower)是芝加哥地区的橡树溪区重要的地标性建筑。这座边缘城市中心容纳了快餐巨头麦当劳的总部。南菲尔德有一座32层的办公楼和一座33层的公寓大厦,向高速公路旅客们展示,那个曾经刻板的郊区已经发展成为一个边缘城市。

虽然在20世纪后期,成千上万的美国人在边缘城市购物和工作,但并不是每个人都赞成这一新的都市形式。传统城市的支持者哀叹那些老城市中心相关的历史感、街道生活和文化多样性的缺失。他们拒绝大型商场的外表光鲜却内在贫乏,以及矗立在道路上的公司大厦玻璃幕墙,认为这样的建筑设计是为了汽车而不是人。同时,郊区居民抱怨边缘城市产生交通拥堵,从而威胁到他们乡村社区的静谧与安详。他们视高层建筑是他们试图逃离的城市生活方式的象征。为了保护自己,郊区居民发动缓慢增长活动,旨在降低发展速度和把摩天大楼撵出自己的社区。

然而,加罗认为这些新兴的外部商务中心代表着未来的发展潮流;它们逐渐成为新的美国文明的始祖。泰森斯角、普鲁士王市和绍姆堡与传统的城市和郊区的概念相矛盾,因此易于和许多观察家的情感相冲突。但加罗相信美国人会调整和接受这个新的生活形式,就像他们在19世纪适应工业城市的出现一样。无论如何,美国人必须适应,因为边缘城市将主导美国大都市区的未来。

在21世纪初,有些人质疑边缘城市未来的发展。2003年,城市专家罗伯特·朗(Robert E. Lang)写作"无边界城市",声称在美国商业经济的增长并不是集中在边远的中心,而是以无定型的模式蔓延于大都市区周边。据朗说,租赁办公空间的最大份额并不是在中心城市商业区,也不是在加罗所说的边缘城市。相反,它广泛分布于大都市区内或分散于高速公路沿线。此外,在20世纪的最后几年,办公空间在无边界城市的增长要比在边缘城市的增长更加明显。主要的发展趋势是分散,而不是集中。未来的发展浪潮不是一系列转瞬即逝的郊区商业区。其是一种商业扩张。

不管是未来的预兆,还是20世纪末过时的现象,边缘城市仍然是大都市区风景中重要的一幕,以及汽车主导的商业离心迁移的纪念物。无论是边缘城市还是无边界城市的概念均证明了大都市区边缘不再是美国商业生活的末端。

亦可参阅:加利福尼亚州欧文市(Irvine, California),多中心大都市和多核心理论(Multicentered Metropolis and Multiple-Nucleii Theory),郊区化(Suburbanization),城市蔓延(Urban Sprawl)

延伸阅读书目:

- Fishman, R. (1987). *Bourgeois utopias: The rise and fall of suburbia*. New York: Basic Books.
- Garreau, J. (1991). *Edge city: Life on the new frontier*. New York: Doubleday.
- Lang, R. E. (2003). *Edgeless cities: Exploring the elusive metropolis*. Washington, DC: Brookings Institution Press.
- Leinberger, C. B., & Lockwood, C. (1986). How business is reshaping America. *The Atlantic*, 258, 43-52.
- Muller, P. O. (1981). *Contemporary suburban*

America. Englewood Cliffs, NJ: Prentice Hall.

Jon C. Teaford 文

王洋译　陈恒校

城市的教育
EDUCATION IN CITIES

教育占据了大部分世界城市人口醒着的时间的很大比例。中小学和大学与其他机构一样,塑造着城市、郊区和乡村社区的地理、经济和社会生活。2001年,美国公立中小学建设支出高达440亿美元,作为对比,美国住房和城市发展部的总预算约为330亿美元。美国的财产税和国家及地方的所得税的大部分用于资助教育,使其成为最重要的公共服务。私人和宗教机构对于学校教育做了进一步投资,激发了关于州在公民社会中的角色的争论。教育是城市生活中一个竞争激烈的舞台,而学校体现和折射出美国人最深刻的社会、经济和政治的关注。

历史学家认为教育不仅仅是学校教育。学习发生在许多地方,从家庭和工作场所到正式机构如图书馆、博物馆、儿童保健中心及夏令营。然而,大部分教育活动集中在学校,因为它们构成了对满足教育需求最细致、全面的尝试。学校本身也有多种形式。中小学中的公共、私人和宗教机构,高等教育也为走读和寄宿学生提供白天、晚上和周末班课程。很多学校面向特定人群和类型的教育,从残疾学生到母语非英语的学生,从高中职业教育到大学研究生院的专业培训。

城市社会中学校的角色也随着城市和郊区的不同社区和美国历史的不同时期而变化。在殖民地时期,大多数学校由教会创办,早期的学院主要培养神职人员。波士顿、纽约以及其他大城市的商业精英们,在18世纪成立学会和学院培养日益增长的专业人士阶层。有些慈善学校为穷人教育服务。这些学校构成了庞大的教育机构体系的一部分。例如在18世纪中叶的费城,本杰明·富兰克林和他的同事们建立了图书馆公司;美国哲学学会(American Philosophical Society),最重要的美国科学启蒙中心;学会、学院和费城慈善学校(后来的宾夕法尼亚大学);和宾夕法尼亚医院,北美大陆第一所教学医院。这些机构在使费城成为革命时代的政治、经济和文化中心中扮演着重要角色。

虽然学校在很大程度是由各个州独立管理,但是教育在美国建国初期是全国范围内优先考虑的重点。在1787年的《西北法令》中,正当移民迁往西部荒野的时候,大陆会议授权将教育作为国家政治社会化的一种手段。在早期共和国的城市中,学徒关系的衰落给工人阶级留下了一个教育真空。在19世纪初期,从布法罗到巴尔的摩,当地的慈善团体组织的第一次大规模的学校向公众开放活动。这些学校大多采用英国教友派信徒约瑟夫·兰开斯特(Joseph Lancaster)提出的"导生制"(或称兰开斯特制),其中主管教师训练年龄大的学生,然后反过来,班长再教授其他学生。

今天,主导美国教育的公立学校系统扩大了社会改革家们的成果,社会改革家们将教育视为一个对城市问题的广泛解决方案。为了给戒酒、反卖淫与监狱改革运动做一个补充,宾夕法尼亚的公共经济促进协会提倡将免费教育作为一种消除贫困和恶习的方式。1818年,其领导者推动一项州立法,创建费城学区、命令建造校舍、聘用教师和组成管理委员会。他们努力解决工业化城市社会和经济的不稳定,由技术学院和图书馆的支持,教授工厂工人绘图、数学和其他技术工作所需要的科学知识。

20世纪三四十年代,东北部各州的大众公共教育遍地开花。马萨诸塞州的霍利斯·曼(Horace Mann)和康涅狄格州的亨利·伯纳德(Henry Barnard)开发的"公立学校"系统调整了工业城镇和城市的增长。对于巴纳德而言,工厂包含社会毁灭的种子——道德腐败和政治动乱。例如马萨诸塞州洛厄尔市城镇的面粉厂和公寓,吸引了农民的女儿以及从欧洲来的移民,创造了新工作和居住模式。巴纳德和曼认为教育是那个时代全民的大问题,当工业化重塑经济时,教育是重组新英格兰工人阶级关键的制度战略。

在20世纪下半叶,地方、州和国家各级的领导者,用教育改善和开化从东北工业区到西部边疆的工人阶级。在南北战争之后,黑人和贫困白人的教育是联邦重建项目重塑南方的关键部分。每个州的师范学校都把年轻女性培训成教师,使美国的中小学教育劳动力出现女性化特点。公立学校服务于大众,而私立精英和教会机构却将美国城市日益多样化的人口隔离开来。

19世纪末见证了高等教育的增长和专业化。1862年,联邦国会通过了《莫里尔土地法》(Morrill Land Act),出售公有土地用以资助公立学院以满足各州的教育需求。这促进了农学、工程学和师范院校的建立。随着专业和学术科目日益专业化,大学建立了林业学院、护理学院、兽医学院和商学院。以大学为基

237

础的实验科学的扩大加速了以石油化工、电子和大规模生产为标志的第二次工业革命。受正规学校教育的金融家、经理和职员构成了一个新的团体，占据了美国城市日益增长的高层办公区。这种教育和职业专业化的趋势反映在中等教育上。城区开办了一些职业教育学校，教授男孩提供基本的工程知识并教授女孩如记录等基本商业技能，这些女孩可以作为速记员和秘书加入不断扩大的白领员工行列。

在19世纪末和20世纪，大学不仅为城市培养专业技术劳动力，大学教员也进行一些寻求改革城市生活的研究。建筑学、城市规划学和医学专业的教授们将城市环境和人口作为研究城市设计和公共卫生的实验室。一些全国性组织，如美国社会科学联合会（American Social Science Association），支持哈佛大学、哥伦比亚大学和宾夕法尼亚大学的法学、公共管理和社会工作专业教授们的调查研究。进步学者们针对他们城市腐败的政治机器，致力于解决行政事务、税制改革和公共事业管理，以及——社会学家 W. E. B. 杜波依斯著名研究成果《费城黑人》——非洲裔美国人在城市中的处境等课题研究。

19世纪末和20世纪初的进步运动改变了美国的公共教育。随着大量移民洪水般地涌入北部城市，以及北部城市所经历的前所未有的工业化，改革家如约翰·杜威（John Dewey）和西奥多·赛泽（Theodore Sizer）设计出了一种制度作为对规模和复杂性不断增长的大都市区社会的回应。心理学家发表了对青春期不同阶段的关注，托儿所和幼儿园将教育扩展至幼儿，而初中则面对着青春期问题。公立学校的课程要适应社会科学家所提出的社区问题，包括健康卫生、家政学——特别是在移民社区——还有美国化的问题。

进步运动将学校改革者们的影响扩展至城市之外，他们支持通过职业化和系统化的行政结构，重组国家事务。在农村地区，教育官员将无数的学区进行合并统一，例如仅在爱荷华就有1.4万个。在1900—1940年间全国的高中入学率飙升。农业机械化，以及学校的日程安排允许学生在暑假和放学后从事田间工作，使农村青少年上高中成为必要的和可能的。当东北部和中西部制造业带的城市青少年为工作放弃上学的时候，中西部和大平原农村地区却几乎成了美国的"教育带"。

在19世纪末晚期和20世纪的南部地区，教育在塑造城乡社会中起着同样重要的作用。在重建时期后，美国白人用吉姆克劳制巩固了他们的权力，在公共和私人活动中限制非洲裔美国人获得教育可以看作是他们抑制非洲裔美国人的一种主要手段。在整个20世纪，争取教育的斗争依然是非洲裔美国人要求充分的公民权的一个关键元素，它在民权运动中，以及在20世纪末在穷人、大多数是少数族裔和城市区域以及与他们相对应的富人、白人和郊区之间争取平等的教育资金的诉讼案中占据中心地位。获得教育也成为许多非裔美国人选择在每次世界大战之后，随大迁徙离开南部去北部和西部的城市的影响因素。

20世纪中后期的热战和冷战对美国城市和郊区的教育产生了深刻的影响。在中小学里，地下室成了躲避所，每当防空演习时，教师和学生便畏缩在课桌下。二战迎来了大规模的联邦政府资助的大学时代，冷战时期的核发展进一步使工程学系、化学系和物理系的研究更加军事化。《退伍军人法》（The GI Bill）同意为退伍军人提供大学教育。连同后来的佩尔助学金，以及斯坦福和珀金斯贷款项目，联邦投资让中产阶级和工人阶级获得了前所未有的高等教育。在20世纪下半叶，高校和大学生数量迅速增加。像加利福尼亚州斯坦福这样的郊区校园成为了名副其实的"知识城市"，而在城市内的许多大学则成为了城市更新与绅士化的动力。

在二战后的几十年中，公立学校成为关于政府在公民社会中作用问题的争论焦点。最高法院在1954年布朗诉教育委员会案中的决定是民权运动反对种族歧视斗争的一个里程碑，它点燃了废除种族隔离和公共教育社区控制激烈冲突的时代。立法机关、市长、法院、教师工会、学校委员会、家长、邻居和学生们之间的冲突有时会导致整个城市学校关闭，如1968年在布鲁克林的大洋山-布朗斯维尔（Ocean Hill-Brownsville）教师的罢工。有些冲突演变成暴力。1957年政府出动了国民警卫队保护第一批非洲裔美国学生到阿肯色州小石城中央高中读书，以及1974年南波士顿的白人抗议校车计划——把黑人儿童带到全是白人的学校。

在20世纪末，学校成为城市危机的重要场所。林登·约翰逊总统的"向贫困宣战"试图缓解这些危机，在一定程度上通过给早期儿童教育和中学教育提供资金援助，其中包括赢在起跑线计划和贯彻到底教育方案（Follow Through Programs）。然而正如城市更新运动解决了一些问题但又引起了一些问题一样，这些教育改革在复兴中心城市中成果有限。由于学校是社会和社区的领头羊，对于学校改革的辩论反映了社会在联邦政府政策、社会福利、种族和劳动关系以及中心城市经济危机方面存在的深刻的分歧和矛盾。

郊区学校争议较少，在塑造美国大城市地理和日常生活方面却同样重要。追求好学校常常是家庭从城市搬到郊区的动机。公立学校、教堂及购物中心成为新郊区市民生活的重要中心,在新郊区其他社会机构还没有发展起来。家长—教师和家庭—学校组织为郊区居民提供了一个论坛,他们可以表达对社会的愿景。此外,随着郊区遇到通常与城市相关的青少年犯罪和暴力问题,正如在 1999 年科罗拉多州哥伦比亚高中悲惨的枪击事件,学校成为社会冲突和郊区生活矛盾的象征。

在 20 世纪末,城市和郊区的教育领导者将他们的注意力转移到全球变革,其从以制造业为基础的经济向以服务知识为基础的经济转变。在东北部和中西部地区,工厂搬离了城市,大学成为重要的资产。市政府越来越依赖于高等教育机构,特别是工程学和医学院校,因为其创造了新的工作和税收收入。人们通常认为是麻省理工学院推进了波士顿大都市区经济的复苏,使它成为一个高科技中心,然而,在得克萨斯州奥斯汀和北卡罗来纳州的三角研究园区通过大学和私人产业之间的合作来发展重要的技术部门。

在 20 世纪末的中小学教育方面,学校改革者对为工业和农业社会而设计的旧的课程和制度体系提出质疑。由家长或公民领袖进行管理、州提供资金的特许学校数量不断增加,用以满足不同城市选区特殊利益的需要。对于一些新移民较多的地方,特许状提供了一个机会,满足家长和学生的多语言和多文化的需要。有些家长从学校接回孩子,加入了越来越多的"家庭学校"运动。政府通过促进公立教育私有化,来对抗社区和家庭控制趋势,通过运营私立学校,或将整个地区承包给私人公司。

在州议会及城市和国家立法机关之间也存在关于公共教育控制权的斗争。包括加利福尼亚州和宾夕法尼亚州在内的一些州已经接管城区,认为当地的领导人不适合管理自己的学校。"择校"(School Choice)已经成为教育改革公共辩论的主导内容。州议会和华盛顿的民选代表促进了付款凭单制度(Voucher Systems),将公共资金直接发放给家庭,家庭可以选择将其用于公立学校、私立学校或教会学校。这些措施使大多数学生有足够的资金就读于天主教学校,而不是精英私立学校。这也引发了关于教会和州、公立和私立学校之间关系的争论,将学校作为永久机构,通过它美国人表达自己的社会和政治观点。

最后,在 20 世纪末,学校改革的另一个趋势凸显了城市教育对司法的持续性影响。有些贫穷的城市援助公立学校的税基有限,已经起诉它们州的立法机构和教育部门,要求更多的政府资金和修订教育资助体系。在长达 30 年的阿博特诉伯克案(*Abbott v. Burke*)中,新泽西最高法院在经过一系列的决定后裁定,州政府资助贫困城市地区,使其达到州内最富裕地区资助其学校的水平。法院命令州议会支付数百万美元用于学校大楼的建造与维修。这一案件和其他案件使公立学校资金成为了在种族隔离矛盾比较尖锐的地区促进经济和社会平等的工具。在 20 世纪末和 21 世纪初,雅培案和其他城市的学校建设运动使学校成为在社区复兴的主要力量。虽然他们的课程和制度形式发生了变化,但是学校和教育依然在美国城市试图应对经济结构调整,同时建设一个健康的公民社会中继续发挥重要的作用。

亦可参阅:跨学区校车接送(Busing),城市和郊区中的儿童(Children in Cities and Suburbs),教育中的种族融合(Desegregation of Education),博物馆(Museums),公共教育(Public Education)

延伸阅读书目:

- Berube, M. R. (1978). *The urban university in America*. Westport, CT: Greenwood Press.
- Cremin, L. A. (1988). *American education: The metropolitan experience, 1876 - 1980*. New York: Harper and Row.
- Formisano, R. P. (1991). *Boston against busing: Race, class, and ethnicity in the 1960s and 1970s*. Chapel Hill: University of North Carolina Press.
- Kaestle, K. F. (1983). *Pillars of the republic: Common schools and American society, 1780 - 1860*. New York: Hill and Wang.
- Katz, M. B. (1987). *Reconstructing American education*. Cambridge, MA: Harvard University Press.
- Labaree, D. F. (1988). *The making of an American high school: The credentials market and the Central High School of Philadelphia, 1838 - 1939*. New Haven, CT: Yale University Press.
- Lazerson, M. (1971). *Origins of the urban school: Public education in Massachusetts, 1870 - 1915*. Cambridge, MA: Harvard University Press.
- O'Mara, M. P. (2004). *Cities of knowledge: Cold War science and the search for the next Silicon Valley*. Princeton, NJ: Princeton University Press.
- Perlmann, J. (1988). *Ethnic differences: Schooling and social structure among the Irish, Italians, Jews, and Blacks in an American city, 1880 - 1935*. New York: Cambridge University Press.
- Tyack, D. (1974). *The one best system: A history of*

239

American urban education. Cambridge, MA: Harvard University Press.

Domenic Vitiello 文

王洋译　陈恒校

电梯
ELEVATORS

电梯的悠久历史包括金字塔的建造、阿基米德（Archimedes）的实验、将角斗士升到罗马竞技场地面的平台和法国国王路易斯十五（King Louis XV）和奥地利女皇玛丽亚·特里萨（Maria Theresa）的乘客电梯。电梯的现代史始于 1853 年，纽约州扬克斯人伊莱沙·格雷夫斯·奥蒂斯（Elisha Graves Otis）发明了电梯安全装置，可以阻止电梯轿厢因钢丝绳断裂而跌入升降机井底部。奥蒂斯积极地向市场推广他的电梯及其安全刹车装置。1854 年，P. T. 巴纳姆（P. T. Barnum）在纽约水晶宫的中心给奥蒂斯留了位置，在那里他演示他的装置，他砍断示范电梯的钢丝绳，电梯只坠落下来几英寸，以此证明电梯是完全安全的。

纽约和其他大城市的居民没有立即对电梯产生热情。客运服务的第一台电梯，于 1857 年安装在商人 E. V. 霍沃特（E. V. Haughwout）公司的百老汇百货商店中。但电梯很快停止了运行，因为它使顾客感觉紧张。但是在 19 世纪末，电梯改变工业城市的景观和社会生活。电梯对社会有两种基本影响。首先，电梯和钢架的应用使建筑师可以建造更高的建筑物，创造更密集的住宅区和商业区，为建造和运行摩天大楼提供了必要的工具。其次，电梯助长了建筑物和社区的阶级种族隔离倾向。以往，多租户公寓大楼里的高层房屋租金不能像低层一样，因为要爬楼使楼上房屋的价值要低些。新的传送方式解决了这个问题，促进了豪华公寓住宅和办公楼的发展，各层楼价格统一，使收入低于一定水平的人望而却步。

电梯技术的进步主要是为了三个目的：运行速度和高度更快更高，安全性提高并减少对人力的依赖。在 19 世纪 70 年代，蒸汽动力向水力转变，到 19 世纪 90 年代开始向电力转变，这种增加电梯的速度和建筑物的高度（然而在 1902 年无齿轮曳引电梯被应用之前，水力一直主导着高层建筑）。继 1853 年奥蒂斯发明电梯后，他的公司和竞争对手又做了无止境的改进——多芯电缆系统、气垫装置（它将迅速自锁，压缩下降电梯之下的空气，直至阻力使其减慢速度并缓慢停止），联动装置使电梯停止运行，直到厢门关闭，自动厢平稳，以及保护乘客肢体的电眼。其他一些发明，如背景音乐，缓和乘客垂直行程的紧张情绪，而没有切实增加安全。

显然，一些安全装置也促进了向全自动化的转变，但是关键的技术进步包括使电梯把许多乘客送到不同楼层的慢行发明。自动按钮电梯可追溯到 1892 年，但是早期的模型不能同时处理两个以上命令，所以其仅限于矮楼，大多是住宅楼。直到 20 世纪中叶当操作员工要求提高劳工工资时，人们才开始致力于开发复杂的自动电梯，一种渴望自动化的文化席卷了美国。1948 年，奥蒂斯和威斯汀豪斯（Westinghouse）发布了一种自动化和可选择系统，用电子装置管理无人值守电梯，在白天时无人监督的情况下自动变换其运行路线。随后的进展包括 1979 年奥蒂斯的电梯控制基础（Elevonic 101），是第一台完全通过微处理器控制电梯运行的系统，以及 1992 年的日本电梯系统，其运用模糊逻辑提高效率。

电梯内的社会生活也随时间而改变，通常是受技术进步的影响，有时也受自身内在逻辑的影响。早期的电梯激发了人们对于技术失败和棘手的社会冲突的恐惧，反应在报纸文章和如威廉·迪安·豪厄尔斯（William Dean Howells）和查尔斯·巴特尔·卢米斯（Charles Battell Loomis）的小说作品之中。尽管技术的进步使电梯运行更为安全，但是乘客仍然与其文化内涵相斗争。他们致力于创造一种与电梯相适应的礼节，教人们面向哪边，是否给操作员小费，当其他乘客进来后何时脱帽。到了 20 世纪 20 年代，大楼管理员已经开始积极地教授电梯操作员社交礼仪，使他们有一个友好镇静的仪表。但这些努力不能消除所有负面的影响。最糟糕的是，电梯（如铁路、有轨电车和其他导致幽闭恐惧症的运输方式）引起了种族主义者和精英主义者们的冲动。例如，1921 年的塔尔萨种族骚乱，开始于一名白人女操作员和一名黑人男乘客之间所谓的争吵，乘客的歧视导致了一些大楼管理员用白人电梯操作员取代黑人。

在 20 世纪初，操作员努力在规定的电梯社会空间中扮演重要的角色，此外，也为他们自己赢得更好的待遇和工作条件。作为个人，他们创造了标准文化角色——健谈的爱尔兰操作员、谄媚的黑人操作工——追随大众模式，也有利于他们和顾客搞好关系。作为集体，操作员组成工会并举行罢工。美国最大的几个城市和纽约比其他任何地方都更依赖于电梯，这给了操作员巨大的战略权力——他们可以使电梯停止运行和使一大堆经济活动陷于中断。到了 20 世纪三四十年代，工会领导者利用这种影响力，再加上操作员与乘客之间的个人友好关系，他们赢得了一连串罢工和仲裁的胜利。然而，在 20 世纪 50 年代，建筑开发商和管理员通过安装自动电梯作为回应；到 20 世纪 60 年代，许多操作员被替代，工会丧失大量权力，操作员使人们社会化的潜力，被忽略和普遍忘记。

随着操作员功能和文化角色跌宕起伏，电梯在人们想象中的地位却持续增长。首先电梯成为 19 世纪末艺术和小说中的好奇对象，它的艺术和叙事的角色成倍增长，特别是在电影里。电梯提供了戏剧性的人口和在重大冲突前营造紧张气氛的空间。它可以很容易地表示豪华或险恶的幽闭恐惧症和象征着企业层次的提升（比利·怀尔德 1960 年导演的《公寓》）或象征着朝着地狱的下落（艾伦·帕克 1987 年导演的《天使心》）。浪漫和偶然的相遇经常出现于小说中的电梯里，它们可以提供对自由的希望和心灵的救赎。虽然，电梯仍然会引起一些人的恐惧和不适，但随着新一代人越来越适应这种垂直行程，它积极的内涵更加繁荣地发展起来。

亦可参阅：威廉·迪恩·豪威尔斯（Howells, William Dean）

延伸阅读书目：

- Goetz, A. (2003). *Up down across: Elevators, escalators, and moving sidewalks.* London: Merrell Publishers.
- Goodwin, J. (2001). *Giving rise to the modern city.* Chicago: Ivan R. Dee.
- Palladino, G. (1987). When militancy isn't enough: The impact of automation of New York City building service workers, 1934 - 1970. *Labor History, 28*(2), 196 - 220.
- Wilk, D. L. (2005). *Cliff dwellers: Modern service in New York City, 1800 - 1945.* Ph. D. dissertation, Duke University.

Dan Levinson Wilk 文

王洋译　陈恒校

埃利斯岛
ELLIS ISLAND

埃利斯岛位于纽约湾北端，曾经具有多种用途：1807 年之前它是塞缪尔·埃利斯（Samuel Ellis）和他继承人的财产；在 19 世纪中叶，它是边界贸易站和军火库的所在地；两次世界大战中治疗伤员的医院和等待遣返的外国人的监狱，其中有无政府主义者埃玛·戈德曼（Emma Goldman）和亚历山大·伯克曼（Alexander Berkman）；现今，它是埃利斯岛移民博物馆的所在地。然而，这个岛最著名和有意义的是曾在 1892—1924 年期间作为联邦政府的重要移民筛查中心，当时全国有 71％ 的新移民到达纽约港，超过 1200 万人是通过埃利斯岛被准许进入美国的。这些人绝大多数定居于城市，近三分之一定居于纽约及其附近地区，埃利斯岛成为通向美国城市的门户和主要的居民来源。到 1910 年，外来移民及其子女构成了如纽约、芝加哥、底特律、克利夫兰和波士顿等城市人口的四分之三。到 20 世纪末，美国总人口的 40％，大约有 1 亿美国人可以将他们的祖先追溯到曾经通过埃利斯岛进入美国的男人、女人或小孩。

埃利斯岛上的第一个移民站创办于 1892 年 1 月 1 日，一直使用至 1897 年。在这期间，约 150 万人经审查允许进入美国，其中包括欧文·伯林（Irving Berlin）、费利克斯·法兰克福特（Felix Frankfurter）和塞缪尔·戈尔德温（Samuel Goldwyn）。在 1897 年 6 月 14 日和 15 日晚上，埃利斯岛突发大火，岛中心的木制建筑被完全摧毁。当时在岛上的 191 人无人受伤，但是 1855 年以来的珍贵移民记录不见了。移民局雇用博林与蒂尔顿建筑公司（Boring and Tilton）重新建造防火的新建筑。新设施在 1900 年 12 月 17 日重新开放，采用具有法国文艺复兴风格的砖块和石灰岩建造。虽然建筑的设计每年可以容纳 50 万的新移民，但很快被证明是不够用的，因为三等舱乘客的实际数量（带到岛上唯一的一群人）经常超过这个容量。1907 年的高峰年，差不多有 90 万人通过埃利斯岛。为了应对移民潮，政府用堆填的方法扩大了岛的面积，由原来的 3 英亩增加到 27.5 英亩，增加了新的翼楼，主楼也增高一层，并最终建立 33 座其他建筑，其中至少有 15 座是医院设施。

新移民从哈德逊河码头上岸，然后摆渡到埃利斯岛，直接进入主楼宽敞的登记大厅，移民局官员试图从中筛查贫民、多配偶者、智力有缺陷者、契约劳工和罪犯。无人陪伴的妇女和儿童被扣留，直到在美国找到愿意提供庇护和赡养的男性亲戚。1917 年后，检查官还对进入美国的成年进行语言阅读能力测试。美国公共卫生署的医生对身体虚弱者和（或）传染病人进行筛查。那些有望康复的人被送到埃利斯岛的医院病房进行护理,但那些有当时无法治愈眼疾沙眼、肺结核或心脏病症状的人则被拒绝进入美国。尽管有紧张的询问和医学检查,98%的预期移民获得批准进入,80%在8小时内获得批准。一经获许,移民便买火车票奔赴各地,搭乘去往纽约和新泽西州的火车,或者在埃利斯岛搭乘渡轮去往巴特里。

1924年的《移民配额法》结束了大规模移民时期,那些想要进入美国的人将要考查他们所在国家的配额。这削弱了埃利斯岛筛查中心的作用,此后它主要用于拘留驱逐出境者。1954年,移民和归化局(Immigration and Naturalization Service)移至曼哈顿办公,政府宣布埃利斯岛为剩余财产,试图将其变卖。由于公众的抗议和缺乏足够的投标,便中止了这项计划。

1965年,林登·约翰逊总统认识到埃利斯岛的历史意义,将其并入自由女神国家纪念区,由美国国家公园管理局(National Park Service, NPS)负责长期管理。然而,国会没有给NPS划拨足够的资金修复废弃的建筑物,更不用说把这个地方转变成约翰逊总统提出的"英俊的圣地"。虽然,在1976年NPS对参观主体建筑的游客人数进行了限制,但是古迹的磨损却有增无减。1982年,一个私人协会建立了埃利斯岛基金会,接纳企业和个人捐款对两处遗址进行维修和恢复,这一基金会负责人是商务专员李·亚科卡(Lee A. Iacocca),其父母曾从意大利经埃利斯岛移居美国。埃利斯岛于1984年向公众关闭,开始了一项1.56亿美元的重建项目,最终复原成1918年至1924年之间的样子,主体建筑成为埃利斯岛移民博物馆,于1990年9月10日对外开放。此后,每年有近2百万人参观了博物馆,这一博物馆记述了着建造和居住在美国城市的移民故事。

延伸阅读书目:

- ARAMARK. (2002). *Ellis Island history*. Available from http://www.ellisisland.com
- Blumberg, B. (1985). *Celebrating the immigrant: An administrative history of the Statue of LibertyNational Monument, 1952 - 1982*. Boston: North Atlantic Regional Offices, National Park Service, U. S. Department of the Interior.
- Brownstone, D. M., Franck, I. M., & Brownstone, D. (2000). *Island of hope, island of tears*. New York: Barnes & Noble Books.
- Hall, A. J. (1990, September). New life for Ellis Island.

National Geographic, 90 - 98. Jonas, S. (Ed.). (1989). *Ellis Island: Echoes from a nation's past*. New York: An Aperture Book, Aperture Foundation.
- Pitkin, T. M. (1975). *Keepers of the gate: A history of Ellis Island*. New York: New York University Press.
- Tifft, W., & Dunne, T. (1971). *Ellis Island*. New York: W. W. Norton.

Barbara Blumberg 文

王洋译 陈恒校

帝国大厦
EMPIRE STATEBUILDING

帝国大厦自1931年5月1日向公众开放后,其独特的形状已成为纽约市天际线最显眼的一部分,其高1453英尺8又9/16英寸,高耸入云屹立于曼哈顿市中心。其位于第五大道350号从西33街至西34街两英亩的地块上,在1933年电影《金刚》里,帝国大厦作为巨猿的庇护所,也许是代表美国精神的最著名的地方。帝国大厦重达36.5万吨,具有装饰艺术风格,其内部容纳数百家企业,2.5万多名员工;同时它也是一种文化象征,每天接待成千上万名游客,登上86楼高达1050英尺的观景台。

从一开始,帝国州是打算证明自由企业和美国的独创性。在20世纪20年代的股市兴旺和房地产繁荣时期,企业界大亨约翰·拉斯科布(John Raskob)和皮埃尔·杜邦(Pierre S. du Pont)以及纽约前市长阿尔弗雷德·史密斯计划建造世界上最高最宏伟的建筑。施里夫、拉姆和哈蒙公司(Shreve, Lamb, and Harmon)的建筑师威廉·拉姆(William F. Lamb)最初打算设计一座1000英尺高的建筑物,但是竞争驱使开发商添加楼层和一个可驾驶的系泊桅杆(但实际上从未使用过),这促使了建筑物最后的高度超过了1048英尺的克莱斯勒大厦。建筑的结构核心有102层楼高,上有一个204英尺长的天线和避雷针。完工之后,该大楼是雄踞世界最高建筑之称长达40年,直到1972年被纽约的世界贸易中心超越。自2001年9月11日以来,它又成为纽约市最高的建筑。

建筑施工开始于1930年3月17日的圣帕特里克节,几个月后便进入了大萧条,为工人、钢铁工人和木匠提供了3000多个急需的工作机会。每星期便新建四层,最后的砖瓦在1931年5月1日安装到位,比原

243

计划大大提前。施工总共用了 700 万个工时,20 万立方英尺的石头,6500 扇窗户,1000 万块砖和 700 多吨钢铁和铝。游客和住户可以搭乘 73 部电梯到其目的地,勇敢的人也可以爬 1860 级楼梯到达第 102 楼。

大楼最后的建造和土地成本约为 4000 万美元。由于 1962 年业主保诚公司(Prudential Company)与赫尔姆斯利-斯皮尔公司(Helmsley-Spear)签署了长达 114 年低成本的管理合同,现今大厦的价值相当于其总额。金融家们怀疑这岂不是要背负这一租约一直到 2076 年,对于潜在的买家来说,帝国大厦的价值至少达十亿美元。

亦可参阅:纽约州纽约市(New York, New York)

延伸阅读书目:

- Pacelle, M. (2002). *Empire*:*A tale of obsession, betrayal, and the battle for an American icon*. New York:John Wiley & Sons.
- Taurana, J. (1997). *Empire StateBuilding*:*The making of a landmark*. New York:St. Martin's Griffin.
- Wagner, G. B. (2003). *Thirteen months to go*:*The creation of the EmpireStateBuilding*. San Diego, CA:Thunder Bay Press.

Donovan Finn 文

王洋译　陈恒校

环境与生态学
ENVIRONMENT AND ECOLOGY

城市和大都市区都会对自然环境产生重大影响,而自然环境,反过来也极大地影响了城市结构。自城市诞生以来,这些影响就已经出现,在过去两个世纪中,这些影响加快工业化和城市化的快速发展。自二战结束后,世界城市的粗放型增长对环境产生的影响达到了前所未有的程度。同样在美国,城市发展速度加快,现今美国大多数人口居住在大小相当的大都市地区。在这些地区,郊区化导致越来越多的建筑环境对自然环境的侵害。

美国人在那些风景宜人的自然环境之中建造城市,例如沿海岸线建造海港;在河流湖泊建造交通运输、供水和垃圾处理设施;在肥沃的河谷利用丰富食品和动物资源。自然环境在城市生活中经常扮演积极的

甚至破坏性的作用,而不是被动消极的。城市历史充满了关于城市居民与威胁到了他们生命的大自然力量作斗争竞争的故事,他们建造环境与城市生态系统。大自然不仅引起了许多城市日常生活的烦恼,如坏天气和病虫害,也导致了自然灾害和灾难如水灾、火灾和地震。为了保护自己免受自然力量的伤害,城市建造了许多防御设施,包括防洪堤和大坝、抗震建筑与水和食物储备。有时,这种保护措施使城市居民可以对抗大自然的愤怒,但往往是人类自己的行为——在泛滥平原和陡峭山坡、火山脚下或地震带上建造房屋——使自己暴露在不必要的自然灾害危险中。

城市一直对场所和土地有着需求。为了扩大他们的领土,城市开发者经常改变自然景观,荡平山丘、填埋山谷和湿地,创造了大量的人造土地。在新的土地上,他们建造了石砖路、购物中心、房屋、工厂、办公楼和教堂。在这个过程中,他们为了自己的目的改变了城市的生物生态系统,杀死动物种群,减少了本地动植物物种,并引入新的外来物种。因此,城市居民构建一个城市环境取代了自然环境,创造一个局部小气候,具有与周围农村不同的温度梯度、降水量和风场模式。

为了满足新陈代谢的需要,城市需要食物、水、燃料和建筑材料。为了满足这些需求,城市居民日益走出城市范围。例如,在 19 世纪,城市居民对食物的需求产生了围绕城市的花园农场;最后,交通技术的变革促进了遥远的大草原改造成畜牧场和小麦农场,其产品面向城市市场。城市生存也需要淡水的供应;在城市精英和政治家的命令下,工程师建造水厂,将进水管插到邻近湖泊,将井挖得更深,寻找地下水,建造水坝,改道河流小溪,以此获取水源,以及为生产生活及消防提供用水。在从远处水资源丰富的地方取水的过程中,人类经常改变了自身的生活环境,使沙漠变成绿洲(例如欧文斯河谷和洛杉矶供水系统)并灌溉大量城镇和农田(例如 1928 年波士顿夸宾水库建成后可以为 4 个城镇提供灌溉水源)。

城市的企业家和工业家们积极参与自然系统的商品化,将其用于城市消费。例如,河流小溪水力的利用,为制造业城市提供电力,但它也大幅改变了河流动力学,破坏鱼类种群并剥夺了下游居民使用充足且纯净水源的权利。为了保证城市建设与运行所需的资源,伐木工砍伐城市周边的森林,采石工从大地中开采花岗岩等石材,煤矿工挖掘煤炭为商业、工业以及居民提供燃料。

城市居民不得不寻找地方或污水场来处理城市建设、生产和消耗中生产的垃圾。最初,城市居民将生产

和生活污水排放在城市里,污染空气、土壤和水源,改变甚至破坏了自然生态系统。在内战后,随着城市的扩大,城市居民将垃圾运到更遥远的地方进行处理。因此,城市建造污水处理系统处理生活垃圾,替换化粪池和厕所,改善了当地的卫生条件。他们通常将污水排放到邻近的排水沟,经常污染下游城市的水源供应,导致霍乱、伤寒和其他水传播疾病的爆发。为了防止疫病流行,下游城市开始寻求新的水源供应,在远处建立水源保护区,或是使用技术补救措施,如水过滤(19世纪90年代)或氯气消毒(1912年)。工业废弃物也造成水污染,城市河流经常只不过是暴露在外的下水道而已。

天空和大地也成为废弃物排放的污水池。19世纪末,在芝加哥、匹兹堡和圣路易斯这样的城市里,沥青煤(或称烟煤)成为工业、交通和家用燃料的首选。沥青煤虽然价廉和储量丰富,但它造成的污染也十分严重。那些使用沥青煤的城市无不饱受空气污染、阳光减少和健康危害的影响,同时住户的清洁任务也增加了不少。工业也在地表处理生活和工业废弃物,并在城市周围的空地区域堆放大量的垃圾、马粪、灰烬和工业废弃物如来自冶铁炼钢铸铜的矿渣。这种材料经常被用来填充滨水区周边的"沼泽"(湿地)。

在19世纪末和20世纪初,改革者们开始发起城市环境清理和改善公共卫生设施的运动。妇女团体在推动清洁空气、净化水源和改善城市"家务"方面经常起主导作用,比男性更关心生活质量和与健康相关的一些问题等。有些进步改革者认为,好公民的道德素质与环境改善和置身于自然环境之中有关。他们努力推动污染治理和城市公园及游乐场建设,将其作为同化移民和提升工薪阶层市民权的一种手段。改革者、城市专业人士如工程师和公共卫生官员、开明商人等组成联盟,带头促进供水系统与卫生服务的改革。首先是以电力拖车替代马车,然后是汽车和运货卡车,作为城市交通运输的主要工具,给街道和空气卫生带来了实质性的改善。然而,清洁空气和减少水域污染的运动,大部分是不成功的或进展有限。总的来说,20世纪20年代的城市卫生条件可能比19世纪末的好,但是改革的代价往往开发城市腹地作为供水设施,这增加了下游的水污染,造成了越来越多的交通拥堵和空气污染。

在二战后几十年里,城市环境饱受到重污染之苦,城市居民试图应对不断增加的汽车使用、工业生产污染、各式各样的外来化学农药和如DDT这样的除草剂,以及消费性经济所产生的浪费物。20世纪四五十年代,清洁能源的使用和控烟法的推行,使城市在很大程度上远离了以往深受其害的浓烟。天然气和石油替代煤炭成为城市的燃料,内燃电力机车替代了蒸气机车,这些成为城市空气质量改善的主要原因。然而,在如洛杉矶和丹佛这样的地区汽车使用量大大增加,产生了光化学烟雾,空气污染取代了烟雾成为人们关注的重要问题。在20世纪50年代,60年代和70年代,城市居民用垃圾填埋场作为处理城市垃圾的地方,以此取代露天垃圾场和养猪场,但这一改革被证实是暂时的。然而,到20世纪70年代,这一点变得更清晰,垃圾填埋场经常有大量的污染物质。随着城市垃圾填埋土地的消耗殆尽,城市居民开始寻找更多无污染和对环境无害的替代品。

近年来,开始于19世纪的伴随着通勤列车和有轨电车的郊区人口迁徙,由于私家汽车使用的成倍增长不断加速,逐渐向从前的农村和不发达的城市边缘发展。在很大程度上,郊区布局忽略了环境因素,对空地的使用几乎没有规定限制,因此产生了无尽的资源消耗和脏兮兮的草坪、被化粪池污染的地下水和过度消费的淡水和能源。20世纪70年代以来,边缘城市或外城的发展反映了一部分美国人对于草坪环绕的大空间独户住宅的偏好,他们喜欢私人汽车超过公共交通,喜欢绿地而不是棕色地带。尽管现今的环境法规,阻止了过去的一些环境的侵害,由于没有广泛的土地利用规划和环境保护,美国城市,就像它的过去一样,继续破坏和压迫着自然环境。

延伸阅读书目:

- Deverell, W., & Hise, G. (2005). *Land of sunshine: An environmental history of metropolitan Los Angeles*. Pittsburgh, PA: University of Pittsburgh Press.
- Melosi, M. V. (2000). *The sanitary city: Urban infrastructure in America from colonial times to the present*. Baltimore: JohnsHopkinsUniversity Press.
- Miller, C. (Ed.). (2001). *On the border: An environmental history of San Antonio*. Pittsburgh, PA: University of Pittsburgh Press.
- Rosen, C. M., & Tarr, J. A. (Eds.). (1994, May). *The environment and the city: A special issue of the* Journal of Urban History. Vol. 20, No. 3.
- Tarr, J. A. (1996). *The search for the ultimate sink: Urban pollution in historical perspective*. Series in Technology and the Environment. Akron, OH: University of Akron Press.
- Tarr, J. A. (Ed.). (2003). *Devastation and renewal:*

An environmental history of Pittsburgh and its region.
Pittsburgh, PA: University of Pittsburgh Press.

Joel A. Tarr 文
王洋译　陈恒校

环境种族主义
ENVIRONMENTAL RACISM

环境种族主义指的是环境风险的不平衡分布，以及环境组织和监管机构在做环境决策时排斥有色人种。有色人种承担的环境负担不断增加，一方面来自一些规定，其导致在特殊社区风险更高些，另一方面来自这些规定在执行过程中的不公平。

1987 年，当本杰明·查韦斯（Benjamin Chavis）在记者招待会上宣布报告《美国的有毒废物和种族》（Toxic Wastes and Race in the United States）时，第一次明确使用环境种族主义这个词，不久他担任了联合基督教会种族平等委员会（United Church of Christ's Commission on Racial Justice）的执行董事。根据第一份全国范围内垃圾堆周边社区人口特征的研究，认为有色人种，特别是在城市地区，比白人更有可能生活在不受控制的有毒废弃物堆放场周边。这份报告成为该问题的权威；所有接下来的关于环境风险分布平等性的研究都提炼、证实或否定 UCC 的研究方法或结论。从 1994 年开始，一系列的研究对这一观点提出质疑，就是有色人种受环境风险的影响是不成比例的。方法批评者在四个方面提出质疑：受影响社区的定义、种族和阶级的界定、比较的标准和风险的测量。

有色人种社区经历着比对这种现象所作的命名更高的环境风险。大部分的环境风险布局具有种族歧视性，它与排他性的住宅和土地利用实践有关，迫使有色人种居住在离工业污染物较近的高污染地区。环境质量委员会（Council on Environmental Quality）1971 年的年度报告显示，城市土地利用和住宅建设中的种族歧视导致了城市贫民和有色人种的居住环境质量十分恶劣。在城市穷人社区中，争取改善住房、减少垃圾、回收再利用空地的努力是提高穷困有色人种生活质量的努力的重要组成部分。在 20 世纪 80 年代之前，很少有活动家将其称为环保行动；他们经常将其称为社区组织或社区发展。社区组织阻止了在 UCC 报告发布之后正式开始的环境种族主义。

1982 年，北卡罗莱纳州沃伦县阿夫顿市出现了化学废弃物填埋场，这引发了一系列的抗议活动，UCC 委员会也参与其中，呼吁种族公平，这激发了对垃圾处理设施周边人群的人口特征的研究。在经历了一些人向州道路侧翼非法倾倒含多氯联苯（PCBs）的液体废弃物后，北卡罗莱纳州决定将建立一个可容纳 4 万立方码污染土壤的垃圾填埋场。人们对在《资源保护和恢复法》（Resource Conservation and Recovery Act）和《有毒物质控制法》（Toxic Substances Control Act）之下的选址提出了反对，这场抗议活动只是日益增长的反对呼声的一部分，但是沃伦县的抗议活动一直走在声势浩大的反对有毒物质运动前列，因为运动中几个著名的民权领袖被逮捕。抗议者们认为，政府选择阿夫顿市是出于环境种族主义：因为沃伦县以非洲裔美国人为主，所以在化学废物填埋场选址问题的政治决策上阻力最小。抗议者强调这是确实无误的社会和政治问题，基于不同的信仰体系，将会影响环境决策。就在抗议活动后，众议员沃尔特·方特罗伊（Walter Fauntroy）马上安排美国总审计署（General Accounting Office，GAO）调查在南部商业垃圾场周边的人口学特征。虽然只是在小范围内进行调查，但总审计局的报告表明，环境种族主义可能会影响废弃物处理设施的选址。UCC 的报告目的是为了继续并扩大总审计局的调查。

活动家和政府官员在 20 世纪 90 年代初展开了铺天盖地的活动。在 1990 年，密歇根大学组织了一场讨论会，考察环境种族主义在各种不同领域中的表现，其中包括废弃物处理设施、农药、渔业污染、公园和娱乐，以及环保组织的参与资格。一群会议参加者写信给环境保护署（Environmental Protection Agency，EPA），概括说明了环境种族主义所导致的问题，要求该机构采取行动解决问题。因此，在 1992 年联邦政府发布了第一份关于环境政府报告《环境公平：降低所有社区风险》（Environmental Equity: Reducing Risks for All Communities）。政府官员不情愿使用"环境种族主义"这个词，报告对风险分配不公产生过程中的种族主义作用也含糊其辞。环境保护署的报告发布后，活动家们倾向于使用"环境正义"（Environmental Justice）这一词来形容他们的目标。1990 年，一部有影响力的著作《倾倒在迪克西：种族、阶级和环境质量》（*Dumping in Dixie: Race, Class and Environmental Quality*）出版，并提供了一些证据说明种族主义在环境不公问题上的影响。该书认为，有色人种社区的当地领导者需要与之进行斗争。一年后，第一次全国有色人种环境领袖高峰会议（National People of Color Environmental

Leadership Summit)在华盛顿特区举行,作为环境公平的一个决定性时刻,峰会掀起了一场新环境认同和构建不同群体之间团结的运动。峰会发布了"环境正义17条原则"(17 Principles of Environmental Justice),代表参会者对于这一运动目标的理解。原则概述风险平等分配和参与决策的需要的公民权利。此外,若干原则明确了将经济重建和民主化生产作为实现环境公平的一项措施。

在克林顿政府执政初期,两项成就表明环境正义已经登上了政治舞台。1993年9月,EPA建立了国家环境公平顾问委员会(National Environmental Justice Advisory Council, NEJAC)"为涉及环境公平相关领域的管理者提供独立的意见和建议"。活动家们希望国家环境公平顾问委员会成为包含那些在环境决策中被边缘化的群体的主要机构。1994年2月,克林顿签署12898号行政命令,"联邦采取行动促进少数族裔和低收入人群的环境正义"。行政命令要求建立一个在环境保护署领导下的跨部门工作小组(Interagency Working Group, IWG),制度具体措施,将环境公平引入各个机构。它还命令在未来的数据收集和分析中要考虑环境公平因素,同时也适当增加公众参与和信息公开。

在环境法规实施过程中,一些违法行为使公民权利受到了侵犯。第一个这样的诉讼是在1979年,在反对休斯敦固体垃圾填埋场的选址问题上失败了。环境正义的第一次重大胜利是在1991年,但它却不是基于民权法案。原告在帕拉埃尔镇诉国王县案(*El Pueblo para el Aire y Agua Limpio v. County of Kings*)中大获全胜,并宣称这是一次"意义非凡的参与"。国家环境保护法规定,其在申请危险废弃物焚烧炉许可过程中没有将使用文件翻译成西班牙语。1992年,针对环境正义的行政命令,环境保护署建立了民权办公室(Office of Civil Rights, OCR)对基于《1964年民权法》第六条的投诉进行审查。在1993年9月到1998年8月之间,民权办公室审查了58起投诉,但对其中的4起进行了回应。这4起,只有1起是就案情进行决定,适用于被告。由于投诉要求行政复议的速度较慢,原告将案件撤回到法庭。环境正义案第一次胜利是2001年的南卡姆登公民行动小组诉新泽西州环保局案(*South Camden Citizens in Action v. NJ Dept of Environmental Protection*),后来被第三巡回法庭推翻。2001年,在亚历山大诉桑多瓦尔案(*Alexander v. Sandoval*)中,美国最高法院裁定根据第六条规定下个人不得起诉实行差别性影响的法规。

活动家们在质疑法律法规和环保机构之外,他们也致力于环境正义工作,迫使传统的环保组织处理环境种族主义问题。1990年,一群环境正义活动家给十大环保组织写信,指责他们对在成员和工作人员资格方面的排斥性,以及议程忽视了对城市社区最重要的问题,迫使传统组织改变他们的做法。现今,所有这些组织都自诩拥有重要的环境正义项目和多元化的成员及工作人员。这些组织特别关注于20世纪90年代异军突起的环境正义。1994年,《有色人种环保组织目录》(*People of Color Environmental Groups Directory*)列出北美的600多家环保组织,到2000年,这个数字超过1000家。距环境种族主义这个词第一次被提出来二十年后,环境正义运动深深地影响了各个领域中环境保护主义,包括传统的环保组织、新兴的环境公平组织和负责实施环境立法的政府机构。

延伸阅读书目:

● Bullard, R. D. (2004). *Dumping in Dixie：Race, class and environmental quality* (2nd ed.). Boulder, CO: Westview Press.
● Liu, F. (2001). *Environmental justice analysis：Theories, methods, and practice*. Boca Raton, FL: Lewis Publishers.
● McGurty, E. (2007). *Transforming environmentalism：WarrenCounty, PCBs, and the origins of environmental justice*. New Brunswick, NJ: RutgersUniversity Press.
● Rechtschaffen, C., & Gauna, E. (Eds.). (2003). *Environmental justice：Law, policy, and regulation.* Durham, NC: Carolina Academic Press.

Eileen McGurty 文

王洋译　陈恒校

伊利运河
ERIE CANAL

伊利运河是连接哈德逊河和纽约州布法罗的人工运河,于1825年完工。这是美国建成的第一条大运河,并成为未来运河的标准。当伊利运河建成时,它有363英里长,借助于83个水闸,将水位提升了650英尺。运河底部有28英尺宽,水面有40英尺宽;都是4英尺深。运河设有供马匹和人力使用的牵引道,使船可以沿运河航行。18道沟渠使运河贯穿河流和大溪流。工程还包括一大批横跨运河的桥梁。

在18世纪90年代，纽约正在寻找机会建设一条横贯全州的运河。如何实现这一目标有几点建议；也做过一些修建小运河或将河流修改成运河的尝试。1817年，在州议会批准了修建运河资金后，工程开始，这条运河在1825年正式开通纽约市和布法罗之间的交通航道。伊利运河利用了哈德逊河，这是阿巴拉契亚山脉唯一的自然河流。

伊利运河开放的一年内，2000艘船连同它们的船员参与了运河货物运输。由于谷物运进布法罗港，因此有必要在该市建立粮食仓储设施。1829年，3640蒲式耳小麦从布法罗沿运河而下，到1837年，这个数字增长到50万蒲式耳。到1841年，超过100蒲式耳小麦经运河由船运出。伊利运河开通9年内，运河通行费收入已经超过开凿运河的支出。

从纽约市出发的货船沿着哈德逊河往北到达一点就是纽约州的奥尔巴尼南部，在那里货船转向西横跨纽约州北部到达布法罗，这就是伊利湖。从那里，货物将被转移到湖上的船，然后送到俄亥俄州。俄亥俄州有几条运河可以使船将货物运到伊利诺伊州、印第安纳州、肯塔基州以及其他所有密西西比河沿岸城市。

随伊利运河的开通，纽约市和布法罗都经历了人口和经济增长。他们不是享受到经济增长的唯一城市；城市如特洛伊（Troy）、尤蒂卡、奥奈达（Oneida）、罗马（Rome），锡拉丘兹和罗切斯特都是伊利运河的受益者。纽约州也有其他一些运河连接到伊利运河，包括尚普兰运河（Champlain）、希南戈运河（Chenango）、布莱克河（Black River）、奥斯威戈运河（Oswego）、卡尤加（Cayuga）和塞内加运河（Seneca），以及杰纳西河谷（Genesee Valley）。这些运河有助于将农产品、建筑材料和其他材料从美国外围地区运往布法罗港和纽约港，而且促进了国内贸易的发展。几乎80%的北部人口居住于距伊利运河30英里以内的地区。

运河开通十五年后，纽约市成为美国最繁忙的港口。经过纽约的船舶吨位要比波士顿、巴尔的摩和新奥尔良的总和还要多。

由于可以利用瀑布附近的廉价电力，许多谷物加工厂和织布厂以及其他工厂都建于运河附近。其中包括水泵制造业、消防车制造业、面粉业、纺织业、盐矿业和其他行业，这些产业都依赖于运河提供的廉价交通优势。

在1836年至1862年之间，伊利运河经历了几次完善和扩建，使其可以容纳更大的船只将更多的货物运达市场。在这一阶段的扩建工程完工后，伊利运河可以容纳载重250吨的货船，而以往只能容纳载重30吨的货船。到1868年，伊利运河承载的货运量达到300万吨。

1882年，纽约州所有运河的通行费被取消。当19世纪接近尾声的时候，纽约重新调查了系统中所有的运河，然后确定那些运河应该继续使用和扩建；这一项目从1903年开始，到1918年结束。这一项目将允许驳船往返于运河系统。整个系统被更名为纽约州驳船运河（New York State Barge Canal），其中包括伊利运河、卡尤加和塞内卡运河、奥斯威戈运河和尚普兰运河。1994年是运河作为商业交通的最后一年；现在的运河主是用于休闲娱乐。

延伸阅读书目：

● Carter, G. （Ed.）. （1961）. *Canals and American economic development*. New York：Columbia University Press.

● Cornog, E. （1998）. *The birth of empire：DeWitt Clinton and the American experience，1769－1828*. New York：Oxford University Press.

● Sheriff, C. （1996）. *The artificial river：The Erie Canal and the paradox of progress，1817－1862*. New York：Hill and Wang.

Douglas K. Bohnenblust 文

王洋译　陈恒校

少数族裔社区
ETHNIC NEIGHBORHOODS

自殖民地时代以来，聚居区的人们都有共同的祖先、民族起源、语言或种族和族群，这成为美国城市地区的重要因素。今天，"少数族裔社区"这个词，通常用来形容这些独特的社区。在美国社区的范畴中，少数族裔社区代表着一种特殊的类型。将一个特殊社区定义为"族群"（ethnic，这个词来源于古希腊语 *ethnos*，意为民族）的标准是，要求社区内外的居民都要理解什么是非少数族裔。

少数族裔社区并不存在于真空之中，而是存在于周边的盎格鲁社区的背景之下，在历史上盎格鲁社区被定义为是非少数族裔的。即使在盎格鲁-撒克逊白人新教徒不占多数的城市里，由于他们掌握经济和政治大权，使他们没有遭受到其他少数族裔和种族居民所遭受到的，如家常便饭似的歧视和偏见。如果族群认同指的是一个群体如何定义自己和定义与之相对的其他群体，那么少数族裔社区代表着在不断变化的城市景观中，这种认同的居住方面。

族群同质性、多元族群划分、泛种族

当商店的橱窗里不只是有英语的标志时，就说明这个城市居住区或商业区是有着大量少数族裔人口。直到最近，各少数族裔社区成为有着共同文化和共同语言的居民的居住地。在洛杉矶，驾车沿着加登格罗夫大道（Garden Grove Boulevard）或长滩大道（Long Beach Boulevard）前行，就会穿越一个接一个的族裔聚居区，标志上变化的语言就可能说明这一点。近年来，许多这样的社区发展成为多元文化和多元语言的。三种或三种以上语言的广告牌随处可见，公立学校要处理不同学生家庭的几十种语言和文化，当地的音像店提供世界各地的电影，教堂、寺庙、清真寺和社会团体争相占据沿着林荫大道的好地段。

美洲印第安人多族群的形式更为广泛。不同的部落成员获悉是泛印第安组织帮助他们从印第安人事务局（Bureau of Indian Affairs）和其他机构获得所需的服务。60多个城市部落中心，遍布美国38个州，为三分之二的城市印第安人提供服务。

有时候，构建泛少数族裔社区组织是不可能的事。例如，有些来自非洲的部族居民不可能与他们历史上的敌人做邻居。来自于危地马拉的玛雅移民不能忘记和原谅那些参与印第安人大屠杀的危地马拉人。

历史

欧洲殖民者的定居点与印第安人的定居点相分离，大大降低了建设类似于拉丁美洲"混血"社区这样的综合定居点的前景。在殖民地美国，定居点趋向同质性，通常是根据居民的宗教信仰。由于黑人奴隶们缺乏重建部落聚居地的自由，因此他们生活在或邻近其主人的住宅或工作场所。根据1790年第一次全国人口普查，纽约市是最大的城市，只有居民33131人；费城紧随其后有28522人；波士顿有18320人，查尔斯顿有16359人，巴尔的摩有13503人。五十年后，纽约市居民人数达到312710人，但是紧随其后的两个最大的城市（巴尔的摩和新奥尔良）分别只有102313人和102193人。随着北部工业生产系统的出现，以及美国在密西西比河沿岸定居点的扩张，推动了南部传统的奴隶制种植园经济走向尾声。北部在内战中取得了胜利，但却出现了一个意想不到的后果，以往的奴隶在一些南部城市边缘建造了"自由人城镇"（Freedman's Towns）。

在19世纪的最后几年，包括马拉车、街道电车及蒸汽火车在内的技术变革加剧美国城市居民家庭和工作场所的分离。与此同时，数百万的移民和难民从欧洲和亚洲来到新世界，但百万以上的人放弃美国农村，希望在大城市找到自己的未来。结果，在美国城市景观中，涌现了数百个少数族裔社区。为穷人、第一代和第二代移民建造了房屋质量差的单元（称为公寓）。这些拥挤的社区为少数族裔业主提供了合法的和不合法的大好机会。至于纽约市的地狱厨房（Hell's Kitchen）和其他臭名昭著的公寓，雅各布·里斯在1890年写道，这些地区的地图被画上彩色，以斑马条纹标示少数族裔社区。在里斯关于城市贫困问题的分析中，他探讨了爱尔兰人、德国人、意大利人、法国人、非洲裔美国人、俄罗斯人和波兰犹太人、中国人、芬兰人、希腊人和瑞士人社区的特色。

认识到19世纪末美国少数族裔受歧视的现实情况，改革派犹太教（1885）"匹兹堡政纲"（Pittsburgh Platform）的筹划者宣称他们更像是一个宗教社区不是一个民族社区。然而，许多正统犹太社区集中在纽约市周围，聚集了全国约1/3的犹太人口，继续自我认同（或被认同）生活在少数族裔社区之中。

到20世纪初，到达城市的新移民中大多数——无论是欧洲南部的农村难民，中国劳工移民或是南部的黑人移民——都被那些有权有势的人定义为劣等的和不可取的。苦苦挣扎的工薪阶层居民认为新移民会抢走他们的工作。当熔炉思想传遍美国大江南北时，许多大城市开始面临着人口流失，城市居民搬到郊区安家落户。

在20世纪，城市社区转变成了众所周知的"社区继承"（Neighborhood Succession）。在其经典的形式中，在非少数族裔的盎格鲁社区里，随着来自国外或农村的新移民的涌入，成为了少数族裔社区。犹太人、黑人、西班牙裔、亚裔和非洲人都参与了这一长期的过程。在芝加哥，工薪阶层居住的皮尔森社区，在19世纪末以捷克和德国裔居民为主，但随着20世纪的来临，这一社区逐渐转到波兰、克罗地亚、立陶宛和意大利居民的手中。现今，皮尔森社区成为全国最大的墨西哥裔社区之一。

最终，社区继承导致绅士化运动，随着大量盎格鲁人的重返——开始人数较少，后来不断增多——他们在衰败区收购不良资产。结果，少数族裔居民会发现自己负担不了社区租金，尽管他们在那里居住了几十年。绅士化运动对城市空间进行重组，却忽视了以往居住于此的居民的传统，是一种历史的歧视。隔离的行为无论是在历史上，还是在当今社会中都应该加以避免。

街区隔离

几十年前，在住房机会平等的相关法律出台之前，内城区的少数族裔家庭想摆脱强加他们身上的环境几乎是不可能的。城市权力精英偶尔推动创建新的种族社区，以适应少数族裔社区中成功人士的需求。例如在20世纪50年代，民权法案和公平住房时代之前，达拉斯的盎格鲁社区领导者们允许在城市北端为非洲裔美国人建造汉密尔顿公园社区。即使是现在，所有其他的非洲裔美国人社区都位于达拉斯南部——达拉斯仍是美国居住隔离最严重的城市之一。

种族隔离的后果之一是少数族裔社区与非少数族裔社区在贫困和暴力中比率差别极大。贫穷和暴力的影响已经存在了许多年。1919年7月，芝加哥南部的非洲裔美国人社区爆发了严重的骚乱。1965年的洛杉矶瓦特骚乱和1967年的底特律暴乱对种族社区的破坏程度远远超过了其他城市的骚乱。最近，卡特里娜飓风对新奥尔良下九区社区的黑人居民造成了严重的影响。

旅游业和少数族裔社区

尽管开发少数族裔社区存在着现实和潜在的风险，但是近年来旅游业和休闲活动，包括餐馆、工艺美术馆和历史博物馆已遍及全国。当然，少数族裔社区和旅游业最著名的结合是旧金山的唐人街。其他一些少数族裔社区也成为众所周知的旅游圣地，包括巴尔的摩小意大利地区；底特律的希腊城；马萨诸塞州新贝德福德的葡萄牙社区；易博市（Ybor City，靠近佛罗里达州坦帕市）的古巴社区和芝加哥附近的乌克兰村。

中心城市之外的少数族裔社区

随着公平住房法时代的来临，大都市区不断扩大，许多非洲裔美国人、亚裔美国人和西班牙裔美国人已经跟随盎格鲁人搬出中心城市，到郊区安家落户。其他一些少数族裔中产阶级重返中心城市社区，主要为了重建历史街区。少数族裔和非少数族裔人口的步伐一致并没有使少数族裔社区走向衰亡，但很可能会增加少数族裔社区在城市地区的数量和分布。

亦可参阅：城市中的非洲裔美国人（African Americans in Cities），绅士化（Gentrification），隔都区（Ghetto），纽约市哈莱姆区（Harlem, New York），墨西哥裔美国人（Mexican Americans），邻里（Neighborhood），城市中的波兰裔美国人（Polish Americans in Cities），种族区划（Racial Zoning），第二波隔都区（Second Ghetto），租屋（Tenement）

延伸阅读书目：

- Fong, E., & Shibuya, K. (2005). Multiethnic cities in North America. *Annual Review of Sociology*, 31, 285 - 304.
- Lobo, S., & Peters, K. (Eds.). (2001). *American Indians and the urban experience*. Walnut Creek, CA: Alta Mira Press.
- Pattillo, M. (2005). Black middle-class neighborhoods. *Annual Review of Sociology*, 31, 305 - 329.
- Prior, M., & Kemper, R. V. (2005). From freedman's town to uptown: Community transformation and gentrification in Dallas, Texas. *Urban Anthropology*, 34 (2/3), 177 - 216.
- Ricourt, M., & Danta, R. (2003). *Hispanas de Queens: Latino panethnicity in a New York City neighborhood*. Ithaca, NY: Cornell University Press.
- Riis, J. (1890). *How the other half lives: Studies among the tenements of New York*. New York: Charles Scribner's Sons.
- Wirth, L. (1928). *The ghetto*. Chicago: University of Chicago Press.

Robert V. Kemper 文

王洋译　陈恒校

F

1968 年公平住房法
FAIR HOUSING ACT OF 1968

《1968 年民权法案》第八款,也被称为《公平住房法》,在民权运动的高峰时期获得批准通过。在 20 世纪初期,大多数非洲裔美国人居住在南部农村,在吉姆·克劳法与地方传统的作用下,南部乡村实行强制种族隔离。在第一次世界大战和第二次世界大战期间,许多非洲裔美国人搬到北部成为工人,这些工作之所以对他们敞开大门,是因为战争时期劳动力的紧缺。然而,法律上和社会上的限制条件,使非洲裔美国人必须生活在通常所指的非洲裔美国人社区,因此这些社区很快就变得人满为患。如果非洲裔美国人想要居住在这些社区之外的地方,经常会受到敌视和暴力。《公平住房法》是争取公民权利的一个重要因素,因为如果想要在法律上废除居住种族歧视,那么第一步就是要帮助非洲裔美国人融入到美国人日常生活之中。

1962 年之前,开放住房问题一直是个地方关注点。最初,民权运动主要关注于非洲裔美国人获得就业机会和减少公共场所的歧视,如餐馆和商店,但在 20 世纪 50 年代,民权活动家开始争取废除居住上的种族隔离和向非洲裔美国人开放白人社区。1948 年,美国最高法院的判决(雪莱诉克拉玛案)肯定了他们的努力,规定不能执行文契限制上的种族排斥。

在 20 世纪 50 年代末,匹兹堡和纽约成为了第一批通过开放住房立法的城市,这具有非常重大的意义。约翰·肯尼迪总统在 1962 年 11 月 20 日签署了 11063 号行政命令,这是在国家层面阻止种族歧视的第一次尝试。该命令只适用于命令签署后的由联邦政府援助的住房,因此它的范围是有限的,但它却是非常重要的第一步。在民权运动的压力下(如 1963 年在华盛顿特区的游行),国会支持反对歧视的斗争,通过《1964 民权法案》第六款。该法案禁止在就业和公共设施上的歧视,虽然不是一个关于公平住房的法案,但是该法禁止在所有联邦政府援助的项目上施行歧视,其中包括住房。

1968 年 4 月马丁·路德·金被暗杀,促使国会支持公民权利,这有助于《1968 民权法案》的通过。该法案的第八款,也就是《公平住房法》,禁止在所有的销售或租赁房屋中存在歧视,除了没有中介服务的已经出售或出租的住房,并且不包括四个单元以上的住房。遭受歧视的个人可以进行申诉,美国司法部长被授权可以针对歧视问题采取行动。

《公平住房法》通过不久后,美国最高法院大大扩展了公平住房立法的影响。在琼斯诉迈耶案中,阿尔弗雷德·迈耶公司(Alfred H. Mayer Company)拒绝将圣路易斯郊区的房子出售给一个非洲裔美国人买主,买主随后提出起诉要求强制出售,美国最高法院基于《1968 年民权法》而不是宪法第十四条修正案的传统平等保护条款而支持原告。这意味着联邦立法不仅适用于政府歧视的部分,而且适用于私人之间的交易。

然而对公平住房倡导者而言不幸的是,为确保法案获得通过,(共和党)少数派领袖埃弗雷特·迪克森(Everett Dirkson)通过阻止住房和城市发展部的行政执法,削弱了公平住房法的实施条款。同时,国会也没有批准住房和城市发展部申请的用于聘请调查人员来执行法案的资金。住房和城市发展部转向那些州法律本质上和联邦法律相同的州级机构,但这些机构资金不足,从而导致大量积压案件。其主要的执行机制就是受歧视而起诉的个人权利。但是,许多人遭受歧视并没有资源提起诉讼,而且这样的诉讼通常花费很长的时间,因此它不是一个获得住房的有效机制。

此外,歧视往往并不明显,很多人遭受过歧视可能没有意识到，即使他们有所怀疑，却很难证明。与其像过去那样，告诉那些少数租户或买主他们并不受欢迎，房产经纪人会对那些他们歧视的人说没有公寓出租，或者只介绍种族隔离区的公寓或房子（种族转向）。公平住房的拥护者通过测试房地产市场的歧视，来处理这个问题。具有类似经济背景的一名黑人和一名白人两位测试者，想要租或买一套公寓或住房，两位测试人员通过交换意见来衡量房地产经纪人是否存在歧视。最高法院 1982 年的判决也认可了这种策略，允许测试者坚持起诉，从而提高公平住房组织实施法律的能力。

虽然《公平住房法》的执行条款比较繁琐，但它们不是毫无用途的。在 1969—1978 年间，司法部总共发起了 300 件公平住房的案子。到 20 世纪 70 年代末，美国司法部成功地说服法院，无须提供歧视意图的证明；违法的歧视影响。这意味着一些并不明显的排他分区法也是非法的。在 20 世纪 70 年代，法院还扩大了法律的范围，包括那些受歧视间接影响的人，例如拒绝居住在混合社区的白人居民。虽然 1968 年的《公平住房法》并没有结束住房上的歧视，但它却是创造一个开放社会的重要组成部分。

亦可参阅：联邦住房管理局（Federal Housing Administration），联邦住房和家庭金融管理局（Federal Housing and Home Finance Agency）

延伸阅读书目：

- Citizens Commission on Civil Rights. (1986). The federal government and equal housing opportunity: A continuing failure. In R. Bratt, C. Hartman, & A. Myerson (Eds.), *Critical perspectives on housing* (pp. 296 – 324). Philadelphia: Temple University Press.
- Graham, H. D. (1999). The surprising career of federal fair housing law. *Journal of Policy History, 12* (2), 215 – 232.
- Meyer, S. G. (2000). *As long as they don't move next door: Segregation and racial conflict in American neighborhoods.* New York: Rowman & Littlefield.
- Saltman, J. (1990). *A fragile movement: The struggle for neighborhood stabilization.* Westport, CT: Greenwood Press.

Kent James 文

王洋译 陈恒校

城市与郊区中的家庭
FAMILIES IN CITIES AND SUBURBS

法国贵族亚历克西斯·德·托克维尔在 19 世纪 30 年代对比了传统的欧洲贵族家庭和新的美国民主家庭。在他游历美国期间，沿着东海岸的城市和城镇，托克维尔观察到，父权已经逐渐减弱，妇女拥有越来越多的自主思想，子女之间的关系不再等级森严。在欧洲，长期存在长子继承制使长子成为家庭所有财产的继承人。在美国，财产继承通常由所有孩子共享——甚至包括女性。由于共享继承，那种终身服从父亲的准则消失了。美国高度的地理流动性加剧了成年人离开他们年迈的父母走向独立，其中既有定居于东海岸城市的欧洲移民，也有美国西部扩张中的先行者。

255

从城市到郊区

在 18 和 19 世纪，家庭结构和家庭生活方式反映了城乡经济和住房市场完全不同的背景环境。直到 19 世纪末，大城市和小城镇独立分布于美国风景中。划分社区的不再是"欢迎"的标牌，而是开放的空间。标牌仍然存在，而开放的空间在很大程度上已经消失了。

随着城市发展超出了中心城市，城市的边缘出现了许多新的郊区社区。这些郊区的地方故意不完整。它们强调独立房屋的大量聚集，以简洁的几何图形布局，但往往缺乏必要的基础设施（例如博物馆、音乐厅和体育设施）。19 世纪末，随铁路和电车系统的出现，便利了郊区社区和城市，以及其他地方的连接。在 20 世纪，庞大的公路系统的发展增强了社区连通性。在同一个地方生活和工作——甚至在同一个州里——已经不再必要。从波士顿到纽约，再到华盛顿哥伦比亚特区，旅客穿越一个看似无止境的社区流。同样的事也发生在大芝加哥地区、旧金山湾和洛杉矶大都会区。数十年间，全国各地的大城市通过兼并或吸收以前城市边缘的独立城镇。城市和乡村景观的改造，使美国一半以上的人口成为了郊区居民。

城市家庭

一个多世纪以来，移民和难民浪潮持续对城市住房市场施压。小房子和更小的公寓一直是美国城市中的典范。由于缺乏财力负担更大的空间，工人阶级家庭在生活空间里"同宿一室"。结果，多代同堂的大家庭变得越来越常见。当工人阶级的孩子们长大、结婚后，他们努力实现美国梦，搬迁到郊区，在那里他们希望自己的孩子能拥有更多的空间和更多的机会。

近几十年来，有色人种已经成为全国城市中重要的少数族裔甚至大多数（例如华盛顿特区、亚特兰大、达拉斯和奥克兰）。20 世纪六七十年代，联邦政府的"向贫困宣战"针对的是美国城市，而不是郊区。尽管花费了数十亿美元，但内城的经济状况并没有很大改善。结果，大量失业（未被雇佣）的底层阶级户主日益依赖于政府的援助项目。单亲家庭和老人—儿童家庭越来越常见，主要由于非洲裔美国人和西班牙裔男子的高监禁率。最近的城市改造和绅士化趋势把年轻且富裕的盎格鲁单身人士和家庭带回了城市中心。他们的存在在很大程度上抵消了无家可归家庭的数量增长，无家可归家庭在内城求助于收容所和社会服务机构。

郊区家庭

随着 20 世纪的发展，郊区越来越显示出比中心城市更强的种族和社会经济的同质性。新郊区主要是盎格鲁白人的地方，虽然现在郊区吸引了广泛的种族人群混合。非洲裔美国人、西班牙裔和亚裔美国人的父母，正在大量向郊区迁移，主要为了他们的孩子可以获得更好的居住和教育的条件。这种转变被记录在 2000 年美国人口普查中。在 20 世纪 90 年代，郊区盎格鲁白人人口数量仅增长了 5%，非洲裔美国人人口数量增长了 39%，亚裔人口数量增长 84%，以及西班牙裔增长了 72%。此外，很多来自其他国家的新移民，尤其是中产阶级和上层阶级的成员，从家乡直接搬到美国郊区。

想象中的城市家庭和郊区家庭

从社会评论家辛克莱·刘易斯到诺曼·利尔（Norman Lear），再到乔治·威尔（George Will），他们对内城和郊区的家庭生活展开了评论，尤其是通过电视节目、电影和其他媒体展示美国家庭的写照，将田园般的郊区生活与紧张、充满竞争的城市生活做对比。不幸的是，纵观历史，这样的描写忽视（或夸大）了城市和郊区家庭生活的多样性。例如，几十年来，男同性恋者和女同性恋者没有出现在美国家庭生活的描写中。现在，一个成功的模式似乎必须包括同性恋者。同样，也必须包括跨种族婚姻、单亲家庭、多代同堂家庭、领养儿童等等。

在 20 世纪五六十年代所谓的电视的黄金时代期间，《奥兹和哈丽特的冒险》（*Ozzie and Harriet*）、《反

斗小宝贝》（*Leave It to Beaver*）、《唐娜里德秀》（*The Donna Reed Show*）和《父为子纲》（*Father Knows Best*）之类的节目表达了所有白人家庭的幻想，反映了美国社会中普遍的种族、性别和阶级隔离。而父亲是家庭有名无实的领袖，白天他们前往遥远的工作场所工作。在 1954 年至 1962 年的 203 集中，《父为子纲》提供了一个关于中产阶层和美国中产家庭问题的视角，这个家庭由保险公司经理吉姆·安德森（Jim Anderson）、他的家庭主妇妻子玛格丽特和他们的三个孩子，贝蒂（Betty）、巴德（Bud）和凯茜（Kathy）组成。这样的节目本意想成为家长和孩子们每周围绕在家里黑白电视机前的德育课。

1971 年上映的《全家福》（*All in the Family*）或许是电视史上最有影响力的情景喜剧，其是一个关于当代种族、政治和家庭生活刻板形象的讽刺。在第 207 集中，节目集中在一个码头工人和兼职司机阿奇·邦克（Archie Bunker），他古怪的妻子伊迪丝（Edith），他们的女儿格洛丽亚（Gloria）和她的大学生老公迈克尔（Michael）。这个大家庭中的冲突矛盾反映了越战时期的美国严重的代沟差异。类似的电视剧还包括包括《杰斐逊一家》（*Jeffersons*），一个充满进取心的非洲裔美国家庭，他们的小干洗店最终走向成功，他们搬了出去，迁到曼哈顿的公寓。此外，《杰斐逊一家》成为一个非常成功的情景喜剧，从 1975 年到 1985 年播放了 251 集的电视剧。《全家福》和《杰弗逊一家》与电视时代早期的以郊区家庭为背景的电视剧完全不同。

为了展现家庭生活的不同方面，大众媒体试图捕捉处于快速变革之中的社会和文化现象。广告也坚守着针对美国消费者特定的人口群体的老套模式。数十亿美元的餐饮业的发展、微波炉的激增，以及女性劳动力数量的显著增加，加速结束了许多美国人传统的家庭进餐时间。饮食结构的重要变革是美国的城市和郊区家庭生活深层转变的征兆。

亦可参阅：城市中的非洲裔美国人（African Americans in Cities）郊区中的非洲裔美国人和非洲裔美国人城填（African Americans in Suburbs and African American Towns），郊区的亚裔美国人（Asian Americans in the Suburbs），城市和郊区中的儿童（Children in Cities and Suburbs），绅士化（Gentrification），隔都区（Ghetto），墨西哥裔美国人（Mexican Americans），城市中产阶级（Middle Class in Cities），郊区中产阶级（Middle Class in the Suburbs），城市中的波兰裔美国人（Polish Americans in Cities），

郊区化（Suburbanization），城市和郊区中的上流阶级（Upper Class in Cities and Suburbs），城市和郊区的工人阶级（Working Class in Cities and Suburbs）

延伸阅读书目：

- Bramen，D.（2004）．*Doing time on the outside：Incarceration and family life in urban America*．Ann Arbor：University of Michigan Press．
- Keller，S.（2003）．*Community：Pursuing the dream，living the reality*．Princeton，NJ：Princeton University Press．
- Liebow，E.（1967）．*Tally's corner：A study of Negro streetcorner men*．Boston：Little，Brown．
- Lindstrom，M. J.，& Bartling，H.（Eds.）．（2003）．*Suburban sprawl：Culture，theory，and politics*．Lanham，MD：Rowman & Littlefield．
- Palen，J. J.（1995）．*The suburbs*．New York：McGraw-Hill．
- Spigel，L.（1992）．*Make room for TV：Television and the family ideal in postwar America*．Chicago：University of Chicago Press．
- Watanabe，Y.（2004）．*The American family：Across the class divide*．Ann Arbor，MI：Pluto Press．

Robert V. Kemper 文

王洋译 陈恒校

计划生育
FAMILY PLANNING

计划生育这个词产生于 20 世纪，指的是一对夫妇用避孕方法选择要几个孩子和什么时候要，这个概念可以追溯到几个世纪之前，存在于各种文化中。计划生育贯穿在美国的历史中，显示了人们试图控制自然的内在冲突，以及在美国控制生育的重要性。早期殖民地的记录表明用草药流产在妇女中是相当常见的知识；到 18 世纪后期，丈夫和妻子开始实行计划生育，采用像延长已有的孩子的护理时间和性交中断这样的控制生育方法。

虽然早在 18 世纪就有一些医生实行人工流产手术，但是直到 19 世纪初，随着越来越多的未婚女性通过堕胎而终止非意愿妊娠时，人工流产手术才变得常见。到 1840 年，已婚的中产阶级妇女开始使用这种方法作为计划生育一种方式，导致一些人担心，在接下来的几十年里，中产阶级维持低出生率。法律禁止堕胎，不久后又禁止传播有关避孕的信息，尤其是 1873 年的《康姆斯托克法》（Comstock Act），将避孕药或避孕信息的传递宣布为非法。

禁止堕胎和传播避孕信息在很大程度上是不成功的，导致被宣布非法的这两项活动转入地下。堕胎变得越来越危险，一些人，例如避孕的提倡者玛格丽特·桑格（Margaret Sanger）确信，如果妇女正确了解避孕信息和使用避孕措施，那么危险的堕胎是可以防止的。桑格花了数年发表了关于"妇女节育"（她 1915 年杜撰的一个词）必要性的激进论文，她多次前往欧洲研究避孕药，1916 年，她在布鲁克林开了一家节育诊所。诊所的开张正好在美国草根阶层节育运动的顶点相呼应，在这场运动中社会主义者、工人阶级妇女和产业工人团结在一起，要求更多的规划和限制家庭规模的信息。草根活动家认为，节育可以使工人阶级获得平等的社会地位和更高的生活标准。

桑格的诊所和日益增长希望获得避孕知识的女性队伍没有被全部接受，然而，节育的支持者知道未来有着困难的斗争。性，尤其是女性的性行为，一直被视为美国社会与文化的禁忌。到了 20 世纪 20 年代，可以清楚地了解，无论是激进的社会主义者，还是草根组织者都没有准备好应对前方即将到来的斗争；因此，公共卫生、人类性行为以及其他相关学科领域的专业人员参加节育运动，并努力给这个运动起一个新名字。

这些专业人士中也包括玛格丽特·桑格，在很大程度上是因为她认为医生应该教育妇女和为她们安装节育器。1921 年，在和这些专业人士的一起努力下，桑格创建了美国节育联盟（American Birth Control League，简称 ABCL），向其成员派发节育信息和游说有利于节育的立法。随着大萧条的来临，这些游说者拼力争取将避孕与新政措施和项目连在一起，认为计划生育对数量不断增长的贫困家庭有利。虽然美国政府在大萧条期间不会接受任何联邦对于避孕药的批准，但是对于经历过大萧条的人来说，关于人口过多及其对美国经济的不良影响的担心会变成现实。因此，节育开始引起一些圈子的注意，并逐步走向立法。

随着节育运动的日益壮大，桑格和她的节育联盟将朋友和对手集合在一起，在 1942 年成立了美国计划生育联合会（Planned Parenthood Federation of America）。将计划生育的关注点从妇女个体或母亲转向家庭和计划生育。计划生育被视为关于节育的正面内涵，取代之前的妊娠防治的负面内涵。这个新名词吸引了很多自由派盟友，他们认为计划生育会使社会和经济稳定。虽然计划生育联合会为不论年龄或社会阶层生育的妇女提供服务和节育，但事实上联合会成功地帮助大量工薪阶层妇女作出工作和生活上的新选择。

到1950年，随着计划生育逐渐被大众所接受，形成了有利于家庭的形象，以及二战所导致的对国内国外人口过剩的担忧重新浮出水面，桑格和生育控制的倡导者凯瑟琳·麦考密克（Katharine McCormick）开始着手进行一项口服避孕药的研究。他们招募的科学家和医生很快研制了一种药丸，能够抑制排卵和阻止怀孕，使夫妇可以规划他们的家庭规模和生育时间。在波多黎各进行大规模试验成功后，口服避孕药变得家喻户晓，它回到美国受到了热烈的欢迎。到1959年底，甚至在美国食品及药品管理局（FDA）正式批准的前6个月内，就有50万以上的妇女开始使用这种药物，在正式批准后，避孕药的普及更是一日千里。

20世纪60年代，一些事件的发生促使越来越多的夫妇选择计划生育。1965年，关于禁止避孕的最后一次提案被最高法院驳回，同年，联邦开始为节育提供资金援助。现代女权运动推动了最高法院关于罗伊诉韦德案中判定堕胎合法化，这一案例在美国具有里程碑似的意义，给予了妇女更多的控制怀孕和家庭规模的权利。虽然关于堕胎的争论仍然很激烈，但是计划生育的概念已经在美国社会根深蒂固。人们可以通过计划生育诊所、健康和性行为的课程，以及其他渠道广泛地了解到避孕知识、避孕药物、生育药物和选择分娩方式，这使单身女性、同居伴侣和家庭——不论种族、年龄、阶层和信仰——可以有权利去选择和规划他们的家庭。

延伸阅读书目：

- Dayton, C. H. (1991). Taking the trade: Abortion and gender relations in an eighteenth-century New England village. *William and Mary Quarterly* (3rd series), *48*, 19 - 49.
- Gordon, L. (2002). *The moral property of women: A history of birth control politics in America*. Urbana, IL: University of Illinois Press.
- Mohr, J. C. (1979). *Abortion in America: The origins and evolutions of national policy*. New York: Oxford University Press.
- Norton, M. B. (1980). *Liberty's daughters: The revolutionary experience of American women*, 1750 - 1800. Ithaca, NY: Cornell University Press.
- Sanger, M. (1931). *My fight for birth control*. New York: Farrar & Reinhart.

Devon Hansen 文

王洋译　陈恒校

房利美
FANNIE MAE

联邦全国抵押贷款协会（The Federal National Mortgage Association，简称 FNMA），也就是大家所知的房利美，诞生于1938年，由联邦政府倡议创立，其目的是为了促进抵押贷款市场中资本的流动性。房利美成立之前，准业主如果不能一次性付清房款，就必须向储蓄银行、信用合作社或初级抵押贷款市场的其他贷款方申请贷款。初级抵押贷款市场的债权人很少能负担得起长期的分期还款协议，因为这使他们的财产冻结了起来，因此他们通常提供短期贷款（3—5年）、周期偿还的固定利率贷款，以及在经济条件成熟时一次性付清尾款的贷款协议。这种体制明显限制了能买得起住房家庭的数量，其中一些家庭在大萧条期间无法履行他们的还款计划，导致了在全国范围内丧失抵押品赎回权的浪潮。根据美国人口普查局，只有大约46%的美国人拥有自己的住房，其中只有40%是从1900年至1940年间通过抵押贷款购买的。

房利美的建立以一种前所未有的方式，为广大居民拥有自己的住房打开了一扇方便之门。根据1934年的《住房法》成立了联邦住房管理局，之后不久，联邦住房管理局又特许于1938年2月10日成立房利美，将其作为复兴金融公司（Reconstruction Finance Corporation）的附属机构（复兴金融公司是1932年由赫伯特·胡佛总统所批准成立，其目的是提供紧急性贷款）。房利美从初级抵押贷款提供商那购买联邦保险的联邦住房管理局贷款，以及向住房贷款开放资本，从而使得越来越多的居民拥有自己的住房，尤其是在房利美扩大其购买范围之后，其中包括1948年退伍军人管理局提供给退伍军人的那些贷款。在本质上，房利美是为了激励初级贷款者创立联邦住房管理局保险的抵押贷款而成立的。这个政府承担的风险的新的系统遭到抨击，被称作为"社会主义为富人，企业为私人"。按照评论家查尔斯·艾布拉姆斯所说的，"公众利益是大多数补贴制度的基本原理，它已成为一种缓和剂，将私人建筑投机与抵押贷款的风险转移到政府身上。"

不论好坏,房利美改变了抵押贷款的运行结构。首先,它规范了跨州的抵押文书,建立标准合同和认购程序。其次,它为将东北部和中西部的积蓄引导到南部和西部的新投资机会开了一扇门。房利美建立二级抵押信贷市场的雏形,虽然它由政府直接控制,但这种政府担保的性质将很快得到改变。

当 1953 年德怀特·艾森豪威尔(Dwight D. Eisenhower)上台后,他成立了一个由艾伯特·科尔(Albert M. Cole)领导的特别咨询委员会并要求其提供建议,如何在政府退出住房金融产业后,仍将国内住宅建设保持在每年 100 万套以上。委员会建议仍将房利美公司作为联邦政府特许的组织,但融资完全转移到私营部门。批评家对这个建议提出了强烈反对,他们认为如果控制了中央抵押储备的方向,那么储蓄和贷款机构将会提高利率并缩短期限,最后艾森豪威尔总统作出了妥协。1954 年,房利美变成了混合所有制公司,美国财政部所持有的股份逐渐减少,而私人投资逐渐增长。

房利美公司下一个关键的变革发生在 1968 年,这个组织正式地转变成为一个私人实体。国会和林登·约翰逊总统收回 1.42 亿美元财政优先股,普通股股东自此以后成为唯一的权益持有者,这一举措是受越南战争巨大开支的影响,并得到了一些特殊利益集团如全国房地产商协会的大力支持。然而,尽管普通股股东的授权,住房和城市发展部(HUD)和财政部仍然对这一组织有着相当大的影响力。约翰逊总统希望这些变革可以有助于在未来十年建造 2600 万套新住房。一些特别援助项目被委托给新成立的美国政府国民抵押贷款协会(Government National Mortgage Association)或称为吉利美(Ginnie Mae),隶属于住房和城市发展部,是一个完全由政府控制的企业。1970年,理查德·尼克松总统扩大了房利美公司传统抵押贷款的购买力,新建了联邦住房贷款抵押公司(Federal Home Loan Mortgage Corporation,或称房地美(Freddie Mac)从联邦住房贷款银行(Federal Home Loan Bank)的成员手中获得贷款。联邦住房贷款银行成立于 1932 年,其目的是那些缺乏足够储蓄的地方银行和信用合作社提供资金。到 1976 年,房利美获得了比联邦住房管理局或退伍军人管理局更多的传统抵押贷款。

在 20 世纪八九十年代,房利美公司以惊人的速度发展壮大。在它的投资组织中增加了多户家庭贷款、浮动利率抵押贷款(其利率与某些指数的变化相连)和二次抵押贷款;1984 年它还在海外资本市场募集资金。近年来,房利美开始关注中低收入家庭的需求,发展住房项目,如 100 亿美元的"开放经适房"(Opening Doors to Affordable Housing,1991)和"美国梦的承诺"(American Dream Commitment,2001)。1997 年,为了使投资者和消费者免于混淆,房利美公司放弃了联邦国民抵押贷款协会(FNMA)这一个称呼。

最近,房利美公司一直在处理由美国联邦住房企业监督办公室 2004 年 9 月报告产生的后果,这份报告揭示了严重的会计错误,导致首席执行官富兰克林·雷恩斯(Franklin Raines)和首席财务官蒂莫西·霍华德(Timothy Howard)辞职。房利美公司继续从借款费用和住房抵押贷款证券价格之间的差额中赚取利润,它成为全国第二大的证券化债券发行人。从开始以来,房利美已经资助了超过 6300 万个家庭,2005 年 10 月,其企业价值超过 9840 亿美元。

亦可参阅:联邦住房管理局(Federal Housing Administration),大萧条与城市(Great Depression and Cities),城市更新与复兴(Urban Renewal and Revitalization)

延伸阅读书目:

- Abrams, C. (1965). *The city is the frontier*. New York: Harper & Row.
- Downs, A. (1985). *The revolution in real estate finance*. Washington, DC: Brookings Institution.
- Hays, R. A. (1995). *The federal government and urban housing: Ideology and change in public policy*. Albany: State University of New York Press.
- Jackson, K. T. (1985). *Crabgrass frontier*. New York: Oxford University Press.

Nancy Kwak 文

王洋译　陈恒校

联邦政府与城市
FEDERAL GOVERNMENT AND CITIES

美国联邦制是由美国宪法确定的。

宪法的第一条,将立法权授予国会,却没有明确地给全国政府处理城市问题的责任或任何高于城市政府的任何权力。宪法批准后的一个半世纪以来,国会、总统和最高法院基本上都坚持原则,就是全国政府的权力仅限于宪法第一条所列举的那些。联邦政府没有一个全面的城市政策，也不从事于那些明确的重点在城市的单个项目。因此，早期关于城市政府的权威著作如弗兰克·古德诺（Frank Goodnow）的《美国城市政府》（*City Government in the United States*），出版于1904年，他将联邦与地方关系的主题，简单地概括为城市与全国政府没有任何关系。

这一真实情况一直延续到今天，全国政府没有任何权力命令城市官员或控制地方事务。在20世纪90年代，美国最高法院在首席大法官威廉·伦奎斯特（William Rehnquist）的领导下颁布了许多判决，宣称一些政府法令违反宪法，因为其使全国政府的权力凌驾于那些属于州和城市的权力之上。例如，在合众国诉洛培兹案（*U. S. v. Lopez*, 514 U. S. 549, 1995年）中，法院裁定华盛顿无权在学校建筑周围创建无枪区，规定除警察可以携带枪支外，其他任何人持枪，将被视为非法。法院宣布只有州和地方政府有权决定是否在学校里或学校附近逮捕持枪者。最高法院拒绝承认联邦政府声称的管理州际和对外贸易的权力，它将其看作地方的立法问题。在1997年的普林茨诉合众国案（*Printz v. U. S.* 521 U. S. 898），法院废止了一项美国法律，俗称布雷迪法案（Brady Bill），其要求当地执法人员检查购买手枪人的犯罪记录。法院声称，就手枪销售而论，当地官员做什么是由市长、市议会或州议会决定的问题，而不是联邦官员。

根据宪法，联邦官员只有两种可以影响城市的作为。第一，宪法第十四修正案授权联邦法官当由于种族问题而不给予市民平等的法律保护时，或者没有经过法律程度就剥夺他们的生命、自由或财产时，可以推翻州和地方官员政策和行为。最高法院运用这一条款在布朗诉教育委员会案中废止了学校中的种族隔离。

最高法院在1954年宣布布朗案的判决，开辟了一种全新的处理城市政治的方式。市政工程或政策的反对者聘请律师在联邦法院指控城市政府的一些行为剥夺他们的公民权利，这在今天已经是司空见惯。一系列的司法判决和国会民权法案（例如《美国残疾人法》）授权联邦官员参与城市政府的决定，以保证城市对少数族裔、妇女、以及残疾人都提供了平等的对待。

国家影响城市的第二种手段是自新政时代以来的联邦给予州和地方政府的补助金。在制定、管理和解释联邦援助城市的各项立法中，华盛顿官员和联邦法官发出许多规定和决定，地方官员必须遵循才能继续从联邦资金中获得数百万美元的援助。早期的新政机构公共工程管理局，试图通过在城市建设住宅来为失业者创造工作。公共工程管理局建立了美国紧急住房公司（U. S. Emergency Housing Corporation, 简称EMC）来建设和管理贫民窟社区中的低收入家庭住房项目。美国紧急住房公司试图使用土地征用权来获得该住宅基地，但联邦法院规定，由于住房建设并不在宪法第一条所列举的国家政府的权力之内，因此联邦机构没有权力强制迫使土地所有者为了这个目的而转让他们的财产。为了绕过这个问题，美国紧急住房公司向地方公共住房机构提供资助，这些机构在州立法下而建立、具有州法律授予的为了给穷人提供住房和失业者提供工作而处理财产的权力——这些州政府有明确的宪法所规定的权力去做的活动。

1949年的《住房法》授权开展城市更新运动，为城市提供联邦补助金，资助城市更新运动。地方城市更新机构可以使用联邦补助金购买位于或邻近城市中央商务区的贫民窟住宅和破旧的商业设施。这片土地以低于市场价的价格卖给开发商，建造办公楼、零售店和那些提供给在商业区工作的高级行政人员、专业人员和办公人员的住宅。采购价格和更新地的销售价格之间的差价将由联邦政府拨款。土地成本的"估计降低"和更新地选址的广泛性将激励城市更新的发展，否则这是不大可能发生的。通过这种方式，城市更新地将得到改善——也就是说，在这里生活和工作的人和经营的企业，会比贫穷居民和被其代替的经济边缘公司更好。

在二战后二十年期间，民主党在很大程度上控制了白宫和国会两院的多数席位，连同大多数大城市的市政府。城市更新和类似的联邦项目，目的在于改善商业社区，促进经济增长，帮助这些官员扩大和巩固其党派的执政基础。正如约翰·门勒霍夫（John Mollekopf）在1983年所言，联邦城市再开发项目使战后的民主党市长们保住了改革者和重量级政治人物、商界领袖和工会官员，还有不同的少数族裔和少数种族的支持，如波士顿的约翰·柯林斯（John Collins）和旧金山的乔治·克里斯托弗（George Christopher）。

20世纪六七十年代，联邦政府给予城市政府的补助金数额大幅增长。例如，1965年的《中小学教育法案》（Elementary and Secondary Education Act）为当地的学校系统提供资金，为那些处于教育劣势的学生提供额外的补助。虽然联邦政府不能要求地方学校为贫困家庭的学生提供额外帮助，但是它可以通过将其支出覆盖这些学生。以这种方式，利益集团在全国范围内施加的影响要比地方更大些，以确保联邦为城市提供资金的法律，资助的那些活动是这些利益集团所支持的。1994年,法律重新授权《中小学教育法案》,其中说明了自由主义势力所关注的内容,也就是联邦政府在那些以往被认为是地方的事务上的参与范围。正如2001年玛莎·德西克(Martha Derthick)所指出的,1994年立法长达1200页,处理了各种不同的问题,例如数学和科学设备、学校图书馆、师资培训、在家教育、废止种族隔离、单一性别学校、移民教育、仇恨犯罪、枪支管制、祈祷、性教育、同性恋权利、色情文学、毒品、吸烟、学校祷告和枪支管制。

有两个相互关联的原因可以解释为什么在20世纪六七十年代联邦政府援助城市的补助金的数量、范围和支出大幅增长。首先是在国会结构的变化。从20世纪初至70年代,在众议院和参议院主持立法委员会的资深成员操控着国会。当民主党控制国会的时候——从20世纪30年代至70年代,除了其中4年——多数党中大部分资深成员大部分来自南方诸州,在那里民主党人在选举中所向无敌。这些南方人担心,如果国家政府更多地参与到那些传统上是由州和地方政府管理的事务之中(特别是学校教育),那么在全国范围有影响力的局外人(特别是那些非洲裔美国人民权的拥护者)将干扰南部的种族关系体系。因为国会由保守的南方人操控,自由主义者提出法案,要求增加联邦政府在以往主要由州和地方政府所管理的一些事务中的责任,但国会拒绝了这一法案。

1964年和1974年,民主党在国会中获得了压倒性的胜利——第一次是在巴里·戈德华特(Barry Goldwater)被林登·约翰逊在总统大选中压倒性地击败之后;第二次是在理查德·尼克松总统因水门事件而被迫辞去总统职务后——在国会中的北方自由主义者的影响大大增强。1964年总统大选中的压倒性胜利,使自由主义者保住了"伟大社会"的立法,大幅提高了联邦政府援助城市政府的补助金数额。水门事件之后的大获全胜,使北方自由主义者被免除了三个保守的南方委员会主席职务,他们曾完全操纵委员会,该事件警告所有的委员会主席,他们必须与委员会的其他成员分享权力。重新被授予权力的国会普通成员发现在他们各自地区中授予地方政府额外的拨款,有利立法的颁布。通过扩大这些联邦项目和参与帮助地方获得这些拨款,现任国会议员能够赢得当地有影响力的政客的进一步支持。

在20世纪六七十年代,自由主义者联盟在设计城市补助金项目中扮演着重要角色的部分是各种各样非赢利组织中的专业人士——大学、慈善机构、智库、公共利益集团和社会服务机构。这些非赢利组织中的专业人士认为市政当局和学校系统中平庸的机构,对用"创新"方法来解决他们客户所面临的问题并不开明,他们对最新的思想——也就是那些自由派学者、基金会高管和社会服务专家们所不接受的思想——也不感兴趣。自由主义者联盟中的这些组成部分将城市官僚——警察、教师、社会工作者——看成是对少数客户的特殊需求反应迟钝。

自由势力将他们在国家政治中的影响力用于扩大自己对城市政府的影响上。自由派的联邦城市项目通常采取分类财政补贴的形式,也就是针对特定目的或市政活动的类别进行的拨款。为获得分类财政补贴,城市需要向负责管理拨款项目的联邦机构提交申请,说明如果获得拨款,如何使用联邦资金。华盛顿的项目管理者判断哪些申请最符合管理这一拨款项目的联邦机构授予的法令法规中列举的目的,然后有权决定将联邦资金提供给哪些申请者。复查这些本地申请的机构官员可以拒绝那些他们认为最不可能成功的申请。分类财政补贴法律给予联邦管理者这种权力,因为起草并支持这项立法的精英和专业人士确信他们和他们在联邦机构的同行要比当地的福利部门的、学校系统和警察机关的管理者和员工更清楚如何去处理城市贫困问题。这些精英们不希望用联邦资金去资助那些在他们看来被证明无效的政策和项目。

获得联邦拨款的需求,刺激了地方政府和学校系统聘请那些知晓管理分类财政补贴的联邦官员观点和了解哪种申请最有可能被批准的人。之后,通过分类财政补贴项目,那些在华盛顿具有影响力的中上阶层人士可以扩展他们在地方城市联盟中的权力。

因为自由势力利用分类财政补贴对城市政府施加影响,因此理查德·尼克松、罗纳德·里根、老布什、小布什试图削减分类财政补贴项目和推动州和地方政府、学校系统和福利机构的分权,为他们提供一揽子拨款(Block Grants)。与分类财政补助项目关注于混乱城市的问题不同,尼克松总统的收入分享计划(Revenue Sharing Program)和里根总统的新联邦主义倡议将联邦资金提供给所有的地方政府——不仅是郊区和乡村城镇,也有大城市。一揽子拨款根据各种客观标准(例如美国人口普查数据)将联邦资金拨给地方政府,仅给联邦管理者留下很少的自由裁量权。城市政府可以根据他们的选择来使用这些资金,不仅仅局限于联邦法规所列举的和符合联邦拨款管理者所认同的项目。在里根总统的新联邦主义的倡议下,城市拨款项目的联邦指南从318页缩减到11页。

克林顿政府试图恢复一些罗纳德·里根总统和老

布什削减的城市项目。但是当 1995 年共和党控制国会后，众议院议长纽特·金里奇和他的保守派同僚们试图废止或大幅减少一些城市分类拨款项目的支出。此外，共和党控制的众议院试图废除"无资金准备的命令"——也就是说，美国联邦政府施加给城市而又没有资金满足的要求（如为残疾人士制造方便设施）。这些行为激起了共和党国会和民主党总统之间的激烈斗争；这一预算僵局迫使许多联邦机构在 1995 年和 1996 年停业几周。但在 1996 年，20 世纪 90 年代共和党最重要的城市政策——福利改革——通过国会颁布，克林顿总统签署而成为法律。新法律结束了福利补贴的无底洞，即新政福利项目为单亲家庭提供福利津贴——有子女家庭补助计划（Aid to Families with Dependent Children，简称 AFDC）。但是，贫困家庭临时援助（Temporary Assistance for Needy Families，简称 TANF）取代了 AFDC，提供给州政府和地方政府援助穷人的综合援助，规定一个母亲一生不能领取超过 5 年以上的援助。紧随这项变革之后的是联邦福利政策，在美国城市中接受公共援助的人数明显下降。

总之，在美国历史的长河中，联邦政府与城市的关系几经历变革。其中一些意义重大的变革发生在 20 世纪六七十年代——这些变革改变了在美国政治中盛行一些做法和观点。此前，地方政府在美国民主的践行中扮演核心角色：选民由地方党派组织发动；国家官员在城市、州或国家层面上的立法分区不可置喙；地方官员掌控最密切反映社区规范的公共政策——警务和公共教育。

由于州权和地方控制的信条发展为对种族隔离的保护，一些美国南部腹地的地方官员采取暴力阻止黑人保护自己的平等权利，一些有影响的美国人开始质疑地方主义是否继续保留为美国政治组织的中心原则。在 20 世纪 60 年代，自由主义者开始质疑政府的程序、公共政策和私人行为并没有给非洲裔美国人、其他少数族裔、妇女、同性恋和残疾人带来相应的好处。自由主义者试图将他们的影响施加给联邦政府，使他们不要过分提升以地方为主的权益——如一些新政的政策——而应该改变地方社会结构以惠及"被保护的少数族裔"。这些努力遭到保守派的反对，寻求限制被华盛顿官僚推翻当地的能力。例如，国会颁布了 1999 年《教育灵活性合作示范法》（Educational Flexibility Partnership Demonstration Act），放弃美国联邦对州实施的规定，加强了地方校区的行为标准。

在 20 世纪的最后三分之一和 21 世纪初，美国政治变得十分尖锐，共和党和民主党之间、保守派和自由派之间保持着平衡，时而紧张，时而平静。国家各政治力量之间的权力平衡不断波动，所以联邦政府和国内城市之间的关系也是如此。

延伸阅读书目：

- Derthick, M. (2001). *Keeping the compound republic：Essays on American federalism*. Washington, DC：Brookings Institution.
- Goodnow, F. (1904). *City government in the United States*. New York：The Century Company.
- Mollenkopf, J. (1983). *The contested city*. Princeton, NJ：Princeton University Press.
- Skrentny, J. (2002). *Minority rights revolution*. Cambridge, MA：Harvard University Press.

Martin Shefter 文

王洋译　陈恒校

联邦住房管理局
FEDERAL HOUSING ADMINISTRATION

1934 年，美国政府创立了联邦住房管理局以应对经济危机。那一年，大萧条对美国的住房产业造成了严重破坏，引发了国内销售和新住宅建设的急剧下降，以及丧失抵押品赎回权的狂潮，使住房建设、房地产和国内金融业处于崩溃的边缘。到 1934 年底，全国大约三分之一的失业者来自建筑行业。早先，联邦政府作了一些巩固市场的努力——1932 年创立了联邦住房贷款银行系统（Federal Home Loan Bank System）和 1933 年创立了房主贷款公司（Home Owners' Loan Corporation，简称 HOLC）——提供了一些救济，但却没能阻止危机的加深。因此，罗斯福政府与联邦住房管理局一起响应，设计了一个监管和抵押贷款保险项目，不仅是简单地恢复和稳定这些行业，而是要创造和保持一类新的房产市场。联邦住房管理局通过改变抵押贷款行业的结构和日常业务，为住房创造了一个更加开放、灵活、广阔的市场和相关产品。通过这样做，它彻底改变了大多数美国人的生活方式。

联邦住房管理局成功的关键是两项革新。首先，这一项目保证了机构放款人（包括银行、抵押放款公司和保险公司）签发联邦住房管理局批准的抵押贷款给个人借款者——他们可以将贷款用于家庭装修或购买住房。如果发生违约情况，那么政府对放款者做出赔偿,使他们的参与基本上是零风险。其次,参与的放款人需要使用特定类型的金融手段:长期、低利率、分期偿还的抵押贷款,这些储蓄贷款业早已实践,但仍然大体上还未经其他金融机构验证的方法。联邦住房管理局看来,这种贷款的优势是其相对自由的条款,将会吸引更多的商人和消费者进入住房市场。传统的抵押贷款需要大量的首付(多达本金的 50%)和较短的还款期(通常只有 5 年),这种条款通常限制只有富裕的人才能拥有住房。相比之下,联邦住房管理局新批准的抵押贷款利率低、首付少(仅为 10%),并允许借款人在 20 年内(最终达到 35 年)偿还的本金和利息,这一条款使得大多数中等收入的美国人也可以拥有自己的住房。这一抵押保险项目的另一个优点是,它仅需要较少的政府支出。联邦住房管理局没有直接贷款,其大部分运营成本来源于对参与放款者收取的有名无实的费用。由于方案的成本高效益,使得支持者推动其作为一个市场友好方案,取代如公有住房之类的"社会主义"项目。

联邦住房管理局对长期限低利率抵押贷款的推广,使得其迅速成为了国家标准,无论是在政府保障的住房金融市场,还是传统(无保障的)住房金融市场之中。如果建筑商符合联邦住房管理局批准的贷款资格,那么他们事实上就保证了其工程的资金供应,所以该机构的《保险手册》(*Underwriting Manual*),于 1936 年首次发行,很快使全国范围内的评估方法和建造标准规范化。到 20 世纪 40 年代,联邦住房管理局的保险业务促进了新建筑、住房维修和销售的显著复兴,第一次使普通的美国人有机会购买自己的住房。再加上 1944 年的退伍军人管理局的抵押贷款担保项目——这一项目有些类似于联邦住房管理局的保险项目——房地产相关产业开始繁荣,在战后的几十年间,住房拥有率不断飙升。

对联邦住房管理局的成功同样重要的是它在创造**全国**住房金融市场中的作用,这一市场要求实行标准化评估和贷款业务,从而使机构放款人可以在本地或区域以外的市场买卖抵押贷款。事实上,政府保险和抵押贷款标准化一起协作——与一系列相关的选择性信贷项目和货币改革同步——改变了住房信贷业务的创建和管理方式。最重要的是,这些项目的目的是要增加抵押贷款的需求和供应,一方面使借款更加切实可行,另一方面使贷款机构无风险且利润丰厚。这吸引了更多的投资者进入抵押贷款市场。在新自由主义的条款和联邦政府的监管之下,使这些贷款机构发行了前所未有的信贷数额。由于战后对住房需求的扩大,住房市场成倍增长。总之,通过建立和规范经济机制,使更多的人建造、销售、维修和购买住房,政府的干预创造和维持了一种能创造大量财富的新型住房市场。

在许多方面,这些干预都是简单有效的。综上所述,联邦住房管理局和退伍军人管理局的项目有助于确保了 1945—1960 年之间的任何一年中,一半的新单亲家庭购房的债务融资。到 1964 年,他们促成了 1200 多万套住房的交易。此外,选择性信贷项目彻底改变了传统的(无保障的)抵押贷款市场,也促进了这一市场的迅速扩大。简而言之,联邦政府的干预使住房及相关市场成为战后经济增长的核心。同时,联邦住房管理局对建造和设计的规范化要求也促进了现代、宽敞、质量过硬的住宅的建造。由于这些项目,到 1970 年,大多数美国人居住在结构合理、宽敞明亮、私人拥有的住房里,这些住房使数以百万计的家庭获得了前所未有的情感慰藉和经济保障。

但是联邦住房管理局也一直饱受各方批评。其一,这一机构积极地鼓励郊区蔓延和城市衰落。因为其设置的贷款条件、评估准则甚至是建设要求,对战后的住房市场有导向性作用,该机构的倾向性对大都市发展模式产生了巨大影响。由于联邦住房管理局的官员与国家保险体系的设计和运行保持着密切的合作,因此这一机构的倾向性也反映在房地产业、建筑业和金融业之中。在这些群体的巨大压力下,联邦住房管理局管理着大量的新信贷业务,这些信贷主要用于郊区的业主自用住房、单亲家庭住宅的建造、维修和销售。很少有租赁住宅(如公寓大楼)的保障贷款或任何类型的城市房地产。联邦住房管理局总是关注于保持其业务有利可图(避免违约),因此拒绝保险那些被房地产业认为是不受欢迎的财产。因此,战后住宅开发和销售的福音几乎只局限于美国的郊区,这一趋势进一步破坏了那些处于困扰之中的中心城市的基础。

据一些评论家所言,联邦住房管理局和相关选择性信贷项目扭曲自然的市场活动,它优先考虑特定的放贷者、建造商和房主,其结果尤其存在争议。因为事实上,政府通过债权融资和将新财富用于一些经济部门而不是另一些,它的行为推动了——甚至是决定了——生产和消费的形式。这个事实困扰着大萧条时期的一些立法者和法学家,他们指责国家为了财政而干涉自由市场。几十年来,房地产经济学家和其他人认为政府的保障和监督资助了郊区蔓延和郊区购房,损害了中心城市、承租人和那些没有受到大都市区增长而带来的好处的人的利益。批评者们声称,如果联邦项目意图将购房大众化,那么他们只是为少数人谋利,其改革手段在根本上也是不民主的。关于选择性信贷项目是否构成一种补贴,存在着巨大的分歧。然而,毫无分歧的一点是,战后如果没有政府的重要干预和持续参与,郊区和房地产市场的扩张是难以想象的。

关于补贴的争论引起了许多评论家的反对,因为联邦住房管理局最有争议的遗留问题:它公开支持种族隔离。当联邦住房管理采用和规范私营部门的评估标准时,他们也把白人企业家和经济学家普遍持有的两个假设编成法典:也就是种族一体化会削弱白人社区,在非白人或混合社区的财产是不安全的投资。具体而言,《保险手册》禁止房地产经纪人(引申至贷款机构和建筑商)介绍所谓的不兼容的种族群体进入白人社区。因此,非白人在在白人社区中得不到财产贷款。同时,联邦住房管理局采用颜色编码房地产地图系统(从房主贷款公司继承而来的)将所有少数族裔或混合种族社区定为缺乏经济稳定性的,并以此来拒绝这些地区的居民所提出的维修、购买或建造的抵押保险贷款。

这些带有种族色彩的规则是在大萧条的前几年,由房地产经济学家和一些房地产经纪人首次概括出来,但由于联邦政府的参与很快将此作为新全国住房市场的基本原则。事实上,联邦住房管理局甚至赞同使用种族限制性契约,直到1948年最高法院判决这类契约不能强制执行。但是即使这样,甚至在承保程度中去除明显的种族歧视字眼后,联邦住房管理局也并没有阻止银行的红线政策,并继续纵容歧视直到20世纪60年代。其结果是,几十年间,大部分少数族裔被有组织地排斥在新购房市场——和公平之外——郊区和城市皆如此。同时,大部分少数族裔和租房者被排斥在郊区社区之外,郊区社区垄断了珍贵资源、公共服务,甚至就业部门。

联邦项目加速了郊区的蔓延,产生了大量其他问题。批评者认为,不受管制的郊区发展破坏环境、浪费资源、危害公众健康,并限制人们获得公共服务,甚至是使用公共空间的权利。同时,关于政府在郊区蔓延问题上的责任的争论仍在继续。许多人认为,这种增长是不可避免的。诚然,二战前发展模式表明人们对郊区生活一直持有兴趣。但有证据表明,战后美国郊区发展的特殊形状和范围——尤其强调土地广阔、单亲家庭住宅建造和私人所有权,再加上故意忽略中心城市和排斥特殊人群——这绝对不是早已注定的。

这留给了联邦住房管理局及其相关信贷项目一个复杂的评价。它们共同作用,有助于使民众享有世界上最好的居住条件,并创造了可观的财富,主要通过建立住房贷款和推动大量住房相关产业的发展。然而,它们也使新财富的分配陷入严重的两极分化,无论是地域上的,还是种族上的。同时,联邦政府的介入,确保了美国住房的建造和使用迅速成为战后金融体系中必要的组成部分,这一金融体系依赖于持续的贸易和扩大的债务。这一联合不断地塑造着大都市区的发展模式、建筑风格和经适房的获取,鼓励无数的美国人将住房视为居住和投资的混合物。

266

延伸阅读书目:

- Clawson, M. (1975). *Suburban land conversion in the United States: An economic and governmental process*. Baltimore, MD: Johns Hopkins University Press for Resources for the Future.
- Freund, D. M. P. (2006). *Colored property: State policy and white racial politics in the modern American suburb*. Chicago: University of Chicago Press.
- Jackson, K. T. (1985). *Crabgrass frontier: The suburbanization of the United States*. New York: Oxford University Press.
- Kaminow, I., & O'Brien, J. M. (1975). *Studies in selective credit policies*. Philadelphia: Federal Reserve Bank of Philadelphia.
- Oliver, M. L., & Shapiro, T. M. (1997). *Black wealth/white wealth: A new perspective on racial inequality*. New York: Routledge.
- U. S. Federal Housing Administration. (1936). *Underwriting manual: Underwriting and valuation procedure under Title II of the National Housing Act*. Washington, DC: Government Printing Office.

David M. P. Freund 文

王洋译　陈恒校

联邦住房和家庭金融局
FEDERAL HOUSING AND HOME FINANCE AGENCY

美国联邦住房和家庭金融局(HHFA)成立于1947年,负责监督所有的联邦住房和城市发展项目。富兰克林·D.罗斯福总统在1942年通过行政命令创建了它的前身,国家住房局(National Housing Agency)。1964年,联邦住房和家庭金融管理局成为住房和城市发展部,林登·B.约翰逊总统将住房和城市发展部的部长升职为总统内阁的成员。在近二十年中,联邦住房金融局作为协调美国联邦政府在城市地区工作的机构。

联邦住房金融局尝试协调美国日益增长的联邦住房项目。它有三个主要组成部分,联邦住房管理局、公共住房和联邦住宅贷款银行理事会(Federal Home Loan Bank Board),所有这三个部分各有其处理城市问题的方法,并由不同的赞助者支持。因此,这些机构经常视彼此为联邦基金的竞争对手。联邦住房金融局也负责监管理于 1949 年创立的城市再开发项目。

联邦住房管理局根据 1934 年的《国家住房法》建立,其主要功能是复活垂死的国内建筑业。联邦住房管理局向银行提供的抵押贷款担保,因此银行提供抵押贷款,增加住房需求,为建造商、开发商和房地产业提供就业岗位。联邦住房管理局本质上是一个保守的、面向企业的组织,其对早期项目是自营的事情感到自豪。

传统的公共住房项目是根据 1937 年《美国住房法》建立的,同时也成立了联邦公共住房局(Federal Public Housing Agency)。与联邦住房管理局的经营方式相反,公共住房的支持者更关注于社会福利问题。公共住房的倡导者试图为那些没有能力在私人市场购买住房的人建造经济适用房。房地产业对其完成补贴性公共住房的能力表示关注,在此压力下,迫使公共住房转向斯巴达式,主要集中于现有的低收入社区。

联邦住房贷款银行委员会(FHLBB)是 1932 年由美国国会创立,特许管理联邦储蓄和贷款,并接受个人存款,以及将其贷款主要放于住房抵押贷款上。储蓄和贷款协会为推动住房购买的需求和维持住宅建造业的稳定提供了可靠的资金来源。在朝鲜战争期间,艾森豪威尔政府利用美国联邦住房金融局负责监督抵押贷款,以便减少住房的要求,将更多的财力投入到朝鲜战争之中。1955 年,储蓄和贷款协会推动废除美国联邦住房金融局对联邦住宅贷款银行委员会的监管,将其置于更财政导向的部门监管之下。

清理贫民窟是城市再开发运动的重要目标之一,根据《1949 年住房法》的第一款实施,是 20 世纪 50 年代由美国联邦住房金融局负责监管的重要项目之一。城市再开发,其中联邦政府为土地征用和清理提供资金,使土地可用于发展(其中大部分是私人性以利润为导向的开发),这是一个有争议性的项目,通常受商业区地产业主们的支持,他们将其视为挽救商业区地产价值的一种手段,通过扭转衰落社区的扩大来实现。1954 年,在城市的压力下,这一项目的宗旨和名称发生了改变,从"城市再开发"更名为"城市更新"。新项

目更针对更新区城市居民的关注点。在城市更新项目下,美国联邦住房金融局试图更关注于城市的复兴,他们通过一些项目如法规实施来复兴现有的结构,而不是拆除。城市更新项目和公共住房项目,连同高速公路项目,清理了大城市内大片的低收入家庭住宅,极大地改变了大部分大城市的面貌。

美国联邦住房金融局是一个组织相对松散的机构,在很大程度上是由其组成部分管理的。它也是一个相对保守的组织,通常允许地方活动家对政策发表看法,但却不主张激进的改革。在大多数地区,房地产业和房屋建造商都是势力较强的参与者,因此,他们对美国联邦住房金融局有很大的影响力。公共住房的支持者和美国联邦住房金融局的官僚相比,有着不同的目标,到 1949 年,他们在联邦住房政策斗争中战败,因此无法改变美国联邦住房金融局所设定的私人市场定位。

雷蒙德·福利(Raymond F. Foley)被任命为美国联邦住房金融局的第一任主管。他曾经担任密歇根州的联邦住房管理局主任,1946 年,他被任命负责国家住房局。在 1952 年德怀特·D. 艾森豪威尔当选总统后,艾伯特·科尔接替了福利。在《1949 年住房法》的争论中,科尔曾舌战公共住房的倡导者,并切断了与房地产和住房建造业的密切联系。

美国联邦住房金融局负责监管的重大项目,特别是联邦住房管理局抵押贷款保险和公共住房项目,通过条例加深了当地的种族态度。联邦住房管理局的《保险手册》声称,非种族同质性的社区在本质上是不稳定的,因此导致违约风险高。此外,地方当局负责决定公共住房的选址,因此,公共住房往往只有建立在现有的低收入居民区。这两个项目都深化了现有的隔离模式。

但美国联邦住房金融局设有种族关系服务处(Race Relations Service,简称 RRS),为种族问题提供咨询建议,虽然他们的意见经常被忽视,但是美国联邦住房金融局房是少数认识到种族态度影响的机构之一。1960 年,约翰·F. 肯尼迪总统任命一个非洲裔美国人罗伯特·韦弗负责美国联邦住房金融局。当美国联邦住房金融局发展成为住房和城市发展部并被提升到内阁后,韦弗也成为了第一个非洲裔美国人内阁成员。美国联邦住房金融局是一个过渡,开始于新政策时期,联邦政府初步参与城市问题,到 20 世纪 60 年代林登·约翰逊总统在其伟大社会计划的中创立更进取和全面的项目为止。

亦可参阅:联邦住房管理局(Federal Housing

Administration),《1949 年住房法》(Housing Act of 1949)

延伸阅读书目：

● Hirsch, A. R. (2000). "Containment" on the home front: Race and federal housing policy from the New Deal to the Cold War. *Journal of Urban History*, 26, 158 - 189.

● Weaver, R. C. (1963). Current trends in urban renewal. Land Economics, 39(4), 325 - 341.

Kent James 文

王洋译　陈恒校

金融区
FINANCIAL DISTRICT

金融区是容纳多种金融机构和相关组织的场所。在历史上，它通常位于中心商业区之中。金融区聚集着大量控制、经营和管理资本流动的机构（例如银行、保险公司、投资公司、股票交易、期货交易）以及为金融公司提供服务的附属产业（例如律师和会计）。在城市中，金融区承担着重要的金融职能，是发行和交易股票、债券、支取存款和借贷资金、维持支付体系、促进国际贸易的关键节点。

金融区起源于殖民地时代，其前身是城市商业区中的咖啡商行（Coffee Shop）和商业账房（Merchant Countinghouse）。在那时，以河边商埠为核心的商业区非但小、不专业，而且不同功能的金融服务分散在不同的街道上，尚未出现专门从事金融活动的区域。尽管如此，从 18 世纪晚期开始，羽翼已丰的商业经济和正在出现的工业经济对金融的需求日益增长。这种需求促使商人和其他商业精英为金融交易寻求新的场所。不过，在美国的小城市中，还是有很多商人继续在沿河的市场大厅（Market Halls）、咖啡商行和商业账房中从事金融活动。

在独立之后的 70 年里，形形色色的金融机构与其他行业共同在美国城市中构建了金融区的雏形。金融部门逐渐由不太专业的商业活动转型为高度专门化的产业。位于费城的伦敦咖啡公司（London Coffee House）就是一个例子。这座公司位于城市中心，处于一处越来越多元化的地点。它被当地商人们改造为买卖保险、交换有关大西洋航运、商业和世界政局信息的

金融交易所。与此类似，到 20 世纪 80 年代，在波士顿，专业化的金融和保险服务都聚集在国家大道（State Street）两侧。尽管金融与相关企业逐渐向城市的某一部分集中，在 19 世纪中叶以前，金融区域还没有被明确表述成一处城市景观。

到 1900 年，金融区已经成为中心城市的重要组成部分。19 世纪初在纽约的华尔街，专业金融与辅助活动的数量达到了一个临界点，最终令华尔街成为了美国的第一个金融区。更进一步的专业化将互补与竞争有机地结合在了一起，从而为城市金融产业和商业社区的运营提供了非常有利的条件。到 1860 年，大银行、股票交易所和其他重要的金融机构密布于华尔街两侧，而其他专业的金融公司则蔓延到邻近的街区。纽约并不是唯一拥有金融区的城市。已具雏形的金融区也出现在其他大城市，例如芝加哥、波士顿、费城和旧金山。在接下来的 100 年里，美国城市的经济发展刺激了金融区的发展，并且令庞大而复杂的金融区在最初一小块核心区域的基础上成长壮大。尽管少数金融区随着时间的流逝而显著地迁移到了别处，但大多数金融区的位置并没有发生变化。以芝加哥为例，它的金融区多次搬家，但最终在 1910 年以商会（Chamber of Commerce）和芝加哥股票交易所（Chicago Stock Exchange）为中心固定了下来。在纽约，尽管到 20 世纪 20 年代，中城的金融活动越来越多，但大多数金融公司仍与商业区的金融复合体有着千丝万缕的联系。

发展到 19 世纪，金融区已具备了两项基本功能。首先，它们联结了城市的各个区域、令居住不同地区的经济"玩家"可以相互交流。它们还允许美国城市在从区域性到全国性和国际性的空间规模上运营。例如，波士顿、费城、纽约和巴尔的摩利用金融区的机构促进了自然资源、制造业产品、商业信息、政治新闻和资本在大西洋两岸的流动。金融区也是维系城市与其经济腹地之间商贸关系的纽带。城市金融机构促进了美国各地资本、信息和产品的交流。它也是资本原始积累的中心。商人和其他资本家越来越多地通过金融区的交易活动，将积累的资本转移到其他经济产业，特别是制造业。

其次，金融区发挥了城市地标的功能。在这里，资本展现了自己的多重面向。金融区有着固定的边界。在其边界内，金融及其辅助产业为商业和工业经济提供服务，满足它们对资本、信用和信息的需求。即便在一个金融区中，大部分经济活动都与金融产业有关，那里也有一些不直接从事金融活动的商业机构，例如律师办公室、职业介绍所、会计公司、为金融公司中的行政职员和经理提供社交机会的高级俱乐部。因为在金

268

融区工作的机构并不是同质性的,所以区域的内部呈现出多元、复杂的风貌。每个金融区在功能、组织和区位方面都有一定的区别。金融区同时也是一个有象征性的场所,经济精英们在这里表明:自己正以政治掮客的身份策划、操纵城市、国家和国际的经济生活。

独特的建成环境(Built Environment)是金融区的一个典型特征。它是一个多层的景观,包含一大批复杂、有特色的建筑。在 1880 年以前,金融机构与其他中心商业区的组成部分一样,坐落在 3 到 5 层的楼房里。19 世纪末摩天大楼的发展改变了金融区的建筑环境及其工作的组织结构。建筑科技的革命,最特别的钢架构和电梯,允许新时代的建筑在高度上远远超越传统建筑。极高的地价限制了建筑的横向发展,迫使为获得商业中心的土地而竞争的人们垂直地扩展他们的建筑。更高的、能够容纳更多公司和公司部门的建筑为增加人与人之间的面对面接触提供了便利,帮助大型金融和非金融企业把握其区域和全国营运状况的动向。最终,摩天大楼成为了公司权力与现代性的象征。远远高于周围商业区的摩天大楼呈现了公司对于经济、政治和社会生活等诸多方面的控制,扮演着一种现代的、时髦的、适应工业经济节奏的流线型机器。

芝加哥与纽约市是这场建筑设计革命的中心。最初,芝加哥 10 层的蒙托克大厦(Montauk Building)与 16 层的莫纳德诺克大厦(Monadnock Building)引领了整场革命。尽管如此,到 20 世纪 20 年代,纽约凭借 72 层的曼哈顿银行大厦(Bank of Manhattan Building)成了革命的带头人。更大的摩天大楼不仅为金融业服务,而且也有利于中心城市发挥其多样化的城市功能。不过在金融区域的中心地带,银行、保险公司、股票交易所和附属的专业服务机构仍是摩天大楼的主要使用者。

金融区的规模反映了每个城市的地位。到 18 世纪晚期,纽约拥有了美国首屈一指的金融中心,成为欧美资本投资开发西部资源、发展新式交通(铁路)、信息设备(电报)、城市基础设施(码头、公共交通),培育新兴制造业基地的重要结算中心。这一切都归功于华尔街。正因为华尔街的存在,纽约的金融财团才能够控制国家的金融命脉、加速资本的流通。纽约也才能藉此超过费城,成为美国最大的城市。到第二次世界大战时期,金融区已经成为美国大城市最显著的城市景观。作为聚集着大型金融公司和大量附属产业的金融中心,金融区是权力的纽带;金融、企业和政治决策的焦点;协调工业经济的枢纽;以及现代世界的象征。

国际化的发展促使金融业务和机构越来越集中于少数几个"全球城市"。此外,在过去的 50 多年里,由于许多金融功能转移到了商贸园区和大都市区外围的新兴城区之中,美国主要的金融区都曾经历了一个相对衰落的过程。尽管在 100 多年前美国就出现了城市金融功能分散化的现象,但随着金融产业的低端部门逐渐迁往郊区和小城镇,中心城市的重要性开始下降。与此同时,在金融业中,越来越多的事务性部门为低廉的地价所吸引而迁往城市的外围,结果,位于中心城市之中的金融区愈发为高端的金融功能所垄断。在 200 年前,人们迫切需要一个中心区域以便人们可以面对面地交流,在今天同样如此。金融经理们仍然高度依赖彼此之间的人际关系,以及与其他城市产业部门的经济联系。

延伸阅读书目:

- Bowden, M. (1975). "Growth of central districts in large cities". In L. Schnore (Ed.), *The new urban history: Quantitative explorations by American historians* (pp. 75 - 109). Princeton, NJ: Princeton University Press.
- Hoover, E., & Vernon, R. (1962). *Anatomy of a metropolis: The changing distribution of people and jobs within the New York metropolitan region*. New York: Anchor.
- Ward, D. (1966). The industrial revolution and the emergence of Boston's central business district. *Economic Geography*, 42, 152 - 171.
- Willis, C. (1995). *Form follows finance: Skyscrapers and skylines in New York and Chicago*. New York: Princeton Architectural Press.

Robert Lewis 文

张津瑞译 陈恒校

消防部门
FIRE DEPARTMENTS

在历史上特别是在 20 世纪以前,火灾一直是困扰城市居民的棘手难题,也是阻碍城市在特定时期内发展的关键因素。在早期的美国,为了取暖和烹饪,易燃材料总是被堆放在明火附近。毁灭性的大火并不罕见。1788 年在新奥尔良,一根蜡烛引发了一场大火,烧毁了 800 多座房屋。三年后在费城,火灾在码头街的木质建筑间肆虐,此外,在佐治亚州的萨凡纳,一场火灾点燃了一处军火库,令整个城市蒙受了空前的损失。即便在城市分区制度建立后,城市大火有时仍超出了人们的掌控。在芝加哥,著名的1871年大火烧毁了17000座建筑物,300多人在火灾中遇难。1906年,旧金山发生地震,随后引发了一场火灾。大火烧死了3000人,将城市的大部分地区夷为平地。为了应对火灾的威胁,灭火人员的专业化程度越来越高、市政当局的相关投资越来越多、消防科技发明和应用的周期越来越短,而这一切就构成了城市消防的历史。

在美国城市史中,有一个名为"服务性城市"(Service City)的概念。这一概念的提出促使城市居民们要求市政当局通过拨款与立法的方式,扶持一系列市政服务的发展,而在服务性城市概念兴起之前,政府就已经在市镇防火领域扮演了积极的角色。在1646年,由于城市多次因烟囱清理不当而遭受火灾,新阿姆斯特丹便向市民征税,以此雇佣专职的烟囱检查员。市政官员们也从荷兰订购鞣制的皮革水桶,并设置了一处官方的火警观察点。在其他17世纪的殖民地城市中,市政当局要求市民常备一个空桶,以便在火灾发生时能够帮助运水。在18世纪早期,城市人口密度的增加和消防科技的改进促使大城市的居民组建志愿性的消防公司(Volunteer Fire Company)。第一个这样的消防公司出现在1718年的波士顿。该市为志愿者们提供了制服和一个很小的手压泵消防车。在1736年,本杰明·富兰克林在费城组织、宣传和参加了一个义务消防队。他的行动为同样有志于消防事业的城市头面人物,例如乔治·华盛顿、亚伦·伯尔、托马斯·杰斐逊等人,提供了一个可供效仿的榜样。由于消防公司是公共安全和秩序的维护者,在18世纪70年代,它也成为了培育爱国者的温床。在纽约、波士顿和费城,消防队员们将维护公共安全和秩序的责任转化为了对于革命积极、毫无保留地支持。

到19世纪初期,每一座美国城市都拥有了一个义务消防部门(Volunteer Fire Department)。这个机构松散地管理着多个以手压泵消防车、软管喷水车和由市民志愿者为基础建立的消防队。在巴尔的摩,在1790年,当地的消防部门下辖3个义务消防队,1800年该部门所辖消防队数量增至6个,1843年增至17个。因为重型设备——无论是运输、还是操作都需要大量的人力,消防队规模一般都很大。仅在20世纪30年代,巴尔的摩的义务消防队员就近800人之多。在费城,到1780年,该市则拥有17个义务消防队。义务消防队在成员选拔方面颇为严格,它们不仅在本地的消防事务精诚团结,而且也与外地的消防机构互通声气。

在19世纪初期,消防队的成员来自各行各业。店员、技术工人、商人都曾肩并肩地与火灾搏斗。如此复杂的人员构成也是这一时期义务消防队最显著的特征之一。同时,消防队也承担了一些早期的社会服务职能。在一些城市,消防队建立了当地最早的公共图书馆,市民可以在那里借阅书籍。多数消防车库的房间都是公用的。大致在1792年前后,消防局建立了孤寡基金,以便照顾牺牲者的家人,并为受伤的消防队员提供一些资助。义务消防队员们没有薪水可拿。公众对他们英勇行动的感激和尊敬就是最大的奖赏。同时,消防队员们也不必参加陪审团、不必去服兵役。在内战前的几十年里,荣誉感赋予消防队员们强烈的信念,令他们相信自己对社会的贡献体现了崇高的道德情操。于是,很多消防队员积极地参与市政活动。纽约城市老板特维德就是在一家消防队中开始自己政治生涯的。与此同时,尽管消防队的阳刚之气吸引了形形色色的志愿者,但总体来讲,成熟的商人越来越少,而穿上消防队员制服的年轻劳工却越来越多。

到20世纪50年代,城市的义务消防局变得臃肿(通常拥有1000名成员)、缺乏组织、普遍不守规矩。尽管大多数志愿者尽忠职守,但消防队这个群体仍遭受了越来越多的批评,因为消防队员们在公共场所的言行已经很难满足不断壮大的城市中产阶级对于体统的要求。酗酒、好斗和偶尔的斗殴吸引了改革者们的注意。不仅如此,消防队的分布也缺乏规划,有些城区拥有着过量的消防队,而早期的市郊地区却得不到充分的保护。由于消防队愈加卷入政治和暴力行动之中,而且这些消防队的开支都压在了保险公司、市民和市政府身上,改革者们便开始推动志愿者的市政化改革(Municipalization)。包括蒸汽引擎(很少的几个人就可以操作这种设备,因此大型消防队便失去了存在的意义)和火警电报在内的技术革新加快了转变的步伐。在1853年,辛辛那提组建了一支由少数专业消防队员组成的领薪消防队(Paid Department)。该队装备着由马拉的蒸汽式消防车。义务消防队员们拼命反对市政化改革,声称领薪者不可能像志愿者那样在灭火时勇敢无惧,但是到20世纪60年代,在辛辛那提的带动下,美国的每一座大城市都解散了他们的义务消防队。

尽管如此,直到19世纪末,大多数领薪消防队员都不是全职的市政员工。多数人薪资微薄,靠消防以外的工作维持生计。政府和民众期望,一有火警,消防队员们就能离开本职工作,随叫随到。尽管消防队长总是抱怨说,领薪的员工缺乏专业素质,但消防事业仍然随着时间的推移逐渐发生变化:新式消防技术开始涌现、消防供水日益充足、城市分区管理渐次推广、消防队组织结构也有所改良。这些变化提高了灭火工作的效率,也促使消防机构不断完善自身的组织体制。与志愿者时代一样,市政当局此时对消防队的投资非常吝啬,消防队因此很难购买必要的消防设备。尽管消防队们屡次抗议这种短视的政策,但无济于事。1865 年,纽约市在全美首次建立了全职全薪的消防局制度。到 19 世纪末,大多数美国大城市也都效仿纽约,组建了新式消防机构。在 20 世纪早期,消防制度得到了进一步的发展。市政当局开始有计划地培训消防队员,并通过考试评测他们的业务能力。这些改进使得消防机构愈加训练有素、尽职尽责。

在 20 世纪,消防局面临的主要难题则是招聘歧视与财务问题。在 20 世纪中前期,无论是南方还是北方,消防队里的很多人都坚决反对种族融合。在 20 世纪的第一个十年里,尽管一些消防局雇佣了黑人,但这些黑人总是被分配到与白人隔离的单位。在民权运动中,面对白人消防队员公开、有时颇为暴力的反对,大多数消防局仍实行了种族融合。1953 年在洛杉矶,有色人种协进会曾提出在消防队中实现种族融合的主张。随后,围绕着种族融合问题,白人与黑人之间争执不断,洛杉矶消防局由此陷入多年的混乱之中。最终在 1956 年,洛杉矶消防局终于实现了种族融合;而在圣路易斯,消防机构中的种族隔离一直持续到 1961年。尽管种族融合政策得到了推行,但黑人消防队员仍一直抱怨说:在一些美国城市中,他们很难从同等水平的白人消防队员那里争取到升职机会。

妇女更难成为消防队员。其中的一个主要原因是,消防单位和消防工作一直被业内外人士视为一项阳刚气十足的事业。在两次世界大战中,妇女曾暂时顶替前往前线参战的消防队员,但直到 1973 年,才有一位妇女在和平时代正式成为领薪的消防队员。在 20 世纪 70 年代末和 80 年代,妇女们为争取参加市政机构的机会而进行了游说活动。在妇女们的争取下,圣迭戈市消防局成为全国第一个开始招聘妇女和少数民族男性的大型市政机构。面对消防队员及其支持者的反对,消防局起初将 5 名女性安置在员工培训部门,随后又辞退了她们(妇女们曾向法院提出控告,但控告被法院驳回)。在圣路易斯,市政当局直到 1987 年才允许妇女们加入消防队。在明尼阿波利斯和旧金山,尽管超过 15%的消防队员是女性,但在 2005 年,很多市政机构之中仍然难寻妇女的身影。

科技进步,特别是自给式呼吸器、无线电和其他更大更有效的消防车辆,一如既往地大幅提高了消防工作的效率。然而不幸的是,特别是由于高层建筑的不断增多,城市消防也面临着更大的挑战。2001 年 9 月11 日,世贸大厦遭到袭击,随后 343 名消防队员和医护人员在营救遇难者的过程中殉职。为了支付消防队员的薪资(他们的薪水通常比其他市政机构的雇员低)、购买保险和消防设备,消防机构的开支越来越大。消防机构也一如既往,同市政当局就拨款问题争执不休。无论如何,消防队员们一般都属于最受欢迎的城市雇员之列。随着小城镇的发展,领薪消防队不断地取代义务的消防机构。在当代的美国,虽然义务消防队员比领薪消防队员多得多,但 150 年以来,领薪消防队员仍卓有成效地保护着美国的城市。

延伸阅读书目:

- Carp, B. L. (2001). "Fire of liberty: Firefighters, urban voluntary culture and the Revolutionary movement", William *and Mary Quarterly*, 58, 781 - 818.
- Greenberg, A. S. (1998). *Cause for alarm: The volunteer fire department in the nineteenth-century city*. Princeton, NJ: Princeton University Press.
- Hazen, M. H., &. Hazen, R. M. (1992). *Keepers of the flame: The role of fire in American culture*, 1775 - 1925. Princeton, NJ: Princeton University Press.
- Lyons, P. R. (1976). *Fire in America*! Boston: National Fire Protection Association.
- Tebeau, M. (2003). *Eating smoke: Fire in urban America*, 1800 - 1950. Baltimore, MD: Johns Hopkins University Press.
- Women in the Fire Service. (n. d.). *History of women in firefighting*. Retrieved April 22, 2005, from http://www.wfsi.org/women_and_firefighting/history.php
- Women in the Fire Service. (2005). *Status report*, 2005. Retrieved April 22,2005, from http://www.wfsi.org

272

Amy S. Greenberg 文

张津瑞译　陈恒校

弗朗西斯·斯科特·菲茨杰拉德
FITZGERALD, F. SCOTT

弗朗西斯·斯科特·菲茨杰拉德(1896—1940)1896 年 9 月 24 日出生在明尼苏达州的圣保罗市(St.

Paul）。作为一户中西部的家庭，菲茨杰拉德的家里虽然保持着上层社会的传统，但却没有财力去维持这个传统。年轻时，菲茨杰拉德意识到自己不可能成为贵族社会的一员。尽管如此，他仍有着出人头地的强烈愿望，这种愿望促使他去从事文学创作。1913 年，菲茨杰拉德考入普林斯顿大学，并于 1917 年辍学参军，被分配到阿拉巴马州的谢里登营地（Camp Sheridan）。在那里，菲茨杰拉德邂逅了他未来的妻子泽尔达·塞尔（Zelda Sayre）。1920 年 4 月 3 日，菲茨杰拉德与塞尔完婚。1921 年，这个家庭唯一的孩子，女孩弗兰西斯·斯科特·菲茨杰拉德诞生。1940 年 11 月，菲茨杰拉德心脏病发作侥幸未死，同年 12 月再次发作的心脏病最终带走了他的生命。

菲茨杰拉德为后人留下了杰出的文学作品，例如《人间天堂》（*This Side of Paradise*）、《漂亮的冤家》（*The Beautiful and Damned*）、《了不起的盖茨比》（*The Great Gatsby*）和《夜色温柔》（*Tender Is the Night*）。在菲茨杰拉德的小说中，他选择的故事背景——包括家庭、酒吧、学校和城市——至关重要。城市，特别是纽约市，是菲茨杰拉德的灵感来源，但同时也令他迷惑不已，因为尽管城市是文明的象征、机遇的源泉，但它同时也是一个以腐臭的邪恶威胁人、腐蚀人的丑恶之地。菲茨杰拉德认为城市有着两重功能：现实场所和心理意象。在把城市当作现实场所时，菲茨杰拉德淋漓尽致地刻画了城市的细节，而当他把城市当作心理意象时，菲茨杰拉德侧重于描写个人看问题的方式，而不拘泥于个人之所见。

在菲茨杰拉德的小说中，纽约市是最常见的故事背景。菲茨杰拉德曾在纽约居住。这份经历令他牢牢地把握住了城市生活的感受。菲茨杰拉德将纽约城看作是一个悖论：纽约城既是魅力、浪漫和机会的圣地，同时也是一个充满腐化、绝望和隐秘的场所。在小说《人间天堂》和短篇小说《五月艳阳天》（"May Day"）中，菲茨杰拉德首次将纽约城描述为极致精美和魅力四射的城市生活的象征。尽管如此，在《漂亮的冤家》里，纽约城的形象便不再完美，在《了不起的盖茨比》中，这座城市简直不堪入目。无论是为纽约心驰神往，还是懵懂莫名，菲茨杰拉德都在他的写作中剖析了这座城市，并且力图挖掘城市生活的真谛。

延伸阅读书目：

● Eble, K. E.（1963）. *F. Scott Fitzgerald*. New York：Twayne.
● Gale, R. L.（1998）. *An F. Scott Fitzgerald encyclopedia*. Westport, CT：Greenwood Press.
● Zhang, A.（1997）. *Enchanted places：The use of setting in F. Scott Fitzgerald's fiction*. Westport, CT：Greenwood Press.

Amy Hodgin 文

张津瑞译 陈恒校

五点区
FIVE POINTS

在 19 世纪的很多日子里，位于纽约下曼哈顿（Lower Manhattan）的五点区曾被看作是美国最破败的贫民窟。它的名字形成于 1809 年，是一块由奥兰治路（今巴克斯特路）、克洛斯路（今帕克路）和安东尼路（今沃斯路）3 条道路的交会而形成的五角形区域。可能自这三条路交汇之日起，当地的方言中就出现了"五点"一词。该词随后于 19 世纪 20、30 年代被纽约人所熟知。在 20 世纪 40 年代，当查尔斯·狄更斯访问美国时，这个名字也赢得了国际声誉，只不过是负面的，因为在《游美札记》（*American Notes*）中，这位大作家将五点区描述成堪与伦敦东区（East End）相"媲美"的贫民窟。

尽管如此，到 19 世纪晚期，五点区已不再是人们厌恶的对象。这个名字也渐渐地不被人使用了。其中的一个原因是，另一些贫民窟已取代了五点区，成为城市堕落和可憎的象征。随着城市的再开发，五点区的面貌也迅速改变，最终不再是一个居民区。1833 年，五点区北段的三角地带已被清理。1868 年，随着沃斯路的扩建，位于五点区五个交叉路口附近的居民区开始动工拆迁。同年，附近玛百莉湾小区（Mulberry Bend）被改建为公园。玛百莉小区的消失推动了五点区的改造。1916 年，贫民窟拆除工作进一步展开，到 1961 年，五点区的残余痕迹已被"清扫"殆尽。

时至今日，尽管五点区这个居民区实际上已经不复存在，但外界对于五点区仍有很大的成见。很多人一直通过文学、绘画作品向公众灌输五点区的贫民窟形象。其中最经典的莫过于赫伯特·阿斯伯（Herbert Asbury）里所著的小说《纽约黑帮》（*The Gangs of New York*，1928）。在这部小说中，阿斯伯里将五点区描述为一个已被世人遗弃的邪恶之地。马丁·斯科塞斯（Martin Scorsese）于 2002 年执导的电影《纽约黑帮》（*Gangs of New York*）更令阿斯伯里笔下的五点区形象深入人心、长盛不衰。与这些被扭曲的贫民窟神话相比，史实中的五点区更加复杂、更加难以捉摸。

在19世纪的前25年里，五点区所在的区域从一块溪流纵横、沼泽遍地的都市边缘地带变成了由屠宰场、制革厂、酿酒厂、工业锅炉、陶器作坊组成的工业区。出于对黄热病的恐惧，沼泽地被排干，池塘被填平。随后大量黑人来此定居，令这里很快成为美国规模最大的城市黑人聚居区之一。

在此后的25年里，爱尔兰裔天主教徒和德裔犹太人也来到了五点区。这些人大多穷困潦倒，只能租房居住。为了多收租金，房东们将房间分割成面积很小的隔间出租，而且不怎么打理房屋。结果，当地肮脏污秽、拥挤不堪。以"老啤酒厂"（Old Brewery）为例，在19世纪30年代，这座曾经的工厂变成了一个散乱的多户型住宅区。

旧世界的贫困秘密扎根于美国社会的消息令美国舆论为之轰动。人们不仅对外国人心怀疑惧，而且对霍乱忧心忡忡。19世纪30年代早期，霍乱是一种令城市居民闻风丧胆的流行病。这种病一般被认为是"污秽病"，而没有别的地方比第五区更污秽不堪的了。人们担心这里很可能会爆发霍乱瘟疫，并波及城市的其他地区。暴力同样是第五区的痼疾。非熟练岗位的就业竞争与竞选日强迫选民投票的行为导致了非洲裔美国人与爱尔兰人的争斗，激发了1834—1835年的暴乱。暴乱的发生令五点区的名声愈加败坏。新闻界的时事评论员们总将五点区描述为街头帮伙之间的暴力冲突愈演愈烈的危险之地。此外，五点区也是酒馆、舞厅、卖淫交易集中的地区。它也因此被人们看作是社会风气败坏的贫民窟。

到19世纪中叶，随着旅游业的繁荣，五点区的坏名声为它招来了旅游业者的关注。这个75%的人口都是外国人的社区吸引了大批猎奇的游客。很多人来此就是为了亲身体验当地怪异的景观、声音和气息。另一些人则在酒吧、舞厅、妓院和保龄球场里流连忘返。

矛盾的是，在这个世纪的第3个25年里，许多为第五区吸引游客的贫民窟特征却从人们的视野里消失了。声名狼藉的老啤酒厂再次发生了一些变化，而这些变化又成为了五点区转型的象征。1852年，这座建筑被夷平，在它的遗址上建起了五点区布道所。在19世纪50、60年代，时事评论家们承认：五点区已经摘掉了暴力和不道德的帽子。事实上，虽然1857年五点区暴乱是美国历史上最严重的暴乱之一，但在1863年，五点区幸运地避过了由征兵暴乱而引发的、白人与黑人之间的种族暴力，因为到那时，这个地方已经没有多

少黑人了。到20世纪70年代，当地的街头帮伙已所剩无几。大多数妓院和舞厅也早早迁离了此地，而工厂则在五点区扎下了根。

在19世纪最后的四分之一个世纪里，五点区又发生了很大的变化。它的经济仍不见起色。多层的哑铃公寓成为当地最常见的建筑。尽管如此，人口拥挤和贫困程度并不像19世纪三四十年代那样严重。随着大批新移民接连不断的到来，五点区的社会文化也开始发生变化。新移民的来源地与过去有着很大的不同。意大利人、俄国人、波兰犹太人和中国人的人数已经超过了爱尔兰裔和德国裔居民，成为了五点区的主要住户。当南欧、东欧移民成为五点区的主要居民之时，五点区的人口结构也发生了新的变化。由成年亲戚和儿童组成的核心家庭与大家庭在当地人口中所占的比重逐渐增加。

即便五点区的居住环境、社会结构和文化构成在19世纪发生了极大转变，有关它的贫民窟神话亦然长盛不衰。这一现象很令人困惑。在当地的社会生活中确实存在着一些不利的条件，但仅凭这些条件无法解释为什么五点区一直被人们看作是贫民窟，因为五点区社会生活的情况在不同时期截然不同。真正的解释是：五点区一直存在于人们的视野之中。它之所以为称作贫民窟，是因为市政府和城市传媒的大亨们总能看到它。当身为中产阶级的"纽约客"（New Yorkers）们来往于布鲁克林大街和华尔街时，他们也能看到它。正因为人们总能看到五点区，作为一个贫民窟，五点区总是令人印象深刻，而且很有娱乐性。即便这个地方已发生了天翻地覆的变化、彻底改变了过去的面貌，人们心中的成见依然很难改变。

追根溯源，人们对于五点区是贫民窟的成见起源于市政改革时代。在那时，改革者们将五点区描述成一个贫民窟，并利用这个贫民窟神话唤起公众对于城市再造计划、建筑管理和道德进步运动的支持。雅各布·里斯的文学创作和政治活动充分揭示了贫民窟现象与市政改革运动之间交相作用的关系。在其著作《另一半人如何生活》中，里斯声称：尽管五点区贫民窟已经被摧毁了，它的衍生物，例如玛百莉湾贫民区，依然在壮大且溃烂。里斯藉着这本著作吸引、动员了全国的舆论，最终将玛百莉湾——五点区周边最后一个成规模的居民区——拆除了。

在20世纪七八十年代，历史学家们开始剖析有关五点区的夸张误传，以便揭示这座最被误解的美国城市社区里真正的生活。在20世纪90年代，考古学家也发掘出很多有关五点区生活与生活方式的物证。这

些物证弥补了文字资料的不足,增进了学界旨在重新解释五点区社会生活史的研究。逐渐增多的研究成果令史学家笔下五点区的形象丰满、复杂了起来。他们向人们展现了一个以由移民工人阶级组成的社区。这个社区处于贫困线上下,时常因为穷困而饱受折磨。尽管如此,这里的居民有着多样化的职业水平和丰富多彩的生活方式。在历史学方面,五点区的重要性并不在于它所具有的、与美国主流社会截然不同的特质。历史学家们重视的是,在整整一个世纪的快速城市化过程中,五点区与工人阶级的生活、文化之间所存在的、密切的联系。

延伸阅读书目:

- Asbury,H. H.(1928). *The gangs of New York：An informal history of the underworld*. New York：Alfred A. Knopf.
- Dickens,C.(n. d.).*The works of Charles Dickens. Volume 1：American notes*. New York：Books, Inc. (Original workpublished 1842)
- Gilfoyle,T.(2003). Scorsese's gangs of New York：Why myth matters. *Journal of Urban History*,29,620 - 630.
- Riis,J. A.(1971).*How the other half lives：Studies among the tenements of New York*. New York：Dover.(Original work published 1890)

Alan Mayne 文

张津瑞译　陈恒校

熨斗大厦
FLATIRON BUILDING

熨斗大厦竣工于 1903 年,最初名为富勒大厦(Fuller Building)。它是纽约现存最古老的摩天大楼。大厦高 21 层,位于麦迪逊广场(Madison Square)以南,第五大道、百老汇和第 23 大街交汇处,为商用办公楼。大厦的形状很不寻常,是一个底面为三角形的三棱柱,看起来很像那个时代的熨斗。富勒大厦也因此很快就被戏称为熨斗大厦。随即,它也成为纽约市特征最明显、最受欢迎的建筑地标。

在 20 世纪初,曾以芝加哥为基地的乔治·富勒钢铁公司(George A. Fuller's steel Construction Company)决定将总部迁往纽约,并委任知名建筑家、城市规划师丹尼尔·H. 伯纳姆设计新办公大楼。伯纳姆曾主持 1893 年芝加哥世界哥伦布博览会的园区设计、施工工作,并与搭档乔治·威尔伯·鲁特一道,设计了芝加哥最富盛名的诺德瑞-瑞莱恩斯-摩纳德诺克大楼(Rookery, Reliance, and Monadnock buildings)。

当其竣工时,高达 285 英尺的熨斗大厦是纽约金融区北部最高的大型建筑。它奇特的形状、特殊的位置、周边空旷的街道,以及不拘一格、宛如巨轮舰首的剪影更令它在城市建筑群中独树一帜,让人远远地就能注意到这座建筑。摄影家弗雷德·施蒂格利茨(Alfred Stieglitz)曾用手中的照相机摄下了熨斗大厦那引人入胜的外观。在他的心目中,这座建筑甚至可与希腊的万神殿相媲美。

熨斗大厦的总体风格是古典式的,有着繁复的装饰细节。外墙墙面上装饰着大量按哥特风格、文艺复兴风格设计的希腊人头像和其他陶制雕饰。从结构上,它形同一根古典风格的希腊大柱。大厦的粗面石灰石外墙按水平线分为三个部分:五层楼高的柱基、十二层楼高的柱身和四层楼高的柱顶。建筑的顶端有一圈向外突出、风格典雅的飞檐。在它的尖顶,熨斗大厦只有 6 英尺宽。从特定的角度看,这座建筑就像一面平直的墙壁。在很多人看来,它一点也不结实,恐怕一阵大风就能把房子吹垮。

事实上,熨斗大厦北端的尖角部分确实存在着防风、抗风的问题,因为大厦所在地恰好是纽约曼哈顿区风力最大的地方。幸而,珀迪—亨德森工程公司(Engineering Firm of Purdy and Henderson)通过高明的建筑设计,解决了这一难题。在不拘一格的古典外墙内,该公司设计、修建一整套钢制承重结构,以此提高建筑物的风力载荷。不仅如此,大厦的几何形状也有许多妙不可言的好处,其中最要紧的一个是,大厦里的所有办公室都有可能获得开敞、宽阔的视野。最后,整栋建筑有着很高的空间利用率,为商业办公和零售买卖留出了足够的空间。

与此同时,熨斗大厦吸引了大批游客。人们很乐于在位于楼顶的瞭望台和餐厅里眺望纽约城。大厦的高度和空气动力外形则产生了风力"风洞效应"(Wind-tunnel Effect)。在大厦周边的街道上,突如其来的大风常常掀起女性的裙子。据说,"23 快闪"(Twenty-Three Skidoo)一词就起源于第 23 大道的街角。那里总刮着大风,妇女们的足踝常因为裙子被大风吹起而裸露出来。年轻的浪荡子们就躲在旁边偷看,并在窥得春光后匆匆逃走。久而久之,警察们给浪荡子们的这种行为起了个名字，叫做"23 快闪"。

延伸阅读书目：

● Douglas, G. H. (1996). *Skyscrapers：A social history of thevery tall building in America*. Jefferson, NC：McFarland.

● Dupré, J. (1996). *Skyscrapers*. New York：Black Dog & Leventhal.

● Landau, S. B. , & Condit, C. W. (1996). *Rise of the New York skyscraper*, 1865 - 1913. New Haven, CT：Yale University Press.

Catherine C. Galley 文

张津瑞译　陈恒校

廉价公寓
FLOPHOUSES

廉价公寓一词最早用于指称城市中最低级的临时住所，在那里，房客们共用一个房间，夜里在临时搭的小床或吊床上睡觉，有时甚至直接睡在地上。在 19 世纪，廉价公寓的住户主要是移民工人。到 20 世纪中叶，大批流动性不强而又无家可归的人口涌进廉价公寓。廉价公寓的概念随之发生了变化，很多美国人将之看作是穷人走投无路时的庇护所，露宿街头前的最后一重保护。

在 19 世纪末的美国工业化城市中，无论是工人阶级还是中产阶级，美国人都迫切需要大量的临时住所。对于移民工人来说，无论是在木材加工厂上班，还是在铁路或者其他行业中工作，他们都需要在城市中有一个落脚之处。中产阶级职工们也一样。为了从事文书和其他白领工作，他们得去城市里上班，并因此希望能在城市中有一间临时性的住房。为了满足这两个阶层的需求，房屋租赁业发展了起来。这一产业为中产阶级提供了两种选择：提供膳食的招待所（Boardinghouses）与备有家具的出租房（Rooming houses）。前者是大多数中产阶级市民的首选。它不仅提供住所，而且售卖饮食。租户们常一起进餐。后者则是向一些雇员提供经过装修、配有家具的小房间。

为工人提供住房的则是规模更大的房屋租赁公司，这些公司以不同的价位向工人们出租房屋。租期一般都不长。其中一种形式是鸟笼公寓（Cage Hotel），它在 20 世纪的美国城市中几乎无处不在。鸟笼公寓通常是在厂方或库房的基础上改建而成的。房屋租赁公司将这些建筑里的空间分隔成面积约在 5×7 英尺以上、6×10 英尺以下，高 1 到 3 英尺的小房间。房间的顶部不是天花板，而是细铁丝网。这种建筑技术令每个房间都有光照、有空气流通，而且也遏制了潜在的盗窃行为。在不同的鸟笼公寓内，人们的生活质量随公寓的位置、管理水平以及住户的不同而有很大差异。许多鸟笼公寓提供床、椅子和化妆台，但有的并不提供这些家具。公共盥洗室通常由于得不到修缮和维护而臭名远扬，租户们却仍不得不共用它。尽管鸟笼公寓的舒适程度被压缩到了最低点，但它仍有很强的生命力，因为这种公寓仍在一定程度上保障了租客们的隐私权。

与鸟笼公寓相反，集体宿舍式廉价公寓（Dormitory-style Lodging of Flophouses）的租金更加低廉。这种公寓通常有若干面积很大的公共房间。房间里成排地摆放着双层床或简易床。人们只要付一小笔钱，就能租到其中的一张床。一些酒吧也涉足短租房市场，企图分一杯羹。顾客们只要支付过夜钱就能在椅子或地板上睡一觉。少数有商业头脑的酒吧老板甚至在房间里拉起长绳，让顾客在夜里能斜靠着绳子睡觉。当然，这种"绳床"可不是免费的。顾客需要花钱才能享受这一"特权"。

第二次世界大战结束后，美国的去工业化问题令许多没有工作、无家可归的人滞留在全国各个城市的市中心。随着集体宿舍式廉价公寓的日益减少，单人套房式（Single-room Flophouses）旅社逐渐成为贫民窟居民的半永久性住所。在这一时期，年老、有时醉醺醺的无家可归者明显增多。对于他们来说，单人套房扮演了低端养老房的角色。许多被社会遗弃的租客发现：单人套房式旅社为他们提供了社交和娱乐的场所。其中一些人每天至少花 5 个小时在旅馆大厅里看电视或者玩牌。

这些年来，公共福利机构为许多城市无家可归者支付了房租。一些城市经营起它们自己的公租房，为提出申请的贫困的无家可归者提供住宿和饮食。作为补充或替代措施，一些市政机构会为无家可归者提供福利招待券或可赎回的配给券，使他们可以凭券在特定旅社、饭店里住宿、就餐。尽管如此，并非所有旅馆都愿意接纳这些客人。一些旅馆更乐于接受自己付账的租客。值得注意的是，贫民窟的生活具有种族隔离的特征。有的旅馆一贯拒绝接待黑人，从而使种族隔离问题愈演愈烈。大多数房屋租赁公司也不准女性入住，但仍有一些公寓允许女性住在与男性住宿区隔离的区域或楼层。

在这一时期内，由宗教团体经营的"传教旅社"(Mission Flops)则一直为全国的城市无家可归者提供另一种临时的住宿服务。为了令一些穷困的天主教徒改宗，诸如救世军(Salvation Army)之类的传教组织将参加宗教活动作为向租客提供免费伙食的前提。一些传教士也要求租客们睡前必须沐浴洗漱，有时还要清除虱子。许多无家可归者不乐意参加上述活动。只要有相对匿名和隐私的旅馆可供选择，他们就会避开传教组织。由于传教组织厉行禁酒，那些讨厌禁酒政策的人则青睐于商业性的房屋租赁机构。

在第二次世界大战战后的经济繁荣中，美国贫民窟的人口数量明显减少。当地旅馆的住宿率随之下降。旅社方面也无意修葺房屋，结果老鼠和其他害虫泛滥成灾，旅社外观破败不已，也因此招致了公众的抨击。

在20世纪五六十年代，联邦政府向市政府提供资助，帮助他们清理贫民窟。许多美国城市利用这笔钱拆除了市内的廉价公寓。在费城、明尼阿波利斯、底特律、圣路易斯、波士顿和芝加哥，市政当局以城市更新为名，将廉价公寓一扫而空，而在包括纽约在内的其他城市，随着不动产价值的上扬，地产商们便将大多数尚存廉价公寓改建为中产阶级或上层阶级住房。

随着廉价公寓被大量清除，原本居住于此的人口也被迫迁走。一些慈善机构便主张修建新的、合乎人道的住房，以便安置这些无家可归的人。城市居民和商业团体则反对这一主张。他们向市政当局施加政治压力，令重新安置无家可归者的计划陷入了僵局。到20世纪70年代中期，市中心的无家可归者的数量再次增加。在一定程度上由于面向低收入市民的短租房严重不足，这些新无家可归者的居住权很难得到保证。

在20世纪末，廉价公寓已所剩无几。在美国最著名的贫民窟鲍威利(Bowery)贫民窟中，诸如安德鲁公寓(the Andrews)、白宫(White House)、阳光旅社(Sunshine Hotels)之类、硕果仅存而又有一定历史的廉价公寓还在挣扎求存。它们为在此过夜的城市无家可归者提供住宿服务，价格仅为每晚5至10美元。

延伸阅读书目：

- Hart, J. (2002). *Down and out: The life and death of Minneapolis's skid row*. Minneapolis: University of Minnesota Press.
- Hoch, C., & Slayton, R. A. (1989). *New homeless and old: Community and the skid row hotel*. Philadelphia:

Temple University Press.
- Isay, D., & Abramson, S. (with photographs by H. Wang). (2001). *Flophouse: Life on the bowery*. New York: Random House.
- Kusmer, K. L. (2002). *Down and out, on the road: The homeless in American history*. New York: Oxford University Press.

Ella Howard 文

张津瑞译 陈恒校

民间传说
FOLKLORE

从传统上讲，广义的民间传说是指由特定人群为传授某种经验而口口相传的故事。尽管民间传说通常以历史上发生过的事情为依据，创作素材也广为人们所接受，但是大多数民间传说最多处于似是而非、貌似真实的水平，其中想象的成分明显多于事实。如同在其他国家流行的民间传说，例如德国故事《传奇》(Märchen)或法国故事《为什么？》(Pourqoui)，这些美国的口述文学通常展现了特定社会群体对一些无法解释的现象的希望与焦虑。当人们试图用一种听起来有道理的故事对这些神秘、不可思议的现象加以解释时，民间传说便诞生了，而这些故事之所以能在历史长河中延续至今，在很大程度上是因为它们既可以令人乐在其中，也能够激起听众的共鸣，使他们产生一种朴素的情感或心理反应。

从历史角度上讲，美国的民间传说有一些鲜明的传统特征，例如好吹牛。吹牛故事(The Tall Tale)一般起源于特定的地区。19世纪大众传媒兴起之后，这些故事便有了不朽的生命力。例如，1860年，伐木营地周边流传着巨人伐木工保罗·班扬(Paul Bunyan)和他同样身材巨大的伙伴蓝牛贝贝(Babe the Blue Ox)的故事。到1910年，美国的新闻记者们令这则故事变得家喻户晓。班扬和贝贝的故事里充满了离奇、夸张的情节。在一个版本中，班扬偶然在贝贝身后挂了一张镐，结果他们俩就挖开了科罗拉多大峡谷(Grand Canyon)。有时，诸如此类的吹牛话其实源自对真实人物的臆测，苹果核约翰尼(Johnny Appleseed)的传奇就是一例。这则故事最早出自1871年《哈珀新月刊》(*Harper's New Monthly Magazine*)上的一篇文章。这篇文章吹嘘了约翰·查普曼(John Chapman)在农业方面的业绩及其横穿美国的旅行。这类吹牛故事一般被认为是无害的，因为它们明显荒诞不经，而且主要目的是娱乐，而不是以前辈的身份一本正经地劝诫、教化大众（但有资料指出：19世纪末美国的伐木企业利用保罗·班扬的故事招募劳工、宣传自己）。

民歌（Folk Song）和民谣、吹牛故事一样都有一定的文学性，但在形式和内容方面却不尽相同。它们是美国土生土长的产物，承担了比吹牛故事更沉重的历史责任，因为它们通常包含种族和族裔方面的内容。与带旋律的抒情诗不同，民歌的形式与结构通常与当地的传说和文化风俗相结合（例如在南部腹地，人们热衷于巫毒和巫术），由此诞生了一种短小但情感炽烈的艺术作品。这种艺术作品反映了少数族裔对于种族隔离和潦倒生活的控诉。它们从暗讽、幽默、迷信和旧观念中汲取灵感，盗用特定文化的习俗，例如，黑人灵歌（Black American Gospel）和蓝调音乐（Blues Music），并通过拙劣模仿的方式去攻击这种文化。例如，在20世纪初的很多美国城市里，民谣和诗歌创造了一种对于黑人的偏见，即黑人易怒、经常犯罪、都是街头恶棍。这种偏见也随着民谣和诗歌的传播而在人们的脑海中变得根深蒂固。类似的情况也在犹太隔都、意大利隔都，以及其他的隔都中不同程度地出现过。必须指出的是，这种民谣尽管数量很少，但是非常流行，而且意义重大。它们至今仍在影响着美国的城市社区。

在科学技术兴起的大背景下，近期的城市民间传说与19世纪人们刚开始迁入城市时的民间传说相比，有着不同的文化历程。与早期民间传说的背景不同，美国城市中全新的民间传说是在崭新的基础上发展起来的，即在不断壮大的城市中，不同的文化、族裔开始在城市区域和社区中"跑马圈地"。在城市里，随着文化疆界的确立，各个文化群体相对孤立于各自的文化小疆域，但在恐外、排外的气氛中，来自外界、其他族裔的故事、民歌和居民却越来越多，而本社区内的怪异现象也不断增加。于是，当不知名的劳工在一些同样不知名的工厂生产线上占有一席之地的时候，工业主义便将神奇、充满想象力的《传奇》变成了强调、激化族裔矛盾与恐惧，并使之固化为刻板印象的黑色幻想。

异质性与这种民间传说的结合便造就了一种新的文学流派，美国民俗学家简·哈罗德·布鲁范德（Jan Harold Brunvand）称之为现代《都市传奇》（Urban Legend）。这种流派沉醉于超自然题材，并且刻画了城市居民的焦虑感和排外情绪。都市传奇往往来源于第二手或第三手资料，不然就是从"一个朋友的一个朋友"那里听来的。此外，它也依靠传统的口口相传形式

存续与传播。同样的，在传播的过程中，人们也不断润色、充实最初的故事，并不断地改编它，使之适应于不同社区和受众的口味，进而使得这些故事最终能够风靡全国。

很多这类故事已经摆脱了地域的限制，成为家喻户晓的警世恒言。纽约有一个很流行的民间传奇，它的内容是一只宠物小鳄鱼被冲进了下水道，它在下水道里长大以后便现身报复原来的主人。故事以此警告市民不要虐待动物。芝加哥的一个关于不死者玛丽（Resurrection Mary）的都市神话与之很类似。在这个故事发生在20世纪30年代，当时一位叫玛丽的女孩遭遇车祸，被一辆路过的汽车撞死了，但她的灵魂却游荡在阿切尔大道（Archer Avenue）上，一心想要搭别人的便车。在19世纪末20世纪初，通过媒体的渲染，当代恐怖、惊悚故事已被演绎得愈加活灵活现。在近期，超市小报和诸如1998年的电影《都市传奇》（*Urban Legend*）、电视剧《不可思议之谜：事实和杜撰》（*Beyond Belief*：*Fact or Fiction*）等大众娱乐节目都收录了这些故事。尽管如此，那些不朽的传奇故事，以它们充满悬疑的故事情节和近乎刻板俗套的表达形式提醒着讲故事的人：娱乐和伪科学才是民间传说最基本的含义，在故事中尽可能少地掺加训诫、道德和文化的因素或许才是更好的选择。

延伸阅读书目：

- Axelrod, A., & Oster, H.（2001）. *The Penguin dictionary of American folklore*. New York：Penguin Putnam.
- Brunvand, J. H.（1986）. *The study of American folklore*. New York：Norton.
- Brunvand, J. H.（1990）. Dorson and the urban legend. *Folklore Historian*，7，16-22.
- Dorson, R.（1983）. *Handbook of American folklore*. Bloomington：Indiana University Press.

Joseph Michael Sommers 文

张津瑞译　陈恒校

亨利·福特
FORD, HENRY

亨利·福特（1863—1947）是美国历史中最矛盾的人物之一：他是一位锐意创新的工商业家，人们对他有

278

所了解,但最终仍觉得他高深莫测。福特之所以难以被理解,部分源于他的个性,部分归因于他所代表的时代。

亨利·福特也被美国公众视作是一位深受爱戴的英雄。他的声誉主要来自大规模生产,即福特汽车公司在第一次世界大战结束前为生产 T 型车(Model T)而采用的工业生产技术。

福特于 1863 年生于密歇根州格林菲尔特市(Greenfield)附近的一处农庄里,接受过公立学校的教育。16 岁时,他成为了一名机械师学徒,并于 1888 年迎娶了克莱拉·简妮特·布莱恩特(Clara Janet Bryant)。1891 年,福特成为底特律爱迪生照明公司(Edison Illumination Company)的工程师。1893 年,他的儿子出生,名为埃德塞尔·布莱恩特·福特(Edsel Bryant Ford)。

1896 年夏,亨利·福特制造了他的第一辆汽车,"四轮车"(Quadricycle Runabout)。这辆汽车有一个 4 马力引擎,速度可达到每小时 20 英里。它为福特赚取了 200 美元的资金。福特用这笔钱研发新的汽车,并于 1898 年制成了他的第二辆车。

1903 年 6 月,亨利·福特注资 28000 美元,与 11 位合伙人共同创办了福特汽车公司(Ford Motor Company)。这些创业先锋将一个小小的创业梦想变成了一桩前所未有的大生意,也使福特汽车公司后来成为世界最大的汽车制造企业之一。

1907 年,亨利·福特宣布了福特汽车公司的发展目标:大规模生产汽车。在那时,汽车是一件昂贵的订制商品。在第一年,福特生产了 1708 辆汽车。1908 年,他推出了 T 型车。这款新车为亨利·福特赢取了空前的成功,而成功的原因在于:他将现代化的汽车外形与大多数美国家庭都能承受的低廉价格有机地结合了起来。

亨利·福特的一项重要贡献是将标准化零件与流水线概念相结合,从而于 1913 年创制了一条真正的大规模生产流水线。为了建成流水线,福特公司的工程师们首先设计了 T 型车,一种简单、坚固的汽车。这种车不需要任何改良,甚至不需要换颜色。在其他方面,创新主要集中于生产过程方面,包括利用运行的生产流水线发展大规模的汽车生产,而流水线正是 T 型车成功的关键。

福特也开始通过增加工资的举措来提高员工的士气,也就是从总体上提高生产业绩。在 1914 年,在福特公司,工人的最低工资被增加到每天 5 美元——一份了不起的工资——而工人们随后通过购买他们自己的 T 型车的方式证明了自己对于公司的忠诚。福特因此也被同行看作是叛徒与竞争者。福特还为公司引入了组织心理学,以此令所有员工众志成城、力争胜利。当美国在 1917 年参加世界大战时,福特公司转入了战时生产轨道。高效的流水线式生产让福特可以削减生产成本,同时相应地增加工资,结果,在福特的工厂,雇员们的工资是美国所有工业企业中最高的。

尽管福特是一位伟大的发明家,但他拒绝承认工会。他将所有的注意力都集中在国内外的公司业务。不仅如此,他的经理们也从未被授权去从事主动性和创新性的工作。

福特公司在不断地发展壮大。1925 年,福特汽车公司并购了林肯汽车公司(Lincoln Motor Company),随后公司业务扩展到了豪华轿车领域。在 20 世纪 30 年代,公司创设了水星分部(Mercury Division),该部主要生产中间价格的汽车。当美国参加第二次世界大战时,福特再次将他旗下所有的公司转入战时生产轨道。

1919 年,埃德塞尔·福特继承了其父福特汽车公司董事会主席的职位。1943 年 5 月 26 日,埃德塞尔·福特去世,享年 49 岁。亨利·福特随后以 80 高龄重新接掌福特汽车公司,并于 1945 年退休。此时,他的身家多达 7 亿美元。1947 年 4 月 7 日,亨利·福特去世。

数不清的工业部门接受了福特的大规模生产理念。福特也将为他在汽车工业领域的伟大成就而永垂不朽。

延伸阅读书目:

● Bonin, H., Lang, Y., & Tolliday, S. (Eds.). (2003). *Ford, 1903 - 2003: The European history* (2 vols.). Paris: P. L. A. G. E.

● Ford, H. (1922). *My life and work*. Garden City, NY: Garden City Publishing.

● Lewchuk, W. A. (1993). Men and monotony: Fraternalism as a managerial strategy at the Ford Motor Company. *Journal of Economic History*, 53 (4), 824 - 856.

● Mira, W., & Hill, F. E. (1964). *American business abroad: Ford on six continents*. Detroit, MI: Wayne State University Press.

Alfredo Manuel Coelho 文

张津瑞译 陈恒校

得克萨斯州沃斯堡
FORT WORTH, TEXAS

沃斯堡是一座濒临得克萨斯州东北部三一河的克里尔河汊（Clear Fork）的城市，被当地人叫做牛镇（Cowtown），其命运与美国西部历史以及城市发展进程息息相关。沃斯堡的前身是一座建立于1849年的军事基地，如今已是全美养牛业、肉类加工业、石油开采业和航空工业的中心之一。今天的沃斯堡是一座充满活力、五彩斑斓的大都会，人口超过50万，将其曾经的对手、东部的达拉斯甩在身后。

1849年1月，墨西哥战争英雄、美国陆军威廉·詹金斯·沃斯（William Jenkins Worth）将军沿得克萨斯西部前线规划了一条防御带，由10座要塞组成，从三一河的克里尔河汊和韦斯特河汊（West Fork）交汇处开始，一直延伸到伊戈尔帕斯（Eagle Pass）。沃斯将军阵亡后，指挥权由威廉·哈尼（William S. Harney）将军接手，他命令雷普利·阿诺德（Ripley S. Arnold）少校在两条河汊附近寻找适于军事驻防的据点。同年6月6日，阿诺德少校在三一河河岸建立起一座营地，将其命名为沃斯营（Camp Worth）以纪念这位曾经的战争英雄，并在11月14日由战争部正式命名为沃斯堡。尽管印第安人仍不时骚扰此处，但前线部队已可以在沃斯堡附近驻扎。1853年9月，随着一列新的军事要塞在更西部的地区建立起来，沃斯堡的军事使命结束了，陆军随即拆除了这座要塞，但这里已经形成了一个永久性社区，并未随着堡垒而消失。

不多久，得益于其地理位置，沃斯堡成长繁荣起来。作为奇泽姆运牛铁路（Chisholm Cattle Trail，19世纪后半期从得克萨斯州到堪萨斯州运输牛群的线路——译者注）南端的最后一个主要站点，这座城镇吸引了士兵、拓荒客和运牛者等形形色色的人；这里也是巴氏长途邮递公司和南太平洋马车公司通往加利福尼亚线路上在西部的终点站。尽管内战和重建给沃斯堡的经济发展带来了不利影响，但却并未阻止其成长的脚步，各色酒吧敞开大门、笑迎八方，像汤姆·普伦戴尔沙龙和斯蒂利酒馆之类的小店灯火辉煌。沃斯堡的媒体也繁荣起来，《领导者》（Chief）和《民主派》（Democrat）引领舆论之风骚，沃斯堡国民银行（Fort Worth National Bank）也在1884年开张营业。因其地利之便，北行至俄克拉荷马州和堪萨斯州的牛仔们往往在沃斯堡休整，因此，1865年后市场对牛肉的需求推动了沃斯堡的经济发展，北方的牛肉买家们甚至把

总部搬到这里。而得克萨斯和太平洋铁路公司也选择沃斯堡为其东部始发站，在1876年建成了通往圣迭戈的铁路；到1900年，途经沃斯堡的运牛铁路已连通新奥尔良、丹佛和圣路易斯等多个城市。

沃斯堡市政府及其居民莫不热衷于积极推进城市发展，1889年建成得克萨斯清泉宫（Texas Spring Palace）作为城市的农业展览厅。这座展厅既是公共娱乐设施，又是沃斯堡推动商业发展的战略之举，其声名远播全美，运送旅客的专列甚至远至波士顿和芝加哥。到1890年代，沃斯堡已赢得了"大平原上的皇后城"（Queen City of the Prairie）的美誉，此时也成为美国的肉类加工业中心。利用这里的交通之便和政府给予的10万美金资助，行业巨头斯威夫特公司和阿莫尔公司在沃斯堡成立了分厂，与本地企业一道利用沃斯堡的牲畜资源使其成为全美第二大牲畜交易市场和屠宰业中心。这使得与牲畜相关的企业更加关注牛肉的安全和员工的福利。

第一次世界大战期间，美军在沃斯堡的阿灵顿海茨（Arlington Heights）建立了邦维营（Camp Bowie），10万军人在此受训；空军也将三个机场改造为训练场，为方兴未艾的航空业培训人才；对于沃斯堡而言，20世纪的历史与军事和航空业密不可分，而这正是其开端。正如牛肉行业所起的促进作用一样，得克萨斯州远西部石油的发现对沃斯堡的发展助益良多，也使其成为广袤的大平原地区的城市商业发展的前哨。沃斯堡是钻探和精炼设备的销售中心，也是原油交易重镇，辛克莱精炼公司、德克萨克公司、埃克斯顿的前身汉博尔石油和精炼公司等管道企业云集于此。得益于经济发展，沃斯堡在1930年代的大萧条中为联邦政府贡献颇多，保证了许多工程项目的顺利进展；如果没有沃斯堡的资金支持，也就没有威尔·罗杰斯纪念礼堂（Will Rodgers Memorial Coliseum and Auditorium），更不用提公共学校的建设和维护。第二次世界大战的风雨也催生了沃斯堡的航空工业，为空军制造轰炸机成为当地的主要就业部门，直到战后仍吸引了大量人员就业，附近的卡斯韦尔空军基地（Carswell Air Force Base）也成为B-36"和平卫士"轰炸机的驻地。

到50年代中期，如同全国的主要大都市区一样，中心城市萧条和人口迁往郊区也出现在沃斯堡，市区商业中心经营惨淡，除了在此就业者鲜有人造访。1954年，建筑师维克特·格伦（Victor Gruen）受当地的得州电力公司（Texas Electric Company）之约规划一个新的沃斯堡市，他的方案包括一个环绕中心商务区的高速公路环线、建设地铁，以及禁止机动车进入环线

之内。尽管因少数商业精英的强力反对而流产,但该计划明白无误地告诉人们,这座城市的未来需要做出规划,而且格伦计划也成为美国城市规划专业的课堂经典,指导无数学子如何规划一座城市的未来。接下来的六七十年代见证了沃斯堡经济的持续增长,大型公共工程纷纷落户,其中不乏塔兰特县会议中心(Tarrant County Convention Center)、达拉斯—沃斯堡国际机场(Dallas-Fort Worth International Airport)、阿蒙·卡特博物馆(Amon Carter Museum)和驰名全美的金贝尔艺术博物馆(Kimbell Art Museum)。对此,老阿蒙·卡特(Amon Carter, Sr.)功不可没,这位沃斯堡《星讯报》(Star-Telegram)的发行人成功地宣传了城市形象,并保证了多个政府设施和公共工程顺利完工。

今日的沃斯堡努力正努力让人们记住,这曾是一座远西部的城市。跨国公司、高技术产业和蒸蒸日上的出版业一起推动着沃斯堡的经济发展。金贝尔艺术博物馆、阿蒙·卡特博物馆和沃斯堡—达拉斯芭蕾舞团正将这座城市打造成地区文化和艺术中心,沃斯堡正带着远西部的神话和传说迎接一个充满希望和活力的21世纪。

亦可参阅:振兴主义(Boosterism)

延伸阅读书目:

- Cohen, J. S. (1988). *Cowtown Moderne: Art Deco Architecture of Fort Worth*, Texas. College Station: Texas A&M University Press.
- Pate, J. L. (1988). *Livestock Legacy: The Fort Worth Stockyards, 1887-1987*. College Station: Texas A&M University Press.
- Selcer, R. F. (2004). *Fort Worth: A Texas Original!* Austin, TX: Texas State Historical Association.

Paul S. Edwards 文
李文硕译　陈恒校

特许权与特许经营
FRANCHISE AND FRANCHISING

特许权(Franchise)源自古法语,意为特权或自由。在中世纪,特许权是指一种君主或领主赐予特权或权力,包括商业特许权、渡口经营权、狩猎权等。时至今日,特许权是一种明示授权者与被授权者间关系的许可,包括使用商标、付酬、支持和控制等诸多方面的内容。在历史上,特许制度的发展得益于三个因素:经济扩张的欲望、扩张资本的稀缺和克服距离障碍的必要性。几个世纪以来,特许权概念随着世界经济的转型而不断改变。以特许权为中心的经济创新也缔造了一个又一个非凡的创富神话。在现代经济中,便利性、服务性和连续性水平的提高也在很大程度上得益于特许和特许权制度。

特许权的历史起源并不明确。一些学者认为:它诞生于中世纪的联合王国(United Kingdom)。有资料显示,英格兰国王约翰(King John of England)在执政时曾将征税作为特许权授予臣下。作为交换,这些权贵有义务为国王守卫疆土。

作为一个商业概念,第一代特许经营模式通常被称作酒厂直营体系(Tied-house System)。这一经营活动兴起于18世纪。当时德意志的啤酒酿造厂以提供资金援助为代价,与酒馆签订契约,要求后者只销售本厂的啤酒。后来,这一体系从欧洲移植到了美国。

第二代特许经营模式产生于19世纪60年代的美国。胜家缝纫机公司(Singer Sewing Machine Company)于1863年向它的经销商颁发销售其商品的特许权,后者则有义务为公司招徕更多的买家。这种商业关系被称作生产—销售特许。在这种特许关系下,销售商能够利用特权授予者的商标营销商品。

通用汽车公司(General Motors)于1898年、瑞克苏尔公司(Rexall)于1902年也利用特许的方式扩大了经营的规模。第一次世界大战之后,汽车加油站和汽车经销企业的发展促进了现代特许产业的完善,也为另一种特许权创新——汽车餐厅(Restaurant Drive-in)——的诞生,提供了有利的条件。经过一段时间的缓慢发展,到20世纪30年代,霍华德·约翰逊在美国建立了有名的连锁酒店。尽管在第二次世界大战爆发以前,与特许权有关的商业活动一直在发展,但特许经营的真正爆发性增长发端于战争后期。在那时,美国出现了许多从事现代特许产业的巨型商业公司。

第三代特许经营模式又称"企业结构"(Business Format)或"一揽子计划"(Package),于20世纪由A&W餐厅发起(A&W Restaurants)。该餐厅成立于1924年,它的A&W根汁汽水(A&W Root Beer)也是第一个采取企业结构式特许经营模式的商业项目。

这种特许经营的目的是令特许加盟商在他们的本地社区中复制特许授权人的整个商业理念,包括产品服务、商标名称、店铺设计,以及按一整套蓝本运营的经营模式。该特许模式的范例是麦当劳。麦当劳餐厅为它的特许经营商提供了一份经过测试的菜单、一个全球知名的商标、一处仓储基地，以及运营流程、专业机械和广告推广。这种特许模式是 20 世纪 50 年代以来国内外特许加盟商能够持续发展的主要原因。在 20 世纪 80 年代，采用第三代特许经营模式的企业在数量上超过了按产品—销售模式经营的商家。联邦对于商标和服务标识的保护确保了特许经营产业的繁荣，促进了它的发展和壮大。特许经营模式在传统上集中于餐饮、零售和服务业，不过，其他行业，例如银行业，也开始尝试采用特许经营模式。1982 年，科罗拉多州的州际格尔顿银行（the Interstate Bancorp of Golden, Colorado）成为历史上第一家采用特许经营模式的银行。

在 20 世纪六七十年代迅速发展的特许经营产业产生了复杂的问题。它可能遭到滥用（诈骗公司收了人们的钱却不用于投资，许多授予特许权的企业比起经营自己的特许体系来，更关注出售特许权）。国际特许经营协会（The International Franchise Association）便应运而生。该协会成立于 1969 年，它的任务是代表特许权产业发声，帮助特许权授予者和特许加盟商解决特许权产业所面临的一些问题。

第四代特许权经营模式以创新为中心。它以特许经营的基本理念为基础，利用战略联盟和其他合作方式削减成本、增加利润来源。在物流体系中，这种特许经营模式得到了广泛的应用。企业家们或以发展和采购为导向，或以专业技术为基础，或以多元化经营为诉求，建立联盟。在私营部门中，他们通常涉及特许经营网络，但在公共服务领域，由于经营中需要较高的专业技术，且特许权授予者需要承担很高的成本（它可能要允许特权加盟商在无需投资的情况下进入新的市场），这种特许经营模式的发展受到了阻碍。

经济与城市间的相关性

自创立以来，特许经营真切地改变了零售业的面貌。据估测，目前特许经营已涉及 75 种产业、320000 家商户、800 万就业岗位，并创造了 1 万亿的零售业产值。据估测，每 16 名工人中就有 1 名由特许加盟商雇佣。在美国，根据国际特许经营协会于 2002 年公布的数据，40% 的零售活动属于特许经营，每 12 家零售机构中就有一家是特许经营商。在美国的出口领域中，特许授权已被认为是发展最快的产业之一。

特许经营现已成为美国城市面貌的固定特征之一。特许授权公司一般坐落于人口密集的地区，并根据特权经营商自身的特点建造办公设施。特许授权为企业家提供了一种以较少的资本、较低的风险，在相对较短的时间内进入全国性市场的方式。特许权营销无处不在。客户的偏好在特许经营模式向商业街区、郊区和城市扩张的过程中扮演了重要的作用。

在最近几年，许多创新（社区特许项目）已涉及到内城地区的配售特许权。它们的特点是在这些社区中有选择性地引入特许经营项目。这些创新基于漏损率（Leakage）分析，即识别哪些产品和服务有很强的市场需求但在特定地区没有足够的代理商。其创新之处在于，特权授权公司能够有选择性地向这些社区提供主流零售商一般不愿涉足的基本服务项目。

经营方式

在一份典型的特许协定中，特许经营商有权在议定的地区使用特许授权商的商标和经营流程，并且在人事、广告等方面有多种自主权。特许授权商也保留了一些权力，包括监督特许经营商的运营质量、维持商标的商业价值等。

在当代，特许的形式大致分为两种：产品分配和商业模式。产品分配式特许的内容是，特许授权商向特许经营商出售产品，并涉及供应商—销售者关系。在产品分配中，特许授权商将使用其商标和标识的权力授予特许经营商，但通常并不向他们提供一整套商业体系。常见的范例包括软饮料批发、汽车销售和加油站，而百事公司（PepsiCo）、埃克森美孚公司（Exxon）、德士古公司（Texaco）和福特汽车公司则最知名的特许授权商。

特许经营可被描述为资源和才能的一个"蓄水池"。一方面，特许授权商贡献了最初的资本投资、技术诀窍、知识产权和经验，另一方面，特许经营商则提供额外的金融资源、动机和在不同市场或国家中的运营经验。这并不是一种购买者与销售者的关系，因为在特许授权商和特许经营商之间有相当密切的相互依存关系。现代的特许体系还包括商业模式，一种为商业运营和共享贸易身份服务的管理体系。在这种特许模式中，特许授权商不必一直向特许经营商提供产品（例如，餐饮和酒店服务，职业介绍，居家清洁，教育）。

特许经营也可以被描述为一种企业网络，在这种网络中，商品或服务（特许授权商）的生产者、营销者向地方性的企业家（特许经营商）提供排他性的许可，以此以指定的方式在一定时间和一个已确定的地区内组织商业活动（例如，美国汽车和汽油产业）。这种网络也成功地扩展到了全世界。特许协议通常提供了大量的有利条件(提高财政收益、开创商业市场、利用品牌资产)。在一些产业中,特许经营网络的发展(例如,房地产业)扩大了经济的规模,并最终促成了产业结构的变化。

特许协议通常涉及纵向控制(地区控制,纵向价格控制)和有选择性和/或排他性的分配因素相联系。即便特许授权商和特许经营商各自保持了法律上的独立性,但是在经济层面,他们像一个纵向整合的整体般运营。不过,诸如纵向价格控制之类的条款并不为欧盟中的某些国家所接受。

国际性的特许经营活动

国际性的特许经营活动在开始时规模不大,但现在已经获得了兴旺的发展,相关的企业也采取了大规模扩张的战略。随着商业体系的进化,特许经营技术也同时为商业发展中的出现的问题提供了解决方案。在最近的几年,特许经营已成为促进商业发展、创造就业岗位、推动经济进步的重要战略措施。于是,特许经营正在成为国际零售企业中最受欢迎的进入模式战略(Entry Mode Strategy)。不过,现有的特许经营技术和创新的特许经营技术之间如何排序与组合则涉及了特殊的利益争端。由于在美国之外,特许经营仍是一个相对较新的概念,人们期待在未来,特许经营能够在其他国家获得更快地发展。事实上,快速发展的国际特许经营活动已成功地改变了许多国家主要城市的面貌和建筑风格。欧洲、日本、加拿大和澳大利亚或许能如人们所期待的那样成为大多数特许经营创新的来源地。

大量可喜的趋势正在为特许经营事业的发展创造良好的环境。这些趋势包括:经济全球化的发展、通信和交通的进步、可自由支配收入的增加、资本主义的流行,以及世界很多国家减少商业和投资壁垒的努力。尽管如此,直到20世纪60年代国内市场已明显饱和时,国际特许经营活动方才兴起于美国,它还仅仅是一个历史不太悠久的现象。

在最近的20年里,包括发展中国家在内,那些在传统上并未与特许经营产生联系的地区已开始通过特许经营扩展自己的辐射面。以社会特许经营事业为例,它已在一些发展中国家城市和城郊的基础设施建设,例如医药和交通方面,发挥着重要的作用。例如,巴基斯坦的绿星(Green Star)网络为城市和城郊的消费者提供了一系列生殖健康产品。在肯尼亚,城市和城郊的消费者也能够享受到由儿童和家庭健康项目(Child and family Wellness)提供的基本医药服务。

在当代世界,特许经营已成为经济领域的前沿和商业精神的核心。从业者常常对特许经营推崇备至,

将之看作能够让企业家在需求强劲的地区,例如城市,快速归拢资源、建立大规模连锁经营体系的方法。在城市,竞争性的特许经营活动也能够显著改善一些社区的生活条件。现在正是从事特许经营事业的最佳时期。

亦可参阅:城市经济(Economy of Cities)

延伸阅读书目:

- Alon, I. (2004). Global franchising and development in emerging and transitioning markets. *Journal of Macromarketing*, 24(2), 156-167.
- Birkeland, P. M. (2002). *Franchising dreams: The lure of entrepreneurship in America*. Chicago: University of Chicago Press.
- International Franchise Association. Available from http://www.franchise.org/
- Preble, J. F., & Hoffman, C. R. (1995). "Franchising systems around the globe: A status report". *Journal of Small Business Management*, 33(2), 80-88.
- Stantworth, J., & Curran, J. (1999)." Colas, burgers, shakes, and shirkers: Towards a sociological model of franchising in the economy". *Journal of Business Venturing*, 14, 323-344.
- Weber, J., & Kwan, M. (2002). "Bringing time back in: A study of the influence of travel time variations and facility opening hours on individual accessibility". *The Professional Geographer*, 54(2), 226-240.
- Welch, L. S. (1989). "Diffusion of franchise systems use in international operations". *International Marketing Review*, 6(5), 7-19.

Alfredo Manuel Coelho 文

张津瑞译 陈恒校

富兰克林·弗雷泽
FRAZIER, E. FRANKLIN

作为学者和社会活动家,富兰克林·弗雷泽于1894年9月24日出生在马里兰州的巴尔的摩市(Baltimore, Maryland),并在1962年5月17日逝世于华盛顿特区。在社会学研究领域,他是政治、思想研究方向的中坚力量。他在美国和非洲裔离散族群方面的

283

研究成果还使之成为城市社会学的开拓者。弗雷泽在华盛顿特区的霍华德大学（Howard University）获得学士学位，在马萨诸塞州伍斯特的克拉克大学（Clark University）获得硕士学位，随后他与罗伯特·帕克等学者一道，在芝加哥大学工作，并在此于1931年获得博士学位。弗雷泽是一位多产的社会科学学者。他一生发表了大量的论文和手稿，其中最知名莫过于《美国黑人家庭与黑人资产阶级》（*The Negro Family in America and Black Bourgeoisie*）。这些成果令弗雷泽于1948年当选为美国社会学学会（American Sociological Association）的第一位非洲裔美国人主席。

一提到弗雷泽，人们常会想起他在芝加哥大学的研究或者他在霍华德大学获得的终身教职，但事实上早在踏足芝加哥大学海德公园校区（Hyde Park Campus）以前，他就已经是颇有建树的学者和社会活动家。在霍华德大学，弗雷泽曾是一位社会学学者，并参与了女权主义运动和新黑人运动（New Negro Movement），曾因因抗议该校过于重视商业教育、私下印刷反对第一次世界大战的小册子《上帝和战争》（*God and War*）、挑战"科学种族主义"的两位领袖人物斯坦利·霍尔（G. Stanley Hall）和弗兰克·哈金斯（Frank Hankins），而失去了在塔斯基吉（Tuskegee）地区的数学教师职位。此后，弗雷泽赴丹麦访学，希望将丹麦的合作经济运动（Cooperative Economic Movement）引入美国南部的黑人社区。同时，他也为1925年纽约哈莱姆黑人文艺复兴的文集贡献了著作《新黑人》（*The New Negro*）。在亚特兰大，弗雷泽在莫尔豪斯大学（Morehouse College）教授社会学，并组建了亚特兰大社会工作学会。在1927年，他发表了有争议的论文《种族方法论》（*The Pathology of Race*），提出白人有一种黑人情结，正是这一情结导致他们采取了非正常的、濒于疯狂的种族主义行为。由于发表了这篇文章，弗雷泽被迫离开莫尔豪斯。

弗雷泽在芝加哥大学的研究最终促成了其博士论文《芝加哥的黑人家庭》（*The Negro Family in Chicago*，1932）和代表作《美国的黑人家庭》（*Negro Family in the United States*，1939）的出版。在这些作品中，弗雷泽直言不讳地批判了罗伯特·帕克在城市同化领域的一些见解，认为后者忽视了导致奴隶制和顽固性种族歧视的深层次社会—经济驱动力。同时，弗雷泽坚持以白人文化中的勤奋、男性主导的家庭，以及资本主义社会秩序中的阶级差别为标准衡量所谓的黑人家庭的解组问题。他的研究方法后来为参议员丹尼尔·莫伊尼汉（Daniel P. Moynihan）所借用。尽管

如此，作为霍华德大学的教职工，弗雷泽成为了"少壮派"（Young Turks）组织的一员，并积极、直率地用马克思主义批判20世纪30年代的资本主义种族关系。在这一研究领域，弗雷泽撰写了自己最富争议和最流行的作品《黑人中产阶级》（*Black Bourgeoisie*，1957）。在这本书中他批评说，黑人中产阶级对提高社会地位的痴迷造就了一个虚伪、由消费主义驱动的世界，而这一世界令黑人中产阶级疏远了黑人大众和进步的白人自由主义者。此后，弗雷泽进一步扩大了自己工作、研究范围。在《现代世界中种族与文化接触》（*Race and Culture Contacts in the Modern World*，1957）中，他揭示了种族在全球经济体系中的中心地位。1951—1953年，他还在联合国教科文组织中工作了一段时间。

延伸阅读书目：

- Holloway, J. S. （2002）. *Confronting the veil：Abram Harris Jr.，E. Franklin Frazier，and Ralph Bunche，1919 - 1941.* Chapel Hill，NC：University of North Carolina Press.
- Platt，A.（1991）. *E. Franklin Frazier reconsidered.* New Brunswick，NJ：Rutgers University Press.
- Teele，J.（Ed.）.（2002）. *E. Franklin Frazier and black bourgeoisie.* Columbia，MO：University of Missouri Press.

Davarian L. Baldwin 文

张津瑞译　陈恒校

高速公路和快速路
FREEWAYS AND EXPRESSWAY

在1900年以后，汽车时代的到来引发了一系列事件，令美国现代城市的基础设施、人口分布与交通方式发生了历史性的变化。在汽车时代之初，一些景观建筑师和城市规划者们便推崇园林式高速公路（Parklike Motorways），例如竣工于1923年的纽约布朗克斯滨河大道（Bronx River Parkway），在20世纪20年代由罗伯特·摩西修建的长岛园林大道（Long Island Parkways）。这些弯曲、美观的道路服务于富有的郊区通勤者，并且能够让司机们在周日愉快地驾车郊游。尽管如此，它们并不实用，不足以成为现代化城市中交通模式的榜样。到1930年，美国人已拥有了超过2600万辆的小轿车和卡车。这些车辆令普通的街道不堪重

负。为了争夺街道的控制权，司机及其政治同盟者与行人、有轨电车公司进行了激烈的政治斗争。为解决通往中心商业区的街道几乎每天都要拥堵的问题，政府拓宽了街道，并规范了交通管理体制，但这些努力于事无补。在20世纪20年代，在少数城市里，政治精英与商界领袖们试图通过修建全封闭、高架式高速公路的方式的解决交通拥堵问题，其成果包括：纽约西区的高架高速公路（West Side Elevated Highway）、芝加哥的瓦克尔车道（Wacker Drive），以及底特律规划中300公里长、没有平交道、呈辐射状的"超级高速公路"（Superhighways）。

在20世纪30年代，汽车保有量的增长、从未减轻的交通拥堵和相应缩减的城市交通规模促成了新式城市规划模式的诞生。这一模式能够满足美国人对于自己开车出行的偏好。1930年2月，《美国城市杂志》（American City）宣告了"高速公路——全新交通方式"的诞生，高速公路（Freeway）一词也流行了起来。聚焦庞大汽车市场的汽车工业也在20世纪30年代前后增加了建设高速公路的必要性。通用汽车1939年纽约世博会的未来科技展中的表现鼓舞了人们去进行进一步的思考。在这场展览和随后出版的著作《神奇的高速公路》（Magic Motorways，1940）中，工业设计家诺曼·贝尔吉德斯提出了"明日之城"（Cities of Tomorrow）的概念，其主要内容为：通过建设高架高速公路，令汽车在摩天大楼鳞次栉比的城市中可以达到每小时100公里的速度。大约在同时，在负责与州合作发展道路建设的联邦公路局（Bureau of Public Roads，BPR），工程师们发表报告《收费公路与免费公路》（Toll Roads and Free Roads，1939）。该局的专家们在报告中强调：用高速、全封闭公路连接美国各主要城市的必要性。公共交通局的工程师们也建议将城市本身纳入这一公路网之中：高速公路不仅横穿公路，而且环绕中心城市，在此基础上，通过放射性的主干公路将城市高速公路网联为一体。该报告赢得了富兰克林·罗斯福总统的支持，成为当今州际高速公路体系的理论基础。1940年竣工的宾夕法尼亚收费公路（Pennsylvania Turnpike）和部分竣工的洛杉矶好莱坞高速公路（Hollywood Freeway）初步展现了未来国家高速公路的特点。这两条公路的大部分建设费用主要由新政的公共工程项目承担。

1942—1946年，由于战争的爆发，政府暂停了公路建设项目。1944年，公共交通局提交了第二份报告《跨区域高速公路》（Interregional Highways，1944）。该报告规划了一个长达3.9万英里（约合62764416公里）的州际高速公路体系，但其中并未涉及城市高速公路。《1944年联邦资助公路法》（The Federal-Aid Highway Act of 1944）吸纳了报告中的很多内容，但为明确规定公路建设的资金来源问题。同时，大城市的市长、城市经理、城市规划师，以及市中心的商业、金融、房地产利益集团为重建战后的美国城市而结为联盟。他们都意识到：内城地区的高速公路将令深受郊区化和经济去中心化威胁的中心商业区焕发新的生机。从1945年到1955年，联邦政府以州与联邦各自承担50%开支为条件为高速公路建设提供资助，但有限的资助与城乡之间无止尽的争吵令高速公路的提倡者们深受挫败。到20世纪50年代初，佛罗里达、纽约、新泽西、俄亥俄、印第安纳、康涅狄格和马萨诸塞等州开始建设长距离、全封闭的收费高速公路，例如佛罗里达收费公路（Florida Turnpike）、印第安纳收费公路（Indiana Toll Road）和纽约州收费公路（New York State Thruway）。

1954年，自德怀特·艾森豪威尔总统声明支持一项大规模发展州际高速公路的建设项目之后，联邦的高速公路建设政策发生了戏剧性的变化。经过2年的辩论与妥协，国会通过了《1956年联邦资助公路法》（Federal-Aid Highway Act of 1956），主要内容是建立全国性州际—国防高速公路系统（National System of Interstate and Defense Highways），亦称州际高速公路网（Interstate Highway System）。在这一项州际立法中，国会主张建立一个长达41000英里，包括5000英里城市免费公路的全国性高速公路网。建设经费从国内汽油和轮胎消费税中支取，由高速公路信托基金（Highway Trust Fund）负责运营。联邦政府将承担90%的开支，而州则负责余下的10%。与过去一样，联邦公共交通局拥有监督权和最后决定权，各州的高速公路部门则承担具体的规划与建设工作。

在接下来的15年里，《州际高速公路法》的颁布在美国城市中引发了高速公路热——大干快上的高速公路建设工程最终令美国大都市的社会、经济结构发生了重大变化。战后美国的面貌已正在为不断扩张的郊区环带所重新塑造。从1950年开始，即便大都市区的人口急剧增加，但大多数工业城市的人口数量在达到历史顶点之后开始减少。百货公司和其他零售企业敏感地察觉到了人口分别模式的变化。他们追随着自己的消费者，从城市搬入郊区。工业企业的布局也发生了变化。早在州际高速公路项目开工前，卡车运输的兴起和火车交通的相应衰落就已经促使"逃跑的"工厂放弃了位于中心城市的旧厂房，迁至城市外围，因为那里有更低的税收和更廉价的土地。这就是早期去工业化的典型范例。新建的城市州际高速公路加速了都市结构的历史巨变。为了挽救城市,大城市的决策者和政治捐客们将新的高速公路修进了市中心。然而,他们从没有意识到:这种高速公路既能将人们带进城市,又能让他们在更远的郊区生活。它还改善了货运条件,允许百货公司和工厂在城市外围的州际高速公路附近寻找更有利可图的地点。

20世纪50年代至1970年前后的高速公路建设与雄心勃勃的城市更新方案有着密切的联系。因为新的大道要穿过市中心,相关的建设项目将修改城市版图,经常涉及大规模拆迁。根据1969年城市问题全国委员会(National Commission on Urban Problems)的报告,从1957年到1969年,联邦高速公路的建设工程将直接导致至少330,000户房屋被拆毁。美国众议院公共工程委员会(House Committee on Public Works)则报告说:在20世纪60年代末联邦高速公路项目每年拆除至少62,000户房屋,令20万人无家可归。城市政治领袖和私人开发商认为:高速公路建设,以及相关的城市更新项目,为摧毁市中心周边的贫民窟和低收者的住房、代之以商用建筑或高档住宅区的生意提供了有利条件。早在1941年,底特律高速公路的一份建设方案便计划清除贫民窟,以便更有效地利用这些地区。1939年和1944年公共交通局的报告也探讨了高速公路建设工程与城市贫民窟清理工作之间的关系。这些设想在战后决策者的圈子里广为传播,令他们将高速公路建设当成了另一种复兴城市的工具。

在很多案例中,中心城市的重建计划针对的是非洲裔美国人社区的扩张。自第二次世界大战结束以来,黑人大规模迁入全国最大的几座城市,但高速公路的规划者和建设者们往往与社会名流合作,将黑人的社区看作是可以随意消耗的对象。在迈阿密,为建设第95号州际高速公路,仅一个大型道路立体枢纽就占据内城的30块街区,摧毁了1万名非洲裔美国人的住房,以及整个属于黑人的商业中心。在纳什维尔,田纳西州高速公路部精心修改了第40号州际高速公路的路线图,使之将当地的黑人中心商业区一切两半。在阿拉巴马州的蒙哥马利(Montgomery, Alabama),黑人领袖指控说,第85号州际高速公路故意地穿过一个稳定的黑人社区,为的是惩罚定居于此的黑人民权斗士。在明尼苏达的圣保罗,尽管黑人居民很少,但高速公路的建设者们仍然发现,第94号高速公路将会穿过黑人居住的社区。在巴尔的摩、密尔沃基、印第安纳波利斯、克利夫兰、匹兹堡、里士满、夏洛特和伯明翰,高

速公路毁掉了黑人社区,拆除了数以千计的低档住宅。在华盛顿特区,黑人们高呼反对高速公路的口号,揭露说:高速公路就是穿过黑人住房的白人之路。在包括亚特兰大在内的许多城市,高速公路的规划者利用道路遏制黑人隔都,阻止黑人向白人社区的移民。在全国范围内,高速公路撕裂了黑人社区,帮助地方政府实现了种族、住房和居住隔离,为城市间的州际高速公路抹上了浓浓的种族色彩。

高速公路建设同样毁坏了很多白人社区、历史遗迹、环境易受影响地区,以及大量的公园、教堂和学校。如此大规模的破坏最终导致了大规模的群众运动。在很多城市,人们走上街头声讨高速公路的建设者和支持高速公路建设的商业精英。在旧金山,贯穿一处海滨遗迹、从港口开始将城市切成两半的英巴卡迪诺高速公路(Embarcadero Freeway)激怒了珍惜美景、爱护环境的市民。1959年,该市爆发了反对高速公路的抗议(Freeway Revolt)。在暴怒的抗议者面前,市政当局不得不叫停这项始于20世纪50年代初、已经完成复核手续的大型高速公路建设计划。

在20世纪60年代中叶,当州际高速公路项目临近全部完成时,反对高速公路的群众运动愈演愈烈。1967年4月,新组建的美国交通部接管了州际高速公路的监管工作。部长阿兰·博伊德(Alan S. Boyd)不得不面对州际高速公路地图上的24个"麻烦点"。大多数"麻烦点"位于城市,阻碍了高速公路在市内的建设工程。州与联邦的高速公路工程师们对地方的抗议嗤之以鼻,主张继续执行原定计划。相比之下,博伊德则力主在有可能的情况下更改高速公路的路线。他还驳斥了钢筋水泥混凝土越多越有利于美国的说法。在国会,反对滥修滥建高速公路的呼声越来越高,一系列环境保护、文物保护立法随之出台,包括《国家历史遗迹保护法》(National Historical Preservation Act of 1966)和《国家环境政策法》(National Environmental Policy Act of 1969)

反对高速公路的人士利用这些新工具发起抗议活动。例如在孟菲斯,公民领袖和环保主义者向政府发起诉讼,反对后者修建贯穿孟菲斯奥弗顿公园(Overton Park)的第40号州际高速公路。官司最终上诉至最高法院,在那里,公园的支持者成功击败了"拦路抢劫的强盗"(Highwaymen,指支持修建高速公路的人士——译者注)。在新奥尔良,一条规划中沿河高速公路招致了长达十年的抗议运动,因为它将著名的法兰西区与密西西比河分了开来。1969年,博伊德的继任者,交通部部长约翰·A. 沃尔普(John A. Volpe)取

消了沿河高速公路的修建计划,从而为这场"战斗"画上了句号。在巴尔的摩,一群来自不同州的社区团体组成了旨在"停止修建道路"的"反毁灭运动"(Movement Against Destruction)组织。该组织以抗议运动为武器,成功地挫败一项修建复合式高速公路的计划。在华盛顿特区,国会和市政官员取消了一系列有争议和招致民众方案的高速公路修建计划,代之以一条新的地铁。在纽约市,罗伯特·摩西曾雄心勃勃地计划修建数条横穿曼哈顿的高速公路,但他的计划遭到了州长纳尔逊·洛克菲勒的搁置。在已经拥有四条大型高速公路的芝加哥,白人社区也行动了起来。人们的抗争最终使一条穿过市区的高速公路(Crosstown Expressway)修建计划流产。在20世纪70年代初菲尼克斯的内环巴巴哥高速公路(Papago Freeway)因为人们的抗议未能按计划开工。1974年,在俄勒冈州的波特兰市,一条已经建成的沿河高速公路被拆除。政府在高速公路旧址上修建了一座沿河公园。总体来讲,在20世纪60年代末,关于高速公路建设的政治和司法环境已发生很大变化,受此影响,很多城市都爆发了反对高速公路的抗议运动。

到1973年,高速公路修建热已经降温(虽然在农村地区,高速公路的建设在20世纪70年代并未停止)。在国会中,越来越多的议员主张建设一个更加平衡的高速公路系统,而反对者则居于下风。在20世纪70年代初,政策的转向促使州长和市长们取消城市高速公路的建设项目,并将联邦政府的拨款用于发展其他交通设施。尽管缺乏国会授权,曾为州际高速公路建设融资的高速公路信托基金也逐渐将业务扩展到其他大众交通项目。

修建城市州际高速公路的承诺反映了20世纪中叶美国汽车文化的权力与魅力。尽管高速公路的修建令汽车司机们获益良多,但相关的工程与竞争却负担了沉重的社会和环境成本。高速公路对中心城市的重建颇为有益,但它们同时也成为割裂城市区域的障碍物。随着高速公路的修建,越来越多的城市区域遭到废弃。在很多城市中,高速公路的建设还导致了复杂的种族问题,因为在施工过程中,成千上万的黑人流离失所,不得不在隔都区以外寻找住所。到20世纪末,城市专家和政治家们已经开始反思高速公路的必要性。波士顿、纽约、普罗维登斯、匹兹堡、密尔沃基、菲尼克斯和西雅图拆除了一些位于中心城市或河岸上的高速公路,或是用地下交通代替它们,或将其改建为城市廊道。在奥克兰、旧金山和西雅图,被地震毁坏的高架快车道遭到拆除,相关机构也没有新建替代设施的计划。在许多其他的城市,例如亚拉巴马州的伯明翰、亚利桑那的凤凰城,随着都市面积、人口的增长,政府还是修建了一些环城公路。尽管大众交通和轻轨现已得到了人们的支持,但高速公路依然是20世纪美国道路工程和汽车产业的一座图腾。

延伸阅读书目:

- Brodsly, D. (1982). *L. A. freeway: An appreciative essay*. Berkeley, CA: University of California Press.
- Foster, M. S. (1981). *From streetcar to superhighway: American city planners and urban transportation*,
- 1900 - 1940. Philadelphia: Temple University Press.
- Gutfreund, O. (2004). *Twentieth-century sprawl: Highways and the reshaping of the American landscape*. New York: Oxford University Press.
- Lewis, T. (1997). *Divided highways: Building the interstate highways, transforming American life*. New York: Viking.
- Mohl, R. A. (2004). Stop the road: Freeway revolts in postwar American cities. *Journal of Urban History*, 30, 674 - 706.
- Odell, R. (1972). To stop highways, some citizens take to the streets. *Smithsonian*, 3, 24 - 29. Rose, M. H. (1990). *Interstate: Express highway politics, 1939 - 1989* (Rev. ed.). Knoxville, TN: University of Tennessee Press.

Raymond A. Mohl 文
张津瑞译　陈恒校

加利福尼亚州弗雷斯诺市
FRESNO, CALIFORNIA

加利福尼亚州的弗雷斯诺是世界葡萄干之都。它位于旧金山东南、距离该市200英里的圣华金谷地(San Joaquin Valley)。作为一座仰赖周边农业的城市,弗雷斯诺不仅拥有美国最丰美的农田,而且也是一座人与文化的熔炉。弗雷斯诺地区不仅以圣华金谷地的"面包篮"闻名于世,而且盛产葡萄、葡萄干、木棉果和蔬菜。这些农产品作为弗雷斯诺的主打产品,行销全国各地。弗雷斯诺是全国领先的农业区域,每年出产250种、价值30亿的商业作物。由于物产丰富,长期以来,弗雷斯诺如同一枚磁铁般吸引来自全美各地、不同族裔的移民，包括巴斯克人、印度人、亚美尼亚人、西班牙人、老挝人、中国人、葡萄牙人和日本人。

直到 19 世纪中叶以前，约库特人（Yokuts）是这一地区唯一的居民。因为弗雷斯诺地区炎热而干燥，西班牙人和墨西哥人都避开了这里。1846 年美墨战争结束后，这片土地便成为美国的合法财产。当地的第一批白人定居者是在 19 世纪 40 年代末加利福尼亚淘金热时期，沿着圣华金河一路探索而来的淘金者。在 19 世纪 60 年代，一位名叫詹森（A. J. Manssen）的荷兰人在弗雷斯诺的城址上定居，并开始利用当地丰富的地下水资源从事农业生产。其他移民随后加入了他的行列。1872 年，当中央太平洋铁路穿过中央大峡谷（Central Valley），向南延伸至弗雷斯诺时，这座城市才真正发展起来。在那一年，因为附近的河边长满了灰树，在西班牙语中意为"灰树"的弗雷斯诺第一次被用于命名这片土地。

随着灌溉体系的建设和铁路的到来，弗雷斯诺已不再是一座普通的加利福尼亚小镇。在 19 世纪 70 年代末，摩西教派（Moses Church）的"教堂水渠"（Church Ditches）工程推动了当地的水利建设。此后，人们逐渐认识到：弗雷斯诺在发展农业生产方面有着巨大的潜力。1875 年，葡萄酒产业的领袖人物，弗朗西斯·艾森（Frances Eisen），发现阴干在葡萄藤上的葡萄干颇为可口。弗雷斯诺的葡萄干产业便由此发端。"全国小麦之王"伊斯特（A. Y. Easterby）和克罗维斯·科尔（Clovis Cole）则在此建起了大型谷物农庄和养牛场。随着经济的发展，弗雷斯诺县吸引了大批农民、牛仔和渴求土地的移民。在 19 世纪最初的 10 年里，木材加工业也发展了起来。伐木工们从附近的塞拉山脉砍伐树木，以此为蓬勃发展的社区提供木材。金矿、石油和铜矿的发现进一步巩固了弗雷斯诺的经济地位。作为周边农、矿产品的集散地，弗雷斯诺不断发展、壮大。

在弗雷斯诺的历史中并没有什么特殊的大事件。在 1910 年，弗雷斯诺爆发了一场由世界产业工人协会（Industrial Workers of the World，IWW）领导的大型工人抗争运动。同年，《共和晨报》（Morning Republican）编辑科切尔斯特·罗厄尔（Chester H. Rowell）成为全州进步主义改革运动的领袖人物。尽管如此，直到 20 世纪 70 年代，弗雷斯诺一直在农业经济的支撑下稳定地发展。1960 年，该市人口达到 13.5 万。自第一批移民在此定居以来，在 20 世纪 70 年代，弗雷斯诺首次发生了重大的变化。随着农业机械化的发展，集约农业、食品加工业和以生产农用机械、交通工具、销售设备及其他农业生产、运输工具为主的工业复合体对人力资源产生了旺盛的需求。越来越多的移民随之前往弗雷斯诺定居。

城市人口的急剧增加令弗雷斯诺措手不及。市政设施突然不堪重负。这座曾经相对安逸的城市不得不着手解决这一问题。建筑师和城市规划家维克多·格伦（Victor Gruen）为该市设计了一个方案。其内容是将市中心改造为面积 36 英亩的车辆禁行区，禁行区周边有停车场和环城公路。这一设计与得克萨斯州沃思堡的城市规划很相似。尽管如此，这一方案遭到了很多人的反对。最终，计划遭到修改。根据新的计划，市中心被改建为一条面积 24 英亩的步行街。由于步行街的创意为中心城市的改造工程提供了一种新的思路，这块于 1964 年 9 月正式开业的商业区赢得了全国的称赞，并获得了住房与城市开发部颁发的优异设计奖（Design Excellence Merit Prize）。尽管格伦和市政部门为振兴中心城市做出了很多努力，但步行街和其他的建设项目，例如新的会展中心和其他文化设施未能阻止人口从内城向郊区的迁徙。弗雷斯诺最终和其他美国主要城市一样出现了大规模的人口郊区化现象。

今日的弗雷斯诺是一座欣欣向荣的城市，拥有超过 4.5 万人口。城市的文化包容而多元。它一直依赖周边农业生产，特别是葡萄干产业。该市向国外出口的葡萄干占世界葡萄干总出口量的 60%。近年来，制造业、服务业和其他工业部门也成为了城市经济的支柱产业。弗雷斯诺的低廉的房价与生活成本吸引了很多移民家庭。人们从拥挤的洛杉矶和旧金山都市区迁居此地，并带动了城市的发展。从其他城市搬迁而来的商业机构则为这些新市民提供了新的就业机会。可以预见的是，在未来，过去 30 年里弗雷斯诺的经济高速发展和人口不断增长的势头也很有可能一直保持下去。

延伸阅读书目：

● Clough, C. W. (1994). *Fresno County in the 20th century：From 1900 to the 1980s.* Davis, CA：Amer West Books.

● Schyler, R. , & Patterson, W. K. (1988). *M. Theo Kearney：Prince of Fresno.* Fresno, CA：Fresno Historical Society. White, R. (1996). *Journey to the center of the city：Makinga difference in an urban neighborhood.* Downers Grove, IL：Inter Varsity Press.

Paul S. Edwards 文

张津瑞译　陈恒校

G

博彩业
GAMBLING

博彩与人类文明一样历史悠久。毋须惊奇,它也在美国城市文化中扮演了一个角色。在美国历史中,赌博虽然在大多数地区长期被视为非法行为,但在人群中却极为流行。从19世纪中叶开始,犯罪团伙对赌博的影响越来越大。从殖民地时代以来,赌博曾偶尔、暂时性地获得过合法性,但直到20世纪20年代,各州才开始系统性地扶持合法的博彩业。在20世纪60年代,这一趋势明显加速,到20世纪60年代,从内华达州的拉斯维加斯开始,许多州已经接受了博彩业的存在,并利用它增加政府的财政收入、促进城市的再开发。

城市中的非法赌博业

在欧洲殖民者到来之前,北美大陆上就已经出现了赌博行为。印第安人——特别是在现今美国西部领土上生活的印第安人——已经被人看作是贪婪的赌徒。在所有的英国殖民地,殖民者们都曾以打牌、赛马,特别是购买彩票的方式赌过钱。早期的法律一般不干涉赌博,但都试图缓解由赌博导致的各种社会问题。

美国建国之初,大多数州都立法禁止人们在公开场合组织或参与赌博,但同时容忍了私下里的赌博,特别是同辈之间的对赌行为。尽管如此,在19世纪二三十年代,随着市场经济的发展,商业性赌博(例如以房屋为赌注——通常必输无疑——的博彩)遭到了公众的厌恶。新奥尔良市政府曾于1823年承认赌博合法,并向赌场颁发执照。尽管如此,在1835年,由于职业赌徒逐渐从南部和西部的沿河市镇直接转移到了内河船上,全国性反赌博运动开展了起来。在此期间,新奥尔良市废止了先前的计划,仍将赌博视为违法行为。

南北战争后,商业性赌博组织逐渐辛迪加化,以此分担融资时的市场风险、逃避地方政府的监管。在那时,纽约市是无可争议的全国赌博之都,拥有数千家赌场。其中,既有简陋污秽、供穷困潦倒的赌徒在烛光下玩牌或撒色子的小赌场,也有装潢豪华、提供美食的"头等地狱"(First Class Hells)。

赌博辛迪加也赞助其他种类的赌博。到20世纪初,老虎机(Slot Machines)在大多数美国城市流行了起来。自此开始,到20世纪30年代,赛马赌场或弹子房已成为大多数美国城市中最受欢迎的赌博场所。由于表面上赌博仍是非法的,所以这些场所往往隐藏在出售蛋糕或香烟的小店里面。很多这样的赌场有负责将顾客从外面引进来的门房。一进入赌场,通过无线电通讯设备,赌客们可以向全美的马赛下注。非法的博彩业也叫策略性和数字赌博,同样风行全美。

第二次世界大战后,反犯罪、反赌博运动的势力越来越强,并于1950年、1951年基福弗委员会(Kefauver Committee)组织的州际商业活动中的有组织犯罪听证会(Hearings on Organized Crime in Interstate Commerce)上达到顶峰。此后,在大多数美国城市,市民们都要求制定更严格的反赌博法案。此后,随着职业、业余比赛转播技术的发展,美国出现了运动博彩,而早些年盛行的赛马、老虎机和地下博彩(Clandestine Casinos)则很快便销声匿迹了。

合法赌博的爆炸式发展

城市博彩业在第二次世界大战结束后的若干年内陷入沉寂。与此同时,相对富有的中产阶级和上层阶级美国人既希望享受赌博的乐趣,又不愿将赌博的负面影响带进自己的社区。于是,他们试图在其他地方寻找赌博场所。这样的天堂很快就被人们发现了,那就是拉斯维加斯。在此地,经营者们开了很多装饰奢华、设施齐全的酒店,内有整洁干净的房间和全美常见的购物中心。这些赌场很快便成为了内华达州的经济支柱,该州也成为全球性赌博与休闲旅游中心。

从1960年开始,州议会放松了对赌博的管制,通常的做法是授权公立机构发行赛马博彩和福利彩票(Charitable Gaming, Bingo)。博彩广告经常鼓励玩家"赌他们的日常数字"。广告还宣扬了早期非法赌客的成功经验,劝诱玩家们努力模仿他们的技巧。

从1976年的新泽西州开始,其他州也效仿力图效仿内华达州,试图利用赌博业提振经济。在那一年,为了提高州政府的财政收入、增加就业,花园之州(Garden State,新泽西州的别名——译者注)的选民们决定授权大西洋城(Atlantic City)合法开设赌场。他们相信赌场能够成为"振兴城市的独特工具",拯救这一座处于衰退中的旅游度假小镇。在20世纪90年代,虽然内河船上的赌博业并不能像赌场之于新泽西州那样促进城市发展,中西部的很多州出于提高政府收入、增加就业的理由也将其合法化了。简而言之,以赌博为中心的旅游度假产业已被证明能够有效创造就业机会、刺激经济发展,但因为该产业有着自给自足的特性,它其实并不足以拯救衰退中的城市。

到21世纪初,合法赌博几乎无处不在。在大多数情况下,公众参与赌博的欲望得到了尊重,但赌博业受到了法律的严格限制。执法机关密切地监督赌场的运营。这些涉足赌博的场所一般被政府征收重税,同时必须从州政府领取营业执照。在一个世纪前尚属非法、不断遭到政府查抄的赌博产业,现已成为一项正当的生意和州政府财政的重要来源之一。

延伸阅读书目:

- Asbury, H. (1938). *Sucker's progress: An informal history of gambling in America from the colonies to Canfield*. New York: Dodd, Mead.
- Findlay, J. (1986). *People of chance: Gambling in American society from Jamestown to Las Vegas*. New York: Oxford University Press.
- Haller, M. H. (1979). The changing structure of American gambling in the twentieth century. *Journal of Social Issues*, 35(3), 87-111.
- Schwartz, D. G. (2003). *Suburban Xanadu: The casino resort on the Las Vegas strip and beyond*. New York: Routledge.
- Schwartz, D. G. (2005). *Uneasy convictions: American gambling, crime, and the Wire Act, from the telegraph to the Internet*. New York: St. Martin's Press.

David G. Schwartz 文

张津瑞译 陈恒校

帮派
GANGS

在美国城市中,帮派概念的外延很广,既包括青年犯罪帮派,也被用于指代有组织犯罪组织。后者有一套复杂的荣誉体系,习惯于使用违法的暴力手段获得社会地位,并利用特定的象征物树立集体形象。在美国的一些地方,当地人并未从美国的社会制度中获益。一直以来,这些地方就是孕育帮派的温床。作为一种替代性的社会制度,帮派由处于主流社会边缘的人们组成,因为他们需要维持一种文化和象征意义上的身份认同。每一座美国城市中诞生了各具特色的帮派文化。这种文化带有很强的集体性,而且通常与青年人有着密切的联系。本文将描述帮派诞生100多年以来的历史以及它带给我们的启示。

在1900年以前,美国帮派的发展模式通常与来自欧洲的移民有着密切的联系。纽约黑帮(New York Gangs)就类似于所谓的"城里人"或族裔群体。在这样的组织中,人生地不熟的移民可以互助守望,共渡难关。在纽约的贫民窟,对新移民的经济排斥与种族歧视催生了形形色色的犯罪团伙。在美国历史的早期阶段,新移民之间的互帮互助行为与这些团伙的诞生有一定的联系。帮派的发展,在各个层面上都受到了移民模式的影响。有些帮派成员是移民,而另一些不是,但他们都是一种社会身份的载体。在社群的视角下,这些人也就与有关历史发展的实证理论或虚构观点结合在了一起。

在学术史中,有数百篇(部)学术作品将帮派视为限制性条件下产生的社会团体。自1927年以来,根据社会学家弗雷德里克·思拉舍(Frederic Thrasher)的研究,帮派是一种与城市景观复杂之间有着复杂羁绊的群体。从某种意义上讲,城市环境影响了帮派的形式与状态。在思拉舍看来,组织与加入帮派是一项有着明确组织结构和历史传统的集体行为。他认为:帮派是农业社会向工业社会过渡阶段的产物。在芝加哥,历史上的帮派采用了等级化的科层组织,如果这种组织不是工业城市自身的产物,那么也是效仿了企业化的意大利黑手党。在洛杉矶,帮派呈现出更为松散的领导模式，因为很少有黑手党在当地活动，而且城市自身也有多个中心。

时至今日，无论城市和乡村，还是工业化地区和后工业化地区，帮派无处不在。他们不仅在第一世界颇为常见，而且在第二、第三、第四世界里都有活动。在美国，帮派的组织行为较为严密。移民模式、公共政策和大众传媒都在为帮派的蔓延推波助澜。帮派不仅在诸如洛杉矶、芝加哥这样的大城市活动，而且逐步渗透到农村地区，甚至传播到世界各地。在所有有帮派活动的地区，帮派如果不是社会割裂的表现，就是社会割裂的象征。尽管较大的社区有权力让帮派成员对他们的行为负责，但同时，帮派成员的"亡命徒"的身份又使他们拒绝承担相应的责任。

在当代的许多少数族裔社区，帮派组织已经成为了青年文化的一部分，与此同时，帮派又是由几代人组成的。它的核心成员不仅青年人和成年人，还将家庭和儿童卷入其中。尽管学者、警察和帮派成员们很少在涉及帮派生活的问题上取得哪怕一丁点儿的共识，但他们都承认帮派文化的核心是自我保护。"尊重"是一种独特的街头"商品"和保护个人、群体，甚至家庭的基础。然而，讽刺的是，帮派成员比非帮派成员更愿意在他们自己挑起的冲突中使用致命性的暴力，并因此死于非命。

对于帮派暴力的最佳解释是，那是一种在大致平等但相互敌对的群体间爆发的低烈度"战争"。尽管暴力行为都是由具体的一个个帮派成员做出的，但帮派中的暴力行为有两种特殊的社会根源。其一，暴力行为源于帮派本身，源于争夺尊重和资源的地方性争斗，而且帮派的领导体系虽然层级分明、组织严密，但并不能控制属下成员的暴力行为。其二，政府政策的变化也可能导致帮派暴力，因为政策——大到全球政策小到诸如影响就业和人口分布的地方政策——的任何变化都可能破坏贫困地区社区的稳定性。不仅如此，新技术（例如枪支生产技术）的传入和毒品的供货情况也会引发帮派的暴力行为，而技术和毒品的供给则深受政府政策和执法活动的影响。去工业化极为有力地促进了美国帮派的发展，因为它减少了美国城市中的就业岗位。从20世纪80年代开始，有关强效可卡因的生意为无法通过正当渠道盈利的帮派成员们提供了一种可靠但有时极为致命的赚钱渠道。

在美国各地，帮派都以压榨社区经济潜力的方式，不同程度地卷入了毒品贸易。一旦帮派在一个社区打开了市场，他们就会以此为基础向其他社区渗透。从政治经济学上讲，帮派的毒品销售网络是扁平状的。

帮派创造了一种基于定居方式的"点状"经济模式。每一个帮派成员都以自己所处的地方为中心发展毒品销售网络。每一个角落、每一条街道、每一个小巷都有潜在的经济价值。帮派成员利用销售网络和其他有组织犯罪团伙，开发这些地方潜在的经济价值，并以此稳定地从社会中牟取不正当的经济利益。

尽管帮派与非法经济有着密切的联系，但它们并不仅仅是一个经济实体，而是一种有深厚政治、文化、艺术传统的社会组织。对于纳瓦霍印第安人（Navajo）而言，帮派为那些既无法融入大型的纳瓦霍社会又为自己的小社区和长辈所不容的纳瓦霍青年提供了一个白手起家的途径，使他们能够在这个过程中成长为一个成年人。在芝加哥和纽约，帮派孕育了一种复杂、不朽、充满象征意味的意识形态。在加利福尼亚，墨西哥黑手党监狱帮（Mexican Mafia Prison Gang）则向洛杉矶当地的帮派收税，以此缔造了一个起初较为平等的社会体系。在国外，美国的两大帮派"嗜血队"（Bloods）与"铁拐帮"（Crips）曾在伯利兹（Belize）的街道上大打出手。牙买加地方武装团队（Jamaican）则从金士顿（Kingston）迁往纽约，并将自己暴力、好战、崇尚名誉的特征，以及非法毒品一起带到了这座城市。在萨尔瓦多，洛杉矶帮派第18大街帮（18th Street）和萨尔瓦多帮（Mara Salvatrucha）则打算将洛杉矶式的地理布局应用到新的城市之中，并在这个过程中融入当地社会。在当代，监狱极大地丰富了街头帮派成员的人生，因为在监狱中也有帮派的存在。它们被称为监狱帮派（Prison Gangs）。帮派成员们利用了国家性的制裁暴力，并以此为基础在监狱和周边社区中攫取权力。

作为一个种类繁多但很少为人们所理解的团体，帮派很容易被社会当作是社会问题的替罪羊。根据犯罪学家马尔科姆·克莱因（Malcom Klein）的研究，帮派本身就是社会问题的产物。在当代帮派研究的领域中，学术界最需要有关帮派人种志和帮派历史的研究。目前，针对帮派组织的深入性田野调查少之又少。不仅如此，由于帮派的扩张既涉及地理因素，也与社会因素密不可分，所以它们的发展轨迹需要全盘而相对化的研究。作为一类历史主体，帮派可能比其他现存的文化团体更多地展现了人工环境、社会发展和权力象征间的联系。帮派也反映了全球化时代社会的力量与弱点。它们呈现了一种基于人们现实生活，通常又与主流的政治经济体系或移民政策格格不入的社会关系。帮派还揭露了我们自身的弱点：社会不平等、制度化的种族主义、特定人群对机会的垄断。对帮派的研究也是对全球化社会发展趋势及其最可怕后果的研究。

亦可参阅：犯罪与罪犯（Crime and Criminals）

延伸阅读书目：

- Hayden，T.（2004）. *Street wars：Gangs and the future of violence*. New York：New Press.
- Klein，M.（1995）. *The American street gang*. New York：Oxford University Press.
- Phillips，S.（1999）. *Wallbangin：Graffiti and gangs in L.A.* Chicago：University of Chicago Press.
- Thrasher，F.M.（1927）. *The gang*. Chicago：University of Chicago Press.
- Vigil，J.D.（2002）. *A rainbow of gangs：Street cultures in the mega-city*. Austin：University of Texas Press.

Susan A. Phillips 文
张津瑞译　陈恒校

垃圾与垃圾收集
GARBAGE AND GARBAGE COLLECTION

人类文明总是产生废弃物，但我们处理废弃物的能力却在不同的时代不断发生着变化。在过去近 100 年里，人们对垃圾的处理方式已对城市政治产生了深刻的影响。自 19 世纪 80 年代以来，特别是在芝加哥和纽约这样的工业中心，人们常常简单地将垃圾扔到街头，让清道夫与动物们去处理它们。因此在 19 世纪，美国很多城市的街道肮脏不堪。那时，工业和消费者制造了大量的固体垃圾。不幸的是，对于充斥着无产阶级、移民和有色人种的社区而言，垃圾通常就堆在居民家庭的旁边。

在 20 世纪的第一个十年里，由于垃圾暴增又无处堆放，诸如芝加哥、纽约这样的大城市都经历了垃圾危机。《纽约先驱报》（*New York Herald*）的政治漫画将垃圾绘成了统治纽约的"垃圾王"。芝加哥的市政官员则用垃圾填满了沼泽与湿地。芝加哥公民协会（The Citizens' Association of Chicago）认为这些做法完全不可接受，并进行了强烈的抗议。此举在很大程度上促使芝加哥采取了另一种垃圾处理技术：减排。芝加哥垃圾减排公司将有机垃圾倒入大桶，在火上沸煮。由于受热，油膏、油脂、脂肪以及其他物质从垃圾中分离

了出来，公司再将其收集起来，用于出售。很快，垃圾减排成为大城市中最常用的垃圾管理方法。

第二次世界大战前美国的固体垃圾处理技术（Solid Waste Management）与当代的垃圾处理技术则有很大的区别。例如，废物利用和资源分类是早年常规的垃圾处理措施。在当代，资源分类则引入了垃圾循环回收技术，不过早在 1895 年，纽约市民就被要求将有机垃圾（食物、有机物）、无机垃圾（无机物）和建筑垃圾放入不同的垃圾桶中。有机垃圾和无机垃圾通常会倒入焚化炉焚烧，而不可燃的垃圾（例如烟灰等）则堆积在城市垃圾场里。1979 年，苏伦·霍依（Suellen M. Hoy）和米歇尔·罗宾森（Michael C. Robinson）却在书中记录说，纽约公共卫生委员（New York City Sanitation Commissioner）乔治·沃尹上校（Colonel George Waring）建立了美国第一座垃圾分类工厂（Rubbish Sorting Plant），用以回收、出售可重复利用的商品，并将利润回馈给城市。尽管垃圾循环利用技术已颇为普及，但焚烧技术也为很多地方的人们所采用（1885 年，第一座垃圾焚烧炉投入使用）。不过，由于很多重视健康、关注空气污染的居民非常厌恶垃圾焚烧厂，新的垃圾处理技术便应运而生。1932 年，一位市民对垃圾焚烧的诉讼促使圣弗朗西斯科市环卫工人保护协会（Scavengers' Protective Association）重新思考垃圾处理方式。该协会随后采用了一种在那时极富革新精神的技术：卫生填埋（Sanitary Landfill）。卫生填埋场与传统的开放式垃圾场有很大的不同，因为在卫生填埋场里，环卫工人每天处置完垃圾后，还会在其上覆盖泥土，整个填埋场就因此显得很干净。这项技术一直沿用至今。

在 20 世纪 30 年代，在垃圾收集领域，人们发明了能够降低成本、提高效益的新技术。戴斯德式垃圾箱（Dempster Dumpster）就是一例。这种垃圾箱是一个与机械化垃圾车配套的大型钢制盒型容器。戴斯德式垃圾箱和清洗它的喷水设备将很多清洁工从手拉肩扛的体力劳动中解放了出来。尽管如此，它们也意味着：自动化垃圾处理技术已开始取代人力。在 20 世纪五六十年代，其他两项足以动摇传统垃圾收集、回收方式的重要技术革新诞生了：自动化垃圾捣碎机（Automatic Waste Compactor）和塑料垃圾袋（Plastic Garbage Bags）。前者正在毁灭传统的垃圾回收业务，因为它不仅捣碎了垃圾，而且也摧毁了所有可供回收的物质。以石油加工工业为基础的塑料垃圾袋也成为了一个问题。究其原因，在传统的垃圾收集系统中，可供回收的物质被安放在开放性的容器中，便于人们回

293

收，而塑料垃圾袋则将这些物质藏了起来。

在 20 世纪 60 年代，人们开始将固体垃圾称为"第三类污染"（前两类污染为空气污染和水污染）。公众要求更好地处理固体垃圾污染。由于郊区的蔓延和严格的区域管理制度，人们越来越难以寻找到一个合适的垃圾场。环卫部门中便流传着这么一句谚语，"环卫工人拿起垃圾时，人见人爱；但当他放下垃圾时，人见人恨"。

很快，风起云涌的生态运动传播了一个新的观念：垃圾并不是废物，而是社区建设的资源（和美国物质化、消费文化的一个副产品）。在 1970 年，有组织的垃圾循环利用活动在第一个地球日正式启动。它并不是商业投机，而是一项公益事业。环境立法的颁布和政府环保部门的建立也令环境保护主义者欢呼雀跃。1970 年，美国环境保护署建立。同年，美国国会在修订《1965 年固体废弃物处置法》（1965 Solid Waste Disposal Act）的基础上，颁布《资源循环利用法》（The Resource Recovery Act）。该法案要求联邦政府公布处置废弃物的指导方针。在 20 世纪 80 年代，通过大众媒体的宣传，环境保护运动取得了很大的成功，令生态问题成为人们普遍关注的对象。人们逐渐认识到，生态问题已成为全国性乃至世界性的危机。例如，"莫博尔 4000"号（Mobro 4000）——又称垃圾驳船——的旅行就是一场重要的生态事件。1987 年，这艘满载纽约市城市垃圾的驳船沿着东海岸航行，穿过巴拿马运河，驶向伯利兹（Belize）和墨西哥，但沿途所有港口都禁止该船停靠。经过了 6000 英里的航行，这艘船回到了它的起点——纽约。船上装载的垃圾被埋在长岛。这一戏剧性地事件成为了美国垃圾问题的象征。

总结

时至今日，许多环境保护主义者相信：我们能够建成一个无废弃物（Zero Waste）的社会，但不幸的是，美国却明显在相反的方向上渐行渐远。从 1998 年到 2001 年，美国城市固体废弃物的总量增加了 20%，即 6660 万吨。在这四年里，美国固体废弃物的年均排放量达到 409,029,000 吨。其中，根据娜拉·戈德斯坦（Nora Goldstein）和克里斯蒂·麦德迪斯（Celeste Madtes）的研究，在 2001 年，60% 的废弃物被填埋进土壤，7% 被焚烧，33% 得以循环利用或被压缩、捣碎。爱丽丝·霍里根（Alice Horrigan）和吉姆·莫特华利（Jim Motavalli）指出：在 1997 年，美国以世界 5% 的人口排放了世界 19% 的废弃物。

在 2001 年，有着 50 年历史的纽约法莱斯契尔士垃圾填埋场（Fresh Kills Landfill）停止营运。这是一起重大的历史事件，因为它是全球最大的一处垃圾填埋场，而且它的关闭令我们失去了一个推动纽约市垃圾循环利用和压缩、粉碎处理事业的机会。更多的垃圾仍将被送往填埋场和焚化炉。这一事件揭示了 21 世纪初的美国在废弃物生态化处理方面所处的困境。在未来，我们必将面临更多的垃圾危机。

延伸阅读书目：

- Environmental News Service. （2001，March 22）. *Dumping ends today at world's largest landfill.* Retrieved June 28, 2006, from http://www. ens-newswire. com/ens/archives/2001/mar2001archive. asp
- Goldstein, N. , & Madtes, C. （2001）. The state of garbage in America. *Biocycle：Journal of Composting and*
- *Organics Recycling*，42，42 - 54.
- Horrigan, A. , & Motavalli, J. （1997，March/April）. Talking trash. *E：The Environmental Magazine*. Retrieved June 28, 2006, from http://www. emagazine. com/march-april _ 1997/0397feat1. html
- Hoy, S. M. , & Robinson, M. C. （1979）. *Recovering the past：A handbook of community recycling programs*，1890 - 1945. Chicago：Public Works Historical Society.

David N. Pellow 文

张津瑞译　陈恒校

田园城市
GARDEN CITIES

田园城市一词是指由最初由埃比尼泽·霍华德设想的新型城镇发展理念。在 1898 年出版的著作《明日：一条通向真正改革的和平道路》（*To-morrrow：A Peaceful Path to Real Reform*）中，霍华德提出了田园城市的概念。他认为：在维多利亚时代，由于工业化的开展，英国的城镇出现了很多严重的社会问题，而田园城市则能够最彻底地解决这些问题。受市镇、乡村、城市——乡村（即，郊区环境）"磁铁"的启迪，霍氏提出了田园城市理论，并希望通过这一理论建立一种崭新的城市体系。根据霍华德的理论,田园城市融合了乡村生活和城市生活的最优方面。在每座田园城市周边还环绕着一条限制城市蔓延的绿带(Greenbelt)。在霍氏构想的新式定居体系中,若干座独立的卫星城(即花园城市,每座城市约有32000位市民)环绕着一座中心城市(拥有58,000人口)。各个城市之间都有发达的交通网相连。这些卫星城与中心城市构成了一个守望相助、总人口不超过250,000的城市体系。

田园城市的影响绝不可低估。仅在霍华德于1898年发表其理论的第二年,田园城市协会(Garden City Association)便已成立。到1904年,人们便开始在伦敦北部规划了第一座田园城市,莱奇沃思(Letchworth)。该市由巴里·帕克(Barry Parker)和雷蒙德·昂温(Raymond Unwin)设计、规划。尽管在社会观念方面,莱奇沃思的设计理念并未完全照搬霍华德的早期观点,但两位规划师在设计过程中仍吸纳了霍华德提出的许多观点,例如住宅区经过了充分的绿化,居住密度较低,住房为别墅式样;工业区与住宅区相分离;城市外围围绕着一条防止居住区蔓延的绿带工业。1914年以前,发展缓慢的莱奇沃思对英国城市的发展产生了巨大的影响,令一些城市热衷于建设花园式郊区,在现有的城市周边发展低密度住宅区。该市的建立还促成了世界上第一部在标题中包含"城镇规划"的法律《1909年住房与城镇规划法》(Housing, Town Planning, Etc. Act in 1909)的颁布。第一次世界大战结束后,霍华德继续采取措施推动田园城市的发展。韦林花园城的建立就是其成就之一。

19世纪初英国社会中的诸多因素对早期的田园城市产生了深刻的影响,但是它们无法限制其他国家田园城市的发展。其原因包括但不限于:第一,霍华德早期理论复杂而全面、综合性很强;第二,他的理论引导人们建立高质量、亲近自然的生活环境——与现代可持续发展不谋而合;第三,它发展了社区的概念,有助于为不同社会阶层的居民提供合适的住房;第四,田园城市理论强调源自土地集体所有制的集体利益。田园城市理论的成功不仅源于这一理论的综合性,而且也应归功于自莱奇沃思建立以来人们对该理论的实践、运用。值得注意的是,最初的田园城市理论随后便被肢解、改造为不同形式。例如在美国,田园城市理论被人直接和广泛运用,其中最典型的是1929年克拉伦斯·斯坦和亨利·怀特在新泽西规划设计的新式城镇雷伯恩。这两位规划师利用田园城市概念解决了城镇居民的通勤需求。在英国,自莱奇沃思建立之后,在城市外围修建花园式郊区的理念也广受欢迎。特别是在

20世纪,田园城市之名被广泛用于指代低密度、绿化好的居住环境。不过,由于过度涉及利益因素,这一概念经常遭到滥用。在社会发展方面,许多花园环境与霍华德的梦想并没有什么联系。在这种情况下,若要理解霍华德创立的田园城市理论,我们必须关注于更纯粹的田园城市形式,即霍华德在英国建立的两座居民点:莱奇沃思田园城和韦林田园城(Welwyn Garden City)。它们虽然以城市命名,但实际上是小镇。同理,汉普斯特德花园郊区(Hampstead Garden Suburb)也是小镇,只是名字中带有郊区两字。尽管如此,由于帕克、昂温和霍华德一样,也是设计莱奇沃思花园城的规划师,所以,如果以莱奇沃思为对象研究田园城市理论,我们也需要考察这两位规划师的观点和工作成果。

在莱奇沃思的总体规划中,这座小城面积接近4000英亩,通过齐整的建筑布局展现空间和视觉的秩序感,并突出了作为视觉焦点和公共生活中心的城镇广场。住宅区的布局不仅是规划的一个重要组成部分,而且在很大程度上反映了规划师雷蒙德·昂温的实用主义观点。有资料记载,昂温曾说过:田园城市理论的促进者并不想创造出一种只有艺术性的建筑群,他们的目的是力图为人们提供合意的房屋。在莱奇沃思,诸如博德山(Bird's Hill)这样的住宅区不仅以建筑间的低密度为特征,而且融入了规划师们为工薪阶层设计的一种英国本土别墅式的房屋。经过巧妙的布置,每当人们在城镇内外的小路上散步时都能够感到自己正身处一幅充满英伦风情、不断变化的街景画之中。各个住宅区都有一些微妙的区别,而环绕小镇的农田地带则起到了绿带的作用。后来,在20世纪,在世界范围内,绿带成为了都市发展和城市规划的主要特征之一。规划师有意识地为工业和商业各自留出了单独的发展空间。人们还在厂区附近种植树木,以此减少工厂的噪声,并且防止人们看到英国工厂常见的丑陋景象。

对于包括巴里·帕克和雷蒙德·昂温对莱奇沃思的设计规划和后来的伦敦北部汉普斯特德花园郊区在内的田园城市而言,规划师们都将改善工薪阶级的生活环境作为设计、规划中的根本性因素。这种理念来源于规划师们对于建筑设计和社会发展的个人看法,即,通过引入诸如统一、安宁等建筑规划概念的方式将文化、社会和艺术融为一体。其中,安宁是指合理规划物品的使用,使之"各适其职、各安其位"。因此,规划师们之所以在规划中引入田园环境的理念,不仅是为了规划城市发展,更是以此作为促成社会改革的精致

工具。此外，从根本上讲，田园城市理念在纯粹的建筑、设计方面也有很高的价值。

由于发展缓慢，莱奇沃思很快便被亨丽埃塔·巴尼特（Henrietta Barnett）于1904年建立的汉普斯特德花园郊区所超越。在田园城市规划领域，后者更明确地突出了视觉性、社会性和经济方面的价值，并且更具艺术性、更重视环境方面的问题。藉由雷蒙德·昂温的设计，汉普斯特德的花园郊区将正式和非正式的因素融为了一体。此举标志着，自莱奇沃思建立以来，田园城市理念已在设计、规划方面已有所进步。在提出对莱奇沃思的最初规划后，昂温发现了卡米约·西特关于城市设计的观点，并利用它们规划汉普斯特德的花园郊区。于是，他在汉普斯特德花园郊区的规划中强调交通枢纽所在的空间，并在其周围按照增加人与人之间的亲密关系、扩大社区规模的原则修建若干组住房，组建新的社区。尽管如此，有时，房屋会修建得很高大，以此增加街道上的景致，同时，房基线往往沿着街道后移，以此增加视觉上的多样性。作为郊区的一个主要特征，街边景致的构成将城镇对话推上了一个新的高度。汉普斯特德的花园郊区迅速取得了成功，而它的成功使得在1914年第一次世界大战爆发前，田园城市——或更准确地说，经过绿化的低密度居住区——已在英国的城市规划领域中占据了主导地位，而霍华德精心创立的概念则被人遗忘了。

虽然1914年爆发了战争，而且自1918年战争结束以来英国社会开始转型，但霍华德一直将田园城市理论看作是解决城市问题的良方加以改良和推广。尽管田园城市协会在那时并不特别热衷于创建新式城镇，但到1920年，霍华德基于他的田园城市概念提出了第二种居住模式，即韦林田园城。他希望这样的城市能够缓解伦敦市过度拥挤的问题。城市的具体规划工作由路易斯·苏瓦松负责。规划方案与莱奇沃思有很多不同。这些创新使得这座城市在城市发展与规划史上占据了一席之地，因为它就像一座桥梁，将1898年田园城市理念和1945年后英国新城运动（New Town Movement）联系了起来。

亦可参阅：埃比尼泽·霍华德（Howard, Ebenezer），卫星城（Satellite City）

296 延伸阅读书目：
- Ashworth，W.（1954）. *The genesis of modern British town planning*. London：Routledge & Kegan Paul.
- Creese，W. L.（1966）. *The search for environment*. London：Yale University Press.
- Hall，P.，& Ward，C.（1999）. *Sociable cities：The legacy of Ebenezer Howard*. Chichester, UK：John Wiley.
- Miller，M.（1992）. *Raymond Unwin：Garden cities and town planning*. Leicester, UK：Leicester University Press.
- Purdom，C. B.（1949）. *The building of satellite towns*. London：J. M. Dent.
- Unwin，R.（1990）. *Town planning in practice：An introduction to the art of designing cities and suburbs*. London：T. Fisher Unwin.

Ian Morley 文

张津瑞译 陈恒校

门户城市
GATEWAY CITIES

门户城市是人口、货物和贸易流通路线必经的地理空间。它们是城市网络或城市体系中的节点，是地区、国际或全球交通线（货物和人口）的起点或要冲。在美国，尽管门户城市概念最早被用于指代拓荒者建立的小镇（Pioneer Towns），但在当代文献中，门户城市一般指两种城市：一是外国移民和贸易商进入美国的地点；二是贸易体系中的重要节点。自20世纪60年代以来，随着全球化的加快发展，全球性人口和物资流动的速度也大为增加。学术界因此愈加重视对于门户城市的研究。此外，城市间愈加激烈的竞争、城市发展中的企业精神和不断发展的区域营销使得很多城市在广告中将自己称作充满经济机会的门户或有门户功能的城市。

若要理解门户城市的概念，我们需要考察地理学中的中心地理论。一方面，在这一理论中，中心地区是指向周边地区提供商品或服务的居民点。其中中心一词至关重要，因为它是指在各个方向上都有一系列人员、物资往来的居民点。中心地区因此既不是进入一个地区的入口，也不是长距离交通中的枢纽。另一方面，门户城市一般处于内陆地区、工业产业链、市场和（远距离）交通网络的边缘地带（或交通枢纽）。作为通往其他地区和资源的门户或窗户，门户城市，如伯格哈特（A. F. Burghardt）在1971年所记录的那样，是沟通某一方向或某一扇面上各个地区的入口。

除地理意义上的差别以外,中心地区和门户之间也有功能方面的差距。中心地区为周边各地生产商品、提供服务。相反,门户与运输、分派和沟通其他地区和资源(例如,人口流动网络和信息网络)相关,恰如伦纳德·伊顿(Leonard Eaton)在1989年所言,它使仓储空间成为城市中最重要的组成部分。门户一般来讲与制造业、生产或企业总部没有什么联系。用以表述它们的名词有金融门户(Financial Gateways)、交通门户(Transportation Gateways)、网络门户(Network Gateways)、贸易门户(Trade Gateways)和移民门户(Immigration Gateways)。尽管在传统上,门户一般指在某些联系或区域(例如,铁路网、水道或工业中心)内处于边缘地区的城市,但它所表述的对象并非仅限于此。一些在全国性经济中占据枢纽地位,为外界进入国内市场提供贸易网络或服务,以及将本国经济接入国际贸易和全球联系的地区也属于门户。例如,上海和香港就是中国的门户。纽约和伦敦则是所谓的全球经济的门户。

由此,全球性城市的概念就构成了门户城市概念的基础。很多人确信:对门户城市的关注能将我们的注意力从少数世界或全球城市那里拉回来,转向更多的城市,并研究全球化对它们的影响。很多门户城市是全球化的产物,因为它们为资本主义向潜在经济腹地的扩张提供了接入点,而这种扩张对许多地区的发展而言越来越重要。尤其是通过发展门户性功能,这些城市能够吸引到投资和新的移民。研究全球城市等级概念的学者们认为:门户城市尚不是全球城市,因为它们的功能有限。同理,门户城市可能代表了那些尚未成为中心地区并随着时间的推移和经济的繁荣而拥有更多功能(例如生产)的地区。随着经济的发展,从门户城市演变为一个中心区域的圣路易斯就是一个典型范例。

门户一词也被广泛用于描述移民和人口流动的过程。诸如洛杉矶、纽约、迈阿密、芝加哥和休斯敦通常被称为移民门户城市。这些城市可能是移民或国际旅行者的目的地,也可能确实是他们由此迁往其他地区定居的入口或门户。作为规模庞大的移民人口中心,有人认为:无论对于城市内的居民,还是对于城市本身,这些城市都扮演了"司令部"的角色。其他人则指出:此种移民门户城市是人口和服务长距离流通的枢纽。在研究移民门户城市时,常见的选题包括同化、隔离、歧视、阶级构成和族裔社区或地点(例如中国城、小意大利和小哈瓦那)的形成。

随着全球化的演进,在美国,一些规模较大的都市中心(即门户城市)拥有迅速增加的移民人口。这种人口学意义上的变化也影响了劳动力市场、工作模式、居住隔离和族裔社区发展状况的变化。一些学者认为:随着去工业化的发展,移民门户城市将利用新的人口与资本流动,发展新的族裔社区,缔造繁荣和多样性的城市社会与城市经济。在这些族裔地区,海外投资与本地利益集团和居民之间可能会发生冲突,而这种冲突本身就是全球化进程的产物。

亦可参阅:城市移民(Urban Immigration)

延伸阅读书目:

- Burghardt, A. F. (1971). A hypothesis about gateway cities. *Annals of the Association of American Geographers*, 61(2), 269 - 285.
- Eaton, L. K. (1989). *Gateway cities and other essays*. Great Plains Environmental Design Series. Ames, IA: Iowa State University Press.
- Sassen, S. (Ed.). (2002). *Global networks: Linked cities*. New York: Routledge.
- Short, J. R., Breitback, C., Buckman, S., & Essex, J. (2000). From world cities to gateway cities: Extendingthe boundaries of globalization theory. *City*, 4 (3), 317 - 340.

Lisa M. Hoffman 文

张津瑞译 陈恒校

城市中的男同性恋文化
GAY MEN'S CULTURES IN CITIES

尽管在人类历史的各个阶段,史书中都记载了同性之间的性欲和性行为,但直到19世纪末一些男性才以同性取向和偏好为基础在城市中组建起社区。到20世纪初,一位评论员指出将波士顿、芝加哥、密尔沃基、新奥尔良、纽约、费城、圣路易斯、旧金山和华盛顿特区都称作同性恋之都。在一些小的城市,例如密西西比州的杰克逊(Jackson, Mississippi)、加利福尼亚州的长滩(Long Beach, California)、罗德岛州的纽波特(Newport, Rhode Island)和华盛顿州的西雅图(Seattle, Washington),男同性恋文化(Urban Gay Culture)也有见于史册。第二次世界大战期间的大规模人口流动促进了男同性恋社区的发展与壮大。战后，从洛杉矶开始，一场有组织的同性恋权益运动在许多美国城市中发展了起来。然而，从 19 世纪末到 21 世纪，城市男同性恋者也一直在与反同性恋的宗教、政治、科学和公众势力对抗。在 1959 年 6 月，警察袭击了纽约市的一家同性恋酒吧——石墙酒吧（Stonewall Inn），由此引发了延绵数夜的暴动以及一场草根性的同性恋自由运动。到 20 世纪末和 21 世纪初，美国各地区的大小城市中都有形形色色的同性恋文化。它们既影响了城市的发展，也为城市发展所影响。

在 19 世纪末 20 世纪初，尽管同性恋文化也在乡村地区有所发展，但城市仍是最吸引男同性恋的地方。城市的雇佣劳动和其他经济机会为男同性恋者提供了脱离传统家庭、宗教和社区权威、拥有更大独立性和自主性的机会。同时，工作、家庭和休闲之间关系的新变化增加了人们在其中的一个或几个领域内尝试非传统性生活的可能。城市也拥有寄宿公寓、单身公寓和其他样式的住房。这些住房不仅迎合了未婚男性的需求，而且也鼓励他们选择新的生活方式。同时在大城市，数量众多的人口令人觉得安全，而多元的城市文化也允许少数人选择与大多数市民完全不同的性生活方式。

随着城市内享乐、休闲和不道德地区（Vice Districts）的形成，那些热衷于同性性行为的男性逐渐在新的色情场所聚集了起来。那些因为迎合同性恋需求而获得声誉的城市酒吧、浴室、咖啡厅、俱乐部、公园、街道和餐厅成为同性恋者之间建立社会联系和性关系的地方。诸如电影院、音乐厅、歌剧厅和剧院之类的城市文化场所亦然。随着时间的推移，在很多城市社区，包括芝加哥的北区（Northside，Boys Town 男儿镇）、洛杉矶的西好莱坞（West Hollywood）和银湖区（Silver Lake），纽约的格林威治村、切尔西、时报广场和哈莱姆区，费城的内城区（Center City），旧金山的巴巴里海岸（Barbary Coast）、卡斯特鲁（Castro）、弥森（Mission）和北滩（North Beach），华盛顿特区的杜邦环岛（Dupont Circle），同性恋文化已毫不掩饰地展现在了人们的面前。同时，缅因州的奥甘奎特（Ogunquit，Maine）、马萨诸塞州的普罗维斯敦（Provincetown，Massachusetts）、纽约州火岛（Fire Island）上的切里格罗夫（Cherry Grove）和松树镇（the Pines）、新泽西州的大西洋城和开普梅（Cape May）、宾夕法尼亚州的纽霍普（New Hope，Pennsylvania）、特拉华州的里霍博斯比奇（Rehoboth Beach，Delaware）、佛罗里达州的迈阿密海滩（Miami Beach）和基韦斯特（Key West）以及加利福尼亚的棕榈泉（Palm Springs，California）等中小城镇则因成为同性恋者的度假胜地而闻名。

自 19 世纪末以来，美国城市中同性恋文化一直与一批反同性恋势力相抗争。宗教、政治和科学权威发起了针对同性恋行为和同性恋者组织的运动，将同性恋称为罪恶、犯罪和疾病。男同性恋者和青年同性恋者遭到了来自家庭成员、社区、同事和街头陌生人的暴力殴打和语言攻击。警察不断突袭男同性恋者聚集的地方，逮捕、监禁、侵扰、陷害、勒索和殴打出现在那里的人。由同性恋者拥有、管理或从同性恋者经营的企业那里索取回扣的有组织犯罪团伙有时则利用男同性恋者心理上的脆弱性与警察、法庭相勾结。同时，男同性恋者也在就业、住房、公共住宿设施方面受到歧视。那些试图清除罪恶、拯救罪人、感化罪犯和治疗疾病的改革家们有时也会不经意地对男同性恋者表现出残酷的一面。

在这些不友好的势力之中，那些对同性性行为感兴趣的男性不断寻找聚集与联系的方式。为了掩人耳目，同性恋者编制了特殊的语言和服饰，以此申明自己的身份，表达对其他人的喜好，帮助自己和他人辨认谁是同性恋者或友好人士。男同性恋者也采取了很多彼此的措施，例如分享有关危险人士和组织的警报、帮助对方寻找工作和住房，资助在经济上有困难的同好人士。新人被介绍进同性恋圈子，年轻人在那里学习更多有关同性恋的知识，而朋友之间的网络则在照顾病人、老人方面起到了家庭的传统功能。为了文化、饮酒、友谊、食物、交流、享乐、政治、性和支持，男同性恋者通过很多种方式聚集到了一起。当然，这并不是说同性恋者之间没有争斗，而是说同性恋文化能够帮助男同性恋者克服孤立、内化和远离人们视线之外而造成的困难。

在很多方面来讲，同性恋文化应被视为一种多元、异质性而非单一、同质性的文化。许多同性恋群体具有主流社会的一些特征，包括喜爱家庭生活、重视私人关系，维持单一性的伴侣关系。另一些则嗜好与不同的对象发生关系、在公共场合交媾以及嫖娼。一些同性恋团体与不同的种族、与女同性恋、与性工作者、与异性恋（Straight）文化、双性恋（Transsexual）文化和变性（Transgender）文化都有交集，而另一些则没有。在一些情况下，主流的同性恋文化体系鼓励有男子气（Masculine）和有女子气（Feminine，或更老、更年轻）的男性间发生关系，在另一些情况下，主流体系则推崇同种性取向（或类似年龄）间的关系。在过去，阳刚或更年长的同性恋者为主动方进行性行为；后来，性行为则更强调互动与互惠。在不同文化背景下，同性恋者

（Gay）一词也有不同的文化含义，以至于只有那些从事同性性行为的男性才自称为同性恋者。其他人则使用另一些带有明显性别和性含义的称谓——例如鸡肉（Chicken）、仙女（Fairy）、小丑（Jocker）、皇后（Queen）、三色堇（Pansy）、庞克（Punk）、种马（Stud）、狼（Wolf）、酷儿（Queer）和商人（Trade）——指代自己。不仅如此，许多与同性发生过性关系的男性（尤其是自认为具有男子气概的人）则将自己视作正常男性，既愿意和男性对象交媾，也愿意和女性发生关系。

这些区别中的一些与社会阶级、种族族裔、诞生地和生理差异相一致。例如，在 20 世纪初的工薪阶级同性恋文化允许工薪阶级的女子气同性恋拥有一个"酷儿"或正常的伴侣，而中产阶级的同性恋文化则反对这种做法。后者不愿意与有女子气的男性打交道。在 20 世纪中叶，非洲裔或拉丁裔男同性恋者在隔都或西班牙贫民窟（Barrio）里有自己的同性恋生活，但他们无法进入白人主导的同性恋社区里的酒吧，也不能参与后者的活动。由此可见，城市同性恋文化已被打上了阶级冲突、种族压迫和族裔歧视的烙印，而充满阶级、种族和族裔差异的同性恋情欲既削弱了现存的社会等级制度，又从某些方面强化了它。在 19 世纪末 20 世纪初，一个白人、中产阶级同性恋文化在美国同性恋文化中占据了支配地位，并在很多方面将其他类型的同性恋文化边缘化了。同性恋文化的多样性进一步揭示了自我定义式的同性恋世界和男同性恋者的社会生活经验。

对城市同性恋文化进行历史分期是一项很困难的工作，在组织进一步的研究之前，贸然下结论是危险的。尽管如此，大多数学者有一个共识，即城市同性恋文化最早出现于 19 世纪末。学者们的分歧则在于，一、这一文化是如何被主流社会、工薪阶级和少数种族/族裔社区接受并加以整合的；二、在进步的 20 世纪前十年、喧嚣的 20 年代和处于经济大危机中的 30 年代里，这一文化为什么会遭到主流社会的镇压，镇压又是在何时发生的。有些学者认为，20 世纪的前 25 年是社会对同性恋相对宽容、相对愿意接受、同性恋者的活动有一定公开性的历史时期。另一些学者则指出在 20 世纪第二个 25 年里（特别是第二次世界大战期间和战后初期），城市同性恋社区有了迅速发展，同性恋权益运动方兴未艾。"薰衣草（指同性恋——译者注）恐慌"（Lavender Scare）则与 20 世纪 50 年代的红色恐慌（Red Scare）联系在了一起。尽管如此，一些学者认为：对于一个经历了几十年经济动荡和军事冲突的国家而言，"薰衣草恐慌"是社会对同性

恋现象的一种暂时性反应。另一些学者则相信：镇压延续到了 20 世纪 50、60 年代，甚至此后也并未停息。对于那些认为 20 世纪 50、60 年代同性恋权益运动是驯顺而有妥协性的学者们而言，20 世纪 60 年代的石墙暴动是城市同性恋政治运动的一个转折点。石墙运动前夕，同性恋权益运动中表现出的战斗性和极端性则打击了很多学者。在他们看来，20 世纪 60 年代末 70 年代初的激进同性恋解放运动是一场肤浅和过渡性的事件，或者是暴动发生前和暴动发生后同性恋世界的连接点。

在 20 世纪的最后 25 年里，即便艾滋病的影响、城市的衰败和保守主义的兴起重创了男同性恋者，但在很多案例中，城市同性恋文化无疑有着前所未有的曝光度和影响力。同性恋候选人公开当选为地方政府的官员，城市政治家们争相取悦同性恋选区，同性恋社区得到了重新开发并且逐渐绅士化，而且同性恋旅游和同性恋生意成为城市经济的一个重要组成部分。从同性恋权益抗议运动和 20 世纪 60 年代开始的静坐示威，到 1969 年以后纪念石墙暴乱的同性恋巡游，同性恋文化走上了城市的街头，大声呼吁变革、歌颂文化的多样性。城市空间也成为了同性恋和反同性恋势力间的战场，其中最典型的事例包括：20 世纪 70 年代反同性恋势力对旧金山市同性恋官员哈维·米尔克的谋杀、20 世纪 80、90 年代 ACTUP（AIDS Coalition to Unleash Power）和酷儿之国（Queer Nation）组织的抗议运动。在 21 世纪初，在波士顿、新帕尔茨（New Paltz）、波特兰和旧金山，有关同性婚姻的争议也展现在了世人面前。由此可见，在美国，城市仍将作为性、社会、文化和政治变革的催化剂和孵化器，在历史中扮演重要的作用。

亦可参阅：城市中的女同性恋文化（Lesbian Culture in Cities），酷儿空间（Queer Space）

延伸阅读书目：

- Beemyn，B.（1997）. *Creating a place for ourselves*. New York：Routledge.
- Boag，P.（2003）. *Same-sex affairs*. Berkeley：University of California Press.
- Boyd，N. A.（2003）. *Wide open town*. Berkeley：University of California Press.
- Chauncey，G.（1994）. *Gay New York*. New York：Basic Books.
- D'Emilio，J.（1983）. *Sexual politics，sexual*

communities. Chicago: University of Chicago Press.

- Howard, J. (1999). *Men like that*. Chicago: University of Chicago Press.
- Maynard, S. (2004). "Without working?" Capitalism, urban culture, and gay history. *Journal of Urban History*, 30, 378-398.
- Stein, M. (2000). *City of sisterly and brotherly loves*. Chicago: University of Chicago Press.

Marc Stein 文

张津瑞译 陈恒校

性别
GENDER

生物学区分一个人的性别,但是文化把广泛的属性如行为、期望和禁忌与一个人的性别联结起来。在某些情况下,一个特性可能非常精致地和一个性别联系在一起,例如女性的母性本能或者是男性的竞争天性,以至于文化把那种特性描述为一种男性和女性的"天然的"和"必不可少"的特质。同样地,和性别有关的期望是如此镶嵌在传统和社会机构中,以至于个人可能不会想到去质疑他们。"性别"这个术语指的是,相同文化或者社会的人把一个人的性别与社会和文化特性联系起来。

自从 20 世纪 70 年代以来,不同学科的学者们研究了构成身份的这些文化属性的动力。通过研究文化把什么价值观附属于男性和女性的活动,性别属性从性别的生物特质剥离开来。跨时间跨国家以及文化之内的比较,建立了记录性别特性广泛变化的大量证据。如果这些性别特性要和我们的染色体材料相关联,那么这种变化会没那么明显。这些与性别相联系的特性将保持相对稳定。

性别对城市历史影响的考察,可以从研究女性和男性各自的行为、每个群体内和各个人之间的相互关系开始。然而,性别分析的更重大意义,如临界竞争理论的意义,在于它是怎样改变了我们熟知美国历史主题,在于我们怎样理解成为了我们美国文化的思想、经济、政治和社会关系的制度。历史研究已经记录了性别对城市历史的许多领域的影响,这里将要讨论其中的三种:城市空间的使用、城市政策、社会关系——特别是性别关系。

城市空间的性别化使用

观察一群人怎样占领城市的特定部分,揭示了社会关系中的模式和转换。我们可能熟悉城市空间分割成富人区和穷人区,同样我们也知道社区反映了种族和种族隔离。然而,城市空间的使用也告诉我们阶级、种族和性别的关系。只要城市存在,工人阶级女性就占据了她们社区的街道、市场和门阶。她们及其孩子的人生,在一定程度上一直生活在她们公寓外面,在附近的街道上。克莉斯丁·斯坦塞尔(Christine Stansell)的《女人的城市》(*City of Women*)叙述了 19 世纪上半叶期间,纽约市工人阶级家庭的、不固定的公共和私人空间之间边界。城市街道上工人阶级成员的存在,导致了某些中产阶级同辈人认为他们的行为是不守规矩的潜在危险,换句话说,是需要监管的行为。在斯坦塞尔的研究中,白人工人阶级的行为引起了纽约城中道德改革者的关注,但是黑人工人阶级仍然抵制管理他们生活中的方方面面。特拉·亨特(Tera Hunter)的《致快乐,我的自由》(*To 'Joy My Freedom*)追溯了在种族歧视的南方的暴力年代,亚特兰大黑人工人家庭为他们自己创建了一个熟悉的实体空间,在那里他们可以享受闲暇、享受天伦之乐。

另外一个公共空间的性别化使用发生在 19 世纪末的城市商业区。一度挤满了男性的市中心的街道和商店,到 19 世纪 90 年代将会和女性共享。不论女性是在工厂、零售商店和商业区的办公室工作;还是购物或者是参与文化活动,又或者是参加俱乐部会议,她们现身市中心改变了市中心的特性。莎拉·多伊奇(Sarah Deutsch)发现,在波士顿,女性为其活动拿下了城市特定区域,这样做改变了隶属于公共场所女性的负面假设。

19 世纪晚期中产阶级女性进入公共场所并不是无缝均质进行的。当简·亚当斯和艾伦·盖茨·斯塔尔(Ellen Gates Starr)在芝加哥工人阶级移民飞地建立其社区改良会所赫尔会所时,新邻居的不信任,朋友的沮丧,表明了这个跨阶级工作的陌生感。当职业女性在城里工作住所附近寻找住处时,她们被引导到工作女性的酒店,在那里她们不仅可以得到食宿,并且其道德也会受到保护。公民妇女俱乐部的形成给特权女性提供了一个就公民问题教育自己的舞台,并且超越早期的对自我修养的关注。这些单一性别的俱乐部作为性别隔离的事实而存在,然而,它们也为女性提供了设置自己行动进程来改变其城市的机会。到 20 世纪 20 年代,对于白人来说,例如公园、剧院和公共交通这样的公共空间成为性别整合的公共空间。然而就在这些年,这些公共空间在实践上保持种族隔离,它不是通过法律进行的。在 20 世纪 40 年代和 70 年代之间,公园、交通运输和剧院成为民权交锋发生的舞台。

政治和文化

通过性别镜头看城市历史,告诉我们对城市主要体系如城市政治的理解。19 世纪末,美国的大城市,如纽约、芝加哥、波士顿和旧金山,用一种特别的政治组织——政治机器——来管理。政治机器不仅依赖于特定政党的利益和专门的组织机构,也依赖男性的同性社交关系体系。社区酒吧是选区会议的场所,男性工人充满了街坊的赞助工作,候选人的选择来自全男性的党派拥护者。不论是在工人阶级选区,黑人街坊,或者爱尔兰人城市机器,同质化的社会关系保持了一个纯男性的政治文化。

政治史家没有研究性别规整城市政治的方式有几个原因。首先,历史学家认为公共活动由性别分为公共和私人领域的活动,女性属于私人领域。在法律上和事实上,男性都代表了政治中的家庭。第二,因为我们预期政治常态是男性政治实践,所以就假定女性的政治实践将会看起来与男性的相同。因此,女性政治行为成为看不见的——除了选举权运动。然而,如果城市政治被解释为一组塑形政策、公共事务,甚至是法律的广泛的活动,也就是说,在办公楼之外发生的集会和投票,那么至少到 19 世纪中叶,女性进入城市事务才明显。

在过去 25 年里书写的有组织女性的研究表明,女性首先作为市民进入城市政治,寻求改善最影响她们生活的领域家和家庭,然后才作为选民。正如莫琳·弗拉纳根所说,20 世纪早期白人女性改革者的城市议程,看起来与她们的芝加哥男性同辈的不同,因为这些女性希望公共部门解决影响她们生活的那些问题——住房、食物、医疗保健和教育。她们将自己的工作称为"市政管家",指的是女性在家里的传统工作及其扩展到城市。此外,正如凯瑟琳·基什·斯克拉(Kathryn Kish Sklar)和琳达·戈登(Linda Gordon)表明的,有组织的女性把当地政府的职责扩大到包括青年、社区医疗和家庭福利的重要服务。那么,有组织的妇女政治活动的影响,不比帮助创造现代福利国家的原型小。

今天,我们把 20 世纪早期的城市政治理解为由性别、阶级、种族和民族限制的文化体系,其中女性有一个固定下来的公民工作的传统,性别塑形男性和女性的政策议程,政治改革日益扩大了市民参与 20 世纪民主的权利。

性别的社会关系

城市史从性别分析中受益的第三个也是最后一个领域是性别。城市为美国人创造了与完全不同的人相遇相交的机会。贯穿 20 世纪的人口密度、移民以及教育、文化和社会机会的扩大,培育了一个现代的城市文化,一个社区和家庭对行为的传统束缚消解的城市文化。男女两性在商业市场产生的新背景下社交,诸如游乐场、公共舞厅、电影院和夜总会这样的休闲场所。在乔安妮·迈耶罗维茨(Joanne Meyerowitz)的《漂泊的女性》(Women Adrift)中描述的芝加哥单身工作女性,以及凯西·佩莱斯(Kathy Peiss)的《廉价的娱乐》(Cheap Amusements)中描述的年轻工人阶级是其中两个例子。城市也成为男女同性恋者的磁铁。离开小镇的隔离,他们在美国大城市建造社区和创造亚文化群。乔治·昌西(George Chauncey)对于纽约城中新兴的同志社区的研究,南·博伊德(Nan Boyd)对旧金山同性恋的研究,说明了城市生活为男女同性恋者提供了史无前例的机遇和挑战。

与此同时,相对松弛的城市生活束缚开创了限制或者规范社会关系变化的运动。19 世纪和 20 世纪的城市中充满了控制性别的对抗性行为例子。19 世纪 40 年代的道德改革运动,19 世纪 80 年代的道德十字军,20 世纪 10 年代到 30 年代的恶习执法队,20 世纪的反青少年行为不良运动,是美国城市中看得到危机的例子。单身女性常常感受监管的冲击,特别是涉及卖淫时。虽然卖淫在全国各地都有,但是在城市更加明显(正如其监管一样明显)。

这里可以包括城市史的更多方面。工作场所的职业隔离、消费和商业化、流行文化和城市休闲经济,都是性别改变并扩大了我们的城市生活概念的领域。女性和男性的生活是怎样分离的、在哪里分离的、他们在哪里相互作用,解释了社会关系和权力体系。这些体系是怎样与阶级、种族关系交集,又进一步界定那些体系。1916 年,卡尔·桑德堡(Carl Sandburg)对芝加哥产业工人致以诗意的敬意,他们的劳动掌握着城市经济。毫无疑问,20 世纪初的工业资本主义的引擎属于男性,他们使得芝加哥成为"巨肩之城"(City of the Big Shoulders),创造了该城在美国的地位。桑德堡关注劳动者和投资这些行业的资本家。然而,这些传奇的工人在城市建设中有伙伴。通过性别分析视角考察城市扩大并解释了城市建设是一个多维动态过程。

亦可参阅：城市老板与政治机器（Bosses and Machines），男性家庭生活（Masculine Domesticity），卖淫（Prostitution），社区改良运动（Settlement House Movement），女性城市俱乐部（Woman's City Clubs），妇女和公共空间（Women and Public Space），城市中的妇女（Women in Cities）

延伸阅读书目：

- Boyd, N. (2003). *Wide-open town：A history of queer San Francisco to 1965*. Berkeley：University of California Press.
- Chauncey, G. (1994). *Gay New York：Gender, urban culture, and the making of the gay male world*, 1890 - 1940. New York：Basic Books.
- Deutsch, S. (2000). *Women and the city：Gender, space, and power in Boston*, 1870 - 1940. New York：Oxford University Press.
- Flanagan, M. (2002). *Seeing with their hearts：Chicago women and the vision of the good city*, 1871 - 1933. Princeton, NJ：Princeton University Press.
- Hunter, T. W. (1997). *To 'joy my freedom：Southern black women's lives and labors after the Civil War*. Cambridge, MA：Harvard University Press.
- Meyerowitz, J. J. (1988). *Women adrift：Independent wage earners in Chicago*, 1880 - 1930. Chicago：Universityof Chicago Press.
- Peiss, K. (1986). *Cheap amusements：Working women and leisure in turn-of-the-century New York*. Philadelphia：Temple University Press.
- Stansell, C. (1986). *City of women, sex and class in New York*, 1789 - 1860. New York：Alfred A. Knopf.

Joanne L. Goodwin 文

余志乔译 陈恒校

绅士化
GENTRIFICATION

那些使用"绅士化"这个术语的人对其含义看法一致。它在大众媒体上宽泛使用，指的是新中产阶级居民搬到贫穷和工人阶级的内城社区的运动，刺激了一个地区原先被遗弃或者忽略的住房的复原，以及其商业生活的振兴。然而，即使那么简单的定义也是有争议的，在某种程度上其忽视了各种各样的经济的影响，忽视了复杂得多的进程的遥远历史渊源。例如，大多数绅士化的批评家坚持这也包括现有居民的取代，通常伴随着某种经济困难或者损失的经历。

如果我们认为该过程有一个历史起点，那么就是，随着二战后城市工业经济的崩溃，导致城市工人阶级的结构性失业，以及城市居住环境和物后环境的衰败。但是有着甚至更早的先例。在世纪之交，由乔治·尤金·霍斯曼男爵的巴黎"宏大重建"（Boulevardization）和塞尔达（Ildefons Cerda）规划的巴塞罗那重建，这些中世纪欧洲城市（和一些拉丁美洲城市）的大规模重建，创造了法国人称为"资产阶级化"的早期、地方性的例子，这在英语世界我们后来将定义为"复兴"，并且最终定义为"绅士化"。

1964 年，当英国社会学家露丝·格拉斯（Ruth Glass）创造这个词时，欧美主要城市战后的绅士化趋势已经在进行中。在美国，公共再开发项目鼓励在市中心投资，希望重塑一个新环境以适应从工厂到办公室、学校和医院的服务生产的新变化。费城见证了 20 世纪 20 年代开始的纺织业的衰败，在战争结束前，政治改革者们早已在讨论市中心的振兴，该复兴建立在一种新型的城市经济基础上的。进步规划家埃德蒙·培根（Edmund Bacon）关于城市交通基础设施的系统重建、市中心历史街区的再投资（在 1947 年培根著名的《更好的费城》展览中展示）的研究，直接导致了始于 1955 年的中产阶级返回市中心定居。格拉斯在伦敦看到的还只是初级阶段，费城的瑟萨特山则更进一步，在这里，培根的规划委员会、在市中心地产中有利益纠葛的商业领袖和新近选出的改革政府引领了进一步的发展。到 20 年代 60 世纪中期，瑟萨特山项目成为可以测量其他美国城市的市中心复兴的标准。

在 20 世纪 70 年代，越来越保守的美国决策者削减内城穷人的公共住房、福利和其他补助金。绅士化成为城市政府的最后一根稻草，这个政府受到税基崩溃和内城贫穷的侵蚀，受到最近的社会和政治动荡史的震动。绅士化的提倡者认为这个趋势是一个复兴的过程，或者是一场"城市文艺复兴"，一场中产阶级从郊区"回到城市"的健康运动，这会解决许多城市收回投资的金融和社会问题。确实，美国中产阶级在 20 世纪 70 年代末和 80 年代初，正是以这样的方式促进投资的，因为在当时的政治和经济环境中，商业复兴和返回城市居住能够吸引私人投资和联邦资助。

这种观点在当时受到住房数据支持，数据表明曼哈顿以及旧金山、波士顿、费城和华盛顿特区部分居民的收入和教育水平的边际增长。中产阶级日益希望返回城市,归因于许多文化和经济因素,包括婴儿潮一代的成熟、双份收入专业家庭的增加、出生率的下降、上涨的能源成本、通勤时间的增加、可感知的郊区生活质量的下降。在复兴的早期阶段衰败社区主要从城市范围内吸引居住者(这无益于增大税基),这并未阻挡绅士化者的热情,他们预计这一趋势会继续下去。

然而,当支持者庆祝城市复兴时,批评者(包括受到威胁的社区居民,他们在 20 世纪 70 年代早期开始加入反绅士化运动)提出反驳,指出绅士化对稳定的内城社区产生破坏性影响,以及对穷人的生活状况和住房选择的破坏性影响。迟至 1979 年,当美国住房和城市发展部发表了其对这一课题的研究时,对绅士化社区的工人阶级和穷人的淘汰所知甚少。在很大程度上,是由于缺乏居民外迁者的可靠数据(他们没有为全国住房数据有效地追踪),这一争论主要集中在诸如绅士化是否在社会上有益这样的一般问题。这样的争论一直持续到现在。到 20 世纪 80 年代中期,一个被广泛接受的观点(基于被选中城市的小量研究)是,绅士化用收回、骚扰、分户出售公寓大厦和小屋转换、增加房租、翻修成本和提高税收评估的方法,把穷人和工人阶级置换到更差场所和更挤更贵的住房。另外,美国城市里无家可归者数量的上升,被指责在某种程度上是因为充足的低收入住房和紧急住房的消失。

近期基于全国住房和人口普查数据的研究尽管不是决定性的,但是如此却被媒体吹捧为明确的反证据,认为穷人从绅士化中几乎没有经历困难,可能还获得一些益处。令人惊讶的是,对被搬迁者的追踪考察几乎没有进展(最近研究的主要弱点),根据持久的量化证据,他们被迫住进更贵更远的住房,或者挤进亲朋家里,加倍拥挤。并且,正如城市规划专家彼得·马尔库塞(Peter Marcuse)很久之前指出的那样,取代从来不仅仅是在中产阶级搬进来前,谁在最后一分钟离开的事。相反,这是一个长期的转换过程,包括了收回投资、抛弃、拆除和重建,在这一过程中,更好的住房和区位选择权最终从穷人手中转移到富人手中。迁入的中产阶级往往是白人,而许多美国城市里的绅士化社区从前的居住者更多是有色人种,这给控制城市空间的新兴的阶级紧张增加了一个种族维度。

一般来说,批评者认为不能把绅士化看作是与其他经济部门相分离的过程。用较大的结构经济术语来说,收回资本造成的绅士化和社区恶化,是一个国际趋势的组成部分,在这个趋势中,发展中国家的工业生产是由发达国家的"全球"城市管理。正是在大城市市中心高工资的生产者和金融服务部门工作的职业白领,

他们对城市住房的需求增加了,推高了价格上升压力,他们在曼哈顿市中心、波士顿的贝克湾、布鲁克林的公园坡、芝加哥近北区以及其它类似的绅士化社区,给高档的零售服务和娱乐业提供了消费需求。

随着 20 世纪 90 年代绅士化的加速(经过短暂的消沉),提倡者指出其对原先衰退的中央商务区的商业和文化生活明显的有利影响。批判者强调全球"后工业化"城市经济,在有薪水的专业人员(他们更多的是男性白人)和在服务业、旅游业和零售部门的低工资的员工(他们更多地是女性有色人种)之间分割的程度,以及一种阶级、种族和性别冲突的源头,它们由低成本中心位置住房的减少供应所恶化。而且,随着用增加了高调的文化和零售名胜(如市中心的购物中心和滨江公园)的项目,城市竞争展示城市生活在符号经济的优势地位,城市政治领导人寻找净化街道和广场的不吸引人的元素,不仅包括犯罪和实体退化,还有种族差异、贫穷,非常态行为的证据,这些曾经是一个多元城市空间的特点,所有的市民都有权利使用的多元空间。

亦可参阅:去工业化(Deindustrialization),城市中产阶级(Middle Class in Cities),红线政策(Redlining)

延伸阅读书目:

- Freeman, L. (2005). Displacement or succession? Residential mobility in gentrifying neighborhoods. *Urban Affairs Review*, 40, 463 - 491.
- Newman, K., & Wyly, E. K. (2006). The right to stay put, revisited: Gentrification and resistance to displacement in New York City. *Urban Studies*, 43, 23 - 57.
- Rose, D. (1984). Rethinking gentrification: Beyond the uneven development of Marxist urban theory. *Environment and Planning D: Society and Space*, 1, 47 - 74.

Andrew Feffer 文

余志乔译 陈恒校

304

隔都区
GHETTO

隔都区是一个文化术语,像**贫民窟**一样,被应用于美国城里的社会弱势社区。这两个词语都是诽谤扭曲

而不是描述被贴上这样标签地方的实况。隔都区意味着与主流社会分离的程度，一种内在同质性的程度，这些程度比贫民窟更剧烈。该术语被首次应用于19世纪晚期美国内城所谓贫民窟地区里的特定族裔的移民飞地。到20世纪早期，随着一些城市里亚裔社区的巩固、美国黑人内部变迁，这个词语开始具备种族和民族内涵。到20世纪60年代，这个术语已经成为城市黑人根深蒂固的劣势和愤怒的同义词。在20世纪晚期，饶舌音乐家通过手提式录音机发出关于全体歧视和少数族裔自我表现的不妥协的歌词，引起了普遍的不安。在21世纪初，一个垄断型棋盘游戏迷幻隔都(Ghettopoly)，引起了对美国黑人和少数族裔文化的老套观点的愤怒，游戏中有裂缝的房子、偷窥秀、中国三合会取代了高档房产投资、城市公用事业和火车站。

隔都区这个词语有一个不确定的词源。它可能源自意大利语 getto（或铸造），因为第一个隔都区是1516年在威尼斯的一个铸造厂的场地建立的。意大利隔都区是城市的区，是当地政府限定的犹太人定居区。例如，罗马隔都区于1556年由罗马教皇保罗四世建立。在其他欧洲城市也有犹太人隔都区。华沙隔都区可能是最有名的，还有伦敦隔都区（在赞格威尔1892年的小说《隔都区的儿童》中戏剧化）可能是描述得最好的。

305

赞格威尔描绘的是文化意义上的融都区，并非其在欧洲几百年来的版图扩张或管理模式，这也是美国人采用的原因。自从19世纪中叶以来，这成为了美国人的一种老生常谈，即欧洲来的移民正进口旧世界贫穷，穷人移民在美国城市建造了贫民窟。然而，这些移民贫民窟常常被认为是过渡房：随着从英国和西北欧到来的人在美国站稳脚跟，他们搬出贫民窟融入接受国社会。到世纪末，随着来自南欧和东欧及亚洲新移民的浪潮取代贫民窟的老移民，这种自恰观点变得难以维持。这些最新的移民似乎比他们的先辈在文化上更独特更难适应。美国人担心这些新移民穷人仍然会被困在贫民窟，因为与他们的先辈相比，他们在文化上较少准备好来适应现代社会。正是在这种背景下，美国人开始谈论贫民窟内出现的自给自足的外国"殖民地"。例如，1904年，芝加哥改革者罗伯特·亨特(Robert Hunter)争论说，犹太人、意大利人、德国人、爱尔兰人和俄国"殖民地"往往占美国城市贫民窟的绝大部分。美国人第一次开始标记隔都区是所谓的东欧犹太人"殖民地"。例如在纽约，一个名为雅各布·里斯的记者和城市改革倡导者，在其有影响力的书《另一半人如何生活》中描述犹太镇(Jewtown)是城市贫民

窟内的一个成份，但是在他的续集《与贫民窟的斗争》(The Battle With the Slum，1902年)中，他重新定义其为"隔都区"。里斯认为，很久以前犹太人就住在贫民窟，并且在纽约的贫民窟内创造了一个隔都区。1927年，当路易斯·沃思书写他对隔都区的经典定义时，美国隔都区是贫民区之内被隔离的地区，其中聚集了犹太人口中的最穷最落后群体已经成为共识。

然而，20世纪30年代的美国隔都区更多的是美国人思想里的一个概念，而不是城市景观的一个有形特性，它一点也不近似于20世纪30年代的华沙隔都区。所以隔都区这个词语的意义是如此不固定，以至于这个术语通常被应用在想象中的贫民窟之内的其他移民"殖民地"。沃思和其他芝加哥学派的社会学家认为，虽然隔都区严格地来说是一个犹太机构，但是其在美国城市的角色和小西西里(Little Sicilies)、希腊镇(Greek Towns)、小波兰(Little Polands)、唐人街(Chinatowns)、黑人带(Black Belts)是一样的。确实，在美国人心中，这些外国"殖民地"已经被如此紧密地标记为贫民窟的概念，以至于贫民窟和隔都区的宽松的措辞特性使它们成为可互换的。到20世纪20年代和30年代，隔都区不仅成为贫民窟的代名词，而且也在美国习语中取代了它。

这种语言使用的变化有三个主要原因。首先，曾经令美国社会困惑的贫民窟中的异国风情，在隔都区这个词中有更明确的体现。新词比原词有更大的恶搞成份。其次，鉴于新移民把贫民窟的形象沾污为外国人融入美国社会的途径，所以在20世纪20年代移民限制法案的后果（以及对外国人到来的数量的阻挠），不再有新移隔入的、由外来移民构成的隔都区，再次凸显其同化功能。在世纪之交，哈钦斯·哈普古德(Hutchins Hapgood)在他对纽约下东区贫民窟的研究中反对这种流行的陈词滥调。在两次世界大战期间，芝加哥学派的城市社会学家对哈普古德的结论提供了强有力的支持，认为隔都区的文化社区及其稳定的家庭网络给新移民提供了支持，随着他们适应美国社会，这些移民后来逃离隔都区到中等定居地。改变用法的第三个理由更让人不安。芝加哥学派社会学家在隔都区内把他们称为移民殖民地，以便和种族殖民地区别开来。从20世纪晚期以来，来自农业南方的黑人移民进入城市，并且一直在创造着黑人飞地，芝加哥社会学家警告说，鉴于早先到隔都区的新来者随后离开，种族歧视将非洲裔美国人与社会区分开来。种族隔离拦断了离开黑人隔都区、进入美国大熔炉的途径。

鉴于贫民窟是外人应用于穷人社区的完全虚构的

词语，以及移民隔都区同样在很大程度上被不可靠地附加到如此标注的地方，因此二战后，偏见把黑人隔都区从一个陈词滥调变成美国城市社会地理的真实特征。1945 年以后，持续的农业黑人移民到城市，加上工作场所、房产市场和社会的全面歧视，黑人飞地变成了巨型黑人城市地区。隔都区标签仍然是过于简单化并且无视当地的社会和文化复杂性，但是它确实标志着美国社会根深蒂固地进入不平等。

迈克尔·哈林顿（Michael Harrington）在他 1962 年的著作《另一个美国》（*The Other America*）中戏剧化了这一迫在眉睫的社会危机。哈林顿认为旧的种族隔都区，以及他们的活力、俱乐部、稳定的家庭、进入美国主流的文化渴望，全被一个新的悲观隔都区、社会分化和绝望所取代。他声称关键的区别是肤色，肤色使得黑人隔都区的墙要比以前所有隔都区的墙要高。在 20 世纪 60 年代晚期的城市暴乱期间，当黑人城市地区爆发出愤怒时，整个世界注意到了。美国骚乱委员会（The U. S. Riot Commission）得出结论，这一波暴力浪潮的燃点是种族隔都区，这反过来是系统歧视和隔离的结果。20 世纪最后 25 年持续的黑人移民，与大规模的波多黎各人、西班牙裔和亚洲移民以及大量的工作场所重建组合一起，复杂化了但不是根本上改变了这个冷酷的结论。自 20 世纪 80 年代以来，艾滋病的传播、毒瘾和手枪的扩散，加重了林登·约翰逊总统早在 1964 年就试图解决的"向贫困宣战"的社会问题。

自相矛盾的是，尽管美国社会内部的分裂在过去的 25 年加强了，但是，隔都区术语常常较少用来描述和炒作它们。显然，这个词现在努力压缩其意在描述的状况。在一定程度上，这是因为假设被黑人隔都区取代的更老的民族隔都区的清晰存留（一方面反映了历史社区的旅游提升，如旧金山的意大利北海滩社区，另一方面，诸如 1989 年，当黑人少年尤塞夫·霍金斯进入纽约市的意大利裔美国人飞地本塞斯特时的种族动机杀戮，事后厌恶的浪潮席卷美国）。隔都区这个词一直受到少数族裔和种族群体向外迁移到郊区、那富有的"镀金隔都区"发展的进一步玷污。此外，隔都区陈词滥调已经失去了他们从前的效能，因为——随着各种背景的大多数美国人都从城市迁往郊区——隔都区的问题被并入了社会失调和威胁的新的宏大象征中：大城市本身。

延伸阅读书目：

- Hapgood, H. (1902). *The spirit of the ghetto*：*Studies of the Jewish Quarter of New York*. New York：Funk & Wagnalls.
- Harrington, M. (1971). *The other America*：*Poverty in the United States*. New York：Penguin. (Original work published 1962)
- Hunter, R. (1904). *Poverty*. New York：Macmillan.
- Riis, J. A. (1969). *The battle with the slum*. Montclair, NJ：Patterson Smith. (Original work published 1902)
- Riis, J. A. (1971). *How the other half lives*：*Studies among the tenements of New York*. New York：Dover. (Original work published 1890)
- Wirth, L. (1964). The ghetto. In A. J. Reiss Jr. (Ed.), *Louis Wirth on cities and social life*：*Selected papers*. Chicago：University of Chicago Press. (Original work published 1927)
- Zangwill, I. (1969). Children of the ghetto：A study of a peculiar people. In *The Works of Israel Zangwill* (vol. 1). New York：AMS Press. (Original work published 1892)

Alan Mayne 文

余志乔译　陈恒校

鬼城
GHOST TOWNS

鬼城是先繁荣后衰落的社区，是部分或全部被遗弃的社区。该术语常让人想起那些被遗弃但仍矗立着的建筑，或是那些早已消失了的社会现象，或与其经济和社会顶峰相比，即使仍然有定居者居住但社区存在无足轻重的场所。虽然在美国各处都有能被称作"鬼城"的城镇，但是该术语最适合那些西部的、曾经繁荣的城镇，如今只有空空如也的建筑和生活痕迹。这些场所创造了一个给予游客的景观，有着美国西部开拓时期的想象和叙述——通过电影、电视、旅游指南、当地历史、网站以及设计来为游客消费的、修复或者虚构的鬼城，这些想象和叙述得到了广泛流传。

鬼城由许多变量创造。大多数情况下，基于单一 自然资源的开发，如石油、磷酸盐、银、金、铜、或木材，这些社区建立起来并经历了繁荣时期。当资源枯竭，这种社区没有其他经济基础来维持，居民陆续迁移。鬼城形成的另外一个常见原因是商业运输通道的转变。如果铁路绕过一个社区，该社区失去获取商品以及将自己的商品送到更大市场的能力，可能引起该城镇衰落。这个问题在西部尤其严重，不能使用铁路，使城市间的遥远距离加重了经济与社会隔离。

尽管这样的社区在 19 世纪的西部就存在,特别是在 1848 年的淘金热过后,许多矿城兴也速亡也速,但是鬼城这个词语起源于 20 世纪初。西部的旅行者在指南和回忆录里书写了这样的"废弃营地"。这些被遗弃的社区出现在记者和作这家的作品中,如霍利斯·格里利、约翰·缪尔(John Muir)、布雷特·哈特(Bret Harte)、罗伯特·路易斯·史蒂文森(Robert Louis Stevenson)和塞缪尔·克莱门斯(Samuel Clemens)。根据他们的时代对广阔自然资源和预期向西扩张的无限潜能的热心拥护和乐观主义来看,这些作家认为这些失败的社区是有问题的。

1915 年,《星期六晚邮报》(Saturday Evening Post)刊登了查尔斯·范·罗恩(Charles Van Loan)有关"西部鬼城"(Ghost Cities of the West)的四篇游记。他的文章描述了弗吉尼亚城、博迪(Bodie)、奥罗拉(Aurora)和尤里卡(Eureka)。这似乎是"鬼"这个词第一次用书面语来描述西部被遗弃的定居点,到 20 世纪 20 年代中期鬼城这个术语广泛使用了。范·罗恩的文章把"鬼城"描绘成一个有力地唤起一直居住其间的多彩历史的地方,满足了对想象的蛮荒西部的兴趣,这种西部已经由 19 世纪的作家塑造,并进一步由例如《火车大劫案》(The Great Train Robbery,1903)这样的流行无声电影所界定。

20 世纪上半叶,汽车旅游的发展和随之而来的道路改善,使得访问国内更遥远的区域成为可能。鬼城为游客寻找先辈的遗产提供目标,这种遗产是许多中产阶级美国白人从电影和书本中、从学校教授的向西扩张的乐观历史中的获得的流行文化的想象。此外,许多淘金热时代城镇的 50 周年庆落在 20 世纪初年期间,那些定居在该地区的那代人正在仙逝,这提高了记录和保存西部历史的兴趣,包括其鬼城的故事。

参观鬼城提供了一个体验 19 世纪的机会:冰封在时间里的场所感。仍然矗立着的建筑,城镇居民留在矿井遗址或者他们家里的人工产品,根据那里的气候可能完好保存。对于到访的游客而言,鬼城残留的物品是他们体验当地历史、宗谱、传说以及虚构故事的媒介。即使没有物质残余留下,站在鬼城现场足以唤起一个想象的过去,由构成美国西部神话的故事和图像丰富地描述和填充。这样,鬼城不仅仅是那些神话了的图标符号,也是连接过去的想象的即时性和连续性的独特图标。

到 20 世纪中叶,随着西部各州百年庆典而来的对本州历史的热潮,导致在随后的几十年里,许多鬼城被

承认为历史遗迹和国家历史公园,例如 1946 年加利福尼亚州的哥伦比亚(Columbia)、20 世纪 50 年代蒙大拿州的班瑞克(Bannack,Montana)、加利福尼亚州博迪,在 1961 年被命名为国家历史遗迹,1964 年被命名为州立历史公园。二战以后,鬼城似乎成了老西部价值和遗产的代名词,其中一些甚至是从原址搬迁建造或者复制真实的鬼城,如纳氏莓果乐园鬼城(Knott's Berry Farm Ghost Town),也会使用枪战表演和公共马车给游客提供一个"边境小镇"的经历。

鬼城持续成为热点景区,人们参观、保护、研究它们,用照片和艺术品记录,在互联网上讨论。与鬼城有关的过去生活的联想常常过于简单化,同时充满霸权的本质,而这些想象也缓慢地被重塑为一个更加微妙的、包容性的历史,就像它们的过去一样,鬼城继续在美国西部历史的再想象中起作用。

亦可参阅:繁兴城镇(Boom Towns),振兴主义(Boosterism)

延伸阅读书目:

● Coleman, J. T. (2001). The prim reaper: Muriel Sibell Wolle and the making of Western ghost towns. *The Mining History Journal*, 8,10 - 17.

● DeLyser, D. (2003). "Good, by God, we're going to Bodie!" Ghost towns and the American West. In G. Hausladen (Ed.), *Western places, American myths: How we thinkabout the West* (pp. 273 - 295). Reno: University of Nevada Press.

● Limerick, P. N., & Klett, M. (1992). Haunted by Rhyolite: Learning from the landscape of failure. *American Art*, 6(4),18 - 39.

● Poff, C. M. (2004). *The Western ghost town in American culture*, 1869 - 1950. Unpublished doctoral dissertation, University of Iowa, Iowa City.

Barbara Truesdell 文

余志乔译 陈恒校

夏洛蒂·珀金斯·吉尔曼
GILMAN, CHARLOTTE PERKINS

夏洛蒂·吉尔曼(1860—1935)生于 1860 年 7 月 3 日,1892 年开始使用她婚后的名字夏洛蒂·安·珀金

斯。吉尔曼是20世纪之交女权论的多产作者、讲师和社会评论家。虽然她从来不认为自己是一个女权主义者，吉尔曼却相信，分配给男女两性的社会角色在现代社会是武断且过时的。尽管她一生书写了大量的小册子，吉尔曼却因她的短篇小说《黄色墙纸》(*The Yellow Wallpaper*)和著作《妇女与经济》(*Women and Economics*)而出名。

吉尔曼在康涅狄格州的一个贫穷的家庭里长大。尽管他们和哈利雅特·比彻尔·斯托有家族关系，但是吉尔曼家并不富裕。吉尔曼是一个如饥似渴的读者，并且在很大程度上是自学成才的。在她退学嫁给第一任丈夫查尔斯·威特·斯特森(Charles Welter Stetson)之前，她念了两年大学。1885年，吉尔曼生了她的独生女凯瑟琳。

分娩给吉尔曼带来了神经衰弱症，这是一种类似于产后抑郁症的情感障碍。在1886年，吉尔曼的丈夫咨询了知名医师威尔·米切尔(S. Weir Mitchell)，希望可以找到治疗她抑郁症的办法。米切尔建议吉尔曼尽可能过像"一心只管家务"的生活来克服她的疾病。医生所称的休养疗法并不成功。然而，这段经历激励吉尔曼写下《黄色墙纸》。这个故事于1892年第一次出版，讲述于一个抑郁的女性因被单独留在病房里而陷入疯狂。吉尔曼的许多同代人认为，这个故事是对19世纪女性婚姻和医疗的批判。

1888年，吉尔曼和斯特森的婚姻以一场有争议的离婚告终。吉尔曼坚信，在现代社会经济独立对女性自由是重要的，因此，她试图通过写作谋生。《黄色墙纸》成功后，她在1898年又写了《妇女与经济》。这本书攻击社会角色的分割，被誉为女性作家的重大成就。这本书用几种语言再版，并一度被瓦萨学院列为必读书目。

1902年，吉尔曼嫁给了她的表兄乔治·霍顿·吉尔曼(George Houghton Gilman)，并且在这期间继续写作。1909—1916年她自己印刷了名为《先行者》的女性杂志，宣称每一期发行量超过一千册。她在20多年里也举办女性问题、劳工和社会改革的讲座。

1932年，吉尔曼被诊断出患有无法治愈的乳腺癌。1934年她的丈夫意外死亡后，吉尔曼随之摄入过量氯仿自杀。吉尔曼死于1935年8月7日，在遗书里她说她喜爱氯仿胜于癌症。吉尔曼的作品在20世纪60年代女权运动期间经历了复兴，以小说《她乡》(*Herland*)在1979年死后出版而到达顶峰。

延伸阅读书目：
● Hill, M. A. (1980). *Charlotte Perkins Gilman: The making of a radical feminist*. Philadelphia: Temple University Press.

● Kessler, C. F. (1995). *Charlotte Perkins Gilman: Her progress towards utopia with selected writings*. Syracuse, NY: Syracuse University Press.

Catherine Devon Griffis 文

余志乔译 陈恒校

华盛顿·格拉登
GLADDEN, WASHINGTON

(所罗门)华盛顿·格拉登(1836—1918)出生在宾夕法尼亚州波茨维尔(Pottsville)，他是一个常被称为"社会福音运动之父"(Father of the Social Gospel)的公理会牧师。1859年，格拉登从威廉姆斯学院(Williams College)毕业，在决定进入公理会之前，他在学校教了一年书。1860年授予圣职，他先在纽约布鲁克林的一个教堂，然而搬到了一个郊区教堂(1861—1865)。在担任北亚当斯(North Adams 1866—1871)和斯普林菲尔德(Springfield 1875—1882)这两个马塞诸塞州的工业城镇之间的牧师职务期间，格拉登还担任《独立》周刊的宗教编辑。在1833年，他应召到俄亥俄州哥伦布的第一公理会教堂，在这儿他工作到1914年他退休为止。

尽管格拉登没有受过正式神学院培训，但是他在社会科学和自由派神学的阅读是广泛的，他关注耶稣的社会教导。兄弟会和社会服务的活泼风格和有说服力的信息，通过他的许多讲座、超过35本书和一些赞美诗传向全美，为格拉登赢得了全国性的声誉。他是一个逐渐以"社会福音运动"知名的传播者。和沃尔特·劳申布什(Walter Rauschenbusch)、乔赛亚·斯特朗(Josiah Strong)和理查德·伊利(Richard Ely)一样，格拉登教导中产阶级基督徒必须为缓解来自于工业化和城市化的物质问题负责。格拉登告诫他的听众为拯救社会而工作，由此可以实现地球上的天国。

格拉登特别强调兄弟会与合作，他努力促进工人和雇主、黑人和白人、新教徒和天主教徒之间的理解。在马萨诸塞州，他调和劳工和管理阶层之间的矛盾。尽管从来没有支持社会主义，但是，随着他对劳动和经济问题的持续关注，格拉登越来越支持工会。哥伦布的人口从1870年到1880年几乎翻了三倍，格拉登涉足到城市改革中。他支持政府提供公共服务、家庭准则、结束腐败政府,他认为腐败是无所不在的城市邪恶。1894年,他帮助建立了全国市政同盟,从1900年到1902年,他是哥伦布市议会的独立市议员。

从19世纪70年代开始,格拉登参加了美国传教协会(American Missionary Association),和南部的自由人一起工作。1903年,在遇到杜波伊斯之后,他的种族改革的兴趣加强了。1908年,作为一个新教泛基督教主义的坚强支持者,格拉登帮助创立了联邦基督教协进会(Federal Council of Churches),支持其有重大影响的社会信条(Social Creed),它将教堂的角色变成社会变迁和精神安慰的代理人。格拉登的包容性扩大到一神论者、犹太人和天主教徒;1905年,圣母大学(Notre Dame University)授予他荣誉学位。

在20世纪的第二个十年,社会福音运动达到顶峰,其支持者加入世俗改革者,通过立法和社会服务实现社会公正。1914年,格拉登不出所料反对美国参加第一次世界大战,但是他最后逐渐支持美国的战争努力。他在战后时期幻灭、新教原教旨主义开始侵蚀社会福音的效果之前去世。

亦可参阅:社会福音(Social Gospel)

延伸阅读书目:

- Dorn, J. (1967). *Washington Gladden*: *A prophet of the social gospel*. Columbus: Ohio State University Press.
- Gladden, W. (1909). *Recollections*. Boston: Houghton Mifflin.

Janet C. Olson 文

余志乔译 陈恒校

金门公园
GOLDEN GATE PARK

金门公园坐落在旧金山西部的再生沙丘上,是一座1017英亩的城市公园。该公园由三个主要元素构成——广阔的森林、大量的开放草地,一个曲径和道路的连接系统。公园里遍布花园、湖泊、娱乐项目。金门公园始建于1871年,以威廉·哈蒙德·霍尔(William Hammond Hall)的初始规划为原型。金门公园的设计是像风景画一样的景观,受当时的卓越景观设计师弗雷德里克·劳·奥姆斯特德的作品影响,霍尔和他有

频繁的信件往来。奥姆斯特德最初宣称由于风力和土壤条件,这个项目是不可能的。

1870年,霍尔为新公园勘察了该地区。该地从城中心向西到太平洋长达3.5英里(宽0.5英里),有一个狭窄的0.75英里长的狭长地带延伸到东端。该地位于界外(Outside Lands),一块主要包括倾斜起伏的沙丘、最近才被并入旧金山的区域。

1871年,霍尔被任命为公园工程师和主管。在研究了奥姆斯特德作品以及欧洲海滩围垦工程技术之后,霍尔的规划整合了现有的地形,即沙丘上某些低岩石山丘和山脊以及少量洼地。最初通过羽扇豆种子和速生大麦播种稳定沙丘,接着是草,然后是灌木,最后是树苗。工人运来了大量的表层土和肥料,建立了一个公园苗圃,为浇灌建筑了一个大型地下蓄水层,以及一个精致的流通系统。最后,在公园的西部尽头建造了两个风车:荷兰风车(Dutch Windmill, 1902)和墨非风车(Murphy Windmill, 1905)。风车将水抽到草莓山(Strawberry Hill)山顶的蓄水池,这是整个公园的中心制高点,从而浇灌整个公园。霍尔的设计通过在高地集中树木而放大了自然地形,使原本的山谷成为了开放的草地。地形在湖泊的区位上也起一定的作用,其中几个湖位于已有季节性池塘的低地。这些湖泊也是浇灌系统的组成部分。在公园开发的前几年,大部分地区得到开垦利用,种植了幼苗,主要是蒙特利松、蒙特雷柏和桉树。这种引种的常绿森林,与东部各州主要城市公园树木繁茂的地区形成对比,后者在很大程度上是由本地落叶树木构成。1980年开始,随着原先植物到达高龄,公园开始了重大的再造林工程。

霍尔的总体规划集中在东部约270英亩的娱乐设施。高高的维多利亚风格的木头和玻璃花房(Conservatory of Flowers, 1878)是公园的第一座建筑。1882年,在音乐学院谷(Conservatory Valley)建立了第一个音乐演奏台,为乐队音乐会提供了场地,这是在唱片之前时期的一种流行娱乐。1889年,儿童区(Children's Quarter)完工,由一个游乐场、旋转木马和沙伦大楼(Sharon Building)组成,该大楼是儿童及其母亲的餐厅,它是美国公园中奉献给儿童的第一块区域。在19世纪90年代,活跃的体育设施出现了。1893年增加了公共游戏场(大雷克室内棒球场),接着是1894年的网球场。那时自行车变得受欢迎,公园的第一个与主要车行道平行的自行车道建于1896年。1894年开始,斯托湖船库(Stow Lake Boathouse)为游客提供划艇。1894年在公园里举行隆冬展览会(Mid-Winter Fair),这是一个旨在突出旧金山温和气候的国际博览

会。最后建造的是音乐广场(Music Concourse)和德扬艺术博物馆(deYoung Museum of Art),现在,它与加州科学院(California Academy of Sciences)一起构成公园文化中心的核心。博览会的另外一个遗产日本茶园(Japanese Tea Garden),是美国最古老的茶园。

　　大量铺砌的小道和未铺砌的小径,给骑自行车的人和行人提供在公园里几乎每个地方的穿行路径。铺砌的小道由沥青建筑,许多未铺砌的小径由独特的"红岩"碎石构成。奥姆斯特德在(纽约)中央公园使用的道路和小道的立体交叉也在金门公园应用,主要是在更发达的东端使用。大部分的车道是分级的,在公园的第一个20年完工,这个系统到现在基本没有变化。它们被设计为弯曲的大道,随着行人穿过公园,可以提供不断变化的远处风景。森林植被创造的一系列草地提供了最重要的开敞空间,有助于远景的变化。通道系统最古老的部分,起初以"林荫道"著称,建造为到东部狭长地带中心的一条弯曲车道,现在是一条行人小道。桉树种植保护早期的四轮马车旅行者免于强烈的西风。

　　金门公园被构想为一个自然主义的娱乐公园,为所有市民摆脱城市压力提供森林疗法。公园边缘浓密的植被通过遮蔽城市景观来加强田园错觉,这创造了一个成功模仿自然且向内看的景观设计。公园的到来刺激了附近地段的开发,这是市政府主要成员把它放在界外的首要目的之一,现在公园场地被稠密的城市建筑三面包围。

　　金门公园是奥姆斯特德自然景观公园设计理论在美国西部的第一次运用。这些原则适应旧金山的独特环境,从而创造了一座不同于东部其他公园的公园。它也是第一个由从前贫瘠和瘠薄的再生土地建造的公园,形成了一个史无前例的景观变化。金门公园在促进公园设计领域是重要的,它成功地把活跃娱乐特色整合进浪漫的景观。公园不仅仅被认为是一个城市的便利设施,而且也是社会改善的力量,是公民健康的福利。它帮助定义一个城市公园应该是什么样,并且在更大的语境下,帮助定义城市规划中公园的角色。

　　多年来,在不违反霍尔最初规划的情况下,公园增加了许多康乐设施。这些设施包括:基泽体育场和健身房(Kezar Sports Stadium and Gymnasium)、斯翠宾植物园(Strybing Arboretum)、草地保龄球设施、手球场、马球场、骑马场、剑术场地、钓鱼池、模型船池塘、雕像、不朽的大门入口。今天,公园是一个成熟的产物,它仍然非常忠实于最初的愿景。

延伸阅读书目:

● Clary, R. H.（1984）. *The making of Golden GatePark*：*The early years* 1865 - 1906. San Francisco：Don't Call It Frisco Press.

● Clary, R. H.（1987）. *The making of Golden GatePark*：*The growing years* 1906 - 1950. San Francisco：Don't Call It Frisco Press.

● Doss，M. P.（1978）. *Golden Gate Park at your feet*. San Rafael，CA：Presidio Press.

Tim Kelly 文
Douglas Nelson 文
余志乔译　陈恒校

大萧条和城市
GREAT DEPRESSION AND CITIES

　　在大萧条时期,伴随着1929—1933年国民生产总值下降29%,失业率在1933年达到24.9%的最高点。即使从1935—1937年的温和经济复苏以后,经济仍然再次下跌,从1937年到二战爆发期间,失业率持续保持在高位。美国工业的家乡——城市,是20世纪30年代许多经济骚动的场所。尽管一些城市的经济经受住了经济风暴,但是大萧条猛烈地打击了大多数城市——特别是东北和中西部的工业城市,结束了大城市相对繁荣的时代,这种繁荣时代一直是20世纪头30年的显著特征。

　　20世纪20年代是一个城市发展的时期。从美国农村来的移民涌向大城市的工厂,随着国家消费市场蓬勃发展,他们也在零售和服务业找工作。例如,洛杉矶在电影业和良好气候的驱动下,跻身于美国发展最快的城市地区行列,俄亥俄州阿克伦市和密歇根州底特律等核心工业城市,以及迈阿密和佛罗里达这样的旅游胜地也一样。然而在20世纪20年代晚期,全国经济步履蹒跚;1929年10月股市崩盘后,美国经济随之崩溃。

　　在20世纪30年代,城市政府的职能不包括管理经济不景气的恶性循环。在停滞不前的市场上,剩余商品成千上万。工业通过减少生产和裁员或者把轮班制改计时工来应对。没有现金,工人和小商人就不能支付抵押款或者租金,被银行取消抵押品赎回权和驱逐。市政府特别容易受到取消抵押品赎回权的伤害,因为他们大多数都依赖于财产税税收。他们的难题因这个事实而更糟，即不能支付其财产税的同一批居民还需要食物、居所和就业，这些当地政府通常无法提供。只有少数城市有成熟的政府社会服务机构来帮助失业者及其家庭。经济震动经常打破秩序和礼仪的外表，展示城市权力政治的架构。

在大多数城市，大萧条揭示了商业利益的控制地位。第一个回应人道主义危机的是私人权力，而不是公共权力。例如，在费城的私人部门，为帮助贫困家庭成立了费城失业救济委员会（Philadelphia Committee for Unemployment Relief）。在匹兹堡，阿勒格尼县应急协会（Allegheny County Emergency Association）公共改善工作项目组织大企业进行救助。在许多社区，全国社团基金会联合会（National Association of Community Chests and Councils）协同174个城市的地方组织，筹集了8300万美元来救援。但是商业在城市事务中并不完全是慈善的角色。银行家迫使纽约和底特律市政府采取紧缩措施，否则就会面临被债券市场排除在外的风险。在许多保守的城市，例如休斯敦、丹佛和辛辛那提，在当地企业和业主的认同下，当地政府强制实施紧缩预算。

然而，对于有激进和进步传统的城市的选民来说，大萧条将政治取向转到左翼。在少数族裔选民的支持下，弗兰克·墨非（Frank Murphy）在底特律市长选举中获胜，他承诺将会激励政府采取措施帮助失业者。在20世纪30年代的大部分时间里，与社会主义政党和劳工党有关联的左翼市长在明尼阿波利斯、密尔沃基和纽约掌权。

赫伯特·胡佛（Herbert Hoover）总统的任期延伸至大萧条的早期，他试图组织私人慈善来帮助市民度过大萧条，以及提供一些联邦救济。但是，胡佛保守的政治态度和政治哲学不允许联邦在国内政治中起广泛的作用。胡佛的继任者富兰克林·罗斯福，尽管受工业城市强劲的支持当选，但是他并不是城市利益的天然倡导者。罗斯福浪漫化乡村生活的美德，并且作为一个前州长，他相信州权。罗斯福总统还向全国承诺，他会开始一个节约行动进程来结束大萧条。但是紧迫的城市问题压力、建立在城市选票基础上的选举联盟的政治现实，迫使总统行动。

在给经济打气、给失业产业工人提供工作的尝试中，联邦政府为城市政府建造项目提供津贴和贷款。通过例如公共工程管理局、国内工程管理局（Civil Works Administration）、公共事业振兴局（Works Progress Administration）这样的新兴联邦政府机构，建造或者翻新了成千上万的邮局、学校和公共娱乐设施。

对城市景观和建筑更引人注目的贡献，包括旧金山的金门大桥、洛杉矶的联邦法院和迈阿密的橙子碗（Miami's Orange Bowl）。更广泛的是，西部和南部通过电气化和灌溉项目进行的区域发展，开启了这些县域在二战后几十年的快速城市化。

大萧条为模范政治领导阶层的出现做好了准备。20世纪30年代的城市领导人为他们的继任者树立了榜样。他们中的第一个是菲奥罗拉·拉瓜迪亚，他是1934—1945年的纽约市长。尽管名义上是共和党，拉瓜迪亚却把自己建立为新政对城市经济干预的坚定支持者。拉瓜迪亚和罗斯福总统都厌恶纽约的民主党，它们与坦慕尼厅以及其他县级组织相关联。拉瓜迪亚和罗斯福联盟把纽约变成最初的新政城市。公共工程资金涌入城市，用巨型工程改造景观，如三区大桥（Triborough Bridge）和昆斯区的一个广阔机场，此机场后来为纪念拉瓜迪亚被重新命名。其他该时代大城市市长中的大人物，包括后来成为美国司法部长的底特律市长弗兰克·墨非、传奇的波士顿"淘气王"迈克尔·科里（Michael Curley）市长、社会党成员密尔沃基市长丹尼尔·豪（Daniel Hoan）、以及芝加哥市长爱德华·凯利。

在20世纪30年代，随着美国市长会议（U. S. Conference of Mayors, USCM）的创立，使大城市的市长们在首都有了代言人。美国市长会议向参议院和行政部门游说，直接向城市提供联邦援助。该组织还与哈里·霍普金斯（Harry Hopkins）建立了特殊关系。他是罗斯福的亲密助手在20世纪30年代末管理公共事业振兴局，以及如联邦紧急救济署（Federal Emergency Relief Administration, FERA）这样的工作项目。霍普金斯对市长们有天然的同情，既然大城市领导人比州长和州议会更加自由，市长更加容易把联邦资助送到那些危难者的口袋里。在关键的摇摆州，霍普金斯引导资助几个大城市市长，缔造一个更加强大的新政联盟。这个时代存在已久的神话之一，是新政福利项目使得大城市的政治机器过时，但是显然不是这种情况。民主党机器在芝加哥、匹兹堡和泽西城这样的城市得到了加强。尽管在大萧条时期产生的全国社会福利项目最终将会把城市选民以求助于当地政治机器政治家中解放出来，但是，在罗斯福政府政策的支持下，民主党机器政治坚持不懈甚至更为繁荣，例如在奥尔巴尼、匹兹堡、克利夫兰和巴尔的摩这样的城市。

20世纪30年代在房产领域的联邦行动改变了城市。早期的新政政策补贴并监管抵押贷款市场，这对停止普遍的房屋取消抵押品赎回权有直接影响，也稳定了市政预算。但是联邦政府也建立了保障风险的统一规则，这降低了城市财产等级。这对剥夺城市的建造资本并加速了战后向郊区迁移有长期影响。随着1937年《住房法》的通过，联邦政府也开始与地方政府合作来建造公共住房。

大萧条用新的方法改变了美国城市。在过去的几十年，经济周期推动了城市转型。在20世纪30年代，城市明显转变了，却是通过公共部门而不是私人的动力转变的。经济危机使许多城市政府现代化了，随着他们接受联邦援助并实施社会福利和经济发展政策，城市政府扩大他们的作用，建立了许多层面的单一目的政府和专门机构，来管理许多新公共工程和公共服务。大萧条时期也是城市的政治转型时期。城市选民成为民主党新政联盟的基础，这是他们在未来几十年将充当的角色。

亦可参阅：新政时期的城市政策（New Deal：Urban Policy）

延伸阅读书目：

- Adams，H.（1977）. *Harry Hopkins*. New York：Putnam.
- Erie，S.（1988）. *Rainbow's end：Irish-Americans and the dilemmas of machine politics*，1840 - 1985. Berkeley：University of California Press.
- Flanagan，R. M.（1999）. Roosevelt, mayors and the New Deal regime：The origins of intergovernmental lobbying and administration. *Polity*，*21*(3)，415 - 450.
- Jackson，K.（1985）. *The crabgrass frontier：The suburbanization of the United States*. New York：Oxford University Press.
- Kessner，T.（1989）. *Fiorello H. La Guardia and the making of modern New York*. New York：McGraw-Hill.
- Leuchtenburg，W.（1963）. *Franklin D. Roosevelt and the New Deal*. New York：Harper & Row.
- McKelvey，B.（1968）. *The emergence of metropolitan America*，1915 - 1966. New Brunswick，NJ：Rutgers University Press.

Richard Flanagan 文

余志乔译 陈恒校

绿带城镇
GREENBELT TOWNS

1935年，绿带城镇始于新政的再安置管理局（Resettlement Administration），它被设计来为居住在恶化和拥挤的美国内城的工人阶级家庭提供可以选择的郊区环境。由农业部副部长雷克斯福德·塔格韦尔（Rexford G. Tugwell）为首，他是哥伦比亚大学的经济学教授和社会改革者，再安置管理局项目的目标是给失业工人提供建筑工作，展示更加适当的设计指南创造更好的生活质量，在一定程度上通过合资企业实现的社会成分整合。设计原则综合了埃比尼泽·霍华德的田园城市的模型和美国区域规划协会的愿景，如在部分建成的新泽西州雷伯恩镇实施的。不过，每个城镇场所设计反映了委派团队的独特签名：新泽西的格林布鲁克（Greenbrook）从来不成熟；马里兰州的格林贝尔特（Greenbelt）；俄亥俄州的格林希尔斯（Greenhills）；威斯康星州的格林戴尔（Greendale）。批评者认为项目是社会工程，是政府与私人部门开发商不公平竞争。由此，在法律挑战导致终止的决定以前，该项目只持续了18个月。到1954年，在一系列的国会听证会后，联邦政府的所有绿地城镇财产被剥夺。虽然项目并未掀起其在开始时预期的广泛城镇建设运动，但是确实吸引著名的规划者、工程师和建筑师，他们在设计和社区建造中实施创新。

绿带城镇项目按1935年行政命令建立，受《紧急救援拨款法》（Emergency Relief Appropriation Act）资助，由约翰·兰西尔（John Lansill）领导的郊区安置分局管理。除了这个新郊区小城镇建设项目之外，再安置管理局也监管一些现有农村项目，这些项目是在1933年《工业复兴法》（Industrial Recovery Act）创造来改善农民状况的，办法是融资和修复他们的农场，或是提供再安置到更适合的农场地点的机会。像最初构想的一样，绿带城镇项目会提供工作救援，提供一种社区开发的模型，为低收入家庭开发住房。

为了确定这些新社区的最佳区位，再安置局调查了大约100个城市地区，鉴别那些多种元素相结合者：持续的经济和人口扩展，多样行业提供可靠的工资从事进步的劳动实践，对住房的迫切需要。在最终选定的四个城市地区中，城镇选址鉴定基于它们接近就业中心、基于自然特征，例如地形、土壤和特性，这些会培养每个社区设想的开发、娱乐、农业和开敞空间的结合。

和兰西尔一起工作的五个顾问是克拉伦斯·斯坦(Clarence Stein)、亨利·赖特(Henry Wright)、特雷西·奥格尔(Tracy Augur)、拉塞尔·范·内特斯·布莱克(Russell Van Nest Black)和厄尔·德雷伯(Earle Draper),其中前四个是美国区域规划协会的成员。他们充当总顾问,起草诸如成本分析的研究来确定与城镇开发和管理相关的短期和长期财政结果。与美国区域规划协会也有关联的弗雷德里克·比格(Frederick Bigger)则作为项目规划的领导,监管团队的日常工作。在靠近华盛顿特区的格林贝尔特,黑尔·沃克(Hale Walker)是城镇规划者,雷金纳德·沃兹沃斯(Reginald Wadsworth)和道格拉斯·埃林顿(Douglas Ellington)是主要建筑师;在辛辛那提附近的格林希尔斯,贾斯丁·哈特佐格(Justin Hartzog)和威廉·斯特朗(William Strong)是城镇规划者、罗兰·万克(Roland Wank)和G·弗兰克·考德纳(G. Frank Cordner)是主要建筑师;在密尔沃基附近的格林戴尔,雅各布·克兰(Jacob Crane)和埃尔伯特·皮茨(Elbert Peets)是城镇规划者,哈里·本特利(Harry Bentley)和瓦特·托马斯(Walter Thomas)是主要建筑师;最后,在新泽西州新布朗威克附近的格林布鲁克(Greenbrook),城市规划者亨利·赖特、艾伦·卡姆斯特拉(Allan Kamstra)与建筑师阿尔伯特·梅耶(Albert Mayer)、亨利·丘吉尔(Henry Churchill)一起工作。

事实上从一开始,争议就包围了项目,部分由于与救济人员相关的、以每个单元计算的高成本,特别是原先拟议的单元数减少时。联邦官员承认,由于项目的目标是提供工作,所以工人们故意进行更加密集的劳动,成本可能高出三分之一。其他批评集中在对政府与私有市场关系的更为根本性的担忧。由于新泽西州班布鲁克(Bound Brook)的一个大业主和城镇官员提起的诉讼,1936年的一个禁令终止了格林布鲁克的所有工程。诉讼认为,公共服务的需要会导致附近社区的不必要的苦难,尤其是绿地城镇不会对当地税基有贡献。更广泛地说,检察官认为,整个绿地城镇项目,特别是联邦政府的模范社区开发,是违宪行使立法权。哥伦比亚特区巡回法院(The Circuit Court of the District of Columbia)同意,尽管美国司法部长确定,该法院的裁决仅仅适用于格林布鲁克,剩下的三个城镇可以继续开发。不过,没有进一步的拨款提供给该项目,1937年,该项目转到安置管理局的继任机构——农场安全管理局(Farm Security Administration)手中。

虽然最终开发的三个城镇的每一个都有独特的设计,但是指导他们开发的原则是统一的,包括实行大型总体规划;保持项目单一所有权,确保质量,最小化运作成本,减少投机;回应自然环境的设计;建造绿带,以容纳社区花园、娱乐、开敞空间和现有农场,限制开发,充当该社区与临近不恰当使用的缓冲,保护土地价值。除了这些田园城市准则,1936年的一份再安置管理局的出版物概括了一些设计创新,这是部分建成的雷伯恩新镇的特色,规划者打算在绿地城镇中应用这些设计创新。这些创新包括:车辆禁行住宅区,有成群的住宅面向中间,内有相连的公园;一个分等级的街道系统来容纳过境和本地交通;行人和车行道的分离;市中心和社区设施的整合,包括一所学校、会议中心、在住宅区步行距离内的购物中心。靠近大型就业中心,这些城镇从来不是真正的自主的田园城市,主要是因为它们没能在边界内包括重大的工业场所。

在施工完成后,居民选择标准和大量的申请者——特别在格林贝尔特——保证了一定数量的公民参与,尽管其依然坚持种族排斥。最初的工人阶级居民都是白人,随着1938年秋天房屋完全出租,格林贝尔特一共有885个单元,主要是田园公寓(306个单元),(574所)排屋,还有5所另外的单一家庭独立别墅。这可能是协调社区建筑的最好的例子。该镇包括一个合作商店和市民协会(Citizens Association),协会使社区组织健康发展。1937年成立的格林贝尔特像另外两个城镇一样实行城市经理制,使用支付代替税收来资助那些包括由县和州提供的公共服务。格林贝尔特也最接近车辆禁行住宅区的开发形式。在1939年成立的格林希尔一共完成了676个单元,包括24个独立式住宅,420个排屋,80个套楼公寓和152个田园公寓。同样在1938年成立,格林戴尔最初完成时包括最大数量的独立式住宅(274),此外还有208所排屋和90个套楼公寓。虽然每个社区包括了大面积的可供扩展区域,但只有格林贝尔特在头十年进行了新开发,1941年为国防行业工人的1000个公寓单元完工。这些住房是设计来继续现存的车辆禁行住宅区规划,它与格林贝尔特的其他地方是分开的,并且不是相同的质量。

1949年,国会通过了《第65号公法》,概述了自己的意图:联邦政府从三个城镇完全剥离,然后由公共住房管理局管理。项目支持者的主要担忧包括绿带的维护、合作举措和社区的土地所有权。虽然支持者们使得该公法给予现租户和退伍军人优先取舍权,虽然联邦政府的确将绿带城镇的绿化带出售给了当地的园林部门,但是该法并不要求遵守总体规划,因此未能确保现有发展模式的一致性。到 1954 年，公共住房管理局完成了格林贝尔特的合作所有权的剥夺，出售仅有的重要单元(1635 个)。到 20 世纪 60 年代，主要的高速公路穿过了镇子，投机导致了财产价值的显著增加，以及分散的开发模式。

亦可参阅：田园城市(Garden Cities)，埃比尼泽·霍华德(Howard，Ebenezer)，新城(New Towns)，美国区域规划协会(Regional Planning Association of America)，克拉伦斯·斯坦(Stein，Clarence S.)，雷克斯福德·盖伊·塔格韦尔(Tugwell，Rexford Guy)，亨利·赖特(Wright，Henry)

延伸阅读书目：

- Arnold, J. L. (1971). *The New Deal in the suburbs*：*A history of the GreenbeltTown Program*，1935 - 1954. Columbus：Ohio State University Press.
- Knepper, C. D. (2001). *Greenbelt，Maryland*：*A living legacy of the New Deal*. Baltimore：Johns Hopkins University Press.
- Mayer, A. (1968). *Greenbelt towns revisited*. Washington，DC：National Association of Housing and Redevelopment Officials.
- Stein, C. (1957). *Toward new towns for America*. Cambridge，MA：MIT Press.

Kristin Larsen 文
余志乔译 陈恒校

纽约格林威治村
GREENWICH VILLAGE, NEW YORK

1644 年，格林威治村最初由 11 个原契约佣工的非洲裔美国人定居，在整个 17 世纪和 18 世纪，它在很大程度上仍然是农村地区。19 世纪，由于一系列城市流行病，成千上万曼哈顿其他地区的人涌入该地区，也由于纽约的扩张，该村被并入曼哈顿。随着 20 世纪之交的房地产下跌，中产和上层阶级搬到村庄的北面，而许多移民家庭搬进格林威治村。他们很快就由其他个体相伴，那代表了该村最出名最珍贵的形象：波西米亚人。从 20 世纪初起，格林威治村已形成了明显不同于美国主流的社会文化，这也成为留在人们心中的主要印象。

不管是外乡人还是本地人，说起格林威治村，都知道其与纽约其它地区的差异，但当地社区的身份构建却离不开其与纽约其它地区和美国的交往。在 19 世纪早期，当曼哈顿其他部分经受一系列流行病时，格林威治村是人们逃难的地方，1825 年到 1840 年间该村的人口增加了四倍。这部分地和纽约城总体向北扩张、在曼哈顿的街道上实行严格的方格布局不谋而合。格林威治村设法避免这一做法，因此在纽约这个现代大都会中，保持了一个不规则的异质区域和旧世界的魅力。关于**差异**的强大思想出现了，但这是一个预示着一种更加普遍的全方位转变的概念：创建不同的居民区。随着曼哈顿市中心转变为高密度的商业区，中产阶级和上层阶级搬迁到北部更安静的地区。城市空间的重组不仅产生了现代典型的工作和居住分离，它也和发展中的阶级联系在一起，既然很多工人阶级留在市中心，因此在空间上固定了社会差异。

在 19 世纪头几十年，格林威治村内生活着一个兴旺的非洲裔美国人社区；19 世纪 20 年代，非洲裔美国人在布里克街和梅塞街(Bleecker and Mercer streets)的街角开设了小树林剧院(Grove Theater)；黑人音乐家沿着休斯敦街(Houston Street)的影剧院演出；牧师成立独立的黑人教会；出版了有政治导向的报纸，如《有色美国人》(*Colored American*)，《所有人的权利》(*The Rights of All*) 和《自由日报》(*Freedom's Journal*)。然而，由于该村转变为一个时尚的居住区，房地产价格上涨，以及在黑人和白人工人阶级之间的种族冲突，许多非洲裔美国人离开该村，搬到如哈莱姆这样的地区。

到 19 世纪中叶，格林威治村牢固地确立为富有白人居住区。画家和其他艺术家居住在大学建筑(University Building，1835—1894)，因为在这里他们能够结识可能的赞助人和其他大人物。其他人租住在西十街的十街工作室(Tenth Street Studios)，这是美国第一个专门设计的工作室建筑。如马克·吐温、沃尔特·惠特曼(Walt Whitman)、汤姆·潘恩(Tom Paine)、亨利·詹姆斯(Henry James)这样的重要作家，也通过他们的生活和文学在该村留下痕迹。特别是詹姆斯在他的作品中使用该村背景，在一定程度上，首先通过 1881 年的小说《华盛顿广场》(*Washington Square*)创造了其传奇地位。这些人中的许多人和其他的艺术家常常去普法夫(Pfaff)，那是布里克街北面的一个啤酒地窖，它由开办了文学日报《周六新闻》(*The Saturday Press*)的亨利·克拉普(Henry Clapp)经营，该咖啡馆明显受巴黎波西米亚生活的启发。

316

19世纪末，为了逃避纽约市的进一步扩张，许多富有的居民已经搬到北方。这导致了该村房地产价值的普遍下降，这反过来吸引了许多移民。正是这种低租金和活跃的种族生活吸引了全国各地的年轻人，他们成为该村最著名的出口产品：波西米亚人。与20世纪20年代达到顶峰的哈莱姆文艺复兴相似，格林威治村的波西米亚是和大众文化日益渗透到日常生活直接有关的，也是和纽约作为美国的出版和娱乐中心的中心角色直接相关的。由于坐落在美国的主要枢纽之一，许多艺术家可以为他们的作品找到出路，其作品马上面向全市和全国范围内的观众。因此，波西米亚的公共形象，首先是该村艺术家和本地及全国媒体之间对话的结果，是该村艺术家与公众之间对话的结果。在双方面，其拨款确保一个更加人文不过违法和令人兴奋的选择的想象，受到越来越官僚化的日常生活的约束。

20世纪初格林威治村的波西米亚主义以政治和艺术的独特融合为特色。1912—1917年之间《大众》（The Masses）的出版，是这种独特融合的最明显的例子之一。由一群雇佣作者、诗人和哲学家马克斯·伊斯特曼（Max Eastman）指导，该杂志成为激进左翼批评的论坛。政治新闻和艺术与文学实验相结合，从而创造了政治和美学的爆炸性混合，如果有点不连贯的话。然而，这些智力和政治的辩论，越来越多地被格林威治村的娱乐因素夺去光彩。当然，大多数的战前知识分子履行了他们的波西米亚角色，有着相当大的天资，格林威治村也出现了服务他们的餐馆。然而，大约始于一战结束，对这种波西米亚生活方式的称颂吸引了越来越多的外人，导致格林威治村转变为一个夜生活区。这种转变有许多的原因：村庄南面第六街和第七街的延伸，这些街道的拓宽极大地改善了到曼哈顿市中心的交通，这样做破坏了这里作为有点孤立的死角的幻想，也使得游客的数量增加。另外一个原因是相当数量的居民实际上支持这种旅游入侵。例如，早在1914年，奎多·布鲁诺（Guido Bruno）在华盛顿广场南58号的加勒特店（Garrett）开业，它整合了艺术画廊、讲堂、印刷厂、通讯社和信息处，几乎是纯粹奉献给来华盛顿广场的游客。其他人专门销售旅游指南、地图、美术明信片，出售波西米亚服装，或者组织观光旅游。最后，禁酒令发挥了重要作用，使这里的地下酒吧更吸引人了：在意大利餐馆家庭自制的酒，或者在许多同时提供异国情调的娱乐和酒精的歌舞厅和地下酒吧。

尽管越来越商业化，这里往往设法容纳各种另类生活方式和实验性艺术活动。首先，在整个20世纪和进入21世纪后，许多男女同性恋者在格林威治村安家落户。1969年的克里斯托弗街和石墙事件是这方面最明显的标志，但是自从20世纪10年代和20年代韦伯斯特大厅（Webster Hall）球的日子，男女同性恋在格林威治村里一直公开可见。同样，在这一时期没有普罗温斯顿剧团（Provincetown Players）和华盛顿广场剧团（Washington Square Players），纽约的实验剧场发展得肯定不一样。这些团体的成功极大地把村庄与剧院相连，并为此后的实验铺平道路，例如20世纪40年代欧文·皮斯卡托（Erwin Piscator）的戏剧工坊（Dramatic Workshop）、20世纪50年代的舞台剧（Living Theatre）和远离百老汇场景的出现。在其他艺术领域也产生了实验作品：约翰·凯奇（John Cage）和康宁汉舞团（Merce Cunningham Dance Company）的实验舞蹈合作；爵士和民间音乐在马克斯·戈登（Max Gordon）的村庄先锋得到再发展；以及许多抽象的表现主义者在许多画廊展出他们的作品。与此同时，尽管所有这些活动发生在格林威治村，但到20世纪末，在公共意义上不再说该村是波西米亚的。艺术家不再认为自己是波西米亚人，而是越来越多地对他们熟悉的自己小群体的意见以及全球话语作出反应。最后，生活在该地区变得越来越昂贵，并且对于在20世纪初构成了这里人口绝大多数的移民和艺术家来说是遥不可及的。

延伸阅读书目：

● Banes, S.（1993）. *Greenwich Village* 1963：*Avant-garde performance and the effervescent body*. Durham, NC：Duke University Press.

● Beard, R., & Cohen Berlowitz, L.（1993）. *Greenwich Village：Culture and counterculture*. New Brunswick, NJ：Rutgers University Press.

● McFarland, G. W.（2001）. *Inside Greenwich Village：A New York City neighborhood*, 1898 - 1918. Amherst：University of Massachusetts Press.

● Ware, C. F.（1994）. *Greenwich Village*, 1920 - 1930：*A comment on American civilization in the post-war years*. Berkeley：University of California Press

Bas van Heur 文

余志乔译　陈恒校

317

网格状规划
GRID PATTERN

网络状格局是一种在美洲广泛采用的定居点设计,通常以直线矩形街道为特色,把地形分割为标准街区,然后进一步细分为单个地块。英文单词"网格状"(*grid*)是"格状物"(*gridiron*)的缩写,在城市规划语境中指的是正直交线或者矩形的街道规划。许多网格围绕两个中央基线构建,每条基线都作为街道和房子的顺序编号的起点。根据街道间的距离和地理环境,网格有不同的形状(例如矩形或者正方形)和大小(例如,"开敞"网格可能均衡地向四方延伸,而封闭网格受到某些障碍限制,如地势或者有围墙的围场)。各种广场、市场、公园和公共建筑的各种开放空间,常常被纳入美国的总体网格状规划布局。

前哥伦布时代的网格状规划和西班牙殖民地的网格状规划

在欧洲人接触前的一个多世纪,阿兹特克人(Aztec)的特诺齐蒂特兰城(Tenochtitlán)按跨轴向的形式布局,尽管有证据表明原先的城市包含一个中央市场,但是前西班牙街道系统的精确几何型仍然是一个有争议的话题。有些学者认为,当 16 世纪 20 年代西班牙人征服阿兹特克帝国,他们遵照原网格状布局,在特诺齐蒂特兰城的废墟上建立了墨西哥城,而其他人则反驳这种说法。

在 15 世纪中叶,印加人(Incas)利用类网格状模式布置定居点,如丘奎图(Chucuito)和奥扬泰坦博(Ollantaytambo)等。也有一些证据显示,在今墨西哥中东部普埃布拉(Puebla)的西班牙网格状规划(1533),在一定程度上受到邻近的乔鲁拉(Cholula)阿兹特克定居点设计的影响。

尽管美洲许多早期西班牙定居地是基于网格状规划——例如加勒比地区的圣多明哥、尤卡坦半岛的梅里达(Mérida,1541)——但是,直到 1573 年西班牙菲利普二世确立《印地法》(Laws of the Indies),网格状才成为西班牙殖民定居地的标准设计的法典。这些皇家指令基于维特鲁威(Vitruvius,70—25 BCE)的建筑著作,把矩形市场作为网格状布局的一部分。市场的四角指向主要方向,各种其他开放空间分配给教堂、宫殿、市政厅和海关。

西班牙城镇,或者**普韦布洛人(Pueblos)**,建立在今美国沿墨西哥湾一线的西南部和加利福尼亚。例如得克萨斯州圣安东尼奥、佛罗里达州彭萨科拉(Pensacola)这些城市,起源于依《西印度法》布局的西班牙殖民地网格状规划。

棋盘景观中的网格状城市

当英国在北美建立殖民地,与《西印度法》相比,他们不需要遵从标准化的定居设计协议。然而,早在 17 世纪,网格状规划就被各种城镇规划利用。首批英国殖民地网格状规划之一在康涅狄格州的纽黑文。1682年,费城布局成网格状,后来成为了其他城市的模范。费城规划包括两个在中央广场垂直相交的轴线,街道沿着一条轴线编号,以沿着另外一条轴线的不同树种命名。城市的四个部分都分别有一个小广场,部分是为了阻止火灾的蔓延。

在 18 世纪上半叶,南部城市如佐治亚州的萨凡纳、南卡罗莱纳州的查尔斯顿,是根据正交直线规划的原则设计的。美国革命后,国会通过了《1785 年土地法令》(Land Ordinance of 1785),将俄亥俄河以西的大部分国土分成网格状的方形镇区,每一个镇区有 6 英里长,再进一步细分为 36 个独立的分区。这种棋盘布局为向西扩张提供了空间组织的标准化制度,后来也影响在加拿大的《自治领土地调查》(Dominion Land Survey,1871 年)的采用。

托马斯·杰斐逊是《1785 年土地法令》的主要支持者之一,当在华盛顿特区设计美国首都时,他提议一个网格状规划。杰斐逊提议没有被采用,但 1791 年由皮埃尔·夏尔·朗方设计的官方规划,把网格状布局与巴洛克传统相结合,即纪念碑场地与主对角线林荫道的结合。该规划通过两条主轴将城市分为四个四分之一部分(NE, NW, SE, SW),南北向街道用数字顺序编号,东西向街道用字母顺序编号。在网格状上的是大量以美国州名命名的对角线大道。事实上,华盛顿是美国第一个使用法国词语"林荫道"为一个街道名称的城市,这种做法后来由其他城市采用,例如纽约。

在 1785 年和十年之后的 1796 年,纽约市公地(Common Lands of New York City)被分成矩形块,但直到 1811 年,纽约市才采用网格状规划为今大约休斯敦街(排除格林威治村)以北全城扩张的基础。随着工业化的崛起,城市发展急剧加速,许多 19 世纪的美国和加拿大城市和城镇都采用了网格规划。在铁路城镇布局时普遍使用网格状规划,如芝加哥(1830 年)和旧金山(1839 年)等大城市接受了功利主义的格状物。特别是旧金山的网格,从其他城市的网格状布局中脱颖而出,因为它适合相当大的地形变化的地点。如果网格通常被用作房产投机的工具,那么它也在宗教社区规划中使用,一个典型的例子是 1847 年摩门教徒设计的盐湖城。虽然不是所有的美国城市都使用网格状规划,但是作为棋盘景观的网格状城市的国家,美国已经获得了国际性声誉。

对于网格状规划的不同解释

美国城市史和城市地理学者继续辩论网格状模式作为一种空间组织模式的优缺点。一些人认为网格象征着美国的民主精神,而其他人认为网格是房地产投机的一个工具,是资本主义的景观商品化。然而,许多学者主张网格状规划是有多种用途的,因此,应该避免片面、简单化的解释。这些学者认为,当从跨文化的角度看时,很明显,一方面民主政权和极权主义政权都利用网格状规划,另一方面在资本主义和社会主义经济体系下也都使用过。然而,在大多数情况下,网格状规划是依垂直逻辑的结构化空间互动来规范移动性的一种方法。尽管对于网格状规划的含义和功能的辩论在继续,但是对许多人来说,对网格状规划起源的探索已经失去了吸引力。西方的传统观点是米利都(Miletus)的希波丹姆斯(Hippodamus)是第一个真正的网格规划的发明者。然而,极少学者接受网格状规划只有一个真正的源头或者发明者,人们普遍认识到,网格状规划在整个人类历史进程中在多个文化语境中出现。

延伸阅读书目:

- Gasparini, G. (1993). The pre-Hispanic grid system: The urban shape of conquest and territorial organization. In R. Bennett (Ed.), *Settlement in the Americas: Cross-cultural perspectives* (pp. 78 - 109). Newark: University of Delaware Press.
- Johnson, H. B. (1976). *Order upon the land: The U. S. rectangular land survey and the Upper Mississippi country*. NewYork: Oxford University Press.
- Reps, J. (1965). *The making of urban America: A history of city planning in the United States*. Princeton, NJ: Princeton University Press.
- Spann, E. (1988). The greatest grid: The New York plan of 1811. In D. Schaffer (Ed.), *Two centuries of Americanplanning* (pp. 11 - 39). Baltimore: Johns Hopkins University Press.

Reuben Skye Rose-Redwood 文

余志乔译 陈恒校

枪械使用和控制
GUN USE AND CONTROL

在美国,枪械使用和控制长期以来一直有一个城市尺度,特别是手枪。枪的所有权,特别是步枪和猎枪的所有权,一般集中在农村地区,但是手枪和攻击性武器——即军用式的半自动武器——占据了城市地区大部分的枪支所有权和使用。特别是从 20 世纪 60 年代以来,枪支在美国内城激增,导致了枪支暴力的上升,少数族裔的年轻男性是主要的犯罪者和受害者。杰弗里·卡纳达(Geoffrey Canada)在纽约长大成人,他的 1995 年回忆录的标题《拳头,棒,刀,枪》(*Fist, Stick, Knife, Gun*)说明内城年轻人使用的武器越来越有杀伤力。在城市地区的枪支控制措施,已经和美国城市中近期的暴力潮以及武器越来越容易得到相联系。例如 2005 年,波士顿制订新的治安措施,试图处理枪支暴力潮。

在美国,基于城市的枪支控制努力并不新鲜,而且一直与追溯到 19 世纪的城市犯罪相连。电影和电视呈现出老西部无所不在的枪支和普遍的枪支使用的图像,但是,在新的西部城镇首先通过了法律规范并经常禁止携带枪支。在 20 世纪,最早的枪支控制法律之一是 1911 年在纽约州通过的《沙利文法》(Sullivan Act),但该法只应用于纽约市。该法给予警察局长枪支许可的自由裁量权,他们通常运用该权来阻止移民拥有枪支。该法严格限制了任何人携带隐匿枪支的权利,被许多学者视为对移民流的排外回应,特别是对进入城市的意大利人的排外回应。1934 年的《全国枪支法》(The National Firearms Act, NFA)是第一个全面的联邦枪支法律,是对城市暴民暴力的一种反应,是对在该种暴力下机械枪支的使用的一种反应。该法管理机枪和短猎枪。

理解美国城市史和当代美国的枪支使用和控制,需要考虑一些基本的事实——对枪支、枪支暴力、枪支控制的激烈争论的更大背景。这些事实和辩论构建了在城市和其他层面的枪支控制政策建议,报告了城市努力枪支控制相对成功的评价。

需要记住的基本事实是,在美国有高水平的致命暴力特别是枪支暴力,加上极高数量的枪支、缺乏全面的全国层次的枪支控制管理和高度发达的枪支文化,枪支所有权被看作公民的基本权利。美国也是一个以贫富极端化为特色的高度城市化国家,过去和现在高度歧视以种族定义的少数族裔群体,持续的种族隔离,其中贫穷的非洲裔美国人和拉美裔人更可能居住在内城。近年来的社会和经济趋势，与以上因素相结合，创造了以大量的社会问题为特征的城市环境，包括糟糕的教育、缺乏工作、高犯罪率、不足的公共安全。在这种情况下，枪支普遍可得性、枪支暴力与城市的联系是可以理解的。

理解城市枪支的使用和控制的另外一个重要背景，是枪支权利提倡者和枪支控制提倡者之间由来已久的激烈辩论。枪支权利提倡者认为，宪法第二修正法案给个人拥有和携带枪支的天生防卫权利。他们认为枪支的可用性和使用可以挽救生命和金钱，阻止不法分子攻击，而枪支本身并不是美国暴力的原因。鉴于这些观点，他们认为枪支有净收益，枪的控制不管用，所以他们反对枪支控制管理。枪支权利倡导者指出，20世纪90年代期间犯罪率下降了，自从1993年以来美国的暴力犯罪和杀人又大幅下降。他们认为"杀人的不是枪，而是人"。

枪支控制的倡导者认为，宪法第二修正法案保护政府组织的民兵的集体携带武器的权利，而不是个人所有权的单个权利，强调第二修正案——无论怎样解释——都不能排除枪支管制。他们认为枪支的可得性——特别是手枪——为美国高水平的致命暴力出了力。枪支暴力被认为是一种流行病，许多人都认为枪支控制旨在减少风险的公共卫生问题，而不是一个政治问题。虽然承认20世纪90年代的犯罪率下降，他们指出美国的致命暴力，特别是凶杀，仍然比有更全面的枪支管制和更少枪支的工业化社会高很多。枪支控制提倡者注意到，21世纪初美国城市越来越高的枪支暴力比率，提议需要全面的枪支管制。他们说"枪不杀人，但它们使得杀人容易多了"。

城市试图应对和控制枪支的扩散。除了早期的《沙利文法》和1934年的《全国枪支法》之外，芝加哥和华盛顿特区都有严格的手枪法律，尽管国会可能反对《哥伦比亚特区法》(District of Columbia Law)。一些研究表明这些法案确实减少致命暴力，但是其他的研究表明这些不是一直有效的。赞成枪支权利的团体经常批判这些法律是无效的，认为其说明枪支管制的无用。枪支控制团体承认这些法律的缺陷，特别是在周边地区缺乏强有力的枪支管制。个人可以在芝加哥或者华盛顿特区之外获得枪支，然后带入这些城市。枪支控制倡导者承认，处理歧视、犯罪和其他城市社会问题的长远政策是必要的，但是他们认为全面的枪支管理也能在减轻城市枪支暴力和使用中发挥作用。

亦可参阅：犯罪与罪犯(Crime and Criminals)

延伸阅读书目：

- Anderson, E. (1999). *Code of the street：Decency, violence, and the moral life of the inner city*. New York：Norton.
- Canada, G. (1995). *Fist, stick, knife, gun：A personal history of violence in America*. Boston：Beacon Press.
- Cook, P. J., & Ludwig, J. (2000). *Gun violence：The real costs*. New York：Oxford University Press.
- McDonnell, J. (2002). Urbanism and gun violence. In G. L. Carter (Ed.), *Guns in American society：Anencyclopedia of history, culture, politics, and the law* (Vol. 2). Santa Barbara, CA：ABC-CLIO.
- Zimring, F. E., & Hawkins, G. (1997). *Crime is not the problem：Lethal violence in America*. New York：Oxford University Press.

Walter F. Carroll 文

余志乔译　陈恒校

H

弗兰克·黑格
HAGUE, FRANK

1876 年 1 月 17 日,弗兰克·黑格(Frank Hague,1876—1956)出生在新泽西州泽西市,他是贫穷的爱尔兰天主教移民约翰和玛格丽特·(费根)·黑格(Margaret [Fagen] Hague)的儿子。13 岁时,他因自首犯罪而离开学校,高大壮实的黑格来到伊利铁路的一个场站里给铁匠帮工,是专业的搬运工。在第二区民主党老板的帮助下,他赢得了 1896 年的治安官选举,开始了其政治生涯。很快地,黑格在 1911 年高升为行政长官,并且从 1917 年到 1929 年担任市长。1903 年,黑格与珍妮·沃纳(Jennie W. Warner)结婚,他们有两个孩子和一个养子。

1917—1947 年黑格控制了泽西城和哈德逊县(Hudson County)的政治,是新泽西的民主党首领。他的权力基础在东海岸无可匹敌。从 1924—1952 年黑格也是民主党全国副主席。常常与阿尔弗雷德·史密斯相比,黑格在 1924 年和 1928 年支持史密斯竞选总统,但是在 1932 年,黑格支持富兰克林·罗斯福,并说服新泽西支持新政联盟。有罗斯福总统的支持——在 1920 年到 1940 年,通过控制城市和县的赞助者以及大多数的州长——黑格创造了一个模范政治机器。当女性在 1920 年得到投票权时,黑格快速地看到了她们可以在其政治机器中可以起的重要作用。他控制了铁路、石油和公用事业公司,阻止工会打乱州的脆弱经济。

然而,黑格在佛罗里达州和欧洲频繁奢侈的假期,以及在纽约的广场酒店和华尔道夫-阿斯托利亚酒店的公寓豪宅,引起了一些批评。1939 年,美国最高法院在黑格诉产联案(*Hague v. CIO*,1939)中裁定他败诉,这是由美国公民自由同盟(American Civil Liberties Union)提起的诉讼,推翻限制自由演讲和自由集会的地方条例中。黑格阻止社会党总统候选人诺曼·托马斯(Norman Thomas)在泽西的竞选活动,并谴责 1937 年的公民自由同盟是一个共产主义组织。在 1938 年共产党也调查了黑格市长的政治腐败。

尽管黑格没有受过教育,经常粗鲁辱骂其手下和批评者,但是他为泽西的选民提供了高效的公共服务,改组了消防和警察部门,创办了学校和一个现代医疗中心,并创建了高效的儿童福利项目。他是一个忠实的天主教徒,既不抽烟也不喝酒,禁止泽西城内的赌博、夜总会和卖淫。他衣着光鲜、生活奢靡,赛马、拳击和棒球等爱好对大多数选民来说似乎是无害的。然而,他在 1940 年的竞选新泽西州长期间与罗斯福产生了冲突;并且 1943 年和 1946 年共和党竞选州长的胜利,标志着他的民主党机器的衰落。新政的社会福利项目,竞争对手意大利及波兰候选人的崛起削弱了黑格的权力基础。为了支持他的侄子弗兰克·黑格·艾格斯(Frank Hague Eggers),黑格在 1947 年辞去了市长职务,他的侄子非常无能,共和党和更年轻的民主党人赢得了大多数战后的选举。1948 年黑格用大规模政治集会支持哈里·杜鲁门的选举,但是他在 1949 年辞去了县党派领袖职位,1952 年辞去民主党全国委员会委员和全国副主席。1953 年,黑格试图复出但徒劳无功,1954 年艾格斯的死亡结束了他漫长的职业生涯。1956 年 1 月 1 日,79 岁的黑格死于他曼哈顿的公寓,在很大程度上人们遗忘了他是一个民主党的领袖和熟练的机器老板。他被埋在泽西市圣名公墓(Holy Name Cemetery)里的一个令人印象深刻的陵墓中。黑格的名字与 20 世纪美国城市政治中的老板主义(Bossism)几乎就是同义词。

延伸阅读书目:

● Connors, R. J. (1971). *A cycle of power:The career of*

Jersey City mayor Frank Hague. Metuchen, NJ：
Scarecrow Press.

- Rapport, G. (1961). *The statesman and the boss*. New
York：Vantage Press.
- Smith, T. F. X. (1982). *The powerticians*. Secaucus,
NJ：L. Stuart.

Peter C. Holloran 文
余志乔译 陈恒校

纽约哈莱姆
HARLEM, NEW YORK

自从 20 世纪 20 年代以来，纽约哈莱姆可能是美国最出名的黑人文化和精神生活中心。但是在过去的两个世纪里，大量的少数族裔人口将这一位于上曼哈顿的地区称为家园。哈莱姆的物理边界一直不断变动和扩展，但是对其居民来说，哈莱姆的意义远不止是一个场所，无论过去还是将来。在历史的不同时期，哈莱姆代表文雅、机遇、希望、异国情调、色情、城市衰退，以及最近的城市更新。

1658 年荷兰人在这里建立了新哈莱姆。然而，在 19 世纪的前几十年间，哈莱姆形成了其现代形态的主体。今天，从第 96 街向北到第 116 街、第 5 大道以东区域被广泛认为是西班牙裔哈莱姆区。人们所知社区的余下部分中央哈莱姆，则在第五大道以西从 110 街向北到 155 街，东边从晨边大道（Morningside Avenue）到哈莱姆河（Harlem River）。

从其创建到 19 世纪的大部分时间里，哈莱姆一直完全独立于曼哈顿其他地区。哈莱姆是富裕的荷兰人、英国人和法国人的家园，他们希望哈莱姆能成为一个排外性社区，只有"最好的"家庭。例如，1802 年亚历山大·汉密尔顿（Alexander Hamilton）在哈莱姆建成了他的庄园。

到 19 世纪 40 年代和 50 年代，包括相当数量爱尔兰人在内的大量移民搬进了哈莱姆，他们要么廉价购买了土地，要么仅仅占有被遗弃的地块、在富裕的农村建立第一个穷人移民社区。

在内战后，其他欧洲移民加入了爱尔兰移民的队伍。尽管今天哈莱姆作为一个黑人社区而闻名，但情况并不总是这样。1870—1920 年间，哈莱姆黑人居民的数量被德国、意大利、犹太人超过。1880—1910 年间，为了寻找经济机会，犹太人和意大利人从老市中心族裔聚居区向曼哈顿北部搬迁，来到哈莱姆。一个哈莱姆的地址是这些群体成员社会流动的标志，因为其通常被认为是曼哈顿地区最有吸引力的居住区之一。到 1910 年，有 10 万多犹太人居住在哈莱姆。

19 世纪晚期哈莱姆的人口增长，在 19 世纪 70 年代和 90 年代间受到运输线建造刺激，特别是高架轻轨的刺激，其长度跨越了整个曼哈顿。1873 年，在曼哈顿合并哈莱姆后，交通基础设施建设继续将哈莱姆和岛屿的其他部分相连。随着哈莱姆和曼哈顿的其他地区的通勤变得容易，哈莱姆的人口变得更加稠密。

到 20 世纪之交，那些付得起高价的非洲裔美国人也试图从市中心的田德隆地区（Tenderloin）搬到哈莱姆。尽管想在哈莱姆租房的黑人面临白人居民的抵制，但是搬到哈莱姆依然是人们期盼的，它被认为是社会流动的一个标志，就像早来一代的欧洲人一样。搬到哈莱姆的非洲裔美国人支付比城市中其他地方都要高的租金，但是在黑人移民的早期，他们也居住在比其他任何地方更好的住处。1904 年和 1905 年，建房过多造成了哈莱姆房产暴跌，以及例如菲利普·佩顿（Phillip Payton）这样的著名非洲裔美国人的努力，他成立了美国黑人房地产公司（Afro-American Realty Company），意味着更多的黑人开始在哈莱姆购买和租赁房产。

到 20 世纪前十年哈莱姆的人口构成快速改变。一战增加了工人的经济机会，却切断了本来会填补劳动力缺口的欧洲移民。在一战期间和战后，成千上万的南部黑人移民到哈莱姆，正当哈莱姆建筑的质量破损，其他地方更好的、更可负担住宅驱使哈莱姆白人进入效区城市。到 1914 年，哈莱姆有 5 万黑人居民。

20 世纪 20 年代，在人口方面哈莱姆成为非洲裔美国人社区，不仅在美国，在全世界都获得了黑人文化和智力生活的圣地的名称。哈莱姆是非洲血统的人的磁铁，包括牙买加出生的马库斯·加维，他在哈莱姆和其他地方对成千上万的黑人，鼓吹他的黑人民族主义和经济自给自足。加维将他的全球黑人改善协会（Universal Negro Improvement Association）的总部设在哈莱姆，在 20 世纪 20 年代期间，在美国、加勒比地区、南美洲和西非建立分会。

除了加维的运动，一场文艺复兴在 20 世纪 20 年代界定哈莱姆。哈莱姆文艺复兴包括如兰斯顿·休斯（Langston Hughes）、卓拉·尼尔·赫斯顿（Zora Neale Hurston）、克劳德·麦凯（Claude McKay）以及基恩·

图默(Jean Toomer)这样闪光的文学家。在受过教育的黑人之间，这也是一个更加广泛转变的文学表达，其中他们再一次挑战性地宣告他们的种族自豪感，要求在美国社会里获得平等待遇。

然而，哈莱姆文艺复兴并不能当饭吃。随着20世纪20年代结束，大多数哈莱姆黑人的经济情况并没有反映出繁荣，那是其他地方那10年的特征。大萧条摧毁了哈莱姆的经济，并且加剧了纽约的种族紧张。在20世纪30年代和40年代，为了逃避种族迫害，利用战争流动造成的工作机遇，黑人依然从南方流入哈莱姆。在20世纪30年代和40年代，纽约市内几乎没有其他居民区开放给非裔美国人，也没有新来者想象的那样多的工作机遇，哈莱姆两度爆发种族暴力。在1935年和1943年，哈莱姆的暴乱造成了数百万美元的物质损失，其恢复花了数十年。

随着种族歧视、恶化的经济环境和反应迟钝的政治家，哈莱姆的居民像美国其他地方的非洲裔美国人一样表达了他们的挫折。在哈莱姆和其他城市中心产生了现代民权斗争，这两次暴乱与之相关联。

在大萧条时代，正式的公民权利组织在哈莱姆成立了总部。全国有色人种协进会、全国城市联盟、卧车搬运工兄弟会都在哈莱姆有办事处，这些团体抗议不平等的状况。1934年，哈莱姆黑人发起"不在你不能工作的地方购物"运动，这是在哈莱姆白人所有的企业里确保当地黑人更多工作的一个尝试，运动多半不成功，但是在随后的几十年里，他们更成功地运用类似策略，为哈莱姆黑人获得民权收益。

在二战后时期，哈莱姆居民在当地的民权运动中非常活跃。住房、就业歧视和公立学校合并是动员的主要原因。对于纽约市所有地方来说，20世纪50年代和60年代是人口巨大变化的二十年。在被称为第二次大迁徙(Second Great Migration)的移民浪潮中，成千上万的南方黑人和越来越多的波多黎各人继续迁移到纽约市，特别是哈莱姆和布鲁克林的贝德福德-施泰因文森特(Bedford-Stuyvesant)。与此同时，类似数量的白人离开这里迁往郊区。

到19世纪60年代晚期和70年代，白人逃逸、哈莱姆中产阶级黑人的离开和20世纪70年代初的经济危机，三者一起造成了困扰其他内城黑人社区的城市衰退。哈莱姆成为衰退的缩影，该社区的特征是破烂建筑物、上升的犯罪率、毒品的侵扰、匮乏的教育设施和贫困。

从20世纪80年代晚期开始，哈莱姆开始了复兴。私人投资、市政和联邦的资金刺激了哈莱姆的新住宅和商业建筑。非洲裔美国人专业人才和其他寻找负担得起的房产的人在哈莱姆购房。新的商业来到了沿哈莱姆主要大道的社区，特别是第125街，它长期以来一直是该社区的实体和文化脉搏之所在。眼下在哈莱姆进行的第二次文艺复兴在20世纪90年代期间生根，激发了对哈莱姆的建筑和文化名胜的新兴趣，包括阿波罗剧院(Apollo Theater)、哈莱姆工作室博物馆(Studio Museum of Harlem)、亚瑟·A.施姆堡黑人文化研究中心(Arthur A. Schomburg Center for Research in Black Culture)以及亚伦·戴维斯表演艺术厅(Aaron Davis Hall for the Performing Arts)。哈莱姆经历的变化并不是没有反对者，但是像历史上的许多次一样，现在哈莱姆绝对是一个转型中的社区。

亦可参阅：哈莱姆文艺复兴(Harlem Renaissance)，全国有色人种协进会(National Association for the Advancement of Colored People)，全国城市联盟(National Urban League)，纽约州纽约市(New York, New York)，城市更新和复兴(Urban Renewal and Revitalization)

延伸阅读书目：

- Boyd, H. (2003). *The Harlem reader*. New York: Three Rivers.
- Capeci, D. J. (1977). *The Harlem riot of 1943*. Philadelphia: Temple.
- Clarke, J. H. (1964). *Harlem: A community in transition*. New York: The Citadel.
- Greenberg, C. L. (1991). *"Or does it explode?" Black Harlem in the great depression*. New York: Oxford University Press.
- Gurock, J. S. (1979). *When Harlem was Jewish*, 1870-1930. New York: Columbia University Press.
- Osofsky, G. (1966). *Harlem: The making of a ghetto*. Chicago: Ivan R. Dee.

Kristopher Burrell 文

余志乔译　陈恒校

哈莱姆文艺复兴
HARLEM RENAISSANCE

哈莱姆文艺复兴是非洲裔美国人文化表达的顶点，通常与20世纪20年代的"爵士时代"联系在一起。

与前几十年相比，这一时期的特点是在两个层次上增强其强度与浓度。从人口统计学的角度来看，由于国内外移民的结果，哈莱姆受益于大量移民，转变为一个黑人占大多数的地区。从文化角度上看，纽约市作为美国的出版和娱乐中心的顶点，由此增加了非洲裔美国人作者和艺术家找到出路和公众的机会。

文艺复兴是过去几十年里社会、经济和知识力量错综复杂相互作用的结果。尽管非洲裔美国人从南到北的迁移早在内战时就发生，但是在 20 世纪头十年，小溪流变成了"大迁移"。受到例如《纽约时代》(New York Age)和《芝加哥卫报》这样的黑人报纸的鼓励，受到作为一战结果对劳动力需求的增加的鼓励，将近 50 万非洲裔美国人离开了南方的农村去往北方的城市。仅仅纽约的黑人人口就从 1910 年的 10 万增加到 1920 年的 21 万。伴随着房产投机的崩溃，哈莱姆的房东决定把公寓租给黑人，这导致了许多新来者直接搬到哈莱姆。最后，在世纪之交，认同对美国文化的现代主义并且主张取消种族隔离观点的非裔美国人，证明对大多数哈莱姆文艺复兴知识分子有巨大影响。

这些知识影响在解释文艺复兴时代的一些现存紧张上还有漫长的路要走。例如詹姆斯·韦尔登·约翰逊(James Weldon Johnson)、阿兰·洛克(Alain Locke)和更老的杜波伊斯等作家，是哈莱姆文艺复兴最明显最雄辩的代言人，结果，20 世纪 20 年代的许多辩论是由一种信念构成，认为艺术是一种繁荣的文明指示器，是美国黑人白人之间可能的中介。一般来说，人们认为，只要成功发展一种自主的审美，而不仅仅是欧洲形式的复制品，那么非洲裔美国人就能实现完全的自由。虽然当时流行的文化民族主义明显地在这些声明中共鸣，但是这些作者没有一个愿意考虑完全政治独立的更加激进的观点。例如，与爱尔兰及捷克民族主义相比，这些哈莱姆文艺复兴代言人的目的不是领土的分离，取而代之的是以差异化平等和完全参与的自由观点为基础融入美国主流文化。乔治·哈钦森(George Hutchinson)已经表明，在很大程度上，这种立场是 20 世纪 20 年代以前的 20 或 30 年间社会关系和机构同化的结果。没有在全国通信和交通结构中越来越多植入社会和文化关系，那么"新黑人"的复杂、城市和美国形象将会是截然不同的。这也解释了为什么在描述哈莱姆文艺复兴时，马库斯·加维常常被他的同辈人及后来的评论家排除在外。尽管加维居住在纽约，是《黑人世界》(Negro World)的编辑，并且在哈莱姆地区组织了他的全球黑人改善协会游行，但是他强调非洲是非洲裔美国人真正的家园的分裂主义观点，把他与如洛克、约翰逊和杜波伊斯的知识分子疏离开来，他们的兴趣毕竟是做一个美国人并且成为美国人。

他们的愿景，是非洲裔美国人不再受奴役负担的愿景，是准备好接受 20 世纪作为一个种族身份的崭新积极形态的时代。这是休斯敦·贝克表述的"美国黑人精神工作"，这个策略的变革潜力几乎不能被低估。然而，其他人在这个文学领域中多少有点不同的立场。例如，卓拉·尼尔·赫斯特很少固定讨论非裔美国人文化的特殊性，而认为没有文化可以宣称是纯原创性的，因为每一种表达总是一种模仿行为。相似地，人们翻译内拉·拉森(Nella Larsen)的小说《流沙》(Quicksand)，或者克劳德·迈凯(Claude McKay)的小说《哈莱姆的家》(Home to Harlem)是很困难的，这些小说用任何直截了当的方式代表了"新黑人"；两部小说都明显地包含着比这种乌托邦阅读更多的不确定性。最后，许多最有声的哈莱姆文艺复兴知识分子，与在哈莱姆包围他们的最流行的许多娱乐有着一种复杂且常常是不屑一顾的关系：爵士乐、布鲁斯音乐、音乐剧和舞蹈俱乐部。他们的不适大部分都基于对永存的原始主义传统的恐惧，有时是为之辩护，这种传统中常常自动把非裔美国人与性和感性相连。后来的批判采用了集中把文学作品作为代表哈莱姆文艺复兴的本质，但是在最后的几十年，包容少数群体和话语的学术关注，导致了许多论流行文化形式著作的出版，如音乐、戏剧和体育，以及考察性别和种族主义著作的出版。

尽管大多数学者同意，20 世纪 20 年代哈莱姆是这个活动的中心，但是使用不同的地理学语境或者不同的时间框架有多种多样的原因。例如，女权主义学者支持洛克的"新黑人文艺复兴"的更广术语，因为这将不仅可以包括其他重要的非裔美国人艺术活动中心——例如华盛顿、费城、波士顿；而且也可以包括全国的黑人女性作家，她们的作品发表在哈莱姆的杂志上，例如《危机》(Crisis)和《机遇》(Opportunity)。同样，大萧条的到来常常被视为是哈莱姆文艺复兴的最后时刻，它导致了从种族关注转向阶级关注。有时，鉴于这些艺术家面对 20 世纪 30 年代的困难和客观的事实，将社会现实主义的元素注入他们的作品，这使得作者得出结论，哈莱姆文艺复兴毕竟是天真的理想主义阶段。然而，其他人强调连续性，认为种族和阶级主题是这两个时期非裔美国艺术家关注的重要部分。然而，不考虑这些有分歧的解释，在这些和其他的辩论中反复使用该历史时代，是种族在美国文化中继续重要的证据，是其应该采用的特定形态的证据。

延伸阅读书目：

- Aberjhani, & West, S. L. (2003). *Encyclopedia of the Harlem Renaissance*. New York：Facts on File.
- Baker, H. A., Jr. (1988). *Afro-American poetics：Revisions of Harlem and the black aesthetic*. Madison：University of Wisconsin Press.
- Balshaw, M. (2000). *Looking for Harlem：Urban aesthetics in African American literature*. Sterling, VA：Pluto Press.
- Hutchinson, G. (1995). *The Harlem Renaissance in black and white*. Cambridge, MA：Harvard University Press.
- Wall, C. A. (1995). *Women of the Harlem Renaissance*. Bloomington：Indiana University Press.

Bas van Heur 文

余志乔译 陈恒校

理查德·哈彻
HATCHER, RICHARD

自 1968 年 1 月 1 日起的 20 年里，理查德·戈登·哈彻（Richard Gordon Hatcher, 1933—）是印第安纳州加里市（Gary）市长，也是人口超过 10 万的美国城市里第一个非洲裔美国人首席行政长官。哈彻被他的子民誉为摩西，象征了黑人城市政治权力的极点。由于反对机器的草根斗争的结果，他重新执掌权力，与克利夫兰民主党高层选择的卡尔·斯托克斯（Carl Stokes）形成对比，斯托克斯在同一天几小时后宣誓就职。哈彻在印第安纳州密歇根城附近长大，毕业于印第安纳大学（Indiana University）和瓦尔帕莱索法学院（Valparaiso Law School）。1970 年搬到加里，他迅速走到斗争前线，包括教育歧视、法律执行、雇佣实践、公共公园可入性和住房的斗争中。1963 年，在一个叫做 Muigwithania（一个斯瓦希里语单词，意思是"我们在一起"）的社区组织的帮助下，这位 30 岁的律师当选为代表全州的国会议员。在 1967 年的民主党初选中，哈彻打败了市长马丁·卡茨（A. Martin Katz）和特立独行的伯纳德·康拉德（Bernard Konrady），后者分流了现任者的白人选票。跟随县老板约翰·克鲁帕（John Krupa），大多数白人选区委员在大选中支持共和党约瑟夫·拉迪甘（Joseph Radigan）。哈彻在 77759 的总票数中以 1865 票的多数获胜，他获得 96% 的黑人选票，但只有 12% 的白人选票。假如联邦法官没有清洗

"幽灵选民"，那么该城可能会陷入骚乱中。

有着财政破产、被侵蚀的当地税基、国家强加的地方自治限制、加剧的种族紧张、谨慎的工商界，哈彻主要专心于利用"伟大社会"项目。他的政府因其富有想象力的示范城市实验而获得赞誉，但是在做市长第一个任期的头一年，理查德·尼克松继林登·约翰逊成为总统之后，"向贫困宣战"的拨款下降了。尽管如此，示范城市为许多有才华的贫民窟居民提供了领导机会。1972 年，哈彻在加里西区中学（Gary West Side High School）举办了一场历史性的全国黑人政治大会（National Black Political Convention）。大会吸引了 4000 多名代表，巴拉卡（Imamu Baraka）、安吉拉·戴维斯（Angela Davis）、科雷塔·斯科特·金（Coretta Scott King）和杰西·杰克逊（Jesse Jackson）担任大会的共同主席。白人逃逸和商业负投资摧毁了市中心，哈彻发起了一个旨在刺激少数族裔企业家精神的"创世纪"策略。在吉米·卡特总统任期内，联邦资金促进一个市民中心的建成，促进了将要破产的加里酒店转变为为老年人提供住房的创世纪塔楼（Genesis Towers）的转型，但是罗纳德·里根的当选，导致了城市服务的毁灭性削减。在芝加哥市长哈罗德·华盛顿去世后，扩大加里机场用途的计划陷入停滞，他是哈彻最密切的地区性盟友。

几乎没有政府官员一起合作，哈彻逐渐确信只有重新安排联邦优先顺序才能使如加里这样的锈带城市焕发青春。哈彻在 1982 年召开黑人经济峰会（Black Economic Summit），呼吁堪比战后马歇尔计划的巨大援助项目。他曾有两次是有希望的总统候选人杰西·杰克逊的竞选经理。他是泛非协会（TransAfrica）的主席，这是一个迫使国会对南非实施制裁的团体，哈彻在种族隔离政权的大使馆面前执行纠察任务之后，在监狱里度过一个夜晚。虽然越来越少的加里居民是工厂工人，但是一场 6 个月的钢铁工人罢工破坏了当地的经济。1987 年，哈彻面对他最强大的对手镇评审员托马斯·巴恩斯（Thomas V. Barnes），他的"清理加里"运动强调需要改善服务，与周边社区合作，哈彻输了。1991 年，哈彻没能推翻巴恩斯，在选举中获得了和白人刑事律师斯科特·金（Scott King）一样多的票数，斯科特在 1995 年竞选获胜，掌握了市政厅。从竞选政治中退出，哈彻在印第安纳州西北大学和瓦尔帕莱索法学院教书，他徒劳地试图重振当地人对民权名人堂的兴趣。作为总统纳尔逊·曼德拉的客人，他两次访问南非。这对于一个目不识丁的格鲁吉亚佃农之子来说是令人兴奋的。

326

延伸阅读书目：

- Colburn, D. R., & Adler, J. S. (Eds.). (2001). *African-American mayors: Race, politics, and the American city.* Urbana: University of Illinois Press.
- Lane, J. B. (1978). *"City of the century": A history of Gary, Indiana.* Bloomington: Indiana University Press.
- Nelson, W. E., Jr., & Meranto, P. J. (1972). *Electing black mayors: Political action in the black community.* Columbus: Ohio State University Press

James B. Lane 文

余志乔译 陈恒校

秣市事件
HAYMARKET RIOT/MASSACRE

秣市事件是美国历史上首次大规模的国内城市恐怖主义事件。1886年5月4日，一颗炸弹扔到了芝加哥秣市广场的劳工集会上，炸死了7个警官、炸伤了60人，另外还有约100名围观者。虽然这发生因美西战争而闻名的黄色新闻前十年，但是，芝加哥的报纸创造了一种歇斯底里的气氛，促使了8个政治激进分子以煽动谋杀被定罪，虽然他们中只有2人在爆炸现场。4人被处以绞刑，1人在狱中自杀，3人在7年后被赦免。这种反劳工的强烈情绪，妨碍了如8小时工作制改革几十年之久。

秣市事件的根源可追溯到19世纪60年代芝加哥的第一次劳工抗议。1867年5月1日，为了庆祝8小时工作日法的通过，成千上万的芝加哥工人走上街头游行，开始了五一节游行的做法，这将会成为国际性的节日。一小群年轻工人袭击了顽抗不从的雇主，该城在混乱的边缘徘徊了好几天。很大程度上被忽视的8小时工作日法随后被废止，迫使工人回到10—12小时工作日。

1871年芝加哥大火促成了1873—1878年的经济萧条，随后1882年至1896年的第二次萧条导致了大量的失业——多达40%的当地劳动力没有工作。一项对350个内战后芝加哥工人阶级家庭的调查显示，将近一半家庭都欠债或者在负债的边缘，25%的家庭需要妻子或者孩子的第二份收入，只有7%的家庭拥有自己的住房。

怨恨造成愤怒。在1877年7月，从芝加哥开始的铁路罢工传播到全国。多达50个本地罢工者被杀，200多人受伤，并出动了美国陆军部队来平息随后的动乱。罢工导致芝加哥的企业家为警察提供4门大炮和1架加特林机枪，而不是帮助失业者。

随着绝望的增长，外国人的、讲英语的劳动组织都越来越受欢迎。有些组织是非常激进的。更小的、更加有选择性的罢工传播，即使该州在1879年取缔了准军事的活动以后，但"工人的民兵"在该城到处出现。1885年电车工人罢工期间，两个无辜的建筑工人被警察殴打至不省人事，一群由例如马歇尔·菲尔德（Marshall Field）这样的商人支持的警察受到控制暴乱的训练。以芝加哥为基地的激进分子报纸——由阿尔伯特·帕金森（Albert Parsons）编辑的《警钟》（*The Alarm*），想知道谁是下一个被击中的人。

1886年1月中旬，在一个法官家和一个铁路公司发现了没有爆炸的炸弹。《芝加哥每日新闻》发布了炸弹的绘图，并且列出伦道夫街上的秣市广场是轰炸的下一个地点，它是位于德斯普兰斯（Des Plaines）和霍尔斯特德（Halsted）之间的一个户外商业区。3月在麦考密克收割机厂开始的罢工和停工，造成4名工人的死亡。另外2人在一个大型的五一集会上被杀。在为被害工人举行的纪念仪式上，一份传单呼吁工人5月4日晚在秣市广场举行抗议活动。一份德语的激进报纸预测警方行动将会引起所谓的红色恐慌。它答应读者很快就会知道这个词是什么意思。

晚上的集会和平地开始。市长老卡特·哈里森（Carter Harrison, Sr.）发布了集会许可令，禁止警察干涉。约十时下起了小雨，哈里森离开了广场，相信集会即将结束。但事与愿违，一支多达200名防暴警察的隐蔽警力向剩下的人群前进，正当这些人靠近讲台的时候，人群中一个不明身份者扔出的一颗炸弹，在前排警察中爆炸。双方爆发枪战，死亡和垂死的警察被带到附近的警察局。留下受伤的与会者和旁观者自生自灭，因此无法统计精确的受伤人员数量。

爆炸的余波是芝加哥历史上第一个大规模媒体事件。英语日报歇斯底里，预测暴力推翻公民秩序，街道的无政府状态。许多芝加哥人相信他们在报纸上读到的东西，要求强行结束所有的政治异议。警察非常乐意帮忙，因此数百名移民和政治异议者被逮捕或是非法拘留。

当局最终以煽动谋杀起诉了8个人——出生于得克萨斯的新闻工作者阿尔伯特·帕金森（Albert Parsons），外国移民奥古斯特·斯皮斯（August Spies）、塞缪尔·费尔登（Samuel Fielden）、路易斯·林格（Louis Lingg）、阿道夫·费舍尔（Adolph Fischer）、乔治·恩格尔（George Engel）、迈克尔·施瓦布（Michael Schwab）和奥斯卡·尼比（Oscar Neebe）。只有帕金森和斯皮斯在爆炸现场，两人都在警察的全部视线内。他们的主审法官约瑟夫·加里（Joseph E. Gary）在审判开始前几天刚刚仲裁了一个劳工纠纷，他支持报纸，并没有掩饰对被告的蔑视。陪审员要么宣誓证明有罪，要么受贿定罪，报纸公布了陪审员的姓名照片和家庭地址，以确保他们的共犯关系。

在一场持续53天的审判中，公诉人没有提供与被告和爆炸有关的直接证据；相反，检察官认为被告刊出和口头声明，证明他们是同谋，（尽管）有些声明在爆炸前好几年作的。首席辩护律师威廉·布莱克（William P. Black）上尉坚持被告不可能扔炸弹未果，且被告在审判期间所作的煽动性声明于他们的案子无益。陪审团仅仅考虑了4小时就确定了7人的死罪，并且把尼比送进了监狱。次年，通过持不同意见的芝加哥新闻记者亨利·德马雷斯特·劳埃德（Henry Demarest Lloyd）的介入，劝说菲尔登和施瓦布提出减为无期徒刑。林格在他被处决的前一天在牢房自杀。

1887年11月11日，斯皮斯、帕森斯、艾格和费舍尔被处以绞刑。面对司法和诉讼的不当处理，1893年6月26日，伊利诺斯州州长约翰·彼得·奥尔特盖尔特（John Peter Altgeld）赦免三个还活着的秣市事件被告人。那时，奥尔特盖尔特是一颗正在升起的政治明星，他看到了自己的没落，并且在穷困潦倒中去世。真正的投弹者从没有被证实确认或者判罪，尽管后来的证据指向乔治·孟（George Meng），他是一个被警察逮捕但又释放的久经沙场的激进分子。孟在1896年酒吧火灾中丧生，他从未公开承认过自己是投弹人。

延伸阅读书目：

- Avrich, P. (1984). *The Haymarket tragedy*. Princeton, NJ: Princeton University Press.
- David, H. (1936). *The history of the Haymarket affair*. New York: Russell & Russell.
- Digby-Junger, R. (1996). *The journalist as reformer*. Westport, CT: Greenwood.
- Lindberg, R. (1991). *To serve and collect*. New York: Praeger.
- Nelson, B. (1988). *Beyond the martyrs*. New Brunswick, NJ: Rutgers University Press.

Richard Junger 文
余志乔译　陈恒校

威廉·伦道夫·赫斯特
HEARST, WILLIAM RANDOLPH

威廉·伦道夫·赫斯特（1863—1951）是20世纪初的出版巨头，在全美拥有众多杂志和报纸。赫斯特是纽约市的一股政治力量，竞选各级别的公职，作为《纽约周刊》（*New York Journal*）的编辑帮助民主党候选人。他个人的金融权益包括电影、广播、采矿业和建筑业。在奥森·威尔斯（Orson Welles）的电影、大致以赫斯特的生活为原型的《公民凯恩》（*Citizen Kane*）中，用赫斯特的漫画方式压印在流行文化上。

1863年4月29日，赫斯特出生于旧金山。他的父亲乔治·赫斯特从一个矿工变成百万富翁和美国参议员。赫斯特的个性是由他的母亲菲比（Phoebe）的世界性方式以及他父亲的努力工作并持之以恒造就的。从哈佛大学毕业后，赫斯特在他父亲的报纸——《旧金山检查者报》（*San Francisco Examiner*）工作，并且在23岁时接管该报。用约瑟夫·普利策（Joseph Pulitzer）的《纽约世界报》（*New York World*）作为灵感，用比他的竞争对手更华丽的插图和更轰动的故事，赫斯特试图使得《观察家报》成为类似的报纸。

23岁时，赫斯特买下了《纽约日报》（*New York Daily Journal*）并将其更名为《纽约周刊》（*New York Journal*）。在与普利策直接竞争中，赫斯特不得不使用类似于在旧金山时的技巧。1895年，《周刊》开始出版，美国与古巴的外交冲突促进了报纸发行量的增长。赫斯特使用外国通讯员、照片图像和煽情故事使这一冲突更有媒体价值。他也善于挖掘如威廉姆·詹宁斯·布莱恩（William Jennings Bryan）、贝尼托·墨索里尼（Benito Mussolini）、和温斯顿·丘吉尔等人的故事来为周刊得到关注。

赫斯特用他的出版业为民主党行动主义的服务。1912年，他被选为国会议员，在美国历史上前所未有的层次上融合了政治和新闻。1904年，在他获得民主党总统候选人提名的试图失败后，1905年赫斯特试图竞选纽约市长，1906年竞选纽约州长。他对坦慕尼厅的幻灭促使他支持一个独立党，1928年支持赫伯特·胡佛，1932年支持约翰·南斯·加纳（John Nance Garner）。

赫斯特的倒台在很大程度上始于他对富兰克林·罗斯福的经济政策的批判。赫斯特的报纸在日益竞争的媒体环境下开始失去声望，从20世纪30年代中期一直到二战结束，他短暂地失去了对自己的报纸的控制。在此期间，赫斯特关注他的电影制作的利益、他的艺术收藏和其他的金融利益。1951 年 8 月 16 日，在赫斯特生命的终点，赫斯特的报纸价值 130 万美元。40 年之后，这些报纸价值 450 万美元。

亦可参阅：*少数族裔社区*（Ethnic Neighborhoods），*好莱坞*（Hollywood），*纽约州纽约市*（New York，New York），*报纸*（Newspapers），*城市政治*（Politics in Cities），*约瑟夫·普利策*（Pulitzer，Joseph），*加利福尼亚州旧金山市*（San Francisco，California），*坦慕尼厅*（Tammany Hall）

延伸阅读书目：

- Cheney，L.，& Cieply，M.（1981）. *The Hearsts：Family and empire，the later years*. New York：Simon & Schuster.
- Nasaw，D.（2000）. *The chief：The life of William Randolph Hearst*. Boston：Houghton Mifflin.
- Procter，B. H.（1998）. *William Randolph Hearst：The early years，1863 - 1910*. New York：Oxford University Press

Nicholas Katers 文

余志乔译 陈恒校

亨利街社区改良会所
HENRY STREET SETTLEMENT

亨利街社区改良会所是曼哈顿下东区的一个社区机构，它是美国为数不多的效果明显的社区改良会所，社区成员和专家聚在那里对付城市生活的问题。1893 年由莉莲·沃尔德（Lillian D. Wald）和她的护理同事玛丽·布鲁斯特（Mary Brewster）创立，最初被称为护士改良所，为曼哈顿下东区的移民劳工家庭提供健康服务。在沃尔德的领导下（由于健康问题，布鲁斯特退休），亨利街社区改良会所增加了项目范围，添加了美国化课程、俱乐部、剧院和夏令营。金融家雅各布·希夫（Jacob Schiff）是许多城市精英贡献者中的第一人，他在 1895 年购买了亨利街 265 号，（今天）在该中心建

筑中依然有改良会所办公室。

沃尔德联合精英、白人、进步改革者，包括简·亚当斯和佛罗伦斯·凯利，随着其在 20 世纪初为人所知，她把亨利街整合进更加广泛的社区改良运动。带着从这些改革者的女性政治文化中得来的想法和策略，瓦尔德将此机构作为进步主义和自由事业的平台。其最早成功的当地运动是提倡公共学校的护士、卫生牛奶站和公共游乐场。在 1910 年的纽约市服装工人罢工和 1912 年马萨诸塞州劳伦斯市（Lawrence）纺织工人罢工中，沃尔德将社区改良会所与工会和工人联合起来。沃尔德利用亨利街的跨阶级和跨文化合作，把亨利街置于工人、移民、妇女和儿童权利的斗争中心。她通常邀请政府官员赴宴和居民护士商讨这些事宜。

到 1920 年，亨利街的 22 家护理中心有 260 个护士，每年约去 350000 个病人的家中问诊，这些病人遍布于从曼哈顿到斯塔藤岛的整个纽约市，并越过扬克斯（Yonkers）到了威斯特切斯特县（Westchester County）。这些社区改良会所是改革工作和社区活动的中心，尽管没有一个有 1917 年二月革命后俄罗斯临时政府代表来访举办的一样大。[①]

护理机构和改良会所都继续繁荣。1930 年沃尔德退休后，随着护理和社会工作领域越来越专业化，这两个领域开始日益分离。沃尔德去世 4 年后，即 1944 年，纽约的亨利街改良会所和护士家访服务正式分离。

在接下来的几十年里，亨利街继续引领城市社区项目。1946 年建立的社区咨询中心（Community Consultation Center，CCC）是国内第一个此类精神健康诊所。社区咨询中心的日间治疗项目、现场托儿所、艾滋病诊所都标志着重要的创新。

在接下来的半个世纪里，亨利街的工作已经扩大到包括无家可归者、老人和儿童的健康、日托、读写能力和工人培训等当代问题。即使自从成立以来亨利街的族裔基础发生了剧变，但是其项目继续反应社区的多样性、以及对付城市生活复杂性的动态方法。亨利街的工作继续吸引国际性的注意力，并且作为其他城市机构的模型受到称赞。

亦可参阅：*社区改良运动*（Settlement House

---

① 俄国第二次资产阶级民主革命。因发生于 1917 年俄历 2 月（公历 3 月）而得名。1914 年第一次世界大战爆发，战争使俄国经济濒于崩溃，给人民带来深重的灾难，社会各种矛盾空前激化。列宁提出了变帝国主义战争为国内战争的口号。革命期间，彼得格勒工人和士兵建立新的政权——工兵代表苏维埃。同时，资产阶级得到孟什维克和社会革命党人的支持，成立俄国临时政府，形成了两个政权并存局面。——译者注

Movement），莉莲・沃尔德（Wald，Lillian D. ）

延伸阅读书目：

● Hall，H. （1971）. *Unfinished business in neighborhood and nation：A firsthand account by the former director of the Henry Street Settlement*. New York：Macmillan.

● Wald，L. D. （1915）. *The house on Henry Street*. New York：Henry Holt.

● Wald，L. D. （1934）. *Windows on Henry Street*. Boston：Little，Brown.

Marjorie N. Feld 文

余志乔译　陈恒校

高等教育
HIGHER EDUCATION

美国城市高等教育机构构成了每个城市的知识分子生活金字塔的基础。然而，大多数早期美国高等教育机构建立在城市之外，因为它们的建立者相信田园神话：乡村是优秀道德的温床。尽管围绕大学可能会发展成一个城市，但是甚至哈佛大学（1736 年）最初都设在一个乡村环境中。一些例外包括纽约市国王学院（King's College of New York City，1754 年创立，现在的哥伦比亚大学）、威廉和玛丽学院（William and Mary，1693 年创立，在弗吉尼亚州的威廉斯堡）和费城学院（College of Philadelphia，1740 年创立，现在是宾夕法尼亚州大学）。尽管田园神话无处不在，但是一些创立者相信乡村比城市更加堕落。下面是按年代顺序排列看高等教育机构与美国城市不断增长的联系。

在 19 世纪晚期和 20 世纪初，高等教育机构与城市的关联快速密切起来。这种关系取决于美国城市的性质、公民领袖、机构对环境的服务意识的变动。在内战到 1900 年间，高等教育机构在解决城市问题，促进城市发展方面发挥着越来越大的作用。尽管田园神话驱使 1862 年和 1890 年的《莫里尔法》，以及它们由此产生的农学导向的、政府赠与土地的院校，但是高等教育开始缓慢地适应工业社会的需要。这种回应来自于知识阶级感知到教育穷人、工人和移民的需要，这种新阶级也可以填补文职和商业中层管理者的日益增长的队伍。作为回应，院校变得更加专业和职业化，采用选课制度，根据德国大学的理想设置毕业和专业项目。美国大学普遍采用商业—职业理念，而不

是宗教—职业理念，但是他们也重视家庭并且尊重知识分子。

进步时代谦逊、保护公民和道德美德的需要，也激励高等教育学院队伍的增长。他们帮助的重要对象是城市地区的贫穷居民。例如，1897 年，年轻的哥伦比亚大学现代语言和外国文学教授查尔斯・斯普拉格・史密斯（Charles Sprague Smith），与纽约城库伯联盟（New York City's Cooper Union）合作建立了人民研究所（People's Institute）。史密斯的道德推动力，来自于哥伦比亚晨边高地（Morningside Heights）社区的贫穷移民的悲惨困境。其他人也回应移民的需求。随着天主教移民的增加，耶稣会在大城市创立高等教育机构，例如波士顿大学、芝加哥圣伊格内修斯学院（St. Ignatius College，后来的罗耀拉大学［Loyola University］）、纽约市的福特汉姆大学（Fordham）、圣路易斯大学、华盛顿特区的乔治敦大学。

在世纪之交，进步时代高等教育机构的学生和教员，将他们的美德和知识能力应用在公民生活的各个方面。在教育史上广为人知的威斯康星理念（Wisconsin Idea），就是高等教育机构与城市相结合。高等教育机构的一个外延扩展是社区改良会所，为贫困社区提供社会服务，代表了那个时代的理念。形成于 1889 年纽约大学社区改良会所是运动的第一个代表。在芝加哥，西北大学、密歇根大学和芝加哥大学，形成三个改良所，全部由学生运作。

进步时代的教师在社会中的作用更为重要，并且提倡社会关注，其中突出的是查尔斯和玛丽・比尔德（Charles and Mary Beard）、詹姆士・哈维・罗宾逊（James Harvey Robinson）和约翰・杜威（John Dewey）。1919 年，罗宾逊和查尔斯・比尔德与哥伦比亚大学分裂，创立了社会科学新学院（New School for Social Research）。该学院希望成为纽约的学者中心，关注劳工困境，研究人员可以从自己的需求出发从事研究工作。最终教学人员包括韦斯利・米切尔（Wesley Mitchell）、艾米丽・普特南（Emily Putnam）和索尔斯坦・维布伦（Thorstein Veblen）。

芝加哥大学就在这个时代的 1882 年建立。1894—1904 年，杜威居住在那里，他在城市工作，为城市工作，包括简・亚当斯的赫尔会所。这段时间见证他最富有成效的教育著作以及在实验学校的实验。芝加哥大学的经济学家爱德华・比米斯（Edward Bemis）支持城市工人阶级。在 1893 年罢工时，他站在普尔曼工人一边。

只是在 1900 年前后，高等教育机构扩大了他们服

务的人口的种类,这有助于城市居民教育机会的大众化。弗雷德里克·鲁道夫(Frederick Rudolph)在1962年指出,到1900年,高等教育机构将近四分之三是男女合校的。劳伦斯·克雷明(Lawrence A Cremin)在1988年写道,到1895年,南方传教士学会为从前的奴隶创建了27个学院;1890年的《莫里尔法》帮助创立了13个其他的非洲裔美国人高等教育机构。1900年前形成的天主教女子学院日益成为公认的四年制高等院校。1995年菲利普·格里森(Phillip Gleason)指出:1900—1930年期间建立了约70个天主教女子学院。一些位于大型城市地区,或者服务大型城市地区,例如玛丽格拉夫(Marygrove,底特律)、曼德琳(Mundelein,芝加哥)和新罗谢尔(New Rochelle,纽约市)。在1991年关闭之前,曼德琳的"摩天大楼学院"有60年吸引了芝加哥的中产阶级和移民子女。

1900年以后,一些大专学院开始开放。例如,1911年芝加哥公立学校系统开始了克莱恩初级学院(Crane Junior College)。从一开始,学院的任务就处于争论中:对于芝加哥移民来说,应该接受本科教育还是职业教育。

二战后是城市高等教育机构大规模调整的阶段。当士兵们回来,他们利用来自1944年的通常被称为《美国大兵法案》(G. I. Bill)的《退伍军人权益法案》的可用资金上大专和大学。结果到1946年,高等教育机构的注册人数比战前上升了三分之一。虽然所有机构的注册人数增加,但是退伍军人主要进入的是大专学院,它们在20世纪60年代转型为社区学院。这些城市和郊区高等院校见证了学生和院校的扩张。20世纪50年代和60年代早期创建的其他5个芝加哥专科学院,与上述的初级学院相结合,在1966年构建了巨型的芝加哥城市学院(City Colleges of Chicago)。

从20世纪60年代以来,城市高等教育机构增加了新课程来使学校更有包容性。在过去没有探索的领域开放了大量新项目奖学金,如城市研究、女性研究和非洲裔美国人研究,以使得高等教育对不同城市地区的学生更有吸引力。这些项目是否吸引了更多的学生是未知数,但是目前的课程提供了研究少数族裔群体的更多机会。在这个时期,女性高等教育机构的关闭,特别是天主教女子学院的关闭使得女性的选项减少了。尽管这其中的一些位于城市地区,但是这些学校关闭的环境影响是未知的。

在美国历史上,城市高等教育机构起了几个作用。他们帮助移民人口在身心上适应新环境,通过研究和能动性,教员和学生都促进了这种调适。这些机构也

帮助普通人适应工业化和战争的破坏。作为含蓄和明确地争论城市地区民主意义的场所,高等教育机构是社会的稳定器。尽管大多数美国高等教育机构形成的前提是农业,但是他们会继续充当上述角色。

331

亦可参阅:简·亚当斯(Addams, Jane),天主教(Catholicism),大学城(College Towns),教育中的种族融合(Desegregation of Education),城市中的教育(Education in Cities),伊利诺伊州普尔曼市(Pullman, Illinois),社区改良运动(Settlement House Movement),青年文化(Youth Culture)

延伸阅读书目:

- Cremin, L. A. (1988). *American education: The metropolitan experience*, 1876 - 1980. New York: Harper & Row.
- Gleason, P. (1995). *Contending with modernity: Catholic higher education in the twentieth century*. New York: Oxford University Press.
- Ravitch, D. (1983). *The troubled crusade: American education*, 1945 - 1980. New York: Basic Books.
- Rudolph, F. (1962). *The American college and university*. New York: Random House.

Tim Lacy 文

余志乔译 陈恒校

历史遗迹保护
HISTORIC PRESERVA

历史遗迹保护是一种史学方法,包括保护、修复、重建和再现建成环境,并以上述方法作为历史解释和研究的主要手段。历史学家并不总是承认其价值,在某种程度上历史遗迹保护运动的发展没有他们的参与。历史遗迹保护作为一种方法的发展,是与美国历史遗迹保护运动和城市美国的发展都有联系。

美国的历史遗迹保护运动兴起于社区自豪感和美利坚爱国主义。它影响了建筑习惯,逐渐地将自身转变为一个更加广泛的教育工程,并最终成为20世纪最后25年美国城市复兴的一个重要元素。

爱国者
1813年费城独立厅(Independence Hall)的保护是

最早的历史遗迹保护的实例之一。1853 年，一群女性组成的芒特弗农女士协会（Mount Vernon Ladies Association）旨在保护和恢复乔治·华盛顿的家。在向联邦请愿支持芒特弗农保护失败后，安·帕梅拉·坎宁安（Ann Pamela Cunningham）领导创建了这个自愿的公民团体。相似的组织——托马斯·杰斐逊纪念基金会（Thomas Jefferson Memorial Foundation）、罗伯特·E. 李纪念基金会（Robert E. Lee Memorial Foundation）——承担了保护这些有历史意义人物住所的任务。这些组织的目标主要是爱国，他们相信保护这些有历史意义的住所，特别是英雄人物的住所将会培育复兴的爱国主义。尽管当地、州和联邦政府一开始对这些项目充其量是漠不关心的，但是最终，《历史遗迹、建筑和古迹保护法》（Historic Sites, Buildings, and Antiquities Act）表明，保留重要的历史遗迹、建筑和物品是一项国策。

建筑师

同一法案承认历史遗迹保护在建筑习惯中的作用，呼吁内政部长收集有关有历史意义的建筑的信息，包括建筑图纸、规划和照片。美国的第三任总统托马斯·杰斐逊是历史建筑保护的早期倡导者和实践者。在 20 世纪初，历史遗迹保护从伟人家园的保护发展到表达一个时代的建筑品位的房子的保护。保护运动对历史建筑的美学福利的兴趣，等同于美国人民有爱国心的安康兴趣。1933 年建立的美国历史建筑调查项目（The Historic American Buildings Survey, HABS），主要是为了给失业的建筑师提供工作。其他新政机构——公共事业振兴署和国内资源保护队（Civilian Conservation Corps）——也在地方层面帮助支持发展历史遗迹保护伦理。1935 年《历史遗迹法》使美国历史性建筑调查项目正规化，并赋予其更广泛的意义，这个历史遗迹保护运动的研究部门，将比政府对大萧条的紧急状况的回应要存在得久。美国历史性建筑调查项目和其同行《历史性美国工程记录》（Historic American Engineering Record, HAER），继续为寻找灵感的建筑师和寻求保护重建历史建筑的保护主义者提供支持。

教育者

20 世纪 20 年代的两个重大项目扩展了历史遗迹保护运动的范围。亨利·福特和小约翰·洛克菲勒分别资助了格林菲尔德村博物馆（Greenfield Village Museum）和威廉斯堡（Williamsburg）的重大保护工作。两个项目都通过对整个社区而不仅是单一建筑的关注给历史遗迹保护带来全新的维度。此外，两个项目都有一个共同的教育目标，包括爱国灵感或者建筑学欣赏，而且又不止于此。在这两个场所都有真正的努力来显示曾经的美国生活，复制有历史意义的场所服务于历史解释。然而，威廉斯堡的历史遗迹保护是通过历史建筑的大量复制或重建取得，而格林菲尔德村博物馆也涉及历史建筑的更大的搬迁和实质性的变更。格林菲尔德村博物馆也反映了其创始人的兴趣和品位，在一些人眼中是对其历史价值的伤害。在这些努力之后，作为一个历史博物馆和教育机构的历史建筑或者地区功能成为司空见惯的。在这些项目中，历史遗迹保护已经成为公认历史方法，尤其是社会历史的方法。

革新者

个别建筑的保护、修复和复制社区，开创了历史遗迹保护的基本主题以及许多它的当代惯例。这些保护工作产生了历史博物馆，即使它们位于城市地区，也与任何城市背景相隔离。早期遗迹保护项目，有时承担从城市冲击中保护早期美国的意味。有人居住的和目前使用的城市有历史意义的地区的创建，改变了历史遗迹保护和城市历史的方向。

1931 年，南卡罗莱纳州的查尔斯顿是第一个创立历史遗迹保护区的地区。与后来在其他地区的工作一样，查尔斯顿的历史遗迹保护运动寻求保护被居民和富有同情心的局外人视为社区和建成环境的独特特性，反对没有同情心的局外人的蹂躏，他们通常借经济进步的名义，寻找拆除建筑物破坏社区。在城市历史遗迹保护最成功的案例中，历史在社区认同中发挥了重要作用。对历史遗迹保护的价值的争论，不仅成为了对过去及其解释的争议，也是对受影响地区的经济和政治前途的争端。尽管每个地区都有自己的历史和建筑独特性，但是 1939—1950 年间，在路易斯安那州新奥尔良、得克萨斯州圣安东尼奥、弗吉尼亚州亚历山大、北卡罗莱纳温斯顿塞勒姆、加利福尼亚州蒙特利、华盛顿特区的乔治敦，非常相似的工作获得了不同程度的成功。其中一些案例，大众旅游的发展中的现象支持了遗迹保护运动，给这些城市带来大量的游客，为保护提供了一个经济合理性，而不是拆除。

在 20 世纪上半叶，这些工作在州政府层面激励了历史遗迹保护办公室和委员会的发展。一个重要的结果是对美国西部矿业城和其他历史上重要的城镇场所的保护。

1935年《历史遗迹、建筑和历史古迹法》使联邦政府正式涉足历史遗迹保护，特别是通过国家公园管理局（National Park Service）来实施。新政项目提供了大量支持，但是在二战时联邦政府的关注几乎停止。战争结束后不久，1947年，一个私人市民倡议成立了历史遗迹和建筑监理国家委员会（National Council for Historic Sites and Buildings）；1949年，国会批准成立历史遗迹保护国家信托基金。作为一个非盈利的私人机构，该信托基金充当了一种交流渠道，即在全国的私人保护兴趣与在国家公园管理局对历史遗迹保护的新兴的关注之间的交流。信托基金传播历史遗迹保护主题：爱国主义、社区精神、建筑学的审美鉴赏、历史遗迹的教育潜能。

1966年《国家历史遗迹保护法》（National Historic Preservation Act）的通过，使得在城市保护中历史遗迹保护的作用成为全国性的，并且最终实现城市复兴。1959年，在罗得岛的普罗维登斯的一项城市更新的研究，处理了历史遗迹保护的问题，1966年法案使这个想法传播到全国。它创建了《国家历史遗迹保护名录》（National Register of Historic Places），联邦政府第一次承认或列入了单个建筑物，也承认或列入了有历史意义的地区。地区遗产保护原先一直是本地热情的产品，现在成为历史遗迹保护的全国性支持的目标。在随后的岁月里，全国性地承认历史遗产地区的创造，与去除拆迁的税收优惠和创造复原的税收优惠一起，为城市地区不同种类的经济发展和复兴铺平了道路。1966年法将有历史意义的场所和地区的实际保护留给当地政府，但是当地热心人可以用列入国家历史遗迹保护名录，来争取当地政府保护反拆迁，争取对于经济发展有更多来自简·雅各布斯而不是罗伯特·摩西的影响。

1979年迈阿密海滩建筑区（Miami Beach Architectural District）的承认和后续发展就是一例。在1970年前，这个20世纪的度假社区至少经历了三个发展周期，迈阿密南海滩社区是世界上最大的艺术装饰建筑集中之地，完全由20世纪建筑组成的国家名录上的第一个地区，艺术装饰地区演示了历史遗迹保护作为一种经济复兴工具的可行性，以及一种公共历史的方式的可行性。

现在，历史学家承认保护是一种合法的历史研究方法，但是作为一项运动，历史遗迹保护也一直是美国城市历史的一个重要组成部分。

亦可参阅：简·雅各布斯（Jacobs，Jane），罗伯特·摩西（Moses，Robert）

延伸阅读书目：

- Hosmer, C. B., Jr. (1981). *Preservation comes of age：From Williamsburg to the National Trust*，1926 - 1949. Charlottesville：University of Virginia Press.
- Mulloy, E. (1976). *The history of the National Trust for Historic Preservation*，1963 - 1973. Washington, DC：PreservationPress.
- Murtagh, W. (1997). *Keeping time：The history and theory of preservation in America* (Rev. ed.). Washington, DC；Preservation Press.
- Wallace, M. (1986). Reflections on the history of historic preservation. In S. Benson, S. Brier, & R. Rosenzweig (Eds.), *Presenting the past：Essays on history and the public* (pp. 165 - 199). Philadelphia：TempleUniversity Press.

James F. Donnelly 文
余志乔译 陈恒校

好莱坞
HOLLYWOOD

1923年，为了宣传新住房开发，在加利福尼亚州洛杉矶的伍德峡谷（Beachwood Canyon）上方的李山（Mount Lee）上安置了50英尺高的字母 *Hollywoodland*。20年后，这个标志已经腐坏，好莱坞商会修复了这个标志，去除了最后四个字母，创建了一个举世闻名的图标。今天，它表示洛杉矶的一个区，东到市中心附近的佛蒙特大道（Vermont Avenue），西到距离贝弗利山（Beverly Hills）大约一英里远的月桂峡谷（Laurel Canyon），北到圣莫妮卡山（Santa Monica）山顶的马尔霍兰大道（Mulholland Drive），南到西好莱坞城。好莱坞大道（Hollywood Boulevard，原前景大道）是该地区的大动脉。然而，比其地理边界更重要的是，好莱坞一词更经常通俗地意味着美国的电影产业。通过联想，这个词也意味着虚幻的思想状态，意味着一种帮助催生电影的迷人受利润驱动"俗丽的小镇"，对南加州的生长、发展以及形象留下了无法估量的影响。

房产开发商哈维·亨德森·威尔科特斯（Harvey Henderson Wilcox）的妻子黛维达·威尔科特斯（Daeida Wilcox)给了洛杉矶这一地区新的名字。1886年，在从堪萨斯州托皮卡（Topeka，Kansas）搬到尚在发展中的洛杉矶之后,哈维·威尔科特斯购买了城市以西 7 英里的沿着山麓的 160 亩农田。在一次回到东海岸的火车旅途中,他的妻子听到了一个女性谈起她的家乡叫做好莱坞,她喜欢它的声音,威尔科特斯夫人把这个名字给了夫妇俩的大农场。这个名字首次在次年正式出现,哈维·威尔科特斯将他的网格状地图向县里申请一个新的住宅郊区,把愿景大道作为主要街道,并且开始出售地块。到 1903 年,这个有 166 个成人的地方正式合并为一个城镇。一条被称为好莱坞大道的新有轨电车线,沿着愿景大道把镇子与洛杉矶连接起来。1910 年,在洛杉矶人批准用债券措施来创建洛杉矶水渠以后 2 年,好莱坞的 4000 个居民投票合并,来确保充足的供水和污水系统。具有讽刺意味的是,在大约一个世纪之后的 2002 年,该地区约 30 万居民投票脱离洛杉矶,再次成为一个法人城市,旨在获得当地对该地区社会和经济挑战的更多控制权。这一提议没有成功。

在随后的几年里,好莱坞成为电影和娱乐业的同义词,成为其明星声誉的同义词。在 20 世纪初,1906 年开始的总部位于纽约的东海岸电影公司,开始迁到南加州,并在圣莫妮卡的伊甸达(Edendale)、最终在好莱坞安顿下来。拍摄电影所需要的好天气和充足的阳光,让电影拍摄在全年有更多的拍摄日。该地区还包括从山区到草原到海边的各种各样的自然风光。同样重要的是,西海岸距离托马斯·爱迪生很远,他拥有大部分与电影操作有关的专利并且常常起诉侵权,进行激烈的产业专利斗争。在洛杉矶,公司可以摆脱爱迪生的控制独立工作,如果爱迪生的代理人紧跟他们来到洛杉矶,他们就越过墨西哥边界逃离。1911 年 10 月,对爱迪生信托(Edison Trust)战争的领导人、英国人大卫和威廉姆·霍斯利(William Horsley)创建了他们自己的内斯托喜剧电影公司(Nestor Comedies Studios)。该公司是好莱坞地区的第一家,位于从前的布隆多酒店(Blondeau Tavern)——该酒店是黛维达·威尔科特斯在她当地的禁酒令工作下关闭的——在日落大道(Sunset Boulevard)和高尔街(Gower Street)的东南角。两年后,四个纽约客,导演塞西尔·德米尔(Cecil B. DeMille)、制作人杰西·拉斯基(Jesse Lasky)和伙伴塞缪尔·古德费什(Samuel Goldfish,后来改名为古德温[Goldwyn])、亚瑟·弗兰德(Arthur Friend)一起在塞尔玛(Selma)和拜恩街(Vine)的东南角租了一个谷仓,并且开始《红妻白夫》(The Squaw Man,1914)的制作。到 1916 年,以"高尔半岛峡谷"(Gower Gulch)著称的日落和高尔(Sunset and Gower)

地区已经成为一个主要的电影中心,那儿有超过 15 个独立的公司。不久以后,查理·卓别林工作室(Charlie Chaplin Studios)在日落大道南面的拉布雷亚(La Brea)和德·朗布里大道(De Longpre Avenues)开张;威廉·福克斯(William Fox)在日落大道和西部开设了商店,在那里还有 D·W·格里菲斯(D. W. Griffith)的《党同伐异》(Intolerance)的巨大巴比伦布景;位于日落和拜恩(Vine)的派拉蒙(Famous Players-Lasky),增长到两个街区;维它公司(Vitagraph)与华纳兄弟公司(Warner Brothers)合并。到 20 世纪 20 年代,电影公司在规模和实力上迅速增长。好莱坞也被称为"电影产业",已经成为了一个主要的经济发电机,将洛杉矶放置到电影世界的中心。尽管好莱坞符号的乐观主义,但是狂野的夜生活的传奇故事,暧昧的艺术家气派的电影群体以及与黑社会的联系,导致该地获得了过分荒淫行为的声誉。

不久,随着小公司的倒闭,原来的日落和高尔地区很快成为"贫困街道"(Poverty Row)。从 1927 年到大约 1948 年,好莱坞工作室制度盛行,8 个高度组织化的、与有华尔街联系的保守公司合作的多部门运营,吞并小的独立公司,控制了大权:哥伦比亚、福克斯、米高梅(Metro-Goldwyn-Mayer, MGM)、派拉蒙(Paramount)、雷电华(RKO)、联艺(United Artists)、环球和华纳兄弟公司。随着有声电影的出现以及媒体流行的持续上升,加上洛杉矶周边的发展,电影工作室很快用完了空间和承担得起的空间。为了健全的舞台和支持空间,需要更多更大的设施,他们扩展到离市中心更远处。今天,在 8 大电影公司中,只有建在原来的 1918 租块上的派拉蒙公司,依然留在好莱坞地区。在西界有两家电影公司:卡尔弗城(Culver City)的米高梅工作室和 21 世纪福克斯在今天被称为世纪城(Century City)的地区,尽管随着土地价值不断上升,他们的支持空间最终被出售。1915 年,卡尔·拉姆勒(Carl Laemmle)把环球电影从好莱坞"搬过山"到辽阔的圣费尔南多山谷(San Fernando Valley),那里是今天大多数娱乐产业设施所在的地方,包括 108 英亩的伯班克工作室(Burbank Studios,华纳兄弟和哥伦比亚电影公司的合并)和沃尔特迪士尼公司。到世纪中叶电视的出现,这个行业的电影制作厂已经用完了南加州的土地。它需要为自己的雇员提供住房,从贝尔艾尔(Bel Air)、贝弗利山和马里布(Malibu)的众星云集的飞地,到影视城普通工人的大片住房。电影戏院镶嵌在南国和美国的其他部分,经销影视业的商品。

在好莱坞的黄金时代,电影本身作为工作室自我推销的目标,同时也成为南加州助推器的一个有效工具,刺激了美国梦机器,这个机器促进了洛杉矶的发展。从一开始,外景摄影间接地在背景中为该地的阳光和自然美作了广告。早在 1908 年,在维塔公司(Vitagraph)的《制作电影:在维塔公司的一天》(*Making Motion Pictures:A Day in the Vitagraph Studios*)中,电影制作人也开始满足观众对电影行业和演员们日益增长的好奇心。关于好莱坞的长篇电影将成为一个流派,最著名的是 1937 年的两部幕后电影:《替身》(*The Stand-In*)和《一个明星诞生了》(*A Star Is Born*,1954 年重拍),在《沙利文的旅行》(*Sullivan's Travels*,1941 年)和在米高梅的音乐剧《雨中曲》(*Singin' in the Rain*,1952 年)中,它们的故事线是引人注目的白手起家。梦想发财成名的人从全国各地蜂拥而来,希望成为电影业的大玩家之一,或者至少找到一份工作,尤其是在大萧条时期。

二战后,随着旧有的工作室制度的衰落和电视的崛起,电影产业的严肃的一面将会出现在这样的电影中:《日落大道》(*Sunset Boulevard*,1950 年)、《玉女奇遇》(*The Bad and the Beautiful*,1952 年)、《蝗虫之日》(*The Day of the Locust*,1975 年)和《幕后玩家》(*The Player*,1992 年)。1958 年,好莱坞商会建立了沿着好莱坞大道的 2.5 英里的星光大道。在那里,美国最伟大的艺人的名字被刻在镶嵌在人行道上的约 2000 块星形的斑块上。尽管如此,该地区已经严重衰落,成为正如《漂亮女人》(*Pretty Woman*,又译《风月俏佳人》)显示的那样的逃亡者、毒贩、妓女的天堂,直到 20 世纪 90 年代才开始有力的重建工作。

延伸阅读书目:

- Ames, C. (1997). *Movies about the movies:Hollywood reflected*. Lexington:University Press of Kentucky.
- Thompson, D. (2004). *The whole equation:A history of Hollywood*. New York:Knopf.

Julie A. Dercle 文

余志乔译　陈恒校

房主贷款公司
HOME OWNERS LOAN CORPORATION

1933 年 6 月 13 日签署的法律建立的房主贷款公司(HOLC)是富兰克林·罗斯福的新政政府通过的第一件重大的住房法案,在大萧条时期旨在保护丧失抵押品赎回权的房主,它给即将面临违约的成千上万的抵押权再提供资金,给予低息贷款来帮助房主收复丧失抵押品赎回权的房屋。最重要的是,房主贷款公司彻底改变了房屋贷款的过程。该机构开发了一个全国统一的财产评估系统,它最终既推动了郊区增长,又抑制了内城社区的恶化。它建立了长期的分期付款抵押贷款,使得抵押贷款人在债务期内可以均衡支付。长期、分期付款抵押贷款,将借款人从付大价钱的负担里解放出来,并且摆脱短期资本市场的波动,使家庭房屋贷款可以预测,给美国房主前所未有的安全。

1929 年 10 月股市崩盘,随之而来的金融机构倒闭,使建筑商缺少建筑资本,那些面临失业或者收入降低的房主无法找到第二抵押来给他们的房子提供资金。1930 年,大约有 15 万个非农场家庭因为被取消抵押品赎回权失去了他们的房产。一年后,这一数字增加到 20 万,1932 年达到 25 万。1933 年,每天有近 1000 个取消抵押品赎回权,国家的住房经济体系几近崩溃。房价下降——1926 年时一个典型的价值 5000 美元的房子在 1932 年值大约 3000 美元——削去的是第二和第三抵押贷款的财产原初价值。到 1932 年,大部分美国家庭面临失去他们最重要的投资,即家庭住房的危险。

甚至是在富兰克林·罗斯福上任之前,随着第一个永久性的联邦住房法《联邦住房贷款银行法》(Federal Home Loan Bank Act)的通过,赫伯特·胡佛已经转向支持国家抵押市场。1931 年夏通过的该法确立了联邦监管住房贷款银行的制度,然而,这没有阻止越来越多的取消抵押品赎回权。替代无效的《联邦住房贷款银行法》,房主贷款公司拯救了成千上万美国人免于失去家园。仅仅在 1933 年 7 月和 1935 年 6 月间,它为 1 万多份房屋抵押贷款提供了 30 多亿美元,为十分之一的非农住宅业主提供贷款。20 世纪 30 年代,在全国范围内,大约有 40% 符合条件的美国人寻求房主贷款公司的帮助。

直到房主贷款公司成立之前,为购买住房借款仍然具有高风险。在 19 世纪,工人家庭通常从移民合作贷款协会贷款,而富裕的买家通常直接现金购房。一战后,商业银行开始资助购买住房,主要给中产阶级和工人阶级提供抵押贷款,为房地产业的繁荣作出贡献。典型的住房抵押贷款跨度为 5—10 年,买房者定期支付利息,可以选择 2 年、5 年或 10 年期贷款计划。于是,购房者每隔几年需要支付大笔金钱,当支付到期时,许多人寻求更新他们的抵押贷款,或者获得第二抵押贷款来支付部分的第一贷款。当货币市场平稳运行,贷款可以获得时,更新或者获得多个抵押贷款的策略运行不错。但是如果当一个抵押贷款到期,货币市场紧缩时,然后房主发现无法获得新的贷款,于是就面临丧失抵押品赎回权。房主贷款公司和自我分期偿还的抵押贷款拉长到 20—30 年,从而消除了处理不可预测的货币市场的风险。

但是,房主货款公司对全国房产市场有另外一个同样重要的影响:它使全国评估方法系统化,在这个过程中开创了后来被称为**红线政策**的做法。因为该机构处理抵押贷款,它需要能够在资助房屋时预测其未来的价值。该机构的评估人员精心制作了城市社区的地图,制定了详细的调查问卷,考虑职业、收入、社区居民的民族和年龄、建筑风格、价格区间和住房的一般维护。评估人员基于社区人口、当地就业市场、周边房产的价值来确定一处房产价值,而不是评估个体建筑。在当地房产经纪人和银行的帮助下,该机构在每一个城市的每一个街区评出 1 级到 4 级的等级,然后记录在保密的**住宅安全等级地图**上,这些记录保存在当地的房主贷款公司办公室。

在彩色地图上用四级制详尽描述的该机构的评级体系,认为城市社区是动态的不可避免地走向衰落。机构的评估人员给高密度、非裔美国人居住的老龄化的社区低估价,而给被描述为**同质的**低密度新社区最高估价。最高的称为 A 等级在地图上标着绿色,即"美国商业和男性职业人士"的社区,通常是新郊区。第二级是蓝色,是预计将会在许多年保持稳定的"仍然令人满意"地区。黄色是第三级,标志描述为"明确衰退"的社区。而红色作为第四级,暗示该社区已经衰败。就像低收入者或者是"混合"人口社区,有些种族或人种群体居民总是被标记为红色一样,老化的住房几乎总是被标为黄色。实际结果是,高密度低收入的城市社区,通常是居住贫穷的非裔美国人社区,是通常用红色圈出并认定联邦资助抵押贷款风险过大。该机构的评估方法后来被联邦住房管理局采用,并且在 20 世纪的大部分时间在全国各地为放款人应用,留下了差别对待的贷款做法的遗产,以及内城社区缺乏投资资金的遗产。

20 世纪 30 年代,房主贷款公司拯救了数百万丧失抵押品赎回权的感激的房主。然而,从根本上改变美国的抵押贷款实践,该机构在促进白人郊区大量发展的同时,对毁灭内城社区有同样重大影响。

延伸阅读书目:

● Jackson, K. (1985). *Crabgrass frontier: The suburbanization of the United States*. New York: Oxford University Press.

● Radford, G. (1996). *Modern housing for America: Policy struggles in the New Deal era*. Chicago: University of Chicago Press.

● Schlesinger, A. M., Jr. (1958). *The coming of the New Deal*. Boston: Houghton Mifflin.

Margaret Garb 文

余志乔译　陈恒校

地方自治
HOME RULE

从进步时代市政改革运动开始,地方自治这一短语指的是维持或者保证决定当地层面的城市政策、法律、金融和政府机构的权威。在 20 世纪,地方自治既具有法律内涵又具有意识形态内涵。在一次重大的权力下放中,绝大多数州通过了通用城市章程,以及让城市起草和修改其章程的立法。基于地方政府最接近人民、由此是公共利益的最好代表这一想法,地方自治原则成为一个强大的政治呼声;从 20 世纪 30 年代开始,联邦政府直接资助城市工程。地方自治也是反对威胁当地政府自主权的区域政府、规划、规章的战斗口号。然而,到 20 世纪晚期,鉴于包括社会不公平、失败的学校和经济衰退等城市问题,地方自治的原则和实践引起争议。

美国城镇和城市的执法、监管和征税的权力可以追溯到殖民时期。然而,美国宪法没有特别提到地方政府,到 19 世纪中叶,一个普遍的法律共识是,地方政府从属于州。州立法创立城市和县,它们没有独立的主权,法律上是州的部门。州议会(在华盛顿特区的特别情况下是国会)起草地方政府章程,决定它们的法律,授权所有的税收形式。州政府对地方政府最有影响的法律权,由爱荷华州最高法院大法官约翰·狄龙(John F. Dillon)确认。在 19 世纪 60 年代和 70 年代的一系列案件中,狄龙裁定自治市严格限于州法规明确授予的权力。狄龙间接地引用当代丑闻,这包括 19 世纪 30 年代开始的全国一连串的市政违约和破产,揭露与政治机器相关的腐败。他认为,限制城市权威保护市民免受高利贷、过头的官僚主义和公职官员的投机。在 1903 年阿特金斯诉堪萨斯州(*Atkins v. Kansas*)案中,狄龙法则受到美国最高法院的支持,其宣称的名言是城市是"州为了行使其权力的创造物,是纯粹的政治分支机构",并且在 1923 年的特伦顿市诉新泽西州案(City of Trenton v. New Jersey)中再次予以支持。

然而,对于美国大部分人来说,州对城市的绝对控制既不明智也不务实。许多州政府的代表机构极大地垂青农村地区,因此大城市往往长期资金不足。商业协会和公民联盟宣布,城市需要更大的独立和财政的灵活性来满足不断增长的城市人口的需求,特别是在 19 世纪晚期技术创新的情况下。地方自治倡导者承诺改善服务和公共设施,包括扩大供水、现代环卫系统、更好的街道、电力和有效执法。他们在支持地方自治的同时也呼吁委员会制成城市经理制的政府以及超党派竞选。在地方自治背后,城市官员开始组织起来,在 1894 年组成全国市政联盟,并在 1900 年、1916 年和 1921 年发布了示范城市宪章和地方自治法。虽然立法机构不愿意将权力割让给地方官员,但是地方自治的强劲公众支持能够影响他们,在效率、改革和当地民族自治的名义下,选民通过投票表决同意州授予城市重大自治权。到 1937 年,21 个州已经采用了地方自治宪法修正案,给予一个或者多个城市起草和修改其章程、任命执行和政策委员会的权力。

大萧条加强了地方自治。随着公共救济成为首要职责,许多城市面临财政破产。富兰克林·罗斯福总统通过打造城市和联邦政府之间的新联系来处理这个情况,在资助城市救援项目上经常完全绕过州,直接与市长展开工作。在 20 世纪五六十年代,住房、交通和开发项目加强了城市和联邦政府之间的直接关系。尼克松总统的新联邦主义(New Federalism)包括在很大程度上按城市判断支出的一揽子拨款。与此同时,地方税收稳步增长,城市税收的一个更大比例用于促进商业发展和增长,而不是服务或者社会项目。

在法庭上,狄龙法则屈从于对地方政府法律地位的一种更加宽容的解释,这是 1953 年在美国市政同盟的要求下,由杰斐逊·福特汉姆(Jefferson Fordham)明确表达的。即使缺乏明确的宪法规定,福特汉姆断言城市权利和职责以传统为基础。然而,为了预防司法干预,他提出州通过通用立法正式地详述城市责任和自由裁量权。到 1990 年,37 个州通过通用的城市宪章,23 个州为县做了相同法律。

二战后的几十年里,随着地方政府变得更强大更独立,地方自治的光彩开始失去光泽。人口增长和技术变化再次给城市和县提出了重大挑战;污染、交通堵塞、低密度开发使当地缺乏足够的监管和服务。然而,

政策分析师和商会致力于在大都市区层次发展新的区域机构和政府,而不是提倡扩大现有政府。地方自治成为城市和县反对区域政府的一个有效的战斗口号,因为后者可能威胁到他们来之不易的地方自治。他们主张在大都市区组成政府联席会议来处理大都市地区问题,满足区域规划要求,进一步加强联邦政府和城市之间的直接联系,而不是与区域政府的直接联系。

在 20 世纪 80 年代和 90 年代,呼吁地方自治针对的不再是加强地方政府的努力,而是反对联邦监督与管理。在里根政府时期,正当一波全国抗税浪潮削弱城市财源的时候,给城市的资金减少了。这加剧了城市不平等的问题,特别是在种族阵线和就业与教育方面的不平等。在 20 世纪晚期,随着地方自治法规、城市当局和地方政策的成功在一个新的政治环境中再度引起争议,狄龙法则在全国的法院有了引人注目的回潮。法庭经常宣称城市政策直接导致了不公平,不能满足基本服务的需求,把少数族裔排除在决策进程之外,法院开始强调州权,来监督和支持包括教育和福利在内的城市服务。虽然如此,源于美国联邦制传统的地方自治原则仍然是引人注目的,地方政府自治的程度成为一个重要的法律和政治问题。

延伸阅读书目:

- Krane, D., Rigos, P. N., & Hill, M. B., Jr. (Eds.). (2001). *Home rule in America: A fifty-state handbook.* Washington, DC: CQ Press.
- Pegram, T. R. (1992). *Partisans and: Private interest and public policy in Illinois*, 1870 - 1922. Urbana and Chicago: University of Illinois Press.
- U. S. Advisory Commission on Intergovernmental Relations. (1993). *State laws governing local government structure andadministration.* Washington, DC: Author.
- Zimmerman, J. F. (1983). *State-local relations: A partnership approach.* New York: Praeger.

Louise Nelson Dyble 文

余志乔译　陈恒校

无家可归者
HOMELESSNESS

无家可归者是美国的慢性病。从殖民地时期到现

在，"流浪的穷人"一直是美国城市令人不安的特点。然而，无家可归者怎样表露自己、用什么语言描述他们、对他们一直有怎样的回应，在不同时间和不同空间是大相径庭的。

根据英国的传统，在美利坚共和国早期，照料贫困居民是当地的责任义务。虽然在18世纪无家可归不是一个严重的问题，但是许多社区采取了居住地法，明确区分了不同种类的贫困；警告那些被认为不值得或者不是城镇的法律职责的人出去——遭到肉体放逐。通常，过往的穷人被非正式地从一个城镇驱赶到另一个城镇。

到19世纪的前几十年，城市，特别是北方城市的特点是迅速的地域扩张，同时经济不平等也日益严峻。非洲裔美国人的普遍贫困，以及到内战前夕的爱尔兰裔移民，是美国城市面临的无家可归者问题。在纽约市和其他城市中心，出现了公立救济院、济贫院、临时市政公寓。在19世纪50年代，在许多城市，警察局成为无家可归的男性、女性，甚至是儿童特别是青少年的主要临时夜间寄宿处。在国家层面没有统一的社会福利政策，只有州和地方的流浪法和济贫法。

内战后随之而来的混乱，19世纪70年代严重的工业萧条，创造了一个不同种类的全新无家可归人口，即所谓的流动失业大军。失业男性利用不断扩大的铁路网络，在西部城镇和小城里流浪，把无家可归感带到公共意识的前列，而不是理解其原因。改革者和社会科学家都缓慢地（或不愿意）考察经济状况和流浪之间的联系。在19世纪90年代更严重的经济危机期间，随着这支显然由白人男性组成的流动亚文化队伍的扩大，并且偶尔变得暴力，它呈现出一种威胁社会的趋势。全国各地的社区通过了控制流浪者和限制流浪的法律，但是收效甚微。由于移民模式的急剧改变，对工资的依赖增加，快速的城市化，无家可归的候鸟工人和自封的无业游民或者流浪汉成为美国西部迁移劳动力的非常明显、漫无纪律的组成部分。独立的流动男性构成农业、伐木、建筑和矿山季节性工人的骨干，代表了白人工人阶级一个层面。无论是乘火车还是坐船，流动工人的真实生活是艰苦的，并且时常伴随危险，他们成为了美国神话不可分割的组成部分，即顽强的个人主义、边疆的自由、旅途男子汉的浪漫。如卡尔·桑德堡、杰克·伦敦、雅各布·里斯和奈尔斯·安德森（Nels Anderson）这样的著名作家和记者，为其19世纪末和20世纪初的流浪而自豪。虽然数据上女性城市无家可归者很多，但是在长途流动人口中几乎没有女

性。对于女性，长途流动生活甚至更危险更靠不住，在货车上或流浪汉留宿地方的"流浪女"是罕见的。女性容易受到性侵犯，通常与男性结伴或者乔装为男性来自保。

19世纪晚期的几十年是长途流动工人的全盛期，城市的主街成为无家可归者的独特区域。芝加哥无疑是北美无家可归者之都，它是美国主要的东西交通枢纽和就业信息的清算所，也有为流动人口服务机构的场所（包括一个"流浪者学校"），无家可归者不必担心暴露身份，还可以享受廉价庇护所、各种各样的商业服务和千变万化的无家可归男人的休闲活动。虽然不清楚确切数字，但是在芝加哥和其他大城市，男同性恋的亚文化在主街地区繁荣。性别隔离、种族隔离成为常态，如果不是有体系地禁入许多寄宿区，那么女性（除了妓女）、非洲裔、亚裔是不受欢迎的。从19世纪晚期直到20世纪70年代城市更新，像芝加哥一样，纽约市的鲍威利街和其他城市贫民窟地区成为无家可归的同义词，有着被社会抛弃者和流浪汉的无家可归男性亚文化，有着廉价住所、妓院、酒吧和肮脏。

虽然无家可归的话语只是在20世纪才出现，但是在19世纪，一个有组织的巨大慈善网络关注城市无家可归者的顽症。街头儿童和有卖淫嫌疑的妇女是改革者为之焦虑的特别主体，福音派团体建立了女性和女童的福利院网络。但数量最多的流浪男性也越来越多地处于福利组织和救援任务的监督之下。社会各界仍然在为哪些穷人有资格接受援助争论不休，但是在过去的几十年里关于无家可归者的成因和处理方法改变了，并且逐渐处于社会科学研究和调查的影响之下。若无法得以解决，公共和私人慈善机构都将男性无家可归视为需要管理的问题。避难所成为大萧条之前的目标，而不是改革。在对待无家可归的多种可能中，包括提供从救世军旅社、旅人小屋、警察局到单身男女廉价旅馆的住宿方式。一些无家可归者（那时和现在一样）避免所有的机构环境，宁愿露宿或者他们自己找到的临时住处，而其他人则寻找避难所。无论如纽约和芝加哥这样的城市提供多少床位，但在经济危机的严峻时期，需求远超过可用空间。

20世纪30年代的大萧条标志着公众态度和公共政策的转折点。现在，无家可归者作为经济灾难的受害者出现，非常处境迫使联邦政府参与。在20世纪30年代，无家可归者有两大类：沙暴区（Dust Bowl）的农村难民，他们的处境由农场安全管理局（Farm Security Administration）的照片烙进公众的想象力；城市无家可归者，由卖苹果或者站在等待领取救济食物的队伍

中的男人照片表现出来。农村或者城市,男性或者女性,单身或者家庭群体,从正常的生活中突然被连根拔起、需要庇护者的数量飙升,无家可归者的数量估计有数百万。传统的贫困者和"新贫困者",即"值得尊敬的"女性和白领男性,使每个城市的社会服务不堪重负。在大萧条的早年,公共和私人机构手忙脚乱、想方设法给那些没有任何资源的人提供食宿时,临时对策成为常态。成千上万的人照顾不到,只能临时凑合:男性(和一些女性)住在公园和棚户区(被嘲弄地称为胡佛村)、在桥梁下甚至在大街上。在纽约市,无家可归者把地铁称为"五分钱的凑合"。大量白人女性首次成为无家可归者的一员。20 世纪 20 年代,工作吸引许多女性来到城市,她们有丧偶或者被遗弃者,但更多的是单身未婚者,随着工作的消失而被困在这里。在以往的任何经济危机中,女性从来没有大量出现,与男性不同,她们在等待分配救济食物的队伍或者城市街头并不引人注目。虽然她们在官员和公众眼里很大程度上是看不见的,但是女性代表了在这个时期约 10% 的城市无家可归人口。有些城市没有贫穷女性的设施。大萧条之前,在劳动力和房产市场,一直被根深蒂固的种族和性别刻板成见边缘化的非裔美国男女,是另外一个在大萧条早期被正式忽视的群体,他们被迫寻求黑人社区的教会和其他挣扎着的机构的帮助。在 20 世纪 30 年代早期,尽管他们的数量急剧增加,但是无家可归的非裔美国人遭到广泛持久的歧视。许多私人避难所对他们关闭大门,黑人男女只有在市政避难所才能确保有一张床。1932 年,在富兰克林·罗斯福当选总统后,联邦政府对经济恢复做出巨大承诺,并且对失业者、流动过往旅人和无家可归者承担了部分责任。新政管理者和美国国会将他们视为一场经济灾难的无辜受害者,设立了众多的机构和项目来阻止下跌惯性运动,包括 1933 年的《联邦紧急救援法》。紧随《联邦紧急救援法》之后,1935 年的公共事业振兴署和《社会保障法》给各州提供直接款项,来帮助流动旅人和无家可归者,为那些有法定住所者创造临时工作。没有家属的单身成年人第一次符合家庭救助的条件。在二战之前的几年,随着公共援助代替了乞讨、施粥场和露天营地,城市地区的无家可归问题逐渐减小。

在接下来的战争里,随着美国城市贫民窟的大量出现,流浪者成为了游荡者。按病理学语言界定,无家可归者主要是中年白人男性,他们中许多是酗酒者,他们虽然无所寄托,但是比世纪之交的流浪者和流浪汉更安定些。因歧视被迫在城市贫民区寻找庇护所的黑人男性,是战后岁月里的"隐藏的无家可归者"。白人

或黑人,这支流动的城市男性人口几乎没有引起关注,直到 20 世纪 70 年代中期仍然是一件本地麻烦事。

对 20 世纪 70 年代开始的无家可归的激增没有单一的解释,它仍然构成一个重大的社会问题。联邦政策和立法影响了就业机会、财政、心理健康和住房决策,是主要的罪魁祸首,但是当地因素在任何给定情况下也起了作用,包括公共住房和廉租房的可用性、分区制的变化、工作项目、福利因素、毒品和绅士化。再加上变化着的家庭结构、有界限的贫民窟地区和的一居室(SRO)住房单元的破坏,迄今为止隐藏的无家可归者在城市地区传播开来,成为高度可见的无家可归者和庇护所居民。具体数字依计算的场所和方法而异,但是到 20 世纪 80 年代初成千上万的人是正式的无家可归者;其中最大数量的是少数民族成员——单身男性、未婚女性并且第一次出现单亲母亲。对许多美国人来说这是一段无与伦比的新兴繁荣时期,新的无家可归者只得到了零星的公众同情和支持。此时发生了一个意识的集体转变。尽管公众要求市政府官员"做点什么",特别是为家庭做点什么,但是实际上这些抗议大多数是要在求移除眼中钉——收回公园、街道、火车站和其他公共场所。福利旅馆、乞丐与"露宿街头的拾荒女人"成为该危机的不朽象征。

随着新无家可归者的增长,出现了源源不断的统计、政策研究、专著和调查报告。1982 年建立的无家可归者全国联盟(National Coalition for the Homeless),与许多地方组织一起致力于把该问题保持在全国意识和社会议程的前列。其目标是迫使城市为非常穷的人提供支持和足够的服务,考虑收入维护、保障性住房和种族的政治问题。

在许多方面无家可归是永恒的。可见的无家可归创造了城市障碍感和焦虑感,除了大萧条时期,人们倾向于认为无家可归是破坏社会秩序的以及可能的危险。事实上,无家可归通常是涉及性别和种族问题的最终结果,是有这种问题的绝大部分世界宁愿忽视的。对于为什么出错以及可以怎样修正并没有共识。

延伸阅读书目:

● Abelson, E. (1999). Homeless in America. *Journal of Urban History*, 25(2), 258 - 270.

● DePastino, T. (2003). *Citizen hobo: How a century of homelessness shaped America*. Chicago: University of Chicago Press.

● Katz, M. B. (1989). *The undeserving poor: From the war on poverty to the war on welfare*. New York:

Pantheon.

● Kusmer, K. L. (2002). *Down and out, on the road: The homeless in American history*. New York: Oxford University Press.

Elaine S. Abelson 文

余志乔译　陈恒校

私人拥有住房
HOMEOWNERSHIP

到 20 世纪中叶，人们普遍认为独栋业主自住的房子是中产阶级地位的标志，是美国梦的一种象征。然而，美国人颂扬私人拥有住房并不是美国情感与生俱来的，也不是美国政治意识形态的必然结果。不如说，它从 19 世纪晚期工业化城市千变万化的工作和住房状况中出现，并受到进步时代的改革运动、新政住房项目和战后直到 1970 年联邦对住房购买者的补贴所推动，60％以上的美国人拥有了自己的住房。在不到一个世纪的时间里，房主自住的独栋房子——无论是新英格兰郊区的农舍式住宅、芝加哥的平房，还是西南部农场风格的住房——逐渐成为美国生活方式的缩影。

托马斯·杰斐逊的农业共和国愿景，提出了早期美国人加诸财产的重要性。但是在杰斐逊的世界，私房业主用其财产来生产收益，或者生产他们家庭生活必需品；住房坐落在农场的中心，或者附属于工匠的作坊。在城市工业中心的住房剥夺了这种经济目的。一个常被忘记的残酷事实是，在 19 世纪的大部分时间里，城市美国人几乎不强调拥有私人住房。

第一次将城市小屋所有权与"美国生活标准"联系起来的，是 19 世纪晚期来到美国北部城市的欧洲移民。对于在内战后到达美国城市的欧洲人来说，获得地产有着意识形态价值和经济加权值。买房几乎意味着购买作为一个美国人的新地位，也是对地产属于乡村贵族的旧世界土地所有制的决裂。通过借款首付的公共努力、合作社提供抵押贷款以及新移民在他们同胞住所的膳食，美国的私房屋主是有担保的。设想私房屋主为独立于雇主的自主权，用后院、寄宿者、住房作为贷款抵押品，来保证低收入工人增加家庭收入。私房屋主没有提升劳动者进入中产阶级，但是它在低薪工业经济中常常帮助支持家庭奋发生存下去。

到 19 世纪 80 年代，北部工业城市多达 30％的工资工人拥有自己的住房。在芝加哥，他们购买了四居室和六居室别墅，在匹兹堡购买行列式砖房，在波士顿购买两层木屋。有些工人自己造房子，而其他人花钱请当地的木匠，他们通常每年建造三至六所房子。住宅房地产所有权证明不仅是产生额外收入的短期策略，而且也是一种长期的投资，一个避免未来不确定性损失的措施，最多情况中，是一种留给下一代一些值钱东西的方式。

住宅建筑业的逐渐扩展刺激了郊区化，吸引新买家成为私房屋主。在 19 世纪 80 年代晚期，新一代的商人开始出售城市边缘的房子，他们购买土地、细分地块，并且建造独栋房屋。使用标准化材料和工厂制作的门框、窗扇和模具，建筑商可以雇佣大量的不熟练工人，比单个木匠一年建造多得多的住房。建筑商用铁路线的扩展来吸引新买家购买郊区的房屋，铁路降低了到市中心的通勤成本和时间。当市政建造下水道和供水系统时，建筑商就安装户内的管道，这增加了住房的成本，但是建筑商可以用健康的名义推销住房。建造更大更精致的房屋常使价格超过一般工人购买力，建筑商用广告战来吸引更富有的买家成为私房屋主。

到世纪之交，社会改革家为城市住房市场的扩展作出贡献。公共卫生改革者担心接触性传染病的威胁，敦促居民在郊区寻找健康环境。社区改良会所的志愿者调查了贫困社区的生活条件，认为过度拥挤对孩子有医疗和道德方面的风险。如芝加哥的简·亚当斯、纽约的劳伦斯·维勒这样的改革者倡导家庭隐私，建议家中不要有寄宿者和仆人，认为业主自住的独栋住宅将会保障家庭隐私和家人健康。

20 世纪前 20 年的北方城市里，来自农村和南部小镇的非洲裔美国人难以找到贷款来买房。面对越来越严苛的种族隔离，大多数黑人移民搬到很大程度上的黑人社区租借住处。例如，有些黑人房产企业家对购买房屋的黑人提供家庭贷款，如哈莱姆的菲利普·佩顿（Philip Payton）和芝加哥的杰西·宾加（Jesse Binga），他们在 20 世纪 20 年代建造了主要面向非洲裔美国人私房屋主的小型郊区。对美国黑人来说，面对附着在财产契约和常常被债权人拒绝的种族契约，私房屋主是一个近乎不可能的妄想。

到 1920 年，40％以上的美国人拥有自己的住房。1923 年，商务部长（未来的总统）赫伯特·胡佛写道，私房屋主数量的增加是稳固经济社会的一个标志。胡佛相信私房屋主服务于国家的精神和经济需求，发起了宣传运动和住房会议来促进私房屋主。随着他的"美国更好住房"（Better Homes for America）运动，成千上万的志愿者分发商务部的小册子，举行年度竞赛，鼓励他们的邻居买房。整个 20 年代中叶,住宅建筑业蓬勃发展。

大萧条摧毁了住房建筑业和私房屋主。1928—1933 年间,住房地产的建造下降了 95%。1930 年,约 150000 个非农业家庭因丧失抵押品赎回权失去他们的房产;两年后,该数字跃升到 250000。作为回应,富兰克林·罗斯福在新政时期通过立法,支持建造业,挽救面临即将丧失抵押品赎回权的房主。1933 年 6 月 13 日,房主贷款公司签署成为法律,给成千上万面临丧失抵押品赎回权危险的抵押贷款提供资金,引进了长期的分期付款贷款,来代替 20 世纪 20 年代大多数买家使用的典型 5—10 年按揭贷款。

随着 1934 年 6 月 27 日通过《国家住房法》,国会建立了联邦住房管理局,这个为二战后私房屋主率急剧增加负责的联邦机构。联邦住房管理局旨在不用政府直接支出而刺激建筑业,确保私人贷款提供住房抵押贷款,彻底改革住房金融业。它将首付从 30% 减少到 10% 以下,延长保证抵押贷款到 25 至 30 年的偿还期,确立了住宅建造的最低标准,它成为了该行业的大致标准。联邦住房管理局后来通过 1944 年的《退伍军人再调整法》或称《退伍军人权利法》增补。

联邦住房管理局政策的灾难性后果是美国城市和郊区日益强化的种族隔离。联邦住房管理局使用房主贷款公司开发的资产评估系统,容易确保白人新郊区得到抵押贷款,而拒绝老郊区地区贷款。关于"不和谐的种族或者族裔群体",联邦住房管理局的估价师声称,一个地区如果没有执行种族隔离,那么该地区就会失去价值。结果是,大部分郊区开发商拒绝将房屋出售给黑人买家,城市黑人社区非常渴望投资资本。

随着联邦继续补贴建筑商和买家,二战后岁月里私房屋主率急剧扩大。独栋住房从 1944 年的 11.4 万跃升到 1948 年的 100 多万。到 1950 年,郊区增长率是中心城市的 10 倍。战后郊区化和私房屋主的标志是威廉·莱维特建造的莱维敦。莱维特最早在 1947 年开发,他在长岛的亨普斯特德用成排的完全相同的独栋房屋覆盖了 4000 英亩的马铃薯农场。每幢住宅包括一个 12 至 16 英尺带壁炉的客厅、一间浴室、两间卧室和一个靠近前入口的厨房。该住宅最初售价 7999 美元,尽管遵循联邦住房管理局政策,工人阶级买家是负担得起的,但莱维特拒绝将房子卖给非洲裔美国人。虽然建筑评论家嘲笑其"千篇一律",但莱维特广受欢迎,莱维特的方案被全国的建筑商复制。

到 1972 年,联邦住房管理局确保了将近 1100 万家庭的抵押贷款。种族歧视性的贷款实践在法庭上受到挑战,民权倡导者努力使更大多数人可以成为私房屋主。1980 年,私房屋主率达到 63%。由移民工资劳动者在工业化城市挣扎生存所激发的一种理想,业主自住的独栋房屋如今已成为美国梦。

延伸阅读书目:

- Edel, M., Sclar, E. D., & Luria, D. (1984). *Shaky palaces: Homeownership and social mobility in Boston's suburbanization*. New York: Columbia University Press.
- Nicholaides, B. (2002). *My blue heaven: Life and politics in the working-class suburbs of Los Angeles, 1920 - 1965*. Chicago: The University of Chicago Press.
- Thernstrom, S. (1970). *Poverty and progress: Social mobility in nineteenth century city*. New York: Atheneum.
- Warner, S. B. (1962). *Streetcar suburbs: The process of growth in Boston, 1870 - 1900*. Cambridge, MA: Harvard University Press.
- Wiese, A. (2004). *Places of their own: African American suburbanization in the twentieth century*. Chicago: University of Chicago Press.
- Zunz, O. (1982). *The changing face of inequality: Urbanization, industrial development, and immigration in Detroit, 1880 - 1920*. Chicago: University of Chicago Press

Margaret Garb 文

余志乔译　陈恒校

凶杀
HOMICIDE

至少有两个世纪,美国人将城市与犯罪尤其是暴力犯罪相联系。这种担忧为公共政策提供了资料,融入了政治辩论,感染了对待工人阶级、外国出生者和非洲裔美国人城市居民的态度。但在美国历史上的大多数时期,城市中心比所谓和谐的道德健康的美国乡村少些暴力。美国最城市化的州凶杀率适中,甚至是长期以来被认为是暴力大锅的纽约市,在 20 世纪的大部分时间里要比美国整体的凶杀率低。然而,暴力犯罪和美国城市之间的关系并不是静态的。城市暴力在美国历史上急剧变化,反映了城市生活本质的更广泛变化。

社会科学家分析暴力凶杀率图表,计算每 10 万居民的谋杀和过失杀人的数量。通过使用一个控制人口规模的标准化措施,学者们可以跨时间跨空间比较暴力水平。此外,与人身攻击或者其他形式的犯罪暴力不同,凶杀有相对明确和不变的界定,因此,凶杀率提供了暴力行为的最精确衡量。在过去的 20 年里,历史学家就这个话题进行精细的研究,使得识别暴力的长期变化成为可能,使城市产生暴力的悠久神话破灭。

直到 19 世纪中叶的几十年,美国城市几乎没有经历暴力。尽管饱受人口快速增长和早期工业化的令人不安的影响,但是如纽约、费城和波士顿这样的城市在安德鲁·杰克逊总统时有较低的凶杀率。然而,从 19 世纪 40 年代直到 60 年代,暴力死亡水平急剧上升,在某些城市中心翻了一倍。人口、社会和文化的因素汇合导致暴力的激增。例如,高移民率和高贫困水平,与变化的阶级与性别意识形态相结合,在世纪中叶塑造了一个喧嚣的单身亚文化,其中年轻男子用酗酒和斗殴确立他们的地位。

尽管廉价枪支突然增多、贫困率增长、激烈的民族、种族和阶级冲突以及飞涨的人口密度,但是在 19 世纪最后三分之一时间里,在东北的老城市,致命暴力率保持稳定或者下降了。城市历史学家认为,文化和制度力量增强了这一时期的公共秩序,阻止了斗殴、酗酒和其他刺激暴力的活动。雇主要求增加工厂纪律,学校灌输自我控制,执法者宣告侵略性、无序的行为违法。例如,世纪之交的纽约市有骚动不安的各自为政的人口,但是暴力犯罪适度。在 20 世纪 10 年代晚期,纽约市的凶杀率大约是全国凶杀率的一半,是密西西比州凶杀率的五分之一。人口密度和异质性都不是触发工业城市高水平暴力的原因。

但是城市凶杀率也依空间及时间而变化。西部城市,尤其是西南部城市,尽管比东北大城市的人口少,但却经历了高暴力率,反映了激烈的种族关系、制度不稳定和颂扬攻击性的区域文化。例如,20 世纪初孟菲斯的凶杀率是旧金山的 4 倍、芝加哥的 6 倍、纽约市的 9 倍、费城的近 13 倍。查尔斯顿、新奥尔良和亚特兰大也遭受了远高于南部之外的城市的致命暴力水平。尽管在 20 世纪差距缩小,但是南部城市继续比其北部或中西部城市更为暴力。

在大萧条期间城市凶杀率减少,表明贫穷本身并不引发暴力,然后从 20 世纪 60 年代到 80 年代,凶杀率猛然高升。例如,芝加哥的凶杀率在 20 世纪 30 年代期间下降了 51%,但是在 1960—1990 年间增到三倍。文化压力、种族冲突、经济混乱、手枪的易得性、青少年人口比例的飙升、不稳定的毒品市场,这些因素相互作用,促成这个时期城市暴力的激增。美国大城市比该时代美国整体更暴力些,在这过程中夸大了政治和种族紧张。然而,在 20 世纪的最后十年,城市和全国的凶杀率大幅下降,在纽约市和其他城市下降了 50%。但是在致命暴力方面,大城市的趋势日益成为全国性的趋势。在相当大的程度上,作为全国城市中心变化的结果,20 世纪晚期美国的凶杀率下降。1991 年,纽约市就占全国凶杀率的 9%,7 个城市占据美国凶杀的四分之一。因此,在主要城市凶杀的下降,在很大程度上产生了全国凶杀率的下降。

正如美国比大多数国家长期经历高水平的暴力一样,美国城市一直比其他国家更加暴力,这一状况将持续下去,美国城市一直充斥着血腥。20 世纪初,芝加哥一般每年有着比英国和威尔士加起来还要多的凶杀。同样地,20 世纪晚期纽约市的凶杀率是伦敦的 11 倍,20 世纪晚期洛杉矶的凶杀率是澳大利亚悉尼的 20 倍。随着社会、文化和种族紧张的转变,美国城市的凶杀水平也将会改变,尽管用国际标准来看,美国城市犹如国家整体,一直并且仍然是非常暴力的。

亦可参阅:犯罪与罪犯(Crime and Criminals),刑事司法体系(Criminal Justice System)

延伸阅读书目:

- Blumstein, A., & Wallman, J. (Eds.). (2000). *The crime drop in America*. New York: Cambridge University Press.
- Hoffman, F. (1925). *The homicide problem*. Newark, NJ: Prudential Press.
- Lane, R. (1997). *Murder in America*. Columbus: OhioState University Press.
- Monkkonen, E. (2001). *Murder in New York City*. Berkeley: University of California Press

Jeffrey S. Adler 文

余志乔译 陈恒校

爱德华·霍珀
HOPPER, EDWARD

爱德华·霍珀(1882—1967)善于利用美国城市的视觉形象并把它画出来,特别是城市中男男女女的形象。无论描绘沿乡村道路的可辨的荒凉加油站景观,或者是城市街区中的一个拐角餐厅,霍珀的画板描绘人类生活,呈现日常生活中城市人口的心理变迁。在他的作品中,城市构成更大的人类现实状况的一个背景和暗喻。

霍珀像使用军刀一样,用光线猛然划过内在空间,将光投进空间来显示人物,人物往往孤零零在私人房间里,独自沉思或者做着简单工作,或神情冷漠或沉浸在他们自己的故事里。20 世纪二三十年代的大萧条是非常特殊的时代,霍珀的作品仍然是有普遍的吸引力和永恒的效果。他的引人注目的简洁图片激发想象力,让观众构建和解释他们之所见。他的大部分人物似乎都能无视他们的环境,这是他有意营造的,仅仅勾勒最重要的东西——他们全神贯注地沉思。展露似乎极为重要但同时又难以置信的寻常时刻,观众成为偷窥者或者旁观者,从一瞥中尽收眼底。不是指代特定的场所,这些内视图或外视图把握了许多场所的本质,或者甚至场所的类型,这又使得观众很容易地置身于叙事中。这些图画依靠图像叙事来建议,而不是讲述一个特定故事;他们留下印象或者是引人注目的似乎会说话的图像。他们不是充满动作的戏剧,而是在人们行为之前他们考虑行动的精彩瞬间,那个瞬间充满着某种大事的可能性。

霍珀通过他的画,用光线、美国城市环境、沉思默想的男女,来解释现代的人类状况。

1882 年,爱德华·霍珀出生在纽约的奈亚克(Nyack),1913 年搬到纽约市,并且一直在那里生活到 1967 年去世。在二十几岁时,霍珀为杂志、书籍甚至海报绘制插图,而在 40 出头时,他成为美国人文景观的著名画家,在弗兰克·雷恩画廊(Frank K. M. Rehn Gallery)的个人展出之后,立即获得了重大成功和认可。以一个美国日常生活的敏锐观察家著名,他同时也是一个现实主义者,他大大地简化和抽象他周围真实世界之所见。在他的世界通常有一种排斥或者退出感,一种人类看着自己周围生活继续前进的感觉。他的作品大部分都涉及个人处理源于美国城市工业化的问题。从这一点来说,霍珀是美国城市经历中特定时刻的解说员。

亦可参阅:大萧条和城市(Great Depression and Cities)

延伸阅读书目:

● Hobbs, R. (1987). *Edward Hopper*. New York: Harry N. Abrams.

● Wagstaff, S. (2004). *Edward Hopper*. New York: Tate P.

Martha Bradley 文

余志乔译 陈恒校

弗兰克·霍恩
HORNE, FRANK S.

1899 年 8 月 18 日,弗兰克·史密斯·霍恩(Frank Smith Horne, 1899—1974)生于纽约市,他是艺人莉娜·霍恩(Lena Horne)的叔叔,1921 年毕业于纽约城市学院(City College of New York,文学士学位),并在后来不到两年的时间里获得北伊利诺伊眼科学院(Northern Illinois College of Ophthalmology)博士学位(在那里他被认为是白人)。在 1923 年到 1926 年间,在转向教学前,霍恩在纽约和芝加哥做验光师。1933 年,他完成了南加州大学的硕士学位,1926 年至 1935 年间成为佐治亚州谷堡州立大学(Fort Valley State College)的院长和代理校长。他不仅仅是一个教育家或医生,多才多艺的霍恩在《危机》和《机会》发表了备受赞誉的诗歌,目睹他的作品被康迪·卡伦(Countee Cullen)、兰斯顿·休斯(Langston Hughes)、阿纳·邦唐(Arna Bontemps)编辑成卷。"自杀者附近发现的信件"(Letters Found Near a Suicide)应当是其最为著名的作品,他对哈莱姆文艺复兴的贡献是值得注意的,那只是其公共服务一生的序曲。

当玛丽·麦克劳德·贝休恩(Mary McLeod Bethune)将霍恩招募为国家青年管理局黑人事务部(Division of Negro Affairs in the National Youth Administration)的助理主任(1935—1938)时,他的职业迎来了决定性的转向。霍恩很快离开那份工作,并为罗伯特·韦弗博士工作,在 1938 年到 1940 年期间,韦弗帮助他在联邦住房管理局下建立种族关系服务部(Racial Relations Service)。到 1940 年,霍恩取代韦弗成为种族关系服务部的领导,二战后成为新住房和家庭金融管理局的局长助理。

作为该机构的主要种族关系官员,霍恩因他的住房专长和热心捍卫少数族裔利益而获得举国公认。在 20 世纪 30 年代晚期,霍恩和韦弗把股权观念提升为一种政策,不仅在人口统计学和需要的基础上分配公共住房,而且也给少数族裔提供建筑和管理的工作。把公平概念推到改变的战后世界所允许的程度,霍恩成为所有住房项目中(不成功地)支持无肤色歧视政策的最强音。其漫长的内部备忘录准确警告,在歧视基础上开展城市改造和更新,会产生不可避免的灾难性后果。1953年,艾森豪威尔政府为了政治原因试图免去这个敬业的新政拥护者,但是赞美霍恩知识和能力的抗议浪潮,迫使共和党人在保持脸面的妥协中留用他。然而在一年之内,霍恩抵制使用政府项目加强贫民窟,连同他渴望对美国最高法院在布朗诉教育委员会案件中的裁决作出宽泛解释以及要求联邦支持住房项目使得他在1955年被解雇。住房和家庭金融管理局直到此时多少有点受到官僚内耗的抑制,现在则加速了包括大量拆迁的计划,以城市更新的名义强制少数族裔迁移。

被迫辞职后,霍恩搬回纽约,成为城市族群关系委员会(City Commission on Intergroup Relations)主任,后来成为城市住房再开发委员会(City Housing Redevelopment Board)的一名工作人员。他也是1950年反对歧视性住房全国委员会(National Committee Against Discrimination in Housing)的创始人,在1974年9月7日去世时,他是荣誉主席。

亦可参阅:联邦住房管理局(Federal Housing Administration),1949年住房法(Housing Act of 1949),1954年住房法(Housing Act of 1954),公共住房(Public Housing),城市更新和复兴(Urban Renewal and Revitalization),罗伯特·韦弗(Weaver, Robert C.)

延伸阅读书目:

- Hirsch, A. R. (2000). Containment on the home front: Race and federal housing policy from the New Deal to the Cold War. *Journal of Urban History*, 26, 158 - 189.
- Hirsch, A. R. (2000). Searching for a "sound Negro policy": A racial agenda for the housing acts of 1949 and 1954. *Housing Policy Debate*, 11(2), 393 - 441.

Arnold R. Hirsch 文

余志乔译 陈恒校

城市中的马
HORSES IN CITIES

在任何城市地区,运输货物和载人的需求是至关重要的。在早期城市历史上,许多人居住在典型的步行范围内,因此,他们的就业可能性受到他们愿意走多远的限制。随着美国向西扩张,交通的需要变得更加迫切,马的使用变得更为显著。直到20世纪早期,马匹在大多数城市地区仍是一种常见的景象。马可以拉货车、客车以及各种其他市政交通工具。

市政当局在城市基础设施的发展中被迫考虑马,有着喜忧参半的记录。例如,街道通常设计为让两辆马车同时并排通过,但是没有制定条款来应对一匹马越过不平或者未铺砌的道路时可能发生的情况。此外,马粪的处理不理想,开敞下水道有时难以使马健康。不过,城市管理竭尽他们之所能。

当第一辆公共汽车引入城市(基本上是马拉着有轨车,而不是一些其他类型的推进系统),马看起来似乎是一种完美的运行方式。不幸的是,马在汽车的重压下紧张,许多马伤害了自己,或者受到司机虐待。在夏季的月份里,在如纽约和芝加哥这样的城市,重体力活动的压力如此之大,以致于马往往就地倒下死去。为了改善这些问题,如果将要开始长途运输,司机会试图给马休息一下,或者用额外的备用马帮助拉重物上山。

对于城市卫生问题是够困难的了,雪上加霜的事实是马必须拉垃圾货车。当一匹马死亡时,它常常待在它倒下的地方,因为把1000磅重的死动物装到垃圾马车上,在最好的情况下也是很难的,拉这样的马车很有可能导致另外一匹马的死亡。一个腐烂的动物尸体吸引害虫,进一步传播疾病并且产生异味。

城市也面临与饲养马相关的挑战。一匹普通的马每天生产10—20磅的固体废物,消耗16—20磅的食物。此外,必须把马被安置在一个足以保持健康的地方。考虑到这些,在任何城市马的空间都是有限的,更别说在一个极度依赖马匹使用的城市。1900年,尽管新设计的如铁路和地铁这样的公共运输系统已经开始使用,但纽约市仍有约130000匹马。在芝加哥,马匹的数量没有那么多(约74000),但仍然是一个需要容纳的大数目。费城和圣路易斯各自保有至少35000匹马。

对于市民和城市打工仔来说,马既是天赐之物,又是麻烦事。马可以运输好几倍于人能携带的货物量,而且比人跑得更快。缺点是,马很容易受惊。警察表彰报告经常援引一个警官在马伤害人之前,勇敢地将失控的马减慢速度。很大一部分城市预算也用于对马的照顾。1900年,芝加哥警察局雇用五个兽医来提供马匹医疗服务,兽医必须帮助拉应急车辆的马匹保持至少过得去的状况。即使马被照料得很好,它们的平均预期寿命也只有 4 到 5 年。

马匹疾病并不罕见。例如,1872 年波士顿市中心爆发一场大火中,虽然火灾中导致的生命损失不如著名的芝加哥大火,但是该火灾有一段时间没有受到控制,因为拉消防车的马要么生病或者死亡,这源于那年夏天的马瘟大流行(称为家畜大流行病)。消防部门雇佣临时工来拉消防车,但这对于许多建筑物的火情来说几乎没用。最后,有 14 人死亡,1000 多人失去工作,65 英亩土地上的 776 座大楼彻底烧毁。

马对于所有人来说过于昂贵,但是对居住在城市内的富人却不是这样。尽管富人能够支付得起私人马车,但是大多数人甚至付不起 5 美分的票价乘坐城市的公共马车。对于马匹主导地位的第一个真正挑战是有轨电车,是由蒸汽发电机拉动,或者后来的电力,即由电缆拉动或者电力为动力,在轨道上运行的有轨电车。市内铁路也与马拉车服务竞争,但是马匹在铁路、无轨电车、缆车去不了的地方仍然保留。19 世纪 80 年代晚期,当自行车出现时,构成对马车主导地位的另外一个重大威胁。人们把自行车看作比马更好的选择,因为它容易存放,极少需要维护,没有在街上留下有害健康的马粪。汽车的到来意味着马车雇用的结束。尽管预测马将会仍然是富人交通的主要形式,但是汽车被视为是下一步运输技术。汽车不像马一样容易受惊,更容易储存,并且受司机控制(只要司机警惕),这些都使马处于劣势。到 20 世纪 10 年代晚期,马匹从大多数城市地区被逐出。只是最近,马才回到了城市环境,但是主要由警察运用它们控制人群,以及乘游客的二轮轻马车司机运用,游客想要乘马车以他们的曾祖父母的速度看看城市。

延伸阅读书目:
- Goddard, S. (1996). *Getting there: The epic struggle between road and rail in the American century*. Chicago: University of Chicago Press.
- Kaszynski, W. (2000). *The American highway*. Jefferson, NC: McFarland Press.
- McShane, C. (1994). *Down the asphalt path*. Chichester, NY: Columbia University Press.
- Miller, D. (1996). *City of the century*. New York: Touchstone

Cord Scott 文

余志乔译　陈恒校

医院
HOSPITALS

1752 年,费城建立了美国第一家永久性医院——宾夕法尼亚州立医院。其他早期城市医院包括纽约医院(New York Hospital,1771 年)和波士顿的马萨诸塞州综合医院(Massachusetts General Hospital,1821 年)。每家医院的建立都是照料贫穷病人的慈善事业,在 19 世纪早期城市医院护理仍然以照料穷人为主。在大多数情况下,医院难以区分病人的身体疾病和经济疾病;对此,纽约的第一个市政综合医院贝尔维尤(Bellevue),直到 1849 年都是该城公立救济院的组成部分(如隔离检疫医院、军事医院和接种医院这样的临时医院也可以追溯到殖民时代)。

在内战时期美国医院的数量开始增加,并且在内战后急剧增加。1873 年第一次对美国医院调查只有 178 所;到 1900 年,有成千上万的美国机构照料病人。它们包括各种类型的医院:治疗男女两性、不同年龄及患有各种疾病的综合医院,以及众多致力于特定疾病和病人医疗的专科医院。此外,被称为收容所或睦邻之家的机构也提供医疗看护,如孕妇之家。

医院的增加是公共和私人自发创新的结果。为了应对美国人——通常是城市居民数量的增长,他们在生病或者虚弱时不再能够依靠传统的看护和支持方式,因此市政当局和慈善组织创立了许多慈善医院。在 19 世纪早期,医院主往属于精英尤其是城市医生,但他们不参与决策,真正的决策者是医院的管理者,此时,医院具有强烈的宗教和文化特征,医院管理者会考虑病人的品格,并预估是否能转变其价值观或信仰,以此作为收治的条件。他们提供一种环境,在那儿病人可以说自己的语言、由自己的神职人员拜访、吃他们自己习惯的或者其宗教信仰所要求的食物。面对其他医院的歧视性做法,在该世纪晚期,非洲裔美国人也组织了自己的医院。城市的例子包括芝加哥的节俭医院(Provident Hospital,1891)和费城的道格拉斯医院(Douglass Hospital,1895)。与宗教和种族医院一样,非洲裔美国人医院也给内科医生提供一个他们被别处拒绝的临床培训机会。

19 世纪 70 年代抗菌和无菌技术的引进使得手术更加安全,因此在 19 世纪下叶,医院手术的数量增加。然而,对医院危险的惧怕和医院护理的恶名依然存在。即使医院的数量增加,大多数美国人仍然在其他地方接受卫生保健治疗:自己家、医生的办公室,或者在城市穷人的案例中,在为穷人提供无需预约的医疗服务的药房。

随着20世纪初医院的继续增长,在美国医疗中医院和医院的作用也改变了。在第一次世界大战前夕出现了一种新型的综合医院,它超过了所有其他类型的医院,在美国医疗保健提供系统中逐渐获得了主要地位。与早些时候的综合医院不同,这种新机构提供急性护理而不是长期护理,病人越来越多地来自各行各业。

护理的专业化是现代医院重组的一个关键因素。在19世纪中叶之前,除了从事护理的修女外,医院护理被认为是声名狼藉的工作。从内战开始,美国女性通过引入医院护士培训学校来改革护理和护理教育(1873年,第一批学校在康涅狄格州纽黑文、波士顿以及纽约创立)。除了为美国女性打开一个新的职业,护士培训学校也为医院提供熟练劳动力,让她们吸引和照料更多数量的病人。对医院护理态度的转变也是一个关键的因素。在19世纪末,随着病人群体的扩大和慈善资源的减少,作为慈善机构创立的医院越来越多地需要病人多少支付一些医疗服务费。在提高医院收入以外,这也减少了某些附着于住院治疗的社会污名。(公立医院或者私立医院的历史名称是误导性的。美国医院的不同起源创造了公立医院和私立医院体系,在美国通常被称为志愿医院。由于他们的入院政策,志愿医院常常自称为公立医院。从历史上说,公立医院和私立医院之间的界线也是模糊的,因为私立医院也常常接收公共支持。)

美国医院组织的进一步变革是刻意努力的结果。进步时代改革者参与医院发展,新现代医院的标准化努力在很大程度上成功了。改革者把医院护理和管理的所有领域都当作目标,他们通过标准化寻求效率。与此同时,1920年卡内基基金会的《弗莱克斯内报告》(Flexner Report)使改革顺利进行,并且加速了使医院培训成为医学教学的必需组件的运动,加速了使医院关系成为医学院的必需品的运动。

到20世纪20年代,美国医院作为慈善机构的形象减弱了。医院用宣传私人病房的舒适以及最新药物来积极寻找付费病人。对于众多疾病的医院治疗越来越普遍,某些程序——例如,阑尾切除手术、扁桃腺切除术和照X光只在医院里进行。住院时间比早期要短得多,医院护理不再强调种族和宗教。在医院护理和治疗中医生的角色和重要性大大增加,最重要的是,美国医院不再具有慈善机构的特性,或者不再被认为是一个慈善机构。

即使到20世纪30年代中期,所有美国人中有三分之一在医院出生和死去,但是地区、种族和阶级差异仍然继续区分美国人接受或者寻求医疗护理的方式。医院和医疗护理在城市里比农村地区和南部更常见。城市医院一直在建立者的保护下,但是城市居民越来越多因其位置,而不是宗教或族裔关系来选择医院。医院治疗的成本对管理者和病人一直都是问题。改革者建议义务国民健康保险,但是组织支付医疗成本的志愿群体健康保险计划的努力更加成功(例如蓝十字)。 *350*

二战后,美国医院在美国医学和文化中的作用都继续发展。《希尔伯顿法案》(The Hill Burton Act, 1946)将联邦政府带入医院发展,扩大医院医疗的范围,资助现有医院改善医疗设施。随着新技术新疗法(青霉素、磺胺、链霉素)的引入,医学新时代的希望复兴了美国医院,并把它们重组为一个大得多的医院,有着许多专科单元。医院服务和医疗设施被重组为专科单元——例如,冠心病监护和重症监护——重塑着医院和病人的意愿体验。一个世纪前在一座小楼里建立的医院,现在扩展出了城市街区。

这些医院雇佣许多被新政时代工人收益排除的人,并且直到20世纪50年代他们在加入工会的努力中相对并不成功。1974年,否认医院工人罢工权的禁令撤销了。

正如早些时候人口变化和经济环境导致了美国城市中现代医院的崛起,在更新近的医院发展中人口统计和资产的作用也一样。20世纪60年代医疗保险和医疗补助法案为照料老人和穷人的医院提供资助,但城市医院感受到越来越多患者无法承担自己费用的危机。卫生保健成本迫使许多城市居民为他们的医疗寻找住院护理,在许多穷人社区急诊室成为临时诊所。一些城市医院关闭,此举经常受到社区的巨大反对。其他医院合并了,消除了为特定群体建立的医院和由特定群体建立之间的区分。随着在医院外给病人提供越来越多的医疗程序和服务,例如养老院、实验室和康复中心,综合医院只是美国人获得医疗保险的一系列机构之一。到20世纪末,随着医院继续演化以回应经济、社会和技术发展,很明显美国医院的发展远未结束。

延伸阅读书目:

● Gamble, V. N. (1995). *Making a plan for ourselves.* New York: Oxford University Press.
● Opdycke, S. (1999). *No one was turned away.* New

York：Oxford University Press.

● Reverby，S.，& Rosner，D.（Eds.）.（1979）. *Health care in America*. Philadelphia：TempleUniversity Press.

● Rosenberg，C. E.（1987）. *The care of strangers*. New York：Basic Books.

● Rosner，D.（1982）. *A once charitable enterprise*. Cambridge，UK：Cambridge University Press.

● Stevens，R.（1989）. *In sickness and in wealth*. New York：Basic Books.

● Vogel，M. J.（1980）. *The invention of the modern hospital*. Chicago：University of Chicago Press.

Bernadette McCauley 文

余志乔译　陈恒校

旅馆
HOTELS

　　旅馆是用来接待客人的,复杂而精妙。两百多年来,旅馆为旅客安排住宿、餐饮和简单的服务,其基本功能在于提供家庭式服务,并从中收取费用,也就是俗话所说的"家,远方的家"。但旅馆一直以来也提供其他多种服务,是社区活动聚集地,是商业中心、政治讲坛,也是住宅;在不断扩展的城市系统中,旅馆是至关重要的基础设施;在乡村地区,旅馆扮演着大都市文化的前锋。凭借其重要的功能和高超的适用性,旅馆已成为全世界最普遍的建筑之一。

　　美国最早的旅馆出现在 1790 年代的大西洋沿岸城市中,自始就与酒吧和酒馆极为不同——旅馆的建筑规模更为庞大,建筑风格更加宏伟,其内部设施融合了广阔的公共空间和为数众多的卧室。这种新的形制和设施抬高了其价格,而运营成本也高达 50 万。最早的旅馆是联邦党商业精英们创造的,他们希望借助旅馆搭建起遍布全国的交通设施,并削弱遍布工匠和早期劳工阶层中的政治激进主义。旅馆也被视作美国走上一条城市化和商业化道路的一种象征。对联邦党商业精英来说,旅馆当然可以提高其周边土地的价格,并且为其社交活动提供独享的空间。因此,早期旅馆很快成为社会交往、商业和政治活动的中心,纽约的城市旅馆(City Hotel)常常举办俱乐部聚会和社交舞会;证券交易所咖啡馆(Exchange Coffee House)成了波士顿掮客和券商的交易厅;而在华盛顿,联邦大众旅店一度成为临时国会,当国会大厦在 1812 年战争(War of 1812)中毁于战火后接纳了联邦议员们。

　　随着 1820 年代商业氛围的益发浓厚,全美各地涌现出许多旅馆,在随后的一个世纪中,伴随着城市体系的扩展和成熟,一个紧密相连的旅馆网络逐渐浮出水面。1825 年完工的伊利运河刺激了纽约的发展,而其他城市为了阻止纽约垄断内陆贸易,纷纷建立旅馆。巴尔的摩的城市旅馆、华盛顿的国民旅馆(National Hotel)、费城的合众国旅馆(United States Hotel)和波士顿的特里蒙特旅馆(Tremont Hotel)分别在 1826、1827、1828 和 1829 年开门营业,这些城市无不致力于建立连接内陆的交通网,旅馆正是其中一环。随着俄亥俄河流域和密西西比河谷中不断涌现新的城市,致力于推动城市发展的振兴主义者们乐于投资旅馆,作为提升城市地位的方法之一。火车技术的快速进步和 1840 年后铁路的广泛铺设推动了旅馆行业的发展,随着铁路线路穿过大平原和西部群山,旅馆也随之直抵太平洋沿岸。由于铁路将成千上万的游客送上旅途,因此东部和中西部的城市也迎来了旅馆业发展的高潮,这一黄金时代一直持续到 20 世纪初,甚至有些城市的旅馆业在 1900 年时已拥有超过 1000 个房间。然而好景不长,随着汽车行业的发展和国家高速公路网络的建设,以汽船和火车为主的交通逐渐淡出,而资本也被吸引到廉价的汽车旅馆上。

　　旅馆不仅对游客有吸引力,对城市居民亦然,因为城市日常生活是充满变化的。旅馆与方兴未艾的中产阶级文化恰恰相反,后者痴迷于个人隐私和家庭生活,而前者则重视公共生活——人们在旅馆中可以有选择地进行社会交往,既能挑选自己的客人,又常常能有惊喜的偶遇,因此美国人乐于在旅馆中寻找新的社会机会。这类聚会不仅包括政客、企业家和上流女子,也有赌徒和妓女,甚至盗贼有时也广受欢迎。旅馆也催生了城市生活的新方式,它将家务活分割打包,提供餐饮、洗衣和裁缝服务,吸引了那些想要摆脱家庭琐务的家庭。从 19 世纪初起,就有美国人将旅馆当作住房;从 1850 年开始,旅馆成为美国人社交活动的首选,也成为新建筑的模型——这种公寓式的建筑是 20 世纪城市住房的主流。

　　由于旅馆在全国的旅行、贸易和交流网中发挥重要作用,其影响力已超越其地域范围,其功能使其成为小社区与其周边环境之间的中介,并成为将大都市文化引入小镇和乡村的孔道。对于数以百万计的美国人来说,本地的旅馆是接触外部世界最近的渠道,人们可以在这里购买外地商人的货品,遇见四处演出的演员,也可以倾听候选人的竞选演说,或是接触到从城市或政治中心来的各色人物。旅馆可以让内陆旅行者见识到城市的新奇特性，从而改变人的观念。旅居大城市的外来客，实际上将自己置身于前沿的审美情趣和新奇技术中，因为新的审美和技术往往首先现身于旅店中，谋取盈利。返回家乡后，他们同时带回了对城市生活的期待和渴望，即购买生活设施如织锦窗帘、丝绒地毯、奢华的家具，以及蒸汽加热器、电灯和电话。尽管旅馆作为消费文化的先锋令人颇为反感，但到1940年代，海外的美国旅馆实际上扮演着资本主义橱窗的角色。

旅馆既是城市化的工具，也是其产品。旅馆从推动美国城市化进程的社会工具，发展成为促进大都市区向内地扩展的途径，并增加了城市边疆人口的增加。同时，旅馆超越了自身的基本功能，成为城市其他设施的典范，甚至成为某些机构的总部所在地；因此，其建筑形制解决了城市面临的许多棘手问题。在这一过程中，旅馆业已成为全美乃至全球现代化的先锋：它们是大都市市民的避难所，也是游客们的家。

延伸阅读书目：

- Boorstin, D. (1965). Palaces of the Public. In *The Americans：The National Experience*. New York：Random House.
- Groth, P. (1994). *Living Downtown：The History of Residential Hotels in the United States*. Berkeley：University of California Press.
- Sandoval-Strausz, A. K. (2006). *Hotel：An American History*. New Haven：CT：Yale University Press.
- Wharton, A. J. (2001). *Building the Cold War：Hilton International Hotels and Modern Architecture*. Chicago：University of Chicago Press.

A. K. Sandoval-Strausz 文

李文硕译　陈恒校

自建住房
HOUSING, OWNER-BUILT

在美国的城市和郊区，自建住房者主要来自工人阶级和贫困家庭，他们或购买或利用现成材料建造自己的家。自建住房的价格远低于商业住房，并且类型多样，有19世纪末华盛顿特区排成一排的木制小屋，有芝加哥西区街道后侧空地上框架结构的简易房，也

有20世纪初多伦多的棚屋（Shacktown）郊区。高速增长的工业城市是自建住房的聚集地，那里有大量收入低微的劳工，只能靠自己的体力建造住房。尽管这类住房通常面积狭小、采光不足并且缺乏室内上下水设施，但对于城市工人来说，却能让他们在房价高企的城市中获得安身之所。1920年代末美国的一项调查显示，自建住房的比例高达1/5；在下一个十年中，这一数字逐渐走低，更在二战结束后迅速下降。尽管如此，虽然自建住房的比例有限，但自建住房者在20世纪美国房地产市场中的确扮演了重要角色。

美国的住房建设市场主要包括三个板块：传统的建筑商（Custom Builders）、投机型建筑商（Speculative Builders）和自建住房者（Owner-Residents）。由传统建筑商承建的住房最为昂贵，往往由专业设计师负责设计，并由承包商带领熟练工人施工。第二类由商人或曰投机型建筑商负责的住房更为普遍，价格较低，式样虽不如前者理想，但也颇为适宜，并且在布局上常常成排分布。这类建筑商往往购置大片土地，之后将其分割成块，承建少则数栋、多则百栋住房，工人中间兼有熟练和非熟练工人。在许多城市中，投机型建筑商建好毛坯房后直接出售，以便低收入者可以购买后自行完工。第三类住房则完全由住者自建，资本投入少而劳力投入多；材料以廉价材料为主；面积较小，只有一到三个房间。

19世纪末20世纪初的自建住房者们大多拥有家庭，他们希望通过投入自己的劳力以降低资金成本，而剩男剩女们往往与父母合住或租房独居，因此没有建造住房的需要。大部分自建住房者或是新移民，或是非洲裔美国人，他们想要在北部的城市中拥有自己的住房。自建者购买或者租用一片土地，在支付小额首付后按月归还欠款。他们往往购买部分不得不买的材料，剩下的则从拆迁工地和垃圾场里翻找。有些人家的男人和小伙子们本来就是专业的木匠，但大多数自建者是收入低微的建筑工人，他们只掌握些微的建房技术。尽管媒体上的住房自建者们总是充满了个人主义和自给自足的豪情，但实际上，他们要想建成住房离不开妻儿老小和朋友邻居的帮助。

由于地价相对较低并缺少市政府的监管，自建者们往往购置城市建成区（Built-Up Sections）边缘的地块；他们为了降低建造成本并躲避卫生和住房监督，购买的地块处于大多没有或缺少上下水管道、人行道和垃圾收集服务的地区，实际上，他们是以牺牲上下水和室内管道的方式换取住房建设成本的降低，换取一个房东的身份。自建住房，尤其是那些没有室内管道的

自建住房,把家里的女人们困在家务活当中;而自建住房也常常意味着工作者必须长途通勤才能到达工作地点。随着自建住房数量的增加,自建住房社区也渐渐扩展,在工业城市的边缘逐渐出现了工人阶级的郊区。

尽管自建住房者的绝大部分是低收入者和工人阶级,但也不乏例外,少部分中产阶级家庭在 20 世纪初也加入到自建者的队伍中去。年轻的白领工人们,面对社会上对其办公室工作"女性化"的嘲讽,往往喜欢宣称喜爱住房建设这样的体力劳动。甚至西奥多·罗斯福总统也担心美国男人失去男子气概,鼓励年轻人参加各式各样的体力活动。约翰·麦克马洪(John McMahon)在 1915 和 1917 年先后推出了《垃圾也能造房子》(The House That Junk Built)和《成功在郊区》(Success in the Suburbs),这两本自建住房指南介绍了园艺和住房建设的建议,在一战期间将中产阶级自建住房推向了高潮。

受到建筑商批量建设和政府加强监管的影响,从 20 年代开始,自建住房的脚步慢了下来,并在 20 世纪中期急剧放缓。甚至就在 20 年代,越来越多的建筑商开始涉足廉价住房建设,以满足工人阶级的需求。战后,住房批量建设迅速膨胀,廉价住房不断增多,而工会工人的工资也在不断上涨,因此自建住房者的数量越来越少。对于自建者来说,新政期间成立的联邦住房管理局更为重要,因为该机构为工人阶级提供住房贷款担保;不仅仅是购房者,建筑商也受到利好影响,新的联邦法规放宽了双方的贷款担保与住房标准之间的关系。这样一来,工人阶级家庭也可以通过市场获取属于自己的住房了。在地方上,郊区的政府机构通过了新的区划方案,而郊区和城市官员往往不愿意忽视住房和卫生检查。

20 世纪初,低收入的工人阶级中之所以能够拥有较高的住房拥有率,原因就在于自建住房的存在,而其对于同时代工人阶级郊区的扩大和非洲裔美国人郊区的出现也有着重要影响。尽管自建住房和商业住房并不容易区分,但美国和加拿大的自建住房社区的确有着明显差别,比较美国的底特律、克利夫兰、匹兹堡、洛杉矶、辛辛那提、纽约的罗切斯特、密歇根的弗林特以及加拿大安大略的汉密尔顿和多伦多就可以看出来。对于整个美国来说,自建住房塑造了城市邻里的居住条件和社区文化。

延伸阅读书目:

- Harris, R. (1996). *Unplanned Suburbs: Toronto's American Tragedy, 1900 - 1950*. Baltimore: Johns Hopkins University Press.
- Nicholaides, B. (2002). *My Blue Heaven: Life and Politics in the Working-Class Suburbs of Los Angeles, 1920 - 1965*. Chicago: University of Chicago Press.
- Weiss, M. A. (1987). *The Rise of the Community Builders: The American Real Estate Industry and Urban Land Planning*. New York: Columbia University Press.
- Wiese, A. (2004). *Places of Their Own: African American Suburbanization in the Twentieth Century*. Chicago: University of Chicago Press.
- Zunz, O. (1982). *The Changing Face of Inequality: Urbanization, Industrial Development, and Immigration in Detroit, 1880 - 1920*. Chicago: University of Chicago Press.

Margaret Garb 文

李文硕译　陈恒校

1934 年住房法
HOUSING ACT OF 1934

1934 年 6 月 27 日,美国国会通过了《1934 年全国住房法》(National Housing Act of 1934)。该法案是截至当时美国最重要的住房立法,授权成立了联邦住房管理局(FHA)和联邦存贷款保险公司(Federal Savings and Loan Insurance Corporation,FSLIC),引入了抵押贷款的相互保证机制,并允许全美抵押贷款机构的联合。该法案并且在美国经济的住房和财政部门发挥了重要作用。

联邦政府在 1930 年代以前很少插手住房事务,私人住房的供应及其获得资助的方式更多地受到地方政府部门及当地因素的影响。1929 年股市崩盘后引发的大萧条凸显了住房市场的不稳定性。此前,为住房提供抵押贷款的大多是小型存贷款银行,它们通过从其他机构借款为购房者提供贷款,如今在经济危机面前只得关门大吉——据统计,从 1929 至 1933 年,大约 9760 家商业银行破产倒闭。由于高达 89.6% 的存贷款是以抵押贷款的形式存在的,因此可以想见,如此之多存贷款银行的倒闭对住房市场的抵押贷款是灾难性的。到 1933 年,平均每天有 1000 笔抵押贷款权被赎回。

甚至在抵押贷款权被赎回的高潮到来之前,胡佛政府在 1932 年 7 月 27 日通过了《联邦住房贷款银行法》，试图缓解住房市场的紧张局势。该法案为购房者申请贷款提供额外的担保，但此举对房主并没有直接帮助。在罗斯福政府的游说下，该法案增加了新的条款，其中包括成立房主贷款公司。公司成立于1933年6月13日，对已经违约或被赎回的抵押贷款进行资助，以这样的方式降低抵押贷款赎回的比例，但对于增加住房建设和贷款却收效甚微。

深得财商两界支持的第73届国会通过了《1934年住房法》，该法案的核心内容即发起成立FHA，立法者希望通过提供担保的方式鼓励银行更多的发放贷款。例如，如果借款人无法支付足够的首付，银行可以将其差额换成政府债券；借款人自己支付保费，即首付的1％，后来又降低到0.25％到0.5％；在这一过程中，联邦政府承担了债务违约的大部分风险。FHA对房主提供的帮助虽然是间接的，但也是切实可行的，该部门要求购房贷款必须分期支付（月供可以降低其本金和利息）并为之提供长达20年甚至30年的担保，通过这样的方式规范了银行的放贷行为。

《1934年住房法》也通过其他方式影响了银行的抵押贷款业务。在1930年代，前所未有的取款狂潮引发了大量银行破产，严重动摇了公众对金融制度根基的信心，为此，国会成立了联邦存款保证公司（Federal Deposit Insurance Corporation，FDIC）来解决这一问题，为商业银行的信托公司提供不超过1.5万美元的保险。1934年住房法同时也开展了一项伙伴计划，即FSLIC。该项目拥有本金1亿美元，保证联邦和大多数州立存贷款金融机构中的存款人，即使在银行倒闭后仍可收到不超过5000美元的资金；而参与其中的存贷款机构则需向FSLIC支付一笔特别款项，后者利用这笔经费建立储备金，当储备金达到所有参与机构存款和债券总额的5％时，FSLIC便停止收取特别款项。该政策的制订者希望，FSLIC能够重塑美国人对金融制度的信心，并鼓励更多的人到银行存款，以此增加银行提供抵押贷款的额度。

该住房法第三款授权成立了全美抵押贷款机构的联合组织，虽然其作用没有立刻显现，但亦不容小觑。这类组织的作用在于购买并重新出售或投资FHA担保的银行抵押贷款，以创造一个后人所称的次级抵押贷款市场（Secondary Mortgage Market）。通过增加抵押贷款总额，次贷市场可以降低贷款利率，让更多的人有机会购买属于自己的住房。成立于1938年的联邦全国抵押贷款联合会（Federal National Mortgage Association，FNMA）也是《1934年住房法》的产物，也就是后来闻名于世的房利美。1968年，FNMA一分为二：国有的美国政府国民抵押协会（Government National Mortgage Association）即吉利美和FNMA的私人企业版本，即房利美。

《1934年全国住房法》自颁发伊始就对银行业、抵押贷款和住房业产生了影响。联邦政府的保险降低了存贷款人之间的金融依赖性，有效增加了抵押贷款的发放和使用效率。到1940年，大约40％的新开工私人住房得到了FHA保险项目的资助。如果没有这部法案，许多人根本不可能拥有自己的住房。FHA的政策推动了战后的郊区化浪潮，并且鼓励种族歧视和隔离，直到1950年才有所改变，而这一切无不改变着城市的空间结构。甚至进入20世纪下半期后，国会在批准成立联邦住房贷款公司（Federal Home Loan Mortgage Corporation）即房地美（Freddie Mac）时仍援引了《1934年住房法》的先例，而这个于1970年新成立的机构很快就成为全美住房贷款最大的债主。

亦可参阅：房利美（Fannie Mae），联邦住房管理局（Federal Housing Administration），房主贷款公司（Home Owners Loan Corporation）

延伸阅读书目：

● Henderson, A. S. (2000). *Housing and the Democratic Ideal：The Life and Thought of Charles Abrams*. New York：Columbia University Press.
● Radford, G. (1996). *Modern Housing for America：Policy Struggles in the New Deal Era*. Chicago：University of Chicago Press.
● Weiss, M. A. (1989). Marketing and Financing Home Ownership：Mortgage Lending and Public Policy in the United States, 1918 - 1989. *Business and Economic History*, 18,109 - 118.

A. Scott Henderson 文

李文硕译　陈恒校

1937 年住房法
HOUSING ACT OF 1937

1937年9月1日，美国国会通过了《1937年住房法》（Housing Act of 1937），降低失业率、清理贫民窟和建设低收入者住房是其三个目标。尽管法案并未明显减少失业，但却影响了联邦政府参与公共住房建设的范围,并影响了美国第一批公共住房的造价和设计标准。在这一过程中,该法案为美国的公共住房奠定了选址和外观的先例。

大萧条爆发后,联邦政府最初并未采取措施干涉低收入者的住房问题。联邦住房贷款银行系统、房主贷款公司以及《1934 年住房法》将关注点放在了金融机构以及现有和潜在的房主身上,那些无力购买或承租合格住房的人不在上述项目的受益人之列。

在 1930 年代,只有公共工程管理局旗下的住房部(Housing Division)试图为低收入群体提供负担得起的住房。PWA 成立于 1933 年,来自于《全国工业复兴法》(National Industrial Recovery Act)第二款的授权,其住房部受命向廉价住房建设和贫民窟清理投入1.35 亿美元,并最终在 4 年内建立了 2.18 万套公共住房。尽管如此,住房部仍面临着几个问题:联邦和地方官员常常在工程选址方面意见相左,法院拒绝给予住房部征地权,PWA 局长哈罗德·伊克斯也对城市官员疑虑重重,时而引发政府部门间的龃龉和冲突。

汲汲于提高联邦住房项目效率的改革者们发现,来自纽约的民主党参议员罗伯特·瓦格纳(Robert F. Wagner)是自己的盟友。瓦格纳曾在 1935 年和 1936年连续两次向国会提交面向全国的住房法案,但均以失败告终。许多很有能量的利益集团,如美国商会(U. S. Chamber of Commerce)、全美房地产商联合会、美国存贷款联盟(U. S. Savings and Loan League)以及全国零售木材商协会(National Association of Retail Lumber Dealers),无不反对任何形式的公共住房。在此类集团的影响下,当国会于 1937 年再度审查瓦格纳的法案时,许多保守派议员纷纷提议对法案做出修改。最终,修订版在这一年的季夏通过,众议院也批准了阿拉巴马州民主党议员亨利·西格尔(Henry B. Seagall)的法案与之配套。

《1937 年住房法》授权成立了半自治的机构美国住房管理局(U. S. Housing Authority, USHA),隶属于内政部。尽管 USHA 的决策来自华盛顿特区,但其对住房改革的实际影响却出自地方。城市的住房管理机构,可以向 USHA 申请不超过总额 90% 的资金来建设低收入住房和清理贫民窟,而后者收取的利率则不低于政府的利率(3%—4%),贷款最长不超过 60 年。为了提高其资本总值,USHA 可以发售 5 亿美元的债券。

《1937 年住房法》中的资助项目同样重要但却鲜为人知。时人预计,在城市中,政府要想收回投资,至少要将月租金定为每个房间每月 11 美元,但这样的价格却难以为低收入者所承受,他们最多只能支付 6 美元。为了弥补这一差额,法案设计了一套年度资助系统,为地方住房管理机构提供补贴。根据规定,USHA最多将支付这一补贴的 80%,余下的部分由地方部门自行担负,而这种负担往往以税收减免的形式来实现。实际上,加上租金和税收减免后,这笔资助往往足以支付运营成本,并归还 USHA 的贷款;甚至对于地方住房机构为了支付余下的 10% 所贷款项,这笔资助也可以偿付。因此可以说,联邦政府的资助足够支持地方的公共住房建设。

该住房法的其他方面并未引起改革者的关注。比如法案有对个人住宅造价的限制,规定在城市中的每个房间成本为 1250 美元,建造超过 50 万人需要的住房,每套住房的价格限定在 5000 美元以内,因此,此类住房往往外观丑陋,而且结构也有其不尽合理之处。此外,新建住房的数量必须与贫民窟清理的数量大致相当,这一"等量清除"(Equivalent Elimination)原则造成了如下几个后果。由于清理一栋才能建设一栋,即使住房数量较此前有所增加,也是微不足道的。而这种等量清除,使得公共住房只能出现在城市中,而在乡村和郊区中绝迹。由于城市中购置土地、进行开发成本颇高,而住房法案又对造价做了规定,因此公共住房的数量必然是十分有限的。

在保守派的持续抨击下,众议院在 1939 年 8 月拒绝继续为 USHA 增加贷款限额,实际上等于叫停了新建项目。1942 年 2 月,联邦政府的各个住房管理机构进行了合并充足,国家住房局接管了 USHA 的廉价住房项目和为国防工业建设住房的项目。在小约翰·布拉德福德(John B. Blandford, Jr.)的领导下,NHA 更加重视为国防工人建造临时住房,而忽视了公共住房的建设。在 1949 年新的住房法案出台之前,国会再也没有为廉价住房提供过一分钱拨款。

亦可参阅:新政时期的城市政策(New Deal: Urban Policy),公共住房(Public Housing),美国住房管理局(United States Housing Authority)

延伸阅读书目:

- Bauman, J. F. , Biles, R. , & Szylvian, K. M. (Eds.). (2000). *From Tenements to Taylor Homes: In Search of An Urban Housing Policy in Twentieth-Century America*. University Park: Pennsylvania State University Press.

- Biles, R. (1990). Nathan Straus and the Failure of Public Housing, 1937-1942. *The Historian*, 53,33-46.
- McDonnell, T. (1957). *The Wagner Housing Act: A Case Study of the Legislative Process*. Chicago: Loyola University Press.

A. Scott Henderson 文

李文硕译 陈恒校

1949 年住房法
HOUSING ACT OF 1949

二战期间,尽管政府建造了成千上万套临时住房,联邦住宅管理局也资助了许多试验性的、合作式或曰共有性住房,但城市规划者们相信,市场对于优良的住房仍有巨大需求,这正是《1949 年住房法》(Housing Act of 1949)的起点。但在 1943 年,华府却更为重视如何使战后经济免于萧条的打击。也是在这一年,盖·格里尔(Guy Greer)、阿尔文·汉森(Alvin Hansen)和查尔斯·阿斯切尔(Charles Ascher),这三位供职于短命的国家资源规划委员会(National Resources Planning Board,NRPB)的专家已经在筹划如何重建战后的美国城市了。许多战时出台的应对中心城市危机的措施,无不利用联邦政府的资助来抑制中心商务区土地价格的通胀,汉森和格里尔的方案也是如此,体现在二人 1944 年提交给 NRPB 战后经济规划与政策专门委员会(Special Committee on Postwar Economic Planning and Policy)的再开发法案中,尽管以流产告终,却成了 1945 年提交国会的瓦格纳-艾兰德-塔夫脱(Wagner-Ellender-Taft, W-E-T)法案的底本。W-E-T 呼吁建立永久性的美国住房管理局,将联邦政府资金提供给地方再开发机构用以购买并清理贫民窟土地。

法案关于城市再开发的规定自始至终得到各界支持,但围绕住房的条款却争议不断。到 1945 年,全国性的住房紧张果然如期而至。新总统哈里·杜鲁门,以及共和党老卫士、俄亥俄州国会参议员罗伯特·塔夫脱(Robert Taft)联手主推通过住房法案来缓解危机。但关于住房问题的对立阵线很快就营垒分明了。一边是塔夫脱和纽约州国会参议员罗伯特·瓦格纳,主要再度开启大规模的政府资助的住房项目,他们得到了凯瑟琳·鲍尔·沃斯特等住房问题专家和全美住房官员联合会(National Association of Housing

Officials)的李·约翰逊(Lee Johnson)的支持;战线另一侧的,是参议员杰西·威尔科特(Jesse Wolcott)和约瑟夫·麦卡锡(Joseph McCarthy),全美房地产商联合会、美国住房建筑商协会(National Association of Home Builders)和美国存贷款联盟在其身后若隐若现。

塔夫脱相信,城市再开发与住房建设息息相关,声称既然退伍老兵的家庭人数增加一倍他们的住房也容纳得了,而宾夕法尼亚州西部的贫困家庭可以在矿坑里安家,因此城市再开发应当限定在城市中的居民区,而再开发也应当以提供住房为主要目的。而与之相对,辛辛那提规划师阿尔弗雷德·贝特曼(Alfred Bettman)则将再开发视作综合性规划中的一部分,坚称贫民窟只是城市问题的一个侧面,因此,清理贫民窟的目的不应该仅仅是为了建造新住房。实际上,在《1949 年住房法》的前身也就是参议院 1070 号提案(Senate 1070)中,住房问题就是绝对的核心,1949 年 2 月提交后,为美国住房建设确立了目标,并建议为贫民窟清理和廉租公共住房建设提供联邦资助。该住房法的第一款确定了一项全国性的住房政策,这是美国历史上的第一次,也是唯一一次。法案在序言中宣称,美国人民的福祉和安全,不仅有赖于缓解严重的住房危机和清理贫民窟及萧条地带,也有赖于"在尽可能短的时间内,为每个美国家庭提供体面的住房和优雅的居住环境"。

法案最激烈的反对者们将炮火对准了第二款,即建设廉租公共住房的规定,被其称作非美(Un-American)和共产主义(Communistic)。该条款批准在 7 年间建设 81 万套传统的廉租公共住房,而为了避免与私人住房市场产生竞争,法案的制订者们规定了 20% 的差额——在有资格申请公共住房的人中间,其最高收入者,比起他们租房时市场为他们开出的最低租金,公共住房租金区间的上限要高出 20%。该法案同样对农村住房的建设、改进和整修做出了规定。

尽管公共住房条款尚有争议,《1949 年住房法》关于城市再开发的规定一经批准迅速推广开来。对城市官员、地产商、公司领导、设计师、规划师和其他希望在战后积极推动城市发展的人来说,该法案用联邦政府的资金为地方政府购买和清理贫民窟土地以及折价出售提供了多达 2/3 的费用。法案要求,州政府必须成立再开发机构;而城市政府以官方的身份划定贫民窟的范围,并向联邦政府发出正式的请求。市政府需负担再开发项目 1/3 的费用,但可以以劳动力、设备或是街道、管道、水管等基础设施的形式来支付。同时,法案要求再开发方案必须得到市议会和相关政府部门的批准,并为搬迁居民的安置做好准备。企业、非盈利性医院、大学和其他私人地产开发商也为再开发地区提供方案和资助。

除去这些高尚的目标，该法案在阻挡城市萧条地区蔓延和为低收入、居住条件差的居民提供体面住房方面收效甚微，甚至有批评指出，该法案拆除的住房比之新建的住房更多。该法案完全忽略了贫困人家，他们被拆建项目挤到破败的老房子里，被挤到市中心小酒店的单人间里，曾经的家园被拆除，代之以光鲜的公寓大楼和豪华的酒店。几个因素阻挠了住房法发挥作用。首先，朝鲜战争使杜鲁门政府将本应投入住房开发的资金用于军事开支；其次，公共住房的反对者们抹黑公共住房，称其为马克思主义者攻击资本主义的阴谋。法案规定的每年13.5万套公共住房的要求并未实现，每年实际建成数量甚至不超过2.5万套。当1953年杜鲁门离任时，已建成的公共住房尚不足15.6万套。而新总统德怀特·戴维·艾森豪威尔反对公共住房的理念，他将建设数量下调到3万套。更糟糕的是，由于要求以住房建筑为主，法案的直接结果就是，拆除了数以千计的住房、旧仓库、冰库和煤场，然而再度利用的土地却很少，只剩下白色的木栅栏，告诉人们中心城市的土地已被清理一空。

亦可参阅：凯瑟琳·鲍尔（Bauer, Catherine），联邦住房管理局（Federal Housing Authority），《1934年住房法》（Housing Act of 1934），《1937年住房法》（Housing Act of 1937），《1954年住房法》（Housing Act of 1954），自建住房（Housing, Self-Built），居住隔离（Housing Segregation）

延伸阅读书目：

- Bauman, J. F., Biles, R., & Szylvian, K. M. (Eds.). (2000). *From Tenements to Taylor Homes：In Search of An Urban Housing Policy in Twentieth-Century America.* University Park：Pennsylvania State University Press.
- Bratt, R. G., Hartman, C., & Meyerson, A. (Eds.). (1986). *Critical Perspectives on Housing.* Philadelphia：Temple University Press.
- Hays, R. A. (1985). *The Federal Government and Urban Housing：Ideology and Change in Public Policy.* Albany：State University of New York Press.
- Vale, L. J. (2000). *From the Puritans to the Projects：Public Housing and Public Neighbors.* Cambridge：Harvard University Press.
- Wilson, J. Q. (1967). *Urban Renewal：The Record and*

the Controversy. Cambridge：MIT Press.

John F. Bauman 文

李文硕译　陈恒校

1954年住房法
HOUSING ACT OF 1954

1954年围绕住房与城市更新的立法旨在解决《1949年住房法》的缺陷，即瓦格纳—艾兰德—塔夫脱关于住房与城市再开发的提案。1949年的法案掀起大规模的贫民窟清理浪潮，但只有中等城市在向着法案的目标——即"为每个美国家庭提供体面的住房和优雅的居住环境"——而努力，进展有限。而城市萧条却在不断扩展，甚至威胁到了中心商务区邻近的地区，也就是曾经的有轨电车郊区。种族关系紧张、缺乏投资以及退伍军人管理局（Veterans Administration）和联邦住房管理局的规定引发的郊区化浪潮共同推动了白人逃逸（White Flight）和萧条地区的扩展。《1954年住房法》正是要解决这些问题。

出于对城市萧条蔓延的担忧和对联邦政府主导的再开发的不信任，艾森豪威尔总统在1953年召集了美国政府住房问题和住房项目咨询委员会（Advisory Committee on Government Housing Problems and Programs），并任命巴尔的摩开发商詹姆斯·劳斯——此人被称作郊区购物中心之父——担任主席。巴尔的摩的经验给了罗斯以启发，同时也启发了城市问题专家迈尔斯·克里恩（Miles Colean），后者注意到内城萧条的韦弗利社区（Waverly Neighborhood）通过综合运用区划法规、严格住房质量要求和其他"保护式"方案得以重生，而没有简单地被当作贫民窟加以拆除和建设公共住房。克里恩也是咨询委员会的成员，他在《重塑城市》（*Renewing Our Cities*）一书中以巴尔的摩的案例重新定义了"城市更新"（Urban Renewal），即严格住房法规和空房使用以及重视住房翻新。在克里恩看来，私人企业应当是城市更新的中心力量，呼吁联邦政府通过FHA的贷款保险服务引导住房市场发展，并要求城市担负起通过严格区划和住房法规等方式根除萧条问题的责任。

1953年12月，罗斯发布报告，集中反映了克里恩的观点，主张通过保护和翻新实现城市整体的更新，并呼吁发挥私人资本在城市规划和重建中的领导作用，该报告构成了《1954年住房法》的基础。首先，该法案用城市"更新"（Renewal）取代了城市"再开发"（Redevelopment）；同时，将城市更新的空间范围从传统的 CBD 扩展到中心城市外围的灰色地带（Gray Areas），也就是有轨电车郊区。法案鼓励私人开发商在这一所谓的保护区（Conservative Areas）内与城市规划师、公共卫生部门和执法官员一同致力于更新社区。因此，"项目"一词不仅包括购买和清理 CBD 贫民窟土地，也有超过《1949 年住房法》规定之外的含义，即通过开展与城市更新方案一致的义务住房维修和翻新等规划，来保护萧条和破败的"灰色地带"，其中也包括拆除蔓延的萧条地带中的危险建筑。实际上，与《1949 年住房法》相似，《1954 年住房法》也规定将联邦的贷款和资助用于拆除破旧建筑，并可以用于铺设街道等基础设施建设，只要地方政府向联邦城市更新管理局（Federal Urban Renewal Administration）提交可执行的规划，就可获得此类贷款和资助；而法案的 701 款则为州政府提供了特别的配套资助。同时，法案也成立了一个专门的城市更新机构来促进这一过程。与其重视私人资本的理念相匹配的是，该法案在《1934 年住房法》的基础上增加了新内容，即 123 款和 221 款，根据这两个新条款的规定，在保护区内、可容纳一个至四个家庭的廉价住房，其购买、建造和翻修都可以得到相应资助。而法案第 220 款则为受城市更新影响而拆迁的家庭提供帮助，资助其购买新的住房。

尽管《1954 年住房法》的核心是住房，但法案并未忽视城市传统中心地带的重建。自 1949 年以来劳斯这样的开发商一直在批评再开发法案中"以住房为主"的规定。而该法案尽管仍然坚持这一原则，但允许 10% 进行非住房开发，无论是大学还是医院，无论是盈利性还是非盈利性开发商，都可以将更多的联邦资金和城市土地用于非住房建设。对于公共住房这个地产商的眼中钉，新法案规定，只要满足拆迁居民的需求即可，无需多建，因此只要求在 4 年建造 14 万套公共住房。

因此，在许多研究住房史的历史学家看来，《1954 年住房法》体现了商业性城市再开发的理念，也就是劳斯报告的核心议题。该法案极大地拓展了城市更新活动的范围，虽然没有彻底删除，但却在很大程度上弱化了 1949 年法案中"以居住为主"的规定。然而，允许非住房开发却大大加速了贫民窟的清理，激烈地改变了城市面貌，甚至在 1960 年代初引发了许多城市问题批评家的愤怒，自由派的简·雅各布斯和保守派的马丁·安德森（Martin Anderson）均是其反对者。雅各布斯认为，粗暴的贫民窟清理导致了社区活力的丧失，并助长了建筑风格的庸俗单调。

与此前的法案类似，《1954 年住房法》加剧了居民流离失所和再安置这两个难题。住房与家庭金融管理局种族处处长弗兰克·霍恩此前曾警告，由于住房市场中愈演愈烈的种族歧视，大规模的贫民窟清理将导致大量贫困的非洲裔美国人家庭无家可归，他们除了能够依靠政府的帮助安家置业外别无他法，而联邦和地方的城市更新机构显然忽视了霍恩的话。换言之，该法案引发了"黑人搬家"，并将公共住房变成了一个个仓库，类似芝加哥罗伯特·泰勒之家（Robert Taylor Homes）这样的高塔般的公共住房比比皆是。该住房法通过 4 年后，《1937 年住房法》主要执笔人之一的凯瑟琳·鲍尔就发出批评，称公共住房已成为"一盘死棋"。到 1960 年代中期，也就是城市骚乱风头正劲之时，鲍尔的话可谓点出了阻挡城市萧条的实质。

亦可参阅：凯瑟琳·鲍尔（Bauer, Catherine），弗兰克·霍恩（Horne, Frank S.），《1949 年住房法》（Housing Act of 1949），詹姆斯·劳斯（Rouse, James W.）

延伸阅读书目：

- Abrams, C. (1965). *The City is the Frontier*. New York: Harper Colophon Books.
- Bauman, J. F., Biles, R., & Szylvian, K. M. (Eds.). (2000). *From Tenements to Taylor Homes: In Search of An Urban Housing Policy in Twentieth-Century America*. University Park: Pennsylvania State University Press.
- Bloom, N. D. (2004). *Merchant of Illusion: America's Salesman of the Businessman's Utopia*. Columbus: Ohio State University Press.
- Bratt, R. G., Hartman, C., & Meyerson, A. (Eds.). (1986). *Critical Perspectives on Housing*. Philadelphia: Temple University Press.
- Hays, R. A. (1985). *The Federal Government and Urban Housing: Ideology and Change in Public Policy*. Albany: State University of New York Press.
- Henderson, A. S. (2000). *Housing and the Democratic Ideal: The Life and Thought of Charles Abrams*. New York: Columbia University Press.
- Wilson, J. Q. (Ed.). (1967). *Urban Renewal: The Record and the Controversy*. Cambridge: MIT Press.

John F. Bauman 文

李文硕译　陈恒校

居住隔离
HOUSING SEGREGATION

自19世纪末以来,美国城市住房中存在着严重的居住隔离。从带有种族倾向的区划法规,到限制性合约、地产业歧视以及对少数族裔居民的有组织骚扰甚至暴力活动,这些手段轮番上阵,而居住隔离也确实得以延续下来。在城市中,白人和有色人种尤其是非洲裔美国人,往往隔离却不平等地居住着。

居住隔离最早在20世纪初成为全美城市中的普遍现象,而至迟在19世纪中期,黑人和白人混居在城市中,南北皆然。在内战前的南方,奴隶主为了确保奴隶就在身旁服务,强制性地实现了黑白混居,当然黑人奴隶也就无时不出在监控之下了。而同期的北方城市中,黑人只是一小部分,黑白混居几乎没有引起时人注意。奴隶制瓦解后,随着大量南部黑人移居北方工业城市,全美各地均进入了住房隔离的时代。

为了确保和延续住房市场上的种族歧视和隔离,在整个20世纪,南北各地采取了多种方式方法。最初,市政府是保卫居住隔离的主力,它们通过带有种族性质的政策如区划法案,来保证隔离的存在。在这方面,马里兰州的巴尔的摩走在前列。早在1910年,巴市颁布法案,将黑人和白人居住区分隔开来,此举为其他城市所效仿,很快,西部和南部的城市就纷纷采取了类似的居住隔离措施。当肯塔基州的路易斯维尔市(Louisville)在1914年颁行类似法案时,被全国有色人种协进会一纸诉讼告上了法庭。在1917年的布坎南诉沃利案(*Buchanan v. Warley*)中,最高法院裁定种族歧视性的区划法违宪,并一致认定各级政府均无权干涉私有财产的买卖。

这样,既然市州政府不能以政策的方式维护居住隔离,种族主义者只能依靠私人的力量了,尤以限制性合约为主要方式。起初,限制性住房合约只是在个人房地产交易中出现,明确规定房地产不能出租或出售给某一特定种族或特定宗教信仰的人,或者对宗教与种族均做出规定。但当政府背书的居住隔离被撤销后,白人房东反而联合起来,他们往往得到房地产商的支持,而当地的房主协会(Homeowners' Association)作为领导,在整条街、街区甚至整个社区施行统一的限制性合约。在此类合约中,房东往往明确说明不允许某一特定团体——最常见的是非洲裔美国人——承租、使用或购买自己的房产。随着全国各地越来越多地出现此类合约,NAACP再次走上法庭以求得取消

居住隔离。在1926年的克里根诉巴克利案(*Corrigan v. Buckley*)中,最高法院认为,种族歧视性的限制性合约并不等同于此前的"政府行为",因此在随后的几十年中,此类合约在美国各地纷纷涌现。在1930年代和1940年代,地产商、房贷中介商、放贷机构以及最重要的,联邦政府,共同推动了限制性合约的普及。

地产商可谓捍卫居住隔离的主力。1920年代,全美房地产商联合会在其有关种族的会规中增加了一个条款,禁止其会员将单一种族社区中的住房出售给其他种族的居民,违规者将被开除会籍——须知联合会在房地产界的龙头地位,这项处罚是非常严重的。其他外部压力也使得房地产商不愿将白人社区的住房出售给少数族裔;而敢逾越此雷池的或者遭到经济抵制、社会排拒甚至暴力伤害。尽管该条款在1950年取消,但许多房地产商仍不愿冒此风险。

两次世界大战期间,联邦政府也在有意无意间维护了居住隔离。1933年成立的房主贷款公司(HOLC)旨在为购房者提供低息贷款和抵押贷款保证,但却在房产价值评估的过程中形成了一套歧视政策。在HOLC的评估中,无论是房贷还是抵押贷款,黑人社区都是颇具风险的。联邦住房管理局和1944年成立的退伍军人管理局都采纳了HOLC的评估结果,结果使得联邦资金大量流向白人房东,尤其是郊区的白人,而黑人、特别是中心城市的黑人,却很少受此泽惠。私人银行和贷款机构也采信了这一结果,这样一来,大部分黑人都难逃困守中心城市破败社区的命运了。此外,当联邦政府投资建设公共住房时,也将这些住房安置在上述社区中,结果进一步加剧了内城的贫困,并使得居住隔离更为严重。

二战后,NAACP再度抨击起了住房隔离政策,并通过法律诉讼取得了重大突破。这一次,NAACP不仅瞄准了限制性合约本身,也盯上了合约需要法庭来执行惩罚措施这一特点。在1948年的谢利诉克雷默案(*Shelley v. Kraemer*)中,最高法院站在了NAACP一边,判决此类合约要执行惩罚措施在事实上已经构成了"政府行为",因此违反了宪法规定。而取消了惩罚措施的限制性合约,也就丧失了其约束功能。随着法案的判决尘埃落定,许多城市都见识到了居住隔离实效后是什么样子。在许多城市中,房地产商纷纷开始街区房地产欺诈,即暗中购买地产,然后悄悄卖给黑人买家,这样引起白人居民恐慌后,再廉价购买被后者抛售的房地产。但在通常情况下,居住区的"种族转换"(Racial Transition)并不会如此迅速,因为黑人买家往往优先购买黑人聚居区周边的房产。

无论种族转换的起源是什么,黑人居民购买房地产引发了白人居民的强烈抵制。尽管法庭已经剥夺了维护居住隔离的许多武器,但房主协会仍然有很多办法阻止非洲裔美国人进入白人社区,最常见的就是威胁,即白人居民采取从拉起纠察线到暴力袭击等多种方法加以阻挠,甚至有蓄意破坏、枪击、爆炸和纵火。经济压力也是常常使用的方法。那些与黑人买家合作的房地产商必须冒着遭到抵制的危险,而在白人社区购房的黑人房主往往被迫折价出售自己买来的房产。房主协会甚至卷入地方政治中,在州和城市中寻求支持其做法的有力盟友。

斗争大多以白人为胜利者而告终,但许多白人居民还是选择放弃地址居住融合,而搬往郊区。放眼全美,所谓白人逃逸,指的恰恰就是白人居民离开种族日趋融合的城市,而在郊区的白人世界中建设种族同质性的新社区。郊区没有城市中历史悠久的种族隔离,而通常用别的方式将贫穷黑人或贫穷白人拒离在外,例如区划这一给予阶级差异而非社会等级差异的方法。而白人大规模迁往郊区间接推动城市中隔都区面积的扩大,并加快了其萧条的步伐,实际上加剧了城市中的居住隔离。尽管黑人和白人的分布在战后均经历了大规模变迁,并以黑人的中心城市和白人的郊区而告终,但居住隔离实际上加剧了,而没有减弱。

最终,美国人发现城市中的居住隔离难以解决甚至永远无法解决。在白人房主个人和相关组织以及放贷机构和联邦政府的一致推动下,住房领域的种族隔离几乎成为城市的一道伤疤,引发了城市中范围更广的种族歧视,并时时提醒我们,种族隔离就在我们身边。

亦可参阅:街区房地产欺诈(Blockbusting),隔都区(Ghetto),种族性区划(Racial Zoning),限制性合约(Restrictive Deed Covenants)

延伸阅读书目:

- Abrams, C. (1955). *Forbidden Neighbors: A Study of Prejudice in Housing*. New York: Harper.
- Hirsch, A. R. (1983). *Making the Second Ghetto: Race and Housing in Chicago, 1940 - 1960*. Chicago: University of Chicago.
- Jackson, K. T. (1985). *Crabgrass Frontier: The Suburbanization of the United States*. New York: Oxford University Press.
- Massey, D. S., & Denton, N. A. (1993). *American Apartheid: Segregation and the Making of the Underclass*. Cambridge, MA: Harvard University Press.
- Sugrue, T. J. (1996). *The Origins of the Urban Crisis: Race and Inequality in Postwar Detroit*. Princeton, NJ: Princeton University Press.
- Vose, C. E. (1959). *Caucasians Only: The Supreme Court, the NAACP, and the Restrictive Covenant Cases*. Berkeley: University of California Press.

Kevin M. Kruse 文

李文硕译 陈恒校

得克萨斯州休斯敦市
HOUSTON, TEXAS

21 世纪初,休斯敦已成为美国第四大城市,占地 617.34 平方英里。1836 年,地产商约翰和奥古斯都·艾伦(John and Augustus Allen)在野牛溪(Buffalo Bayou)畔建立了这座城市,希望将其打造成"得克萨斯广阔内地的商业中心"。而在盖尔和托马斯·波顿(Gail and Thomas Borden)的规划下,这座城市在溪畔呈典型的网格状扩展。休斯敦在 1837 年拥有人口 1500 人,并成为得克萨斯共和国(Republic of Texas)的首个国都;同年 6 月,得克萨斯立法机构正式授权其成为城市,詹姆斯·霍尔曼(James S. Holman)为首任市长。多年来,休斯敦多次变更其政治架构,19 世纪的市议会制在 1942 年让位于城市经理制,并最终演变为强市长—议会制。而州首府也不断地在休斯敦与奥斯汀(Austin)之间变动,直到 1872 年才确定下来。

棉花和贸易是休斯敦早期的经济命脉。休斯敦临近墨西哥湾(Gulf Coast),小型汽船运载着原料和产品在休斯敦与港口城市加尔维斯敦(Galveston)之间穿梭,最主要的出口货物包括棉花、谷物和兽皮,并大宗进口衣物、面粉、咖啡、铅、糖和图书等物品。休斯敦和得克萨斯州中央铁路(Houston and Texas Central Railroad)从 1853 年起开始向西北方向开工,随后,休斯敦坦普和布拉扎维亚(Houston Tap and Brazoria)铁路动工,于 1856 年在皮尔森岔口(Pierce Junction)与其他三条铁路交汇,并将休斯敦与布拉佐斯谷(Brazos Valley)的甘蔗种植园直接相连。内战后,休斯敦和得克萨斯州中央铁路延伸到丹尼森(Denison),在 1873 年将休斯敦与全国铁路网连接起来。休斯敦也建起了通信系统以扩展铁路的服务范围,在 1853 年、1854 年和1878年相继完成了邮路、电报和电话网络，确保了休斯敦在19世纪的木材和棉花市场中的重要地位。

休斯敦的商贸价值促使许多企业试图开通新的水上航线，以免野牛溪恶劣通航状况的局限。内战后，休斯敦顺通航行公司（Houston Direct Navigation Company）、休斯敦船运公司（Houston Ship Channel Company）和野牛溪船运公司（Buffalo Bayou Ship Channel Company）在水上业务中扮演了重要角色，在1876年，大船东查尔斯·摩根（Charles Morgan）在附近的克林顿开通了一条12英尺深的水上线路。1888年，联邦政府开展了建设工程，试图打通加尔维斯顿湾（Galveston Bay）和野牛溪之间的水上航线。1914年，休斯敦航线（Houston Ship Channel）开通，休城也成为美国最大的港口之一。

由于休斯敦的道路泥泞不堪，道路交通困难重重，到1920年代才开始大规模建设全天候的高速公路。1952年，海湾高速公路将休斯敦与加尔维斯顿岛（Galveston Island）连接起来，并接入州际高速公路系统。休斯敦最早的机场建于1928年，在1954年又建成了休斯敦国际机场（Houston International Airport）即后来的威廉·霍庇机场（William P. Hobby Airport），1969年，休斯敦洲际机场（Houston Intercontinental Airport）也就是现在的乔治·布什洲际机场（George Bush Intercontinental Airport）投入使用。

1918年，东临的斯宾德尔托普（Spindletop）发现的石油点燃了休斯敦经济腾飞的热火。由于休斯敦航线是一条连接墨西哥湾与内陆的航道，因此可以躲开海湾地区恶劣的天气灾害，并临近炼油厂。得克萨斯公司（Texas Company）即后来的德士古（Texaco）、埃克斯顿（Exxon）的前身汉博尔石油和精炼公司（Humble Oil and Refining）等管道企业以及海湾石油（Gulf Oil Corporation）公司即后来的雪佛兰公司（Chevron）云集于此。从1918年辛克莱石油公司（Sinclair Oil Company）在此建立首个炼油厂，一直到1929年，40家石油公司在休斯敦设有分部。

二战中美军对合成橡胶、成品油、炸药和船舶的需求为休斯敦带来了新的发展机遇。到1942年，休斯敦造船公司（Houston Shipbuilding Corporation）已经雇佣了20000名工人来建造自由轮（Liberty Ships，二战期间美军的补给船——译者注），而布朗造船厂（Brown Shipbuilding Company）通过采用横向下水技术建造了超过300艘战列舰。得益于附近地区拥有大量盐、硫磺、天然气储量以及政府订单的刺激，休斯敦的石化工业在战争期间发展起来，道氏（Dow）、孟山都（Monsanto）、杜邦（DuPont）、壳牌（Shell）和固特异（Goodyear）等石化巨头在这里集聚，形成了今日美国最大规模的石化工业产地之一。此后，石化工业作为休斯敦的支柱产业仍然继续发展，直到1980年代石油业遭受挫折，在这十年中，休斯敦也经历了历史上第一次人口减少。

1930年时休斯敦已有人口29.2万人，成为得州人口最多的城市。城市规划师按照传统的规划方案调整着这座城市的发展不乏，在1884年和1891年分别建成了电灯和有轨电车，并尝试着在泥泞的土地上覆盖贝壳、石灰岩和沥青，并在1907年对汽车车速做出规定。1880年代出现的自流井代替污染严重的野牛溪为休斯敦人提供清洁水源，市政府在1906年开始管理供水。但开凿水井引发的地面下陷迫使休斯敦再一次用本地河流作为水源。

尽管当地有许多河流，距离加尔维斯顿湾也不远，但水污染仍然是个问题。在休斯敦航线建设期间，市政府在美国陆军工程兵部队（Army Corps of Engineers）的要求下开建城市上下水系统，并在1902年完工。但这一工程并未得到严格监督和检验，致使休斯敦饱受排水不畅的困扰，直到在1929年和1935年两次洪水打击后才设立了哈里斯县泄洪区（Harris County Flood District），改善了水的困扰。但迟至2001年，洪水仍然是这一地区的危害，当年的热带风波埃里森（Allison）带来了持续两日的强降雨，冲破混凝土大堤，造成了50亿美元的巨大损失。

许多经过规划的郊区社区增加了休斯敦城的地域范围，其中最早的一批是休斯敦海茨（Houston Heights）、帕萨迪纳（Pasadena）、鹿园（Deer Park）、贝拉尔（Bellaire）、西大学园（West University Place）和著名的里弗奥克斯（River Oaks），前三个建成于1892年，后三个分别完工于1911年、1919年和1929年，静湖城（Clear Lake City）也在1960年代城市的扩张中投入使用，1961年NASA在静湖之畔建成了林登·约翰逊宇航中心（Lyndon B. Johnson Space Corner），随着这里成为宇航员及家人的定居地，静湖城也繁荣起来，并最终被休斯敦市吞并。处于担心被城市四周的郊区城镇困住扩展的手脚，休斯敦市长奥斯卡·霍尔康比（Oscar Holcombe）联合市议会，从1950年代起开始兼并周边社区，直到1970年代才逐渐停下来，之后又在1990年代吞并了东北部的社区金伍德（Kingwood）。

尽管兼并了大片土地，但休斯敦从未进行过区划，是美国最大的、未经区划的城市。尽管如此，休斯敦的天际线仍然令人惊叹。杰西·琼斯（Jesse H. Jones），是影响这座城市之建设的最重要人物之一，他在1920

年代支持建造了许多商业设施,并将 1928 年民主党全国代表大会拉到了休斯敦。次年,琼斯完成了他的代表作,37 层的海湾大厦(Gulf Building),后又在富兰克林·罗斯福政府中担任商务部长(Secretary of Commerce)。1970 年开张、包括室内溜冰场的加勒利亚购物中心(Galleria Shopping Mall),1976 年完工、休斯敦最高建筑之一的宾祖尔大厦(Pennzoil Place)以及 1965 年完工、被称作世界第八大奇迹的休斯敦大体育场(the Astrodome),都是琼斯的杰作。乔治·米切尔(George Mitchell)是琼斯之后又一个重要人物,他本人是石油业大亨,并主持建造了休市北的社区林中小区(Woodlands),并进行了仔细规划。米切尔主张将建筑融入环境中,从 1964 年到 1983 年,他主持建造了许多豪宅、商业中心以及一个室外音乐场。

大体育场集中反映了休斯敦文化的多样性。这里是休斯敦太空人棒球队(Houston Astros Baseball Team)和休斯敦油壶足球队(Houston Oilers Football Team)的主场,也是著名的休斯敦牛仔节(Houston Rodeo)的举办地。篮球劲旅休斯敦火箭队(Houston Rockets)和彗星队(Comets),以及宇航曲棍球队(Aeros Hockey Team)是休斯敦体育的魅力所在。当油壶队离开后,休斯敦迎来了新的球队,即休斯度得州人队(Houston Texans),以新建的瑞莱体育场(Reliant Stadium)为主场。21 世纪初新建的梅丽果公园体育场(Minute Maid Park)成了太空人队的新主场,丰田中心(Toyota Center)也被火箭队选中。

休斯敦不仅仅热衷于体育,对于艺术也有一腔热忱。分别在 1947 年、1987 年、1966 年和 2002 年完工的艾利剧场(Alley Theater)、沃瑟姆中心(Wortham Center)、琼斯大厅(Jones Hall)和霍庇中心(Hobby Center)构成了休斯敦的剧场区,而 1956 年开放的休斯敦大剧院(Houston Grand Opera)、1913 年成立的休斯敦交响乐团(Houston Symphony)、1969 年成立的休斯敦芭蕾舞团(Houston Ballet)和 1924 年投入使用的高雅艺术博物馆(Museum of Fine Arts)容纳了许多经典作品。在教育领域,休斯敦拥有多所大学,其中最著名的是休斯敦大学(University of Houston),该校在 1927 年时还是石油商人休·罗伊·库伦(Hugh Roy Cullen)资助的专科学校;另一所是莱斯大学(Rice University),该校始自 19 世纪富商威廉·马什·莱斯(William Marsh Rice)的捐赠。休斯敦独立校区(Houston Independent School District)从 1877 年开始为当地儿童提供教育,而总部设在休斯敦大学校园中的 KUHT 电视台(KUHT-TV)是美国最早的教育电视台,成立于 1953 年。

得克萨斯医学中心奠定了休斯敦在医疗领域的领先地位。M. D. 安德森基金会(M. D. Anderson Foundation)从 1940 年代开始投资,到 2005 年时,该中心已包括 42 个非盈利机构,兼有医院和医学院,是休斯敦市就业人口最多的机构,尤其致力于癌症和心脏外科手术的治疗。慈善家乔治·赫曼(George Hermann)在 1920 年代留给中心一笔遗产,以此建成了中心下辖的最重要医院之一,即赫曼医院(Hermann Hospital)。赫曼本人还曾在 1914 年捐建了赫曼公园(Hermann Park),位置就在医院旁边。

延伸阅读书目:

● McComb, D. G. (1981). *Houston: A History*. Austin: University of Texas Press.
● McComb, D. G. (2005, July). *The Handbook of Texas Online*. Retrieved July 13, 2006. from www. tsha. utexas. edu/handbook/online/articles/HH/hdh3. html
● Shelton, B. A., Feagin, J. R., Bullard, R., Rodriguez, N. & Thomas, R. D. (1989). *Houston: Growth and Decline in a Sunbelt Boomtown*. Philadelphia: Temple University Press.
● Siegel, S. (1983). *Houston: Chronicle of the Supercity on Buffalo Bayou*. Woodland Hills, CA: Windsor Publications.

Kimberley Green Weathers 文

李文硕译　陈恒校

埃比尼泽·霍华德
HOWARD, EBENEZER

埃比尼泽·霍华德(Ebenezer Howard, 1850—1928)是 20 世纪的城市规划史上的重要人物,其重要性不仅在于将当时的许多城市改革力量整合为花园城市派并塑造了花园城市运动;而且在于,霍氏的理念为那些促成现代规划观念的重要人物提供了平台。在他的影响下,职业规划人士如雷蒙德·昂温(Raymond Unwin, 1863—1940)和其巴里·帕克(Barry Parker, 1867—1947)从无名小辈成长为英国城镇规划运动的先锋人物。此外,霍氏的规划活动取得了很大成功,这也增加了其影响力。1898 年霍氏的《明天——稳妥的改革》出版,在随后的六年中,多地希望成为改革的先行者,最终英格兰的莱克沃思(Letchworth)被选中作为第一个花园城市,这也是 20 世纪城市规划实践中的第一次尝试。

霍氏生于伦敦,在萨福克(Suffolk)求学,21 岁时从英格兰迁往内布拉斯加州,在一家家族企业中工作。尽管此行以失败告终,但却给了霍氏宝贵的经验。例如,霍氏在美国获得了乡村生活的亲身经验,在搬往芝加哥后亲自见证了这座城市在 1871 年大火后的重生。1876 年回到英国后,霍氏谋得了一个驻国会记者的差事,这段经历让他深知英国政治体制的弊端,并意识到英国已难以解决贫困、居住环境恶劣和劳资矛盾等城市问题。这些认识对他乌托邦式的花园城市理念无疑助益良多,而该理念则被霍氏视作终结英国城乡问题的新方法。莱克沃思从 1904 年开始进行花园城市式的改革,随后又有许多郊区采行此法,结果证明霍氏这种城乡结合的城市规划是可行的。而花园城市综合了许多模式,不仅在英国,在全球其他地区也取得了成功。尽管 1914 至 1918 年的第一次世界大战打断了花园城市推广的进程,但霍氏并未放弃努力,并在战争结束后立刻开始规划新一个试点,威尔文花园城市(Welwyn Garden City)。霍氏常被误认为是城市规划师,实际上,霍氏一生中从未真正建造一个城镇,而是让职业规划师践行他的理念,他是一位城市主义者或曰城市思想家。

亦可参阅:花园城市(Garden Cities)

延伸阅读书目:

- Howard, E. (1965). *Garden Cities of To-morrow*. Cambridge, MA: MIT Press.
- Parsons, K. (2002). *From Garden City to Green City: The Legacy of Ebenezer Howard*. Baltimore: Johns Hopkins University Press.
- Sutcliffe, A. (1981). *British Town Planning: The Formative Years*. London: Palgrave Macmillan.

Ian Morley 文

李文硕译 陈恒校

弗雷德里克·豪
HOWE, FREDERIC C.

弗雷德里克·豪生于 1867 年,卒于 1940 年,是进步时代(Progressive Era)的改革者之一,他的自传为我们了解这些改革者的工作提供了注脚。豪就读于约翰·霍普金斯大学,并在 1892 年获得博士学位,未来的美国总统伍德罗·威尔逊此时仍在霍普金斯大学执教,是豪最欣赏的老师之一。在纽约市短暂的做过记者后,豪搬往俄亥俄州的克利夫兰,并投身法律业。正是在这里,当改革派市长汤姆·约翰逊(Tom L. Johnson)执政时(1901—1909),豪也成为这场改革运动的弄潮儿。

豪最先被共和党人看中,并被选入市议院,但受到约翰逊反对政治腐败的影响,豪改投民主党阵营。尽管他在后来的议会选举中败北,但却当选州参议员,并在约翰逊挑战马克·汉纳(Mark Hanna)的政治经济霸权时,坚定地站在前者一方。汉纳是共和党参议员,曾多次挫败约翰逊将有轨电车收归政府所有的努力,力图捍卫私人大企业对城市特许经营权的垄断。豪最为在意的,是他在税收委员会的工作,期间他在 1910 年对城市的房地产税进行了公正评估。他同时也是约翰逊政府中举足轻重的人物,同时也是呼吁重新开发克利夫兰下城的民间领袖。豪极为欣赏欧洲城市及其设计规划,因此当设计师丹尼尔·伯汉姆领衔的委员会制订了一项团体计划(Group Plan)后,豪倾力相持,而这项计划对改善下城一个关键地段发挥了重要作用。

约翰逊在 1909 年的选举中败北,并在两年后身亡,豪也离开了克利夫兰,重返纽约,并在 1911 至 1914 年间主持坐落在库珀联盟学院(Cooper Union)的人民会议这个公共论坛;从 1919 年开始,豪在威尔逊政府任职,担任驻埃利斯岛的移民专员。这些年间,豪对美国卷入一战后的战时政策感到失望,从凡尔赛会议回国后,豪选择了辞官归隐。但他并非不再热心政治,当 1922 年铁路联盟(Railroad Unions)成立的进步主义政治活动大会(Conference on Progressive Political Activity)在两年后支持进步派罗伯特·拉福莱特(Robert M. La Follette)竞选总统时,豪再度鼎力相助。

当富兰克林·罗斯福当选总统并开始推行新政后,豪进入农业调整管理局(Agricultural Adjustment Administration)工作,担任消费者顾问。但管理局更重视农民的需求,而对豪所代表的城市消费者关注不够,因此豪在 1937 年再度辞职。豪可谓"三朝元老",一生经历了进步时代、1920 年代的保守主义时代和新政时代,在 1940 年撒手人寰。

豪也是知名的学者,他受到主张单一土地税的改革者亨利·乔治(Henry George)的影响,在 1905 年推出了《城市——民主的希望》(*The City: The Hope of*

Democracy）一书，而豪的老上司约翰逊也是乔治的拥趸。他在1925年出版的自传《改革者的自画像》（*The Confessions of a Reformer*）中向读者道出了他投身进步派的原因和人生经历。

亦可参阅：新政时期的城市政策（New Deal：Urban Policy），进步主义（Progressivism）

延伸阅读书目：

- Howe, F. C.（1925）. *The Confessions of a Reformer*. New York：Scribner.
- Johnson, T. L.（1970）. *My Story*. Seattle：University of Washington Press.（Original Work Published 1911）
- Richardson, J. F.（1988）. *The Confessions of a Reformer*（Introduction）. Kent, OH：Kent State University Press.（Original Work Published 1925）

William Dennis Keating 文

李文硕译　陈恒校

威廉·迪恩·豪威尔斯
HOWELLS, WILLIAM DEAN

威廉·迪恩·豪威尔斯生于1837年，卒于1920年，集作家、编辑、评论人于一身，在1885年的《塞拉斯·兰帕汉姆的崛起》（*The Rise of Silas Lapham*）和1890年的《危险的新财富》（*A Hazard of New Fortunes*）中描绘了19世纪末的城市生活，是美国最早用现实主义手法描绘世纪末城市生活的作家之一。在担任《大西洋月刊》（*Atlantic Monthly*）主编期间，豪威尔斯支持现实主义作品，鼓励了亨利·詹姆斯（Henry James）、斯蒂芬·克里恩（Stephen Crane）和布莱特·哈特（Bret Harte）等一批作家。

豪威尔斯1837年生于俄亥俄州的马丁斯维尔（Martinsville），即今天的马丁斯费里（Martin's Ferry），在一个联系紧密的大家庭中长大，在八个孩子中排行第二。豪威尔斯的父亲是印刷商，也是出版人，曾带领全家人在小木屋中过了一年的乌托邦生活。豪威尔斯十岁时便辍学，在父亲的印刷厂中打工。求学心切的豪威尔斯自学了多种欧洲语言，从1850年代起开始向当地报刊投寄文章和诗歌，并在1858年成为《俄亥俄州月刊》（*Ohio State Journal*）派驻这座城市的编辑。两年后，豪威尔斯受命为亚伯拉罕·林肯文竞选传记，后者在1861年获选总统；作为回报，豪威尔斯得到了美国驻威尼斯参赞的职位，并于1861年走马上任。次年，豪威尔斯在巴黎迎娶妻子埃莉诺·米德·豪威尔斯（Elinor Mead Howells），两人在威尼斯度过了4年生活，并在婚后一年产下了长女温妮弗雷德（Winifred）。1868年，豪威尔斯再添一子约翰，四年后次女米德雷德（Mildred）出生。

1865年全家返美后，豪威尔斯出任波士顿杂志《大西洋月刊》的助理总编，全家在麻省坎布里奇定居下来。1871年，豪威尔斯荣升总编，并主持《月刊》笔政十年之久。1891年，豪威尔斯全家迁往纽约，他并出任《世界主义者》（*Cosmopolitan*）总编，半年后转而为《哈珀斯月刊》（*Harper's Monthly*）工作，从此直到去世，他在这里开设了多个专栏。1890年代，豪威尔斯深为城市中的社会不公所激愤，在1894年发表浪漫主义文学作品《阿尔特里亚的来客》（*A Traveler From Altruria*）。

豪威尔斯被时人誉为文学大师，并在1908年被选为美国艺术文学学会（American Academy of Arts and Letters）的首任主席。尽管豪威尔斯的著作类型多样、总数过百，但现实主义小说才是他最为人知的作品，包括1881年出版的《现代一日》（*A Modern Instance*），是关注离婚社会问题的先锋作品；1885年的《塞拉斯·兰帕汉姆的崛起》则向读者展现了一个波士顿商人的上升之路；1890年的《危险的新财富》则探索了纽约这座大都会的城市生活。

延伸阅读书目：

- Cady, E. H.（1956）. *The Road to Realism：The Early Years, 1837–1885, of William Dean Howells*. Syracuse, NY：Syracuse University Press.
- Cady, E. H.（1958）. *The Realist at War：The Mature Years, 1885–1920, of William Dean Howells*. Syracuse, NY：Syracuse University Press.

Elif S. Armbruster 文

李文硕译　陈恒校

霍默·霍伊特
HOMER, HOYT

霍默·霍伊特研究了城市的增长，他的观点塑造了二战后郊区的扩张。霍伊特1895年生于密苏里州的圣约瑟夫（St. Joseph），1913 年在堪萨斯大学获得了经济学的学士和硕士学位，在贝利奥特学院短暂任教后，在芝加哥大学获得法学博士学位。随后，霍伊特辗转于多所大学教授经济学，并曾短期担任美国电话电报公司（AT & T）的统计学家。

1925 年，霍伊特在芝加哥经营地产业，成为地产顾问和地产中介商。在此期间，他在 1933 年完成了《百年来芝加哥土地价值的变迁》（*One Hundred Years of Land Values in Chicago*），并以此书获得了芝加哥大学的经济学博士学位。随后，霍伊特投身到多种职业中去：1934 至 1940 年，他是联邦住房管理局的首席房地产经济学家；1941 至 1943 年，他是芝加哥规划委员会（Chicago Plan Commission）研究部主任；1943 至 1946 年，他是纽约区域规划协会（Regional Plan Association of New York）经济研究部主任。霍伊特在 1939 年与阿瑟·魏玛（Arthur Weimer）合著《房地产业基本原则》（*Principles of Real Estate*），这是房地产分析行业的第一部教材。从 1946 年到 1974 年，他成立了经济咨询公司霍默·霍伊特合伙公司（Homer Hoyt Associates）；此后，他转身成为地产投资商。

《百年来芝加哥土地价值的变迁》分析了这座城市从 1833 年到 1930 年间的扩张，极具原创性。本书是霍氏后来各种研究的基础，对于他在 FHA 研究对内城住房提供抵押贷款担保的安全性很有帮助，对他的各种经济分析和研究出口业对当地和区域经济的作用也助益良多。在该书基础上，霍氏在 1939 年推出了《美国城市中居民区的结构与扩张》（*The Structure and Growth of Residential Neighborhoods in American Cities*），挑战了厄内斯特·伯吉斯关于城市扩张的中心地理论。霍伊特提出的扇形理论将城市划分成多个楔形模块，从中心向外发散，体现了土地价值的逐渐降低。这一模式也包括放射状的交通线。霍氏从历时性和共时性两个维度研究了城市化，代表作是 1962 年城市土地研究所出版的《世界城市化》（*World Urbanization*）。

1946 年后，霍伊特以独立咨询师的身份为州和地方政府提供咨询，其范围广涉人口增长、经济发展和土地利用，他也为开发商和地产投资商提供了许多地产价值分析和市场调查报告。他发明了评估郊区购物中心区位和规模的分析手段，这是他最重要的贡献之一。

霍伊特影响了城市和郊区规划师，影响了购物中心开发商，影响了地产评估人，也影响了地产投资公司。同时，霍伊特关于城市增长、社区变迁和郊区开发的研究同样极具意义。1984 年，霍伊特与世长辞。

亦可参阅：伊利诺伊州芝加哥市（Chicago, Illinois），联邦住房管理局（Federal Housing Administration），城市化（Urbanization）

延伸阅读书目：

● Hoyt, H. (1933). *One Hundred Years of Land Values in Chicago*. Chicago：University of Chicago Press.
● Hoyt，H. （1939）. *The Structure and Growth of Residential Neighborhood in American Cities*. Washington, DC：Government Printing Office.
● Hoyt，H. （1962）. *World Urbanization：Expanding Population in a Shrinking World*. Washington, DC：The Urban Land Institute.
● Hoyt, H.，& Weimer, A. （1939）. *Principles of Urban Real Estate*. New York：Roland Press.

Robert A. Beauregard 文
李文硕译　陈恒校

赫尔会所
HULL HOUSE

赫尔会所由进步主义改革者简·亚当斯和艾伦·盖茨·斯塔尔（Ellen Gates Starr）于 1886 年成立于芝加哥，是北美社区改良运动中最早和影响最大的会所之一。社区改良运动（Social Settlements）与进步时代（1890—1929）的其他改革类似，是对 19 世纪末伴随大规模城市化、大量移民和快速工业化而来的贫民窟的应对之策。移民和贫困农民涌入城市，希望在工厂中谋个差事，他们聚居在破败的租屋区，不但人口密度过大，而且使本已不足的卫生设施更显捉襟见肘，助长了社会动荡。除了童工的保护性立法、公共卫生项目、租屋管理和市政改革，社区改良同样是进步时代城市改革的重要组成部分。

建立于 1884 年的伦敦汤因比厅是美国社区改良的源头，向贫困社区的居民提供基本教育，传播文化知识。社区改良的概念传入美国后，改良者们有机会与贫困居民一同居住和生活，受此激励，美国社区改良运动的目标也包括政治参与和立法改革。社区改良者们致力于改善城市贫民窟居民的生活条件，并着手摧毁导致贫困的根源。随着进步主义理念广为接受，社区改良运动也迅速发展开来，到 1900 年，已经有超过

1000座改良会所遍布全美。

与此前的慈善组织不同,社区改良会所分布在贫困社区中,改良者住在会所中,积极参与社区生活。赫尔会所位于意大利移民、德裔移民、犹太移民和波西米亚移民的贫困者聚居区中心,在1886年开张。在亚当斯笔下,这里集中了贫困居民和拥挤过度的住房,街道肮脏,卫生设施破败,学校不足而且街灯灰暗,道路崎岖不平。许多房屋没有自来水,只好到街后的龙头打水;居民远离下水管道,既没有防火通道,也没有足够的街灯和通风设施。在亚当斯看来,当地居民更熟悉自己的街区也更有感情,因此能够比外来的慈善组织发挥更大的作用。她认为,要理解城市贫民的难处,首先要有第一手的生活经验。

赫尔会所很快成为所在社区的重要机构,到1888年,会所已扩大到超过500间房子,每周吸引超过一千多人参加其组织的各种活动。到1890年代中期,每周参加活动的人已超过2000人。赫尔会所每天工作12小时,提供的服务范围广及白日护理、托儿所、男孩俱乐部、运动、缝纫、音乐戏剧,还有其他多种俱乐部。尽管赫尔会所早期的许多项目针对的是儿童,但亚当斯决定会所也应当向青少年和成人提供服务。各种各样的日课和夜校为青年人和成人服务,并开设了戏剧、通俗舞蹈和艺术课,甚至举办政治论坛。赫尔会所还拥有社区唯一的图书馆。居民还可以从会所中得到实际帮助,能够获得基本医疗服务、工作信息、法律援助、咨询、信息和参考以及食物、燃料、衣物和棉被的紧急援助。

社区改良者尤为关注女工及其家庭,许多项目专门为其家务活动和日托服务。在赫尔会所初创时期,亚当斯意识到许多女工从事衣物缝纫,没有时间也没有钱为家人准备有营养的伙食。因此,她在会所中开设了社区厨房,廉价向居民出售营养餐。这些食物按照科学要求准备,并没有根据移民的族裔提供有民族特色的伙食,因此社区厨房变成了咖啡厅,是居民讨论政治和社会问题的聚会场所。

由于会所没有相关设施照顾女工的孩子,因此孩子们要么在肮脏的工厂中陪伴母亲,要么独立留居在危险、不卫生的家中。赫尔会所的第一个项目就是为年轻女子的阅读班,紧接着就开办了托儿所。社区改良者们不仅担忧恶劣的居住环境,也担心户外活动场所由于缺少安全设施而造成危险。1894年,会所买下一块土地,并建成了美国第一个标准运动场,其中设有沙坑、秋千、积木和健身房,可以照顾到玩耍中的孩子们。

赫尔会所成立时,租下了南霍尔斯特德街(South Halstead Street)上一栋破败楼房的二楼。1891年,会所开始了一项宏大的扩建计划,到1907年时已拥有13栋红砖建筑,占据了一整个街区。扩建计划始于会所买下邻近的一个酒吧,并将其改造为美国第一个健身房。1894年,会所在原有建筑上加盖了一层,用于成立托儿所、护理院和音乐学校。1896年,会所扩大了画廊的面积,用于建设新的男性公寓。为了给不断增多的员工提供住宿,1898年,会所新建了简妮俱乐部,是单身女工的宿舍,可以容纳30人,每周租金3.25美元。1899年,会所又建起了新的咖啡馆,楼上用作剧院。从1902年到1907年,赫尔会所新建了男士俱乐部、公寓楼和餐厅,到1907年玛丽·克里恩护理院建成,会所的扩建计划正式完工。

除了为当地居民提供服务,社区改良者也致力于呼吁政府为儿童和女工颁布保护性法案。在其努力下,国会规定女工每日工作时间不超过8小时,企业不得雇佣14岁以下的童工。赫尔会所的女工为1899年成立的青少年法庭做出了许多贡献,美国第一个解决就业问题的政府部门的成立也离不开她们的努力。上述成就以及在霍尔斯特德街的成功,吸引了全世界的学者和社会工作者关注赫尔会所,他们来此访问,学习社区改良运动的理念,了解赫尔会所为社区提供的服务。

延伸阅读书目:

- Addams, J. (c. 1910). *Twenty Years at Hull-House with Autobiographical Notes*. New York: Macmilan.
- Hayden, D. (1995). *The Grand Domestic Revolution*. Cambridge, MA: MIT Press.
- Spain, D. (2001). *How Women Saved the City*. Minneapolis: University of Minnesota Press.
- Stivers, C. (2000). *Bureau Men and Settlement Women: Constructing Public Administration in the Progressive Era*. Lawrence: University Press of Kansas.

Teresa Lingafelter 文

李文硕译　陈恒校

I

城市组建
INCORPORATION

所谓城市组建,指的是一块明确的土地被并入一个政治实体中。广义的合并也可用于城市获取自治权的过程,这种自治权赋予城市举债、估税、兴建公共工程、提供消防和警政及其他公共服务。在美国,自治城市(Municipalities)是州的创造物,因此,各州对于合并的具体形式也有不同的规定。政治权力以自上而下的方式由中央向外扩散,顶层的联邦政府承认并将权力授予州政府,相应地,各州则承认和授权次一级政府管理地方。县(Counties)、教区(Parishes)、区(Boroughs)和镇区(Townships)等多种政治实体则是州政府与自治城市之间的中间环节。最地方化的政治实体是自治城市,它可以被称作城市(Cities),在有些地方则被称作村(Villages)、镇(Towns)和区(Boroughs)。这种金字塔式的权力结构来自美国宪法,因此州政府被赋予了很大的政治控制力。

因此,州立法机构决定了城市组建的过程和方式。乡村利益集团曾在历史上控制州的立法机构,为因应当时的条件创造了一整套繁复的规则。在19世纪的自治运动(Home Rule Movement)时期,城市数量迅速增加,它们力争拥有更多的自治权,希望通过取消城市宪章中州控制警政和消防等与日常生活紧密相关的权力来增加城市的权力。尽管改革者呼声不断,但州立法机构却疑虑重重,并没有急于增加城市的自治权;而且即便如此,州对自治城市的控制权仍然十分牢固。

因此在19世纪,大城市无论其被授予何种权力和怎样授予权力,都成为社会冲突的主战场。与此同时,自治运动的多股非主流力量正在改变城市组建的动机。呼吁自治和政府理性化的声音推动许多州将其关于合并的立法现代化和标准化。例如,威斯康星州在

1892年修改州宪法,禁止以专门授权的方式组建城市,而是由通用宪章做出规定,于是城市组建的程序也就从立法机构转移到了司法部门。但并非各州都有此类变化,而且发生的时间也不一致。例如,缅因州在1820年将单个授权改为通用宪章,而佛罗里达州直到今天仍然采用单个授权的方式。

不管是何种形式,这种通用宪章使得越来越多的自治城市拥有了不断增加的法律独立性。20世纪以来,自治城市所拥有的公共服务,如安装街灯、改善路况、提供入户自来水和铺设下水道等,受到许多城市以外人口的欢迎,他们希望享受此类服务,因此很多小型聚居区也在申请了通用宪章,成为自治城市。并非所有社区都提供此类服务,随着社区利用相对容易的合并条款成为自治城市,这些服务的扩大也迅速增加了合并的数量。城市组建也就成了解决市政服务的方式之一。

自治运动取得了预期结果,即为大量涌现的城市增加了城市自治权;同时也取得了意料之外的结果,即自治实体的迅速增加。在20世纪,人口和工商业从中心城市涌向郊区,以牺牲城市的方式促进了郊区的发展。兼并(Annexation)和合并(Consolidation)成为20世纪上半期城市与郊区的主要关系,大都市统一运动(Metropolitan Unification Movement)则是五六十年代的主流。在许多地区,中心城市开始联合城市与郊区的政府,以避免服务的重叠交叉;更重要的是,中心城市可以以此重获税基、增加就业和居民。

在这种城市与郊区的敌对氛围中,分布在大型大都市周边的未建制地区(Unincorporated Areas)也纷纷开始组建城市,以免被现有城市所兼并或合并。法律的变迁使得这些地区可以因为担心被兼并而申请成为建制的自治城市;威斯康星州在1955年颁布了一项州法案,允许"一等城市"(First-Class City)周边的未建制地区可以优先组建城市。马里兰州也在1954年首

次实行通用宪章，并授予城市自治权。因此，到了20世纪中期，大都市区的问题成为城市组建中的中心议题，组建城市也成了大都市区周边城市保持独立性和挫败大都市区扩张计划的手段。大型郊区申请成为城市阻挡了大城市的扩张。在19世纪还是获得市政服务的重要途径，20世纪时这种可以获得自治权的城市组建过程已成为大城市萧条的又一个推手。

今天，几乎所有州都颁布了授权城市自治的通用城市宪政，但也有多个州担忧州政府权力的让渡，尤其是预算压力、自治城市的政策和宗教特别区的设立。管道、警政、消防和校区如果越过城市的边界，这类服务曾催生城市，如今越来越多的转移到更高级别的政府手中，尤其是县政府，或是转移给由州立法机构创造的专区政府。典型的大都市区由许多复杂的民主机构和权力实体来管理，形成了多层次的征税机关。因此，在部分大都市区，市县合并是解决问题的好方法，如迈阿密—戴德县（Miami-Dade County）、印第安纳波利斯—马里昂县（Indianapolis-Marion County）和路易斯维尔—杰斐逊县（Louisville-Jefferson County）；有些大都市区则采用了权责分配的方式，如明尼阿波利斯—圣保罗大都市委员会（Minneapolis-St. Paul's Metropolitan Council），以联邦制的方式解决问题。但也有不成功的案例，如克利夫兰和圣路易斯。200年来，自治城市的权与责发生了翻天覆地的变化，而日渐增多的非政府税收机构和统一的服务机构预示着在未来，新的变化将要来临。

亦可参阅：自治（Home Rule），大都市区政府（Metropolitan Government），佛罗里达州迈阿密（Miami, Florida），明尼阿波利斯/圣保罗（Minneapolis/St Paul），明尼阿波利斯市政府（Minneapolis Municipal Government），郊区化（Suburbanization）

延伸阅读书目：

- Miller, G. J. (1981). *Cities by Contract：The Politics of Municipal Incorporation*. Cambridge, MA：MIT Press.
- Teaford, J. (1984). *The Unheralded Triumph：City Government in America，1870 - 1900*. Baltimore：Johns Hopkins University Press.

Christopher Miller 文

李文硕译　陈恒校

印第安纳州印第安纳波利斯
INDIANAPOLIS, INDIANA

印第安纳波利斯自1825年以来就是印第安纳州的首府，同时也是该州政治、经济、文化活动和政府机构的中心。

当该州1816年加入联邦时，国会授予其4个地块的土地用于建设州府。4年后，州议会选择该州中心地带的一片荒野作为州府所在地。勘探员们在这片土地的中央平整了一平方英里，直到今日，印第安纳波利斯的下城仍被称作平方广场（Square Mile）。其中一位勘探员曾参与到美国首都的选址中，而华盛顿的规划方案在1821年印第安纳波利斯城市平整中也发挥了作用，宽阔的街道、放射状街道和市中心的环线（州长官邸打算放在这里）都借鉴了国都。坐落于该州中心是印第安纳波利斯最大的优势——邻近的白河并不适于通航，当时的道路交通也并不方便，甚至直到1840年代，印城仍然是个山高路远的小村庄。

1840年代末和1850年代，铁路穿过印第安纳波利斯，以及内战期间的经济发展，使印城成为该州主要的城市。到1870年代，印城的人口已达到其州内主要竞争城市的两倍，该城也成为州里制造业和商业的领头羊。20年后，在印城东北部发现的天然气推动其继续发展，这个十年也见证了这座城市的地标的建设，即印第安纳州军人与海员纪念碑（Indiana State Soldiers and Sailors Monument），坐落于平方广场中央的纪念碑坛（Monument Circle）中。

移民在这座城市中留下了无法磨灭的痕迹。19世纪中期，移民主要来自爱尔兰和德意志地区。1870年，22%的城市人口来自美国以外的地区，其中半数为德裔，三分之一来自爱尔兰。与美国其他城市相比，19世纪末20世纪初大量涌入的南欧和东欧移民却很少来到这里。1920年，美国贸易委员会（Board of Trade）将印第安纳波利斯称作是"纯粹的美国城市"。尽管这话不无夸张，但事实上，当年印第安纳波利斯人口中只有5%出生于外国，这是北部城市中的最低比例之一。内战后，印城的非洲裔美国人大量增加，1870年时只占人口的6%，1920年时已增长到11%，到2000年已达到25%。二战后，许多来自阿巴拉契亚山区的人口落户印第安纳波利斯，到1970年时16%的人口生于南部。在21世纪初，西班牙裔是印第安纳州中部地区增长最快的族裔，2000年时占总人口的3.9%。

19 世纪末 20 世纪初通常被视作印第安纳波利斯的黄金时代。除了天然气的刺激（大约在 1900 年结束），印第安纳波利斯也是全美城市轨道交通最发达的地区。州内主要城市几乎都有铁路站点，商人、血拼客和观光者来来往往。印第安纳波利斯也从汽车工业中受益。汽车业在 1900 年的印第安纳波利斯还微不足道，但 20 年后却已在该市就业人口和产值排行榜中名列第二。如果说底特律垄断了平民汽车的生产，印第安纳波利斯就是豪华车的基地，如玛蒙（Marmon）和斯图兹（Stutz）。甚至在汽车业萧条后，汽车装配线上的设备又成为该市的经济支柱，直到 1980 年代。1909 年完工的印第安纳波利斯汽车赛道（Indianapolis Motor Speedway）虽然只是试验品，但却催生了两年后开通的印第安纳波利斯 500 英里汽车赛道（Indianapolis 500 - Mile Race），被誉为"赛道中最伟大的奇迹"。近年来，这里又增加了纳斯卡砖道赛（NASCAR Brickyard 400）和美国汽车大奖赛（U. S. Grand Prix, F1）。

印第安纳波利斯在政治领域和出版行业也占有一席之地。当地律师托马斯·亨德里克斯（Thomas A. Hendricks）和查尔斯·沃伦·费尔班克斯（Charles Warren Fairbanks）分别在 1884 年和 1904 年当选合众国副总统，律师本杰明·哈里森（Benjamin Harris）则在 1889 至 1893 年间出任总统。托马斯·塔基特（Thomas Taggart），这位曾经的印第安纳波利斯市长在 20 世纪初担任民主党全国委员会（Democratic National Committee）主席。在出版业中，鲍布斯—梅丽尔出版社（Bobbs-Merrill Publishing House）在市场上口碑很好，在专业领域也受到尊重。知名作家詹姆斯·韦特康博·雷利（James Whitcomb Riley，即印第安纳诗人，Hoosier Poet）和布斯·塔辛顿（Booth Tarkington）为印第安纳波利斯带来了文学的荣誉，塔氏的多部小说以根据故乡抽象出的"米德兰市"（Midland City）为背景展开。

像其他城市一样，印第安纳波利斯也在大萧条中遭受重创。城市经济依赖于消费拉动，因此对房地产波动极为敏感，1930 年代两条城市轨道线的关闭进一步弱化了当地经济。但从 1940 年开始，国防工业投资和国防工人大量涌入印第安纳波利斯，随着经济转向战时，印市实现了完全就业，工资发放总额也持续上升。

战后印第安纳波利斯人口的变化是全美郊区迅速发展而中心城市大举萧条的一部分。在 50 年代，印第安纳波利斯人口增加了 12％，而马里昂县的郊区则增加了 78％，而且这一趋势一直延续到八九十年代，而整个大都市区的增长主要集中在城市周边的县中。在中央镇，也就是城市的中心地带，人口流失最为明显，而近年来下城新建的公寓和豪华套房、内城的绅士化只是稍稍影响了中心城市的人口外流。

大都市区内多条州际高速公路的建设进一步推动了人口的去中心化。印第安纳波利斯曾经有多条铁路和城际轨道，如今又是多条中西部高速公路的汇集地，其区位优势和高速公路交汇处的有利条件推动了仓储业、物资调配中心的发展，也吸引了陆运和空运公司落户在此。465 号州际高速公路（I－465）的环城公路成了新的增长点。

近些年来印第安纳波利斯最重要的创造是市县合并，即合并了市政府与县政府，被称作"联合政府"（Unigov）。共和党人促成了此次合并，其目的在于将以共和党支持者为主的大量郊区并入城市，以改变印第安纳波利斯的选民结构。而民主党则视其为政党的政治游戏，称其为"一并抓住"（Unigrab），认为此举将伤害城市里非洲裔美国人社区的利益。市县合并后，共和党赢得了 2000 年前的每一次市长选举，而对市议会的控制一直持续到 2004 年，当年民主党取得了一席的优势。

尽管被称作"联合政府"，但实际上并非将市县政府的所有功能完全合并，学校系统、警察和消防部门仍旧是分开的。不过，单一行政官和立法机构的确增强了县域内政策的一体化。许多人相信这种重组的价值，尤其是成立了大都市区发展部（Department of Metropolitan Development），该部成功发起了几项下城的开发项目。

前后两任市长理查德·卢加（Richard G. Lugar, 1968—1976）和威廉·哈德纳特三世（William H. Hudnut III, 1976—1992）成功推动了他们所谓的"公私合作"（Public-Private Partnership）。卢加因为联合政府、加强与商界和慈善界的联系以及争取联邦资助（此举常常被此前的市长们忽视）而受到欢迎；哈德纳特及其政府在利用多种资源协调开发下城中取得了颇多成果，并在使用专用和业余体育设施提高城市知名度和推动经济发展方面贡献良多。哈氏的继任者斯蒂芬·古德史密斯（Stephen Goldsmith, 1992—2000）注重将政府功能分包给私人企业。2000 年当选市长的巴特·彼得森（Bart Peterson），则开创了"文化发展项目"（Cultural Development Initiative），以促进城市艺术事业的发展，将印第安纳波利斯建设成为文化旅游城市。

市县合并将城市的边界推进到马里昂县，总面积达到 402 平方英里，使城市人口在 1960 至 1970 年间从 476258 人增加到 744625 人。2000 年，印第安纳波利斯人口达到 791926 人，而大都市区的总人口则有 160 万。

延伸阅读书目：

- Barrows, R. G. (1990). Indianapolis: Silver Buckle on the Rust Belt. In R. M. Bernard (Ed.), *Snowbelt Cities* (pp. 137 – 157). Bloomington, IN: Indiana University Press.
- Bodenhamer, D. J., & Barrows, R. G. (Ed.) (1994). *The Encyclopedia of Indianapolis*. Bloomington, IN: Indiana University Press.
- Dunn, J. P. (1910). *Greater Indianapolis*. Chicago: Lewis.
- Leary, E. A. (1971). *Indianapolis: The Story of A City*. Indianapolis, IN: Bobbs-Merrill.

Robert G. Barrows 文

李文硕译 陈恒校

制造业城市
INDUSTRIAL CITY

在千年间，城市曾是生产和制造业的中心。制造业城市集中了生产者和生产资料。在拥挤的厂房中，在码头和船坞旁，工人们制造战车和货车、船舶和风帆，也生产挂毯和衣物、鞋靴和肥皂，并发明了印刷机、书籍、报纸和小册子。倘若走访 14 世纪佛兰德斯（Flanders）的纺织工场、17 世纪格拉斯哥（Glasgow）的船坞或是 18 世纪费城的印刷厂，可以看到勤劳的熟练工、劳顿的学徒和神色紧张的师傅。但所有的劳动产品都有一个共性，即大部分生产步骤是手工完成的。

制造业城市集中了大量人口，他们遭受到脏乱、恶臭和疾病的困扰，但在前制造业城市与制造业城市之间存在着根本性差异。前制造业城市中的人口聚居更为多样，而没有泾渭分明。不管是商人、银行家，是绅士还是农夫，他们都居住在城市里；建筑师和搬运工、艺术家和纺织工、水手和船长，也都混居在一起。富人们与同侪住在一起肯定更舒服，但他们的家与穷人社区距离并不遥远。师傅、熟练工和学徒即使不住在一起，也相距不远。工场往往兼具生产与销售功能，既是住房又是酒馆。在工场中，师傅、熟练工和学徒自在交往。尽管三者之间存在着明确的规范和秩序，尤其对于学徒而言，但实际上三者各自完成各自的工作，按照自己的节奏和习惯，而且可以改变自己的活动。就像工作者一样，工作产品也是多样的。

城市中的工场与乡村中的家庭生产相互补充。走进一个 200 年前的农村，你可以找到多个生产中心。每家都是一个生产基地，出产的纺织品除了自用外也供应城市市场。在谷仓和工棚里，人们制作马车、挽具、钉耙、农具和家具。有远见的制造商把零部件发到农民家中，付钱给他们制作手套、帽子、鞋面和扫帚，在商业中心收集成品后出售。

在很大程度上，城市中的工场和家庭作坊已在很大程度上满足了新生美国的需要，但大规模生产的模式，即大量工人重复同样的劳动和使用人力及畜力生产标准化的产品，已在英格兰出现，并很快传播开来。在那里，畜力用于磨坊和漂洗工场的时间已长达几个世纪，而在美国，人们利用水力和风力来磨面、砍树、漂洗羊毛和炼铁。塞缪尔·斯莱特（Samuel Slater）首创而为波士顿合伙人（Boston Associates）继承的方法，是利用水力操作多种机器，这种方法引发了生产领域的革命，既革新了生产技术，同时也改变了城市生活并催生了工业城市。他们意识到流水的落差足以带动机器运转，因此在河流上游落差大的地方建造水坝、运河和蓄水池，并建造大型工场以容纳成百上千的机器。而要满足上述要求，必然需要大笔投资。

规模经济需要大规模的工厂以集中大量机器，而且水力资源的分布往往不以传统的商业城市（美国早期的商业城市往往建在平缓地区，以通海便利为目标）为界限，因此新的工业家们常常在商业城市之外建造工厂，并在其周围建造廉价租屋和寄宿住房，以为工人提供安身之所。就这样，曾经的小乡村迅速膨胀，成千上万的工人集聚其中，成就了一批运河沿岸的速成式工业城市。马萨诸塞州的洛厄尔、劳伦斯（Lawrence）和霍亚科（Holyoke），新罕布什尔州（New Hampshire）的纳舒亚（Nashua）、曼彻斯特（Manchester）以及新泽西州的帕特森（Paterson）都是小乡村转型工业城市的典型。

全世界都震惊于制造业城市的这番景象，即年轻女子在机器旁工作，下班后阅读文学，宿舍管理员巡视她们的住所，但真正吸引投资的则是成千上万工人操作机器、是一整套工作流程创造出来的巨大财富。北部的投资商们时刻关注着如何把生产流程进一步细化，以便最大限度地使用机器。美国的河流从阿巴拉契亚山区奔流而出，在资本有力的手中，水流湍急的落差处筑起了堤坝。但即便如此，河流毕竟受到自然的制约。冬天,河水冰封千里,机器只得停下;夏日,高温降低了河流水位,机器没有足够的动力全速运转——机器闲置等于烧钱。即使上游大坝可以调控水量,但完全依赖自然水力意味着投资者不得不承担机器闲置和低效运转的风险。

英国人首先发明了蒸汽机用来从煤矿中抽水,但很快就作为一种能源被应用到动力机(汽船和火车)上,成为水力的补充,并成为新的动力来源,其优势在于,工厂不必局限在水流落差大的地方。到19世纪下半期,蒸汽机开始取代自然水力成为带动机器运转的主要动力机。宾夕法尼亚州东北部、弗吉尼亚州西部和伊利诺伊州南部的廉价煤炭为蒸汽机提供了能源,运河则将煤矿与城市连接起来。

缝纫机、长网(Fourdrinier)造纸机和旋转印刷机都离不开蒸汽机。美国工厂生产出越来越多的标准化产品,虽然它们的名字中还保留了"工场"(Mill),但"工场"一词已不再是将石头变成石磨,而是指容纳了许多及其的大型厂房,机器在其中生产衣料、纸张和铁器。工业在美国经济中扮演了重要角色,在1860年,新英格兰地区有三分之一的人口在制造业部门就业,这些部门大多大量使用机器。

制造业城市像个巨大的利维坦,不仅吞噬了工人,也吞噬了商人、店主和工匠,但制造业城市中最重要的无疑当属那些操作机器、生产标准化产品的产业工人。他们从事技术劳动,也从事体力工作,但真正决定其工作的却是机器。也正是这些占地面积广大、伸向空中的大型"工场"决定了制造业城市的结构和命运。

工厂中生产出的大量产品创造了巨额财富,这些财富重新回到生产流程,投入到新的机器和技术中。缝纫机问世后,蒸汽的缝制机器迅速攻占制鞋业,使其成为美国第三大产业部门,仅次于纺织和伐木。猪和牛的命运也被改变了,它们曾经在每个小城镇的屠夫后院里等待宰杀,但如今,它们却要被送进专门的屠宰厂,排成一排送上蒸汽驱动的流水线由工人屠宰,清洗干净后在送上船运到全美各地。农业的发展也推动资本涌向农机领域,广阔的乡村吸引了铁路的铺设,二者共同刺激了钢铁行业的发展。到1860年,全美铁路里程已超过30000英里,不仅连接起东部的各个城市,也将东西部的城市连为一体;不仅将煤矿、铁矿与钢铁工业中心连接起来,也连接了森林与伐木厂、农田与谷仓以及牲畜与屠宰厂。到19世纪末,统一规矩的铁路横贯全美,与河流一起将全国的城市连接为统一的覆盖东西两岸的市场。全国市场已经形成,并通过铁路与各地的工厂连为一体,因此,只要利用本地资源,就可以为全美市场生产商品。

随着蒸汽炼炉的发展,以及滚动和拖拽装置的改进以及将木炭转化为焦炭的新技术,钢铁工业逐渐从乡村迁往城市;而贝氏炼钢法和平炉技术进一步使钢铁冶炼落户城市。炼铁业和后来的炼钢业沿河流、运河和铁路安置厂房和工人,以便利用廉价燃料,并降低产品运输的成本,当然,环境污染也随之而来。

城市历来肮脏,商业城市中曾经出现的流行病和污染物在制造业城市中再度出现,早在蒸汽机出现之前,燃烧木料和小型锻造铺将大量污染物排向空中。但制造业城市中的动力机需要能源,渐渐地,人们发现煤炭中蕴藏着能量。随着大量煤炭尤其是烟煤的使用,烟囱成为制造业城市的标志,排出的废气中含有大量煤烟。

工业生产需要大笔投资,而规模产生的效益以及增加的产出为投资提供回报。但产出要增加需要更多劳动力,而投资要回报也只有依靠销售的增加。标准化产品的批量生产降低了单个产品的成本,而且产品也需要大容量的市场。河流、运河和铁路运载着原料和产品,塑造了统一的全国市场。农妇不再在家中,而是去工厂中工作;农夫也不再像父辈那样自制农具,而是从市场上购买。城里的家庭妇女直接购买标准化生产的鞋,购买成衣和屠宰好的肉,丈夫则从商店购买衣服,阅读从印刷机上下来的报纸。

工厂要成功,必须靠近劳动力,或者能够集中大批劳动力;需要靠近交通枢纽,以便原料和产品的运输。19世纪的工业城市就是这样产生的。产品数量的激增不仅影响了沿河分布的城市,传统的商业城市也受其影响。企业主可以将其工厂安置在交通、劳动力、人才集中和市场广阔的地方,也可以将其安置在商业城市的中心或附近,并在这一过程中改变了城市。工厂和工场沿着河流、运河和铁路从市中心向外延展,并运输煤铁矿石、棉花、毛料、钢板、谷物、牲畜、毛毯、衣物、钟表、农具、橡胶产品、鞋、铁铲、火炉、面粉和猪肉。在这些工厂周围分布着大量工人住房,同样沿河流、运河、铁路而建。来自外国和农村地区的移民居住在这里,除了少数人,大多没有在工厂中工作的经验。移民的模式使其倾向于居住在工厂周围的此类社区中。

19世纪下半期,蒸汽直接为工业提供动力,但到20世纪,大型动力基站首先将蒸汽动力转化为电力,再将电力输送到工厂和住房中。集中供电为居民提供用电,点燃街灯,为机器提供动力。生产也越发依赖机器,后者虽然没有降低生产的力度,却降低了操作的难度。

新型工业出产的产品也改变了城市。钢架构建、钢筋混凝土和用于电梯的钢索既催生了改变下城天际线的摩天大楼,也塑造了占地数亩的大型厂房。

　　每天涌向新型工厂的工人不是成百上千,而是成千上万。移民希望住进同族人的社区,他们讲同样的语言,彼此有共同的风俗,而且排斥外族人。移民也希望通过社区和乡谊找到工作。上述两股力量将城市分割开来,并将移民集中在同族的聚居区中。尽管对住房、工作和工人的需求很大,但并非所有的移民都能在当地找到工作,而工作需求和住房紧张常常使他们另寻其他社区。因此,大城市中同一族裔的社区可能有许多个。虽然工厂周围出现了大量工人住房和过度拥挤的廉价租屋,但有时,工厂对劳动力的需求仍然超过周边工人社区的居民数量。因此,越来越多的工人居住在周边社区之外,住在远处的工人利用有轨电车上下班,这些车辆由电力驱动,在钢轨上运行,每节车厢可搭载数十人,辐射半径达5到10英里。

　　工业产品和生产流程重新塑造了城市空间结构,原本由商人、工匠、学徒、劳工、店主、游客混居,而商店、租屋、住房和作坊交叉分布的形式逐渐让位于隔离分离的城市。甚至早在有轨电车大量投入使用之前,商人和工业家已将其家庭搬往远离城市喧嚣和混乱的郊区,同时也远离了中产阶级店主的社区——后者也逐渐搬出城市,避开了与工人和贫民的往来。

　　有轨电车加剧了这一趋势。工厂主住在远离工厂和工人的地方。下城商业区的居民越来越少,其功能集中到了购物等商务活动,如保险、法律、银行和财会等业务,绝大部分城市的下城的绝大部分地区都不再是居民区。富人们迁往远离贫穷、肮脏和污染的郊区,享受那里的森林绿地,通过有轨电车与城市相连。在城市商业中心周围是中产阶级社区,律师、医生、管理人员、教师、高级职员和技工住在这里。城市贫民则集中居住在肮脏的河流下游、废弃的工厂以及远离富人郊区的城市边缘地带。尽管工业城市本身并不"生产"贫民,但城市中日益严重的隔离、工厂劳作的影响以及工业部门就业的多样和工作的冷漠却导致产业工人收入低微。此外,美国制造业依赖于外来移民,也依赖于来自南方的非洲裔美国人,因此,美国制造业城市中的贫困披上了种族和族裔的外衣。

延伸阅读书目:

- Cumbler, J. (1989). *A Social History of Industrial Decline*. New Brunswick, NJ: Rutgers University Press.
- High, S. (2003). *Industrial Sunset: The Making of North America's Rust-Belt, 1969 - 1984*. Toronto: University of Toronto Press.
- Licht, W. (1995). *Industrializing America: The 19th Century*. Baltimore, MD: Johns Hopkins University Press.
- Mohl, R. (1985). *The New City: Urban America in the Industrial Age, 1860 - 1920*. New York: Harlem Davidson.
- Nye, D. (1985). *Consuming Power: A Social History of American Energies*. Cambridge, MA: MIT Press.
- Platt, H. (1991). *The Electric City: Energy and the Growth of the Chicago Area, 1880 - 1930*. Chicago: University of Chicago Press.
- Sugrue, T. (1996). *The Origin of the Urban Crisis: Race and Inequality in Postwar Detroit*. Princeton, NJ: Princeton University Press.
- Teaford, J. (1994). *Cities of the Heartland: The Rise and Fall of the Industrial Midwest*. Bloomington, IN: Indiana University Press.

John T. Cumbler 文
李文硕译　陈恒校

制造业郊区
INDUSTRIAL SUBURBS

　　在过去200年中,制造业郊区是城市发展过程中的重要环节。尽管早在殖民地时代的商业城市,就业就已扩展到城市的范围之外,但产业郊区中制造业部门就业的增加却是19世纪城市工业资本主义发展的产物。制造业郊区之所以重要,是因为如下几个原因:它们体现了工业资本主义社会的特性、它们自19世纪中期以来就是大都市区发展的核心。并且它们体现了工人阶级搬往郊区的重要性。从19世纪早期出现在费城之外的纺织工业郊区,到晚近的匹兹堡、芝加哥和洛杉矶周围的钢铁、电器设备和航空产业郊区,制造业郊区一直活跃在城市边缘。

　　制造业郊区历史悠久。18世纪,有些地方法规禁止在城市中举办有毒和有异味的企业,后者只得迁往郊外;希望靠近湍急河流的工场也常常落户在城市之外。19世纪早期,蓬勃发展的工业催生了一系列工业城镇,如马萨诸塞州的洛厄尔,它们远离东海岸的港口城市。1840年代后,工业部门开始大规模去中心化,开始了早期的工业分散。到1899年,美国的大都市区中接近三分之一的制造业就业已迁到郊区。在随后的半个世纪中,郊区工业比重进一步增加,1947年时已有40%的制造业就业分布在郊区,但并非所有城市都是这样。二战结束时,克利夫兰和圣路易斯只有三分之一的产业劳动者在郊区工作,但同期波士顿和匹兹堡的这一数字则超过了四分之三。战后,工业搬往郊区的步伐进一步加快,大部分制造业岗位不再局限于中心城市。

制造业郊区是城市在地理上工业化的产物。资本主义工厂体系催生了以工资为生的工人,推动了专业分工,引发了生产流程和技术的革新,并迅速扩大了市场。交通和通讯技术的变革拓宽了企业间交流的基础,将本地、区域和全国的市场融为一体,并降低了成本。这样,企业在地域上的选择也更加宽泛了。在19世纪中期以前,绝大多数企业集中在、至少是靠近市中心。现代制造业企业规模庞大,纵向合并上下游部门,其业务横跨多个领域,它们对地域有不同的要求。在芝加哥,普尔曼公司、美国钢铁(U. S. Steel)、西部电力(Western Electric)和福特汽车迁往郊区,以降低土地成本,采用现代方法,雇佣了大批劳动力,在占地广大的厂房中生产,然后通过铁路和高速公路与区域和全国市场相连。它们在其所在地创造出庞大的经济体。许多公司搬往郊区以摆脱对大公司的依附。不同部门、不同行业的企业被郊区的企业间的联系、地方化的劳动力市场、便利的交通设施和地方政府间的合作所吸引而搬往郊区。

许多本地和外地的利益集团密切关注着制造业郊区。地产投资商将城市郊外的土地划分为一个个地块,并开展了针对工业、商业、居住、市政和交通的勘测。投资商和商业建筑师建造住房、市民设施和必要的基础设施,自建住房者在商业开发地块之外建造住房。在二战前,建造和管理公路、轨道交通线、上下水系统、住房和工厂由当地的地产、交通和市政利益集团控制。战后,联邦政策和投资与外地零售企业、开发商、工程公司的大规模投资,一起在城市外部制造业地带发展的过程中发挥着越来越大的作用。尽管各利益集团之间在目标和方案上不免有所冲突,但它们形成了牢固联盟,一同为制造业郊区的发展奠定了理念、法律、金融和制度基础。

在1950年前,制造业郊区分为4类。最常见的是自发形成的制造业郊区,即企业被郊区在土地、交通和劳动力等方面的优势吸引而自发落户。工厂城是第二种,多由纵向合并的企业创立,如位于普尔曼城(Pullman)的普尔曼车厢厂(Pullman Palace Car)、位于加里的美国钢铁和位于范德格里弗特(Vandergrift)的阿波罗钢铁公司(Apollo Iron and Steel),由公司负责设计和建造住房和市民设施。这类卫星城远离大都市区,拥有相对多样化的经济结构和许多市民和社会机构以为当地居民服务。第三类是曾经的服务性城市,如朱利奥特(Joliet)、埃尔金(Elgin)和奥罗拉(Aurora),都成为芝加哥的工业卫星城。最后一类是政府规划的制造业郊区,为企业提供从信贷到建筑设计等多项服务。

近些年来,经过规划的、或曰"科学的"公园园区以其高度人工的环境和服务成为大都市区制造业部门日益重要的地区。据称集中在大都市区边缘的高技术走廊(High-Tech Corridors)和技术城市(Technoburbs),究竟是否是传统工业郊区的升级版仍需时间确定。但我们有理由相信,二战前后的制造业郊区有着显著差别,其最明显者在于州政府开始参与制造业郊区的规划,在于本地和外地资本的投资规模已大体相当,也在于生活与工作之间的通勤距离更长。尽管如此,美国大都市边缘地带的大量制造业资本仍然是200年来的重要现象。

延伸阅读书目:

- Buder, S. (1967). *Pullman: An Experiment in Industrial Order and Community Planning, 1880 - 1930*. New York: Oxford University Press.
- Lewis, R. (1999). Running Rings around the City: North American Industrial Suburbs, 1850 - 1950. In R. Harris & P. Larkham (Eds.), *Changing Suburbs* (pp. 146 - 167). London: Spon.
- Lewis, R. (Ed.). (2004). *Manufacturing Suburbs: Building Work and Home on the Metropolitan Fringe*. Philadelphia: Temple University Press.
- Mosher, A. (2004). *Capital's Utopia: Vandergrift, Pennsylvania, 1855 - 1916*. Baltimore: Johns Hopkins University Press.
- Scranton, P. (1983). *Proprietary Capitalism: The Textile Manufacture at Philadelphia, 1800 - 1885*. Philadelphia: Temple University Press.
- Taylor, G. (1915). *Satellite Cities: A Study of Industrial Suburbs*. New York: Appleton.

Robert Lewis 文

李文硕译　陈恒校

1918—1919 年大流感
INFLUENZA EPIDEMIC OF 1918 TO 1919

从1918年到1919年,一种新型流感病毒肆虐全世界,据统计造成 2100 万人口死亡,至少有 67.5 万美国人染病身亡。时至今日,人们仍未确知这种新型流感病毒是如何变异的,但第一次世界大战引发的人口流动无疑促进了病毒的扩散。按照常理,老者和幼童是流感的最大受害者,但此次新型流感却重点攻击了身强力壮的年轻人。在美国,因其应对方式不同,各城市的死亡率也有所不同。

流感可以通过喷嚏、呼吸和咳嗽发出的飞沫传播,因此直接接触、尤其是亲密接触可以传染,症状表现为干咳、发热、浑身酸痛和疲倦。许多患者在一周之内会感染细菌性肺炎,在许多 20 至 40 岁的患者身上,免疫反应会导致肺部积水从而损伤肺部功能,由于缺氧,患者的皮肤会呈现蓝色。如果出现这些现象,意味着患者很难成功救治,可能数日之后就病发身亡。

战争期间,许多美国人涌入城市,尤其是东北部和中西部的大城市中,希望在薪酬高的国防工业中找到工作。成千上万人住在临时的军营式住房中,忍受着设备不足的困难,更多人干脆挤进本已破败的贫民窟中。与此同时,联邦政府为了应对战争,匆忙将大量兵员投入本已拥挤的军训营地,却没有投放足够的医疗设施,并将成千上万的医护人员投入战争。

1918 年 7 月,费城海军基地的军医报告,在从欧洲返回美国的士兵中爆发了呼吸系统疾病。八月末,波士顿的海军向上级报告,军营中出现了流感症状,而且几天之中已造成大量病人死亡。很快,这场流感向全美蔓延,尽管当时还没有明确的流感概念,时人既不知道流感的传播也不知道预防之法,但很明显这场新型流感极具传染性。虽然当时的医疗技术无法缓解病人的症状,但通过对公共卫生进行积极干预,仍然能够采取许多预防措施。学校停课、取消不必要的公共集会、要求人们外出时戴上口罩和禁止吐痰本可以减缓疾病的传播和减少伤亡。但许多城市或是由于无知,或是由于失职,或是由于自负,并未采取上述措施,结果造成了严重后果。

对比下列五个大城市,就能看出地方公共卫生的积极干预可以有效降低疾病的风险。纽约有大量拥挤的租屋,因此人们普遍认为纽约的死亡率将会达到全美之最。然而,纽约 20 年来在公共卫生领域投入大笔资金,因此其死亡率大大低于其他美国大城市。而费城和匹兹堡就是反例了,这两座城市的政府并没有采取积极措施加以干预。在流感肆虐期间,费城市长因贪腐锒铛入狱,而该市卫生部门的负责人也是个无良政客。尽管医药界呼吁停办,但费城还是在 9 月发起了一场数千人参加的自由公债(Liberty Loan)游行。

结果三天之内(这恰恰是流感的潜伏期),流感在全城爆发。在随后三周多的时间中,费城每天都有数百人因流感死亡。黑死病仿佛降临费城,在南部的移民聚居区,一个牧师乘马车沿街呼吁人们将死者运出家门。匆忙之中,数百具尸体被一起焚烧,全城共有 1.4 万人因病而亡。费城人口只有纽约的三分之一,但死亡人数却几乎达到纽约的半数。

匹兹堡是美国死亡率最高的城市,几乎有四分之一的感染者死亡。市长 E. B. 班博科克(E. B. Babcock)和卫生部门负责人没能配合州和联邦政府,甚至关闭部分公共场所和执行检疫的命令也没有被执行。尽管城中亟需医护人员,市长却将许多本地医生和护士派往也面临人手不足的宾夕法尼亚州东部的煤矿地区。无能的政府在流感的攻击下,让至少 4000 人丢了性命。亚特兰大与匹兹堡的状况相似,也没有积极应对,甚至没有急诊医院,也没有集中处理病亡者的尸体。尤其是亚特兰大的非洲裔美国人社区,几乎被政府遗忘,伤亡惨重。

相比之下,旧金山采取了积极措施,包括对所有兵营进行检疫,并设立电话专线报告新发病例,以便及时派出医护人员。因此在 1918 年秋天,旧金山的感染人数并不多。然而到了 12 月,当流感似乎要褪去的时候,旧金山放松了监管措施,却被流感杀了一个回马枪,也映衬了其前期措施的有效性。

人们试着用各种方法来预防和治疗流感,包括用洋葱洗澡,佩戴草药,甚至用流感患者的分泌物制作疫苗。有些医生尝试用开胸手术缓解患者的肺部积水和压力,但收效甚微。尽管大多数治疗所起的作用不过是缓解疼痛和帮助睡眠,但在许多案例中,使用无菌床和综合护理对于缓解病症还是起了一定作用的。

虽然流感几年后重新来袭,但最重大的打击发生在 1918 年和 1919 年。从整体上看,大部分美国城市的死亡人数达到了感染者的 10% 到 20%。受流感打击最重的城市,其死亡率已接近 19 世纪霍乱和黄热病发作的年代。非洲裔美国人受到流感的打击尤为严重,特别是在南部,许多政府机构和医院完全不顾其死活。有些土著美国人社区甚至有 80% 以上的人口死于流感。

直到 1990 年代,通过从冻土中找到的病亡者的身体组织,科学家们才揭开了这次流感的部分未解之谜。2002 年爆发的急性呼吸系统感染病(SARS)以及 2004 至 2005 年在亚洲出现的高致病性禽流感加快了人们对流感病毒及其变异的研究,以预防下一次大流感的爆发。

亦可参阅：公共卫生(Public Health)

延伸阅读书目：

- Bary, J. (2004). *The Great Influenza*: *The Epic Story of the Deadliest Plague in History*. New York: Viking.
- Crosby, A. (2003). *America's Forgotten Pandemic*: *The Influenza of 1918* (2nd ed.). New York: Cambridge University Press.
- Van Hartesveldt, F. R. (1992). *The 1918-19 Pandemic of Influenza*: *The Urban Impact in the Western World*. Lewiston, NY: Edwin Mellon Press.

Roger D. Simon, James Higgins 文
李文硕译 陈恒校

非正规经济
INFORMAL ECONOMY

1970 年代国际劳联(International Labour Organization, ILO)派驻肯尼亚的代表团发现,当地存在多种小规模经济却未被官方注意,这催生了非正规经济(Informal Economy)的概念。劳联的报告指出,肯尼亚的传统经济部门在衰退,但同时存在许多高效、高利润的企业,它们的互动都没有得到政府部门和政策制定者的注意,也没有受到应有的管理和登记。尽管劳联注意到了这些小型企业的活力,但仍然认为其与肯尼亚的正规或曰"真正"的经济没有关联,它们只是临时性的,随着经济发展和工业化的推进,这类非正规经济将会消失。今天,非正规经济已被视作世界上大多数国家经济体系的一部分。虽然当前对非正规经济和就业的认识有了很大进步,但距离对这一复杂现象的全面认识还有很长的距离。

与劳联的预期相反,非正规经济在全球各地发展迅速。2002 年,世界银行预计,在低收入国家中,非正规经济贡献了 40% 的 GNP;在高收入国家中则占 17% 的比例。在发展中地区,非正规经济表现为自我创业和小型企业,包括街头销售、家庭作坊和个人服务。在发达的资本主义经济体中,非正规经济则表现为各种特殊的雇佣关系,如按时计费和按件计费,以及将产品和服务分包给小型企业和外包工人。在前苏联及中东欧的转型国家中,存在多种多样的非正规经济,并随着原有经济体系的崩溃而生发出来。在世界各地,非正规经济及其雇佣活动都与官方的管理脱钩,并且不向

工人提供福利和保障。

非正规经济通常被视作生产者为了生存而不得不采取的措施,因此具有负面意义。然而,由于大多数非正规经济所提供的产品和服务是合法的,因此这里活动也常常被视作"不受法律支配的"(Extralegal)。非正规经济大多门槛低——例如对资本投入和产品质量的要求较低;规模小——其从业工人可以通过非正式教育获得技能,并有对劳动力的依赖大和技术要求不高的特点。家务活动领域的非正规经济并不包括护理经济,也不包括黑色经济。

由于非正规经济包含多种特色,因此也存在多种定义。瑞典国际发展合作研究所(Swedish Agency for International Development Cooperation)认为,非正规经济的定义应从如下四个维度入手:第一,通过其经济单位及其是否免于官方管理(如登记、征税和区划)进行定义;第二,通过雇佣种类进行定义,非正规经济要求在盈利性企业中的所有工作都不被现存的法律框架认可和管理;第三,通过工作地点进行定义,非正规经济的工作地点应包括家庭生产、沿街售卖、流动工作或临时工作,以及在家庭和街道之间的工作,如拾荒;第四,通过收入或增加雇佣的潜力来定义,既有现代企业如数据处理,又有谋生式工作如擦鞋、拾荒和家政工作。尽管经济单位是判断非正规经济的传统方法,但大多数分析人士倾向于用就业种类来进行定义,因此所有新型工资劳动者,即没有最低工资、工作不稳定和缺乏福利的工作都被认为是非正规经济。这些定义并非理解非正规经济的障碍,反而有助于理解非正规经济的多样化特征和表现形式。

结合不同背景和不同原因,可以理解为何非正规经济得以存在和扩大,在劳联看来有如下几个因素:第一,许多发展中国家经历的经济增长模式;第二,发展中国家的经济危机和经济再调整;第三,世界经济的全球化。近来的数据表明,如果经济增长没有增加就业和促进财富的合理分配,非正规经济就有其存在的土壤。数据进一步表明,由于政府的过度管治以及出于增加收入的需要,人们会自发地参与到非正规经济中去。

非正规经济曾被认为对正规经济意义不大,但当前二者之间的相互依存却否定了这一观点。二者通过货物贸易、原材料、工具、设备、获取技术以及分包关系紧密联系起来,许多劳动者一身投入正规经济和非正规经济之中。在目前学界的争议中,许多人放大了非正规经济通过促进灵活就业和吸收过剩劳动力来促进市场经济的作用,但许多观察者认为,正规经济、非正

380

规经济和公共部门的联系和权力关系非常重要,并随非正规经济中受到重视的部门的变化而变化。

尽管在大多数发展中国家中,非正规经济在城市和农村生活中扮演着越来越重要的角色,但区域间的差异仍然十分重要。在一项近期开展的实地考察中,瑞典国际开发研究院(Swedish International Development Agency)发现,非洲的非农业部门中非正规经济就业所占比例达到80%,城市中的比例为60%,在所有新增就业中则高达90%。在拉美和加勒比地区,非正规经济就业占城市就业的比例超过60%;在亚洲,非正规经济就业占非农业就业的40%—85%,占城市就业的40%—60%。与正规经济不同,非正规经济中,在自我创业的小企业和家庭作坊式的生产中就业的人口占大多数,超过了工资工人。多边研究机构及其主要捐助方都认为,非正规经济在创造就业和收入方面有巨大潜力。

尽管并非所有在非正规经济中就业的人都是低收入者,但低收入者却大多在非正规经济部门就业。劳联调查发现,当工人按照就业状况、产业部门或行业分类后,可以发现非正规经济就业和贫困之间的关系。当劳动者在不同部门就业时,非正规经济带来的收入随之下降,这是个世界现象。在非正规经济中,企业老板的经济状况好于自经营者(Owner-Operator),后者又好于一般的工资工人;而外包工人的经济状况最差。在非正规经济中就业的人大多属于劳动力市场中生活状况最差的人群,大多缺少劳动法案的保护,缺少劳保和社会保险;他们难以加入工人组织,也没有议价权;收入低微且不稳定;工作条件差,合同没有法律保护,享受的福利也很少。

贫困和在非正规经济部门就业的联系在妇女身上表现得尤为明显,根据劳联的研究,她们占据了全世界非正规经济就业人群的60%—80%。地域同样影响了这一比例。在印度,96%的女性劳动者在非正规经济部门就业,而且很多是隐蔽的。在墨西哥和南非,这一比例分别是58%和45%。在发达资本主义国家,女性则是兼职工人的主体,在瑞典其比例高达98%,在日本和美国也达到68%。在高收入的就业领域如担任雇主或给自己打工,妇女则人数很少。在非正规经济中就业的儿童,他们的收入最为低微,工作条件却最为恶劣,如从事拾荒和家政,或是在某些危险行业中担任学徒工。

非正规经济中的工人和生产商通过多种渠道与全球经济相连。在世界工业中,非正规经济中很大一部分劳动者在出口加工区、血汗工厂或自己家中工作。

全球商品链将多个国家、正规和非正规经济部门中的个体劳动者与企业连接起来。经济全球化为非正规经济带来商机,可以为劳动者创造新的就业机会,也为自经营者提供市场。但从总体上看,全球化使劳动关系更加不稳定,使自经营更加不安全,并强化了贫困、非正规经济部门就业和性别间的联系。人们相信,新自由主义经济政策可以促进自由化、私有化、产业重组,而移民则强化了非正规经济在工业化、贫困和转型经济中的持续增长。

由于大多数人口,尤其是贫困人口依赖于非正规经济,因此非正规经济正日益受到政策制定者的关注。在全球各地,非正规经济占据就业和产出的比重正日渐增多,所提供的低价产品和服务也满足了贫困人群的需求。主要捐赠方和多边机构关注处理非正规经济的重要性。1999年,劳联向全球劳工发布了一份"体面工作"报告,承认体面工作缺口(Decent Work Deficits)在非正规经济中十分普遍,并着眼于缩小就业差距,增进工作权利,强化社会保障,增强工人的声音。

草根阶层中产生了许多对体面工作缺口的回应。自经营妇女联合会(The Self-Employed Women's Association, SEWA)是世界上最早的非正规经济就业女性的工会组织,于1972年成立于印度。妇女非正规经济部门就业全球化与组织化(Women in Informal Employment Globalizing and Organizing, WIEGO)是一个全球性的行为研究组织,成立于1997年。家庭网络,一个在家中工作的劳动者的全球联盟,以及街头网络,一个街头小贩的类似组织,成立于1990年代。非正规经济的性质使得让所有劳动者获得体面工作权十分困难。

延伸阅读书目:

- Becker, K. F. (2004). *The Informal Economy: Fact Finding Study*. Stockholm: Swedish Agency for International Development Cooperation.
- International Labour Organization. (1972). *Employment, Incomes and Equality: A Strategy for Increasing Productive Employment in Kenya*. Geneva: International Labour Organization.
- International Labour Organization. (2002). *Globalizing and the Informal Economy: How Global Trade and Investment Impact on the Working Poor*. Geneva: International Labour Organization.
- International Labour Organization. (2002). *Women and Men in the Informal Economy: A Statistical Picture*.

Geneva：International Labour Organization.

● World Bank．（2002）．*World Development Report* 2002：*Building Institutions for Markets*．Washington，DC：Author.

Maureen Hays-Mitchell 文

李文硕译 陈恒校

基础设施与城市技术网络
INFRASTRUCTURE AND URBAN TECHNICAL NETWOKRS

城市基础设施为城市活动提供了基本的技术框架，如道路、桥梁和轨道交通网络；如上下水系统和垃圾处理设施；以及城市的能源与通讯系统。这些设备使得城市成为商业、工业、娱乐行业和居住的中心。但当这些设施在推动城市增长和多样化的同时，也改变了城市景观，破坏了环境，扰乱了社区生活，并导致了政治腐败。由于对服务质量、价格以及腐败的不满，城市设施在私有和公有之间摇摆。有些特殊的制度安排融合了公有和私有的特征，如由公司合作建设和运营基础设施，或是私人承接政府工程。

伴随着美国城市经过不同的发展阶段，19 世纪和20 世纪投入使用的许多设施直到今天仍在使用。在每一个阶段，由私有和公有部门催生的城市技术，塑造了城市的空间结构、经济和社会特征以及周边的大都市区。

在 19 世纪前半期，大多数城市只提供有限的设施和服务。但随着城市膨胀，市民对服务的需求迅速增加。在 1840 年代和 1850 年代，美国人逐渐接受了市政府应当为市民提供服务的概念。城市政客们需要应对的选民群体增大了，并且要向选区或某些利益集团许诺提供公共服务。此外，为了应付不断增加的城市人口密度，私人公司也开始提供先进的公共交通设施。

城市最早提供的集中化基础设施是供水系统。一直到 19 世纪最后十年，大部分美国市民只能依靠附近的设备取水，如水井、池塘、水箱或向商贩买水。商业精英、工业家以及卫生专家既担心流行病和火灾，也担忧经济发展和生产生活对用水的需求压力，因此呼吁建设水利设备。费城在这一方面迈出了第一步，在1799 至 1801 年间建成了美国第一个城市供水设施，其他城市也追随费城的脚步。例如，辛辛那提和匹兹堡在 1820 年代利用从当地河流中引水的方式向市民供水；纽约和波士顿则建成水利设施从本州北部取水，分别在 1841 年 1848 年建成了克罗顿引水渠（Croton Aqueduct）和科克迪埃特水渠（Cochituate Aqueduct）。从 1860 至 1880 年，美国城市中的供水设施从 136 处（公有 57 处、私有 79 处）增加到 598 处（公有 293 处，私有 305 处）。尽管许多城市依靠私有供水设施，但纽约、芝加哥和旧金山等大城市却以公有供水为主，因为私人公司不能为清洗街道和消防等公共服务提供足够的水量，也不愿远距离供水。1880 年，全美有近 600 个供水系统，其中 293 处为公有，305 处私有设施大多分布在小城市中。

随着供水设施的完善，集中的下水管道也逐渐投入使用。人们也逐渐不再将垃圾投入就近的地窖、化粪池和私人下水管。由于财政经费的限制和常常低估对下水系统的需求，城市往往不会同步建设供水和下水设施。由于大量用水和使用用水设施如抽水马桶，废水往往超过污水处理设施的能力，因此铺设下水管道成为城市工作的重中之重。早在 1850 年代，布鲁克林、芝加哥和泽西城等城市就铺设了下水设施，但直到 1890 年后，美国城市才迎来了大规模铺设下水系统的热潮。大城市往往铺设大型合流下水管网（Combined Sewer），同时处理生活污水和洪水；而小城市的下水管网则规模较小，只有处理生活污水的单一功能，依靠地表径流来泄洪。全美下水管道历程从 1890 年的 6000英里增长到 1909 年 25000 英里；在人口超过 3 万人的城市中，四分之三安装了合流下水道，剩下的是污水管道。

私人运营的城市基础设施也很重要，有些与城市交通密切相关，甚至影响了居住和工作的模式，并推动了城市地域面积的扩大。直到 1850 年代，波士顿、纽约和费城的公共交通仍然只有私人运营的有轨马车，城市中上层阶层是通勤的主要人群。纽约和哈莱姆铁路（New York and Harlem Railroad）在 1831 年开始运行，以有轨马车的形式穿过纽约市，到 1850 年代，有轨马车开始在其他城市出现。到 1870 年代，大多数人口超过 1 万的城市拥有了有轨马车，中产阶级以其通勤，妇女以其购物，各阶层的市民周末外出休闲度假时也搭乘有轨马车。但大多数劳工仍然步行上下班。

但以马为动力的轨道交通毕竟有其局限性，到1880 年代，机器开始取代畜力投入到公共交通中。首先是大城市中开建高架铁路和使用缆车，继而在 1890年代有轨电车投入使用，纽约和波士顿甚至开始铺设地铁。由于私人运营有轨电车以来政府授权，因此私人公司与城市政治机器紧密结合起来，腐败丛生。实际上,企业家之所以投资建造公共交通,是为了从地产增值中受益,而非为公众提供福利。

19世纪也出现了其他城市基础设施,如集中管理的火灾警报和街灯(起初用油,继而用天然气,最后使用电力),这两套系统均旨在保护公共安全。此外,电话在1880年代出现,到1890年代,上述技术革新连同不断扩展的交通网,改变了步行城市紧密的空间结构,使城市各部分在技术上更加密切地结合在一起。尽管内战前大多数基础设施都是由受过专门训练的工程师建成的,1890年后,越来越多的大学培养出的工程师投入到基础设施建设热潮中去。

政府提供经费的新方式对于城市基础设施建设的作用同样重要。由于城市税收往往少于建设支出,许多城市开始采用向基础设施两旁地产主征收特别费用的方式进行投资,但也因此导致贫困社区基础设施建设不足。但到19世纪末20世纪初,城市开始发行债券,用以为高投资的基础设施建设提供资金,因此基础设施的建设也更加公平。

在20世纪头十年中,城市人口迅速增长,随之增加的则是对公共服务的要求。许多城市中的进步主义改革者担忧政府的低效率和腐败,担忧大型私人企业的垄断,呼吁在城市基础设施方面推行新的方式,因此,许多城市开始关注规划的重要性,并引入专家以提高行政效率。

尽管城市交通在很大程度上仍由私人控制,但仍然是现代城市发展的核心和规划者关注的焦点。有轨电车、地铁、高架铁路和通勤铁路是城市向外扩散的基本条件。从1890年到1907年,有轨电车(几乎全部都由私人公司运营并依靠电力驱动)的里程从5783英里增加到34404英里,每个城市居民每年搭乘有轨电车的次数也从111次增加到250次。随着公交运营商向郊区地产开发投资,中心城市周边的大片土地也得到开发。在轨道线路两侧大量涌现依靠有轨电车与城市通勤的郊区,通勤铁路将小城镇塑造成通勤郊区。在公共交通的推动下,居住、商业与工业混合的城市中心加速向单一的中心商务区(CBD)转变,多功能混合逐渐向单一商业功能转变。

城市和所谓的商业建筑商共同拓展了城市的基础设施网络,包括建造公共净水系统、下水管网、私人运营但由公共监督的大型供电网,以及私人经营的电话系统。从1890年到1920年,水利设施的数量从1878处增加到9850处;从1890年到1914年,可以获取净水的人口数量从31万增加到1729.1万,下水管道从6005英里增加到24672英里,而近半数的城市居民享

受到电力入户,近三分之一的家庭拥有私家电话。大型基础设施建设,如有轨电车和电力网络,不仅改变了城市景观,也影响了社会关系和政治关系。由于此类设施的强大能力和垄断特性,许多市民相信,只有政府才有能力管理和驾驭。城市精英阶层急于提高政府运营的效率,但其他利益集团如郊区居民,则希望可以低价地享受和城市同样的服务,他们的诉求引发了城市的政治改革。

私家车和卡车的大量使用深刻影响了1920年后城市基础设施的建设。亨利·福特发明的流水线技术推动了私家车的普及,它们涌入美国的大街小巷,带来了一系列遍及政治、城市空间和政府管理的改革,引导城市基础设施向新的方向、用新的模式发展。从1910年到1930年,美国登记在册的汽车数量从45.8万辆增加到2200万辆,即超过20人一辆车降低到每5.3人一辆车。汽车深刻影响了城市生活的方方面面,并改变了城市基础设施体系,推动了城市边缘地带的发展,使放射状的公共交通线路之间土地得以开发利用;随着汽车的大量使用,通勤交通更为密集,城市下城地区更加拥堵,道路堵塞更为严重。支持铺设公路的人投入大量精力用于呼吁建设高速公路。汽车俱乐部、商业团体和工程师协会呼吁改进公路和高速公路,以为汽车、卡车和公共汽车服务,相关建设也确实付诸实践。从1914年到1929年,经过平整的公路的里程增加了157%,高等级公路里程则增长了776%,说明汽车的确需要平坦的路面。在美国公路建筑商协会(American Road Builders' Association)、美国市政改革协会(American Society for Municipal Improvements)和美国市政工程师协会(American Society of Civil Engineers)的帮助下,公路局为设计公路、重建公路和平整公路制订了一套标准。

新的交通工程规则开始应用,在其影响下的工程师和规划师共同致力于改善中心商务区的通达性,舒缓汽车堵塞。在他们的推动下,公路拓宽了,双层公路开始出现,许多十字路口被取消,并催生了一系列新的交通法规。与此同时,越来越多的路面经过平整并加上了人行道,城区内的公路基本都覆盖了沥青。城乡之中开通了许多隧道和桥梁,沟通河流两岸;芝加哥、纽约、匹兹堡和洛杉矶甚至不惜巨资建成有限出口(Limited-Access)的高速公路,连接城市中心。

为公路建设筹资十分困难,但也推动了税收革新和政府间的合作。1919年,俄勒冈州政府率先开征燃油税,十年后,该项税收已成为1920年代美国各州因应汽车普及最重要的财政创新,为高速公路建设提供

资金。随着城市政府为铺设道路、建设高速公路的支出越来越多，城市也越发依靠发行债券、征收财产税或特别税等传统融资方式。在 1920 年代，铺设道路和建设高速公路所花费的开销和投入的精力仅次于教育行业。市、县等政府机构相互合作，共同改进交通基础设施，韦斯特切斯特县建成了布朗克斯园林大道，费城铺设了本杰明·富兰克林园林大道，匹兹堡开通了自由隧道(Liberty Tunnel)和自由大桥(Liberty Bridge)。

大萧条让城市囊中空空，一时间无力为基础设施建设投资。但新政的项目试图利用建设支出来促进经济发展，并弥补基础设施的不足，因此推动了基础设施建设的发展。从 1933 年到 1938 年，联邦政府通过公共工程署为全美基础设施建设提供了 60%—65%的经费。这些项目包括新建上下水设施的将近半数，包括新建下水处理厂的四分之三强(1310 个新建处理厂中有 1165 来自这些项目的资助)，除此之外，还有相当多的机场、公园、医院、水坝和公共建筑。这些投入在维持城市正常运转的同时也改善了许多市政服务。

二战后，大量城市人口涌向郊区，依靠汽车通勤，而郊区的增长也带来了城市居民区和商务区的萧条。新的郊区需要供水和下水处理等服务，往往由县政府(如莱克伍德方案)或大都市区的专区政府提供。许多郊区，尤其是 1945 年后的郊区，与中心城市相比，缺少基础设施和市政服务。

面对郊区化的快速发展和中心城市萧条，下城商业利益集团和城市政客开始采用公私合作的方式试图复兴中心商务区，如匹兹堡和亚特兰大。这些发展机器意在复兴中心商务区，吸引中产阶级回流，并改善中心城市的经济环境。此类项目往往将私人投资办公设施与公共部门投资相关设施结合起来。

这些试图缓解中心城市萧条的方法往往将问题归咎于中心城市的拥堵和通达性差，因此支持州际高速公路系统。战后，卡车业者、私家车俱乐部、高速公路承建商、汽车工业、工程师协会和商业利益集团一起游说国会出资拓宽和加快高速公路建设。州际高速公路系统满足了他们的要求，该系统包括 4 万英里的有限出口高速公路，到 2002 年，该系统已增加至 47742 英里。国家高速公路咨询委员会(The Advisory Committee on a National Highway Program)认为，美国的国家安全和经济活力依赖于高速公路的快速建设，最终国会在 1956 年批准了建设州际高速公路的法案。法案要求国会承担州际高速公路建设经费的 90%，用燃油税收入成立高速公路信托基金以防止挪用专款。

州际高速公路是截至当时美国规模最大、耗资最多的公共工程，其支持者说服国会相信，州际高速公路可以作为长途运输的有效途径，并且是国防系统的组成部分，而城市官员则相信，州际高速公路是缓解交通拥挤、复兴中心城市的有效手段。由于穿过城市密集地区修建高速公路耗资巨大，因此城市享受到大部分的拨款。但州际高速公路却没有复兴中心城市，它破坏了已经建成的内城社区，对少数族裔社区的打击尤为沉重。尽管高速公路增强了大都市区的通达性，但郊区居民却很少驾车去中心城市购物和消费。州际高速公路推动甚至加快了商业和居民向郊区迁移。

从 1960 年代到 1980 年代，其他城市基础设施，尤其是与环保相关的设施，也得益于联邦政府的资助。在 1972 年的《联邦水污染控制法》(Federal Water Pollution Control Act)等法案的支持下，联邦政府为下水和下水处理设施投入了大笔经费。从 1967 年到 1977 年，联邦政府为下水系统投入的开支从 1.5 亿美元增加到 41 亿美元；到 1986 年，已有 90%的污水处理厂达到了 1977 年《纯净水法案》(Clear Water Act)的要求。二战后，曾经公私交叉的城市公交系统绝大部分成为公营事业，联邦政府并且通过城市公共交通管理局(Urban Mass Transit Administration)为其提供资助。从 1973 年到 1977 年，联邦政府向城市公共交通提供的资助从 2.75 亿美元增加到 13 亿美元。然而，州政府和地方政府在基础设施领域(新建而非维护)对联邦政府的依赖却在此类项目惨遭削减之时产生了诸多问题，这在 1980 年代罗纳德·里根与乔治·布什政府期间暴露无遗。

当州际高速公路穿越城市的部分基本完工后，人口、财政与社会因素相互作用并共同影响了这一系统的选址和设计。尽管大多数中心城市都面临着人口减少的趋势，但郊区却正在经历人口膨胀，催生了一类新兴城市建设，即外围城市(Outer City)或曰边缘城市。许多原本城市独有的功能和服务已经搬迁到传统的郊区和远郊。到 1970 年代，酒店、会议中心、办公设施、零售商店以及现代工业园和配送中心开始在州际高速公路交叉处、绕城公路和机场附近出现。除此之外，也有专区政府出资建设基础设施，由联邦和州政府提供启动资金，而由使用者支付使用和运营费用。

这些城市外围地区，与中心商务区类似，同样依赖于基础设施，需要干线路网以提高通达性，也需要电力网络和通讯线路来满足居民、商业和工业的需求。但在外围城市，城市增长点是分散开来的，这样一来,原本针对密集型城市而建设的基础设施,其适用性如何就成了一个问题。新型城市不断涌现,但基础设施模式却远远滞后,只有电信行业除外。1980年代和1990年代的一个重要趋势,是城市服务的私有化,以减少公共支出和增加物资流通的效率;或是在事业公营的前提下向使用者收费。未来,无论城市基础设施及其网络是由公共部门还是私人企业开发和运营,都将继续影响着城市居民的生活方式和大都市区的形态。

亦可参阅:《1956 年州际高速公路法》(Interstate Highway Act of 1956),火车站(Railroad Stations),铁路郊区(Railroad Suburbs),铁路(Railroads),快速轨道交通 (Rapid Transit),郊区铁路服务 (Suburban Railroad Service),郊区化(Suburbanization)

延伸阅读书目:

- Condit, C. W. (1973 - 1974). *Chicago: Building, Planning, and Urban Technology, 1910 - 1970* (2 Vols.). Chicago: University of Chicago Press.
- Graham, S., & Marvin, S. (2001). *Splintering Urbanism: Networked Infrastructures, Technological Mobilities and the Urban Condition.* New York: Routledge.
- Hayden, D. (2003). *Building Suburbia: Green Fields and Urban Growth, 1820 - 2000.* New York: Random House.
- Hughes, T. S. (1989). *American Genesis: A Century of Invention and Technological Enthusiasm.* New York: Viking.
- McShane, C. (1994). *Down the Asphalt Path: The Automobile and the American City.* New York: Columbia University Press.
- Melosi, M. V. (2000). *The Sanitary City: Urban Infrastructure in American from Colonial Times to the Present.* Baltimore, ML: Johns Hopkins University Press.
- Roberts, G. K. , & Steadman, P. (1999). *American Cities and Technology: Wilderness to Wired City.* London: Routledge.
- Rose, M. H. (1995). *Cities of Light and Heat: Domesticating Gas and Electricity in Urban America.* University Park, PA: Pennsylvania State University Press.
- Tarr, J. A. , & Dupuy, G. (Eds.). (1988). *Technology and the Rise of the Networked City in Europe and America.* Philadelphia: Temple University Press.

Joe A. Tarr 文
李文硕译　陈恒校

因特网与城市
INTERNET AND CITIES

因特网是将全世界的计算机连接在一起的通讯基础设施。与其他曾经领先的信息和通讯技术(ICTs)一样,如有线电视和手机,因特网也是创造信息社会(Information Society)的数字革命(Digital Revolution)的一部分。信息技术的迅速发展,与全球城市化的快速进程同步。这一现象也使人们开始探索因特网等ICTs与城市的相互关系。起初,人们乐观地认为,因特网和数字技术将解除传统城市空间结构对人类的束缚,使人们摆脱距离的制约,从而彻底消灭城市。但近期的研究态度更为公允,并且更贴近人们的经验,认为城市与因特网之间存在复杂的关系,网络将改变城市的性质,但也会在某些方面增加城市的重要性。斯蒂芬·格雷厄姆(Stephen Graham)是新兴的城市信息技术研究(Urban ICT Studies)领域的顶尖学者,他在2004 年提出了赛博城市(Cybercities)的概念,用以表达城市与网络的密切关系。

因特网的无处不在使人们忘记了它的历史并不久远。要理解因特网与城市的关系,有必要理解此类数字网络的来龙去脉。今天的因特网起源于 1960 年代末的 ARPNET,从四台相互连接的电脑走向全世界。1969 年,国防部命令高级研究计划局 (Advanced Research Projects Agency, ARPA)组建一套可以抵御核武器的通讯网络。起初,工程师和科学家是ARPNET 的主要使用者,并将其升级为 NSFNET,并进而成为今天的因特网,其用户和所连接的电脑数量急剧增加,并开始在全球普及。在因特网的基础上,万维网(World Wide Web, WWW)也发展起来,这个由蒂姆·伯纳斯-李(Tim Berners-Lee)创建的网络让全世界的人自由地交换信息。伯纳斯-李将网络视为一种社交工具,这一观念突出了理解 ICTs 与城市之关系的重要性,也强调了城市应当在社会而非技术的框架中进行理解。

早期的研究和预测倾向于探讨因特网对城市的影响,似乎这项技术可以独立地改变城市并直接导致城市消失。如今,更为多元的观点承认,所有新技术都将从整体上对社会生活产生重要影响,尤其将会影响城市。尽管因特网是塑造城市与城市生活的一股力量,但这股塑造力量却要依靠前期技术进步来实现,包括现有的基础设施,如高速公路和能源网络;同时,这股塑造力量也离不开其他 ICTs 的扶持,如手机和有线电视。技术与城市的关系也反映了社会、经济与政治决策及其相互关系。因此,因特网对城市产生的影响,将取决于因特网与其他技术及设施的关系,也取决于这些技术与设施所运行的大环境。

由此观之,因特网将改变人们在社区生活中的经验和城市空间的性质,并将增强而非削弱城市的重要性。因特网以及其他 ICTs 有两种方式影响城市:首先,因特网可以从整体上影响社会和社会生活,作为社会一部分的城市也将受到影响;其次,因特网以其固有的特点也可以直接影响城市。

从整体上看,因特网等 ICTs 与城市的关系,包括对贫困、社会两极化和内城社区缺少公共服务所产生的潜在影响。近些年来,ICTs 所带来的去工业化和去中心化加剧了上述现象,生产设备和公司总部离开城市,搬往郊区。如果说工业化是一个集聚过程,那么去工业化就是一个去中心化过程。因特网推动了这一趋势,但同时也缓解了贫困和数字鸿沟(Digital Divide,即能够和不能够接触数字技术的人之间的差别)。例如,无线网络技术的发明使更多的人可以接入因特网,使城市居民可以方便地进入万维网。当前,许多无线网络热点分布在高档消费场所和机场中,这对贫困居民并无助益。但费城如今打算在全城开通无线热点。新奥尔良在卡特里娜飓风之后也打算架设廉价的无线热点。这些热点,如果辅以计算机的推广和人员的培训,将会确保低收入居民进入因特网和万维网,这将有助于他们寻找工作和人力资源服务信息。数字技术的另一个使用在于创建社区网络,以促进社区发展。例如,达德利街社区小组(Dudley Street Neighborhood Initiative)就是波士顿的一个社区发展组织,创建了虚拟村庄以利用计算机和网络进行社区建设。如果没有因特网,这只能是镜花水月。

因特网促进了城市空间组织及其功能的变革。2004 年,格雷厄姆认为,赛博城市通过使用因特网,将其管理和服务拓展到城市边界之外,实际上推动了全球城市化进程。伦敦、纽约和东京就是例子,它们利用数字网络来发挥其全球经济中心的决策和控制能力。此外,网上信息的激增似乎有助于增加此类全球经济核心城市的投资和人口。因特网不仅不会导致城市的消亡,反而会推动城市组织方式和生活经验的变革。这类变迁的性质将在未来更明显地显露出来。

亦可参阅:去工业化(Deindustrialization)

延伸阅读书目:

● Abbate,J.(1999).*Inventing the Internet*. Cambridge, MA:MIT Press.

● Berners-Lee, T.(1999).*Weaving the Web:The Original Design and the Ultimate Destiny of the World Wide Web by Its Inventor*. New York:HarperSanFrancisco.

● Graham, S.(Ed.).(2004).*The Cybercities Reader*. London:Routedge.

● Mitchell, W. J.(1999).*E-Topia:"Urban Life, Jim But Not as We Know It."* Cambridge, MA:MIT Press.

● Norris, P.(2001).*Digital Divide:Civic Engagement, Information Poverty, and the Internet Worldwide*. Cambridge, UK:Cambridge University Press.

Walter F. Carroll 文

李文硕译 陈恒校

1956 年高速公路法
INTERSTATE HIGHWAY ACT OF 1956

1939 年 3 月,通用汽车公司在纽约世界博览会上亮相其"未来奇观"(Futurama)展览馆。该馆展现了未来世界里的快速交通,那时,城市建筑令人叹为观止,农田利用科技在炫目的阳光下也能享受雨露。很快,这里成为本届世博会最吸引人眼球的地方,每天都有成千上万游客乘坐观光车在此流连忘返。展馆的设计师贝尔·盖迪斯(Bel Geddes)意在向仍深陷大萧条危机中的美国人展示,新型的有限出口的高速公路带来的快速交通,将带给城市和农村居民以曾经的财富和新的希望。同年,美国公路局的高级工程师们发布了一份题为《收费公路与免费公路》(*Toll Roads and Free Roads*)的报告,与盖迪斯类似,该报告的作者们相信,在改进城市公路的同时可以清理衰败地产,以便为更重要的设施提供用地。世博会展馆设计师与一群低调的工程师观点相似,这绝非巧合,但二者共同推动了州际高速公路系统(Interstate Highway System, IHS)的动工。1944 年,国会和富兰克林·罗斯福总统批准了《联邦资助高速公路法案》，其中包括授权建设IHS。在20世纪剩下的岁月里，许多相互冲突的观念影响了美国的高速公路政策，包括就业、舒缓交通、城市更新、郊区增长和联邦政府对于经济发展的调控。但在1944年，国会并未给耗资巨大的IHS拨款。

1956年，国会参议员老阿尔伯特·戈尔（Albert Gore, Sr.）以及众议员希尔·博格斯（Hale Boggs）和乔治·法伦（George H. Fallon）一起修正了关于IHS的法案。首先，他们说服卡车司机同意燃油税和汽车税少许上涨，作为回报，国会许诺增加对IHS之外城乡公路的投资。在1956年前，联邦政府的资助占了IHS道路费用的一半；但在1956年后，国会和艾森豪威尔总统许诺将联邦拨款增至90%，州政府只需支付剩下的十分之一。同年，国会和总统授权成立高速公路信托基金，负责监督和将燃油税收入专用于IHS和其他联邦政府资助的公路建设上。作为一项成功的高速公路法案，国会两院协商委员会（Senate-House Conference Committee）在1956年初将IHS更名为美国州际与国防高速公路（National System of Interstate and Defense Highways），但仍然用IHS的简称。同年，国会和总统继续推动了这项已实行多年的政策，批准美国公路局以及各州的相关机构建造4.1万英里的高速公路，其中大约5000英里穿越城区。在随后的十年中，国会再度授权拓展高速公路系统；到2002年，城市和乡村地区的高速公路已达47742英里。到1980年代末，密如织网的高速公路承载了全美20%的汽车交通和49%的牵引货车，没有辜负IHS拥护者的愿望。截至2004年，联邦政府用于城市地区高速公路建设的经费支出高达590亿美元，农村地区高速公路建设也高达400亿美元。

但抗议活动也促使国会开始约束联邦和州政府对高速公路建设的控制。早在1959年，旧金山的政客和市民就阻挡了因姆巴瑟迪洛高速公路（Embarcadero Freeway）的建设。从1962年开始，无论其收入和种族，巴尔的摩的市民联合起来阻挠高速公路工程师拆除居民区。1960年代末1970年代初，华盛顿特区西北部的高收入阶层利用政治技巧和法律漏洞阻挡了三姐妹大桥（Three Sisters Bridge）的建设。到1960年代末，出现了许多诸如《铺路的人和被铺路了的社区》（The Pavers and the Paved）、《高速公路还是恶作剧》（Superhighway-Superhoax）之类的书，吸引美国人关注华盛顿特区、巴尔的摩等城市的反高速公路运动。美国政府对此做出了反应，有时甚至支持这类运动。1973年，国会和理查德·尼克松总统批准了《联邦资助高速公路法》（Federal-Aid Highway Act），从高速公路信托基金中拨款资助地方政府购买公共汽车和铺设轨道交通。1991年，国会和乔治·布什总统批准了《地面联合运输交通效率法》（Intermodal Surface Transportation Efficiency Act, ISTEA）。该法案允许大都市区规划组织中的地方官员决定投入高速公路、公共交通、自行车专行道等设施的资金比例。ISTEA的重要性在于，铺设高速公路的基金和权限正从联邦和州的工程专家手中向地方官员中转移。

延伸阅读书目：

- Barrett, P., & Rose, M. H. (1999). Street Smarts: The Politics of Transportation Statistics in the American City, 1900-1990. *Journal of Urban History*, 25, 405-433.
- Fishman, R. (1999). The American Metropolis at Century's End: Past and Future Influences. *Housing Facts and Findings*, 1, 1-7.
- Mohl, R. A. (2004). Stop the Road: Freeway Revolts in American Cities. *Journal of Urban History*, 30, 374-406.
- Rose, M. H. (1990). *Interstate Express Highway Politics, 1939-1989* (2nd ed.). Knoxville: University of Tennessee Press.
- Rose, M. H. (2003). Reframing American Highway Politics, 1956-1995. *Journal of Planning History*, 2, 212-236.

Mark H. Rose 文

李文硕译　陈恒校

加利福尼亚州欧文市
IRVING, CALIFRONIA

加利福尼亚州的欧文市在1960年经过了整体规划，并在1970年正式成为自治市后很快成为规划样本。欧文市的中心是在此新成立的加州大学欧文分校（University of California at Irvine），周围环绕一圈住宅区，外围是大片绿地和开放空间。如今的欧文市占地55平方英里，拥有人口16.5万，位于奥兰治县（Orange County），向东5英里是太平洋，向西南35英里是洛杉矶，向东北80英里是圣迭戈（San Diego）。

出于对洛杉矶式大都市蔓延的担忧，欧文市由威廉·皮埃尔（William L. Pereira）做出了规划。在1960年代早期，美国西部11个州的总人口中有60%居住在加州,其中四分之一居住在或者邻近洛杉矶。在 1950 年代,洛杉矶县所经历的人口增长超过全美的任何一个县,在这十年中人口增加了超过 1887084 人;并超过伊利诺伊州的库克县成为全美人口密度最高的县。1962 年,加州超过纽约州成为美国第一人口大州,并乘势取代新泽西州成为美国城市化水平最高的州。洛杉矶大都市区将 5 个县收至麾下,总人口在 2000 年时达到 1.64 亿,被凯文·斯塔尔(Kevin Starr)称为"连绵不断的城市/郊区"。

皮埃尔深谙历史,从埃比尼泽·霍华德的花园城市中汲取灵感,为欧文市设计了极富浪漫风格的规划方案,避免了大规模城市化的弊端。同时,皮埃尔的方案也接受了刘易斯·芒福德关于减少对汽车依赖的思想。欧文市的发展吸引了全国的注意,NBC 新闻的戴维·布林克利(David Brinkley)为其作了深度报道,欧文市也登上了《时代周刊》封面,《商业周刊》、《财富》和《星期六评论》(*Saturday Review*)都对其做了专题报道。林登·约翰逊总统也亲临欧文分校发表演讲。1973 年的一项调查发现,欧文居民眼中的欧文,是适合儿童成长的地方;生活在这里的人接近自然,距离上班地点也不远;人们认可欧文的规划设计,认可这里的生活。

欧文市在 20 世纪下半叶从荒凉牧场到规划城市的沧桑巨变深深地植根于加州的历史中,甚至可以追溯至 1850 年代,这一点鲜为人知。欧文市起源于欧文牧场(Irvine Ranch),这个占地 1.25 万英亩的大牧场归代代相传的欧文家族所有。1894 年成立的欧文公司控制这片牧场直到 1977 年,这个牧场也摇身一变,成为加州首屈一指的商业农场。

多股力量影响了欧文——这里有连续几任雄心勃勃的经理人,个个想要控制欧文的土地所有权,最新一代当属唐纳德·布莱恩(Donald L. Bren);以洛杉矶为中心连续多次的大都市区的蔓延浪潮,从 1880 年代开始,最终成长为跨越多县的大都市,其中奥兰治县从 1920 年代起便发挥关键作用;争夺欧文地区政治主导权的斗争也此起彼伏。欧文的发展与奥兰治县的扩张融合在一起,后者的人口在 1970 年超过百万,在全州内仅次于洛杉矶县。2000 年,奥兰治县人口达到 280 万,甚至超过了 29 个州的人口。

在欧文市,公民、企业、社团和政府机构等利益集团上演了一幕幕围绕增长政策、环境问题、住房和交通等问题的争论。1971 年发生了关于成立自治市的争议,邻近的圣安娜市(Santa Ana,奥兰治县境内一个低收入有色人种居多的城市)和本地的欧文公司以及当地居民相互角力,公司坚定地支持整体规划,市民则通过其代表表达诉求。争论的焦点在于混合收入住房(Mixed-Income Housing)以及市政府对于征税接近垄断的地位。欧文市议会经过一番激烈争论后,以分裂投票(Split Vote)拒绝了联邦政府资助的住房计划,这被小萨姆·巴斯·沃纳称为丑闻。

欧文市的官方网站(www. irvine. ci. ca. us/about/history. asp)高调宣称这里是上天眷顾之地。欧文市是多种交通方式的中心,高速公路网络贯穿奥兰治全县并与洛杉矶大都市区相连;欧文市有发达的科研体系,以加州大学欧文分校为旗舰;欧文市也是科技研发重镇,是零售商业的聚居地,同时容纳了许多全球性大企业。在 1980 年代中期,长期关注奥兰治县的观察家马克·鲍德萨尔(Mark Baldassare)将欧文市称作 disurb,即密集、高度工业化、自给自足的城市。交通拥堵天天出现,令人烦恼。1987 年,鲍德萨尔对批评者做出了回应,他告诉华尔街日报的记者,反对者们想象的是 1950 年代的电视剧《奥奇与哈里特》(*Ozzie and Harriet*)中那种简朴、没有拥堵的郊区生活。

当代欧文市有其独特之处,这被马龙·奥菲尔德(Myron Orfield)称为美国的"应许之地",其特征包括:高级住房和高质量的学校;交通方便;收入丰厚的就业岗位;以及受过高等教育的人口。布鲁金斯学会(Brookings Institution)将欧文市列为美国人口超过 10 万城市中的最优城市之一。从 1990 年到 2000 年,欧文人口增长了 30%,达到 143072 人;相比之下,奥兰治县、加州和洛杉矶县同期的人口增长率分别只有 18%、14% 和 7%。尽管欧文是奥兰治县人口最为多样化的地区,但这种多样化程度也只是相对较高——全县白人人口比例为 65%,欧文是 61%。欧文最大的少数族裔群体是亚裔,占总人口的 30%;而在奥兰治县全境,亚裔占人口的比例为 15%,西班牙裔则高达 31%。其他数据也可看出欧文的特征:2000 年,24% 的居民拥有大学或职业教育学历,而全奥兰治县为 10%;欧文的收入中位超过了 7.2 万美元,而奥兰治县为 5.9 万,圣安娜市只有 4.34 万;欧文市住房的价格中位为 31.68 万美元,而奥兰治县和圣安娜市分别只有 27 万和 18.45 万;在欧文的就业市场中,管理岗位和专业岗位占了 58%,奥兰治县则只有 38%。从 2002—2003,欧文市的学生中只有 7% 接受免费或折价的学校午餐,是奥兰治县中最低的;而同期全县平均值为 39%,圣安娜则高达 75%。在总分 1000 分的学术表现指数(Academic Performance Index)中,欧文联合校区 2003 年得分高达 862 分,全县平均得分为 735

分,全县最低的圣安娜校区得分为 613 分。

在 21 世纪头十年中,欧文的居民仍在争论,究竟欧文体现了洛杉矶大都市区的多样性并且是其不可分割的一部分,还是一个城市居民逃避城市病的独立郊区。尽管如此,人们仍然相信,他们喜欢在这里生活,也喜欢在这里工作。

延伸阅读书目:

- Baldassare, M. (1986). *Trouble in Paradise: The Suburban Transformation of America*. New York: Columbia University Press.
- Bloom, N. D. (2001). *Suburban Alchemy: 1960s New Towns and the Transformation of the American Dream*. Columbus, OH: Ohio State University Press.
- Kling, R. (Ed.). (1991). *Postsuburban California: The Transformation of Orange County since World War II*. Berkeley, CA: University of California Press.

Michael H. Ebner 文

李文硕译 陈恒校

伊斯兰教
ISAM

北美伊斯兰教历史悠久,尤其是自 20 世纪末以来,美国城市中出现了越来越多的伊斯兰元素。根据已知的历史资料,从 16 世纪起就有多位伊斯兰教徒活跃在北美大陆,但真正出现大规模的伊斯兰教徒则始自与西非的奴隶贸易,尤其是 18 世纪和 19 世纪,据信有数千伊斯兰教徒从非洲以奴隶贸易的形式来到北美。然而,伊斯兰教徒不能在美国公开自己的信仰,因此许多人转而皈依基督教。

19 世纪末,穆斯林移民潮涌向美国,第一波从 19 世纪最后 25 年开始,一直持续到一战爆发。经济因素是第一波移民最主要的动因。他们大多贫困、缺乏技能,文盲比例高,主要来自大叙利亚地区(Greater Syria),即当时的叙利亚、约旦、巴勒斯坦和黎巴嫩地区。其中大部分定居在工业城市中,尤其是东北部和中西部的纽约、罗切斯特、波士顿、底特律和芝加哥。在这些城市中,他们或是成为产业工人,或是成为流动摊贩。有些以小贩起家,经过努力而成为小店主,但大多数移民只能靠走街串户兜售商品谋生,这也使得穆斯林遍布全美。

第二波穆斯林移民潮出现在两次世界大战之间,他们多数是已定居在美的穆斯林的亲人。由于 1920 年代的移民配额、日益高涨的反移民浪潮和大萧条,这一时期的穆斯林移民数量有所下降。此时,穆斯林已聚居在北部城市的贫民窟中,尤以芝加哥和底特律为最。

第三波移民潮从二战后一直持续到 1960 年代中期,包括中东、阿拉伯世界、南亚尤其是印度和巴基斯坦、北非、东欧和苏联等世界各地的穆斯林移民来到美国。他们不仅有经济动因,还有政治诉求,如受到以色列建国和东欧共产主义政权的影响。这一波移民对西方文化更为开放,受过更好的教育,相比此前的移民,他们中间有更多的人来自城市。但他们在美国的居住方式却与此前几波移民类似。大多数成为产业工人,拥有职业技术的人则成为专业人员,定居在东海岸和中西部的大都市中,如纽约、芝加哥和底特律。也有部分移民远至加利福尼亚,或是定居城市(尤其是洛杉矶),或是成为农场工人。他们中间有不少学生,希望在美国完成学业,或接受更高的技术培训。

第四波移民潮持续到今天,移民人数大大增加。在美国,至少有 75% 国外出生的穆斯林是 1965 年后才来到这个国家的。1965 年通过的移民法案取消了对外国移民的限额,因此全球各地的穆斯林涌入美国。东部和中西部的城市地区(尤其是波士顿、纽约、罗切斯特、哈特福德、纽瓦克、华盛顿特区、芝加哥和底特律),甚至南部和西部的城市地区(尤其是亚特兰大、旧金山和洛杉矶),都成为穆斯林的目标,他们在这里学习、工作和生活。举凡族裔、国籍、宗教派别、教育背景和专业能力,他们与此前的移民都有很大不同,总之,美国的穆斯林在文化上愈加多样化。

美国穆斯林的人口规模究竟有多大仍存有争议,之所以如此,部分原因在于缺少一个公共机构专门统计宗教信仰。法律禁止美国人口普查局采集宗教信仰的信息,而被调查者也会出于担心泄露其少数派身份而不愿主动透露。但据估计,穆斯林人口大约在总人口的 1.5% 到 2% 之间。在 2005 年,美国人口达到 3 亿,换句话说,穆斯林人口在 450 万到 600 万之间。

美国穆斯林中超过 60% 属于正统的逊尼派(Sunni),什叶派(Shia)人数位居第二,约占 20%,此外也有艾哈迈迪派(Ahmadi)和苏菲派(Sufi)。穆斯林的族裔也呈现多样化,其中南亚(尤其是印度人和巴基斯坦人)和阿拉伯人共占半数,其中又各占四分之一。拉丁裔人群中的穆斯林也在增加,在纽约、洛杉矶和旧金山尤为明显。在新墨西哥州纳瓦罗保留地(Navajo

Reservation)出现的清真寺表明，即使土著美国人也开始信奉穆斯林。说起族裔，美国穆斯林中最大的族裔派别是非洲裔美国人，占了大约40％。

穆斯林移民美国和非洲裔美国人大举迁居北部大城市几乎是同步的。在这些城市的隔都区中，这两股移民相互影响。由于黑奴当中有相当数量的穆斯林，因此伊斯兰教徒和黑人身份在历史上就有交叉。北美工业化大都市区的社会状况，即种族主义和隔都区恶劣的生存状况，促使伊斯兰教在非洲裔美国人中间尤为盛行。正是在这样的社会基础和历史源流中，诞生了黑人伊斯兰运动，即伊斯兰国（Nation of Islam，NOI）。该运动起源于1930年代的底特律，由华莱士·法德（Wallace D. Fard）发起，其继任者埃利亚·穆罕默德（Elijah Muhammad）于1932年在芝加哥成立了新的总部。NOI是伊斯兰教异端，既是宗教运动，也是国家主义运动，煽动其成员敌视白人和白人的各种组织。穆罕默德死后，沃利斯·迪恩·穆罕默德（Warith Deen Muhammad）子承父业，并推动NOI回归逊尼派。他将该组织的名称改为西方世界伊斯兰社团（World Community of Islam in the West），旋即改为美国穆斯林协会（American Society of Muslims）。但该组织内部的反对者仍然坚持老穆罕默德的主张，奉行其教义，并在1978年自行分裂出去，仍旧使用NOI这一名称，并在路易斯·法拉克汉（Louis Farrakhan）的领导下继续斗争。

在城市穆斯林看来，祷告地点是其日常生活中最重要的场所，因此他们大多选择在清真寺周围居住。美国最早的清真寺于1893年出现在纽约，随后又有多所清真寺出现，如1934年艾奥瓦州的锡达拉皮兹市（Cedar Rapids）。到1952年，全美共有约20座清真寺。大多数清真寺都是由其他建筑改造而来。但新的清真寺仍在不断建设，尤其是在第四波移民浪潮之时，其中最著名的当属华盛顿特区的伊斯兰中心（Islamic Center），成立于1957年。1968年投入使用的底特律伊斯兰中心的清真寺，是全美最大的清真寺之一。如今，美国有超过1200座清真寺，绝大部分位于大城市中，尤其集中在加州、纽约州、新泽西州、密歇根州、宾夕法尼亚州和俄亥俄州。穆斯林在某些方面异于常人，他们身着宗教服装，很多在大城市中经营销售伊斯兰食品的杂货店；住房的外部装潢也与众不同，常常在门口挂有标语，提醒来客脱鞋入内；他们有自己的节日，从1986年起每年都要在纽约市举行穆斯林世界日大游行（Muslim World Day Parade）；尽管如此，穆斯林们已经融入到美国城市的经济和社会生活中。

为了增强凝聚力和相互协作，北美穆斯林从1950年代初起成立了许多协会，著名的有伊斯兰协会联盟（Federation of Islamic Associations）、美国穆斯林学生联合会（Muslim Students of America）、北美伊斯兰教徒圈（Islamic Circle of North America）、北美伊斯兰协会（Islamic Society of North America）以及北美什叶派联合会（Shia Association of North America）。如今的美国伊斯兰教徒已高度组织化，尤其在城市中，成为全美发展最为迅速的宗教组织之一。据估计，到2015年时，穆斯林将成为美国除基督教之外最大的宗教团体。

延伸阅读书目：

● Dannin，R.（2002）. *Black Pilgrimage to Islam*. New York：Oxford University Press.

● Nimer，M.（2002）. *The North American Muslim Resource Guide：Muslim Community Life in the United States and Canada*. New York：Routledge.

● Schmidt，G.（2004）. *Islam in Urban America：Sunni Muslims in Chicago*. Philadelphia：Temple University Press.

● Smith，J. I.（2000）. *Islam in America*. New York：Columbia University Press.

Özgür Avci 文

李文硕译　陈恒校

J

梅纳德·杰克逊
JACKSON, MAYNARD

梅纳德·杰克逊生于 1938 年,卒于 2003 年,是亚特兰大市首位非洲裔美国人市长,致力于协助黑人参与到这座城市的政治和经济生活中来。杰克逊出生在亚特兰大一个显赫的政治家族,在莫尔豪斯学院(Morehouse)接受教育,并于 1964 年在北卡罗来纳中央大学(North Carolina Central University)获得法学学位。毕业后,杰克逊先后在私人企业和政府部门从事法律工作,随后出面竞选佐治亚州国会参议员,但以失败告终。但在此期间,杰克逊在亚特兰大投入甚重,因此在竞选失败后,趁热打铁于 1969 年当选该市副市长。在 1973 年的市长选举中,杰克逊赢得了 95% 的黑人选票,依靠逐渐成形的黑人同盟的力量击败了在任市长萨姆·曼瑟尔(Sam Massell),而该同盟在 1970 年时已覆盖城市居民的 51.3%。

在杰克逊任内,政府部门向黑人开放了更多岗位,因此市政府中黑人雇员的比例从 1970 年的 38.1% 增长到 1978 年的 55.6%。通过增减储存在亚特兰大各银行中政府存款的多少,杰克逊迫使各金融机构执行肯定性行动(Affirmative Action),并成立了杰克逊少数族裔商务事业部(Jackson's Minority Business Enterprise, MBE)监督政府部门,以确保在竞标政府合同时不会受到歧视。1973 年,少数族裔经营的企业只承接了 1% 的政府合同,在杰克逊的努力下,到 1981 年,这一比例上涨到 34%。这类合同大多集中在建筑行业,而杰克逊时代也是亚特兰大建设国际机场和推广公共交通的时代。亚特兰大的国际机场是全美最繁忙的机场之一,在杰克逊支持下,少数族裔公司利用肯定性行动接收了许多订单,尽管保守主义者声称他们效率低下,但实际上,机场不仅提前完工,而且节省了预算。2003 年,为了纪念这位前市长,机场改名为亚特兰大市哈茨菲尔德—杰克逊国际机场(Hartsfield-Jackson Atlanta International Airport)。

杰克逊也将注意力从下城商业区转移到居民区,利用联邦拨款翻新住房,改善居民生活质量,并提供更多更好的社会服务。为了改善少数族裔居民与警察间的关系,杰克逊减少了警务部门的权力,相应地增加了有非洲裔美国人担任的市民公共安全专员(Civilian Public Safety Commissioner),后者增加了黑人警察的数量。

在白人商业精英的压力下,杰克逊在第二个任期内没有继续大刀阔斧地推进黑人权力,而采取了更多迎合主流的、有利于中心商务区的政策,成立了经济发展办公室来促进亚特兰大商业的发展。当 1993 年杰克逊以压倒性优势赢得第三次选举后,他的政治立场已从支持社区的自由派转向以市中心为中心。在这个任期内,围绕政坛盟友和机场特许经营权的丑闻深深伤害了他的政治声誉。在政坛之外,杰克逊是民权领域赫赫有名的法律斗士,并与自己的门徒兼继承人安德鲁·杨(Andrew Young)一起为亚特兰大争取到了 1996 年奥运会的举办权。

作为市长,杰克逊将黑人利益融入到 20 世纪以商业为中心的传统政策中去,这是他留下的传奇。

亦可参阅:佐治亚州亚特兰大市(Atlanta, Georgia)

延伸阅读书目:

- Bayor, R. H. (2001). African-American Mayors and Governance in Atlanta. In D. R. Adler & J. S. Colburn (Eds.), *African-American Mayors and Governance in Atlanta*. Urbana: University of Illinois.

Richard Flanagan 文

李文硕译　陈恒校

简·雅各布斯
JACOBS, JANE

简·雅各布斯生于 1916 年,在宾夕法尼亚州斯克拉顿(Scranton)的郊区长大,父母分别是医生和护士。高中毕业后,雅各布斯迁居纽约,成为一名秘书兼自由撰稿人,为《时尚》(Vogue)杂志和《时尚芭莎》(Harper's Bazaar)撰写有关城市生活的文章。1940 年代,雅各布斯为工业行业的工会出版物写文章,也曾为政府新闻处工作,同时也成为一名活跃的工会组织者。

1961 年出版的《美国大城市的死与生》使雅各布斯声名鹊起。本书得益于从 1952 至 1962 年十年间雅各布斯为《建筑论坛》(Architectural Forum)担任助理编辑的经验。她在书中抨击了城市更新政策和现代主义者的规划理念,并且借助于自己与建筑师丈夫罗伯特·雅各布斯(Robert H. Jacobs)和三个孩子在纽约西区(West Village)的生活经验阐释了自己的观点。雅各布斯认为,舒适的城市生活离不开多样化,而城市多样化依赖于如下四个条件,即商业、工业和居住的混合利用;小型城市街区;多种风格与建筑年代的建筑物;以及集中居住的人口。雅各布斯的观点颇具争议,在她看来,现代主义规划师和建筑师,以及授权给他们的城市更新官员,并没有认识到在理想化的政策与多样性的城市生活之间存在着巨大的鸿沟。

1962 年,雅各布斯离开《建筑论坛》,成为一名活跃的社区组织者和市民领袖,开始践行自己书中的观点。随后,她取得了一系列胜利,包括在 1961 至 1962 年迫使政府取消了重建西区的计划,在 1962 至 1974 年联合居民设计了一套中产阶级住房即西区住房(West Village Houses),并在 1962 年和 1968 年阻挠了计划中的下曼哈顿快速路(Lower Manhattan Expressway)。在 1960 年代混乱的政治大环境下,雅各布斯因为抗议越战征兵和破坏州快速路听证会而两次被捕。1968 年,由于不满美国的帝国主义政策和担心两个达到征兵年龄的儿子前往越南,雅各布斯举家移民加拿大。在定居多伦多后,她在 1969 至 1971 年与马歇尔·麦克卢汉(Marshall McLuhan)一起挫败了斯帕迪纳快速路(Spadina Expressway)计划,并先后在 1974 至 1978 年和 1978 至 1980 年的戴维·科伦比(David Crombie)市长和约翰·塞维尔(John Sewell)市长期间为其政府提供关于混合居住区圣劳伦斯(St Lawrence)社区的建议。

雅各布斯关于城市的观点影响了全世界,她的许多洞见,如"更加关注街道"(More Eyes on the Street)以使社区更安全,已得到了多个关于城市的学科的公认,而学术界此前却认为她只是个门外汉。接下来,雅各布斯在 1969 年和 1984 年分别完成了《城市经济》(The Economy of Cities)和《城市与国民财富》(Cities and the Wealth of Nations),与《死与生》一同构成了她的城市三部曲。尽管后两部著作争议较小、影响也较小,但仍然影响了城市经济学家和政治学家的思维。此外,雅各布斯在族裔、生态、社会批判甚至儿童文学方面也有论著问世。

延伸阅读书目:

- Jacobs, J. (1961). *The Death and Life of Great American Cities*. New York: Random House.
- Jacobs, J. (1969). *The Economy of Cities*. New York: Random House.
- Jacobs, J. (1984). *Cities and the Wealth of Nations: Principles of Economic Life*. New York: Random House.
- Jacobs, J. (2000). *The Nature of Economies*. New York: Random House.
- Klemek, C. (2006). Jane Jacobs and the Fall of the Urban Renewal Order in New York and Toronto, *Journal of Urban History*.

Christopher Klemek 文

李文硕译　陈恒校

爵士乐
JAZZ

爵士乐是一种独特的美国音乐,植根于非洲裔美国人文化中,并吸收了欧洲裔美国人、加勒比黑人和拉丁音乐元素。爵士乐的发展反映了 20 世纪初美国从农村社会向城市和工业社会的转变。爵士乐没有明确的起源时间,但这种音乐形式首次被命名为爵士乐则出现在一战前的新奥尔良,到 1930 年代已风靡全美。爵士乐具有复节奏、切分音和即兴表演的特性,早期爵士乐融合了繁音拍子、钢琴大跨度演奏法和管弦乐队的进行曲以及蓝调等元素。爵士乐演奏家在表演时需要提示,并在乐器和人声之间表演,以便用其即兴式的表演将其他音乐整合为一出合奏。起初,经典爵士乐就以集体的或衬腔式的即兴演奏为特征;在后来的爵士乐中，个人独唱愈加普遍。

爵士乐的发展经历了多个重要类型，从新奥尔良经典爵士乐（New Orleans Classic Jazz）开始，先后经历了摇摆舞（Swing）、波普爵士乐（Bop）、酷派爵士（Cool）、自由即兴爵士（Free）、混合爵士（Fusion）和调式爵士（Modal）等不同形式，这些还只是占主导的形式。有些形式的爵士乐以诞生城市或创作者命名。例如芝加哥爵士乐（Chicago Jazz），最著名的表演者有金·奥利弗（King Oliver）、路易斯·阿姆斯特朗（Louis Armstrong）和奥斯汀高中帮（Austin High Gang），在1920年代风靡一时；在二三十年代流行的堪萨斯城摇摆舞曲（Kansas City Swing），著名表演者则有莱斯特·杨（Lester Young）、贝西伯爵（Count Basie）和玛丽·卢·威廉姆斯（Mary Lou Williams）；四五十年代的比波普爵士乐（Bebop），经典艺术家有迪兹·吉莱斯皮（Dizzie Gillespie）和查理·帕克（Charlie Parker），并捧红了曼哈顿中城第52街的多个爵士乐俱乐部；1950年代的西岸爵士乐（West Coast Jazz）集中在洛杉矶，让酷派爵士乐演奏家阿特·派普（Art Pepper）和杰瑞·穆里根（Gerry Mulligan）红极一时。

娱乐文化捧红了爵士乐演奏家，也决定了其听众集中在城市。首先，在多元文化的新奥尔良，非洲裔美国人、克里奥尔人（Creole）和欧洲移民共同创造了爵士乐，有时各自的乐队在街头竞相演奏。随后，爵士乐乐手汇聚到芝加哥、纽约、堪萨斯城、圣路易斯、旧金山和洛杉矶等城市中。在其诞生后的最初十年中，爵士乐在各种场合下演出，在新奥尔良，甚至街头游行和葬礼也演奏爵士乐。与此同时，爵士乐开始向城市灯红酒绿的娱乐区集中，区划条例允许这里经营酒吧、舞厅、夜总会和妓院，爵士乐乐手们在这些红灯区发现了表演机会。与有组织犯罪过从甚密的商界大佬们掌控着此类红灯区，就像新奥尔良斯托里维尔（Storyville）的汤姆·安德森（Tom Anderson）、芝加哥的阿尔·卡彭和琼·格雷泽（Joe Glaser），以及堪萨斯城的汤姆·彭德加斯特（Tom Pendergast），他们将爵士乐带入到禁酒年代（Prohibition Era）里的地下酒庄和酒馆中。许多爵士乐乐手以黑帮为其经纪人，如刘易斯·阿姆斯特朗就为格雷泽打工。早期，演奏爵士乐的场所决定了白人听众的态度，他们跑到爵士乐俱乐部里仿佛过起了贫民窟的生活，而这类俱乐部的名字往往意存挑逗或与众不同，如东方俱乐部、血葫芦俱乐部以及新潮俱乐部。

许多此类街区在1917年被战争部的一纸命令关停，如著名的新奥尔良斯托里维尔。爵士乐乐手们与北迁的黑人一起，挟裹在大迁徙（Great Migration）浪潮中，来到北方城市中寻找机会，尤其是芝加哥和纽约。一战后，年轻人尤其以爵士乐作为反抗维多利亚时代沉浮习俗的武器，爵士乐和爵士乐的演出场所对他们而言，象征着精美音乐的兴起，也是可以跳舞的机会。因此，1920年代常常被称作爵士乐年代，以此来表达这一时期的人们纵乐的狂欢和城市生活的价值观。爵士乐乐手和爱好者们纷纷来到新的爵士乐中心，尤其是芝加哥、纽约和堪萨斯城。

1920年代爵士乐的批评者相信，爵士乐节奏动感，演出地点接近红灯区，围绕着移民、工人和非洲裔美国人，因此将使社会走向堕落。实际上，爵士乐常常在其他地点演奏，而且其目的也并非纯粹为了娱乐，在私人聚会，社交会所以及大学校园里也常常响起爵士乐。1933年，随着禁酒令的终结和合法夜总会及舞厅的增多，爵士乐开始出现在更多样的场所，而不再仅仅与"运动生活"（Sporting Life）相连。城市改革者们仍在致力于规范爵士乐的演出地点，例如将其局限在舞厅或是跨种族的黑人、黄种人夜总会（Black and Tan Nightclubs）里。而在整个20世纪，爵士乐乐手和俱乐部老板始终希望减少束缚在爵士乐现场表演之上的法律和区划条款。

乐手们游走在多个娱乐场所之间，靠着铁路、公共汽车和私家车穿过一座座城镇，在歌舞团和大众剧院中献艺。从1920年代到1940年代，爵士乐在全美知名的棉花俱乐部（Cotton Club）、哈莱姆的萨沃伊酒店（Savoy）等娱乐场所演出，也登上了许多小型舞台。从20年代后期开始，无线电直播音乐将爵士乐及其演出场所的名称传遍全美。从30年代中期直到二战结束，大型爵士乐队的摇摆舞曲风靡全国，而活泼的舞曲成为美国年轻人中间的主流文化。二战后，比波普风行小型俱乐部，如纽约的明顿娱乐城（Minton's Playhouse）。到21世纪，爵士乐几乎已不再与城市恶俗相连，在音乐厅、典礼和许多不同场合都能听到爵士乐。

在小城镇同样有爵士乐的拥趸。那些位于密西西比河与俄亥俄河两岸的城市，吸引了许多观光客，有渡船与东部大城市相连，如斯坦科弗斯航运公司（Streckfus Line）。此类公司需要欢快的音乐供游客享乐，在这些旅游城市中，也有爵士乐队供人们休闲，密西西比州的维克斯堡（Vicksburg）、田纳西州的孟菲斯、艾奥瓦州的达文波特（Davenport）以及俄亥俄州的辛辛那提莫不如此。在中西部和西南部地区，那些驻足在大都市之外的乐队被人们称作领土乐队（Territory Bands）。

城市可以为乐队提供必要的经济基础和文化氛围,最直接的就是拥有庞大的听众。城市特有的许多机构对爵士乐非常重要,如音乐出版公司、提供预订服务的机构、工会以及唱片公司。纽约有多家专业音乐杂志,有能力向全美传播爵士乐,如《劲舞》(Downbeat)。爵士乐乐手依靠城市里的专业音乐组织和网络来谋生。有些城市,机会并不仅仅局限在夜总会和舞厅。在纽约,乐手可以在音乐剧院演出;在洛杉矶,乐手可以在好莱坞的电影公司中找到工作。

无论是白人还是黑人,无论是本土美国人还是外来移民,乐手们寻找机会共同合作,以便相互学习。娱乐工业可以帮助部分移民改善社会地位,犹太裔美国单簧管手兼领队本尼·古德曼就是其中之一。但城市里不断变化的种族和阶级关系限制了爵士乐手的选择。许多非洲裔美国乐手只能在南部城市和种族隔离的地方演出,这束缚了他们的职业发展和收入。在二十世纪五六十年代民权运动冲破吉姆·克劳制度之前,白人和黑人不能在同一个地点演出。当非洲裔美国人乐手在南部巡演时,他们不得不接受隔离的住宿条件,甚至在路上也会遭受暴力袭击。种族歧视实际上有利于白人乐手,他们的收入更高,签约率更高,出名的机会也更多。

通过重要即兴演出者和作曲家的职业经历,如刘易斯·阿姆斯特朗、杜克·艾灵顿(Duke Ellington)、查理·帕克、比利·霍利迪(Billie Holiday)、迈尔斯·戴维斯(Miles Davis)、查尔斯·明格斯(Charles Mingus)和文顿·马萨里斯(Wynton Marsalis),也可以一窥爵士乐的历史,上述音乐家莫不通过在不同城市巡游养家糊口。许多爵士乐大师对自己所在城市情有独钟,如阿姆斯特朗之于新奥尔良;或是对自己成名的城市颇多好感,如帕克之于堪萨斯城。许多作曲家对激励其灵感的城市表达了特别的敬意,下面这些首歌曲向曼哈顿致敬——杜克·艾灵顿 1941 年创作的《坐一坐特等车》(Take the A-Train)、奇克·韦伯(Chick Webb)和乐队在 1934 年创作的《在萨沃伊跳顿足舞》(Stompin' at the Savoy)以及约翰·柯尔特兰(John Coltrane)1964 年创作的《中央公园西》(Central Park West)。

爵士乐对美国城市中的艺术活动贡献良多。1920至 1935 年的哈莱姆文艺复兴将非洲裔美国知识分子、艺术家、音乐家汇聚一堂,其中克劳德·麦凯(Claude McKay)、朗思顿·休斯(Langston Hughes)和佐拉·尼尔·赫斯顿(Zora Neale Hurston)在探索非洲裔美国人城市生活时体验到了爵士乐的启发。"垮掉的一代"中的艾伦·金斯伯格(Alan Ginsberg)和杰克·凯鲁亚克(Jack Kerouac)在用他们反传统的方式描绘冷战时代的美国城市时,也借鉴了爵士乐的节奏;他们的作品充斥着五六十年代旧金山北滩(North Beach)的波西米亚咖啡馆和书店。小说家们也常常通过爵士乐理解城市的语言,拉尔夫·埃里森(Ralph Ellison)1947 年的《隐形人》(Invisible Man)和托尼·莫里森(Toni Morrison)1992 年的《爵士乐》(Jazz)莫不如此。

亦可参阅:蓝调音乐(Blues Music),公民权利(Civil Rights),哈莱姆文艺复兴(Harlem Renaissance),城市更新和复兴(Urban Renewal and Revitalization),第二次世界大战与城市(World War II and the City)

延伸阅读书目:

- Douglas, A. (1995). *Terrible Honesty: Mongrel Manhattan in the 1920s*. New York: Farrar, Straus & Giroux.
- Kenney, W. H. (2005). *Jazz on the River*. Chicago: University of Chicago Press.
- Ogren, K. J. (1989). *The Jazz Revolution: Twenties America and the Meaning of Jazz*. New York: Oxford University Press.
- O'Meally, R. G. (Ed.). (2001). *The Creation of Jazz: Music, Race, and Culture in Urban America*. Urbana and Chicago: University of Illinois Press.
- Russell, R. (1971). *Jazz Style in Kansas City and the Southwest*. Berkeley: University of California Press.

Kathy Ogren 文

李文硕译　陈恒校

威廉·勒·拜伦·詹尼
JENNEY, WILLIAM LE BARON

威廉·勒·拜伦·詹尼生于 1832 年,卒于 1907 年,因其设计的建筑物影响了众多美国大城市的天际线而注定留名史册。他的设计保证了现代摩天大楼得以充分利用寸土寸金的城市空间。

1832 年,威廉和艾丽扎·詹尼(William P. and Eliza Jenney)产下一子,取名威廉。老威廉拥有一支商业捕鲸船队,有时也带上儿子在太平洋上旅行。1853年,威廉决定前往巴黎,在历史和建筑行业谋一份工作,并且利用在欧洲的时间,参观了许多经典建筑。

1856 年，詹尼获得了工程学学位后返回美国，在内战时加入到尤利西斯·格兰特（Ulysses S. Grant）将军的田纳西军团（Army of Tennessee）麾下，为联邦军队效力，凭借军功官至少校，并终生以此为荣。战后，詹尼迁居芝加哥，并成立了一家建筑公司。

在工程学领域，摩天大楼的概念并不复杂，但要满足三个标准。首先，建筑必须使用钢制框架，在 I 型钢架之外装上石块和玻璃以为外墙。从地表直至顶端的玻璃幕墙非常重要，因为电灯技术尚未成熟，建筑物内部需要利用自然采光。其次，摩天大楼至少要有 10 层高。建筑以砂岩和钢架为基础，并需采用花岗岩以加固框架和拐角，这样才能减轻整体重量。只有建筑物整体重量下降，建筑物才能向高处发展。最后，摩天大楼必须配备电梯。只有满足上述三个条件，芝加哥这样的大都会才能拥有摩天大楼。

除了坐落于芝加哥卢普区中心地带拉萨勒街和亚当斯街交汇处的家庭保险大厦，詹尼也设计了其他多座摩天大楼。许多人认为詹尼的设计中规中矩，但若考虑到他的工程学背景，这一点也就不难理解了。詹尼设计了 1893 年芝加哥哥伦比亚世界博览会的场馆，他与同事的诸多设计被芝加哥建筑学派继承和弘扬，凭借这些成就，詹尼自然会留名在建筑史上。

延伸阅读书目：

- Chicago Tribune Staff. （1997）. *Chicago Days*：150 *Defining Moments of Chicago's History*. Wheaton，IL：Cantigny First Division Foundation.
- Hines，T. （1974）. *Burnham of Chicago*：*Architect and Planner*. Chicago：University of Chicago Press.
- Miller，D. （1996）. *City of the Century*. New York：Simon & Schuster.
- Turak，T. （1966）. *William Le Baron Jenney*：*A Pioneer of Modern Architecture*. Ann Arbor，MI：UMI Research Press.

Cord Scott 文

李文硕译　陈恒校

约翰逊政府的城市政策
JOHNSON ADMINISTRATION: URBAN POLICY

城市是林登·约翰逊政府制订国内政策时的难题。国会不仅授权约翰逊的伟大社会计划（Great Society）在公平施政（Fair Deal）和新边疆（New Frontier）城市项目基础上有所扩大，也允许其开展新的社区发展方案。此类方案不再是传统的大拆大建式的重建，而是重视城市的人力资源和社会结构。《1964 年公平机会法》（The Equal Opportunity Act of 1964）以法律的形式明确了向贫困开战（War on Poverty）的各项工作，使城市弱势群体得以加入城市政策的制订。1964 年、1965 年和 1968 年通过的三个《住房法》要求联邦政府建设更多的公共住房和低收入住房，为城市更新运动投入更多资金，并成立了内阁级的住房与城市发展部。《1966 年示范城市法》（The Model Cities Act of 1966）则雄心勃勃地试图把联邦政府关于城市社会生活的各个项目整合起来。这类项目往往十分复杂，而所需资金也超出了联邦政府的财政能力，因此几乎无法顺利执行。尽管如此，约翰逊政府的城市政策仍然影响深远，它毕竟使更多的贫困和少数族裔居民参与到城市的政治进程中来。

伟大社会计划中的城市政策，其执行受到多个条件的制约，包括越战的负担和种族问题的爆发。东南亚的战争耗尽了财政资源，并打破了民主党的传统阵营。同时，黑人的不公正遭遇是约翰逊时代面临的最大社会不公，而在贫困地区和城市中开展的社会项目也被视作针对黑人社区的专项扶助。此时，多种族的民权运动逐步转变为单一的"黑人权力"（Black Power）运动，而这一对伟大社会项目目标的转变削弱了社会的支持。

《公平机会法》

作为遇刺总统约翰·肯尼迪的继任者，林登·约翰逊既面临着继承肯尼迪政治遗产的重任，又需要借助时机加入自己的新理念和新政策。在肯尼迪死前，民主党已经推出了一系列解决贫困等社会问题的政策，约翰逊继任后，立即开展反贫困项目，作为其施政的中心。

1964 年 3 月 16 日，《公平机会法》草案提交国会，约翰逊声称，繁荣如美国，在 20 世纪 60 年代完全有能力终结贫困。法案也体现了这样的观念，即在美国，贫困源于缺少政治上的发言权，因此无法获得资源。法案试图给予个人职业培训等促进就业的帮助，并通过调整社区行动项目（Community Action Programs）来鼓励贫困居民最大程度地参与政策制订过程，以这样的方式来解决贫困问题。

法案提供的项目包括就业服务队（Job Corps），提供就业培训和传授工作经验；社区行动（Community

Action);赢在起跑线(Head Start),即儿童教育;成人基础教育和服务美国志愿计划(Volunteers in Service to America,VISTA)。法案第一年的预算为9.62亿美元,其中5亿美元是对已有项目的补充资助。1964年8月24日,约翰逊签署了这项法案。

然而,社区行动项目和鼓励贫困居民最大限度地参与政策制订,却很快开始阻挠法案的顺利实施。根据法案规定,联邦政府为社区行动项目提供的资金越过州市两级政府,直接交付社区的草根组织,而这类草根组织却常常成为地方政府的棘手难题。许多没有享受到社区行动项目资助的人将"最大限度参与"的规定视作联邦政府过度支持少数族裔,这种态度削弱了社会对该项目的支持。来自右翼的批评指出,该项目存在方向性错误,试图利用政府给予的特权打破市场规律。左翼则指责该法案短视,批评它通过向个人提供服务的方式解决社会弊病,却没有从根本上、系统性地解决贫困的社会根源,并且认为向失业者提供就业培训却没有从整体上增加就业岗位,这样的做法实为不智。

约翰逊政府的住房法案

约翰逊政府在1964年、1965年和1968年的三个住房法案增加了联邦政府对公共住房和低收入住房的资助,并开创了房屋补助计划(Rent Supplement Program)。房地产业、银行业和贫困居民的住房需求,这三个方面的妥协是约翰逊政府住房法案的基本特征,这也是里程碑式的《1949年住房法》以来历次住房政策的共性。自由主义者批评住房政策没有为城市更新运动造成搬迁居民提供足够的再安置住房,而他们主要是贫困者和少数族裔;而保守主义者则认为,这样的住房政策只是给了与政府关系好的利益集团以权力寻租的机会。

《1964年住房法》(The Housing Act of 1964)是一项过渡性法案,授权现有项目延长一年,为城市更新运动追加7.25亿美元拨款,并增加3.75万套公共住房。

1965年的住房法案要求联邦政府为城市和城市住房提供更多资金,却仍然以商业开发为主导,而没有推出支持社区的新联邦政策。但法案提出了一项新的房租补贴项目,意在帮助无法申请公共住房的中等收入家庭,这是本法案的一项重要内容;但在房地产业和银行业的影响下,房租补贴变成了那些可以申请公共住房的低收入家庭的福利。约翰逊政府也没有将投入商业开发的联邦资金转移到住房建设上来,在反对者的操纵下,用于商业开发的资金最高可达联邦资助总

额的55%。不过,该法案向城市投放了大量联邦资金,包括为城市更新运动增加290万美元拨款,并许诺在未来4年中建造24万套公共住房。

《1968年住房法》是约翰逊政府的最后一项城市项目,该法案受到银行业的强烈影响,其目的在于使更多的人拥有属于自己的住房。法案要求在十年内新建住房2600万套,并提高了《1965年住房法》所规定的房租补贴,以帮助低收入者购买住房。

住房与城市发展部

1965年9月9日,约翰逊签署《1965年住房与城市发展法》(Housing and Urban Development Act of 1965),标志着约翰逊最终实现了在内阁增加城市事务部门的目标。内阁级城市事务部门的提议首先出现在1937年国家资源规划委员会(National Resources Planning Board)的《我们的城市——在美国经济中的角色》(Our Cities:Their Role in the National Economy)报告中,肯尼迪总统在1962年也提出了建立内阁部门的建议。约翰逊为了实现这一目标,答应了商界的要求,保证联邦住房管理局和联邦住房贷款银行委员会(Federal Home Loan Bank Board)的独立,并承诺新的部门不会大规模开展新的城市项目。此外,该法案的通过也得益于约翰逊没有立刻提名罗伯特·韦弗出任住房与城市发展部部长。韦弗是HUD前身、住房与家庭金融管理局局长,而他出任HUD部长也使他成为首位黑人内阁部长。对任命韦弗的反对使法案没有在肯尼迪任期内通过。

示范城市

约翰逊城市政策的核心是《1966年示范城市与大都市区发展法》(Demonstration Cities and Metropolitan Development Act of 1966),或曰示范城市计划(Model Cities),该法案标志着联邦城市政策从城市更新向社区开发迈出了重要一步。1965年洛杉矶瓦茨(Watts)街区的暴乱发生后,该法案加快了制订和执行步伐。法案起源于HUD助理部长罗伯特·伍德(Robert Wood)主持的一个专门小组提供的政策建议,由约翰逊在1966年1月提交国会。该法案试图将一系列扶持城市的联邦政策整合起来,并提供了综合性城市示范项目,所需经费的80%由联邦政府提供。法案也鼓励以大都市区为整体进行区域规划,为退伍老兵提供购房抵押贷款担保,对新城(New Towns)开发商提供帮助,并对城市更新地带的历史遗迹保护提供方案。

然而,示范城市计划由于自身难以操作和联邦政

府资金支持不足,并未达到预期中的效果。该计划旨在通过以部分城市为试点,以探索新的城市再开发方案,并观察新方案的成效。然而,为了保证计划的通过,法案将参与城市的数量从 60 个提高到 150 个,但国会批准的拨款还不到约翰逊所要求的一半。法案要求多个项目间相互合作和整合,并要求多个联邦机构甚至联邦与地方机构共享和分配资金,这种复杂的结构使法案的执行几乎寸步难行。城市政府申请该计划要经历长期复杂的过程,面向西雅图的第一个综合开发方案(Comprehensive Development Plan)直到 1968 年底才得以批准。不过,该计划在 1967 至 1973 年间向参与其中的城市提供了 23 亿美元的拨款。

延伸阅读书目:

- Andrew, J. A., III. (1998). *Lyndon Johnson and the Great Society*. Chicago: Ivar R. Dee.
- Bernstein, I. (1996). *Guns or Butter: The Presidency of Lyndon Johnson*. New York: Oxford University Press.
- Fox, K. (1986). *Metropolitan America: Urban Life and Urban Policy in the United States*, 1940 – 1980. Jackson: University of Mississippi Press.
- Gelfand, M. I. (1975). *A Nation of Cities: The Federal Government and Urban America*, 1933 – 1965. New York: Oxford University Press.
- Gelfand, M. I. (1981). The War on Poverty. In R. A. Divine (Ed.), *The Johnson Years: Vol. 1. Foreign Policy, the Great Society and the White House* (pp. 126 – 154). Lawrence: University of Kansas Press.
- Mollenkopf, J. H. (1983). *The Contested City*. Princeton: Princeton University Press.

Bell Clement 文

李文硕译 陈恒校

斯科特·吉普林
SCOTT, JOPLIN

斯科特·吉普林(1868—1917)在 20 世纪初这个美国成为城市国家的时代创作了许多生动活泼的切分音乐,被誉为"繁音拍子之王"(King of Ragtime)。

吉普林致力于繁音拍子这种新式音乐,创作了融合欧洲音乐与非洲音乐节奏和旋律的流行音乐。繁音拍子最突出的特征是切分音,需要身体做出反应,如踏脚、拍腿和欢快的舞蹈动作,这与维多利亚时代的音乐截然不同。繁音拍子的流行引起了人们对维多利亚时代虚伪的反感,也使人们仇视工业化大生产严格的纪律和规范,同时,其流行反映了世纪之交美国向现代化的转型。尽管有批评者称其为低俗音乐,但繁音拍子的拥趸却来自社会各个阶层。

吉普林是吉尔斯和弗朗伦斯·吉文斯·吉普林(Jiles and Florence Givens Joplin)的第二个儿子,当他少年离家追寻音乐家的梦想时,或许没有想到自己会成为一个文化反叛者。恰恰是美国城市中此时崛起的庞大力量——铁路和工业化——让他得以离家而去。尽管吉普林可能参加了 1893 年的芝加哥哥伦比亚世博会,但直达 1890 年代末,他才在密苏里州的塞达利亚(Sedalia)以作曲家的身份出名。1899 年,他在这里创作了让他一举成名的《枫叶爵士》(Maple Leaf Rag),并凭借这首歌曲与白人乐谱出版商约翰·斯塔克(John Stark)建立起商业合作关系。最终,两人都搬往圣路易斯,斯塔克在那里投身到方兴未艾的音乐工业中去,致力于大规模的音乐出版和经营批量生产的钢琴;而吉普林则整日在娱乐区,与汤姆·图尔平(Tom Turpin)、萨姆·帕特森(Sam Patterson)和刘易斯·沙文(Louis Chauvin)混在一起。

1907 年,吉普林迁居纽约,在这里靠作曲和教授音乐为生,传授切分音进行曲、华尔兹、两步舞曲和慢步舞曲知识。但吉普林的雄心壮志并不止步于编写流行舞曲。1902 年,他说服斯塔克勉强同意出版《繁音拍子舞》(The Ragtime Dance),作为切分音芭蕾舞的伴舞曲。在纽约期间,他还编写了一部繁音拍子歌剧《特里莫泥沙》(Treemonisha)。然而,像吉普林 1903 年的歌剧《荣誉之客》一样,《特里莫泥沙》在吉普林的有生之年并未得到全面认可。1915 年在林肯剧院的演出没有打动观众,更没有为吉普林找到财政支持。此后,吉普林的身心状况逐渐恶化,在 1917 年 4 月 1 日驾鹤西去。

在 20 余年的时间中,吉普林出版了许多繁音拍子作品,为这种音乐类型确定了标准。终其一生,吉普林创作了 44 部原创作品,并与阿瑟·马歇尔(Arthur Marshall)、斯科特·海登(Scott Hayden)和刘易斯·沙文合作创作了另外 7 部。随着 1970 年代美国社会对吉普林及其作品的再度关注,1902 年的《卖艺人》(The Entertainer)、1908 年的《菠萝娃娃》(Pineapple Rag)、1901 年的《轻易的赢家》(The Easy Winners)和 1909 年的《慰藉》(Solace)重新流行起来。

延伸阅读书目：

- Berlin，E. A.（1994）. *The King of Ragtime：Scott Joplin and His Era*. New York：Oxford University Press.
- Blesh，R. ＆ Janis，H.（1950）. *They All Played Ragtime：The True Story of An American Music*. New York：Knopf.
- Curtis，S.（1994）. *Dancing to A Black Man's Tune：A Life of Scott Joplin*. Columbia：University of Missouri Press.
- Moderwell，H. K.（1915）. Ragtime. *The New Republic*, pp. 284 - 286.

Susan Curtis 文

李文硕译　陈恒校

犹太教与犹太社区
JUDAISM AND JEWISH COMMUNITIES

在殖民地时代和建国初期，犹太人口相对较少，主要集中在五个河口城市——纽约、费城、纽波特、查尔斯敦和萨凡纳。随着 1820 年代后犹太移民的逐渐增多，新移民跟随美国西进的脚步沿运河和内陆水系向西迁移。在中西部中心城市如辛辛那提和圣路易斯，在 1849 年淘金热潮中的旧金山，以及在内陆的小型市镇，都出现了个人经营的犹太人商店，随后渐渐产生了规模小但充满活力的犹太社区。从 1880 年到 1924 年开始实行移民配额制度，约有 250 万犹太移民来到美国，其中绝大多数定居在大城市中，尤以纽约、费城和芝加哥为最，而克利夫兰、匹兹堡、巴尔的摩和波士顿也是犹太人集中的城市。为了节省慈善资源，犹太社区领袖们用各种办法劝说犹太新移民分散到其他地区，例如让犹太移民从西南部的加尔维斯顿港进入美国；1900 至 1917 年的工业调整办公室也试图让身体强壮的移民劳工去美国更多的城市，而不是集中在传统的大城市中。最近几十年中，与全美人口分布一致，犹太人也向南加州和佛罗里达州迁移，而且在每个州中都有犹太人社区，但这并没有改变犹太人大量集中在大型大都市区的状况。1957 年，美国第一次也是最后一次调查国民的宗教信仰，显示美国人口中有 37％ 居住在人口超过 25 万的城市地区，而犹太人中的这一数字高达 87％。小城市中犹太社区的凋零增强了这一趋势。

美国犹太人的这一分布模式反映了犹太人在欧洲小型商业企业和中介行业中所扮演的传统角色，并继续了这一传统。中东欧小城镇（犹太人称之为 Shtetl）在经济体系中的边缘化迫使许多年轻犹太人另谋生路。从 1820 年代开始，有些犹太人来到美国，他们在族人的资助下成为流动商贩，挨家挨户兜售商品，积累资金后经营其自己的商店。其他犹太移民，尤其是后来者，大多曾在东欧或西欧的城市中生活过，积累了商业经验，尤其是成衣业的经验。因此来到美国后，他们投入到纽约及美国东北部其他地区迅速发展的成衣行业中，只有极少数犹太移民具备农业技能。

在大规模移民浪潮中，先建立的犹太社区大多接近登陆港口，并逐渐成为人口拥挤、贫困人口居多的贫民窟，曼哈顿下东区、波士顿北区（North End）和芝加哥马克斯韦尔街（Maxwell Street）的市场地区（Market Areas）都是这样。但犹太移民往往很快就更换居住地点。富裕的犹太移民往往搬离市中心，迁往住房宽敞的社区；中等家庭则倾向于迁居新社区，以便经营自己的小型商店，哪怕刚开始他们要住在商店里。尤其在二战后，《1949 年住房法》和《1956 年联邦资助高速公路法》催生了大片郊区，这里吸引了年轻一代的犹太人。他们曾经居住过的中心城市，即便没有毁于城市更新运动，也变成了带着乡愁的纪念圣地，依靠复原的犹太教堂和博物馆等旅游景点吸引犹太人观光驻足。有迹象表明，近来的内城复兴也影响了犹太人的居住模式，如曼哈顿的犹太人社区，从 1990 年代起，其人口的年龄有所下降，财富则有所上升。

城市地理对美国犹太人集团的认同感有复杂的影响。犹太人倾向于相邻居住，以便共享宗教服务和彼此为伴。居住上的接近一方面增强了凝聚力，但同时也在削弱这种内聚力：在这里，尽管存在着文化设施和个人关系网，但实际上犹太人因为住在一起并不需要它们。由于美国城市的规模大并且不断扩张，犹太人在欧洲的集中统一的机制、文化设施和情感并不存在，而犹太人内部在礼仪、教派和族裔上的差异进一步削弱了其向心力。在人口更加密集的城市社区中，更是出现了针对少数关系密切教徒的教堂等设施。

在郊区这种被阿尔伯特·戈登（Albert Gordon）称作"镀金隔都区"（Gilded Ghettos）的地方，犹太人社区内部并不如城市社区那般关系密切，但其机制和制度也更加单一。郊区的住房以独户住房为主，并且占据大片宅地，因此犹太人大多驾车前往大教堂，而不是步行到邻近的地区教堂。大型教堂所传播的宗教理念更为宽广、更加温和并且更为一致，这样才能吸引更多的信徒。由于犹太人需要集体出资建设共同设施，再加上犹太人在这类上等犹太社区购买住房的不菲费用，使得维持共同的认同感在经济上非常昂贵，这样一来，同一社区内犹太人的职业更为同质，低收入犹太人也难以获得同类的服务。此外，犹太人家庭也面临着其他郊区居民的共同压力，包括家族关系网的断裂、老年人的边缘化、妇女从事家务，由于郊区居民大多收入颇高，他们形成了一套不太现实的行为规范，这也是犹太人必须遵从的。因此，在犹太人融合到美国文化的过程中，城市和郊区的地理削弱了他们的社会和文化资本。

在老社区中，迈克尔·古尔德(Michael Gold)所谓的"没有钱的犹太人"(Jews without Money)，尤其是老年人，依旧社会地位低下，而且需要特别的社会服务。此外，老社区中已取得社会地位的犹太人(如房东、店主、教师和社工)与新来者之间的矛盾也逐渐激化。尽管统计数字显示，在1960年代，犹太人并没有像其他白种人一样迅速逃离城市，但黑人与犹太人的关系也逐渐成为社区领袖关注的焦点问题。

那些仍然存在的老社区则越发显示出正统色彩。纳粹大屠杀的幸存者们来到美国后，在哈西德派拉比的带领下聚居生存，搬入之前被犹太移民抛弃的廉价住房中，并使用被前者遗弃的教堂等机构。他们喜欢一个大家族生活在一起，坚持住在犹太教教堂和学校附近，视美国梦为堕落的生活方式，因此并没有搬入郊区。在一代人的时间内，他们建立起了规模庞大、组织化程度高的犹太社区，与周边社区明显不同，尤其是在布鲁克林的克朗恩海茨(Crown Heights)和威廉斯堡，并正向纽约和新泽西州的其他地区扩展。宗教团结将这类团体凝结成牢固的政治阵营，其中部分团体整体性地搬入郊区，甚至自己设计并建造独享的郊区，那里的居住隔离不但更为明显，甚至在有些郊区申请成为自治市后，居住隔离被以法律的形式固定下来，最典型的就是撒塔玛哈西德派(Satmar Hasidim)于1977年在纽约奥兰治县建立的凯亚斯·乔尔村(Village of Kiryas Joel)。该村曾引起全国上下关于政教分离的讨论，并演化为一个宪法问题。

房地产开发、销售和投资吸引了美国犹太人的关注。房地产业是一个竞争充分、风险较高的行业，但吸引了少数犹太人，也就是西蒙·库兹涅茨(Simon Kuznets)所谓的"精选少数"(Minority by Choice)。由于受到共同体活力和社会进步的影响，犹太企业家们成功地将规模效益和大众营销技巧用于住房建设，如威廉·莱维特(William J. Levitt)的莱维敦(Levittown)，并创造了商业组织的新形态，如维克特·格伦(Victor Gruen)的封闭式购物城，深刻影响了美国的城市。

城市生活是美国犹太人小说的背景和主题。尽管也有移民贫困和血汗工厂等负面形象，但主流犹太小说和戏剧中的城市却是正面的，是充满经济和文化机遇的地方。在犹太文学中，搬离老社区、脱离这个旧世界和宗教以及宗法制的束缚往往被用作表现个人进步和获得自由。另一方面，传统社区又是真正犹太文化的代表，象征着幽默、虔诚和智慧，将普世论者的伦理观和艺术感融为一体；传统社区也象征着女权，是中上阶层所居住的郊区的对立物，代表着正确。在亨利·罗斯(Henry Roth)1934年的现代主义经典《安睡》(Call It Sleep)中，当城市深入到移民者中的儿童英雄的灵魂深处时，犹太城市空间与非犹太城市空间的差别消失了，电力点亮的城市街灯象征着《圣经》的启示。

延伸阅读书目：

- American Jewish Committee. (1999 -). *American Jewish Yearbook*. New York: Author.
- Diner, H. (2004). *The Jews of the United States 1654 - 2000*. Berkeley: University of California Press.
- Weissbach, L. S. (2005). *Jewish Life in Small-Town American: A History*. New Haven, CT: Yale University Press.

Bernard Dov Cooperman 文

李文硕译　陈恒校

未成年人犯罪与未成年人司法体系
JUVENILE DELINQUENCY AND THE JUVENILE JUSTICE SYSTEM

未成年人犯罪指的是少年儿童的违法犯罪行为和其他恶劣举动，包括从酗酒、入室行窃等轻微罪行到抢劫、强奸之类的重罪等一系列犯罪活动。未成年人犯罪也包括非犯罪活动，如离家出走、违抗父母和逃课等未成年人的不当行为。19世纪初，随着美国快速工业化和城市化进程，传统的社区纽带逐渐崩解，未成年人犯罪的概念在这样的背景下逐渐成形，未成年人犯罪也成为社会控制和政府监控的重点对象。未成年人司法体系指的是专门保护和针对未成年人犯罪的法庭、法律和其他社会机构，该体系及未成年人犯罪的概念从多个方面影响了城市景观。改革者和社会学家往往从城市的经济、社会和文化状况出发来寻找未成年人犯罪的动机，并且建立了一系列社会政策和相关机构来规范城市青少年的活动。

随着人们将儿童和青少年时代视作人生的特殊阶段，关于未成年人犯罪的观念也发生了变化。在美国建国初，人们并不把童年看作人生的一个独特阶段；在殖民地时代，儿童也像成人一样劳动养家或担当学徒工。对未成年人罪犯的处罚依赖于英国普通法，其中规定，7岁以下的儿童不承担法律责任，14岁以上与成人承担同样的法律责任，而犯有严重罪责的未成年人则面临与成人一样的法律责任。儿童被视作天性邪恶，当他们懒惰、违抗命令和叛逆时将受到惩罚。甚至在建国初期，父母对于儿童也没有强烈的情感。但儿童的概念在19世纪发生了剧烈变化。在19世纪初，学徒工制度和家庭经济将儿童拉入成人世界，但随着工业化的快速展开，二者都渐渐消亡了。随着义务教育的普及，儿童开始住在自己家中，接受教育的时间比以前更长。母亲在儿童的社会生活中扮演着中心角色，在孩子身上赋予了自己的情感。此时，父母们不再相信儿童天性邪恶，孩子被视作快乐的源泉。

这种儿童比成人更有可塑性的新观点促使美国社会开始成立针对儿童犯罪的专门机构和机制，以有别于成人司法系统。中产阶级改革者们担心成人犯罪会影响未成年人犯罪，因此反对将他们拘押在一起。从19世纪初开始，改革者们敦促建立"避难所"（Houses of Refuge），专门用于关押未成年人罪犯、举止不当的儿童和没有独立生存能力的孩子。避难所运动来自于英国的国家亲权责任理念（Parens Patriae），该理念认为为了儿童的最大利益，政府可以发挥代父母的作用。一旦进入这种避难所或政府支持的管教所，儿童便开始学习与公立学校一样的课程。在其中，儿童也参与工作，并学习工厂中的劳动技术和纪律。避难所系统开创了儿童教育与职业培训、假释以及政府干预儿童福利等新型实践，为独立的未成年人司法体系奠定了基础。

除了对童年的观念有所变化，对于19世纪未成年人犯罪成为独立于成人司法之外的社会问题，美国城市经济结构的变迁和中产阶级观念的转变也有关系。由于18世纪末19世纪初学徒工制度逐渐瓦解，许多年轻人无所事事，在街道上游荡。在全面工业化实现之前，面向年轻人的轻工业就业岗位并不多。结果，在公立教育普及之前，许多城市青年无处可去，除了挣钱养家之外只能在学校上学，城市中产阶级也越发关注

游手好闲的年轻人。中产阶级逐渐形成一种共识，即儿童将在家中和学校里培养自己的道德和学养，并避免社会上的不良之风。受到城市街头未成年人犯罪和暴力活动的影响，中产阶级形成了一种观念，即游荡在街头的少年儿童就是潜在的犯罪分子，因此不断呼吁增建公立学院，并要求建立专门的制度和机构来处理街头少年。

专门处理未成年人犯罪问题的新型法律体系在20世纪初最终形成。根据1899年的《伊利诺伊州未成年人法庭法》（The Illinois Juvenile Court Act），库克县成立了全美第一个未成年人法庭，该州的未成年人司法体系为其他州提供了模板。在国家亲权责任理念影响下，库克县的法庭直接干涉家庭事务，将未成年罪犯和缺乏独立能力的儿童从家中领走。未成年人法庭的目的在于帮助失足者恢复正常生活，并防止他们进一步犯罪，而不仅仅是判断他们是否违法犯罪。由于不同于成年罪犯，未成年人罪犯不担心自己会受到政府迫害，因此未成年人法庭并不需要考虑法庭上的对抗行为。社会工作者、缓刑监督官和心理学家与法官一起，尽力维护未成年人的最大利益。尽管未成年人罪犯在法庭上受到特别保护，但他们却没有成年罪犯所能享受到的宪法权利，如聘请律师的权利、法庭抗辩的权利、免于交叉盘问的权利和不得自证其罪的权利。

大多数未成年人犯罪法庭在判决时都受到性别因素的影响。未成年男子常常以袭击或偷盗的罪名被逮捕，而女性同犯的罪名却常常是不道德的婚前或婚外性行为。法庭惩罚未成年男子与女子的方式也不同。进步时代呼吁女性道德的改革者们要求未成年人法庭任命女性的法官、庭警和缓刑监督官来保护年轻女子免于性骚扰。大多数被控非法性行为的女性罪犯都由女性法官审理。而男性法官往往对未成年男子的性犯罪有所理解和同情，而女性法官在审判违反道德的年轻女子时往往从严从谨。未成年法庭倾向于将女性罪犯带出家庭，安置在改革主义者的机构里。结果，未成年人法庭管控年轻女子的性行为，对工人阶级家庭产生了直接影响。

从1960年代开始，未成年人司法体系遭到了严厉批评。在最高法院审理了多起涉及未成年人法庭程序合法性的案件后，对待未成年人罪犯的方式也发生了多次改变。在1967年的高尔特案（In re Gault）中，最高法院审理了未成年人罪犯的合理程序问题并且发现，由于杰拉尔德·弗朗西斯·高尔特（Gerald Francis Gault）拒绝了正当程序权利的保护，导致他被关押的时间比犯有同样罪行的成年人更长，违反了宪法。最

高法院否定了人们习以为常的观念,即未成年人罪犯在非对抗性法庭中,未成年人法庭的法官会最大限度地维护被告的最大利益。最高法院做出了与国家亲权责任理念相悖的判决,宣布未成年人罪犯依法享有正当程序权,即未成年人罪犯依法有权被告知其所面临诉讼的特殊性,有权被告知拥有聘请律师的权利,并享有免于自证其罪的权利和享有抗辩以及交叉盘问的权利。

从 1970 年代开始,联邦政府开始对未成年人司法体系施加更大的控制。1974 年,国会通过了《未成年人司法和犯罪预防法》(Juvenile Justice and Delinquency Prevention Act),鼓励各州将未成年人罪犯与成人罪犯分开审理,并不再将未成年人的轻微罪行认定为违法犯罪,如离家出走或逃学。国会也给各州提供了大批拨款,以便他们不再将轻微违法的未成年罪犯以及轻微犯罪的年轻人送上未成年法庭,并促进基于社区的未成年教正,而非单纯依赖监狱。因此,未成年人法庭判定的未成年人犯罪行为比以前少了许多,未成年人犯罪司法体系也将其注意力从关注轻微罪犯遏制犯罪转移到了惩戒暴力犯罪上。由于社会越来越关注未成年人暴力犯罪,在此压力下,未成年人法庭在二十世纪八九十年代的判决更加正式,也更加具有惩戒性。未成年人法庭以建立了新的方式来处理未成年人暴力犯罪,包括将重罪者转入成人法庭并将其送入成人监狱。

亦可参阅:犯罪司法体系(Criminal Justice System)

延伸阅读书目:

- Bernard, T. J. (1992). *The Cycle of Juvenile Justice*. New York: Oxford University Press.
- Binder, A., Geis, G., & Bruce, D. D. (2001). *Juvenile Delinquency: Historical, Cultural, and Legal Perspectives* (3rd ed.). Cincinnati, OH: Anderson.
- Odem, M. E. (1995). *Delinquent Daughters: Protecting and Policing Adolescent Female in the United States, 1885 - 1920*. Berkeley: University of California Press.
- Sutton, J. (1998). *Stubborn Children: Controlling Delinquency in the United States, 1640 - 1981*. Berkeley: University of California Press.

Chiori Goto 文

李文硕译 陈恒校

K

路易斯·卡恩
KAHN, LOUIS I

路易斯·卡恩(1901—1974)是 20 世纪最伟大的设计师之一,他是现代建筑领域的教育家、导师、哲人和实践者。尽管他是 20 世纪初造型艺术运动与 20 世纪中期现代主义建筑国际风范的过渡人物,卡恩的重要性来自于他自外于任何一个建筑学派之外,他坚持从古希腊和古罗马建筑中汲取养分,力图恢复每股建筑对普通公民的重视。卡恩的作品偶尔近似野兽派风格,即建筑外墙不加装饰,并大量重复几何造型。实际上,卡恩灵感的来源是城市,尤其是费城这座城市。

1901 年,卡恩出生于波罗的海沿岸爱沙尼亚的奥索尔(Osel),并在 1905 年随家人一起迁居美国,并定居在费城。卡恩就读于中心高级中学(Central High School),并进入宾夕法尼亚州学习建筑学,在这里,他受到造型艺术学派大师保罗·克里特(Paul Cret)的深刻影响,后者也是费城本杰明·富兰克林园林大道的主要设计师之一。1924 年毕业后,卡恩进入费城城市设计师约翰·莫丽特(John Molitor)的公司工作。正是在这里,卡恩参与到费城一百五十周年庆典展览的设计工作中。

从 1920 年代末到 1940 年代末,卡恩参与了一系列工程,包括城市规划、政府建筑、犹太教堂、私人住宅以及公共住房和某个团体的住房。1929 年,正在保罗·克里特工作室工作的卡恩参与到华盛顿特区的福尔戈尔·莎士比亚图书馆(Folger Shakespeare Library)的设计中;三年后,卡恩与多米尼克·贝尔宁格(Dominique Berninger)一同在费城发起了建筑研究小组(Architectural Research Group, ARG)。尽管只维持了两年,但这个由费城年轻设计师组成的小组提出了一种进步主义的建筑哲学,与造型艺术学派相悖,并持续关注欧洲的现代主义设计。卡恩将 ARG 的理念运用到自己与费城城市规划委员会(Philadelphia City Planning Commission)和联邦公共住房管理局(Federal Public Housing Authority)的合作中。

但直到晚年,卡恩才在国际范围内赢得了作为建筑教育者和主流建筑师的声誉。1947 年,卡恩成为耶鲁大学教授,并在 1951 年至 1953 年间设计了耶鲁大学艺术馆。在 1950 年代末,卡恩回到了他深爱的费城,在宾夕法尼亚大学开设讲席。正是在这里,卡恩设计了他的第一个地标性建筑,即阿尔弗雷德·牛顿·理查兹医学实验室群(Alfred Newton Richards Medical Laboratories),位于大学校园内;也是在这里,卡恩赢得了教育家和哲人的美誉。卡恩从 1959 年至 1974 年的作品巩固了他的国际声望,包括位于加州拉乔拉的萨尔克生物研究所(Salk Institute for Biological Studies, 1959—1966)、宾夕法尼亚州布林莫尔学院的埃德曼·霍尔学生公寓(Erdman Hall Dormitories, 1960—1965);得克萨斯州沃斯堡的金贝尔艺术博物馆和孟加拉国达卡的国会大厦(Kimbell Art Museum, 1962—1974)。此外,许多著名现代主义和后现代主义设计师是卡恩的门徒,包括罗伯特·文杜里(Robert Venturi)和摩西·萨夫迪(Moshe Safdie),将其影响带入 21 世纪。

亦可参阅:建筑(Architecture),现代主义与城市(Modernism and the City),宾夕法尼亚州费城市(Philadelphia, Pennsylvania)

延伸阅读书目:

- Brownlee, D. B. (1991). *Louis I. Kahn: In the Realm of Architecture*. New York: Rizzoli.
- Cooperman, E. T. (2003). *Louis I. Kahn*. Retrieved May 18, 2006, from http://www. philadelphiabuildings.

org
- Scully, V., Jr. (1962). *Louis I. Kahn.* New York: George Braziller.

Robert Armstrong 文
李文硕译　陈恒校

密苏里州堪萨斯城
KANSAS CITY, MOSSURI

堪萨斯城的历史可以追溯到 1821 年的一个贸易战，并在 19 世纪中期发展成为地区商业中心。内战期间，穿过堪萨斯城大都市区的密苏里州与堪萨斯领地分界线也是对立军队的交火地带。在密苏里，支持奴隶制的派别，即"丛林霸王"（Bushwhackers），希望通过胁迫和选举两手方法将堪萨斯变成奴隶州；而在堪萨斯，"杰霍克"（Jayhawks），即废奴派，要求废除奴隶制，希望堪萨斯以自由州的身份加入联邦。内战结束后的一个世纪中，堪萨斯城人口迅速增加，并成为美国工业心脏地带繁荣的制造业中心。今天的堪萨斯城像许多美国大城市一样，中心城市经济萧条，而周围则是富裕的郊区。

19 世纪后半期，工业革命将堪萨斯城打造成为农产品处理中心和交通枢纽。1870 年，普拉辛顿和阿莫尔公司（Plankington & Armour）在堪萨斯城开设了肉类加工厂；到世纪之交时，已有多家肉类加工厂落户堪萨斯城，在该行业就业的劳动者高达 2 万人，整个大都市区有四分之一的人口受其影响。中西部地区 7 条铁路的开通以及 1914 年联邦车站开通运营，将堪萨斯城打造成为肉牛运输的枢纽。一直到第二次世界大战前，芝加哥是全球最发达的肉类加工中心，堪萨斯城位居第二。19 世纪末 20 世纪初，堪萨斯城人口迅速增长，从 1870 年的 32260 人增加到 1910 年的 248381 人；到 1930 年，堪萨斯城人口已达到 399746 人，即在 20 年中增加了 15.1 万人。

工业经济的发展同时也改变了堪萨斯城市政府的功能以及城市的阶级关系。1873 年、1885 年、1897 年和 1909 年的四次土地兼并几乎将为城市增加了 60 平方英里的土地。1880 年，市政府开始实行建筑法规，以避免工业和住房占用过多土地，并规划建筑标准。1900 年成立了堪萨斯城房地产业委员会（Kansas City Real Estate Board），当年年底，堪萨斯城证券交易所（Kansas City Stock Exchange）也进行了重组。1880 年

时，堪萨斯城的 89 英里的公路几乎没有一公里经过平整，20 年后，到 1900 年时，有轨电车已成为城市工人的主要交通方式。但与此同时，跨种族的劳工组织开始出现，大型罢工活动频发，1899 年建筑业大罢工、1904 年、1917 年和 1918 年肉类加工业三次大罢工、1917 年肥皂业罢工和铁路罢工以及 1936 年抗议通用汽车公司的首次静坐罢工，都阻碍了城市发展。

在 1940 年以前，密苏里州堪萨斯城的市政府受到城市老板托马斯·彭德加斯特操纵。1915 年，彭德加斯特登上政治舞台，在随后的 20 年间逐渐控制了城市政治。到 1930 年代初，彭德加斯特控制了大批选民，这些选票足以让候选人当选，也足以让对手败选，这样，彭氏也就操控了堪萨斯城的政治走势，也控制了密苏里州的民主党。彭德加斯特的影响力也使其在全国政坛上举足轻重，甚至富兰克林·罗斯福在 1933 年就任总统后，将密苏里州的新政项目全部交给彭氏控制。新政的庞大经费为堪萨斯城建立了一个法庭、一个警察局、一个市政厅、一个城市音乐厅、一个会议中心和一个棒球场。到 1930 年代初，彭德加斯特已大权在握，记者和政客甚至私下里将堪萨斯城称作"彭家寨"（Tom's Town）。1934 年的地方选举中爆发一桩丑闻，调查发现，许多投给彭氏选票的选民居然已经去世，该丑闻标志着彭德加斯特的权力开始衰落。1938 年和 1939 年的调查揭露了大量挪用公款、欺诈和滥用现象；1939 年 4 月，彭德加斯特因偷税漏税被告上法庭，他对地方政治的控制也宣告结束。

堪萨斯城在二战前后的岁月里迎来了发展高潮。一方面，国防投资刺激了当地经济的发展，堪萨斯城以其合理规划和景色优美闻名全国，这主要得益于当地大房地产和住房开发商 J. C. 尼克尔斯公司（J. C. Nichols Company）。另一方面，城市更新运动和高速公路建设拆除了市中心成千上万栋住宅，将住宅区改造成为工业区和商业区。从 1947 年到 1950 年，超过 228 英里的城市道路经过了重新平整和铺设，到 1957 年，所有的有轨电车都被拆除，以便汽车的顺畅通行。尽管在五六十年代通过兼并将面积增加到 316 平方英里，但到六十年代，堪萨斯城仍然出现了人口和商业涌向郊区的现象。从 1950 年到 1970 年，堪萨斯城白人人口流失了超过 7.23 万人，从 400940 人下降到 328550 人。与此同时，堪萨斯城非洲裔美国人口急剧增长，从 1959 年的 55682 人增加到 1960 年的 83130 人，到 1970 年时达到 112120 人，分别占总人口的 12.2%、17.5% 和 22.1%，其增长比率分别为 49.3% 和 74.1%。堪萨斯城与其他东北部和中西部的城市类似，其社区

与学校也经历了从白人为主到黑人为主的转变,房产欺诈和学校的种族隔离进一步加剧了这一趋势。

种族冲突成为七八十年代城市政治的突出现象,在这一背景下,城市官员学校种族隔离的争论也聚讼不已。同期,许多颇具争议性的诉讼都是因为敦促密苏里州与堪萨斯城校区(Kansas City, Missouri School District, KCMSD)取消学生种族隔离而来。1984 年,联邦地区法院发现,堪萨斯城的学校仍然存在种族隔离现象,随后命令 KCMSD 密苏里州政府出资取消种族隔离。在此判案的基础上,堪萨斯城开始取消种族隔离,采取的主要措施包括在城市中重建学校,以及建设综合性的精英学校,并配以一套有限择校的方案来吸引郊区白人到城市中就学。到 1996 年 2 月,校区和州政府已投入 17 亿美元来重建破败的学校,十年之内,被贫困和衰败社区包围的城市公立学校已然焕然一新。1995 年 6 月,最高法院以 5∶4 的结果判决地区法院并没有权力以吸引郊区白人学生为由要求城市投入资金。1999 年 11 月,地区法院宣布撤销要求取消学校种族隔离的判决。2000 年 10 月,密苏里州政府停止执行地区法院此前的命令,并不再为结束学校种族隔离而投入资金。此举立刻对美国其他城市产生了影响,许多城市也停止了拨款结束种族隔离的举措。

从 1980 年代以来,堪萨斯城面临着学校和住房中持续不断的种族隔离、财政危机和白人逃逸,并面临着制造业衰退和经济向服务业转型的新现象。1970 年,堪萨斯城人口达到顶峰,为 507330 人,而如今却只有441545 人,其中非洲裔美国人占 31.2%。尽管堪萨斯城和大都市区的居住隔离有所缓解,但仍然是全美种族隔离情况最严重的大都市区之一,而持续的郊区化和中心城市萧条无疑加剧了这一状况。在现行法律下,堪萨斯城与郊区难免在经济上存在竞争,为此,市政府只得通过大量减税的方式吸引私人资本,并采用新的增收方式。大都市地区在政治上的碎片化阻挠了区域规划和合作的开展,并且难以改变城市和区域在未来的种族和阶级冲突。

延伸阅读书目:

- Glaab, C. N. (1993). *Kansas City and the Railroads*: *Community Policy in the Growth of A Regional Metropolis*. Lawrence: University of Kansas.
- Gotham, K. F. (2002). *Race, Real Estate, and Uneven Development*: *The Kansas City Experience*, *1900 - 2000*. Albany, NY: State University of New York Press.
- Schirmer, S. L. (2002). *A City Divided*: *The Racial Landscape of Kansas City*, *1900 - 1960*. Columbia, MO: University of Missouri Press.
- Worley, W. S. (1990). *J. C. Nichols and the Shaping of Kansas City*: *Innovation in Planned Residential Communities*. Columbia, MO: University of Missouri Press.

Kevin Fox Gotham 文

李文硕译　陈恒校

佛罗伦斯·凯利
KELLY, FLORENCE

佛罗伦斯·凯利(1859—1932),美国社会改革家,终生为妇女和儿童争取劳动保护立法和健康福利奔走,并通过消费者行动主义(Consumer Activism)推进工业改革。

佛罗伦斯·默尔索普·凯利(Florence Molthrop Kelley)出生于费城一个长期致力于进步改革的家族,在国会众议员威廉·凯利(William D. Kelley)的 8 个孩子中排行第三。凯利在费城贵格会(Quaker)开办的学校里接受初级教育,并就读于 1874 年开始招收女生的康奈尔大学,并于 1882 年毕业。次年,凯利前往瑞士苏黎世大学攻读硕士学位,期间她成为马克思和恩格斯的追随者,并加入了苏黎世社会主义者党(Socialist Party of Zurich)。1884 年,凯利嫁给了同学、俄国社会主义者拉扎尔·维斯科诺威斯基(Lazare Wischnewetzky),并于次年产下长子尼古拉斯,接着在1886 年和 1888 年迎来了女儿玛格丽特和次子约翰。1891 年,凯利与维斯科诺威斯基离婚。

1886 年,凯利全家迁居经济冲突和政治动荡中的纽约市。凯利已经做好准备,投入到这座城市的激进改革者当中。她首先将恩格斯的《英国工人阶级状况》(*The Conditions of the Working Class in England*)译成英文,并于 1887 年在美国出版。在她定居纽约的五年中,凯利翻译出版了许多社会主义者的小册子和文章,之后与丈夫和孩子一起搬往芝加哥。

当凯利 1891 年到达芝加哥后,立刻投入到赫尔会所中,直到 1899 年才搬出会所。1893 年,伊利诺伊州州长任命凯利为该州首任工厂巡视专员,次年,凯利在促进立法方面取得了首次成功,州议会立法要求妇女和儿童的工作时间每天不超过 8 小时,该法在 1895 年被废除。

1899 年,凯利搬回纽约,成为新成立的美国消费者联盟（National Consumers' League，NCL）首任主席，这是一个激进的压力集团，致力于要求工厂提供安全健康的工作环境，并呼吁产品采取合理价格。在凯利的领导下，NCL 对符合其要求的产品贴上白标（White Label）。

凯利也支持妇女选举权和非洲裔美国人的平等公民权利，并在 1909 年协助创办了全国有色人种协进会。进入 20 世纪后，凯利常常在大学发表演讲，并出版了《现代工业与家庭之关系》（*Modern Industry in Relation to the Family*，1914）和《最高法院与最低工资法》（*The Supreme Court and Minimum Wage Legislation*，1925）等专著。1927 年，凯利出版了自传，并在 1932 年去世。

亦可参阅：简·亚当斯（Addams，Jane），赫尔会所（Hull-House），全国有色人种协进会（National Association for the Advancement of Colored People）

延伸阅读书目：

- Blumberg, D. R. (1966). *Florence Kelley：The Making of A Social Pioneer*. New York：Augustus M. Kelley.
- Sklar, K. K. (1995). *Florence Kelley and the Nation's Work*. New Haven, CT：Yale University Press.

Elif S. Armbruster 文

李文硕译　陈恒校

迈克尔（"辛尼·丁克"）·凯纳
KENNA, MICHAEL "HINKY DINK"

庇护制（Patronage）是 19 世纪政治的黄金法则，即结识权贵可以重塑政治地理。在芝加哥，第一区（First Ward）是权力地理的中心，这里居住着城里的工业大亨，南里维尔区（South Levee District）妓院和赌馆的老板也住在这里。如果第一区的人需要帮助，他们只能找迈克尔（"辛尼·丁克"）·凯纳和约翰（"浴室"）·考夫林（John "Bathhouse" Coughlin）。

凯纳于 1857 年生于芝加哥，很快就以好勇斗狠在布里奇波特（Bridgeport）一带的爱尔兰人中间闻名。不仅如此，凯纳为人阴沉，与高调的政治伙伴考夫林截然不同。他们控制了第一区内所有的违法犯罪勾当，是里维尔地区的两个霸王。他们也是这里的"权力寻租"（Boodle）者。权力寻租是各利益集团通过非正式

的安排所形成的政治权力。例如，凯纳和考夫林运用自己的影响力反对查尔斯·耶基斯（Charles Yerkese）对有轨电车的垄断，为了换取他们的反对，芝加哥市长卡特·哈里森二世（Carter Harrison II）有意无意地对其违法犯罪活动睁一只眼闭一只眼。

凯纳和考夫林利用寻租来维持对第一区的控制。政治联盟是芝加哥政坛上颇具争议性的话题，对于市长哈里森来说，权力寻租是必须的，只有这样他才能确保连任。为了获取足够连任的票数，哈里森必须依靠凯纳和考夫林。后者为当地居民提供食物和饮料，甚至纵容毒品和娼妓，来换取选民的支持。因此，哈里森也就对第一区的犯罪活动视而不见了。

每年，凯纳和考夫林都会举办第一区舞会（First Ward Ball），在这里，芝加哥精英与犯罪头子公开勾结。舞会既是一场炫富，又是一场狂欢。想要当侍者，必须交 5 美元，但在舞会上，他们能赚回几倍于此的小费。

凯纳的政治权势是慢慢耗尽的。一战的冲击以及席卷芝加哥和整个美国的禁酒运动改变了第一区的权势地图，凯纳也逐渐被新市长，也是意大利裔犯罪头目大吉姆·克洛斯莫（Big Jim Colosimo）的继承人"大比尔"·汤普森（"Big Bill" Thompson）疏远。第一区意大利黑手党的新教父阿尔·卡彭客气地让凯纳别再插手，并且把他挤出了权力圈。凯纳只得在莱克星顿酒店（Lexington Hotel）度过余生，1946 年去世时，其家产超过百万美元。在遗嘱中，凯纳要求拿出 9 万美元为自己建一个巨大的墓园。但他的家人却没有遵守要求，只是将他草草掩埋。

延伸阅读书目：

- Lindberg, R. (1996). *Chicago by Gaslight*. Chicago：Chicago Academy Press.
- Lindberg, R. (1999). *Return to the Scene of the Crime*. Nashville, TN：Cumberland Press.
- Miller, D. (1996). *City of the Century*. New York：Simon & Schuster.

Cord Scott 文

李文硕译　陈恒校

肯尼迪政府的城市政策
KENNEDE ADMINISTRATION: URBAN POLICY

在 1960 年总统大选中，民主党总统候选人约翰·

肯尼迪以新边疆政策为竞选纲领,承诺在共和党控制白宫八年后重启民主党的国内政策。肯尼迪之所以能够压倒性地战胜时任副总统、共和党候选人理查德·尼克松,城市选票贡献良多。自由主义者急于将50年代末参议院的某些政策思路付诸实践。尽管城市选票是肯尼迪票仓的重要来源,但城市利益集团却只是肯尼迪执政联盟的利益集团之一。在肯尼迪任期内,政府出台了重要的住房和公共工程政策,但大城市的市长们以及国会中来自城市的自由派议员却对肯尼迪政府失望连连。其中最令他们失望的,是肯尼迪没能兑现竞选中的诺言,成立一个内阁级的城市事务部门。来自南方和农村地区的议员力量强大,他们成功地将自己的利益诉求掺入到原本旨在解决大城市问题的城市政策中。

肯尼迪城市政策背后的政治

在艾森豪威尔总统推行"现代共和主义"(Modern Republicanism)8年之后,民主党人肯尼迪成为美国总统。现代共和主义旨在压缩新政式的公共项目,减少财政开支,采取与商业集团进行合作的方式,而不追求大政府,在任期内,艾森豪威尔通过促进共和党与民主党中间派合作来减少开支。至于其城市政策,艾森豪威尔满足了拆建派市长和城市商业集团的需求,利用联邦资助建设机场和高速公路。

50年代的联邦城市政策与国会内的自由派产生了严重冲突,尤其是那些来自城市选区的议员。在参议院中,宾夕法尼亚州民主党人、费城前市长约瑟夫·克拉克(Joseph Clark),伊利诺伊州民主党人、来自芝加哥的保罗·道格拉斯(Paul Douglas),明尼苏达州民主党人、明尼阿波利斯前市长休伯特·汉弗莱(Hubert Humphrey)和纽约州共和党人、来自纽约市的雅各布·贾维斯(Jacob Javits)等议员不满参议院多数党领袖林登·约翰逊用互投赞成票(Logrolling)的方式推动立法,而约翰逊也常常与参议院中的南部和农村议员达成共识,这往往与来自北部和中西部的议员观点相左。城市不同利益集团的冲突在众议院更为严重。1962年最高法院对贝克诉卡尔案的审判促使国会要求各州根据非县域人口重新调整州议会席位,而在此之前,农村地区控制着各州立法机构,这也使得国会内部的农村利益集团占据优势。南部农村地区的利益集团也控制了重要委员会的主席席位。当1961年肯尼迪政府开始运转时,国会内来自城市的自由派已汲汲于通过新的城市政策了。

肯尼迪是波士顿人,并且曾是来自马萨诸塞州的

国会参议员,一直是参议院内的城市自由派的一员,并乐于通过推行有利于城市的政策回报在大选中支持他的城市选民。然而,尽管城市自由派在白宫找到了同盟,但他们仍然面临国会内部的挑战。在肯尼迪执政的近3年中,国会始终阻挠他拓展城市政策的努力。

住房政策

在首个国情咨文中,肯尼迪向国会提出了综合性住房法案,包括拨款25亿美元用于城市更新和授权建造10万套公共住房。1961年,肯尼迪政府的《住房法》以微弱多数在国会通过,为城市更新运动拨款20亿美元,并且加入了向小型社区提供资助的规定,实际上削弱了法案对城市的影响。保守的国会拨款委员会进一步阻挠了肯尼迪政府的城市政策,拒绝将资金拨付给地方城市再开发机构,这样一来,城市无法及时开工建设。而公共住房的建设在从艾森豪威尔政府向肯尼迪政府过渡时期依然停滞不前。自由派的住房咨询组织国家住房大会(National Housing Conference)甚至抱怨说,由于肯尼迪没有推动国会、州和地方政府执行《住房法》的政策,其住房项目是失败的。尽管城市更新运动仍在继续,但公共住房建设由于地方社区的反对而停滞。从1961年至1963年,在肯尼迪政府的3年期间,只新建了7.2万套低收入住房,远低于国会的授权,与艾森豪威尔政府相差无几。尽管如此,自《1949年住房法》以来,肯尼迪政府的《住房法》在联邦政府参与城市事务方面仍然是步伐最大的。

1961年《住房法》最大的特征是授权联邦政府资助城市公共交通,即向进出大城市的通勤铁路提供补贴。这项政策是来自纽约和费城大都市区的参议员为回馈选民而做出的,以应对大型铁路公司无力运营通勤线路的窘态。尽管参议院内的一小撮民主党人没能说服艾森豪威尔的预算专家们支持这项计划,但他们却说服了肯尼迪政府。

1963年,全国住房大会牵头的顾问团以及美国市长会议等市政组织,越发对肯尼迪政府忽视城市政策感到失望,呼吁白宫组织召开一个关于住房和社区开发的会议,以吸引全国的注意。尽管白宫最初同意了这一建议,但当1963年8月民权运动者在华盛顿特区开展大规模游行后,白宫取消了这一会议。肯尼迪政府担心这样的会议会引发自由派针对地方政策的游行。

地区再开发和全面就业项目

肯尼迪时代城市政策支持者最大的成功,是区域再开发动议,该政策并没有被肯尼迪政府明确视作一项针对大城市的政策,但却赢得了许多大城市市长的认可,并将许多非城市利益集团的诉求包括在内。尽管城市自由派参议员如克拉克和道格拉斯在1950年代试图资助贫困工人,但艾森豪威尔总统却将此类动议视为多余之举,并否决了多项旨在资助衰败城市和地区的国会法案。

失业是肯尼迪在大选中重点谈论的话题,当选后新总统也急于在这里有所突破。肯尼迪在公共工程领域内的举措包括4项主要的立法动议,即《地区再开发法》(Area Redevelopment Act)、《加快公共工程法》(Public Works Acceleration Act)、《人力资源开发训练法》(Manpower Development Act)和《社区服务设施法》(Community Facilities Act)。《地区再开发法》的具体措施由商务部下属的地区再开发管理局(Area Redevelopment Administration, ARA)负责,并监管大部分新增支出。ARA存在了4年,最终在保守派关于资源浪费的职责中被撤销。尽管其工作并未达到最初目标,但ARA在1962—1963年间通过肯尼迪政府的公共工程加速计划将8.43亿美元投入经济发展。ARA为市政府提供资助和贷款,用于建造下水管道、图书馆等公共设施。但为了同时满足农村和城市两个利益集团的需求,国会不得不调整肯尼迪政府建造公共工程的方向。ARA试图为联邦开支提高效率、规范方向和排定优先顺序,但国会议员之间为换取支持而相互投赞成票。1963年底,保守派彻底封闭了联邦政府对公共工程的投资。《人力资源开发训练法》一直持续到1970年代中期,是当时联邦政府主要的就业培训项目。

伟大社会项目的先驱

也许,肯尼迪政府最有远见和创造力的举措是采取了多种方式来解决城市社会问题。自从新政以来,市长、来自城市地区的国会议员以及城市的跨政府游说团体都已熟稔联邦政府拆建式的城市政策。随着迈克尔·哈林顿《另一个美国》出版后社会对城市贫民生活状况和青少年越来越多的关注,肯尼迪政府开始探索联邦政府在城市地区提供社会服务的可能性。这项工作为林登·约翰逊的伟大社会和向贫困宣战奠定了基础。

在司法部长罗伯特·肯尼迪(Robert Kennedy)的支持下,肯尼迪总统在司法部下设立了未成年人犯罪委员会(Committee on Juvenile Delinquency)。该委员会在主流社会工作者、社会学家和改革者的影响下,向联邦政府提出了"社区病理学"(Community Pathology)的概念。委员会的许多成员认为,未成年人犯罪的根源在于城市贫困社区中的年轻人缺乏机会。与以往通过拆建式方案提供经济机会的方式不同,该委员会呼吁公共部门与私人企业共同向城市社区提供社会服务,并提出了"社区行动"的概念来解决城市问题。尽管这一概念意存暧昧,但其理念在于鼓励贫民居民应当参与到在其社区所开展的联邦项目。委员会认为,建设性参与不应当排除贫困居民。后来,社区行动的概念渗入到约翰逊政府的向贫困开战,通过在城市中成立社区行动管理局(Community Action Agency)来协调和分配联邦资金(常常有悖于大城市市长的意见)。

服务城市利益的部门

肯尼迪没有创办一个内阁级的专门处理城市事务的部门,这是肯尼迪时代城市政策支持者的最大失望之处。成立一个专门部门来汇聚和处理城市的各种信息是自进步时代就已存在的观念。新政期间,公共管理专家查尔斯·梅里亚姆(Charles Merriam)建议成立一个城市部(Department of Urbanism)。在整个1950年代,国会两院议员都曾提议成立新的城市部门,但未受到白宫的注意。城市自由派和大城市的市长们都希望,肯尼迪和民主党控制下的国会能够实现这一目标,芝加哥市长理查德·戴利甚至说服民主将成立一个内阁级的部门列入1960年大选的竞选纲领。肯尼迪对此十分重视,要求其首席助理西奥多·索伦森(Theodore Sorenson)重视此事。

住房和家庭金融管理局主要处理联邦政府的住房政策,这也是联邦城市政策的核心,肯尼迪试图将其提升为内阁部门,并将其他城市项目交由其处理。但由于管理局的支持者担心这一变动对其利益带来的冲击,因此肯尼迪的这一计划并未成功。在HHFA之下有独立机构联邦住房管理局(FHA)和联邦国家抵押贷款联盟(Federal National Mortgage Association, FNMA),各自与自己的支持者联系密切。金融界担心,新部门会执行自由主义政策,破坏它们与FNMA之间的良好关系。银行家和建筑商对现有状况十分满意,因此反对将住房和家庭金融管理局提升为内阁部门,担心会产生一个强势的部长。国会中的农村利益集团和许多州长同样持反对意见,他们担心新部门将会加强联邦政府与城市的直接联系。

当国会拒绝将管理局升级为内阁部门后，肯尼迪总统采取了攻势，以总统令的方式要求该部门进行行政重组。肯尼迪同时宣布，管理局的非洲裔美国人局长罗伯特·韦弗将担任新内阁部的首任部长。但国会很快做出反应，众议院以 164：150 票、参议院以 58：42 票否决了总统的命令，彻底粉碎了肯尼迪的这一计划。肯尼迪的上述两个举措实际上激化了矛盾，将一个城市问题扩大成了宪法权利问题和民权问题。这样一来，南部民主党人与共和党人结盟，挫败了总统的计划。

创建内阁级部门的失败预示着其他城市政策的失败。尽管民主党总统拥有国会两院的党派优势，但由于国会内部和整个美国存在着更深刻、更根本的分歧，肯尼迪的城市议程每每遭受重创。无论是农村和城市利益集团的分歧，还是种族主义保守派和自由派之间更尖锐的冲突，都阻挠了城市政策的出台。肯尼迪政府的遭遇，尤其是围绕住房和家庭金融管理局和韦弗的争议，第一次显示出城市政治和种族政治相交叉所产生的冲击力，这是新政时代所没有的，却是未来的伟大社会等政策所不得不面对的现实。

肯尼迪政府的城市政策常常遭到国会的狙击，而行政部门也不会将其全部资源用于城市事务上。尽管行政部门宣称将推动庞大的城市政策，但其城市议程常常与其他政策相冲突。尽管城市利益集团希望利用联邦资助实现复兴目标，但在农村利益集团的阻挠下，即使得以通过的联邦城市政策在执行过程中也常常难以推行。

亦可参阅：理查德·戴利（Daley, Richard J.），联邦住房和家庭金融管理局（Federal Housing and Home Finance），约翰逊政府的城市政策（Johnson Administration: Urban Policy）

延伸阅读书目：

- Blumenthal, R. (1969). The Bureaucracy: Antipoverty and the Community Action Programs. In A. Sindler (Ed.), *American Institutions and Public Policy: Five Contemporary Studies*. Boston: Little, Brown.
- Connery, R., & Leach, R. (1960). *The Federal Government and Metropolitan Areas*. Cambridge, MA: Harvard University Press.
- Flanagan, R. M. (1996). *Mayors and Presidents: The Rise and Fall of National Urban Policy from the New Deal to the Great Society*. Unpublished Doctoral Dissertation, Rutgers University.
- Harington, M. (1997). *The Other America*. New York: Scribner's. (Original Work Published 1962)
- Keith, N. S. (1973). *Politics and the Housing Crisis since 1930*. New York: Universe Books.
- Levitan, S. (1964). *Federal Aid to Depressed Areas: An Evaluation of the Area Redevelopment Administration*. Baltimore: Johns Hopkins University Press.

Richard Flanagan 文

李文硕译 陈恒校

科纳委员会 415
KERNER COMMISSION

1967 年，林登·约翰逊总统成立了科纳委员会来研究 1960 年代蔓延全美的种族骚乱，并于次年发布了调查报告。该报告影响深远，是第一份全面研究战后美国种族关系的文献，也是联邦政府第一次公开承认美国存在种族主义并且是困扰美国的社会问题。委员会认为，美国正分裂成两个隔离且不平等的社会。该报告流传甚广，甚至在 1968 年 4 月的《纽约时报》畅销书排行榜中名列亚军。

1960 年代中期，许多城市在夏天爆发种族骚乱，其中不少堪称美国历史上最严重的骚乱。根据一项调查，从 1964 年至 1968 年，全国有超过 20 个城市爆发大型种族骚乱，数量超过 300 起，因之伤亡和被逮捕的人不计其数。骚乱来自城市贫困社区中生活贫困、失业率高的非洲裔美国人群体，其中 1965 年在洛杉矶瓦茨爆发的骚乱、1966 年在芝加哥、1967 年在纽瓦克和底特律以及 1968 年在克利夫兰的骚乱造成了严重后果。底特律骚乱是美国历史上最严重的骚乱之一，造成巨大损失，超过 40 人丧生，造成的财产损失高达数千万美元。

底特律骚乱爆发后，约翰逊总统在 1967 年底发布了第 11365 号行政命令，成立了 11 人的美国社会骚乱顾问委员会（National Advisory Commission on Civil Disorders），调查近期城市种族骚乱的起因，并提供解决方案。该委员会的成员包括来自政坛、民权领域以及大企业的专家，以委员会主席、伊利诺伊州州长奥托·科纳（Otto Kerner）而命名为科纳委员会，纽约市长、共和党人约翰·林赛（John V. Lindsay）为副主席。委员会的其他成员包括俄克拉荷马州民主党参议员弗雷德·哈里斯（Fred R. Harris），俄亥俄州共和党众议员威廉·麦卡洛克（William M. McCulloch）、民主党众议员詹姆斯·卡曼（James C. Corman）、美国钢铁工人联合会主席（United Steelworkers of America）I. W. 阿贝尔(I. W. Abel)、立顿集团(Litton Industries)首席执行官兼董事局主席查尔斯·瑟恩顿(Charles B. Thornton)、肯塔基州商务部部长凯瑟琳·格雷厄姆·佩顿(Katherine Graham Peden)以及亚特兰大警察局长赫伯特·詹金斯(Herbert Jenkins)。另外,委员会中还包括两名非洲裔美国人,即全国有色人种协进会执行主席罗伊·威尔金斯(Roy Wilkins)和麻省共和党参议员爱德华·布鲁克(Edward W. Brooke)。后者也是重建以来的第一位黑人参议员,也是当时全国唯一的黑人参议员。

在经过七个月的调查访问后,科纳委员会在 1968 年 3 月 1 日发布其调查报告,认为美国是一个种族多元化的国家,而各种族的民权并未真正平等。

委员会认为,白人煽动种族主义是城市种族骚乱最大的结构性原因,种族偏见不但塑造了现在的美国社会,并将影响其未来。在委员会看来,白人种族主义导致种族歧视以及在就业、教育和住房领域的隔离;导致黑人移民和白人逃逸;也使得黑人隔都区为隔离和贫困所困扰;因此不啻为城市中的燃烧弹。

为了从根本上避免种族骚乱继续发生,科纳委员会建议联邦政府从多个层面一起努力,包括在城市隔都区内长期开展反贫困措施。因此,委员会支持联邦政府增加对教育和住房的开支。委员会也呼吁在公共部门和私人企业创造更多的就业岗位,重视职业技能培训,并实施更多的民权措施。

委员会相信,联邦政府的干涉是不可避免的,即使为此开征新税也在所不惜。面对着美国将一分为二的险状,委员会担心,如果再不采取措施,美国的种族问题将一发不可收拾。在委员会看来,再过几十年,美国的种族分野将至深至广,届时再也无法将郊区、小城镇和大城市边缘的白人以及被隔离在大型中心城市中的黑人联合起来。这样一个永久分裂的社会将催生无尽的暴力,并将摧毁美国的传统价值——公平、自尊和自由。

416 延伸阅读书目:

● Bayor, R. H. (Ed.). (2004). *The Columbia Documentary History of Race and Ethnicity in America*. New York: Columbia University Press.
● Boger, J. C. (2000). The Kerner Commission Report in Retrospect. In S. Steinberg (Ed.), *Race and Ethnicity in the United States: Issues and Debates* (pp. 8 - 36). Malden, MA: Blackwell.
● Kerner Commission. (1968). *Report of the National Advisory Commission on Civil Disorders*. New York: Bantam Books.
● Kurlansky, M. (2004). *1968: The Year that Rocked the World*. New York: Ballantine Books.

Dianne T. Thompson 文

李文硕译 陈恒校

杰克·凯鲁亚克
KEROUAC, JACK

让-路易斯·勒布里斯·德·凯鲁亚克(Jean-Louis Lebris de Kerouac)1922 年 3 月 12 日生于马萨诸塞州洛厄尔一个来自加拿大法语区的天主教家庭,卒于 1969 年。凯鲁亚克直到进入公立学校才学会英语,并在 1940 年依靠足球奖学金进入哥伦比亚大学。尽管一次腿伤让他离开了学校,但他却因此注意到纽约格林威治村一带的波西米亚生活方式。此后他供职于《洛厄尔太阳报》(*Lowell Sun*),担任体育记者,后于 1942 年进入美国商船队(Merchant Marines),并短暂地进入海军服役。

二战结束后,凯鲁亚克开始了像他 1957 年自传《在路上》(*On the Road*)那样的游荡生活。与他的其他作品一样,本书也是一挥而就,是"自发性文体"(Spontaneous Prose),记录了凯鲁亚克与同伴尼尔·卡萨迪(Neal Cassady)驾车从纽约到旧金山的旅程。1958 年,凯鲁亚克的《达摩流浪者》(*Dharma Bums*)问世,与《在路上》相比,本书更为传统,描述了他通过禅宗追寻自我实现的历程。随后,凯鲁亚克在 1959 年和 1960 年相继推出了诗歌《墨西哥城布鲁斯》(*Mexico City Blues*)和游记《孤独的行者》(*Lonesome Traveler*),此外,他的作品还包括 1958 年的《地下居民》(*The Subterraneans*)、1961 年的《梦之书》(*Book of Dreams*)和 1965 年的《绝望天使》(*Desolation Angels*)。

凯鲁亚克的作品让更多的人知道了"垮掉的一代"(Beat Generation),也就是那些被主流社会排斥的叛逆的年轻人,他们的生活方式以酗酒、吸毒、性、音乐、旅行和禅宗为中心,以此来寻找认同和真理。凯鲁亚克与诗人和作家艾伦·金斯伯格、威廉·巴勒斯(William Burroughs)和劳伦斯·弗林格蒂(Lawrence Ferlinghetti)以及许多爵士乐手往来甚密。他们的生活是不加节制地纵乐,是随心所欲地宣泄。1962 年,凯鲁亚克推出了《在路上》的姊妹篇,《大苏尔》(*Big Sur*),刻画了垮掉派在加州海岸的生活。

在纽约和旧金山，凯鲁亚克都可谓垮掉派的代言人。《在路上》是他迈向垮掉派生活方式的宣言，也是他对现代文学的一大贡献，激励了垮掉的一代，也鼓舞了嬉皮士的反文化潮流。然而，凯鲁亚克并不适应生活在聚光灯下，也不想回归主流社会，继而开始酗酒。酗酒毁掉了他运动员一般强健的身体，也毁掉了他古铜色的英俊外貌。1969 年 10 月 21 日，凯鲁亚克死于佛罗里达州圣彼得堡。他在文学界的拥趸和秉承波西米亚风格的人常常前往洛厄尔他的坟墓前吊唁，而国家公园局也在这座城市里保留了许多与他有关的建筑。凯鲁亚克死后又有几部作品问世，包括 1995 年的《1940—1956 年书信选》（*Selected Letters，1940—1956*）、1999 年的《1957—1969 年书信选》（*Selected Letters，1957—1969*）和 1995 年出版的诗集《布鲁斯之书》（*Book of Blues*）。

亦可参阅：青年文化（Youth Culture）

延伸阅读书目：

- Brinkley，D.（Ed.）.（2004）. *Windblown World：The Journals of Jack Kerouac，1947 - 1954*. New York：Viking.
- Charters，A.（1987）. *Kerouac：A Biology*. New York：St. Martin's Press.
- Clark，T.（1984）. *Jack Kerouac*. San Diego：Harcourt Brace Jovanovich.
- McNally，D.（1979）. *Desolate Angel：Jack Kerouac，the Beat Generation，and America*. New York：Random House.

Peter C. Holloran 文
李文硕译　陈恒校

爱德华·欧文·科克
KOCH, EDWARD IRVING

爱德华·欧文·科克是纽约的三任市长，炙手可热的政治人物，他带领纽约走出了 1970 年代的财政危机，走进了经济发展但社会动荡的 80 年代。

科克 1924 年生于布朗克斯，后搬入新泽西州纽瓦克生活，在二战前进入纽约城市学院求学，受战争影响中断学业，在战后进入纽约大学法学院（New York University's School of Law）继续学习，毕业后成为一名执业律师。50 年代末，科克被公认为改革派民主党人，并在 1963 年击败前坦慕尼厅老板卡米尼·德萨皮罗（Carmine DeSapio）成为格林威治村地区的民主党领袖。1968 年，已是纽约市议员的科克当选国会议员，分别代表第 17 和第 18 选区，直到 1977 年辞职竞选纽约市长。

凭借着财政上的保守主义政纲和社会政策上的自由主义政纲，科克在 1977 年的民主党党内选举中击败现任市长阿比·比姆（Abe Beame）成为纽约市长候选人，并在富有争议的选举和大选中击败马里奥·库尔默（Mario Cuomo）。当选后，科克开始整合一个范围广阔但内部存在分歧的政治同盟，包括商界领袖、政府改革者、犹太人、天主教劳工阶层以及拉丁裔社区和非洲裔美国人社区的少数精英，这也是科克政府的特色。他采用了公认会计原则（Generally Accepted Accounting Principles）来规范财经纪律，试图平衡预算；并通过威胁将低效率部门领导公之于众，来提高城市机关的效率。但工会却对科克充满敌意，他常常因为教育改革与纽约教师联合会（the United Federation of Teachers）斗得不可开交，并在 1980 年援引纽约州的《泰勒法》（Taylor Law）强行终结了公共交通部门的罢工。

科克在 1981 年的市长选举中以共和党和民主党的联合候选人而出现，并以压倒性优势赢得连任，但老对手库尔默却在随后的州长选举中胜出。为了清除刑事法庭和家务法庭中的政治庇护，科克要求由一个独立委员会负责安排法官。尽管科克一直支持同性恋权利，尽管他曾发布命令禁止纽约市歧视同性恋并在 1986 年签署了一项同性恋权利法案，但他坚持关闭了同性恋浴室。科克的第三个任期并不顺利，他面临着经济衰退的挑战，面临着霍华德海滩（Howard Beach）和本森赫斯特（Bensonhurst）社区的种族冲突，其政治盟友唐纳德·梅恩斯（Donald Manes）也被发现深陷受贿丑闻并最终自杀身亡。1989 年，科克在争取第四个任期时败于戴维·丁金斯，后者在选举中击败鲁道夫·朱利安尼成为市长。

尽管科克是一座自由主义城市中的保守派，但他赢得了许多纽约人的支持。他独特的个性体现在竞选话语中，"我该怎么做？"（How'm I doing?），公众和媒体中的支持者也喜欢对他的个性品头论足。但批评者认为，他的率直有些过头，而且他没有给予少数族裔足够的重视。离开政坛后，科克忙于写回忆录和儿童作品，并频繁地现身电视，点评时事。

亦可参阅：戴维·丁金斯（Dinkins，David），纽约州纽约市（New York，New York）

延伸阅读书目：
● Mollenkopf, J. (1992). *A Phoenix in the Ashes：The Rise and Fall of the Koch Coalition in New York City Politics*. Princeton, NJ：Princeton University Press.

Nicholas Anastasakos 文
李文硕译　陈恒校

三 K 党
KU KLUX KLAN

尽管在美国历史上有许多组织都使用三 K 党这个名字，但只有第二次三 K 党（The Second Klan）才有全国影响力。该党形成于 20 世纪 20 年代，适逢城市化、工业化和移民浪潮创造出新的美国之时，民族主义、本土主义和宗教狂热席卷全国。该党宣称服务于所有"纯粹的"美国人，到 20 年代中期已拥有成百上千万追随者；但到 20 年代末，该党却几乎不复存在了。因为当追随者们发现这个新的美国并非曾经想象的那样危险，当该党的上层深陷腐败时，三 K 党也就瓦解了。

第二次三 K 党是美国历史上最富争议的组织之一。同时期的学者倾向于认为，该党是一股农村现象（潜台词是该党并不成熟），是对美国成为城市国家的反抗。但 1960 年代以来的研究却与之相反，学者们发现，该党盛行于各种规模的城市和农村社区，以中产阶级为其中坚力量。

三 K 党宣称代表着新教、爱国主义和禁酒，这些都是当时的流行思潮，并且在美国社会拥有其他支持者。实际上，三 K 党的宣称并没有超越他人，却利用美国人习以为常的许多观念和问题来实现自己的目的，其创新之处在于将自己装扮成为美国文化积极的捍卫者。该党进一步利用了美国人的话语和理念，设立了妇女部，甚至在某些地区成立了儿童团。总而言之，三 K 党将自己伪装成为家庭价值的捍卫者和家庭的保护者。

然而，第二次三 K 党的突出特征是其种族主义，尤其是排斥黑人的种族主义，以及继承自天主教和闪米特人（Semites）的宗教迫害。燃烧十字架、私刑以及种种公开展示的暴力行径是该党最为知名的行动。

该党能够形成全国范围的影响力，其秘密武器在于伪装。尽管该党根源于南部，重建时期正是在南部出现了第一次三 K 党，对反抗种族歧视的黑人施以暴力，第二次三 K 党利用了美国本土出生的白人新教徒的恐惧、自傲和日常生活的习俗。该党宣称自己反抗天主教移民、捍卫传统价值，从不威胁主流的新教教派。得益于一战煽动起来的爱国主义，三 K 党党徒们身披美国国旗，宣称自己支持美国，而且不必解释其具体含义。这一时期，美国人热衷于加入兄弟组织和秘密会社，而三 K 党也宣称自己正是这种组织。

三 K 党可谓用上了所有现代社会能用的通讯手段，甚至拍电影和办报纸传播自己的观点。该党的领导人喜欢话剧，也知道该如何向公众宣传自己；他们尤其喜欢通过游行和公开演说吸引注意，宣传自己。此时正值美国人担心公民意识瓦解之时，三 K 党此举却促进了一种社区精神。

该党在城市地区尤具吸引力并不奇怪，毕竟不是只有移民才生活在美国城市里，本土出生的美国人也在工业城市里寻找就业机会，他们所见所闻往往令其感到震惊。在他们眼中，美国正在越变越坏。隔都区的生活条件极为恶劣，工厂的工作条件也不相上下。美国人的团结正面临挑战。正是在这样的背景下，三 K 党出面宣称将代表美国人的利益，捍卫美国人的价值，清理混乱的城市生活。

三 K 党最大的成功在中小型城市，他们在这里可以显示威力，面临的阻力也最小。简而言之，威胁感重而威胁者少的地方是该党成功的地方，因此相比芝加哥，印第安纳波利斯的三 K 党要更为活跃，尽管伊利诺伊州和印第安纳州的该党成员都很多。实际上，中西部地区也是三 K 党势力最大的地区。

该党一方面利用主流话语来宣传自己的主张，另一方面，他们在城市也借用了政治机器的组织形式，其所以如此，部分是因为三 K 党正在转型成为政治组织，尤其是在北部。而选民大会、候选人论坛、公民自豪感以及来自其他党徒的压力，都使得该党成员在选举时积极参与投票。三 K 党支持的候选人大都来自主要政党，这也保证了其有能力当选。但同时也应看到，三 K 党尽管有能力动员支持者投票，但却没有能力影响立法。

三 K 党可谓成也城市，败也城市。移民组织和天主教会联合起来反对三 K 党，而且并非所有的新教徒都加入该党，即使加入者，当他们意识到美国面临的危险并没有三 K 党宣称的那般巨大时，对该党的支持也有所动摇。甚至该党在地方、州和全国性选举中的胜利,也只是使人们相信美国还在美国人的控制中。迅速扩大激化了该党内部南北派系的矛盾,而大量的腐败事件进一步削弱了该党的声誉。丑闻蔓延在各地的三K党中,使大批支持者退出。上述因素在20年代摧毁了三K党,尽管该党的名称在20世纪后期再次出现,但无论民权运动还是此后,该党再没有产生重大影响力。虽然1974年当选三K党大祭司的戴维·杜克在1989年进入路易斯安那州议会,但并未重建该党的声望,在21世纪初,该党的成员仅有千人上下。

亦可参阅:种族骚乱(Racial Riots),种族区划(Racial Zoning)

延伸阅读书目:

- Blee, K. M.（1991）. *Women for the Klan*. Berkeley, CA：University of California Press.
- Chalmers, D. M.（1987）. *Hooded Americanism*. Durham, NC：Duke University Press.
- Jackson, K. T.（1992）. *The Ku Klux Klan in the City, 1915-1930*. Chicago：Ivan R. Dee.
- Lutholtz, M. W.（1993）. *Grand Dragon*. West Lafayette, IN：Purdue University.
- Moore, L. J.（1991）. *Citizen Klansmen*. Chapel Hill, NC：University of North Carolina Press.

Jason S. Lantzer 文

李文硕译　陈恒校

菲奥罗拉·拉瓜迪亚
LA GUARDIA, FIORELLO

菲奥罗拉·拉瓜迪亚 1882 年生于下曼哈顿的一个移民家庭，在美国西部的广阔平原上长大，在 1916 年成为内战以来首位代表纽约第 14 选区的国会议员。美国参加一战后，拉瓜迪亚应征入伍，以少校军衔退伍。

战后，拉瓜迪亚重返国会，但却经历了女儿夭亡的惨剧，妻子也患上了棚户区的常见病——肺结核。拉瓜迪亚全身心投入进步主义城市改革中，呼吁人们关注城市里的贫民居民、社会失意者和失业者，抨击大企业的垄断、种族主义的移民法和禁酒令，并致力于通过一系列社会法案。随着 1930 年代大萧条的来临，拉瓜迪亚的呼吁受到广泛关注，但 1932 年罗斯福的压倒性胜利却没能为他保住议席。成了一只跛脚鸭的拉瓜迪亚帮助国会为新政奠定了基础。

许多人认为，拉瓜迪亚堪称当代纽约市之父。1933 年，拉瓜迪亚当选纽约市长，并在 1934 年 1 月 1 日宣誓就职，开始了他三个市长任期的第一个。拉瓜迪亚接手的纽约，是一个破产、腐败的城市，也缺乏未来的方向。在拉瓜迪亚之前，纽约这个大都会满是破败的街区，管理混乱、服务不足，道路桥梁破败不堪，纽约政坛也四分五裂，贪腐盛行。拉瓜迪亚援引专家进入政府，人尽其才，依靠他们的专业能力建设一个全新的纽约，铺设新桥梁、开凿新隧道，并建设了新的水库、下水系统、公园、高速公路、学校、医院、健康中心、游泳池和公交车站。

在拉瓜迪亚任期内，纽约第一次向贫困居民提供公共住房，第一次出现了统一的公交系统，第一次向艺术家和乐手特别培训和补贴。在销售税的基础上，新市长开展了福利项目，并将政府系统加以现代化。

1898 年的城市宪章早已过时，拉瓜迪亚推动通过了新宪章，集中政府权力，合并政府部门，裁撤了不必要的区县办公室，并简化了政府办公流程。

拉瓜迪亚宣称，将坚持向赌博开战，并关闭了低俗娱乐场所，还利用市政府的"整治垃圾权"禁止出售色情刊物。从 1942 年开始，拉瓜迪亚每周末通过广播向市民讲话，如父亲般语调温和地告诉纽约人该买什么东西、如何抚养儿童、该穿什么衣服、怎样存钱、面临德国袭击时该怎样做，以及如何解决家庭纠纷。令人印象最为深刻的是，拉瓜迪亚有一次让纽约人把孩子带到收音机边，然后开始绘声绘色地朗读《迪克·崔西》(*Dick Tracy*)连环画。

拉瓜迪亚重新定义了市长的职能，并拓展了政府权限，使政府更加清廉，并提升了政府提供公共服务的能力。他支持罗斯福新政，共同制定了全国性的城市政策。凭借着他与罗斯福总统的亲密关系以及争取新政拨款的能力，拉瓜迪亚将纽约这座历史悠久的城市打造成了现代之都。

亦可参阅：新政时期的城市政策（New Deal: Urban Policy），纽约州纽约市（New York, New York）

延伸阅读书目：
- Bayor, R. H. (1993). *Fiorello La Guardia: Ethnicity and Reform*. New York: Harlan Davidson.
- Brodsky, A. (2003). *The Great Mayor: Fiorello La Guardia and the Making of the City of New York*. New York: Truman Talley Books.

Thomas Kessner 文
李文硕译　陈恒校

加利福尼亚州莱克伍德市与莱克伍德方案
LAKEWOOD, CALIFORNIA (AND THE
LAKEWOOD PLAN)

1950 年,加州莱克伍德正式对购买者开放,是当时美国规模最大的、住房批量生产的郊区。莱克伍德在长滩(Long Beach)以北,距离洛杉矶市中心 14 英里,从 1950 年至 1954 年,开发商将这里 3500 英亩豆田转变为郊区住宅用地,共建造了 17150 套风格相似的院落式住宅(Tract House)。莱克伍德是战后全世界规模最大、建造速度最快的规划性郊区,超过了莱维敦。

路易斯·鲍耶(Louis Boyar)、本·温加特(Ben Weingart)和马克·坦普尔(Mark Taper)经营的莱克伍德公园公司,旨在将莱克伍德打造成经过规划的模范社区。开发商们不仅采用了此时方兴未艾的住房批量生产技术,并且预留了学校、公园、教堂和购物中心的土地。住房呈方格状分布,每户宅地占地 5000 平方英尺(洛杉矶县规定的最小面积),住房大小在 850 至 1200 平方英尺之间。典型的莱克伍德住房拥有一个客厅、一间厨房、两个或三个卧室以及一间浴室,共有 13 种式样供消费者选择。1954 年,莱克伍德的房价在 9400 美元到 1.4 万美元之间。开发商预留了学校、公园、教堂和商店的土地,并利用广告对外宣称。商业区是莱克伍德最成功的举措。莱克伍德中心是一个占地 255 英亩的区域性购物中心,是这个社区的经济中心,也是其地理中心;莱克伍德中心也是 1950 年代初全世界最大的购物中心,停车场占地 150 英亩,可停放 1 万辆汽车。但莱克伍德的公园却姗姗来迟,而且是在居民的极力争取下才建成的。

公众对莱克伍德的建设极为热心。1950 年 4 月,也就是莱克伍德住房开售的当月,超过 20 万人来到销售中心了解情况,1000 多户家庭付款购房,前 10 个月共售出 7200 套住房。许多购房者是退伍老兵,他们利用《退伍军人权利法》的资助买下属于自己的住房。大部分居住在郊区的工作者是蓝领或低端白领,许多在航空工业或国防部门工作。到 1960 年,59％的男性工作者从事蓝领工作。尽管如此,大多数居民都借助战后经济发展而跻身中产阶级行列。郊区本身对其居民有一种拉平作用,使他们有一种基于共同的郊区居民身份而形成的平等感。在这里,大多数成人居民的收入处于同一等级,大多数是第一次买房,大多数年龄在 20 至 40 岁之间。在整个 50 年代,莱克伍德的居民完全是白人,其中极少数是墨西哥裔,没有非洲裔美国人。到 1970 年,讲西班牙语的人口比例上升至 9.4％。

许多莱克伍德家庭中都有孩子,这是战后婴儿潮的产物,儿童在家中的中心地位也促使莱克伍德形成一种休闲文化。当地居民致力于打造一个健康向上的、以家庭为中心的社区,以有利于儿童成长,并发起了许多青年休闲项目。全家人参与的项目,旨在强化社区以家庭价值、青年和社区精神为中心的内聚力。莱克伍德的休闲生活也达到了这一目的:在战后,当地的体育队伍和体育活动迅速增加,到 1960 年,出现了 36 支男子垒球队,10 支家庭妇女组成的垒球队,75 支男孩篮球队和 30 支成年男子篮球队,77 支足球队以及其他保龄球、溜冰和其他体育运动队。莱克伍德的社交生活反映了美国郊区生活的特征,即拥有许多运动俱乐部等活动组织。历史学家埃里森·贝克(Allison Baker)认为,是休闲活动而非其他,塑造了郊区居民的认同感和社会地位。在体育活动中的成绩是一个人在当地成功和受尊敬的关键。

1954 年,莱克伍德在拒绝被长滩兼并后申请成为自治市,并采取了独特方式为居民提供公共服务,即莱克伍德与洛杉矶县签署合同,由后者为其提供消防、警政、图书馆、下水和供水等市政服务。这一模式被称作莱克伍德方案(Lakewood Plan),很快被其他城市所效仿,到 1960 年,仅洛杉矶县就有 26 个城市采用了这一模式;到 90 年代,加州有 126 个城市效仿莱克伍德,亚利桑那州、科罗拉多州、俄勒冈州和华盛顿州也有城市采用。尽管支持者称莱克伍德方案提高了政府效率、节省了纳税人开支,并避免社区被兼并,但批评者认为,这种模式鼓励了中产阶级白人社区的自给自足,并且允许郊区居民在不向县财政做出贡献的同时却能够享受县政府提供的服务,并加剧了白人从洛杉矶市逃逸到郊区。

从 1970 年代以来,莱克伍德居民更加多元,因此该市也不得不对此做出调整。到 1996 年,莱克伍德居民在种族上已经十分多样,拉丁裔人口超过 20％,亚裔和非洲裔美国人分别占据了 12％和 4％。同时,混血家庭和老年人的数量也急剧增加。莱克伍德对这些新变化的回应之一是转向内在——1992 年,莱克伍德内部出现了一个带有煤渣砖墙的小型社区,紧邻长滩的一个家庭拖车停车场。老居民们常常慨叹,莱克伍德已失去了自己的社区精神。次年,莱克伍德爆发了全国闻名的"马刺团事件"(Spur Posse Episode)。马刺团是由毕业生和在读的莱克伍德高中运动生组成的暴力组织,常常实施强奸、抢劫、伪造支票和欺负儿童等罪行。许多成员是足球队员，甚至用性犯罪来计算分数，以此论资排辈。媒体以马刺团作为郊区美好生活已经逝去的标志；而在莱克伍德，马刺团预示着曾经的郊区休闲精神一去不返了，运动员曾经是莱克伍德的英雄，如今却是犯罪分子。尽管居民们试图将复杂的社会现实统合到社区精神之下，但莱克伍德却同其他郊区一样，不得不在人口变迁和郊区更成熟之时重塑其社区认同。

延伸阅读书目：

● Baker, A. (1999). *The Lakewood Story：Defining the Recreational Good Life in Postwar Southern California Suburbia*，1959 - 1999. Unpublished Doctoral Dissertation, University of Pennsylvania.

● Miller, G. (1981). *Cities by Contract：The Politics of Municipal Incorporation*. Cambridge, MA：MIT Press.

● Waldie, D. J. (1996). *Holy Land：A Suburban Memoir*. New York：St Martin's.

Becky Nicolaides 文

李文硕译　陈恒校

土地开发商与土地开发
LAND DEVELOPERS AND DEVELOPMENT

人们曾经用土地改进来概括对土地的整理和利用，用土地开发特指改善土地状况以使其更易于进行更好地使用，而土地转型相对是个中性词汇，指的是农村土地转变为城市用地，并通过土地细分进行非农业使用，土地开发商、建筑商和市政府可以在其上开展建设、提供服务。在过去的 150 年间，土地转型的方法经历了多种变化，但所有方式都体现出了美国人的个人主义乐观主义（Individual Optimism），以及对环境问题的漠视。

土地转型的变迁

城市边缘的土地往往大块地由私人所有，但如果土地要由城市开发，就必须划分为小块土地，并铺设更多的道路。尽管"细分"一词常常用来表示将一块土地分割成可供住房建设的大小，但也可以指分割成用作办公楼建设和工业园用地。当土地细分完成后，紧接着就是公路和人行道、街灯、上下水管道、电线和煤气管道的建设，随后就可以开始建设建筑物。当然，顺序

可以更换。

在 19 世纪，土地转型的过程往往涉及多个机构。有实力细分土地的企业往往是大财团，在城市边缘购买大块土地，然后将土地细分成可以建设的小型地块，分别出售给买家，再由后者投资这块地产。土地在开展建设之间多次易手，是 19 世纪的常态。典型的居住用地面积不大，通常占有 25 到 50 个地块（Lot）。由于住房通常是一栋一栋地建设，因此，一个细分地块往往需要多年才能开发完成。甚至有时候，土地投机热潮中会出现占地广阔的细分地块，几十年都得不到开发。例如，1920 年代经过方格规划的许多土地，直到 1945 年之后才得以建设。此时，汽车的普及，以及人们更偏重通幽曲径的审美兴趣使许多提前买下的地块不再吸引顾客了。

在过去的 100 年间，土地转型控制在开发商手中，在整个土地转型的流程中，多处甚至全过程都有他们的身影。随着时间的推移，土地开发领域开始了纵向兼并——今天，开发商已不再局限于购买和细分土地，而且也投身于住房建设，尽管他们往往将其转包给信得过的专业建筑商。开发商也提供或帮助提供抵押贷款。20 世纪初出现了所谓的"社区建筑商"（Community Builders），他们发现，当整个社区的住房有统一标准，甚至标准很高时，购房者往往愿意支付高价。社区建筑商也强行规定了一系列条款，来规范建筑标准，并严禁购房者将住房出售给某个特定族裔的居民。在 1948 年的谢利诉克雷默案（*Shelley v. Kraemer*）中，最高法院裁定带有种族或族裔歧视的条款是合法的，但在各州不具有强制力。从那时起，开发商只是对建筑物进行规范。实际上，随着过去 30 年间整体规划社区（Master-Planned）和门禁社区（Gated Community）的出现，私人对土地开发的控制力也大大增强了。尽管尚不为大多数人所知，自从一个世纪前芝加哥和洛杉矶出现了经过规划的工业区之后，类似的长期趋势就已经开始影响工业区和办公区土地的划分。

与此同时，城市开发所需要的服务种类也增多了。从 1875 年前后开始，上下水管道成为土地开发的必需条件，尽管郊区大块土地上的住房往往利用水井供水。我们今天所认为的住房所需的基础设施在 19 世纪末的中产阶级心中已经出现了，但在两次世界大战之前，工人阶级郊区还无法达到这一条件。最初，市政府和市政公司负责安装此类设施，其费用来自房产税和使用费。早在 1860 年代，住房者就开始要求更多的服务，推动许多郊区申请成为城市，以便提供多种多样的

424

服务。1945年后,城市的快速增长促使郊区将服务外包给开发商,后者通过提高土地和住房价格来弥补服务支出。这一现象推动了规模庞大、资本雄厚的土地开发商的发展。

政治、模式及结果

土地开发往往是城市政治的核心问题。城市收入依赖于房产税,为了增加收入,城市政客们鼓励土地开发,也鼓励将土地用于更高级的发展模式。因此,市政府往往力促工业发展和土地开发。这样一来,城市政客往往受制于政治同盟,即土地开发商为中心的发展同盟(Growth Machines),正是这种双方共同的诉求赋予了城市开发商在城市政治中以巨大的影响力。

土地开发商塑造了现代美国城市,建筑地块的规模和形制对建筑的结构和模式产生了直接影响,并且随着土地的进一步细分而持续数十年的影响。街道的布局和设计,其影响甚至更为持久,几乎只有联邦政府资助的城市更新计划才能改变街道的风格。土地转型的模式最突出地论证了经济学家所谓的"路径依赖"(Path Dependency),即过去对于现在的影响。

土地转型的方式体现了美国的个人主义,也体现了美国人认为美国文化优于其他工业国家的乐观精神,但其环境影响却直到今天才开始为人所知。在美国,绝大多数土地是永久性产业,也不像欧洲城市那样受到各种传统习惯和集体约定的束缚。美国的主流观念是,土地所有者拥有几乎不受限制的权利,来按照自己的打算开发土地;也享有从城市增长中获利的天然权利。美国人相信,土地应当得到开发,并且在适当的时机得到再开发,以使其得到"最高级别和最好的利用",即产生最高的收益。与英国甚至加拿大相比,美国的各级政府对于土地转型和再开发实施的约束极为有限。从20世纪初开始,美国的城市政府逐渐采用了区划法规。1928年,联邦政府通过了《城市规划执行法》(City Planning Enabling Act),鼓励地方规划机构规范新的细分地块的形制、位置和服务,这类动议减少了商业投机性细分地块的负面效应。后来,联邦政府施加了新的要求,即要求开发商对其土地开发进行环境评估。但政府部门却依然同意低密度的城市开发,导致汽车和卡车的广泛应用;结果,每年都有许多本可以保留的土地变成城市用地。美国的土地转型仍然故我,即不顾环境后果地追求增长。

亦可参阅:建筑业(Building Industry),建筑规范

与建筑法规(Building Regulations and Building Codes),新城市主义(New Urbanism),污水和卫生系统(Sewage and Sanitarian Systems),城市更新和复兴(Urban Renewal and Revitalization),区划(Zoning)

延伸阅读书目:

- Burgess, P. (1994). *Planning for the Private Interest: Land Controls and Residential Patterns in Columbus, Ohio, 1900 - 1970*. Columbus: Ohio State University Press.
- Clawson, M. (1971). *Suburban Land Conversion in the United States*. Baltimore: Resources for the Future.
- Cullingworth, B. (1997). *Planning in the USA: Policies, Issues, and Processes*. New York: Routledge.
- Keating, A. D. (1988). *Building Chicago: Suburban Developers and the Creation of a Divided Metropolis*. Columbus: Ohio State University Press.
- Weiss, M. (1987). *The Rise of the Community Builders: The American Real Estate Industry and Urban Land Planning*. New York: Columbia University Press.

Richard Harris 文

李文硕译　陈恒校

地标保护
LANDMARKS PRESERVATION

地标保护是旨在保护重要建筑,使其免于拆除厄运的一系列有组织行动。美国的地标保护可以追溯到1813年的美国城市中,该年费城公众呼吁保护独立厅,即《独立宣言》和《宪法》的生效地。从这时起,地标保护成为美国城市中对将要被拆除的建筑的重要回应,尽管这种拆除带来的损失会根据评价机制的不同而有所不同。与此同时,地标保护所采取的方式也越发有效,其正规化程度也不断提高。但公共参与的广度却始终是个难题。

在19世纪,地标保护的对象主要是革命时代和建国初期的重点建筑,尤其是重要人物的故居。华盛顿位于弗吉尼亚州的芒特弗农尽管不在城市中,但也是重要的地标保护单位。1853年,出生于南卡罗莱纳州的安·帕莫拉·卡宁汉(Ann Pamela Cunningham)发起了一项长期运动,来购买和修复这座山庄,并成立了长效的专项保护资金。经过努力,芒特弗农山庄被一家致力于宣扬爱国主义精神的私人组织买下并加以保

护,这种方式也为后来的许多历史遗迹保护所继承。富可敌国的大亨们有时也用自己的钱保护地标建筑,如波士顿的保罗·里维尔故居(Paul Revere's House)在1902年卖给了他的曾孙。在绝大多数案例中,保护人往往将地标建筑改造为博物馆。

美国人担心,大规模移民会消解美国的传统认同感,方兴未艾的地标保护正是捍卫传统价值的努力之一,在城市中尤为明显。地标保护运动的支持者们大多是白人新教徒,出身于上中层社会,卡宁汉的芒特弗农山庄妇女协会就是如此。每个保护协会都是独立的,依赖于富人的捐助,或通过筹款来购买、修复和运营地标建筑。

1931年通过的《查尔斯顿历史街区条例》(Charleston Historic District Ordinance)是第一个不以购买为手段来保护地标建筑的法案,也是第一次以法律手段来保护地标建筑,授权城市政府对特定区域内的历史建筑的变动进行规范。该条例的通过标志着保护目标的转变,即从对文化标志的保护专项对城市有机体构成部分的保护。受到保护的建筑并非具有特别的意义,也并非凝结了独特的历史要素——它们是为了保护而保护。此外,法案也不再要求对保护物拥有所有权。随后的法庭判决进一步赋予其力量,以保护财产价值的名义认可了该项法规,而保护财产也正是政府的职责。

尽管1931年的条例旨在保护历史建筑群,但其创新性的法律手段和保护目标的转型同样标志着人们对单个建筑物的认识发生了变化。1933年,联邦政府通过"美国历史建筑调查项目"对重要建筑物进行系统性地登记,以建筑物的建筑质量和历史意义为标准,而此举被普遍认为意义非凡。两年后,内政部长开始将全国范围内的历史建筑汇总成册,也就是后来的国家历史遗迹保护名录(National Register of Historic Places)。这些联邦项目虽然没有对入列的建筑进行保护,但却推动全美形成了建筑评价标准,并促使政府部门认可了重要的建筑物。

二战后,城市更新运动和高速公路建设摧毁了许多城市中的历史建筑,这一迅速而剧烈的城市景观变迁激发了人们对城市生活被破坏的担忧。1949年由国会授权成立的国家历史遗迹信托(National Trust for Historic Places, NTHP)是一个非政府组织,致力于推动全国上下共同保护地标建筑。1956年,NTHP发布了评估建筑物历史价值的标准,主张从建筑质量以及在州和地方而非全国历史中的意义来考察建筑物的价值。

1960年代,政府在地标保护中的功能扩大了。1966年,在NTHP所发布的标准之上出台了《国家历史遗迹保护法》,第一次以联邦政策的形式对有重要历史意义的建筑物进行保护,并授权联邦政府向州政府提供资金,使后者在州历史遗迹保护官员(State Historic Preservation Officers, SHPOs)的管理下开展历史遗迹保护项目。

大约与此同时,由于许多城市中发生了拆除重要建筑为经济开发留出土地的事情,公众对于地标保护的认识和政界的支持也急剧增加。有许多热点事件广为人知。在纽约市,1963年惨遭拆除的宾夕法尼亚车站(Pennsylvania Railroad Station)是1965年催生地标保护委员会(Landmarks Preservation Commission)的重要因素。次年旧金山福克斯剧院(Fox Theater)被毁也为1967年成立地标保护咨询委员会(Landmarks Preservation Advisory Board)提供了政治支持。这些委员会与其他城市的类似机构一起,确认了成百上千的历史遗迹,但与早期的调查项目不同,这类委员会对被确认的历史遗迹加以严格的规定,禁止拆除,也不许未经批准做出改造。有些城市出台了鼓励保护历史遗迹的政策,最常见的是税收减免和区划要求上的松动。因此,地方的历史遗迹保护如今已是要求最严格也最有效的保护手段。

尽管历史遗迹保护的目的已不再是保护某一特定文化,但直到今天,历史遗迹保护的积极分子仍然主要来自白人中产阶级。因此,受到保护的历史遗迹主要凝结的是主流文化,反映的是政治、社会和经济领域内的支配者的文化,因此主要是著名设计师设计建造的著名建筑。近来,越来越多的人注意到这一点,并开始关注非主流文化的历史遗迹。但这类尝试并没有取得巨大成功,部分是因为非主流文化群体不熟悉申请保护历史遗迹的程序,而历史遗迹保护专家和地标保护委员会委员们一时之间尚未意识到此类历史遗迹的重要性。

此外,仅将地标保护视作一个土地使用问题,是保护过程中遇到的另一个难题。有时,地标保护被当作一种工具,而背后的真正目的则是阻挠计划中的土地开发项目;这样一来,对其保护意义的论证也变得不可信了。如今的地标保护已成为法律认可的公共目标之一,只有解决上述两个问题才能拓宽其支持者的来源。

延伸阅读书目:

● Barthel, D. (1996). *Historic Preservation: Collective Memory and Historical Identity*. New Brunswick, NJ:

Rutgers University Press.

- Stipe, R. E. （Ed.）. （2003）. *A Richer Heritage：Historic Preservation in the Twenty-First Century*. Chapel Hill：University of North Carolina Press.
- Tomlan, M. A. （Ed.）. （1998）. *Preservation：Of What, for Whom? A Critical Look at Historical Significance*. Ithaca, NY：The National Council for Preservation Education.

Tim Kelly 文

李文硕译　陈恒校

内华达州拉斯维加斯市
LAS VEGAS, NEVEDA

拉斯维加斯坐落于内华达州南部，是克拉克县（Clark County）的治所所在地，也是该州最大的城市。2005 年 5 月 15 日，拉斯维加斯迎来了建城一百周年。百年前的这一天，110 英亩的牧场被拍卖，这是该市最早的土地。从那时起，拉斯维加斯逐渐从一个大漠深处的火车小站成长为全球最著名的娱乐圣地。这座城市以一夜暴富闻名，吸引了数不尽的赌棍、大亨和黑帮。拉斯维加斯是资本主义社会的产物，也是消费社会的产物，这座堕落之城（Sin City）如火树银花般闪耀在大漠深处，人们沉醉在性爱、烈酒和赌博的虚无缥缈中，城市促进者们宣扬着这样的城市图景，大众传媒也打造了这样的城市形象。到 1950 年代中期，游客们涌入拉斯维加斯主街两旁的娱乐场所放松休闲，这条街也被简称为"红灯大街"。如今，每年来到这里的游客高达 3600 万，43％的城市收入来自赌博行业，如今被称作博彩业，2000 年其毛收入超过 80 亿美元。但除了上述不堪的形象，拉斯维加斯也是一座真正的城市，是美国快速增长的大都市地区的代表，也是 20 世纪所产生的最大的美国城市。拉斯维加斯的发展模式与洛杉矶有几分相似，并且二者有一种共生关系——这是一座沙漠绿洲中的城市，被金钱和权力所创造和塑造，堪称美国后现代城市的典范。

数百年甚至数千年来，派尤特（Paiute）印第安人是拉斯维加斯地区唯一的居民，直到 1829 年墨西哥探险家和贸易商安东尼奥·阿米吉奥（Antonio Armijo）的到来才改变了这一切，此人沿老西班牙小道（Old Spanish Trail）而行，在寻找通往洛杉矶的快捷通道时发现了这片绿草环绕泉水的沙漠绿洲。后来，这里被命名为拉斯维加斯，在西班牙语中意为绿草之地。到 1850 年代，这条路已成为邮路，摩门教徒穿行其上，也是淘金客奔赴加州的捷径。1860 年代黄金等矿物的开采吸引了第一波欧洲移民从东部来到这里；到 19 世纪末 20 世纪初，地铁开发商将水源丰富的拉斯维加斯谷地（Las Vegas Valley）打造成火车的加水站。1902 年，威廉·安德鲁斯·克拉克（William Andrews Clark）开始建设圣帕德罗—洛杉矶—盐湖铁路（San Pedro, Los Angeles, and Salt Lake Railroad），将联合太平洋铁路延伸至南加州。这个来自蒙大拿州的参议员与铜矿和地产业有千丝万缕的关系，他选择的地址最终成为今日的拉斯维加斯市。该铁路公司在一天之内就将镇上的主街——弗里蒙特街（Fremont Street）——周边的 1200 个地块加以规划和拍卖；绝大多数买家是洛杉矶商人。这片土地也就是著名的金沟银壑（Glitter Gulch，拉斯维加斯的赌场区——译者注）。1909 年，内华达州以拉斯维加斯市为一个新的县的治所，即以威廉·克拉克命名的克拉克县。

在建城的头 20 年间，拉斯维加斯发展缓慢。但当美国深陷大萧条危机之中，政府开支、铁路建设和地产投机却带动了拉斯维加斯的第一个发展高潮。在 1930 年代初，国会拨款在拉斯维加斯东南部建设世界最大的水坝胡佛大坝（Hoover Dam）和最大的人工湖米德湖（Lake Mead）。该工程解决了洛杉矶 5000 多个工人的失业问题。拉斯维加斯全年的天气均适宜飞行，吸引陆军航空兵部队（Army Air Corps）在附近投资 2500 万美元建设了奈利斯空军基地（Nellis Air Force Base）。该基地于 1941 年投入使用，此时拉斯维加斯只有居民大约 8000 人。随后，能源部（Department of Energy）在该城北部修建了测试场，创造了更多就业岗位，也推动了人口增长。到 1950 年代，拉斯维加斯大都市区的人口已接近 2.5 万人，在 20 世纪末更是突破百万大关。

1931 年，拉斯维加斯宣布赌博合法，这意味着自 1910 年以来的禁令被取消，城市收入迅速增加，到 1977 年，博彩业创造的财政收入高达 10 亿美元。胡佛大坝也吸引了大批游客，到 1930 年代末，每年约有 25 万游客造访。拉斯维加斯的旅游业发展迅速，尤其对南加州人来说，这里是廉价的度假胜地，并且推动了该市国际会展业的发展。低廉的电价促使拉斯维加斯大量使用湿垫冷凝器（Swamp Cooler），降低了沙漠地带的温度，并推动了建成了第一家豪华宾馆，即坐落于市中心的阿帕奇宾馆（Apache），那里的酒吧同时也是妓院。为了避税和免受市政府控制，企业家托马斯·

428

霍尔（Thomas Hull）于 1941 年在城市之外、沿两车道的 91 号高速公路建设了两家酒店，即拥有 100 个房间的、西班牙风格的维加斯牧场酒店（El Rancho Vegas）和度假牧场式的最后边疆酒店（Last Frontier），著名的拉斯维加斯红灯大街由此而发。但大街的第一家赌场是由黑帮大佬本杰明（"巴格西"）·西格尔（Benjamin "Bugsy" Siegel）建成的。1946 年 12 月，西格尔奢华的弗拉明戈酒店（Flamingo Hotel）开张营业，伴有巨大的霓虹灯，将蒙特卡洛（Monte Carlo，摩洛哥城市——译者注）式的优雅与迈阿密海滩的放纵融合在一起。西格尔与梅耶·兰斯基（Meyer Lansky）的犯罪帝国关系密切，与好莱坞过从甚密，拥有顶尖的演员，强化了拉斯维加斯与娱乐之都好莱坞的关系。

1945 年，浮华艳丽的金砖赌场（Golden Nugget Hotel）在下城开张，足可提升下城赌场区的地位。为了赶上红灯大街的吸引力，弗雷蒙特大街被改造成封闭的步行街，装上了炫目的霓虹灯，共花费了 6300 万美元。但除了二战后和 1990 年代，新赌场主要出现在红灯大街，投资商相互竞争，纷纷投资建成规模更大的赌场和酒店，最终红灯大街成为今日规模庞大的赌场假日区。在 1950 年代的发展热潮中，里维埃拉（Riviera）成为红灯大街第一座高层酒店。在 1960 年代，杰伊·萨诺（Jay Sarno）投资建成帐篷式的赌场马戏广场（Circus-Circus），后来又增建了酒店和针对家庭的娱乐场。在其完工前，萨诺麾下的罗马主题酒店凯撒皇宫（Caesar's Palace）是全球最大的酒店。1993 年 12 月，科克·科克伦（Kirk Kerkorian）建成了全新的米高梅大饭店（MGM Grand Hotel）和主题公园，总投入超过 10 亿美元，拥有 5005 间客房和一间占地 171500 平方英尺的超大型赌场，是当时最大的度假酒店。也正是此人买下了米高梅电影公司，并在 1973 年建造了最初的米高梅大饭店（如今的百利大赌场）。到 1990 年代末，开发商史蒂夫·韦恩（Steve Wynn）成为拉斯维加斯最大的老板，他买下了老旧的金砖赌场以及占地 164 英亩的沙丘酒店（Dunes Hotel）和乡村俱乐部（Country Club），并投资 17 亿美元建成了金殿酒店（Mirage）、金银岛（Treasure Island）和五星级的百乐宫大饭店（Bellagio）。

早期的度假酒店主打西班牙风格和西部风格，而后来的酒店，包括沙地酒店（Sands）、大漠酒馆（Desert Inn）、沙丘酒店、阿拉丁酒店（Aladdin）和金殿酒店，都以沙漠风情为其主题。在 90 年代，拉斯维加斯新一代度假酒店不得不面对其他将赌博合法化的城市的竞争，努力吸引更多的会展活动和举家而来的游客，因此修建了许多设备齐全的娱乐设施。在这些由跨国公司投资建设的主题公园中，游客们可以尽情地吃喝玩乐，可以放肆地血拼购物，这些店铺本身已成为主题公园的标志，也是一道奇异的景观。卢克索酒店（Luxor）主打埃及风情，整个酒店呈金字塔形，入口处隐约可见狮身人面像。巴黎—拉斯维加斯酒店的外墙装饰着三维的美好年代时期（Belle Époque，指的是欧洲从 19 世纪末到一战爆发的时期——译者注）的地标，包括一个实物四分之三大小的埃菲尔铁塔。红灯大街成为风靡全球的度假胜地，再现了全世界的经典场景，如美国风情的纽约、文艺复兴时代的威尼斯，在百乐宫里甚至复制了意大利北部的科莫湖（Lake Como）——占地 11 英亩，湖边有晚宴和巨型喷泉舞池，正对着红灯大街。

如同迪士尼那样，假日酒店借用了电影布景技术，将游客们带入到或是对过往时代的追忆中（如卢克索酒店、凯撒皇宫和神剑酒店），或是对未来的赞叹中（如星际迷航酒店和云霄塔），使他们忘却时间，深陷飘渺，而酒店里全无钟表，只有无休止的娱乐盛宴。酒店的内部陈设也发生了巨大变化，在西格尔时代主打奢华，而如今则主打多维感受，让游客不知身在何处。最有代表性的是凯撒皇宫中的弗洛姆购物广场（Forum Shops）——虚拟天气设备主宰着这里的气候，整个购物中心被打造成阿庇安大道（Apian Way），威尼斯人酒店（Venetian）和阿拉丁酒店也借鉴了这一模式。

1990 年代末，拉斯维加斯启动了新一轮街道拓建，布设了新的街景，建造了步行天桥，铺设了一条单轨铁路将红灯大街的假日酒店衔接起来，进一步将整个城市打造成主题公园。尽管假日酒店将游客与城市隔绝开来，但拉斯维加斯大都市区同样面临着快速增长带来的弊病——污染、犯罪和交通拥堵。从 1990 年到 2000 年，城市人口增长一倍，达到 48 万人，其郊区亨德森（Henderson）成为全美增长最快的地区。由于郊区建设用地的大规模增长，以及规划社区的不断增多，内华达沙漠的面积甚至在不断减小。大都市区内的基础设施和学校系统已无法赶上扩张的步伐，科罗拉多河（Colorado River）和米德湖的供水也难以满足未来的发展。

延伸阅读书目：

● Denton, S., & Morris, R. (2001). *The Money and the Power：The Making of Las Vegas and Its Hold on America，1947-2000*. New York：Knopf.
● Gottdiener, M., Collins, C. C., & Dickens, D. R. (1999). *Las Vegas：The Social Production of an All-*

American City. Malden, MA：Blackwell.

● Rothman, H. (2002). *Neon Metropolis：How Las Vegas Started the Twenty-first Century*. New York：Routledge.

Julie A. Dercle 文

李文硕译　陈恒校

城市与郊区中的拉美裔
LATIONS IN CITIES AND SUBURBS

在美国和拉丁美洲，城市中的西班牙裔社区被称作巴里奥（Barrio），来自于拉丁语中的 *Barium*，意为城市的一部分。拉美裔社区的名称也可以反映其居民来源，例如迈阿密（Miami）古巴移民聚居的"小哈瓦那"（Little Havana），西南部许多城市中也有来自墨西哥索诺拉地区（Sonora）移民聚居的"索诺拉顿"（Sonoratowns）。

最早的巴里奥居民是居住在美国西南部的墨西哥人，他们从 1690 年起就受到西班牙控制。从 1810—1848 年，墨西哥统治了这一地区，直到美墨战争之后被美国吞并。在美国统治下，原本弱小的美国白人定居点迅速扩张，包围了墨西哥人社区，到 19 世纪末，墨西哥人已经成了美国城市中的外来客了。

随着西南部经济的发展，墨西哥裔大量成为城市劳工、铁路工人、农场工人和矿工。与欧洲移民类似，由于链式移民现象（Chain Migration）以及贫困和被歧视，墨西哥裔和拉丁裔也聚居在隔都区中。但随着 20 世纪墨西哥裔移民数量的增加，他们逐渐成为边境城市的主要居民，如在得克萨斯州的拉雷多（Laredo），到 1960 年墨西哥人和墨西哥裔美国人已占总人口的 80% 以上。

美国东海岸地区的巴里奥也以类似方式出现。在 19 世纪，西班牙裔、古巴和波多黎各移民在工作地点附近聚居，形成了自己的社区，尤其是工厂、码头和建筑工地附近。二战后，波多黎各移民大量涌入纽约，在工厂和码头区谋生。也有些移民去了中西部，从农场工人做起，然后迁入城市，在工厂中工作。与古巴人何塞·马蒂（Jose Martí）一样，不少拉美裔移民是躲避国内专政政权的难民，他们将巴里奥视作政治活动的基地。

在 20 世纪，农场、工厂和铁路的工作吸引了许多拉美裔，尤其是墨西哥人来到美国中西部；在 1920 年代，巴里奥开始在这里的城市中出现。大萧条期间，拉丁裔城市人口数量下降了，但随着二战爆发，拉美裔移民重返美国寻求类似工作。

20 世纪美国巴里奥数量增加的原因有很多。拉丁裔移民为了更好的工作涌入城市，但种族歧视和贫困将他们局限在贫困社区里。二战后农业的机械化降低了对人力的需求，并促使原本希望在农场中工作的人前往城市。在美国西南部，阳光带经济的迅速增长使休斯敦、阿尔伯克基、洛杉矶和圣迭戈的城市需要大量的就业人口。

像其他移民一样，许多拉美裔移民对背井离乡、前往美国同样心存矛盾。他们渴望回家，但一旦他们在美国怀孕生子，或是找到合适的工作，返乡之旅也就耽搁下来。因此，巴里奥成了跨国管道，拉丁裔移民可以在这里通过铁路、高速公路、电报、电话、飞机、剧院、电视以及电脑与故国保持某个层面的联系。在巴里奥中，拉美裔移民成立了同乡会、互助协会（Mutualistas）以及与故国联系的劳工和商人组织。在东海岸，波多黎各人、古巴人和多米尼加人经营着小杂货铺（bodegas）和药店（botánicas），提供民族食品、宗教物品和特有药品，同时也是本民族移民的社交活动中心和信息平台。民族商店、酒店、酒吧，西班牙语媒体以及艺术中心同样发挥着维持传统文化的作用。

因此，巴里奥既可以维系文化纽带，又可以抵御外界的同化力量，尽管经济地位和种族主义将巴里奥与外部世界隔离开来。巴里奥居民的确是种族歧视的受害者，但同时他们也是阻挡欧裔美国人文化霸权的堡垒。然而，巴里奥往往成为文化冲突的战场。例如，沿美墨边界线，公立学校的老师、中产阶级欧裔美国人和英语媒体往往大力推动美国化，但墨西哥一侧的媒体和政府官员则不断呼吁移民保持对其故乡的忠诚。在这场文化冲突中，许多人采取了中间立场，在经济援助、就业培训和语言学习等方面接纳了美国，但在宗教信仰等方面没有做出改变，仍然保持对墨西哥的认同。

在地理位置上接近故国的巴里奥往往在文化上更有活力，并不断地融入从故国而来的新移民。美墨边界的居民认为自己的文化是融合了两国文化的第三种文化。许多城市结成了紧密联系，如蒂华纳（Tijuana）—圣迭戈，埃尔帕索（El Paso）—华瑞兹（Juarez），拉雷多和新拉雷多（Nuevo Laredo），布朗斯维尔（Brownsville）和马塔莫罗斯（Matamoros），在这些地区，商业往往可以吸引双方的消费者。这种跨界市场催生了独特的食品、语言、宗教信仰、音乐、艺术、规划风格和公共庆典，融合了两国的文化。

430

对于生活在美国西南部的墨西哥人来说，保持自己的语言和文化具有独特的意义，他们声称，自己的祖先在美国白人到来之前就居住在这里，而如今自己却成了少数派，因此有权利保持自己的文化。与之类似，在 1898 年美西战争（Spanish American War）后，美国吞并了波多黎各，但波多黎各人却反对英语教学以及教授美国历史和文化。即便移民美国本土的波多黎各人，也保持着对本民族的认同。

在拥挤的城市社区中定居引发了对住房和工作的争夺。拉美裔年轻人与种族歧视抗争，也与反对同化的父母一辈抗争，他们在许多城市中结成帮派。在洛杉矶，城市中的墨西哥青年被称作帕奇科（Pachucos）；1943 年，洛杉矶东部的白人警察袭击帕奇科引发了佐特套装骚乱（Zoot Suit Riots，佐特套装是当时叛逆青年常穿的衣服——译者注）。墨西哥裔帮派为了保卫自己的地盘，有时与白人一起打击黑人，有时又与黑人一起袭击白人。与之类似，波多黎各人在芝加哥和纽约也形成了自己的帮派。1960 年代，毒品和枪支的滥用使帮派冲突更加暴力，而与此同时，去工业化和白人逃逸严重削弱了城市的税收基础，公立学校资金匮乏，失学的拉美裔青年失业率增高。

在许多大城市，城市更新运动和高速公路建设破坏了巴里奥，而拉丁裔居民也发起社会运动抵抗种族歧视。在黑人权力运动的影响下，波多黎各人、黑人帮派成员、越战老兵和学生组成了青年洛德党（Young Lords），支持居住在纽约和芝加哥巴里奥中的居民，他们正遭受居住条件恶劣、医疗设施不足、福利差和刑事犯罪审判不公的困扰。居住在美国西南部的奇卡诺人（Chicanos，居住在美国的墨西哥人——译者注）成立了各种各样的组织，支持农场工人联合会（United Farm Workers, UFW），抗议越南战争，呼吁改善住房、增加就业和求学机会。在美国各地，草根政治的崛起促使拉丁裔艺术家利用城市涂鸦表达自己的族裔和种族自豪感，宣传本国历史，以及鼓励拉美裔移民。在散文和诗歌中，在城市街头的公共朗读中，拉美裔也表达了自己的族裔自豪感。

这些活跃的政治活动促成了一个更广泛的拉美裔认同，尤其是在大城市中，那里居住着来自不同国家的拉丁裔居民。从全美来看，拉美裔认同主要是与故国相连，但却有越来越多在美国出生的二代和三代移民也抱有拉丁裔认同感，他们不分国籍，在经济和政治行动中联起手来。尽管存在着这样的跨国拉美裔联盟，但巴里奥仍然是不同国籍的拉美人争取政治和经济权利的主要战场。

拉丁裔郊区（Los Suburbios）

1990 年的人口统计显示，几乎半数的拉美裔人口居住在郊区中。拉美裔农场工人往往不在城市中居住，而是住在农村，即克伦尼亚（Colonias）中。在西南部，随着郊区的扩张，有些克伦尼亚被郊区吞并，而美国的郊区化进程以及郊区就业的增长吸引拉丁人搬往城市外缘。拉美裔在郊区制造业和服务业中找到了工作岗位，尤其是儿童看护、景观美化、餐厅和酒店业。随后，早先进入郊区者的家庭成员和朋友也陆续搬到郊区。

随着拉美裔中产阶级的增加，他们也像美国白人一样迁居郊区，享受那里的学校、大房间、公园和更好的治安状况。在美国出生的第二代和第三代移民更喜欢郊区生活，但也有许多新移民越过城市直接来到郊区。有时，拉美裔人口是某个社区里最早到来的少数族裔，而此前的社区一直是同质社区。由于越来越多的拉美裔人口来移居郊区，郊区出现了针对拉丁裔人群的餐厅和商店，郊区的教堂也开始使用西班牙语。近来，美国西南部的郊区中有许多拉美裔居民被选举出任重要的政府官员。大众传媒的全球化则意味着拉美裔居民不必再像过去那样比邻而居，即使相距甚远也可以保持文化上的联系，这样一来，郊区对拉美裔人口更具吸引力。而郊区拉美裔人口与城市巴里奥居民之间的密切联系使其得以接触城市中的本民族文化。

延伸阅读书目：

- Herzog, L. A.（1999）. *From Aztec to High Tech：Architecture and Landscape across the Mexico-United States Border*. Baltimore：Johns Hopkins University Press.
- Moore, J. W.（1991）. *Going Down to the Barrio：Homeboys and Homegirls in Change*. Philadelphia：Temple University Press.
- Padilla, F. M.（1987）. *Puerto Rican Chicago*. Notre Dame, IN：University of Notre Dame Press.
- Ruiz, V. L.（1998）. *From out of the Shadows：Mexican Women in Twentieth-Century America*. New York：Oxford University Press.
- Sánchez, G. J.（1993）. *Becoming Mexican American：Ethnicity, Culture, and Identity in Chicano Los Angeles，1900 - 1945*. New York：Oxford University Press.
- Sánchez Korrol, V.（1994）. *From Colonia to Community：The History of Puerto Ricans in New York City*.

Berkeley: University of California Press.

Joseph A. Rodriguez 文
李文硕译 陈恒校

戴维·劳伦斯
LAWRENCE, DAVID L.

戴维·劳伦斯(1889—1966)是阿勒根尼县民主党委员会(Allegheny County Democratic Committee)主席,在1930年代早期带领民主党控制了匹兹堡,结束了共和党对该市几十年的控制,也带动了民主党的振兴,是颇有手腕的政客。1945年,劳伦斯当选匹兹堡市长,前所未有地从1945年到1957年连任四届市长。劳伦斯的父母是来自贝尔法斯特的爱尔兰移民,他从小在匹兹堡黄金三角区(Golden Triangle)的工人阶级社区长大,年纪轻轻就已深受政治熏陶。

作为城市政客,劳伦斯凭借在战后促成匹兹堡复兴而为人所知。在此期间,劳伦斯市长与共和党银行家理查德·金·梅隆(Richard King Mellon)紧密合作,并且与权力极大的社会组织阿勒根尼社区开发大会(Allegheny Conference on Community Development,ACCD)开展互动,后者由匹兹堡市最有影响力的公司老总组成。这一合作模式体现了"政治机器"(Regime Politics)的力量,即由支持共和党的商界和民主党政府合作,共同推动城市开发。在匹兹堡,得益于战后地方城市再开发机构(Urban Redevelopment Authority)所拥有的征地权(Eminent Domain),这一政治机器最显著的成果是推动了中心城区的重建,也是美国第一个利用城市更新运动进行商业开发的案例。该项目也从两个方面改进了城市环境,即通过降低废气排放改善了空气质量,以及成立阿勒根尼县卫生局(Allegheny County Sanitary Authority)统一管理匹兹堡及其周边地区的下水系统。这也是该项目的重要成就。

通过与ACCD合作,劳伦斯利用手中的权力协调建设通向中心城市的高速公路,并成立了一个负责停车的管理局和阿勒根尼县港务局(Allegheny County Port Authority),管理和改进城市与该县的轨道交通。1958年,劳伦斯当选宾夕法尼亚州首个天主教州长。该州的法律规定州长不得连任,但劳伦斯在其任内却取得了重要成就,即通过了《1961年公平住房法》(Fair Housing Law of 1961)、制订了关于空气污染控制的法案,并增加了州内的图书馆服务。劳伦斯在政坛上的

最后一次亮相是担任肯尼迪总统的住房平等机会委员会(Committee on Equal Opportunity in Housing)主席。直到1966年去世,劳伦斯始终活跃在政坛上。

亦可参阅:宾夕法尼亚州匹兹堡市(Pittsburgh, Pennsylvania)

延伸阅读书目:
● Weber,M. P. (1988). *Don't Call Me Boss*:*David L. Lawrence*:*Pittsburgh's Renaissance Mayor*. Pittsburgh, PA:University of Pittsburgh Press.

Joel A. Tarr 文
李文硕译 陈恒校

城市中的女同性恋文化
LESBIAN CULTURE IN CITIES

城市女同性恋文化往往是——而且直到今天仍然是——多样的和分化的。长期以来,阶级、种族甚至性别将同性恋社区分割开来。尽管越来越多的中心城市在20世纪出现女同性恋社区,但少数族裔同性恋却不得与白人同性恋共享酒吧,也不得参加后者的乡村别墅聚会(House Parties)。同性恋精英可以在度假社区放松,火烧岛(Fire Island)的樱桃林(Cherry Grove)、马萨诸塞州的普罗文斯敦(Provincetown)和佛罗里达州的基韦斯特都对他们开放;而工薪阶层的同性恋只能在酒吧和通过乡村别墅聚会形成自己的社区。对于男性化女人(Butch-Femme)的认同是十分重要的,尤其在酒吧中以及在20世纪中期的历史背景中,而这种重要性将同性恋划分为女同性恋(Femme)或女性,以及男性化的女同性恋(Butch)或曰男性这两种角色。这类多样化持续地分化同性恋,冲击着一个统一同性恋社区的形成,无论其在城市里还是在乡村中。要了解城市中的同性恋文化,也就是了解城市中的一系列文化和社区。

许多研究同性恋的学者认为,男女同性恋社区在19世纪末20世纪初变得更易被人发现,组织化程度也更高,从那时起,他们更多地以城市为聚居地,并在城市中探索自己的认同感。学术界一直对男女同性恋混居感到好奇,并试图理解他们的过往和经验。但面对不断变化的性别、种族和阶级,男女同性恋却发展出了多种不同的同性恋文化认同感。学术界通过将女同

性恋文化视作与男同性恋文化完全不同的文化进行研究，发现了一种更为复杂的城市景观，并对其有了完全的理解，对两种文化的交叉也展开了分析。

许多不同文化的同性恋社区都有其农村背景，但在20世纪初，城市却对女性和女同性恋有独特的吸引力。女同性恋可以成为城市中的一道风景，活跃在酒吧和乡村别墅聚会中，可以吸引其他的女同性恋。城市可以为其提供全新的自由，或是家庭的束缚少，或是父母的管束少。得益于城市中工业的发展，女性可以进入工厂，从而获得经济独立，摆脱父母和婚姻的束缚。尽管这类工作有着严格的阶级、种族和性别要求，但她们仍然有机会摆脱父母的约束，并且不被邻里注意。对于同性恋妇女来说，这就意味着拥有了财政支持，可以与其他单身女性同居，并可以认识自己的性别观，因此，她们可以生活在同性恋社区中，而不必担心父母的反对，也不必担心会被邻居发现。

在20世纪初，许多美国城市中都存在着多种形式的女同性恋社区。研究专家伊丽莎白·拉普沃斯基·肯尼迪（Elizabeth Lapovsky Kennedy）和玛德琳·戴维斯（Madeline Davis）发现，在19世纪末20世纪初，以女性为中心的亲密关系主要有4种类型，但她们认为，女同性恋之间的浪漫情感和性关系形成了一种认同感，围绕这种认同感正在形成一个新的群体，而这是现代女同性恋认同正在形成的标志。在城市中，女同性恋群体形成了独特的风景。肯尼迪和戴维斯选择布法罗和纽约为研究点，但她们的资料并不完整，而进一步的研究发现，在其他类似的城市中也存在类似的女同性恋社区。大多数工人阶层女同性恋的酒吧里只有白人女性，而黑人女同性恋则有自己的社区。1920年代的哈莱姆就有着浓厚的黑人女同性恋风情。

二战后，美国许多城镇都出现了女同性恋社区。尽管文献资料是零散的，但研究者们仍然发现，二战给同性恋社区带了巨大冲击，因为在二战期间，女性更多地处在同性环境中，而许多男性都参军服役了，这一现象推动了女同性恋社区的形成。妇女可以在原本留给男性的岗位上工作，由于爱国主义宣传，女性也更多地投入到此类工作中去。对于女同性恋来说，她们可以在工作和城市文化生活中接触更多的女性。军工城镇堪称女同性恋的天堂，这里有众多女性，并且容易形成女同性恋社区。二战期间，许多女同性恋报名参军，甚至引起了担忧同性恋的军官的注意。讽刺的是，军官的关注反而加强了军队内部对女同性恋的注意，并使她们更为引人注目。

在20世纪中期，许多女同性恋组织起来创建女同

性恋社区，其中最著名的女同性恋组织是比利提斯之女（Daughters of Bilitis），由旧金山的菲利斯·莱恩（Phyllis Lyon）和戴尔·马丁（Del Martin）创建于1955年，是支持男女同性恋日常生活权利的同性恋权利运动的代表性成果。同性恋权利运动同时象征着在冷战恐慌年代中的不服从。处于对共产主义和共产主义颠覆分子的担忧，人们认为，同性恋者等同于变态分子，同性恋是对异性恋核心家庭的威胁，而后者正是资本主义社会稳定与成功的关键。争取同性恋权利的许多组织在大城市举办会议，起初这类会议都是秘密召开的。比利提斯之女出版了刊物《阶梯》，从旧金山邮寄到美国各地，这是此类会议的直接结果。该刊物使许多农村地区的女同性恋建立了文化联系爱，也使她们与城市中的女同性恋社区有了来往。

随着民权运动在二十世纪五六十年代席卷全国，许多女同性恋也投入到运动中去，她们发现可以利用民权运动加强彼此之间的联系。民权运动引发了同性恋解放运动，在城市中尤为强烈。纽约格林威治村的石墙酒吧（Stonewall Inn）是一间同性恋酒吧，1969年，当警察来到这里进行搜捕时，店里的男女同性恋与警察发生冲突，该事件引发了遍及全国的同性恋解放运动。除此之外，妇女解放运动也在1960年代末再度燃起，许多女同性恋投身其中，甚至单独成立了促进女同性恋权利的组织，既与男同性恋权利组织不同，也不同于异性恋者主导的女权组织。上述各类运动对于促使女同性恋群体更加受到关注和更多的女同性恋者联系在一起发挥了不可替代的作用，尤其是在城市中。

由于女权运动和民权运动永久性地改变了女同性恋在城市景观中的位置，女同性恋城市文化也在不断变化和分化。1980年代首次爆发的艾滋病危机摧毁了男同性恋社区，女同性恋也投身到更为激进的城市组织中去，例如ACT-UP和酷儿国际（Queer Nation），并支持各地的艾滋病患者。这类行动的直接后果是，女同性恋开始发起自己的激进组织，如1992年在纽约市成立的女同性恋复仇者（Lesbian Avengers）。该组织常有惊人的激进之举，在旧金山、芝加哥、亚特兰大、明尼阿波利斯、费城和盐湖城等大城市成立了分支组织。

除了参加类似活动，女同性恋也创造了一种新的城市文化，包括多种女同性恋城市空间的出现。从1970年代起，城市出现了越来越多的女性书店和咖啡馆，专门关注女性问题。家暴组织、读书俱乐部、关注妇女精神状况的组织等以女性为中心的团体往往在这类城市空间中开展活动，也包括许多关注女同性恋的

组织。妇女的体育团体,尤其是本地的垒球联盟,长期以来吸引了许多女同性恋的关注,她们往往打算在城市和乡村中经营同性恋文化、组织同性恋社区。从全国来看,1996 年成立的美国女子篮球联盟推动许多城市出现了女子篮球队,包括北卡罗来纳州的夏洛特、俄亥俄州的克利夫兰、得克萨斯州的休斯敦、亚利桑那州的凤凰城以及密歇根州的底特律,从而使女同性恋城市空间更为多样化了。

女性音乐、唱片公司和女权主义传媒通过推动妇女写作和歌曲创作影响了女同性恋文化。以女性为中心的音乐艺术活动使女同性恋在女性空间中更加为人瞩目,如 1975 年开始的密歇根沃米恩音乐节(Womyn's Music Festival)和 1990 年代末出现的、女性音乐巡回的莉莉丝音乐节(Lilith Fair)。女同性恋旅行也促成了一种有趣的流动女同性恋社区,这是一种主题性的巡游,旅行者中包括女同性恋演员,并且在周末举办主题活动,如基韦斯特的妇女周(Women's Week),参与其中的女同性恋得以感受城市和乡村的不同文化。

从 20 世纪初开始,在城市景观中,女同性恋维护逐渐从被隔离与沉默的地位变得更加引人注目。无论大小城市,女同性恋社区越发壮大。城市中的女同性恋文化史不容忽视,并且已经成为城市空间的一部分。在未来,女同性恋空间的地理分布、种族与阶级分化将继续影响女同性恋城市文化,就在笔者写作本文的同时,关于男女同性恋的婚姻问题和同性恋权利问题仍在争议中。这些变化将进一步突出女同性恋文化和社区在城市未来中的重要性。

延伸阅读书目:

● Beemyn, B. (1997). Creating a Place for Ourselves. New York: Routledge.
● Howard, J. (Ed.). (1997). *Carryin' on in the Lesbian and Gay South*. New York: New York University Press.
● Kennedy, E. L., & Davis, M. D. (1993). *Boots of leather*, *Slippers of Gold*: *The History of a Lesbian Community*. New York: Routledge.
● Maynard, S. (2004). "Without Working?" Capitalism, Urban culture, and Gay History. *Journal of Urban History*, 30, 378-398.
● Stein, M. (2000). *City of Sisterly and Brotherly Loves*. Chicago: University of Chicago Press.

La Shonda Mims 文
李文硕译　陈恒校

威廉·莱维特
LEVITT, WILLIAM JAIRD

威廉·贾尔德·莱维特生于 1907 年 2 月 11 日,卒于 1994 年 1 月 28 日,以其莱维敦(Levittown)而为世人所知,被称作美国郊区之父。莱维敦是大规模的住房开发项目,彻底改变了战后美国住房业,分布在纽约的长岛、宾夕法尼亚州巴克斯县(Bucks County)和新泽西州威灵堡(Willingborough)。威廉的父亲亚伯拉罕·莱维特(Abraham Levitt)凭借自己的努力摆脱了贫困生活,在 1920 年代一跃而成为一个成功的地产业律师和投资商。在大萧条期间,他成立了亚伯拉罕·莱维特父子公司(Abraham Levitt & Sons)经营房地产,威廉和弟弟阿尔弗雷德与父亲一同打拼。尽管二人尚在读大学,父亲却给了他们一个高档的项目——罗克韦尔中心(Rockville Center)——正是该项目激发了威廉对建筑行业的兴趣。

1942 年,莱维特父子公司获得一项联邦大单,为弗吉尼亚州诺福克(Norfolk)造船厂的工人建造 2350 套住房,威廉·莱维特通过该项目进一步提高了公司建造住房的效率。一年后,莱维特加入美国海军,并获得中尉衔。与海军打交道的经历不仅使他获得了更多关于批量生产的知识,也促使他思考美国住房危机和建造廉价住房的机会。

1947 年,莱维特投入 5000 万美元,在长岛开始为退伍老兵建设住房。莱维敦标志着现代郊区的开始,威廉·莱维特也成为当时最大的住房建筑商。他将美国梦具体化为一栋栋价格不高的住房,这是他最大的贡献。

弟弟阿尔弗雷德的天赋往往被威廉的巨大成就所遮蔽。阿尔弗雷德内向害羞又充满理想,靠自学成为建筑设计师,是莱维敦住房最重要的设计者。是威廉以其财政资金、批量生产管理能力和友善的人格魅力成功地创造了莱维敦,改变了住房业的传统。威廉建立了自己的锯木厂,降低了供应链的成本,并绕开工会,解决了复杂的管理问题,确保了莱维敦的成功。但莱维敦这一郊区的标志也有许多争议,其中之一就是种族歧视。公司早期的项目禁止少数族裔居民购买,而威廉对此的解释是,此举只是一个营销手段。

青年时的威廉·莱维特即表现出对财富的欲望。他的公司通过 27 个步骤、每 16 分钟就能建好一栋住房,这样的经营方式为他赢得了巨大的财富,足以支持他的上流社会生活方式。他是一个时代的风云人物,拥有一座价值 300 万美元的庄园和多艘游艇，热爱收集昂贵的艺术品，曾与三个女人结婚。

1968 年，威廉将莱维特父子公司出售给国际电话电报公司（International Telephone and Telegraph），至此该公司已在世界各地建成了超过 14 万套住房。但此后威廉的住房开发并不算成功，身负巨额债务而破产。1994 年，威廉·莱维特以 87 岁高龄辞世，他的身后已没有财产，只剩下一个传说。

延伸阅读书目：

● Blackwell，J.（2005，December）. *1951：American Dream Houses，All in a Row*. Retrieved from http://www.capitalcentury.com/1951.html
● Hales，P. B.（2004，August）. *Levittown：Documents of an Ideal American Suburb*. Retrieved from http://tigger.uic.edu/~pbhales/Levittown.html

Mary Anne Albanza Akers 文
李文硕译　陈恒校

莱维敦
LEVITTOWN

435

长岛的亨普斯特德平原（Hempstead Plains）是一片冰川期沉积带，位于曼哈顿以东 25 英里，第一个莱维敦就位于这里的乡村社区常青园（Island Trees）上。从 1947 年至 1951 年，莱维特父子公司建造了 17447 栋四居室的住房，采用了二战期间为军人和国防工业工人建造住房所使用的批量生产技术。

从 1947 年至 1965 年，莱维特父子公司共建立起三个住宅地块，都叫做莱维敦，但莱维敦一词最常用的是长岛的莱维敦，是战后下层中产阶级郊区的典范。

尽管莱维敦不是美国的第一个郊区，但却代表了郊区发展的转型。如果说 19 世纪和 20 世纪初的郊区是富有家庭躲避城市社会问题的"卧城"，那么战后郊区就是工业城市去中心化和逃避核战争危险的产物。处于对人口密集的中心城市遭受核打击的担忧，军工复合体（Military-Industrial Complex）出现了去中心化，而这是战后郊区发展的部分原因。通过将国防工厂和工人住房迁移到郊区边缘，战后美国政府的政策将核打击的目标分散开来。

在美国工人从城市租客到郊区房东的转型中，莱维敦扮演了重要角色，也反映了在美国，拥有住房的人

群的社会经济地位发生了重大变化。得益于 1934 年的《联邦住房法》和 1943 年的《退伍军人再调整法》，工人阶级和下层中产阶级得以通过长期的抵押贷款购买住房。由于联邦政府的保证降低了金融机构的风险，银行降低了对首付款的要求，并延长了还款年限，而通过分期付款和低首付，购房者的风险也有所降低。因此，中等收入家庭可以通过延长还款年限来降低购房成本。《联邦住房法》和《退伍军人再调整法》中关于住房的规定，分担了银行向退伍军人提供贷款的风险。

在建设阶段，莱维敦受到《退伍军人再调整法》相关规定的资助，而购房者也仅限于退伍军人。只有当退伍军人的需求满足后，普通公民才能够在莱维敦购买住房。

战后，针对下层中产阶级的大规模廉价郊区分销地块，几乎就是莱维敦的全部含义；在 20 世纪后半期，凡是对战后美国社会问题的批评，也往往以莱维敦为目标。早期的卧城郊区通过公共交通与城市相连，在经济上与中心城市密不可分，而莱维敦式的郊区则与城市甚少相关，倾向于自给自足。

莱维敦的住房同样意义非凡，因为它们象征着战后住房建造技术的重大转型。首批 6000 栋用于出租的住房采用了科德角风格（Cape Cod Style），其建造使用了战时的产生技术，通过合理化分工和使用批量生产的标准化部件加快了建设速度。莱维敦采用了混凝土地基，以降低成本、加快建设速度；使用了反向组装线，即住房保持静止，而工人像流水线一般从一栋住房移动到另一栋住房。

尽管价格不高，但莱维敦的住房配备了战前中产阶级住房的基本设施，即一个厨房、一个客厅、一间独立卫生间和两个卧室，而不是像租屋那样只有一个厨房和两个小房间。阁楼有意保留了半成品，用户可以将其改造为卧室，住房外面巨大的院落也可以用来建造新的居住空间。

每栋住房都配备有基本的厨房设施，与房屋的规模和形制相匹配，包括搪瓷的金属柜子、电冰箱、火炉和自动洗衣机。莱维特相信，莱维敦的建设应当经过规划，并在社区内铺设了七个乡村式广场，并建好了购物中心和游乐场，还有九个游泳池以及多个社区活动中心。

1947 年莱维敦投入使用，优先向退伍老兵开放，月租 52 美元。从 1948 年开始，莱维特公司不再提供房屋出租，而是将所有住房出售，回笼的资金用以新住房建设，建成后全部投入市场出售。那些最初用来出租的住房中有一部分并未出售给原租户，而是打包出

售给了一个非营利性教育组织。

从 1948 年起,老莱维特的长子威廉·莱维特执掌了莱维特父子公司,次子阿尔弗雷德担任设计师,老莱维特则退居二线,担任公司顾问。

由于担心科德角风格的住房缺乏市场,以及整个莱维敦项目的销售滑坡,联邦住房管理局在 1949 年撤回了对科德角式住房的资助,并要求重新设计住房。随后,公司在其宣传手册上推出了牧场主式住房(Ranch House),其基本结构与科德角式住房相似,也包括 4 间卧室、可变更式阁楼和尖屋顶。但房屋的外墙装饰却发生了变化,从殖民地时代风格变成了突出边疆情调。这两种风格的住房面积都不大,科德角式 750 平方英尺,牧场主式 800 平方英尺,虽然二者的外部装潢不同,但地基和附带的设备都是一样的。

从 1951 年至 1955 年,宾夕法尼亚州莱维敦落成;从 1958 年至 1965 年,新泽西州莱维敦完工。前者的住房风格和价位有了更多变化,并继承了长岛莱维敦的许多创新,包括标准化装备、批量生产、按照年度变换模式,并为学校和教堂保留了建设用地。根据美国郊区发展的新趋势,公司在这里建设了一个大型购物中心,而没有像长岛莱维敦那样建造小型乡村式广场。

新泽西州莱维敦的设计根据前两个莱维敦遭遇的批评做出了调整,根据富裕人群的喜好和市场的多样化进行设计,提供了 3 种基本风格和价位,有 3 居室,也有 4 居室,1964 年时又增加了 5 居室的住房。新泽西州莱维敦并没有复制其他地区的住房风格,而是融合了多种不同模式。由于各地的莱维敦在 1950 年代面临着持续不断的批评,新泽西州莱维敦的居民在 1960 年代末决定不再使用莱维敦这个名字,而是恢复了原来的名称——威灵堡。但长岛和宾夕法尼亚州仍然保留了莱维敦的名字。

《退伍军人再调整法》使大部分美国工人从租户变成了房东。在二战前,几乎三分之二的美国家庭没有属于自己的房子;到 1950 年,几乎三分之二的美国家庭已变成了房东。这样,原本专属于富有人群的郊区,其社会经济地位下降了,这样为莱维敦引来了一系列批评,联邦住房管理局和《退伍军人再调整法》资助的其他郊区也面临着同样的抨击。

许多批评根源于 19 世纪对工人阶级的看法,以及对廉价郊区住房将演变成贫民窟的担忧。此外,由于郊区与城市之间没有紧密的联系,因此人们担心郊区将会孕育一个等级森严的、冷漠的社会。甚至有观点认为,同质和与世隔绝的郊区社会将会使男性丧失男子汉气质,使女性变得神经质。也有人担心,社会经济结构的单一性将剥夺美国社会文化的多样性。建筑师们抱怨说,住房模式的单一和重复窒息了人的个性,并且使社区缺乏美感,降低其市场价值。金融界警告说,经济下滑将导致大量购房者丧失抵押贷款赎回权,并引发大规模破产潮。

所幸财界的预言没有成真。自建成后,莱维敦以及莱维敦内的住房,其规模和经济价值不断上涨。莱维敦的住房往往被戏称为豆荚式、饼干模型式,但实际上并非如此。莱维敦的住房自始至终都质量过关,房东可以自行扩展、改造和升级。尽管批评之声不断,三个莱维敦都是美国中产阶级规模扩大的重要推动力量。

延伸阅读书目:

- Duncan, S. K. (1999). *Levittown: The Way We Were*. Huntington, NY: Maple Hill Press.
- Ferrer, M. L., & Navarra, T. (1997). *Levittown: The First 50 Years* (Images of American Series). Dover, NH: Arcadia.
- Kelly, B. M. (1988). *The Politics of House and Home: Implications in the Built Environment of Levittown*. Doctoral Dissertation, State University at Stony Brook, Long Island, NY.
- Kelly, B. M. (1993). *Expanding the American Dream: Building and Rebuilding Levittown* (SUNY Series in the New Cultural History). Albany: State University of New York Press.
- Lataresse, L. (1997). *History of Levittown*. Levittown, NY: Levittown Historical Society.
- Lundrigan, M., & Navarra, T. (1999). *Levittown, NY* (Images of American Series). Dover, NH: Arcadia.

Barbara M. Kelly 文

李文硕译　陈恒校

林肯表演艺术中心
LINCOLN CENTER FOR THE PERFORMING ARTS

坐落于纽约市曼哈顿中心地带的林肯表演艺术中心是纽约市政府资助的非营利性组织,由包括茱莉亚音乐学院(Juilliard School of Music)、薇薇安·贝尔蒙特剧院(Vivian Beaumont Theater)、大都会歌剧院(Metropolitan Opera House)、艾维莉·费雪厅(Avery Fisher Hall)、纽约州立剧院(New York State Theater)、丹姆拉斯克公园(Damrosch Park)及公园内的古根海姆户外音乐台（Guggenheim Bandshell）在内的建筑，以及福德汉姆大学（Fordham University）的几栋建筑物和艺术中心图书馆-博物馆构成。

林肯中心既上演国际知名音乐家的表演，也支持初出茅庐的艺术家。林肯中心被称作"全球最大的文化中心"，这里上演各种类型的音乐、戏剧、电影和舞蹈，不同年龄和品位的观众都能得到满足。芭蕾舞、爵士乐和交响乐在这里上演，为刚刚出道的艺术家开设的培训课程也在这里讲授。林肯中心的建设始于1959年，随后陆续增建了学生宿舍、彩排厅、电影院等设备，增加了许多艺术家可以利用的资源。

美国乃至欧洲有实力的学生都可以在茱莉亚音乐学院学习音乐、舞蹈和戏剧。作为一所音乐学院，茱莉亚开设古典音乐、爵士乐、现代音乐以及即兴演奏等课程，也教授器乐曲、钢琴、声乐等多种音乐形式，也有芭蕾舞、即兴表演舞蹈、古典舞和现代舞等多种舞蹈。有心争取上进的艺术家可以通过这里的戏剧课程亲自操练。这里的本科生教育既包括传统课程，也有戏剧、音乐和表演等多种形式的教学，学生既可以在这里获得学位，也可以只选修部分课程。茱莉亚音乐学院在2005年迎来其百年华诞。

林肯中心的大都会歌剧院同样蜚声海内外。自1883年成立以来，大都会歌剧院的戏剧表演名动天下，这里的道具、舞台设计和演员都是最好的。《茶花女》（La Traviata）、《阿依达》（Aida）和《波西米亚人》（La Bohème）等景点戏剧以及现代戏剧都在这里上演。歌剧院的资助人们为其精美的装饰而赞叹不已，也为盛装出席的观众感到兴奋莫名，而且无论是面向在校学生的戏剧，还是针对专业观众的戏剧，都在这里演出。新的技术使得戏剧的故事梗概和图片可以在网上浏览，不熟悉的观众可以事先做好功课。这类新技术保留了戏剧的原汁原味，同时又揭开了其神秘面纱。

延伸阅读书目：

● The Lincoln Center for the Performing Arts Web site, http://www.lincolncenter.org
● Young, E. B. (1980). *Lincoln Center：The Building of an Institute*. New York：New York University Press.

Janice E. Jones 文
李文硕译 陈恒校

约翰·林赛
LINDSAY, JOHN V.

约翰·林赛（1921—2000）1943 年毕业于耶鲁大学，二战期间参军服役，战后投身政治，在 1966 年至 1974 年间担任纽约市长，以其社会改革闻名全国。1948 年从耶鲁法学院研究生毕业后，林赛投身到共和党内的改革派阵营中，在 1958 年当选国会众议员，代表曼哈顿上东区。在国会的四年中，林赛以自由派面目示人，支持民权立法和伟大社会项目。1965 年，林赛以共和党人的身份投入纽约市长竞选中，借助自由党（Liberal Party）的支持击败了民主党候选人亚伯拉罕·比姆和保守派的威廉·巴克利。

林赛的改革措施激起了中产阶级白人的反抗。宣誓就职后仅数小时，一桩导致纽约地铁瘫痪的公交系统罢工就摆在了林赛面前。而为了遏制警察的暴力执法，林赛成立了一个专门委员会倾听市民声音，但却被城市白人选民所拒绝，后者将其视作向少数族裔的妥协。为了避免种族骚乱，林赛甚至亲自前往纽约最混乱的社区，步行考察。得益于他的努力，在 1968 年席卷全美的种族骚乱大潮中，纽约显得异常平静，因此，林登·约翰逊总统任命林赛加入了科纳委员会。

林赛打破了纽约市的学校系统，按照社区重建新的校区，以便维护少数族裔在受教育方面的权利。1968 年，纽约教师针对海山布朗斯维尔地区（Ocean-Hill Brownsville）的教育改革发起一系列罢工，导致整个公立学校系统崩溃，进一步破坏了林赛在中产阶级白人中的形象。1969 年，林赛争取连任，但这一次共和党选择约翰·马奇（John J. Marchi）为候选人，林赛在自由党的支持下击败了马奇和民主党候选人马里奥·普拉卡西尼（Mario Procaccino），再度当选市长。

在第二个任期内，林赛发起了混居住房项目，在白人社区内建设公共住房，但此举引发了中产阶级白人更大的反对。1972 年，林赛转投民主党，并宣布竞选总统。由于在党内预选中表现不佳，林赛宣布不再争取连任。

在任期间，为了向所发起的社会改革项目提供资金，林赛不得不开征新税，并大量借贷，结果导致纽约债务负担剧增，林赛的继任者也抨击他应为纽约市 1975 年的财政危机负责。1974 年卸任市长后，林赛进入法律行业，并成为电视明星，在 1980 年曾竞选国会参议员，但没有成功。2000 年，林赛因帕金森综合征与世长辞。

延伸阅读书目：
- Cannato，V. J. (2001). *The Ungovernable City：John Lindsay and His Struggle to Save New York*. New York：Basic Books.
- McNickle，C. (1993). *To Be Mayor of New York：Ethnic Politics in the City*. New York：Columbia University Press.

Dan Wishnoff 文

李文硕译　陈恒校

新泽西州卢埃林公园
LLEWELYN PARK，NEW JERSEY

　　卢埃林公园(1852—1869)是新泽西州一个早期的郊区社区,共包括大约50套住房。一直到19世纪末,卢埃林公园都是景色优美的郊区,拥有精美的住房,其设计者不乏安德鲁·杰克逊·唐宁(Andrew Jackson Downing)和亚历山大·杰克逊·戴维斯(Alexander Jackson Davis)等名家。卢埃林公园的名字来自化工和药品制造商卢埃林·哈斯克尔(Llewelyn Haskell),是他主张在新泽西州奥兰治县建设一个景色优美的花园郊区,邻近莫里斯-埃塞克斯铁路(Morris and Essex Railroad),向东12英里就是纽约市。在此之前,乘坐马车行驶一段漫长的路程去上班是不现实的;直到铁路将居民社区与中心商务区相连,远距离通勤才成为可能。因此,卢埃林公园是美国郊区的典型代表,建构了一个理想中的乡村世界,在这里可以享受安宁,不缺乏便捷,而且景色优美。据说,在戴维斯的帮助下,哈斯克尔根据这里优美并且原生态的自然风光,规划了卢埃林公园的方案。从1852年至1853年,公园的街道系统铺设完毕,但整个社区的完工要等到17年之后了。

　　在公园原方案的基础上,景观设计师尤金·鲍曼(Eugene A. Baumann)和霍华德·丹尼尔斯(Howard Daniels)对其加以拓展。从整体上看,街道依地势而建。以当时的眼光看,每个地块的面积巨大,少则1英亩,多则20英亩,划分地产时也没有使用栅栏或篱笆。住房的类型多种多样,由花园、天然林地和植被分隔开来。戴维斯设计了多种风格的住房,原石构成的门房也出自其手,吸引人们搬进这里。一条大路环绕整个公园,将卢埃林公园凝聚为一体。在公园的中心,裸露着600英尺高的岩石,上有松树和铁杉,泉水悠然地从石缝中流出。

　　在当时,卢埃林公园的综合性规划、景观设计和公共空间都与城市规划大异其趣。就像弗雷德里克·劳·奥姆斯特德的作品一样,卢埃林公园也是反城市的,体现了杰斐逊式的农业社会理想。这里融合着创作者的浪漫主义情怀,给工业社会和城市社会中的人以休闲放松,是迎接他们的花园。由于卢埃林公园没有城市中的污染、拥堵交通和噪声,一经上市立刻受到欢迎,并引起了类似郊区的建设热潮。此外,卢埃林公园挑战了传统观念,即棋盘状设计将风靡全美各地,彻底改造荒野,街道和城市将利用这一预先设计的方案展开建设。尽管卢埃林公园经过了仔细规划和建设,但却让人感到仿佛一切顺应大自然。卢埃林公园展示了一种精英式的生活方式,将人从工作地点剥离出来,并且向美国人宣示,只要有钱,任何人都可以过上这样美好的新生活。

　　亦可参阅：老弗雷德里克·劳·奥姆斯特德(Olmsted，Frederick Law，Sr.),公园(Parks)

延伸阅读书目：
- Kunstler，J. H. (1993). *The Geography of Nowhere：The Rise and Decline of America's Man-Made Landscape*. New York：Simon & Schuster.
- Roth，L. M. (1979). *A Concise History of American Architecture*. New York：Icon Editions，Harper & Row.
- Scully，V. (1969). *American Architecture and Urbanism*. New York：Holt Rinehart & Winston.

Martha Bradley 文

李文硕译　陈恒校

租住、寄宿与合租
LODGING，BOARDING AND ROOMING HOUSES

　　在美国建国初期,为熟人、亲戚甚至陌生人提供住宿,来换取他们的劳动,是屡见不鲜的事情,甚至到19世纪也是这样。随着商业和工业的发展,乡村移民和欧洲移民大量涌入纽约、费城、波士顿、芝加哥和旧金山等城市,收取现金的寄宿(Boarding)与租住(Lodging)尽管充满争议,但却越来越普遍。

　　从理论上将,租住、寄宿与合租(Rooming Houses)是三种不同类型的服务。寄宿指的是提供普通的一日

439

三餐和住宿,并有专人负责家务劳动;租住与合租则不提供家务劳动,也不提供餐饮服务。但在实际生活中,三者并没有如此严格的区别,在19世纪,这三个词语是混用的。尽管有些工厂城为工人提供住宿,最著名的莫过于马萨诸塞州的洛厄尔,该市在历史上和公众想象中留下了重要印记,但工人的住宿问题主要通过租住、寄宿和合租而非酒店解决。直到20世纪初,旧金山塔德罗林地区(Tenderloin District)才出现了专门的合租公寓。而寄宿公寓和出租屋往往是将老旧住宅楼分割成多个隔间用来出租,或是房东将住房的多余房间出租。

1856年,沃尔特·惠特曼声称,有将近四分之三的纽约市人口居住在寄宿公寓里。虽然此话有些夸张,但却表明了寄宿公寓的流行;社会史家估计,在19世纪,三分之一到半数的城市居民都曾或是寄宿客,或家中有寄宿客。由于寄宿的形式多种多样,现在已无法精确统计寄宿人数的多少。把自家住房多余房间用来出租的包租婆往往不愿公开发布招租信息,在城市黄页(City Directories)中也不会把自己列为寄宿公寓老板。私人住房和寄宿公寓的区别往往体现在规模大小以及法律和商业地位上,前者往往比后者小,后者需要支付酒店税并办理营业执照。然而,是打理自己的住房还是经营寄宿公寓却能影响一个人的声誉,出生于中上阶层的包租婆往往宣称住在家里的是自己的朋友,而不是花钱住进来的寄宿客。

无论寄宿公寓的规模和形制,在经济、文化和社会领域都十分重要。许多妇女,也有些男子,可以通过在寄宿公寓中服务谋生或贴补家用。通过为外来移民提供落脚之地,寄宿公寓以及后来的合租公寓和出租屋,为城市经济的发展做出了贡献。它们为涌入城市的移民提供了适应城市生活的基本条件,其中绝大多数是年轻的剩男剩女。这些寄宿客们在同一张桌子前吃饭,相互了解就业信息、城市里的道德风尚、衣着打扮和礼仪风俗,当然,有时候他们在这里学到的是不好的习惯,有些寄宿公寓也会给寄宿客带来负面影响。包租婆和其他租客也许会尽力保护新来的人免受城市恶劣环境的影响,但也有人会向他们宣扬酗酒、赌博和嫖娼恶习。

寄宿公寓反映并塑造了社会认同感。大多数居住区都存在着阶级、种族和族裔的隔离,但在上述每个类别之内也存在着很多的差异性。有些寄宿公寓主要为某个行业的人员服务,如演员寄宿公寓分布在剧院区,海员寄宿公寓在集中在码头区。针对移民的寄宿公寓则常常被新来的移民占据。除此之外,还有为禁酒者、素食主义者、唯灵派和特殊教派等各色人等提供服务的寄宿公寓,甚至在某种程度上鼓励不同类别的人混居。有时候,店员与干力气活的工人住在一起,生在美国的新教徒与爱尔兰天主教徒住在一起,甚至有时候白人会与非洲裔美国人住在一起。正规的寄宿公寓往往既有男人又有女人,专为女性服务的寄宿公寓往往被视作妓院,即使真相并非如此。从1870年代开始,基督教青年联合会(Young Men's Christian Association,YMCA)、基督教青年妇女联合会(Young Women's Christian Association,YWCA)等组织开始自行成立寄宿公寓,鼓励青年男女离开不体面的居住场所。

由于城市寄宿公寓的迅速发展正赶上白人中产阶级越发重视家庭生活之际,独户住宅流行,YMCA和YWCA在其宣传中有意强化家庭的概念。对于许多美国中产阶级而言,寄宿公寓与家庭生活恰恰背道而驰。小说家、专栏作家和幽默作家讽刺寄宿公寓肮脏、有失体面、缺乏隐私,而且是腐败市场的产物。在不同的文化背景中,家庭住房都被赞颂为为爱而做出奉献,而寄宿公寓老板却是专为牟利的奸商,想尽办法榨取租客的钱财。工作与家庭、公共与私人之间这种想当然的二元对立掩盖了真相。中产阶级家庭往往有雇佣的家务工;中产阶级家庭妇女像女工一样从事缝补和洗衣工作,甚至也经营寄宿公寓;即使不雇人劳动,家务劳动也是很大一项工作。实际上,对大多数美国人而言,"家庭"只是一个遥远的梦想。无论是否真实存在,这个梦想都拥有巨大的文化力量,绝不仅仅是让人们相信寄宿公寓比家庭等而下之。

尽管寄宿公寓面临着诸多批评,但直到20世纪,寄宿公寓仍然存在,只不过渐渐地被中上阶层居民的公寓以及主要为工人阶级服务的出租屋所取代。如果说寄宿公寓和租屋在19世纪上半期没有明显差别,那么到20世纪初,合租公寓或出租屋已经完全不同于寄宿公寓,不再向租客提供餐饮服务和家务劳动,这样做既降低了经营者的成本,又保护了租客的隐私。合租公寓往往位于租客工作地点步行可达的区域内,并依赖周边的餐馆、酒吧和洗衣店,在波士顿南区、旧金山西区(Western Addition)和芝加哥近北区(Near North Side)等地区出现了许多合租公寓。

就像被取代的寄宿公寓一样,出租屋与合租公寓的租客也多种多样。在波士顿和旧金山等城市,出租屋(Lodging House)可以指所有住宿机构。而合租公寓(Rooming House)或精装修公寓(Furnished Room House)往往指舒适的房间,往往由技术工和文员租下,相比之下,出租屋往往装饰简陋,空间狭小,租金也较低。但两种类型的租屋面对的都是年轻的剩男剩女,因此同样面临着与寄宿公寓一样的批评声。如果说19世纪的批评声指责寄宿公寓与家庭相距甚远,进步运动时代的住房改革者们则把矛头对准了"租屋的邪恶"。

然而,直到二十世纪五六十年代,出租屋与合租公寓仍是十分重要的城市居住模式,甚至少数寄宿公寓也保留了下来。但在汽车普及、高速公路建设、郊区化和城市去工业化的共同影响下,它们对年轻工人的吸引力不断下降,只有老人和穷人才会住在那里。六七十年代的城市更新运动拆除了许多出租屋,但同时激化了无家可归问题。寄宿公寓、出租屋和合租公寓曾经是城市不可分割的一部分,其命运的变迁反映了社会主流观念的强大力量,尤其是独户住宅的梦想,塑造了城市政策。

亦可参阅:公寓建筑(Apartment Buildings),旅馆(Hotels)

延伸阅读书目:

- Blackmar, E. (1989). *Manhattan for Rent, 1785 - 1850*. Ithaca, NY: Cornell University Press.
- Gamber, W. (2002). Tarnished Labor: The Home, the Market, and the Boardinghouse in Antebellum America. *Journal of the Early Republic*, 22, 177 - 204.
- Gamber, W. (2005). Away from home: Middle-Class Boarders in the Nineteenth-Century City. *Journal of Urban History*, 31, 289 - 305.
- Groth, P. (1994). *Living Downtown: The History of Residential Hotels in the United States*. Berkeley: University of California Press.
- Peel, M. (1986). On the margins: Lodgers and boarders in Boston, 1860 - 1900. *Journal of American History*, 72, 813 - 834.

Wendy Gamber 文

李文硕译 陈恒校

爱德华·洛奇
LOGUE, EDWARD J.

战后,对于美国城市的影响之大,几乎无人能出爱德华·洛奇(1921—2000)之右,此人堪称城市更新运动之沙皇。洛奇生于费城,在耶鲁大学求学,二战期间加入陆军航空兵部队成为一名投弹手。作为航空兵,洛奇曾长期在欧洲城市上空飞行,能够精确地分析和判断城市景观,这样的能力甚至为他在城市更新运动期间开展大规模的再开发项目提供了帮助。

战后,洛奇重返耶鲁学习法律,并在1954年被纽黑文市长理查德·李(Richard C. Lee)任命为城市开发专员,而李市长也在接下来的十年中致力于维持这个被中产阶级外逃重创的城市。但纽黑文的城市更新运动也有其负面效果,大约2.5万人被赶出家园,原本的居住地被视作贫民窟而惨遭拆除的命运。仅仅伍斯特广场(Wooster Square)再开发项目就导致2700个家庭拆迁,而这里原本是一个生机勃勃的意大利裔美国人社区。但相比较而言,纽黑文的城市更新运动并不严厉,既鼓励社区参与,对历史建筑加以重新利用,并且为拆迁居民提供廉价住房、学校、图书馆和高级活动中心等服务。

洛奇的下一个目标是波士顿。与纽黑文类似,波士顿经济也因为人口和就业迁往郊区而遭到打击。波城采取了许多措施试图吸引中产阶级回到城市,包括重建破败的西区。1961年,波士顿市长约翰·柯林斯(John F. Collins)任命洛奇出任波士顿再开发管理局(Boston Redevelopment Agency)。很快,洛奇就将布满低俗舞场的史考利广场(Scollay Square)改造为政务中心(Government Center),并成功地发动公众参与到新市政厅的设计中。此外,洛奇主持了波士顿南区、罗克斯伯里、查尔斯顿和贝克湾(Back Bay)的城市更新,在波士顿-阿尔巴尼铁路场站建立了保诚中心(Prudential Center)。洛奇将几乎荒废的法尼尔厅(Faneuil Hall)和昆西市场(Quincy Market)改造为人气旺盛的假日市场(Festival Marketplace),通过这样及其他方式将波士顿市与沿海地区联系起来。眼光长远的地产投资商詹姆斯·罗斯(James Rouse)在这一项目中出力甚多,共同将假日市场模式推向全国。波士顿时代是洛奇事业的顶峰,在1980年代改变了地区经济形式的马萨诸塞奇迹(Massachusetts Miracle)中,为波城的复兴奠定了基础。

1968年,洛奇竞选波士顿市长失败,随后他离开了这里,应纽约州长纳尔逊·洛克菲勒之邀出任新组建的城市发展公司(Urban Development Corporation, UDC)主席。由于可以不受地方区划法规的约束,并得到了大笔联邦资助,洛奇和UDC建设了超过3万套廉价住房;在1975年前,还建成了3座新城,但当年联邦政府不再提供住房补贴后,该项目也宣告破产。纽约的罗斯福岛是洛奇主政 UDC 期间最负盛名的成果,这个"城中的新城"(New Town in Town)取得了很大成功,也是洛奇最引以为豪的成就。洛奇主持的最后一个项目位于南布朗克斯,他将破败不堪的夏洛特街社区改造为美国中心城市中堪称典范的自有住房社区。

人们常常将爱德华·洛奇与另一个城市更新运动干将罗伯特·摩西相比。相比之下,摩西对城市底层阶级心存鄙夷,全然不顾受其工程影响者的再安置问题;而洛奇则试图使城市更新成为改变城市居民命运的积极力量,重视与民众一起规划的重要性,积极鼓励市民参与。洛奇是历史遗迹保护运动较早的支持者,同时也率先在再开发进程中对建筑设计进行评估。在洛奇眼中,新型的美国城市应当面积广大,并兼具包容性,这一态度反映了他对公平与社会正义毕生的追求。

亦可参阅:罗伯特·摩西(Moses, Robert),城市更新与复兴(Urban Renewal and Revitalization)

延伸阅读书目:

- Dahl, R. A. (1961). *Who Governs? Democracy and Power in an American City*. New Haven, CT: Yale University Press.
- O'Connor, T. H. (1993). *Building a New Boston: Politics and Urban Renewal*, 1950 - 1970. Boston: Northeastern University Press.

Thomas J. Campanella 文

李文硕译 陈恒校

加利福尼亚州洛杉矶市
LOS ANGELES, CALIFORNIA

⁴⁴²   洛杉矶市是美国第二大城市,其人口在 2005 年达到 396 万(整个大都市区人口超过 1.65 亿),占地面积超过 470 平方英里,堪称美国城市的典型,不仅规模庞大,而且代表着新型城市地理格局。尽管洛杉矶诞生在摩天大楼风靡一时、城市向高空寻找空间的时代,但从其诞生到 1920 年代末,洛杉矶却成为横向扩张大都市的典范。洛杉矶大都市区没有集中式的中心商务区,其工业、商业和居住区沿地平线横向扩展。二战后,除了郊区,洛杉矶式的多中心、空间分散而又联系紧密的城市模式同样具有巨大的影响力,许多城市、尤其是阳光带城市纷纷借鉴洛杉矶式的横向扩展方案。

近些年来,洛杉矶逐渐成为一个多族裔社区,2006 年的调查显示,没有任何一个族裔占据明显主导地位,这一状况对美国城市同样具有重要影响。尤其是在二战后,在原有的白人、拉美裔和非洲裔美国人口的基础上涌入了大量亚裔和土著美国人,是洛杉矶大都市区成为美国人口最为多样化的大城市,这也增强了其流行文化的全球影响力。

早期历史

但在长达几个世纪的时间里,洛杉矶无论其多样性还是影响力都不彰显。最早的居民是肖肖尼语系(Shoshonean)的唐瓦人(Tongva),他们在 1000 多年前来到这里;到 1769 年西班牙探险队来到这里时,洛杉矶盆地大约生活着 1 万多人,散居在至少 40 个定居点中。西班牙人的占领和殖民,使得洛杉矶在随后的一百年中人口始终低于这一水平。当加斯帕·德帕图拉探险队在这里成立洛杉矶主教区时,他们发现在一条水流缓慢的小河两岸分布着加利福尼亚土人的村庄,人口繁密。这个繁荣的社区很快落入西班牙人手中,许多人被 1771 年在附近成立的圣加百列传教团控制。由于西班牙人的严苛统治和流行病,洛杉矶盆地的人口下降到了大约 1300 人。在西班牙统治和随后 20 年的墨西哥统治时期,当地经济主要依靠养牛业。实际上,在洛杉矶建城后几乎一个世纪中,这里仍然保持着一座牛镇的风貌。

边疆时代:1848—1910 年

1848 年美墨战争结束后,洛杉矶成为美国领土,但却似乎没有丝毫变化。但随着美国陆军中尉奥德(E. O. C. Ord)对洛杉矶展开调查以及 1852 年《土地法》(Land Act)的通过,在这里拥有大片土地的墨西哥裔美国人地主——即加利福尼亚人(Californios)——却开始丧失自己的地产。在随后的几十年中,这些大地产逐渐落入来自美国东北部的移民手中,他们通过购买、房贷、以土地代替诉讼费、甚至赤裸裸的欺诈获得土地,各地土地委员会也常常宣布墨西哥人的地产所有权无效,从而将土地交给美国人。

尽管 1842 年曾在洛杉矶北部发现小型金矿,但大规模的淘金热却集中在加州北部,使洛杉矶所在的南部持续三十年得不到开发。与同期的北部地区相比,只有少数移民来到洛杉矶,该市人口迟至 1880 年也只有 1.1 万人。此外,1860 年代下半期,洛杉矶爆发天花,加利福尼亚人口进一步下降,随后的旱灾又使得许多加利福尼亚农场家庭破产。1870 年,白人人口第一次超过了印第安人和西班牙裔人口,这一状况持续了一个多世纪。

从1876年起,洛杉矶的隔绝状况被打破,这一年,南太平洋铁路公司开通了洛杉矶与北加利福尼亚的第一条线路,并从这里与全国路网相连。次年,洛杉矶人向东部发出了第一批橙子。铁路推动了橙子走向市场,尤其是20年后新奇士合作社的成立推动其走向顶峰,洛杉矶这个南加州城市诱人的地中海气候也传遍全美。从1870年代末开始,洛杉矶第一次迎来了大批游客,但直到南太平洋铁路的竞争对手圣菲铁路(Santa Fe Railroad)在1885年完工之后才真正推动了游客大潮。两条铁路的价格战使得从东部乘火车到西部的票价下降到不足1美元,游客人数在1880年代末突破5万,并引发了地产投资热潮,到1887年,土地价格上涨了30倍。1884年海伦·亨特(Helen Hunt)的理想主义小说《拉蒙娜》(Ramona)的出版进一步推动了地产热,尽管该书的本意在于向世人展示南加州印第安人生活的困顿,但却阴差阳错地渲染了加利福尼亚文化的浪漫主义和神秘主义气息,这对于来疗养的东部富裕居民尤其具有吸引力。

洛杉矶在19世纪最后几年持续发展,1892年爱德华·多西尼(Edward Doheny)在城市中心附近发现了石油,推动了洛杉矶经济的多样化,当地商界领袖和南太平洋铁路公司围绕深水港的建设也展开了激烈争斗。但公司在这场斗争中失败了,所支持的圣莫妮卡(Santa Monica)并没有成为深水港的地址,港口决定建在圣佩德罗(San Pedro),并于1899年获得了联邦资金。19世纪末,洛杉矶已经准备好了空前的大发展。

横向大都市的出现:1910—1945年

尽管农业,尤其是柑橘仍然是这一地区经济发展的主力,但在20世纪头十年间,本地经济已开始走向多样化,利用现代工业开发其自然资源。1921年西格纳山(Signal Hill)地区发现石油,进一步推动了洛杉矶地区经济的发展,1909年兼并港口所在的圣佩德罗也为其经济发展打了强心剂。此外,预计到巴拿马运河开通后对经济的刺激,洛杉矶在兼并圣佩德罗5年后继续向南扩展,并利用其优越的气候条件大做文章,再加上新兴的电影行业,这一切都都是洛杉矶经济的有力推手。

1915年的电影《一个国家的诞生》(Birth of A Nation)奠定了南加州地区在美国电影行业中的龙头地位,到1920年,这里的电影公司雇佣了超过2万人工作。宣传南加州自然风光的影片是推动本地经济发

展的有力武器,这里的平房(Bungalows)比东部城市中拥挤破败、风格单一的贫民窟住房更吸引人。通过以上努力,洛杉矶人口从1910年至1930年间增长了三倍;根据1920年代中期的一项调查,全市85万人口中有超过4.3万在地产行业工作。中西部移民大量涌入洛杉矶,纳撒尼尔·韦斯特(Nathanael West)在1993年的书中传神地称他们是"死也要死在加州"。丹纳·巴利特(Dana Bartlett)在1907年时评论洛杉矶从种族上看是美国式的,大批移民的到来更强化了这一点,使其无愧于"好城市"的美誉。

如同好莱坞这样主动采取推动经济发展的措施在洛杉矶越来越重要,表明这座城市已不再像20世纪初那样局限于开发利用本地的自然资源。1907年,洛杉矶开工建造大型水利工程,从城市东北部233英里处的欧文斯河谷(Owens Valley)向城市引水。该工程由市政工程师威廉·马尔霍兰(William Mulholland)主持,于1913年完工,使洛杉矶在两年内兼并了168平方英里的圣费尔南多谷地(San Fernando Valley)。一战后,洛杉矶的航空工业发展起来,这也是工业技术与其得天独厚的天气状况结合的产物。

从城市形态上看,洛杉矶在20世纪初仍然是一座传统城市。亨利·亨廷顿(Henry Huntington)的太平洋电车(Pacific Electric)城际轨道在1910年时形成一个规模空间的大帝国,横穿南加州,超过1000英里,将曾经的农田改造成了卧城郊区,亨廷顿本人在这一过程中也利用地产投机发了一笔财。然而,迟至1925年,洛杉矶大都市区几乎半数商业活动都集中在密集的中心城市地区,这里集中了城市的全部商店和电影院(分布在百老汇),银行和金融机构集中在斯普林大街(Spring Street),绝大多数专业机构也分布在市中心。得益于温润的天气,以及受到地产投机的影响,独户住宅大多分布在城市外围,但整个大都市区仍然是向心性的,密集的商业活动集中在中心,郊区围绕在外层,这也是这一时期美国城市的典型形态。

然而,当洛杉矶人口在1920年代中期接近百万大关时,许多洛杉矶人感到这座城市急需经历一场现代化改造,尤其是在密集的城市中心,汽车堵塞已令人无法忍受,太平洋电车公司的大红车(Big Red Cars)和洛杉矶轨道公司(Los Angeles Railway)的黄车(Yellow Cars)几乎寸步难行。下城的商业领袖们希望像纽约和芝加哥那样,城市能够向高空发展,并为洛杉矶引入了一套复杂的轨道交通系统。

以戈登·维特诺尔(Gordon Whitnall)为首的洛杉矶城市规划师们强烈反对商界领袖的方案。他们深受

埃比尼泽·霍华德的花园城市理念影响,倾向于推动城市边缘地区发展,将工作、休闲和居住融合到郊区城镇中,反对集中发展城市中心。规划师们希望通过加强对分销地块的控制、扩张区划权和汽车的普及(洛杉矶县在1915年时拥有汽车5.5万辆,超过美国任何一个地区)来推动城市外围地区的发展,将不断增长的人口分散到周边的亚中心,保持大都市区的低密度和相对同质性的文化。

1926年城市关于轨道交通的投票是洛杉矶历史上的重大事件,但也被抨击为有着严重的种族倾向。本地规划师们认为,建设快速轨道交通将使洛杉矶像东部城市那样遍布贫民窟。这一观点得到《洛杉矶时报》(*Los Angeles Time*)的强力支持。最终在全民公决中,反对者以微弱优势取胜,否决了在市中心建设高架轨道交通的方案,也使得洛杉矶以有别于纽约、芝加哥等东部大城市的垂直发展方式进行自己的扩张。

但洛杉矶大都市区也没有变成一群花园城市的集合。1929年,布洛克百货公司(Bullock's)旗舰店在威尔希尔大街开张,距离市中心2.5英里,这片曾经的豆田变成了繁华的商业中心,也预示着洛杉矶将在未来的几十年中发展成为一个没有中心城市、拥有多个次级中心的大都市,也就是罗伯特·福格尔森(Robert Fogelson)所说的"破碎的大都市"(Fragmented Metropolis),无论是规划师还是商界巨头,都没有预料到这样的结果。1926年后,洛杉矶下城地区急剧衰落,到1939年,已有超过半数的商业离开了下城,却落户到大都市区的主要公路沿线,没有转移到大都市区的次级中心。这样的发展模式,也就是所谓的蔓延(Sprawl),很快也被其他美国大都市区所接纳,导致了战后出现大量如乔尔·加罗所谓的"边缘城市"(Edge Cities)。

几十年来,洛杉矶被打造成一座白人的大都市,那些土著加利福尼亚人和墨西哥人的历史都已被扔进了关于传教团的回忆和传奇中。在现实中,洛杉矶居住地区多大95%的土地受到严苛的种族性契约的限制——拉丁裔、亚裔和非洲裔美国人只能居住在破败的市中心周围,被坎尼·麦克威廉姆斯(Carey McWilliams)形象地称作"群岛"(Archipelago),再加上其警务部门的强硬和暴力,加剧了这一白人大都市的形象。二战期间,洛杉矶种族单一性的形象开始发生变化,尽管其某些方面仍然断断续续持续了半个世纪之久。战争期间重工业、尤其是航空工业获得了长足发展,洛杉矶作为太平洋战争美军的重要基地在战争刺激下经历了全方位的动员,以及国防工业吸引了大量少数族裔就业,共同改变了城市的种族结构,最重要的当属形成了一个有活力的非洲裔美国人社区,和拉丁裔人口的增长。但与此同时,洛杉矶种族关系也在不断恶化,日裔美国人在战争期间被投入集中营,1943年则爆发了左特套装骚乱,期间军警连续3天袭击年轻的墨西哥裔美国人。尽管切斯特·希姆斯(Chester Himes)在1943年海员骚乱后得出结论说"洛杉矶已变成美国南方",但少数族裔社区的文化风貌却在战后改变了这座大都市。

城市蔓延与现代化:1945—1973

二战结束后,横向拓展的洛杉矶在许多城市观察家眼中仿佛从未经过规划。尽管洛杉矶在战时经历了繁荣,甚至在战后经济进一步发展(1960年人口达到250万),但在拒绝了纵向发展模式之后,这座城市需要寻找新的扩张道路。这一时期,洛杉矶开始尝试现代建筑(如著名的示范大厦,Case Study Houses),以及推动新的横向发展——标志性的高速公路。但在1950年代和1960年代初期,也曾有过追求统一和综合型城市的设想,最突出的实践就是大规模的城市更新运动和洛杉矶近郊、位于安纳海姆(Anaheim)的迪士尼乐园,成立于1955年的迪士尼乐园展示了与横向蔓延完全不同的城市方案。

然而,一种全新的、尚未得到广泛认可的草根设想已在洛杉矶潜滋暗长了几十年,但这个关于城市现代化的设想大部分未得到城市精英的关注。战争期间,非洲裔美国人聚居的中央大街弥漫着爵士乐风情,吸引着来自全国各地的音乐迷们。二十世纪五六十年代,乔治·利普赛斯(George Lipsitz)和乔治·桑切兹(George Sanchez)的经历说明,摇滚乐将许多不同的社区结合起来,但并没有损坏洛杉矶在文化工业中的龙头地位。经历了1965年瓦茨骚乱后,洛杉矶曾经的白人大都市形象也一去不复返了。

多族裔的大都市:1973年至今

1973年,非洲裔美国人汤姆·布雷德利(Tom Bradley)当选市长,洛杉矶的特征也随之改变。新市长致力于将这座城市打造为环太平洋的门户城市,到1980年代,长滩和圣佩德罗的港口吞吐总量已达到全美第一。同时,大洛杉矶也成为全球移民进入美国的孔道(到2006年,洛杉矶市超过40%的人口是外来移民)。尽管航空工业在90年代急剧衰退,但洛杉矶县依然是美国主要的制造业中心,在服务业、科技和传媒等行业的投资也日益增加。虽然如麦克·戴维斯

(Mike Davis)所言,越来越多的富有洛杉矶居民迁居到封闭的郊区中,并且洛杉矶仍然在横向蔓延,但近年来,洛杉矶的中心地带有所复苏,城市内部逐渐兴起了密集型的再开发。2005 年,安东尼奥·维拉亚古拉(Antonio Villaraigosa)当选市长,标志着拉丁裔人口势力的增长(2000 年的人口统计显示,拉丁裔是洛杉矶人口最多的族群,占总人口的 46%),也标志着跨族裔草根联盟在城市政治中发挥着重要作用,后者构成了当代洛杉矶的城市政治和流行文化,在这座全球族裔多样化最为显著的城市中,这一草根联盟折射出洛杉矶人口的族裔地理。

延伸阅读书目:

- Axelrod, J. B. C. (2007). *Toward Autopia：Envisioning the Modern Metropolis in Jazz Southern California*. Berkeley：University of California Press.
- Banham, R. (1971). *Los Angeles：The Architecture of Four Ecologies*. London：Penguin.
- Bartlett, D. (1907). *The Better City：A Sociological Study of a Modern City*. Los Angeles：Neuner Company Press.
- Bottles, S. L. (1987). *Los Angeles and the Automobile：The Making of the Modern City*. Berkeley：University of California University.
- Doris, M. (1990). *City of Quartz：Excavating the Future in Los Angeles*. New York：Verse.
- Fogelson, R. M. (1967). *The Fragmented Metropolis：Los Angeles, 1850 - 1930*. Berkeley：University of California Press.
- Garreau, J. (1991). *Edge City：Life on the New Frontier*. New York：Anchor Books.
- Himes, C. B. (1943). Zoot Riots Are Racce Riots. *Crisis, 50*(7),201.
- Hise, G. (1997). *Magnetic Los Angeles：Planning the Twentieth-Century Metropolis*. Baltimore：John Hopkins University Press.
- Lipsitz, G. (1989). *Time Passages：Collective Memory and American Popular Culture*. Minneapolis：University of Minnesota Press.
- Longstreth, R. (1997). *City Center to Regional Mall：Architecture, the Automobile, and Retailing in Los Angeles, 1920 - 1950*. Cambridge, MA：MIT Press.
- McWilliams, C. (1946). *Southern California：An Island on the Land*. New York：Duell, Sloan, and Pearce.
- Pitt, L., & Pitt, D. (1997). *Los Angeles, A to Z：An Encyclopedia of the City and County*. Berkeley：

University of California Press.
- Sanchez, G. J. (1993). *Becoming Mexican American：Ethnicity, Culture, and Identity in Chicano Los Angeles, 1900 - 1945*. New York：Oxford University Press.
- Starr, K. (1973). *Americans and California Dream, 1850 - 1915*. New York：Oxford University Press.
- West, N. (1933). *Day of the Locust*. New York：New Directions.

Jeremiah B. Axelrod 文

李文硕译　陈恒校

下东区
LOWER EAST SIDE

下东区位于曼哈顿,占地 1400 英亩,在几乎两百年中是移民到达美国的第一站。下东区在原荷兰殖民地北侧,从这里前往华尔街、港口和各种市民中心都很方便。但下东区究竟涵盖哪个具体区域却纷争不已。最普遍的看法认为,下东区北部以 14 街为界,南部以布鲁克林大桥为界,东西则各以东河和百老汇为界。这里的人口密集且来源多样,堪称多族裔试验场,持续地影响和改造着美国文化。在 21 世纪初,下东区虽已不再是移民登陆的第一站,但却仍然是文化交融和充满活力的地方。

下东区的地理格局自殖民地早期以来发生了巨大变化。街道的名称或是来自在这里拥有地产的家族,如拉特格斯(Rutgers)、施泰因文森特和德莱赛(Delancey);或是来自这里田园牧歌式的风光,如用樱树、果园、桑树以及树荫(即鲍威利街)来命名。休斯敦街以南规模不大的街区,那里的街道命名并不遵循一定的规则。相比之下,东休斯敦以北的几个街区呈规则的长方形,在这里,东西向的大道笔直宽阔,而南北向的街道则相对狭窄,按照数字大小从东向西进行命名。到 1909 年,布鲁克林大桥、曼哈顿大桥(Manhattan Bridge)和威廉斯堡大桥(Williamsburg Bridge)将下东区与布鲁克林相连。到 1890 年代,第三大道和第二大道上建起了高架铁路,很快又铺设了地铁。高架铁路在 1950 年代末被拆除,以便这一地区进行密集的开发。从 1940 年建成的凡代克住宅区(Vladeck Houses)开始,东河沿岸的小型街区逐一被拆除,并在原址建成了以超级街区的面目出现的大型公共住房。罗伯特·摩西在40年代主持建成了沿东河的富兰克林·德拉诺·罗斯福大道（FDR Drive），如同超级街区一样，阻隔了当地居民与东河的联系。

到19世纪中期，随着移民和商业活动不断向北扩展，下东区的富有人群纷纷搬离，这个在19世纪早期曾经颇具魅力的社区逐渐沦落为贫民窟。独户的联排别墅被改造成了公寓，在没有联排别墅的地方，房东甚至将商用建筑改造成为多户型住房，被称作群租楼（Rookery）。随着人口的增加，新型建筑不断出现以容纳人口，最著名的当属经典的哑铃型公寓，以改善群租楼、后院住房（Rearyard）和铁路式住房恶劣的居住条件。典型的租屋有6层楼高，占地面积大约2500平方英尺。租客们住在分割成的一个个小房间里，往往与全家人甚至陌生人同居。在19世纪末，有些街区的人口密度甚至高达33万人每平方英里。正是这样恶劣的居住环境推动了美国住房改革运动的兴起，并推动了全美第一栋公共住房的诞生，即1936年的第一大厦（First Houses）。然而，住在下东区可以很方便地满足日常生活的需要，工厂、教堂、学校、社区改良会所、剧院、婚礼堂、酒吧喝商店，无不步行可达。正是这种混合式的土地开发保持了下东区生活的活力。

在所有定居在下东区的移民中间，爱尔兰移民是首个达到一定规模的群体。1840年代，成千上万的爱尔兰人涌入下东区，定居在臭名昭著的五点区和鲍威利街。很快，他们在码头区和建筑行业找到了工作，并以坦慕尼厅俱乐部为政治基地。从1840年代末起，德意志移民大量涌入，既有基督徒，也有犹太人，他们在狄伟森街（Division）和14大街之间定居下来，将其聚居区称为小德意志（Kleindeutschland）。大多数德意志移民受过良好教育，并拥有技术，因此很快就取得了财富和社会地位，搬离了小德意志。

很快，更大的移民潮从东南欧涌向美国。从1880年代起，成千上万的意大利移民来到美国，他们大多来自本国的南部地区，以非熟练和半熟练农民为主。他们在纽约的聚居区被称作小意大利，从沃思大街（Worth Street）向西直至鲍威利街，北部以布里克街（Bleecker Street）为界，并向下东区的其他街道扩张。据统计，从1880年至1924年，由50万犹太难民从东欧许多国家移民美国。1924年后，新的移民法大大缩减了移民人数。这些犹太人同说意地绪语，宗教习俗相同，并创造了一种富有活力的新型大众文化。他们与意大利移民类似，也集中在制衣行业，该行业此时以纽约市为中心。

19世纪末，数千华人移民来到纽约，定居在查特姆广场（Chatham Square）附近。1965年新移民法通过后，移民配额有所放松，随着1980年代海外资本的涌入，华人人数增多，社区规模扩大，成为今日所知的唐人街。1950年代，犹太人和意大利人搬走了，华裔制衣工人和店主取代了他们。

20世纪初，少量波多黎各人、古巴人以及其他加勒比国家移民来到这里。从50年代至今，又有成千上万波多黎各人逃离贫困生活而来到这里。到1970年代，由于去工业化，也由于居民抛弃这里，下东区早已破败不堪，但尽管如此，许多波多黎各人仍然留居在A大道和D大道之间，及卢萨达地区（Loisaida）。1965年，多米尼加人、墨西哥人等拉丁裔人口来到这里。

近来，又有三个族群来到下东区，即1940年代就零星定居于此的波西米亚人（艺术家、知识分子和社会反叛者）、从大学向东来到这里的纽约大学学生以及生于美国的中产阶级专业人士。他们被下东区独特的文化氛围、便捷的地理位置和新建或翻新的公寓所吸引，主要定居在A大道以西、东休斯敦街以北，也就是被称作东村（East Village）的地方。最近，他们开始搬迁到卢萨达，即字母城（Alphabet City）；有些人闯入了休斯敦街以南曾经的犹太人和意大利人社区中。这些新居民中间，许多人的祖先曾是定居于此的外来移民。

2001年，国家公园局将下东区近三分之一的区域确认为国家历史遗迹，并列入国家历史遗迹名录。但下东区真正的意义不在于其布局，也不在于其建筑，而在于其移民码头的地位，也在于这里曾经是并且仍然是文化、政治和经济创新的试验场。

亦可参阅：鲍威利街（Bowery, The），哑铃式公寓（Dumbbell Tenement），亨利街社区改良会所（Henry Street Settlement），雅各布·奥古斯特·里斯（Riis, Jacob August），社区改良运动（Settlement House Movement），租屋（Tenements）

延伸阅读书目：

- Howe, I., & Libo, K. (1979). *How We Lived: A Documentary History of Immigrant Jews in America 1880–1930*. New York: Richard Marek.
- Maffi, M. (1994). *Gateway to the Promised Land: Ethnic Cultures on New York's Lower East Side*. Amsterdam: Rodopi.

Barbara Stabin Nesmith 文

李文硕译　陈恒校

M

托马斯·麦克唐纳
MACDONALD, THOMAS H.

在美国每个城市的中心,交通都是主要关注点,同时也是引起持续讨论、辩论和迷茫的来源。很大程度上拜托马斯 H. 麦克唐纳(1881—1957)所赐,交通才成为美国人更为熟悉同时也是更为令人焦虑的议题。

麦克唐纳 1881 年生于科罗拉多州利德维勒,出生后举家迁往艾奥瓦州。他考入艾奥瓦州立大学并获得土木工程学位。他毕业的时代正是汽车以其廉价、易得而成为美国大众首选交通工具的时代。麦克唐纳意识到,假如人们要想真正享受新近获得的自由——汽车允许他们可以按照自己的计划达到任何铺设道路的地方——那么就应该拥有一个更好的公路网络。

在 19 世纪中叶之前,城市道路主要由鹅卵石或者砖石铺就。在城市之外,正式的公路都是由木板或砂砾铺就而成。麦克唐纳意识到,假如公路要想长久使用就必须更好地建设。他的第一份工作跟艾奥瓦州有关,他提醒大众,一个更好的公路系统能让农民将其农产品运到更远的市场去,也能够在州内提高交流。

1916 年,麦克唐纳被任命为美国农业部公路局局长。甫一上任,他立即将国家公路网络设想付诸实施,他认为此举能将城市及其间的社区联系起来。这个设想最终变成了我们今天所熟知的州际公路系统。很不幸,许多公路系统,以及使用它的卡车产业,要么没有监管要么监管不力,公路很快就陷入破败之中。

麦克唐纳很快构想了一个可以横越全美旅游的国家公路网络。这种公路的第一个化身就是林肯公路,从纽约到旧金山。纵观他的行动的规模,他提醒人们,在人类历史上,只有三个国家能够实施这样大规模的公路建设项目:罗马、拿破仑统治下的法国,和 1920 年代的美国。这个公路项目所处的时代,对城市而言意义重大,因为 1920 年美国统计数字表明,美国历史上第一次城市人口超过农村人口。1920 年代末,麦克唐纳已经在建设国家公路和为行使其上的人设立规范上获得成功。一个遍及美国的公路统一标识系统已经颁行,因此不管驾驶员行驶到哪里,都不会因为标识不同而引发麻烦。

城市之间不断扩大的交通,以及市中心区的驾驶(停车场、道路损耗、交通控制,等等),都考验着麦克唐纳。希望统一和控制公路系统是他鼓动各州齐心协力以提供更好的公路的动力。同时,他的强势作风让许多朋友纷纷离开。实际上,他在同一岗位上被解雇两次,就是因为他对其他人思想或政治考虑的无视。

他的名字等同于早期公路建设。对于 20 世纪前半叶的人而言,麦克唐纳的名字与之后闻名的快餐无关,而是同公路紧密相关,这种格局持续到 1955 年。

延伸阅读书目:

- Davies, P. (2003). *The American road*. New York: Henry Holt.
- Goddard, S. (1995). *Getting there: The epic struggle between road and rail in the twentieth century*. Chicago: University of Chicago Press.
- Kaszynski, W. (2000). *The American highway*. Jefferson, NC: McFarland Press.
- McShane, C. (1994). *Down the asphalt path*. Chichester, NY: Columbia University Press.

Cord Scott 文

曹升生译 陈恒校

雷金纳德·马什
MARSH, REGINALD

作为艺术家弗雷德·达纳·马什（Fred Dana Marsh）和爱丽丝·兰道尔（Alice Randall）的儿子，雷金纳德1898年出生于巴黎一个富有艺术气息的名门望族。在他很小的时候，他的家庭就回迁到美国。马什走的是他这个阶层走的惯常路径，最终在耶鲁大学主修艺术学，为耶鲁档案馆的许多科目做插画。虽然他开始了为许多出版物做插画的生涯，这些刊物包括《每日新闻》《名利场》（该杂志经常派他去康尼岛）、《纽约客》《财富》和《生活》，但是他最出名的事迹是他为纽约市而作的画作。

马什于1920年代早期到达格林威治村，这个地方在经过几十年的激进主义之后已经变得十分商业化，迫使一些艺术家奔向14街道去寻找新的工作室。马什、伊莎贝尔·毕晓普（Isabel Bishop）、拉斐尔·索耶（Raphael Soyer）和肯尼斯·哈耶斯（Kenneth Hayes）等声名相仿的艺术家麇集于此，这些布景画师既继承了进步主义观点也汲取了垃圾箱画派的现实主义风格。他们希望在城市场景下描绘人物，集中于城市日常状态下普通美国人的生活，将英国传统同美国资源结合起来了。

毕晓普和肯尼斯·海耶斯·米勒用快乐的色调描绘新近商业化的联合广场，马什却选择记录旅馆、廉价的娱乐场所、商店，以及那些徜徉在有害健康的东14街上的人们，这条街道处在第三大街和第四大街之间。年轻的马什从先贤约翰·斯隆（John Sloan）那里获取了不少灵感，但同时也受到进步时代文雅模式的局限，他夸大了那些浓妆淡抹经常光顾滑稽歌舞杂剧、舞厅和廉价商店的女性的华美和性感。马什的画中人物形象多样，个性鲜明，有些场景成为电影剧照。在越来越被广告、绘画所控制的城市里，马什的一些作品如《第十四街道》（1934）和《一支舞曲10分》（1933），等捕捉到了这个街区里商业和娱乐业的激情与喧嚣，以及下层阶级的勃勃生机。移民的替代性娱乐场所——康尼岛——为马什提供另一个喜爱的话题，在《康尼岛海滩》（1945）上得到了描绘。诸如《长岛海滩的黑人》将族裔问题同美国人的常规行为结合起来了。

当大萧条严峻时，马什恢复了他早年为杂志作插画的职业，不过这次都是政治劝服类杂志《新大众》。那些从博威迁移到联合广场的穷人和失业者，在《母校》（1933）中得到了揭示。1930年代中期他完成了很多壁画，包括描写纽约州船只的、财政救济法项目，以及纽约州蔡斯吉尔伯特海关的。由于他决心想在媒介上抛头露面，他奋力工作。包括索耶在内，许多朋友都认为他的勤奋造成了他在1954年英年早逝。

延伸阅读书目：

- Cohen, M.（Ed.）.（1983）. *Reginald Marsh's New York：Paintings, drawings, and prints*. New York：Dover.
- Goodrich, L.（1973）. *Reginald Marsh*. New York：Harry N. Abrams.
- Todd, E. W.（1993）. *The "new woman" revised：Painting and gender politics on Fourteenth Street*. Berkeley and Los Angeles：University of California Press.

Gordon Reaveley 文
曹升生译　陈恒校

男性家庭生活
MASCULINE DOMESTICITY

历史学家玛格丽特·马什（Margaret Marsh）在1988年一篇文章《郊区男人和男性家庭生活，1870—1915》中介绍了"男性家庭生活"这个词。在当时，她说这个词很难界定，到今天依然如此。但是，在19世纪末20世纪初一种新的男性概念出现在美国和英国文化里。马什和其他学者已经在倡议文学、艺术设计、家居装修乃至新消费品和休闲追求上发现了这种新的男人角色，在很多郊区中产阶级男性和女性的个人描述里也是如此。与此前庆祝运动和战场上的"男性崇拜"相比，顾家男人将男人置于家庭视野的内部并且是家庭日常生活的积极且执着的参与者。

简言之，世纪之交，维多利亚时代的男性概念已经扩大到一些曾经是居家女性的工作——照顾配偶、养育孩子、精打细算。19世纪男主外女主内，但是男人顾家则强调了男性对家务和家庭的投入。顾家男人拒绝维多利亚家长制家庭生活，并不拥护平等主义婚姻或者平摊家务，甚或在女性领域插一脚。居家男人力争成为体贴的丈夫、慈爱的父亲，能够提供稳定和安全，换言之，居家男人喜欢投身家庭生活。

男性家庭生活反映了对婚姻观点的转变，也反映了中产阶级工人的崛起。另外，男性家庭生活也有强

45

烈的空间内容,易言之,是郊区化的产物。20 世纪早期的倡议手册和期刊比如《美国居家和园艺》鼓励男人做郊区住房的建设者。美国参议员阿尔伯特·贝弗里奇(Albert Beveridge)在《青年人和世界》(1907)中宣称单门独户值得男人注意,有房者数量的上升也激发了新式男性理念。更重要的是,郊区生活让男人远离城市生活的腐败气息,它极易将男人从家庭生活勾引过去。顾家男人参加各种聚会和男性俱乐部,在郊区自娱自乐,携妻参加各种社会和文化俱乐部,同孩子们一起运动,闲暇就待在家里。那个时代的家居设计也反映和容纳了顾家男性不断增长的重要性,19 世纪按照性别分割的空间让位于起居室和开放式空间。

男性家庭生活是从历史和历史地理上不断构建起来的。例如,历史学家斯蒂芬·盖尔伯(Stephen Gelber)对 DIY 家庭修补的研究表明了男性在家庭事务中的崛起,这种崛起有别于女性,所以他称之为"顾家男人"(Domestic Masculinity)。他注明顾家男人最初显示了男人拥抱了女性的角色,随着时间的流转,中产阶级男性在 19 世纪后半期拿起工具干起了此前为专业工匠所完成的活。因此,盖尔伯的顾家男人将男人置于家庭视野,让他们同男性区别开来。虽然有些差异,但是这个角色明显是男性家庭生活的延伸,因为两者都将男人同家庭联系起来,让男人远离职场。两者同样出现在 19 世纪末,在 20 世纪开始流行,在二战之后达到新的高度。

同郊区增长和住房拥有率提高有关,战后的男性家庭生活在很多方面与 20 世纪早期相类似。但是,马什指出 1950 年代在很多方面是对过去的简单模仿。虽然男人依然被鼓励去教育孩子、呵护妻子、赋闲在家,但是有人逐渐意识到这些角色变成了义务而损害了男性自由。即便在家庭 DIY 世界里,男性也被描绘为按照妻子旨意行事的工人。很多居家男人发现自己已经陷入了女性神秘主义的圈套里。后来几十年,第二波女性主义和城郊关系的变化,会模糊曾经赋予男人顾家的那些早期形态。

延伸阅读书目:

- Gelber, S. (1999). *Hobbies: Leisure and the culture of work in America*. New York: Columbia University Press.
- Marsh, M. (1988). *Suburban men and masculine domesticity, 1870 - 1915*. American Quarterly, 40(2), 165 - 186.
- Marsh, M. (1990). *Suburban lives*. New Brunswick, NJ: Rutgers University Press.
- Tosh, J. (1999). *A man's place: Masculinity and the middle-class home in Victorian England*. New Haven, CT: Yale University Press.

Amy G. Richter 文
曹升生译 陈恒校

大众文化
MASS CULTURE

本质上,大众文化是指在现代民族国家和全球市场中通过现代工业及其传播和消费手段的文化生产。大众文化的雏形首次在 19 世纪末出现,其标志是杂志、报纸、摄影,但大众文化本身与 20 世纪美国文化产业的发展密切相关,美国生产了主导大众文化的产品:广告、收音机、电视和电视。大众文化有时与流行文化混淆,但是后者隐含着没有差别的大众文化消费者和集中化的公司结构来管理文化。

大众文化是一个复杂现象,其历史激起了很多对于现代工业社会里文化生产和消费的辩论。这篇文章集中大众文化的城市特性,因为大众文化形态的传输通常会挑战地理上的特殊。换言之,在城市里看电视或者看电影没有什么特殊之处。但是任何人都能描述文化和 20 世纪美国城市的关系是共生的。本文用纽约、芝加哥和洛杉矶作为历史案例,来考虑这种共生关系的四个方面,每个都有自己的历史内容。第一,美国城市的社会史探索了城市大众文化与其多种多样的受众之间的关系。第二,文化史视角强调城市在大众文化中的代表性。第三,一个更加传统的城市史视角认为城市是大众文化的生产基地。最后,美国城市的物质史检视了大众文化对城市场景的影响。

大众文化史学家的一个争论是,大众文化在何种程度上对文化消费者产生了均质效果,将他们的差异整合进一个中产阶级引导的主流文化里。这个辩论在语言多种多样的大都市区里尤为重要,因为这里的社会差异十分明显。历史学家们一个普遍观点是,大众文化能够促使不同的受众形成包容,但是最近的社会史学研究表明,城市受众却通过消费大众文化来服务于族裔传统。例如在芝加哥,族裔社区利用广播和电影来巩固社区团结,维持一定的宗教、文化或工人阶级地位。1920 年代,该市的外国语言音乐工业蓬勃兴起,迎合芝加哥工人阶级族裔社区的特殊口味。广播电台也通过播放一些来自波兰、爱尔兰和意大利的音乐和消息来提高少数族裔受众的收听率。电影展览也反映了芝加哥1920年代的丰富多彩。电影迷们经常到鲁普下城区的电影院看电影，正如他们几十年前看五美分娱乐场一样。当地的剧院都同周边的移民社区或工人阶级社区保持强烈的联系，经常上演意大利歌剧、波兰戏剧或者墨西哥的音乐。因此，当20世纪前几十年里大众文化在芝加哥扎根时，它的影响不是削弱而是加强了美国城市生活的历史多样性。

大众文化和城市发展的历史联系的第二个层面，需要文化史去思考城市在大众文化中的代表性。使用最为简单的还原模式，文化史认为考察人们所说的故事以及他们通过语言和图片来传播的方式。当美国在19世纪末变成城市工业国家时，城市在国家想象里变得更大，产生了一系列文化故事，它们既触及了大众文化的现实类型，如报纸和摄影，也接触到更为虚幻的文化现象，比如长篇连载小说和一角小说。但是，没有哪件事比1893年芝加哥哥伦比亚展览会更能激起美国人民对城市生活的可能性的想象了，这场展览会演示了对理想化城市的狂热。19世纪末和20世纪初的众多大宗文化形态、展览会和世界大会，都是一个集中化的管理单位规划的，在设计中也保证大众参与。有设计师丹尼尔·伯汉姆的芝加哥怀特市，展示了一个快速城市化和工业化的国家的信心，也激起了一代城市规划师拥抱进步时代的装饰艺术风格（Beaux Arts）。

芝加哥见证了它理想化的图像在哥伦比亚博览会中不断深化，与洛杉矶通过旅游广告来获得全国性的认知不同。这标志着美国城市文化史的另一个维度，广告成为城市发展的重要形式。在洛杉矶，城市促进者和地方企业家为洛杉矶和南加州策划了田园般的幻境，以此来促进增长，吸引游客和有资质的居民。南太平洋铁路在这个过程中扮演了重要角色，它刊登了全国性的广告，宣扬一种田园但富饶的场景，远离了城市中心的晦暗肮脏。通过这种能力，广告为城市增长提供了一个重要手段，演示了世纪之交大众文化与城市化的强大关联。

假如19世纪末的大众文化描绘了一个阳光的、乐观的城市生活，那么20世纪中叶则在大众文化里描写了一个更加暗淡的城市形象。二战之后出现的黑色电影，强调了城市生活的阴暗面，不但通过《城市的恐惧》《黑暗的城市》和《城市和夜晚》这样的题目，也通过对社会失序和城市溃败的叙述来达此目的。虽然电影史学家将黑色电影认定为是对大萧条、战争和冷战的焦虑，但是黑色电影将城市描写成危险和冷漠之地，也表明对传统城市生活模式的拒绝，昭示了对战后郊区化

浪潮的大加鞑伐。这样，从白人城市到黑色电影，大众文化里对美国城市的历史描述，说明了对城市及其文化存在全国性的矛盾情绪。

第三种考虑城市和大众文化的历史联系的方式，是大众文化的生产集中在城市。在这种情况下，城市史的特殊方法强调这种关系。历史上，城市，尤其是美国城市，导致了文化生产的集中，19世纪后半叶不断扩大的城市化和工业化规模，同时也引发了大规模的文化生产。在20世纪，两个城市成为了美国大众文化无可匹敌的总部：纽约和洛杉矶，它们的文化产业拓展到了全球。例如1920年，纽约的麦迪逊大道成为国家广告业中心，其历史可以追溯到19世纪中叶。麦迪逊大道上的广告公司，比如沃尔特·汤普森公司（J. Walter Thompson）的成功，以及纽约市广告部门协会与美国广告部门协会的成立，都让麦迪逊大道成为美国广告业的同义词。

第二个例子涉及洛杉矶好莱坞的影片业的发展。影片在世纪之交首次出现在城市移民社区，它们并非好莱坞的首创。实际上，好莱坞直到1920年代末期，随着工作室制的兴起才成为电影业的代名词，工作室制反映了影片生产的新式公司结构。八大影片公司——华纳兄弟、福克斯、全球、无上、哥伦比亚、米高梅、联艺和雷电华——联合控制了影片的生产、演出和传播，用垂直融合结构，为后来洛杉矶文化产业不断发展壮大奠定了基础，此后洛杉矶还延伸到了流行音乐和电视的大规模生产。

最后，文化史学家确定大众文化对城市建成环境有深远影响。这个观点需要更宽泛的大众文化观点，将汽车和郊区住房这样的大规模生产商品也包括在内，这两者也对20世纪美国的城市化的进程产生了深远影响。例如，汽车对美国城市的影响一直是美国城市史家争论的议题。本质上，汽车重写了住房和就业之间的地理联系，也激发了郊区增长。在洛杉矶和拉斯维加斯这样的城市，特别是战后，汽车孕育了整个汽车文化的发展，迎合了驾乘者的需要和野心。商场、停车场、广告牌、加油站、免下车电影院和旅馆、零售店和洗车店，共同烘托了以汽车大规模普及为核心的20世纪城市体验。和交通一样，住房也在20世纪经历了深刻的变化，这是由于大规模生产技术及其流传。在1950年代，像纽约长岛的莱维敦和洛杉矶的莱克伍德的城市化地区，都依靠郊区住房的大规模生产来为那些逃离传统城市生活模式来到郊区的美国人提供住房。今天，这个国家的城市都有自己版本的莱维敦和莱克伍德，反映了另一种大规模生产对美国城市的

影响。

　　洛杉矶和拉斯维加斯作为新兴城市化的亚型——明显不同于纽约和芝加哥——引发了对大众文化时代城市生活体验的争论。来自左派的一个激烈批评是，资本的绝对权力侵入了美国城市的每个角落：住房、汽车、广告、电影和电视，都是这个高度管理化的世界的关键元素，一个消极的、同质性的大众消费者追求蛊惑性消费文化的错误誓言，这种文化保证了工资劳动和信用卡消费的永久存在。从 1960 年代开始，城市理论家介绍了一种不同的视角，强调民主流和城市里文化权力的分散化模式。这些学者转向了如拉斯维加斯和洛杉矶的模式，逐渐意识到，大众消费文化的爆炸已经摧毁了文化结构，大众消费文化让那些众所周知的"良好生活"对于每个人都可触、可感、可得。这个视角扬弃了标准左派批评家的文化精英主义和学术势利，并且庆贺行话的确立。这两个观点在许多方面继续让学者们了解美国城市文化史，强调大众文化对当代城市生活的影响。

延伸阅读书目：

● Avila, E. (2004). *Popular culture in the age of white flight：Fear and fantasy in suburban Los Angeles*. Berkeley：University of California Press.

● Cohen, L. (1990). *Making a new deal：Industrial workers in Chicago, 1919 - 1939*. Cambridge, UK：Cambridge University Press.

● Kasson, J. (1978). *Amusing the million：Coney Island at the turn of the century*. New York：Hill & Wang.

Eric Avila 文

曹升生译　陈恒校

市长—议会政府
MAYOR-COUNCIL GOVERNMENT

　　虽然没有两个美国城市会有一样的政府形态，但是"市长—议会制""及其变异"一直是最流行的。在 1890 年以前，大多数城市都采用弱市长强议会形式，其中市长仅仅是名义上或者形式上的，有短暂的 1 年或 2 年任期，没有任何有效的决策权或管理权。大多数市政服务的日常管理都为特殊目的机构把持，独立于市长控制，有自己独立的选举和税收。市长的地位反映了对各级政府行政权力的不信任，这是共和理念的体现，也在州宪法和市政章程中得到体现。

　　相反，19 世纪的市议会有广泛的权力，即便市政章程显著了限制了它们的征税、租赁、任免和监管权。不管一院制还是两院制，19 世纪的议会规模都很大且组织严密，其成员都是从党派竞争激烈的特殊选区来的。他们反映了所在城市的社会经济和族裔文化多样性，成员善于捍卫委托人的特殊利益，以及选举和维系他们的组织纪律。

　　立法的进程一般冗长、混乱，其间夹杂着种种幕后交易。即便是诚实的、勤勉的议会成员也难以界定什么是全体福利，更遑论促进。在 19 世纪的后半叶，越来越多的批评家和改革者谴责弱市长—议会制，认为是造成市政府无能也不愿用诚实、高效和经济的方法来提供服务的罪魁祸首之一。

　　对这种萎靡不振的最早和最流行的疗法是强市长—议会制，其动力来源于 1899 年全国市政联盟的好政府大会采纳的示范城市章程。这个章程将立法权给予一个相对较小、一院制的议会，其成员按照非党派选择经普选产生，任期 6 年。市长从全市选出，有全面的管理和决策权，包括起草预算、设定立法议程、对议会通过的法令有否决权。所有市政府的各部门和机构的首脑都必须向这位首席行政官负责。为了加强强市长—议会制的权威，全国市政联盟建议市政选举应该是非党派的，同国家选举和州选举分别开来，投票应该是秘密和短暂的，城市应该享有相当程度的自治，包括采纳和修改章程的权力。

　　一个普遍规则是，规模越大、人口越多元的城市越倾向保持一个大的议会，其成员在党派基础上按区选举，而规模很小或中等城市更愿意按照联盟推荐的计划来重构议会，或者采纳委员会形式抑或城市经理—议会制。不官议会的构成如何，权力和荣耀无情地倒向行政部门，一般而言就是市长。利用积累而来的管理权、预算权、否决权和领导权，市长稳稳地增加了在决策中的权力。四年任期，单项否决权，实施预算权，这些都显著了加强了这个转变。当城市行使不断加大的规划、监管和管理权时，具体发挥这些功能的部门必然强大起来，增强了被重新设计的行政部门的规模和权限。作为事实上的首席行政官，市长决定部门工作的轻重缓急，以及开支，其手段就是控制人事和预算。四年的任期让他有足够的时间去构思和实施野心勃勃的项目，也将自己的政治命运同这些项目的成败联系起来。市长直接面对选民，因此成为城市里不同利益集团和"人民的护民官"的中间人，人民保民官拥护整个城市的福祉。1930 年代和 1960 年代，很多大城市的市长能够同联邦政府结成联盟,由此自己的社区可以得到很多国家项目和资助。他们中很多人——不管是个体还是集体——都对州和国家事务施加了重要影响,也让自己成为城市居民在诸如核能、种族族裔问题、减贫和环境等重要问题上的发言人。

大多数情况下,强市长的崛起一直伴随着城市议会权力和影响的衰落,以至于有些评论家称之为"燃尽的火山"。但是这种结论不可一概而论。尤其是一些大城市,议会依然是非常重要的立法机构,市长无法置之不理。在成千个小城市里,弱市长—强议会依然存在,议会依然任命官员,批准提名的市长,控制预算,另外还包括通过法令。超过半数的美国城市在某种市长—议会形式下运行,包括最近的一个新变化——增加一个行政次长(CAO)来处理大多数日常事务,而市长集中仪式性工作,同时发动宽泛的政策计划。大多数更小规模的城市,除了新英格兰乡镇模式,基本都在市长—议会制下运行。17个最大城市中除了三个都采用市长—议会制,通常有一个强市长。人口在5000到1万之间的城市几乎都使用市长—议会制,其议会的强大因具体情况而有所不同。

延伸阅读书目:

- Adrian, C. R., & Press, C. (1968). *Governing urban America*. New York: McGraw-Hill.
- Goodnow, F. J. (1909). *Municipal government*. New York: Century Company.
- Munro, W. B. (1919). *The government of American cities*. New York: Macmillan.

John D. Buenker 文

曹升生译　陈恒校

田纳西州孟菲斯市
MEMPHIS, TENNESSEE

田纳西州的孟菲斯市以其在民权运动中的斗争和对蓝调和摇滚乐的贡献而知名。孟菲斯位于密西西比河冲积平原第四契卡索悬崖上,是19世纪领土扩张后第一批被拓殖的,随后伴随着西进运动和经济增长而发展。该市的中心位置在南部,邻近密西西比河,密布的国家铁路网鼓励这个"悬崖城市"充分利用棉花的向西扩展而变成世界上最大的内陆棉花市场。孟菲斯也由此从内陆的小河镇变成对国家商业发展至关重要的中心城市。

18世纪末美国同法国和西班牙的领土纠纷得以解决,1818年城市建设者同契卡索印第安人签署了条约,此后城市建设者才得以开始买卖他们1790年首批购买的土地。孟菲斯建成于1819年,但是直到1840年代和1850年代才有大的发展,此际蒸汽船和铁路让它充分利用贸易影响来利用棉花对美国经济的重要性。虽然1860年奴隶仅占该市人口的17%,但是孟菲斯有中南部最大的黑奴贸易市场。该市的增长,不仅依靠棉花商人和奴隶贸易,也依靠新的劳工阶级。1850年代,孟菲斯是美国增长最为迅速的城市,其增长的大部分是新移民的到来,1860年新移民占该市人口的30%。结果在内战前夕,孟菲斯是南部第六大城市。

内战和重建时代是动荡不安的。居民抵制脱离联邦的行为,但是,对萨姆特堡开炮让孟菲斯成为南部阵营,但孟菲斯在1862年6月6日倒向北方,战时是一个走私中心。解放黑奴和重建导致了大量的社会和政治变化。非洲裔美国人从1860年的3872人发展到1870年的15471人。人口变化引发了1866年5月1日的一场种族骚乱。1867年非洲裔美国人在田纳西州被授予普选权,1870年代他们选举黑人担任官员。

孟菲斯也面临经济困难。棉花价格的下降和财产税上浮对城市财政造成巨大压力。1879年,该市宣布破产也失去了章程,处于州政府直接管辖之下。经济精英谴责工人阶级的选举行为,发动了市政改革运动。黄热病让城市人口减少,也让税收减低,因此城市章程被取消,一个委员会形式的政府建立起来了。

1880年代和1890年代,市政领导着力通过建设一个现代排污系统,扩大城市服务和减低税率来促进经济增长。从国内涌来的几千名白人和黑人让孟菲斯成为1900年代南部第三大城市。棉花继续主导经济,孟菲斯也成为南部最大的硬木市场,为移民提供了就业机会。1893年,孟菲斯恢复了自治,重新获得城市章程。当孟菲斯进入20世纪时,它实施了一个兼并计划,建立了一个现代公园系统,在1909年采用了一种新的委员会式政府。这些市政上的进步是同种族偏见的加剧相同步的。1886年第一个非洲裔被选任为官,此后到民权运动时代再有没有黑人为官。隔离伴随着种族暴力运动。伊达·维尔斯(Ida B. Wells)和其他人抗议种族主义的加剧,同时很多非洲裔美国人建立黑人学校、教堂和企业,尤其在非洲裔美国人社区的中心地带贝勒街。

20世纪前五十年,孟菲斯的政治被爱德华·克伦普(Edward H. Crump)所控制。此君 1909 年被选为市长,直到 1915 年因为未能实施州禁酒法而离职。但是他继续在幕后施加影响。像北方政治老板一样,克鲁姆依靠提供城市服务和保护而换取政治支持。克鲁姆因使税率降低而获得广泛的支持。但是孟菲斯落后于其它南方城市,并以美国的谋杀之都而臭名远扬。1920 年代,克拉伦斯·桑德斯(Clarence Saunders)通过其"小猪扭扭"(Piggle Wiggly)连锁超市而将超市商业革命化——第一家于 1916 年在孟菲斯开张。虽然大萧条时失业率很高,但孟菲斯兴起了很多商业。然而,种族主义和城市对工会的敌意,让工资很低,隔离制度纹丝未动。

克伦普于 1954 年逝世,民权运动的兴起,这两件事标志着一个新时代的开始。孟菲斯媒体人爱德华·密曼(Edward J. Meeman)和其他改革家开始于 1940年代批判克鲁姆。约瑟夫·沃克(Joseph E. Walker)、本杰明·胡克(Benjamin L. L Hooks)和其他民权运动活动家都试图击败克伦普集团,终结种族隔离制度,选举黑人为官。1968 年,市长—议会制政府取代了委员会,自从 19 世纪末以来非洲裔美国人第一次担任公职。当小马丁·路德·金到孟菲斯支持一个卫生系统的罢工时被谋杀,孟菲斯获得全国性的关注。虽然民权运动带来了新变化,但是 1970 年代是经济不确定时期。城市领导人集中城市更新和复兴下城。1980 年代蓝调俱乐部和贝勒街夜场,再度成为旅游旺地,而孟菲斯的联邦快运公司让航运业发生革命性变化。1991年,孟菲斯选举维威利·赫纳敦(Willie Herneton)为第一任黑人市长。当 21 世纪开始时,孟菲斯继续吸引全世界的游客去观赏其历史遗迹,包括猫王之家(The Home of Elvis Presley)和全国民权运动博物馆。

延伸阅读书目:

- Goings, K. W., & Smith, G. L. (1996). "Unhidden transcripts": Memphis and African American agency, 1862 - 1920. In K. W. Goings & R. A. Mohl (Eds.), *The new African American urban history*. Thousand Oaks, CA: Sage.
- Honey, M. K. (1993). *Southern labor and black civil rights: Organizing Memphis worker*s. Urbana: University of Illinois Press.
- Tucker, D. M. (1980). *Memphis since Crump: Bossism, blacks, and civic reformers*, 1948 - 1968. Knoxville: University of Tennessee Press.
- Wren, L. B. (1998). *Crisis and commission government in Memphis: Elite rule in a Gilded Age city*. Knoxville:

University of Tennessee Press.

Brian D. Page 文
曹升生译 陈恒校

H. L. 门肯
MENCKEN, H. L.

亨利·路易斯·门肯(Henry Louis Mencken, 1880—1956),即为人所熟知的 H. L. 门肯,是 20 世纪上半叶美国最为有名的报人。他在 20 世纪早期于巴尔的摩《先驱报》做记者和编辑,然后在 1906 年跳槽到巴尔的摩更为有名的《太阳报》,在那里他当了 42 年的编辑和专栏作家。但是,新闻工作并不是他智力才华的全部。他是随笔作家、文学评论家、20 多本书的作者、杂志编辑,他善于用一种生动的、狂暴的写作风格来评论美国,这抓住了读者的注意力并支持他,即便他们并不认同门肯对美国政治、宗教和文化信念和行为的观点。1920 年代,他的第二份杂志《美国信念》在美国广为流行,他深度参与了一些争议性的事件,如1925 年的斯科普斯事件(关于田纳西州禁止教授进化论),这些都让他成为公众人物。与此同时,他在文学评论圈声名鹊起。对于很多人而言,门肯代表了 1920年代崭新的、复杂的、不虔诚的现代美国人形象,他站在逝去的 19 世纪保守力量的对立面。

门肯 1880 年生于巴尔的摩。在他三岁的时候,全家搬迁到了西巴尔的摩一处三层红砖小房子里,对面有一个宽大的广场,门肯此后就定居在这里。虽然他经常因为业务去纽约市,也经常因为专业和商业辗转全国,但是他对家乡一往情深。虽然他严厉地批判当地的政治和当地人的恶俗,但是他从未将巴尔的摩与那些发展迅速的工业城市比较,比如克利夫兰或匹兹堡,他称这些城市为暴发的货源站。巴尔的摩(和马里兰)厨房的灯光、音乐氛围和日耳曼裔,都是门肯所心仪的,展现的美好发展前景——在他的眼里——是其它城市无法比拟的。

在巴尔的摩《夜晚太阳报》一周一次的周一专栏和其他文章中,门肯描绘了美国城市生活的许多方面,当然是经过了他的偏见的过滤,也是以他粗暴的语言展现的。他经常抨击当地的商人——他称之为booboisie——热衷时尚而不管对城市的影响。门肯尤其痛恨那些假公济私中饱私囊的政客,也对那些漠视城市需要的州政府表示了愤慨。虽然他没有买过汽车,但是他意识到了汽车大量涌现带来的危机,倡导轨道交通。他甚至看到了居住区里的族裔变迁,这归因于一个漫长的进程,后世称之为街区房地产跌涨牟利。门肯死于 1956 年,虽然门肯所描写的城市早已逝去,但是他对美国城市政治行为和文化信仰的洞见,依然闪耀着光芒。

延伸阅读书目:

- Adler, B. (1961). *H. L. M.*: *The Mencken bibliography*. Baltimore: Johns Hopkins University Press.
- Teachout, T. (2002). *The skeptic*: *A life of H. L. Mencken*. New York: HarperCollins.

Edward K. Muller 文
曹升生译 陈恒校

大都市区
METROPOLITAN AERA

大都市区是一个由中心城市及其周边郊区、城镇和卫星城市组成的较大区域,它们之间有高强度的经济和社会整合度。在 20 世纪,大都市区的规模和重要性不断增长。1950 年,大都市区上居住着大多数美国人,也是大多数就业、交通工具和政治制度的所在地。20 世纪前五十年中心城市是大都市区的核心,但是后五十年经济、社会和政治力量的发展,已经促成郊区重要性的上升和中心城市的衰落。

19 世纪末以来大都市区的发展,根源于工业资本主义的劳动分工、专门化和集中化。增长被一个高度复杂的经济体系所驱动,这个经济体系里有分工协作的工厂,有公司和经济部门之间的特殊分工,跟种族、族裔和阶级相联系的权力结构。集中的交通和通讯将城市功能的丰富强大联系起来。来自美国农村和世界各地的移民涌入中心城市和兴盛的郊区来维持新经济和社会生活。资本流入城市里一系列生产、住房和服务部门,创造了很多节点,而经济活动和社会活动围绕这些节点聚集。总之,这些分工、特殊化和集中化构成了 20 世纪大都市区的基础。

界定大都市区并不是简单的自发行为。虽然大都市区的基本机构在 19 世纪末就已经明朗,但是直到 1900 年统计署才发明了一个方法来界定城市地区。1910 年,统计署创造了大都市区(MDs),指涵盖中心城市和周边地区的压缩性地区。但是 MD 不足以捕捉住城市地区飞速增长的规模。1950 年,统计署放弃了 MD 而采用了标准大都市区(SMA)。自那以后,以县为基本统计单位的标准大都市区,经过几次调整,但依然是最主要的美国大都市区分类方法。尽管统计署极力将城市人口和农村人口分离出来,但是什么是大都市区依旧是个问题。最重要的问题,比如哪里是分割大都市区和非大都市区的界限依然难以回答。

但是学者们却对界定什么是大都市区的一系列特征有一致意见。首先,大都市区是一个高度统合的形式,通过日常通勤和工作来实现双向交互性。也就是说,大都市区的周长是以劳动市场的延伸度为准的。第二,大都市区被一个复杂且延伸的跨城市交通网络整合的。当过去一百年日常通勤在不断增加时,公共交通工具(如有轨电车、汽车和地铁)的重要性在增加,私人交通系统(汽车和卡车)也在相应地增长,而通勤时间在不断压缩。第三,大都市区与农村有双向关系。农村为大都市区提供食物和其他资源,而后者为其提供工业制成品、信息和服务。大都市区的区域性影响,从其中心向几百英里外延伸,由特殊专业经济的(工业卫星城和农业区)和社会的(养老村)和休闲的(夏季度假村)等功能组成。最后,大都市区是一个在社会和经济上高度隔离的地区。工作和居家在不同的地方集中。居住区严格按照收入、阶级和种族区分。经济功能被配置到大都市区的不同部分。

上述事态发展的结果就是过去一个世纪美国的人口增长首先是大都市区增长。1910—2000 年间,居住在美国大都市区的人口从 28% 增长到 80%,其绝对数字从 2600 万增加到 2.26 亿。其中绝大多数增长发生在 1950 年以后。新近人口增长的规模,可以从 1990 年代大都市区新增的 3300 万人口,超过 1910 年大都市区人口总数规模这个事实上看出来。大多数增长发生在郊区。越来越多的人居住在大型大都市区。1950 年,14 个大都市区有 100 万以上的人口,这占了美国总人口的 29%。50 年后,相应的数字是 50 个大都市区和 57%。2000 年,三分之一的美国人居住在五百万以上的大都市区里。美国是一个大都市区社会。

当代大都市区遭遇一系列问题。虽然这些问题不是最新的,但是很多学者相信过去两代人的变化已经让早期的问题更加复杂。不能在大都市区(和地区)层次上实施适当的控制和协调,加速了交通、服务供给和就业的问题。中心城市不断下降的经济和政治影响力加剧了这个问题。人口和经济变化造成了大都市区发展动力的变化。郊区人口在整个大都市区的比重从

459

1910 年的 25% 飙升到 2/3，大多数就业岗位在中心城市之外。

社会和经济不平等在多个方面持续主导大都市区议程。种族和阶级依然是分裂美国大都市区社会的中心力量。从里根时代起，财富不平等变得越发明显，其根源在于经济基础的变化，社会安全网络的选择性肢解，和逆行的税收体系的实施。这些趋势都被直接转移到大都市区里，城市和郊区的差异继续恶化，即便有绅士化运动和工人阶层白人逃出中心城市。围绕阶级、种族和族裔而产生的高度隔离的世界，继续分裂着美国大都市区。

延伸阅读书目：

- Blumenfeld, H. (1964). The urban pattern. *The Annals of the American Academy of Political and Social Science*, 352, 74-83.
- Cronon, W. (1991). *Nature's metropolis: Chicago and the great West*. New York: Norton. McKenzie, R. (1933). *The metropolitan community*. New York: McGraw-Hill.
- Muller, E. (1987). From waterfront to metropolitan region: The geographical development of American cities. In H. Gillette & Z. Miller (Eds.), *American urbanism: A historiographic review* (pp. 103-133). Westport, CT: Greenwood Press.

Robert Lewis 文

曹升生译 陈恒校

大都市区政府
METROPOLITAN GOVERNMENT

一个世纪以来，市政改革者用一种方式或另一种方式宣扬大都市区政府理念。后来被称之为大都市区政府或者大都市区难题抑或边缘问题的问题，肇端于这个城市的地理疆界很少与更大城市化区域内的实际疆界相一致。据称，大都市区政府能够为包括中心城市及其郊区在内的蔓延性城市化区域提供更为理性的管理和服务手段。当城市居民超越市政疆界涌向外围社区时，兼并和合并便成为工业化时代最为常见的手段。新的轨道交通和后来的高速公路以及汽车促成了更为分散化的人口，但它们也将城市和它们的郊区联系在一起。有些郊区希望被中心城市兼并，因为它们

乐见更好的设施、更有效率的治安和消防和其他服务。随着时间的流逝，美国的很多郊区抵制中心城市的兼并，它们想维持更低的税率，自我管理所在的小型同质性社区。它们也想远离中心城市的机器政治、新移民或者非洲裔。中心城市和郊区城市围绕政府结构和政治权力的斗争成为来现代美国城市史的主题。

当 19 世纪末美国实现城市化时，大都市区政府的倡导者力促通过兼并和合并来实现中心城市的增长。例如 1854 年，在得到州议会的批准后，宾夕法尼亚市同宾夕法尼亚县境内所有的地方政府合并。1856 年，加州议会批准了洛杉矶市同洛杉矶县的合并。在工业时代，主要的大城市都追求兼并。在 1860—1890 年间，芝加哥通过兼并从 17 平方英里暴增至 178 平方英里，圣路易斯从 14 平方英里增加到 61 平方英里，波士顿从 5 平方英里扩大到 39 平方英里，明尼阿波利斯从 5 平方英里膨胀至 53 平方英里，匹兹堡从 2 平方英里升级到 27 平方英里。在新奥尔良，几个同新奥尔良教区的合并和兼并，造就了一个 1890 年面积达 196 平方英里的城市。市政合并趋势在 1898 年达到顶峰，是年曼哈顿同布鲁克林、昆斯、斯塔滕岛和布朗克斯的合并，使大纽约市达到 299 平方英里。合并和兼并有很多动机，但其主要后果之一是实施统一的大都市区政府。

20 世纪早期，来自郊区市民和州议会的抵制放缓了兼并和合并的节奏。许多城市，尤其是南部和西部城市，比如伯明翰、亚特兰大、迈阿密、洛杉矶、奥克兰和盐湖城，都通过兼并实现增长。例如 1890—1920 年间，洛杉矶市通过兼并从 29 平方英里增加到 364 平方英里，盐湖城从 11 平方英里扩大到 68 平方英里，波特兰从 6 平方英里增至 66 平方英里，休斯敦从 9 平方英里扩大到 39 平方英里，伯明翰从 3 平方英里增加至 49 平方英里。但是，大多数进步运动改革家相反注重市政结构，强市长制、城市经理制、议会制，和全国市政联盟的示范城市章程，都是可选项。1896—1916 年间，三次试图将波士顿与其大都市区内的郊区城市合并为一的努力，都在马萨诸塞州议会折戟沉沙。进步时代，芝加哥、克利夫兰、底特律、辛辛那提、密尔沃基、布法罗、波特兰、西雅图、奥克兰和亚特兰大都经历了失败的兼并尝试。

1920 年代，城市区域的政府碎片化问题开始被认为是个大问题。兼并的重重困难让大都市区改革者转向市县合并，虽然这并不是最完美的方案，因为城市化区域经常同时超出了县和市的疆界。1925 年，全国市政联盟建立了一个大都市区政府委员会。其在 1930

年发布的详尽报告调查了政府碎片化问题,并且将某种市政合并作为获得更加有效的城市政府的方法。这份研究报告指出纽约大都市区有148个市,匹兹堡有127个,宾夕法尼亚有119个,芝加哥有90个,波士顿有49个,洛杉矶有48个。1933年,一份研究芝加哥地区地方政府的报告发现芝加哥地区有1642个地方政府,包括市、县、镇区、校区和专区,表明政府碎片化问题比全国市政联盟的报告所说的更为严重。这份研究说,碎片化的代价就是许多服务的过度和重复——规划、交通、供水、排污、公共卫生、供电——这些都能被一个更大政府统一提供。但是,在长期寻求大都市区政府的努力中,郊区市民投票否决了城市合并计划,比如奥克兰(1921年),圣路易斯(1926年和1930年)和匹兹堡(1929年)。

1920年代和1930年代区域规划思想甚嚣尘上,这激发了大都市区思考。专业期刊比如《美国城市》《美国市政评论》和《公共管理》都为大都市区政府议题提供了很大的版面,并且介绍美国在这个方面的最新进展。密歇根州立大学政治学家托马斯·里德(Thomas H. Reed)以前是位城市经理,现在强烈拥护大都市区政府,就这个问题写了很多文章,还成为众多打算市县合并的城市的顾问。芝加哥大学的查尔斯·梅里亚姆(Chareles E. Merriam)是一位积极的政治学家,也是一位大都市区政府的倡导者。梅里亚姆在1930年代发动了一个计划,将17个公共官员的专业组织总部集中到芝加哥东60号街1313大厦。这些组织包括美国市政协会、美国规划馆员学会、美国公共工作协会、公共管理服务、和其他如城市经理、治安长官、审计员和税务官、公务员、住房官员和公共服务工人之类的协会。梅里亚姆的初衷是创造一个利益共同体,在这些负责市政府管理的官员中间激发创造力。通过这些公共管理人员,他们为那些考虑大都市区政府的城市提供研究和方案,梅里亚姆的1313团队在接下来几十年塑造大都市区政府的活动中发挥了重要影响。

新政时期,联邦政府也支持合并的市政府。通过城市主义委员会(梅里亚姆在其顾问团里任职),富兰克林·罗斯福总统的国家资源规划委员会签发了几份报告,这些报告强调了碎片化的市政府带来的低效,也敦促市政府现代化和合并,同时也敦促州议会放松对兼并的监管。虽然各方都强烈拥护大都市区政府,但是郊区选民成功地抵制了1920年代和1930年代的多次合并改革申请。

兼并和合并的失败,导致了一些可以获得大都市区内有效政府的替代方案,其中之一是专区。19世纪末,马萨诸塞州议会建立了独立的大都市区排污、供水和公园管理局,后来合并为大都市区委员会,为波士顿大都市区的四个县提供上述三种服务。伊利诺伊州在1899年建立了一个芝加哥公共卫生区为40个市提供排污服务。进步时代,西雅图大都市区和波特兰大都市区建立了港务局,克利夫兰建立了一个大都市公园区,印第安纳波利斯建立了一个公共卫生局,奥克兰建立了一个公共事业区。纽约和新泽西两州的议会在1921年建立了纽约港务局以协调港务管理。纽约市的罗伯特·摩西利用1933年建成的三区桥涵管理局建立了一个巨大的公共工作帝国。1935年,加州发动建立了47个不同的专区来为大都市区提供服务,包括南加州供水区。

那个时期另一个获得大都市区内服务提供的方法是功能合并。这首先于1920年代和1930年代在南加州出现。洛杉矶县同几打地方政府签约为它们提供排污服务。1930年代,许多州的议会要求对新政项目中的公共福利和公共卫生实行县域层面的管理。这种功能合并模式在随后的几十年里变得越发重要。专区和功能合并为管理广阔地域的特殊服务提供了协调性的管理,这一点在合并和兼并受到冷遇的氛围下显得尤为可贵。但是,它们也增加了大都市区内政府单位多得令人眼花缭乱的感觉,无助于解决更大规模的大都市区问题。

二战之后,改革大都市区结构的想法复兴了。战后郊区化的高歌猛进,中心城市去工业化和人口锐减,一起推动了新一波关注市政碎片化的热潮。这种对大都市政府恐慌性的迷思在罗伯特·伍德(Robert C. Wood)1961年推出的《1400个政府》中表露无遗,该书研究了半个世纪以来纽约市大都市区的政治经济。全国至少有70多个大都市区研究委员会考虑市政府不同形式的重构。查尔斯·梅里亚姆的公共管理团队在1940年代和1950年代为大都市区改革提供了无数的方案。区域规划委员会和大都市区理事会,比如纽约大都市区理事会和旧金山的湾区政府,都希望在处理区域性问题上提供秩序和协调,这些区域性问题包括土地使用规划、供水、环境污染、交通和娱乐。《美国市政评论》和新杂志《公共管理评论》都增加了大都市区议题的覆盖度。1956年成立的大都市区问题会议,是家全国性的组织,每年都举行例会,发布通讯,《大都市区问题》以传播大都市区政府方面的讯息。

围绕大都市区问题的研究和讨论带来了一些结果。对边缘地区的兼并在加速,尤其是南部和西部城市的大块土地收购,比如亚特兰大、伯明翰、孟菲斯、堪萨斯城、俄克拉荷马市、休斯敦、达拉斯、圣安东尼奥、阿尔伯克基、菲尼克斯、圣何塞和圣迭戈。一旦缺乏服务供给的协调结构,专区就大行其道。1962年,美国有18300个专区,大多数在大都市区内。县域层次的功能合并也开始增长,其中加州成为先导。洛杉矶地区的郊区化加速推进,部分促成了1954年洛杉矶县的莱克伍德方案,凭此该县向周边新兴郊区市提供了包括排污、供水、治安和消防在内的一揽子服务。

战后,新的重点又放在城市县(Urban County)上,认为它是一种可以为整个大都市区提供服务的合适机构。在半个世纪的迷茫和失败之后,市县合并再次成为谈论的焦点。以1949年为起点,主要的合并结果是巴吞鲁日市和巴吞鲁日教区(路易斯安南州没有县只有相应的教区)。1957年,在三次失败的努力之后,迈阿密市和戴德县的居民投票支持一个县域范围的大都市区政府。以一个公共管理团队起草的蓝本为依据,以1953年加拿大多伦多大都市区计划为模板,大都市戴德县建立了双层体系,将宽泛的权力留给了戴德县,也将一些功能留给了26个市,包括治安、消防。对于支持合并的人而言,双层体系代表了一种同地方主义的妥协,但迈阿密-戴德县已经运行了半个世纪,证明了其生命力。1958年一个市县合并努力在纳什维尔失败了,但是4年后同样的合并方案被市和县选民同意了。当然,也有很多失败的合并尝试,比如伯明翰先后于1949年、1959年、1964年和1971年发动的合并努力都以失败告终。

1940年代和1950年代,郊区地方主义和草根阶层对大都市区政府的反对很难克服。当地政客和雇员也担心被新的大都市区政府免职。党派和机器政治也起了作用,因为中心城市选民倾向民主党而郊区选民力挺共和党。种族问题也夹杂其间,尤其是1954年美国高等法院支持学校融合和1950、1960年代兴起的民权运动。郊区白人希望避免学校融合,而黑人不想增长的选举权被稀释掉。最终,一些政治右翼团体进行了反大都市区政府的宣传,诋毁大都市区政府是共产主义企图泯灭美国自由的阴谋。例如,1950年代,自由派记者乔·亨德曼(Joe Hindman)在保守杂志《美国水星》上发表一系列反大都市区的文章,部分集结以书籍出版,如1966年的《再访可怕的1313》、1968年的《谴责大都市区》和1974年的《大都市区独裁》。

大都市区变动在1960年代和1970年代继续存在,但它也开始了变向。许多市县合并发生,最有名的是1967年的杰克逊维尔-杜瓦尔县和1970年的印第安纳波利斯和梅陇县。通过全民公投,杰克逊维尔合并是由中心城市精英推动的,创立了美国本土最大的城市,有840平方英里之大。在印第安纳州,州议会明令成立一个针对印第安纳波利斯的新统一政府,一个涵盖58个地方政府的复杂结构,这些地方政府依然保留着诸如治安和消防这样的重要服务。即便如此,杰克逊维尔和印第安纳波利斯是例外。在那个时期,市县合并活动很多都失败了,包括密尔沃基、克利夫兰、夏洛特、查尔斯顿、里士满、诺克斯维尔、亚特兰大、路易斯维尔、圣路易斯、坦帕、阿尔伯克基、波特兰、西雅特和盐湖城。

1960年代末,城市改革家对大都市区改革方案江河日下痛惜不已,因为迈阿密和纳什维尔早已实施但应者寥寥。这种脉动在肯尼迪和约翰逊当局有不同的表现。一种重要倡议出现,这源于州际高速公路对城市的分裂性影响,它占用了许多城市的住房用地。城市的不满奔涌至国会,国会于1962年通过《高速公路法》要求州高速公路部要同地方政府制定一个全面规划。这个指令导致了地区交通规划委员会,这个机构强迫城市和郊区形成合作。1965年《住房与城市发展法》鼓励建立大都市区政府理事会(COGS)作为获取综合大都市区规划的方法。《1966年示范城市法》要求全国的大都市区必须建立政府理事会,并且指令它们评论联邦给予城市区域的各种合同和贷款。大约649个政府理事会从事区域规划活动。1960年代联邦指令、鼓励甚至强制地方政府有大都市区思想。

其他新型大都市区计划方案开始出现。1959年由国会建立的政府间关系咨询委员会开始承担起解决大都市区问题的重任,在几份报告中,该委员会记录了大都市区政府结构或其他政府间合作的效率和受益。为应对1960年代末所谓的城市危机,二百多个商界和教育界精英组成了经济发展委员会,在1970年签发了一份名为《再造大都市区的政府》的报告,敦促联邦式或双层制政府来克服政府碎片化,为国家有困难的城市提供有效的方案。

在有些地方,一旦城市或者大都市区政府付诸阙如,州政府就介入来处理那些区域性的城市问题,比如纽约州创立的城市开发公司,首都交通局和其他区域性机构。1970年佐治亚州议会建立了亚特兰大地区委员会,由此协调跨越数县的地区性规划和开发问题。同样,1960年代末创立的双城大都市区理事会,主要服务于涵盖7个县的明尼阿波利斯-圣保罗大都市区的开发问题。1970年代,俄勒冈州的波特兰市的选民将他们任命制的政府间理事会改成选举制的大都市服务区,1992年他们批准了这个机构的新章程,组建了现在的波特兰大都市区,这是一个涵盖3个县和24个市的区域性政府。慢慢地,改革焦点不再是改变城市政府结构,而是探索新的方法保证大都市区在提供跨越疆界的主要服务上形成合作——供水、大轨道交通、高速公路、排污、污染控制和类似服务。

1960年代及以后,大都市区出现了某种权力转移。州和联邦政府介入新区域性机构。国会那些跟联邦经费捆绑的指令,都寻求跨政府合作,对服务供给施加最低限度的标准。1980年代,大都市区政府——比如市县合并——已经没人拥护。一个世纪以来,长期的失败纪录和少数的成功案例,导致构建大都市区政府的构想已经陷入陷入死胡同。公共选择学派认为郊区和城市各取所需。

1990年代,一种新的大都市区主义出现,这是日趋严峻的郊区蔓延问题所引发的。中心城市和郊区之间的隔阂从未被有效的解决。种族和经济隔离弥漫着大都市区中心城市,而外围的郊区依旧是白人主导,经济上受益匪浅。全球经济扩张时代的城市去工业化加剧了种族和阶级问题。城市蔓延正在消耗城市的人口和经济活力,而商业和住房开发却在城市边缘遍地开花。

在1993年那本备受关注的书《没有郊区的城市》里,前阿尔伯克基市市长戴维·腊斯克解决了这些问题。腊斯克呼唤新时代的大都市区区域主义,认为兼并、市县合并或者其他富有生机的大都市区合作,都会激发经济增长。地方政府的统一,有助于资源再分配,减少种族隔离,促进经发展。其他分析家也认为更大范围的功能合并能够更好地解决种族和阶级问题。这类思想在新一代城市管理者和专业人员中流传,这就复活了大都市区政府思想——最有名的案例是2003年,在市长杰里·亚伯姆森(Jerry Abramson)的领导下,肯塔基州的路易斯维尔市同杰斐逊县合并,成为美国第16大城市。近年来其他城市也在大都市区政府思想中摇摆——密尔沃基、克利夫兰、休斯敦、雪城、布法罗、科珀斯克里斯提、密西西比州的杰克逊——但是都无果而终。

大都市区思想源远流长,可以追溯到19世纪末期,那时大城市开始兼并周边的郊区。20世纪,郊区地方主义抵挡了所有形式的大都市合并。在几百个失败的构建大都市区政府运动的衬托下,少数成功的市县合并案例显得都是例外。专区和功能合并代表了中间道路,在没有挑战地方权威的前提下提供重要的市政服务。从1960年代中期开始,联邦政府强制不情愿的社区在地区规划问题上进行政府间合作。郊区蔓延继续扩大美国大都市区的疆界,被种族和阶级弄得四分五裂。对大都市区结构改革的政治抵制已经持续了一百多年。但是,近年来波特兰和路易斯维尔的创新,表明大都市区理想还有一线生机。

亦可参阅:联邦政府与城市(Federal Government and Cities),市长—议会政府(Mayor-Council Government),市政府(Municipal Government)

延伸阅读书目:

- Crooks, J. B. (2004). *Jacksonville: The consolidation story from civil rights to the Jaguars*. Gainesville: University Press of Florida.
- Hindman, J. (1966). *Terrible 1313 revisited*. Caldwell, ID: Caxton Printers.
- Merriam, C. E., Parratt, S. D., & Lepawsky, A. (1933). *The government of the metropolitan region of Chicago*. Chicago: University of Chicago Press.
- Reed, T. H. (1934). *Municipal government in the United States* (Rev. ed.). New York: D. Appleton-Century.
- *Reshaping government in metropolitan areas*. (1970). New York: Committee for Economic Development.
- Rusk, D. (1995). *Cites without suburbs* (2nd ed.). Washington, DC: Woodrow Wilson Center Press. U. S. Advisory Commission on Intergovernmental Relations. (1966). *Metropolitan America: Challenge to federalism*. Washington, DC: Government Printing Office.
- U. S. Advisory Commission on Intergovernmental Relations. (1974). *The challenge of local governmental reorganization: Substate regionalism and the federal system* (Vol. 3). Washington, DC: Government Printing Office.
- U. S. National Resources Committee. (1939). *Urban government*. Washington, DC: Government Printing Office.

Ramond A. Mohl 文

曹升生译 陈恒校

墨西哥裔美国人
MEXICAN AMERICANS

根据2000年美国人口普查局的数字,墨西哥裔美国人有2100万,占3500万拉美裔美国人的58%。最近的统计数字接近 65%。墨西哥裔美国人的城市史代表了拉美裔的大部分。其独特性归因于墨西哥与美国的毗邻,这让近五个世纪墨西哥人源源不断地迁徙到美国。这个群体的历史开始于墨西哥的北部边疆,集中在今天的新墨西哥、得克萨斯、亚利桑那和加尼福尼亚,定居活动——包括蔓延的农村土地授予和城市——在西班牙统治下于 16 世纪延续到 18 世纪。

小城市——最著名的普埃布罗和维勒斯——在那些让恩特达拉斯(一连串边疆定居点)与西班牙哨所、附近的要塞和周边的村镇合流的地方涌现,它们主要在得克萨斯中南部、亚利桑那州的图森和加尼福尼亚海岸。从 18 世纪末期开始,尤其是墨西哥 1821 年独立后的几十年里,圣安东尼奥、洛杉矶、圣菲——大型普埃布罗——流入了很多盎格鲁-美国人和欧洲新来者,这让得克萨斯、新墨西哥和加州都沦为二流的经济、政治和社会地位。但是这些家庭,为西班牙-墨西哥时代和美国在大西南部行使主权之间提供了连续性。

1910 年墨西哥革命的爆发让新一波移民和流亡者从墨西哥南部抵达边疆。其中很多人在蓬勃兴起的圣安东尼奥和洛杉矶大都市区找到了住房和工作,在那里他们组成了族裔互助会、邻里和劳工组织。横亘在教育、住房和其他城市生活领域的族裔和种族障碍,推动 1920 年代的墨西哥裔领导人组成和鼓动民权组织来解决政治委屈,这种努力以地区性规模组织统合拉丁美洲市民联盟(LULAC)为起点,该组织 1929 年建于墨西哥湾柯柏斯克里斯提市,并很快在得克萨斯和西南部扩散开来。

1910 年至 1940 年间,墨西哥人组成了美国最新(也是最大的)一波移民浪潮。虽然 1920 年新墨西哥社区在西南部和中西部蓬勃兴起,但是 1930 年代却是个困难时期,失业率上升,新兴社区遭遇挫折,还有一些人被遣送回墨西哥。当然不同的城市具体情况不同。有些城市,比如圣安东尼奥和芝加哥,涌入了很多从墨西哥腹地而来的移民。其他城市如密尔沃基和底特律却见证了墨西哥人和墨西哥裔美国人的锐减。1940 年后,墨西哥向北的移民潮又恢复了(伴随着来自得克萨斯和其他美国国内移民),同时也发生了主要来自农业移民流的个人和家庭的沉降分离(Settling Out),这成了墨西哥裔美国人经验中的美国中心。

二战期间和之后,加尼福尼亚州多产的中央峡谷里的合同劳工其糟糕的工作和住房状况,引起了学者和活动家厄内斯特·加拉尔萨(Ernesto Galarza)的注意。1960 年代,其他墨西哥裔美国人,最为著名的凯撒·查韦斯(Cesar Chavez)和多洛尔·维尔塔(Dolores Huerta),组织了一场全国性的运动——有很强的城市基础——支持农业工人结社的权利。其他重要议题也浮出水面—比如城市教育上的不平等,事实上的隔离,和无法获得全面选举权。

西南城市长期以来都是墨西哥裔美国人的音乐中心。圣安东尼奥的西街在整个 20 世纪都是得克萨斯-墨西哥(TexMex)的音乐中心,而埃尔帕索则推动了 1940 年代"花衣墨西哥"文化的形成,它很快传到了东洛杉矶。同样地,墨西哥裔美国艺术家和作家经常使用城市主题来描绘族裔和种族不断变迁的意象。

城市墨西哥移民和墨西哥裔美国人发现天主教有助于形成一种认同感。但是天主教教堂的领导权依然不成比例地脱离墨西哥裔美国人的控制,即便在一些总教区发生了种族平衡,比如圣安东尼奥和圣塔菲。洛杉矶的中产阶级墨西哥裔美国人趋向于居住在西班牙语贫民区之外,洛杉矶在 20 世纪的多数时间里都比圣安东尼奥拥有更多的墨西哥裔美国人。洛杉矶地区持续接受最大量的拉丁裔移民,这个数字居全美之冠,但是它的宗教史缺乏圣安东尼奥社区对教堂的强烈认同感。

在几个城市,天主教一直同政治激进主义相联系,尤其在墨西哥裔美国人运动的高峰期。1969 年,一群墨西哥裔美国天主教徒在洛杉矶组建了一个团体,请求洛杉矶总教区提供更大的社会公平。这个组织认为总教区在威尔夏大道新建一个教区的计划是歧视行为,因为少数族裔区的教堂和学校都缺少人手。他们的抗议包括对抗性的策略,与其他领域比如教育的斗争一致,比如大加鞑伐、示威,或者其他已存于城市结构中的方式。1970 年代,一种新的方式,模仿了索尔·阿林斯基(Saul Alinsky)的以社区为中心的激进主义,出现在圣安东尼奥的社区公共服务组织(COPS)集中于教会斗争的活动中。宗教组织也扮演着将有限的物质财富输送回母国的渠道作用。新教教会一直在争抢对墨西哥裔美国人的庇护,力争帮助墨西哥人获得城市教区的领导权。墨西哥的宗教节日,比如每年 12 月 12 日瓜达卢佩圣母日就在天主教墨西哥裔美国人中间具有重大影响。

近几十年来,墨西哥移民变成了跨国移民全球模式的典范,这个趋势在芝加哥特别明显,那里有仅次于洛杉矶的第二大墨西哥社区。墨西哥裔美国人已经从外围的农村和城市、乡镇迁徙到郊区,或者洛杉矶大都市区的城市和毗邻城市的农村地区。几十年来,连锁式迁徙已经让很多墨西哥家族进入进入洛杉矶大都市区边缘,尤其是北部郊区和西部郊区。虽然已经在美国扎下了根,但是很多移民家庭经常回母国探亲,尤其在夏天母亲们和妻子们通常会发动返乡探亲行动,这样保持了文化纽带。当她们回国时,带回了可以加强墨西哥城市基础建设的礼物。跨国移民引导移民在母国和所在国之间同时穿梭,也一代一代传递下去。

美国的大多数主要城市现在都有很多墨西哥裔美国人。在得克萨斯州,达拉斯和休斯敦可以与圣安东尼奥并驾齐驱,其他城市,比如图森、洛杉矶和艾尔帕索依然保持着历史遗留下来的领先地位。新南方(Nuevo New South)由深南部和西南部分散的社区组成,这个区域里新墨西哥裔美国人的定居,改变了传统白人/黑人社会两分法。墨西哥裔美国人同其他拉丁裔,比如波多黎各人、古巴人和其他中美洲国家的移民。墨西哥移民也增加了东北部城市如纽约和宾夕法尼亚的当地拉美裔人口。

慢慢地,墨西哥裔的经验在一个更大的泛拉丁裔身份中得到界定。这在墨西哥裔美国人政治和司法组织不断增长的跨国性上得到体现。1968年建立的墨西哥裔美国人维护司法和教育基金会(MALDEF),已经发展了很多策略来帮助拉美裔进行民事诉讼。城市和地区角色的变幻,也促成对拉美裔民权的重新界定,强调更加紧密的跨国联系的重要性。最近几十年MALDEF也在国内和国际上不断发力,包括在亚特兰大新建了一个地区办公室以加强在西南部城市和中西部城市的存在。

墨西哥裔美国人的生活越来越与拉丁美洲其他地区的生活紧密相连;两者若不用一个统一的城市半球来思考便不可能理解。很多新来者很快适应了从农村到城市的转变。同时全球化影响了新社区和老社区,逼迫个人转向当地领导人寻求必须的城市服务。与此同时,国家的发展,比如移民改革也为工厂和学校带来了新的挑战(尤其是语言和资助问题)。如何界定一个变化中的墨西哥裔美国人的族裔问题依然困难重重。

亦可参阅:城市和郊区的拉美裔(Latinos in Cities and Suburbs),加尼福尼亚州洛杉矶市(Los Angeles, California),得克萨斯州圣安东尼奥市(San Antonio, Texas),亚利桑那州图森市(Tucson, Arizona),城市移民(Urban Immigration)

延伸阅读书目:

- Badillo, D. A. (2006). *Latinos and the new immigrant church*. Baltimore: Johns Hopkins University Press.
- Ganz, C. R., & Strobel, M. (Eds.). (2003). *Pots of promise: Mexicans, reformers, and the Hull-House kilns, Chicago, 1920–1940*. Urbana: University of Illinois Press.
- Garcia, M. T. (1981). *Desert immigrants: The Mexicans of El Paso, 1880–1920*. New Haven: Yale University Press
- Reps, J. W. (1981). *The forgotten frontier: Urban planning in the American West before 1890*. Columbia: University of Missouri Press.
- Sanchez, G. J. (1993). *Becoming Mexican American: Ethnicity, culture, and identity in Chicano Los Angeles, 1900–1945*. New York: Oxford University Press.

467

David A. Badillo 文
曹升生译 陈恒校

佛罗里达州迈阿密市
MIAMI, FLORIDA

迈阿密是南佛罗里达一个人口有500多万、由4个县构成的大都市区中最大的城市,它创建于1890年代,此后一直是国家焦点。在20世纪,迈阿密经历了从一个蛮荒的热带边疆驻点到度假天堂再到热力四射的多文化并存的大都市区的转变。沿着这条道路,这座城市被强大力量不停地塑造、再塑造以及变革,这些力量包括种族、外来移民、国内移民、土地开发、萧条、战争、技术、环保主义和政府政策。虽然这座城市的形象随着时间不断发生激烈的变化,但是美国人发现迈阿密永远令人着迷。

在迈阿密早期历史上,促进者、建筑工人和开发者都对城市建设和形象塑造发挥了重要作用。亨利·弗拉格尔(Henry Flagler),一个靠石油和建设铁路发家的亿万富翁,在1896年将其佛罗里达东海岸铁路连接到了迈阿密。几个月后,他出版了一份名为《迈阿密大都市》的报纸。虽然那时迈阿密仅有几百个居民,但是弗拉格尔对这座城市有宏伟的规划。他成功地发动了获批城市章程的活动,然后投入大批资金建设街道、电力、港口和豪华酒店,希望将北方旅游者从圣奥古斯丁和棕榈滩吸引到他的"魔力城市"。通过对南佛罗里达自然资源——阳光、海滩、亚热带气候——的投资,弗拉格尔促成了迈阿密从一个微不足道的边疆村庄到蒸蒸日上的旅游和冬季休闲胜地的转变。

弗拉格尔在1913年逝世,但他的佛罗里达梦想极富感染力。其他建设者和促进者追随他的足迹,比如卡尔·菲舍尔(Carl Fisher)将迈阿密海滩从一个寂静的沼泽变成了一个房地产和旅游旺地。乔治·梅里克(George Merrick)使用现代规划原则使得郊区科拉尔噶贝尔(Coral Gables)焕然一新。在1920年代早期,一打新梦想家让迈阿密、迈阿密海滩的房地产市场全面火爆起来,这种火爆在1926年达到顶峰,但是迈阿密作为冬季天堂的形象已经获取了全国性的肯定。关于迈阿密的书籍和文章宣扬着这座城市的魅力。1925年是佛罗里达热的高峰,查尔斯·唐纳德·福克斯(Charles Donald Fox)在是年出版的《佛罗里达真相》中认为迈阿密前途无限。1920年代早期,每年都有15万游客涌入迈阿密。

虽然南佛罗里达房地产热戛然而止,大萧条也接踵而至,但是迈阿密的增长依然势头不减。由于迈阿密大都市区(同戴德县相连)的人口从1920年的4.3万暴增至1940年的26.8万,这个新兴的阳光带大都市成为二战前美国增长最为迅速的城市。迈阿密的物理环境既是机遇也是局限。城市开发在东边受到海洋的限制,在西边遭到艾维尔格拉德(Everglades)的限制,这样人口就定居在一个10至20公里的南北向的狭长地带。除了旅游业,新工人也受到不断扩大的服务经济、方兴未艾的建筑工业和重要的出口农业基地的吸引,加强了这座城市常驻人口的基数。气候和地理环境为发展亚热带农业、旅游业、休闲业和养老业提供了基础。

卡尔·菲舍尔和其他人建立了迈阿密在全国的形象,但是交通技术的进步提供了维持旅游业和城市增长的真正动力。早些年,商船将迈阿密同其他城市和市场联系起来,后来,新交通技术加速了开发进度。在20世纪早期,佛罗里达曾经令人望而生畏的距离被新的来自东北部和中西部的铁路所克服。铁路带来了游客,也将本地区的农产品运到外地。1920年代兴起的汽车旅游,以及汽车露营的流行,加上南佛罗里达硬面公路的铺设,比如迪克西高速公路(Dixie Highway),让旅游业风光无限。富人、名人和普通人涌往曾被阿尔·卡彭称之为美国花园的迈阿密,中产阶级甚至中产家庭也能享有海滨度假。1930年代的航空旅游进一步彻底改变了迈阿密地区的前景,促成了迈阿密成为战后美国航空时代领导者的地位。1935年DC-3航线的出现,是迈阿密历史的里程碑。在1935年,环美航空公司和东方航空公司都在迈阿密成立,它们每月带来了成千来自美国和拉丁美洲城市的游客。交通基数一直是迈阿密大都市区经济的关键。

二战在迈阿密历史上扮演了导航的角色,它既激发了迈阿密长达半个世纪的增长,也帮助迈阿密超越了过度依赖旅游业和服务业的经济模式。联邦政府在迈阿密地区的军事基地和战时训练场所投入了巨额经费。拥有良好的全年飞行气候,迈阿密出现了好几个空军训练基地。空军空中交通司令部在迈阿密建立了分部。海军在迈阿密郊区澳普卡-洛克昂(Opa-Locka)建立了一个水雷轰炸基地。在迈阿密的南部边缘,里士满海军海空兵驻扎了一个舰队,该舰队巡航大西洋。一百多个迈阿密海滩宾馆变成了培训航空兵的兵营。迈阿密也成为战时造船业中心。联邦政府巨大的战时开支产生了很多新的基础设施,包括空港设施的极速增容。巨大军事开支促进了地方经济发展。政府开支加速了经济多样化,激发了建筑业和服务业,为旅馆主人提供了高额收入,将成千上万的民工招徕至迈阿密地区。在体验过佛罗里达的阳光之后,许多外地人就选择留在了迈阿密,很多在此受训的军人在战后永久性地留了下来。战争也促使迈阿密人更深刻地欣赏了宇航和航空旅行。1960年前,拥有6000多名员工的东方航空公司,成为迈阿密雇员最多的公司。航空业已经深嵌迈阿密城市化和经济发展之中。

战后迈阿密的发展继续高歌猛进。迈阿密大都市区的人口在1940年后两个十年里增长了250%,在1960年达到了93.5万。旅游业继续主导了这个更加多元化的地方经济。迈阿密和海滩依旧是这个国家首选旅游目的地,兴盛的旅馆建筑业改变了迈阿密海滩的海洋天际线。新增人口主要来自不断加速的国内移民,其主流是来自东北部的移民。当时美国最为流行的两部电视剧都在迈阿密拍摄的,传播了南佛罗里达的美好形象。几家主要航空公司在其飞机的电视上放映迈阿密的广告片。另外两件事也驱使阳光带移民前往迈阿密。每月一次的社会安全检查让普通工人阶层都能享受到阳光充足的海滩、棕榈树掩映的游泳池和宽敞的高尔夫练习场。

战后新来者改变了迈阿密的人口构成。南方白人和黑人,加上一大批巴哈马移民,构成了1940年迈阿密人口的图谱。隔离和种族歧视让迈阿密与其他深南部城市一般无二。成千上万北部犹太人、意大利人和社会安全领域退休人员,让迈阿密变得更为自由,比大多数佛罗里达州的城市更不象南方城市。1940—1960年间,迈阿密的犹太人口从8000增加到14万,这个变化改变了这座城市已有的政治和文化模式。面临反犹主义,新来的犹太人定居在迈阿密海滩,最终主导了这座城市的政治结构。1940和1950年代,左翼犹太人还和黑人活动家一道致力于民权运动,开展选民登记、促进学校融合和组织午餐静坐等活动。1957年将戴德县囊括进来的大都市区,是全国此类大都市区中的第一例,很大程度上是迈阿密地区人口变动造成的。作为一个强有力的合并政府,迈阿密大都市区为迈阿密提供大多数政府服务(除了治安和消防),还有其他26个市和县域内的大量未建制地区。

1959年迈阿密发生了变革,古巴的菲德尔·卡斯特罗领导的革命产生的第一批流亡者来到了这个城市。迈阿密并不是不熟悉移民,早在1890年,成千来自巴哈马的黑人移民来到迈阿密地区从事农业和建筑工作。随着时间的流逝,许多人留下来,在1920年,迈阿密有近5000个黑人岛民,他们构成了迈阿密黑人人口的半数。1920年代和1930年代的古巴革命在迈阿密造就了流亡社区。1950年代该市有大量的波多黎各人,大概有两万拉美裔。新古巴流亡者数量巨大,在接下来的四十年里总数达到100万。古巴人通过飞机、坐船和木筏或者第三国来到迈阿密,他们成波涌来,与美国和古巴关系的变化同步。早期古巴人有专业技能和创业精神。虽然在等待卡斯特罗倒台,但是迈阿密的古巴人逐渐适应了新环境并且创造了一个生气勃勃的社区。他们建立了一个飞地经济来服务社区,招聘新来的同胞。其他流亡者和移民团体接着到来,包括大量的海地人、牙买加人、尼加拉瓜人、多米尼加人,和其他来自拉丁美洲和加勒比海国家的移民。1980年的移民尤其引人注目——125000名古巴人和50000人坐着小船驾到,美国电视详细报道了此事。这些拉丁裔和加勒比新来者维持了他们的文化传统,抵制完全同化。西班牙语成为大多数迈阿密地区的语言。岁月更潜,这个城市变成了跨文化大都市区,有时被称为拉丁美洲之都。

20世纪末的大规模移民对迈阿密产生了重大影响。非洲裔美国人认为这几波移民稀释了他们通过民权运动在就业、住房、教育和社会进步领域获得的成就。古巴工人在许多工作岗位上取代了黑人,比如旅游业和服务业。小哈瓦那这类蓬勃兴起的居住区限制了黑人住房机会。联邦用于古巴流亡者的再居住和调整的巨额经济投资,引发了黑人的反感。古巴人在戴德县、迈阿密市和其他城市的政治权利,在黑人中间招致了仇恨。在1990年代早期,迈阿密和戴德县用按区选举取代了普选制,但是这个改革本质上将政治权利从白人转移到拉美裔,而黑人依然边缘化。移民双重标准用不同的方式对待古巴和海地移民,在黑人社区引发了周期性的谴责。四十年来,迈阿密的黑人媒体一直抱怨古巴入侵的消极影响。1968年、1980年和1990年代的数次种族动乱基本上都是这些怨恨的结果。

迈阿密的白人也对族裔和语言变化表示反感,同时对毒品猖獗、犯罪率上升、层出不穷的政治丑闻也忍无可忍。几十年来,非拉美裔白人(或称盎格鲁人)已经用脚投票,从戴德县搬到佛罗里达其他地方。北方的白人退休后也奔向其他目的地,包括巴吞鲁日、奥兰多、那不勒斯和圣彼得堡。1950年代,盎格鲁裔占迈阿密大都市区总人口的85%,但是2000年,这个比例剧降到21%,占迈阿密市人口的比例则低于12%。2000年人口统计数字表明拉美裔占到迈阿密大都市区总人口的57%,占迈阿密市人口的66%。迈阿密大都市区的拉美裔人口的一半,大约65万是古巴裔,其他主要是波多黎各人、尼加拉瓜人、多米尼加人和哥伦比亚人。迈阿密四十年的人口变化在现代美国历史上是没有前例的。迈阿密已成为一座真正的移民城市,一个种族、族裔、语言和政治权力激烈竞争的地区。

迈阿密在其他方面也发生了变化。迈阿密再也不是美国人旅游的首选目的地,它已被迪士尼世界、拉斯维加斯、山地滑雪和其他经由飞机和坐船可以抵达的外国胜地所取代。在迈阿密,来自拉丁美洲和欧洲的游客取代了美国本土游客,他们喜欢米老鼠,乐享科罗拉多的冬季运动,或者在赌场打牌。迈阿密海滩已经成为一个国际性的热点,以夜总会和电影、摄像而闻名。宇航依然是经济主力,但更多的飞机尤其是货船,比以前更愿意向南方飞去。几十年来,迈阿密作为国际商业和银行业中心的形象已经蒸蒸日上,反映了这座城市在这个网络化和全球化的世界里的崭新角色。开发商和建设者继续拉动迈阿密的疆界外扩,威胁了艾维尔格拉德和用于城市饮用水的地下岩石层。20世纪的迈阿密被新技术所塑造,被战争、移民、族裔和种族冲突、和现代世界的大规模经济转型所改变。受制于变化,这座城市却没有维持其源于阳光、海滩、气候和豪奢环境与富有生机的文化生活的本质魅力。

延伸阅读书目:

- Dunn, M. (1997). *Black Miami in the twentieth century*. Gainesville: University Press of Florida. Foster, M. S. (2000). *Castles in the sand: The life and times of Carl Graham Fisher*. Gainesville: University Press of Florida.
- Fox, C. D. (1925). *The truth about Florida*. New York: Simon & Schuster.

- Garcia, M. C. (1996). *Havana USA: Cuban exiles and Cuban Americans in South Florida, 1959 - 1994*. Berkeley: University of California Press.

- Mohl, R. A. (1983). Miami: The ethnic cauldron. In R. M. Bernard & B. R. Rice (Eds.), *Sunbelt cities: Politics and growth since World War II* (pp. 58 - 99). Austin: University of Texas Press. Mohl, R. A. (2004). *South of the South: Jewish activists and the Civil Rights Movement in Miami, 1945 - 1960*. Gainesville: University Press of Florida.

- Portes, A., & Stepick, A. (1993). *City on the edge: The transformation of Miami*. Berkeley: University of California Press.

- Sofen, E. (1966). *The Miami metropolitan experiment*. Garden City, NY: Doubleday Anchor.

Ramond A. Mohl 文
曹升生译　陈恒校

城市中产阶级
MIDDLE CLASS IN CITIES

中产阶级一般与城市相联系,同时与新的经济机会、隔离形态、消费实践、高等教育、志愿组织等也有联系。历史上,中产阶级出现在欧洲的乡镇与城市,首先通过技工贸易(行会)然后是商业活动,资本投资以及随着新兴资本主义涌现的新职业而登上历史舞台。资本主义在主要的工业中心,比如英国的曼彻斯特和美国密歇根州的底特律工厂工作,同时也产生了新的管理岗位、服务工作、职员和办公职位、小商业、企业家和商业贸易商。后面的这些岗位就称为资产阶级或者中产阶级。

资产阶级和中产阶级这两个词,都是指介于工人阶级和贵族或绅士之间的阶层,即便这两个词并不完全对等。因此,它们都是指相对的社会地位、经济状况和教育水平,正如 1983 年雷蒙德・威廉(Ramond William)所说的那样。"位于中间"的界定,是根据收入、职业、价值观、地位、安全、教育、格调、住房、消费模式和生活方式来确定的。在当代,中产阶级一般指从事专业或白领工作的家庭。

由于中间位置,已经有很多关于中产阶级政治信仰和阶级利益的论述,比如历史上的欧洲,以及晚近的亚洲(比如韩国和中国)。中产阶级是否会支持现有政治结构或者倾向于支持社会或民主运动? 在欧洲,资产阶级支持结束封建土地、继承权、领地等制度,建立了一个支持民权和政权的自由社会。由城墙包围的乡镇成为第一个取代封土封臣制的地方,由此人们可以自由选择工作,促成了城市里新的平等和公民观念(资产阶级哲学)。按照马克思的分析,资产阶级是统治阶级的一部分,其成员在经济上、社会上和政治上占据主导地位。根据这种观点,在城市里,统治阶级出现在地方政治、城市规划和教育系统上。

在美国,那些导致财富集中和房产买卖的企业化活动——锻造中产阶级地位的工具——首先发生在农场,而不是城市雇佣部门。换言之,美国的中产阶级最初是一种农村现象,正如赖特・米尔斯(C. Wright Mills)在《白领》中所揭示的那样。但是,中产阶级的增长跟大都市区中心的增长密切相关,与加剧的居住隔离,以及那些划分城市新地位的社会和商业协会也有很强的联系。一个特别明显的社会界限存在于蓝领或劳力工人和白领或专业工人之间;这种分野在城市里被不同的方式所再生产(比如通过邻里和街区隔离,郊区化和绅士化)。

城市中产阶级的增长有一个重要方面,就是工业资本主义导致的工作和居住的分离。商业活动和付酬劳工——那个时代首要为男人完成的活动——脱离了生活空间。新近私人化的场域变成女人的天下,与男人主导公共场合相一致。这种公私区别是一种特殊的阶级现象,男人挣取"家庭工资"的现象,女人在家庭之外挣钱贴补家用。更重要的是,那些侵入公共领域的女性,颠覆了道德界限,损害了她们自己的声誉和家庭。有很多小说就是描写这类受人尊敬的中产阶级女性在城市街道摸爬滚打的。

关于个体中产阶级家庭的再生产和居家女性的文化概念,在美国变得十分广泛。女性肩负维持一个中产阶级家庭的卫生和舒适的居家空间的责任,还要教育孩子。随着时间的推移,这也包括了在大众市场的消费实践——包括在新开发的地盘买房子。针对这些家庭主妇的广告也多了起来,因为她们是家用电器、家具和装饰材料的买主,她们这么做是为了向自己和别人证明中产阶级的阶级身份。在许多方面,郊区生活方式等同于城市生活的危险,包括贫穷、犯罪、性、道德失败,甚至社区主义,正如格温德琳・赖特(Gwendolyn Wright)在 1983 年和德洛雷斯・海登(Delores Hayden)在 2002 年所说明的那样。

19 世纪末大规模郊区化开始起步并在二战后达到高潮,城市与中产阶级的联系因此从根本上被重新改造了。生活在出租房里,分享诸如单元公寓楼这样的空前,在美国产生了新的社会不适,即便很多年来住在偌大的公寓楼里已经昭示了受人尊敬的中产阶级地位。因此,购房,尤其在郊区,成为美国中产阶级地位的标志。居住在郊区,与反城市态度、核心家庭、家庭生活和自食其力有很强的联系。

由于美国工会能够担保工人家庭有固定收入,也能获得分期偿还抵押贷款和抵押贷款税收抵免政策的帮助,所以许多蓝领工人也能购买独户住房。蓝领工人购房模糊了城市社会世界里体力劳动和非体力劳动的界限。因此,许多学者开始用复数谈论中产阶级,当人们试图建立区分自己和别人的身份时,低中等收入和上中等收入阶层这个词汇变得流行起来。

政府政策,比如分期偿还抵押贷款的推行,政府对将中心城市和郊区新开发地区联系起来的高速公路建设和交通的支持,和士兵福利法案,都对独户住宅和郊区蔓延起到了推波助澜的作用。联邦住房管理署拒绝针对内城的购房贷款和项目,奖励在主要由白人构成的郊区进行新的建设。这创造了为阶级和种族所隔离的城市和郊区,将中产阶级和有房者拉出中心城市,让非洲裔很难获得中产阶级地位。正如 1985 年肯尼斯·杰克逊所揭示的那样,当白人在政府支持下大逃亡时,种族和阶级隔离在美国变得根深蒂固。

随着 20 世纪中期经济和城市重构的开始,中产阶级的就业机会也离开城市核心区,移向了周边的乡镇与郊区。曾经是城市工人阶层近郊住宅区的地方出现了很多商业和就业机会,改变了中产阶级与传统城市中心的关系。那些曾经从外围郊区通勤进入中心商务区的人们(汽车文化是美国大都市区中产阶级的标志)开始在新的边缘城市和科技园发现就业机会。

472　　　一个趋势在 1960 年底开始并在 20 世纪末加速,一部分中产阶级开始返回城里——一个名为绅士化的进程。绅士化是老旧房子的翻新,也包括个人将厂房改造为居住区,大公司在城市核心区建立的新公寓和连栋房屋。这些空间一度被中产阶级视为犯罪和贫困泛滥之地,现今却吸引了特定的人群。没有孩子的青年夫妇、空巢家庭、单身汉、艺术家、女性率领的家族、创意阶层和专业管理职位人士——而不是由异性组成的核心家庭——最为常见。这些新城市中产阶级在政治和环境上持自由观点,尊重多元化,与那些曾被许多人认为同质性的郊区社区迥然有别。这个新城市人口的生存方式和生活方式也反映了中产阶级家庭本身的变化,更多的妇女追求事业,挑战了中产阶级、异性和家长制家庭的文化观念。许多学者相信中产阶级在城市中心的增长是城市资产阶级化的表现。中产阶级居

住区在城市核心区再度出现,从市场夺走了很多廉租房,也挤走了原本居住于此的工人阶级家庭。

在越来越多的中产阶级白人返回城市中心时,大量的郊区却不得不适应越来越大的新移民浪潮。曾经同类的白人、欧洲裔中产阶级社区,不得不适应新邻居和中产阶级队伍里变化的种族/族裔构成。例如,在英属哥伦比亚的汉诺威,来自香港的移民购买了上中阶级邻里的图多尔之家后,铲平了这块地皮,打算建设人们称之为魔兽之家的庞大家族式建筑,触发了专业中产阶级多元文化主义和宽容的价值观危机,正如凯瑟琳·米歇尔(Katharyne Mitchell)在 1997 年所说明的那样。同时,新移民加入或取代了中产阶级社区里一度为非洲裔主导的低薪酬服务类工作岗位。他们要么居在这些社区附近,要么通过公共交通工具从市中心到郊区——本质上更改了传统的中产阶级通勤方式。在全球经济中涌现的新移民社区,激发了人们对中产阶级身份的辩论,也挑战了城市和郊区的界限,如克里斯登·希尔·马赫尔(Kristen Hill Maher)在 2004 年所揭示的那样。

邻里努力重建自己社会地位的一个方式是建立封闭社区和规划社区,这成为中产阶级居住区的共同现象——不仅仅在美国。当这些处在中间的人们努力工作以标识自己在上层和底层之间的特殊位置,隐匿在高墙、豪门和监测系统之后,无形中创造了新式阶级隔离。许多人认为,这些趋势威胁了城市的核心价值,这包括公共空间里跨阶级互动的重要性(例如奥姆斯特德对纽约中央公园的构想),同等获得城市资源和设施的权利,与社区发展。

亦可参阅:郊区中产阶级(Middle Class in the Suburbs),郊区化(Suburbanization)

延伸阅读书目:

- Hayden, D. (2002). *Redesigning the American dream: Gender, housing, and family life* (Rev. ed.). New York: Norton.
- Jackson, K. (1985). *Crabgrass frontier: The suburbanization of the United States*. New York: Oxford University Press.
- Maher, K. H. (2004). Borders and social distinction in the global suburb. *American Quarterly*, 56(3), 781-806.
- Mills, C. W. (2002). *White collar: The American middle classes* (15th Anniversary ed.). New York:

Oxford University Press.

- Mitchell, K. (1997). Transnational subjects: Constituting the cultural citizen in the era of Pacific Rim capital. In A. Ong & D. Nonini (Eds.), *Ungrounded empires: The cultural politics of modern Chinese transnationalism* (pp. 228-258). New York: Routledge.

- Williams, R. (1983). *Keywords: A vocabulary of culture and society* (Rev. ed.). New York: Oxford University Press.

- Wright, G. (1983). *Building the dream: A social history of housing in America*. Cambridge, MA: MIT Press.

Lisa M. Hoffman 文

曹升生译　陈恒校

郊区中产阶级
MIDDLE CLASS IN SUBURBS

在 20 世纪,像中产阶级这样的词语与郊区密不可分。另外,一些记者和评论家也给郊区贴上了颂歌式的词语:富裕的、同质性的、单调的和自鸣得意的,在讨论城市问题时更是如此。新近学术界已经挖掘出一个不同但更为现实的调节器词汇,它采用更为精确的视角,认为所有阶级都塑造了郊区。确实,所有阶级都同时塑造了郊区和城市。城市化和郊区化,尤其是 19 世纪和 20 世纪——即便不是此前——已经同步成熟和变迁。

最近的学者(理查德·哈斯、安德鲁·维西和贝克·尼克莱德)已经将工人阶级和工业郊区同其他那些更富裕的郊区一同研究了,这些研究及早充实了我们对郊区文化的基本知识。对非洲裔和跨族裔社区的研究,对我们如何看待郊区有潜移默化的影响,也鼓励学者集中郊区化的历史进程。此前已有研究揭示州和联邦政府介入美国郊区和美国中产阶级的生产,现在这些新的研究成果将在此基础上更能充实相关研究。

战后大规模住房开发,是由联邦政府对高速公路建设和抵押(经由士兵权利法案)的高额投资所致。选择在郊区购房反映了高度的个体特征。工人阶级购房者选择在郊区地块购买廉价土地,因为他们在城市里买不起房子。他们通常自行建房。中产阶级郊区使用世纪之交手工运动推动的住房模型,或建筑模型,这样他们就可以依据自己的经济能力而对房子扩建或者压缩。最后建成的房子很少跟规划蓝图相合。在 1945 年之前建成的郊区,人们能够看到——依旧会发现——小房子、大房子在邻里鳞次栉比地存在。早期富裕郊区喜欢新泽西州亚历山大·杰克逊·戴维斯建造的卢埃林公园,或者纽约州布鲁斯·普莱斯(Bruce Price)建造的图雪铎公园,以及后来的更为复杂的社区,如马里兰州的切维蔡斯,纽约州的斯卡斯戴尔,俄亥俄州的沙克高地,和芝加哥北部滨海郊区镇,保持了特权的富裕家庭远非美国中产阶级的经济实力所能向往。尽管如此,富人不想坐以待毙,毕竟中产阶级和工人阶级与他们的差距在不断缩小。但是,这类富豪郊区的案例毕竟只是少数。在大多数郊区,阶级以更常见的方式实现融合,甚至在一些乡镇里一些分类都在发生。在萨姆·巴斯·沃纳对马萨诸塞州萨默维尔的研究,或者保罗 H. 马廷里(Paul H. Mattingly)对新泽西州雷昂利亚的研究,都发现 1890 年代及其以后的有轨电车线路通过新来者和临时工的廉租房。在这条线路的垂直处,人们会发现很多独户住房,并且随着汽车的出现,这些地方超出了公共交通的步行范围。历史地讲,这些居住区就是中产阶级,但是这是分层的中产阶级,其本身在数量上呈几何级增长,在经济上也暴增着进入 20 世纪。

第一个郊区中产阶级,有些学者认为可以追溯到 1840 年代纽约布鲁克林时代,他们不居住在农村而是管理良好的乡下。精心塑造的空间将郊区同城市区别开来,虽然两者都享用着美国现代工业公司的设施和技术——电话、供电、家用电器、排污系统等等。一种显著的设计强调敞亮的阳台、遮蔽用的走廊、宽大的窗户和能够进光的屋顶窗,这样郊区塑造的空间就强调绿化树木、搭建篱笆、种植花草来强化人造设计与自然美景的融合。毕竟第一代郊区人或在乡下长大或者在那里有丰富的生活经验,因为大多数美国人一直生活在城市之外直到 1920 年联邦政府开始统计人口。他们社会形成中的乡下记忆导致所有阶级的居民都将郊区看作乡镇,就这样进入 20 世纪,此后乡村才成为一个明显的事实。

在其形成的早期阶段,郊区人不同于先辈,希望最终拥有自己的房产。尤其在那些少数族裔人口占有相当比例的大都市区的郊区,拥有的土地不但有高额的文化价值(在欧洲本国通常很难拥有),也是一个家庭经济生活机会的基石。在 1915 至 1925 年的大迁徙时期,非洲裔美国人通常定居在郊区,以便利用家庭园艺技术来谋生,这是他们在奴隶制和自由时代最为熟悉的家庭生活。土生和非土生居民同样强调我们现在名之为中产阶级、不断上升的标准家庭生活。但这些都是20世纪早期的欲望,而不是一个社会行为的政治规则。这样的规则和欲望受到小学教育和大众杂志的正式肯定,比如《哈珀斯》《麦克卢尔》和《星期六晚邮报》和其竞争者。最重要的是,父母教师协会同女性俱乐部、教会群体构建了一个志愿文化,它们从中产阶级家庭主妇的休闲时光中受益,非正式但强有力地对20世纪早期的中产阶级进行了定义。

在两次世界大战之间,美国企业家开始急切地建设规划社区,这是由弗雷德里克·劳·奥尔姆斯特德在伊利诺伊的里维斯德或者后来杰西·克莱德·尼克尔斯在接近堪萨斯城的国家俱乐部区树立的先例所激发的,这两个先行者的设计都坚持曲线形的,尊重地块的轮廓和现代技术设备。两次世界大战之间的中产阶级郊区居民,像美国所有的中产阶级一样,与美国城市共成长。而其甚者,他们对垄断公司的容纳和宽容,以及他们无处不在的官僚主义,模糊了此前志愿网络的文化动力。大萧条放大了政府计划的期望,早先的乡镇政治反映了郊区志愿文化的优先。社会计划逐渐成为政党竞争的产物,地方组织也缩小了规模和野心。这些变化导致国家和城市,曾经一度是社区生活里互补的话题,变成了冲突的关系,在二战后成为批判的话题。

在二战之后,根据社会学家赖特·米尔斯的研究,美国的中产阶级再也不能代表一个社会阶层,而是变成了一个金字塔,塑造着所有阶级的意识,迫使所有阶级顺从。姑且不论米尔斯观点的精确与否,中产阶级已经变成了一个涵盖一切的抽象概念,看上去体现了美国的民族风格。1950年代建立的高耸的低收入公寓,在1980年代被铲平,新的独户住房取而代之。大的郊区商场开始模仿主街。郊区的国家性影响是深远的,首先表现在所有主要大都市区之外被分割的小块土地不断增加且鳞次栉比地发展起来。习惯上,对这些开发的报道都是通过航拍来说明的,这加强了批评家们赋予的抽象的"小盒子"特征。对于这些被分割的小块土地上的居民来说,这些新房子代表了青年夫妇的第一座房子或者早先家庭未曾得到的房子——也就是实现美国生活美好誓言的物质证据。研究郊区的学者最不想问的一个问题是:这些新的被分割的地块的居民在将这些基础建设改造成运行良好的社区和美利坚民族主导的社会化进程中扮演了什么角色?

在一代人的时间里,郊区人已经将他们个性化的面纱披在了大规模生产的社区上。他们花大力气建设购物城、铺设轨道路线、确定学校地址,这些都是唯利是图的开发商所遗漏的。早期的郊区,经常是多个阶级、跨族裔和多种族的,有放缓成熟的好处,也允许基础建设分阶段进行,这些都是文化根深蒂固的不同版本。后来的郊区人更改了这些原始居住模式,采用上层楼面、日光浴室、门厅、屋顶窗、车库和豪华装饰。但后来的环保主义者试图在长岛和纽约的利维顿的第一批大规模生产的郊区寻找一个未曾装饰的单元,由此来确定原初产品时,将会一无所获。同样地,郊区购房者会像他们的前辈一样,会勤勉地工作来塑造中产阶级的概念,既创造了居住区也塑造了(越来越是跨种族的)社区,这些都被大多数为蔓延所浸染的记者和学者所忽略的。过去的居家妻子和通勤丈夫所组成的双亲家庭,已经发生了社会学的变化,延伸到了中产阶级,包括单亲家庭,夫妻都是工人的家庭,和越来越多的空巢老人家庭。确实,将来需要继续深入的一个相关问题是,这些郊区自己的历史特性如何充实了郊区全面的含义,毕竟大多数美国人现在都居住在郊区。郊区中产阶级首先不是一个由公司网络、专业开发商、设计师、房地产经纪人、广告商和政客等自上而下地构建的经济或社会现象;相反,郊区中产阶级代表了一个自己的参与者自下而上地塑造的历史进程。在郊区和其他地方,任何中产阶级概念都需要它与其他任何阶级的政治互动有据可查。

延伸阅读书目:

- Bloom, N. (2001). *Suburban alchemy:1960s new towns and the transformation of the American dream.* Columbus:Ohio State University Press.
- Harris, R. (1996). *Unplanned suburbs:Toronto's American tragedy,1900 to 1950.* Baltimore:Johns Hopkins University Press.
- Hayden, D. (2003). *Building suburbia:Green fields and urban growth,1820-2000.* New York:Pantheon.
- Jackson, K. (1985). *Crabgrass frontier:The suburbanization of the United States.* New York:Oxford University Press.
- Kelly, B. M. (1989). Suburbia re-examined. Westport, CT:Greenwood Press. Mattingly, P. H. (2001). *Suburban landscapes:Culture and politics in a New York metropolitan community.* Baltimore:Johns Hopkins University Press.
- Wiese, A. (2004). *Places of their own:African American suburbanization in the twentieth century.*

Chicago：University of Chicago Press.

Paul Mattingly 文

曹升生译　陈恒校

中城
MIDDLETOWN

虽然在加尼福尼亚、康涅狄格、新泽西、纽约、俄亥俄、宾夕法尼亚和罗德岛存在确实的中城社区，但是对于大多数美国学生来说，中城就是印第安纳州曼西市（Muncie）的化名。1924 年和 1925 年，罗伯特和海伦·林德（Robert and Helen Lynd）开始这个领域的研究，其著作《中城：对美国文化的一项研究》迅速成为社区研究的经典。这个项目受到洛克菲勒社会和宗教研究所的支持，其目的是研究美国小城市的生活。

550 页的《中城》按照六大主题分为 29 章：谋生、建造房屋、抚养孩子、休闲、在宗教实践中接触、参与社区活动。林德夫妇奔赴曼西市研究宗教生活，他们的整体人种志的方法让他们在宽泛的社会、经济和政治实践中收集了很多信息。他们的研究得出了一个突破性的结论：比起宗教和心理变化，世俗的和技术的变化更能让人接受。

1935 年，罗伯特·林德和一小队研究生回到曼西市以研究大萧条对这个城市及其居民的影响。林德同他那未曾直接参与田野调查的妻子合著的《转变中的中城：对文化冲突的研究》（1937 年）出版了。这本著作不仅将人种志研究延伸到 1930 年代的曼西市，还进一步强调了社会和经济变化思想。

600 多页的《转变中的中城》有 13 章：再评中城、谋生、X 家庭、商业阶级控制模式、照顾大萧条中的残疾人、社会变化的基准、建造房屋、私人调整领域、抚养孩子、休闲、宗教、政府机关、得到信息、媒体、保持健康、中城精神、中城面临两条道路。

上述著作里的丰富人种志成份，受到考古学家、社会学家和其他研究美国城市的学者广泛赞扬。例如，在莫里斯·斯坦（Maurice Stein）的《社区的消失》中，他专门写了一章《林德夫妇和中城的工业化》，认为研究中城是一种研究历史进程对曼西市和其他社区如何施加影响的优秀方法。

即便没有更多的中城研究，中城依旧会在社区研究中占有一席之地。在 1970 年代末期和 1980 年代早期，西奥多·卡佩罗（Theodore Caplow）和他的团队接受国家科学基金会的资助，执行中城Ⅲ项目。采用半个世纪前就用过的问题，卡佩罗研究团队尽力复制和拓展前两次中城项目。其最终发现集中在两卷本的《中城家庭：五十年的变化和持续》（1982 年）和《所有忠诚的人们：中城宗教的变化和持续》（1983 年）。一个与之互补的纪录片《中城》被拍摄并由 PBS 广播。它由六集组成：运动，游戏，一个备受赞颂的社区，家族商业，无限复活，重评中城。

十年后，卡佩罗和他的团队回到曼西执行中城 4 项目。他们充分利用新的技术来传播研究成果，参与了 PBS 的《第一个可以被测量的世纪》节目。在美国企业研究所的发动下撰写了一本书《第一个被测量的世纪：一个对美国趋势的说明性引导 1900—2000》（2001）。

中城研究中心于 1980 年创立，1984 年成为鲍尔州立大学的一部分。以前积累的资料为很多社会科学家处理中城数据和进行新研究提供了机遇。1986 年，德怀特·胡佛（Dwight Hoover）出版了《魔力中城》，一本集中于 1920 年代曼西城的著作。他后来在著作《重评中城》中评价了林德夫妇和卡佩罗团队的工作。

1989 年和 1990 年，意大利考古学家丽塔·卡卡莫（Rita Caccamo）受邀来检查这个档案，在曼西开展一年的人种志研究。她的研究工作汇聚在《回到中城：三代社会学家的思考》（2000 年）。另外，丹·罗滕伯格（Dan Rottenberg）对曼西市的犹太人开展了 19 个口述访谈，后来撰写成《中城的犹太人：一个美国犹太裔社区的贫乏生存》（1997 年）出版。

最新且最有野心的中城研究项目，集中于社区中的非洲裔美国人。卢克·埃里克·拉斯特（Luke Eric Lassiter）、霍雷·古代尔（Hurley Goodall）、伊丽莎白·坎贝尔（Elizabeth Campbell）和米歇尔·娜塔亚（Michelle Nataya）等在一个学术研讨会中采用社区协作研究方法，产生了《中城的另一面：探索曼西非洲裔美国人社区》（2004 年）。一个 26 分钟的纪录片 DVD 由詹姆斯·米勒（James Miles）拍摄，名为《中城归来》配套发行。在讲述中城非洲裔美国人的故事时，《中城的另一面》故意采用了最初中城研究的章节标题，因此补充了 1976 年古代尔和保罗·米歇尔（Paul Mitchell）出版的《曼西市的非洲裔美国人，1890—1960》。

毫无疑问，中城和曼西市是美国被学者研究的最好的小城市。林德夫妇、卡佩罗和其他那些前后去曼西调研的学者，一直以其方法上的开拓进取和理论上的真知灼见而闻名。中城研究中心藏有独有的跨越 75 年积累而来的充足资料，对那些未来想研究中城的学者永远都是灯塔。

延伸阅读书目：

- Geelhoed, E. B. (2000). *Muncie：The Middletown of America*. Chicago：Arcadia.
- Stein, M.-R. (1960). *The eclipse of community：An interpretation of American studies*. New York：Harper & Row.
- Tambo, D., Hoover, D., & Hewitt, J. D. (1988). *Middletown：An annotated bibliography* (Garland Reference Library of Social Science, Vol. 446). New York：Garland.

Robert V. Kemper 文
曹升生译　陈恒校

工厂城
MILL TOWNS

　　工厂城是沿着一个工厂或者任何要求一定的劳动力的工厂而兴建的社区。工厂公司所有者建设工厂作为工业企业，同时招募工人来运行机器，将原材料加工成工业制成品。工人在工厂附近居住，通常是公司自有的房屋。工厂城的出现跟棉纺织业同步，因此这个词通常指农村针织品制造村庄，首先出现在19世纪早期的新英格兰，然后在内战后的南方。

　　工厂城的显著特征是劳工管理体系和家长制社会结构，工厂所有者为工人提供必需品和服务，以便获得社会控制和更有效率的工厂工作。工业公司一般拥有整个工厂城，以低廉的租金租房子给打工家庭居住。工业公司建设学校和教堂，商店和邮局，还有医院和休闲设施。虽然有这些积极的进步，但是工厂城的生活是艰苦的和不确定的。工厂到处都是灰尘和垃圾，火险非常大，工人经常遭受呼吸疾病。工厂要求稳定的动力供应，因此经常建在河道附近，这就容易遭受洪涝灾害。更糟糕的是，在经济困难时期，工作条件变差，工资下调，工时延长，工厂财产变卖。假如工厂关门，那么工厂城也得倒闭，剩下工人流离失所。

早期工厂城

　　17世纪早期，英国殖民者沿着东海岸拓殖，一些谷物工厂开始出现，以满足基本的生存需要。第一个谷物工厂1636年出现在马萨诸塞州的普利茅斯殖民地。第一个火药厂出现于1675年，第一个造纸厂1690年出现在宾夕法尼亚附件，归威廉·里腾豪斯所有。早期工厂一般直接由所有者运作，工厂所有者既是机械师也是财务官，还是一个手艺人。因为原材料直接运往英国加工，所以早期工业工厂并不多见，但是，地方工厂依然是社会和经济中心。伴随着美国革命，工厂运作扩大和提高了，因为企业家和机械师挺进工厂以谋取利益和产业。

新英格兰针织厂

　　新英格兰第一个商业棉花工厂1790年出现在罗德岛的坡塔吉特，老板是塞缪尔·斯莱特（Samuel Slater）。这座工厂靠雇佣整个家庭和提供住房和其他社区服务而招够了工人。很快，其他投资商和精英沿着新英格兰的河道建立了很多棉花厂。波士顿制造公司1814年在马萨诸塞州的沃尔瑟姆建立了第一座现代针织厂，1820年又在洛威尔建立了一座生产工厂，即洛厄尔系统（Lowell System，以公司创建者之一的弗兰西斯·洛厄尔命名），这代表了新英格兰的生产模式。从当地农村招募来的妇女，满足了对劳动力的需求。首先，这个体系提供清洁、监管良好的生活和工作环境，年轻女性住在郊区住宅区，从事教育活动。但经济衰退和增长的地区产量导致了1830年代和1840年代的低工资和艰苦生活环境。当女性工厂工人开始结社时，工厂公司开始寻找替代性劳动资源，尤其是爱尔兰移民家庭。

南部棉花产业

　　第一个南部棉花工厂出现在1790年的南卡罗莱纳，后来因为棉花种植业到19世纪都能盈利，南部的工厂不断出现。内战之后，南方的白人寻求新的经济发展战略以取代战前的奴隶制。南方精英设计了一个名为棉花运动的战略来利用贫穷的白人。这个运动用当地投资来建设棉花工厂，招募当地贫穷白人家庭来做员工，同时排斥黑人和移民。1890年，针织工厂遍布南部，尤其在卡罗莱纳皮尔蒙德地区。南部针织厂不得不同树大根深的新英格兰同行竞争，当时印度和埃及等国的新兴棉纺工业改变了国际市场格局。虽然工厂条件极差，但是南部并没有发展出强大的工会。

童工

　　工厂城的本质和19世纪工厂劳工系统导致了广泛的童工。尤其在南方，整个家庭都在工厂里一起工作,就像在农庄一样。北部的移民儿童也到工厂工作以贴补家用。对童工的反对,直到 20 世纪早期进步运动时期才发展起来。

今日工厂城

在 20 世纪中期,大多数工厂城都经历了急剧的变化。美国古老的工厂纷纷倒闭,或者移师海外以利用当地的廉价劳动力。世代生活和工作在工厂城的家庭也被迫迁徙。其他工业也以现代化提高产量,裁汰员工,吸引移民劳工。工厂城成为了经济落后的代表,拖累了现代工业和发展。但是,最近工厂城在复兴。当郊区吸纳和包围了曾经的工厂城时,当地居民建立了历史保护区,开展口述史项目,兴建文化中心,以保存工厂城生活的历史价值。

亦可参阅:童工(Child Labor),公司城(Company Towns),新英格兰镇区和村庄(New England Towns and Villages)

延伸阅读书目:

- Flamming, D. (1992). *Creating the modern South: Millhands and managers in Dalton, Georgia, 1884 - 1984*. Chapel Hill: University of North Carolina Press.
- McHugh, C. L. (1988). *Mill family: The labor system in the southern cotton textile industry, 1880 - 1915*. New York: Oxford University Press.
- Moran, W. (2002). *The belles of New England: The women of the textile mills and the families whose wealth they wove*. New York: St. Martin's Press.

Jamise M. Bradley 文
曹升生译 陈恒校

威斯康星州密尔沃基市
MILWAUKEE, WISCONSIN

从芝加哥鲁普区向北沿着密歇根湖走 90 英里,就可以达到威斯康星州最大的城市密尔沃基市。密尔沃基有时被译为"好土地"或"聚集之地",在 18 世纪晚期美国领土扩张时期是土生美国人的定居地。帕塔瓦米族、索克族、渥太华族、齐佩瓦族和美诺米尼族人在湖边聚集繁衍。密尔沃基作为一个皮毛贸易港口而发展起来。1831 年,美诺米尼族部落正式放弃密尔沃基河

东岸,两年后美国同帕塔瓦米族、渥太华族、齐佩瓦族部落签订协议,正式获得现代密尔沃基余下的土地。

这些协议标志着土地热潮的开始。房地产投机活动集中于密尔沃基潜在的港口和商业城市的潜力。密尔沃基市被密尔沃基河和美诺米克河分为三大块,历史上分为东部、北部/西部和南部,朱诺镇、基尔本镇和沃克点成为这座年轻的城市东边、西边和南边的三个典型。早期的观察者都能发现密尔沃基存在族裔和经济隔离。从 1840 年起,拜伦·基尔伯恩(Byron Kilbourn)招募德国移民到密尔沃基河东岸,从而让这块土地成为日耳曼人的地盘。朱诺东岸的拓殖跟新英格兰人和纽约人紧密相关——用当地人的说法就是北方佬。乔治·沃克(George Walker)宣称对南部有主导权,但是一直存在争议,因此这个地区发展比较缓慢,其弊病得到后来的移民和工业化才可能解决。

在 19 世纪中叶,密尔沃基的本地商人和开发商希望超越芝加哥成为本地区航运和商业中心。威斯康星州的铁路到密尔沃基终结,因此让威斯康星州、明尼苏达州和艾奥瓦州北部的农产品到这里加工和运输。1862 年,密尔沃基超越芝加哥成为世界上最大的燕麦承运商。此后几十年里,这两个城市交替更换这项殊荣。加工其他农产品有助于密尔沃基的经济,就业机会也随着制革厂、肉类加工厂和啤酒厂的增多而增加。但是密尔沃基可超越芝加哥成为地区领头羊的想法是梦想,但是这种竞争关系有助于该市伟大资产——铁路的发展。在其成为城市后的第二个十年,密尔沃基的资源配置就让它完成了从商贸中心向制造业经济的转变。

虽然当地人对航运业和燕麦加工业津津乐道,但是 20 世纪早期,一些市民却夸耀说该市生产的机器在全世界加工燕麦。随着经济转向,密尔沃基的人口翻番增长,从 1870 年的大约 71000 人跃升到 1900 年的 285315,此后三十年再翻番到 1930 年的 578472 人。密尔沃基在 1880 年就采纳了"工人城市"的名号并宣称"工人工作的城市"地位。1910 年统计数字证明了密尔沃基强大的制造业,虽然其人口名列美国第十二,但是其制造业工人的比例却是第三,仅次于布法罗和底特律。历史上密尔沃基不仅拥有诸如 PSB 啤酒公司,也有爱丽斯·凯尔末等大公司。

世纪之交这个"工人城市"也获得了外国出生人口多的显著特征。1910 年,密尔沃基和纽约共同分享外国出生人口最多的地位。特别是德国裔和波兰裔社区让密尔沃基成为一个欧洲城市。世纪之交,有三分之二的德国裔社区居住在城市北部。虽然德国裔遍布这

座城市,但是后来的德国裔社区向基尔本镇最初的商业、工业和居住核心区迁徙。波兰人也在这个城市的不同角落找到落脚之地,那里能为低技能工人提供就业机会,也有房子可以买到。巴拉迪街和里尔斯特社区毗邻密尔沃基河边的工厂,里面有很多波兰人。但是,他们对城市南部有最大的影响。

第一波波兰移民在1870年代到来,其技能比较低,难以转化为工业经济产能。结果,与德国裔相比,该市的波兰移民一般从事低端行业。虽然基本都是低收入阶层,但是密尔沃基的波兰人通过教堂和家庭创造了一个城市场景。密尔沃基波兰房屋建设者通过将工人农舍重新改造而成为景观变化的代理人。这个改造过程产生了不同形态的大农舍,包括被密尔沃基人戏称的波兰平房,这是适合新移民租住的房子。这种房子也出现在芝加哥和其他中西部城市的工人阶级移民社区。

那个时期其他族群也界定其他城市邻里。爱尔兰裔曾经与第三区相连,在梅丽尔公园区西部下城建立了一个飞地。19世纪末,意大利人在第三区落脚,并很快扩散到巴拉迪街区波兰裔的社区。东欧犹太人在20世纪初到来,在位于下城北部的海亚市场区定居。20世纪早期隔都前仆后继。在老德国裔社区北边一平方英里的地方,非洲裔美国人隔都区于一战后形成。

与快速的工业增长和工人阶级增多趋势相反,德国裔居多的密尔沃基在1910年代成为第一个选举共产主义市政领导的主要美国城市。在一个腐败的民主党市长被罢免之后,密尔沃基接受了社会主义,发动了一个决意让密尔沃基成为工人阶级主导城市的模板。从1910—1960年年代,三个社会主义市长几乎不间断地领导了这个城市长达42年。密尔沃基能够保持这么长的记录,是其工人阶级特性和德国裔移民的社会民主传统。应当强调的是,密尔沃基的社会主义是一种特定的实践形态,强调良好政府和市民提高——因此获得"裁缝社会主义"的名号。

一战中大量德国裔社区的存在,没少给这座城市找麻烦。但是密尔沃基受益于战时合同,该市人口也相应地增长。战时和战后住房短缺有助于社会主义市长关心合作性住房计划,也引发了他们对田园城市规划运动的兴趣。田园城市是美国第一个城市发动的合作性住房开发项目,1923年开放了93套住房。住户在1925年停止了合作性安排,但是房主却受益于上升的房地产价值。虽然合作性住房的实践令人失望,但是这个项目证明了经济适用房的可行性。1935年,密尔沃基接到通知,一个公共工程管理局的公共住房项目将在城市的北部边界开工。帕克劳恩(Parklawn)的518套住房在1937年交付使用。一年后,联邦资助的三个绿带城市之一在密尔沃基西南处开工。绿带为工人阶级家庭提供了572套住房,它是美国公共资助的合作性住房。在努力寻求解决工人阶级住房问题时,密尔沃基的郊区开始兴起,密尔沃基市不得不同其邻居争夺新中产阶级住房开发。相对温和的兼并为这个城市新开发提供了空间。大幅度地改变密尔沃基居住场景规模,要等到二战之后。

正如这个国家很多大都市区所经历的一样,郊区化变成了战后密尔沃基的头等问题。1946—1967年,该市的规模翻番,从44平方英里扩大到96平方英里。归因于兼并活动,密尔沃基努力让人口分散化,积极应对住房需求,同时还得应付周边郊区的竞争。虽然最后一次兼并在1960年代,但是密尔沃基最终还是被周边环绕的郊区所限制住了。当时的市长亨利·迈尔(Henry Maier)说铁幕阻止了任何地域扩张。在1960年代城市人口达到巅峰之后,此后每次统计数字都显示人口在减少。密尔沃基的人口在1990年下降了15%(628088),然后再降,2000年跌至596974,估计2004年人口是583624。

直到1960年代,族裔问题(而不是种族问题)区分了密尔沃基的工人阶级社区。在1960年以前,非洲裔不到人口的十分之一。当来自东欧和南欧的移民随着一战而减缓时,以及移民法的变化,非洲裔美国人在工作结构等级上获得一定的进步。密尔沃基墨西哥裔也反映了这个变化,和工业性工作的吸引力。当去工业化开始显形的时候这两个族裔人口的增加就显示了重要性。1960年非洲裔仅占人口的8%,1970占15%,1990占30%,但今天非洲裔占37%,成为第二大族裔群体。在同一时期,拉美裔从不到2%发展到12%。这些数字显示了一定程度的种族隔离,让密尔沃基名列美国最隔离的城市之一。

在去工业化时代,撤资让很多特定的社区人去楼空。但是,城市生活质量和历史保护意识的兴起,引发了更新老旧社区的活动,而新来的多样化市民特别珍视这份资产。这些再发现的社区的名单很长,包括丽尔韦斯特、布雷卫希尔、低东区、第三区和华盛顿高地。虽然动荡和衰落曾经是个问题,但是这些地区的新烦恼是,当住房价值升高时经济适用房和珍贵的社会经济多样性是否会流失。

亦可参阅:绿带城镇(Greenbelt Towns)

延伸阅读书目：

- Foss-Mollan，K.（2001）．*Hard water：Politics and water supplyin Milwaukee*，1870 - 1995．West Lafayette，IN：PurdueUniversity Press.
- Fure-Slocum，E.（2001）．*The challenge of the working class city：Recasting growth politics and liberalism in Milwaukee*，1937 - 1952．Doctoral thesis，University of Iowa.
- Gurda，J.（1999）．*The caking of Milwaukee*．Milwaukee，WI：Milwaukee Historical Society.
- Kenny，J.（1995）．Making Milwaukee famous：Cultural capital，urban image，and the politics of place．*Urban Geography*，16(5)，440 - 458.
- Simon，R. D.（1978）．*The city building process：Housing andservices in new Milwaukee neighborhoods*，1880 - 1910．Philadelphia：American Philosophical Society.
- Trotter，J. W.（1985）．*Black Milwaukee：The making of anindustrial proletariat*，1915 - 1945．Urbana：University ofIllinois Press. \

Judith Kenny 文

曹升生译　陈恒校

明尼苏达州明尼阿波利斯市和圣保罗市
MINNEAPOLIS/ST. PAUL, MINNESOTA

明尼阿波利斯和圣保罗双子城市组成了一个涵盖 7 个县的大都市区的核心地带，有 250 万人，占整个明尼苏达州 54％的人口。在 1990—2000 年，这个大都市区的人口增加了 15.4％，而该州人口却只增长料 12.4％，显示了农村县的青年人为双子城的经济和文化所吸引。

1870 年至 20 世纪之交，明尼阿波利斯和圣保罗对移民展示了强大的吸引力。满怀希望而来的新移民从美国更发达的地区或者北欧蜂拥而至。双子城在不到三十年的时间里从草莽边疆变成了新兴的城市中心。在 1880 年至 1890 年，双子城的总人口从 88360 增加到 297894——增加了 297％。但是总人口是误导性的。双子城从未将自己当做一个大都市区的一部分。从拓殖的早年岁月起，他们都视对方为竞争对手，甚至在琐事上都不愿合作。这种竞争性（在今天依然阻碍着大都市区合作）有深厚的民众基础。它反映也滋养着显著的文化、政治和经济差异，正如今天任一圣保罗人或者明尼苏达人所证实的那样，在彼此市民间创造了深刻的互不相容。

圣保罗是该州最老的城市，也是首府，它是从密西西比河航运线上一个具有战略位置的贸易港口发展而来的。红河让来自加拿大的皮毛贸易所蕴藏的巨大财富来到圣保罗，在这里皮毛被装进汽船运往国外市场。交通和物资供应是这块拓殖地的命脉，当这个城市增长时，它的经济依然深嵌在贸易和交通中。从一开始，圣保罗就将工业发展让渡给明尼阿波利斯，这个选择往往令城市促进者回顾历史时惆怅满怀。

明尼阿波利斯的诞生也归因于密西西比河。圣安东尼瀑布位于圣保罗上方几英里处，一直等待着工业企业的开发。密西西比河的西段直到 1856 年才可以拓殖，当时计划缜密且政治上联系紧密的资本迅速设定了利用瀑布的基础。以缅因州强大的沃什布恩家族为首的一股新英格兰企业家，在不到三十年里在此建设了很多工厂，让明尼阿波利斯成为木材和面粉加工的巨人。这些企业家同样协作投资针织厂、机械工具和其它制造业。最重要的是，他们创立了一个垂直一体化的垄断来控制真整个上中西部的谷物贸易。

与大多数从商业过度到工业资本主义的主要城市不同，圣保罗和明尼阿波利斯的经济依然是分叉的，这对两个城市的特性有深远的影响。作为詹姆斯·希尔大北铁路公司总部驻地的圣保罗，在西进运动时代依靠交通和零售业孔道而迅速发展起来，但是到 1880 年，新兴的工业城市明尼阿波利斯已经让圣保罗黯然失色。在 20 世纪之交，交通技术的进步，连锁店的增长和邮购销售，让圣保罗降为地区性和地方性承办商，而明尼阿波利斯却跃升为一个主要的金融中心和世界面粉加工之都，其势力贯及世界市场。

新英格兰商人因为捷足先登、深厚的资本储备和迅速致富而通过多种手段控制了明尼阿波利斯。虽然明尼阿波利斯吸引了很多欧洲移民——也发展了一个显著的斯堪的纳维亚风景——商界和社会上的精英却是北方新教徒的专利。这促成了族裔邻里的发展，次经济单位的发生，也让斗争基于阶级而不是族裔展开。

相反，圣保罗却是安格鲁商人、法属加拿大人、土生美国人和玫提斯人（一种法国和土生美国人的混合人种）的大杂烩，很快又被新来的德国人和爱尔兰移民所补充——他们互相推搡，进行贸易，寻找良机。由于形成时期资本短缺，所以稍有资本的（白）人或有一技之长可与安格鲁奋斗者结伴的人，才有发财致富的机会。因此，跨族裔伙伴关系和联盟便成为了这个城市文化演进的基调，族裔或宗教都不是向上爬升的障碍。

天主教尤其受益于早期天主教制度的建立（它服务整个社区）及其以后顺利进入社会和商业精英圈。当后来的意大利人、捷克人、波兰人和其他东欧和南欧移民到来时，天主教帮助而不是阻碍他们融入市民社会的主流。斯堪的纳维亚的新教徒面临很多难题，因此选择在该市东区聚集。

当明尼阿波利斯越来越主导经济时，两个城市之间的竞争越发明显。圣保罗人采取了防卫姿态，认为在明尼阿波利斯经商等同于叛逆。地方经济这种危险的状态也让商界和劳工界达成妥协。工人和雇主都想保持地方经济的活力——工人需要工作，而商界依靠工人作为顾客和雇员。圣保罗以工联而闻名，但是它的工联是一种调停而非对抗性文化。找到可行方案而不是冒险罢工，符合双方的利益。圣保罗人经常在阶级和族裔之间保持团结以防止外在威胁，也就是明尼阿波利斯过强的资本实力。

明尼阿波利斯的工厂/制造业力量创造了一个截然不同的社会文化。雇主害怕大工厂的工人反叛因此极力遏制工会的努力。商人们着眼于全国和国际市场而不是地方市场，因此并不关心与工人达成和睦关系。阶级冲突一直是该市的一股潜流。商人们维持着明尼阿波利斯作为一个开放城市，直到1934年，那年一个历史性的卡车工人罢工最终击溃了反工会传统的束缚。

大萧条时代，明尼阿波利斯的工人阶级拥护农民-劳动党，因为它在起草能代表二战后明尼苏达政治文化的进步议程中发挥了关键作用。但是圣保罗的老人们不愿意离开民主党，此党正好服务他们狭隘的利益。只有在两党于1944年整合之后（变成民主-农民-劳动党DFL），这两个城市才发展出相同的政治风格。但是在地方选举中，阶级利益继续主导明尼阿波利斯的政治竞选，而在圣保罗，政治差异是如此狭小以至于争论都是对人而不是对事。

在1960年代和1970年代，明尼阿波利斯竭尽全力进行城市更新。今天，其历史下城及其周边邻里仅剩下为数不多的遗迹。灯火辉煌的摩天大楼衬托着这座城市对进步的迷恋。相反，圣保罗在城市更新时期却陷入经济停滞，既无意愿也无资本去思考它的城市场景。因此，出于纯粹的偶然，当历史保护运动在1970年代末兴起时，这座城市反而有丰富的历史资源来进行令人惊讶的复兴。

明尼阿波利斯和圣保罗都保持富有活力的城市邻里、充足的公园和绿色空间以及风景如画的湖泊。两座城市都不依靠重工业，所以免于灰尘带城市的去工业化和城市大逃亡。虽然制造业不再是明尼阿波利斯经济的主流，但是农商业依然重要，其领导者便是通用工厂（General Mill）和卡吉尔公司（Cargill Corporation）。这个大都市区以其教育良好的工人而闻名，变成了高科技以及研发公司的目的地。最悠久和最著名的是圣保罗的3M公司和明尼阿波利斯的商业巨头塔吉特公司（Target Corporation）和百思买公司（Best Buy）。

虽然有很多不同，但是这两座城市在历史上有相同的人口成分，都是白人和北欧人占据主导。1960年，两座城市总人口的4%是有色人种，但是今天这两座城市有更大的文化多样性。非洲裔美国人、拉丁裔、索马里人和中南半岛裔，以及其他新移民群体，构成了双子城人口的34%，既丰富了市民文化，也对地方政府获取资源来满足多样化服务造成了挑战。

最大的一个问题是经济适用房。单门独户和低密度住房是两座城市的突出现象，在城内居住是很多人的梦想，让房地产业在过去几十年里爆炸式发展。青年家庭，遑论贫穷的工人阶级，很难在城里买到房子。结果，远郊区以惊奇的速度蔓延。因为很少留心轻轨交通（第一条城市轻轨在2004年开始运营），公路拥堵越发严重。在某种程度上，这两座城市都是成功的受害者。

明尼阿波利斯和圣保罗慢慢地发现他们面对相同的问题，但是过去的偏见根深蒂固。两座城市的领导继续为运动场、禁烟法令和下一个轻轨路线而争吵不休。大多数圣保罗人至死也不愿迁到明尼阿波利斯，而明尼阿波利斯人很难想象竟然有人到圣保罗去旅游。

延伸阅读书目：

● Adams, J. S., & Van Dasek, B. J. (1993). *Minneapolis-St. Paul: People, place, and public life*. Minneapolis: University of Minnesota Press.

● Clark, C. E., Jr. (Ed.). (1989). *Minnesota in a century of change: The state and its people since 1900*. St. Paul: Minnesota Historical Society Press.

● Millikan, W. (2001). *A union against unions: The Minneapolis Citizens Alliance and its fight against organized labor, 1903 - 1947*. St. Paul: Minnesota Historical Society Press.

● Wills, J. (2005). *Boosters, hustlers, and speculators: Entrepreneurial culture and the rise of Minneapolis and St. Paul, 1849 - 1883*. St. Paul: Minnesota Historical Society Press.

● Wingerd, M. L. (2001). *Claiming the city: Politics, faith, and the power of place in St. Paul*. Ithaca, NY: Cornell University Press.

Mary Lethert Wingerd 文

曹升生译　陈恒校

活动房屋社区
MOBILE HOME COMMUNITIES

活动房屋社区，一般称为活动住屋或者拖车住屋，是一种为移动房屋提供临时或永久地块的住房开发。一般情况是，移动房屋业主租赁某个地块，个别情况业主私人拥有一些地块。活动房屋社区遍布美国城市，其中多数位于温暖气候带。佛罗里达、加尼福尼亚、得克萨斯、北卡罗莱纳和佐治亚等州的移动活动房屋社区数量在美国都是领先的。活动房屋提供经济适用房，但很多有服务于旅游者的休闲需要或退休人群。

活动房屋和拖带式居住车（Trailer）经常互用，但是它们有不同的含义，后者更多指一个旅游住屋或者休闲汽车用于休闲活动和临时居住，而活动房屋是日常生活的半永久性单位。活动房屋社区一词是在拖车变得越来越大并开始服务于更多永久性住房需要时才出现。今天，活动房屋社区的规模越来越大，以至于移动变得非常有限。大多数变得太大而不能在公路上行驶，一般出厂后就被搬到固定地块。这样的结构一般指制造的住家。

一些州、尤其是东海岸的州，活动房屋社区一般严格指特定社区。但在那些没有严格分区制度的州里，州政府允许活动房屋主人在指定活动房屋社区之外居住在私人所有的土地上。

活动房屋社区为活动房屋提供地块，也提供比如电力这样的基础设施。早期的活动房屋社区经常共享厕所，因为那时并没有管道工程。活动房屋业主租赁一些地块，然后在指定的地块上建设单元房。这些社区也短期出租一些地块以使用旅游休闲车辆。一个活动房屋社区的合成版，是一个按照网状模式而建成的私人街道网络。所有的单元房都有街道门脸，与街道成垂直线。早期平均有 40—60 个地块，单独开发，通常有业主或经理坐镇。1990 年，活动房屋社区的平均规模已经增长到 150—170 个单元。

活动房屋社区可以提供一个共享公园或绿色空间用于休闲活动。在温暖气候里，他们为迎合退休人群和度假人群，提供诸如游泳池、私人海滩和俱乐部等额外设施。

活动房屋社区提供了某种基于邻里亲近而来的舒适生活方式。活动空间较小，让社区的家庭经常摘花养草，左邻右舍之间经常走动。这种亲密性的结果之一是很多活动房屋社区为那些有孩子或宠物的家庭提供隔离区域。其他社区可能是高级社区，限制出租地块个特定年龄的人。

活动房屋根源于美国人对宽敞道路的迷恋，而活动房屋社区来源于 1920 年代和 1930 年代汽车露营和拖车公园等迎合新潮的汽车旅游的活动。两件大事——大萧条和二战——让拖车从休闲旅游变成了半永久性住房。当大萧条肆虐全国时，美国人开始居住在拖车里，因为拖车提供了四处找工作的廉价住房。二战加大了对移动家园的需求，人们涌往军事基地和兵工厂。而拖车正好提供了解决战时住房短缺的方法，因为拖车方便移动。结果，战时拖车住家在美国的军事城镇里遍地开花。

战后军人退役返乡，对住房的需求更为强烈，拖车继续提供了解决住房短缺的方法。因为拖车能满足更多的永久住房需求，所以很多设施被增加了，其规模也被扩大，因此将拖车变成了活动房屋。制造商积极响应这个要求，增加了室内管道工程，设备齐全的厨房，浴室和分隔的卧室。随着对生活空间的要求增大，拖车的规模也不断增加。但是，其移动性却不断减弱。1950 年早期的公路监管制度限制拖车最多 8 英尺宽 33 英尺长。这些限制不断演进，到 1957 年大多数允许 10 英尺宽的拖车上路。到 1960 年代，制造商推出了 12 英尺宽的拖车。最终 16 英尺宽的拖车也出现了。当拖车的宽度增加时，长度也随之增加，从 40 到 60 再到 80 英尺。1980 年，标准的活动房屋是 14 英尺宽 80 英尺长。这些大型活动房屋只能从厂家由专车护送至目的地。

佛罗里达州的巴拉顿吞拖车社区是美国第一家允许业主购买地块的活动房屋社区。这个 160 英亩的活动房屋社区于 1955 年开发出来，有很多休闲设施，目标是卖给退休人群。

1950 年代活动房屋成为工厂制造的住房的主流，经济、易得、可移动。1940 年，美国有大约 18 万活动房屋家园，20 年后，这个数字飙升到 75 万，占到美国住房的 1.5%。活动房屋遍布美国，为房地产热提供住房，1950 年代早期，有 12000 家活动房屋。

活动房屋继续被看作美国住房场景的一部分。

484

1970 年有 26000 个活动房屋社区,并且被联邦政府确认定为新房统计单位。1980 年,美国有 3 万家。1990 年,移动社区家园占美国房主自用住宅的 6%,45% 的活动房屋社区主人租赁或拥有活动房屋社区的地块。

延伸阅读书目:

- Hurley, A. (2001). *Diners, bowling alleys, and trailer parks: Chasing the American dream in the postwar consumer cul-ture.* New York: Basic Books.
- Thornburg, D. A. (1991). *Galloping bungalows: The rise and demise of the American house traile*r. Hamden, CT: Archon Books.
- Wallis, A. D. (1991). *Wheel estate: The rise and decline of mobile homes.* New York: Oxford University Press.

Christina Slattery and Amy Squitieri 文
曹升生译 陈恒校

示范城市
MODEL CITIES

从 1960 年代中期开始延续近十年的联邦示范城市项目,开始时为模范城市项目(Demonstration Cities),野心勃勃地试图综合社会项目、实际项目,发动居民参与,在所选择的城市社区完成一场全面的复兴。

历史

示范城市项目的根源可以追溯到 1950 年代末的动员青年(Mobilization for Youth)项目,一个针对曼哈顿低东区的少年犯的项目。1961 年和 1962 年,这个项目和其他几个私人慈善项目被整合进福特基金会的灰色地带项目,项目负责人是保罗·伊尔维萨克(Paul Ylvisaker),他向波士顿、纽黑文、奥克兰、宾夕法尼亚和华盛顿特区的邻里提高组织拨付合同。示范城市项目的另一个先驱是 1964 年的经济机会法(Economic Opportunity Act),它藉由经济机遇社区行动项目办公室(Office of Economic Opportunity's Community Action Program)来促使社区参与到反贫穷项目中来。

联邦示范城市计划——由国家卫生研究所精神病专家列昂·纳德杜贺(Leonard Duhl)、塔夫特大学校长安东尼亚·查耶斯(Antonia Chayes)、底特律市市长杰罗姆·卡瓦诺(Jerome Cavanaugh)联合提出——以

一个"城市版田纳西河管理局"提出,能同时解决一个地区的社会、经济、政治和物理问题。汽车产业工人工会的领导卡瓦诺和沃尔特·鲁瑟(Walter Reuther)游说约翰逊总统将底特律设为美国的示范城市。

一系列的总统工作组受命提供大都市区和城市问题的解决方案,由麻省理工学院院长罗伯特·伍德任主席。在 1964 年总统选举前后,工作组推动创立美国住房与城市发展部然后开始示范城市项目。伍德看到了一个同政策项目和授权项目有别的富有创造性的管理模式,前者理论上将财富从富人转移到穷人那里,后者给予那些一个种类(比如退伍军人和退休人员)的合法申请者。相反,一种新型的社会政策会根据绩效而授予合同。这个项目首先预想包括一系列城市,但是很快被重新想象——最重要的是要获得必要的国会支持——作为一个跨越小城镇和大城市的全国性项目。

当新生的城市与住房发展部官员在 1966 年上任之后,约翰逊总统命令他们将通过示范城市项目作为他们的工作重点,这等于宣称是他立法工作的优先事项。城市工作组的报告变成了一个法案的蓝本,这个法案要求 23 亿美元给选定的城市,在一系列领域,包括教育和住房,开展综合援助。

虽然其初衷并不是此前洛杉矶瓦特骚乱的政策反应,但是很多人都这么认为。一些立法者也反对这个法案,认为这是对暴力的卑躬屈膝;另一些人认为这是对未来事态的预防性措施。一位佐治亚州议员担心示范城市项目名称会成为绥靖暴乱的名词,其名称就被改为示范城市。

这个法案也面临很多城市官员的反对(其中市长和住房与更新机构的官员最为突出),他们担心受到这个新机构的威胁。包括参议员罗伯特·肯尼迪和亚伯拉罕·里比克夫(Abraham Ribicoff)的人,批评示范城市项目名不副实,呼唤城市版马歇尔计划。来自总统的压力,和来自参议院发起者艾德蒙得·马斯基(Edmund Muskie)和弗兰克·巴内特(Frank Barret)的支持,示范城市和《大都市区发展法》(Metropolitan Development Act)在 1966 年 11 月 3 日获得通过,授权 12 亿美元(后来修改为两年内拨付 9 亿美元)。

住房与城市发展部助理部长拉尔夫·泰勒(Ralph Taylor,以前是纽黑文市城市更新局局长)负责实施示范城市项目。他制定了一个城市申请标准,规定这些钱要用于解决城市社区的社会和实际问题,提高低收入家庭住房的数量,保证广泛的市民参与。在此基础上,住房与城市发展部从 200 个申请城市中选择了 20 个。虽然有政治上互相投赞成票通过,但管理人员强

调这个遴选过程客观,将受益于三分之一的国会选区。

1967 年纽瓦克、底特律和其他 71 座城市陷入严重种族骚乱后,这个项目又经历了变化。这些种族骚乱给住房与城市发展部增加了压力,1967 年 11 月 16 日,示范城市项目颁发了第一次奖励,将总数 3 亿美元的款项分给了 63 个城市和乡镇(包括 17 个人口在 10 万以下的)。第二年夏天更多的种族骚乱后,1968 年 9 月 6 日第二轮示范城市项目(2 亿多美元)启动。

这样薄命的开始让示范城市项目前途暗淡。1968 年早些时候,总统下属的国内失序顾问委员会下结论说在可见的未来住房问题依然不可解决。从早年福特基金会和经济机会授权项目办公室遗留下来的紧张关系,依然在市政厅和邻里团体之间存在。随着对骚乱的厌恶和联邦/城市之间选边站的辩论的开展,郊区多数人对示范城市项目的热情开始下降。已在国会中期选举中遭遇了失败的局面,使得民主党在 1968 年彻底离开白宫。

继任的尼克松总统在住房与发展部部长乔治·罗姆尼(George Romney)的敦促下,最初想保留示范城市项目和其他留存的城市项目。但他在 1972 年获得连任后边要求重新评估联邦对城市的援助。示范城市对城市的资助行为于 1973 年被吊销,后来被社区发展一揽子计划所取代,这是与收入共享的分权思想是一致的。

重要性

约翰逊在评价其向贫困宣战的所有国内项目时,认为示范城市项目是他最伟大的胜利,因为它在选定社区采取了全面的态度,集中不同的社会项目。示范城市项目是他伟大的社会立法中最后一个通过的法律。

保守的批评家一直视示范城市项目为自由主义好大喜功的产物。即便是持同情心的分析家也认为这个项目摊子铺得太大,还不如集中于几个样板城市,像这样一方面大张旗鼓说要形成全国性的变革,一方面短期却又见不到实际效果,确实差强人意。示范城市工作组的最初班底,包括查尔斯·哈尔(Charles Haar)、伯纳德·弗里登(Bernard Frieden)和马歇尔·卡普兰(Marshal Kaplan),也都说示范城市计划名不副实,甚至说它是"规划中的滑铁卢"。

姑且不论示范城市项目造成了实施后那个夏天的种族骚乱还是受阻于那场骚乱,它都被很多人视为做的太少而且为时已晚。但是,那些受到这些项目影响的人,声称这个项目的最大贡献不仅在实际或社会方面,更重要的是它所培养的新一代政治领导人。未来的很多市长和议员,尤其是少数党领袖,在示范城市组织中开始了他们的政治生涯。

示范城市的遗产在《1974 年住房与社区发展法》(Housing and Community Development Act of 1974)的有选择性的种类授予方法中得到体现。虽然它缺乏示范城市项目中的集中管理,但是其后十几年的社区发展公司强调邻里授权,却又薪火相传了示范城市的一些特点。即便是 1994 年克林顿政府的授权区和企业区项目,也有示范的意味,它也选择了示范区给予特定的拨款,希望能产生催化的效果。

延伸阅读书目:

- Fine, S. (1989). *Violence in the model city*: *The Cavanaghadministration*, *race relations*, *and the Detroit riot of 1967*. Ann Arbor: University of Michigan Press.
- Frieden, B., & Kaplan, M. (1975). *The politics of neglect*: *Urban aid from Model Cities to revenue sharing*. Cambridge, MA: MIT Press.
- Gale, D. (1996). *Understanding urban unrest*: *From Reverend King to Rodney King*. Thousand Oaks, CA: Sage.
- Haar, C. (1975). *Between the idea and the reality*: *A study in theorigin*, *fate*, *and legacy of the Model Cities program*. Boston: Little, Brown.
- Marshall, D., Tabb, D., & Browning, R. (1984). *Protest is not enough*: *The struggle of blacks and Hispanics for equality inurban politics*. Berkeley: University of California
- . Wood, R. (1993). *Whatever possessed the president? Academic experts and presidential policy*, *1960 - 1988*. Amherst: University of Massachusetts.

Christopher Klemek 文

曹升生译　陈恒校

现代性与城市
MODERNISM AND THE CITY

一个世纪以来,几乎所有人都认为美国城市看上去体现了现代性的本质。1880 年代,欧洲观光者赞扬了纽约和芝加哥的摩天大楼体现出的大胆和新颖设计。在 911 事件前,人们对摩天大楼既害怕又迷恋。现代城市主义产生了相互冲突的反应,尤其在美国,这个国家依然认为乡村是个同质性的社区。美国的现代性一直是变化无常的，甚至是自相矛盾的，有许多神话和想象作为物质形式可以为证，有时分散有时集中，将精心规划的飞地同不受拘束的市场经济的刺耳蔓延并列。

487

现代性一般指人类对现代生活的体验。城市集中体现了这些要素：令人刺激的快节奏、瞬息万变、经济驱动、文化多元、匿名，它们有时并存有时排斥。现代性关涉经济和基础设施，无论公私，他们提供了交通、卫生、通讯信息制度和管理这些服务的权力，以及治安和其他形式的保护。

现代性跨越多重面相和连接带，虽然这个词一般指19世纪末开始出现的一系列自我意识的艺术表达。欧洲的先锋及其美国追随者随即确立了权威标准。就设计而言，这意味着使用新近发明的材料，比如生铁、钢铁、玻璃、钢筋混泥土，背叛历史风格和外部装饰，迷恋空间的量而不是扎堆建筑，拥抱创新，对社会福利的承诺，相信进步。一个理性的空间组织——从内向外延伸到建筑群、城市、国家，甚至国际舞台——强调不受局限的"开放方案"，该方案能够适应多种目的，具有清晰的功能分离，和触及细节的有效联系网络。

这些描述依旧是现代主义的教义，形成了理论并正式化，同欧洲有强烈的联系。令人惊奇的是，正是一家美国研究机构将这些词汇编成法典：纽约现代艺术展览馆的展出，"现代设计"。馆长菲利普·约翰逊（Philip Johnson）和亨利-拉塞尔·希区柯克（Henry-Russell Hitchcock）给国际风格洗礼。即便是他们，像他们的后继者一样，都斥责美国的大多数设计是一种现代派的误解，是对现代性本质的商业遏制。二十年后，纽约现代艺术展览馆的另一场展出，"建在美国：战后设计"（*Bulit in USA：Postwar Architecture*，1952），庆贺玻璃箱式的公司总部大楼，豪华寓所，和现代郊区住房。在某种程度上，甚至学术上的现代性概念都会碰到各式各样的开发，精英和大众，规划和自发的，中心和边缘。

商业起源

美国对现代城市主义的明确态度在内战之后出现。1875年纽约建设厅官方确认了办公楼（office building），摩天大楼这个词出现在1880年代的媒体上。集中变成了一个关键因素。第一代地标性的现代摩天大楼在曼哈顿的低布罗德威和芝加哥鲁普的电气化区出现，当时芝加哥的南部商业区被1871年大火后不断升级的公共交通所环绕。

乘客电梯、先是生铁后是钢铁的框架结构、水力发电和其他诸如电话这样的技术创新，产生了现代公司设计。当然，投资者和设计师都需要一个温和形象。办公楼和百货公司都有装饰豪奢的正面，尤其是临街和入口处。优雅的门厅、客厅和屋顶观景台，为中产阶级的太太和绅士们提供了公共设施，而办公大楼和服务设施让男性和女性雇员享有了更高的效率。

现代商业城市主义改变了人们看待城市的方式。天际线——一个首先在1896年《哈珀斯》出现、用于描绘下曼哈顿的词语——为每个城市的独特身份提供了另一个维度。现实主义、立体主义和未来主义画家捕捉到了城市街道那充满活力的漩涡，高耸的楼群，明亮的灯光，花俏的广告，和活色生香的人群。

1890年，每天有1亿人穿过芝加哥鲁普。这样的统计数字符合新兴的社会科学对大都市区生活的研究。改革派和记者们也使用图片来揭露城市租房区骇人听闻的状况。当种族飞地变得越来越大，越来越集中时，隔离就变得更加坚不可摧。1910年，芝加哥南部的伯恩维尔和纽约的哈莱姆变成了种族隔都，被极高的成本和最少的公共服务所折磨，其疆界被自卫队员的暴力强化。

大都市区般的规模为另外一些人提供了新的机遇。曾于1893年主导芝加哥的世界哥伦布博览会的设计师丹尼尔·伯汉姆就敦促道"不作规划"。十年后，他动用现代公共宣传手段，比如电影和广告，提升1909年综合规划方案。那一年其他里程碑式的事件让城市规划专业化：第一个市政土地使用监管（洛杉矶），第一个大学城市规划项目，第一个官方规划期刊，和第一个专业协会。

受此激励，美国城市开始实施市政控制，尤其是分区，正如其欧洲同行在半个世纪前所做的那样。其首要目的是通过稳定中央商务区（CBD）来促进和保护首要房地产投资的价值。纽约1916年法律呼吁一个分区膜（Zoning Envelope）来确保新建和已建建筑物有充足的阳光和新鲜空气。良好的反应——曾受阻于装饰派艺术——很快传到其他城市。

48

虽然公众情感热烈——或许正因为它——大多数现代设计师都将装饰派的摩天大楼斥责为现代性的邪门歪道。他们同样谴责那些受过法国艺术熏陶的历史主义门厅。这类短视忽视了城市形象的内在统一性，也忽略了市政中心、医院大楼、大学校园和大型商场的公共生活。纽约市的洛克菲勒中心就是典型，它有多层垂直型的构造，巨大的水平面扩张。终点城市将大中央铁路车站延伸到四个方向，铁路和地铁通道重叠，几里长的地下轨道将这些交错的线路拓展到一个崭新的流行公园大街。欧洲现代主义者也赞赏这种建筑群别具一格。

现代性的混合空间

城市精英继续资助宏伟博物馆、图书馆和歌剧院的建设——这种模式让美国高级文化有别于欧洲。现代性确实在一些公共娱乐的繁华地段兴盛起来。时代广场的电灯光，娱乐公园的人潮如织，都吸引着大众前往。1915 年，价格不菲的电影院取代了廉价的五美分娱乐场。

现代技术也鼓励美国城市向外扩张。亨利·福特的流水生产线促使工厂在底特律之外的廉价土地上迅速扩张。大规模生产的汽车放大了住在郊区的欲望。同等重要的是，洛杉矶这样的城市依靠兼并经历了飞速的增长。泥泞的威尔夏大道变成了"神奇一英里"，拥有高端零售业和办公大楼，加上小巷里宽敞的停车场。机械师发明了交通标识、路灯、车道和新路面，来促使车流更为顺畅，继之使之标准化。因此 1920 年出现了一种新类型：城市-郊区汽车城市。

文雅鼓励异质性、宽容和适应。公寓式旅馆、单层小屋、紧密的族裔飞地，都为单身或已婚女性提供了栖息之地。特定地区还欢迎放荡不羁的文化人、同性恋和政治激进派。万花筒式的族裔邻里在大型城市如雨后春笋般涌现，虽然与 1905 年至 1915 年间动辄一百万的新移民数量相形见绌。像旧金山的中国城融合了真实和虚幻，成为外国游客的目的地。黑人大都市理想（Black Metropolis Ideal）用种族荣耀挑战偏见，它们维系了社区团结和文化创新——最有名的是音乐，从爵士到说唱——依旧为现代文化提供了动力。

大都市区与其碎片化的动态互动经受住了大萧条。新政干涉是多种多样的，分散的，相对较小：地方公园、学校、社区中心、停车场等等。公共工作署的住房政策强调互动的地形与空间，也重视优美的设计细节。圣安东尼奥的利威尔大道展示了那个时代的混合项目，将洪涝灾害预防与公共设施合并起来了。地方背景和经验超越了任何单一的正统理念。

战后现代性

战后几十年见证了两个并行不悖的城市动力：朝向郊区化的分散化和界定下城的现代形式。联邦立法机关为两者提供了大量补贴。由联邦资助的高速公路促进了郊区扩张，而城市再开发项目为新一代开发商在市中心获取暴利提供了保证。

三个因素驱动了郊区增长：居住飞地的规模和可得性，许多公司总部的再选址，和地区性购物中心的出现。城市出现了拥护增长的联合行动，对抗衰败的城市和郊区兴起。匹兹堡成为第一个从晦暗的工业市镇升级为熠熠生辉的现代公司总部云集的城市。在这里，总体规划结合了清除问题区域，同时用高速公路联向了郊区和三种房地产：豪华的公寓式建筑，整洁的公司总部大楼和公共空间（会议中心、体育馆和文化中心）。其规模是早年洛克菲楼中心那样统一项目的三到五倍大。

若现有建筑的 20% 被确定为毁坏的，联邦项目将资助整个区域的清除。1967 年，城市更新清除了穷人或者工人阶级社区的 40 万个居住单位。联邦资助的高速公路又清除了 33 万个单位。一个深刻的转变正在发生。城市开发曾经包括不同地区的一系列就业、旅游和房地产业，但现在它集中一个范式：吸引金融业、旅游业和房地产业的大玩家。

美国公共住房同样支持现代性的公园中的高塔。圣路易斯的普鲁伊特-艾戈住宅区于 1958 年完工，此后便成为聚讼纷纭的话题。反现代主义认为这个获奖项目已经失败，因为设计不行。实际上，处罚性的资金削减已经让联邦成本限制复杂化了，使得很多设计师从该项目一开始就痛惜不已。但是，好辩的评论家在该项目 1972 年被部分清除时就宣称这是"现代设计的死亡"。

1970 年代用多种方式挑战了正统的现代主义。有些人回味过去，走向郊区，忽视城市人口，其他人构想了巨型结构的高科技未来。庞大的达拉斯-沃斯堡机场可以媲美诸如亚特兰大桃树中心和底特律文艺复兴中心这样的庞然大物。城市和郊区的总体规划社区在规模和数量上都大幅度增长。

不远处，社区设计中心开始通过模范住房、学校和运动场来修补非洲裔隔都的破败处。这样零打碎敲的态度显然对良好设计抱持过高的希望，当时银行继续推行红线政策，拒绝为少数族裔社区的改善性住房或新房提供贷款。穷街——贫穷老人的下城天堂，以单人套房、廉价商店和色情舞台为标志——被绅士化进入老城之列。

正如购物城成为郊区公共空间，城市公共空间也被私有化了。高层阳台遮挡了少数族裔住户的阳光。明尼阿波利斯升级了公共人行天桥将主要办公楼和商店连接起来。小城市将商业街变成了步行购物大厦。分区法也为公司大楼和袖珍公园提供基金，这类建筑都严格限制公众进入。封闭社区和保安既稳定了城市犯罪,也引发了普通居民对犯罪的恐惧。

设计上的后现代主义就在这种氛围中出现了,用自利的民粹主义和痴迷过往来颠覆现代性的陌生化。为了协调公众对现代性的批评,开发商拥护容易理解的美学多样性。跨国开发商需要低成本、最大的灵活性和撤出战略;这意味着正面看似光鲜的廉价建筑,容易适应新的应用、增补甚至清除。主要的投资都依赖知名设计师的代表性建筑。大规模的城市村庄模仿郊区,用景观设计和设计控制来强调空间感。州政府和市政府在 1980 年代都开始相同的主题项目,最有名的是纽约的巴特雷公园区。

这些趋势升级为新传统主义,或者新城市主义,用优良设计来重写现代性中社会变革的美好誓言。迈阿密公司杜安妮/普拉特-兹伊贝尔(Duany/Plater-Zyberk)公司引领潮流,宣称他们的度假社区和郊区社区可以创造传统的社区,其方法是复制 19 世纪美国乡镇的门廊、街道方格网和村落。虽然这套准则如此简单(或许正因为此),公私各界的激情主义者都相信新城市主义能够复活城市。

历史保护和现代城市

1963 年纽约最著名的、浸透法国色彩的佩恩车站的清除,激起了对现代性创造性毁灭的反对。同等重要的是用历史街区来吸引游客的观念。全国的地方社区都支持 1966 年美国历史保护法。三年后,纽约市允许地标建筑转让其上面的空间所有权,这增加了财政影响。

简·雅各布斯 1961 年出版的《美国大城市的生与死》中透露出无可置辩的讽刺,它倡导另一种态度,不根据形态而是非正式的传统,比如市民对其社区的骄傲和意识。很不幸,她宽宏的社会和经济视野,最终被人误读为一种仅仅基于熟稔的小情调。以一个市域为例,旧金山 1971 年城市设计方案强调利用设计指导原则来维持城市的特殊性和生活品质。

注重城市质地强调对普通建筑的适应性再使用。1950 年代和 1960 年代,工业厂房第一个变成生活用地,为艺术家提供了宽敞的廉价空间,也为房东将废弃的工业资源变成了获取租金的资源。当这种偷偷摸摸的城市调整变得流行时,新住房也加入到了高价租金的出租房行列。那些滨海边的大型工业建筑被改造成旧金山的哥拉德利广场和波士顿的昆西市场,后者被开发商詹姆斯·劳斯称为第一个节日商场。1976 年,它的游客比迪士尼都多。

有时候,指向旅游的开发意识到了地方史获利驱动概念不那么纯粹。西雅图先锋广场的成功升级,保留了一些单人套房也增加了社会服务。许多美国城市保护少数族裔社区和下城以及其他可以获利的区域。然而,美国城市在不同程度上都在寻求一种身份,继续掩饰贫穷社区的差别,掩盖过去和现在的模糊性。

最近趋势和紧张

今天美国城市的特征就是难以归类,奇怪地补充主题设定的超现实主义。规划师梅尔文·韦伯(Melvin Webber)在 1964 年就首先提到"没有空间的城市"。新近的评论家谈到了边缘城市、超级空间、技术郊区和其他足以描绘不快生活的词语。

更具希望的新方向,集中于可持续性——环境的、经济和社会。像所有的场景一样,城市随着时间不断调试,将已有进程同积极变化结合起来,无论是有意规划还是无意为之。场景城市主义用灵活的改动与精确的干涉相结合,用精确的知识同想象的蓝图相结合。这个态度,包括其流动的美学,捕捉到了 21 世纪美国现代城市主义的动力。

延伸阅读书目:

● Bender, T. (2002). *The unfinished city: New York and the metropolitan ideal*. New York: The New Press.

● Bluestone, D. (1991). *Constructing Chicago*. New Haven, CT: Yale University Press.

● Cohen, J.-L. (1995). *Scenes of the world to come: European architecture and the American challenge*, 1893 - 1960. Paris: Flammarion.

● Corner, J. (Ed.). (2005). *Landscape urbanism*. New York: Princeton Architectural Press.

● Fogelson, R. M. (2001). *Downtown, its rise and fall*, 1880 - 1950. New Haven, CT: Yale University Press.

● Frieden, B. J., & Sagalyn, L. B. (1989). *Downtown, Inc.: How America rebuilds cities*. Cambridge, MA: MIT Press.

● Gosling, D. (2003). *The evolution of American urban design*. West Sussex, UK: Wiley-Academy. Groth, P. (1994). *Living downtown: The history of residential hotels in the United States*. Berkeley: University of California Press.

● Isenberg, A. (2005). *Downtown America: A history of the place and the people who made it*. Chicago: University of Chicago Press.

● Page, M. (1999). *The creative destruction of Manhattan*, 1900 - 1940. Chicago: University of Chicago

Press.

● Segrue, T. J. (1996). *The origins of the urban crisis: Race and inequality in postwar Detroit*. Princeton, NJ: Princeton University Press.

Gwendolyn Wright 文

曹升生译　陈恒校

摩门教徒
MORMONS

虽然开发商基于经济动机建设了很多美国城市，但是晚期圣徒教会（也称摩门教徒和晚期圣徒）怀揣宗教来设计他们的城市。

在一份 1830 年宣布的"天启"中，摩门教堂创始人约瑟夫·史密斯（Joseph Smith）呼吁信众到城市聚集以免耶稣第二次降临时的苦难。1831 年信众开始在密苏里州独立城聚集。1833 年，史密斯和他的两个顾问给密苏里的摩门教徒送去了一个锡安山城市建构计划，鼓励信众按此建设城市。正如理查德·杰克逊指出的，摩门教徒从未照章办理，但是经过局部改动，这个方案为很多摩门社区的建设提供了模板。

摩门教徒首先在中西部建设他们的城市，然后由盐湖城为起点在远西部开始了他们的城市建设。1847—1930 年，摩门教徒在亚利桑那、加尼福尼亚、科罗拉多、夏威夷、爱达荷、内华达、新墨西哥、俄勒冈、华盛顿、怀俄明和犹他州，以及加拿大的阿尔伯塔、墨西哥的奇瓦瓦和索诺亚，与索马亚建立了很多城镇。在一份研究中，742 个城市中只有 113 个——或者 15%——失败了，远低于普通西方人 50% 以上的失败率。

除了将城市设计为避难之所，史密斯和杨百翰（Brigham Young）等教会领导人也支持其他宗教原因的城市开发。为了在使用网格系统的同时实现上述目标，史密斯做了大量修改。农民应该居住在城镇，农场应该在城外，享受城市的文化、教育和社区的福利。将房子建在半英亩的土地上，街道有 135 英尺宽，这个方案给予了公民一定的隐私。公共建筑位于一个市政中心，史密斯方案称这些建筑物为庙宇，但是书面描述这些服务于社区，而世俗主义视为宗教产物。

更重要的是，史密斯拒绝市场驱动的和开发商规划的现代美国城市蔓延。相反，他将锡安山市设计为由 1.5 万至 2 万居民居住且周边有农田环绕的一系列城市，每个都组成一个社会、政治和经济社区。

在反摩门教徒将摩门教徒从独立城赶出去之后，史密斯尽量在北伊利诺伊州复制其计划。摩门教徒必须放弃这些努力，因为由政府支持的反摩门教徒使用暴力将他们从密苏里赶走。

在西伊利诺伊州定居之后，摩门教徒建立了诺伍市（Nauvoo）。但是，诺伍市的建设更像习俗的网格模式城市，因为摩门教徒建设了狭隘的街道而没有为公共建筑保留了大量空间。

在反摩门暴徒杀死史密斯并将摩门教徒赶出伊利诺伊州之后，他们又在盐湖城市聚集。杨百翰首先预想在市中心留 40 英亩土地用于建设庙宇和市政建筑，但实际上的规划仅仅留了 10 英亩。但是，比起此前的社区，摩门教徒建设盐湖城市更像锡安山市计划。教堂领导人通过彩票分发大多数城市资产和农业财产。农田在城市外围，杨说街道必须足够宽，这样放牧者就能自如地驱赶牛群和驾驶马车了。该方案没有为市政建筑留够空间。市政当局将市政厅设计在两个下城处，后来搬到第四大道第五大道和市府路第二南大道之间。法院在下城区，学校遍布城市。

虽然常人都认为摩门教徒遵循了锡安山市，但是洛厄尔·本顿的研究显示事实并非如此。在 755 份研究者能够确定为一种模式的城镇中，有 342 个（45%）遵循了权威版本，369 个（48%）是分散性模式，44 个（5%）是混合模式。

更重要的是，盐湖城市演示了摩门城镇变迁为美国城市的进程，那就是非摩门教徒涌入城市而摩门教徒失去了史密斯和杨的城市规划蓝图。开始于 1879 年并延续到 20 世纪，企业家获得特许进入有轨电车、电力设备和电话系统。市政府慢慢地增加其他设施和服务。因此，街道被铺平，封闭的供水和排污系统，垃圾收集和分区，都在 1900—1920 年到来。

当市政府允许促进者接管时，城市的面貌改变了。在下城的北部和东部，开发商设计了狭隘的街道和更小的地块。在城市东端的联邦高地区，开发商绘制了一些曲线街道。但是，虽然到盐湖城的游客会发现在此也能找到其他大城市的踪影，但是锡安城市的规划的痕迹还是很浓厚，尤其在宽阔的街道和庙宇广场处。

延伸阅读书目：

● Alexander, T. G., & Allen, J. B. (1984). *Mormons and gentiles: A history of Salt Lake City*. Boulder, CO: Pruett.
● Arrington, L. J. (1958). *Great basin kingdom: A history*

of the Latter-day Saints, 1890 - 1900. Cambridge, MA：Harvard University Press.

- Beecher, D. F. (1995). Colonizer of the West. In S. E. Black & L. C. Porter (Eds.), *Lion of the lord*：*Essays on the life and service of Brigham Young*. Salt Lake City, UT：Deseret Book.
- Bennion, L. C. (1991). Ageographer's discovery of Great Basin Kingdom. In T. G. Alexander (Ed.), *Great basin kingdom revisited* (pp. 109 - 132). Logan：Utah State University Press. Jackson, R. H. (Ed.). (1978). *The Mormon role in the settlement of the West* (Charles Redd Monographs in Western History, No. 9). Provo, UT：Brigham Young University Press.

492

Thomas G. Alexander 文

曹升生译　陈恒校

罗伯特·摩西
MOSES, ROBERT

罗伯特·摩西(1888—1981)是一位美国城市规划师,在长达半个世纪的公共服务生涯里,他极大地改变了纽约市及其郊区的城市场景。摩西于 1888 年 12 月 18 日生于康涅狄格州纽黑文市,后来就读于耶鲁、牛津和哥伦比亚大学,他希望改革公务员系统,在 1913 年开始在纽约州和纽约市工作。

1924 年,摩西被任命为纽约州立公园理事会主席和长岛州立公园委员会主席,在此后的四十多年里,他在不断变化的头衔下,领导了纽约州的公园体系,有时甚至同时有 12 个头衔。他扩大了公园系统,建立了一个全面的林荫大道网络,并以公共工作规划和管理的先进经验著名于世。

1934 年,摩西在竞选纽约州州长的选举中失败,变成了纽约市公园局局长和三区大桥管理局局长,后者后来被并入三区桥涵管理局。他保持这些职位分别到 1960 年和 1968 年。1946—1965 年,他是纽约市建设协调官,1948—1960 年间任纽约市清理贫民窟委员会主席。1960—1967 年间,他主持纽约州世界展览会。1968 年他辞去了大多数州政府职位并在 1968 年退休,此时他已经实施了总花费为 270 亿的公共工作。

摩西的成就举不胜举,虽然他的大规模工作项目将纽约市塑造成 20 世纪大都市,但是其影响并不局限于纽约市及其郊区。他铺设了 35 条公路,并且建造了 12 道桥梁和 658 个运动场,总面积超过 200 万的公园,

诸如琼斯海滩和奥卡德海滩这样的海滩、林肯表演艺术中心、谢伊体育馆、数不清的公私住房项目、水力发电大坝,以及 1964 年纽约世界展览会。虽然他从未拿过驾照,他在支持汽车文化领先其他交通模式中发挥了重要作用。

虽然摩西的成就有目共睹,但是他的专制作风却常常引发争论,在 1960 年代随着人们喜欢简·雅各布斯强调传统邻里的质量而反对大规模城市开发项目,摩西的盛名江河日下。人们批判摩西挤走了成千上万低收入人群,清除整个社区以实现自己的项目,比如清除南布鲁克林。罗伯特·卡罗(Robert A. Caro)在 1974 年出版的《权力掮客》(*The Power Broker*)进一步加剧了摩西的负面印象,让他更为孤立。摩西于 1981 年 7 月 29 日死于纽约州西司丽普。

虽然很多人并不认同摩西,但是他的遗产还是甚为丰厚。他最为激烈的批判者,刘易斯·芒福德就声称,摩西对美国城市的影响是无人能比的。

亦可参阅：刘易斯·芒福德(Lewis Mumford)

延伸阅读书目：

- Caro, R. A. (1974). *The power broker*：*Robert Moses and the fall of New York*. New York：Knopf. Lewis, E. (1980). *Public entrepreneurship*：*Toward a theory of bureaucratic political power—the organizational lives of Hyman Rickover*, *J. Edgar Hoover*, *and Robert Moses*. Bloomington：Indiana University Press.
- Moses, R. (1956). *Working for the people*. New York：Harper.
- Schwartz, J. (1993). *The New York approach*：*Robert Moses*, *urban liberals*, *and redevelopment of the inner city*. Columbus：Ohio State University Press.

Catherine C. Galley 文

曹升生译　陈恒校

汽车旅馆
MOTELS

美式汽车旅馆(Motels)是因汽车而来的寄宿形式。随着汽车在 20 世纪前 20 年走入寻常百姓家,汽车营地(Auto Camping)风靡一时。在营地中度假,尤其是到西部去,被中产阶级引以为尚。早期的汽车旅

馆与汽车营地大同小异，只有一排帐篷和一个室外厕所。高涨的需求推动一些城镇和城市的政府也参与其中，在郊区建立公营的汽车营地。此举可谓一箭双雕，既可以约束和规范少数不速之客，又可以吸引游客来城里消费。

到 1920 年代末，尽管汽车营地的热潮渐渐褪去，但却有越来越多的美国人走出家门、外出旅行。对新一代的驴友来说，传统旅店绝非理想，市中心的宾馆却没有足够的停车场地；即便是大型酒店，其冠冕堂皇的接待大厅、餐饮场所和社交规范，似乎也方枘圆凿，令人望而却步。然而，对于那些在高速公路两旁拥有土地的乡间生意人，这却是个商机，他们或是在自己家中、或是匆忙间搭起小屋，笑迎八方客。这些小屋不久就升级成了乡舍（Cottages），有了室内停车场和供暖设备，甚至还有独立浴室，更为舒适。这些吸引驾车外出者的乡舍往往按照郊区住房的形式建造装潢，以便吸引中产阶级驴友，而大萧条非但没有打击，反而有力地推进了这门行业的发展。经济萧条的阴霾并没有将美国人困在家里，他们仍然游走各地，只是没钱负担市中心的宾馆。到 30 年代中期，汽车乡舍逐渐形成统一的式样，即风景在中间，住房呈 U 型分布在周边，以突出景色的美感，这样的布局也常被称作"庭院"（Court）。这样一来，旅客既有独立的空间，又有公共空间（有时是旅馆的办公室或餐厅）用来开展社交活动。

二战结束后，美国人开始享受战时消费紧缺的结束，享受离开大萧条的日子，纷纷驾车外出度假，汽车旅馆也迎来了春天。1948 年，全美有超过 2.6 万家"庭院"，四年后又新增 1.5 万家。在这战后的繁荣岁月里，各式各样的汽车营地、"庭院"和乡舍逐渐有了统一的规范，成为真正的汽车旅馆，即 Motel。由于建材市场原料短缺，由于利润最大化的逐利需求，大多数汽车旅馆只有一层，在一个大屋顶下划分成多个独立房间，这种形制直到今天也没有大的改变。

田纳西州孟菲斯的商人卡门斯·威尔逊（Kemmons Wilson）在战后这一波驴友高潮中与家人一起前往华盛顿特区度假，但这却是一次不愉快的旅行。高速公路两旁的旅馆价格昂贵，而且常常遭遇"过了这村，就没有这店"的尴尬，有感于此，威尔逊决定在孟菲斯郊外经营自己的汽车旅馆。1952 年，第一家假日酒店（Holiday Inn）开业，很快又有三家紧随其后。威尔逊采用了授权经营的模式，结果在十年间有超过 400 家连锁店对外营业。假日酒店带有综合型餐厅（Full Restaurant）、游泳池和空调，每个房间中都装有电话和电视。由于汽车旅馆针对儿童的额外费用曾深

深惹恼过威尔逊，这一做法被假日酒店命令禁止。时至今日，汽车旅馆业的许多标准仍是由假日酒店率先垂范的。与上述细节规定相比，假日酒店在宏观层面上的商业模式同样是革命性的；尽管授权经营和向客人推荐其他酒店的转介模式也曾在部分地区的酒店业中有过实践，但威尔逊却成功创造了可为同业者效仿的模式。

由于酒店行业的特性，授权经营不啻于一场革命，对于汽车旅馆业亦然。房屋租赁双方往往互不相识，因此授权经营相当于金字招牌，为双方提供保障——奔波在外的旅客莫不想一夜安眠，而只有连锁店才能在不同门店提供同样服务，加盟店也凭借企业招牌赚得盆满钵满。到 1960 年代末，大型连锁店垄断了汽车旅馆业，资金雄厚的投资集团取代了家庭旅馆。与连锁店相比，独立旅店难以负担各种设备所需的资金，而四五十年代建立的简易旅馆到此时也需要大规模整修。1956 年《高速公路法》（Interstate Highway Act）引发了新一轮的高速公路建设热潮，而新建公路往往绕过旧的路线。而独立旅店大多远离新公路，因此它们或者转型为廉价住房，或是关门了事。在公众心目中，时间久远的汽车旅馆逐渐等同于破败、罪恶甚至充满危险，而在 1960 年问世的电影《惊魂记》（Psycho）中，阿尔弗雷德·希区柯克（Alfred Hitchcock）巧妙地将故事放在贝茨汽车旅馆中展开，这家破败的夫妻店完美地成就了一部惊悚片经典。此外，靠近州际高速公路的土地价格不菲，非财大气粗者无力负担，独立的汽车旅店鲜有问津者。1962 年时，连锁店在美国汽车旅馆业的比例尚不足 2%，而到 1987 年，这一比例已接近 65%。

汽车旅馆业在 60 年代到 80 年代的二十年中持续发展，并且呈现出与此前不同的特征。首先，汽车旅馆的规模更大，规整的接待大厅、会议室和宴会厅以及鸡尾酒酒吧等市中心酒店曾经的专属正逐渐成为汽车旅馆的标配。为了告诉驴友们自己完善的设施，许多汽车旅馆干脆更名为汽车宾馆（Motor Lodge）或高速公路酒店（Highway Hotel）。联邦政府发起的城市更新运动也将汽车旅馆带入市中心，在那里，多层汽车旅馆成为主流，取代了以往的一两层的低矮形式，并与战后兴盛的商务会展业携手合作。与此同时，随着机场越发现代化，许多汽车旅馆直接开在了机场附近。这样，近年来，汽车旅馆业的分工益发精细，连锁店也往往提供不同类型的住宿服务。曾经的汽车旅馆业一分为二：有低投资的普通旅馆，也有带套间、设备齐全的奢华旅馆。

如此一来，美国的汽车旅馆业仿佛原地转了一圈。

汽车旅馆从价格低廉、设施简单开始，却以设备齐全、搬入市中心而结束，并且像传统的市中心宾馆一样，也有了规整的接待大厅、会议室和酒吧间。今天的汽车旅馆与其20世纪初的前辈相比已然大相径庭，却与市中心的传统宾馆有了越来越多的相似之处。

延伸阅读书目：

- Belasco, W. J. (1979). *Americans on the Road：From Autocamp to Motel*，1910－1945. Cambridge, MA：MIT Press.

- Jakle, J., Sculle, K. A., & Rodgers, J. S. (1996). *The Motel in America*. Baltimore：Johns Hopkins University Press.

- Margolies, J. (1995). *Home Away from Home：Motels in America*. Boston：Little, Brown.

Aaron Cowen 文

李文硕译　陈恒校

电影、城市与郊区
MOTION PICTURES AND CITIES AND SUBURBS

1896年4月23日，爱迪生在曼哈顿最有名的歌舞杂耍剧院考斯特和拜尔音乐厅，首次展示了老式放映机，观众都是自掏腰包而来的。这个被称为伟大奇迹的设备，将电影图像投影在屏幕上，为工人阶级大众提供了一种廉价的娱乐方式。从一开始，城市和电影院——影片艺术（包括电影和后来的电视演出）——有一种共生关系。现代工业城市产生了足以让电影成为可能的技术。法国卢米埃尔兄弟和美国爱迪生所做的早期电影实践，都依靠工业革命提供的原材料和方法。电影院也催生一个产业，它会推动经济发展，提供就业岗位，这一点在大萧条时代更为重要，还有无所不在的建筑——电影院。早期电影"轻击"（Flicks）主要面向移民工人阶级，他们是20世纪早期电影院的常客。电影塑造了现代大都市区的想象。不管是纪录片还是故事片，电影都在某处发生。从不同的视图中获取能量，电影能够激发城市工人跨越物理空间的体验，其视觉真实感超越了此前的所有代表和叙述形式，让此前只能在脑子里想象的地方变得可感。作为城市里真正的艺术形态，电影是现代社会的路灯和镜子。电影记录着后工业城市的狂热和步伐，同时产生了反映和解释时代变化的文化背景，因此建立和加强了有助于理解

城市及其变革的模式。作为流行文化表达的介质，电影院经常从其他形式的叙事中获得故事灵感，将城市生活涂抹成异位的或者乌托邦式的。发生场景在腐败的纽约和阳光的洛杉矶的电影，构成20世纪上半叶的现实主义两面，反映了东部人蜂拥到西部大都市区所激发的地区增长。二战之后，不可控制的增长带来高犯罪率和种族骚乱，导致电影中黄金帝国逐渐暗淡。到世纪末，当越来越多的美国人居住在郊区时，电影院就从田园诗般的小镇生活转移到歌颂小区的温和而贬低城市的功能失调和病态。

从一开始，面向城市观众的美国电影就利用了大城市的坏故事。D. W. 格里菲斯的无声电影《佩吉巷的火枪手》（*The Musketeers of Pig Alley*，1912）就显示了纽约持枪犯罪把持的租房区生活状态。第一部长篇电影《当纽约沉睡》（*While New York Sleeps*，1913）是由环球影像创始人卡尔·拉姆穆勒（Carl Laemmle）拍摄的。它暴露了曼哈顿的白人奴隶，聚焦低俗的性交易。1916年2月，后来成为那个时代名声最响和薪酬最高的演员查尔斯·卓别林跟好莱坞电影公司木图尔（Mutual）签约，为12集无声短剧电影写剧本，指导和扮演。在《移民》（*The Immigrant*）中他饰演一个渡海到达应许之地美国的外国人，结果只能勉强度日。在《安乐街》（*Easy Street*）中，他饰演一位工作在一个暴力肆虐、吸毒成灾和家暴肆行的城市贫民窟的警察。在伦敦街道上长大的卓别林在两部电影都有上佳表现，懂得如何触动观众。第一部全声电影是匪帮电影《纽约之光》（*Lights of New York*）。梅尔文·勒罗伊（Mervyn LeRoy 导演的《小凯撒》（*Little Caesar*，1930年）将硬汉爱德华·罗宾森（Edward G. Robinson）捧成巨星，但这部电影被视为纽约城市的风俗画。它催生了很多经典，比如《全民公敌》（*The Public Enemy*，1931）《疤面煞星》（*Scarface*，1932）和《一世之雄》（Angels with Diryt Faces，1938），再到弗兰西斯·福特·科波拉（Francis Ford Coppla）的《教父》三部曲（*Godfather*，1972，1974，1990），和马丁·斯科塞斯（Martin Scorsese）的《穷街陋巷》（*Mean Streets*）1973）和《好家伙》（*Goodfellas*，1990）。弗雷德·阿斯塔尔-辛格·罗杰（Fred Astaire-Ginger Rogers）的1930年代爵士乐和伍德·艾伦（Woody Allen）和尼尔·西蒙（Neil Simon）会给纽约市描绘一个烂漫的、无忧无虑的图画。但是，《码头风云》（*On the Waterfront*，1954）、《罗斯玛丽的婴儿》（*Rosemary's Baby*，1968）、《午夜牛郎》（*Midnight Cowboy*，1969）、《炎热的下午》（*Dog Day Afternoon*，1975）、《出租车司机》（*Taxi Driver*，

1976)、《愤怒的公牛》(Raging Bull，1980)、《喜剧之王》(King of Comedy，1982)和《致命诱惑》(Fatal Attraction，1987)都继续加强了纽约及其居民的可怕一面。它让很多喜剧英雄，比如蝙蝠侠、超人、至尊神探——和后来的捉鬼敢死队——来反击黑暗的城市。

相反，洛杉矶不仅是世界上被电影导演和摄影师广为光顾的地方，也是世界上第一个电影城。它的历史和发展与好莱坞电影产业紧密相关，好莱坞通过公司资本和电影拍摄地而让洛杉矶飞速发展起来，洛杉矶天气好，自然环境多种多样。1900年代早期，当电影产业从纽约转移到洛杉矶时，洛杉矶作为良好电影拍摄地这一点就开始显现出来，这在迈克·森内特(Mack Sennett)的重点喜剧和卓别林的顽皮闹剧的背景，比如1915年的《在海边》(By the Sea)在全世界发行。作为一个自我宣传的广告，电影帮助洛杉矶成为了这个国家民主和流动的领导者，这在电影中汽车的广泛使用和单门独户住房式美国梦中得到体现，也鼓励了洛杉矶市的蔓延和圣费尔南多峡谷郊区的发展。作为观众迷恋拍电影的副产品，很多自拍电影和后台剧生产出来了，比如1937年的《一个明星的诞生》(A Star Is Born，1954年和1976翻拍)、《苏利文的旅行》(Sullivan's Travels，1941)和《雨中曲》(Singin's in the Rain，1952)。好莱坞通过电影和蜂拥的人群变成了财富和繁华的象征。

二战之后，短暂的《海滩派对》(Beach Party)讲述了美国不断增长的十几岁婴儿潮一代，企图保存南加州夏季的神话。但是，1950年代的黑色电影，取材于侦探小说，为洛杉矶的空间想象的变化设定了一个感性基础，最著名的如罗伯特·奥尔德里奇(Robert Aldrich)的《死吻》(Kiss me Deadly，1955)和比利·怀德(Billy Wilder)的《日落大道》(Sunset Boulevard，1950)，这种对好莱坞持衰败观点的主题在最近的《洛城机密》(LA Confidential，1997)中重现。在1965年夏，也就是"燃烧吧，孩子，燃烧吧"的瓦茨骚乱之后，摄像头开始拍摄洛杉矶的普通街道，显示了与此前积极乐观风格截然不同的场景。结果，这个城市的角色变成集中危险和密谋的阴谋色调，好像闪金城(指好莱坞)可以拍摄只有在纽约和芝加哥才能有的场景。破旧的软肋出现在《美国舞男》(American Gigolo，1979)、《妈妈最亲爱的》(Mommy Dearest，1981)、《威猛奇兵》(To Live and Die in LA，1985)、《大玩家》(The Player，1992)、《天降之物》(Falling Down，993)、《低俗小说》(Pulp Fiction，1994)和《穆赫兰》(Mulholland Drive，2001)中。洛杉矶成为了灾难片

《地震》(Earthquake，1974)、《末日终结者》(Miracle Mile，1989)和《火山》(Volcano，1997)的取景点。在《北方》(El Norte，1983)、《街区男孩》(Boyz N The Hood，1991)、《黑帮大时代》(American Me，1992)、《我的家庭》(Mi Familia，1995)和《美国X档案》(American History X，1998)等电影中洛杉矶也以社会和种族冲突与不平等而出名。

雷德利·斯科特(Ridley Scott)的科幻惊悚片《银翼杀手》(Blade Runner，1982)标志着洛杉矶长期的田园牧歌式屏幕风格的最终转型。在1920年代早期，导演弗里茨·梁(Fritz Lang)访问曼哈顿，受到启发后执导了《大都会》(Metropolis，1926)。电影中，垂直成层的反乌托邦城市里，阳光被保留给富人。六十年后，斯科特借用符号主义来描绘2019年曼哈顿化、拥挤的、生态遭到破坏的洛杉矶。那时街道里被酸雨淹没，充斥着多元文化主义的骨头，而富人居住在直插黑暗天空的巨型金字塔的顶端。最终，《纽约大逃亡》(Escape From New York，1981)的续集就是《逃出洛杉矶》(Escape From LA，1996)。

电影有助于让大都市的替代物流行起来，尤其在大萧条及其后的战争年月。路易斯·梅尔(Louis B. Meyer)在1937年至1946年拍摄的《安迪》(Andy Hardy)系列，讲述的是一个小镇法官那生机勃勃的儿子，其拍摄地在一个绿树成荫和篱笆成行的街道。《生活多美好》(It's a Wonderful Life，1946)里，导演弗兰克·卡普拉(Frank Capra)展示了一个贝德福特镇得到詹姆斯·斯特华特(James Steward)饰演的普通人乔治·巴里(George Bailey)的拯救，避免沦为肮脏和龌龊的城市。在《燕雀香巢》(Mn Blanding Builds His Dream House，1948)中，一个纽约的地道广告商人，因为不堪忍受住房的磨难和考验，最后逃离这座城市。1950年代，美国搬离城市跟电视成为最为流行的大众媒体相一致。因此，有电视的家庭反映了这个转变，并且都居住在郊区。肥皂剧《我爱露西》(I Love Lucy)理查多斯一家(露西尔·保尔和德西·阿纳兹 Luccile Ball and Desi Arnaz)最初居住在曼哈顿，后来她们在康涅狄格共同度过了一个周末。但是在组建家庭之后，她们搬到了洛杉矶。《辛普森一家》(The Simpsons)是电视剧史上集数最长也是最成功的商业情景喜剧，是在小镇斯普林菲尔德拍摄的，在那里即便是没上过学的工厂工人如辛普森都能有座房子。

但是郊区并没有在电影中优雅地老去。诸如《开放的美国学府》(Fast Times at Ridgemont High，1982)、《山谷女郎》(Valley Girl，1983)、《外星奇缘》

（*Earth Girls Are Easy*，1989）和《沉睡野人》（*Encino Man*，1992）都有洛杉矶圣费尔南多峡谷里的少年，经常嘲笑他们喜爱化妆的低俗生活方式。在世纪末，郊区越来越成为城市化的边缘城市，也成为《外星人》（E. T.）中无害陌生人的危险之地。在电影《冰风暴》（*Ice Storm*，1997）、《幸福》（*Happiness*，1998）、《美国丽人》（*American Beauty*，1999）和《木兰花》（*Magnolia*，1999）中，影片都描绘了郊区生活的动荡和功能失调。

亦可参阅：查尔斯卓别林（Chaplin Charlie），好莱坞（Holleywood），加尼福尼亚州洛杉矶（Los Angeles，California），圣费尔南多峡谷（San Fernando Valley）

延伸阅读书目：

- Clarke，D. B.（Ed.）.（1997）. *The cinematic city*. London and New York：Routledge.
- Dercle，J.（1995）. Spin doctors. *Planning*，61（12），18-21.
- Muzzio，D.，& Halper，T.（2002）. Pleasantville? The suburb and its representation in American movies. *Urban Affairs*，37（4），543-573.
- Shiel，M.，& Fitzmaurice，T.（Eds.）.（2001）. *Cinema and the city：Film and urban societies in a global context*. Oxford，UK：Blackwell.

Julie A. Dercle 文
曹升生译 陈恒校

月桂山市决议
MOUNT LAUREL DECISION

月桂山市决议以其对排斥性区划前所未有的挑战而出名，它是由新泽西州法院于1975年、1983年通过，1986年又得到支持，它要求该州的566个司法机关承担起地区增长中的"应尽责任"并且做出肯定性行动为中低收入居民提供经济适用房。这些决议不时受到司法行动和地方抵制的困扰，依然没能满足就业机会多的新兴郊区的住房需要。但是它们依旧是在法律框架下寻求更大地区性平等的标志性事件。

这些决议的根源在于宾夕法尼亚东15公里外快速增长的月桂山镇。1950年代早期新泽西州高速公路第四出口在月桂山的建立，对当地的土地造成了很大的增长压力，威胁到了世代居住在此的黑人家庭的生活，飙升的房价也让他们的子孙望而却步。黑人居民请求政府再划出32英亩土地用于园艺社，但被拒绝，于是他们在德高望重的艾斯尔·劳伦斯（Ethel Lawrence）的领导下起诉了政府。三个卡麦顿地区法律服务局的年轻律师接了这个案子，统称南布林顿县NAACP诉月桂山市案（*Southern Burlington County NAACP v. Mount Laurel*）。法院在1975年判决中，要求每个市为希望在其辖区内居住的居民提供一系列住房选择，包括中低成本住房。法院不希望施加惩罚性条款，于是就让月桂山和州内其他市政府精诚合作更改其区划法案。

但是两者都未听从法院的法令。结果，法院二审中对那些未上交可行的分区法令的市政府，强制将其处于三位特殊指定的法官看管之下。为了鼓励开发商建设这类住房，法院授权了一个"开发商疗法"，允许那些承诺每五个单元建设一个中低收入家庭住房的开发商，有权在项目中进行更大密度的开发。州政府的政治家们企图削弱法院这个法令的效力，于是共和党州长托马斯·基恩（Thomas H. Kean）在1985年通过了《公平住房法》，将事态的控制权从法院转移到州政府。这个法案为那些承诺适当份额的城市提供救济，方法是转移资金到一个地区性贡献协定中的另一个地方。这些行动有其预期目的：事实证明经济适用房理事会（COAH）敢于同那些私自改变程序决定其义务的城市作斗争，郊区想方设法在1987—1998年间转移了1.2亿给城市区。1997年的一份研究表明，这个法案事实上并没有确保该州城市里的少数族裔被包容进郊区。利用这些新房子的人，绝大多数是白人和已经居住在郊区的人。

为寻求一个争议少但能提供更多经济适用房的有效模式，一个房地产商联合组织在2000年为经济适用房理事会提供了一个新方案。该方案不以十年一度的人口统计为基础来预测住房需求，而是要求市政府在确认增加人口和就业机会的前提下，才能建造新的经济适用房，这样就能保证穷工人不但能找到工作也能找到好学校和其他服务。地方规划官员被授权相机行事，这样就避免了让开发商决定在哪里和如何建造适用房的困扰了。两年后，民主党州长詹姆斯·麦格理维（James McGreevey）拥护这个概念——事实上将其掏空，他确定了新的建房标准是每十套住房中必须有一套是经济适用房，允许城市自行计算保留给高级市民的住房。按照这个计划，一个地区通过将其设定为老人住房而将有孩子的贫穷家庭排除出去，通过地区性贡献协定而剥取其余下的义务。住房倡导者因他们的建议被政府这般愚弄而怒不可遏,于是敦促经济适用房理事会马上行动否则再次诉讼。

正如法律学者约翰·派恩(John Payne)所言,月桂山案件一方面指望总体福利这个虚幻的概念,另一方面又指望州政府模棱两可的规划文件。即便州审判长罗伯特·威伦茨(Robert Wilentz)宣布,州政府控制土地使用权并不意味着它有权立法解决城市隔都区的穷人住房问题,也不能在别处建设好的住房,最终政治系统会不得不负责实施这些决议。这种现实主义变成了1986年的决议,通常称为月桂山决议,维持公平住房法,用稀释掉的住房义务来换取州政府依然承担责任。

2001年,经过多年的法律争吵,一座有100个单元的经济适用房楼盘在月桂山开盘,以纪念故去的艾斯尔·劳伦斯。民权运动领导人朱利安·邦德(Julian Bond)主持开幕式。一年后,当这批最后40个单元代售时,有800多人排队等待申请,显示在郊区对体面的经济适用房的需求有多大。这样的机会在新泽西和整个美国都是非常有限的,很少有地方能接近月桂山决议中的标准。考虑到历史上对自治的倾心,对邻里越来越糟和小康景象的向往之间的持续对比就不能忽视,那么法院就依然还得投身对住房公正的事业中。

亦可参阅:隔都区(Ghetto)

延伸阅读书目:

- Haar, C. M. (1996). *Suburbs under siege: Race, space, and audacious judges*. Princeton, NJ: Princeton University Press.
- Kirp, D. L., Dwyer, J. P., & Rosenthal, L. A. (1995). *Our town: Race, housing, and the soul of suburbia*. New Brunswick, NJ: Rutgers University Press.
- Payne, J. M. (1997). Remedies for affordable housing: From fair share to growth share. *Land Law & Zoning Digest*, 49, 3 - 9.
- Wish, N. B., & Eisdorfer, S. (1997). The impact of Mount Laurel initiatives: An analysis of the characteristics of applicants and occupants. *Seaton Hall Law Review*, 4, 1268 - 1337.

Howard Gillette Jr. 文
曹升生译 陈恒校

电影院和城市空间
MOVIE THEATERS AND URBAN SPACE

在20世纪中期,电影院在美国乡镇和城市的经济与社会生活中发挥着中心作用,为下城带来了生意,也为公众聚集和社会化提供了一个中心舞台和公共渠道。但是下城电影院被郊区多厅影院所伤害,大多数戏院院线在郊区运行,而电影发行又支持多厅影院,让运作更能盈利也能拓宽节目选择。

自从20世纪早期以来,电影院一直是美国人日常生活的一部分。电影院顶上闪耀的霓虹灯一直是美国主街的一景。也许没有哪个建筑比电影院更能标示下城作为人群聚集地了。

电影本身作为国家历史的一部分要比电影院悠久。第一个供公众展播的电影,在零售店、歌舞杂耍表演舞台和临时工厂播放。五美分娱乐场——提供正如其名所标示的五美分镍币电影——在1900年左右出现。第一个五美分娱乐场是很简单的电影,在几排折叠椅子搭成的白布单上投影,通常在马厩的后面或者零售店。这种电影在1908年非常流行,约八千家五分钟电影在美国运行。虽然设备简单,但是顾客们一到周末就蜂拥而至,希望看到一部连续剧的下一集或者一部新的短片。

第一个专门建立的电影院在1900年后出现在美国。塔里电影院于1902年在洛杉矶开张,一般被认为是第一个用于电影播放的舞台。这些第一批电影院仅仅比五美分娱乐场稍微强点——很大的空间,简简单单几个座位(现在都已被毁坏)。但在几年之内,它们变得功能强大,有成排的座位和投影设备。很多歌舞杂耍舞台被改装成电影院,它们的钢琴和风琴很容易融入无声电影的节拍。

从17世纪开始,服务欧美社会精英的城市表演艺术舞台就变得豪华起来,为城市里富裕阶层观看歌剧和芭蕾舞创造了丰富的氛围。表演艺术舞台有宽大的空间但设备也较简单,早期电影院就模范了这种模式。但在几年之内,它在设计和功能上就变得奢华起来。

早期的电影院设计师,比如托马斯·兰姆(Thomas Lamb)、约翰·埃莫森(John Eberson)和拉普(C. W. Rapp)和乔治·拉普(George Rapp),都希望用异国情调来设计影院,让观众产生置身异域时空的幻觉。职业生涯曾设计过500多家影院的埃莫森,被认为是制造氛围的大师,他喜欢使用深空天花板和飘浮的白云。兰姆采纳一系列外国主题来装饰影院,从玛雅到哥特再到埃及。商人希德·格鲁曼（Sid Grauman）为其洛杉矶电影展示公司配备了一系列异想天开的主题，百万英磅剧院是其开山之作，该剧院配有狂野西部图饰的 1918 幻想曲——得克萨斯大角羊、野牛和牛仔。他最为人熟知的是主持设计了中国剧院剧场，以其标志性的名流手印和脚印以及充满想象力的异国剧院而闻名天下。但是，正是设计师查理·李（Charele S. Lee）将电影院从简单的演示或者适应歌舞杂耍剧场改造成独特的市民空间。李经常将餐馆和育婴室融入影院以便一些家庭在城里度过愉快的夜晚。

如同 20 世纪早期和中期影院的革命化演进一样，很多影院都设立了隔离区和分别的入口，以便将黑人观众和白人观众分隔开来。实行隔离的影院的数量，保守估计有 1200 个，遍布美国。

在其蜜月期，美国下城电影院提供了一个廉价的娱乐场所——一个新闻短片，一两部长篇电影，在城里一个快乐的夜晚——一个富于刺激的公共设施。在 1930 年至 1946 年，美国影院的售票从 4000 百万飙升到 9000 万。

直到 1948 年，主要电影制片厂在其影院展播电影。但是，那一年美国地方法院和美国高等法院通过的一系列同意法令禁止电影制片厂这么做，认为同时控制电影供应量和电影展播构成垄断。电影制片厂被禁止包档发行或者尽量播放流行电影而不播放冷门电影。

美国司法部在 1999 年重拾这个案例，调查主要电影发行公司是否进行包档发行或者线路处理（指他们将展播权给整个影院连线而不是同一个个独立拥有的影院签约）或者给予特定地理区域的放行证（展播一个电影的专有权）从而歧视那些独立所有的影院。

虽然电影制片厂有些垄断，但是同意法令并没有最终促进竞争或者改善了非演播室控制的影院的境遇——通过降低电影制片厂的收入，他们间接提高了电影票价。虽然更高的票价让电影迷望而却步，但是接下来几十年的深刻变化——尤其是电视和郊区多厅影院的发展——总体上让电影产业吃亏，下城电影尤其如此。从 1946 年一周卖出 9000 万的电影票，跌落到 2000 年的一周才卖出 2000 万电影票。电视展播家探索新的方法吸引更多的人走进影院（比如 3D 和宽屏幕立体电影），或者如 1950 年代和 1960 年代想方设法让潜在观众更方便地观看电影（比如汽车电影），但是在 20 世纪中叶影院赞助商明显地下降了。

2000 年，大多数戏院院线都位于郊区，而下城电影院的大多数依然在独立所有者手里，对于他们而言，放行证制度让其无法获得首映权从而也没钱去维持影院。因此，很多影院扩大了服务（提供一系列饮食服务，比如弗吉尼亚阿灵顿影院和扎夫特豪斯影院），开发特殊题材的展播（如旧金山的卡斯特罗影院集中放映同性恋题材电影），增加非电影项目（如布尔灵顿的佛蒙特费恩表演艺术中心，曾于 1930 年代专注艺术电影但现在主办一系列现场活动），或者转营非剧场活动（比如洛杉矶的潘塔奇影院，现在有了一个珠宝零售商场）。

在 21 世纪的早年，很多下城电影院被再度装修，则部分归功于联邦政府历史文化再修复税收证券和新市场税收证券。数字电影发行也为下城电影提供了新的机遇，让电影发行成本急剧降低，同时也扩大了影院的节目安排选择，让他们从电影发行商之外获得了别的产品，也让影院变成了远程学习中心，广播演播室，或者成了附近工厂的工人下班后边喝啤酒边看卫星电视的体育比赛的第三方。

亦可参阅：好莱坞（Hollywood）

延伸阅读书目：

- Bowers，Q. D. （1986）. *Nickelodeon theatres and their music*. Vestal，NY：Vestal Press.
- Johnson，C. （1998，December 3）. Reeling in fair share of movies；Grand Lake Theatre files antitrust lawsuit. *San Francisco Chronicle*，p. A25.
- Silverman，S. M. （1997）. *The last remaining seats：Movie palaces of tinseltown*. Glendale，CA：Balcony Press.
- Smith，E. L. （2003）. *African American theater buildings：An illustrated historical directory*，1900 - 1955. Jefferson，NC：McFarland.
- Smith，K. （2001，June）. *The last picture show*. Main Street News.
- Valentine，M. （1994）. *The show starts on the sidewalk：An architectural history of the movie industry*. New Haven，CT：Yale University Press.

Kennethy Lawson Smith 文
曹升生译　陈恒校

丹尼尔·帕特里克·莫伊尼汉
MOYNIHAN, DANIEL PATRICK

丹尼尔·帕特里克·莫伊尼汉（1927—2003）塑造

了肯尼迪、约翰逊和尼克松政府的城市和贫困政策，最终在参议院服务了 24 年。

莫伊尼汉在纽约市长大，在塔夫特大学接受过高等教育（本科，1948 年；博士，1961 年）。其政治生涯从任纽约州州长艾弗里尔·哈里曼的助手，然后在雪城大学和康奈尔大学当过短暂的教师。1963 年，他与社会学家内森·格雷译（Nathan Glazer）合作的《超越熔炉》（Beyond the Melting Pot）出版，这本书里将自己对纽约爱尔兰裔社区的分析同南森的研究结合起来。该书强调了族裔宗教认同和冲突在城市政治中的根深蒂固，与同化模式截然相反。

莫伊尼汉 1961—1965 年在美国劳工部任职，首先担任主管政策规划和研究的助理劳工部长。他还在起草约翰·肯尼迪总统的 1963 年反贫困法的工作组工作过，亦在林登·约翰逊总统 1964 年经济机会法案工作组任职，包括起草社区行动项目，这是一个寻求波及地区居民最大可行的参与的项目。1965 年，莫伊尼汉写了一份名为《黑人家庭：国家行动的个案》，也就是所谓的莫伊尼汉报告，成为 1960 年代家喻户晓的文件。

莫伊尼汉引用过去的歧视和正在上演的偏见交织而成的累积性效果，提醒种族危机迫在眉睫：一个根深蒂固的贫困圈已经形成，城市里的非洲裔家庭结构正在解体，他认为政府行动是修正这个危险前景的必须力量。莫伊尼汉高度依赖社会学家弗雷泽·富兰克林则（Frazier E. Franklin）的研究，这位学者强调 1930 年来黑人社区家庭溃败的后果。虽然不是要提供解决方案，但是莫伊尼汉报告呼吁解决失业问题，尤其是男性。

从 1965—1969 年，莫伊尼汉指导了哈佛-麻省理工学院城市研究联合中心，并在美国艺术和科学学会召集种族和贫困问题的会议。在那段时间，他对美国的社会政策表示了越发明显的失望，最终在 1969 年出版了一份措辞严厉的评估报告《最可行的误解》（Maximum Feasible Misunderstanding）。

莫伊尼汉对公共政策的批评不断升级，这让尼克松政府邀请这位民主党老人进入其政府。由于莫伊尼汉报告引起了民权运动分子的愤恨，他们成功阻止莫伊尼汉成为住房部部长，而只能成为城市事务理事会主席和总统顾问。当他劝说尼克松总统暂时搁置城市问题的消息被泄密之后，他再次得罪了种族自由派。此后，莫伊尼汉再也没有涉足国家城市政策。鉴于很多联邦项目的结果乏善可陈，他转而鼓励分散化和市场—模式驱动系统。他于 1970 年离开内阁，但在 1973 年继续为总统提供建议。

在莫伊尼汉此后的生涯中，城市议题仅仅是次要的，他担任过美国驻印度大使（1973—1975）和美国常驻联合国代表（1975—1976）。1977—2001 年任纽约州参议员，代表着这个国家最大的大都市区，而他不在华盛顿特区的时候，就在上纽约的农庄摘花修草。

延伸阅读书目：

- Glazer, N., & Moynihan, D. (1963). *Beyond the melting pot：The Negroes, Puerto Ricans, Jews, Italians, and Irish of New York City*. Cambridge, MA：MIT Press.
- Hodgson, G. (2000). *The gentleman from New York：Daniel Patrick Moynihan, a biography*. New York：Houghton Mifflin.
- Katzman, R. (Ed.). (1998). *Daniel Patrick Moynihan：The intellectual in public life*. Baltimore：Johns Hopkins University Press.
- Moynihan, D. (1969). *Maximum feasible misunderstanding：Community action in the war on poverty*. New York：Free Press.
- Moynihan, D. (1970). *Toward a national urban policy*. New York：Basic Books.
- Troy, T. (2002). *Intellectuals and the American presidency：Philosophers, jesters, or technicians?* Lanham, MD：Rowman & Littlefield.

Christoper Klemek 文

曹升生译 陈恒校

扒粪者
MUCKRAKERS

媒体的权力在 1900 年代早期调查性报告时代的到来中得到展示。虽然这种新式报道第一次应用在周刊杂志，但是报纸和书籍出版商迅速采用这个战略，揭发黑幕的时代到来。

揭露黑幕指一种企图寻求个人、制度和政府的过失行为。这个词是西奥多·罗斯福在引用《新移民的进步》（Pilgrims Progress）谈到记者就知道揭发污秽肮脏之事时创造出来的。虽然他认同记者发现体系中的问题非常重要，但是劝解记者不要只盯着坏的方面。他使用"揭露黑幕的人"这个词是贬义的意味，指那些就知道哗众取宠的记者。但是，对于黑幕揭发者而言，这个词是一种荣誉。揭露黑幕思想进入了进步时代以及反对老的腐败体系的反击时代。由于新的技术,图片被增补到书面文字上,大大增加了效果。黑幕揭发者所采用的很多想法都是来自于摄影家雅各布·里斯及其1888年发布的画册《另一半人如何生活》。这本书描绘了移民的生活,尤其是纽约市移民社区的状态。让里斯的书与众不同的是他使用图片来说明低层阶级的问题。

确切的黑幕揭发概念在1902年麦克卢尔于其杂志《麦克卢尔》(McClure's)刊发的一篇文章中得到展示,这篇文章由埃达·塔贝尔(Ida Tarbell)撰写,聚焦约翰·洛克菲勒公司,其题目是《标准石油:这个公司是如何使用垄断手段控制市场的》,要么是融资收买,要么是水淹市场。鉴于这篇文章的广泛阅读量和中产阶级的介入程度,其他几家杂志纷纷效法。林肯·史蒂芬斯(Lincoln Steffens)深挖一些市政府安排政府合同的过错,尤其是明尼阿波利斯市。雷·斯坦纳德·巴克(Ray Stannard Baker)在1903年的文章《工作的权利》中讨论了工人阶级面临的问题。这些文章激发了读者的想象和愤怒。那些享有专利权的医药公司不受监管,让黑幕揭发运动走入公众视野。虽然药厂肆意夸大疗效,开启了黑幕揭发时代,但是工人阶级的苦难让另一个黑幕揭发作家名闻天下。

最有名黑幕揭发记者是厄普顿·辛克莱。他的调查性工作使其写出了《屠场》。它以芝加哥畜牧区为背景,讲述了移民在诸如阿穆尔和斯威特等大型屠宰场是如何被对待的。他也描述了种种非人的状况,正是这些导致了很多事故、家庭问题和工人早逝。这本书畅销的原因是它的现实主义描述。当一些设备被订购进来加速宰割时,读者看到这些设备的锋利刀刃有时也将工人杀死。那些想看畜牧场的"旅游景观"时也会看到门栏上的血腥和污秽。很多人因此对这种残忍感到不适。这本书呼吁更多社会主义,激发了屠宰业的改革呼声。

颇具讽刺的是,辛克莱的本意是要呼吁社会主义改革,而不是要这本书暴露屠宰业的状况,但是,这本书加上美国农业部首席化学家哈维·威利(Harvey S. Wiley)博士的调查,证明了食品和医疗界的掺假是非常普遍的。据广泛报道的一个事实是,西奥多·罗斯福读完《屠场》之后勃然大怒,敦促国会通过了1906《清洁食品和药物法》和《肉品监管法》。

不管黑幕揭发的初衷是什么,其结果是非常广泛的。普通市民因专利药物的广告被证明是虚假的而呼吁广告的真相。为了应对这些呼吁,市民被授予听证权以检视产品的真实程度。很多报纸和期刊同这些新规则和监管制度合作,以免法律诉讼或惩罚。报纸从黑幕揭发中获利匪浅,因为大篇幅暴露不当行为会赢得大的阅读量。

对于报界而言,黑幕揭发随着美国进入一战而结束。支持政府和相关产业的需要超过了揭露一些贪婪公司的必要。且不论其如何结束,黑幕揭发概念延续到今天的记者身上。不管他们延续前贤的揭发黑幕道路还是走桃色新闻路线,新闻报道如何做依然复杂,今天很多大城市依然面临这样的问题。

亦可参阅:伊利诺伊州芝加哥市(Chicage, Illinois),芝加哥南区(South Side of Chicago),牲畜饲养场(Stockyard),联合牲畜饲养场(Union Stock Yard)

延伸阅读书目:

- Emery, E., & Emery, M. (1998). *The press and America* (9th ed.). Englewood Cliffs, NJ: Prentice Hall.
- Sinclair, U. (1989). *The jungle*. New York: Penguin Press. (Original work published 1906) Yochelson, B. (2001). 55: *Jacob Riis*. London: Phaidon Press.

Cord Scott 文

曹升生译 陈恒校

威廉·穆赫兰
MULHOLLAND, WILLIAM

威廉·穆赫兰1855年9月11日生于爱尔兰贝尔法斯特,1874年移民到美国并在洛杉矶定居,1935年7月23日死于此。穆赫兰是位自学成才的水利工程师,1886—1928年任洛杉矶市供水系统主管,负责沟渠的设计和建设工作。沟渠跨越几百里的沙漠和山区,将远方的水输入到缺水的洛杉矶。没有这些水源的充足供应,地处半干旱的洛杉矶谷地的洛杉矶大都市区将无法发展。

穆赫兰1877年来到洛杉矶。起先在洛杉矶市供水公司做力工,后因为勤勉、人缘好和自学成才,让他在不到十年的时间内升任主管。1901年,当洛杉矶市买下这家私营公司时,穆赫兰留任市供水系统主管,摇身一变为公共官员,甚至成为了进步时代恪守公共利益而良好管理自然资源的代表。安杰利斯人满心欢喜地尊称他为"首长",喜爱他的个性,也尊重他提高用水质量和减少废物的努力。他也被广泛地认为是一个专业顾问。

1890 年代末和 1900 年代早期,穆赫兰的成功与洛杉矶人口的激增是一致的——大约有 10 万人——同时整个西南部严重干旱。穆赫兰警告大家,假如没有外地水源的供应,洛杉矶就不能持续发展,甚或衰落。穆赫兰和他的同事打算修建一条 250 公里长的沟渠,从内华达州东色拉的欧文山谷引水,那里山上的积雪融化成水淌入内湖而没有被当地人所使用。建设这样的引水渠,需要经过莫哈维沙漠和蒂哈差皮山,是一个前所未有的昂贵项目,工程也极其复杂,在开工之前也需要融资方面的法律授权。作为首席工程师,穆赫兰在各个层面积极活动,甚至鼓动西奥多·罗斯福总统支持洛杉矶市在联邦土地上建设工程。

当 1913 年欧文山谷的水开始流入洛杉矶市时,它将洛杉矶市的供水增加了 10 倍,还提供了这个城市大部分家庭用水。穆赫兰在 1920 年代又设想建立一条连接科罗拉多河的沟渠,但是 1928 年圣弗兰西斯大坝的坍塌导致圣塔克拉峡谷几百人丧生,财产损失无数,这让穆赫兰的盛名毁于一旦,迫使他退休。这个事件鼓励人们思考那些支持洛杉矶快速发展的人的逻辑,他们希望欧文峡谷的水源源不断地流向洛杉矶,这反而让峡谷的人认为是洛杉矶人偷了他们的水。

亦可参阅:加尼福尼亚州洛杉矶市(Los Angels, California),进步主义(Progressivism)

延伸阅读书目:

- Davis, M. L. (1993). *Rivers in the desert: William Mulholland and the inventing of Los Angeles*. New York: HarperCollins.
- Matson, R. (1976). *William Mulholland: A forgotten forefather*. Stockton, CA: University of the Pacific.
- Mulholland, C. (2000). *William Mulholland and the rise of Los Angeles*. Los Angeles: University of California.
- Nadeau, R. (1950). *The water seekers*. Garden City, NY: Doubleday.

Robert W. Matson 文

曹升生译 陈恒校

多中心大都市区和多核心理论
MULTI-CENTERED METROPOLIS AND MULTIPLE UNCLEI THEORY

多中心大都市区和多核心模式是两个力图描绘现代大都市区不断变化的地理形态的形式。两者都认同,在两次世界大战之间,美国的大都市区再也不固定在中心城市,郊区节点的商业功能和居住功能同中心城市激烈竞争。虽然有这些共同点,但是多中心大都市区模式和多核心大都市模式在解释这些节点是什么以及它们为何出现在城市场景中有不同的看法。

1945 年昌西·哈里斯(Chauncy Harris)和爱德华·乌尔曼(Edward Ullman)提出的多核心模型,是 20 世纪上半叶三个描绘城市土地使用模式中的最后一个。哈里斯和乌尔曼的一个核心主张是,现代美国大都市区有位于中心城市之外的节点或核心。这些节点配置让多核心模式不同于厄内斯特·伯吉斯和霍默·霍伊特的单中心同轴区和部门模型。这些节点之所以发展,是因为特定活动的相互吸附和空间上彼此排斥。藉由吸附和排斥而对城市土地使用进行排列组合,造成了非中心的核心节点沿着关键的城市元素比如大学、工厂、零售店和休闲场所而发展起来。

多核心模式依然是学者理解大都市区的重要部分。这个模式的生命力在于内在的一致性、研究方法的简洁性和对城市土地使用的广泛覆盖。与同轴心区和部门模式相比,多核心模式得到持续应用,也是因为那种演示核心在大都市区内四处分散所激发起来的强大想象。但该模式也有缺点,最突出的就是其学究性表述,根源于还原论经济学的解释,以及不能应用于 20 世纪中期以外的美国。

多核心模式在很多重要方面是多中心大都市区概念的先导。自从 1970 年代后,几个学者已经指出诸如边缘城市、外围城市和技术总部郊区这类新现象的出现。虽然有些不同,但是这些词汇都有一个共同的中心思想,那就是人、就业和社会制度都在大都市区边缘组成节点,而且这些郊区节点正在削弱中心城市的经济、政治和文化上的权力。单中心城市已经被多中心大都市区取代。

战后现代多中心大都市区所具有的增长和蔓延特性,深植于美国历史。从 19 世纪末开始,几个进程就开始进行并最终削弱了城市的单中心形态,加速了次中心的崛起,经济和居住增长因之发生。工业郊区、市场乡镇和卫星城市,虽然没快速增长的工业城市那么重要,但是包含一系列经济、社会和文化功能。工业资本家、开发商和地方精英共同推动了大都市区边缘的变革,在此过程中,这些早期的节点变成了下一步经济发展和居住增长的磁石,也就是战后大都市区的前身。

战后多中心美国大都市区有几种显著特征。就业节点由一系列经济功能组成,从一些美国大的服务公司、金融公司和工业公司总部到一个高科技制造业和设计公司的巨头。它们都驻扎在大型零售商和服务公司及政府附近。这些大型就业节点被周边按照阶级、族裔和种族而筛选组成的同质性居住区所包围。不同于中心城市有放射性的公共轨道交通,蔓延的、低密度的多中心大都市区以高度自发的、跨郊区通勤为特征,高速公路和多车道街道是人们辗转流动的主要孔道。1930年代后,州政府不断干涉城市事务,最明显的是住房(抵押)、制造业(国防)和交通(高速公路),加速了战后多中心大都市区的发展。

这些因素导致了美国大都市边缘更大程度上的功能专一化,也造成多中心大都市区一直是"规划未规划"的方式进行的。也就是说,虽然外围边缘的每个个体都是高度协调、严密分区和详尽规划的产物,但是截然不同和彼此分离的商业、居住和政府及交通环境之间缺乏协调,同整个大都市区的广阔世界也没有联系。这种分散化大都市区被一整套不成体系但是互有影响的行动所构建,包括工业资本家,联邦、州和地方政府,以及规划部门和开发商。

看上去,在可以预见的未来,绝大多数美国人的日常生活将在老旧的中心城市之外、那些未能统筹规划但发展迅速的地区上演。曾有人声称巨型都市区——几个独立大都市区的集结体,比如从波士顿延伸到华盛顿的地区——是多中心大都市区的另一个版本。但是,不同之间较低的通勤率和外围地区的低密度发展,又表明个体大都市区依然是一个相对独立的实体。这个四散蔓延的、没有统筹规划的、州政府发动的多中心大都市区,有很多就业节点和很多隔离的社会世界,依然是21世纪大多数美国人的家园。

延伸阅读书目:

- Fishman, R. (1995). Megalopolis unbound. In P. Kasinitz (Ed.), *Metropolis: Center and symbol of our times* (pp. 395 - 417). New York: New York University Press.
- Goldfield, D., & Brownell, B. (1990). *Urban America: A history* (2nd ed., pp. 410 - 412, 435 - 445). Boston: Houghton Mifflin.
- Harris, C., & Ullman, E. (1945). The nature of cities. *The Annals of the American Academy of Political and Social Science*, 242, 7 - 17.
- Hise, G. (1997). *Magnetic Los Angeles: Planning the twentieth century metropolis*. Baltimore: Johns Hopkins University Press.
- Lichtenberger, E. (1997). Harris and Ullman's "The nature of cities": The paper's historical context and its impact on further research. *Urban Geography*, 18, 7 - 14.

Robert Lewis 文

曹升生译　陈恒校

刘易斯·芒福德
MUMFORD, LEWIS

刘易斯·芒福德(1895—1990)或许是20世纪最杰出的城市批评家。芒福德不但是先锋式的城市史家、设计师和技术专家,也是地区规划的坚定倡导者。芒福德对现代大都市的多维度批评,奠基于他对建筑环境和社会环境的理解,这些批评对于美国公众理解城市文明的本质有很大的作用。

芒福德出生于纽约州的法拉盛,大学辍学后开始了漫长的作家和批评家生涯。在他的第一本书《乌托邦的故事》里,芒福德将乌托邦置于城市框架内,并在柏拉图《论共和》中发现了详尽的城市/区域规划。《砖石》(1924)标志着他作为设计批评家漫长生涯的开始,其间包括了30多年任《纽约客》杂志专栏作家的经历。虽然与学术机构有紧密的联系,包括斯坦福大学(1942—1944)、宾夕法尼亚大学(1951—1961)、麻省理工学院(1957)和加州大学伯克利分校(1961),但是芒福德主要为公众写作,而不是学界。他是三十多本书的作者,获得过很多奖项,包括国家图书奖(1964)和国家艺术奖(1986)。

芒福德对城市的兴趣跨越了他的漫长生涯。他在1922年的一篇论文《城市》中,第一次尝试探索城市理论,这篇文章后来收录在《美国文明》并出版。在那篇文章中,他为美国城市提供了编年体类型学,预测美国文明的未来系于区域主义。《城市文化》(1938)追溯了城市生活,从中世纪的镇,到首位性城市、工业镇城、大都市区和绿带镇城。《历史上的城市》(1961)扩大了历史视野,从美索不达米亚开始,以现代大都市区巨型都市区结束。芒福德将城市史看作为城市生活和人性的全面发展奠定基础和的手段。城市的新形态必须以对现有城市的历史根源的深刻理解为前提,城市的终极目的是发展人的意识。

芒福德对区域规划的激情,来源于他对现代城市的批判——他认为城市史是不断错位的。芒福德认为区域主义、小规模城市开发和生态平衡是人类文化的必备内容。作为美国区域规划协会的发起人(1923),他帮助规划了新泽西州的昆斯市阳光花园和新拉德布顿郊区镇。在纽约市,他是罗伯特·摩西的宏大计划的反对者。他曾对战后英国的城市规划提过建议,为英国的牛津起草过一个城市规划(1964),被英国授予荣誉第二爵士。

在《技术和文明》(1934)这本关于技术史的著作中,芒福德将技术分为两种类型——一个与人性相协调(综合性的),一个是反对的(单科的)。他对后者持续关注,他对技术的关注也越来越悲观,这在《机器的神话》(1970)中表露无遗。像他对区域规划的支持一样,他对技术的批评寻求一种组织人文学而指斥现代技术社会的去人文化。

芒福德在1961年写道,城市的主要成就是文化保存者和传达者,一代一代传递着文化。在他的众多成就中,就属这个观点最为流行。刘易斯·芒福德于1990年过世于纽约州亚美尼亚,享年94岁。

亦可参阅:美国区域规划协会(Regional Planning Association of America)

延伸阅读书目:

- Miller, D. (1989). *Lewis Mumford: A life*. New York: Weidenfeld & Nicholson.
- Mumford, L. (1938). *The culture of cities*. New York: Harcourt and Brace.
- Mumford, L. (1961). *The city in history: Its origins, its transformations, and its prospects*. New York: Harcourt Brace & World.

Andrea Tuttle Kornbluh 文
曹升生译 陈恒校

市政协会
MUNICIPAL ASSOCIATIONS

1890年代,美国的市政官员和市政府才开始同市政改革运动建立正式的链接。众多专业市政雇员协会和市政协会很脆弱,存在时间也很短暂,直到1920年代末局面才出现转变,那是因为芝加哥大学建立了一个强大的公共管理专业协会组织。有20多个来自公共管理领域的组织,在1930年代至1970年代对市政和城市事务倾注了全部或重要精力。它们努力促使各种市政管理人员专业化,力促技术和管理设施与技能标准化,传播信息,演示和实施管理领域的创新实践。它们也在地方州联邦政府的协调与合作方面发挥了积极作用。这些团体之间的亲密关系逐渐走向终结,因为各个团体越来越只关注自己的工作、倡议和游说活动。

1890—1920年的市政改革

全国市政联盟形成于1894年,那一年美国市政改进学会(American Society for Municipal Improvements)召集了很多市政府的公共工作官员。与此同时,良好政府理念强调技术上受过培训的专家的角色,而即将到来的市政专业人员需要一个更加中立和不易腐败的市政府,以此来实现他们献身市政事务的物质和形式上的奖赏。这些专业团体颇为强大,美国市政改进学会,首席治安官国际协会(1893)、市财政官员协会(1906)和国际城市经理协会(1914年)到今天依然存在,即便不断变换名称。相反,美国市政联盟创立于1897年,在它于1910年消失前就很少受到关注。1899年由波士顿市市长乔赛亚·昆西(Josiah Quincy)发动成立的市政官员协会,也是昙花一现。这类团体转瞬即逝,在国家层面表现得更为明显。各州境内的市政联盟,从1891年开始出现,到1890年代末出现高潮(艾奥瓦1898年、密歇根和加州1899年)。到1926年,每个州都有自己的市政联盟或协会,有些很短命。州层面的成功,归因于此际州议会乃是讨论治理结构和城市社区财政命运的重要场所。

在它们存在的第一个十年里,这些市政组织围绕几个相互关联的问题开展了很多项目。它们在公众和市议会面前,市政联盟提高自治,倡议公务员制度,以及其他市政改革运动最为钟情的计划和设计。他们也支持良好政府信念里的技术层面,比如强调效率、标准化和专业化。这些专业协会同其会员一道开展工作,也着力提高后者的水平,尽力传播最好的实践的信息,也加入政治改革以图立法方面的改变。

组织一个市政国家,1929—1980年代

第一波市政组织的一些行为体在1920年代看到

了新的发展机会。这些人拥护弗兰克·古德诺和伍德罗·威尔逊提出的政治和行政两分法，想象地认为，选任官员和雇佣官员的专业化与行政技能的提高，乃是成功的市政改革的关键，因为立法改革或作风建设已经山穷水尽。来自芝加哥大学的政治学教授查尔斯·梅里亚姆一度是改革派的芝加哥市长候选人，成为美国社会科学的领路人，逐渐为公共管理的研究和组织设定了方案，并以市政作为核心。调整发生在1925年，当梅里亚姆恢复了同其前学生约翰·史图兹（John Stuzz）的联系后，史图兹时任堪萨斯市市政联盟秘书长，并且在美国市政协会、国际城市经理协会也有任职。1928年梅里亚姆获得最终的支持，因为其著作《研究和培训政府官员或官员群体的禀赋的节选录》（*Memorandum on Facilities for Research and Experiment of Government Officials or Groups of Officials*）成为纽约州斯佩尔曼基金会的蓝本，这家由洛克菲勒慈善基金会于1928年年末建立的机构，在1948年之前总共为公共管理领域投入了1500万美元。

梅里亚姆的计划后来被盖·墨非特（Guy Moffett）和斯佩尔曼基金会员工所改善，集中于增强管理人员的专业性组织，尤其是市政领域；通过促使这些组织紧密联系而协调他们的活动；让他们到大学见识围绕管理的跨学科研究和实践。这些努力的结果就是一些组织的出现，最为著名的就是在芝加哥大学诞生的850中心和1313中心。自1929年开始，老的市政组织开始在芝加哥汇合，一位在改革界闻名全国的前城市经理路易斯·布朗罗威（Louis Brownlow），很快就成为负责协调这些团体活动的领袖。国际城市经理协会在那年年中率先抵达，美国市政协会随之而来。后来的年月里，其他市政和公共管理团体纷至沓来，它们要么是已有的组织（如市政财政官员协会）被吸引至芝加哥，要么是在布朗罗威及其员工的支持或指导下建立的。后者经常无意识地将市政、州政府和联邦政府的管理官员混为一谈（美国公共管理协会成立于1930年，全国住房官员协会、美国市长大会、公共管理服务均成立于1933年，美国规划官员学会和全国评估官员协会都成立于1934年，美国公共管理协会成立于1937年，这些都是其中的佼佼者）。它们都接受斯普尔曼基金会的资助来维系总部运行，发行期刊，发动研究项目，聘请一线官员开展调查和实施项目，或者组织培训课程。这种支持一直持续到1948年，此后这些组织利用自己的资源，要么出卖服务，要么征收会员费。

虽然同这些新兴团体——尤其是同美国市长大会，这家机构在1936年就分崩离析了——850-1313中心是1931年至1970年代早期美国公共管理体系的引擎。依靠对外来和本土的理念和实践的鉴别吸收，这些形形色色的团体促进了市政府许多领域的管理标准化（治安汇报、测量标准、市政汇报、人事管理），实施了许多管理创新，传布了管理实践的资讯，营造了一股尊崇技术的风气。更可瞩目者，850-1313的发展，发生在联邦政府因1930年代危机而转向干涉主义的时代。这些市政组织，作为社会网络和智力资源的蓄水池，积极参与了大政府的创造，也促生了新型政府间关系。这些团体在1930年代为自己定位的角色，一直坚守到1960年代；这些市政协会参与了战后联邦政府的绝大部分城市政策，从城市更新到大都市区政府；他们也在国际舞台上开展了市政领域的技术援助项目，也正因为这一点他们在1950年代被称为爱国团体。

亲密关系的终结

芝加哥的市政集合体在1960年代依然声势强大，虽然1313中心大厦已经诞生了一支新的派别，但到1970年代，它们便开始走下坡路了。每个组织各自为战，而联邦城市政策也间接终结了它们之间的通力合作精神。城市的福祉越来越依靠华盛顿特区政府走廊里的说客来维护。这些团体离开了芝加哥，至少是1313大楼，到那些更为便利或适宜的地方重新安营扎寨。公共管理新时代的到来，加上1980年代联邦政府和州政府从城市政策上的撤退和削减开支，都意味着1313中心的结束。到1990年代中期，只有美国规划协会（以前是美国规划官员学会）还存在。其他团体都自立门户，依靠从1313中心这个育婴室里获得的深厚基础而腾挪呼啸。他们至今枝繁叶茂。

亦可参阅：市政府（Municipal Government），美国市长大会（U. S. Conference of Mayors）

延伸阅读书目：

- Brownlow, L.（1955）. *The autobiography of Louis Brownlow*. Chicago：University of Chicago Press.
- Karl, B. D.（1974）. *Charles E. Merriam and the study of politics*. Chicago：University of Chicago Press.
- Roberts, A.（1994）. Demonstrating neutrality：The Rockefeller philanthropies and the evolution of public administration. *Public Administration Review*，54，221-228.
- Rosen, H.，& Pudloski, S.（1993-1994）. Celebrating

507

the past. *APWA Reporter*. Retrieved from http://www.apwa.net/Documents/About/APWAHistory.pdf

- Saunier, P.-Y. (2003). Ulysses of Chicago: American foundations and public administration 1900 – 1960. In G. Gemelli & R. McLeod (Eds.), *American foundations in Europe: Grantgiving policies, cultural diplomacy, and transatlantic relations 1920 – 1980* (pp. 115 – 128). Brussels: Peter Lang.

- Saunier, P.-Y. (2003). Les voyages municipaux américains en Europe 1900 – 1940: une piste d'histoire transnationale. *Jahrbuch für europäische Verwaltungs-geschichte*, 15, 267 – 288.

Pierre-Yves Saunier 文

曹升生译　陈恒校

市政府
MUNICIPAL GOVERNMENT

北美第一个市政公司可以追溯到殖民地时期。在17世纪和18世纪早期,市政公司主要倾力于监管和促进商业。他们管理公共市场,规范价格、称重、销售情况测量。殖民地时期的一些市政章程中也赠与一些有价值的商业财产给城市。比如,纽约市就被赠予垄断当地渡口商业和曼哈顿岛所有潮汐土地的冠名权。阿尔巴尼章程授予该市垄断皮毛贸易。其他诸如费城、威廉斯堡、诺福克等都是关门公司(股票全部或大部为少数人控制,一般不公开上市的公司)。换言之,市议会管理局的成员享有不受限制的任期,任意填补空缺职位。普通百姓无权参与选举市政官员的活动。

美国革命标志着封闭式企业管理的终结。此后,城市官员通过普选制产生。更重要的是,18世纪市政府逐渐扩大了功能,越来越关注消防、街道照明和其他一系列麻烦事,比如走丢的家畜或阻碍交通的装修材料。革命也将主权从英国皇室转移到州议会。因此,州议会此时授予城市章程并授权城市发挥市政功能。

19世纪,州议会一般都宽容地授予自治市地位。虽然在殖民地时期,章程一般被赠予受到青睐的那些社区,因此被视为一种特权。但是在19世纪,任何拥有几百个居民的小村庄都能变成市而享有地方自治权。市政府成为了任何一个野心勃勃的村庄或乡镇的确切权利,而不是仁慈的主人所赠予的特权。

更重要的是,州议会通过很多措施授权大城市完成另外的功能。一些发展迅速的中心城市,如波士顿、纽约、费城和芝加哥,市政府以前所未有的速度扩张。在19世纪中期,专业消防员取代了过去的志愿者公司,全职的警察取代了旧时的夜晚守望者。因此,市公共安全局大量涌现,成千上万的新雇员为这些急速扩大的市政府工作。另外,城市也建设供水和排污系统,启用庞大的发动机来解决不断上升的现代卫生需求。以1850和1860年代纽约中央公园的开建为标志,大城市也开始了公园建设项目。到19世纪末,全美的主要城市都已经发展出自己的中央公园,巨大的森林绿洲让市民得以在城市的繁忙噪杂中小憩。同样,城市也开始资助建立公共图书馆来帮助提高市民的智力。19世纪后半期,有轨电车煤气总站和电力电话设施的广泛铺设,增加了市镇府的责任。虽然是私人拥有,但是这些公共设施必须获得市政府的同意才能运行,急需市政府的特许。

公共设施企业家如此急切地想获得在城市街道铺设轨道和煤气总站的权利,以至于他们企图贿赂市政官员。1884年,纽约市理事会在每位成员获取25000美元的贿赂之后投票批准了一个轨道特许状。1890年代腐败的芝加哥市议员获得了"灰狼"的昵称,因为他们愿意出于利益的考虑而毁灭城市。同时,当市政府扩大时,政客们就控制了不断增加的工作岗位。忠诚于一个党派及其领导人,就能够在政府获取一个工作岗位。市政府官员也希望市政府的合同流向那些支持者,而这些支持者会在选举时期帮助其所在的政党,也会通过送礼的形式改善市议员的收入。

这种腐败最为臭名昭著的实践者是特威德。在民主党党魁威廉·特威德的引导下,这个团伙在1860年代后期至1870年代早期控制了纽约市,在此期间,这个团伙窃取了3000万至1亿元的财富。他们主要从服装合同中牟取暴利,向服装供应征收天价费用。最为明显的一个例子是,纽约市为一个造价仅为25万的县政府大楼拨付了1300万。

这些过激行为引起了广泛的愤怒,一些市领导组织起来开始清理地方政府。一些商界精英也对市政府腐败感到忍无可忍。禁酒主义者也对那些一旦得到贿赂就放开周日饮酒、嫖妓和赌博业的官员发动了反击。更重要的是,许多中上层阶级的土生美国人反感新移民——尤其是爱尔兰裔在市政府不断上升的角色。那些所在社区拥有大量人口的酒店老板充斥着市议会,别有用心地利用市政府来中饱私囊。虽然市政府正在以前所未有的速度铺设供水和排污管道,建设世界上一流的公园和图书馆,提供专业的消防力量,但是许多德高望重的市民依然相信，市政府正在以容纳那些来路不明的人的形式损耗自己的声誉。

为了反击市政府中的不良分子，中上层阶级改革派设计来改变市政府的结构。他们希望加强市长的权力，借机从那些盘踞市议会的平庸之辈中夺取权力。市长从市范围内选举产生，这个人理论上会是一个成功的市民，能够从中上阶层的社区和工人阶级社区获得支持。由于他有全市范围内的支持者，所以他更能从整体上代表人民，而以邻里为基础的议会成员很少能超越他们所代表的城市碎片化的狭隘关注。良好政府的改革者也希望采纳公务员制度。他们寻求确保市政府雇员凭借绩效获得职位，这一点可以通过选拔性考试实现，而不是往昔的党派忠诚。另外，他们也认为诚实且能干的市政府雇员应该维持其岗位，不管哪一个党派控制市议会和市长办公室。良好政府的拥护者也极力促使市政府雇员的工资从贪污成性的党派怪圈中脱离出来。

20世纪早期，改革者也为更精干的非党派的、按照普选产生的市议会奔走呼告。假如议会成员在没有党派标签下选举产生，那么就不易腐败，更不会沦为党派斗争的工具。更重要的是，由7个或9个人组成的议会，相比20或30人的议会更有效率，开支也会随之减少。普选也会减少那些工人阶级的市议会成员，这些人仅能吸引本社区的支持者而不能在社会高度异质化的市域范围选举中获得多数支持。在这种普选的设计中，议会成员再也不会斤斤计较自己社区的狭隘利益，以往某个或某些社会阶级和族裔群体独霸的局面也将被打破，议会成员会以整个城市的福祉作为治理的目的。简言之，宽阔的市域视野会消除大都市区里狭隘的社会、族裔和区域碎片化导致的弊病。改革者在全国范围内摇旗呐喊，在1920年代，大量的城市拥有了强市长，更小的、非党派的议会，公务员系统，议会成员全部或部分经由普选产生。

在20世纪早期，一些改革者寻求在治理结构上做标志性的改动。1901年，得克萨斯州的加尔维斯顿放弃了市长—议会式政府结构，采纳委员会制。在这种方案中，一个小型的委员会，通常是五位普选产生的委员，实施市政府的行政和立法权。每位委员负责管理领域的某一方面，一位是公共安全委员，另一位是财政委员。总体上，这些委员们采纳必要的指令，治理城市。这种方案消除了狭隘的、以社区为基础的议会，加强了市政官员的透明性。选举人知道哪位官员负责公共安全，因此假如街道犯罪泛滥找谁问责。当然，选民可以在选举中剔除那些无能的委员。

委员会方案的简单和透明，对20世纪早期那些迷恋政府效率的美国人而言具有强大的吸引力。在1915年，423个城市采纳了委员会制，包括休斯敦、得梅因、新奥尔良和圣保罗等大城市。这股改革潮流在美国人意识到这个方案的不足时开始逆转。它并没有确保管理上的技能，因为选任的公共安全委员或者公共公共工作委员可能缺乏这方面的经验。另外，无人来监管或协调市政府的活动。五个权力相等的委员仅会守护自己的领地。

在20世纪的第二个十年，经理制方案似乎解决了这个问题。在经理制方案中，一个选任的市议会决定基本的市政政策，但是一个经过任命产生的经理会管理这个政府。经理理论上是一位不带党派色彩的管理专家，不会受党派利益驱使，而专注于政府的效率和效能。1908年，弗吉尼亚州的斯汤顿聘请了美国历史上第一个城市经理，1913年俄亥俄州的代顿市成为第一个采用经理制的主要城市。代顿案例被广泛模仿，截至1933年，有448个市在城市经理制城市下运行。这个方案逐渐取代了委员会制，在20世纪末，大部分美国城市要么实行市长-委员会制要么是经理-议会制。

在20世纪早期，美国市政府也扩大了对土地使用规划的权威。1907年，康涅狄格州的哈特福特市建立了第一个永久性市政规划委员会来负责监管街道、公园、公安局和其他公共设施的安置。在20世纪的第二个十年，城市扩大其土地使用规划到私人财产领域。1916年，纽约州采纳了第一个综合区划指令，将整个城市分为住宅区、商业区，或者未受限区。这类土地使用规划分区的目的，是让居民的财产价值和高级零售商同那些试图在附近地段建立工厂的人隔离开来。更甚者，纽约市指令严格限制了建筑物的选址和高度，以防止建设另外的摩天大楼剥夺了其邻居的光线和空气。在1920年代，市政府的分区指令遍布全美，此际房地产商极力保护财产价值，规划者也希望更加理性的城市开发。1926年，美国最高法院维持了这类土地使用措施的合宪性，确认这个新功能为市政府的重要责任。在20世纪的余下岁月里，许多郊区市使用它们的分区权力来排除那些迎合中低收入的廉价住房开发。凭借这种排外性的分区，市政府加固了美国的社会和种族隔离模式。

在20世纪的后半期，美国市政府面临新的挑战。不断上升的开支和过度依赖房产税，迫使城市寻求新的收入来源。1939年，费城成为第一个采用所得税的城市，其后三十年里，一些主要城市如圣路易斯、辛辛那提、匹兹堡和底特律同样转向征收所得税来解决财政难题。销售税、烟草税、商业许可证税、娱乐和旅馆税等等都被美国主要城市列上征税清单,以此来减少对财产税的依赖。1945年,财产税贡献了芝加哥市总收入的64%,圣路易斯的61%,费城的56%,但到了1980年代中期,这些数目相应地减少到了18%,7%和12%。

战后,美国主要城市越来越希望联邦政府和州政府的援助。1970年代中期,纽约、巴尔的摩、布法罗的半数收入来自政府间援助。1972年,国会批准了一个收入共享计划以拨付几十亿美元给全美的地方政府。但是联邦政府的慷慨解囊好景不长。1970年代末,华盛顿削减了给予城市的资助,这种政策被1980年代的里根政府所继承。1986年联邦政府收入共享计划被放弃,在20世纪余下的时光里,市政府的苦难并没有名列联邦的高级议程。

很不幸,一些大城市急需现金。1975年,纽约市濒临破产,州议会将城市的财政管理权移交一个应急控制局。三年后,步履维艰的克利夫兰也无力偿还债务,一时间成为全美报纸的头条丑闻。1978年加州和1980年马萨诸塞州选民通过的限制财产权措施,逼迫这些州的市政府大量削减预算。

同时中心城市的种族构成也发生重大转变,导致市政府的显著改变。1967年,克利夫兰和印第安纳州的加里成为第一批选举黑人市长的主要城市。其后几十年里,亚特兰大、底特律、纽瓦克、洛杉矶接踵而行。1980年代,芝加哥、费城和纽约市的选民也选举了非洲裔美国人担任市政府的高阶官员。

11　　少数族裔的雄心壮志对过去的一些改革目标造成了挑战。市域范围内选举议会成员剥夺了这些少数族裔在议会的代表,在20世纪后期,他们改变了这个实践。1974至1988年间,阿尔伯克基、达拉斯、休斯敦、菲尼克斯、圣安东尼奥、圣迭戈和圣何塞的拉美裔和非洲裔都争取到了按区选举。拉美裔社区会选举一位拉美裔来代表它,非洲裔亦如是。作为20世纪初改革运动的基石,即锻造同质性市域利益,屈服于1970年代和1980年代异质性族裔的现实,美国城市的领导人持续不断地寻求代议制规则和有效管理市政服务的新方法。

亦可参阅:市长-议会政府(Mayor-Council Government),威廉·特威德(William M. Tweed);区划(Zoning)

延伸阅读书目:

- Bridges, A. (1997). *Morning glories:Municipal reform in the Southwest*. Princeton, NJ:Princeton University Press
- Callow, A. (1966). *The Tweed ring*. New York:Oxford University Press.
- Griffith, E. S. (1927). *The modern development of city government in the United Kingdom and the United States*. London:Oxford University Press.
- Holli, M. G. (1999). *The American mayor:The best and the worst big-city leaders*. University Park:Pennsylvania State University Press.
- Rice, B. R. (1977). *Progressive cities:The commission government movement in America*, 1901－1920. Austin:University of Texas Press.
- Schiesl, M. J. (1977). *The politics of efficiency:Municipal administration and reform in America*:1880－1920. Berkeley:University of California Press.
- Stillman, R. J. (1974). *The rise of the city manager:A public profession in local government*. Albuquerque:University of New Mexico Press.
- Teaford, J. C. (1975). *The municipal revolution in America:Origins of modern urban government 1650－1825*. Chicago:University of Chicago Press.
- Teaford, J. C. (1984). *The unheralded triumph:City government in America, 1870－1900*. Baltimore:Johns Hopkins University Press.
- Teaford, J. C. (1990). *The rough road to renaissance:Urban revitalization in America, 1940－1985*. Baltimore:Johns Hopkins University Press.

Jon C. Teaford 文

曹升生译　陈恒校

弗兰克·墨非
MURPHY, FRANK

弗兰克·墨非(1890—1949)是大萧条时代底特律市的市长,他采用积极作为的方针援助该市的失业人群。在1919年他被任命为助理法官,但在下一年的国会选举中落败。1924年,他赢得该市犯罪法院法官的选举。他获得全国性的声誉——尤其是底特律市非洲裔美国人的倾慕——是因为他在一个案件中体现出的怜悯、公正和法院控制能力。此案中一个非洲裔美国人家庭对在其草坪聚集的歹徒们开火,因此被指控犯有谋杀罪,但墨非宣判其无罪。1930年,墨非利用自己作为律师和法官的良好声誉来竞选市长,宣扬自己可以根治弥漫 1920 年代底特律的腐败问题。

消除大萧条的影响是墨非短暂的市长任期中的主要任务。墨非创建了市长失业委员会为失业人群提供社会服务,动员公私力量协调行动,从而帮助了底特律福利部门的工作。底特律为其失业人群提供了其他城市很少提供的一系列服务,包括失业局,为无家可归者提供住房,为穷人孩子提供免费午餐以及相对充足的应急救济。由于底特律市税收收入萎缩,所以墨非积极游说县政府和州政府提供福利。大多数情况下,密歇根州议会对墨非的援助呼吁置之不理,因此底特律市在 1930 年代早期赤字很高,经常不能偿还贷款。

比在底特律市的大刀阔斧地工作更为重要的是他作为城市发言人的角色,以及在国家层面的城市自由主义面孔。墨非担任美国市长协会第一任主席。同其他大城市市长一道,比如波士顿市市长迈克尔·科里(Michael Curley)和密尔沃基市市长丹尼尔·豪安(Daniel Hoan),以及其他城市自由派,墨非积极游说,比如救济资助,联邦立法让城市债务融资更为简便,联邦政府的公共工作开支超越州政府。大多数情况下,1930 年代,罗斯福总统和民主党国会屈从于市长们的援助申请。

墨非早年对罗斯福竞选总统的支持,为他后来进入国家政治打开了大门。1934 年,墨非离开底特律去担任总督,后来成为菲律宾委员会的高级委员。1936 年,墨非返乡并成为密歇根州州长。作为州长,他给州预算系统做了改革。1939 年罗斯福总统任命墨非担任首席检察长,1940 年又任命他为美国最高法院法官,墨非在这个职位一直干到 1949 年辞世。

弗兰克·墨非作为市长的遗产,是聚焦全国性的注意力到城市产业工人的失业问题,以及大城市在没有联邦援助的情况下将无力为市民提供救济。

亦可参阅:密歇根州底特律市(Detroit,Michigan)

延伸阅读书目:

● Fine, S. (1975). *Frank Murphy: The New Deal years*. Ann Arbor: University of Michigan Press. Flanagan, R. M. (1999, Spring). Roosevelt, mayors, and the New Deal regime: The origins of intergovernmental lobbying and administration. *Polity*, 23(3), 415 - 450.

Richard Flanagan 文
曹升生译 陈恒校

博物馆
MUSEUMS

关于城市的一个普遍看法是,城市应该为市民及造访者提供充足的文化。这可以包括交响乐、戏剧表演,在那些人口有限的城市区域,某一种类的博物馆能够反映该市或地区的利益。人们习惯将城市同文化连接起来,因为它让访问者感受到了艺术的乐趣和人民奋斗的历史,甚至那些塑造今天美国人民思维方式的历史事件。

博物馆首先在 1786 年出现,当时查尔斯·威尔逊·皮尔(Charles Wilson Peale)在费城开了一个以绘画及其他珍宝为主的博物馆。19 世纪伊始,纽约有好几座博物馆,包括坦慕尼厅美国博物馆和新美国人博物馆,以及其他迎合美国人猎奇心的博物馆。巴纳姆(P. T. Barnum)开设了哥伦比亚博物馆,以建国之父们的蜡像而著名,从此开始了将现在与过去联系起来的尝试。

在美国的每个重要的城市,博物馆都起着存储老百姓认为重要的事情以及记录该市在美国的角色。例如 1936 年,芝加哥的建立者们意识到这座城市的潜能,开始有意识地保存物品以备后世展览。芝加哥历史学会保存了一些地方史的资料,并且试图将更宏大的历史画卷联系起来。有些主题跟芝加哥牲畜饲养场(这反过来影响了美国的牛肉消费、生产线和铁路线)和秣市事件(一个地方性暴乱,对 8 小时工作制有影响)有关。该馆还有亚伯拉罕·林肯总统的灵床。推动博物馆与美国历史直接联系起来的是 1860 年代中期的卫浴品展览,其中一些展品集中于殖民地时期的生活,人们得以知晓一百年前拓殖者如何生活。

博物馆经常被人视为富人的堡垒,富人用赞助和利益推动博物馆发展。另外,19 世纪的博物馆聚焦白人及其事件,但至少从理论上来说,博物馆是惠及大众的。愉悦大众的想法来自于芝加哥艺术研究所(Art Institute of Chicago)。1879 年,在传奇商人马歇尔·菲尔德的倾力帮助下,艺术研究所建立了,收藏了很多世界级的艺术品。从一开始,艺术研究所每周有一天不收门票,以便每个人(尤其是工人)能够欣赏文化的魅力。最初,这免费的一天是周日,也就是工人们休息日。进入艺术研究所,能让游客看到曾经听说的艺术品,获得灵感。正如芝加哥工业家乔治·普尔曼所说,"将最愚顽的人带进富丽堂皇的艺术宫殿,其反应是非常巨大且直接的"。虽然这个引用指的是普尔曼汽车这样的旅游圣地，但是经常被用来指博物馆之类的文化产品。对于有些机构比如波士顿高雅艺术博物馆（Bostion Museume of Fine Arts），衣着整洁标准的工作人员不会指责那些衣着邋遢的游客。衣着整洁有助于形成干净、秩序和技能。

在纽约，现代艺术博物馆（MoMA）和大都会博物馆（Metropolitan Museum）都是致力于展示未来艺术的。美国大都会艺术博物馆联盟（The American Wing of the Metropolitan Museum of Art）着力提升人们对美国历史上重要图像的认知。一般而言，艺术品可以揭示改治传统。不管展品是什么，看到这些展品都能让人获得比书中所见更充实的感受。

博物馆迎合生活的每个方面。比如在芝加哥，来自世界的物品的展示，激发了菲尔德（一家百货商店的创始人和芝加哥市领导人之一）捐赠大量资金建立自然史博物馆。这个博物馆的第一个选址哥伦比亚展览会前艺术会馆。后来，一个围绕菲尔德博物馆应建在芝加哥滨湖区的法律诉讼，将菲尔德家族和另一个零售业巨头蒙哥马利·沃德（Montgomery Ward）推上法庭。沃德胜诉，菲尔德博物馆最终建在格兰特公园南面，这意味着芝加哥胜诉了。另一个捐助芝加哥建设博物馆的是希尔公司主席朱利叶斯·罗森瓦德（Julius Rosenwald），1933 年他捐助建立了艺术和科学博物馆。他认为博物馆是一个为人们尤其是儿童提供亲身体验科学和技术的地方。科学和技术博物馆非常成功，以至于据说沃尔特·迪士尼从其煤矿展览中获得了很多灵感（比如加勒比海盗）。

也许最能与人深刻印象的美国博物馆是位于华盛顿特区的史密斯森学会。这座庞大的博物馆不仅展示了城市和美国的发展，也从整体上反映了美国的关键元素。它的很多展品不仅反映了华盛顿大都市区的历史，也展现了美国的整体历史。当然，有些城市的博物馆也有对美国历史有重大影响的展品。

博物馆通常会保存城市里一个特殊群体的遗产。虽然博物馆会迎合某个已经存在一百多年的族裔或者种族群体，但是直到 1960 年代社会运动之后才出现了很多族裔博物馆：纽约和旧金山的华裔博物馆，芝加哥的波兰裔和德国裔博物馆，以及圣安东尼奥的拉美裔博物馆，等等。

不管博物馆的主题是什么，它都可能产生争议。博物馆在书写展品的卡片时，都尽力避免引起纠纷的言辞。就算是爵士乐时代的流行物件这样简单的事情都可能激起对种族和性问题，乃至犯罪企业这样的社会问题的关注。在很多城市，博物馆至今依然与上流社会息息相关。为了解决不断上涨的成本，一些博物馆租借一些展品给私人，这些事都是针对特定人群而选择的。当然，博物馆正在奔向交互的高科技展览。纯正论派认为博物馆这是作践自己，让博物馆成为主题公园（寓意是主题公园很低俗）。

对于孩子们而言，博物馆让他们得以一睹古物，这意味着很多班级将到大城市旅游以观赏他们在小城市或者农村看不到的展览。有些社会改革家将博物馆看做夸耀一个城市并以此来吸引游客的方法，认为将钱花在这方面可能比救济穷人要好。其他人反击说，博物馆不仅让人同过去联系起来，也能幻想未来。考虑到社会和文化之间显而易见的连接，更别提获得巡回展览的特权，博物馆在城市场景下的重要性不可忽视。那些支持博物馆的人说，就算不是为了保存历史遗迹，城市也不该忘却自己的起源、奋斗和荣耀。

延伸阅读书目：

● Levine, L. (1982). *Highbrow/lowbrow*. Boston：Harvard University Press.
● Rosenzzweig, R., & Thelan, D. (Eds.). (1998). *The presence of the past*. New York：Columbia University Press.
● Susman, W. (1973). *Culture as history*. New York：Pantheon Press.
● West, P. (1999). *Domesticating history*. Washington, DC：Smithsonian Press.

Cord Scott 文

曹升生译　陈恒校

冈萨·米尔达
MYRDAL, GUNNAR

冈萨·米尔达（1898—1987）是瑞典经济学家和社会学家。他以 1944 年出版的一本研究美国种族关系的著作《美国困境：黑人问题和现代民主》（*An American Dilemma：The Negro Problem and Modern Democracy*）。在这本书里，米尔达认为美国白人面临一个无法回避的难题，因为他们的国家理念里强调个人自由，人人生而平等，却在历史上和现实中不公正地对待黑人。米尔达认为，美国在种族压制和宣扬平等的做法之间存在的冲突，阻止美国发挥所有的潜能，也会在白人心里产生负罪感。但他依然保持乐观，认为假如美国白人努力消除种族主义，为黑人提供真正的平等，那么美国会在社会、经济和政治上更加繁荣。米尔达更相信，修正种族问题对美国的国际声誉至关重要，因为它有助于美国发展同亚洲和非洲的非白人国家的外交关系。

米尔达的工作对现代美国种族关系有深刻的影响。此前，许多人通过科学种族主义和社会达尔文主义透镜来看待种族关系，认为应该由黑人来解决自身贫困、较低的社会地位和臣服种族隔离法。《美国困境》重写了黑人的苦难，认为它起源于白人的行为，而且解决之道在于白人的良心道德。这创造了一个新的种族关系范式，呼吁白人承认镇压黑人有罪，进而重构和刷新社会，从而改善非洲裔美国人的境遇，最终给他们提供社会平等。这个理论对民权运动至关重要，深刻影响了学术界、法律界和政界的自由派思想家。米尔达的思想确实影响了马丁·路德·金、1953年美国最高法院对布朗诉教育委员会案的裁决，以及约翰·肯尼迪和约翰逊总统的民权立法。

米尔达通过攻击城市里的种族隔离从而在根本上影响了美国城市的历史。在1890年至二战之间的黑人大迁徙中，黑人为了逃离种族隔离的桎梏，从南方迁徙到北方和西部，很多人在城市的工厂里找到了工作。城市白人很不适应黑人的纷至沓来，他们使用暴力、城市法令和限制性购房条等手段在城市里形成了一个强大的隔离系统。二战之后，隔离继续存在，因为白人搬迁到郊区而将破败的中心城市留给了黑人。米尔达认为隔离在社会上极具破坏性，因为它创造了一个固有的不平等状况，它限制了黑人在就业市场的竞争，也让诸多立法专门针对黑人社区。米尔达的理论为战后城市里的种族融合提供了支持，也为很多融合主义的胜利奠定了基础，比如1948年美国最高法院的谢利诉卡拉梅尔案（Shely v. Kraemer）的判决，推翻了限制性购房条款；又如1968年公平住房法禁止房地产交易市场的种族歧视。

亦可参阅：公民权利（Civil Rights），约翰逊政府的城市政策（Johnson Administration：Urban Policy），城市政策（Urban Policy），肯尼迪政府的城市政策（Kemedy Administration：Urban Policy）

延伸阅读书目：

- Lamb, C. M. (2005). *Housing segregation in suburban America since* 1960：*Presidential and judicial politics*. Cambridge, UK：Cambridge University Press.
- Myrdal, G. (1944). *An American dilemma*：*The Negro problem and modern democracy*. New York：Harper & Row.
- Southern, D. W. (1994). *Gunnar Myrdal and black-white relations*：*The use and abuse of An American Dilemma* 1944‑1969. Baton Rouge：Louisiana State University Press.

Christian Gonzales 文

曹升生译　陈恒校

N

全国有色人种协进会
NATIONAL ASSOCIATION FOR THE ADVANCEMENT OF COLORED PEOPLE

15

在 1900 年以前,非洲裔美国人通过重建所享受的自由非常有限。黑人没有选举权,对白人稍有不敬就被判监禁,在吉姆克劳式种族隔离政策之下受到严重压制。对布克·华盛顿的包容性政策的不满,加上 1908 年伊利诺伊州斯普林菲尔德种族骚乱的爆发,这些都成为了建立全国有色人种协进会的重要因素。

此前一个试图建立全国性民权组织的努力失败了。1905 年尼亚加拉运动开始,由杜波伊斯领导,这是对华盛顿政策的回应。该组织缺少资金,管理混乱。在它解体之后,其多数成员加入了 NAACP。

劳工活动家和社会主义活动家威廉·沃林(William Walling)在《独立》(*Independent*)上发表了一篇文章,报道了斯普林菲尔德的骚乱并询问是否有人前去援助黑人并为平等而斗争。高加索裔社会工作者玛丽·怀特·奥文顿(Mary White Ovington)看到了这篇文章,立志采取行动。她联合犹太裔纽约劳工改革家和社会工作者亨利·莫斯凯维茨(Henry Moskowitz)博士,前往沃林在纽约的住所。他们签发了一个声明,呼吁更多市民来支持黑人为争取平等而作的斗争。这次会见诞生了 NAACP。这份声明在 1909 年 2 月 12 日,也就是林肯的生日那天签发,这一天也就被视为 NAACP 的诞生日。

《纽约邮报》出版商奥斯瓦尔德·加里森·维拉德(Oswald Garrison Villard)和社会主义活动家查尔斯·爱德华·拉塞尔(Charles Edward Russell)也深度参与了 NAACP 的早期活动。奥文顿还邀请了非洲裔卫理圣公锡安教会主教亚历山大·沃尔特(Alexander Walters)和圣马可卫理公会教牧师亨利·布鲁克斯(Henry Brooks)参与讨论成立事宜。

维拉德主笔写就了强调非洲裔美国人政治权利和民权的报告。在 1909 年 5 月 31 日和 6 月 1 日的第一次大会时,这个组织的名字是全国黑人委员会(National Negro Committee),当它成为正式机构时便易名为 NAACP。该协会由一组执行委员会领导,第一个官方总部在纽约市。

杜波伊斯在 1910 年被聘为出版和研究部主管,他后来出版了《危机》(*The Criss*)作为 NAACP 的刊物。第一期虽然仅有一千份,却一炮走红,到 1918 年有十万的发行量。

1915 年布克·华盛顿逝世时,该协会已经成为美国首屈一指的黑人组织。1919 年,它已经有 310 个分支和超过 9 万的会员。

司法和立法问题

该协会的首要影响是在司法和立法领域。协会第一个持久的活动就是反私刑立法。该团体游说国会通过《戴尔反死刑法案》(Dyer Antilynching Bill),不过该法案在 1922 年被击败。1930 年代,NAACP 司法人员起草了一份法案,企图让私刑成为联邦认定的犯罪。该法案在参议院没有通过。虽然在司法领域趑趄不前,但是 NAACP 通过在报纸上刊登"美国之耻"广告而成功地唤醒了人们对种族问题的意识。大型集会和讲座也是获得支持的方式。

该协会挑战剥夺黑人选举权的努力,以一起反对 1910 年俄克拉荷马州宪法"祖父条款"为起点。这个法律宣称"假如不能阅读或者写作,那么一个人就不能登记投票"。NACCP 第一任主席莫尔菲尔德·斯托里(Moorfield Story)在 1915 年美国高等法院法庭上反对这个法律,法庭判定这个法令违背了第十五条修正案,由此让 NAACP 赢得了第一个重大胜利。

另一个反对剥夺选举权的斗争同白人预选有关。

516

很多州政府逃避美国高等法院裁决禁止法令,方法是通过法律建立民主党预选而禁止黑人参与普选投票。霍华德法学院院长,亦即后来的 NAACP 特别法律顾问查尔斯·汉密尔顿·休斯敦(Charles Hamilton Houston)在美国最高法院的一个案例中反对这个法令。尼克松诉霍尔顿(*Nixon V. Herdon*)的案例涉及得克萨斯州一个阻止黑人在民主党选举中投票的法令。美国最高法院在 1927 年一致认为这个法令并不违宪。协会在弗吉尼亚州、得克萨斯州和安肯色州等州法庭也进行过剥夺选举权的斗争。1944 年,美国最高法院在史密斯诉奥尔布赖特(*Smith v. Allbright*)案例废除了白人预选,最高法院宣布选举权受到宪法保护。

该协会还涉足了几百个关于教育隔离的案子。1935 年,休斯敦被 NAACP 主席沃尔特·怀特((Walter White)聘用后,遂在马里兰州高等法院打赢了莫里诉马里兰(*Murray v. Maryland*)的案子,这个案例涉及大学和专业性学校,它是 1954 年美国最高法院在布朗诉托皮卡教育局案的先声。另一个重要胜利是斯威特诉得克萨斯大学(*Sweatt V. University Of Texas*)案。在这个案子中,美国最高法院认为那些隔离家庭没有受到第十四条修正案中平等保护条款的保护。

当美国最高法院在布朗诉托皮卡教育委员会案中判决,隔离但平等原则不能用之于教育领域时,该协会赢得了最具历史性意义的成就。其他民权斗争涉及军队隔离,旅游设施,限制性公寓,法定诉讼程序,犯罪黑人同等保护,联邦雇员非歧视原则。

在 1950 和 1960 年代,NAACP 在为全面民权斗争时出现紧张局面。它依靠司法和立法来执行政策的做法也受到广泛批评,当时马丁·路德·金博士,南部基督教领导人大会(SCLC)和学生非暴力协调委员会(SNCC)等在民权运动的角色不断提升。

该协会在 1964 年民权法案和 1965 年选举权法过程中扮演了重要角色。1970 年协会陷于危机之中,它发行了一个总数在 150 万以上的现金债券,此举被一个低等法院判为违法,幸好美国最高法院最后推翻了这个判决。1991 年协会在民权和妇女平等法的通过中发挥了重要作用。

最近的领导层

在里根时代,于 1977 年被提名为 NAACP 行政主管的本杰明·胡克领导了在华盛顿特区的 12000 人游行活动,抗议共和党当局改变美国民权委员会和平等就业委员会的做法。1986 年胡克将协会的全国办公室迁往了巴尔的摩,并在 1993 年退休。在胡克任期内,协会领导了更大规模的选举登记活动,反对南非的种族隔离,也为反对提名罗伯特·伯克(Robert Bork)为美国最高法院法官做了斗争。胡克的继任者,德高望重的小本杰明·查韦斯(Benjamin F. Chavez. Jr.)任期很短,争议也多。1994 年他因为挪用协会资金解决性骚扰指控以及债务危机而引咎辞职。前美国参议员、来自马里兰州的科维斯·姆富姆(Kweis Mfume)在 1995 年被任命为主席和首席行政官。姆富姆通过在 2000 年还清债务而恢复了财政稳定。姆富姆也重新树立了协会作为美国民权组织的领导者的声誉。但是,由于乔治·布什总统成为自 1920 年以来第一个拒绝在 NAACP 年度大会上发言的总统,协会同总统的关系僵持起来。自从姆富姆在 2004 年离职以来,该组织一直由一位临时主管管理。当前 NAACP 有 2200 个分支,50 多万会员。

延伸阅读书目:

- Hughes, L. (1962). *Fight for freedom:The story of the NAACP*. New York:Norton.
- Janken, K. R. (2003). *White:The biography of Walter White, Mr. NAACP*. New York:The New Press.
- Kellogg, C. F. (1967). *NAACP:A history of the National Association for the Advancement of Colored People:Vol. 1. 1909 - 1920*. Baltimore:Johns Hopkins University Press.
- Pitre, M. (1999). *In the struggle against Jim Crow:Lulu B. White and the NAACP, 1900 - 1957*. College Station:Texas A&M Press.
- St. James, W. (1980). *NAACP:Triumphs of a pressure group 1909 - 1980*. Smithtown, NY:Exposition Press.
- Wedin, C. (1998). *Inheritors of the spirit:Mary White Ovington and the founding of the NAACP*. New York:John Wiley.

Timonthy J. O'Brien 文

曹升生译　陈恒校

全国城市联盟
NATIONAL URBAN LEAGUE

全国城市联盟是一个跨种族民权机构。20 世纪早期,当非洲裔美国人从南方农村迁移到北方城市时,全国城市联盟就试图帮助这些非洲裔美国人完成文化上的转变。城市联盟始建于 1910 年,当时名为城市状况委员会(Comittee on Urban Conditions),它是进步运动的一部分,都试图将新的社会科学方法同现实社会工作结合起来用以解决城市穷人的日常生活问题。联盟为移民个人和家庭提供免费的顾问服务,同时资助主要的学术机构开展项目来研究影响移民的议题。鉴于非洲裔美国人从南方蜂拥至北方,势必威胁城市卫生状况,进步运动领导者希望提高移民的生活质量从而使整个大众受益。

城市联盟将总部设于非洲裔大迁徙的中心节点纽约市,并在哥伦比亚大学拥有进步运动的盟友,当时哥大的社会科学非常卓越,为城市联盟提供了很多领导人。其中许多社会科学家在联盟顾问委员会任职,这让联盟从一开始就具备跨种族色彩。鉴于城市联盟以及许多进步运动家的目的,都是以援助非洲裔美国人将等同于服务全体美国人利益的态度进行的,所以联盟希望有一个能反映移民所进入的城市的多元文化色彩的领导人。该团体的第一任执行秘书(现在叫主席)是乔治·艾蒙德·海恩(George Edmund Haynes)博士,他是第一个从哥伦比亚大学获得博士学位的非洲裔美国人。海恩有骄人的履历,从费斯克大学学士学位,从耶鲁大学神学院获得硕士学位。其博士学位论文的题目是《纽约市劳作中的黑奴》,这篇论文同时促成了城市联盟的建立。

学者们经常将城市联盟的起源和政治同全国有色人种协进会(NAACP)比较。两个团体都在 20 世纪第一个十年里出现,董事会也有高度的种族融合。但一些观察者发强调,虽然 NAACP 通过直接的法律行动来反对美国生活中的种族歧视,相较之下,城市联盟却远离政治。实际上,很多董事会成员公开拒绝一些非洲裔领导人用有组织的政治方式来解决种族歧视问题的呼吁。相反,联盟希望用从下到上的方式来提高非洲裔美国人的生活。这种观点上的截然相反,让一些人相信正是这种差异导致了杜波伊斯和布克·华盛顿在 20 世纪早期争论不休。杜波伊斯主张立即种族融合,非洲裔美国人应积极活动来融入政治。相反,华盛顿认为非洲裔美国人应审慎地抛弃政治而致力于提高普通工人阶级的财富。

以政治目标上的辩论为起点,这些学者逐渐认为城市联盟执行了类似华盛顿观点的方略。这种观点将城市联盟视为非对抗的。但从 1980 年代后,对城市联盟和 NAACP 完成的工作又有了新的分析。两者都是

非军事组织,都不满于美国有色人种的现状。城市联盟深嵌在进步运动之中,因此希望援助那些深陷在北部城市里贫穷的非洲裔美国人。更重要的是,这些地区的非洲裔美国人经受着事实上的种族隔离,而不是南方那种看得见的歧视。鉴于很多美国人不愿意承认歧视的现实,它让非洲裔美国人在住房、就业、卫生等方面遭受不公正待遇,因此城市联盟在很多情况下放弃直接对抗。城市联盟的首要任务是解决这些未受待见的人们的日常问题,同时使用最新的社会科学研究来推进这个议程。

第一次世界大战让北方更加需要非洲裔工人。在北部工厂就业拉力和南部种族隔离制度推力的双重作用下,非洲裔美国人利用城市联盟的服务加速了转变的过程。第二次世界大战期间,城市联盟变得更加政治化,比如它支持工会领导人菲利普·伦道夫(Philp Randolph)发动的华盛顿特区进军行动。这场预谋的行军鼓励富兰克林·罗斯福总统签署 8802 号行政命令,从而在官方禁止所有联邦兵工厂种族歧视。在战争岁月里,联盟接受了能干的领导,比如 1941 年接替海恩博士的尤金·尼克尔·琼斯(Eugene Knickle Jones),又如战时掌控联盟的莱斯特·格拉格尔(Lester Granger)。

战后,非洲裔美国人在全国范围内更加抵制种族隔离。有组织的民权运动在 1960 年代更趋活跃,城市联盟增加了对这些活动的支持。此时联盟受小惠特尼·杨(Whiteney M. Young)领导,呼吁联邦政府发动一个国内版的马歇尔计划,提供必要的财政支持给黑人,从而缩小白人和黑人在资源上的鸿沟。约翰逊总统经常约见他,商讨如何更好地提高城市里非洲裔美国人的生活,最终发动了名为向贫困宣战的计划。1960 年后的诸多重要领导人,如维农·乔丹(Veron E. Jordan)、约翰·雅各布(John E. Jacob)和休斯·普赖茨(Hugh B. Price),都让城市联盟处在反对美国种族歧视的斗争中央舞台上。在 20 世纪早期,乔治·布什总统在伊拉克战争正酣和竞选连任之际到城市联盟年度大会发表演讲,清晰地展示了城市联盟在美国有色人种问题上的影响力。

亦可参阅:全国有色人种协进会(National Association for the Advanceement of Colored Peoples),种族骚乱(Race Riots)

延伸阅读书目:

- Dickerson, D. C. (1998). *Militant mediator: Whitney*

M. Young, Jr. Lexington: University Press of Kentucky.

- Jordan, V. E. (2001). *Vernon can read! A memoir*. New York: Public Affairs.
- Moore, J. T. (1981). *A search for equality: The National Urban League*, 1910 - 1961. University Park: Pennsylvania State University Press.
- National Urban League. (1988). *Black Americans and public policy: Perspectives of the National Urban League*. New York: National Urban League.
- Weiss, N. J. (1974). *The National Urban League*, 1910 - 1940. New York: Oxford University Press.
- Weiss, N. J. (1989). *Whitney M. Young, Jr. and the struggle for civil rights*. Princeton, NJ: Princeton University Press.

David Kenneth Pye 文

曹升生译 陈恒校

城市中的土著美国人
NATIVE AMERICANS IN CITIES

美国流行文化趋向将土著美国人描绘成蛮荒之地的居民，或者潜伏在远离现代美国生活的保留地。但实际上，今天大多数土著美国人居住在美国的城市化地区。随着美国乡镇和城市的建立，土著美国人便向这些人口中心地区集中并且适应城市生活。

当欧洲人来到北美时，他们经常在那些最先为土著美国人所确认和定居的地方拓殖。在后来的岁月里，疾病和跨种族战争让土著美国人人口急剧下降。大多数情况下，欧洲裔美国人更愿意在自己和土著居民中间划出一个界限。但是一些土著却选择融入欧洲裔美国人的社会。在英国殖民地，例如，一些土著美国人皈依基督教，在"祈愿镇"周边定居。在这里他们被允许保留土地和土著社区的某些方面，即便他们采纳了欧洲文化及其制度。在其他案例中，比如西班牙人早年开拓加利福尼亚时，土著的劳动和知识对一些城市和乡镇的建立及发展至关重要。那里的土著占据了重要的工作岗位，比如瓦匠、木匠、石膏师、制革人、制鞋匠、铁匠、矿工、烘烤师、厨师、纺织工、牧羊人和牧童。

20世纪，乡镇和城市里为数不多的土著美国人，被裹挟进更大的移民洪流中。这种运动起源于周边紧邻城市化地区，土著可以通过劳动挣得工资。例如，来自上纽约州和加拿大的莫瓦克族印第安人成为了桥梁

和摩天大楼上的钢铁工人。铁路和商船将印第安人带往四方，因此印第安人的足迹遍及芝加哥、洛杉矶和旧金山湾区，以及其他地区性交通枢纽城市。美国西南部、西北太平洋地区和大湖地区都雇佣印第安人来从事广泛的磨坊、建筑和工厂工作。城市也变成了印第安商人的目的地，他们或骑马，或驾车，或坐火车，带着自产的手工艺品、鱼和其他野生食品来贸易。其中一些人认为到城市的旅行仅仅是逗留，最终都会返回保留地。一位来自内布拉斯加州温那巴哥保留地的妇女在艾奥华州苏族市接受采访时，直白地表达了这种想法：她和她的族人并不会生活在城市，居住在城市仅仅是因为工作。

一战期间，土著美国人加入了战时到城市中心寻找工作的洪流中。然后在大萧条中，他们也是从尘暴干旱区逃亡到西部城市避难的一分子。但是，正是二战成为了土著美国人城市化的转折点。土著美国人老兵和兵工厂工人体验了城市生活，感受到了高工资的福利，这让很多人在战争结束时到城市里找工作。虽然美国统计署的工作有些保守，但是也足以感受到土著美国人城市化不断增大的力量。1940年，统计工作人员认为有2.4万土著美国人在城市里，占其总人口的7%。到1950年，这个数据攀升到5.6万，和13%。

美国军事和土著美国人城市化的联系在二战后的几十年里更为紧密，因为土著美国人参与了朝鲜战争和越南战争。与此同时，联邦政府开始了一个致力于促进美国印第安人城市化的项目。在1950年代中期，联邦"置换办公室"在几个城市开展项目，接受来自保留地的印第安人，为他们安排工作提供住房，帮助其适应城市生活。面对政府将一无所长的印第安人抛弃到城市的指责，政府让许多印第安人带薪到很多培训学校接受培训。1950年代和1960年代，联邦政府用于置换项目的开支持续攀升，在该项目于1978年结束之前，已经为15.5万印第安人提供了帮助。在1960年代晚期和1970年代，很多大学和新兴土著美国人研究机构的招聘，也让很多土著美国人迁徙到城市，西海岸尤其如此。联邦统计数字再次表明印第安人城市化的步伐在加速。1980年，50%土生美国人居住在城市区域。

战后几十年的大规模迁徙，为印第安人在城市里形成富有活力的印第安社区创造了条件。印第安中心、印第安教堂、巫术团体和其他跨种族组织纷纷成立，以解决城市印第安人广泛的社会和文化需要。酒吧、公园、个体家庭和城市街道都是土生美国人非正式聚会的地方。早年印第安中心都是那些有家有业的印第安人主掌，他们通过慈善捐赠和发行债券来支持社会活动，

519

解决贫穷的城市印第安人的问题,比如失业、住房、酗酒和适应城市生活节奏。在1960年代的中晚期,城市印第安人持续增多,这样那样的问题不断涌现,引起决策者和印第安领导人的注意,结果就是联邦政府针对印第安人的扶贫项目大幅度增加。1970年代,城市印第安人团体用这笔钱为他们的社区建立了社会服务网络。其中很多成员是年轻的大学生,他们受过民权运动的影响,他们呼吁印第安人自决,强调联邦福利项目应秉持穷人最大程度上参与的信条。相较其前辈,这代人对联邦政府的印第安人政策有更为激进的标准,时不时使用对抗性策略,强调印第安身份和文化。

在1980年代共和党人当政时期,对印第安人组织的资助迅速下降,但是城市依然是印第安人活动的中心,也是大多数印第安人的居住地。曾经的土著专业人员在1970年代虽然已经年迈,但他们重新组合并找到了新的资助方式,由此针对印第安人的社会服务网络保存下来了。文化团体继续保留城市巫术传统,而印第安人依然活跃在学院和大学里。同时,土著美国人通过维持和扩大与保留地的联系,方式有定期访问,同其他印第安部落的跨族婚姻,以及那些需要在保留地和城市之间经常旅行的职业。1990年代兴起的印第安赌博业进一步模糊了城市印第安人和保留地印第安人之间的界限,因为有些部落利用这批新获得的财富和影响,在所在州和所在地区的城市区域的政治、文化和社会生活中扮演了重要角色。在21世纪开始时,有一点很明显,那就是印第安人国家(Indian Country)不仅包括保留地和西部的农村地区,也包括美国的城市和乡镇。

延伸阅读书目:

- Fixico,D. L.(2000). *The urban Indian experience in America. Albuquerque*:University of New Mexico Press.
- LaGrand,J. B.(2002). *Indian metropolis:Native Americans in Chicago*,1945-75. Urbana:University of Illinois Press.
- Rosenthal, N. G.(2002). Repositioning Indianness:Native American organizations in Portland, Oregon, 1959-1975. *Pacific Historical Review*,71(3),415-438.
- Weibel-Orlando,J.(1999). *Indian Country, L. A.:Maintaining ethnic community in complex society*(Rev. ed.). Urbana:University of Illinois Press.

Nicholas G. Rosenthal 文

曹升生译　陈恒校

本土主义
NATIVISM

本土主义指一种将某一种人和文化宣扬为某个地区或地方的本土产物的观念。一般而言,本土意味着某种文化经过几代人的耕耘已经在地区根深叶茂,成为当地社会和政治的主导力量。本土主义认为他们的文化优于移民群体、外国人和其他新来者,他们担心这些新来者的文化会恶化社会稳定、扰乱政治进程,或者降低生活质量。因此,本土主义希望保护已有权力及其文化的领导权,遏制其他文化的影响,限制非本土人群获得经济资源和民权。

本土主义深刻地影响了美国城市景观,形成了一套城市隔离体系,又被猜忌和种族仇恨所加强。它经常被白人、美国天主教徒运用,宣扬他们的文化是普世的,或者高人一等的,证明他们有资格获得城市里最好的工作和最好的住房。相应地,其他人就被隔离进种族特征明显的社区,形成隔都和西班牙语居住区,或者聚集在族裔飞地,比如唐人街或小意大利。

美国城市里的本土主义绝不局限于白人新教徒。事实上,很多非白人和非欧裔白人也有自己形式的本土主义。为了创造或限制族裔骄傲,很多人都参加了诸如游行或者特殊节日的活动。另外,很多团体建立了社区中心来教授和保护传统文化与信仰。在1960年代和1970年代的民权时代,很多团体采取了军事化的本土主义。因为在城市里受到类似的种族主义,黑豹党和美国印第安人运动这样的组织,都庆贺自己的文化和种族特性,吁求平等的社会和公民权。

对文化差异的反复强调导致了城市骚乱。1844年春夏,一系列的暴力骚乱在费城爆发,起因是天主教和新教徒围绕何种圣经适宜公立学校学生阅读而发生的激烈冲突。20世纪更是爆发了多起毁灭性的种族骚乱,因为白人越发不能忍受黑人蜂拥到西部和北部城市。1919年白人和黑人在芝加哥街头激战,1921年白人在塔尔萨焚烧了35个城市社区,屠杀了近300个黑人。瓦茨骚乱发生在1965年,黑人奋起反击那些顽固的白人种族主义者。

历史上本土主义采用了多种多样的手段。例如,本土主义不断使用立法来限制移民的政治和社会权利。1790年《归化法案》规定要归化为美国公民必须具备白人男性"良好的道德秉性",这个政策不但将非白人排除出归化的名单,也为后来排除不满意的白人开了先河。内战之后,立法机构越发依靠排除特定目标移民战略来阻止他们进入美国,将那些在就业市场上同本土美国人激烈竞争的已定居移民社会边缘化,同样的理由造成了1882年排华法案的出台,该法案禁止大多数中国人通过合法途径移民到美国。1892年《基尔里法》(Geary Act)更加恶劣,它更新了排华法案,要求所有在美的中国人进行身份认定,证明其法律地位。20世纪,随着欧洲的罗马尼亚人、匈牙利人、吉普赛人和波兰人来到美国,本土主义的害怕情绪高涨,结果,国会通过了1924年移民法。该法案创造了一个配额体系,为每个外国设定了每年可以移民到美国的人数。给予东南欧的配额非常少,而给予大多数亚洲国家的配额更是微不足道,结果导致东欧和南欧移民急剧下降,也让亚洲移民几近停滞。

本土主义也导致了限制外来者获取经济资源的行动。在劳工领域,支付给国外移民或国内移民的工资远低于白人。比如在19世纪后半叶,华裔矿工和铁路工人的工资不及白人工资的一半。20世纪初从南部迁徙到北部和西部城市的黑人,发现他们从事的都是薪俸最低又是最卑贱的工作,结果就是他们被派遣去做最苦最累的活。他们企图反对这种剥削的政治斗争,又因为他们社会和经济上的边缘化而削弱。

除了遏制移民的收入能力,本土主义还限制他们购买房产。许多城市和郊区确立了限购条款,禁止房主将房子卖给特定族裔或者种族的买家。有些地方甚至禁止特定移民群体拥有房产的权利。比如,加尼福尼亚州先后在1913年和1920年通过《外国人土地法》(Alien Land Laws),禁止亚洲移民获得房产。这些本土主义行为强化了城市种族隔离。

最后,本土主义也促生了一些通过限制他者权利而维持白人新教徒主导地位的团体。1830年代、1840年代和1850年代爱尔兰移民的大规模到来,导致了对天主教的恐惧。很多土著美国人将天主教视为共和党价值的对立面,因为他们认为皈依天主教会让很多人不假思索地支持教堂采取的政策。一些人也害怕教皇利用教堂来阻止民主在美国的传播。作为这种预想的威胁的回应,东部港口城市如纽约和宾夕法尼亚见证了本土政治组织的诞生,其目的就是要遏制天主教政治势力。本土美国人民主协会(The Native American Democratic Association)在1835年成立,美国共和党在1843年成立。两者都在纽约市诞生,都拥护本土主义姿态,比如禁止外国人担任官员,延长移民申请成为美国公民前在美国的居住门槛。其他旨在游说政党采取本土主义政策的兄弟组织也纷纷成立,其中作为著名的是一无所知党,该党在1850年代崛起于政坛。20世纪本土主义也深刻影响了很多团体。例如,三K党于20世纪早期在西部州和北部州及其城市里大行其道,原因就在于其关注黑人移民和东欧移民,宣扬自己保护美国人免于黑人、天主教和犹太人的影响。

亦可参阅:城市移民(Urban Immigration)

延伸阅读书目:

- Aarim-Heriot, N. (2003). *Chinese immigrants, African Americans, and racial anxiety in the United States, 1848-1882.* Urbana: University of Illinois Press.
- Anbinder, T. (1992). *Nativism and slavery: The Northern know-nothings and the politics of the 1850s.* New York: Oxford University Press.
- Bennett, D. H. (1988). *The party of fear: From Nativist movements to the New Right in American history.* Chapel Hill: University of North Carolina Press.
- Grossman, J. R. (1989). *Land of hope: Chicago, black southerners, and the great migration.* Chicago: University of Chicago Press.
- Lee, E. (2003). *At America's gates: Chinese immigration during the Exclusion Era 1882 - 1943.* Chapel Hill: University of North Carolina Press.
- Sugrue, T. J. (1996). *The origins of the urban crisis: Race and inequality in postwar Detroit.* Princeton, NJ: Princeton University Press.

Christian Gonzalez 文

曹升生译 陈恒校

自然环境与城市
NATURAL ENVIRONMENT AND CITIES

将城市看作一个人类战胜自然并以人工景观取而代之的看法看上去很有吸引力。考虑到城市建筑所涉及的环境改造,这种看法或许可以理解,但还是过于简单。更糟糕的是,它忽略了非人类对美国城市开发的贡献,也忘却了城市一直作为大量动植物居住地的事实。城市最好理解为这样的一个地方:生态系统被重新激发起来以容纳高密度的人口、平衡经济发展和文化上的审美和卫生要求。随着时代的变迁,环境设计和管理变得越来越复杂,趋向资本密集型,而这一切又造成了相互勾连和遥远的生态系统变得简化和专门化。当然这个过程不是直线演进的。城市一直是人类决意改造环境这种行动的不可预见的产物,尤其在那些危害人类健康的地方。

在前工业时代,北美的商业港口城市通过在当地交换和贸易网络中修改自然环境而为其居民提供维持生活的衣食之资。建设街道、住房、商店和教堂都需要宽敞且平整的地方,因此山丘被铲平,土壤被拉去填补沟壑。在城市的边缘,森林被砍伐,树木运到城里。在城市里,一个令人惊奇的动物和植物圈将人类裹挟进一个高度自足的吐故纳新网络里。人类用残羹冷炙喂食的猪变成了工人阶级早餐桌上的咸肉。直到内战之前,牛群在一些城市的街道上招摇过市,提供了稳定的牛奶和鲜肉。每家后院里都饲养着小鸡。马也许是无处不在的大型脊椎动物,发挥着重要功能,包括用于私人拉货、公共马车、消防设施。马粪的大部分同人的粪便一起被手推车拉到农庄,滋养着玉米,而玉米成熟后又返回城里填饱人类和马匹的肚子。

19 世纪中期一系列卫生领域的改革让大多数大型动物远离了城市,极大地改变了废物处理实践。这些改革的动力是诸如霍乱、伤寒这类在 1830 年至 1860 年间肆虐东西海岸城市的流行病,最严重时有 10% 的人口患病。主流的医学家将这归咎于城市中大量的腐烂废弃物,因此大型动物必须离开。猪和牛禁止在街道出现。马也受到诽谤,但是在内燃机出现之前依旧被使用了半个世纪。第二个也是同等重要的是建设供水运载系统,这样既能将新鲜水带进城市也能将脏水冲走。1842 年,纽约市庆贺输水管道开通,它将北边 40 里的水源地连接到城市。此后的十年里,布鲁克林、芝加哥和圣路易斯等市都铺设了地下管道将家庭的粪便排泄到附近的河流和港湾里。新的城市水文地理学,后来被整齐街道进一步修改,导致了大量的水通过城市,而越来越少的水流经土壤和自然河道。

内战之后,城市经历了急剧的环境变迁,这很大程度上归因于巨大的人口增长与集中。随着外来移民和农村移民涌入美国新兴的大都市区来寻找高工资的制造业岗位,人类和工业废弃物考验着当地的承载能力。人口增长和集中的速度是惊人的。1870—1920 年间,城市人口从 1000 万暴增至 5400 万,最后,12 个城市的人口超过了 50 万。虽然兼并和郊区扩张加大了大都市区的空间维度,但是大多数人涌进了下城周围的街区,给有限的资源造成了严峻的压力。

不断攀升的工业和生物废弃物重写了城市生态,让一些生物灭绝,也让另一些生物繁荣起来。大部分城市水道的氧气减少,而有毒化学物则逐渐增多,这反过来减少了水生物种的空间。19 世纪末,造纸厂和纺织厂的排放物使得莫瑞麦克河和康涅狄格河中的美国西鲱灭绝,而纽约港的石油污染则毒死了大量牡蛎。20 世纪,环大湖区的城市工业扩张造成了五大湖渔业的减产,甚至导致了鲱鱼、硅鳟鱼和大马哈鱼的灭绝。第一批从城市消失的动物都是大型动物——熊和山狮,后来是狼。当马从城市中消失时,以它粪便为食的物种也随之消失,最有名的是马蝇。在轰轰烈烈的整治街道过程中,在烟熏火燎的城市空气中,榆树、枫树、橡树和铁杉树变得日益稀少。

另一方面,在 19 世纪末 20 世纪初那些快速增长的工业城市里,有些物种受益于天敌的消失,或者学会模仿人类来适应这个重新整合的环境。城市大楼中的犄角旮旯,郊区偏房的空地和倾倒的垃圾,都为鸽子、麻雀、大老鼠、老鼠、蟑螂、蒲公英和马唐草提供了机遇,其中一部分被认为是负担,也因之成为系统但不成功的清除项目的目标。定居在美国城市里的物种,很多都是从异地有意无意地进口而来的。当外来物种在一个城市接着一个城市取代本土物种时,城市美国走向了生态统一和同质性。

挪威鼠随着第一批欧洲殖民者跨越大西洋来到新大陆,因为与疾病关联甚大而被认为是无意间引入的物种中最为恶名远扬的。老鼠在城市里猖獗,是因为它与人类食用同样的食物——肉、鱼、蔬菜、水果和谷物——同时也充分利用了人为建筑物如下水管道和库房来养育和保护它们的幼崽。人类对这种可恶的啮齿类动物发动了无情的战争,甚至动用了棒球棒、老鼠夹、毒药等手段,但是都没有将之赶尽杀绝,尤其那些卫生设施不佳的城市。

与挪威鼠不同,许多城市树种和鸟类是被故意带入美国的。1880 年,尤金·施奇艾福兰(Eugene Schieffelen)在纽约市中央公园放飞了一对鹦鹉,希望在莎士比亚戏剧中出现的鸟类都能在美国出现。鹦鹉在莎翁的大作中仅扮演了小角色,在《亨利四世》中也是跑龙套,但在美国舞台上则是大腕。受到高密度城市温暖环境的吸引,这些鹦鹉在打孔的树丛下、破败的屋檐下和废弃建筑物中泛滥成灾,取代了很多本土鹦鹉。1950 年,鹦鹉遍布所有美国本土 48 个州。一些抗污染的树种如臭椿、银杏、英国梧桐也被人有意进口,种植在街道,以为遮阳和观赏之用。

一些生态多样性被保存下来。随着大型城市公园和更多的主题公园的建立,生物多样性得到支持。公园运动起始于 1950 年设计北曼哈顿 600 英亩地用于建设中央公园。弗雷德里克·劳·奥姆斯特德仔细设计了树木、溪流和草坪,希望亲近自然能有助于提高城市大众的道德境界,加速新鲜空气的流通来改善健康状况。此后几十年,大多数主要城市都设计了相同的城市绿洲,其中多数也是奥姆斯特德设计的。一些植物和动物公园专供教学之用,那里展出外来物种以教育城市观众。当城市房地产市场疲软时,要么是源于1890年代和1930年代的经济萧条,要么是二战后的郊区大逃亡,城市菜园在空地间如雨后春笋般涌现。这些菜园增加了城市的生物多样性,也为穷人和工人阶级提供了美味佳肴。由于公园和菜园以一种精心管理和限定的形式使自然重返城市,因此它们不能扭转朝向生态简化的大趋势。

但大型公园和花园的安置加速了环境设施的不平等分配,也让有些城市背上了生态恶化与贫困和种族歧视同步发展的包袱。田园避难所,像纽约市的中央花园、圣路易斯的森林公园和明尼阿波利斯的湖泊链公园,吸引富裕的产业家和商人纷至沓来,他们希望在远离下城区的喧嚣和尘土的地方居住。虽然电力机车的使用让更多的公众能够接近崭新的城市公园和花园,但是经济拮据还是让大多数移民工人阶级在工作地点附近购房住宿。在大都市边缘遍地开花的工厂,其所排出的工业废弃物让空气中充满着有毒气体,污染了河道,危害了生物的健康,人类和非人类都一样。芝加哥的畜牧场后社区是此类污染区的代表,这很大程度上归因于"起泡溪流",它在辛克莱畅销小说《屠场》中有生动的描写。这个溪流没有生物,藏纳了很多包装厂和化工厂的废弃物;润滑油、动物残骸、碳酸气泡沫,加上难闻的恶臭味,这一切都对周边居民造成了伤害。在20世纪早期,每个主要的工业大都市都有自己版本的"起泡溪流"。当白人、工人阶级经历社会移动搬迁到更为洁净的郊区后,这些地区就被非洲裔和其他少数族裔所填补。在20世纪末,种族和污染的密不可分,激发了环境种族主义和环境公平运动。

快速的城市增长也不断侵扰远处的生态系统。当19世纪美国向西扩张时,城市将周围的生态系统吸纳进市场关系网络中,因此将动植物资源变成商品。城市不仅通过市场价值决定物种的生存几率,也凭借加工和流通中心的功能将其变成消费品。芝加哥演示了这个进程,其银行家、经纪人、商人和制造业主将其北部森林变为只剩下树桩的荒凉之地,将大西部的草原变成了养牛的大牧场和种植麦子的大农场。其他西部城市,如丹佛和旧金山也因为率先开采珍贵金属而对其内陆地区造成了巨大伤害。随着20世纪休闲旅游业的流行,从自然中提取财富变得更为友善,这很大程度上是因为露营者、远足者、猎人和垂钓者需要一定数量的栖息地和生物多样性。但是,建设旅游景点经常破坏生态,尤其当河流被铲平以建造观景湖泊时,而当地下蓄水层被破坏以营造人工瀑布,当道路、旅馆和露营地侵入野生动物栖息地时,结果也大抵相同。

远程环境影响也肇端于20世纪人们极力输入清洁水源和排除脏水的努力。在美国西南部,当降水和河流飘忽不定时,获取稳定水源就需要大规模的水力工程。随着远程沟渠向四面八方延伸,像洛杉矶这样的城市能够解决高大量用水问题,郊区梦想更适用于美国水流较多的地方。但是,洛杉矶市用水来源地欧文斯山谷和莫诺盆地,都从草木葱翠之地蜕变成荒漠。另一方面,芝加哥获得了充足且干净的饮用水供应,其方法之一是更改芝加哥河的流向,之二是将其废污水送到圣路易斯这样的遥远城市。

20世纪后半期加速推进的郊区化,极大地扩大了大都市区内生态变迁的空间轨道。大规模的私家车和联邦资助建立的高速公路,赋予了富人选择居住地更大的自由,很多富人选择搬到大都市区边缘。当开发沿着城市核心向外扩展时,它极易碰到洪水和泥石流肆虐的地块。虽然许多家庭搬到郊区是为了享受与自然更加亲密的关系,但是很多人发现过于接近未必适宜。当郊区的独门独院横扫沼泽、林地、山麓、湿地时,人类就破坏了野生动物的栖息地,驱赶鹿、短吻鳄和美洲狮等野生动物闯入郊区家庭的后院,它们会毁灭花园、吃掉宠物。空气质量是另一个引发城市蔓延的原因。汽车保有量的提高,意味着更多的尾气,直接造成笼罩整个大都市区的光化学烟雾加厚。

总体上看,20世纪的城市比19世纪更为健康,这很大程度上源于卫生工程的进步,和成功减少碳排放量。然而,长期的生态改变也让城市人口在面对极端环境变动时变得更为脆弱。诸如石头、砖头和柏油这样的吸热材料的高密度集中,导致城市的温度比外围地区高好几度,这在一些特大型城市更为明显。这种热岛效应的后果在炎热天气下显得更具破坏性。在1996年一次热浪中,纽约市的正常死亡率比平日高出50%,圣路易市是56%。1995年芝加哥为期三周的酷热天气杀死了近500个人。通过规定沟渠来输送城市用水,在强降水时期会引发危险,增加了洪涝灾害的可能性。近年来,人们意识到这种风险,加上重新认识了生态多样性,这就激发了许多旨在恢复城市区域湿地和绿化的努力。

延伸阅读书目:

- Cronon, W. (1991). *Nature's metropolis: Chicago and*

the great west. New York：Norton.

- Garber, S. D. (1987). *The urban naturalist*. New York：John Wiley.
- Melosi, M. V. (2000). *The sanitary city：Urban infrastructure in America from colonial times to the present*. Baltimore：Johns Hopkins University Press.
- Rome, A. (2001). *The bulldozer in the countryside：Suburban sprawl and the rise of American environmentalism*. Cambridge, UK：Cambridge University Press.
- Tarr, J. A. (1996). *The search for the ultimate sink：Urban pollution in historical perspective*. Akron, OH：University of Akron Press.

Andrew Hurley 文

曹升生译 陈恒校

黑人（棒球）联盟
NEGRO (BASEBALL) LEAGUES

自从在 19 世纪中期出现以来，棒球就成为美国社会和文化的一个缩影。这种确定性在种族关系上表露无遗。虽然有种族歧视，但 19 世纪末一些黑人球员依然在美国职业棒球大联盟和小联盟球队同白人一道打球。到 1890 年，随着官方和司法批准的种族隔离制度的兴起，黑人球员被踢出了有组织的（白人）棒球队。1886 年出现在南方的有色人种棒球联盟（League of Colored Baseball），1887 年出现的北方的全国有色人种棒球联盟都是昙花一现。1911 年左右，一个组建全美黑人棒球联盟（National Negro Baseball League of America）的计划也胎死腹中。但是，很多黑人球队在 1890 年代和 20 世纪初依然进行正规的比赛，其中最好的球队也会参加世界有色人种棒球冠军赛，这是白人世界相关赛事的黑人版。黑人球队在那些组织不善的州里竞争，或者南部的地区性联赛——那里温和的气候允许长达一年的棒球比赛。很多最为优秀的球员来自北部，他们在佛罗里达州的杰克逊维尔和棕榈滩过冬，在度假地的旅馆球队打球，同时兼任服务生。

第一次成功地组织大城市黑人棒球队的努力发生在 1920 年，前球星卢比·福斯特（Rube Foster）在堪萨斯城发动组建了全国黑人联盟（National Negro League，NNL），他后来还成为芝加哥美国巨人队老板。NNL 主要由中西部球队构成。1923 年东部有色人种联盟（Easter Colored League）成立，其球队来自克利夫兰、匹兹堡、纽约、布鲁克林和里士满。这两支球队开始在 1924 年进行黑人世界大赛。黑人棒球队在 1920 年代茁壮成长，但是东部联盟在 1928 年关门大吉。随着大萧条的加剧，NNL 在 1931 年解体。但由于美国城市黑人隔都区出身的大腕球员奉献了巨型资本，NNL 在 1933 年又复活了。来自匹兹堡的首席大腕古斯·格林李（Gus Greenlee）领头重建 NNL，联盟的球队来自匹兹堡、纽约、巴尔的摩和纽瓦克。与此同时，一个互争雄长的东西部联盟比赛出现了，其首要推动者乃是匹兹堡另一个运动促进者钱伯兰（"库姆"）·博斯（Cumberland "Cum" Posey），但这个联盟在一个赛季后解体了。1937 年，美国黑人联盟（Negro American League，NAL）建立，球队来自堪萨斯城、圣路易斯、芝加哥、底特律、孟菲斯和伯明翰。后来几年，一些球队进进出出。黑人大联盟缺乏白人大联盟的稳定资金。1920 年代南部黑人大规模迁徙到北部，为 1930 年代末黑人联盟提供了大量的观众基础，也导致了 1950 年代中期有组织的黑人球队的瓦解。每年 NNL 和 NAL 在芝加哥科米斯基公园球场进行的全明星对抗赛，对于黑人来说是一大盛事，吸引了 5 万多观众，稍多于 NNL 和 NAL 冠军得主之间的黑人联盟世界大奖赛的观众。黑人社区对黑人联盟球队有很大的骄傲感。

在人种融合和电视出现之前，非洲裔美国人也支持一系列黑人小职业球队联盟和半职业球队。1920 年代建立的南部黑人联盟（Southern Negro League）一直活跃到 1940 年代末，包括来自亚特兰大、新奥尔良、纳什维尔、查塔努加、小石城、莱克星敦和莫比尔的球队。得克萨斯黑人联盟和佐治亚-阿拉巴马联盟吸引了南部很多小城市和乡镇的球迷。几个黑人半职业联盟在加尼福尼亚和太平洋西北部涌现。非洲裔美国人媒体，尤其是全国发行的《芝加哥保卫者报》（*Chicago Defender*）和《匹兹堡信使报》（*Pittsburgh Courier*），以及他们的黑人运动栏目作家，在报道美国黑人棒球上发挥了重要角色，由此在黑人社区产生了运动文化。

黑人棒球队，甚至包括 NNL 和 NAL 球队，都在全国做乡间巡回演出来获得经济上的生存。1930 年代和 1940 年代最有名的独立旅行球队，是迈阿密埃塞俄比亚小丑队，它将棒球同闹剧妆服结合起来。它由运动促进者希德·波尔克（Syd Pollock）所有，在他的经营下，球队变成了哈莱姆世界旅游观光者队，并在 1944 年以印第安纳波利斯小丑队加入 NAL，之后减少了闹剧成分。世界旅游观光家阿比·萨珀斯坦（Abe Saperstein）也是黑人球队的共有人（1940 年代和 1950 年代他是一个世界旅游观光队的队员）。实际上，萨珀斯坦和波尔克与另外两名犹太人控制了黑人联盟的大部分行程安排,在 1930 年代和 1940 年代为控制黑人球队的经济而与黑人球队老板发生了激烈的冲突。这些年里,黑人运动专栏作家(比如匹兹堡信使的温德乐·史密斯)和白人运动专栏作家(比如纽约日报的吉米·鲍威尔)鞭挞大联盟的种族禁令。这种障碍在 1945 年被突破,因为布鲁克林总经理布兰奇·里奇(Branch Rickey)同堪萨斯巨星杰克·罗宾森(Jackie Robinson)签约,将其引进到一个小联盟球队。

罗宾森在 1946 年一直为布鲁克林蒙特利尔农场队效力,但是当他在 1947 年穿上道奇队队服上场时,棒球运动的世界就被改变了。同年,克利夫兰印第安人老板比尔·韦克(Bill Veeck)同纽瓦克老鹰队拉里·多比(Larry Doby)签约,1947 年他又同传奇人物萨其尔·佩奇(Satchel Paige)签约。黑人联盟的好日子不再。黑人球迷迅速转向了那些拥有黑人球星的大联盟球队。全国范围内城市里的黑人都希望一睹罗宾森的比赛。1951 年,道奇队吸引了全国联盟球迷的三分之一。铁杆球迷纷纷移情别恋,让黑人联盟的观众急剧下降。门票的丢失和球星向白人大联盟流失,让黑人热门球队一个接一个地关门。余下的球队在 1950 年都被整合进一个黑人美国联盟,但是五年后它也解体了,剩下印第安纳波利斯小丑队依旧做全国乡村巡回演出。运动融合的代价就是黑人联盟球队的毁灭。

延伸阅读书目:

- Lanctot, N. (2004). *Negro League baseball: The rise and ruin of a black institution*. Philadelphia: University of Pennsylvania Press.
- Ribowsky, M. (1995). *A complete history of the Negro Leagues, 1884 - 1955*. New York: Birch Lane Press.
- Riley, J. A. (1994). *The biographical encyclopedia of the Negro baseball league*s. New York: Carroll & Graff. Rogosin, D. (1983). Invisible men: Life in baseball's Negro Leagues. New York: Atheneum.

Raymond A. Mohl 文

曹升生译 陈恒校

邻里
NEIGHBORHOOD

邻里是指城市里一块实体地域,由特定人口占据或者商业活动高度集中,或者某种建筑类型存在——在 19 世纪中期工业大都市区兴起以来一直是美国城市主义的重要构成。邻里的历史可以追溯到中世纪的欧洲和亚洲城市,特殊贸易中心和移民飞地在威尼斯这样的商业中心出现。在 19 世纪末期的大多数大城市,都可以发现如下几种居住邻里:(1)一定数量的黄金海岸即荣耀社区,它们在 19 世纪早期就被开发出来,距离下城商业区非常近;(2)邻近下城商业区的移民飞地,在工业厂房的步行距离范围之内;(3)新兴的中产阶级、一家庭院主导的居住区,离下城、厂房和滨水区就业中心有些距离。

在 20 世纪,随着郊区化和几百万非洲裔向北方工业中心移民,一种新兴美国城市邻里——种族隔都区——出现了。更重要的是,在 20 世纪中期,公共政策寻求通过高速公路来维持中心城市和郊区的联系,也试图重建衰败的商业区和老旧的工人阶级邻里,这种政策重塑了大多数美国城市的内在地理。邻里复兴成为许多市政官员的首要目标,同时保护邻里也变成了许多大城市市民的紧迫呼声。在 20 世纪,美国城市的邻里已经变成了"争议空间",于是邻里也变成了一个充满争议的概念。

19 世纪晚期,工人阶级居住区成为富有改革精神的城市精英的关注点。这些地区处在城市无计划扩展的阴影中,是环境受到破坏的工业复合体,其典型特征是糟糕的住房状况和极端粗劣的公共设施。社会调查进一步发现移民的社会和卫生条件也有待改善。1889 年的芝加哥,简·亚当斯建立了赫尔会所,为该市的西边移民提供教育和文化项目,其中产阶级出身的职员也对当地邻里的需要进行调查,希望将市政资源重新投向这些移民中心。亚当斯也是当时全国性的娱乐、教育和社会中心运动的领导人之一,这个运动试图提高美国城市里移民飞地人口的生活质量。

20 世纪早期,新形成的城市规划专业开始为内城升级提供模板,比如邻里单元方案,一种针对地方的规划,强调小规模居住区接近学校、公园和购物中心。但是,邻里单元概念的指导原则——城市里的当地居民倾向于在有限的地理空间里进行日常活动——很大程度上是推测。不管怎样,系统性执行邻里单元规划所需资源的规模,加上大萧条带来的财政危机,意味着邻里单元概念只能零星地推行。

移民邻里的物质和社会状况,和中心城市有目共睹的衰落成为关注点,勾起人们对世纪初的回忆。美国城市里的邻里喧嚣在 1950 年代和 1960 年代达到高峰。联邦政府的立法,最著名的是 1949 年的城市再开发项目(1954年更名为城市更新)和1956年的《州际高速公路法》都是野心勃勃的规划方案,试图促使下城现代化,清除内城贫民窟,将中心城市和郊区连接起来。更重要的是,1940至1960年代正是从南方迁徙到北方的非洲裔美国人表达不满情绪的顶点,这种情绪在芝加哥、底特律、纽瓦克等城市引发了暴力冲突,在这些城市里非洲裔美国人挺进了周边的白人,通常也是工人阶级的社区。郊区化允许富庶白人从中心城市逃离到外围社区,但是在很多城市——尤其是那些有大量天主教、工人阶级人口的城市——成千上万的白人选择留下来为保存自己的教堂和邻里社区而战斗。最后终结这个进程的,是1970年代苗头初显的经济全球化和城市去工业化,它们彻底根除了曾经一度为内城邻里——无论白人还是黑人——几十年来共同享有的制造业就业机会。

联邦城市更新和州际高速公路项目对1950年代和1960年代的美国城市邻里结构产生了最为直接的影响。原本用于重建内城住房的城市更新立法,被市政府别有用心地用于清除邻近中央商务区的工人阶级和少数族裔居住区,服务于内城升级和现代化。相应地,初衷作为新高速公路中连接中心城市及其郊区的公路用地,在现实中出现在中央商务区,这抬高了中央商务区的房价。

大多数市政府的城市更新项目起步很慢,但在1960年代它的影响力已经可知可感了,波士顿、芝加哥和纽约市都围绕这个项目产生了广泛的争论,在这些城市的内城里里受到波及的非洲裔美国人将反对城市更新运动同民权运动结合起来。随着另一个联邦项目的实施——向贫困宣战社区行动项目,强调邻里层面的动员和社会服务供给——一种名为社区控制的邻里地方主义开始出现,它所驱动的邻里积极主义在1960年代爆发,导致很多城市形成了邻里层次的治理机构,比如社区规划局和学校理事会。

战后第一波内城邻里积极主义也受到城市更新批评者简·雅各布斯和社区战略先驱索尔·阿林斯基的影响。雅各布斯一方面称赞邻里层次的进步对大城市活力的重要性,另一方面鼓励邻里居民应对城市规划原则保持一种健康的批评态度,她认为这种态度等同于医疗中的放血。阿林斯基是一位民主党民族主义者,他在芝加哥、纽约市和罗切斯特及其他地区所开展的活动,都强调动员地方社会网络,形成人民的组织。

城市更新和州际高速公路最微妙的后果是它与其他邻里变迁的联系。在城市邻里更外围的地区,战后郊区化开始压制房地产市场,因为更多的富人开始奔向郊区去呼吸新鲜空气感受绿色天地。他们离开的城市邻里,在1960年逐渐为经济实力强的非洲裔所能购买。在许多北方城市,这些非洲裔的数量不断增加,而其贫穷的同胞则为城市更新和州际高速公路项目被连根拔起背井离乡。在美国的所有城市,邻里转变的政治名称就是寻求在融合邻里获得更好住房的非洲裔和那些逗留但不愿与黑人分享邻里的白人住户的冲突,白人担心种族融合和财产贬值引发财富流失。另外,另一个冲突根源是一些中心城市教育委员会的计划——通常由联邦司法部推动——融合地方公立学校。在1970年代中期,波士顿经历了几年的激烈邻里冲突,因为当地白人居民抵制一个用公共汽车将非洲裔学生载往南波士顿高中的计划。

在部分城市,比如底特律和纽瓦克,黑人和白人围绕获得工人阶级和中产阶级邻里的冲突,是白人完全撤离中心城市的序曲。这一时期广泛的邻里冲突有深刻的全国性影响,即便当时还没人理解这一点。例如,那些在1960年代和1970年代寻求延缓已经启动的邻里变迁进程的活动家,获得了《联邦社区再投资法》(1977年),该法案要求银行签发居住贷款,银行也由此获得保证金。1970年代后,城市购房者更容易得到抵押贷款,这就基本上稳定了中心城市的住房市场。更深远的影响是,曾经为民主党的两个忠实支持者——黑人和中产阶级白人,他们为争夺邻里地盘而大打出手,再加上民主党高层持种族融合立场,所以削弱了民主党的选票基础——造成了1980年代和1990年共和党的重生和壮大。

对于许多城市而言,战后的梦魇是1970年代。其间克利夫兰和纽约市经历了震荡性的财政危机,并且在美国高度城市化的东北部也就是后来所谓的冰雪带,中心城市持续失去人口,更老的经济基础都迁徙到了南部和西部甚至海外。美国城市的增长发生在南部、西南部和远西部。但是休斯敦、洛杉矶和菲尼克斯等城市低密度的开发,展现了一种迥异于东部城市的城市景观和邻里结构。在这些兴盛的阳光带大都市区,很多工人阶级和中产阶级所体验的邻里社会和物质环境本质上是郊区化的。他们更依赖汽车。

1970年代也正是词语绅士化进入美国城市专门词典的时代。在很多东海岸或者其他历史悠久的城市——波士顿、查尔斯顿、新奥尔良、纽约市和萨凡纳——战后早期就见证了邻里再投资,中产阶级"先锋"购买和革新了那些廉价但设计精巧的老旧工人阶级或毗邻下城的邻里。多年来这种活动都没引起市政官员的注意。在 1950 年代的芝加哥，那些利用城市更新项目提升林肯公园邻里的规划师们惊奇地发现，中产阶级纷至沓来，购买当地的老旧地产。

但是，也仅有 1970 年代和 1980 年代才见证了美国城市里遍地开花的邻里绅士化运动。绅士化基本来源是社会学家沙伦·祖金（Sharon Zukin）所形容的"格调变革"。大量的中产阶级波西米亚人和专业人士——包括大量的同性恋——正在购买房产和居住区，这些地方的物质空间和地方活动的集中度迥然有别于低密度的、依赖汽车的郊区。1970 年代和 1980 年代，市政府也开始确认诸如减免税收和历史街区作为开发工具，认为它们能引发新的开发——即便这些新开发涉及老旧不动产的复兴——大量房地产商再次发现中心商业区是个颇富吸引力的投资场所。

很多城市比如纽约，下曼哈顿和近曼哈顿的布鲁克林的绅士化在 1970 年代后进展的非常迅速，中产阶级返回低收入的工人阶级社区甚至工业区再次引发了政治冲突。但实际上，鉴于内城长期的人口减少和市政官员的喜笑颜开——都是指邻里活力的恢复和财产税税基的回升——邻里层面的绅士化战争并没有像此前一代种族过度冲突那么激烈。许多城市——最著名的是波士顿和旧金山——甚至对新开发征收新费用（关联费），由此产出的收入用于支持经济适用房建设和复兴。

在新千年的开始，美国城市的邻里结构比本文开头所讲的三种亚型更为复杂。在"荣耀的"中心城市，比如波士顿、芝加哥、纽约、旧金山和华盛顿，新中产收入和中上收入居住开发单元都星罗棋布于下城。这种现象在芝加哥特别明显，在那里原本用于分散化公共住房的联邦项目，被地方住房管理机构变相用于吸引私人投资和建立新的、混合收入居住区，其中包括补贴廉租房和高价的商品房。在大多数美国城市，工人阶级和工厂集中的邻里都出现萎缩，因为大规模的生产活动都继续在郊区、阳光带和其他地区寻求低税、低工资的环境。20 世纪美国城市里的非洲裔隔都已经分散化到一定程度，废弃和闲置的不动产财产是最大的物质表象。但是，几百万美国人继续待在这样的邻里环境中，即许多城市让路于绅士化——通常是黑人绅士化——就在他们下城的边缘。绅士化已经进展到这种程度，以至于 20 世纪早期开发的中产阶级住宅区正经历新一轮的房地产和商业投资。

许多当代城市邻里恢复活力，是否为更大范围内城市复兴的征兆？从美国城市的财政状况来看，很多城市要为整个邻里提供市政服务都很困难。美国城市里的很多市民都心知肚明，他们的市政府在服务中产阶级和富裕邻里时最为卖力，对剩下的其他市民就爱莫能助了。当前邻里复兴浪潮所引发的一个更为深刻、尚未回答的问题是，为一些评论家所赞赏的文雅习性——比如步行通过街道抵达商场、娱乐场所和工厂，欣赏城市作为一个社会多元化的物理环境——是否在 21 世纪早期复兴的美国城市里得到维持。

亦可参阅：街区房地产欺诈（Blockbusting），少数族裔社区（Ethnic Neighborhoods），绅士化运动（Gentrification），隔都区（Ghetto），简·雅各布斯（Jane Jacobs），红线政策（Redlining），城市更新与复兴（Urban Renewal and Rvitalization）

延伸阅读书目：

- Alinsky, S. (1969). *Reveille for radicals*. New York：Random House.
- Fisher, R. (1984). *Let the people decide*. Boston：Twayne.
- Formisano, R. (1991). *Boston against busing*. Chapel Hill：University of North Carolina Press. Gans, H. J. (1965). *The urban villagers*. New York：The Free Press.
- Hirsch, A. (1982). *Making the second ghetto*. New York：Cambridge University Press.
- Jacobs, J. (1961). *The death and life of great American cities*. New York：Random House. McGreevy, J. (1996). *Parish boundaries*. Chicago：University of Chicago Press.
- Nicolaides, B. (2002). *My blue heaven*. Chicago：University of Chicago Press.
- Sugrue, T. J. (1996). *The origins of the urban crisis*. Princeton, NJ：Princeton University Press. Zukin, S. (1982). *Loft living*. Baltimore：Johns Hopkins University Press.

Larry Bennen 文

曹升生译　陈恒校

新政时期的城市政策
NEW DEAL：URBAN POLICY

新政标志着联邦与城市关系的重大转变。新政为联邦政府干预地方事务开了先河。城市的普遍问题是自治的程度(或者说城市控制已经到手的联邦政府项目)和贯穿新政始终的公共物品和私人市场的关系问题。

正是大城市的苦难让城市成为 1933 年国会议程的重点。第一个问题是失业救济,城市须对其居民的福祉负责,而三年大萧条让大城市几近破产。更重要的是,主要城市依靠地方财产税来资助各种活动,但是财产估值越来越低,而那些逃脱财产税的人越来越多。当地房地产集团发动的税收革命进一步威胁了地方政府的财政,而州政府见死不救。多年来州政府都听闻市政府腐败成风,挥霍无度,所以对财政上艰难的市政府视若无睹。胡佛政府被一大堆问题弄得焦头烂额,无暇顾及城市。就是慈善捐款和通过其他渠道获得的钱,也无法解决失业救济问题。但是城市拥有大量动荡不安的人口,以及不断增多的失业者示威游行,让市长而不是州长和国会议员处在动乱的前线。

美国市长大会(USCM)是由底特律市长弗兰克·墨菲于 1933 年提出的,目的是要募集开展救济工作的资金。结果,联邦应急管理署(FERA)制定了分类财政补贴并分发给州,由州再分给地方。这让市政府担心州政府在分发联邦应急管理署项目时偏袒农村地区。这种担心不无道理,因为罗斯福曾经通过再安置局的绿城项目鼓励人口从城市向农村迁徙。

国会喜欢工作救济而不是联邦应急管理署的失业救济,因此组建了国内工程管理局资助了工作救济一段时间。大城市的市长呼吁公共工作项目,随后公共工程管理局分发了很多合同和贷款(大约 45 亿美元)用于建立学校、供水和排污厂、桥梁等等。最后,1935 年成立的公共事业振兴署向城市直接提供了大量的工作救济款项。不管联邦工作进程署的项目多么成功,但实际上只惠及了三分之一的失业人员。

帮助市政府还债是一项很不容易处理的工作。联邦政府不愿意承担市政府的融资工作,而国会也不愿将重建金融公司的条款扩大到市政府,不愿市政府申请短期贷款来舒缓证券走低趋势。1930 年代中期,由于救济资金十分易得,经济趋于稳定,市政府依赖财产税的问题减弱了。这个时代没有发生市政府财政重构的事情。

联邦政府有益城市的另一个领域是住房政策。随着住房建设在 1930 年代早期陷入停滞,建筑行业的失业问题需要解决。罗斯福认为住房建设对整个经济至关重要,所以在新政早期给予了高度关注。1934 年国家住房法建立了联邦住房管理局,希望凭借增加国家住房供给来提高私人独户住房的拥有量。这个立法让联邦政府为住房抵押货款提供担保,由此鼓励抵押和住房修复贷款,让住房购买者较易负担得起贷款。这里联邦政府对私人商业的支持,契合新政早期的格调,重建了私人房地产市场以增加私人房产所有。这个计划加上 1933 年创立的房主贷款公司,为个人抵押再提供资金,阻止了即将到来的危机,因此拯救了很多家庭,也赢得了公众对新政的支持。

社会改革者呼吁更大规模的公共住房项目,这在私人房地产开发甚嚣尘上的氛围下遭到了抵制。经济适用房一直是市政府的关注点,罗斯福也意识到三分之一的国民住房条件不好。公共住房倡导者和设计师联合美国劳联东北部诸州的理事会的代表们,为一个扩大的公共住房项目进行游说。当纽约州参议员罗伯特·瓦格纳在 1935 年春介绍一个公共住房法案时,他以清理贫民窟和恢复经济以及为穷人提供住房为名义,但遭到了商界和金融界的强力抵制。最后,当一个更新版的住房法在 1937 年问世时,它表达了劳工界希望政府援助他们购买中等房价住房;也包含团体发动和控制住房开发的新设想。当这个法案最终通过时,那些富有创新意义的合作条款和中等房价住房焦点都被废弃了,这个法案仅仅资助针对穷人的住房而且同清洗贫民窟紧紧联系起来。新的美国住房管理局(USHA)制定了一个比公共工作署更低的住房建筑标准。这样新政住房政策促生了一个双层住房市场:顶层通过对金融市场的制度化支持而提升了私人住房拥有率;底层促进了针对穷人的住房,这些住房"矮小,没有吸引力,可怜兮兮",正如 1996 年盖尔·拉德福德所注明的那样。

新政并不打算从结构或财政上重构城市。新政政治家不愿意深度介入私人市场,因此限制了公共住房和财政领域的进步,而这些正是改革者所呼吁的。新政项目旨在帮助城市的居民,但并非就是城市的居住者。但是,联邦政府聚焦于城市,成功地让州政府放松了对市政府的管控,因此间接支持了自治运动。

延伸阅读书目:

- Beito, D. T. (1989). *Taxpayers in revolt: Tax resistance during the Great Depression*. Chapel Hill: University of North Carolina Press.
- Gelfand, M. I. (1975). *A nation of cities: The federal government and urban America*, 1933 - 1965. New York: Oxford University Press.
- Radford, G. (1996). *Modern housing for America:*

Policy struggles in the New Deal era. Chicago: University of Chicago Press.

Cecelia Bucki 文

曹升生译　陈恒校

新英格兰镇区和村庄
NEW ENGLAND TOWNS AND VILLAGES

在新英格兰镇区和村庄有不同的含义。镇区是一个基本地方政府单位,等同于美国其他地区的镇区。但是,新英格兰的村庄都是绕着镇的绿化区、商业区或者工厂区而建立的居住和商业区,通常没有自己的政府结构,但被包含在镇区里,也就是说,镇区可能涵盖很多村庄。

新英格兰的镇区提供很多其他地区为市或者县政府所提供的服务(在新英格兰它们却没有功能或仅有有限的功能),包括小学和初中教育、公路和桥梁、废水管理和循环、法律实施、消防、公园和休闲、规划和区划监管、公共卫生、图书馆和历史保护。新英格兰的镇区由行政委员,其他选任和任选官员,和镇会议等来管理。行政委员和其他官员行使行政和治安权,所有的立法权如财政开支都保留给独特的新英格兰制度——镇民会议。任何登记的选民都可以参加镇民会议,发言和投票,这个会议一年举行一次或数次。现实中,只有少数选民参加,除非一些有争议的话题出现(比如征税、教育和分区等)。有些大的镇,尤其是新英格兰南部那些人口众多的镇,则用一个代议机构或者市风格的镇理事会来取代公开的镇会议。

历史学家长期着迷于这种独特政府形态的起源。很多人认为这种土生土长的制度独立于英国传统之外,但最近的研究表明 1620 年代和 1630 年代抵达北美的第一批殖民者熟悉英国的制度。其前身不是英国的镇区,英国的镇区有皇家章程,由选举产生的市议员管理。相反,它们依据的是一个非正式的地方机构,管理公地、牲畜、教堂基金等。戴维·霍克·费舍尔(David Hacker Fischer)指出,在很多新英格兰殖民者来源地东安格利亚,镇会议和行政委员这些词汇都出现在当地档案里,很多殖民者肯定经历过选举地方官员和通过居民会议而采纳管理制度的经历。

第一个有镇民会议的镇政府出现在 1630 年代的马萨诸塞湾,虽然塞勒姆和朴茨茅斯都有自己的非正式自我管理的政府固然这些镇有不同之处,但是都有行政委员和镇民会议。马萨诸塞湾的移民很快将这种制度推广到康涅狄格、罗德岛、新罕布什尔和缅因。在三个群体——拥有公地的居民,客居的有钱人,和没有这些权利的居民——之间发生了激烈的冲突和混乱。公地业主和镇会议之间的差异一直很模糊,直到 17 世纪末这个群体被分开。到 18 世纪各殖民地政府对镇政府施加了统一模式的命令,因此镇区就延续到今天。

在早期镇政府时期,领导者希望鼓励类似于英格兰的核心状定居模式,也就是居民沿着道路或者镇中心而居住。但在 18 世纪中期,这些努力基本都失败了。只有少数的沿海商业定居点是紧凑型的村庄居住。在所有内陆农村地区,居民都以农庄的形式分散居住。其典型是一个镇会议室和学校位于镇中心,少数情况下还有小酒馆。除了这些大地块上的公地,其他地方不得让游客参观。

所有这些在美国革命之后都改变了。从 1780 年代和 1790 年代起,商业开发催生了新英格兰村庄。会议厅被出卖和分割,以招商引资。诸如木匠、铁匠、车匠,乃至律师和医生——所有人都想利用这块居中之地。作为镇中最为广大居民光顾的建筑,会议厅成为道路网络的焦点,现在自然能吸引顾客、诉讼委托人和病人。

19 世纪后半期,村庄已经在大多数新英格兰镇附近发展起来,镇通常包含很多村。工业革命引起了纺村,沿着工厂聚集,为工人及其家庭提供住房和商业服务。当 1830 年代和 1840 年代铁路横穿这个地区时,又催生了补给站村,在铁路站点、仓库和支线发展起来。这在那些铁路穿越镇中心的地方更为明显。进入 19 世纪,商店、酒店和办公室不断放弃了旧的中心而支持了更新的工厂村的发展,结果让老旧的中心变成了居民区。

在 20 世纪开始时,新英格兰村已经变成了公众意识中本地区的本质所在。在殖民地复兴的浪潮下,游客和居民都陶醉在康涅狄格州利奇菲尔德村和缅因州老约克镇的"荣耀"里,看那宽广的公地和红白相间的百叶窗,还有高耸的教堂。他们毫不在意这些建筑是否在革命前就存在,也不在乎今天整齐的花园是在往日会议厅的旧址上长出来的,也不关心此前房子很少被刷成白色——甚至 1800 年以前就根本没有百叶窗。

新英格兰的镇区和村庄已经成为数不清的文学、音乐和戏剧的背景,从 19 世纪的纳撒尼尔·霍桑、哈丽雅特·比切·斯托、路易莎·梅·奥尔科特(Louisa May Alcott)到 20 世纪和 21 世纪的尤金·奥尼尔(Eugene O'Neill)、桑顿·怀尔德(Thornton Wilder)、

533

查尔斯·艾夫斯(Charles Ives)、罗杰斯和汉默斯坦(Rogers and Hammerstein)、格雷斯·麦泰莉(Grace Metalious)、史蒂芬·金(Steven King)、卡洛琳·舒特(Carolyn Chute)、约翰·埃尔文(John Irving)、厄内斯特·赫伯特(Ernest Hebert)。一旦出现新英格兰场景,好莱坞电影中就会出现被镇议事厅和白色教堂塔尖所映照下的林荫街道。

亦可参阅:联邦住房管理局(Federal Housing Administration),大萧条和城市(Great Depression and Cities),绿带城镇(Greenbelt Towns),1934年住房法(Housing Act of 1934),1937年住房法(Housing Act of 1937),税收和抗税运动(Taxes and Tax Revolt Movements)

延伸阅读书目:
- Butler, W. (1985). Another city upon a hill: Litchfield, Connecticut, and the Colonial Revival. In A. Axelrod (Ed.), *The Colonial revival in America*. New York: Norton.
- Fischer, D. H. (1989). *Albion's seed: Four British folkways in America*. New York: Oxford University Press.
- Martin, J. F. (1991). *Profits in the wilderness: Entrepreneurship and the founding of New England towns in the seventeenth century*. Chapel Hill: University of North Carolina Press.
- Wood, J. S. (1997). *The New England village*. Baltimore: Johns Hopkins University Press. Zuckerman, M. (1970). *Peaceable kingdoms: New England towns in the 18th century*. New York: Alfred A. Knopf.

Ronald Dale Karr 文

曹升生译 陈恒校

路易斯安那州新奥尔良市
NEW ORLEANS, LOUISIANA

新奥尔良市位于路易斯安那州,是美国重要的港口城市。历史上,法国、西班牙、意大利、爱尔兰及德国文化长久交织在一起。作为爵士乐的诞生地,新奥尔良闻名遐迩。此外,该城还因美食、建筑、狂欢节庆典等在世界上享有盛名。在地理位置上,新奥尔良位于墨西哥湾以北100英里处,由于坐落在密西西比河弯道一边,形成该市独具特色的新月状。

历史

新奥尔良之名是路易斯安那总督让-巴普蒂斯特·勒莫安苏德·比安维尔(Jean Baptiste le Moyne Sieur de Bienville)以法兰西摄政王腓力二世奥尔良公爵(Phillippe II, duc d'Orleans)的名字命名的。该城由勒莫安始建于1718年,1722年成为路易斯安那州的首府。在囚工的努力下,新奥尔良在长满丝柏、藤条的沼泽地中拔地而起。1721和1722年,因遭受飓风侵袭,城建工作被迫推迟。由于法国人的移民政策太过保守,他们治下的新奥尔良发展极为缓慢。1762年,西班牙人通过《枫丹白露条约》(*Treaty of Fontainebleau*)将新奥尔良接管。在条约中,法国要求在对英作战中西班牙要给予法国援助。1765年,阿卡迪亚流亡者(如今称为阿卡迪亚人,Cajun)从加拿大新斯科舍抵达新奥尔良,加入法国、德国定居者及非洲奴隶的大队伍中。阿卡迪亚人绝大多数定居在该城的西部。在1803年美国从拿破仑手中买走路易斯安那之前,新奥尔良主要在法国人的控制之下。尽管有着大量法国或西班牙人族裔背景的克利奥尔社区不乐意被美国人统治,但他们不得不接受现实。1812年战争尾声,1814年10月新奥尔良遭到英军入侵。在安德鲁·杰克逊将军(General Andrew Jackson)的率领下,美军痛击英军。内战期间,新奥尔良再次被军队占领。1862年4月25日,新奥尔良的南军缴械投降,联邦军重夺新月城。

政治和族裔

奴隶制在新奥尔良历史上有着浓墨重彩的一笔。内战后的重建时期,种族间的紧张状态愈发明显。由于该城历史上奴隶制度的存在,较之美国其他城市,新奥尔良各个族裔人口更少地域分布上的隔离。1866年6月30日,一场白人至上分子会议激起骚乱,致使35名黑人和3名白人被杀,另有100余名新奥尔良居民受伤。对19世纪黑人来讲,力争民权极富挑战。1896年,尽管普莱西诉弗格森案挑战了路易斯安那州铁路乘车中的隔离现象,但结果却将公共设施中的种族隔离合法化。1904年,马丁·贝尔曼(Martin Behrman)帮助创建了一套城市政治机器,这在当时的南方极其罕见。1950年代,德雷塞·莫里森(DeLesseps S. Morrison)市长致力于提升城市的基础设施,他新建了铁路站和市政中心,拓宽了街道,并将大片贫民区夷平。1978年,新奥尔良选出史上第一位黑人市长，即人称"荷兰人"(Dutch)的厄内斯特·莫里尔(Ernest Nathan Morial)，该君先前是一名杰出的民权活动家。

公共卫生

随着人口的急剧增长，卫生问题在新奥尔良凸显起来。此地没有纯净的饮水源，也缺乏排污设施。由于建在沼泽地上，洪水淹城在新奥尔良屡见不鲜。受此影响，卫生危机主要有霍乱、天花、黄热病等的流行：1850年代，霍乱在该城猖獗异常；由于19世纪初过度拥挤的居住状况，天花加剧——1804年一场天花爆发，在疫苗的使用下病情才得以遏制；1853年，黄热病导致8000余人死亡。该病在7月至10月间尤甚，不得已，成千上万的新奥尔良人选择逃离。然而，随着人们对疾病了解的深入，治疗也更加有效，新奥尔良市的卫生问题最终迎刃而解。

经济

在全美乃至国际上，新奥尔良的商业地位都不容小觑。起初，在法国商人操控下，新奥尔良只是为盈利法国而服务——法国从该城运走大批木材和烟草。在西班牙控制下，棉花、皮毛、大麻、糖被源源不断地出口到西班牙统治的加勒比海地区以及英国殖民地。早期的经济主要得益于走私。1812年，轮船开始成为港口经济必不可少的一部分。到1840年，新奥尔良成为全球第四大港口，棉花工业的利润甚是可观。1884、1885年，在该城奥杜邦公园(Audubon Park)先后举办了世界博览会和棉花百年纪念博览会(Cotton Centennial Exposition)。进入20世纪，驳船与拖轮被用来与铁路运输一争高下。就如那奴隶贸易的崩溃一般，铁路致使新奥尔良经济一落千丈，棉花、糖成为其贸易的主要原料。20世纪初，为了解决地势低洼而引发的城市排水问题，堤防系统得以建造。尽管港口仍很重要，旅游业已经悄然成为新奥尔良经济的主要驱动力。

法国区

法国区(French Quarter)，又称Vieux Carre，由66个方形街区构成，经法国工程师阿德里安·鲍戈尔(Adrien de Pauger)设计而来，是新奥尔良市最古老的区域。城市最初的计划模型是橄榄球场状的，中间为公共区域杰克逊广场(Jackson Square)。1788年，一场大火摧毁了该区850余栋建筑。1794年的另外一场火灾后，很多建筑仿照欧式风格重建起来。西班牙式、意大利式、法兰西式、维多利亚式、克利奥尔式建筑应有尽有。在建造法国街区过程中，自由黑人与奴隶们充当着木工、搬运工或者铁匠多重角色。房屋一间紧挨一间建立起来。人们来往于各个村舍之间，或步行或乘车。由于建筑群外延至人行道旁，给人一种欧洲城市的感觉。到1920年代，由于建筑年久失修，法国区陷于没落，仅有极少数人居住于此。1950年代，一条高速公路被提议沿河修建，但遭到当地居民的激烈反对。20世纪末，法国区的历史老建筑最终得以修复，并成为新奥尔良吸引游客的主要景点。

扩张

快速发展导致城市规模日益膨胀——从最初的方形街区演变为有着各式郊区的区域。美国区，也称圣玛丽郊区(Faubourg St. Mary)坐落在运河街(Canal Street)一带，远离了法国区及克利奥尔人的喧嚣。1835年，新奥尔良被分为三个不同的自治市，每个市拥有各自的地方政府。1870年代，分立的自治市最终成为新奥尔良的一部分。新奥尔良由四个区构成：一区由法国区和圣约翰河口(Bayou St. John)组成；二区是马里尼近郊(Faubourg Marigny)及白沃特区域(Bywater Areas)；三区乃拉法耶特(Lafayette)社区，位于城市的上游位置；最后，密西西比河西岸的阿尔及耳(Algiers)与卡罗尔顿(Carrollton)作为该城的住宅区域。1920年代末，城市沿湖一带在休伊·朗州长治下得以开发。两座跨密西西比河大桥以及多条高速公路建成，城市进一步向白人占主导的郊区地带扩张。20世纪中叶，白人纷纷涌入郊区致使新奥尔良内城黑人占了绝对优势。

爵士乐与狂欢节

新奥尔良因爵士乐的诞生地而闻名遐迩。19世纪，当地黑人音乐家声望渐高。尽管此类表演被同时代的南部其他城市视为违法之举，但在新奥尔良的公共场所则尽情上演。迪克西兰(Dixieland)爵士乐大师路易斯·阿姆斯特朗、杰利·罗尔·莫顿(Jelly Roll Morton)、巴迪·波顿(Buddy Bolden)、金·奥利弗(King Oliver)等无不生长于新奥尔良。一大批爵士乐艺术家在位于法国区北部的一个前红灯区——斯托里维尔(Storyville)表演。1827年，一群学生涌上街头庆祝四旬斋前的最后一天（也称忏悔星期二，Mardi Gras），就如他们在巴黎旅行时见到的那般。1857年，第一支狂欢节游行队伍"克鲁"(Krewe)诞生。到20世纪，狂欢节庆典规模越来越大，并不断吸引着全世界的观光客们前来。

延伸阅读书目：

- Hirsch, A. R., & Logsdon, J. (1992). *Creole New Orleans: Race and Americanization*. Baton Rouge: Louisiana State University Press.
- Kendall, J. S. (1922). *History of New Orleans*. Chicago: Lewis.
- Mitchell, R. (1999). *All on a Mardi Gras day: Episodes in the history of New Orleans Carnival*. Cambridge, MA: Harvard University Press.

Geoffrey S. Wiggins 文
李胜译　陈恒校

新城
NEW TOWNS

新城在实现自己财政收益的途径、达到预期目标以及进一步发展等方面要求很高，在设计和运作上存在困难，因此其数量并不多。在美国，新城起源于殖民地时代，如佐治亚州的萨凡纳，也包括 19 世纪末伊利诺伊州的普尔曼这样的工业城镇，一直延续到当代的新城市主义，如佛罗里达州海岸城（Seaside）这样的新传统主义开发项目。20 世纪初，埃比尼泽·霍华德的花园城市概念从英国漂洋过海而来，美国人将其用在了新泽西州雷德伯恩的建设中，以适应汽车的大量使用；在两次大战之间，联邦政府发起的绿带城镇项目是现代新城运动的具体体现。二战后，私人企业开始推动新城建设，典型新城有马里兰州的哥伦比亚、弗吉尼亚州的雷斯顿和加利福尼亚州的欧文。从总体上看，新城（或者叫做新社区）与其他类型的大型开发项目在规模、房屋种类和混合开发等方面大相径庭，以便形成一个与众不同的、相对自我满足的社区。快速郊区化导致的城市蔓延，住房使用、收入和种族的隔离状况，规划不足或完全无视规划，以及对资源的无序利用，国会在 1960 年代通过了一系列法案发起了一种新型社区开发项目，尤以 1970 年《住房与城市开发法》（Housing and Urban Development Act）最为重要。尽管这一新型项目只建成了 13 个社区，而且其中 12 个到 1975 年时已陷入严重的财政萧条，却反映了美国人的固有观念，即通过规划建设实现政治、社会、美学以及经济目标。

对于城镇建设的规定起源于 1563 年的《印地法》（Laws of the Indies），由西班牙国王菲利普二世对殖民地城镇建设做出规定；19 世纪，约瑟夫·史密斯（Joseph Smith）对摩门教城镇的要求以及铁路公司为便于土地开发而做出的棋盘状街道布局规划也属于此类。建设新城的动力，既包括为了施加政治控制而建设人口聚居区，也包括建设宗教圣地或乌托邦而将社会与审美融合起来，也有促进经济发展的打算。

然而，霍华德在 1898 年提出的田园城市概念却建构了一个与晚期维多利亚时代病态的工业大都市相对立的景象，引发了建筑领域的新风尚，并推动了城市规划学的发展，以便将田园城市的概念传播向大众。英国建筑师雷蒙德·昂温和巴里·帕克（Barry Parker）在私人投资的大型社区中实践了霍华德的思想，即 1903 年的莱克沃思（Letchworth）和 1919 年的威尔文（Welwyn）；美国建筑师亦然，如格罗夫纳·阿特伯里（Grosvenor Atterbury）和小弗雷德里克·劳·奥姆斯特德在 1911 年于纽约完成的福里斯特希尔斯花园（Forest Hills Garden），1923 年约翰·诺伦（John Nolen）在俄亥俄州建成的玛丽蒙特（Mariemont），以及 1927 年厄尔利·德雷珀（Earle S. Draper）在佐治亚州建造的切卡皮（Chicopee）。其中有几位在一战期间为联邦政府服务，设计针对国防工人的住房，他们将社区服务设施和商店融入到住宅区中，以便全面缓解住房不足的困境。然而，尽管这些社区的设计不可谓不雄心壮志，其规划也不可谓不精益求精，但却走上了与新城相反的道路，逐渐演变为郊区社区。

1928 年建成的雷德伯恩堪称新城设计史上的转折点，尽管未能免于成为郊区的命运。在设计师克拉伦斯·斯坦和亨利·赖特的主持下，新技术——尤其是汽车融入到花园城市的概念中，在通过综合开发和安装社区服务设施以方便居民生活的同时，将设计上的创新引入到新城中来。超级街区的搭配组合、行人与汽车的分离、密集的住房分布以及纵横相连的公园系统是雷德伯恩的关键要素，并且应用到了此后的其他大型开发项目中。

再安置管理局（Resettlement Administration）的绿带城镇项目存在时间很短，从 1935 年开始，到 1937 年结束，旨在建造新型社区，将公园系统、社会服务、商业中心和服务于劳工阶层的超前设计融合起来，打造成现代社区的模板。随着法院判令项目停工，联邦政府从此告别新城建设，到此时只有三座新城完工。大萧条期间的另一项大型工程，田纳西河流域管理局，也包含一座新城建设，使其在水力发电时规避洪水风险；但最终的成果却大大缩小了原定规模，也就是如今田纳西州的诺里斯（Norris），可以说正是新城建设缺乏系

537

统支持的写照。

在战后的欧洲，城市规划师们开始借鉴美国的新城，并由政府出资开展建设，如瑞典的威灵比（Vallingby）、芬兰的托比奥拉（Tapiola）以及英国的斯蒂芬尼奇（Stevenage）。而在此时的美国，被战争抑制的消费冲动、更加完善的抵押贷款方案和高速公路建设共同推动了私人企业主导的郊区化浪潮，典型代表如伊利诺伊州的帕克福里斯特（Park Forest）以及宾夕法尼亚州和纽约的莱维敦，这些都是新郊区而非新城。在 1960 年代，雷斯顿、哥伦比亚和欧文的主要开发商在新城建设和规划中采取了更加全面的方案，采纳了雷德伯恩式的纵横相连的工业系统和超级街区，并应用了新的规划和设计方案。

此时，国会受到一系列问题的压力——对郊区的批评、城市危机、持续不断的人口增长，以及政府间关系咨询委员会、全美城市问题委员会（National Commission on Urban Problems）、国家城市增长政策委员会（National Committee on Urban Growth Policy）等多个机构发布的众多报告——又重新倾向于新城开发，并将其纳入一套更加宽泛的城市增长策略中。许多私人资助的新城建设正在困境中挣扎，联邦政府内部的新城支持者们相信，要解决新城建设中面临的问题，如开工建设时为购买土地和初步平整所需的大笔经费，只有联邦政府能够提供。

1965 年，国会通过了第一个授权为新社区提供抵押贷款担保的法案，尽管尚不足以吸引开发商为其投资。1968 年和 1970 年通过了两个《住房与城市开发法》，其第四款和第七款给予新城开发商更大的优惠和刺激，通过这样的方式推进新城项目开发。这些项目的目标反映了早期新城支持者的动因，包括采用新式设计方案，应用新技术，合理地混合利用土地以便拉近人们居住、工作和休闲娱乐的距离，并保存开放空间以便维持开发区域与未开发区域的平衡。除了提供市场无法提供的财政资助，新城建设也有其社会目标，尤其是实现经济和种族的多元化，这些目标也是政府参与新城开发的主要动因。

为获取土地和进行开发提供贷款、进行公共服务资助和技术支持，这些措施将促使新城成为现有城市的卫星城，既是带动城市复兴的措施之一，也将在农村地区建成新的社区。与欧洲由中央政府统一进行管理不同的是，在美国，公私合作是新城项目的核心，通过这种方式，联邦政府降低了项目开工对私人企业的经济压力，包括购买土地、铺设基础设施以及社区开发设施，而私人企业可以利用自己在市场竞争中的技巧和专业知识为新城服务。

从 1973 年起，严重的经济衰退重创了新城项目，资金不足、管理疏漏和政府的漠视，更是雪上加霜，导致 13 个项目中有 12 个陷入财政危机。唯一的例外是得克萨斯州休斯敦附近的伍德兰斯（Woodlands）。1975 年，联邦政府宣布终止对新建新城项目的拨款；1983 年，新城项目正式停工。在美国，新城的建设再度停摆。

随着 1980 和 1990 年代经济形势好转，雷斯顿、哥伦比亚、欧文和伍德兰斯再度出现了私人投资项目。同时，1993 年成立的新城市主义大会（Congress for the New Urbanism, CNU）推动了新城市主义运动的进展，并出台了新城设计的规划纲要。随着 1996 年《新城市主义宪章》的通过，主要由建筑师和规划师构成的 CNU 建构起一套等级式的原则，对新城社区做出界定，重新提出了昂温和诺伦那些具有历史意义的新城方案。

亦可参阅：马里兰州哥伦比亚市（Columbia, Maryland），田园城市（Garden Cities），绿带城镇（Greenbelt Towns），埃比尼泽·霍华德（Howard, Ebenezer），加利福尼亚州欧文市（Irvine, California），莱维敦（Levittown），新城市主义（New Urbanism），约翰·诺伦（Nolen, John），伊利诺伊州普尔曼市（Pullman, Illinois），美国区域规划协会（Regional Planning Association of America），弗吉尼亚州雷斯顿市（Reston, Virginia），詹姆斯·劳斯（Rouse, James W.），克拉伦斯·斯坦（Stein, Clarence S.），亨利·赖特（Wright, Henry）

延伸阅读书目：

● Biles, R. (1998). New Towns for the Great Society: A Case Study in Politics and Planning. *Planning Perspectives*, 13, 113–132.
● Bloom, N. D. (2001). *Suburban Alchemy: 1960s New Towns and the Transformation of the American Dream*. Columbus: Ohio State University Press.
● Burby, R. J., III, & Weiss, S. F. (1976). *New Communities U.S.A.* Lexington, MA: Lexington Books.
● Forsyth, A. (2002). Planning Lessons from Three U.S. New Towns of the 1960s and 1970s: Irvine, Columbia, and the Woodlands. *Journal of the American Planning Association*, 68(4), 387–415.
● U. S. Department of Housing and Urban Development, Division of Policy Studies. (1985). *An Evaluation of the*

Federal New Communities Program. Washington，DC：Government Printing Office.

Kristin Larsen 文

李文硕译　陈恒校

新城市史
NEW URBAN HISTORY

在《19 世纪城市》(*Nineteenth-Century Cities*)一书序言部分，编者斯蒂芬·瑟恩斯特罗姆(Stephan Thernstrom)和理查德·桑内特(Richard Sennett)首次提出"新城市史"(New Urban History)这一术语。1960 年代早期，为了回应先前叙述性的城市传记(City Biographies)体裁，新城市史作为一种新的研究路径应运而生。在城市史研究早期作品中，精英处于明显可见的支配地位。定量研究作为城市史研究的一种方法，尤为关注那些精英之外的社会群体。1970 年代中期，作为方法论批评(Methodological Criticism)及学术研究文化转向的结果，新城市史不再享有最初受欢迎的程度，并日益被草根史(Grassroots History)研究所取代。

在新城市史早期的实践者看来，许多"老"城市史有一定的社会误导性。因为它很大程度上基于传统的书面材料，如报纸、小说、个人笔记及其他描述性资料。由此导致的结果是，城市史实际上是精英分子内在偏见的重现。在此类城市史当中，对名流的关注镶嵌于城市生死兴衰各个阶段的叙述当中。

相比之下，与 1960 年代总趋势一致，新城市史家试图将自身研究与社会科学方法联系起来。先前研究倾向于强调每个城市与其他城市之间的特殊性，但新的研究对此往往轻描淡写，他们对城市化、现代化、社会流动进程的比较研究尤为推崇。这种转向主要得益于以下三个方面的发展：第一，联邦政府每十年人口调查资料与相关材料如纳税清册、城市名录、法庭记录等的综合利用，使准确探寻工人阶层及其他边缘群体的生活首次成为可能。与传统的书面材料相比，工人阶层及其他边缘群体在公共记录之中留下了大量痕迹。第二，为了满足战后美国人口激增带来的教育需求，1960 年代教育规模不断扩张，由此导致研究的大量增长。在新城市史家当中，案例研究变得极为流行。第三，电脑技术的改善使大量信息能够在合理时间内得到妥善处理。

1964 年，在《贫困与进步》(*Poverty and Progress*)一书中，瑟恩斯特罗姆以 19 世纪马萨诸塞州纽波里波特市(Newburyport)为例，分析了社会流动性问题，这本书被视为新城市史研究最富影响力的论著。该书出版招致一些批评，但同时引发大批基于全美不同案例的新研究、新论著的涌现。瑟恩斯特罗姆在研究中认为，向上社会流动与地域流动相互结合现象的存在，解释了面对工业化带来的激烈社会经济变迁，工人阶层为何相对沉寂的原因。可以说，瑟恩斯特罗姆在定量手稿普查分析(Quantitative Manuscript Census Analysis)的使用方面起到了开拓之功。尽管瑟恩斯特罗姆使用了大批系统的普查资料，但他并没有忽略传统书面材料的应用。雷蒙德·莫尔认为，我们也应该将萨姆·巴斯·沃纳的早期作品解读为与新城市史紧密相关，因为沃纳早期作品受到同样关注的指引。相较于瑟恩斯特罗姆，沃纳在 1962 年《有轨电车的郊区》(*Streetcar Suburbs*)一书对城市化问题的关注涉及范围更广。通过采用波士顿三个郊区 23000 个建筑执照，沃纳分析了空间布局、城市交通、郊区美学、阶级结构之间的内在联系。最后，西奥多·赫什伯格(Theodore Hershberg)连同费城社会史项目(Philadelphia Social History Project)的其他学者可以被视为新城市史学最后一类主要代表，他们的研究基于定量基础之上。在 1978 年一篇重要文章中，赫什伯格在为早期关注点辩护的同时，通过区分"城市作为场所"与"城市作为进程"的不同(The City as Site and The City as Process)，将自身关注点转向别处。除了将城市环境视为社会进程发生的舞台外，赫什伯格主张新城市史应该对环境、行为与群体体验(Group Experience)之间的内在联系予以关注。

赫什伯格的研究不仅是所有对新城市史提出批评的一环，也是瑟恩斯特罗姆自我批判的一部分。在提出"新城市史"这一术语后不久瑟恩斯特罗姆就表达了对这一术语的忧虑，并最终彻底抵制这一说法。他关于社会流动、工业化、城市化进程及变动不居阶级结构的论著不再被视为城市史的一部分，而应将其归至社会史的范畴，这样便可以将城市与乡村兼容起来。绝大多数批评意见都同意瑟恩斯特罗姆的观点，即"城市"这种类别在其研究中并未发挥重要作用，但同时他们也相信，这恰恰是问题所在——城市是中立的，在这一基础上探讨全国甚至整个世界的社会活力。这种批评经常伴之以方法论上的批评，因为定量研究有赖于先验的假设。很明显，这也是一个时代的问题：到底有多少城市居民被囊括在各种不同的一手资料之中？这些包含在内的民众其典型意义有多大？答案至今未明。最后,因为对不同城市的案例研究通常采用不同的方法,试图产生真正的比较历史这一最初目标只能部分实现。

延伸阅读书目:

- Hershberg, T. (1978). The new urban history: Toward an interdisciplinary history of the city. *Journal of Urban History*, 5, 3 - 40.
- Mohl, R. A. (1997). New perspectives on American urban history. In R. A. Mohl (Ed.), *The making of urban America* (2nd ed., pp. 335 - 374). Wilmington, DE: Scholarly Resources.
- Thernstrom, S. (1964). *Poverty and progress: Social mobility in a nineteenth-century city*. Cambridge, MA: Harvard University Press.
- Thernstrom, S., & Sennett, R. (Eds.). (1969). *Nineteenth-century cities: Essays in the new urban history*. New Haven, CT: Yale University Press.
- Warner, S. B. (1962). *Streetcar suburbs: The process of growth in Boston, 1870 - 1900*. Cambridge, MA: Harvard University Press.

Bas van Heur 文
李胜译 陈恒校

新城市主义
NEW URBANISM

1996 年,在为林肯土地政策研究院(Lincoln Institute of Land Policy)撰写文章时,威廉·富尔顿(William Fulton)宣称新城市主义(New Urbanism,简称 NU)已经赢得美国公众的广泛关注。《时代周刊》《纽约时报》《大西洋月刊》封面故事无一不支持富尔顿的论调,报刊文章将新传统设计原则描述为对二战后美国郊区蔓延图景的一种修正。新城市主义者争论道,通过创建方便行人、紧凑的多用途社区来修正那种浪费、单调的汽车导向式景观,将能够重塑公民生活和社区意识。诸如此类的言辞引起公众广泛想象。与此同时,在州、联邦层面的政府政策中,新城市主义得到相关机构的认可。举例来说,1990 年代中叶,联邦政府住房和城市发展部在重建公共住房项目中吸收了新城市主义社区设计的理念;新传统设计标准成为诸如马里兰州、威斯康星州等地精明增长(Smart Growth)立法不可或缺的一部分。

此种规划运动除了取得成功之外,来自左派和右派不同程度的争议始终伴随左右。左派指责其是一种保守的怀旧主义情绪,在美学和社交意义上来讲,都是不合时宜的;右派谴责其为一种自由的社会工程。其他人则指出,长久以来缺少对新传统设计影响的分析,因而这种设计观念尚无法得到有效评估。新城市主义信条中引发的更大争议在于其规划中的伞型特征。新城市主义运动包含着新传统主义规划和可持续生活的概念,如以公共交通为导向的开发。新城市主义不能简单地化约为单一议程或以单一的标准来进行评价。新城市主义吸收了至少三种传统的现代规划理念,因此对其开展评价,首先需要理清这些不同的理念。首先,新城市主义是否强调密集开发?在某些时候,公共交通导向是否是对城市蔓延和环境问题做出的回应?其次,通过拉近居住距离、混合开发土地以及提供人行道和门廊等设施,是否可以通过这样的规划增强社会凝聚力?简而言之,城市建筑能否影响社会交往并营造社区感?第三,像二战前那样,在多大程度上回归本地传统的设计能够创造居民间的情感纽带?正如对新城市主义鼓吹社区公共性的批评所说的那样,所谓的"在地感"在多大程度上对多样化的人群具有吸引力?

尽管争议不断,甚至艾米丽·泰伦(Emily Talen)也在 2000 年撰文《新城市主义与批评文化》(New Urbanism and the Culture and Criticism),但这一强势的规划理念在几十年间仍然得到了许多建筑师、城市设计师、规划师、工程师、记者及相关市民的支持。一种新的论调在二十世纪六七十年代浮现出来,现代城市的规划和设计催生了大型建筑,便利了汽车的应用,但推动了城市的去中心化,这种风格助长了城市的无根感。在这一语境下,追忆过往的乡愁离绪激发了历史遗迹保护,并鼓励市场在新的开发项目上应用富有传统和历史感的设计。许多新城市主义的领军人物都曾经历过"宜居社区"(Livable Communities)的建设,并从 20 世纪初的花园城市理念和城市美化运动中吸取理论知识。在 70 年代末,迈克尔和朱迪·卡波特(Michael and Judy Corbett)在加州戴维斯开发了占地 60 英亩的田园小区(Village Home)项目,试图将居住、商业和农业等多要素融入,以打造一个生态居住系统。1981 年,安德里斯·杜安尼(Andreas Duany)和伊丽莎白·普拉特—齐博科(Elizabeth Plater-Zyberk)在佛罗里达州设计了占地 80 英亩的海岸城这个休闲项目,位于该州伸向大西洋的地区,采用了新传统主义的规划风格。海岸城被视作第一个新城市主义影响下的城

540

镇,不仅在经济上取得了巨大成功,而且其建筑、街道和公共空间的质量之高也闻名于世,其新传统主义风格反映了历史街区模式与当代社会需求可以实现某种程度的融合。

随后,新城市主义设计师们又联合起来努力改变土地利用政策和规划实践。1991 年,卡波特夫妇、彼得·卡兹(Peter Katz)、杜安尼、普拉特—齐博科、伊丽莎白·穆勒(Elizabeth Moule)、斯特法诺斯·波利祖戴斯(Stefanos Polyzoides)和彼得·卡尔索普(Peter Calthorpe)联合起草了一系列高效利用资源的地区和区域性的土地利用方案,并在约塞米蒂公园(Yosemite)的阿瓦赫尼酒店(Ahwahnee Lodge)对将近一百位地方官员进行了宣讲。这一成果的活动为其理念带来了"阿瓦赫尼原则"(Ahwahnee Principles)的称号,并鼓励了进一步的规划运动。秉持这些理念的人用新城市主义在称呼自己,并在 1993 年召开了首届新城市主义大会。次年,卡尔索普、杜安尼、穆勒、普拉特—齐博科、波利祖戴斯和丹尼尔·所罗门(Daniel Solomon)发起成立了非营利性的新城市主义大会,以推动社区设计向新的方向发展,由彼得·卡兹任首任执行秘书。

讽刺的是,CNU 成员致力于推动现代主义运动(Modern Movement)与国际现代主义建筑大会(Congrès Internationaux d'Architecture Moderne, CIAM)的联合。后者包括一个组织及其系列会议,成立于 1928 年,1959 年解散,在 1933 年的第四次会议上发布了著名的雅典宪章(Athens Charter),呼吁用区分开发模式的方式解决城市问题。CNU 在第四次会议上通过了章程,所主张的方案恰好与雅典宪章相反。根据莱卡斯(Leccese)与麦考密克(McCormick)在 2000 年所言,宪章呼吁社区的多样化,在包容汽车的同时也包容行人,将建筑、景观、历史、气候和生态考虑在内。

在随后的历次大会上,参与人数越来越多,对其理念的关注也越来越多。2001 年,CNU 认可了 37 个州超过 200 个项目符合新城市主义理念。其支持者认为,宪章为建设和重建美国社区指引了良好前景和方向;而其反对者则质疑,新城市主义能否应对美国居民中的多重利益纠葛。

延伸阅读书目:

- Calthorpe, P. (1993). *The Next American Metropolis: Ecology, Community, and the American Dream*. New York: Princeton Architectural Press.
- Duany, A., Plater-Zyberk, E., & Speck, J. (2000). *Suburban Nation: The Rise of Sprawl and the Decline of the American Dream*. New York: Northpoint Press.
- Fulton, W. (1996). *The New Urbanism: Hope or Hype for American Communities*. Cambridge, MA: Lincoln Institute of Land Policy.
- Katz, P. (1994). *The New Urbanism: Toward an Architecture of Community*. New York: McGraw-Hill.
- Leccese, M., & McCormick, K. (Eds.). (2000). *Charter for the New Urbanism*. New York: McGraw-Hill.
- Talen, E. (2000). New Urbanism and the Culture of Criticism. *Urban Geography*, 21(4),318 - 341.

Judith Kenney 文

李文硕译　陈恒校

纽约州纽约市
NEW YORK, NEW YORK

纽约市是全美最富异质性、人口密度最大且最古老的城市(佛罗里达的圣奥古斯丁建城更早,但到 20 世纪其人口一直未曾突破 5000)。纽约市坐落于纽约州的东南部,西邻新泽西,东靠位于长岛的拿骚县(Nassau County)。1624 年,荷兰人选择位于西经 74°、北纬 40°的下曼哈顿定居。在这里,哈德逊河与帕塞伊克河(Hudson and Passaic Rivers)交汇流入大西洋和长岛海峡(Long Island Sound)。巨大的港湾可以阻止风暴侵袭。1850—1950 年间,纽约港是世界上最繁忙的港口。

纽约不仅在规模上与美国其他城市有很大不同,在格调上同样如此。纽约市的诸多符号——自由女神像、帝国大厦、中央车站、时报广场、林肯中心、纽约股票交易所、布鲁克林大桥——闻名于世。它的许多街道指代意义很强:公园大道(Park Avenue)代表财富、华尔街代表金融、麦迪逊大街(Madison Avenue)代表广告、第五大道代表购物、百老汇代表剧院等等,不一而足。格林威治村已然成为波西米亚的代名词。苏荷区有着最为时髦的画廊。米帕金区(Meatpacking District)夜总会颇为前卫。哈莱姆到处是黑人,下东区移民满地,上西区(Upper West Side)政治自由主义者扎堆。正如威廉·狄恩·豪威尔斯在《新财富的危害》(*A Hazard of New Fortunes*)一书中写的那样:纽约市不属于任何一州,她属于整个美利坚。

哈德逊河大都市区的独特性在统计学上展现得淋漓尽致：

第一，1810 年前后，纽约超越费城成为美国第一大城市。两个世纪以来，纽约的首要地位一直未曾动摇。内战时期，纽约有 1175000 名居民，是费城的两倍。进入 20 世纪，纽约最重要的挑战者是芝加哥和洛杉矶。尽管如此，二者从未达到哥谭城（Gotham）的一半大。纽约市是当时美国唯一一个人口过 400 万的城市。2000 年，官方人口统计显示：该市有 8008000 人，大都市区人口达到 2200 万。从世界范围来看，1930 年纽约成为第一个拥有千万居民的城市带。1970 年，人口突破 1500 万。21 世纪初，在规模上东京、墨西哥城、圣保罗可能已经超过纽约，但哈德逊河大都市区仍然是资本主义之都、世界之都。

542

第二，纽约一直以来都非常多元。早在 17 世纪 40 年代，小小的新阿姆斯特丹就已有 18 种语言并用。在当时还不足 1000 人的小城中，已经有了各种族聚居的影子。从那开始，这座伟大的城市一直都是这个世界上人口最为多元的地方。举例来说：1880 年，纽约已经是世界上移民最多的城市。在此后的 40 年间，2300 万欧洲移民涌入美国，其中有 3/4 从纽约登陆。1930 年，该城有 200 万外国出生人口（包括 517000 俄国人和 430000 意大利人）。旅行至此的人们发现，走到城市街道上，几乎听不到有人讲英语。2000 年，有 290 万外国出生的居民。作为世界性的大城市，纽约远远超出位居第二的伦敦。

17 世纪以来，纽约一直是非裔美国人居住集中地。殖民地时期，哥谭城黑人比例占总人口的 20% 有余，是北部诸邦比例最高的。19 世纪，相较于白人，黑人人口呈现减少趋势。但从该世纪 80 年代开始，黑人新一轮增长潮开启。当时，来自南方沿海诸州的黑人蜂拥至北部。然而，与爱尔兰人、意大利人、犹太人不同的是，黑人面临着越发严重的歧视问题。

第三，正是因为其规模和多元性，纽约一直是最宽容的城市。这一传统始于 17 世纪，当时，荷兰人担心偏执可能会阻碍移民并导致收益缩减，因此明确指出各式各样的异端分子在新阿姆斯特丹都是受欢迎的。在 1638 年波士顿驱逐因不满清教正统的安妮·哈钦森（Anne Hutchinson）之后，曼哈顿张开臂膀欢迎流浪者、罪犯、革命者、持不同政见者、同性恋等。很明显，纽约各族裔人群一直在尝试和平共处。

第四，不管从美国还是世界标准看，纽约人口密度都非常高。由于纽约城中心部分是岛屿，整个区域由通勤铁路、地铁以及公交相连。自从 19 世纪中叶以来，该地区房产昂贵，土地供不应求。到 1900 年，下东城每平方英里高达 25 万人口，远远高于其他任何一个城市。21 世纪，纽约市每平方英里有 27000 人，这一人口密度远远超出旧金山（每平方英里 16000 人）、芝加哥（每平方英里 13000 人）、波士顿（每平方英里 11000 人）、休斯敦（每平方英里 3000 人）等。

在全美来看，纽约人口密度极不寻常——20 世纪下半叶从未下降过。举例来说：这段时期芝加哥人口下降 25%，巴尔的摩降幅达 28%，费城为 29%，克利夫兰 43%，底特律 46%，圣路易斯 54%。因此，让纽约近几十年成为一个例外的不是其人口已然离开，而是其他人源源不断地取而代之。

第五，在办公及居住大楼的数量和高度上，纽约长期以来有别于其他城市。尽管芝加哥在 19 世纪便最先拥有了高耸的商业建筑，上海、香港于 21 世纪早期树立了世界标准，但曼哈顿长久以来都是典型的摩天大楼之城，其天际线全世界闻名。

第六，纽约一直以来都维持着一支庞大的中产及上层阶级人口。尽管北美总的模式是内城意味着贫困、郊区代表着富足，但纽约五区持续吸引着中上收入家庭居住。市区居民的富足生活是显而易见的。2000 年，全美 3000 余县中最富饶者便是纽约县，也就是曼哈顿岛。与此同时，全国最昂贵的地产位于中央公园西部、第五大道、公园大街一带。

最后，纽约迥异于其他城市的是其非同寻常的安全记录。这部分来自始于 1992 年的犯罪率陡降，哥谭城从此不再属于"全美百大最危险社区"行列。但纽约人危险系数的降低本身得益于高人口密度和发达的公共交通。与其他美国城市相比，纽约人在日常生活中更加依赖公共交通。纽约人在出行时减少了对私人汽车的依赖，因此纽约市和纽约州的车祸死亡率远低于美国的标准值。

历史

尽管土著美国人已经在这片区域居住数个世纪，且受雇于法国的印第安人乔瓦尼·达·韦拉扎诺（Giovanni da Verrazano）早于 1524 年便航行于此，但直到 1609 年亨利·哈德逊（Henry Hudson）造访此地之时，这块土地的潜力才为荷兰人所知。作为当时世界上最富进取精神且最为成功的商人，荷兰人在此建立新阿姆斯特丹。在 1664 年英国人征服该城并将其命名为纽约之前，新阿姆斯特丹作为西印度公司在北美的中枢早已闻名于世。

殖民时代，纽约在规模、商业地位方面远远落后于波士顿和费城。革命期间,英国意识到纽约港以及哈德逊河的战略意义,并将曼哈顿岛作为其处理整场冲突的大本营。1776年,英军在布鲁克林赢得战争爆发以来最大一场胜利,痛击乔治·华盛顿的军队。不得已,美军趁着黑夜迅速撤离,并准备来日再战。

1783年获得国家独立后不久,纽约开始超越早先的诸多对手。到1789年,在沿海贸易方面,纽约已经遥遥领先。1794年,纽约总吨位数超过费城,其进出口额分别于1796和1797年超越后者。到1850年代,纽约比美国其他所有港口交易的货物总额都多。主要原因有四点:

第一,1812年战争后期,英国商人选择纽约作为其交易货物的地点。受英美战争的影响,大量货物堆积在码头。这一形势给曼哈顿商人超越费城、波士顿竞争者的良机。他们很快便从早期皇家海军的封锁中恢复了元气。

第二,1825年,连接奥尔巴尼和布法罗的伊利运河开通,给予纽约连通五大湖及内陆地区以极大便利,这都是费城、波士顿可望而不可及的。在1956年州际公路修建之前,伊利运河一直是美国历史上最为重要的公共工程,且成效显著。

第三,鉴于纽约重要的战略地位,它成为商业及政治情报流通的核心区。正如地理学家艾兰·普瑞德(Allan Pred)所言,纽约人充分利用了快捷、易得的珍贵信息,到1850年纽约已经发展成为全美最大的公司集中营。

最后也许是最为重要的,与其他地区相比,纽约零售及制造商更乐意将精力放在冒险与竞争上,而非沉迷于家庭关系。纽约人有着开疆拓土的精神,他们于1768年便组织了全美第一个商会。进入20世纪,同美国其他地方一样,纽约一度盛行反犹。尽管如此,对犹太裔、亚裔、非裔美国人来讲,纽约仍是他们跻身商业、社会、艺术、政治领导层的最佳去处。

纽约充分利用自身优势,并于19世纪成为全美商业重镇。其工厂是全国盈利最多的,外贸比其他任何对手多出三倍有余。初到此地的人对纽约港的繁忙景象所震撼。到19世纪末,埃利斯岛已经成为移民涌入美国的最主要入口。

政府管理

纽约市由5县(也称区)组成,总面积为322平方英里(800多平方千米)。最大区为长岛西部的皇后区,面积达到112平方英里。该区2000年共有220万居民,是世界上族裔最为多元的地区。人口最多的区是布鲁克林,2000年共有250万居民,分布在该区82平方英里的土地上。第三大以及人口增长最快是斯塔滕岛,该区总面积为60平方英里,2000年有人口44万。有着44平方英里的布朗克斯同年有130万人口。

曼哈顿是5区中面积最小的,仅有24平方英里。2000年该区人口150万,位居全市第三。其人口密度全市最高,开发程度也最高。曼哈顿成千上万的摩天大楼标榜着纽约大都市的地位。作为全美金融、商业中心以及大批机构的所在地,纽约举世闻名。曼哈顿对纽约非比寻常的影响表现在其为该城提供了数位市长和大批政治领袖。在内战后一直到二战前一段时期,曼哈顿区民主党政治组织、城市政治机器——坦慕尼厅在全美声名赫赫。

1950—1980年间,纽约看似有些衰落:人口减少81万,制造业就业率下降80%,犯罪率陡升几近失控,大公司总部纷纷逃至郊区或者西部、南部,中产阶层白人家庭数以万计地涌向大城市边缘带甚至更远的地方,涂鸦行为屡禁不止,大众交通客流量暴跌。1974年,这座伟大的城市险些宣布破产。

正当未来看似惨淡无光之时,纽约在剩下的1/4个世纪中出现明显转机:来自亚洲、非洲、欧洲、美洲的移民涌入纽约,五区人口均有明显增长;1992年之后暴力活动骤降;遗弃建筑现象走向终结;涂鸦也不再构成问题;电视连续剧每日在歌颂着城市生活的愉悦;房产升温至前所未有的高度。与此同时,哥谭城巩固了其世界文化之都的地位。在这里,博物馆、乐队、舞团、剧场、美术馆、音乐厅等都是世界其他地方难以匹敌的。随着地铁、通勤铁路、巴士载客量的回升,纽约恢复了原有的魅力、精明、优雅、繁荣与宽容。21世纪初,纽约似乎握有很大优势在未来几十年里继续把持"世界最伟大、最重要城市"的位子。

亦可参阅:布鲁克林大桥(Brooklyn Bridge),帝国大厦(Empire State Building),自由女神像(Statue of Liberty)

延伸阅读书目:
- Burns, R. , & Sanders, J. (1999). *New York: An illustrated history*. New York: Alfred A. Knopf.
- Burrows, E. G. , & Wallace, M. (1999). *Gotham: A history of New York City to 1898*. New York: Oxford University Press.
- Caro, R. A. (1974). *The power broker: Robert Moses and the fall of New York*. New York: Alfred A.

Knopf.

- Doig, J. W. (2001). *Empire on the Hudson: Entrepreneurial vision and political power at the Port of New York Authority.* New York: Columbia University Press.
- Jackson, K. T. (Ed.). (1995). *The encyclopedia of New York City.* New Haven, CT: Yale University Press.
- Jackson, K. T., & Dunbar, D. S. (Eds.). (2002). *Empire City: New York through the centuries.* New York: ColumbiaUniversity Press.
- Shorto, R. (2004). *The island at the center of the world: The epic story of Dutch Manhattan and the forgotten colony that shaped America.* New York: Doubleday.
- Voorsanger, C. H., & Howat, J. K. (2000). *Art and the Empire City: New York, 1825 - 1861.* New York: Metropolitan Museum of Art.

Kenneth T. Jackson 文

李胜译　陈恒校

1939 年纽约世界博览会
NEW YORK WORLD'S FAIR, 1939

1939 年纽约世界博览会(以下简称世博会,译者注)仿效了 1893 年芝加哥世界哥伦比亚博览会,主题是"明日世界"(World of Tomorrow)。考虑到二战,世博会于 1940 年被迫更改宣传词,"和平与自由"(Peace and Freedom)成为世博会第二季的口号。

世博会计划办成一场盛会,以此振奋经济大萧条中的国家和人民。该组织号称,1939 年 4 月开园当日会有 20 万人参加。尽管前后共有两季(1939 年 4 月到 10 月为第一季,1940 年 5 月到 10 月为第二季),共吸引全球 2500 万人参与其中,但事实上此次博览会经济上并不成功。主办方最终于 1940 年 10 月宣布破产并关闭了博览会。

1935 年中旬,在经济大萧条最为严重的时刻,纽约商人们聚集在一起商讨效仿巴黎、伦敦及芝加哥博览会开一场纽约国际博览会,并以此刺激经济发展、激发民众斗志。自 1853 年以来,作为全国金融中心的纽约还没有举办过任何一场大规模的展览会。人们希望通过一场大型博览会巩固纽约在全国人民心目中那好客的、吸引人的地位。在这些支持者当中,有纽约市长

菲奥罗拉·拉瓜迪亚、公园管理局局长罗伯特·摩西、皇后区区长乔治·哈维(George Harvey),他们与另外一些极富影响的人一道组成了纽约世界博览会委员会(New York World's Fair Corporation),社会名流、前纽约警察总长格沃尔·惠伦(Grover Whalen)当选委员会主席,并作为博览会的代言人出席开幕式。

从 1935 年到 1939 年博览会开幕,委员会致力于规划、建造及组织工作。哈维特别推崇博览会的位置——在昆斯区的一片沼泽地和垃圾场上(今法拉盛公园)。惠伦在吸引外国展客及其金钱方面十分在行。苏联是最早报名参展的国家之一,并为其展台拨款 500 万美元。意大利总理墨索里尼同样拨款 500 万用于意大利展厅建设。当罗斯福总统于 1939 年 4 月 30 日宣布展览会开幕之时,美国正努力从经济萧条中挣脱出来。此外,美国还面临着另外一项更富挑战性的危机——纳粹德国。很多听众视开幕式当天罗斯福的演讲为一种呼吁,希望德国元首阿道夫·希特勒以国家间和平为重。很明显,希特勒德国有意缺席了此次博览会。

就其建筑规模而言,纽约世博会是第二大博览会(仅 1904 年圣路易斯展览会略高于纽约)。纽约世博会占地 1216 英亩(长约 3.5 英里,宽约 1.5 英里),以宪法林荫路(Constitution Mall)为中轴修建,该林荫路北起联邦政府大楼(Federal Government Building),南至克莱斯勒大厦(Chrysler Motors Building)。由于林荫路中段是一个无法填埋的环礁湖,各个展区环绕林荫路修建。每个展区关注不同行业,比如通讯、汽油、玻璃、烟草、烈酒等等。每个区域都会展现出最新的发明成果,比如新型卷笔刀、最早的电视、键盘操作的语音合成器等。博览会最大的展区留给了美国企业巨头们:福特、古德里奇(Goodrich)、费尔斯通(Firestone)以及克莱斯勒。这些公司展出了最新的空气动力汽车。通用汽车公司自夸旗下一款大众性的乘车工具"飞出未来"(Futurama)可以让乘客畅游美利坚。博览会还将威斯门豪斯电子公司(Westinghouse Corporation)推出的"时间胶囊"(Time Capsule)封存到地下,希冀 5000 年后(公元 6939 年)开启。"时间胶囊"中都是精选的足以传递当时美国生活方式的物品,其中包括阿尔伯特·爱因斯坦和托马斯·曼(Thomas Mann)留有的笔迹、《生活》(*Life*)杂志的副本、一个丘比娃娃、一美元硬币、一包骆驼牌香烟、字母积木等。

娱乐区位于展馆的东南角,那里有一个大湖,喷泉闪烁其中;有一个露天剧场,还有 50 个货摊,提供从奇幻表演到软色情的各种表演。这里也上演着萨尔瓦

545

多·达利的"维纳斯之梦",包括在潜水箱中表演的四个独立的节目。

虽然主办方期待博览会能持久发挥效力,但结果却事与愿违。总计 375 座建造物是临时搭建的,混杂了钢架、石膏、木板等。

尽管博览会实现了吸引千万人来纽约的目标,但并没有赚到组委会期待的 10 亿美金。组委会花销多达 6700 万,博览会入场费只有 4800 万。最终,博览会关门,绝大多数建筑被拆除。唯有纽约大厦(New York City Building)以及纽约州立露天剧场(New York State Amphitheater)得以永久保留,二者在 1964 至 1965 年间举办的纽约世界博览会上再次投入使用。市公园管理局局长罗伯特·摩西总算如其所愿——博览会场地得以保留,该地如今成为人们熟知的娱乐休闲场所法拉盛公园。

亦可参阅:菲奥罗拉·拉瓜迪亚(La Guardia, Fiorello),罗伯特·摩西(Moses, Robert),世界博览会和展览会(World Fairs and Expositions)

延伸阅读书目:

46
● Gelernter, D. (1995). *1939:The lost world of the fair*. New York:Free Press.
● Queens Museum. (1989). *Remembering the future:The New York World's Fair from 1939 to 1964*. New York: Rizzoli.
● Rydell, R. W. (2000). *Fair America:World's fairs in the United States*. Washington, DC:Smithsonian.

Elif S. Armbruster 文

李胜译 陈恒校

报纸
NEWSPAPERS

在美国,还没有哪座大型城市在没有报纸的情况下,取得过成功或生存下去。到 1982 年,也没有哪家主流、非宗教、日常报纸在缺少城市依托的情况下,可以繁荣昌盛。18、19 世纪,政府印刷法及邮递条例支持了地方而非国家级报纸的发展。随着城市的日益扩张,报纸提供给读者另外一个难得的观察视角。与此同时,随着人口的不断增长,报纸提供给新居民诸多生存方面的指导。对外来移民来讲尤其如此。报纸在很

大程度上促成了人们社区感的形成。面对 20 世纪电子传播媒介的竞争,大批城市报纸演变成诸如水、气、电等垄断性的公共服务设施。进入 21 世纪,报纸依然是美国城市环境中不可或缺的一部分。正如城市当中的公私部门及民众深深影响报纸一样,报纸也在不断影响着它们的城市。

波士顿是美国新闻业的摇篮。在被地方当局查禁之前,波士顿只有《公共事件》(*Publick Occurrences*,创建于 1690 年)一家报纸发行。《公共事件》被禁之后,另外几家周刊应运而生,例如 1704 年的《波士顿新闻通讯》(*Boston News-Letter*)、1719 年的《波士顿公报》(*Boston Gazette*)及 1721 年的《新英格兰报》(*New England Courant*)等。《新英格兰报》由詹姆斯·富兰克林(James Franklin)和大本(Older Brother of Ben)掌舵编辑,他们首开通过报纸批评波士顿神权政府的先河。正因为此,富兰克林被捕入狱。在 1729 年成为宾夕法尼亚第二大报纸《宾夕法尼亚公报》(*Pennsylvania Gazette*)编辑之前,本一直担负着《新英格兰报》的编辑、发行工作。纽约第一家报纸是 1725 年的《公报》(*Gazette*),尽管如此,1733 年创刊的《纽约周刊》更为有名。就在创刊当年,《纽约周刊》桀骜不驯的编辑约翰·皮特·曾格(John Peter Zenger)被皇家殖民地总督指控为煽动性诽谤罪。最终,曾格逃过一劫——陪审团做出无罪裁决,曾格重获自由。这一事件极大助长了人们反对皇家统治的情绪。其他早期报纸还包括 1727 年的《马里兰公报》(*Maryland Gazette*)、1732 年的《南卡罗来纳公报》(*South-Carolina Gazette*)、1736 年的《弗吉尼亚威廉斯堡公报》(*Williamsburg Virginia Gazette*)及 1763 年的《佐治亚公报》(*Georgia Gazette*)等。到 1750 年,绝大多数能识文断字的美国人至少可以接触到一份报纸。

19 世纪早期,少数国家级报纸开始出现,如《美利坚公合众国报》(*Gazette of the United States*)、《全美报道者》(*National Intelligencer*)等。但詹姆斯·麦迪逊的平等主义哲学理念不仅倡导对地方知识的发展予以政府支持,还影响了允许免费或者以最低价邮递报纸的立法。正因为此,当时美国最小的城市都能承担得起为更广的读者群发行报纸。投机商、推销商们也趁机在报纸上大做文章,宣传自己。第一家日报《宾夕法尼亚晚邮报》(*Pennsylvania Evening Post*)1783 年出现于费城,《宾夕法尼亚讯息》(*Pennsylvania Packet*)紧随其后。第一家并非由最初 13 个殖民地创建的报纸是 1786 年的《匹兹堡公报》(*Pittsburgh Gazette*),该报后来以《匹兹堡邮报》(*Pittsburgh Post-*

Gazette)为名一直出版发行至 21 世纪。辛辛那提市的西北领土哨兵报（Centinel of the Northwest Territory）发行于 1793 年，该报是西部诸多报纸中的一种。全美第一家西班牙语报纸是 1808 年出现于新奥尔良的《密西西比河报》（El Misisipi）。此后，底特律（1809）、布法罗（1811）、克利夫兰（1819）、密尔沃基（1836）等城市相继出现此类报纸。芝加哥第一份报纸是 1833 年的《民主党人周刊》（Democrat）。

作为全美第一大城市，纽约为其他城市树立了典范，该城的报纸同样如此。1801 年，亚历山大·汉密尔顿创建《纽约晚邮报》（New York Evening Post），该报最初作为党的喉舌存在。从 1829 年开始，威廉·柯伦·布赖恩特（William Cullen Bryant）负责《纽约晚邮报》编辑工作，前后近 50 年之久。越来越多识字的中产阶层读者使"便士报"（Penny Press）大量流通成为可能。从 1833 年本杰明·戴（Benjamin H. Day）的《纽约太阳报》（New York Sun）开始，比起内容中的政治和商业要闻，报纸的发行更加受到编辑部的重视。1835年，当理查德·亚当斯·洛克（Richard Adams Locke）写下几篇旨在描述月亮生活的文章后，《太阳报》的发行量实现三倍增长。洛克的"月亮骗局"（Moon Hoax）与 1938 年奥逊·威尔斯（Orson Welles）的广播剧《宇宙之战》（War of the Worlds）及 20 世纪晚期的互联网都市传奇（Internet Urban Legends）在也都刺激了发行量的增加。1835、1841 及 1851 年，詹姆斯·戈登·本内特（James Gordon Bennett）的《纽约先驱论坛报》（New York Herald）霍利斯·格里利的《纽约论坛报》（New York Tribune）及亨利·雷蒙德（Henry J. Raymond）的《纽约时报》相继创刊发行。1870 年代早期，《纽约时报》首次详细曝出了特威德老板和坦慕尼厅的城市腐败丑闻。"便士报"主要由报童在街上一份份叫卖，而非依赖于昂贵的订购形式。1850 年左右，全美报纸总发行量超过 100 万份。1836 年的《费城公共档报》（Philadelphia Public Ledger）、1837 年的《巴尔的摩太阳报》（Baltimore Sun）最初是效仿者。到 1840 年，全美四个最大城市均有便士报。电报的应用使得报纸新闻更加即时、有效。1848 年，美联社的前身已经开始提供新闻服务。1852 年，第一份电报在《巴尔的摩爱国者》（Baltimore Patriot）上发行。

在美国，各地不同的情势给报纸带来的影响不尽相同。在南方，诸如创建于 1785 年的《奥古斯塔编年报》（Augusta Chronicle）、1815 年里士满市的《询问报》（Enquirer）、1822 年的《查尔斯顿水星报》（Charleston Mercury）、1827 年那什维尔市的《共和党人旗帜报》（Republican Banner）、1830 年新奥尔良的《蜂报》（Bee）、1837 年的《皮卡尤恩报》（Picayune）、1833 年路易斯维尔市的《周刊》（Journal）、1849 年的《达拉斯先驱报》（Dallas Herald）、1853 年休斯敦的《克罗克特印刷者报》（Crockett Printer）及 1857 年亚特兰大的《每日检查者报》（Daily Examiner）均经历过程度不一的审查制度。1832 年，《查尔斯顿市公报》（Charleston City Gazette）出版商为了迎合支持联邦的情绪，被迫卖报。截至 1836 年，绝大多数南方州通过法律反对那些极易引起读者群暴动的出版物发行。在西部，1846年创建的《俄勒冈观察家》（Oregon Spectator）是太平洋沿岸首家英文报纸。在此之前，像 1834 年的《克里普斯卡拉报》（El Crepusculo de la）、1846 年的《蒙特利加州人》（Monterey Californian）及《圣弗朗西斯科加州星报》（San Francisco California Star）等都是以西班牙语为主的报纸。《俄勒冈观察家》之后，创建于 1849 年的《新墨西哥圣菲报》（Santa Fe New Mexican）、1850 年波特兰市的《俄勒冈人报》（Oregonian）与盐湖城的《德瑟雷特新闻》（Deseret News）、1851 年的《洛杉矶星报》（Los Angeles Star）、1859 年的《落基山新闻报》（Rocky Mountain News）等英文报刊相继出版发行。1860 年代早期，塞缪尔·克莱门斯（Samuel Clemens）作为内华达州弗吉尼亚市《事业报》（Territorial Enterprise）的一名编辑，开始以马克·吐温为笔名撰文。

内战后，工业化加速了城市人口的增长。这一进程中，表现最为突出的莫过于芝加哥市。1880 年，原来的沼泽之地超越圣路易斯崛起为美国第四大城市。1890 年，芝加哥超越费城、布鲁克林，成为美国第二大城市。通过采用便士报的模式，创刊于 1875 年的《芝加哥日报》（Chicago Daily News）得到飞速发展。芝加哥也成为全美唯一一家无广告、持续型日报《日记本》（Daybook，1911—1917）的诞生地。自匈牙利移民约瑟夫·普利策 1878 年购买、兼并《圣路易斯快邮报》（St. Louis Post-Dispatch）开始，普利策便从根本上改变了城市新闻业。普利策支持改革，倡导积极主动式报道及持续不断的自我提升。1883 年，在完成《纽约世界报》（New York World）的购买后，普利策将其雄心抱负带至全美最大的报业市场纽约，他极力使报纸变得对移民群体更为易读、有用。后来，普利策卷入一场与威廉·伦道夫·赫斯特的发行战。1895 年，赫斯特买下《纽约日报》（New York Journal），他与普利策间的对抗僵局一直持续到 1911 年后者去世。赫斯特引入黄色新闻、大标题、短小精悍的故事等来吸引读者,此举得到其他城市诸多报纸效仿。尽管阿道夫·奥克斯(Adolph Ochs)着力将《纽约时报》打造成一家客观公正的报刊,但经济大萧条之前全美近一半的日报读者依然能接触到赫斯特的社论。

一战前后,城市报纸开始走向衰落。国家型杂志、电影、广播等竞相争夺关注度。诸如赫斯特和《芝加哥论坛报》罗伯特·麦考密克上校(Colonel Robert R. McCormick)等出版商的恃强凌弱态势,驱使部分读者远离报纸。随着报团的形成,媒体资产(Media Properties)集中化趋势开始。举例来说,爱德华·斯克利普斯(Edward W. Scripps)集团始建于1883年辛辛那提,1988年上市;加尼特报业集团(Gannett Company)形成于1906年,1967年上市;奈特-李德尔报系(Knight-Ridder)1937年于俄亥俄亚克朗市起步,1974年实现兼并。加尼特的《今日美国》(USA Today)是第一家成功长期发行的国家级报纸。很明显,这有悖于詹姆斯·麦迪逊推崇地方的哲学理念。《纽约时报》《华尔街日报》(Wall Street Journal)国家版的发行,更助长了报纸与地方的背离。1970年,《报纸保护法》(Newspaper Preservation Act)允许12个城市在21世纪初各保留两家报纸,但其他的大城市由原来的数十家报纸变得越来越少,小城市则只能保留一份报纸。这些剩余的报纸被迫放弃其政治观点,只能依靠提供公共服务类型新闻及其他地方不便获得的信息存活。一批杰出的城市报纸相继凋零,如1967年的《纽约国际先驱论坛报》(New York World Herald Tribune)、1978年的《芝加哥每日新闻》(Chicago Daily News)、1982年的《费城公报》(Philadelphia Bulletin)、1986年的《圣路易斯环球民主党报》(St. Louis Globe Democrat)、1989年的《洛杉矶先驱稽查报》(Los Angeles Herald Examiner)、1990年的《堪萨斯城市之星》(Kansas City Star)、1995年的《休斯敦邮报》(Houston Post)、1998年的《纳什维尔旗帜报》(Nashville Banner)、1999年的《印第安纳波利斯新闻》(Indianapolis News)。2000年,始建于1847年的《芝加哥论坛报》(Chicago Tribune)与创建于1881年的《洛杉矶时报》合并,成为继加尼特、奈特李德尔之后第三大媒体集团。为了生存,那些残存的城市报纸不得不采用诸多新技术,如有线广播电视、网络、电子文本传输等。

延伸阅读书目:

● Barth, G. (1980). *City people: The rise of modern city culture in nineteenth-century America.* New York: Oxford University Press.

● Emery, M., & Emery, E. (1954). *The press and America: An interpretive history of the mass media.* Englewood Cliffs, NJ: Prentice Hall.

● Kielbowicz, R. B. (1989). *News in the mail: The press, post office, and public information, 1700-1860s.* Westport, CT: Greenwood Press.

● Sloan, W. D., & Startt, J. D. (1996). *The media in America: A history.* Northport, AL: Vision Press.

Richard Junger 文

李胜译　陈恒校

镍币娱乐场
NICKELODEONS

19世纪末20世纪初,在城市中长大的美国人见证了诸多正在发生的变化:新移民源源不断地从世界各地涌入;制造业蓬勃发展,大量工人置身厂房其中;"强盗大亨"(Robber Barons)敛财无数的同时,多数民众在为温饱苦苦挣扎;科学技术几乎改变了日常根基,影响到人们生活的各个方面,其中之一就是,随着爱迪生发明而来的娱乐时间与活动的增加,一种新的产业由此诞生——电影。最早放映电影的场所当中,便有后来为人们熟知的镍币娱乐场。

镍币娱乐场主要集中在大型工业城市的工人阶级社区之中。娱乐场乃狭小、阴湿且拥挤不堪的场所。只要有镍币,就能够前去观看一场短片。娱乐场很快成为大众娱乐早期形式的一种。像科斯特(Koster)音乐厅、比亚尔(Bial)音乐厅及皇家剧院(Royal Theater)的出现为全国其他成千上万类似的剧场铺平了道路。

拥有一枚镍币,任何人都可以进入剧场看一场长达20分钟的音乐及图片节目。绝大多数镍币娱乐场全天候播放虚构的电影,为满足工人阶级的需要而提供灵活的放映安排。尽管各个城市观众不尽相同,但主要是那些无法享受上层阶级娱乐的工人阶级。到1909年,全美至少有112家剧场"专门针对有色观众"。1907年一份报告指出,每天有超过200万人进入镍币娱乐场,其中1/3以上是孩童。诸多外国人也参与其中,他们喜欢观影主要基于影片是无声的。

透过潜在观众的规模,我们可以发现镍币娱乐场的所在。在其他娱乐场所聚集的地方,我们一般也能见到镍币娱乐场。通常情况下,它们沿有轨电车线路或者工人聚居区选址。在有些城市,镍币娱乐场的选址是由人口密度、租金率、种族状况及法律法规决定。

这种娱乐方式首次被引入美国是在何时呢?尽管1896年便有店面剧场(Storefront Theaters)开始出现,但直到1906年才大量涌现。有些历史学家认为,第一个镍币娱乐场由1905年匹兹堡的哈里·戴维斯(Harry Davis)建造。一位电影史家称1907至1916年为"镍币娱乐场时代"(the Nickelodeon Period)。尽管学者们的估计各有不同,但均认可1907年全美镍币娱乐场数量已有成百上千。一份1908年的名录显示,仅在曼哈顿就有123家电影剧场。由于剧场发展迅速,数量很难精确统计。因为座位有限,剧场往往赚不到大钱。如果剧场拥有不足200个座位,剧场持有人则能购买一份廉价的娱乐许可证;如果超过200席,他们不得不每年花500美元购买影院执照。门票之低,剧场不提供其他类型节目。一架投影机、一块屏幕、一些木椅、一台竖式钢琴便能上映无声影片。通常情况下,剧场小而窄,内部被涂成红色。

镍币娱乐场播放哪些类型影片呢?一般来讲,都是些虚构故事——无声影片伴上音乐。故事多是些喜剧、西部片或戏剧。例如《武士迷途》(*Knight Errant*)、《抓住孩子》(*Catch the Kid*)、《杰克与仙豆》(*Jack and the Beanstalk*)及《魔法世界》(*Wizard's World*)等。埃德温·鲍特(Edwin S. Porter)执导的《火车大劫案》(*Great Train Robbery*)深得观众喜爱,该片是美国首部西部片。

随着剧场数量的急速增长,镍币娱乐场面对的另一问题是缺少新影片。据估计,多数剧场调整节目安排为一周三次。很明显,新兴产业无法满足民众的需求。尽管这一行业发展方兴未艾,但有些剧场无力支付影片要价。来自新加入者、大型剧场的竞争愈发激烈。举例来说,1908年杜威剧院(Dewey Theater)开业之际,容客量超过12000人。这对老旧、小型剧场来说完全不可想象。

竞争加剧同样带来电影工业的变迁:到1910年代,故事片开始被引入;20年代初,电影票价增加到10至20美分,这标志着镍币娱乐场时代的终结;随着各式各样电影的增加,纸媒关于电影的报道也越来越多,甚至出现了专门致力于电影的杂志。总的来说,除了镍币娱乐场,人们有了更多替代性选择。

新兴工业的发展吸引着进步主义运动改革家广泛参与其中。改革家们认为,很有必要对电影类型、观众施加控制;他们尤为关注电影对儿童、家庭道德观念带来的潜在腐蚀;另外,他们还担心:这些镍币娱乐场作为聚集性场所吸引大批潜在的不良人群,根本无法作为一种乐事来宣传推广。

亦可参阅:好莱坞(Hollywood),电影(Motion Pictures),城市与郊区(Cities and Suburbs)

延伸阅读书目:

- Allen, R. C. (1979). Motion picture exhibition in Manhattan 1906 - 1912: Beyond the Nickelodeon. *Cinema Journal*, 4, 2 - 15.
- Aronson, M. G. (2002). The wrong kind of nickel madness. *Cinema Journal*, 42, 71 - 96.
- Patterson, J. M. (1907, November 23). The nickelodeons. *Saturday Evening Post*. Retrieved May 16, 2006, from http://thenostalgialeague.com/olmag/nickel.htm
- Waller, G. A. (1992). Another audience: Black moviegoing, 1907 - 1916. *Cinema Journal*, 31, 3 - 25.

Leslie Heaphy 文

李胜译 陈恒校

尼克松政府的城市政策
NIXON ADMINISTRATION: URBAN POLICY

1969年,理查德·尼克松正式就任美利坚合众国总统。作为一名原本对国内政策缺乏兴趣的人,尼克松很快发现国内问题需要给予特别关注。当时,城市地区的衰落已经极为严重——连续四年的城市骚乱和种族紧张局面丝毫没有减缓的趋势。在第一个任期内,尼克松城市政策的主要着眼点在于,如何让政府部门有效执行先前的法律与政策。再次当选之后,尼克松通过单方面冻结所有住房公积金以求全面控制城市政策,这一策略有助于阻止住房和城市发展部在郊区进行"居住融合"(Residential Desegregation)的企图,并有利于实现城市政策制定权从联邦向州和地方层面的转移。

在尼克松正式就职的前一年,国会通过了《1968年民权法案》(又称《公平住房法》)和《1968年住房与城市发展法》。《公平住房法》拓展了联邦对住房进行的反歧视性保护举措,这在《1964年民权法案》曾是不予考虑的内容。《1968年民权法案》第8条禁止以种族、肤色、国籍或性别(1974年修正后补充)为由拒绝出售、出租、转让房屋;禁止在出售或出租时的歧视;禁止在广告中表明种族倾向;或者禁止房屋在实际空闲的情况下否认可用。法律指导HUD执行了肯定性行动,深化了"公平住房"的意旨。在当时,国会对"公平住房"一词并没有明确界定。

《1968年住房与城市发展法》促使联邦政府更加广泛地参与进增加住房供应的事务,尤其要针对那些中低收入家庭。国会创建了两个新项目——第235款及236款,为私人建设住房提供联邦补贴。第235款通过授权HUD支付商业抵押贷款人,使其降低借贷者的利息支付,以此来援助低收入家庭购房。第236款给予那些建设多单元、复合式住房的私营开发商同样的利息降幅额度,但开发商一方需要削减租金以便达到与低收入租户间的利益均摊。《1968年住房与城市发展法》设立了一个10年建设600万套保障性住房的目标,前后几近10倍的增长。

负责执行法案及示范城市、城市更新等项目的是1965年成立的住房和城市发展部。尼克松推举密歇根前州长、有自由倾向的共和党人乔治·罗姆尼执掌HUD。在执行公平住房命令时,HUD立邀司法部干预那些官方及个人性质的典型性歧视案例,并对种族、经济因素在保障性住房选址、获取资助方面的影响予以重点关注。司法部确保了法庭判令的贯彻实施,这些判令主要针对美国几个大型房产开发商。判令指出,开发商需要采取切实措施消除住房歧视。举例来说,开发商应给予非洲裔美国人(或者其他受害者群体)空房通知方面的优先;应该鼓励黑人填充白人居住区中的空缺;应该向非白人加大销售和宣传力度。

通过推行示范城市、城市更新等项目,HUD着力取消住房中的隔离现象。对于那些执行项目得当有法的地方或开发商,HUD会给予其补助申请特别关照。HUD有责任确保联邦拨款不会用于那些深化住房隔离的项目。

到1970年秋,尼克松开始意识到HUD正在效法卫生、教育与福利部(Department of Health, Education and Welfare)。当时,卫生、教育正与福利部与司法部一道狂热地推行南部学校的去隔离化进程。白宫方面威胁道,若HUD不收缩去隔离化的尝试,罗姆尼将遭到解雇。白宫强迫冷却罗姆尼种族融合热情的举动,并没有消除其担心城市政策制定权会花落他处的忧虑。在此情境下,联邦法院的决定认为,保障性住房能

够跨出亚特兰大、芝加哥、费城的城市界限。决定成为改变的动力,最终导致法院裁决式、大都市区广度的住房规划方案的出台,并重新规划了存在种族、经济排斥的居住区。

与此同时,在联邦住房管理局推行的诸多鼓动中低收入家庭购买城市社区住房的项目中,丑闻与腐败开始滋生。购房者的无知、房产经纪人的寡廉鲜耻以及联邦住房管理局资产评估的拙劣,共同导致大量这类案例的发生——接收房产者因无力继续支付房贷而被迫放弃产权。当房贷陷入严重拖欠之后,私营借贷者将取消该房产的赎回权,HUD需要偿还借贷人并且在无卖家问津的情况下保有房屋产权。在诸如底特律和费城等城市,HUD被视为是独户住房最大的持有人。

1973年1月,白宫宣布对所有联邦住房补贴予以长达18个月的冻结。在白宫看来,保障性住房项目是不公平、代价高且低效的,这样的标签给予白宫行动以合法性。在尼克松第一任期内,住房补贴开支增加5倍,1973财年将近有20亿美元的拨款。在补贴冻结之前,HUD并没有努力解决235款及236款项目中存在的一系列问题,也没有为自身行动进行合理的辩护。

除了项目代价不菲、腐败滋生等明显的缘由外,冻结可能还涉及另外两个因素:第一,对住房资助的冻结完全终止了联邦在郊区进行经济、种族去隔离化的势头。大量尼克松支持者对法院助推下的学校去隔离化进程极为不满,有鉴于此,尼克松想极力避免法院在住房领域推行类似的判决。通过冻结住房资助,尼克松希望可以间接阻止此类事情的发生。事实上,尼克松此举降低了自身行动的政治风险。此外,参与住房议题的国会成员怀疑,尼克松冻结住房补贴是为了迫使国会通过总统的专项收入共享提案(Special Revenue-Sharing Proposal),该方案旨在提升州和地方运用联邦资金的自主权。

1974年夏,尼克松在辞职之前取消了冻结决议。在新总统杰拉尔德·福特治下,国会通过《1974年住房与社区发展法》。法案强调地方在使用联邦资金方面的既有权力,但并没有表现出处理郊区经济、种族隔离问题的强烈渴求。1974年法案在大幅度降低资助的情况下延续了235条款和236条款,并很大程度上依赖《1968年民权法案》第8条的项目。第8条为租房的房客提供直接补贴,鲜有使用者为实现居住区经济或种族上的融合而付诸行动。

在第一届任期前半段,尼克松主要以柔和的形式延续之前的城市政策。整个1960年代,联邦政府在努力增加经济及种族意义上弱势群体的住房机会。在

HUD尝试利用自身影响力推行经济和种族去隔离化进程时,白宫方面起初是极为被动的。随着 HUD 的行动越发突出且富有争议,尼克松对 HUD 施加更为严格的控制,最终以冻结住房补贴的形式打消掉 HUD 的雄心抱负。随着州和地方对联邦资金越来越强的控制,人们对种族、经济聚集问题的关注度急剧降低,而这种漠不关心持续至今。

亦可参阅:郊区中的非洲裔美国人和非洲裔美国人城镇(African Americans in Suburbs and African American Towns),公民权利(Civil Rights),《1968年公平住房法》(Fair Housing Act of 1968),联邦住房管理局(Federal Housing Administration),居住隔离(Housing Segregation),公共住房(Public Housing),城市危机(Urban Crisis)。

延伸阅读书目:

● Bonastia, C. (2006). *Knocking on the door: The federal government's attempt to desegregate the suburbs.* Princeton, NJ: Princeton University Press.
● Danielson, M. N. (1976). *The politics of exclusion.* New York: Columbia University Press.
● Hays, R. A. (1995). *The federal government and urban housing* (2nd ed.). Albany: State University of New York Press.

Christopher Bonastia 文

李胜译 陈恒校

约翰·诺伦
NOLEN, JOHN

约翰·诺伦(1869—1936),20世纪早期美国城市规划运动领袖之一。作为诸多公民团体及专业团体的会员,诺伦主管过美国一系列重要的规划组织。那个时代,诺伦名头甚响。近年来,由于受到新城市主义支持者、领导者的吹捧,诺伦再次为人们所熟知。

诺伦早年在费城一所专门为无父的男孩所设的学校受教,后来进入宾夕法尼亚大学沃顿学院深造,并于1893年毕业。当时,在埃德蒙德·詹姆斯(Edmund James)和西蒙·派顿(Simon Patten)领导下,沃顿学院是进步主义的先行者。诺伦对城市及其问题表现出强烈的进步主义兴趣。1893至1903年间,诺伦出任大学推广教育协会(Society for the Extension of the University Teaching)执行秘书。之后,作为建筑师以及城市规划师致力于城市行动主义(Urban Activism)这一人生目标的完成。

为了追寻一种公民的志业,诺伦进入哈佛大学园林学院,并于1905年获得硕士学位。之后的32年里,因为在城市规划专业创造了一系列新的词汇、研究领域及理论,诺伦得以在国际上享有盛名。他携带着幻灯片永不疲倦地奔波于美国各个城市之间,向商会、公民协会、市政委员会、学生等发表演讲。在1910、1920年代,诺伦的剑桥公司(Cambridge Firm)是一个喧嚣热闹的地方,一大批企业生活区、居民住宅区、公园、城市的规划方案在此诞生。诺伦不仅仅是主要的规划设计者,而且是整个公司前进的精神动力。正是因为诺伦与大批商业精英保持着良好关系,俄亥俄州马里蒙市(Mariemont)以及佛罗里达威尼斯市(Venice)等地的居民住宅区才经由当地富商委任诺伦及其团队来规划,而二者也成为后者规划的得意之作。在规划圈内,诺伦的社交与专业能力都是超出常人的,他是圈内的核心人物。此外,他还是一名高产的作家。不仅仅在地方或某一特定区域,甚至在全国城市规划领域,诺伦都是旗帜性人物。在国际上,他不停地穿梭于大西洋两岸,参加会议、到国外学习,他与欧洲许多国家的城市规划师保持通讯,也包括日本及拉美的设计师们。此外,诺伦还曾在美国各级政府中担任咨询、联络及技术支持类工作。1937年,诺伦去世,战后被人遗忘。1980年代以来,由于安德尔斯·杜阿尼(Andres Duany)等一大批新城市主义学者援引诺伦的论著,诺伦再次为人们所熟知。

亦可参阅:城市规划(City Planning),公司城(Company Towns),新城市主义(New Urbanism),进步主义(Progresivism)

延伸阅读书目:

● Saunier, P.-Y. (1999). Atlantic crosser John Nolen and the Urban Internationale. *Planning History*, *21*(1), 23-29.
● Stephenson, B. (2002). The roots of the new urbanism: John Nolen's garden city ethic. *Journal of Planning History*, 1, 101-125.

Pierre-Yves Saunier 文

李胜译 陈恒校

552

O

加利福尼亚州奥克兰市
OAKLAND, CALIFORNIA

在那振奋人心的淘金热时代,三名扬基土地投机商决意在加利福尼亚北部、离圣弗朗西斯科 8 英里处建一座新城。霍利斯·卡本蒂埃(Horace Carpentier)、安德鲁·莫恩(Andrew Moon)、安德森·亚当斯(Edson Adams)将赌注放在一块位于东海岸的平地上,该土地面积达到 480 英亩。由于婀娜多姿的橡树点缀其中,新镇便以此得名。入河口以北泥塘(后称梅里特湖)附近一片区域,不仅仅是上好的港口,也是未来城市选址的绝佳去处。尽管缺少土地所有权,这并不能阻止城市建设者们去制作市镇地图、出售小块地段。1852 年,州通过章程惩罚那些私售土地者,并将开发权控制在英裔美国人(Anglo-Americans)手中,这一举措大大激发了城市建设的热情。已经控制了整个奥克兰港湾的卡本蒂埃,以极低的价格将绝大部分沿岸所有权转让给中央太平洋铁路的附属机构。主管"四巨头"(Big Four)进而指定奥克兰作为铁路最西端终点站。尽管拥有着更胜一筹港口的圣弗朗西斯科继续支配着区域经济,但通过与全国经济往来的连接,奥克兰发展前景广阔。1870 年,该市镇有 10000 人口。

太平洋铁路的修建引发奥克兰城市建设的浪潮。这一过程中,不均衡都市开发对法人权限的束缚凸现出来。商人的贪婪、族裔与宗教偏见助长了美国的西部开发。蒸汽机牵引的无门列车冒着滚滚浓烟快速穿过铁路大道(Railroad Avenue)中段。在西奥克兰,定居着大批中产及上层阶级的新教白人家庭。在奥克兰站附近,各个族裔人口混居在一起是来自大不列颠、北欧及非洲工人移民的家。很多黑人在港口充当劳力,他们需要住在离工作场所近的地方。与此相反,该城绝大多数华裔社区位于相对隔绝的市区,这就是后来人们熟知的唐人街的雏形。

纵览整个奥克兰,由于坚决贯彻低税率的城市政策,城市修葺工作稀稀落落。从 1860 年代开始,人们支持私营部门参与到城市建设与管理之中。山景公墓(Mountain View Cemetery)的设计便来自弗雷德里克·劳·奥姆斯特德之手。1870 年代早期,妇女开始加入为孩童谋福利的慈善组织,她们希冀通过这类组织来支持国家建构。她们的工作引起夏洛特·珀金斯·吉尔曼的关注,并于 1890 年代在奥克兰成立一家寄宿公寓。

1905 年弗兰克·莫特(Frank Mott)赢得市长选举之后,激进主义的传统使奥克兰成为"加州进步主义"(California Progressivism)的代表。莫特对劳工运动、移民社区的政治头目毫不客气,以此维系这座多元化城市的政治秩序。他引入文官制度;更改城市章程;允许街道改善及学校、公园、娱乐场、超高层市政厅的建设;并将精英妇女带进政坛,提供给她们娱乐场委员会(Playground Commission)的职位。莫特还分别于 1906 年、1916 年向城市规划师查尔斯·马尔福德·罗宾逊(Charles Mulford Robinson)、沃纳·海格曼(Werner Hegemann)请教城市建设方面的问题,后者曾力劝莫特保护好有价值的自然资源,建立一个市政中心(海格曼的建议直到二战之后才部分实现)。

到 1911 年加州女性获得选举权之时,奥克兰人口增至 15 万左右,土地向北、向东各有延伸。当年,奥克兰正努力摆脱铁路公司对滨水区的控制,经过一场冗长的官司之后获得胜利。这一胜利大大刺激了当地经济发展,经济明显多元起来——人们不仅仅可以在铁路部门工作,还可以在机械工厂、木材厂、建筑厂、船运厂、纺织厂、罐头厂以及造船厂找到工作。

1906 年大地震及火灾给圣弗朗西斯科以毁灭性打击,成千上万难民涌入奥克兰,大量工作机会的存在迅速吸纳了这些难民。随着南欧、东欧移民的加速增长，奥克兰吞并周边郊区一带，并于 1923 年达到当下城市规模。

尽管取得了骄人成就，城市街区仍会周期性地爆发冲突：1894 年铁路工人加入美国铁路工会（American Railway Union）大罢工，1946 年劳联号召大罢工。回首往昔，老奥克兰人认为进步主义时代是种族关系相对缓和时期。1920 年代，当这座白人之城在族裔构成开始起变化之时，奥克兰的三 K 党组织起来并赢得地方选举。1920 年，奥克兰有 216000 人口。其中，大约有 5500 名非洲裔美国人。尽管黑人人口总数偏少，但增长飞快。1910—1920 年间，黑人增长 5 倍。随着大批黑人迁至北方找工作、寻求公平正义，一场巨变即将来临。1940 年奥克兰人口达到 302000，1945 年为 345300，1950 年为 384500。1944—1950 年间，黑人社区增幅 118％。

人口流动给西奥克兰带来新肤色居民。为了争取公民权和性别平等，黑人们加入到风起云涌的斗争中。新政时期，卧铺列车员兄弟会主席科特雷尔·劳伦斯·德勒姆斯（Cottrell Laurence Dellums）说服新一届城市规划委员会从根本上取消西奥克兰公共住房的隔离状况。工会组织者、全国有色人种协进会官员弗朗丝·阿尔布里耶（Frances Albrier）积极参与奥克兰有色人种妇女俱乐部活动。二战期间，阿尔布里耶还领导了取消里士满附近船厂种族隔离的斗争。然而，随着大迁徙及二战时期黑人数量的陡增，黑人与白人之间的关系也是愈发紧张。阶级冲突、文化差异（音乐、食物、宗教、服饰）和对不同工作的渴求（妇女尤其如此）等因素致使黑人社区新来者与老一辈在政治上发生决裂。

战后，因应对内城衰退而发起的城市更新运动引发"白人逃逸"。地方政治中恶毒的、反进步的种族歧视愈演愈烈，这一态势更是得到《奥克兰论坛报》（Oakland Tribune）出版商约瑟夫·诺兰（Joseph Knowland）及其子威廉·诺兰（William Knowland）的鼎力支持。鉴于此种形势，1960 年代休伊·牛顿与鲍比·西尔一道成立黑豹党。黑豹党一经创建，便在西奥克兰组织起提供社区服务、抵抗警察暴力、提升基层政治组织的活动，而这些无不为后来非裔美国人参与城市政治甚至竞选市长奠定了基础。1977 年，在伊莲娜·布朗（Elaine Brown）的帮助下，莱昂纳尔·威尔森（Lionel Wilson）成功当选奥克兰首任黑人市长。

1965 年，美国移民政策发生变化，结束了 1924 年开始施行的限制配额制度。很明显，这一举措有助于将奥克兰变成更加多种族的社区。21 世纪初，奥克兰

有大约 40 万人口。对于城市工人阶层的出身、多元政治及献身于进步主义运动的历史与现状，奥克兰深感自豪。尽管如此，不管是在奥克兰还是旧金山湾区的其他城市，种族偏见、阶级特权的历史影响仍很难根除。

亦可参阅：城市中的非洲裔美国人（African Americans in Cities），黑豹党（Black Panther Party），黑人权力（Black Power），夏洛特·珀金斯·吉尔曼（Gilman, Charlotte Perkins），三 K 党（Ku Klux Klan），城市中产阶级（Middle Class in Cities），全国有色人种协进会（National Association for the Advancement of Colored People），弗雷德里克·劳·奥姆斯特德（Olmsted, Frederic Law），进步主义（Progressivism），加利福尼亚州旧金山市（San Francisco, California）

555

延伸阅读书目：

- Bagwell, B. (1994). *Oakland：The story of a city*. Oakland, CA：Oakland Heritage Alliance.
- Groth, P., & Gutman, M. (1997). Workers' houses in West Oakland. In S. Stewart & M. Praetzellis (Eds.), *Sites and sounds：Essays in celebration of West Oakland* (pp. 85 - 112). Rohnert Park, CA：Anthropological Studies Center, Sonoma State University.
- Gutman, M. (2000). Inside the institution：The art and craft of settlement work at the Oakland New Century Club, 1895 - 1923. In S. McMurry & A. Adams (Eds.), *People, power, and places：Perspectives in vernacular architecture VIII* (pp. 248 - 279). Knoxville：University of Tennessee.
- Gutman, M. (2004). Adopted homes for yesterday's children：Intention and experience in an Oakland orphanage. *Pacific Historical Review, 73*, 581 - 618.
- Johnson, M. S. (1993). *The second gold rush：Oakland and the East Bay in World War II*. Berkeley：University of California Press.

Marta Gutman 文
李胜译 陈恒校

老弗雷德里克·劳·奥姆斯特德
OLMSTED, FREDERIC LAW, Sr.

弗雷德里克·劳·奥姆斯特德（1822—1903），美

国景观设计学的创始人。中央公园是奥姆斯特德最富代表性的作品,此外,在全国范围内他还设计了一批大大小小的公园、林荫道及大学校园等。奥氏的一系列设计作品反映了他作为社会改革家的广泛兴趣,对社会正义的赤诚,对各式影响的坦率,以及对形塑城市社区的渴望。工作在这样一个社会急速变迁的时代,他专注于将公园、植被与城市有机融合在一起。

20 世纪早期,奥姆斯特德的声望有所衰减。很多他早年的设计项目处于年久失修的状态。1972 年也就是奥氏诞辰 150 周年之后,其本人及其设计作品受到世人越来越多的关注。奥姆斯特德作为美国景观设计学奠基人的重要性以及对形塑社区感的强调,在当下被广泛承认。与此同时,他的许多设计项目得到修复。

作为农民,奥姆斯特德很失败。此后,他选择做了一名记者。从 1852 年到 1854 年,他给《纽约日报》——也就是后来的《纽约时报》——撰写文章。在他写的各式主题文章中,最引人关注的是关于内战前南方的。奥姆斯特德游历南方,写了大批关于奴隶制及非裔美国人状况的文章。对社会改革与社会正义的强烈关注在奥姆斯特德的文章中处处可见。基于此,《国家》(Nation)杂志在奥姆斯特德帮助下于 1865 年创刊,奥氏作为记者工作到 1857 年。之后,他被任命为中央公园负责人。

奥姆斯特德与卡尔弗特·沃克斯一道设计了中央公园,他们作为搭档一直工作到 1872 年。在他们的诸多成就中,除了中央公园,还有布鲁克林的展望公园。奥姆斯特德的其他代表性作品有波士顿的翡翠项圈(Emerald Necklace)、斯坦福大学校园、国会大厦(United States Capitol)的庭院、蒙特利尔的皇家山公园(Mount Royal Park)、芝加哥南方公园(South Park)以及布法罗、纽约的公园系统。此外,国家第一个有规划郊区伊利诺伊州的里弗塞德(Riverside)也经由奥姆斯特德设计。

奥姆斯特德的公司奥氏兄弟(Olmsted Brothers)由儿子们掌管,运营多年。奥姆斯特德的家、公司都在马萨诸塞州的布鲁克莱恩(Brookline)。如今,它们已经得到修复并成为国家历史遗迹。

亦可参阅:中央公园(Central Park),城市美化运动(City Beautiful Movement)

延伸阅读书目:

- Beveridge, C. E., & Rocheleau, P. (1998). *Frederick Law Olmsted: Designing the American urban landscape* (Rev. ed.). New York: Universe.
- Olmsted, F. L. (1997). *Civilizing American cities: Writings on city landscapes* (S. B. Sutton, Ed.). New York: DeCapo Press.
- Rybczynski, W. (2000). *A clearing in the distance: Frederick Law Olmsted and America in the 19th century.* New York: Simon & Schuster.

Walter F. Carroll 文

李胜译 陈恒校

P

罗伯特·埃兹拉·帕克
PARK, ROBERT EZRA

罗伯特·帕克 1864 年 2 月 14 日生于宾夕法尼亚州哈维维尔市（Harveyville），成长于明尼苏达州。帕克早年毕业于密歇根大学，师从哲学家约翰·杜威。出于对所处时代社会议题尤其是种族问题的关心，帕克成为一名新闻记者，但最终在芝加哥终结了这份工作。1898 年，他进入哈佛大学学习，师从威廉·詹姆斯（William James）。获得硕士学位后，帕克前往德国，在那儿倾听了格奥尔格·齐美尔关于社会学的演讲，并师从哲学家威廉·文德尔班（Wilhelm Windelband）继续学习。完成博士论文后，帕克任教于哈佛大学。之后，被布克·华盛顿邀请加入塔斯吉基学院（Tuskegee Institute），从事南方种族问题的调查工作。1914 年，帕克加入芝加哥大学社会学系，并一直工作到 1936 年。从芝大退休后，帕克任教于费斯克大学直到辞世。通过自身著作的影响和大批弟子的推崇，帕克长久以来享有盛名。他曾担任美国社会学会（American Sociology Society）主席、社会科学研究理事会（Social Science Research Council）成员、芝加哥城市联盟（Chicago Urban League）主席。1944 年 2 月 7 日，帕克逝世于田纳西州纳什维尔市。

芝加哥城市研究

在帕克执教于芝加哥大学时，该校社会学系开始帕克关注周边城市环境，并将其视为社会研究的实验室。与同事厄内斯特·伯吉斯、路易斯·沃斯、霍默·霍伊特及大批弟子一道，发展出一套城市生态学概论，这就是后来人们熟知的芝加哥社会学派。

帕克的论文《城市：对都市环境中人类行为进行考察的建议》（The City：Suggestions for the Investigation of Human Behavior in the Urban Environment）初版于 1915 年，后来作为 1925 年版论文集《城市》（*The City*）一书的引言。在这本论文集中，还收录了帕克另外几篇文章：《报纸的自然演进史》（*The Natural History of the Newspaper*）、《社区组织与青少年犯罪》（*Community Organization and Juvenile Delinquency*）、《社区组织与浪漫情绪》（*Community Organization and the Romantic Temper*）、《魔力、心理与城市生活》（*Magic，Mentality，and City Life*）、《流动工人的意向：关于心理与流动关系的思考》（*The Mind of the Hobo：Reflections Upon the Relation Between Mentality and Locomotion*）。

通过在芝加哥的研究以及走访全球各个城市，帕克形成了"自然地区"（Natural Areas）的概念。在其著名的《人类迁徙与边缘人》（*Human Migration and the Marginal Man*，1928）一文中，他指出：在"自然地区"之中的个人与团体参与了城市空间、社会阶层的流动。反过来，流动导致社会无组织化、个体化。在整个职业生涯中，帕克致力于将他关于同化、社区结构、流动性的理论与族群困境联系起来。

亦可参阅：厄内斯特·伯吉斯（Burgess，Ernest），伊利诺伊州芝加哥市（Chicago，Illinois），路易斯·沃斯（Worth，Louis）

延伸阅读书目：
- Matthews，F. H.（1977）. *Quest for an American sociology：Robert E. Park and the Chicago School*. Montreal：McGill-Queen's University Press.
- Park，R.（1952）. *Human communities：The city and human ecology*. Glencoe，IL：Free Press.
- Park，R.，Burgess，E. W.，& McKenzie，R. D.（1925）. *The city*. Chicago：University of Chicago Press.
- Persons，S.（1987）. *Ethnic studies at Chicago*，1905 –

1945. Urbana：University of Illinois Press.

Robert V. Kemper 文

李胜译　陈恒校

公园
PARKS

自殖民时代起,公园一直是美国城市的一个核心要素。美国最早的商业中心将开放空间纳入自身规划。例如,萨瓦纳和费城的广场为公共集会提供了场所,成为了殖民地居民社会和商业交往的空间。17世纪,波士顿公园(Boston Common)起初是一个牧场,之后演变成举办民兵操练、棒球比赛、露天会议、节日欢庆的场所。将空间设计为公园的理念始于19世纪,当时这些公共场所被精心设计成更正规的"自然"景观。包括安德鲁·杰克逊·唐宁和弗雷德里克·劳·奥姆斯特德在内的美国景观设计师们,纷纷向英国田园式设计——在精心展现"自然"的同时,极力隐藏人为塑造的痕迹——看齐,并将其作为美国城市公园的模型。

尽管公园在界定美国城市实体结构中发挥了重要作用,但有关公园设计及用途的理念经常引发不同团体间的冲突。长久以来,公园推崇者和使用者们在以下诸多问题上争论个不休:公园应在多大程度上作为静受默观或尽情娱乐的场所?文化机构、纪念性建筑是否应在公园的自然景观中占有一席之地?如何公平使用公园空间?私营组织对公园活动发挥的影响应控制在什么程度?公园作为政治抗议的场所是否合适?从19世纪中叶起,所有这些张力构成了人们对城市公园设计及用途的讨论主题。

19世纪中期,创建城市公园的指导准则之一是,自然应该能够给予喧嚣混乱的城市生活以平静、改观。尽管如此,人们对如何在城市中呈现自然有不同的看法。在安德鲁·杰克逊·唐宁看来,城市公园应该是城市的扩展,代表着建筑物与自然环境的和谐。唐宁认为,人们通过接触大自然、纪念碑、雕塑、博物馆等景观,能够增强自身文化修养,进而提升国民特性。1792年,皮埃尔·朗方设计了国会大厦。1850年代,唐宁在朗方设计基础之上,通过将精致的自然景观与雕塑、公共艺术、文化设施的有机融合,规划出华盛顿特区林荫大道。作为公共空间的特区大道,融合了文化与自然双重因子,成为美国式民主的一种象征。

华盛顿特区大道是将自然融入城市的一种范式。但其他园林景观倡议者认为,要全面实现与自然之间道德、精神层面的和谐,公园就应该完全走向城市的反面——突出自然,冷落人造。弗雷德里克·劳·奥姆斯特德是这一理念的主要倡导者,并成为19世纪顶级的景观建筑师与规划师。纽约中央公园是实现其目标的第一次重大尝试,即可能地将自然景观嵌入城市,并完全除去城市环境的影子。1857年,奥姆斯特德和搭档卡尔弗特·沃克斯合作设计的中央公园草坪规划(Greensward Plan for Central Park)的主要意图,是将乡村带进城市以满足城市居民精神及心理方面的需求。纽约规划格局的设计主要是基于效益和商业发展的考量,但中央公园的环形路却是人们静思、冥想的好去处。

通过打造一堵堵能将周边建筑隔离在外的"树墙",公园实现了与城市环境的鲜明对比。凹陷式蓄水池、羊肠小道、开放式绿地进一步加剧了公园从城市中的分离。奥姆斯特德和沃克斯创建了一种写实主义的园林景观(Naturalistic Landscape)设计模式,其设计主旨是尽可能让公园看起来纯朴、自然一些。这种城市公园的设计模式在整个美国推广开来,例如1859年詹姆斯·西德尼和安德鲁·亚当斯(James Sidney and Andrew Adams)合作设计的费城费尔蒙特公园(Fairmount Park)、1873年华盛顿特区的塔科马公园(Tacoma)、1879年波士顿公共花园(Boston Public Gardens)以及芝加哥1869年的华盛顿公园和1895年的杰克逊公园等。

城市公园的支持者们主张公园应该在城市中发挥和谐、精炼的功效,他们努力将这一理念推广至园林公园大道(Landscaped Parkways)新体制的建设中去。很明显,公园大道为全城提供了广阔的绿色空间,城市格局因此发生转型,城市的刚性特征也由此受到自然的软化。通过打造完整的公园系统,城市居民可以在日常生活中接触自然,而不必专门去大型城市花园。波士顿的翡翠项圈公园系统(Boston's Emerald Necklace)、芝加哥的公园与林荫道系统凸显了公园的转型,即从正式的、展示纪念物的城市景观转变为与城市隔离开的自然景观,并最终成为现代城市的组成部分,正如戴维·斯凯勒(David Schuyler)在1986年说的那样。很多关于城市去中心化、土地不同用途的区划、将自然融入城市、创建绿色带的理念在埃比尼泽·霍华德花园城市运动中发展成型,并成为早期诸多有计划郊区发展的基础。1869年伊利诺伊州的里弗塞得、1910年纽约州的森林小丘社区(Forest Hills Gardens)

便深受影响。

大型城市花园由林荫大道连为一体，但这些花园通常不能满足那些无法进入这类场所的居民的需求。拥挤城市社区的居民渴望拥有公共花园和游乐场地，以满足他们社会、娱乐的需求。通过提供开放空间，以减轻他们在拥挤、不健康生活环境中的压力。芝加哥改革家简·亚当斯和另外一些改革者们意识到在城市创建娱乐空间的重要性——孩子及其家庭能够共同使用，以逃避城市街道那些可以感知的危险。20世纪初，美国城市中的工人阶级居民与改革家一道，发起一场小社区花园的运动。在他们看来，这些花园可以满足城市居民娱乐的需求。不管是对儿童还是成人来讲，公园都应该为他们的积极娱乐提供便利。很多社区公园装备有游泳池、浅水池、室外游乐设施、大型娱乐场地等。花园也常常含有男女分离式健身馆、图书馆、交流会客厅等。对此类场所更大公共角色的强调，能够将社区居民拢在一起，共享活动与对话。

20世纪最初十年，城市美化运动塑造了城市规划的主要原则，公园成为该运动必不可少的部分。市政当局与商人俱乐部、地方改善组织一道，以区为规模引入了全方位的美化规划方案。到20世纪二三十年代，城市与地区规划委员会购买土地，启动美化项目，让公园成为城市固有一幕。经济大萧条的爆发使大批公园规划项目陷于停顿，但新政公共事业振兴署通过雇佣成千上万名公园更新工程民众尽可能维系着城市公园的运作。到三四十年代，尽管民众对改变城市图景利弊得失的讨论持续不断，但作为市政官员的标志性人物，纽约市公园局长罗伯特·摩西高效使用着联邦资源，以求实现这一根本转变。

1950年代，美国城市投资陡降，城市公园深受影响。二战后，大量复员老兵利用《退伍权益军人法》的优惠条款移居郊区。联邦对高速公路建设及购买郊区独立居室的支持，助长了数以百万计白人中产阶层民众撤离城市。与此相反，由于歧视性借贷习俗、限制性使用财产协定等因素的限制，那些战时已经搬进城区的居民如非裔、拉美裔、亚裔居民等，发现他们在郊区根本没有机会获得住房所有权。居住在城市的新群体也极力促成城市公园用途的转型。例如在纽约中央公园，波多黎各裔与非裔美国人要求将公园的不同区域作为他们的"地盘"。自19世纪末以来，族裔地盘之争已经成为城市公园中一种显著特征。各个群体围绕公园空间、娱乐设施的控制与使用斗争此起彼伏。然而，除了助长紧张态势甚至引发暴力冲突外，各个族裔对公园用途的种种要求也使得他们自身的文化、传统成

为城市生活中显而易见的一部分。各个族裔的节日如纽约的圣胡安节(San Juan Festival)、洛杉矶的五月五日节(Cinco de Mayo festival)、旧金山的中国新年庆祝等，在城市公园活动变得十分普遍。

其他群体也对公园空间提出诉求。男女同性恋们通常将城市公园作为其非正式社交、猎艳的场所。公园的公共属性意味着前者与同性恋吧、咖啡屋的特征明显不同。例如，早在1940年代早期，费城的里滕豪斯广场(Rittenhouse Square)便是一个广受欢迎的同性恋聚集点。20世纪六七十年代，尽管警方对公共空间的同性恋者变得越发警觉，但同性恋群体依然可以在公园内通过穿着、语言、手势等宣示自身存在。

1970年代财政危机期间，联邦、地方层面对公园的资金支持几近萎缩。很多美国城市处于破产的边缘，不得不通过急剧削减大批市政项目的方式加以应对，其中对公园维护及人员的削减便包括在内。城市公园受损情况加剧，犯罪率随之陡升。没有充足的维修、警戒资金，大批城市公园陷入荒废。20世纪六七十年代，非盈利性组织"公园之友"(Friends of the Parks)在全美各个城市组织起来，以帮助维持城市公园用地并为公园改善筹集资金。

到1980年代，市政当局日益倚重私人部门提供资金，来重塑城市公园中的景观、维修设备。这种"公私合作"的形式给城市公园的改善带来极大帮助，但常以牺牲公众参与为代价。当城市当局将公园亭台、动物园、娱乐设施等的命名权出售之后，居民们担心私益可能会干预对公园空间的民主应用。的确，新公园条例强迫城市限制节日聚会的规模、禁止基于政治集会的目的使用公园空间，这些无不表明私人资金会影响公众参与。此外，为了防止无家可归者睡在公园中，防流浪汉长凳得以设计建成，通过新技术对公园的监管越来越严密，门禁社区内的私人公园发展迅速，这些因素都在迫使着公园提倡者和城市设计师们解决正在变化中的公园与公共空间的关系问题。

21世纪初，美国城市与公园出现复兴态势。上个世纪90年代经济繁荣为城市建筑、经济再投资注入活力。诸多城市成为信息技术经济发展的关键场所，如旧金山、波士顿、纽约等。由此导致的结果是，地产价格飞涨，城市改善项目明显增多。在芝加哥，2004年千禧公园(Millennium Park)开放，标志着该市城市美化运动达到高潮。同样，2005年，迈阿密市长曼尼·迪亚斯(Manny Diaz)提出"迈阿密21计划"(Miami 21 Plan)，号召整个城市按照新城市主义原则进行重新区划、再开发。新城市主义高度重视创造丰富多样、适于

步行、紧凑且混合使用的社区,强调公园在城市中的突出作用。受益于此,20 世纪初期,公园复归到 150 年前那般城市必不可少之功能的地位。

亦可参阅:简·亚当斯(Addams, Jane),中央公园(Central Park),理查德·戴利(Daley J. Richard),弗雷德里克·劳·奥姆斯特德(Olmsted, Frederic Law),公共空间(Public Space),伊利诺伊州里弗塞得(Riverside,Illinois),郊区化(Suburbanization)

延伸阅读书目:

- Bender, T. (1975). *Toward an urban vision:Ideas and institutions in nineteenth-century America*. Lexington:University of Kentucky Press.
- Cranz, G. (1982). *The politics of park design:A history of urban parks in America*. Cambridge, MA:MIT Press.
- Jackson, J. B. (1984). *Discovering the vernacular landscape*. New Haven, CT:Yale University Press.
- Mitchell, D. (2003). *The rights to the city:Social justice and the fight for public space*. New York:Guilford Press.
- Rosenzweig, R., & Blackmar, E. (1999). *The park and the people:A history of Central Park*. Ithaca, NY:Cornell University Press.
- Schuyler, D. (1986). *The new urban landscape:The redefinition of city form in nineteenth-century America*. Baltimore:Johns Hopkins University Press.
- Spirn, A. W. (1984). *The granite garden:Urban nature and human design*. New York:Basic Books.

Robin F. Bachin 文

李胜译　陈恒校

步行购物中心
PEDESTRIAN MALLS

为将购物者带回老城区,并更好地治理城区拥堵问题,密歇根州卡拉马祖市(Kalamazoo)部分执行了维克托·格鲁恩(Victor Gruen)的城区交通管理规划。在此之后的 1960 至 1980 年代,美国数百个市、镇纷纷效仿,将自身主干道转变成步行购物中心。除了那些中心区聚集了大量工人、学生、居民的城市外,大批城市的转型并不成功。如今,绝大多数社区已经部分或完全将步行购物中心归还给车辆交通。在欧洲,情况略有不同。欧洲市中心区通常有比较高的工人、居民聚集度,有更加完善的公共交通服务,能够提供更广的零售商品与服务。

几千年来,中心商业区一般孕育于城镇中两条最繁忙街道的交汇处。零售贸易需要可见度与交通,聚集在两条繁忙街道交汇处往往可以满足以上两个条件。但是,随着美国《1956 州际高速公路法》的通过及高速公路系统的快速发展,两条最繁忙街道从中心商业区转移到州际高速路的出口处。一座座封闭式大型购物中心在新的路口交汇处拔地而起,取代了从市中心进行的零售活动。区域性封闭式大型购物中心让全国性零售商更容易向同质性人群兜售同质性商品,促使了连锁店的快速增长,进一步将商贸活动从市中心抽离开来,并引发一连串的负面反应:建筑衰退、破坏加剧、税收大减。

毋庸置疑,封闭式大型购物中心有其先驱者,例如堪萨斯州堪萨斯市的乡村俱乐部广场以及宾夕法尼亚州阿德摩尔市的郊区广场(Suburban Square in Ardmore)等。这些大型购物中心在外观上与传统的下城购物中心类似,同样是多层建筑、没有退台结构以及商场上面用于出租等,只不过前者完全拥有地产、进行中央集中管理、并拥有遍布全国的零售店。封闭式大型购物中心都拥有上述特征,并且在外观上有所类似——建筑风格整齐划一,周边附有停车场,有封闭的步行广场,并有长凳供人休息,还有植物等设施。当然它们的目标更是一样的,即售货。

当然,购物中心的发展只是美国汽车使用快速增加的征兆之一。中心区的交通问题则是另外一种征兆。二战后,中心区的装备如此陈旧,以至于很难处理高速公路的堵塞问题。很多城市领导人相信交通问题的根源在于市中心区的衰败。

为了解决中心区交通问题,格鲁恩为密歇根州卡拉马祖市中心区提出一套步行购物中心的方案。巧合的是,格鲁恩几年前还设计出第一家封闭式大型购物中心——明尼苏达州伊代纳市(Edina)的南谷购物中心(Southdale Mall)。

尽管另有诸多社区宣称是全美第一个将主干道转变成步行购物中心的,但卡拉马祖市的步行购物中心却是最早的,始建于 1958 年,完工于 1959 年。在格鲁恩看来,购物中心仅仅是更大计划的一部分,该计划便是设计中心区使其更有利于汽车交通。他的方案还包括一条围绕市中心的环行公路,车辆停靠在外围区,然后人们可以在步行街自由漫步。这种设计与格鲁恩出生地维也纳的环形大道(Ringstrasse)极其类似。

但是，卡拉马祖市最终只执行了步行购物中心规划，总耗资 6 万美元。尽管格鲁恩对此非常不满，但其他设计者和市政领导者执意如此，他们相信通过仿效购物中心(Shopping Mall)建立步行购物中心(Pedestrian Mall)，城市中心区经济定能满血复活。接下来的数十年间，美国数百个其他城、镇步卡拉马祖后尘，将自身主干道完全或者部分转化成步行街区。

二十世纪六七十年代，绝大多数步行购物中心由公共及私营部门共同出资修建。例如：在北卡罗来纳州罗利市(Raleigh)，业主们同意对房产价值进行评估，并以每 100 美元出 12 美分的方式资助费耶特维尔街(Fayetteville Street)转型为步行购物中心。像佛蒙特州伯灵顿市(Burlington)的教堂街(Church Street)步行购物中心，则由联邦高速公路管理局 1974 年发起的服务和办法示范项目(Federal Highway Administration's Services and Methods Demonstration Program)资助建设。伯灵顿共从联邦项目中获得 100 万美金支持。

然而绝大多数社区发现，这种新的步行购物中心损害而非助推了中心城区的商业。步行购物中心通过极力垄断中心商业区的工人、居民及游客，获得自身良好发展。换句话说，这些因素本来足以支撑中心商业区零售业、服务业日常运行。由于步行购物中心的存在，缺少了足够人流和车流的中心城区一步步走向衰败。

到 1980 年代中期，大量社区领导者开始意识到中心区步行购物中心实际上无法复兴他们的社区。基于此，绝大多数社区开始进行完全或者部分拆除步行购物中心。甚至卡拉马祖市也于 1998 年拆除了中心城区的步行购物中心。拆除活动带来了中心商业区的广泛成功。在印第安纳州南本德市(South Bend)，当密歇根街(Michigan Street)重新向交通车辆开放后，中心商业区零售额经历了 20% 的增长；1990 年，艾奥瓦州伯灵顿市杰斐逊街(Jefferson Street)重新向汽车开放后，街道两旁底层店铺空房率从 80% 降到 20%。1960、70 年代，规划、实践步行购物中心项目耗掉北卡罗莱纳州罗利市政领导人 17 年的时间。但从决定拆除到最终完工，只用去 2 年时间。2005 年，罗利市决定耗资近 1000 万美元将耶特维尔街重新开放给交通车辆。

到 2005 年，美国依然存在的市区步行购物中心不足两打。几乎所有此类购物中心都毗邻大学、医院或者其他大型机构，例如佐治亚州的雅典城(Athens)靠近佐治亚大学，科罗拉多州的博尔德(Boulder)靠近科罗拉多大学，佛蒙特州的伯灵顿靠近佛蒙特大学，纽约州的伊萨卡(Ithaca)靠近康奈尔大学等。这些地方的学生、雇员及旅客为日常商贸提供了源源不断的消费人群。大量设计者意识到欧洲城市步行购物中心的成功，但欧洲城市与美国城市在步行购物中心经验方面存在明显不同。概括来讲：

- 在欧洲，商业区倾向于多种经济用途。因此，商业区附近往往有更多工人、居民。在美国，分区规划条例、借贷政策、建筑法规等都使得商业区创建或重建多用途的环境极为困难。
- 与美国城市相比，欧洲城市往往能享受到地方及内城提供的更优质的公共交通服务。这使更多民众在没有汽车的情况下，依然可以自由出入市中心。
- 与美国城市中心区相比，欧洲城市中心区能提供更多、更广范围的基本消费品及服务；而美国的此类商品与服务，已经被大型购物中心及折扣店所取代。

越来越多的美国社区正意识到，在提供广阔步行场所的同时也应该为车辆通道留有空间。基于此，2006 年罗利市重新开放耶特维尔街后，以双车道代替了原来的六车道：步行道宽度足以容纳室外餐厅，另一道任何一边均可平行泊车。

亦可参阅：《1956 年州际高速公路法》(Interstate Highway Act of 1956)

延伸阅读书目：

- City of Raleigh, N. C. Public Affairs Department. (2005). Fayetteville Street—From mall to Main. *City of Raleigh at your service*, September/October 2005. Raleigh, NC: Author.
- Flisram, G. (2000). *Post modern or post mortem? The Kalamazoo Mall revisited*. Chicago: American PlanningAssociation. Retrieved June 14, 2006, from http://www. planning. org/viewpoints/kalamazoo. htm
- Gruen, V. (1964). *The heart of our cities*. New York: Simon & Schuster.
- Weiner, E. (1992). *Urban transportation planning in the United States: An historical overview*. Washington, DC: U. S. Department of Transportation.
- West, A. (1995). *An information brief on downtown pedestrian malls*. Washington, DC: National Trust for

Historic Preservation.

Kennedy Lawson Smith 文

李胜译　陈恒校

大都市区边缘地带
PENURBIA

在美国,大都市区边缘地带指的是位于大都市区附近的乡村地区。这些大都市地区边缘地带很难准确界定其起始边界,它们既有乡村的风貌,又有大都市的特征。"大都市边缘地带"这个术语有两个起源:半影(Penumbra)来自"太阳"或"银河"都市("Solar" or "Galactic" Metropolis)的射线;外围(Peripheral)是指没有交点的视觉意识。尽管从城市来看,大都市边缘地带属于"边缘",但在自身认知上该地居民并不这么认为。在大都市边缘地带民众看来,大都市边缘地带体现了美国人的核心思想,并将整个民族的梦想、期望、经历融为一体。

尽管确实紧靠大都市区,但由于位于都市界限之外,大都市区边缘地带并不被认为是大都市的一部分。约瑟夫·戈达德(Joseph Goddard)在《大都市区边缘地带的产生:首府地理学,1945—2005》(The Creation of Penurbia: A Geography of the Heart, 1945—2005)一书中指出,在华盛顿特区靠近佛吉尼亚北部与马里兰中部的区域、布法罗-尼亚加拉地区外延及纽约市边缘、大都市边缘的大片区域均属于大都市边缘地带。这篇博士论文认为,在美国北部、东部距离中心城市两小时车程的任何地方,都可以发现大都市边缘地带的存在。

大都市边缘地带不像近郊(Suburbia)和远郊(Exurbia),后两者常被视为是大都市区域的延伸或者飞地(Exclaves)。然而,直到最近"远郊"——1955年由奥古斯特·斯派克托斯基(Auguste Spectorsky)提出——这一说法才被用来指称郊区(指近郊,笔者注)之外的城市边缘地带。阿瑟·尼尔森(Arthur Nelson)和托马斯·桑切斯(Thomas Sanchez)的经济计量方法主张,远郊是由近郊形成的,远郊居民与近郊居民在收入、教育、年龄方面共享一些明显特征。迈克尔·维斯(Michael J. Weiss)通过对消费模式、生活方式的分析认为,在人口普查区内存在明显相似的习性。"大都市区边缘地带"这一理念反对将远郊视为大都市边缘地带的种种说法,因为二者生活方式、自我认知存在明显差异。

人们移居至大都市边缘地带,主要受乡村作为宁静之地的吸引。与大都市相比,边缘地带低价偏低,犯罪较少,种族同质性较强,传统文化保留更好。可以说,大都市边缘带就是"消毒"后的城市。人们在此地生活顾虑较少,幸福指数更高。

大都市边缘地带将大都市与乡村两种生活方式融入自身模式之中。住在大都市边缘地带,人们可以摒弃长久以来都市与乡村、边疆与城市等传统的二元对立认知。绝大多数生活在大都市边缘地带的民众,最初来自于大都市区内。在他们看来,大都市边缘地带是一个"理想之国",它给人们带来的诱惑与魅力远不止地域上的空间范围。

很明显,大都市边缘地带居民的土地认知不同于农民的土地认知,后者视农村为物质生产的场所。大都市边缘地带居民与农民认知上的冲突被媒体广为报道。同样,"感受之自然"与"收获之自然"在大都市边缘冲突不断。前者反对在该区进行进一步的开发,但农民们千方百计出售或者开发他们的土地。

毋庸置疑,人们对居住条件、理念常抱有个人认知,但大都市边缘居民的集体认知与行动造成了大都市边缘地带的蔓延。尽管如此,历史学家、城市研究专家以及记者们并没有给予大都市地区边缘地带的蔓延及时的关注,如肯尼斯·杰克逊、乔尔·加罗阿瑟·尼尔森(Arthur Nelson)、汤姆·丹尼尔斯(Tom Daniels)、亚当·罗姆(Adam Rome)、罗伯特·朗(Robert Lang)和多洛蕾丝·海登(Dolores Hayden)等。通过跨学科研究方法与原始资料的运用,我们可以发现民众对大都市边缘地带的青睐极为明显。长久以来,乡村理念植内嵌于美国人民心灵深处,正是来自大都市区的移民在大都市边缘地带将这种理念予以调和并最终付诸实践。

尽管地域上有稳定形态,但实体上的大都市边缘地带与抽象心理学意义上的大都市边缘地带是分离开的。因此,大都市地区边缘地带首先是一个理念中的空间,然后是城乡互动的场所。也就是说,大都市地区边缘地带是一个兼负想象与实体的地方。在这里,居民们可以重塑乡村空间,但他们对自身引起的变革却浑然不知。在大都市人眼中,大都市地区边缘地带在形态、环境方面已是乡村。此外,大都市边缘地带居民倡导的环保项目提升了大都市区对边缘地带的关注度。

在大都市地区边缘地带,随着文化上预想与实际图景的相遇、大都市与乡村价值的冲突,想象与实体的空间不断对话,由此导致许多大都市边缘地带在不同时空背景下表现形式不同,呈现一种动态景象。2005年,戈达德便指出了华盛顿、西纽约、纽约-新泽西-康涅狄格大都市地区边缘带及二战后、1970年代、20世纪晚期大都市地区边缘地带各自的不同。起初,这种对大都市区边缘进行改造的举动损害了乡村地区的气氛。

二战后,大都市边缘地带的发展可以划分为以下几个阶段:1945至1970年左右的"原初大都市区边缘地带"(Proto-Penurban)时期。这一时期,斯派克托斯基笔下纽约远郊诙谐幽默的形象——长久以来被认为缺少学术价值——现在获得来自文学、大众文化的大力支持,这包括经典电影《布兰丁先生建造理想之家》(又译《燕雀香巢》,*Mr. Blandings Builds His Dream Home*,1948)、电视剧《我爱露西》(*I Love Lucy*,1951-1958)和《绿色田野》(*Green Acres*,1965—1971)以及《好管家》(*Good Housekeeping*)与《城乡》(*Town and Country*)等杂志的诸多文章。地方资料显示,城市总体规划、高速公路选址、供水排污服务等无不助长了大都市边缘农业用地的大规模开发。这一时期,移居大都市边缘地带的人口取代原先的农村人口。

1970年左右,大都市边缘地带的"成熟"时代开启,并持续到1980年代。出于对现代城市生活与进步的不满,人们纷纷选择移居。正如妇女选民联盟(League of Women Voters)《选民》(*Voter*)杂志及《大地母亲》(*Mother Earth*)报道的那样,城市危机、居高不下的犯罪率、拥挤、污染和制度性的不满使人们选择从城市逃离,进入那些不曾破坏的乡村之地。长达两百年的规划进程展现了美国自我信念(self-belief)的不断迷失——将自身关注从前瞻性的可能转向保守的、寻求安逸的过往重塑。1973年电影《超世纪谍杀案》(*Soylent Green*)详述了环境灾难;1971年《最后一人》(*The Omega Man*)关注于文明的终结;1981年《布朗克斯,阿帕奇要塞》(*Fort Apache, the Bronx*)体现了城市的毁灭。最受欢迎的十大电视剧如《沃尔顿家族》(*The Waltons*,1972—1981)、《草原小屋》(*Little House on the Prairie*,1974—1982)等为当下提供了过往经验。各种杂志不断推出文章反映人们对日益增长的大都市边缘带的感觉。诸如《美国文献》(*Americana*)、《工艺报告》(*Crafts Report*)之类的文物刊物对此也有关注。规划类及农业类文献如《规划学报》(*Journal of Planning*)、《推广杂志》(*Journal of the Extension*)等,更是揪住乡村人口增长与社会变迁不放。

最后一个时期被称为"当代大都市区边缘地带"(Contemporary Penurbia)阶段,这一时期始于1990年左右。当时,大都市边缘地带理想已经成为一种普遍现象,基本主导了整个社会的设计风格。专业期刊如《乡村生活》(*Country Living*)和《乡村之家》(*Country Home*)、《返璞归真》(*Real Simple*)等在民众当中备受欢迎,它们不仅拥有大量读者群且利润颇丰。2004年,以上三个期刊据称每年拥有近500万份的订购量,年度广告收入更是高达5亿美元。大都市边缘地带的发展让规划师、农学家、社会学家、城市研究专家、地理学家、政治学家、市场营销者及其他人倍感兴奋,他们纷纷在专业期刊、大众媒体撰文表述看法。随着大都市边缘地带发展浪潮的到来,有关当局与规划家们对在自身行政辖区内保留自然的乡村的渴望变得日益迫切。农业部门将其注意力从传统农事转向作为生产者与消费者的大都市边缘地带居民。很明显,这一转向是建立在人们心态改变基础之上的。

正如詹姆斯·威廉姆斯(James Williams)与安德鲁·苏弗兰克(Andrew Sofranko)1981年指出的那样,移民们通常有雄厚的人力资本,他们渴望在新地区培育自己的社会资本。1970至1990年间,除部分年份外,大都市边缘地带居民的收入往往高于全国平均水平。此外,该地区大多数居民较之其他地方更显年轻。在尼尔森和桑切斯及其他人看来,大都市边缘地带居民在经济状况、社会与政治态度较之城市远郊民众更加多元。国家和地方舆情调查显示,对小城镇和乡村生活的偏好在1970年代之后变得尤为强烈。

大都市边缘地带的社会面貌多元且常变,至少包括八个类型不一的社会群体。这些群体中包括从经济上定义的远郊居民,他们倾向于社区同质性;包括农村和小城镇的蓝领和白领家庭;以及农场主和其他人。迄今为止,对大都市边缘地带发展有着最重要影响的三类群体是:新乡下人(New Country People)、甘愿简单一族(Voluntary Simplicists)和波波族(Bobos)。尽管这些简化了的亚群体起源于特定时间,但他们无不与当代大都市边缘地带的发展交织在一起。

1945年后,新乡下人与新山民(New Countians)在移居华盛顿大都市边缘地带起到了先锋作用。这些早期移民受乡镇生活方式的吸引,加入并改革了地方社会,他们是斯派克托斯基讽刺画中的怀旧者。到该世纪中期,随着生活标准的提升,越来越多的人渴望新乡村的生活方式,新乡下人随之变得普及。新乡村生活的指标包括马匹数量、马匹经济重要性的陡然提升以及小农场的相对增长。人均马匹数量最多、马匹经济最重要的乡镇紧挨纽约、马里兰、弗吉尼亚大都市区边缘的外延。到 2004 年，劳登县（Loudoun）西部绝大部分看似农村的区域要么已是大都市边缘地带，要么在未来十年可能成为大都市边缘地带。

甘愿简单一族作为 1970 年代反文化及回归土地运动的继承人，不断实践那些仅限于少数人的"小农场"（Ranchette and Farmette）式家园和手艺生活。在大都市边缘地带，充斥着诸如放牧、有机生产、纺织等一系列传统行业。乡村地区给人感觉上纯洁无暇，吸引了甘愿简单一族从腐化的大都市逃离开来。乡村的诱惑导致该地人口猛增。自 1945 年以来对农业合理分类的评论强烈表明，手工产品比起标准生产的产品来说更有象征意义，并且，消费导向在数量和范围上都比生产导向更多。

波波族是"中产阶级波希米亚人"（Bourgeois Bohemians）的简写，是戴维·布鲁克斯指称的婴儿潮一代。1990 年代，这一群体移居至大都市边缘地带。1960 年代，尚属孩提时代的波波族时尚且激进。随着年龄增长，他们愈发推崇个人主义与自由。在《天堂里的波波族》（Bobos in Paradise and On Paradise Drive）一书中，布鲁克斯不具名描述了大都市边缘地带。波波族期望鱼和熊掌兼得，不仅仅要得到大都市的高收入还要有乡村宁静的环境。他们常将所拥有土地用来创建葡萄种植、珍奇动物饲养之类的企业。大批波波族对他们父辈、祖辈慢悠悠的生活表示羡慕，并渴望在当下重塑那种生活方式。

最终，甘愿简单一族与波波族走向联合，从而壮大了新乡下人的力量并将传统农民取而代之。新乡下人向往早期的乡土社会与生活。重资本（Substance-heavy）的简单一族一直以来至关重要，因为他们赋予大都市边缘地带真正的土地与手工艺传统，以此来满足波波一族的个性选择。与之相反，波波一族一直在维系着大都市边缘地带经济的可持续发展及甘愿简单一族有限的收入。布鲁克斯用真正、自然、温暖、纯朴、简单、实在、有机、舒适、独特、敏感、诚挚等词语来呈现波波族的生活面貌。实际上，这些词同样可以用于甘愿简单一族和他们的新式乡下生活。新乡下人对传统兴致勃勃，甘愿简单一族推动了新式生活，波波一族则带来了资本和市场需求。

在过去一代人时间内，移民们将政治社会的分歧带至大都市边缘地带。尽管随着政治制度的扩大化和现代化，实际上的参与已经变得愈发容易，但政治进程的运作变得日益昂贵且令人生畏。随着移民不断向土地使用施以压力，地方政府的主要权力——决定如何使用土地——已经变得越来越有争议。在地方政治中，区划问题是一个经久不衰的议题。尽管大都市边缘地带民众、环保组织及部分年长的乡村居民反对开发，但土地所有者、开发商、郊区民众、政客们恰恰因促进经济增长一事而团结在一起。在大都市边缘地带，尽管越来越多的调控与保护政策让民主党支持率大涨，但主张少调控的共和党的"成长主义"（Growthism）也已经与发达地区联系在一起。这些问题在弗吉尼亚州劳登郡体现明显，并引发大都市边缘地带精英环保主义者与郊区民粹主义开发商（Populist Developer）之间剧烈的言辞冲突。

自 1945 年以来，随着大都市区规模的膨胀，大都市边缘地带的发展也极为迅猛。大都市边缘地带不同时空条件下的特征主要取决于距离城市的远近、大都市的经济发展以及通讯的难易程度。举例来说，马里兰州霍华德县（Howard County）的部分地区 1960 年代已经大都市边缘化。而劳登县距离华盛顿特区中心地带更远，该地直到 1970、1980 年代才出现大都市边缘化的迹象。到 2005 年，霍华德县完成了土地使用继承模式的创建，并部分实现了城市近郊与远郊的开发。然而，劳登郡大都市边缘地带西部只有一半区域进行了住房开发。

像埃比尼泽·霍华德、弗兰克·劳埃德·赖特和勒·柯布西耶等建筑师、规划师们将大都市边缘地带预想并规划为一块距离城市 50 或 60 英里的地方，移民在此地的生活条件更好。尽管对规划与开发采取了严格控制，但大都市的蔓延远远超出了霍华德等人的预期，并演变成一种自持性（Self-sustaining）现象。

规划师们在促成大都市边缘地带发展的同时，移民心态变化所起的作用不可小觑。移民们渴望回归到自然、纯朴的生活方式，希望将东北部沿海地带的乡村景观更多地留作大都市边缘地带的宅地，而不是农田。

延伸阅读书目：

- Beale, C. (1975). *The revival of population growth in non-metropolitan America*. Washington, DC: United States Department of Agriculture.
- Brooks, D. (2000). *Bobos in paradise: The new upper class and how they got there*. New York: Simon & Schuster.
- Daniels, T. (1999). *When city and country collide: Managing growth in the urban fringe*. Washington, DC: Island Press.
- Garreau, J. (1991). *Edge city: Life on the new frontier*. New York: Anchor Books.

- Goddard, J. (2005). *The creation of penurbia: A geography of the heart*, 1945 – 2005. Unpublished doctoral dissertation, University of Copenhagen, Copenhagen, Denmark.
- Hayden, D. (2004). *A field guide to sprawl*. New York: Norton.
- Jackson, K. (1985). *The crabgrass frontier: The suburbanization of the United States*. Oxford, UK: Oxford University Press.
- Lang, R. (2003). *Edgeless cities: Exploring the elusive metropolis*. Washington, DC: The Brookings Institution.
- League of Women Voters. (1967, September). Urbanization. *Voter Magazine*, p. 1.
- Nelson, A., & Sanchez, T. (1997). Exurban and suburban households: A departure from traditional location theory. *Journal of Housing Research*, 8(2), 249 – 276.
- Nelson, A., & Sanchez, T. (1999). Debunking the exurban myth: A comparison of suburban households. *Housing PolicyDebate—The Fannie Mae Foundation*, 10(3), 689 – 709.
- Rome, A. (2001). *The bulldozer in the countryside: Suburban sprawl and the rise of environmentalism*. Cambridge, UK: Cambridge University Press.
- Spectorsky, A. (1955). *The exurbanites*. Philadelphia: Lippincott.
- Weiss, M. J. (2000). *The clustered world*. Boston: Little, Brown.
- Williams, J., & Sofranko, A. (1981, July). Why people move. *American Demographics*, p. 30.

Joseph Goddard 文

李胜译　陈恒校

克拉伦斯·亚瑟·佩里
PERRY, CLARENCE ARTHUR

克莱伦斯·亚瑟·佩里(1872—1944)是一位休闲专家(Recreation Specialist),他的研究清楚阐明了社区当中社会、文化及物质因素之间的关系,产生了广泛的影响。佩里赞成邻里和社区娱乐中心的发展。1923年,他将自己的想法与研究融入到一个被称为"住宅单元理念"(Neighborhood Unit Concept)的社区模型中去。1929年,《纽约及市郊的区域调查》(*The Regional Survey of New York and Its Environs*)一书出版。在

"住宅单元理念"部分,佩里提出了一个简要的实体规划方案,旨在培育邻里社会结构,改善城市当中随处可见的危险、疏离及社会关系恶化的情况。

佩里相信,面对面的接触与交流是社区形成不可或缺的因素。在塑造诸如社区荣誉感和公民责任感等社会行为方面,已有环境起到了至关重要的作用,如街道、设计出的开放空间及公共机构的特定布置等。

住宅单元由四大要素组成,每个要素之间互相影响,且都有相应的社会、空间属性。第一个要素是处于中心位置的小学。学校决定着住宅单元的区位和人口数量。儿童往往需要住在离学校半英里内的地方,且一所学校需要至少有1000名学生。因此,住宅单元应该是有限的,不宜向外扩张。

第二个要素是取代城市网格状规划的流通模式。该模式由直达干道和内街完成,功能是为中心地带的学校与外围的家庭提供联络机会。通过这种方式,儿童在上学、前往娱乐设施的途中就能避免穿过交通繁忙的大道,而且邻里之间保留了视觉与空间上的边界。

第三个要素是提供和培育开放空间。公园以及可供儿童在家附近玩耍的操场至少要占到整个社区面积的10%。佩里相信,小型邻里公园的切实存在将激起地方荣誉感和社群感,从而为负责任的公民行为打下基础。佩里"住宅单元"的最后一个要素是将商业服务安排在街道交汇处。通过这种安排,购物中心既能够服务住宅区内的民众,又可以满足邻近社区。

佩里住宅单元方案可以作为城市、郊区和乡村社区发展的模型。实际上,20世纪初埃比尼泽·霍华德倡导的田园城市运动、英美等地的社区改良运动及相关的社区中心运动、建筑师与规划师间的理论探讨等无不参考了佩里先前的理念与方法。在个人方面,佩里所在的小区森林山公园(Forest Hills Gardens)由奥氏兄弟公司和建筑师格罗夫纳·阿特伯里(Grosvenor Atterbury)具体设计建造,该小区尤为关注道路类型的区分、公共和半公共开放空间的保留以及公共设施在布局上的美感与逻辑。

佩里"住宅单元理念"的影响在已建成的社区中随处可见。举例来说,1924年皇后区的阳光花园(Sunnyside Gardens)、1928年新泽西州的雷德伯恩、1935年马里兰的格林贝尔特以及1960年代马里兰州哥伦比亚市、弗吉尼亚州雷斯顿市的一批新镇都受佩里的影响。如今,新城市主义建筑师、规划师们都主张设计有限型社区,他们的实际规划将中心地带的学校、公共开放空间、集群式商务融合在一起。

延伸阅读书目：

- Dahir, J. (1947). *The neighborhood unit plan: Its spread and acceptance*. New York: Russell Sage Foundation.

- Perry, C. A. (1929). The neighborhood unit, a scheme of arrangement for the family-life community. In *The regionalsurvey of New York and its environs: Vol. 7. Neighborhoodand community planning*. New York: Russell Sage Foundation.

- Perry, C. A. (1939). History and social significance of the unit idea. In *Housing for the machine age*. New York: Russell Sage Foundation.

Roberta M. Moudry 文

李胜译 陈恒校

宾夕法尼亚州费城
PHILADELPHIA, PENNSYLVANIA

1682 年，威廉·佩恩（William Penn）建立费城，并将该城视为新殖民地宾夕法尼亚的首要港口。佩恩对宗教宽容的许诺吸引了大批贵格会信徒和苏格兰-爱尔兰、德裔移民的涌入。1760 年，费城已经发展成为英属北美最大的市镇。1776 年《独立宣言》的发表以及 1787 年宪法的制定都在宾夕法尼亚州议会厅。1790—1800 年间，费城一直是国家的首都。19 世纪，费城成为美国重要的制造业城市。1854 年，宾州对市、县进行整合，建立了一个 130 平方英里的城市。1800 年费城人口仅有 6.2 万，100 年后人口突增至 130 万，当时排名全美第 3，仅次于纽约和芝加哥。一战后，经济不景气，费城陷于迟滞状态。1950 年代，中心城市经历部分复苏并引得全国关注，但随后的费城遭受急速的去工业化、严峻的种族冲突及"白人逃逸"问题冲击。虽然如此，费城多元化的经济基础缓解了向后工业时代转型的痛楚。2000 年，费城以 150 万人口排名全美所有城市第 5。

殖民时期

在最初的城市规划中，威廉·佩恩将费城选址定在特拉华河与斯古吉尔河（Schuylkill）之间从南街（South Street）到葡萄街（Vine Street）的区域。此外，佩恩还专门留出空间规划四个社区广场，也就是如今的富兰克林广场（Franklin Square）、华盛顿广场（Washington Square）、里滕豪斯广场及洛根圆环（Logan Circle）。总体规划反映了佩恩贵格会式的井然有序与简单朴实风格，这种风格后来被美国其他城市广泛效仿，包括其中几个州的首府。然而不幸的是，随着人口的急剧增加，城市已然没有增加额外社区广场的空间。

费城发展迅速，源源不断出口本地制品及原材料，其市场主要是西印度群岛。由于政府执政能力无法充分满足城市发展需要，志愿组织应运而生。本杰明·富兰克林是创建公民组织的先驱，他组织创立了志愿消防队、会员制图书馆、互助火险公司及专门收治贫病者的宾夕法尼亚医院，费城这一方面的举措同样得到其他城市的效仿。

19 世纪

内战前，费城在美国工业化进程中起着领导角色。当地企业家先是投资运河，其后转向铁路。铁路的修建将城市与内陆资源紧密联系在一起。1824 年，企业家们还成立富兰克林研究院（Franklin Institute），使其成为全美传播科技知识首屈一指的机构。随着国际贸易主导权向纽约的转移，制造业成为费城经济最主要的驱动力，纺织、造船、蒸汽机、火车头、涂料、药品、化工制品、器械及服装等成为主导产业。

这座充满活力之城不断吸引着新的移民涌入。最初，以英格兰、爱尔兰和德国移民居多。1860 年，费城人口超过 50 万。1790 年代，一小撮非洲裔美国人建立全美第一家全黑人教堂。尽管恶性种族骚乱不止，非裔人口仍有明显增幅，到 1860 年已经 20000 有余。19 世纪末，东欧犹太人、波兰人及其他斯拉夫族群移民倾泻而入。周期性的移民潮伴之以快速工业化，造成十九世纪三四十年代社会关系的极度紧张。在有效警务部门建立之前更是如此，街头骚乱不断。移民和穷人往往生活在拥挤的地下室和街头小巷狭窄的小屋内。在这些地方，人们共用水龙头，排水系统颇为糟糕，疾病极易蔓延。

内战前，有见识的领导人开展了两项主要的公共工程：1790 年代灾难性的黄热病过后，费城建起首个供水系统。在此后的数十年里，费城一直是美国最健康、最干净的大城市。但 1840 年代后，老化的供水系统无法应对人口的急剧增加，费城人口死亡率也是居高不下。1812 年，费城已经沿斯古吉尔河建了新的抽水站，并将周边区域建设为费尔蒙特花园（Fairmount Gardens）。1850 年代，为了保护水源供应、提供广阔空间，费尔蒙特花园与相邻的两块地产合并，成立费尔蒙特公园（Fairmount Park）。到 1870 年代，费尔蒙特公园变得比纽约中央公园还要大。

19 世纪中叶以后，有轨电车使得人口向城外蔓延，城市得以保持相对均衡的人口密度。一排排的红砖房在费城比比皆是。这一时期，以族群、社区为基础的住房建设激增。贷款协会提升了城市居民的住房拥有率。一般来讲，工人们在工厂附近生活，步行上班；中产阶层乘车到市中心上班、购物。较为常用的通勤线路是从切斯特纳特山（Chestnut Hill）到梅因莱恩（Main Line）郊区。1880、1890 年代，受新客运站（1882年完工）及新市政厅（1901 年完工）的牵引，商业区向城西转移。新市政厅高 548 英尺，顶部为威廉·佩恩的巨型雕塑，在当时是世界最高建筑，至今仍是著名的城市地标。

20 世纪

20 世纪上半叶，制造业持续推动着经济发展。二次世界大战期间，费城经济满负荷运行，主要生产与战争相关的产品。然而在 1920 年代，机车生产及造船业衰退，纺织业遭受南部的激烈竞争。尽管收音机、汽车配件、电气设备等新产业的发展消解了传统工业的衰退，但城市正经历着 50 年中最缓慢的增长。

费城是全美仅有的四座建有快速公交线路的城市之一。1907 年，与市场街（Market Street）地铁、69 街高架线一道，快速公交线开始修建。1920 年代，法兰克福高架（Frankford El）、布罗德大街（Broad Street）地铁和罗斯福园林大道（Roosevelt Boulevard）的修建引发新一轮建设浪潮，缓解了旧社区的拥堵状况。地铁巩固了中心商业区的核心地位，摩天大楼热此时盛极一时。本杰明·富兰克林园林大道（Benjamin Franklin Parkway）完工于 1918 年，大道将市政厅与新艺术博物馆及费尔蒙特公园连接起来。

经济大萧条沉重打击了费城。1933 年 3 月，仅有 40% 的全职工人就业。四年中，有 20% 的户主失去住房。由于共和党主导的市政当局对富兰克林·罗斯福充满敌意，与其他大城市相比，费城并没有从新政诸项目中获益太多。通过仅有的联邦资助，费城修建了三个大型的种族隔离的住房项目；在费城南部建造一机场，但这一过程中充斥着成本超支、腐败等丑闻。二战让费城垂死挣扎的经济起死回生，并减缓了郊区化进程。1950 年，费城人口达到顶峰，总计 210 万民众。

1950 年代，在民主党市长约瑟夫·克拉克（Joseph Clark，1952—1956 年任职）及理查德森·迪尔沃思（Richardson Dilworth，1956—1962 年任职）的带领下，

贵族式（Patrician）改革家们与当地商团领袖围绕中心城区更新与诚信政府问题建立起联盟。至少在当时，市长们肃清了城市臭名昭著的腐败，让城市服务供应变得更加现代化。贯彻执行了城市规划师埃德蒙·培根（Edmund Bacon）的理念，改革者们成功复兴了中心城市，"费城复兴"此举引起全国关注。随着征地权广泛使用，费城精心策划了战后美国首个大型的绅士化项目——社会山，针对一个衰败但处于核心位置的历史街区。与此同时，为了修建一大型购物中心，独立厅前的四个方形街区被清除；宾夕法尼亚铁路以更加现代化的办公设施取代宽街（Broad Street）火车站。为保证就业，费城还率先在城郊兴建了几座大型工业园区。然而，连接中心城区与宾西法尼亚州收费公路（Pennsylvania Turnpike）的斯古吉尔专线（Schuylkill Expressway）刺激了郊区化的发展。

一战至 1960 年代，受美好工作前景的吸引，大批非裔美国人纷纷涌入费城：1930 年黑人达到 20 万；1970 年有 65 万黑人，占该市总人口的 1/3。二战后，来自波多黎各及其他加勒比海岛屿的新移民也来到费城，2000 年这一群体人口超过 13 万。战后数十年，黑人社区的扩大加速了种族之间的对抗与冲突。1950、1960 年代，费城在黑人社区兴建了越来越多的公共住房，但城市更新、修建高速带来的损坏及医院、大学规模的扩张只会让住房形势变得更加糟糕。1964 年 6月，住房紧张、警察专制、失业率高耸问题交织在一起并最终导致费城北部引发种族骚乱。尽管较之其他地区影响小些，但仍损坏了 600 商家，并加速了社区的崩溃。

20 世纪末，随着制造业的衰退，费城经历了痛苦的去工业化过程。从 1967 到 1982 年，制造业类工作减少 50%。70 年代，伴随失业、种族对抗、税率提高、忧虑犯罪等问题，城市进入快速螺旋式衰退期。一场长达 3 个月之久的教师大罢工加速了白人逃逸。十年内，人口减少 25 万有余。废弃的房屋在费城北部成为一场灾难。与其他许多城市一样，费城选举"硬汉警长"弗兰克·里佐（Frank Rizzo）为市长。作为一名颇有争议的人物，里佐治下的市政当局以任人唯亲、种族不兼容而臭名远播。不过，他最大的成就是取消了削减贯通市中心与南街的跨界高速公路的提案。

1980 年代，一座座新型又引人注目的玻璃外表天际线式建筑在中心区拔地而起，吸引了大批城市白领，缓解了向后工业化经济转型的痛楚。社会山项目的成功鼓舞了中心城区外围及马拉杨克（Manayunk）地区的绅士化运动。

借着 1990 年代城市繁荣之机,奔放的艾德·兰德尔(Ed Rendell)市长成功恢复了费城金融健康与自尊。兰德尔任上大力倡导旅游业,将原先枯燥无味的独立宫进行重新布置,新建自由钟展览馆及宪法博物馆。

2000 年人口统计显示,在其他大城市通过吸引新移民增加人口的同时,费城人口却继续下滑。尽管如此,费城有诸多实现城市稳定发展及复兴的优势:大批的旅游景点、持续的绅士化、世界级的医护中心以及强大的制药与化工产业。

亦可参阅:本杰明·富兰克林园林大道(Benjamin Franklin Parkway)

延伸阅读书目:

- Davis, A. F., & Haller, M. H. (Eds.). (1973). *Peoples of Philadelphia: A history of ethnic groups and lower class life, 1790 - 1940*. Philadelphia: Temple University Press.
- Simon, R. D. (2003). *Philadelphia: A brief history*. University Park, PA: Pennsylvania Historical Association.
- Warner, S. B., Jr. (1968). *Private city: Philadelphia in three periods of its growth*. Philadelphia: University of Pennsylvania Press.
- Weigley, R. F. (Ed.). (1982). *Philadelphia: A three hundred year history*. New York: Norton.

Roger D. Simon 文

李胜译 陈恒校

慈善事业
PHILANTHROPY

自五月花号在北美登陆以来,成千上万的欧洲人为了寻找更好的生活起航来到新大陆。定居者们创建社区,打造社会、文化基础设施,之后又建立慈善网络。所有这些建设没有一个是全新的,定居者们通常再造了那些在欧洲家乡为人们熟知的东西。从美国革命到19 世纪末,在美国的每一个城市、乡镇,男男女女们创建了不计其数的志愿组织。成立于 1844 年的纽约改善穷人状况协会(New York Association for Improving the Condition of the Poor)便是诸多组织中的一个。当1831 年托克维尔旅行至美洲大陆时,被美国广泛存在的志愿组织所震撼。在当时的美国,这些组织不仅支持穷人,还扶持兴建中学与大学,组建医院、创办图书馆等。1818 年达特茅斯案判决后,慈善事业在美国社会中的地位确定下来,州立法机关不再干预私人组织的运作。随后,州政府纷纷抬高特定领域如教育、社会福利等的重要性,并决意将这些领域交由私人及宗教组织来管理。法律规定不仅为美国的公私分离提供了基础,同时也带来了由政府组织管理的综合社会福利体系的缺失,依赖慈善事业的社会福利体系顺势取而代之。正如劳伦斯·弗里德曼(Lawrence Friedman)和马克·麦加维(Mark D. McGarvie)2003 年主张的那样,私人组织不承担本来属于政府的责任,它们占据的是地方、区域及联邦政府有意遗留下来的空间。

在 19 和 20 世纪,慈善事业致力于建立社会福利、教育及娱乐的公共机构。美国的各个族裔团体也努力为新到移民创建援助社团。纽约及新奥尔良的此类机构在为移民提供住处、工作方面表现突出。成立于1784 年的纽约德国人社团(German Society of the City of New York)有效处理了德国移民遇到的各式问题。

博物馆、艺术长廊、图书馆纷纷建立。它们或得益于私人的捐助,但更多来自组织的捐款。这些捐款组织动辄就能招募成百上千名会员。借助德国艺术馆的组织模式及大不列颠博物馆的收藏理念,纽约上层阶级于 1869 至 1870 年间创建了大都会艺术博物馆。缺少合适的建筑,博物馆的会员组织吁请州和城市政府共同投资建设博物馆相关建筑。面对纽约市最富有市民及尊贵的纳税人的压力,1871 年州和城市当局同意同时给予大都会艺术博物馆及美国自然历史博物馆(American Museum of Natural History)的建设资金支持。1873 年,市政府进一步同意每年拨款 30000 美金给大都会馆和美国馆(每馆 15000 美金),以助其修缮藏品。在美国,这标志着国家与公众关系的根本改变。市政府通过持续不断年度补贴的形式,首次将支持私人而非公共文化组织视为一种责任。正如卡尔文·汤姆金斯(Calvin Tomkins)1989 年指出的那样,对市政当局来讲这是一种全新的理念。有着会员组织及市、州政府支持的大都会艺术博物馆,成为随后美国绝大多数城市建立博物馆的蓝本。波士顿的美术博物馆(Museum of Fine Arts)是唯一一个值得注意的例外,它不接受州给予博物馆建设的任何资金支持。

地方自尊通常在公共组织的创建方面发挥重要角色。为了公共图书馆的建设,约翰·雅各布·阿斯特(John Jacob Astor)留给纽约市大笔资金。正是阿斯特的这一决定刺激了波士顿的富人阶层,他们一致认可波士顿需要兴建一座公共图书馆,并承认波士顿在这一方面做的不如纽约。曾远赴哥廷根学习,并掌握大量有关德累斯顿市图书馆如何组织知识的乔治·蒂克纳(George Ticknor)成为波士顿免费公共图书馆(Boston's Free Public Library)建立的主要幕后推手。作为一名成长于波士顿且白手起家的银行家,约书亚·贝茨(Joshua Bates)告知城市当局:如若政府乐意为一所图书馆的建设提供资金支持,他乐于捐出50000美金及成千上万册图书。此后,图书馆如愿得到市政资金支持。这一案例与纽约大都市艺术博物馆颇为相似。

正是由于波士顿公共图书馆的图书流通政策而非融资方式点爆了全国公立图书馆运动。早期美国的绝大多数图书馆对底层阶级民众进入图书馆有严格限制,但蒂克纳坚持主张,波士顿公共图书馆要努力成为一个服务普通民众的教育机构,书籍应该能自由且大量地流通、购买以便大批读者可以同时阅读同样一本书。图书馆因此被视为一种可以改良底层阶级使其融入社会的机构,这种观念被其他许多美国城市所采纳。在1890年代欧洲图书馆改革家当中,不乏这一理念的推崇者。

19世纪下半叶,东北部城市中的社会改革家与慈善家们目睹了贫民窟的涌现。因为州并不认为提供社会性住房与清除贫民窟是一项公共职责,城市更新及社会、卫生改革中的个人主动性重新定义了慈善事业。为了处理住房危机,波士顿富人们于1853年创建美国历史上第一个慈善性质的房地产企业。模型公寓协会(Model Lodging-House Association)的组织者们竭力想要证明他们能够为穷人提供负担得起的健康住宅,与此同时,为投资者创造6%的收益率。接下来的几十年中,受英国、德国模式的影响,兼具盈利与社会功效目的房地产公司在波士顿、纽约、费城、辛辛那提、华盛顿特区等地如雨后春笋般成长起来。慈善的社会重要性与内涵在这个过程中被拓展:它不仅包括通过市场方案解决社会问题,还从暂时性的援助转型为长久性的制度安排,其最终目的在于改善社会。慈善作为一股社会变迁的推动力,它同时影响着慈善的受助方与捐助者。诸如城市和郊区住宅公司(City and Suburban Homes Company,成立于1896年)之类的社会性房产公司,通过对家庭生活理想模式的特定理解来打造住宅,进而以原初的方式塑造慈善接受者的生活。参与慈善事业给予富人而非受歧视民众一种融入社会领导圈的机会。慈善提供给人们一种社会、文化认可的机会,而这种机会与个人融入还是排斥于统治精英圈不无关系。

一些历史学家在评价慈善事业时走得更远,他们认为慈善实际上构成了一种对政治权威的抑制。在那些因为宗教或性别被排除出公民社会的人身上,慈善的抑制功能从未消失过。在女性获得选举权前很长一段时间里,她们组织、资助、运作了大量志愿组织。维多利亚时代关于"女性在社会中的地位"假说及她们对社会工作的偏好、对穷人的帮助,为女性参与照顾贫苦之人铺平了道路。然而,一旦这道进入公共领域之门被打开,妇女抓住了机会并创建了属于她们自己的组织,例如1795年在费城成立的救济穷人妇女协会(Female Society for the Relief of the Distressed)及1797年在纽约创建的救济贫穷且有子寡妇纽约协会(New York Society for the Relief of Poor Widows With Small Children)等。1861年《已婚妇女财产法》(Married Women's Property Act)通过后,妇女参与慈善事业的人数猛增。凯瑟琳·麦卡锡(Kathleen McCarthy)指出,内战结束后,芝加哥富有的女性精英自愿捐出成千上万美元给慈善组织。仅19世纪80年代,妇女捐给慈善医疗组织近70万美元,给收容所32000美元,给文化机构18000美元。1884年去世的克拉丽莎·派克(Clarissa Peck)将其62.5万美元遗产捐给芝加哥绝症病人收容所(Chicago Home for Incurables),这是迄今为止最大一笔单个女性捐款。在社会组织化过程中,慈善事业承担了排斥与兼容两种职能。一方面,它准许妇女走出家庭并给予其社会热点问题上的话语权,甚至允许妇女来塑造社会。另一方面,它又允许将天主教徒、犹太教徒排除出新教机构。在美国城市中,慈善领域的创建越来越受族裔、宗教因素的限定。

延伸阅读书目:

- Adam, T. (2004). *Philanthropy, patronage, and civil society：Experiences from Germany, Great Britain, and North America*. Bloomington：Indiana University Press.
- Balfe, J. H. (1993). *Paying the piper：Causes and consequences of art patronage*. Urbana：University of Illinois Press.
- Friedman, L. J., & McGarvie, M. D. (Eds.). (2003). *Charity, philanthropy, and civility in American history*. Cambridge, UK：Cambridge University Press.
- McCarthy, K. D. (1982). *Noblesse oblige：Charity and cultural philanthropy in Chicago*, 1849 - 1929. Chicago：University of Chicago Press.
- McCarthy, K. D. (1991). *Women's culture：American*

philanthropy and art, 1830 – 1930. Chicago：University of Chicago Press.

● Tomkins，C.（1989）.*Merchants and masterpieces：The story of the Metropolitan Museum of Art*. New York：Henry Holt.

Thomas Adam 文

李胜译　陈恒校

亚利桑那州菲尼克斯市
PHOENIX, ARIZONA

亚利桑那州菲尼克斯市（又译凤凰城）最初是作为农业、政治、服务、旅游中心发展起来的，但 1940 年代该城在根本上改变了发展轨迹。由于几乎比美国其他任何大城市发展都要迅速，到 2000 年菲尼克斯人口排名全国第六，面积居于第二位。菲尼克斯有着非常独特的城市形态，这种增长与模式的特殊性主要是早期城市规划、区域发展及民众关注长期发展影响有关。

起源

1867 年，菲尼克斯作为索尔特河（Salt River）周边的一个农业社区发展起来。当史前时代的印第安人运河重新开掘后，杰克·斯威林（Jack Swilling）为周边的军队和煤营种起了庄稼。随着其他运河尤其是 1885 年 41 英里长亚利桑那运河（Arizona Canal）的开凿，菲尼克斯出现快速发展。1887 年南太平洋铁路及 1895 年艾奇逊（Atchison）、托皮卡（Topeka）和圣菲诸铁路的修建，将各社区联系在一起，促进了城市繁荣。州政府进一步支援了年轻城市经济的发展。1888 年，菲尼克斯将精神病院（Insane Asylum）的土地纳入自身板块。1891 年，获得联邦给予的印第安人寄宿学校地盘。更重要的是，1889 年，菲尼克斯成为区域首府。

1879 年砖厂的创建，使菲尼克斯民众建造一种更富现代感的社区成为可能，该社区的商业、民用建筑深受东部风格的影响。到 1890 年代，菲尼克斯无不以大量维多利亚式房屋、电力、电话、有轨电车为自豪。加之大量学校及各式社会机构的建立，居民们视自身社区为成功教化边疆的典型。通过支持贸易委员会及大批企事业商贸活动的形式，菲尼克斯努力将自身打造

成亚利桑那州中部的商业中心，到 1900 年，凤凰城人口总计 5544 人。

1891 年洪水过后，又是持续几年的干旱。菲尼克斯领导人极力劝说联邦政府给予资金支持修建罗斯福大坝（Roosevelt Dam）及另外三座大坝。大坝的修建不仅有效控制住洪水，而且提供了水力发电，并为农业灌溉及生活用水提供了水源。20 世纪早期城市的发展使商业区开始有了雏形：旅馆、商店、电影剧场、图书馆等应有尽有。汽车的普及推动了铺路工作的开展和低密度郊区的建设，并且铺路工作与郊区建设很快融为一体。为了提升道德风气，菲尼克斯居民办学校、开教堂、建社会俱乐部。他们竭力整治卖淫与赌博行为，还成功发起争取妇女投票权及禁酒运动。对政府效率及诚信问题的不满，致使他们于 1913 年通过新的、进步的城市章程，并建立起城市经理制政府。1921 年，市议会正是通过城市首个规划案，提议建造政府大楼、公园，并改善包括机场在内的交通状况。

1890 年代，菲尼克斯移民人数的增加主要是因为该城气候适宜，吸引了大批有肺病的人涌入。正因如此，三所专治肺结核患者的医院于 1911 年建立。许多患病的移民住在城外搭建的帐篷社区里（整个 20 世纪，尽管其他地方的医疗卫生、社会服务状况明显改善，但菲尼克斯仍源源不断地吸引患者前来）。为了寻找新的经济刺激点，1919 年菲尼克斯开始大力提倡旅游业，并于 1924 年组织了一场全国性的广告宣传。1934 年，人们用阳光谷（Valley of the Sun）一词来称呼菲尼克斯。诸如著名的亚利桑那比尔特莫（Biltmore）类型的新式旅馆，建立起定期飞赴菲尼克斯的航空客运服务以迎合富有的冬季游客。1930 年代，在各式联邦项目的支持下，旅游业持续发展，菲尼克斯同样进步不止。

变向

1940 年，菲尼克斯有居民 65414 人，仅排在全国第 98 位。战争给这座城市带来重大变化——有 6 座空军培训基地、3 座工厂和公共住房建成——但这类建设在和平时期瞬间停止。正是因为国家推行冷战政策、市政当局大胆追求更远见的执政方针，菲尼克斯得以避免回到战前处境。从 1944 年开始，有多方代表参与的商会发起经济开发项目，并贯穿于整个 50 年代。在最大银行总管沃尔特·宾森（Walter Bimson）、报业持有人尤金·普利亚姆（Eugene Pulliam）及律师弗兰克·斯内尔（Frank Snell）引领下，商会积极招募各个行业，主要有航天工业、电子工业等。在联邦资金的支

持下,机场成功扩建,此举成为菲尼克斯发展的关键一步。另外,亚利桑那州立大学对机械制造及商贸项目上的发展助力不少。为了吸引并且留住受过教育的劳动队伍,公民领袖们强力支持修建艺术馆、乐池、图书馆和公园。

出于对郊区蔓延的担忧,菲尼克斯领导人极力扩大城市界限。民众与企业都渴望有更高效、诚信的市政府,在他们的认可下,菲尼克斯于 1948 年更改城市章程。与西南部其他城市一样,菲尼克斯推出一强有力的城市经理,并推行无党派、全城普选制。1949 年,作为上层与中产阶层的自保性组织,宪章政府委员会(Charter Government Committee,简称 CGC)取得对市政府的控制,并掌权长达 25 年。新的城市经理让城市服务更加高效,成本也更加低廉。正因为此,菲尼克斯分别于 1950、1958 年两获"完美之城"(All American City)奖。此外,菲尼克斯还降低了财产税,开始增收营业税。这给城市兼并大开方便之门,到 1960 年菲尼克斯已有 187 平方英里土地,人口增长至 439,170。

蔓延

接下来的 20 年中,尽管有周期性的建设与房产泡沫,但菲尼克斯依然在持续高速发展。1980 年,城市面积达到 325 平方英里,人口升至 789 704。1954 年,马利维尔(Maryvale)的约翰·朗(John Long)启动了向社区建设的转型进程。1961 年,德尔·韦布(Del Webb)在太阳城(Sun City)的退休社区加速了这一进程。到 1970 年代中期,有 25 个社区已经完工或在建设当中。所有这些社区通过住户管理委员会来提供商业、娱乐、社会建制及私人管理。太阳谷的另外 21 座城市也在不断发展,梅萨(Mesa)、坦佩(Tempe)、斯科茨代尔(Scottsdale)及格兰岱尔(Glendale)等几个相互毗邻的城市人口已近 50 万。

1950 年代中期以后,菲尼克斯中心区急剧衰落。到 1963 年,有 7 座郊区购物中心建成,给大批百货商店及零售业带来严重冲击。中心城市住房条件不断恶化,人口流失严重。这一时期,在中心城区以北数英里外,一块独立的金融区建成。从 1960 年开始,保守主义运动不断迫使城市当局放弃城市更新、公共住房的规划。尽管城市服务迅速扩展至新建社区,但在菲尼克斯南部的少数族裔社区,服务供应仍然很不充分。虽然有人对贫困项目予以关注,但菲尼克斯在 1968 年以前对联邦政府资金一直予以坚决拒绝。之后,为了控制城市犯罪,该城才迫不得已寻求联邦资金支持。

1970 年代,中心城区衰落、交通拥堵、空气污染、城市财政危机、郊区蔓延等一系列问题最终促使菲尼克斯寻求改变。该城利用联邦新的地区补贴及收入分享计划提供服务,复兴久遭忽略的公交系统,鼓励内填式建筑。通过建造会议中心、交响音乐厅为中心城区的发展注入新的活力。这一时期,数家银行大楼与多所公园在中心区建成。在城市北部,凤凰山自然保护区(Phoenix Mountain Preserve)成立。更重要的是,1975 年,通过批准都市村庄(Urban Village)的设计方案——将城市分成九个村庄,每个村庄拥有一座核心大厦和准商业区——菲尼克斯认可了城市变化中的形态。

沙漠都市

CGC 的成功反映了该组织中立、公众本位的执政理念以及菲尼克斯的城市特性。CGC 于 1961 年、1963 年分别击败了来自保守派、自由派的强烈挑战。然而,在 1960 年代末,CGC 本身变得越发保守,城市人口规模越来越大且日益多元,致使城市领导层也是如此,这一系列变化最终引发了一场政治变革。1975 年,玛格丽特·汉斯(Margaret Hance)击败 CGC 推出的市长候选人,以及另外两位非 CGC 的候选人(都是少数族裔),成功当选菲尼克斯市长。1977 年,CGC 实际上已经名存实亡。1982 年,尽管有保守派的强烈反对,选民依然赞同以区域计票制来选出市议会。领导了这场斗争的特里·戈达德(Terry Goddard),于 1983 年成功当选市长,一直任职到 1990 年。尽管郊区蔓延持续不断,戈达德有效刺激了中心城区的复兴。在戈达德执政后不久,博物馆、政府大楼、剧场、图书馆、运动设施陆陆续续在中心城区建成。

1980 年以后,菲尼克斯发展极为迅速。2000 年,人口达到 130 万,居全国第 6 位。然而,郊区发展更快,几乎是城市发展的三倍。城市与郊区的不同发展态势,反映了二者之间力量平衡的变化。1985 年后,大量公路工程缓解了交通紧张状况。但是,交通拥挤与空气污染问题的持续促使菲尼克斯、坦佩、梅萨于 2001 年共同发起轻轨铁路系统的建设。1998 至 2000 年间,出于对生活与环境质量的日益关注,全州范围内开展了关于此问题的系列讨论。选民们拒绝对城市发展予以严格限制,但赞同温和的精明增长方法。这一时期,西班牙裔人口呈现双倍增长,几乎占到全市总人口的 1/3。这一人口变动趋势引发全州对移民问题、西班牙语的大辩论。

2000 年以后，针对大都市发展的讨论，从更多关注水务、气候转向依赖销售税收入的政府是如何使政策走样以及州土地的出售问题。1990 年代，为了应对太阳谷电子工业的衰落，菲尼克斯大力发展生物技术，并将其作为经济发展的新引擎。2002 年，该市成功吸引国际基因组学协会（International Genomics Consortium）及一个相关研究所落户菲尼克斯。此外，中心城区的发展还包括住房建设、会展中心的扩建以及亚利桑那州立大学新校区的建设等。到 2005 年，尽管菲尼克斯有诸多可以乐观的理由，但许多人对沙漠都市的长期前景表示担忧。

延伸阅读书目：

- Gammage, G., Jr. (1999). *Phoenix in perspective：Reflections on developing the desert*. Tempe, AZ：Herberger Center forDesign Excellence, College of Architecture andEnvironmental Design, Arizona State University.

- Johnson, G. W. (Ed.). (1993). *Phoenix in the twentieth century：Essays in community history*. Norman, OK：University ofOklahoma Press.

- Luckingham, B. (1989). *Phoenix：The history of a southwestern metropolis*. Tucson, AZ：University of Arizona Press.

- Morrison Institute for Public Policy. (1998). *Growth in Arizona：The machine in the garden*. Tempe, AZ.：Morrison Institutefor Public Policy.

- VanderMeer, P. R. (2002). *Phoenix rising：The history of a desert metropolis*. Carlsbad, CA：Heritage Media.

Philip R. VanderMeer 文

李胜译　陈恒校

哈森·平格里
PINGREE, HAZEN S.

哈森·平格里（1840—1901）曾任底特律市长及密歇根州州长。与此同时，他还是 1890 年代一名杰出的城市改革家，其进步主义的社会、政治理念深刻影响了全美的公民领袖们。

平格里是一名鞋匠的儿子，平格里家共兄弟姐妹 8 人。在 20 岁去马萨诸塞州做鞋厂学徒之前，平格里一直住在新英格兰并试图找一份稳定工作。1862 年，平格里参加联邦军队，并参与了 1864 年的第二次马纳沙斯战役（Second Battle of Bull Run）。不幸的是，他被南方邦联军队俘虏。在安德森维尔（Andersonville）监狱服刑期间，平格里遇到了很多来自底特律的狱友。让平格里印象颇深的是，狱友们讲到底特律有日益增长的经济机会。1865 年，平格里从军队退役后来到底特律，在一鞋厂谋得皮革切割员的工作。1866 年，平格里倾其所有以极低的价格买下一老旧的鞋靴制造设备，开启属于自己的制鞋生意。接下来的 20 年里，平格里的企业取得巨大成功，他跻身底特律最富有、最具影响力公民的行列，并加入共济会（Masons）、共和党人大军（Grand Army of the Republicans）、密歇根俱乐部（Michigan Club）等组织。1889 年，平格里作为共和党代表获得底特律市市长提名。

平格里最终赢得市长选举。在就职典礼上，他承诺根除民主党政治机器的腐败，支持八小时工作制。在第一任期内，平格里兑现了诸多竞选时的承诺：解决了机构臃肿、人浮于事的现象，要求政府雇员务必做到诚信无欺，开展了大量结构性改革。平格里还将被控受贿、腐败的整个学校董事会一窝端。1892 年，一场反对公路公司取消底特律维护不善公路征收通行费的斗争爆发，该斗争引起平格里对公众控制公共工程及市政自治理念的关注。

平格里代表民众与诸多公用设备及交通运输公司进行了抗争，这些均走在了全国性改革的前列，并为后来的进步主义改革注入动力。平格里打破了街灯垄断，并通过全民投票的形式成立公共照明委员会（Public Lighting Commission）。通过采取法律诉讼及竞争加剧威胁的方式，平格里迫使汽油、电话公司降低利率或给予客户大幅折扣。平格里敢于挑战铁路公司，在将铁路运费从 5 美分压至 3 美分的同时，还成功修建了 50 英里的新电车轨道。1893 年经济萧条期间，有将近 1/3 的男性劳动力失业。在此情况下，平格里通过创立"马铃薯地计划"（Potato Patch Plan）来减缓饥荒，该计划说服土地所有者们准许市政当局征用其空地作为公共菜园。1896 年，平格里当选密歇根州州长。然而，受对抗性州立法机关及政府阁员丑闻的影响，"平式改革"举步维艰。1901 年环球旅行期间，平格里腹膜炎病发，最终卒于英国。

亦可参阅：密歇根州底特律市（Detroit, Michigan）

延伸阅读书目：

- Holli, M. G. (1969). *Reform in Detroit：Hazen S. Pingree and urban politics*. New York：Oxford

575

University Press.

Nicholas Anastasakos 文

李胜译　陈恒校

宾夕法尼亚州匹兹堡市
PITTSBURGH, PENNSYLVANIA

19 世纪末,宾夕法尼亚州匹兹堡市作为全美最大的钢铁生产中心而享有盛名。居于大型都市工业区核心位置的匹兹堡是美国工业化的具体呈现。1920 年后,该城工业发展陷入困顿,环境逐渐恶化,社会问题丛生。尽管二战后启动了雄心勃勃的再开发项目,企图解决城市面临的一系列问题,但 1975 年之后的去工业化给匹兹堡的工业基地以毁灭性打击,促使其努力塑造一种新的身份与未来。

从 18 世纪晚期到 19 世纪中叶,匹兹堡一直保持着稳定发展,这主要取决于优越的地理位置。该市位于阿勒格尼山脉以西,俄亥俄河的上游——阿勒格尼和莫农加希拉河在此交汇。1750 年代,在与法国的战争中,英国占领了这一战略要地。此后,定居者源源不断地进入宾夕法尼亚西部。到 1790 年,西部移民将该城视作进入俄亥俄峡谷边疆地带的跳板。商人们精心筹划着东西部之间的贸易,尤其是从事玻璃器皿、铁制品及纺织品的制造商们为他们的产品找到一个现成的市场。

1852 年铁路的修建终结了匹兹堡的河流区位优势。尽管如此,一些钢铁厂主仍然看到了机遇——为新兴的铁路市场提供钢铁及设备。内战增加了对钢铁制品的需求。钢铁商大力发掘当地煤炭储量,尤其是康奈尔斯维尔(Connellsville)附近的煤层。1875 年,前铁路经理人安德鲁·卡内基(Andrew Carnegie)在莫农加希拉河河谷一带建起区域内第一家酸性转炉钢厂,该厂前所未有的成功促使其他钢铁商大建综合钢厂。到 1890 年代,匹兹堡生铁、钢锭、合金钢等产品的产量在全国遥遥领先。1880 年代,亨利·弗里克(Henry C. Frick)实力雄厚的煤与焦炭公司和卡内基蒸蒸日上的钢铁公司合并,使得卡内基钢铁厂成为美国同类行业的领跑者,并成为 1901 年新成立的美国钢铁公司(United States Steel Corporation)的绝对核心。在以梅隆家族(Mellons)为首的银行家的大力支持下,铁路设备、电气设备、铝制品、食品加工、玻璃制造等工业在区域内蓬勃发展起来。市中心方圆 30 英里遍布着钢厂、煤厂及其他各式工厂。

匹兹堡对劳动力的大量需求吸引着移民不断涌入。最初的移民主要来自西北欧,之后以南欧、中欧为主。工人在恶劣的环境中辛苦劳作,报酬却少得可怜。工会力争提升工人待遇,并与顽固的雇主们展开不懈斗争,而斗争往往会引发暴力冲突,1892 年的霍姆斯特德罢工(Homestead Strike)便是如此。唯有在 1930 年代联邦政府支持劳工运动的情况下,工会才为城市工人谋得一些切实的利益。尽管如此,对抗性的劳工关系仍持续了数十年。

工业化严重损害了匹兹堡的环境:空气中布满粉尘且烟雾恶臭;工业废料、污水任意排入河流;山腰光秃,鲜见植被。工人们拥挤地生活在工厂旁边,服务设施极不完善,疾病肆虐几成一种常态。

20 世纪初,进步主义改革家仅仅解决了部分环境、社会及医疗问题,城市状况持续恶化。1940 年代中期,匹兹堡面临着这样一个未来——不适合工作与居住的地方。在民主党市长戴维·劳伦斯(David L. Lawrence)的默许下,金融家理查德·梅隆(Richard K. Mellon)带领一个由社团领袖组成的志愿组织发起一项复兴项目。他们一道清除空气中的烟雾,游说完善洪水控制工程,建立必要的基础设施,重新开发了市中心地带。对多数人来讲,天空变得愈发明亮,中心区变得更加现代……这些无不意味着新匹兹堡的降生。但是,低收入家庭却很少得到关注。虽然努力尝试经济多元化,匹兹堡对传统工业的依赖依然十分明显。1950 年,匹兹堡中心城市人口达到峰值,之后开启长时间的下滑进程。1960 年,该市大都市区疆界也达到顶峰。

20 世纪下半叶,全美经济重组给匹兹堡工业产能带来严重损害。大量钢铁厂瞬间倒闭让这座城市陷于慌乱:到 1990 年,15 万工人失业;工业急剧衰退;城市人口与税收骤降。在早前复兴试验的基础上,公民领袖们争相重建老工业基地。他们完成了中心文化区建设,修建了新式机场及运动场,并将河流用作民众品质生活的休闲场所。慈善机构也纷纷参与社会、经济改革方案的谋划。仍存的数家企业总部、完备的金融商业服务维系了中心区办公设施的运行。与此同时,大学、医疗机构为建立在健康护理、教育、高科技产业基础之上的新兴经济提供了保障。

尽管人口流失、税收减少、地方政府的碎片化、郊区蔓延、种族不公等问题持续困扰着城市管理者,但改善了的环境、雄厚的资金、文教方面的资本、兴旺的市区、独特的景观以及小却活力十足的高技术工业等,无不向我们展示着后工业时代匹兹堡的新貌。

576

延伸阅读书目:

- Baldwin, L. D. (1937). *Pittsburgh: The story of a city, 1750 - 1865*. Pittsburgh, PA: University of Pittsburgh Press.
- Lubove, R. (1995). *Twentieth century Pittsburgh: Vol. 1. Government, business, and environmental change.* Pittsburgh, PA: University of Pittsburgh Press.
- Lubove, R. (1996). *Twentieth century Pittsburgh: Vol 2. The post-steel era*. Pittsburgh, PA: University of Pittsburgh Press.
- Tarr, J. A. (Ed.). (2003). *Devastation and renewal: An environmental history of Pittsburgh and its region.* Pittsburgh, PA: University of Pittsburgh Press.

Edward K. Muller 文

李胜译　陈恒校

运动场
PLAYGROUNDS

自有人类以来,玩耍一直是孩子们生活中极为重要的一部分。但是,有组织的运动场却是一个相对近期的创造。美国的运动场可追溯到 19 世纪 80 年代,它们作为城市改革这一庞大工程的一部分而兴起。当时的城市改革涉及到社会改良会所、慈善团体、市政公园体系和公共学校等各个方面。起初,运动场被视为移民和工人阶级孩童玩耍的安全之地,并且可以作为教化儿童的场所,使其养成良好的社会习惯。

19 世纪末,美国城市环境对孩子们来说非常不利。除了拥挤的街道,很少地方可以供这些青少年们消耗掉身上那充沛的精力。公园非常稀缺,里面没有安置游憩设施,且位置离工人阶级的社区较远。学校操场同样沉闷无趣。作为这些不利状况的部分回应,私人慈善者开始在一些大城市建造监管之下的玩耍场地。在美国,第一个正式的运动场出现在波士顿。1885 年,波士顿贵妇人治下的马萨诸塞州紧急卫生协会(Massachusetts Emergency and Hygiene Association,简称 MEHA)在帕尔门特街道教堂(Parmenter Street Chapel)为移民孩子们建起一座小型的沙地乐园。这个想法源于著名的女医生玛丽·扎克泽夫斯卡博士(Dr. Marie Zakrzewska),她曾向 MEHA 写信指责波士顿广泛存在的贫民窟街区,并建议效仿柏林的公园体系为孩子们提供公共玩耍区域。为了孩子们的

娱乐,1887 年底 MEHA 在波士顿已经开设 11 处沙地乐园,并获得了夏季使用公立学校财产的许可。

随后几年里,为移民和底层阶级的孩子提供玩耍空间的想法迅速从波士顿蔓延到其他城市。1887 年,在社会工作者和城市改革者们的劝服下,纽约市领导者通过立法,准许每年拨款 100 万美元给小公园和运动场。然而,由于没有资金可用,该法直到 1901 年才真正实施。1891 年,为了加快儿童运动场的建设,纽约公园与运动场协会(New York Society of Parks and Playgrounds)成立。1888 年,费城的小公园协会(Small Parks Association)开始筹办城市运动场。1894 年,简·亚当斯的赫尔会所在芝加哥开设了全美首家现代游乐场。小城市与大城市一道,运动场迅速发展起来。例如,1899 年托莱多儿童运动场协会(Children's Playground Association of Toledo)诞生;4 年后,纽约州的罗切斯特市和威斯康星州的密尔沃基市也相继成立运动场组织。

沙地乐园里装满沙子的大木箱子很快演变为更为精制的秋千、跷跷板和儿童车。最早的运动场建在人口密集的移民社区,并且只在夏季开放。典型的运动场位置通常包括空旷的城市地段或者是毗邻移民住所、宣教堂的开放区域。在中上阶层倡议者看来,早年开设的运动场有双重目的——让孩子们远离街头和那些有害的影响;更为重要的是,培养孩子们正确的社会态度和社会行为。为了这一目标,孩子们不能在沙地乐园自由玩耍,他们处在种种监管之下。成人们指导着孩子们的各种活动,从沙地玩耍到团队运动再到露天表演和游行。大人们抓住每一次机会教导孩子们团队协作、勤奋和责任的重要性以及良好的卫生习惯、身体健康的诸多益处。

20 世纪初,全国范围内的运动场运动出现合并态势,改革家卢瑟·古利克(Luther H. Gulick)、亨利·斯托达德·柯蒂斯(Henry Stoddard Curtis)和约瑟夫·李(Joseph Lee)等人领导了这一合并进程。到 1900 年,共有 14 个城市提供了公共玩耍空间。在富有的慈善家和中产阶级改革者的努力下,运动场所纷纷建立。除此之外,诸如妇女社团、家长组织和其他工人阶级团体等基层组织的推动力同样不可小觑。在他们看来,拥挤的、充满罪恶的城市社区危机重重。当然,城市政府也发挥了重要作用。在这一点上,芝加哥是先导者。通过各种各样的公园委员会,1899 至 1909 年间芝加哥城为公园和娱乐中心投资近 1500 万美元。1906 年,全美运动场协会(Playground Association of America)成立。紧接着,1907 年在芝加哥召开了第一

次大会,总共有 5000 名代表与会。当时,全美近 50 座城市拥有了运动场设施。5 年后,拥有运动场设施的城市突破 100 个。

二战前,城市运动场不断扩大并重新定位到市立公园或学校场地。大萧条时期,在联邦政府各种各样的援助项目支持下,大批公立学校和地方政府创建并管理的运动场所得以兴建。随着入学人数的激增,运动场与公立学校的联系变得日益密切。改革者和教育家们均不断倡议,学校应在作为周围社区的活动中心,吸引当地孩子在空闲时间去学校场地,并将其作为游乐的优先选择。二战后,学校越来越重视体育教育,视其为每个孩子生活中的重要一环。因此,运动场成为无数青少年公民组织和体育联盟的场所。战后,标准的运动场必然装备有秋千、滑梯、"猴架"(供儿童攀爬游戏)或"立体方格铁架"及其他耐久性混凝土或沥青路面的设施。篮球场、棒球场更是不需多言。

二战末期,冒险乐园在欧洲兴起。1949 年传至美国。冒险乐园避免使用有条理的布局和标准化的娱乐设施,赞成使用土堆、沙坑和松散材料的收集物——通常是建筑物的碎片,如木屑、碎砖块、管子等,孩子们可以随意建造和毁掉这些材料。孩子们在使用这些废弃物品的同时,可以伴之以一些工具和原材料,如沙、土、水或者攀爬垃圾汽车或铁路棚车(儿童娱乐玩具,译者注)。正如早期的运动场一样,训练有素的监管人在冒险乐园的运作中起着至关重要的作用。或许,这就是为什么冒险乐园在美国流行如此缓慢的原因。到 1980 年,全美只有约 20 座城市拥有此类运动场。

在最初创建运动场的改革者看来,玩耍并不是孩童个体发展的一部分;恰恰相反,运动场只是用来塑造孩童习性的一种工具。但在 20 世纪,新的玩乐理论流行开来,这一理论强调游玩对孩童身体、认知和情感发育的重要作用。由此导致的结果是,运动场变得更加多样。现今的游乐设施较之以前增加许多,不仅有传统的运动场、冒险乐园,还有为失能儿童提供的游乐场地,甚至在郊区购物中心和快餐店里都有游乐场。塑料秋千、滑梯和各种攀爬装置比先前铁制品更加精致,它们常常由各种复杂的结构连接在一起,供孩子们攀爬。运动场原先的硬地面被木屑、再生的橡胶轮胎碎片或其他更安全的柔软材料所取代。这些运动场希望提供给孩子们一个既愉快享受又塑造他们身体和智力技能的机会。与最初的运动场相比,当下绝大部分的运动场致力于孩子们的自我探索与纯粹愉悦,而不是通过严格的监管活动来充当社会化的场所。

亦可参阅:简·亚当斯(Addams, Jane),美国化运动(Americanization Movement),城市与郊区中的儿童(Children in Cities and Suburbs),娱乐(Recreation),社区改良运动(Settlement House Movement)

延伸阅读书目:

- Cavallo, D. (1981). *Muscles and morals: Organized playgrounds and urban reform*, 1880 - 1920. Philadelphia: University of Pennsylvania Press.
- Dickason, J. G. (1979). *The development of the playground movement in the United States: A historical study*. Unpublished Ph. D. dissertation, New York University.
- Eriksen, A. (1985). *Playground design: Outdoor environments for learning and development*. New York: Van Nostrand Reinhold.
- Rainwater, C. E. (1922). *The play movement in the United States: A study of community recreation*. Chicago: Universityof Chicago Press.
- Spencer-Wood, S. M. (1994). Turn of the century women's organizations, urban design, and the origin of the American playground movement. *Landscape Journal*, 13, 124 - 137.

Dale Allen Gyure 文

李胜译 陈恒校

广场
PLAZAS

广场是城市民主、公开、开放的空间,该空间为那些致力于创造社区协同意识的人们提供了一个聚集地;广场作为正式与非正式的公众聚集场所,允许个人和团体在此徘徊、放松或从事纪念性活动;广场是人们结交朋友、观察生人,以及开展社区庆祝活动的首选之地。它不仅具有一个地方的特色,还具有历史延展性的通感性,更提供了一种观察真正城市生活的视角。广场能够提供人们一种在地感、历史感以及真实城市生活当如何的认知。

广场的历史始于古希腊的集会,这是乡村的精致版,各种商品与闲言碎语在此自由交换,这些不无象征着希腊古典时代的民主与法治。专有名词"广场"(plaza)是西班牙词汇,意指城市中的开放空间。在美语中,尽管公园和绿地也常被用来指称城市的开放空间,但最常用的莫过于"广场"。广场是一个城市空间,时常被街道、园景或建筑群萦绕。广场与建筑有着密不可分的互动关系,建筑物的功能直接影响着广场的使用和设计。当今最有名的广场位于意大利,如威尼斯的圣马可广场(Piazza San Marco)或罗马的爱斯巴广场(Piazza di Spagna)。在意大利绝大多数城市,广场依然是最重要的公众集会空间。它不仅可以坚定人们的社区认同,还可以通过纪念碑等标志性建筑来夯实民众的文化记忆。

在美国,少有城市空间能够做到像意大利广场那样意义非凡。早期到达新英格兰北部村落的欧洲移民以教堂为中心开始定居。宗教信仰与杰斐逊式田园生活的组合意味着,早期美国城镇围绕教堂外的村落广场(Village Green)形成。这些村落广场都是些普通用地,对任何人适用,其中的许多现在已经被改造成理想化的风景区,如康涅狄格州的利奇菲尔德(Litchfield)、新罕布什尔州的基恩(Keene)、佛蒙特州的韦斯顿(Weston)等。少有迹象表明,它们曾经是城市空间的雏形。在清教徒治下的新英格兰以外区域,新定居点往往会为法院的兴建预留核心空间。广场是城镇最重要的建筑,强调实用性和服务区。

内战前,最负盛名的广场运用案例发生在佐治亚州的萨凡纳。为了提供给那些欠债者、不幸的人一个新的开始的机会,詹姆斯·奥格尔索普(James Oglethorpe)于1733年创建萨凡纳城,该城主要围绕四个原始广场发展。1856年,萨凡纳已经拥有24个广场,绝大多数是为满足城市生活需求而建。另一显著的广场案例是皮埃尔·朗方为国家首都设计的城市布景,共有15个广场,每个广场由新加入联邦的州来装饰点缀。尽管如此,这些广场远不如华盛顿林荫大道宏伟庄严,后者是城市的重要景观而非或隐秘或宏伟的公共领域。

20世纪,随着曼哈顿区洛克菲勒中心的设计和建设,广场变得愈发具有可视性。1928年,小约翰·戴维·洛克菲勒将曼哈顿中部三个街区的地产出租给一个著名的新项目。1929年,股市崩盘迫使洛克菲勒创建一个独特的综合体,以吸引那些少数在经济大萧条中幸存下来的潜在的租户。洛克菲勒的建筑师团队打造了一个设计方案,那就是将从第五大道一直到下沉广场且贯穿花园的人行道融进综合体之中。广场最终可以反映四季变迁,夏天可以伴着喷泉喝咖啡,冬天可以溜冰。这一地产项目现如今已成为纽约市最好的社交场所之一。

当下,城市广场中摩天大厦的比例显著增加。其

79

中最著名的是曼哈顿公园大道上的路德维希·密斯凡德罗设计的西格拉姆大厦。这一扁平、花岗石铺成的广场,突出了街道上的现代办公塔楼。广场的唯一特性是两个浅水池。在威廉·怀特(William H. Whyte)颇有影响力的《小型城市空间的社会生活》(The Social Life of Small Urban Spaces)一书中,西格拉姆广场是其诸多广场中的一个,怀特在书中对成功的城市社会空间作了说明。其他值得注意包括时代生活和大通曼哈顿银行广场。不少城市都有自己的城市广场,其中包括芝加哥的西尔斯大厦广场和旧金山的美国银行广场。对绝大多数广场来讲,要实现洛克菲勒广那样宏伟非比寻常。在新城市开发当中,广场变得日益流行。因为广场提供了安全、舒适、适合步行的空间,这对鼓励公众集会、增强社区认同、强化负责任的民主文化等均有重要意义。

亦可参阅:新英格兰镇区和村庄(New England Towns and Villages),新城市主义(New Urbanism),公共空间(Public Space),希尔斯大厦(Sears Tower),摩天大楼(Skyscrapers),威廉·怀特(Whyte, William H.),区划(Zoning)

延伸阅读书目:

● Moughtin, C. (1999). *Urban design: Street and square* (2nd ed.). Boston: Architectural Press.
● Webb, M. (1990). *The city square*. London: Thames Hudson.
● Whyte, William H. (1980). *The social life of small urban spaces*. Baltimore: The Conservation Foundation.
● Zucker, P. (1959). *Town and square: From the agora to the village green*. Cambridge, MA: MIT Press.

Paul S. Edwards 文

李胜译　陈恒校

乔治·华盛顿·普伦基特
PLUNKITT, GEORGE WASHINGTON

乔治·华盛顿·普伦基特(1842—1924)是19世纪末20世纪初纽约市曼哈顿选区政客、坦慕尼厅重要人物。普伦基特出生于中央公园处一简陋小屋,11岁便辍学,先后当过马车司机、印刷学徒、屠宰学徒等。1865年,普伦基特购得属于自己的屠宰场。三年后,

580

他作为坦慕尼厅候选人被选入纽约州众议院。整个1870年代，他同时拥有四个公共职位。从1880—1905年间，普伦基特是坦慕尼厅执行委员会最富实权的人物之一，这一时期的绝大多数时间他还担任了州参议员。1905年，普伦基特失去选区领导权，其公共职业生涯终结。

当普伦基特72岁逝世之时，他已是名符其实的千万富豪，并且被赞为政治能人。普伦基特在纽约县法院大楼（New York County Courthouse）发表的一系列演说，被当时纽约顶级记者威廉·里尔顿（William Riordon）记录下来——先是以报刊文章发表，后来以《坦慕尼厅的普伦基特：关于现实政治的系列演讲》（*Plunkitt of Tammany Hall：A Series of Very Plain Talks on Very Practical Politics*，1905）为书名发表，这给普伦基特带来极大声誉。颇具讽刺意味的是，就在1905年普伦基特公共生活走向终结。在普伦基特的讣闻中，《国家》杂志建议《关于现实政治的系列演讲》再版，每个政治实践者、政治学生都要读这本书。的确，这22篇演说是如何获得、保有、利用权力的入门读物，它们已经被数代美国城市政策课程当做极为重要的一部分。

普伦基特属于新型政治人物——职业政治家。他不分昼夜地"玩"政治，专于联络事务：他将移民与工人选民、地产开发商团同市政府相互联系起来。在普伦基特看来，恩惠是政治机器组织性的粘合剂。

政治机器领导人往往会自我分肥。普伦基特对"坦率式"受贿与"欺诈式"受贿做出著名的区分。基于内情与合谋，普伦基特对前者身体力行。只要发现机会，普伦基特就能把握住它们。

普伦基特被视为实用主义者及机会主义者，他不受意识形态及政治立场或议题的驱动。他是个政治实业家，为了选票，他会交易各种实实在在的帮助——工作、医保、税费豁免、警方干预——以及无形的利益，如尊重、认可等。在这位政治机器领导人看来，帮忙＝选票＝选举＝公职/政党职位＝坦率式受贿与欺诈式受贿＋荣誉和尊重。

亦可参阅：纽约州纽约市（New York, New York），坦慕尼厅（Tammany Hall）

延伸阅读书目：

- Mann, A. (1963). When Tammany was supreme. In W. Riordon, *Plunkitt of Tammany Hall：A series of very plain talks onvery practical politics* (pp. vii-xxii). New York：E. P. Dutton.
- McDonald, T. (1994). Introduction：How George Washington Plunkitt became *Plunkitt of Tammany Hall*. In W. Riordon, *Plunkitt of Tammany Hall：A series of very plain talks onvery practical politics* (pp. 1 - 41). New York：St. Martin's Press.
- Peel, R. (1948). Introduction. In W. Riordon, *Plunkitt of Tammany Hall：A series of very plain talks on very practical politics*. New York：Alfred A. Knopf.
- Quinn, P. (1995). Introduction. In W. Riordon, *Plunkitt of Tammany Hall：A series of very plain talks on very practical politics* (pp. vii-xxii). New York：New American Library.

Douglas Muzzio 文

李胜译　陈恒校

警察与警务部门
POLICE AND POLICE DEPARTMENTS

19世纪中叶，为了维护公共秩序、执行法律，美国一些主要的城市首次组建起警察局。在美国，警局的演变与城市的变迁基本同步，警方从19世纪松散的协同性机构变成20世纪更加集权的组织——前者主要是维持治安，后者重在执法与服务社区。

市政当局设立警局主要是为了应对19世纪三四十年代充斥于城市的暴动与骚乱。1838年，波士顿创立美国首家警局。1845年，纽约紧随其后。这些早期的警察像极了早先的监城守夜人与治安官，他们也颇类似于南方城中先前存在的奴隶巡逻队（Slave Patrols）。1809年，新奥尔良建立一支全天候的奴隶巡逻队。1822年，查尔斯顿开始组建一支有100人参加的治安队伍。然而，新的警察局与先前的治安队、巡逻队等有着明显不同：警察局有着更加集权的组织架构，他们昼夜不停地工作，监视着整个人群而非其中一小部分。

美国城市警察效法的是伦敦都市警察局（London Metropolitan Police），后者由罗伯特·皮尔爵士（Sir Robert Peel）于1829年组建而成。皮尔希望通过警察不间断的步行巡逻来预防犯罪。与伦敦警察死守严格的法律条文不同，美国警察执法过程中有很大的自由度。另外一点不同是，伦敦警察是全国性政府的分支，而美国警察是地方政府中高度政治化的机构。

早期警员多是热衷地方政治的工人阶层男性。警局为爱尔兰裔及德国裔美国人提供了大量工作机会。到20世纪初期,尽管城市之中的族裔结构已经发生很大变化,但第二代、第三代爱尔兰裔及德裔美国人仍然操控着警局。

19世纪的巡逻警察可以说是全能型的。他们不仅要巡逻,还要呼应民众的需求,竭力维持公共治安。1895年波士顿一位巡逻警察的日记里写道,他花了大把时间来协调邻里纠纷。逮捕仅占警员活动中极其微小的一部分。绝大多数逮捕活动是因为醉酒及其他不端行为。19世纪的警察部门并不将打击财产或人身犯罪摆在十分重要的位置,他们也没有太多调查盗窃或暴行的手法。

这种维持治安的方式容易招致腐败与专横,19世纪90年代的城市改革家们对此予以关注。举例来说,1894年纽约莱克斯沃委员会(Lexow Committee)调查发现:警察职位经常被用来买卖;警官时常对嫌疑人及普通民众施以暴力。调查引起人们对警察问题的注意,并直接导致纽约市警察局重组,西奥多·罗斯福被任命为新任局长。尽管如此,调查并没有引起警务方面的根本改变。

19世纪末20世纪初,新一代领导人发起多项改革,旨在让警察部门变得更加专业。国际警长协会(International Association of Chiefs of Police,简称IACP,1893年首次开会)年度会议提出了改善警务的最佳途径。IACP倡导警务从政治中分离开来,加强对警方行动的控制,提高警员的最低准入标准,建立新招募警员培训项目,这一系列目标反映了自治警察的理想。IACP尤其反对芝加哥那种臭名昭著的警务模式——警方几乎没有任何权威,分局各自为政,警员效忠于各个政治派系及违法企业。与之相反,以底特律警局为代表的警务模式备受IACP推崇。1916年,底特律警局招募福特汽车公司前管理合伙人詹姆斯·库岑斯(James Couzens),库岑斯将企业式效率引入警察勤务。

其他改革家们将警察部门视为社会变迁的媒介。1910年,在基督教妇女戒酒联合会(Women's Christian Temperance Union)的坚持下,洛杉矶警察局(Los Angeles Police Department,简称LAPD)雇佣爱丽丝·斯特宾斯·威尔斯(Alice Stebbins Wells)作为全国首位全职女警员,指派其保护年轻女性免遭现代城市道德危险之害。到1910年代末,绝大多数大城市警局雇佣了女性警员。但一直到1960年代,女警员的工作主要限定在有关妇女与儿童的社会服务上。

新的组织方法与技术也促使着警察工作走向转型。19世纪末20世纪初,各警局纷纷发起各自的首个培训项目:辛辛那提开风气之先,1886年该市警局要求新警员要接受72小时的课堂指导;更具代表性的是,纽约于1907年成立培训项目;底特律于1911年紧随其后。通讯设施也大大提高:电话亭能够让警员与警长随时保持联系,让公众报警变得更加容易。到1930年代,双向无线对讲机普及开来,进一步改善了各部门的协调。汽车对警务的影响极富革命性:1908年,肯塔基州路易斯维尔市警方首次将汽车用于执勤,到1920年已经普及化。很明显,汽车能够让警方对各种突发情况做出快速反应。但是,汽车也让警察与公众变得疏离。因为警察越来越多地采用汽车巡逻,而非步行;他们主要在事发现场与民众碰面,而非经常性接触民众。最后,新技术改善了犯罪调查情况:拍照能够让警察保留过往罪犯的犯罪记录。1883年,阿方斯·贝蒂荣(Alphonse Bertillon)引入一种新的识别罪犯的方法,根据不同身体部位的测量来作出判断。1890年代,英国犯罪学家开发出一套指纹识别系统。1904年,美国首次采用了这种方法。到1930年代,联邦调查局竭力编制了一全国性的指纹数据库。在诸如奥古斯特·沃尔默(August Vollmer)等人领导下,警方加大对整治犯罪及提供公共服务的关注力度。需要指出的是,沃尔默是警察专业化的杰出倡导者,在其1905至1932年执掌加州伯克利警局期间,推行了一系列至关重要的改革。

20世纪二三十年代,城市警察关注于有效执行法律。1920—1933年间的禁酒运动导致大范围的非法酿制私酒活动,违法活动似有燎原之势。在这种情况下,警方致力于推出各种整治犯罪的方法。芝加哥和匹兹堡当局力促警方射杀那些"持枪行劫的盗匪"(Hold-up Men)。随着数以万计非裔美国人从南方农村涌入北方城市,警方与少数族裔社区的紧张关系逐渐升温。尽管城市人口变得日益多元,但白种人在警察行业中占了绝对多数。1926年,在有着超过1400名警员的底特律警局,非裔警员只有14人。族裔间的紧张关系导致暴力活动频发:仅1925—1926年的18个月期间,底特律警方就杀死25名非洲裔美国人。由市政及商团领袖发起的调查组织——犯罪委员会——对警方的评判可谓多种多样:一方面,联邦威克沙姆委员会(Wickersham Commission)揭露了警方严刑逼供的程度;另一方面,诸委员会发现有大批罪犯逃过了司法审判,呼吁给予"警察专业化"双倍的重视。

二战后,警察专业化浪潮达到顶峰。1950—1967年间执掌LAPD的威廉·帕克(William H. Parker)致力于将洛杉矶警局打造成全美最好的警察局。他将各个分局的权力予以集中，让警员走上街头，鼓励积极主动的执法方式。为了获取民众支持，帕克治下的LAPD不断营销自己。于是，一种影响更广的警务模式由此诞生，该模式能够以最低的人均警力应对大城市的蔓延。

1960年代，帕克的积极主动执法模式将警局推向一系列斗争的风口浪尖。警方抑制街头犯罪的种种努力招致城市少数族裔社区的敌意，后者将警方视为一种实际意义上的占领军（Occupation Force）。例如：1965年洛杉矶瓦茨骚乱就是因为警方随意逮捕非裔驾驶员而起；1992年，尽管有录像记录下四名LAPD警员袭击了黑人驾驶员罗德尼·金（Rodney King），但警员最终被控无罪，此举致使洛杉矶再生骚乱。

受种种危机的影响，都市警察变得越加现代。联邦政府首次在地方事务中承担起积极、主动的角色，于1968年建立援助执法厅（Law Enforcement Assistance Administration），并给予市政警务财政支持。60年代末、70年代初，地方警局加大了招募非裔及拉美裔警员的力度，同时允许女性承担与男性一样的任务。八九十年代一股新的犯罪潮爆发，城市警察在确保公众安全方面扮演了中心角色。1990年代，在纽约市带领下，大批城市警务部门采取了"零容忍"的策略，打击任何触犯法律的行径，不管其影响多么微不足道。在试图践行"破窗理论"的同时，也严厉打击大案要案。"破窗"模式使得警员更多走向街头，重塑了警方行动的有效性。始于1970年代的"社区治安"（Community-oriented Policing）在1990年代得到蓬勃发展，该策略强调警员与社区民众的互动，与19世纪步行巡逻颇有几分相似。

延伸阅读书目：

- Fogelson, R. M. (1977). *Big-city police*. Cambridge, MA: Harvard University Press.
- Johnson, M. S. (2003). *Street justice: A history of police violence in New York City*. Boston: Beacon Press.
- Miller, W. R. (1997). *Cops and bobbies: Police authority in New York and London*, 1830 - 1870 (2nd ed.). Columbus: Ohio State University Press.
- Monkkonen, E. H. (1980). *Police in urban America*, 1860 - 1920. Cambridge, UK: Cambridge University Press.
- Walker, S. (1977). *A critical history of police reform:*

The emergence of professionalism. Lexington, MA: Lexington Books.

David B. Wolcott 文

李胜译 陈恒校

城市中的波兰裔美国人
POLISH AMERICANS IN CITIES

1870年代末，第二波移民美国浪潮开启，此次最大的移民群体来自东欧和南欧。移民的大量涌入造成城市中心区拥挤异常，并导致人们对移民形成刻板印象及其他形式的歧视。但从另一方面，移民为工厂等雇主提供了大批勤恳且能干的劳动力。这也是波兰人（Poles）大规模移民美国城市的开始。当然，这并不代表在此之前从没有波兰人来过美国。事实上，早在美利坚合众国建国之前，已有诸多波兰人定居在此，并为美国革命做出突出贡献：卡齐米日·普瓦斯基（Casimir Pulaski）曾指挥大陆军与英军作战；作为大陆军主要工程师的塔德乌什·柯斯丘什科（Tadeusz Kosciuszko）是战争中另一位杰出的波兰人。

尽管波兰人从17世纪初期便来到北美，但直到19世纪才形成两大波兰移民集中地——布法罗和芝加哥。很明显，两地的形成并非偶然。两大城市均是强大的工业重镇，对劳动力的渴求使得英语不佳、教育程度不高之人很容易找到工作。尽管工作很难稳定，但至少提供给波兰人一个改善生活、提升自我的机会。随着其他城市（如底特律、密尔沃基）工业化的发展，波兰社区也相继发展起来。

在同化到美国社会进程中，芝加哥的波兰人表现特殊。事实上，我们可以称之为"非同化"（Nonassimilation）入美国社会。波兰人继续保持着他们的特性，尽可能地支持说波兰语的商业团体。举例来讲，他们支持成立的第一个团体是丧葬组织。成员共同集资，当某成员或其深爱之人去世后，他/她能够获得一个特有的波兰人葬礼。

波兰人在芝加哥最大的一次斗争是极力取得对天主教的控制。在美国，与波兰人社区最密切相关的教堂是位于芝加哥的圣斯坦尼斯洛斯·科斯特卡（St. Stanislaus Kostka），这座教堂对任何社区来讲都至高无上。到1920年，全世界最大的两座波兰人天主教堂均位于芝加哥。尽管如此，芝加哥大主教区却一直控制在爱尔兰裔天主教徒手中，因为他们不仅创建了大主教区而且还说英语。

为如何做弥撒展开的斗争导致芝加哥天主教内部的分裂。波兰人希望用波兰语做弥撒,而爱尔兰人控制的大主教区并不赞同,由此引发二者斗争不断。在政治方面,尽管波兰人努力作为一个整体参与投票,但在种族如此多元的芝加哥,波兰人依然无法取得对政治的控制。芝加哥的波兰人社区对全美波兰人来说极为重要,正是芝加哥让这些移民感受到祖国波兰离他们如此之近。绝大多数波兰人后裔生活在芝加哥,当地有 12 家波语报纸,这些对于保有波兰人的特性意义非凡。

其他一些主要的波兰人聚集点有巴尔的摩、底特律、密尔沃基等。第一所波兰人学校是位于密尔沃基的圣斯坦尼斯洛斯。到 1890 年代末,随着作为波兰人及保留波兰人之根意识的兴起,波兰人联盟(Alliance of Poles)在俄亥俄州顺势成立。

对于定居在美国其他地方的波兰人来讲,处境都差不多。他们相互扶持,在融入新环境的同时,与故国保持着各式各样的联系。

在政治领域,1937 年,首个"波兰日"(Pulaski Day)游行在纽约市举行,以此认可波兰裔美国人在历史上的突出贡献。之后,波兰人努力将"波兰日"提升至国家法定节日,但未能如愿。尽管如此,有着大量波兰人的城市如芝加哥等将"波兰日"定为地方节日。随着波兰移民及后裔更加积极主动地参与到社区当中,其政治参与意识越来越强。首位当选市长的波兰裔美国人是约瑟夫·穆克(Joseph Mruk),该君 1949 年当选布法罗市市长。从此之后,越来越多的波兰裔美国人参与到城市政治中。

对大多数波兰裔美国人来讲,最伟大之事莫过于 1979 年首位波兰裔天主教皇约翰·保罗二世(Pope John Paul II,原名卡罗尔·沃伊蒂瓦,Karol Wojtyla)访问美国。对天主教徒来讲,教皇此次访问意义重大。对波兰裔美国人而言,统领世界精神事务之人出自本宗更是荣耀至极。大批人群涌向芝加哥一睹教皇之风采,波兰国旗随处可见。教皇在芝加哥五圣殉道者教堂(Five Holy Martyrs' Church)主持了弥撒活动,对于参加该活动的人来说,不仅能感受到作为天主教徒的荣光,也能体会到作为波兰人的自豪。

在移民美国的波兰人当中,有著名的棒球手斯坦·穆西尔(Stan Musial)及政治家埃德蒙·马斯基(Edmund Muskie)。不管他们基于何种理由来到美国,波兰裔美国人蓬勃发展的事实证明了波兰人的适应性。随着波兰本国向资本主义民主政治的转变及经济的复苏,移民美国的浪潮已经放缓。对于那些渴望在美国寻得更大经济自由的波兰人来讲,他们仍需要通过一些主要的波兰文化中心为突破口才能更好地融入美国城市生活。

亦可参阅:马里兰州巴尔的摩市(Baltimore, Maryland),伊利诺伊州芝加哥市(Chicago, Illinois),密歇根州底特律市(Detroit, Michigan),威斯康星州密尔沃基市(Milwaukee, Wisconsin)

延伸阅读书目:

- Miller, D. (1996). *City of the century*. New York: Simon & Schuster.
- Renkiewicz, F. (1973). *The Poles in America*: 1608 - 1972. Dobbs Ferry, NY: Oceana.
- Spinney, R. (2000). *City of big shoulders*. DeKalb: Northern Illinois University Press.

Cord Scott 文

李胜译　陈恒校

城市政治
POLITICS IN CITIES

城市一直以来强有力影响着美国民主的发展及政治表达。常规城市政治(政党组织、议题、选举、立法)与非常规城市政治(特权伸张、权力、抗议、自治或者公共街道及公共话语中呈现的身份)已经阐明美国民主中多元与一体、自由与秩序之间的内在张力。19 世纪中叶,不同族裔及社会团体与竞争性的政党政治、独特的公共仪式与展览、生动且富有争议的多元民主交织在一起。阶级、种族、民族间的不相容极易造成压迫、冲突、无序与暴力。早在 20 世纪初的进步主义时代,对和谐、秩序、自治及公共利益的渴望已经极为显著。随后一段时间,城市政治一直在常规与非常规模式间持续。

在美国城市政治发展过程中,有三个至关重要且相互交替的时期:第一,从内战到 1900 年间,随着城市规模、人口与经济重要性的增长,它们强烈抗争分立政府的种种限制。这一时期,自律的政治组织(有时称政治机器)在很多城市声名鹊起。第二,从 1900 年到 1940 年代,通过权力下放与内部整合,城市实现了行政自主并成为州、国家政治中的主导因素。在经济大萧条、二战期间,城市与联邦政府形成了极为重要的纽带关系。最后,20世纪下半叶,面临着郊区的发展与竞争、城市人口的流失、内城衰败及种族骚乱等问题,城市政治影响渐衰。20世纪末,旨在复兴的各个城市试图在多元政治与共同公民认同之间达到一种平衡,前者强调城市人口价值理念的异质性,而后者希冀将大城市当中碎片化的社区及各个不同的社会团体拢在一起。

发展

美国伟大的都市时代始于这样一段时期——政党正式组建且极具影响力,与之相比,城市政府相对羸弱,城市服务受到州和地区条例的诸多限制。受工业扩张、大量移民、疆域兼并等因素的刺激,美国城市尤其是东北部海岸一带及中西部工业地带城市经历了人口爆炸式增长。1860至1890年间,纽约与费城人口增加两倍,人口分别达到150万和100万。圣路易斯人口增长三倍,总数超过45万。匹兹堡、底特律和旧金山人口增长达到五倍,总数在20万至30万之间。芝加哥人口增长十倍,总人数超过百万。到1920年,许多城市人口实现双倍增长(这一时期纽约人口猛升至550多万)。在20世纪之前,绝大多数城市不能充分满足大都市日益增长的各种需求。尽管在1870年代曾通过一批地方自治章程,但大城市市长们通常缺乏至关重要的任命权,市议会往往是大而分散的,城市政府被分成各个分立的部门处理公园、警务、税收等。虽然州议会允许城市代表们制定绝大多数适合本地的法律,然而法定和宪法的种种要求限制了城市在税收、融资、操控市政服务等方面的自由。

城市政治机器常以小恩小惠来换取选票。诸如纽约民主党的坦慕尼厅等城市机器兼具政党和政府的多重功能。坦慕尼厅老板威廉·马西·特威德既是州参议员、县政委员,又是纽约市公共工程负责人、市民主党党魁。通过此举,政治机器可以在州、县、市各个层面维护自身利益。坦慕尼厅将其控制下的6万岗位分派给协会支持者,这些支持者主要是19世纪末初到美国的爱尔兰裔及德裔移民。

城市政治机器与移民(之后是族群)选民的结合成为1930年代城市政治中的主要形式。不管怎样,政治机器的权力、统一性与包容性不应该被高估。很少有政治组织能够做到像坦慕尼厅那样高度集权。1925到1939年间,汤姆·彭德加斯特紧密控制了堪萨斯市的政治机器。1955至1976年间,理查德·戴利从根本上整合了芝加哥的党政部门。尽管如此,绝大多数城市政治机器属于暂时性的派系联盟。多数城市的政治权力植根于各个选区,这些政治机器为了获取权力纷争不断。有时会代表某个族裔群体与另外一个群体斗争,有时会在党内斗来斗去。大城市议会通过将权力下放给各个区的形式来增强分权。此外,与精英、商团的妥协与抗争缓和了政治机器的操控。尽管绝大多数政治机器是民主党的,但一些城市如辛辛那提、匹兹堡、费城则由强有力的共和党政治机器稳稳把持。

政治机器作为移民代言人的形象被广为流传。绝大多数政治机器对爱尔兰裔及德裔移民的诉求给予关注,但对来自非英语国家(如南欧、东欧等)的新移民却明显关注不足,后者在1890年代到1920年代移民限制之前大量涌入美国。举例来说:在波士顿,犹太人、意大利人发现自身被排除在马丁·拉马瑟尼掌控的西端(Martin Lomasney's West End)组织之外。直到他们起而反抗,情况才有所改善。的确,波士顿的意大利人和犹太人想尽办法推行进步主义改革以消解爱尔兰裔对民主党组织的支配。在芝加哥,波西米亚人、波兰人、斯拉夫人对爱尔兰人政治上的操控与岛国心态颇为不满,并组织起他们自身的各种行动。除了在芝加哥、费城受到少量关照外,非裔美国人在绝大多数城市政治机器中遭到忽视甚至妖魔化。新政与二战之前,所有因素加剧了城市之中政治的地方取向。

由于移民构成了许多城市的绝大多数,地方政治问题通常围绕维护移民价值与传统、反对美国化改革而展开。城市多数派支持地方控制学校,支持大型且以社区为基础的学校委员会,反对由少数职业教育者操持的小型委员会;拥护外语教学,反对强制使用英语。酒类监管及其他对周末体育、娱乐的限制引起移民群体极大的愤慨与反抗。由于社区酒吧一般是政党组织、男性文化的聚集地,他们的反抗往往会得到深刻的政治共鸣。从1920年直到1933年禁酒令的废除,城市对全国范围内执行禁令的反抗是城市声张自主性、反对联邦政府权力的成功典型。

另一方面,劳工和工人阶级问题往往会引发城市政治自相矛盾的回应:在拥有强有力工会的城市如芝加哥、圣弗朗西斯科等,法官及民选官员常常拒绝干涉工会的抵制行动。警方疏于保护破坏罢工者,而是同情罢工的工人。但是,当罢工有损公共服务之时,好比进步主义时代大批有轨电车罢工一般,公共舆论与民政当局时常会起而反对罢工。从1874年汤普金斯广场骚乱(Tompkins Square Riot)到1919年钢厂罢工以及1930年代汽车工业大罢工,警察对劳工组织采取的暴力行动表明,在城市政治机器的鼎盛时期,资本家的利益同样受到市政当局的保护。

合并

　　1900 年后，随着政治机器的成熟以及移民达到顶峰，城市政治中一种新的管理时代挑战着公共当局的碎片化及政治组织的权力。在中产阶级好政府倡议者、职业规划师、进步主义改革者们的推动下，一场旨在使城市政府摆脱州控制、发展高效城市服务、创建共同公民意识的合并运动展开。新的城市章程增强了市长对任命、预算、任期等的控制权。通常情况下，市长权威的增强是以牺牲市议会为代价的。在很多城市，市议会规模遭到削减，功能受到剥夺。有时，在诸如波士顿、匹兹堡、底特律等城市采取全民选举，以此弱化政治机器、选区代表的影响。大批小一些的城市（如布法罗、新奥尔良、纽瓦克）舍弃掉市长及选区代表，代之以政府委员会的商业模式。在小型城市采纳的城市管理系统中，无党派政府实现自身理想。无数城市创建了市政研究机构，试图在政党政治框架之外找出解决城市问题的方案。

　　改革的政治表达迫使城市居民意识到，自身与其他人一样是城市服务的消费者，是整个市政事业的利益攸关方。市政府拥有公共服务设施的所有权，使用有轨电车需要支付 5 美分或 3 美分的票价，这些都与上述观念格格不入，正如呼吁纯净牛奶的公共卫生运动、提高公立教育效率的改革以及工厂和住房管理。预选、全民公投、创制权等作为直接民主的形式受到提倡，通过这些方式可以避开腐败的政治机器，真正赋权于有责任心的公民。尽管如此，城市中对归化与投票更紧的控制、对南方黑人制度性的剥夺权利等行为与共享公民权、扩大的民主理念明显背道而驰。

　　合并运动提升了城市的政治独立性，但并没有根除政治组织的影响，也没有消除城市异质性的强力呈现。依照波士顿改革章程，选区政治的毁灭使得詹姆士·迈克尔·科里能够挫败各派系对手并打造市长机器反对新机制。1925 年，依照新的章程，堪萨斯采用了城市经理制度，但彭德加斯特通过任命政治机器的效忠分子削弱了制度公正性。另一个尝试改革的大型城市克利夫兰也发现政治机器可以与城市经理制度兼容，该城民主党与共和党组织同意共享优惠。1931 年，愤怒的黑人选民发起运动反对城市经理政府。其他族裔及地方指向的群体采用直接民主反对集权式的改革。出于对新城市章程终结周末售酒习俗的不满，1907 年波西米亚裔、德国裔、波兰裔及其他族群共同组织起美国地方自治协会（United Societies for Local Self-Government）反对

新章程，协会领袖安顿·塞马克（Anton Cermak）1931 年被选为市长。在波特兰，底层激进主义者关闭学校而不是屈从于卫生官员的抗天花接种命令。1916 年，激进主义者发起取缔强制注射疫苗的倡议，最终取得全市范围的胜利，在州层面也几近成功。

　　二十世纪三四十年代，各个城市开始向全国性政治转向。经济大萧条以及二战的紧急需求使联邦政府史无前例地参与进市政事务中来。受战时工业动员的刺激，西海岸城市人口及影响力增长尤为明显。尽管如此，1940 年代，南部黑人与白人移民使绝大多数城市人口增长迅速。20 世纪中叶，国家紧急状态与扩张的全国性政府共同作用于城市。一方面，联邦用于失业救济、公共工程、住房、国防工业的资金使城市在政治上变得更为强劲有力。新政用于以工代赈、住房的资金由地方当局直接管理。从短期来看，这无疑增强了那些分发物资的城市政治机器的影响力。此外，由工人阶层、天主教、犹太人、非裔美国人等都市选民组成的新政联盟使城市成为民主党取得全国胜利的至关重要因素。另一方面，始于 1928 年的阿尔·史密斯竞选总统运动在罗斯福当政时期声势渐强，城市选民开始将预选同全国政治议题及联邦政府联系起来，而不是停留在现有的城市政治组织层面。在这种新形势下，城市选民将自身重组为足以与联邦项目、官员磋商的利益集团，而非地方政党机器的游兵散勇。

碎片化

　　战后郊区的发展以及伴随而来的制造业在地理区位上的重组损害了老城市的经济、政治活力，使它们更加依赖来自联邦政府的资金支持。郊区的发展带来政府的碎片化，严重限制了城市发展。二战后，西南部城市兼并导致诸如休斯敦、菲尼克斯等新兴城市崛起，郊区蔓延，对城市商业、内城税收、政治影响带来严重损害。如今的城市内城成为越来越多非裔、西班牙裔及穷苦美国人的家园，由此带来的结果便是，城市政治更多关注种族、贫困及城市复兴等议题。

　　一战后及二战期间，非裔美国人移民至北部城市，引发严重的种族骚乱，也促使白人采取更加极端的方式隔离黑人新来者。到 1960 年代，种族骚乱、民权意识、黑人人口（在底特律、巴尔的摩、圣路易斯等城市，黑人人口已占到总城市人口的五成）等因素促使非裔美国人全权要求在住房、教育、政治上的自主性，这引起白人极大的不安。此时围绕学校展开的种族斗争像极了 20 世纪初社区中的种族反抗。1968 年，为了控制社区学校，布鲁克林区非裔父母们与白人（绝大多数

是犹太人)发生冲突。1970年代,波士顿工人阶层白人时常暴力反抗校车制度。1980年代,非裔政治家们获得市议会、校董事会的席位,不少黑人当选重要城市的市长。尤其是南部与西南部的某些城市,复归到以选区为基础的市议会代表制,以此实现在多元人口中更好分配权力。更重要的是,那些寻求变革的社区激进主义者们呼吁尊重1965年联邦投票权法案,而不是城市的政治传统。自1970年起,"白人逃逸"与经济不景气使克利夫兰、巴尔的摩、匹兹堡、底特律、布法罗等工业城市人口急剧减少。随着来自亚洲、拉丁美洲等新移民的涌入,美国城市政治依然富有争议、极具多元。尽管如此,自1950年以来,联邦政策及人口衰减已经慢慢消磨掉城市政治的影响力。

延伸阅读书目:

- Abbot, C. (1987). *Urban America in the modern age*: 1920 *to the present*. Arlington Heights, IL: Harlan Davidson.

- Connolly, J. J. (1998). *The triumph of ethnic progressivism*: *Urban political culture in Boston*, 1900 - 1925. Cambridge, MA: Harvard University Press.

- Connolly, J. J. (2003). Beyond the machine: Martin Lomasney and ethnic politics. In R. Ueda and C. E. Wright (Eds.), *Faces of community*: *Immigrant Massachusetts*, 1860 - 2000 (pp. 189 - 218). Boston: Northeastern University Press.

- Goldfield, D. R. (1989). *Cotton fields and skyscrapers*: *Southern city and region*. Baltimore, MD: Johns Hopkins University Press.

- Johnston, R. D. (2003). *The radical middle class*: *Populist democracy and the question of capitalism in Progressive Era Portland*, *Oregon*. Princeton, NJ: Princeton University Press.

- Mohl, R. A. (1985). *The new city*: *Urban America in the industrial age*, 1860 - 1920. Arlington Heights, IL: Harlan Davidson.

- Ryan, M. P. (1997). *Civic wars*: *Democracy and public life in the American city during the nineteenth century*. Berkeley, CA: University of California Press.

- Teaford, J. C. (1986). *The twentieth-century American city*: *Problem*, *promise*, *and reality*. Baltimore, MD: Johns Hopkins University Press.

Thomas R. Pegram 文

李胜译　陈恒校

郊区政治
POLITICS IN THE SUBURBS

过去150年间,郊区化已经逐渐改变了大都市地区的政治结构及整个美国的政治形态。19世纪,随着对地方主义思潮的关注,郊区政治文化在数量众多且分散的郊区社区首次零碎地形成。到20世纪早期,郊区居民开始在各个层面施加其政治影响,从地方到大都市。在整个20世纪,郊区的这种影响逐渐增长。二战后,作为低税率、有限政府、支持中产阶层政策的大本营,郊区已经成为国家选举政治中不可忽视的一股力量。郊区居民因此作为一重要的政治集团出现,对民主党及共和党均有着巨大影响力。1990年代,有政治分析家将20世纪称为美国政治的"郊区世纪"。

郊区政治的形成:1850—1940

在19世纪和20世纪早期,尽管当时郊区地带居住着极少数人口,但一种给后世带来深远影响的新型政治及治理模式已经在郊区社区出现。在郊区政治的早期形成阶段,主要有以下几个层面的表现:郊区管理机构已经建立,郊区政治文化开始成形,郊区居民致力于完善、保护他们相较于市区的政治自主性。

19世纪中叶及末期,政治结构问题伴随早期郊区的出现而形成。随着边缘社区的激增,城市居民与郊区居民围绕政治权限及市政责任问题斗争不断。这些新的社区应该是大城市的一部分?还是郡或/和镇政府的一部分?抑或它们是独立的政治实体?财政和服务责任应该如何分配?换言之,谁来征收、支付税收?谁来提供诸如水务、街道修缮、防火及警务等市政服务?对于以上问题的回答零零碎碎地出现。起初,大城市采用吞并的形式,将外延地区并入已有城市。由于人口多少直接关乎城市声望以及城市在州及国家的影响力,城市往往不乐意看到大量人口涌入郊区地带。19世纪,有些郊区居民对城市兼并表示欢迎,因为这意味着他们可以享受大城市便利、有效的服务。在美国东北部及中西部,城市兼并之风在1900年左右达到顶峰。随后,面对郊区日益明显的抵制,兼并之风渐衰。随着郊区居民找到其他保障自身服务的方式,他们在推崇地方自治的同时,也对中心城市政客的种种图谋充满忧虑。在南部与西南部,城市兼并之风依然盛行。一直到1960年,此风才减弱。

一些早期的郊区依然处在郡或者镇政府的管辖之下,但这些实体组织大多无法充分满足郊区需求。尽管这些政府承担了诸如监督选举、管理法院与学校、收税、维修公路等功能，但它们无法提供满足郊区居民预期的市政服务。由此导致的结果是，诸多处于此类管辖之下的早期郊区接受来自土地开发商的服务，这些服务多是住宅配套服务中的一部分。

到 1875 年，郊区开始向第三种路径倾斜——通过市政合并获取政治独立。合并的郊区选举自己的领导者，承担提供市政服务的责任，对税务评估及地方土地使用施以影响与控制。进入 21 世纪，这成为郊区政治最流行、最重要的制度安排。

对于当时及后来的郊区来讲，合并有利有弊。明显的好处是拥有地方控制权，尤其是对公共服务和土地使用权的控制，给予郊区掌控自然及社会环境以相当大的自主性。郊区以各种方式使用这种权力。在诸多中产及上层阶级的郊区，人们极力维持一种古朴的居住环境，种族、阶级排斥尤为强烈，对土地使用的控制也颇为关注。富足郊区是早期市政规划权力的支持者。到 1920 年，它们采用新的手段如区划、建筑条例、住宅小区规则来排斥不必要的开发。在这类郊区的居民往往对好的服务有比较高的预期。在富足郊区，居民利用政治来维护一种同质性、高标准的郊区理想。正如 1997 年乔恩·蒂福德（Jon Teaford）指出的那样，合并意味着对中上阶层生活方式的保护和对郊区化趋势的助长。

在一些工人阶层郊区，情况恰好相反。工人阶层的郊区居民也极为重视政治上的自主性，但他们通常用它来满足于各种不同的地方需求。基于制造业能够创造就业机会、增加税收的考量，地方土地使用条例可能会以多产土地使用、廉价房屋的形式欢迎它们的到来。此外，出于对财产税的考虑，居民往往反对布置昂贵的服务设施。正如 1988 年安·德金·基廷（Ann Durkin Keating）所言，服务质量实际上是社会筛查网的一种，通过它足以判断不同的郊区阶层属性。实际上，郊区治理的出现对于隔离形态、同质郊区的巩固无疑起到了推波助澜的作用。

郊区合并也带来某些问题。小一些的郊区要面临着以低价提供最新服务的挑战，而这些服务对大城市而言都是轻而易举可以完成的。另外一个问题是，政治的巴尔干化导致在诸多大都市区内自治城市急剧扩散。到 1930 年代早期，波士顿大都市区有多达 80 个自治市，纽约有 300 个，匹兹堡有 130 个。这些多元、小型的政府常常遭受不均衡发展之苦。不连贯的街道、不匹配的排污与供水系统、警务与防火方面的迥异等，都加大了自治城市提供服务的成本。政治巴尔干

化也阻碍了地区规划的种种努力。尽管供水、排污、公共医疗等问题都是超行政区划的，但单个郊区能够诉诸地方控制的特权阻碍区域层面的诸多规划活动。更有甚者，政治碎片化加剧了不平等态势，损害了共担大都市问题责任的意识。尽管早先的郊区居民依然高度依赖城市，如它的工作机会、道路设施、零售服务等，但他们政治上的独立使其不需要对大都市各项服务设施的维修保养负有责任。此外，在郊区居民看来，中心城市诸问题如贫困、污染、住房不佳等完全是他人的责任，与自己无关。政治碎片化在本质上造成了整个大都市区服务供应、税率上的不平等。正如 1985 年肯尼斯·杰克逊所说，郊区居民想尽办法在没有城市问题的情况下享受都市的便利。随着郊区在州和国家层面获得越来越多的政治影响力，郊区的这种分离态势对大都市区产生的影响也越发鲜明。

20 世纪初，一种独特的政治文化在郊区形成。郊区创建了一种体现乡村社会睦邻友好、精诚合作、志愿服务、超越党派等价值理念的政治文化，这种文化反映了郊区居民的诉求，与城市存在明显差别。郊区选举通常支持那些无党派或者是公民党（Citizens Party）或纳税人党（Taxpayers Party）等的候选人以避开传统的党派政治。郊区浓厚的志愿主义精神深刻塑造着公民生活。地方官员常常是无报酬的。志愿的公民组织作为当地政府的监督者发挥了重要的政治作用。然而，地方政治文化的最终特性是走向吝啬：郊区居民渴望好的服务，但他们又想要低税率。二十世纪二三十年代，税收规避导致郊区治理的新方法迭出，这不仅有利于郊区维持政治自主性，还便利了郊区居民享受各式实惠服务。

这一时期，政治家、学者、作家们纷纷号召改革大都市政府以解决政治巴尔干化带来的各种问题，尤其是服务供应中的低效、缺少协同等。一个解决方案是组建特别服务区——只提供单一服务，如供水、排污等。这些特别服务区既能给予郊区实惠服务，又能保证其政治自主性。1920 年代，特别服务区扩散开来。举例来说，到 1933 年纽约州拿骚县总计 173 个特别区，其中包括 53 个照明区、52 个防火区、38 个供水区。其他策略是重建县政府。历史上来看，县一直担当着州政策执行者的角色。到 20 世纪二三十年代，一些郊区官员开始提倡县政府应该以满足郊区利益为本进行重组。这一进程在全国各个地区以不同形式呈现。例如伊利诺伊州的杜佩奇县（DuPage County）1933 年获得区划权。就在同时，拿骚县获得规划权。大批南方城市也极力扩大其县政府的权力，这一态势在二十世

纪五六十年代达到顶峰。尽管这些改革明显扩大了县的权力，但在诸多案例中它们也尤为关注保留郊区内的地方自治。事实上，这些改革将政府打造成两个层面：县层面处理大都市增长带来的系列挑战；地方市政层面维持其精神上防御型的乡村理念。乔恩·蒂福德意识到这种两重性，这实际上是允许郊区居民享受利益而无需付出代价，也就是说不需要成为大都市社区的一员。

郊区重塑国家政治：1940 年至今

20 世纪下半叶，郊区的快速发展逐渐改变了全美人口平衡。1940 年，仅有 13％的美国人口住在郊区。2000 年，郊区居民已经占到美国人口的大多数。不可避免的是，这种结构性的人口变迁使国家政治图景发生变革。这一时期，郊区居民持续强调地方控制和地方政治，的确形成了诸多有关郊区政治的核心理念。这种政治文化在国家政治舞台中的影响越来越突出，促使主要政党重整自身理念与政策。早在 1960 年，全美政治家们——总统候选人等——意识到郊区集团足以决定选举的胜败。随后，这种认识逐渐巩固。一言以蔽之，美国选民已经郊区化。

这种变革与美国政治中更广泛的一种现象深深联系在一起，那就是"自由国家"（Liberal State）的兴衰。的确，1960 年代郊区与自由主义之间的强强联合被证明是一种可燃混合物。因为不仅郊区政治理念直接挑战着主要的自由主义政策——如帮助少数族裔及穷人的伟大社会项目和民权立法——这些理念还暴露了自由主义自身的缺陷，最终迫使其进行根本重整。二战后，旨在刺激经济发展与繁荣的自由主义政策促使了大都市的发展，但该政策也导致全美各个城市结构性不平等及种族隔离状况的形成。颇具讽刺意味的是，自由国家本来意在解决大都市不平等问题，但最终却促使郊区居民增强了自身政治认同，并重塑了共和党与民主党。

战后数十年里，郊区居民渐渐形成对自身社区认知的政治、公民观念。西尔维·穆雷（Sylvie Murray）指出中产阶层政治文化的三个主要组成部分：对地方议题的关注、纳税人的权利意识及公民责任观念。二十世纪五六十年代，大批郊区居民积极参与地方公共事务。他们乐于出任公职，时常参加会议，并对学校发展、区域规划及服务供应等情况给予极大关注。随着郊区女性发挥着越来越重要的作用，这种公民自愿主义的精神在二战后一直很强劲。通过这些活动，大量郊区居民形成他们的核心政治认同——作为白人中产阶层纳税人而存在。郊区居民将自身纳税人的角色与获得品质生活的权利（如享有好学校、安全街区等服务）紧密结合起来。在战后美国联邦社会保障与福祉许诺的支持下，郊区居民开始将获得品质生活视为理所当然。

二战后，郊区居民依然不断以低成本追求最优服务，郊区纳税人"吝啬小气"的名声更为稳固。在加利福尼亚州，莱克伍德方案将警务、消防、供水、排污等公共服务外包给县政府，以此来降低服务成本。到 1960 年，洛杉矶有 26 个郊区采取了这一方案。到 1990 年代，此类实践已经扩展至亚利桑那州、科罗拉多州、俄勒冈州以及华盛顿州等地。

纳税人权利观念成为郊区政治文化中的核心成分，这是一种超越政党界限且能够使郊区居民对税收高度敏感的意识。人们可以通过征税事务来理解政治——谁缴税，谁征税，谁从税收中受益。利用税收作为政治的试金石，郊区居民通常动员起来保护自身的"美好生活"及地方财政资源，以免它们遭受挥霍无度的自由主义者、城市贫民、受排斥的少数族裔及无效政府的侵蚀。到 1970 年代末，郊区居民的忧虑开始四处蔓延。1978 年，加利福尼亚州纳税人热情通过了第 13 号提案（Proposition 13），对财产税率施以严格限制。在当时的公开声明和民意调查中，加州选民们表达了对削减政府开支、小政府的支持。在他们看来，额外服务应该基于大多数人民的利益考量，而非只是为了某些特定受众（如城市贫民等）。很明显，这些观点都是超越党派界限的，呈现出郊区挑战战后自由主义既定议程的迹象。

然而，郊区激进主义还在不同的政治方向上施加了自身影响。在纽约弗里波特（Freeport）、芒特弗农和新罗谢尔（New Rochelle）等郊区，部分居民迫切要求推行自由主义的政策，如为工薪阶层提供负担得起的租金和住房补贴等。其他郊区，如俄亥俄州的榭柯高地（Shaker Heights）、伊利诺伊州的奥克帕克（Oak Park）以及新泽西州的提内克（Teaneck）等地因推动种族融合而声名远播。尽管如此，更典型的是保守的政治激进主义。2001 年，利莎·麦吉尔（Lisa McGirr）认定加州奥克兰县郊区地带的政治运动是一场反共产主义、亲资产主义且带有民族主义情绪、推崇法律与秩序的运动。保守的郊区激进主义者是这场运动的主要组成部分，他们绝大多数在高新技术企业工作，接受战后消费文化，力争在传统价值与现代生活之间取得有效平衡。长久以来，保守主义政治运动呈现蒸蒸日上的发展势头。

最终，人们不断以保卫社区为名开展郊区政治。

591

在美国绝大多数郊区，郊区激进主义者们反对发动民权行动以解决公平住房及学校去隔离化问题。正因如此，郊区成为当时民权斗争的前沿阵地。在密歇根州沃伦市(Warren)、俄亥俄州帕尔马市(Parma)、新泽西州月桂山市以及北卡罗来纳州夏洛特市均存在郊区居民反抗在他们学校和居民区进行种族融合的各种努力。

战后，郊区对整个美国政治施加了越来越重要的影响。这不仅仅表现在政治观察家们注意到的战后历次选举中的郊区选民集团，还包括郊区的政治诉求开始形塑联邦政策及各主要政党。郊区是学校去种族隔离、公平住房、低收入公共住房、社会福利转让、肯定性行动等的反对者，它在很大程度上影响着联邦政府对以上问题的政策决议。共和党是首个将郊区选民集团为其所用的政党，在1968年以后的十次总统选举中，该党利用郊区选民获胜七次。1980年，也就是在加州第13号提案通过两年后，前州长、提案支持者罗纳德·里根赢得总统选举。里根主张减税、限制政府开支，他相信管得更少的政府将有助于改善美国民众的个人自由与私人财务。1990年代，民主党也开始意识到中产阶层郊区选民的重要性，并调整了它们传统的意识形态及相应的党纲宣言。对于民主党来讲，这次调整意义重大。一方面，民主党既要调和对城市贫民、少数族裔等弱势群体的传统义务；另一方面，又要对中产阶层郊区选民许以新的承诺。有人认为民主党的此次调整是明显的第三条道路或者是新民主党(New Democrats)，它意味着自由主义实际上的终结。其他人视此次调整为向政治中心的现实主义转移。

尽管郊区在美国政治中的分量越来越重，但1970年代以来，郊区多样性日益突出——数以百万计的非裔、拉丁裔及亚裔美国人涌入郊区，这使郊区政治图景变得更加复杂。在大都市层面，这种现象尤为明显。1990年代，明尼苏达州议员麦伦·奥菲尔德(Myron Orfield)意识到，财政资源在郊区与城市的不均衡分配上实际造成了政治上的重组。按照他的分析，为了学校等其他基本服务，快速发展的远郊能够与老城、近郊共同支持大都市范围内的税收共享(metropolitan-wide tax sharing)。在奥菲尔德看来，财政权力和绝大多数大都市居民面临着的税收压力可能足以克服来自富裕郊区的抗争。奥菲尔德的地区改革项目基于对1990年代明尼阿波利斯-圣保罗(Minneapolis-St. Paul)大都市区的研究，该项目作为城市与郊区选民新联盟的基本准则，迎合了两党的关注点(如保守派关注财政效率，自由派关心平等与环境卫生)。

日益显著的郊区多元化已经对"单一郊区选民集团"理念提出质疑。自从1990年代以来，历次选举结果呈现出郊区居民内部政治倾向日益异质性的趋势以及日渐明显的地域分歧：社会自由主义者、近郊居民不管穷富倾向于支持民主党；随着远郊的快速发展，这一地区变得越发白人化、中产阶级化及保守化，居民往往坚决支持共和党。地方主义、税收意识依然在主导着郊区政治文化，但郊区地带社会、经济及人口的日益多元可能会给美国政治指出新的发展方向。

亦可参阅：郊区化(Suburbanization)

延伸阅读书目：

- Brownstein, R., & Rainey, R. (2004, November 22). GOP plants flag on new voting frontier. *Los Angeles Times*, pp. A1, A14 - 15.
- Jackson, K. T. (1985). *Crabgrass frontier*：*The suburbanization of the United States*. New York：Oxford University Press.
- Keating, A. D. (1988). *Building Chicago*：*Suburban developers and the creation of a divided metropolis*. Columbus, OH：Ohio State University Press.
- Lassiter, M. D. (2003). Suburban strategies：The volatile center in postwar American politics. In M. Jacobs, W. J. Novak, & J. E. Zelizer (Eds.), *The Democratic experiment*：*New directions in American political history* (pp. 327 - 345). Princeton, NJ：Princeton University Press.
- McGirr, L. (2001). *Suburban warriors*：*The origins of the New American Right*. Princeton：Princeton University Press.
- Murray, S. (2003). *The progressive housewife*：*Community activism in suburban Queens*, 1945 - 1965. Philadelphia：University of Pennsylvania Press.
- Teaford, J. C. (1997). *Post-Suburbia*：*Government and politics in the edge cities*. Baltimor, MD：Johns Hopkins University Press.

Becky Nicolaides & Andrew Wiese 文

李胜译　陈恒校

人口及人口增长
POPULATION AND POPULATION GROWTH

托马斯·杰斐逊深信一个大都市国家将不可避免

地走向腐化。他希望合众国是一个主要由自给自足的农民组成的农业国。1790年,作为国务卿的杰斐逊指导开展了美国历史上第一次人口普查。普查结果显示,美国绝大多数人口居住在农村,仅有5%的人口住在2500人以上的城市。然而,美国随后的历史一直是城市化的历史(见表1)。随着人口的增长、工业化经济的发展、交通运输科技的提高,越来越多的人们选择居住在城市。在整个19世纪及20世纪早期,绝大多数的城市扩展发生于东北部、中西部工业中心。近几十年来,尽管大工业城市郊区有所发

展,但其人口不断流失。与此相反,南部与西部城市发展迅速。这一发展态势导致美国城市区域分布更显平衡(见表2)。

19世纪城市发展

在共和国早期,最大的城市中心是那些港口城市。直到1840年,最迅猛的城市发展是纽约、费城、波士顿、巴尔的摩及新奥尔良,而这些城市无一不是位于沿海的贸易中心。在19世纪中叶,随着西进运动的开展,位于内陆的沿河城市出现急速发展,诸如圣路

表1　1790—2000年间美国城市与乡村地区人口

时间	美国总人口	都市区(≥5万人口)数	城市区域中心城市人口数(Urbanized Area Central City Population)	城市区域边缘地带人口数(Urbanized Area Fringe Population)	非城市区域人口数(Non-Urbanized Area Urban Population)	农村人口数(Rural Population)	城市区域中心城市人口比重(Percentage in Urbanized Area Central Cities)	城市区域边缘地带人口比重(Percentage in Urbanized Ared Fringe)	非城市区域人口比重(NonUrbanized Area Urban Percentage)	农村人口比重(Rural Percentage)
1790	3,929,214	0	—	—201,655	3,727,559	0.0	0.0	5.1	94.9	
1800	5,309,483	60,515	—261,856	4,986,112	1.1	0.0	4.9	93.9		
1810	7,239,881	2	150,095	36,468	338,896	6,714,422	2.1	0.5	4.7	92.7
1820	9,638,453	3	250,246	48,970	394,039	8,945,198	2.6	0.5	4.1	92.8
1830	12,860,702	4	419,586	101,998	605,663	11,733,455	3.3	0.8	4.7	91.2
1840	17,063,353	5	704,264	197,153	943,638	15,218,298	4.1	1.2	5.5	89.2
1850	23,191,876	9	1,496,777	425,387	1,652,332	19,617,380	6.5	1.8	7.1	84.6
1860	31,443,321	15	3,133,142	321,713	2,761,663	25,226,803	10.0	1.0	8.8	80.2
1870	38,558,371	21	4,997,042	449,123	4,456,196	28,656,010	13.0	1.2	11.6	74.3
1880	50,189,209	28	7,171,995	627,077	6,330,663	36,059,474	14.3	1.2	12.6	71.8
1890	62,979,766	48	11,623,242	1,186,316	9,296,707	40,873,501	18.5	1.9	14.8	64.9
1990	76,212,168	65	16,766,830	1,942,831	11,505,171	45,997,336	22.0	2.5	15.1	60.4
1910	92,228,496	90	23,932,711	9,260,551	14,870,739	50,164,495	25.9	3.25	16.1	54.4
1920	106,021,537	116	31,691,083	4,976,698	17,585,501	51,768,255	29.9	4.7	16.6	48.8
1930	123,202,624	114	40,385,901	8,645,041	20,129,657	54,042,025	32.8	7.0	16.3	43.9
194	132,164,569	152	42,815,812	9,798,963	22,090,563	57,459,231	32.4	7.4	16.7	43.5
1950	151,325,798	157	48,377,240	20,871,908	27,597,669	54,478,981	32.0	13.8	18.2	36.0
1960	179,323,175	213	57,975,132	37,873,355	29,420,263	54,054,425	32.3	21.1	16.4	30.1
1970	203,302,031	248	63,921,684	54,524,882	31,200,051	53,655,414	31.4	26.8	15.3	26.4
1980	226,542,199	366	67,035,302	72,135,381	27,880,309	59,491,207	29.6	31.8	12.3	26.3
1990	248,718,302	396	78,847,406	79,411,472	28,794,609	61,664,815	37.1	31.9	11.6	24.8
2000	281,421,906	452	109,705,763	82,618,061	30,036,865	59,061,271	39.0	29.4	10.7	21.0

资料来源:Sources:1950-2000:Various Census Bureau publications. For more information see http://www.census.gov;1790-1940:Todd Gardner(1998) *The Metropolitan Fringe*:*Suburbanization in the United States Before World War II*. Unpublished doctoral dissertation, University of Minnesota.

易斯、辛辛那提、匹兹堡等。然而,从城市增长及城市体系(Urban System)的规模来看,铁路在19世纪美国城市发展中施加了最为深远的影响。从西部的圣路易斯到密尔沃基,再到东部的巴尔的摩至波士顿,大致形成美国的工业带,工业带上集中了美国大部分的制造能力,铁路网在这一地区尤为稠密。19世纪末,芝加哥异军突起成为美国主要的制造业中心和交通运输枢纽,甚至1871年的芝加哥大火都不曾减缓其快速发展的脚步。芝加哥人口从1850年的28461人增至1890年的100万人。到1910年更是升至200万人。

正如有轨电车便于工人们通勤一样,铁路系统给人口外迁提供了可能。城市规模往往随着交通线的外延而扩张,这在很大程度上降低了城市人口密度。整个19世纪,各个城市通过兼并相邻区域获得规模的扩大。1854年,原先仅有2平方英里的费城市吞并有着150余平方英里的费城县,县内有5个城市人口规模在1850年排名已经全国前30。美国历史上最大的城市扩张要属1898年纽约兼并周围的几个区——布鲁克林、昆斯、斯塔滕岛及后来成为布朗克斯的威斯特彻斯特县部分地区。需要提出的是,当时的布鲁克林已经是全美第四大城市。纽约的此次兼并更是导致人口急剧增长,成为美国人口最多的城市,这一地位至今仍无城撼动。

进入20世纪,大的制造中心依然吞并着周边区域。但随着郊区成长为成熟的社区,它们日益反抗人口稠密城区的扩张。最后一个代表性的工业城市扩张是1907年的匹兹堡兼并阿勒根尼市。但在1928年合并阿勒根尼县的进程中,匹兹堡并未如愿。匹兹堡此次面临的主要问题是美国的郊区这一时期已经得到充分发展,至少在工业带是如此。正是因为大都市政治

的碎片化倾向,美国人口统计局于1910年第一次引入大都市的分类——大都市区(Metropolitan District)。当时,毗邻大城市的诸多自治市发展速度已经赶超中心城市。大都市区能够更好呈现城市发展的全貌。郊区发展正将城市中心转变成一种新的都市模式,由此,很多人担心政治碎片化可能会带来危机。

1920年人口统计显示,绝大多数美国人居住在城市,这在历史上尚属首次。由于担心政治权力的丧失,乡村政治利益集团成功抵抗了立法机构中席次的重新分配。在此次冲突中,相对低密度人口的大平原地区与南方一道反对愈益城市化的东北部地区。虽然全国于1920年完成一半以上人口住在城市的壮举,但东北部40年前便早早达到。到1920年,东北部已经有超过3/4的人口是城市居民。其中,有近60%的东北部居民生活在超过50000人口的城市。中西部和西部在1920年都已经实现大部分人口生活在城市,但西部绝大多数人口生活在太平洋海岸,仅有1/3的人口在中西部和西部超过50000人口的城市当中。南方城市化发展大大落后于国家其他地方。1920年,仅有28.1%的南方人住在城中,住在50000以上城市的人口只有14.6%。直到二战后,南方才有超过半数居民居住在城市区域。

20世纪早期,汽车对城市发展带来的冲击不可小觑。凡是跟汽车制造业密切相关的城市都经历了高速发展,尤其是底特律。随着汽车的日益普及,那些有轨电车不曾触及的边缘城市开始发展起来。二战后,人口纷纷涌入郊区,这种郊区填充式发展大大降低了都市区的人口密度。1930年代经济大萧条时期,城市鲜有发展。一些主要的工业城市在经济危机爆发之前已经面临人口的流失,在东北部和中西部尤其如此。

表2 1800—2000年间美国十大城市及都市区

时间	排名	城市	城市人口	都市区	都市区人口
2000年	1	纽约	8,008,278	纽约-纽瓦克	17,799,861
	2	洛杉矶	3,694,820	洛杉矶-长滩-圣安娜	11,789,487
	3	芝加哥	2,896,016	芝加哥	8,307,904
	4	休斯敦	1,953,631	费城	5,149,079
	5	费城	1,517,550	迈阿密	4,919,036
	6	菲尼克斯	1,321,045	达拉斯-沃思堡-阿灵顿	4,145,659
	7	圣迭戈	1,223,400	波士顿	4,032,484
	8	达拉斯	1,188,580	华盛顿	3,933,920
	9	圣安东尼奥	1,144,646	底特律	3,903,377
	10	底特律	951,270	休斯敦	3,822,509

时间	排名	城市	城市人口	都市区	都市区人口
1950年	1	纽约	7,891,957	纽约-新泽西东北部	12,296,117
	2	芝加哥	3,620,962	芝加哥	4,920,816
	3	费城	2,071,605	洛杉矶	3,996,946
	4	洛杉矶	1,970,358	费城	2,922,470
	5	底特律	1,849,568	底特律	2,659,398
	6	巴尔的摩	949,708	波士顿	2,233,448
	7	克利夫兰	914,808	旧金山-奥克兰	2,022,078
	8	圣路易斯	856,796	匹兹堡	1,532,953
	9	华盛顿特区	802,178	圣路易斯	1,400,058
	10	波士顿	801,444	克利夫兰	1,383,599
1900年	1	纽约	3,437,202	纽约	4,503,594
	2	芝加哥	1,698,575	芝加哥	1,753,519
	3	费城	1,293,697	费城	1,388,910
	4	圣路易斯	575,238	波士顿	1,155,231
	5	波士顿	560,892	匹兹堡	573,260
	6	巴尔的摩	508,957	圣路易斯	613,463
	7	克利夫兰	381,768	巴尔的摩	523,882
	8	布法罗	352,387	辛辛那提	463,862
	9	旧金山	342,782	旧金山-奥克兰	426,206
	10	辛辛那提	325,902	克利夫兰	399,377
1850年	1	纽约	545,547	纽约	661,045
	2	巴尔的摩	169,054	费城	376,015
	3	波士顿	136,881	波士顿	202,346
	4	费城	121,376	巴尔的摩	169,054
	5	新奥尔良	116,375	辛辛那提	133,962
	6	辛辛那提	115,435	新奥尔良	133,650
	7	布鲁克林	96,838	奥尔巴尼-特洛伊	91,341
	8	圣路易斯	77,860	匹兹堡	81,508
	9	春园（Spring Garden，PA）	58,894	圣路易斯	77,860
	10	奥尔巴尼	50,763		
1800年	1	纽约	60,515	纽约	60,515
	2	费城	41,220		
	3	巴尔的摩	26,514		
	4	波士顿	24,937		
	5	查尔斯顿	18,824		
	6	北部自由（Northern Liberties，PA）	10,718		
	7	萨瑟克(Southwark，PA)	9,621		
	8	塞勒姆(Salem，MA)	9,457		
	9	普罗维斯登	7,614		
	10	诺福克	6,926		

资料来源：1950－2000：Various Census Bureau publications. For more information see http://www. census. gov 1800－1900：Todd Gardner (1998) *The Metropolitan Fringe：Suburbanization in the United States Before World War II*. Unpublished doctoral dissertation，University of Minnesota.

二战后的城市发展

在二战后美国人口普查局编写的《美国大都市区发展：1900—1940》(*The Growth of Metropolitan Districts in the United States：1900-1940*)一书中，沃伦·汤普森(Warren S. Thompson)记述了南部及西部大都市区的发展，并预言这些地区的大都市发展将会持续下去，但会以牺牲东北部、中西部地区为代价。尽管"阳光带"这一术语直到1970年代才开始使用，但美国南部地区城市的高速发展亦如20世纪初期一样明显。然而，当时的观察者们没有意识到这仅是长期发展趋势中的一部分。20世纪早期，美国所有地区的城市发展都很迅猛。以亚特兰大、洛杉矶及得克萨斯州诸多大城市为代表的阳光带，其城市发展速率之高在当时并非个例。但1920年后，在全美其他地区城市发展放缓的前提下，阳光带城市依然在快速增长中。甚至在经济大萧条期间，阳光带几个城市中心的发展速度仍居高不下。

很明显，一系列因素导致了阳光带城市的发展。整个20世纪，冰雪带以外的所有城市几乎都在极力争取国防开支。一战期间，西部城市在游说建立海军基地和飞机制造厂方面表现地尤为热衷。二战期间，大批军事设施及相关工业选址在西部和南部，这成为两地飞速发展的关键因素。此外，更低工会化和更多"商业友好型"政策也刺激着商业利益集团选择落户阳光带。温暖的气候也是促使阳光带崛起的重要因素，尤其在空调被广泛应用之后。冰雪带与阳光带城市化进程中一个明显的不同是，前者发展主要得益于涌入城市的乡村移民，他们或来自内陆，或来自欧洲，抑或是来自南方的非洲裔美国人。恰恰相反，后者的发展主要是都市到都市移民的推动，而这往往是以牺牲冰雪带为代价的。

20世纪，西部沿海一带的城市发展也极为醒目，其中以洛杉矶为代表。1880年，洛杉矶是一个仅有约1万人口的小社区。然而，1910年洛市人口超过30万，城市向外蔓延。尽管洛杉矶在1930年人口突破百万，雄心勃勃地兼并周边地区，但其都市区人口比例出现明显下滑。1950年，洛杉矶都市区有过半人口居住在市外。洛杉矶发展速度之快使其都市区范围于1960年赶超芝加哥，但洛杉矶直到1990年才正式取代芝加哥成为全美第二大城市，这一年前者人口数超过后者。

1950年，美国人口统计局引入"县际大都市区"(County-based Metropolitan Area)的概念。这一术语被广泛使用，指代那些相互邻近的、人口超过5万的城市带。对这些地区的分析说明二战后美国中心城市周边地带的快速发展。战争年代住房的短缺促使郊区兴起一股建筑浪潮。开始于1956年的州际高速公路项目同样助推着大都市区的发展。1940年，全国仅有7.4％的人口居住在中心城市以外的都市区，1970年这一比例超过25％，1980年更是升至30％以上。战后生活在中心城市的人口比重一直相对稳固，大约在30％左右。

二战后，阳光带一系列大的中心城市发展不断超越东北部及中西部各大城市。到2000年，美国10个最大城市中有过半位于阳光带。1950—2000年间，许多大型的工业城市人口不断流失，而南方诸城恰恰相反：到2000年，休斯敦人口实现翻番，有接近200万居民；达拉斯及圣安东尼奥人口增长均接近翻番，居民数超过100万；菲尼克斯人口实现超过11倍的增长；拉斯维加斯2000年人口数是1950年的18倍。而许多老的工业城市如芝加哥人口损失20％，费城减少25％，底特律、克利夫兰、匹兹堡降幅均接近50％，圣路易斯1950—2000年间的人口降幅更是达到60％。尽管中心城市人口流失严重，但这些地区城市规模一直在增长。全美最大的几个都市带仍然在冰雪带。总的来说，阳光带城市在陆地面积方面比北部城市要大，前者在并入周边可观土地的同时，也在极力避免困扰老冰雪带的一系列问题。

从1970—1980年间，城市人口增长减缓，许多非都市区的县反而出现明显增幅，由此引发"乡村反弹现象"(Rural Rebound)的争论。尽管如此，城市的这种发展模式在随后几十年里表现并不明显。况且，从1980年代开始，每个区域的都市人口均在增长。2000年人口统计显示，西部是城市化水平最高的地区，有88.6％的人口居住在都市区内。在区域内城市居民比重来看，1970年西部首次超越东北部。从那开始，西部一直处于领先地位。2000年东北部有84.4％的城市居民，只能屈居第二。中西部及南部紧随其后，2000年城市居民比重分别为75％和72.8％。

简·戈特曼(Jean Gottmann)1961年写道，美国东北部一带的都市区正逐渐连成一片。戈特曼称其为"大都市连绵带"(Megalopolis)，戈氏认为这标志着核心-边缘城市模式的改变。21世纪初，随着都市化区域的日益广阔及通勤距离的渐远，"大都市连绵带"各城之间的界限变得越发模糊。有鉴于此，2000年人口统计创造出联合统计区(Combined Statistical Area)的概念。颇有意思的是，囊括各式都市区的联合统计区不仅存在于东北部，在全美各个地区都有存在，其人口更是占了全国总人口的40％还多。总言之，美国离托马斯·杰斐逊先前的期待越来越遥远。

延伸阅读书目：

- Gottmann, J. （1961）. *Megalopolis：The urbanized Northeastern seaboard of the United States*. New York：The Twentieth Century Fund.

- Jackson, K. T. （1985）. *Crabgrass frontier：The suburbanization of the United States*. New York：Oxford University Press.

- Mohl, R. A. (Ed.). （1993）. *Searching for the Sunbelt：Historical perspectives on a region*. Athens, GA：University of Georgia Press.

- Monkkonen, E. H. （1988）. *America becomes urban：The development of U. S. cities and towns*，1780 - 1980. Berkeley, CA：University of California Press.

- Teaford, J. C. （1993）. *The twentieth century American city* （2nd ed.）. Baltimore, MD：Johns Hopkins University Press.

- Thompson, W. S. （1945）. *The growth of metropolitan districts in the United States*：1900 - 1940. Washington, DC：U. S. Bureauof the Census.

Todd K. Gardner 文

李胜译　陈恒校

港务局跨哈德逊河铁路
PORT AUTHORITY TRANS-HUDSON (PATH) TRAIN

港务局跨哈德逊河铁路（简称 PATH 铁路）是一条州际铁路系统，该系统通过称为哈德逊管（Hudson Tubes）的一对隧道连接新泽西和曼哈顿。新泽西端的站点在纽瓦克和霍布肯（Hoboken），曼哈顿端的主要站点在下曼哈顿区的世贸中心以及中城的宾夕法尼亚车站（Pennsylvania Station）。自 1962 年起，系统由纽约和新泽西港务局负责管理运行并予以资金支持。起初，隧道、车站均由私营企业哈德逊和曼哈顿铁路公司（Hudson and Manhattan Railroad）建设而成。

在贯穿新泽西及曼哈顿的隧道建设之前，所有从南部、西部进入纽约市的铁路运输均止于新泽西。行人、货物及整个车厢需要借助船运跨过哈德逊河到达纽约市。另外一条可行的路径是，北上 50 多英里，此处河流狭窄，较容易架桥渡过。

1874—1909 年间，人们经过千辛万苦的努力完成隧道建设。在建设过程中，遇到的艰难险阻不计其数。十九世纪 70 年代竞争对手的起诉、80 年代初两起破坏性极强的爆炸事故以及 90 年代初的金融恐慌致使

项目赞助商、工程师屡生变动。尽管如此，在威廉·吉布斯·麦卡杜（William Gibbs McAdoo）和查尔斯·雅各布斯（Charles Jacobs）的联合领导下，项目最终完工。1908 年 2 月 25 日，从霍布肯到十九街长达 5,650 英尺的客运服务开通。1909 年 6 月 19 日，从泽西城到科特兰街（Cortland Street）哈德逊站长达 5976 英尺的客运线路开始运行。此后不久，连接以上二者的第三条线路也顺利开通。最后，北延至曼哈顿宾夕法尼亚站的地下线路及延伸至纽瓦克的地上部分于 1911 年全部完工，这标志着跨哈德逊河州际铁路系统完工。最初延伸至中央车站、威豪肯（Weehauken）等地的方案并没有实现。当下运行线路本质上延续了 1911 年的线路。

宾夕法尼亚铁路隧道紧随哈德逊管顺利完工，二者为全天候的区域运输系统提供了可靠保障，便利了长距离铁路运输、通勤及地道服务，并将新泽西北部、中部与纽约市、威斯特彻斯特县、康涅狄格连为一体，由此形成跨纽约、新泽西、康涅狄格三州环绕数十郡县的大都市区。另外三条跨哈德逊河的重要线路在随后数十年间陆续建成，它们是：1927 年的霍兰隧道（Holland Tunnel）、1931 年的乔治·华盛顿大桥（George Washington Bridge）以及 1937 年的林肯隧道（Lincoln Tunnel）。需要指出的是，这三条线路专门针对汽车而建。

就在荷兰隧道建成同一年，哈德逊和曼哈顿铁路系统的客流量达到历史峰值，有 1.17 亿人次。绝大多数乘客属于长途旅客，他们起初需要在哈德逊河沿岸的几个大型站点周转。随着时间的推移，旅客们纷纷加入日益增长的郊区通勤者队伍。但不出多久，旅客便有了替代性的选择。长途旅客们纷纷涌向宾夕法尼亚 - 纽约中央运输公司（Pennsylvania New York Central Transportation Compainy，简称 Penn Central）运行线路，该线路直通曼哈顿不需要转站。随着来自汽车、巴士等替代性交通工具竞争的加剧，哈德逊管与其他铁路运输线路一样难逃旅客流失的厄运。1946、1953 及 1957 年爆发的几次罢工也大大影响了铁路系统的客流量。举例来说，1957 年的罢工运动使客运服务暂停一整月。随着哈德逊和曼哈顿铁路系统财务状况的恶化，某些服务遭到削减，个别站点被迫关停。1954 年，第十九街站点被关闭。同年，哈德逊和曼哈顿铁路公司依照联邦破产法申请重组。尽管有法院的保护并且于 1956 年引入了空调车（比纽约地铁系统要早好多年），客流量仍持续下跌。1957 年，只有 3000 万客流，达到历史新低，比 1927 年峰值低 74％。不得已，铁路公司进行了新一轮的削减工作。更重要的是，关

于公共部门接管此系统的讨论甚嚣尘上。

新泽西官方希望纽约和新泽西港务局担负起哈德逊管的所有权和管理权。但港务局领导奥古斯丁·托宾(Austin Tobin)反对这样做,托宾希望避免对任何铁路运输承担责任。在 1962 年的一场政治协议中,通过让新泽西答应港务局在纽约世贸中心新的大型开发倡议,托宾最终答应接管哈德逊管。两大项目以非政治的形式相互结合。世贸中心最终建在哈德逊管下曼哈顿站点处,取代了哈德逊综合车站(Hudson Terminal complex)原先两栋 22 层的摩天大楼。由克林顿 & 拉塞尔公司设计的世贸大厦是当时同类建筑中最伟大的,双子塔由此成为新的地标。

当港务局承担起掌控哈德逊管道之责时,将其重新命名为 PATH。港务局同意向该系统注入资金,购买新的轨道车辆,重新装饰各个站点,修复轨道,最重要的是,乐意为操作不当可能带来的风险买单。尽管按照正规协议,这一津贴有限,仅占港务局整体经营盈余的 1/10,但这并非美国历史上首次用使用者支付的过桥费来承担运行中的公共交通。在纽约,当三区桥涵管理局(Triborough Bridge and Tunnel Authority)同纽约市公共运输局(New York City Transit Authority)合并成纽约大都市区交通管理局(Metropolitan Transportation Authority)时,这个先例得到遵循;但这一模式并非全美国都遵循的趋势,这两个机构是相对例外的。

随着服务的提升以及港务局治下更稳定的操作,客流量开始出现稳固回升。在 21 世纪初,每年客流量均超过 8000 万人次(几乎是 1957 年最低值的 3 倍,但仍不足 1927 年峰值时的 3/4)。2001 年初,每天有 70000 旅客使用世贸中心下的 PATH 站点。PATH 系统打造并维系着新泽西与下曼哈顿间的紧密关系,这种紧密关系也可以在 2001 年恐怖袭击伤亡名单上略窥一二:其中有数百名受害者来自新泽西。2001 年的此次袭击使世贸中心站遭到摧毁(1993 年,该站也曾遭受炸弹袭击,但受损不严重)。两年后,一个临时性的替代站点开放。计划兴建一个永久站点是全面重建世贸中心地带的组成部分,这能够确保 PATH 在区域交通系统中继续发挥重要作用。

延伸阅读书目:

- Cudahy, B. (2002). *Rails under the mighty Hudson*. New York: Fordham University Press.
- Doig, J. (2001). *Empire on the Hudson*. New York: Columbia University Press.
- Hood, C. (1993). *722 miles*. New York: Simon & Schuster.
- Klapouchy, B. (2005). *Hudson & Manhattan Railroad/ Hudson Tubes*. Retrieved June 18, 2006, from http://www.hudsoncity.net/tubesenglish/index.html

Owen D. Gutfreund 文

李胜译　陈恒校

俄勒冈州波特兰市
PORTLAND, OREGON

波特兰是俄勒冈州最大的城市,位于威拉米特河(Willamette River)与哥伦比亚河(Columbia River)交汇处以南约 6 英里处。尽管波特兰都市区现在已经扩展至六个县的范围,但位于威拉米特河西岸的最初建城地段仍是核心区域所在。历史上,这座城市以飞快的速度发展成威拉米特与哥伦比亚谷地商业中心。到 21 世纪,除了日渐崛起的电子与信息产业,波特兰的地区经济主要依靠国际贸易和及为内陆地区提供的商贸。建城之初的 120 年中,波特兰几乎经历了与其他城市相似的发展轨迹。1970 年后,波特兰通过良好的城市规划改革成为风格卓异的大都市发展典范。

波特兰的城市建设规划始于 1844 至 1845 年间,该城坐落于哈德逊湾公司(Hudson's Bay Company)所在地温哥华堡(Fort Vancouver)以北和初建的俄勒冈市以南的中间地带上。在商议城市名字之时,来自缅因波特兰的建城者弗朗西斯·珀蒂格罗夫(Francis Pettygrove)及其来自波士顿的伙伴阿萨·洛夫乔伊(Asa Lovejoy)都想以自己的家乡来命名。于是,两人掷币来做决定,结果来自波特兰的人赢了,这座新的城市就被命名为波特兰。与诸多 19 世纪建立的城镇一样,波特兰的崛起是因为它在威拉米特河的商业运输比其竞争对手拥有更佳的地理优势。19 世纪 50 年代,修建的道路可以很方便地把来自俄勒冈的小麦转口运往加利福尼亚,以供应那里金矿工人的食品需求。

19 世纪 60 年代,波特兰商人开始把目光转向内陆地区,他们通过船运和铁路向爱达荷和蒙大拿州运输资源补给。南北战争结束后,波特兰与俄勒冈州东部地区和华盛顿州东南部发展起了小麦和牲畜贸易,并与下哥伦比亚地区进行木材交易。20 世纪初,波特兰拥有着大量的制造业部门,致力于将原材料加工成面粉、鲜肉、木制品与家具等。这种产业形态的一个特点是使大量单身的男性季节工人在此聚集,从而造就了全国最大的贫民窟之一。

19 世纪末到 20 世纪初,波特兰的移民群体主要来自中国、日本和斯堪的纳维亚,另外还有少量来自意大利、克罗地亚和波兰的移民。尽管老一代移民社区在波特兰依然存在,但现在的移民大多集中于韩国、墨西哥和南亚地区。据统计,2000 年全市 77.9% 的人是白人,6.6% 的人是非裔美国人,1.1% 的人是土著,6.7% 的人是亚裔与太平洋岛民,7.7% 的是混合种族,6.8% 的人是西裔和拉美裔。

1905 年,波特兰承办刘易斯和克拉克百年纪念世界博览会,这在西海岸地区尚属首次。它与 1905 至 1913 年间的经济繁荣和稍后爆发的一战时间刚好契合。这段繁荣时期振兴了波特兰市中心,助长了当地人口向威拉米特河东岸有轨电车的郊区迁移的浪潮。

波特兰在这一时期成为政治改革的试验田。通过移走商业区北部与南部的工人阶级分区,共和党政治机器为商团组织大谋其利。1913 年,当改革派无力永久改变政局平衡后,来自新的东部街区的中产阶级选民组建了委员会制的政府。自此以后,城市选民们通过普选选出一名市长和四位经理组成的政府。五位官员在市政会议中共同商讨预算和大政方针,他们各自向相关市政管理部门与机构负责。在 20 世纪初,总的社会背景是劳工骚乱与中产阶级激进主义不断。1910 年代,社会主义风靡一时。1920 年代,反天主教的三 K 党甚嚣尘上。

1930 年代末到 1940 年代,波特兰社会面貌再起突变。来自博纳维尔和大古力(Bonneville and Grand Coulee)水坝的水电为新的制铝厂提供了能源,并使波特兰成为二战期间重要造船基地。1943 年,大约 14 万波特兰居民进行船只制造和维修的工作,其中 3/4 的民众受雇于波特兰两大造船厂。战时,他们总共造船超过 1000 艘。有 4 万余战时工人与家庭——许多是新来的非裔美国人——居住在临时的万波特(Vanport)社区,该社区是当时全美最大的独户住宅工程(1948 年美国阵亡将士纪念日,万波特社区遭到哥伦比亚河洪水摧毁)。

1970 年代至 1990 年代,波特兰市经历了明显的城市复兴,并以可宜居性而闻名全国。居民区获得保障,轻轨运输系统发展起来,对市中心的再投资增多,城市边界发展到新的郊区地带。波特兰地区选出的区域政府负责管理土地使用、交通服务和环境设施。1990 年代,波特兰地区雇员主要从事批发业、交通运输业、服务业和制造业方面的工作,电子行业员工颇多。

上辈人的诸多市政改革运动深受 20 世纪初进步主义运动和中产阶级激进主义的影响。1974 年,通过政策协商,波特兰认可了街区组织的正式地位。1978 年,都市区三个核心县摩特诺玛(Multnomah)、华盛顿(Washington)、克拉克默斯(Clackamas)的选民投票创建了大都市地区政府(Metro),这是全国首个甚至唯一基于区域规划而选出的地区政府。按照 1973 年通过的俄勒冈州规划制度,大都市地区政府确定了本地的区域发展边界(Urban Growth Boundary),这成为限制城市向郊区蔓延的有效手段,维护了现有街区和市中心的优势地位。实际上,轨道交通运输系统的建立也是出于相同的目的。

受益于城市兼并,波特兰的人口从 1980 年的 366383 人增加到 2000 年的 539438 人。2000 年,囊括俄勒冈州 5 个县和华盛顿州 1 个县的大都市区总人口为 191.8 万。波特兰-塞勒姆联合大都市统计区(Portland-Salem Consolidated Metropolitan Statistical Area)则有 2265223 位居民。

延伸阅读书目:

- Abbott, C. (1983). *Portland: Planning, politics, and growth in a twentieth century city*. Lincoln: University of Nebraska Press.
- Abbott, C. (2001). *Greater Portland: Urban life and landscape in the Pacific Northwest*. Philadelphia: University of Pennsylvania Press.
- Johnston, R. (2003). *The making of a radical middle class: The question of capitalism in Progressive Era Portland*. Princeton, NJ: Princeton University Press.
- Lansing, J. (2003). *Portland: People, politics, and power, 1851 - 2001*. Corvallis: Oregon State University Press.
- Maben, M. (1987). *Vanport*. Portland, OR: Oregon Historical Society.
- MacColl, E. K. (1976). *Merchants, money, and power: The Portland establishment, 1843 - 1913*. Portland, OR: Georgian Press.

Carl Abbott 文

李胜译　陈恒校

后现代主义
POSTMODERNISM

不同人眼中有不同的后现代主义,或是一种类型,或是一个时代,或是一种符号,或是一种状态。从最广的范围来理解，后现代主义是一种本体论，涉及多种相互关联的批判，它们指向现代主义，或者更准确地说，指向与启蒙运动以来的现代社会及其持续不断的功能失调相关的概念。现代性融合了一系列社会活动，人们用自以为正确的单一真理指导这些社会活动自上而下地开展，其目的在于线性的进步达致更高层次。由于不具有排外性，现代主义者的独特性在于专业化的知识和客观目标，他们相信，世界是客观存在的，是可以被认知的，也可以被施加影响，并且可以通过有意识的改造达到目标。

而后现代主义则认为，现代主义者对单一真理以及应用技术改造世界的看法是大错特错的，不但充满危险，而且无法操作，影响着甚至武断地阻断了人类认识世界的其他途径。正是从这种认识——即对理性的过度崇拜将催生齐克龙B(Zyklon B，一种毒气——译者注)一般的怪兽——后现代主义者认为，没有某一种认识世界的方法是超越其他方法的；所有的真理都应当被理解和分析。

作为哲学的后现代主义起源于哲学、诠释学和文学批评的交融，并很快从整体上影响到了关于空间性的理论，尤其是城市空间。最重要的是，后现代主义与文化领域内的一系列重要变革相互融合，而后者正是高速发展的资本主义，也就是弗雷德里克·詹明信(Fredric Jameson)在1991年提出的所谓"晚期资本主义"(Late Capitalism)或"跨国资本主义"(Multinational Capitalism)的象征性符号。在物质层面和精神层面中，这一全新的综合性文化经济形式创造了紧密的空间形态，结果，世界迅速转变为混乱丛林，充满了碎片化的经验，人们没有能力掌握所谓的客观或外部的有利位置。不仅是空间，时间也以碎片状存在，因此历史只能从只言片语和保存下来的、并不完全真实的资料中建构，并在不同的时间和空间中有所不同。因此，詹明信相信，我们身处无尽的后现代多维空间中，这是一个复杂而又相互冲突的时间与空间的拼接体，任何人也无法逃脱。简而言之，现代性让本雅明所谓的"疯子的剪纸簿"(Maniac's Scrapbook)将全人类包裹进去，为后现代状况提供了空间，只有通过全新的术语才能定义。

这样比喻性的空间变形与城市空间变形密不可分，在城市中建筑和城市设计是最直接的影响力场域。给人们印象最为深刻的，是1972到1973年间圣路易斯的普鲁伊特-艾戈公共住房项目的拆除。不仅仅是拆除了一个饱受批评和毫无功能的住房项目，正如班汉姆(Reyner Banham)在1981年所言，该项目的拆除打破了现代主义所追求的城市风格，打破了国际现代建筑大会（International Congress of Modern Architecture）所代表的那种乌托邦式的功能主义理念。

建筑学上的后现代主义风格来自于镭射城"居住机器"的教训，正如1994年迪尔(M. J. Dear)所说的那样。这种新的风格摒弃了现代主义如磐石般的简约风格，并将后现代主义的哲学观念融入建筑中，即时间与空间的碎片化，最常见的后现代主义风格是将不同时代、不同区域的建筑风格融合起来。尽管这一风格将更流行的审美情趣引入到城市建筑中，但人们仍在争论，这种独特的、地方性的甚至粗犷的风格能否适应建筑外墙的装饰。

在城市设计方面，后现代主义对现代主义唯技术倾向的否定影响更为深远。正如莱尔夫(E. C. Relph)所言，后现代主义更加倾向于以繁复细节和丰富的行人设施，而现代主义主导下的大规模拆除重建则破坏了街道，并优先满足汽车的需要。这种有意识地重新将人的需要赋予城市的理念一直持续到当下，尤其得到了新城市主义者的支持；但与此同时，后现代主义建筑也成为商品，特别是在佛罗里达州的海岸城和庆典城，这种人性化的建筑风格只有那些富裕人群才有足够的财力负担。

然而，后现代主义最重要的影响，在于改变了我们认识和塑造城市的理念。在人们的印象中，现代城市往往等同于工业城市，其发展历程往往是从工业核心区开始，有秩序地逐渐向外扩散。与此相当，人们常常用三种比喻描述这一进程及其结果——城市是单细胞的有机体；城市是向心性的连续生态系统；以及，城市是整合不同区位要素的方程式，通过合理管理可以得出最优结果。尽管城市形态千变万化，但上述三种模式却表明，城市在人们心中有共同的认识，即城市是可辨识、可理解、并且可预测的单一体，并且能够受到来自上层的干涉和进行整体性的描述。

20世纪最后25年间后现代主义的崛起，受到以下因素的影响——经济动荡、社会不安、去工业化和工业萧条、社会重组，以及导致部分社区衰落、部分社区繁荣、破坏城市整体性的不均衡全球化。与此同时，后现代主义对单一真理的排拒挑战着传统城市所以来的专业知识，拥有知识的专家影响城市的权威也受到冲击。甚至如菲利普·奥门丁格(Philip Allmendinger)在2001年所言，即使在后现代主义所能容忍的专家对城市的干预程度内，应用于城市的也应当是多样化的技术，以便与当地的传统相适应。

作为一种本体论和晚期资本主义状况,后现代主义回避了"城市"的概念,而是推导出了新的专门针对某些城市的模式,并超越了距离融入到世界城市体系中。

但首先也是最重要的是,后现代主义者眼中的城市不是客观对象,也并非日常生活的场所;而是透过日常生活的实践和认知而构成的地点,包括城市居民在经验、交流乃至博弈中的多元产物。最有意思的是,千万不要认为这样的场所和生活是后现代主义这个术语带给我们的新现象。如安东尼·金在1997年说的那样,第三世界的殖民城市在融入北美引发的现代主义热潮之前几十年甚至几百年,包容多种不同要素的城市正是人们日常生活中的城市。因此,后现代主义与其所宣称的时间碎片化一样,在某些尚未进入后现代的地区首先出现了,反而较晚出现在北美城市中。

延伸阅读书目:

- Allmendinger, P. (2001). *Planning in Postmodern Times*. London: Routledge.
- Banham, R. (1981). *Theory and Design in the First Machine Age*. London: The Architectural Press.
- Dear, M. J. (1994). Postmodern Human Geography: An Assessment. *Erdkunde*, 48, 2-13.
- Dear, M. J., & Flusty, S. (1998). Postmodern Urbanism. *Annals of the Association of American Geographers*, 88(1), 50-72.
- Flusty, S. (2004). *De-coca-colonization: Making the Globe from the Inside Out*. London: Routledge.
- Jameson, F. (1991). *Postmodernism, or the Logic of Late Capitalism*. Durham, NC: Duke University Press.
- King, A. (Ed.). (1997). *Culture, Globalization, and the World System: Contemporary Conditions for the Representation of Identity*. Minneapolis: University of Minnesota Press.
- Relph, E. C. (1987). *The Modern Urban Landscape*. Baltimore: Johns Hopkins University Press.
- Venturi, R., Scott-Brown, D., & Izenour, S. (1997). *Learning from Las Vegas*. Cambridge, MA: MIT Press.
- Wolfe, T. (1981). *From Bauhaus to Our House*. New York: Farrar Straus & Giroux.

Steven Flusty 文

李文硕译　陈恒校

城市中的贫困与福利
POVERTY AND WELFARE IN CITIES

在美国城市化进程中,贫穷和福利紧密交织在一起。很多美国城市以高犯罪率、高失业率、贫困而闻名于世。纵观贫穷与福利的发展史,我们发现:关照社会贫困人口与鼓励自力更生是何等的艰难。公众对穷人的关注始于对自己社区穷人的照顾,之后慢慢发展成一种旨在帮助不成器之人(如不愿意工作、酗酒、犯罪人群)的分配制度。美国人的贫困与福利观深受宗教信仰(尤其是新教伦理)及英格兰殖民统治的影响。

1601年伊丽莎白一世统治时期,《伊丽莎白济贫法》(Elizabethan Poor Law)诞生。该法规定了英国国教的职责和角色,它要求教会去关爱穷人,从教区收税以支付照顾开销;法律保障穷人求职的权利,并为老弱病残等不能劳动的群体提供帮助。《伊丽莎白济贫法》明确规定,每个家庭都有接济贫穷亲戚的责任,甚至要承担教区所需的任何费用。早期的英国殖民者依据《伊丽莎白济贫法》制定了自己的救济法规。不仅社区有责任为其成员提供安居乐业的生活,社区成员也有义务成为对社区有价值、有贡献的居民。

在家帮助穷人的最初实践被称为"户外救济"(Outdoor Relief)。依照《伊丽莎白济贫法》的救济理念,被称为教区的教会社区同时对英国本土民众和殖民地居民负责。对于妇女和儿童来说,诸如疾病、火灾、旱涝、在战争中牺牲、丧失配偶或残疾等困难容易使其陷入贫困。正因为此,这些人尤为值得人们帮助。他们可以先从家庭中获得救助,如果有需要的话,再寻求更大社区或教区的帮助。通常来讲,教区或教会由监察员组成,他们的主要工作是判定哪些帮助是急需的,如:食物、衣服、住所或金钱。此外,监察员还要监督物资的分配以防滥用。

19世纪见证了新技术的迅猛发展,如轧棉机、蒸汽机等的发明与应用。机械化生产和科技创新使得工厂缩减劳动力人数成为可能。正因为此,工厂主不断削减工人工资与岗位,导致大批工人失业,生活无以为继。受城市化和工业化影响,大量贫困移民涌入美国城市,给地方社区带来极大负担。试图将教会和政府资助分离的抗争运动,最终导致用于扶持当地教会的公共税收的废除。不得已,教会必须找到更精细、省钱的方法以解决贫困问题。结果是一种被称为"室内救济"(Indoor Relief)的制度应运而生。实际上,这种将穷人安置在济贫院的做法在波士顿、塞勒姆及新英格兰的其他地方早已存在。早先时候,济贫院在当地教区控制之下。宾夕法尼亚州成为第一个将济贫院管理权移交给县的州。19世纪20年代,宾西法尼亚州济贫院成了全美其他地方建造济贫院的模板。志愿帮助穷人已经成为教堂世俗职责中必不可少的一部分。

到19世纪30年代中期,精神病院已经建成,并开始接收患者。与此同时,该组织进一步明确了社区内那些有能力却不愿意工作的人与那些没有能力或无法独立工作的人之间的区别。内战和奴隶制度的终结促使大批文盲和无业黑人涌入城市。很明显,他们渴望自由生活。1865年,在联邦政府指引下,国会创建难民、自由人和废弃土地局(Bureau of Refugees, Freedmen, and Abandoned Lands,简称难民局),该部门主要是帮助那些受战争牵连的个人以及免于奴隶制的黑人。在美国历史上,这是首个为居民提供直接救济的联邦项目。难民局的援助项目包括工作援助、定居帮助、黑人建校资助等。

1889年,本着"当志愿者乐于改变自身邻里而不仅仅是帮助穷人时,住在同一个社区会获得更多支持"的哲学理念,简·亚当斯在伊利诺斯州芝加哥市创建赫尔会所。尽管社区改良运动未曾在全美展开,但赫尔会所成为芝加哥大学的一所社会实验室。在那里,可以搜集数据、开展社会项目,社会工作最终发展成为一门专业。由赫尔会所赞助的项目包括英语课程、烹饪课程、托儿所和日托所以及文化活动等。赫尔会所中的妇女成为许多社会改革的倡导者,这些改革致力于解决公共卫生、环境卫生、青少年犯罪、劳工法和儿童福利等问题。

整个19世纪,慈善工作变得愈加系统化,被称为科学慈善。妇女和教会组织创建了新的公民组织,这些组织在分发援助、消除贫困方面尽心尽力。大批组织都力争去扮演良好的中产阶级角色,并希望重塑那些酗酒者、犯罪者的生活。道德和干净生活被视为摆脱贫穷的手段。人们救助工作的中心也从施舍变成了注重个体道德与教育的培养。穷人往往被标签化为缺少教养、不愿工作、不道德一族,因此亟需找到方法来治疗他们的性格缺陷。

19世纪末,出现了大量解决贫困问题、创建社会救济项目的指南。从历史来看,解决贫困及其根源的两条主要路径是:政府发起公共项目;组建将战争经费并入公有基金的组织,以此来协调资金、监管社会服务部门的表现。

寄居机构被视为罪犯、酒鬼、精神病者们的最佳去处。儿童要么被安置在孤儿院,要么当学徒学做生意。

如果家庭不愿或无力照顾他们的话,贫困家庭的儿童与那些没有父母的孩子没什么两样。人们也开始将经济周期和贫穷周期结合起来,每当铁路罢工和经济萧条重创经济之时,人们陷入贫困的可能性就越大。20世纪初,美国开展了很多旨在改善工作环境与提供工作福利的努力,如医疗保险、最低生活工资、养老金和社会保险等。在1909年的一次会议中,罗斯福总统和儿童福利专家挑战了将贫穷儿童从家庭中分离出去的公众态度,倡导将抚恤金直接拨给有孩子的寡妇。他们的提议在商人甚至慈善组织那里都引起了广泛争议。尽管如此,到1920年,有40个州同意分配此类资金。抚恤金由联邦政府通过儿童局(Children's Bureau)发放,后者成立于1912年,旨在为孕产妇提供强力资金支持以降低全国婴儿死亡率。1935年《社会保障法》一经通过,对儿童资助项目的监管权、分配权迅即由儿童局转至社会保障委员会(Social Security Board)。

通过1918年全国性组织社区福利基金委员会(Association of Community Chests Councils)的创建,私人救济项目在20世纪早期取得长足发展。此类委员会或联盟主要是向商人和个人募集资金,同时兼负资金的监管与分派。很多人认为众多机构为同一类人提供服务是种重复与资金的浪费,与此同时,也有人认为单个人为了获得资助而接触众多机构同样是对救济制度的滥用。最终,公共与私人救济项目开始根据受众的需要指数将他们分门别类,并要求受助者提供最低收入、家庭规模与需要等相关证明。对需要进行认证至今仍是社会福利项目不可或缺的一部分。

1964年,约翰逊总统向国会提交《1964年经济机会法》,并将此法作为解决贫困问题的一种手段。该计划呼吁创建就业培训项目,为低收入大学生提供半工半读基金等,以此来核查并解决与贫困相关的长期问题。尽管如此,有人质疑这些不同形式努力的有效性。事实表明,贫困依然存在。到底贫困由个人缺陷所致,还是因资本主义经济的制度性弊端而起?依然是个争论不休的话题。

亦可参阅:向贫困宣战(War on Poverty)

延伸阅读书目:

- Friedman, L. J., & McGarvie, M. D. (Eds.). (2003). *Charity, philanthropy, and civility in American history*. New York: Cambridge University Press.
- Katz, M. (1996). *In the shadow of the poorhouse: A*

social history of welfare in America (Rev. ed.). New York: Basic Books.

● Piven, F. F., & Cloward, R. A. (1993). *Regulating the poor: The functions of public welfare* (2nd ed.). New York: Random House.

● Skocpol, T. (1992). *Protecting soldiers and mothers: The political origins of social policy in the United States*. Cambridge, MA: Belknap Press of Harvard University Press.

● Trattner, W. I. (1999). *From poor law to welfare state: A history of social welfare in America* (6th ed.). New York: Free Press.

Teresa M. Reinders 文

李胜译　陈恒校

监狱
PRISONS

相较于与法院连接的市或县拘留所(Jail)，监狱是一个暂时监禁罪犯的场所，也是州刑事司法体系主要的惩罚方式。在共和国早期，作为城市诸多机构的一员，监狱已经存在，之后越来越独立于城市空间。尽管如此，监狱一直是城市生活不可或缺的一部分。对大量城市穷人来说，监狱是他们难以忘却的一种生活经历。

18世纪60年代，费城出现美国历史上最早的类似于监狱的机构。救济院(Poorhouse)限制了城市中无财产流浪者的增长，并让他们致力于道德的提升。然而在美国革命之后，监禁成为一种对罪犯越来越重要的惩罚。由于担忧体罚在共和国的合理性，费城的城市领袖们决定安排罪犯在街道工作。但是，公共劳工(Public Labor)威胁道，当局此举只会使社会秩序的不稳定性进一步加深。城市是犯罪和越轨行为的场所，而非改良之地。正因此，市政领导者们除去监狱高墙后的惩罚，让罪犯例行承受无声的劳动和孤独的救赎。共和国早期的城市监狱，如费城的胡桃街监狱(Walnut Street Prison)、纽约的纽盖特监狱(Newgate)、波士顿港的马萨诸塞州查尔斯顿监狱(Massachusetts State Prison of Charlestown)以及巴尔的摩监狱，给城镇上的商人和手工业主带来了好处，因为他们可以与监狱劳工签约。然而，这些威严的建筑未能限制监狱作为严格司法代表的公众角色，罪犯在监狱中彼此建立的联系如同在外边一样紧密。19世纪20年代到30年代期间，因工作与生

活环境引发的监狱暴乱不断。与此同时，监狱外边的工匠们也抗议他们作为自由人与公民的权利遭到了廉价囚工的竞争。对大量移民与自由黑人施以劳动规范，成为早期美国维持城市社会秩序的核心之举。1830年代以后，各州通常在首府附近建立新监狱，而不是在那些新兴城市中。

内战引发全美监狱的两种显著趋势。随着奴隶制的废除，绝大多数南方的州采用种族主义刑法、监狱农场和罪犯租赁制(Convict Leasing System)取代奴隶制。这些举措将获得解放的黑人与南方农业紧紧捆绑在一起，有利抑制他们向城市的迁移。在北部和中西部，高速的工业化、外来移民和城市发展产生了更大的监狱人口，现有监狱根本无法招架，最终促使各种改革运动风起云涌。在1940年联邦政府禁止监狱与私营企业缔结囚工合约之前，监狱管理者在签约过程中的腐败和虐待问题屡见不鲜。此外，倡导隔离罪犯的进步主义者们认为，将犯人安置在农村专设的地区可以远离腐朽的城市影响。举例来说，1880年代为青少年和女性设计的小木屋不仅是性暴力和非法生育罪犯的混合监狱，也是帮助那些"堕落"的白人女性恢复到中产阶级的家庭生活和性欲节制的机构。自1876年起，诸如纽约西部布罗克威的埃尔米拉教养院(Zebulon Brockway's Elmira Reformatory)专为涉世尚浅的男孩而设，给那些初次犯罪的年轻人改过自新并成为负责任男人的机会，而不是直接把他们投入臭名昭著的监狱里。中产阶级认为，在大城市中存在着犯罪和违法失职的行为，需要在体制上付出很大的努力才能妥善解决。一位负责专业刑法管理的干部提议道，在监狱管理过程中应该集中权力并对犯人科学分类。这种刑事管理主义可以有效提高囚犯的工作和生活水平。但是，改革后的监狱管理破坏了之前存在的囚犯与看守人之间心照不宣的协议。在20世纪20年代，禁酒运动导致监狱人满为患，监狱建设出现高潮。这不仅为管理者贪污受贿提供了可能，也导致更多弱势阶层被投入监狱。例如，1925年密歇根州杰克逊监狱，九成犯人来自底特律，五成是移民或者黑人。

禁酒运动和主要城市的黑社会跨州贩毒活动，致使联邦监狱人数激增。正因为此，1930年代成立联邦监狱局(Federal Bureau of Prisons)，联邦在管理监狱方面的领导权自此确立。随着二战时期及战后经济的复苏，新政当局的改革理念只影响到州一级的监狱。特别是在加利福尼亚这样的西部州，新的矫正机构采用娱乐、教育、咨询和家庭访问等项目来使州监狱更加多元。诸如此类的改革策略让犯人们接触到战后福利

国家的城市生活,而这种生活恰恰是当时美国白人技术工人所经历的。二战后,白人逃逸、非裔与拉丁美裔的移民的涌入,同时改变了城市和监狱人口结构。正因为此,当1960年代城市发生种族骚乱之时,监狱中的种族关系也颇为紧张。这一时期,人们对种族暴力犯罪的恐惧尤盛。1970年代,一场针对犯罪与毒品的保守战争增加了监狱里的人口数量。1980年代,全美出现监狱建设浪潮。这一时期,对罪犯施加的判决越来越重,管理部门有意将他们从城市社区孤立出来。各州顺势而为,给予那些经济发展低迷的农村社区援助,试图用高工资来实现设备安全最大化。如今,监狱进一步从城市空间抽离。与此同时,特别是对那些生活在贫民窟中的年轻拉美裔及非裔男性而言,监禁已经他们生活中不可或缺的一部分。

亦可参阅:犯罪与罪犯(Crime and Criminals),刑事司法体系(Criminal Justice System)

延伸阅读书目:

- Bright, C. (1996). *The powers that punish*:*Prison and politics in the era of the "big house,"* 1920 - 1955. Ann Arbor, MI:University of Michigan Press.

- Gilfoyle, T. R. (2003). New perspectives on crime and punishment in the American city. *Journal of Urban History*, *29*,519 - 524.

- Mauer, M. (1999). *Race to incarcerate*. New York:Norton.

- Meranze, M. (1996). *Laboratories of virtue*:*Punishment, revolution, and authority in Philadelphia*, 1760 - 1835. Chapel Hill, NC:University of North Carolina Press.

- Rothman, D. J. (1980). *Conscience and convenience*:*The asylum and its alternatives in progressive America*. Boston:Little, Brown.

Volker Janssen 文

李胜译　陈恒校

进步主义
PROGRESSIVISM

1915年,本杰明·帕克·德威特(Benjamin Parke De Witt)的撼世之作《进步运动》(*The Progressive Movement*)总结了"进步主义"的三大主要目标:根除政府中的腐败与特殊利益集团、以多数统治代替少数统治的方式重建政府机构、增加政府职能以修复社会与经济弊端。虽然德威特对进步主义做了早期概述,但此后从事进步主义研究的学者们对进步主义的界定可谓众说纷纭。当下绝大多数学者反对将进步运动简单化,强调对这一运动的多重理解。广为人知的是,1890—1920年间为进步时代,那个时代,自我标榜进步主义的人们进行了诸多改革。在今天看来,很多举措似乎有些相互矛盾:有人通过公民创制权、公民投票权及罢免权力争更大的民主;而有人则利用登记法、文化测试、选举税等方式试图剥夺非洲裔美国人及移民的权利。有人关注联邦层面的变化,为关税改革、反托拉斯及禁酒运动摇旗呐喊;而有些人更在乎地方层面的改变,他们通过重组市政与社区改良竭力消除一系列城市问题。尽管如此,这些改革者共同面对着一个急剧变迁的社会。迅猛的城市化、高涨的移民、快速工业化的经济以及大规模企业集团、托拉斯的存在构成了这个社会的主要特征。

学者对进步主义者(Progressives)的属性这一基本问题争论不休。立场不同,定性就存在很大差异。当时,那些自认为是进步主义者的早期论著将进步主义界定为一种人民反抗利益集团的民主起义(Democratic Uprising)。之后有学者指责这种理解过于简单化。到1950年代,著名历史学家理查德·霍夫斯塔特(Richard Hofstadter)在《改革年代》(*The Age of Reform*)一书中提出一种极具影响力的阐释。他认为,进步主义是一场城市中产阶层专业人员忧虑其社会地位渐衰的运动。受自身道德主义及怀旧之情的影响,城市中产阶层根本无法应对现代性带来的强烈冲击。尽管霍氏的这一阐释风靡一时,但其后的半个世纪中却广遭批评。2003年,迈克尔·麦吉尔(Michael McGerr)对过往所有观点进行了汇总,他认为中产阶级进步主义者试图按照自己的想象改造各个阶级,这种改革社会的形式未免太过想当然。有学者指出进步主义运动的保守性:商人们对政治议程施加了较大影响,所谓倡导改革实际上是为自身利益服务。另有学者认为进步主义变革的主要推动力来自工人及(或)农民。近来,很多学者不再纠缠于种种争论,他们更多地将进步主义视为一种可延展的术语,不同的人使用便有不同的含义。举例来说,1998年詹姆斯·康诺利(James Connolly)针对波士顿进步主义进行的研究表明,不管是中产阶层扬基还是以爱尔兰裔为主体的工人阶层政治家,使用的说辞一模一样,都是号召广大的市民反对腐败的少数。

对进步主义理解及运用上的多样性，自运动诞生以来便一直存在。正如社会理论家抛弃19世纪哲学上的二元对立一样，一种比较中性的哲学理念生成。基于文本及生活体验，很多人提出对真理新的理解。这种摆脱了实用主义哲学的真理观，是正在兴起的实验论的核心，也推动了对研究、科学和进步的信仰。它也形塑了一种个人作为社会存在的新认知。进步主义强调社会责任伦理的重要性，这套道德规范鼓励人们自愿将公共利益置于个人利益之上。基督徒们将基督教义阐释为一种帮助街坊邻里尤其是贫困者的语义规则，这一社会福音运动促使了相互责任意识的增长。因此，很多进步主义者认为仅有制度变迁是不够的，还需要伴之以人类行为与动机的根本改变。进步主义者们希望教育能够给予后者以方便。由此带来的一个结果便是社会科学及大学的兴起，另外就是进步主义改革通用技巧的形成：志愿组织、事实调查和收集、社会科学方法的分析以及宣传、教育与游说等。

尽管对社会责任的强调鼓舞人们献身于公共利益，但进步主义时代同样见证了根植于多元利益集团基础之上的政治与社会认知的出现。随着国家、政党权威的衰落，通过新生的利益集团发挥直接立法影响随即成为可能。正如伊丽莎白·克莱门斯（Elisabeth Clemens）在1997年指出的那样，这种新的政治模式提供给各式集团（尤其是农民、工人、妇女组织）原先不曾有过的影响政治进程的机会。一种更多元的竞争性利益集团视角开始进入公共生活，尤其是在城市里。尽管有多元主义的紧迫征兆，但进步主义者寻求多元视角的意图却备受限制。一些边缘群体依然不被获准平等地参与公共讨论。从反对妇女投票权到剥夺南方非裔美国人、城市移民的权利，很多群体的公民权遭到否定，完全公民身份（Full Citizens）也不被认可。甚至那些承认多元视角对协商民主极为重要的人依然认为需要把各种不同意见进行汇总、集中，形成一个单一的、共同的文化作为理想终点。

同理，许多进步主义者希望一种超越地方、区域利益的国家主义新精神能够团结全美国人。赫伯特·克罗利（Herbert Croly）在其广受欢迎的《美国式生活的前途》（The Promise of American Life）一书中支持建立在明确社会理想之上的民族团结，这种理想能够促成人们对大众政府的能力抱以新的信任，也利于建成一个不断进行社会与自我改善的集权式民族国家。的确，历史学家斯蒂芬·斯科夫罗内克（Stephen Skowronek）1982年表示，美利坚合众国在20世纪早期经历了一场转型——从有限的、分权的国家向更加科层制国家转变。联邦政府采取一系列步骤拆解并/或调控托拉斯，改革国家银行与货币系统：在西奥多·罗斯福就任总统期间，联邦政府力推规范铁路及其他托拉斯的项目，审查食品与药品安全，并对自然资源予以保护；之后，伍德罗·威尔逊政府降低关税，辅之以联邦收入税弥补前者带来的收入降低，继续执行托拉斯调控法规，尝试以《联邦储备法》（Federal Reserves Act）控制货币流通量。最后，也许是最雄心勃勃的联邦干预则是1919年全国性禁酒修正案的通过。

虽然在联邦层面有诸多革新，但州、地方政府往往是最深远改革的竞技场，尤其是那些涉及政治及选举制度的改革。两项广为人知的改革——规定参议员直接选举的第17条宪法修正案及赋予女性选举权的第19条修正案——是通过联邦宪法修正案的方式成为法律的。尽管如此，更多的改革来自各州及市政当局：从1890年的密西西比州开始，南部各州相继重写州宪，将人头税、文化水平测试及"祖父条款"等囊括其中，从而剥夺了非裔美国人及大批贫困且受教育程度低的白种人的权利。州政府也时常带着反民主的目的，通过大量改革选举程序的法律法规，企图将移民的选举权排斥在外。当然，以上绝非改革者的唯一目标。许多改革家真诚希望治理权力与腐败的勾结，通过无记名投票、直接预选、选民登记、公民立法提案权等方式将权力真正还之于民。这些直接民主的形式同样适用于市政府层面。当然，市政改革还包括另外一些结构调整，如政党在市政选举中的消失、以全区选举代替选区制以及用委员会或城市经理人的方式代替传统的市长-议会制政府。

城市是一系列进步主义改革运动的核心舞台。鉴于城市在国家中的突出位置，解决城市问题往往成为进步主义者们的中心议题。不管是基于商人们渴望改善城市形象的鼓舞，还是社会福音运动渴望帮助穷人的倡议，改革家们提供了不计其数改善城市环境的方案。通过记者们不断揭露丑闻的报道及垃圾箱画派生动的写实主义绘画，城市贫困的存在及难以启齿的生活环境成为民族意识的一部分。以市政管家（Municipal Housekeeping）的名义，大批女性改革家希冀城市生活能够适合所有人，她们宣称公共卫生、禁酒、教育、未成年犯罪是家庭领域的一部分，因此应该向女性激进主义者开放。主要由女性操持的社区改良运动得益于这样的理念——城市社区作为共同体应该让所有人共担福利之责。其他城市进步主义者更关注专业知识与科学的潜在影响，他们认为调查研究能够让市政当局更加有效地将资源用于提升公共福利。尽管充斥着私人激进主义，但也存在一种普遍推力，不断促使着市政当局扩大自身规模与责任。不像国家级政府的扩张——集中在监察机构，城市政府的增长超出了国家行动领域的既定界限。从公用设备及其他市政服务的公有化到公共花园与浴室的建造，市政府变得愈发积极主动参与居民的日常生活。

最终，随着学者们力争厘清这一复杂运动相反、不一及出乎意料的影响，进步主义遗产依然是诸多争论的主题。

亦可参阅：垃圾箱画派（Ashcan School），振兴主义（Boosterism），城市老板和政治机器（Bosses and Machines），城市规划（City Planning），市长议会制（Mayor-Council Government），扒粪者（Muckrakers），禁酒运动（Prohibition），社区改良运动（Settlement House Movement），社会福音（Social Gospel）

延伸阅读书目：

- Clemens, E. S. （1997）. *The people's lobby：Organizational innovation and the rise of interest group politics in the United States*，1890 - 1925. Chicago：University of Chicago Press.
- Connolly, J. J. （1998）. *The triumph of ethnic progressivism：Urban political culture in Boston*，1900 - 1925. Cambridge, MA：Harvard University Press.
- Croly, H. （1989）. *The promise of American life*. Boston：Northeastern University Press. （Original work published 1909）
- Hofstadter, R. （1960）. *The age of reform*. New York：Random House.
- Kloppenberg, J. T. （1986）. *Uncertain victory：Social democracy and progressivism in European and American thought*，1870 - 1920. New York：Oxford University Press.
- McGerr, M. （2003）. *A fierce discontent：The rise and fall of the progressive movement in America*，1870 - 1920. New York：Free Press.
- Milkis, S. M.，& Mileur, J. M. （Eds.）. （1999）. *Progressivism and the new democracy*. Amherst：University of MassachusettsPress.
- Skowronek, S. （1982）. *Building a new American state：The expansion of national administrative capacities*，1877 - 1920. New York：Cambridge University Press.

Ariane Mary Liazos 文

李胜译　　陈恒校

禁酒运动
PROHIBITION

在美国历史上，禁酒运动是最遭人误解的改革之一。几近一个世纪的煽动后，改革家们于 1920 年正式将禁酒写入宪法。然而不出多久，1933 年该法令被废止。有种说法指出，禁酒运动是场"被误导的失败"（Misguided Failure），是少数煞风景之人对绝大多数美国人的约束。虽然缺少事实依据，这种说法至今颇为流行。当时，禁酒运动席卷全美，且有效抑制了这个民族喝酒的习性。尽管禁酒运动在农村地区得到广泛支持，但城市对该运动的成败起着更为重要的作用。

自从第二次大觉醒（Second Great Awakening）以来，改革者们一直在讨论与酒有关的问题。尽管如此，直到 19 世纪末 20 世纪初，随着城市化的快速发展，禁酒运动才开始获得绝大多数美国民众的关注。受工业化、城市化以及移民的影响，一个新兴的美国形成。但是，不管对本土民众还是移民来说，美国貌似充斥着无数的问题。这些问题包括贫困、暴力、动荡、政治腐败等。此外，在这个机械化世界中，危险随时可能发生（机器可能会残害或导致清醒的工人死亡），交通方面的酒驾问题使许多人都充满恐惧。如果打算成为一个安全生活、工作、养家糊口的地方，城市化美国看起来需要成为一个禁酒之地。这一时期，全美形成一种普遍认识，那就是：现代的、工业的、城市的美国要想避免可能发生的各种混乱，就必须进行一场全国范围的禁酒运动，而不是仅仅限于个人或某一群体。

禁酒必然涉及饮酒问题。这一时期，反对禁酒与主张禁酒的焦点都集中在酒吧。酒吧顾客往往是确定的，他们绝大多数来自酒吧附近的工薪阶层和移民社区。本地酒吧常被人当做工作之余的避难所，免于家庭责任的休息室，以及互助组织、会谈的场所。有一点需要注意，酒吧实际上也是大商团、制酒企业在地方利益的延伸。造酒厂利用酒吧赚取高额利润的同时，与当权政客保持着友好关系。尽管酒吧一直是改革家试图改革的目标，但它们在美国城市化进程中的重要性不容低估。酒吧不仅是一个喝酒的地方，还是暴力、赌博、吸烟、卖淫等活动的中心。在小型社区内，酒吧的诸多问题可能表现不甚明显，但在城市当中，受庞大人口数量、各式饮酒场所的影响，酒吧的诸多问题被放大。

正因为此，不管是农村地区还是城市地带的酒吧，改革者们通通将其视为美国罪恶的中心。将宗教改革家、关注产量与社区形象的商人、心甘情愿的政治家联合在一起的反酒吧联盟（Anti-Saloon League），视酒吧为恶性肿瘤，一旦将其去除，美国将会更加美好。城市是禁酒人群最好的宣传动员基地，因为更多民众能够在更短时间内听到或读到禁酒方面的信息。很明显，报纸和收音机一次传播的信息，并不限于某一集会的人群，而是整个城市。确实，拥护者们坚信，禁酒运动会让美国城市变得更加宜居。与其他的进步主义者不同，禁酒改革家们不属于反城市化一族，他们试图缓解伴随现代世界而来的一系列问题，并使它成为一个更加美好的地方。

20世纪初，反酒吧联盟崛起为最重要的禁酒组织，究其原因是它适应了美国城市的现实。在政治上，该组织有效帮助了候选者选举胜出，它们的表现比禁酒党（Prohibition Party）略胜一筹，后者像美国历史上绝大多数的第三党一样，无法吸引足够的选民注意。反酒吧联盟虽然议题单一，但积极寻求共和党、民主党党内禁酒势力的支持。此外，联盟在通过相关禁酒法律方面要比妇女基督教戒酒联合会（Women's Christian Temperance Union，简称WCTU）更为成功。WCTU的实际工作很广泛，涉及方方面面的改革。然而，该组织对任何议题往往是三分钟热度，从来没有专注某项议题直至成功。WCTU道德说教上的华丽辞藻并没有为它们赢得选票上的支持。很明显，选票是第19条修正案最终通过的重要手段。

相较于大众认可，道德说教更适合于个人禁酒。有鉴于此，改革家们首先立法剥夺酒吧的法律保护，然后让其自行消失。对于支持禁酒的人来说，第一步就是获得当地人民抉择权。只要获得这种权力，各个层面的禁酒就势如破竹。尽管这些法律能使特定社区或城市区域实现禁酒，但选区或镇一级的当地人民抉择权通常无法在大城市地区执行，因为大城市往往是反对禁酒的集中地。这种局面致使改革家们推出县选择权甚至全州范围的禁酒法律。随着越来越多的州实施了禁酒，全国禁酒只是时间的问题。一战爆发后，禁酒运动加速。战时，对谷物的需求以及反德国情绪与禁酒运动交织在一起。为了让以上成就永恒，第18条修正案很快得以通过。

随着第18条修正案的颁布，禁酒运动改变了城市面貌，它迫使那些早先从事售酒行业的人另寻新职。酒吧被逼关门或者改变它们的经营方式。尽管许多酒吧变成供应软饮料或冰激凌的场所，但绝大多数被迫永久停业。啤酒厂也面临着艰难抉择：要么关门，但会导致成千上万的工人失业；要么生产新的产品。酒徒

们不得不寻找其他方式消遣。正因为此，1920年代出现休闲和消费活动的大发展。虽然这不能直接归因于禁酒运动，但毫无疑问从禁酒法令中受益。从体育盛事到汽车持有再到电影工业，禁酒运动似乎预示着美国经济的发展、成功与繁荣。

然而，城市现实使得禁酒令难以实施，最终遭废除。移民群体，特别是德裔美国人视饮酒为生活中的一部分，他们一直反对禁酒。尽管酒吧不再，移民群体的饮酒问题依然存在。虽然禁酒运动很大程度上削减了饮酒者的数量，它并没有终结饮酒这一习性。非法经营的酒吧及其他非法售烈酒的沙龙很快开起来。事实上，正是因为饮酒非法使酒变得更具诱惑力。此外，禁酒运动还导致有组织犯罪的上升，特别是从加拿大非法制造或贩卖的酒让一些人谋得了巨额利润。这种进口酒通常是劣质的，对消费者的潜在危害极大。尽管如此，酒的丰厚利润使投机分子们一次次铤而走险。

当时，主张禁酒的人不断责骂城市中心区，这并不让人感到意外。长久以来，许多人对"欧陆安息"（Continental Sabbath）及欧洲天主教移民对美国文化认同构成的挑战甚为担忧。这些担忧恰恰集中于支持禁酒运动上，以防禁酒运动被反禁酒的人破坏。当然，禁酒支持者们还担心禁酒法在地方和州执行上不平衡与懈怠。此外，另一个主要的缺陷在于第18条修正案本身。在国会妥协中，修正案只适用于取缔酒的生产、运输与销售，而不包括消费。这一漏洞准许富人饮酒，迫使工薪阶层要么戒酒要么犯法（去喝酒）。由此导致的结果是，饮酒进一步被浪漫化。

在废除禁酒进程中，城市起着关键性的作用。新政时期，富兰克林·罗斯福利用废除禁酒来巩固他与城市、移民选民集团间的政治联盟。废除禁酒令的情绪在城市尤为高涨，且城市之中失业最为严重，对工作的需求也最迫切。饮酒的恢复不仅仅意味着酒对大众合法化的回归，也意味着酒吧和啤酒厂的工作机会以及各个方面的资金投资。在罗斯福享有盛誉的百日新政中，第21条修正法案的颁布是其中的胜利果实之一。伴随旧的禁酒令废除而来的是，新的管理酒类法规。正如禁酒支持者指出的那样，这些法律只是部分处理了与饮酒有关的问题（非法或合法）。当然，随着经济大萧条的冲击，绝大多数美国民众认为禁酒运动是一场无法承受的改革。

禁酒运动是一场旨在整顿城市的改革。虽然它取得过成功，但禁酒事业未能击败或争取反对派。在某种程度上，禁酒不得不处理不同文化对酒的认知，但是，它还必须应对大萧条时期的经济状况。

亦可参阅：大萧条与城市（Great Depression and Cities）

延伸阅读书目：

- Behr，E.（1996）．*Prohibition*．New York：Arcade．
- Clark，N. H.（1976）．*Deliver us from evil*．New York：Norton．
- Duis，P. R.（1999）．*The saloon*．Urbana：University of Illinois Press．
- Kerr，K. A.（1985）．*Organized for Prohibition*．New Haven，CT：Yale University Press．
- Kyvig，D. E.（2000）．*Repealing national Prohibition*．Kent，OH：Kent State University Press．
- Pegram，T. R.（1998）．*Battling demon rum*．Chicago：Ivan R. Dee．

Jason S. Lantzer 文

李胜译 陈恒校

卖淫
PROSTITUTION

一直以来，性以及将之作为产业、职业、消遣是美国城市史上不可分割的一部分。18、19 世纪，由于缺乏对穷人、养家糊口的母亲实质性的安全保证，妇女通常会转向她们能做的少有的工作中的一项：卖淫。通常来讲，卖淫是世界上最古老职业中的一种。同样，在美国城市中，卖淫也是最古老的职业之一。一般来说，女人卖淫主要基于以下三个原因中的一种：钱、社会压力、底层社会诸多恶习中的一部分。

自殖民时代开始，妓女就开始在北美进行卖淫活动。她们聚集在旅馆和军队驻扎地周围（如纽约的沿岸地区），或在五点区地带——该区域在 18 和 19 世纪是纽约的罪恶中心。女人通常会因卖淫遭到起诉。然而，在任何情况下，嫖客受到的惩罚要轻很多。在美国早期历史上，性产业的商业化与城市生活紧密缠绕在一起。随着城镇的发展和建设大都市工人的增多，城市中的男性乐于花钱娱乐。对大多数人来说，这些娱乐活动包括饮酒、赌博和/或招妓。

在维多利亚式社会的基本规范中，性通常是被压抑的。然而，随着色情业的发展，性也渐渐开放。只要男人们做得够审慎，社会对他们的"运动生活"（赌博、酗酒、嫖娼或其他宗教改革家反对的恶习）往往睁一只眼闭一只眼。在城市中，那些众所周知的妓女聚集区被称为红灯区，这个时代社会改革家面临的一个突出问题是，城市中的妓女常常公开卖淫，改革家们也就默认了此类性行为。

在许多城市中心，地方当局用卖淫问题为自身谋取利益。在诸如芝加哥、纽约和圣路易斯等大城市，地方政客纷纷用社会改革、强制取缔卖淫之类的承诺来获取选民支持。然而，当真正去取缔卖淫时，地方官员往往表现得畏手畏脚。当时，公开卖淫的区域主要集中在城市的少数族裔社区，例如纽约的唐人街或哈莱姆。当然，卖淫在许多社区存在，只是程度各有不同。

有观点指出，过于露骨的性会引发一系列问题，如家庭观的丧失、堕胎、女性的放荡等。长久以来，卖淫与美国历史上各个方面的道德滑坡联系起来。虽然女性参与任何身体类活动（甚至如跳舞、游泳、骑自行车）都被视为是"有性的"或一定程度上堕落的，更大的问题是：为什么女性会出卖自己呢？这个问题常常无解。那些从事卖淫活动的女性常被视为社会的最底层人群。某些杰出的政治家、社会改革家将这些女性比作城市社会中的最低下的寄生虫，类似于动物王国中吸血鬼。

美国城市庞大的人口数量意味着，警方无法在一定时间内处理所有从事违法活动的人。有时，为了得到金钱或性方面的好处，警方会任某些犯罪活动横行。在许多城市地区，一种旨在将卖淫限定在最小区域的尝试已经开始，以此来防止卖淫影响整个城市的道德肌理。对于芝加哥类型的城市来说，以上努力意味着卖淫存在于该城少数族裔控制的区域，如莱维区（Levee）。在诸如丹佛一样的城镇，只要双方诚实交易，妓女不烦扰或抢劫嫖客，卖淫活动就会产生。

城市妓院的繁荣最终形成一种独具特色的妓院文化。在芝加哥流传着这样一种说法，如果《芝加哥论坛报》的编辑们需要迅速找到他们的某些记者，他们要打一个特定电话，这个电话就是艾沃利俱乐部（Everleigh Club）的电话。艾沃利是莱维区一家高级妓院，该俱乐部 1900 年代便已存在。由于莱维区存在大量非法活动，有组织犯罪与卖淫活动交织在一起也就再自然不过了。事实上，20 世纪早期的改良运动中，大批妓女遭到逮捕，但著名的老鸨波莉·阿德勒（Polly Adler）得到纽约黑手党成员的保护。

在城市道德改革运动时期，性行业依然十分稳固。在不同时空背景下，妓女们展现自身的开放度各有不同。1970 年代，纽约时代广场上性产业被许多人看做城市道德和文字衰退的原因，也是城市转向右翼的原因之一。1990 年代初,性产业从公众视野中消失。尝试将卖淫合法化的努力取得了有限的成功,主要发生在内华达州的一些小县里。其他城市已经开始不仅要暴露参与卖淫的女性身份,还要暴露男性嫖客的身份——这是现代耻辱运动(Modern-day Shame Campaign)的一种表现。

不管卖淫行为被如何看待(有人认为它是合法的产业,有人认为它贬低女性),也不管有多少医疗问题与它有关(尤其是在艾滋病和更恶性的性传播疾病的时代),卖淫依然是全美许多城市中心的一个方面。许多城市试图通过打击性产业来操控特定区域的形象——例如纽约将时代广场地区的性表演予以清除——但这只会把性产业推入一个更隐秘的地带。

延伸阅读书目:

- Gilfoyle, T. (1992). *City of eros*. New York: Norton.
- Lindberg, R. (1996). *Chicago by gaslight*. Chicago: Chicago Academy Press.
- Miller, D. (1996). *City of the century*. New York: Touchstone Press.
- Ryan, M. (1997). *Civic wars*. Berkeley: University of California Press.
- Stansell, C. (1987). *City of women: Sex and class in New York 1789 - 1860*. Urbana: University of Illinois Press.

Cord Scott 文

李胜译 陈恒校

保诚保险公司与住房开发
PRUDENTIAL INSURANCE AND HOUSING DEVELOPMENT

美国保诚保险(The Prudential Insurance Company)于 1875 年成立于新泽西州纽瓦克,是北美第一家开展工业保险的公司,这是一种针对打工者的保险,投保者每周缴纳小额保费。保诚与劳工阶层的密切关系说明,企业正在主动改进其客户的居住环境和市政服务。保诚在经济上的成功促使该公司及其他企业通过提供抵押贷款等方式投资住房项目,并在1920 年代中期到 1950 年底发起了一系列产权共享的住房项目。人寿保险公司具备社会和经济的双重属性,并通过向基础设施、私人住房项目以及市政和卫生设施投资而对城市施加了广泛影响。

抵押贷款和基础设施投资

19 世纪末,人寿保险公司逐渐被美国社会所接纳,它们也开始寻找投资机会,与许多中心城市结成了密切的经济关系,把征集的巨额保费投入铁路债券和抵押贷款中,也经营公债的房地产,试图通过这类保守的投资保证稳赚不赔。

其中,保诚保险主要将其现金盈余投入政府债券和商业债券,并对企业和个人提供抵押贷款。通过这样的渠道,保诚为纽约港务局提供了资金支持,并购买了建设乔治·华盛顿大桥、霍兰隧道和林肯隧道以及机场交通系统的债券。战争期间,保诚购买了大笔战争公债;在和平时期,保诚也投资许多市政服务公司,支持企业扩张,受益者包括美国电话电报公司和伯灵顿工业集团(Burlington Mills)。

与此同时,保诚在各地开办区域公司,并与银行联手操控小农场、小企业,为居民提供贷款和抵押贷款。公司对住房行业的资助集中于家庭和住房的财政资助和福利保障,这也是人寿行业关注的两个基本问题。在人寿保险合同中,家庭是基本的投保单位,保险公司相信,拥有住房能够促进社会稳定,因为成为房主可以激发居民的勤俭精神和家庭观念,并激发人们的公民责任感。

城市住房项目

从 1920 年代到 1950 年代中期,人寿保险公司也纷纷投资开发城市住房项目及其设计。一战后美国社会和政坛开始关注住房短缺,30 年代的失业问题,以及通过公私合作推动城市复兴的努力,与人寿保险的繁荣和保险公司对其他行业的投资同步共进。州的保险行业法案允许保险公司直接拥有住房所有权,州和城市的一系列立法认可了多种多样的开发模式,包括投资贫民窟清理和投资未开发土地,那些需要依赖公权力进行征地、税收减免以及其他公共服务的项目,也允许保险公司全资投入。但立法也设置了限制,最常见的是对投资上限、利润率、最高租金的限制,也有对所有权拥有时限的限制以及投资地点的约束。

尽管保险公司投资住房项目有着提高居民的市民责任感和家庭观念以及培养节俭精神和改善公共卫生的目的,但其盈利的本性也赋予其保守主义风格,种族融合、为穷人和无家可归者提供住房等许多社会目标实际上无法通过保险行业的住房项目得以实现。然而,保险公司的住房项目同样有其重要意义,因为其中许多采纳了社会学家、规划师以及建筑师的最新理念,在实践中检验了设计人员、立法人员和公众的不同意见。

一战后纽约市严重的住房短缺催生了第一个由人寿保险公司投资的住房项目。人寿保险公司得到了《纽约州保险法》(New York State Insurance)修正案和《1922年大都市法案》(1922 Metropolitan Bill)这个为期4年的紧急法案的授权,可以直接拥有住房所有权。这些方案对最高租金做出规定,规定了利润水平,并提供给保险公司为期十年的税收减免。这样,大都会人寿保险公司在昆斯建造了54栋5层的住宅,共包括2125个居住单元,分布在三个未开发地区。这些住宅区的内部设有花园和草坪,住房分布在四周。

纽约将这一措施延长了两年,但在1926年最终失效。1929年,新泽西州通过了第一项专门授权保险公司投资贫民窟清理项目的法案,允许州政府使用征地权购买衰败地区的土地,但同时要求政府承担监督住房设计和施工的责任。在该法案支持下,保诚成为第一家投资贫民窟清理项目的保险公司,在其大本营所在地纽瓦克市中心东南部一片被认定为衰败区的土地上开展贫民窟清理,修建了占地3.5英亩的查理斯·奥斯丁(Chellis Austin)项目,于1931年完工,其中半数以上的土地建有运动场和花园庭院,剩下的土地用于建造住房,共有407个住房单元。

两年后,保诚在纽瓦克再度开工,清理了两个街区的老旧建筑,代之以两个开发项目,共有12栋五六层高的住房、756个住房单元,也就是今日所知的道格拉斯和哈里森住房公寓区(Douglass and Harrison Apartments)。这是美国第一批由保险公司投资、针对非洲裔美国人的普通住房。在开发过程中,市政府通过购买半数以上的土地和在附近建造公园支持了保诚公司的开发。尽管占据了纽瓦克住房总量的相当大的部分,但查理斯·奥斯丁以及道格拉斯和哈里森只是保诚住房开发的一小部分,甚至算不上成功的商业投资。

1938年,纽约州通过了《奥布莱恩—佩珀法》(O'Brien-Piper Bill),授权保险公司以5年为期投资住房建设,希望以这样的方式缓解住房短缺,并创造就业机会。在该法案支持下,大都会人寿保险在布朗克斯的未开发地带建造了帕克切斯特(Parkchester)住房项目,包括51栋中高层住房,可容纳居民4.2万人。帕克切斯特在1940至1941年间陆续开工,不仅为大都会人寿带来了良好的社会声誉,还赚了个盆满钵满。

帕克切斯特的成功为二战后保险业大举投资住房项目和圈地所有权开辟了道路。许多州通过法案,允许保险公司购买和拥有衰败地区的房产,并建设大规模的住房项目,州政府为其提供税收减免和其他政策优惠。从1940年到1950年代这十五年是保险业进入住房建设的高潮期,投资总额几乎达到五亿美元,包括购买房产以及设计和建造大规模的住房开发项目。大都会人寿保险在其中一马当先,主持的曼哈顿施泰因文森特城项目和邻近的彼得·库珀村项目(Peter Cooper Village)影响深远;纽约人寿(New York Life)在昆斯未开发地区建设的青青草住宅区(Fresh Meadows),以及1960年完工的芝加哥南部的草地湖项目(Lake Meadows)也都是保险业投资住房开发的典型。

战后,保诚在新泽西州东奥兰治和缅因州奥伦多各自建在了一个中等收入水平的住房项目,分别包括151和61个居住单元。此外,保诚在新泽西、马里兰、俄亥俄乃至加拿大,通过购买和抵押贷款赎回等方式建造了10个项目,共有981个居住单元。然而,从1950年代中期开始,土地和建筑价格上涨,利润下降,公众对保险公司项目的批评声音越来越大(来自于各保险公司的保守性出租政策和再安置中出现的问题)使得保险公司不再乐于涉入住房项目开发,并收紧了住房项目的抵押贷款。

由于收益降低,1952年,保诚出售了查理斯·奥斯丁项目和俄亥俄州的一处公寓,开始退出住房市场。公司官员强调,保诚愿意为合同商和建筑师提供抵押贷款,以这样的方式帮助美国实现居者有其屋的目标。1949年,公司宣布共提供23亿美元的抵押贷款,其中绝大多数是小额贷款,平均在8000美元。以这种相对低调的方式,保诚等人寿保险公司通过自己遍布全国的网络和经济策略,保证在投资住房项目时赚取一定利润。

延伸阅读书目:

- Close, K. (1948, November). New Homes with Insurance Dollars. *Survey Graphics*, 37, 450–454, 487–488.
- May, E. C., & Oursler, W. (1950). *The Prudential: A Story of Human Security*. New York: Doubleday.
- Schultz, R. E. (1956). *Life Insurance Housing Projects*. Homewood, IL: Richard D. Irwin.
- Starr, R. (1975). The Life Insurance Companies. In *Housing and the Money Market* (pp. 121–137). New York: Basic Books.

Roberta M. Moudry 文

李文硕译　陈恒校

普鲁伊特-艾戈公共住房工程
PRUITT-IGOE HOUSING PROJECT

声名狼藉的普鲁伊特-艾戈公共住房工程象征着现代主义建筑及城市更新的失败。《1949年联邦住房法》拨出联邦补贴,用于全美新式公共住房项目的建设。受益于此,普鲁伊特-艾戈取代垂死挣扎的迪索托-卡尔社区(De Soto-Carr)。在1950年代早期,后者是密苏里州圣路易斯市最糟糕的区域之一。自从1930年代以来,城市呈现人口流失及衰败态势。为了让人们重返城市,城市规划委员会设计了一整套实体方案,普鲁伊特-艾戈住房项目便是其中之一。开发项目以两位著名的圣路易斯人——二战时期非裔战斗机飞行员、塔斯吉基飞行队(Tuskegee Airmen)成员文德尔·普鲁伊特上尉(Captain Wendell O. Pruitt)和1913—1921年间国会众议员威廉·艾戈(William L. Igoe)——命名。

1951年,设计由乔治·海默斯(George Hellmuth)和山崎实(Minoru Yamasaki)亲自操刀(二人后来还设计了世贸中心)。在一块57英亩的地皮上,普鲁伊特-艾戈修建了33座毫无二致的11层式公寓大楼,总计2870个单元。这项庞大的现代主义风格的高层公共房屋建设完工于1956年。这个拥有诸多创新(如公共休闲画廊、隔站停靠式电梯)的建设项目,被视为树立了一种房屋设计的新标准,并赢得了美国建筑师学会(American Institute of Architects)颁发的大奖。

然而没过几年,普鲁伊特-艾戈沦为一个灾难场:犯罪的指数式增长、房屋失修及故意破坏等问题丛生,严重影响着该项目近11000户居民;在公共空间,玻璃、碎石、垃圾等杂物被随意丢弃;成百上千的窗户遭到损坏,屋顶出现漏水,水管发生爆裂;绝大多数电梯和街灯不再运行。随着大量房客无法支付租金,市政当局削减了维修保养工作。在普鲁伊特,入住率从1956年的95%下降到1965年的72%。与此同时,艾戈的住房率一直低于70%。到1970年,普鲁伊特-艾戈项目有65%的房间空无一人。最终,该项目沦为贫民窟。经过数次无效且代价不菲的复兴尝试后,普鲁伊特-艾戈项目引起国际广泛关注。1972年,在项目建成后的17年,圣路易斯住房管理局(St. Louis Housing Authority)决意将其爆破掉。壮观的拆迁场面被影像记录下来,并成为大型公共住房项目遭受严重社会衰败的标志。

曾经备受赞誉的项目如今遭受如此难以置信的厄运——沦为全美最糟糕的贫民窟之一,这不禁引起广泛评议。很多人认为设计是罪魁祸首,将项目失败的缘由归罪于勒·柯布西耶对城市高楼布局及将住房当做居住工具理念的深远影响。在查尔斯·詹克斯(Charles Jencks)看来,普鲁伊特-艾戈项目的毁灭意味着后现代主义与现代主义建筑间的生死交替。其他建筑评论家关注于项目中公共、商业设施的缺少。他们指出,项目因规模太大、密度太高而不易管理。对公共住房来讲,高层建筑被视为不佳的居住类型。在一项著名分析中,奥斯卡·纽曼(Oscar Newman)展示了普鲁伊特-艾戈项目的选址和公共区域设计是如何造成了便于犯罪活动的封闭区间。

尽管建筑师山崎实也谴责居民的破坏性行为,但他将项目的失败主因归结于资金的短缺。在圣路易斯,普鲁伊特-艾戈公共住房项目的建设成本奇高,比全国平均水平要高出60%。当时,公共住房管理局拒绝调整成本指导方针。为了不超出最初的成本限制,大批项目被砍掉。削减成本引发居住密度提升、房屋规模缩小、建筑标准降低、配套设施减少等问题。

尽管如此,不当设计未被视为项目失败的唯一因素。对于诸多自由派人士来讲,普鲁伊特-艾戈项目是政府无耻对待穷人的典型表现;但保守主义者们却将项目的失利归结于误入歧途的福利政策,这些政策使得家庭分崩离析。居民们的社会问题同样值得关注,这些居民主要是拖家带口接受救治的贫困家庭。社会学家李·雷恩沃特(Lee Rainwater)注意到,普鲁伊特-艾戈有着圣路易斯所有公共住房工程中最贫困的人口。1965年,2/3的项目人口是少数族裔,62%的户主是女性,38%的家庭有非就业人口。

在其他评论者看来,贫困与种族主义均要为该项目出现问题负有责任。1951年,圣路易斯是一座隔离之城。普鲁伊特公寓最初是为黑人设计的,艾戈公寓针对的是白人。在最高法院力主公共房屋去隔离化之后,艾戈公寓中采取了种族融合措施,但白人并不乐意搬入艾戈,他们绝大多数选择了搬离。到1960年中期,98%的普鲁伊特-艾戈居民是非洲裔美国人。

最后,有些评论家注意到,公共房屋采取同一建筑风格并不会带来极具破坏性的后果。他们认为导致普鲁伊特-艾戈失败的主要因素在于当时城市本身处于不可逆转的衰败之中。1950—1970年间,圣路易斯流失23.4万居民,该城占大都市区人口的比例从51%降至26%。

21世纪初,普鲁伊特-艾戈原址杂草杂树丛生、建筑垃圾满地,并成为圣路易斯城最大开发站的一部分。

过去几年间，各式各样的项目如公园、零售店、垂钓湖及高尔夫场地已经计划征用这片空地，但一直没有实际进展。2005年，普鲁伊特-艾戈的前居民组织了他们的第28次重聚会，很多人参加其中。令人惊奇的是，他们很多人满怀深情地回忆着项目的早年阶段，想念他们曾经形成的社区意识。

亦可参阅：公共住房（Public Housing）

延伸阅读书目：
- Montgomery，R.（1985）. Pruitt-Igoe：Policy failure or societal symptom. In B. Checkoway & C. V. Patton （Eds.），*The metropolitanMidwest：Policy problems and prospects for change*（pp. 229 - 243）. Urbana：University of Illinois Press.
- Newman，O.（1972）. *Defensible space：Crime prevention and urban design.* New York：Macmillan.
- Rainwater，L.（1970）. *Behind ghetto walls：Black families in a federal slum.* Chicago：Aldine.

Catherine C. Galley 文

李胜译　陈恒校

公共教育
PUBLIC EDUCATION

美国公立教育的起源和发展，与美国城市的发展及促成城市化进程的社会、政治、文化、经济、科技诸动力紧密结合在一起。在很多方面，城市公立学校的发展在过去与当下都是城市本身的缩影。

公立教育可以追溯到殖民时期，当时作为商业、文化与宗教生活中心的城镇与城市已然是"学习的温床"。尽管家庭与教会承担了教育年轻人的主要职责，但殖民官员仍采取了大量措施推动教育的发展。成立于1635年的波士顿拉丁学校，给地方控制公立教育开创了先例，并给绝大多数提供传统课程的殖民地文法学校树立了典范。12年后，马萨诸塞要求每一个有50户以上家庭的城镇创办小学。殖民地商业的快速发展使提供给实用学科以奖金成为可能。18世纪早期，纽约的部分学校在课程中增加职业教育。从1725年开始，无论学科属性，大批殖民城市都提供公立教育。

当然，除了公立教育外，仍有许多替代性的选择。富人通常支持私立院校，特别是学前教育。另一方面，

英格兰教堂国外传播福音协会（Church of England's Society for the Propagation of the Gospel in Foreign Parts）积极为土著美国人及被奴役的非洲人创建学校。1782年，贵格会教徒安东尼·贝尼泽特（Anthony Benezet）组建了费城非裔学校（Philadelphia African School）。

19世纪上半叶，公立教育运动取得明显进步。诸如波士顿律师霍利斯·曼（Horace Mann）、康涅狄格州教育家亨利·巴纳德（Henry Barnard）、辛辛那提圣经学者卡尔文·斯托（Calvin Stowe）、印第安纳州牧师卡莱布·米尔斯（Caleb Mills）等改革家，把公立学校教育视为一种向底层阶级灌输伦理道德以及维持社会秩序的工具。众所周知，这一时期，美国正经历历史无前例的工业化、城市化与移民浪潮。同样重要的声音来自城镇的商人、记者以及政治家，他们认为公立学校的教育是帮助工人阶级获得社会、经济地位及促进经济发展的媒介。19世纪中叶，不管动机何为，中西部和东北部绝大多数城市、州初步形成了由税费支持的教育体制。

大部分社区的公立教育由当地新教徒控制，他们竭力向学生灌输中产阶级准时、坚持、秩序以及自律的观念，并让他们慢慢接受在社会层级中的地位而不要刻意去追求财富。在很多地方，课程有明显的新教色彩，包括在课堂上使用詹姆斯国王版本的圣经等。这些措施无不刺激着纽约、波士顿、底特律、洛杉矶等地的天主教徒提倡教区学校制的发展。

内战严重损害了公立学校的发展。整个美国，很多男性教师离开三尺讲台奔赴战场。边境社区的学校被联邦军队征用为医院、行政办事处，有些被迫关闭。在南方，公立教育并不太牢固，很多地区的学校在战争中被破坏或者长久未用遭荒弃。然而，冲突促进了非裔美国人教育的发展。被自由人局、北方慈善家以及宗教团体与南部社区黑人一道，建立了大批主日学校和公立学校。

内战后几十年里，美国公立教育呈现飞速发展。教育家、改革者、经济首脑们纷纷转向学校，给移民子女灌输美国价值观，为他们适应城市化与工业化社会的生活提供准备。这一时期公立教育的发展引发教育各个方面的变化——从教师招聘、培训到学校组建与课程内容的安排。

鉴于历史上很多家长将孩子送去工作来增加家庭收入，绝大多数州颁布了必须接受义务教育的法律。为了满足对教师的需求，政府建立了大量的师范学校。与此同时，大批学校董事会开始招聘那些愿意接受比

男性更低工资的女教员。虽然小学依然是主要的学习中心，但教育机会的跨度明显延伸。在普鲁士教育家弗里德里希·福禄贝尔（Friedrich Froebel）教育理念的影响下，第一所公立幼儿园1873年在圣路易斯建立。到该世纪末，有超过4000所此类学校在运营。另外，在大型与中等规模的城市，高中学校数量也出现激增。在绝大多数地区，传统课程依然非常受欢迎，毕业生会到大学教学或在商业及工业部门谋得一份文书或管理类的职位。

强调集中化、效率以及专业主义的实业公司成为教育机构的榜样。这方面影响最大的当属威廉·哈里斯（William T. Harris），他1867—1880年间在圣路易斯担任地方教育官员，之后曾任联邦教育委员会主席（United States Commissioner of Education）。哈里斯坚持认为，学校应该为年轻人适应复杂的城市化与工业化生活做准备。哈里斯提议，学校应该根据学生的年龄与能力划分年级，通过一套规范的课程逐年增加课程难度。此外，哈里斯还赞成由专业教育者组成的体制来代替政治化治校，以此避免党派对教育的影响。在当今美国公立教育中，哈里斯的这些概念依然发挥着重要作用。

进步主义运动给教育带来了大量创新，最明显的是职业教育。20世纪最初10年，大批城市建立了职业学校，向那些打算进入工厂的人教授工艺技能。哲学家约翰·杜威认为，职业教育应该强调学习与"现实生活"的联系，并向所有学生提供学习实际应用的机会。然而，在全美促进工业教育协会（National Society for the Promotion of Industrial Education）秘书、《1917年史密斯-休斯法》（Smith-Hughes Act of 1917）首席发起人查尔斯·艾伦普·罗塞（Charles Allen Prosser）的影响下，对中等职业教育中工艺技能的强调大受欢迎。

从一战结束到经济大萧条期间，典型的高中课程内容不断扩大，囊括了健康与家庭生活、公民权、休闲时间的运用、传统学术课程、职业技能等一系列主题。咨询指导以及智力测试变得越来越普遍，这反映了教育心理学的进步。与此同时，随着越来越多年轻人中学毕业后继续接受教育，初级中学成为学生进入严苛高中的跳板。当然，初级中学也成为值得考虑的测试与咨询场所。在许多情况下，不管他们内在能力如何，测试都可以被用来引导工人阶级和少数族裔青少年走向职业道路。

经济大萧条时期，全美各地的公立学校遭受重创。各个城市不得不缩减学校开支，解聘教师，修改课程，减少维修费用。这种情况在芝加哥表现尤甚。当时，共和党市长威廉·黑尔·汤普森宣布城市破产，整座城都没有可用的资金来支付包括教师在内的所有公务人员的工资。当爱德华·凯利接手市长一职时，他与同僚帕特里克·纳什（Patrick Nash）一道，将学校董事会的控制权牢牢控制在自己手中，并将该系统纳为民主党政治机器的一部分。

财政紧缩措施一直持续到二战，当时大批男性教师和管理人员进入军队服役。战后，面临郊区化、种族结构变迁、经济变化等方面的挑战，学校形势发生根本变化。在早期，批评者指责城市里的学校并未提供给弱势群体孩子足够的服务。然而，快速发展的经济将大量辍学者和大学生纳入经济发展轨道。特别是中小城市中的商人和政治领袖，纷纷赞扬学校是专业主义、效率和创新的典范。

战后，伴随1954、1955年最高法院布朗诉托皮卡教育局案裁决而来的是，第一波婴儿潮儿童达到入学年龄，二者都动摇着全美各地自鸣得意的学校体制。1950到1970年代，全美新建大批小学、初中和高中。随着中产阶级和工人阶级的白人不断搬往郊区，乡、镇学校新学生人满为患。与此同时，在市民们拒绝为学校缴纳新税的情况下，大城市中的学校不得不为越来越多经济上弱势的少数族裔青少年的教育问题苦苦挣扎。

随着民权运动的迅猛发展，联邦政府采取诸多措施解决教育危机。作为"向贫困宣战"的一部分，林登·约翰逊总统制定并通过了《1965年中小学教育法》（Elementary and Secondary Education Act of 1965）。同时，司法部不断提出诉讼，以废除学校中普遍存在的种族隔离现象。尽管如此，以上和其他旨在改善、改革城市教育的举措只取得了有限的成功。在路易斯维尔和夏洛特-梅克伦堡诸县，尽管前者发生了暴力活动，但法庭裁定的废除公交车上的种族隔离运动取得了一定的成功。21世纪初，少数族裔学生的辍学率仍然居高不下。此外，学校体制本身对改革有很强的反抗性，尤其是改革威胁到管理人员、教师和其他既得利益者的权利和地位时，反抗尤甚，他们更乐于维持现状。

延伸阅读书目：

- Reese, W. J. (Ed.). (1998). *Hoosier schools：Past and present*. Bloomington：Indiana University Press.
- Schultz, S. K. (1968). *The culture factory：Boston public schools，1789 - 1860*. New York：Oxford

University Press.

● Stone，C. N.（Ed.）.（1998）. *Changing urban education*. Lawrence，KS：University Press of Kansas.

● Tyack，D. B.（1974）. *The one best system：A history of American urban education*. Cambridge，MA：Harvard University Press.

Carl E. Kramer 文

李胜译　陈恒校

公共卫生
PUBLIC HEALTH

公共卫生有多种不同的定义,每一种定义都反映了其被定义时的社会和历史情境的转变。一直以来,公共卫生的关注点随着社会最迫切需要的演变而不断变迁。正因为此,自18世纪概念形成以来,公共卫生一直是研究中有重大意义的领域。在工业时代,公共卫生关注的是住房条件以及对抗那些可以通过不卫生的居住条件而传染的感染性疾病。作为一名志在提升住房条件运动的领导者,劳伦斯·维勒将不卫生的住房归因于阳光和空气的缺少。雅各布·里斯在1890年出版的《另一半人如何生活》一书中,对当时贫困的景象以及在都市环境中因人口过于拥挤而产生传染病的景象做了详细的描述。

随着都市生活条件的几次明显提升,20世纪早期一名重要的公共卫生官员温斯洛(C. E. A. Winslow),对公共卫生提出了综合性的评价,并对其未来影响前景做了展望。1920年,温斯洛将公共卫生描述为是一种可以阻碍疾病、延长寿命和提升健康与效率的科学和艺术。这需要组织化的社区来确保良好的卫生、传染性疾病的控制、个人卫生的教育以及预防疾病和诊断的医疗和护士服务。此外,作为社会机构的社区需要提供更高的生活标准以确保所有人的健康和长寿。

温斯洛的定义强调公共卫生的角色以及承担此类工作的参与者的责任。然而,我们要注意到,温斯洛对20世纪早期公共卫生的描述有三个重要的组成部分:第一,温斯洛将这一领域定义为**科学和艺术**(原文斜体,下同,译者注),强调了那些能够促进健康的科技发明与创新;第二,他将负责任的参与者确定为**组织化的社区**,而不是联邦政府或是某些可以提供公共卫生服务的大型实体;第三,他尤其强调医疗和护理领域,而不是跨学科的专业骨干。以上各点恰恰反映了温斯洛所生活时代科学的相对有限性以及推崇地方而非国家级管理的潜在社会价值观。

1998年,在美国医学研究所(Institute of Medicine,简称IOM)推出的《公共卫生的未来》(*The Future of Public Health*)报告中,IOM提出了更通用的公共卫生的定义,即整个社会需要共同努力来保障使人健康生活的条件。不同于温斯洛的定义,这一定义强调了公共卫生更广的范围,包括各式各样协同处理健康和疾病问题的参与者。此外,该报告还将关注点转移到了可以提供大量服务的**政府公共卫生机构**而不再是20世纪早期盛行的**组织化的社区**。

这种对政府行动的强调,明显受到1930年代大萧条时期联邦政府职能扩大的影响。在此之前,美国人民并从不欢迎政府的干预。然而,随着1929年股票市场的崩溃,大量的社会不安定因素存在,而地方政府无力解决。于是,公众同意联邦政府出面解决那些困扰着都市与乡村的各种问题。很明显,地方层面根本无法应对海量的急需资源及资源间的协调,联邦政府通过直接保障个人社会福利的方式顺势加强了自身影响力。然而,自社会和健康计划实施以来,政府有意减少了干预。当前联邦层面服务的缩减,标志着公共服务从联邦向地方的转移。福利改革立法最能说明这一点。

考虑到公共卫生领域需适应当前议题的灵活性,美国医学研究所已经关注到服务的下放以及地方和环境对公共卫生的影响。正因为此,对于政府方面的支持及其他部门与机构的潜在贡献,公共卫生已给予更大关注。

使命与范围

有无数种定义公共卫生的方式,既可以是一种制度或社会实业、一种专业、一种方法论,又可以是政府服务或者公众的健康。同理,在美国,不同实体有不同的范围观念。公共卫生被视为是经济、政治、社会的优先顺序表现形式。这一共同的主题是,号召集体行动来保护、提升、改善健康。因此,公共卫生的使命在于通过私人与公共组织、个人的共同参与保障那些使人健康的诸多条件。这些相互交织的面向打造了一个多维度的、拥有广泛责任的领域。这些责任包括预防流行病、保护环境免遭损害、防止伤害、鼓励健康行为、帮助社区从灾难中恢复、保障医疗服务的水准等。

平衡这些责任关键在于公共卫生的三大核心功能:评估、政策生成与保障。**评估**指的是确定问题或者对某一人群作出诊断。**政策生成**涉及的是集体决策，该决策主要基于对诊断提出的适当补救措施或干预。**保障**意味着需要向社区提供必要的补救或干预措施。正如 IOM 编纂的《公共卫生的未来》一书中指出的那样，公共卫生的三大功能体现在 10 项基本的公共卫生服务之中：

1. 监测健康状况，以确定社区健康问题。
2. 诊断和调查社区的卫生问题与健康危害。
3. 告知、教育、授权民众相关健康问题。
4. 动员社区合伙人确认、解决健康问题。
5. 制定政策与方案，以支持个人与社区的健康行动。
6. 执行法律法规以保护健康、保障安全。
7. 将民众与急需的个人卫生服务连接起来，并确保其他措施不可行时医疗保健能够供应。
8. 保证一支有力的公共卫生和个人医疗服务队伍
9. 提升个人及人群健康服务的效率、通达性与质量。
10. 开展研究，以获取解决健康问题的新视野、新方案。

公共卫生基础设施和利益相关者

公共卫生基础设施既包括政府组织，也包括非政府组织，它们都提供基本的公共卫生服务。在许多社区，诸如保健管理组织、医院、非营利性社团、学校、宗教组织和商团等，都是公共卫生基础设施不可或缺的一部分。

在公共卫生领域，卫生保健提供者与州、地方卫生机构是最重要的参与者。尽管如此，还存在一大批利益攸关方。在公共卫生活动中，联邦政府扮演着重要角色。它承担着公共卫生的首要责任，需要管理那些私人参与者，为相关的健康改善活动提供经济激励，对那些冒险行为进行惩戒。政府干预的范围不断变化，人们对此也争论不休。通过公众参与和基层倡议，社区也参与公共卫生活动。商团组织作为社区成员、赞助商或资金来源同样可以参与公共卫生活动。通过教育公众、做公众与其他实体的纽带，媒体在公共卫生领域发挥的作用越来越重要。学术机构同样不甘寂寞，它们在五个关键学科（生物统计学、流行病学、环境/职业健康学、行为科学、卫生保健政策与管理）培训公共卫生人员，很自然地与这一领域联系在一起。此外，作为世界上历史最悠久、规模最庞大的公共卫生专业人士组织，美国公共卫生协会也在这一领域发挥着主导

作用。

在很多方面，公共卫生的范围取决于它在公共领域的自我呈现。虽然医疗保健主要是个人化的，但健康在许多方面是一种公共事业。个人健康的改善会使大多数人受益，因而也有利于整个社会。举例来说，通过注射疫苗，个人可以有效地抵御一种疾病。但要彻底根除这种疾病，绝大部分人口必须接种疫苗。公私实体的关系、私人与群体的利益使决策复杂化。基于个人自由的考量，有些利益攸关者渴望非限制性的制度。尽管如此，其他人认为以公共事业的名义进行监管十分重要。

健康人民 2010

如前所述，公共卫生的范围超出了诊疗活动，囊括了社会、环境成分及相关参与者。这部分是因为服务向州和地方实体的下放，也包括人们对人口健康的多层面认知。除了最初对太阳光、空气的关注外，自然与人造环境均对公共卫生发挥着重要影响。因此，当今的公共卫生并不局限于医药，还扩展至健康的生活方式、环境危害等。

有鉴于此，美国健康与人力资源服务部出版《健康人民 2010》（*Healthy People 2010*）一书，对 21 世纪最初十年美国在疾病预防、卫生改善方面取得的成绩作了全面汇总。1979 年，在第一本《健康人民》文件中，卫生署长提出了一份全国性的预防议程。1980 年，《促进健康/预防疾病：基于国家的目标》（*Promoting Health/Preventing Disease：Objectives for the Nation*）出版。之后，《健康人民 2000：全国健康提升及疾病预防目标》（*Healthy People 2000：National Health Promotion and Disease Prevention Objectives*）出版。这一系列旨在创建全国健康目标的文件，成为州和社区发展规划的基础。

《健康人民 2010》由来自政府及私人组织的跨学科专家组打造而成。它确定了诸多重要公共卫生问题的范围。此外，该文件还提供了清晰且可定量化的目标。《健康人民 2010》两大首要目标是：(1)提高健康生活的质量与年限；(2)消除健康差异。这些目标集中于 28 个不同领域（见表 1）。

总的来说，《健康人民 2010》为国民健康而制作，以促进健康、预防疾病的公共卫生模式为基础。从改善健康状况、疾病预防、稀缺资源保存、提高生活质量方面看，《健康人民 2010》还与公共卫生检测方式有关。

2010 年全民健康计划的目标

1. 获得高质量的卫生服务*
2. 关节炎、骨质疏松症和慢性背部疾病
3. 癌症
4. 慢性肾脏疾病
5. 糖尿病
6. 失能及相继性的病症（Secondary Conditions）
7. 教育和社区类项目
8. 环境健康*
9. 计划生育
10. 食品安全
11. 健康传播（Health Communication）
12. 心脏病与中风
13. 艾滋病
14. 免疫和感染性疾病*
15. 伤害和暴力预防*
16. 孕产妇、婴儿和儿童健康
17. 医疗产品安全
18. 心理健康与心理失调*
19. 营养和超重*
20. 职业安全与健康
21. 口腔健康
22. 体能活动与体适能*
23. 公共卫生设施
24. 呼吸道疾病
25. 性传播疾病*
26. 滥用药物*
27. 烟草使用*
28. 视力与听力

* 主要健康指标

来源：U. S. Department of Health and Human Services, Office of Disease Prevention and Health Promotion.（2005，March）. Healthy People 2010. Available online at http://www. healthy people. gov/

历史

自有人类文明以来，公共卫生一直是重要议题。有资料表明，罗马人曾应对过铅中毒问题、恶劣卫生、臭气理论（Theory of Miasma，也就是说，糟糕空气会引发疾病）。罗马人采取沟渠、公共厕所和沼泽地排污等公共卫生措施，成功应对了以上诸多问题。过去几个世纪里，随着公共卫生领域的进步，公共卫生在很大程度上成为发展的代名词。凡是公共卫生先进的国家，其文明程度往往越高。

在美国，公共卫生有四个发展时期。以对抗流行疾病为起点，以 2005 年关注环境的卫生威胁和慢性疾病为终点。第一时期为 1850 年之前。这一时期，流行病被视为人们生活的一部分，社会几乎无法改变这一状况。随着人口向城市中心的转移，大批人居住在拥挤、通风不良、不卫生的建筑内，由此导致疾病肆虐。在建国初期，公共卫生主要应对霍乱、天花、伤寒、肺结核、黄热病等。所有这些疾病的发生与不卫生的环境、有害气体不无关系。当疾病发生时，人们将被隔离起来，被感染的区域不允许任何人进入。

通过采用映射技术约翰·斯诺（John Snow）阐明了伦敦 1848、1854 年发生的霍乱与特定水源有关。1837 年，埃德温·查德威克（Edwin Chadwick）提交了《关于英国劳动人口卫生状况的调查报告》（*Report on an Inquiry Into the Sanitary Conditions of the Laboring Population of Great Britain*）。欧洲此类进程的影响引领了美国公共卫生基础设施的发展。从 1850 年前后到 1949 年，大批卫生委员会、州和地方卫生部门相继成立，疾病传染理论（传染病以细菌媒介传播）被广为接受，联邦不断使用卫生权来征税、管理商务，基于大众福利的区划也纷纷展开。第三个时期，从 1950 年到 1999 年。这一时期，由于社会乐于政府为那些有需要的人提供服务，特别是医疗服务，公共卫生基础设施在美国整个公共卫生史上急剧扩张。与此同时，这一时期社会动荡、种族骚乱不断，人们对城市的不满情绪渐长。从 2000 年至今是最后一个时期。这一时期，社区意识、全球卫生威胁、健康不佳中的环境因素、慢性疾病等问题凸显。

随着环境的改善和人类知识的提高，美国传染性疾病发病率下降，人们对公共卫生的需求明显走低。然而，部分受环境因素的影响，诸如心脏病、糖尿病等慢性疾病日渐增多。正因为此，对公共卫生的研究有必要走向复兴。如前所述，当下的公共卫生不仅仅是疾病问题，还涉及运动、饮食、教育、环境变迁等因素影响下的生活习性。

问题

在公共卫生中，有许多伦理方面的考量。2002 年，公共卫生领导阶层协会（Public Health Leadership Society）就这些问题进行了阐明。问题包括：尊重个人及社区的权利，允许公众参与，保障医疗资源适用于所有人，向社区提供信息，行动及时，尊重多元价值、信仰和文化，改善自然与社会环境，保护隐私、确保专业技能、打造公众信任和制度性的效力。

在公共卫生领域，个人自由、社区/社会需要、监管、企业自由之间存在诸多张力。一直以来，个体化医学（多关注于治疗）与公共卫生（更倾向于预防）之间有一条深深的鸿沟。在联邦权力与州权力之间，也存在明显得法律上的交互作用。通常来讲，州运用它们的管制权（Police Power）起着更大的作用。所谓管制权是指，基于社会利益，州采取强制行动反对个人。这一权力使各州能够保有疾病数据，减少不必要的麻烦，并能采取诸如隔离、接种之类的个人控制措施。然而，州的这些权力无一不受宪法原则的监管与约束。

如今，公共卫生面临的最重要的一个问题是：在全国财富与收入差异持续扩大，种族界限越来越明显的情况下，如何将充分的医疗服务供应给全国？大批穷人、被剥夺权利者、可疑之人没有机会获得医疗保健，这对公共卫生构成了极大挑战。尽管有参与者极力为那些人提供医疗机会，但贫困、偏见、两极分化给公共卫生各个方面带来的巨大压力不可小觑。

亦可参阅：城市中的非洲裔美国人（African Americans in Cities），空气污染（Air Pollution），克林顿政府的城市政策（Clinton Administration：Urban Policy），人口密度（Density），大萧条与城市（Great Depression and Cities），制造业城市（Industrial City），新政时期城市政策（New Deal：Urban Policy），城市中的贫困与福利（Poverty and Welfare in Cities），种族骚乱（Race riots），雅各布·奥古斯特·里斯（Riis，Jacob August），污水和卫生系统（Sewage and Sanitation Systems），租屋（Tenement），区划（Zoning）

延伸阅读书目：

- Anon. (2005, March). *American Public Health Association*. Retrtieved July 18, 2006, from http://www.apha.org/
- Frumkin, H., Frank, L., & Jackson, R. (2004). *Urban sprawl and public health：Designing, planning and building for healthy communities*. Chicago, IL：Island Press.
- Goodman, R. A., Rothstein, M. A., Hoffman, R. E., Lopez, W., & Matthews, G. W. (2003). *Law in public health practice*. New York：Oxford University Press.
- Institute of Medicine. (2003). *The future of the public's health in the 21st century*. Washington, DC：National Academies Press.
- Riis, J. A. (1996). *How the other half lives*. New York：Bedford/St. Martin's Press. (Original work published 1890)
- Turnock, B. J. (2004). *Public health：What it is and how it works*. Boston：Jones & Bartlett.
- U. S. Department of Health and Human Services, Office of Disease Prevention and Health Promotion. (2005, March). *Healthy people* 2010. Retrieved July 18, 2006, from http://www.healthypeople.gov/
- Williams, C. (2005, March). Principles of the ethical practice of public health, version 2. 2. *Public health leadership societycode of ethics*. Retrieved July 18, 2006, from http://www.phls.org/docs/PHLSethicsbrochure.pdf
- Winslow, C. E. A. (1920). The untilled field of public health. *Modern Medicine*, 920(2), 183-191.

Nisha D. Botchwey 文

李胜译　陈恒校

公共住房
PUBLIC HOUSING

创建于 1930 年代的公共住房工程当初满怀希望，但最终并没有兑现项目规划者主张的"提供体面、安全、清洁住房"的许诺。围绕在这个项目周遭的乐观情绪于 1950 年代中叶灰飞烟灭。到 1970 年代末，在绝大多数城市的公众看来，公共住房就是政府管理不善、集中贫困、种族歧视的代名词。究其原因，包括非流行建筑设计的采用、助推种族隔离的选址、工薪阶层房客的流失以及联邦补贴的结构缺陷等，由此，导致多数公共住房项目呈现螺旋式下降发展的态势，并最终演变成社会隔离式住房。1990 年代，各大城市纷纷着手处理这些问题工程。如今，在 1937 至 2000 年间建造的 140 万套公寓中，绝大多数得以存留下来，继续作为全美贫困人群支付得起但问题丛生的避难所。

那些倡导国家建设房屋的激进分子们又分为两大阵营：第一，进步主义贫民窟改革者们长久以来深信糟糕住房与公共卫生之间的关系。为了争取联邦补贴支持贫民窟居民的住房重置，改革者们于 1933 年成功发起游说国会的行动。结果，1934—1938 年间公共工程管理局修建了 21000 多套公寓。尽管这些项目为后来的公共住房提供了模板，但有限的政府补贴使得租金畸高。第二，当代公共住房规划者们赞成联邦政府效法欧洲在公屋设计中承担重要角色。他们争辩道，这些项目应该建在城市边缘的空地上；他们指责贫民窟的重建是一种对穷人的奢侈性救助。

第二阵营由欧洲住房专家和劳工领袖凯瑟琳·鲍尔和克利夫兰市议员厄内斯特·博翰（Ernest Bohn）

623

率领。尽管他们对公共住房立法起着至关重要的影响，但在地方层面的执行上他们几无控制力。作为参议员罗伯特·瓦格纳最有影响力的咨询师，他们成功克服了来自罗斯福政府内部的反对以及来自地产商集团的外部压力，制定了《1937年住房法》。法案提供地方住房当局(LHAs)大量补贴以支持那些买不起住房的家庭。国会拒绝了鲍尔"允许非政府组织如工会参与进项目"的主张。法案准许LHAs在空地或者贫民窟进行选择，但相对于鲍尔在城市边缘为劳工阶层建造现代住房的观点，绝大多数倾向于为值得帮助的穷人提供贫民窟项目。

在整个历史进程中，公共住房力争获取国会的支持。到1939年，尽管有一个可喜的住房完成量，但愈加保守的国会否决了对公共住房的额外资金支持。战时住房紧缺使该项目得以复兴，各个部门共建超过60余万套公共住房，但事实上有约3/4的住房属于临时性的。战后，尽管有着巨大的住房缺口，国会的反对立场再次阻遏了对永久性公共住房的授权。随着1948年选举民主党的胜出，国会制定了《1949年住房法》，批准每年修建13.5万套公共住房。然而，朝鲜战争及新一批国会反对之声使得1950年代的住房修建量缩减为平均每年3.5万套。在艾森豪威尔执政期间，公共住房艰难存续着。到1968年，城市骚乱及对城市投资的关注引发公共住房短暂的复兴。1973年，构想拙劣的圣路易斯城普鲁伊特-艾戈公共住房工程高层住宅项目被高调拆除。随之而来，尼克松政府强行中止了住房方案，这标志着公共住房项目时代的终结。

早期的房客们热情接受新式住房，并形成了极强的社区网络。尽管如此，公共住房在国会中缺乏支持，实际上是在地方层面不受欢迎的表现，尤其在加利福尼亚，房地产利益集团们反对公共住房；全美民众普遍要求限制公共住房的规模。更为重要的是，在诸如芝加哥、底特律、费城等城市的白人房客对种族融合忧心忡忡，他们时刻反抗着那些将公共住房安置在中产阶级白人社区的进步活动。到1950年代，尽管许多城市的领导者们对公共住房项目表示反感，另有些人专注于高级住房项目，但对清除非洲裔美国人社区的贫民窟问题大家甚少争议。由此导致的结果便是，白人政治家一贯的主张——原地重建黑人社区——得以实现，并为住宅隔离赋予了国家层面的认可。在南方，公共住房受到极少反抗。那里的白人几乎不将公共住房项目视为种族融合的一种途径。基于种族考量的选址意味着项目不成比例地提供给非洲裔美国人，从而导致项目在政治上及居民在社会上进一步隔离。直到

1976年，在希尔诉高特罗(*Hills v. Gautreaux*)一案中，最高法院命令住房和城市发展部停止教唆住房建设中的歧视性选址活动。

尽管清晰强调了进步的目标，公共住房项目的终结不能完全怪罪于种族主义。除此之外，几项适得其反或不可持续的政策决议也使得公共住房项目备受重创。第一，1930和1950年代盛行的节俭式官僚文化致使建筑设计呈现铁板化、结构化倾向，居民对此深表不满。其次，超级街区的规划理念移除了传统网格状道路网，并将项目工程与周边社区隔离开来。最后也是最突出的，为有子女家庭提供的高层建筑造成了建筑物内史无前例的青年密度值，这极大损害了社区治安及相关部门的执法活动。对老年人来讲，高层建筑也是极不可行的。

租金政策是公共住房项目不可持续的又一主要因素。依照《1937年住房法》，联邦为公共住房建设提供补贴，但地方住房当局却用房客租金来保持项目的运作与持续。起初，像自由市场一样，房客依据房屋大小支付相应的租金。但在1941年，联邦官员怂恿索取房客25％的收入作为租金。这项基于收入征收租金的政策产生了极为重要的影响，地方住房当局的任何一员不得不平衡贫困家庭与工人家庭的房客人口数，以确保获得足够的运作收入。在1940年代住房紧缺期间，这种制度运行良好。但是，1950和1960年代住房市场的兴旺促使大批工人家庭退出公共住房，而收入限制和不断增加的社会动荡则使其他人群远离公共住房。而以收入为基础的租金政策推动人们隐性就业，并鼓励男性劳动力走向劳动市场。到1960年代末，LHA陷入预算赤字危机之中，许多机构重新执行定额租金政策，实际上增加了贫困家庭的房租开支。国会在1969年底出台《布鲁克修正案》，要求租金以收入为基础，并为LHA提供新的资助。然而，HUD并不情愿为LHA拨款，而后者则抱怨说，在通货膨胀影响下，实际的拨款金额在下降。由于劳工阶层的抵制以及没有及时进行维护，许多曾经有效的项目也渐渐不再发挥作用了。

不是所有的住房当局都陷入了困局(纽约市住房局便是杰出的例外)，但绝大多数发现很难提供体面、安全的住房。尽管学界已经注意到居民们为了维护社区而做出的英雄式努力，但种种愈发严重的居民隔离使公屋项目极易遭受毒品犯罪、帮派行动的损害。明显的社会病以及地方住房当局对房屋的舍弃，导致许多城市开始拆除城市最为糟糕的公共住房项目。1990年代，一股再开发浪潮开启。在"HUD第六希望计划"

项目(HUD's Hope VI)扶持下,各个城市利用联邦资金摧毁住房项目,并采用糅合了穷人与中产阶层家庭的传统建筑模式进行重建。由于真正建造的数量往往只是计划数目的一部分,因此公共住房的房客们有许多失去了重新居住的机会。

到1970年代中期,新政的公共住房模式遭到广泛批评。与此同时,解决低收入家庭住房需求的替代性方案在1960年代开始如雨后春笋般层出不穷。私人开发商分别于1961年、1974年及1986年后接受联邦住房管理局的低息贷款、项目式补贴及税收信贷融资。从1965年开始,贫困家庭及其房东也接受居住在私人住房内的直接补贴。这些新式项目快速取代了LHA成为补贴住房主要提供者。2000年,在510万个联邦补贴的家庭中,仅有120万个家庭居住在传统的公共住房中。

亦可参阅:《1937年住房法》(Housing Act of 1937),《1949年住房法》(Housing Act of 1949),美国住房管理局(United States Housing Authority)

延伸阅读书目:

- Bauman, J. F., Biles, R., & Szylvian, K. M. (Eds.). (2000). *From tenements to the Taylor Homes: In search of an urban housing policy in twentieth century America*. UniversityPark: Pennsylvania State University Press.
- Fisher, R. M. (1959). *Twenty years of public housing*. New York: Harper.
- Hirsch, A. (1983). *Making the second ghetto: Race and housing in Chicago*, 1940-1960. New York: Cambridge University Press.
- Meehan, E. (1979). *The quality of federal policymaking: Programmed disaster in public housing*. Columbia: University of Missouri Press.
- Vale, L. J. (2000). *From the Puritans to the projects: Public housing and public neighbors*. Cambridge, MA: Harvard University Press

D. Bradford Hunt 文
李胜译 陈恒校

公共空间
PUBLIC SPACE

公共空间一直以来都是美国城市空间演变史的组成部分,既存在于现实中,也存在于观念中。几乎在所有美国城市中都会有这样的空间,是开放的而且所有人都可以使用,包括广场、公园和人行道这样有意设计的空间,也包括街角等人口自发聚集的地区。美国城市中的公共空间是城市生活最好也最引发争议的存在。公共空间是传统的参与式民主得以生发的基础,但近年来却受到负面影响,私有化、商业化以及20世纪中期以来城市的发展趋势正在侵吞公共空间。

对不同的人群来说,公共空间有着不同的含义。"公共空间"一词可以用来专指政府拥有的地产,如城市公园或公共游泳池;也可以指集体拥有的土地,例如共建社区或社区花园。有时,"公共空间"也用来指私人所有的土地,即那些凭借区划或慈善捐赠而可以全天候对市民开放的土地,如城市广场或博物馆前的阶梯。这一术语也可以指不向全体市民开放的私人地产,但必须能够发挥民众集会的功能,如购物中心或咖啡厅。"公共空间"也可以指为公共所用的地方,即便其最初目的并非如此,如桥梁下的无家可归者营地。

上述不同类型的土地之所以都可以算作公共空间,是因为它们都提供了供陌生人平等交流的机会,在这里市民可以不受任何约束地参与进来。公共空间既受制于在其中发生了什么,也受制于本身是什么。至少从苏格拉底和亚里士多德时代以来,公共空间都是判断一个城市是否健康的标志。

当城市化在美国快速开展后,公共空间开始形成自己的形制和意义,并在这一过程中多次经历重塑。因此,即使早期美国城市的设计者和居住者也可以继承关于公共空间的悠久传统,尽管这一传统往往混乱不堪。经典的公共集会场所,如古希腊的市场(Agora)以及古罗马的公共论坛(Forum),无论其建筑模式还是理念,都是任何美国城市值得借鉴的。中世纪的街道和中心市场人口密集、混乱不堪,在这样的地方根本不可能举行民众运动,同样也是美国城市的前车之鉴。随后的文艺复兴和启蒙运动催生了属于这个时代的公共空间,包括波西米亚风格的咖啡馆和沙龙,以及正式的街道和纪念广场。实际上,尽管后来人们以为这些公共场所拥有自由机会的条件,但在当时却并非如此——如果按照今日的标准,很多这样的公共空间并非公共所有,甚至并非所有人都可以进去。即使公共空间的原型,也就是古希腊的市场,在亚里士多德看来,也应当将大多数人(包括劳工、农民和绝大多数女性)排斥在外。然而,在美国城市化进程中,关于公共空间能够鼓励民众自发集会和推进自由的观念却始终占据着主导地位。同样在美国城市化进程中发挥重要的作用的,是关于何种形制的公共空间和哪些人可以使用公共空间的讨论。

在早期的美国城市中,公共空间往往是具备多重功能的城市中心地带或广场。在新英格兰,这样的地区被称作城镇公地或村庄绿地,名义上由城镇全部居民所有,实际上由少数白人成年男子掌握,而且人数越来越少,在某些地区则为教会所有。城镇公地往往发挥着早期城市生活的焦点作用,是公共牧区,是军事操场,是集会场所,有些还是公共墓地,也可能融合了多种功能,而其周围往往分布着教堂、学校和其他类似功能的建筑。村庄绿地留给人们的印象,是整洁的场地周围有装有白色墙板的建筑,这样的形象来自19世纪的城市翻新,主要由当地的女性组织来发起。新墨西哥州圣菲等早期西部城镇也有类似的公共空间,尽管圣菲是西班牙人建立的殖民地,只是出于不同的考虑。西班牙国王菲利普二世于1573年颁布《印地法》,规定在新建城镇中,政府机构、市场和教会建筑围绕矩形中央广场分布,用这样的规制来发挥殖民城镇对土著居民的控制,并在象征意义上取代土著居民用来举行仪式的广场。尽管这一规定后来并未得以严格执行,但城镇公地和西班牙式的广场直到今天仍在城市中发挥重要作用。

到18世纪,整齐的棋盘状方格布局成为新兴城市最主要的模式。尽管在纽约、波士顿等历史悠久的城市中仍然保留了中世纪以来的不规整的布局结构,但从一开始,美国城市主要借鉴的仍然是巴洛克式整齐的欧洲城镇模式。最典型的就是皮埃尔-查尔斯·朗方在1791年为首都华盛顿特区提供的设计方案,整个城市以总统官邸和国会为中心,搭配放射状的林荫大道。纪念重要人物的雕塑和纪念物放置在开放空间中,将整个城市连为一体。但朗方实际上并未完成自己的规划,而是在与城市官员和乔治·华盛顿本人不断的争论中消耗时间,双方在对工程的控制上意见相左。朗方坚决反对在规划投入实践之前就出售地块。最终,在拆除了一座会影响放射状街道的庄园后,朗方遭到解雇。这个美国城市史上的小插曲揭示了公共空间在美国的影响和意义,而围绕谁定义公共空间、谁使用公共空间和谁控制公共空间的争议也将一直持续下去。

1790年美国第一次人口普查显示,只有五个城市人口超过1万人,全美有90%的人生活在农村。一个世纪后,15个城市的人口超过100万,整个国家40%的土地都已实现了城市化。快速城市化剧烈地改变了公共空间的外部环境,因此,19世纪是城市公共空间创造性变化的时期,这种变化有时甚至令人惊讶。也许这一时期最明显也最引发争议的,是城市的街道,或者更准确地说,是街道两旁的人行道。尽管自古以来就有经过铺整的人行道,但只有到了19世纪,人行道才发挥出新的重要作用,并益发受到关注。工业资本主义距离地改变了美国的城市景观,使街道变得远比此前更加拥挤,街道上的人口更加多元,并更加充满活力。街道为各种各样的活动提供了空间,从沿街兜售货物到散步和乞讨都发生在这里。尽管有些人行道被浪漫地称为城市活力的代名词,但实际上,人行道是一个受到严格管理和制约的空间。在大多数城市,都出现了关于人行道管理和合理使用的争论以及相关法令。

对某些人来说,19世纪的街道是公共表达最不合适的地点,他们担心这里会激发骚乱、暴力和混乱。此时,希望改进(往往意味着美国化)移民和劳工阶层居民的社会改革运动始终不能忘怀街道。整治街道的途径之一,是为越来越多的人口提供更好的公共空间,公园就是其中的一个选择。1850年代弗雷德里克·劳·奥姆斯特德设计了纽约中央公园,兴起了一股建设公园和运动场的热潮,旨在为迅速增加的城市人口提供健康的、有吸引力的公共空间,也是在引导复杂的城市人群的互动转向良性。有些公园成为不同集团长期博弈的场所;公园建设中有意没有将棒球场或其他运动设施放入其中,是公园面临的棘手难题。到19世纪末,大多数美国城市,无论大小,都投入到公园和游乐场建设中,许多都是由奥姆斯特德或他的儿子们设计的。

19世纪也是公共空间开始现代意义上的私有化的时期。有些地方如酒吧和赌场是传统城市因素的一部分,此外也出现了因应现代城市消费文化的新设施,如百货商店和娱乐场。但这些并非真正意义上的公共空间。一方面,此类设施的主要目标不是为所有人提供一个可以自由进入的空间,甚至只有买东西才能证明自己进去是"合理的"。另一方面,它们同时也提供了一个空间,某些社会边缘群体只有这里可以自由进入。19世纪,受到限制的公共空间实际上并不是对所有人一视同仁地开放,独自一人的女性很可能受到骚扰,甚至出现了有色人种关于进入公共空间而引发的司法案件。有些公共空间甚至会对白人男性的举止行为做出或明或暗的规定。结果,19世纪城市中许多最有创造力的民主化空间往往是私有土地。例如,百货商店是首个女性可以自由进出的公共空间之一,而娱乐场与公园和花园相比,更是一个多个社会阶层相互融合的场所。

进入20世纪后,一系列经济、政治、社会和技术变迁再次改变了定义公共空间的基础,也影响到了利益集团围绕公共空间的博弈。从19世纪后期起,郊区化、生产标准化和商业化越发加速,改变了美国各地的城市景观,并进一步受到汽车的影响。早期的步行城市已荡然无存,城市居民分成了两个群体,即城市人群(主要是低收入的少数族裔)和郊区人群(主要是白人中产阶级)。许多观察家发现,两个群体都面临着公共空间不足的困境,只不过各自有各自的原因。

20世纪上半期,两股力量塑造了大部分公共空间。勒柯布西耶和密斯凡德罗等建筑师大力推广欧洲的现代主义,为城市建筑带来了新的风格,表面整洁的摩天大楼再加上地面的花园和广场是这一风格的典型特征。一方面是办公空间大量增加;另一方面,现代城市的地面也发生了巨大变化。19世纪城市中拥挤繁忙的街角已经没有了,取代它们的新型空间往往被贴上冰冷、空洞和死寂的标签。到20世纪中期,城市更新运动开始改造城市空间。与欧洲现代主义相似,城市更新运动旨在清除城市中混乱、零散和过气的城市空间,代之以高效、社会参与的空间,以便将现代生活的美好一面(通常通过交通系统)带给城市人群,在必要时将他们安置在别处。罗伯特·摩西在1940年代在纽约市兴建的跨布朗克斯快速道(Cross Bronx Expressway)体现了城市更新运动的精髓,这条8英里长的高速公路代表了当时最高技术水平的公路,贯穿多个社区,拆除了成百上千幢公寓。简而言之,无论其目的何在,20世纪上半期各式各样的城市再开发极大地减少了可用公共空间的数量。

与此同时,私有化和商业化推动了美国郊区的发展。特许商店、高速公路沿线的商业带和购物中心的崛起与二战后的郊区化浪潮同步;1948年,第一家麦当劳快餐店在加州圣伯纳迪奥(San Bernardino)开张,第一家全封闭的购物中心于1956年在明尼苏达州艾迪那(Edina)开始营业。除了遗留下来的历史遗迹,美国郊区几乎没有其他服务于社区全体居民的公共空间(尽管郊区社区如莱维敦,在设计施工中建造了某些广义上的公共空间如学校、游泳池、棒球场和教堂)。公众舆论在了解了郊区的快餐店和穿越城市的高速公路后,开始大声批评公共空间在郊区消亡了。

自二十世纪六七十年代以来,美国舆论大肆批评公共空间的缺失,在这样的环境下,公共空间开始了新一轮的被认知、被博弈和被改变。到20世纪末,剩下的公共空间主要是消费空间,如迪士尼主题公园精致的主街(第一个主题公园在1955年于加州安纳海姆开张,如今全球已有五家公园)和星巴克(1971年华盛顿州西雅图第一家星巴克开张,如今全球星巴克已超过8000家)等经过精心布置的城市商业空间。后现代城市中越来越多的监管和控制进一步消解了公共空间的意义。与此同时,当代城市设计风尚如新城市主义则不断回顾曾经的城镇公地、维多利亚时代扰攘的街道和其他形式的公共空间,以便将城市日常生活融入其中,恢复往日的公共领域。

但在20世纪,公众的声音并未衰弱,而可使用的公共空间也是如此。从20世纪初工人的街头抗议,到60年代的民权运动,再到80年代的无家可归者宿营地和90年代世贸组织抗议,城市人群仍然在创造着互动、交流、抗议和推动变迁的空间。美国法律系统不断地对公共空间进行重新定义和规范,从20世纪初禁止在公共空间设置纠察线到20世纪后期出台的反无家可归者立法,正表明公共空间在城市文化中始终具有重要意义。实际上,对公共空间的定义往往来自下一代人,他们通过回顾历史和观察活跃的市民生活得出自己的认识。

亦可参阅:游乐场(Amusement Park),艺术与公共空间(Art and Public Space),中央公园(Central Park),城市美化运动(City Beautiful Movement),迪士尼(Disneyland),莱维敦(Levittown),新英格兰镇区与村庄(New England Towns and Villages),新城市主义(New Urbanism),公园(Parks),步行购物中心(Pedestrian Malls),运动场(Playground),广场(Plazas),娱乐(Recreation),郊区化(Suburbanization),妇女与公共空间(Women and Public Space)

延伸阅读:

- Carr, S., Francis, M., Rivlin, L. G., & Stone, A. (1992). *Public Space*. Cambridge, UK: Cambridge University Press.
- Coheen, P. G. (1998). Public Space and the Geography of the Modern City. *Progress in Human Geography*, 22, 479-496.
- Miller, D. (2003). *The Right to the City: Social Justice and the Fight for Public Space*. New York: Guilford Press.
- Mumford, L. (1961). *The City in History*. New York: Harcourt, Brace.
- Sennett, R. (1977). *The Fall of Public Man*. New York: Alfred A. Knopf.

● Sorkin, M. (1992). *Variations on a Theme Park：The New American City and the End of Public Space*. New York：Noonday Press.

Stacy Warren 文

李文硕译　陈恒校

公共工程
PUBLIC WORKS

城市生活的密度和广度产生了对卫生状况、火灾保护、交通、公共安全等方面的独特需求。政府通过修建综合性的水务、污水处理、街道照明及交通系统满足了以上种种需求。这些实体系统构成了城市公共工程的内核。当然，公共工程也包括运河、港口开发、机场、公共交通、通讯系统甚至公共建筑等。就其"公共"的所有含义而言，主要包括三大内容：(1)它通常是只有政府有足够资金修建的；(2)因为私营企业往往认为提供诸如公共医疗或街头照明之类的服务无利可图，政府须对修建此类系统负有责任；(3)即使是通过私营企业提供，为了防止垄断，政府部门要施以严格监管。

正如当下我们所理解的那样，在19世纪早期，公共工程最先由城市政府资助，私营制造业及建筑业辅助以大量的实际工作。尽管早期的城市章程提供了铺筑街道、下水道与修建供水系统的授权，但这类项目的规模往往要求城市当局寻求来自州政府更广的授权——扩大市政当局的职能权限，提升当地政府的债务额度等。

随着各个城市从传统的商业协会角色向区位意义上的公共服务提供者的转变，市政当局承担起城市公共工程建设之责。19世纪初，仅费城拥有市政水务供应系统。该系统修建于1801年。之后，南卡罗莱纳州的哥伦比亚城(1823)、匹兹堡(1826)、特拉华州的威明顿市(1827)、弗吉尼亚州的里士满市(1830)相继建成了水务供应系统。在其他城市，居民依赖于井水、蓄水池或者私营企业供水。火灾与疾病凸显了私营企业供水的不足，它们既没有能力也没有兴趣为街道清洁或者消防提供水源。举例来说，费城的水务系统很大程度上得益于1793年那场极具破坏性黄热病的爆发。波士顿对市政供水系统的最初需求源于该城1825年爆发的一场大火，大火最终催生了20年后柯奇卫特水道(Cochituate Aqueduct)的修建。19世纪最大、最全面的供水系统是纽约的克罗顿水道，该水道的修建归

因于1832年霍乱爆发后公众对供水的强烈呼声。到1907年，在人口超过30000的158座城市中，有74%的城市拥有了市政供水系统。这些城市当中，建有或者通过其他途径获得供水系统的平均年份是1871年。

仅有少数城市像布鲁克林、新泽西市那样有着足够的远见，去建设综合了供水、排污功能的水道系统。对于绝大多数城市来讲，随着供水系统的引进以及废水的相应增长，那些传统的污水池及私家地窖排污系统远远满足不了城市对优质排污系统的渴望。17、18世纪，城市污水处理管道常常是不连贯且私营的。零碎建设意味着缺乏协调以及质量的参差不齐。大量污水涌入狭窄的排污管道，有时甚至会涌上街头。内战后，城市日益加强了对排污系统的控制，兴建了统一的管道。到1907年，全美158座大型城市当中有近一半的城市铺设了排污管道。

到20世纪初，绝大多数内城的供水系统由市政当局操持，但郊区社区更多倚重私营供水公司，时至今日依然如此。当然，内城向郊区供应水源并索取比城中居民更高的费用也是常有之事。到1915年，有91座美国城市不仅为城区居民供水，还为城区以外的民众供应水源。郊区也采用了多种供水系统。大型城市一般需要特制的供水系统，而郊区往往依赖更小的预制水系统。后者在内战后非常受用，霍利泵水系统(Holly Pumping System)便是其中代表。郊区也有诸多经济适用型的排污选择，例如专为家庭生活废弃物设计的分流排水系统或者污水管道。对于在街道排污方面有更严峻问题的大型城市来说，依靠室外或市政污水系统可以更好地解决问题，该系统可以同时排走因人类和风暴产生的废弃物。

城市最终也意识到街道最好以全市为基础进行铺设。传统上，坐拥绝大多数财富的业主们呼请市政当局进行铺路。业主们选择地址、提供资金，市政部门负责铺设及维修保养。因此，街道铺设反映了经济上的不平等。穷人街区往往人行道很糟糕或者根本没有。居民们也时常鼓动建设低廉但保养昂贵的人行道。19世纪晚期，通过集中铺设沥青或其他材质的人行道，城市最终节省了资金。在158座大型城市长达47329英里的街道中，仅1907年就铺设其中近44%。最常见的路面(以受欢迎程度为序)有：碎石、沥青、花岗石、比利时石块(Belgian Block)、砖块、砾石、木块及鹅卵石等。

尽管市政当局在供水系统、污水处理、街道铺设等方面发挥了领导角色，但在街道照明事务中私营企业发挥了更大的作用。虽然自17世纪以来美国城市便开始提供燃油的街头灯泡，但依附于潜在、统一基础设

施之上的街道照明系统随着燃气的使用而到来,这一系统最初出现于 1816 年的巴尔的摩。除了少数城市拥有市政燃气工程外,绝大多数城市供应居民用气的私营企业需要获得经销许可方能供应燃气于市政部门主管的街灯。尽管各大城市早于 1880 年代便纷纷使用电力街灯,但燃气街灯时代一直持续到 20 世纪。随着科学技术的发展(尤其是威斯汀豪斯电气公司交流电的出现),电力变得愈发可靠、低廉,市区电力街灯因此获得长足发展。到 1907 年,尽管所有超过 30000 人口的城市拥有了电力街灯,但全美 15 大城市当中仍有 2 座城市主要使用燃气来街头照明。对于后来的应用者来说,采用新技术具有蛙跳优势,因此,小城市采用电力街灯的可能性大大增加了。

城市公共工程反映了 19、20 世纪转换交替时期机器政治与进步改革之间的经典抗争。一方面,公共工程象征着进步、专业主义及全面的城市规划,因而是城市改革重要的组成部分;但另一方面,公共工程涉及到大量资金并极大增加了资产价值,这使得公共工程成为抽取回扣的理想场所。在特威德帮全盛时期,该组织领导人、臭名昭著的威廉·特威德自封纽约城市公共工程的主管,并从一系列项目中攫取了大量资金。

20 世纪三四十年代,随着国会授权新建一批住房、公共建筑、高速公路及其他一些实体项目,新政赋予联邦政府在城市公共工程中一种新的角色。诸如公共住房与再开发(又称清理贫民窟)项目均是专为解决城市问题而进行的自觉尝试。当然,也有项目设计初衷是为了农村地区(后来发生变化)。举例来说,《1916年高速公路法》(Highway Act of 1916)禁止将联邦资金用于拥有 2500 以上人口的城市的道路建设。在大萧条期间,国会提高了这一人口标准,以便为城市地区提供资金支持。繁忙的城市公路为乡村地段的高速公路提供了必需的燃油税收入支持。主要基于这一点,《1944 年高速公路法》(Highway Act of 1944)规定将全部高速公路拨款的 25% 用于城市地区,1956 年的州际高速公路系统授权高速路进入城市。联邦政府也长期参与了供水基础设施的开发,先是通过陆军工程兵团(Army Corps of Engineers),然后是垦务局(Bureau of Reclamation)。事实上,政府的行动直到 1940 年才得到国会授权。国会方面指出,两大参与项目的机构均能向城市供应水源。

起初,城市公共工程兴起于对诸如火灾、流行性疾病及犯罪等危机的应对。当下,城市公共工程的存在依然要应对一系列新危机,例如 1980 年代的"基础设施危机"——当时城市虚弱的资本预算及破败不堪的

桥梁、供水管道带来的全国性影响受到广泛关注。近年来,最主要的恐惧来自担心公共工程成为恐怖袭击的目标。这种潜在的威胁致使比尔·克林顿政府建立了总统关键基础设施保护委员会(President's Commission on Critical Infrastructure Protection),该组织在乔治·布什治下称为总统关键基础设施保护理事会(President's Critical Infrastructure Protection Board)。

亦可参阅:大萧条与城市(Depression and Cities),新政时期的城市政策(New Deal:Urban Policy),城市更新与复兴(Urban Renewal and Revitalization)

延伸阅读书目:

- Armstrong, E. L. (Ed.). (1976). *History of public works in the United States*, 1776 - 1976. Chicago: American Public Works Association.
- Dilworth, R. (2005). *The urban origins of suburban autonomy*. Cambridge, MA: Harvard University Press.
- Jacobson, C. D. (2000). *Economic and political dilemmas of urban utility networks*, 1800 - 1990. Pittsburgh, PA: University of Pittsburgh Press.
- Melosi, M. V. (2000). *The sanitary city:Urban infrastructure in America from colonial times to the present*. Baltimore: Johns Hopkins University Press.
- Tarr, J. A. (1996). *The search for the ultimate sink:Urban pollution in historical perspective*. Akron, OH: University of Akron Press.
- U. S. Department of Homeland Security, Science and Technology Directorate. (2005). *The national plan for research and developmentin support of critical infrastructure protection* 2004. Washington, DC: U. S. Department of Homeland Security.

Richardson Dilworth 文

李胜译　陈恒校

约瑟夫·普利策
PULITZER, JOSEPH

约瑟夫·普利策(1847—1911)早年是贫困潦倒的移民,后来成为富甲一方的百万富翁。他同时还是《圣路易斯快邮报》和《纽约世界报》的编辑。作为调查性报道的旗帜性人物,他及其麾下报纸曝光了大量逃税、

商业欺诈行为以及纽约市底层民众的住房和劳动环境问题。

普利策的父亲是匈牙利犹太人,母亲是天主教徒。父亲去世前,普利策作为家中长子接受了良好教育。父亲去世后,母亲改嫁。因对继父没有任何好感,普利策渴望离开。不久,他移民美国。在美国联邦军队服役一年后,普利策去了纽约。在纽约,他身无分文,不得已睡在公园的长凳上。尽管接受过良好的教育并且掌握三门语言,但普利策的英语十分糟糕。由于没法在纽约找到工作,他决定去密苏里州的圣路易斯市碰碰运气。

631 在圣路易斯,普利策做过水手、劳工、司机、服务生。除了每天花 16 小时做两份工外,普利策还花 4 小时泡在图书馆学习英语。他人生的转机出现于给一份颇有影响力的德文报纸《西方邮报》(*Westliche Post*)撰文,描述自己过往遭遇到的一场骗局。他的精力、才智以及讲故事的技巧深得一位编辑赞赏。从那开始,编辑便经常性地给普利策一些写作任务。除此之外,他还学习了法律,并于 1868 年加入律师协会。1867 年,普利策成为美国公民。

1869 年,普利策作为记者参加了一次共和党会议,他出奇意外地被提名为密苏里州参议员候选人,并最终赢得选举,入职当年仅有 21 岁。任期结束后,普利策开业当律师,并与凯特·戴维斯(Kate Davis)喜结连理。婚后,他们共育有 5 个子女。

普利策在报业上取得更大的成功始于《邮报》,他成为该报的合伙人之一,并于 1872 年任主编。1878 年,以 2500 美元①成功购买垂死的《圣路易斯快邮报》。1883 年,已经富甲一方的普利策以 34.6 万美元收购《纽约世界报》。由于报纸每年亏损达 40000 美元,普利策转向人们感兴趣的期刊上,内容以丑闻和耸人听闻的故事为主。到 1885 年,《世界报》成为全国发行量最大的报纸。这部分可以归功于普利策招募到的杰出的投稿人,其中有漫画家理查德·奥特考特(Richard F. Outcault)、调查性报告的先驱——娜丽·布莱(Nellie Bly)——她写了大批关于纽约市贫困和劳工环境的文章。

1890 年,由于视力不佳,普利策从《世界报》的编辑位子上退休。尽管如此,他依然管理着报纸的编辑、财务工作。在其余生,普利策提倡调查性的新闻报导。普利策于 1911 年去世,死后将 200 万美元捐出,用于哥伦比亚大学新闻学院和普利策奖的创立。

---

① 有说是 25000 美元,可能是原著有误——译者注。

延伸阅读书目:

● Bates, J. D. (1991). The Pulitzer Prize: The inside story of America's most prestigious award. New York: Carol Publishing Group.
● Brian, D. (2001). Pulitzer: A life. New York: John Wiley.

Elif S. Armbruster 文

李胜译　陈恒校

伊利诺伊州普尔曼市
PULLMAN, ILLINOIS

工业化在美国的全面展开,理应更好地对待工人。在 1877 年前后的芝加哥铁路大罢工期间,火车大亨乔治·普尔曼决心通过满足工人各式需求的方式消弭他们的不满。尽管普氏构想曾一度被视为一种模范抑或乌托邦,但普尔曼市的建造最终不仅改变了普尔曼公司,对芝加哥乃至全美都有所触动。

芝加哥对普尔曼并不陌生。1855 年,当新的下水道和供水系统安装时,普尔曼在芝加哥城赚得人生第一桶金。当时,他和一队队壮汉通过千斤顶将建筑物提升至统一的高度。1860 年代早期,普尔曼再次回到芝加哥并成立普尔曼豪华车公司(Pullman Palace Car Company)。在运送亚伯拉罕·林肯总统遗体回斯普林菲尔德的火车中,普尔曼豪华火车发挥了重要作用。1877 年,为了争取更多的报酬、更少工作时间,芝加哥乃至全国多个行业工人进行大罢工。普尔曼认为工人们有太多时间可以自由支配,对此,他想出一个解决之道——公司城。受英国索尔泰尔(Saltaire)工人城的启发,普尔曼委派建筑设计师索伦·贝曼(Solon Beman)设计一座理想的工人之城。

公司城坐落于芝加哥南部卡鲁梅特湖(Lake Calumet)一带,以公司及公司董事长的名字命名。凡是工人们普遍渴求但未得的东西,普尔曼市一并提供:工人们所住砖造房屋有着最新便利设施,如自来水、气、室内盥洗室以及后来的电灯等,但租金要从工人工资里面扣除;普尔曼还授权建立了商店、娱乐设施等。他主要的想法是将普尔曼市塑造成一个独立的实体,减少工人与城外的联络,隔绝不满分子对工人的影响。

工人们可以将空闲时间花在上课、看戏或运动上。

普尔曼觉得，如果工人们能够拥有合适的消遣方式，他们工作可能会更有成效。更重要的是，他们就不需要工会化。普尔曼的模范城一方面得到人们的赞誉，而另一方面又被指另有所图。举例来说，普尔曼市有家图书馆，所有书的购买都要经过普尔曼的允许。这样一来，工人们几乎看不到任何"有害的"读物，这也意味着诸如卡尔·马克思的作品被完全禁止。另外一项举措是"公司剧场的任何一场文娱演出要经过普尔曼的许可"。普尔曼表示，只有那些可以带全家人去看的表演才是可接受的。其中最重要的一项举措——某种程度上对工人限制最大——在公司城内杜绝饮酒。然而，有一处例外——佛罗伦萨酒店（Hotel Florence），此地是普尔曼招待城外投资者及其他贵宾的场所。

令很多人吃惊的是，普尔曼本人并不住在普尔曼市。他的家位于芝加哥市草原大道（Prairie Avenue），紧邻马歇尔·菲尔德、菲利普·阿莫尔（Philip Armour）、约翰·格拉斯纳（John Glassner）等人的家。普尔曼授权其经理看管好工人们，经理们有权惩罚那些触犯道德准绳的工人。工人们不得不服从于普尔曼的任何奇思妙想。更为重要的是，普尔曼控制着城里的所有商店，雇员们购物越多，普尔曼就越盈利。普尔曼控制着房屋的使用，操控着租金。一定意义上讲，这种绝对的控制导致普尔曼市最终走向毁灭。

到1893年，全美遭遇史无前例的经济大萧条。尽管如此，普尔曼依然保证给予投资者8%的投资回报率。为了兑现承诺，普尔曼裁掉那些懒散的工人。普尔曼市这种高度集中化的生活，让工人们进退维谷。他们轮班时间被缩减（有时从40小时降至25小时），但收入依旧。广为流传的一种说法是，公司会计曾广签12美分的支票作为工人工资。到1894年春，工人们怒火中烧，一场流血大罢工随即爆发。联邦军队被派往全国主要城市平息骚乱。颇具讽刺意味的是，暴力活动的爆发并非因为工人生活窘迫，而是因为邮政服务的破坏。夏天过后，联邦法院涉入调查，普尔曼的种种实践活动被宣布不合法。几年之后，随着公司衰落，公司城被迫廉价出售。

对普尔曼本人来讲，失去城镇简直就是对其自尊心的侮辱。他坚信在为工人们做着全天下最美好、最周到的事情。然而，很多人并不这么认为。在1898年普尔曼逝世时，人们对他的谩骂、憎恨已经到了其遗体不得不在午夜下葬的程度。为了防止他人将普尔曼坟茔挖开，其后人特意用混凝土、铁轨给墓加固。最终，随着芝加哥的南扩，普尔曼市被融入其中。

在美国劳工史上，还没有哪个小地方的影响如此之大。正因为此，普尔曼市被收录国家历史遗迹保护名录。尽管城中大量建筑已经破败不堪，当人们走过这里的大街小巷之时，城镇初建时的恢宏壮丽依然历历在目。

延伸阅读书目：

- Mayer, H., & Wade, R. (1969). *Chicago: Growth of a metropolis.* Chicago: University of Chicago Press.
- Miller, D. (1996). *City of the century.* New York: Simon & Schuster.
- Spinney, R. (2000). *City of big shoulders.* DeKalb: Northern Illinois University Press.

Cord Scott 文

李胜译　陈恒校

Q

酷儿空间
QUEER SPACE

"酷儿"作为嘲讽之词,长久以来被那些对性混乱(Sex Ambiguity)、性别异常(Gender Deviance)、性背叛(Sexual Transgression)充满敌意的人广泛使用。尽管如此,反抗性与性别压迫的异见人士却对"酷儿"一词引以为傲,并将其作为一种象征。酷儿空间(Queer Space)指的是酷儿专用、拥有或使用的区域,也指传统属性被同志化的地域。

在某些情况下,"酷儿"是指一个交叉重叠的群体,它包括双性恋、男同性恋、阴阳人、女同性恋、变性人等。"酷儿"也指对抗性或颠覆性的性、性别与性行为。此种意义上讲,保守的男同性恋(Conservative Gay Men)可以被视为是反"酷儿"的,而异性恋中的性激进派(Straight Sex Radicals)则属于"酷儿"一族。另外一种思考"酷儿"的方式就是将其与性、性别以及性征联系起来。凡是无法将其归入传统序列中去的(如男性化的女人、女性化的男人、女变男、男变女等)都可纳入"酷儿"当中。"酷儿"也被用来表达对那类清晰的、不变的以及稳定的性、性别和性取向的疏远或反对。此种意义上看,"酷儿"的内涵极为广阔。举例来说,那些与女性发生性关系但不认同自己是同性恋的女性包括在内;而那些认为自己天生就有固定性属性的男同性恋不包括在内。

在美国以及人类历史上,非传统的性、性别与性欲望、性实践早已存在。从现存史料来看,"第三性别"(Berdaches)是存在的——土著美国人中的生物学上的男性不像传统的男性一样生活,生物学上的女性也不像那些传统女性那般。我们能够识别出"酷儿"空间的两种早期类型:"第三性别"(也叫双灵人,Twospirit People)生活的普通场所以及有独特精神力量之人生

活的神圣空间。来自殖民地、革命以及19世纪等不同时期的记录显示,当某空间有男性假扮成女性、女性假装成男性、阴阳人性别界限模糊不清或者有人从事非婚、非育、非私人化性行为时,这类场所就已经被酷儿化。通奸、肛交、兽交、乱伦、群交、异族性交、手淫、口交、多配偶、狎妓、野合、同性性交、与孩童性交全都可视为"酷儿"。在男女各自的空间(如大学、监狱、军队、宗教机构、工厂),"同性社交"(Homosocial Intimacy)通常能够得到主流社会的接受。但是,全面表达"同性恋之颠覆"(Homoerotic Transgression)通常是不被允许的。即使包括各种乌托邦实验在内,仍然鲜有案例表明整个社区是建立在触犯传统性、性别及性征模式基础之上的。有些酷儿空间遭到宗教及政治权威的严酷压制,有些则不然。

19世纪晚期,有着重要空间维度的"概念革命"(Conceptual Revolution)发生:大批人开始将他们的"性别越界"(Gender-crossing)、同性性欲与实践视为自身特性的重要部分;开始把自己看成由类似或相关个体组成的更大社区的成员;选择在特殊的区域聚集。为了解释此类现象,很多学者强调工业化、城市化及移民带来的影响。他们认为后者触动了传统家庭生活的根基,为自主生活创造了史无前例的可能性,并给工作、家庭、休闲带来新的关系。另有学者注重性学家、精神病学家及其他科学家起的作用,正是他们为了分门别类对待那些被称为性倒错者(Inverts)才编纂出一种新辞典(New Lexicon)。总之,在全美、大城市、小城镇乃至偏僻地区,有着独特性别属性及特殊性倾向的各式人等开始汇聚在酒吧、公共浴室、咖啡馆、俱乐部、居民区、公园、住所、饭店、沙龙、街道、剧院和工作场所等地聚集起来。曾几何时,圣弗朗西斯科的卡斯楚区(Castro)、纽约市的格林威治村作为最"酷儿"的都市社区在全美享有盛名。与此同时,马萨诸塞州的普罗温斯敦(Provincetown)以及纽约州的火岛是最受欢

的"酷儿"度假胜地。尽管酷儿空间的扩大时常会使其成为反"酷儿"行动的可见目标,但也为所需的文化、性、社会、政治联系奠定了基础。

进入 20 世纪,"酷儿"的地理界限以极其复杂的方式创建着且相互交叉。酷儿空间在外面看来可能十分同质,实际上它们常常有着不同的阶层、性别、族裔特征。举例来说,"酷儿"酒吧可能是全男性、全女性抑或男女混杂;有可能吸引着大批中产阶层或工人阶层的顾客;也有可能主要是非裔、亚裔、欧裔、拉美裔或者土著美国人前往。同处一城,一位富有白种男性同性恋的"酷儿"世界可能与一名贫困的非白种女同性恋的世界没有任何交叉之处,尽管社会和文化的差异可以被赋予色情含义,并成为性生活的空间。绅士化的男同性恋社区常以修葺过的房子、奢华花园、精品购物店为特色,它们可能与那些变性妓女充斥的街头没有丝毫共通之处。虽然大量社区被认为是男同性恋、女同性恋或酷儿的地盘,但不是所有的社区造访者视自己为男同性恋、女同性恋或者酷儿。包括从事反串表演的俱乐部在内,有些酷儿空间异性恋顾客占了绝大多数。那些提供匿名同性之性(Same-sex Sex)的场所如浴室、公园等,对那些不愿表明自身同性恋身份的人群极有吸引力。有人认为,"最酷儿化"的空间在保守主义城堡的内部,"最酷儿化"的行动是挑战公共领域与私人领域间的传统界限。

一直以来,酷儿空间都遭受着来自宗教界、政界以及科学界权威人士的攻击。尽管如此,"酷儿"一族们通过持之不懈的抗争及有组织的政治运动来守护他们/她们的疆土。二战后,同性恋及变性人中的激进主义分子不断挑战着警方针对酷儿空间的各式行动。1969 年,纽约警方突袭石墙酒吧,引发长达数日的"酷儿"骚乱,大批底层男同、女同参与其中。1980 年代,大部分"酷儿"社区被艾滋病摧毁。这一时期,"酷儿"一族力争性域(Sexual Territories)的地位。80 年代末,对酷儿空间新一轮的攻击引发"酷儿"一族更激进的回应,誓死捍卫"酷儿"疆土的"酷儿国际"(Queer Nation)成立。此后不久,学者们提出一种挑战异性恋正统性(Heteronormativity)的后现代路径——"酷儿理论",该理论批评固定不变的性、性别界限并将同性恋研究扩展至更广泛的领域。

635

亦可参阅:城市中的男同性恋文化(Gay Men's Cultures in Cities),城市中的女同性恋文化(Lesbian Culture in Cities)

延伸阅读书目:

- Abelove, H. (1995). The queering of lesbian/gay history. *Radical History Review*, 62, 44 - 57.
- Bell, D., & Valentine, G. (Eds.). (1995). *Mapping desire*. New York: Routledge.
- Betsky, A. (1997). *Queer space*. New York: William Morrow.
- Corber, R. J., & Valocchi, S. (Eds.). (2003). *Queer studies: An interdisciplinary reader*. Malden, MA: Blackwell.
- D'Emilio, J., & Freedman, E. (1988). *Intimate matters*. New York: Harper & Row.
- Duggan, L. (1992). Making it perfectly queer. *Socialist Review*, 22, 11 - 32.
- Ingram, G. B., Bouthillette, A., & Retter, Y. (Eds.). (1997). *Queers in space*. Seattle, WA: Bay Press.
- Rupp, L. J. (1999). *A desired past*. Chicago: University of Chicago Press.

Marc Stein 文

李胜译　陈恒校

R

种族骚乱
RACE ROITS

自殖民地时代起,美国的城市一直就是暴乱的中心。在城市中,一方面存在着经济、社会和政治上的不平等;另一方面又努力维持现有的机制,以满足城市中流离失所者的请求。随着时间的推移,城市中白人与黑人之间的暴力冲突似乎出现了固定模式上的发展和变化。种族骚乱的发生似乎也与下述情况有直接关系,即黑人寻求在城市中确立一种自主与合作的地位,而白人领导层则尝试去控制变化、维持稳定以及保持政治统治力。

白人工人阶级的反黑人暴行的出现,是对自由黑人努力为他们自身赢得自治地位的一种直接回应。白人侵犯黑人的住所、财产、机构、出行和政治权利。相比之下,城市的奴隶起义和 20 世纪中期到晚期的黑人城市叛乱,分别代表了黑人为了改变其处境所作的尝试,当时黑人的处境限制了其努力在整个国家的政治、经济和社会结构中实现自由的希望。

城市的种族暴力活动的开端集中在主要的殖民地城市,1712 年和 1741 年,黑人攻击纽约市的奴隶制,并且到 1800 年和 1802 年,暴力活动在弗吉尼亚的里士满再次出现。所有这些针对奴隶制的攻击行为都没有导致黑人的自由或者奴隶制的终结。每次暴动都遭到了白人当权者的残酷镇压,黑人的伤亡十分惨重,但若没有摧毁奴役的制度,城市的黑人奴隶仍旧会寻求做出改变。

城市中白人与黑人的冲突从奴隶制演变为对自由定义的竞争。白人会发起暴行,攻击城市社区中的黑人。对于真实的和假想的侵犯,黑人对白人在公共空间、就业、住房和社会行为上的支配地位进行了报复。19 世纪 20 年代到 40 年代期间,反黑人的暴行出现在罗德岛州普罗维登斯、俄亥俄州辛辛那提、宾夕法尼亚州费城和纽约市。在所有四个社区中,白人袭击黑人的居住区和事业机构,造成财产的损失和人员的伤亡。这些侵犯行为也与发生在普罗维登斯和费城的剥夺黑人选民选举权的行为相一致。白人劳工阶层在经济上的不景气、奴隶制的废除,以及禁酒运动同样也激怒了白人,使他们将对于当地和全国问题的不满情绪发泄到黑人身上。

内战后,自由、争夺中的公共空间和政治参与持续成为种族冲突的焦点。南部的城市卷入到由失败、全球市场以及当地兴起的发展所带来的变化中。全美范围内黑人和白人都向城市迁移,寻求工作、住房、获得公共空间以及机遇。从 1865—1900 年,新来的人吞没了南部的城市。一些人成为城市领导者,还有一些人进入到新兴的专业阶层、中产阶级和劳工阶层,以及在工商业工作的劳工。劳工阶层参与到了当地的政治中,使他们的代表在公共部门中当选任职,并对城市发展产生直接的影响。白人中专业人士、市政领导人、职员、地产开发商和报纸的所有者寻求控制劳工阶层行为的方式。其中一种方式便是破坏 19 世纪后期白人劳工阶层与黑人的政治联合。

从 1863—1900 年,白人反黑人的城市种族骚乱开始于白人对黑人的攻击,当时黑人正在使用公共空间,并寻求政治代表和联邦保护。1863 年的纽约市、1866 年的田纳西州的孟菲斯市和路易斯安那州的新奥尔良市成为反黑人种族骚乱的据点,正是这几个城市的问题明确地说明了反对黑人的暴行。阿拉巴马州的莫比尔市和密西西比州的维克斯堡市同样也经历了类似的由政治驱动的种族对抗。

在 1883 年、1889 年和 1906 年,南部城市的政治暴行演变成一场大屠杀——政变和政治改革。这些种族骚乱分别发生在弗吉尼亚州的丹维尔市、北卡罗莱纳州的威尔明顿市和佐治亚州的亚特兰大市。这些冲突中包括了公共空间、经济发展和就业以及政治权力方面的种族冲突，并且白人努力尝试去改革民主党。每次骚乱发生后，伴随的是黑人政治权力的丧失、被剥夺公民选举权以及种族隔离。

白人对黑人的袭击从 1900 年持续到 1943 年。一战前和一战期间中西部、南部和东部爆发了一系列城市种族骚乱，1908 年发生在伊利诺伊州斯普林菲尔德市的骚乱便是其中一例，这些骚乱是由警察与黑人之间的对抗所触发的，双方的对抗主要体现在公共空间、社区的开发以及白人对新来者的抵制等方面。发生在伊利诺伊州芝加哥市和俄克拉荷马州塔尔萨市的骚乱属于过渡性种族骚乱，其中不仅白人继续攻击黑人，而且黑人也开始对白人进行报复。

三起种族骚乱——两起发生在 1935 年和 1943 年的纽约市，另一起发生在 1943 年的底特律市——标志着白人袭击的结束和黑人城市反抗运动的开始。从 20 世纪中期到晚期，黑人的城市反抗运动针对城市的不平等现象而斗争，诸如失业、政治无权、城市更新、教育程度低、隔都化以及住房恶化等。从 1890 年到 1930 年间以及从 1945 年到 1970 年间，黑人向北部、西部、中西部和南部的城市中心迁徙，开启了黑人大规模地从 20 世纪前以乡村人口为主向 20 世纪以城市人口为主的转变。隔都化现象使黑人集中在"城中城"或者被敌对的白人社区包围的城市飞地。

从 1940 年到 1960 年，白人的暴行阻止了黑人在芝加哥市为新住房而迁居。白人的暴行影响了公共政策的形成，并且促成了城市更新项目的出台，当时的黑人正从破旧的住房中寻求救济，而城市更新项目却以黑人为代价来复兴商业城市。正是这种拒绝黑人住新房的要求以及将其限制在隔都区的做法，引起了黑人的城市反抗行动。这些骚乱变成了黑人愤怒的同义词，从 1963 年到 1970 年，当时警察与黑人的关系激起了黑人对其社区内的白人财产的猛烈袭击。这些反抗活动不仅仅是警察暴行的问题，尽管从 1935 年到 20 世纪末这些对抗引起了黑人的城市种族骚乱。黑人的愤怒集中在美国梦希望的破灭上。1970 年后，黑人为了城市中受忽视群体而支持发展下城的争论仍在持续，分别于 1980 年的佛罗里达州迈阿密市和 1992 年的洛杉矶市爆发了种族冲突。

随着美国城市中流离失所的黑人，利用其集中在隔都里的人口数量及其在隔都里培植的增强的文化和政治觉悟，来与城市中服务业和经济发展的缺失做抗争，城市反抗行动引起了全国的注意，但没有获得发展性的资源来确保黑人社区的自主性。虽然黑人的抗议

和政治权力促成了黑人市长进入市政厅，但是城市中心仍缺少税收基础，并且在一系列关于谁来统治城市的政治冲突后，白人选择离开，将中心城市遗弃给黑人。城市的种族骚乱就这样周而复始。

亦可参阅：城市中的非洲裔美国人（African Americans in Cities），集会和暴动（Crowds and Riots），隔都区（Ghetto），秣市事件（HaymarketRiot/Massacre），骚乱（Rioting）

延伸阅读书目：

- Brown, R. M. (1975). *Strain of violence: Historical studies of American violence and vigilantism*. New York: Oxford University Press.
- Harris, D. B. (1999). *The logic of black urban rebellions: Challenging the dynamics of white domination in Miami*. Westport, CT: Praeger.
- Mixon, G. (2004). *The Atlanta riot: Race, class and violence, in a New South city*. Gainesville: University Press of Florida.
- Sugrue, T. (1996). *The origins of the urban crisis: Race and inequality in postwar Detroit*. Princeton: Princeton University Press.
- Thompson, H. (2001). *Whose Detroit? Politics, labor, and race in a modern American city*. Ithaca, NY: Cornell University Press.

Gregory Mixon 文

宋晨译　陈恒校

种族区划
RACIAL ZOING

种族区划——由种族划分的居住区的官方名称——是 20 世纪早期城市规划和进步主义兴起的衍生物。进步派的规划师认为，国家行为对于纠正工业化、移民和增长所产生的影响是有必要的。市政分区——基于各种不同特点将城市合法地强制性地分成不同的区域——作为被采纳的方法之一。全国闻名的规划师诸如罗伯特·惠顿、哈兰·巴塞洛缪和小弗雷德里克·劳·奥姆斯特德，要求市政官员规定他们所在社区的物质、经济和社会特征，利用好他们关于"高效"城市动力的不断增长的知识。在有待进行规定的特征中，他们包括了居住者的种族，这是由该时代所主

导的种族等级和白人至上的理论所塑造的。

他们扩展的视野最初并没有被北方的官员所接受，在大迁徙之前，北方是一个对种族问题相对不在乎的地区。尽管对于影响城市的社会结构感兴趣，但是城市官员乐意于依靠他们的区划法规（Zoning Ordinances）中的物质和经济要求来实现这个目的。北方人同样对于政治上和法律上的挑战很敏感，这些挑战来自于对种族分布的控制和管理上，这将会赋予该地区更大程度的政治自由。在19世纪的一个种族区划的案例中，1890年旧金山的宾汉条例中规定将华裔居民驱逐到城市中一块指定的区域里。巡回法院的判决（In re Lee Sing 43 F. 359）裁定该条例违宪。由此产生的外交危机，以及华人社区的愤慨，是对北部其他一些城市很可能出现反应的一种征兆。

在南方，种族分区的想法得到了更多人的认同。从19世纪晚期开始，该地区传统的空间布置和社会安排已经受到了破坏性力量的攻击，主要来自于：非洲裔美国人向城市和在城市内的迁徙，黑人不断增长的自信和独立性，以及新南方的现代化趋势。像其他吉姆克劳法规一样，种族分区承诺会使南部的种族关系一次性规范起来，而当时既有的控制比如习俗、骚扰和暴力已经减弱了。

巴尔的摩是第一座接受这个实践的南部城市。它的法规通过种族来划定每一块城市街区，使用既有的种族构成作为其在立法时划分指派的基础。白人街区是由大多数白人所占据，而黑人街区则由大多数非洲裔美国人所占有。自此以后，只有被划定群体的成员才能占有该街区的财产，考虑到种族间逐渐分离的过程。这个法规只规定了占有权；任一种族群体的成员可以获得财产。该法规同样将公务员排除在外，他们的种族被认为是次要的。

弗吉尼亚州的里士满市于1911年采取了一项法令，在接下来的五年时间里，在阿拉巴马州（伯明翰）、佐治亚州（亚特兰大）、肯塔基州（路易斯维尔和麦迪逊维尔）、路易斯安那州（新奥尔良）、密苏里州（圣路易斯）、北卡罗莱纳州（阿什维尔、莫里斯维尔、夏洛特和温斯顿-塞勒姆）、俄克拉荷马州（俄克拉荷马城）和弗吉尼亚州（诺福克、阿什兰、罗诺克和朴茨茅斯）的城市都采取了居住隔离的法令。这些法律在落实隔离的机制上有所不同。一些法令按照立法时多数所有者的种族来划分区域；另一些法令则禁止一个种族的成员迁徙到另一个种族的所有居民所在的街区；第三类的法令则制定一张由种族构成的区域图。

这些法令通过使用区划的语言证明其合理性，迎

合了南部的种族行为准则。管理不同种族的定居地点是保护他们社区健康和安全的一个必要的方面。合法批准种族隔离被视作是避免种族间冲突、防止疾病传播、维护白人财产价值以及减少种族间通婚（当时在南部和许多其他州都是违法的）的一种手段。

这些观点获得了司法界的同情。挑战这些法令的诉讼案件在1910年到1920年间迅速增多。尽管一些法官因为剥夺了财产权而撤销了这些案件，但是更多的地方法官判定广泛的市政治安权足以包罗这些种族方面直接的措施。1915年后，种族区划在北方得到了更广泛的传播，当时来自南方的非洲裔美国人的迁徙行动引发了种族对立和冲突。在数年的争论后，圣路易斯于1916年颁布了一项法令。芝加哥和纽约对于实施它们自己的法令，进行协商讨论。堪萨斯城虽然距离颁布实施很接近，但是由于当时彭德加斯特集团的反对，该法令最终流产。

从那时起，非洲裔美国人动员起来阻止种族分区的传播。成立于1909年的全国有色人种协进会发挥了带头作用，该组织发起诉讼、组织抗议，并在其月刊《危机》上广泛宣传这一问题。这些努力终在一次精心安排的挑战中达到了顶点，路易斯维尔于1914年通过了一项法令，人们针对该法案是否符合宪法提出挑战。在布坎南诉沃利（*Buchanan v. Warley*）一案（245 U. S. 60）中，法庭判定种族区划是违宪的，根据是它违反了宪法第14条修正案中对白人和黑人财产权的保障。

布坎南案标志着最高法院不会允许种族隔离范围的扩大，如果它影响到被视为对于美国民主很必要的权利——在一个来自高等法院不利判决的时代中的一个异象。但它拒绝对施加于美国城市上的种族隔离这种最广泛的形式作出制裁，当时北部的城市正寻求合适的手段来这样做。它提高了全国有色人种协进会的声誉，刺激了其全国的会员数增长了四倍，并且其新的地方分支也井喷式地涌现出来。

布坎南案所没有实现的目标是马上终止种族分区，也没有减少为种族隔离的军火库提供供应的努力。亚特兰大、伯明翰、查尔斯顿、戴德县（佛罗里达）、达拉斯、印第安纳波利斯、新奥尔良、里士满和温斯顿—塞勒姆——1917—1940年间，所有这些城市都实施了隔离的法令。无论如何，这些法令都被推翻了，有两个案例于1927年（新奥尔良：哈蒙诉泰勒案）和1930年（里士满：里士满诉迪安案）再次上诉到了最高法院。

种族区划的替代方式即刻出现。到20世纪40年代，南部的城市制定出旨在实现种族隔离的全面计划，包括由蓄意的种族所构成社区而划定的地图。他们依

靠于战略性地利用其他规划和区划工具——定位街道和高速路，指定密度和用途，以及着手实施城市更新计划——来实现他们的目标。

在北方，有关种族的限制性契约和约束性规定是最受欢迎的分隔种族的手段。他们个人的、自愿的合法地位，在地产开发商、地产经纪人和房主之间如同契约一样，使他们能够避开第14修正案的法律权威——并且同样有助于更广泛地认同那些反对公开的种族歧视现象的人们。直到1948年，当最高法院禁止法院执行这些协议时，它们成为一种限制非洲裔美国人进入城市大部分地区的有效手段。此后，联邦资助的城市更新计划和郊区的扩张阻碍了将非洲裔美国人整合到美国大都市区的努力。因此，种族区划成为由美国白人所作的一长串正规努力中的第一个尝试，目的是通过排斥的手段来消解城市化和非洲裔美国人迁徙的两股力量。

亦可参阅：哈兰·巴塞洛缪（Bartholomew, Harland），老弗雷德里克·劳·奥姆斯特德（Olmsted, Frederick Law, Sr.）

延伸阅读书目：

- Epstein, R. A. Et al. (1998). Colloquium: Rethinking Buchanan v. Warley. *Vanderbilt Law Review*, 51, 787 - 1002.
- Kelleher, D. T. (1970). St Louis' 1916 Residential Segregation Ordinance. *The Bulletin. Missouri Historical Society*, 26, 239 - 248.
- Meyer, S. G. (2000). *As long as they don't move next door: Segregation and racial conflict in American neighborhoods*. Lanham, MD: Rowman & Littlefield.
- Power, G. (1983). Apartheid, Baltimore style: The residential segregation ordinances of 1910 - 1930. *Maryland Law Review*, 42, 289 - 328.
- Rice, R. L. (1968). Residential regulation by law, 1910 - 1917. *Journal of Southern History*, 34, 179 - 199.
- Silver, C. (1991). The racial origins of zoning: Southern cities from 1910 - 1940. *Planning, Perspectives*, 6, 189 - 205.
- Wright, G. (1985). *Life behind a veil: Blacks in Louisville, Kentucky*, 1865 - 1930. Baton Rouge: Louisiana State University Press.

Wendy Plotkin 文

宋晨译　陈恒校

新泽西州雷伯恩市
RADBURN, NEW JERSEY

新泽西州的雷伯恩市曾经是、现在仍然是田园城市运动在美国的第一个案例，作为最重要的规划城市概念之一，田园城市运动兴起于19世纪的英格兰，是对工业革命时期污染和拥挤问题的一个回应。1898年，埃比尼泽·霍华德发表了《明日：一条通向真正改革的和平道路》一书，在本书中他提出了其关于创建新城的想法。他相信这些城镇应当在大小规模和密度上予以限制，而且应由一块未开发的土地带所环绕。该想法获得足够多的关注和财政支持，并由此产生了莱奇沃思，这是一战之前第一个此类的田园城市，位于英格兰的哈特福德郡。韦林田园城市（Welwyn Garden City）是第二座按照霍华德思想建造的城市，同样位于哈特福德郡，建于一战之后。

20世纪20年代，受霍华德思想与莱奇沃思和韦林成功的启发，美国建筑家克拉伦斯·斯坦与亨利·赖特为新泽西的雷伯恩制定计划，雷德伯恩位于伯根县（Bergen County），距离曼哈顿大约16英里。为了成为一个对孩子安全的社区，雷伯恩的设计方便于那些不需要小汽车的居民。实际上，雷伯恩开创了行人和车辆交通的分离，以及"超级街区"（Superblock）的使用，每个街区（在雷伯恩）拥有23英亩共同持有的公有场地。

雷伯恩是将霍华德世纪之交的观念移植到一战后美国景观的一种尝试。它不只是改善了自然环境，还代表了控制小汽车和增进面对面交流、参与性民主制以及让孩子过上安全生活的社会规划。该社区仍以其后院小路和人行地道而知名。

除了斯坦和赖特之外，马乔里·休厄尔·考特利（Marjorie Sewell Cautley，1895—1954）也应当被列入雷伯恩的主要开发者。马乔里是一名公园设计师，1924年得到了斯坦和赖特的聘用，曾从事于阳光谷花园（Sunnyside Gardens，1924—1928）和雷伯恩的设计工作中。她还在哥伦比亚大学担任兼职讲师，讲授场地规划与景观设计的课程。赖特也曾于20世纪30年代期间在哥伦比亚大学任教。

雷伯恩现在不是一个城镇，而是作为新泽西州费尔劳恩的一个区。它建于1928年至1933年间，利用来自城市住房公司（City Housing Corporation，CHC）的资金，城市住宅公司之前还建设了纽约昆斯区的阳光谷花园（并在1933年破产，导致没有完成雷德伯恩计划）。时任城市住宅公司主席的是亚历山大·宾（Alexander

Bing），他是一位纽约市富有的地产开发商。董事会的其他成员包括埃莉诺·罗斯福以及伦理修养协会（Ethical Culture Society）的创建人费利克斯·阿德勒（Felix Adler）。或许更为重要的是，美国区域规划协会也参与到雷德伯恩的建设中，该协会是一个规模较小、组织松散的群体，对城市与地区的问题感兴趣，包括住房和社区开发、交通、娱乐以及资源保护，主要成员有斯坦和赖特、查尔斯·惠特克（Charles H. Whitaker）和弗雷德里克·阿克曼（Frederick Ackerman）、伊迪丝·埃尔默·伍德（Edith Elmer Wood）和凯瑟琳·鲍尔、斯图亚特·蔡斯（Stuart Chase）、本顿·麦克凯耶（Benton MacKaye）以及刘易斯·芒福德，这位可能是20世纪美国在城市和区域方面最有影响力的作家。

雷伯恩社区目前处在费尔劳恩村的范围内，这一事实是"雷伯恩理念"（Radburn Idea）与它的具体实现之间对立的一部分。正是那种对立使雷伯恩成为其在全盛期（大约从1931年到二战之间）的样子，而二战后有了更多的对雷伯恩体系的阐释，这些阐释表明了雷伯恩理念与雷伯恩社区生活之间的紧张关系，以及二战后郊区扩张的问题。当雷伯恩于1933年成为费尔劳恩的一部分时，雷伯恩的居民将他们的注意力和精力转向当地的协会、社区剧院、雷伯恩的周刊《报道》（Reporter）和小型儿童游乐场（"Tot Lot"）——雷伯恩的学前项目，还有雷伯恩的教堂以及雷伯恩的学校。

雷伯恩的一侧建有独立式的住宅，位于城镇的"B"侧，在左边你会从伊利铁路车站（朝向广场大楼，而在该镇的"R"侧，即右边，建有成排的房屋。而接下来在左侧会直接出现一桩公寓楼，在道路清除了朝向雷伯恩学校方向的B侧一边之前。在R侧，住房的花费更少一些。雷伯恩地区的政治在过去，总体上有些许的左倾色彩——该社区中一对较为知名的夫妇是社会主义作家和长年累月的候选人麦卡利斯·科尔曼（McAlister Coleman，1889—1951）和他的妻子露丝·福克斯（Ruth Fox）医生，她是美国成瘾药物协会的创始人，同样来自于对社会主义忠诚的家庭。演员们将这些原型故事搬上普罗温斯顿的舞台，比如约翰·高尔斯沃西（John Galsworthy）的《正义》（Justice）和斯蒂芬·贝内特的《魔鬼与丹尼尔·韦伯斯特》（Devil and Daniel Webster），以及在战争年代至少计划去演出埃德娜·米莱（Edna Millay）的《利迪策的谋杀》（The Murder of Lidicé）。哥伦比亚大学的许多教职员都居住在雷伯恩，或许是因为赖特和玛格丽特·休厄尔·考特利（Margaret Sewell Cautley）也在哥大任教。麦克·科尔曼为《报道》周刊写了一篇专栏——其他作家

催促雷伯恩的选民可以偶尔考虑为一位特殊的候选人投票，即使他是共和党人——在1933年，在没有被列为候选人的情况下，麦克·科尔曼通过投票人的另外提名而当选为治安法官（Justice of the Peace），尽管他之前和之后都没有当选为州长、州参议员、新泽西的参议员和纽约的参议员。

战后给予其名称的广场大楼的广场（在伊利铁路车站和广场大楼之间）被一家超市所覆盖；城镇的外围，沿着伯丹大道（举例来说），也被建设起来；20世纪30年代来到雷伯恩的夫妇们当时都搬到了里奇伍德或霍库斯或希斯代尔，住进有更大车库和更多私人空间的大房子里。一些人搬回到了纽约市。一对夫妇（他当时一直是《报道》的一名编辑）搬到了宾夕法尼亚州的营山（Camp Hill, Pennsylvania），位于哈里斯堡之外。一些人直到他们退休都在雷伯恩生活，接着退休之后搬到避暑别墅（比如，玛莎葡萄园岛）里。有时候，男人已在二战中服过役，并且那时的连续性被破坏了，接下来就是搬到一所新房子里（尽管在一个案例中，"新"房子至少早在1738年已被建好，而在另一个案例中，则是搬回到了家族产业中，位于弗吉尼亚州弗雷德里克斯堡之外，建于17世纪90年代）。"雷伯恩体系"在衰落中残存下来，并且该社区仍是一个生活的理想之地。1928年的远大希望没有实现，但是有一些人（包括少数已经生活很久的当地人）不会在其他任何一个地方生活，而且许多目前六七十岁的居民记得他们在雷伯恩长大的时光是一段黄金时代。

亦可参阅：田园城市（Garden Cities）

延伸阅读书目：

● Cautley, M. S. (1935). *Garden design*. New York：Dodd, Mead & Co.

● Luccarelli, M. (1935). *Lewis Mumford and the ecological region：the politics of planning*. New York：Guilford.

● Wojtowicz, R. (1996). *Lewis Mumford and American modernism：Eutopian theories for architecture and urban planning*. New York and Cambridge. UK：Cambridge University Press.

● Wright, H. (1935). *Rehousing urban America*. New York：Columbia University Press.

Jared Lobdell 文

宋晨译　陈恒校

火车站
RAILROAD STATIONS

随着铁路在美国的出现,作为一种可行的交通系统,公司和城镇同样地必须建造大楼来为列车和乘客服务。较早之前的交通方式,像运河系统和公共马车付费公路系统,并不需要或者建造专门的大楼。为了建造火车站,铁路系统很可能借鉴了一些老旧的过路收费亭的做法,当时的收费亭为过往的客车及乘客提供遮蔽场所。

到了1830年,美国铁路系统将巴尔的摩与俄亥俄铁路公司合并,并迅速在工业化的东部地区延伸开来。马里兰州巴尔的摩的克莱山车站(Mount Clare Station, 1830)在美国享有第一座火车站的荣耀。这座车站在样式上比较粗糙,仅仅是铁路线上一个砖砌的八边形。铁路系统没有在未来五年内将列车棚(Train Shed)——火车头可以直接进入车站的宏大入口——整合到车站设计中,而第一个被纳入到车站设计的火车站于1835年出现在马萨诸塞州的洛厄尔。在整个早期阶段,美国东部和中西部的小城镇中,铁路公司的工程师会建造一些小型的火车站。这些车站通常由木材建造,并且没有遮盖。当时的铁路公司会将铺设线路放在首要位置,接着将重点放在保护铁道车辆的设备上,而最后才会关注乘车站。城市地区有更好的机会来要求为乘客建造永久性的建筑。早在19世纪30年代,波士顿已经有了用石头建造的车站,而到了1847年,旧殖民地火车站(Old Colony Railroad station)有了一些更为现代的车站配备——吸烟室、理发店、电报局、报摊、擦鞋童和行李房。罗德岛的普罗维登斯同样以拥有一座宏伟气派的联邦车站(Union Station, 1848)为荣,这座车站有大型舒适的候车厅,为铁路办公室留有空间,以及布置了古罗马式的装饰。钟塔、列车棚和拱形的屋顶都有助于使这些城市火车站成为重要的建筑布局。这些市容建筑很快成为美国城市火车站的标准。

纽约的中央车站(Grand Central Station, 1869)是第一座能够比肩欧洲火车站建筑的车站。这座车站由纽约中央铁路公司所修建,是美国第一座旗舰火车站。该车站的核心部分——列车棚——由大片的玻璃和钢材外壳所包裹,模仿的是英格兰的圣潘克拉斯车站(St. Pancras)。为了保持列车棚没有烟尘,火车机师会关闭引擎,使用骡子以及稍后利用电力将列车牵引至市区车站。尽管当时列车棚有些大,但不久后火车

车厢便超过了最初列车棚的长度。宾夕法尼亚铁路公司的主管们开始在一些城市修建更大、更宏伟的列车棚,像泽西城(1888)、纽约(1895—1911)、费城(1892—1893)和匹兹堡(1898)。大型的火车站不仅使乘客受益,而且很快会成为一个特定铁路公司展示其卓越技能的显著性标志,此类的公司有中伊利诺伊铁路公司(Illinois Central, 1892)、雷丁铁路公司(Reading Railroad, 1891)以及芝加哥与西北铁路公司(Chicago and Northwestern Railway, 1911),所有这些公司都在各自城市建造了宏伟的城市车站,像新奥尔良、费城、芝加哥。

20世纪初,铁路客运服务和车站建筑数量都达到了各自的顶点。美国的城市对于建筑的要求,使其不仅能代表铁路系统,而且还能代表它们的城市,并且这些更大的车站很快成为公民建筑。当郊区火车站还在经常模仿国内建筑时,这些城市火车站已经很快覆盖了紧靠着铁路基础设施的办公楼群。在各个城镇里,火车站的外部建筑从意大利风格演变为古罗马式风格、安妮女王风格和美术派的建筑风格。随着美国城市变得愈来愈拥挤和聚集,城市规划人员开始寄望于铁路公司通过修建火车站来缓解拥堵。许多城市鼓励铁路公司修建"联合车站",这些车站可以将多条火车线路合并到一座建筑内。一些城市修建了宏伟的建筑,能够涵盖办公楼群、列车线路和城市的便利设施(像购物、理发、餐馆和贵宾候车室),像丹佛(1894)、堪萨斯城(1914)、芝加哥(1914—1925)和辛辛那提(1933)都是这类城市。这些车站立刻成为各类各样种族、性别和阶层的人们会面的地点,他们混杂和交融在一起。尽管早期的火车站只有一个候车室,但到了内战结束时,这些车站已经为妇女、吸烟人士和移民提供单独的厅室,这种安排模仿了高度分离化的列车车厢的做法。在种族歧视的南方,火车站同样为白人和黑人乘客提供了相互隔离的候车室。车站建筑师学会为通过这些入口的大量人群提供空间。更大的建筑公司,像是麦金米德怀特公司、格拉汉姆安德森普罗布斯特怀特公司以及卡斯吉尔伯特公司,都将圆柱、拱门和新的结构技术合并到一块,来突出火车机头、减少烟尘以及让乘客能迅速高效地穿过车站。

汽车出现后不久,火车的客运量急剧下降,并且这些铁路公司不再能支付建于19世纪的纪念碑式建筑的运营费用。许多铁路公司将车站上的空间租赁给一些办事处,而其他一些铁路公司仍在20世纪的上半叶亏损运营着这些车站。由于石油配给制和军队行动将美国人带回到大型候车厅和火车入口,第二次世界大

战见证了客流量的止跌回增。尽管游客和乘客有可能仍会到车站去参观一台著名的机车，像第二十世纪有限公司、先锋者微风号，或百老汇有限公司，到二战结束，机车运输的时代已经结束。1971年，铁路客运服务法案通过后，美国全国铁路客运公司（Amtrak）作为长途客运的集运代理商又开始了运营。一些大型火车站仍然发挥城市铁路枢纽的作用，像纽约的宾夕法尼亚车站（Penn Station）和芝加哥的联邦车站（Union Station）。尽管随着城市中心地带重新利用房地产，许多车站屈服于衰败和拆除，但其他一些车站则以大型购物中心的形式（华盛顿的联合车站；圣路易斯的联合车站和密苏里州堪萨斯城的联合车站）和通勤线路车站的形式重获新生。

亦可参阅：铁路郊区（Railroad Suburbs），铁路（Railroads），郊区铁路服务（Suburban Railroad Service）

延伸阅读书目：

- Meeks, C. L. V. (1995). *The railroad station: An architectural history*. New York: Dover.
- Richards, J., & MacKenzie, J. M. (1986). *The railway station: A social history*. New York: Oxford University Press.

Laura Milsk Fowler 文

宋晨译　陈恒校

铁路郊区
RAILROAD SUBURBS

几乎和铁路系统能向乘客兑现其快速、可靠的出行承诺发生在同时，铁路郊区便兴起了。早在1831年，纽约的一家报纸便预测，该州的首条铁路线——从第23街到曼哈顿的北端——将会使哈莱姆村变成一片郊区。十年的轮渡服务已经使纽约富人采纳了住在城外的想法，而且常规的铁路服务允许商人将他们的家庭安置在他们看来是更健康的区域，这些区域远离城市中心的噪音、烟雾和不稳定的移民，但同时富人却在市中心赚钱。郊区的定居点有许多起源，并且铁路郊区只是一种在某些地区的特殊形式。在通往波士顿、纽约市、费城、匹兹堡、克利夫兰、芝加哥和旧金山的沿线，极易辨识出这些区域。甚至在同一条铁路沿线的城镇有许多不同的起源：一些是工业卫星城，而其

他一些则一开始是作为农贸中心或小十字路口的村庄，是随着铁路线的到来而发生演变。

然而，许多铁路郊区是在之前尚未开发的乡村土地上开发为成熟的新定居点。寻求多元化投资的工业家们或是了解通勤服务前景的铁路官员，都频繁地参与到修建车站、关于停靠点而与铁路系统进行的协商，以及划分和抛售地块的事业中。为了吸引居民，开发商们将度假酒店、乡村俱乐部和大学或寄宿学校引入到他们所持有土地的附近。一种普遍的模式是为了新车站而吸引非常富有的人购买避暑的住所，他们中一些人一年到头都居住在这里。那些只能支付一套房子的中上层居民会经常关注，并且最终中产阶级家庭甚至能够买得起小一点的房子。

这些新的定居点在服务、娱乐、购物以及工作方面，与中心城市相联系。不仅养家糊口的人通勤到中心城市，而且家庭主妇们通常会到中心商务区的百货公司和专卖店购物，或者到剧院观看演出。中心城市的商人察觉到了这片新市场的价值，开始提供送货上门服务。到20世纪20年代，甚至下城的百货商店也开始在更大的郊区设立分店。

由于频繁的停靠对于蒸汽机车来说是低效的，所以郊区停靠点的间隔通常达到了数英里。按城市标准看，停靠点的面积属于大型的，但是住宅仍然聚集在交错的街道旁，相距车站在简单的步行范围内。更富有的土地所有者可能在更远的地方拥有地产，并通过乘坐他们的列车来往。这些模式自然地限制了铁路郊区向几千人的村庄延伸，这些村庄被由市场菜园、高尔夫球场或者未开发土地所构成的自然绿色地带所环绕。

火车站建筑被设计成别具一格的样式，而且比乡村的车站大很多，象征着这个社区的雄心抱负。在车站附近的小商业区包括了杂货店、小商店，最后还有电影院。相较于城市社区包括了住宅附近的商店和酒馆，铁路郊区则几乎是专门住宅区，只有教堂和学校，中间散布着独户住宅。下城的商业街可能在商店上面包含了一些公寓。火车站附近的铁路侧线可能为贮木场和煤炭商服务。铁路沿线一些更小的屋舍或者公寓为那些不依靠雇主生活的劳动者提供住所。然而，由于种族限制性契约（Racial Restrictive Covenants，某一地区业主间相约不得随意向少数民族转让产业）或新房价值的最低要求，其他一些居民通常被排除在外。

这些郊区中许多社区属于投机性项目，虽然它们的设计很难与其他住宅小区进行区分，但许多郊区有着更高的志向。1869年，弗雷德里克·劳·奥姆斯特德为芝加哥城外的里弗塞德所规划的弯曲街道，影响

了下一个世纪的郊区发展。在城市中紧紧挤在一起联排房屋与富人隐秘的房产之间,景观美化的新模式给予了这些郊区一种不同的特质。将房子相对往后缩,门前有开阔的草坪,并在街道附近种植树木。弯曲的街道走向与周围景观相吻合,峡谷和天然河道在共同所有权下得到保护,并且街道的中间分隔带或火车站的空地上装饰着精心种植的公共花园。随着这些景观的成熟,与工业城市和未被利用的乡村形成鲜明对比,它们似乎提供了两全其美的范例。

到 20 世纪 20 年代,连串的铁路郊区成为许多城市商业精英所喜爱的居住地。提及费城的梅因莱恩(Main Line)、芝加哥的北岸(North Shore)、纽约的威斯特切斯特县,或者旧金山半岛城镇的南部这些地方,意味着一种特定的生活方式,特点体现为都铎式建筑、清教教堂以及共和政治。甚至作为从火车站到地产房屋之间的客运和货运交通方式,一种新车型——旅行车开始流行起来。

战后郊区的发展首先在郊区铁路车站附近已有的框架下组织开来。但不断增长的小汽车拥有量和利用率使得放射状铁路线之间的土地变得比较便宜,正好适于开发。工厂生产所在地以及最终企业办公所在地的分散化,同样使新的郊区居民减少了住在铁路线附近的需要。铁路郊区被新的住宅小区所吞并,一些是被现有的城镇所兼并,而其他一些则被并入了新的市镇。到 1970 年,传统成串相连(Beads-along-a-string)的居住模式甚至在一些老旧的城市地区都难以见到,而新兴的阳光带城市却从来都没有铁路郊区。无论如何,铁路郊区模式还能继续吸引城市规划师的兴趣,这些城市规划师力图为 20 世纪后期华盛顿和芝加哥地区的规划中的提出铁路郊区的方案,并将其拔高到新城市主义运动中的一种区域规划模式。

亦可参阅:老弗雷德里克·劳·奥姆斯特德(Olmsted, Frederick Law, Sr.),火车站(Railroad Station),铁路(Railroad)

延伸阅读书目:

- Grow, L. (1979). *On the 8:02: An informal history of commuting by rail in America*. New York: Mayflower Books.
- Stern, R. A. M. (Ed.). (1981). *The Anglo-American suburb*. London: Architectural Design Profile.
- Stilgoe, J. R. (1988). *Borderland: Origins of the American suburb, 1820 - 1939*. New Haven, CT: Yale

University Press.

Dennis McClendon 文

宋晨译　陈恒校

铁路
RAILROAD

铁路塑造了 19 世纪美国城市的发展。轨道接线的质量有助于决定城市是繁荣或停滞不前。在城市地区内,铁路设施诸如轨道、调车场、火车车库和铁路交叉口在凭它们自身力量的同时,又为工商业的发展和住宅区的开发提供磁场效应,进而塑造了城市景观。在最大的城市中,铁路客运服务产生了通勤,而通勤反过来导致了郊区化,特别是在火车站步行可达的范围内。

铁路技术的组成部分,譬如运行在轨道上的凸缘轮,最早来源于中世纪的欧洲,但是直到 19 世纪的英格兰,人们才用铁轨和蒸汽机车将凸缘轮组装起来,并形成了现代的客运与货运铁路。第一条铁路——斯托克顿-达灵顿铁路于 1825 年建成通车。铁路很快便传播到美国,巴尔的摩和俄亥俄首先于 1828 年破土动工,并在两年后通车运营。到 1835 年,波士顿与洛厄尔、伍斯特以及普罗维登斯等地之间交通开始由铁路线服务,而且波士顿成为全美第一个铁路交通枢纽。在 19 世纪 50 年代晚期和 19 世纪 60 年代早期,新城芝加哥成为全美铁路交通网的中心,从那时起该特征一直由芝加哥所保持。

在 19 世纪,铁路线路大幅度地扩展。早在 1840 年,美国便拥有 2800 英里的铁路线处于运营状态,当时已经是英国的两倍。而到 1860 年,铁路线路总长超过了 3 万英里,并在 1890 年达到了 16.6 万英里。起初,大多数铁路公司属于地方事务,列车线路连接附近的城市,并且标准化的缺失(特别是轨距)阻碍了设备的交接以及客运和货运服务的发展。然而,到了 19 世纪末期,货运和客运列车的普遍标准化已经产生了真正意义上的全国交通系统,几乎连接美国的每个城市和小镇(同样还有加拿大)。目前单个公司在沿海地区与芝加哥间运营铁路。

铁路线路交汇之处的地段必然伴随着发展。像纽约、波士顿、巴尔的摩、匹兹堡和圣路易斯,这些已有的港口城市修通铁路之后,在人口数量和土地面积上都得到了极大的增长。而最惊人的增长却发生在像芝加哥、印第安纳波利斯、堪萨斯城和洛杉矶这些新兴城市，这些地方可能仍保留了一些没有通铁路的村庄。对于每座像芝加哥一样的城市来说，有成百上千社区的发展是由铁路运输推动的。运货商努力寻找由多条铁路通过的地点，因为竞争降低了这些地点的利率。

城市中的铁路创造了一种新的独特景观，铁轨和火车调度场、火车站、跨线桥、路堑和路堤、圆形机车库、信号塔、货仓和谷物升降器，这些景观反过来又吸引了私人和市政开发。工厂、货栈、煤炭和谷物经销商、贮木场和牲畜饲养场都发现将选址确定在轨道旁边的好处，促使在这些行业工作的劳工们（以及他们的家庭）在附近寻找住房。在许多城市中，为了避免大量的铁路交叉道，繁忙的列车线路最终被抬高到路堤上。铁轨形成的屏障用来划定社区的社会经济界线和族裔/种族边界："铁轨的另一边"成为贫民窟的委婉说法。

铁路城市的景观通过铁路线延伸到乡村。正如约翰·斯蒂尔戈(John Stilgoe)在他 1983 年出版的《大都市走廊：铁路和美国风光》一书中所描述的，这些与铁路相关的"大都市走廊"的利用已遍及全美，即使是偏远的乡村也开始拥有它们的火车站、货栈、煤炭经销商、钢铁跨线桥、铁路宾馆和谷物升降机，是芝加哥的缩影。

早在 19 世纪 40 年代，少数商人和专业人士开始每日乘坐火车从郊区的家中往下城的办公室和商店通勤。当最早的列车线路获得特许状时，铁路客运市场还不可预测，铁路公司起初不愿为短途乘客服务，但最终铁路公司通过为那些购买大量车票的乘客提供折扣票，刺激了铁路客流量。到内战爆发时，许多东部和中西部的大城市中，郊区居民区逐渐在通勤铁路车站附近形成。尽管很多城市最后开通了一些通勤铁路服务，但最大的铁路网还是出现在纽约、费城、波士顿和芝加哥。由于蒸汽机车排出了大量的烟尘，以至于到20 世纪初，迫于公众压力，纽约和费城的铁路客运公司对很多条火车线路进行了电气化改造。尽管波士顿的火车公司从来没有进行电气化，但是芝加哥的一个主要通勤客运公司——中伊利诺伊铁路公司(Illinois Central Railroad)，确实在同一时间对其列车线路进行了电气化改造。

铁路通勤的客流量在 20 世纪早期达到了顶峰，之后乘客数量开始平稳地下降，特别是在二战后。大多数城市失去了其剩余的通勤列车，随着铁路公司寻求从铁路客运业务中退出，甚至在纽约、费城、波士顿和芝加哥这几个主要的铁路中心，客运服务都显著地减少了。尽管这种衰落可能在当时看起来令人惊讶，与此同时美国的郊区则经历了最快的增长期，但是 20 世

纪五六十年代一些新的郊区都以私人小汽车为中心，而不是通勤铁路车站。数百万人更喜欢直接开车上班的便利性，许多新的郊区也没有开通通勤铁路服务。同时，运送大多数乘客的铁路公司，比如宾西法尼亚铁路公司、长岛铁路公司、纽约中央铁路公司、纽黑文铁路公司、雷丁铁路公司和波士顿与缅因铁路公司，都陷入了破产，将它们的不幸部分归咎于运营铁路通勤服务所造成的严重亏损。最终，由地方政府资助以及联邦政府补贴的公共机构，在 20 世纪 60 年代接管了剩下的通勤铁路的运营业务。

今天，在十几个大都市区里，有 50 万通勤者每个工作日乘坐火车，不过纽约、费城、波士顿和芝加哥地区的客流量就超过了 3/4。20 世纪七八十年代的能源危机，以及许多地区不断增多的高速公路拥堵，促使了铁路客运业务的扩展和改进，包括之前折扣列车线路服务的恢复，新的列车和车站，以及更为频繁的车次。不幸的是，联邦政府和州政府预算的缩减有可能会对这些改进措施造成破坏，并且使保持现有的铁路服务水平变得日益困难，以及为列车线路的扩展提供更少的资金。

亦可参阅：火车站(Railroad Stations)，铁路郊区(Railroad Suburbs)，快速公交(Rapid Transit)

延伸阅读书目：

● Cronon, W. (1991). *Nature's Metropolis：Chicago and the great West*. New York：Norton.
● Grow, L. (1979). *On the 8：02：An informal history of commuting by rail in America*. New York：Mayflower Books.
● Jackson, K. T. (1985). *Crabgrass frontier：The suburbanization of the United States*. New York：Oxford University Press.
● Stilgoe, J. R. (1983). *Metropolitan corridor：Railroads and the American scene*. New Haven, CT：Yale University Press.

Ronald Dale Karr 文

宋晨译　陈恒校

快速公交
RAPID TRANSIT

快速公交是指在固定线路上运行、有常规停靠站、

频繁时间表和固定票价，以及拥有单独通行权的交通运输系统。地铁和高架铁路都是快速公交的主导运输方式。

对于快速公交的需求

相对来说，快速公交是个新生事物。在 1863 年前，世界上没有哪座城市拥有快速公交，大多数人通过步行或乘坐公共马车和有轨马车前往城市地区。公共马车和有轨马车分别于 1826 年和 1832 年引入到美国，构成了最早的公共交通工具，但是它们还不是快速公交的运输方式。尽管公共马车和有轨马车在已有的线路运行，并且有常规的时间表和固定票价，但它们却没有独立的通行权，而这一点正是快速公交的不同之处。

公共马车和有轨马车都由装着轮子的木质车厢构成，并且用畜力作为牵引。而当公共马车还直接在粗糙的城市路面行驶时，有轨马车已开始在铁轨上滚滚前行，这样便将摩擦力降到最小。有轨马车的速度可以达到 8 英里每小时，是公共马车的三倍，并成为第一种能够证明公交对美国城市产生最大影响的模式：城市空间结构的演变。当公共马车移动速度过于缓慢而不能改变城市结构时，更快的有轨马车却使居民能够生活在离工作地更远的地方，而不必在路程上花费更多的时间。在距离市中心三四英里的地带，马拉街车促使了一个郊区环形居住带的发展。

到 19 世纪 50 年代，有轨马车的总乘客量已经超过了公共马车，成为美国公共交通的主要形式。多数美国的主要城市拥有众多有轨马车和公共马车的线路。早期美国公交行业由一些规模小、财政不稳定的公司组成，它们局限在特定的城市，运营着数条线路，互相之间存在竞争，并根据当地政府签发的特许证来经营。

由于加重了街道拥堵以及在运行中移动缓慢，有轨马车和公共马车广受诉病。到 19 世纪中叶，经营方和投资方已开始寻找一种能够取代有轨马车的机械系统，来作为地面交通的动力来源，而随着 1888 年第一条商业运营的电气铁路在弗吉尼亚的里士满成功开通，这项搜寻工作也宣告结束。解决交通问题的另一个方案是快速公交。通过使用单独的通行车道，要不在地面之上（如高架铁路）要不就全部或部分在地下（如地铁），快速公交运输方式能够避开交通拥堵，并且达到更高的速度。

高架铁路与地铁：至一战时期

美国建设的第一个快速公交网络是高架铁路，而不是地铁。因为修建高架铁路的费用要比修地铁要低，高架铁路（或简称"Els"）不需要政府支持，而且按照自由放任的原则便能将其产出。世界上第一条高架铁路于 1868 年 7 月 3 日在纽约市开通运行，位于下曼哈顿区的格林威治街。到 1880 年，纽约市已拥有一个庞大的高架铁路系统，其中三条线路在曼哈顿区内运行，而第四条线路则延伸到中央公园。通过向之前不在通勤范围内的地区提供通道，高架铁路刺激了曼哈顿北部的发展。尽管高架铁路起初依靠的是蒸汽驱动，但到 1901 年便转换为电力驱动，而随着 1898 年多元控制系统的发明，使得列车能够作为一个整合的系统来运作。而另外两个拥有大型高架铁路系统的美国城市是布鲁克林（1885）和芝加哥（1892）。密苏里州的堪萨斯城（1886）和艾奥瓦州的苏城（Sioux City，1891）修建了线路相对较短的高架铁路。

快速公交的出现推动了公交管理的重组。小型、独立的公交企业是公共马车和有轨马车时代的特征，而随着企业投资和运营成本的增加，以及利润的提升，它们逐渐被能够主导一个城市公交系统的大型企业所取代。到 1880 年，曼哈顿高架铁路公司垄断了纽约市的高架铁路业务，而到了 1896 年，布鲁克林快速公交公司控制了布鲁克林市的大部分高架和地面公交线路。在 19 世纪 90 年代期间，伴随着市内街车线路的电气化进程，出现了一个企业并购的浪潮，与之前的过程有相似之处，并改变了整个公交行业。在向穷人提供公交服务以及向市政府行贿方面，有轨电车行业的托拉斯变得可谓是臭名昭著。作为芝加哥铁路公司的运营商，查尔斯·泰森·耶基斯（Charles Tyson Yerkes）的职业经历，启发了小说家西奥多·德莱塞在其"欲望三部曲"《金融家》（The Financier，1912）《巨人》（The Titan，1914）《斯多葛派》（The Stoic，1947）的创作中塑造了一个尖刻的人物形象——强盗式资本家弗兰克·柯帕乌（Frank A. Cowperwood）。

地铁是一项欧洲的创新，而不是美国的。世界上第一条地铁是 1863 年由伦敦大都会铁路公司开通的一条蒸汽动力的列车线路。1890 年，世界上第一条电力驱动的地铁——城市与南伦敦铁路——开始在英国首都运营服务。布达佩斯和格拉斯哥同时于 1896 年开通了地铁，而巴黎和柏林也分别于 1900 年和 1902 年开通运营地铁。

北美的第一条地铁于 1897 年 9 月 1 日在波士顿开通。修建这条地铁旨在缓解中心商务区的交通拥堵，该线路由连接华盛顿街和特里蒙特街的一条隧道

647

构成,使电车获得了通达下城的地下管道,并允许电车轨道可以从街道地面移至地下。尽管它只有 1.8 英里的里程,但这条地铁的造价高达 420 万美元,以至于触发了美国公共交通融资模式的变革。早前城市的铁路一直由私人注资并所有,但由于修建地铁轨道每英里的造价比高架和地面铁路高出太多,因此公共投资和私人投资的结合是必要的。一个公共机构——波士顿公交委员会——注资并修建了地铁,而与此同时,一个私营企业——西区大街铁路公司——租赁和运营地铁。多年来,这个地铁系统取得了极大扩展和延伸,目前该系统包括五条轻轨和三条重轨线路,总长达到 65 英里,并由马萨诸塞湾交通管理局来运营。

纽约市的第一条地铁是精英商人的产物,他们想要开发北部曼哈顿和布朗克斯,目的是拓宽征税范围和负担市政工程的费用,而这些举措会提升城市的商业前景。正如在波士顿,纽约的快速公交铁路监事会(Board of Rapid Transit Railway Commissioners)作为公共机构,为地铁注资并进行修建,而跨区快速公交公司(IRT)作为私营公司则负责地铁的运营。跨区快速公交公司于 1904 年开始运营,运行从下曼哈顿到布朗克斯的线路,并由此带动了北部曼哈顿和西布朗克斯的住宅建设。第二条地铁工程于 1913 年获得批准,以双合同制闻名,呼吁新线路由跨区快速公交公司和另一家公司来修建,这家公司当时称作布鲁克林快速公交公司,后来更名为布鲁克林——曼哈顿公交公司(BMT)。双轨制是由进步主义改革家设计的,他们排挤掉商业精英成为地铁的规划者。社会规划中一项雄心勃勃的实验打算将穷苦移民从曼哈顿贫民窟分散至边缘地带,双轨制的延伸超出了已有的边界,刺激了布朗克斯、皇后区和布鲁克林外围地区的开发,而这部分地区成为了工人阶级的社区。随着 20 世纪 20 年代双轨制的完成,纽约的地铁成为当时世界上最长、市民乘坐率最高的地铁。第三条地铁线路网是独立地铁系统(IND),于 1932—1940 年间开通运营。不同于跨区快速公交公司和布鲁克林——曼哈顿公交公司,独立地铁系统是为公共所有并进行公营的。它设计的目的是与两个私营公司竞争,并且从他们那里引入了更有利的合同条款。独立地铁系统是三个地铁系统中最小的,因此它主要被限制在建成区内,并没有引发太多城市开发。

独立地铁系统是纽约市地铁建设完工的最后一个主要阶段。到 20 世纪 30 年代,纽约大都市区已经致力于小汽车的发展,并且几乎所有新的交通设施改善都包括了车辆高速公路。在 20 世纪三四十年代,为交

通提供资金的来源由市政府转变为联邦政府,实际上也就是确认了对于高速公路的侧重。

纽约的地铁系统开始于 20 世纪 20 年代经历财政困难。一战后不断上升的成本造成了紧急情况的出现,由于合同中规定禁止跨区快速公交公司和布鲁克林—曼哈顿公交公司将票价上调五美分,提价的要求又遭到公众的反对,因为公众对公交行业的垄断现象和糟糕服务心怀怨恨。这次危机导致了对公交行业领域的投资减缩,主要体现在延缓维修保养的时间和减少新车辆的购置。在经历大萧条对地铁破坏所造成威胁之后,1940 年纽约市将三个公交系统——跨区快速公交公司、布鲁克林—曼哈顿公交公司和独立地铁公司——合并成一个单独由市政运营的公交网络。到 1953 年,纽约市政也结束了其对地铁的直接运营,而与此同时,纽约市公共交通局(NYCTA)接管了地铁系统。到 1968 年,纽约市公共交通局成为了纽约大都会交通局(MTA)的一部分,而纽约大都会交通局负责运营该地区所有的交通线路。

政府对公交行业数十年的财政补贴一直受到政治上的反对,随着受到来自小汽车日趋激烈的竞争,再加上地铁系统自身在硬件方面变得破旧不堪和机械方面越来越不可靠,导致了 20 世纪 70 年代地铁的衰落。然而自从 1982 年起,纽约大都会交通局开始对公交系统进行持续的翻修改造,主要通过重修每英里的铁轨,翻新几十个车站,以及购置数百里新车。现在正是考量近年来新修地铁线路的时刻。

费城于 1907 年建好一条地铁线路。费城的第一条地铁——市场大街线路——成为美国最后一条由私人注资的快速公交线路。费城的第二条地铁——布洛韦大街地铁,在建设工期长时间推延后,终于在 1928 年开通运营,这条地铁线路采用的是波士顿公私合营的模式。目前长达 25 英里的地铁系统是由宾夕法尼亚东南交通局来进行管理的。

1908 年,哈得逊与曼哈顿铁路公司引入一条区域地铁线路,起点为下曼哈顿区,终点为新泽西北部三个城市(霍布肯、泽西城和纽瓦克)。它的两条地铁隧道是作为纽约和新泽西港务局中跨哈得逊港务局(PATH)的一部分来运营的。

地铁:后一战时期

修建地铁的时代开始于 19 世纪 90 年代,结束于第一次世界大战。20 世纪二三十年代,私营的公交行业相继衰落,公交行业成为战后通货膨胀、管理无能以及偏向小汽车发展的公共政策的受害方。在 20 世纪

20 年代至 40 年代期间,只有三座美国城市新建了地铁线路:

纽约州的罗切斯特(1927)、新泽西州的纽瓦克(1935)和芝加哥(1943)。维修保养问题日益显现、乘客服务日渐恶化和客流量骤降日趋严重,这些问题困扰着已有的地铁系统。到 20 世纪 50 年代,财政压力使得快速公交的私有化走向终结,并且使公有和公营几乎成为普遍的模式。大多数快速公交系统目前由政府的企业所控制,比如芝加哥公共交通局(CTA,建于 1945 年,用来兼并芝加哥破产的地面和快速公交线路)和马萨诸塞湾交通局(MBTA,作为马萨诸塞交通局的继任方,它创建于 1947 年,并接管了波士顿私有的公交系统)。

公有制最初的目的在于防止地方公交系统瓦解,而不是为了投资新线路或新技术。在 20 世纪五六十年代间所作的适度改善是于 1955 年在克利夫兰完工的一条新的快速公交线路。到 1968 年,克利夫兰成为美国第一个能够利用快速公交连接机场的城市。1958 年,芝加哥在联合快速公交与高速公路发展方面发挥了先导性的作用,其中为了一条轨道线路的开通获取土地,便使用了国会高速路(现在称作艾森豪威尔高速路)中央分离带。

到 1964 年,联邦政府终于意识到公共交通不能再由地方来管理。当时有一种新的理念产生,即城市规划应当在区域的背景下进行,不应受到市政边界的限制;而当时人们有一种担忧,即大都市区已变得过度依赖小汽车。作为对以上两种新情况的回应,1964 年的《城市大众交通法》首次将公共交通明确界定为国家重点优先项目,并开始了联邦政府对轨道建设的资助。联邦基金可以从美国交通部的城市大众交通管理局(UMTA)申请获取,这项举措也触发了公共交通的复兴。到 1972 年,旧金山湾区的快速公交系统(BART)开始运营一个高度自动化的区域地铁线路,并这条地铁线路后来还以其先进的技术而闻名。长 104 英里的湾区快速公交系统目前有五条线路,为旧金山湾区的四个县提供服务。新开通的地铁系统还包括华盛顿(1976)、亚特兰大(1979)、巴尔的摩(1983)、布法罗(1985)、匹兹堡(1987)和洛杉矶(1993)。华盛顿的地铁线路长达 103 英里,共有五条线路,为弗吉尼亚州的哥伦比亚地区和马里兰州提供服务,目前华盛顿的地铁是全美第四大快速公交项目,而且可能还是设计最精良的。

长久以来存在于快速公交(Rapid Transit)和大众公交(Mass Transit)之间的差别近来已经模糊。自

1964 年以来建设完工的轻轨项目中,有一些轻轨系统的轨道大部分或者全部铺设在地面上,并且还有几乎完全独立的通行权,此外,这些轻轨的速度能够达到或者超过一些地铁的速度,例如,圣路易斯轻轨(1993)便是一个典型案例。

亦可参阅:跨哈得逊港务局火车(Port Authority Trans-Hudson Train,PATH),火车站(Railroad Station),铁路郊区(Railroad Suburbs),铁路(Railroads),隧道(Tunnels)

延伸阅读书目:

- Barrett,P.(1983). *The automobile and urban transit:The formation of public policy in Chicago*,1900 - 1930. Philadelphia:Temple University Press.
- Foster,M. S.(1981). *From streetcar to superhighway:American city planning and urban transportation*,1900 -1940. Philadelphia:Temple University Press.
- Hood,C.(2001). *722 miles:The building of the subways and how they transformed New York*. New York:Simon & Schuster.
- Middleton,W. D.(2003). *Metropolitan railways:Rapid transitin America*. Bloomington:University of Indiana Press.

Clifton Hood 文

宋晨译　陈恒校

沃尔特·劳申布什
RAUSCHENBUSCH, WALTER

作为 19 世纪晚期和 20 世纪早期社会福音运动的领袖人物,沃尔特·劳申布什(1961—1918)于 1861 年 10 月 4 日出生于纽约州的罗切斯特。劳申布什的父母是一对德国的移民夫妇,他的父亲原先是路德教会的传教士,后来成为美国浸信会的一员。劳申布什先后于 1884 年和 1886 年从罗切斯特大学和罗切斯特神学院毕业。

由于毕业于神学院,他接受了来自德国第二浸信会教堂的召唤,成为一名牧师,这座教堂位于纽约市地狱厨房(Hell's Kitchen,曼哈顿区西部)的边缘地带。由于他居住和生活在穷人和工人阶级中间,劳申布什确信,基督教关于个人拯救的著名历史启示,不能够满

足他所在教区居民的需要。他更确切地总结道，只有教会在世界上积极行动来满足人类的需要，不仅通过个人的善举而且通过强调贫穷的根源和社会不公，只有如此，教会才能使人觉得准确可靠。当劳申布什还是一名牧师时，他与雅各布·里斯以及其他人一同努力，倡导改善该地区的住房条件和为孩子们争取更多的活动场地。劳申布什在纽约市度过的 11 年时光（1886—1897），在他身边所发生的人类悲剧，这些经历对他后半生作为教授和学者的职业生涯产生了重大影响。

1897 年，劳申布什加入到罗切斯特神学院的教职岗位中，在 1902 年进入英语系成为教会史教授之前，他在德语系（即用德语为讲德语的牧师教学）从事了五年的教学工作。在罗切斯特任教期间，劳申布什在他写作的书中将其在地狱厨房所了解的一切都进行了清晰的阐述。他的第一部主要作品《基督教与社会危机》（1907）最明晰地阐述了他的社会理论和他对资本主义、工业革命、私有财产及其意外后果的观点，还有对谎言的看法——谎言的观点认为穷人为他们缺钱犯有过错，并且所有的移民都是品质低劣的，并举了几例。

在这本很有影响力的书之后，劳申布什又出版了《社会秩序的基督教化》（1912），在此书中，他为美国的资本主义体制开出了改革的良方；还有他最有名的作品《社会福音的神学》（1917）按照社会福音重新解读了传统理论，并提出了一套关于社会基督教的系统性神学理论。

部分由于他的德国血统遗传，劳申布什最初反对美国参加一战。后来，随着美国的干预变得不可避免时，他将他的焦点转移到考虑社会福音如何能够为战后的重建和和解提供框架。令人唏嘘的是，他甚至没等到战争结束便去世了，于 1918 年 7 月 25 日，劳申布什死于癌症，享年 56 岁。

亦可参阅：社会福音（Social Gospel）

延伸阅读书目：

- Evans, C. H. (2004). *The kingdom is always but coming：A life of Walter Rauschenbusch*. Grand Rapids, MI：Eerdmans.
- Rauschenbusch, W. (1964). *Christianity and the social crisis*. New York：Harper & Row. (Original work published 1907)
- Rauschenbusch, W. (1981). *A theology for the social*

gospel. Nashville, TN：Abingdon. (Original work published 1917)

Julie Adkins 文
宋晨译　陈恒校

罗纳德·里根政府的城市政策
REAGAN ADMINISTRATION: URBAN POLICY

大萧条时期，联邦政府第一次创立向地方政府提供援助的项目，而其中很多项目由于市民的需要已变得不堪重负。新政时期的就业计划项目、公共工程项目和社会福利项目都是联邦政府试图解决个体市民问题的例子。之前，这些工作一直被严格地视为地方事务。在美国诉巴特勒一案中，美国最高法院判决，在公共福利的条款下，联邦政府可以这样做。20 世纪 60 年代联邦政府明确援助城市的努力，在总统约翰·肯尼迪任内获得急剧增长，特别是在总统林登·约翰逊的"伟大社会"项目中。整个 20 世纪 70 年代，联邦政府继续努力援助城市，帮助其解决日益增多的问题。

1980 年罗纳德·里根当选为总统引发了城市政策的突然转向。回溯到新政之前的时代，里根认为城市地区面临的问题都是在地方层面得到了最好的解决。里根政府的其中一项城市政策便是缩减联邦项目，将分配联邦资金的权力授予州政府，而不是联邦机构，并且减少或废除一些联邦法规。里根认为，只要地方的经济足够坚挺，城市能够比联邦政府更好地解决自身的问题，而且减少监管是帮助地方经济繁荣的最佳方式。尽管大部分联邦项目的选民反对里根试图减少已有联邦项目所作的努力，但里根有能力减少对这些项目的财政支持，并且变革了联邦政府处理城市问题的方式。

20 世纪 60 年代民主党总统任内的城市政策是联邦项目的集合体，目的在于解决具体的城市问题。像城市更新计划、示范城市计划、供水和污水处理工程、大众交通、社区卫生服务、法律实施援助、就业培训和社区行动等这些项目，它们都解决了不断增多的城市病。1968 年共和党总统理查德·尼克松的当选预示着处理城市问题方式的变革。尼克松与他的共和党继任者杰拉尔德·福特都主张小政府和地方管理，将大部分城市项目从旨在解决具体问题的中央管控项目转变为由联邦资助、地方管理的项目。尽管从政治哲学层面看，共和党人赞同减少联邦政府对国内事务的干预，特别是对于城市的援助，而生活在城市中的共和党人非常少,由于 1964—1968 年发生在许多城市的骚乱产生了国内的政治压力,迫使政府在解决城市问题上有所作为,因此,政府仍然对城市事务保持干预。尽管尼克松的新联邦主义将许多项目的控制权下放给州和地方政府,但是联邦政府仍然负责对这些项目进行财政资助。里根继续向地区补贴过渡,并在 1981 年的《统括预算调整法》中将 57 个项目合并到 9 个地区补贴里。然而,里根在通往联邦主义的道路上比尼克松走得更远。除了将决策权转移到州和地方政府层面,里根还减少了联邦政府在财政资助上的责任。尽管国会中民主党反对里根缩减项目的做法,一定程度上防止了里根废除所有的城市项目,但从 1980—1988 年间,住房与城市发展部的财政资金分配权从 360 亿美元下降到 150 亿美元。相较于其他任何部门来说,住房与城市发展部的资金分配权下降幅度更大(由于之前授权的多年财政支出,实际开支的减少并没有那么显著)。

里根认为,美国的城市不需要联邦政府项目的支持来获取发展;实际上,他认为正如福利性支出削弱了个体的主动性,联邦城市项目也使城市依赖于联邦政府,如果政府仅仅减少对商业的管制而不利用资助项目,那么城市自身也能够获得提高,并且城市的经济状况会是良好的。里根推出了一项减税和减少管控的方案,而不是一项明确的城市政策,里根认为,这会使得大家的境况都好起来,包括城市。

1981 年的《经济复兴税收法案》通过加速折旧率、减少资产收益率和准许企业实际出售其不能使用的减免税款这些方式,提升了人们投资房地产的动机。里根的放松银行管制法案(1983)放松了监管,并且扩大了投资的机会。20 世纪 80 年代初,许多城市在商业地产经历了建设热潮,但是更少的管制和更宽松的行政监管也是有代价的。商业地产领域的过度投资和储蓄借贷行业以及住房与城市发展部的丑闻导致了高空置率和联邦财政部数十亿美元的损失。1986 年大规模的《税收改革法》废除了许多税收激励措施,通过消除资本收益和劳动收入在税率上的差别,极大地减少了逃税行业的存在。

在历史上,城市主要有两项功能:作为经济增长的发动机与作为向其居民提供社会福利的机制。共和党人偏爱于城市经济增长的角色,而民主党人则强调城市提供社会福利的侧面。里根的城市政策专门聚焦于经济增长,而且里根更偏好于减税这种一般性的经济刺激手段,但并不关注政府投资。然而,卡特政府曾试图利用城市发展行动资助计划(UDAGs),通过行政法

规旨在帮助东北部工业区陷入困境的大城市,但里根却使小城市和那些算不上萧条的城市能够使用政府资助基金。里根认为,如果城市能够更好地吸引允许这么做的居民和就业岗位,而不对衰落的城市进行补贴,那么整个国家将会好起来。将市场的主导地位作为成功的决定因素是里根政策的显著特点。

从 20 世纪 60 年代的民主党政府开始,城市政策一直集中在华盛顿,正是基于这样一种观念——公正的专家能够确定解决全美城市所面临问题的最佳方案。尽管尼克松的新联邦主义计划——其中包括社区开发综合援助项目(CDBGs)和收入分享计划(GRS)——开始偏离中央驱动的城市政策,但是里根在这条道路上渐行渐远。相较于卡特政府颁布了法规限制社区开发综合援助项目的基金用于低收入的市民或萧条的地区,里根政府则使并不萧条的地区有资格申请社区开发综合援助项目基金,而且还减少专门用于低收入人群的项目基金总额。里根的政策则转移了城市项目对东北部工业区衰败大城市问题的关注,并将资助基金转移到更多的小城镇和南部与西部一些更新的、更有活力的城市。在政治上,这将使共和党受益因为它将援助基金从历史上的民主党地区转移到更多的共和党地区。

里根的城市政策同样加强了地方政府的作用,而之前地方政府一直由于联邦项目直接将资助基金给予城市甚或个体而被排除在外。里根政府直接拨款给地方政府,并让它们决定应当如何分配基金,而不是由华盛顿的住房与城市发展部来分配。这项举措促成了各州内基金更为广泛的分配,虽然各州提供了政治支持,但也使项目目标更为分散。这同时成为联邦政府干预减少的前奏,正如里根的城市政策试图让州政府承担社会福利的角色,而这一角色在新政期间是由联邦政府承担的。

里根的城市政策中许多哲学依据都体现在他对企业区的支持上。资本主义企业充满生机,特别是小企业,可以用于帮助衰败的城市发展足够强大的经济基础,能够减轻城市问题,而不是由联邦政府设计和资助的全国项目来帮助衰败城市。企业区是受投资匮乏之苦的指定地区。在这些地区,私人公司能够利用减税优惠和宽松的管制。这项自由将鼓励那些当时雇佣当地工人的投资者,并最终通过增加的税收来资助地方政府。在共和党国会议员杰克·肯普的支持下,里根于 1982 年提交了一份关于联邦经济开发区的计划,但这项计划并没有获得通过。里根在任期间,每年都推动联邦城市经济开发区的建立,但国会的反对限制了

他的努力。然而,许多州还是通过了城市经济开发区的立法,这些立法通常(尽管不总是)旨在振兴城市地区。批评家认为,这些刺激因素并不足以吸引那些还未准备进行投资的投资商,而且这些经济开发区的后果将是喜忧参半。

在许多方面,经济开发区是里根政府城市政策的隐喻。他试图减弱联邦政府的作用,通过税务代码而不是政府补贴来提供刺激性因素,并且让私人企业通过拉动经济增长来解决城市问题。尽管他的反对者限制他所提议的在联邦政府层面实现根本性改变的能力,但恰巧的是,在州政府层面,许多州却能够实现它们。尽管里根并没有完全扭转前二十年的城市政策,但他改变了政府处理城市问题的方式。

亦可参阅:城市发展行动资助计划(Urban Development Action Grant Program)

延伸阅读书目:

- Hays,A. R. (1985). *The federal government and urban housingideology and change in public policy*. Albany, NY:State University of New York Press.
- Kaplan,M.,& James,F. (Eds.). (1990). *The future of nationalurban policy*. Durham, NC:Duke University Press.
- Mohl,R. (1993). Shifting patterns of urban policy. In R. A. Mohl& A. R. Hirsch (Eds.), *Urban policy in twentieth-century America* (pp. 1 - 45). New Brunswick, NJ:Rutgers University Press.
- Moore,C. H.,& Hoban-Moore,P. A. (1990). Some lessons from Reagan's HUD:Housing Policy and public service. *Political Science and Politics*,23(1),13 - 18.
- Thomas,R. D. (1990). National-local relations and the city's dilemma. *Annals of the American Academy of Political and Social Science*,509,106 - 117.

Kent James 文

宋晨译　陈恒校

娱乐
RECREATION

娱乐被定义为包含了运动休闲和商业休闲的业余时间活动,在城市地区发挥了许多作用,包括从工作中恢复精力、提供与同伴交往的机会和营造一种群体间团结意识的机会,移民的同化和美国化,以及青少年的社会化。正如下城商业休闲区的兴起、公园运动和郊区增长所体现的,娱乐同样影响了城市的发展。

19世纪晚期工业城市的兴起促成了对娱乐新的重视,将其作为城市生活中想象病态的一剂药方。这种新型的工业化生活方式是以受管制的时间计划、相对更少的工作时间和更高的报酬,以及工作和业余时间的分离,为娱乐留下更多时间为特征的。新的城市工业秩序同样促成了不同社会阶层的发展,尤其是职业白领中产阶级的崛起。所有阶层的工人都欣然接受了娱乐作为一种恢复精力的方式,从工厂劳工和静态工作这种高强度的、沉闷的和受到管制的工作性质中得到缓解。不同族裔的移民涌入到城市里和新的行业中工作,并且娱乐活动为他们提供了保持其文化传统和团结的机会,以及融入到美国文化的机遇。受到了来自工人阶级和不同族裔美国大众的威胁,这些人还展示了不同的价值观,而在美国白人中产阶级眼中,这类人群通常参与了不道德的娱乐活动,因而白人就推动了"有益健康"的娱乐活动,来作为改革和对他人进行社会控制的方式。

随着城市的电气化,新的下城商业区发展起来,并且出现了新型的大众娱乐形式。有轨电车将新老顾客吸引到下城,电力通过杂耍演出、舞厅、自动点唱机、电影院和诸如科尼岛的游乐场,营造出一个繁荣的城市夜生活场景。独特的青年亚文化也在这些商业娱乐区发展起来,包括年轻女性工人阶级的异性恋和同性恋亚文化圈,以及男同性恋亚文化圈。

一个男性占主导的工人阶级和单身汉亚文化圈在纽约这样的城市发展起来,在这些城市中,男人参加诸如拳击、斗狗、斗鸡和喝酒之类的活动,在快速的社会变革威胁到对男性的传统观念时,这些活动成为强调男性身份和建立男性友情的一种方式。作为男性社交和政党政治的堡垒,沙龙成为他们的俱乐部会所,而那些通常拥有沙龙和其他商业娱乐机构的政治老板也成为他们的伙伴,并且赞助和支持非法的体育比赛和赌博。中产阶级改革者不赞成单身汉亚文化,这威胁到了他们自身的政治权力和社会习俗。

正如历史学家凯西·皮兹斯(Kathy Peiss)所言,在世纪之交的纽约市商业区内,年轻的工人阶级单身女性创造了一种休闲文化,在公共领域中作为消费者为她们提供了极大的自主性,并且提供了高度的社会自由和性自由,不仅在约会和求婚方面不受父母控制,而且通常依赖男性为其商业娱乐活动买单。中产阶级改革者对于商业娱乐场所表现得特别恐慌，年轻男女在这些场所中开展社交，并且参与到一些放纵的活动中，比如肢体上的亲密和饮酒。

作为对这些担忧所作出的回应，改革者们寻求通过他们概念中对健康娱乐活动的认知来对社会秩序施加影响。他们通过市政部门、社区改良会所和其他社区机构来组织娱乐项目，目的就是为了提升中产阶级价值观，包括以家庭为中心的活动、高产和高效的劳工以及移民的同化和美国化。基督教青年联合会（YMCA）于1857年从英格兰引入到美国，许多来自乡村地区的青年为了工作已经都搬到了新的工业城市，基督教青年联合会则为他们提供了有组织的娱乐项目，连带为他们提供落脚点。基督教年轻联合会作为"强身派基督教"运动的典型，通过它的娱乐项目推动了禁欲，抑制了娇气，并培育了身体上、心理上和精神上的成长。而开始于1903年的游乐场运动则是改革者们努力通过体育运动防止青少年犯罪的另一个例子，由纽约公立学校体育联盟所发起的。

不同族裔的工人阶级移民自己组织并参与到娱乐项目中，但通常出于不同目的来利用这些项目，而不是按照改革者们的意图。由他们自己的族裔社区所发起的活动和社团，有助于保持他们故乡的传统和激发族裔认同感。其他族裔的移民感觉到，他们发展了美国人的身份认同，并且了解美国文化，通过他们在街道上的游戏、还有商业娱乐活动，特别是通过电影。

非洲裔美国人、墨西哥裔美国人、亚裔美国人和其他肤色的民众在城市白人的娱乐文化中并不受欢迎；他们一直处在被隔离（例如在电影院的阳台）或者被禁止使用特定的娱乐设施（表演者除外）的状态，直到1964年《民权法案》宣布公共场所的隔离不合法。因此，有色人种发展了他们自己单独的娱乐文化，包括休闲活动、休闲俱乐部和游憩区。历史学家乔治·桑切斯记述到，墨西哥裔美国人的休闲文化在20世纪20年代是以墨西哥音乐为中心的，并且很大程度上并不为洛杉矶的白人所了解。具有讽刺意味的是，白人通常使其他族裔和种族群体的文化显得与众不同，但同时白人作为观众还常去观看他们的演出。20世纪20年代，哈莱姆的棉花俱乐部成为受白人欢迎的观看非洲裔美国人的爵士表演的去处，但非裔美国人仍没有被当作保护人而得到欢迎。

直到19世纪中期，大部分中产阶级男士并不参加休闲活动，把休闲当作是一种浪费时间和道德败坏的追求。但是伴随着新的工业秩序的出现，中产阶级白领工人开始为了他们自己而接受娱乐，不是仅仅作为对他人进行社会控制的手段。特别引人关注的是白领工作久坐不动的性质，而利用娱乐作为一种矫正方法反映了公共卫生运动和体育文化运动的影响。公共卫生运动提倡室外休闲，夸大新鲜空气和锻炼是抵抗疾病的方式。体育文化运动促进了身体锻炼，特别是像拳击之类显示男子气概的活动，断言工人的男子气概可以防止文书工作的柔弱形式，并且还会加剧他们在工作地的竞争动力。

随着许多城市为职业球队修建体育场，棒球成为20世纪初期最受欢迎的观赏性运动，体育场通常建在城市外围电车线路的终点。作为观众出席棒球比赛成为最令人喜欢的消遣方式，并且对于男性中产阶级白领工人也是一种解闷的方式，因为它象征着良好的品格和道德观，而与此同时，体育场还提供了一个男人的堡垒（像是沙龙），在这里可以宣扬男子气概，并且一起畅饮。几乎没有女性会观看棒球比赛，而且由于票价极为昂贵，比赛地点又位于城市的外围，并且非裔美国人被刻意安排到隔离的座位区，因此，棒球场为白人中产阶级提供了与他们自己性别、种族和阶层的人群进行社交的场所。

中产阶级还成为市政公园运动的先锋，作为一种休闲和喘息的方式在日益拥挤的城市中提供了更多的开放空间。然而，尽管公园是为所有社会阶层的人们所设计的，但是中产阶级消极娱乐的设想却处于支配地位，通常与工人阶级的积极娱乐观相冲突，正如纽约市中央公园的案例所体现的。

许多中上层阶级人士在郊区追求他们的娱乐理想，而郊区为从城市生活和城市大众逃离的难民提供了花园式的环境。这些郊区居民加入体育俱乐部，特别是乡村俱乐部，来表明他们的社会地位和社区归属感。19世纪郊区的休闲文化珍视家庭活动，同样也重视象征精英地位的运动，诸如高尔夫、网球和骑马，其中男女皆有参与。

20世纪20年代，由于新科技的推动，新的休闲方式发展起来。广播节目、有声电影、爵士乐和查尔斯顿之类的舞蹈风格以及小汽车度假，都代表着下城娱乐商业区和郊区的发展。尽管在大萧条和二战期间，但美国人继续追求休闲活动。战时新兴城市像圣迭戈和洛杉矶是国防工业和军事基地的所在地，是以舞厅和电影院的全天候娱乐活动为特色的。

郊区生活和它的娱乐文化在二战后得到了极大的扩展，由于战后经济的繁荣带来了个人收入的上升和休闲时间的增多，并在各社会阶层中使娱乐大众化。正如在早先的郊区中，战后的娱乐文化庆祝户外的家

654

庭娱乐活动。在日益增多的婴儿潮一代中,为了防止青少年犯罪,有组织的青年娱乐项目开始激增。冷战时期,为男孩们而开展的有组织的体育运动中寄予了磨砺美国青少年的希望,寄望他们与共产主义作战,并成为美国的好公民。

战后郊区的娱乐文化呈现一片繁荣景象,即使它恰好反映的是下城娱乐商业区的衰落,以及电影院和购物中心搬离到郊区。小汽车通过汽车电影院、购物中心和迪士尼,推动了休闲文化的郊区化进程。20世纪后期,随着下城体育场和娱乐商业区的建设,中心城市开始复兴。而休闲活动和公共空间私有化的日益增多已使城市社会学家感到惋惜,其中以电视和大型购物中心为代表。日益多元化的城市人口已经创造了新的文化表达方式和休闲方式。21世纪初,娱乐继续反映着城市生活中更大的文化和社会问题,并且在城市居民中发挥着社区和冲突场所的作用。

亦可参阅:游乐场(Amusement Parks),棒球和棒球场(Baseball and Ballparks),中央公园(Central Park),科尼岛(Coney Island),乡村俱乐部(Country Clubs),舞厅(Dance Halls),镍币娱乐场(Nickelodeons),公园(Parks),运动场(Playgrounds),轻歌舞剧(Vaudeville)

延伸阅读书目:

- Baker, A. (1999). *The Lakewood story: Defending the recreational good life in postwar Southern California suburbia*, 1950-1999. Unpublished doctoral dissertation, University of Pennsylvania.
- Gorn, E. J., & Goldstein, W. (1993). *A brief history of Americansports*. New York: Hill & Wang.
- Nasaw, D. (1993). *Going out: The rise and fall of publicamusements*. Cambridge, MA: Harvard University Press.
- Peiss, K. (1986). *Cheap amusements: Working women andleisure in turn-of-the-century* New York. Philadelphia: Temple University Press.
- Riess, S. A. (1989). *City games: The evolution of Americanurban society and the rise of sports*. Urbana and Chicago: University of Illinois Press.
- Rosenzweig, R. (1983). *Eight hours for what we will: Workersand leisure in an industrial city*, 1870-1920. Cambridge, UK: Cambridge University Press.
- Sanchez, G. (1993). *Becoming Mexican American: Ethnicity, culture, and identity in Chicano Los Angeles*, 1900-1945. New York: Oxford University Press.

Allison Baker 文
宋晨译 陈恒校

红灯区
RED-LIGHT DISTRICT

红灯区是指一座城市或城镇中卖淫活动和成人娱乐活动集中的区域。尽管卖淫是红灯区主要的商业活动,但是对于其他面向成人的行业,诸如赌博业和饮酒业,集中在这些区域的现象也并不罕见。

红灯区一词的来源并不确定。最广为接受的解释是这一词汇过去是被用于描述妓女用一个红色的灯罩遮住一盏蜡烛或者电灯泡,然后她们会将这些红灯放置在他们的窗户上,作为一种为性服务作广告销售的方式。另一种解释可回溯到20世纪初,并与铁路和铁路工人联系在一起。在这个时期,出于照明和为其他铁路工作人员发信号的目的,铁路工作人员通常都会携带红灯笼。人们认为,当铁路工人在去往位于铁路线旁的小城市和城镇里妓院时,他们会随身携带他们的灯笼。他们会将他们的灯笼放在门廊前,或者为了向别人说明这名妓女正忙,或者作为一种向他们的同事指明他们位置的方式。由于妓院的布局倾向于比邻而建,所以无数的灯笼就创造了一个红灯区。

在美国城市史上,红灯区的形成可以追溯到殖民地时期。这一时期,这些地区的数量相当少,妓院数量最多的地区位于纽约、波士顿和费城的港口区。早期对于这些社区进行记述的个人包括本杰明·富兰克林和亚历山大·汉密尔顿,他们描述妓女如何在街头公开招揽男人。起初,尽管这些卖淫的地区在过去仅仅被视为一种公害,但是到殖民地时期的尾声阶段,红灯区持续增多的现象引起官员足够的重视,使第一批禁止卖淫场所的法律得以通过。

到19世纪,美国城市中对于性交易的供应和需求大幅度地上升。地方精英对这一时期红灯区的扩展大体上是默许的。他们认为清除这些地区是不现实的,而且防止其蔓延是控制卖淫活动唯一可行的解决方案。将妓女划归到一个特定的城市社区为执法部门呈现了一种理想的方法进行监控、管理,以及更重要的,对那些获利丰厚地区的人们征收罚款。

这一时期,大部分红灯区都坐落于美国城市中更为贫困的地段,尽管在邻近更为富裕社区的地段,找到更小的、更为不起眼的性交易场所也并不罕见。许多城市都发行了手册来帮助顾客找到卖淫的地点。这些"行为放荡的手册"描述了妓院和它们的服务范围,一些手册甚至还提供对妓女的介绍以及她们的价位。这些指南一般都比较小,能够很容易地放进男士夹克的内置口袋里。

19世纪后半期,美国一些最常见的红灯区包括纽约的五点区和田德隆区、旧金山的巴巴里海岸区,以及新奥尔良的贝森街和斯特利维尔社区。作为一个合法的红灯区,斯特利维尔尤为出名。它涵盖了法国街区附近的16个城市街区,并且有多达2000名妓女。尽管遭到公众的谴责,但是像美国许多其他红灯区一样,斯特利维尔一年能够产出数百万美元的经济效益。对于这项特殊卖淫活动的指责大部分都被忽略了,因为巨大财富的产生都归因于性交易。20世纪的头20年开启了美国历史上的进步主义时代,一项寻求通过政府干预和监管来改善社会的改革运动。这项运动的其中一个目标就是要根除恶习,特别是卖淫活动。教会领袖、内科医生和妇女协会的成员在当时领导了全美的反卖淫运动。这些改革者们要求地方官员摧毁全国的红灯区。第一个适用于取缔红灯区的重大立法是《红灯区取缔法》。1909年艾奥瓦州第一个通过该项法案,这些法律允许公民呈交诉状要求关闭任何一座以卖淫为目的的建筑。这座建筑可以被永久查封,而且在一些州内,可以对房产所有者征收罚款。到1920年,除了三个州之外,其余所有各州都已通过取缔红灯区的法律。

进步主义改革者们继续向政治家们施压,到20世纪20年代,地方官员要求警察部门关闭全国城市中大部分红灯区。作为进步主义运动的一部分,新组建的美国社会卫生协会促成了军事哨所附近受制裁红灯区的衰落,通过使联邦政府相信妓女携带的疾病危及了军队力量。由于担心数以百万计的士兵可能会感染性病,政府关闭了大量军营附近和港口地带的红灯区。到20世纪20年代末,开放的和可容忍的红灯区时代终结了。

在接下来三十年,美国红灯区的数量持续下降,但是并没有完全消失。妓院秘密地进行着运营,在歌厅、按摩院和私人俱乐部开展它们的业务,而不是公开地对它们的业务进行广告宣传。为了使其交易活动不引起人们的注意,它们极其小心谨慎,并且常规地使用警报蜂鸣器、秘密隔板和暗门来躲避执法。妓院愈益变为出于保护自己和顾客为目的的有组织犯罪。

从20世纪30年代到50年代,红灯区改换地点的次数更为频繁。正是常常受到警察的突袭检查,妓院的主人开始将他们的机构搬离到更为不明显的中心城市的少数族裔社区,因为他们意识到警方不太可能在这些区域关闭红灯区。市政领导通常忽视来自少数族裔人群的抱怨,他们担心性交易区侵入到他们的社区中,因为这些居民比较贫穷,并且几乎没有政治影响。相反,执法机关和城市领导人将他们更多的注意力集中到使性交易活动远离"受尊敬的"白人社区。

到20世纪六七十年代,对于性和性交易的态度开始发生改变。在这个新的开放时代,一个规模虽小但声势浩大的群体开始倡导使卖淫合法化。一些州尝试使卖淫合法化,但是没有成功;1971年内华达州成为第一个并且是唯一一个使卖淫合法化的州。在全美的城市和城镇中,与性相关的交易活动为它们的产品和服务自由地、大胆地作广告。一些知名的红灯区,诸如纽约市的时代广场和波士顿的战斗区,在这一时期繁荣起来。

出于担心公众对于高度明显红灯区再现的反应,地方官员努力限制借助新的区划法律进行商业上性交易的传播。许多城市通过实施区划法规,创设成人娱乐区来限制性交易的传播。这些指定的空间是与性相关的交易唯一开展业务的地点,比如限制级的剧院、书店、按摩院和脱衣舞夜总会,能够合法经营。

在20世纪的最后二十年里,由于美国城市中红灯区的持续扩大,地方领袖、行政人员和医务人员变得日益惊恐。在20世纪80年代,全美的城市地区正在经受巨大的经济衰退,并且市政领导担心性交易地区,特别是那些位于非常明显的中央商务区的性交易区,对当时旅游业和经济发展的努力产生有害的作用。许多城市都设法去除交通繁忙区域中有害的性交易活动。例如,20世纪90年代,纽约市时任市长鲁道夫·朱利亚尼成功地拆除了时代广场臭名昭著的红灯区。为了实现这个目标,朱利亚尼说服市议会通过区划法来规定色情交易的地点和场所。该项法律规定,任何与性有关的交易活动都不能坐落于教堂、公园、学校、或其他种类色情交易地500英尺之内。这一新的区划法规有效地使红灯区的存留成为可能,因为它禁止了这类机构的聚集。

这类反聚集的区划法律在美国许多城市都取得了成功,但它们并没有完全消除红灯区的存在。21世纪初,许多性交易的活动已被重新区划并被重新定位到城市的工业部门里,而且大量红灯区仍然开张营业,并且准备好在城市地区中贫穷的社区里开展业务。显然这基本上是不可能的,即这些盈利巨大的红灯区将会永远从美国城市景观中消失。

亦可参阅：路易斯安那州新奥尔良市（New Orleans, Louisiana），纽约州纽约市（New York, New York），卖淫（Prostitution），铁路（Railroads），加利福尼亚州旧金山市（San Francisco）

延伸阅读书目：

- Gilfoyle, T. J.（1992）. *City of Eros：New York City, prostitution, and the commercialization of sex, 1820 - 1920*. New York：Norton.
- MacKell, J.（2004）. *Brothels, bordellos, and bad girls：Prostitution in Colorado, 1860 - 1930*. Albuquerque：University of New Mexico Press.
- Mackey, T. C.（1987）. *Red lights out：A legal history of prostitution, disorderly houses, and vice districts, 1870 - 1917*. New York：Garland.
- Rosen, R.（1982）. *The lost sisterhood：Prostitution in America, 1900 - 1918*. Baltimore, MD：Johns Hopkins University Press.
- Symanski, R.（1981）. *The immoral landscape：Female prostitution in Western societies*. Toronto：Butterworth & Co.

Christa Smith 文
宋晨译　陈恒校

红线政策
REDLINING

红线政策出现在以制度性抵押贷款为标准的地方，同时当金融机构拒绝（即划一条红线）在特定地区进行放款的时候。这一政策的实施可能会影响到工商业地区，但是这一术语通常是用来作为分析房地产市场和住宅区而用的。它反映了放款人对于未来房地产价值的不确定性。各种各样的因素影响到了抵押贷款的风险，而且在加拿大和欧洲，人口多样的、低收入地区已经被红线划出。在美国，红线政策的出台特别针对非洲裔美国人生活的地区，或是他们当时正在搬入的地区。反过来，它已经影响到特定的居民区，连同民众的住房投资和住房机会，特别是种族化的少数群体。

单纯的红线政策是一连串实践的结果。这些可能包括收取超额的利率，并且拒绝提供高倍的贷款（即那些提供的贷款中房地产价值占很高的比例）。只有当低倍的贷款可以利用时，借贷者才更有可能寻求第二次抵押贷款，这其中带有更高的利率。一些观察者争论到，红线政策这一术语甚至应该在，当拒绝贷款反映了放款人对于投资风险作出真诚和明智的商业判断的情况下来运用。其他人则将这一术语用于武断地拒绝信贷，并且是基于对房地产市场动态的错误的解释上。

红线政策据说只能存在于以下的情况中，即大多数买家依靠抵押贷款来获得房产以及大部分抵押贷款是由借贷机构提供。19世纪，许多购房者支付现金或者从其他个体那里借钱。许多社区几乎从机构贷款人那里看不到活动，要么是因为没有活动，要么是因为购房者们没有寻求他们的援助。这种现象在移民区和工人阶级区尤为明显，尽管在这些地区少数族裔的储蓄和借贷机构不久便活跃了起来。很有可能的是，红线政策在两次世界大战之间第一次变得广泛。在那时，机构性的信贷在美国的大部分城市中成为常态，而与此同时非裔美国人开始大规模向北部和中西部的城市移民，为社区的改变制造了新的压力。

大萧条时期，联邦政府将其对红线政策的认可付诸实施。从1933年起，短暂的房主贷款公司（HOLC）为美国1/6的住宅抵押贷款进行再融资，为了展示房贷风险中的变化，该公司准备了所有主要大都市区的彩色编码地图。1934年后，这些便构成了联邦住房管理局（FHA）和联邦住房贷款银行理事会的信贷指南，而在这两个机构之间，贷款指导原则建议所有主要的机构贷款人如何利用抵押贷款风险。它们鼓励放贷者避开包含任何一类"不一致"的地区，不论是社会结构、房屋类型还是土地利用。许多建议已成为今日正规贷款活动的一部分。那些对于种族混合的市场效应表示担忧的人们在20世纪50年代受到挑战，并且被除名。近来的研究表明，在20世纪三四十年代，尽管联邦政府的指导原则得到加强，但是红线政策的实施既没有得以确立，也没有得以控制。

在20世纪六十年代，红线政策成为一项主要的公共议题。到那个时期，许多中心城市社区的衰败状况日益突出，当民权运动使非洲裔美国人继续经历的种族歧视成为焦点，特别是在城市地区。从两个方面来看，红线政策被视为推动因素。红线政策是个自我应验的预言：当金融机构停止贷款，受影响地区对于房产的需求就在减少，房产的价值也就相对下降，并且螺旋式地下降也得以强化。在这个过程中，该地区拥有房产的人们或许就不能够负担起搬离的费用，并因而开始受困在贬值的资产中。然后犯罪和撤资可能会标志着社区衰落进程的完结。

自20世纪70年代以来，联邦政府以两种方式竭力反对红线政策。1975年的《住房抵押贷款信息法》

要求抵押放贷者公开关于他们接受申请和发放贷款的信息。这一信息包括了每一处房产的位置,连同申请人的种族、性别和收入。《社区再投资法》也要求每一位由联邦监管的放款人,对那些在其地域范围内积极作为的房产所有者的需求进行积极地评估和回应。从结果得出的数据表明,虽然红线政策仍在实施,但是这一法律的通过或许已经显著地减少了它影响的方式。

在两次世界大战之间,许多将被划定红线的地区都处在郊区,缺少监管和服务的发展在这些地区很常见。在加拿大,未经规划的郊区是首先经历红线政策的地区,而且在许多美国城市同样也是如此。基于中心城市的借贷机构是与邻近的居民社区最为熟悉。从20世纪五十年代起,红线政策日益与衰败的中心城市社区相联系起来。就在最近,它已成为陈旧内环郊区的一个问题。在一些城市,这些老化的郊区已受到邻近的中心城市社区的影响。在别处,它们已成为被绅士化所取代的低收入家庭的接收地。虽然住房市场的具体地理位置可能会改变,但是只要它的运作依靠抵押贷款的可用性,红线政策将仍是一个潜在的重要问题。

亦可参阅:联邦住房管理局(Federal Housing Administration),房主贷款公司(Home Owners Loan Corporation),私人拥有住房(Homeownership),邻里(Neighborhood)

延伸阅读书目:

- Harris, R., & Forrester, D. (2003). The suburban origins ofredlining: A Canadian case study, 1935 - 1954. *Urban Studies*, 40, 2661 - 2686
- Hillier, A. (2003). Redlining and the Home Owners' Loan Corporation. *Journal of Urban History*, 29(4), 394 - 420.
- Metzger, J. (2000). Planned abandonment: The neighborhoodlife-cycle theory and national urban policy. *Housing Policy Debate*, 11, 7 - 40.
- Smith, N., Coris, P., & Wyly, E. (2001). The "Camden Syndrome" and the menace of suburban decline: Residentialdisinvestment and its discontents in Camden County, NewJersey. *Urban Affairs Review*, 36(4), 497 - 531.

Richard Harris 文

宋晨译 陈恒校

区域规划协会
REGIONAL PLAN ASSOCIATION

区域规划协会是全美卓越的大都市区域规划组织之一。这个组织成立于1929年,作为私人的、非盈利的民间组织,得到了商界、政府机构、基金会和民间个人的支持,并且在推动纽约大都市地区周围三个州的发展上,持续发挥作用超过75年。最初成立这一协会是为了实施《1929年纽约区域规划》中的方案。

《1929年区域规划》的方案包括了为高速公路、轨道交通、社区和商业开发,以及公共空间的兼并所作的建议。这项规划中的许多想法在大萧条的年代得以实现,正是得益于富兰克林·德拉诺·罗斯福新政中的公共工程计划(弗里德里克·德拉诺是这项规划背后的领导人物)。到1940年,这项规划中高速公路、桥梁和隧道改进以及公园项目的大部分已经建成完工。轨道交通由于只获得有限的财政支持,因此是个例外。这个规划中的高速公路和公园工程的许多部分都是由罗伯特·摩西来执行完工的,作为项目开发的负责人,罗伯特·摩西做了大量的工作来塑造纽约。然而,在发挥监督作用方面,该协会也同样帮助阻止由罗伯特·摩西和其他人提议的工程,这些工程将会对这个区域及其核心地区产生不利影响,其中就包括了关于修建一座连接布鲁克林和下曼哈顿两地间的桥梁的提议(相反修建了一条破坏性更小的布鲁克林炮台公园隧道)。不适当的高速公路工程同样也被成功地予以阻止。但是在公交改进的方面几乎没有取得进展,因为联邦基金援助项目(Federal Funding Formulas)压倒性地支持道路建设。该协会是抑制"蔓延城市"模式的早期支持者,但是成效有限,这种模式在城市边缘带迅速扩展。

1968年,该协会完成了"第二区域规划"。这一规划强调由轨道交通连接的区域次中心通往曼哈顿,来扩大那些困于中心城市人们的就业机会。对于郊区来说,中心应当为社会和公民生活、就业机会以及轻松来往于曼哈顿提供一个组织性的核心。对于就业层面大幅度转变所作的预测,即离开制造业到服务业和白领工作中就业,表明了办公室显著增多的潜力,假定其中一些办公室增多的地方会出现在曼哈顿之外的中心。这项规划提出在曼哈顿进行主要的新办公室的开发,包括在下曼哈顿区和曼哈顿中城。但是该规划还提出区域中心应当被建为重建中心城市的次中心,作为郊区中老的城市中心,或者作为空旷土地中全新的中心。

这一中心说在许多地方都得以实现，尤其是杰梅卡、昆斯区、布鲁克林下城和纽瓦克的下城。在外围地带，扩大的中心在白城、斯坦福德和新布伦瑞克得以开发。

第二区域规划同样还解决了其他问题。它的住房政策要求更高的密度和更为紧凑的区域，能与更加便利地抵达工作和活动的场所相关联，并且要求为低收入的和少数族裔家庭提供更多的住房机会。这份规划草案同样唤起人们对持续需求的注意，即获取更多的开放空间和解决日益困难的废物管理问题。这份规划要求完成州际高速公路网络在这个区域中所占的部分。它还提出了改进公交系统的主要措施，并且创立了大都市区交通管理局。

第二区域规划中许多项目都得以完工实现。曼哈顿办公空间开发在20世纪80年代出现了一阵热潮，正如这项规划所预示的那样。获取开放空间是在这个区域中当时正在发展的地方进行的，而且一座崭新的、城市盖特韦国家休闲区在海港的入口创立。高速公路网里大部分中断的路段也在郊区最后完工，尽管不是在城市里。郊区客运轨道专线的一些升级换代同时在进行中，但是纽约市的公交系统由于被忽视而持续衰退。

到20世纪90年代，纽约地区在经济、社会和人口层面上已经历了巨大的变革。正如预测的那样，制造业的工作机会已大为减少，很大部分被服务业的工作所取代，而且经济和新型通讯技术的全球化已改变了曼哈顿核心区的功能。来自世界很多地区的新移民抵达到这一区域寻找机会，比起19世纪末以来的人口构成，现在这些城市的人口构成更为多元化。为了应对这些变化，区域规划协会着手进行第三个区域规划项目，并于1996年完成。这份规划正指导着协会目前的工作。这份规划强调只要这一区域能在民生和基础设施领域做出适当的投资，机会就应当向这一区域开放。它关注于被其称为三个E的：经济（Economy）、环境（Environment）和公平（Equity）。这项规划认识到，曾经用来描述纽约—新泽西—康涅狄格大都市区在决策时所表现出大胆创新的公共企业家精神和全国的城市领导力，现在已不再流行。如果这一区域将同其他的世界城市和美国的其他大都市区竞争的话，这项规划便是恢复那种风格和胆魄的一种尝试。

这项规划注意到，世界经济将迎来长期增长，但并不与这一区域的主流趋势相一致。一代对于人力资产和物质资产的投资不足决定了这个区域乃至这个国家的竞争力。一个受过教育的劳动力群体，对于教育和轨道交通系统低成本但更精明的投资，以及对包括空

气和水等自然资源的保护，都将会推动这个区域向21世纪的转型。区域规划者说，现在还为时不晚，但是需要采取大胆的行动。

为了解决这些问题，第三份区域规划提出了五项主题性的活动：

1. 一个区域性的快速轨道交通网。
2. 一个受保护资源系统的"草皮"网。
3. 为满足区域的资本需求而改善治理和融资状况。
4. 就业增长集中在纽约市和区域的下城中。
5. 城市学校的改善以及将中心城市的工人与就业机会和培训连接起来。

一个健康的区域经济将日益依赖于一个受过教育的、有熟练技能的、多产的劳动力群体。第三项区域规划认识到，这个区域中对于劳动力的需求和劳动力的质量之间存在的差距在扩大。成千上万个低技能、蓝领的工作机会已经搬离或者消失，但是那些只能承担这些工作的人口数量却仍在增多。三股强劲的力量在引起这一区域内社会经济结构的巨大变革方面正发挥着作用：

1. 生产和通讯技术上的变化要求更高的工作技能和更少的工人数量来提供相同的产出。
2. 移民的激增使劳动力中重现活力，不仅提供了一些需要技能的工人，并且同时还提供了越来越多的未充分就业的低技能劳工。
3. 低技能的劳工和穷人与就业和教育机会越来越远。

为了解决这些问题，第三套区域规划提供了一些回答：

- 工作和教育的重新连接有赖于"终身学习"的体制。
- 有计划地将新的劳动力与主流劳动力市场联系起来。
- 将社区与物质和社会基础设施连接起来。

这项规划要求将750亿美元投资到新的公交运载能力、环境保护和复苏的中心区上，并且将一笔相近数目的资金用于学校和提高工人技能上。这个协会目前的工作集中在实施这些提议。当下正取得显著的成就，包括承诺200亿美元用于公交的改善，一些新的总体规划应用于一些城市和郊区中心，重大开放空间保护，以及在这个区域内的三个州采纳增长管理系统。

在塑造纽约大都市区的一些重大决策中，这个协会同样继续扮演一个重要的积极作用。当世贸中心轰塌的悲剧发生在2001年9月11日时，这个协会对这

种紧急局面作出了应对,并且迅速行动起来创建了一个进程,对世贸中心遗址进行适当的和受人尊敬的重建。而结果是对最初缺乏想象力的计划进行了充满创意的重新设计,再设计的方案与下曼哈顿区更大的城市环境更紧密地联系起来。

这个协会同样还处理了其他有争议的建议,比如重新利用位于曼哈顿西侧废弃的铁路庭院,这是一片面积较大、可使用的空地,对于创造性的规划开发有着巨大潜力。值得赞扬的是,愿意主动担当强有力的角色并且接受有争议的位置,已经成为这个协会自 1929 年成立以来的一个特征。

亦可参阅:新政时期的城市政策(New Deal: Urban Policy),纽约州纽约市(New York, New York),纽约区域规划(Regional Plan of New York and Its Environs)

延伸阅读书目:

- Caro, R. A. (1974). *The power broker: Robert Moses and the fall of New York.* New York: Knopf.
- Committee on the Regional Plan of New York and Its Environs. (1929). *Regional plan of New York and its environs.* New York: Author.
- Hays, F. B. (1965). *Community leadership.* New York: Columbia University Press.
- Johnson, D. A. (1996). *Planning the great metropolis: The 1929 Regional Plan of New York and Its Environs.* London: E & FN Spon.
- Regional Plan Association. (1968). *The second regional plan.* New York: Author.
- Regional Plan Association. (1996). *A region at risk: A summary of the third regional plan for the New York-New Jersey-Connecticut metropolitan area.* New York: Author.

David A. Johnson 文

宋晨译　陈恒校

纽约区域规划
REGIONAL PLAN OF NEW YORK AND
ITS ENVIRONS

对于纽约大都市区来说,当时实施的《纽约区域规划》是一项重要的区域规划,而且无疑获得了最好的资助,这项规划方案开始于 1921 年,并于 1929 年公布。这份规划方案以及根据它所作的广泛调查是由一群有远见的商界和学界领袖秘密地推动的。这份规划试图对这一时期的许多发展趋势和建议进行综合和协调,而且这项规划还得到了来自拉塞尔塞奇基金会的慷慨资助,总计约为 120 万美元——在 20 世纪 20 年代这是一笔巨额资金。

这项规划计划于 1965 年完成,包括了纽约州、新泽西州和康涅狄格州的 22 个县,并以纽约港为中心。它吸收了纽约港务局新创建的轨道交通计划中的建议,其中包含了那些为环形货运铁路线提供的建议。改进快速公交、修建高速公路、区划法规以及公园和公园大道这些计划由各种各样的资源和机构来组合,而且被合并到一个统一的概念中。这项规划要求对工商业进行"再集中",在其他的建议中就包括了制造业从曼哈顿和这个区域的核心区向外迁移这一转变。无论它的缺陷如何,1929 年的《纽约区域规划》给纽约大都市区留下了深刻的印记。根据规划总监托马斯·亚当斯所清晰表述的再集中原则,将这些大型的桥梁和隧道进行布局,它们将这一区域的各个部分连结在一起。内环路和外环路——这一规划中所要推进的环形道路——随后被工程师和州公路局以改良的方式所采纳。新的立体高速路在这一规划中得以推广,正如梅里特和花园州公路的建成。公园土地的兼并同样是由规划建议所激发的。港口城市的大量滨水区都是根据这项规划的原则进行了重建,尽管相较于便利性和娱乐潜力,滨海区的用途优先体现在高速公路上。在日益增多的商业中心里,特别是在曼哈顿中城,新的多层结构建筑之间互相位置更远,为了更好的循环以及更多的阳光和空气,并与这项规划的图景与想法一致。如果这些项目和概念中许多内容不完全是原创的,然而这项区域规划将它们并入到一个统一的描述中,使其更广为人知和接受。洛克菲勒和林肯中心便是例子,可以视为规划中出现的原型。

区域规划对于这一区域的形态发展显然发挥着重大作用,但是它同样也为与区域发展相关的机构性团体和公共团体带来重要变化。作为实地工作的直接结果,大量规划和区划机构通过区域规划的员工在县、市层级得以建立。在蹒跚起步的阶段,来自区域规划委员会的支持给予了纽约港务局极大的帮助。当然,这两个组织显现出了差异,但是区域规划对港务局的影响通常是有益并有所拓展的,正如在规划中为上曼哈顿的乔治·华盛顿大桥进行选址,并且在其设计中提供快速公交的通行能力(后来用于第二层高速公路桥面），这一案例便很有说服力。

罗伯特·摩西在担任纽约市公园局长以及长岛州立公园委员会主席和纽约三区大桥管理局主席期间，为纽约市和长岛实施完成了该项规划中的许多高速公路和公园提案。由于这项规划，这一地区准备好充分利用罗斯福新政中的联邦公共工程拨款。在 20 世纪 30 年代的大萧条期间，这项区域规划无疑为摩西使用联邦政府刺激经济的投资基金，提供了修建公园、高速路和桥梁的方案。但更为重要的是，这项规划为摩西在纽约市喜欢他项目的政商界领袖中间营造了舆论。尽管他从来不相信这项规划具有多么大的价值，但是摩西的掌权无疑获得了这种舆论的帮助。

区域规划组织的机构于 1929 年成立，目的在于实施区域规划方案，该组织可能是拉塞尔·塞奇委员会（Russel Sage Committee）努力下最持久和最重要的慈善机构遗产。该组织将继续在纽约大都市区发挥独一无二的监督和科研的作用。

亦可参阅：区域规划协会（Regional Plan Association），区域规划（Regional Planning）

延伸阅读书目：

- Committee on the Regional Plan of New York and Its Environs. (1929). *Regional plan of New York and its environs*: Vol. 1. *The graphic regional plan*. New York: Author.
- Committee on the Regional Plan of New York and Its Environs. (1929). *Regional plan of New York and its environs*: Vol. 2. *The building of the city*. New York: Author.
- Doig, J. W. (2001). *Empire on the Hudson*. New York: Columbia University Press.
- Johnson, D. A. (1996). *Planning the great metropolis: The 1929 Regional Plan of New York and Its Environs*. London: E &FN Spon.

David A. Johnson 文

宋晨译　陈恒校

区域规划
REGIONAL PLANNING

不同于城市规划，区域规划作为一场规划运动根植于这样一种观念中，即地理区域而不是乡镇、城市或者州才是分析和规划的合理单位。在历史上，美国区域规划，或者区域主义，是从 20 世纪 20 年代纽约市进步的规划师中产生的，他们将规划视为对工业都市进行社会和经济改革的一种方式。随后的区域规划则是从两次大战之间将这一术语推广开来的群体中汲取灵感。受到一战期间联邦政府资助住房措施可能性的刺激，并且更为普遍地说，在即将到来的战前阶段，受到了进步主义城市改革者呼声的激发，20 世纪 20 年代，区域主义者提议对工业城市的拥堵和低效予以根本上的回应，包括在一个更大的区域扩散城市的活动，并且重新组织那些活动来解决社会疾病和改善都市的功能。当前的实践仍显示的是 20 世纪 20 年代区域主义两种类型的痕迹：由美国区域规划协会提议的乌托邦式的去中心化与由纽约区域规划提议的大都市区范围内的再次集中。

尽管使用"区域"作为规划单位在英国的田园城市运动和美国的城市美化运动中已有先例，但区域规划是随着 20 世纪 20 年代纽约的两个组织——美国区域规划协会（RPAA）和纽约区域规划（RPNY）而发展成熟的。虽然这些团体间已经出现很大的差别，但以规划能力来说，这些团体以共有的基本信念来解决大都市区的拥堵和其他社会弊病，即通过利用新的轨道交通和高速公路网络，将大量居民和工业活动搬离到郊区的边缘地带。因而，区域主义已被视作是对二战后出现的去中心化和蔓延现象的预示和推动，甚至还激发了更多的关于遏制蔓延的近期方案。两个团体都在埃比尼泽·霍华德的作品中找到了灵感，这位英国田园城市的改革者建议"卫星城"应当将最好的城市和乡村联合起来，通过铁路连接到中心城市，整体就构成了一个区域性的"社会城市"。此外，尽管二者有着共同的源头，但美国区域规划协会和纽约区域规划在关于如何定义区域、城市问题的本质和给出的区域主义解决方案都有分歧：美国区域规划协会追求的是一个反对大都市的、去中心化的哲学，而纽约区域规划则力主维持中心城市的密度与此同时改善作为一个整体的区域组织。

区域的定义

美国区域规划运动最重要的贡献是断定区域作为基本的规划单位。当丹尼尔·伯纳姆的芝加哥计划和其他"城市美化"方案早已引入了对一个大都市区进行规划的思想，区域主义者为规划扩展了规模和范围。但是"区域"的定义产生差别。纽约区域规划是由商人查尔斯·戴尔·诺顿（丹尼尔·伯纳姆的芝加哥计划中的资深成员)所成立的,并由英国规划师托马斯·亚当斯来领导,讲求实用地将区域定义为一个中心城市(纽约)和它的通勤郊区。美国区域规划协会是由进步主义建筑师和规划师所组建,它是从英国思想家帕特里克·格迪斯的自然地理学和"人类地理学"中得出区域的定义。两个区域规划团体都将它们的起源追溯到英国田园城市运动的霍华德,并且从他的作品中得出它们早期对区域的定义。霍华德的视野,记录于他的《明日:一条通往真正改革的和平道路》(1898)一书中,并且通过在伦敦周围的一系列工程部分地得以实施,是将工人阶级从工业化伦敦的拥挤住宅区搬离到卫星城,这会使城镇和乡村最好的特性联合起来。

霍华德的区域概念是社会城市的含义,其中中心城市的58000人固定在一组更小的田园城市中,每个城市有32000人、森林和绿化带,以及相连的快速公交系统将田园城市分开。在将物理论证、经济论证和文化论证结合之后,霍华德的社会城市是第一个关于区域的完整蓝图,而且支配了美国区域主义者的思想。在1921年,一些规划师、建筑师和改革家在受到霍华德的区域主义观点的启发后,成立了美国区域规划协会。这个松散的团体包括了规划的激进分子和记者查尔斯·惠特克,文化评论家刘易斯·芒福德,自然主义者本顿·麦凯(Benton MacKaye),以及建筑师/规划师克拉伦斯·斯坦、亨利·赖特、罗伯特·科恩(Robert Kohn)和弗里德里克·阿克曼(后来,这个团体中又加入了伊迪丝·埃尔默·伍德和凯瑟琳·鲍尔)。这个团体最初的名字本来打算叫做田园城市和美国区域规划协会,但在定义区域这个词本身方面,美国区域规划协会则会摈弃霍华德的田园城市,而转向一个更大的区域主义概念,将田园城市的理念并入到帕特里克·格迪斯爵士关于"地质技术秩序"(Geotechnic Order)的人类地理学。

格迪斯作为与霍华德同时代的人,将区域定义为一个"有机的"地理和文化单位,在该单位内"地质技术"规划可以沿着乌托邦的路线改革社会。根据对一个区域自然特征的调查结果,并且运用具有分散化性能的电力、电话和小汽车,格迪斯将区域规划视作对工业资本主义的疏远文化(Alienating Culture)和层级制文化的一种挑战。美国区域规划协会的规划师们将格迪斯的激进主义调整到适合于他们自己的文化批判的工程中。

美国区域规划协会成员芒福德、麦凯、斯坦和赖特都受到了格迪斯极深的影响。在1923年春,格迪斯访问美国期间,刚成立的组织将"田园城市"从他们题名

中去掉,而选择强调对更广范围区域的关注,而且对城市密度进行了更尖锐地批评。这一举动标志着从霍华德本质上的修正主义改革转变到一个更为激进的文化批评。美国区域规划协会通过1925年5月发行的《调查》,首次将他们对于区域规划的观点介绍给大众,这是一份关于社会关怀的杂志,其中芒福德作为特邀编委从美国区域规划协会成员那里收集文章,编入到一份区域主义的宣言中。出现的情况便是格迪斯的文化地理学中加入了霍华德田园城市的建筑设计,所有一切都以环境和技术的力量经过了进步主义信念的过滤,来支持一个充满活力和灵感的存在方式。

而纽约区域规划定义的区域,则是由经济因素,而不是地理因素决定的。纽约区域规划是以热心公益的商人查尔斯·戴尔·诺顿(Charles Dyer Norton)的创见而开始的。他一直以来在领导芝加哥商会上发挥着积极作用,来赞助丹尼尔·伯纳姆著名的芝加哥计划(1909),即典型的"城市美化"大都市蓝图。直到他于1911年抵达纽约成为摩根大通第一国家城市银行的副总裁时,因为一个甚至更宏大的纽约规划,他马上在其有影响力的熟人中间开始变得焦虑。市长约翰·珀罗伊·米切尔关于城市规划的咨询委员会是由诺顿担任主席的职位,虽然他的继任者没能提出一个规划方案,但是它的确激励了诺顿来定义这个规划的适当范围,而这个范围甚至比伯纳姆关于芝加哥雄心勃勃的计划,还要进一步的扩展。

当努力尝试没有成功,诺顿所梦想的调查和规划,现在称作纽约区域调查报告,7年后开始在拉塞尔·塞奇基金会的赞助下运行。1918年,诺顿已被任命为该基金会的董事会成员,并且到1921年初诺顿说服其他董事会成员创立一个城市规划委员会,由他本人来担任主席,并且包括富有的律师和杰出的改革者罗伯特·德福雷斯特(Robert DeForest),以及铁路行政总监弗里德里克·德拉诺(Frederic Delano),出自芝加哥计划的密友和同伴。

作为埃比尼泽·霍华德的弟子,当托马斯·亚当斯于1923年被任命为纽约城市规划的规划和调查方面总主管时,他迅速接受了诺顿已经确立的边界,并且随着工作的进展,发现没必要对它们进行大的变动。刘易斯·芒福德则把这种对于大都市通勤(Metropolitan Commutation)的依赖嘲笑为反复无常和理性上站不住脚的做法,只能为通勤者和郊区投机者缺乏预见的需求而服务。到20世纪20年代后期,芒福德已经成为美国区域规划协会的代表人物,批评纽约区域规划的这一定义,声称一个城市和一个区域

不是仅仅由它们所承载的具体空间大小而被定义的。

拥堵的问题

区域规划被专门推荐为克服拥堵问题的良方,特别是在纽约市。这一术语早先是从住房改革者和地位高贵的规划师那里继承而来,而到了区域主义者采纳这一术语的时候,它与"枯萎""贫民窟""过度拥挤""聚集""流动性""密度"和"交通堵塞"这些概念合并在一起。尽管芒福德和亚当斯通常都感到不需要纠正这些修辞上的困惑,但很显然的是他们对于拥堵的攻击实际上包含了两种不同的关切——一个是经济上的,另一个是社会上的。拥堵在经济上的批评主要由纽约区域规划强调提出,指出在货物配送中一个可感知的危机,结果便是要求对工业进行更有效的布局,减小建筑的密度和改善交通条件,这些都基于弗里德里克·温斯洛·泰勒(Frederick Winslow Taylor)的科学管理原则。而美国区域规划协会则强调对拥堵的社会性批判,"衰败"和"贫民窟"则指出了人口密度、居住条件、卫生,以及房地产投机产生的消极社会影响。

而对于经济拥堵的本质和影响,纽约区域规划和美国区域规划协会则达成了基本的一致。而将工业和交易都集中在曼哈顿,这便在货物运送和工人行动上产生了危机。网格系统是1811年委员会规划的遗产,并不能吸收日益增加的小汽车和卡车交通量,而且公共交通系统需要巨大的开支来适应不断增长的需求。正如商业和上涨的地价将住宅推到越来越远离中心的地方,曼哈顿对于贸易和生产活动的垄断需要越来越长的通勤时间。这些低效的状况导致了更高的货物价格以及对公共基础设施更大的投资。纽约区域规划的罗伯特·默里·海格(Robert Murray Haig)是一位哥伦比亚大学的经济学家,他看到了这个问题的解决方案,即将住宅设置在靠近工作的地方。与此同时,美国区域规划协会的斯图尔特·蔡斯选择关注将生产环节距离必要的原材料更近。两个团体都同意,解决方案将要求对工业进行重新布局,减少建筑密度和改善交通条件,尽管他们对于这种去中心化的本质和程度还存在分歧。

拥堵问题在社会层面体现为对于贫民窟和衰败社区的担忧,并且还体现为现代城市生活正在挖空社区意识的感觉。区域主义者批评贫民窟,但最终也几乎没有提供令人信服的纠正方法。自三十年前起,从雅各布·里斯和简·亚当斯到伊迪丝·埃尔默·伍德和凯瑟琳·鲍尔,住房改革者的愤怒驱动了大部分对于去中心化的欲望。拥堵的社区,特别是纽约的下东区,

频繁地被亚当斯和芒福德拿来作修辞式的比喻。两个团体都认同由于投机而上涨的地价造成了过度拥挤,但希望国家有意愿或者欲望来限制房地产投机是不现实的,双方都从对飞涨地价的批评者转变为对衰败进行社会学解释,并且严格地从环保层面寻求对衰败的解决方法,只是美国区域规划协会比纽约区域规划表现得更不情愿。亚当斯和芒福德对于区域的展望超越了中心城市,希望能超过投机商,从而通过设计重新确立社会秩序,但最后,双方都未能对病态的住房提供令人信服的解决方案。然而,他们确实为社区的消失提出了具体的纠正方法。

区域解决方案

纽约区域规划出版了多卷本的调查和规划著作——《纽约区域规划》,从1927年到1931年间,该组织制定了解决大都市交通拥堵的规划。这项规划的本质是一为摩天大楼预留空间的中心商务区,由同心环式的住宅区所环绕,连带着为工业和娱乐休闲划出的区域,所有这些通过环绕状和放射状的轨道和林荫大道相连接。正如经过重新排序来使其运作得更为有效一样,这份规划没有减少拥堵。

美国区域规划协会制定的规划文件中,没有一份单一的文件包含其思想的总和,但是,更为确切地说,包括了一系列文章、图书、科研项目和规划(通过在各州新成立的规划机构任职),表达了他们对于拥堵问题的理解和一个区域主义者所给出的解决方案。美国区域规划协会解决方案的基础是在小规模的住宅单元内的一种社群主义信念,其中集体生活免受城市流动和密度的困扰。

对于纽约区域规划和美国区域规划协会所给出的解决方案,首要的便是邻里单元(Neighborhood Unit)的概念。作为拉塞尔·塞奇基金会中的一名研究员,社会学家克拉伦斯·佩里(Clarence Perry)既从事区域规划的研究,又与美国区域规划协会进行研究上的合作,通过对他所在社区的分析,从而发展出了这一概念,他所在社区名为森林山花园(Forest Hill Gardens),位于纽约皇后区,一个园林郊区的标准原型,而且是由拉塞尔·塞奇基金会所开发,这一点并不令人觉得惊讶,并于1911年开放运行。森林山项目由景观设计师小弗里德里克·劳·奥姆斯特德和建筑师格罗夫纳·阿特伯里(Grosvenor Atterbury)共同设计完成,森林山计划利用蜿蜒的街道和丁字形交叉路口规划(T-shaped Intersections),对抗昆斯区的棋盘式街道布局,附带着一些小型公园和民居,用以稳定一个内

向型的社区。在规划和建筑风格中,塞奇基金会的郊区有明显借鉴田园城市设计的地方,同样也借鉴了老奥姆斯特德为芝加哥的郊区里弗赛德所进行的设计。佩里也从罗伯特·帕克的人类生态学和厄内斯特·伯吉斯的芝加哥学派中汲取灵感。

正如区域规划中所显示的,邻里单元背后的理念是学校已经取代了一些传统家庭的功能,而且教会也处于一个"重新调整"的过程。在佩里的建议中,支持一所小学而需要的人口将决定邻里单元的大小(它的面积将依赖人口密度)。典型的邻里计划是在纽约区域规划的职员罗伯特·惠滕(Robert Whitten)和戈登·卡勒姆(Gordon Culham)的帮助下制定的,给予学校在地理中心以头等重要的地位,并且作为主要出入口道路的尽头。因而,学校取代了传统的公地,在这块公地上,社区中亲密的关系将会很容易地处于全市性机构的控制下。所有的街道都将用丁字形交叉路口和堵头路来设计,以防止小汽车交通的通过,成为城市中自然流动和社会流动有害效应的标志。拥堵将会通过限制建筑大小和对开放空间的要求得以控制。

美国区域规划协会在两个工程中采纳了邻里单元:阳光谷和雷伯恩。在克拉伦斯·斯坦和亨利·赖特对阳光谷小区的设计中,一项住宅开发工程于 1924 年开始,目的是为了亚历山大·宾的城市住房公司,这些住宅本身建设在每个街区的边缘地带,保护共同的空间免受城市机动性的破坏,也就是"超级街区"的前身。佩里采纳了一个相似的策略,在他的纽约区域规划调查报告中为贫民窟的据点进行提议(而这些提议将不会被亚当斯在两卷规划中所采纳)。但是佩里保留了对纽约区域规划特别的赞扬,由于它首次将邻里单元原则真正地运用到城市住宅公司在新泽西雷德伯恩的工程中。

在雷伯恩,斯坦和赖特综合了佩里规划中的内部公园和尽端路,从而创作出一个重叠但又独特的小汽车和行人循环流动的网络。功能的分离是由地下通道来完成的,这使得行人能够在整个住宅小区步行,而不必在街面上穿越交通要道。通过采纳一个超级街区的策略,即把建筑用地合并到大型街区的同时,将专门用作街道的土地最小化,斯坦和赖特有能力在街区的内部创设出一个社区绿色空间,为居民专门使用。这个内部"私人公园",实质上是对田园城市的外部绿化带的入侵,通过在尽端路的街道上组建房屋使其免受小汽车交通的侵扰。由此产生的循环系统不仅保护行人免受小汽车的侵扰,而且确保了居住区将不再会被转变为商业区。虽然美国区域规划协会的规划师从来没有为城市的邻里社区创作出雷伯恩原则版本的社区,

原因在于这项规划依赖于较低的地价,并且独立于大都市,但是芒福德在要求清除贫民窟和重建森尼赛德沿线的拥挤社区方面,表现得比亚当斯更为激进。

主要分歧的地方在于在核心商务区的建筑密度问题。对于亚当斯和纽约区域规划来说,在中心商务区的商业密度不仅是指定的,而且是一种现实,以及成熟的公司资本主义的一种必需品。纽约区域规划中的区域主义者,包括建筑师委员会主席哈维·威利·科贝特(Harvey Wiley Corbett)和有远见的建筑艺术家休·费理斯(Hugh Ferrris),看到了一座塔城,与同时期从欧洲现代主义出现的景象没什么不同。芒福德和美国区域规划协会寻求在更大的区域将住宅和贸易伸展开来,消耗完这些城市来重新创造一个更人性化的规模。本质的区别显现为去中心化(Decentralization,美国区域规划协会)与分散的再中心化(Diffuse recentralization,纽约区域规划),在区域规划中,确立两股竞争的派别一直留存至今。

遗产

区域规划的历史远远超越了这两个高姿态和有影响力团体的故事。当纽约区域规划开始它的第一项调查时,以及美国区域规划协会刚刚开始它的第一次会议时,洛杉矶县区域规划委员会作为区域规划类的第一个机构,将开始在休·波默罗伊(Hugh Pomeroy)的领导下开始运转。1926 年,克拉伦斯·斯坦说服州长阿尔弗雷德·史密斯来组建纽约州的住房和区域规划委员会。到 20 世纪 50 年代,大部分主要的大都市区模仿洛杉矶和纽约州的例子成立了相关机构,来进行调查和指导区域发展,如果不是跟随美国区域规划协会的理想主义,那么便是遵循纽约区域规划的准则。

美国区域规划协会的影响可以从许多方式中体会到。1921 年美国区域规划协会的创始人本顿·麦凯提议修建阿巴拉契亚小径(the Appalachian Trail)作为一项"区域规划中的工程",不仅是为休闲娱乐而设计,而且还是一种为公共的农业殖民地开辟地域的方式,这就能抵制大都市非人化的影响,而在农业卫星城,合作和信任也被提升到更具竞争性的观念层面。当麦凯的杰弗逊式区域主义愿景没能保留下来后,阿巴拉契亚小径变成为现实。虽然经济大萧条可能终结雷德伯恩在私营部门实验的希望,但是新政开放了新的区域主义可能性,在其改善的意图和意愿上扩大政府在住房层面的行动。雷克斯福德·盖伊·塔格韦尔作为富兰克林·罗斯福总统的密友和顾问,利用区域主义者的想法来领导绿带城镇项目,在 1935 年创设了该项

目，并置于再安置管理局之下。再安置管理局设计并建造了三座城镇（格林贝尔特，马里兰州，靠近华盛顿特区；格林戴尔，威斯康星州，靠近密尔沃基市；以及格林希尔斯，俄亥俄州，靠近辛辛那提市），遵循雷伯恩的"邻里单元"原则，并且在区域主义者的启发下，由一个新兴的区域交通系统提供服务。或许最大的区域规划实验是田纳西流域管理局，一个致力于田纳西河流域复原和再开发的巨大的公营企业。田纳西流域管理局不仅能看到盖迪斯式生态规划原则的运用，而且还能看到依照区域主义原则建设的住房。最后，国家资源规划委员会的活动，在纽约区域规划的前成员弗里德里克·德拉诺的领导下，代表着区域主义原则和策略已经到达了全国层面。虽然委员会不能实施其规划中的许多项目，但国家资源规划委员会发行的出版物——《全国规划中的区域因素》，在区域规划发展史上却是一个里程碑。

战后这个阶段见证了许多区域主义观点的实施和大量区域规划机构的创立，但随着它被整合到主流的政策制定和大众文化后，区域规划运动中许多更为挑衅性的意图被弃用或者被歪曲。1939年，设计师诺曼·贝尔·盖迪斯为纽约的世界博览会编造出一个虚构的"明日城市"的模型，想象高楼林立的城市被置于一幅由高速路和郊区构成的景观中。这个模型利用了区域主义的观点，自区域规划发行和雷德伯恩建成后，这些观点已渗透到时代思潮中。然而二战后至于它究竟实现到何种程度，明日之城都不会是两次大战之间区域主义的愿景，而宁可说是，区域主义的观点被运用于议程的服务中。

1950年，克拉伦斯·斯坦为华盛顿特区提议了一个去中心化的方案，设计的目的是为了分散人口，不是改善社区，却是为了防御核攻击。类似地，1956年的《国家州际和国防高速公路法》在为国家安全服务中使用了区域主义的观点，并且经济议程远离了由纽约区域规划设计的交通方案，来减轻"空间的摩擦"和使大都市重新中心化。罗伯特·摩西则开启他在纽约市和纽约州长期作为高速路建设沙皇的生涯，主要使用来自区域规划的模板，但是托马斯·亚当斯则提倡公共交通来对城市密度进行维持和再集中，摩西修建高速路允许人们迁往郊区。莱维敦以及战后紧随而来的郊区，都是20世纪20年代进步主义区域主义的自身产物，雷伯恩的派生物也被剥夺了其理想主义的社群主义原则。

而近来更多改革郊区蔓延和分散化状况的尝试，具有讽刺意味的是，同样也受到了区域规划传统的启发。新城市主义是兴起于20世纪80年代的一场运动，寻求重新找回美国城镇生活的品质，这个运动的建议者频繁地求助于早期区域主义者，诸如美国区域规划协会的克拉伦斯·斯坦和规划师约翰·诺伦，从他们身上寻求启发，而从刘易斯·芒福德那里则是求助于他的修辞。20世纪90年代的"行人口袋"（Pedestrian Pockets）运动，集中在太平洋西北地区，寻求将从雷德伯恩派生出的步行城镇布置在以轨道为基础通勤走廊沿线，类似与那些在区域规划中的设计。并且区域规划协会，作为纽约区域规划的派生机构，继续为纽约地区发布调查报告和规划。

亦可参阅：丹尼尔·伯汉姆（Burnham, Daniel H.），城市美化运动（City Beautiful Movement），田园城市（Garden Cities），埃比尼泽·霍华德（Howard, Ebenezer），刘易斯·芒福德（Mumford, Lewis），新政时期的城市政策（New Deal：Urban Policy），美国区域规划协会（Regional Planning Association of America），卫星城（Satellite City），城市蔓延（Urban Sprawl）

延伸阅读书目：

- Daniels, T. L., Keller, J. W., & Lapping, M. B. (1995). *The smalltown planning handbook* (2nd ed.). Chicago：American Planning Association.
- Dorman, R. L. (1993). *Revolt of the provinces：The regionalistmovement in America*, 1920-45. Chapel Hill：University of North Carolina Press.
- Hall, P. G. (2002). *Cities of tomorrow：An intellectual history ofurban planning and design in the twentieth century*. Malden, MA：Blackwell.
- Porter, D. (1997). Regional growth management. *In Managinggrowth in America's communities* (pp. 219-242). Washington, DC：Island Press.

Andrew Meyers 文

宋晨译　陈恒校

美国区域规划协会
REGIONAL PLANNINGASSOCIATION OF AMERICA

美国区域规划协会（RPAA）是一个知识分子的小群体，包括创始人和建筑师克拉伦斯·斯坦、社会批评家刘易斯·芒福德、环保主义者本顿·麦凯、建筑师亨利·赖特和弗里德里克·阿克曼、经济学家斯图尔特·蔡斯和开发商亚历山大·宾。这些核心成员将人口和工业的分散化视为一次提倡一种替代性发展模式的机会。不同的田园城市是由限制性的通道或者"无镇高速路"（Townless Highway）通过空旷的乡村相连接，反映了一个比蔓延式都市更为平衡的区域发展模式。最初称作"田园城市与美国区域规划协会"，这个群体于 1923 年 4 月首次聚集会面，并在接下来 10 年内继续定期进行会面，来提倡和实施他们关于社会的进步主义想法。当协会成员在其各自领域做出巨大贡献，并且他们也不总是持有相同观点的时候，美国区域规划协会认可，社区应当是这个区域必要的组成构件，合作应当构成"完整社区"的中坚力量，而且环境应当影响发展模式。

美国区域规划协会几乎立刻成为城乡规划与田园城市国际联合会（International Federation for Town and Country Planning and Garden Cities）的分支，后者的总部设在英格兰，而埃比尼泽·霍华德于 1898 年也在这里出版了自己的著作《明日：一条通往真正改革的和平道路》，书中把田园城市概述为一种可以替代维多利亚后期拥挤的工业城市的社区模式。1925 年 5 月发行的《调查图像》（Survey Graphic），时间上与联合会的国际城镇规划大会相吻合，该杂志更为详实地概述了美国区域规划协会成员的基本原则。与这些机会相关联的便是技术的进步，特别是小汽车和"巨型的电力系统"，这将指导芒福德关于城市居民向新社区的"第四次移民"，为培育低效、拥堵和危险生活环境的"恐龙城市"（Dinosaur Cities）提供一个对立面。利用区域定义中文化的、历史的和地理的特征作为出发点，他们提倡运用苏格兰社会学家帕特里克·格迪斯的调查方法，来通报规划的进展情况。在他们看来，规划过程的结果整合了霍华德的田园城市，由绿化带界定、由有限人口和地域构成的城市；为经济上多元化的人口提供用途和住房类型的混合物；发展与环境的相平衡；以及对小汽车的调整适应。

美国区域规划协会同样致力于满足对于保障性住房的需求，而这也是其成员伊迪丝·埃尔默·伍德和之后加入的凯瑟琳·鲍尔的重点关注项目。只有通过一个区域性的方法才能以有限的利润来设计和建造完整的社区，并为工薪家庭提供足够的住房和支持性的服务。为了展示如何实施这种倡议，美国区域规划协会决定组建一个有限股份发展公司——城市住宅公司。此后不久，斯坦和赖特开始着手于他们的第一个示范工程的工作——皇后区的森尼赛德花园。1927

年，美国区域规划协会举办会议，为他们的下一个提议探讨指导方针，实现他们的区域发展目标：新泽西雷德伯恩。这次会议包括了一些新加入的成员，比如拉塞尔·范·内丝特·布莱克，这位设计师为费城的三州地区（Philadelphia Tri-State Region）起草方案，并且邀请像是克拉伦斯·佩里这样的客人，这位社会学家提倡在靠近社区学校步行范围之内的地方组织邻里单元。

另外，成员还寻求各种各样的区域规划尝试，包括麦凯建立阿巴拉契亚小径的工作，以及推广他无镇高速路的概念，以及斯坦、赖特和麦凯代表纽约住房和区域规划委员会所提交一份全州范围的计划。当为了确定一个区域模式的选址，其中包括不同的、有联系的完整社区，这就与已经处于进展中的多卷本《纽约区域规划》（1927—1931）形成对比时，他们建议对整个州、及其土地和资源进行考虑。芒福德批评道，规划尝试作为大都市主义——建议进行改良的一个例子，打算使整个区域，包括交通和水资源，能够更好地服务城市，因此便允许城市继续蔓延扩张。

1931 年，作为纽约委员会的前主席，斯坦给当时的州长富兰克林·罗斯福写信，建议州长使用 1926 年的报告作为起草全州规划的基础，并建议他任命一名州规划委员会的成员来进行实施，以及建议他支持新的完整社区的发展。由于富兰克林·罗斯福对于区域主义的兴趣主要集中在乡村地区，数月后他为区域主义的圆桌会议发表了开幕致辞，这次会议作为公共事务机构年度会议的一部分，美国区域规划协会相互协作，聚集了来自全美的学者就区域主义的文化、历史、理论和实践方面进行发言。

尽管一些美国区域规划协会的成员在各种新政项目中担任官员和顾问，但他们并没有直接影响到决策。更进一步说，新政中的举措提供了最大的机会来推广他们的区域规划思想——绿带城镇项目，国家资源规划委员会，甚至还有田纳西河流域管理局——在它们的侧重点上既不是短期的，最后也不至于太狭隘。作为一个组织，他们最后的行动之一便是起草了"政府的住房政策"，而就在《工业复兴法》通过后不久，这份草案便发表在 1933 年 6 月发行的《美国建筑师学会杂志》上。在这篇文章中，美国区域规划协会的成员称赞了暂行的公共住房项目，通过这个法案而设立的项目是作为解决紧急的住房短缺和让人们回到工作中的一种方法；提防购买昂贵的土地或者参与到不必要的贫民窟清除中；并且提倡有效的大规模的地点规划，住房的选址靠近就业中心，还有设计完善的社区。

他们的电影《城市》在 1939 年的世界博览会上得

到了放映。在电影中,美国区域规划协会的前会员对雷伯恩和马里兰州的格林贝尔特进行了特写,突出了其独特不同的品质,而且建议在区域的基础上组建新镇。二战后,斯坦再次召集美国区域规划协会开会,强调战后对于区域发展的机会和改进的住房政策。该组织重新命名为美国区域开发委员会(the Regional Development Council of America),包括了全美的地方分支机构,尽管它最初的50个成员中将近有一半就居住在纽约市。发起创办的团体成员包括斯坦、芒福德、蔡斯和麦凯、建筑师阿尔伯特·迈耶和规划师弗里德里克·顾西姆、休·波默罗伊和罗杰·威尔考克斯,他们从1948—1951年定期会面,来推动区域规划,并且解决具体的议题,比如将华盛顿特区的人口和联邦设施疏散到新镇中来抵御核攻击,并且保护绿带城镇的形式和功能,尽管联邦政府放弃了这些项目。

亦可参阅:弗雷德里克·阿克曼(Ackerman, Frederick L.),凯瑟琳·鲍尔(Bauer, Catherine),田园城市(GardenCities),绿带城镇(Greenbelt Towns),埃比尼泽·霍华德(Howard, Ebenezer),刘易斯·芒福德(Mumford, Lewis),克拉伦斯·亚瑟·佩里(Perry, Clarence Arthur),纽约区域规划(Regional Plan of New Yorkand Its Environs),区域规划(Regional Planning),克拉伦斯·斯坦(Stein, Clarence S.),亨利·赖特(Wright, Henry)

延伸阅读书目:

- Lubove, R. (1963). *Community planning in the 1920s: Thecontribution of the Regional Planning Association of America*. Pittsburgh, PA: University of Pittsburgh Press.

- Parsons, K. C. (1994). Collaborative genius: The Regional Planning Association of America. *Journal of the American Planning Association*, 60(4), 462 - 482.

- Spann, E. K. (1996). *Designing modern America: The RegionalPlanning Association of America and its members*. Columbus: Ohio State University Press.

- Sussman, C. (Ed.). (1976). *Planning the fourth migration: The neglected vision of the Regional Planning Associationof America*. Cambridge, MA: MIT Press.

Kristin Larsen 文
宋晨译 陈恒校

城市与郊区中的宗教
RELIGION IN THE CITIES AND SUBURBS

宗教在美国城市和郊区中一直发挥着支点性的影响。早在清教之父约翰·温斯罗普将他的马萨诸塞殖民地称为著名的"山巅之城"之前,土著美国人认为,他们的大城市至少部分是宗教性的。因此在美国建国的历程中,宗教与城市两个维度之间建立起不可磨灭的联系。经过接下来两个世纪的发展,宗教在城市中的表现发生了变化,但是从未减少;相反,宗教变得多样化并得到强化。在19世纪工业城市的喧嚣中,城市宗教演变为新信仰和新仪式的复合体,信徒们也为城市景观增添了越来越多的复杂性,而城市景观早已被其他社会变动所改变。尽管受到这些外部偶然因素的影响而发生变动,同时还要面对内部新出现的增长势力的挑战,但城市中的宗教通过机制创新和神学理论的变革,其力量反而得到增强,并没有削减它的控制力。城市宗教异乎寻常的延伸性在20世纪后期变得更加引人注目,甚至对于那些认定宗教将因世俗化而衰亡的学者们来说也是如此。正如他们继续在"世俗的城市"中查寻世俗生活,并且在后工业化的城市中目睹了新的宗教活力,他们还得出结论认为,圣灵在现代大都市中行使着道德、文化和政治上的权威。对于建国初期的美国来说,这是它能够在其历史上真正保留下来的东西:宗教是一股不可或缺的力量,而且以它自身的形象持续并深刻地塑造着城市和郊区。

纵观美国历史,宗教何以通过如此显著的方式来帮助塑造这两个地域,要回答这个问题最好从一个短时段来寻找答案。先对那个时期进行一番思考,即从19世纪后期到20世纪后期,美国取得了最引人注目的城市发展,而宗教对于美国城市和郊区生活的产生、维持和实现做出了实质性的贡献。通常,历史学家已经列出了四种主要的分析模式,当评价这一百年间变化的基本过程时,每一种分析模式分别围绕以下的焦点来组织展开的:城市和郊区空间概念的形成、这一空间内的意义建构与社区创建、城市和郊区体制的功能,以及在这些机制内政治权力运作的方式。正如对这一时期按时间顺序进行简要概述所展现的,无论是作为神学意义上的信仰系统、文化意义上的存在系统,或是社会学意义上的行为系统,宗教已经强有力地并持续地显示其自身在以上这些进程中的权威。

首先,在19世纪末,保持吸引力是宗教对于创造城市空间的作用。19世纪后期,人们对温斯罗普关于城市的千禧年概念抱有执着而神圣的愿景,而在通往城市天国这一渐进而又明确的历程中,这一愿景又带给人们希望,并且随着他们勾勒出自己的城市布局,他们将继续领导城市精英。但工业化带来的社会沦丧和不公正使上述乐观情绪大打折扣,正是在追求纯洁的过程中,城市规划者们形成了田园城市和城市美化运动等理念。19世纪早期英国的社会评论家最先采用新耶路撒冷这个词,而深受新耶路撒冷千禧年意象影响的美国城市建筑师加入到他们的同行中,通过利用分散的人口和充足的休闲空间来规划城市社区。人们认为,田园城市的实施肯定会根除工业城市"难以容忍"的方面,并因此会在大都市区范围内为实现神的荣耀铺平道路。而更具实际意义的是城市美化运动,在探求新城市主义过程中,该运动将人们对后千禧年的愿景与对美利坚帝国宏伟景象的期待联系起来。当在个人层面受到一系列意识形态承诺(Ideological Commitments)的激励时,杰出建筑师、城市规划者和社会科学家的联合成为这次运动的代言人,然后设计出了林荫大道、公共建筑、市政中心、纪念碑和展览会,并分享同一个目标:使用一套新的美学理论和庄严气度以超然潜力来激发世俗世界,并在一个更高和精神的层面来训练所有城市居民的眼睛。

如同宗教思想有助于激发19世纪后期的市民复兴一样,它同样也促使人们搬离城市。在工业城市的压力下,随着后千禧年的乐观主义日益减弱,关于城市衰落的前千禧年主义末世论将取而代之,城市规划者开始将郊区想象成另一个乌托邦。面对城市的威胁,为获得一个适当的回应,美国的新教精英再次求助于他们在英国的新教同胞,并且就在威廉·威尔伯福斯和约翰·桑顿这些福音派社会思想家的著作中找到答案,而他们则马上支持基督教化的事业和郊区化的进程。这两个基督教的活跃人士提出了一种社区模型,即在围绕民众的开放环境里组织起一个村庄,其中公共世界与私人世界、世俗领域与宗教领域保持健康的距离,而这种模型可能会被摧毁。威尔伯福斯和桑顿强调,郊区与隔离无关,正如郊区与基督徒的职责(Christian Stewardship)有关一样。的确,郊区在保护家庭免受城市腐化影响的同时,还充当了组织中心的作用,为了全社会的福祉而从郊区发起的城市改革运动才有可能得以进行。由于宗教和城市学家持续地进行跨大西洋的交流,这些相同的理论助推了最早的美国郊区的形成。从19世纪第一个铁路郊区出现在东北部地区的时刻起,郊区化作为宗教改革运动扮演了至关重要的作用,即刻便支撑起心灵美德和道德共同

体,并且加强了对城市及其大量社会问题的责任。

尽管宗教思想对于塑造19世纪晚期的城市和郊区发挥了关键作用,但到20世纪早期宗教信徒获得这些空间所有权的多样方式同样令人印象深刻,根据他们优先考虑的宗教社区来组织空间,并通过他们独特的精神实践来赋予其意义。特别是在第二层的影响范围内,宗教通过教众会、教区和犹太教堂的组织活动,能够在居民的日常生活中证明对其信仰的虔诚,正是宗教给城市景观增添了活力和多样性。就这一点而言,天主教移民的历史经验较具有代表性,他们完全沉浸在宗教仪式的整体化系统中,并将自己的设计添加到城市生活中,而事实证明他们是成功的。而使这个系统得以加强的是天主教教区,它们为其信徒在"故国"与"新世界"之间的联络方面发挥了许多文化功能。天主教对于其信徒日常生活的控制确实是封闭式的,正如天主教所一贯坚持声称的,天主教徒的世界观通过永生得救的应许以及信仰系统的提供,不仅帮助他们用熟悉的理论术语解释了他们所处的陌生环境,而且使孩子们社会化,规定了性别和世世代代的角色,决定文化品位,并且衡定社会地位。同时从内部看,这一相同的机制为一些族裔聚居地内部生活秩序提供了所需的惩戒措施,在教会成员能够明确地独立承担其宗教行为的同时,教会成员的资格还在邻里之间充当了社会契约的功能,要求成员遵守一系列监督所有行为的规范。或许最重要的是,在城市教区里同样能找到宗教庆典的大量机会。在一年一度为纪念宗教圣徒而举行的节日中,例如,布朗克斯的意大利裔和伊利诺伊州西塞罗的波兰裔会从他们教堂内的靠背长凳上涌入到社区的街道上,来纪念他们精神恩主的良善和信实。本土化的宗教仪式通过这种方式,不仅使城市的部分地区生动活泼,而且保证了作为整体的市民文化将有差别地承担宗教方面的功能。

在20世纪早期的郊区中,宗教作为文化适应的中介有着同样的影响力。正如像哈兰·保罗·道格拉斯处于同时代的人极其谨慎地进行记录,心怀强大精神信念的市民对于开拓郊区空间可谓劳苦功高。从发自他们崇高的追求到构建一个道德世界,并在这个世界中家庭美德和基督教社区能够得以实现,道格拉斯观察到,有宗教信仰的市民实际上为一个更为宽广的、和更具想象维度的郊区赋予了生命,并且反过来成为美国梦的缩影。20世纪中叶,新教徒对于教育、家庭生活、消费主义、物质文化和美国爱国主义的长期认同和责任,首先刺激了郊区发展,而郊区的发展确实被公认为社会的规范、文化的轴心,在此时美国社会能够围绕

着它达成并保持共识。此外,新教徒不再是唯一的潮流先锋;当他们根据自己的宗教价值观开始塑造他们的郊区社区时,天主教徒和犹太教徒与他们的新教徒同类一样的坚决和审慎。尽管在 20 世纪 20 年代还未被道格拉斯注意到,但在 20 世纪 50 年代整个郊区的社区并不罕见,这种布局在空间上围绕着犹太学校、犹太教徒、面包店、肉铺和商业街,并在精神上与正统派犹太教的日常教规相符,无疑能证明郊区的宗教在定义一个新的现代"美国性格"中所发挥的作用。

在二战后的时代里,宗教团体有能力通过这种方式强占空间,也就意味着宗教能够在城市和郊区的管理体制中作为权力部门充当第三种角色。宗教组织已经影响到了城市服务和机构的运转,它们凭借其自身所具有的多重功能,可以作为社区中心、教育中心、医疗卫生的提供方、社会服务、职业介绍中介、企业投资和休闲娱乐赞助方。摩门教在盐湖城拥有的无可比拟的管理权,说明了在城市环境中宗教所具有支配性地位的程度。然而在美国的其他地区,宗教干预城市事务的先例在 20 世纪早期便已确立,是通过一场传统新教的社会福音运动得以体现,它的教义强调上帝的国度通过基督徒的倡导能够在地球上得到无所不在的体现,而且引申开来,该教义还鼓励公民领袖与宗教领袖之间在促进社会福利方面进行合作。宗教通过在街道上引发激进主义,通过建设大型的基督教社区改良会所、机构化的教会、劳工的附属组织和服务中心来改变城市的物理格局,并且为城市交通和政治经济领域开展大规模改革提供动力源泉,因此,宗教调整了城市生活的节奏,并且决定城市生活的结构。通过这些活动,宗教同样确立了在更广泛的进步自由主义联合体中的权力地位,而进步自由主义将持续帮助管理城市系统一直到 20 世纪 60 年代。为了应对城市危机而在二战后的期间内所创立的许多社会项目确实是对开始于世纪初的社会基督教的延续,包括的范围从为了开放住宅和邻里复兴而进行的普世教会运动到为了就业、家庭、救济和医疗而由教会设立的机构。

当一条经久不衰的社会伦理要求基督徒将精力集中到城市管理上,郊区生活的实际同样离不开宗教。而对于二战后郊区经济活力的保持起根本性作用的有教堂、犹太教会、教区以及寺庙,它们在保证社区的空间布局和经济安全方面所扮演的角色。首先,宗教组织规定了在大都市区边缘地带的居住模式。20 世纪 60 年代城市骚乱处于高潮时期,当种族间的紧张状态促成"白人逃逸"时,通常是由地方的宗教机构来决定其独立信徒应当于何时、何地以及以何种方式在郊区

进行重新安置。当时,由于在新的郊区土地上进行了大量投资,以及在提高教徒会众和周边社区的舒适水平上所固有的角色,这些机构通常发挥了关键的经济功能,而变身为土地兼并者、融资人、开发商和抵押经纪人。郊区居民通常能从他们的神职人员那里听到一些信息,强调居者有其屋和自由企业制的美德,来自神学上必须要履行的责任使他们社区的经济结构具体化。因此,尽管郊区的宗教团体根本上更多地关心其信徒的精神活力而非经济活力,但宗教团体日常致力于社区的事务,使它在战后的郊区中成为一个在经济和社会层面起决定作用、并在日后的结构层面成为构成要素。

最后,宗教在现代的城市和郊区中还充当了一个强大政治代理人的角色。不论其行为是否与进步改革的自由主义议程或者邻避反抗("别设在我家后院",NIMBY)的保守主义议程相一致,宗教从未在帮助构建地方政府,并将其屈从于自己利益方面表现出过迟疑。这方面的证据是易于获得的,当仔细观察 20 世纪 60 年代期间及之后草根"文化战争"在城市和郊区社区的上演便能得知。由于非洲裔美国人卷入到反对黑人种族隔离的斗争中,城市的宗教机构在全美进行定位布局,作为集结地为政治流动服务。尽管教会在非洲裔美国人的社区中作为一种激励性的力量,然而亚特兰大、孟菲斯和伯明翰等南部城市,教会具有更大的重要性,正如政客和传教士想方设法地激发草根民怨,向"地方民众"提供附加的刺激条件使其为废除种族隔离而上街继续战斗,并且获得接近民权组织区域网络的机会,这样就可能通过民权组织向州和联邦政府施加压力。与此同时,在北部的城市像芝加哥和底特律,黑人教会显示出了其得到很好限定的政治实力,在市民阶层它代表着非洲裔美国人市长的和学校董事会理事的候选人,而在联邦层面则为了有利的社会立法和城市政策组成强大的游说集团。通过这些行动,黑人教会为其他团体提供了一个追随效仿的典范。在 20世纪后期,大量以城市为中心、信仰为基础的组织代表加州的墨西哥裔美国人、佛罗里达的拉美裔美国人和全美范围内其他族裔团体而发生声音,为了获得与他们利益相一致的权利和保护权,根据法律规定开展改革运动。

在同一时期,宗教思想、机构和个人同时还促成了一个强大的保守主义运动的形成,该运动在阳光带的远郊地区得以产生并逐渐发展壮大。郊区的白人新教徒、天主教徒和摩门教徒都转向共和党右派寻求答案,并在总统理查德·尼克松和罗纳德·里根的政治策略

中发现这些答案,而驱使他们行动的部分是由于他们察觉到自由主义在美国城市中心的失败。罗纳德·里根总统将社区的宗教关切转化为公共政策被证明特别有效,而这将决定 20 世纪后期郊区发展和文化的未来。到 20 世纪 50 年代,保守主义在加利福尼亚州奥兰治县等地是主流,右派的"郊区卫士"集结在大型的教区和巨型教会中,筹划攻击他们的城市和学校董事委员会的方案,希望能抵挡对基督教团体的传统理念构成威胁的力量。通过选举自己的候选人或者向那些似乎倾向于进步自由思想的政客施加压力,这些宗教的保守主义者以可行的方式决定着他们郊区居民区的未来。土地利用和区划限制,公共和私人教育,犯罪和猥亵的立法,财产税和房屋条例——这些和过多的其他问题推动了 20 世纪 60 年代之后加州的郊区政治开始真正承载起对宗教问题的关切。认识到这些问题的是里根,他为 20 世纪 60 年代后期加州州长的当选和 20 世纪 80 年代初美国总统的当选进行了成功地竞选,这些很大部分可以归功于阳光带郊区的宗教右派的政治权力。

亦可参阅:城市美化运动(City Beautiful Movement),田园城市(Garden Cities)

延伸阅读书目:

- Boyer, P. (1978). *Urban masses and moral order in America*, 1820 - 1920. Cambridge, MA: Harvard University Press.
- Conzen, K. N., Stout, H. S., Holifield, E. B., & Zuckerman, M. (1996, Summer). Forum: The place of religion in urban and community studies. *Religion and American Culture*, 6, 107 - 129.
- Diamond, E. (2000). *And I will dwell in their midst: Orthodox Jews in suburbia*. Chapel Hill: University of North Carolina Press.
- Fishman, R. (1987). *Bourgeois utopias: The rise and fall of suburbia*. New York: Basic Books.
- Hudnut-Beumler, J. (1994). *Looking for God in the suburbs*. New Brunswick, NJ: Rutgers University Press.
- McGirr, L. (2001). *Suburban warriors: The origins of the new American Right*. Princeton: Princeton University Press.
- McGreevy, J. (1996). *Parish boundaries: The Catholic encounter with race in the twentieth century*. Chicago: University of Chicago Press.
- Orsi, R. A. (Ed.). (1999). *Gods of the city: Religion and the American urban landscape*. Bloomington: Indiana University Press.
- Orsi, R. A. (2002). *The Madonna of 115th Street: Faith and community in Italian Harlem* (2nd ed.). New Haven, CT: Yale University Press.

Darren Dochuk 文

宋晨译 陈恒校

租金控制
RENT CONTROL

自 20 世纪初开始,美国的联邦、州和市政府已经周期性地采取租金控制的办法,使受到战争、通货膨胀、绅士化和其他力量扰乱的住房市场恢复稳定。租金控制的项目包括了各种广泛的行政机关(例如独立的董事会、现有的机构)、排除在外的项目(例如新建工程、豪华公寓)、处理方式(例如公共的财产拨款、自愿仲裁、最高租金的确立),以及限定租金的规则(例如年租金率的调整、公平的净营利收入)。它们的重要性依靠的是对全国住房和社会福利的影响,以及对政治竞争本质的依赖,政治竞争出现于当提议和实施这种价格控制的独特类型,超越传统的阶级、种族和族裔界限,来支持基于租户或业主地位的联盟。

美国一直以来就有租赁房屋。然而,在早先的几个世纪中,这类房屋通常是由个人和家庭的租赁住房构成,这类房屋通常位于房东的公寓或住宅中,许多处于农场中。到 20 世纪头十年,城市化已经使租房户在全国的比重提高到 50% 以上,并且扩大了公寓建筑中的单元数量,业主和地产公司持有这些公寓,他们的利润有赖于其自身的物业经营。随着租赁房屋重要性的提高,各个城市和州都为业主和租户的关系制定了标准的实践做法,但确立租金不包括在这个范围之内。

在不同的时期,各类项目进行了合并,将公职人员引入到私人租房的管理和相关拆迁实践中。为第一次世界大战而进行的动员将人口吸收到军事/工业生产中心。人们对住房短缺和猖獗的"租金暴利"(Rent Profiteering)抱怨不已,地方官员发现他们忙于应对这些问题。联邦政府颁布了三项法律来处理这种状况,但没有一项法律将正式的,类似的欧洲的租金控制机制纳入其中。1917 年生效的《紧急短缺法》允许总统为了支持军事生产,可以接管土地的使用权和所有权,这一权力可以被用来抵制那些要价过高的租金,但会

672

对私营业主构成潜在的威胁。1918 年 3 月 1 日，经国会批准，美国运输委员会紧急船队公司可以为了员工住房的问题而获取土地和房屋，权力的行使同样还被用来影响住宅物业所有者的寻租行为。一周后，《士兵与水手民事救济法》禁止在没有法院授权的情况下，将军事人员及其家庭从租赁房屋中驱逐。此外，1918 年 3 月 31 日，国会所作的一项联合决议，对华盛顿特区的租房驱逐行为作了严格的限制，直到 1918 年 11 月最后停战协定的达成才告一段落。

在此期间，七个州——康涅狄格州、特拉华州、缅因州、马萨诸塞州（时任州长为卡尔文·柯立芝）、新泽西州、内华达州和弗吉尼亚州——同样采取行动来抑制租金的上涨，主要通过为租户制定保护性措施，在面对租金暴涨的情况防止驱逐行为的发生。除了这些指令性措施外，康涅狄格州设立了义务的租金委员会，由布里奇波特（Bridgeport）、德比（Derby）、格罗顿（Groton）、哈特福德（Hartford）、纽黑文（New Haven）、新伦敦（New London）、西摩（Seymour）和沃特伯里（Waterbury）的公民代表构成，这一行为能够利用他们的影响力——正如爱德华·肖布于 1920 年指出的。这些租金委员会成为全美 80 多个城市中相似委员会的一个模范，其中市民委员会对业主和租户之间的纠纷进行仲裁，并得到已经制定的联邦措施的支持。在另外 71 个城市中，联邦、州或者地方机构作为仲裁者发挥着相似的作用。

一战后，大部分租金控制的法律和义务活动宣告结束。然而在一些大都市区，住房短缺和上涨的租金导致了持续的租户活动以及对租金控制的兴趣。纽约州、伊利诺伊州、缅因州和马萨诸塞州颁布法律，反对"不公平的租金"，这在当时有待通过法庭行动得以实现。威斯康星州颁布法律，利用权力来管理在该州铁路委员会的租金，但是州法院裁定该项法律违宪，原因在于它只能运用于密尔沃基市。还有四个州——亚利桑那州、特拉华州、新泽西州和俄勒冈州——制定了一组更为广泛的业主-租户的法律，保护租户免受驱逐、避免对孩子的歧视以及减少服务，但他们并没有控制租金。

个别的城市加入到了此次努力中。在一战后的十年内，丹佛、洛杉矶和纽约市的市政府也颁布了租金控制法令，尽管洛杉矶的法令被上级法院裁决无效。随着国会于 1920 年通过了《鲍尔房屋出租法》，华盛顿特区也加入到了这些城市的行列中。在 1921 年布洛克诉赫什（Block v. Hirsh，256 U. S. 125）和马库斯·布朗控股公司诉费尔德曼（Marcus Brown Holding

Co. v. Feldman 256 U. S. 170）的判例中，最高法院支持在战时以外和平时期，只要住房短缺仍在持续，租金控制就有其合法性。当联邦法院判定住房短缺的现象一去不复返时，继续使华盛顿特区的租金控制法也于 1924 年终止。到 1929 年，所有的租金控制项目全部结束。

在大萧条时期，华盛顿特区和其他地区对于实行租金控制的提案建议进行争论，目的是为了迫使业主降低租金，但是没有人在美国取得成功，尽管在世界其他地方，这一类型的项目已经得以实施。

为二战所进行的动员，在美国加入到战争前便再次使全国的住房市场走向恶化。政府最初依靠的是自愿的"公平租金委员会"来对租金进行仲裁，类似那些一战期间设立的委员会。在珍珠港事件的前 6 个月内，超过 200 个委员会在 34 个州成立。然而，它们所取得的成功不尽相同，并且随后，联邦政府把租金控制包括到 1942 年的《应急价格控制法》中。物价管理局被授权建立"国防租房区"，并且管理那些区域的租金。指定区域的数量从 20 个迅速增加到 300 个，而且到 1947 年项目结束之时，总共包括了 600 个区域。基本租金是那些于 1942 年 3 月 1 日生效的（或之后，对于进入到该项目的那些城市），租金的上涨由相当严格的规则所决定，这些规则假定业主应当获得固定比例的投资，而且不能获得更多。在州的战时权力之下，联邦干预租金控制的宪法合理性在 1944 年最高法院的判例——鲍尔斯诉威林厄姆（Bowles v. Willingham，321 U. S. 503）一案中得以确认。

1947 年、1948 年和 1949 年的《住房与租房法》延续了联邦政府的租金控制政策，但顺应了共和党控制的国会，给予地方咨询委员会（Local Advisory Committees）更大的权责来扩展区域或者解除对区域的控制，并且决定全面的和单个的租金上涨。联邦政府本来打算于 1950 年 6 月 30 日终止租金控制，但朝鲜战争却使控制持续到 1952 年 6 月才全部结束。这些年里，10 个州（康涅狄格州、伊利诺伊州、马里兰州、明尼苏达州、密苏里州、新泽西州、纽约州、罗得岛州、弗吉尼亚州和威斯康星州）颁布了租金控制法在联邦政府解除控制的方面生效。此外，一些城市——纽约市、巴尔的摩、布法罗、芝加哥、洛杉矶、明尼阿波利斯、费城、圣路易斯和旧金山——制定了当地的控制措施，来覆盖解除管理的住房类型（包括可寄宿的房屋、宾馆和公寓旅馆），以及结束某些驱逐行为的保护措施。然而，除了纽约州、夏威夷和维金群岛外，所有各州都在 20 世纪 50 年代中期之前结束了租金控制。

由于房东和租住单元所占比重高,纽约市和纽约州的控制持续到 20 世纪 50 年代后。20 世纪 60 年代,当人们把租金控制的负面影响归咎于其僵化的体制时,纽约市开始对这种担忧作出回应,并且将那些更为灵活的以及受到房地产利益更大控制的平行项目进行了分离。

20 世纪 70 年代,在对抗通货膨胀的过程中,理查德·尼克松总统签发了 11615 号行政命令,利用由民主党控制的国会给予其的权力,这一指令实施了一项 90 天冻结价格(包括租金)的指令,随后由联邦租金控制项目将其延长到 13 个月,从 1971 年 11 月到 1973 年 1 月。持续的通胀环境和新一波的租户激进主义导致了大量的州和城市采取了州和城市租金控制的"第二代"方案,除了那些在纽约州生效的措施。马萨诸塞州带头示范,并且于 1970 年通过了第一项州授权(State-Enabling)的法案,允许地方采取租金控制,波士顿、剑桥、萨默维尔(Somerville)和林恩(Lynn)都选择这种方式。在接下来的 10 年中,各种形式的租金控制在各州得以确立,其中有阿拉斯加州(包括安克雷奇、费尔班克斯和瓦尔迪兹,对井喷式的人口激增作出回应);康涅狄格州(包括丹伯里、东诺维奇、恩菲尔德、哈特福德、新不列颠、纽黑文和斯坦福德);佛罗里达州(迈阿密市);马里兰州(包括巴尔的摩和一些县);以及新泽西州的 100 多个城镇(包括大西洋城、贝永、伊丽莎白、格洛斯特、哈肯萨克、泽西城、林登、新布伦瑞克、纽瓦克、奥兰治、帕塞伊克、帕特森、珀斯安波易和普莱森特维尔)。华盛顿特区于 1973 年再次将租金控制置于国会之下。就绝大部分而言,这些项目比早先二战和纽约市的控制更为灵活,允许每年租金的上涨和/或调整来确保业主有足够的收入进行日常维护,以及从他们的投资中获得回报。

伴随着 1978 年加州宪法第 13 条修正案税收计划的出台,人们期望中的租金减少并没有发生,到 20 世纪 80 年代,一些加州城市开始采取租金控制的措施。尽管加州从来没有通过一项授权法案(1976 年,州长里根尝试终止全州范围内的租金控制),但是包括伯克利、贝弗利山、海沃德、洛杉矶、奥克兰、棕榈泉、旧金山、圣何塞和圣莫妮卡这些城市都制定了租金控制措施。这些 20 世纪 70 年代和 80 年代的项目(反对指控,认为是他们在没有适当程序的情况下导致了财产占有)在合宪性方面得到了两个最高法院判例的支持:1988 年的彭内尔诉圣何塞市(*Pennell v. City of San Jose*, 485 *U. S.* 1)与 1992 年的绮诉埃斯孔迪多市(*Yee v. City of Escondido*, 503 *U. S.* 519)。

20 世纪八九十年代,一场强烈反对租金控制的抗议运动在全美上演。大量的研究认为,租金控制导致了建筑物的废弃、环境恶化、租赁房屋公司股票的下跌、全国房屋低效的分布以及中上等收入的租户以低收入租户的开销意外获利。这些批评声得到了当时保守政治气候的支持,导致了许多州和城市对租金控制的终止或禁止。租金控制仍在其他一些行政辖区保留着,然而,受到强大的租户联盟的影响,格外地受到了紧张的租房市场的影响,或者受到了早先租金控制项目出现的影响,这些项目有助于业主的利益。与此同时,新一代的学者发现,城市中建筑物的废弃、环境的恶化和分套购置公寓的转换不是由租金控制所导致的,并且认为房产管理人应该为廉租房供应的减少负责,而不是租金控制。他们还断言,太多的批判性研究都是基于更为刻板的"第一代"租金控制,而不是第二代的项目,其中具体包括了保护业主获得足够回报的条款。

根据 2003 年美国住房调查(American Housing Survey)的显示,美国使用中的租赁单元中,租金控制覆盖了 2.5%(中心城市达到了 4.5%)。租金控制目前仍在加州、马里兰州、新泽西州和纽约州以及华盛顿特区的一些城市中实行。禁止租金控制的州包括阿拉巴马州、亚利桑那州、阿肯色州、科罗拉多州、康涅狄格州、佛罗里达州、佐治亚州、爱达荷州、伊利诺伊州、印第安纳州、艾奥瓦州、堪萨斯州、肯塔基州、路易斯安那州、马萨诸塞州、密歇根州、明尼苏达州、密西西比州、密苏里州、新罕布尔州、新墨西哥州、北卡罗莱纳州、北达科特州、俄克拉荷马州、俄勒冈州、南卡罗莱纳州、南达科特州、田纳西州、得克萨斯州、犹他州、佛蒙特州、弗吉尼亚州、华盛顿州、威斯康星州和怀俄明州。那些还没有颁布禁止法令,但目前没有市政府实施租金控制的州包括阿拉斯加、特拉华州、夏威夷州、缅因州、蒙大拿州、内布拉斯加州、内华达州、俄亥俄州、宾夕法尼亚州、罗得岛州和西弗吉尼亚州。

亦可参阅:公寓建筑(Apartment Buildings),租户联盟(Tenant Unions)

延伸阅读书目:

● Arnott, R. (1995). Time for revision on rent control? *Journal of Economic Perspectives*, 9, 99 - 120.
● Block, W., & Olsen, E. (Eds.). (1981). *Rent control—Myths and realities: International evidence of*

the effects of rent control in six countries. Vancouver, BC: Frasier Institute.

- Keating, W. D., Teitz, M. B., & Skaburski, A. (1998). *Rent control: Regulation and the rental housing market*. New Brunswick, NJ: Rutgers University, Center for Urban Policy Research.

- Lebowitz, N. (1981). "Above party, class or creed": Rent control in the United States, 1940 - 1947. *Journal of Urban History*, 7, 439 - 470.

- Lett, M. R. (1976). *Rent control: Concepts, realities, and mechanisms*. New Brunswick, NJ: Rutgers University, Center for Urban Policy Research.

- McEnany, L. (2006). Nightmares on Elm Street: Demobilizing in Chicago, 1945 - 1953. *Journal of American History*, 93, 1265 - 1299.

- Plotkin, W. (1998). *Rent control in Chicago after World War II: Politics, people and controversy*. Prologue, 30, 110 - 123.

- Schaub, E. L. (1920). The regulation of rentals during the war period. *Journal of Political Economy*, 28, 1 - 36.

Wendy Plotkin 文

宋晨译　陈恒校

度假城镇
RESORT TOWNS

在美国,度假城镇及其历史很难简单下定义。这些社区在不同的地区和时代都发生着演变,而且有时候它们有着非常不同的历史经验。度假城镇从来都没有展示出一些共同的特征。大多数度假城镇的繁荣,正是因为它们提供了获取某种舒适度的途径,诸如海滩或者温泉,或提供了一项活动,例如游泳或者滑雪。每一项活动设置都是为了提供一个逃避都市生活的去处,从日常的环境和计划中逃离。人们可以在这里短暂地逃离社会束缚获得自由,而且这一自由随时间而扩展。有些度假城镇只服务于某一阶层或群体,有些群体甚至具有高度的排外性。这种社会独享权通常会随着时间的推移而减弱,度假社区从最初为富有群体服务,接着延伸到中产阶级,之后或许可以为普通工人服务。许多的度假胜地只有白人和基督徒,拒绝接纳非洲裔美国人、犹太人和其他少数族裔。这些群体在任何情况下都能进入到度假城镇,而不同于工人的到

来通常伴随着不情愿,并且比较晚。最后,在沉迷于工作的美国,休闲经常被视为潜在的恶习,度假胜地提供了人们恢复活力的场所,一个暂时从工作中获得喘息的机会,这将使度假者以全新的活力准备好再次步入他们常规的生活。

美国第一批度假城镇出现在城市人口最多的地域——东北部。这些度假胜地仿效了英国的度假社区,例如巴思(Bath),尽管是在一个更为适度的范围内。两个早期的度假胜地是罗得岛州的纽波特和纽约州的萨拉托加斯普林斯(Saratoga Springs)。在美国革命前,纽波特一开始便是海滨度假胜地。萨拉托加提供矿物质的泉水,吸引了土著美国人和英国殖民者。它早期的游客经常是探求健康的人群,希望矿泉水能够治愈他们的病患。到19世纪20年代,萨拉托加已经赶超邻近的巴尔斯顿斯帕(Ballston Spa),以拥有两座大型宾馆和其他居住设施为荣。经过一段时间,更多的景点在萨拉托加得到开发,并且一系列活动使其变得受人们欢迎,包括直到今天依然闻名的赛马活动。

就其本身而言,纽波特不久后便面临来自其他度假胜地的竞争,例如位于新泽西海岸的开普梅(Cape May)。每一个度假胜地中都提供了不同类型的便利设施,从宾馆到私人度假屋。这个时代,相较于未来冲浪者和日光浴者的海滩文化,在海中沐浴是一项受到监管和限制更多的活动。除了更为遮掩式的沐浴着装,男人和女人通常在一天不同的时间段分开沐浴。然而,这并不意味着度假胜地禁止异性之间的社会交往和求爱行为。尽管一个共同的海滩文化在发展,但是纽波特在东北部度假城镇中保持着最为排外的特征。在这里,度假宾馆只为暂时性的和季节性的游客服务,包括南北战争前种植园主从南方炎热的夏天中逃离,后来纽波特逐渐为富人的度假屋让路,并以镀金时代的"村舍"而告终,例如科尼利厄斯·范德比尔特(Cornelius Vanderbilt)的碎浪区(Breakers)。上流社会日益成为这个度假城镇的唯一服务对象,任会如此相信,上流社会也知道这一点。

度假胜地同样也出现于东南部,在这些地域人们逃离夏季炎热和疾病的渴望吸引居民到山中的隐居小屋。一些这样的社区非常小,几乎吸引不到多少游客,除了能吸引到一些种植园主的家庭,他们将消夏的住所建在高海拔地区,这里的气温更为凉爽,而且疾病更为稀少。其中一个例子便是位于阿拉巴马州中部的马里昂社区。然而,作为南部地区最为成功的度假城镇之一——北卡罗莱纳州的阿什维尔(Asheville),位于斯莫基山脉(Smoky Mountains)最高峰的东侧,组建合

并于1797年——阿什维尔直到19世纪末才作为一个度假胜地繁荣起来,当时乔治·范德比尔特购置了12.5万英亩的土地,并于1890年开始修建他的比特莫尔庄园。各宗教派别开始从这个地区撤离,同样也吸引了一些个人寻求改善健康。这座城镇在20世纪20年代迅速发展起来,但在1929年却经历了一场灾难性的财政崩溃。大萧条的影响在某种程度上得以减轻,是得益于创建了斯莫基山脉国家公园,还有建造了蓝岭山园林大道(Blue Ridge Parkway)。

南部同样也包括了一些庄严神圣的海滩度假社区。其中一些——例如南卡罗莱纳州的希尔顿海德(Hilton Head)——主要是二战后开发的。其他一些——诸如路易斯安那州的格兰德艾尔(Grand Isle)——是从东南部低地城市逃离炎热和喧嚣的老去处。格兰德艾尔便是为新奥尔良用作这样的目的,并且为凯特·肖邦(Kate Chopin)以女性主义为原型的小说《觉醒》(发表于1899年)提供了一个至关重要的背景。

美国西部的度假城镇模仿了东部度假胜地的一些方面,但是遵循了它们自己的发展模式。不像东部的度假胜地为早已存在的城市人口服务,西部的度假胜地最初经常是由铁路或者酒店的业主推广到遥远的东部客户那里。因此,旅游业在区域发展的中发挥了异常显著的作用,附带着度假城镇有时作为随后城市增长的起点。丹佛和格兰德河铁路开发了在曼尼托(Manitou)的温泉,来作为度假目的地,

676

附近的风景奇观——众神花园(Garden of the Gods)和派克峰(Pike's Peak)也起了帮衬的作用。一座名为鹿角(Antlers)的度假宾馆于1883年在邻近的科罗拉多温泉开业。

鹿角宾馆长期领先于西部其它类似度假胜地,直到被加州这个西部最吸引人的胜地的一所宾馆取代。坐落于蒙特利海湾南端的德尔蒙特宾馆于1880年开业,这座宾馆不仅吸引了来自旧金山的旅客,而且还带动了蒙特利镇的发展,即使这座城镇已演变为一个重要的垂钓中心,但它仍保留了度假的氛围。吸引了一群不拘一格的艺术家和作家,卡梅尔(Carmel)、蒙特利和大苏尔(Big Sur)以南的地区同样充当了作为艺术庄园的度假城镇的榜样。在南加州,大型的宾馆于1886年同步出现——帕萨迪纳市的雷蒙德酒店和位于科罗拉多度假社区的科罗拉多酒店,靠近圣迭戈。每一个度假宾馆吸引了越冬的东部旅客,他们对于在冬季看到橘子果园和鲜花绽放的景色感到极度兴奋。帕萨迪纳市也包含了由东部精英修建的用于越冬和退休的豪宅,从口香糖行业巨头——威廉·里格利(William Wrigley,箭牌公司创始人——译者注),到宝洁公司的继承人戴维·甘布尔(David Gamble)。

正如在科罗拉多温泉,南加州的度假胜地推动了城市发展。事实上,被推广打造为一座温暖舒适的休闲都市的洛杉矶,可被视作美国历史上最成功的度假"城镇"和观光胜地。另一个例子很大程度上便是20世纪前人烟稀少的佛罗里达州。作为美孚石油公司的创始人之一,亨利·弗拉格勒在圣奥古斯丁进行了蜜月旅行,并且在佛罗里达州的大西洋沿岸展望了美国版的里维埃拉(Riviera,南欧地中海的一处避寒游憩胜地——译者注)。在一座离岸沙洲岛上,他建造了波恩西阿纳(Poinciana)酒店和棕榈滩(Palm Beach)度假城镇。一代之后,沙土向南进一步地正常延伸,将原来的海滩改造为迈阿密海滩,并于20世纪20年代急速发展。资深的广告界专业人士史蒂夫·汉纳甘(Steve Hannagan)使用泳装美女在沙滩嬉戏和冲浪的图片来吸引东北部人。一座度假城镇和一座城市由此诞生。

在20世纪,度假城镇倾向于按照娱乐的特殊类型来发展。已经成为许多现代度假城镇基石的休闲运动是滑雪。滑雪胜地在20世纪初的东部首先出现,像在佛蒙特州的斯托(Stowe)。然而,西部的滑雪胜地才堪称典范。所有这类社区的典范是爱达荷州的太阳谷,于1936年开放运营。太阳谷由联合太平洋铁路的主席埃夫里尔·哈里曼所创建,它在一个独有的度假氛围中提供滑雪服务,偏远的地理位置使其总有几分神秘。史蒂夫·汉纳甘同样也为这个度假胜地作了推广宣传,发明了其包含温暖之意的名称,并且设计出一则有强健的、半裸的滑雪者特定形象的印刷广告,这淡化了人们对气温之寒冷的固有印象。他还安排电影明星来参观和宣传这个度假胜地。美国人滑雪的"场景"诞生了,而且太阳谷范式的某种变体会运用于未来建造的滑雪度假胜地,例如韦尔(Vail),还有一些老的度假社区进行自我改造,转变为滑雪城镇,例如科罗拉多州的阿斯彭(Aspen)、怀俄明州的杰克逊和犹他州的帕克城。二战后,特别是在空中旅行变得更易之后,滑雪深刻影响美国西部的一部分地区。豪华度假别墅的修建不仅塞满了政府税收的金库,还迫使许多老居民和度假城镇的工人离开这里。虽然服装、休闲运动和社会习俗已经发生了变化,但是纽波特的精神在21世纪的度假城镇中延续和存留下来。

亦可参阅:路易斯安那州新奥尔良市(New Orleans, Louisiana),加利福尼亚州圣迭戈市(San

Diego，California）

延伸阅读书目：

● Aron，C. S. (1999). *Working at play：A history of vacations in the United States*. New York：Oxford University Press.

● Coleman，A. G. (2004). *Ski style：Sport and culture in the Rockies*. Lawrence：University Press of Kansas.

● Pomeroy，E. (1957). *In search of the Golden West：The tourist in Western America*. New York：Knopf.

● Rothman，H. (1998). *Devil's bargains：Tourism in the twentieth-century American West*. Lawrence：University Press of Kansas.

● Sterngass，J. (2001). *First resorts：Pursuing pleasure at Saratoga Springs*，Newport and Coney Island. Baltimore，MD：Johns Hopkins University Press.

Lawrence Culver 文

宋晨译 陈恒校

餐馆

RESTAURANTS

从乡村酒馆到芝加哥著名的泵房（Pump Room）餐厅，餐馆自殖民地时代开始便是城市肌理中一贯的特征。不论这些餐馆是城市中多家连锁快餐店中的一家或是有着高超烹饪技艺的佳肴美食体验，它们都以一种或另一种形式为城市的发展极大地增添了不同经历。

在北美殖民地时期，对于各种各样小餐馆的需求很大程度上是由于人们从一处到另一处进行长距离旅行的增多，他们需要食物和住宿。当然，许多小旅馆开始通过提供不同的饭菜来满足这方面的需求，并附带提供各类饮料。对这类膳食的原始描述表明，大部分食物的品质，通常可以公平地说属于中等水平。有趣的是，相较于乡村中的各种小饭馆和小旅馆，城镇中的小旅馆和其他提供食物的地方通常会面临更为激烈的竞争。到 17 世纪后期，外出用餐仍然意味着，旅客很大程度上受限于突发奇想以及由当地旅店和饭馆老板提供的古怪的烹饪选择。

这些早期小餐馆表面上是为了吃喝，同时在美国城市发展经历中，它们还发挥了另一项功能。这项附加的功能使餐馆成为了一个思想、流言蜚语、信息交流的聚集地，而且总体上的亲和度不会在餐馆未来几代

人的身上丧失。船长、当地商人、雇工和不计其数的其他人高声呐喊要求这类私营的公共场所，在这里他们可以谈论各自的职业、国家的政治气候和当地的贸易条件，或者仅仅是交流几句妙语奇想。到 18 世纪中期，一些这样的小旅馆，像是波士顿的布鲁安科（Blue Anchor）或是费城的大桶酒馆（Tun Tavern），开始将它们自己与其他无价值的餐馆区别开来。

美国人当时的餐饮状况在 18 世纪后期一直在维持，大部分的餐馆继续在多样功能的建筑中选址，而且食物的品质多半在很大程度上保持得不够好。然而，随着越来越多的城市精英开始对欧洲的菜肴感兴趣，一些有进取心的商人主动承担起角色、来将这些类型的菜肴介绍给主要城市中心里更富裕的居民就仅仅成了一个时间问题。随着对名菜佳肴在一定程度上的粉饰和炫耀，诸如新奥尔良的安东尼餐厅（Antoine）和纽约市的德尔莫尼科餐厅（Delmonico），都开始向都市人介绍来自欧洲大陆的数量惊人的菜肴，通常再加入一些来自南方和大西洋沿岸的区域性烹调原料。

应该要注意的是，德尔莫尼科餐厅决不是美国第一家真正的"餐厅"，尽管于 1831 年开业，但它将这个国家的餐饮经验带入到更高的优雅层次，基于惊人的菜品数量、肉类的多样性、准备的方法和奢华的环境。随着极有声望的食客蜂拥至这家餐厅，它迅速成为了纽约市的象征和这座城市形象的一部分。在 19 世纪，这家餐厅接待了查尔斯·狄更斯、威尔士王子和美国的许多总统。直到 1923 年德尔莫尼科最后一个化身的关闭，这家餐馆同样还以开始于 19 世纪 90 年代的允许妇女单独用餐而闻名，这一举动最初引起了大部分这类餐厅的不满。

在 19 世纪的城市景观中，其他一些餐厅也上升到极为显著的地位，其中许多餐厅也深刻反映了它们所处的区域。新奥尔良的安东尼餐厅（以其法国出生的老板——安东尼·阿尔恰托雷命名）于 1840 年开业，成为新月城中出身高贵者和那些碰巧经过的有同等高贵地位人士的重要去处。安东尼餐厅同样还以制作新菜而知名，比如 1899 年的洛克菲勒焗牡蛎（Oysters Rockefeller），连同着安东尼餐厅还可以被用作衡量城市中其他精美餐厅的基准尺度。

19 世纪，富裕的都市人确实有了日趋多样的就餐选择，这种状况变为可能，得益于在冷冻铁路车厢、铸铁炉技术方面取得的进展，以及可支配收入的增多。对于城市中那些财富较少的人来说，可供选择的就餐去处依然较少。对于大多数都市人来说，餐饮店是每日必须谈论的事项，并且当它们确实能以较低的成本

提供大量的食物,菜单很大部分包括了家常便饭,例如烘豆和牡蛎。

在19世纪最后几年里,全国各地的餐馆开始反映移民的类型,这些移民使从巴尔的摩到旧金山的城市地区日益具有活力。许多这样的餐馆被安置在住满成千上万新来移民的社区中,移民的社区从位于布鲁克林的俄国人飞地小敖德萨(Little Odessa)到旧金山建设完好的唐人街。值得一提的是,少数族裔的烹饪传统中成为美国城市景观中最普遍的一种,便是以各种传统的混杂而闻名的"意大利美式"烹饪,在美国似乎能够最好地象征这种烹饪的便是多样的通心粉和披萨。

在任何一座美国城市中,其特色餐馆的丰富程度成为20世纪初期衡量一座城市重要性的一种可识别的符号,在普通餐厅的行业领域内,还有另外一种引人关注的发展,在之后美国人饮食习惯的演变中发挥了突出的作用。过去数十年里,简单地出去吃一顿成为一件很随意的事,并且有时可能会被最恰当地描述为一种随意用餐的俄式轮盘。到20世纪20年代早期,小餐馆和自助餐厅已经成为美国城市景观的一个特征长达几十年时间,一家连锁餐厅寻求从根本上以全新规模将快餐的经验标准化,利用一致的、即使又有些预测性的结果。

这家连锁餐厅叫做白色城堡(White Castle),由一位名为沃尔特·安德森的厨师和埃德加·沃尔多·英格拉姆于1921年在堪萨斯州的威奇托创立。这家连锁餐厅很快以其标志性建筑(恰好有足够多相似的小型城堡,每座城堡都有一个塔楼)、洁净而又标准化的外观以及简要的菜单选项而知名。对于大众来说,它们标准化的外出用餐的方式,将会为大批连锁的餐厅提供一个样板,来寻求吸引大多数美国人,他们无法在高端的餐厅——例如位于纽约市洛克菲勒中心的彩虹厅就餐。

在整个20世纪美国的城市中,餐馆继续跟随从过去时代便开始的总体趋势。低端就餐选择的总体标准继续在激增和改善,而高端餐厅则继续充作它们各自城市的象征和精通烹饪技艺的证据。撇开上述这种差异不谈,许多便于城市居民前往就餐的餐厅都符合聚集地和提供食物的双重目的。

亦可参阅:饮酒场所(Drinking Places),旅馆(Hotels)

延伸阅读书目:

- Hogan, D. G. (1997). *Selling 'em by the sack: White Castle and the creation of American food*. New York: New York University Press
- Hurley, A. (1997). From hash house to family restaurant: The transformation of the diner and post-World War II consumer culture. *Journal of American History*, 83(4), 1282 – 1308.
- Mariani, J. F. (1991). *America eats out: An illustrated history of restaurants, taverns, and other establishments that have fedus for 350 years*. New York: Morrow.
- Thomas, L. (1967). *Delmonico's: A century of splendor*. Boston: Houghton Mifflin.

Max Grinnell 文

宋晨译　陈恒校

弗吉尼亚州雷斯顿市
RESTON, VIRGINIA

弗吉尼亚州雷斯顿市是美国最早和最成功的新城工程之一。雷斯顿正式建立于1964年4月17日,以它的创建者罗伯特·西蒙(Robert E. Simon)姓名中的大写字母命名。西蒙对欧洲和斯堪的纳维亚的新城和田园城市较为熟悉,他设想在一个主要都市区的外围创建一个经济上独立的超城市(Ex-urban)社区。为了这个目的,他开办了回文公司(Palindrome Corporation),并且在弗吉尼亚州的乡村地带,也就是华盛顿特区的外围购买了6750英亩的土地。西蒙扩展了新城规划的原始概念;同一社区内的居民不仅拥有生活、工作和购物的机会,而且他们还应该拥有丰富的休闲活动。此外,西蒙通过将社区划分成密集型的住宅群,并将每个住宅群与七个商业和文化乡村中心里的一个中心的距离保持在步行范围内,力图减少居民对汽车的依赖。为了保证发展的进程能够按照这些原理来进行,西蒙确立了"七原则",按优先顺序进行了列举。这些原则包括弄清楚文化性和娱乐性机会的可利用性;各种各样的房屋风格和个人尊严;创建一个商业与居住同步的社区;为自然美和建筑美而担忧;而且这个社区应当在财政上是可行的。

雷斯顿规划的三个特征已对美国的社区建设产生了持久性的影响。首先便是住宅规划社区(Residential Planned Community, RPC)的区划,由西蒙和他的团体提议,并由费尔法克斯县修改和批准。之前标准的区划条例为郊区社区设定的人口密度大约是每英亩13

人，由于没有差异，导致了独户式住宅的蔓延式社区的产生。另一方面，住宅规划社区的区划为低密度、中等密度和高密度的区域分别单独设定了限制，利用为每英亩13人社区划定的总体密度。这项分区规划不仅允许雷斯顿的设计者们将传统的独户式郊区住宅群包括在内，而且还有高密度的都市区、散布于大型开放空间中的公寓式建筑，以及由公园般共享空间环绕的带有小块土地的连栋房屋。第二个对雷斯顿重要且有影响的要素是就开发者而言，将社会性和休闲性的规划包含其中。西蒙并不满足于希望，随着人口的增多，私人公司或者县政府会最终修建像游泳池、社区活动中心、文化中心、图书馆、甚至日间照护中心这样的建筑。他想要让最先一批的居民享受到这些便利设施。雷斯顿的第三个重要特征是一开始便建立了房主协会，现在称作雷斯顿协会（Reston Association），目的是规划和保持社区空间与文化和休闲设施，以及确立和实施房产代码。

从一开始，西蒙大胆的新城计划便吸引了媒体和杂志专题文章的关注，报道出现在像《财富》《看》(Look)《时代》《生活》这样的杂志中。然而对于西蒙来说，这项大胆的、雄心勃勃的规划花费巨大，到1967年他的公司几乎破产。海湾石油公司不想使他们的投资损失，之前已经给予了西蒙一笔贷款，接手了这个项目。直到1978年，雷斯顿海湾公司继续沿着西蒙设想的路线进行开发，当时总公司决定放弃它的房地产项目，并将它对雷斯顿未开发部分的开发权出售给另外一家石油公司——美孚石油公司。除了显著地增加住房存量外，美孚石油公司的子公司——雷斯顿地产公司——积极地争取在高科技革命的最前沿发展业务，起步于1983年斯佩里企业总部的开放。雷斯顿地产公司还与美国联邦航空局一道协作开通去往杜勒斯收费公路的斜道，以前只向机场交通开放。这些吸引高科技公司和改进区域交通的努力，促使了全美公认的商业带，称作杜勒斯走廊（Dulles Corridor）。1990年完工的雷斯顿城镇中心的第一期工程，是一座高层的综合建筑，包括公寓、宾馆、办公室、餐厅和商店，吸引了媒体的注意力，为20世纪60年代革新式的新社区增添了光辉。1996年，美孚石油公司决定合并其商业控股，集中到石油、天然气和化工产品上，还将雷斯顿剩余的开发权出售给三家开发公司：权益办公物业信托公司、特拉布鲁克以及威斯特布鲁克合伙人公司。

今天雷斯顿未被合并的区域包括11.5平方英里，超过1300英亩的土地致力于开放空间由市民管理的雷斯顿协会来维持。持续的开发已将雷斯顿引入到

2005年的发展水平，超过58000居住人口和超过53000个就业岗位。这些数据讲述了这个革新式规划社区的成功，使之成为美国该类型社区中被研究最多和最受赞赏的社区之一。

亦可参阅：新城（New Towns）

延伸阅读书目：

● Bloom, N. D. (2001). *Suburban alchemy：1960s New Towns and the transformation of the American dream*. Columbus：Ohio State University Press.

● Grubisich, T., & McCandless, P. (1985). *Reston：The first twenty years*. Reston, VA：Reston Publishing.

● Netherton, N. (1989). *Reston：A new town in the Old Dominion：A pictorial history*. Norfolk, VA：Donning.

Gina Marie Dreistadt 文

宋晨译　陈恒校

限制性契约条款
RESTRICTIVE DEED COVENANTS

种族契约限制和限制性条款都是歧视性的房地产规定，禁止业主将其地产出售或出租给特定的种族或宗教团体。从19世纪80年代到20世纪50年代，这些规定广泛地运用于美国（和加拿大）的各个地区，它们以多种方式附加在地产中。私人开发商把种族限制条款放入小块建筑用地细分的计划中或者新建住宅地产的第一批证书中。在更为老旧的居民区中，现有地产的业主们集合到一起，往他们的证书中添加相似的"协定"。限制性的规则和契约大体上可延续20到30年，而且是可续订的，因此，它们持续的时间不确定。违规行为会经由控诉来处理，一旦控诉成功，将导致清空销售和驱逐居住者——这样一来，州和地方法院就卷入到依法驱逐个人和家庭的事务中，仅仅是以种族或宗教为基础。这些规定是对文契约束和限制条款的改编，直到1915年区划的出现前，这些规定一直是管理地产样式特征和用途的主要机制。通常情况下，它们会为建筑确立起缩退形台阶的要求条件，同样还有它们的用途（例如，住宅或商业）和建设的最小成本，这样就表明了它们在影响未来居民阶层的隐形的作用。然而，正如在北方和南方的城市中，白人地产经纪和居民以消极的方式回应增多的找房子的少数种族，他们

把"种族"添加到适于管理的特征中。

第一例反对这些约束性规定的诉讼出现在加州，是一则1892年发生在文图拉（Ventura）县的案例，牵涉到中国的移民和他们的后代。在甘道尔夫诉哈特曼（Gandolfo v. Hartman）一案中，美国南加州巡回法院判定，司法强制执行这些条款是违宪的，因为第14条修正案禁止各州在种族上出现歧视性行为。然而，在随后几年里，州法院大体上判定，法院实施这些条款是符合宪法的，因为契约本身是私下发起的，而且私下的歧视并不被宪法或者公共的法规所禁止。1917年美国最高法院在布坎南诉沃利（Buchanan v. Warley）一案中判定，由于第14条修正案，各城市和各州不能实施种族区划法规。此后，一个特别重要的差别便产生了。尽管在南方已经处于广泛的使用中，但种族契约约束和限制性条款已在全国采纳，以便阻挠其他种族进入白人社区和住宅小区（经常得到骚扰和暴力的支持）。所有关于高等法院对于种族文契约束和限制性条款立场的不确定性在1926年科里根诉巴克利（Corrigan v. Buckley）一案中得以升级。在那个案例中，最高法院拒绝使用司法权，而是使用似乎能够确认条款符合宪法的语言。这一判决造成的结果是，在肯塔基州、马里兰州、俄克拉荷马州和威斯康星州最高法院，以及在密苏里州和纽约州的下级法院中，不受理关于条款是否合乎宪法的问题。

如此一来，从20世纪20年代到40年代，美国各个城市——包括亚特兰大、芝加哥、哥伦布、丹佛、底特律、堪萨斯城、洛杉矶、路易斯维尔、密尔沃基、明尼阿波利斯、纽约、诺福克、菲尼克斯、圣路易斯和旧金山——的地产开发商和代理人以及居民都乐意接受限制条件，正如那些在它们的郊区环形地带所体现出的。为所有阶级和族裔群体所采纳的条款是反对各种所谓的"种族"群体——非洲裔美国人、亚裔（华人、日本人、东印度人）、西班牙裔（被认为是合法的白人）、犹太裔（"希伯来人""非雅利安高加索人"），以及更少数的意大利裔、叙利亚裔、阿拉伯裔和其他群体。接纳他们的代价高昂，包括需要从一个社区临街的75%—95%业主那里获得公证签名。只有最具组织性的群体能够发起这些运动，经常得到来自当地房地产经纪人的财政和人员帮助。

这些条款只是在阻止种族变化方面取得部分的成功。它们有赖于条款签订者能够主动将违规者告上法庭，这一举动的成本很高，耗时持久，而且易引起争议。一些社区不顾已有条款强行更改——而其他没有条款的社区通过暴力、骚扰和危险进行抵制。然而，对于条款的认知确实影响到了黑人和其他被禁群体的选择，特别是在郊区这样的地区，他们属于少数。此外，许多条款的案例确实导致了驱赶行为或反对购买禁令。

全国有色人种协进会及其地方办公室开始于20世纪20年代在法庭上挑战这些限制。经济大萧条则有助于这些努力。白人业主更不情愿去限制出售他们地产的市场，以及将稀有的财政资源花费到诉讼中。无论如何，20世纪30年代中期，联邦住房管理局（FHA）对限制性契约条款的热情支持抵消了这种影响。利用私营部门的估价手段，给予了由白人独占的新郊区项目最高的"评分"，联邦住房管理局优先考虑了低利率、长期的贷款项目，它确保了这些项目包括了种族文契约束。随着联邦政府的平行政策——将低收入的公共住房确定在城市中——出台后，一个由白人（通常为基督徒）郊区和黑人城市构成的种族分离的都市开始加速创建。

二战期间的住房短缺和随后郊区开发中的骚乱，在20世纪40年代触发了一场使用限制性契约条款的高潮。然而，反对的力量同样变得更为强大。全国有色人种协进会反对条款的运动中添入了新的盟友，受到出于犹太裔和亚裔美国人组织的共同担忧和战后种族自由主义的影响。最终在1948年，瑟古德·马歇尔和全国有色人种协进会在谢利诉克雷默（Shelley v. Kraemer）一案中取得胜利，对圣路易斯、底特律和华盛顿特区等地造成影响。在其1948年5月的决议中，最高法院判定在美国由法院来实施条款是违宪的，尽管最高法院并没有发现契约自身违反第14条修正案。

谢利诉克雷默一案没有终止对契约条款的使用。由于它们仍是合法的，它们继续被囊括在契约中。1950年联邦住房管理局极不情愿地取消对它们的官方支持，却只以一种方式来试图阻止在确保的项目中使用这些条款，但帮助并不大。一些房地产经纪人和居民试图逃避作出决定，通过对违反契约的行为附加经济处罚而不是取消这次交易。1953年，第二个美国最高法院判例——巴罗斯诉杰克逊（Barrows v. Jackson）——禁止这种以及类似的行为。最高法院的决议极大地减弱了限制性契约的有效性，即使直到1968年的《公平住房法案》，这些条款仍是合法的。这项判例容许非洲裔美国人能在大部分城市里越过之前谢利判例的边界进行拓展，扩大了他们的住房机会，并且在一些案例中，由于更大的房源供应，促使了房价的下降。然而在大多数大都市区内，它并没有增进种族融合。相反，在谢利诉克雷默一案后的数十年里，大部分美国城市中种族隔离反而增多了。联邦政府的住房和城市政策、冷战、在所有层级缺乏开明的领导，以及之前种族歧视所留下的根深蒂固的结构性遗产都是产生这种结果的原因。

亦可参阅：全国有色人种协进会（National Association for the Advancement of Colored People）

延伸阅读书目：

- Delaney, D. (1998). *Race, place and the law*, 1836 - 1948. Austin: University of Texas Press.
- Gotham, K. (2002). *Race, real estate, and uneven development: The Kansas City experience*, 1900 - 2000. Albany: State University of New York Press.
- Jones-Correia, M. (2000). The origins and diffusion of racial restrictive covenants. *Political Science Quarterly*, 115, 541 - 568.
- Long, H. H., & Johnson, C. S. (1947). *People vs. property: Race restrictive covenants in housing*. Nashville, TN: Fisk University Press.
- Meyer, S. G. (2000). *As long as they don't move next door: Segregation and racial conflict in American neighborhoods*. Lanham, MD: Rowman & Littlefield.

Wendy Plotkin 文

宋晨译　陈恒校

退休社区
RETIREMENT COMMUNITIES

自 20 世纪 50 年代以来，退休社区已经成为美国城市景观中的一个重要特征。美国老年人口持续增长，并在 2000 年达到了 3500 万人，而老年人口的多样性在许多专门社区的发展中有所体现，从为特定人群设计的小规模设施（例如那些长期受老年痴呆症影响的人群）到大规模、商业性房地产社区或城镇。退休社区这个词是用来描述以其邮政编码显示的从单体建筑到独立式社区所处的环境。沿着这一连续体，美国老年人在居住设施、生活方式和医疗保健方面发现一系列眼花缭乱的选择。通常，退休社区不仅在关于年龄方面受到限制，而且就族裔和社会经济地位而言，也是同质的。然而，最年老市民（85 岁以上）的人口数持续在增长，一些退休社区开始专门从事为"年轻老人"或"年长老人"的服务工作。

在 20 世纪期间，从工作中退休变得更为平常，个人储蓄、雇主承担的退休金计划和政府赞助的社会保障和医疗保险等项目，为数百万的家庭提供了一个更为稳定的经济基础。与此同时，卫生保健方面的极大改善延长了人们的平均寿命。在如此多超过 65 岁的人群中，更为富有和更加健康的结合对于养老院和养老设施这个持续增长的市场来说至关重要，特别对中上阶层的白人而言。

历史

在现今的退休社区中，当属第一的是基尔斯利（Kearsley），一个 13 英亩的退休社区，包含了 87 座独居式单人床公寓、一座有个 60 单元的私人保健中心，以及一家有 84 个床位的专业护理机构。其历史可追根溯源至 1772 年，当时约翰·基尔斯利博士将他大部分地产留给费城基督教堂，用来照顾教会中丧偶的成员，而今日的基尔斯利则是作为一个独立的、非盈利的、高级的护理机构来运行，为更低收入的成人提供持续的照顾。

同样地，遵照船长罗伯特·理查德·兰德尔的遗愿，水手避风港（Sailor's Snug Harbor）被创建为一个退役海员的关怀社区。第一个机构于 1833 年在纽约州的斯塔顿岛建立。随后在 1852 年，船长乔赛亚·巴顿在波士顿建立了一座水手避风港。 682

20 世纪 20 年代，佛罗里达州的土地繁荣虽然吸引了许多来自北方的访问者首次拜访此地，但是 20 世纪 30 年代的经济大萧条也破坏了在佛罗里达州发展退休社区的计划，直到二战后才恢复。到 20 世纪 50 年代，退休社区计划开始在西部出现。投机商以一种使人联想起先前佛罗里达州土地繁荣/泡沫的方式，在新墨西哥州戴明市的边缘地带出售了数百个"小牧场"。五十年后，这些地块仍然通过互联网拍卖网站进行公开出售。

与之相反的是，土地开发商本·施莱弗（Ben Schleifer）把亚利桑那州西北部的一个奶牛场转变成首批成功的有年龄限制的社区之一。扬镇社区成立于 1960 年，是美国退休者协会（AARP）第一分会的所在地，该社区于 1998 年提高了它的居住年龄限制。根据 2000 年的人口普查，当地人口中 2856 个居民拥有一份人均为 16600 美元的收入，人均年龄为 60 岁。

同样在亚利桑那州的沙漠山谷中，其他的退休社区也已经修建起来。最著名的是太阳城（Sun City），由戴尔韦伯公司创建于 1960 年，并于 1978 年建设完工。太阳城从一开始便设计成一个综合性的、限制年龄的、活跃老年人的和独立生活的社区，它的人口达到 38309

人,由一个同质化的族裔构成(98%为非西班牙裔的白人),并存在明显的性别失衡现象(59%为女性)。太阳城居民的平均年龄为75岁,家庭的平均收入超过32000美元,房屋的平均价值超过94000美元(美国人口普查2000年的数据)。太阳城的陆地面积达到了将近15平方英里,包括两个邮政编码:85351和85373。紧随着最初的太阳城社区之后而建设的是西太阳城(开工于1978年)、另外三座亚利桑那州的太阳城开发项目,以及在内华达州、得克萨斯州、南卡罗莱纳州、加利福尼亚州、伊利诺伊州和马萨诸塞州外加建设的社区。

退休式生活方式

在近几十年里,数以万计的退休机构和退休社区已在全美各地建成。对于一些退休人员来说,在不同类型间退休社区的搬迁能反映出他们衰退的社会能力、体力和心智能力。开始住在以独户式住宅或零红线复式公寓(Zero-lot-line Duplex,房屋结构建在靠近地产边线的两层公寓——译者注)的社区里,在晚年搬进一个独立式的居住公寓单元内,随后再搬入到一个有辅助生活设施的地方,并最终搬到一个护理单元中。察觉到这样一个长期连续的护理所暗含的精算启示,一些退休社区要求预付定金(或"空头购入")超过10万美元(如果这位居民在一个具体商定的日期前死亡或者搬离,其中一部分定金会被返还),此外还有为住房、餐饮、卫生保健和服务所上交的月付款。

有些退休社区特别注重提供专门的运动,特别是高尔夫和网球;也有些社区专门针对某些特殊的职业群体,诸如退休的牧师、退休的军事人员或者退休的教育者。近些年来,大量退休社区都位于靠近大学和学院的地域,这里为老人提供了有意思的文化设施。退休社区中最新生活方式的趋势,回应了老年同性恋人群不断增长的经济和社会重要性。

毫无疑问,退休社区已取得了长足的进步,从最初强调为寡妇和贫困的海员提供照顾,到满足富有的美国人的要求和需要,后者期待着三四十年的退休生活。

亦可参阅:活动房屋社区(Mobile Home Communities),度假城镇(Resort Towns),戴尔·韦伯(Webb, Del E.)

延伸阅读书目:

- Hart, M. E. (1984). *Retirement communities: An American original*. New York: Haworth.
- Jacobs, J. (1974). *Fun city: An ethnographic study of a retirement community*. New York: Holt, Rinehart & Winston.
- Johnson, S. K. (1971). *Idle haven: Community-building among the working-class retired*. Berkeley: University of California Press.
- Longino, C. (1985). *Retirement communities*. Lanham, MD: Lexington Books.
- Stroud, H. B. (1995). *The promise of paradise: Recreational and retirement communities in the United States since 1950*. Baltimore: Johns Hopkins University Press.

Robert V. Kemper 文

宋晨译　陈恒校

弗吉尼亚州里士满
RICHMOND, VIRGINIA

里士满坐落于弗吉尼亚州中部的詹姆斯河上,在州和国家的历史上都扮演了重要角色。这座城市在18世纪中期就定居于此,于1733年被命名为里士满。并于1782年成为首府城市。到19世纪中期,这座城市的烟草、面粉和制铁产业繁荣起来,而且作为南方的第二大奴隶市场取得显著的地位。这些企业帮助这座城市于1861年至1865年间成为南部邦联的首都。南北战争的遗产和神话以及经过几个世纪在奴隶制度下所培育的根深蒂固的种族主义,塑造了里士满的自然和社会景观一直持续到20世纪。

南北战争后的数十年里,为了重新找回之前的工业实力,里士满运转了起来,而且为成为一个现代的、新南方城市开始打基础。当里士满人憧憬未来时,他们还庆祝其老南方的过去。正如市民帮助重建了这座在战争末期烧毁的城市,而且商业开始复苏,受到老南方纪念运动(Lost Cause Movement)的激励,里士满成为南部邦联纪念中心。1875—1919年间,"石墙"杰克逊、杰弗逊·戴维斯和罗伯特·李将军的大型纪念碑被竖立起来。对于过去的公共悼念活动与现代都市的出现是吻合的。1888年,里士满建成了全美第一套有轨电车系统,将下城与发展中的郊区两个区域连接起来。伴随着这座城市工业的恢复和增长,对于种族平等的持续抵制在种族隔离法下被编入法律中。

种族隔离影响到了20世纪的城市政治和城市规划。1911年,市议会通过了一个种族区划的法令,指

68

定社区为非黑即白。这项法令禁止相反种族的新居民进行先占，它于 1917 年被推翻。这些实践随后通过红线制度和成套预订仍在继续，导致了里士满各地严格的隔离性社区的出现。二战期间，与其他南方城市相同，里士满发展快速，连带着人口增长了 20%，到 1950 年达到了 23 万人。虽取得了这样的发展，但非裔美国人继续面临着社会上和空间上的隔离，并被限制在几个城市社区中生活，而许多社区有标准住房。面对内城非裔美国人的增多和白人居民流失到了郊区县——在弗吉尼亚州它们独立于市——城市领导人努力控制自治市的增长。1942 年，市议会兼并了一座邻近县的一部分，为城市增添了 2 万个居民，几乎全是白人，这样一来也就将里士满黑人市民的比例减少到总人口比例的四分之一。

战后期间，由于里士满在人均收入和募集公共工程的资金持续落后于北方城市，城市领导人指望把城市规划和一个新的城市政府架构作为赶超和竞争的方式。这座城市于 1946 年采纳了巴塞洛缪计划（Bartholomew Plan）。这个计划要求区划法令对混合利用的社区进行拆除，通过将工业、居住和商业功能分离，修建穿过杰克逊·沃德黑人社区的高速公路，以及连同其他公共基础建设一起修建一座市政中心。到 20 世纪 50 年代，该计划的实施和公共住房的修建，伴随着其清除贫民窟的命令破坏了黑人社区，迫使居民搬迁，并将许多非裔美国人重新安置到隔离的住房项目中。尽管里士满存在有形的隔离，但是新的城市政府架构为非裔美国人社区提供了一个发出有限声音的机会。在减少政治腐败和提升效率的努力中，里士满于 1948 年批准了一个新的城市宪章，取代了自 1918 年起实行的强市长制和双议会制，其中有一个城市经理和一个由九名成员构成的单个议会。提名民权律师奥利弗·希尔成为自 1896 年以来新体制下第一名黑人议会成员。

随着布朗诉教育委员会一案的判决和公共机构中持续的种族隔离，校园内种族隔离的斗争刺激了里士满的黑人社区。到 1960 年两名黑人学生进入一所白人中学时，一个草根组织——里士满选民十字军（Richmond Crusade for Voters）已经提升了非洲裔美国人选民的数量。到 1966 年，非洲裔美国人构成了城市人口的 49% 和注册选民的 34%，在 1968 年的选举中，由选民十字军组织支持的三位候选人赢得了市议会中的席位。

随着 20 世纪 60 年代后期非洲裔美国人政治实力的增强，中产阶级家庭持续向郊区搬离，里士满开始面临税基的下滑。在恢复种族平衡和支撑收入的努力中，城市和州一级的白人精英再次利用兼并手段作为政治工具来改变这座城市的种族和阶级构成。作为由城市和县领导私下协商计划中的一部分，里士满兼并了 23 平方英里的郊区县切斯特菲尔德（Chesterfield），包括 47000 名居民，主要是白人。此次兼并对这座城市和这个州都产生了重大影响。由于在种族层面上存有争议，此次行动引起了联邦法院长达十年的斗争，并导致了一项反对举行城市议会选举的七年禁令，导致了从一个代表全州的代表制向一个分区代表制的转变，还导致了 1977 年这座城市第一位黑人市长的当选，以及一项 1979 年使城市中各县免受兼并的州法律。

在整个 20 世纪 80 年代和 90 年代，随着人口的上升以及商业和工作职位的注入，里士满大都市区也在增长。然而，这些变化主要使周围的各县而不是城市本身受益。城市的人口增长总体上呈下降趋势，而生活在贫困中人口在这二十年间却增多了。随着这座城市为区域主义问题而挣扎，并且尝试复兴它的下城和商业经济，它继续面对着过去的神话和现实。

亦可参阅：城市中的非洲裔美国人（African Americans in Cities），教育中的种族融合（Desegregation of Education），居住隔离（Housing Segregation），种族骚乱（Race Riots），种族区划（Racial Zoning）

延伸阅读书目：

- Moeser, J. V. , & Dennis, R. M. (1983). *The politics of annexation：Oligarchic power in a southern city.* Cambridge, MA：Schenkman.

- Silver, C. (1984). *Twentieth century Richmond：Planning, politics and race.* Knoxville：University of Tennessee Press.

- Silver, C. , & Moeser, J. V. (1995). *The separate city：Black communities in the urban South*, 1940 - 1968. Lexington：University Press of Kentucky.

- Tyler-McGraw, M. (1994). *At the falls：Richmond, Virginia, and its people.* Chapel Hill：University of North Carolina Press.

Amy L. Howard 文

宋晨译　陈恒校

684

雅各布·奥古斯特·里斯
RIIS, JACOB AUGUST

城市改革家雅各布·里斯(1849—1914)以《另一半人如何生活:纽约廉价公寓调查报告》(1890)一书的作者的身份,和他拍摄的关于贫民窟居民辛酸的照片而闻名。他同时也是一名记者、演讲人、社区的改良会所的创建人,以及西奥多·罗斯福在市、州和联邦政府层面的顾问。他在丹麦的里伯市(Ribe)长大,1870年他前往纽约市,那年他21岁。七年里他不停地换工作,作为一名没有人际关系的移民,他经常不确定他的下一餐在哪里。接着他的重大转机到来了。在受雇于《纽约论坛报》的试用期间,他写作了一篇关于一场火灾形象的目击实录,这为他赢得了一份采访警方新闻的记者工作。他的巡视范围是曼哈顿下东区一片称作桑本德(Mulberry Bend)的地区,将近30万人被塞入了这一平方英里的土地上,一个房间通常有20人。血汗工厂的工作条件成为他报道关于移民儿童故事的素材,这些孩子通常没有接受正式教育,他们的身份包括制衣工、雪茄卷烟工、拾破烂的人、啤酒推销员、毁容的报童和无家可归者。十年与公共卫生和慈善机构的官员接触为里斯提供了深刻的洞察力和数据,使得《另一半人如何生活》成为对一个产生公共忽视和私人贪婪所培育的生活环境的一种控诉。尽管书中包括了对种族的消极刻板印象——里斯后来为此感到抱歉——但它赋予了贫民窟人性化,使其达到了广泛的关注,并且引领了一代与城市贫困作斗争的人道主义志趣。

在接下来的四分之一个世纪里,里斯成为改革的宣传者,他图文并茂的演讲和文章将机器政客描述为进步的敌人。1893年的冬天,他组织和动员起改革委员会,并且猛烈抨击坦慕尼厅,该协会默许危险的住房条件和猖獗的警察腐败。他将共和党人威廉·斯特朗1894年成功当选市长视作一次热心公益行动的机会,他也成为了好政府俱乐部纽约委员会(New York Council of Good-Government Clubs)的总代表,同时担任斯特朗小型公园咨询委员会的秘书,并与西奥多·罗斯福结交为朋友,罗斯福时任美国警察委员会的主席,是一位性情喧闹、有公共意识的主席。当1897年坦慕尼厅席卷回到政坛时,对于一个对开明政府领导力的可能性怀有信念的人来说,这是一次打击。

尽管对于上层贵族式改革的公共支持比较脆弱,但里斯对释放地方市民的能量和市政专家能带来进步保持着信心。在他发表和出版的揭发丑闻的书和文章中,例如《与贫民窟的斗争》(1902)和《廉价公寓的孩子们》(1903),都有助于维持进步主义运动。里斯与犹太裔和意大利裔美国人的社区领袖协作密切,他有时与专门的社会工作者以及"科学慈善"的倡议者们发生冲突,开始认同文化多元主义。正如他在《塑造一个美国人》(1901)中所陈述的,一个人在没有宣布放弃他的传统的情况下,可以成为一个爱国者。里斯相信,人类很大程度上是他们所处环境的产物,这位丹麦裔美国人对佑护孩童的活动特别感兴趣,比如乔治青少年共和国(George Junior Republic)、雅各布·里斯社区改良会所(Jacob A. Riis Social Settlement)、海风儿童肺结核医院(Sea Breeze Tuberculosis Hospital for Children)、新鲜空气基金会(Fresh AirFund)和童子军(Boy Scouts)。1909年一月,部分由于他的敦促,他的英雄西奥多·罗斯福主持了第一届白宫儿童会议。长岛上的雅各布·里斯公园是对他在公园运动和游乐场运动中重要性的一个证明。

亦可参阅:城市老板和政治机器(Bosses and Machines),下东区(Lower East Side),纽约州纽约市(New York, New York),进步主义(Progressivism)

延伸阅读书目:

- Gandal, K. (1995). *The virtues of the vicious: Jacob Riis, Stephan Crane and the spectacle of the slum*. New York: Oxford University Press.
- Lane, J. B. (1974). *Jacob A. Riis and the American city*. Port Washington, NY: Kennikat.
- Meyer, E. P. (1974). *"Not charity but justice": The story of Jacob A. Riis*. New York: Vanguard.

James B. Lane 文

宋晨译　陈恒校

骚乱
RIOTING

骚乱已成为人类群体作出逾越法律范围行为的一种方式,主要显示他们对特殊人群的愤怒或者他们对政府机构的失望。美国最著名的骚乱以及那些赋予骚乱城市意象的事件,主要发生在1964至1968年间的美国各大城市中。但在整个美国历史上,骚乱已成为城市地区进行表达的一种常见形式。

685

早期的骚乱极少有人员伤亡,通常包括仪式上的惩罚(例如浑身涂上柏油并粘上羽毛),而且大体上是抗议政府强加不合理负担的形式(新税、强制征兵等等)。19 世纪 30 年代和 40 年代,奴隶制所产生的紧张局势是北方许多骚乱的根源,骚乱者试图恐吓废奴主义者(例如,1838 年费城宾夕法尼亚大厦的烧毁);而相对立的另一方则阻止南方的奴隶捕手将非裔美国人带回奴隶制中。移民和宗教则是其他内战前骚乱的起因,大多数本土出生的白人骚乱则是反对移民的进入(特别是来自爱尔兰的移民)。本土主义者于 1834 年烧毁马萨诸塞州查尔斯顿的修道院;费城的清教徒和天主教徒在 1844 年就学校使用何种版本的圣经而发生争吵。

种族骚乱甚至在内战结束前便已开始,白人进入黑人社区,袭击居民并且破坏他们的财产。1863 年,联邦政府虽然为北方的联邦军实行了一次征兵,但是又允许富人通过支付大笔金钱来避免被征兵。当政府开始在纽约市进行征兵时,纽约的许多居民发动了暴乱,攻击开展征兵工作的人员和被派去恢复秩序的士兵。尽管最初的攻击限于针对发起征兵的政府官员和逃避征兵的富人,但暴民迅速把目标对准了非裔美国人,因为他们首先被视为爆发战争的原因。1866 年孟菲斯和新奥尔良的种族骚乱造成了大量人员伤亡,显示了南方的白人不情愿在内战后放弃他们的权力。当非洲裔美国人被利用而成为骚乱的破坏者时,他们同样也是种族骚乱的受害者,正如 1917 年发生在东圣路易斯的案例。白人暴乱者尝试通过威吓非裔美国人的社区,来防卫他们的工作岗位免受来自非裔美国人的竞争。

除了保护就业岗位免受非裔美国人的竞争外,20 世纪 10 年代后期,许多北方的城市见证了非裔美国人人口的爆炸式增长,这使得城市中的白人居民尝试防卫他们的领地,来抵制他们视作是非裔美国人的入侵行为。1919 年的芝加哥、1921 年的塔尔萨和 1942 年的底特律所发生的骚乱便是这样的例子。

开始于 20 世纪 60 年代的城市骚乱以不同的形式发生,通常是非裔美国人对于真实的或谣传的警察暴行的回应,他们的暴行指向了低收入的、非洲裔美国人社区(警察的行为是发生在 1965 年的洛杉矶、1967 年的纽瓦克和底特律的煽动性因素)。由于电视的发展,穷困的市民不再那么隔绝和不了解由全国其他地区所共享的财富增长。在 20 世纪 50 年代后期和 20 世纪 60 年代早期,许多大城市中的低收入地区正被拆毁,来为新的高速公路或者城市更新项目来让路。尽管地

产业主由于拆毁地产而获得补偿,但大多数低收入居民都是租户,而且通常在没有获得任何补偿的情况被迫迁出(后来立法为他们的重新安置提供了一些金钱)。这一行为在受影响的社区中造成了人们强烈的愤怒,并成为 1964 年发生在罗切斯特骚乱的主要动因。此外,民权运动揭露了许多非洲裔美国公民所遭遇的不公正待遇。民权运动在扫除歧视性壁垒方面取得进步,但进展非常缓慢。一些作家指出,社会不情愿满足非裔美国人社区中日益增长的期望是失望的主要根源,并导致了在城市社区的暴力冲突。1968 年的小马丁·路德·金的遇刺事件引发了 80 座城市的骚乱,包括华盛顿特区、巴尔的摩、芝加哥和匹兹堡。市民骚乱问题的全国咨询委员会(称作科纳委员会)调查了 1967 年的骚乱(纽瓦克和底特律),发布了一项著名的结论,即美国正快速分裂为相脱离的和不平等的黑人社会和白人社会。

1980 年发生在迈阿密的自由区的骚乱,1992 年再次于洛杉矶发生的骚乱,由陪审团的调查触发,陪审团发现警察对无防备的黑人受害者进行了殴打或杀害。在自由市,一位骑着摩托车的黑人保险营销员在一次常规的交通停车中被殴打致死;与此同时,由于一份业余的录像带,整个国家都目击了洛杉矶的许多警察殴打罗德尼·金的情景。每一个案例中的警察都被判无罪释放,黑人社区所感到的愤慨导致了这场骚乱。其他的警察事件导致了分别于 1982 年、1984 年、1989 年发生在迈阿密的骚乱。

骚乱在美国城市中已成为一个相对常见的表达方式。美国白人发动了针对少数族裔的暴动,当他们在工作地或者他们的社区中感到受到少数族裔消耗的威胁,而非裔美国人或者其他无权的群体,与那些无视或者侮辱他们的官方作斗争。尽管种族骚乱在最初阻止非裔美国人进入一些地区或工作岗位上取得成功,但经过一段时间后,骚乱者的目标经不起社会变化带来的冲击。20 世纪 60 年代的骚乱激发国会去支持林登·约翰逊总统的对贫困宣战项目,作为骚乱起因的警察事件的频发,改变了大部分城市警察机关的种族构成和策略。但是许多遭到骚乱破坏的地区再也没有恢复过来,数十年后它们仍然被忽视。骚乱一直是美国城市历史上的一个重要因素。

亦可参阅:种族骚乱(Race Riots)

延伸阅读书目:

- Gale, D. E. (1996). *Understanding urban unrest：From*

Reverend King to Rodney King. Thousand Oaks, CA: Sage.

- Gilje, P. A. (1996). *Rioting in America*. Bloomington: Indiana University Press.
- Grimsted, D. (1998). *American mobbing, 1828 - 1861*. New York: Oxford University Press.
- National Advisory Commission on Civil Disorders. (1968). *TheKerner Report: Report of the National Advisory Commissionon Civil Disorders*. New York: Bantam Books.

Kent James 文

宋晨译 陈恒校

伊利诺伊州里弗塞得
RIVERSIDE, ILLINOIS

美国最早进行规划的精英住宅社区——伊利诺伊州的里弗塞得——是一个典型的风景如画的郊区,它的设计结合了城市的舒适性和乡村的宁静。在美国著名郊区的万神殿中,里弗塞得紧随着新泽西州的卢埃林之后而得到开发,并成为许多其他郊区的一个启示,从巴尔的摩的罗兰公园(Roland Park)到洛杉矶的帕罗斯弗迪斯(Palos Verdes)。

1868 年,埃默里·蔡尔兹和一群东部商人组建了里弗塞得改进公司。他们在芝加哥以西 9 英里的地方购买了 1600 英亩的土地,沿着德斯普兰斯河,是芝加哥-伯灵顿-昆西铁路的一站。他们邀请到了弗雷德里克·劳·奥姆斯特德和卡尔弗特·沃克斯来设计他们的模范郊区。奥姆斯特德和沃克斯刚完成纽约市中央公园的设计,为了一个宽阔的、悠闲的、宁静的社区创建了一项计划。他们把工作从住宅区分离出来,还要提供城市服务,比如汽油、水、街灯和排水系统,受到英国景观设计师的灵感触发,奥姆斯特德和沃克斯计划利用一个风景如画的、田园般的氛围,来提高居民的心理和身体健康。

里弗塞得的街道沿着轮廓线弯曲,提供了一个反例,不同于许多芝加哥的其他郊区网格状的布局。它的街道排列着 39000 棵树和 47000 丛灌木。该地留出了几乎一半的地方作为公共空间,包括一些在高地上和河岸边更大的公园,以及门球运动的场地,通过筑坝河流建成的湖泊,和 41 个小型的三角公园坐落于街道的交叉口。在这个规划后的田园景观中,每一个定居

点都坐落于距离公共的开放空间小于 600 英尺的地方。

为了把公园式的氛围扩展到私人住宅,个体房屋与街道之间最小的缩进距离被确定在 30 英尺,禁止私人修墙和建篱笆,每一块正面草坪上都要求种树。地块的大小确定在 100 到 200 英尺,保持里弗塞得成为一个精英社区,只限于那些能负担起购买这些大地块的人。此外,建筑师威廉·勒巴伦对所有私人的施工计划都行使了否决权。

奥姆斯特德和沃克斯规划了一条私人公园大道连接里弗塞得与芝加哥,但由于 1871 年芝加哥大火导致的压力,以及关于可疑金融交易的谣言出现后,里弗塞得改进公司在 1873 年的经济恐慌中破产,这项计划随之被抛弃。地块出售缓慢,以至于在 1873 年前绝大多数里弗塞得的居民是数百个园丁,他们本应该质疑任何断言这里只是休闲的空间。1875 年,村政府成立了,取代了里弗塞得改进公司。

这个模范郊区的财源到 19 世纪 90 年代才得以恢复,当时一些大的地块被细分成 50 英尺或 70 英尺的面积。弗兰克·劳埃德·赖特、路易斯·沙利文和其他杰出的芝加哥建筑师在里弗塞得设计了房屋。1893 年,里弗塞得高尔夫俱乐部开放,是大芝加哥地区最老的这类俱乐部之一。里弗塞得开始作为一个时尚的住宅郊区繁荣起来,特别是在 20 世纪 20 年代普遍的小汽车通勤流行起来之后。

为诸如伯温、西塞罗和斯蒂克尼这类平民化的工人阶级和工业郊区所环绕,里弗塞得仍保持作为一块享有盛名的居住性飞地和一个有影响力的模型。1970 年,里弗塞得被选定为国家历史地标,奥姆斯特德的总体愿景,即对弯曲的街道、共享的绿地、以及城市的便利设施与山水如画的景观相结合的构想,在今日的里弗塞得依然明显可见。

亦可参阅:老弗雷德里克·劳·奥姆斯特德(Olmsted, Frederick Law, Sr)

延伸阅读书目:

- Creese, W. L. (1985). *The crowning of the American landscape*. Princeton, NJ: Princeton University Press.
- Faiks, S., with Kest, J., Szot, A., & Vendura, M. (2001). *Revisiting Riverside: A Frederick Law Olmsted community*. Unpublished master's thesis, University of Michigan, Schoolof Natural Resources and Environment. Available online athttp://www.snre.umich.edu/ecomgt/

pubs/riverside. htm

● Fishman, R. (1987). *Bourgeois utopias*: *The rise and fall of suburbia*. New York: Basic Books.

● Jackson, K. T. (1985). *Crabgrass frontier*: *The suburbanization of the United States*. New York: Oxford University Press.

Elaine Lewinnek 文

宋晨译　陈恒校

罗伯特·泰勒之家
ROBERT TAYLOR HOMES

　　罗伯特·泰勒之家拥有一段短暂而悲惨的历史。20世纪50年代中期,泰勒之家被构想成清除芝加哥贫民窟和为城市中低收入的非洲裔美国人群体提供住房行动的一部分,于1962年开放,作为全国最大的公共住房项目,包括28幢相同的16层建筑,其中有4400户公寓。但在压迫性高层设计和低收入居民破碎式集中的重压之下,泰勒之家迅速开始走下坡路。到20世纪70年代中期,泰勒之家与芝加哥住房管理局的其他开发项目——像是加布里尼-格林住房项目——一起,成为美国公共住房失败的显著象征。在20世纪90年代后期,芝加哥住房管理局启动了清除整个泰勒之家项目的计划;到2004年底,拆除工作完成,从前居住在泰勒之家的人口分散到其他穷困的社区中。泰勒之家的历史表明,误导性的决策和资源的缺乏注定了芝加哥公共住房的命运。泰勒之家数以万计的居民忍受着日常的侮辱和这些失误所产生的长期后果。

　　泰勒之家坐落于芝加哥的南边,稳固地处于这座城市现有非裔美国人隔都区的边界内。泰勒之家的地点长期被称为联邦大街贫民窟(Federal Street Slum)。20世纪40年代,城市工程师为这一地区规划了一条高速公路,但是1955年当这条高速路转移到西部后,这个地方给了芝加哥住房管理局。1956年最初的设想是建成2500个单元,泰勒之家在面积上几乎达到了原来的两倍,因为白人市议员阻挠芝加哥住房管理局使用白人区内的其他地方,而芝加哥管理局则想利用可动用的联邦基金,并且黑人市议员欢迎对这一地区的再开发。扩展后的泰勒之家项目将"国家大道走廊"(State Street Corridor)固定为四个公共住房项目中最大的一个,沿着国家大道从第22号街延伸到第54号街,囊括了超过9000个单元,所有这些地方都处于芝

加哥的"黑人带"(Black Belt)。具有讽刺意味的是,这个项目是以芝加哥住房管理局的第一任黑人主席——罗伯特·泰勒命名的,他与进步主义人士伊丽莎白·伍德一道,已经尝试为这座城市公共住房的赢取白人区中偏远地域一部分。

　　20世纪50年代后期,一场关于泰勒之家计划方案的较量展开了。在经历了早先高层建筑反映出管理电梯建筑的困难后,芝加哥住房管理局渴望修建低层结构的建筑。芝加哥住房管理局于1955年开始为将来的项目提议了四层的设计方案,包括泰勒之家,但是每个单元的成本估算(包括土地和拆除)超出了联邦官员乐意批准的成本数额。热烈的官员交易伴随而来;市长戴利于1959年7月前往华盛顿,在国会为芝加哥住房管理局的低层设计方案进行听证。但是联邦官员立场坚定,随着场地拆除完毕,芝加哥住房管理局勉强重新设计了泰勒之家计划,达到与低层建筑一样的低成本(以每个单元为基础)。最重要的是,泰勒之家的设计方案要求80%的公寓包含3—4个卧室,来适应大型的、低收入的非裔美国人家庭,他们最难在城市歧视性的市场中找到住房。

　　在20世纪美国的城市发展历程中,泰勒之家中年轻人的密度之高是前所未有的。1960年芝加哥人口普查区的平均值是21岁以下人口的成人比例为1:1.9。而在泰勒之家,这个比例则是反转的,这个项目(包括了六个人口普查区)中年轻人在成人中的比例为0.37:1。巨大数量的年轻人损害了1962年10月开放的首批建筑项目的使用寿命。芝加哥住房管理局报告称,大量的儿童使草地、游戏场地和图书馆设施不堪重负。"电梯标记"的游戏造成了习惯性的电梯故障和数人死亡。儿童从露天阳台上抛掷物品,弄伤了那些下面的人群,迫使芝加哥住房管理局于1969年在阳台上设置围栏,促使一个类似监狱氛围的形成。与此同时,芝加哥学校董事会在修建新学校的事宜上则是拖延不作为,拒绝对附近未被充分利用的白人学校进行整合。1965年4月,芝加哥《每日新闻》以详细图画连载解释了在泰勒之家扎根的动乱。

　　这些问题导致了工人阶级从泰勒之家大规模地逃离,剩下了那些无从选择的人们,并且造成了贫穷的极度集中。当泰勒之家于1963年被完全占用时,三分之二的家庭是双亲家庭,而且三分之二没有老人的家庭有稳定的就业。到1974年,只有三分之一的家庭是完整的,而且只有四分之一的家庭拥有就业。在租户基础上发生的这一变化破坏了芝加哥住房管理局的资金筹措。它的维护预算来自租金,但是租金被设置为租

户收入的一个函数。随着收入下降，维护预算也跟着下降。一个愈以失职的芝加哥住房管理局官僚机构，通常对额外的联邦基金处置不当，不能改善条件或阻止人们大批离去。

随着团伙帮派占领建筑和毒品交易的扩大，泰勒之家的生活质量在 20 世纪 80 年代也进一步下降。20 世纪 90 年代早期，社会学家素德·文卡特斯（Sudhir Venkatesh）在这个项目上花费了大量时间，并且出版了一份民族志，捕捉到了社会动乱，连带着充满同情心的人类挣扎，居民努力去应付他们的环境。居民选举产生的地方咨询委员会（Local Advisory Councils，LACs）于 1971 年首次运作，允许居民发出微弱的声音，但是缺少基本的资源来维持建筑或解决人类的需求，意味着地方咨询委员会并不能改善租户的生活。在附近没有零售店、足够的警力保护、或者工作网络的情况下，泰勒之家的居民经历了严重的社会隔绝。正如事实证据表明的那样，帮派控制、犯罪猖獗的和穷人遍地使罗伯特·泰勒之家到 1990 年一直是芝加哥最不适宜居住的地方。

1996 年，泰勒之家没能通过联邦政府对公共住房"可行性"的测试，意味着革新这个项目的成本超过了用代金券驱散居民的成本。1998 年，芝加哥住房管理局规划了整个泰勒之家的拆除计划，并站在它的位置上设计了一个基于新城市主义原则的混合收入的社区。在 5 年时间里，通过利用住房代金券，居民分散开来，尽管大多数居民最后还是来到其他穷困的非裔美国人的芝加哥社区中。到 2004 年为止，泰勒之家的场地再次被清理和清空，等待新一轮的重建，希望此次重建能够比上次更为成功。

亦可参阅：加布里尼—格林住宅区（Cabrini-Green），普鲁伊特-艾戈住房项目（Pruitt-Igoe Housing Project），公共住房（Public Housing），第二波隔都区（Second Ghetto），芝加哥南区（South Side of Chicago）

延伸阅读书目：

● Hirsch, A. R. (1983). *Making the second ghetto: Race and housing in Chicago*, 1940 - 1960. Cambridge, UK: Cambridge University Press.
● Hunt, D. B. (2001). What went wrong with public housing in Chicago? A history of the Robert Taylor Homes. *Journal of the Illinois State Historical Society*, 94(1), 96 - 123.
● Venkatesh, S. A. (2000). *American project: The rise and fall of a modern ghetto*. Cambridge, MA: Harvard University Press.

D. Bradford Hunt 文
宋晨译　陈恒校

詹姆斯·劳斯
ROUSE, JAMES W

詹姆斯·劳斯（1914—1996）作为一名有远见的开发商和大师级的规划师而闻名。劳斯在其 81 岁的高龄离世，他的一生担任过律师、开发商和社会活动家，之后也做过慈善家。在 20 世纪下半叶美国城市发展的主要趋势中，劳斯是背后的推动力量。他开发了波士顿的法尼尔大厅市集和巴尔的摩的港湾市场，并且在许多其他的项目中，他指导了马里兰州哥伦比亚新城的规划和建设。

劳斯出生于马里兰州的伊斯顿，并于 1937 年获得了法学的学士学位。劳斯在联邦住房管理局工作，而且是一家欣欣向荣的抵押公司——莫斯-劳斯公司（Moss-Rouse Company）的一名合伙人，数年后这家公司变为劳斯公司。在城市更新时代，他忙于巴尔的摩贫民窟的复兴工程。20 世纪 50 年代，劳斯对于封闭式购物中心的出现起了先锋作用，当时他在马里兰州的格伦伯尼（Glen Burnie）修建了哈伦代尔（Harundale）购物中心，这也是东海岸第一家封闭式购物中心。20 世纪 60 年代，劳斯开始修建总体规划的社区。对于郊区的贫乏感到失望的劳斯利用殖民地乡村模型来修建他规划的马里兰州哥伦比亚社区。哥伦比亚的设计不仅带有许多新的便利设施——在那个时期的住宅小区中是找不到的——而且有助于消除种族、宗教和收入的隔离。哥伦比亚的总体规划有 10 个独立自足的村庄，在其周围日常的活动都可以开展。这个总体规划的社区于 1967 年开放。

20 世纪 70 年代，劳斯通过创立假日市场（Festival Marketplace）的概念，在许多城市中引发了一轮下城复兴的浪潮。这些地产开发中的第一个项目是 1976 年开放的法尼尔大厅市场。紧随其后的是纽约市的南街海港市场、巴尔的摩的港湾市场、波特兰下城的拓荒者市场和新奥尔良的河畔市场。在 1979 年退休后，劳斯创立了非营利性质的企业基金会，致力于为美国的穷人提供住房。劳斯认为，尽管每座城市都面临着独特的问题，但它们都将人类努力的活力和创造力引以

689

为证。劳斯是一个信念坚定、言出必行的人；他关心经济适用房和商业复兴作为增强美国城市的方式。劳斯的遗产以多数人无法企及的方式影响着美国的人文景观。他于 1995 年荣获了总统自由勋章。

亦可参阅：城市规划（City Planning），城市更新与复兴（Urban Renewal and Revitalization）

延伸阅读书目：

- Bloom, N. (2004). *Merchant of illusion：James Rouse——America's salesman of the businessman's utopia*. Columbus：Ohio State University Press.
- Forsyth, A.（2004）. *Reforming suburbia*. Berkeley：University of California Press.

Carlos J. L. Balsas 文

宋晨译　陈恒校

联排别墅
ROW HOUSE

联排别墅是附连式的独户住宅，与其所处地块同宽，并且在同一侧边墙与其他相似的房屋邻接。典型的联排别墅共用同一条前排控制线，以至于整体印象是单一的、直线式的组合——即使这些单元是分开修建的，或者以其他方式来区分。联排别墅是在较老的美国城市中所能发现的最常见的住宅类型之一，特别是在东部和东北部。尽管私人拥有住房已经很普遍，但许多房屋占有人同样还会租赁房屋。借鉴英国的传统，北美人早在 17 世纪后期便大量地修建这样的房屋。成千上万的房屋都修建于 18 和 19 世纪，最显著的便是在波士顿、费城、巴尔的摩、纽约市、华盛顿特区和之后的旧金山。

在美国，联排别墅囊括了从简陋的、两室两层的、没有庭院的结构（通常称作"纸盒式"房屋），到复杂的、附连式多层的、带有后花园和养马场的大宅邸（有时称作"城镇住宅"）。大部分联排别墅的样式处于这两个极端之间。联排别墅在宽度上是 10—30 英尺，取决于最初土地成本，产生了住宅小区的模式，以及建造者对目标市场的期望。宽度不仅决定楼层的平面布局，而且当然还决定宽敞程度和奢侈度。总的来说，一个房屋越宽敞，它的"等级"就越高。

联排别墅可回溯到数世纪前，并且跨越几个大陆。沿着一条公共街道的线性建筑，是由并排的重复性单元构成（或划分成），是最基本的城市建筑类型之一。早在家用空间专门化后成为一套功能各异的屋子之前，这一形式便存在了，它既有效又灵活。最早的联排别墅是简单的、多用途的空间，用于任何居住、商业、贮藏和生产的结合。这些房屋可以从早在 13 世纪或者更往前的欧洲和亚洲找到。

联排别墅在美国的成功和流行，长期以来都有其社会和经济因素：上升的人口密度、地产价值和对私人住宅的偏袒。而在公共交通的广泛普及促使大都市区分散化之前，随着城市人口的增加，越来越多的人被迫挤占在等量的土地上。居住地在工作附近是城市的常态。熟悉的城市街区模式分成了狭窄的地块，提供给每个人去往公共道路的关键通道，这一街区继续存留着。通常，更老旧的地块甚至被进一步分割成更小的地块，为更多房屋预留土地。联排别墅变得越来越不可行，直到 19 世纪后期，多户住宅普遍地受到了除了穷人之外所有人的抵制。

费城的情况便是一例。在 17 世纪 80 年代，费城最初的设计布置利用了宽阔的地块，打算使令人印象深刻的独户住宅嵌入到花园中，联排别墅挤满了城市的核心区。相较于市民的建筑品位，这种情况更多地与移民、贸易和风俗有关。威廉·佩恩理想的城市规划，没能将人们对近距离的喜好和对生意业务集群的经济需求考虑进去。费城人——甚至是那些富人——对于便利和效率的兴趣大于对家庭富裕本身的兴趣。随着人们大量涌入城镇中，佩恩最初设计的由大地块构成的大型街区，被分割为越来越小的地块，人们几乎对以国内安宁的名义来保持不便利的距离不感兴趣。所有阶层都熟悉联排房屋的传统，他们中的许多人出生于英国。几乎没人担忧在他们房屋周围拥有充足的庭院，当邻近市中心对于经济和社会联系是首要的。联排别墅的类型显示出了足够的灵活性来适应一个阶层化社会的各种居住质量、品位和规模。

随着时间变迁，联排别墅的面积和样式发生了相当大的变化。从 17 世纪后期到 19 世纪后期，随着文化上建筑品位的改变，乔治王式风格、联邦式风格、希腊复古式风格、意大利式风格和其他外观式的风格一个接替一个地出现。虽然联排别墅可以单独建设，但是通常对于房地产投机（心中没有一个具体的客户，而是为了转售）来说，一次同时建设几座房屋是惯例。英国的"平台"概念——整个街区的房屋被设计为统一的、大规模的组合，其中的独立单元仅仅是一个组成部分——已出现在美国一些著名的例子中。自始至终、更为卑微的方言形式，缺少格式上的做作，同时在数量上获得很大发展。

美国城市中的联排别墅并不总是排外性的住宅。在土地利用上的隔离变得更为系统化之前（开始于19世纪中期），国内经济不仅混合了社会关系，还混合了城市空间。大多数生意在业主的家庭以外经营，通常在联排别墅的底层经营一家商店或办公室，房屋朝向街道。房屋的后面和上面是厨房、餐厅和卧室。这种公用和私用的组合逐渐地减少。许多商业功能搬离到城市的其他部分，而且这个房子留作用于家庭住所——成为发展中的城市里来自不断增加的骚乱中各种各样人的一个避难所。

19世纪后期，两个因素开始终止了新的联排别墅的建设。第一，公寓成为更为所有阶层的城市居民所接受的居住选择；第二，随着城市的去中心化，位于不那么拥挤的、更能负担起的城市边缘的独户式住宅成为许多美国人的选择。实质上，供不应求的土地市场最初将联排别墅引入，到最后还是放宽了，让新一代人能够占有由私人庭院环绕的独立式住宅——长期以来要替代联排别墅的一个环境。

尽管20世纪联排别墅的流行度日益减弱，但是这一古老的居住模式在以多样的形式在美国选择性地留存下来。全国范围内的公寓和合作式公寓开发商，有时在其他房屋类型中采纳了两层联排别墅的类型，只能对于市场价格住房是可行的。最近，公共住房机构称赞它为新开发项目的理想模式，取代了遭到严厉批评的高层大楼。而且城市中的规划机构，例如像洛杉矶，正在调查以何种方式可以修改区划法令和建筑法律，来允许甚至鼓励大规模地开发用于出售的新式联排别墅。这些新案例的核心是渴望在不断增加的密度中提供更为个人化的住房；数世纪前联排别墅的起源的动因仍然使它保持流行度和实用性。

亦可参阅：公寓建筑（Apartment Buildings），人口密度（Density）

延伸阅读书目：

- Hayward, M. E., & Belfoure, C. (1999). *The Baltimore rowhouse*. New York：Princeton Architectural Press.
- Lockwood, C. (1972). *Bricks and brownstone：The New Yorkrow house*, 1783-1929：*An architectural and social history*. New York：McGraw-Hill.
- Murtagh, W. J. (1957). The Philadelphia row house. *Journal of the Society of Architectural Historians*, 16, 8-13.
- Muthesius, S. (1982). *The English terraced house*. New Haven, CT：Yale University Press.

Todd Gish 文

宋晨译　陈恒校

691

S

犹他州盐湖城
SALT LAKE CITY, UTAH

犹他州的盐湖城由来自耶稣基督末世圣徒教会
(LDS,摩门教)的殖民者于 1847 年建立,这里他们在
大盆地寻求宗教天堂的一部分。这座城市成为超过
350 个摩门教徒定居点的大本营,遍及西部山区、加利
福尼亚州、加拿大和墨西哥。除了 19 世纪 50 年代的
几年外,它一直是这片领地的首府,并于 1896 年成为
犹他州首府。盐湖城还是一个交通和金融中心,以"西
部的十字路口"而著称。自 1847 年起,它一直是摩门
教总部的所在地。尽管 19 世纪有大批摩门教徒涌入
城市,但盐湖城的人口在宗教方面变得更为多元。那
种多元性持续到 21 世纪早期,在 2000 年时,摩门教徒
在全市 181734 人的构成中略微低于一半。无论怎样,
摩门教仍然在这个城市和这个州保持着主要的政治和
宗教影响。

摩门教从伊利诺伊州的诺伍逃离,1847 年 7 月抵
达大盐湖的山谷,并以此为终点。摩门教徒在领地里
寻求避难所以躲避宗教迫害,这片领地直到 1848 年的
《瓜达卢佩伊达戈条约》才归属于墨西哥,而且主要为
土著美国人、探险家、捕兽者和山民(Mountain Men,指
的是 19 世纪 10 年代到 80 年代的一些在北美落基山
脉上自由来去的捕猎人和探险家们——译者注)所了
解。山谷的隔绝状态允许摩门教徒建立他们称作锡安
(Zion)的场所,一个以社区为基础的神圣空间,用来切
实地实践他们的神学理论。因此,摩门教徒的城镇在
宗教方面的重要性与其在经济上和政治上的重要性是
一样的。

摩门教徒相信在人造环境中可以显示神学理想的
表现。最初的盐湖城由摩门教会的会长杨百翰和其他
领袖设计,这座城市当时集中在一块 10 英亩、称作圣

殿广场(Temple Square)的街区上,该街区最终包括了
最神圣的摩门教建筑:一座摩门教堂,连带着一个叫做
圣体龛(Tabernacle)的会场。那个广场充当着这座城
市象征性的中心,所有的街道都可以通过距离圣殿街
区的北、南、东或西方向来确认它们的位置。摩门教徒
同样还是实用主义者,他们想让街道宽阔到能使马车
掉头。盐湖城最早地段上的街道有 132 英尺宽,并且
街道两侧有 20 英尺宽的人行道。尽管为个人所有,但
是分给每个家庭的小块园地是由教会领袖决定的。强
调团体的福利,就要求在修筑栅栏、施舍穷人和灌溉挖
渠方面进行合作。

在定居的早些年里,摩门教徒构建了一个与 19 世
纪的美国相抵触的社会。杨百翰不仅是摩门教会的领
袖,还是创立于 1850 年的犹他领地的执政官。摩门教
的神权政治强调经济合作和自给自足,教会主导的政
治,以及一夫多妻制,这个制度挑战了个人主义的资本
主义原则,白人男性的民主和更大社会的一夫一妻制。
然而,摩门教的隔绝状态维持的时间很短暂,不久就被
移民、联邦官员、商人、美国的军事人员和矿工所打破,
他们发现摩门教社会很奇怪,而且对 19 世纪美国的理
想是个威胁。尽管他们的出现通常是争论的源头,但
被摩门教徒称为异教徒(Gentiles)的非摩门教徒,为盐
湖城和其他摩门教徒定居点提供了关键性的经济
支持。

例如,1849 年和 1850 年加州的淘金热带来了数
以千计的移民,他们希望得到粮食和服务,并且在穿越
大盆地和内华达山脉前,渴望摆脱不动产债务的负担。
1857 年美国总统詹姆斯·布坎南,对于报告摩门教治
下的犹他政府威胁到了宪法的做法作出了回应,派出
一支军队抵达犹他领地,指派一名新的执政官取代杨
百翰。出于对军队暴行的恐惧,杨百翰通过撤离盐湖
城加以回应。在短时间内,与布坎南的妥协便奏效了;
城市的居民又回来了;而且军队在盐湖城西南的 30 英

里处定居下来直到 1861 年内战爆发。这些士兵推动了城市经济发展，但是不及那些在内战期间抵达的人们所起的作用。1862 年帕特里克·康纳上校的军队被指派到盐湖城来保护邮件和电报，但却在城市以西的奥克尔山脉（Oquirrh Mountains）发现了金银。在 1869 年横跨大陆的铁路修建完工后，采矿业作为经济的主要组成部分开始兴起。

铁路不仅帮助采矿业的发展，而且还增加了盐湖城人口的多样性，从 19 世纪 60 年代非摩门教徒低于 10%，到 1880 年非摩门教徒占大约三分之一，再到 1890 年达到一半。摩门教徒与非摩门教徒之间的分裂不和日益激烈。当分裂人群中的一部分在 19 世纪 70 年代和 80 年代还能够和平地共存时，其他人则分离成对抗性的群体，他们保持着各自的报纸、学校、居住飞地和政治倾向。

然而在 19 世纪 80 年代，摩门教会正处于全国要求废弃一夫多妻制的不断增大的压力下。国会通过的 1882 年《埃德蒙兹法》将一夫多妻制定为重罪，1887 年《埃德蒙兹-塔克法》又将摩门教会解散。而在 1890 年美国最高法院宣布《埃德蒙兹-塔克法》符合宪法之后，当时的摩门教会会长威尔福德·伍德洛夫（Wilford Woodruff）发表了"宣言"，声明正式结束一夫多妻制，尽管之后额外的一夫多妻仍在私下进行了十多年。摩门教会还宣布为了全国的党派联合，而放弃自己的政党，并且出售了许多业务。如此一来所产生的影响，便是历史学家叫做犹他和盐湖城的"美国化"。

尽管出现了这样的变化，但是摩门教徒与非摩门教徒的和谐关系也不是一蹴而就的，而且直到今天也没有完全建立起来。双方之间的敌意在接下来几十年内时而高涨，时而低落，尽管到大萧条时期不顾及宗教倾向的公民合作变得更为普遍。

20 世纪初同样也见证了更为显著的族裔人群差异所导致的对那些被视为"他者"的歧视。然而盐湖城中大部分外国出生的居民出生于北欧、西欧和加拿大，铁路和采矿行业的就业机会吸引了华人、日本人、希腊人、意大利人、叙利亚人移民，所有这些人都形成了自己的族裔社区。20 世纪 10 年代和 20 年代，越来越多来自墨西哥的移民加入到他们中间。少数非裔美国人从早年便定居在盐湖地区，与之一道还有一个小而重要的犹太裔社区。20 世纪晚期，太平洋岛民、东南亚人、菲律宾人与更多的非裔美国人、土著美国人以及拉丁美洲人也都迁徙到盐湖城地区。

为一个年均降水量只有 15 英寸的干旱地区提供足够的水供应，对盐湖城的发展至关重要。20 世纪头

20 年修建的一些水库和 20 世纪 40 年代在普罗沃峡谷修建一条引自迪尔克里克水库的管道，这样即便是长时期的干旱也不会产生灾难性的后果。尽管改革者同样尝试减少由燃烧烟煤而产生的空气污染，但当那种污染源被清除了，由于小微粒还是起作用，空气污染仍在继续。

在 20 世纪三四十年代，犹他州和盐湖城成为联邦政府慷慨赠与的接收方，帮助其避免了大萧条期间的苦难，并在二战期间复兴了经济。1932 年间——大萧条最糟糕的一年——犹他州超过 35% 的劳动力失业。尽管新政项目没有治愈经济上的病患，但它们带来了就业和希望。1934 年，犹他州是人均接收联邦直接救济第四高的州。虽然获得这个级别的援助，但只有二战才最终结束了犹他州（和全国）的萧条。盐湖城的地理位置远离太平洋海岸，再加上它的交通设施，吸引了军事规划者的注意力，他们将大量军事基地选址于这座城市和周边的社区。犹他州的国防工业还吸引了许多犹他州的妇女参加工作，以及成千上万的移民求职者，他们不得不与严重的房屋短缺作斗争。

战后年间引起了郊区化，这场进入小汽车和高速公路的运动，伴随着公共交通的衰落，以及下城地区的衰落。摩门教会（拥有主要的下次地产）、商人与城市官员之间合作，促使了开始于 20 世纪 70 年代圣殿广场周围多数地区的翻新整修。城市规划者在吸引郊区购物者到主街的零售空间做得不太成功，尽管往西几个街区的一家户外购物中心生意兴隆。由于这一地区的多数人口生活在郊区，1990 年添加了一条发自南郊的轻轨服务线路，15 号州级高速路得到了极大地拓宽，这些做法减少了交通拥堵。在 20 世纪的下半叶，盐湖城成为一个主要的文化艺术中心，包括居民交响乐、歌剧、芭蕾舞、现代舞和剧院公司，连带着一家动物园、一家天文馆和艺术、历史、儿童以及自然历史博物馆。这座城市还有职业运动队。2002 年这里举办了奥林匹克冬季奥运会。尽管盐湖城的世界主义和不同宗教派别的合作在增多，但是宗教的认同感，特别是摩门教徒与其他教徒之间的认同感对于一些居民来说，仍是一个引起分歧的问题。2001 年，由宗教领袖和市民领袖构成的"团结联盟"（Alliance for Unity）组建形成了，目的是为了建设更大的社区，并且解决宗教、族裔和文化两极化的问题。

延伸阅读书目：

● Alexander, T. G.（2001）. *Grace and grandeur：A history of Salt Lake City*. Carlsbad, CA：Heritage

Media Corporation.

- Alexander, T. G., & Allen, J. B. (1984). *Mormons and gentiles: Ahistory of Salt Lake City*. Boulder, CO: Pruett.

- Arrington, L. J. (1958). *Great basin kingdom: An economic history of the Latter-day Saints, 1830 - 1900*. Cambridge, MA: Harvard University Press.

- Harris, C. D. (1940). Salt Lake City: A regional capital. Unpublished doctoral dissertation, University of Chicago.

- McCormick, J. S. (2000). *The gathering place: An illustrated history of Salt Lake City*. Salt Lake City, UT: Signature Books.

MaryStovall Richards 文

宋晨译　陈恒校

基督教救世军
SALVATION ARMY

基督教救世军从 19 世纪的一个新生宗教团体演变为一个庞大的、国际化的慈善组织。一路走来,它从未停止追求它主要的、福音传道的目标,即让个人皈依基督教,正如它的官方颜色所象征的(红色代表基督的血,黄色代表圣灵,以及蓝色代表纯洁)。军队所使用的语言、等级制度和制服激发了救世军成员,他们采用了准军国主义式样的服装和辞令,来反映他们有责任来发动反对"邪恶"的战争。整个 20 世纪,基督教救世军为城市中穷困的美国人提供了大量社会服务,帮助无家可归者、老人、青年和妇女。在过去的这个世纪里,该组织同样继续确立其作为国际存在的地位。

基督教救世军于 1865 年在伦敦成立,卫理公会牧师威廉·布思(William Booth)在这里创办了伦敦东区基督徒布道会,向城市贫民窟中的穷困居民提供帮助。该组织于 1878 年将其组织名称更换为基督教救世军,体现了其对市场力量的早期理解。通过把救济厨房(Soup Kitchen)与福音传道的宗教服务结合起来,基督教救世军打算在城市穷人当中赢得宗教皈依。

在 19 世纪 70 年代最初的努力后,基督教救世军于 1880 年正式到达纽约市。在行政专员乔治·斯科特·雷尔顿(George Scott Railton)领导下,一个由七名妇女官员组成的团体立刻开始举办露天的祈祷仪式,并且尝试着激发宗教皈依。在他们来到美国的早些年里,这个团体要面对嘲弄、批评和不时的攻击。

救世军成员顽强地坚持了下来,最终赢取了多数美国公众的认可,成为一家受欢迎的慈善组织。大多数早期的救世军成员都出自工人阶级队伍。他们将自己沉浸于贫民窟的文化中,继续在穷人之间生活。他们将宗教注入到 19 世纪后期美国城市新兴的商业空间。他们所表演的宗教歌曲旋律受到流行音乐的启发,为他们的活动制作了大胆的宣传材料,救世军成员欢迎和鼓励公开曝光。到 19 世纪 90 年代,他们同样还开始摇响铃铛,当募集捐款成为他们最有识别度的公共行为。除了给当地报纸传达关于组织活动的信息,基督教救世军还出版发行了自己的杂志《战阵呐喊》(*The War Cry*),包括对新闻、专栏、激动人心的故事和人物简介以及团体成就的特写。到世纪之交,基督教救世军已经强化了向穷人群体的延伸,为贫民窟的居民和无家可归者带去急需的社会服务,还有宗教。

在基督教救世军中,女性发现了许多担任领袖的机会,对于那个时代来说,使女性拥有权力和权威是不寻常的。该组织推动了平等婚姻,要求丈夫和妻子都全心全意服务。早在救世军刚刚出现在美国时,妇女就在它最高的权力层级表现活跃。最显著的是,1904—1934 年是基督教救世军在美国组织扩展的关键时期,其运行是在创始人威廉与他妻子凯瑟琳的女儿——伊万杰琳·布思领导下进行的。

一战期间,救世军协调缝制和针织产品的生产,通过红十字会分发到海外。在美国和欧洲,救世军为士兵提供了书籍、写信用品和食物。在欧洲,由救世军成员提供给士兵的甜甜圈尤其受欢迎,成为一个持久的个人接触的象征,即由该组织的成员为需要帮助的和处于危机的人们所带去的个人间的接触。救世军还为二战中的士兵提供服务。这些活动在大众传媒中获得了广泛的报道,并在流行文化中得以反映,极大地提高了该团体的公众声誉。1950 年,救世军在改编自达蒙·鲁尼恩的《红男绿女》的百老汇歌剧中遭到夸张的描述,略含蓄地被称作"拯救灵魂的行动"。

二战后,随着救世军演变为美国最大的慈善组织之一,这个组织也变得越来越官僚化。它的社会项目从早期的救济厨房扩展到一大批涉及广泛的服务项目,包括应急服务项目、酒精和毒品康复设施、社区中心、住宅、旧货店、无家可归者救助项目、医院、妇产医院和老人中心。

对于这个国家的贫民区,救世军同时提供了廉价的临时宾馆和提供更为集中规划的布道活动,有时包括戒毒项目。由于主要为那些无家可归者提供服务,这个团体赢得了好名声,被救助的那些人被认为最有

696

可能较好地适应康复,酗酒者则得不到救助。通过家人、朋友或者社会服务机构的介绍,甚或仅仅直接走进贫民福利组织,成千上万名无家可归者从该组织提供的热餐和住所中受益。妇女继续发挥着关键性作用,担任救世军中许多领导职位,发现一些无家可归的男人更愿意接受女性的帮助,而不是权威式的男性人物。

随着救助活动的发展,救世军也开始接受联邦的资助,这引起了美国社会关于政教分离的争论。2001年,救世军发现自己处于全国争论的中心。该组织尝试说服布什政府(当时正精心制定其"基于信仰的行动"提议,鼓励联邦政府对私人慈善组织的支持)使联邦资助的宗教慈善组织免受州和地方法律规定的限制,即禁止针对同性恋和多元宗教信仰者的歧视。

救世军还继续扩展它在非洲、中南美洲、南亚、南太平洋和东亚的全球活动。21世纪初,在这些地区的规划包括卫生服务、青少年发展项目,紧随自然灾害和战争后的救灾工作,以及一项反对全球性交易的行动。

延伸阅读书目:

- McKinley, E. H. (1980). *Marching to glory: The history of the Salvation Army in the United States of America, 1880-1980*. New York: Harper & Row.
- Taiz, L. (2001). *Hallelujah lads and lasses: Remaking the Salvation Army in America, 1880-1930*. Chapel Hill, NC: University of North Carolina Press.
- Winston, D. (1999). *Red-hot and righteous: The urban religion of the Salvation Army*. Cambridge, MA: Harvard University Press.

Ella Howard 文
宋晨译 陈恒校

697

得克萨斯州圣安东尼奥市
SAN ANTONIO, TEXAS

历史学家意识到了圣安东尼奥市当前作为全国第九大城市的地位,这种状况可能会使历史学家简单地认为,商业界刻苦实践着市民振兴主义的熟悉艺术,而正是由于脚踏实地的商业界和充满活力的经济增长的协力下,促使了那次成功。然而,他们可能是错的。确实,在圣安东尼奥,商界对于经济发展的献身精神直到近来才是一个不同传奇的组成部分——一个城市传奇,而像那一类型,事实上几乎没有基础。

商业界对于城市建设过程的浓厚兴趣和理解的消失,在一个国家中是一件不同寻常的古怪之事,充满了支持者的例子,他们在极大的期待和巨大的努力中修建华丽的城市。圣安东尼奥市不经意间上升到今日的显著地位,因而不仅仅是一时的兴趣。

对于圣安东尼奥是如何以及为何在没有得到多少商界关注而发展起来的问题,军事地理提供了一个重要的答案。最初,这座城市的位置吸引了西班牙帝国主义者的注意力,他们担心法国扩张中的殖民帝国所构成的潜在威胁。在一个以缺乏城市建设资源而著称的地区,未来城市的选址确实为农业和畜牧业提供了充足的水源。同样它的地理位置距离得克萨斯海岸足够远,以保护早期定居者免受雄心勃勃法国的侵扰。新墨西哥殖民地总督预测到,未来的圣安东尼奥将会是一个合适的后勤基地,来作为西班牙在得克萨斯东部修筑阻止法兰西殖民帝国的防御工事。

如此一来便开启了圣安东尼奥与军事的不解之缘。从1718年建立直到冷战结束,军事是当地经济的支柱。在18世纪的头十年里,第一批居民通过为当地要塞的军队生产粮食而获取的报酬维持了他们的定居生活。1763年后,随着西班牙控制密西西比河谷,新奥尔良对于肉类的需求刺激了圣安东尼奥养牛业的发展,因而增强了这座正在崛起城市作为一个农业中心的作用。由于畜牧业并不需要大量劳动力,然而,圣安东尼奥的经济缺乏这类能够吸引新移民的活动,更不用说企业家了。

以1836年得克萨斯独立战争而告终的政治动乱,阻碍了19世纪头十年任何重大的城市化进程。这座城镇有十年时间持续作为墨西哥政府与得克萨斯共和国的战场,墨西哥政府决心要收复丧失的领地,而得克萨斯共和国同样决心要控制它。1846年,作为圣安东尼奥发展主导力量的军事地理再度出现。美国陆军的决定呼应了西班牙总督的想法,将这座距离战场不近不远的城镇,建造成一个极好的与墨西哥进行军事作战的后勤中心。

在成功地结束墨西哥战争后不久,国会决定军队需要防卫另一个敌人——印第安人对得克萨斯的边境侵扰,并且批准组建一条从北部的沃斯堡延伸至西部的布里斯堡的边境要塞。该决议不仅确认了圣安东尼奥作为后勤中心的重要性;它还永久地塑造了新兴商业界的品格。

军队需要承包商来提供物资和交通。幸运的是,对于军队来说,在20世纪四五十年代,大量生产效率高的德国农民移居到邻近得克萨斯的丘陵地带。他们中的一些同胞则搬到了圣安东尼奥,利用他们的文化亲和力在当地成为美国陆军与快速发展的农业社区之间的中介商。这些中介商在这座城镇组建了第一个真正的商界,垄断了农业贸易,还提供运货的骡队,来向军事要塞运输物资。

军队合同促进了经济繁荣——仅19世纪50年的一份合同就有高达9万美元的资金,使得德商商人成为安东尼奥社会和政治的主导群体,不过这也有损于他们的企业家精神。在收入来源几乎得以确保的前提下,圣安东尼奥的德国人社区没有动力参与到冒险性的城市建设活动中。的确,他们不再愿意冒风险。作为城市中的主导型团体,他们的行为既影响又限制了其他当地商人的态度。

当地在关于向圣安东尼奥引入一条铁路的竞争中,便显示了这种非企业家精神的深度。在内战后国会减少拨款时期,军队渴望找到减少交通成本的方法,军队建议市政府发行债券来修建铁路。尽管一位新英格兰的投机商实际上正在修建一条将会通过圣安东尼奥以北数英里的铁路,但是这里的商界却固执地反对军队的提议。当铁路给在全国范围内如此多的社区提供未来的机遇时,商人在不向城市中引入一条铁路的决心上是坚定得不可理喻。也许是由他们控制的运货骡队使军队开销巨大,这其中的利益刺激他们进行反对。面对这种古怪的行为,军队通过威胁的手段,即除非商界通过债券发行,否则就离开城镇,打破了协商中的僵局。

随着1877年铁路的通车,圣安东尼奥人口激增。这座城市作为农业服务中心的角色被推翻,它的腹地逐渐充满了牲畜,特别是牛以及更为重要的羊。在19世纪后期,圣安东尼奥短暂地成为过全国最大的羊毛产地。到1910年,它成为这个州最大的城市,而且似乎注定成为区域城市的主导。

然而不幸的是,当地商人为这种繁荣的浪潮所困扰,而不去尝试增强这种繁荣。他们几乎不将利润投入新产业,除了旅游业。缺乏冒险的兴趣扼杀了一个有前景的尝试,即一战爆发之前,将飞机制造业吸引到圣安东尼奥。当地商人不去投资正在兴起的新技术,而是支持创建新的陆军基地,加强了对军事的长期依赖,而不是依赖当地企业家去发展城市。

就在二战前,历史再度重演:美国商会拒绝对该市市长进行支持,市长努力去获取联邦支持来修建飞机制造厂,这是作为罗斯福庞大军事建设的一部分。美国商会宣布它宁愿让这座城市继续作为军事培训中心这个传统的角色。在他们的观念中,达拉斯和沃斯堡是较为不传统的城市,它们获得了一些飞机制造工厂,并成为二战期间和战后大规模增长的基础。

圣安东尼奥在整个20世纪40年代的迅猛发展,不是由于有意的策略而是由于一个历史的偶然。美国陆军航空兵团决定更改凯利空军基地的飞行任务,从飞行员培训转变到后勤维护,几乎一夜之间,该基地变成城市中最大的雇主。另一个历史偶然便是冷战的爆发,使凯利空军基地似乎成为城市永远的经济发动机。

当地商界被一连串稳定的联邦拨款资金所宠坏,坚持不懈地培养与军方的关系,直到60年代才开始做其他推动城市发展的事情,商界领袖在经济发展的共同努力中相互协作,在当地历史上尚属首次。他们提供经济和政治支持来赞助1968年在圣安东尼奥举办的西半球世界博览会(Hemis Fair' 68),试图宣称圣安东尼奥是拉丁美洲与美国进行贸易的天然通道。虽然西半球博览会并没有充实这一宣称,但它却改变了旅游产业。此次博览会后,旅游业成为这座城市收入的第二大来源。

1968年产生了着各种意外的后果。正如当地商界并没有预期到西半球博览会对旅游业产生如此大的影响,他们同样也不知道得克萨斯大学健康科学中心(University of Texas Health Science Center,UTHSC)的创立意味着什么。为获得这样一个中心,圣安东尼奥的医学界已经奔走活动了20年,不是因为他们相信它会转变当地的经济,而是因为他们迫切想要训练有素的医师来改善医疗保健,尤其针对这座城市大量的低收入居民。

在开放的15年内,健康科学中心开始为圣安东尼奥产生了显著的经济增长与发展。到80年代,该中心在创新研究与高薪就业机会的结合,使得它在当地经济中作用比军工业更为重要。这是圣安东尼奥首次获得内部经济发展的能力,而不是压倒性地依赖于外部事物。

同样在80年代,圣安东尼奥发展出本市第一个当地商人与政客紧密结合的联盟,致力于集中战略发展经济。在市长亨利·西斯内罗斯与作为全国第五大保险公司的联合服务汽车协会的执行总裁罗伯特·麦克德莫特的领导下,这一联盟积极地行动,将圣安东尼奥建立为生物技术的商业中心。他们的工作为这种发展奠定了基础,而这种发展也无需政府的干预。

1989年随着西斯内罗斯发展计划的失败,圣安东尼奥人尝试重现他们的设想,在没有当地人的努力下,外部的资助者会继续发挥他们在城市发展中的作用。当凯利空军基地于2000年关闭时,那种设想开始看起来站不住脚。随着军事地理的优势最终开始减退,当地领导人变得越来越支持当地生物技术的活动和其他发展中计划周详的工作。之前全国十大城市地位的取得很大程度上依赖的是联邦政府慷慨的赠与，而现在这座城市正处于学习如何发展一个更为复杂的、相互依赖的经济的基础。

延伸阅读书目：

- Johnson, D. R. (1981). San Antonio: The vicissitudes of boosterism. In R. M. Bernard & B. R. Rice (Eds.), *Sunbelt cities: Politics and growth since World War II* (pp. 235 - 254). Austin, TX: University of Texas Press.
- Johnson, D. R. (1990). Frugal and sparing: Interest groups, politics, and city building in San Antonio, 1870 - 85. In C. Miller & H. T. Sanders (Eds.), *Urban Texas: Politics and development* (pp. 33 - 57). College Station, TX: Texas A&M Press.
- Miller, C., & Johnson, D. R. (1990). The rise of urban Texas. InC. Miller & H. T. Sanders (Eds.), *Urban Texas: Politics anddevelopment* (pp. 3 - 32). College Station, TX: Texas A&MPress.
- Poyo, G. E., & Hinojosa, G. M. (Eds.). (1991). *Tejano origins ineigthteenth-century San Antonio.* Austin, TX: University ofTexas Press.

David R. Johnson 文

宋晨译　陈恒校

加利福尼亚州圣迭戈市
SAN DIEGO, CALIFORNIA

在 1848 年加州成为美国的一部分之前很久，探险家、商人、参观者和定居者都对圣迭戈的自然景观感到惊奇，通常预测他们所发现的这块内陆海湾会在某一天成为一个大型海港。这个地区一贯温和的气候同样使人印象深刻。圣迭戈的自然优势对许多不同特点的美国人产生强大的吸引力。

即使如此，在建州之后只有几百名居民能够养活自己，靠的是小型的皮革业和动物油脂业、农业，以及与停靠补给水和物资的捕鲸船进行贸易。直到 19 世纪 60 年代后期，一处小且破旧的定居点才定格在今天被称为"老城"（Old Town）的地方，位于距离海湾 3 英里的内陆。随着加利福尼亚州的建立，第一次有意义的尝试便是通过重新安置来扩大城镇，以更好地利用这个地区的主要资源。旧金山的长期居民威廉·希思·戴维斯在靠近今天下城地区心脏的位置修建了"新城圣迭戈"。他设计出一个有序的网格，修建了房屋、商业大楼和一座码头，并且把两个城市街区捐赠给美国陆军部，为了吸引美国陆军在那里建立一所兵营和补给站。

然而，由于推广乏力和其他不幸的境况，新城项目的事业在两年内并没有取得成功。直到 1867 年，另一位来自旧金山的空想家阿伦佐·霍顿（Alonzo E. Horton）的到达，重新激发起在圣迭戈湾的海岸上修建一座繁荣城镇的努力尝试。霍顿很快便为圣迭戈支持者的后代设立了标准，凭借他不知疲倦的和独出心裁的努力而在房地产业发财。他和他热心的同行给未来的城市公园（密西西比河以西这类在建公园中最大的）贡献了 1200 英亩的市政土地，成立了美国商会，并努力吸引铁路开发商的兴趣，清楚地了解到持久的城市增长需要有效率的来往于这个地区的交通方式。在内战中止横贯大陆铁路建设前，铁路热潮在圣迭戈冲击巨大，霍顿和小部分的商界花费了大量精力催促建设一条终点设在圣迭戈的"南部铁路"。初期的成功导致了一股投资和移民热潮，直到 1873 年的经济恐慌（Panic of 1873）猛烈地打破了圣迭戈人的希望。

19 世纪 80 年代早期为南加州带来了一次新的更大的繁荣，包括一家圣菲铁路公司的本土子公司的到来。人口从 1880 年的 4000 人增长到 1886 年的 46000 人，地产价值也随之飙升。圣菲铁路公司计划修建一条联合的横跨大陆铁路，并在圣迭戈湾建造一座远洋运输终点站，而一场强烈的风暴破坏了城镇以北的轨道，已处于破产管理的圣菲铁路也决定不再重建，这样一来，原来的修建计划也就无疾而终了。到 80 年代末，圣迭戈的经济几乎崩溃。随着一条来自洛杉矶的铁路支线引入，这座城镇 30 年的萧条期才告终结；1890 年圣迭戈的人口为 16159；到 1990 年才增长了不到 2000 人。

美国商会的董事们为了使这座城市出名而进行了激烈的斗争，"出现在地图上"是该组织反复在其丰富和绚丽的宣传刊物上使用的词汇。若不论组成人员的其他职业，这一小而紧密的团体全是由房地产投资商构成，该团体创立了一套促进城市发展的本土语言，选择了市政府、商界和整个公民团体所支持的成因。他们充当了圣迭戈次等政府的角色，并成为通往世界的窗口。19 世纪 80 年代到 20 世纪 20 年代，他们的一些重要想法便是发展吸引观光客、寻求健康者和退休人员的游览胜地；发展乡村的农场型农业；发展小规模工业和海上贸易。

自然和人为原因都阻碍了圣迭戈的发展。由铁路而产生的持续阵痛使这座城市陷入隔绝,阻碍了发展的计划。半干旱的气候结合着其他地理因素,限制了水源供应,而且海湾在能够充当一座繁忙的商业港口前,本身需要大量昂贵的改进工程。而与洛杉矶的竞争同样减少了圣迭戈可以利用的资源。尤为难堪的是,正当圣迭戈湾在乞求联邦支持时,洛杉矶获得了数以百万计的联邦拨款资助,用于在圣佩德罗(San Pedro)修建一座人工港。

尽管他们从未解决铁路问题,但美国商会制定了一项1898年后的发展战略,那时美国在远东太平洋地区获取了夏威夷群岛、菲律宾群岛和关岛。如果他们能够吸引美国海军和国会的关注,并且说服他们为了国家利益,需要在美国最南端的港口修建一座大型的海军基地,那么联邦政府将不得不为海港的改进工程投资,而这正是商业性的海事活动所需要的。自那之后的一些事件促成了圣迭戈转型为全国卓越的"军事都市":巴拿马运河的修建(1903—1915);1908年英国联合舰队出访圣迭戈;1915—1916巴拿马-加州博览会;美国加入一战;以及1919年海军部决定建立一支永久的太平洋舰队,并且在圣迭戈修建一系列海军设施来支持它。这些年来,圣迭戈人坚持不懈地游说海军部和国会,不遗余力地去克服联邦政府在圣迭戈绝对有限的利益问题。

一战结束后举行了一系列特殊选举,圣迭戈的选民几乎一致同意将城市中数千英亩最有价值的地产捐赠给海军,前提是海军在那里建立军事基地。在20世纪剩余的大部分时间里,在美国商会的领导下,圣迭戈在一个迅速增长的"大都市-军事复合体上"建立了经济体、修建城市便利设施和构建市民文化。除了海军之外,1935年之前,美国商会唯一引入到圣迭戈的产业是联合飞机公司(Consolidated Aircraft Corporation),一个大型国防承包商。和美国其他城市中的政府和商会不同,圣迭戈的官员抵制寻求传统的工业发展——在美国其他地方的多数城市发展中的主要经济来源——相反的是将联邦政府的投资集中在这个地区。

随着即将来临的又一次战争,圣迭戈最终在20世纪30年代与它的支持者长期设想的大城市开始相像。战时,海军和全国政府既加剧了存在已久的城市问题,诸如水源供应、公共交通和住房,又解决了以上这些问题(至少是一部分)。据各方面所说,圣迭戈为战争胜利做出了巨大贡献。当地商会担心战争的结束和随后军队复员可能会给这座城市带来困难,因此探索使经济多样化的途径。当地商界寻求扩大旅游产业、建立高等教育机构,并对新产业进行投资,始终保持海军在城市的内部及周边出现。

圣迭戈今日是全美第七大城市,基本上缘于它的支持者在一个世纪前所作的选择而运行良好。圣迭戈已成为一个重要的研发、高科技产业和高等教育的中心,很大程度上得益于海军的出现和这座城市在两次大战中的作用。它不只是一个热门的旅游目的地,还以作为世界上最繁忙的国际过境通道而感到自豪。尽管海军机构的数量近些年来逐渐减少,但圣迭戈仍保持着它与美国军事力量的特殊关系,这种状况不太可能很快发生改变。

延伸阅读书目:

- Linder, B. (2001). *San Diego's navy: An illustrated history*. Annapolis, MD: Naval Institute Press.
- Lotchin, R. W. (1992). *Fortress California, 1910 - 1961: From warfare to welfare*. New York: Oxford University Press.
- Shragge, A. (1998). *Boosters and bluejackets: The civic culture of militarism in San Diego, California, 1900 - 1945*. Unpublished doctoral dissertation, University of California, San Diego.
- Shragge, A. (2002). I like the cut of your jib: Cultures of accommodation between the U. S. Navy and citizens of San Diego, CA, 1900 - 1952. *Journal of San Diego History*, 48(3).

Abraham J. Shragge 文

宋晨译 陈恒校

圣费尔南多谷
SAN FERNANDO VALLEY

1982年的电影大片《E. T. 外星人》(*E. T.: The Extra-Terrestrial*)中,电影以一幕全景画面展开了这位温柔的游客在地球上的冒险历程,这个场景为很多影迷所熟悉。从山顶上观察,他在巨大的圣费尔南多谷下面发现了闪烁的灯火。作为加州洛杉矶市郊区扩张的产物,圣费尔南多山谷是一块约340平方英里的平地,在韦尔杜戈与圣盖博山之间向东延伸,圣苏珊娜山和司米山向北和向西延伸,圣莫妮卡山向南延伸。像洛杉矶的其余部分,这座山谷就其经济和形象而言,受到了流行文化的塑造。1943年,居民宾·克罗斯比为罗伊·罗杰斯柔情地演唱了西部乡村标题的歌曲《圣费尔南多谷》。这首歌曾上升到排行榜榜首的位置,激励了无数明星和流浪汉。自那时起,部分通过其媒介生成的可视性,这座山谷取得了不光彩的殊荣,通过以对小汽车的依赖和以区域性住房开发为基础的增长,来作为二战后城市蔓延的模型。它同样是全美首座"边缘城市"。

尽管带着二流的污名,但圣费尔南多谷占到了洛杉矶大约一半的地理区域和人口的35%。2002年,如果这个山谷成功公投退出洛杉矶,那么它将成为美国第六大城市,有大约160万的居民人口。穆赫兰道为这座山谷与更具吸引力好莱坞和富有的洛杉矶西区之间划定了南部的边界。提供了著名的全景视野的曲折高速公路以城市的水务工程师命名,他同时也设计了洛杉矶引水渠(Los Angeles Aqueduct)——一个改编为小说的故事,出现在罗曼·波兰斯基1974年的电影《唐人街》中——为山谷带来了一个充足的和可依赖的水源供应,推动了土地投机和促使了快速的人口增长。

山谷的第一批居民是土著美国人通瓦人(Tongva)。他们被新西班牙的总督称为Gabrielinos,新西班牙于1797年建立了西班牙帝国圣费尔南多使团,选在拥有丰富井水资源的地点,并且给这个干旱的山谷起了一个西班牙的名字。对圣费尔南多谷的占领开始得更早,随着嘉斯帕·德·伯特拉(Gaspar de Portola)的探险队在1769年到达上加利福尼亚,开启了西班牙的统治。1821年,在墨西哥获得独立后,它将21个加利福尼亚的传教团世俗化,把土地赐给墨西哥的大牧场主,他们持有土地直到1850年加利福尼亚加入联邦。1874年,第一个村镇在圣费尔南多建立,靠近老的传教点。受到南加州土地繁荣的刺激,南太平洋铁路公司修建了一条从洛杉矶到贝克尔斯菲市的铁路线,发展中的城镇见证了涌入的移民在车站下车登陆。但是这个山谷的大部分地区仍是一片大草原,曲折的洛杉矶河沿岸点缀着雄伟的橡树和临时的定居点。拥有庞大资产的土地大亨艾萨克·兰克西姆(Isaac Lankershim)和艾萨克·范·奈司(Isaac Van Nuys)控制了该山谷向南一半的60000英亩的土地,主要用于畜牧业和旱地小麦的生长。

1908年后,一切都发生了改变。洛杉矶居民通过了一项2300万美元的债券方案,用于威廉·穆赫兰230英里引水渠的建设,于1913年完工,终点为山谷的北端。大概在那时,洛杉矶郊区房屋公司也成立了,领导该公司的董事会由当地有声望和有实权的洛杉矶投机商组成,他们的目的都是争夺山谷的土地。1915

年,为了共享用水权,更多的山谷地区被兼并到洛杉矶市。短期内,它成为了世界上最高产的农业地区之一,遍地是柑橘园和核桃园。然而,随着太平洋电力红色列车线路公司开通了有轨电车和房地产价值的攀升,山谷农场不久便被抢购、分块出售,以及为了住房用地而被拆除,这一大片土地一般禁止非裔美国人进入。到20世纪50年代,这片地区几乎被农庄式的房屋和游泳池所覆盖,对于那些寻找阳光和追求美好生活的新南加州人——几乎全是白人——可以负担得起。小汽车成为主要的交通方式。山谷的汽车文化、巡航、和街头赛车会在像乔治·卢卡斯的《美国风情画》这类的电影中出现。

紧接着它的快速增长时期,圣费尔南多谷的洛杉矶部分被分割成大约30个指定的近郊住宅区和许多20世纪60年代后的封闭式住宅区,大部分位于山坡上,每个社区都有自己的特性。除了圣费尔南多,这个地区还包括其他四个小型、独立的城市,它们于1911年被合并进来。其中包括位于西南方向、靠近万特乐大道的隐山市(Hidden Hills)和卡拉巴萨斯(Calabasas);老的国王大道(El Camino Real),连接西班牙教区的道路;以及起自洛杉矶的格伦代尔(Glendale)和伯班克(Burbank),建在山麓丘陵之上。1932年,霍华德·休斯在格伦代尔一个车库里成立了休斯飞机公司,而且其他航天业巨头——洛克希德和洛克达因——不久后正式开业,最终把美国人送上月球。汽车业也接踵而至,随着通用汽车公司在帕诺拉马市作为一个规划的工作生活社区而运行,这个社区邻近范奈司大道,是该山谷主要的南北向干道。当水源到来,娱乐业成为该山谷最大的雇主之一和最强大的出口商品生产商。

德国移民卡尔·拉勒姆(Carl Laemmle)于1914年在好莱坞北边的牧场成立了环球电影制片公司(Universal Film Manufacturing Company)。接下来一年,他向公众开放了他的电影制片城,环球影城(Universal City),刺激了新的山谷社区的发展,称作北好莱坞。麦克·森尼特(Mack Sennett)在环球影城的西侧修建了他的新设施,把周围的社区称作影视城(Studio City)——此后大家都开始沿用这个名称。脱口秀主持人约翰尼·卡尔森(Johnny Carson)使"美丽的下城伯班克"这个名称流行起来,当他把《今夜秀》(The Tonight Show)从纽约市搬到伯班克,这里变成了一个巨大的娱乐圣地。早在1918年,为了寻求更多可负担的土地和可预测的晴朗天气,第一国家影视城(First National Studios)迁移到那里;多年后共和影视公司（Republic Pictures）也跟着效仿，随后是伯班克影城（华纳兄弟电影公司与哥伦比亚影业的合并，创立了全国最大的电影工厂之一）、华特·迪士尼影城（Walt Disney Studios）和梦工厂动画公司（Dream Works SKG）。随着电视的出现，美国国家广播公司（NBC）、哥伦比亚广播公司影视中心（CBS Studio Center）、美国广播公司（ABC）和尼克国际儿童频道（Nickelodeon）也陆续搬迁至该地。

山谷充当了巨大的露天片场，在电影中大量出现，开始于 1910 年格里菲斯（D. W. Griffith）的无声电影《在沉默的道路上》（Over Silent Paths），还有他的无声大片《一个国家的诞生》。森尼特的启斯东喜剧（Keystone Kops，指类似启斯东电影公司拍的庸俗喜剧无声片，如描绘一群愚蠢无能的警察疯狂追捕的场面——译者注）的滑稽和当时刚崭露头角的喜剧演员查理·卓别林的滑稽动作就是沿着万特乐大道拍摄的。许多华纳兄弟电影公司的西部片也是在这个山谷的西端，一个现在叫做华纳中心的地方摄制的，并且电影《卡萨布兰卡》的结束场景也在范奈司机场录制。这个山谷作为美国的"白面包"郊区，同样为家庭电视的消费群体做好布景，在《天才小麻烦》（Leave It to Beaver）《鹧鸪家庭》（The Partridge Family）《八个就够了》（Eight Is Enough）和《脱线家族》（The Brady Bunch）中出现。谢尔曼橡树购物街作为流行的购物中心，是峡谷少女（Valley Girl）出没的地方，因 1983 年同名的歌曲和电影而普及开来，并成为一个文化标志，模仿了《开放的美国学府》（Fast Times at Ridgemont High），衍生了 20 世纪 80 年代一个短暂的流派，即用山谷里的俚语，"肯定"取笑了峡谷的年轻人和他们的懒惰。

在这期间，随着洛杉矶地区的增长，山谷在种族上变得更为多元，形成了一个重要的拉美裔社区，并且实质上进行了扩建。结果便是，它也遭受了所有拥挤的城市中心遭受的同样的问题，诸如贫困、犯罪、污染和帮派活动的增多。它同样成为产值数百万美元色情行业的总部，同时也是全美受到来自洛杉矶负面影响最广泛的和最下流的地区。《超时空宠爱》（Blast From the Past，1999）记录了这个山谷从中产阶级的伊甸园演变为末世后的地狱空间。与电影《E. T. 外星人》所展示的乐观主义相去甚远，到千禧年终结时，这个山谷在电影《低俗小说》（Pulp Fiction，1994）、《安然无恙》（Safe，1995）、《山谷两日》（Two Days in the Valley，1996）、《187 美国社会档案》（One EightSeven，1997）、《不羁夜》（Boogie Nights，1997）、《木兰花》（Magnolia，

1999）和《私恋失调》（Punch-Drunk Love，2002）中扮演了更为阴暗的角色。

延伸阅读书目：

● Robinson, W. W. （1961）. *The story of the San Fernando Valley*. Los Angeles: Title Insurance and Trust Company.
● Roderick, K. （2001）. *The San Fernando Valley: America'ssuburb*. Los Angeles: Los Angeles Times Books.

Julie A. Dercle 文
宋晨译　陈恒校

加利福尼亚州旧金山市
SAN FRANCISCO, CALIFORNIA

金门大桥畔的城市——一个会让人把心留下的地方——极大地得益于天空、水和土地所形成的鲜明对比，成为了处于半岛的城市标志。城市的西侧由太平洋所环绕，而东侧则由长 60 英里和宽达 14 英里的海湾所环绕，这个地点包含了 42 座山，总共有 48 平方英里的空间，其中引入了夸大的言语和夸张的方法。西班牙人于 1776 年建立了要塞和传教点，并成为了大约 500 名奥龙尼土著人的统治者。到 19 世纪 30 年代，耶尔巴布埃纳村成为沿海贸易网络的一部分，带来了欧洲、西半球和太平洋岛屿的探险家。美国军队宣称耶尔巴布埃纳岛为战利品，于 1846 年 7 月从墨西哥获得，并且于 1847 年 1 月将这个定居点重新命名为旧金山。一年后在萨克拉门托附近发现了金子，吸引了数千名淘金者来到沉睡的旧金山。到 1849 年底，旧金山的居民达到约 25000 人，这座城市进入美国城市排行的前列，自此以后它的位置一直保持着。1880 年，联邦政府把旧金山定位为西海岸的经济中心，到 20 世纪初，这座城市是全国第八大城市。一个世纪之后，这座城市排名为第十三，在人口上出现衰减缘于其城市邻近的人迁移到南部的圣何塞、洛杉矶和圣迭戈。

银行业、制造业、贸易和商业使旧金山成为 19 世纪美国西部主导的城市地区。在开采金矿和银矿中所获取的利润流入到这座城市，到 1900 年，大厦和市场街上的宾馆，特别是皇宫酒店（1877 年），可攀比纽约市的大厦和宾馆。19 世纪这座城市为多元的人口提供居所，第一批淘金者中以爱尔兰人居多，并在整个世

纪的剩余时间中保持数量上的主导地位。德国人，包括清教徒、天主教徒和犹太教徒，构成了下一批最大的群体。斯堪的纳维亚人和意大利人则是相对的迟来者，只在这个世纪后期才大量抵达。大多数旧金山人都是白人，特别是在 19 世纪 90 年代后，当时华人人口从 8% 下降到 4%。只有极少数非洲裔美国人生活在这座城市，直到第二次世界大战，只有少于总人口的千分之一的非洲裔美国人生活在这座城市。这座城市的唐人街直到近来才成为全国最大的，其中的商店和餐馆早在 20 世纪初之前便吸引了旅客。

除了 1856 年反对天主教的事例之外，治安委员会也有将近十年时间抑制爱尔兰裔的天主教徒参与当地政治，而天主教徒和犹太教徒从公共场所的偏见和歧视中享有相对的自由，而且在旧金山比在其他一些主要的美国城市化中，享有更多平等机会。而对于华人来说，情况便不是这样了，他们居住在一个隔离的区域，在街头忍受着私人的迫害，并且受到来自地方、州和联邦政府的公开歧视。

在 20 世纪初，相较于阿拉斯加、夏威夷和太平洋沿岸的大部分地区以及内陆地区，旧金山享有商业方面的主导优势。新一代的商业领袖以威廉·克罗克为代表，作为修建中央太平洋铁路四位企业家之一的儿子，他在整个西部锻造了包括银行业、制造业、采矿业和公用事业的商业帝国，并且深入夏威夷群岛和菲律宾群岛。商业强权也产生了以工人激进主义为形式的反作用，发展成足够的力量使旧金山在 20 世纪的头十年成为劳工组织的堡垒。

当劳工界和商界为控制市政事务而进行争夺时，城市居民则在 1906 年 4 月 18 日遭受了大自然力量的提醒，当时一场里氏 7.9 级到 8.25 级的地震袭击了旧金山和周边地区，持续了 48 秒。最近的研究提出，那次地震的死亡人数超过 3000 人，与 1906 年城市官方数据给出的 674 人形成了鲜明对比。伴随地震发生的火灾摧毁了 28000 幢建筑，将 4 平方英里的土地夷为平地。下城也遭到破坏，大约相当于这座城市三分之二的商业、工业和居住区。

1906 年的灾难过后，企业主和劳工在重建的进程中进行合作，城市选民批准修建全国第一条市政所有的有轨电车线路，还有一座市政礼堂、一座歌剧院和一座博物馆。小詹姆斯·罗尔夫自称是"所有人的市长"，他精心组织这些项目工程，并且成为第一批 20 世纪受人尊敬的大城市市长之一，这些人之所以受尊敬，皆缘于他们有能力通过公共工程项目来推动公民团结。1915 年，罗尔夫主持了旧金山的巴拿马-太平洋

万国博览会，此次世界博览会表达了这座城市如同凤凰一样涅槃重生，以及要保持其对太平洋贸易控制的决心。然而，一项通过模仿纽约市兼并纽约州五个区的行为建设大旧金山的计划并没有发生。到 1920 年，洛杉矶占据了加州城市人口的首位，但是旧金山的人口也在继续增长，从 1920 年的 506676 上升到 1930 年的 634394，而且地标性高楼大厦，例如马克霍普金斯酒店（Mark Hopkins Hotel）和拉斯大楼（Russ Building），重新塑造了 1920—1930 年这十年间的天际线。

自 20 世纪 30 年代的经济大萧条以来，政府机构已经为旧金山的发展作了重大贡献。复兴金融公司资助奥克兰-旧金山湾大桥的建设。公共事业振兴署和公共工程管理局负担恢复市政建设的费用，加州区域管理局创建了金门大桥。1939 年，旧金山借助世界博览会庆祝两座大桥的完工，举办这次博览会的费用部分由公共事业振兴署来支付。

第二次世界大战的需求使旧金山现有设施扩展成世界历史上最大的造船厂之一。军事基地、修船厂和相关设施吸引了数以千计的新居民来到这座城市。非洲裔美国人的人数从低于 1% 上升到大于 5%，为这座城市首次带来大量黑人。很多新来的黑人居民搬入到有空置房的菲尔莫尔区，房屋之所以空置是由于之前的居民——日本人和日裔美国人（男人、女人和儿童）——重新被安置到内陆带刺铁丝网的封闭式营地。

战时的移民使城市人口从 1940 年的 635000 上涨到 1950 年的 775000。人口在 1953 年达到最高值将近 785000，到了 1980 年下降到 679000，而随后又上涨到 2000 年的 776700。二战后，白人家庭搬到城市外部的种族同质的地区和新建的郊区居民点，住宅区的地点包括圣马特奥县以南，或者马林县、阿拉梅达县和康特拉科斯塔县以北和以东。20 世纪 60 年代中期之后，由于移民法放宽限制，旧金山吸引了亚洲和太平洋岛屿的移民以及中美洲人的到来。白人在总人口中比重从 1950 年的 89% 下降到 2000 年的 53%，与此同时，非洲裔美国人从 5% 上升到 9%，而亚洲人和太平洋岛民则从 4% 上升到 33%，西班牙裔和拉美裔则从 2% 上升到 14%。

20 世纪下半叶的经济全球化推动了区域和大都市的经济转型，这引起了旧金山经济的显著变化。特别是从 20 世纪 60 年代开始，工业、商业和贸易有关的工作消失了，与城市作为太平洋沿岸各州和太平洋航运的服务中心的相关工作取而代之。高学历的工作者迁移到城市中，在政府部门、教育行业、金融业、保险

业、房地产业和 20 世纪 90 年代繁荣时期的多媒体和互联网行业中寻找工作。中心商务区的高层办公大楼使下城地区变为一个迷你的曼哈顿。当 1989 年洛马普列塔地震（里氏 7.1 级）破坏了沿着堤岸的滨海高速公路时，旧金山将其拆除，并且海滨区域为实现自身的复兴，通过修建一座用于旧金山巨人队主场的湾区棒球场，为游客和参加会议者修建宾馆和餐馆，修建新的住房以及加州大学的研究设备。

在政治方面，自 20 世纪 50 年代以来，追求种族平等的激进主义分子和随后的环保主义者、女权主义者以及同性恋权利改革者加入到平民主义的经济激进分子中，将旧金山转变成这个国家最自由的城市之一。1978 年的"文化战争"证明是致命的，丹·怀特——一位不满的保守主义者——谋杀了市长乔治·莫斯科尼和哈维·米尔克——这个城市第一位同性恋主管。自这些谋杀案之后，激进主义者继续为所有的人权进行活动，而不顾种族、性别、性取向、年龄，或者残疾。从同居伴侣的利益到同性结婚，作为结果的政策创新已经为这座城市在国内和国际上带来了赞美，同样也有恶名。

延伸阅读书目：

● DeLeon，R. E. （1992）. *Left coast city：Progressive politics in San Francisco*，1975 - 1991. Lawrence：University Press ofKansas.

● Issel，W.，& Cherny，R. W. （1986）. *San Francisco 1865 - 1932：Politics，power，and urban development* （with an epilogue covering 1932 - 1986）. Berkeley：University of California Press.

● Lotchin，R. W. （1974）. *San Francisco 1846 - 1856：From hamletto city*. New York：Oxford University Press.

William Issel 文

宋晨译　陈恒校

卫星城

SATELLITE CITY

卫星城的含义难以确定。从 1915 年首次使用到近来规划者的创新，这一术语已通过众多的方式在使用。尽管对于卫星城是一个城市之外的独立政治管辖区域，这一点上存在一些共识，但关于它的其他特征则几乎没有什么共识。让这个问题更为复杂的是，这一术语并没有随着时间推移而得到一贯的应用。提及其他居住模式，最为显著的是田园城市、新城和工业郊区，已在其所在的地点被频繁地利用。这一问题也记录在美国城市问题专家刘易斯·芒福德与英国主要的规划倡导者弗雷德里克·奥斯本爵士的通信中。在写于 1945 年春天的信中，他们提出了卫星城市由什么构成的问题，是环绕中心城市的工业郊区？或者是建在远离中心城市的新城或田园城市？没有一个是确定的。

似乎可以肯定的是，这一术语在格雷厄姆·泰勒 1915 年出版的《卫星城市》（*Satellite Cities*）中首次使用。对于泰勒来说，卫星城市就是一个独立的管辖区域，位于城市的边缘。不考虑这个标签，泰勒的关注与郊区更有关联，与完全独立的卫星城相比，郊区从中心城市获得的公民自治和工业自主权有限。带着这个关注点，他勾勒出产生卫星城（或郊区）的力量，从 19 世纪 80 年代起，卫星城出现在快速增长的中西部城市的周围，例如芝加哥、圣路易斯和辛辛那提。他特别指出交通工具的革新使效率成为可能，在卫星区域所发现的各种优势，以及企业家和工人渴望逃离问题重重的中心城市。泰勒竭尽全力地争论道，迁移到卫星城市所提供的经济和社交机会正被浪费，原因是缺乏企业和政府的行动。

一些作家继续着泰勒关于卫星城的讨论，尽管方式不同。1925 年，哈伦·道格拉斯将卫星城定义为拥挤的郊区。在他看来，它们不是真正的郊区，因为它们缺少对于郊区生活必要的合理的低人口密度。尽管如此，道格拉斯认为，卫星城市能够展示其他的郊区特征，即使它们并不是真正的郊区。十年后，威廉·奥格本（William Ogburn）加深了这种困惑，他交替使用卫星城市和郊区这两个术语，认为它们是对中心城市进行简单扩展的专门区域。二战后其他研究也随之而来。例如，詹姆斯·凯尼恩构建出帕特森—帕塞伊克区，来作为纽约市运行轨迹中的一个工业地域。然而，凯尼恩与以前的学者相比，采取了一个不同的立场。帕特森—帕塞伊克区不仅仅是一个郊区，还在政治和地理上与中心城市保持分离，并有一个多样化的经济基础，一个依附性的劳动力群体和当地的市民机构。

凯尼恩对卫星城的使用更多吸收了 19 世纪后期和 20 世纪早期的欧洲规划传统，而对泰勒的理论吸收较少。按照这个观点，卫星城是有意识创立和设计的中心，旨在从中心城市吸引人口和就业。最初的想法取自于埃比尼泽·霍华德的田园城市（1898 年），一个独立的、规划的卫星城，包括工业和其他形式的工作岗位,全方位的社会和市民机构,以及多达 30000 的人口。该术语在这里的含义比泰勒一直以来所使用时的含义在描述上更为清晰,而且更为一致。对于美国的规划师和其他源自英国案例的灵感来说,卫星城就是所在都市特定的一部分。鉴于卫星城与中心城市更为分离,住宅郊区和工业郊区在不同程度上依赖于中心城市,尤其在工作、娱乐和专门化的商业和零售服务等方面。这种独立地位最重要的特征是政治上的独立、与大都市建成区的主体在空间上相分离,以及强烈的经济和社会上的自给自足。

田园城市作为卫星城的概念在 20 世纪 20 年代跨越了大西洋。两位重要的中间人参与到这些思想从大不列颠向美国的转移,他们是克拉伦斯·斯坦和托马斯·亚当斯。一战后在其游历欧洲的过程中,斯坦发现霍华德的新城(田园城市)和他的弟子雷蒙德·厄尔温。而回到纽约后,斯坦和亨利·赖特在美国区域规划协会的支持下,协作设计了森尼赛德花园(1924 年的纽约市皇后区)和雷德伯恩(1929 年新泽西)。尽管这两处从来不是真正的田园城市,却由于缺少工业和绿化带,成为许多尝试建立自给自足的卫星城市和重新评估城市—郊区关系的模范。同时,作为英国的规划师,托马斯·亚当斯在迁徙到北美前曾是田园城市协会的一名秘书,后来成为纽约区域调查的主管。纽约区域调查为了使纽约市免于中心城市衰落和不受控制的边缘投机行为,提议的主要策略之一便是工业、工人阶级的去中心化,并在大都市区边缘修建卫星城市。

与泰勒强调单体的卫星城(工业郊区)相反,两次大战之间的纽约规划师寻求将卫星城置于一个更为综合和更大的城市方案中。尽管存在分歧,但亚当斯、芒福德和斯坦认为,每一座卫星城仅仅是一个要素,对它的理解和规划需要放入一体化大都市区这个更宽泛的框架中来进行。他们构想中的卫星城在规模上要比郊区和城市大。近些年来,卫星城的概念已经对那些致力于美国城市的人失去了吸引力。新的标签,比如绿带城市、边缘城市和技术郊区,已经出现在学术文献、规划文献和政策文献中,来描述出现在城市边缘的发展。尽管如此,卫星城市的思想继续告知我们对规划和设计,以及在大都市区的边缘修建新的就业、住宅和市民集合点的理解。

延伸阅读书目:

- Douglass, H. (1925). *The suburban trend*. New York: Century.
- Kenyon, J. (1960). *Industrial localization and metropolitan growth: The Paterson-Passaic district*. Chicago: University of Chicago.
- Lewis, R. (1999). Running rings around the city: North American industrial suburbs, 1850 - 1950. In R. Harris & P. Larkham (Eds.), *Changing suburbs* (pp. 146 - 167). London: E & FN Spon.
- Meyers, A. (1996). Invisible cities: Lewis Mumford, Thomas Adams, and the invention of the regional city, 1923 - 1929. *Business and Economic History*, 27, 292 - 306.
- Ogburn, W. F. (1937). *Social characteristics of cities: A basis for new interpretations of the role of the city in American life*. Chicago: International City Managers' Association.
- Taylor, G. R. (1915). *Satellite cities: A study of industrial suburbs*. New York: D. Appleton.

Robert Lewis 文

宋晨译 陈恒校

西尔斯大厦
SEARS TOWER

西尔斯大厦高达 1450 英尺,共有 110 层,正好位于芝加哥卢普区(Chicago's Loop)的西侧,包括大约 4.56 百万平方英尺的办公空间和商业空间。西尔斯大厦在 1973 年建设完工,成为当时世界上最高的建筑,比近来完工的世贸双子塔高出 80 英尺。1996 年,随着马来西亚的吉隆坡建成了国油双峰塔(Petronas Towers),西尔斯大厦便失去了这一殊荣,国油双峰塔的装饰性尖顶要比西尔斯大厦的楼顶高。

最初的西尔斯大厦是作为 1906 年西尔斯·罗巴克所建的综合性建筑群中的一部分,位于芝加哥的布朗赞维尔社区,为了巩固这家公司的邮购业务。总部大楼水平地延伸了 4 个城市街区,拥有一座高 14 层的中央大厦。20 世纪 60 年代,随着它的业务分散到零售商店,而且布朗赞维尔是非洲裔美国人贫困的堡垒,这家公司决定搬迁。建设第二座西尔斯大厦的计划于 1971 年开始。

决定修建世界上最高的建筑,与西尔斯自称作为"世界上最大的商店"的地位相一致。斯基德莫尔、奥因斯与梅里尔建筑公司,遵循了现代主义者密斯·凡·德·罗的设计原则,设计了西尔斯大厦。九块捆绑在一起的垂直长方柱构成了这座大厦。强度较弱的管子高耸于49—89层之间，环绕和支撑着这两座最高的大厦；这一设计不仅给西尔斯大厦提供了锥形的外观，还提供了抵挡风力的支撑性。这座建筑的钢结构被黑色铝型材和玻璃所覆盖。1984年，入口经过了整修，将曲线引入了这座大厦其他有严重棱角的地方。

707 正如一场富有魅力的演讲，西尔斯大厦吸引了富有的租户，例如投资银行公司高盛集团。除了大约有10000人在那里上班工作之外，西尔斯大厦还吸引观光者到103层的观景台，提供观看芝加哥和附近州景观的平台。

到20世纪末，西尔斯大厦的吸引力是值得怀疑的。在20世纪90年代早期，伴随着芝加哥办公空间的过剩，西尔斯大厦也遭受了40%的空置率。尽管西尔斯的名字还保留在这座建筑上，但西尔斯·罗巴克不再拥有或占有它了。1992年，这家公司搬到霍夫曼地产的西北郊区；两年后，西尔斯出售了这座大厦。一家加拿大的公司于1997年购置了它，但在2003年把所有权转给抵押商大都会人寿保险公司（MetLife Inc.）；在2001年9月11日的恐怖袭击之后，美国最高建筑的价值被降低，对超级摩天大楼的可行性产生怀疑。尽管如此，大都会人寿保险公司仍然于2004年将西尔斯大厦出售给纽约的投资商，他们同样也持有世贸中心建筑的股份。新的所有者期望把西尔斯大厦主要的租赁者转换成小型租户，因为更大的公司，包括高盛集团，计划在租约期满后选择搬离。

亦可参阅：建筑（Architecture），伊利诺伊州芝加哥市（Chicago，Illinois），下城（Downtown），电梯（Elevators），摩天大楼（Skyscrapers）

延伸阅读书目：

- Pridmore, J. (2002). *Sears Tower：A building book from the Chicago Architecture Foundation*. Rohnert Park, CA：Pomegranate Communications.

Amanda I. Seligman 文
宋晨译　陈恒校

华盛顿州西雅图市
SEATTLE, WASHINGTON

华盛顿州的西雅图市把一系列令人眼花缭乱的原始意象带入到大众的想象中去——木材大亨和世界产业工人组织、木材滑送道和双子峰、默瑟女孩（Mercer Girls，19世纪60年代，由Asa Shinn Mercer发起的向太平洋西北部输入妇女的一个项目，旨在平衡当地的性别比例，译者注）和安妮号拖轮（Tugboat Annie）、吉米·亨德里克斯（Jimi Hendrix，著名的摇滚乐吉他演奏大师）和科特·柯本（Kurt Cobain，美国著名摇滚歌手）、波音工程师和微软神童、史密斯塔和太空针塔、世界贸易组织、雨城、喷气机之城、最宜居城市和翡翠之城。从西雅图向外看是阿拉斯加和太平洋沿岸；向内看，它则是一座对文明礼仪和过程着实着迷的地方；居民对崎岖的景色和城市的景观感同样引以为豪。这座城市与众不同的特征是由其自然环境和历史发展所塑造形成的。

西雅图市面朝普吉特海峡上的艾略特湾海滨划定了它的范围，城市为湖泊所分割，并被山峰所环绕；从下城的摩天大楼，一个人可以观望到三座国家公园和两片国家森林。西雅图公共绿地覆盖面积超过了5000英亩，而奥姆斯特德对于林荫大道和公园的优良规划则处于其核心位置。西雅图的城市景观可以迅速被辨认；它同样是美国设计最复杂的城市之一，通过修建连接华盛顿湖与艾略特湾的运河和船闸，改变丘陵的坡度和疏浚河道，填平低洼的潮坪，以及修建港岛，环境得到了重新塑造。西雅图是一座世界性——几乎是国际性——美国西海岸城市。作为最接近日本和中国的西海岸港口，西雅图是美国第五大货柜港口，将环太平洋地区与北美的高速公路和铁路线连接起来。

西雅图是华盛顿州最大的城市。它的下城和内城社区覆盖了艾略特湾与华盛顿湖之间84平方英里起伏连绵的土地。西雅图是郊区国王县（King County）的县治所在地，同时是蔓延式大都市社区的中心，该社区从埃弗雷特（Everett）向南延伸到塔科马港（Tacoma）和布雷默顿（Bremerton），向东延伸至喀斯喀特山脉（Cascade Mountains）。西雅图大都市的增长依赖于工作职位和交通：两条主要的南北向州际高速公路，经过这座城市与华盛顿湖以及华盛顿湖与瑟马米什之间的走廊地带。华盛顿湖本身是由两条东西向的高速公路架桥相连。

在1865年建制时，西雅图只有10平方英里。1883—1891年间，对有轨电车郊区的兼并使这座城市扩大到30平方英里。接着，1907—1910年间，西雅图增长了一倍有余，兼并了西雅图西部和巴拉德以西地区、劳雷尔赫斯特以东地区，以及雷尼尔山谷以南地区。二战后，西雅图的北部边界从东北第85号街转移到东北第145号街，合并了一个地区，然后随着《退役军人权利法》而出现的住宅郊区、小汽车的爆炸式增长,以及最前沿的北门购物中心的兴建。

美国的拓殖者于19世纪40年代开始抵达华盛顿领地,从哥伦比亚河持续向上推进。土著人口——杜瓦米许(Duwamish)和苏魁米什(Suquamish)部落的成员——居住在现在被称作西雅图的这块土地上。1848年,俄勒冈领地加入合众国,形成了现在俄勒冈、爱达荷和华盛顿三个州。美国的拓殖者于1851年抵达并发现了西雅图,为了纪念杜瓦米许部落的首领来对这个定居点进行命名。从一开始,西雅图就有意识地要建成一座工业城市、一座各大陆间十字路口的航运中心。

早在1853年,第一家以蒸汽为动力的、位于普吉特湾的锯木厂在西雅图开业,把森林中的林木加工成粗糙的木板,然后沿着西海岸,并跨越太平洋运送到各港口。西雅图在地图上是普吉湾上一座港口城市,而普吉特湾则是太平洋的地中海。作为这座城市受人尊敬的建立者,亚瑟·丹尼(Arthur Denny)曾写道,他期望到1866年,一条北部横跨大陆铁路在西海岸的终点将设在普吉特湾上——他当时打赌会是西雅图,而且最终证明他是对的。

当西雅图于1865年建制时,这座城镇只有大约350人,只是普吉特湾中六个类似的定居点之一。为了争夺成为北太平洋铁路在西海岸的终点站,华盛顿领地的沿海城镇相互间是死对头。当北太平洋铁路公司于1873年决定绕开西雅图时,这座城市似乎黯然失色。但西雅图重振精神,修建自己的铁路,将县里的煤田与艾略特湾的码头连接起来。

19世纪80年代,华盛顿领地缓慢地向州的地位发展,当地经济也迅速腾飞。随着蒸汽动力使伐木工作实现了机械化,华盛顿的伐木产量每年增长10%。从西雅图港口出口的木材成比例地增加,当地多元化的产业也开始涌现,为伐木场、煤矿、造船厂和锯木厂进行服务。西雅图经济的兴衰是以采掘资源的产业,将木材、煤炭和鱼运输到远地市场为基础的,这些产业吸引了年轻的、单身的、男性雇佣工人,特别是新移民。1880—1890年间,由于来自世界各地的新人到这里寻求这些产业的工作,西雅图的人口从3553人增长到42837人。

1870年,居住在国王县的华人有33名;1880年,这里有246名华人。华人劳工相比于白人劳工,工作时间更长、工资更低、从事的工作更为艰苦,加速了经济竞争,连带着种族不信任。1882年的《排华法案》暂停了移民,并禁止华人成为美国公民,禁止华人从事特定的行业。1886年,随着暴民将华人驱逐出他们的家和城镇,西雅图的紧张局势达到了爆发点。日本移民——起初大多是单身男人——顶替了华人在伐木业、磨坊和罐头食品厂的职位。1900年西雅图的日本人口达到了2990人。

非洲裔美国人几乎在西雅图建立之初便生活在此地——水手兼理发师曼纽尔·洛佩斯(Manuel Lopes)于1854年来到这个定居点。但是西雅图的黑人人口增长缓慢——在1890年的人口统计中只有286名非洲裔美国人,有律师、出版商、家仆、铁路搬运工和理发师。威廉·格罗斯(William Grose)在轮船码头拥有一家餐馆,他于1882年购置了12英亩土地,后来成为西雅图历史上著名的非洲裔美国人社区中心。

1889年6月,下城一座木工场里的一盆热熔胶引起发大火,仅仅几个小时内,西雅图64英亩的下城区域便化为灰烬。这座杂乱的、由木材和粗帆布构成的步行城市,不久便被数十幢新的四层和五层的砖石建筑所取代,在不同的地区通过有轨电车相连接。

1893年全美的经济崩溃给西雅图和华盛顿州带来了一段漫长的萧条期,而始于1897年的克朗代克淘金热,提供给西雅图一次推销自己的机会,作为北方采金区的门户,西雅图通过出售勘探装备、轮船票迎来一段美好时光。在这十年里,淘金热潮从加拿大传到阿拉斯加,西雅图持续着繁荣。到1910年,西雅图已经成长为一座大城市,其外围则发展成蔓延的有轨电车郊区。1900年,西雅图的城市人口达到80871人;到1910年,人口上升到237174人。到20世纪初,西雅图也面临着严峻的城市问题,包括公用事业的市政所有权问题、城市的市政工程项目和淘金热恶习的遗产。

西雅图1909年的博览会即阿拉斯加—育空—太平洋展览会(Alaska-Yukon-Pacific Exposition),向世界展示了西雅图,同时向西雅图打开这个世界。作为一座通往亚洲、阿拉斯加和加拿大的大型海运港口,西雅图以自己的工业和都市风格而自豪。在整个20世纪,不论热战还是冷战,西雅图都作为后方城市,持续蓬勃发展。一战期间,西雅图的造船厂日以继夜地生产,本地的波音公司获得了超过一百架飞机和飞艇的战时合同。然而战争结束后,合同也跟着终结,西雅图的数千名员工也相继失业。1919年2月6日至11日,爆发了西雅图的第一次大罢工,当时超过50000名工人离开他们的职位,加入到失业的船厂工人的队伍中。

西雅图在很多方面都是主张进步的城市。1926年,贝莎·兰德斯(Bertha K. Landes)是第一位美国主要城市的女市长。到1927年,西雅图拥有了自己的供水系统,还有城市灯光照明系统,这是美国最大的公用事业之一。西雅图和华盛顿州西部获得了左翼激进主义天堂的名声,有着战前为世界产业工人联盟(IWW)——世界产业工人组织和1919年大罢工的传统。

当美国进入大萧条时期,西雅图处在木材、煤炭、粮食和渔业等广大腹地的中心地带与资源型城市一样遭受重创。正如在许多其他城市,"胡佛村"式(该词是对赫伯特·胡佛总统讽刺性的称赞)的防水棚户在西雅图的浅滩纷纷出现。

华盛顿州《排外土地法》(1921年)禁止日本的第一代移民拥有或者租赁土地,1924年的《移民法》还禁止进一步移民。日本的第一代移民不允许成为美国公民,而他们的孩子却出生于美国,生来便是公民。二战期间,所有日裔的居民从太平洋沿海走廊被疏散至内陆的拘留营。将近7000名有着日本血统的美国人在西雅图地区被拘留。

在美国加入二战的两年之前,西雅图便开始了工业动员,为战事建造船只和飞机。随着男人走上战场,妇女和少数族裔开始在当地的工厂工作——到1944年,妇女构成了波音公司一半以上的职工人数。当地国防工业的动员鼓励了从全国范围内积极地招募黑人劳动者。1940年到1945年间,西雅图非洲裔美国人的平民人口增长了一倍多。波音公司建造了数千架B-17号和B-29号战机,依靠的便是一批新的、匆忙培训的劳动力。

华盛顿州有250000名居民符合获得《退伍军人权益法》福利的资格,因而战后的住宅郊区在西雅图以北和整个华盛顿湖东侧地区蔓延开来。到20世纪50年代中期,西雅图正享受着波音公司的繁荣,这家为发展民营经济而成立公司也加入到了军备和太空竞赛,建造军用飞机、导弹和航天器。1956年,西雅图50%的劳动力受雇于波音公司,许多人生活在新的退役军人住宅区内。大都市的繁荣也为市政改革提供动力,由此创立了一个联合的县和城市的权力机关。1958年的都市净水方案和1968年的向前推进(Forward Thrust)资本项目使西雅图和国王县发生了转变,创建了一座集合性的都市,留心于城市居民的生活品质。

1962年,在西雅图举办的"21世纪"世界博览会,这是西雅图世纪中叶繁荣十年(1958—1968)的核心阶段。此次博览会强调模仿21世纪的技术和城市即将迎来的国际化时代。将近一千名参观者穿过了博览会的十字转门。"21世纪"博览会庆祝了一次仓促的市民激进主义,为全世界的观众提供了科学、文化和绚丽浮华,回报给西雅图一个伟大城市中心的恒久遗产。

1968年,波音公司当时的业务正在猛增,这个航空公司在西雅图地区雇佣了超过100000人。然而,在数月的商讨后,美国参议院拒绝向波音公司的超声波运输机(Super Sonic Transport,SST)项目提供进一步研究的资金,波音公司商用喷气式飞机的销售在不景气的经济中也陷入停顿。在波音公司的破产事件中,这个航天航空工业的制造商在西雅图地区的工资名单于1971年降到最低的32500人,当地的失业率升到了17%。

失业的波音工程师、雄心勃勃的学者和聪明的年轻人点燃了20世纪80年代的高科技经济繁荣。1980年至1999年间,围绕着医疗设施、软件、视频游戏、互联网和生物科技的企业技术所形成的有前景的经济体在西雅图发展起来。当地的经济增长更为丰富、更加年轻,并且更加快速;似乎天空才是极限。但在2004年,西雅图的经济早已远远地离开"兴盛的90年代"。

开始于1999年的"互联网泡沫"削减了数千份高薪、高科技的工作。接着,面对订单的减少,波音公司解雇了普吉特湾地区的26000名从业人员,冲击了该地区传统的蓝领繁荣。2001年波音公司宣布,它将把总部迁移至芝加哥,这标志着一个时代的终结。

2004年,国王县只有39000份工作属于航天航空产业,当地的失业率仍维持在6.8%,西雅图大都市区正在应对30年里最严重的衰退期。

曾经是一座负责将煤炭和木材转移到铁路车和驳船的泥泞小海港,西雅图早已抛弃了它的工业根基。今日,西雅图是一座主要的世界城市,位于太平洋沿岸;一方面,它既温文尔雅又兼具世界主义,另一方面,它深深地依恋绿色的森林、高耸的山脉和蓝色的深海。这是一座国家化城市——西雅图拥有美国第二大的友好城市项目,这绝非偶然。这座城市现在面临着令人感兴趣的问题:陷入僵局的交通是否会造成西雅图都市区停滞不前?西雅图作为世界级城市的视野是否会破坏它的历史特征?西雅图都市区能够发展出一套有效的城市环境伦理来恢复奇努克鲑鱼繁衍?最重要的是,什么将会是下一个巨大的经济驱动力?

延伸阅读书目:
- Berner, R. (1993). *Seattle, 1920-1940*. Seattle, WA: Charles Press.
- Berner, R. (1999). *Seattle transformed: World War II to the Cold War*, 1940-1960. Seattle, WA: Charles Press.

- Gibson, T. (2004). *Securing the spectacular city：The politics of homelessness and revitalization in downtown Seattle*. Lanham, MD：Lexington Books.
- Morgan, M. (1982). *Skid road：An informal portrait of Seattle*. Seattle, WA：University of Washington Press.
- Sale, R. (1978). *Seattle：Past to present*. Seattle, WA：University of Washington Press.
- Schmid, C. F. (1944). *Social trends in Seattle*. Seattle, WA：University of Washington Press.

Lorraine McConaghy 文

宋晨译　陈恒校

第二波隔都区
SECOND GHETTO

在描述美国城市中非洲裔美国人社区的发展中出现了第二波隔都区的概念。最初的一波研究发表于20世纪60年代和70年代期间,描述了第一批这类种族隔离聚居区的出现,通过强调在一个"持久的隔都区"(Enduring Ghetto)中黑人城市生活的"悲剧同一性"(Tragic Sameness),从而开创了非裔美国人城市史的研究。

来自南方的乡村黑人大迁徙开始于19世纪后期,并在一战期间加速,此次大迁徙标示出了大量非洲裔美国人在北方工业区的出现,最为明显的便是出现在像纽约和芝加哥这样的大都市中。自由市场的力量和个人的选择引发了一种聚群的、种族化的居住模式,其中融入了邻里和种族认同,并为将来的发展提供了根基和框架。到20世纪20年代末,美国东北部和中西部的主要城市已为日益隔绝的黑人聚居区确立起相对稳固的边界,其中非裔美国人的公共机构也在增多和日渐成熟。大迁徙很快便放缓了增强的南部流动工人的涌入,结束了"隔都区"形成(1890—1933年)的最初阶段。

在阿诺德·赫希(Arnold R. Hirsch)1983年出版的《创建第二波隔都区:芝加哥的种族与住房,1940—1960》一书中,史学研究方法超越了20世纪30年代那个时期,打破了关于持久隔都区的概念。在构建一个对于那种早先静止概念的增长与发展的多元模式中,正是存在第二个隔都区的概念,提出了新的问题。最终,第二波隔都区不仅指代一段时期(1933年至1968年),同样指代一个地方和一个过程。尽管这种显而易见的连续性是由种族歧视的持续存在所造成的,但它传达了一种改变与应变的意识。

二战的到来激发了大迁徙运动的重新开始,产生了第二波洪水般的迁徙者,使之前一代的迁徙显得微不足道。迁徙者的绝对数量如此显著(1940—1970年间,北方城市吸收了450万南方的黑人移民),以至于他们不能被已有的定居点所容纳。不仅之前稳定的种族边界被跨越,而且在一些案例(正如在芝加哥的西区)中,新的黑人聚居区形成了。在其他案例中,小的聚居区开始发展合并;在另一些案例中,之前黑人大规模集中的地区继续存在大量白人,而现在这些地区随着后者的搬离正变得日益同质化,为新来者留出了填补的空间。在一个又一个事例中,美国大面积的城市景观变成了穷人和非白种人的地区范围——中心城市的人口发现自身通过阶级和肤色来划分的隔离日趋严重。

黑人占据了白人的住房和社区,非裔美国人也"侵占"了毗邻白人郊区或住宅区的空置地区,正如第一波隔都区,在第二波隔都区的形成过程中,这种转换依然是一个充满紧张气氛的进程。尽管白人的抵抗方式包括暴力和恐吓,但均被证明只是偶尔在中止或重新引导已在进行中的黑人迁徙起作用。然而,这些策略表明了白人无法调和的敌对态度,这限制了非裔美国人的选择和自由迁徙,这种极高比例的种族隔离一直持续到了世纪末。

占据了20世纪中期的30多年,第二波隔都区的时代将新政与伟大社会衔接起来。它的开始与结束正好由这个时代的政府项目来界定标示,第二波隔都区的独特之处不仅在于促成它的第二次大迁徙的时长和人口数量,还在于在它出现时公共政策所扮演的角色。公共补贴、公共权力和公共决策第一次通过策略性的安置和公共住房的租赁,以及重建项目,维持、加强甚至扩展了日益隔离的黑人社区,早期新政项目的运作是带有种族界限的,正如他们试着去改善物质条件,并增加可以用来为贫民居住的房屋供应,包括非白人。联邦住房管理局成立于1934年,在其抵押贷款保险项目中,它不仅许可而且坚持利用种族限制性条款来"保护"它在私人住房市场上的客户。由私营的房地产行业来进行大量的人员雇用和文化适应,美国联邦住房管理局成为种族隔离的支柱,鼓励和资助白人向郊区迁移,恰如二战后它只为大量白人中产阶级提供在其经济能力范围内的私人房屋。而与之相反的是,唯一为非裔美国人考虑的新住房是租金低廉的公共住房,

711

位于既有的、穷困的和几乎全是黑人内城街区。早期的公共住房项目，首先隶属公共工程管理局之下，然而又下属在美国住房管理局，运用了一条"社区组成规则"，禁止政府项目改变他们所在社区的社会构成。

对于那些非裔美国人来说，他们既不渴望也不寻求（没有资格）以收入评估为准的公共住房，这些公共住房是留给当地的"地产投机商"的，是他们加剧了白人的恐惧，并主导了把他们的既有住房"渗漏到"黑人手中。这个二元的住房市场——它的差价和可用于非白人居住的房屋长期短缺——发生了演变（二战后经济条件占优的情况下），从种族隔离的堡垒转化为变革的强大引擎。

令事情变得更为复杂的是政府担心战后经济的衰退，这个国家的城市中心出现了普遍衰落，以及民权运动的开始，而民权运动将会把种族平等方面的考虑放到中心位置。

杜鲁门和艾森豪威尔政府积极着手城市再开发（拆除贫民窟）和城市更新项目（翻修复兴）——在1949年和1954年的住房法案中，各自以一种清楚认识到大部分白人渴望排他性社区的方式解决了这些问题。联邦政府的资源和权力联合地方当局和地方愿景，扩大了几乎全是黑人的内城公共住房项目，这些项目的优先考虑很快变为一个，即为穷人提供新住宅，而穷人占有他们所渴求的重建区。联邦住房管理局和其他联邦支持的自由市场项目在建筑热潮中继续刺激着白人的郊区化，这一建筑热潮能够提供越来越多的住房，但只是在种族隔离的框架内。这种累积的效应便是没有关联的联邦政策充当了社会离心机的作用，将非白人固定在更老的城市中心，与此同时将新的白人、郊区社区抛向周边地区。

第二波隔都区的最初形成清晰和紧密地与住房政策连在一起，在助推种族隔离的过程中，住房政策被确立为政府的同谋。之后的改进工作，正如在将该模式运用到全国各地的城市过程，他们发现了实用的程序，在公共参与的最初概念上进行扩展。高速路和道路建设在促使已有人群离开家园方面发挥了明显的重要作用，在划分（或重新划分）社区边界方面也体现了其有用性，并在连接（或者不去连接）城市与郊区方面显示其能力，代表了最为重要的扩建部分。学校的区位和种族标示（在布朗诉教育委员会一案之前的时代，这些行为是合法的，即使在1954年它们被禁止后）同样发挥它们的作用，正如每个其他政府总部事实上所作的；种族的考量显而易见地干扰到路线和位置的选择，那些即将无家可归者的重新安置，乃至任何单个项目的

优先选项。这一时期几乎任何一个大型的公共建筑项目都适用于这样一个流程。就种族区划法明确实施的程度来说（它们反复地被通过，接着被判违宪，但南方的城市和州有时表现得好像它们在书本上仍是合法的），州的行为进一步侵占私人市场。的确，近来的研究描绘出政府在私人住房市场的构建中所给予的支持和所发挥的不可或缺的作用，这些研究几乎都忘记了那条界限将法律上的隔离与假定的事实上种族隔离区区别开来。到1970年，结果正如道格拉斯·梅西和南希·丹顿在1993年《美国的种族隔离制：隔离与下层社会的形成》一书中所描述的，在美国最大的几个城市里，非裔美国人隔离与孤立的比率极高。

根据一个强调渐进性变化和动态历史背景的范式，假定"第二波隔都区"的存在，至少暗示着"第三波隔都区"也存在。这样的推测可能属实，也可能不属实。当然，即使在约翰·肯尼迪总统1962年出台行政指令中，禁止在一些政府运营的开发区中存在种族歧视现象，且在1968年通过更为彻底的《公平住房法》，但种族隔离仍在持续。与此同时，对"隔都区"（在20世纪60和70年代简直无处不在）一词的特定使用，已经落入厌恶的状态。替代性的住房选择范围或许在扩大，使其也可供非裔美国人选择——尽管决不意味着一种完全"免费"的选项——但足以移除那种强制的和限制性居住因素，而这正是任何一个隔都区的本质特征。此外，社区的阶级结构和它在城市空间中的表现形式日趋复杂，可能使得隔都区的标签——被广泛地认为存有轻蔑的涵义——显得过时了。简言之，一系列历史上因情况而异的贫民窟仍没有定论，可以接受进一步的扩展；对于其消亡，它也可以提供足够弹性的空间。第二波隔都区仍根植于20世纪中期和一系列新的决议以及那时采取的行动，特别是在公共部门，将黑人在城市的出现与其被剥夺人权的过去和一个不确定的未来连接起来。

亦可参阅：街区房地产欺诈（Blockbusting），隔都区（Ghetto），公共住房（Public Housing），贫民窟（Slum），城市更新与复兴（Urban Renewal and Revitalization）

延伸阅读书目：

● Casey-Leininger, C. F. (1993). Making the second ghetto in Cincinnati: Avondale, 1935 - 1970. In H. L. Taylor Jr. (Ed.), *Race and the city: Work, community, and protest in Cincinnati, 1820 -1970* (pp. 22 - 57). Urbana:

University ofIllinois Press.

- Gilfoyle, T. J. (Ed.). (2003). Urban history, Arnold Hirsch, and the second ghetto thesis. *Journal of Urban History*, 29, 233 - 237.

- Hirsch, A. R. (1983). *Making the second ghetto: Race and housing in Chicago*, 1940 - 1960. New York: Cambridge University Press.

- Massey, D. S., & Denton, N. A. (1993). *American apartheid: Segregation and the making of the underclass*. Cambridge, MA: Harvard University Press.

- Mohl, R. A. (1995). Making the second ghetto in metropolitan Miami, 1940 - 1960. *Journal of Urban History*, 21, 394 - 427.

- Mohl, R. A. (1996) The second ghetto and the "infiltration theory" in urban real estate. In J. Manning Thomas and M. Ritzdorf (Eds.), *Urban Planning and the African American Community*. Thousand Oaks, CA: Sage.

- Sugrue, T. J. (1996). *The origins of the urban crisis: Race and inequality in postwar Detroit*. Princeton, NJ: Princeton University Press.

Arnold R. Hirsch 文

宋晨译 陈恒校

拉迪斯拉斯·塞戈
SEGOE, LADISLAS

从 1921 年一直到 1968 年,拉迪斯拉斯·塞戈(1894—1968)的职业生涯是与规划的演变同步进行的。塞戈通常在美国规划实践的发展和完善中发挥了作用,他参与到了所有层面和几乎所有领域的规划。他广泛而又成功的咨询工作、他的出版物和他的演说皆证明,塞戈是一个对独立、专业规划的孜孜不倦的提倡者。尽管出现了经济大萧条、二战和 20 世纪 50 年代的城市更新问题以及 60 年代的市民骚乱,他仍保持着成功的规划实践。正如戴维·埃德尔曼(David J. Edelman)和戴维·奥勒(David J. Allor)在 2003 年所提出的,那份成功应归功于他的个人魅力,他一贯地将规划视作一个包容性的过程,他的认真执行,以及他坚持规划者应该是有责任心、通情达理和诚实的专业人员。

对塞戈工作的审视揭示了美国规划实践及其机制化的缓慢出现,还有专业化及其内部发生的变化。匈牙利出生的塞戈于 20 世纪 20 年代开始其职业生涯,

当时他是一名以欧洲的建筑和土木工程为传统的实体规划师——埃德尔曼和奥勒写道——随着时间推移,他的视野日益广泛,发展出一套将规划视作整体的、综合的和以区域为基础的理念。他意识到城市和区域规划需要进行有效地整合,而且这种整合应当在许多层面上得以实现。

正如唐纳德·克鲁克伯格(Donald A. Krueckeberg)1994 年所提出的,美国的现代规划开始于美国历史上的进步主义时代——19 世纪的最后十年和 20 世纪的头二十年。尽管塞戈是一位有成就的和影响力的早期规划专业人士,提倡在规划过程中独立咨询的重要性,但是他的事业巅峰期到来得太晚,以至于他并没有为这一专业的起源作出特殊的贡献(如 19 世纪后期弗雷德里克·劳·奥姆斯特德在他的公园设计上所作的贡献),或者成为这一专业的拓荒者之一(如一些美国最早的规划师,例如丹尼尔·伯纳姆和爱德华·贝内特 1909 年的芝加哥计划,约翰·诺伦和查尔斯·埃利奥特都是在奥姆斯特德之后从景观建筑的传统中脱颖而出的)。对塞戈职业生涯的审视,集中在他的专业实践上,而不是正式学术意义上对规划理论的扩充,增强了我们对规划专业发展的理解,而且可以部分地作为被称为早期规划实践者经验为本的遗产的典范。

塞戈与他的导师、朋友和支持者——辛辛那提的律师阿尔弗雷德·贝特曼一道,集合了大量以深刻的方式影响到规划专业的思想。根据 1980 年劳伦斯·格肯斯(Larence Gerkens)的文章,贝特曼相信规划可以作为社会改革的一种手段,他在俄亥俄州的活动确保了 1915 年在州层级对城市规划的授权性立法,导致了全州范围内官方的城市规划委员会的成立,以及之后在全国范围内。贝特曼于 1925 年到 1945 年间在辛辛那提委员会任职,当该委员会聘用第一个全职规划师时,中选的人是塞戈。贝特曼、塞戈和约翰·布兰福德(后来成为田纳西河流域管理局的负责人)在辛辛那提创建了一种官方的资本改良预算的思想,这使得通过发行资本改良债券更为容易,成为长期综合性规划的一种特征。而这一特征成为了塞戈从那时起要完成的规划中的一部分。辛辛那提 1925 年的规划是在塞戈的指导下进行的,并以第一项为美国一个主要城市的规划委员会所官方接受的综合性规划而闻名,1948 年对这项规划的修订也是在他的指导下进行的,与第一项"大都市"总体规划同等重要。

延伸阅读书目:

- Edelman, D. J., & Allor, D. J. (2003, February).

Ladislas Segoe and the emergence of the professional planning consultant. *Journal of Planning History*, 2 (1), 1.

- Gerkens, L. C. (1980, November). Glancing back. *Planning Magazine*, 46, 10.
- Krueckeberg, D. A. (1994). *The American planner: Biographies and recollections* (2nd ed.). New Brunswick, NJ: Center forUrban Policy Research.

David J. Edelman 文

宋晨译　陈恒校

社区改良运动
SETTLEMENT HOUSE MOVEMENT

　　除了提供各种服务来满足少数族裔、工人阶级和低收入社区的需求,社区改良运动在进步主义时代处在许多城市改革的中心,而且持续在城市改革和提供以社区为基础的社会服务中发挥作用。其最初也是最根本特征是,一些富裕的人群会搬入有社区改良会所的社区,成为那些寻求帮助对象的"邻里",与此同时对贫困和城市问题的起因获得更多深刻的见解。其他人群——通常是受过大学教育的人们——作为志愿者,贡献出他们的时间来教授课程和领导社团。就这一点而言,社区改良会所为城市中不同的社会阶层提供了一个会面的场地。

　　斯坦顿·科伊特——伦理修养运动的一位牧师——参观了世界上第一家社区改良会所——位于伦敦的汤因比厅,接着在美国建立了第一家社区改良会所——邻里互助会,不久便于1886年重新命名为大学改良会所。它位于纽约市的下东区,虽然是一个以其东欧的犹太移民而闻名的族裔社区,但其中拥挤着来自各个国家的新近迁入者。三年后,简·亚当斯在芝加哥的一个穷困的少数族裔社区创办了赫尔会所。其他的社会改良会所也接踵而来,包括莉莲·沃尔德的亨利街社区改良会所,同样位于纽约的下东区。如同沃尔德和亚当斯,大部分社区改良运动的领袖、工作人员和志愿者都是单身女性。社区改良会所的居民生活在大学宿舍式的住处和大型的公共餐厅,挑战了传统的家庭生活;但是少数社区改良会所的领袖,像芝加哥普善堂(Chicago Commons)的格雷厄姆·泰勒,确实是在社区改良会所将他们的孩子抚养长大。当时美国进入了一段大量移民涌入的时期,大部分移民都前往城

市贫民窟或环绕着社区改良会所的工人阶级社区。因而,许多社区改良会所发现对于美国化项目(英语课程和公民身份的课程)的大量需求,而这些项目正是他们鼓励公立学校采纳的。像在克利夫兰和芝加哥这样的城市,他们还是开放监护性运动场地的先行者,然后说服当地政府为城市公园系统增加靠税金支持的游戏场地。而"示范工程"正是他们追求城市改革的一种方式。

　　一些改革者同样把社区改良会所作为他们运营的基地,或者作为接入到能为他们的活动获得广泛支持的网络中的一种方式。这些人中就包括为了争取更好工作条件的社会改革活动家,佛洛伦斯·凯利于19世纪90年代中期在伊利诺伊州担任数年的工厂督察员,把赫尔会所作为她的基地。之后她前往纽约领导全国消费者联盟,在那里她与亨利街社区改良会所建立了密切的联系。为了推动他们所主张的社会问题得到解决,同样为了促进他们自身之间的互动,社区改良会所于1911年成立了全国社区改良会所联盟。

　　随着进入美国的移民数量急剧下降和社会保守主义的增长,社区改良会所在一战后经历了声誉的下滑,但他们展示了其在继续服务贫困社区和提倡更好社会福利项目的多功能性。当新政时期到来,社区改良会所的第二代领袖推动了之前由其引发的福利革命的成型。海伦·霍尔作为瓦尔德在亨利街社区改良会所的继任者和全国社区改良会所联盟的负责人,在推动起草1935年社会保障法的咨询委员会任职。对国民健康保险被排除在外感到失望,她代表这个项目向哈里·杜鲁门政府提供证词。在推动针对低收入人群的联邦资助住房项目上,霍尔也加入到其他社区改良会所的工作人员和住房提倡者中。这意味着支持公共工程管理局的住房项目——1937年的《瓦格纳-斯特高尔低租住房法》,和二战后的公共住房和城市更新项目。在某些地方,社区改良会所的工作人员还与住房官员和政客进行协商,来改善他们社区的住房。

　　期间,社区改良会所附近的居住区也在发生变化。第二波主要的非洲裔美国人的迁徙浪潮开始于1940年前后,直到20世纪60年代中期逐渐减弱。之前少数族裔的居民区,有时在几年内便成为了非洲裔美国人的社区。城市更新和高速公路的修建也破坏了许多社区改良会所附近的社区。考虑到许多社区改良会所建筑的破损状态,一些社区改良会所决定在新公共住房项目的社区空间中重新安置他们的项目。其他人决定随他们的族裔邻里搬离到新的场所。许多社区改良会所在为他们新的邻里开发项目的过程中,再次展示

了他们的多功能性。由于1965年在移民法上作出的主要修订,亚裔、墨西哥裔和其他讲西班牙语的移民开始以较过去更为庞大的数量涌入到城市中。像非裔美国人,他们也经常定居在靠近社区改良会所的原先族裔所生活的社区中。

社区改良会所此次凭借一种新方式和一类新员工进行适应调整。随着社会工作的专业化,拥有一位获得社会工作硕士学位的指导者显得较为重要。居住在社区改良会所变得不再重要,实际上,居住型社区改良会所几乎完全消失了。有家庭的男士取代了单身女性成为了会所领袖的主要类型。同样,这些新会所的主管中许多人都是非洲裔美国人或拉美裔美国人。1979年,社区改良运动正式把全国组织的名称更改为美国联合邻里中心,这成为转变的象征。尽管仍是非营利性组织,但他们越发积极地与政府机构订立合同,以满足项目预算。许多最初的社区改良会所今天仍在运转,但不是所有的会所都选择强调过去的职责。

亦可参阅:简·亚当斯(Addams, Jane),赫尔会所(Hull-House),莉莲·沃尔德(Wald, Lillian D.)

延伸阅读书目:

● Davis, A. F. (1967). *Spearheads for reform: The social settlements and the Progressive movement*, 1890 - 1914. New York: Oxford University Press.

● Fabricant, M., & Fisher, R. (2002). *Settlement houses undersiege: The struggle to sustain community organizations in New York City*. New York: Columbia University Press.

● Trolander, J. A. (1975). *Settlement houses and the Great Depression*. Detroit, MI: Wayne State University Press.

● Trolander, J. A. (1987). *Professionalism and social change: From the settlement house movement to neighborhood centers*, 1986 to the present. New York: Columbia University Press.

Judith Ann Trolander 文

宋晨译 陈恒校

污水和卫生系统
SEWAGE AND SANITATION SYSTEMS

污水是一种多变的液体,构成的物质有一些或所有以下的来源:人类粪便、工业废料、家居生活排出的废物——例如餐具和衣服的清洗、路面径流污染物,垃圾和雨水。污水的生物构成在正常情况下发生分解;而非生物构成并没有发生分解。当污水产生的数量超过该流域及其地下水位可以承载废水负荷的容量,处理污水的必要性就上升了。一般说来,这种情况发生于依赖地下水或非流动地表水的人口超过500人,并将其污水处理到同一个供应水的地下水面,或者发生于依赖流动水源(例如一个湖泊或一条河流)的人口超过5000人,并将其污水处理到同一个水源供应处。

污水处理不仅包括把污水从普通的区域移走,还包括将固体从液体中进行实际的分离,并为这两种物质提供消毒处理。这种处理可被归类为初级的、中级的或第三级的,取决于污水产生的数量和类型,以及污水被净化的程度。初级的处理包括移除漂浮的和悬浮的固态物体,通常是通过沉淀池或过滤器;中级的处理包括加工程序的使用,例如菌致分解使固态物体在生物层面上没有威胁;第三级处理使用先进的净化设备来移除杂质,以达到污水可适于进行饮用水的处理程度。

简单地把污水从居住区域移除的系统自古代便为人们熟知,出现在克里特文明和迈锡尼文明的城市,同样也出现在古代罗马文明中。这些系统没有尝试处理污水,且只有用于饮用的水源位于排污出口有相当距离的时候才有效。随着中世纪和工业城市的发展,对足以修建这种水源的资金和技术在当时常常还不具备,导致了处理污水的必要性。中世纪的城市安排了污水池清洁工来定期清理和移除垃圾,他们能够把部分腐烂的物质出售给农民用作肥料。在这种情况下,污水池充当了一个原始的沉淀池,尽管它们通常没有为了纯净的供水而被进行有意地设置。早期的殖民地定居点使用厕所,当时这种厕所应当是定期进行清理的;纽约市的规章条例具体说明了建设和运作它们的细节,尽管这些规定似乎只在对公共卫生构成非常明显的威胁时才会强制执行。

大规模工业生产过程的发展和它们随后在城市中的位置,导致了一场更为严格的污水处理运动。古代和中世纪城市制定了相较于水源供应和普通老百姓不堪忍受的手艺和贸易——例如制革术和屠夫肉商——的空间布局条例,然而,工业城市扩展得过快和过于赢利,城市官员不得不花费大量时间或精力管理来自工厂及其员工的垃圾。那些存在下水道的地方——通常是明沟——被设计用来运送固态物体,凭借重力流动的雨水把包括家庭和街道垃圾在内的固态物传送到最近的排水沟。恰逢缺少降水的时节,纽约雇用清洁工来清理水沟,把垃圾传送到排水沟,城市居住区之外的垃圾场,以及邻近的农场。而工业垃圾则使这个系统不堪重负,不论是产生垃圾的数量还是类型。

屠宰场和制革厂的垃圾被认为属于最令人不适的污水构成物,它们大块地覆盖地下通道和排水明沟,产生的极端气味和虫灾对庄稼的破坏而造成缓慢衰败迹象。来自其他工厂的垃圾,例如钢铁厂,不久也产生了疾病,尽管这些垃圾在数量上较少,但它们具有毒性或腐蚀性,会给那些接触到它们的人们造成伤害(即使它们在污水的冲刷下得到稀释);它们似乎会更进一步地对它们最终散布的水域中或陆地上的生命产生有害影响。城市官员要求令人厌恶的厂商切断与城市下水道的连接;结果是迷宫般的私有下水道把工业废料倾倒入距离最近的可利用的排水沟。从这个时候起,许多城市开始出于居住、商业和工业的目的利用管道输送水,而输水管道与倾倒垃圾的管道是一体的,因而水传疾病开始盛行。大量伤害病例的发作出现在城市中,遍及全美的城市化地区;当时一般的解决方案是通过杀菌和粗略地过滤来处理供水系统,而不是处理污水,前者的处理过程更为廉价,并且技术也更易于利用。

包含实际的垃圾处理过程的污水处理大体开始于20世纪40年代。甚至在加氯消毒和过滤装置确保了干净的饮用水后,肠道疾病周期性爆发以及对排水沟中未处理污水从审美上的抱怨,激励城市官员考虑修建污水处理厂。考虑到污水处理的本质令人生厌,这需要非居住区上的大量滨水地产。战后随着城市的扩展,郊区产生的垃圾使已有的下水道容量不堪重负,需要进行干预。大部分还没有某种形式的污水处理厂的城市,在20世纪50年代期间进行了修建。

1972年通过的《净水法》以及1977年对其进行的补充,提供了规章准则和联邦资助来保持全国的水道,以致于它们可能支持"保护和繁殖水中和水上的鱼类、贝类水生动物和野生动植物以及娱乐活动"。最初的法案要求所有市政污水处理厂到1977年1月1日安装中级系统,到1989年3月31日安装第三级系统;这些要求之后被放弃了。到2003年,大部分人口超过50000的城市要么拥有自己的设施,要么有权使用区域性的设施。2002年,美国环境保护署宣布下一个十年他们的关注是非点源污染,包括来自雨水渠和农业和居住性化学污染的城市径流,而不是来自城市工业中点源污染。

大部分拥有污水处理厂的城市要求产生化学污染的工业采取措施防止其进入下水道;在大多数系统中,监测系统在适当的位置来确保免受污染侵袭。城市的污水处理设施大体上能移除污水中85%的工业垃圾;而产生的固态物体越来越没有病菌,并且循环利用为农业肥料。在污水处理的过程中,沼气层被收集起来,并被用作处理设施的燃料源,减少了处理过程中的空气污染。尽管只有少数城市投资了第三级的处理系统,而且近来媒体关注到在暴雨期间污水溢出到当地的水道中,但城市污水处理的结果总体上非常积极,减少了来自城市居民、商业和工业90%以上的水污染。许多在20世纪60年代忽视水道的城市目前在欢庆,并将其作为资产来打广告。

延伸阅读书目:

- Chocat, B., Fujita S., Marsalek, J., Rauch, W., & Ellis, J. B. (2004). *Urban drainage: A multilingual glossary*. London: IWA.
- Dolin, E. J. (2004). *Political waters: The long, dirty, contentious, incredibly expensive but eventually triumphant history of Boston Harbor—A unique environmental success story*. Amherst: University of Massachusetts Press.
- Goodman, J. A. (1997). *Building New York's sewers: Developing mechanisms of urban management*. West Lafayette, IN: Purdue University Press.
- Guy, S., Marvin, S., & Moss, T. (2001). *Urban infrastructure intransition: Networks, buildings, places*. London: Earthscan.
- Tarr, J., & Dupuy, G. (Eds.). (1988). *Technology and the rise of the networked city in Europe and America*. Philadelphia: Temple University Press.

Kate Mollan 文

宋晨译 陈恒校

硅谷
SILICON VALLEY

硅谷是加利福尼亚州圣克拉拉谷的昵称,向北距离旧金山有一小时车程,是高科技企业和人才的代名词。许多开创性的公司——惠普、英特尔、苹果电脑、甲骨文、思科系统公司、太阳微系统公司——都在这里设立总部。由于20世纪晚期互联网经济繁荣的破裂,这一区域的地方经济在21世纪初期遭受打击。但衰退不应当掩盖战后硅谷中释放的科技和企业的能量所带来的绝对繁荣,创造性不仅集中于赋予圣克拉拉谷昵称的半导体组件上，还集中在个人电脑、软件和互联网。即便如此，必须指出的是繁荣的巨大引擎所带来的实惠并没有公平地进行分配。的确，在一个目睹了管理机制日趋弱化和全球化对国内外弱势劳工造成不利影响的时代，不平等现象已经日益增多。

在20世纪的前半叶，硅谷是世界上首要的水果种植和加工的区域之一，其间有几十座罐头食品厂和数万英亩的水果园。圣何塞作为圣克拉拉县的县政府所在地，是一座中等城市，其商业利益几乎完全与水果结合在一起。

除了包括圣何塞、圣克拉拉、森尼维尔、山景城和帕洛阿尔托，以及众多的果园和罐头食品厂之外，这座山谷还以斯坦福大学的所在地而获益。从19世纪后期成立之初，这所大学已经证明对科学和技术人才具有巨大吸引力。此外，整个湾区获得了技术能力的提早发展，归功于由淘金热带来的对专门技能的需求。

就在一战爆发前的那些年里，一个关键时刻到来了——李·德福雷斯特在他的帕洛阿尔托实验室发明了真空管。一战期间，德福雷斯特所工作的公司——联邦电报公司——为美国海军创立了第一个有效的世界范围的无线电通信系统。在两次战争之间的若干年里，湾区重要的进展包括菲洛·法恩斯沃思在旧金山致力于电视显像管的发展，以及1938年两名斯坦福大学的毕业生在帕洛阿尔托成立的惠普公司。

经济大萧条对依靠水果业的山谷冲击强烈，很多当地领导渴望经济多元化，这将使该地区摆脱对水果种植和加工的依赖。最有影响力的领导之一是斯坦福大学的工程教授弗雷德里克·特曼。除了认识到大萧条的影响，他还希望他的学生能够留在这个地区，这需要有电子公司在斯坦福大学附近成立。威廉·休伊特和戴维·帕卡德是特曼的学生，特曼给予他们多种支持，这种支持同样也延伸到其他崭露头角的企业家。特曼的帮助与不同类型的合作协力发挥作用，而公司很享受与大学开展的合作。

转变的步伐在二战后开始加快。1948年，斯坦福的毕业生拉塞尔·瓦里安和他的兄弟西格德成立了瓦里安联合公司，这家高科技公司于1951年成为斯坦福工业园的第一家居住者。国际商业机器公司（IBM）也在圣何塞建立了一家卡片制造工厂。作为谷中多年最大的雇主，洛克希德飞机公司有一份超过25000名的工资名册，在20世纪50年代中期将它的导弹和航天部门坐落于森尼维尔。同样在这一时期，威廉·肖克利来到硅谷，晶体管的商业发展开始兴起，晶体管是一

个控制电子流的小型开关，比电子管更为有效。肖克利从贝尔实验室回到他在帕洛阿尔托的家乡，成立了自己的公司，但他未能在这个新兴行业里长期保持地位。他的八位顶尖人物不久便离职去创办仙童公司，而它的子公司将创立硅谷。这个昵称是由记者唐·赫夫勒于1971年授予的，来源于晶体管基本上都产自硅，而硅又是电的半导体这一事实。

仙童公司最重要的子公司是英特尔，成立于1968年。1971年英特尔的员工开发出一个初步的微处理器，一个包括了存储容量的四芯片装置。这个微处理器是个人电脑产生的基础，它对于硅谷的高科技产业从依赖军品市场转变为依赖消费性电子产品也有基础性作用。几年后的1977年，史蒂夫·乔布斯和史蒂夫·沃兹尼亚克成立了苹果电脑公司，并在五年内将这家公司上升为财富500强的企业——也是美国商业史中最快上升到这个位置的企业。在这个节骨眼上，硅谷中传奇的车库创业家——惠普和苹果——和巨大的财富开始运作。引人注目的是1959年到1976年间45家在美国成立的半导体公司中，有40家就坐落于圣克拉拉谷。

在随后的几十年中，甚至在网络泡沫破裂前，硅谷也经历了起起伏伏。例如在20世纪80年代，来自日本的强力竞争迫使硅谷的半导体公司从联邦政府寻求帮助，以新的贸易政策形式和通过半导体制造技术联盟（Sematech）的名义为行业性组织进行补贴。竞争同样促使该行业对防止工会进入员工队伍越发保持警惕。到目前为止，硅谷的高科技公司总是能够恢复，不仅是因为人才的集中，还因为巨额的风险资本已被积聚起来和调配开来。

凑巧的是，硅谷的高科技公司爆发式的增长紧随着1965年《移民法》的通过。经济发展加上宜人的气候为来自亚洲和墨西哥的新移民提供了强大的吸引力，数以万计的移民到此地涌来。一些数据可以表明移民对该区域的影响：圣何塞国外出生的人口比例从1970年7.6%上升到2000年的36.8%。一些新移民到来时便接受过良好的教育，并且成为硅谷掌握熟练技能劳动力的重要组成部分。不计其数的其他劳动力成为数以千计的非工会的产业工人中一部分，这部分劳动力不成比例地由女性移民构成。其中一部分工人甚至未赚取最低工资，当时在1999年，思科系统公司的约翰·钱伯斯在薪水和优先认股权上赚取了1.21亿美元。

1950—2000年间，圣何塞由于过多的兼并在地域上扩充了十倍，人口从大约9.5万增长到将近100万。

尽管规模上不及圣何塞巨大,其他自治市也发生了地域扩充。硅谷中的每一座城市都经历了就业上巨大增长与住宅存量平稳上升的不匹配所带来的压力。结果便出现了整个硅谷地区房价的飙升。发展同时也带来了环境恶化现象。当然也有积极的作用,最为显著的是一些城市中下城的复兴,这些下城过去由于受到来自郊区购物中心的竞争而走向衰败。正如2004年,县里有上百家,或许上千家高科技公司都坐落于工业园中,这些工业园或多或少地创立于那里当斯坦福工业园于1951年产生时。曾经果树枝繁叶茂的山谷,现在变为高科技公司经营其业务的场所。

延伸阅读书目:

- Findlay, J. M. (1992). *Magic lands: Western cityscapes and American culture after* 1940. Berkeley: University of California Press.
- Lowen, R. S. (1997). *Creating the Cold War university: The transformation of Stanford*. Berkeley: University of California Press.
- Matthews, G. (2003). *Silicon Valley, women, and the Californiadream: Gender, class and opportunity in the twentieth century*. Stanford, CA: Stanford University Press.
- Saxenian, A. (1994). *Regional advantage: Culture and competition in Silicon Valley and Route* 128. Cambridge, MA: Harvard University Press.

Glenna Matthews 文

宋晨译 陈恒校

厄普顿·辛克莱
SINCLAIR, UPTON

厄普顿·辛克莱(1878—1968)在他辉煌的生涯中,是一名作家、诗人、政治活动家和政治候选人。辛克莱最为著名的或许是他关于肉类加工业的调查报告《屠场》(*The Jungle*),这本小说出版时他年仅26岁。揭发黑幕的工作引起了对穷人工作条件的关注,并且激发了政治行动。辛克莱一生中写了超过90本书,以及不计其数的文章和论文。1934年,怀着解决加利福尼亚州在大萧条时期问题的希望,他成为竞选加州州长的民主党候选人。辛克莱的《龙齿》(*Dragon's Teeth*)一书获得了1943年的普利策奖。

厄普顿·辛克莱1878年9月20日出生于马里兰州的巴尔的摩市。早年他跟随家庭搬到了纽约市,并与亲人一起度过了他的整个少年时代。辛克莱1897年毕业于纽约市立学院,在全职从事写作前,他曾在哥伦比亚学院辅修课程。

尽管辛克莱的第一部小说《春天与收获》(*The Springtime and Harvest*, 1900年)没有取得商业上的成功,但这位作者仍然在他努力通往成功的道路上保持警惕。辛克莱在信仰上转变为社会主义和他对社会正义的责任,为他1906年的作品《屠场》提供了背景,这本书成为他最为持久的作品。作者花了七周时间与芝加哥牲畜饲养场的员工一同工作和出行,来为小说做调研。《屠场》一书的本意是要揭发牲畜饲养场的工作条件,然而那些阅读此书的读者则把它理解为对肉类加工腐烂变质的详细描述。这本书导致1906年《纯净食品和药品法》的通过,西奥多·罗斯福认为这是补救肉类生产和加工糟糕本质的第一步。

在《屠场》取得成功后,辛克莱便积极地投身到政治领域。当大萧条时期面临的经济难题激励辛克莱于1934年参选加利福尼亚州的州长时,他注册为一位民主党人,并制定了一份结束加州贫困的施政纲领。这份施政纲领应许通过向荒地征税和建立工业和农业的合作性组织,来创造就业机会和改善全国经济。结束加州贫困的运动和辛克莱在竞选期间所使用的豪言壮语成为全国新闻。尽管民主党在1934年的中期选举中取得的声望与成功,辛克莱却未能赢得州长的选举。

随着辛克莱在1934年的失利,他重回到写作中,并适应了稳定的出版事业。《龙齿》为辛克莱获得了1943年的普利策奖,是他的兰尼·巴德系列的一部分,这个系列追溯了兰尼·巴德这个人物的生平,贯穿于20世纪美国重大的历史事件——从第一次世界大战到经济大萧条这段时期。辛克莱从事写作直到90岁高龄,他于1968年11月25日去世,可谓著作等身。

亦可参阅:扒粪者(Muckrakers),公共卫生(Public Health)

延伸阅读书目:

- DeGrave, K. (Ed.). (2003). *The jungle: The uncensored original edition*. Tuscon, AZ: See Sharp Press.
- Harris, L. (1975). *Upton Sinclair: American rebel*. New York: Cromwell.
- Mitchell, G. (1992). *The campaign of the century: Upton Sinclair's race for governor and the birth of*

719

media politics. New York：Random House.

Nicholas Katers 文
宋晨译　陈恒校

城市中的单身女性
SINGLE WOMEN IN THE CITY

城市中单身女性的历史是由对比鲜明的经验来定义的——机遇与坎坷、自由与管制、主动与牺牲、道德向上与道德败坏、快乐与危险。城市中单身女性的解读同样也以异常与正常之间的张力为特征。和过去的人们一样，学者们将这些女性描述为古怪的"未婚女人"或者新的人口现象，表明与主导的家族关系和经济关系之间的决裂。多年来，近代欧洲和美国的历史学家强调城市的单身女性是 19 世纪的产物。学者们既不会质疑婚姻是前工业时代欧洲的规范，也不会认真地思考最终结婚的妇女在她们人生中重要的阶段过着单身的生活。然而，最近的研究把单身女性的历史延伸到至少近代早期阶段，揭示出这个时代三分之一的英国城市女性处于单身状态。到 17 世纪末，54.5％的伦敦妇女是单身，正如埃米·弗罗迪 2005 年所记述的。

简单地说，独立生活的经济需求和机遇吸引单身女性来到城市中心。在近代早期的英格兰，城市单身妇女充当仆人，从事家务劳动，或在家庭手工作坊和家庭商店中帮忙。虽然工资不高，但仆人获取了房间、膳食和衣物，允许一个单身女性将她的工资存作嫁妆或用于未来的支撑。与此同时，年龄更大的单身女性和那些拥有更高社会地位的女性从事贸易，开设像是制作女性长袍、女性帽子或手套的商店。上层社会的女性也可以担任教师和家庭教师。

这些相同的模式也可以在美国城市史的初期阶段发现，单身妇女找到有报酬的工作职位，这些工作是传统适合女性的家务工作的延伸。根据乔安妮·迈耶罗维茨的记述，直到 1870 年，60％以上的非农业女性工作者都是仆人。美国城市中的单身白人妇女也充当女裁缝师、制作女帽者、纺织者、公寓的看守人、小店经营者和教师。当自由的非裔美国女性被排除在这些工作之外时，她们找到了洗衣女工的职业，除了这项高温和艰苦的工作外，她们几乎别无选择。

到 19 世纪，工业城市的兴起产生了对女性劳动者的需求，并给予单身的城市女性日渐增多的文化可见

性。在新英格兰地区，1820—1860 年间，单身妇女离开家庭农场，成群地涌入到需求工资劳工的新纺织厂中，来支撑她们自己或留下的家庭。在像马萨诸塞州洛厄尔这样的地方，纺织厂主赞美"洋基农场女孩"的美德和职业伦理，她们在返回乡村前曾在纺织厂工作过一段时间。当她们在那里工作时，单身女孩居住在公司运营的公寓内，而且受益于城市生活中的教育和文化。但是这一理想证明代价太大，而且单身女孩过于独立；纺织厂主不久便使用移民劳工的家人替代了她们——但并不在"纺织厂女孩"成名和洛厄尔的实验成为欧洲参观者的目的地之前。

根据迈耶罗维茨的记述，1880—1930 年间的美国，女性劳动力从 260 万人上升到 1080 万人，而在 1900 年，城市中五位有工资收入的妇女，其中有一位居住在她们的家庭或雇主住房以外的地方。这些妇女通常被称为"漂泊中的女性"，从乡村地区或海外来寻求经济机遇，为逃离不幸福的家庭或实现她们的雄心壮志。她们被认为是易受伤害的，同时又被认为是险恶的。一方面，她们常常穷困，因为工资不足而加倍工作，面临工作中的性骚扰，很难找到安全而又体面的住房。另一方面，生活于传统的家庭之外，她们挑战了维多利亚时代对真正女性气质的概念。生活在家庭监管之外，年轻的单身女性寻求城市舞厅、剧院、五分娱乐场和游乐园的快乐和浪漫。在这里她们帮助塑造了异性社交的年轻文化，融入了商业和性追求。许多女性负担不起一夜外出的开销，准许男人来"请客"，通常提供性恩惠来作为回报。

道德败坏的性行为是城市单身女性历史上的一个反复出现的主题。埃米·弗罗迪指出，单身女性一词在中世纪就等同于妓女。像妓女一样，单身女性单独生活，并自我维持生计。甚至寻求工厂或商店中合法工作的女性，有时男性老板期望她们用性交易来获得或保持她们的工作。而且在许多情况下，卖淫是一个单身妇女可以找到的最经济有利的工作——她可以在城市市场中出售的最有价值的家庭服务。然而，这种女性愿意从事卖淫工作的思想表明，单身女性象征了一类需要被治愈和遏制的道德上的污秽。因而，卖淫行为再次凸显了城市中单身女性的脆弱性，同时也使得单身女性被视为威胁到更大城市社区的道德沦丧的来源。

一些都市人将单身女性视为一个问题，而其他一些人则将她们视为一种解决问题的方法。更确切地说，19 世纪末 20 世纪初，受过教育的中产阶级单身女性将自己视为拥有解决城市问题和满足其他单身女性需求

的独一无二的能力。这些女性改革者为妇女在城市中开创空间，组建社区改良会所以及赞助寄宿公寓、流动人员的旅馆和公共浴室。她们帮助单身妇女找到受人尊敬的职业，通过开办职业学校以及在运动场、社区中心和职业妇女俱乐部提供可供选择的商业休闲活动。

构成城市单身女性早期历史的矛盾持续了整个20世纪及以后的时期。通常庆祝作为女性解放和独立的标志——新潮女郎，成功的职业少女，《欲望都市》里的主角——单身妇女作为无力的"福利女王"或性关系混杂的年轻人继续充当美国城市失序的一个标识和隐喻。工业化的传播已在全球范围内培育了类似的趋势。例如在泰国、菲律宾和中国，单身女性迁移到城市中心，她们在工厂、性行业中找到工作，或者专门从事家务工作。这些年轻妇女通常描述为帮助支持她们家庭的"好女儿"，比乡村里与她们身份相似的人经历了更多的独立性，而且还遭遇了新型的剥削。

亦可参阅：城市中的妇女（Women in Cities），妇女促进城市改进组织和志愿者协会（Women's Civic Improvement Organizations and Voluntary Associations）

延伸阅读书目：

- Dublin, T. (1979). *Women at work*: *The transformation of work and community in Lowell*, *Massachusetts*, *1826 - 1860*. New York: Columbia University Press.
- Froide, A. M. (2005). *Never married*: *Single women in early modern England*. Oxford, UK: Oxford University Press.
- Meyerowitz, J. J. (1991). *Women adrift*: *Independent wage earners in Chicago*, *1880 - 1930*. Chicago: University of Chicago Press.
- Spain, D. (2001). *How women saved the city*. Minneapolis: University of Minnesota Press.
- Williams, L. (1998). *Wives, mistresses and matriarchs*: *Asianwomen today*. Lanham, MD: Rowman & Littlefield.

Amy G. Richter 文

宋晨译　陈恒校

独立式住宅
SINGLE-FAMILY DETACHED HOUSE

独立式住宅比苹果派更为美国化——这几乎是每个人一直都想得到的。这是一个标准：除了在最大的大都市区之外，这是大多数美国人占有的居住类型；无论哪里，这是大多数美国人渴望获得的。它的流行反映了经济繁荣，并且形成了一个产业；从旁观角度看，它谈及了个人主义；它的布局体现了性别的角色；它变化的建筑风格展现了时代潮流；它的形态表明了城市特别是郊区的景观特征，塑造了美国人及其家庭的日常体验。

美国人已经为城市生活发展出三种模式：高层的集体住宅，群集地点上的低层多单元结构住宅和独立式住宅。后者是大部分美国人一直想要拥有的，将其视作成就和社会地位的标志。在19世纪后期，对于中产阶级的家庭来说，居住在而不是拥有一套独立式住宅是可以接受的。然而，自20世纪20年代起，只有拥有这样一套住宅才会被视为令人完全满意。

比其他居住形式更为清楚的是，独立式住宅表达了美国人的成功和个人主义。只有成功人士才能够负担得起这类住宅，对于大多数城市居民来说，生活在这种结构的住宅中成本太高。这类住宅的修建、维护、供暖和冷却成本要比联排别墅和多单元住宅更高。每个单元都要求更多的土地；在自来水、下水道、供电、铺设道路和人行道方面需要花费更多，而这些又长期被美国人视作城市生活的必需；独立式住宅使低密度的开发成为必要的环节，通勤的距离则加长，从而降低了公共交通的经济性。对于小汽车的相互依赖，使得这类住宅所附带的生活方式似乎越来越不可持续。

大型的和永久可见的独立式住宅是财富变化最重要的体现。从简陋的小屋或可移式住宅到大型宅邸，以及它们之间每个微小的层级变化，都不可避免地显示了社会阶级。它们的风格同样也表现了住户对阶级的态度。例如，暴发户的二层住宅拥有立柱门廊，而自信富人的住宅则藏于篱笆和墙之后，具有小巧不显眼的风格，两者之间形成了鲜明反差。

在美国，独立式住宅表现出个人主义与核心家庭的身份认同。特别是当户主居住时，独立式住宅能使居住者形成他们的生活和庭院空间来适应他们变换的需求（例如，通过进行扩建）和他们的个人品位（通过室外装饰和园艺）。在极端情况下，它们已是房产主必然的产物，直到20世纪50年代在城市地区都很普遍。这种文化实践获得了建筑供应商的商业基础设施发展的支持，建筑供应商一面出售建筑材料和工具，同时向家庭杂务男工和女工提供建议。自1945年起，由时代周刊推广开来的"自己动手做"一词，已经变成桩大生意。

独立式住宅的流行创建和维持了一个颇具特色的建筑行业。轻捷框构及其变体,比如平台式构筑是一项 19 世纪美国的发明,适用于一到两层的结构建筑。到今日,美国的建筑行业是由小型承包商来主导(在加拿大和澳大利亚也同样如此,在那里独立式住宅也是标准)。小型建筑商可以在单个的独立式住宅建设中进行竞争(和革新),特别是当他们利用分包商的专门技能和专用设备。由于小建筑商缺乏资金,供应商和出借方开发出信贷协议来支持它们。独立式住宅已是一个独特的经济格局网络的产品和推动器。

独立式住宅与核心家庭之间的关联向来牢固,具体表现为郊区对于抚养小孩和家庭价值观的刻板化的强调,而反对城市的世界主义,而且这种关联被常常赋予一种保守的特质。与此同时,它还暗指一个私人的核心家庭结构,为流动性创造条件。独立式住宅能够提供更多隐私:家庭中的声音不会被邻居听到。窗户遮盖物会抑制邻居的监视,或——通常从 19 世纪后期开始——房屋的设计是前后相对的,几乎没有或完全没有侧窗。住宅中空间的装饰、设计和利用同样包含了变换的性别角色。厨房是住宅中仆人或妇女主要工作场所,过去位于房屋的最后方。在 20 世纪早期,煤气炉或电炉,以及后来的冰箱减少了污垢和异味。到世纪中期,敞开式的室内空间布局将其他家庭成员带入到厨房中,起初只是观察女性劳动,随着性别角色的模糊,其他家庭成员也参与到饭菜的准备过程中。

独立式住宅同样也表现它们所处的时代,既有同辈人的也有子孙后代的。自 19 世纪中期开始,住房建筑的风格持续地发生着演变。每一种风尚都与特定的含义相关联:19 世纪中期哥特式建筑的复兴是不同的浪漫和道德寓意;兼收并蓄的安妮女王风格(1870—1900)流露出一种限制的放宽;20 世纪早期,越小和越简单的建筑表达了对家庭效率一种新的担忧;平房式风格(20 世纪 10 年代到 20 年代)使人们更加亲近自然;现代主义(20 世纪 30 年代到 50 年代)反映了对技术的一种乐观信念;自 20 世纪 70 年代起,具有历史意义风格和折衷主义风格的复兴可以说显示了一种对获得安慰的需要;而永恒的主题是,"殖民地时期的风格"代表着爱国主义。由于住宅具有耐用性,这些价值也就延续下来。具有历史意义的住宅景观为关于美国人在过去是如何生活的提供线索。这些线索必须用心去解读。意义发生着改变:例如在今天,哥特式建筑似乎更为古雅,而不是有道德寓意。更大、更好设计的和更好建造的建筑物更有可能延续下去,或者被有意地保存下来,给我们对过去留下一种带有偏见的印象。即使如此,独门独户的住宅所留下的遗产是对美国的过去和特性的雄辩的证言。

亦可参阅:公寓建筑(Apartment Buildings),建筑(Architecture),建筑业(Building Industry),历史遗迹保护(Historic Preservation),私人拥有住房(Homeownership)

延伸阅读书目:

- Gowans, A. (1986). *The comfortable house: North American suburban architecture*, 1890 – 1930. Cambridge, MA: MIT Press.
- Hayden, D. (2002). *Redesigning the American dream: The future of housing, work, and family life* (2nd ed.). New York: Norton.
- Lewis, P. F. (1979). Axioms for reading the landscape. In D. W. Meinig (Ed.), *The interpretation of ordinary landscapes: Geographical essays* (pp. 11 – 32). New York: Oxford University Press.
- McAlester, V. (1984). *A field guide to American houses*. New York: Alfred A. Knopf.
- Wright, G. (1983). *Building the dream: A social history of housing in America*. Cambridge, MA: MIT Press.

Richard Harris 文

宋晨译　陈恒校

贫困单身汉社区
SKID ROW

贫困单身汉社区指的是一片主要由穷人、单身汉、成年男子组成,而不是家庭居住的城市地区。它同样也与酗酒相关联,特别是在 20 世纪 50 年代,尽管一些研究开始质疑那一类的分析。

最初的贫困单身汉社区位于西雅图;这一术语指代的是一条由亨利·耶斯勒所拥有的街道,他是一名当地的木材商。耶斯勒利用这条旁道把原木运送到位于底部的工厂,这个词组最初指的是"木材滑送道"(Skid Road)。

这条大道上排列成行的所有生意都是迎合一个男性顾客群体——伐木工人,他们在森林中度过了相当多的时间,并且返回到城市中心。这些商店包括旅馆、饭店、书店、酒馆和妓院。然而,到20世纪初,这样的社区已经出现在每个主要城市中,包括芝加哥的主街(Main Stem)、纽约的鲍威利街、旧金山的第三街(Third Street)、波士顿的斯科雷广场(Scollay Square)、洛杉矶的主街(Main Street)和巴尔的摩的普拉特大街(Pratt Street)。

这类开发起源于一个变动的经济结构。工业化造就了一批流动的劳动力群体,包括掌握熟练技能的、半熟练技能的和不熟练的劳工,工作在外的男性征服边疆,并修建城市。关于芝加哥贫困单身汉社区居民的最好研究发现,其中21%为熟练工人,11%为部分熟练的工人,有11%的人为文职工作进行培训,还有6%的人是专业人才。他们称自己为"流浪汉"(Hoboes)。

这些人按照季节性的日程安排生活,从春天一直工作到秋天,储存积蓄,然后到冬天静静地待在某个城市中心。当时芝加哥拥有最大的这类社区——根据估算,主街的人口达到了上百万——这个事实表明他们选择了一个提供社区和支持服务的地方,而不是南方和西南方城市中提供的温暖和便利。

此外,贫困单身汉社区吸引了其他群体。流浪汉是那些受漫游癖控制的个体,他们喜爱旅行,但对稳定的工作不感兴趣。他们也需要过冬的地方,因此被这些地区所吸引。另外,这里有许多无法继续旅行的流浪汉和无家可归者,以及需要廉价住宿的穷困个人,这些人都转向到贫困单身汉社区的设施。

贫困单身汉社区为这一独特客户群体提供了大量服务,包括便宜的饭馆和廉价的住房。而后者以单间旅馆(Single Room Occupancy Hotels,SROs)的形式,成为贫困单身汉社区生活的标志之一。

起初,单间旅馆以各种不同的形式出现。这个级别中最高的是工人旅馆,居住着熟练工人,甚至中老年和中产阶级男性。这些房间尽管小,但是整洁,并为这些个体提供了一个合理的居住条件。

更为常见的是笼子旅馆。在这些旅馆中,业主占有大型开放空间,沿着这段长度范围放置长条木板或波纹铁板,然后再将其分隔成小房间,通常是宽6英尺长9英尺。由于这些墙通常没有接触到地面或天花板,这一开放空间便用铁丝网封闭起来,因此便有笼子旅馆的名称。

在这之下的便是宿舍,巨大的开阔空间填满了床位;还有廉价旅馆,在这里人们用几美分的价格购买在地板上睡一晚的权利。

到20世纪20年代,贫困单身汉社区开始萎缩,部分是由于住房改革者们的努力,但主要还是因为人口

的变化。作为这个社区的核心人群,流浪汉当时已经濒临消亡,他们的服务不再为经济发展所需要,这类经济不再拓展,只需极少的这类工人。此外,贫困单身汉社区一直集中在铁路沿线,而小汽车的引入则减少了这些中心,并创建了新形式的流动居住点,它们更为分散化。这些人口同样开始变老;到1930年,鲍威利街十分之一的居民在60岁以上,有28%的人口在50岁以上。

在20世纪50年代,大量的学术研究使贫困单身汉社区再次引起全国的注意。这些调查研究都关注于酗酒(研究这一问题的机构对这项研究进行了许多资助)。尽管事实上,大多数报告发现了酒精滥用,同时这里的情况比其他任何一个社区都更多,但是这些研究只描绘出了贫困单身汉社区中一小部分居民的特征,而这一小部分的特征却成为公众心目中对这一地区的定义。

然而,更为重要的特征和那种将这些个体与他们的前一代联系起来的便是贫困。这个时代最好的人口学研究于1958年在芝加哥进行,发现贫困单身汉社区中73%的男人曾经都是工人,47%的人目前正被雇用,还有26%的人正在找工作。然而85%的人一年的收入少于2500美元,还有47%的人正领取退休金,某些人的每月收入甚至低至80美元。

对酗酒的强调却开启了努力摧毁贫困单身汉社区的大门。尽管私营承包商从20年代便致力于把该社区转换用作中产阶级社区,但1949年《住房法》及其城市更新项目的通过,成为了拆除贫困单身汉社区的主要工具。通过利用联邦资金,各个城市拆除了大部分的住房和服务,这些服务曾使贫困社区成为一个对于穷困单身汉的生活来说能够存活的地方:芝加哥主街上剩余的单间居住单元从1960年的4529个下降到1980年的672个,损失了85%。鲍威利社区从1949年的14000名居民下降至1964年的不到8000名居民。在20世纪80年代,城市更新伴随着绅士化,绅士化是一个中上阶层的居民对旧城区重新改造的过程,会导致更多设施的丧失和大部分贫困单身汉社区的终结。

到20世纪80年代,人口趋势已经改变了剩下的贫困单身汉社区。黑人和拉美裔的人口越来越多。吸毒和精神疾病已取代了酗酒成为与这些居民最常关联的疾病,尽管研究再一次显示这些只影响到当地人口中的一小部分。对无家可归这个日益严峻问题的担忧促使城市重新考虑它们解决廉价住房的方法;许多官方机构开始意识到对低廉居住单元的需求,以及那些为迎合单身汉需求的设施。一些地方试图保存已有的

建筑,通常以扩充资金的方式来改善条件。圣迭戈甚至走得更远,在数十年间设计并修建了第一种新形式的廉价单身住房。

延伸阅读书目:

- Anderson, N. (1923). *The hobo*. Chicago: University of Chicago Press.
- Bogue, D. (1963). *Skid row*. Chicago: Community and Family Study Center, University of Chicago.
- Groth, P. (1994). *Living downtown*. Berkeley: University of California Press.
- Hoch, C., & Slayton, R. (1989). *New homeless and old*. Philadelphia: Temple University Press.
- Kusmer, K. (2002). *Down and out, on the road*. New York: Oxford University Press.
- Solenberger, A. (1911). *One thousand homeless men*. New York: Charities Publication Committee.

724

Robert A. Slayton 文

宋晨译 陈恒校

摩天大楼
SKYSCRAPERS

19 世纪美国的城市变得更为紧密。为了高效地接近顾客、同行和交通设施,商业组织想要更加靠近其他组织,这导致了中心城区地价的显著增长。随着昂贵的土地而来的,是对经济上有利可图的、高层建筑的需求。高层建筑的修建是通过利用在铁路业和航运业上开发出来的技术来进行的,经过修改和完善来提供一层又一层的办公空间。早期摩天大楼修建者所面对的挑战,包括防火装置、抗风支撑、供暖、通风设备、照明设备、管道系统和垂直通道。建筑师关心的是高层建筑的艺术处理,与土木和机械工程师合作完成对高楼的设计。城市土地利用和天际线的变化是摩天大楼发展的结果。

发明和定义摩天大楼

现在仍然很难去确定"第一座"摩天大楼,这个词在 1891 年就普遍用于形容高层建筑。到 19 世纪 80年代,许多明尼阿波利斯、芝加哥和纽约市的创新者已同时完善了金属框架、防火装置和相关的技术。就我们的目的而言,一座摩天大楼就是一座高度比宽度长的建筑,有一个金属或钢筋的结构框架,能够支撑所有或者大部分墙体和地板的重量,能够经受住风力和其他自然力量的冲击。摩天大楼的兴起是为了满足大型商业组织各种不同的需求,这些需求包括办公室、仓库、公寓和旅馆。

财政和法律考虑

摩天大楼作为一种建筑类型,直接与组织增长和经济投机有关联。在竞争激烈的城市市场中,房地产投资商为了发财而迅速修建起高层建筑。各个企业的经理组建辛迪加(垄断模式——译者注)、出售证券,并获得抵押贷款来资助它们的总部。为企业办公室提供场地的摩天大楼常常有审美装饰来区分不同的公司,这些建筑同样是投机性的,其中的空间为了营利而出租给其他公司。这样的情况便出现在纽约市的伍尔沃斯大厦,这座大厦高达 792 英尺,作为世界上最高的建筑长达 17 年;它不仅为伍尔沃斯公司的零售企业提供场地,还为许多小型公司提供高品质的办公空间。随着需求和品位的改变,当高层建筑的财务收益减少时,它们被常规性地拆除和替代。因而几十年来,城市的天际线和街道进行了重新配置。

高层建筑产生了拥堵,投射了过长的阴影,摩天大楼中间透过狭窄山谷般的街道形成了风道,以及遮蔽了其他建筑物的光线和空气。关于规范高层建筑的修建、高度和位置的市政立法的通过,部分是为了改善这些问题。1893 年,芝加哥通过了一项法令,规定建筑的高度不得超过 130 英尺。纽约市直到二战后才有了更高的建筑。

1916 年纽约市的区划法意义重大,因为它从三个维度规范了商业建筑:建筑的容量和高度必须适用于一个区划的基本框架。这个框架是由一个从街道中心向上拔出的角度决定的。按照那个角度将建筑往回调整导致了退台型轮廓(Setback Silhouette)在 20 世纪20 年代到 50 年代的设计中十分常见。纽约市的法律允许一座建筑在该地点的四分之一范围内建到未限制的高度,创立阶梯式的街区和大楼的解决方案。1923年芝加哥的一项区划法同样把大楼限制在一个地点的一小部分中。其他区划法通过限制土地利用,这通常导致了摩天大楼在商业区内的集群。

技术考虑

轻捷框架式建筑以零碎的样式成熟起来,但金属框架的基本技术到 19 世纪 50 年代已经形成。防火的金属框架到 1880 年也得到改进,使其能够承受风力的冲击。幕墙是只能支撑起自身重量的单层墙体,因为建筑的金属构架承载更多的重量,幕墙对建筑物增加的高度至关重要。一个笼子般结实的建筑能使低层的墙体与顶层的墙体一样薄,因此使一直往上的租金空间最大化。

城市是摩天大楼的实验室。以明尼阿波利斯为根基的建筑师勒罗伊·巴芬顿拥有革命性的观念,利用钢铁来承载砌石墙,并于 1883 年获得了他计划的专利权。轻捷框架式建筑的另一位先驱是纽约的建筑师和工程师乔治·波斯特。1884 年,他在纽约所设计的期后交易所是个由生铁和熟铁构成的框架,这个框架能支撑起内院墙体上的预制砖板。1885 年,工程师威廉·勒巴伦·詹尼通过利用与巴芬顿类似的技术,在芝加哥部分地完成了他所设计的钢结构家庭保险公司建筑。在每一个事例中,设计者们都学会了如何利用更薄的墙体、更大的窗户和更多的楼层,而钢铁结构使这些成为了可能。

若没有安全而有效的电梯、通风设备、管道设施和供暖设备,也就没有适合居住的高层建筑,并且这些地区的开发或多或少地是与金属框架的发展同步进行的。1879 年,电灯投入使用,但是自然光在接下来的 60 年里仍旧是至关重要的;因此,高层建筑通常是浅薄的楼板,而其中带有的天窗能使室内光线最大化。到 20 世纪 20 年代,摩天大厦上的室外照明又为夜空增添了戏剧性和吸引力。

对高层建筑之后的两次重新概念化产生了超高层的建筑结构,它们的密度和多重功能使其内部成为垂直的城市。迈伦·戈德史密斯(Myron Goldsmith)和法兹拉·卡恩(Fazlur Khan)都工作于 SOM 建筑设计事务所(Skidmore, Owings and Merrill, SOM),他们创立了套筒式结构方案,把电梯和其他设备放置在核心的位置或管道旁,利用外层管道作为建筑的支撑和表层。这种设计考虑到前所未有的高层建筑中无立柱的内部结构空间。其中一例便是 SOM 建筑设计事务所在芝加哥设计的布伦兹维克建筑(1962—1966),该建筑是钢筋混凝土建筑,高达 475 英尺。卡恩和他的同事将这些管道捆绑在一起,正如在芝加哥高达 1450 英尺的西尔斯大厦(SOM;1968—1974 年)所运用的,以便每个管道能帮助互相支撑。这些管道中不同的高度产生了审美兴趣。对更高的建筑在昂贵土地上实现效益的需求和大企业对开放的内部空间的渴望,这两种因素共同使其有能力精确地计算建筑要求和以新方法使用像玻璃、钢铁和混凝土这些传统的材料。

审美考虑

1896 年,建筑师和理论家路易斯·沙利文催促他的同事突出摩天大楼的高度。沙利文的三分法方案,从他于 1891 年在圣路易斯所设计的温赖特大厦中能够体现,这一方案确立了一个广泛使用的准则,即把一个高层正面幕墙组织成为商店的基座,一个充满办公隔间的高耸垂直通道,和一个给建筑加盖的柱顶,通常带有掩盖一层机械设备的装饰。芝加哥的窗户,是一面巨大固定的中央窗格,两侧设有可以打开的狭窄边窗,赋予了许多 19 世纪后期的芝加哥建筑一种独特的外观。打破常规趋势的费城储蓄基金社大厦(Philadelphia Saving Fund Society, PSFS;1929—1932 年)背离了在纽约和芝加哥所使用的方法。费城储蓄基金社大厦的设计者们,乔治·豪(George Howe)和威廉·莱斯卡兹(William Lescaze)引入了一种正式的解决方案,能够清晰地划分这座大厦的功能:底层是抛光大理石的银行营业场所;一座深色的、位置不对称的大厦固定设置了上层的办公场所;和一个最高处的标志也包含了机械设备,并作为一面广告牌。

纽约的洛克菲勒中心(1931—1940)由雷蒙德·胡德及其同事一起设计,是摩天大楼的城中之城。由于拥有完整的三个街区可供开发,建筑师们在区划规范内有着相当大的余地。不同高度和功能的建筑——包括屋顶花园、剧院和办公室——被安排成宽阔的散步场所和公共的开放空间。

二战后,摩天大楼坚实的拐角处和垂直线,比如在由里奇蒙·施里夫、威廉·兰姆和亚萨·哈蒙设计的帝国大厦(1931 年)上看到的那些,常常为建筑内的薄钢构件和玻璃所替代,像在纽约市由密斯范德罗和菲利普·约翰逊设计的西格拉姆大厦。带有玻璃屏窗的楼角办公室提供多方向观察城市的视野。西格拉姆大厦是从一个低平台上建起的,产生了一个广场,精心规划后开发了这条大道。之后的大厦,比如在明尼阿波利斯由菲利普·约翰逊和约翰·伯吉以及爱德华·贝克设计的 IDS 中心大厦(1972 年),通过玻璃手风琴般的折叠来增加角落。IDS 中心大厦同样还是一个所谓的社会摩天大楼的早期范例,其中它提供了一个出于公共使用需要的多层的室内中庭,通过人行天桥连接到附近的建筑。

对于建筑工人来说,修建高层建筑是有危险的,有时对于居用者来说也是一样。由人群和车辆产生的拥堵在由摩天大楼主导的地域仍旧是一个持续的挑战。然而对天际线的热心支持,继续推动美国的许多城市为了修建高楼而进行竞争。

延伸阅读书目：

- Ábalos, I., & Herreros, J. (2003). *Tower and office: From modernist theory to contemporary practice.* Cambridge, MA: MIT Press.

- Landau, S. B., & Condit, C. W. (1996). *Rise of the New York skyscraper, 1865-1913.* New Haven, CT: Yale University Press.

- Moudry, R. (Ed.). (2005). *The American skyscraper: Culturalhistories.* New York: Cambridge University Press.

- Willis, C. (1995). *Form follows finance: Skyscrapers and skylines in New York and Chicago.* New York: Princeton Architectural Press.

Sharon Irish 文

宋晨译　陈恒校

城市中的奴隶制
SLAVERY IN CITIES

殖民地时期美国的奴隶制开始于17世纪早期，第一批非洲奴隶于1619年被运送到弗吉尼亚的詹姆斯敦。到18世纪中期，英属北美地区的被奴役的非洲人口达到了接近25万，他们中的大多数都处在南部殖民地。尽管奴隶制在公众想象中通常是与南部的农业种植园联系在一起，但在北方和南方的城市中同样有相当多的奴隶人口。大部分的奴隶城市坐落在跨大西洋奴隶贸易的港口区域。城市中的奴隶人口主要从非洲通过西印度群岛运送到北美的城市中。

在北方，大量的城市奴隶人口都被安置在港口城市。1626年，非洲奴隶最早由荷兰西印度公司运送到纽约市（直到1664年被英国兼并前，作为荷兰殖民地称作新阿姆斯特丹）。荷兰人主要在农业中和为了新尼德兰殖民地的基础设施建设而使用奴隶。1660—1664年间，大约400名奴隶被运送到新阿姆斯特丹。仅仅一个世纪之后，纽约拥有的奴隶就比新泽西、宾夕法尼亚和罗得岛三地加起来的还要多，使其成为北方最大的奴隶殖民地。纽约殖民地总共有19062名非洲奴隶，其中最集中的地区位于纽约市及其周边。到1790年，纽约市大约75%的奴隶主占有不止一个奴隶，而处于上流社会的家庭往往会有五个或以上的奴隶。

波士顿和费城同样是北方奴隶人数较为显著的城市。如同在纽约，到18世纪中期，奴隶贸易使得这些城市中心的奴隶人口持续增长。在整个新英格兰殖民地，城市奴隶人口上一直到美国革命都经历着增长。在宾夕法尼亚殖民地，大约一半的奴隶被安置在费城，估计在1751年有6000名奴隶。在诸如费城、纽约和波士顿之类的城市，奴隶贸易是一种常见的做法。奴隶的拍卖行为是公共事件，大部分发生在当地奴隶代理的经营场所或者公共的市场中心。在纽约，奴隶在以下这样的地点出售：飞市（Fly Market）、商人咖啡屋和代理人的公开拍卖屋（Proctor's Vendue House）。在波士顿和费城，奴隶同其他商品一同出售，例如在一些类似的场所售卖朗姆酒、糖和咖啡。

在北方城市中，男性非洲奴隶通常比女性奴隶更受欢迎，因为非洲妇女常被认为生育过快。事实上，在北方的奴隶主看来，不生育的女性更有价值。到1755年，由于奴隶主对非洲男性的需求比非洲女性更大，因而，在整个北方的奴隶城市中出现了显著的性别鸿沟。1765年纽约市的人口统计记录有7500名男性奴隶和少于6000名的女性奴隶。北方的城市奴隶通常比南方的乡村奴隶被给予更多的自由。随着工业经济的发展，北方城市中的许多奴隶被允许外出受雇于其他雇主，在他们与主人订立的协议之下，来获取他们所赚钱中的一定比例。这一协议给予了城市中的奴隶部分的独立性，同时使奴隶主从他的投资中获得额外的利润。此外，外出受雇的过程允许城市中的奴隶从他们的雇主那里学习到贸易。大多数女性奴隶从事家庭佣人的劳动，而城市中的男性奴隶则充当了铁匠、马车夫、厨师、木匠、鞋匠、裁缝、笔工、磨坊工和织布工。北方各州工业发展的兴起，为非洲奴隶提供了在制造业工作的机会，例如铁贸易、纺织品贸易和海上贸易。而白人劳工则像城市中的奴隶一样为许多同样的工作岗位进行竞争，他们强烈地反对为奴隶提供这种工作机会。

在内战之前，南方也有许多奴隶城市。主要的南方奴隶城市有新奥尔良、莫比尔、萨凡纳、查尔斯顿、里士满、巴尔的摩、路易斯维尔和圣路易斯。这些城市要么是港口城市，要么位于一条主要河流的附近。在南北战争前的大部分时期内，查尔斯顿是南方城市中拥有奴隶人口最多的城市，尽管新奥尔良在1840年略微赶超，但大量的奴隶是为从事制造业的商业公司所拥有。

在北方，男性奴隶的人数与女性奴隶不成比例，然而南方在19世纪早期却经历了相反的困境。到1820年，在南方城市女性奴隶的人数要比男性奴隶多。这种状况的发生主要是由于许多奴隶主将他们的年轻男性奴隶出售给农业种植园的奴隶主。南方城市中奴隶同样也从他们的主人那里获得许可而外出受雇。南方城市中的非洲女性奴隶主要从事家庭佣人的工作。另一方面，一些男性奴隶在港口从事货物搬运工、建筑工人和街道施工员的工作，而其他人则在制造业和铁路建设行业工作。外出受雇的过程通常给予奴隶更多的独立性和灵活性来从事不同类型的技术类工作。过度拥堵是个主要问题，并且一些奴隶获得许可而生活在主人的家庭之外。然而，在诸如新奥尔良（1817年）、莫比尔（1837年）和里士满（1857年）这些城市中，当地通过法令禁止奴隶生活于主人家庭之外的地方。

奴隶制扩展到美国的西部地区主要发生于19世纪中期。在1850年妥协案之后，加利福尼亚州宣布成为一个自由州；然而在其他一些州，比如犹他州、俄勒冈州、堪萨斯州和新墨西哥州，公民获得允许在人民主权原则下，决定他们是否想要在其所属各州采用奴隶制。在19世纪50年代早期的加州，各种关于逃亡奴隶的诉讼案件在一定程度上反映了奴隶制存在于诸如圣何塞、萨克拉门托和旧金山这样的城市中，甚至是在1850年的法律禁止这类行为之后。到1850年，犹他成为西部唯一合法拥有束缚中非洲奴隶的领地。在19世纪前半叶，像格林·弗莱克、哈尔克·莱和奥斯卡·克罗斯这样的非洲奴隶随他们的南部摩门教徒奴隶主迁徙到西部时，犹他的盐湖城成为一座奴隶城市。这些非洲奴隶与其他像他们的人定居在盐湖城这样的地方，在奴隶主的家中从事仆人的工作。一些中西部城市同样以拥有受奴役的非洲人口而知名，甚至是在1787年西北法令通过之后，该法令禁止中西部的奴隶制。到1796年，在底特律市大约有300名奴隶，在奴隶的总体人口数上远比大部分北部和南部城市要少。

尽管大多数奴隶主是白人，但是大量自由黑人同样也会购买奴隶。在纽约市，对于自由黑人来说，为获取妻子和家庭成员的自由而支付费用很常见。在其他城市，像是查尔斯顿，自由黑人购买非洲奴隶来从他们的劳动中赚取利润。值得注意的是，城市中的奴隶抵制对他们的奴役。发生在纽约市的1712年奴隶密谋导致了一幢建筑物的烧毁和八到九名白人被杀。同样还有许多关于城市中的奴隶试图从主人的领地逃跑的记述。1837年，在巴尔的摩至少有149名逃跑的奴隶。在新奥尔良市，仅在1858年到1859年间就有913名逃跑的奴隶被抓和逮捕。在许多城市中有严格的宵禁，那些没有通行证而被抓的奴隶会被逮捕和鞭打。违反宵禁的行为常有发生，而城市当局并没有一直强

制执行已有的法令。然而，当执行宵禁法令时，对奴隶的惩罚通常很严厉。

在18世纪和19世纪期间，一些北方的州要么废除奴隶制，要么禁止进口奴隶。早在1774年，康涅狄格和罗得岛宣布奴隶进口不合法；十年后，逐步解放奴隶的法律在这两个州通过。佛蒙特于1777年取缔了奴隶制，纽约和新泽西也分别在1799年和1804年实施了逐步解放奴隶的法律。《解放奴隶宣言》发表于1862年，赋予南方邦联奴隶的自由还没有运用到联邦的那些州中。直到1865年第十三条修正案的通过，美国的奴隶制才得以被合法地废除。美国城市中的奴隶制历史是镇压和反抗的历史，它的遗产仍在继续影响着当今美国城市中不平等现象的形成。

延伸阅读书目：

- Finkelman, P. （Ed.）. （1989）. *Articles on American slavery*：Vol. 5. *Slavery in the North and the West*. New York：Garland.
- Horton, J., & Horton, L. （2005）. *Slavery and the making of America*. Oxford, UK：Oxford University Press.
- White, S. （1991）. *Some what more independent*：*The end of slavery in New York City*, 1770 - 1810. Athens, GA：University of Georgia Press.
- Wilson, S. （1994）. *New York City's African slaveowners*：*Asocial and material culture history*. New York：Garland.
- Wood, B. （2005）. *Slavery in colonial America*，1619 - 1776. New York：Rowman & Littlefield.

CindyAnnM. Rampersad 文

宋晨译　陈恒校

约翰·斯隆
SLOAN, JOHN

约翰·弗伦奇·斯隆(1871—1951)作为画家和版画家在美国城市史上确立了一定地位，这归功于他对城市现实主义艺术学派所作的贡献和他在一战前对纽约工人阶级和社会主义事业的支持。

1871年8月2日，斯隆出生于宾夕法尼亚州的洛克海文，他从高中辍学来帮助父母和兄弟姐妹。在闲暇时间里，他自学版画。他于1890到1891年间到艺术学校求学，但在他成长为一名艺术家的发展过程中

至关重要的事件,是他于1892年遇见画家罗伯特·亨利。在19世纪90年代后期,斯隆画了费城的城市景观,并作为一名插图画家为一些费城的报纸画图。1901年,他与安娜·玛丽亚(多莉)·沃尔结婚。他们于1904年搬到纽约。1905年到1906年间,斯隆完成了《纽约城市生活》,一系列由10幅构成的蚀刻版画,以同情的方式描绘了普通纽约人的日常生活。斯隆为了捕捉现代都市快速变化的节奏而使用的迅捷笔画技术和他的无产阶级题材,都没有获得那个时代艺术惯例捍卫者的好评,而这些人同时也把持了国家设计学院。1908年,斯隆和他的导师罗伯特·亨利,以及其他六名画家在纽约的麦克白画廊筹备了一次独立的展览,作为对国家设计学院的霸权的一次挑战,为独立派赢得了批评家的称赞,这些人被指称为"八人派"或(不够准确地)称作垃圾箱画派。

斯隆在一战前对底层民众富有同情心的描绘反映了他在那些年里的政治观。1910年,他和妻子多莉加入了社会党,并参加了支持劳工的抗议,他两次未能成功凭借社会党的候选人名单获得州议会的席位。他的插图定期地出现在城市中主要的社会党日报《呼喊》中。1912—1916年间,斯隆同时担任了杂志《群众》的美术总监,这是一本基于格林威治村的激进杂志,那里的编辑、艺术家和作家寻求引起一场改变美国政治的文化革命。然而,到1916年的中期,斯隆从社会党退出,并且断绝与《群众》的联系。

在城市现实主义的全盛期过后,斯隆仍然作为一个多产的艺术家,保持了数十年之久。1916年到1938年间,他还在纽约的艺术学生联盟教授课程。在20世纪20年代,他改变了其绘画的风格和题材,从早期绘画大师的作品中采纳一些技法,并且画了更多女星裸体像。许多评论家对他后期的作品没有表现出热情。然而,他的艺术作品却在两次世界大战之间进行了广泛地展示,在一本名为《艺术的真谛》(1939年)的书中,他拼命地申明他的艺术信条,这本书是在他的学生海伦·法尔的协助下完成的

多莉·斯隆于1943年5月去世,1944年2月斯隆与海伦·法尔结婚。他在两段婚姻中都没有孩子。1951年9月7日,斯隆于新罕布什尔州的汉诺威去世。

延伸阅读书目:

● Loughery, J. (1995). *John Sloan: Painter and rebel*. New York: Henry Holt.
● St. John, B. (Ed.). (1965). *John Sloan's New York scene, from the diaries, notes and correspondence, 1906 - 1913*. New York: Harper & Row.
● Zurier, R., Snyder, R. W., & Mecklenburg, V. M. (1995). *Metropolitan lives*. New York: Norton.

Gerald W. McFarland 文

宋晨译　陈恒校

贫民窟
SLUM

贫民窟通常被理解成一个被忽视的、艰苦的、人口稠密的社区或地区。从这个意义上说,贫民窟就是穷人聚集的内城区地带和棚户区的城市边缘地带。今天这一术语通常与第三世界联系在一起,但从19世纪中期到20世纪中期,它被广泛地运用在美国城市中。因此,贫民窟在美国城市史上成为一个重要的副标题。它们被用来强调在一个发展中社会的"起飞"阶段里工业化和城市化的早期社会成本,还与美国社会中的现代化、种族融合和持续增长的财富所产生的长期改善效果并列在一起。

这些对贫民窟的理解是有问题的。首先,美国城市中的不平等不能通过一个"贫民区"模式进行时间上的划分,这一模式大概在20世纪中期之后便停止应用。持续存在的社会弱势群体仍然是今天美国城市的一个特征。其次,蔓延式城市区域所具有的复杂的和演化的社会地理学是与贫民窟的刻板印象相矛盾的,那种刻板印象试图将贫困控制在城市"衰败"设置的地带内。再次,落后地区的社会问题较为明显,这些问题不能通过那些生活在其中的、据称共同具有异常性格特征的人们来解释。这一观点有一段较长的历史。先驱性的调查记者雅各布·里斯,在其有影响力的《另一半人如何生活》(1890年)和《与贫民窟斗争》(1902年)两本书中,把美国的社会生活描述为一种为了出人头地而赢者通吃的比赛,他认为贫民窟是由那些落在后面的人构成。四分之一个世纪后,芝加哥的城市社会学家提出了所有现代城市的商业中心都是被贫民区中包含犯罪、贫困和堕落的衰败地带所环绕,使里斯的论点更系统化,正如罗伯特·帕克、厄内斯特·伯吉斯和罗德里克·麦肯齐在《城市社会学》一书中提出的。20世纪中期的其他社会学家给予这种反常的生活方式一个唤起感情的名称:贫困文化。这些对贫民窟文化的特征描述,不仅使社会生活类同为一种对反常的"贫民窟思维"行为的普遍模式化印象;这样做它们还妨碍了在假

定的贫民窟居民中对非病理性能量和策略的认知。

贫民窟定义的不足之处使得这一概念需要极大修正。贫民窟一词是被创造出来的,被过度用来进行谴责、排挤、嘲笑和批评,这些意图不可逆转地嵌入到这一词语的实质中。人们无法将这些含义去除掉,从而将这个词当作中性用词使用,因为这些含义正好描述了城市弱势群体的社会地理状况。在美国城市中存在着显而易见的深层次的和持久的导致不平等的因素,正如在过去和现今贫困城市社区的生活条件所反映的。然而,这些社区并不是贫民窟,其中的居民也不会用这个词来描述自己的居住地。贫民窟只是由他人强加于这些地方的想象的遮盖物。

贫民窟被塑造为一个局外人的棱镜,用来想象人、地方和行为,它们明显地远离了现代化城市的生活必需品和主流的城市文化。贫民窟的描述几乎与它们声称要描述的人和地方没有相似之处。这一贫民窟的类型力求控制社会矛盾和紧张状况,通过围绕核心原则来调动公共舆论,这些原则标榜解释了城市贫困和原因和结果,并且为它们提供了直接的解决方案。因此,贫民窟成了现状的表现,由文字和图像所塑造,贫民窟的形象在公共舆论和公共政策领域,获得了建立在错误观念之上的虚拟现实。这样的话,它们就在粗暴的贫民窟清除过程和"更新"项目中获得了切实的(和令人愤慨的)表现,此类做法拆分了工人阶级社区,而不是授权民众来改善它们。

因此,贫民窟的历史应当通过语言而不是城市景观来追溯。贫民窟这个名词源于 19 世纪早期伦敦的俚语——睡眠(Slumber)。沃克斯(J. H. Vaux)的《快速字典》(Flash Dictionary,1812 年)将它定义为一个令人讨厌的密室或一个冷清、未知的后巷。这个词的含义随后扩大了,在这个世纪的第二个四分之一阶段里,这个词(通常被合并到后贫民窟 Back Slum 这个词组中)被广泛地用来描述整个伦敦的后街和小巷的社区。到世纪中期,这个词不仅应用于伦敦,还应用于英国的其他城市、北美和澳大利亚。查尔斯·狄更斯于 1841 年访问美国,比较了纽约的五点区与伦敦声名狼藉的圣吉尔斯(St. Giles)。这个词逐渐取代了一些陈旧的表述——"群栖处"(Rookery)和"兽窝"(Den),尽管里斯在他的《贫困的孩子》(1892 年)一书中交替使用贫民窟和群栖处,而且在 20 世纪早期,旧金山的唐人街仍被称作群栖处和贫民窟。形容词"贫民窟的"(Slummy)同样源自于 19 世纪英国的用法,既指代贫民窟的状况,也指对贫民窟进行大肆渲染的叙述方式。名词"常去贫民窟的人"(Slummer,动词是 Slumming)

于 19 世纪 80 年代和 90 年代在英国和美国开始广泛传播,用来描述中产阶级改革者和(日益增多)旅客对贫民窟的访问。

历史学家已经强调了常去贫民窟的人的作用,比如城市传教士、公共卫生改革者、社区改良会所的志愿者(他们中许多人是中产阶级妇女)和宣传贫民窟状况的城市改革者。从 19 世纪后期到 20 世纪早期,一连串有影响的社会调查在纽约、巴尔的摩、波士顿、芝加哥、匹兹堡和费城开展。然而,公共舆论则是由另一群常去贫民窟的人所左右:演艺人士。贫民窟经过剧作家、插图画家、小说家和记者的戏剧性描述,满足了广大新的城市公众对他们所生活的大城市周围环境信息和对城市化所产生的社会隔阂的信息的渴求。演艺人士觉察到了被狄更斯描述为厌恶的吸引力所产生的拉力。他们强调贫民窟的恐怖、稀奇古怪、颠覆性和令人感伤的特质。在他们的手中,贫民窟成为一种消遣、一种奇观、一次作品展示,这些都展现了现代化美国的对立面。

这种将两个迥异的国度进行人为地并列——一个是正常的,另一个则是堕落的、令人厌恶的和危险的——的出现是对美国历史上的三个问题的回应。第一个是 19 世纪和 20 世纪早期的大规模移民(由 19 世纪中期的"第一波"欧洲西北部移民和之后、更大的一波来自南欧、东欧和南亚、东亚的"新移民"构成)。城市贫困被合理地解释为一种外来的社会问题,贫民窟则被认为是让美国人感到陌生的外国"殖民地"。也正是这个时候隔都区一词在美国首次为人们所习用,描述的是贫民窟内东欧犹太人聚居的飞地。第二个出现于 20 世纪 20 年代和 30 年代,在关闭了大规模移民的金色大门后,伴随着大都市的巨大差异日渐成形(尤以经济大萧条最为显著),差异体现在两个方面:内城区的经济结构调整和社会的不利条件,以及美国的郊区化成为主流。正是在这样的背景之下,芝加哥的社会改革家和城市社会学家为贫民窟增添了一丝有保留的赞同:只要移民的贫民窟发挥过渡性地带功能,而不带有稳固分离性功能,它们就有可能促进移民对美国社会的文化适应和同化。第三个问题是 20 世纪 60 年代内城区的动乱挑战了熔炉说。迈克尔·哈林顿在《另一个美国》(1962 年)一书中指出了这个问题,其中他对比了美国的郊区和美国的贫民窟。哈灵顿认为,老的移民贫民窟已经被种族隔都这类新的贫民窟所取代。这一观点得到了林登·约翰逊总统于 1964 年推行的向贫困宣战计划和 20 世纪 60 年代后期内城骚乱的确证,这次骚乱刺激了全世界的注意力,并且关注于美国城市中黑人的劣势。

然而自相矛盾的是,20 世纪 60 年代后期标志着贫民窟一词在美国社会评论中的消失。这种情况的出现不是因为向贫困宣战政策起了作用,而是因为隔都作为一个引起共鸣的触发字而取代了它,这个词囊括了这个国家变动的文化心态。它的出现是由于在 20 世纪 70 年代、80 年代和 90 年代,不同层级的符号将自身嵌入到美国人的意识中:大部分美国人动身离开城市前往郊区和更远的地方,搬到区域性腹地中的边缘城市和城镇。由于这一状况的出现,真正的威胁不是贫民窟或隔都区而是城市本身。到 20 世纪 80 年代,只有十分之一的美国人口仍然生活在大城市中,而且美国人越来越多地只能通过电视新闻、电影和书面语来了解城市。它们的参照系不再是衰败区——它变成了衰败的城市。新氛围于 1989 年集中反映在老布什总统的反毒品战争中。它的目标是遭到了强效纯可卡因、艾滋病和枪支破坏的大城市。城市已经成为贫民窟的一部分。

亦可参阅:城市的贫困与福利(Poverty and Welfare in Cities),向贫困宣战(War on Poverty)

延伸阅读书目:

- Harrington, M. (1962). *The other America:Poverty in the United States*. New York:Penguin.
- Hunter, R. (1904). *Poverty*. New York:Macmillan.
- Mayne, A. (1993). *The imagined slum:Newspaper representationin three cities* 1870 - 1914. Leicester, UK:Leicester University Press.
- Mayne, A., & Murray, T. (Eds.). (2001). *The archaeology of urban landscapes:Explorations in slumland*. Cambridge, UK:Cambridge University Press.
- Park, R. E., Burgess, E. W., & McKenzie, R. D. (1967). *The city*. Chicago:University of Chicago Press. (Original work published 1925)
- Riis, J. A. (1969). *The battle with the slum*. Montclair, NJ:Patterson Smith. (Original work published 1902)
- Riis, J. A. (1971). *How the other half lives:Studies among the tenements of New York*. New York:Dover. (Original work published 1890)
- Walker, M. L. (1938). *Urban blight and slums*. Cambridge, MA:Harvard University Press.

Alan Mayne 文

宋晨译 陈恒校

731

精明增长
SMART GROWTH

精明增长是一个社区发展的范例,20 世纪 90 年代出现于美国,其目的是解决与蔓延相关的问题。精明增长往往被宽泛地定义为努力获取增长的成效,而不是破坏,尝试去实现社区的保护和改善,通过节约人造资源和自然资源,扩大市民选择的范围并以区域为单位进行规划决策。它通过公私合作的渠道进行增长管理,并希望产生如下结果:在没有丑恶、拥堵、环境恶化和浪费国家补贴的情况下取得经济增长。精明增长主张通过规划、政策和调控手段来利用土地,其中包括了由乡村环绕的紧凑型城市和郊区,乡村主要被用于农业耕作、发展林业和开放空间。精明增长认为,美国社区正在发生与文化和社会背景相一致的重新组合,而不是转变。

起源

增长管理的结构性起源可以追溯至 1969 年具有里程碑意义的最高法院判例——戈尔登诉拉马波规划委员会(*Golden v. Planning Board of Ramapo*)。当时,正在经历纽约市的向南扩张。觉察到这种增长会对它的地方特征和财政健全产生威胁,这座城镇实施了一项法令,控制新住宅开发的时间和顺序。如此一来,社区控制的方式便开放了,不仅在于新的增长发生在何地,还有数量多少和何时。

多数早期增长管理的努力起源于一些州出的"静悄悄的革命",其中它们开始对发展的进程和分布进行很大程度上的控制。1972 年,佛罗里达州保留了识别"重点关注"地区和"区域效应"发展的权利,州的决策会取代当地政府的决策;后来还添加了一个"并发性需求",要求所有新的开发项目应当完全由公共行政机构来提供。1973 年,俄勒冈州颁布旨在当地保护自然资源的法律,通过"城市遏制"(Urban Containment),沿着城市增长边界在地方层面进行实施。在努力保护其日趋减少的自然资源和便利设施的过程中,新泽西州采取了多种措施将增长控制在指定的开发区内,包括利用州政府的刺激措施。最近,马里兰州实施了精明增长的策略,它的目标设定为保护自然资源和提高现有的社区,手段则是将增长纳入到"优先资助的领域"。

到 20 世纪 80 年代和 90 年代,蔓延导致的问题变得日益严重。随着蔓延带来的问题越发严峻,传统的规划也显现了不足之处。当难以准确地下定义时,蔓延大体上被认为是出现在城市边缘地带的低密度、依赖小汽车的发展模式。尽管蔓延及其本身未必会被视作为问题，但它产生了包括交通拥堵和长距离通勤、公共空间和社区特征的丧失、公共基础设施的高成本和中心城市的废弃在内的一系列问题。这一普遍存在的城市形态日益被视作浪费了资源，导致了过度的物质和能源消耗。而其原因则在于未经规划的、分散式的发展。尽管蔓延在很大程度上根植于美国的生活方式，但对蔓延的大部分责难都对准了误导的或不适当的公共政策，其中主要是指区划法规，认为区划导致了城市功能的分离，并鼓励大批独立式住宅的开发和高速公路建设，几乎完全关注于便利和扩展小汽车的运行。

732

从 20 世纪 90 年代直到 21 世纪，美国社会的变化为解决蔓延问题奠定了基础。这些趋势包括一个强大环境伦理的出现、城市财政紧缩的状况、日益关心生活品质和公共服务的成熟公众、持续的中心城市功能瘫痪和投资缩减，以及关于地方发展的争论和越来越多的冲突性。

精明增长的原则与方法

"精明增长"一词是由洛杉矶 1988 年的一名市议员候选人——瑞安·斯奈德首次使用的。自那时起，它就被重新定义和重新表述来满足那些认为它有用的不同群体的目标和宗旨。例如，国家资源保护委员会（National Resources Defense Council）强调它能够减少栖息地和开放空间的流失，然而，全美住房建筑商协会（National Association of Home Builders）关注于提供土地和产业发展的需要。这已导致了精明增长被贴上了不完全一致和甚至自相矛盾的标签。

一套准则仍然可以从多种渠道中提炼出来。一个精明增长的社区可以被定义为：

1. 保护并维系其自然和农业资源以及开放空间；
2. 提供多种交通选择；
3. 制定紧凑的、混合利用的开发计划；
4. 对现有的社区进行投资和保护；
5. 使新的基础设施开支减到最小；
6. 维持并重新营造对所在地的认同和意识；
7. 提供多种住房选择；
8. 在它的视角下是区域性的；
9. 鼓励公众参与

精明增长路径的关键是考虑这些原则之间的相互关系，并制定与任何一个原则都一致且不矛盾的发展决策。例如，在一块没有现成基础设施的新地皮上提供多种住房选择，这将满足第 7 条原则，但与第 4 和第 5 条原则相矛盾。

随着精明增长原则的发展和演变，关于它的实施同样也经历了类似过程。目前有大量与精明增长联系在一起的策略、工具和技术。许多像是土地征用、减税、开发影响费和资产改良计划等措施已经通行多年，只需要适当地运用；其他比如对于公共交通的投资和历史文物保护的措施，只需要作出一项能将它们整合到公共政策的决策。第三类策略和技术包括新城市主义、以公共交通为导向的开发、城市增长边界、土地开发权制度的转换、灵活的区划、社区土地信托、提供绿色基础设施建设资金、开发密度奖励和特性以及基于样式的区划，它们与精明增长范型的出现和增强有着更为直接的联系。

精明增长的未来

21 世纪初，美国的大都市区在人口数量上持续增长，而且增长的特征仍以蔓延为主导。中心城市仍被抛弃，交通拥堵更为严重，通勤的距离也在上升，开放空间不断缩减，用于大量的住宅小区和分散式的商业开发。

不出所料的，只有一小部分社区有效地创立了精明增长的模式，或者形成一种增长管理的体系。大部分社区仍在主要依靠传统的区划和土地利用法规，而这些仅适用于过去，甚至加速了蔓延的趋势。关于这一状况有许多可能的原因，包括关于由蔓延引起的问题严重性的分歧，缺少一套对精明增长原则的清晰定义，对于拥有住宅和小汽车的"美国梦"的集体认同，将城市土地开发视作社区成功的主要关键性因素，与美国城市地区所特有的碎片化辖区景观的不一致，以及不情愿去尝试新鲜事物。

同样还有别的情况，精明增长是社区开发领域唯一的范型。在许多人的心目中，精明增长——几乎是专门强调蔓延及其对地方的影响——以它的要求在地方发展政策的转变方面还做得远远不够。作为替代性的范型，可持续发展和生态城市的范型都强调了精明增长所未包含的附加概念，这两种范型都要求在政策和个体行为方面做出重大转变。这些新范型认为，城市应对日益严重的全球失序互责，因而要求地方的政策保持全球视野并遵守环境伦理，既要满足当代人的需求，又要为后代的发展留下空间。

精明增长是一个新的起点，代表了传统土地利用政策与大都市区管理之间的妥协。它本质上是一种以美国社区中的生活品质为目标的范型。这种方法可能

733

在短期内起作用,但可能还不足以防止美国的社区在全球范围内导致对自然资源的过度使用。随着 21 世纪的开始,城市可能需要转向比精明增长更为综合的范型,超越对城市自身及其周边地区的关注。

延伸阅读书目:

- Levy, J. M. (2003). *Contemporary urban planning* (6th ed.). Upper Saddle River, NJ: Prentice Hall.
- Porter, D. R. (2002). *Making Smart Growth work*. Washington, DC: Urban Land Institute.
- Smart Growth Network. (2002). *Getting to Smart Growth*: 100 *policies for implementation*. Washington, DC: InternationalCity/County Management Association.
- Tregoning, H., Agyeman, J., & Shenot, C. (2002). Sprawl, Smart Growth and sustainability. *Local Environment*, 7(4),341 - 347.
- Urban Land Institute. (1998). *Smart growth*: *Economy*, *community*, *environment*. Washington, DC: Urban Land Institute.
- Ye, Lin, Mandpe, S., & Meyer, P. B. (2005). What is "Smart Growth"—really? *Journal of Planning Literature*, 19(3),301 - 315.

Edward J. Jepson Jr 文

宋晨译　陈恒校

阿尔弗雷德·史密斯
SMITH, ALFRED E.

阿尔弗雷德·史密斯(1873—1944)担任过四届纽约州州长和 1928 年民主党的总统候选人。在他所处的时代,他成为政治舞台上城市移民利益的主要倡导者,主张移民应当被视为美国主流社会的一部分。

史密斯形成这一观点,很大部分是由于他的成长经历。他曾经是移民的后代,他父亲的祖父母是意大利人和德国人,他母亲的祖父母都是爱尔兰人(他采用的是爱尔兰人的族裔身份)。这个小男孩成长于曼哈顿东区,在码头的帆船索具上玩耍,从他所住公寓的窗户中可以观望到布鲁克林大桥。

这位未来的州长在当时几乎算不上是出类拔萃的青年。史密斯在当地的一所天主教学校——圣詹姆斯(St. James)上学,但在父亲去世后,他不得不在七年级的时候辍学,抗起谋生的重担。他在城市经济中从事多种不同的工作,其中最有名的是在富尔顿鱼市(Fulton Fish Market)干活;到晚年,他宣称自己是"富尔顿鱼市"(FFM)的毕业生。

这个小伙子是个能说会道之人,他被吸引到坦慕尼厅在当地的分支机构作为演说家和活跃人物在队伍中向上攀升。1903 年,他参加州众议院议员的竞选,由于公开的认可,他轻而易举地便当选了。

史密斯的出身差劲——未受过教育且孤陋寡闻,他曾是一名平庸的立法者。在若干年之后,他作出了一个改变他人生的决定,要在他的新职业方面表现杰出。阿尔(Al,当时没人称他为"阿尔弗雷德")研究了每一个法案、每一项法律,直到他成为纽约州政府的主人,并最终担任州众议院的议长。他还与罗伯特·瓦格纳一起,在纽约三角衬衣厂火灾(Triangle Shirtwaist Fire)后,领导了工厂调查委员会,在消防和工业安全方面成功地捍卫了改革。

史密斯分别在 1918 年、1922 年、1924 年和 1926 年四次当选为州长。他最大的成就是行政改革,通过行政预算和将机构改组为部门型内阁的方式,将陈旧的体制转变成现代的官僚科层体制。此外,他还提倡诸如住房、公园、医院和公用事业管制的社会改革。最重要的是,史密斯倡导宽容和包容的眼光,后来指代为多元主义,在 20 世纪 20 年代的困难时期,当时出自三K党的偏执之人在许多州中身居高位。

1928 年,史密斯的背景和信念让他尝到恶果。作为一位天主教徒、城市居民、以坦慕尼厅为后台的爱尔兰人,史密斯因反对禁酒令而身陷文化战争之中,许多美国人不相信这样的人应当成为总统。他的反对者告诉选民,如果史密斯获胜的话,他将废除所有的新教婚姻,并使孩子成为非法的,而且还会把教皇带到华盛顿,并让他来掌控美国。许多人相信了这种谣传,史密斯在普选中以 15016169 票的微弱劣势败给了赫伯特·胡佛的 21393993 票,并在选举团中以 87 票对 444 票败下阵来。

选举结束后,史密斯成为了纽约帝国大厦主席,监督大厦的建设进程并负责其运营直至他去世。由于 1928 年的选举失利,他感到很痛苦。他靠愤怒地抨击以前提携过的富兰克林·罗斯福及其新政来释放他大部分的沮丧之情。然而在史密斯去世前,这两个人确实和解了。

延伸阅读书目:

- Finan, C. (2002). *Alfred E. Smith*. New York: Hill & Wang.
- Slayton, R. (2002). *Empire statesman*. New York: Free

Press.
- Smith, A. E. (1929). *Up to now*. New York: Viking Press.

Robert A. Slayton 文

宋晨译 陈恒校

威尔伯·史密斯
SMITH, WILBUR S.

威尔伯·史密斯(1911—1990)是一名专业的交通工程师,他于 20 世纪 50 年代早期组建了一家咨询公司,在设计州际高速公路系统的城市分段过程中,与许多州的高速公路部门和地方政府进行协作。史密斯出生于南卡罗莱纳州的哥伦比亚,在南卡罗莱纳大学学习电气工程专业。在 1933 年毕业获得理学硕士学位后,他找到一份南卡罗莱纳州高速公路部门的初级职位,在那里他将自己转变为一名交通工程师。1937年,史密斯在哈佛大学的街道交通研究中心完成了一个广泛的培训项目,然后回到南卡罗莱纳去领导州高速公路部门下设的一个新的分支机构——交通工程部。1941 年,他在耶鲁大学的高速公路交通局(这个机构从哈佛大学迁移至耶鲁大学)花了一年时间从事一项关于"高速公路交通经济学"的研究项目,得到了艾尔弗雷德·斯隆基金会的赞助。当时,斯隆是通用汽车公司的董事长兼汽车安全基金会的主席。在这个研究项目完结之时,史密斯并没有返回南卡罗莱纳,而是接受了耶鲁大学高速公路交通管理局的职位。第二次世界大战爆发,史密斯花了两年时间与联邦调查局和民防局(Office of Civil Defense)一同为州和城市的官员开发了民防培训项目。他于 1943 年回到耶鲁大学,一直工作到 1957 年,担任过高速公路交通局的副局长和局长。

在耶鲁的岁月中,通过教学、研究、写作和咨询,史密斯作为一名交通工程师和交通规划师,增长了专业知识,并扩展了他在国内的声誉。在此期间,史密斯在该领域合著了两本主要的教材:《高速公路路政中的州-市关系》(1950 年)和《交通工程学》(1955 年)。他担任过交通工程师学会的主席,并在该学会下属的期刊《交通工程》上发表过文章,同样也在其他专业出版物,例如《交通季刊》和《土木工程》上进行发表。在此期间,史密斯与伊诺基金会(Eno Foundation)合作密切,该基金会是由威廉·费尔普斯·伊诺(William

Phelps Eno)建立的,他是一位富有的慈善家,于 20 世纪早期在交通代码和高速公路安全方面开发出了专长。伊诺基金会出版了许多史密斯早期的高速公路研究,并在 20 世纪 40 年代和 50 年代推动了他的咨询工作。1952 年,史密斯建立了自己的工程咨询公司——威尔伯·史密斯合伙人公司(Wilbur Smith and Associates),办公室设在南卡罗来纳州的哥伦比亚和康涅狄格州的纽黑文。1957 年,史密斯离开耶鲁,全力投入到交通规划师的咨询工作中,重新捡起这份工作是由于 1956 年《州际高速公路法》的通过。在那时,大部分州的高速公路部门专长于修建乡村道路,只有少数大城市已经修建了一些高速公路(Freeway)或者拥有一些能够参与到先进高速公路规划的交通部门。

抓住这次新的机会后,威尔伯·史密斯合伙人公司迅速为许多州和城市在制定州级高速公路计划的过程中承担起主要的咨询角色。到 20 世纪 60 年代早期,史密斯的公司已经为 65 座城市起草了高速公路计划,包括迈阿密、巴尔的摩、亚特兰大、休斯敦、纳什维尔、夏洛特、堪萨斯城、菲尼克斯和圣路易斯。史密斯关于州际高速公路项目两年的研究成果——《未来的高速公路和城市增长》(1961 年)——将公司的中心角色巩固于高速公路规划上,也在新的主干公路对美国城市的影响方面提供了重要的洞察力。20 世纪 60 年代,史密斯的公司扩展了它的关注,承担各种不同的城市交通规划项目,包括桥梁、隧道、停车场、购物中心、机场、港口设施、地铁和公共交通设施、铁路枢纽中心和土地利用研究。到 20 世纪 70 年代后期,史密斯的公司在美国的 28 座城市和 13 个其他国家皆设有办事处,拥有 750 名以上的员工,在六个大洲都有进行中的主要项目。1981 年,史密斯通过一项股权交易将他的公司并入到阿姆科公司——一个主要的钢铁企业,当时将其经营业务扩展到其他领域,包括工程和咨询。在漫长的职业生涯后,史密斯于 1984 年退休,他的生涯对构建和改造美国城市的交通基础设施产生了重要影响。

735

延伸阅读书目:
- Hebden, N., & Smith, W. S. (1950). *State-city relationships in highway affairs*. New Haven, CT: Yale University Press.
- Matson, T. M., Smith, W. S., & Hurd, F. W. (1955). *Traffic engineering*. New York: McGraw-Hill.
- Montgomery, J. A. (1985). *History of Wilbur Smith and Associates*, 1952 - 1984. Columbia, SC: Wilbur

Smith and Associates.

● Wilbur Smith and Associates. (1961). *Future highways and urban growth*. New Haven, CT: Wilbur Smith and Associatesand Automobile Manufacturers Association.

Raymond A. Mohl 文

宋晨译　陈恒校

城市与郊区的社会地理
SOCIAL GEOGRAPHYOF CITIES AND SUBURBS

　　每一个人都知道美国城市中的居住区在其社会阶级、族裔和种族构成上已经发生了变化。这一变化一直都是复杂的；它的起因包括选择与限制之间一种变动的平衡，这些选择与限制都被纳入到下面描述的城市地理图案的三种解释模式之中。最重要的是，这种关于社会互动和不平等现象再现的地理所产生的后果，仍然意义重大。

维度：定义和测量

　　社会地理模式——或称作"居住空间的分化"（Residential Differentiation）——是社会种族隔离的反面：如果群体被隔离，社区将会是不同的。被隔离的群体越多，社区将愈加不同。

　　为了明智地谈论社会地理模式，我们必须明确分析尺度。这是可能的，并且曾经也是常见的，即对于各个社区来说是多元化的，而对于单独的街区来说则是极其同质化的（反过来则不可能）。在这种情况下，参考分析的双重（或许是附加的）尺度便是富有意义的，并且确实有必要。在 1940 年所有大都市区都可以利用小片地区的人口普查数据后，平均为 5000 人的人口普查地区变成默认规模。不幸的是，它们并不总是有意义的。普查范围一般延伸至数个社会特征各异的街区。最初划分边界的目的是为了使内部的同质性最大化，但是社区的变化通常破坏了这一目的。幸运的是，一些人口普查数据同样在更小的、普查的地区范围内进行了报告，同时其他数据来源也可以为个体家庭所利用。对于历史研究，最有用的数据是资产评估记录，通常放置在市政档案馆和地方图书馆中一般人都可以查阅到的城市目录中。

　　对于描述居住空间分化最有用和常用的统计资料是区位指数（Location Quotient）。这一指数是对每一个居住区的每个社会群体进行计算的。它通过计算每

个群体在该地区所占人口的比例来决定，再将其作为该群体在整个大都市区中相对大小的比率呈现出来。因此，如果非洲裔美国人在一个指定地区内构成了城市人口的 10％和居民人口的 20％，那么他们在这一地区的区位指数就是会 2.0。区位指数的数值可以在零以上的区间变化。数值为 1.0 的区位指数表明，就一个特定的社会群体而言，一个住宅区是平均的。数值低于 1.0 的区位指数表明，不足以代表一个特定地区内一个特定群体；而数值 1.0 以上的区位指数则正好相反。数值低于 0.5 和大于 2.0 的区位指数相当罕见，表明所讨论的社区不同寻常。

　　社会地理模式反映了美国社会中主要的社会差异，尤其是阶级、族裔和种族。各地的社区在社会阶级层面都不相同，无论以收入、教育或是以职业衡量。在极端的情况下，社区已经被贴上贫民窟或富有聚居区的标签。在那些已经包含了移民和/或少数种族和族裔的大都市区，这些社会标志也同样区分了住宅区。少数族裔集中的地区一般被指称为隔都区。大体上，这一术语可能会被应用于任何一种社会群体集中的地区。事实上，在 20 世纪 30 年代之前的美国，隔都区是指犹太人定居的地区；自那时起，它用来指称的是非洲裔美国人的社区。少数族裔按常规来看在社会和经济层面处于弱势地位，以至于许多隔都区也是贫民区。除了在红灯区和一些寄宿公寓之外，对于街区或人口普查区来说，它们性别构成上巨大的差异是不同寻常的。

　　通过贴标签，社区有时已经与具体的族裔群体联系起来。除了隔都区之外，其他一些移民区被称为小西西里或唐人街。实际上，除了非洲裔美国人定居的地区外，对于包含任何一个绝对多数的特定群体的地区来说都是不寻常的。从历史上看，移民的接收地区如纽约下东区，总是包含一些移民群体。某些族裔群体由于大量参与零售业，有时占据了特定的街区和特定的街道景观。这样的街道景观可能在社区的族裔特征方面误导外来者，原因在于商店和餐厅通常可以保留多年，而它们最初所服务的社区已经离开。

住宅区的社会构成为何发生了变化

　　定居点的社会模式是由土地和住房市场塑造的。在美国，绝大部分房地产一直为私人所有，并且通过业主占有或出租的方式进行分配。这些市场和由此出现的富人、穷人和中产阶级地区是由三股力量形成的。首先，大多数美国人相信，家庭应当得到他们所能负担的住房。在美国和加拿大都是如此，但不同于欧洲，这

种关于贫困家庭应该居住在社会补贴的(公共)住房的观点从未获得广泛地支持。非市场性质的居住单元从未占到住宅存量的 5% 以上。其次,美国人通常更喜欢生活在周围由具有社会相似性的人群组成的社区。甚至在美国神话中的小城镇,那里的所有人都相互认识且彼此尊重,也有它们的"富裕"和"贫穷"阶层。这种偏好的正当性已经被普遍接受,正如事例所示,在弗兰克·卡普拉(Frank Capra)的电影《生活多美好》(*It's a Wonderful Life*,1944 年)所表现出的小镇生活的伤感影像。在更大的城市地区,这种相同的社会偏好已经产生更多、更微妙的住宅分化。

在某种程度上,这些居住偏好是对称的:如果中产阶级不想生活在与穷人相邻的地区,那么他们同样意识到生活在富裕邻居的旁边也会感到不舒服。但市场不会总是这般让人如意。富有之人和稍富之人为了最好的地点,可以开出比穷人更高的价格,比如那些带有景点或其他便利设施的地方。此外,由于这里盛行西风,美国工业城镇中更贫穷的部分趋向于城市的东侧。

富裕的家庭通过影响市政府也影响了城市地区的社会地理。与之相反,例如在加拿大,地方政府获得了宪法保证的权力。自 20 世纪早期开始,富裕的郊区已使用了区划、细分的建筑用地和建设法规来将适度的住房和中等收入家庭排除在外,这是一种各州所不能推翻的趋势。一些人认为这种趋势阻止了低收入家庭搬往郊区。实际上,至少在 20 世纪 50 年代之前,未合并的、未受管理的和缺少服务的地域范围使许多工人有能力定居在边缘地区。但是在郊区之中,市政的破碎化已经明确并增强了大都市区社会地理中的对立反差。

在过去的一个世纪里,美国人生活在靠近同质人群的动机已变得更为顽固。今天,主要的动机在于房地产价值和学校。从 1945 年开始,房价上涨的速度比生活成本上升得更快,而且投资主导了购房者的打算。自 1934 年起,新成立的联邦住房管理局认为同质在社区中的地产更稳定。随着这种假设在购房者和抵押贷款者中普遍传播开来,对于住宅同质性的偏好变得更为强烈。近来,这种偏好在封闭式社区的增长中体现出来。有孩子的家庭关心他们所在社区的社会构成,因为他们知道孩子的教育和社会化是由孩子的同伴塑造的。随着正式教育在劳动力市场变得更为重要,对于学校和社区的关切也在增加。

其他因素使得族裔和种族在界定社区中发挥了更大的作用。在某种程度上,这类地区的兴起是由于其中的居民想要生活在与他们自身相似的人群附近。母语不是英语的移民,重视附近同胞所能提供的工作联系、商业服务和非正式的援助。这类地区同样还发挥了防御功能,特别是针对白人和本土出生美国人的怀疑和偶尔的敌对行为。一些类型的地区,比如唐人街,带有一种奇特的魅力吸引游客的到来。其他地区,特别是黑人隔都区,已经变成恐惧的象征。在不同情况下,少数族裔的居住选择受到了限制性条款的束缚长达数十年,这些条款阻止了地产业主向指定的少数族裔群体出售房屋。1948 年,最高法院宣布这些条款不能强制执行,但是他们所界定的地理格局通常在延续。

三种解释模式

在 20 世纪,为了提供总体对于美国城市和郊区的解释性说明,已经作出了一些尝试。最有影响的解释模式,并且是最早的模式之一,是由芝加哥的城市社会学家们于 20 世纪 20 年代提出的,其中的代表人物是伯吉斯。伯吉斯的模式强调定居点的分区模式,连带着居住区的社会地位随着远离居住区的内环而上升。这一假设就是低收入家庭无法负担购置新房,因而他们便居住在价值和品质都下降(也就是说,渗透和扩大)的老旧房屋中。通常,这些房屋坐落于靠近城市的核心地带。这一模式同样绘制了一种族裔聚居的熔炉模式。伯吉斯假定移民首先定居在靠近中心商务区的隔离社区。随着他们或者他们的孩子获得成功并被同化,他们从隔都区的贫民窟向外搬离到种族融合的外围地区。那时,边缘地区被认为更加繁荣的,而且缺少族裔上的关联。

伯吉斯从未有意使他的模式被当作是对任何一个美国城市的表象描述。实际上,这种描述甚至明显地偏离了他那个时代的芝加哥,当地一些富有的社区(比如黄金海岸)继续坐落在靠近中心商务区的地点,而大量工人阶级和移民聚居区则出现在城市边界及以外的地区,尤其处在郊区的南边——例如西塞罗——和卫星城镇,例如印第安纳州的加里。城市和郊区中这种多元的居住模式是很典型的。正如托德·加德纳(Todd Gardner)所展示的,一般说来,20 世纪中期之前,城市美国人的社会地位实际上要比郊区美国人的社会地位高。这种情况在中小型的城市中心尤其如此,几乎没有吸引城市学者的注意力。只有在二战后时期内,内城区贫困的一般格局成为普遍现象。

1945 年后,当条件发生了改变,伯吉斯模式产生的影响最大。随着许多中心城市经历经济和社会衰退,这一模式似乎是对城市贫困与郊区富有之间日渐扩大的鸿沟作出了回应。实际上,伯吉斯并没有强调市政边界的重要性，但经济大萧条时期之后，联邦政府的刺激措施有助于郊区的发展，使市政边界变得重要起来。那时，来自南方乡村的黑人促使东北部和中西部各州中白人从城市中逃逸。从那以后，在区域方面，美国大都市区的发展经历出现了不同的道路。诸如底特律和布法罗这类的城市继续衰落；而其他包括旧金山、波士顿、芝加哥和纽约（曼哈顿）这些城市则出现了反弹，由于绅士化带来的物质和社会改进。

在19世纪晚期和20世纪早期，塑造城市社会地理的力量之一是铁路。货运站建在港口旁边和中心商务区的附近。为货运站服务的放射状铁路线吸引了工厂和货仓。邻近的居住区注定不会受到中产阶级的欢迎，因而工人阶级聚居的扇形地带很快从城市中心延伸至城市边缘。这种扇形模式最早由霍默·霍伊特（Homer Hoyt）记录，他是一名房地产分析师，于20世纪30年代在一项为联邦住房管理局准备的研究中，使用的租赁数据资料里提到了扇形模式。自20世纪20年代起货运卡车的使用日益增长，以及20世纪50年代州际高速公路网的建设，二者共同改变了大都市区增长的动力。然而，城市增长却是对路径的依赖。高收入的扇形地带还有低收入的聚居区，往往会表现出惰性，因而霍伊特的扇形模式仍与我们对战后大都市的理解相关。

随着城市扩张，它们向外延展，然后吸收更小城市聚居点。因此，从19世纪晚期开始，工业郊区和卫星城的增长，起初靠近货运场，之后在高速公路的立体交叉道和机场周围，创造了就业和郊区发展的新节点。在承认这些趋势的情况下，20世纪40年代的地理学家昌西·哈里斯和爱德华·厄尔曼形成了第三种、多节点的大都市发展模式。这一模式并未简单地给出居住区模式化的概括，并且已成为城市增长的主导模式。

意义

美国城市的居住模式对单个家庭产生了影响，同样也对代表和服务它们的市政机构产生了影响。最明显的后果是社会性的：生活在相似的人群当中是舒适的，但它限制了我们的知识和对他人的理解。这一事实中显著的征兆是城市居民在它们日常生活中遵循的受限制的活动模式，结果便是他们构筑了有偏见的和不完整的心智地图。尽管有时这类偏见的后果无伤大雅，但时常会促成无知和误解。自给自足的隔都区会阻止移民与更宽泛的社会进行接触，并且可能会促成招致怀疑的极端看法。分开生活的白人和种族化的少数群体几乎没有机会进行交际，因此刻板印象常常是消极的，并且根深蒂固。随着美国人变得更有文化、获得接触更广泛的印刷和视觉媒介的渠道，他们变得较少地依赖于直接观察来获取社会知识。但是个人的经验却具有特殊的分量，而且居住模式仍在塑造社会动力。

在政府政策的影响下社会地理模式同样也影响到了社会不平等现象。郊区已经成功地将低收入家庭排除在外，这类郊区具有更高的地产价值和税收收入，加上对福利性服务的低需求这里被认为有高雅的文化圈，它们的居民享受到了低税收和高层次的服务。而较为不幸的市政府面临着日趋减少的收入和日渐增长的需求，城市居民被困于一个税收上涨和服务质量下滑的残酷圈子之中。甚至在一种温和的形式中，这类动力已经造成了社会不平等现象；在极端的形式中，它们导致了地方上的财政危机，在各不相同的地方如纽约市、东圣路易斯和伊利诺伊州的罗宾斯即芝加哥的一个非洲裔美国人郊区。类似的动力已经影响到了公立学校的财政资助和运行。由于公共服务的大部分财政资助来自地方，所以大都市区的社会地理继续在塑造着、同样也反映着美国人的生活和机遇。

亦可参阅：绅士化（Gentrification），隔都区（Ghetto），制造业郊区（Industrial Suburbs），土地开发商与土地开发（Land Developers and Development），城市中产阶级（Middle Class in Cities），郊区中产阶级（Middle Class in the Suburbs），邻里（Neighborhood），郊区化（Suburbanization），城市和郊区工人阶级（Working Class in Cities and Suburbs）

延伸阅读书目：

- Burgess, E. W.（1925）. The growth of the city: An introduction to a research project. In R. E. Park, E. W. Burgess, & R. D. McKenzie（Eds.）, *The city*. Chicago: University of Chicago Press.
- Firey, W.（1947）. *Land use in Central Boston*. Boston: Harvard University Press.
- Gardner, T.（2001）. The slow wave: The changing residential statusof cities and suburbs in the United States, 1850 - 1940. *Journal of Urban History*, 27, 293 - 312.
- Harris, C. D., & Ullman, E. L.（1945）. The nature of cities. *Annals of the American Academy of Political and Social Science*, 242, 7 - 17.
- Harris, R., & Lewis, R.（1998）. Constructing a fault

738

（y） zone：Misrepresentations of American cities and suburbs, 1900 - 1950. *Annals, Association of American Geographers*，88，622 - 639.

- Harris，R.，& Lewis，R.（2001）. The geography of North American cities and suburbs. *Journal of Urban History*，27，262 - 292.
- Hoyt，H.（1939）. *The structure and growth of residential neighborhoods in American cities*. Washington，DC：Federal Housing Administration.
- Knox，P.，& Pinch，S.（2000）. *Urban social geography*. NewYork：Prentice Hall.
- Miller，R.（1982）. Household activity patterns in 19th century suburbs：A time-geographic exploration. *Annals, Association of American Geographers*，72，355 - 371.
- Schnore，L. F.（1973）. Social classes in cities and suburbs. In A. Hawley & V. P. Rock（Eds.），*Segregation in residential areas*. Washington，DC：National Academy of Sciences.

Richard Harris 文

宋晨译 陈恒校

社会福音
SOCIAL GOSPEL

从 19 世纪 70 年代到第一次世界大战，有组织的宗教团体提议改善美国国内的社会、经济和政治环境，特别是城市之中的。最初被称为"社会基督教"（Social Christianity），这一由神职人员和世俗人士构成的运动逐步被命名为"社会福音"。尽管它的影响范围触及乡村地区，并且设法解决州和国家的问题，但社会福音主要还是关注于城市化和工业化可能的后果。"社会福音"一词最初应用于白人新教徒身上，随后也包括了罗马天主教、犹太教和那些加入到那个时代宗教激励的社会改革的非裔美国人。这一运动还通过小说触及到了流行文化，例如查尔斯·谢尔登的《跟随他的脚踪》（*In His Steps*）一书，召唤城市教会的成员按照"耶稣会怎么做？"来行动。支持者通过布道、书籍、祈祷、赞美诗、主日学校课程、全国杂志和劳工日报，来散布社会福音的观念和提议。神学院发起了基督教的社会学课程，其中一些课程要求野外考察。相信宗教拯救牵涉到救赎社会，而不仅仅是个人，经济学家理查德·埃利（Richard T. Ely）极力主张使用社会科学研究。在赞同这一结论的情况下，波士顿的布利斯（W. D. P.

Bliss）出版了一部浩大的《社会改革百科全书》（*Encyclopedia of Social Reform*，1897 年），而且城市教会充分利用社会调查来理解他们所在社区的状况。利用可追溯至 19 世纪 30 年代的激进主义祖先和来自大不列颠和德国的意识形态影响，社会福音支持者清晰地表达了一套独特的思想。唤起人们对那些黄金法则和仁慈的撒马利亚人这类圣经教训的记忆的同时，社会福音运动的领导人谴责经济上和宗教上的个人主义。牧师通过对促使无情的竞争、贪婪、权力滥用和财富差距的资本主义进行揭发，要求基督徒相互协作来改造社会。社会福音的思想家批评教会自身在富有成员的影响下而堕落，罔顾不公正的行为，以及将礼拜仪式从日常生活的环境中分离出来。相信上帝是内在的，这些神职人员催促基督徒在地球上创立上帝的国度，通过援助民众直接的生理需求以及他们永恒的精神幸福。一些社会福利的支持者，像是乔赛亚·斯特朗，将城市描述为充满危机的地方，但是大多数人对于创建一个更好的、更公正的社会秩序表示乐观。在《基督教与社会危机》（1907 年）一书中提供了社会福音思想最好的精髓，罗切斯特神学院的教授沃尔特·劳申布什对其在纽约市的地狱厨房一所教堂中担任 11 年的牧师职务大加利用。罗马天主教的激进分子求助于教宗利奥十三世 1891 年的教皇通谕《新通谕》（*Rerum Novarum*）；在 20 世纪早期，明尼苏达州圣保罗神学院的神父约翰·瑞安阐明了天主教对社会公正的责任的基础。少数杰出的领袖，比如劳申布什、布利斯和威尔斯利教授维达·斯卡德，公开支持多种形式的基督教社会主义，但是大多数社会福音的支持者强调社会服务的项目和实现社会公正的改革。实现这些目标的中介范围，可以从个人到整个教会会众，到妇女的宗派协会，到全市新的不同宗教信仰的团体，再到当地的市民组织。

19 世纪 80 年代，一些城市的教众寻求去满足物质和精神需求，通过创建组织化的教堂，为社区居民在整个星期内提供实际服务。组织化的教堂时常配备有图书馆、阅览室、洗浴设施、厨房、健身房和运动场，同样也提供职业介绍所、药房、社交俱乐部、幼儿园和教育项目，其中包括职业培训、音乐和外语课程。1894 年，公开的或制度化的教会联盟组织推动了机构化的教堂，其数量不久便超过了一百家，包括南方城市的白人和黑人教堂。由宗教团体资助的社区改良会所同样为工人阶级社区提供了各种不同的服务。成立于 19 世纪 90 年代早期波士顿安多弗会所（Andover House）和芝加哥普膳堂，在 1910 年合并了

70 多个基督教和 24 个犹太教定居点。频繁地受到宗教信念的激励,世俗定居点的工人同样也调查了城市问题并提出解决措施。

社会福音的神职人员和世俗人士时常引领着为城市改革所作的努力。绰号为"黄金律"的塞缪尔·琼斯(Samuel M. "Golden Rule" Jones)在担任工厂主期间以及 1897—1904 年担任俄亥俄州托莱多市的改革市长期间,都应用了宗教原则。琼斯的政府扩大了学校项目,延伸了市政服务,建立了公共的娱乐设施,为援助穷人而开创了新的方式,并为市政职员创立了每日 8 小时的工作制。在芝加哥的大学社区改良会所(University Settlement),玛丽·麦克道尔坚定地抗议牲畜饲养场附近不卫生的环境。在其他城市,社会福音领袖拥护卫生改革,并在抵抗诸如肺结核和黄热病之类疾病的运动中,承担了领导角色。弗吉尼亚州里士满的女信徒领导了为争取更好的学校和妇女选举权的运动。1911 年和 1912 年福音派的人类与宗教前进运动(Men and Religion Forward Movement)刺激了从哈特福德到达拉斯再到德梅因各地的社区来解决各种不同的社会问题,包括廉价公寓和失业问题。一些社会福音的提倡者将酒馆和妓院视为剥削的来源,支持戒酒和扫黄行动。从克利夫兰到亚特兰大再到纽约,非洲裔美国人的教会不仅提供社会事工,而且还作为公开谴责种族隔离、剥夺公民权和私刑等行为的场所。

社会福音的提倡者们稳步地加强他们对于美国工厂中工作环境的抗议。19 世纪后期,华盛顿·格拉登在三座城市担任牧师期间,目睹了工人的艰难困苦,并写了一系列书籍和文章来声援产业公正。格拉登捍卫工人罢工的权利,并在劳资纠纷中充当调解人。1887 年,美国圣公会教徒组建了提高劳工利益的教会协会(Church Association for the Advancement of the Interests of Labor,CAIL),并在东部和中西部城市中建立牧师会。该协会主要是一个教育团体,调解一些劳资纠纷,为血汗工厂的劳工抗议,并公开支持各种能使工人获益的改革。其他少数几个牧师支持工会,一些则积极地支持由矿工、屠宰工和钢铁工人发起的罢工。做过机修工的传教士查尔斯·斯特尔(Charles Stelzle)从组织化宗教的首要使者转变成支持隶属工会的劳工的立场。20 世纪早期,他在工厂中主持会议,在多家报刊同时发表的每周专栏上撰写文章,这些专栏出现在 300 多份劳工报纸中,他还在纽约的长老会劳工教堂指导创新性的项目。

社会福音的支持者们推动改善工作环境的法律。在阿拉巴马州的蒙哥马利,圣公会的教区牧师埃德加·加德纳·墨菲(Edgar Gardner Murphy)发起了全国童工委员会,长老会的牧师亚历山大·麦克勒维(Alexander McKelwey)在亚特兰大指导了该委员会的活动。1908 年,各教派间的全美基督教协进会采纳了"社会信条"(Social Creed of the Churches)。保证工业安全、最低生活保障工资、一周工作六天,和较短的工作时间,这一信条号召停止使用童工和血汗工厂,1912 年,它又为工会、养老金和工伤保险增添了明确的支持。在 1911 年纽约三角内衣工厂火灾之后的一次大会上,拉比斯蒂芬·怀斯控告教会和犹太教会堂为了社会地位,而不是社会公正,并且他公开支持一份冗长的工业改革清单。1919 年全国范围的钢铁罢工促使了由教会联合世界运动委员会(Interchurch World Movement)开展的一项广泛调查,而且它的批评性报道加剧了公愤,导致了 1923 年钢铁行业 12 小时工作日的结束。

社会福音运动在很大程度上与进步主义运动同时发生,并在其间发挥了重要的宗教影响。评论家批评社会福音者和进步主义者过度乐观,与阶级密切相关,并倾向于低估改革美国社会所需的变革范围。然而,社会福音转变了所处时代的神学观点,将宗教机构和成员带入公共领域,为许多美国城市中的重大进步发挥了促进作用。

亦可参阅:沃尔特·劳申布什(Rauschenbusch, Walter),城市与郊区中的宗教(Religion in Cities and Suburbs)

延伸阅读书目:

● Abell, A. I. (1943). *The urban impact on American Protestantism*, 1865 - 1900. Hamden, CT: Archon.

● Bliss, W. D. P. (1897). *Encyclopedia of social reform*. New York: Funk & Wagnalls.

● Curtis, S. (1991). *A consuming faith: The social gospel and modern American culture*. Columbia, MO: University of Missouri Press.

● Hopkins, C. H. (1967). *The rise of the social gospel in American Protestantism*, 1865 - 1915. New Haven, CT: Yale University Press.

● Smith, G. S. (2000). *The search of social salvation: Social Christianity and America*, 1880 - 1925. Lanham, MD: Lexington Books.

● White, R. C., Jr. (1990). *Liberty and justice for all: Racial reform and the social gospel* (1877 - 1925). Chapel Hill, NC: University of North Carolina Press.

● White, R. C., Jr., & Hopkins, C. H. (1976). *The social gospel: Religion and reform in changing America.* Philadelphia: Temple University Press.

Samuel C. Shepherd Jr. 文
宋晨译　陈恒校

社会流动性
SOCIAL MOBILITY

社会流动性通常被定义为个人或群体从一种社会地位向另一种社会地位的流动。这种流动可能包括在一个水平面内流动性，比如当一个人从一个宗教团体转向了另一个宗教团体、结婚或者离婚，或改变工作地点但保持相同的职业地位。同一阶层的社会流动不同于地域上的流动，地域上的流动涉及到物理空间内的移动，但不一定包括社会地位的转变，尽管社会流动性可能会伴随着地域上的流动。当个人或群体从一个社会阶层上升或下降到另一个社会阶层，便会出现垂直流动。对这一类移动的估算，可能会通过一个人一生之中社会地位的变化（一个职业流动性的过程），通过比较几代人取得成就的变化（代际流动），或将按照由年龄、族裔、种族、区域或者其他分组人口所取得社会成就的某种衡量，与分组人口为其余社会的一部分（群体流动）的社会进行相似的衡量联系起来。由于不同的个体、群体和社会对社会成就和地位有着不同的定义，因此社会科学家时常利用诸如职业、收入和持有资产等经验标准来代表层级，通过层级来评定垂直流动和一些同一层次的流动。此外，城市随着其人口、经济、政治和文化结构的变动，为社会流动性的研究提供了最常见的语境。

在美国城市史上，许多因素影响到社会流动性的范围和方向。从个体流动的角度看，一个人的家庭（父母的社会经济阶层）、种族、族裔、宗教、教育程度（正规教育和职业技能）以及身体或心理的承受能力（缺乏能力），已经成为决定社会地位和最终社会移动的重要因素。也有超越个体的因素，包括社区的类型（例如平等主义或独裁主义）或社会的工业化或现代化程度。通常人们相信，城市化伴随着其非农就业的增加、新公司和职业的出现和正式教育机构的扩展促使了更多有活力的社会流动，包括依照不同评价尺度的向上和向下流动，相较于乡村社会出现的社会流动。这些因素的结合赋予了城市界限特别分明的社会（阶级）结构。

城市因此提供衡量社会流动的不同尺度，但衡量的过程受到了两种因素的影响，即在复杂的城市社会中如何界定社会等级的高低，以及研究者所选定的社会流动的范围。在对城市社会流动性的历史分析中，职业和职业类别充当了社会地位的常见表征，这主要是因为有关大量人口的信息记载，如人口普查、城市黄页等数据往往没有关于收入的记录，但却包含了职业信息，即便是去世许久的人，其职业信息也有存留。当与所持地产的价值相关信息可以利用时，地产也会被考虑在内，但是地产所有权可能比职业相对不可靠，因为个人或许并不能正当地代表他们实际持有的财产。当决定互不关联职业之间的明确等级令人困惑时，历史学家大体上接受了六类一般的职业范畴：无需专门技能的、半熟练的、需要熟练技能的、办公室文书工作、业主和管理类的，和从事脑力劳动职业的。尽管这些范畴之间的界限是相对的，有时还是模糊的，比如半熟练与熟练之间、管理类的与从事脑力劳动的之间，但是存在对蓝领职业之间主要差别的普遍认同——那些在前三个范畴中的职业，以及和白领职业——那些在后三个范畴中的职业。有意义的流动性据说出现于当一个人或一群人在这两大范畴之间展示出的向上或向下的流动。

美国文化源自于乐观主义和扩张中的国家，已培育了这一前提，即雄心和艰苦工作开启了通向成功的道路。城市生活有着自身的喧嚣和复杂的经济，提供了特殊的机遇就像各种故事里的那样。然而实际上，从较低的社会地位上升到较高地位的路径极少能够轻易实现。那些拥有最高收入工作和最多财富的个体通常带着各种优势开始他们的事业，包括出身（富有的父母和/或家庭关系）、性别（男性）、种族（白人）、国籍（本土出生），和获得资本的渠道。所有时代，那些占据流动阶梯最底端的个人或群体，通常缺少某些或者所有优势。他们可能经历过渐进式改善——也就是说，从一个非技术类工作到一个半熟练的工作或者获得一小块地产——或者可能凭借某种非凡的天赋在体育界或者娱乐界获得巨额（尽管时常是暂时的）收入。几乎在每个时代，职位有所改善的人数超过了那些从高层级下降到低层次的人数。此外，即便一个人无法在其一生中沿着社会等级经历某种地位向上的转变，但对于个体的后代，通常是儿子，仍留有好的机遇获得比他们父母更高的地位。然而通常来说，白手起家的故事都是一个神话。

在以平等主义和民主为特征的社会中，所有人都可能表现某种流动。相比之下，封闭的社会以独裁主义和刻板的社会结构为特征,例如奴隶制或种姓制度,这类社会的特点是有限的或堵塞的社会流动性。从历史上来看,美国的城市社会已经显示出两种情况,对于大多数白人族裔群体,包括本土出生的,18世纪和19世纪早期的商业扩张、19世纪的工业化、从19世纪后期一直到20世纪的白领职位和服务业职位的增长,以及20世纪后期和21世纪初期后工业经济和信息经济的兴起为社会经济的进步创造了大量机会。然而对于一些白人群体,特别是低薪的男性和女性工人,和大部分少数族裔群体来说,机会是有限的,因为剥削和偏见收窄或者关闭了晋升的渠道。

尽管社会流动现象的研究已反映出美国城市生活的重要模式和趋势,但一些因素减轻了它的重要性。首先,正如上面指出的,尽管职业为社会经济地位提供了一个切入的视角,但历史学家还是努力去完全理解过去城市社会中职位变化的过程。大概在一个相对不受封建或行会限制的社会,大多数获得职位的渠道是以资历和才干为基础。正如上面指出的,这一完美的典范很少能够实现;还有,个人是如何恰好选择和获得他们的工作模式,以及他们为什么可能会从一份工作转换成另外一份工作,这一直都是一个复杂的过程,并不总是很清楚。尽管在费城和其他城市,个人和家庭的关系似乎比正式的雇佣惯例更为重要,至少直到最近,大部分蓝领职业是以较高的人员流动率为特征的,经常反映了向上和向下的双向流动。

其次,大部分社会流动的历史研究集中在男人的职业、代际和群体(族裔、种族等等)经历。然而,城市女性的社会流动模式通常所走的路线,对于她们的性别来说,一直以来都是独特的。许多文化障碍,包括公开的和不易察觉的,限制了女性的社会流动,并且直到近期,都堵塞了她们进入专业性的、商业的和手艺性的职业。除了两个群体的女性——寡妇和(极少的)独立的成年妇女——被降低到较低的社会地位之外,过去大多数妇女的社会地位是与丈夫、父亲、兄长,或其他男性连在一起的。因而,女性的流动性不是她们自己的。此外,决定女性流动路径的难度已经为研究者试图随着时间变化来追踪她们的过去提出了挑战,随着妇女由于婚姻而在姓氏上发生突然改变,使得在接连的记录中比如人口普查和城市黄页中,查找和联系特定女性变得混乱。

无论如何,女性、特别是那些生活在城市中的女性,已经展现了各种不同的地位变化,这反映了她们地位和身份的重要品质。在17世纪和18世纪,一些地方政府允许妇女、特别是寡妇获得并管理财产。这些妇女拥有并运营着各种小商店,迎合了城市消费者的需求,并拥有一些社会声望。在广泛工业化和许多手工业消失前的时代,妻子和女儿经常在家中男性工匠的身旁劳动。有时这些女性学会了重要的技能,当家中主要维持生计之人病倒了,或丧失了工作能力、为了军事任务或者流动性劳工的原因而不在家时,女性便有能力支撑家庭经济。类似的模式也出现在小型商业店铺中,家中的男主人担当业主,妻子也会分担一些管理职责。统计数据和其他调查,反映出这一假设即只有当一个男人能够获得高薪聘用,才会经常忽视妇女在更大经济中的作用。通过与社会地位在她之上的男性结婚,女性可以获得更高的社会地位。19世纪后期和20世纪早期,大多城市职业的扩展,例如教学、社会工作和护理,为女性实现社会流动提供了新的机会。此外,随着高等教育在20世纪后半叶到21世纪期间的发展,一些女性——尽管她们的数量不成比例地少于男性——有能力进入地位高的职业任职,比如医药和法律,并且进入公司的层级中。日益增多的女性甚至使政治成为她们的职业。

再次,虽然社会流动性毫无疑问地已是美国文化的一个核心组成部分,但在现实的经历中它的位置仍有争论。社会流动性的历史研究,特别当它出现在城市背景中,已经认为向上流动的频率,甚至那些流动以小幅增量出现时也足以减弱激进主义的上升,而激进主义可能挑战了资本主义的主导地位和现有的阶级结构。这就是为何——根据这种解释——社会主义或任何一种合作经济制度未能像在其他一些工业化国家一样牢牢地固定下来。据称,流动的意识形态如此强大,以致于即使一个人不能在社会中上升,那么对于这个人所在群体的希望,特别是对下一代的希望将会发挥抑制政治动乱和防止改变体制尝试的作用。

这一解释包含了些许准确性。对不同城市的流动模式的研究,包括纽伯里波特、奥马哈、洛杉矶、波士顿、大急流城、亚特兰大和其他城市,反映了不同时期,在职业流动的频率和方向上存在着相当大的一致性,而对资本主义的挑战至多是次要的。然而,关于反资本主义的力量在整个美国历史上一直是微弱的基本假设,仍有待进一步检验。若干对于美国城市工人阶级,甚至一些白领员工的分析已经确定了反对资本主义的暗流,并且已经在一些移民社区揭开了社会主义的口袋。此外,流动性的意识形态并不一定是对于可能会出现比其他地方更为温顺的政治激进主义的解释因素。族裔和种族冲突、无处不在的地域上的流动,和政治民主的神话可能会抑制对州的抗议。

最后，社会流动性的重要性在其理想的和现实的维度中，以及它与成功概念的关系中可能会有些虚假。美国人的成功伦理源自中产阶级对经济收入、消费主义和社会地位之间关联的强调。然而，在过去的时代中，通向更高收入、更多商品和声誉的道路中，冒险便嵌入在铺设的过程中。一些最常出现的向下流动出现在一些城市居民身上，他们尝试从蓝领上升到业主的地位，但是失败了，原因在于他们的商店、酒馆，或其他类型的商铺失去了顾客，积攒了过多的债务，或者仅仅缺少精明的管理。此外，伴随工业和后工业经济而来的转变将一些技术工人和白领工作者推到职业阶梯的底端，先前理想的工作被淘汰。因而，一些城市群体和个人重视手工技能，而鄙视白领职业。德国的木匠和意大利的石匠可能已将他们对自己手艺的自豪感转移到美国，并认为会计师的工作会降低身份，他们或许已经弄清楚他们的儿子继续从事传统技艺，而不是寻求一些新的但又不确定的职业。与此同时，家庭可能为孩子牺牲了职业机会，通过储蓄来获得财产，而不是投资于教育。社会流动并不是每个人的理想，文化偏好影响到了社会流动的模式。

显然，美国人的成功伦理是中产阶级的构想，其中社会流动性连同消费主义扮演了重要的角色。对于许多城市群体来说，安全感而非物质上的成功定义了什么是成功。当商业周期的频繁波动以工资削减和失业的不确定性威胁到工人时，并且当小生意的失利成为常见现象，一份安全的工作和由此带来的稳定收入，连带着拥有一座自己的房子，可能比攀登不确定的职业阶梯更加意味着成功。

然而，对社会流动性准则的认可已经对美国文化产生了强大影响。鼓舞人心的和约定俗成的文学一贯地证实了物质改善与心理和精神改善的目标，那些取得重大物质成就的人为了替他们的成功辩护和慰藉他们的良心，而充分利用流动性的神话，即贫穷对于财富是没有障碍的。的确，一些个人，比如霍雷肖·阿尔杰和安德鲁·卡内基声称贫困是先决条件，一种激励个人地位提升的品质。此外，构成流动性的要素取决于个人和群体的期待。当一些人只以从蓝领到业主或管理地位的主要转换来界定向上的社会移动时，而对其他人来说，一份周薪和自己拥有住房就代表着对前途未卜的切实改善。变量和许多其他替代性的选择，给予了许多城市居民在美国梦中的一份股金。因此，尽管社会流动性已经渗透到大众的意识形态中，但是城市史告诫人们它有着内在的复杂性。

延伸阅读书目：

- Barton, J. (1975). *Peasants and strangers*: *Italians, Rumanians, and Slovaks in an American city*, 1890 - 1950. Cambridge, MA: Harvard University Press.

- Bodnar, J., Simon, R., & Weber, M. P. (1982). *Lives of their own*: *Blacks, Italians, and Poles in Pittsburgh*, 1900 - 1960. Urbana: University of Illinois Press.

- Chudacoff, H. P. (1982). Success and security: The meaning of social mobility in America. In S. I. Kutler & S. N. Katz (Eds.), *The promise of American history*: *Progress and prospects*. Baltimore: Johns Hopkins University Press.

- Griffen, C., & Griffen, S. (1978). *Natives and newcomers*: *The ordering of opportunity in mid-19th-century Poughkeepsie*. Cambridge, MA: Harvard University Press.

- Licht, W. (1992). *Getting work*: *Philadelphia*, 1840 - 1950. Cambridge, MA: Harvard University Press.

- Sorokin, P. (1927). *Social mobility*. New York: Harper & Brothers.

- Thernstrom, S. (1964). *Poverty and progress*: *Social mobility in a 19th-century city*. Cambridge, MA: Harvard University Press.

- Thernstrom, S. (1973). *The other Bostonians*: *Poverty and progress in the American metropolis*, 1880 - 1970. Cambridge, MA: Harvard University Press.

- Zunz, O. (1982). *The changing face of inequality*: *Urbanization, industrial development, and immigration in Detroit*, 1880 - 1920. Chicago: University of Chicago Press.

Howard P. Chudacoff 文

宋晨译　陈恒校

社会抗议
SOCIAL PROTEST

社会抗议是一种挑战目前存在事物的举动。一项社会抗议可能是通过个人或者一个或多个群体反对一种真实的或可察觉的社会罪恶而作出的一种回应。当个体相信一个特殊的行动、判决、行为，或者人侵犯了他们的价值体系，那么个体接着会决定是否针对这一状况而采取行动或公开演讲。社会抗议一般与社会运动联系在一起，并与尝试纠正错误相关联。

社会抗议在本质上并不一定是暴力的。一些抗议可能以一项非暴力的行动呼吁开始,而以暴力形式来收尾,例如动乱或死亡。自殖民地时期开始,社会抗议已成为美国的一部分。大部分抗议集中于相关问题上缺少代表制,例如税收、介入军事冲突、各种政府决策、学校政策、雇佣合同或缺少合同和环境问题。社会抗议的方式包括非暴力的公民抵抗行动,例如抵制特定的产品或服务,和关于具体行动呼吁的请愿书的分发和签署,例如撤销一名政府官员或绝食抗议。公民抵抗的一些形式,比如静坐示威、游行或示威、进行罢工纠察以及罢工,可能以非暴力的形式开始,但是时常在暴力的状况下收场,比如动乱或针对个人的身体伤害。这些年来,社会抗议以不同的形式出现,从新闻文章和社论、歌曲和诗歌到诸如焚烧国旗这样的活动。社会抗议行动的部署经常出现在教堂,特别是非洲裔美国人的教堂和大学中。

最值得一提的社会抗议包括波士顿倾茶事件、妇女选举权运动的抵制和游行与 20 世纪 60 年代的民权运动,以及发生在肯特州立大学的动乱,此外还有抗议美国参加越南战争的静坐和游行示威。

一项并不广为人知的社会抗议行动是发生在 19 世纪 20 和 30 年代的废除奴隶制的努力。当时的策略包括分发要求废除奴隶制的请愿书、举办由获得解放的奴隶作为演讲者的演讲以及利用黑人报纸《自由周刊》,希望能够就奴隶制的现实状况来教育公众(白人)。获得解放的非洲裔美国人同样组建了反抗组织,例如马萨诸塞有色人种总协会(Massachusetts General Colored Association)开始于 1826 年,并积极地参与到援助逃亡奴隶的行动中。这一早期反对奴隶制的社会抗议行动,反映了社会抗议与社会运动之间的联系。

距离 20 世纪 60 年代的民权运动和罗莎·帕克斯(Rosa Parks)拒绝在公共汽车让座事件长达 75 年以上之久。在 19 世纪 80 年代初期,艾达·韦尔斯(Ida B. Wells)拒绝被送至火车的吸烟区,当时她被告知交出她在"白人区"的座位。她后来成功地控告了铁路公司。在之后的生活中,韦尔斯对私刑提出抗议,通过编制统计数据、发表文章和通过媒体公开发表反对私刑的言论。作为孟菲斯报纸《自由言论与头灯》的合伙人,韦尔斯利用她的写作能力和地位来影响对于托马斯·莫斯、卡尔文·麦克道尔和亨利·斯图尔特施用私刑的抗议行动。韦尔斯催促非洲裔美国人攒钱离开孟菲斯前往西部,结果便是许多白人的生意破产。韦尔斯还呼吁黑人抵制乘坐铁路机车来进一步推动抗议行动。20 世纪 60 年代会在民权抗议私刑和其他种族主义行为的中心见证类似的事件。20 世纪 60 年代同

样也会见证越来越多学生抗议行动的参与。而最为人们广泛熟知的抗议之一是学生拒绝离开伍尔沃斯的反抗行动,原因在于他们是黑人而被拒绝提供服务。静坐示威作为一种社会抗议的形式,在 60 年代变得流行起来,全美各地的许多学生都在使用这种方式。小马丁·路德·金和黑人组织者集中于以非暴力的方式在全美进行抗议种族主义的行动,并寻求通过立法来推进种族平等的事业。

三 K 党的反抗运动采用了被称为游击战和恐怖主义的暴力策略,来支持早在 19 世纪 70 年代出现的奴隶制意识形态和白人至上主义,他们的意识形态直到今天仍在美国的一些地区存在。

在 20 世纪 60 年代和 70 年代,学生经常以反对越战和民权为目标组织抗议活动。投入战争经常导致大量的社会抗议活动。肯特州立大学的学生抗议经常被用作社会抗议的典型。为了回应美国对柬埔寨增多的干预,学生烧毁了一座预备役军官训练团的建筑,并为宪法举办了模拟的葬礼。俄亥俄州州长通过派遣俄亥俄州国民警卫队进行应对,结果造成四名学生死亡。

妇女选举权运动包含了为了妇女投票权而发起的各种不同的社会抗议行动。当时出现了大量请愿、游行示威和绝食抗议。妇女参政论者最为关键的策略是利用在地方层面组织活动的关系网来动员妇女达到州和国家对妇女投票权的支持。妇女在白宫前游行示威,并在被捕的时候上演绝食抗议。尽管妇女使用非暴力的手段进行抗议,但她们经常也会遭遇由反对她们的男性和女性实施的身体暴力和监狱囚禁。赋予女性投票权的修正案于 1920 年通过,但是平等权利修正案还有待批准。

工人阶级民众的社会抗议是由退场、怠工和纠察队员的罢工构成,经常抗议的是恶劣的工作环境、少得可怜的工资、缺少适当的利益,或者所有这些问题。许多工人的罢工对美国的经济产生了重大影响,特别是 1893 年由美国铁路工会发起的普尔曼铁路罢工和 1981 年空中交通管制员的退场。空中交通管制员的罢工致使美国总统罗纳德·里根决定解除罢工者的雇佣关系,原因在于这场罢工在全国造成的经济影响。

亦可参阅:黑豹党(Black Panther Party),黑人权力(Black Power),教育中的种族融合(Desegregation of Education),三 K 党(Ku Klux Klan),全国有色人种协进会(National Association for the Advancement of Colored People),全国城市联盟(National Urban League),种族骚乱(Race Riots),动乱(Rioting)

745

延伸阅读书目：

- Friedman, L. J. , & McGarvie, M. D. (Eds.). (2003). *Charity, philanthropy, and civility in American history*. New York: Cambridge University Press.
- Morris, A. D. (1984). *The origins of the Civil Rights Movement: Black communities organizing for change*. New York: Free Press.
- Skolnick, J. H. , & the United States Task Force on Demonstrations, Protests and Group Violence. (1969). *The politics of protest*. New York: Simon & Schuster.
- Wells, I. B. (1970). *Crusade for justice: The autobiography of Ida B. Wells* (A. M. Duster, Ed.). Chicago: University ofChicago Press.
- Zaeske, S. (2003). *Signatures of citizenship: Petitioning, antislavery, and women's political identity*. Chapel Hill: University of North Carolina Press.

Teresa M. Reinders 文

宋晨译 陈恒校

社会服务与慈善事业
SOCIAL SERVICES AND CHARITY

慈善最早的含义之一是将通常留给家庭的爱和慷慨延伸到更大社区中的举动。到 18 世纪，这一观念扩展到包括对邻里的仁爱之举、给予穷人的恩惠、在评判他人时的宽大和体谅到他们的缺点。到 19 世纪中期，"慈善"一词从定义一套个人的价值变为描述一个独立的实体，大量慈善机构发展为满足城市贫民各种不同的需求。为穷人服务的组织在 20 世纪扩大了三次，分别发生在进步主义时期、新政时期和伟大社会时期。然而到 20 世纪末，政府扩大的职责面临着严峻的阻力，对福利国家的强烈抵制导致了社会服务的削减和关于个人对自身福利负责的早期观点的回归。

美国对于那些需要帮助之人的政策起源

美国人对于依赖和慈善的看法出自殖民地时期的文化和法律。"依赖的"和"赤贫者"两个词表明了责任的范畴，开始于父权制家庭，接着转移到成年期的个人和没有其他方式存在的社区。随着新共和国的形成，慈善在理论或实践上几乎没有出现变化。

一个健全而又至关重要的民主有赖于独立和自立的公民，他们不仅能自食其力，还能供养那些依赖他们的人。同住一所房子的人——确切来说是一个家庭，

提供了抵御贫困的主线。那些在这一背景下注定依赖他人之人——例如奴隶、契约劳工、妇女、青年——并没有获得"完全"公民的资格；更准确地说，他们家中的男主人顾及了他们的利益，至少在理论上如此，而赤贫者则没有获得这种家长式统治的保护。

新共和国的城镇和城市将它们的政策面向贫民，并以地方的和有限的政府、志愿慈善和自由放任经济政策这些原则为基础，在没有给财产设置不必要限制的前提下保护了个人的权利。因此，当家庭或私人破产后，城镇委员会通过多种方式来与贫民打交道，包括将孤儿当作契约劳工进行拍卖，资助市民来为那些不能工作的人提供食宿，以及"警告"（护送出镇）那些该社区认为是品质低劣的赤贫者。这些政策通过区分值得救济的穷人与不值得救济的穷人，平衡了个人责任和自立的文化价值与慈善机构的集体价值。

19 世纪的变化

到 19 世纪 30 年代，在慈善机构的传统体制中出现了分裂。市场经济繁荣与萧条的循环，与人口从农场向城镇的迁入和第一波大规模欧洲移民涌入美国城市相结合，打乱了安全的传统方式。到 19 世纪中期，内战造成了数十万名寡妇、孤儿和残疾人，南部各州的自由男性和自由女性最终迁移到美国城市中寻找工作。他们常常发觉自己处在艰苦的环境中，而没有传统的援助关系网。公共的贫困救济提供了有限的实物援助，但这个时代城市慈善机构中最重大的变化来自私营部门。

三类慈善活动在这个时期发生了演变。首先，自助和互助的团体尝试去满足各自选民的需要，同时在快速扩展和人口稠密的城市社区中保持自治的群体价值。成百上千的小型慈善机构以宗教、族裔或国家归属为基础，为选民提供日间托儿所、领养、养老院或私人疗养院方面的服务。第二，社会改革家受到宗教利益或人道利益的驱动，寻求在关爱那些极度需要帮助的人过程中，加入公共的和私人的资源。这些动机导致了第一代机构照护的出现，作为精神病患者、老人或残疾人的收容所而著称。第三，乐善好施的慈善协会的出现部分来自中产阶级和精英的一种新的文化价值观，其中那些拥有财富之人可以通过他们指向贫民的慷慨的和乐善好施的活动，来使他们的社会地位广为人知。商人构成了这些群体的委员会，同时由他们妻子和女儿组成的辅助性组织进行援助。许多最早的慈善机构，例如芝加哥救济和援助协会，是在一场巨大的城市灾难后组建的。它们联合含有慈善价值的私人基

金,塑造和影响了城市社会服务的提供长达半个世纪。

出自镀金时代（1878—1890 年）经济整合的财富与权力的巨大集中夸大了这些先前的趋势。《财富的福音》一文使富人对穷人的责任的正当化,并开出药方;那些拥有巨大财富的人对那些贫穷之人负有责任。对于一个人经济地位的个体责任的文化理想和精英阶层贵族般的仁慈保留了社会契约的概念,同时调节富人与穷人之间的极端差别。慈善组织协会（Charity Organization Society）下属的数百个地方分会在美国城市的新社会环境中组建。慈善组织协会重新讨论了关于谁应当接受救济（制定严格的规则）和谁应当提供救济（接受过培训的专业人士）。到 19 世纪 80 年代末,这些协会已经为纽约市、巴尔的摩、芝加哥、费城和波士顿的慈善工作者开启了教育项目。

进步主义时代:19 世纪 90 年代到 1917 年

有限的地方政府能够在人口保持相对较小的规模和同质性的地方运行良好。然而,随着人口的多样化、市场的扩展和工业跨越州的边界,地方的回应是不充分的。此外,随着许多城市居民取得经济独立的障碍变得更加明显,认为贫穷是个人责任的传统看法变得较为不可信。

在 19 世纪末期,第二波欧洲移民塞满了城市居民区,单身妇女进入了工厂车间,来自南部各州的非洲裔美国人移民充斥于东北部和上中西部的城市中。所有领域的工作中,辛勤的工作和冷静的努力将会促成自给自足的假设,都会在种族隔离的面前显得苍白无力。工业生产为儿童、妇女和男人创造了有危害的工作环境,但几乎或者完全没有为由家庭支柱的受伤或死亡而引起的经济混乱承担责任。

社区改良运动变成一次创新,旨在将新的思想和新的人们引入到社会服务工作中。社区改良工作者寻求通过作为邻居生活在穷人和工人阶级中间来对"城市底层"（Urban Masses）作出响应。白人主导的、本土出生的、中产阶级的、新教的社区改良工作者在城市社区中义务提供服务,比如为工作的父母提供日间托儿所、健康婴儿诊所、公共阅览室和儿童游戏。芝加哥的赫尔会所和纽约市的亨利街社区改良会所在全美现存的数百个社区改良会所中,提供了两个开明的社区改良案例。男性和女性都参与其中,第一代接受大学教育的妇女在社区改良会所中找到了独特的机遇。社区改良会所还为早期的社会科学家提供了城市实验室,他们可以将科学方法应用于当前的社会问题,并规划下一代的社会工作培训。

教育将友好访问者转变成受过培训的社会工作者。纽约市的爱德华·迪瓦恩,巴尔的摩的玛丽·里奇蒙,在芝加哥公民与慈善学校（后来的芝加哥大学社会服务学院）有朱丽娅·莱斯罗普,和后来加入的索福尼斯巴·布雷肯里奇（Sophonisba Breckinridge）及伊迪斯·阿博特,他们领导了这些学校在社会科学探究、实验和调查的早期形式,为了更好地理解贫困和相关社会问题的原因和对策。

在第一次世界大战结束之时,慈善机构和新兴的社会工作专业领域仍保持着种族上的隔离。种族和族裔群体有赖于他们自己社区的支持。芝加哥有两个社区改良会所致力于非州裔美国人社区,亚特兰大同样也是。但是这一时期对非裔美国人产生最大影响的最重要的组织不是社区改良会所,而是全国城市联盟。成立于 1911 年的城市联盟认为它的当务之急是帮助个人实现自立。因此,它将精力集中在面向全国城市中黑人的职业培训和就业服务。

城市中公共慈善服务的提供是将原来的救济方法与一些富有新意的创新进行结合。极度贫困之人请求了"户外援助",换言之,以生活用品、食物、鞋或者医疗护理为形式的间断性援助允许人们待在家中。"室内援助"是将人们重新安置到救济院,这是由县域政府提供的机构式照护。与此同时,一些全美最大的城市引入了更大的公共资源对准社会服务,正如市政的福利部门研究了贫困与住房,救济部门扩大了它们的办事处和预算,法院也迅速增加并多样化地分为少年法庭、家庭关系法庭（Court of Domestic Relations）和家庭法庭（Family Courts）。甚至州立法的项目,比如母亲的退休金取决于地方财政收入和地方社会工作结构对法律实施的支持。无论公共的或私人的,室内的或户外的,存在于 20 世纪 20 年代末的慈善机构和社会服务的网络在收益上是微薄的,在覆盖面上是有限的,而且只为"值得救助的穷人"而设。

经济大萧条

全国各地的城市都经历了大萧条引发的经济危机所带来的剧痛,流动的失业人口首先迁移到城市寻找工作,然后再寻求公共援助。对于援助需求增长的同时,公共收入却在缩水,对私人慈善机构的捐赠也在锐减。城市通过建立临时的无家可归者的收容所来作出应对,这些收容所几乎专门是为流浪汉而设,流浪汉可以作为零工作为交换,获得一晚的寄宿和一顿饭。在芝加哥和纽约市,工人们组建了失业工人理事会,就缺少就业机会进行抗议。对于人类危机和政治动荡现象感到恐慌,社会工作者加入城市行政官员行列,请求联邦政府予以援助来减轻危机。

新政政策通过为老年人、残疾人和那些在符合要求的部门工作的家庭幸存者建立社会保险,来调整社会服务。它建立了一项面向失业人口的州立项目,并且它给予各州选项,来参与到针对绝对贫困人口的援助项目:包括不能自立的儿童、残疾人和老人。自治市在平衡了联邦、州和地方的权力之中实施了这些项目。这种为了实施联邦新政的福利政策而平衡各州权力的安排,导致城市成为了20世纪后期福利政策抗争的战场。

自由福利国家:1945年——1980年

大萧条时期,就业流失使城市遭受了最沉重的打击,而城市却成为了战时工业生产和战后经济繁荣最大的受益方。经济繁荣不仅出现在东北部和上中西部这些传统的工业城市,还出现在太平洋沿岸和阳光带各州的城市中。战后的经济致使许多美国人相信,任何一个想要工作的人都能找到一份工作,因而不再需要福利。事实上,战后期间的经济转型创造了不同层次的机会。许多被排除在工作部门之外的妇女和少数种族或族裔群体进入了新的工作领域。第二波大规模移民将成百上千的拉美裔和非州裔美国人带到了美国的大城市中。这批移民寻求除农业劳动之外的就业机会,他们加速对于经济公正、法律公正和社会公正的需求并一直延续到世纪末。然而,正如迈克尔·哈林的《另一个美国》一书所讲述的,大量的贫困现象存在于世界上最富有的国家,并且"相对不平等"给城市(乡村)地区提出了新问题。年龄、种族和婚姻状况预示了谁会占有那些贫困地区。与哈灵顿的结构性和人口学解释相矛盾的是,"贫困文化"论点的支持者认为,世代的贫民采取了使他们的贫困延续的行为。在整个60和70年代,一代社会工作者、专业学者、政治家和慈善家使用这两种范式来推进他们各自关于反贫困政策的议题。

到约翰·肯尼迪宣誓就任总统,社会科学家已经描述了美国新的贫困人口统计学特征。年轻人、老人和之前被剥夺公民权的人构成了贫民的大多数。肯尼迪的新边疆政策和约翰逊的伟大社会计划尝试利用收入转移和改进后的服务来满足那些群体的需求,具体体现在示范城市项目、医疗补助项目、医疗保险制度和家庭抚养子女补助项目。日间托儿机构为努力将接受福利救济的母亲引入到工作队伍中作了补充。人力与就业工作团尝试为工作培训那些没有工作经验的人。城市更新项目在内城区的新公寓中提供了住房补贴。为自立人群提供服务和为工薪阶层提供补贴的结合,

在美国城市中实施的脱贫项目试图在没有促成经济依赖前,全力以赴启动经济机会。联邦政府采取的这些积极措施在许多城市中遭到了反对,包括阳光带中"极为年轻的"城市,那些在历史上公共开支较低的处于南方腹地的城市,以及最后那些东北部和中西部的工业城市。

主要城市从民权组织和反贫穷的团体中感到了增大的压力。全国福利权利组织(National Welfare Rights Organization,NWRO)在美国大多数主要城市和乡村的县域地区中都设有分支机构。建立在民权的社区激进主义和像索尔·阿林斯基这样的激进社会工作者之上,福利权利运动试图将贫民的权利列入城市的议程之上。力主留在家中和抚养他们孩子的权利,并拒绝把工作项目当作"劳动福利",全国福利权利组织举行了对抗活动,这为接受福利救济的家庭获得了短期的福利费。

社会契约的转变:从政府回到个人

到20世纪70年代早期,对于社会福利制度方面的公共开支的强烈抵制已经较为明显。政治家正式对"福利舞弊"提出批评,试图削减对于这些项目的开支。20世纪60年代的种族矛盾在动乱和政治暗杀中达到高潮,使民权运动停顿下来。这一朝向收入转移的增加来减少贫困的趋势,转向了强调更多地依赖市场力量的政策。为了支持针对失业人口和受供养者而增加税收激起了纳税人的愤怒,精简的政府却获得了巨大的公共支持。

共和党革命的新联邦主义不仅将一个新的政治联盟引入到全国政治中,还改变了城市为社会福利事业筹措资金的能力。社会福利事业从联邦政府向州政府的权力下放就社会福利而言,确保了强加于州和地方收入的制约因素将会限制项目的发展长达数十年。新联邦主义重新恢复了"个人责任"一词的活力。对于个体的关注将这一观点从创造需求的结构因素中去掉,特别是海外制造业工作的流失,部分由于中东的垄断而造成的能源消费成本的上升,和工人薪金中实际收入的停滞。同时,社会福利事业的公共供给招致了批评,而向个体的转变使公共基金对私人福利服务资助的增加变得正当合理。"信仰为本"的机构,私人慈善机构部门,冲破了政教分离的障碍而收获了靠税金支持的资金来提供社会服务。

结论

21世纪初,城市由于移民、公共卫生和失业再次

面临不同寻常的需求。20世纪早期见证了扩大服务和政府职责的努力，作为增进民主、保障家庭和从公共服务中分离宗教的一种方式。20世纪中期，新政的社会保险制度寻求确保公民的健康和福利。半个世纪过后，公民及其政府之间社会契约关系的增强面临着私营化、对市场力量依赖和基于宗教信仰的社会福利动议恢复的挑战。可谓是旧貌换新颜。

亦可参阅：伊迪斯·阿博特（Abbott，Edith），简·亚当斯（Addams，Jane），慈善组织协会（Charity Organization Society），约翰逊政府的城市政策（Johnson Administration：Urban Policy），肯尼迪政府的城市政策（KennedyAdministration：Urban Policy），全国城市联盟（National Urban League），新政时期的城市政策（NewDeal：Urban Policy），慈善事业（Philanthropy），城市的贫困与福利（Poverty and Welfare inCities），社区改良运动（Settlement House Movement），社会福利（Social Welfare），莉莲·沃尔德（Wald，Lillian D.），向贫困宣战（War on Poverty）

延伸阅读书目：

- Abbott, E. A. （1940）. *Public assistance：Vol. 1. American principles and policies*. Chicago：University of Chicago Press.
- Flanagan, M. A. （2002）. *Seeing with their hearts：Chicago women and the vision of the good city，1871 - 1933*. Princeton, NJ：Princeton University Press.
- Ginzberg, L. D. （1990）. *Women and the work of benevolence：Morality，politics and class in the nineteenth-century United States*. New Haven, CT：Yale University Press.
- Gordon, L. （1994）. *Pitied but not entitled：Single mothers and the history of welfare，1890 - 1935*. New York：Free Press.
- Harrington, M. （1997）. *The other America*. New York：Scribner.
- Katz, M. B. （1996）. *In the shadow of the poorhouse：A social history of welfare in America*. New York：Basic Books.
- McCarthy, K. D. （1982）. *Noblesse oblige：Charity and cultural philanthropy in Chicago，1849 - 1929*. Chicago：University of Chicago Press.
- Patterson, J. T. （1986）. *America's struggle against poverty，1900 - 1985*. Cambridge, MA：Harvard University Press.
- Wilson, W. J. （1987）. *The truly disadvantaged：The inner city，the underclass，and public policy*. Chicago：University of Chicago Press.

Joanne L. Goodwin 文
宋晨译　陈恒校

社会福利
SOCIAL WELFARE

社会福利指的是社会使用一切手段，通过帮助贫困的个人来为所有人提供优质或高质量的生活，其计划包括社会的、经济的、医疗的、精神的和生理的要素。接受者一般不能控制或影响他们自己的环境；这些人包括贫穷的成人和儿童、精神病患者、罪犯以及患病者或残疾人。

历史

慈善机构所提供的社会福利的历史可以追溯至中世纪的教会，它将慈善机构的管理委托给教会领袖。许多慈善行为通过教会来管理，教会按照《圣经》的原则设置和给予福利。英国是第一个颁布关于穷人立法的国家，即1601年的《伊丽莎白济贫法》。这些法律把穷人分类为值得救济、虚弱无力的穷人——残疾人和儿童——以及不值得救济的穷人——体格健全的穷人。它将照顾值得救济穷人的责任指派给州、地方行政区和家庭。最早的现代福利法于19世纪80年代在德国颁布，在此期间，政府通过志愿机构实施了一项全国的社会福利政策。直到20世纪20年代和30年代，大部分西方国家都采用类似的计划。在这之前，家庭、地方社区以及宗教和世俗慈善组织构成了社会福利制度的支柱。

在美国，内战刺激了大规模的救济项目，例如美国卫生委员会、美国红十字会和援助贫困人口的自由民事务局。此时和此后，随着美国城市开始发展，富人与宗教和世俗慈善组织也开始解决贫民、移民和赤贫者的问题。到19世纪，私人的慈善团体和自助团体在社会服务的提供方面发挥了重要作用。诸如改善穷人状况协会和儿童援助协会之类的组织开始调查像在公寓房屋和儿童福利院这类地方的社会状况。

进步主义时期的开始引发慈善组织社会事业性质的工作，例如美国慈善组织协会（American Charity Organization Society，COS），成立于1877年来帮助移民同化和鼓励穷人采用自助的援助模式。美国慈善组织协会关注于儿童福利、就业、以及对穷人的技能和职业培训。这项运动早于社区改良运动，是对工业社会与移民所产生后果的另一种回应。社区改良会所朝向改善穷人生活条件和为提供他们技能培训的方向发展。社区改良会所的工作人员定居在他们打算要帮助的人之中，卷入到他们生活的社区网络里，并通过模拟行为和直接指导进行教导。简·亚当斯和艾伦·盖茨·斯塔尔于 1889 年一同建立了最著名的社区改良会所——芝加哥的赫尔会所。到第一次世界大战，进步运动领袖的工作已经减少，而美国政府机构变得更加致力于社会福利，取代了非正式的服务网络。

20 世纪 30 年代的大萧条促使政府对于日益增长的对社会福利的关切进行系统地回应。因此，总统富兰克林·罗斯福的新政于 1935 年建立了社会保障制度。社会保障制度和贫困儿童补助计划（Aid to Dependent Children, ADC）为美国现代的联邦福利国家的建立奠定了基础。贫困儿童补助计划开始只是一个小项目，其中联邦政府为援助寡妇、孤儿、离婚的人或被抛弃的母亲及其孩子提供现金补贴。罗斯福政府开创了美国社会保险的行政管理，并且首次指定政府作为向贫民提供社会公益服务的主要参与者。这一转变推动了社会福利事业的逐步扩展，不仅是对贫民的财政救济，还包括住房、乡村问题、娱乐和文化活动、儿童福利项目以及面向所有美国人的多元化的社会保险形式。20 世纪 60 年代，约翰逊政府致力于应对不断上升的全国贫困率而推出了"向贫困宣战"项目，这也是政府福利项目的高潮。创造一个"伟大社会"的推力催生了医疗保险、医疗补助计划、公共住房、食品与营养计划、城市复兴方案和更多的儿童福利及其他项目。然而，美国福利制度的自由主义受到了 20 世纪 70 年代和 80 年代保守政府的反对，联邦政府的福利开支逐步下降，并且开始将社会福利的责任转移给州一级政府。美国福利国家政策的大半得以保留至 1996 年，直至克林顿政府实施了"福利改革"，很大程度上未发生改变。这一立法为需要帮助的家庭提供暂时性援助计划（Temporary Assistance forNeedy Families, TANF），暂停了失怙儿童家庭补助计划（AFDC），实际上减少了政府对个人提供的财政补贴，对受益者的工作和行为举止及资助年限都有严格要求。凭借有限的、更小数额的联邦给予各州的拨款来资助这些项目，县和城市的责任却更多了。这将提供社会公益服务的大部分责任留给了地方社区与私人的和慈善的组织。

21 世纪初，社会福利事业通过公共的和私人的机构运作，联邦出资州和地方政府提供碎片化的服务。私营部门的服务提供方正式地嵌入到这一网络之中，包括私人企业、慈善组织和志愿慈善机构。非正式的参与者包括地方社区、友人、邻里和家庭。各种正式和非正式的提供方参与到服务提供的程度随着时间推移而增加，还有更多州和地方层面的组织直接参与其中。服务的碎片化使得小规模的世俗和宗教组织大量的进入福利供应者一方。这些团体现在是扩大的福利国家的一部分——这一主体承担了满足低收入个体的社会和健康需求的责任——部分地是由于 1996 年福利改革立法中慈善选择（Charitable Choice）条款的通过。

当前的争论

三个群体支配了当前对于社会福利的争论——自由主义者、保守主义者和激进分子。自由主义者和保守主义者分别代表了民主党和共和党，他们自 20 世纪 60 年代和 70 年代起便开始争论福利国家的未来。这些群体同意当前的体制是不起作用的，而且贫困的问题只有当在各个层面都采取积极措施才能解决。然而，民主党人强调社会结构限制了个人自立的能力，建议为人们提供掌握技能所需要的工具，这些技能对于获得可持续的就业机会是必要的。相比之下，共和党人则更倾向于从个人自上寻找原因，这一论断集中于个人的缺点，因而以求助于心理学理论和医疗途径作为解决方法。他们承认应当归咎于一些结构性的原因，但强调行为才是社会问题根源。他们给出的方案集中在改变行为和恢复传统价值，像道德和艰苦工作、完整的家庭以及自我负责。

激进分子关于结束社会福利体制的观点出现于 20 世纪 80 年代早期，他们认为穷人没有工作能力，维持生计靠的是其它人的税款。激进的观点与保守主义者的个人原因重要性的观点较为相似。然而，激进主义者不相信行为可以通过政府的项目来改变。相反，他们建议所有使人们与他们行为的自然后果相隔绝的项目都应当被废止。他们建议需要援助的人们应当通过非正式的手段，经由家庭、教会和社区或者私人慈善机构的资源来获取支持。不幸的是，许多穷人没有获取资源的渠道，因此没有能力从他们当前的状态脱离出来。这是存在于许多低收入社区的黏合式社会资本的缺点。未来的社会福利政策将有可能更多地集中于自我责任心、教育和技能培养上。

西方的观点难胜难负取决于社会的状况，主要是经济状况。例如，当大部分人在这个体制内运转良好，那些发现很难在其中生存的人被认为是失败的。补救性计划帮助他们在当前的体制中变成有效的参与者。然而，当大部分人无法在这个体制内较好地运转时，那么这一体系就需要修正。

亦可参阅：克林顿政府时期的城市政策（Clinton Administration：Urban Policy），大萧条和城市（Great Depression and Cities），赫尔会所（Hull-House），约翰逊政府时期的城市政策（Johnson Administration：Urban Policy），新政时期的城市政策（New Deal：Urban Policy），城市中的贫困与福利（Poverty and Welfarein Cities），公共住房（Public Housing），基督教救世军（Salvation Army），社区改良运动（Settlement House Movement），租屋（Tenement），志愿精神与志愿团体（Voluntarism and Voluntary Associations），向贫困宣战（War on Poverty），妇女促进城市改进组织和志愿者协会（Women's Civic Improvement Organizations and Voluntary Associations）

延伸阅读书目：

- Axinn, J. , & Stern, M. J. (2001). *Social welfare：A history of the American response to need*. Boston：Allyn & Bacon.
- Cnaan, R. A. , Wineburg, R. J. , & Boddie, S. C. (1999). *Thenewer deal：Social work and religion in partnership*. New York：Columbia University Press.
- Dolgoff, R. , & Feldstein, D. (2003). *Understanding social welfare*(5th ed.). Boston：Allyn & Bacon.
- Putnam, R. D. (2000). *Bowling alone：The collapse and revival of American community*. New York：Simon & Schuster.
- Spain, D. (2001). Redemptive places, charitable choice and welfare reform. *Journal of the American Planning Association*, 67, 249–262.
- Wilson, W. J. (1997). *When work disappears：The world of the new urban poor*. New York：Vintage Press.

Nisha D. Botchwey 文

宋晨译　陈恒校

芝加哥南区
SOUTH SIDE OF CHICAGO

芝加哥南区见证了这里从密歇根湖沿岸的荒野到巨肩之城的演变。它从散乱丛生的野生大蒜开始，充

足的大蒜为它印第安语的名称芝加哥（Chicagou）即"散发臭味的地方"提供了嗅觉上的正当理由。除了密歇根湖本身之外，这个区域关键的地理要素便是芝加哥河，这条河从五大湖流出，在分成南北支流前流经一英里地区。从芝加哥河，欧洲的探险者能够经由水路和陆路到达德斯普兰斯河（Des Plaines River），划桨进入伊利诺伊河，并最终到达密西西比河。这条去往内陆腹地的便利通道为南区在早期的城镇规划的重要性创造了条件。

到 18 世纪 90 年代，只有零星几个殖民者出现在芝加哥河沿岸，真正的开发要等到 1832 年的黑鹰战争尘埃落定。早期的居民喜爱芝加哥河干流以南的地区，因为它提供了去往密歇根湖和南侧支流的通道。这条河沿岸出现了码头停泊处和锯木厂，在这些锯木厂中，威斯康星的木料可以转化成用于盖气球状房屋的木材，这种房屋当时在整个中西部非常受欢迎。其他利用这条缓慢流动水道的商业包括谷物升降机和面粉。1848 年伊利诺伊和密歇根运河的完工，对于南区和芝加哥市的未来至关重要。通过将芝加哥河的南侧支流与下游河道相连接（消除了对陆上搬运的需要），五大湖通过连续的水路"抵达了"密西西比河，芝加哥作为这个国家首要湖港的支配地位得以确保。在下一个十年铁路开通后，它们一般通过南边来靠近芝加哥，原因在于它们从北边绕开主要的运输通道从东海岸到密西西比地区。铁路线带来了更多的工厂、工作职位和工人。

随着内战的到来，芝加哥的企业家预见到了一次极为难得的机会，即从辛辛那提那里夺取这个国家的"猪肉城"（Porkopolis）的王冠。当地的家禽利益集团于 1865 年机敏地将他们散布的牲畜围场移动到南区一个集中的地点，想要建造一个铁路终点站，用于该区域猪和牛的出售。联合家畜公司（Union Stockyards）再一次带动了相关产业的集聚。在 19 世纪 70 年代冷藏车的改进以后，肉类加工业的全国市场迅速扩展，充分展现了沿着畜牧场修建屠宰场的智慧。大约同一时期，乔治·普尔曼创建了他的模范工业城镇，位于南区的远端，卡拉麦特湖（Lake Calumet）的西侧。正如联合家畜公司导致了罐头城（Packingtown）的出现，普尔曼镇同样也将其他产业吸引到了卡拉麦特湖地区，为五大湖区的蒸汽机船创造了第二个目的地。1922 年，卡拉麦特及沙卡纳奇运河（Cal-Sag Canal）从卡拉麦特湖开始向西修建，为密歇根湖与密西西比河之间提供了第二条交通路线——两条线路都横穿南区。同样在 19 世纪 80 年代，距离普尔曼的铁路车辆修理保养厂

较短的地方,伊利诺伊钢铁公司修建了一座制造基地,最终发展为巨大的南芝加哥钢铁联合厂。到20世纪初,必不可少的五大湖—密西西比河交通路线得到了保证,芝加哥船舶与环境卫生运河取代了伊利诺伊和密歇根运河,并且在这个过程中,该运河解决了屡次发生的污染问题,通过反转芝加哥河的流向和排空其中的污染物到密歇根湖。南边已成为这个地区工业实力的集中点。然而一个世纪之后,这些工业巨头已经侵蚀到20世纪后期锈蚀带的典型代表中。

一些企业家通过投资变得极其富有,并沿着南草原大道——这座城市最初优先考虑的大道——修建了富丽堂皇的宅第,总的来说,南区居住的人总是穿着蓝领。爱尔兰裔、德国裔、波兰裔和意大利裔移民在距离这个城市的工厂步行可达的范围内,修建了族裔聚居区。教堂的尖塔和工业的烟囱成为了当地景观的特征。在这个社区建筑之中,沿着南州街发展出了一个地理上的狭窄地区,成为城市中非洲裔美国人的容身之处。正如20世纪所展现的,布朗赞维尔(Bronzeville)突破了其最初的边界线,原因是数以千计前佃农来到北方寻找有意义的职业和体面的居所。在1919年的8月,白人与黑人之间对于这些基本需求的冲突,爆发成为这座城市最暴力的种族冲突。在接下来的二十年时间里,随着爵士乐和蓝调音乐的大师路易斯·阿姆斯特朗和穆迪·沃特斯在全美和全世界成名,布朗兹维尔成为了这座城市的音乐发源地。

按照官方的说法,南区开始于麦迪逊大道、芝加哥河干流以南半英里,尽管许多南区人宁愿宣称拥有对于一切向上延伸至河流边缘的属地权。在其他人看来,南区的起点在第12街罗斯福路,位于下城的南端。不管怎样,下城的东部向南延伸至足够远的地方,将任何人定义的南区都包括进去,开发出芝加哥壮观的前院,以格兰特公园而为人们熟知。利用建在废物填充场的创见性景观,格兰特公园与这座城市典型的博物馆排列在一起:芝加哥艺术学院、谢德水族馆、阿德勒天文馆和菲尔德自然史博物馆。格兰特公园往南四英里是科学与工业博物馆,是丹尼尔·伯纳姆白城的旧址,也是在芝加哥举办的第一次世博会的所在地:1893年的哥伦布纪念博览会。而往西一英里是这座城市首位的私立高等教育机构——芝加哥大学。而芝加哥大学往西北3英里处自1910年起,以一种形式或另一种形式,坐落着南区人喜爱的职业棒球队——芝加哥白袜队的主场。

南区总是以阶级和种族作为其标记。第二次世界大战后,新移民的后代从他们靠近牲畜饲养场和钢铁厂的"老街区"迁往城市的西端,那里一排狭长条带状的平房提供了郊区的生活方式,并继续保持着种族间的隔离。今天,像芝加哥草地(Chicago Lawn)和格林伍德山(Mount Greenwood)的社区是数以千计白人市政员工的家庭所在地,他们被要求住在市区范围内。在更老旧的社区中,芝加哥黑人要应对荒废的公寓和高耸的公共住房项目,例如罗伯特·泰勒之家。哈罗德·华盛顿,这座城市唯一选举产生的黑人市长便出自这片地区。他具有历史意义而又简短的任期(1983—1987年)前后是老理查德·戴利与他的儿子小理查德·戴利对城市的绝对控制。戴利家族来自布里奇波特社区,是美国最后一个大城市的政治机器。最近,这座城市中来自拉丁美洲的最新移民复兴了以前的移民社区,比如比尔森(Pilsen)和小村庄(Little Village)。在过去二十年里,他们稳固了自己作为街区选民的地位,他们的选票可以扭转任何一次选举中的权力平衡。

从最初作为发臭的沼泽地到作为全国第二位城市的著名地位,如果所言不虚的话,芝加哥在北美大陆达到了显著的地位之上。而处于这一地理优势中心地位的便是这座城市的南区。

延伸阅读书目:

- Bachin, R. F. (2003). *Building in South Side*. Chicago:University of Chicago Press.
- Cutler, I. (1982). *Chicago, metropolis of the mid-continent*. Dubuque, IA: Kendall/Hunt.
- Grossman, J. R. (1989). *Land of hope*. Chicago:University of Chicago Press.
- Pacyga, D. (1991). *Polish immigrants and industrial Chicago*. Chicago: University of Chicago Press.

Thomas J. Jablonsky 文

宋晨译　陈恒校

西班牙殖民城镇与城市
SPANISH COLONIAL TOWNS AND CITIES

美国一些最古老和最大的城市源自西班牙城镇。佛罗里达州的圣奥古斯丁建立于1565年,是这个国家最古老的欧洲殖民地。另一个值得尊敬的例子是建立于1610年的圣菲。带有西班牙源头的大城市包括圣安东尼奥(建立于1718年)、圣迭戈(1769年)、旧金山

（1776年）和洛杉矶（1781年）。在未来美国的领土上，西班牙殖民城镇和城市成为从西班牙引入的城市规划典范，适合于边疆的环境。在墨西哥的中部和南部，西班牙人将统治强加于已存的土著美国人的城市和城镇之上。在像阿兹特克帝国的首都特诺奇蒂特兰这样的城市中，西班牙人简单地将他们的建筑和城市秩序强加于印第安人的城市之上。大型的金字塔神庙被夷为平地，并被巨大的中心广场所取代，13英亩的索卡洛广场，左右两侧分别由大都会教堂和国家性建筑相伴，构成了墨西哥城的中心。在其他城市中，教区总教堂有时建在庙丘的顶部，以建筑形式代表着墨西哥后征服时期的权力关系。

随着西班牙人冒险前往北方，他们发现一片土著美国人定居社区的区域——新墨西哥领地和今日亚利桑那州的印第安人保留地。其他地方他们发现了游牧文化，或者至少在西班牙人眼中是游牧性的文化。在这里，西班牙人不得不创建完全新的社区。这些社区遵循了应用于西班牙的城镇规划模式。如同运用于英属美洲街道网格，这里的街道网格创造了一套成直角交错的笔直大道方案。不像美国的这类街道网格是南北成一条线的，西班牙的模式则以一定的角度来布置街道网格。在这种方案中，道路是从东北通向西南或西北通向东南。例如，洛杉矶的下城仍然按照这种有角度的网络来布置。当英裔美国人开始在19世纪扩展城市，他们猛烈扭动网格中的街道来符合主导的美国模式。结果，前往下城的街道弯曲成一种陡直的角度，随着开车的司机走近城市中心。

在每一个印第安人村庄的中心都矗立着一个广场。这里是公民、社会和经济生活的中心，既是市场又是仪式空间，也是人口聚居的场所。这些广场仍然保留在一些由西班牙人建立的城市中，尽管广场经常被美国当局转换成适合于雕塑而不一定适于社会生活的观赏性公园。位于圣达菲的广场情况也是如此。在广场附近布置的是教堂和市政厅，充当用于一个同样名称镇议会的会场。其他政府建筑同样坐落于附近地区。新奥尔良的游客很少意识到，当他们站在位于法国区中心的杰克逊广场时，他们实际上是在西班牙城镇的中心。圣路易斯的教区总教堂、市政厅和长老院，以及法国区几乎所有最古老的建筑，实际上都源自于西班牙，建于1763年到1800年间西班牙人统治这座城市的时期。

除了在北方建立新的定居点，西班牙人必须发展出一种新的帝国体制，一种能将居无定所的印第安人转化为一个扩展之后西班牙帝国的稳定臣民。这一新体制的中心机构是传教团、要塞和印第安人聚集地。这三个机构是为了服务于不同的功能。印第安人聚集地是在新西班牙政府的批准下，由西班牙殖民者建立的城镇。在传教团中，土著人被迫地集中起来，并接受训练，学习如同西班牙人般的进行礼拜、生活和工作，连带着他们劳力对传教活动的支持。一些传道活动证明在经济上是成功的，但对于印第安人来说却是人口上的灾难，印第安人以惊人的数量死于欧洲的疾病。印第安人聚集地或军事要塞充当了军事行动和士兵住房的基地。

这至少说明了新的帝国体系试图如何运转，而现实更为复杂。传教团、要塞和印第安人聚集地三个分离的机构几乎都不是独立的。在传教团聚集的印第安人中新入教者时常得以保留，原因只是附近村镇的士兵强迫他们进行保持。印第安人聚集地同样也有赖于要塞的保护，而且经常与传教团进行经济上的往来。更进一步，每个机构中讲西班牙语的居民远离墨西哥或加勒比海地区的城市地区，为了贸易和伙伴关系他们相互依赖。从经济到爱人的关系网，连接着西班牙帝国这些不同的表现形式。此外，传教团和要塞同样引发了新的殖民。图森（Tucson）于1775年作为一个要塞而开始发展的，并且圣迭戈的发展紧邻着一个传教团。

另外一点也同样重要，关系到许多所谓的西班牙殖民者的实际身份。在加利福尼亚、西南的内陆地区、得克萨斯、西班牙占领的路易斯安那和佛罗里达，种族等级制度发生着演变，给予那些拥有纯正西班牙血统的人最大的种族特权，但在实际的西班牙人极少的区域也是如此操作。殖民者和士兵同样更有可能是拉丁裔与印第安人混血儿或黑白混血儿的后代，带有印第安人或非洲人的血统。许多其他殖民者完全没有西班牙人的血统——他们是重新在北部边界定居的印第安人。例如，洛杉矶最初的44个殖民者中，只有一个人可能是西班牙人，甚至还不确定。尽管遵照西班牙的设计和遵守西班牙的统治，但是未来美国中西班牙城市和城镇实际上是混合种族起源的人们的故乡，许多现在居住在城市中墨西哥裔美国人的祖先在西班牙帝国时期便建立了，并且这也是他们最长久的遗产。

延伸阅读书目：

● De la Teja，J. F.（1995）. *San Antonio de Béxar：A community on new Spain's northern frontier.* Albuquerque，NM：University of New Mexico Press.

● Jones，O. L.，Jr.（1979）. *Los Paisanos：Spanish settlers*

on the northern frontier of new Spain. Norman, OH: University of Oklahoma Press.

- Monroy, D. (1990). *Thrown among strangers: The making of Mexican culture in frontier California.* Berkeley, CA: University of California.
- Weber, D. J. (1992). *The Spanish frontier in North America.* New Haven, CT: Yale University Press.

Lawrence Culver 文

宋晨译　陈恒校

房产税特别税
SPECIAL ASSESSMENTS

房产税特别税(也称作公用事业专用税——译者注)是向房产业主征税的费用,来资助公共设施的改进,与他们预期的房产价值的上升结果相称。最常见的房产税特别税包括因街道、人行道和下水道的改进,以及电力供应或电话线的安装或升级而征收的款项。房产税特别税避免了普通税收的上涨,将资源和投资保持在使其能最直接地有助益的社区中,并使财富的重新分配减到最少。这反映了征税应当以有益于个体公民,而不是他们支付的能力。这种资助公共工程的方式可追溯至17世纪,但在19世纪30年代到60年代的美国城市中成为最常见的事。在19世纪后期,房产税特别税的重要性下降了,并且在20世纪30年代几乎完全被淘汰。然而,它们从来没有完全消失,并保留为许多城市中公共融资的一种基本策略,特别在那些带有保守政治倾向的城市中。在20世纪80年代,房产税特别税出现了复苏,在一系列抗税风潮席卷全美之后,部分地对地方政府征税的新限制作出回应。

房产税特别税使地方政府保持分割状态,避免了集中化的决策。当房产税特别税是强制性的,它们必须由房产业主提出动议,而且对于它们的批准而进行的投票是以所拥有房产的价值为基础所作的权衡,而不是受影响的房产业主的数量。房产税特别税的基本原则是房产应当从与征税数额相称的改进中受益,并且决策应当以这些改进的利益集团为基础。总之,房产税特别税受到了中上层阶级,还有商业和房地产利益集团的欢迎。它们代表着关于公共设施改进不受党派影响的路径,消除了全市范围内协商的需要,使当选官员的干预降到最低,并回避了地方政府角色的敏感问题。因而,房产税特别税有效地使决策过程私人化,

而且破坏了民主。

在19世纪,房产税特别税加大了不同社区之间的经济差距,在没有资助基本服务和基础设施的方法的情况下,穷人或工人阶级城市居民时常被遗忘。它们通过减少对于全市范围内公共工程的支持促成了城市物质环境的肮脏,或19世纪城市"显而易见的失败"。房产税特别税移除了由市政当局对污水和供水系统进行支付的方式,在这个过程中,留下了带有高比例租金的社区和无望进行技术改造的缺席业主。贫困社区中令人惊恐的肮脏状况和不卫生的环境,激发了进步主义时期的公共卫生运动,这一运动可以部分地归因于房产税特别税对城市的影响。

房产税特别税开始随着地区的形成,而根植于地方政府的结构中,通过常设机构来使这种资助的方式机制化。为每个新项目进行组织和请愿的方式被取代,征收特别税的地区为一系列社区改进拨款。

到20世纪初,一些因素促使了房产税特别税重要性的下降。进步主义的政治哲学使"公益"这个引入注目的概念得以复兴,改革家们致力于提升重新组织后的市政府的权威,并提高它们的税基。它们支持城市在促进经济发展、服务的中心化和之前利用特别税所取得的改进方面发挥积极作用。随着公共工程变得更具野心,并在规模上日趋庞大,直接将它们与地产价值关联起来变得不切实际。此外,特别税应当与改进措施的价值严格相称的原则开始让步于一个更为宽容的法律和政治途径来组建一个专门用途的政府。专区(Special District)、具备评定房产税额或征收费用能力的公营机构和土地征用权开始出现,在不需要基于个体房产业主的利益时来调整特别税。这些政府机构出现在全美各地的城市地区中;到1942年,每一个州和华盛顿特区都公布了独立的专区。在整个20世纪,专区是地方政府中增长最快的要素。

在20世纪30年代期间,房产税特别税几乎消失了。一个中性的、起重要作用的州的概念让步于一个促进其全体公民利益的积极的州的概念。联邦政府开始通过新政为由城市和州发起的公共工程拨款,来鼓励这一奋斗目标。许多地区采取了征收个人所得税和销售税,减少房产税的整体重要性,并进一步去除个人从税收中获益的原则。

通货膨胀、中产阶级的平民主义和财政保守主义等因素的汇合导致了20世纪70年代的一系列抗税风潮,给地方房产税定限额,并引起了市政机构长期的预算问题。里根政府时期联邦政府削减开支以及倾向于去中心化和权力下放的意识形态气候,加剧了这些问

题。结果便是 20 世纪 80 年代,在城市和非建制的地区中出现了房产税特别税的广泛复兴,为衰弱的县市机构进行补偿。最近,由商业社区构成的商业改进区开始在下城复兴的努力中发挥日渐上升的作用。

房产税特别税持久的重要性反映了地方主义在美国的势力;他们代表着一种对于集中政府权力的抗拒和一种对于征税存在已久的厌恶和恐惧,这已成为美国政治文化基础性的一部分。

延伸阅读书目:

- Briffault, R. (1999). Government for our time? Business improvement districts and urban governance. *Columbia Law Review*, 99,365 - 477.
- Radford, G. (2003). From municipal socialism to public authorities: Institutional factors in the shaping of American public enterprise. *Journal of American History*, 90,863 - 890.
- Rosewater, V. (1998). *Special assessments: A study in municipal finance* (2nd ed.). New York: AMS Press. (Original work published in 1932)
- Sbragia, A. M. (1996). *Debt wish: Entrepreneurial cities, U. S. federalism, and economic development*. Pittsburgh, PA: Universtiy of Pittsburgh Press.
- United States Bureau of the Census. (1944). *Governmental units in the United States 1942*. Washington, DC: Government Printing Office.   757

Louise Nelson Dyble 文

宋晨译　陈恒校

弗兰克·朱利安·斯普拉格
SPRAGUE, FRANK JULIAN

弗兰克·朱利安·斯普拉格(1857—1934)于 1888 年在弗吉尼亚州的里士满开发了第一个在商业上成功运营的有轨电车系统。由于他在技术上开创性工作以及将电力应用到城市公共交通中,因此他被称作“有轨电车之父”。除了在有轨电车上取得的成就,推动了城市地区的空间扩展,弗兰克·斯普拉格同样为电梯的发展作出了重要贡献。这些在电梯技术方面所取得的改进使修建更高的摩天大楼成为可能,也导致了城市地区核心地带密度的上升。

斯普拉格出生于康涅狄格州的米尔福德(Milford),曾在美国海军学院学习电气工程专业,并于 1878 年毕业。1882 年他从海军服役中请假,去为伦敦水晶宫博览会中关于电灯和发电机以及燃气发动机的奖项担任评委。在那里他遇见了一位托马斯·爱迪生的亲密合伙人——E. H. 约翰逊,在约翰逊的热切邀请下,斯普拉格于 1883 年从海军辞职,加入到了爱迪生电气公司,在那里他花了一年时间忙于各种各样的灯光项目。

1884 年,在斯普拉格离开爱迪生电气公司之后,他组建了自己的公司——斯普拉格电力铁路和发动机公司。这家公司最初集中于定速发动机的设计上,尽管他最大的兴趣是将电力牵引应用到纽约市的高架铁路上,但那时的高架铁路是由蒸汽提供动力的。但是在 1887 年和 1888 年,第一个成功的有轨电车系统由斯普拉格在弗吉尼亚州的里士满安装完成。这项成就获得了许多技术上的赞誉和公众的好评,促使斯普拉格被称作“有轨电车之父”。到 1890 年,当他把自己的公司出售给爱迪生通用电气公司时,斯普拉格已结算了 110 个电力铁路系统的合同。

随后,斯普拉格将他的注意力转向了电梯,并于 1891 年再次组建了一家新公司:斯普拉格电梯公司。当时使用的是液压升降机和蒸汽动力电梯,但是它们的运行范围有限,而且无法满足在日益增高的摩天大楼里对于高速和长时间操作的需求。斯普拉格与查尔斯·普拉特(Charles Pratt)一道开发了自动升降机,并改进了控制,然后他再一次出售了自己的公司,这一次出售给了奥的斯电梯公司。

1895 年,斯普拉格回到了电力地面交通领域,开发出了高架铁路的动力分散式控制系统,该系统废止了依靠火车头作为牵引力,允许从火车的任何一点进行控制。这个系统首先在 1897 年应用于芝加哥的南边高架铁路上。

第一次世界大战期间,斯普拉格继续为国家服务,他在海军咨询委员会任职,并协助研发了深水炸弹和延时爆炸的导火线。1927 年,他发明了一个可以允许两部电梯在同一个垂直通道里运转的系统,一个是快速或直达电梯,另一个是层层停的电梯。

斯普拉格从哥伦比亚大学、宾夕法尼亚大学和史蒂文斯理工学院获得了荣誉学位。由于取得了令人瞩目的成就,他是无数奖项和奖章的获得者。弗兰克·斯普拉格于 1934 年离世,埋葬在弗吉尼亚州的阿灵顿国家公墓中。

亦可参阅:火车站(Railroad Stations),铁路郊区(Railroad Suburbs),铁路(Railroads),快速公交(Rapid

Transit)

延伸阅读书目：

- Passer, H. (1962). Frank Julian Sprague：Father of Electric Traction, 1857 - 1934. In W. Miller (Ed.), *Men in business：Essays on the historical role of the entrepreneur* (pp. 211 – 237). New York：Harper & Row.
- Sprague, H. (1947). *Frank J. Sprague and the Edison myth*. New York：William-Frederick Press.

Paul B. Manchester 文

宋晨译　陈恒校

密苏里州圣路易斯市
ST. LOUIS, MISSOURI

本文的较早版本曾收入理查德·西森（Richard Sisson）、克里斯蒂安·扎克尔（Christian Zacher）和安德鲁·凯顿（Andrew R. L. Cayton）主编《美国中西部：区域史论文集》（The Awerican Midnest：Essayion Regional History），印第安那大学出版社，2006 年。

当然除了圣路易斯之外的地方可以同样地声称自己是一种"北方的魅力和南方的效率"有悖常理的结合。但是在少数几个城市中，历史地理学的矛盾所产生的影响与它们在圣路易斯所产生的影响一样重要。社会上和政治上与其周围腹地的分离，以及有时在其内部的分离，圣路易斯区域仍然带有"区域紧张局势"的标记，这成为了它的基础，而且随后促成了它在这片大陆中心的兴起。

所有城市都充当过渡的地点，圣路易斯也不例外。最初的法国乡村按照一种非常类似于新奥尔良的方式进行了设计（他的建立者从新奥尔良而来，是一位名叫皮埃尔·拉克利德的皮毛交易商，于前一个冬季到达这里），在密西西比河西岸升起的一块峭壁上成形的。这个地点对于到达密西西比河的交汇处（通往西部富有的皮毛王国）和已有的法国农业定居点，例如卡霍吉亚和位于对岸的德斯·沙特尔要塞，都较为便利。同样在这里，密西西比河河水深度的急剧变化为深吃水船与浅吃水船之间的地域造就了一个逻辑上的中断点。

在所有这些自然的聚合点之上划分政治边界，进一步确立了圣路易斯在 18 世纪作为文化重叠和过渡地带。七年战争的结局使得圣路易斯像路易斯安那领地的所有地方一样，从一个法国的殖民地转变为西班牙的殖民地，同时邻近的、位于东部的伊利诺伊地区由法国人手中转到英国人手中。随着密西西比河当时确立为两个帝国之间的一条边界，圣路易斯从之前的一个商路小站逐渐变为一座战略性的国际边境口岸。1780 年遭到了英国士兵和印第安人士兵联盟军队的攻击（不成功），这一西部的前哨基地甚至被短暂地列入了美国革命的军事策划中。

随着 1803 年路易斯安那购地案后的一年美国管辖权的介入，圣路易斯成为越来越多在美国出生的商人和地产开发商的家园，他们寻求利用圣路易斯作为西部补给点的潜力，将他们的政治、血统和财富与那些剩下的克里奥耳人精英进行混合。1809 年合并为一个城镇，圣路易斯吸引了相当数量的来自南北各州前往东部的移民。到 19 世纪 50 年代，这些移民共同构成了这个城市中非常重要的并列关系，包括独神论派的牧师和法国修女、激进的废奴主义者和奉行分离主义的种植园主、德雷德·斯科特（Dred Scott）与威廉·谢尔曼（William T. Sherman）。在他们的数量之上仍然增加了更丰富的族裔多样性，包括一小群自由和受奴役的黑人（1850 年总共占到了全市人口的仅仅 5% 以上），和第一波大量增长的外国人主要是爱尔兰裔和德国裔。

随着人口稳定地增长，这座城市于 19 世纪多次越过边界。第一次从河边地带向西进行的实质性扩张发生于 1841 年，而随后的兼并出现于 1855 年（到今日林荫大道的地点），1870 年，以及最终的 1876 年——是这座城市的当前边界线划定在斯金科大道（Skinker Boulevard）的日期。而作出的最后一项改变则是应对已膨胀至 30 万以上人口的需要，与一项影响深远的立法动议的批准相一致，该动议包括全美第一个自治宪章，以及将城市与所在县进行分离——这一政治特点随后更大地限制了城市兼并土地的能力，并保持了一个稳定的税基，而不是兑现向支持者所作的关于实现有效的、基于本地进行管理的承诺。

到 1900 年，这一特点使圣路易斯扩展成为全美人口上的第四大城市，包含了一整套多元的土地利用、民众和文化传统，相比较于内战之前的时期作为商业城市要更为丰富。这座城市的劳动者开采粘土来供给这个城市无处不在的砖石建筑，为铁轨和火车车厢炼制钢铁、酿制啤酒、缝补鞋子、卷制烟丝和压缩棉花。这座城市原先的商业设施持续出色地服务于它；毛皮贸易一直到 20 世纪仍然是主要的当地企业，通过从这种

758

或其他基本的商品交易中获取早期财富的银行业和信托行业,不久便加强了广泛的投资,特别是遍布整个西南贸易领地,这些领地是在墨西哥战争结束之时向这座城市开放的。圣路易斯拥有三种日常的德语报纸,一大群日渐增多的工会劳工(1877年和1900年的总罢工中的主力),当时充满活力的以威廉·马里昂·里迪创办的广泛流传的《镜报》为中心的文坛,全美最具创新的公立学校制度之一,以及由于黑人向南迁徙从重建时期临近结束起开始稳定增长,像斯科特·乔普林这样音乐家可以在这片沃土上播种拉格泰姆钢琴爵士乐(Ragtime)和都市蓝调音乐(Urban Blues)的种子。

由于竞争对手芝加哥在1893年举办世界博览会,圣路易斯的政府官员和商界要员利用他们日益增长的国家影响力来赢得之后的世界博览会:1904年的路易斯安那购买博览会。将这座城市西半侧巨大的森林公园用作博览会的场地,这座公园吸引了2000万的游客,并为世界展现了一届比以往各届博览会更宏大的场面。1907年,在世博会成功激起了对于提升后城市景观的兴趣的推动下,一个名为圣路易斯公民联盟的当地志愿团体制作了美国第一个综合性的城市规划图。1907年的城市平面图提供了一个模板,许多主要的美国城市规划师——包括乔治·凯斯勒、亨利·赖特和最重要的哈兰·巴塞洛缪——嫁接了这一模板。

专业规划师的工作在20世纪的城市中变得日益重要,原因在于私人力量推动的城市建设进程被证明并不能维持,或者改善大片遭到居住性住户和商业性住户遗弃的城市土地,他们是为了获得新近开发的郊区位置——这一进程导致了城市人口从1950年的85万以上缩减到2000年的少于35万。1966年,在这座城市着手清除了海滨街区的二十多年后,杰斐逊全国拓荒纪念园(大拱门)最终完工。在环绕下城的更为贫困的社区中,景观大道和公共资助的、多单元的住房占用了早先人口稠密的街区。州际高速公路——由巴塞洛缪和他在联邦高速公路委员会的同事一起策划——穿过了城市的南北两侧,并将大拱门的地面从下城的街道上切开。公私合营关系——例如市中心重建公司——在以增长为导向的公民进步协会团体(一种关系密切的当地企业总裁之间的秘密会议)的支持下一同工作,尝试通过轻工业、白领职业和旅游业(红雀棒球队持续受欢迎的程度使得这个任务变得相当容易,1966年红雀队从它长时间的北边主场搬入到一座新的下城体育场)的经济基础来扎根于中心城市,然而这

座城市中的许多中产阶级社区几乎看不到对于他们陷入危机状况的支持。与此同时,克莱顿的县治所在地正好处于城市边缘的西侧,放松了它的商业区划限制,而且不久成为了第一批的卫星商业中心,与下城竞争金融与零售方面的高地。

1916年的法律短暂地使种族隔离制度化,此后在限制性契约的掩盖下转入地下,该制度与城市社区的命运有很大关系,特别是非洲裔美国人口在整个20世纪在持续增长。到1970年,这座城市的北区很大程度上都是黑人,南区(没有提及周围县的大部分地区)则几乎全是白人——尽管受到美国最高法院于1948年对谢利诉克雷默一案所作的判例(它本身是北部的以圣路易斯为基础的诉讼案)的影响。随着联邦政府对黑人社区的支持很大程度上限于拆毁(正如在该城的磨溪山谷情况一样,于1960年用推土机将下城的西侧直接推平)或补助较为糟糕的公共住房(包括普鲁伊特-艾戈公共住房工程,33座位于北部的高层建筑,在它们建成不到20年的时间内便开始遭到破坏),衰败与改进与其它公共投资的结果大致相仿。

2000年,圣路易斯大都市区横跨两个州,遍及11个县,人口达50万,圣路易斯市相较于一个世纪之前,成为一个更小、对其自身的密度更为不确定的地方。对于它地位丧失的报告,转述了该城最著名的文学报告,马克·吐温的文章或许言过其实了。该城市的非洲裔美国人口(首次成为总人口中的多数)中加入了大量难民和最近几年的移民人口,包括20世纪90年代来自受到战争严重破坏的波黑地区的大约3万名难民,他们中许多人重新定居在圣路易斯大都市区。对过去规划的错误较为小心留意,社区发展基金的行政人员和私人支持的规划努力一同致力于面对不仅是下城的街道,还有许多南北两边更为贫困的社区。中产阶级的根据地仍保留着——在一些案例中有所扩展——在该城的西端和少许其他社区中,与此同时南区中在种族上更为混合的人口建议要开始结束这座城市中老的种族隔离界线。

在经济方面,这一区域致力于使其孤立的,以蓝领为主的企业顺应全球化和去工业化的趋势。医疗保健和服务业工作开始主导老工业基地,然而对这些之前家族所有公司的大型并购,例如孟山都公司、罗森普瑞纳公司和麦克唐纳道格拉斯公司,迫使当地居民更少将他们的城市想象为一个总部型的城市,而更多地想象为是分支机构的城镇。在文化上,相互矛盾的特质曾经使圣路易斯似乎是全美最北方化的南方城市和最西部化的东部城市——这些特征是这个地方奇特魅力

的一部分——这些特质同样减弱了它对国有化和全球化规范的持续攻击的抵抗力。在写作这篇文章的时候,圣路易斯人正处于挣扎之中,通过旅游业和文化创意,来构建一种新的公民认同——一种足够清晰的认同感来与那些历史层次感较少的城市竞争,圣路易斯本身所具有不确定性与矛盾冲突是它兴起并发展于北美的中心的结果。

亦可参阅:普鲁伊特-艾戈公共住房工程(Pruitt-Igoe Housing Project),城市移民(Urban Immigration),城市更新与复兴(Urban Renewal and Revitalization)

延伸阅读书目:

- Adler, J. (1991). *Yankee merchants and the making of the urban West:The rise and fall of antebellum St. Louis*. New York:Cambridge University Press.
- Ekberg, C. J. (1998). *French roots in the Illinois country:The Mississippi frontier in colonial times*. Urbana:University of Illinois Press.
- Hurley, A. (Ed.). (1997). *Common fields:An environmental history of St. Louis*. St. Louis, MO:Missouri Historical Society Press.
- Primm, J. N. (1998). *Lion of the valley:St. Louis Missouri, 1764 - 1980* (3rd ed.). St. Louis, MO:Missouri Historical Society Press.
- Sandweiss, E. (2001). *St. Louis:The evolution of an Americanurban landscape*. Philadelphia:Temple University Press.
- Sandweiss, E. (Ed.). (2003). *St. Louis in the century of Henry Shaw:A view beyond the garden wall*. Columbia:Universityof Missouri Press and Missouri Historical Society Press.

Eric Sandweiss 文

宋晨译　陈恒校

州与城市
STATES AND CITIES

在美国,市政府、城市学区和无数城市行政专区的存在都归功于州政府,除了州宪法条款限制的地方外,州议会有权规定这些地方单位的结构和权力。纵观美国历史,州政府有责任规定地方单位的存在、运行方式和执行功能。

在美国大西洋沿岸各州的一些市政府最初是英属殖民地,在殖民地时期接受了王室宪章。然而,在推翻了英国的统治之后,州议会取得了高于地方单位的主权,维护自己任意授予、修改和撤回市政宪章的权力。在美国革命之后的三十年里,现有市政府的支持者们质疑州立法委员的权力,认为他们必须经过市政当局的同意来修改该市的宪章条款。他们认为,城市宪章是授予的特权不可侵犯,是神圣的契约,其中的条款不能由州政府废除。

然而到 19 世纪 20 年代,美国法律确立了州权至上的原则。在 1819 年达特茅斯学院诉伍德沃德案中,联邦最高法院的首席大法官约翰·马歇尔解释道,市政委员会权力的授予不同于私人团体,不受宪法合同条款的保护。立法规定,市政府的权力是可以撤销的契约,可由州政府修改或废除。宪法或是任何自然法的概念均不能限制州政府建立或重建市政府的权力。在 19 世纪后期,州权至上的原则在著名的狄龙法中得到了充分的阐述。在 1872 年,爱荷华州最高法院首席大法官约翰·狄龙,在其权威性的《市政委员会法律释义》一书中,声明市政委员会实际上是州政府的产物,只能行使州政府明确授予的权力,或者由专门授权的权力中必然引申而来的和必不可少的权力。

在 19 世纪,各州议会积极地为地方政府授予权力。相反地,立法者拿出市政宪章,差不多分发给请求自治权利的每个村庄和蓬勃发展的城市中心。另外,各州政府通过了一般自治机构法,指出社区可以通过一种程序从县级官员那里获取自治地位,而无需取得州政府的立法许可。在 20 世纪早期,得益于州政府的许可态度,数以千计的自治机构布满了美国大地。在 1910 年,伊利诺斯州拥有自治市的数量达到了 1066 个,位居美国第一;宾夕法尼亚州有 880 个城市和自治市镇;而俄亥俄州则自夸拥有 784 个组成法人单位的社区。

19 世纪,各州的立法委员被证实能够接受各种有关地方政府的提议,在每次立法会议期间不经审查就批准了大量议案。在许多州,涉及某一个地区的议案会通过该地区提交给立法者,而立法者通常会毫无异议地同意地方政府的意见。如果旧金山政府赞成一项只涉及该市的议案,那么这就会成为法律。事实上,许多人都觉得州立法委员太过慷慨。私人利益和党派利益阴谋者能够轻易地规避市政府的意见,越级向或许更有同情心的州议会城市代表团呼吁。然而,如果本地议案影响到任何一方政党的利益,州立法者不一定听从地方政府的意见。如果议案涉及到政党,那么立法者就会通过投票,根据党派忠诚度来决定。因此,民主党立法者可能会忽略占主导地位的本地呼声,联合起来支持市政宪章议案,因为这个议案看起来有利于他们政党的利益,会削弱共和党。

　　一些立法者抗议大量地方议案淹没了 19 世纪的立法机构。从 1851 年俄亥俄州和印第安纳州的宪法开始,许多州禁止为城市通过专门的立法。然而为了规避这一禁令,立法者诉诸分类方法,也就是批准了适用于具有一定数量人口城市的"一般"法律,但事实上只有一个城市符合条件。另一个制止地方议案泛滥的方法是通过采纳州宪法中地方自治的条款,因而可以加强市政府的权力,限制依赖州立法机构的需求。在 1875 年,密苏里成为第一个采纳地方自治条款的州,接着 1879 年是加利福尼亚州,1889 年华盛顿州,1896 年明尼苏达州。在 20 世纪早期,地方自治成为了城市改革中一个重要的政策条目,因为好政府的拥护者认为,这样会把城市从州立法者的党派争斗中解放出来,关闭了为特殊利益集团立法的大门。在 20 世纪末,48 个州授予了其市政府某种程度上的地方自治权。

　　尽管各州所拥有地方自治权的程度不同,但通常地方自治条款允许市政府起草和采用宪章,而无须求助于州议会,并且授予地方政府对于当地事务的专属管辖权,而不是全州范围内的事务。市政府承担一种地方职能无需征得州立法机构的同意;地方自治将这些功能给予了地方政府。然而,州法院决定了哪些权力是地方的,哪些权力是全州范围意义的,通常他们把地方的范围限制得很窄。地方自治增加了地方的自主权,但没有把城市从州政府的控制中解放出来。

　　事实上,20 世纪的主导方向是州政府对市政府的监管加大和地方政府独立性的降低。在 19 世纪,为了应对党派争斗,州立法者只是偶尔控制地方自主权,但他们却没有对下级政府组织实施系统性的监管。然而在 20 世纪,州行政机关实施了空前的监管,试图确保城市和其他地方组织能够高效地运转。例如,在 20 世纪的第一个十年里,俄亥俄州和纽约州委托州政府官员为地方政府规定了一套统一的对地方政府负责的系统,并审计这些地方单位。在接下来的几十年里,这种财务监管变得非常普遍。在 1917 年,新泽西立法机构不仅授权州行政长官管理市政府财政,实施统一的会计方法,执行每年一次的审计,而且允许行政长官在地方预算执行之前进行审查,从而确保他们遵循了州政府的规定。1931 年,北卡罗莱纳州立法机构成立了地方政府委员会,来审批所有地方政府债券的发行,并便于控制任何违约地方政府的财政管理。在 20 世纪,市政府审计官不断地遵从州财政官员的指令,自来水和下水道系统必须达到州卫生局的要求,而且城市学区必须遵守州教育局规定的标准。

　　尽管市政官员抱怨州政府的干涉,但他们也谴责州政府的疏漏。在 20 世纪的头三分之二时间里,州立法机构中代表的比例不仅仅是按人口划分的。乡村区县的代表超出了应有的范围,而城市地区则被压制了。愤怒的城市领导宣称,城市由于乡巴佬立法者的冷漠——如若不是由于敌视——而遭受了损失。在 20 世纪 60 年代,美国最高法院认为代表名额的分配不均是不符合宪法精神的,因而许多人认为法庭强制重新分配代表名额,会引来一个新时代,让州政府更加偏向城市。事实上,蓬勃发展的郊区从立法委员的再次分配中获益最多,而州与城市关系的革命却没有发生。

　　在 20 世纪后期,一些州政府感到不得不以空前的力度干预城市政府。1975 年,纽约市濒临破产,纽约州将城市的财政管理交由纽约州紧急金融控制委员会来接管,该委员会由州长及其任命者来主导。直到 20 世纪 80 年代中期,全美最大的城市处在州政府的监管之下。在接下来的二十年里,纽约州还需解决扬克斯的财务问题,而宾夕法尼亚州则需挽救陷入财务危机的费城,康涅狄格州就需监管破产的布里奇波特。1991 年,马萨诸塞州将破产的切尔西市置于破产管理,州长指定接管人来管理该市长达 5 年。与此同时,新泽西州、纽约州、俄亥俄州和伊利诺伊州直接接管了某些城市学区,这些学区缺乏州政府官员的教育期望。尽管存有地方自治的观念和国家在传统上致力于草根民主,在 20 世纪末期,州政府明确认识到管理市政府的责任。如果地方官员变得软弱无力,那么各州政府就应该接管。

　　亦可参阅:地方自治(Home Rule),城市组建(Incorporation)

延伸阅读书目:

- Berman, D. R. (1995). Takeovers of local governments: An overview and evaluation of state policies. *Publius*, 25, 55 – 70.
- Gere, E. A., Jr. (1982). Dillon's rule and the Cooley doctrine: Reflections of the political culture. *Journal of Urban History*, 8, 271 – 298.
- McBain, H. L. (1916). *The law and the practice of municipal home rule*. New York: Columbia University Press.

761

- McGoldrick, J. D. (1933). *Law and practice of municipal home rule*. New York: Columbia University Press.
- Teaford, J. C. (1973). City versus state: The struggle for legal ascendancy. *The American Journal of Legal History*, 17, 51 - 65.
- Teaford, J. C. (1981). State administrative agencies and the cities 1890 - 1920. *The American Journal of Legal History*, 25, 225 - 248.
- Teaford, J. C. (1984). *The unheralded triumph: City government in America, 1870 - 1900*. Baltimore: Johns Hopkins University Press.

Jon C. Teaford 文

宋晨译　陈恒校

自由女神像
STATUE OF LIBERTY

自由女神像是美国的国家纪念碑,坐落于纽约港的自由岛上。支持美国宪政民主并反对奴隶制的法国历史学家爱德华·勒内·德·拉沃拉叶首先提出了建造纪念碑的想法,以此作为法国送给美国的礼物。在1865年的一次晚宴上,拉沃拉叶最初提出了建立塑像来作为纪念美国独立100周年和美法两国友谊的象征。

法国阿尔萨斯雕塑家弗里德利·奥古斯特·巴特勒迪被委任建造这座塑像。1869年,巴特勒迪提出为埃及总督伊斯梅尔夏设计一座纪念牌,一位女性手持火炬站在苏伊士运河的入口通道,代表"进步"或"埃及为亚洲带来光明",但遭到了拒绝。之后,巴特勒迪开始为拉沃拉叶的项目建造自由神像。到1870年,巴特勒迪建造了塑像的雏形,与他计划为埃及建造的塑像非常相似。拉沃拉叶认可了这个模型,巴特勒迪将其命名为"自由照耀世界"(法语:La Libertééclairant le monde)。1876年,在歌剧院,雕塑家向参议员琼·波泽恩(Jean Bozérian)承认,自由女神像是以他自己的母亲夏洛特·巴特勒迪为原型。工程师亚历山大·居斯塔夫·埃菲尔,也就是巴黎埃菲尔铁塔的建造者,设计了96英尺高(29.54米)的钢铁结构来支撑塑像。1871年,巴特勒迪远赴美国寻求建造塑像的经济支持,选中了贝德罗岛(1956年改名为自由岛)作为这座151英尺高(46米)、56万磅重(25.4万千克)的塑像的所在地。

这座纪念碑最初的经济支持来自法国-美国联合会,该会由拉沃拉叶于1875年成立,为塑像的建造筹集资金。1883年拉沃拉叶过世之后,他的继承人费迪南·玛丽·德·雷赛布子爵继续为完成塑像继续筹集资金。美国委员会"基座委员会"主席威廉·米·埃瓦茨和其他董事会成员负责为塑像的基座筹集资金。因为资金的筹集问题,在1876年费城的世博会上,自由女神像的手臂和火炬亮相,从1877年到1882年同样也出现在麦迪逊广场公园。这个塑像的雏形以巴特勒迪的名义出售,约瑟夫·普利策这位报业大亨在《纽约世界报》上呼吁读者捐款。基座由美国建筑师理查德·莫里斯·亨特修建。这个巨大的基座高87英尺(27.4米),厚度为20英尺,混凝土结构外面是花岗岩。

1885年6月17日,法国汽船伊泽尔号带着自由女神像抵达纽约港,女神像被装在214个箱子中。然而,搭建塑像的工作直到1886年4月基座完工之后才开始。基座完成之后,用来支撑塑像铜身的铁架就搭建起来,用来组装塑像。1886年10月28日,美国总统格罗弗·克利夫兰参加了自由女神像的揭幕仪式,正式地接受了法国的礼物,而他在就任纽约州州长时,曾经拒绝为基座的建造提供经济帮助。一开始,自由女神像的管理由财政部灯塔委员会负责,1901年移交到战争部。1924年美国总统卡尔文·柯立芝宣布自由女神像成为国家纪念碑。1933年,美国内务部被指定接管自由女神像,而国家公园管理局重建了自由岛,作为国家纪念碑公园。

多年以来,这座塑像有很多的名字,包括"自由的女神""自由女士"和"流亡者之母"。根据罗马自由女神,这座塑像象征着摆脱奴隶制的束缚。这座自由女神像还对上百万的移民影响深远,他们在去附近埃利斯岛的路上会路过自由女神像。1883年,埃玛·娜莎罗其写了名叫《新巨像》的小短诗,来帮助筹集资金,因为这座塑像象征着纽约对众多移民的欢迎。1903年,这首诗被刻在一个石碑上,然后嵌入到塑像的基座中。到了1972年,美国移民博物馆在自由女神像的底部建立,然后搬到空闲的埃利斯岛上,1965年埃利斯岛成为了自由女神像国家纪念碑公园的一部分。1984年联合国宣布自由女神像成为一处世界遗产。多年以来,自由女神像的象征意义激发了许多的艺术家。自由女神出现在百老汇歌剧和电影中,以及硬币和邮票上,而这只是少有的一部分。自由女神像还被用在商业和政治广告中,比如第一次世界大战期间发行的自由公债。这个地址本身就成为了政治抗议的地点。在

20 世纪,许多示威游行发生在这个地方,比如女权运动、越南退伍军人反战运动和反对伊朗运动。

作为国家纪念碑,自由女神像被许多人当做美国自由和独立的象征。因此,其重大的象征意义使得它成为了各种恐怖活动的目标。仅 1981—1984 年之间,自由女神像就发生过 35 次爆炸袭击。从 2001 年 9 月 11 日发生恐怖袭击以来,自由女神像的保护力度就加大了。在那次恐怖袭击之后,自由岛关闭了 100 天,直到 2004 年 8 月 3 日这座塑像才再次正式公开亮相。基于安全的考虑,游客不能登到塑像皇冠的最顶部,然而还是可以抵达基座的观赏台。自由女神像在管理上面临着两难的境地,这也印证了 21 世纪的美国如何保持安全和自由的平衡这个问题。

亦可参阅:纽约州纽约市(New York, New York)

延伸阅读书目:

- Blumberg, B. (1985). *Celebrating the immigrant:An administrative history of the Statue of Liberty national monument 1952-1982*. Boston:U. S. Department of the Interior, National Park Service, North Atlantic Regional Office.
- Hayden, R. S., & Despont, T. W. (1986). *Restoring the Statue of Liberty:Sculpture, structure, symbol*. New York:McGraw-Hill.
- Moreno, B. (2000). *The Statue of Liberty encyclopedia*. New York:Simon & Schuster.
- Trachtenberg, M. (1986). *The Statue of Liberty:The centenary edition of a classic history and guide*. New York:Elisabeth Sifton Books, Penguin Books.

CindyAnn M. Rampersad &
Reuben Skye Rose-Redwood 文
宋晨译　陈恒校

(约瑟夫)林肯·斯蒂芬斯
STEFFENS, (JOSEPH) LINCOLN

林肯·斯蒂芬斯 1866 年 4 月 6 日出生于加利福尼亚州旧金山的一个中产阶级家庭。他父亲是萨克拉门托的一位银行家,资助他多年的学业。斯蒂芬斯在青年时期被送到了一所军事学校——圣马修学校,因为他父亲担心他缺乏纪律性。从 1885—1889 年,斯蒂芬斯在加州大学伯克利分校就读,1890 年到欧洲柏林、海德堡和巴黎的大学游学。在返回美国之后,他父亲切断了对他的经济资助,鼓励他去纽约找工作。

林肯的第一份写作工作是《纽约邮报》的记者,报道纽约少数族裔居住区的故事。在记者行业,林肯·斯蒂芬斯的发展非常快速,在工作的第一年他就加入华尔街警察局报道组。在此期间,他遇到了西奥多·罗斯福,后者在 1895 年当上了纽约市警察局局长。这段关系一直持续到罗斯福当上了总统,而且帮助斯蒂芬斯洞悉了政府内部的事务。斯蒂芬斯升职为《商业告知报》的经济新闻编辑,到 1901 年加入了《麦克卢尔》(*McClure's Magazine*)担任主编,与雷·斯坦纳德·贝克和艾达·塔贝尔这样的作家合作。

在《麦克卢尔》,斯蒂芬斯撰写了一系列的报道,并于 1904 年汇编成书出版,命名为《城市的耻辱》(*The Shame of Cities*)。这些文章描述了美国六个城市政府的问题,第一篇是有关圣路易斯的。这个系列的成功为斯蒂芬斯带来了名利,他成为了演讲巡演中受欢迎的人物,以及美国城市革命的重要人物。这位作家则开始斡旋洛杉矶麦克纳马拉案件和 1914 年的墨西哥革命。

斯蒂芬斯从墨西哥回来之后,去过两次俄国,第一次是 1917 年去见证沙皇俄国的终结,第二次是 1919 年报道反革命运动以及最终列宁势力的成功。作为布利特委员会的一员,斯蒂芬斯被派去与俄国人进行和平谈判,但他被认为同情布尔什维克党,许多美国人对这位作家抱以怀疑的眼光。为了促进和平,建立国家联盟,斯蒂芬斯返回美国。由于伍德罗·威尔逊的议事日程失败,以及一战后美国的环境,斯蒂芬斯从 1920 年就离开了美国,一直到 1931 年。

斯蒂芬斯因为疾病和思乡回到了加利福尼亚州,然后开始撰写《林肯·斯蒂芬斯自传》。这本书发表的时候,正值美国大萧条开始,在学生和年轻人中极其受欢迎,这些人希望美国政府和文化有所改变。斯蒂芬斯开始了演讲,话题有关政府改革、他在俄国的经历和他的人生,直到 1935 年。斯蒂芬斯于 1936 年 8 月 9 日离开人世。

亦可参阅:城市老板与政治机器(Bosses and Machines),少数族裔社区(Ethnic Neighborhoods),扒粪者(Muckrakers),城市政治(Politics in Cities),进步主义(Progressivism),雅各布·奥古斯特·里斯(Riis, Jacob August),坦慕尼厅(Tammany Hall)

延伸阅读书目:

- Brown, A. W., & Knight, T. W. (Eds.). (1974).

Lincoln Steffens. New York: Twayne.

- Eble, K. (1979). *Lincoln Steffens*. Boston: G. K. Hall.
- Kaplan, J. (1974). *Lincoln Steffens: A biography*. New York: Simon & Schuster.
- Steffens, L. (1994). *The shame of the cities*. New York: Dover. (Original work published 1904)
- Steffens, L. (2005). *The autobiography of Lincoln Steffens*. Berkeley, CA: Heyday Books. (Original work published 1931)
- Stinson, R. (1979). *Lincoln Steffens*. New York: Frederick Ungar

Nicholas Katers 文

宋晨译 陈恒校

克拉伦斯·斯坦
STEIN, CLARENCE S.

克拉伦斯·斯坦是 20 世纪上半叶的建筑师、住房改革家及地方主义者。斯坦(1882—1975)建立了一个巨大的人际关系网,网罗了那个时代重要的建筑师、城市评价家、政策制定者和规划家,通过设计作品、委员会工作、演讲和写作,促进了其社会进步言论的推广。他个人设计的建筑风格迥异,从装饰艺术威奇托艺术学院到罗马式的以马内利会堂,这是他与搭档罗伯特·科恩和查尔斯·巴特勒在纽约设计的,然而最为人熟知的是新泽西的雷德伯恩镇,这是他与亨利·怀特共同设计的。他偏爱传统的建筑风格,反映出他受到曾在巴黎美术学院(1908—1911)训练的影响,但总设计图又受到现代欧洲设计风格的影响。

1923 年,斯坦成立了美国区域规划协会,这是一个非正式的组织,成员均为知识分子,致力于改善自然环境和社会环境。这依赖于发展独立而又相互联系的新城镇,包括埃比尼泽·霍华德提出的田园城市理论和以汽车和电气化为主的新科技。为了实践他们的理念,斯坦、怀特和房地产开发商亚历山大·宾成立了城市住房公司(CHC),于 1924 年在昆斯的阳光花园开始动工。从 1923 年到 1926 年,斯坦担任纽约房屋和区域规划委员会的主席,呼吁政府增加经济适用房的供应量,协助怀特和自然环境保护主义者本顿·麦克凯耶起草报告,主张纽约进行全州范围的规划。

1928 年,建立雷伯恩新城的计划开始实施,这个城镇位于纽约市西南 16 英里处,印证了斯坦的雷伯恩理念中所期望的质量,其中拥有一个分层的交通网络,把行人和穿过这里的交通区分开来;还有大量不同类型的房屋分布于超级街区之中,朝向内部连接社区的公园;以及学校、购物中心和其他便民的设施,利于促进社交活动。然而在大萧条时期,城市住宅公司破产了,这个未完成的项目因此被终止,但斯坦继续推动这个理念,最为出名的就是 1935 年他为绿地城镇担任移垦管理局的顾问。

同时,斯坦还实施了新的联邦住房计划,设计了早期的公共住房,比如布朗克斯的山边新村(Hillside Homes)和匹兹堡的战时工人住房。另外,斯坦利用个人与联邦住房署官员的关系,为推行计划性的和政策上的变更进行建议和游说。二战后,斯坦参与完成的项目只有一个:1951—1953 年期间担任了位于加拿大西部的卡提玛特新型工业城镇的规划师。1957 年,斯坦发表了他具有里程碑意义的书《朝向美国的新城》(*Toward New Towns for America*),与 20 世纪 60 年代重要的建筑师和政策制定者一样,他影响了国外的,特别是在英国和瑞典的新城运动。

亦可参阅:弗雷德里克·阿克曼(Ackerman, Frederick L.),绿带城镇(Greenbelt Towns),埃比尼泽·霍华德(Howard, Ebenezer),美国区域规划协会(Regional Planning Association of America),亨利·赖特(Wright, Henry)

延伸阅读书目:
- Parsons, K. C. (Ed.). (1998). *The writings of Clarence Stein*. Baltimore, MD: Johns Hopkins University Press.
- Stein, C. (1957). *Toward new towns for America*. Cambridge, MA: MIT Press.

Kristin Larsen 文

宋晨译 陈恒校

牲畜饲养场
STOCKYARDS

牲畜饲养场通常位于城市的边缘。驱赶成群的活牲畜穿过拥挤的城市街道,屠宰牲畜散发出的臭味和处理肉类加工废料的困难,这些都给牲畜饲养场带来了挑战，因而后者往往分散于城市中心的边缘，通常在工业郊区中，这也使得牲畜饲养场成为了早期分散工地的样本。牲畜饲养场建在靠近人力、信贷和交通的城市网络之处，但又和这些地方保持相当的距离，以便于获得开阔的空间和廉价的土地，同时还有较少的邻居，这样他们不会受到肉类加工气味、烟味和污染物的影响。

美国典型的牲畜饲养场在1865年建立，位于伊利诺伊州芝加哥南部5英里处。芝加哥的小型屠宰场在内战期间蓬勃发展，为联邦军队供应肉类。这些屠宰场受益于南方封锁的港口，因而允许芝加哥运用快速的铁路网络，与辛辛那提这样依靠河运的肉类加工对手相比，存在竞争的优势。然而，随着芝加哥猪肉加工业的发展，他们分散于不同的位置，影响了工作的效率。屠宰场周围城市不断发展，因而他们面临着越来越多的市政监管：从早上八点到下午五点禁止活牲畜穿过市区，禁止在城市内建立新的牲畜饲养场，要求为芝加哥河北侧支流的清理付费，这部分河段因为屠宰加工厂流出的污物而遭到污染。为了逃避这些压力，1865年芝加哥猪肉加工协会与九家铁路公司合作，成立了联合畜牧公司，位于城市南部被称之为"湖之城"（Town of Lake）的地方。

这些新型的牲畜饲养场包括345英亩围栏、一家银行——这家银行很快可以每天处理五十万美金的交易、一家著名的宾馆——提供新鲜的牛排，还有为牲畜饲养场工作的移民的房屋。其他行业最终也加入了工业郊区的猪肉加工企业。肉类加工企业利用副产品生产了纽扣、罐装肉、肥料、胶制品、胶水、毛刷、刀柄、猪油、人造黄油、肥皂、医用缝合线和琴弦，他们夸口说除了猪的尖叫声，其余每个部分都能够利用。

19世纪，芝加哥的游客往往都会去参观牲畜饲养场，惊叹于饲养场加工猪肉的高效率。他们把猪挂到一个移动的带子上，从工人面前移动过去，每个工人都有一小部分的分工，所以宰一头猪需要126个工人。这就是最早的流水线的模型，被称为"拆卸线"（Disassembly Line），将猪分解成猪肉。

1870年，芝加哥牲畜饲养场加工了300万头牛和猪。19世纪70年代后期，冷藏轨道车发展起来之后，牛肉加工超过了猪肉加工，因为牛肉经过腌制后对冷藏功能的需求较少。到了1890年，芝加哥牲畜饲养场每年加工1200万头牲畜。

1889年湖之城并入芝加哥市，最终成为了著名的"加工城"和"后院"。铁路制造商、采石场、木材商、芝加哥市垃圾场、供膳寄宿舍和酒吧都集聚在饲养场

的附近。1891年，芝加哥开发商塞缪尔·艾伯利·格罗斯在饲养场附近规划了一块广为宣传的土地，宣传独户式住宅作为"工人的回报"。在1892年，芝加哥大学在那里建立了社区改良会所，而社区改良会所的负责人玛丽·麦克道尔成为了市政管家（Municipal Housekeeping）的改革者，而这一术语就是由她发明的，因为她带领家庭妇女们向市政府施压，要求清理污染了饲养场周边社区的垃圾场和小溪流。成千上万的移民工人移居到那里，这一状况通过厄普顿·辛克莱1905年揭发丑闻的小说《屠场》而变得臭名昭著。

在1886、1894、1904、1921年和20世纪30年代后期，芝加哥牲畜饲养场陆续发生了令人辛酸的工人罢工。在1919年7月，牲畜饲养场附近社区也是芝加哥种族暴动的中心，因为外国移民拒绝住在与他们一起工作的非洲裔美国人附近。1939年，激进派分子索尔·阿林斯基和约瑟夫·米根与当地的天主教堂联合，成立了后街邻里委员会——一个草根民主党组织——宣扬社区进步运动，这在全国范围内成为了本地运动的典范。

在20世纪中期，大型冷藏卡车在州际公路穿行，大牧场和加工厂之间使用待宰场，这些逐渐地限制了经济效率，无法满足芝加哥饲养场的需求。新型的加工厂在各州建立，而自由工作权法律限制了工会的活动。在1971年，芝加哥联合饲养场关闭，现在成为了工业公园。

766

亦可参阅：厄普顿·辛克莱（Sinclair, Upton），联合畜牧场（Union Stock Yard）

延伸阅读书目：

● Cronon, W. (1991). *Nature's metropolis：Chicago and the Great West*. New York：Norton.
● Jablonsky, T. (1993). *Pride in the jungle：Community and everyday life in Back of the Yards Chicago*. Baltimore, MD：Johns Hopkins University Press.
● Pacyga, D. (1991). *Polish immigrants and industrial Chicago：Workers on the South Side，1880 - 1922*. Columbus, OH：Ohio State University Press.
● Sinclair, U. (1905). *The Jungle*. New York：Penguin.

Elaine Lewinnek 文

宋晨译 陈恒校

卡尔·伯顿·斯托克斯
STOKES, CARL BURTON

卡尔·伯顿·斯托克斯(1927—1996)在1967—1971年间,曾任俄亥俄州克利夫兰市市长,他也是第一位担任美国主要城市市长的非洲裔美国人。斯托克斯希望重建他的城市、扩大发展机会,但是当地的冲突和广泛的经济政治力量、粉碎了他的抱负。

斯托克斯和他的兄弟路易斯(从1969年到1999年担任议员)由他们的母亲抚养成人,生活在克利夫兰的贫民窟。卡尔·斯托克斯20岁从高中毕业,27岁从大学毕业,29岁毕业于法学院。他曾为州政府和市政府工作,成为了当地民主党的一员。在1962年、1964年和1966年斯托克斯赢得了选举,成为了俄亥俄州议会中的第一位黑人民主党人。斯托克斯与民主党决裂,转而支持有利于非洲裔美国人的共和党的资本开支和分配法案。

与此同时,斯托克斯在1965年的普选中,作为独立候选人与民主党市长拉夫·洛克(Ralph Locher)竞争。他的微弱差距(87858—85716)吸引了公司总裁的注意,建议克利夫兰市可以推选一位黑人市长。

到1967年,斯托克斯变得更为强大。洛克对黑人的蔑视激发了他们。1966年发生了种族骚乱,1967年联邦政府切断了对城市重建的经济支撑,这使得白人自由党和商业领袖更加确定变革的需求。在1967年10月的民主党候选人的初选中,斯托克斯获得了大量的黑人选票和15%的白人选票,以及商业领导的竞选资金,以110769对92321的优势压倒了洛克。在11月份的普选中,斯托克斯在白人区的选票增长到了19%,因为他呼吁党派忠诚,并告诉白人他同他们一样挣扎。加上80%的黑人选票,斯托克斯以129396对127,717的优势,基本上足够击败赛斯·塔夫脱。1969年,斯托克斯凭借同样的隔都区与商业的联盟,以120616对116863的优势,击败了共和党的县审计员拉夫·洛克,赢得了第二任期。

作为市长,斯托克斯通过城市和政府承包,增加了对少数族裔的雇佣。黑人商业机构获得了更多的城市项目合同和银行贷款。口号为"斯托克斯的克利夫兰:现在!"的重建运动为工作、住房、健康和娱乐赢得了个人和联邦政府的资金。克利夫兰强制执行住房法案,清理了贫民窟,修建了5500个公共住房单元。

斯托克斯面临着许多阻碍。丑闻和个人冲突让他损失了广告商和行政人员。而与议会和新闻媒体的接触通常出现激烈争吵。1968年7月,黑人民族主义者和警察发生了冲突,造成了7人死亡,包括3名警察,触发了纵火和抢劫。斯托克斯禁止白人,包括警察进入暴动区域,并且与黑人民族主义者有联系,这些惹怒了白人。一位黑人市长无法保证贫民窟的和平。

斯托克斯在法律执行和住房方面的计划也遭遇反对。在他当政期间还遭到了警察的抗拒,由于他派200名警察巡逻,雇佣了更多的黑人,并且告诉警察要尊重居民。媒体报道,警察局高层的人员流动频繁,四年换了四任警长,以及行政部门考试的丑闻。同时,西部白人反对斯托克斯的社区发展计划和分散布局的公共住房。而中产阶级黑人阻止斯托克斯在东部建造低收入的保障住房。

通货膨胀、不断增长的服务需求、工业和白人居民的离开,以及白宫民主党的失利,逐渐影响了克利夫兰的经济状况,尽管市议会在1968年提高了收入税,在1970年和1971年选民们拒绝再次提高税率。与此同时,1970年垃圾处理和大众交通费用增长,随之而来的是薪资成本攀升。到1971年,斯托克斯缩减了市政府的工作人员来控制巨大的财政赤字。同时,他继续与白人民主党人争论。1970年,斯托克斯兄弟离开政党,成立了独立的黑人党团。

1971年,斯托克斯没有继续争取第三任期,而是先后成为纽约市电视新闻人、律师、克利夫兰市法官(1983—1994),以及美国驻塞舌尔大使(1994—1995)。他遭遇了政治问题和个人问题,最后患癌症离世,享年68岁。

斯托克斯代表了美国主要城市中非洲裔美国人不断增长的政治影响力。他给黑人带来了希望,也是其他人的典范。但是在他担任市长期间,议会和政府雇员耽误了他的许多计划。然后,选民们拒绝了他选择的继任者,而是推选了三位白人市长。白人和一些年轻的黑人藐视斯托克斯的伟大社会式的自由主义。斯托克斯与民主党中的白人和黑人中坚分子发生冲突,面对着一个因社会阶级和意识形态分化的黑人社区。斯托克斯的经历证明了在一个两极分化、日益衰退的城市中,黑人势力的局限性。

延伸阅读书目:

● Moore, L. N. (2001). Carl Stokes: Mayor of Cleveland. In D. R. Colburn & J. S. Adler (Eds.), *African American mayors: Race, politics, and the American city*. Urbana, IL: University of Illinois Press.

● Moore, L. N. (2002). *Carl B. Stokes and the rise of*

black political power. Urbana, IL: University of Illinois Press.

● Stokes, C. B. (1973). *Promises of power: A political autobiography*. New York: Simon & Schuster.

Michael W. Homel 文

宋晨译 陈恒校

街道照明
STREET LIGHTING

美国市政府从 18 世纪后期开始提供街道照明,特别是在商业区。长期以来,人工照明与奢侈和安全联系在一起,为夜间出行的人们提供便利,让城市空间变得现代、安全和具有吸引力。

殖民地城市对街道照明的兴趣不大。纽约市要求在夜晚的时候,每隔七户人家要点一盏灯笼。在 18 世纪 70 年代和 80 年代,纽约、波士顿、费城和查尔斯顿的政府官员都致力于利用公费推广街道照明。到 1796 年,费城有 718 盏路灯。街灯燃烧油脂、猪油或鲸蜡,要求频繁地补给燃料、修剪灯蕊和清洗。尽管这给城市街灯的点灯人带来很多麻烦,但相隔很远的灯笼并没有照亮街道。在漫天的黑暗中,街道变成了昏暗的灯塔,为行人指路。而且往往在午夜以后或是有月亮的夜晚,街灯就熄灭了,这主要是为了省钱。许多街道根本就不点灯,特别是在城镇边缘的贫穷地区。在一个没有月亮的阴天夜晚,行凶抢劫者和障碍物都基本上看不见。重视自身安全的行人会带着灯笼,而大部分人都会待在家里。

在 19 世纪,市政府用煤气灯补充或是代替了油灯。1817 年,美国第一次采用了街道煤气灯,当时巴尔的摩煤气灯公司在城市中心的十字路口点了一盏煤气灯。这家公司与政府签订了合同,在城市街道铺设管道,安装更多的煤气灯,但是进展缓慢。政府多次要求扩大街道照明系统,但该公司都不予理睬,因为这项投资不能单靠市政府照明合同来偿付。这家公司依赖来自个体客户的收入,比如剧院、大型公司和一少部分富裕的个人。因为客户群有限,公司也没有动力大范围安装煤气管道。

巴尔的摩的状况在其他对手城市中也出现了。19 世纪 20 年代和 30 年代,纽约、波士顿、费城和其他城市的中心引入了从煤炭或松脂里提取出来的可燃气体。到了 1860 年,东北部和中西部的大部分重要城市

都有了煤气服务,南部地区也一样。个体煤气公司通常自掏腰包安装街道电线,把电线与城市街灯连接起来则要求政府付费。煤气公司瞄准了商业街道和富人区,因为可以获得更高的利润。市政府通常不能或者不愿意强迫煤气公司把电线延伸到穷人区,政府认为没有必要为少缴税的人提供昂贵的照明。除了安装费用和煤气费用,市政府通常负责雇佣工人点灯和维修灯具。一些市政府尝试通过向邻近业主征收特别税,来收回照明成本,因此毫无疑问的是市政府不鼓励穷人向其要求,为他们的社区提供街道照明。

在街道照明方面,不同地区的差距越来越明显。甚至最早的煤气灯火焰都要比煤油灯要亮十倍。在主要的商业街,商店橱窗和街道的灯光,吸引了夜晚散步的人群,也催生了商业休闲活动的发展。19 世纪中期,煤油灯仍然是大部分社区的照明来源。明亮和黑暗的对比,帮助城市观察员区分穷人区和富人区,可以推测出穷人区犯罪猖獗,而富人区则比较安全。然而,城市和乡村的照明条件差距最大。19 世纪后半期,煤气灯覆盖了大部分的城市,因为煤气价格逐渐降低到更多人可以接受的范围。乘坐铁路进行长途旅行的人们,靠着明亮的橱窗和街道的灯光,就可以辨认他们已经到了城市的边界。甚至城市夜晚的天空,也有一抹昏暗的光芒。

供电服务的引进加剧了街道照明的差距。1879 年和 19 世纪 80 年代早期,企业家在克利夫兰市中心和其他公共区域,点上了明亮的弧光灯,希望能够促进新科技的发展。不久之后,剧院、商场和工厂都安装了明亮的弧光灯。19 世纪 80 年代,相距甚远的塔上安装了外部弧光灯,为众多中心城市带来了人工月光。一开始,城市居民对灯光的亮度感到惊叹,但不久就抱怨弧光灯塔系统丑陋且低效。底特律和其他城市作出了回应,取消了灯塔,但继续在街道附近使用弧光灯。除了市中心实现了电气化,其他大部分街道仍然灯光昏暗,使用煤气、石油或是汽油。在 20 世纪 20 年代,煤气灯被认为是要淘汰的东西,但却在许多地方延续存在了至少几十年。一直到了 20 世纪 50 年代,巴尔的摩仍然点着超过 10000 盏煤气灯。

电灯最吸引人的地方之一是,它代表者现代化和城市的刺激。在 20 世纪早期,越来越多的白炽灯逐渐取代了弧光灯。城市的主要商业和娱乐街道上安装了更加耀眼的电灯,试图模仿纽约的"不夜城"。芝加哥商人在 1926 年,安装了他们宣称世界上最亮的街灯,试图让国家大街比百老汇更加明亮,大约有 25 万人在第一晚前去见证了这一宏大的场面。明亮的店面、电

光标志和汽车车灯,为"明亮的灯光街区"增加了亮度和能量。

在1910年以后,灯光工程师推荐了一种标准化的街道照明层级,来满足从主干道到商业街道到居民街道不同空间的需求。在全国的城市中,这种分级照明系统反映了城市空间更为广泛的划分,划分依据是功能性和人口特征。这一趋势也体现在同步发生的人行道和私人土地利用的划分上。在夜晚,陌生人更加容易理解这种分级照明,甚至是坐在行驶中汽车方向盘后面的人们。在20世纪,街道照明的主要功能开始转移,从照亮人行道转变为提高汽车行驶的安全性。路边街灯柱上装饰性的球状物被取代了,换上了现代"蛇头形"灯,其金属支架延伸到了街道上。

自从引进煤油灯之后,美国人希望明亮的照明能够让社会更加安全有序。据说,街道照明执行了同警察一样的功能,防止了犯罪行为的发生,但通常情况下,只是把犯罪分子挤到了附近黑暗的街道上。为了降低犯罪率,政府决定在19世纪安装更加明亮的煤油灯,19世纪80年代,安装了弧光灯;而在20世纪早期则安装了白炽灯;到了20世纪50年代之后,则使用绿色的水银灯。橙色的钠蒸汽灯被认为是打击犯罪的最有效方法,在美国城市犯罪率高发期开始时,也就是20世纪60年代和70年代,很多城市选择了安装钠蒸汽灯。尽管照明对犯罪的抑制效果如何,还存在争议,但至少明亮的照明让人们感到安全。因此,一方面为了安抚公众,另一方面商人希望恢复购物娱乐街的声望,确保了城市中心的照明定期得到了升级。

亦可参阅:基础设施和城市技术网络(Infrastructure and Urban Technical Networks)

延伸阅读书目:

- Baldwin, P. C. (2004). In the heart of darkness: Blackouts and the social geography of lighting in the gaslight era. *Journal of Urban History*, 30(5), 749-768.
- Bauman, M. J. (1987). Luxury and control: The urbanity of street lighting in nineteenth-century cities. *Journal of Urban History*, 14(1), 7-37.
- Bauman, M. J. (1993). The best lighting city in the world: The construction of a nocturnal landscape in Chicago. In J. Zukowsky (Ed.), *Chicago architecture and design*, 1923-1993. Munich: Presetel-Verlag.
- Jacobson, C. D. (2000). *Ties that bind: Economic and political dilemmas of urban utility networks*, 1800-1990. Pittsburgh, PA: University of Pittsburgh Press.

Peter C. Baldwin 文

宋晨译　陈恒校

抵制有轨电车和公共汽车的运动
STREETCAR AND BUS BOYCOTTS

20世纪早期发生了抵制有轨电车运动,抵制公共汽车运动则出现在20世纪50年代,这些运动是城市黑人消费者发起的重要抗议活动。这些抵制者要求平等享受城市公共服务的权利,这意味着要推翻那个时期的吉姆·克劳式立法,该法律要求黑人去"公共汽车尾部"(或者乘坐有轨电车)。有轨电车抵制运动没有推翻吉姆·克劳式立法,但公共汽车抵制运动的确改变了巴吞鲁日当地的法律,可能有助于推进1956年联邦法院的判决,判定公共汽车隔离制度是违法的。

有轨电车抵制运动

根据历史学家奥古斯特·迈耶(August Meier)和艾略特·路德维克(Elliot Rudwick)所述,从1900年到1906年,南部超过25座城市中发生了黑人抵制运动。抵制运动发生的时候,一方面南方白人日益敌视黑人,另一方面北方白人漠视黑人,这种双重环境促使南方黑人普遍接受了自己低下的地位。

世纪之交之际,南方州政府通过了一波种族隔离法,吉姆·克劳电车法就是其中的一部分,为了回应这股浪潮而掀起了抵制运动。迈耶和路德维克注意到,有轨电车公司通常都反对吉姆·克劳式立法。这些公司担心实施这些法律的代价和难度,他们害怕损失黑人客户,因为他们构成了当地乘客中的大部分。

尽管严格意义上讲,新的种族隔离法代表了消费者选择权利的减少,黑人被要求坐在有轨电车的尾部,但他们的象征意义更多,这些不公正的行为羞辱了黑人。城市中开展抵制运动的时候,许多黑人拒绝乘坐有轨电车。另外,之前南部邦联中的每个州都受到了影响,种族隔离法和抵制运动之间的联系对所有人都是显而易见的。尽管一些抵制运动只持续了几个星期,但其他的则持续了更长的时间,乔治亚州奥古斯塔的一次抵制运动持续了三年。但是抵制运动无法逆转南部制定种族隔离法的浪潮。实际上,这是黑人唯一可行的抵抗机制,虽然注定会失败,但抵制策略仍然继续发展。

69

公共汽车抵制运动

大概 50 年之后,南部黑人再次发泄了他们的不满,他们在城市公共交通上再次遭遇到了问题,只不过这次的焦点不是有轨电车而是公共汽车。公共汽车抵制运动在历史上具有重大的意义。正如埃尔登·莫里斯(Aldon Morris)所说,20 世纪中期的民权运动,直接引导了公共汽车抵制运动的发展。这些运动给例如路易斯安那州的巴吞鲁日和阿拉巴马州的蒙哥马利这些州府带来了重大的损害。

首先来看巴吞鲁日,我们会发现 1953 年 6 月,城市黑人社区发起了一次反对吉姆·克劳公共汽车系统的抵制运动。这次抵制运动是由牧师吉米森(T. J. Jemison)发起的,他是巴吞鲁日最大的黑人教堂之一的牧师。作为教堂的领袖,吉米森与黑人大众和城市黑人教士联系紧密,这种联系给予了抵制运动力量。

为了资助抵制运动,夜晚在教堂召开群众性机会来筹集资金,是为了支付"免费汽车运输"或者内部的"警察部队"。免费汽车运输由私人汽车组成,用来运送参加抵制运动的人员,如同抵制运动之前的公共汽车。内部警察部门巡视黑人社区,为抵制运动领袖提供贴身护卫。

在执行过程中,抵制运动成功了吗?根据吉米森的说法,抵制运动非常有效,《纽约时报》报道,成功率有 90%。抵制运动的参加者有两个主要需求,其中之一是允许黑人按照先到先坐的标准乘坐公共汽车,不要为白人预留座位。在抵制运动发起几天之后,本地白人官员作出了让步,大部分接受了先到先坐的要求。在一次群众性集会上,参会者有 8000 名本地黑人,这项让步得到了认可。这次抵制运动正式于 1953 年 6 月 25 日结束,这是反对公共汽车隔离制度的一次重大胜利。

770 接下来看一看蒙哥马利市的抵制运动,我们会发现在美国历史上,这或许是最著名也是最有影响力的消费者抵制活动。这标志着民权运动的开始,向世界介绍了一位人物,也就是后来民权运动的领袖——牧师马丁·路德·金。

1955 年 12 月 1 日,罗莎·帕克斯在城市公共汽车上拒绝为一位白人男子让座,因而被捕,这触发了蒙哥马利公共汽车抵制运动。她的行为违反了当地的种族隔离法,而在此两年之前,巴吞鲁日抵制公共汽车的运动获得了成功。

在帕克斯被捕的那晚,当地黑人领袖乔·安·罗宾逊(Jo Ann Robinson)在与同事协商之后,决定在接下来的星期一(12 月 5 日)组织一次公共汽车抵制运动。在两位可靠助手的帮助下,她向当地黑人传达信息,力劝他们参加抵制运动。这一天的抵制运动取得了巨大的成功,蒙哥马利乘坐城市公共汽车的黑人不到 10%,而乘坐公共汽车的乘客大部分是黑人,所以这场抵制运动大大降低了公共汽车的收入。

到了星期一下午,当地黑人领袖已经意识到抵制运动的成功,从而开始寻找一个人继续领导这场运动。他们非常赞赏蒙哥马利的新居民金牧师。一个名叫"蒙哥马利进步协会"的当地组织成立继续主导这场抵制运动,而金被选为领袖。星期一晚上,在当地的教堂,面对 6000 名黑人听众,他展示了自己在演讲方面的才华。

对于金的演讲,人们的反应近乎于群情沸腾。观众明显感觉到,他们找到了一位领袖,可以带领大家抵制对抗蒙哥马利的白人势力。这场公共汽车抵制运动持续了 382 天,从 1955 年 12 月 5 日到 1956 年 12 月 21 日,比领袖们预期的时间要长得多。

这次长达一年的抵制运动令人印象深刻。这些黑人乘客不只是 12 月 5 日当天没有乘坐公共汽车,而是在抵制运动期间都没有乘坐。蒙哥马利进步协会建立了替代性的交通系统,使得黑人不乘坐公共汽车成为了可能。这个系统开始建立时是自发性的,而且不完善,不久之后就变得非常成熟可靠,因为蒙哥马利进步协会为了建立有效的交通服务,为其提供了资金支持。

抵制运动持续进行,蒙哥马利联邦法院宣判,公共汽车种族隔离制是违法的。这个判决于 11 月份获得了美国最高法院的支持,一个月之后联邦法官正式告知蒙哥马利当局这个裁定。第二天,也就是 1956 年 12 月 21 日,抵制运动结束,黑人重新开始乘坐公共汽车。

延伸阅读书目:

- Friedman, M. (1999). *Consumer boycotts*. New York: Routledge.
- Meier, A., & Rudwick, E. (1968-1969). The boycott movement against Jim Crow streetcars in the South, 1900-1906. *Journal of American History*, 55, 756-775.
- Morris, A. D. (1984). *The origins of the Civil Rights Movement*. New York: Free Press.

Monroe Friedman 文

宋晨译 陈恒校

有轨电车的郊区
STREETCAR SUBURBS

有轨马车（Horse-drawn Streetcars）于 1832 年在下曼哈顿的王子街和第 14 大道之间投入使用，但直到几十年之后，才彻底改变城市交通。19 世纪中期铺设了带槽的铁轨，与街道表面齐平，这样能够供公共交通使用，也能供车辆和行人使用。轨道出现后，公共马车行驶更加顺畅，时速大大增加，达到每小时 8 英里。步行城市原先直径有 4 英里，在 1870 年扩大到了 7 英里，那时候大部分城市配备了公共马车线路网络。1887 年开始对电力分布进行实验，1907 年进行了改进，电车逐渐代替了马车。到了 1903 年，美国 30000 英里街道轨道中的大部分都已经实现了电气化。时速和票价得到了增长，这有利于长途旅行的乘客，对城市发展和配备带来了深远的影响。

精英阶层居住在城市中心，而下层阶级住在外围区域，然而便利且不算太贵的交通方式出现之后，这个局面渐渐得到了逆转。富裕阶级被邻近新交通路线的新建住宅区吸引了过去，中产阶级紧随其后。在郊区的新建住宅中，独栋、双联或者联排别墅和公寓楼，与开往市区的有轨电车系统只有几步之遥，成为了合乎心意的、有益健康的选择，取代了肮脏、拥挤、吵闹、疾病丛生的城市。吵闹的有轨电车及其顶部不雅观的电线催生了小型商业和服务业，并在轨道沿线吸引了社会地位较低的居民。

通常根据预先确定的布局模式，一家或是几家小型开发商会进行土地开发，而有轨电车则为人们前往工作、购物、娱乐和社交活动的场所提供了途径。相较于二战后的住宅开发而言，前汽车时代中划分成块的土地相对较小。随着汽车的出现，大概在 1925 年费城的西侧出现了庭院式发展模型，将车库并入到住宅楼地下室。从后巷可以进入内置的车库，而且这些巷子的服务功能也不高，因而不需要占用大块的土地，也没有改变住宅街道的形态，前廊还是非常普遍。能够在步行的距离内到达有轨电车沿线是必需的（在费城西侧的有轨电车郊区，不超过两个街区的距离），这促使区块土地窄小深入，也铺设了人行横道。在空调出现之前的几十年里，街道上的树木让人想起了近期改造的农场，为行人和住户带来了树荫，勾勒出一幅常见的街景。这些新开发住宅的布局同样导致了专用于住宅的土地利用、社会分层和种族隔离。

1962 年小萨姆·巴斯·沃纳发表了其具有里程

碑意义的作品：《有轨电车的郊区：1870—1900 波士顿发展进程》，集中讨论研究罗克斯伯里（Roxbury）、西罗克斯伯里（West Roxbury）和多切斯特（Dorchester）的中产阶级郊区，这些地方最终都被波士顿兼并。1854 年，费城的西侧成为了费城的一部分，就表现出了相似的模式。在 19 世纪最后三十年里，这三个城镇批准修建 23000 座新住宅，沃纳对此进行了分析，提供了深入洞察人们修建房屋的动机。个人不受区划和土地利用的限制，而自行决定修建房屋，催生了街道上统一建筑风格的规则网格。人们对发展决策达成了一致，却无法将居民连成一个共同体，现有住宅存量也没有及时适应社会经济的变化。随着汽车的兴起，人们迁移到了远离城市的地方，再加上城市中心房产价格的上涨，使得底层阶级的城市居民向城市边缘发展，因此有轨电车郊区也就在底层阶级和少数族裔社区中再次发展起来。沃纳在他 1977 年版的《有轨电车的郊区》的序言中指出，在随后的发展中，土地利用和区划成为了首要因素，对于这个方面的检验，房产契约注册处比建筑部门能够提供更加中肯的信息。

不论有轨电车是否处于持续运行或是停止使用，二战后，大部分电车都被终止使用，有轨电车郊区也在一点点消失。白人逃逸、人口结构变化、多元化的族裔群体移民、固定收入人口老龄化，以及单独住宅细分为综合公寓，这些因素都使得郊区的人口增长，也让郊区成为受人追捧但成本较高的地方。从 20 世纪 80 年代晚期开始，有轨电车郊区经常被标上"历史性市区"的标签。有轨电车郊区的建筑风格各异，原始的农舍和残存的贵族田庄毗邻大大小小结构迥异的意大利式、哥特复兴式、新殖民风格、安妮女王式、工艺美术的住宅。这些建筑通常由当地小有名气的建筑师设计。像教堂、学校和图书馆这样的机构，一般建筑风格都是一致的。这鼓励人们在地方或是国家层面追求名誉。原始的建筑特色，比如门廊、木制品、板岩顶板、窗玻璃、洗浴设备和瓷砖成为了受人喜欢的商品。郊区再次受到人们的追捧，推高了市场上人工建筑制品的价值和价格，有时候都高得离谱。铝墙板实际上透露出，木制品加入了彩色油漆的涂装，随着绅士化导致房产的价格过高，超过了当地社区居民的承受能力。

有轨电车郊区现在的受欢迎程度已经远超过去。它们现在提供的房屋富有特色，满足了当代健康都市生活的需求。这些社区配套完备，公共交通便利，交通要道沿线商业服务发达。郊区的分布网络允许人们步行和骑车，如果需要的话，汽车也可以通过主要街道和次要街道，这些分层的街道是相通的而不是隔离开来的。人行横道铺设在小的宅前花园沿线，这些宅前花园通向打开或关闭的门廊，是属于面向街道的建筑。地方狭窄，因而与郊区发展时期相比，水电、排污、电话和电缆这些基础服务的费用要低。街道两旁成材的树木林立，即使树木枯死，也会留出适合栽种新植物的空间。有轨电车的郊区作为一种具有历史和人文价值的都市生活方式，正在重获新生。

亦可参阅：小萨姆·巴斯·沃纳（Warner, Sam Bass, Jr.）

延伸阅读书目：

- Binford, H. C. (1985). *The first suburbs: Residential communities on the Boston periphery*, 1815 - 1860. Chicago: University of Chicago Press.
- Foster, M. S. (1981). *From streetcar to superhighway: American city planners and urban transportation*, 1900 - 1940. Philadelphia: Temple University Press.
- Jackson, K. T. (1985). *Crabgrass frontier: The suburbanization of the United States*. New York: Oxford University Press.
- Stilgoe, J. R. (1988). *Borderland, origins of the American suburb*, 1820 - 1939. New Haven, CT: Yale University Press.
- Warner, S. B., Jr. (1962). *Streetcar suburbs: The process of growth in Boston*, 1870 - 1900. Cambridge, MA: Harvard University Press.
- Warner, S. B., Jr. (1968). *The private city: Philadelphia in three periods of its growth*. Philadelphia: University of Pennsylvania Press.
- Warner, S. B., Jr. (2001). *Greater Boston: Adapting regional traditions to the present*. Philadelphia: University of Pennsylvania Press.

Micheline Nilsen 文

宋晨译　陈恒校

乔治·坦普顿·斯特朗
STRONG, GEORGE TEMPLETON

乔治·坦普顿·斯特朗（1820—1855）是纽约的一位贵族、音乐爱好者、律师和社会活动家，因其非凡的日记而出名。这本日记有 2000 页，大概有 450 万字，涵盖了 1835—1875 年斯特朗过世之间的这四十年，深刻透彻地描绘了那段时期纽约的文化和政治生活。斯特朗献身于社会活动，当过三一教堂的教区代表、哥伦比亚学院的董事、内战卫生委员会财务主管以及纽约交响乐团和圣乐促进会的创始人，这些使得他的见解富有广度和深度。

斯特朗出生于一个受人尊敬但不是特别富有的家庭。他的父亲乔治·华盛顿·斯特朗是一位有名望的律师，也是现在著名的凯威莱德国际律师事务所的创始人。老斯特朗个人非常关注儿子的教育，这个孩子早年就表现出了对语言和音乐的惊人天赋，并且于 1834 年进入哥伦比亚学院学习。1838 年，小斯特朗以全班第一的成绩毕业，加入了他父亲的公司，他一生中的大部分时间都在那里当律师。在 1848 年，斯特朗与富商兼金融家塞缪尔·拉格尔斯的独生女艾伦·拉格尔斯结婚。这场婚姻让斯特朗进入到了纽约最高端的社会阶层。这对夫妇在格莱梅西公园（该公园是拉格尔斯开发的）东西角的房子里安家，这座房子也是拉格尔斯为他们建造的。他们育有三子，其中小乔治·坦普顿·斯特朗成为了作曲家。

作为一位整日伏案工作的律师，斯特朗基本上很少出庭，但他抽时间肩负起了社会责任，曾担任三一教堂的教区代表和哥伦比亚学院的董事。斯特朗是哥伦比亚董事会进步分子中的关键成员，该董事会致力于把学院扩大成大学。他还在建立哥伦比亚法学院和矿业学院的工作中发挥了重要的作用。作为一位公民，斯特朗最具有奉献精神的事情是自掏腰包为卫生委员会提供了一部分的经济支持，该委员会成立于内战初期，起因是政府骇人听闻地无力为联邦士兵提供医疗服务。该委员会作为红十字会的前身，筹集了数百万的资金，缓解了糟糕的状况。这段经历让斯特朗能够与当时许多的知名公众人物接触，包括弗雷德里克·劳·奥姆斯特德、尤利西斯·格兰特和林肯，日记中对这些人也都有描述。

几十年来，斯特朗的日记都由其家人保管，在 20 世纪 30 年代首次亮相，作为编撰哥伦比亚大学历史的资料来源。它的价值很快就显现出来。斯特朗社会关系多；兴趣广泛又博学，对音乐、文学和艺术都有研究；他敏锐地观察这个年轻大都市的阶层、人物和活动的方方面面，再加上优雅空灵的散文风格，以及偶尔辛辣的用语，创造出了历史学家的宝藏。1952 年，节略版的日记发表。从斯特朗的日记中精选了单独的一部分，关于 19 世纪美国音乐元素的大量评论，在 1988 年和 1997 年公之于众。

延伸阅读书目：

- Auchincloss, L. (Ed.). (1989). *The Hone and Strong diaries of old Manhattan*. New York：Abbeville Press.
- Lawrence, V. B. (1995－1999). *Strong on music：The New York music scene in the days of George Templeton Strong* (3 vols.). Chicago：University of Chicago Press.
- Nevins, A., & Thomas, M. H. (Eds.). (1952). *The diary of George Templeton Strong* (4 vols.). New York：Macmillan.
- Thompson, D. G. B. (1946). *Ruggles of New York：A life of Samuel B. Ruggles*. New York：Columbia University Press.

Bell Clement 文

宋晨译　陈恒校

乔赛亚·斯特朗
STRONG, JOSIAH

乔赛亚·斯特朗（1847—1916）是公理教会牧师，也是社会改革家，最著名的是其著作《我们的国家》。他出生于伊利诺伊州的内伯威尔市，但在俄亥俄州的哈德逊长大。1869 年，他毕业于西储学院（Western Reserve College），1871 年从辛辛那提的雷恩神学院毕业后被任命为牧师。斯特朗在怀俄明州夏延的一家教堂待了两年时间，然后回到西部保留地当专职教士和讲师（1873—1876）。斯特朗于 1876—1881 年在桑达斯基第一公理会教堂担任牧师，期间对社会改革产生了兴趣。1881—1884 年，他担任俄亥俄州家传教士协会的秘书，之后被召集到辛辛那提中央公理教会。

在 1885 年，斯特朗获得美国家庭传教士协会的委任来校正 1858 版福音教专著，名为《我们的国家》，也正是这本书让斯特朗名扬天下。《我们的国家：未来的可能和现在的危机》描述了盎格鲁—撒克逊北美洲面临的危机，包括移民、古罗马精神、摩门教、社会主义和城市。对于斯特朗来说，盎格鲁—撒克逊这个词语代表着所有讲英语的人们，包括那些强化了美国地位的外来移民。他认为，见多识广的美国人能够克服书中描述的新教霸权带来的威胁，也有助于开化别的国家。在斯特朗一生中，《我们的国家》卖出了 175000 本，也在历史学家中为他赢得了种族主义者和帝国主义者的名声。

斯特朗的工作给福音派联盟留下了深刻的印象，该联盟是为了促进派系之间的合作而成立，因而 1886

年任命斯特朗为总秘书。斯特朗搬到纽约，开始关注城市问题。斯特朗发现福音派联盟的社会改革过于保守，于是在 1898 年成立了社会服务联盟，在 1902 年改名为美国社会服务研究所（AISS）。这个组织的成员遍及世界各地，参与社会问题和解决方案的研究、教育和宣传，资助了"安全第一"运动来提供工厂的工作环境。社会服务研究所的出版物包括《社会进步：年报》（1904—1906）和《天国的福音：社会改革研究》（1908—1916）。

斯特朗写了 11 本书，发表了不计其数的布道、文章和演讲。他是社会福音的早期倡议者，像华盛顿·格拉顿、理查德·伊利和沃尔特·劳申布什一样有影响力，同时他与这些人一起奠定了自由神学和社会科学的基础，以及信奉基督教有责任在现实领域做出变革。斯特朗认可组织化教会、社会慈善住房和公民改革法案。他继续宣传教会派系之间的合作，尽管他的泛基督教主义仅限于新教。1908 年，他帮助建立了基督教协进会。斯特朗举例证明了社会福音更为保守的一派，将数据与福音派言论结合，促进美国新教徒相信全美范围乃至全球范围的社会服务。

亦可参阅：社会福音（Social Gospel）

延伸阅读书目：

- Muller, D. (1966). Josiah Strong and American nationalism：A reevaluation. *The Journal of American History*, 53(3), 487－503.
- Strong, J. (1963). *Our country：Its possible future and its present crisis* (J. Herbst, Ed.). Cambridge, MA：The Belknap Press of Harvard University Press. (Original work published 1891)

Janet C. Olson 文

宋晨译　陈恒校

施泰因文森特城
STUYVESANT TOWN

施泰因文森特城是一座包含 8756 个单元公寓的住宅小区，位于曼哈顿下城，由于租金合理，50 多年以来一直是纽约中产阶级的庇护所。1941 年纽约州通过了《城市公司法》，施泰因文森特城是第一座在该法律下建成的住宅小区。该法律允许市政府将衰败的地区卖给私人公司进行重建。

该项法律是罗伯特·摩西的主意,他同时担任了纽约城市公园专员、罗伯特·肯尼迪大桥管理局局长和纽约市规划局局长。摩西迫切地想要保险公司投资贫民窟的清理与重建,为中产阶级建造住房。在 1943 年,市长菲奥雷洛·拉瓜迪亚宣布,大都会人寿保险公司将建造施泰因文森特城。这座建筑占地 72 英亩,位于第十四大道的北部,包括 35 栋 13 层和 14 层的建筑。

根据合同条款,由纽约市而不是大都会人寿保险公司(之后更名为 MetLife)负责拆除贫民窟,并安置其中的租户。大都会人寿按照成本价购买土地,作为回报可以建造和管理新住房,而且租金要够低,让中产阶级租户可以承受,而且保险巨头对这块土地可以享受 25 年的免税期。

施泰因文森特城计划的评论者抱怨道,这个住宅小区没有计划建立新学校,这样会催生出"墙城",与周围的社区隔离开来。当大都会人寿的董事弗雷德里克·艾克尔(Frederick Ecker)宣布,这座住宅小区仅限于白人时,许多公民集体组织起来反对吉姆·克劳式立法。拉瓜迪亚和摩西知道大都会人寿的决定带有歧视性质,但他们宣称,为成千上万从第二次世界大战战场返回的战士家庭提供可以负担的住房,要比少数改革者们的社会目标要重要。

尽管有抗议的声音,但纽约市还是批准了施泰因文森特城的合同,这场斗争中的反对派发起了公平住房运动。1944 年,施泰因文森特城种族隔离的反对者起草了法案,并且由纽约城市委员会通过,根据城市公司法,禁止房屋建造中的种族歧视。因为这项新法案并不具有追溯的效力,而且没有涵盖施泰因文森特城,因此反对派在法庭上无法推翻大都会人寿保险公司的政策。

1947 年,施泰因文森特城建成,耗资 1.12 亿美金。大都会人寿保险公司收到了超过 228000 封申请,但所有 25000 个选中的居民都是白人。1950 年,为了结束对歧视的抗议,大都会人寿保险公司允许少数非裔美国人家庭住进了施泰因文森特城。最终,反对者加入了纽约反住房歧视委员会。这个组织以 SCAD 著称,20 世纪 50 年代,成功地游说议员通过了几项公众和个人住房反歧视的法案。

施泰因文森特城的建造确立了贫民窟清理的模式,后来以"城市更新"而著称。为了建造施泰因文森特城,纽约市征用了数千套住房,转移了 10000 户低收入家庭。尽管纽约市负责为迁移人口寻找新的住处,但大

部分家庭搬到了附近贫民窟中标准化的住房里。

这个项目刚建成,其设计风格就受到了租户的欢迎。在这个住宅小区有多个操场,林荫人行道,中心的花园里还有喷泉,为这个城市中心的地方带来了郊区平静的气息。多年以来,施泰因文森特城的族裔更加多元化,有黑人、拉美裔和亚裔家庭涌入,但绝大部分还是白人。由于租金控制法规的作用,施泰因文森特城的空置率保持在相对较低的水平。1990 年,候补名单上有超过 8000 人申请,而且通常一个家庭要等待 4 年或 5 年才能有空缺的公寓。

2001 年,纽约州租金控制法逐渐淘汰,大都会人寿保险公司取消了施泰因文森特城的候补名单。这家公司开始重新改造空置的公寓,并以市场价进行出租,一个月价格为 2100—4200 美金之间。1997 年前住进来的家庭,继续无限期地享受稳定的房租。尽管长期居住的居民担心新来的高收入租户会改变施泰因文森特的特点,但这个住宅小区依然是中等收入家庭的绿洲。

延伸阅读书目:

● Henderson, A. S. (2000). *Housing and the democratic ideal: The life and thought of Charles Abrams*. New York: Columbia University Press.
● Lambert, B. (2001, July 13). Two big projects deregulating vacant units. *New York Times*.
● Schwartz, J. (1983). *The New York approach: Robert Moses, urban liberals, and the redevelopment of the inner-city*. Columbus: Ohio State University Press.
● Simon, A. (1970). *Stuyvesant Town U. S. A.: Pattern for two Americas*. New York: New York University Press.

Dan Wishnoff 文

宋晨译 陈恒校

郊区铁路服务
SUBURBAN RAILROAD SERVICE

郊区铁路服务对美国几个大都市区的形态构成和分散化发展起了重要的作用。18 世纪 30 年代,美国铁路首次建成后不久,第一条郊区铁路服务也随之兴起。早在 1833 年,纽约-哈莱姆铁路就将默里希尔(Murray Hill)的居民运送到市中心,到 1837 年,铁路

已经覆盖约克维尔(Yorkville)和哈莱姆的新居民区。最初,城际列车试图绕开众多当地车站,但是这些车站带来的顾客,使得铁路部门无法忽视它们。1839年,波士顿普罗维登斯铁路局开始运营一段特殊的铁路,票价低于普通的长期票。对于经常交通往返的顾客,可以减少票价,这个概念已经适用于渡船乘客和公共汽车乘客,而这些新兴的铁路乘客则被称之为通勤者。

为了利用现有的轨道和设备,铁路公司通常会在铁路干线上附加郊区铁路服务,但也有一些支线是为通勤交通而建立的。铁路公司当局通常是这项新服务的投资者,或者他们自己也使用这项服务。郊区铁路服务与其他运营方共同使用轨道和设备,因此其盈利能力难以界定。

富裕的都市人意识到,有了运行频繁、价格实惠的铁路服务,他们可以居住在那些更加健康的地方,远离城市的噪音、污染和歪风邪气。到1848年,估计有20％的波士顿白领和管理层人员靠郊区铁路通勤。截止到1898年,纽约每天有118000通勤者。而通往郊区车站的私人付费汽车,则把真正的精英与普通的富裕阶层区分开来。

在一般情况下,旧城区的办公室人员需要通勤,但蒸汽列车也为蓝领工人提供特殊的当地服务,运送他们前往位于郊区的工业厂房和矿井。例如20世纪初期,一辆15节车厢的列车名为"煤油约翰尼"(Coal Oil Johnny)每天将住在俄克拉荷马州塔尔萨的工人运送到城市西南部几公里外的油井和矿井。

城市周围频繁运营的蒸汽动力火车造成了烟雾污染,引起了公众的抗议。在20世纪初期,纽约、费城和芝加哥周围的几条铁路都实现了电气化。

郊区铁路服务通常是指由城际铁路局运营的全尺寸旅客车厢,但其他交通模式也表现出了同样的特点。在波士顿、纽约、费城和芝加哥,新型的居民区和商业区聚集在快速交通线车站附近,这些铁路有时超出了城市的边缘。在19世纪末20世纪初,城际铁路使用了新型有轨电车技术,将轨道延伸到乡村腹地或附近的城市。其中一些城际铁路,尤其是服务芝加哥、印第安纳波利斯、密尔沃基和洛杉矶地区的铁路系统,承载量非常大,甚至带动建立了新的郊区,就如同蒸汽铁路一样。

在20世纪20年代,私人汽车飞速发展,但郊区人口增长速度更快。截至1930年,乘客通勤里程已经达到67亿英里。但是,受经济大萧条和汽车使用增长的影响,1940年通勤里程降低到40亿英里,在20世纪40年代许多铁路线路乘客较少,从而停止了服务。在战争年代,乘客量增长,二战后初期郊区的发展推动了乘客里程的增长,到1947年达到了60亿英里。

第二次世界大战之后,乘客量激增,这场暂时的繁荣让人以为郊区铁路服务能够带来收益。一些组织——比如芝加哥西北铁路公司——投资新设备,提高服务水平,以吸引新的乘客。现存的蒸汽动力火车则被内燃机取代。到1959年,随着汽车和高速公路的普及,乘客里程数降低至45亿英里。铁路公司发现,他们提供着不盈利的服务,但又因为政府监管部门不允许,而不能放弃。

1958年联邦法律的变化使得中止铁路服务变得较为容易,使用率低的铁路支线甚至整条铁路线都被关闭。公共交通由中上层阶级使用,这种交通模式的问题主要在于交通的金融危机,之后迅速导致了广泛地接受对于交通设备的公共援助和公有化。为了援助处于挣扎中的通勤运营业务而采取了各种技术手段,起初购买用于铁路的设备,最终大部分城市实现了铁路所有权的公有化和公共运营,或者通过"购买服务"协议来补贴铁路公司成本。1965年,纽约州接管了美国最大的郊区铁路运营商"长岛铁路公司"。到1973年,几乎所有现存的郊区铁路线都由州政府或地方政府接管。

从1960年开始,旧金山湾区和华盛顿特区建立了新的快速轨道交通。这些线路为开车的乘客提供了宽大的郊区车站和设备,其功能与郊区铁路线路无异,但是为了进行区分,它们有时被称之为"区域铁路"(Regional Rail)。这个名词同样用于铁路线交汇时建立的铁路网,例如1984年的费城,穿过城市中心的一条隧道将之前互相竞争的两条通勤线路连接起来。

在20世纪80和90年代,乡村周围的城市对通勤服务表达了兴趣,因为基于现有的铁路轨道,建设起来更加容易。提供郊区铁路服务的城市数量几乎增长了两倍。2004年,乘客通勤里程达到95亿英里,是1975年的两倍。然而,许多运营商却遭人诟病,因为与普通的公共汽车服务相比,这些新的公交系统中,单个乘客的运营成本极高。

在最近几十年里,铁路通勤者的数量从1970年的500000人增加到2000年的658000人。但是增长速度不及工人数量的增长,因此1970年依靠铁路通勤的工人占工人总数的0.7％,到2000年则降到了0.5％。

亦可参阅:铁路郊区(Railroad Suburbs)

延伸阅读书目:

● Dorin, P. C. (1970). *Commuter railroads: A pictorial review of the most traveled trains*. Seattle, WA:

776

Superior.

- Grow, L. (1979). *On the 8:02: An informal history of commuting by rail in America*. New York: Mayflower Books.
- Hilton, G. W. (1962). The decline of railroad commutation. *Business History Review*, 36,125 - 152.

Dennis McClendon 文

宋晨译　陈恒校

郊区化
SUBURBANIZATION

郊区化是郊区产生的过程。郊区历史久远,如同城市一样,但是在过去的150年里才成为美国城市发展的重要部分。而郊区化的学术研究则更是近期的事情。尽管在二战前后有一些关于郊区发展的专题著作,但大量的学术作品是近30年才出现的。然而在这段时期,郊区化以及郊区已经成为了城市历史研究的重要部分。

美国是一个郊区社会。二战结束之后,生活在郊区的美国人数量剧增。1950—2000年之间,生活在大都市区的人数从100万增加到1.17亿,占美国总人数的90%。这种增长主要集中在郊区。例如,在1990年,美国人口有2.478亿,而其中1.972亿人则居住在大都市区内。其中,只有7800万人居住在中心城市。剩下的1.14亿人则居住在没有法人地位地区以及中心城市附近的6,700个城市结合部。与之形成鲜明对比的是,40年前,美国人口有1.49亿,只有3400万人居住在郊区,4900万人居住在中心城市。换句话说,在20世纪后半期,美国居住在郊区的人口由不到四分之一增加到几乎一半,而中心城市居民的数量则保持在美国人口的三分之一。

美国已经成为一个郊区社会的事实毋庸置疑。然而,关于二战之前郊区化的速度却存在争议。在一定程度上,这些分歧与郊区的定义有关。典型的看法认为,郊区位于城市边缘,在政治上有独立的管辖权。然而对于一些人来说,郊区也可以包括中心城市内新开发的区域。例如,中产阶级的新住宅或者厂区极有可能建在城市外围的绿地空间,但是却处于城市的管辖范围之内,同样也有可能建在市区外面的独立区域中。

对郊区的定义存有争议,原因之一是,人们对于兼并在中心城市的形成中发挥了何种作用并不确定。从1850年到第一次世界大战,中心城市的居住区和经济区得到了极大地发展,比如费城、芝加哥和纽约,这主要得益于对郊区土地、人员和商业的吞并。但是,新兼并的郊区能够一夜之间变成非郊区吗?在政治上,郊区隶属于中心城市,就意味着变成城市了吗?换句话说,先前的郊区空间变成城市空间,这种合并一旦得到承认之后,关于什么是郊区,什么不是郊区的定义就变得复杂了。

很显然,郊区的构成情况对于郊区化的定义产生了重要的影响。有两种关于美国郊区发展的传统说法,将郊区的发展与阶级联系起来,并且涉及到郊区的不同定义。1987年,罗伯特·菲什曼(Robert Fishman)从文化方面对郊区进行了描述,认为郊区不受城市边界的限制。在他看来,不论大城市的区域如何划分,中上层阶级依然能够创造出一个阶级隔离的郊区,与大都市其余部分区分开来。区分城市和郊区的官方界限并不重要。更加重要的是,与财富、职业和种族有关的排他性活动所划分的界限。相反地,肯尼思·杰克逊(Kenneth Jackson)在1985年写道,政治界限对郊区的构成起着重要的作用。杰克逊强调郊区的经济地位,以及交通对郊区化的推动作用,他认为郊区在城市之外,是中产阶级的居住地,以逃离冷酷的城市生活。

杰克逊和菲什曼忽略郊区的定义,给予了中产阶级郊区至高的地位,这样的做法遭到了质疑。很多著者认为,工人阶级引发的郊区化成为了大城市发展的重要组成部分。工人阶级大量地涌入郊区,从而获得便宜的住房,另外许多工人也将家庭建在当地工业区外。在这个过程中,出现了不同的郊区建筑,与中产阶级一样,工人阶级也谱写了别样的郊区风貌。此外,居住在郊区的工人阶级并不是单一的群体,其中有很多是当地人,还有一大部分是非裔美国人和移民。对于大部分工人来说,郊区的工作吸引着他们。在某种情况下,那些工人为居住在郊区的中产阶级家庭服务,还有一些在炼钢厂、肉类加工厂和金属锻造厂工作,这些工厂在1850年之后搬到城市的边缘。对于工人阶级来说,通常居住在郊区就意味着距离工作地点较近。

在过去的200年里,郊区化发展的速度和特点深受几个因素的影响。从18世纪后期开始,资本主义社会关系发展的特殊形式,导致了基于阶级、种族和族裔的地域分离。在商业城市,不同阶级、种族和族裔对地域的划分需求降到最小,原因在于社会地位靠财富、职业或出身明确地区分开来。社会地位不再需要地理位置来凸显。前工业时代局势紧张,然而这种情况愈演愈烈,由于资本主义工业体制的强化导致了阶级的对立,本土居民也排斥外地人口的涌入。大量日益增多的、敢于大声表达的城市少数族裔工人阶级的发展,伴随着中心城市环境和社会状况的恶化,迫使许多中上层阶级在郊区的马唐草边疆上寻求资产阶级的乌托邦。受阶级转变以及本地主义思想的影响,大城市的边缘出现了新的中产阶级。

阶级和族裔的对立与家庭意义和家庭关系的重建有关。在 20 世纪工业资本主义阶段,职业结构的一个重要特点就是新兴中产阶级的出现,包括职业人士、技术人员、管理人员和商业精英。新兴中产阶级觉得他们的社会地位不稳定,而且不满中心城市不断变化的环境,因而致力于建立能够反映他们不断增长的社会地位的居住环境。他们吸收了欧洲的传统,聚焦于美国景观设计师和规划师,比如弗雷德里克·劳·奥姆斯特德、安德鲁·杰克逊·唐宁、克拉伦斯·斯坦和亨利·赖特的新作品,建立了符合他们理想的郊区,以一套新的国内实践活动和设计风格为基础。从河滨(芝加哥附近)到雷德伯恩市(费尔劳恩附近,新泽西州)到鲍德温山(洛杉矶附近),建立了专门以种族和阶级为基础的郊区风貌。

交通运输的创新刺激了大都市边缘地带的发展。对于许多著者来说,城市人口的快速增长主要在于一系列新型交通工具的运用,来开拓未开发的边缘地区,变成适合人口居住的郊区。尽管电车和汽车的作用被夸大化了,但毫无疑问,交通运输影响了郊区发展的速度和形式。市内的第一个主要交通工具是公共马车。从 19 世纪 20 年代到 60 年代,公共马车沿着固定线路频繁地运行,为第一波中产阶级通勤者服务。之后,更加快捷高效的马拉街车代替了公共马车。再一次,报酬丰厚的工人无法企及,但却使得中产阶级可以前所未有地居住在离城市较远的地方。通勤铁路同样也延长了通勤的路程,将精英郊区和市中心连接起来。从 19 世纪 90 年代早期开始,有轨电车出现,比马拉街车更有优势,大量的工人阶级第一次开始乘坐公共交通。汽车、卡车(从 20 世纪 20 年代)以及公路系统(从 20 世纪 50 年代)的发展,进一步推动大城市的居民搬迁到郊区并且拓宽了大城市的外部领域。

城市边缘工作机会的发展,刺激了工人阶级的郊区化,那里的工作机会总是很多。从城市发展开始起,小集镇、大卫星城和边缘区都是被迫迁出市区的污染工业和令人难受的工业(胶水厂、制革厂、啤酒厂),已经成为了大量服务业、交通运输业和制造业的集中地。然而,随着资本主义工业化的发展,资本投资规模不断增长,

雇佣劳动普遍化,新型大型的工业技术发展,新型的通讯和交通方式兴起,新型制造业的发展,劳动方式的转换,这些创造了大量的机会,将劳动力从中心仓库和码头地区解放出来。在城市边缘的工厂有机会选择新的位置。通常,大型集团经营的公司在郊区寻找宽敞而便宜的位置,来建造大型工厂、铁路场站和炼钢厂,从而躲避中心城市不断增长的阶级和种族的冲突。曾经,大型公司像磁铁一样吸引着小公司,将各式各样的公司凝聚在一起,形成交互式的工业郊区。从 20 世纪中期以后,城市边缘工业活动的发展,以及在零售、办公室和公共服务领域出现的工作机会,推动了工人阶级的郊区化。

在财产和不动产市场的作用下,郊区化成为了可能。城市边缘的非城市土地被投机者用来拓展城市。这些投机者通过购买、测量和细分土地来获取利益,并为郊区的发展确立了实实在在的设计框架。投机商分布范围广,从个体经营者到交通公司,再到进步协会,他们都在大都市边缘开拓了广阔的区域。土地细分者不考虑整体规划,受商业情况的驱使。因而,在每次的建筑潮流中,城市边缘都会出现过剩的细分土地。

在 20 世纪 20 年代以前,主要有三种建造者从事土地划分工作。最主要的一种就是投机性的建造者,他们在有买主之前就将房子和工厂建好。这个生意风险较大,易受各种因素的影响,包括不断变化的经济环境,金融家的策划(通常是当地的金融机构或是个人),还有建造者与分包商的关系。为了迎合主流中产阶级市场的需求,投机建造者通常一年建造不超过五到六座房子,而且一般都按照标准的设计。相反地,定制化的建造者为客户量身定做,通常都会制定一个详细的计划。这种生意风险较低,因为建造者会预先受定金,之后会按照进度收到款项。这样的房子比较昂贵,主要针对高端房地产市场。最后就是普通大众,也就是业主建造者,他们自己来建造房屋。工人阶级建造房屋动用了大量自己的劳力,而且是分阶段进行,不需要举债或是动用存款,因而他们能够负担得起。

郊区土地的销售由私人房地产企业承担,他们在历史上主要起了三个作用。首先,建立了规章制度来保护房地产经纪人的利益,并确保了经纪人和客户的权利和责任。其次,监管房地产市场,维持土地业权,稳定土地价格,促进了资本主义房地产市场,从而保护了业主和房地产商的利益。第三,刺激了土地交易和房产装修的全面发展,从而推动了郊区的发展。根据空间位置和社会情况,房地产市场被细分化。通常,郊区的房地产市场由专注于大城市某些区域的经纪人控制,代表了特定阶级和种族的房地产细分市场。

郊区化的进程由大量的机构和经纪人来推动协调。其中一些是私营的,比如从事细分市场的投机商和地产公司,以及管理和协调土地买卖的房地产公司。其他的则是公立的。在早期,地方政府大量参与到郊区房产和装修的生产和销售。他们不愿意直接介入房地产市场,因而提供了一系列的硬件服务(下水道、水铺路和交通)和软件服务(土地发展的理论支持以及房屋状况的评估和监管)。尽管各方目的不同,发展战略和习惯做法也存在分歧,但关于资本主义城市发展和私营业主的权利,存在主导性的理念,从而限制了政府的干预。毫不相干的参与者们,在利益的驱使下,共同参与到郊区的建设中来。

大型开发商利用政府基金和政策大力发展郊区,规模前所未有,这在战后时期非常明显。他们利用战前的发明创造,比如标准化房屋部件和基础性房屋设计,在美国郊区建立了大规模的房屋、工厂和零售商业。莱维敦(纽约)、莱克伍德(加利福尼亚州)和众多其他地方的建造者靠着规模经济、垂直整合、大众广告和营销战略带来的成本优势,结合基于阶级和种族的策略,在大城市边缘建立了细分化的郊区。在战后时期,联邦政府为郊区的建立提供经济和法律支持,而这些郊区都带有阶级和种族的特点。开发商能够利用联邦援助资金,比如联邦住宅管理局和退伍军人管理局,还有联防政府出台的政策,其中涉及郊区房屋、商场和工业带建设的有按揭、税收、公路建设。尽管从 21 世纪中期开始,郊区的发展在许多方面与早期不同,但郊区化在其发展的 200 多年里,创造了大量阶级、族裔和种族分割的区域。

延伸阅读书目:

- Fishman, R. (1987). *Bourgeois utopias: The rise and fall of suburbia*. New York: Basic Books.
- Harris, R. (1999). The making of American suburbs, 1900 - 1950: A reconstruction. In R. Harris and P. Larkham (Eds.), *Changing suburbs: Foundation, form, and function* (pp. 91 - 110). London: E & FN Spon.
- Harris, R., & Lewis, R. (2001). The geography of North American cities, 1900 - 1950: A reinterpretation. *Journal of Urban History*, 27, 262 - 292.
- Jackson, K. (1985). *Crabgrass frontier: The suburbanization of the United States*. New York: Oxford University Press.
- Keating, A. D. (1988). *Building Chicago: Suburban developers and the creation of a divided metropolis*. Columbus, OH: Ohio State University Press.
- Lewis, R. (Ed.). (2004). *Manufacturing suburbs: Building work and home on the metropolitan fringe*. Philadelphia: Temple University Press.
- Marsh, M. (1990). *Suburban lives*. New Brunswick, NJ: Rutgers University Press.
- Warner, S. B., Jr. (1962). *Streetcar suburbs: The process of growth in Boston*. Cambridge, MA: Harvard University Press.

Robert Lewis 文

宋晨译　陈恒校

路易斯·亨利·沙利文
SULLIVAN, LOUIS HENRI

路易斯·亨利·沙利文(1856—1924)是 20 世纪后期的美国建筑师。他神秘莫测,是城市建筑芝加哥学派的领导人物,曾经创造了一句名言,即"形式服从功能"。沙利文出生在波士顿的一个移民家庭,父亲是爱尔兰人,遭到沙利文的憎恨;母亲是瑞士人,有绘画天赋。他曾在麻省理工学院学习,之后短暂地师从费城的建筑师弗兰克·福尼斯(Frank Furness),从此他爱上了叶片式的装饰。

1873 年,沙利文搬到芝加哥,开始了他的建筑师事业。芝加哥经历了 1871 年的毁灭性火灾后,正处在重建之中。他为威廉·勒·拜伦·詹尼短暂地工作过一段时间,此人是世界上第一座摩天大楼的建筑师。接下来,沙利文去巴黎的美术学院学习,但这次是为研究意大利大师,比如米开朗基罗,正是这次学习让他坚信美国误用了古典建筑。

沙利文以自由建筑师的身份返回芝加哥,1883 年与德国出生的丹克马尔·阿德勒(Dankmar Adler)建立了合作关系。阿德勒于 1895 年退休,在此之前,这对组合一共设计了 180 座委托建筑,最著名的项目是会堂大楼,耗资 300 万美金,1890 年竣工,有 4200 座的剧院和 500 座的演奏厅,成为了当时一流的演出地点。沙利文设计的几何图形外观与芝加哥狂野的风格相近,而他设计的曲线柔和的拱门、几何图案印花和内部镀金石膏浮雕成为了装饰艺术的杰作。1893 年,沙利文与阿德勒合作设计了芝加哥世界博览会的交通大楼,延续了他一贯的装饰风格,以镀金拱门为特色。

沙利文取得了这些成功之后,成为了艺术作品的拥护者,而不是建筑业的推动者。沙利文认为,摩天大

780

楼不是一层楼叠加一层楼之后的高楼,而应该是一个完整的结构,这个理念在21世纪变得非常普通。考虑到街道的光线和空气流通,沙利文建议建筑金字塔大楼,高层的楼层变得非常低。1916年,纽约市根据沙利文的这个理念出台了区划法,之后才出现了克莱斯勒和帝国大厦这样的建筑。

1896年,沙利文发表了一篇论文,主张自然的形状受内部生命的影响。沙利文写道,万物的法则是"功能总是决定形式"。这个理念精简成"形式服从功能",激发了一代又一代建筑师,包括弗兰克·劳埃德·赖特,这个年轻人曾经为阿德勒和沙利文工作过。

在他的余生里,沙利文的名声越来越小,这很大程度上是受巴黎国立艺术学院(Beaux Arts)运动的影响,该运动在1893年的世界博览会上突显,让沙利文的新艺术派设计黯然失色。一位年轻的建筑师回忆,沙利文在过世之前为了几美金向芝加哥的年轻设计师提供建议。1924年沙利文逝世,有一部分原因是酗酒。在他过世几天之后,沙利文的半自传发表,但芝加哥报纸并没有为他刊登讣告。

20世纪30年代,随着德国包豪斯建筑学派运动的发展,沙利文的设计被重新发现。但是,对于沙利文和阿德勒的作品还存在争论。为了表达对雇主的尊重,赖特随后声称,沙利文的功能服从形式遭到了误解。赖特认为,沙利文的意思是建筑形式和功能永远都是一个整体。

延伸阅读书目:

- Morrison, H. (1962). *Louis Sullivan:Prophet of modern architecture*. New York:Norton.
- Sullivan, L. (1924). *The autobiography of an idea*. New York:Dover.
- Szarkowski, J. (1956). *The idea of Louis Sullivan*. Minneapolis:University of Minnesota Press.
- Twombly, R. (1986). *Louis Sullivan:His life and work*. New York:Viking.

Richard Junger 文

宋晨译　陈恒校

阳光带和冰雪带城市
SUNBELT AND SNOWBELT CITIES

在政策争论和区域种类描述之下,20世纪70年代出现了关于美国阳光带和冰雪带的概念。在这两个方面,关注重点是快速发展的城市(阳光带城市)和发展较慢或者逐渐萎缩的城市(冰雪带城市)。因此,这两个术语是区位条件的样本,反映了城市化发展的结果。

尽管早在20世纪40年代,"阳光带"这个术语就出现在美国陆军航空队的文件中,1969年政治记者凯文·菲利普斯(Kevin Phillips)在《共和党多数的浮现》(*The Emerging Republican Majority*)中就着重使用了这个词。南部和西部的城市快速发展,这些地区未被新政联盟牢牢掌控。菲利普斯认为,这些新兴城区和郊区的选民自然是共和党的拥护者。柯克帕特里克·赛尔斯(Kirkpatrick Sales)对菲利普斯的研究进行了扩展,并于1976年发表了论文《权力转移:南部边缘的兴起及其对东部权势集团的挑战》(*Power Shift:The Rise of the Southern Rim and Its Challenge to the Eastern Establishment*)。

一些来自阳光带的政客后来成了美国总统,有得克萨斯州的约翰逊,加利福尼亚州的尼克松和里根,还有统治亚州的卡特。为了平衡议会中南部和西部的影响力,进行了十年一次的选区划分,不久后记者和学者就开始关注这个词语。作为回应,东北部和中西部地区的政客开始认为自己代表一个在某种程度上被包围的地区,这样的地区被定义为冰雪带。阳光带城市的发展很大程度上基于军事基地和武器的开支,以及联邦政府对能源工业的补贴,他们认为,联邦政府牺牲了东北部,换来了南部和西部的建设。这种区域间的争论在20世纪70年代达到顶峰,到里根总统执政期间渐渐消失,因为这届政府在政府职责方面引发了新的问题。

针对地方发展和形象塑造,阳光带这个理念对于南部城市比西部城市更有意义。圣迭戈、洛杉矶、菲尼克斯和奥斯订等地,长期以来推动美国人民认为西部未来拥有发展机会。相反地,从20世纪中期开始,南部地区与殖民经济做斗争,努力摆脱经济文化发展落后的名声。在奥兰多、罗利-达勒姆(Raleigh-Durham)、亚特兰大以及类似的城市,城市支持者们认同新阳光带而不是老南部,积极地重塑形象,改变落后的地位。

阳光带与冰雪带这两个截然相反的概念引起了大量的定义性问题。如果这些区域是同质的,那它们有什么共同之处?当然了,气候是一个因素,将冰雪带与阳光带区分开来,尽管东南部的阳光带炎热潮湿,与西南部阳光带温暖干燥的气候不同。20世纪70年代和80年代,良好的商业环境是另一个重要的区分因素,这意味着工会组织的力量并不强大,工资期望较低,税率低,以及商业监管少。第三个区分阳光带和冰雪带的因素是,阳光带的经济靠军事支出、户外娱乐、退休人员和高新科技产业推动。尽管所有这些因素支持了东北部和中西部某些城市的经济,但在南部和西部一直发挥作用。

在美国的地理词汇中,穿越了美国地图的东西部被划分成各种"带"(Belts)。"玉米带"从俄亥俄州到洛瓦,"圣经带"从田纳西州到得克萨斯州大草原区,横跨南方地区,而"黑人带"从阿拉巴马州中部到密西西比州。而阳光带和冰雪带的分布也遵循了这个模式。

阳光带的边界非常清晰,就是州的边界,北起北卡罗莱纳州、田纳西州、阿肯色州、俄克拉荷马州、新墨西哥州和亚利桑那州,延伸至内华达州和加利福尼亚州。这种划分非常简单。阳光带包括佛罗里达州、得克萨斯州和南加利福尼亚州南部的城市发展中心,以及炎热阳光的拉斯维加斯和新南部的大都市,比如亚特兰大和夏洛特。2000年人们一致认为,阳光带囊括了全国12个最大都市中的5个:洛杉矶(第2大)、达拉斯-沃思堡(第9大)、休斯敦(第10大)、亚特兰大(第11大)和迈阿密(第12大)。另外,区域发展涉及到了中心地区和功能性城市,阳光带基本上囊括了全国快速发展的所有小都市,比如佛罗里达州的那不勒斯(Naples)、阿肯色州的费耶特维尔(Fayetteville),当然还有内华达州的拉斯维加斯。

这种描述面临两种截然相反的批评。一方面,评论家认为通常所谓的阳光带边界太广泛,也太狭隘。它包括一些没有快速享受到新经济带来的好处的州,比如阿拉巴马州、密西西比州和路易斯安那州。实际上,这些评论者认为,阳光带主要是南大西洋地区的一个现象,从佛罗里达州到南、北卡罗莱纳州到得克萨斯州到亚利桑那州再到加利福尼亚州。另一方面,一些分析师指出,有些地区比如切萨皮克湾、科罗拉多州、北加利福尼亚州,甚至普吉特湾也经历过快速的发展,这主要源于宜人的环境、外国移民、高新技术产业和军事支出。当然了,尽管扩大阳光带的定义后,华盛顿-巴尔的摩(2000年第4大地区)和旧金山湾区(第5大)也能被纳入麾下,但采纳任何一种或是两种批评,都会将区域边界复杂化,并削弱"带"这个比喻的话语权。

记者和学者较少关注冰雪带的边界,部分原因在于这是个剩余范畴或被动的范畴。通常,冰雪带包括东北部地区的9个州,以及中部的东北部地区的5个州。另外,也可以包括马里兰州、特拉华州、明尼苏达州、爱荷华州和密苏里州。在1825年到1900年之间,

这里是工业中心,靠运河、河湖运输和铁路联系。在20世纪的前半期,波士顿、巴尔的摩、圣路易斯和明尼苏达圣保罗这些城市成为了国家的核心地区,主宰着铁路运输、工业生产、投资资本和文化机构。尽管阳光带崛起,但冰雪带在2000年仍然涵盖了5个全国最大的城市:纽约(第1大)、芝加哥(第3大)费城(第6大)、波士顿(第7大)和底特律(第8大)。然而,冰雪带也包含了所有在20世纪90年代流失人口的城市区域,比如俄亥俄州的代顿和扬斯敦、宾夕法尼亚州的匹兹堡和斯克兰顿以及纽约州的布法罗和锡拉丘兹。

冰雪带这个词有时候也与锈蚀带交替使用,这个后来新造的词突显了制造业的衰退。在20世纪前半期,纺织业和服装业搬离了核心地区,钢铁工业和衰败的重型器械工业(生产电器和汽车)带来了很多问题,铁锈带集中了这些问题。小型的工业城市,比如俄亥俄州的阿克伦、密歇根州的弗林特、新泽西的卡姆登、宾夕法尼亚的艾伦镇和伯利恒,其工业处于产品链的末端,或者投资于废弃的产品,是典型的锈蚀带衰退。然而,大型的经济多元化的城市,比如波士顿和芝加哥,能够在经济转型中占据有利的位置。

延伸阅读书目:

- Abbott, C. (1987). *The new urban America: Growth and politics in Sunbelt cities.* Chapel Hill, NC: University of North Carolina Press.
- Bernard, R. (Ed.). (1990). *Snowbelt cities: Metropolitan politics in the Northeast and Midwest since World War II.* Bloomington, IN: Indiana University Press.
- Bernard, R., & Rice, B. R. (Eds.). (1983). *Sunbelt cities: Politics and growth since World War II.* Austin, TX: University of Texas Press.
- Mohl, R. (Ed.). (1990). *Searching for the Sunbelt: Historical perspectives on a region.* Knoxville, TN: University of Tennessee Press.
- Phillips, K. (1969). *The emerging Republican majority.* New Rochelle, NY: Arlington House.
- Sale, K. (1976). *Power shift: The rise of the Southern Rim and its challenge to the Eastern establishment.* New York: Random House.

Carl Abbott 文

宋晨译 陈恒校

782

威廉·阿什利(比利)·森戴
SUNDAY, WILLIAM ASHLEY (BILLY)

威廉·阿什利·森戴(1862—1935)是 20 世纪初期最重要的新教福音传道者。"比利"·森戴也就是广为人知的棒球员传教士,为城市的复兴运动做出了不可磨灭的功绩。这项复兴运动在 19 世纪 70 年代由德怀特·穆迪(Dwight L. Moody)发起,由葛培理(Billy Graham)在第二次世界大战之后继承延续。

森戴早前在爱荷华州乡村的生活非常艰辛,他的父亲是联邦军的士兵,在他出生不久之后过世。随之而来的家庭剧变使比利成为了孤儿,辗转于各种低贱的工作,之后他离开艾奥瓦州,于 1883 年加入了芝加哥白袜队。作为一名顶级的盗垒手,比利还为匹兹堡和费城的球队打球。然而,1887 年他突然皈依宗教,辞去了棒球员的工作,于 1891 年开始全职参与基督教青年协会。

在 1888 年,森戴与海伦·汤普森(Helen Thompson)结婚,这个爽快而能干的女人被比利的信徒称之为"森戴太太"(Ms Sunday)。通常,森戴夫人被认为是她丈夫反复无常的公众形象的幕后组织者,她善于为森戴的传教活动进行演讲邀约和商业运作。这对夫妻育有四子,海伦(1891 年),乔治·马奎斯(1894 年),小威廉·阿什利(1902 年),保罗·汤普森(1908 年)。

1893 年,森戴开始了全国传播福音的巡回演讲,作为查普曼(J. Wilbur Chapman)的宣传人员。查普曼是一位优雅而亲切的长老会教徒,他完善了"即兴运动"的技巧,带着他的信徒在一个城市待 3 周或 3 周以上,在当地清教徒教堂安排定期的聚会。1896 年,查普曼离开巡回宣讲,森戴开始在爱荷华州、印第安纳州和伊利诺伊州的小城镇,开启他自己的巡回宣讲。

在这十年之间,这位前棒球运动员成为了轰动全国的人物,在纽约、费城和波士顿开展了重要的改革活动,在那些城市中数千名信徒走上了皈依福音之路,以示他们的宗教信仰。尽管每场活动都需要提前数月的准备和地区教堂的系统性募捐,森戴都是每场活动的主角。森戴在讲台上的古怪动作,包括摔椅子和与魔鬼搏斗,让他登上了社会新闻和宗教新闻的头条。森戴作为一位虔诚的禁酒主义者,向男性信徒们宣讲了一些著名的训诫,包括"酒,或戒酒"。森戴同样也吸引了一些宗教评论者的目光,这些评论者认为他情绪化的、个人化的虔敬过于简单,或者不赞同他充斥着俚语杂耍式"强健派基督教"。世俗派评论家包括卡尔·桑德堡、

约翰·里德和乔治·克里尔,指责森戴与富有的支持者联系密切,并且通过自由捐赠获取了大量钱财。

森戴的事业在第一次世界大战期间达到顶峰,特别是 1920 年成功通过了美国宪法第十八修正案的禁酒令之后。但是,之后他的事业开始下滑,直到他去世。个人问题在一定程度上影响了森戴事业的发展,包括媒体大肆宣扬他两个儿子乔治和威廉的离婚事件,他女儿海伦 1932 年去世,乔治 1933 年自杀。森戴也饱受疾病的折磨,在一次艰难的旅行和心脏衰竭的影响下,1935 年 11 月突发心脏病去世。

亦可参阅:棒球和棒球场(Baseball and Ballparks),禁酒(Prohibition)

延伸阅读书目:

- Bruns, R. (2002). *Preacher: Billy Sunday and big-time American evangelism.* Urbana: University of Illinois Press.
- Dorsett, L. (1991). *Billy Sunday and the redemption of urban America.* Grand Rapids, MI: Wm. B. Eerdmans.
- Martin, R. F. (2002). *Hero of the heartland: Billy Sunday and the transformation of America.* Bloomington: Indiana University Press.

Margaret Bendroth 文

宋晨译 陈恒校

超级市场
SUPERMARKETS

20 世纪 30 年代早期,第一批符合超级市场这个名称的商店在城市和附近的郊区开业。这些杂货商店装修风格迥异,目标市场不同,但价格低廉,货架上的货品供顾客选择,广而告之,而且承诺品种齐全。在 20 世纪 50 年代中期,超级市场占领了食品零售业。此外,其战略为其他零售商树立了典范,人们用相似的方法购买所有的东西,从服装到工具。超级市场既代表了美国消费社会好的一面,也代表了其让人头疼的一面。

许多杂货商对超级市场持有怀疑态度。评论家经常提到,这些看似革命性的商店是"大萧条时期的婴儿",他们预计这种低廉的价格和大众的诉求不会持续很久,就仅限于经济危机时期。大型连锁公司,比如大西洋和太平洋食品公司(A&P)、西夫韦(Safeway)和

克罗格(Kroger's),为了开设这类大型商店而进行资金投入持有谨慎态度,因此第一批超级市场是富有热情的企业家的产物,而不是大众市场产业链。直到20世纪40年代晚期和50年代早期,第一批独立的超级市场所运用的策略才被广大杂货商采纳。

到20世纪50年代中期,最初对超级市场持有的怀疑态度消失了。连锁商店公司和许多美国消费者欣然接受超级市场宣扬的大型自助服务。同时,连锁商店和独立的小型杂货商将商店装饰地高端大气,承诺干净的环境和便捷的服务,迎合中产阶级和上层阶级女生来店内消费。随着白人和中产阶级搬到城市边缘和郊区,这些高端超级市场也是一样。因此,标准化的超级市场和新建的商场主导了零售业。

郊区超级市场长长的过道备货充足,管理精简,这在国内外都能够展示美国资本主义的优势,并且巩固了战后以家庭为中心的消费模式。在1955年1月《生活杂志》特刊的封面上,刊登着一位时尚的女士,戴着手套,平静地推着购物车,购物车上放着一个面色红润的小孩,还有满满的物品,比如新鲜水果、牛奶、火腿罐头、番茄酱和一盒盒的饼干。这个画面是用来庆祝超级市场的政治和经济地位。

超级市场继续发挥着其文化和社会意义,但在20世纪的后几十年里,它们也凸显了大众消费的缺陷。贫穷的白人和非裔美国人消费者公正地指出,因为大型超级市场,特别是大型连锁超级市场不在他们的社区,所以他们无法享受大众消费的福利。同时,针对中产阶级和上层阶级生活的评论员,在评论文章中特别指出超级市场位于郊区中产阶级生活区,这些社区以消费者为中心,是政治性的。

超级市场成为了城市和郊区家庭的检验标准,在大众消费的政治经济中起到了关键作用,但这些批评文章还是会出现。尽管大型零售商被指责损害了地方经济,而且近年来小型美食商店也进军食品零售业,但超级市场和其销售模式仍然主导了美国消费市场。另外,超级市场也定义了二战后美国和非美国城市、郊区和乡村的消费文化。因此,超级市场的文化影响甚至超过了其经济影响和结构影响。

延伸阅读书目:

- Bowlby, R. (2001). *Carried away: The invention of modern shopping*. New York: Columbia University Press.
- Deutsch, T. (1999, Fall). From wild animal stores to women's sphere: Supermarkets and mass consumption, 1930 - 1950. *Business and Economic History*, 28, 143 - 153.
- Mandel Zimmerman, M. (1955). *The super market: A revolution in distribution*. New York: McGraw-Hill.

Tracey Deutsch 文

宋晨译　陈恒校

古斯塔夫斯·富兰克林·斯威夫特
SWIFT, GUSTAVUS FRANKLIN

古斯塔夫斯·富兰克林·斯威夫特(1839—1903)是美国商业历史上一位非常富有创新精神的实业家,他的公司 G. F. 斯威夫特促进了19世纪后期城市发展,并重塑了区域发展的结构。1875年,斯威夫特成为了肉类加工业的新秀,最为知名的是建立了全国物流系统,把新鲜牛肉变成可以大量生产、大量消费的商品。斯威夫特在美国建立了分支营销渠道网络,以及以铁路和电报为基础的一套联络网,来连接芝加哥和中西部的屠宰工厂和地理位置分散的站点,把牛肉这一由本地屠夫控制的产品,变成了可以长途运输的工业化产品。这些分布广泛的生产分销联系点,为合并南北战争前时期分散的市场提供了基础,统一了全国的市场,提升了芝加哥在全国系统中的地位,成为了这条生产销售网中的关键点。

斯威夫特的创新在于建立了一个创业型组织,在一个地方屠宰牲畜,然后把加工好的牛肉长途运输到其他地区,却能保持肉质新鲜。为了达到这个目的,斯威夫特利用了出现于内战时期的、以铁路和电报为基础的区域间商业系统,但他为蓬勃发展的商业基础设施加入了一个新设施——冷藏车。尽管斯威夫特不是这个系统的发明者,但他却是第一个完善了长途冷藏运输新鲜牛肉的人。很少有发明会对国家经济地理产生如此深远的影响。

在斯威夫特取得这个突破性的进展之前,牛肉公司为了在东海岸销售牛肉,将活畜从中西部地区运输到东部,再由本地屠夫屠宰销售。运输活畜的问题在于,运输成本以及一半的牲畜是不能食用的,因此支出没有带来经济回报,加重了牛肉公司的运输成本。斯威夫特发明了冷藏铁路运输和分支销售点之后,这个困难迎刃而解。1878年,斯威夫特开始在芝加哥大规模屠宰牲畜,在全国范围内销售牛肉,在这个过程中最终削弱并击垮了地方的屠夫。

十年间,为了与斯威夫特竞争,基本上所有的肉类加工公司在 19 世纪 80 年代都建立了相似的网络。因此，肉类加工业成为了全国第二大产业，仅次于钢铁工业，而且肉类加工业被同期的扒粪记者严厉批评，并在厄普顿·辛克莱 1906 年出版的《屠场》中出名。与此同时，在肉类加工公司的共同努力下，他们模仿斯威夫特的生产销售系统，建立了一套新的经济网络，以长距离跨区域的销售为主；城市充当了管道的角色，并成为了这个行业产品的巨大消费市场。城市集中化发展，斯威夫特利用了这一点，把城市用作牛肉市场需求和消费的中心。

长途运输网络由斯威夫特发明，再由其他肉类加工公司模仿，受这个发明的影响，芝加哥成为了新型经济的中心，连接农业、加工业和消费市场。这座位于密歇根湖畔的城市控制了巨大的牲畜和其腹地的农产品贸易，并把制造成品运输到东海岸。更为重要的是，芝加哥得益于肉类加工业的发展，成为了全国第一的制造业中心，以及世界上最大的城市间区域贸易系统的焦点。作为肉类加工业的发明者，斯威夫特成为影响芝加哥财富的关键人物，他以美国中心地带为基础，延伸至全国范围，确立了全国性的大批量生产和大规模消费的经济体。

延伸阅读书目：

- Chandler，A. D.，Jr.（1977）. *The visible hand：The managerial revolution in American business*. Cambridge, MA：The Belknap Press of Harvard University Press.
- Cronon，W.（1991）. *Nature's metropolis：Chicago and the great west*. New York：Norton.
- Fields，G.（2004）. *Territories of profit：Communications, capitalist development and the innovative enterprises of G. F. Swift and Dell Computer*. Stanford，CA：Stanford University Press.

Gary Fields 文
宋晨译　陈恒校

785

T

坦慕尼厅
TAMMANY HALL

尽管坦慕尼厅严格说来只是纽约市的民主党政治组织,但实际上象征着整个美国的政治机器。在鼎盛时期,坦慕尼厅不但控制着纽约政治,在州和联邦选举中也扮演着重要角色。

坦慕尼这个名字来源于阿昆冈语系(Algonquin)的勒尼-勒那坡部落(Lenni-Lenape)首领坦慕尼德(Tamanend);该部落是特拉华部落的分支,他们与卡纳西(Canarsie)关系密切,并将今日之布鲁克林这片土地卖给了荷兰人。坦慕尼德的一生充满传奇,他是部落的大酋(Sachem),也就是首领,后来坦慕尼厅的领袖也被冠以这一名号。时人将坦慕尼德视作一个公正的首领,认为其部落遭受蚊虫困扰是源于恶魔的报复,而恶魔之所以如此是因为嫉恨坦慕尼德这样一位高贵的领袖。在传说中,坦慕尼德向恶魔宣战,点燃烟叶来驱赶蚊虫;而恶魔又引来五大湖水淹没村庄,幸而坦慕尼德率领族人开凿沟渠以排洪泄水,也就是今天的尼亚加拉大瀑布。最终,坦慕尼德的族人将森林伐尽,手拉手把恶魔赶走,留下了今日的大平原。

真实的坦慕尼德在历史上留下了身影,在 1683 年与威廉·佩恩签订条约,后者认可了大酋的领袖地位和自由观念。

显然,上述传说和历史混合了许多美洲本土文化的符号和图景。因此毫不奇怪的是,当 1770 年代一群爱国者组成反英协会时,会选择这样一个本土英雄来命名,于是就有了圣坦慕尼之子(Sons of Saint Tammany)这个组织,与波士顿的自由之子(Sons of Liberty)有异曲同工之妙。从费城出现第一个坦慕尼命名的俱乐部后,到 1776 年,13 个北美殖民地中的 8 个有了类似组织。纽约也是这 8 个殖民地之一,这里

的圣坦慕尼厅在美国革命后成为一个政治和社会组织,其成立的官方日期为 1789 年 5 月 12 日,威廉·穆尼(William Mooney)为首任大酋,百老汇上的巴登酒馆(Barden's Tavern)是其最早的办事机构。

随着美利坚这个新兴共和国逐步成熟,坦慕尼厅越来越深入地卷入到纽约州的政治生活中,并且通过扩张其触角为其后来的政治能量奠定了基础。尽管坦慕尼厅最初是一个温和的民族主义组织,但逐渐开始迎合外来移民,在 1809 年甚至出面支持一个天主教背景的候选人。到 1819 年,坦慕尼厅的领导层中已有多人是爱尔兰裔的天主教徒。

坦慕尼厅在几十年间发展壮大,但直到威廉·马西·特维德掌控坦慕尼时才真正将纽约市的政治生活纳入掌中。此人堪称城市老板的典型代表,一手奠定了坦慕尼厅在未来几十年间呼风唤雨的政治基础,塑造了坦慕尼的政治结构,制定了政治策略。正是在他主政时期,坦慕尼厅在 1868 年乔迁新址,也就是东 14 街 145 号,直到 1928 年才搬出。

坦慕尼厅的政治结构几乎就是选举政治的翻版。坦慕尼厅在每个选区指派一名首领负责当地的政治活动,与该选区选出的市议员相对应;由这名首领任命多名队长,分别对应下辖每个基层选区,负责组织街区委员会;这样一来,坦慕尼厅的政治活动将覆盖每个家庭。1900 年的一项调查显示,大约有 10 万人为坦慕尼厅工作。

在这个政府缺少职能机构和社会精英通过私人组织进行慈善的时代,坦慕尼厅为普通市民提供社会服务。如果发生火灾,紧随消防车赶到的一定是坦慕尼厅在当地的负责人。他会为火灾受害者安排住宿、发放衣物,安排附近的家具店为受灾居民提供信贷。如果有人因偷窃被抓或是酒吧关门后仍被勒索营业,律师会前往处理此事。如果有一户人家觉得冷,煤炭就会送到。

在这些政治活动中,有三样最为重要。首先是食物供给,坦慕尼厅主要与经济结构的底层打交道,他们食不果腹。选区领袖每年会精心准备一次聚会,带着所有居民去斯塔顿岛或长岛上的公园远足,之后尽情吃喝。以蒂莫西·沙利文为例,他一次招待5000位居民,所提供的饭菜里包含1万磅火鸡与5000个派。

其次是在坦慕尼厅控制的每个街区中建立社交性和政治性的俱乐部。在这里,宴饮交际成为政治活动的纽带,同时这些俱乐部也是培训坦慕尼厅未来政治人才的基地。

在坦慕尼厅所提供的服务中,最后也是重要的是就业。对移民来说,得到或失去一份工作意味着一切,更别提工作对一个工人及其家庭的意义。

但就业机会也是把双刃剑。通过提供工作岗位,坦慕尼厅把移民与自己绑在一起,并且强迫后者缴纳一定数额或比例的资金用于坦慕尼厅的政治活动。移民们都知道,如果投票数额不够,自己就有失业的危险,这导致了各种合法和不合法的幕后交易。因此,坦慕尼厅的选举活动令人咋舌,甚至死人的名字都出现在选票上。

商业集团也得到坦慕尼厅的好处,并为其提供支持。19世纪末的美国经济正经历大规模的技术革新和管理创新,而政府却畏首畏尾。无效的、相互交叉的法令是企业发展的屏障,商业老板们因此更乐于贿赂特威德这样的城市老板,以便绕开这些法令的制约。

因此投票率大幅提高,选举中也总是出现大比例的胜利。1892年总统大选中,南部投票率只有58%,而全美其他地区则为70%,纽约高达86%。许多纽约投票人出于对坦慕尼厅的感激,投票给坦慕尼的候选人,其得票率甚至高达85%—90%。

紧接着特维德凭借其政治影响力窃取他能得到的一切。最臭名昭著的例子就是纽约市法院的建设,最初预算仅为25万美元,最终却花了1300万美元。比如,13张桌子和40把椅子就花了纳税人17万9729.6美元(以1860年代的美元币值计算)。特维德最喜爱的心腹——安德鲁·加维(Andrew Garvey)给一幢铁与大理石混合建筑物的外墙涂以灰泥,在大楼尚未竣工的施工阶段就向纽约市要价50万美元,后又以维修为由收了100万美元,两次间隔不到一年。

特维德还成了改革运动的议题,该运动由纽约时报发起,漫画家托马斯·纳斯特(Thomas Nast)以老虎为视觉符号代表坦慕尼厅。1873年,特维德入狱。他的继任者,诚实的约翰·凯利(John Kelly)梳理了特维德创办的大部分组织,并将它们从松散的组织变成了结构紧密、纪律严明的政治机构。

1886年,理查德·克劳克(Richard Croker)接替成为民主党领袖。这位暴力的前拳击手的政治手腕也是有问题的,他的治下频繁发生叛乱。克劳克最大的成就是1898年的大纽约计划(纽约五区合并——译者注),该运动原本旨在通过增加边远地区共和党选民数量达到击溃坦慕尼厅的目的。恰恰相反,克劳克通过与布鲁克林老板约翰·麦考依(John McCooey)结盟,成功巩固了坦慕尼厅的权势。

1901年,克劳克阻止一项改革方案的通过,致使反对派逼他下台。他的继任者查尔斯·弗朗西斯·墨非可谓坦慕尼厅史上最高效也最重要的领导者。⁷⁸⁹

墨非通过不断赢得选举而巩固了自己在坦慕尼厅的地位。他似乎有一种天赋,知道将什么人放到什么位置上最合适,知道怎样赢得选票。墨非甚至能够利用弱势的城市民领袖,如小乔治·麦克莱恩(George McClellan, Jr.)和威廉·加纳(William Gaynor),来为坦慕尼厅服务。

与此同时,在墨非领导下,坦慕尼厅逐渐得到了新一代移民的支持。年长的坦慕尼政客主要依赖爱尔兰移民的支持,但移民的主流已变成东欧和南欧人。墨非督促他们跟这些新的移民打交道,用那些屡试不爽的办法争取他们的支持。选区首领要学会穿戴东南欧传统服装,跳东南欧舞蹈,还要为新移民找工作。

墨非最重要的贡献在于,他意识到坦慕尼厅不能停留在政治分赃这种技巧上。如果说克罗克只是个政治恶棍,墨非就是个有远见的政客,希望坦慕尼厅成为社会改革的推动力力量。因此,墨非审慎地挑出两名崭露头角的年轻议员,罗伯特·瓦格纳和阿尔·史密斯,并支持他们领导的改革工作,如在三角制衣工厂大火后修改安全条例。这两个人后来都长期在政坛活动,名声颇好,在墨非支持下分别成为国会参议员和纽约州州长。

1924年墨非去世后,坦慕尼厅重新成为曾经的贪腐巢穴。在软弱的老板乔治·奥尔凡尼(George Olvany)和软弱的市长吉米·沃克(Jimmy Walker)的管理下,分赃制度再度大行其道,1920年代纽约公共服务陷入低谷,而贪污腐败却甚嚣尘上。

1933年,菲奥罗拉·拉瓜迪亚依靠改革派的联合支持当选市长,他连任12年,并成为纽约历史上最伟大的市长,有效削弱了坦慕尼厅的权力。此外,凭借与富兰克林·罗斯福的紧密关系,拉瓜迪亚为纽约争取到大量新政项目,而这些项目为市民提供就业岗位,却没有政治包袱。1943年,坦慕尼厅甚至不得不出售其大楼。此后，尽管纽约县的民主党领袖卡米尼·德萨皮罗曾在1950年代重掌大权，但坦慕尼厅已然销声匿迹。

亦可参阅：城市老板与政治机器（Bosses and Machines），天主教（Catholicism），纽约州纽约市（New York，New York），威廉·马西·特维德（Tweed，William Macy）

延伸阅读书目：

- Callow, A. (1966). *The Tweed ring*. New York: Oxford University Press.
- Czitrom, D. (1991). Underworlds and underdogs. *Journal of American History*, 78, 536 - 558.
- McNickle, C. (1993). *To be mayor of New York*. New York: Columbia University Press.
- Peel, R. (1935). *The political clubs of New York*. New York: G. P. Putnam's Sons.
- Riordon, W. (1905). *Plunkitt of Tammany Hall*. New York: McClure, Phillips.
- Weiss, N. (1968). *Charles Francis Murphy, 1858 - 1924*. Northampton, MA: Smith College Press.

Robert A. Slayton 文

李文硕译　陈恒校

税收与抗税运动
TAXES AND TAX REVOLT MOVEMENTS

税收是城市政府的命脉。早期的城市由于职能有限，对财政的需求并不高，而且发放特许状、罚款和其他收费足可满足大部分其职能。随着城市政府承担起越来越多的职能，房产税成为其财政的最主要来源。在20世纪，许多城市、尤其是大城市通过增开新税扩大其财源，在作为基础的房产税之外开征销售税（Sales Tax）或所得税（Income Tax）。而纳税人也偶尔通过抗税运动表达其不满。在1930年代，房主发起大规模运动抗议房产税，类似的事件在1970年代和1980年代早期再度上演。这些抗税运动使城市难以提高房产税，因此市政府的职能也相应受到约束。

尽管房产税最初是财产税，即针对多种财产征税，但房产逐渐成为最主要的征税对象。房产是切实可见的，法律属性具有恒定性，而且其价值相对绝大多数类型的财产更容易被确定，因此地方政府以其为主要征税对象。大萧条期间，房产税作为政府税收来源的优点，即稳定性、不变性，反而成了受经济危机打击的普通民众的不利条件。房主失业和房产价格下降，但房产税却具有稳定性，因此在萧条中越发难以支付。许多人拒绝缴纳房产税，有组织的抗税运动也不时上演。1930年代早期，7个州通过了限制房产税的法案，芝加哥市民甚至发起了激烈的抗税运动，持续达三年之久。

经济下滑是1930年代抗税运动的主要动因——收入缩水、失业意味着许多房东无力支付其房产税。城市政府既要平衡预算，又要满足民众对于增加服务的要求，在税收收入下降的情况下，政府只好提高房产税税率。除此之外，对房产的价值评估对于房产税额的确定也有重要影响，而负责核定房产价值的是本地的房产评估员（Assessors）。在1920年代，通过政治机器走后门当上房产评估员是许多大城市通行的潜规则，因此贪腐盛行。许多评估员并不具备相应资格，只是权钱交易的结果，房东通过贿赂评估员可以满足自己的需求——降低房产估值。这种现象让许多人不再相信房产税的评估和征收，这种不信任感为抗税运动的爆发奠定了基础。进步主义时代的立法为许多州的公民提供了帮助，他们利用公民参与政治的规定，如全民公投，通过修订州宪法对税收做出调整和限制。人们想象，与其让房产税被政治机器贪污，还不如直接降低房产税。尽管通过修宪降低房产税对本州所有城市都有效，但大城市由于其房产税率高而受到更大影响。

战后见证了政府职能在各个领域的扩张，这也意味着政府需要更多的财政收入。大萧条时期，地方政府已经意识到单纯依靠房产税的不足，而在二战期间，联邦政府通过征收所得税积累了大笔资金。1950年代，费城等大城市开始征收所得税，将其作为在房产税之外增加收入的渠道之一。州政府则通过开征销售税增加收入，而市政府也得以应用这一新税种。在高额的房产税和所得税影响下，许多中上层收入的城市居民搬入郊区。许多城市向通勤者征税，以期遏制人口逃离等人口流动现象，但很多州的立法机关由于受到郊区和乡村选民的影响下限制城市政府的类似做法。

在许多大都市区内部，地方政府的碎片化推动许多城市采纳"财政区划"（Fiscal Zoning）的做法，即拥有高税收基础、尤其是高收入人口的城市制定的区划条例，如对住房面积的最小要求或是对多户住房的限制等。城市政府认为，低收入群体贡献的税收不足以涵盖政府为其提供的服务的开支，因此"财政区划"实际上意在将低收入群体排除在外。在无建制地区落户的企业常常力求在当地建制城市,这样一来城市政府可以为企业员工提供服务,降低企业开支,加州的英达思迪利市(Industry)就是这样。

1970年代末的抗税运动肇始于1978年的加州,是年,加州议会通过了州宪法第13修正案。经济滞涨,即通货膨胀伴生经济停滞和高失业率是经济萧条的主要表征。房地产价格的上升推动房产税节节高升。在政治上,抗税者得到了保守主义和部分自由主义者的支持,后者反对"伟大社会"导致的反贫困开支剧增和转移支付的增加,反对越战的大规模开支。由霍华德·贾维斯(Howard Jarvis)和保罗·甘(Paul Gann)共同发起的第13修正案将房产税率控制在1%,从而将房产税降低到1975至1976年的水平上;并将房产税率的增加控制着每年2%,同时规定在房产出售时需要缴税。加州最高法院的判决则规定,公立学校的经费来源不应仅限于房产税,由于各地税收基础不平等,因此加州各地的公立教育也是不平等的。公立学校经费的平等化,意味着富裕地区无法将其房产税的优势应用于公立教育,因此将房产税用于教育并未得到一致支持。1978年,由于通货膨胀增加了税收收入而开支受到预算的限制,加州州政府得以享有大笔财政盈余。但州立法机构却反对开展一项税收减免,这是加州民众发起第13修正案的原因。巧合的是,在就该修正案进行全民公投之前,房产价值的评估值突然大幅上升,使得修正案毫无疑义地得以通过。由于财政盈余,许多人相信房产税减免不会影响政府提供的公共服务,因此不愿意看到政府坐享一大笔额外收入。

加州的做法引发了多米诺骨牌效应,在第13修正案通过后的半年内,有17个州发起了限制房产税的投票,其中12个州步加州之后尘。马萨诸塞州的第21/2修正案(Proposition 21/2)之所以能够通过,并非由于短期内房产评估值的迅速增长,而是由于房产税在财政构成中的重要性持续增加。到1980年,该州几乎所有城市都以房产税为主要财政来源。加州第13修正案通过后,马萨诸塞州商界和市民团体起初希望将房产税控制在2.5%,但被州议会所否决,支持者只好发起全民公投。1980年11月,2.5%的动议得以通过。这一标准意味着城市或镇的整体税率为2.5%,而并非其任意一种单项税率。从1978至1980年,有43个州通过了某种形式的房产税条款,约束房产税税率。

1980年代,愈演愈烈的去工业化浪潮意味着许多城市将面临工业用地闲置的困境。由于地产价值下降,这些闲置地块的所有者呼吁降低房产税,甚至干脆拒绝缴税。美国经济向着以服务业为主导转型,大学、医院等非盈利组织取代制造业成为美国经济的主流,这一宏观经济趋势也将许多城市推入财政困境。尽管非盈利组织的雇员同样缴纳税收,但医院和大学却得以免除房产税。虽然有些城市成功地说服大型非盈利组织向政府缴纳某种形式的捐款,但许多大城市却不得不面临这样的窘境——越来越多的土地被免缴房产税的机构所占据。

城市政府依靠税收来提供服务,而税收体系足以有效地影响纳税人的行为。房产税和商业税可以影响商业选址,所得税可以左右纳税人选择自己的住址,而地方政府的碎片化是统一税收体系的绊脚石,并帮助某些地区成为低税收的天堂。公众对于税收的不满正酝酿着一次又一次的抗税运动,并降低了税收收入,其结果就是城市政府职能的弱化。

亦可参阅:大萧条与城市(Great Depression and Cities),城市财政(Urban Finance)

延伸阅读书目:

- Adams, J. R. (1984). *Secrets of the tax revolt*. New York: Harcourt Brace Jovanovich.
- Beito, D. T. (1989). *Taxpayers in revolt*. Chapel Hill: University of North Carolina Press.
- Kuttner, R. (1980). *Revolt of the haves: Tax rebellions and hardtimes*. New York: Simon & Schuster.
- Miller, G. J. (1981). *Cities by contract: The politics of municipal incorporation*. Cambridge, MA: MIT Press.
- Sullivan, A., Sexton, T. A., & Sheffrin, S. M. (1995). *Property taxes and tax revolts*. New York: Cambridge University Press.

Kent James 文

李文硕译　陈恒校

电报
TELEGRAPH

电报网是美国第一套电气化的通讯网络。现如今回顾起来,华盛顿特区、巴尔的摩、费城、波士顿和纽约等对这个年轻国家的政治经济产生重要作用的东部城市,在1840年代末被电报网络连接成为全国首个经济核心地带。从很多层面看,电报网络是一项应用于城市的技术,伴随着城市化、工业化和电气化的进程从1850年代崛起,到1950年代消亡。一方面,电报用于城际之间的通讯,将港口与内地联系起来,产生了一种新的经济地理。当电报与铁路相连时,它"压缩"了人口与货物移动的空间和时间;当电报将星散在广阔边疆的小镇连接起来时,它将沿海城市乃至全世界的信息带到这里。另一方面,电报也用于城市内部的通讯,电报室在酒店、药房和摩天大楼内涌现出来。住房和商铺纷纷接入电报,利用报房(Call Boxes)报警和请求消防,送电报的邮差越来越多,或步行或骑车穿梭在城市的大街小巷。如此看来,城市已成为电报行业最大的利润来源,也是其集聚之地。讽刺的是,城市既是电报行业工会频繁活动的场所,同时,城市的技术革新也推动了电报行业的衰落。

城际电报网络

尽管第一个区域性的电报公司磁力电报(Magnetic Telegraph)在1840年代后期开始营业,但直到内战后的1866年,当西联电报公司(Western Union)吞并美国电报公司(American Telegraph)和合众国电报公司(United States Telegraph)这两家主要竞争对手时,全国性的电报网络才统一在一家全国性公司的控制下。此时,电报在"时空压缩"(Time-Space Compression)中的重要性已经显现出来,重要城市之间的联系得以加强。区域和全国性铁路公司与电报公司合作,允许后者免费使用铁路,以换取后者为铁路货栈提供免费的电报员工。到19世纪末20世纪初,西联电报公司铁路办公室(大多在乡村地区)与商务办公室(大多在城市中)的比例大约10:1,其绝大多数商业活动在商务办公室之间流转。

与之类似,出版界与商界到内战时期才建立起利用城际电报网的模式。得益于电报的帮助,纽约联合通讯社(New York Associated Press)和黄金指南公司(Gold Indicator Company)从传统的电报行业中脱颖而出。报业信息仍然依靠传统的电报网络,新闻在大城市之间通过电报传递,途中的小城市也可以得知。尽管股票和商品价格通过自动指示器来显示,但买进卖出仍然要通过电报,而大城市的优势在于,可以快捷地利用电报网络获取信息、发布指令,比小城镇的速度更快。因此,尽管电报公司宣称电报可以即时通讯,但实际上仍然存在差异,大城市享受更快的速度。

城市内部的电报网络

一方面,区域性和全国性的电报公司在城市间的各种信息流通中比权量力;另一方面,所谓的市内电报公司也在城市内部的街区之间上演激烈竞争。例如在19世纪末20世纪初的费城,美国城市电报公司(American District Telegraph,一个全国性的电报公司,后来被西联电报兼并)拥有22个分支办事处,雇佣了超过150个送报工。城市电报公司在整个费城拥有大约5000个客户,送报工根据客户的要求或是接受来自其他地区的电报,或是向其他地区发送电报;有时他们将一条信息传送到费城其他地区,有时又只是在办公室内工作。送报工有统一着装并配发自行车,当他们穿过城市街头时,无异于为自己的公司做广告。

送报工是电报公司传递信息的"最后一公里",对其活动的限制实际上也限制了信息流通本身。进步运动的改革者们致力于消除城市中的罪恶,他们对送报工穿行于红灯区深感不满,认为后者在传递信息的同时,也在酒馆和妓院之间传递赌博、毒品,甚至给犯罪分子传递保释金。反对童工者和义务教育支持者担心,送报工这份工作常常需要夜间工作,并且缺乏必要的职业训练,因此对于儿童来说是一项没有前途的工作。许多改革者希望采取措施,降低交通事故的发生率和死亡率,他们担心这些送报工会年纪轻轻就因事故而死亡。所有这些都联合起来试图限制送报工的活动空间和上班时间,最终迫使电报公司逐渐接受以便维持其低成本的劳动力,为此,电报公司甚至建立起针对送报工的现场临时学校。

作为社会转型场所的城市

毋庸置疑,无论是城际电报还是城市内部的电报,都不可能永远维持其技术和人力资本优势。在1910年代初,美国电话电报公司(AT & T)曾短暂地尝试过收购西联电报,甚至美国邮政也曾在第一次世界大战期间控制了电报网络。1920年代的技术创新,尤其是性能更加可靠的长距离电话和洲际航空邮政,构成电报网络的巨大威胁。与此同时,工人不断要求改善工作环境和提高工资,也降低了电报公司的利润。自内战结束以来,电报行业的劳工一再致力于成立工会,这一努力到大萧条时终于取得成果——送报工、会计、线路工等不同工种的工人联合起来,一并向资方施加压力、表达利益诉求。城市是电报行业劳工的主要战场,因为只要电报网络上的任何一个关键节点瘫痪,都会对整个网络造成巨大影响。送报工一度曾被老员工视作慵懒和不踏实,却在罢工斗争中显示出其力量——他们熟知城市的大街小巷。电报公司投放最多送报工的地方,恰恰是最激进的工会组织(如美国通信联合会,American Communications Association)出现的地方。

到1950年代,尽管送报工已经赢得了全职员工的地位,并获准在劳资谈判中派出自己的代表,但随着激光电报线路、新式传真系统和女性接线员进入工作领域,他们以及他们的办公室却逐渐淡出城市街头。电报在城市中消失之日,也恰是其在技术领域中消失之时,这绝非偶然。

亦可参阅:火车站(Railroad Stations),铁路(Railroads)

延伸阅读书目:

- Blondheim, M. (1994). *News over the wires:The telegraph andthe flow of public information in America*, 1844 - 1897. Cambridge, MA:Harvard University Press.
- Downey, G. J. (2002). *Telegraph messenger boys:Labor,technology, and geography*, 1850 - 1950. New York:Routledge.
- Field, A. J. (1992). The magnetic telegraph, price and quantitydata, and the new management of capital. *Journal of Economic History*, 52,401 - 413.
- Tarr, J. A., with Finholt, T., & Goodman, D. (1987). The city andthe telegraph:Urban telecommunications in the pre-telephoneera. *Journal of Urban History*, 14, 38 -80.

Gregory J. Downey 文

李文硕译 陈恒校

禁酒运动
TEMPERANCE MOVEMENT

在美国历史上,城市结构的变迁对禁酒运动产生了深刻的影响,尽管这一影响并不总是浮现在历史的潮头上。学术界曾将禁酒运动视作一项典型的农民运动,但如今这一观点已被摒弃,禁酒运动被视作对城市境况的反应,其发起者主要是城市改革者。禁酒改革随着美国的城市化进程而改变其内容和方法,从19世纪的禁酒宣誓(Pledge-Signing Campaign),经历了女性对酒馆的抗议和城市与州的两级政治较量,一直延续到20世纪大禁酒时期(National Prohibition)查禁非法

酒吧和今天在教堂地下室的匿名禁酒组织(Alcoholics Anonymous Groups);与此同时,这一美国历史上持续时间最久的改革运动也影响了城市生活。

禁酒运动的起源可以追溯到美国建国初期,生活在当时最大城市费城的本杰明·拉什(Benjamin Rush)医生既是大陆军军医长,同时也是《独立宣言》的签名者之一,他在1784年出版了《关于烈酒之于人类身心影响之调查》(*An Inquiry into the Effects of Ardent Spirits upon the Human Body and Mind*),呼吁美国人彻底禁酒,认为此举无论对身心健康还是社会福祉都有百利而无一害。到19世纪早期,随着市场经济的发展,地方社区被纳入以城市为节点的全国性贸易网络中,拉什的警告变得愈发重要。在城市中,水污染使人们只得寻找替代水的饮料,于是酒进入人们的日常生活,酒吧和酒馆日益增多,美国人可以在其中就餐吃饭,也可以寻欢作乐。到1830年,人均年酒精消费量已高达4加仑即15升,这是美国历史上的巅峰。

19世纪禁酒运动的兴起在很大程度上是对市场经济不断扩展所引发问题的回应。由于城市是市场经济的关键区位,因此也成为禁酒运动最为活跃的核心地区,并且成为禁酒运动向周边乡村地区传播的据点。例如,美国最早的两个领军性禁酒组织,即1813年成立的马萨诸塞州抵制饮酒协会(Massachusetts Society for the Suppression of Intemperance)和1826年成立的美国禁酒协会(American Temperance Society)都诞生于波士顿。活跃的工人阶层自我形成的禁酒组织——华盛顿人(Washingtonians)——于1840年诞生于巴尔的摩,随后渗入纽约市,并逐渐扩展至全美。1854年,当宾夕法尼亚州发起一项州禁酒法案时,匹兹堡和费城给予大力支持,而乡村地区则应者寥寥;在此八年前,同样的情况在纽约州上演,同样是城市支持禁酒而乡村反对。在1846年纽约州关于禁酒的全民公投中,纽约市并未参加,但在这里却诞生了美国第一个禁酒兄弟会组织,即1842年成立的禁酒运动之子(Sons of Temperance)。内战前最有影响的禁酒成就是《缅因法》(Maine Law),即一项措辞严厉的州禁酒法案,是法案起草人尼尔·道(Neal Dow)根据在缅因州波特兰的经验而形成,他凭借在禁酒方面的所作所为当选波特兰市长。

禁酒运动也影响了城市。禁酒宣誓运动席卷城市,不提供酒类饮料的酒店涌现出来,既是禁酒者入住休息的场所,也提供不涉及酒类的娱乐活动。水污染是导致城市居民饮酒的原因之一,因此禁酒运动还力

推政府建设供水设施,纽约的克罗顿引水渠就是其成果之一。《缅因法》等禁酒条例对于禁酒者以及出售酒类的场所做出了严格规定,甚至引发反对者的暴乱,如1855年芝加哥的淡啤酒骚乱(Larger Beer Riot),1877年类似暴动又在纽约市再度上演。

内战后,大规模的城市化改变了美国社会,禁酒主义者在新的环境中采取新的措施推动禁酒。城市化为工人阶级酒吧和上流社会的绅士俱乐部开创了黄金时代。铁路网催生了全国性的酿酒公司,利用冷藏车将淡啤酒从辛辛那提、芝加哥、圣路易斯和密尔沃基的工厂里运往全国各地。淡啤酒很快取代威士忌,成为城市居民追捧的杯中物。酒吧聚集在新兴的工业区和商业地带,而郊区化则使得中上阶层远离它们。

1869年禁酒党(Prohibition Party)的出现标志着新式禁酒方式的出现。禁酒党的领袖大多来自城市,其成员亦然;而另一个重要的禁酒组织、成立于1893年的反酒吧联盟同样如此。与此前的禁酒运动类似,禁酒党和反酒吧联盟强调饮酒对社会造成的危害而非对个人救赎的影响,但他们更为重视的是酒吧在城市政治机器中的作用。

禁酒党和反酒吧联盟的领导层几乎是清一色的男性,然而在19世纪末最具创造性的禁酒活动却是由女性发起和领导的。引发女性投入禁酒运动的,是活跃于1873至1874年的妇女十字军(Women's Crusade),该运动席卷了东北部和中西部超过900个社区。饮酒造成的社会危害在小城镇表现尤为突出,因此小城镇成为妇女十字军的活跃地区。小城镇中有许多来自乡村地区的男人,他们热衷于饮酒,因此这里的酒吧与其人口的比例远高于其他地区。城市中的这一比例当然也很高,但居住区和工业区以及商业区的分离使中产阶级妇女,也就是妇女十字军的主力免于接触酒吧以及与酒吧相关的暴力和色情活动。

1874年,妇女十字军的后继者、女性基督徒禁酒联盟(Woman's Christian Temperance Union, WCTU)在克利夫兰成立。WCTU的关注焦点不再仅仅是禁酒,而是一系列社会弊病,其中许多是城市病。她们投身于监狱改革、推动劳工关系的改善、呼吁建立日托和工业学校,并反对卖淫,这些活动使中产阶级妇女得以亲身接触城市工人阶级的日常生活。

到20世纪早期,在禁酒问题上,全美呈现出明显的区域分别。全美的小城镇和中等规模的城市仍然是禁酒运动的主战场,围绕禁酒和州禁酒立法的较量仍然在这些地区不断上演。东北部和中西部的大城市由于大量移民涌入,成为反对禁酒运动的堡垒。当大禁酒在1920年代末风行全国之时,纽约和芝加哥等大都会仍然是好酒者的天堂,许多地下酒吧聚集在这里,成为反禁酒的知识分子的活动中心。

城市中的酒吧是禁酒主义者眼中的幽灵,而大禁酒运动彻底将其扼杀,而20世纪的郊区化进程则改变了美国人的饮酒模式,大部分的饮酒行为不再出现在酒吧,而是在家里。因此,禁酒改革的重点转向了个人的饮酒行为,而不再是关注酒气冲天的暴徒和糊涂的选民。汽车的普及也吸引禁酒主义者关注酒后驾驶引起的交通事故。到21世纪初,城市和郊区美国人对健康的关注推动了禁酒,再一次显示了城市化与禁酒运动的天然联系。

亦可参阅:酒吧文化(Bar Culture),波西米亚风格(Bohemianism),舞厅(Dance Halls),租住、寄宿与合租(Lodging, Boarding, and Rooming Houses),禁酒(Prohibition)

延伸阅读书目:

- Blocker, J. S., Jr. (1976). *Retreat from reform: The prohibition movement in the United States*, 1890 - 1913. Westport, CT: Greenwood.
- Blocker, J. S., Jr. (1985). *"Give to the winds thy fears": The women's temperance crusade*, 1873 - 1874. Westport, CT: Greenwood.
- Blocker, J. S., Jr. (1989). *American temperance movements: Cycles of reform*. Boston: Twayne.
- Blocker, J. S., Jr., Fahey, D. M., & Tyrrell, I. R. (Eds.). (2003). *Alcohol and temperance in modern history: An international encyclopedia*, 2 vols. Santa Barbara, CA, and Oxford, UK: ABC-Clio.
- Rorabaugh, W. J. (1979). *The alcoholic republic: An American tradition*. New York: Oxford University Press.
- Tyrrell, I. R. (1979). *Sobering up: From temperance to prohibition in antebellum America*, 1800 - 1860. Westport, CT: Greenwood.

Jack S. Blocker Jr. 文
李文硕译　陈恒校

租户联盟
TENANT UNIONS

美国城市中的租户组织可以追溯到20世纪初。

795

彼时,城市改革者揭露了波士顿、芝加哥、纽约和匹兹堡等大城市中贫困移民恶劣的住房条件,从而催生了租户组织。同时,城市改革者也推动城市政府出台法律,对贫困租户的居住状况进行规范。

城市租户组织的形成和发展以纽约市最为典型。1904 年,曼哈顿下东区的犹太移民联合起来,发起抗租运动抗议恶劣的居住条件。一战导致的住房短缺进一步推动此类抗议活动持续到 1920 年代,最终,租金控制被各方所接受。1929 年,应战争而出现的租金控制到期,因此在 1920 年代,租户抗议运动并未浮出水面。

大萧条引发的住房危机再度点燃了租户抗议运动,这时,抗议房东驱赶贫困和失业租户成为运动主流。在纽约市,共产党人走在租户抗议运动的前沿。1935 年,纽约市租户委员会(City Wide Tenants Council)成立,旨在呼吁改善租房客的居住条件。从全国层面来看,住房改革者与自由主义者和工会一起,要求联邦政府清除贫民窟,并建造合适的住房。这是 1937 年公共住房法案得以出台的重要推动力,相关法案推动许多城市开始建设公共住房。

二战期间及战后,租户组织力争在联邦、州和城市三级实现租金控制。1953 年,除了纽约市,战时推行的紧急租金控制全部宣告结束。而纽约市之所以继续实行控制,乃是拜大都市区住房委员会(Metropolitan Council on Housing, MCH)所赐,该组织联合了多个租户组织,推动纽约州通过了相关法案。在 20 世纪 50、60 年代,当罗伯特·摩西主持的城市更新运动导致许多贫困居民无家可归时,MCH 再度出面为后者争取合法权利。类似的活动也出现在其他许多城市,但胜者寥寥。

租户组织在 1960 年代末再度复兴。在纽约市,租房客们希望在约翰·林赛市长和纳尔逊·洛克菲勒州长改革期间保留租金控制,纽约州租户与邻里联盟(New York State Tenants and Neighborhood Coalition, NYSTNC)这个新成立的组织领导了此次运动。与此同时,杰西·格雷(Jesse Gray)在 1960 年代中期领导了哈莱姆的租户运动,抗议恶劣的居住条件。民权运动激发了租户抗议的再度活跃。

到 1960 年代末,越南战争引发的通货膨胀推动房租急剧上涨。租房客再度联合起来发起抗议,尤其是安阿伯(Ann Arbor)、伯克利(Berkeley)、坎布里奇、哥伦布和麦迪逊等大学城。房租客们抗议租金高涨,并要求房东在涨价前与租户协商。当这些要求被一一拒绝后,他们转而要求城市进行租金控制。在 60 年代末

70 年代初,多个州和地方重启租金控制,尤其是马萨诸塞州和新泽西州。新泽西州租户组织(The New Jersey Tenants Organization, NJTO)不仅推动多个城市颁布租金控制法令,而且促使州议会修改关于租房的法案,避免租户被房东驱逐。在全美各地,传统的维护房东利益的租房法案逐渐被丢入历史的垃圾堆中,新的法案将租房客视作消费者,放弃了以往的许多规定。

除了上述进展,许多公共住房的住户同样抗议自己的居住条件,这是 1970 年《布鲁克修正案》(Brooke Amendment)出台的重要推动力,该法案对租金进行了约束。在杰西·格雷的带领下,公共住房的住户们发起成立了全国租户联盟(National Tenants Organization),争取到有利于租户的入住和搬离政策,并推动了各类租户委员会的成立。同时,美国住房与城市发展部也开始干预租房市场,为公共住房提供资金以便进行维护。在明尼阿波利斯,一个由学生领导的租户组织成功挫败了政府建设赛达—里弗塞德新城(Cedar-Riverside New Town)的计划。在旧金山,房租客们成功说服一名联邦法官下令,在动迁居民得到妥善安置之前,约巴-布尼纳(Yerba Buena)城市更新项目不得动工。通过修改州宪法,加州议会对房产税的上涨做出限制,该法案有利于房东而非租户的利益;随后,加州许多城市纷纷步伯克利之后尘,出台控制租金的法案。房东们曾联合起来想要促使加州议会和全民公投阻挠租金控制法案,但均被一个分布在全州的租户联盟所挫败。

1980 年,在俄亥俄州克利夫兰市,各州和城市租户联盟举行了联合会议。来自 100 个城市、25 个州的 100 个租户组织共派出大约 200 名代表参加大会,组成了全国租户联盟(National Tenants Union, NTU)。该组织旨在维护租户权利,尤其致力于挫败里根政府试图取消各州和城市租金控制的努力。尽管 NTU 在这场战役中取胜,但在全美保守主义政治氛围越发浓厚的大背景之下,全国各地的租户组织渐趋解体。

在巴尔的摩、芝加哥和西雅图,租户组织在控制租金的运动中皆未取胜,许多州的立法机构在租户组织发起抗议之前便通过了反租金控制的法案。1990 年代,在房东支持下,马萨诸塞州通过全民公投废除了城市的租金控制法案,这意味着波士顿和坎布里奇等城市自 1969 年以来的租金控制宣告失效。随后,租户组织要求恢复租金控制的努力均告失败。在加州和纽约州,代表房东的游说集团虽然没能彻底废除租金控制,但却成功地限制了相关法案的适用范围。公共住房受到的影响尤其严重,住户不但要承担房租上涨的压力,联邦

政府逐渐不再新建公共住房,还拆除了许多破旧的公共住房,甚至在住房短缺的大环境下也不再为租客租房提供租金补贴。除了波士顿、克利夫兰、纽约市、旧金山和西雅图,当年出席克利夫兰租户组织盛会的许多组织已然星流云散。尽管如此,租户组织在战后的住房市场上产生了巨大影响,直到今天,在争取合理住房的抗议中,仍然能够听到租户组织的声音。

亦可参阅:公共住房(Public Housing),租金控制(Rent Control),城市更新与复兴(Urban Renewal and Revitalization)

延伸阅读书目:

- Baar, K. (1977). Rent control in the 1970s: The case of theNew Jersey tenants movement. *Hastings Law Journal*, 28, 631 - 683.
- Friedman, L. M. (1968). *Government and slum housing: Acentury of frustration*. Chicago: Rand McNally.
- Keating, W. D. (1998). Rent regulation in New York City: Aprotracted saga. In W. D. Keating, M. B. Teitz, & A.
- Skaburskis (Eds.), *Rent control: Regulation and the rentalhousing market*. New Brunswick, NJ: Rutgers University, Center for Urban Policy Research.
- Lawson, R. (Ed.). (1986). *The tenant movement in New York City, 1904 - 1984*. New Brunswick, NJ: Rutgers University Press.
- Lipsky, M. (1970). *Protest in city politics: Rent strikes, housing, and the power of the poor*. Chicago: Rand McNally.

William Dennis Keating 文

李文硕译 陈恒校

租屋
TENEMENT

797

"租屋",是一种包括多个出租房的建筑。在19世纪的纽约市,租屋一词等同于质量低劣、多户共租的住房类型。在这一时期,大规模移民以及城市经济脱胎换骨式的转型刺激了市场对租屋的渴望,因此多层租屋大量涌现出来。在进步运动时代,租屋的拥挤和租屋居民的贫困成为社会改良和城市改革的关注焦点。

在美国,租屋是公寓(Apartment)的前身。随着城市居民对住房需求的上升,传统的独户住宅被分割成为多个居住单元。即使如此,住房缺口仍然无法满足,因此专门的多户住房开始出现,据称1833年最早出现在纽约市。从此,纽约市的多个地区都出现了租屋,建筑成本低、建设速度快,而且租户很快就能入住。开发商总是愿意建造更多的住房、保持尽量低的成本,还要满足逐渐出现的城市住房规范的要求,以便获得尽可能多的利润,这是商人本色。随着住房规范逐渐严格,传统的租屋——多层木结构、无窗房屋和几乎没有下水设施的房屋,逐步让位于新式租屋,即包含透光天井的石质建筑,拥有室内浴室和逃生梯。

尽管租屋在不同城市以不同形式出现,但只有纽约市才是其诞生、变迁和迅速扩张的原点。1861年,12374栋租屋里住进了超过40万居民,几乎是纽约市人口的一半;到1890年,超过100万居民(纽约市人口的三分之二)住在大约3.5万栋租屋里,占纽约市建筑总量的43%。曼哈顿部分地区的居住密度已居于全球之首。以如此庞大之规模,集中在如此狭小之地域,可想而知其安全系数之低和对居民身心健康的威胁。由于建筑质量不高和不合理的规划,许多居民死于火灾和建筑坍塌。卫生和通风设施不足意味着疾病和传染病的肆虐。人口密度过高和建筑缺乏维护使得上述情况更加恶化。

大量贫困人口的高密度聚集也带来了其他问题。贫困、酗酒和犯罪等社会问题像疾病一样困扰着政府和上流社会。纽约租屋状况的迅速恶化引发了各类改革,既有个人改革者投身其中,也有各式各样的市民组织,如1843年成立的改进贫困居民状况协会(Association for Improving the Condition of the Poor)和1870年代出现的慈善组织协会。这类组织有志于改善贫困状况,但往往具有居高临下的偏见,他们进行调查、组织家访,并向租屋居民传授"恰当的"家政方法。租房成了改革者们验证自己理论的试金石,即通过改善生活环境可以提高贫困居民的社会地位。

纽约市政府在制定住房和建筑标准方面迈出了第一步。1867年,尽管遭到房地产界的反对,纽约市还是发布了第一部住房标准。1879年的规定要求,每栋住房的每个房间都要安装窗户,催生了如今臭名昭著的哑铃型公寓,即I型的设计方案,住房两侧是又窄又长通风管道。这些公寓很快就变得吵闹、阴暗、堆满垃圾,并且产生了很多其他亟待解决的问题。从1884至1900年,州政府组成委员会,专门解决纽约市的住房问题。从19世纪末到20世纪头十年,住房问题专家劳伦斯·维勒在该领域扮演了重要角色,他从纽约市的经历中吸取教训,并在新发起的全国城市设计展览上将其公开。

纽约市不断增强的租房需求,可以追溯到19世纪头十年。大量欧洲移民涌入纽约,除此之外还有从北美其他地区迁移而来的人口,他们从工业发展中看到了生活的希望。城市经济结构的彻底转变也是租房需求加大的原因。美国经济的主导曾经是家庭作坊式的经济——即大部分产业在家庭中进行,老板为雇工提供住房,单身汉在寄宿宿舍中生活——逐步转变为现金为基础的经济。这样一来,工作逐渐从老板家庭中分离,家庭隐私的概念也逐渐形成。工人从家庭成员转身而为领薪水的劳工,也不得不自己解决住宿问题。而土地价格的上涨使得住房成为普通人和收入平平的工匠难以承受的沉重负担。

从住房供应方面来看,租房客面临的主要挑战有:第一,房东和中介所得利润极高;这是因为,第二,城市法律对于租房市场放任不管。法律倾向于满足房东而非房客的利益;尽管后来颁布的法律对建筑标准做出规定,但仍然难以操作。这些因素,再加上对住房的高需求,使得房东得以压榨房客,尽可能降低成本,尽可能装下更多的房客,而且很少出资维护。由于房客几乎没得选择,因此也只能听之任之。有些房东想要规避法律风险,因此主动把租房建设得满足要求——设计得更好,建造质量更高,自己的利润稍微降低一点。的确有些租屋达到了法律要求,但仍然在很多方面存在问题:导致房东的利润下降,而且引起其他人的效仿,这样市政府反而难以继续推进住房改革。

人们印象中为富不仁的寄生房东阶层并非是全部的真相。毋庸置疑,曼哈顿的大房东们赚了个盆满钵满,利用自己在租房市场上的有利地位压榨别无选择的租房客们。然而近来的研究表明,许多房东或者中介自身就是工人阶层移民。他们往往利用本族裔的互助组织筹措资金,与他人合作共同投资购买或建造租房。这些新房东能够赚取的利润其实并不高,但却常常背负着从自己贫困的乡亲故旧手中榨取血汗钱的恶名。

诚然,警察和社会改革者对纽约租屋之恶劣状况并不陌生,但真正将其公之于众的却是一名记者,雅各布·里斯。里斯本人就是移民,曾经亲自体验过租屋生活,他在1880年代用相机记录了曼哈顿最糟糕的一面。当然,并非所有的租屋都像里斯镜头中的那样,但他的作品震惊了美国,从此,租屋与罪恶一词密不可分。

亦可参阅:公寓建筑(Apartment Building),建筑规范与建筑法规(Building Regulations and Building Codes),纽约州纽约市(New York, New York),雅各布·奥古斯特·里斯(Jacob August Riis)

延伸阅读书目:

- Blackmar, E. (1989). *Manhattan for rent*, 1785-1850. Ithaca, NY: Cornell University Press.
- Day, J. (1999). *Urban castles: Tenement housing and landlordactivism in New York City*, 1890-1943. New York: Columbia University Press.
- Lubove, R. (1962). *The Progressives and the slums: Tenement house reform in New York City*, 1890-1917. Pittsburgh, PA: University of Pittsburgh Press.
- Plunz, R. (1990). *A history of housing in New York City*. New York: Columbia University Press.
- Riis, J. (1890). *How the other half lives: Studies among the tenements of New York*. New York: Scribner's Sons. (Reprint 1971, New York: Dover Publications)

Todd Gish 文

李文硕译 陈恒校

主题公园
THEME PARKS

主题公园诞生于20世纪中期,是郊区生活的产物,这是它与早于自己出现的世界博览会和娱乐场的重要差别。迪士尼乐园是主题公园的先驱,于1955年诞生于加州。沃尔特·迪士尼深知,他的乐园绝非一个新的娱乐场,1968年理查德·施克戴尔(Richard Schickel)曾评论说,娱乐场里挤满了从中心城市赶来的泥腿子们,弥漫着狂欢节的气氛。

尽管摩天轮、过山车这类廉价娱乐项目是主题公园的特征,但消费者也常常被主题公园精心打造的娱乐世界所吸引。1939年纽约世界博览会以"明日世界"为主题,所有走出通用汽车公司"未来世界"展厅的观光客都戴上一个别针。世博会的展厅向人们展示了一个更干净、更高效的城市美国的前景,这也是当时的城市规划师们眼中的未来——摩天大楼、快速公路、货品琳琅满目而且没有贫民窟。这场世博会堪称迪士尼乐园的前身。实际上,消费主义与未来城市的结合是迪士尼的核心,这场世博会正宣扬了这样的理念,而在1964年的世博会上,迪士尼公司更是建造了四个展厅。与此同时，迪士尼"洗清"了美国的过去，将劳工、种族和阶级间的冲突一笔勾销。迪士尼在模仿1939年世博会的中心圆球（Perisphere）的基础上设计出了太空船地球（Spaceship Earth），也就是未来社区试验原型（Experimental Prototype Community of Tomorrow, ECPOT）的标志。世博会的展览也传达了这样的信息，即科技和创新可以创造美好未来。

尽管ECPOT直到1982年才正式开张，其来源可追溯到迪士尼对城市规划的认识，即应用美国技术和创新的规划和有控制社区，是研究和发展的橱窗，并带有教育和文化设施。正如鲍勃·托马斯在1976年所言，通过社区控制，ECPOT将没有蔓延，没有贫民窟，也没有种族隔离等其他城市社会问题。

在雷·布朗尼（Ray Browne）和帕特·布朗尼（Pat Browne）看来，主题公园是一件社会艺术品，是一种四维的象征性景观，代表着真实和想象中的时空。与以运动为主的娱乐公园（Amusement Park）不同，主题公园的核心要素是其文化价值，可以满足消费者对于戏剧化的想象，即前者是身体的，而后者是心理的。

1994年，迪士尼集团宣称，迪士尼乐园的目标就是中产阶级，设计理念是便于他们依靠私家车而非公共交通到达，为包括儿童和成人在内的整个家庭提供娱乐服务。随着洛杉矶人口规模扩大和多样性增加，迪士尼乐园一带逐渐成为城区，因此交通更为方便。而佛罗里达州的迪士尼乐园仍然是郊区休闲中心，交通费用影响其消费人群。经过半个世纪的运行和几十亿消费者的光顾，主题公园已成为美国"体验经济"的主流。

迪士尼乐园就像一个实验室，各种设计和建筑技术都拿到这里来试验一番。正如彼得·布雷克（Peter Blake）所言，如今的主题公园往往被视作理想的城市中心，对于城市设计来说，这里可以应用非常规的设计方案，也可以应用最新的设计理念。作为主题公园的灵魂，主题可以从卡通片和电影中借鉴，利用熟悉的故事纲要、可辨识的建筑类型以及标志性建筑来吸引消费者。此外，约翰·亨克（John Hench）认为，剧本、图像、特效、有声玩偶和绚丽的色彩，衍生出秀场（Show）和强化的现实（Enhanced Reality）的概念，旨在通过文化引导人们关注特殊的时代和空间。这种通过声音、图像、食品、灯光、感觉、品位和景观而进行的强制灌输，利用了消费者的先入为主的意识，激活其集体记忆，为其营造一种感觉和氛围。这种氛围可以通过有针对性的符号、层次化的细节和多维度的感官效应来向消费者传达故事和提供剧本指引。总体看来，这些

技术可以把集体记忆和美国价值观的碎片拼接起来。作为总设计师，沃尔特·迪士尼将主题公园视作一种武器，可以将美国经验从他的想象中推广向大众。

凯西·杰克逊（Kathy Jackson）写道，对技术的创造性运用使得迪士尼乐园这个被建筑师詹姆斯·劳斯称作美国城市设计领航者的主题公园，对美国城市产生了更为宽泛和持久的影响。在佛罗里达州庆典社区、弗吉尼亚州雷斯顿和马里兰州哥伦比亚等被视作体现美国特性的社区里，都可以看到迪士尼设计理念的影子，他们把迪士尼乐园中美国主街的景观付诸实践。

在主题公园中，迪士尼幻想工程的设计团队的工作颇有启发意义，他们全面监管设备安装和建筑施工的过程，将设计、信息技术、媒体和太空项目指挥部融为一体，预先制造好模块化的建筑，整合基础设施，并以生态学的思路来规划建设。他们还设计出"之"字型路线来避免拥堵，创造了步行购物中心，利用人们的猎奇心理，开发多层次、多样式的公共交通（相比汽车更倾向于快速轨道交通），将来访者视作客人而非简单的消费者。迪士尼乐园中的银行、餐厅、机场、博物馆、游客服务中心均应用了最新技术。

最重要的是，幻想工程将每一个组成分子都视作整个系统的一部分，通过协同地铁系统连接起来。迪士尼认为，最重要的是要从一开始就从整体上控制整个乐园的建设过程。因此，迪士尼在他著名的整合性营销中将建成空间与电影、电视、视频和推销结合起来。尽管迪士尼以其充满正能量的阳光心态而著称，但迪士尼乐园才是他对大众最伟大的贡献。

许多混合型公园采取了与迪士尼乐园不同的风格，但他们与迪士尼乐园一样，都采用了同时代最流行的主题，这正是迪士尼乐园巨大影响力的象征。六旗连锁公园、环球影音、海洋世界和巴斯克花园等娱乐场所也将自己定位为主题公园，并借鉴迪士尼乐园的模式，但他们的运作模式更为传统。

亦可参阅：游乐场（Amusement Parks），迪士尼乐园（Disneyland）

延伸阅读书目：
- Blake, P. (1979). The lessons of the parks. In P. Finch (Ed.), *The art of Walt Disney* (pp. 423 - 449). New York: Harry Abrams.
- Browne, R., & Browne, P. (Eds.). (2002). Theme park. In *The guide to United States popular culture* (pp.

837 – 839). Bowling Green, OH: Bowling Green State University Popular Press.

- Hench, J. (2003). *Designing Disney: Imagineering and the art of the show.* New York: Disney Editions.
- Jackson, K. (1993). *Walt Disney: A bio-bibliography.* Westport, CT: Greenwood.
- Schickel, R. (1968). *The Disney version.* New York: Simon & Schuster.
- Thomas, B. (1976). *Walt Disney: An American original.* New York: Pocket Books.
- Walt Disney Corporation. (1994). *Walt Disney: Famous quotes.* Lake Buena Vista, FL: Author.

Robert Armstrong　Margaret J. King 文

李文硕译　陈恒校

威廉·黑尔(大比尔)·汤普森
THOMPSON, WILLIAM HALE "BIG BILL"

威廉·黑尔(大比尔)·汤普森是芝加哥政治史上的一朵奇葩。他是芝加哥最后一个共和党市长,更是大众传媒和现场直播广为应用之前最富个性的市长之一。他主政芝加哥的时期是这个城市最黑暗的历史时代之一,当然,他留下的遗产也少不了贪污和腐败。

汤普森于1867年5月4日生于波士顿,随后全家迁入芝加哥,居住在近西区,他们的家是少数幸免于1871年10月芝加哥大火之一的建筑。汤普森把自己渲染成为一个边疆的天命英雄,声称与西奥多·罗斯福同出一门,以进步党党员的身份投身到第一次市长竞选中。汤普森在很多方面是一个矛盾的共合体。他生活在西部,在怀俄明州的时候既为牧场主打工,又在铁路公司工作;而他又是在东部接受教育的人,在这里,他的生活被盖上一个又一个的故事。返回芝加哥后,汤普森把自己打造成一个运动健将,同时把自己塑造成一个亲民政客。他居住的第二区(The Second Ward)很快随着非洲裔美国人的大迁徙(Great Migration)而成为非洲裔美国人聚居区,汤普森从这里出发,开始他竞选市长的旅途。1915年,汤普森当选芝加哥市长,随后又开始觊觎州政府里更高的职位。

汤普森主政下的芝加哥恰逢转型时期,他也常被后来人视作政坛变色龙。在政治上,大比尔喜欢直接向选民呼吁支持,在都柏林(爱尔兰首都-译者注)爆发复活节骚乱(Easter Uprising,1916年复活节期间爱尔兰共和党在都柏林发起的反英武装活动-译者注)后,汤普森公开贬低英国女王,以此赢取芝加哥爱尔兰移民的支持。大比尔政治手腕圆滑,他通常直接与民众对话,无论他们是否支持自己。汤普森之所以能在1915年当选市长,与非洲裔美国人的支持密不可分,但他与时任伊利诺伊州州长弗兰克·罗登(Frank Lowden)在政治态度上时有龃龉,这导致了1919年芝加哥种族骚乱(Chicago Race Riot of 1919),其间腐败的警察公然采取武力。

大禁酒方兴未艾之时,恰逢汤普森主政芝加哥。实际上,他与黑帮首领阿尔·卡彭过从甚密,两人之间当然有金钱往来。此外,大比尔执政其间广涉权钱交易,许多大型工程都有他寻租的身影,其中不乏如今已是芝加哥名片的瓦克大道(Wacker Drive)、联邦车站和密歇根大街上的购物天堂"神奇一英里"(Magnificent Mile)。1923年,深陷贪腐丑闻的汤普森被罢黜市长,四年后再度入住市长官邸,直到1931年再次下野。当年,安东·塞梅克在选举中击败汤普森,从而终结了后者的政治生涯。如今,大比尔·汤普森被视为芝加哥臭名昭著的有组织犯罪的代言人,也是芝加哥最后一个共和党市长。共和党从此长期失去芝加哥,直到1983年那场激烈而且充满种族气味的市长选举中才再度显示出力量。

亦可参阅:城市老板和政治机器(Bosses and Machines),阿尔·卡彭(Capone, Al),伊利诺伊州芝加哥市(Chicago, Illinois)

延伸阅读书目:

- Bukowski, D. (1998). *Big Bill Thompson, Chicago, and the politics of image.* Urbana: University of Illinois Press.
- *Chicago Tribune* Staff. (1997). *Chicago days: 150 defining moments in Chicago's history.* Wheaton, IL: Cantigny First Division Foundation.
- Lindberg, R. (1996). *Chicago by gaslight.* Chicago: Academy Chicago.
- Spinney, R. (2000). *City of big shoulders.* DeKalb: Northern Illinois University Press.

Cord Scott 文

李文硕译　陈恒校

贸易与商务
TRADE AND COMMERCE

得益于三面临海的自然环境和四通八达的内河航运系统,贸易与商业成为美国城市发展的动力。贸易中心是地理位置优越的人口聚居地,有助于物品和服务的流通,19世纪美国的农产品和20世纪美国的制造业产品通过贸易中心流向四方;在21世纪,贸易中心也包括那些有助于思想通过因特网流动的地区。纵观整部美国历史,国内外市场的需求变化决定了贸易中心的起落兴衰。得益于优良的港口区位,纽约利用运河与大湖区相连,将那里出产的谷物运往美国各地。与此同时,纽约培育了一种金融精神,使其一步步地从美国的银行家最终在二战后成为全世界的银行家。芝加哥依靠铁路这种19世纪的高技术在内战后成为整个美国内陆地区的贸易与商业中心。洛杉矶同样具备港口优势,是经过巴拿马运河向北航行的船只经停的第一个美国港口,并因此主宰了整个太平洋沿岸地区的贸易网。总而言之,地理因素决定了贸易中心的最初选址,而商业和贸易模式则决定了其兴盛与衰落。

纵观美国历史,有一座城市在全美贸易与商业中扮演着领袖角色,那就是纽约。这座由荷兰西印度公司(Dutch West Indies Company)在1625年建成的城市最初叫做新阿姆斯特丹,专注于将哈德逊河谷地区的毛皮出口到尼德兰。在整个殖民地时代,新阿姆斯特丹是宗教开放和宽容程度最高的城市。1674年英国人占领后,仍然致力于发展这座城市的贸易和商业。纽约在其建城初期就享有商业发达的美誉,1811年的规划方案着眼于土地投机和经济开发,此后移民劳动力成为纽约经济发展的动力。1825年伊利运河的开通是纽约史上的里程碑,将五大湖与大西洋连为一体。凭借伊利运河,每吨货物的运输价格从100美元骤降到10美元,经由纽约运往美国其他地区和国外的谷物量高达100万蒲式耳。在伊利运河开通之前,费城和纽约比肩而立,都是美国的贸易中心。但到1835年,纽约超过费城成为美国最大的城市,到1840年,纽约的货物吞吐量已达到波士顿、巴尔的摩和新奥尔良的总和。

纽约对美国经济的第二个贡献,在于其在18世纪以来取得的美国金融中心的地位,到20世纪,纽约进一步成为全球金融中心。如果没有纽约集聚的大量资本,美国不可能成为贸易大国。美国革命结束后,纽约便成为美国的金融中心,推动着贸易和商业的发展。此时的纽约正经历着人口的迅速增长、大量缺少资金和信贷的移民涌入,而来自纽约的财政部长亚历山大·汉密尔顿则制定了有利于金融业的财政政策。在1790年代,在纽约精英威廉·杜尔(William Duer)的大力周旋下,纽约从波士顿、费城、阿姆斯特丹、巴黎和伦敦吸引了大笔资金,从此时起,纽约开始为其居民提供金融服务,并参与到南部各州在革命期间的债务处理中去。随着纽约流动资本的增加,贸易也活跃起来。内战前,纽约银行界和私人投资商出资资助东海岸的铁路建设,1865年后,纽约商界大亨则影响了全球资本主义的运作。安德鲁·卡内基、约翰·皮尔庞特·摩根、科尼鲁斯·范德比尔特和约翰·洛克菲勒在钢铁业、银行业、运输业和石油业积累了巨额财富,并将纽约作为自己的大本营。二战后,纽约进一步巩固了其全球贸易中心的地位,1998年,纽约的企业为全球商业发展贡献了3.2万亿美元的巨额资金,这笔钱相当于全球除美国、中国和日本三国之外的GDP总和。拥有如此巨大能量的纽约,在21世纪仍然扮演着全球商贸中心的角色。

在纽约成为国内国际贸易与商业中心的同时,芝加哥的战略位置使其成为美国国内贸易的中心。芝加哥于1837年成为城市,在内战爆发时是美国第九大城市,到19世纪末时已排名第二。如果说纽约利用其资本优势和海港位置而崛起的话,那么芝加哥则凭借铁路网成为中西部贸易与商业的霸主。芝加哥控制着美国最广阔的铁路网,与底特律、克利夫兰、辛辛那提、新奥尔良和明尼苏达等城市相连。此外,芝加哥还是中西部的贸易中心,吸引了许多大公司总部落户,其中不乏铁路巨头、客车制造企业如普尔曼公司、柴油机制造企业如通用汽车的电力分公司。在铁路网的刺激下,芝加哥从1850年起,直到大萧条降临,始终保持旺盛的增长势头。尽管芝加哥在1960年代遭受重创,但这座城市仍然是内陆城市中最重要的贸易中心。

除了纽约和芝加哥这两个排名第一第二的贸易中心城市,旧金山也在20世纪初崛起成为西海岸的贸易中心。在1900年的人口普查中,旧金山在美国大城市中排名第九,而洛杉矶则名列第三十六。20世纪初,洛杉矶是金枪鱼产业最主要的处理中心,而旧金山则是太平洋沿岸的主要港口。然而局势在1920年代发生了逆转,两个因素让洛杉矶赶上了旧金山,在1920年的统计中,洛杉矶已成为西海岸的人口中心和贸易中心。一方面,洛杉矶邻近的南加州沙漠地区得到开垦从而成为良田;另一方面,洛杉矶地理位置优良,是经巴拿马运河到达西海岸的船只经停的第一个港口。随着冷冻船技术的进步,原本难以保存的产品得以从南加州直接运往亚洲,或是通过巴拿马运河运抵美国东海岸。与纽约和芝加哥类似,洛杉矶受益于其优良的地理位置,并且通过兼并其临近社区扩大地域范围,建设更多的港口设施。

深水船只货运方式的转变也令洛杉矶受益。在1956年之前,往船上搬运货物费时费力,而且在雨雪天气中无法进行。1956年,运输业的小业主马尔科姆·麦克莱恩(Malcolm McLean)发明了一套新的装载系统,将集装箱、仓库和装载设备整合在一起。集装箱被运往码头,然后直接装上货船。到1960年,集装箱装运系统从纽约传播到西海岸。在洛杉矶,马斯顿船舶公司首次运用这一技术将20个货运集装箱装上船;1970年代,亚洲电子产品贸易的发达进一步推动了洛杉矶的贸易发展。由于集装箱货船超过了巴拿马运河的通行标准,洛杉矶成为美国最主要的集装箱货运码头,并增强了与芝加哥和东海岸的铁路网联系。如今,几乎所有的集装箱货运公司都在洛杉矶拥有自己最大的设施,由于美中贸易规模的持续扩大,洛杉矶在未来数年中将是主要受益者。

在21世纪,纽约仍然是全球金融和商贸中心,芝加哥仍将是铁路贸易的节点,而洛杉矶则操控着美国最大规模的货物运输。随着因特网在商业往来中的作用日渐突出,商业和贸易活动将会发生变化,而随着其每一轮变化,新的商贸中心将会崛起,并推动商业与贸易的进一步发展。

亦可参阅:伊利诺伊州芝加哥市(Chicago, Illinois),纽约州纽约市(New York, New York),城市移民(Urban Immigration)

延伸阅读书目:

● Burrows, E. G., & Wallace, M. (1999). *Gotham: A history of New York City to 1898*. New York: Oxford University Press.

● Erie, S. P. (2004). *Globalizing L. A.: Trade, infrastructure, and regional development*. Palo Alto, CA: Stanford University Press.

● McCraw, T. K. (2000). *American business, 1920 - 2000: How it worked*. New York: Harlan Davidson.

● United States Bureau of Transportation Statistics. (2004). *U. S. international trade and freight transportation trends*. Washington, DC: U. S. Department of Transportation.

David C. Johnson 文
李文硕译 陈恒校

三角制衣工厂大火
TRIANGLE FIRE

1911年发生在曼哈顿下东区三角制衣工厂(Triangle Shirtwaist Factory)的火灾是美国历史上最严重的劳动事故,夺走了146条生命。灾难本可以避免。1910年,纽约市消防局长曾警告说,12、14和15层高的建筑,也就是大多数血汗工厂(Sweatshop),缺乏必要的防火设施和逃生梯。但此番警告并未发生效力。此时,有超过50万纽约工人的工作场所位于8层甚至更高的楼层,消防梯完全到不了这些地方。

迅速发展的成衣制造业是女性劳工就业的主要领域,许多妇女从事短上衣,也就是衬衫的生产。在1909至1910年的冬季,包括三角工厂在内的许多血汗工厂的劳工们发起罢工,要求改善工作环境。此次罢工起源于1909年9月,彼时国际女性成衣工人联盟(International Ladies Garment Workers Union)在三角工厂率先发动。之所以如此,是因为三角工厂一再打压工人成立工会的行为,甚至派出保安殴打工人纠察队员。与同时期的其他罢工类似,1909年冬天开始的这场罢工同样血腥激烈,一边是罢工者大规模的暴动,另一边是警察残酷的武力镇压。警察相信,成衣工人往往也是街边妓女,因此以卖淫为借口逮捕了许多罢工工人。

然而,对三角工厂罢工的暴力镇压,其结果却适得其反,非但没有压下罢工的热潮,反而引发了2万名成衣业工人为支持三角工厂工人而举行的联合罢工。罢工者不但要求提高工资待遇,还要求资方允许城市工会,并改善工厂的防火和通风条件。这场长达13周的罢工活动甚至引发了费城工人的罢工,也是女性劳工第一次大规模罢工斗争。罢工者得到了外界的大量帮助,其中不乏富有家庭的女性,她们穿着绫罗绸缎加入罢工者的行列。女性工会同盟(Women's Trade Union)和社会主义党为罢工提供了重要帮助,尤其是前者,不但组织救助活动,而且提供保释金,并将罢工真相公之于众。尽管如此,罢工仍然没有实现其首要要求,即允许工人成立工会。1910年2月的劳动仲裁增加了工资,但女性领袖仍然要求继续罢工,直到全部要求得到认可;不过男性工会领袖不再支持她们,原来

803

的支持者也不再提供帮助。最终,工人们逐渐回到工厂,继续工作。

三角衬衫工厂的产值大约 100 万美元,工厂雇佣了许多意大利裔和犹太裔移民,大多是未成年或二十出头的女孩子。

三角制衣工厂的老板们与同行业的大多数老板态度相仿。在三角制衣工厂大火中幸免于难的劳工波林·纽曼(Pauline Newman)后来为国际女性成衣工人联盟工作,据她回忆,成衣行业老板普通采用高薪的手段,这样女性都愿意为其工作。如果说三角制衣工厂的老板有什么不同之处的话,就是他们反对工人成立工会的态度更加强硬。为了将工会活动分子挡在门外,为了防止工人偷东西,工厂的大门在工作期间是上锁的,所有员工离开前都必须在制定的出口接受例行检查。

1911 年 3 月 25 日,星期六,正当 500 多名工人们准备下班回家时,8 楼、9 楼和 10 楼出现火情。时至今日,火灾为何发生仍然是个谜,根据推测,可能是因为烟头或火柴引燃了工厂里四处散落的零碎线头。三角制衣工厂里并没有灭火器,逃生梯也只有一个。出口有限,有些门是向内开的,楼梯也没有通向天台的出口,其他的出口都被老板锁上了。恐慌迅速引起骚乱,工人们争抢着从不多的出口往外跑,许多人被挤倒在地上。当消防员进入工厂后,发现许多妇女在出口附近倒毙,明显是被踩踏致死。逃过出口的工人拼命挤上两部货梯,而困在楼顶的妇女为了逃生,甚至跳进电梯井。这样一来,跳井而亡的尸体挡住了电梯继续运行。许多人眼见自己没有丝毫活路,要么被大火烧死,要么被烟雾呛死,宁愿选择从楼上纵身跳下。围观者起初以为是工人们把厂里堆积的衣服扔下来,直到亲眼看到工人横尸街头,才知道究竟发生了什么。也许为了减少恐惧,有些女工跳楼时手拉着手,结果就是一群群的人纵身跳下。幸运的人成功跑上天台,在附近的纽约大学学生帮助下逃到邻近的建筑从而幸免于难。不到半个小时,死亡人数在 143 至 147 人之间,曼哈顿各处均能看到三角工厂楼顶冒出的黑烟。

尸体留在街头等待家属辨认,但大多数由于焚烧严重已无法辨别。超过 12 万纽约人出席了三角工厂遇难者的葬礼。事后的调查认为,工厂老板、保险公司和纽约市的建筑和消防部门应当承担主要责任。由于不能确定工厂老板是否知道上班时间主要出口被锁,陪审团裁定马克斯·布兰克(Max Blanck)和伊萨克·哈里斯(Isaac Harris)犯有过失杀人罪。但是,三角工厂的确违反了多项安全规程。在庭外,布兰克和哈里斯因为过失杀人,向 23 个原告家庭各赔偿 75 美元。

深受震惊的纽约人在灾后数周内纷纷要求改善安全环境。许多市民组织与国际女性成衣工人联盟和女性工会同盟一起发起抗议活动,要求立法规范工厂的安全防护。有些中上阶层的城市改革者也参加了此类抗议,但愤怒的女工纷纷指责他们为时晚矣。罗丝·施尼德曼(Rose Schneiderman)在其著名演讲中抨击富人重视金钱胜于生命,抨击他们在眼见警察殴打罢工工人时无动于衷。

1911 年 6 月,纽约州议会成立了一个工厂调查委员会(Factory Investigating Commission),由罗伯特·瓦格纳和阿尔·史密斯分任正副主席。两人均为著名的进步主义者,并在自己的政治生涯中不遗余力地争取改善工作条件的立法。委员会建议采取立法措施为女工和童工提供劳动保护。很快,新的工厂检查法案付诸实施,并要求雇主在工人因工受伤时给予给多的赔偿,相当于用经济手段刺激雇主采取更多措施保护劳工安全。在进步主义者的压力下,其他北部和西部各州纷纷出台类似措施,并且对违反者给予更严厉的制裁。三角制衣工厂大火之所以能引发如此巨大的公众效应,是因为它发生在美国最大的城市兼美国的媒体之都中,但类似的事故很可能发生在其他城市。

亦可参阅:纽约州纽约市(New York, New York)

延伸阅读书目:

- Stein, L. (2001). *The Triangle fire*. Ithaca, NY: ILR Press.
- Ward, R. B. (2002). *New York State government: What it does, how it works*. Albany, NY: Rockefeller Institute Press.

Caryn E. Neumann 文

李文硕译　陈恒校

杜鲁门政府的城市政策
TRUMAN ADMINISTRATION: URBAN POLICY

二战进入尾声之时,美国面临着巨大的住房短缺压力,城市基础设施也已陈旧不堪。为了解决这些问题,杜鲁门政府发起了由联邦政府出资的公共住房建设计划和城市再开发项目。《1949 年住房法》将上述政策付诸实施,并奠定了战后联邦城市政策的基础。在 1940 年代,城市从联邦政府手中获得了数以百万计的贷款,用于改善基础设施。许多城市利用州政府的城市再开发法案和私人投资完成了早期的在开发项目。与此同时,联邦政府为中产阶级提供了住房抵押贷款担保项目,通过鼓励其迁往郊区来缓解中产阶级的住房压力;而与此同时,联邦政府的政策却对非洲裔美国人聚居的中心城市有着明显歧视。作为总统,杜鲁门为随后数十年间的民权运动奠定了法律基础。

1945年的美国城市一片断壁残垣。在大萧条和战争的15年中,公用设施、住房甚至商业性房地产开发受到极大压抑。数以百万人居住条件恶劣,甚至没有中央供暖和室内卫生间。与此同时,郊区的发展几乎超过了所有城市,削弱了城市的税收基础。在中心商务区,大量汽车使街道拥堵,1920年代后期新建的许多高楼大厦仍然处于闲置状态。郊区的大型购物中心开始挑战传统的下城商家。战争期间,联邦政府鼓励去中心化,许多大型国防设施坐落在城市边缘。战时投入军事基地、港口和国防工业的开支主要流向了南部和西部的城市,后者增长迅速,但足够的基础设施为其日益增长的人口提供服务。

在战争年代里,三股政治力量推动了战后联邦政策的形成。新政支持者、社会福利支持者和人道主义者要求联邦政府重启公共住房计划,并将其与贫民窟清理相联系。城市和区域规划师则认为,战后城市规划和区域规划应当有专门的机构对接全部联邦资助,以便与大都市区的发展相协调,全盘考虑交通、工业区位和住房。房地产利益集团是第三股力量,包括地产所有人和经理人、地产掮客、银行家、保险公司和下城零售商,影响力巨大的全国地产商联合会(National Association of Real Estate Boards, NAREB)是其代言人。他们用"衰败"(Blight)这一词语来指称破败社区。NAREB宣称,集中大片土地的高额成本和法律困境阻挠了对衰败地区的清理和重建,开发商需要政府对其提供补贴,并运用土地征购权。房地产行业和建筑业坚持要求所有的开发项目必须由地方政府控制,联邦政府只负责提供资金。此外,他们激烈地反对公共住房,视其为社会主义的产物。

1945年,参议院的三位重量级人物,纽约州民主党议员罗伯特·瓦格纳(Robert Wagner)、路易斯安那州民主党议员艾伦·埃伦德(Allen Ellender)和俄亥俄州保守派、共和党议员罗伯特·塔夫脱(Robert Taft)共同发起一项议案,将NAREB的建议与公共住房捆绑在一起。1945年的听证会集中在这些问题上,而综合性的、联邦政府监控的区域性规划并未出现在议案中。尽管议案在参议院通过,但众议院内的保守派与乡村地区议员联起手来,他们反对城市,尤其反对公共住房,将议案挫败在众议院。1946年,杜鲁门批准了退伍军人紧急住房项目(Veterans Emergency Housing Program)作为权宜之计,鼓励建筑业将不多的建筑材料用于住房建设,但由于收效甚微而在当年年底被杜鲁门终结。

1946年共和党控制国会后,重启公共住房成了镜花水月,瓦格纳—埃伦德—塔夫脱的议案沉寂了三年,直到杜鲁门连任总统后,与其类似的《1949年住房法》才得以通过。该法案第一款宣布发起城市更新运动(Urban Renewal),受其影响,城市在20世纪五六十年代清理了城市中大片非洲裔美国人社区。与州政府的再开发法案不同,《1949年住房法》第一款并没有对开发商的利润做出限制。在发起城市更新运动的同时,国会也重启了公共住房计划,授权在未来六年中建设不超过80万栋公共住房。但法案并未将建设公共住房作为城市获得城市更新资金的前提,而且朝鲜战争、联邦政府官僚结构的拖沓以及国会反对派的阻挠大大延缓了公共住房建设。当杜鲁门离开白宫时,只有不足6万套公共住房完工。为了阻挠公共住房,共和党议员发起一项修正案,要求禁止公共住房中的种族歧视,但自由派议员为了保护城市非洲裔美国人的利益,挫败了这项议案。无论是公共住房建设,还是城市更新运动,都依赖于地方主动发起,联邦政府只负责出钱。而郊区由于反感公共住房,从未要求联邦政府拨款资助。

但城市并非只是坐等联邦政府拨款,而是主动投资基础设施改善。战争也不是没有积极意义,其中之一就是城市降低了20世纪二三十年代的债务水平,这样城市得以发行也新的债券,而同期的利息水平仍然较低(联邦税收政策规定,城市债券的利息不纳税征税范畴,这相当于对城市政府和州政府发行债券提供了间接资助)。大笔资金投入城市上下水设施的更新,并用于建设新学校、完善警务和消防设施以及整饬街道和机场。匹兹堡和圣路易斯为整治烟尘投入了大笔资金,并取得了立竿见影的效果。

在1940年代,政客、市民组织和地方商界意识到,如果现在他们不着手解决城市问题,那么城市的未来将一片黯淡。城市无论大小,无不意识到这一问题,只不过西部和南部的城市,当地政商精英对未来有更乐观的估计,而大城市,尤其是历史悠久的城市,则更为担忧自己的未来。1940年代早期,大城市的社区俱乐部、市民组织、工会和专业团体形成了全市范围的同盟,致力于提高政府效率、完善城市规划。没过多久,商界精英组成的小团体也开始联起手来,以自己的资源和力量影响城市,并主导了再开发政策的制定。匹兹堡堪称典范。当地最富有的工业巨头理查德·梅隆联合其他大亨成立了阿勒根尼社区开发会议,磋商出台详细的经济开发方案。到1950年代早期,类似的机构也出现在其他许多城市中。许多城市中出现了比ACCD基础更宽的市民委员会,该机构为商界精英的再开发方案争取各界的支持。与此同时,城市政治悄然发生变化,选民不再支持依靠政治机器长期霸占政坛的政客,而是选择得到商界认可的新市长。在波士顿、泽西城和费城,这一变化尤其明显。

商界和市民团体以及媒体尤为关注高速公路建设和下城的重建。城市必须调整自我以适应汽车的普及,这是通行美国民众的观点。穿过城市的高速公路,将把郊区的繁华商店搬回城市。尽管许多高速公路带来了大规模的拆建,并引发某种忧虑,但几乎没有人质疑这种方案的有效性。

在1940年代,全美有半数的州制订了城市再开发法案,尽管州政府并不提供资金补助,但允许开发商运用土地征购权集中大面积土地——只要这片土地的半数以上已经在开发商手里,就可以使用征购权将其全部拿下。早期的著名再开发工程,包括曼哈顿的施泰因文森特城、匹兹堡之角再开发(Pittsburgh Point Redevelopment)和芝加哥的雷克米德尔斯项目(Lake Meadows Project),为五六十年代美国城市利用《1949年住房法》第一款进行大规模的拆除和重建提供了借鉴。这些再开发项目中的土地,其实并非都是衰败地区,但无一例外都很值钱。

杜鲁门政府对促进民权和种族融合的贡献虽然并不局限在城市里,但为随后几十年间的剧变奠定了基础。杜鲁门总统致力于改善非洲裔美国人的境况,而出于对国会的不信任,他依靠司法部来打击种族隔离。此外,杜鲁门通过任命最高法院法官的机会推行其种族融合政策。最高法院在1948年的谢利诉克雷默这一里程碑式的案件中扮演了重要角色,对该案件的判决摧毁了合同中广泛存在的基于种族、信仰和肤色的歧视。司法部在其他案件中的态度直接影响了1954年终结公立学校种族隔离的布朗诉教育委员会案。国会多次否决杜鲁门在联邦一级建立公平就业委员会(Fair Employment Practices Commission)的提议,但总统最终以行政命令的方式结束了军队中的种族隔离;在朝鲜战争期间,又规定与联邦政府签订合同的国防工业不得存在种族歧视。杜鲁门在任期间,还任命威廉·亨利·哈斯蒂尔(William Henry Hastie)为美国首位非洲裔联邦法官,并且是第一位对全国有色人种协进会发表演讲的总统。

在杜鲁门的公平施政(Fair Deal)政策下,国会在1949年和1950年拓宽了《社会保障法》的覆盖范围,并提高了福利标准,最低工资也有所上涨。杜鲁门并且致力于发起新的社会政策。在联邦政府为教育提供资助的问题上,他成功解决了种族平等问题,并发起了对教会学校的资助。同时,杜鲁门为医学教育和医疗保险提供了更高的资助,但由于医生利益集团对"社会化医疗"的反对而最终流产。如果国会支持杜鲁门的提议,此时刚刚崭露头角的城市与郊区的巨大分歧也许在未来几十年间有所缓解。

亦可参阅:联邦住房管理局(Federal Housing Administration),《1949年住房法》(Housing Act of 1949),公共住房(Public Housing),城市更新与复兴(Urban Renewal and Revitalization)

延伸阅读书目:

- Davies, R. O. (1966). *Housing reform during the Truman administration*. Columbia: University of Missouri Press.
- Gelfand, M. I. (1968). *A nation of cities: The federal government and urban America, 1933 - 1965*. New York: Oxford University Press.
- Teaford, J. C. (1990). *Rough road to renaissance: Urban revitalization in America, 1940 -1985*. Baltimore, MD: Johns Hopkins University Press.

Roger D. Simon 文

李文硕译 陈恒校

亚利桑那州图森市
TUCSON, ARIZONA

图森,也被称作老普韦布洛(Old Pueblo),是亚利桑那州最古老的城市和第二大城市。图森人口的多元化是本地区文化多样性的写照——土著美国人、西班牙人、墨西哥人和欧洲裔美国人都参与到这一地区的开发过程中。沙漠决定了图森这座城市。从这里到美墨边境有60英里,这座濒临圣克鲁兹河(Santa Cruz River)而建的城市被圣卡特里娜(Santa Catalina)、圣丽塔(Santa Rita)和图森山脉环绕。圣克鲁兹河是一

807

条季节性河流,山区洪水到来时才是这条河流的丰水期。枯水期时则是地下水补给这里的天然泉水。"图森"一词来自于土著居民皮玛人(Pima)的词语 *Chuk Shon*,即"泉水"(Spring)或桑蒂诺峰(Sentinel Peak)下的"暗色基调"(Dark Base)。

圣克鲁兹河两岸的人类活动遗迹可以追溯到1.1万年前。大约2000年前,定居在这里的是被考古学家称作霍霍卡姆人(Hohokam)的群体,他们懂得灌溉农耕技术,并在这里建立起村庄。大约1400年前后,霍霍卡姆人离开了这里,接替他们的是皮玛人。

大约1699年,在基督教传教士乌斯比克·弗朗西斯科·尼诺(Eusebio Francisco Kino)的带领下,西班牙人来到了这片被他们乘坐皮玛利亚高地(Pimaría Alta)的地方。1757年,传教士们在圣克鲁兹河西岸建立了圣奥古斯丁传教团(Mission San Agustin)。在与勇猛的土著印第安群体阿帕奇人(Apaches)的战争中,皮玛人和西班牙人并肩而战。1775年,新西班牙边疆巡阅使、休伊·奥康诺上校(Colonel Hugh O'Conor)将图森地区选作建立新堡垒的地点,用于抵抗阿帕奇人的进攻。这个新的堡垒,圣奥古斯丁—图森坐落于圣克鲁兹河东岸,吸引了许多西班牙人和皮玛人。1821年墨西哥从西班牙独立后,这里成为墨西哥的领土。

在美墨战争期间,美军在1846年轻而易举地占领图森,但战后又将其归还墨西哥。1853年,美国谈判代表詹姆斯·加兹登(James Gadsen)买下了图森和亚利桑那南部的剩余土地,使其成为美国领土,图森的居民也就成了新墨西哥领地上的美国居民。欧洲裔美国人,尤其是南部的欧洲裔美国人,从1850年代起陆陆续续迁入这片土地。内战爆发后,大量来自南部的图森居民促使这座城市在1861年加入南部邦联,并将其作为邦联之亚利桑那领地的首府。次年,联邦军队占领图森,1863年,林肯总统宣布亚利桑那成为联邦领地,但图森由于其居民对南部邦联的同情,而不再是领地首府。

1867年,图森取代亚利桑那北部的普利斯科特(Prescott)再度成为首府,但十年后历史重演,图森又一次失去了首府地位。1885年,尽管图森不是首府,但却迎来了亚利桑那大学。图森的促进者们起初对没有赢得首府地位非常失望,但大学成为图森经济的巨大发动机,并强化了图森人对本地的认同。1871年,图森正式成为城市。

1880年,南太平洋铁路到达图森,改变了这座城市的气质,也推动了经济发展。当地白人居民利用铁路买进砖石木料,依照东海岸的建筑风格进行建设,而不再建造土坯建筑,也放弃了本土风格。铁路彻底摧毁了兴盛一时的马车运输业,也摧毁了当地西班牙大家族对经济的支配。图森的人口逐渐增加到7000人,而西班牙裔人口的比例则开始下降,从1864年的90%下降到1878年的67%。

在1880年代,图森已成为亚利桑那的最大城市,同时也是美军与阿帕奇人战争的军事基地。同时,图 ⁸⁰⁸ 森也成为亚利桑那南部众多矿业城镇的物资中心,如银矿业城镇吐姆斯通(Tombstone)。到1880年代末,随着美军在彻底击败阿帕奇人后撤离这里以及银价下跌,图森的经济也不可避免地受到影响,进入人口和经济的下调期,到1890年,其人口下降到5200人。

然而,凭借其铁路枢纽地位,图森经济逐渐复苏。沙漠地区的独特景观也成为图森的旅游资源,度假村、酒店和度假牧场开始涌现。1920年代,图森的商界精英发起成立了日光天气俱乐部(Sunshine Climate Club)来向全国推广这座城市。但北部的菲尼克斯,这座比图森年轻的城市得益于稳定的水资源而超越图森,在1920年成为亚利桑那州最大的城市。与此同时,在图森曾经煊赫一时的西班牙裔如今已成为少数族裔,被种族隔离局限在自己的社区和学校里,而且只能得到收入低廉的工作。

第二次世界大战改变了图森的经济社会版图。由于晴朗天气居多,联邦政府接管了图森的戴维斯—莫森机场(Davis-Monthan Airfield),使其成为轰炸机飞行员的训练场,同时还在附近建造了马拉娜初等航校(Marana Basic Flying School)和瑞安训练场(Ryan Field)。联合沃尔迪飞机公司(Consolidated-Vultee Aircraft Corporation)等工厂也随之搬到图森。

如同西部的许多城市一样,战后的图森迎来了人口爆炸。这里的天气吸引了成千上万名退伍军人,他们连同自己的家庭一起搬入郊区,在休斯飞机公司(Hughes Aircraft)等冷战国防工业部门就业。他们搬入郊区新建的独户家庭社区,在现代化的购物中心享受购物的乐趣。图森通过这种方式不断扩张,从1952至1962年间兼并了60平方英里的土地。1950年的图森还只有4.5万人,十年之后就爆炸式的增长到21.3万人。但图森的中心商务区也像其他城市一样未能避免衰退的命运,并且只得依靠城市更新运动的资助来试图复兴。期间,市中心的多个西班牙裔社区被铲平,在原址建起了大型会议中心。由于遭到社区居民的激烈抵制,进一步的拆除重建没有从图纸变为现实。

经济增长离不开水资源,而圣克鲁兹河很早就断流了。图森只好求助于地下水,并且从私人水务公司和农场那里购买服务,开凿水井。很快,图森就面临地下水超采的困境。1970 年代的能源危机迫使图森反思其增长模式。这座城市几乎完全依赖地下水，能源价格上升使得开采地下水的成本同样节节攀升。这一情形以及州政府关于节水的法令促使图森市政府向公众广为宣传节水节能，并鼓励利用沙漠。这些做法取得了成效，如今图森的人均用水量已低于菲尼克斯，旱地开发也为图森带来了独特的景观。

1991 年，随着中央亚利桑那工程（Central Arizona Project，CAP）的到来，图森的水危机得到缓解，该工程将科罗拉多河水引入图森。但河水与图森的水处理设施不符，因此堵塞了城市水管。1995 年，图森市民投票终止了 CAP 的引水，政府不得不重新开采地下水。到 2001 年，图森市更新了 CAP 引水设施。

到 2000 年，图森人口达到 80 万，其中西班牙裔人口增长最为迅速。从 1980 年以来，图森经济从以采矿业和制造业为主转型以服务业为主，如今，通过实施里约-努维埃工程（Rio Nuevo Project）对圣克鲁兹河两岸进行再开发，图森正在回归其传统面貌。

亦可参阅：墨西哥裔美国人（Mexican Americans）

延伸阅读书目：

- Kupel, D. E. (2004). *Fuel for growth：Water and Arizona's urban environment*. Tucson：University of Arizona Press.

- Luckingham, B. (1982). *The urban Southwest：A profile of Albuquerque，El Paso，Phoenix，Tucson*. Tucson：University of Arizona Press.

- Nequette, A. M.，& Jeffery, R. B. (2002). *A guide to Tucson architecture*. Tucson：University of Arizona Press.

- Sonnichsen, C. L. (1982). *Tucson：The life and times of an American city*. Norman：University of Oklahoma Press.

John H. Akers 文

李文硕译　陈恒校

雷克斯福德·盖伊·塔格威尔
TUGWELL, REXFORD GUY

雷克斯福德·盖伊·塔格威尔生于 1891 年，卒于 1979 年，凭借其 1933 至 1936 年间在美国农业部（U. S. Department of Agriculture，USDA）的工作而名留

美国城市史。塔格威尔是富兰克林·罗斯福总统的智囊之一，也是新政政策的得力干将，一手策划了绿地城镇。尽管他与农业部以及纽约城市规划委员会的合作给美国城市留下了深刻印记，但除此之外，塔格威尔的其他活动虽然同样重要，但与城市并无多少关系。

塔格威尔接受的教育让他有志于为公众服务，也使他具备了深厚的学术能力。1891 年，纽约州肖陶阔亚（Chautauqua）的黛西·雷克斯福德（Dessie Rexford）和查尔斯·塔格威尔（Charles Tugwell）迎来了自己的儿子，将其命名为雷克斯福德·塔格威尔，后者在费城的宾夕法尼亚大学沃顿学院开始了自己的高等教育，并于 1922 年获得该校经济学博士学位。在塔格威尔看来，沃顿的经历赋予其为公共服务的精神和敢于决断的能力。沃顿的两名教授，斯科特·涅尔宁（Scott Nearing）和西蒙·帕顿（Simon Patten）对塔格威尔的影响尤为明显。离开沃顿后，塔格威尔来到西雅图的华盛顿大学任教，随后又去了哥伦比亚大学。1920 至 1932 年，塔格威尔执教于哥伦比亚，并出版了超过 50 种专著和论文，这带给他极高的学术荣誉，其中不乏涉及自由放任经济学、经济规划、农业规划与现代化的论著，在这一过程中，塔格威尔形成了以人为中心的经济学理论和政治倾向。

1933 年，塔格威尔进入农业部工作，次年出任副部长。1935 年，塔格威尔受命组建再安置管理局（Resettlement Administration，RA），并担任首任局长。该局负责土地资源保护，并扶助遭受经济危机重创的农场主。从长期来看，再安置管理局资助了数量不断减少的农场主，并协助他们搬入城市；管理局也预见到，城市贫民窟居民将会搬出内城。为了应对这两股移民，塔格威尔提议创立了绿带城镇，以其作为容纳移民的花园城镇。而反对者则将其称为昂贵的"塔格威尔小镇"（Tugwell Towns）。再安置管理局规划了 25 个绿带城镇，但只有三个完工，即马里兰州的格林贝尔特、俄亥俄州的格林希尔斯和威斯康星州的格林戴尔。

塔格威尔也曾短暂地在纽约城市规划委员会工作，但离开政坛后的大部分时间都用于思考和探索政治学。1938 年，纽约市长菲奥罗拉·拉瓜迪亚任命塔格威尔为委员会主席，后者将主要精力用于解决区划问题、开发低收入群体的住房和修订纽约市的总体规划方案。他制订了一项为期五十年的规划方案，提出将居民社区建设放在首位，呼吁开发绿色空间，并拓宽曼哈顿港口。但该方案遭到罗伯特·摩西的反对，后者称其没有可操作性，最终塔格威尔的规划只停留在

图纸上。此后,塔格威尔于 1941 至 1946 年出任波多黎各总督,随后受到罗伯特·希金斯(Robert Hutchins)邀请,于 1947 至 1957 年在芝加哥大学政治系任教。从 1960 年代起,他受聘于希金斯主持的民主制度研究中心(Center for the Study of Democratic Institutions)。塔格威尔的《智囊》(The Brain Trust)一书荣获 1968 年度班克罗夫特奖,他本人则于 1979 年辞世。

亦可参阅:绿带城镇(Greenbelt Towns),菲奥罗拉·拉瓜迪亚(La Guardia, Fiorello),罗伯特·摩西(Moses, Robert),新政时期的城市政策(New Deal: Urban Policy),纽约州纽约市(New York, New York)。

延伸阅读书目:

- Namorato, M.(1988). *Rexford Guy Tugwell: A biography*. New York: Praeger.
- Sternsher, B.(1964). *Rexford Tugwell and the New Deal*. New Brunswick, NJ: Rutgers University Press.
- Tugwell, Rexford G.(1982). *To the lesser heights of Morningside: A memoir*. Philadelphia: University of Pennsylvania Press.

Tim Lacy 文

李文硕译　陈恒校

俄克拉荷马州塔尔萨市
TULSA, OKLAHOMA

塔尔萨位于俄克拉荷马州东北部,拥有人口 38.5 万人,几十年来,塔尔萨以"世界石油之都"(Oil Capital of the World)的称号而闻名于世。

洛卡博卡-克里克印第安人(Lockapoka Creek Indians)的一支在被迫离开阿拉巴马后,于 1836 年在阿肯色河(Arkansas River)两岸建立了村落,位于印第安保留地中克里克国家的西北角。他们为这片新土地所取的名字与他们在阿拉巴马的定居地一样,塔拉西(Tallasi)意为"老镇"。

1848 年,克里克大牧场主刘易斯·佩里曼(Lewis Perryman)在村落的南端开设了一个贸易货栈。1878 年,设在佩里曼货栈的一个邮局被命名为塔尔萨。渐渐地,印第安保留地中出现了越来越多的牧场,而 1882 年圣路易斯到旧金山的铁路将一条支线延伸到

阿肯色河畔。当印第安领地向白人定居者敞开后,部落成员也获得属于自己的土地,而且还规划了城镇选址。1898 年,塔尔萨正式成为城市。

1901 年,阿肯色河对岸发现石油,1905 年时在格林布尔(Glenpool)建成一个大型油田。为了避免塔尔萨重蹈其他石油城镇短促而亡的覆辙,城市领导层严禁在城市范围内开凿油井,并采取措施让这座年轻的城市既能满足石油工人的需求,又能吸引他们的家庭。很快,在阿肯色河上出现了一座私人投资的桥梁,以便石油工人方便地到达河对岸的油田和炼油厂,每晚还有专门的火车将工人从油田送回住宅区。

塔尔萨商会(Tulsa Commercial Club)为了吸引铁路公司建设铁路,不惜为其提供优惠甚至赠送土地,这样一来,塔尔萨很快将同一地区的其他城市甩在身后。即使在振兴主义活跃的时代,塔尔萨的振兴精神也是首屈一指的——从 1903 到 1908 年,塔尔萨的城市精英们乘坐铁路到美国各地宣传这座城市,为这座"魔力之城"(Magic City)奔走呼号。当俄克拉荷马在 1907 年正式成为美国的一个州时,尽管塔尔萨只有人口 7300 人,但已成为这一地区的石油业中心,不断有新的油田被发掘开采。到 1920 年,塔尔萨人口增长十倍,达到 7.2 万人,已被称作世界石油之都。

投资石油者很快就看到了回报,而且除了建造豪宅,他们还很关心塔尔萨的社会需求。1907 年,马斯克基(Muskogee)的一所印第安女校迁到塔尔萨,后来发展成为塔尔萨大学(University of Tulsa);1914 年,塔尔萨还成立了自己的乐队。水资源是这一地区城市发展的重要资源,为了保证稳定供水,塔尔萨在 1924 年完成了一项水利工程,从斯帕维诺湖(Spavinaw Lake)引水到城市,全长 65 英里。1920 年代,塔尔萨迎来了建设高潮,大量装饰艺术风格(Art Deco)的建筑涌现街头,使其成为如今美国该风格建筑最多的城市之一。

到 1920 年,非洲裔美国人大量涌入塔尔萨,他们相信俄克拉荷马的种族歧视状况优于下南部,并在格林伍德大街(Greenwood Avenue)两侧形成了兴盛的商业带。然而事与愿违,尽管俄克拉荷马州没有直接继承内战前南部的种族意识,但很快,吉姆·克劳制度在这里扎下跟来,并且该州最终成为三 K 党的沃土。

1921 年 6 月 1 日,一名年轻黑人因为莫须有的罪名被逮捕,点燃了全美最激烈的种族骚乱。由于担心被捕者会被私刑处死,黑人前往法庭抗议,却遭到白人的抵抗。双方的冲突很快转化为暴力殴打,随后白人暴徒洗劫了格林伍德大街,不加分别地屠杀居民,并肆意纵火。根据官方统计,有 36 人在冲突中死亡,35 个

810

街区被毁,但实际死亡人数很可能远高于此。

1930 年在得克萨斯州东部发现的大油田推动油价迅速下跌,使得本已受大萧条冲击的塔尔萨境况更为严重。为了缓解危机,塔尔萨政府力推公共工程建设,并专门设置了救济委员一职,负责为贫困家庭提供食品,此举引起了全国关注。

在 20 世纪二三十年代,与西南部的许多城市一样,塔尔萨也积极发展新兴的航空工业。许多石油大亨向这一新领域投资,而且二战初期的许多飞行员都出自这里的斯巴达航校(Spartan School of Aeronautics)。很快,塔尔萨成为洲际航线的中转站,而且美国航空(American Arilines)也在这里建立了一个维护站,如今已是塔尔萨最大的雇主之一。

塔尔萨的城市精英们致力于将这座城市打造成一个整洁、高效的城市,1957 年的一篇文章证实了他们的努力,将塔尔萨称为"美国最漂亮的城市",而 1973 年塔尔萨斩获全美城市大奖进一步强化了这一地位。根据 1960 年的城市规划,塔尔萨建成了一座会议中心和一个步行购物中心,1977 年又落成了威廉姆斯中心(Williams Center)和表演艺术中心(Performing Arts Center),占据了下城的 9 个街区。20 世纪末,多个福音派基督教会的重要机构落户塔尔萨,包括奥罗·罗伯兹大学(Oral Roberts University),1965 年,该校未来主义风格的校园正式投入使用。

1964 年,拱心石大坝(Keystone Dam)在阿肯色河上游完工,宣告威胁塔尔萨的水患彻底结束。20 世纪五六十年代,俄克拉荷马州东部落成了多座水库,缓解了塔尔萨的水旱之灾,因此城市促进者赋予塔尔萨一个新的名字,"美国绿色之乡"(Green Country USA)。与此同时,当地的政坛领袖还成功地说服联邦政府投资,将阿肯色河和沃底格里斯河(Verdigris River)的通航区间拓展到塔尔萨东北部。1971 年投入使用的塔尔萨卡托萨港口(Tulsa Port of Catoosa)成为美国最为内陆的港口。

由于限制开发商拥有大片土地以及限制工业区建设,塔尔萨北部和西部的增长相对缓慢。而受到南山乡村俱乐部(Southern Hills Country Club)的影响,以及 1951 年开通的与 66 号公路相连的支线,城市东南部发展迅速,结果城市发展空间极其不平衡——东南部发展迅速而中心商务区位于西北部。

出于对校区融合的担忧,以及 1970 年代在这一问题上的失误,进一步加剧了这一不平衡趋势,而购房者也更倾向于在郊区安家以便享受郊区的学校。社区抗议活动阻挠了塔尔萨高速公路的建设,到 1980 年,除

了下城南部阿肯色河沿岸一段之外,一个巨大的高速公路网已基本完工。

从 1950 年代开始,石油工业向休斯敦转移;而从 1970 年代开始,家庭安保业在塔尔萨崛起。1980 年代的油价暴跌重创塔尔萨,在随后的石油工业重组中,许多公司将总部办理这座城市。今天,塔尔萨的经济更为多元化,其制造业、服务业和电讯业在市场上都颇具竞争力。

亦可参阅:城市中的非洲裔美国人(African Americans in Cities),种族骚乱(Race Riots)

延伸阅读书目:

- Goble, D. (1997). *Tulsa! Biography of the American city.* Tulsa, OK: Council Oak Books.
- Vaughn-Roberson, C. A., & Vaughn-Roberson, G. (1984). *City in the Osage Hills.* Boulder, CO: Pruett.

Dennis McClendon 文

李文硕译　陈恒校

隧道
TUNNELS

隧道是美国城市克服地形地貌、基础设施和交通条件的武器。

城市中最重要的隧道是交通隧道,使得车辆避免河流等天然屏障。例如,1869 年和 1871 年芝加哥河下的两条隧道使得行人和马车可以从河下穿过,而由于船只过往频繁,芝加哥河上的吊桥经常需要拉起,不方便通行。

铁路线上有更多的隧道,虽然穿过山脉的隧道更为重要也更为壮观,但也有许多隧道用于城市。在西雅图和巴尔的摩,铁路利用隧道穿过城市建成区;在旧金山,隧道缩短了铁路到达这里的路程;在蒙特利尔,铁路通过隧道通往西北部的郊区。在有些城市,面对铁路通过城市中心的反对声,隧道帮上了忙——在华盛顿,联邦车站南部修建了隧道;在费城,郊区车站(Suburban Station)的西部也开通了隧道;在曼哈顿,公园大街(Park Avenue)下有 2 公里的地下铁路通向中央车站。还有水下铁路隧道,在底特律和温莎之间、在曼哈顿与新泽西以及曼哈顿与长岛之间有水下隧道相连。

在 19 世纪末 20 世纪初,有轨电车也凭借隧道穿

811

行山地。在普罗维登斯、匹兹堡、圣保罗、旧金山和洛杉矶，有轨电车利用隧道通向城市郊外的居住区。芝加哥河下的隧道从1880年代起就有缆车通行，如今又经过翻新后用于有轨电车。随着街道交通的发展，在很多城市都建起了短途的有轨电车隧道，以缓解城市拥堵。在纽瓦克、罗切斯特、费城和波士顿，有轨电车隧道被视作快速交通线，并且设有多个车站。自1980年以来，隧道中修建了多条轻轨，西雅图甚至在1990年开通了下城的电车隧道。

1897年，波士顿开通了一条有轨电车隧道，这是美国的第一条地铁。电力的使用保证快速轨道交通得以在地下运行；1904年，一条完整的地下轨道交通在纽约投入使用。很快，地下交通线路遍布整个纽约，其中包括多条水下路线。波士顿随后也开通了更多的地铁，运行快速列车。费城的第一条地铁于1907年开通，而芝加哥在1938年开始建造两条途径中心商务区的地铁。从1950年开始，新一轮地铁建设热潮蜂拥而来，多伦多在1954年、克利夫兰在1955年、蒙特利尔在1966年、旧金山湾区在1972年、华盛顿在1976年、亚特兰大在1979年、巴尔的摩在1983年、温哥华在1986年以及洛杉矶在1993年都开通了地铁。大部分城市的地铁只是在通过最拥挤地段时才进入地下，只有蒙特利尔是整个线路都在地下。

芝加哥城市中心之下的货运地铁隧道是一种比较少见的隧道，建于1900至1909年。小型电力列车通行其中，连通写字楼与百货商店，运送包裹和煤炭，运出废弃物。1959年，这一长达62英里的运输系统告别历史舞台，但隧道直到今天仍在使用。1992年，一场意外导致隧道及其所连接的建筑惨遭水灾。

相比轨道交通，橡胶轮胎更易于攀爬，但在城市内部，有时仍然需要公路隧道穿越山岭，在匹兹堡、西雅图和加州奥克兰都有此类隧道。更常见的是繁忙水路之下修建车用隧道，例如通向曼哈顿的水下隧道，以及波士顿港口的水下隧道、汉普顿路（Hampton Roads）、莫比尔河（Mobile River）、底特律河以及切萨皮克湾南北端的水下隧道。与桥梁相比，开凿隧道的费用更高，而且需要更为复杂的通风系统；在拥挤的城市中，隧道占用的空间更小。

为了避免将社区分割开来，城市高速公路在建造时也会开凿短途隧道。在西雅图，穿城而过的高速公路在经过下城时采用隧道，在波士顿和蒙特利尔的下城高速公路则隐藏在建筑和广场中。西雅图、杜鲁斯（Duluth）、费城和菲尼克斯甚至在高速公路之上建设公园。波士顿的"大开挖"（Big Dig）可谓隧道中的战斗

机，该工程在2003年将93号州际高速公路埋入地下，使其从高架线路变成地下隧道，以免将波士顿下城与北区（North End）相分割。

最近几十年间，很多类似于过街天桥的步行隧道出现在气候恶劣的城市里，将下城的写字楼连接起来。休斯敦、多伦多和蒙特利尔的步行隧道甚至规模更大，其中还建有地下室大小的商店；芝加哥和曼哈顿的步行隧道规模略小，通向地下轨道站。大多数这样的通道都利用了建筑物的地下部分，因此只有穿过街道的部分才算得上真正的隧道。

公用设施隧道虽然看不见摸不着，但其重要性丝毫不亚于交通隧道，例如供水管道。重要的引水渠比如连接纽约市与上州水库的水渠，有长达60英里的隧道穿行在山脉之间。1860年代工程业的奇迹当属芝加哥在密歇根湖底开凿了2英里长的隧道，连接取水区。下水道系统往往离不开穿行于地下或岩石中的隧道，以及埋在城市街道下面的支线水管。芝加哥和密尔沃基在天然水道下开挖了大规模的隧道，用于储蓄积水以便干旱时期使用。

开凿隧道的方法受到两个因素的影响，即岩石土壤条件和地表活动的类型。浅层隧道通常采用"开挖—填埋"方式，即从地表进行挖掘，隧道完工之后才将地表恢复如初。如果开挖深层隧道，或是不干扰地面交通，又或是隧道需要穿过坚硬的岩石层，施工人员往往采用多种钻探挖掘技术，包括使用自动钻探设施。芝加哥许多隧道的开凿都比开矿容易，只需要施工人员用人力开挖地表的土壤就可以。曼哈顿地铁的修建就要复杂得多，需要凿开坚硬的岩石，而且像曼哈顿这样的海边城市往往地下水位较高，而含水层土壤在开凿时需要专门设备进行支撑。大部分隧道在开挖时都需要立刻铺以砖石、混凝土或铸铁条以分解来自地面的压力，并防止渗水。水下隧道的建设有时需要在船坞备好管道和临时性的覆盖物，将它们拖到合适地点，然后放入水下。典型案例就是湾区快速轨道交通途中的跨湾区隧道（Transbay Tube），长3.8英里，共使用了57个双道隧道。

亦可参阅：伊利诺伊州芝加哥市（Chicago, Illinois），纽约州纽约市（New York, New York），快速公交（Rapid Transit），水（Water）

延伸阅读书目：

● Boardman, F. W., Jr. (1960). *Tunnels*. New York: Henry Z. Walck.

- Garbutt, P. (1989). *World metro systems*. London: Capital Transport Press.
- Johnson, S., & Leon, R. T. (2002). *Encyclopedia of bridges and tunnels*. New York: Facts on File.

Dennis McClendon 文

李文硕译　陈恒校

威廉·马西·特威德
TWEED, WILLIAM MARCY

威廉·马西·特威德(1823—1878)是19世纪中期纽约市的重要政治人物,以其在政治机器中的翻云覆雨和对城市建设的影响而闻名于世。1823年,特威德生于纽约下东区,直到11岁时才接受基础教育,没多久就离开学校,到父亲理查德·特威德(Richard Tweed)的店铺中打工,学习制造木椅。

特威德的政治生涯崛起于他在纽约一家新消防公司的领班任上,并于1852年凭借坦慕尼厅的支持而当选市议员。特威德对于政治腐败没有丝毫犹豫,理所当然地认为这是成功的必要手段。无论是公有财产、市政工程还是城市庆典活动,特威德和他的同伙毫不犹豫地插手进去,分到成千上万美元。

19世纪中期,大量欧洲移民涌入纽约,他们成了特威德的政治武器。当特威德成为纽约市监事会(Board of Supervisors)成员后,他利用手中掌握的权力赢得了移民的选票。1863年纽约征兵骚乱后,特威德通过帮助逃避军役获得了工人阶层的支持。在特威德的影响下,监事会提出一项议案,为资源服兵役的人提供大笔经费。

内战后,特威德已经有足够的能力将坦慕尼厅的忠诚分子安插在纽约市的任何部门,1867年,特威德当选纽约州议员,进一步巩固了自己的权力。通过行贿,"老板"特威德不仅成为国会众议员,而且成为纽约市学校专员以及公园和公共工程专员。到1870年,坦慕尼帮(Tammany Ring)或曰特威德帮(Tweed Ring)已将百万公共经费据为己有,以此来换取城市官员的忠诚,并用于选举。甚至特威德还得到了杰伊·古尔德和科尼鲁斯·范德比尔特等富豪的支持。

然而,事情在1871年突现波澜。一个名不见经传的芝麻小官詹姆斯·奥布莱恩(James O'Brien)向《纽约时报》透露了关于特威德的大量内幕,该报随即发表了大量文章揭示公共工程中的贪赃枉法。与此同时,《哈珀斯周刊》的政治漫画家托马斯·纳斯特(Thomas Nast)也发表了一系列讽刺漫画抨击特威德及其政治盟友。特威德被揭发引发纽约的金融危机,城市一时之间无法筹集到更多的贷款。前纽约州州长塞缪尔·蒂尔登(Samuel J. Tilden)与志同道合的改革者一起批评特威德,最终将其送上法庭。

特威德的第一次法庭审判于1873年1月7日正式开庭,经过23天的审理,最终因陪审团无法达成一致而宣布特威德无罪(有证据表明部分陪审团成员收受贿赂)。第二轮审判在11月开庭,为了避免行贿受贿,陪审团被隔离起来。最终,法庭判决特威德缴纳1.2万美元罚款和12年有期徒刑。然而,服刑还不满一年,特威德的律师说服上诉法院将其释放。随后,针对特威德又发起了一项民事诉讼。1875年12月4日,法庭判决特威德有罪,并支付高达600万美元的罚金,但此时特威德却已逃离美国。据估计,到特威德被捕时,超过200万美元被贪污。很快,特威德在西班牙被捕,此时他已化身为一艘西班牙船舶上的水手。被遣返回纽约后,特威德于1878年死于狱中。

亦可参阅:城市老板和政治机器(Bosses and Politics),下东区(Lower East Side),纽约州纽约市(New York, New York),坦慕尼厅(Tammany Hall)

延伸阅读书目:

- Callow, A. B., Jr. (1975). *The Tweed ring*. London: Oxford University Press.
- Lynch, D. T. (1931). *"Boss" Tweed: The story of a grim generation*. New York: Blue Ribbon Books.
- Mandelbaum, S. J. (1990). *Boss Tweed's New York*. Chicago: Ivan R. Dee.

Chris Stonestreet 文

李文硕译　陈恒校

U

美国市长会议
U. S. CONFERENCE OF MAYORS

美国市长会议在国会和行政机构面前为城市利益发声。2005 年,该组织声称 1183 个人口超过 3 万的城市已加入其中,并拥有一支大约 60 人的专业队伍。美国市长会议的领导层包括一名总裁、一名副总裁以及市长顾问委员会(Mayoral Advisory Board)主席。这些席位均由大城市市长占据,每年选举一次。在 2005 年度,加州长滩市(Long Beach)市长比弗利·奥尼尔(Beverly O'Neil)担任会议总裁,密歇根州迪尔伯恩市(Dearborn)市长迈克尔·古尔多(Michael Guido)为副总裁。活跃于市长会议的多位城市市长组成顾问委员会、多个常设委员会以及专门问题小组。美国市长会议经常应国会之邀就城市问题出席作证,或参与针对城市问题的专门小组。该组织的执行主任领导一个专业人才组成的小组,向作为成员的城市发送通报和报告,内容涉及政府间事务;并主持培训课程和分享管理大城市的优良经验。美国市长会议每年均主办全国或区域性的会议,出席的市长可以交换意见,或针对全国性事务提出自己的意见建议。尽管美国市长会议根据其官方说明是一个非党派组织,但由于大城市的民主党市长在其中更为活跃,因此倾向于探讨和解决这些市长面临的问题。

引导全美关注城市问题,是美国市长会议的历史性重任,为此,该组织持续呼吁联邦政府增加对城市的资助。具体而言,美国市长会议的行动包括为城市公共交通、住房和教育争取联邦资金;2001 年后,由于纽约世贸大厦遭受恐怖袭击,该组织也将呼吁联邦政府为增强城市的紧急救助提供资金纳入自己的议程。尽管美国市长会议在名义上是非党派的,但实际上,大多数成员是民主党人,因此支持联邦政府在城市问题上

扮演更为积极的角色。不过,这并不意味着共和党人的缺席,实际上,该组织一直努力与保守派和国会内的共和党领袖以及共和党总统建立合作关系。为了促进城市政府提供更多更好与宗教信仰有关的社会服务,美国市长会议在 2004 年发起成立了信仰与社区行动市长中心(Mayors Center for Faith-Based and Community Initiatives)。尽管民主党人对由政府向宗教组织提供支持常怀恶感,但由于受到时任共和党总统乔治·布什(George W. Bush)和国会保守派势力的强力支持,美国市长会议内的自由派相信,这一行动将会为城市提供潜在资源。

美国市长会议是 7 个公共游说集团(Public Sector Lobby)之一。通过与州县官员和州议员的合作,美国市长会议希望国会和行政分支能够以跨政府的视角看待城市问题。在新政及其以后的民主党主政时期,该组织是最有影响力的公共游说集团,但从里根时代(1981—1988)开始,美国市长会议影响力有所下降,开始转攻为守。随着政治环境日趋保守,以及地缘政治中心从东北部和中西部的大城市转向南部和西部的郊区地带,全国州长联盟(National Governors Association)取代美国市长会议成为最具影响力的公共游说集团。

1933 年,22 个大城市市长齐聚华盛顿,成立了美国市长会议,并任命底特律市长弗兰克·墨菲为首任总裁,波士顿市长迈克尔·科里为副总裁,保罗·彼得斯(Paul Betters)为执行主任。与会市长同意,大城市的问题应当公之于众,并使国会和总统有所了解。在他们看来,城市正遭受大萧条的冲击,要达成上述目标需要格外努力。在 1930 年代初,城市失业率攀升至 25%,并且缺乏足够的资源缓解工人及其家庭的生活困境。高失业率同时也引发了住房抵押贷款被赎回,因此城市最主要的财源——房产税——遭受重创,这进一步加剧了城市在救助方面的困境。由于许多州的

立法机构在乡村利益集团的影响下拒绝向城市提供援助,因此在其成立之初,美国市长会议致力于构建联邦与城市之间的直接联系。

由于城市地区选民是新政的受益者并因此与白宫建立了密切的政治联系,美国市长会议很快成为华盛顿最具影响力的游说集团之一。富兰克林·罗斯福总统绕过州政府直接与城市联系,在城市中开展公共工程建设,并为其拨款以创造临时就业岗位。到1930年代末,由于公共工程振兴署在为城市提供小规模公共工程建设和缓解就业压力方面的贡献,美国市长会议已成为该机构及其领导人哈里·霍普金斯(Harry Hopkins)的主要捍卫者。该组织也有另外一个功能,即培训市长们如何使用新政期间的联邦拨款。从新政直到1980年代保守派的崛起,美国市长会议扮演了城市与住房发展部、城市更新署等城市管理机构与市长们之间的联络人。联邦政府常常资助美国市长会议为市政府官员开设的关于联邦资金使用方面的培训。

白宫政治决定了美国市长会议在华盛顿影响力的起伏兴衰。相比之下,城市是民主党总统的阵营,因此他们与市长会议的关系更为密切,乐于推动后者提出的内政政策。林登·约翰逊总统伟大社会计划中的城市项目甚至在进行政策规划、研究和执行时都将美国市长会议成员纳入其中。20世纪最有权力的市长们,包括芝加哥的理查德·戴利(1955—1976)、匹兹堡的戴维·劳伦斯(1954—1958)等,他们可以直接与白宫对话,并可以通过自己城市的国会议员影响国会,但他们莫不通过美国市长会议表达他们的共同利益,而且大多数大城市市长都曾出任该组织的领导官员。

对于共和党总统来说,城市选民并不像对民主党那样重要,因此当共和党人控制白宫后,美国市长会议的影响力也会相应下降。例如,共和党总统艾森豪威尔执政时,联邦政府对住房和高速公路建设的资助需要通过州政府实施,因此大城市市长在华盛顿的影响力有所下降。与之类似,共和党总统尼克松的新联邦主义将联邦的许多权力下放到州,同样也削弱了美国市长会议的影响。在共和党总统中,罗纳德·里根对美国市长会议等自由派游说集团的冲击最为剧烈,甚至取消了美国市长会议用作行政经费的联邦合同(当1981年里根当选总统时,美国市长会议64%的预算收入来自于与联邦政府签订的工作合同)。

在运行中,美国市长会议尽力维持领导层的连续性。自1958年以来,该组织只任命了两位执行主任,即1958至1987年的约翰·冈瑟(John Gunther)和1987年至今的托马斯·科科伦(Thomas Cochran)。

1960年代住房与城市发展部的组建和示范城市计划的推行是美国市长会议最负盛名的成果,此外,1970年代的政府一般收入分配也是该组织的成功之举。同时,美国市长会议在里根时代还发起了阻挠削减联邦住房和再开发项目开支的战斗。

亦可参阅:理查德·戴利(Daley, Richard J.),戴维·劳伦斯(Lawrence, David L.)

延伸阅读书目:

- Farkas, S. (1971). *Urban lobbying*: *Mayors in the federal arena*. New York: New York University Press.
- Flanagan, R. M. (1999). Roosevelt, mayors and the New Dealregime: The origins of intergovernmental lobbying andadministration. *Polity*, 31, 415 - 450.
- Gunther, J. J. (1990). *Federal-city relations in the United States*. Newark: University of Delaware Press.

Richard Flanagan 文

李文硕译 陈恒校

联合牲畜饲养场
UNION STOCK YARD

1861年,"猪肉之都"(Porkopolis)的名号从辛辛那提转到了芝加哥。内战期间,芝加哥的肉类加工厂扩大了生产规模,为未来的发展奠定了坚实的基础。起初,芝加哥的牲畜贸易依靠分布在城市各地的多个小型企业,这一模式对牧场主、肉类加工商、交易商和政府检查部门都有所不便。1864年6月,在芝加哥猪肉工人联合会的呼吁下,多个牲畜饲养场合并成为一个新型的、现代化的饲养场,并与芝加哥的铁路系统相连。《芝加哥论坛报》对此给予高度评价,而芝加哥的9家铁路公司也对此表示欢迎,凭借统一的饲养场,他们可以用铁路直接将牲畜运入市场。1865年,铁路公司为联合牲畜饲养场及货运公司(Union Stock Yard & Transit Company)的成立提供了大笔资金。芝加哥-阿尔顿铁路(Chicago-Alton Railroad)总工程师奥克塔维·钱努特(Octave Chanute)负责设计新的饲养场,包括将湿地排干的计划。1865年6月1日,建设工程开工,到当年的圣诞节,联合牲畜饲养场正式投入运营,位于芝加哥西南端的湖镇(Lake)。到1868年,由联合牲畜饲养场及货运公司投资建设的牲畜交易市场已拥有可容纳 2.1 万头牛、7.5 万头猪和 2.2 万只羊以及 200 匹马的露天场地，同时还建有一个供牧民休息的酒店。1870 年代，芝加哥的大型肉类加工企业纷纷搬到联合饲养场的西侧，而在交易市场投入运行的第一年间，有 1564293 头牲畜在这里被交易。到 1900 年，联合饲养场已占地 475 英亩，露天场地可容纳 7.5 万头牛、30 万头猪、5 万只羊和 5000 匹马，芝加哥牲畜销售总量已高达 14622315。1924 年，交易市场迎来巅峰，可处理 18643539 头各类牲畜。

冷冻技术的进步和冷冻车厢的发明帮助芝加哥的肉类加工企业控制了整个美国的肉类供应。1868 年，G. H. 哈蒙德公司（G. H. Hammond Company）首次使用冷冻车厢运送牛肉。很快，斯威夫特公司（Swift & Co.）又开发了一种更加高效的冷冻车。没多久，随着芝加哥生产的肉类制品席卷各地，汉蒙德、斯威夫特、阿莫尔（Armour）和莫里斯（Morris）都成为美国消费者耳熟能详的品牌。肉类企业的大型工厂也吸引了成千上万工人。在 19 世纪末 20 世纪初，肉类加工行业共吸收了超过 3.2 万名工人就业。第一次世界大战期间，这一数字突破 4 万，既有男性劳工，也有妇女和儿童。一波波的移民浪潮改变了肉类加工业的工人族裔结构。到 1890 年代，捷克人、波兰人、斯拉夫人以及其他东欧人构成了该行业非技术工人的主体。厄普顿·辛克莱（Upton Sinclair）在 1905 年完成了他那部以肉类加工厂为背景的小说《屠场》。在 1920 年代，大量的非洲裔美国人和墨西哥移民投入这一行业。

几乎从一开始，联合牲畜饲养场就引起了劳工运动组织者的注意。早在 1860 年代就有罢工出现。1880 年代，在该行业中出现了劳工骑士团（Knights of Labor），直到秣市事件之后，劳工骑士团的斗争才得以平息。在普尔曼大罢工期间，饲养场工人出于同情也发起罢工，甚至联邦政府不得不出动军队占领饲养场后的社区。1904 年，劳联与肉类切割工和屠宰工人联合会（The Amalgamated Meat Cutters and Butcher Workmen）共同发起一场大罢工，但最终以失败告终。1917 年，饲养场劳工委员会（Stock Yard Labor Council）宣告成立，在一战期间领导了这里的劳工运动。1921 年，肉类切割工和屠宰工人联合会发起的另一场罢工再次失败。最终在 1930 年代，产联与肉类加工业工人联合会（United Packinghouse Workers）携起手来。到二战后期，芝加哥主要肉类加工厂都有了劳工组织。黑人和墨西哥裔劳工控制了该行业，到 1950 年代末，该行业工人中少数族裔所占比例已接近 80%。

1945 年后，技术再一次改造了肉类加工行业。芝加哥联合牲畜饲养场的命运与铁路业捆绑在一起，可谓一荣俱荣、一损俱损。20 世纪初，芝加哥肉类加工业巨头开始分散安置工厂，随着二战及战后新技术的推广和应用，这一分散化的进程大大加速了。冷冻货车和高速公路网的拓展进一步推动了产业的去中心化，而全国肉类加工业的中心也随之向西移动。除此之外，肉类加工企业更倾向于从牧场直接购买牲畜，然后用货车运进自己的工厂，因此，曾经兴盛一时的联合牲畜饲养场渐渐式微。与此同时，芝加哥肉类加工行业长期使用的多层工厂建筑也被时代所淘汰。单层的新式现代厂房直接落户在乡村中，而芝加哥政府也开始推行多种环保法案。

最终，肉类加工业巨头放弃了芝加哥。从 1950 年代初直到 1960 年代中期，大多数加工业巨头离开了芝加哥，威尔逊公司首开此先例。阿莫尔公司和斯威夫特公司也在 1960 年代初关闭了自己的工厂。联合牲畜饲养场仍然是重要的牲畜交易市场，主要为小型公司和东部的犹太企业服务，提供高质量的牲畜。铁路带来了这个大型饲养场，但最终公路又将它带走。尽管芝加哥从未停止将饲养场现代化的尝试，包括更新运送设施、建设现代化屠宰场和新式轨道运输码头，以及发起强大的公关运动来吸引牧民和买家使用这个市场，但最终仍未避免在 1971 年 8 月 1 日宣告关闭。到 1990 年代末，饲养场旧址被改造成为芝加哥最成功的工业园，许多小型制造业企业搬入园中。

亦可参阅：*伊利诺伊州芝加哥市*（Chicago, Illinois），*厄普顿·辛克莱*（Sinclair, Upton），*牲畜饲养场*（Stockyards）

延伸阅读书目：

- Barrett, J. R. (1987). *Work and community in the jungle: Chicago's packinghouse workers, 1894 - 1922*. Urbana: University of Illinois Press.
- Cronon, W. (1991). *Nature's metropolis: Chicago and the great West*. New York: W. W. Norton.
- Jablonsky, T. J. (1993). *Pride in the jungle: Community andeveryday life in back of the yards Chicago*. Baltimore: Johns Hopkins University Press.
- Pacyga, D. A. (2003). *Polish immigrants and industrial Chicago: Workers on the South Side, 1880 - 1922*. Chicago: University of Chicago Press.
- Slayton, R. (1987). *Back of the yards: The making of a localdemocracy*. Chicago: University of Chicago Press.

● Wade, L. C. (1987). *Chicago's pride：Packingtown and environsin the nineteenth century*. Urbana：University of Illinois Press.

Dominic A. Pacyga 文

李文硕译　陈恒校

美国住房管理局
UNITED STATES HOUSING AUTHORITY

美国住房管理局（USHA）是美国第一个永久性的、全国性的住房管理机构，其建立来自于《1937 年住房法》的授权。USHA 是住房与城市发展部的前身，它的成立推动了联邦资助、地方管理的公共住房项目。然而在 20 世纪三四十年代，由于领导无方以及连续受到政治对手的打压，美国住房管理局从未完成其大量建造公共住房的设想。

作为新政的产物，美国住房管理局的产生可以追溯到大萧条期间建筑业遭受的打击，以及全美各地缺乏廉价住宅的境况。尽管得到了 1933 年《全国工业复兴法》第二款的授权，截止到 1937 年，公共工程管理局住房部只建成了 51 个公共住房项目，共包括 2.18 万套住宅。公共工程管理局的低效率令改革者失望，他们与纽约州联邦参议员罗伯特·瓦格纳及其首席助理里奥·凯瑟林（Leon F. Keyserling）合作，共同起草了一项新的住房法案。草案由瓦格纳和阿拉巴马州国会众议员亨利·斯蒂格尔（Henry B. Steagall）联袂提交国会并获得通过，1937 年 9 月 1 日经富兰克林·罗斯福总统批准正式生效，即《1937 年住房法》，又称《瓦格纳-斯蒂格尔法》（Wagner-Steagall Act）。该法案授权建立美国住房管理局，允许为住房项目建设提供不超过其全部建设费用 90% 的长期贷款，最长还款期为 60 年，利率为 3%。管理局还可以向地方公共住房管理部门提供不超过购买和开发土地所需经费的 25% 的拨款。当年，超过 221 个社区成立了公共住房管理部门，公共住房建设步伐也随之大大加快。到 1939 年，美国住房管理局已建成超过 5000 个住房单元，到 1941 年中期，已开工或完成的住房单元达 13.2 万套。

尽管在 1930 年代末，公共住房支持者的希望随着住房管理局的成立而大大提升，但仍有很多因素阻挠管理局的行动。首先是内部的管理问题。住房管理局最初归属内政部，拥有独立的财政来源，但很快管理局就遭遇到领导无方的问题。公共住房支持者说服罗斯福总统任命内森·斯特劳斯（Nathan Straus）这位梅西百货老总和布朗克斯限利住房项目的支持者出任管理局局长。斯特劳斯任命了多个知识渊博、能力出众的住房问题专家进入管理局工作，包括里奥·凯瑟林、凯瑟琳·鲍尔、沃伦·文顿（Warren Vinton）、雅各布·克莱恩（Jacob Crane）和鲍里斯·谢锡金（Boris Shishkin），但却未能调和自己略显保守的观点和这些专家们的意见。斯特劳斯坚持花小钱、办大事，以便赢得政界和公众对公共住房的支持，但这与其同僚们的目标相冲突。而且斯特劳斯个性强烈，从不妥协，因此常常与其他人发生激烈冲突，甚至与其上司、内政部长哈罗德·伊克斯不和。他在国会的游说活动以失败告终，甚至罗斯福总统不得不建议他不要与国会议员碰面。1942 年 1 月，为了提振美国住房管理局员工的士气，罗斯福只得迫使斯特劳斯辞职。

除了领导无方之外，还有其他很多因素导致美国住房管理局效率低下。《瓦格纳-斯蒂格尔法》禁止成立住房合作社，限制住房建设成本，并且只允许最低收入群体入住公共住房；同时，公共住房建设必须与贫民窟清理一并进行，此规定实际上将公共住房建设置于贫民窟清理之下。而且，美国住房管理局存在中央与地方的隔阂，其中央管理部门集中了所有管理权限，形成了严密的等级制度，有权对住房成本进行检查，而且形成了一系列内容宽泛的管理条例。对降低成本的强调凝固了设计师的头脑，使公共住房外形极不美观。为了省钱，建筑商甚至节约用于房屋内部隔断的材料，厨房和起居室连在一起，橱柜没有门，电梯也是隔层才停。为了省工省料，建筑商能省则省，并且拒绝在室内安装必要设施；美国住房管理局的公共住房形成了这样的风格，即为低收入的租户建造的住房必然缺乏必要设施。

随着二战的到来，美国住房管理局进一步走上下坡路。1940 年，国会通过了《蓝汉姆国防工业住房法》（Lanham Defense Housing Act），对 1941 至 1944 年建造 70 万套住房做出了一揽子规划。法案规定，建造的住房将在战后出售或拆除，并以专门条款禁止将其用作针对低收入群体的补贴性住房，而且法案全文有意只字未提美国住房管理局。从 1940 至 1941 年，有 16 个政府部门参与国防工业住房的建设，而美国住房管理局却发现自己的权限正在被分割给其他机构。为了理顺政府部门之间的职责和权限，罗斯福总统在 1942 年发布行政命令，将所有现存的联邦住房机构合并为全国住房管理局（National Housing Agency）。由于二战持续时间较长，全国住房管理局的主要任务在于为国防工业工人提供临时住房,而不再负责为低收入家庭提供住房。实际上,接受资助的战时住房只有35%在战后仍然使用。1947年,美国住房管理局剩余的业务被住房与家庭金融管理局接管,后者在1965年升级成为住房与城市发展部。

亦可参阅:《1937年住房法》(Housing Act of 1937),新政时期的城市政策(New Deal:Urban Policy),第二波隔都区(Second Ghetto)

延伸阅读书目:

- Bauman, J. F. , Biles, R. , & Szylvian, K. M. (Eds.). (2000). *From tenements to the Taylor Homes:In search of an urban housing policy in twentieth-century America*. University Park:Pennsylvania State University Press.

- Biles, R. (1990). Nathan Straus and the failure of public housing, 1937-1942. *The Historian*, 53,33-46.

- McDonnell, T. (1957). *The Wagner Housing Act:A case study of the legislative process*. Chicago:Loyola University Press.

- Radford, G. (1996). *Modern housing for America:Policy struggles in the New Deal era*. Chicago:University of Chicago Press.

- Straus, N. (1944). *The seven myths of housing*. New York:Alfred A. Knopf.

Roger Biles 文

李文硕译　陈恒校

全球黑人进步同盟
UNIVERSAL NEGRO IMPROVEMENT ASSOCIATION

马库斯·加维是一个富有魅力的领导人和组织者,凭借他的组织全球黑人进步同盟(UNIA)领导了美国历史上规模最大的黑人民族主义运动。UNIA于1914年成立于加维的故乡牙买加,打出的旗号是"同一个上帝!同一个目标!同一个命运!"(One God! One Aim! One Destiny!)。

1916年,也就是南部非洲裔美国人的大迁徙高潮之时,加维从牙买加来到美国,并用了一年时间游览美国南北。在此期间,加维考察了美国的种族关系,他相信种族融合不可能有结果,非洲裔美国人只有通过政治、经济和文化胜利才能实现平等、赢得尊重。为此,加维于1917年在纽约市建立了全球黑人进步同盟—

非洲人社区联盟(African Communities League)的美国总部。不到两个月,该组织宣称成员已超过1500人。

但没有多久,全球黑人进步同盟—非洲人社区联盟就一分为二了。许多黑人政客试图将该组织改造为政党或政治俱乐部。但加维控制了这个组织,以确保反对者不能使用该组织的名称,并成功地将该组织在纽约州进行注册。

全球黑人进步同盟主要由贫困和工人阶层非洲裔美国人组成,是一个针对非洲裔的自助组织。该组织的目标是将全球非洲裔人口组织起来,通过组建非洲裔社区带来种族自豪感和实现自我价值,并在资本主义基础之上建立独立的黑人经济体系。该组织致力于传播非洲民族主义,并帮助散乱全球各地的非洲裔人口回到非洲。很快,美国38个州中建立了超过700个UNIA分支机构,到1920年代初会员人数已超过200万。许多分支机构都建立在纽约、芝加哥、洛杉矶等大城市中。全球黑人进步同盟往往在夜间举行会议,并发行一份名为《黑人世界》(Negro World)的报纸,作为组织的喉舌。到1920年,《黑人世界》的发行量已高达5至20万份。

与全国有色人种协进会等同时期的类似民权组织类似,UNIA极力反抗吉姆·克劳立法和私刑等问题。然而,由于加维坚信美国白人不会给予非洲裔美国人平等待遇,并且主动呼吁种族隔离而非种族融合,因此UNIA在解决上述问题的方法上与其他民权组织有所不同。UNIA的核心理念有三个关键词——团结、非洲文化自豪感和完全自治。

1920年,全球黑人进步同盟在纽约麦迪逊广场花园召开正式成立大会,超过2万名会员参会,并公开宣布"世界黑人权利宣言"(Declaration of Rights of the Negro Peoples of the World),这成为非洲裔人口的一面旗帜和UNIA的官方声明。最终,UNIA根据加维的意图成立了黑人之星航线(Black Star Line),这家全部由黑人组成的航运公司负责为分散在全世界的非洲裔人口服务。尽管航线最终破产,但UNIA仍能保持财务独立,并持续增加会员数量。

美国政府始终对UNIA及其成员进行打压。最终,加维被捕入狱并遭返回牙买加。许多人认为,尽管全球黑人进步同盟一直存在到今天,但其势力已大不如前。

亦可参阅:城市中的非洲裔美国人(African Americans in Cities),郊区中的非洲裔美国人和非洲裔美国人城镇(African Americans in Suburbs and African

American Town），全国有色人种协进会（National Association for the Advancement of Colored People）

延伸阅读书目：

- Cronon，E. D.（1960）. *Black Moses：The story of Marcus Garveyand the Universal Negro Improvement Association*. Madison：University of Wisconsin Press.
- Martin，T.（1976）. *Race first：The ideological and organizational struggles of Marcus Garvey and the Universal Negro Improvement Association*. Westport，CT：Greenwood-Heinemann.
- Smith-Irvin，J.（1989）. *Footsoldiers of the Universal Negro Improvement Association：Their own words*. Trenton，NJ：Africa World Press.

Michelle A. Gilbert 文
李文硕译　陈恒校

城市与郊区中的上流阶层
UPPER CLASS IN CITIES AND SUBURBS

从殖民地时代开始，美国社会就形成了拥有巨大财富和权力的上流阶层。彼时，北美上流阶层在北部主要集中在城市里，而在南部则是种植园主。内战后，南部传统的上流阶层的财富被摧毁，这时的美国名流大多居住在东北部、中西部和西海岸的大都市里，这些大家族直到今天仍然存在。与欧洲上流社会不同，美国城市精英大多通过贸易和产业积累财富从而赢得社会地位，而非依靠政治军事力量或拥有大片地产。

在18世纪中期，在方兴未艾的大城市波士顿、纽约和费城中，居住着商人、船东和远洋船长等社会精英。他们大多与英国委派的皇家殖民地总督过从甚密，而是与殖民地宗主的代理人（如在宾夕法尼亚殖民地）往来密切，通过后者获得巨大的政治权力。富豪家族的生活方式也为其他人所效仿。他们从英国购买家具、银器、衣服和马车等奢侈品，并且资助本地的工匠，如波士顿的保罗·瑞维尔（Paul Revere）。富人的豪宅大多追求晚期英格兰风格，并且成为室内装潢的标准。富豪之间往往相互通婚，他们的社会交往和财富往来也往往局限在自己这个小圈子里。

坐落在南卡罗来纳州的查尔斯顿是美国早期另一个著名城市，同样集中了许多当地的上流阶层。但与北方城市不同的是，大多数查尔斯顿精英是拥有奴隶的种植园主，而非商人。只有在冬季社交活动频繁的时候，他们才会来到查尔斯顿的豪宅中，其他时间则在种植园中度过。

出于对商业利益的考量，北部城市精英普遍反对18世纪六七十年代英国国王乔治三世（George III）的税收政策，尽管在与宗主国的战争问题上他们并非态度一致。波士顿的哈钦森家族、费城的佩恩家族和纽约的德莱赛家族，大多数成员都与国王站在同一个战壕里；而波士顿的约翰·汉考克（John Hancock）和詹姆斯·鲍迪恩（James Bowdoin）、纽约的菲利普·利文斯顿（Philip Livingston）以及费城的弗朗西斯·霍普金森（Francis Hopkinson）、本杰明·拉什和托马斯·沃顿（Thomas Wharton），纷纷成为美国革命的领袖。

美国经济在19世纪的迅猛增长推动了城市化的快速展开，到1900年，美国有19个城市人口超过20万。纽约、芝加哥和费城人口均超过百万。几乎每一个大城市都有自己的上流阶层，大多是商人、工业家、银行家、地产大鳄或交通巨头，相比之下，纽约、波士顿和费城的上流阶层，其社会地位相对更高。除了本地精英外，纽约市作为全美金融中心，吸引了全国各地的富商大贾。不仅有斯塔滕岛的科尼鲁斯·范德比尔特和哈特福德的朱利叶斯·摩根这样来自附近的精英，甚至许多富豪发家致富后从远处搬到纽约，如克利夫兰的约翰·洛克菲勒和匹兹堡的安德鲁·卡内基。

19世纪纽约的上流阶层并非铁板一块，从外地进入纽约的新富豪们挤走了这个群体中的弱势者，不断更新着上流阶层的人员构成。类似尼克博克家族（Knickerbocker）这样的从荷兰殖民地时代就居住在纽约的传统大家族，总是试图将新来者排除在外，将上流阶层打造成一个针插不进、水泼不进的封闭小圈子。但在19世纪初，凭借着毛皮贸易积累的巨额财富，约翰·雅各布·阿斯特渐渐赶超尼克博克家族，他的后代理所当然地成为纽约上流阶层的一员。而阿斯特家族也重演尼克博克家族的故事，极力阻挠新贵进入上流阶层，但最终新富豪还是像阿斯特那样挤了进来。在纽约，老权贵和新富豪之间相互通婚。

在费城和波士顿，传统精英家族力图维护经济霸权和社会独特性。尽管费城经济迅猛增长，但比德尔斯、诺里斯、彭伯顿、沃顿、英格索尔、拉什、德克赛尔等传统贵格会和殖民地精英家族仍然雄踞费城商界之巅，直到19世纪末仍然跻身城市上流阶层的行列。波士顿的情况与之类似，亚当斯、阿莫里、阿普勒顿、卡波特、洛厄尔、希金斯、李、福贝斯、柯立芝、劳伦斯和皮博迪等家族仍然占据高位。他们之间相互通婚，共同经营，一并掌控着大笔财富,甚至控制了城市里的文化和慈善机构。

在整个 19 世纪,上流阶层的体制和机构与美国社会割裂开来。殖民地时代传承下来的大学经历了转型,新的学校建立起来,并且逐渐成为上流阶层的禁脔。无论是来自纽约、波士顿、芝加哥还是旧金山,上流阶层的公子哥们都被送到格拉顿(Groton)或圣保罗(St. Paul)等专属的寄宿学校,然后进入普林斯顿、耶鲁或者哈佛。在大学里,他们应邀参加社交舞会,在这里邂逅同样出身上流阶层的年轻女子。在奢华的圣公会教堂完婚后,夫妻双方(大多来自不同地区的上流阶层)加入一个排外的乡村俱乐部,丈夫通常会受邀加入下城的绅士协会,往往是他父亲所在的那一家。上流阶层的孩子们走上职场后,男性大多出任经理、掮客,或是职业人士;女性则进入慈善组织工作。

上流阶层对美国城市的发展影响很大。在美国革命前,富裕家庭居住在码头附近,与其他阶层的人比邻而居。革命后,他们大多搬入独享的社区,例如波士顿的贝肯山庄(Beacon Hills)和费城的罗肯广场(Rittenhouse Square)。在 19 世纪下半期,许多上流阶层与中产阶级一起迁往铁路沿线的郊区。波士顿和费城的切斯特纳特山庄(Chestnut Hill)、波士顿的布鲁克莱茵(Brookline)、纽约的奥伊斯特贝(Oyster Bay)和费城的梅音莱(Main Line)是当时最负盛名的郊区,最终成为美国上流阶层聚居的郊区。上流阶层始终走在郊区化的前列;到 1940 年,大多数上流阶层家庭居住在郊区,其比例远高于其他美国社会阶层。

直到历史进入 20 世纪,典型的美国上流阶层仍然主要来自殖民地时代英国和荷兰家族,在宗教信仰上以胡格诺教徒(Huguenot)和新教徒为主。富有而事业成功的犹太和爱尔兰天主教徒往往在社交、文化和商业圈等方面受到新教徒排斥,他们被社会学家称作"平行上流阶层"(Parallel Upper Class),拥有自己的学校、教堂、乡村俱乐部、社交圈子、慈善组织和法律事务所。有限的证据表明,尽管犹太教徒和天主教徒上层可以相对容易地进入社交、文化和经济上的精英圈子,但真正占据主导地位的仍然是老资格的新教徒。

长期以来,历史学家和社会科学家围绕美国上流阶层的特征和权力聚讼不已——有学者认为,除了财富,美国上流阶层和其他社会阶层没有明显的差别;也有学者认为,美国上流阶层尤其是那些富 X 代们,在思想观念和举止言行上与其他美国人迥然有别。新贵家族往往主动效仿老富豪们的一言一行和生活方式,并在上流阶层内部通婚。也有学者,尤其是极左或极右

学者认为,美国的上流阶层形成了一个管理阶级,甚至是统治阶级。

没有证据表明,上流阶层作为一个整体正面临经济权力的下滑。在过去的几十年中,财富的垄断性进一步增强,上流阶层的基础也随之得以进一步巩固。由于学术界关注不足,目前尚无法得出明确结论,但证据表明,上流阶层在社会、文化和政治上的优势没有丝毫动摇。例如,从 1900 年以来的 19 位美国总统中,至少有 6 人出身于上流阶层(两位罗斯福、塔夫脱、肯尼迪和两位布什)。2004 年的大选中,布什和约翰·克里(John Kerry)两位候选人都出自名门,两人不但都从耶鲁大学毕业,而且都曾加入耶鲁著名的上流阶层成员组织骷髅会(Skull and Bones)。

亦可参阅:乡村俱乐部(Country Club),城市和郊区中的家庭(Families in Cities and Suburbs),慈善事业(Philanthropy),郊区政治(Politics in the Suburbs),郊区化(Suburbanization)

延伸阅读书目:

● Amory, C. (1947). *The proper Bostonians*. New York: E. P. Dutton.
● Homberger, E. (2002). *Mrs. Astor's New York: Money and social power in a Gilded Age*. New Haven, CT: Yale University Press.
● Jaher, F. C. (1982). *The urban establishment: Upper strata in Boston, New York, Charleston, Chicago, and Los Angeles*. Urbana: University of Illinois Press.
● Marquand, J. P. (1937). *The late George Apley: A novel in the form of a memoir*. Boston: Little, Brown.
● Pessen, E. (1973). *Riches, class, and power before the Civil War*. Lexington, MA: D. C. Heath.
● Wecter, D. (1937). *The saga of American society: A record of social aspiration, 1607 – 1937*. New York: Scribners.

Renald Dale Karr 文

李文硕译　陈恒校

城市危机
URBAN CRISIS

城市危机指的是在 1960 年代中期美国许多城市爆发的社会、经济和政治问题。自 20 世纪中期以来,

城市里的工厂关门歇业，人口和就业以及零售业离开城市，迁入郊区，削弱了城市的税收基础，使城市没有足够的资源维护年久失修的基础设施，以及解决失业和贫困导致的社会问题。不过，"城市危机"一词时常让人想起 1960 年代肆虐全美城市的种族暴力冲突。实际上，正是这些骚乱产生了城市危机这个词语——美国的城市不仅仅是衰落，而且似乎一夜之间就要爆炸了。要理解城市危机，不仅要知道城市中发生了什么，还必须知道公众对于城市的态度发生了改变——美国人对城市普遍持有悲观、消极的态度。

由于种族不平等的广泛存在，警察在针对非洲裔美国人执法时往往过于暴力，而这又将引发草根阶层的反抗，最终酿成城市骚乱。从 1964 至 1968 年，美国城市中爆发了超过 200 起相互独立的暴力冲突，导致数百人死亡，上千栋住宅和商铺被焚毁。暴力冲突以及警察和国民警卫队武力镇压的画面成为美国城市的形象，在前住房与城市发展部部长罗伯特·伍德看来，记者们用暴力冲突的图片将城市问题演绎成了城市危机。

城市危机主要被视作种族冲突，类似事件在 1970 年代纽约和波士顿等城市的反隔离斗争和巴士抗议中曾经发生，到 90 年代，又有洛杉矶警察对黑人青年罗德尼·金的暴力执法。与此同时，学者，如托马斯·赛奇在 1996 年指出，城市危机的根源可以追溯到 1940 年代，那时北方城市里的白人对从南部迁移而来的非洲裔美国人暴力相向。但实际上这类冲突并不鲜见，19 世纪的美国城市中就有了种族、族裔和劳资之间的暴力冲突。

城市中的危机还是城市的危机

尽管经济变迁和社会冲突常常在城市中上演，但直到 20 世纪中期，大规模居民外迁，尤其是冰雪带城市的遭遇，似乎表明美国人正在对城市失去信心。交通便捷，以及资本、娱乐活动和能源日益增加的流动性使得人们可以离开城市这种聚居的生活方式。种族歧视和倾向于郊区的公共政策进一步助长了离开城市的趋势，越来越多的美国人开始质疑，城市是否仍然是一个有活力和能够满足需求的地区。

在 20 世纪初，尽管美国是一个迅速城市化的国家，但马克·加尔范德（Mark Gelfand）在 1975 年指出，在新政之前，联邦政府和州政府为农业提供了过多的经费，投入了不必要的精力。阿诺德·赫希（Arnold Hirsch）在 1983 年写道，对城市的冷漠态度直到二战结束后才开始转变，针对城市的公共政策远远不能满足城市需求。到 1960 年代，高速公路建设、贫民窟清

理和住房项目，作为整治拥堵及"衰败"等城市问题的措施，却日益被视作加剧城市问题的根源。

在种族骚乱大规模爆发前，许多有影响力的城市问题观察家如简·雅各布斯和马丁·梅耶森（Martin Meyerson）纷纷对城市危机一词表示反对，前者认为这是城市生活的负面效应，后者相信政府有能力改善这一状况。1965 年，主管城市事务的住房与城市发展部成为内阁级的部门，但直到 1966 年才任命该部的首任部长。但此时，包括首都在内的全国大城市均爆发种族骚乱，严峻的局面让该部门手足无措；而全国城市骚乱顾问委员会，即科纳委员会，却发挥了更大作用。五年间，住房与城市发展部部长一职均由著名社会科学家担任，但面临如此严重的城市动荡，政府却束手无策。调查显示，城市居民无论是何肤色，都认为城市充斥着无法无天和反社会行为。爱德华·班菲尔德（Edward Banfield）用一部专著表达了城市居民对于社区衰落和暴力行为的悲观态度，将这本书命名为《跌出天堂的城市》（*The Unheavenly City*）。

丹尼尔·帕特里克·莫伊尼汉是尼克松总统的城市事务顾问，他深知美国人对于政府城市政策的失望，因此建议对种族冲突进行柔性处理。1972 年，普鲁伊特-艾戈住宅区被拆除，这是圣路易斯的大型公共住房项目，于 16 年前完工，它的拆除标志着联邦政府城市政策的失败。次年，尼克松突然宣布城市危机已然结束，并冻结示范城市计划等联邦政府资助的城市项目。到 1970 年代，在许多中产阶级眼中，环境污染已取代城市问题成为美国面临的重要挑战；而在许多学者看来，随着城市财政危机的加剧，第二波城市危机正山雨欲来。涂鸦成为公共空间的顽疾，无声地告诉美国人，₈₂₄城市已无法提供必要的公共服务。尽管城市中大规模的暴力活动不再频繁，但犯罪率却一再攀升，有些居民甚至自发组建巡逻队，以弥补警力的不足。

城市危机真的在 1980 年代初宣告结束了吗？近些年来的学术研究，包括 M. B. 卡兹（M. B. Katz）在 1993 年推出的《激辩"底层阶级"——历史的启迪》（*The "Underclass" Debate: Views from History*），探讨了城市中是否存在一个永久的、由贫困少数族裔构成的底层阶级。除了 1980 年迈阿密一场导致 18 人死亡的骚乱，对城市持悲观态度的人又找到了新的论据，包括帮派暴力、强效可卡因泛滥和艾滋病肆虐。《邪恶街布鲁斯》（*Hill Street Blues*）和《迈阿密风云》（*Miami Vice*）等犯罪题材的电视剧进一步放大了城市的负面形象。但城市中也出现了好的势头。尽管制造业岗位并未大量回到城市，但许多后现代主义风格的建筑如

雨后春笋般重新出现在城市里。新一代白人中产阶级，即雅痞（Yuppies, Young Urban Professionals），通过绅士化重新回到老旧的城市街区中。1980年代一部风靡一时的电视剧《老宅》（*This Old House*）结合了住房维修业与历史遗迹保护，反映了雅痞一代对城市传统建筑的热爱。城市街区因为亚文化的形成而显得与众不同，例如最近风头正健的同性恋社区。移民，无论是亚洲、非洲还拉美移民，同样落脚在城市里，为衰败街区带来了复兴。与此同时，许多从未离开城市的老居民建立起非营利性的社区开发公司，来维护被政府部门和私人企业忽略的城市老街区。

难以解决的矛盾：现状与设想

城市危机究竟只是想象还是现实？有些观察家认为，城市危机一词来源于误解，凸显了城市衰败的一面，而忽视了繁盛的一面，因此城市显得困难重重。毕竟乡村地区面临着比城市更多的问题，只不过更容易被浪漫化。然而在某些城市，或者城市的某些地区，的确存在一个不容否定的问题，即婴儿死亡率的上升。根据2000年的统计数据，底特律、芝加哥和华盛顿特区的婴儿死亡率为1.7%，高于0.7%的平均水平；而新泽西州卡姆登市的自杀率更是高达全国平均水平的7倍。

此外，几乎所有美国城市都面临同一个困境，即大都市区内地方政府的碎片化和人口高度流动性所造成的独特城市景观。中心城市的政府往往被该地区最严重的问题所困扰；而尽管居民喜欢居住在教育、治安、交通、环卫等公共服务水平高的城市，但城市为了满足居民需要往往采取加税的手段，而这又反过来推动居民和企业搬离城市。

从某种角度看，城市危机话语的出现，证明美国人不再钟情于城市。人口普查报告显示，从1960年代以来，大部分美国人都生活在郊区。尽管如此，城市仍旧是许多人梦想实现和幻灭的舞台，1990年代风靡一时的电视剧如《老友记》（*Friends*）、《宋飞正传》（*Seinfeld*）和《欲望都市》（*Sex in the City*）描绘的正是一种引人入胜的城市生活方式，至少对中产阶级而言。然而，正如安德鲁·利兹（Andrew Lees）在1985年所言，对于城市的悲观态度和城市的负面形象（堕落、犯罪、混乱和危机）不仅历史悠久，而且随着911恐怖袭击有所增强。幸而城市中的机遇、城市生活的乐观阳光以及多元、庞大而密集的社区所提出的挑战都发挥了平衡城市负面形象的作用。城市，连同城市所展示的人性的善恶，也许仍将陪伴人类继续走下去。

亦可参阅：波西米亚风格（Bohemianism），卡特政府的城市政策（Carter Administration：Urban Policy），城市高效运动（City Efficient Movement），地方自治（Home Rule），大都市区政府（Metropolitan Government），尼克松政府的城市政策（Nixon Administration：Urban Policy），城市与郊区中的宗教（Religion in Cities and Suburbs）

延伸阅读书目：

- Banfield, E. (1970). *The unheavenly city：The nature and the future of our urban crisis*. Boston：Little, Brown.
- Gelfand, M. (1975). *A nation of cities：The federal governmentand urban America，1933-1965*. New York：Oxford University Press.
- Hirsch, A. (1983). *Making the second ghetto：Race and housing in Chicago 1940-1960*. New York：Cambridge University Press.
- Katz, M. (Ed.). (1993). *The "underclass" debate：Views from history*. Princeton, NJ：Princeton University Press.
- Lees, A. (1985). *Cities perceived：Urban society in European and American thought，1820-1940*. New York：Columbia University Press.
- Sugrue, T. (1996). *Origins of the urban crisis：Race and inequality in postwar Detroit*. Princeton, NJ：Princeton University Press.
- Wood，R. (1972). *The necessary majority：Middle America and the urban crisis*. New York：Columbia University Press.

Christopher Klemek 文

李文硕译　陈恒校

城市发展行动资助计划
URBAN DEVELOPMENT ACTION GRANT PROGRAM

城市发展行动资助计划（UDAG）于1977年10月通过，是吉米·卡特总统一揽子综合城市政策（《1977年住房与社区开发法》[Housing and Community Development Act of 1977]第119款）的一部分。UDAG衍生自伟大社会政策中自上而下、由联邦政府资助和管理的城市政策，是自约翰逊时代向里跟时代的市场导向、地方控制和自由放任城市政策的过渡，旨在为陷入困境的城市提供资助，以推动其重要的再开发项目,使其巩固税收基础并增加就业。在资助计划实施期间,许多历史悠久的老工业城市,如纽约和克利夫兰,由于正面临通货膨胀,投资商不愿意进行长期投资,因此财政危机严重。地产价值的下降,以及就业和人口的减少,使许多城市深陷结构性财政危机。UDAG 的目标就是重振城市的财政能力。

UDAG 是卡特政府城市政策的核心,深受大城市领导的欢迎,尤其是在锈蚀带,这里的城市深陷危机,亟需联邦政府资助。尽管大城市是 UDAG 的主要资助目标,但为了方案通过,住房与城市发展部也不得不做出政治妥协,允许小城镇从中获益。最初的方案规定总资金的 25% 可以用来资助人口在 5 万以下的小城市。里根政府将其改造为针对专门问题的联邦资助计划,使得本来不满足条件的城市也可以获得资助,甚至没有陷入危机的城市也可以申请资助用于解决某一方面的问题,即所谓的"贫困口袋"(Pockets of Poverty)。这一转型在政治上有其意义,因为这使得资助对象不仅局限于民主党票仓的东北部城市地带,作为共和党重镇的南部阳光地带也从中获益。

城市再开发的最初方案,即政府出资清除大片衰败地区的土地,是因为时人相信,私人开发商可以进行有效开发;但这一方案往往因为吸引不到私人投资而失败,留下大片闲置土地。为了避免上述问题重演,UDAG 要求私人开发商在土地清理之前做出开发承诺。

UDAG 项目的创新之一,在于采用了公私合作模式。在这一方面,UDAG 同样是一种过渡:从伟大社会式的政府主动解决贫困和城市问题,过渡到里根时代的社会福利私有化。UDAG 项目以政府资金为杠杆,吸引私人资本大量投资。对于待开发项目,UDAG 的每一美元政府资金,可以撬动 2.5 美元的私人投资,甚至更多。其背后的理念是,当政府资金有限时,利用私人市场的巨额财富可以放大政府投资的影响。此外,在 UDAG 的计划中,更新项目将会收获巨大回报。与伟大社会的福利项目相比,UDAG 依赖专家的意见,因为他们出于私人资本的逐利冲动,对市场有深入了解;而前者缺少的正是专业人士的参与。专家参与式 UDAG 极富争议的话题之一,因为这意味着政府用税收收入补贴私人资本。支持者认为,UDAG 项目将促进就业,增加房地产价值从而增加税收收入,并吸引额外的私人投资,因此所有人都会从中受益;而如果没有 UDAG 项目,上述一切都是镜花水月。

在 20 世纪五六十年代,政策制订者相信,在大都市地区人口持续增长的推动下,房地产将会进一步繁荣,然而到 70 年代,投资商对于城市投资的乐观看法已有所改变。在东北部和中西部的老工业城市中,白人逃逸以及中上收入阶层的减少已成为事实。由于私人资本对于投资犹豫再三,政策制订者相信,政府必须要采取措施扭转这一局面。在 UDAG 项目早期,每年投入衰败城市的资金高达 5 亿美元。

左派人士批评道,UDAG 将城市税收从普通美国人和小业主的手里转交给资本雄厚并且拥有政治背景的大企业。通用汽车、凯悦集团(Hyatt)和希尔顿集团(Hilton)等资本大鳄利用 UDAG 资金在下城建造巨大的商用建筑。保守派则批评吸引私人资本投资城市注定是徒劳之举,因为城市一定会复兴,政府提供补贴是没有必要而且在财政上是无法负担的;而且一旦私人资本决定停止复兴城市,联邦政府只能听之任之。

尽管 UDAG 项目的资金可以用于社区复兴和创造就业机会,但其最著名的成果仍然是大城市中的大型商业项目,如巴尔的摩的哈勃市场(Harbor Place)和波士顿的法尼尔厅市场,旨在通过重塑波士顿的城市形象来吸引私人投资。到罗纳德·里根入住白宫则彻底宣告了 UDAG 的死刑,他相信美国城市的重建并非联邦政府的责任。在任期内,里根大幅削减 UDAG 资金,后者的影响也大大降低了。此外,许多城市经历了房地产业的复兴,因此不需要 UDAG 这样刺激投资的项目;投资商主动回到城市,不再需要政府吸引了。1988 年,UDAG 正式宣告结束。

亦可参阅:卡特政府的城市政策(Carter Administration:Urban Policy)

延伸阅读书目:

● Bingham, R. D. , & Blair, J. P. (Eds.). (1980). *Urban economic development*. Beverly Hills, CA: Sage.
● Lyall, K. C. (1986). Public-private partnerships in the Carteryears. *Proceedings of the Academy of Political Science*, 36(2), 4 - 13.
● Rosenthal, D. B. (Ed.). (1980). *Urban revitalization*. Beverly Hills, CA: Sage.
● Thomas, R. D. (1990). National-local relations and the city'sdilemma. *Annals of the American Academy of Political and Social Science*, 509, 106 - 117.
● Webman, J. A. (1981). UDAG:Targeting urban economic development. *Political Science Quarterly*, 96 (2), 189 - 207.

Kent James 文

李文硕译　陈恒校

826

城市生态学
URBAN ECOLOGY

"生态学"一词指的是对有机体相互关系及其环境的研究。因此所谓城市生态学,研究对象是城市和城市化地域内、生存在自然环境和人工系统内的人类与其他有机体的关系。城市生态学家研究土地利用、排水设施以及社区开发和清理等模式,以便更好地理解城市化地域内的资源,以及它们受到人类活动影响的程度。作为环境变迁的主要推动力,人类以及与之相关的人类活动是对城市环境系统最大的影响因素。城市生态学的目标在于探寻一种生存方式,使人类以一种可持续的方式对城市环境发生有益影响。

在自然世界中,长期以来科学家对环境中有机体的相互关系进行了研究,以便更好地理解其行为,但城市环境相对而言是一个新领域;因此城市生态学的进程和模式是近些年来的新进展。历史研究表明,人类自古以来习惯于聚居在城镇社区中来寻求安全,并靠近商品市场。但直到工业革命,城市化才在全球范围内真正展开,自此时起,才出现了所谓"城市环境"。正是在工业革命的推动下,美国从一个农业为主的农村国家转变为工业社会和城市社会,并创造了一种新式的城市文化。美国人从贫困的乡村社区涌入城市,相信可以得到工作、赚得金钱,并开始一种稳定的新生活。从农村国家向城市国家的转变创造了新的城市环境,挑战并改变了人类行为的逻辑。

与自然环境不同,人类是城市环境的主要创造者,改变了现存模式以更好地适应人类自身的需要。但改变自然环境、超过环境自身承载力所造成的负面效果并未马上显现,人类也没有很快意识到可能出现的问题。此外,人类盲目地相信自己可以凭借自己的才能解决任何挑战,却忽视了人类与大自然的相互依赖关系。在城市社会早期,几乎没有人考虑城市环境中的自然系统的重要性,例如河流等水道,因此,人类肆意改造甚至破坏自然环境。人口和经济发展、土地开发以及基础设施建设决定着城市开发,自然环境如气候、地貌以及各种不利的自然因素却并未纳入考虑之中。忽视自然环境的结果,是产生了许多意料之外的问题,而且随着城市人口增加、规模增大,正在日益恶化。

芝加哥大学的罗伯特·帕克及其同事在研究城市环境时提出了首个、也许是最著名的模式用以解释城市中的人类行为。在 1916 年发表的论文《城市:城市环境中人类行为调查之建言》(*The City:Suggestions for the Investigation of Human Behavior in an Urban Environment*)以及随后二十年间陆续发表的多篇论文中,帕克创造了人类生态学(Human Ecology)这个与城市生活相关的术语。从对芝加哥城市生活的观察出发,帕克对当时关于动植物的生态学理论和城市移民社区的研究进行了推演。帕克意识到,在一定时期内,不同的移民集团在形成社会经济集团的过程中将经历一系列类似过程,包括竞争、支配、继承和隔离等。尽管帕克的理论并非在所有的城市都能找到根据,但他在该领域的开创性研究为城市环境的研究奠定了基础。

随着城市从工业和人口的聚居地演进为商业、工业和居民的复杂集合体,城市生活的质量越发引人注目。人类活动对自然资源的滥用以及对生态系统再生性的破坏,在那些深受致死疾病困扰的贫困社区中尤为明显。此外,为了满足城市生活的需要,人类将自然环境视作自己的奴仆,为了扩大城市空间不惜填埋河道,结果却是引发洪灾等更大的危机。这些伴生的环境问题对那些交通条件不便以及远离可替代因素的人口影响巨大。随着研究者逐渐意识到城市内部多种要素之间的互动,人类生态学这一领域已广泛涉及生态因素以及经济、社会、政治和文化等城市生态系统中的关键要素。城市生态学研究的正是如何为城市中包括人类与其他生物在内的左右"居民"创造有益环境。对于城市中人类与自然多要素之互动的研究和整合受到其空间分布和人类经验的限制,城市生态学试图为人类确立有益于可持续发展和共赢的行为模式和习惯。

由于城市是一个复杂的生态系统,城市内部的模式和进程不断演进,因此许多关键的城市问题都可以在城市生态学的框架内进行研究。城市对资源的消耗很大,排出的废弃物也很多,这是城市生态学研究面临的重要挑战。美国几乎没有限制的消费主义风气,以及对于环境消化能力的不同认识,当代社会被称作"一次性社会"(Throwaway Society)。尽管美国各地无论城乡都已进入"一次性社会",但对可持续发展的忽视对城市地区的负面影响尤其明显,这是因为城市人口密度更高,因此对诸如缺乏填埋空间或物价高企的感受更为明显而激烈,因此城市人口相比乡村人口对于社会变动更为敏感。消费主义文化正肆虐美国各地,这也是城市文化的副产品,在其刺激之下,美国城市正在经历横向蔓延,而城市中的土地再开发却乏人问津。这一外围增长的浪潮,即所谓的城市蔓延(Urban Sprawl),引发了诸多问题——优等农田被开发,开发速度甚至高于人口增长的速度;而蔓延也与许多可持续开发原则相悖。由于发展和横向蔓延被视作美国经济活力的表现，因此过度开发在美国是一个复杂的问题，从长远看，将对美国造成极大危害。

为了建立起可持续的城市环境，城市生态学家对现实问题进行持续关注。开发空间的开发、绿色建筑、公共交通的发展、城市自然空间的保护、暴雨、饮用水以及生物区域主义（Bioregionalism）等议题受到许多政府、社区组织和城市居民的关注。许多城市政府雇佣城市规划专家为未来的开发筹谋划策，也有许多城市政府机构和项目致力于精明增长和推动城市的可持续发展。此外，不少大学开设有城市研究课程，在研究当代城市问题的同时也为该领域培养专业人士。

随着世界人口的大部分已居住在城市中，形成有活力、可持续的城市空间变得尤为重要。对于城市生态学家来说，他们面临着改变如下这种观念的挑战，即认为人类居住在城市中，而自然则在城市之外。尽管政治和经济是城市最重要而且必不可少的职能，但历史告诉我们，文化和环境等其他因素对于形成一个健康而可持续的城市社会同样必不可少。

亦可参阅：厄内斯特·伯吉斯（Burgess, Ernest W.），自然环境与城市（Natural Environment and Cities），罗伯特·帕克（Park, Robert Ezra），路易斯·沃斯（Wirth, Louis）

延伸阅读书目：

● Beatley, T. (2000). *Green urbanism: Learning from Europeancities*. Washington, DC: Island Press.

● Berry, B. L. J., & Kasada, J. D. (1977). *Contemporary urbanecology*. New York: Macmillan.

● Hough, M. (2000). Urban ecology: A basis for shaping cities. In M. Miles, T. Hall, & I. Borden (Eds.), *The city culturesreader* (pp. 242 - 243). New York: Routledge.

● Saunders, P. (2001). Urban ecology. In R. Paddison (Ed.), *Handbook of urban studies* (pp. 36 - 51). Thousand Oaks, CA: Sage.

● Urban Ecology Institute. (2005, July). *About urban ecology* [Online]. Available: www. bc. edu/bc _ org/research/urbaneco/AboutUrbanEcology/about _ urban _ ecology. htm

● Urban Ecology Research Lab. (2005, July). [Online]. Available: http://www. urbaneco. washington. edu/

Darci L. Houser 文

李文硕译　陈恒校

城市金融
URBAN FINANCE

美国城市是金融资本的产物。政府通过发行债券来筹资建设桥梁、铺设水道、建造会议中心和廉价住房。公共财政使城镇有能力举办学校、维持警察队伍、提供上下水等公共服务。私人金融家也对城市化发挥了影响，他们往往与政府合作，出资建造下城摩天大楼、郊区购物中心和电力设施，并提供住房抵押贷款。因此，城市金融机构既有政府部门，也有私人企业，以及非盈利银行、保险公司和中介机构。有些历史学家相信，金融是美国经济的领头羊，是城市和市场发展的前提。诚然，金融家和金融机构对于城市成为世界经济节点发挥了重要作用。

金融资本主义可以追溯到殖民地时代。当时，英国以及附属于英国的商人们创造出类似今日之风险资本的概念。金融资本与其他类型的资本不同，流动性更强，可以用于创造而积累其他类型的资本——包括土地、基础设施以及城市建筑。

在殖民地时代的北美，金融资本在城市形成过程中发挥着关键作用。西印度公司（West India Company）、哈德逊湾公司（Hudson's Bay Company）和皇家非洲公司（Royal African Company）等特许公司，通过贸易往来推动了大西洋两岸的城市发展和区域经济增长。投资于殖民开发的风险资本形成了城市与经济发展机构，如弗吉尼亚公司（Virginia Company）和宾夕法尼亚贸易商协会（Society of Traders），它们投资基础设施、建立市场，并在内陆设立贸易战与土著美国人进行贸易。它们的股票在伦敦皇家股票交易所（London's Royal Exchange）、巴黎交易所（Paris Bourse）和阿姆斯特丹交易所（Amsterdam Exchange）上市。

在早期北美城市中，商人聚集在港口的咖啡厅里交易货品、土地和奴隶，并一起投资远洋货船。在17和18世纪的美国城市里，咖啡厅扮演着金融和信息中心的角色，船主、出版社、农场主和政客集中在这里交易商品和服务（包括资金借贷和保险），传播来自本地乃至全世界的消息。由于大部分城镇和殖民地官员，甚至港口收税员和海关官员都出自商人群体，因此可以说，公共财政和私人资本在殖民地并未彻底分开。

到18世纪中期，在大西洋沿岸的大型港口城市中，正式的金融机构逐渐从港口咖啡厅中脱胎而来。1754年，费城报纸发行人威廉·布拉德福德（William

Bradford)组建了一家交易所,并包下了费城的伦敦咖啡馆(London Coffee House)二楼的一个房间,供贸易商交换信息。1767年,南卡罗来纳殖民地议会出资在查尔斯顿建立了一个交易所,同时兼做当地的海关办公室。在交易所楼顶的房间里,可以远远望见船舶进入查尔斯顿港,甚至船舶卸货之前,货物就已在这里挂牌出售。

美国革命促使城市里出现了专门的金融机构,并且推动形成了联邦层面的金融系统,这对于城市金融影响深远。1780年代,费城、纽约和波士顿出现了本地银行,很快又有了保险公司。财政部长亚历山大·汉密尔顿组建了一个全国银行系统,总部在费城,并在多个城市设有分支结构,并通过大量发行债券偿还战争期间的债务。这些政府债券刺激了美国股票市场的产生。1790年,费城成立了经纪人委员会(Board of Brokers),也就是美国的股票交易市场,位于合众国第一银行所在地南侧的一家咖啡馆。两年后,纽约也出现了股票交易所,但与费城不同的是,纽约的股票交易所是露天的,地点是一棵梧桐树旁的市场上。

在美国建国初期,来自政府和私人的动机共同推动了城市金融部门的形成和发展。州政府授权成立的银行和保险公司为农场主和工匠服务,打破了商界精英对金融的垄断。合资制度资助了剧院和咖啡馆等商业设施的建立。到1820年,巴尔的摩也建立了类似查尔斯顿的交易所,其他城市为了成为最有竞争力的金融中心而纷纷效仿。这些交易所吸引了各式各类的资本家,他们开创了商业学术机构与图书馆、拍卖行、船运商、贸易商以及正式的股票经纪人联盟等新机制。费城经纪人甚至专门制作了一台光学望远镜,用来观察纽约股票价格和船运信息,为此专门在新泽西多地建立了许多高塔,利用镜子的反光原理传递图像,白天依靠日光,晚上点起火把。据说这条"信息高速公路"可以在十分钟内将纽约的消息传到费城,推动了这两个美国早期金融中心的合作。

路易斯安那购地事件(Louisiana Purchase)以及北美内陆地区大量新城镇的涌现推动了内部改进(Internal Improvements)的浪潮。东部城市的资本家们纷纷投资这里的交通和通讯基础设施,以便占据边疆地区的市场。波士顿、纽约、费城、巴尔的摩和弗吉尼亚的州立法机关和富有的投资人、银行以及保险公司纷纷投资收费公路和运河,志在将自己的城市打造成为美国的金融之都。土地投机商沿交通线路买下土地,希望他们能在通往西部的交通要道旁发一笔财。当匹兹堡、芝加哥和克利夫兰等新兴城市勃然而兴时,

东部金融资本大举进入其银行、燃气和供水设施,并争购城市债券。这些投资有力推动了全美金融市场的整合,并在城市之间建立起密切的联系。

19世纪前半期,州政府和城市纷纷发行债券,筹资建设运河、收费公路和铁路。纽约的伊利运河于1825年投入使用,确保了纽约市这个"帝国城市"(Empire City)的美国商业领头羊地位,成为中西部各州和领地的谷物、肉类以及制造业的黄金水道。其他州甘愿冒着破产的风险也投身到内陆市场和资源的竞争中,伴随1836年第二合众国银行破产而来的经济恐慌也因此被延长。此时正值反金融界、反城市的安德鲁·杰克逊(Andrew Jackson)入主白宫,此事彻底打碎了费城进军美国金融之都的梦想。

由于没有中央银行来协调州际和海外的金融政策,从1836年到1913年联邦储备系统(The Federal Reserve)的建立,城市里的金融家、金融机构和州立法机构主导着美国金融政策。城市金融推动了美国工业进程,资助铺设了铁路网和电报网,将城市与矿业公司、伐木企业以及工厂相连,共同创造了新的城镇来开发这片大陆的矿山、木材和水利资源。1844年,塞缪尔·莫尔斯在巴尔的摩和华盛顿之间架设了第一条电报线,很快电报就覆盖到波士顿、纽约、费城、克利夫兰、托莱多、底特律和芝加哥。到1871年,电报线已将美国城市与伦敦、印度和澳大利亚相连,城市金融业得以超越时空限制,几乎可以将谷物信息、价格报告和资本即刻传播到全世界。

铁路公司对于资本胃口极大,可以说重新塑造了地区和全球的金融,也改变了城市生态。当美国经济在19世纪四五十年代陷入萧条时,铁路证券吸引了大量英国投资,创造了一个债主阶层,他们依靠地产升值和铁路证券分红获得了可观受益。他们与城市金融集团一起,对铁路以及有轨电车郊区进行投资。

铁路建设促进了巴尔的摩、多伦多和丹佛等许多城市建立本地的股票交易所。在19世纪,美国出现了大约250家股票交易所,此外还有许多期货交易所和商品交易所,大多数城市都希望以此将自身打造为金融大都会,比如俄亥俄州森特利亚(Centralia)和华盛顿州的斯波坎(Spokane)。然而从19世纪中期到世纪末,城市金融机构推动不同区域的不同城市形成了不同的发展模式。

纽约成为美洲首要的金融市场。纽约的银行家和经纪人将欧洲资本投入铁路、蒸汽轮船,而中西部和南部的银行家则将面包篮子和棉花田的控制权拱手交给华尔街。甚至从查尔斯顿或新奥尔良直接运送到伦敦

和曼切斯特的棉花,纽约商人也能从佣金、船舶费、保险提升和贷款利息中获益。与此同时,费城金融家和铁路公司从美国的工业核心地带,即新泽西和圣路易斯之间的矿场和工厂中获益匪浅。

中西部地区的城市利用其金融业控制着东西部贸易的地位赚取利润。辛辛那提、克利夫兰、印第安纳波利斯和路易斯维尔莫不如此,尽管它们都受制于芝加哥的贸易与商品交易所(Board of Trade and Mercantile Exchange)这个美国最大的商品交易所。新奥尔良的棉花交易所是南部最重要的商品市场,但从整体上看,南部城市依赖于北部银行家和经纪人来投资当地的农业生产。在内战前,大多数南部种植园主将资本投入土地和奴隶,只有少数投入当地的城市。

在新英格兰、加拿大以及西海岸,城市金融集团专门向推动城市经济发展的领域投资。波士顿、多伦多、蒙特利尔和普罗维登斯的股票交易所以铁路、矿业和制造业股票为主。在内战前,马萨诸塞州和罗德岛的机器制造公司和大型纺织企业在美国的全部上市企业中只占很小的份额。西部各州的经济更具有投机色彩,偶然事件在城市金融机构的形成和发展中发挥了更大的作用。旧金山交易所的成立与淘金热有很大关系,旨在投资受淘金热影响而出现的矿业公司、银行、保险公司和铁路。19世纪末,洛杉矶的经纪人们发起了一个交易所,旨在支持当地的石油开采。得克萨斯州也因为类似原因,在很多城市中涌现了股票交易所。

内战是城市和全国金融业的分水岭。费城经纪人杰伊·库奇(Jay Cooke)发起成立了一个网络,将北部投资联邦战争债券的金融商联系在一起,同时也将中产阶级拉入金融市场。1863年的《国家银行业法》(National Banking Act)建立起一个以纽约为中心、有联邦政府授权成立的商业银行网络。战后涌入的美洲和欧洲资本极大地拓展了美国的金融规模,使铁路等大型公司拥有足够的资本兼并其他企业。由费城商人彼得·温德纳(Peter Widener)、纽约商人威廉·惠特尼(William Whitney)和芝加哥金融家查尔斯·耶克斯(Charles Yerkes)控制的大型辛迪加控制了美国超过100个城市的有轨电车、燃气和电力系统。在因应大都市住房和办公市场的过程中,诞生了房地产托拉斯和移民住房贷款联盟等新式金融机构。

19世纪末,纽约银行家、经纪人和道琼斯(Dow Jones)通讯公司共同开创了全球金融业的新时代。大型制造业企业和财团,如美国钢铁公司、通用电气、美国电话电报公司、美孚石油、J. P. 摩根、约翰·洛克菲勒等,将曼哈顿打造为世界金融之都。摩根出资完成

了巴拿马运河,范德比尔特在洪都拉斯建立了"香蕉共和国"以服务于其联合果品公司(United Fruit Company),这些大手笔无不透露出美国的经济帝国主义。美国政府强大的军工能力、遍布世界的领事馆以及海军基地和加煤站为这些企业提供了便利条件。1920年代,中产阶级涌入证券市场购买蓝筹股(Blue-Chip),推动了大众消费市场的形成,并推动美国企业走向世界。

大萧条时期,联邦政府通过建立一系列全国性的金融机构来规范城市金融业的发展,以便解决过度投机和经济不稳定带来的弊病。新政期间,政府成立了证券和交易所委员会(Securities and Exchange Commission)来监管股票和债券交易,成立了联邦储蓄保险公司(Federal Deposit Insurance Corporation)来确保银行存款,并成立了社会保障管理局(Social Security Administration)来为退休人员提供福利。房主贷款公司、联邦住房管理局以及房利美和房地美协助公共住房和私人住房的建设。战后的几十年间,在联邦高速公路管理局和城市更新运动影响下,中心城市的贫困少数族裔更进一步集中,而白人中产阶级家庭则进一步郊区化。因此,华盛顿成了全国城市金融的主要推手。

撤出对中心城市的投资以及资本和制造业就业从东北部锈蚀带转移到南部阳光带甚至海外,引发了许多城市的财政危机。甚至纽约在1970年代也濒临破产。银行和中介公司在全国各地建立分支机构,通过电话和电脑与曼哈顿相连;而20世纪也见证了股票交易所在许多城市中消失。20世纪末,新的金融机构涌现出来,以解决步履蹒跚的城市所面临的投资困境。地区支持公司(Local Initiatives Support Corporation)将私人资本和致力于区域社区开发的金融机构一并纳入一个兴盛的市民金融部门。

随着美国经济从以制造业为主转向以服务业和信息产业为主,金融业在城市和区域经济发展中的作用更为重要。芝加哥资本家利用他们对商品发展趋势的理解,将芝加哥期货交易所(Board of Options Exchange)打造成为金融衍生品的主要市场,与费城股票交易所和纽约的美国证券交易所一决高下。凭借着亚裔人口众多的人口结构以及与亚洲经济体的密切联系,洛杉矶和东京一起成为太平洋沿岸的重要金融中心。迈阿密在拉美金融中也扮演了类似角色。以北卡罗来纳州的夏洛特和特拉华州的威尔明顿为代表的许多城市,凭借着银行和信用卡交易中心,尤其是免税优势的地位获益匪浅。纵观整个美国,房地产托拉斯投入数以百亿计的美元用于建造和购买摩天大楼、郊区

办公园区和购物中心。因此,尽管数字技术改变了金融资本主义,使人们坐在办公桌前或是用笔记本电脑就可以在虚拟市场中交易,金融在美国城市的经济、生态和社区中仍然扮演着关键角色。

亦可参阅:城市经济(Economy of Cities),金融专区(Financial Districts),税收和抗税运动(Taxes and Tax Revolt Movement),贸易与商业(Trade and Commerce)

延伸阅读书目:

- Geisst, C. R. (1990). *Visionary capitalism: Financial markets and the American dream in the twentieth century*. New York: Praeger.
- Lamoreaux, N. R. (1996). *Insider lending: Banks, personal connections, and economic development in industrial*
- *New England*. New York: Cambridge University Press and National Bureau of Economic Research.
- McDonald, T. J. (1986). *The parameters of urban fiscal policy: Socioeconomic change and political culture in San*
- *Francisco, 1860 – 1906*. Berkeley: University of California Press.
- Michie, R. C. (1987). *The London and New York Stock Exchanges, 1850 - 1914*. Boston: Allen and Unwin.
- Pagano, M. A. , & Bowman, A. (1995). *Cityscapes and capital: The politics of urban development*. Baltimore: Johns Hopkins University Press.
- Shefter, M. (1985). *Political crisis, fiscal crisis: The collapse and revival of New York City*. New York: Basic Books.
- Vitiello, D. (in press). *Philadelphia capital: America's first stock exchange and the city it made*. Philadelphia: University of Pennsylvania Press.
- Walker, M. L. (1983). *Municipal expenditures*. New York: AMSPress.
- Werner, W. , & Smith, S. (1991). *Wall Street*. New York: Columbia University Press.
- Wright, R. E. (2002). *The wealth of nations rediscovered: Integration and expansion in American financial markets, 1780 - 1850*. New York: Cambridge University Press.

Domenic Vitiello 文

李文硕译 陈恒校

城市边疆
URBAN FRONTIER

北美历史上的城市边疆可被视作大陆的殖民过程,经历了英国殖民者在大西洋沿岸的拓殖、西班牙传教团和庄园主在西南部的扩张以及法国在圣劳伦斯河两岸的殖民活动。

这些殖民地的建立,其目的无一不是推动其宗主国的影响深入这些新领地。随着殖民地的发展,它们需要更多的食品和物资供应,因此自然会形成占据周边农业用地、矿山和森林的冲动。殖民定居点进一步将宗主国的影响推动深入周边的乡村。

美国历史上的城市边疆远不止大西洋沿岸的殖民城市,也不仅仅包括阿巴拉契亚山以东的小镇。新奥尔良、圣路易斯都是美国的城市边疆,将北美内陆的毛皮运往欧洲。匹兹堡、辛辛那提、莱克星顿(Lexington)和路易斯维尔等城市都是从阿巴拉契亚以西的边疆小镇逐步发展而来。

这些城市最初是开发周边土地的据点。恶劣的交通运输条件和连绵的山脉割断了它们与东部的文化联系。1812年战争以前,边疆地区最重要的贸易路线是沿俄亥俄河南下到密西西比河,之后到达新奥尔良。边疆地区的原材料出售后,大多运往东北部的制造业城镇。东北部的制造业产品再越过山川抵达边疆。

1812年战争期间,边疆城市成为内陆地区军事活动的据点。在战争爆发前,美国边疆城市的制造业方兴未艾,当地商人希望避免卖出原料、买进制成品的三角贸易,希望将财富留在本地。战争开始后,大西洋沿岸的贸易路线受到英军威胁,因此贸易改走内陆航线,这一状况促进了边疆城市矿业、工厂、船坞等制造业的发展。战后,由于外部商品的冲击,本地商人面临破产窘境,但当地经济形成了新的模式——制造业落户在本地的原料产地附近。

随着时间的推移,许多专业性城镇在边疆地区涌现出来,包括堪萨斯州的牛镇、加州和落基山区的矿业城镇、中西部的农业城镇,以及联合太平洋铁路和中央太平洋铁路沿线的城市。

从北美大陆的第一个殖民地,到淘金热中在铁路沿线出现的城镇和营地以及随养牛业而涌现的牛镇,所有这些边疆城市都面临着环卫、消防、警务和教育等方面的挑战。不同的城镇对于这些问题有不同的解决方法。

随着城镇人口的增加,其环卫需求也在发生变化。

在美国西部，许多城市依靠私人地窖和化粪池而非下水设施来处理家庭废弃物和人类排泄物。明沟是处理废弃物的另一条路径。常常被人忽视的一个问题是，由于马承担了大量公共交通，而且街道上往往有成群的狗出没，因此牲畜粪便是城市街头常见的废弃物。动物在街道肆意流窜的情况迫使许多城市出台规定，要求居民用篱笆等设施将动物进行圈养。

随着城镇规模的扩大，对火灾的担忧也在加剧。木材由于价格不高，被大量用于建筑业。如果火灾恰好遇到大风，很可能会焚毁几个街区甚至城镇大部分地区后才能被扑灭。尽管火灾是现实威胁，但城镇往往不愿意改变建筑法规。由于火灾时常发生，许多社区都组建了防火巡逻队，或者对建筑材料进行规范。也有社区组织志愿者或雇佣私人消防公司进行火灾防范。逐渐地，所有城市都有了专业的消防队伍，并装备了最先进的灭火设施。

执法队伍同样是社区的重要需求。不仅城镇在增长，犯罪亦然。遏制犯罪的最有效手段是建立警务部门。许多西部和中西部城市直到内战后才建立警察局。手铐、警棍是警察的标准装备，有时也配手枪。

除了上述问题，教育也因城而异。大部分边疆社区都没有义务教育体系，许多边疆城市甚至尽可能少地投资教育，没有专门的教室，临时安置在其他建筑里。学校只教授阅读、写作和算术等基本技能。19世纪八九十年，边疆地区也出现了大学和学院，力争成为西部的哈佛或拉特格斯。

亦可参阅：振兴主义（Boosterism），消防部门（Fire Departments），旅馆（Hotels），污水和卫生系统（Sewage and Sanitation Systems）

延伸阅读书目：

- Larsen, L. H. (1978). *The urban West at the end of the frontier*. Lawrence: Regents Press of Kansas.
- Moehring, E. P. (2004). *Urbanism and empire in the far West, 1840 - 1890*. Reno: University of Nevada Press.
- Wade, R. C. (1996). *The urban frontier: The rise of westerncities, 1790 - 1830*. Urbana and Chicago: University of Illinois Press.

Douglas K. Bohnenblust 文

李文硕译 陈恒校

城市幽默
URBAN HUMOR

时间和形态在幽默话题中互动，而时间和形态也深受城市景观的影响。城市景观是当代文化的印痕，塑造了流行的幽默话题，决定了其韵律、节奏和词语。

农业文化曾经主导了美国人的幽默话题，而当代幽默的主题、语言和类型则是由城市塑造的。从17世纪到19世纪末，乡村和小城镇的生活趣事引人发笑。当代幽默话题与此大相径庭，即使幽默中再次出现前工业化时代的话题，也只是常常用来表达怀旧或是模仿。

幽默主题的变化凸显了农村生活和城市生活的距离。在18世纪和19世纪，城市里的江湖骗子们为了赚钱来到乡村，迷路之后垂涎于质朴真诚的农家姑娘，这种事情在农村和小镇上时常发生。当城市占据主导地位后，流行的笑话中，主人公变成了进城的乡巴佬，他们一心想买下布鲁克林大桥，或是被城市女孩所迷惑。

乡村和城市文化的巨大差异揭示了幽默话题经历的巨大变迁。在农业社会中，季节是时间的节奏。由于没有预设的时间表，因此故事是没有终结的，除非讲故事的人为此做出了要求。笑话嵌套在整个情节中，当故事讲述者的意图出现后，往往带给听故事的人以惊喜。马克·吐温认为，要讲述一个幽默故事，必须把握语气和语调。

与此同时，公共话语中往往嵌套着笑话，而幽默读物也充斥市场。《乔·米勒笑话大全》（*Joe Miller's Jest Book*）风靡一时，首版于1739年在英格兰问世，1865年在美国重印，并被标注为幽默读物。此外，年刊《农场主年鉴》（*Farmer's Almanac*）以及多种地方报纸都会登载不同类型的笑话，有俏皮话，有双关语，也有嘲讽。

近来，偶尔会有关于乡村生活的笑话流行开来。美国公共广播公司（National Public Radio）从1970年代中期开始播放加里森·凯勒（Garrison Keillor）的《草原家庭生活指南》（*Prairie Home Companion*），重新点燃了人们对这种生活方式的热情。凯勒是马克·吐温所谓的讲故事的人。他虚构的沃贝根湖镇（Lake Wobegon）是一个人际联系密切的小镇，镇上的人话不多，生活随意而散漫。这档广播节目的前身是辛克莱·刘易斯（Sinclair Lewis）、埃德加·李·马斯特斯（Edgar Lee Masters）、舍伍德·安德森（Sherwood Anderson）和瑟恩顿·温德尔（Thornton Wilder）的经典话剧《我们的小镇》（*Our Town*）。

城市喜剧并非完全没有叙事格式。莱尼·布鲁斯（Lenny Bruce）、比尔·克洛斯比（Bill Crosby）、伍迪·艾伦（Woody Allen）、罗宾·威廉姆斯（Robin Williams）、理查德·普莱尔（Richard Pryor）、莉莉·汤姆林（Lily Tomlin）、埃里克·伯格森（Eric Bogosian）、乔治·卡琳（George Carlin）和比利·克里斯特尔（Billy Crystal）等知名演员为讲故事增加了诸多元素。他们将笑话融入普通叙事中，在复杂的情景中也能讲几句俏皮话。从 1920 年代到 1950 年代的喜剧广播剧，以及 1950 年代中期以来的电视剧，许多节目都利用了讲故事的技巧。

然而，大多数此类节目都与工业社会的生活和社会现象有关，无处不在的时间轴贯穿始终。正如刘易斯·芒福德所言，钟表是工业社会的必需品。当弗雷德里克·温斯洛·泰勒（Frederick Winslow Taylor）在 19 世纪末 20 世纪初用计时的方法塑造现代工厂体系时，时钟已经在大众流行文化中凸显出来。

在时间就是金钱的社会里，简短的笑话尤其受人欢迎。日常生活中的惊喜往往有喜剧效果，而城市生活的不和谐因素也是一种笑料。在各种戏剧冲突中，喜剧感诞生了。城市就像一种经历，而幽默则是生活经历的指南。

从 1920 年代开始，第一代城市喜剧节奏迅速，如亨利·扬曼（Henry Youngman）在卡斯蒂尔山间度假村的表演，俏皮话成为戏剧的核心要素。喜剧演员用俏皮话进行自我嘲讽，往往带有自我贬低的意味，并且将场景设计为日常生活。在纽约市，美国电话电报公司在 1970 年代中期开设了"笑话聊天室"业务，扬曼就是当红喜剧明星。在舞台上，扬曼拿着小提琴作为道具，滔滔不绝地讲着脱口秀。

从二战结束到 20 世纪末，一系列喜剧马戏团风靡美国，它们常常讲发生在城市里的趣事。城市居民也喜欢从笑话中缓解压力。

最后，东部和中西部城市从 19 世纪中期到 21 世纪的兴衰也为美国幽默的历史增添了燃料。来自爱尔兰人、犹太人、非洲裔美国人以及西班牙裔和亚裔的笑话推动了美国幽默的发展。

亦可参阅：刘易斯·芒福德（Mumford, Lewis），大都市区边缘地带（Penurbia）

延伸阅读书目：

● Pinsker, Sanford. (1986). "On or About December,
1910: When Human Character—and American Humor—Changed. " In W. B. Clark & W. C. Turner（Eds.），*Critical Essays on American Humor*. Boston: G. K. Hall.

Joseph Boskin 文

李文硕译 陈恒校

城市移民
URBAN IMMIGRATION

在当代美国城市特性中，移民的塑造力鲜有出其右者。甚至有人说，美国历史就是一部移民史。美国移民的历程是一部漫长的历史，几乎世界每个国家和地区的人口都卷入了这一进程。美国历史学家认为，美国移民浪潮经历了四个主要阶段——从 1607 至 1790 年的殖民地时代是移民潮的形成阶段；从 1790 至 1890 年是所谓老移民时代；从 1890 至 1930 年是新移民时代；二战以来，从 1950 年到当今是第四个阶段。尽管四个阶段中，移民的特性和规模均有所不同，但每一个阶段皆为其下一个阶段准备了条件，而且每一个阶段都对当代美国国家认同的形成贡献了力量。

殖民地时代的移民潮主要来自英格兰。大约在 1.5 万至 4 万年前，来自亚洲的印第安人迁徙到北美大陆，此后，首先来到现在美国这片土地永久定居的殖民者来自英国。西班牙殖民者是南美和北美拓殖的先驱，荷兰人和英国人追随他们的脚步，先后来到现在的美国，希望能够效仿西班牙，在新大陆开拓新世界。1607 年，英国殖民者在今天的弗吉尼亚地区建立了第一个永久定居点詹姆斯敦。尽管北美移民的主流旨在寻求发财致富，但也有为躲避宗教迫害而移民的新教徒。甚至有些贫困移民以契约奴的身份来到北美，而大量黑奴从非洲被贩运至此，投入蓬勃发展的农业经济中。英国移民在大西洋沿岸东北部的新英格兰地区建立起一系列单一族裔的社区，主导了殖民地时代早期的移民潮，直到 1790 年，英国移民后裔仍然占据美国总人口的大约 50％，而其他欧洲国家的移民则相对较少。荷兰移民人数较多，集中在宾夕法尼亚，并建立了新尼德兰殖民地，也就是后来的纽约。在本国遭受迫害的法国胡格诺教徒集中在波士顿附近，而因本国经济困难而移民北美的苏爱人则在 1715 年之前聚居在费城和波士顿。随着非洲黑奴数量的增加，尽管英裔人口仍占绝对多数，人口多样性这一美国特性在殖民地时代就已潜滋暗长。

随着北美殖民地脱离英国独立而成为美国，殖民地时代宣告结束，一个崭新的、统一的政治和国家认同在美国逐渐形成。在 1790 至 1890 年的老移民时代，美国从一个农业国转变为工业国和城市国，人口从 18 世纪末的不足 400 万迅速增加到 19 世纪末的大约 6300 万。1789 年美国革命结束后，美国社会出现了对外国势力的恐惧和排斥，一直持续到 19 世纪初，受其影响，移民人数有所下降。1815 年之前欧洲的政治动荡加快了欧洲向北美的移民浪潮，而欧洲人口爆炸也推动了这一进程。第一波涌入美国的是爱尔兰人，他们在宗教压迫、经济萧条和饥荒的影响下逃离故土。紧随爱尔兰人脚步的是德意志移民，虽然他们的年均移民人数少，但持续时间更长。在 1850 年代之前，移民数量仍然相对较少，是汽船技术的进步和西欧工业化进程加快推动更多的移民涌入美国——到 19 世纪末，大约 1500 万欧洲移民来到美国。1880 年代是移民潮的高峰，仅仅这十年中，就有超过 500 万移民登上美国的领土。其中最多的是德意志移民，约 450 万人，主要定居在俄亥俄州、印第安纳州、伊利诺伊州、密歇根州和威斯康星州等老西北部。此外还有大约 350 万爱尔兰人，250 万英格兰、苏格兰和威尔士人，以及超过 100 万斯堪的纳维亚人，构成了 19 世纪美国移民潮的 80％强。同期移民美国的还有中国人和日本人，但他们大多定居在西海岸。纽约、波士顿、费城、新奥尔良和旧金山是移民的主要落脚地，同时，超过 20％的移民最终定居在这大城市里。1890 年，老移民时代宣告结束，美国人口近三分之一为移民或移民后裔，其数量超过 2000 万。

1890 至 1930 年间被视作新移民时代，其所以如此，既是因为这一时期移民总数远超此前，到 1920 年，大约 2000 万人涌入美国；同时也因为这一时期的移民来源地与此前有所不同。在本国人口增长、农业萧条以及民族主义运动引发的政治动荡的推动，以及在美国经济活力的吸引下，数量众多的东南欧移民来到美国，他们大多是年轻的单身男性，希望有一天荣归故里。他们中的大多数选择留在东北部和中西部的大城市中，是美国工业部门主要的劳动力来源。这些"新移民"的主体是意大利人、犹太人和不同区域的斯拉夫人，他们进一步增加了美国人口的多元性，时至今日仍然存在于美国城市中的族裔社区也是拜其所赐。一战结束后，美国民族主义和排外思潮再度抬头，国会在 1921 年和 1924 年连续通过移民限额法，导致移民数量在 1920 年代末大幅削减。

在配额制和限额政策的封锁下，1924 至 1965 年间的移民数量和人口归化趋于停滞。由于外国移民数量的锐减，第二代和第三代移民因为远离故土，而完全脱胎为美国人。直到 1965 年《移民与国籍法》颁布实施，国会才对 1920 年代的移民法规做出调整，标志着移民史上第四个阶段的到来，美国重新向全世界打开了移民的大门。这一阶段的移民与此前任何一个阶段都迥然有别——1920 年代倾向于欧洲移民的配额制度被取消，新的移民潮改变了美国的族裔构成。新移民浪潮的主体来自此前受配额制压抑的欧洲部分地区以及拉丁美洲和亚洲，同时也拉开了非法移民大量涌入美国的序幕。这一阶段，最大规模的移民潮来自墨西哥以及中南美洲国家，同时，越来越多的亚裔移民落脚美国。他们共同构成了新的移民浪潮，2000 年的人口普查显示，他们已占美国人口总数的大约 30％。这一轮移民的主体居住在东西海岸的城市中，而技术进步和经济繁荣吸引了前所未有的移民来到美国。

亦可参阅：门户城市（Gateway Cities），民族主义（Nationalism）

延伸阅读书目：

- Daniels，R.（1990）. *Coming to America：A history of immigration and ethnicity in American life*. New York：Harper Collins.
- Dinnerstein，L.（2003）. *Natives and strangers：A multicultural history of Americans*（4th ed.）. New York：Oxford University Press.
- Jones，M. A.（1960）. *American immigration*（2nd ed.）. Chicago：University of Chicago Press.

Dejan Kralj 文

李文硕译　陈恒校

城市研究院
URBAN INSTITUTE

1968 年，林登·约翰逊总统组建了一个专家委员会为公共政策的制订提供咨询，城市研究院正是在委员会基础上形成的。除了为政府项目提供独立而有权威的评估，尤其是对已实行 4 年的伟大社会进行调研外，研究院的重要任务在于对棘手社会问题的原因和影响进行全面分析。要改进社会政策，必须对可靠数据进行独立研究。城市研究院的经费最初来自联邦政府，包括住房与城市发展部，健康、教育与福利部等部门。

摆在城市研究院面前的首个课题是蔓延全美的城市骚乱。早期的研究涵盖了低收入者住房、交通、就业、公共服务、州和地方政府的治理和财政体系，以及教育。研究方法包括系统分析、生活质量指标调查、计算机模型、数据分析和定性研究。为了弥补在社会状况演变及其对公共政策影响方面的信息不对称，研究者尤其重视数据的收集。

在随后几十年中，研究院又对税收改革、住房市场歧视、无家可归者和教育经费不平衡等问题进行了研究。以结果为基础的表象研究是早期的研究领域之一，随后经历了大幅扩展。持续的贫困也是研究院的重点课题。同时，研究人员也通过建立微型模型使政策制订者知晓政策实施的可能后果，其范围涵盖住房、福利、社会保险、医疗保障（Medicare）、医疗救助（Medicaid）等社会项目。

同期，研究院也开始追踪州政府承担教育、医疗服务和交通等公共服务这一趋势，并且参与到建立国会预算办公室（Congressional Budget Office）及其早期活动的争论中，甚至在其他国家也开展数据分析等业务。城市研究院逐步拓宽了资金来源，争取到多个基金会的资助，并通过为美国国际开发署（United States Agency for International Development）等多边援助机构和政府部门提供收费服务来获得收入。

到 2005 年，城市研究院已建立起十个研究中心，在犯罪平等、教育、健康保护、收入和收益、大都市区社区与祝福、新联邦主义、非营利机构和慈善组织以及税收政策等方面取得了显著成果。此外，研究院还针对多个课题开展交叉研究，包括退休、福利改革、儿童福利、联邦预算、移民、低收入工人阶层家庭扶助以及州政府财政负担等。

除了政策研究和分析，城市研究院超过 400 人的研究队伍也对州和联邦项目进行评估。通过与其他机构合作，城市研究院开展了多项调查，包括美国家庭调查，对大约 4 万个样本家庭进行了综合调查和分析。研究院还举办研讨班、学术会议、圆桌会议等教育活动，并资助出版和提供证词，开辟客座专栏，为报刊撰写文章以及录制广播节目。城市研究院出版社为自己和其他机构的学者出版专著，研究院的网站提供了大约 3500 种出版物的全文，以及出版社出版的专著的摘要和节选。城市研究院还与布鲁金斯学院一起在 2002 年成立了税收政策中心，参与税收政策改革的

争论。

2004 年，包括调查费用在内，城市研究院的年度运营费用为 7500 万美元。

亦可参阅：约翰逊政府的城市政策（Johnson Administration：Urban Policy）

延伸阅读书目：

- The Urban Institute. (1996). *An introduction to the Urban Institute* (Internal document). Washington, DC: Author.
- The Urban Institute. (1999). *The Urban Institute：1968 -1998* (Annual Report). Washington, DC: Author.
- The Urban Institute. (2001, 2002, 2003, 2004). *The Urban Institute：Research of record* (Annual Reports).
- The Urban Institute. (2002). *The Urban Institute：Vital statistics* (Internal document updated annually starting in 2002). Washington, DC: Author.

William Gorham 文

李文硕译　陈恒校

按：William Gorham 在 1968 至 2000 年间担任城市研究院主席，在此之前，他是健康、教育与福利部首任助理部长，并曾担任副助理国防部长。

城市土地研究所
URBAN LAND INSTITUTE

城市土地研究所是一个非营利的研究和教育组织，致力于在保护城市环境的土地政策研究与制订中发挥引导作用。城市土地研究所有超过 2 万名专业人员，其研究范围涵盖从地产开发到工程与学术等多个领域，研究所在城市规划、城市增长和开发等方面提供了大量权威信息，被国际公认为美国最受尊敬和最权威的相关机构之一。作为独立智库，研究所整合了许多致力于城市建设和规划的专业人员，是城市土地开发的推动力量和知识宝库。研究所的总部设在华盛顿特区和布鲁塞尔，拥有超过 100 名工作人员，在 40 多个大都市区设有地区委员会，对教育项目、学术会议、案例展示进行资助，并出版有关城市开发方面的著述。

城市土地研究所成立于 1936 年，彼时，许多美国城市刚刚开始经历郊区扩张和中心城市衰败。这一兴一衰之间，既没有政府规划，也没有对私人企业开发郊

区的管制，更没有考虑到中心城市可能的遭遇。意识到城市发展模式的变迁，辛辛那提开发商沃尔特·施密特联合其他六名建筑商向美国房地产商联合会发起呼吁，要求在联合会内部成立一个独立的研究机构。该机构旨在研究、分析和鼓励适用于城市开发的长效模式，并负责对房地产开发项目进行调查。然而，美国房地产商联合会的框架束缚了城市土地研究所的发展，后者于1940年正式独立。

研究所成立时正值大萧条，但其最初目标已经与今天的目标相似，即研究和揭示房地产发展趋势，为地产开发提供建议，将自身打造成为地产业及其相关产业的智库，在此基础上出版著作、发行专业刊物，并整理和发布房地产业数据信息。正是得益于超党派的研究和教育，城市土地研究所已成为全世界城市规划、土地利用和开发方面最受尊敬的机构之一。

尽管土地研究所是一个非营利性的研究和教育机构，但仍有其内在的规则。根据研究所的说明，其成员是"社区建筑商"（Community Builders），即在美国和全世界进行社区开发和商业区开发的商人。尽管其成员大多参与地方或全国性事务，但大约只有20％在政府、研究机构和公私合作的机构中工作。虽然研究所声称其研究是独立的，但该机构实际上为开发商而非非营利性城市开发组织服务。研究所的很大一部分工作集中于预测土地开发模式的趋势，并在度假休闲、零售、办公和工业园区、停车以及房地产金融和资本市场方面提供对策。城市研究所的研究不是为了建设以人为本的乌托邦，而是为开发商服务，帮助他们在土地利用和开发中获得利润。

尽管有其结构上的弊病，但城市土地研究所仍然就城市环境问题做出了许多探索。通过一系列教育项目和学术论坛，研究所打造了一个开发、交融的环境来促进观念和经验的交流。城市土地研究所为其成员提供咨询，并推出了多种出版物，主题涵盖休闲社区开发、养老社区以及独户住宅。作为地产开发领域最重要的跨学科论坛，研究所鼓励所有有志于城市开发的机构交流思想和经验，成为地产开发和城市土地利用方面的重要咨询机构。

城市土地研究所最主要的学术交流机构是其出版社和内部月刊，《城市土地》（Urban Land）。其早期的出版物包括1935年由堪萨斯城购物中心开发商杰西·尼克尔斯的《购物中心开发中的失误》（Mistakes We Have Made in Developing Shopping Centers）和中心城市开发商詹姆斯·罗斯的《下城还有未来吗？》（Will Downtown Face Up to Its Future?），该文质疑政府复兴中心城市的意愿。近期的文章探讨了为老年人提供便利社区，以及能源环境设计标准（Leadership in Energy and Environment Design）在多户住房中的难处。许多人将城市土地研究所的出版物视作本行业的权威，它们为政策制订者和开发商建言献策，从而提高了城市开发的水平。研究所还出版了《重塑城市水岸》（Remaking Urban Waterfront）、《郊区边缘精明增长的十项原则》（Ten Principals for Smart Growth on the Suburban Fringe）以及《出发点——美国内层郊区面面观》（Halfway to Everywhere：A Portrait of America's First-Tier Suburbs）等专著。城市土地研究所的作者来自方方面面，该机构通过出版论著和传播知识探寻美国城市环境利用的最佳方案。

亦可参阅：土地开发商和土地开发（Land Developers and Development），詹姆斯·劳斯（Rouse, James W.）

延伸阅读书目：

● Porter, D. R., & Urban Land Institute. (1995). *Housing forseniors：Developing successful projects.* Washington, DC：Urban Land Institute.

● Schwanke, D. (1997). *Resort development handbook.* Washington, DC：Urban Land Institute.

● Urban Land Institute. (2001). *Ten principles for reinventing America's suburban business districts.* Washington, DC：Author.

Paul S. Edwards 文
李文硕译　陈恒校

城市政治改革
URBAN POLITICAL REFORM

美国宪法对城市政府未置一词，因此美国城市政府的形成实际上也是一种"改革"。到大约1840年，几乎所有美国城市都根据特许状运行，后者规定了城市的立法、行政和司法功能，但很快，城市政府就面临着全国迅速城市化以及政治动荡的挑战。到1850年代，城市政府自身的弊病引发了城市政治改革，从此，"城市政治改革"一词的内涵也逐渐宽泛起来，其过程可划分为四个阶段：第一，1850年之前的自治城市形成时期；第二，1850至1890年间的好政府改革（Good

Government Reform）；第三，1890 至 1930 年间的进步主义改革；第四，1930 年至今的大都市区改革。

政府行为改革（Performance Reforms）和政府结构改革（Structural Reforms）之间的张力贯穿上述四个阶段。现行城市政府的批评者们指责政府无能、贪腐、浪费纳税人的钱，他们在"改革"的旗帜下聚集起来。这类改革者往往呼吁政府在已有结构内改善自身行为。但在某些时期，改革者则要求对政府结构进行调整。倘若以时间为序，结构改革的内容主要有如下几种：第一，改革公民代表的形式（即以选区为基础的代表制或以整个城市为单位的代表制、两院制议会或一院制议会、选举或任命、党派或非党派等）；第二，改革政府权力结构和公职人员的权力（如预算权及其限制、市长或议会人选、办公条例、罢免原则等）；第三，改革政府财政（如限制税率、限制开支和债券额度等）；第四，改革政府的管制、政策和社会福利（如建筑法规和巡查制度、公共交通开支、环卫和健康标准、警务以及针对女性和未成年人的专门保护、失业、贫困和养老金等）；第五，改革区域协调管理（即区域交通、公共工程、水务和空气质量等）。

改革者往往双管齐下，既要求行为改革，也呼吁结构改革。整体看来，好政府改革强调行为改革，进步主义改革强调结构改革，而大都市区改革者则分化为两端。在所有改革阶段，结构改革被视作抵制政府贪腐的保障。进步运动时代无疑是美国城市政府改革的巅峰，即 1890 年代到 1920 年代，许多大城市被视作改革实验室，许多改革措施在新政时期被推向州政府和联邦政府。在进步运动时期，城市无论大小（大城市如波士顿、纽约、旧金山，小城市如印第安纳州加里和得克萨斯州加尔维斯顿）都参与到改革中，重新修订城市宪章（Municipal Charters）。但也有城市抵制彻底改革，如芝加哥。新政后，城市改革的脚步明显放缓，大多数城市只是致力于清除贪腐和管理不善。今天的美国城市已不再像进步运动时代那样被视作政治和社会改革的试验场，他们所能吸引的政治能量大大降低。

1850 年之前的自治城市形成阶段

由于美国宪法未置一词，城市政府的权力和权限并不明确，只好依靠州宪法的规定，因此城市是州政府的创造物。美国建国后的几十年间，波士顿、纽约、费城等主要城市都是由为数不多的市议员（Alderman）管理，他们拥有立法权、行政权和司法权，根据从殖民地时代继承下来的法律传统，市议员为终身任职——实际上这一规定可以上溯到中世纪。杰克逊时代（19 世纪三四十年代）的民主化运动打破了上述模式，但在州立法机构颁布的新城市宪章中，只有男性自由公民（Freeholders，即拥有课税财产的人）才有权选举城市官员。随着城市政治的民主化改革推向各地，美国城市从 1840 年代到 1860 年代也迎来了城市人口的爆炸式增长，城市财富随之膨胀，而贪污腐败也愈演愈烈。城市服务的提供者既包括城市政府部门，也包括私人企业。供水和交通系统主要由私人企业提供，其中含有巨大的权力寻租空间，并凸显了城市政府的衰弱。

好政府改革：1850—1890

19 世纪美国的自由放任氛围意味着这一时期的城市管理的混乱无序，暴露出巨大的谋利空间。保护人身财产安全、维持公共卫生以及必要的基础设施建设等基本功能，城市却难以提供。甚至时人并不清楚哪些应当是城市政府的基本职能，在随后而来的改革中，改革者致力于让城市政府承担起这些基本职能。纽约市直到 1845 年才组建警务部门，但这也为纽约带来巨大的财政负担和贪腐机会。纳税人首先表达不满，而 1850 年代多个城市爆发的抗税运动也推动政府出台税率上限，这可以说是第一次真正的改革运动。大多数拥有大城市的州也出台法规，严控城市政府的债务规模。这一时期，旧金山在 1856 年发生了一起独特的政治事件，警戒委员会（Vigilance Committee）的组建引发了一场为期 3 个月的军事政变，导致 4 人被绞死、34 人被流放，并催生了人民党（People's Party），致力于降低税率和建立服务于商界的政府。"城市老板"和"政治机器"这两个词语出现在 1850 年代，用以嘲讽那些在大城市里将政府财产据为己有的职业政客及其组织。内战后，坦慕尼厅领袖威廉·马西·特威德成为城市老板的典型。特威德虽然不是市长，却控制了纽约市的民主党组织和从纽约州长到法官的大量政府职位，以及为数众多的基层选举工作人员。特威德和他的同党们攫取政府财产，几乎 85% 的政府合同都被他们克扣回扣，到 1870 年已掌控了大约 2 亿美元的财富。1872 年和 1873 年对特威德的审判是好政府改革的第二轮。糖业大亨威廉·哈夫迈耶（William Havemeyer）在 1872 年当选纽约市长，这座大城市干瘪的钱包推动他发起改革，并且否决了 250 项街道改进和学校建设项目。哈夫迈耶支持下的改革组织——纽约政治改革委员会（New York Council of Political Reform）——致力于打造"诚信、高效的节约型政府"。1880 年代，未来的美国总统格罗夫·克利夫兰（Grover Cleveland）正在布法罗推行类似的改革，试图在削减税收的同时节约开支。

媒体对审判特威德做了大量煽情的报道,政治漫画家托马斯·纳斯特创作的肥胖、叼着烟卷的特威德形象也永远留在大众心中。纳斯特等媒体人还将日渐腐败的城市政治与潮水般涌入的爱尔兰天主教移民联系在一起,使移民和扬基人(Yankee,即美国北方人)的形象成为对立的老板和改革者。尽管爱尔兰裔政客在坦慕尼厅中扮演了重要角色,特威德本人却是个扬基人。实际上,对当时城市老板的研究发现,只有半数的政治机器以移民为主体。许多改革者相信,城市政治的腐败是拜移民所赐,但移民老板和扬基人改革者的对立实际上将真相大大简化了。

1881 年,英国政治学家詹姆斯·布莱斯(James Bryce)出版专著《美利坚共和国》(*American Commonwealth*),把城市称作美国政府最大的败笔,同时,他对好政府改革的改革者们大加吹捧——其中许多是他的朋友,并且为后来的改革奠定了基础。

进步主义改革:1890 至 1930

从 1890 至 1930 年,美国从农业国家转型为工业国家,因此同期城市政治改革成为美国政治生活的主题也就毫不奇怪了。进步运动时代的改革缤纷多样,要想仔细研究需要更进一步的详细分类。我们之所以将这一时期称为进步运动时代,是因为在州和联邦层面开展了大量改革,而实际上,城市政治改革是与之密不可分的。五大因素共同塑造了这一城市改革的黄金时代:

首先是在全国范围内,多个改革组织投身于城市政治改革。1894 年,费城出现了良好城市政府全国大会(National Conference of Good City Government),以西奥多·罗斯福为其代言人。尽管该组织的名称对应的是上一阶段的改革主题,但却推动产生了美国市政联盟,并发起了好政府改革时期未能实现的许多结构性改革。

其次是出现了受过高等教育的专业社会科学家,他们所建立的社会学和政治学理论,很大程度上是为了应对大城市中出现的社会问题和政治混乱。在全美各地,学术机构开始研究有关城市治理和社会状况的各种问题,希望能够通过市政府加以解决。投身其中的大学精英包括哥伦比亚大学政治学家弗兰克·古德诺和历史学家查尔斯·比尔德,芝加哥大学政治学家查尔斯·梅里亚姆、哲学家约翰·杜威和 G. H. 米德以及社会学家阿尔比恩·斯莫尔(Albion Small)、W. I. 托马斯(W. I. Thomas)和罗伯特·帕克,还有斯坦福大学社会学家 E. A. 罗斯(E. A. Ross)。新科博士们成立了独立的市政研究院(Bureau of Municipal Research)等智库机构,传播改革知识、制订改革政策。学者们也常常与社区改良运动的活跃人物合作,收集和分析数据,为立法服务。

第三是由女性发起和领导的社区改良运动,被称作"改革尖兵",主要组织者包括芝加哥的简·亚当斯、波士顿的维达·斯卡德尔(Vida Scudder)和纽约的玛丽·金斯伯里·斯克霍维奇(Mary Kingsbury Simkhovitch)。在她们的努力下,城市改革者、劳工运动支持者、知名女性、实力主义者和社会正义者建立起改革同盟。

第四是敏锐的媒体,如威廉·伦道夫·赫斯特横跨多个城市的报业连锁企业,以及《麦克劳尔》等扒粪者杂志,将城市腐败和恶劣的住房、劳工以及公共卫生状况公之于众,并登载社会学家的新理论。这些媒体也雇佣了林肯·史蒂芬斯这样的黑幕揭发者。

第五是秉承进步主义的"政治专家",他们在进入政府后将进步主义者的改革主张付诸实践。西奥多·罗斯福的崛起得益于纽约共和党老板普拉特,民主党人詹姆斯·费伦(James Duval Phelan)主导了 1898 年的旧金山宪章修订。同理,当进步主义改革者改变了大城市的政治规则后,政治机器会迅速做出调整与之合作。在纽约,附庸坦慕尼厅的市长小乔治·麦克莱伦(George B. McClellan, Jr.)接受了市政研究院的改革主张。辛辛那提的城市老板乔治·考克斯(George B. Cox)也接受了匿名投票和选民登记改革。波士顿的城市老板、"大圣"马丁·洛马森尼(Martin "The Mahatma" Lomasney)和迈克尔·库里(Michael Curley),以及纽约的阿尔·史密斯以及"大提姆"(Big Tim)沙利文都是城市老板用户社会福利政策的案例。

到 1890 年代,几乎所有方向的改革者都已明白,要实现改革,就不得不通过修订城市宪章进行结构调整。同时,改革者也呼吁市政实施和有轨电车等准公共机构收归公有,或增加政府所占的控制权。选举和代表制改革是最富争议的结构性改革。在 19 世纪,尽管大部分城市宪章规定市议员按选区选举产生,但直到进步运动时代,仍有许多城市采取全市范围内的不分区选举。小城市和中等城市中盛行市长—议会制度,即市长和市议员在同一场选举中产生。反对声以及同期出现的研究认为,不分区选举和市长—议会统一选举使城市政府沦为精英的工具,将移民社区和工人阶层的权力交付给白人精英和大企业。在某种程度上,这一阶级分析是有道理的。进步主义改革者与好政府改革者的区别在于,后者具有显著的民族主义和精英主义色彩。在波士顿,贝克湾地区的大亨詹姆斯·杰克逊·斯特罗(James Jackson Storrow)打出支持劳工组织和反对移民限制的旗号,与肯尼迪总统的外祖父、"诚实的菲茨"约翰·菲茨杰拉德(John Fitzgerald)争夺选票。

短短几年间,进步主义者通过不同方式掌握了城市政府的权力,尤其是利用法律途径。在旧金山的1907年贪腐大审判(Graft Trial of 1907)中,海厄姆·约翰逊(Hiram Johnson)呼吁进入州政府、重写州宪法来保证地方官员的非党派化并授予选民罢免城市官员的权力。在辛辛那提,起诉城市老板考克斯的亨利·亨特(Henry Hunt)在5年后的1911年登上市长宝座。同年,起诉曼哈顿区长的约翰·珀罗伊·米切尔当选纽约市长,并首次任命受过高等教育的女性担任重要政府官员。

1912年,当来自美国各地的进步主义者齐聚芝加哥发起成立了进步党之时,改革者们凭借增大公共开支的主张控制了越来越多的州政府和城市政府。他们抛弃了好政府改革者们节约开支的主张,要求政府增大对福利项目和基础设施建设上的投资,并呼吁加强监管。但他们的政策也导致城市债务上升和人均开支加大。到第一次世界大战结束时,美国的城市政府已发生巨变。很多大城市有了新的宪章,增加了财政收入,实施了新的管制措施,并初步建立起以绩效为基础的文官体系。许多城市的选举脱离了党派色彩,有些城市还建立起公营市政事业。女性也可以在选举中获胜,政府部门中出现了越来越多的女性身影。但仍然有不少城市并未经历改革洗礼,或是只做出了些许调整,最典型的就是芝加哥,两次宪章修订运动皆以失败告终,城市使用的仍然是19世纪宪章的修订版。虽然旧金山采纳了超党派的不分区选举,但芝加哥的选举仍然保留了党派色彩,其市议会仍然以选区为选举单位,强化了邻里社区在城市政治中的作用,以及少数族裔社区在芝加哥政治中的地位。进步主义改革派的市长候选人、芝加哥大学教授查尔斯·梅里亚姆在1911年选举中败给了政党机器的候选人。1950年代,芝加哥市长理查德·戴利的巨大权力可谓传统城市政治的巅峰。戴利在民主党内拥有强大的影响力,更不用说他在1960年总统大选中的影响了。

大都市区改革:1930年代至今

新政可以说是进步主义城市改革在联邦层面的继续。新政期间的劳工部长弗朗西斯·珀金斯和救济部门的负责人哈里·霍普金斯都曾是社区改良运动的活跃者。而新政期间联邦政府向城市提供的大笔资助也彻底改变了城市获取资金和运行的方式。纽约市长拉瓜迪亚是一个过渡人物,开启了城市改革的最后一个阶段。这个精通多种语言的多种族混血共和党国会议员虽然在1929年败给了坦慕尼厅背景的吉米·沃克,但却成为罗斯福的政治盟友,这帮助他在1933年以多党联合候选人的身份当选市长。通过整合联邦和地方资源,拉瓜迪亚开创了城市改革的样本。此后,住房、高速公路建设、教育和社会福利项目等联邦政策也开始影响市长选举。城市中的贪腐也往往出自对联邦拨款的滥用。

新政对城市结构性改革的重要影响在于,为了资助和管理超越单个城市界限的大规模公共工程,新政创造了准公营的区域组织,其管理人员由任命而非选举产生,如南加州大都市水务专区(Southern California Metropolitan Water District)。在大都市区时代,围绕新政、公平施政、伟大社会和新联邦主义城市项目的党派纷争深刻影响了城市政治改革,尤其是1934至1954年间的多个住房法,更是成为党派纠纷的主战场。尼克松总统的顾问丹尼尔·帕特里克·莫伊尼汉是来自纽约的爱尔兰裔天主教徒,拥有城市社会学博士学位,他的经历折射出族裔和党派分野,以及联邦对城市改革的重视。随着美国在1970年成为郊区国家,大都市区改革变得更为引人注目。也许加州的郊区县奥兰治县在1992年宣告破产是美国历史上最严重的政府财政败笔。鲍勃·西特伦是一个低调的官员,他将手里控制140亿美元扔进华尔街豪赌,引发了奥兰治县破产。之所以如此,很大程度上源自1978年通过的加州宪法第13条修正案,该法案继承了好政府改革的传统,对地方税收做出了严格规定。随着结构性改革的重点转向联邦政府和州政府,行为改革再度成为城市政治改革的重点。得克萨斯州达拉斯的劳拉·米勒(Laura Miller)继承了黑幕揭发者的遗产,为《达拉斯晨报》(Dallas Morning News)撰写揭幕新闻,因为揭发了市政建设中的腐败而在2002年当选达拉斯市长。

亦可参阅:伊迪斯·阿博特(Abbott, Edith),简·亚当斯(Adams, Jane),兼并(Annexation),詹姆斯·迈克尔·库里(Curley, James Michael),理查德·戴利(Daley, Richard J.),地方自治(Home Rule),菲奥罗拉·拉瓜迪亚(La Guardia, Fiorello),尼克松政府的城市政策(Nixon Administration: Urban Policy),罗伯特·帕克(Park, Robert Ezra),哈森·平格里

(Pingree，Hazen S.)，乔治·华盛顿·普伦基特（Plunkitt，George Washington），社区改良会所（Settlement House Movement），林肯·斯蒂芬斯（Steffens，［Joseph］Lincoln），坦慕尼厅（Tammany Hall）

延伸阅读书目：

- Davis，A. F.（1984）. *Spearheads for reform：The social settlements and the progressive movement*，1890 - 1914. New Brunswick，NJ：Rutgers University Press.
- Ethington，P. J.（1993）. Urban constituencies，regimes，and policy innovation in the Progressive Era：An analysis of Boston，Chicago，New York City，and San Francisco. *Studies in American Political Development*，7，2.
- Finegold，K.（1995）. *Experts and politicians：Reform challenges to machine politics in New York，Cleveland，and Chicago*. Princeton，NJ：Princeton University Press.
- Hays，S. P.（1964）. The politics of reform in municipal government in the Progressive Era. *Pacific Northwest*
- *Quarterly*，55，157 - 169.
- Holli，M. G.（1969）. *Reform in Detroit：Hazen S. Pingree and urban politics*. New York：Oxford University Press.
- McDonald，T. J.，& Riordan，W.（Eds.）.（1994）. *Plunkitt of Tammany Hall：A series of very plain talks on very practical politics*. Boston：Bedford Books.（Original work published 1905）
- Schiesl，M. J.（1977）. *The politics of efficiency：Municipal administration and reform in America*，1800 - 1920. Berkeley：University of California Press.
- Steffens，L.（1904）. *The shame of the cities*. New York：McClure，Philips.

Philip J. Ethington 文
李文硕译　陈恒校

844

城市抗议运动
URBAN PROTEST MOVEMENTS

从 1770 年波士顿民众殴打英军士兵，到 2006 年洛杉矶市民抗议联邦移民政策，美国市民经常用"上街"（Takin'it to the Street）这种方式表达不满。工人抗议工资太低、工作环境危险和不公平的税收政策。女性常常要求参与政治和在工作场所实现性别平等。

少数族裔则上街游行，呼吁民权平等和经济正义。从同性恋到失意老兵再到动物权利主义者，各种各样的群体都会为了某种理由走上街头，阻断交通，发起抗议。民族主义者、排外主义者甚至种族主义者也不例外。抗议者利用经济抵制、请愿、骚乱、游行和宣传等手段吸引公众和政府的注意。无论何种理由，无论何种方式，大众的街头抗议贯穿美国历史始终，并有效推动了社会变革。

导致美国革命的一连串事件凸显了城市抗议活动的重要性。喝醉了的波士顿人放火点燃了殖民地官员的人像，并洗劫了他们的家。波士顿惨案（Boston Massacre）就是在抗议中发生的，当逃亡奴隶兼海员克里斯普斯·阿塔克斯（Crisptus Attucks）与他的四名同伴被普利斯顿上校枪杀时，愤怒的波士顿人开始殴打英军士兵。在纽约，爱国者们上街抗议，推倒乔治三世的雕像来庆祝《独立宣言》的签署。

建国初期，城市中的罪恶成为民众抗议的主要对象。随着东北部城市化在工业化推动下迅速开展，酗酒、卖淫和高文盲率是城市面临的重要挑战。查尔斯·格兰迪森·芬尼（Charles Grandison Finney）等福音派牧师也开始关注城市，他的布道激发了大量市民的宗教热情，并且散发宗教小册子，谴责不良行为。在芬尼的激励下，一千多名纽约人在酒吧和街道上发放宗教小册子。在内战前的改革者严重，奴隶制是最大的罪恶。威廉·劳埃德·加里森等废奴主义者也以城市居民为主要对象。

废奴主义者在大街小巷散发传单。在纽约、费城和新英格兰各地，福音派教会组织公共集会，利用教会的力量谴责奴隶制的不人道。1960 年，大约 4000 名布道者聚集在波士顿特里蒙特-坦普尔浸信会教堂（Tremont Temple Baptist Church）前，共同纪念约翰·布朗（John Brown，废奴主义者，因武装暴乱被处死——译者注）之死。废奴主义者的活动也引发了奴隶制支持者的抗议。在南方人看来，纪念约翰·布朗之死是奴隶制反对者威胁南部经济和生活方式的有一个标志。在纽约，超过 2000 名白人聚居在查塔姆街教堂，破坏废奴主义者的集会，同时一伙暴徒洗劫了纽约废奴主义领袖刘易斯·塔潘（Lewis Tappan）的家。而加里森则被来自波士顿的一个反废奴主义分子用石头袭击，并被拖到街上。

妇女在内战前的城市抗议运动中首次担当领袖。参与城市改革尤其是废奴运动的经历使女性开始反思自己的社会地位。由于当时的政治体系没有给予女性选举权和被选举权，妇女通过集会、递交请愿书和公共演讲表示自己的不满。1838年，萨拉·格里姆克（Sarah Grimke）要求男人"不再踩在自己的脖子上"，她的听众主要是费城等地的男性，后者试图让女性废奴主义者噤声不言。但乡村妇女并不在其列，此时她们的主要工作还是协助男子从事农业劳动。换句话说，女性争取权利正是从城市抗议运动开始的。

内战期间，反战抗议和反对黑人权利的活动让城市充满暴力。1863年，纽约市爆发了持续四天的骚乱，导火线是军方在报纸上公布被征兵者名单。超过5万人聚集在城市街头，其中许多是爱尔兰移民，他们既反对征兵，又不满黑人劳工与自己争夺工作机会。暴徒们洗劫商店，捣毁征兵办公室，殴打甚至处死对手。为了平息骚乱，林肯从葛底斯堡调派军队进驻纽约，此次骚乱导致100名平民死亡。

镀金时代的大多数城市抗议是以劳工运动的形式爆发的。1886年，在麦考密克农用机械厂的罢工中，芝加哥警察击毙劳工骑士团的4名成员。在芝加哥秣市广场的罢工中，有人向人群投掷炸弹，导致一名警察死亡和警察的严厉镇压。秣市事件给有组织劳工运动贴上了暴力的标签，政府利用这一点严厉压制劳工运动。格罗夫·克利夫兰总统派遣军队镇压了1894年的普尔曼大罢工。各州州长也越发频繁地使用国民警卫队破坏罢工运动。

进步运动时期再次见证了女性抗议运动的觉醒。出于对政治和法律程序的不信任以及缺乏选举权，爱丽斯·保罗（Alice Paul）领导的美国妇女党（National Women's Party）使用游行和集会等对抗性策略争取公众对女性选举权的支持。1917年，该党在白宫四周拉起纠察线表达抗议，这也是美国历史上的首次，保罗等领导人因此入狱。女性选举权支持者被捕入狱，以及保罗的绝食抗议，推动伍德罗·威尔逊总统最终选择支持宪法第19修正案。

1920年代是城市抗议运动的低潮期，但大萧条引发了新一轮抗议运动。汽车工人发起了静坐抗议，而城市失业者则要求政府提供救济、提供工作。1932年，大约2万名失业的一战退伍老兵齐集华盛顿，要求政府按照约定支付抚恤金。胡佛派出军队驱赶老兵，这也是他在1932年大选中败北的原因之一。尽管1930年代世事维艰，但却没有引发大规模的抗议热潮，这也许是新政的功劳。

二战期间，种族矛盾引发了后方最严重的城市抗议。1941年，劳工领袖菲利普·伦道夫（A. Philip Randolph）发起"向华盛顿进军"的抗议活动，要求在国防工业中取消种族歧视，罗斯福总统组建了公平就业

委员会（Fair Employment Practices Commission）来平息类似抗议活动。尽管如此，底特律在1943年还是爆发了种族骚乱，白人暴徒和黑人暴徒在街头混战，他们当中有许多刚刚从南部迁来，有34人在骚乱中丧生。在得克萨斯州的比阿蒙特，黑人强奸白人妇女的传闻激发数以千计的白人劳工袭击黑人社区。历史学家认为，种族骚乱的发生源于国防工业将白人和黑人劳工安排在一起工作。在洛杉矶，种族仇恨点燃了所谓的佐特套装骚乱。下班的白人劳工常常与年轻的墨西哥裔美国人发生冲突，最终在1943年5月的一天引发大规模骚乱。没有参与骚乱的拉丁人和菲律宾人也遭到白人的恐吓。

战后，城市中的种族冲突有增无减。无论是1948年的德尔加多诉巴斯特洛普案（*Delgado v. Bastrop*），还是1954年的布朗诉教育委员会案，凡是法庭做出有利于种族平等的判决，种族隔离的支持者和反对者都会走上街头抗议。1957年秋，大约1000名愤怒的白人包围小石城中心高中，抗议该校接纳非洲裔美国人学生。暴力冲突和对布朗案判决的公然否决，促使艾森豪威尔总统派出101空降师强制保护黑人学生入学。

南部城市中的民权运动活跃分子也积极参与到抗议运动中来。尽管规模相对较小，但南部城市在战后涌入大批乡村白人和黑人。南部民权运动的重大事件都发生在城市里，包括小石城、格林斯巴洛、纳什维尔、蒙哥马利、奥尔巴尼、伯明翰和孟菲斯，南部几乎所有一定规模的城市和城镇都发生过民权抗议和种族骚乱。马丁·路德·金在领导蒙哥马利的公共交通抵制运动中一战成名；在伯明翰与警察的冲突使他被全世界所认识；而在华盛顿特区向25万听众发表演讲更是他个人声誉的巅峰。

对于非南部城市中黑人领袖来说，金的种族融合之梦只是一个梦。在北部和西部城市的隔都区中，数以百万计的非洲裔美国人仍然被贫困所困扰，民权运动和约翰逊政府的"向贫困开战"对其丝毫没有影响。失业、法律歧视和无法改善的贫困是他们身边的火药桶。从1965年瓦茨骚乱到1968年金被暗杀身亡，大约8000人在骚乱中丧生或受伤。警察逮捕了大约5000人，涉嫌超过300起城市骚乱。几乎所有的受害者和骚乱者都是黑人。1967年，仅底特律就有43人在骚乱中丧生，超过1000人受伤。就像1992年造成52人死亡的洛杉矶罗德尼·金骚乱，城市骚乱的深层根源在1960年代后仍然长期得不到解决。

1960年代的骚乱不仅事关民权，也与青年和反越战行动有关。除了越战，老一代左派学者和激进主义

者也影响了 1960 年代的青年。对于城市抗议运动，当数芝加哥工业地带基金会（Industrial Areas Foundation of Chicago）创始人索尔·阿林斯基影响最大。阿林斯基希望通过将社区组织起来的方式实现社会正义，他相信，如果城市贫困居民能够通过社区组织、集体抗议和投票的方式影响城市政府，他们就可以降低失业率、减少犯罪、改善教育并从整体上提升城市管理水平。阿林斯基关于参与式民主的观念影响了约翰逊政府"向贫困开战"中的社区行动项目，但也影响了新左派（New Left）以及拉丁裔美国青年等身份认同组织。

1968 年哥伦比亚大学爆发的抗议活动既有种族平权，也有反战要求和社区行动主义。当学校管理层宣布将在晨边公园新建一座运动场时，学生发起了抗议。这座体育馆的设计暗含种族隔离的意味，入口位于以白人为主的哥伦比亚大学，而出口坐落在黑人区哈莱姆，这引发了学生的不满。当警察以破坏建筑围墙为由逮捕一批学生时，整个校园都愤怒了。学生们占领了学校，并且拓宽了自己的抗议对象，批评哥伦比亚大学在越战中的角色和美国社会根深蒂固的种族歧视。晨边公园直到今天仍然存在，抗议迫使哥大校长加里森·科克（Grayson Kirk）辞职。

1968 年民主党全国代表大会会场外的暴力抗议是 60 年代城市抗议的典型。抗议者反对越战，同时也对美国政治表达了激烈反抗。芝加哥市长理查德·戴利严禁抗议者进入公共领域，并授权警察采用任何必要手段维持秩序。电视镜头向全美播放了警察使用催泪弹驱赶抗议青年和旁观者的行动，联邦法院以煽动骚乱为由宣布所谓的芝加哥七人团（Chicago Seven）有罪，其中包括著名活动家汤姆·海登（Tom Hayden）和阿比·霍夫曼（Abbie Hoffman），但被上诉法院驳回。后来一个总统顾问委员会指责警察在行动中滥用暴力，称其为警察骚乱。

与非洲裔美国人相似，拉丁裔在几十年间通过法庭和政治行动反抗歧视。在 1960 年代和 70 年代早期，拉丁裔追随非洲裔美国人和学生的脚步开始走上街头，以抗议求改变。1968 年，得克萨斯州圣安东尼奥的拉丁裔在市政厅前发起集会抗议，迫使"向贫困开战"执行机构在当地的分支改变其分配资助的方式。1970 年在东洛杉矶，高中教师索尔·卡斯特罗（Sal Castro）组织学生罢课运动，抗议对墨西哥裔美国学生不公和忽视拉丁裔文化意识的教育政策。大约 1 万名学生参加了这场"跑出去"（Blow-Out）抗议活动，使得整个校区只有寥寥数人上课。尽管警察冲开了抗议人群并逮捕了卡斯特罗和学生领袖，这场抗议迫使南加州的学校在课堂上更加重视墨西哥文化、语言和历史。

在 1960 年代抗议风潮的感染下，城市中的同性恋人群也开始表达自己的权利。直到 60 年代末，同性恋群体仍然面临法律上的歧视和警察的频繁打压。这一切到 1969 年纽约警察突袭格林威治村的石墙酒吧时宣告结束。当警察逮捕现场人群时，酒吧外聚集了一群愤怒的同性恋者，骚乱随之而起。大约 400 名防爆警察全副武装，冲破了 2000 多人的抗议人群，后者用石头和酒瓶表达不满。这场石墙暴乱（Stonewall Riot）被历史学家称作同性恋权利运动中的莱克星顿枪声。每年 6 月，成千上万名同性恋以"出柜"来纪念这场活动。

1960 年代的抗议运动造成了两方面的影响。首先，和平抗议人群将少数派的不满展示给主流美国人。非洲裔美国人、拉丁裔和同性恋等群体发现，吸引警察暴力执法或电视镜头转播的抗议活动能够有效地促使政府采取行动，并赢得公众同情，至少可以展示自己的力量。另一方面，抗议也引起了反应。当理查德·尼克松向"沉默的大多数"寻求支持时，几乎没有人明白他所说的是没有参加骚乱、没有上街游行和没有在五角大楼外设置纠察线的人。60 年代以后城市抗议运动的式微正是对 60 年代高潮的回应。

亦可参阅：集会和暴动（Crowds and Riots），城市和郊区中的拉丁裔（Latinos in Cities and Suburbs），墨西哥裔美国人（Mexican Americans），新政时期的城市政策（New Deal：Urban Policy）

延伸阅读书目：

- Alinsky, S. (1989). *Rules for radicals*. New York：Vintage.
- Anderson, T. (1996). *The Movement and the sixties：Protest in America from Greensboro to Wounded Knee*. New York：Oxford University Press.
- Badger, A. (1986). *The New Deal：The Depression years, 1933-1940*. New York：Noonday.
- Bernstein, I. (1990). *The New York City draft riots：Their significance for American society and politics in the age of the Civil War*. New York：Oxford University Press.
- Boyer, P. (1978). *Urban masses and moral order in America, 1820-1920*. Cambridge, MA：Harvard University Press.
- Burrows, E. G., & Wallace, M. (1999). *Gotham：A history of New York City to 1898*. New York：Oxford

University Press.

- Clayson, W. (2002). "The barrios and ghettoes have organized!" Community action, political acrimony, and the War on Poverty in San Antonio. *The Journal of Urban History*, *28*, 158–183.
- Griswold del Castillo, R., & De Leon, A. (1996). *North Aztlan: A history of Mexican Americans in the United States*. New York: Twayne.
- Lerner, G. (1971). *The Grimke sisters from South Carolina: Pioneers for women's rights and abolition*. New York: Schocken Books.
- Lunardi, C. A. (1986). *From equal suffrage to equal rights: Alice Paul and the National Woman's Party, 1912–1928*. New York: New York University Press.
- Nash, G. B. (1986). *The urban crucible: The northern seaport sand the origins of the American Revolution*. Cambridge, MA: Harvard University Press.
- Sitkoff, H. (1981). *The struggle for black equality, 1954–1980*. New York: Hill and Wang.
- Winkler, A. M. (1986). *Homefront USA: America during World War II*. Arlington Heights, IL: Harlan Davidson.

William Clayson 文

李文硕译　陈恒校

城市更新与复兴
URBAN RENEWALAND REVITALIZATION

城市更新虽然是《1954年住房法》创造的一个技术术语，但这一概念来源于贫民窟清除和城市再开发等已有的理念。最重要的联邦、州和地方再开发项目始于《1949年住房法》第一章（Title I）的通过。国会在该法下授权新成立的城市更新局（Urban Renewal Authority）在该项目实施的前五年里管理和分配15亿美元的资金（其中10亿美元来自联邦贷款，5亿美元来自联邦拨款）。第一章规定再开发项目净成本的三分之二由联邦政府支出，剩余的三分之一由地方财政补贴提供；城市更新局将负责再开发项目的批准，成本的管理或在此过程中实施指导或帮助。国会希望这一新法案能够吸引私人投资者，并阻止住房和家庭金融管理局局长罗伯特·韦弗家庭金融管理员所说的美国城市的持续衰退。

在实际执行中，该法允许联邦资金用于归集、清

除、场地整理和土地销售或出租，而非新建或翻修。这有时会带来地方规划和联邦资助的脱节，因为地方投资者不能跟上联邦政府对于清空场地的期望。该法要求再开发的区域在开发前或开发后都应是居住区；该法第一章对贫民窟的房东而言是有利可图的，因为被驱逐的居民不得不搬到周围更加拥挤的社区，对开发商而言，他们可以用折扣价格买到清空的土地。许多这样的投资者将之前的低成本居住区开发成了昂贵的住房、零售店、工厂、学校、公园或大型办公楼。相反，低收入居民为再开发付出的成本最高，因为低收入社区被夷平的地方并没有建起足够的可负担新住房。在1949—1968年间，被拆除的低收入住房中只有八分之一得到了重建。在低收入家庭中，少数族裔的损失尤其严重，城市更新也很快受到一些批评家的攻击，称之为某种形式的"黑人更新"。

面对公众对住房和再开发的一些忧虑，德怀特·艾森豪威尔总统在1953年成立了政府住房政策和项目总统顾问委员会（President's Advisory Committee onGovernment Housing Policies and Programs）。该委员会建议改变政策，并将之写入《1954年住房法》；重点从新建和清除贫民窟转向了复兴和阻止贫民窟蔓延。这一措辞的改变说明新的重点放在城市里更大范围的健康，而非至少自19世纪末以来就成为城市改革重点的贫民窟的衰退。所有的联邦资金也不再直接用于居住区域。这一所谓的"贫民区修正案"允许将10%的资金用于破落或衰败的建筑。用于非居住区更新的资金在1959年达到20%，1961年达到30%，1965年达到35%。《1954年住房法》切实意识到整体清除过于昂贵，而且在解决城市衰败这一更大的问题上效率不高。1954年最高法院一项里程碑似的判决伯曼诉帕克案（Berman v. Parker）将第五条修正案中的公共用途（public use）重新定义为公共目的（public purpose），认为城市更新符合宪法，并由立法机关确定公共目的的具体所指。此外，《1959年住房法》给予地方在使用联邦拨款方面更大的自由。

到1963年，人口5万以上城市中只有三个（休斯敦、达拉斯、圣迭戈）没有参加城市更新项目，全国范围内超过700个社区已经或准备加入城市更新计划。伴随这一增长而来的是日益激烈的批评。纽约的社区活动家简·雅各布斯在1961年出版了影响巨大的《美国大城市的死与生》，该书赞美了格林威治村这样的高密度、多功能社区的隐而不显的好处。雅各布斯认为，行人、邻居和顾客能提供勒·柯布西耶设计的"公园里的塔楼"（Towers in the Park）式建筑中所绝对缺乏的安

全和城市生活的活力。她的著作启发了许多其他的社区活动家，帮助阻止了贫民窟清除委员会主席罗伯特·摩西建设穿格林威治村而过的下曼哈顿快速路的计划。社会学家赫伯特·甘斯1962年出版的《都市村民》(The Urban Villagers)记录了城市更新对意大利裔美国人家庭的影响，对波士顿西区的整体清除提出了又一个重要批评。甘斯将有关城市更新、清除的争论带到了实实在在的日常生活之中，展示了被波士顿更新局(Boston Renewal Authority, BRA)摧毁的家庭和社区纽带。波士顿更新局设想的是通过这一项目清除中央商务区周围的低收入住房，代之以奢华的公寓。波特兰周围的郊区，俄勒冈州的沃恩街(Vaughan Street)，费城的瑟萨特山，芝加哥的近西区(Near West Side)和旧金山的西增区(Western Addition)社区也出现了同样的抗议。到1964年甚至保守主义者也开始反对第一章；马丁·安德森出版了《联邦推土机》(The Federal Bulldozer)，对失败的联邦干预和大政府支出提出了严厉批评。

政府试图调整法律以使它更有效地改变城市，允许在5万人口以下或15万人口以下(1961年)经济萧条城市中联邦拨款占城市更新成本的份额增至四分之三，并授权地方社区负责城市更新项目(1965年)之外的衰败区域。联邦政府对翻修的支持日益超过更新，1964年的法律规定：除非证明某一区域不能翻修，否则禁止对该区域进行拆除，且其后的法律中增加了对翻修的联邦拨款和贷款。

1965年，住房和家庭资助局被新成立的住房和城市发展部取代。住房和城市发展部很快通过了《示范城市和大都市区发展法》(1966年)，该法为社区规划、开发项目以复兴衰败区域社区(或部分社区)所需资金提供高达80%的资助，以提高城市更新的效果。此外，《1968年住房和城市发展法》创建了社区开发项目，逐年而非在项目开工之前为城市更新拨款。这使得在联邦资金的使用上更加灵活(可以资助更多的项目)，也带来了更多的责任(逐年拨款刺激了旨在吸引私人开发商的更深、更可见的变化)。最后1970年的《统一再安置援助和不动产收购政策法》政策使被城市更新置换的人们得到了平等的对待、获得了等量的土地。所有这些变化和调整承认了改良的翻修系统和低成本住房的供应是必须的，但城市更新的首要目标仍然是清除衰败的贫民窟区域及引入私人投资。

1974年出现了结构性的变化。城市更新和其他六个门类的拨款项目(包括示范城市)一起成为新的社区开发综合援助，该联邦项目直到今天仍然每年向城市再开发项目拨款。最初，社区发展基金将其大部分资金投入到5万人口以上的大城市和20万人口以上的县，资金依据综合考虑与其他大都市区相比较后的贫困、人口、过度拥挤、人口增长形成的公式进行分配。清除衰败区域、考虑中低收入家庭的利益是社区发展基金主张的两个原则，但实际包含的社区参与随全国性政党执政的不同而有极大的差别。到卡特政府末期，该项目也包括了经济发展项目。卡特的另一个项目，城市开发行动拨款(1977)加强了联邦对复兴内城的参与。尽管社区发展基金是现存最早的住房和城市发展部项目，但其资金在罗纳德·里根和乔治·布什任内持续缩水；1990年代以来，它已处于大部分主要复兴计划的边缘。

复兴计划被留给了地方和州政府，以及社区本身。在1993年，克林顿总统开始了授权区/企业区(Empowerment Zone/Enterprise Community, EZ/EC)项目，该项目为城市和乡村特定区域和企业特区(Enterprise Communities)提供联邦拨款和税收优惠。其目标是吸引商业回到经济衰退的地区，特别是明显衰退的内城。该项目引起了极大的争议，其长期影响还有待观察。

亦可参阅：社区开发综合援助（Community Development Block Grants），《1949年住房法》(Housing Act of 1949)

延伸阅读书目：

- Bellush, J., & Hausknecht, M. (Eds.). (1967). *Urban renewal: People, politics, and planning*. Garden City, NY: Doubleday.
- Jennings, E. T., Krane, D., Pattakos, A. N., & Reed, B. J. (Eds.). (1986). *From nation to states: The small cities Community Development Block Grant Program*. Albany: State University of New York Press.
- Real Estate Research Corporation. (1974). *Legislative history of urban renewal*. Washington, DC: Author.
- Teaford, J. (1990). *The rough road to renaissance: Urban revitalization in America, 1940 - 1985*. Baltimore: Johns Hopkins University Press.
- Von Hoffman, A. (2003). *House by house, block by block: The rebirth of America's neighborhoods*. New York: Oxford University Press.
- Wilson, J. O. (1966). *Urban renewal: The record and the controversy*. Cambridge, MA: MIT Press.

Nancy Kwak 文

王宇翔译　陈恒校

849

城市蔓延
URBAN SPRAWL

城市蔓延或者更确切地说是郊区蔓延,指的是在之前乡村地带快速增长的居住和商业土地开发。评论者对其准确的定义言人人殊,但都认为蔓延一般有如下原因:其建筑和人口密度低于传统城市;土地用途分隔为住房、商店、工作场所,彼此分离,有时距离遥远;由路网和与传统城市相比大一些,但通达性稍差的街区组成;没有诸如下城等明确的中心。这些特征带来了诸如公共交通不足、大型停车场、清一色的住房类型和相似的人口构成、步行设施不足等与蔓延相关的大部分其他特征。

蔓延的度量

在 20 世纪上半叶,大部分美国城市都是相对紧凑的,城市围绕着活力十足的中央商务区和工业就业中心而建,郊区仅限于铁路和有轨电车能够到达的区域。住宅开发一般只扩展到从公共交通舒服地步行最远所能到达的距离。但是在 20 世纪后半叶,受二战后住房繁荣和汽车自有率提高带来的流动性增加的刺激,土地开发出现了分散得多、不那么紧凑的组织特点。

在 1954—1997 年间,下 48 个州(Lower 48 States)土地开发的数量翻了四倍。人口统计数据显示,1950—1990年间美国最大的 34 个大都市区的土地开发速度比人口增长速度快 2.5 倍。土地开发速度在1990 年代加速了,比 1980 年代快了 50%。

与人口增速相比,一些地方的土地开发速度尤其令人印象深刻。1982 至 1996 年间,芝加哥的土地开发速度比人口增速快四倍,而匹兹堡快六倍。新开发的土地大多是森林和农田,根据美国农田信托(American Farmland Trust)的统计,城市蔓延到 1994 年消耗了美国三分之一最肥沃的农业土地。与之相应的一个趋势是中心城市人口的减少:在 1988 到 1996 年,美国中心城市的人口分别净流出 240 万和 290 万,郊区分别净增加 210 万和 310 万。

蔓延的后果

这些趋势对社会的成本和好处已引起激烈的讨论,但毫无疑问的是,就像汽车使用的增加使蔓延成为可能一样,蔓延所带来的分散和杂乱无章已经使得汽车在美国生活中更加不可或缺。私人汽车旅行在最近几十年里的增长速度比人口增速快三倍,而同时步行和使用公共交通的频率减少了。通勤距离延长了,1970 年到 20 世纪末,私人汽车总的行驶里程增长了将近三倍,交通花费超过食物而成为美国家庭的第二大支出(仅次于住房)。

根据美国政府的分析,哪怕有排放控制系统的进步,汽车旅行和行驶里程方面的最近趋势也可能提高氮氧化合物和其他有害污染物的总排放量,从而逆转最近全国空气质量改善的势头。另外,因为汽油消耗的增加,交通排放的二氧化碳——温室气体的主要来源——一直随着驾车的增加而增加。驾车的增加还带来严重的交通拥堵:研究者估计,1999 年因拥堵引起的耽搁造成美国经济生产力的损失达 780 亿美元。有些研究者还将驾车的增加和步行的减少及其带来的蔓延式发展引起的更高的肥胖率联系起来。

蔓延式的土地开发也使更多的集水区出现了硬化和其他不渗水路面,加重了受水道的降水径流污染。蔓延消耗带来了生态资源的碎片化:野生动植物分析表明主要因为不断逼近的开发活动,加州三分之二的濒危物种正面临威胁。

蔓延还带来了许多社会和经济趋势。随着投资涌入大都市区边缘的新开发项目,中心城市和传统城镇已有的社区——包括大量的低收入和少数族裔社区——经受了就业和其他机会的减少。老社区的历史资源恶化,新社区的又太多,而乡村风景优美的景色消失了。新开发区域的一些居民抱怨邻里间不相往来,缺乏社区感。

蔓延的土地开发也需要越来越多的市政税收支出和其他用于道路、学校、公共安全设施和人员,以及水、下水道、天然气、电力、电信和其他公共事业管线等新基础设施的经济资源,它们每单位的长度和成本服务的顾客更少。蔓延区域用于邮寄和包裹投递、警察、消防和救护车的服务线路更长、效率更低。

蔓延的应对

蔓延的支持者指出美国人正在选择一种位于新分销地块和购物区域的住房和社区,且正在享受比中心城市和其他老社区更大的地块、更好的学校、更低的犯罪率等新开发的特点。平均通勤时间并没有像通勤距离增加的那么快。

城市规划者和其他希望化解蔓延消极后果的人面临的挑战可能是以不那么蔓延的方式为消费者提供他们期望的品质。这就是精明增长和新城市主义运动追求的目标,它们主张复兴中心城市和老社区,其方式有设计新的、能更高效地利用土地的开发方式;提供更多的交通机会;保留具有显著环境和农业价值土地沿线的历史资源。许多城市和州对这些目标的兴趣逐渐升温,且出现了新的社区设计实践以及规划和开发法律的改变。

亦可参阅:边缘城市(Edge Cities),新城市主义(New Urbanism),郊区化(Suburbanization),城市更新和复兴(Urban Renewal and Revitalization)

延伸阅读书目:

- Benfield, F. K., Raimi, M. D., & Chen, D. D. T. (1999). *Once there were greenfields*. New York: Natural Resources Defense Council.
- Benfield, F. K., Terris, J., & Vorsanger, N. (2001). *Solving sprawl*. Washington, DC: Island Press.
- Calthorpe, P. (1993). *The next American metropolis: Ecology, community, and the American dream*. New York: Princeton Architectural Press.
- Ewing, R., Pendall, R., & Chen, D. (2002). *Measuring sprawl and its impact*. Washington, DC: Smart Growth America.
- United States Environmental Protection Agency. (2001). *Our built and natural environments: A technical review of the interactions between land use, transportation, and environmental quality* (EPA 231-R－01－002). Washington, DC: Author.

F. Kaid Benfield 文

王宇翔译　陈恒校

城市化
URBANIZATION

城市化既是一个历史过程,也是一个用来形容人口分布的词汇。在第二个含义上,它指的是某地区或政治单位中城市人口比例的上升,因而其比例在 0 到 100％之间。

美国的城市化经历了与过去三百年间每个城市化社会同样的人口模式。在城市社会的最初 6000 年,没有哪个社会长寿到足以将城市人口比例保持在 50％—10％以上。然而,从 18 世纪的英格兰开始,一个接一个的社会经历了人口从农村到城市的加速转移。在几代人的快速城市化之后,城市化过程逐渐进入了新的平衡,其中约有四分之三的人口生活在城市之中,剩余的四分之一中有很多在较小的城镇中从事与城市相关的活动。如果将城市人口的变化用曲线图表示,那么会出现一个 S 形的曲线,该曲线在某一点突然抬高,经过一个世纪的快速上升后渐趋平稳。

人口从农村向城市的转移会出现更多人口集中的点或地方,且某些有利地点的人口规模会快速增加。这一双重过程在美国尤其明显,因为几乎美国所有城市都是由源于欧洲的帝国或殖民者新建立起来的。或通过政府法令,或由地产投机,西班牙帝国的北扩和美利坚共和国的西进都伴随着新城镇的建立。美国大部分地区城市化的历史都是这样一个故事:某一地区的多个城镇镇址彼此争夺经济发展机会,其中有的镇址没能获得常住人口;有的发展成了小城镇;有的成了大城市;还有的成了经济上居于主导地位的大都市区中心。

城市化作为一个人口学或统计学过程,可以用如下方法进行衡量:比较间隔相等的六个时间点上最大人口定居点的人口数量。表一列出了 1800、1840 和 1880 年最大的五个城市,以及 1920 年最大的五个大都市区,1960 年最大的五个标准大都市统计区,2000 年最大的五个联合大都市统计区。

美国人口统计总署定义的变化反映了城市区域规模和复杂程度的增加。在 19 世纪的大部分时候,对建制城市和乡村地区只需进行简单的区分,尽管早在 1880 年,城市区域不能涵盖环绕大城市的新郊区和卫星城镇的情况已引起专家不满。对这一问题的回应是一系列"大都市区"概念的出现,它包含中心城市及与其有紧密联系的定居点。1920 和 1960 年这一术语指的是单个中心城市持续居于显著地位。**联合大都市区**这一词语指的是诸如旧金山、奥克兰和圣何塞等连绵成片、互相重叠的多个大都市区。

表 1　最大的城市区域,1800—2000

	纽约	60515
	费城	41220
1800	巴尔的摩	26514
	波士顿	24937
	查尔斯顿	18824
	纽约	312710
	巴尔的摩	102313
1840	新奥尔良	102193
	费城	93665
	波士顿	93383

年	城市	人口
1880	纽约	1206299
	费城	847170
	布鲁克林	566663
	芝加哥	503185
	波士顿	362839
1920	纽约	7910415
	芝加哥	3178924
	费城	2407234
	波士顿	1772254
	匹兹堡	1207504
1960	纽约-新泽西西北部	14759429
	芝加哥-印第安纳西北部	6794462
	洛杉矶-长滩	6742969
	费城	4342897
	底特律	3760360
2000	纽约-新泽西西北部-长岛	21199865
	洛杉矶-里弗赛德-奥兰治县	14531529
	芝加哥-盖里-莱克县	9157540
	华盛顿-巴尔的摩	7608070
	旧金山-奥克兰-圣何塞	7039362

来源：美国人口普查局 Http://www.census.gov

城市化的阶段

历史和历史地理学的学者一致认为美国城市的发展经历了逐步增长、爆炸性起飞、成熟等几个阶段。在各个阶段中，当时的通讯和交通技术限制着城市潜在的规模、塑造了其内部的模式并影响了北美大陆上城市的分布。这几个阶段也反映了总的城市化曲线。其大概的时间变化如下：

1. 17世纪到1810年代是殖民地时代或前现代城市；

2. 1820—1870年是城市化起飞和北美大陆城市体系形成时期；

3. 1870—1920年是持续的快速城市化和城市—工业心脏地带的强化；

4. 1920—1970年是汽车的运输能力带来的城市转变和城市化过程第一次减速时期；

5. 随着城市化整体水平的稳定，1970年至今是电子通讯时代城市体系的区域再平衡时期。

殖民地时代

英国和荷兰在大西洋沿岸第一个世纪的殖民活动直接取决于从新阿姆斯特丹（1625）和波士顿（1630）到普罗维登斯（1638）、查尔斯顿（1672）、诺福克（1680）、费城（1682）和萨凡那（1733）等新城市的建立。这些城市类似于英伦诸岛上的省级市场中心。它们规模紧凑、人口不多，将大西洋沿岸殖民地的农场、渔场和森林与英国和加勒比的市场联系起来。美国独立战争期间，主导区域腹地商业的四大城市人口在1.5万到3万之间。朴茨茅斯、塞勒姆、斯普林菲尔德和普罗维登斯仰给于波士顿；阿尔巴尼通过纽约进行贸易；费城从特拉华和萨斯奎哈纳（Susquehanna）河谷中的肥沃农场中获益；查尔斯顿是萨凡那、威尔明顿和新伯尔尼的贸易中心。

殖民城市仰给于海洋。威廉·佩恩的费城被设计为沿特拉华河向内陆延伸，但这一港口的经济生活使该河南北两岸出现了定居点。查尔斯顿背靠堰州岛（Barrier Islands），面朝库伯河（Cooper River）和大西洋。酒馆和仓库在码头排成一线。商人们聚集在咖啡馆里交换最新的船只信息，并安排其下一批货物。精英把房子建在下百老汇州长的府邸附近，以享受哈德逊河沿岸清新的空气和新泽西海滨令人心旷神怡的美景。

总的来说，1790年第一次人口统计时人口在2500以上的24个知名城市仅占全国总人口的5%。一代人之后，在英国攻击华盛顿、巴尔的摩和新奥尔良的1812年战争和1819年恐慌之后，1820年的人口统计数据中也只有69.3万名城市人口，不足全国总人口的7%。

北美的城市化

美国城市人口在快速城市化的第一个阶段猛增到了将近1000万，占全国总人口的26%。这一增长反映了"交通革命"的影响，这一时期美国在货车运输之外增加了运河、汽船和铁路运输。这些新的交通技术将国内运输成本降低了90%，使城市商人能够将东部沿海与内陆地区连结成一个以地区分工和地区间贸易为特征的统一经济体。纽约、新奥尔良等已建立的港口城市发展迅速，但大湖区和俄亥俄-密西西比河水系的内陆贸易城市发展也同样迅速。

该时代最显著的特征就是这些国内门户（Interior

853

Gateways)的出现,它们从周围的乡村购得农产品,一般加工成面粉、木材、罐头肉及类似产品,之后再装船外运。这类城市为获得更好的交通联系和来自东海岸、欧洲的投资资本而彼此竞争。它们的竞争涉及从地方到地区的各个层面,其中辛辛那提、圣路易和芝加哥的三方竞争涉及范围最广。芝加哥崛起为大城市反映了纽约在大西洋沿岸对波士顿、费城和巴尔的摩具有越来越大的优势。

成熟的城市——工业体系

1920 年的人口统计数据显示美国城市人口达到了 51%,随着认识到边疆消失于 1890 年,使 1920 年在美国历史上成了一个颇具象征意义的年份。在此前的半个世纪里,铁路网络的扩大使铁路干线里程达到了 29.7 万英里,使得将针对国内和国际市场的生产活动集中到从波士顿和巴尔的摩西扩至圣路易和圣保罗的工业中心成为可能。这一广大区域内大大小小的城市占到了制造业生产和财富的绝大部分。这类城市中有许多是专门的纺织城镇、钢铁城镇、制鞋城镇、陶瓷城镇等。诸如纽约和芝加哥等其他城市则是多样化的工业中心,其生产和销售的产品五花八门。芝加哥在谷物港口上与敖德萨竞争,在钢铁生产上与匹兹堡竞争,在肉类包装上与辛辛那提竞争,作为全国铁路中心还与伦敦和巴黎一较高下。

南部、大平原和远西部的城市是东北部的原料产地和销售市场。它们将原材料——莫比尔的棉花、诺福克的木材、丹佛的金属、堪萨斯城的肉牛——输送至工业带。反过来,东北部的工业制成品在这些城市进行分售。铁路网络带来的定居点的扩展也使小型地区城市网络遍布西部的广大空间。

城市人口到 1920 年达到 5400 万。新增城市人口来自大西洋两岸的农场和小城镇。从农场到城市是美国在 19 世纪的另一项大的人口迁移,这种迁移或是从利物浦或汉堡跨大西洋的航行,或是坐上 50 英里的火车来到印第安纳波利斯。它同时平衡了横跨北美大陆的西进运动,而且也是其中的一部分。城市的实体建设——住房、桥梁、下水道、街道、办公室、工厂——和资本的聚集相辅相成,同样也平衡了农场及连接农场的铁路的开发。

大都市区爆炸

城市发展的下一个阶段大致从 1920 年持续到 1970 年,围绕着美国城市采用机械化的个人交通工具——家庭汽车而展开。中产阶级家庭在 1910 和

1920 年代采用了纯电动和自启动的汽车。汽车车主在 1920 年代开始塑造的大都市打破了 19 世纪工业城市的实体边界。1920 年,大的城市化区域可能扩展至方圆 10 到 15 英里。到 20 世纪的最后 20 年,亚特兰大、菲尼克斯、明尼阿波利斯-圣保罗、休斯敦等中等城市的大都市区域从一边的郊区边缘到另一边可能达到 50 到 75 英里。

二战后美国城市的种族多样性在其历史上可能是最丰富的。城市是大规模的"北上"(Northward Movement)目的地。北部(和西部)的城市和就业吸引了南部乡下的黑人和白人。从 1917 至 1918 年的大迁徙开始,黑人的经历就成了一种城市经历,他们在 1920 年代创造了哈莱姆这样的黑人文化中心,在 1930 和 1940 年代感受到了"隔都化"的刺痛。在大萧条和二战期间,阿巴拉契亚地区的白人加入到了辛辛那提和底特律等中西部城市中的黑人工人行列。来自俄克拉荷马州和阿肯色州的农场主在贝克菲尔德(Bakerfield)和洛杉矶找到了新的生计。北上运动也跨越了海洋和国界。二战之后波多黎各移民重塑了纽约及其附近城市的社会结构。继波多黎各人之后,古巴人、多米尼加人、海地人和加勒比海周围其他国家的移民也来到了东部城市。墨西哥人构成了得克萨斯州、亚利桑那州、科罗拉多州和加利福尼亚州诸城市最大的移民群体。1970 年代以来,亚洲和拉丁美洲并驾齐驱,在有记录的移民中占到了 40%。亚裔移民集中于太平洋沿岸诸城市及纽约。

阳光带、超级城市和信息经济

拉丁美洲和亚洲移民的崛起是美国城市体系调整的一部分。记者在 1970 年代发现阳光带的崛起是城市发展从东北部工业区想南部和西部的地区性中心——从底特律、布法罗和克利夫兰到洛杉矶、达拉斯和亚特兰大——长期转移的一部分。其原因包括国防支出和航空航天工业的集中、休闲产业的增长、国内能源生产的扩张以及信息技术产业的主导地位。其结果是从华盛顿到迈阿密的南大西洋沿岸、从休斯敦到丹佛大西南地区以及从圣迭戈到西雅图的太平洋沿岸的新兴城市的出现。试比较之,1970—2000 年间芝加哥大都市区增长了 20%、纽约增长了 31%,洛杉矶则增长了 132%。

在 21 世纪初,人口超过 500 万的大都市区共有十个——纽约、洛杉矶、芝加哥、华盛顿-巴尔的摩、旧金山湾区、费城、波士顿、底特律、达拉斯-沃斯堡和休斯敦。这十个大都市 8400 万的总人口占到了美国总人

口的 30%。过去十年里增长最快的大都市区全部位于南部或西部，最近几年增长最快的是拉斯维加斯。总的来说，大都市区的人口占到了美国总人口的 80%。

21 世纪的美国城市发现其未来受到信息和投资资本全球流动的极大影响。像纽约和洛杉矶这样的全球城市必须与伦敦和东京一较高下。生产性城市则要与上海和班加罗尔相竞争。像迈阿密和火鲁努努这样的休闲城市对国外游客的依赖不亚于国内游客。

从广义角度看，这一数据说明美国和英国、比利时、德国和新西兰一样已经达到了"城市化饱和"。自 1970 年以来，总的集中速度已经放慢。美国的城市人口在 1970 年代达到了 74%、2000 年为 79%，增加了 5%，而在之前的 30 年里增加了 17%。同时，通过大都市区的传播媒介、通过乡村和小城镇区域发展成为周末休闲区，大都市区的影响继续几乎渗透到全国的各个角落。经过两个世纪快速的城市发展，美国进入 21 世纪后成为了一个充分城市化的国家和社会。

亦可参阅：城市危机(Urban Crisis)，城市发展行动资助计划（Urban Development Action Grant Program），城市财政（Urban Finance），城市边疆（Urban Frontier），城市抗议运动（Urban Protest Movements），城市更新与复兴（Urban Renewal and Revitalization），城市蔓延（Urban Sprawl）

延伸阅读书目：

- Abbott, C. (1993). *The metropolitan frontier: Cities in the modern American West*. Tucson: University of Arizona Press.
- Cronon, W. (1991). *Nature's metropolis: Chicago and the Great West*. New York: W. W. Norton.
- Gillette, H., Jr., & Miller, Z. (1987). *American urbanization: A historiographic review*. Westport, CT: Greenwood Press.
- Goldfield, D. (1982). *Cotton fields and skyscrapers: Southern city and region, 1607 – 1980*. Baton Rouge: Louisiana State University Press.
- Jackson, K. T. (1985). *Crabgrass frontier: The suburbanization of the United States*. New York: Oxford University Press.
- Lemon, J. (1996). *Liberal dreams and nature's limits: Great cities of North America since 1600*. New York: Oxford University Press.
- Meinig, D. W. (1986 – 1998). *The shaping of America: A geographical perspective* (3 vols). New Haven, CT: Yale University Press.
- Monkkonen, E. H. (1988). *America becomes urban: The development of U. S. cities and towns, 1780 – 1980*. Berkeley: University of California Press.
- Monti, D. J., Jr. (1999). *The American city: A social and cultural history*. Malden, MA: Blackwell.
- Nash, G. (1979). *The urban crucible*. Cambridge, MA: Harvard University Press.
- Wade, R. C. (1959). *The urban frontier: The rise of western cities, 1790 – 1830*. Cambridge, MA: Harvard University Press.
- Warner, S. B., Jr. (1972). *The urban wilderness*. New York: Harper & Row.

Carl Abbott 文

王宇翔译　陈恒校

乌托邦城镇与社区
UTOPIAN TOWNS AND COMMUNITIES

乌托邦——地球上的完美世界——自鸿蒙之初就吸引着人类。乌托邦这个词源于托马斯·莫尔出版于 1516 年的《乌托邦》(Utopia)，该书记录了文明世界的探险家在一个生活理性、和谐的岛国上的经历。莫尔的工作本身基于更早的一本著作，柏拉图的《共和国》(Repubilc)，这本书后来启发了大量的对理想社会的论述，其中有托马索·康帕内拉（Tommaso Campanella）的《太阳城》和弗朗西斯·培根的《新大西岛》(New Atlantis, 1627)。尽管早期关于乌托邦的作品中很少有作品涉及到实体或建筑部分，但文艺复兴时期对理想城市的设想基本都得到了真正的实践。受到罗马建理论家维特鲁威（Vitruvius）的启发，文艺复兴时期的乌托邦一般在形式上呈几何图案，布局匀称，且符合人体比例系统。它们大部分也被设计为军事要塞；壁垒、围墙和突出的堡垒也是常见的特征。建于 1593 年，位于威尼斯郊区的帕姆诺瓦（Palm Nova）是文艺复兴时期真正建成的少数此类项目中的一个。

美洲的发现和探索为乌托邦想象带来了新的养料。在欧洲人眼里，新世界本身就是一种乌托邦，是人类与自然和谐相处的伊甸园般的天堂。约翰·洛克在《政府论》中表达了这种情感，当时他写到美国从一开始就是一个全新的世界。对其他人而言，新世界是一处建设全新、完美社会的空白地带。殖民时代的许多城市都带有乌托邦理想主义的标签。1630 年代殖民马萨诸塞湾的英国清教徒的领袖约翰·温思罗普将波士顿想象成一种宗教乌托邦，是人类的道德灯塔。与他同时代的约翰·达文波特将纽黑文建成了一个圣经大都市，甚至将该市的实体规划奠基于《以西结书》中对新耶路撒冷的描述之上。位于如今纽约市布鲁克林区的格雷夫森德（Gravesend）是美国第一个奠基于宗教自由原则之上的社区；它由德博拉·穆迪（Deborah Moody）在 1643 年所建，而穆迪本身是来自于马萨诸塞的清教徒难民。威廉·佩恩则将费城建成了贵格会教徒的避难所。美国立国本身在概念上也是一种乌托邦，饱含着启蒙主义关于自由、平等和民主的理想。

在 19 世纪，强烈的信仰复兴运动和对社会改革的向往在美国催生了许多带有乌托邦追求的社区。这类团体经常挑战已为大众接受的家庭生活的习俗和模式，转而提倡财产共有、儿童共育、性别平等、性自由等观念。震颤派教徒是美国最早和最重要的追求乌托邦社区。这一宗教派别源于贵格会，1774 年首次成立于纽约沃特佛利特（Watervliet）附近，正式名称是基督二次降临信众联合会（United Society of Believers in Christ's Second Appearing）。到 1830 年代，新英格兰和中西部地区有超过 12 个震颤派的公共村庄，其中最大的位于纽约黎巴嫩山（Mount Lebanon）附近。其他定居点位于马萨诸塞州的哈佛；新罕布什尔州的恩菲尔德（Enfield）；肯塔基州的普莱森特希尔（Pleasant Hill）。克利夫兰附近的定居点如今被称为俄亥俄州的谢克海茨（Shaker Heights）。

震颤派教徒过着远离城市、纪律性极强的公共生活。然而他们极为勤奋、兴旺，他们众多的发明——其中有衣夹、圆锯、螺旋桨——被认为是神赐的礼物。他们大部分是农场主或手艺人，其优美简洁的家具和建筑设计至今让人称羡。震颤派教徒对上帝的性别二元对立信仰——基督以男女双性现身，使得在公共生活的所有方面实施严格的性别隔离。男女生活在用罗盘的四个角命名的公共"家庭"，住在分离的建筑中。震颤派教徒也实行独身制，不把婚姻作为基督教的习俗。社区团结和个人行为通过《千禧年法》（Millennial Laws）这一严格的行为准则予以维系。美国的震颤派教徒在内战结束不久达到顶峰，但奉行独身使其人数几乎不可能维持不坠，到 1950 年代其教徒已为数不多。

摩门教徒，或称耶稣基督后期圣徒教会也兴起于纽约州北部，主要由于频繁而残酷的迫害而分几个阶段向西迁移。摩门教徒擅长城市规划，在其身后留下了规划良好的城镇。摩门教的创始人约瑟夫·史密斯声称获得了天启，使他在 1830 年出版了《摩门经》。他开始布道，宣扬耶稣将第二次降临，因此需要建造一座圣城以迎接耶稣。规划圣城锡安城的最初努力出现在密苏里州独立城。史密斯规划的独立城突出了一个朝向红衣主教罗经点的、由 132 英尺宽的街道分割开的一平方英里的网状街区。位于中央的三个街区用于建造神殿和市政建筑。史密斯将这一平方英里的单位设计成一个可复制的、为所有信徒提供避难所的城市模块。1842 年诺伍被规划成了一个类似的摩门城，该城位于伊利诺伊州境内的密西西比河边。诺伍也利用了史密斯锡安城的网格状设计：一座神殿位于城镇中央，犹如皇冠一样高踞于河岸边的悬崖上。诺伍很快成为了伊利诺伊州最大的城市，但与非摩门教徒的治安维持者的冲突导致史密斯最终被杀，到 1847 年该城也被遗弃。摩门教徒在杨百翰的带领下继续向西艰苦跋涉，来到了犹他州大盆地。在那里，瓦萨奇山脉（Wasatch Mountains）脚下的盐湖城出现在了地图上，同样采用了网格状的设计。盐湖城发展迅速；1890 年其人口达到了 4.5 万，如今也是西部最大的城市之一。

19 世纪美国非正统追求乌托邦社区之最是奥奈达（Oneida）社会。该团体由佛蒙特州出生的传教士约翰·汉弗莱·诺伊斯（John Humphrey Noyes）创建。诺伊斯生于 1811 年，受教于达特茅斯学院和耶鲁大学神学院，他相信自己是神在人间的代表，并形成了至善论的思想体系。这部分基于查尔斯·傅立叶（Charles Fourier）关于人类激情的理论以及认为有可能在人间建立乌托邦的信念。诺伊斯在 1848 年带领一群来自佛蒙特帕特尼（Puntney）的追随者来到纽约州奥奈达附近的"应许之地"。奥奈达人过着集体生活，并以农业、木材业和许多手工业为生。他们实现道德完美无瑕的办法是"互相批评"，通过在公共论坛公开讨论个人过失来实现（诺伊斯明显将自己排除在这类批评之外）。但该团体最传奇的活动是群婚。奥奈达人与独身的震颤派教徒不同，他们鼓励与群体内异性成员的性交活动，不需要社区的批准。禁止排他性的结合，所有性行为的后代都由集体养育。严格实施"男性自制"，或**含蓄性交**，男性避免高潮和射精，以免"浪费种子"，并将受孕率保持在较低水平。"论资排辈"过程使群体中最年长的成员有权首先与年轻的处女们结婚。男女都适用于此，所以男孩一般被绝经后的妇女用于性满足。奥奈达社区的"自由性爱"使它成为嘲笑和迫害的对象；诺伊斯一度被认为犯了通奸罪，最终潜逃到了加拿大。诺伊斯离开后，奥奈达社区逐渐解体，并改组成为一个合资公司,如今仍作为奥奈达有限公司而存在,这是一个经销餐具和厨房配件的零售商。

亦可参阅:城市与郊区中的宗教(Religion in Cities and Suburbs)

延伸阅读书目:

● Claeys, G., & Sargent, L. T. (Eds.). (1999). *The utopia reader*. New York: New York University Press.
● Hayden, D. (1976). *Seven American utopias: The architecture of communitarian socialism, 1790 – 1975*. Boston: MIT Press.

Thomas J. Campanella 文

王宇翔译　陈恒校

V

歌舞杂耍表演
VAUDEVILLE

美国的歌舞杂耍表演和英国的杂耍剧场类似,是将一系列不相关行为组织成一场向男性、女性和儿童等混合观众的秀(称为节目)。在将近 50 年的时间里——从 1881 到 1929 年——歌舞杂耍表演美国最受欢迎的娱乐形式之一,以各种规模出现在美国城市中。

歌舞杂耍表演这个词源自何处仍不清楚。有些历史学家认为该词源于法国的瓦尔沃尔(*Val de Vire*)地区,这里以其流行民歌知名于世;其他人则认为该词源于名为 *voix de ville*("城市之声")的城市民歌。虽然该词的来源还有些不确定,但对这种娱乐形式本身的起源则很少争议。歌舞杂耍表演起源于 1850 年代和 1860 年代散布于美国城市中较危险地方的城市音乐会沙龙中——路边、垃圾堆和下等酒馆——流行的杂耍表演。这种秀"仅限男性"听众观看,是不折不扣的"黄色"笑话、淫秽歌曲和带性暗示舞蹈的大杂烩。

一般认为表演者托尼·帕斯特(Tony Pastor)——之前是一名小丑和马戏团杂工——净化了这种粗俗和有伤风化的杂耍表演,使它体面到可供妇女和儿童观看。1860 和 1870 年代,帕斯特在百老汇 44 号和鲍厄里(Bowery)201 号的剧场里表演,之后在 1881 年 10 月 24 日搬到了纽约最好的歌剧院,位于 14 大街、毗邻音乐学会(Academy of Music)的坦慕尼厅里的前演出大厅。受益于靠近纽约的高雅文化中心、免费瓷器样品和女士的银饰,用杂耍演员弗雷德·斯通(Fred Stone)的话说,一场表演已健康到孩子可以带着其父母一起观看,帕斯特将其下城剧院中"仅限男性"的表演改造成了家庭娱乐。帕斯特非常看重节目的"健康",他列出了一个他不允许出现在其舞台上的词汇名单,违反他这一意愿的人将被永远禁止为他演出。

帕斯特在将近 10 年的时间里都是健康表演之王,奠定了 1880 年代歌舞杂耍表演的基调;但在 1890 年代初两位企业家——B. F. 基斯(B. F. Keith)和爱德华·阿尔比(Edward Albee)——超越了他,他们采用帕斯特健康表演的理想,并加入了自己的变化,在此过程中将歌舞杂耍表演从简单的娱乐形式转变为重大而有利可图的商业投资。1883 年,前杂耍表演者"基斯"(Keith)在波士顿开办了其第一家剧院(一家低票价展览会);但两年后,他转向了歌舞杂耍表演,每天早上 10 点到晚上 10 点提供不间断的表演。同年,基斯和他之前表演杂耍时认识的阿尔比结成了合伙人。他们在 1893 年搬到了纽约 14 街的联合广场剧院(Union Square Theatre),这里位于帕斯特剧院以西几个街区处,他们采取了承认帕斯特在歌舞杂耍表演界领导地位的姿态。

和帕斯特一样,基斯和阿尔比也为这类表演披上了道德外衣(他们禁用的词汇列表中有粗汉、骗子、笨蛋和王八蛋等词),但他们与帕斯特的不同之处在于控制其观众、清除观众不文明行为方面和对净化表演一样感兴趣。最后,他们为观众设定了严苛的标准,雇佣说一不二的引座员(也就是保镖)以落实其规定。

到 1890 年代末,基斯和阿尔比已在整个东部建立了广泛的连锁或巡回舞蹈杂耍表演剧院(因其道德限制和加之于表演者的审查而被他们称为"主日学校巡回演出")。基斯和阿尔比在随后的几年里除了建立自己的巡回剧院,还参与成立了联合票务公司(United Booking Office,UBO),这是一个直到 20 世纪还有效控制着订票的垄断组织,从而实现了歌舞杂耍表演的集中化。抵制 UBO 的表演者和剧院所有者被列入黑名单并明显被禁止涉足歌舞杂耍表演业。

拥有苏菲塔克(Sophie Tucker)、艾尔·乔逊(Al Jolson)、埃尔希·贾妮斯(Elsie Janis)、威尔·罗杰斯(Will Rogers)和博特·威廉姆斯(Bert Williams)等"头条人物",歌舞杂耍表演在 20 世纪初的美国城市中欣欣向荣,而且扩展到了城市社区和较小的城镇。在其鼎盛时期(终结于 1920 年代末),纽约时代广场的派力斯和威利哈姆斯坦维多利亚剧院(Palace and Willie Hammerstein's Victoria Theatre)等大型场所上演着"高级歌舞杂耍表演"(Big Time),同时较小的巡回剧场和社区剧场上演着"小杂耍团巡回表演"(Small Time)。小杂耍团巡回表演的票价低至 5 美分,甚至穷人也能够观看歌舞杂耍表演,而剧场通常也都在他们家的步行范围之内。

　　然而,到 1930 年,随着说话电影或称"有声电影"的出现和大萧条的爆发,歌舞杂耍表演开始急剧衰落。当传奇般的剧场——歌舞杂耍表演的首要剧场——在 1932 年放弃现场表演而支持电影时,娱乐行业的内部人士和外部观察家都知道它来日无多。虽然它在一些美国城市仍然小规模地存在,但歌舞杂耍表演作为大众娱乐已经死亡了。它的退场虽然令人唏嘘,但在其存在的 50 年里,它可能曾经是美国首屈一指的大众娱乐方式。在它消失之后,歌舞杂耍表演的演技和才能孕育了其他形式的娱乐业,最显著的是电影和电视。W. C. 菲尔兹(W. C. Fields)、鲍勃·霍普(Bob Hope)、弗雷德·阿斯泰尔(Fred Astaire)、马克斯兄弟(Marx Brothers)和其他的前歌舞杂耍表演者一道成为了电影明星,反之,杰克·本尼(Jack Benny)、米尔顿·波勒(Milton Berle)、乔治·伯恩斯(George Burns)、格雷西·艾伦(Gracie Allen)、埃迪·坎特(Eddie Cantor)和其他通过歌舞杂耍表演进入娱乐业的人成了广播或早期电视明星。

延伸阅读书目:

● Barth, G. (1980). City people: The rise of modern city culture. In *Nineteenth-century America* (pp. 192 - 228). New York: Oxford University Press.

● Erdman, A. L. (2004). *Blue vaudeville: Sex, morals and the mass marketing of amusement, 1895 - 1915*. Jefferson, NC: McFarland.

● Frick, J. W. (2004). Monday the Herald: Tuesday the Victoria: (Re)packaging and (re)presenting the celebrated and the notorious on the Variety stage. *Nineteenth Century Theatre and Film*, 30, 26 - 37.

● Snyder, R. W. (1989). *The voice of the city: Vaudeville and popular culture in New York*. New York: Oxford University Press.

John W. Frick 文

王宇翔译　　陈恒校

志愿精神和志愿团体
VOLUNTARISM AND VOLUNTARY ASSOCIATIONS

　　志愿精神一词(来自于拉丁文 *voluntas*,意为"愿意")或其形容词形式 *voluntarist*,可能指在理解或形容社会行为时突出自由意愿或意志——以及支持和鼓励这种意愿实施的文化和制度形式——的社会理论。认为人们的自愿行动是出于自己的意志,而不是强制或报酬。尽管行动有自愿的因素,但它也是在一定的文化、制度和期望的背景下出现的。鼓励和支持志愿行动的制度形式一般指志愿团体。基于自己意志行动的人们被称为志愿者。

　　志愿精神在许多社会理论家的工作中都是一项重要内容。费迪南·滕尼斯将其整合进自己的理性意志和选择性亲和的观念之中,这是他法理社会观念的核心特点,也是托克维尔理解民主质如何养成的关键。志愿精神也是马克斯·韦伯冲突理论、埃米尔·涂尔干的仪式团结和乔治·赫伯特·米德、赫伯特·布鲁默(Herbert Blumer)、哈罗德·加芬克尔(Harold Garfinkel)和塔尔科特·帕森斯的交互作用论的核心要素。而且,它广泛存在于当前的经济和政治理论的功利/理性选择传统之中,且志愿精神和志愿团体在罗伯特·达尔的多头政治概念、加布里埃尔·阿尔蒙德(Gabriel Almond)和西德尼·维伯(Sidney Verba)的市民文化以及大量有关市民社会的著作中发挥着核心作用。

　　虽然批评者认为志愿精神的方法关于结构不平等在决定社会行为的作用上是幼稚的,但支持者认为志愿精神的方法用于理解社会交互会得出更丰富、更全面因而更准确的意义,因为他们将重点放在理解知识和交流的第一层次上而非第二层次的哲学或社会政策的第三层次。

　　志愿团体是实施志愿行动的制度环境,属于非营利组织,也是市民社会的关键组成部分。志愿团体是非营利机构,大量使用志愿者以实现其功能。志愿团体可以大而正式,也可以小而非正式,发挥着任何可以想象的社会功能。美国的志愿团体及其志愿者在为需要和不那么需要的人提供社会服务方面历史悠久。与英国议会 1601 年通过的《慈善用途法规》(Statute of Charitable Uses)一起,志愿者创办的慈善机构在几乎每一个美洲殖民地都建立了起来。早期的有 1657 年创办于波士顿的苏格兰慈善协会(Scots' Charitable Society),和本杰明·富兰克林 1727 年创办于费城的秘密结社俱乐部(Junto Club)。本杰明·富兰克林之

859

后，美洲早期支持志愿者协会最著名的是科顿·马瑟（Cotton Mather），他 1702 年出版了《玛格亚诺·克里斯蒂美国史料，或新英格兰教会史》（*Magnalia Christi Americana，or the EcclesiasticalHistory of New England*），歌颂了基于志愿精神的修士在开发早期新英格兰发挥的作用。

正如时间所证明的那样，志愿团体在提供社会服务、满足社会需要方面远早于任何级别的政府。在农村也同样如此，那里的社区志愿者承担的帮助邻居建谷仓和其他社区自助活动，与城市地区一样，都是当地历史的有机组成部分。

由独立机构和美国劳工部进行的周期性调查证实，如今志愿团体继续在美国社会中发挥极大的作用。然而，近年自称为志愿者人数的下降——从 1989 年独立机构调查的 54.4% 降到了 2000 年的 44%——加剧了已经成为美国志愿精神和志愿团体研究主题的：志愿精神的衰落。志愿精神的衰落是罗伯特·尼斯比特（Robert Nisbet）1953 年的《寻找社区》（*Quest for Community*）和罗伯特·帕特南（Robert Putnam）2000 年的《独自打保龄》（*Bowling Alone*）等著作的主题。作者们所关注的有：美国人不那么志愿了；志愿团体正在萎缩；市民活动中志愿参与可能带来的有益影响出现的机会变少了。

许多人对此表示反对，极力否认志愿精神的衰落。一些人指出独立机构调查方法的变化是志愿精神出现下降的原因，有的人引述其他调查声称美国仍是独一无二的市民社会，还有的人注意到志愿精神衰落论者忽略了新形式的志愿团体。主张美国志愿精神活力依旧的论者指出政府日益将社会服务外包给非营利组织的趋势，将之作为志愿活动繁荣的标志。然而，也有其他人认为外包确实是有问题的，与政府合同相伴随的监督和独立性的丧失削弱了志愿团体作为社区活力来源和民主学校的能力。

尽管主张志愿者和志愿团体在公共生活中发挥更大作用的人很快认识到志愿精神并非解决社会问题的万能药，他们仍主张志愿行动在足够大的范围里，可以带来本杰明·巴布尔（Benjamin Barber）在 1984 年所说的参与性和社区建设性的活动，它们有自己的生命，能构筑政治力量，加强自由和平等。这类似于托克维尔相信通过志愿行动可以培养某些有益的"心灵的习性"，减缓常常威胁民主社会持续性的自私自利的力量，将之转变为正确理解自利的创建社区的力量。既然政治如斯坦利·霍夫曼（Stanley Hoffman）所说，是关于选择的学问，那主张志愿团体发挥更大作用的人就认为通过积极参与志愿团体，公众可以学会如何做出好的选择。没有志愿团体在政治中发挥积极作用，多头政治就会转变为等级制度。

志愿行动的另外一个作用是志愿团体在其志愿者中间创造社区感的能力。一般认为将人们吸收为一个组织的会员、在这些人之间形成团体规范、教育他们以实现该团体的功能；会员之间的、与权力源的、与意义源之间的联系；提供一个人们可以形成其道德感的空间——即他们作为同一个团体成员对彼此负有责任的感觉，会带来社区感。

正如并非所有的非营利组织都是志愿性的，也不是所有的志愿团体都会带来社区感，而且，有些人质疑志愿团体是否能够纠正社会不平等，是否某些志愿团体会因为强调他们倾向的问题、过度表达其会员的诉求而破坏公民意识、扭曲公共议题。虽然意识到了这些批评，南希·罗森布鲁姆（Nancy Rosenblum）等作家仍然认为，尽管某些志愿团体可能达到不到托克维尔所说的理想状态，但社会有了它们还是会变得更好，因为它们是其愤愤不平的会员的道德和社区之锚，如果这些人散漫无归会给社会带来更大的伤害。

延伸阅读书目：

- Barber, B. （1984）. *Strong democracy：Participatory politics for a new age*. Berkeley, CA：University of California Press.
- Nisbet, R. A. （1990）. *The quest for community：A study in the ethics of order and freedom*. San Francisco：ICS Press. (Original work published 1953)
- Ogilvie, R. S. （2004）. *Voluntarism, community life and the American ethic*. Bloomington：IndianaUniversity Press.
- Putnam, R. D. （2000）. *Bowling alone：The collapse and revival of American community*. New York：Simon & Schuster.
- Rosenblum, N. （1998）. *Membership and morals：The personal uses of pluralism in America*. Princeton, NJ：Princeton University Press.
- Tocqueville, A. de. （2000）. *Democracy in America* （D. Winthrop, Ed. ；H. C. Mansfield, Trans. ）. Chicago：University of Chicago Press.
- Van Til, J. （1988）. *Mapping the third sector：Voluntarismin a changing social economy*. New York：The Foundation Center.

Robert S. Ogilvie 文

王宇翔　译　陈恒校

860

莉莲·沃尔德
WALD, LILLIAN D.

莉莲·沃尔德(1867—1940)是一名公共健康护士和社会改革家,1867年3月10日出生于辛辛那提,其父母是德国犹太裔移民马克斯(Max D.)和明妮·施瓦兹·沃尔德(Minnie Schwarz Wald)。他们一家搬到了纽约州的罗彻斯特,沃尔德在那里读的私立小学。她逐渐厌烦了只有社会热点事件的生活方式。和她那个时代许多年轻女性一样,她想将自己的才能和天赋用于对社会有用的事情。护理提供了她想追求的一切。1891年,沃尔德从纽约医院护士培训学校(New York Hospital Training School for Nurses)毕业,之后在孤儿院工作了一年。

在纽约的女性医学院(Woman's MedicalCollege)短期学习过一段时间后,沃尔德放弃了成为一名外科医生的想法,去了位于下东区的大学社区改良会所(College Settlement),教移民家庭护理。她的一名学生生病时,她去学生家里提供帮助,发现了租屋生活的痛苦、贫困和不卫生。这些情况的存在让她震惊而惭愧,于1893年和其朋友玛丽·布卢斯特一道成立了社会服务所。凭借着一位富裕银行家的资助,沃尔德和布卢斯特在1895年成立了亨利街社区改良会所。

亨利街道服务所提供教育、休闲活动以及所有社会服务所通常提供的服务。沃尔德提供了一个运动场,帮助保留了公园用地,并提供英语课程。沃尔德通过亨利街道服务所做出了独一无二的贡献,这就是提出了公共健康护理的概念。她创立了护士上门服务(Visiting Nurses Service, VNS)以为在家病人提供服务,从而节省了资金并将医院的床位留给了危重病人。此外,正如沃尔德所发现的,病人喜欢在有家庭成员在场的熟悉环境中康复。她的创新还包括提供无宗派护理和象征性地收取费用以保护病人的尊严。在她的建议下,大都会人寿保险公司开始了一项针对投保人的护理服务。沃尔德要求这一领域的护士要有独立性,带来了提高护士教育和培训的运动。沃尔德继续向前推进其工作,在1902年提出了公立学校护士概念,1912年推动红十字成立了其城镇和乡村护理中心,将家访系统扩展到了乡村社区。

沃尔德知道亨利街道服务所服务的人群的生活受许多因素的影响,所以她尝试改善这些因素。她也服务于市长手推车委员会(Mayor's Pushcart Commission)以及纽约州移民委员会。她在1903年帮助成立了女性工会联盟(Women's Trade Union League (WTUL))。女性工会联盟在女性劳工组织中的独特性在于,它将各个阶层的女性联合起来争取工会化和劳工立法。在一战期间,沃尔德作为和平主义者帮助组建了美国反军国主义联盟(American Union Against Militarism)以阻止美国参战。1933年因为健康原因退休后,沃尔德搬到了康涅狄格州的韦斯特波特(Westport),并于1940年9月1日在那里辞世。

亦可参阅:社区改良运动(Settlement House Movement),社会服务与慈善事业(Social Services andCharity)

延伸阅读书目:
● Daniels, D. G. (1989). *Always a sister*: *The feminism of Lillian D. Wald*. New York: The Feminist Press.

Caryn E. Neumann 文
王宇翔译 陈恒校

向贫困宣战
WAR ON POVERTY

向贫困宣战是由林登·约翰逊总统在 1964 年初大张旗鼓地提出来的,它是一项谨慎的资助项目,对城市政治和联邦社会政策产生了巨大影响。创建经济机会办公室(OEO)的法律以 5 亿美元的资金发起了向贫困宣战,它负有这样的责任:整合约翰逊总统及其众多助手认为的不含偏见的努力,向被排除在战后日益丰裕之外的个人打开经济机会的大门,给予他们和别人一样的开发和运用自己能力的机会。40 年之后,向贫困宣战主要因为针对贫困儿童的学前项目"赢在起跑线"和针对年轻残疾人的工作培训和教育项目的就业服务队(Job Corps)而被人记起。但在 1960 年代,向贫困宣战是联邦社会政策革命和城市政治中种族动乱的核心,当时美国黑人正在为其在美国大城市中的政治权力和影响力而奋斗。

因为 1960 年代初非洲裔美国人失业率上升和抗议的爆发,北部城市的动乱孕育了向贫困宣战的最初想法。约翰·肯尼迪在 1963 年发起了向贫困宣战,当时他决定将其提议的民权立法和针对黑人贫困和失业的几项不过分的政策提议结合在一起。到林登·约翰逊公开向贫困宣战之时,肯尼迪的理念已经被转变为支持贫困社区和向穷人重新分配联邦资源的总统提议。从一开始,向贫困宣战就和美国黑人争取民权和平等的斗争紧密相连。

设计向贫困宣战的联邦官员拒绝向穷人重新分配收入,而是选择提升他们的技术和教育水平以解决其经济贫困——正如约翰逊政府所说,向贫困宣战是"搭一把手,而非施舍"。约翰逊的这一济贫策略体现在通过职业培训和教育服务改变穷人,而对 OEO 只进行少量的资助。联邦设计者计划通过 OEO 这一总统机构的权威动用必要的资源弥补这一差额,以将现有的联邦项目转向穷人及将其他联邦项目的资源用于社会福利项目。尽管 OEO 也有自己的项目,但将联邦资源向穷人进行重新定向和重新分配对于向贫困宣战和伟大社会同样至关重要。最终,联邦用于穷人教育、职业培训和社会服务的拨款在 1964—1969 年间增加了 80%,而所有其他非固定支出只增加了 8%。针对穷人的新项目出现了,如 1965 年的小学和初中教育法(Elementary and Secondary Education Act),人力培训和职业更新辅导等以前的项目也将其资源从中产阶级或工人阶级转向了农村和内城的穷人。

备受争议的社区行动项目是向贫困宣战的另一项重要创新。这一项目的一些设计者认为,社区行动这一项目可以在地方政府层面协调联邦服务的分配并刺激创新——他们认为这将帮助克服地方教育和社会服务机构的官僚主义。不过,该项目的发起者中还有许多人认为社区行动是一种让穷人参与决策制定的设计,是一种鼓励穷人参与该项目以改造穷人的精心设计的策略。这一贫困立法要求穷人"最大限度的灵活参与",这一雄心勃勃的措施使政治上的贫困——被排除在本地决策之外——成为这一项目致力解决的除经济贫困之外的目标之一。尽管约翰逊认为最大限度的参与这一要求会阻止南部白人将贫穷的黑人排除在外,但也有一些富于进取的官员试图将社区行动作为发动穷人的工具。

到 1965 年,社区行动是非洲裔美国人争取民权和政治权力的支点。北部城市中的黑人激进分子响应马尔科姆·艾克斯的呼吁,利用 OEO 的社区行动项目取得权力,并影响涌入许多大城市的联邦资源的重新分配。向贫困宣战的社区行动部分是黑人政治领袖和组织可以用来阻止白人将美国黑人排除在伟大社会的反贫困和就业培训项目之外的一项机制。大城市的市长如芝加哥的理查德·戴利向约翰逊抱怨 OEO 建立了互相竞争的机制,这使得约翰逊的一些顾问力劝其取缔地方社区行动机构。社区行动在这一攻击中名存实亡。甚至社区行动机构也被全国有色人种协进会的分部和种族平等大会(Congress of Racial Equality)占用,以为其组织活动筹资,约翰逊政府则忙于将社区行动转变为职业培训项目。将社区行动改造为联邦资助的社会服务机构的任务留到了尼克松政府。

向贫困宣战是非洲裔美国人在 1960 年代政治成功的关键。标杆城市项目 OEO,和其他联邦资助的社会服务机构是许多非洲裔美国人就业,尤其是非洲裔美国人中产阶级就业的源头,也是新一代黑人政治领袖出现的由来,许多黑人市长、国会议员和政府官员在向贫困宣战中迈出了他们的第一步。对社区行动的评价研究表明该项目在刺激地方社会服务机构和学校方面是成功的。向贫困宣战对穷人的动员也刺激了福利权利运动的诞生,且出乎约翰逊及其顾问意料的是,福利救济人员名册出现了增长。在 1960 到 1970 年间,领福利金的人数从 300 万增加到了 840 万。讽刺的是,尽管林登·约翰逊反对扩大社会福利转移支出,但向贫困宣战却导致针对穷人的福利支出增加。

然而向贫困宣战的经济后果是复杂的。贫困率急剧下降,而且尽管项目为贫困家庭带来了必需的帮助——在为贫困家庭提供健康护理方面发挥了重要作用——但约翰逊的反贫困策略还是失败了。职业培训项目更像现金转移支付项目，没能取消城市劳动力市场的种族界限。尽管通过了阻止住房隔离的法律，约翰逊政府也没能消除居住隔离。而且向贫困宣战的服务策略受害于越南战争带来的约翰逊的财政保守主义和巨额预算赤字。无论如何，向贫困宣战标志着承诺帮助最贫困的美国人，在 20 年的保守统治后还没有完全被遗忘。在这方面，林登·约翰逊有最终发言权。

亦可参阅：约翰逊政府的城市政策（Johnson Adrninistration：Urban Policy）

延伸阅读书目：

- Brown, M. K. (1999). *Race, money and the American welfare state*. Ithaca, NY：Cornell University Press.

- Greenstone, J. D., & Peterson, P. (1976). *Race and authority in urban politics：Community participation and the War on Poverty*. Chicago：University of Chicago Press.

- Jacobs, B. （1981）. *The political economy of organizational change：Urban institutional response to the War on Poverty*. New York：Academic Press.

- Lemann, N. (1992). *The promised land：The great black migration and how it changed America*. New York：Vintage Books.

- Marris, P., & Rein, M. (1982). *Dilemmas of social reform：Poverty and community action in the United States* (2nd ed.). Chicago：University of Chicago Press.

- Quadagno, J. (1996). *The color of welfare：How racism undermined the War on Poverty*. New York：Oxford University Press.

- Fox Piven, F., & Cloward, R. (1993). *Regulating the poor：The functions of public welfare* (Rev. ed.). New York：Vintage Books.

Michael K. Brown 文

王宇翔译　陈恒校

小萨姆·巴斯·沃纳
WARNER, SAM BASS, JR.

小萨姆·巴斯·沃纳生于 1928 年，是一位研究美国城市的城市史家。他的第一部重大著作，《有轨电车的郊区：1870—1900 波士顿的发展历程》(1962)研究了城市向 19 世纪中叶的步行城市之外的扩张。《私人城市：处于三个增长阶段的费城》(1968 年出版并获班克罗夫特奖)研究了另外一个东部殖民城市。《一哄而起的城市：美国城市史》(1972)在地理上的范围更广，特别注意纽约、芝加哥和洛杉矶，是北美城市史的基本入门书。

虽然比城市史家刘易斯·芒福德晚一个世代，沃纳和芒福德同样关注历史、城市规划和城市中居民生活质量。其后的著作包括在波士顿公共图书馆的系列讲座《我们正真的生活方式》(*The Way We Really Live*(1977))和波士顿有影响力人物的传记《里森的普罗维斯》(*Province of Reason*, 1984)。《居住即园艺：波士顿社区花园史》(*To Dwell Is toGarden*：*A History of Boston's Community Gardens*, 1987)和他与别人合作的《有助于复原的花园：治病景观》(*Restorative Gardens*：*The Healing Landscape*)反映了他对生态问题的关注。最近的著作《大波士顿：适应地区传统至今》(*Greater Boston*：*Adapting Regional Traditions to the Present*, 2001)中有沃纳对城市地标的钢笔画，目的是鼓励人们放慢速度、欣赏风景及做笔记。在 1964 年圣路易举行两百周年庆典时，沃纳编了一本《规划城市之国》(*Planning for a Nation of Cities*, 1966)，由华盛顿大学出版，其中有他的一篇文章"城市限制和联邦政策"("Urban Constraints and Federal Policy")。沃纳在期刊及论文集上发表了大量论文，经常受邀写序或多人合写著作的部分章节，比如《达到法定年龄的城市：1890 年代的芝加哥》(*A City Comes of Age*：*Chicago in the 1890s*, 1990)或 Alex Krieger 的《图示波士顿》(*Mapping Boston*, 1999)。

沃纳的研究受到了麻省理工-哈佛城市研究联合中心、华盛顿大学城市和地区研究所、约翰·西蒙·古根海姆基金奖学金(John Simon Guggenheim FoundationFellowships)、洛克菲勒基金人文学科奖学金(Humanities Fellowship of the Rockefeller Foundation)、国家人文基金的支持。他曾是城市史协会(Urban History Association)的主席。他加入的学术机构有麻省理工-哈佛城市研究联合中心、位于圣路易斯的华盛顿大学城市和地区研究所、密歇根州立大学、波士顿大学(历史和社会科学的威廉·爱德华·亨廷顿教授)、布兰戴斯大学(环境研究的杰克·耶霍夫荣休教授)、哈佛大学(历史)以及麻省理工学院(城市研究和规划系访问教授)。

沃纳在 1972 年搬到了波士顿，接受了这一挑战：

864

探索、解释在其学术生涯中经历了深刻变化的区域性大都市，寻找今天了解人类需要的城市规划可以做些什么。他的左翼政治立场使他关注的解决方案反映了他参与的、负责任的公民意识和城市史可以而且应该影响公共政策的信心。

亦可参阅：通勤（Commuting），加利福尼亚州欧文市（Irvine, California），郊区中产阶级（Middle Class in the Suburbs），新城市史（New Urban History），有轨电车的郊区（Streetcar Suburbs）

延伸阅读书目：

- Warner, S. B., Jr. (1962). *Streetcar suburbs: The process of growth in Boston, 1870 - 1900*. Cambridge, MA: Harvard University Press.
- Warner, S. B., Jr. (Ed.). (1966). *Planning for a nation of cities*. Cambridge: MIT Press.
- Warner, S. B., Jr. (1968). *The private city: Philadelphia in three periods of its growth*. Philadelphia: University of Pennsylvania Press.
- Warner, S. B., Jr. (1972). *The urban wilderness: A history of the American city*. Berkeley: University of California Press.
- Warner, S. B., Jr. (1979). The public invasion of private space and the private engrossement of public space. In I. Hammarström & T. Hall (Eds.), *Growth and transformation of the modern city* (pp. 171 - 177). Stockholm: Swedish Council for Building Research.
- Warner, S. B., Jr. (1979). A research strategy for urban history. In I. Hammarström. Hall (Eds.), *Growth and transformation of the modern city* (pp. 163 - 170). Stockholm: Swedish Council for Building Research.
- Warner, S. B., Jr. (1984). *Province of reason*. Cambridge, MA: Belknap Press of Harvard University Press.
- Warner, S. B., Jr. (1987). *To dwell is to garden: A history of Boston's community gardens*. Boston: Northeastern University Press.
- Warner, S. B., Jr. (2001). *Greater Boston: Adapting regional traditions to the present*. Philadelphia: University of Pennsylvania Press.

Micheline Nilsen 文

王宇翔译　陈恒校

威廉·劳埃德·沃纳
WARNER, WILLIAM LLOYD

威廉·劳埃德·沃纳 1898 年 10 月 26 日生于加州雷德兰兹（Redlands），在加州大学伯克利分校主修人类学，并获得艺术学士学位。他在哈佛大学攻读人类学研究生，之后去澳大利亚进行其关于土著社会组织的博士论文研究。在澳大利亚时，沃纳开始重视英国社会人类学家 A. R. 拉德克利夫布朗（A. R. Radcliffe-Brown）的结构-功能主义方法。他作为助理教授（尽管他从未获得博士学位）回哈佛大学任教，直到 1935 年得到芝加哥大学人类学和社会学系的联合聘请才离开。他在 1959 年成为密歇根州立大学的社会研究教授。

尽管在澳大利亚的工作可以使他继续研究部落社会，但沃纳却致力于研究"现代社会"。为此，沃纳 1930 至 1934 年间在马萨诸塞州纽伯里波特指导了一个大型的多层面的研究项目。在其后的 20 年里，沃纳写作或合写了他称之为"扬基城"的由五本专著构成的系列著作：《一个现代社区的社会生活》（*The Social Life of a Modern Community*，1941）、《一个现代社区的地位体系》（*The Status System of a Modern Community*，1942）、《美国族裔群体的社会体系》（*The Social Systems of American Ethnic Groups*，1945）、《现代工厂的社会体系——罢工：一项社会学分析》（*The Social System of the Modern Factory—The Strike: A Social Analysis*，1947），以及《活着的和死去的：一项对美国人象征性生活的研究》（*The Living and the Dead: A Study of the Symbolic Life of Americans*，1959）。

在扬基城的典范之后，沃纳 1949 年出版了产生重大影响的著作：《美国的社会阶层：马萨诸塞社会地位评估手册》（*Social Class in America: A Manual of Procedure for the Measurement of Social Status*）。他社会阶层的研究方法、强调态度和洞察力而非血统和经济地位的主张主导美国社会研究达几十年。他六个层次的社会等级包括三个阶层——上、中、下——每个又可分为上下两个层次。这一结构使沃纳将其注意转向美国社会不平等的其他领域。本着这种精神，他与别人合著了《谁应该被教育：机会不平等的挑战》（*Who Shall Be Educated: The Challenge of Unequal Opportunities*，1944）和《琼斯维尔的民主：质量和不平等的研究》（*Democracy in Jonesville: A Study in*

865

Quality and Inequality，1949)。

在指导扬基城项目时，沃纳加入了埃尔顿·梅奥(Elton Mayo，哈佛商学院)在伊利诺伊州西塞罗市(Cicero)的西部电气公司霍索恩分厂的研究，在那里负责设计集体实验。1946年，沃纳在应用社会科学的兴趣使他与人共同创办了社会研究有限公司(Social Research, Inc.)，这是一个专精于媒体研究的咨询公司。这些经历使沃纳写作或与人合著了几本有关公司和政府管理的著作：《美国的大企业领导人》(*Big Business Leaders in America*，1955)、《美国商业和工业的职业流动》(*Occupational Mobility in American Business and Industry, 1928—1952*，1955)、《勤勉之人：商人和商业组织》(*Industrial Man：Businessmen and Business Organizations*，1959)、《新兴美国社会的公司》(*The Corporation in the Emergent American Society*，1962)和《美国联邦管理人员：美国联邦政府民事和军事领导人的社会和个人特点研究》(*The American Federal Executive：A Study of the Social and Personal Characteristics of the Civilian and Military Leaders of the United States Federal Government*，1963)。他关于大规模组织的最后一本书是《新兴的美国社会》(*The Emergent American Society*，1967)。

沃纳对理解美国社会生活多产而创造性的贡献反映在其产生巨大影响的《美国生活：梦想与现实》(*American Life：Dream and Reality*，1953年第一版；1962年修订版)。该书始于对阵亡将士纪念日仪式的分析，止于对媒体的社会和心理学分析，沃纳表达了他对社会阶层和颜色等级、家庭、个人机会和社会流动性、工厂和社区、族裔和宗派团体以及协会等美国文化和社会主要方面的观点。在他那一代人里，只有人类学家玛格丽特·米德可以与他在美国社会评论家这一身份上一较高下。1970年5月23日，沃纳在芝加哥辞世。

亦可参阅：城市中产阶级(Middle Class in Cities)，郊区中产阶级(Middle Class in the Suburbs)，城市中的贫困和福利(Poverty and Welfare in Cities)

延伸阅读书目：

● Jackson, J. L., Jr. (2004). Warner, William Lloyd. In V. Amit(Ed.), *Biographical dictionary of social and cultural anthropology* (pp. 545-547). London and New York：Routledge, Taylor & Francis Group.

● Kimball, S. T. (1979). Warner, W. Lloyd. In D. L. Sills (Ed.), *International encyclopedia of the social sciences：Biographical supplement* (pp. 791-796). New York：The Free Press.

Robert V. Kemper 文
王宇翔译 陈恒校

华盛顿特区
WASHINGTON, D.C.

受宪法赋予国会对联邦区域有"专属管辖权"的影响，华盛顿特区的历史一直与全国政治动向紧密相连。华盛顿既是首都又是城市，因此它既承载着希望，也忍受着与城市发展相伴随的恐惧。附属于联邦权力使它一再成为全国城市政策的试验场。

联邦首都选址在波托马克河边主要是乔治·华盛顿默默支持的结果，他认为首都应该位于一个能够开发西部边疆丰富资源的理想位置，从而使其成为一个"帝国之位"(Seat of Empire)。南部希望在一个方便到达的首都上讨便宜，以保护其独特的经济利益，首都选址在波托马克河边被认为是南部的胜利。这一10平方英里的新区域位于弗吉尼亚州和马里兰州中间，保留了奴隶制，在其早期呈现出南部文化的风俗习惯。法国设计师皮埃尔·查尔斯·朗方为华盛顿特区设计的宏伟规划从建筑实体上表达了其世界主义抱负。然而现实是，国会拒绝在公共设施上进行使这里现代和高效的必要投资，华盛顿特区在初期没能实现其奠基者的期望。尽管到波托马克和俄亥俄运河开通之时，国会最终拨出资金使华盛顿特区与其他港口城市相竞争，以通过改善内部交通扩大其经济范围，但为时已晚。巴尔的摩已经通过比运河更有效率的一条铁路成功打开了西部市场。

像其后一再发生的那样，华盛顿特区继续落后于其他城市，直到联邦政府规模在一些危机之下膨胀到足够大从而刺激了华盛顿特区整体的发展，情况才发生了变化。内战是一个契机，民用和军事活动的扩大、大量逃跑和被抓捕的自由民增加了华盛顿的人口。甚至在林肯宣布《解放奴隶宣言》(*Emancipation Proclamation*)之前，国会已经终结了华盛顿特区的奴隶制。共和党人有秩序地给黑人以公民权，并采取措施确保他们在法律上得到公平对待，使华盛顿特区成为种族重建的早期标杆。采用新形式的地方政府为华

866

盛顿特区的城市发展带来了新的投资和进一步的社会改革。但对重建的强烈抵制使这一实验落空了；自治被总统任命的委员会所取代。这一成为进步主义时代委员会政府先声的三人统治实体，在最初赢得了批评者的赞扬，这些批评家认为基于选区的政党机器加重了美国大城市的负担。

这种集中的联邦控制成功调动了华盛顿特区的力量，奠定了与美西战争后美国成为世界强国相适应的不朽城市面貌。受到芝加哥世界博览会上纪念碑似的民用建筑群所散发的强大影响的启发，美国参议院的一个委员会任命了一个由世界博览会的一流建筑家组成的委员会为华盛顿特区进行了一次新规划。该委员会1901年公布的报告是美国第一份全面的城市规划，在朗方最初规划的购物中心周围规划了壮观的市民建筑群，以及由公园和连接华盛顿特区及其腹地的公园大道组成的网络。尽管这一规划的最终实现花了25年的时间，但这一新的纪念碑似的城市中心奠定了华盛顿特区作为首都的身份，哪怕它使这里的联邦机构与本地居民更加疏远。

尽管华盛顿特区没能工业化从而吸引大量的外国移民，但它吸引了一群独特的工人阶级，构成了其庞大的非裔美国人口的一部分。许多新来者进入到了位于朗方深长地块背后的小建筑物中。这些詹姆斯·博彻特(James Borchert)所谓的"迷你隔都"，在将近一代人的时间内吸引了改革者的注意。然而，两次世界大战及其带给住房的压力推迟了国会清除这些胡同建筑物的打算。原因很简单：没有其他地方供这里的居民居住。到了和平年代，在1949年《全国住房法》授予的权力之下，华盛顿特区采取了雄心勃勃的城市更新计划，旨在最终清除胡同建筑物，并在此过程中提升华盛顿的整个西南部，这里靠近首都的俗丽名声使它成为城市更新的首要目标。这一整片区域的大部分地区被拆除一空，盖上了新的联排房屋、公寓和办公大楼。这一拆迁活动给被拆迁者带来了住房危机，旨在连接市区和其新兴郊区的大胆的高速公路计划加重了这一局面。其结果是城市的主要居民——非洲裔美国人承受了更多的重新安置成本。他们反对高速公路和城市更新的抗议形成了一个要求恢复自治的更大的运动。与华盛顿特区1968年民权动乱后的社区建设活动一起，这些运动以获得地方自治权而告终，1974年确立了民选市长和市议会的制度，地方自治最终得到了实现。

在其后的25年里，城市领导人特别是小马里昂·巴里寻求用新的政府权力来满足华盛顿特区穷人的社会福利需求，并给予黑人领袖掌管城市事务的机会。

然而，国会拒绝完全取消其对华盛顿特区的控制，在地方自治法律下保留了否决华盛顿市议会立法和通过预算的权力。随着国会一再试图在华盛顿特区展开其从实行死刑到取消用于流产的联邦资金的各项工作，巴里的魄力和奢侈生活方式只会恶化双方的紧张关系。这里的组织者多年以来试图使华盛顿特区成为美国的第51个州，然而在国会就这一议题的投票中只能得到一张可靠票，在1994年的众议院投票中大败而归。其后华盛顿特区面临的法律挑战是在争取国会投票权时，在巡回法院中以一票之差落败。最高法院拒绝推翻原判。

如果其最热切的支持者在华盛顿特区诞生之初希望它成为美国增长的引擎的话，那华盛顿特区其后的历史就是一个个最失望的黯淡记录。随着时代发展，美国的第一行政区常常检验改革理念，却很少再有机会去克服这些努力的局限。没人否认参议院公园委员会的巨大遗产对华盛顿特区的城市美化运动的美学价值是持久的贡献。然而，和许多其他例子一样，社会理想比城市实体环境的改善更难实现，也更难维持。21世纪的华盛顿发展了其下城，并将其优先发展的社区扩展到了西北部。然而，整体上华盛顿特区在种族和社会上仍是极度分裂的，表明隐藏在人们殷切希望华盛顿特区发展背后的愿望尚未实现。

亦可参阅：小马里昂·巴里（Barry，Marion S.，Jr.）

延伸阅读书目：

- Abbott，C.（1999）. *Political terrain：Washington，D. C.：From Tidewater town to global metropolis*. Chapel Hill：North Carolina University Press.
- Borchert，J.（1980）. *Alley life in Washington：Family，community，religion，and folk life in the city，1850 - 1870*. Urbana：University of Illinois Press.
- Gillette，H.，Jr.（1995）. *Between justice and beauty：Race，planning，and the failure of urban policy in Washington，D. C.* Baltimore：Johns Hopkins University.
- Peterson，J. A.（2003）. *The birth of city planning in the United States，1840 - 1917*. Baltimore：Johns Hopkins University Press.

Howard Gillette Jr. 文

王宇翔译　陈恒校

哈罗德·华盛顿
WASHINGTON, HAROLD

哈罗德·华盛顿(1922—1987)是芝加哥第一位也是唯一一位民选的黑人市长。他建立了城市史上最进步的跨文化联盟。他魅力非凡,深受许多市民爱戴,芝加哥人称他为"哈罗德"。

华盛顿1922年4月5日出生于芝加哥的库克县医院。他小时候入密尔沃基圣本笃会莫尔天主教学校(Milwaukee's St. Benedict the MoorCatholic School)和芝加哥弗崴斯特维尔小学读书。之后进入杜萨博尔高中,但中途退学,后来在军队服役时获得高中文凭。华盛顿二战期间在军队服役,并晋升为授勋中士和工程兵。他在1942年7月22日与南希·芬奇(Nancy Finch)结婚。将近八年后仍无子嗣。数十年后,他又与玛丽·埃拉·史密斯(Mary Ella Smith)订婚。

光荣退伍后,华盛顿继续接受教育。1949年他在罗斯福大学获得学士学位。1952年,他获得位于伊利诺伊州埃文斯顿(Evanston)西北大学法学院的法律学位。

华盛顿是一名成功的律师和政治家。1953年他加入伊利诺伊州律师协会并在芝加哥开展其业务。1954年他成为第三选区的选区队长。1954至1958年间他是芝加哥助理检察官。1960至1964年间,他是伊利诺伊工业委员会的仲裁人。他还是全国有色人种协进会的积极会员。

华盛顿是一名民主党人,担任过几个耀眼的政治职位。1965至1976年间他是伊利诺伊州州议会的众议员。1977至1980年间任伊利诺伊州议会参议员。1981至1983年间他是美国众议院的一员。

1977年,华盛顿竞选芝加哥市长一职,但铩羽而归。在其后的六年里,华盛顿赢得了一群核心支持者,致力于帮他获得候选人资格。1983年的竞选中,通过激烈角逐,他击败了民主党的其他几位候选人,其中有市长简·伯恩和前市长理查德·戴利之子。许多白人离开民主党转而支持共和党的候选人伯纳德·爱普顿(Bernard Epton),他是一名白人。华盛顿击败爱普顿,成为芝加哥第42任市长后受到了全国的关注。在任期间,他经常与市议会的白人反对者斗争,但最终为市政府带来了彻底改变。

华盛顿也成功获得了连任,但让许多人震惊的是,他在1987年圣诞节过后没几个月便因心脏病发作去世。哈罗德·华盛顿是一位为芝加哥所有种族注入希望和自豪的伟大政治家,他将永远被人铭记。

亦可参阅:简·伯恩(Byrne, Jane M.),伊利诺伊州芝加哥市(Chicago, Illinois),芝加哥南区(South Side of Chicago)

延伸阅读书目:

● Holli, M. G., & Green, P. M. (1989). *Bashing Chicago traditions: Harold Washington's last campaign, Chicago, 1987*. Grand Rapids, MI: Eerdmans.

● Miller, A. (1989). *Harold Washington: The mayor, the man*. Chicago: Bonus Books.

Claudette L. Tolson 文

王宇翔译　陈恒校

水
WATER

美国城市的居民有各种各样获得水资源的方法,从后院的水井、水池到由联邦大坝和运河组成的巨大网络应有尽有。美国大部分城市自来水厂拥有的复杂网络超出了城市的政治边界。不管是由民选或任命的公共机构运营的,或属私人公共事业公司所有的自来水厂,其出现都源于公共服务的扩展和公共管理部门技术专长的进步,这是19世纪后半叶的特点。

在大部分美国城市,水井和水池在几乎整个19世纪里都是家庭用水的来源。私人水务公司补充了生活用水的供应,通过水桶或建设复杂的水管网络售水。在一半以上的美国城市中,私人水务公司直到1890年代仍然是唯一的建设水管网络的机构。许多大城市——其中有加州的圣何塞——所有的用水都来自于私人水务公用事业公司。

尽管私人水务公司在很长的时间里扮演着重要角色,但1880年代初之后水资源开发的趋势是水网络政府所有化及这些网络向市政边界之外扩张。费城在1801年完成了美国第一个市政府所有的供水系统。波士顿(1848)、辛辛那提(1839)、芝加哥、新奥尔良和纽约(1842)、圣路易斯(1830)等大城市很快继起仿效;市政支持者认为对抗疾病和火灾需要新的供水系统。在一个几乎所有建筑物都依靠明火提供取暖和照明的时代,火灾是一个突出的隐患。19世纪的科学研究证实受污染的水和肮脏的生活环境会带来疾病,清洁而有秩序的环境可以帮城市居民养成良好的道德秩序,供水于是成了社会改革的新内容,也成了整个社会对抗疾病和犯罪的责任。对公共卫生的这一新认识迫使城市将供水服务和其他公共卫生项目向犯罪和疾病看起来最集中的贫困区域扩展。尽管如此，所有城市都用上自来水已是几十年之后的事。

城市自来水厂建设的高潮出现在19世纪末。1880—1920年间，城市自来水厂的数目从599家增加到了9850家，公有率也从只有50%增加到了70%。如今，城市促进者坚信，如果一个城市要在全国范围内竞争商业和人口，那么包括供水和相关公共卫生在内的城市公共服务是至关重要的。这一时代末期，城市居民开始将全方位的公共服务看作城市生活理所当然的一部分。

市政用水开发带来了很多没有预料到的问题。自来水鼓励了更多用水设备的使用。这些反过来使个人用水量以惊人的速度增加。没有自来水的城市居民每天仅用3到5加仑的水；有自来水的居民每人每天的用水量急速增加到65、90和130加仑。到20世纪末，许多城市的人均用水量每天超过了200加仑。19世纪用水量的增加主要是因为水管漏水、新的用水设备和工业；现代城市中园林美化消耗了大量的水资源。无论如何，用水量的增加缩短了许多城市系统的预期寿命。比如，波士顿的科奇图维特（Cochituate）水厂仅使用了25年就需要大规模扩充。大量用水也带来了史无前例的排污问题，许多城市的公共自来水厂投入使用时传染病增加而非减少了。

当污水被排到附近的河流、湖泊、溪流，城市就要从更远的地方引水。洛杉矶从220英里之外的欧文斯河引水；旧金山、奥克兰、伯克利、里士满等北加州城市在遥远的席尔瓦内华达山脉（Sierra Nevada Mountains）建立蓄水池。这些工程将农业用水转移为城市居民和工业用水，引起了经久的憎恨，使得这些引水工程声名狼藉。西部城市霸占水资源的做法与东部城市相差无几：纽约的主要蓄水池位于103英里之外的卡茨基尔山（Catskill Mountains）；波士顿的沃楚希特和夸宾（Wachusett and Quabbin）蓄水池在该市西边65英里之处，其地下输水管途经七个城镇。

城市水资源开发的最大变化不是城市水资源网络向内陆扩展，而是地区水资源管理部门的出现和城市自来水厂整合为多功能的联邦河流开发。第一个大都市区或地区水资源委员会一夜之间取代了城市的供水服务职能，并创建了这样的机构，它能够跨城市和县管理统一的服务网络。大都市区专区对水资源的管理解除了州加诸城市的水务债券带来的债务压力，允许多个城市联合建设它们都需要的供水系统，从而扩展了供水服务的范围。大都市区专门委员会首先出现在波士顿的城市卫生服务中，随后在全国得到了广泛应用。

将城市自来水厂整合到联邦项目中的做法在美国西部比东部更普遍，但大萧条之后联邦资助对城市开发的影响则是全国性的。从胡佛大坝开始，城市中的电力销售资助了灌溉项目。胡佛大坝为洛杉矶大都市区水务专区提供了水和电。这可能最终使西部城市相比于东部城市具有显著优势。为了跟上人口的增长，波士顿和纽约必须依靠节水和寻找、阻止水资源泄漏的大工程；相反，圣迭戈可能只需要与帝王谷灌溉专区（Imperial Valley Irrigation District）协商买水就可以了。

过去的350年见证了城市供水从后院的水井、水池向由地区机构和公司管理的复杂技术系统演化的历史。向美国城市居民供水使得社区间偶尔出现暴力冲突，这只能通过整体公共权威特别是城市权威的扩大得到解决。联邦项目只是把城市的范围扩大到了农村地区。但这些开发并没有完全解决美国的供水问题。水资源浪费在许多地区仍是一个问题；污水处理不足污染了许多社区的饮用水，迫使它们将越来越多的资源用于污水处理。掩埋的工业垃圾、农业径流、垃圾场沥出物使美国许多地方重要的地下蓄水层受到了威胁。地表水的污染和管制不足有可能在未来几十年里带来比建设城市供水系统以对抗疾病、火灾更大的问题。

亦可参阅：污水和卫生系统（Sewage and Sanitation Systems）

延伸阅读书目：

● Anderson, T. L., & Hill, P. J. (1975). The evolution of property rights: A study of the American West. *Journal of Law and Economics*, 18(1), 163 - 179.

● Capano, D. (2003). Chicago's war with water: On its way topioneering our modern sewer system, Chicago survivedepidemics, floods, and countless bad plans. *American Heritage Invention & Technology Magazine*, 18(4), 50 - 58.

● Gandy, M. (1997). The making of a regulatory crisis: Restructuring New York City's water supply. *Transactions of the Institute of British Geographers*, 22 (3), 338 - 358.

● Rowland, W. G., Jr., & Heid, A. S. (1976). Water and the growth of the nation. *Journal of the Water Pollution Control Federation*, 48(7), 1682 - 1689.

Sarah Elkind 文

王宇翔译 陈恒校

869

罗伯特·韦弗
Weaver, ROBERT C.

罗伯特·克里夫顿·韦弗于 1966—1968 年间担任美国住房和城市发展部的首任部长。韦弗还是美国第一个黑人内阁部长,他于 1907 年 12 月 29 日生于华盛顿特区,卒于 1997 年 7 月 17 日。

韦弗是一个奴隶的曾孙,他生长于华盛顿特区,之后在哈佛大学获得学士和硕士学位。

1934 年博士毕业后,韦弗开始在联邦政府工作。他曾在内政部和其他几个部门供职。韦弗也是非正式组织"黑人内阁"(Balck Cabinet)的一员,该组织就黑人的就业、教育、平等权利等问题向富兰克林·D. 罗斯福提供建议。

1955 年,韦弗被纽约州长埃夫里尔·哈里曼任命为副租金专员(Deputy Rent Commissioner)。哈里曼随后将他提拔为租金专员,使他成为纽约州的第一位黑人内阁成员。

1961 年,约翰·肯尼迪总统任命韦弗领导住房与家庭金融管理局。韦弗在该任上写了一篇题为《作为美国人的黑人》的文章(The Negro as an American)。该文 1963 年 6 月刊出,讨论了黑人和白人之间的收入、就业和教育不平等。韦弗认为黑人在废奴法案颁布后取得了极大的社会和经济进步,并预测如果给予黑人足够的教育机会,黑人中产阶级在未来几十年将会发展壮大。

林登·约翰逊总统在 1966 年将住房与家庭金融管理局和其他几个部门合并为内阁级别的住房和城市发展部,并任命韦弗为首任部长。尽管一些参议员最初反对任命黑人,但韦弗以压倒性的票数被批准为美国首位黑人内阁成员。

韦弗在住房和城市发展部部长任上干到了 1968 年。他增加了可负担住房的数量,为全国第一部《公平住房法》的颁布奔走效劳,发起为全美很多城市社区带来活力的模范城市计划等被认为是他的功劳。

离任后,韦弗在亨特学院、卡内基-梅隆大学、哥伦比亚大学师范学院和纽约大学任教,之后任巴鲁克大学校长。

位于华盛顿特区的住房和城市发展部的总部大楼于 1968 年 9 月 9 日由韦弗正式开放并投入使用,为向韦弗致敬,该楼在 2000 年 7 月 11 日被更名为韦弗大楼。在更名仪式上,时任住房与城市发展部部长的安德鲁·科莫(Andrew Cuomo)赞扬韦弗一再突破种族主义的藩篱,促进了美国的福祉。

亦可参阅:1968 年公平住房法(Fair Housing Act of 1968)、联邦住房与家庭金融管理局(Federal Housing and Home Finance Agency)

延伸阅读书目:

- Biography. com. (2003). *Weaver, Robert (Clifton)* [Online]: http://www. biography. com/search/printable. jsp? aid=9525780
- U. S. Department of Housing and Urban Development. (2000, July). *HUD Headquarters Building renamed tohonor Robert C. Weaver* [Online]. Available: http://www. hud. gov/library /bookshelf18/pressrel/pr00 - 161. html
- U. S. Department of Housing and Urban Development. (2004, July). *HUD's history* [Online]: Available: http://www. hud. gov/library/bookshelf18/hudhistory. cfm

Seth R. Marcus 文

王宇翔译　陈恒校

戴尔·韦伯
WEBB, DEL E.

戴尔·韦伯(1899—1974)是一个亚利桑那州的承包商,因为建设了政府项目、大型住宅和拉斯维加斯的数座赌场而闻名全国。他最著名的是开发了被认为是退休社区经典标杆的太阳城(Sun City)。他在 1974 年去世后,他的名字成为总体规划社区领域的价值品牌,其公司继续从事大型住宅开发。该公司在 2001 年被帕尔迪房屋公司(Pulte Homes)收购,成为了后者的一个分部。

韦伯 1899 年出生于加州弗雷斯诺,学得一手木工技术,热爱棒球。在伤寒终结其体育职业生涯之前,他是一名半职业棒球运动员。韦伯在 1928 年来到菲尼克斯干沙漠,利用其木工技术开办了戴尔·韦伯建筑公司。他凭着一点运气成了菲尼克斯一家大食品公司的承包商。

1930 年代,韦伯利用联邦政府在学校、医院和住房建设上的支出扩大了其公司。他与民主党建立起了政治联系,在二战后继续享受政府支出的好处。他接的项目越来越大,比如菲尼克斯附近的卢克菲尔德(Luke Field,现为空军基地)以及亚利桑那州和加州交界处的波斯顿日本人再安置中心。

战后,韦伯转向了民用领域,建造的产品从住房到工厂无所不包。他先前的经验引导他开发总体规划社区。他的第一个大型住房项目是1948年图森市600间住房的普韦布洛加登斯(Pueblo Gardens)。他的住房开发遍布整个西部。韦伯还与霍华德·休斯建立了良好关系,为休斯飞机厂建造了生产厂房。

韦伯是开发拉斯维加斯的主角。有组织犯罪头目毕思·西里尔(Bugsy Siegel)在1946年雇佣韦伯建造弗拉明戈酒店(Flamingo Hotel)。韦伯的公开上市公司继续建造并最终拥有了其他赌场,其中有撒哈拉(Sahara)和明特(Mint)赌场。

韦伯对棒球的热爱从未稍减。他和一位合伙人在1945年买下了纽约扬基队。在赢得了10个世界冠军后,他们于1964年卖掉了该队。

韦伯最著名的是开发太阳城的活动,该城吸引了各地的老年人前来与其他同龄人过"积极退休"生活。韦伯的公司忽略了那些不看好这一想法的专家,自己进行研究。1960年,太阳城项目建在菲尼克斯市西北方向的沙漠中,在开放后的第一个周末吸引了超过10万名参观者。韦伯的公司扩建了太阳城,并在全国建了其他数座。

亦可参阅:内华达州拉斯维加斯市(Las Vegas, Nevada)

延伸阅读书目:

- Findlay, J. M.（1992）. *Magic lands: Western cityscapes and American culture after 1940*. Berkeley: University of California Press.
- Finnerty, M.（1991）. *Del Webb: A man, a company*. Flagstaff, AZ: Heritage.
- Luckingham, B.（1989）. *Phoenix: The history of a southwestern metropolis*. Tucson: University of Arizona Press.
- Moehring, E. P.（2000）. *Resort city in the Sunbelt: Las Vegas, 1930-2000*. Reno: University of Nevada Press.

John H. Akers 文

王宇翔译 陈恒校

阿德纳·韦伯
WEBER, ADNA

阿德纳·费林·韦伯(1870—1968)在其1899年

的经典之作《19世纪的城市发展:一项统计学研究》中,认为美国城市的快速增长并非特例,而只是当时正在改变西方世界的从农村向城市移民大潮中的一部分。韦伯的研究是对19世纪城市增长原因、结果进行分析的基本源头。

韦伯告诫到:尽管工业革命同步于城市的快速发展,但蒸汽动力并不被普遍认为是城市化的根源。在城市化很早之前,罗马、君士坦丁堡和其他古代大城市都曾欣欣向荣。他指出无论古代现代,最终促进城市发展的是贸易和商业(后来工业化对此贡献极大)。

韦伯指出,工业化最深刻的影响并不体现于城市,而体现于北美、南美和澳大利亚新开化的大草原,动力机器使得那里以很少的工人养活了数百万人口。其结果是世代在小块土地上耕耘的欧洲农民变得过剩了;数以千计地涌进美国的新兴城市。然而,在理解城市增长方面,这一远距离的移民不如包括美国在内的一国之内相对近距离的移民重要。

随着穷国人口涌入城市贫民窟,对城市成为疾病、犯罪、贪污腐败等藏污纳垢之所的担忧不胫而走。但韦伯认为这一担忧很大程度上忽略或低估了乡村的贫困和不道德行为,认为城市引领着社会的进步。他指出,尽管农村一般比城市更健康,但公共健康措施的实施已经让维也纳这样的城市变得比其腹地更健康,而其他城市也正做着同样的努力。只要城市继续吸引富裕、有天赋、有雄心的人,就能为城市的进步保留最大希望。韦伯对美国的城市进行研究后,得出如下结论:

- 美国城市的快速增长始于1820年代而非镀金时代;
- 在19世纪,美国城市和澳大利亚的城市已经以其高比例的移民人口,相对低的人口密度和高度郊区化而与众不同;
- 美国西部(和澳大利亚)的城市一般比其农业腹地增长得更快;且
- 过度拥挤(如纽约的下东区)引起的健康和社会问题可以通过分散人口的快速交通系统(地铁)而非建设模范公寓得到有效缓解;

韦伯的著作首次出版将近40年后,刘易斯·芒福德十分欣赏地指出这部里程碑似的著作仍然——也是明智地——没有被模仿过。该书在1963年重印时,历史学家理查德·韦德(芝加哥大学)和贝尔德·斯蒂尔(Bayrd Still,纽约大学)发现此书在为美国城市史这一新领域奠定经济学和人口学基础方面发挥了无可比拟的重要作用。

亦可参阅：城市中的贫困和福利（Poverty and Welfare in Cities），城市化（Urbanization）

延伸阅读书目：

● Weber, A. F. （1963）. *The growth of cities in the nineteenth century：A study in statistics*. Ithaca, NY：Cornell University Press. （Original work published 1899）

James Wunsch 文

王宇翔译　陈恒校

威廉·怀特
WHYTE, WILLIAM H.

威廉·霍林斯沃斯·怀特于 1917 年生于宾夕法尼亚州的韦斯特切斯特，他被认为是 20 世纪美国城市生活和城市公共空间利用最敏锐的直接目击者。怀特于 1999 年去世，他对城市和美国社会组织的观点凝结成了几本重要著作，其中有《组织人》（*The Organization Man*）和《城市小空间里的社会生活》（*The Social Life of Small Urban Spaces*）。

二战结束后，怀特在 1946 年进入《财富》杂志社工作，开始了其城市学家的职业生涯。在写作关于复员军人的系列文章时，他对当时正在形成的郊区中产阶级文化产生了浓厚兴趣。他对这一社会现象的强烈兴趣造就了开创性的《组织人》的出现。他以伊利诺伊州的一个郊区帕克福斯特（Park Forest）作为其广泛的分析和评论的试金石，展现了组织性质及受雇于其中的个人的变化以何种方式显著地影响了中产阶级的生活和他们的居住之地。该书出版于 1956 年，销售了 200 多万本，并被翻译为 12 种语言。

该书获得成功后，怀特开始在全美考察乡村空间特征的变化，这一努力在发表了数篇支持保护这些地方独一无二、特点突出的自然美的文章后达到高潮。在 1950 年代末和 1960 年代初继续这一工作的同时，怀特还是林登·约翰逊总统保护自然美景（Preservation of Natural Beauty）特遣小组成员及美国资源保护协会的理事。

怀特在 1960 年代中期将观察和分析的精力转回纽约这一他经常称之为全世界他最喜爱的地方。多年以来，怀特越来越关注于郊区方式的开发和实体规划原则以何种方式彻底主导了混乱和似乎杂乱无章的城市空间。怀特准确揭示了空间的类型，且越来越失望

于看来正侵蚀城市活力的正式规划方案的规划方式。

通过延时相机和直接观察，怀特开始记录各种各样的城市空间的社会生活，希望他的工作能够影响私人土地所有者和公共规划部门的设计方案。通过他和街头生活项目（Street Life Project）的工作，怀特开始发现有助于造就生机勃勃、积极的城市空间的共同因素。他的大部分这类工作都收录在 1980 年出版的《小型城市空间的社会生活》这本书里。在全美各地考察和研究非正式城市空间的许多个人和组织通过他们持续的努力回应着怀特的工作和遗产。

亦可参阅：纽约州纽约市（New York, New York）　*873*

延伸阅读书目：

● LaFarge, A. （Ed.）. （2000）. *The essential William H. Whyte*. New York：Fordham University Press.
● Whyte, W. H. （1956）. *The organization man*. New York：Simon & Schuster.
● Whyte, W. H. （1980）. *The social life of small urban spaces*. Washington, DC：The Conservation Foundation.
● Whyte, W. H. （1988）. *City：Rediscovering the center*. New York：Doubleday.

Max Grinnell 文

王宇翔译　陈恒校

堪萨斯州威奇塔市
WICHITA, KANSAS

威奇塔市位于堪萨斯州的中南部，是全州最大的城市，也是塞奇威克（Sedgwick）县的县治所在地，因为航空相关工业在这里的显著地位，该市俗称"世界航空之都"。威奇塔市今天的所在地曾是印第安部落数千年以来的贸易中心，因为它位于阿肯色和小阿肯色河的交汇处；其后的白人定居者也发现这里是一处很有用的贸易中心。1914 年发现石油使许多本地人获得滚滚财源，并促进了本地石油业的起步。如今，威奇塔市是全州多样化的经济引擎，其经济体系中包括重要的医药服务业、银行业、农业贸易业以及许多在这里成长起来的全国品牌，如科尔曼公司（Coleman Company）、必胜客、白色城堡汉堡（White Castle Hamburgers）和大型能源联合企业科赫工业集团（Koch Industries）。2000 年的人口统计数据显示威奇

塔市人口接近35万，面积139平方英里，有四所高等院校，还有麦康奈尔空军基地。

最早来到这里的欧洲人是西班牙探险家弗朗西斯科·瓦斯克斯·德·科罗纳多（Francisco Vasquez de Coronado），他于1541年夏在威奇塔周围探险，寻找基维拉（Quivira）神话中的黄金城市。尽管堪萨斯州南部是奥萨格部落（Osagetribes）的传统领地，与之齐名的威奇塔部落的领地还在更南边，但支持联邦政府的威奇塔部落在内战期间占据了这一区域。由詹姆斯·米德（James Mead）、威廉·格雷费斯特恩（William Greiffenstein）和杰西·奇泽姆（Jesse Chisholm）领导的外部势力1864年第一次永久性地占领了这一地区。他们的补给线路就是所谓的奇泽姆小道（Chisholm Trail），起于威奇塔奇泽姆的贸易站，止于俄克拉荷马城附近的印第安保留地；这一定居点为1865年开始的大平原印第安人战争（Plains Indian Wars）中的军队提供补给，从中获得经济利益。威奇塔在1870年7月21日建市，到1875年有居民2500人。1872年艾奇逊-托皮卡-圣菲铁路公司通往威奇塔支线铁路的开通将其转变为一个沿奇泽姆小道从得克萨斯州到俄克拉荷马州北上的数百万头肉牛的市场，进一步巩固了这里经济枢纽的地位。

自20世纪初以来，航空业一直是驱动威奇塔经济的最大引擎。克莱德·塞斯纳（Clyde Cessna）1916年将其位于金曼县（Kingman County）附近一个农场的飞机制造厂搬到了威奇塔，把尚在襁褓中的飞机制造业带到了这里。其后的几十年里，因为本地石油巨头杰克·蒙兰迪克（Jake Moellendick）的鼓动，无数个其他飞机公司出现在了威奇塔。史上最成功的三家航空公司早期都与威奇塔有联系。劳埃德·斯蒂尔曼（Lloyd Stearman）和沃尔特·比奇（Walter Beech）1925年从斯沃洛飞机公司（Swallow Air）辞职，与克莱德·塞斯纳一起创建了旅行飞机公司（Travel Air）。次年，斯蒂尔曼去了加州威尼斯（Venice, California），在那里创办了斯蒂尔曼飞机制造公司（Stearman Aircraft），塞斯纳也开办了自己的公司塞斯纳飞机制造公司（Cessna Aircraft）。1927年，斯蒂尔曼将其刚刚起步的公司带回威奇塔，第二年卖给了威廉·波音（William Boeing）。旅行飞机公司的第三个创办人比奇在1932年创办了同名公司。波音、塞斯纳、比奇（现在属于雷声 Raytheon公司）、庞巴迪公司（Bombardier，之前的里尔喷气机 Learjet）、空客公司以及其他公司现在仍将总部或重要的制造部门放在威奇塔。

该市源源不断的飞机制造能力在二战期间大显身手。对军用飞机的需求增加了这里的就业，航空业带来的繁荣使这里的人口从1940年的11.5万增加到1943年的20万。战时威奇塔超过1/4的工人直接从事于航空业，最终生产了超过3万架飞机，其中有波音B-17和B-29"飞行堡垒"轰炸机，塞斯纳T-50山猫（Bobcat）教练机和诺曼底登陆时所用的韦科CG-4滑翔机（Waco CG-4 gliders）。

航空业除塑造了威奇塔的经济外，对该市的城市形态和人口也有显著的影响。富兰克林·罗斯福总统在1941年批准了在威奇塔实行联邦住房管理局的零首付按揭方案，刺激了私人为战时的工业工人开发住房。战争期间，联邦公共住房管理局也在威奇塔建造了数以千计的住房，其中希尔托普马诺尔（Hilltop Manor）有1000套，普兰维尤（Planeview）有4382套，比奇伍德（Beechwood）有500套。只要可能，战时的住房一般建在工厂附近以方便居民步行上班，节约宝贵的汽油和橡胶资源。虽然大部分快速建造的住房已经破败了，但普兰维尤和希尔托普马诺尔的住房现在仍然存在；在过去至少30年里这两个社区的开发和更新引发了无数争议，然而它们仍然是被威奇塔高质量制造业工作吸引而来的工人阶层和新来移民充满活力的社区。 *874*

威奇塔的故事当然并不止于肉牛和飞机；这里也发生过重大历史事件。最传奇的可能是1900年12月27日的那次，基督教妇女禁酒联合会的卡里·内申（Carrie Nation）发起了其臭名昭著的暴乱中的一次，用摇滚球袭击了威奇塔下城的凯里之家（Carey House）酒馆。在1940年8月，年轻的萨克斯管吹奏者，绰号"大鸟"的查理·帕克（Charlie "Bird" Parker）在出名前与杰伊·麦克沙恩（Jay McShann）和其乐队在小镇上的一次现场演出，被威奇塔电台KFBI录了下来，这可能是他首个完整的现场录音。在1958年，威奇塔出现了一系列早期民权运动行动，其中有在百老汇和道格拉斯大道街角道科姆杂货店（Dockum Drugstore）的便餐柜台进行的成功的七月静坐。这一和平行动比更著名的北卡罗来纳州的格林斯博罗静坐早了两年，切斯特·刘易斯（Chester Lewis）也曾参与其事，他后来是迫使全国有色人种协进会改变政策方向的"激进派"的一员。最近的也是最悲剧的一次是，威奇塔因绑架、折磨、杀害连环杀手的活动而成为全国注意的焦点，该杀手在1974至2004年间令人恐怖地杀死了七名威奇塔居民。2005年，一名与该杀手有关联的59岁威奇塔男性被逮捕的新闻上了全国头条。

威奇塔还以其与全美在人口统计数据方面相接近

而知名,其中包括种族构成(比堪萨斯全州丰富得多)、人口的年龄特征、家庭收入、受教育水平以及其他标准。因此,该市长期以来被视为一个特别有用的消费品测试市场。威奇塔和许多老的、规模中等的城市一样,经受了城市投资缩减、郊区蔓延和其他挑战的周期。该市在 2004 年开始了一项雄心勃勃的计划,将濒临下城的阿肯色河沿岸改造成艺术和娱乐区。威奇塔积极的建筑保护运动在该市划出了 6 个历史区和 69 个地标性建筑,其中有肉牛大亨伯顿·哈维·坎贝尔(Burton Harvey Campbell)1888 年建的古堡式住房;美国第一座菲利普斯 66 加油站(约 1927 年);及图像建筑师弗兰克·劳埃德·赖特设计的最后一座草原风格的建筑艾伦-兰贝之家(Allen-Lambe House)。威奇塔也有众多的文化机构,其中有威奇塔爵士音乐节,一座植物园,大量的艺术和历史博物馆,堪萨斯航空博物馆,堪萨斯消防员博物馆和塞奇威克县动物园。

延伸阅读书目:

- Courtwright, J. (2000 - 2001). Want to build a miracle city? Warhousing in Wichita. *Kansas History*, *23*, 218 - 239.
- Dykstra, R. R. (1968). *The cattle towns*. New York: Alfred A. Knopf.
- Lewis, W. G. (1969). *The good old days*: *Wichita*, *1890 - 1900*. Wichita, KS: Community Press.
- Miner, H. C. (1982). *Wichita*: *The early years*, *1865 - 80*. Lincoln: University of Nebraska Press.
- Tanner, B. (1991). *Bear grease*, *builders and bandits*: *The men and women of Wichita's past*. Wichita, KS: Wichita Eagle-Beacon.

Donovan Finn 文

王宇翔译　陈恒校

威廉·卡洛斯·威廉姆斯
WILLIAMS, WILLIAM CARLOS

威廉·卡洛斯·威廉姆斯(1883—1963)是一名美国诗人,以其明快风格和对美国习惯用语的兴趣知名于世。与其他现代主义者,特别是艾略特(T. S. Eliot)不同,威廉姆斯乐观地探索看似平凡的主题,并未刻意追求形而上的、庄严崇高的主题。他有关城市美国最著名的作品是史诗《帕特森》(*Paterson*),该作品在1946 至 1961 年间出版了五本完整的和一本部分完成的著作。

威廉姆斯生于新泽西州卢瑟福(Rutherford)。他的母亲是一名波多黎各人;父亲是一名从英国来到纽约的经管人士。1897 至 1899 年间威廉姆斯在瑞士读书,1902 年从纽约的一所高中毕业。之后,他进入宾夕法尼亚大学口腔学院,很快又转到了医学院。威廉姆斯在宾州大学时结识了埃兹拉·庞德(Ezra Pound)、希尔达·杜利特尔(Hilda Doolittle)和视觉艺术家查尔斯·德穆斯(Charles Demuth)等现代主义者并与他们建立起了终生友谊。

威廉姆斯终其一生都同时身兼医生和诗人两个身份。事实上,这两种职业在他身上起了杂交反应。威廉姆斯试图用一种去除了晦涩难懂的文学典故和辞藻的方式,通过记录它们的习惯用语、语言的节奏和行为抓住其主题的精髓。

威廉姆斯的史诗《帕特森》描写的是新泽西州同名工业城镇,通过一位医生兼诗人之眼探索了其主人公的日常生活。诗人通过这种方式迫使其读者从 20 世纪城市里脚踏实地的现实中寻找诗意和崇高。威廉姆斯在 1986 和 1988 年出版了其两卷本的诗集,收录了主题、风格相似的诗歌;其中有"如是说"("This Is Just to Say")和"棒球比赛现场"("At the Ballgame")。威廉姆斯的《私酿酒》(*White Mule*)(1938)、《绰绰有余》(*In the Money*)(1940)和《就位》(*The Build-Up*)(1952)等著作中的散文同样寓崇高于平凡。

1950 年威廉姆斯的《诗选》(*Selected Poems*)和《帕特森 III》(*Paterson III*)获得了全国图书奖,他开始有了全国性的知名度。1953 年他获得了博林根诗歌奖,死后还于 1963 年获得了普利策诗歌奖。威廉姆斯的诗歌和散文类似于沃尔特·惠特曼(Walt Whitman)的作品,专注于美国方言和鉴赏力。威廉姆斯和惠特曼一样,对 20 世纪后半叶的许多诗人产生了强烈影响。其中艾伦·金斯伯格、罗伯特·洛厄尔(Robert Lowell)和保罗·布莱克本(Paul Blackburn)都显示出了威廉姆斯风格的要素。

亦可参阅:文学中的城市(City in Literature)

延伸阅读书目:

- Fisher-Wirth, A. (1989). *William Carlos Williams*: *The woods of his own nature*. University Park: Pennsylvania State University Press.
- Mariani, P. (1990). *William Carlos Williams*: *A new*

world naked. New York: McGraw-Hill.

Jason Stacy 文

王宇翔译　陈恒校

路易斯·沃思
WIRTH, LOUIS

路易斯·沃思(1897—1952)是 20 世纪杰出的社会学家和城市理论家之一。他是《隔都》(1928)(*The Ghetto*)和"作为一种生活方式的都市特性"(1938)(*Urbanism as a Way of Life*)的作者,它们是经典之作,在问世将近一个世纪之后仍在国际上使用。他一生在众多行动方面都获得了赞誉:芝加哥大学长期的学术生涯(1931—1952);对发展中的"芝加哥社会学派"的极大贡献;对全美、州和地方城市规划的参与;美国种族关系方面主要的理论家和组织者。

沃思一家生活在德国格明登(Gemünden),这里大量的非犹太人口中有少量同化的犹太家庭,沃思的家庭便是其中之一。为获得更好的教育,沃思 1911 年来到美国,1915 年成为芝加哥大学的本科生。此时正值芝加哥大学在社会学这一"新科学"——特别是城市社会学方面作为全国一流学科声名鹊起之时。芝加哥学派由阿尔比恩·斯莫尔,厄内斯特·伯吉斯和罗伯特·帕克领衔,将欧洲和美国的社会思潮整合进"城市生态学"这一研究空间模式、种族、族裔和经济竞争如何共同塑造社会群体和城市生活这一新领域。《隔都》是沃思对欧洲、美国和芝加哥犹太人居住区的经典研究,吸收了上述概念及与同化和排斥相关的一些概念。他更多地用叙事式的抒情写法而非分析式写法,探讨了是哪些因素造就了这些居住区,它们发展起来的体系,以及现代化和分散的影响。

1931 年,沃思作为一名全职教职工成为了芝加哥大学的一员。他指导的爱德华·希尔斯(Edward Shils)和菲利普·豪泽(Philip M. Hauser)等研究生后来也成名了。他作为一个理论家,对群体的种族、地点、地区、国家情结如何影响现代社会及价值观如何影响社会研究进行了思考。他在其 1938 年开创性的论文《作为一种生活方式的都市特性》中提出了界定城市的几个特征——密度、劳动分工、人口众多、经济社会多样性,创造了超越时空界定城市的文化背景("都市特性")。他思考了这些特征可能带来的群体行为的类型,如社会失范、解体、猜疑等。这是会造成假象的负面观点,因为沃思在其他地方注意到同样的城市背景会带来其他地方不能达到的自由、宽容、民主机会、智力启发水平。这埋下了从克劳德·菲舍尔(Claude Fischer)到曼纽尔·卡斯特尔斯的几代社会学家争论的伏笔。

沃思逐渐地减少了理论探索,增加了在政策、规划和发展工作方面的活动。他对国家资源规划委员会 1937 年的报告《我们的城市:它们在全国经济中的作用》贡献良多,领导了伊利诺伊战后规划委员会,并帮助建立了芝加哥大学为期不长的城市规划方面的研究生课程。

沃思在其最后的岁月里越来越关注种族关系。他曾担任美国种族关系委员会的主席,并帮助建立了跨种族组织全国协会(National Association of Interracial Organizations)和芝加哥大学种族关系教育、训练和研究委员会。他及其研究生的工作提高了芝加哥和全国对种族关系的认识。沃思在 1952 年因心脏病突发去世,但其理念继续影响着社会学、历史和城市研究领域的学者。

亦可参阅:伊利诺伊州芝加哥市(Chicago, Illinois)

延伸阅读书目:

- Salerno, R. (1983). *Urbanism as a liberal perspective.* Unpublished doctoral dissertation, New York University.
- Wirth, L. (1928). *The Ghetto.* Chicago: University of Chicago Press.
- Wirth, L. (1938). Urbanism as a way of life. *American Journal of Sociology*, 44,1 - 24.

Wendy Plotkin 文

王宇翔译　陈恒校

女性城市俱乐部
WOMAN'S CITY CLUBS

女性城市俱乐部出现于 20 世纪最初的几十年。其两个主要目的是将城市里的妇女组织起来学习市政事务、改善城市面貌,并对妇女进行公民公共责任的教育。大城市的妇女是这项运动的领头羊。芝加哥妇女在 1910 年组建了自己的城市俱乐部。之后波士顿(1913)、纽约和辛辛那提(1915)、堪萨斯城(1917)、底特律(1919)和西雅图(1922)也都出现了这样的俱乐部。稍小一点的城市如罗切斯特(1911)和纽约州的奥斯威戈(1918)也建立了自己的女性俱乐部。

城市里的男性理所当然地认为他们在城市中扮演着公共角色,且以前就组织了自己的城市俱乐部以调查市政状况。女性则不得不为其公共公民身份获得承认而展开斗争。在城市女性俱乐部下,城市女性调查了城市生活的各个方面,宣布这些方面无一不涉及到女性,而她们对此并无发言权。芝加哥城市妇女俱乐部的创建者试图将有相同想法的女性改革者组织起来,以在社会和市民活动中协调行动,在这些问题上增强对公众的教育,最终改善社会状况和当地政府。这一广泛的议程暗示城市首先且最重要地是其居民的家。它为芝加哥女性的市政工作提供了合理性。也设定了这些俱乐部从事各种市政活动的标准。

女性城市俱乐部起源于1850年代改善城市面貌联盟(Civic Improvement Leagues)的女性参与其城市生活的传统。这些早期的团体主要致力于改善城市和城镇的外在景观。然而,在女性城市俱乐部之下,胸怀市民的女性展开了更直接的行动,对教育、住房、税收、选举改革、健康和公共卫生、垃圾处理、儿童福利、劳工状况等市政问题进行了调查并要求解决。这一活动范围使女性城市俱乐部与许多其他更专注于单个问题或本质上更慈善和博爱的女性志愿组织有所不同。

女性城市俱乐部致力于用会造福更多城市居民和使城市政府为居民的社会福利承担责任的方式重塑城市环境。芝加哥的妇女俱乐部呼吁垃圾处理市政化,将城市的湖滨地带开发成免费休闲之地而非建造一个营运港口,这一主张得到了许多芝加哥男性的支持。西雅图的女性俱乐部致力于为低收入女性增加低成本住房供应。辛辛那提的女性争取纯净水源,提高下水道和排水系统。纽约的女性俱乐部组织并资助了美国第一个免费的妇产科医院,并帮助在警察局建立了一个犯罪预防处。克利夫兰的女性城市俱乐部通过检验YWCA屋顶的烟囱并公布其结果来讨伐烟雾污染。西雅图女性俱乐部市政激进主义的主张使它退出了拒绝进行直接政治行动的西雅图女性俱乐部联盟。每个女性俱乐部都致力于它认为其城市需要面对的尽可能多的问题。

各个城市的女性俱乐部之间相互支持。芝加哥俱乐部的哈丽特·维图姆(Harriet Vittum)帮助辛辛那提妇女组建了其俱乐部。来自芝加哥、辛辛那提、匹兹堡女性俱乐部的代表在1915年底召开了一次联合会议。西雅图俱乐部的贝莎·奈特·兰德斯(Bertha Knight Landes)在堪萨斯城女性城市俱乐部上发言。芝加哥的莎拉·滕尼克利夫(Sarah Tunnicliff)来到克利夫兰支持该市女性俱乐部的反烟雾污染运动。

女性城市俱乐部声明自己是无党派组织,但它们积极参与政治。女性获得投票权后,第一批进入市政府的女性中有许多都是该俱乐部的成员。贝莎·奈特·兰德斯在被选为市议员的同一年创建了西雅图的女性城市俱乐部。她在1926年被选为市长。芝加哥的哈丽特·维图姆和马里恩·德雷克(Marion Drake)在1914年参选市议员。玛丽·希克斯(Mary Hicks)是辛辛那提1925年市议会的候选人;辛辛那提俱乐部创建者之一的凯瑟琳·史迪威(Katherine F. Stilwell)在1931年竞选市议员。未来成为拉博·弗朗西斯·珀金斯(Labor Frances Perkins)秘书的埃莉诺·罗斯福和州长阿尔·史密斯的顾问贝尔·莫斯科维茨是纽约俱乐部的成员。1920年之后,女性城市俱乐部和女性选民联盟(League of Women Voters)一道在投票、选举候选人、市政问题上对女性进行教育。该俱乐部举办公民课程,邀请市政府市政办公室候选人对其成员发表讲话。女性城市俱乐部的成员也服务于非选举产生的公共部门,以推进社会福利。玛丽·麦克道尔(Mary McDowell)是芝加哥城市公共福利的理事。纽约女性俱乐部成员凯瑟琳·比门特·戴维斯(Katharine Bement Davis)是该市第一个女修正专员(Woman Commissioner of Corrections)。

因其活动的范围和希望吸引尽可能多的女性会员的声明,女性城市俱乐部倾向于比其他女性志愿组织都大。到1920年代,波士顿和芝加哥俱乐部各自的会员都超过了5000人。底特律的女性城市俱乐部在1930年代有8000名会员,甚至罗切斯特俱乐部在1925年也有2000会员。尽管俱乐部中的女性大多是白人和中产阶级,但许多俱乐部专门追求跨越社会界限。这一努力的结果参差不齐。芝加哥俱乐部里有工人阶级女性和各个族裔的女性,波士顿电话接线员工会的主席安妮·莫洛伊(Annie Molloy)也是波士顿女性城市俱乐部的一员。但更常见的是,会员在族裔上基本上是单一的,工人阶级和黑人女性另外有自己的组织。有一些黑人女性加入了芝加哥女性城市俱乐部,但大部分主要通过非裔美国人这一大组织在选区的支部进行工作的。

随着女性可以更直接地参与政治,她们离开了志愿组织,许多女性城市俱乐部也宣告解散。然而,纽约女性城市俱乐部仍然在继续运行,且迟至1951年,密歇根州安阿伯的女性还组织了一个致力于提高该市的整体福利的女性城市俱乐部。

亦可参阅：城市中的妇女（Women in Cities），妇女促进组织和志愿者协会（Women's Civic Improvement Organizations and Voluntary Associations）

延伸阅读书目：

- Flanagan, M. A. (1990). Gender and urban political reform: The City Club and the Woman's City Club of Chicago in the Progressive Era. *American Historical Review*, 95, 1032 - 1050.
- Kornbluh, A. (1986). *Lighting the way*: *The Women's City Club of Cincinnati*, 1915 - 1965. Cincinnati, OH: University ofCincinnati Press.
- Perry, E. I. (1990). Women's political choices after suffrage: The Women's City Club of New York, 1915 - 1990. *New York History*, 61, 417 - 434.

Maureen A. Flanagan 文

王宇翔译　陈恒校

妇女和公共空间
WOMEN AND PUBLIC SPACE

城市公共空间里一直都有女性的身影——她们在市场里采购、销售商品，穿过人行道和街道去上班、参加宗教和民间庆祝活动。然而，从人口统计学角度看，她们的存在是有限的。1900 年上大学的女性是少数，且只有 20％从事于非农业工作，其他 80％的女性很少周期性地远离家庭。因此，典型的城市中产阶级白人女性待在家庭和街坊邻里的时间比出现在陌生人面前的时间更长。

女性到 19 世纪中期才开始占据公共场合，在那里讨论、界定社区的集体利益。出现在公共场合就有了政治上的存在。因为女性当时尚无投票权，她们的政治身份与男性是不同的。城市史家将"公共"这一概念的内涵从投票权扩大到包含志愿团体和慈善团体后，女性的活动就越来越明显了。如果女性满足于待在家庭，那么家是女性的世界这一俗语就是多余的了。相反，数以千计的女性加入温和的游行队伍，参加志愿组织，要求获得普选权。她们对政治示威的参与使她们拥有了作为个人所没有的、在公共话语中集体发声的机会。

对女性来说，在公共场合集体行动比单独行动更安全。最好的情况下，没有年长妇女陪伴的少女会被认为是流氓恶棍的潜在的牺牲品。最糟的情况下，她们会被怀疑为道德沦丧或有混乱的男女关系。另一方面，待在家里的女性其名誉受损的风险要小得多。女性公共空间的出现因此既是机会又是危险。

私人空间一般孕育着公共行动。19 世纪的许多始于中产阶级家庭的读书社发展成了推进市政管理的志愿组织，这一理念鼓励女性像对自己家庭负责一样对城市的公共空间负责。成立于 1892 年的联邦妇女俱乐部（General Federation of Women's Clubs, GFWC）到 1910 年有将近 100 万名会员，发起了卫生和公务改革，极大地提高了城市生活质量。

在进步主义时代，社区改良会所是中产阶级女性进入公共领域的一个渠道。能够住在更好社区的、受过大学教育的女性和男性却选择"定居"于移民社区。这一运动鼎盛时，有超过 400 个社会服务所提供幼儿园、运动场、公共浴室、成人教育，此时政府尚未提供这些服务。社会服务所模糊了私人空间和公共空间的界限。它们是住在那里的女性（和男性）的私人空间，但同时也是蜂拥至污秽租屋的移民的活动室。最重要的是，社会服务所是讨论日常公共事务的场所。社会服务所运动的核心事项是移民、女性投票权和公共健康等问题上的教育。社会服务所提供了一个女性进入公共话语的平台。芝加哥简·亚当斯的希尔会所影响了地方、州和全国的儿童和女性保护性立法，同时服务所的先驱玛丽·金斯伯里·辛克诺维奇（Mary Kingsbury Simkhovitch）、莉莲·沃尔德和维达·斯卡德（Vida Scudder）也成了住房改革的知名领袖。

简·亚当斯可能是芝加哥最著名的女性了，但数以百计的不那么有名的中产阶级女性也参与到了公共生活之中。她们为重塑芝加哥社区和家庭而非大企业周围的面貌而奋斗。尽管她们在阶层、种族和族裔上各不相同，但女性活动家组成了改革城市政治和服务的联盟。数以千计的女性参与到了大规模的集会和游行之中，为争取更好的学校、住房和工作场所，有时仅为争取集会的权利而进行示威。占据有形的公共空间是进入政治影响这一象征空间的第一步。

女性所占据的空间类型依历史和文化背景及女性自身的特点而不同。如今，典型的中产阶级白人女性和其他女性、男性一起进入学习、工作和休闲等公共空间。相反，黑人和移民女性一般因为经济需要而在陌生人之间穿梭往来和工作。现在，所有种族和阶层的女性比 100 年前更经常地占据学校、工厂、办公室等室内公共空间和街道、人行道、广场、公园等户外空间。

20世纪末的女性比她们的曾祖母们待在公共空间的时间更长,但政治话语的公共领域仍然竞争激烈。平等权利修正案(Equal Rights Amendment)联盟和争取堕胎合法化的支持堕胎和反堕胎示威反映了19世纪妇女争取选举权的历程。女性现在有投票权了,但最有权力的政治机构里的女性不多:在2003年,美国国会里女性占14%,州的当选官员里26%是女性。进入21世纪后,女性占据了家庭的私人空间和工作场所的公共空间。然而,政治机构这一公共空间仍以男性为主。

亦可参阅:女性城市俱乐部(Woman's City Clubs),城市中的妇女(Women in Cities)

延伸阅读书目:

- Deutsch, S. (2000). *Women and the city: Gender, space and power in Boston, 1870 - 1940*. New York: Oxford University Press.
- Flanagan, M. (2002). *Seeing with their hearts: Chicago womenand the vision of the good city, 1871 - 1933*. Princeton, NJ: Princeton University Press.
- Lofland, L. (1998). *The public realm: Exploring the city's quintessential social territory*. New York: Aldine De Gruyter.
- Ryan, M. (1990). *Women in public: Between banners and ballots, 1825 - 1880*. Baltimore: Johns Hopkins University Press.
- Spain, D. (2001). *How women saved the city*. Minneapolis: University of Minnesota Press.

Daphne G. Spain 文

王宇翔译 陈恒校

城市中的妇女
WOMEN IN CITIES

整体而言,城市中人口的一半都是女性。然而,很多美国城市史关注于建成环境而忽略了妇女。因为强调业绩、经济、技术的研究路径,以及男性对构成城市史基本成分的公共空间和公共领域的主导,妇女被置于与此相反的位置。无论是已婚还是未婚,她们被认为是处在公众视野之外的,待在家里的私人守护者而非公共活动家,只关注于自己的小天地而非关注城市

的人。这一印象不仅错误,还系统地将城市变成了由男性定义的性别化的空间。男性从事的才是工作;男性的事业建造了城市;男性发明的技术使城市更加宜居;男性领袖带来了城市的增长和发展。为说明这些看法只是美国城市史的一部分,有必要创建一种单独的分类以考察女性在城市中的存在及对城市事务的参与。

879

妇女的工作帮助建设了殖民时期的城市。比如,在殖民地时代的费城,许多妇女都有自己的产业。她们经营酒馆、店面和零售店。她们也从事助产士和家政工作。有自己产业的妇女常常是单身或寡居的女性,所以她们自己养活自己。没有妇女通过其有偿劳动提供的服务,城市就无法正常运转。就妇女的角度而言,殖民地时代的城市可以为其提供经济机会。单身女性和男性具有同样的法律地位,所以城市地区单身女性与结婚女性之比要高一些,她们在城市有财产权,可以签订合同。但殖民地时代的城市也依赖妇女的无偿劳动。结了婚的妇女从事的家务劳动支持了家庭。她们为亲属和朋友的工作,为城市居民在面临时常出现的个人和公共危机时提供了必要的社会资本。在殖民地时代的北部城市中也被当做奴隶的女仆们,从事了使中产阶级家庭兴旺发达的繁重家庭工作。

尽管妇女在城市公共场合中的存在显而易见,她们却被认为是占据了私人空间。她们对城市的经济和社会贡献得到的承认很少超过"女性工作"。对殖民地时代城市中女性的普遍认识是她们是结婚了的,因而处于男人的保护和指导之下。这样一种认识说明了忽略妇女对城市增长的贡献是如何容易。也解释了何以大部分对穷人的有组织救济活动是由妇女主持的。男性被认为对他们自己的福利负责,而妇女经济上不能自给。她们需要保护和帮助,因此是实施救济活动的适当人选。

19世纪扩张的资本主义城市进一步推动了城市中男女应在不同的空间这一概念。随着财富越来越充足,上层和中产阶级更积极地将女性隔离在家庭这一私人世界,女仆——当时主要是年轻移民——在其中再次使一家人其乐融融成为可能。由于不必为生计担忧,社会上流和中产阶级越发倾向于将女性束缚在家庭生活中,女性家政工——此时大多由移民担任——使家务更加整洁。越来越多的工人阶级妇女走出家庭赚钱,所以这样严格的区分不能适用于工人阶级妇女。为了平衡工作和家庭生活,特别是在她们收入如此之低的情况下,工人阶级妇女依靠亲属和社区纽带获得她们生存所需的社会产品。

880

到 19 世纪中叶,美国城市成了另一个妇女群体的工作场所,没有她们的劳动,城市生活要困难得多:从欧洲天主教国家来的天主教修女。这些妇女建造并充实了医院、孤儿院和学校。她们问疾吊贫,为孤身的年轻女孩、妓女和未婚母亲提供避身之处。与此同时,中产阶级妇女跨越了私人和公共之间人为设置的界限,以及她们和工人阶级妇女之间的阶层界限。通常投身慈善的人很快转变为建设致力于减轻城市中妇女和儿童不幸的社会机构。这些妇女也开办弃儿和孤儿之家,并建立医院。早期建立的这类机构有时是短命的,如克利夫兰妇女孤儿救济院(1837 年)。其后的这类努力,如芝加哥妇女儿童医院(1865 年建立,其后依其创建者改名为玛丽·汤普森医院),成为城市中的永久设施。该医院建立五年后,因为男性医学院不接受女性,玛丽·汤普森建立了芝加哥首家妇女医学院以培训女医生。

工业化、移民和西进运动产生的大规模城市化改变了城市的本来面貌。妇女的公共存在和工作也发生了变化。女性的失业、低工资和男性的欲望提高了卖淫的可见性。曾经被认为偷偷摸摸的活动现在在城市的公共空间里更加公开可见。随着女性进入到这些空间,公务人员通过了新的规章以限制和惩罚女性的卖淫行为——而这些行为却是男性希望的——从而把她们压回私人生活领域。但她们或出于偏爱,或迫于生活所需,对此予以抵制,堕落的妇女也就成为美国城市混乱的一个标志。中产阶级女性一般更能理解迫使女性卖淫以求生存的经济压力和机会的匮乏。到 19 世纪末,城市妇女团体抗议对卖淫女性的法律歧视,并致力于减轻她们认为造成卖淫的原因并以此"矫正"女性的行为。

尽管大部分中产阶级妇女道德上厌恶卖淫行为,但她们更多地将之视为一个社会和经济问题而非道德问题,并将之视为男性强加于女性的行为。她们想通过将卖淫活动定为非法以解决这个问题。她们的这一努力失败了,主要是因为城市中许多商人和政客能从卖淫活动中获得经济利益。因为管制卖淫——当时欧洲的许多城市正在这么做——触犯了许多美国中产阶级女性和男性的道德感受力,美国城市中的卖淫和其他形式的罪恶最终转移到了较贫穷的、通常是少数族裔居住的区域。

到 19 世纪后半叶,城市中男女性别隔离造成的后果被列入进步主义时代新出现的城市改革议程。妇女被禁锢在家庭的私密世界,政治上没有声音,对城市的经济贡献还被掌握城市的男性贬低,城市中的妇女开始将城市视为一个社区,其中所有居民的福利应放在城市生活的首位。全美城镇和城市中的女性组建志愿组织以实践这一理念。在较小的城镇,为了使当地更清洁、健康、美丽,女性建立了城镇促进组织。她们种树、要求行政当局清理街道和小巷,督促居民各尽其责以保持城镇清洁。在大一点的城市,她们创建了志愿团体,以之克服城市中各种各样的问题,特别是保护妇女和儿童的健康和福利。她们敦促城市建立公共浴池,为公立学校教师(其中大部分是女性)提供更好的报酬和退休金,建造并维护小型公园和操场,并建立青少年司法体制。芝加哥妇女在 1899 年成功建立了全美最早的少年法庭。女性也呼请城市政府实施住房条例以确保所有居民拥有充足、体面的住房;管制火、水、交通系统以促进安全和公共福利。

进入 20 世纪后,城市妇女继续其机构建设活动。她们成立了工人妇女之家,社区健康中心,日间托儿所,生育控制中心等机构。这些 20 世纪初的志愿机构是如今许多国家主办的机构如儿童福利服务中心的雏形。妇女当然也建立并充实了城市中数以百计的社会服务所。如简·亚当斯的希尔会所声明的,这些机构的目的是向城市中所有阶层和所有族裔的居民证明他们在从事为城市所有居民服务的工作方面具有共同利益。会所中的妇女通过使中产阶级妇女到移民、工人阶级社区中生活,希望使城市中的不同人群认识到他们在人性上是一样的。黑人妇女在其社区组建了社会服务所,为其居民提供服务。尽管种族隔离在妇女的城市运动中普遍存在,南方尤其如此,但北部城市中黑人和白人妇女发现了利益共同点,从而使她们可以互相合作。黑人和白人妇女也发起了全国城市改革运动,这一运动创建的城市网络使她们可以分享经验并共享城市改革机构。许多会所依然存在,它们为当代美国城市中的新移民提供社会服务。在一些城市中,单个妇女负责组织不同的改革机构。在俄克拉荷马城,凯特·巴纳德(Kate Barnard)使行将就木的慈善组织互助联合会(United Provident Association)重新焕发了活力。她还组织了俄克拉荷马城童工联盟,为不熟练劳工建立了 12374 号联盟,并在俄克拉荷马城组建了妇女国际工会联盟的分部。

西雅图世纪俱乐部的贝莎·奈特·兰德斯组建了西雅图的妇女城市俱乐部,并出任西雅图妇女俱乐部联盟主席。兰德斯在 1920 年代先后担任西雅图市议员和市长。她在两年市长任期内,秉持治市如治家的理念,把所有市民的福利置于政府的第一考虑。她在寻求连任时被男性商人和工人组成的联盟击败,他们批评她的主政为"衬裙规则"(Petticoat Rule)。尽管受到了这样的嘲笑,女性早期在社会和政治上的努力造就了许多今天城市生活中必不可少的公共服务。

从20世纪到现在,美国城市还是妇女进行许多公共政治活动的场所。在选举权修正案通过以前,政治平等联盟和工作妇女平等联盟在地方上组织了全民投票,举行了争取妇女投票权的游行示威活动,户外集会,及从纽约到洛杉矶的大游行。中产阶级妇女支持工人妇女的罢工斗争,有时还加入到罢工妇女的纠察队,保释被捕入狱的纠察队员。城市是女性反对军国主义的场所。在1914年8月份,她们组织了一次女性和平大游行,督促美国置身于欧洲的战事之外。1961年12月1日,全美各城市中成千上万的妇女响应一个新的女性组织——女性罢工和平组织要求终止核扩散的呼吁,拒绝从事包括家务在内的所有工作。

城市女性在全国各地组建了女性罢工和平组织的分部,其游行示威活动也扩展到了反对越战。这些活动和其20世纪初的游行示威活动之间存在着广泛的联系,这种联系不仅体现在反对军国主义方面,还体现在女性坚持认为人类的需要应该超越经济和军事欲望。城市中的女性最初要求乳品业和城市管理、控制纯奶的分配和销售。到1962年,女性罢工和平组织力劝女性抵制牛奶,因为它们可能受到了核泄漏的污染,她们还组织压力集团,要求对牛奶的净化实施新标准。

女性在获得城市政治权力的过程中备尝艰辛。1928年兰德斯连任失败后,下一个大城市里的女市长是1971年俄克拉荷马城的佩兴斯·休厄尔·赖汀(Patience Sewell Latting)。此后,女性市长出现在了旧金山(戴安娜·范斯坦,Dianne Feinstein)、芝加哥(简·伯恩,Jane Byrne)、休斯敦(凯西·怀特米尔,Kathy Whitmire)、华盛顿特区(莎伦·普拉特·凯利,Sharon PrattKelly)、亚特兰大(雪莉·富兰克林,Shirley Franklin)等大城市。人口数量前100名的城市中,最早出现的有色人种女性市长是1987年小石城的洛蒂·沙克福德(Lottie Shacekeford)和哈特福德的嘉莉·撒克逊·佩里(Carrie Saxon Perry),她们都是非裔美国人。最早的拉丁裔女性市长是海瑟·法高(Heather Fargo,萨克拉门托,2001)。2006年初,前100名城市中仅有12名女市长,前25名城市中仅有达拉斯的市长劳拉·米勒(Laura Miller)是女性。

美国城市中女性的前途经常受制于男性的这一普遍观点:城市是一个经济增长的机器。随着城市规划在20世纪走向专业化,性别观念已深深扎入其中,并帮助决定了妇女在城市中的地位。在20世纪初,玛

丽·金斯伯里·辛克诺维奇(Mary Kingsbury Simkhovitch)力劝人们在城市规划中从生活的角度——什么是宜居城市所必须的——而非从理论的角度来考虑城市居民的需要,这是职业化的萌芽。相反,新兴职业的从业者坚持根据能充分利用城市的活动而将城市划分为不同的区域。其结果是出现了一个将城市妇女排除在能充分参与城市生活之外的永久性的界限。郊区的快速蔓延将许多妇女从身体和精神两方面彻底地与城市隔绝开了。公共交通系统要么没有通到许多郊区,要么被认为会对妇女造成危险。居住区域与商业和工业区域被隔离开的同时,妇女进城工作和经商就更困难了,就像贫穷妇女不方便到达低成本住房一样。

下城商人将那里改造成中产阶级妇女的购物场所后,这些在晚上可能人去楼空的地方在商店打烊之后对妇女也会构成危险。城市隔都和大量公共住房的长期存在使少数族裔妇女受到的限制更多,里面住的都是最贫困的妇女,通常是单身母亲,她们不容易找到工作,其子女也上不了体面的学校。美国城市中的任何一个行业中得到的报酬仍然很低。没有她们的清洁工作,酒店便要停摆。如果没有她们的贡献,医院、诊所、托儿所便要关门大吉。摩天办公大楼因她们的清洁工作而一尘不染;其办公室的工作因女秘书的存在而有条不紊。大到大型百货商店,小到社区便利店,妇女都是其中的主力军。家政工和护婴员解除了中产阶级、职业妇女外出工作的后顾之忧。小学和初中的教学工作也主要由女性承担。女性的劳动极大地促进了美国城市的繁荣。更重要的可能是,女性发起并充实了使美国城市宜居的社会服务和资源。

亦可参阅:简·伯恩(Byrne, Jane M.),性别(Gender),城市中的单身妇女(Single Women in the City),女性城市俱乐部(Woman's City Clubs)

延伸阅读书目:

● Flanagan, M. A. (2002). *Seeing with their hearts: Chicago women and the vision of the good city, 1871 - 1933*. Princeton, NJ: Princeton University Press.

● Miranne, K. B., & Young, A. H. (Eds.). (2000). *Gendering thecity: Women, boundaries, and visions of urban life*. Lanham, MD: Rowman & Littlefield.

● Spain, D. (2001). *How women saved the city*. Minneapolis: University of Minnesota Press.

● Stansell, C. (1986). *City of women: Sex and class in*

New York, *1789 - 1860*. New York: Alfred A. Knopf.

● Wulf, K. (2000). *Not all wives: Women of colonial Philadelphia*. Ithaca, NY: Cornell University Press.

Maureen A. Flanagan 文

王宇翔译　陈恒校

妇女促进城市改进组织和志愿者协会
WOMEN'S CIVIC IMPROVEMENT ORGANIZATION AND VOLUNTARY ASSOCIATION

对妇女促进城市改进组织和志愿者协会的研究揭示了妇女获得投票权之前在贫困、社会问题、政治问题等领域的参与程度。对这些领域的研究愈加清楚地展示了在城市生活中性别、阶层和权力曾经和将来是如何彼此交错、缠绕在一起的。妇女参与的组织类型和她们所处的生命阶段是一致的。上层阶级的妇女更愿意参加社会组织或所谓的妇女俱乐部。她们的活动旨在满足其阶层的社会需求。中产阶级妇女也能够参与到自己的俱乐部，但他们主要是出于慈善目的，其志愿活动旨在为移民做出合适的美国中产阶级生活方式的榜样。工人阶级妇女更愿意加入与劳工问题有关系的组织，这样的组织有时是中产阶级改革的目标，也是中产阶级女性在寻求改善工人阶级居住条件时会加入的组织。

妇女参与更正式的志愿组织的早期证据可追溯到独立战争之后出现的这类组织的发展。在独立战争之前，妇女对公共活动的参与局限于教堂活动。政府主办的教堂中有很多教民来自英格兰，这类教堂的废除导致了宗教组织和教堂志愿会员的增加。随着第二次宗教大觉醒和她们通过传教团体的活动和构成仁慈帝国（Benevolent Empire）一部分的几次复兴，到1790年妇女的组织性更强了。

妇女组织和经营的首个慈善组织是1797年在纽约成立的带小孩的寡妇济贫会（寡妇协会）。也正是在这一时期妇女的慈善机构致力于解决卖淫、酗酒、贫困、家庭暴力、失业等城市问题。1797年颁发的正式组织特许状授予了妇女作为个人所没有的集体权利。

随着乡村生活让位于城市化，对城市居民道德的关注随之增加，到1880年代初，致力于解决城市生活弊病的组织如雨后春笋般地涌现了。1800年代初美国福音传单协会（AmericanTract Society）、美国圣经学会（American Bible Society）、美国主日学联会

（American Sunday School Union（1824））先后成立。收容所、孤儿院、济贫所成为解决贫困、酗酒、流浪等社会问题的渠道。城市生活展现出的全是邪恶和与基督教认为的体面相反的一面。

在进步主义时代（1880—1914），致力于清洁城市环境的家务学和市政管家、模范市民、志愿者组织之间的联系加强了。工业革命以其城市工厂生活取代了乡间农场生活之后，灰尘也不再被强烈地认为是"肮脏的"了。农场上的尘土是自然界的一部分——并非如城市居民所认为的是污秽。工业革命和家政学的诞生使更多的妇女可以在洁净卫生环境的引导下进入科学课堂，就像市政护理可以使更多的女性在扩展到邻里层面的女性家务的指引下投身政治。

许多妇女组织起志愿者团体，致力于那些影响到妇女的政治问题。从1890年代末到1930年代中期，妇女俱乐部与全美消费者联盟（National Consumer's League）、全国儿童劳动委员会（National Child Labor Committee）等组织形成了合作关系。妇女把其关注点扩大到了影响家庭生活内外的所有方面，从而能够形塑与母亲和家庭有关的政策。比如，1910年左右出现的母亲退休金，就是许多妇女主持的改革团体努力的结果。妇女能够为自己带来巨大好处，比如针对工人妇女的劳工保护法，1912年联邦儿童局的设立，以及1921年为母亲健康教育服务的谢泼德-唐娜（Sheppard-Towner）项目。随着改善城市面貌的理想扩展到了工人和妇女、儿童的总福祉之中，许多中产阶级白人妇女俱乐部通过儿童局表达她们的意见：哪些不利于白人工人妇女及儿童。

非裔美国妇女一般通过其教堂和参与社会运动组织起来，致力于废除奴隶制、消除种族主义。为反对白人妇女团体的分离主义者本质，年妇女时代俱乐部（Women's Era Club）在1894年应运而生。由非裔美国妇女组织或为她们组织的团体有南部儿童教养协会（Association for Child Training in the South），麻省妇女联合俱乐部（Massachusetts Federation of Women's Clubs），华盛顿有色妇女联盟（Colored Women's League of Washington）。这些俱乐部到1895年被重组为一直延续到今天的全美有色妇女协会（National Association of Colored Women）。这些俱乐部的主要目标是保证非裔美国人的读写能力、增强他们接受教育的机会。

网络在早期的妇女联合组织中发挥了极为重要的作用。网络使她们能够接触到广泛的资源，影响到全国更多的妇女。没有更高层次的教育和宗教机构的支

持，早期通过网络所能达到的组织程度是不可能的。因为受过教育的妇女后来也为人妇、为人母，大学期间形成的网络使她们从事组织活动时能跨越社会阶层的界限。理想情况下，妇女因为同为主妇、母亲，以及同为家庭福祉努力团结在一起，而能够跨越彼此经济地位的不同；然而，尽管她们同样追求平等的目标和各自家庭更好的生活，但种族问题仍是隔在她们之间的一道鸿沟。

亦可参阅：性别（Gender），佛罗伦斯·凯利（Kelley, Florence），城市中的贫穷和福利（Poverty and Welfare in Cities），志愿精神和志愿团体（Voluntarism and Voluntary Associations），女性城市俱乐部（Woman's City Clubs）

延伸阅读书目：

- Friedman, L. J., & McGarvie, M. D.（Eds.）.（2003）. *Charity, philanthropy, and civility in American history*. New York：Cambridge University Press.
- Kerber, L. K., Kessler-Harris, A., & Sklar, K. S.（Eds.）.（1995）. *U. S. history as women's history：New feminist essays*. ChapelHill：University of North Carolina Press.
- Skocpol, T.（1992）. *Protecting soldiers and mothers：The political origins of social policy in the United States*. Cambridge, MA：Belknap Press of Harvard University.
- Spain, D.（2001）. *How women saved the city*. Minneapolis：University of Minnesota Press.

Teresa M. Reinders 文

王宇翔译　陈恒校

城市女性文学
WOMEN'S LITERATURE OF CITIES

尽管不能说所有的城市都有自由的环境，但完全可以肯定的是历史上的美国女作家喜欢许多城市的进步主义氛围。确实，许多女性小说家、剧作家、诗人在哲学上开放，但难以立足的美国城市中找到了立身之所。纽约市无疑是美国最能启发女性作家灵感的城市。许多美国一流的作家将之称为大苹果城。纽约社会最著名的早期编年史家可能是伊迪斯·华顿，其1920年的《纯真年代》（*The Age of Innocence*）是记录

19世纪末20世纪初纽约上层社会活动的几部小说之一。与华顿关注富裕白人如何应对现代主义的挑战不同，内勒·拉森（Nella Larsen）是第一个以有色妇女的视角考察上流社会的非洲裔美国人作家；1929年的《逝去》（*Passing*）与《纯真年代》恰成对照，是一部感情强烈的小说，描述了两名黑人女性融入上层社会中所面临的困境。

喧嚣的20年代也为纽约的一流诗人提供了背景。整个成年时代都在格林威治村写作诗歌的玛丽安·穆尔（Marianne Moore）在1925至1929年间编辑了《罗盘》（*The Dial*）一书。埃德娜·圣文森特·米莱（EdnaSt. Vincent Millay）被认为是美国的十四行诗大师之一，她在格林威治的房子一直保留到现在；她与爵士乐时代女性主义的鲜明线条结合在一起的毫无瑕疵的风格于1921年诞生了《第二个四月》（*Second April*），这是美国历史上最有力量的诗集。米莱对社会的反叛和对生活的原始欲望与路易斯·博根（Louise Bogan）的阴郁诗篇形成了鲜明对比，她1923年的《死尸》（*Body of Death*）中随处可见优雅的形而上学的自负。

道恩·鲍威尔（Dawn Powell）是另一个特立独行的纽约诗人。她的《受骗的天使》（*Angels on Toast*，1938）讽刺了美国商界的贪婪，他们甚至在大萧条期间还继续掠夺纽约的穷人。艾因·兰德（Ayn Rand）直到今天仍是美国校园中最受欢迎的作家之一，她的小说《源头》（*The Fountainhead*，1943）介绍了她的客观主义哲学。1959年葆拉·马歇尔（Paule Marshall）的《棕色女孩，褐砂石房屋》（*Brown Girl，Brownstone*）是一本自传性质的小说，讲述了1940年代成长于布鲁克林的巴贝多移民的故事。玛丽·麦卡锡（Mary McCarthy）1963年的《群体》（*The Group*）讲述了一个构思巧妙的复杂故事，书中九名瓦萨学院的毕业生揭露了1960年代纽约精英生活的空虚无聊。爱丽丝·柴尔德里斯（Alice Childress）的《心灵困惑》（*Trouble inMind*，1971）是一部以百老汇剧院为背景的感人至深的戏剧；讲述了一群在1950年代获得巨大成功的黑人演员的幕后故事。1972年以来波莱特·库珀（Paulette Cooper）的《成长中的波多黎各人》（*Growing Up Puerto Rican*）主要由心理学家库珀的一系列访谈组成，讲述了纽约市17个波多黎各第一代青少年移民的故事；反映了所有来到美国的新移民所面临的困难。丽塔·梅·布朗（Rita Mae Brown）的《红果子丛林》（*Rubyfruit Jungle*，1973）展示了一个脑脂的小镇姑娘如何转变为自信的纽约客的经历，其主人公是美国文

884

学史中第一个公开的女同性恋。艾德里安·里奇（Adrienne Rich）是最早公开的女同性恋诗人之一，她1971年的《改变的意志》（*The Will to Change*）是纽约缺乏基本社会权益的少数族裔学生的宣言诗，他们也是1970年代初里奇在美国城市学院的学生。更近的作品是托尼·莫里森（Toni Morrison）的《爵士乐》（*Jazz*，1992），这是一本探索哈莱姆复兴的小说，内容丰富有力。美国的其他城市自然也是女性作家的家园。西雅图有莫妮卡·索恩（Monica Sone），她的《第二代女性日裔美国人》（*Nisei Daughter*，1953）是一部索恩家族的自传性质的小说，讲述了第一代日本移民二战期间在集中营忍辱负重的生活和后来定居于太平洋沿岸西北部的经历。安妮·迪拉德（Annie Dillard）的《美国童年》（*American Childhood*，1987）是关于匹兹堡生活的最佳著作之一，读者从中可以窥见1950年代钢城的许多地标和机构。波士顿也有自己的伟大作家，其中有诗人艾米·洛威尔（Amy Lowell），她的名著《形态》（*Patterns*，1916）是意象主义的佳作；和女性主义作家安妮·塞克斯顿（Anne Sexton），她的《我所有的小可爱》（*All My Pretty Ones*，1962）是阴郁诗篇的盛大合集，让人联想其波士顿的另一个诗人席尔维亚·普拉斯芝加哥的格温德琳·布鲁克丝（Gwendolyn Brooks）从六岁起就开始记笔记，因为她知道她想替黑人讲述他们的经历。后来她用诗书写黑人历史达半个多世纪。《吃豆子的人》（*The Bean Eaters*，1960）是她最好的著作之一，其中"我们真的很酷"（We Real Cool）一句广为传颂。洛林·汉斯伯里（Lorraine Hansberry）的戏剧《日光下的葡萄干》（*A Raisin in the Sun*，1959）也对1950年代末芝加哥的种族关系进行了冷峻审视。

可能因为过去50年里许多移民来到加州的缘故，这里的城市诞生了许多伟大的女性作家。奥克兰有伟大的现代主义作家格特鲁德·斯泰因（Gertrude Stein）；她的《美国的成型：家庭进步史》（*Making of Americans：Being a History of a Family's Progress*）是一部长篇系列随笔和其他基于自身经验的对这个湾区城市挪揄讽刺的作品。伟大的新派记者琼·蒂蒂安（Joan Didion）1970年的小说《顺其自然》（*Play It As It Lays*）写到了洛杉矶，特别比华利山庄，这一精雕细琢的作品揭露了好莱坞豪富阶层肤浅的价值观。旧金山地区有三位杰出的当代作家。谭恩美（Amy Tan）1989年的《喜福会》（*The Joy Luck Club*）赢得了国家图书奖，其稍后1991年的《灶神之妻》（*Kitchen God's Wife*）也同样大获成功。汤婷婷（Maxine Hong

Kingston）的《女勇士》（*Woman Warrior*，1976）写的是作为第二代中国移民的作者在旧金山附近的斯图克顿成长的故事。伍慧明（Fae Myenne Ng）在《骨》（*Bone*，1993）中歌颂了同样重要的美国经历，书中讲述了第一代移民所面临的语言和文化障碍、同化以及在不同文化之间努力以求生存的故事。

考虑到美国城市在政治、社会和经济上的重要地位，美国城市中的女性渴望创造出更伟大的文学作品。

亦可参阅：文学中的城市（City in Literature），性别（Gender）

延伸阅读书目：

- Bomarito, J., & Hunter, J. W. (Eds.). (2005). *Feminism in literature：A Gale critical companion*. Detroit, MI：Thomson Gale.
- Lee, V. (Ed.). (2006). *The Prentice Hall anthology of African American women's literature*. Upper Saddle River, NJ：Pearson Prentice Hall.
- Wagner-Martin, L., & Davidson, C. N. (Eds.). (1995). *The Oxford book of women's writing in the United States*. NewYork：Oxford University Press.

Donald L. Deardorff II 文

王宇翔译　陈恒校

女性世界博览会
WOMEN'S WORLD FAIR

女性作为美国世界博览会的组织者和参与者在19世纪加入了主张妇女权利的政治运动。在大众传媒时代之前，世界博览会是一个吸引媒体注意以获得大量听众的好机会，妇女在世界博览会的历史既是争取参与的历史，也是妇女投票权运动的一部分。

主张女性参政权运动将19世纪的博览会作为抗议和吸引关注的场所。妇女在博览会表现的冲突之一是社会对妇女在公共和私人领域定位的冲突。官方的参与反映了社会对妇女活动的接纳，1876年费城世界博览会尤其如此。与此同时，女性参政权论者将每届世博会作为宣传的平台。美国第一届世博会——1853至1854年的纽约万国工业博览会（New York Exhibition of the Industry of All Nations，1853—1854）的规划和组织活动将妇女排除在外。这届博览会类似

1851年首届伦敦国际博览会,都以工业和艺术为中心。与该博览会同时进行的是1853年9月6日至7日的纽约州女性权利大会。索杰娜·特鲁思(Sojourner Truth)在这个所谓的民众大会上发言,其间请求男听众不要用嘘声打断她的演讲。

女性作为组织者参与美国世博会最早始于1876年费城百年国际展览会。争论的源头之一是女性展馆没有官方资助。女性部的展览及一系列相关事务都是由私人资助的。资金是来自全国的25名记者通过捐赠、义卖及类似活动筹集的。最终在博览会的展示受到了过于激进和过于胆小两种正相反的批评。

主张女性参政权的伊丽莎白·卡迪·斯坦顿(Elizabeth Cady Stanton)要求在1876年7月4日的展览中宣读《女性权利宣言》(Declaration of Rights for Women)。正如通信中所表明的那样,美国总统办公室和世博会组织者都不愿在这个正式平台上给斯坦顿一席之地。苏珊·安东尼(Susan B. Anthony)和全国女性选举权协会(National Woman Suffrage Association)的其他成员参加了7月4日的典礼,并在宣读完《独立宣言》后未经允许进行了这一活动。她们向听众分发了自己的宣言,然后安东尼在独立厅前面,正对着演讲者一方的平台宣读了这一宣言。

1884至1885年间的新奥尔良世界工业和棉花百年展览会上女性部门再显身手。美国国会的贷款和拨款改善了这届博览会财务管理不善的局面。在博览会组织者拒绝资金支持之后,茱莉亚·沃德·豪(Julia Ward Howe)成功从国会为女性部申请到了1.5万美元的拨款。

1893年芝加哥的世界哥伦比亚博览会因妇女大量参与到了展会的开发和设计规划而值得注意。尽管在费城博览会上女性的成就与男性的总体成就分开排列,但哥伦比亚博览会女性经理委员会(Board of Lady Managers)的主席贝莎·奥诺雷·帕尔默(Bertha Honoré Palmer)选择将女性成就作为重要故事之一在博览会的所有展览中进行展示。帕尔默在1892年10月奉献礼上的发言中,认为联邦政府最终会发现女性的价值,其重要性不亚于哥伦布发现美洲大陆。她的这一言论反映了给予女性经理组织(Lady Managers')的资金和精神支持。

女性经理(Lady Managers)组织起来全面展示女性的贡献。女性成就的象征之一是麻省理工学院的学建筑的一名学生索菲亚·海登(Sophia Hayden)赢得了女性建筑(Woman's Building)设计竞赛。女性建筑是一栋三层高的建筑,在一层前面有一排凉廊。该建筑的核心特点是带山形墙的两层壁柱。第二层饰以古典开窗法,三层则是阁楼。尽管其风格与许多博览会建筑相似,全国建筑新闻却认为它失于柔弱。

在女性建筑内部,家庭和市场生产活动被严加审视。同时,弗莉达·马扎尔(Fahreda Mahzar)作为埃及舞女之一在剧场表演了肚皮舞。

女性经理不包括有色女性的代表。尽管表达了对全世界女性待遇的关注,但对美国有色妇女关注甚少。记者和反私刑活动家艾达·韦尔斯(Ida Wells)自己印刷了小册子,批评该组织缺少非裔美国人的参与。在女性建筑举办的妇女大会(Congress of Women),也就一些社会正义问题发表了演说。女性参政主义者和工会会员的意见在这一过程中得到了充分表达。

在1920年给予妇女投票权的第19条修正案通过之后,1925年芝加哥的女性世界博览会在经济和社会上都取得了成功。这次博览会是与世界博览会相伴的女性组织的高潮。女性参政主义者和性征明显的梦幻女性都出席了整个19世纪的博览会。然而,虽然1933至1934的芝加哥世纪进步博览会和1939至1940纽约世纪博览会重新强调室内艺术和理想家庭,但有着异国情调的舞者可能是展会上最引人注目的女性了。

886

亦可参阅:1939年纽约世界博览会(New York World's Fair, 1939),女性城市俱乐部(Woman's City Clubs),妇女和公共空间(Women and Public Space),城市中的妇女(Women in Cities),妇女促进组织和志愿者协会(Women's CivicImprovement Organizations and Voluntary Associations)

延伸阅读书目:

● Centennial Exhibition. (1874 - 1875). *First* [*-second*] *annualreport of the Women's Centennial Executive Committee*. Philadelphia: J. P. Lippincott.

● Eagle, M. K. O. (Ed.). (1894). *The Congress of Womenheld in the Woman's Building, World's Columbian Exposition, Chicago, U. S. A., 1893*. Chicago and Philadelphia: Monarch.

● Findling, J. E. (Ed.). (1990). *Historical dictionary of world's fairs and expositions, 1851 - 1988*. Westport, CT: Greenwood Press.

Laura Huntoon 文

王宇翔译 陈恒校

伊丽莎白·伍德
WOOD, ELIZABETH

伊丽莎白·伍德(1899—1993)是一名住房专家，也是芝加哥住房管理局的首任局长。伍德以其在公共管理方面的天赋著称于世，她认为公共住房应是健康、公平的社区，而非穷人最后的庇护所。她创新而强力的领导力，尤其是她拒绝在公共住房中采用当时种族隔离的标准使她在1954年被芝加哥住房局扫地出门。她随后来到了纽约市，做了纽约市民住房和规划委员会(Citizens Housing and Planning Council)和福特基金会的住房顾问。

伍德生于日本，父母都是传教士，5岁时来到伊利诺伊州的布卢明顿，她父亲在那里的伊利诺伊卫斯理大学(Illinois Wesleyan University)教书。伍德在密歇根大学拿到了修辞学的学士和硕士学位，之后在瓦萨学院教了几年书，然后返回中西部，在芝加哥大学攻读博士学位。在此期间，她写了一部名为《晚霞》(*Afterglow*)的小说，并一度作为社会工作者受雇于美国慈善机构(United Charities)。有感于芝加哥面临的社会问题的严重性，以及对社会工作者有限影响的不满，她选择了研究住房问题，成了芝加哥社会机构(Chicago Council of Social Agencies)住房委员会的领导，并在其后成为芝加哥大都市区住房委员会(Metropolitan Housing Council)的首任行政秘书。她正是在这个位置上被芝加哥市长爱德华·凯利(Edward Kelly)在1937年征召为新成立的芝加哥住房局局长的。

在伍德的领导下，芝加哥住房局为超过6万的芝加哥人建造了住房。艾达-韦尔斯之家(Ida Wells Homes)、特兰伯尔·帕克(Trumbull Park)和茱莉亚·莱斯罗普(Julia Lathrop)、加布里尼和简·亚当斯之家等都是在她的领导下实施的样板项目。伍德也吸引了一批有创新能力的管理者。社会学家赫伯特·甘斯和爱德华·班菲尔德；后来宾夕法尼亚大学校长马丁·迈耶森(Martin Meyerson)；不久成为全国住房和再开发官员协会(National Association of Housing and Redevelopment Officials)执行理事的约翰·迪赛(John Ducey)都曾为她工作过。

伍德精细的管理政策反映了她的这一信条：公共住房可以为中等收入人口提供成功的社区生活。伍德坚持进行彻底的承租人筛选流程，以保证选出来的家庭能承担起社区的义务。伍德也尽力提供高质量的设计，聘请了哈里·威斯(Harry Weese)这样才华横溢的设计师。

伍德1954年被免职是因为她坚持公共住房应向所有种族的市民开放。在她的领导下，芝加哥住房局既在白人也在黑人社区实施公共住房项目，并将现有项目统筹规划。她高调公开拒绝聘请未来芝加哥市市长、当时权势颇大的民主党老板理查德·戴利的兄弟约翰·戴利，使她本已岌岌可危的位子更加雪上加霜。芝加哥住房局曾在特兰伯尔·帕克安置了一个黑人家庭，造成那里持续数月的种族暴动，这使得一个一流的调查委员会建议终止伍德的职务。当伍德公开激烈抗辩，称这一建议目的在于终止统筹芝加哥的公共住房时，她便被开除了。

亦可参阅：伊利诺伊州芝加哥市(Chicago, Illinois)

延伸阅读书目：

- Bowly, D. (1978). *The poorhouse：Subsidized housing in Chicago，1985 - 1976*. Carbondale：Southern Illinois University Press.
- Cohen, A., & Taylor, E. (2000). *American pharaoh—Mayor Richard Daley：His battle for Chicago and the nation*. Boston：Little, Brown.
- Fuerst, J. S., with Hunt, B. D. (2003). *When public housing was paradise：Building community in Chicago*. Westport, CT：Praeger.
- Meyerson, M., & Banfield, E. (1955). *Politics, planning and the public interest：The case of public housing in Chicago*. Glencoe, IL：The Free Press.

Bell Clement 文

王宇翔译　陈恒校

伍尔沃斯大厦
WOOLWORTH BUILDING

伍尔沃斯大厦以其制高点和独特的"哥特式摩天大楼"风格闻名于世。当它在1913年投入使用时，提供了纽约最出色的一流办公空间，也是一流的旅游景点，以其作为该市第一个天际线签名的象征性轮廓而声誉鹊起。

当伍尔沃斯在1910年启动这一项目时，他在美国、加拿大、英国拥有 318 家连锁商店。他在那一年选定了百老汇和公园广场（Park Place）的交汇处、布鲁克林大桥对面、正对市政厅的一块地方作为建造 20 层办公大楼的地点。他与欧文国家外汇银行（Irving National Exchange Bank）、百老汇-公园公司（Broadway-Park Place Company）形成了有限的合作关系，并选择卡斯·吉尔伯特（Cass Gilbert）作为该项目的建筑师。尽管他欣赏吉尔伯特设计的西街大厦（West Street Building），他还是选择伦敦国会大厦"垂直哥特式"地标的维多利亚塔（Victoria Tower）作为这一摩天大楼的模板。

吉尔伯特在 1911 年 1 月完成了伍尔沃斯大厦的最终设计——共 55 层，高 750 英尺，此时正值伍尔沃斯并购竞争对手、组建有 597 家店的新 F. W. 伍尔沃斯（F. W. Woolworth）公司前夕。吉尔伯特的目标，如其所述，是为伍尔沃斯公司的总部创建一种"员工"或"商业"认同感。吉尔伯特将其设计，突出居高临下的中央塔，奠基于世俗的哥特式城市旅馆（hôtels des villes）、织物大厅、中世纪弗兰德斯的钟楼之上。而伍尔沃斯的目标是建造一个"巨大的标识牌"以压倒胜家大厦，并作为世界上最高的摩天大楼主宰下曼哈顿的天际线。

伍尔沃斯在纸质媒体上宣传其战略规划，以一场盛大的照明景观庆祝大楼开业，并用永久性的照明方案，或他所谓的"站立广告"为其大楼寻找租客。伍尔沃斯大厦内部的特色有：一个拜占庭-罗马式-哥特式（Byzantine-Romanesque-Gothic）带拱廊的大厅，欧文国家银行"伊丽莎白式"的银行大厅，一个"德国中世纪"餐厅，以及伍尔沃斯自己位于 24 楼的拿破仑式的"帝国风格"行政办公室。办公室装有电灯，有的还有 20 英尺高的天花板。承租人能享受的方便有带拱廊的大厅，附近有两条可直达的地铁线，以及带气垫装备以保安全的高速电梯。该摩天大楼的藻井深嵌于地下的基岩之中，运用伸展性最好的拱门防风拉筋系统的钢架结构，以及最先进的发电、供热、供水、防火设备，其设计浓缩了当时对技术的热情。

在 1916 年一份把伍尔沃斯大厦作为体面白领工作场所的宣传方案中，可敬的帕克斯·卡德曼（Parkes Cadman）将之命名为"商业大教堂"。在经济欣欣向荣的 1920 年代，吉尔伯特的"哥特式摩天大楼"被美国内外视为美国经济成功的象征。它在 1983 年被列为"国家历史地标"，随后进行了两次修复，第一次由埃瀚柯阮兹集团（Ehrenkrantz Group）在 1978—1980 年间进行，第二次由建筑师 & 规划师拜尔·布林德·贝尔（Beyer Blinder Belle）在 1998 至 1999 年间实施。

亦可参阅：纽约州纽约市（New York，New York）

延伸阅读书目：

- Fenske, G.（2000）. Cass Gilbert's skyscrapers in New York：The twentieth-century city and the urban picturesque. In M. Heilbrun（Ed.），*Inventing the skyline：The architecture of Cass Gilbert*. New York：Columbia University Press.
- Landau, S., & Condit, C.（1996）. *Rise of the New York skyscraper，1865 - 1913*. New Haven, CT：Yale University Press.

Gail Fenske 文
王宇翔译　陈恒校

城市和郊区的工人阶级
WORKING CLASS IN CITIES AND SUBURBS

工人阶级在城市化之初就以其人数、贡献、影响在其中占有重要地位。工人不光是建设城市、保持城市经济运转的主力军；到 19 世纪他们还极大地塑造了城市的政治和文化。工人也在一开始便来到了郊区，郊区环境因之而多样化。

在美国最早的、前工业化时代的海岸城市里，工人生活和工作于紧凑而无所不包的社区。工人可分为三种类型：自由劳工、契约奴、非自由劳工。他们从事的职业有木匠、桶匠、门房、铁匠、佣人、非熟练工人等等不一而足，这些对推动早期城市经济增长至关重要。在 17 世纪，自由的熟练和非熟练工人的收入足以使他们拥有自己的住房，并过上宽裕的生活。他们一般与中产和上层阶级比邻而居，工作和社会生活空间也别无二致。手工业者、熟练工、学徒在同一屋檐下生活和工作确实司空见惯。这种社会融合度是 17 和 18 世纪步行城市的典型特征。

到 18 世纪末 19 世纪初，社会分层的加剧、经济的成熟、地价的上升改变了城市工人阶级的生活。随着贫富分化的加剧，市场经济的成熟，以及早期制造厂的出现，工人获得住房和向上流动的机会受到了限制。上升到有自己的作坊和工具的独立手工业者对工人而言日益困难。大部分工人发现自己只能成为永久的工资收入者和租客。城市的社会和空间模式在这些压力下发生了变化。社区开始出现了阶层上的隔离,有钱人住在城市中心(那里的土地最昂贵),中产阶级环绕此中心而居,工人则住在城市边缘地带。工人确实是最早的"郊区居民",他们住在难以令人满意的,也不方便的城市边缘,那里的状况足可骇人,且少有市政服务。

没有了老板的殷殷督促,工人很快形成了以小酒馆、俱乐部和工匠协会为中心的独立的社区生活和文化。最终,这里成了孕育19世纪初工人独立政治和经济运动的温床。怀抱手艺人共和主义的理想,这些工人争取经济生活中的自治、控制、独立,以重塑有美德而独立的公民,他们认为这种公民正受到放开手脚的自由市场资本主义的腐蚀。这一运动在纽约市的风头最为强劲,其工人在1829—1932年间组建了诸多工人政党。这些政党虽然没能控制市政府,但它们的确得到了一定的支持,并且是美国地方上出现的第一批政党。

随着工业城市的崛起,这些经济和社会趋势在19世纪得到了加强。工业化在全美各个城市的进程各不相同,但在19世纪末达到高潮。在纽约、费城、芝加哥这样的大城市,其工业经济足够丰富多样,因而形成了基于技能、种族、性别、国籍的非常复杂多样的工人阶级。工业出现了以机械化、去技能化、低工资、工资依赖为标志的新的工作方式。

对于这种变化,工人们反应不一。继续坚守手艺人共和主义的理想,谴责"工资奴隶制"带来依赖的白人工人,与受到独立和贫穷折磨的工人,特别是奴隶、自由黑人、亚裔人和墨西哥人越来越远。白人工人开始以自己的社会经济地位与其他群体的距离来显示自己的高贵,因而在工人阶级内部造成了严重的种族、族裔、性别分裂。到19世纪末,城市工人开始在一系列工业冲突中起而挑战资本的权力,其中尤以1877年全国铁路罢工、1880年代中叶八小时工作制运动、芝加哥血腥的秣市事件最为著名。许多城市的军械库使人想起这一阶级冲突的动荡时期。工会也在19世纪末应运而生。劳联的同业公会只允许白人、熟练工、男性工人入会,反映了上面提到的分裂。其他如世界劳工骑士团和国际工人的包容性就较大,政治上也更激进。到进步主义时代,工会主义者孜孜以求的已是糊口工资和工业民主。

仍有其他工人在早期的蓝领郊区通过获得住房这种更加个人的方式来寻求经济安全。到20世纪早期,郊区的人口和土地利用方式已多种多样。精英和中产阶级的罗曼蒂克郊区固然是一种明显可见的郊区类型,但他们并非唯一的郊区居民。工人和工厂也在郊区开辟出了自己的一片天地。工厂受廉价土地和低税收的吸引,在1900年前后大量来到郊区。工人也在郊区建立了社区,供应工厂所需要的劳工和通过拥有住房来获得经济安全的工人。移民和工人实为美国住房自有率最高的人群,其方法不外乎购买和自建。他们住在自己通常十分简陋、少有服务的郊区里。参与到这一过程的既有黑人工人,也有白人工人。

城市工人史也涉及社会、文化、政治等方面。虽然工人在工作场所的权力和自治权都在下降,但他们也在获得对自己社区和社区生活的控制。面对着城市里肮脏的生活状况,工人们还是形成了生机勃勃的社区,其中族裔商人、教堂、休闲中心、兄弟联谊会构成了社区生活的核心。移民作为城市工人阶级的主心骨,是这一过程的主角。虽然微薄,年轻工人独立的工资收入使他们有能力在城市中形成自己的亚文化,这一文化奠基于打破维多利亚时代道德观念的异性社交自由之上,以舞厅、电影院、游乐场等休闲场所为中心。到20世纪初,工人阶级对城市流行文化已产生了强有力的影响。

至于政治,政治代表的选区制度使工人的政治主张得以表达。选区的领导人为了换取工人的政治支持,努力为其工人选民提供服务和庇护,他们在一些城市与政党机器有联系。然而最近的研究表明,城市政治的政党机器模型可能强调过度了;不光大部分城市里政党机器的权力不足,而且更喜欢低税收的工人居民也时常抵制市政扩展和开支。

城市工人阶级在20世纪越来越多样、复杂,住得也越来越分散。到1930年代,在联邦政府支持和背景各异的工人们中出现"联合文化"的情况下,劳工组织取得了极大的进步。在芝加哥这样的工业城市中,之前因族裔、种族、性别、技能而严重分化的工人阶级在共同的阶级利益感之下成功地团结了起来。1936年新成立的产联就是这种团结的产物,这是美国第一个重要的大规模产业工会。美国史上有组织劳工的高峰出现在1940年代中期和1950年代早期,1954年其会员达到历史最高水平。然而,城市工人此后便分道扬镳了。有组织劳工最重要的一些成就出现在纽约市,在1950和1960年代这里推行亲民的社会政策,实施了全面医疗保险、公共住房、增加就业等措施。劳工在其他城市也在"面包和黄油"、职场问题等方面取得了一些成功,但总体来说没有对城市产生那么大的影响。1950年后劳工力量及其前进的势头在如下一些因素影响下受到了削弱:工业向南部、西部、郊区、海外等无工会地区进军;郊区化的兴起,蓝领郊区拥有住房模糊了其阶级身份；曾在劳工运动中坚定支持社会民主的共产党元气大伤；有组织劳工的体制化；民权运动对阶级团结的瓦解作用。联邦政府慷慨地帮助蓝领和中产阶级实现住房梦，随着战后越来越多的工人加入到了郊区化的大潮中，工人日益以房主自居。其结果之一是财产关系在大都市取代阶级关系成为主要的调节力量。工人越来越多地投身于保护社区的种族纯洁性和维持低税收上。"财产权"在这个过程中取代了"工人权"。

1970年后，城市工人阶级继续在经济结构调整的影响下发生转变。在大的方面来看，这一趋势是传统大规模生产产业的去工业化，和服务业部门及无工会制造业工作的增加。以工厂、工作输出为标志的去工业化，摧毁了锈蚀带城市蓝领工人的经济生活。同时，资本和劳动力的全球流动意味着美国移民劳动力的增加，1965年移民法改革之后更是如此。西海岸城市的工人阶层因拉丁和亚裔移民涌入而迅速膨胀，这些移民很多没有充分的经济和政治权利。经济结构的调整也增加了服务业工人的数量，其中许多是女性。另一个变化是诸如教师、公务员、医疗人员等公共部门工人的增加。他们组织了强有力的工会，到20世纪末40%的有组织工人都来源于此。随着他们继续像美国城市工人史上那样为其权利而斗争，这些变化在21世纪初为城市工人带来了新的挑战。

亦可参阅：秣市事件（Haymarket Riot/Massacre），私人拥有住房（Homeownership），工业郊区（Industrial Suburbs），大众文化（Mass Culture），城市与郊区的社会地理（Social Geography of Cities and Suburbs）

891

延伸阅读书目：

- Freeman, J. (2000). *Working-class New York*. New York: New Press.
- Nash, G. (1979). *The urban crucible*. Cambridge, MA: Harvard University Press.
- Nicolaides, B. (2002). *My blue heaven*. Chicago: University of Chicago Press.
- Self, R. (2003). *American Babylon*. Princeton, NJ: Princeton University Press.
- Wilentz, S. (1984). *Chants democratic*. New York: Oxford University Press.

Becky Nicolaides 文

王宇翔译　陈恒校

女工组织
WORKING WOMEN'S ORGANIZATIONS

参与妇女权利运动的女性们在影响所有年龄段女性的各类问题上单独或共同努力，其中有一项就是女工组织。全美各地社区的小股女性在诸如建立妇女主办的企业和报纸、女性书店和饭店这样的草根问题上一起努力。她们创办了简陋的妇女救济所，开通了强奸危机热线以满足性虐待和家庭暴力受害者的需要。她们一起成立了托儿中心和临时保姆合作社以便其他妇女可以外出上班挣钱。女性保健专家开办了女性诊所为所有年龄段和所有社会阶层女性，特别是低收入女性提供诸如避孕、家庭生育计划咨询。成立女工组织自然是为了满足不同的职业道路和女性中特定群体的需要。根据女性的需要，这些组织会正式或非正式地开会。开会的地点有的在大的会议中心，有的则在教堂或社区会议中心。

美国劳工部女性局（Women's Bureau of the Department of Labor）成立于1920年以服务女性，并搜集世界职业女性的数据。妇女参政权论者积极推动将工作场所改变为对女性更安全、更公平的环境。因为男性二战期间外出参战带来的劳动力短缺，妇女在1940年代进入职场。女工组织的出现是1960年代女性工作环境变化的结果。在1960年代之前，招聘广告是按性别分类的。有些工作不提供给女性，也有些工作不让男性从事。只是因为身为女性，有些工作她们就不能申请。1968年，就业机会均等委员会规定招工广告中的性别歧视是违法的。然而，该委员会权力甚微，大部分报纸对这一规定直接忽略，继续发布有性别歧视的广告。女工组织呼吁采取法律的、有效的手段以帮助阻止这一歧视行为。由贝蒂·弗里丹（Betty Friedan）资助的全国妇女组织（National Organization for Women）一路将这一问题提交到了最高法院。由于这一职业妇女组织的努力，我们现在才可能看到妇女在每个工作机会面前都受到了平等对待。男性反过来也被赋予了同样的权利，他们现在从事的工作也与上一代有所不同。贝蒂·弗里丹在1963年出版了《女性的奥秘》（*The Feminine Mystique*）一书，让许多妇女看到了从事家务活以外工作的希望，并对这种生活进行了一番展望。

女工组织不光为妇女争取法律上的保护，也为妇女争取家庭里的权利。许多女性所求无多，只希望她们在家庭内外的工作得到尊重。有的女性还希望同工同酬。这一目标直到今天尚未实现。女工组织在儿童护理、职场升迁、家务假、财务知识等方面为一些妇女提供了帮助和建议，也为妇女在如何结束虐待关系、面对性骚扰或其他歧视行为等方面提供帮助。它们用知识和激励武装妇女，让她们选择自己想过的生活。为一些女性提供了职场和家庭中没有的情谊。

如今，妇女在职场中面临着家务假、妈咪职业道路，或事业服从家庭责任的观念，及玻璃天花板等诸多问题。女工组织帮助当今的女性解决这些问题并继续为法律赋予妇女的平等权利而斗争，这些权利并非在所有工作机会中都得到了尊重。每一名女性的需求都有一个女工组织可以满足之。许多这类组织还具有职业针对性，诸如针对护士、教师、消防员等职业的组织。

一个名为全国职业女性协会（National Association of Working Women）的草根组织为妇女争取经济公正。该组织成立于 1973 年，在各州都有活跃的会员。美国大学女生联合会（American Association of University Women）的会员超过了 13.5 万人，其 1800 个分会致力于妇女的生育权、民权、就业、教育等问题。

全美商业和职业女性联盟（The National Federation of Business and Professional Women）为职业女性提供一个超越党派的视野；其诉求超越了政党界限，从所有女性的需求出发，而无论其政治主张如何。这一组织收集并分析影响女性的研究，向女性提供法律事务和可能在就业场所遇到的权利问题等方面的教育，并帮女性成为发展公共政策的忠实支持者。这一组织致力解决的问题还有玻璃天花板效应、家务假、性骚扰、职场所有领域的平等等。其会员超过了 10 万人。

全美女性主管协会（The National Association for Female Executives）是美国最大的女商人协会。这一组织向妇女提供晋升、公共政策、实现职业目标、财务独立、互助网络体系等方面的知识。该组织的会员超过了 25 万人，在地方上有 400 个以上的职业女性网络。

以上只是向女性开放的全美女工组织的一些代表。女性实现职场的平等和公平依然需要互相协作。女工组织为实现这些目标奠定了一个基石。

亦可参阅：城市中的单身女性（Single Women in the City），城市中的妇女（Women in Cities）

延伸阅读书目：

● Faludi, S. (2001). *Backlash: The undeclared war against American women*. New York: Anchor Press.
● Friedan, B. (1963). *The feminine mystique*. New York: W. W. Norton.

Janice E. Jones 文

王宇翔译　陈恒校

世界博览会和展览会
WORLD FAIRS AND EXPOSITIONS

现代世界博览会始于 1851 年在英国伦敦海德公园水晶宫举办的万国工业产品博览会。1851 年迄今，超过 100 座城市主办了世界博览会，或曰全球博览会。历届世博会在其短暂的举办期间，均以其恢宏气势吸引了全球的目光。它们是象征性的世界，是为社会经历和政治控制提供意义的合法化的建筑物。世博会是城市里的社会、经济和政治现象，对于主办城市有实实在在的影响。

世界博览会是欧洲中世纪博览会传统的延续，其诞生有着多样且文化上复杂的原因。尽管博览会是值得纪念的盛事，但对它的评论视角从视之为完全受欢迎的事件到视之为对社会现实的有问题的扰乱无所不有，表达了关于"他者"的种族主义和仇视，以及对基于资本主义文化的消费的赞美。19 世纪的博览会推动了商业和贸易活动。大型博览会也展示了艺术和技术的进步。20 世纪的博览会组织者在推动商贸活动的基础上，还加上了地方推销。21 世纪以来，开发经济取代贸易成为最重要的考虑。在各个时期，消费、娱乐和休闲活动消费是博览会的题中之义，但却不太为人注意。隐而不显但为人所重的是博览会组织者的世界观。

博览会基本上是一种欧洲文化现象。博览会在日本之外的亚洲不太常见，在拉美和非洲也一样少见。主办博览会最多的是西欧、美国、加拿大、澳大利亚、日本等地的城市。历史上，巴黎（主办了八次）和伦敦（六次）是举办博览会最多的城市，其次为纽约、布鲁塞尔和格拉斯哥（各四次）。世博会最初在欧洲各国的首都举办，后来逐渐向次一级的城市扩展。由悉尼（1879—1880）、墨尔本（1880—1881）、加尔各答（1883—1884）组成的英国殖民展览是第一批在西欧和北美以外举行的博览会，而亚特兰大博览会（1881）则是第一届由美国州府主办的独立博览会。约翰内斯堡（1936—1937）、金斯顿、牙买加（1891）、河内（1902—1903）各举办过一次博览会,说明博览会不完全是国际性的事件。南京(1910)世博会是亚洲第一届全国性的世博会,里约热内卢(1922—1923)是南美洲举办的唯一一次世博会。最近,韩国举办了大田(Taejon)1993年世博会,中国正在准备上海2010年世博会。

每次世博会的时间不长,一般持续三到六个月,不过也有一些世博会跨越几个年度、历经多个季节的。其规划和运营由许多其诉求彼此冲突、想产生许多影响、展示许多元素的参与者主持。世博会一般有一个政治和国家方面的大主题。世博会像一个陈列柜,通过国际展品、商业展示、休闲娱乐场馆宣传国家和国际思想观念。世博会一项经久不变的内容是庆祝技术和科学进步。世博会对于城市史的重大意义在于它记录了主办城市地貌和公共空间的变迁,及其对城市形态学的影响和城市轮廓的变化。只有部分博览会组织者对城市其后的发展进行规划。总之,会设计一系列活动以促进城市发展,并提供一个环境以培养有益于本地和全国的价值观。

博览会是无形外交的产物,参展国家和国际组织的数量是博览会声望的标志。衡量成功的另一项标志是参观人数,它与主办城市的规模相匹配。参观人数最多的是1900年的巴黎世博会,达到了50860801(5086万)人。与之相近的是纽约1963—1964年世博会,参观人数在半年的时间里达到了51607037(5160万)。因为大部分世博会得到了国家财政的支持,其经济结果也各不相同。危地马拉城(Guatemala City)1897世博会(The Guatemala City Exposición Centroamericana)消耗了全国预算的近三分之一,造成了危地马拉货币(Guatemalan)重组和成立中美洲联盟(Central American Union)计划的失败。新奥尔良1984年世博会得到的财政支持很少,结果市政府宣布破产,迅速关门大吉。

博览会的准备过程异常繁杂。在博览会开始的前十年,政治、商业、民间领袖组成一个联合小组以争取博览会的主办权。大部分的组织委员会需要征得国际主管部门,即1928年成立于巴黎的国际展览局(Bureau International des Expositions, BIE)的同意,其地位与国际奥林匹克委员会相当。因为每个国家只会指定一个城市,所以申请主办权先从一国之内开始,然后国际展览局会在开展前五到八年宣布主办权的归属。展览组织者准备一份标书,争取国内政治家的支持,然后向国际展览局的投票委员伸出橄榄枝。

尽管竞争过程并不强调主办城市的场地计划或功能,但每个博览会都需要一大片专门开发的场地。展览结束后对这块场地的处理各不相同,里斯本在1998年之后将之建成了新的居住和多功能区,新奥尔良的设施在1984年之后空置了很久,也有的成为了半永久的游乐场。有的构筑物很快被回收利用了,而其他部分则自生自灭了。标志性的元素如西雅图太空针塔(Seattle Space Needle)或布鲁塞尔原子球塔(the Atomium in Brussels)作为独一无二的建筑物保留了下来,在其周围的环境中鹤立鸡群。这些建筑物像1894年旧金山冬际国际博览会后修葺一新的金门大桥一样,成为了城市的代表,成为了城市形象及其功能景观两方面之永久部分。长存下来的景观元素从圣迭戈的巴尔博亚公园(Balboa Park)到巴黎举世闻名的埃菲尔铁塔不一而足。当代博览会虽然不如奥运会这样的巨型盛会那样吸引媒体的注意,但能提供实实在在和有象征意义的基础设施。

亦可参阅:1939年纽约世界博览会(New York World's Fair, 1939),女性世界博览会(Women's World Fairs)

延伸阅读书目:

- Findling, J. E. (Ed.). (1990). *Historical dictionary of world's fairs and expositions, 1851 - 1988*. Westport, CT: Greenwood Press.
- Gold, J. R., & Gold, M. M. (2005). *Cities of culture: Staging international festivals and the urban agenda, 1851 - 2000*. Burlington, VT: Ashgate.

Laura Huntoon 文

王宇翔译 陈恒校

第二次世界大战和城市
WORLD WAR II AND CITY

城市和战争并不经常紧密相连。一战时,交战双方主要致力于在战场上消灭对方的军队。然而,二战时城市成为双方空军和地面战役的主要军事目标。在美国,军队没有在城市区域纠缠,但仍离不开城市。因为城市的产出、劳动力、社会和其他经济资源,军方对大城市的评价是"民主兵工厂"。不起眼的地方也因为提供这些服务而与有荣焉。一直以来,历史学家注意到政府在西部和南部建立了军事训练基地,因为那里气候温暖,又有足够开阔的空间和相对不受妨碍的土

894

地可供训练之用。然而,这些训练基地需要交通、休闲、住房(供随军流动的平民居住)和服务,特别是水,所以他们需要这些开阔地带位于城市附近。训练基地基本上都是速成城市,需水量很大,这通常要靠附近的城市提供。所以,出于多少有些不同的原因,美国城市既是以民主兵工厂,又是以训练基地的伙伴而参战的。

美国人对美国军队在二战中的出色表现耳熟能详,但对大后方的贡献却甚少提及。大后方的生产奇迹不但供应了美国军队所需的一切,还满足了英国、俄国等盟国的诸如飞机、坦克、卡车、吉普车、鞋子、食品和炸药等许多需要。生产这些必须的物资不像在太平洋上空与日本零式战斗机决斗那样勇武,也不像通过险恶的格陵兰隘口(Greenland Gap)横跨大西洋那样危险,然而,大后方的功绩是惊人的。大后方的众多功绩中既有为战争服务的组织、生产和设计壮举,也有美国民族性的组织和设计。最后,生产奇迹和民族性奇迹合而为一。人们常将生产奇迹归因于发展的、强大的和日益能干的国家;然而,墨索里尼也有一个强大的中央国家,但意大利的战争效率却并不高。美国的民族国家肯定只是一部分原因,但目前更大的原因是为数百万人提供食宿以满足战争的需要。他们的成就在于组织、大规模生产、适应和规模。美国人从小规模甚至是白手起家创造了巨大的组织;他们开发了非熟练劳工也能操作的生产方式;他们重组了生产过程以满足生产许多新产品的需要;并且他们的规模极大而非有限。

史学家常常认为战争养肥了大企业。确实如此,但其他规模的企业也同样受益,特别是飞机制造业和造船业。它们在战前是依赖高度熟练劳工的小产业。飞机装配业最大的企业之一道格拉斯仅仅有 7000 名工人。这类企业在战时不得不在大得多的规模上进行生产,因此在战争中得到了极大的发展。一年之内,洛克希德这样的公司雇佣的工人已经达到了 9 万名。为自由号和胜利号舰船生产发动机的旧金山湾区的乔舒亚·亨迪公司(Joshua Hendy),在战争爆发时仅有 50 人,1943 年其人数已经达到了 1 万。根据 1939 年的制造业统计数据,加州有 8000 名造船业工人,这一数字到 1943 年时已达到了 28 万。一两年内在一个薄弱的甚至不存在的行业中创造出数量巨大的企业是一项令人惊诧的成就,而这只是国防生产中众多伟业中的一个,也只是遍布全国的众多壮举中的一个。

另一项大成就是处理陌生的新情况。战前美国的国防工业十分薄弱,其中许多还是政府的兵工厂和海军造船厂。私人承包商承担了一些开发合同,也生产一些原料,但没有像德国克虏伯、英国的威克斯(Vickers)或法国施耐德-克勒索(Schneider-Creusot)那样的大型公司。因为政府兵工厂和海军造船厂无法满足战时巨大的需求,私人部门不得不承担起这一任务,而他们也确实完成得很漂亮。在西海岸的造船公司,如贝特科尔(Bechtel)、凯泽和著名的六大公司的其他合作者生产了数以千计的自由号、胜利号和其他舰船。它们在战前没有造过一艘船只,然而它们克服了令人却步的种种新问题,在生产数量和生产速度上打破了纪录,包括在短短 4 天内生产一艘自由号舰船。

从生产汽车转向吉普车和两吨半的卡车对底特律的汽车商来说不算什么。生产坦克则要复杂得多,但至少还是有车轮的内燃驱动机动车。擅长制造锡罐、猪肉、牛肉的金宝汤业公司(Campbell's Soup),发现转向生产鱼雷就要困难得多了;他们起初生产的鱼雷常常打不准目标。好莱坞发动制片人、演员和漫画家制作关于梅毒的危害和漫不经心使用手雷的后果的训练影片。当观众厌倦了战争电影后,梦工厂又重新发明了新闻影片以继续为战争贡献力量。城市里的大学将本科教学项目改为海军飞行员起飞前的训练项目。加州大学伯克利分校极大地扩大了其原子项目,而麻省理工也成了雷达开发的中心。全国其他城市的大学也向这方面倾斜。

社会组织也同样发生了变化。基督教女青年会,就是基督教女青年会和救世军,全国旅游者协助协会(National Travelers Aid Association),全国天主教社区服务组织(National Catholic Community Service)和全国犹太福利委员会(National Jewish Welfare Board)等组织将它们的娱乐能力汇聚在一起,一夜之间创建了美国服务组织(United Service Organizations),或称USO,这是世界上最大的休闲娱乐组织。他们奔赴各个战区的营地、医院、运兵船和丛林进行演出。好莱坞和后台入口处的小卖部为他们提供协助,明星和初涉舞台的新手在那里跳舞、交往、聊天并为大兵们服务。明星或新手在潜艇甲板上跳踢踏舞或安德鲁斯姐妹带着男队员用悲伤肃穆的小组唱送别从布鲁克林或旧金山码头驶向薄雾中的运兵舰是战时常见的景象。

工人一般对将要做的工作也同样陌生。战争动员很快就延伸到了工人群体。兵员需求最多时达到了 1250 万男性和 50 万女性。工业部门不但需要同样多的人数填满他们留下的空缺,额外还需要 600 万人。国防工厂的工人里有家庭妇女、上高中的男孩和已过起退休生活的工业工人。许多来自美国经济贫困地区的工人过着极为贫困的生活。几乎所有新加入工业大军的人都没有在战争工业部门工作的经验，需要从头培训。训练熟练工人太耗时间，所以大规模生产是唯一的选择。雇主将工作"简化"，把它们分成最简单的步骤以适应这支不熟练的劳动大军。引人注目的是，工业家将这支由家庭主妇、单身女性、年老不能服役的男性、学生、休假的士兵、弱势群体和身有残疾的互不相干的群体组织成了一群高效的后方战士。

随着后方国防生产与海外战斗部门的融合，他们开始重新塑造一种美国的民族性。尽管美利坚民族自1776年就已存在，但其迥然不同的人民还没有形成一个民族。上了年纪的居民有西部、中西部、新英格兰、南部、阿巴拉契亚等地区身份；年纪较大的人和新移民都顽强坚持其民族的文化身份——非裔美国人、爱尔兰人、德国人、波兰人、苏格兰人、犹太人、意大利人、瑞典人、南斯拉夫人、捷克人、乌克兰人、法裔加拿大人、希腊人、墨西哥人、中国人、韩国人、菲律宾人。战争并没有立即将他们织到一张亲密无间的网里，但很快让他们彼此互相了解。日裔美国人被重新安置的故事人人皆知；但其他族裔甚至是日本之外的亚裔群体并没有这种经历。战争期间他们大部分促进了经济的发展并得到了公众的尊重；人们对将其力量贡献到国防事业中的人也不再那么容易生出厌恶之情。二战动员了1500万国防工人和1600万军人离开家乡，将他们分散到他们此前一无所知的全国的各个地方。数以百万的人首次领略美国风光。他们在工厂中一起劳作，一起体验军队和定量分配下的标准化生活，在民防组织、后台人口处和街坊庇护所中一起融合和接受动员。当金星奖章（表示阵亡美军官兵——译者注）出现在门口时，他们相对而泣；他们互相通婚，在电车和工厂中互相融合。发生暴乱时，他们跨越宗派立场维护族裔间的和平。人手不足的美国政府欢迎所有人加入战时大联合。盛大的城市公共景象彰显了所有群体对美国生活和战争努力的贡献。比如，1943年的玫瑰碗花车大游行（Rose Bowl Parade）变成了同样壮观的全美大游行，这次游行没有精巧的花车，所有的群体步行接受了检阅。黑人不那么受欢迎，但种族偏见也减轻了。

城市人的另一个共同经历是对故国的担心。美国犹太人和斯拉夫人基督徒的亲戚遭受了纳粹的灭绝政策。600万犹太人、320万苏联战俘、300万波兰基督徒和20至40万的塞尔维亚人及其他南斯拉夫人遭到了纳粹及其傀儡政权的杀害。20万希腊人在纳粹占领期间被害，而战争结束后希腊又陷入了内战。德国人将许多意大利籍犹太人送到了死亡集中营，将许多意大利基督徒送到了劳工集中营（和死亡集中营区别

不大）。英伦群岛的居民遭受了严重的空中轰炸，许多人几近饿死。德国和日本的城市被彻底摧毁。这份骇人的名单上还有日本帝国杀害的至今数目不详的数百万的中国人。美国城市居民许多人的大部分母国在这场可怕的战争中受到了严重破坏。日裔美国人的重新安置仅是战时悲剧的一部分。简言之，城市居民的经历大体一样，这不光体现在战时的付出和实际或通过别人感受到的战斗经历，还体现在对他们母国的哀痛上。美国人在城市中还从未有过如此一致的经历。美国城市充满了离家的、经历过战争的和不幸的人们。

一些历史学家用美国人民之间一直以来的分歧质疑他们战时的团结。确实有很多分歧，但是美国人首次取得了某种压倒性的共同点。趋向宽容、接纳和志愿的美国化是毫无疑问的。

城市，特别是那些有着超额生产能力的大城市极好地应对了如此纷繁复杂的人类经历。然而，政府将更多的战时投入转向了郊区和小城镇，而这些地方也经历了困难。以下这些地方受战争的打击尤其严重：北卡罗来纳州的威尔明顿、弗吉尼亚州的诺福克、加州的里士满、密歇根州的伊斯兰提（Ypsilanti）、得克萨斯州的奥兰治、密西西比州的帕斯卡古拉（Pascagoula）和伊利诺伊州的西克莫（Sycamore）。政府不得不在这些地方提供住房、街道、大巴和学校以帮助应对。小地方的战时投入要昂贵得多。

大城市也经历了艰难，但它们一般都能够自己应对。因为其潜在的军事资源，城市可以向交战的、资源紧缺的国家提供很多东西。这些东西包括大量的住房、发达的港口和港口设施、发达的码头和港口设备、供水、机场、公园和运动场的空地，可举行爱国仪式的体育馆以及数目巨大、相对复杂和未充分利用的劳动力。城市还有承担战时工作的由俱乐部、工会、大小企业、专业人士和其他资源构成的无数网路。它们与十分擅长志愿工作的各种人群彼此交融，填补了国家留下的缺口。

二战还以令人奇怪的矛盾方式影响了城市，这源于战时的人口流动。因为有3100万人离家工作或参战，美国大部分城市、城镇和乡村的人口实实在在地减少了。以最大也最著名的纽约大都市区为例，其人口减少了7.2%，其中纽约市减少了9.2%，曼哈顿减少了14.7%。在这些地方，政府的负担实际上减轻了。而另一方面，这3100万人口涌进了主要位于西部和南部的少数新兴城镇及其附近的军营，对那里形成了沉重的税负压力。弗吉尼亚州诺福克-朴茨茅斯-纽波特纽斯大都市区（Norfolk-Portsmouth-Newport News metropolitan）的人口增加了57.1%，与纽约形成强烈

对比。全国其他地方人口的增减因地而异，但总趋势不变。人口增加的大都市区几乎总是位于太平洋或大西洋海岸，大西洋沿岸从巴尔的摩往南到墨西哥湾再到科珀斯克里斯蒂（Corpus Christi，美国得克萨斯州南部港市），太平洋沿岸则从圣迭戈往北到西雅图和塔科马。人口增加的大都市区中，只有菲尼克斯、德卢斯-苏必利尔（Duluth-Superior）、底特律、代顿、埃文斯维尔等少数位于内陆地区，而大部分位于或靠近海岸线。表1列出了此时人口增加最多的城市。

战争严重打击了东西海岸的新型城市，特别是集中了三分之一新型城市的加州和得克萨斯州。战争从城市的纳税清单上划走了大片土地，从州和联邦的税收中吸收了其他收入，并通过建造新工厂促进了郊区化，消除了新的住房建设，且整体上削弱了城市的税收基础。城市的人口增加了，因而对其服务的需求也增加了。郊区不再是毫发无损的。战时工厂、海军船坞和公共住房出现在了郊区，它们要提供服务但也免于纳税。一些行业获利了，但战争常常损害公共权威。

环境恶化带来了另外的成本，虽然直到战后才需要为此付出代价。产量增加带来了更多的烟雾污染和固体垃圾，它们一般被排放到空气或水中。洛杉矶的丁二烯工厂缓解了橡胶短缺，但也埋下了战后烟雾污染的隐患。印第安纳州加里市或巴尔的摩地区的雀点市（Sparrows Point）等地大量增加的钢铁产量也带来了类似的问题。城市人口的增加也同样加重了水体污染，而这些污水也直接排进了排水沟，除非政府优先将资源用于建设新的污水处理厂。沉重的交通压力也碾碎了已建成的环境，特别是道路、下水道、桥梁、街道等基础设施，而国家并未对此进行补偿。

表1　人口增加最多的大都市区，1940年4月1日—1943年11月1日

大都市区		州	
亚拉巴马州莫比尔	60.90%	得克萨斯州	7
弗吉尼亚州诺福克-朴茨茅斯-纽波特纽斯	57.10%	加州	6
加州圣迭戈	42.90%	佐治亚州	3
南卡罗莱纳查尔斯顿	37.50%	佛罗里达州	3
堪萨斯州威奇塔	36.00%	南卡罗来纳州	2
佐治亚州萨凡那	28.90%	华盛顿州	2
华盛顿特区	27.80%	明尼苏达州	1
加州旧金山-奥克兰	26.00%	阿拉巴马州	1
俄勒冈州波特兰	24.00%	马里兰州	1

大都市区		州	
得克萨斯州博蒙特-阿瑟港	22.70%	弗吉尼亚州	1
得克萨斯州科珀斯克里斯蒂	22.40%	密歇根州	1
佐治亚州哥伦布	22.20%	堪萨斯州	1
佐治亚州梅肯	21.50%	华盛顿特区	1
华盛顿州塔科马	20.60%	俄勒冈州	1
得克萨斯州沃斯堡	18.80%	俄克拉荷马州	1
得克萨斯州加尔维斯顿	18.20%	亚利桑那州	1
华盛顿州西雅图	18.20%	西弗吉尼亚州	1
佛罗里达州杰克逊维尔	16.60%	俄亥俄州	1
得克萨斯州圣安东尼奥	15.30%	印第安纳州	1
西弗吉尼亚州查尔斯顿	14.70%	肯塔基州	1
俄亥俄州代顿	14.60%		

信息来源：美国人口普查局（1947）。《国家与城市数据手册》（Country and city data book）：华盛顿特区，美国政府印刷局。

因为战时工资膨胀和征兵，城市流失了大量雇员。一些消防和警察部门的人数比市政服务需求爆炸性扩大时的水平减少了10%—15%。战争还增加了很少受过训练的城市规划者，以及建筑师、机械师、土木工程师和其他有规划技术者的数量。之后战时繁荣迫使政府和私人企业以最小限度的规划仓促地建造住房、工业复合体、道路、船坞、基地和医院。用于战争的一切必须现在完工，所以规划只能以后再做。战争结束时，城市留下了大量有待完善以填补16年建筑空白的战后建筑项目，它们经常屈从于公共工程部门而非专业的规划师。

战争在新兴城市为公共交通带来了某种程度的复兴。汽车生产的中断，以及汽油和轮胎的定量供应，带来了向公共交通的大规模转变，哪怕在汽车文化盛行的加州也是如此。这种发展阻止了几乎普遍存在的公共交通的衰落，并带来了乘客人数和收入的复苏。这种复苏带动了一些改进，比如轮渡的恢复，但是没能阻止公共交通长期的衰落，它在战后短缺减轻时又迅速重返衰落轨道了。

法律执行问题也一直困扰着战时的新兴城市。在

897

平民和军队人口都增加的地方,参军带来的警察数量的减少不是政府主持的海岸巡逻队和军队警察所能弥补的。而且,多数情况下是城市自己承担全部执法任务。尽管当时的舆论制造者经常谴责青少年违法犯罪问题,但数据显示没有多到要担心社会解体的程度。二战减少了警察局的数量,也同样减少了消防局的数量,这加重了火灾隐患,数量巨大的高可燃物和高爆炸性物品被源源不断地生产出来。和对警察的态度一样,战时的大部分时候政府拒绝推迟对消防员的征募。但消防员还是奇迹般地想方设法避免了像1906年旧金山地震大火或1871年芝加哥大火那样的火灾。344人在1944年芝加哥港爆炸中遇难,但那是海军的责任,与城市无关。

二战为呈爆炸性发展的城市带来了住房问题。战争很快使公共改革住房问题转为战时工人住房问题,但政府建造的住房只是杯水车薪。华盛顿在住房较少的地方建造了一些住宅,但不足以容纳集中到新兴城市的1500万国防工人。人们只好想法设法挤进现有的房子里,捱到战争结束再寻找条件更好的地方。他们合居一室、住帐篷、租住房屋的后沿、栖身于小旅馆、从很远的地方通勤上班、转租家人的房子、睡在学校的体育馆、露营于城市宿舍或开阔地带、挤在阁楼、地下室和客房。尽管有这些明显的不便,但城市提供了足够的住所、使国防生产维持在创纪录的水平。

二战既促进了也抑制了休闲娱乐。二战期间的灯火管制,汽车、轮胎和汽油的定量配给,以及对日本空袭大规模人口的恐慌抑制了很多消遣。然而战时的紧张、辛苦劳作和孤独寂寞刺激了对休闲娱乐的巨大需求,城市和志愿者组织有意回应这一巨大的娱乐潜能。战争还带来了步行和公共交通的复兴,所以城市的博物馆、公园、运动场、美术馆、音乐节、健身房、花园、体育馆、高尔夫球场、游泳池、海滩和从旧金山科伊特塔(Coit Tower)到纽约的自由女神像的远眺点的人都络绎不绝。城市为平民和军人提供娱乐项目,并将其收入用于国防事业。诸如劳军联合组织、美国女性志愿者服务联盟(American Women's Volunteer Services)、美国女性社区服务(American Women's Community Services)、美国军团(American Legion)、海外作战退伍军人协会(Veterans of Foreign Wars)等私人组织,以及从共济会到哥伦布骑士团(Knights of Columbus)的兄弟组织出力主办各种活动,特别是舞蹈。数以百万的妻子,特别是牧师的妻子在诸如圣诞节、感恩节、美国独立纪念日或仅仅是礼拜天款待军人。奥克兰一位名为路德教会(Lutheran)的牧师的妻子每周款待18或19名军人。

学校也同样受到了二战的影响,而且它们很快就成为了战时努力的中心。学校训练国防工人、管理定量配给系统、发售债券、主办跳蚤市场、装扮胜利花园、开办服务于上班母亲的日护中心并主持后备军官训练中心(ROTC)以培养未来的军官。学校极大地帮助了战时努力,但政府对学校做得不够。政府在严重受影响地区建了一些学校,并不大情愿地对受免税的国有企业严重影响的学校进行替代支付,学校从这一令人沮丧的过程中学到了政府间关系的复杂性,但除此之外别无他获。

二战对健康的影响同样强烈。和老师一样,医生和其他医疗人员也因为二战而被征召入伍,与此同时,对他们的需求却在增加。新传入的疾病夺走了军人和平民的生命,拥挤增加了传染性,而食物短缺降低了人们的抵抗力。

自19世纪以来政府规模就在不断膨胀,但工人、资金、原料和开动设备的汽油的短缺扼住了政府的咽喉。新的市政项目停滞不前,支出反映了这种下滑。花的钱少了,城市政府转而将钱用于偿还债务。战争带来了新兴城市的大多数问题,政府觉得有道义帮助减轻这些问题。但结果并非如此。主要的联邦立法是《兰哈姆法》(Lanham Act)只拨出了10亿多一点美元给地方。到1945年,单单联邦赤字就达到了2.58亿美元,所以在大后方的支出中,兰哈姆法的资金与用于战场的资金相比只是九牛一毛。

然而,在大部分城市和城镇,战争带来了几乎相反的东西:对服务的需求减少了,环境的恶化也减轻了,税基的郊区化放慢了,对已建成环境的影响减少了,诸如此类。所以,讽刺的是,在新兴城市商业从战争中受益了,而政府承受了压力,而在人口减少的城镇,商业活动减少了,而政府得以喘息。二战在美国的所有战争中是独一无二的,它将平民百姓团结了起来。战时,政府需要每一份力量用于战斗和国防工程,所以形成了一种宽容、开放和接纳的精神。另外,大部分城市团体将敌人视为民主制度的威胁,憎恶轴心国对其祖国的残暴行为。他们都关切自己母国的命运,支持减轻母国痛苦的努力,进而支持战争。反之,战时的繁荣也使他们经济上受益,并从战时的团结中得到认可和宽容。他们的地位没有经历革命性的变化,但除日裔美国人之外,大部分都取得了一定的进步。

日裔美国人受到了灾难性的影响。当与日本帝国的战争爆发之时,第一和第二代日裔美国人就处在怀疑之下。其原因非止一端,战争初期美国失利,日本间谍在夏威夷活动的煽动性报道，以及最重要的，西海岸政客煽动民心的说辞。尽管对日裔美国人的政治情绪直到一个月左右之后的珍珠港事件才转为敌对，不过最终由工会、金色西部之子（Native Sons of the Golden West）、农业竞争者、限制移民论者和政客推动了公众反对日裔美国人。在 1942 年 2 月 19 日，富兰克林·罗斯福总统签署了一条行政命令，将 13 万主要为西海岸城市人口的第一代和第二代日裔美国人驱逐到西部的八个和南部的两个集中营。在夏威夷的日裔美国人逃过了这一厄运，因为夏威夷处在军事管制之下，军方指挥官德洛斯·埃蒙斯（Delos Emmons）将军认为任何不忠行为可以就事论事进行处理。另外，如果把那里的日裔美国人关到集中营会占用宝贵的运输资源将 15 万人运出夏威夷，再用另外 15 万人急需的工人在这个忙乱的国防中心代替他们，更不要提在美国本土建造集中营所需的同样珍贵的物资。此外，集中营里有 5 万左右的日裔美国人参战、上大学（4000 名女性）或在战争工农业部门工作。不论是在芝加哥、纽约、或在中西部的大学，他们一般都受到了良好的对待，但这不足以补偿他们所遭受的巨大的经济损失和地位落差。

意裔美国人也受到怀疑，因为意大利是战争的敌对方，美国政府最终将未归化的意大利人列为敌侨，禁止他们进入城市中敏感的国防区域。然而，整体上意裔居民很快被团结到了战争动员之中，他们中的外侨从一开始也从未成为敌人。罗斯福政府最终在 1942 年的哥伦布发现美洲纪念日（Columbus Day）和秋季选举时承认了这一事实，并将意裔美国人移出了敌侨名单。

除了所有群体都经历过的生命损失外，其他群体并没有经历这种信任危机。比如，华裔美国人战时就受到了公平对待；他们与白人士兵一起战斗，而且也能享受《退伍军人法》和退伍军人贷款（VA Loans）等退伍军人的好处。他们在国内也被接纳为战争动员的平等的参与者，很早就认购了战争债券并服务于民防组织、在战时工业中从事好工作、身着统一制服进入公共设施、并赢得了公众的尊敬。西班牙裔美国人有相似的经历。

美国黑人在军队和平民生活中遭受了歧视，但他们也进步了。南部的种族隔离仍然严重，但南部黑人成百上千地奔向了更繁荣的地区。逃离南部使他们有了投票权，这可能是内战修正案以来最大的一次解放行为。他们集中住在北部和西部城市，带来了至关重要的大群消费者，使黑人商人大受其益。同样受益的

有快速发展的有色人种协进会和美国黑人反对持续歧视的斗争。黑人领袖坚决支持消灭法西斯的战争，也同样支持消除种族歧视的斗争，这一立场就是所谓的"双重胜利"（Double V）。尽管被延迟了，但黑人最终同样获得了好的国防工作，通常数量极大。比如，他们占到了西海岸造船业雇员的 10%，这比黑人在总人口所占的比例要高得多。也有许多从事汽车制造业，尤其是在东海岸和墨西哥湾岸区的汽车制造业。在北部港口，他们和白人一起工作，但沿海岸线往南就开始出现隔离。无论如何，哪怕是受隔离的国防工作收入也比分成制高得多。

战争也带来了族裔关系的紧张。白人工人厌恶黑人工人的存在，讨厌出现在整个南部和北部的罢工。对紧缺住房的竞争使底特律这样的城市出现了紧张关系，但这比一战引起的动荡要少。哈莱姆和底特律在 1943 年出现了大规模种族暴乱，但大部分种族暴力出现在军营或南部的小城镇。尽管有这些流血事件，许多人还是通过迁移逃离了南部的种族隔离，取得了显著的经济进步，并奠定了后来民权运动的经济基础。更重要的是，美国黑人为战时工作做出了重要贡献。

二战将妇女的就业率从 27% 提高到了 37%。这还不足以弥补战时劳动力的长期短缺，但也极大地帮助了战时工作。造船、飞机制造、铁路、绘图、橡胶、纺织等任何可能的行业都有妇女工作的身影。

亦可参阅：繁兴城镇（Boom Towns），人口和人口增长（Population and Population Growth），城市中的妇女（Women in Cities）

延伸阅读书目：

- Bailey, B., & Farber, D. (1992). *The first strange place: Race and sex in World War II Hawaii.* Baltimore: Johns Hopkins University Press.
- Collins, W. J. (2000). African-American economic mobility in the 1940s: A portrait from the Palmer Survey. *Journal of Economic History*, 60(3), 756–781.
- Collins, W. J. (2001). Race, Roosevelt, and wartime production: Fair employment in World War II labor markets. *American Economic Review*, 91, 782–786.
- Dew, S. H. (2001). *The Queen City at war: Charlotte, North Carolina, during World War II, 1939–1945.* Lanham, MD: University Press of America.
- Duis, P., & LaFrance, S. (1992). *We've got a job to do: Chicagoans and World War II.* Chicago: Chicago Historical Society.

- Johnson, M. S. (1993). *The second gold rush: Oakland and the East Bay in World War II*. Berkeley: University of California Press.
- Kryder, D. (2000). *Divided arsenal: Race and the American state during World War II*. Cambridge, MA: Cambridge University Press.
- Lotchin, R. W. (2003). *The bad city in the good war: San Francisco, Los Angeles, Oakland, and San Diego*. Bloomington: University of Indiana Press.
- Miller, M. S. (1988). *The irony of victory: World War II and Lowell, Massachusetts*. Urbana and Chicago: University of Illinois Press.
- U. S. Bureau of the Census. (1947). County and city data book. Washington, DC: Government Printing Office.
- Verge, A. C. (1993). *Paradise transformed: Los Angeles during the Second World War*. Dubuque, IA: Kendall/Hunt.
- Wise, N. B., & Wise, C. (1994). *A mouthful of rivets: Women at work in World War II*. San Francisco: Jossey-Bass.
- Wong, K. S. (2005). *Americans first: Chinese Americans and the Second World War*. Cambridge, MA: Harvard University Press.

Roger W. Lotchin 文

王宇翔译　陈恒校

弗兰克·劳埃德·赖特
WRIGHT, FRANK LLOYD

　　作为美国历史上有争议的最著名建筑师,弗兰克·劳埃德·赖特(1867—1959)在住房建筑领域做的工作最多,成就也最大,但在其更长的职业生涯里,他在建筑学的所有领域都进行过研究、教学和设计。他对建筑学和城市设计的贡献有大平原和美国风格(Prairie and Usonian styles)、广亩城、大量的著作和在住房建筑领域的许多其他创新。

　　赖特于1867年6月8日生于威斯康星州的里奇兰森特(Richland Center),他母亲曾告诉他,说他将来会成为一个著名的建筑师。赖特没有读完高中,在威斯康星大学学过一段时间的工程学,此后曾批评高等教育会压抑人的创造性。赖特1887年来到芝加哥,在路易斯·苏利文(Louis Sullivan)的指导下工作。在为阿德勒和苏利文(Adler and Sullivan)的公司工作的同时,赖特开始形成自己独特的住房设计思想,这就是后来大平原式住宅的雏形。因为接受独立委员会而在1893年被开除后,赖特在芝加哥的奥克帕克(Oak Park)郊区组建了自己的公司,并进一步发展了他的大平原式住宅。

　　大平原式住宅打破了十九二十世纪之交的住房模式,是很受上层中产阶级居民欢迎的郊区住宅设计。模仿中西部低缓、平坦大草原的富有特色的低坡度和宽大外伸屋顶;组合助板方案和内部空间安排摒弃了维多利亚式的社会生活;赖特的选址和景观设计推动了郊区生活的私人和自然情趣。

　　在和一个客户的妻子逃到欧洲后,赖特于1911年回到美国,在他位于威斯康星州出生地附近建造了塔里辛(Taliesin)这一郊区地产和工作室。其后20年是赖特个人和专业上扰攘不安的20年,他的事业受到很大影响。然而,他仍组建了几个著名的委员会,其中有1921年的洛杉矶霍利霍克别墅(Hollyhock House),1939年威斯康星州拉辛(Racine)的庄臣公司(SC Johnson Wax)总部,以及1939年宾夕法尼亚州密尔朗(Mill Run)附近的落水山庄(Fallingwater),1937年他还在亚利桑那创办了另一个工作室——塔里辛韦斯特(Taliesin West)。另外,他还勤于笔耕,并在预制材料和城市设计上取得了创新。

　　赖特预见到了汽车将大量使用,因此支持低密度和分散的大都市发展以利用乡村的广阔空间和通达性。赖特的愿景是合众尼亚(Usonia)——他对美国的称呼——每个私房房主公民都能拥有1英亩大的土地,他将其称之为广亩城(1935)。瞄准中产阶级的专业人士群体,赖特发展了基于其有机设计原则的建筑学经济风格,这种风格将居住生活融于自然环境之中。

　　落水山庄和广亩城使公众对赖特的工作重新产生了兴趣,激发了展览和关键性的赞誉,也使赖特在其余生了忙于设计和建造住房。然而,赖特的合众尼亚创新使客户难以实现其自然社区的愿景。集体所有制、圆形地块和夹板隔心墙与建筑实践和住房金融已有的理念相冲突,阻止了广亩城市的传播,但他设计理念的元素已被广泛应用于郊区住房。赖特在去世之前被召回城市设计纽约的古根海姆图书馆,未及建成,他便于1959年4月9日在亚利桑那州的菲尼克斯与世长辞。

　　亦可参阅:建筑学(Architecture),广亩城(Broadacre City)

901

延伸阅读书目：

- Storrer, W. A. (2002). *The architecture of Frank Lloyd Wright: Acomplete catalog*. Chicago: University of Chicago Press.
- Wright, F. L. (1943). *An autobiography*. New York: Duell, Sloan and Pearce.

Dale Winling 文

王宇翔译　陈恒校

亨利·赖特
WRIGHT, HENRY

受业于建筑学，训练有素的景观设计师亨利·赖特(1878—1936)致力于创造新型的修建性详细规划以更富美感、更有效率和更经济地为工人阶层居民建设分销地块和进行住房开发。赖特的才能忙于为密西西比州圣路易附近的布伦特莫尔帕克(Brentmoor Park)更富裕的居民服务。然而，与他后来在美国区域规划协会的几名同事一样，赖特在1918年来到华盛顿特区为住房严重短缺的地方设计战时工人住房。在建筑师克拉伦斯·斯坦的协作下，他在1920年代和1930年代初试验了详细规划和建筑规划。他与美国区域规划协会的联系，他作为城镇规划者在地方和联邦层面所做的咨询工作，他为地产和建筑杂志写的大量文章，以及他1935年出版的《为城市美国再建住房》(*Rehousing Urban America*)这本书，为推动他的社区建造策略提供了支点，而同时他担任的多个教职也启发了下一代的建筑师。

一战期间作为紧急舰队公司城镇规划者的经历使怀特认识到，不断减少地产业分销地块设计过程降低了生活质量，同时却毫无必要地增加了住房成本。赖特被同时代人视为详细设计的创新者，他对带有与街道平行的宽边的簇集式和附联式住房的支持，催生了只有两间屋子的房屋结构，这种结构提高了住房的光照和空气流通，也为空间相当可观的后院的出现创造了条件。他和斯坦的第一个项目——昆斯区的阳光谷花园——就采用了这种设计策略，将单家庭、双层公寓、联排别墅和公寓开发融合到两到三层的建筑物中，体现出浑然一体但又可以看出独立单元的建筑特点。他继续与斯坦合作开发了新泽西州未完工的雷伯恩新城和匹兹堡查塔姆村(Chatham Village)天才般的山腰开发，还与建筑师阿伦·卡姆斯特拉(Allan Kamstra)、

艾伯特·迈耶(Albert Mayer)以及亨利·丘吉尔(HenryChurchill)合作设计了联邦资助的新泽西州的绿带城镇格林布鲁克(Greenbrook)，但未付诸实施。

赖特还以技术专长著称，特别是其成本研究，他以研究者的身份在1931年胡佛总统的房屋建筑和房屋所有权大会(Conference on Home Building and Home Ownership)上建言献策，在1933年成立了住房研究协会(Housing Study Guild)以研究包括贫民窟清理在内的住房问题，并为联邦公共住房项目提供咨询。他也支持城市区域和经济、社会及自然状况等更广阔范围内的平衡。这一理想在其1926年提交给纽约住房和地区规划委员会的开创性报告的分析图表中体现得最为明显，该报告将同样的方法用于全州范围的规划。赖特在生命的最后岁月里开办了一系列暑期学校，最终被哥伦比亚大学聘为建筑学教授。

亦可参阅：弗雷德里克·阿克曼(Ackerman, Frederick L.)，建筑学(Architecture)，绿带城镇(Greenbelt Towns)，美国区域规划协会(Regional Planning Association of America)，克拉伦斯·斯坦(Stein, Clarence S.)

延伸阅读书目：

- Wright, H. (1935). *Rehousing urban America*. New York: Columbia University Press.

Kristin Larsen 文

王宇翔译　陈恒校

理查德·赖特
WRIGHT, RICHARD

小说家、短篇小说家和散文家理查德·赖特(1908—1960)在美国城市黑人抗议小说的发展中占有一席之地。他通过其作品挑战了摆在美国黑人面前的障碍，以对抗种族主义，并影响了其后的作家，他们将抗议文学这种题材类型推进到了1960年代。

理查德·纳撒尼尔·赖特(Richard Nathaniel Wright)于1908年9月4日生于密西西比州纳切兹(Natchez)附近的洛克种植园(Rucker's Plantation)，他的童年和早年的大部分历史记录在1945年的《黑小子》(*Black Boy*)和1977年的《美利坚渴望》(*American Hunger*)这两本自传中。赖特的父亲在他5岁时弃家

902

而去,他母亲无力养活自己和两个儿子,被迫将他寄养在南部的各家亲戚那里。1927年理查德·赖特刚成年便来到了芝加哥,定居在那里的南区。尽管芝加哥没有南部那样的吉姆克劳体制,但北方的种族歧视和限制很快也自成体系,让理查德·赖特常常困惑不已、猝不及防。

在克拉克街的邮局工作时,赖特在工友的劝说下加入了约翰里德俱乐部(John Reed Club)的芝加哥分会,这是一个与共产党合作以培养潜在的左派人才的文学组织。在其成员的鼓励下,赖特开始了解共产主义文献,这使他开始在共产主义杂志上发表自己的早期作品并于1934年正式加入共产党。次年,联邦作家计划(Federal Writers' Project)请他为美国指南系列(American Guide Series)伊利诺伊州卷研究芝加哥黑人的历史。

为了写作,赖特于1934年离开芝加哥迁往纽约。在纽约时,他发表了其最著名的散文中的《现存吉姆克劳的伦理学》(The Ethics of Living Jim Crow)和《黑人写作蓝图》(Blueprint for Negro Writing)两篇。但直到1940年他的首部小说《土生子》(Native Son)出版后,他才获得世界性声誉。这是每月读书俱乐部(Book-of-the-Month Club)主推书目收录的第一本黑人作家的小说,它讲述了生活在芝加哥黑人聚居区(Black Belt)的黑人青年别格·托马斯(Bigger Thomas)的故事,他在为富有的白人慈善家工作时,失手杀死了慈善家的女儿。在掩盖罪行、逃离现场未果之后,他被迫面对白人无处不在的真正压迫。《土生子》很快成为畅销书,随后又在1941年被奥森·威尔斯(Orson Welles)改编为百老汇话剧,又在1951年改编成电影,由理查德·赖特扮演别格·托马斯。

为了摆脱美国严重的种族主义,理查德·赖特和家人在1947年搬到了巴黎的拉丁区(Latin Quarter),此后他在法国一直生活到1960年去世,虽然在美国声望下降,但他的作品在法国很受欢迎。尽管再也没能复制《土生子》那样重大的商业成功,但理查德·赖特在美国文学史上留下了浓重的一笔。他对种族和城市环境如何塑造个体意识的探索使他跻身美国伟大小说家之列。

亦可参阅:文学中的城市(City in Literature)

延伸阅读书目:

- Fabre, M. (1973). *The unfinished quest of Richard Wright*. NewYork: William Morrow.
- Rowley, H. (2001). *Richard Wright: The life and times*. NewYork: Henry Holt

Patrick Naick 文

王宇翔译　陈恒校

黄色新闻
YELLOW JOURNALISM

903

随着19世纪后半叶技术加速了通信的进步,报纸作为表达观点、发布新闻的作用日益明显。在美国的大城市里出现了报纸战,报纸竞相用黄色新闻——彩色图片和哗众取宠——提高销量。这种竞争在1880年代的纽约达到巅峰,纽约的约瑟夫·普利策和威廉·伦道夫·赫斯特是黄色新闻时代的翘楚。

在一场看谁卖得多的竞赛中,面对有限的市场,报纸通常依靠利基市场(Niche Market,比如某一特定族群),或试图首家曝出某些新闻。真正高效的报纸通常不得不耍点小把戏来吸引读者。在竞争激烈的纽约报纸市场,这种手段就表现为"搞笑图片"。

黄色新闻植根于新的印刷技术和报道方式。为了吸引更多的读者,各家报纸在1880年代中期开始购买能够打印彩色广告的印刷机。普利策为其《纽约世界》(New York World)出了周日版《周日世界》,当时还只有少数族裔的报纸有周日版。《周日世界》有普通读者熟悉的新闻和专题,也有书评、针对妇女的版面,还有面向所有读者的周日漫画版面。新设置的漫画部分中最著名的美术家是威廉·奥特考特(William Outcault),他的漫画《霍根的小巷》(Hogan's Alley)讲述了一个没有牙齿的孤儿在纽约的一系列冒险。因为它是用彩色印刷的,而主人公穿了一件黄色的T恤,所以他及其系列人物被称为黄色小子(Yellow Kid)。周日版和新专题的结合使普利策的《周日世界》轰动一时。

赫斯特在创办了《旧金山检查者报》后移居纽约,接手不景气的《纽约杂志》。他在扩展自己蒸蒸日上的传媒业务的同时,也对普利策的报纸在纽约的主导地位构成了挑战。《周日世界》的不少读者很快就被赫斯特吸引了过去,同时赫斯特也从旧金山为纽约输送了一些更著名的人物。

讽刺的是,对那些在新闻业的职业操守方面赫赫有名的人们而言(特别是约瑟夫·普利策),新闻业成功的关键是在报道中追求轰动效应。大量最平庸不过的内容被配上耸人听闻的标题以吸引潜在读者掏腰包。为吸引读者,赫斯特甚至雇了多位自由撰稿人和专栏作家为其写作。几乎任何主题都可以从诽谤的角度和想法进行发挥。读者越多,广告收入就越高,而报纸经营者也就乐此不疲。到 1896 年,《周日世界》和《纽约杂志》卷入了一场每天在纽约发行达 100 万份的报纸战。这场为扩大发行量而进行的商战也烧到了要么与赫斯特或普利策联盟,要么被他们所有的报纸占据市场份额的其他城市。

报纸发行商不能为了增加销量而捏造事实。顺应公众要求向独占古巴的西班牙开战的呼吁,据说赫斯特告诉美术家弗雷德里克·雷明顿(Frederic Remington),如果能画出漫画,那赫斯特就能引发战争。虽然是否真有这一说法大可怀疑,但这一说法本身就证明了推动黄色新闻背后的想法。赫斯特乘私人游艇沿古巴海岸线监督发回美国的电报。战争爆发时,他也有 80 位通讯员在进行现场报道。值得注意的是,记者不光视自己为记者,同时也是战士。这种利益冲突使中立的报道成为不可能。

赫斯特特别讲述了西班牙统治者只不过是今天的征服者而已的故事。关于埃万杰利斯塔·西斯内罗斯(Evangelista Cisneros)反叛的故事,她因为反抗西班牙被监禁 20 年,有一层潜在的含义,暗示她遭受了性虐待和严刑拷打,因此很能激起对西班牙的愤怒,激起进步主义时代女性的敏感。许多这样的文章诉说了总司令巴莱里亚诺·韦勒(Valeriano Weyler)强加的恐怖统治,据说他使古巴人民挨饿及对他们的忽视达到了这种程度,三年里死了 11 万人(尽管报纸声称近 40 万人死亡)。缅因号在哈瓦那港爆炸后,媒体催促美国开战,声称如果要使避免欧洲干涉就必须开战。随着媒体鼓吹为缅因号而对西班牙采取惩罚性行动,当时的政客听从了媒体对战争的呼吁,以免自己显得软弱怯懦。

美国新闻业并非不屑于利用典型以证明战争的合理性。外来文化的刻板形象是被嘲笑的对象。鉴于当时移民对美国的巨大影响,黄色新闻也诉诸本土出生的美国人,作为一种爱国主义和仇视"不中意的"群体的心理。报纸的文章常常围绕着意大利人的不可靠、华裔的用药以及少数族裔带给美国的整体衰落。黄色新闻的目标之一是通过媒体报道促进民主。因为媒体被大权在握者(私人或公共)所操纵,以及爱国主义并不像媒体愿意相信的那样容易控制,因此黄色因为作为政府的左膀右臂必然是不成功的。但因其对事件的巨大兴趣,以及报纸读者人数的增加,报纸也尽到了

职责。

媒体控制同样也很广泛。赫斯特和普利策两人在全美各大城市,包括圣路易、芝加哥和费城,都有报纸股份。在报纸之间分享信息的做法煽动起了媒体将任何故事用于销售报纸的狂热。事实上,拥有数家报纸(以及与电讯社紧密协作)形成的媒体帝国,在 21 世纪初引起了全美许多人和政府部门的谴责。到 1900 年代,黄色新闻的风格让位于扒粪者时代(报道日常生活的陋习)。虽然报纸自认为在报道社会方面更加负责,但媒体仍然惯于哗众取宠。赫斯特到 1920 年代一直控制着一个媒体王朝,握有电台、报纸和电影院的股份。普利策在 1900 年代初宣布放弃其报道方式。虽然黄色新闻年代结束了,但其影响持续至今。只要买一份《星期日报》(Sunday)就可以看到这一黄色新闻的直接影响——复式版面(Multiple-section),或看一眼晚间新闻迂回的、追求轰动效应的腔调就可明了。正如现代记者所言:"如果流血,就有戏。"(If it bleeds, it leads)对黄色新闻的创造者而言,这可能是最准确的看法。

延伸阅读书目:

- Emery, E., & Emery, M. (1999). *The press and America* (9th ed.). New York: Allyn & Bacon.
- Hoganson, C. (1996). *Fighting for American manhood*. New Haven, CT: Yale University Press.
- Linderman, G. (1974). *The mirror of war*. Ann Arbor, MI: University of Michigan Press.
- Wiebe, R. (1966). *Search for order 1877 - 1920*. New York: Hill & Wang.
- Williams, W. A. (1972). *The tragedy of American diplomacy*. New York: Norton.

Cord Scott 文

王宇翔译 陈恒校

青年文化
YOUTH CULTURE

青年文化是年轻人共有的一系列知识、态度和归属感,是源于更大的母文化里的许多亚文化。青年文化是由历史、社会和经济因素以及对"年轻"的不同定义共同塑造的。

青年文化在 19 世纪的城市中很难定义。因为年

轻人很早就离开学校参加了工作,进入了成年人的世界。最接近青年文化的是大学生的生活方式,处于将近 20 岁的和刚开始在技术行业或商业工作的 20 多岁的年轻人,以及和类似于他们的人在一起生活的人。在纽约和波士顿这样的城市,他们围绕喝酒、赌博及斗殴这样的休闲活动中发展出了一种大学生次文化。大约 1850—1900 年间,美国城市的街头儿童中又出现了一种独立的、更年轻的文化。在缺少父母监管的情况下,这些被嘲弄为街童和流浪儿的男孩女孩依靠做临时工和小偷小摸养活自己。

在 20 世纪初,青年文化开始在十几岁的孩子们中出现。上学时间的逐渐延长,童工的减少以及青年时代是独特的人生阶段的新观念等社会的变化培育了新的青年文化。由此形成的青年文化是由阶层、种族、性别和地理共同定义的。摩登女和大学生在 1920 年代形成了自己的青年文化。年轻的工作女性分别检验了这两种青年文化的边界。高中通过俱乐部、舞会、运动会以及课外活动也形成了自己的青年文化。

二战后美国青年文化的内涵愈加扩展。男孩女孩在其十几二十岁的时候通过兼职从而自付开销,通过上学在大部分时间里与成年人相隔离,从而形成了相对于父母的独立性。在城市中,这些变化有助于他们之间的融合,这种融合在阶层上跨越的程度较大,而在种族上则较小。围绕着诸如汽车、音乐或歌星等特定的兴趣也形成了青年文化。市场营销人员从 1940 年代开始将年轻人作为服装、化妆品、电影和音乐—先是比波普爵士乐,后是摇滚乐等商品和服务的潜在消费者。

在 1960 和 1970 年代,青年文化越来越作为成年文化的对立面出现。学生成为民权运动和反对越南战争游行的领袖。到 1960 年代末,越来越明显的反主流文化拷问美国主流文化的价值观。通过不同寻常的穿衣打扮、留长发、吸毒和滥交,这种青年文化使他们和他们的前辈之间出现了一条明显的代沟。

1970 年代以来的几十年里,青年文化的传播日益广泛。青年文化与种族、阶层和性别的关系不像以前那么明显,而更明确地与态度和归属感有关;滑板运动员、庞克族和哥特族分别形成了代表他们共同活动、音乐和个人表达方式的星座。另外,被视为青年的年龄范围扩大了,基于教育的延长,将上限提高,把 20 多岁的人也纳入其中;将下限降低到 10 和 13 岁之间,因为他们更加组织化的活动,以及针对他们的更多的营销活动。最后,早期加诸青年文化上的地理限制因为新的通信技术——特别是因特网——在 1990 和 2000 年代消失了。

延伸阅读书目:

- Austin, J., & Willard, M. N. (Eds.). (1998). *Generations of youth: Youth cultures and history in twentieth-century America*. New York: New York University Press.
- Hine, T. (1999). *The rise and fall of the American teenager*. New York: Bard Press.
- Palladino, G. (1996). *Teenagers: An American history*. New York: Basic Books.

David B. Wolcott 文

王宇翔译　陈恒校

906

Z

区划
ZONING

区划最早出现在 1870 年代的德国，随后很快传到了欧洲大陆的其他国家、英国和美国。其目的是通过规定新出现私人房屋的强度、用途和外观以适合社会需要。尽管管制私人房屋在欧洲有悠久历史，但在美国还是新鲜事物，美国宪法对侵犯私人房屋固有的所有权和使用权的谨慎是出了名的。除了宪法序言中泛泛提到的警察权力，所有其他提及财产的部分阐明的都是财产所有者的权利。人们认为 18 世纪的《滋扰行为习惯法》(Common Law of Nuisance)、19 世纪以小城镇、农业社会为主的社会中社会压力的隐秘权力，以及 20 世纪初市场中彰明的自身利益——亚当·斯密的"看不见的手"——足以引导美国城市的发展。

自由市场在其发展历程中是十分理性的，许多方面都是如此。因为经济和功能效率的原因，城市的商业和制造业等经济活动会彼此靠近。"级别更高"的居住开发，携其社会控制和经济实力，倾向于成为纯居住的空间。然而，19 世纪的城市在此时的文学作品中却是一副混乱、拥挤和疾病肆虐的景象。比如，19 世纪纽约市的城市密度是城市化历史上最高的。

公害法(Nuisance Law)不足以应付城市的新情况，因为除公害本身外(比如，制革厂、屠宰场等人们已认识到其危害，并立法加以控制)，它不是预防性的；人们只能在事后进行加以禁止。自由市场也同样如此。

首个区划条例及其余波

1916 年，纽约市实施了美国历史上首个全面区划条例，这成为了全美区划条例的标准。它通过分区规定了城市活动(比如，土地利用方式)的密度和位置及地块大小和建筑物式样，分区是源自欧洲的规划概念，

几乎全以城市规划为基础。在纽约市和其他地方，区划就是城市规划。看似科学因而合理分配土地利用方式和密度的分区，将"工厂系统"应用于城市，把城市分为不同的区域。生产过程分解为多个步骤进而将其合理化，再重新组合成更有效率的过程。

分区

分区是一种预防措施。通过分析和经验可以预测到未来土地利用的冲突，然后将不相容的土地利用方式从空间上区隔开以化解冲突。这一区域利用体系是区划的基因。它奠基于排除和分离这一概念。所有区域从最排外到最无所不包分为不同的级别，在这个金字塔的层级中居于顶端的是单家庭独栋住房，这是最高等级中唯一的住房样式(比如，在单家庭独栋住房区一般禁止出现联排别墅和公寓)。

正是排除的权力抓住了这个视控制和监管为异端的国家的想象力。最高法院对单家庭独栋住房区不受"涌来的公寓住房"侵犯的司法支持，可视为最高法院价值观及其对租住在公寓的工人阶级敌意的合法化(1926 年欧几里德村诉安布勒房产公司案[*Village of Euclid v. Ambler Realty*]，欧几里德区划[*Euclidean Zoning*]一词即源于此)。欧几里德区划的影响，尤其在郊区的影响，在下一级法院的判决中得到了完美的诠释，该案禁止在一个 16 平方英里的区域中建设住房，通过这种限制把这一区域留给了未来的居民并推动了有吸引力的、带美感的住房开发。

保守主义的美国很快就加入了区划的行列，将商务部的《标准区划法》(Model Zoning Act, 1927)应用于全国的城市、城镇和郊区，以保护住房所有权和房产价值——附着在地上的美国梦。郊区一直都是分区排他性区划最大的受益者，区划能够保持那里的现状。区划的排他性到 1960 年代暴露无遗，引起了肯定性行动的出现，肯定性行动通常由法院实施，利用区划打破

已有的社会、种族和经济不平等（比如,使用区划来建造源自新泽西的月桂山决议的可负担住房和地区"公平份额"住房计划）。

建筑形式与惯例

欧几里得区划是规范性的,主要由右翼监管实施。规范性的区划类似摩西律法（Mosaic Law）,其禁令是绝对的、可预测的且是确定的。比如,特定区域内就禁止用于某些用途,住房不能超过其地块的一定比例,建筑不得超过特定最大高度等等。这些禁令统一用于所有类似的情况,比如毫无例外地用于同一个区域。欧几里得区划试图预测冲突或选择——从理论上概括它们,将其数量减少到一些一般的情况——然后做出正确的应对以在条例内解决这些冲突。

规定文本和地图一起在各个层面上确保预测性和确定性。比如,纽约市 1916 年区划的未定区划方案（Underdetermined Zoning Envelopes）,在该区划下诞生了中央公园西边沿线的帝国大神和双子楼公寓大厦,与其形成对比的是只允许建设一种建筑类型的超定区划方案（Overdetermined Zoning Envelopes）。这类超定的例子包括这种"公园中的塔楼"建筑物和最近的基于形式的准则,它也是允许一种建筑类型,通常逐批进行,在其中一区上建上大房子,而在另一个较小的区上建较小的可负担住房。

标准的问题

有意无意地,规范区划的标准包含有审美的内涵,尽管说起来这些规划标准纯粹是为了保护公共健康、安全和福利。

像所有的土地利用方式都有负面影响一样,预防性的土地利用立法可以采用与定位标准有关的两种方法:有害的土地利用方式可以在位置上与其他土地利用方式隔开,或者可以要求它们符合特定的表现标准,在内部将负面影响消化（我们会再回到这个主题）。这里讨论的排除是绝对的,其中带来的危害——比如,将商业和贸易放在单家庭住宅区——是其中一个层面。欧几里得土地利用在其排除上是绝对的,对程度问题并不敏感。

科学研究和经验数据都不支持最高法院在欧几里得诉安布勒（Euclid v. Ambler）案中所说的潜在危害。相反,居住区划代表了世俗公众和专家的在社会和经济上的优先选择。

简·雅各布斯在《美国大城市的死与生》描述的格林威治村的出现早于区划,它与同质的欧几里得居住

区正好相反,体现了传统的、土地利用方式多样的城市社区的所有好处。它们代表了不同的价值观和倾向。对单用途区域和多功能社区的争论并非博物馆美学审美意义上的问题,而是涉及如何规划和组织空间的共同文化价值观的问题。

建筑方式和位置规划限制同样是有瑕疵的。比如,欧几里得区划和大部分基于形式的准则为保护公共健康、安全和福利设定了最低标准。比如,一个人可以放心地认为 30 英尺深的后院比 29 英尺对我们要好得多,或对我们的幸福而言,45°的光面足以好过 46°吗? 他们声称的预测性标准的客观性反常地源自于标准的绝对性。建筑方式和地块大小的利用,无论欧几里得或基于形式的,代表了城市空间的利用是社会而非客观决定的。

灵活性和特异性

二战之后及整个 1960 年代,公众和专家开始赞美预测性的欧几里得模式的限度。在不断扩展的郊区,新开发的详细规划上需要灵活性,而在正经历巨变的历史更久的城市既需要灵活性,也需要具体性。一种规格不能适用于所有的情况,这一点在郊区和城市都越来越清楚。在城市中,新的"公园中的塔楼"似乎与寸土寸金的城市区域是脱离的,因为无论背景如何,分区管制在所有地方都是一样的。专区的名字由此出现,用专门为某一地方设计的法律取代统一的规章制度,以突出某一特定地方的唯一性和特定品质——这是用一种预测性规章取代另外一种。

尽管专区突破了欧几里得区划的死板,但它们也不够灵活,因为对规划委员会自由决断的利用是有限的。浮动的和有条件限制的区域提供了专区所没有的灵活性。在无条件限制的公共审核过程的管理下,这些区域既不映射也不旨在保护或提高某一区域的独特性。它们分为三种类型:用于公共设施和宗教建筑的土地;用于特定场所的土地;用于满足特定标准的特定且通常是独一无二地产开发的土地。

用最模糊、最善意的散文写就的标准中,在涉及"没有条件限制的区域"时,客观性、可说明性、确定性和可预测性在主观决定中是没有地位的。以纽约市为例,公共审核通常是在只有风格偏好和政治议程在场的情况下做出的。纽约市的菲利普约翰逊美国电话电报公司大厦是无标准、无条件限制审核的典型代表。该大楼的建成是比下曼哈顿的公正大厦的过高更糟糕的市中心街道日光不足的结果,这引发了 1916 年对区划的最早呼吁。

性能

规范的和没有条件限制的区划在1970年代发展为功能区划。它认为区划不能事先抽象地决定适当的建筑式样和建筑类型,而应在考虑场地大小和外形、朝向、环境、建筑方案、建筑技术和建筑设计理念等等变量的情况下因地因时制宜。绩效规划的长处在于它从社区公认的价值观出发,这种价值观的生命力比规范区划下典型的内置价值观更长久,无论它是欧几里得式还是比较晚近出现的基于形式的准则。相反,绩效规划是因情况而异的。他们假设无论对绩效的衡量是定性的还是定量的,都可通过客观评估得出多个"正确答案"。大部分的绩效系统假定将会有权衡,获得同样绩效评分的提议是等价的但并不相同。欧几里得和基于形式的超定规范系统是抽象的、普遍的和绝对的,而绩效系统是因情况而异、自适应和自组织的。虽然欧几里得规范区划和基于形式的准则的刻板和排他性,它们粗糙和过于简单的预调整系统(不考虑情况的独特性和复杂性,试图通过规制解决所有冲突),以及没有条件限制方法的失败,它以其特别性质牺牲标准和长期的政策背景,但区划依然是强大的工具。当绩效区划与数字工具整合在一起时尤其如此。

数字技术和区划

二维和三维的地理信息系统,加上数字规划和设计决策辅助系统(PDDS)正开始重构区划和制定法规。地理信息系统可以提供方便查询、信息丰富的环境。比如,基于GIS的对开发项目当前环境状况的城市设计分析可以取代传统的建筑形式和选址规划控制,它还可以与PDDS预测绩效的能力相结合,以评估提议实施后的效果。区划作为一种规划工具可能会过时(虽然作为一种排除工具未必会),特别是在城市经济从生产向服务业和商业转变的过程中。区划和规划不再是分离的事件,相反它们可能合二为一,成为一个调整和适应的连续过程,而非插曲事件,促进而非阻止"你想不到的好事的出现"。

亦可参阅:郊区中的非洲裔美国人和非洲裔美国人城镇(African Americans in Suburbs and African American Towns),土地开发商和土地开发(Land Developers and Development),市政府(Municipal Government),公共空间(Public Space),种族区划(Racial Zoning)

延伸阅读书目:

- Babcock, R. F. (1966). *The zoning game: Municipal practices and policies*. Madison: University of Wisconsin Press.
- Haar, C. M., & Kayden, J. S. (Eds.). (1989). *Zoning andthe American Dream: Promises still to keep*. Chicagoand Washington, DC: Planners Press/American Planning Association.
- Harrison, Ballard, & Allen. (1950). *Plan for rezoning the City of New York; A report submitted to the City Planning Commission*. New York: Author.
- Kwartler, M. (1998). Regulating the good you can't think of. *Urban Design International*, 3(1,2),13-21.
- Kwartler, M. (2005). Just-in-time planning: New York +Houston. In G. Shane & B. McGrath (Eds.), *Sensing the 21st-Century City: Close-Up and Remote* [Special issue], *Architectural Design*, 75(6),88-93.
- Lai, R. T.-Y. (1988). *Law in urban design and planning: The invisible web*. New York: Van Nostrand Reinhold.
- *Report of the Heights of Buildings Commission to the Committee on the Height, Size, and Arrangement of Building of the Board of Estimate and Apportionment of the City of New York*. (1913). New York. np.

Michael Kwartler 文

王宇翔译　陈恒校

索　引

说明：
1. 条目标题使用粗体
2. 索引中的页码为原书的页码，即本书的边码。

——译者

Garden Cities　田园城市，**1**:**294—296**,**2**:536,**2**:662，
　2:669,**2**:705—706
　参阅 Howard, Ebenezer;New Towns　埃比尼泽·
　霍华德,新城

Garden City Association　田园城市协会,**1**:294,**1**:295

Garden city movement　田园城市运动,**1**:364,**1**:444

Garfield, James A.　詹姆斯·加菲尔德,**1**:19

Garreau, Joel　乔尔·加里尤,**2**:234,**2**:235

Garrison, William Lloyd　威廉·劳埃德·加里森,
　2:844

Garvey, Marcus　马库斯·加维,**1**:12,**1**:323,**1**:325,
　2:819—820

Garvey Movement　加维运动
　参阅 Universal Negro Improvement Association　全
　球黑人改进同盟

Gary, Indiana　印第安纳州加里市,**1**:325—326

Gaslight　煤气灯,**1**:79,**2**:767,**2**:768

Gated community　门禁社区,**1**:193

Gateway cities　门户城市,1:296—297

Gay Americans　美国同性恋者
　urban protest and　城市抗议,**2**:846（参阅 Gay
　men's culture in cities　同性恋城市文化;Gay
　rights 同性恋权利;Lesbian culture in cities　城市
　里的女同性恋文化;Queer space　酷儿空间）

Gay liberation　同性恋解放,**1**:297

Gay men's culture in cities　城市中的男同性恋文化,1:
297—299
　AIDS effect on　艾滋病的影响,**1**:299
　antigay forces　反同性恋势力,**1**:298
　camaraderie and　同志之爱,**1**:298
　diversity among gay men　男同性恋中的多样性,**1**:
　298—299
　periodizing　时期划分,**1**:299

Gay rights　同性恋权利,**1**:297,**1**:433,**2**:634,**2**:846

Geary Act　吉尔里法案,**2**:521

Gemeinschaft　礼俗社会 **1**:175

Gender　性别,1:299—302
　behavior regulation　行为规则,**1**:300
　gendered use of city space　性别利用的城市空间,
　1:300—301
　homelessness　无家可归者,**1**:339
　politics and culture　政治与文化,**1**:301
　social relations of sex　性与社会关系,**1**:301—302

General Accounting Office（GAO）　美国审计总署,
1:246

General Motors, franchising by 通用汽车的特许经营,
　1:281

General Revenue Sharing（GRS）　收入分享,**2**:651,
　2:816

Gentrification　绅士化,1:302—304,**2**:824
　Black　黑人,**2**:530
　criticism of　批评,**1**:303—304
　middle class and　中产阶级,**2**:472,**2**:528
　of skid row　贫困单身汉社区,**2**:723

Geographical information system（GIS）　地理信息系
统,2:910

Georgia　佐治亚州
　amusement parks in　游乐场,**1**:31（参阅 individual
　　city　个体城市）

Georgian style　乔治王朝风格,**2**:690

Gesellschaft　法律社会,**1**:175,**2**:858

Ghetto　隔都区,1:304—306
　African American　非洲裔美国人,**1**:305—306,
　2:736
　Gilded　镀金,**1**:306
　hidden homeless in　隐藏的无家可归,**1**:341
　immigrant　移民,**1**:304—305
　in London　伦敦,**1**:304—305
　Jewish　犹太人,**1**:304,**1**:305,**2**:730,**2**:736
　slums. ghetto　贫民窟,**1**:306（参阅 Slum　贫民窟）

The Ghetto（Wirth）　《贫民窟》(沃斯),**2**:875

Ghost towns　鬼城,1:306—308
　creation of　创造物,**1**:307
　tourism　旅游业,**1**:307—308

GI Bill of Rights　退伍军人权利法,**1**:123,**1**:167,**1**:
　331,**1**:343,**1**:422,**1**:435,**1**:436,**2**:237

Gilbert, Cass　卡斯·吉尔伯特,**2**:887—888

Gilman, Charlotte Perkins　夏洛特·珀金斯·吉尔
　曼,**1**:308,**2**:553

Gingrich, Newt　纽特·金里奇,**1**:262

Ginnie Mae　吉利美,**1**:259,**1**:354

Ginsberg, Alan　艾伦·金斯伯格,**1**:396,**2**:875

Giuliani, Rudolph W　鲁道夫·朱利安尼,**1**:220,
　1:417

Gladden, Washington　华盛顿·格拉登,**1**:309
　参阅 Social Gospel　社会福音

Glass-Steagall Act　格拉斯-斯蒂格尔法 **1**:61

Glendale, California, cemetery in　加州格伦代尔市公

译后记

从 20 世纪起，美国就已成为城市国家。而在此之前，城市已然在美国的政治经济生活和社会文化中扮演重要角色——是经济活动的中心、是政治决策的舞台，也是文化融合的温床。甚至一部美国历史，在某种程度上就是一部关于美国城市的历史：从印第安人在北美大陆的定居点，到欧洲移民在荒野中的边疆城市，再到今日美国持续蔓延的城市景观，几乎美国历史的每一个时代和每一起重大事件，都与城市紧密相连。

摆在您面前的这部《美国城市史百科全书》旨在展示当代美国城市史研究的最新成果，本书的词条，既包括美国的大城市，也包括大城市的建设者；既包括争夺城市空间、形象认同和生存空间的不同群体，也包括城市建筑、开放空间和文化活动所展示出的不同意象。本书整合了既有的学术成果，同时凝聚了最新最好的研究成果，多方位、多角度地展示了美国城市的不同侧面。

从纵向看，本书的时间跨度主要涵盖了过去 150 年的美国城市史。之所以选择这一时间段，是因为这一时期集中反映了美国城市的发展变化——正是在这一个半世纪中，美国从农业国家转变为工业国家，并进而向后工业时代过渡，美国城市也因之不断调整。

从横向看，本书的主要内容涉及许多方面，跨越多个学科。本书的撰稿人来自多个不同领域，从各自的研究兴趣出发，对城市的某个侧面展开研究。尽管研究领域各异，但撰稿人都将自己的研究对象放入城市进程中，在城市为何增长和城市如何增长的大框架下开展探索，举凡经济学、社会学、政治学、地理学、城市规划学和历史学，都融汇在本书中。

从辞条选择看，本书的词条既包括传统的学术课题，也包括新兴的研究热点。城市间竞争、公共服务的起源以及城市内部的社会流动这些曾经的热点话题均在本书中占据了一席之地，而新兴课题同样如此。对于城市历史的研究，离不开对于当代世界的理解，因此女性城市经验、城市中与性别相关的制度和规则等性别话题，以及垃圾处理、疾病防治等城市环境问题，也出现在本书中。同样，20 世纪五六十年代的主流研究，即对重要城市历史的传记式研究，以及近期的热点话题，利用种族、阶级和性别等新工具对空间、权力及二者互动的持续关注，都在本书探讨的范围之内。

通过本书的词条不难发现，城市史研究者的学术背景是多种多样的。尽管本书是一部关于历史的百科全书，但同时也没有割断与当前和未来的联系。

就其学理意义而言，本书展示了美国城市史的基本面貌，描绘了美国城市发展的基本历程。通过本书的词条，读者可以了解美国城市的多个不同侧面，并认识城市在过去与当前的联系和区别；同时，对于研究者来说，本书整合了既有研究成果，指引了继续研究的方向。与此同时，美国城市史同时也是一种从整体上探索美国历史发展路程的角度之一，是全面认识和理解美国史不可或缺的一部分，因此透过本书，可以更深入地理解美国历史。

就其现实意义而言，本书通过对美国城市发展历程的研究，为包括中国在内的世界其他国家在城市发展中提供借鉴。当代中国正经历着快速转型，正在从农业国家转变为城市国家，许多曾经出现在美国的问题，如城市人口的迅速增加、城市公共服务缺口的弥补、城市环境的恶化等，也成为当代中国城市面临的巨大挑战，而本书对美国城市史的介绍和研究，无疑为我国走向城市国家、解决城市问题提供了经验和教训。

本书为国家社科基金重大项目"多卷本《西方城市史》"(17ZOA229)的阶段性成果，是上海市社会科学创新研究基地"全球城市与世界文明传承研究"阶段性成果，亦为上海市高峰高原学科世界史学科阶段性成果。

陈恒、李文硕于

光启编译馆

2017 年 12 月 31 日

图书在版编目(CIP)数据

美国城市史百科全书/[美]戴维·古德菲尔德主编;陈恒等
译.—上海:上海三联书店,2018.8
  (城市史译丛)
  ISBN 978-7-5426-5883-8

  Ⅰ.①美… Ⅱ.①戴…②陈… Ⅲ.①城市史-研究-美国
Ⅳ.①K971.25

中国版本图书馆 CIP 数据核字(2017)第 054387 号

美国城市史百科全书

主　　编 / [美]戴维·古德菲尔德
译　　者 / 陈　恒　李文硕　曹升生 等

责任编辑 / 黄　韬　张静乔
装帧设计 / 徐　徐
监　　制 / 姚　军
责任校对 / 张大伟

出版发行 / 上海三联书店
　　　　　(201199)中国上海市都市路 4855 号 2 座 10 楼
邮购电话 / 021-22895557
印　　刷 / 上海盛通时代印刷有限公司

版　　次 / 2018 年 8 月第 1 版
印　　次 / 2018 年 8 月第 1 次印刷
开　　本 / 889×1194　1/16
字　　数 / 1600 千字
印　　张 / 54
书　　号 / ISBN 978-7-5426-5883-8/K·416
定　　价 / 298.00 元

敬启读者,如发现本书有印装质量问题,请与印刷厂联系 021-37910000